Heyn · Kreuznacht · Voß
Arbeitshilfen für Insolvenzsachbearbeiter
4. Auflage

Heyn · Kreuznacht · Voß

Arbeitshilfen für Insolvenzsachbearbeiter

Von

Michaela Heyn
Insolvenzsachbearbeiterin, Münster

Dr. Frank Kreuznacht
Rechtsanwalt, Betriebswirt, Insolvenzverwalter, Münster

Thore Voß
Rechtsanwalt, Insolvenzverwalter, Mühlhausen

4., neubearbeitete Auflage

Carl Heymanns Verlag 2019

Bibliografische Information der Deutschen Nationalbibliothek

Die Deutsche Nationalbibliothek verzeichnet diese Publikation in der Deutschen Nationalbibliografie; detaillierte bibliografische Daten sind im Internet über http://dnb.d-nb.de abrufbar

ISBN 978-3-452-29174-5

Die Checklisten und Muster stehen Ihnen kostenlos online als Download auf

http://download.wolterskluwer.de/lexonline

zur Verfügung. Nutzen Sie den unten abgedruckten Zugangscode, um dieses Online-Angebot nutzen zu können:

Code: WKXS3FJVM

www.wolterskluwer.de

Umschlagkonzeption: Martina Busch, Grafikdesign, Homburg Kirrberg
Satz: Innodata Inc. Noida, Indien
Druck und Weiterverarbeitung: Williams Lea & Tag GmbH, München

Gedruckt auf säurefreiem, alterungsbeständigem und chlorfreiem Papier.

Vorwort

Auch mit der 4. Auflage dieses Buches finden Sie nunmehr wieder eine vollständig überarbeitete und aktualisierte Fassung vor. Die bisherige alphabetische Sortierung der Informationen in den Checklisten wurde auf Wunsch der Leser und Leserinnen aufgelöst. Nunmehr sind die einzelnen Arbeitsschritte wieder der Reihenfolge nach sortiert nach dem Motto: »Was macht man üblicherweise zuerst, was folgt dann ...«. Nur zusätzliche Informationen, die nicht in jedem Fall standardmäßig von Bedeutung sind, aber als Nachschlagewerk dienen sollen, sind in einigen Checklisten den Arbeitsschritten sozusagen als kleines Lexikon in alphabetische Reihenfolge angefügt.

Auch wurden die Rechtsprechungsverweise wieder in die Checklisten eingebaut, um einen schnelleren Zugang zu gewährleisten. Damit finden Sie mit den Checklisten weiterhin die Grundlage für die Darstellung der Wertschöpfungsprozesse in einem zertifizierten Insolvenzbüro. Gleichzeitig wurde aber dem Wunsch der Leser und Leserinnen Rechnung getragen, den Schwerpunkt wieder mehr auf die tatsächlichen Abläufe und die Umsetzung der erforderlichen Arbeitsschritte zu legen.

Die Muster und Checklisten wurden vollständig anhand der seit 2014 eingetretenen Gesetzesänderungen und der Rechtsprechung überarbeitet. So finden Sie auch eine Vielzahl neuer Muster vor, die sich aus diesen Veränderungen ergeben haben.

Da die Insolvenzverfahren, die bis zum 30.06.2014 beantragt wurden und in denen weiterhin die bis dahin geltenden gesetzlichen Regelungen anzuwenden sind, so langsam auslaufen, finden Sie in den Mustern in diesem Buch jetzt nur noch die gesetzlichen Regelungen ab dem 01.07.2014. Die auslaufenden Regelungen wurden also aus den Mustern herausgenommen und damit die früheren Alternativvorschläge entfernt. Weggefallen ist in diesem Zusammenhang auch das in der 3. Auflage neu dazu gekommene Kapitel zum Gesetz zur Verkürzung der Restschuldbefreiungsverfahren und zur Stärkung der Gläubigerrechte (GVRStG) mit der Gegenüberstellung der alten und neuen Regelungen zu den Verbraucherinsolvenzverfahren. Damit finden in dieser Auflage nunmehr 81 Checklisten und 400 Muster vor.

Wie schon in den vorherigen Auflagen finden Sie auch weiterhin Verweise auf Beiträge in der InsbürO – der Zeitschrift für Insolvenzsachbearbeitung und Entschuldungsverfahren. Die Veröffentlichungen seit der letzten Auflage im Jahre 2014 wurden entsprechend eingearbeitet. Damit haben Sie die Möglichkeit, sich zu einzelnen Themen rasch vertiefend zu informieren.

Für diejenigen Leser, die die ersten Auflagen des Buches noch nicht kennen, möchten wir an dieser Stelle die Idee und die Zielrichtung des Buches kurz zusammenfassen. Die grundsätzliche Idee basiert auf Erfahrungen von Frau Heyn als leitende Sachbearbeiterin einer Insolvenzabteilung. Bei der Einarbeitung und Schulung einer Vielzahl von Mitarbeitern und Mitarbeiterinnen traten immer wieder dieselben Fragen auf, die der Anlass dafür waren, die einzelnen Bearbeitungs- und Abwicklungsprozesse festzuhalten, um so Insolvenzsachbearbeitern und Insolvenzsachbearbeiterinnen bei der täglichen Arbeit eine Hilfestellung zu bieten. Das Werk ist nicht als Lehrbuch gedacht, das man durcharbeitet und »zur Seite legt«, sondern – wie oben bereits ausführt – soll es als Anwenderbuch dienen, das stets auf dem Schreibtisch zur Hand liegen sollte. In 81 Checklisten werden 70 Themen erläutert und die einzelnen Arbeitsschritte in den unterschiedlichen Bereichen eines Insolvenzverfahrens dargestellt, um so die Bearbeitung vieler einzelner Vorgänge zu vereinfachen und eine qualitative Abwicklung zu gewährleisten. Umfassende Themen sind hierbei in mehrere Checklisten aufgegliedert worden, um einen leichteren Zugang zu den Daten zu gewährleisten.

Zum Aufbau und zur Benutzung dieses Werks sei noch auf Folgendes hingewiesen: Die wesentlichen Schwerpunkte eines Insolvenzverfahrens sind in einzelne Kapitel aufgeteilt und diese alphabetisch sortiert. Die verschiedenen Themen sind aufgrund dieser alphabetischen Reihenfolge leicht zu finden. Innerhalb eines Kapitels finden Sie – wie oben bereits erwähnt – die Darstellung der üblichen Reihenfolge einzelner Arbeitsschritte.

Zusätzlich gibt es ein Stichwortverzeichnis, das umfassend »Schlagwörter« aus den Ausführungen enthält und auf die entsprechenden Fundstellen im Buch verweist.

Die 400 Muster in diesem Buch wurden entsprechend der Sortierung im Buch nummeriert; auf die jeweilige Nummer wird in der Spalte »Hilfsmittel« in den einzelnen Checklisten verwiesen. Zu Beginn des Buches finden Sie eine Gesamtübersicht aller Muster. In den jeweiligen Kapiteln wurde darüber hinaus ein Überblick über die zu einem jeweiligen Thema vorhandenen Muster aufgenommen, auch diejenigen, die in anderen Kapiteln zu finden sind, soweit sie mehreren Themen zuzuordnen sind. Anhand dieser Übersicht und der jeweiligen Musternummer sind die Muster im Musterteil leicht zugänglich.

Sämtliche Checklisten und Muster stehen Ihnen kostenlos online als Download auf http://download.wolterskluwer.de/lexonline zur Verfügung (Zugangscode: WKXS3FJVM).

Der Buchtext dient nicht nur dazu, einzelne Arbeitsschritte darzustellen und zu unterstützen, sondern ermöglicht es dem Anwender auch, einen Gesamtüberblick über ein Insolvenzverfahren zu erlangen oder sich zu erarbeiten.

Wir hoffen, dass diese wieder neu konzipierte Auflage der »Arbeitshilfen« eine praxisorientierte Unterstützung in der täglichen Arbeit bietet und freuen uns wieder über Anregungen für Ergänzungen oder Verbesserungen.

Münster, Mai 2019

Michaela Heyn, Dr. Frank Kreuznacht und Thore Voß

Inhaltsverzeichnis

		Seite
Vorwort		V
Abkürzungsverzeichnis		XVII
Literaturverzeichnis		XXIII
Teil 1: Checklisten		1
C 1:	Abschlagsverteilung	3
C 2:	Absonderungsrechte	6
C 3:	Akteneinlagerung	17
C 4:	Anfechtungsansprüche	18
C 5:	Arbeitsverhältnisse	42
C 6:	Auftragseingang Kleinverfahren	52
C 7:	Auslandsbezug	55
C 8:	Ausschüttung – Vorbereitung durch Sachbearbeiter	71
C 9:	Ausschüttungsbericht	71
C 10:	Aussonderungsrechte	74
C 11:	Bank	80
C 12:	Beendigung des Insolvenzverfahrens	83
C 13:	Berichte	87
C 14:	Betriebsfortführung	92
C 15:	Eigenverwaltung	104
C 16:	Einkommen	111
C 17:	Eröffnungsbeschluss jur. Person	129
C 18:	Eröffnungsbeschluss natürliche Person	136
C 19:	Fahrzeuge	142
C 20:	Finanzamt	147
C 21:	Forderungseinzug	149
C 22:	Freigabe	158
C 23:	Fristen	169
C 24:	Gläubiger – Kreditoren	178
C 25:	Gläubigerausschuss	182
C 26:	Gläubigerverzeichnis	186
C 27:	Globalzession	189
C 28:	Gutachten	194
C 29:	Haftungsansprüche – Begrifflichkeiten	203
C 30:	Haftungsansprüche – Arbeitsschritte	207
C 31:	Haftungsansprüche – einzelne Ansprüche im Überblick	212
C 32:	Halbjahresbericht	221
C 33:	Immobilienvermögen	227
C 34:	Inhaltsverzeichnis	244
C 35:	Insolvenzgeld	246
C 36:	Insolvenzgeldvorfinanzierung	249
C 37:	Insolvenzplanverfahren	254
C 38:	Insolvenztabelle – Führung	266
C 39:	Insolvenztabelle – Prüfung	278
C 40:	Insolvenztabelle – Zusatzinfos – besondere Gläubiger und Besonderheiten	286
C 41:	Insolvenztabelle – Schlussbericht	296
C 42:	Insolvenztabelle – FinA – Prüfungsschema	300
C 43:	Insolvenztabelle – FinA – Kürzel-Überblick	303
C 44:	Inventar	304
C 45:	Kosten im Eröffnungsverfahren	308
C 46:	Kostenstundung	312
C 47:	Limited – Arbeitsschritte	314
C 48:	Limited – Hintergründe und Begrifflichkeiten	316
C 49:	Massekosten / Verfahrenskosten	322
C 50:	Masselosigkeit	326
C 51:	Masseunzulänglichkeit	328

C 52: Masseverbindlichkeiten . . . 334
C 53: Nachlassinsolvenzverfahren . . . 338
C 54: Nachtragsverteilung . . . 343
C 55: Pfändungsschutzkonto . . . 348
C 56: Postbearbeitung . . . 354
C 57: Prozesskostenhilfeantrag . . . 355
C 58: Rechtsmittel und Rechtsbehelfe – ein Einzelüberblick . . . 358
C 59: Rechtsmittel und Rechtsbehelfe . . . 373
C 60: Regelinsolvenzverfahren . . . 376
C 61: Restschuldbefreiungsphase . . . 378
C 62: Schlussbericht . . . 388
C 63: Schlussrechnung . . . 393
C 64: Schutzschirmverfahren . . . 398
C 65: Selbständige Tätigkeit . . . 402
C 66: Steuerangelegenheiten . . . 410
C 67: Terminvorbereitung . . . 434
C 68: Treuhandkonto . . . 437
C 69: Treuhandkonto – Buchungssätze . . . 441
C 70: Verbraucherinsolvenzverfahren . . . 443
C 71: Vergütungsanträge . . . 446
C 72: Verjährungsfristen . . . 458
C 73: Vermögensübersicht . . . 463
C 74: Versicherungsverträge . . . 465
C 75: Verteilung . . . 477
C 76: Vertragsverhältnisse . . . 489
C 77: Vertretungsverhältnisse . . . 496
C 78: Verwertungstätigkeit . . . 497
C 79: Verzeichnis der Massegegenstände . . . 507
C 80: Vollstreckungsmaßnahmen . . . 516
C 81: Vorläufige Verwaltung . . . 520

Teil 2 Muster . . . 529

Musterübersicht Abschlagsverteilung

Muster 1: Ausschüttungsnachweis ggü. Insolvenzgericht . . . 531
Muster 2: Gläubigerausschuss – erste Einholung Zustimmung . . . 531
Muster 3: Gläubigerausschuss – weitere Einholung Zustimmung . . . 532
Muster 4: Gläubigerausschuss – Zustimmungserklärung . . . 533
Muster 5: Veröffentlichung Abschlagsverteilung – Übersendung an AG . . . 533
Muster 6: Veröffentlichungstext – Abschlagsverteilung . . . 534
Muster 7: Verteilungsverzeichnis für Abschlagsverteilung . . . 534
Muster 8: Verteilungsverzeichnis für Angleichung . . . 535
Muster 9: Verteilungsverzeichnis für weitere Ausschüttung . . . 535

Musterübersicht Absonderungsrechte

Muster 10: Abrechnung bei Selbstübernahme d. Gläubiger (§ 168 Abs. 3 InsO) . . . 536
Muster 11: Abrechnung bei Verwertung durch Gläubiger . . . 538
Muster 12: Abrechnung bei Verwertung durch Insolvenzverwalter . . . 538
Muster 13: Auskunft gem. § 167 InsO . . . 540
Muster 14: Einziehungs- und Verwertungsstopp – Info an Gläubiger . . . 540
Muster 15: Freigabe eines Absonderungsgegenstandes – Überlassung . . . 541
Muster 16: Rechnung FKP – Verwertung durch Gläubiger . . . 542
Muster 17: Rechnung USt – Lieferung 1 – Masse an Gläubiger . . . 543
Muster 18: Rechnung USt – Lieferung 2 – Gläubiger an Masse – Gutschrift . . . 543
Muster 19: Veräußerungsabsicht – Anzeige § 168 InsO . . . 544
Muster 20: Vermieterpfandrecht – erste Hinweise an Vermieter . . . 545

Musterübersicht Akteneinlagerung

Muster 21: Auftrag zur Akteneinlagerung . . . 546

Musterübersicht Anfechtungsansprüche

Muster 22: Anfechtung – Belege vom Schuldner . . . 547
Muster 23: Anfechtung (kongruent) § 130 Abs. 1 Nr. 1 InsO . . . 547

Muster 24: Anfechtung Kontokorrent § 131 Abs. 1 Nr. 2 InsO (ohne Sicherungsabtretung, ansonsten § 130 InsO = Anfechtung der Sicherheit) ... 550
Muster 25: Anfechtung Vollstreckung § 131 Abs. 1 Nr. 1 InsO ... 553
Muster 26: Anfechtung Vollstreckung § 131 Abs. 1 Nr. 2 InsO ... 555
Muster 27: Kontoauszug SozV IFG-Bund – Anforderung ... 558
Muster 28: Prüfvermerk Anfechtung ... 559

Musterübersicht Arbeitsverhältnisse
Muster 29: Arbeitnehmerliste für Insolvenzgeld ... 561
Muster 30: Arbeitnehmerversammlung – Leitfaden ... 562
Muster 31: Differenzlohn – Klärung – SS an AN ... 562
Muster 32: Kündigung mit Freistellung und Verrechnung ... 563
Muster 33: Kündigung (Mutterschutz, Elternzeit) – Zustimmung Landesbehörde ... 564
Muster 34: Kündigung schwerbehinderter AN – Zustimmung Integrationsamt ... 565
Muster 35: Massenentlassungen – Anzeige ggü. ArbA ... 566
Muster 36: Rechtsstreit AN – Anfrage an Personalbuchhaltung ... 567
Muster 37: Rechtsstreit AN – Erledigung durch Insolvenzgeld ... 567
Muster 38: Rechtsstreit – Unterbrechung nach § 240 ZPO ... 567

Musterübersicht Ausschüttungsberichte
Muster 39: Ausschüttungsbericht § 53 InsO ... 568
Muster 40: Ausschüttungsbericht – Insolvenzplanverfahren ... 572
Muster 41: Ausschüttungsbericht Masselosigkeit ... 574
Muster 42: Ausschüttungsbericht Masseunzulänglichkeit ... 577
Muster 43: Ausschüttungsbericht RSB-Phase ... 580
Muster 44: Kurzmitteilung (bei Kostenstundung) – geringe Einnahmen ... 583
Muster 45: Kurzmitteilung wg. fehlenden Einnahmen ... 584

Musterübersicht Aussonderungsrechte
Muster 46: Ablösesumme Aussonderungsrecht – Anfrage ... 585
Muster 47: Merkblatt für Gläubiger mit Eigentumsvorbehaltsrechten ... 585
Muster 48: Eigentumsvorbehalt – Übersendung Merkblatt ... 586
Muster 49: Eigentumsvorbehalt – Verwertungsvereinbarung ... 587
Muster 50: Ersatzaussonderung – Dritter ist insolvent ... 588
Muster 51: Ersatzaussonderung – Zahlung vor Eröffnung ... 588
Muster 52: Freigabe Aussonderungsgut und Abholung ... 589
Muster 53: Info an Aussonderungsgläubiger – Fehlen Gegenstand ... 589
Muster 54: Info an Aussonderungsgläubiger – Gegenstand vorhanden ... 590
Muster 55: Übersicht Aus- und Absonderungsrechte – Tabelle ... 590

Musterübersicht Bank
Muster 56: Kontoguthaben – Einziehung – vorläufiges Verfahren ... 592
Muster 57: Kontoguthaben – Einziehung – eröffnetes Verfahren ... 593
Muster 58: Kontoschließung – vorläufiges Verfahren ... 594
Muster 59: Kontoschließung – eröffnetes Verfahren ... 594
Muster 60: P-Konto – Kontoguthaben Anforderung ... 595
Muster 61: P-Konto – Kontoerklärung – P-Konto besteht ... 596
Muster 62: P-Konto – Kontoerklärung – Zustimmung z. Umwandlung ... 597
Muster 63: P-Konto – Kontoerklärung – Übersendung an Schuldner zur Info ... 599
Muster 64: P-Konto – Info Bank über Verfahrensende ... 600
Muster 65: P-Konto – Pfändung – Auszahlungsbegehren an Masse ... 600
Muster 66: Sicherungsverträge Bank – Anforderung ... 601

Musterübersicht Berichte
Muster 67: Bericht zur 1. GV (jur. Person, natürl. Person, Limited) ... 602
Muster 68: Bericht zur 1. GV (Planverfahren Firma + natürl. Person) ... 609
Muster 69: Erster Bericht in Kleinverfahren ... 610
Muster 70: Halbjahresbericht – Regelinsolvenz – ForStaB ... 618
Muster 71: Halbjahresbericht Kleinverfahren ... 624
Muster 72: Übersendung erster Bericht an AG ... 626

Musterübersicht Betriebsfortführung
Muster 73: Einzelermächtigung – Antrag ... 627
Muster 74: Einzelermächtigung – Anlage zum Antrag ... 628
Muster 75: Kassenführung – Merkblatt ... 629

Muster 76: Zahlungszusicherungen – Übersicht in dem Insolvenzverfahren ... 631
Muster 77: Zahlungszustimmung an Dauerlieferanten ... 632
Muster 78: Zahlungszustimmung an Dienstleister ... 632
Muster 79: Zahlungszustimmung an Versicherung ... 633
Muster 80: Zahlungszustimmung an Warenlieferanten ... 634

Musterübersicht Einkommen
Muster 81: Abfindung – Auszahlungsanspruch gg. den Arbeitgeber ... 636
Muster 82: Arbeitgeber – Ende RSB-Laufzeit – Ankündigung ... 637
Muster 83: Arbeitgeber – Ende RSB-Laufzeit – Erteilung ... 637
Muster 84: Arbeitgeber – Ende RSB-Laufzeit – Kopie an Schuldner ... 638
Muster 85: Arbeitgeber – Erstanschreiben ... 638
Muster 86: Arbeitgeber – JVA – Erstanschreiben ... 641
Muster 87: Arbeitgeber – korrigierte Unterhaltspflicht ... 642
Muster 88: Berufsunfähigkeitsrente – Antrag § 850b Abs. 1 Nr. 1 ZPO – Billigkeitsentscheidung ... 642
Muster 89: Drittschuldner sonstiger (ArbA, Rentenanstalt) ... 644
Muster 90: Herabsetzung Freigrenze – § 850c Abs. 1 ZPO – keine Unterhaltszahlung ... 645
Muster 91: Herabsetzung Freigrenze – Antrag § 850c Abs. 4 ZPO – Doppelverdiener + Kinder ... 646
Muster 92: Herabsetzung Freigrenze – Antrag § 850c Abs. 4 ZPO – kurz – klarer Fall ... 648
Muster 93: Herabsetzung Freigrenze – Antrag § 850c Abs. 4 ZPO – lang – Grenze ... 649
Muster 94: Mehrere Einkommen – Antrag gem. § 850e Nr. 2 ZPO – Nebenjob ... 652
Muster 95: Mehrere Einkommen – Antrag § 850e Abs. 2 ZPO – Rente ... 653
Muster 96: Mehrere Einkommen – Zustellung an Zahlstellen ... 655
Muster 97: Prüfungsvermerk über Einkommenssituation ... 655
Muster 98: Steuerklassen-Überblick ... 657
Muster 99: Lohnsteuerklasse – Aufforderung zur Änderung ... 657
Muster 100: Steuerklasse fehlerhaft – Antrag an Insolvenzgericht ... 658

Musterübersicht Eröffnungsbeschluss jur. Person
Muster 101: Auftragsbestätigung – Eröffnung ... 660
Muster 102: Erste Infos ans Insolvenzgericht jur. Person ... 661
Muster 103: Gewerbeabmeldung – Anschreiben an Amt ... 661
Muster 104: Handwerkskammer – Kündigung Mitgliedschaft ... 662
Muster 105: Tagesordnung – Ergänzung – Info an Gericht ... 662
Muster 106: Vollstreckungs- und Zustellungsklausel – Antrag auf Erteilung ... 663
Muster 107: Vollstreckungsauftrag an Gerichtsvollzieher ... 664

Musterübersicht: Eröffnungsbeschluss natürliche Person
Muster 108: Auftragsbestätigung – Rücksendung Gerichtsakte ... 665
Muster 109: Belehrung ... 666
Muster 110: Erstanschreiben natürliche Person wg. Termin etc. ... 666
Muster 111: Erste Infos an AG – Zustellungsnachweis, TK ... 667
Muster 112: Erste Infos an AG – Ergänzung – Grdst. – selbständige Tätigkeit ... 668
Muster 113: Erstgespräch – Leitfaden – Kleinverfahren ... 669
Muster 114: Erstgespräch – Merkblatt Obliegenheiten ... 670
Muster 115: Erstgespräch – Verfahrensablauf – Übersicht ... 672
Muster 116: Fragebogen in Kleinverfahren ... 672
Muster 117: Freiwillige Zahlungen Schuldner – Vereinbarung Verrechnung ... 674
Muster 118: Lebenslauf ... 675
Muster 119: Schweigepflichtentbindungserklärung ... 676
Muster 120: Vorzulegende Unterlagen Kleinverfahren ... 676

Musterübersicht Fahrzeuge
Muster 121: Anfrage Kfz-Haltung ... 679
Muster 122: Empfangsbestätigung Fahrzeugpapiere ... 680
Muster 123: Kfz-Steuer – Erstanschreiben ... 680
Muster 124: Unpfändbarkeit – Bestätigung ggü. Schuldner ... 681
Muster 125: Unpfändbarkeit – Mitteilung an Hauptzollamt ... 683
Muster 126: Verkehrsrechtliche Veräußerungsanzeige ... 684
Muster 127: Verwertungsmöglichkeiten – Info an Schuldner/in ... 686

Musterübersicht Finanzamt
Muster 128: Erstanschreiben FinA – eröffnetes Verfahren ... 687
Muster 129: Erstanschreiben FinA – vorl. Verw. ... 688

Muster 130: Kontoauszug FinA – Anforderung durch Schuldner ... 688
Muster 131: Kontoauszug FinA – Anforderung durch Verwalter – neutral ... 688
Muster 132: Kontoauszug FinA – Anforderung durch Verwalter – NRW ... 689

Musterübersicht Forderungseinzug
Muster 133: Anfrage an Insolvenzgericht – Drittschuldner ... 691
Muster 134: Anfrage an Insolvenzgericht – Vollstreckungsportal ... 692
Muster 135: Auskunftsersuchen – Insolvenzportal – Info-Übersicht ... 692
Muster 136: Auskunftsersuchen – Vollstreckungsportal – Info-Übersicht ... 693
Muster 137: Einwohnermeldeamt – Anfrage ... 694
Muster 138: Einwohnermeldeamt – Anfrage über das Gericht ... 695
Muster 139: Forderungsaufstellung ... 696
Muster 140: Mahnschreiben Nr. 1 ... 697
Muster 141: Mahnschreiben Nr. 2 ... 697
Muster 142: RVG-Rechnung ... 698

Musterübersicht Freigabe
Muster 143: Freigabe einzelner Gegenstand ... 699
Muster 144: Freigabe Gegenstände in Mieträumen ... 700
Muster 145: Freigabe Gegenstände – Unterrichtung Vermieter (Räumung) ... 701
Muster 146: Grundstücksfreigabe – Erklärung ggü. Schuldner ... 702
Muster 147: Grundstücksfreigabe – Info an Grundpfandrechtsgläubiger ... 703
Muster 148: Grundstücksfreigabe – Info an Mieter ... 704
Muster 149: Grundstücksfreigabe – Info an Versicherung ... 704
Muster 150: Grundstücksfreigabe – Info wg. öffentlicher Abgaben ... 705
Muster 151: Grundstücksfreigabe – Löschung Vermerk im GB ... 706

Musterübersicht Gläubiger (Kreditoren)
Muster 152: Neugläubiger – Hinweis wg. Nichtzahlung (jur. Pers.) ... 707
Muster 153: Neugläubiger – Hinweis wg. Nichtzahlung (nat. Pers.) ... 708
Muster 154: Neugläubiger – Kopie an Schuldner ... 709
Muster 155: Versagungstatbestand – Info an Gläubiger ... 709
Muster 156: Zustellungsnachweis – Muster mit Hinweisen ... 710
Muster 157: Zustellungsnachweis – Übersendung an Gericht ... 711

Musterübersicht Gläubigerverzeichnis
Muster 158: Gläubigerverzeichnis gem. § 152 InsO ... 712

Musterübersicht Globalzession
Muster 159: Abrechnung Globalzession ggü. Gläubiger ... 715
Muster 160: Verwertungsvereinbarung mit der Bank ... 717

Musterübersicht Gutachtenauftrag
Muster 161: Bestätigung Besprechung Gutachten ... 719
Muster 162: Erstanschreiben an Schuldner ... 720
Muster 163: Erstgespräch – Fragebogen – Telefonat ... 721
Muster 164: Fragebogen zum Gutachten ... 722
Muster 165: Rücksendung Gerichtsakte – Gutachtenauftrag ... 726
Muster 166: Gliederungspunkt »Form des Insolvenzantrages« im Gutachten ... 726
Muster 167: Gutachten GmbH – Abweisung + Eröffnung ... 727
Muster 168: Gutachten natürl. Person – Abweisung + Eröffnung ... 744
Muster 169: Gliederungspunkt Haftungsansprüche im Gutachten ... 763
Muster 170: Gutachtenabrechnung (Sachverständiger u. vorl. Verw.) ... 767
Muster 171: Gutachtenabrechnung – ohne vorl. Verwaltung ... 768
Muster 172: Gutachtenabrechnung – Stundenaufstellung ... 769
Muster 173: Liste vorzulegender Unterlagen – Einzelfirma ... 770
Muster 174: Liste vorzulegender Unterlagen – GmbH ... 773
Muster 175: Liste vorzulegender Unterlagen – UG ... 776
Muster 176: Liste vorzulegender Unterlagen – Verein ... 780
Muster 177: Steuerberater – Herausgabe von Unterlagen ... 782
Muster 178: Übersendung Gutachten an AG ... 783
Muster 179: Vermögensübersicht für das Gutachten ... 784
Muster 180: Zwangsmaßnahmen – Androhung ggü. Schuldner ... 789
Muster 181: Zwangsmaßnahmen – Anregung bei Gericht – mit vorl. Verw. ... 790

Muster 182: Zwangsmaßnahmen – Anregung bei Gericht – ohne vorläufige Verwaltung 791
Muster 183: Zwischenbericht für Gutachten 791

Musterübersicht Haftungsansprüche
Muster 184: Gläubigerversammlung – Antrag auf Einberufung wg. Vergleich 793
Muster 185: Gläubigerversammlung – Einladung der Gläubiger 794
Muster 186: Information an Gläubiger wg. § 93 InsO 795
Muster 187: Stammeinlage – Anforderung Nachweis der Einzahlung 795
Muster 188: Stammeinlage – Hin- und Herzahlen – Anspruch 796

Musterübersicht Immobilienvermögen
Muster 189: Grundbuch – Eigentümerkartei- Auskunftsersuchen 798
Muster 190: Grundbuchauszug – Anforderung 799
Muster 191: Grundsteuer – Info an Gemeinde wg. Zahlung §§ 38, 55 InsO 799
Muster 192: Kaufpreis – Abstimmung mit Bank 800
Muster 193: Löschungsbewilligung – GPFR ohne ZV – Entwurf 801
Muster 194: Löschungsbewilligung – GPFR ohne ZV – SS an Gläubiger 801
Muster 195: Löschungsbewilligung – ZV-SH – Lästigkeitsprämie – SS an Gläubiger 802
Muster 196: Löschungsbewilligung – ZV-Sicherungshypothek – Entwurf 804
Muster 197: Makler – Infos wg. Grundstücksbewertung 804
Muster 198: Miete – Pacht – Zahlungsaufforderung 805
Muster 199: Nutzungsvereinbarung Grundstück mit Schuldner wg. Miete 805
Muster 200: Rechnung Kostenpauschale – Immobilienverkauf 807
Muster 201: Sicherungshypothek – § 88 InsO – Grundbuchberichtigung 808
Muster 202: Sicherungshypothek – § 88 InsO – GB-Berichtigung – Info an Gläubiger 809
Muster 203: Sicherungshypothek – Ablösung d. Bank 809
Muster 204: Sicherungshypothek – Rückschlagsperre – SS an Gläubiger 810
Muster 205: Umsatzsteuer – Anfrage an Steuerberater (Verkauf + Miete) 812
Muster 206: Versicherungsschutz – Abstimmung mit GPFR-Gläubigerin 812
Muster 207: Verwertungsvereinbarung – freie Veräußerung 813
Muster 208: Verwertungsvereinbarung – kalte Zwangsverwaltung 814

Musterübersicht Inhaltsverzeichnis
Muster 209: Inhaltsverzeichnis Insolvenzplan 816
Muster 210: Inhaltsverzeichnis jur. Person 816
Muster 211: Inhaltsverzeichnis natürl. Person (IK – 4a-Verf.) 822
Muster 212: Inhaltsverzeichnis natürl. Person mit freigegebener Selbständigkeit 822
Muster 213: Inhaltsverzeichnis natürl. Person – größeres Verfahren 823
Muster 214: Inhaltsverzeichnis Schlussbericht 828

Musterübersicht Insolvenzgeld
Muster 215: Insolvenzgeldantrag – Ausschlussfrist – Info an AN 829

Musterübersicht Insolvenzgeldvorfinanzierung
Muster 216: Rahmenvertrag mit Bank 831
Muster 217: Rundschreiben an AN – Vorabinfo Insolvenzgeld 834
Muster 218: Vertrag Ankauf – Abtretung Arbeitnehmer inkl. InsoVerf., Abtretung, Pfändung 835
Muster 219: Vertrag Ankauf – Abtretung Arbeitnehmer ohne Rechte Dritter 837
Muster 220: Vollmacht Bank § 170 SGB III 839
Muster 221: Zustimmung Arbeitsagentur – Einholung 839

Musterübersicht Insolvenzplanverfahren
Muster 222: Gläubigergruppenverzeichnis gem. § 222 InsO 841
Muster 223: Ladung Erörterungstermin – Übersendung an Beteiligte 843
Muster 224: Planbestätigung – Versendung an Gläubiger 844
Muster 225: Überwachung – Anzeige Nichterfüllung ggü. Gericht 844
Muster 226: Überwachung – Anzeige Nichterfüllung ggü. Gläubiger 845
Muster 227: Überwachung – Sachstandsbericht Erfüllung 845
Muster 228: Vollmacht zur Stimmrechtsausübung 847

Musterübersicht Insolvenztabelle
Muster 229: Änderung der Insolvenztabelle – Anzeige kurz – eröffnetes Verfahren 849
Muster 230: Änderung der Insolvenztabelle – Anzeige – RSB-Phase 849
Muster 231: Anforderung fehlender Belege 850

Muster 232: Arbeitnehmerforderung – Hinweis auf Bruttoanmeldung . . . 851
Muster 233: Arbeitnehmerforderung – Info über Bestreiten . . . 852
Muster 234: Ausfallbezifferung – Aufforderung an Gläubiger . . . 852
Muster 235: Ausfallbezifferung durch Gläubiger – Muster . . . 853
Muster 236: Ausgenommene Forderungen – Anforderung Sachvortrag . . . 853
Muster 237: Ausgenommene Forderungen – gesonderte Meldung . . . 854
Muster 238: Ausgenommene Forderung – Nichteintragung – Info nach PT . . . 854
Muster 239: Ausland – Aufforderung zur Anmeldung innerhalb der EU . . . 855
Muster 240: Ausland – Aufforderung zur Übersetzung außerhalb EU . . . 857
Muster 241: Ausland – Aufforderung zur Übersetzung innerhalb EU . . . 858
Muster 242: Drittelfrist – jur. Person – Versendung Insolvenztabelle . . . 858
Muster 243: Drittelfrist – natürl. Person – Versendung Insolvenztabelle . . . 859
Muster 244: Erlassantrag wg. Säumniszuschlägen Sozialversicherungsträger – Minderung Forderung . . . 861
Muster 245: FinA – Anmeldung – Prüfungsnotizen im Überblick . . . 861
Muster 246: Finanzamt – Info über Bestreiten . . . 862
Muster 247: Forderungsanmeldung im Insolvenzverfahren – jur. Pers. . . . 863
Muster 248: Forderungsanmeldung im Insolvenzverfahren – nat. Pers. . . . 864
Muster 249: Forderungsanmeldung im Insolvenzverfahren – Nachrang § 39 InsO . . . 865
Muster 250: Gläubigeraufforderung zur Anmeldung . . . 866
Muster 251: Gläubigeraufforderung zur nachträglichen Anmeldung . . . 868
Muster 252: Prüfungstermin – erster – Versendung Tabelle . . . 869
Muster 253: Prüfungstermin – erster – Daten – elektronische Versendung . . . 869
Muster 254: Sachstandsanfrage – Übersendung Tabellenauszug . . . 869
Muster 255: Sachstandsinfo Tabelle für Halbjahresberichte . . . 870
Muster 256: Sachstandsinfo Tabelle für Schlussbericht . . . 870
Muster 257: Stellungnahme Schuldner – Tabelle § 175 InsO . . . 871
Muster 258: Übersicht Insolvenztabelle – Wünsche AG . . . 873
Muster 259: Vollstreckungstitel – Anforderung . . . 876
Muster 260: Vollstreckungstitel – Info über Bestreiten wg. Zinsen . . . 876

Musterübersicht Inventar

Muster 261: Kaufinteressenten – Anfrage bei Verwertungsfirmen . . . 878
Muster 262: Kaufvertrag Fahrzeug . . . 878
Muster 263: Quittung . . . 880
Muster 264: Rechnung bei Verkauf aus Masse . . . 880
Muster 265: Verkaufsbestätigung . . . 881

Musterübersicht Limited

Muster 266: Gutachten Limited . . . 882
Muster 267: Liste vorzulegender Unterlagen – Limited . . . 890

Musterübersicht Masselosigkeit

Muster 268: Anzeige Eintritt Masselosigkeit . . . 894

Musterübersicht Masseunzulänglichkeit

Muster 269: Anzeige Eintritt Masseunzulänglichkeit . . . 895
Muster 270: Anzeige MUZ bei Kostenstundung wg. Steuer . . . 896
Muster 271: Prüfzettel und Feststellung MUZ . . . 897
Muster 272: Verjährungsverzichtserklärung . . . 897
Muster 273: Zustellung MUZ-Schreiben an Massegläubiger . . . 898

Musterübersicht Masseverbindlichkeiten

Muster 274: Anzeige Beauftragung Dritter . . . 899

Musterübersicht Nachlassinsolvenz

Muster 275: Erstanschreiben – Nachlassinsolvenz . . . 900
Muster 276: Fragebogen zum Gutachten in einer Nachlassinsolvenz . . . 901
Muster 277: Liste vorzulegender Unterlagen – Nachlassinsolvenz . . . 905
Muster 278: Schweigepflichtentbindungserklärung – Nachlassinsolvenz . . . 908
Muster 279: Anforderung Sterbeurkunde vom Nachlassgericht . . . 908
Muster 280: Tod des Schuldners – Info an das Insolvenzgericht . . . 909

Musterübersicht Nachtragsverteilung

Muster 281: Antrag auf Nachtragsverteilung wg. Steuererstattung . . . 910
Muster 282: Erstattungsersuchen an Schuldner . . . 911

Muster 283: FinA – Übersendung Beschluss Nachtragsverteilung 912

Musterübersicht zum PKH-Antrag

Muster 284: Anlagenübersicht zum PKH-Antrag 914
Muster 285: Antrag auf PKH 914
Muster 286: Kostenvorschuss – Aufforderung an Gläubiger 926
Muster 287: Übersicht der Ausfallforderungen 927
Muster 288: Übersicht über Insolvenzforderungen 927
Muster 289: Übersicht über Kostenanteile und Zumutbarkeitsgrenzen 928
Muster 290: Übersicht über Massegläubiger § 55 InsO 929
Muster 291: Übersicht Massekosten § 54 InsO 930
Muster 292: Übersicht Massekosten § 54 InsO – erhöht 931
Muster 293: Übersicht über Vermögenswerte – nicht realisiert 932

Musterübersicht Restschuldbefreiungsphase

Muster 294: Abschlussbericht RSB – Tab.form 933
Muster 295: Anforderung Infos vom Schuldner – jährlich 937
Muster 296: Arbeitgeber – Info wg. RSB-Phase 938
Muster 297: Jahresbericht Treuhänder – keine Einnahme – Kurzfassung 939
Muster 298: Jahresbericht Treuhänder – Tab.form 940
Muster 299: Obliegenheiten – Erstinformation an Schuldner 944
Muster 300: Treuhändervergütung – Zahlungsaufforderung an Schuldner § 298 InsO 946
Muster 301: Versagungsantrag wg. fehlender Mindestvergütung 947
Muster 302: Versagungsgründe § 295 InsO – Gliederungspunkt 948

Musterübersicht Schlussbericht

Muster 303: Schlussbericht Kleinverfahren 949
Muster 304: Schlussbericht jur. Person 959
Muster 305: Schlussbericht nat. Person 978
Muster 306: Schlussrechnung – Masselosigkeit § 207 InsO 999
Muster 307: Schlussrechnung– MUZ § 209 InsO – jur. Pers. 1001
Muster 308: Schlussrechnung – MUZ § 209 InsO – nat. Pers. 1004
Muster 309: Schlussrechnung – normal – jur. Pers 1006
Muster 310: Schlussrechnung – normal – nat. Pers. 1009
Muster 311: Übersendung Schlussbericht an das AG – Kleinverfahren 1011
Muster 312: Übersendung Schlussbericht an das AG – Regelinsolvenz 1012
Muster 313: Umlaufzettel Schlussbericht 1014
Muster 314: Versagungsgründe – § 290 InsO – Gliederungspunkt 1015
Muster 315: Vorläufige Verwaltung – Rechnungslegung 1016

Musterübersicht selbständige Tätigkeit

Muster 316: Erklärung § 35 Abs. 2 InsO bei IE – keine Freigabe 1017
Muster 317: Freigabe – Erklärung gegenüber Schuldner 1017
Muster 318: Freigabe – Information an das Insolvenzgericht 1019
Muster 319: Freigabe – Unterrichtung FinA 1020
Muster 320: Infobogen über fiktives Einkommen 1020
Muster 321: Rechtsprechungsübersicht für Schuldner 1021
Muster 322: RSB-Phase – Obliegenheiten – Erstinfo an Schuldner 1025

Musterübersicht Steuerangelegenheiten

Muster 323: EStG-Bescheid – Aufteilung – Antrag 1027
Muster 324: Einkommenssteuererklärung – Aufforderung zur Mitwirkung 1027
Muster 325: Einkommenssteuererklärung – Checkliste f. Schuldner – Unterlagen 1029
Muster 326: Einkommenssteuererklärung – Prüfung + Unterschrift Schuldner 1030
Muster 327: Einkommenssteuererklärung – Übersendung an FinA + Hinweis Unterschrift 1031
Muster 328: Erlassantrag wg. Säumniszuschlägen 1032
Muster 329: fehlende Masse – Erklärung ggü. FinA 1033
Muster 330: Forderungseinzug – Übersicht Einordnung Umsatzsteuer 1034
Muster 331: Haftung – Geschäftsführer – Info über Steuerschätzung 1038
Muster 332: Kapitalertragssteuern – formloser Antrag auf Erstattung 1038
Muster 333: Masseunzulänglichkeit – USt – Info an FinA wg. Nichtzahlung 1039
Muster 334: Umsatzsteuer – Steueraufteilung – privat – betrieblich – Info an FinA 1039
Muster 335: Verkäufe – Steuerpflicht – Prüfungsvermerk 1040

Musterübersicht Terminvorbereitung
Muster 336: Terminzettel Berichts- u. Prüftermin jur. Person . . . 1041
Muster 337: Terminzettel Berichts- und Prüftermin natürl. Person . . . 1042
Muster 338: Terminzettel Schlusstermin . . . 1042

Musterübersicht Treuhandkonto
Muster 339: Ausschüttung – Auftrag und Kontoauflösung – IN-Verf. . . . 1043
Muster 340: Ausschüttung – Auftrag und Kontoerhalt für RSB-Phase . . . 1043
Muster 341: Buchungen – Prüfungsvermerk . . . 1044
Muster 342: Eröffnung Treuhandkonto – Übersendung Beschluss . . . 1044
Muster 343: Kontoauflösung – Insolvenzgeldvorfinanzierung – Antrag . . . 1045
Muster 344: Kontoauflösung – Simulation – E-Mail-Anfrage . . . 1046

Musterübersicht Vergütungsanträge
Muster 345: Absonderungsrechte – Vergleichsberechnung . . . 1047
Muster 346: Betriebsfortführung – Zuschlag – Formulierungsvorschlag . . . 1048
Muster 347: Ergänzender Vergütungsantrag . . . 1050
Muster 348: Mindestvergütung IN-Verf. – § 2 InsVV . . . 1052
Muster 349: Nachtragsverteilung – Vergütungsantrag . . . 1054
Muster 350: Rechnungsmuster – eröffnetes Verfahren . . . 1057
Muster 351: Regelinsolvenz – Vergütungsantrag . . . 1058
Muster 352: RSB-Phase – Abschluss-Vergütungsantrag § 14 InsVV . . . 1063
Muster 353: RSB-Phase – Vorschussrechnung . . . 1065
Muster 354: Umsatzsteuer – Einrechnung – Formulierungsbeispiel . . . 1067
Muster 355: Verbraucherinsolvenz – Vergütungsantrag §§ 2, 13 InsVV . . . 1070
Muster 356: Vorläufige Verwaltung – Vergütungsantrag – einfach . . . 1073
Muster 357: Vorläufige Verwaltung – Vergütungsantrag – Einleitung . . . 1076
Muster 358: Vorschuss – Vergütungsantrag . . . 1080
Muster 359: Zustellungskosten – Formulierungsvorschlag . . . 1082

Musterübersicht Vermögensübersicht
Muster 360: Vermögensübersicht § 153 InsO . . . 1084

Musterübersicht Versicherungsverträge
Muster 361: Anforderung Unterlagen vom Schuldner (VN-Schein etc.) . . . 1088
Muster 362: Anfrage wg. Rückkaufswert . . . 1089
Muster 363: Auslösung des Versicherungsvertrages . . . 1090
Muster 364: Auszahlungsverbot – Info an Vertragspartner . . . 1091
Muster 365: Direktversicherung – Prüfungsvermerk . . . 1092
Muster 366: Haftpflichtversicherung – besondere – Zustimmung Insolvenzgericht . . . 1095
Muster 367: Kündigung – Einziehung Rückkaufswert . . . 1096
Muster 368: Kündigung – Einziehung Riester-Vertrag . . . 1097
Muster 369: Verlusterklärung . . . 1098

Musterübersicht Verteilung
Muster 370: Auszahlungsmitteilung an Gläubiger . . . 1099
Muster 371: Hinterlegungsantrag – Anschreiben . . . 1100
Muster 372: Veröffentlichungstexte – Formulierungsbeispiele . . . 1101

Musterübersicht Vertragsverhältnisse
Muster 373: Ablehnung der Vertragserfüllung (jur. Person) . . . 1103
Muster 374: Ablehnung der Vertragserfüllung (natürl. Person) . . . 1104
Muster 375: Kündigung § 109 InsO . . . 1105
Muster 376: Vermieteranschreiben § 109 Abs. 1 Satz 2 InsO . . . 1106
Muster 377: Vertragsverhältnisse – Übersicht . . . 1107

Musterübersicht Verwertungstätigkeit
Muster 378: Antrag auf Verwertung durch Gläubiger § 173 InsO . . . 1108
Muster 379: Bausparvertrag – Kündigung . . . 1109
Muster 380: Bausparvertrag – Kündigung – Info an Ehepartner . . . 1110
Muster 381: Genossenschaftsanteil – Formulierungsvorschläge (7 Stück) . . . 1110
Muster 382: Rechtsstreit – Anfrage GK-Erstattung . . . 1111
Muster 383: Subventionsgeber – Abfrage wg. InsO-Verfahren . . . 1112
Muster 384: Verwertungsliste in Kleinverfahren . . . 1112
Muster 385: Verwertungsübersicht (ForStaB) . . . 1115

Musterübersicht Verzeichnis der Massegegenstände
Muster 386: Verzeichnis der Massegegenstände – Kleinverfahren ... 1119
Muster 387: Verzeichnis der Massegegenstände – Regelinsolvenz ... 1120

Musterübersicht Vollstreckungsmaßnahmen
Muster 388: Kontopfändung auf P-Konto – allgemein – Verstrickung – Aufhebung ... 1125
Muster 389: Kontopfändung auf P-Konto – FinA – Verstrickung – Aufhebung ... 1127
Muster 390: Kontopfändung auf P-Konto – Soz.vers.träger – Verstrickung – Aufhebung ... 1128
Muster 391: Rückschlagsperre – Info an Gläubiger ... 1130
Muster 392: Rückschlagsperre – Konto – Info an Bank ... 1131
Muster 393: Vollstreckungsanfrage beim GVZ ... 1132
Muster 394: Vollstreckungsanfrage beim Hauptzollamt ... 1132
Muster 395: Vollstreckungsanfrage – Infoblatt ... 1133
Muster 396: Vollstreckungsverbot – Hinweis an Insolvenzgläubiger ... 1133

Musterübersicht vorläufige Verwaltung
Muster 397: Antrag – Anordnung vorl. Verwaltung – schwach ... 1135
Muster 398: Antrag – Anordnung vorl. Verwaltung – stark ... 1136
Muster 399: Erstanschreiben an Schuldner – vorl. Verwaltung ... 1137
Muster 400: Erstbesuch – Tätigkeitsübersicht ... 1138

Stichwortverzeichnis ... 1139

Abkürzungsverzeichnis

Abs.	Absatz
Abt.	Abteilung
AEAO	Anwendungserlass zur Abgabenordnung
AEUV	Vertrag über die Arbeitsweise der Europäischen Union
a.F.	alte Fassung
AG	Aktiengesellschaft/Amtsgericht
AGB	Allgemeine Geschäftsbedingungen
AGInsO	Ausführungsgesetz zur Insolvenzordnung
AG SBV	Arbeitsgemeinschaft Schuldnerberatung der Verbünde
AktG	Aktiengesetz
AktO	Aktenordnung ordentliche Gerichtsbarkeit – Anweisungen für die Verwaltung des Schriftguts bei den Geschäftsstellen der Gerichte und Staatsanwaltschaften des Landes Nordrhein-Westfalen
Alt.	Alternative
AN	Arbeitnehmer
AnfG	Gesetz über die Anfechtung von Rechtshandlungen eines Schuldners außerhalb des Insolvenzverfahrens
Anh.	Anhang
Anm.	Anmerkung
AO	Abgabenordnung
ArbG	Arbeitsgericht
ArbV	Arbeitsverhältnis
Art.	Artikel
Aufl.	Auflage
AV	Aktenvermerk
AVAG	Gesetz zur Ausführung zwischenstaatlicher Verträge und zur Durchführung von Verordnungen und Abkommen der Europäischen Gemeinschaft auf dem Gebiet der Anerkennung und Vollstreckung in Zivil- und Handelssachen
AVB-KLV	Allgemeine Versicherungsbedingungen für Kapitallebensversicherungen
Az.	Aktenzeichen
BAG	Bundesarbeitsgericht
BAKInsO	Bundesarbeitskreis Insolvenzgerichte e.V.
BauGB	Baugesetzbuch
BDSG	Bundesdatenschutzgesetz
beA	besonderes elektronisches Anwaltspostfach
BEEG	Gesetz zum Elterngeld und zur Elternzeit
Beschl.	Beschluss
betr.	Betreffend
BetrAVG	Gesetz zur Verbesserung der betrieblichen Altersvorsorge
BetrVG	Betriebsverfassungsgesetz
BF	Betriebsfortführung
BFH	Bundesfinanzhof
BGB	Bürgerliches Gesetzbuch
BGBL	Bundesgesetzblatt
BGebG	Bundesgebührengesetz
BGH	Bundesgerichtshof
BIC	Internationale Bankleitzahl
Bj.	Baujahr
BLZ	Bankleitzahl
BMF	Bundesministerium der Finanzen
BMJV	Bundesministerium der Justiz und für Verbraucherschutz
BMAS	Bundesministerium für Arbeit und Soziales
Bsp.	Beispiel
bspw.	beispielsweise
Buchst.	Buchstabe
BUrlG	Bundesurlaubsgesetz
BVerwG	Bundesverwaltungsgericht
BVwVfG	Verwaltungsverfahrensgesetz (Bund)
BZSt	Bundeszentralamt für Steuern
bzw.	beziehungsweise
ca.	circa
CA	Companies act = Gesetz zur Reform des englischen Gesellschaftsrechtes
CD	compact disc

CDDA	Company directors disqualification act 1986 = Recht zur Disqualifizierung von Geschäftsführern durch Erlass von »Berufsverboten« in England
dass.	dasselbe
ders.	derselbe
d.h.	das heißt
dies.	dieselbe/n
EBV	Entgeltbescheinigungsverordnung
EG	Europäische Gemeinschaft
EGBGB	Einführungsgesetz zum bürgerlichen Gesetzbuche
EGInsO	Einführungsgesetz zur Insolvenzordnung
EGVP	Elektronisches Gerichts- und Verwaltungspostfach
EHUG	Gesetzes über das elektronische Handelsregister, Genossenschaftsregister und Unternehmensregister
EinkSt	Einkommenssteuer
einschl.	einschließlich
EnEG	Energieeinsparungsgesetz
EnEV	Verordnung über energiesparenden Wärmeschutz und energiesparende Anlagentechnik bei Gebäuden
EStG	Einkommenssteuergesetz
ESUG	Gesetz zur Erleichterung der Sanierung von Unternehmen
etc.	et cetera
EU	Europäische Union
EuGH	Europäischer Gerichtshof
EuGVVO	Verordnung über die gerichtliche Zuständigkeit und die Anerkennung und Vollstreckung von Entscheidungen in Zivil- und Handelssachen
EuInsVO	Europäische Insolvenzverordnung
EV	Eidesstattliche Versicherung
evtl.	eventuell
EWR	Europäischer Wirtschaftsraum
EZB	Europäische Zentralbank
FA	Forderungsaufstellung
ff.	fort folgende
FGO	Finanzgerichtsordnung
FinA	Finanzamt
FKP	Feststellungkostenpauschale
FinV	Finanzverwaltung
FKP	Feststellungskostenpauschale
FMSTG	Finanzmarktstabilisierungsgesetz
Fn.	Fußnote
ForStaB	Fortgeschriebener standardisierter Bericht
FVG	Gesetz über die Finanzverwaltung
FZV	Verordnung über die Zulassung von Fahrzeugen zum Straßenverkehr
G	Gerichtsakte (Verwendung in Tabellen)
GBO	Grundbuchordnung
GBP	britische Währung: Pfund Sterling
GbR	Gesellschaft bürgerlichen Rechts
GD	Gesellschafterdarlehen
geb.	geboren
gem.	gemäß
GenG	Gesetz betr. die Erwerbs- und Wirtschaftsgenossenschaften
GewO	Gewerbeordnung
GewStG	Gewerbesteuergesetz
ggf.	gegebenenfalls
ggü.	gegenüber
GKG	Gerichtskostengesetz
GlV	Gläubigerversammlung
GmbH	Gesellschaft mit beschränkter Haftung
GmbHG	Gesetz betreffend die Gesellschaft mit beschränkter Haftung
GNotKG	Gesetz über Kosten der freiwilligen Gerichtsbarkeit für Gerichte und Notare (Gerichts- und Notarkostengesetz)
GOI	Grundsätze ordnungsgemäßer Insolvenzverwaltung
GPFRG	Grundpfandrechtsgläubiger
GPFR	Grundpfandrecht
grds.	grundsätzlich
GrSt	Grundsteuer

GrstG	Grundsteuergesetz
GV	Gesetz- oder Verordnungsblatt oder
GVBL	Gesetz- und Verordnungsblatt für Bundesland
GVG	Gerichtsverfassungsgesetz
GVGA	Geschäftsanweisung für Gerichtsvollzieher
GVRStG	Gesetz zur Verkürzung der Restschuldbefreiungsverfahren und zur Stärkung der Gläubigerrechte
GVZ	Gerichtsvollzieher
GwG	Gesetz über das Aufspüren von Gewinnen aus schweren Straftaten
Halbs.	Halbsatz
H*B*T	Höhe * Breite * Tiefe
HGB	Handelsgesetzbuch
HintO	Hinterlegungsordnung
HJB	Halbjahresbericht
h.M.	herrschende Meinung
HR	Handelsregister
HRA	Handelsregister Abt. A
HRB	Handelsregister Abt. B
Hs	Halbsatz
HwO	Gesetz zur Ordnung des Handwerks
i.A.	im Auftrag
IA	Insolvency Act 1986 = Der Insolvency Act ist die gesetzliche Regelung für die Abwicklung von Insolvenzverfahren in England, Schottland, Wales und Nordirland, also ähnlich der Insolvenzordnung in Deutschland.
IBAN	Internationale Bankkontonummer
i.d.F.	in der Fassung
i.d.R.	in der Regel
i.d.S.	in diesem Sinne, in dieser Sache
IE	Insolvenzeröffnung
IFG	Gesetz zur Regelung des Zugangs zu Informationen (Informationsfreiheitsge setz)
IHK	Industrie- und Handelskammer
IHKG	Gesetz zur vorläufigen Regelung des Rechts der Industrie- und Handelskam-mern
i.H.v.	in Höhe von
IK	Aktenzeichen beim Insolvenzgericht für Verbraucher-Insolvenzverfahren
i.L.	in Liquidation
IN	Aktenzeichen beim Insolvenzgericht für Firmeninsolvenzen oder ehemals selbstständige Privatpersonen
inkl.	inklusive
insbes.	insbesondere
InsbürO	Zeitschrift für Insolvenzsachbearbeitung und Entschuldungsverfahren
InsO	Insolvenzordnung
InsoBekV	Verordnung zu öffentlichen Bekanntmachungen in Insolvenzverfahren im Internet
InsStatG	Insolvenzstatistikgesetz
InsVV	Insolvenzrechtliche Vergütungsverordnung
IPR	Internationales Privatrecht
i.R.d.	im Rahmen des
i.S.v.	im Sinne von
i.Ü.	im Übrigen
IV	Insolvenzverwalter
i.V.m.	in Verbindung mit
i.w.S.	im weitesten Sinne
JBeitrG	Justizbeitreibungsgesetz
JVEG	Justizvergütungs- und Entschädigungsgesetz
JVV	Justizverwaltungsvorschriften
K	Kopie (Verwendung in Tabellen)
Kap.	Kapitel
KAPSt	Kapitalertragssteuer
KB	Kostenbeitrag
Kfz	Kraftfahrzeug
KG	Kammergericht
KG	Kommanditgesellschaft
KK	Kontokorrent
km	Kilometer

KostO	Gesetz über die Kosten in Angelegenheiten der freiwilligen Gerichtsbarkeit (aufgehoben mit Wirkung zum 01.08.2013 durch KostRModG)
KostRModG	Kostenrechtsmodernisierungsgesetz
KP	Kaufpreis
KraftStG	Kraftfahrzeugsteuergesetz
KSchG	Kündigungsschutzgesetz
KStG	Körperschaftssteuergesetz
Kto-Nr.	Kontonummer
LAG	Landesarbeitsgericht
LG	Landgericht
lt.	Laut
L u. L	Lieferung und Leistung
LV	Lebensversicherung
m.E.	meines Erachtens
mind.	mindestens
Mio.	Millionen
MiZi	Anordnung über die Mitteilungen in Zivilsachen (MiZi)
mtl.	monatlich
MoMiG	Gesetz zur Modernisierung des GmbH-Rechtes und zur Bekämpfung von Missbräuchen
MuSchG	Gesetz zum Schutz der erwerbstätigen Mutter
MUZ	Masseunzulänglichkeit
MwSt.	Mehrwertsteuer
m.W.v.	mit Wirkung vom
n.F.	neue Fassung
Nr.	Nummer
NV	Nachtragsverteilung
O	Original (Verwendung in Tabellen)
ÖBekInsIntV	Verordnung zur öffentlichen Bekanntmachungen im Insolvenzverfahren im Internet
OHG	offene Handelsgesellschaft
OLG	Oberlandesgericht
Opos	Offene Posten
Ord.	Ordner
OVS	Original-Versicherungsschein
Pfüb	Pfändungs- und Überweisungsbeschluss
PKH	Prozesskostenhilfe
PKHFV	Prozesskostenhilfeformularverordnung
Pkw	Personenkraftwagen
PT	Prüfungstermin
RA	Rechtsanwalt
RDG	Rechtsdienstleistungsgesetz
Reg.-Nr.	Registernummer
Rn.	Randnummer
RPflG	Rechtspflegergesetz
RSB	Restschuldbefreiung
RÜ	Rechtsprechungsübersicht
RVG	Rechtsanwaltsvergütungsgesetz
RZV	Ratenzahlungsvereinbarung
S.	Seite
s.	siehe
SB	Sachbearbeiter
sec	englisch: section = Paragraph
SGB	Sozialgesetzbuch
SiV	Sicherungsvertrag
s.o.	siehe oben
sog.	so genannte(r)
St.	Stück
Std.	Stunde(n)

StGB	Strafgesetzbuch
StVG	Straßenverkehrsgesetz
s.u.	siehe unten
SV	Schriftverkehr
SVT	Sozialversicherungsträger
TK	Treuhandkonto
u.	und
u.a.	unter anderem
u.E.	unseres Erachtens
UR-Nr.	Urkundenrolle-Nummer
Urt.	Urteil
USt	Umsatzsteuer
UStG	Umsatzsteuergesetz
usw.	und so weiter
UVMG	Unfallversicherungsmodernisierungsgesetz
U.Z.	Unser Zeichen
v.	vom
VA	Verfahrensanweisung
VbrInsVV	Verordnung zur Einführung von Vordrucken für das Verbraucherinsolvenzverfahren und das Restschuldbefreiungsverfahren = Verbraucherinsolvenzvordruckverordnung
VermBG	Gesetz zur Förderung der Vermögensbildung der Arbeitnehmer
vgl.	vergleiche
v.H.	von Hundert
VID	Verband Insolvenzverwalter Deutschlands e.V.
VKP	Verwertungskostenpauschale
VM	Vollstreckungsmaßnahme
VN	Versicherungsnehmer
VÖ	Veröffentlichung
VT	Vollstreckungstitel
VVG	Gesetz über den Versicherungsvertrag
VwVfG	Verwaltungsverfahrensgesetz
VwVG	Verwaltungsvollstreckungsgesetz
wg.	wegen
WKRS	Wolters Kluwer Rechtsprechungsdatenbank
WVP	Wohlverhaltensperiode
z.B.	zum Beispiel
z. Hd.	zu Händen
Ziff.	Ziffer
ZInsO	Zeitschrift für das gesamte Insolvenzrecht
ZPO	Zivilprozessordnung
z.T.	zum Teil
ZV	Zwangsvollstreckung
ZVG	Gesetz über die Zwangsversteigerung und die Zwangsverwaltung
z.Z.	zur Zeit
zzgl.	zuzüglich

Literaturverzeichnis

ABC des Insolvenzrechtes	Absonderungsrechte, InsbürO 2004, 79 f.
dass.	Abweisung mangels Masse, InsbürO 2008, 359 f.
dass.	Deckung der Verfahrenskosten, InsbürO 2012, 443 f.
dass.	Einstellung des Insolvenzverfahrens, InsbürO 2008, 440
dass.	Erfüllungswahl, InsbürO 2012, 155 f
dass.	Insolvenzanfechtung, InsbürO 2004, 119 f.
dass.	Insolvenzbeschlag, InsbürO 2011, 119 f.
dass.	Insolvenzgrund, InsbürO 2006, 439
dass.	Insolvenzverwalter / Treuhänder, die Unterschiede im eröffneten Insolvenzverfahren, InsbürO 2007, 119 f.
dass.	Kongruente und inkongruente Deckung, InsbürO 2011, 436
dass.	Kostenbeiträge der Absonderungsberechtigten, InsbürO 2007, 439 f.
dass.	Kostenvorschuss, InsbürO 2007, 359 f.
dass.	Motivationsrabatt, InsbürO 2007, 479 f.
dass.	Nachtragsverteilung, InsbürO 2007, 79 f.
dass.	Obliegenheitsverletzung, InsbürO 2008, 239 f.
dass.	Prüfungstermin, InsbürO 2011, 40
dass.	Regelinsolvenzverfahren, InsbürO 2008, 199 f.
dass.	Rückschlagsperre, InsbürO 2008, 320
dass.	Schlusstermin, InsbürO 2006, 359 f.
dass.	Schutzschirmverfahren, InsbürO 2013, 36
dass.	Stundung der Verfahrenskosten, InsbürO 2007, 158 f.
dass.	Treuhänder im Entschuldungsverfahren, InsbürO 2007, 399 f.
dass.	Verteilung der Insolvenzmasse, InsbürO 2010, 76 f.
dass.	vorläufiger Gläubigerausschuss, InsbürO 2012, 240
dass.	vorläufiger Sachwalter, InsbürO 2012, 403 f.
Adam	Die abgabenrechtliche Haftung des Geschäftsführers, schwachen vorläufigen Insolvenzverwalters und vorläufigen Sachwalters, ZInsO 2017, 2289 ff.
Ahrens/Gehrlein/Ringstmeier	Insolvenzrecht Kommentar, 3. Aufl. 2017, Luchterhand-Verlag
Albrecht	Arbeits- und sozialrechtliche Aspekte in der Insolvenz, 1. Teil, Betriebsänderungen, Sozialpläne und Interessenausgleich, InsbürO 2007, 130 ff., 2. Teil: Beschäftigungs- und Qualifizierungsgesellschaften, InsbürO 2007, 177 f.
ders.	Die reformierte EuInsVO im Spiegel der Rechtsprechung des EuGH, Teil 1: InsbürO 2018, 14 ff., Teil 2: InsbürO 2018, 53 ff.
Amberger	Berechnung der Auslagenpauschale bei einem Abschlag auf die Regelvergütung, InsbürO 2019, 42 f.
dies.	Die Vergütung des (vorläufigen) Sachwalters – ein Musterantrag, InsbürO 2018, 93 ff.
Annuß/Lemke	Arbeitsrechtliche Umstrukturierung in der Insolvenz, RWS-Verlag, Aufl. 2012, 238 S.
Arbeitshilfe	Annahme und Bestätigung Insolvenzplan, InsbürO 2007, 111 f.
dies.	Behandlung von Widersprüchen, in InsbürO 2007, 393 f.
dies.	Der Eröffnungsbeschluss, InsbürO 2006, 391 f.
dies.	»Der Sachverständige im vorläufigen Insolvenzverfahren, InsbürO 2006, 351 f.
dies.	Der vorläufige Insolvenzverwalter, InsbürO 2006, 431 f.
dies.	Wirkungen der Verfahrenseröffnung, InsbürO 2006, 474 f.
Arend/Spitzer	Erbschaft im Insolvenzverfahren: Massemehrung oder Massebelastung? InsbürO 2018, 386 ff.

Arend/Tenbergen	Massemehrung durch Abschöpfung verschleierter Einkommen, Teil 1: Voraussetzungen (InsbürO 2018, 212 ff.), Teil 2: Musterklage (InsbürO 2018, 252 ff.), Teil 3: Sicherung des vor Insolvenzeröffnung erzielten Prozesserfolges eines Gläubigers (InsbürO 2018, 332 ff.), Teil 4: Übertragung des Ermittlungsaufwandes und der Prozessführung auf Gläubiger nach Insolvenzeröffnung (InsbürO 2018, 461 ff.)
Baatz	Anmerkung zu BVerwG, Beschl. v. 14. 5. 2012 – 7 B 53.11, ZInsO 2012, 1269
BAKinsO	Entschließung: Grundsätze der Gutachtenerstellung im Eröffnungsverfahren, ZInsO 2007, 1211 (Download auch unter www.bakinso.de möglich)
Bales	Absonderungsrecht des Sicherungszessionars nach Einziehung der Forderung d. d. vorläufigen Insolvenzverwalter, InsbürO 2010, 266 ff.
Becker	Nachrangige Grundpfandrechte – Freigabe oder Zwangsversteigerung auf Antrag des Insolvenzverwalters? InsbürO 2018, 218
ders.	Nachrangige (wertlose) Zwangssicherungshypothek im Insolvenzverfahren – Handlungsmöglichkeiten für den Insolvenzverwalter, InsbürO 2017, 225
Beiske/Heyn	Die ungerechtfertigte Bereicherung, InsbürO 2017, 193 ff.
Berger	Insolvenzantragspflicht bei Führungslosigkeit der Gesellschaft nach § 15a Abs. 3 InsO, ZInsO 2009, 1977
Bergner	Insolvenz von Abgeordneten – schlechte Karten für den Insolvenzverwalter? ZInsO 2016, 1189 ff.
Bergner/Schubert	Pfändbarkeit des Kindergeldes eines inhaftierten Schuldners, InsbürO 2017, 499 ff.
Berscheid/Bertram	Richtig kündigen im Insolvenzeröffnungsverfahren – Teil 1. Bestellungsbeschluss und Arbeitgeberfunktion des vorläufigen Insolvenzverwalters, InsbürO 2004, 128 ff., Teil 2: Kündigungsbefugnis des vorläufigen Insolvenzverwalters, InsbürO 2004, 172 ff.
Bielau	Ordnungsgemäße Bekanntmachung der Tagesordnung einer Gläubigerversammlung, InsbürO 2010, 24 ff.
Binner/Richter	P-Konto und Insolvenz: Praxisprobleme und Reformansätze, Teil 1: InsbürO 2016, 360 ff., Teil 2: InsbürO 2016, 414 ff.
Bischoff	Absicherung des im Insolvenzgeld-Zeitraum erarbeiteten Arbeitsentgeltes, InsbürO 2005, 95 ff.
Bitter/Baschnagel	Haftung von Geschäftsführern und Gesellschaftern in der Insolvenz ihrer GmbH – Teil 1: ZInsO 2018, 557 ff., Teil 2: ZInsO 2018, 625 ff.
Blank	Kein Ordnungsgeld wg. Verstoß gegen Offenlegung, ZInsO 2009, 2186 f.
Blankenburg	Probleme des Insolvenzplans in Kleinverfahren, ZInsO 2015, 1293 ff.
Böing/Schmittmann	Fragen rund um die Einzahlung des Stammkapitals, InsbürO 2005, 250 ff.
Braun	Das Ende des Lastschriftenwiderrufs, InsbürO 2013, 476 ff.
Bruder/Dressler	Telefonische Auskünfte im Insolvenzverfahren, InsbürO 2013, 45 ff.
Brünkmans	Abfindungs- und Bewertungsfragen bei gesellschaftsrechtlichen Maßnahmen, ZInsO 2017, 1401 ff.
ders.	Präklusions- und Ausschlussklauseln in Insolvenzplänen, ZInsO 2016, 245
Bucher	Die Archivierung von Geschäftsunterlagen – Outsourcing – »make-or-buy«, InsbürO 2007, 422 ff.
Büttner	Gegenvorstellung und beschränkte Restschuldbefreiung – Probleme im Zusammenhang mit dem sogenannten Zweitinsolvenzverfahren, ZInsO 2017, 1057
Busch	Die Anmeldung von Steuerforderungen im Insolvenzverfahren, InsbürO 2019, 115 ff.
ders.	Die Haftung des Geschäftsführers nach § 69 AO für die Steuerforderungen einer insolventen GmbH, InsbürO 2019, 120 ff.
Busch/Büker	Die Durchsetzung von Masseverbindlichkeiten nach Aufhebung des Insolvenzverfahrens; Geltendmachung der Einrede der beschränkten Haftung, InsbürO 2017, 60 f.
dies.	Insolvenzanfechtung und Vorsteuerberichtigung, InsbürO 2017, 6 f.
dies.	Masseverbindlichkeiten gem. § 55 Abs. 4 InsO – quo vadis? Teil 3: InsbürO, 2016, 443 ff., Teil 2: InsbürO 2015, 333 ff. Teil 1: InsbürO 2015, 124 ff.
dies.	Umsatzsteuerliche Fragestellungen im Zusammenhang mit der Auszahlung der Quote an die Insolvenzgläubiger, InsbürO 2017, 284
Busch/Büker/Heyn	Übersicht über Zuordnung der Umsatzsteuerverpflichtung im Rahmen des Forderungseinzuges, InsbürO 2018, 378 ff.
Busch/Jungmann/Winkens	Freigabe der selbständigen Tätigkeit und die steuerrechtlichen Folgen, InsbürO 2013, 178 ff.
Busch/Winkens/Büker	Insolvenzrecht und Steuern visuell, 2. Auflage 2014, Schäffer-Poeschel-Verlag
Casse	Aktuelle Fragen zum P-Konto im Insolvenzverfahren, InsbürO 2014, 459 ff.

ders.	Rechtsmittel und Besonderheiten im Insolvenzantragsverfahren – § 25 Abs. 2 auch bei schwacher vorläufiger Verwaltung, InsbürO 2015, 133,
Chatroom	Frage 3: Abzinsungsregelung, InsbürO 2008, 235 f.
ders.	Frage 3: Erhebung der Einrede der Verjährung? InsbürO 2007, 197 f.
ders.	Frage 2: fehlende Verwertung = keine Ausfallberechnung möglich? InsbürO 2008, 355 f.
ders.	Frage 3: Gehören auf die Passivseite der Vermögensübersicht nur die festgestellten oder auch die bestrittenen Insolvenzforderungen? InsbürO 2008, 276 f.
ders.	Frage 1: Vorgehen nach Ablauf der Frist des § 173 InsO, InsbürO 2008, 153
ders.	Frage 2: Was genau wird veröffentlicht? InsbürO 2008, 76 f.
ders.	Frage 1: Was ist ein Insolvenzbeschlag, InsbürO 2007, 236
ders.	Frage 1: Wer zahlt die Reparaturkosten für ein unpfändbares Fahrzeug?, InsbürO 2008, 275 f.
Cymutta	Die Behandlung der Mietkaution im Insolvenzverfahren, InsbürO 2017, 7 ff.
dies.	Neue Entwicklungen zum Umgang mit der Mietkaution im Insolvenzverfahren, Teil 1: InsbürO 2019, 32 ff., Teil 2: InsbürO 2019, 76 ff.
Dälken	Insolvenzanfechtung und Organhaftung: Effektive Massesicherung durch dinglichen Arrest, InsbürO 2018, 338 ff.
ders.	Insolvenzen im Amateursport, InsbürO 2018, 267 ff.
Dannemann/Schütte	Die Vorschusspflicht gem. § 26 Abs. 4 InsO – stiefmütterlich behandelt? InsbürO 2019, 168 ff.
Dannemann/Traphan	Aktuelle Entwicklungen bei der Ermittlung und Durchsetzung von Haftungsansprüchen gegen den Geschäftsführer aus § 64 GmbHG, InsbürO 2017, 187 ff.
dies.	Update zu § 64 Satz 1 GmbHG, InsbürO 2017, 497 ff.
d'Avoine	Arzt und Praxis in Krise und Insolvenz, 2. Auflage 2016, RWS-Verlag
Deppe	Abtretung titulierter Forderungen ohne Titelumschreibung – Berücksichtigung bestrittener Forderungen bei der Schlussverteilung? InsbürO 2015, 59
dies.	Das insolvenzrechtliche Feststellungsverfahren, InsbürO 2004, 251 ff.
dies.	Eröffnungsbeschluss neu ab 01.07.2007, InsbürO 2007, 288 ff.
dies.	Erwerbsobliegenheit des Schuldners im eröffneten Verfahren, InsbürO 2018, 132 ff.
dies.	Geltendmachung von Deliktforderungen im Insolvenzverfahren und Titulierung durch die Feststellung zur Insolvenztabelle, InsbürO 2019, 126
dies.	Gesamtschuldnerische Haftung, InsbürO 2004, 184 ff
dies.	Insolvenzmasse bei inhaftierten Schuldnern, InsbürO 2013, 277 ff.
dies.	Insolvenzrecht für Greenhorns: Schlussbericht, InsbürO 2016, 455 ff.
dies.	Insolvenzrecht für Greenhorns: Schlussrechnung, InsbürO 2016, 332 ff.
dies.	Nachtragsverteilung für Ratenzahlung des Schuldners auf nicht abgeführte pfändbare Beträge aus laufendem Einkommen, InsbürO 2013, 405 f.
dies.	Neuerwerb in der Insolvenz: Beitragsreihe in der InsbürO zu unterschiedlichen Themen bzgl. des Einkommens, Inhaltsverzeichnis über alle Beiträge in InsbürO 2013, 8 ff.
dies.	Aktualisierung Neuerwerb in der Insolvenz – Update 1 – 3, InsbürO 2014, 96 ff.
dies.	Aktualisierung »Neuerwerb in der Insolvenz« – Update Teil 4: bedingt pfändbare Beträge (§ 850b ZPO), InsbürO 2016, 234 ff.
dies.	Rechtsfolgen einer titulierten Forderung nur bei Vorlage des Schuldtitels, InsbürO 2016, 244
dies.	Stundung der Kosten im Insolvenzverfahren – Teil 1: Voraussetzungen und Wirkung der Stundung, InsbürO 2004, 63 ff., Teil 2: Wiedereinziehung der gestundeten Beträge, InsbürO 2004, 97 ff.
dies.	Vergütung der Gläubigerausschussmitglieder, InsbürO 2005, 164 ff.
dies.	Verjährungsfristen – ein tabellarischer Überblick mit über 80 einzelnen Sachverhalten, InsbürO 2016, 493 ff.
dies.	Verteilung der Insolvenzmasse – abgerechnet wird zum Schluss – Teil 1: InsbürO 2017, 367 ff., Teil 2: InsbürO 2017, 422 ff.
dies.	Von der RSB ausgenommene Forderungen, InsbürO 2015, 46 ff.
Dreschers	Die Berechnung von Differenzlohnansprüchen im Insolvenzverfahren, InsbürO 2005, 42 ff.
ders.	Prüfung und Feststellung arbeitsrechtlicher Ansprüche in der Insolvenz, InsbürO 2004, 42 ff.
Dreschers/Becker	Altersteilzeitarbeitsverhältnisse in der Insolvenz, InsbürO 2007, 367 ff.
du Carrois	Vereinfachte Ertragswertermittlung von Immobilien, InsbürO 2012, 381

ders.	Entwicklung einer Verwertungsstrategie von Wohnungseigentum, InsbürO 2012, 415
Duda/Schmittmann	Steuerliche Fragen im Insolvenzverfahren über das Vermögen einer Gesellschaft bürgerlichen Rechts: Teil 1: Bedeutung und Praxisrelevanz des Themas, InsbürO 2017, 276 ff., Teil 2 – Steuerverwaltungsakte: InsbürO 2017, 312 ff., Teil 3 – Korrektur fehlerhafter Verwaltungsakte: InsbürO 2017, 410 ff., Teil 4: Zusammenfassende Anmerkungen: InsbürO 2018, 23 ff.
Ebner/Krause	Der Auskunftsanspruch des Insolvenzverwalters gegenüber der Finanzverwaltung – Praxishinweise zum Urteil des BVerwG v. 26.04.2018 – 7 C 5.16, InsbürO 2019, 65 ff.
Eckert	Steuerberaterhaftung für Insolvenzverschleppungsschäden, Teil 1: InsbürO 2017, 444 ff., Teil 2: InsbürO 2017, 484 ff.
Ehlers	Anforderungen an die Fortführungs-/ Fortbestehensprognose, ZInsO 2016, 1244
Elliott/Lorenz	Forderungsanmeldung nach der neuen EuInsVO, InsbürO 2018, 215 ff.
Empting	Internet-Domain, ZInsO 2006, 229 ff.
Engel	Masseunzulänglichkeit: Problematik mit dem Fiskus, InsbürO 2016, 457 ff.
dies.	Nachtragsverteilung für Steuererstattungsansprüche – lohnt sich das? InsbürO 2016, 197
dies.	Vergleichsabschluss bei der Anfechtung und die umsatzsteuerrechtlichen Folgen, InsbürO 2018, 389 ff.
Engelmann	Muss ein Insolvenzschuldner eine lohnenswerte Altersrente vorziehen? InsbürO 2017, 155 ff.
Fischer	Grundschuldgläubiger, ZInsO 2012, 1493 ff.
Franke/Böhme	Formale und inhaltliche Anforderungen an insolvenzrechtliche Gutachten, InsbürO 2005, 242 ff.
Frankfurter Kommentar zur Insolvenzordnung	9. Auflage 2018, Luchterhand-Verlag
Frind	»Das »unbekannte Wesen« – was macht/darf der vorläufige Sachwalter in der Eigenverwaltung«, InsbürO 2016, 14 ff.
ders.	Die Begründung von Masseverbindlichkeiten bei der Betriebsfortführung im Insolvenzeröffnungsverfahren, Teil 1: InsbürO 2014, 217 ff., Teil 2: InsbürO 2014, 264 ff., Teil 3: InsbürO 2014, 323 ff.
ders.	Eckpunkte für das gute Insolvenzgutachten – Erwartungen des Insolvenzgerichtes und Umsetzung durch das Insolvenzbüro, InsbürO 2018, 177 ff.
ders.	Gerichtsbezogene Verfahrenskennzahlenauswertung, ZInsO 2009, 1683 ff.
ders.	Störeinflüsse im Privatinsolvenz-Planverfahren, ZInsO 2014, 280 ff.
Ganter	Nochmals: Die Delegation der Ermittlung von Anfechtungsansprüchen – Erwiderung auf Laubereau (ZInsO 2016, 496 ff.), ZInsO 2016, 677
Gebhardt	Die Auswirkung der Eröffnung des Insolvenzverfahrens auf Inhalt und Bestand von Arbeitsverhältnissen, InsbürO 2009, 258 ff.
Gehrlein	Der Begriff der Zahlungsunfähigkeit, ZInsO 2018, 354
ders.	Die »lockeren« wesentlichen Bestandteile eines Grundstücks, ZInsO 2017, 573 ff.
Geißler	Ausgewählte Rechtsprobleme der Ersatzaussonderung in der Praxis der Insolvenzverwaltung, ZInsO 2017, 2727 ff.
ders.	Ausgewählte Rechtsfragen zu den Anfechtungsansprüchen der §§ 130 – 134 InsO und zu deren praktischer Beitreibung, Teil 1: InsbürO 2019, 174 ff., Teil 2: InsbürO 2019, 208 ff.
Gerbers/Pape	Der Umgang mit Forderungsanmeldungen nach Einreichung des Schlussberichte, ZInsO 2006, 685 ff.
Goth	Forderungsanmeldung in der Insolvenz des persönlich haftendem Gesellschafter (§ 93 InsO), InsbürO 2011, 411 f.
Graeber	Änderung des Vergütungsrechtes für Treuhänder bzw. Verbraucherinsolvenzverwalter ab dem 01.07.2014, InsbürO 2014, 3 ff.
ders.	Der Abgeltungssteuerbetrag als Bestandteil der Berechnungsgrundlage der Verwaltervergütung, ZInsO 2013, 1834
ders.	Die Bemessung der besonderen Insolvenzverwaltervergütung für die Geltendmachung von Ansprüchen nach §§ 92, 93 InsO, NZI 2016, 860 ff.
ders.	Die Haftung des vorläufigen Insolvenzverwalters, Beitragsreihe mit 9 Teilen: Teil 1: InsbürO 2010, 122 ff. (u.a. Haftungsgrundlagen, Verjährung), Teil 2: Insbüro 2010, 327 ff. (Betriebsfortführung), Teil 3: InsbürO 2010, 450 ff. (Haftungsvoraussetzungen für § 61 InsO), Teil 4: InsbürO 2011, 140 ff. (Haftung nach § 61 InsO), Teil 5: InsbürO 2011, 333 ff. (starker IV: einzelne Themen, wie bspw. Arbeitgeberstellung, Betriebsfortführung), Teil 6: InsbürO 2011, 363 ff. (starker IV: einzelne Themen, wie bspw. Mietzahlungen, Insolvenzgeldvorfinanzierung), Teil 7: InsbürO 2012, 12 ff. (u.a. vertragliche Haftung), Teil 8: InsbürO 2012, 300 ff. (schwacher IV mit Zustimmungsvorbehalt), Teil 9: InsbürO 2013, 54 ff. (u.a. Inanspruchnahme v. Leistungen)

ders.	Die Nichtzahlung der Mindestvergütung gem. § 298 InsO und ihre Folgen, InsbürO 2016, 459 ff.
ders.	Gläubigerausschuss und Insolvenzverwalterbüro, InsbürO 2014, 101 ff.
ders.	Rechtswegmöglichkeiten im Insolvenzverfahren, InsbürO 2006, 204 (unten)
ders.	Vergütungsrecht in der Insolvenzpraxis: Die Regelung des § 1 Abs. 2 InsVV ist nichtig, ZInsO 2018, 141 ff.
ders.	Vergütungsrecht in der Insolvenzpraxis: Kein Ausgleich für eine Geldentwertung / Kein Inflationsausgleich bei der Verwaltervergütung, InsbürO 2017, 403 ff.
Graeber/Graeber	Der Einzug der vom selbständigen Schuldner abzuführenden Beträge vor dem Prozessgericht, InsbürO 2016, 367 ff.
dies.	InsVV – Insolvenzrechtliche Vergütungsverordnung – Kommentar, 2. Auflage 2016, Graeber-Verlag
dies.	Vergütungsrecht in der Insolvenzpraxis: Ansprüche aus ungerechtfertigter Bereicherung im Insolvenzverfahren und deren Auswirkungen auf die Vergütung des Insolvenzverwalters, InsbürO 2017, 487 ff.
dies.	Vergütungsrecht in der Insolvenzpraxis: Die Durchsetzung von Ansprüchen gem. §§ 92, 93 InsO durch das Verwalterbüro, InsbürO 2019, 71 ff.
dies.	Vergütungsrecht in der Insolvenzpraxis: Regelvergütung und Mindestvergütung des Insolvenzverwalters in Verbraucherinsolvenzverfahren, InsbürO 2019, 134 ff.
Groh	Das Schicksal von Lizenzen an gewerblichen Schutzrechten in der Insolvenz des Lizenzgebers – Ein Überblick, ZInsO 2019, 925 ff.
Grote	Das liebste Kind: Darf der Schuldner seinen Pkw behalten? – Teil 1: InsbürO 2014, 516 ff., Teil 2: InsbürO 2015, 17 ff.
ders.	Das Smartphone in der Insolvenzmasse, InsbürO 2019, 112 ff.
ders.	Das pfändbare Einkommen – Kontrollpflichten von Insolvenzbüro und Drittschuldner, InsbürO 2018, 71 f.
ders.	Der neue Rechtsanspruch auf ein Girokonto nach dem Zahlungskontengesetz, InsbürO 2016, 223 ff.
ders.	Der taugliche Zusammenrechnungsbeschluss, InsbürO 2010, 475
ders.	Die missbräuchliche Wahl der Steuerklasse, InsbürO 2006, 42 ff.
ders.	Gehaltsabrechnung des Monats: Auch Abgeordnete können überschuldet sein, InsbürO 2017, 348 ff.
ders.	Gehaltsabrechnung des Monats: Nettomethode, InsbürO 2013, 376, 421, 465, 505
ders.	Gehaltsabrechnung des Monats: Krankenversicherungsbeiträge, InsbürO 2014, 195
ders.	Kann der Ehepartner eines Schuldners mit einem geringerem Einkommen als unterhaltspflichtige Person berücksichtigt werden? InsbürO 2009, 71 f.
ders.	Macht der Arbeitnehmer Überstunden, wenn er 40 statt 35 Stunden arbeitet? InsbürO 2018, 516 ff.
ders.	Nachzahlung einer privaten Berufsunfähigkeitsrente in der Wohlverhaltensperiode, InsbürO 2018, 270 ff.
ders.	Pfändungsberechnung bei Dienstwagen, InsbürO 2012, 265 und Gehaltsabrechnung des Monats: Dienstwagen, InsbürO 2012, 286
ders.	Pfändungsschutz bei Bedarfsgemeinschaften nach § 850f Abs. 1 ZPO – immer noch ungeklärt, InsbürO 2019, 73 ff.
ders.	Reform: Insolvenzplanverfahren für Verbraucher, InsbürO 2014, 203 ff. und InsbürO 2014, 252 ff.
ders.	Reform: Schutz für Mitglieder der Wohnungsgenossenschaften, InsbürO 2013, 296
ders.	Die Verwertbarkeit der Ansprüche des Schuldners aufgrund einer Sterbegeldversicherung, InsbürO 2014, 103 ff.
ders.	Teilkündigung einer Sterbegeldversicherung, InsbürO 2014, 524 ff.
ders.	Vergleich: Vier Möglichkeiten der vorzeitigen Restschuldbefreiung nach neuem Recht, InsbürO 2015, 305 ff.
ders.	Von der RSB ausgenommene Forderungen, InsbürO 2013, 227
ders.	20 Jahre Restschuldbefreiung – wie alles anfing, InsbürO 2019, 5 ff.
ders.	Vorfälligkeitsentschädigung nach Kündigung der Bank? InsbürO 2016, 112 ff.
Grote/Heyn	Der Genossenschaftsanteil – ein Überblick über den Kündigungsausschluss, InsbürO 2015, 279 f.
Grote/Obermüller/Pape	Insolvenz und Sanierung – auf der Dauerbaustelle geht es weiter, Festschrift für Hans Haarmeyer zum 65. Geburtstag, 1. Auflage 2013, Carl Heymanns Verlag
Grote/Zamaitat	Berechnung des pfändbaren Betrags unter nur teilweiser Berücksichtigung von unterhaltsberechtigten Personen, InsbürO 2017, 317 ff.

dies.	Inoffizielle Pfändungstabelle für nur zur Hälfte zu berücksichtigende Unterhaltspflichten, InsbürO 2017, 405 ff.
dies.	ABC der pfändbaren Lohn- und Gehaltspositionen, 1. Auflage 2018, ZAP-Verlag
Haarmeyer	Die Methoden zur Ermittlung der Zahlungsunfähigkeit, InsbürO 2011, 442 ff.
ders.	Die Praxis der Gutachtenerstellung im Insolvenzeröffnungsverfahren, ZInsO 2009, 1335
ders.	Die Vergütung des Insolvenzverwalters bei der Generierung und Verwaltung von Sondermassen, InsbürO 2019, 130 ff.
ders.	Die (neue) Vergütung des Sachwalters, InsbürO 2016, 440 ff.
ders.	Vorschussmöglichkeit während der vorläufigen Verwaltung, InsbürO 2016, 231 ff.
Haarmeyer/Mock	Insolvenzrechtliche Vergütung – InsVV, 5. Auflage 2014, Beck-Verlag
Hackenberg	Nachrangige Insolvenzforderungen, InsbürO 2005, 325 ff.
Hage/Lind	Kostentragungspflicht bei Aussonderungsgegenständen, InsbürO 2012, 88 f.
Hahn	Zur Problematik verjährter Altmasseverbindlichkeiten im Rang des § 209 Abs. 1 Nr. 3 InsO, ZInsO 2016, 616 ff.
Hain	Die unerlaubte Handlung, ZInsO 2011, 1193
Hamann	Die Jahresfrist des § 135 Abs. 1 Nr. 2 InsO – auf dem Prüfstand des MoMiG übersehen? ZInsO 2009, 264 ff.
Hamburger Kommentar zum Insolvenzrecht	7. Aufl. 2019, Carl Heymanns-Verlag
Hartwig	Die Ermittlung von Immobilienvermögen im Ausland, InsbürO 2014, 113 ff.
ders.	Planung und Finanzierung in der Betriebsfortführung, InsbürO 2017, 493 ff.
ders.	Sondierung und strukturierte Verfolgung von Anfechtungsansprüchen, InsbürO 2010, 52 ff.
Harz/Hauser	BilMan – Ein Werkzeug zur Identifizierung von Auffälligkeiten in Jahresabschlüssen, InsbürO 2018, 462 ff.
Harz/Riecke/Schmid	Handbuch des Fachanwalts Miet- und Wohnungseigentumsrecht, 6. Auflage 2018, Luchterhand-Verlag
Haß	IHK-Beiträge vor und während des Insolvenzverfahrens, InsbürO 2010, 139
Hatwig	Gespaltenes Bezugsrecht beim Lebensversicherungsvertrag, InsbürO 2014, 519 ff.
ders.	Sterbegeldversicherung, InsbürO 2015, 524 ff.
ders.	Wem gehört die Lebensversicherung, Teil 1: Das widerrufliche Bezugsrecht, InsbürO 2015, 229 ff.
Haushalter	ADAC – Der Verein im Lichte des Insolvenzrechtes, InsbürO 2016, 400 ff.
dies.	Das asymmetrische Verfahren: Vollstreckung nach Erteilung der Restschuldbefreiung, InsbürO 2016, 108 ff.
dies.	Der Motivationsrabatt – bald Geschichte? InsbürO 2014, 226 ff.
dies.	Ich bin Arzt und insolvent – Besonderheiten der Insolvenzsachbearbeitung, InsbürO 2016, 8 ff.
dies.	Kollision von Sicherheiten, InsbürO 2017, 144 ff.
dies.	Unpfändbarkeit eines darlehensfinanzierten Fahrzeuges, InsbürO 2016, 154 ff.
Haut/Stier	Versicherungsschutz in der Insolvenz – ein Erfahrungsbericht, InsbürO 2010, 262 ff.
Heckel	Aufbringung und Nachweis des Haftkapitals der Kommanditgesellschaft, InsbürO 2007, 9 ff.
Heeseler	Kompensation der Kostenbeiträge gem. §§ 170, 171 durch den Verwertungserlös, ZInsO 2002, 924 ff.
Heeseler/Neu	Der Übererlös bei der Verwertung von Sicherungsgut – wie ist er vom Insolvenzverwalter abzurechnen? InsbürO 2015, 178 ff.
dies.	Pfändung von Smartphon & Co. – Möglichkeiten der Massemehrung? InsbürO 2018, 449 ff.
Heidelberger Leitlinien	= Leitlinien von acht Insolvenzgerichten in Baden-Württemberg zur Zusammenarbeit von Insolvenzgericht und Insolvenzverwaltern, ZInsO 2009, 1848, abrufbar auch über www.amtsgericht-heidelberg.de
Heinze	Hilfe – Leasingfahrzeuge schon über dem Kaukasus – Sieh es mal versicherungsrechtlich, InsbürO 2016, 113 ff.
ders.	Irrungen und Wirrungen zu § 110 VVG in der Praxis der Insolvenzverwaltung – für den Insolvenzverwalter eine Wahl zwischen Scylla und Charybdis? InsbürO 2015, 469 ff.
ders.	Wehe dem roten Hahn auf dem Dach, die Prämie ist nicht gezahlt! – Sieh es mal versicherungsrechtlich, InsbürO 2016, 193 ff.
Heitsch	Gläubigerbenachteiligung durch Zahlung Dritter, ZInsO 2012, 2088

ders.	Zur Haftung bei Insolvenzverschleppung, § 43 Abs. 2 GmbH als Anspruchsgrundlage, ZInsO 2009, 1571
Henkel	Das Bargeschäftsprivileg gilt nicht im Rahmen des § 135 Abs. 1 InsO, ZInsO 2009, 1577 ff.
Heyn	Ausfallberechnung unter Berücksichtigung von nach IE anfallender Zinsen, InsbürO 2010, 189 ff.
dies.	Berücksichtigung von Massegläubigern während der RSB-Phase, InsbürO 2006, 282 ff.
dies.	Deliktforderung, InsbürO 2009, 32
dies.	Der Verkauf eines Fahrzeuges ohne Fahrzeugpapiere, InsbürO 2009, 469 ff.
dies.	Ermittlung pfändbarer Einkommensanteile bei Vereinnahmung v. Provisionen im Ausland, InsbürO 2010, 35 ff.
dies.	Erneuter Kostenstundungsantrag bei unerwartetem Eintritt der Masselosigkeit möglich?, InsbürO 2011, 103 ff.
dies.	Evaluation P-Konto – der Schlussbericht liegt vor, InsbürO 2016, 136 f.
dies.	Familienrechtliche Unterhaltsforderungen im Insolvenzverfahren, InsbürO 2009, 123 ff.
dies.	Forderungsanmeldung der Bank mit Avalansprüchen, InsbürO 2006, 122 f.
dies.	Mietansprüche in der Insolvenz im tabellarischen Überblick, InsbürO 2010, 43 ff.
dies.	Mögliche Kostenerstattung bei der Nutzung von BilMan, InsbürO 2018, 464 ff.
dies.	Muss der IV den Widerspruch bei bestrittenen Vollstreckungskosten selbst verfolgen? InsbürO 2010, 225 ff.
dies.	Rentnerinnen und Rentner in der Insolvenz, InsbürO 2014, 115 ff.
dies.	Rückforderung von Vergütung bei Tod des Schuldners in der RSB-Phase, InsbürO 2009, 358 f.
dies.	Sicherung von Rückkaufswerten während der vorläufigen Verwaltung, InsbürO 2011, 122 ff.
dies.	Der Taschengeldanspruch zur Erhöhung der Insolvenzmasse, InsbürO 2019, 146 ff.
dies.	Umgang mit der Rücknahme einer Forderungsanmeldung, InsbürO 2010, 68 ff.
dies.	Umgang mit einer verspätet angemeldeten unerlaubten Handlung einige Tage vor dem Schlusstermin, InsbürO 2009, 436 f.
dies.	Unterhaltsverpflichtung ggü. volljährigen Kindern, Auskunftserteilung Schuldner, InsbürO 2010, 149 f.
dies.	Verjährung von Masseverbindlichkeiten nach Anzeige der MUZ, InsbürO 2011, 261 ff.
dies.	Zum Umgang mit der Bürgschaft bei einer Forderungsanmeldung, InsbürO 2010, 307 ff.
dies.	Zur Freigabe von Vermögenswerten bei fehlendem Erklärungsempfänger, InsbürO 2011, 12 ff.
Heyn/Scheungrab	Interview zum Thema »elektronisches Postfach«, InsbürO 2017, 141 ff.
Hiebert	Die Insolvenzanfechtung als notwendiges Korrektiv des faktischen Fiskus- und Krankenkassenprivilegs im Rahmen der Eigenverwaltung, ZInsO 2015, 1242
Holzer	Grundzüge des Verteilungsverfahren nach der InsO, InsbürO 2011, 82 ff.
Homann/Neufeld	»Der Versicherungsschutz der Insolvenzmasse und die qualifizierte Mahnung nach § 39 VVG«, ZInsO 2005, 741
Hopfenbeck	Berücksichtigung des absonderungsberechtigten Gläubigers bei Verteilung in der RSB-Phase, InsbürO 2010, 61 ff.
ders.	Feststellung der Forderung im Schlussverzeichnis, InsbürO 2010, 61 ff.
Instituts der Wirtschaftsprüfer in Deutschland e.V. (IDW)	Rechnungslegungshinweise, ZInsO 2009, 75 ff., 130 ff., 179 ff.
Janca	Die kalte Zwangsverwaltung im Insolvenzverfahren, InsbürO 2004, 377 ff.
Joannidis/Weiß	Der Insolvenzantrag des Schuldners, Nachlasspflegers, GmbH-Geschäftsführers, der Staatsanwaltschaft pp.: Antragsrecht und Antragspflicht? InsbürO 2018, 265 ff.
Kampf	Tod in der Insolvenz – eine Herausforderung für die Verfahrensbeteiligten, ZVI 2018, 3 ff.
Kannengießer	Heimlich, still und leise? Änderungen zum Insolvenzgeld im SGB III, InsbürO 2013, 83 ff.
dies.	Verjährung von Sozialversicherungsbeiträgen, InsbürO 2014, 176 ff.
Kannengießer/Kreuznacht	ESUG – Der Eröffnungsantrag, InsbürO 2013, 86 ff.
Kath	Verjährung von Zinsansprüchen, InsbürO 2010, 186 f.
Kemper	Das Kontokorrentkonto in der Insolvenz, 1. Aufl. 2011, Nomos-Verlag

Kirchhof	Gemeinsamkeiten von sowie Unterschiede zwischen Insolvenz- und Einzelgläubigeranfechtung, ZInsO 2013, 1813 ff.
Kirstein	Die systematisch strukturierte Anfechtungsermittlung als Voraussetzung eines angemessenen Erfolges, InsbürO 2008, 213 ff.
Klein	Anfechtung einer Zahlung an den GVZ, InsbürO 2012, 352 ff.
ders.	Das insolvenzrechtliche Gutachten im Eröffnungsverfahren der Eigenverwaltung, InsbürO 2017, 137 ff.
ders.	Einschränkende Auslegung des § 811 Abs. 1 Nr. 5 ZPO? InsbürO 2016, 501 ff.
ders.	Pfändungsschutz für Einkünfte aus Vermietung und Verpachtung? InsbürO 2013, 142 ff.
Klein/Haushalter	Unfallschaden am unpfändbaren Fahrzeug, InsbürO 2013, 229 ff.
Klinck	Die Einzelermächtigung des Schuldners zur Begründung von Masseverbindlichkeiten in den Eigenverwaltungs-Eröffnungsverfahren nach §§ 270a und 270b InsO, ZInsO 2014, 365 ff.
Klose	Der Eigentumsvorbehalt nach der Schuldrechtsmodernisierung, ZInsO 2009, 1792 ff.
Koch	Gedanken zum Brexit – Insolvenzanfechtung, dingliche Rechte Dritter und weitere besondere Sachverhalte (Art. 7 ff. EuInsVO n.F.) nach dem Brexit, ZInsO 2016, 1884 ff.
Kölner Kommentar zur InsO	1. Auflage 2016, Carl Heymanns-Verlag
Kölner Leitlinien	zur Zusammenarbeit mit dem Insolvenzgericht, ZInsO 2017, 637,
Koeplin	Einlegung der Beschwerde, InsbürO 2011, 91 ff.
Kolb	Das Bankschließfach im Insolvenzverfahren, InsbürO 2017, 4 ff.
Kortleben	Anmeldung von nachrangigen Insolvenzforderungen im Sinne des § 39 InsO vor gerichtlicher Aufforderung, ZInsO 2017, 2726
Kostrewa	Unterhaltsgewährung aus der Insolvenzmasse, InsbürO 2011, 27 ff.
Krauß	Immobilienkaufverträge in der Praxis, 8. Auflage 2017, Carl Heymanns-Verlag
Kreuznacht	ESUG – Das Schutzschirmverfahren, InsbürO 2013, 165 ff.
ders.	ESUG – Der vorläufige Gläubigerausschuss, InsbürO 2013, 123 ff.
ders.	Massezulänglichkeit als ungeschriebene Zulässigkeitsvoraussetzung des Insolvenzplans oder Redaktionsversehen? NZI 2007, 438 ff.
Krings	Arbeitsrecht im Insolvenzplanverfahren – so geht das (nicht), ZInsO 2017, 577 ff.
Krüger	Die persönliche Haftung der handelnden Personen einer Private Limited Company im Überblick, ZInsO 2007, 861 ff.
Kühne/Nickert	Wann ist eine insolvenzrechtliche Prognose positiv? ZInsO 2014, 2297
Küpper	Der erfolgreiche PKH-Antrag des Insolvenzverwalters, InsbürO 2007, 442 ff.
ders.	Der Rang der Absonderungsrechte – Verhältnis zwischen Globalzession und verlängertem Eigentumsvorbehalt, InsbürO 2005, 247 ff.
ders.	Der Rang der Absonderungsrechte – Verhältnis zwischen Vermieterpfandrecht und Sicherungsübereignung, InsbürO 2005, 162 ff.
ders.	Erstellung des Nachlassverzeichnisses im Nachlassinsolvenzverfahrens, InsbürO 2004, 94 ff.
ders.	Freigabe von Immobilien wg. auflaufender Wohngeldverbindlichkeiten, InsbürO 2007, 306 f.
ders.	Verfahren bei Anordnung der Haft (§ 98 Abs. 3 InsO), InsbürO 2018, 292 ff.
Küpper/Heinze	Nutzungsüberlassung nach Insolvenzeröffnung gem. § 135 Abs. 3 InsO, InsbürO 2010, 84 ff.
Kürbis/Hartwig	Bedeutung und Ablauf eines die Betriebsfortführung begleitenden M & A-Prozesses, InsbürO 2018, 182 ff.
Lackmann	Die Auf- und Verrechnung von Sozialleistungen im Insolvenzverfahren, InsbürO 2014, 24 ff.
Laroche	Das neue Konzerninsolvenzrecht nach InsO und EuInsVO – Probleme und Fragen aus gerichtlicher Sicht, ZInsO 2017, 2585 ff.
Laroche/Neurauter	Handlungsoptionen im Spannungsfeld zwischen strafrechtlichem Strafanspruch und insolvenzrechtlicher Gläubigergleichbehandlung, InsbürO 2018, 58 ff.
Laroche/Wollenweber	Strafbarkeit von Geschäftsführer und vorläufigem Insolvenzverwalter nach § 266a StGB im Eröffnungsverfahren und ihre Vermeidung, ZInsO 2016, 2225 ff.
Laubereau	Die Delegation der Ermittlung von Anfechtungsansprüchen, ZInsO 2016, 496
Lauck	Hinterlegung einer Quotenauszahlung, InsbürO 2012, 425
dies.	Das Insolvenzgeld, InsbürO 2008, 415 ff.

dies.	Neue Betriebsnummer bei Fortführung des Insolvenzverfahrens nach Eröffnung, InsbürO 2009, 154 f.
dies.	Sechs Steuerarten im Überblick: Teil 1 – Einkommenssteuer und Lohnsteuer: InsbürO 2010, 292 ff., Teil 2 – Körperschaftssteuer, Gewerbesteuer, Kfz-Steuer: InsbürO 2010, 332 ff., Teil 3 – Umsatzsteuer: InsbürO 2010, 419 ff.
Laws	Formelle Anforderungen bei der Kündigung von Arbeitnehmern durch den Insolvenzverwalter, InsbürO 2010, 458 ff.
Lemken	Folgen der Beendigung einer umsatzsteuerlichen Organschaft durch Insolvenz, InsbürO 2010, 413 ff., Aktualisierung InsbürO 2012, 417 ff.
dies.	Das Schutzschirmverfahren – ein Überblick nach 2 ½ Jahren ESUG, InsbürO 2014, 423 ff.
Lemken/Schmittmann	Insolvenzrechtliche Anfechtbarkeit von Zahlungen des Schuldners im Schutzschirmverfahren, InsbürO 2015, 213 ff.
Lissner	Am Ende blieben nur die Schulden, ZInsO 2017, 2253 ff.
ders.	Das Ausmaß der Nachtragsverteilung, InsbürO 2013, 355 ff.
ders.	Die Erhöhung des unpfändbaren Betrages, InsbürO 2019, 426 ff.
ders.	Die Kosten im Insolvenzverfahren – ein Kurzüberblick, InsbürO 2013, 19 ff.
ders.	Einkommenserzielung im Ausland, Teil 1: InsbürO 2013, 429 ff., Teil 2: InsbürO 2014, 320 ff.
ders.	Fragen rund um die Mitgliedschaft im Gläubigerausschuss, Teil 1: InsbürO 2017, 116 ff., Teil 2: InsbürO 2017, 151 ff.
ders.	InsVV für Greenhorns: Die Vergütung des Treuhänders nach § 293 InsO, Teil 1: InsbürO 2016, 372 ff., Teil 2: InsbürO 2016, 416 ff.
ders.	Versagungsgründe in der RSB-Phase, InsbürO 2013, 187 ff.
Lorenz	Die Verwertung von Urheberrechten, gewerblichen Schutzrechten und Domains, InsbürO 2018, 417 ff.
Lorenz/Klanke	InsVV, GKG, RVG – Kommentar zu Vergütung und Kosten in der Insolvenz, 3. Auflage 2016, Luchterhand Verlag
Ludwig	Arbeitshilfe zu § 133 Abs. 1 InsO: Übersicht zu den Beweisindizien, InsbürO 2016, 319 ff.
ders.	Die Anfechtung nach § 133 InsO n.F. – eine Zwischenbilanz, InsbürO 2018, 142 ff.
Maier/Mager	Wiedererstehung einer vorsätzlich deliktischen Forderung nach erfolgreicher Anfechtung und Forderungsanmeldung und ihre praktischen Folgen, ZInsO 2015, 238 ff.
Mansius/Grote	Nur halbe Unterhaltspflicht bei Doppelverdienern? InsbürO 2015, 380 ff.
Martini/Horstkotte	Häufige Fehler bei der Aufstellung von Insolvenzplänen und der Durchführung von Insolvenzplanverfahren, ZInsO 2017, 1913 ff.
Marwyk	Die bedingte Pfändbarkeit der Berufsunfähigkeitsversicherung in der Insolvenz natürlicher Personen, InsbürO 2017, 401 ff.
Mäusezahl	Die unterschiedlichen Gläubigergruppen, Teil 3: Vollstreckungsgläubiger, InsbürO 2004, 334 ff.
Merath	Aufrechnung von Steuererstattungsansprüchen mit Insolvenzforderungen, ZInsO 2013, 2415
Meyer	Die Krux mit der Prüfung von Rechtsnachfolgen, InsbürO 2015, 9 ff.
Meyer-Löffler	Die Anfechtung von Ratenzahlungen nach § 133 InsO n.F. – Vorschlag für ein Anfechtungsschreiben, InsbürO 2018, 457 ff.
Moderegger	Anspruch auf Rückübertragung einer Immobilie gegenüber dem Insolvenzverwalter aufgrund aufschiebend bedingter Vormerkung?, InsbürO 2016, 334 ff.
ders.	Der Vergütungsanspruch des Treuhänders in der Wohlverhaltensperiode nach Aufhebung der Kostenstundung, InsbürO 2018, 432 ff.
ders.	Gehört zu den Aufgaben des Treuhänders in der Wohlverhaltensperiode die Verteilung einer nachträglichen Steuererstattung aus dem Insolvenzverfahren und die Berichterstattung darüber, ob der Schuldner Einkommensnachweise vorgelegt hat? InsbürO 2015, 232 ff.
ders.	Nachlassinsolvenzverfahren – Ein Überblick für den Insolvenzverwalter, InsbürO 2014, 259 ff.
ders.	Nachlassinsolvenzverfahren – massemehrende Ansprüche, InsbürO 2014, 306 ff.
ders.	Nachtragsverteilungsverbot bei Verwaltungserwerb nach Restschuldbefreiung? InsbürO 2016, 239 ff.
ders.	Neuforderung im Nachlassinsolvenzverfahren, InsbürO 2018, 306 ff.
ders.	Rückforderung des Finanzamts von zu Unrecht an den Insolvenzverwalter gem. § 233a AO ausgezahlten Erstattungszinsen: Masseverbindlichkeit oder Insolvenzforderung? InsbürO 2015, 146 ff.

ders.	Umsatzsteueransprüche bei der Verwertung von sicherungsübereigneten Gegenständen im Insolvenzverfahren anhand von Praxisbeispielen, InsbürO 2014, 378 ff.
ders.	Unausweichliche Verwaltungskosten, InsbürO 2015, 526 ff.
ders.	Zinsen auf Beerdigungskosten im Nachlassinsolvenzverfahren, InsbürO 2016, 73 f.
ders.	Zusammentreffen von Nachlass- und Erbeninsolvenz, InsbürO 2015, 172 ff.
Mohr	Arbeitszeitkonten in der Insolvenz, InsbürO 2014, 311 ff.
Müller/Obermüller/Weiß	Domainverwertung, ZInsO 2012, 780 ff.
Muschiol	ESUG-Insolvenzgeldvorfinanzierung: neue Risiken für die Kreditinstitute und deren Abschwächung, InsbürO 2016, 61 ff.
Nawroth	Gestaltender Teil des Insolvenzplans für Verbraucher – Vorschläge zum praktischen Umgang, InsbürO 2016, 66 ff.
Neve	Ausgewählte Problembereiche im Rahmen des § 135 InsO, InsbürO 2013, 305 ff.
ders.	Auskunfts- und Rechenschaftspflichten des Insolvenzverwalters im eröffneten Insolvenzverfahren, InsbürO 2017, 231 ff.
ders.	Die Geltendmachung offener Stammeinlageverpflichtungen in der Insolvenz der GmbH, InsbürO 2010, 373 ff.
ders.	Einzelne Fragen zum Insolvenzsteuerrecht, InsbürO 2012, 54 ff.
Nickert	Betriebswirtschaftliche Auswertungen: Was ist das und welche Formen gibt es? InsbürO 2018, 300 ff.
ders.	Breakeven-Analyse als wichtigstes Entscheidungsinstrument zur Klärung der Gewinnsituation von Produkten/Gewinnteilen, InsbürO 2004, 211 ff.
ders.	Umgang mit titulierten nachrangigen Forderungen, InsbürO 2006, 353 ff.
Nickert/Kühne	Leitbild des sanierten Unternehmens, InsbürO 2014, 500 ff.
dies.	Eigenverwaltung und gerichtliche Unternehmenssanierung, InsbürO 2015, 465 ff.
Nickert/Schilling	Umgang mit der Ungewissheit – Darstellung anhand des Verwalterberichts nach § 156 InsO, Teil 1: InsbürO 2017, 51 ff., Teil 2: InsbürO 2017, 105 ff.
Obermüller	Sicherungsabtretung von und AGB-Pfandrecht an Kontokorrentforderungen in der Insolvenz, ZInsO 2009, 1527
Oppermann/Schmid	Ermächtigung des Schuldners zur Aufnahme eines Massekredits zur Vorfinanzierung des Insolvenzgeldes im Verfahren nach § 270a InsO, ZInsO 2012, 862
Otte-Gräbener	Rechtsfolgen des Erlöschens einer Limited – Zusammenfassung in WKRS 2017, 365810
Pape	Die ausgenommenen Forderungen gem. § 302 Abs. 1 InsO – eine aktuelle Bestandsaufnahme – Teil 1: InsbürO 2016, 483 ff., Teil 2: InsbürO 2017, 16 ff., Teil 3: InsbürO 2017, 56 ff.
Pape	Mietverträge im Insolvenzverfahren, Teil 1: Grundsätzliche Fragen, InsbürO 2005, 2, Teil 2: Mietrechtliche Fragen im Eröffnungsverfahren, InsbürO 2005, 53 ff., Teil 3: Folgen der Kündigung des Mietverhältnisses im Insolvenzverfahren, InsbürO 2005, 82 ff., Teil 4: Mietrechtliche Besonderheiten bei Masseunzulänglichkeit und im Verbraucherinsolvenzverfahren, InsbürO 2005, 169 ff.
Paulick/Simon	EU-Grenzgänger und die Anwendbarkeit der deutschen Pfändungsschutzvorschriften, ZInsO 2009, 1933 ff.
Peeters/Wilde/Hartwig	Liquiditätsmanagement: Grundlage der Betriebsfortführung im Insolvenzverfahren, InsbürO 2018, 135 ff.
Peters	Forderungseinzug: Debitos – ein Zweitmarkt für Forderungen, InsbürO 2016, 141 ff.
Pianowski	Dateiaustausch zwischen Verwalter und Gericht, InsbürO 2008, 458 ff.
ders.	Elektronischer Rechtsverkehr und die Arbeit des Insolvenzverwalters, InsbürO 2018, 63 ff.
ders.	Umgang mit Anmeldungen von neuerdings von der RSB ausgenommenen Forderungen zur Insolvenztabelle, InsbürO 2015, 4 ff.
Poertzgen	Zahlungsanspruch von Neugläubigern, ZInsO 2009, 1833 ff.
Pohlmann	Die Verfahrenskostendeckung durch Geltendmachung der persönlichen Gesellschafterhaftung nach § 93 InsO, ZInsO 2008, 21 ff.
Pohlner	Die Durchführung einer Massenentlassungsanzeige anhand eines Praxisbeispiels, Teil 1: InsbürO 2013, 49 ff., Teil 2: InsbürO 2013, 91 ff.
dies.	Lohnsteuer und Sozialversicherungsbeiträge im Insolvenzverfahren, Teil 2 A = Lohnsteuer, InsbürO 2015, 2015, 389 ff. und Teil 2 B = Sozialversicherungsansprüche, InsbürO 2015, 432 ff., Teil 3: Lohnsteuer und Sozialversicherungsbeiträge nach Aufhebung der MUZ, InsbürO 2015, 477 ff.
Poertzgen	Die Insolvenzantragspflicht (§ 15a InsO) bei (echten) Auslandsgesellschaften, ZInsO 2017, 1932 ff.

Porzelt	Der Begriff der Zahlungen an Gesellschafter in § 64 Satz 3 GmbHG, §§ 30 Abs. 1, 31 GmbHG, ZInsO 2013, 2145
Prahl	Die rückständige Folgeprämie in der Insolvenz des Versicherungsnehmers und § 38 VVG, ZInsO 2015, 2565
Prasser	Die Berücksichtigung von Aus- und Absonderungsrechten bei der Vergütung des vorläufigen Insolvenzverwalters nach altem und neuem Recht, InsbürO 2017, 14 ff.
Priebe	Checkliste zum insolvenzrechtlichen Gutachten über das Vermögen einer GmbH, InsbürO 2014, 428 ff.
ders.	Die Fehlüberweisung im Insolvenzverfahren, InsbürO 2010, 366 ff.
ders.	Die Stammeinlageforderung der GmbH im Kaduzierungsverfahren, InsbürO 2013, 261
ders.	GmbH-Geschäftsführer – Grundlagen der organschaftlichen Vertretung vor und in der insolvenzrechtlichen Krise, Teil 1: InsbürO 2014, 313 ff., Teil 2: InsbürO 2014, 386 ff.
ders.	Lastschriftenwiderruf, InsbürO 2014, 6 ff.
Proff/Weiß	Das BGB und Erbrecht – wichtigste Rechtsinstitute für Insolvenzsachbearbeiter, InsbürO 2019, 435 f.
Prütting/Gehrlein	ZPO-Kommentar, 10. Auflage 2018, Luchterhand-Verlag
Prütting/Wegen/Weinreich	BGB-Kommentar, 13. Auflage 2018, Luchterhand-Verlag
Psaroudakis	Globalzession und Insolvenzanfechtung mit Ausführung zur Konkurrenz von Globalzession und verlängertem Eigentumsvorbehalt, ZInsO 2009, 1039
Raabe	Das neue Insolvenzanfechtungsrecht, InsbürO 2017, 182 ff.
Radschuwait	Muss die Forderungsanmeldung unterschrieben sein? InsbürO 2018, 67 ff.
dies.	Muss ein Bevollmächtigter zur Forderungsanmeldung eine Vollmacht vorlegen? InsbürO 2018, 347 ff.
Rakel	Kapitalaufbringung – Probleme der verdeckten Sacheinlage bei der GmbH, InsbürO 2009, 342 ff.
Reck	Anmerkung zur Berechnung von Erstattungen und Teilungsmassen vor dem Hintergrund von steuerlichen Problemen, InsbürO 2012, 389 ff.
Reck/Schmittmann	Die Berechnungsgrundlage der Vergütung und der pagatorische Zahlungsbegriff, ZInsO 2015, 2254 ff.
Regenfus	Erwerb von Todes wegen in der Wohlverhaltensperiode, InsbürO 2016, 406 ff.
Reiswich	Die fehlende Positionsbeziehung des Gesetzgebers zum Ausfall- oder Doppelberücksichtigungsprinzip in § 93 InsO und ihre Konsequenzen bei der Quotenberechnung in der Doppelinsolvenz von OHG und Gesellschafter, ZInsO 2014, 2411
Reuther	Distressed M & A – Unternehmensverkauf aus der Insolvenz, InsbürO 2016, 137 ff.
Riedel	Aufbewahrung von Unterlagen des Schuldners durch den Insolvenzverwalter/Treuhänders, InsbürO 2011, 220 ff.
ders.	Berechnung des pfändbaren Einkommensanteils bei Überschreitung der Pfändungsgrenze von 3.020,06 EUR, InsbürO 2010, 104 ff.
ders.	Bürgschaft in der Insolvenz, InsbürO 2011, 407 ff.
ders.	Lohnpfändung und Insolvenz, 2. Auflage 2011, RWS-Verlag
Ringstmeier	Beendigung masseloser Insolvenzverfahren, InsbürO 2004, 49 ff.
ders.	Wie wird bei der Ermittlung der Überschuldung einer GmbH das eingezahlte Eigenkapital behandelt?, Rubrik Fragezeichen: Frage 1, InsbürO 2009, 155 ff.
Roth	Die Eröffnungsgründe im Nachlassverfahren, ZInsO 2009, 2265 ff.
ders.	Haftung von Nachlasspflegern und Amtshaftung bei Missbrauch der Nachlasspflegschaft, ZInsO 2013, 1567
ders.	Der Sanierungserlass ist endgültig tot! – Der Gesetzgeber hat die Rundum-Sorglos-Lösung in der Hand!, ZInsO 2017, 2417
Rüdiger/Weimer	Die Haftung der Gesellschafter im Insolvenzverfahren über das Vermögen einer GmbH, InsbürO 2007, 416
Schlamann	Die Teilungsversteigerung – Teil 1: InsbürO 2018, 101, Teil 2: InsbürO 2018, 172
ders.	Geltendmachung der Kraftfahrzeugsteuer: Tabelleneintragungen und ggf. eingetretene Rechtsnachfolge auf Gläubigerseite, InsbürO 2015, 461 ff.
Schmerbach	Der richtige Ansprechpartner beim Insolvenzgericht, InsbürO 2004, 3 ff.
ders.	Der Tod des Schuldners im Insolvenzverfahren, InsbürO 2009, 251 ff.
ders.	Grundbuchantrag auf Eintragung des Insolvenzvermerkes, InsbürO 2004, 68 f.

ders.	Grundsätze der Rechnungslegung für die beim AG Göttingen tätigen vorläufigen Verwalter, ZInsO 2008, 637
ders.	Rücknahme einer festgestellten Forderung – rechtliche Einordnung und praktische Umsetzung, ZInsO 2016, 375 ff.
ders.	Übertragende Sanierung, InsbürO 2008, 170 ff.
ders.	Zweitinsolvenzverfahren, ZInsO 2009, 2078 ff.
Schmid	Entstehung und Geltendmachung konkurrierender Sicherheiten von finanzierender Bank und Lieferanten in der Insolvenz des Sicherungsgebers, ZInsO 2009, 2217 ff.
Schmidt	Hamburger Kommentar zum Insolvenzrecht, 7. Auflage 2019
Schmidt	Arbeits- und Sozialrecht in der Insolvenz – ein Leitfaden, 1. Auflage 2010
Schmidt/Büchler	Effiziente Ermittlung und Abwicklung von Aus- und Absonderungsrechten in der Insolvenz InsbürO 2006, 322 ff.; Teil 1: Sicherungsübereignung, InsbürO 2006, 322 (324 ff.), Teil 2: Sicherungsabtretung, InsbürO 2006, 362 (364 ff.), Teil 3: Eigentumsvorbehalt, InsbürO 2006, 442 ff., Teil 4: Vermieter- und Verpächterpfandrecht, InsbürO 2007, 42 ff., Teil 5 A: Absonderungsrechte an Immobilien, InsbürO 2007, 168 ff., Teil 5 B: InsbürO 2007, 214 ff., Teil 6: Haftungsverband, InsbürO 2007, 293 ff., Teil 7: Ersatzaussonderung und Ersatzabsonderung, InsbürO 2007, 458 ff., Teil 8: Anfechtbarkeit von Sachsicherheiten gem. §§ 130, 131 InsO, InsbürO 2008, 330 ff.
Schmidt/Kuleisa	Massegenerierung in der GmbH-Insolvenz, Teil 2: Gründerhaftung, InsbürO 2009, 301
Schmittmann	Die Aufrechnungsverbote aus § 96 Abs. 1 InsO im Lichte der Rechtsprechung des BFH, InsbürO 2016, 410 ff.
ders.	Nachträgliche Forderungsanmeldung, unterlassene Vorsteuerberichtigung und Steuerstrafrecht, InsbürO 2017, 288 ff.
ders.	Patente, Marken, Domains, InsbürO 2004, 178 ff.
ders.	Rechnungsanforderungen im Insolvenzverfahren, InsbürO 2006, 383 f.
ders.	Reform: Die Neufassung der Deliktforderungen in § 302 InsO, InsbürO 2014, 159 ff.
ders.	Umsatzsteuerliche Probleme bei Immobilienverkäufen in der Insolvenz, ZInsO 2006, 1299 ff.
ders.	Verteilungsfragen in masseunzulänglichen Verfahren über das Vermögen einer GmbH & Co. KG, InsbürO 2014, 442 ff.
ders.	Vorsteuer aus Verwaltervergütung, InsbürO 2011, 224 f.
Schmittmann/Bischoff	De facto director, shadow director und dissolved companies: Aktuelle Rechtsfragen der scheinausländischen Limited, ZInsO 2009, 1561 ff.
Schmittmann/Böing	Erkenntnisse zu Auskunftsansprüchen ggü. Sozialversicherungsträgern u. Finanzamt, InsbürO 2010, 15 ff.
Schmittmann/Gregor	Limited & Co. KG im Gesellschafts-, Insolvenz-, Steuer- und Strafrecht, InsbürO 2006, 454 ff.
Schmittmann/Lemken	Haftung der Organe des Schuldners in der (vorläufigen) Eigenverwaltung und im Schutzschirmverfahren, InsbürO 2015, 424 ff.
Schweda	Umgang mit Subventionen, InsbürO 2012, 190 ff.
Schwerdtfeger	Gesellschaftsrecht Kommentar, 3. Auflage 2015, Carl Heymann-Verlag
Spitzer	Betriebskostenerstattung und die Erklärung gem. § 109 Abs. 1 Nr. 2 InsO, InsbürO 2018, 31 ff.
dies.	Pfändungsschutzkonto: Abhebung und Einzahlung, InsbürO 2017, 420 ff.
dies.	P-Konto-Bescheinigung, InsbürO 2016, 241 f.
dies.	Vertragsverhältnisse in der Insolvenz, InsbürO 2013, 101
Stahlschmidt	Der Insolvenzplan lebt! – Die Rechtsprechung der letzten Jahre zur gerichtlichen Vorprüfung des Insolvenzplans, ZInsO 2018, 494
ders.	Finanz- und Liquiditätsplanung im Insolvenzverfahren, InsbürO 2004, 340 ff.
Stapper/Häußner	Reform der Mindestvergütung des vorläufigen Insolvenzverwalters? ZInsO 2014, 2349
Staufenbiel	Systematik der Insolvenzanfechtung, Teil 1: InsbürO 2006, 402 ff., Teil 2: InsbürO 2007, 2 ff., Teil 3: InsbürO 2007, 96 ff.
ders.	Update Zahlungsunfähigkeit, InsbürO 2011, 446 ff.
Stiller	Prüfung der örtlichen Zuständigkeit des Insolvenzgerichts nach § 3 InsO im GmbH-Insolvenzverfahren bei Anzeichen für eine rechtsmissbräuchliche Zuständigkeitsbegründung, InsbürO 2019, 138 ff.
ders.	Vergütungsansprüche von Gesellschafter-Geschäftsführern in der Insolvenz der GmbH, ZInsO 2016, 2165 ff.

Stiller/Schmidt	Hinterlegung von Quotenzahlungen des Insolvenzverwalters bei unbekanntem Aufenthalt des Insolvenzgläubigers, InsbürO 2011, 413
Strohn	Existenzvernichtung, Vermögensvermischung, Durchgriffshaftung, ZInsO 2008, 706
Sudergat	Kontopfändung und P-Konto, 3. Auflage, RWS-Verlag,
Suwelack	Behandlung der Lohn- und Gehaltszahlung bei Verfahrensaufhebung unter Berücksichtigung eines Insolvenzplanverfahrens, InsbürO 2013, 26 ff.
dies.	Praktische Hilfeleistung bei der Erstellung der Einkommens-steuererklärung – Teil 1: InsbürO 2014, 14 ff., Teil 2: InsbürO 2014, 52 ff., Teil 3: InsbürO 2014, 169 ff., Teil 4: InsbürO 2014, 214 ff.
Swierczok	Der neue Art. 102c EGInsO, ZInsO 2017, 1861 ff.
Tesch	Nachträgliche Forderungsanmeldung, unterlassene Vorsteuerberichtigung und Steuerstrafrecht – Ergänzende Lösungshinweise, InsbürO 2017, 457 ff.
Tetzlaff	Verschiedene Möglichkeiten für die Auflösung einer Kollision zwischen Eigentumsvorbehalt und Globalzession, ZInsO 2009, 1092 ff.
Thirase	Die Europäische Insolvenzverordnung? Ein Überblick, InsbürO 2009, 141 ff.
ders.	Das dingliche Vermögen im europäischen Ausland und deren Verwertung i.S.d. EuInsVO, InsbürO 2009, 392 ff.
Thrum	Zwangsverwaltung als Vollstreckungsmaßnahme, Teil 1: InsbürO 2009, 57 ff., Teil 2: InsbürO 2009, 96 ff.
Till	Für die starke vorläufige Insolvenzverwaltung: ein Plädoyer, InsbürO 2017, 47 ff.
Titz/Tötter	»Tätigkeiten in der vorläufigen Insolvenzverwaltung«, ZInsO 2006, 976
Vallender	Aktuelle und künftige neue Herausforderungen für Insolvenzrichter und –Rechtspfleger, ZInsO 2017, 2464 ff.
Voß	Neue Sanierungschancen durch Reform des Insolvenzplanverfahrens nach ESUG, InsbürO 2013, 256 ff.
Voß	Insolvenzgeldfähige und nicht insolvenzgeldfähige Bezüge, InsbürO 2018, 138 ff.
Waldschmidt	Kontenpfändung und die Folgen in der Insolvenz, InsbürO 2019, 67 ff.
Weber	PKH für den eigenverwaltenden Schuldner, ZInsO 2014, 2151
Wedekind	Die Immobilie in der Insolvenz der natürliche Person, Teil 1: InsbürO 2010, 209 ff., Teil 2: InsbürO 2010, 242 ff.
Wegener	Der Berichtstermin, InsbürO 2007, 332 ff.
ders.	Die Verjährung von Aus- und Absonderungsrechten in der Insolvenz, InsbürO 2012, 67 ff.
Wegener/Koch	Die Einnahmen des Schuldners in der Insolvenz – Teil 1, InsbürO 2015, 56 ff.
Weigelt	Die RVG-Abrechnung im Insolvenzverfahren, InsbürO 2013, 104 ff.
Wellmann	Schicksal »alter« Kontopfändungen, InsbürO 2015, 101 ff.
Wertenbruch	Die Personengesellschaft im Vergleich zur AG und GmbH im Insolvenzplanverfahren, ZIP 2013, 1693 ff.
Wiederhaupt	Standardisierter Insolvenzplan in den Insolvenzverfahren natürlicher Personen – Das Beste aus zwei Welten, ZInsO 2018, 306 ff.
Wiesmeier	Die Bedeutung des Insolvenzgeldes im Eröffnungsverfahren, InsbürO 2009, 187 ff.
Wilhelmi	Optimierung des Verkaufs eines insolventen Unternehmens (übertragende Sanierung) im Mittelstand und bei Kleinbetrieben: Teil 1: Notwendigkeit der Optimierung, welche Rolle spielen die Beteiligten und welche Grundvoraussetzungen sollen vorhanden sein? InsbürO 2007, 165 ff., Teil 2: Beschreibung der wichtigsten Voraussetzungen für die Gestaltung des Verkaufsvorgangs, InsbürO 2007, 255 ff., Teil 3: Erwerberfindung, InsbürO 2008, 47 ff., Teil 4: Preisfindung, InsbürO 2008, 179 ff.
Wimmer	Das Gesetz zum Pfändungsschutz der Altersvorsorge unter besonderer Berücksichtigung der Hinterbliebenenversorgung, ZInsO 2007, 281 ff.
Wipperfürth	Anfechtung – objektive Gläubigerbenachteiligung, InsbürO 2017, 158 f.
dies.	Anfechtbarkeit und Eigentumsvorbehalt bei Vorkassezahlungen, Teil 1: InsbürO 2013, 132 ff., Teil 2: InsbürO 2013, 172 ff.
dies.	Asset Deal und »Mietfreistellungsanspruch«, InsbürO 2017, 424 f.
dies.	Aussonderung/Leasing, InsbürO 2017, 25 ff.
dies.	Auswirkungen der nachträglichen Anordnung der Nachtragsverteilung auf Verrechnungen mit Steueransprüchen nach EStG, InsbürO 2013, 449 ff.

dies.	(Bau-)Sparguthaben in der Insolvenz, InsbürO 2013, 66 ff.
dies.	Beerdigungskosten im Nachlassinsolvenzverfahren, InsbürO 2019, 44 f.
dies.	Betriebsfortführung im Verbraucherinsolvenzverfahren, InsbürO 2018, 394 ff.
dies.	Das Absonderungsrecht im Praktiker-Fokus, Ziffer V., InsbürO 2012, 339 ff.
dies.	Der Löschungsanspruch gem. § 1179a BGB – eine Frage der Unendlichkeit? InsbürO 2016, 357 ff.
dies.	Der Thermomix im Insolvenzverfahren, InsbürO 2017, 462 ff.
dies.	Die Eigentümergrundschuld, ein Insolvenzverfahren und der V. und IX. Senat – it takes two to tango, InsbürO 2014, 433 f.
dies.	Die Folgen der Freigabe eines Grundstücks, InsbürO 2017, 358 ff.
dies.	Die Vergütung bei Betriebsfortführung im Verbraucherinsolvenzverfahren, InsbürO 2018, 437 f.
dies.	Differenzlohnansprüche im Insolvenzverfahren des Arbeitnehmers – Pfändbarkeit und P-Konto, InsbürO 2016, 449 ff.
dies.	Eigenverwaltung / Verbraucherinsolvenz, InsbürO 2016, 507 f.
dies.	Einkommen Schweiz, InsbürO 2016, 438 f. (Rubrik Fragezeichen)
dies.	Einkommen & Co. (Rubrik »Fragezeichen«), InsbürO 2015, 353
dies.	Energiekostenguthaben auf dem P-Konto, InsbürO 2015, 20 ff.
dies.	Fragen eines arbeitenden Lesers – Das Absonderungsrecht im Praktiker-Fokus, InsbürO 2012, 339 ff.
dies.	Freigabe einzelner Vermögenswerte – buchhalterische Darstellung und Berechnungsgrundlage Insolvenzverwaltervergütung, InsbürO 2017, 204 ff.
dies.	Grundbesitz im Insolvenzplanverfahren, InsbürO 2014, 136 ff.
dies.	Im Gespräch mit Schuldnern – Der widerspenstige Zähmung, InsbürO 2012, 309 ff.
dies.	Insolvenzdeutsch – Englisch, InsbürO 2013, 270 f.
dies.	Insolvenzplan im Verbraucherinsolvenzverfahren – viel Wind um ein »laues Lüftchen«? InsbürO 2016, 281 ff.
dies.	Insolvenzrechtliche Bedeutung der Abrechnung von Lebensversicherungen nach dem »Zillmer-Verfahren«, InsbürO 2013, 219 ff.
dies.	Leistungen der SOKA-Bau, InsbürO 2019, 151 f.
dies.	Löschung des Insolvenzvermerks nach Grundstücksfreigabe, InsbürO 2012, 471 ff.
dies.	Masseverbindlichkeiten aus der Zwangsverwaltung? InsbürO 2013, 365 ff.
dies.	Nachlassinsolvenzverfahren und Recherchemöglichkeiten, InsbürO 2018, 113 ff.
dies.	Nutzungsentschädigung für eine schuldnereigene Immobilie, InsbürO 2013, 88 ff.
dies.	Offenlegungspflichten, InsbürO 2016, 418 f.
dies.	P-Konto bei Betriebsfortführung oder Freigabe, ZInsO 2015, 2305
dies.	P-Konto, InsbürO 2016, 27 f.
dies.	P-Konto und Gesellschaftsrecht, InsbürO 2016, 116 ff.
dies.	P-Konto: höheres und wechselndes Einkommen, InsbürO 2016, 74 ff.
dies.	P-Konto und Selbständigkeit / Freigabe § 35 Abs. 2 InsO, InsbürO 2016, 158 f.
dies.	Qualitätssicherung durch den ForStaB – eine Zwischenbilanz mit Interview mit Repräsentanten des AG Aachens, InsbürO 2014, 60 ff.
dies.	Rückschlagsperre und Kosten einer Löschungsbewilligung, InsbürO 2014, 274 ff.
dies.	Selbstbehalt des Schuldners bzw. des gesetzlichen Vertreters – , Teil 1: InsbürO 2015, 515 ff., Teil 2: InsbürO 2016, 21 ff.
dies.	Sonstige Einkünfte und Pfändungsschutz, InsbürO 2019, 87 f.
dies.	Sonstiges Einkommen, InsbürO 2016, 485 f.
dies.	Umfang der Grundstücksfreigabe, InsbürO 2011, 460 ff.
dies.	Unpfändbarkeit des Anspruches auf Leistungen zur Sicherung des Lebensunterhalts, InsbürO 2017, 119 f.
dies.	Veräußerung von Eigentumsvorbehaltsware im vorläufigen Insolvenzverfahren, InsbürO 2011, 291 ff.
dies.	Verkürzung der Restschuldbefreiungsphase, InsbürO 2016, 291 f.
dies.	Wer bekommt das Geld? – Gläubiger, Erben und Ausschüttung, InsbürO 2017, 502 ff.

dies.	Zu- und Abschläge im Verbraucherinsolvenzverfahren, InsbürO 2018, 477 f.
dies.	§ 114 InsO – Niemals geht man so ganz, InsbürO 2014, 508 ff.
Wipperfürth/Busch/ Schmittmann	Einkommenssteuer und die Erklärungspflicht des Treuhänders bei abhängiger Beschäftigung, InsbürO 2013, 478 ff.
Wipperfürth/Deppe	Zwangssicherungshypothek, Insolvenzverfahren und der BGH: keine Pflicht zur Erteilung der Löschungsbewilligung trotz Rückschlagsperre? ZInsO 2016, 78 ff.
Wipperfürth/Meyer	Zur Pfändbarkeit eines Fahrzeuges bei zweifelhaftem Eigentum, InsbürO 2015, 185 ff.
Wipperfürth/Schmittmann	Das Grundstück im Insolvenzverfahren unter Berücksichtigung steuerlicher Bezüge, Teil 1: Zivilrechtliche Besonderheiten, InsbürO 2018, 421 ff., Teil 2: Zivilrechtliche Besonderheiten, InsbürO 2018, 467 ff., Teil 3: Steuerrechtliche Besonderheiten (Einkommens- und Umsatzsteuer), InsbürO 2019, 37 ff., Teil 4: Steuerliche Aspekte (Grundbesitzabgaben, Grunderwerbsteuer, Eigenheimzulage), InsbürO 2019, 79 ff.
dies.	Die Gewerbesteuer in der Insolvenz, InsbürO 2014, 471 ff.
dies.	Grundbesitzabgaben im Insolvenzverfahren, InsbürO 2014, 382 ff.
dies.	Grundsteuer bei der freihändigen Immobilienverwertung im Insolvenzverfahren, InsbürO 2014, 221 ff.
dies.	Insolvenzrechtliche Konsequenzen der Umwandlung einer gem. § 35 Abs. 2 InsO freigegebenen Selbstständigkeit in ein Nebengewerbe, ZInsO 2015, 2560
Würdinger	Restschuldbefreiung im deutschen und europäischen Insolvenzrecht – Entwicklungen und Perspektiven, KTS 2017, 445 ff.
Wuschek	Debt-Equity-Swap – Gestaltung von Anteilsrechten im Insolvenzplanverfahren, ZInsO 2012, 1768 f.
ders.	Gewerbliche Schutzrechte und Lizenzen als Kreditsicherheiten und in der Insolvenz – die Insolvenzfestigkeit von Nutzungsrechten an Patenten und anderen Schutzrechten: Teil 1: InsbürO 2015, 140 ff. Teil 2: InsbürO 2015, 183 ff., Teil 3: InsbürO 2015, 224 ff.
ders.	Werte für den Überschuldungsbegriff, InsbürO 2012, 7 ff.
ders.	Zwangsversteigerungen – Überlegungen aus der Sicht des herrschenden Grundstücks, InsbürO 2018, 109 ff.
Zerres	Deutsche Insolvenzantragspflicht für die englische Limited mit Inlandssitz, DZWIR 2006, 356 ff.
Zimmer	Beschränkung der Vergütungsfestsetzung gegen Staatskasse auf die Mindestvergütung, InsbürO 2014, 1003 ff.
ders.	Die Rückstellung für die Treuhändervergütung und ihre (Folge-)Probleme, InsbürO 2016, 324 ff.
ders.	Erhöhung der Treuhändervergütung nach § 14 Abs. 1 Satz 2 InsVV, InsbürO 2016, 143 ff.
ders.	InsVV – Kommentar, 1. Auflage 2018, RWS-Verlag
ders.	Vergütung des Belegprüfers aus buchhalterischer Sicht, ZInsO 2009, 1806
ders.	Vergütung bei freihändiger Grundstücksverwertung und »kalter« Zwangsverwaltung, InsbürO 2017, 102 ff.
ders.	Vergütung des Insolvenzverwalters für Hausverwaltung und »kalte« Zwangsverwaltung, InsbürO 2016, 510 ff.
Zipperer	Der Insolvenzplan als Kernstück jeder Sanierung – und die gerichtliche Sicht, Teil 1: InsbürO 2017, 489 ff., Teil 2: InsbürO 2018, 18 ff.
Zistler	Abtretung der Einspeisevergütung im Insolvenzverfahren, ZInsO 2015, 180 ff.
ders.	Abtretung nur für den Todesfall: Wem gebührt der Rückkaufswert? InsbürO 2017, 109 ff.
ders.	Die Kasse des Schuldners – Büchse der Pandora und/oder Buch mit sieben Siegeln? InsbürO 2017, 322 ff.
ders.	Kurz und knapp: 3 Fragen – 3 Antworten: IFG, Masseunzulänglichkeit und Erschließungskosten, InsbürO 2016, 504
ders.	Was ist eine Kautionsversicherung? Ist daraus ein Erlös für die Insolvenzmasse zu erzielen: z. B. durch Rückerstattung Prämien? InsbürO 2017, 24 f.

Teil 1 Checklisten

Checkliste 1: Abschlagsverteilung

In größeren Insolvenzverfahren kann es sinnvoll sein, nicht erst den Abschluss eines Verfahrens abzuwarten, um einen ggf. hohen Massebestand mit einer sicheren Quote an die Gläubiger zu verteilen, sondern vorab schon Abschlagszahlungen vorzunehmen. Wenn absehbar ist, dass eine kurzfristige Verfahrensbeendigung (z. B. durch anhängige Rechtsstreitigkeiten etc.) nicht zu erwarten ist, ist den Gläubigern ein längeres Warten häufig nicht zumutbar. Das Gesetz lässt solche Abschlagszahlungen zu. Dort heißt es in § 187 Abs. 2 InsO: *»Verteilungen sind sooft möglich, wie Barmittel in der Insolvenzmasse vorhanden sind.«* 1

(Die Übersicht ist nach gängigen Überlegungen und Arbeitsschritten sortiert.)

2

Nr.	Thema	Checkliste Abschlagsverteilung: Erläuterung	Hilfsmittel
1.	Anwendung	• Abschlagsverteilungen kommen in Betracht: – großer Massebestand und sich daraus ergebende Quote ist vorhanden und – Abschluss des Verfahrens ist aus verschiedenen Gründen noch nicht möglich oder absehbar – Vorsteuererstattung aus der Quotenzahlung (= Zahlung auf Lieferung und Leistung) ist lohnenswert (§ 17 Abs. 2 UStG)	s. nachstehend »Steuervorteil«
2.	Steuervorteil	• durch Abschlagsverteilungen kann die Insolvenzmasse ggf. gemehrt werden: – mit Zahlung auf Insolvenzforderungen wird auch auf Forderungen der Gläubiger gezahlt, in denen auch Umsatzsteuer enthalten ist – der Umsatzsteuerbetrag aus der bezahlten Gesamtsumme kann ggü. der Finanzverwaltung als Vorsteuer geltend gemacht werden – es greift das Aufrechnungsverbot des § 96 Abs. 1 Nr. 1 InsO, so dass die Finanzverwaltung das sich ergebende Steuerguthaben an die Insolvenzmasse auszahlen muss – Folge: höhere Insolvenzmasse, höhere Berechnungsgrundlage – Voraussetzung: Vorsteuerkorrektur im Rahmen der Umsatzsteuer-Jahresmeldung zu Beginn des Verfahrens (s. Literaturtipp)	Materiell-rechtliche Entstehung: BFH v. 25.07.2012 – VII R 29/11 Rn. 16 in BStBl. II 2013, 36, InsbürO 2013, 197, ZInsO 2012, 2142 Merath, Aufrechnung von Steuererstattungsansprüchen mit Insolvenzforderungen, ZInsO 2013, 2415 zur Umsetzung einer Vorsteuerberichtigung: Schmittmann, InsbürO 2017, 288 Tesch, InsbürO 2017, 457 (Ziff. 5)
3.	Vorbereitung der Verteilung	• für die Vornahme einer Abschlagsverteilung müssen zwei Dinge ermittelt werden: – der tatsächlich zur Verteilung zur Verfügung stehende Massebestand – die Höhe der Insolvenzforderungen, die bei der Verteilung zu berücksichtigen sind	
4.	Auszahlungsbetrag ermitteln	Berechnung des Auszahlungsbetrages: • Ermittlung Guthaben auf dem Treuhandkonto • Prüfung möglicher Ansprüche der Aus- und Absonderungsgläubiger • Abzug von Massekosten und Masseverbindlichkeiten • Ergebnis = zur Verteilung zur Verfügung stehender Betrag • abzgl. Sicherheitsabschlag von ggf. 10 – 20 % • Ermittlung der zu berücksichtigenden Insolvenzforderungen • = Auszahlungssumme	s. nachstehend »Insolvenzforderungen« »Massebestand – Ermittlung« »Sicherheitsabschlag«
5.	Einzelfragen klären	Die vorstehende Kurzfassung stellt sich im einzelnen wie folgt dar: • Welche möglichen Aussonderungsgläubiger erhalten ggf. durch Ablösung von Gegenständen noch Ablösesummen? • Welche Absonderungsgläubiger können ggf. durch die Verwertung von Sicherungsgut noch Kaufpreiserlöse abzgl. der Kostenbeiträge nach § 171 InsO verlangen? • Welche Verfahrenskosten nach § 54 InsO werden letztlich anfallen und (ggf. noch) zu begleichen sein? • Sind ggf. Forderungen der Arbeitnehmer aus einem etwaigen Kündigungszeitraum oder aus einem Sozialplan oder sonstigem Grund nach Insolvenzeröffnung als Masseverbindlichkeit gem. § 55 InsO zu berücksichtigen?	

Nr.	Thema	Checkliste Abschlagsverteilung: Erläuterung	Hilfsmittel
		• Welche weiteren Masseverbindlichkeiten nach § 55 InsO stehen (ggf. noch) zur Zahlung aus oder wurden bereits begründet, aber bislang von dritter Seite noch nicht in Rechnung gestellt?	
6.	Sicherheitsabschlag	• der ermittelte, zu verteilende Massebestand sollte nicht komplett ausgeschüttet werden • gewissen Prozentsatz zurückbehalten, um Insolvenzverwalter handlungsfähig zu halten (z. B. 10 – 20 %) • Höhe des Abschlages mit dem Verwalter abstimmen	
7.	Insolvenzforderungen	• die **festgestellten Forderungen** sind in jedem Fall bei einer Abschlagsverteilung zu berücksichtigen • darüber hinaus aber auch: – **Ausfallforderungen** = Ausfall der Gläubiger erfragen bzw. selbst ermitteln (§ 190 Abs. 2, 3 InsO) – **aufschiebend bedingte Forderungen**: Rückstellung bilden gem. § 191 Abs. 1 InsO – **ggf. bestrittene Forderungen** = Rückstellung bilden, wenn nachträgliche Feststellung wahrscheinlich erscheint – **ggf. bekannte Fibu-Verbindlichkeiten**, die noch nicht angemeldet wurden Problematik der letzten beiden: s. nachfolgend Ziff. 16 »weitere Verteilung – grundsätzliches« • daraus: Gesamtsumme der insgesamt zu berücksichtigenden Insolvenzforderungen	
8.	Quotenermittlung	• Auszahlungsquote ermitteln: $\frac{\text{Auszahlungsbetrag} \times 100}{\text{(Summe der festgestellten Forderungen + Rückstellungen)}}$	
9.	Gläubigerausschuss – Genehmigung	• soweit es einen Gläubigerausschuss gibt (§ 67 ff. InsO), bedarf die Ausschüttung der Genehmigung dieses Ausschusses (§ 195 Abs. 1 InsO) • aussagekräftige Unterlagen an Gläubigerausschussmitglieder übersenden und Zustimmung zur Höhe des vorgesehenen Bruchteils (= Abschlages) einholen	Muster 2: »Gläubigerausschuss – Erste Einholung Zustimmung« Muster 4: »Gläubigerausschuss – Zustimmungserklärung« Muster 3: »Gläubigerausschuss – weitere Einholung Zustimmung«
10.	Verteilungsverzeichnis – Erstellung	• mit Hilfe einer Insolvenzsoftware das Verteilungsverzeichnis erstellen • Achtung: ggf. können Rückstellungen für Ausfallforderungen, bestrittene Forderungen etc. in der Insolvenzsoftware nicht erfasst werden • dann ggf. Datentransfer in Excel und das Verteilungsverzeichnis erstellen dort vervollständigen und die Quote neu berechnen • Ziel: Quotenermittlung unter Berücksichtigung der Rückstellungen	Insolvenzsoftware
11.	Bekanntmachung – Verteilungsverzeichnis	• Verteilungsverzeichnis veröffentlichen: Niederlegung in der Geschäftsstelle des Insolvenzgerichtes (§ 188 Satz 2 InsO) • Veröffentlichungstext entwerfen und dem Insolvenzgericht übermitteln • hierfür vorab prüfen: Liegt die Zustimmung eines etwaigen Gläubigerausschusses vor? (s. vorstehend)	Muster 6: »Veröffentlichungstext« Muster 5: »Veröffentlichung Abschlagsverteilung – Übersendung an AG«
12.	Einwendungen – Verteilungsverzeichnis	• nach erfolgter Veröffentlichung Prüfung, ob Einwendungen von Gläubigern eingegangen sind • es gelten die Regelungen der §§ 189 ff. InsO, jedoch: – bei Abschlagsverteilungen verlängert sich die Frist von zwei Wochen um eine weitere Woche (§ 194 Abs. 1 InsO) • Wiedervorlagefrist für drei Wochen + 3 Tage nach Bekanntmachung für die Prüfung der Einwendungen notieren • ggf. ist das Verteilungsverzeichnis abzuändern	Wiedervorlagen-Kalender Checkliste Verteilung > »Änderungen«

Nr.	Thema	Checkliste Abschlagsverteilung: Erläuterung	Hilfsmittel
13.	Verteilung	• Informationsschreiben an die Gläubiger versenden (§ 195 Abs. 2 InsO) • Vorsicht bei Ausschüttung auf Arbeitnehmerforderungen: ggf. Lohnsteuer abführen	Muster 370 (Verteilung): »Auszahlungsmitteilung an Gläubiger« Checkliste Verteilung > »Arbeitnehmerforderungen«
14.	Ausschüttungs-nachweis	• über die Verteilung muss gegenüber dem Insolvenzgericht Bericht erstattet werden Anlagen: • Original-Kontoauszüge • Summen- und Saldenliste • Verteilungsverzeichnis • bei Arbeitnehmerforderungen: Lohn-/Gehaltsabrechnungen	Muster 1: »Ausschüttungsnachweis ggü. Insolvenzgericht«
15.	Vergütung	• Abschlagsverteilung bedeutet Mehraufwand (= weitere Ausschüttung: einzelne Schritte wie vorstehend) • Mehraufwand begründet einen Vergütungszuschlag • Aktennotiz für späteren Vergütungsantrag fertigen	
16.	Weitere Verteilung – grundsätzliches	• für weitere Verteilungen: Feststellung, ob Gläubiger die Voraussetzungen des § 192 InsO erfüllen = bisher nicht berücksichtigte Gläubiger werden angeglichen = erhalten die Quote der Abschlagsverteilung • nach § 192 InsO: Voraussetzungen der §§ 189, 190 InsO müssen vorliegen (= Feststellungsklage, Ausfallbezifferung) • nach Wortlaut § 192 InsO werden nachträgliche Feststellungen wg. nachgereichter Belege und nachträgliche Anmeldungen nicht erfasst • Folge: nachträglich festgestellte Forderungen werden bei weiterer Verteilung berücksichtigt, aber nicht angeglichen • aber: streitig in Literatur • Haftungsproblematik: Nichtberücksichtigung = z. B. Schadensersatz des Gläubigers, weil Bestreiten im ersten Prüfungstermin fehlerhaft? • Haftungsproblematik: Vornahme Angleichung aller = Schadensersatzforderung anderer Gläubiger wg. Schmälerung der Masse mit Verweis auf Wortlaut § 192 InsO? • falls Vornahme der Angleichung: erste Quote auf nachträglich festgestellte Forderungen gem. § 192 InsO zahlen • Angleichungsverzeichnis erstellen: s. nachstehend • in jedem Fall: Vorgehen mit dem Verwalter abstimmen!	Enge Auslegung § 192 InsO: LG Krefeld v. 09.02.2011 – 7 T 23/11 in WKRS 2011, 17245
17.	Weitere Verteilung – Vorgehen	• vorherige Änderung von Prüfungsergebnissen, falls weitere Unterlagen von Gläubigern eingereicht wurden: – Prüfungsergebnis aktualisieren und nunmehr ggf. feststellen – entsprechende Information für jede Tab-Nr. an das Insolvenzgericht versenden • ggf. gesondertes Verteilungsverzeichnis für Gleichstellung: – gesondertes Verzeichnis für alle Forderungen, die bei der ersten Ausschüttung nicht berücksichtigt wurden, erstellen – Achtung: EDV-Ausdruck kontrollieren: Kennt das System die Vorschrift des § 192 InsO? Wird alles richtig berechnet? • für weitere Ausschüttung weiteres Verzeichnis erstellen: – im Rahmen der weiteren Abschlagsverteilung an alle: nach dieser Checkliste erneut vorgehen – im Rahmen der Schlussverteilung: s. Checkliste »Verteilung«	Muster 229 (Insolvenztabelle): »Änderung der Tabelle – Anzeige« Muster 7: »Verteilungsverzeichnis für Abschlagsverteilung« Muster 8: »Verteilungsverzeichnis für Angleichung« Muster 9: »Verteilungsverzeichnis für weitere Ausschüttung«
18.	GOI	• GOI = Grundsätze ordnungsgemäßer Insolvenzverwaltung (70 Grundsätze) • Grundsatz 64: frühzeitige Nutzung der Möglichkeit von Abschlagsverteilungen über die Kann-Bestimmung des § 187 Abs. 2 Satz 1 InsO hinaus • *(Die Autoren danken dem VID für die freundliche Zustimmung zur Veröffentlichung von Hinweisen auf die GOIs)*	VID = Verband Insolvenzverwalter Deutschlands e.V. www.vid.de
19.	Sozialplan	• Abschlagszahlungen auf Sozialplanforderungen gem. § 123 InsO bedürfen der vorherigen Zustimmung des Insolvenzgerichtes (§ 123 Abs. 3 InsO)	

Checkliste 2: Absonderungsrechte

3 Unter einem Absonderungsrecht versteht man den Anspruch eines Gläubigers auf vorrangige Befriedigung vor den Insolvenzforderungen. Für diesen Vorrang muss eine besondere Rechtsstellung gegeben sein. Aus welchen Rechtsverhältnissen Absonderungsrechte (§§ 49 – 52 InsO) geltend gemacht werden können und wie diese dann im Insolvenzverfahren zu berücksichtigen sind (§§ 166 ff. InsO), kann der nachstehenden Checkliste entnommen werden.

(Die nachfolgende Übersicht ist nach gängigen Informationen und Arbeitsschritten sortiert. Am Ende finden sich zusätzliche Informationen, die alphabetisch sortiert sind.)

4

Nr.	Thema	Checkliste Absonderungsrecht: Erläuterung	Hilfsmittel
1.	Absonderungsrechte – Arten	• Sicherungsabtretung (§§ 398 ff. BGB, § 51 Nr. 1 InsO) • Grundpfandrechte (§§ 1113 ff. BGB, § 49 InsO) • Pfandrechte (§§ 1204 ff. BGB, § 50 InsO) • Sicherungsübereignung (§ 930 BGB, § 51 Nr. 1 InsO) • Zurückbehaltungsrechte (§ 273 BGB, § 51 Nr. 2, 3 InsO) • s. nachfolgend »gesetzliche Grundlagen« und »Beispiele« (bei den Zusatzinformationen)	
2.	Gesetzliche Grundlagen	• Regelungen zu den Absonderungsrechten finden sich: – in §§ 49 – 52 InsO = Wer hat solche Rechte? – in §§ 165 – 173 InsO = Wie erfolgt der Umgang mit diesen?	ABC des Insolvenzrechtes: Absonderungsrechte, InsbürO 2004, 79 f.
3.	GOI	• GOI = Grundsätze ordnungsgemäßer Insolvenzverwaltung (70 Grundsätze) – betreffen die Absonderungsrechte gelten folgende Grundsätze: – Grundsatz 11: Qualifiziertes Personal für alle relevanten Bereiche der Insolvenzverwaltung, z.B. Absonderungsansprüche – Grundsatz 49: Wahrung der Interessen der Aus- und Absonderungsgläubiger – Grundsatz 50: Wahrung der Rechte der Sicherungsgläubiger bei Verwertung von Sicherungsgut – Grundsatz 51: unverzügliche Abrechnung des erzielten Verwertungserlöses ggü. Sicherungsgläubiger • *(Die Autoren danken dem VID für die freundliche Zustimmung zur Veröffentlichung von Hinweisen auf die GOIs)*	VID = Verband Insolvenzverwalter Deutschlands e.V. www.vid.de
4.	Ermittlung von Absonderungsrechten	• Durchsicht der schuldnerischen Unterlagen • Hat der Schuldner eine Übersicht über mögliche Rechte erstellt? • Gibt es Abtretungserklärungen, Pfändungs- und Überweisungsbeschlüsse, Sicherungsübereignungsverträge etc.?	
5.	Forderungsanmeldungen	• nicht selten ergeben sich Informationen über bestehende Absonderungsrechte aus den Forderungsanmeldungen • diese werden i.d.R. vom Sachbearbeiter der Tabelle an den Sachbearbeiter des Verfahrens in Fotokopie weitergereicht • ggf. Filterung im EDV-System nach Absonderungsrechten und überprüfen, ob die Unterlagen der Ausfallforderungen dem Sachbearbeiter vorliegen • wichtig: nach BGH-Rechtsprechung bedeutet die Anmeldung der Forderung eines Absonderungsgläubigers ohne Beschränkung auf den Ausfall kein Verzicht auf das Recht zur abgesonderten Befriedigung = ein dem Insolvenzverwalter (aus anderen Quellen) bekanntes Absonderungsrecht muss also berücksichtigt werden	Insolvenzsoftware Anmeldung ohne Beschränkung auf Ausfall = kein Verzicht auf Absonderungsrecht: BGH v. 09.03.2017 – IX ZR 177/15 in InsbürO 2017, 345, ZInsO 2017, 704
6.	Masseverzeichnis – Aufnahme	• Absonderungsrechte werden in das Verzeichnis der Massegegenstände (§ 151 InsO) aufgenommen • das jew. Absonderungsrecht zu einem Vermögenswert wird in der Spalte »Rechte Dritter« aufgeführt und der prognostizierte Erlös um diese Gläubigerforderung gemindert, damit deutlich wird, was als freie Masse verbleibt	Checkliste Verzeichnis der Massegegenstände
7.	Wirksamkeit – grundsätzliches	• vorrangige Befriedigung von Absonderungsgläubigern führt zur Schmälerung der Insolvenzmasse: – geringere Quote für Insolvenzgläubiger – geringere Vergütung für Insolvenzverwalter: Absonderungsrechte fließen nur mit hälftigem Feststellungskostenbeitrag oder mit Überschuss in die Berechnungsgrundlage ein (§ 1 Abs. 2 Nr. 1 InsVV)	

Nr.	Thema	Checkliste Absonderungsrecht: Erläuterung	Hilfsmittel
		• daher: Prüfung der Wirksamkeit des jeweiligen Absonderungsrechtes erforderlich: ggf. kein Absonderungsrecht und voller Erlös für die Masse? • s. unten stehend: Anfechtung, Pfandrecht, Rückschlagsperre	
8.	Nutzung des Gegenstandes	• Nutzung der beweglichen Sache bis zur Veräußerung ist möglich, z. B. bei Betriebsfortführung • Anordnung gem. § 21 Abs. 2 Satz 1 Nr. 5 InsO möglich: s. BHG-Rechtsprechung; gerichtlichen Beschluss erwirken • dann ggf. Nutzungsausfallentscheidung gem. § 21 Abs. 2 Satz 1 Nr. 5 i.V.m. § 169 Satz 2 und 3 InsO: s. auch BGH-Rechtsprechung; nach Ablauf von drei Monaten ab Anordnung § 21 Abs. 2 Satz 1 Nr. 5 InsO (Rn. 28 in BGH, IX ZR 7/09) • zusätzlich: ggf. eintretender Wertverlust am Sicherungsgegenstand muss ausgeglichen werden • gesetzliche Grundlage: § 172 InsO • ggf. Verwertungsvereinbarung mit Absonderungsgläubiger schließen und eine Regelung treffen (Achtung: nur bei Eintritt eines Wertverlustes) • auch bei Anmietung vom Gesellschafter kein Anspruch auf unentgeltliche Nutzung nach der BGH-Rechtsprechung • Anordnung eines Einziehungsverbotes soll auch in der Eigenverwaltung möglich sein: s. Rechtsprechung	Checkliste Betriebsfortführung Muster 397 – 398 (vorl. Verwaltung): Antrag auf Anordnung vorl. Verwaltung: darin Passus wg. § 21 Abs. 2 Satz 1 Nr. 5 InsO Muster 14: »Einziehungs- und Verwertungsstopp – Info an Gläubiger« Einziehungsstopp: BGH v. 03.12.009 – IX ZR 7/09 in ZInsO 2010, 136, WKRS 2009, 29127 Wertverlust: BGH v. 08.03.2012 – IX ZR 78/11 InsbürO 2012, 323, ZInsO 2012, 701, WKRS 2012, 12604 Bei Anmietung vom Gesellschafter: BGH, Urt. v. 29.01.2015 – IX ZR 279/13 (Rn. 32), InsbürO 2015, 366 = BGHZ 204, 83 = ZInsO 2015, 559 Anwendung auch bei Eigenverwaltung: AG Leipzig v. 25.01.2017 – 401 IN 81/17 in ZInsO 2017, 328, InsbürO 2017, 213 m. Anmerkung auf zustimmende Kommentierung
9.	Ordner anlegen	• Unterlagen über Absonderungsrechte sind in den jeweiligen Sachbereichen zu archivieren • Bsp.: Globalzession im Bankordner • Bsp.: Sicherungsübereignung Fahrzeug im Inventarordner • Bsp.: Abtretung Ansprüche aus Versicherungsvertrag im Vertragsordner	Muster 210 oder 213 (Inhaltsverzeichnisse): Inhaltsverzeichnis (zwei Varianten)
10.	Verwertungsrecht	• dem Insolvenzverwalter steht das Verwertungsrecht gem. § 166 InsO zu, wenn er den Gegenstand, an dem das Absonderungsrecht besteht, im Besitz hat (mittelbarer Besitz reicht) • daher Prüfung: Ist der Besitz durch den Verwalter gegeben? • falls nein: ggf. Datum und Umstände der Wegnahme des Gegenstandes ermitteln • Bsp.: Wegnahme eines Fahrzeuges durch den Gläubiger nach Information über Insolvenzantrag am selben Tag = ggf. Rückgabe möglich • hält der Gläubiger den Besitz an dem Gegenstand: originäres Verwertungsrecht bei ihm (s. nachfolgend)	Checkliste Anfechtungsansprüche
11.	Verwertungsrecht Gläubiger	• Voraussetzung für Verwertungsrecht des Verwalters: Besitz am Gegenstand (§ 166 Abs. 1 InsO) • kein Besitz, dann Verwertungsrecht beim Gläubiger (§ 173 Abs. 1 InsO) • Bsp.: Werkunternehmerpfandrecht • Verwalter kann Frist zur Verwertung durch das Insolvenzgericht bestimmen lassen (§ 173 Abs. 2 InsO)	Checkliste Verwertungstätigkeit Muster 378 (Verwertungsmaßnahmen): »Antrag auf Verwertung d. Gläubiger § 173 InsO«

Nr.	Thema	Checkliste Absonderungsrecht: Erläuterung	Hilfsmittel
		• Frist notieren und überwachen • Hintergrund: ggf. Mehrerlös für die Insolvenzmasse oder Übergang des Verwertungsrechtes • nach fruchtlosem Fristablauf obliegt dem Verwalter das Verwertungsrecht (§ 173 Abs. 2 InsO) • bei Verwertung durch Gläubiger: keine Kostenbeiträge gem. §§ 170, 171 InsO • bei Verwertung durch Insolvenzverwalter: Anwendung der Regelungen der §§ 170, 171 InsO	Wiedervorlagen-Kalender Hamburger Kommentar, 7. Aufl., Scholz, § 173 Rn. 3 und 5
12.	Selbsteintritt Gläubiger	• ein Gläubiger kann ein Sicherungsgut auch selbst übernehmen • die Konditionen müssen mindestens dieselben sein, die einer anderen Verwertung zugrunde liegen • der Selbsteintritt zählt als Verwertungshandlung des Insolvenzverwalters: Feststellungs- und Verwertungskostenpauschale fallen also an	Homann in Ahrens/Gehrlein / Ringstmeier: Insolvenzrecht Kommentar, 3. Aufl. 2017, § 168 InsO Rn. 19 ff.
13.	Pfandrecht – Verwertungsrecht	• gepfändete oder verpfändete Forderungen berechtigen den Insolvenzverwalter nicht zum Einzug • s. auch nachstehend: »Pfandrecht – Wirksamkeit« • § 166 Abs. 2 InsO: Einzugsrecht nur für zur Sicherheit abgetretene Forderungen • damit: kein Insolvenzbeschlag an gepfändeten oder verpfändeten Forderungen	Kein Verwertungsrecht bei Verpfändung: BGH v. 26.01.2012 – IX ZR 191/10 in ZInsO 2012, 547, WKRS 2012, 11439
14.	Auskunftsrecht Gläubiger	• Absonderungsgläubiger kann vom Verwalter Auskunft verlangen: – über den Zustand einer beweglichen Sache (§ 167 Abs. 1 InsO) (Besichtigung kann gestattet werden) – über eine Forderung (§ 167 Abs. 2 InsO) (Einsicht in Bücher und Geschäftspapiere kann gestattet werden)	Muster 13: »Auskunft gem. § 167 InsO«
15.	Wertermittlung	• vor der Veräußerung eines Vermögensgegenstandes muss zunächst sein Verkehrswert ermittelt werden – Grund: Feststellung: Macht eine Verwertung durch den Verwalter wirtschaftlich Sinn? Ist der Aufwand groß, aber die Kostenbeiträge gering? • Liegt evtl. ein Sachverständigengutachten vor? • wenn nicht: ggf. anfordern (z.B. bei Bank) oder beauftragen (oftmals sind Sicherungsgläubiger bereit, Kosten hierfür (anteilig) zu tragen!) • Gibt es andere Unterlagen: alte Rechnung, Kaufvertrag? • möglich auch: Recherche über das Internet (z. B. bei Fahrzeugen) • bei Versicherungsverträgen Rückkaufswerte ermitteln	Checkliste Inventar Checkliste Versicherungsverträge Checkliste Verwertungstätigkeit
16.	Forderungshöhe	• die Höhe der Forderung des Absonderungsgläubigers muss festgestellt und geprüft werden • dadurch: Prognose über Erlös für die Masse • verbleiben nur die Kostenbeiträge für die Insolvenzmasse oder wird ein Übererlös erzielt? • Übererlös = Gläubigerforderung < Wert/Kaufpreis • ggf. Info über Forderungshöhe aus der Insolvenztabelle entnehmen	Insolvenztabelle
17.	Prüfungsvermerk	• zu jedem Absonderungsrecht sollte ein Prüfungsvermerk gefertigt werden • dient als Nachweis, dass Prüfung der Wirksamkeit erfolgt ist und Berechtigung des Gläubigers auf vorrangige Befriedigung besteht • jeder Blick in die Unterlagen lässt die erfolgte Prüfung erkennen • ggf. Rücksprache mit dem Insolvenzverwalter	

Nr.	Thema	Checkliste Absonderungsrecht: Erläuterung	Hilfsmittel
18.	Kaufinteressenten	• bei größeren Insolvenzverfahren: Versteigerung • bei einzelnen Gegenständen: ggf. Verwertungsfirmen ansprechen • oder: Einstellen ins Internet, z. B. bei Ebay	
19.	Veräußerungs-absicht – Anzeige	• Absonderungsgläubiger muss über bevorstehende Verwertung unterrichtet werden (§ 168 InsO) • dadurch: Gelegenheit für Gläubiger, ein besseres Angebot zu unterbreiten • Frist: eine Woche gem. § 168 Abs. 1 S. 2 InsO • erfolgt ein Hinweis durch den Gläubiger: Verwertung diesem überlassen oder ihn so stellen, als wäre die Verwertung zu dem höheren Kaufpreis erfolgt (§ 168 Abs. 2 InsO) • ggf.: Verkauf einer Sache für Veräußerung im ganzen (= Unternehmensverkauf) erforderlich, aber niedrigerer Kaufpreis als im Angebot durch Absonderungsgläubiger: Differenz im Vergleich zum Einzelverkauf muss Insolvenzmasse ausgleichen	Muster 19: »Veräußerungs-absicht – Anzeige § 168 InsO« Gleichstellungsanspruch Gläubiger: BGH v. 04.07.2013 – IX ZR 264/12 (Rn. 4) in InsbürO 2013, 463, ZInsO 2013, 1690 Anzeige auch bei Verkauf im Ganzen: BGH v. 16.09.2013 v. IX ZR 264/12 (Rn. 2) in InsbürO 2013, 504, WKRS 2013, 46261
20.	Umsatzsteuerproble-matik	• vor Verkauf Klärung, ob beweglicher Gegenstand zum Betriebs- oder Privatvermögen gehört (wg. etwaiger Vorsteuerkorrektur) • ggf. Abstimmung mit Buchhaltung oder Steuerberater • Prüfungsergebnis schriftlich festhalten • je nach Ergebnis: Kaufpreis brutto oder netto vereinbaren • Umsatzsteuer ist als Masseverbindlichkeit abzuführen • ggf. Masseunzulänglichkeit prüfen	Muster 335 (Steuerangelegen-heiten): »Verkäufe – Steuer-pflicht – Prüfungsvermerk« Checkliste Steuerangelegenheiten
21.	Verwertung – Durchführung	• zur Durchführung der Verwertung im Überblick: – Suche nach Kaufinteressenten: s. vorstehend – Anzeige der Veräußerungsabsicht: s. vorstehend – Abschluss des Kaufvertrages/ggf. Erstellung Rechnung – Prüfung der Umsatzsteuerpflicht: s. vorstehend – Prüfung der Zinszahlungspflicht: s. unten	Muster 262 (Inventar): »Kaufvertrag« Muster 264 (Inventar): »Rechnung bei Verkauf« Muster 265 (Inventar): »Verkaufsbestätigung«
22.	Verwertung – Überwachung	• Kontrolle der tatsächlichen Verwertung • Sind alle Gegenstände veräußert? Welcher Verkauf steht ggf. noch aus? • Verwertungsliste führen: s. nachfolgend • Zinsanspruch des Gläubigers bei verzögerter Verwertung (§ 169 InsO) beachten (s. unten) • Fortgang oder Abschluss der Verwertung in den Sachstands-berichten mitteilen • bei Verwertung durch den Gläubiger: Überwachung des Zahlungseinganges: Feststellungskostenbeitrag und Umsatz-steuer gem. § 170 Abs. 2 InsO	Wiedervorlagen-Kalender Checkliste Verwertungstätigkeit
23.	Auskehrung Verwertungserlös	• Einnahmen aus der Verwertung von Vermögenswerten sind an die Absonderungsgläubiger auszukehren • unverzügliche Abrechnung ggü. Absonderungsgläubiger fertigen • gesetzliche Regelungen: § 170 Abs. 1 InsO, § 259 BGB • beim Forderungseinzug: regelmäßiger Rhythmus (= Wieder-vorlagen notieren) • Achtung bei Globalzession: Umsatzsteuerproblematik beim Forderungseinzug: s. gesonderte Checkliste	Muster 12: »Abrechnung bei Verwertung durch Insolvenzverwalter« Muster 17: »Rechnung USt – Lieferung 1 – Masse an Gläubiger« Muster 18: »Rechnung USt – Lieferung 2 – Gläubiger an Masse – Gutschrift« Checkliste Forderungseinzug Checkliste Globalzession Checkliste Steuerangelegen-heiten Wiedervorlagenkalender

Nr.	Thema	Checkliste Absonderungsrecht: Erläuterung	Hilfsmittel
24.	Kostenbeiträge – allgemein	• Anspruch auf Kostenbeiträge allein berechtigt nicht zur Verwertung = kein Grund, mit Absonderungsrecht belasteten Gegenstand in der Masse zu halten • z.B. Kostenbeiträge kein Argument für Rückführung eines weggegebenen Gegenstandes	Kein Anspruch auf Kostenbeiträge bei fehlender Verwertung: BGH v. 26.04.2012 – IX ZR 67/09 (Rn. 28 m.w.N.) in InsbürO 2012, 402, ZInsO 2012, 1429
25.	Kostenbeiträge – vorläufige Verwaltung	• während der vorläufigen Verwaltung darf i.d.R. nur eine Sicherungstätigkeit erfolgen (§ 21 Abs. 1 InsO) • Verwertung des vorhandenen Vermögens erfolgt im eröffneten Verfahren (§ 159 InsO) • jedoch: ggf. Einzug von Forderungen gem. § 21 Abs. 2 Nr. 5 InsO möglich • dann greifen die Regelungen der §§ 170, 171 InsO = Vereinnahmung von Kostenbeiträgen möglich (§ 21 Abs. 2 Nr. 5 InsO)	
26.	Kostenbeiträge – eröffnetes Verfahren	• gem. § 171 InsO stehen dem Insolvenzverwalter bei der Verwertung von »Absonderungsgut« Kostenbeiträge zu • 4 % Feststellungskostenbeitrag = Feststellung des Bestehens und der Wirksamkeit des Absonderungsrechtes (fester Prozentsatz) • 5 % Verwertungskostenbeitrag für die Verwertungshandlung (variable Position: s. nachstehend) • diese Kostenbeiträge dürfen vor der Auszahlung von dem Erlös in Abzug gebracht werden (§ 170 Abs. 1 InsO) • Achtung: Kostenbeiträge werden vom Bruttoerlös berechnet • ergeben sich aufgrund niedriger Verkehrswerte geringe Kostenbeiträge ist eine Freigabe/Überlassung an den Gläubiger zu erwägen • s. auch nachstehend »Rechnungsanforderungen«	Feststellungskostenbeitrag immer pauschal, nicht nach Aufwand: BGH v. 11.07.2002 – IX ZR 262/01 in ZInsO 2002, 826, WKRS 2002, 23506 ABC des Insolvenzrecht: Kostenbeiträge der Absonderungsberechtigten, InsbürO 2007, 439 f.
27.	Kostenbeiträge – Höhe	• die Feststellungskostenbeitrag ist gleich bleibend • die Verwertungskostenbeitrag ist gem. § 171 Abs. 2 InsO variabel: s. nachstehend »Verwertungskostenbeitrag«	Feststellungskostenbeitrag immer pauschal, nicht nach Aufwand: BGH v. 11.07.2002 – IX ZR 262/01 in ZInsO 2002, 826, WKRS 2002, 23506
28.	Kostenbeiträge – Übererlös	• Übererlös = Verwertungserlös > Forderung des Sicherungsgläubigers • Übersicherung bis zu 10 % lt. BGH-Rechtsprechung zulässig • Zeitpunkt der zulässigen Übersicherung: Darlehensabschluss (Darlehensrückzahlung bleibt unberücksichtigt, sonst immer Übersicherung) • Kostenbeiträge werden kompensiert = vollständige Befriedigung des Sicherungsgläubigers = Erstattung der Kostentragungspflicht gem. §§ 170, 171 InsO = Gläubiger trägt diese im Ergebnis nicht • Kostenbeiträge sind daher aus dem Übererlös (= verbleibender Anteil für die Masse) zu entnehmen = Übererlös geht nicht vollständig an die Insolvenzgläubiger wg. Vergütungsanspruch des Insolvenzverwalters (§ 1 Abs. 2 Nr. 1 InsVV)	Entnahme Kostenbeiträge aus Übererlös: LG Siegen v. 6.5.2014 – 1 S 50/13 m.w.N. in WKRS 2014, 39575 Heeseler, Kompensation der Kostenbeiträge gem. §§ 170, 171 durch den Verwertungserlös, ZInsO 2002, 924 ff. Heeseler/Neu, Der Übererlös bei der Verwertung von Sicherungsgut – wie ist er vom Insolvenzverwalter abzurechnen? InsbürO 2015, 178 ff.
29.	Verwertungskostenbeitrag	• der Verwertungskostenbeitrag beträgt gem. § 171 Abs. 2 InsO pauschal 5 % • bei niedrigeren oder höheren Verwertungskosten: Ansatz dieser Kosten (§ 171 Abs. 2 Satz 2 InsO) • bei der Kündigung und Vereinnahmung von Rückkaufswerten: wenig Aufwand für die Verwertung	Wahl zwischen Pauschale oder tatsächlichen Kosten: BGH v. 22.2.2007 – IX ZR 112/06 (Rn. 2) in ZInsO 2007, 374, WKRS 2007, 12182

Nr.	Thema	Checkliste Absonderungsrecht: Erläuterung	Hilfsmittel
		• Versicherungsgesellschaften berufen sich häufig darauf, allerdings hat nach einer Entscheidung des OLG Düsseldorf der Gläubiger Gründe vorzutragen, die einen geringen Aufwand und damit eine niedrigere Pauschale belegen = Pauschale dann ggf. verringern • bei Verwertung durch den Absonderungsgläubiger (§ 170 Abs. 2, § 173 InsO): kein Anspruch auf Verwertungskostenbeitrag, aber auf Feststellungskostenbeitrag	Vortragspflicht des Gläubiger zur niedrigeren Pauschale: OLG Düsseldorf v. 27.4.2017 – I-12 U 42/15 (Leitsatz 7) in WKRS 2017, 30429 abweichende Verwertungskostenpauschale bei beachtlicher Abweichung der Tätigkeit: AG Göttingen v. 10.12.2013 – 21 C 55/13 in ZInsO 2014, 108, InsbürO 2014, 79 m. Anmerkung und weiteren Nachweisen
30.	Schuldtilgung – Umsatzsteuer	• nach der Rechtsprechung des BFH liegt bei der Verwertung von Sicherungsgut durch den Insolvenzverwalter ein Dreifachumsatz vor: – Lieferung 1: Masse an Gläubiger (= Schuldtilgung) – Lieferung 2: Gläubiger an Masse (= Kommissionär) – Lieferung 3: Masse an Dritten (= Käufer) • daher ist die Umsatzsteuer auf den verkauften Gegenstand an sich an die Finanzverwaltung abzuführen • aber auch zusätzlich Umsatzsteuer auf den Betrag der Schuldtilgung (= Nettoentgelt, das der Gläubiger erhält) • BFH wertet die Verwertung durch den Insolvenzverwalter als Geschäftsbesorgungsvertrag zugunsten des Sicherungsgläubigers (dazu: BMF-Schreiben v. 30.04.2014) • Begründung: »Verwalter darf, aber müsste nicht verwerten« • siehe wegen der genauen Abrechnung in die Muster, das BMF-Schreiben vom 30.04.2014 und den Literaturtipp	Muster 12: »Abrechnung bei Verwertung durch Insolvenzverwalter« Muster 17: »Rechnung USt – Lieferung 1 – Masse an Gläubiger« Muster 18: »Rechnung USt – Lieferung 2 – Gläubiger an Masse – Gutschrift« Umsatzsteuer auf Verwertungskostenbeitrag: BFH v. 28.7.2011 – V R 28/09 in InsbürO 2012, 111, ZInsO 2011, 1904 BMF-Schreiben vom 30.04.2014 in (BStBl. I 2014 S. 816) (Ziff. II) in ZInsO 2014, 1000 abrufbar über www.wolters-kluwer-online.de Moderegger, Umsatzsteueransprüche bei der Verwertung von sicherungsübereigneten Gegenständen im Insolvenzverfahren anhand von Praxisbeispielen, InsbürO 2014, 378 ff.
31.	Rechnungs-anforderungen	• erstellte Rechnungen an Dritte müssen Anforderungen nach dem UStG erfüllen: – Bezeichnung des Gegenstandes gem. § 14 Abs. 4 Nr. 5 UStG – Datumsangabe gem. § 14 Abs. 4 Nr. 3 UStG – Leistungszeitraum oder Leistungszeitpunkt gem. § 14 Abs. 4 Nr. 6 UStG – Name und Anschrift gem. § 14 Abs. 4 Nr. 1 UStG – Rechnungsnummer gem. § 14 Abs. 4 Nr. 4 UStG – Umsatzsteuer-Ident-Nr. gem. § 14 Abs. 4 Nr. 2 UStG	Muster 17: »Rechnung USt – Lieferung 1 – Masse an Gläubiger« Muster 18: »Rechnung USt – Lieferung 2 – Gläubiger an Masse – Gutschrift« Muster 264 (Inventar): »Rechnung bei Verkauf aus Masse«
32.	Ausfallbezifferung	• Absonderungsgläubiger werden bei etwaigen Verteilungen nur berücksichtigt, wenn sie ihren Ausfall mitteilen (§ 190 InsO) • Ausschlussfrist für Ausfallbezifferung: zwei Wochen nach Veröffentlichung des Verteilungsverzeichnisses (§ 190 Abs. 1 Satz 1 i.V.m. § 189 Abs. 1 InsO) • Achtung: Bei Verwertungsrecht gem. § 166 InsO: Verwalter muss den Ausfall berechnen = § 190 Abs. 3 InsO = Pflicht zur Aufnahme des Ausfallbetrages in das Verteilungsverzeichnis • i.d.R. aber dennoch Kontaktaufnahme zum Absonderungsgläubiger wg. Abstimmung • s. auch unten »Zinsanspruch«	Checkliste Insolvenztabelle Muster 235 (Insolvenztabelle): »Ausfallbezifferung durch Gläubiger – Muster« Hopfenbeck, Feststellung der Forderung im Schlussverzeichnis, InsbürO 2010, 61 ff.

Nr.	Thema	Checkliste Absonderungsrecht: Erläuterung	Hilfsmittel
33.	Selbstübernahme	• der Gläubiger kann den Gegenstand auch selbst übernehmen (§ 168 Abs. 3 InsO) (Ankauf d. Gläubiger) • dann: Anspruch auf beide Kostenbeiträge gem. § 171 InsO und Umsatzsteuer (s. Rechtsprechung) • Grund: »normale« Verwertung der »anderen Art« • insoweit dann ebenfalls Annahme eines Dreifachumsatzes: s. vorstehend »Schuldtilgung – Umsatzsteuer« und in die Musterabrechnung • Besonderheit: Vereinbarung eines festen Kaufpreises bei Selbstübernahme, bei Erzielung eines Übererlöses durch Gläubiger bei späterem Verkauf an Dritten: keine Anrechnung auf seine Insolvenzforderung (s. Rechtsprechung) • dennoch Vorteil für Insolvenzmasse: Anspruch auf beide Kostenbeiträge	Muster 10: »Abrechnung bei Selbstübernahme Gläubiger« Muster 17: »Rechnung USt – Lieferung 1 – Masse an Gläubiger« Muster 18: »Rechnung USt – Lieferung 2 – Gläubiger an Masse – Gutschrift« Anspruch auf beide Kostenpauschalen bei Selbstübernahme: BGH v. 3.11.2005 – IX ZR 181/04 (Rn. 12) in ZInsO 2005, 1270, WKRS 2005, 25413
34.	Überlassung an Gläubiger	• der Gegenstand kann auch dem Sicherungsgläubiger zur Verwertung überlassen werden (§ 170 Abs. 2 InsO) • der Verwalter verzichtet insoweit auf sein Verwertungsrecht nach § 166 Abs. 1 InsO: Freigabeerklärung abgeben • Gründe z.B.: kein Zugang zum Verkaufsmarkt, kein angemessenes Verhältnis Arbeitsaufwand – Kostenbeitrag • in dem Fall: Anspruch auf Feststellungskostenbeitrag und die auf den Kaufpreis entfallende Umsatzsteuer (§ 170 Abs. 2 InsO) (s. auch Rechtsprechung) • Unterschied zur Selbstübernahme durch Gläubiger: kein Anspruch auf Verwertungskostenbeitrag • die Regelungen zum Dreifachumsatz greifen hier insoweit dann nicht: es ist lediglich die Umsatzsteuer aus dem Kaufpreis an sich durch die Insolvenzmasse abzuführen, es fällt keine Umsatzsteuer auf die Schuldtilgung an (= kein Kommissionsgeschäft)	Muster 15: »Freigabe eines Absonderungsgegenstandes – Überlassung« Muster 11: »Abrechnung bei Verwertung durch Gläubiger« Muster 16: »Rechnung FKP – Verwertung durch Gläubiger« Checkliste Freigabe > »Absonderungsgegenstände« Anspruch auf Feststellungskostenbeitrag und Umsatzsteuerzahlung: BGH v. 29.3.2007 – IX ZR 27/06 (Rn. 14) in ZInsO 2007, 605
35.	Dokumentation	• Bearbeitung von Aus- und Absonderungsrechten wichtiges Thema bei der Berichterstattung • Nachweis der Beachtung der gesetzlichen Regelungen • sinnvoll: tabellarischer Überblick über Bearbeitungsverlauf	Muster 55 (Aussonderung): »Übersicht Aus- und Absonderungsrechte – Tabelle«
36.	Verwertungsliste	• Jede Verwertung eines Vermögenswertes ist im EDV-System zu erfassen • dadurch: laufende Aktualisierung des Verzeichnisses der Massegegenstände und damit der komprimierten Vermögensübersicht • später: Ausdruck Schlussbilanz möglich • sinnvoll auch: fortgeschriebener Zwischenbericht in Form einer tabellarischen Übersicht	Checkliste Verwertungstätigkeit Muster 385 (Verwertungstätigkeit): »Verwertungsübersicht – ForStaB«

Nr.	Thema	Checkliste Absonderungsrecht: Zusatzinformationen – alphabetisch sortiert	Hilfsmittel
37.	Abtretung pfändbarer Einkommensanteile	• frühere Regelung in § 114 Abs. 1 InsO mit zeitlich eingeschränkter weitere Wirksamkeit einer Abtretung trotz Insolvenz ist im Jahre 2014 entfallen = kein Absonderungsrecht mehr aus Abtretung	
38.	Aktien	• kein Verwertungsrecht des Insolvenzverwalters bei wirksamer Verpfändung	Checkliste Verwertungstätigkeit
39.	Anfechtung – Rechtshandlung	• zentrale Vorschrift für die Prüfung von Anfechtungsansprüchen: §§ 129, 140 InsO: – *»Rechtshandlung gilt als in dem Zeitpunkt vorgenommen, in dem ihre rechtlichen Wirkungen eintreten«*	Werthaltigmachung – Leistungserbringung: BGH v. 14.02.2013 – IX ZR 94/12 in ZInsO 2013, 492

Nr.	Thema	Checkliste Absonderungsrecht: Zusatzinformationen – alphabetisch sortiert	Hilfsmittel
		• Bsp.: Globalzession an sich unanfechtbar, aber Entstehen bzw. Werthaltigmachung der künftigen Forderungen ggf. anfechtbar (§ 140 Abs. 1, 2 InsO) • Bsp.: Pfandrecht an sich unanfechtbar, greift aber erst, wenn z. B. Konto aufgefüllt wird, dann mit Entstehung des Auszahlungsanspruches anfechtbar • damit zentrale Frage: Wann ist ein Sicherungsrecht entstanden?	
40.	Anfechtung – weitere Infos	• mögliche Anfechtung gem. §§ 129 ff. InsO prüfen: – innerhalb eines Zeitraums von drei Monaten vor Insolvenzantragstellung: Zahlungen oder Rechtsgeschäfte erfolgt? Absonderungsrechte (Sicherheiten) begründet? – Gab es Zahlungen, Rechtsgeschäfte, Besicherungen nach der Insolvenzantragstellung oder »Nachbesicherungen« (z.B. an Bank)? • beachte bei der Prüfung vorstehende Erläuterungen zur »Rechtshandlung« • Liegen Unterlagen oder sonstige Nachweise über die Zahlungsschwierigkeiten des Schuldners vor? • Bsp.: schriftliche Anfragen über Zahlungsaufschub o.ä. • Ist der Absonderungsgläubiger evtl. Ehepartner, Lebensgefährte, ein Familienmitglied oder ein Verwandter des Schuldners = nahe stehende Personen i.S.v. § 138 InsO? (= längere Anfechtungsfristen gem. § 133 Abs. 2 InsO) • bei Anfechtbarkeit: Gläubiger informieren und Anfechtung schriftlich geltend machen	Checkliste Anfechtungsansprüche Muster 364 (Versicherungen): »Auszahlungsverbot – Info an Vertragspartner«
41.	Doppelbesicherung	• bei Gesellschaftsinsolvenzen: ggf. Sicherheiten zugunsten der Bank durch die Gesellschaft und den oder die Gesellschafter • dann: Befriedigung der Bank aus Verwertung der Sicherheit durch den Insolvenzverwalter (z.B. Globalzession, Sicherungsübereignung) • danach: Inanspruchnahme des Gesellschafters (analog § 135 Abs. 2 InsO) • s. gesonderte Checkliste	Checkliste Haftungsansprüche Erstattungsanspruch gegen Gesellschafter: BGH v. 1.12.2011 – IX ZR 11/11 in InsbürO 2012, 75, ZInsO 2012, 1146
42.	Eigentumsvorbehalt	• verlängerte oder erweiterte Eigentumsvorbehaltsrechte können Absonderungsrechte bzw. Ersatzabsonderungsrechte begründen • Erläuterungen hierzu finden sich in der Checkliste Aussonderungsrechte	Checkliste Aussonderungsrechte > »Eigentumsvorbehalt«
43.	Eigentumswohnung	• Absonderungsrecht der WEG (= Wohnungseigentümergemeinschaft) wg. rückständiger Beträge aus dem Jahr der Beschlagnahme (= Insolvenzeröffnung) und zwei Jahre davor • s. wegen näherer Erläuterungen: gesonderte Checkliste	Checkliste Immobilienvermögen
44.	Ersatzabsonderung	• keine gesetzliche Regelung, aber ggf. analoge Anwendung der Vorschrift zur Ersatzaussonderung gem. § 48 InsO • Bsp.: Einzug von Forderungen während der vorl. Verwaltung trotz Widerruf der Einziehungsbefugnis durch Sicherungsgläubiger • hierzu keine weiteren Erläuterungen, da schwierige und umfassende Materie: s. Literaturhinweis • jeweils Rücksprache und Prüfung durch den Insolvenzverwalter	Schmidt/Büchler, Effiziente Ermittlung und Abwicklung von Aus- und Absonderungsrechten in der Insolvenz, Teil 7: Ersatzaus- und Ersatzabsonderung, InsbürO 2007, 458 ff.
45.	Fahrzeug	• Fahrzeuge, an denen Absonderungsrechte bestehen, darf der Insolvenzverwalter gem. § 166 Abs. 1 InsO verwerten • Gläubiger ist zur Herausgabe der Fahrzeugpapiere verpflichtet • s. wegen näherer Informationen: gesonderte Checkliste	Checkliste Fahrzeuge
46.	Globalzession	• Abtretung = Regelungen in §§ 398 ff. BGB • Globalzession = Sicherungsabtretung eines wechselnden (zukünftigen) Forderungsbestandes • Absonderungsrecht gem. § 51 Nr. 1 InsO • Forderungseinzug = erheblicher Arbeitsaufwand: Prüfung der Durchsetzbarkeit, Realisierung, Beachtung von Verjährungsfristen etc.	Checkliste Globalzession

Nr.	Thema	Checkliste Absonderungsrecht: Zusatzinformationen – alphabetisch sortiert	Hilfsmittel
		• daher: abweichende Vereinbarung mit Absonderungsgläubiger wg. Kostenbeiträgen möglich (z.B. 20 – 30 %) • s. gesonderte Checkliste	
47.	Konkurrenz von Sicherheiten	• s. nachfolgend »Rang der Absonderungsrechte«	
48.	Literaturtipps	• Heyn, Mietansprüche in der Insolvenz im tabellarischen Überblick, InsbürO 2010, 43 ff. • Küpper, Der Rang der Absonderungsrechte – Verhältnis zwischen Vermieterpfandrecht und Sicherungsübereignung, InsbürO 2005, 162 ff. • Küpper, Der Rang der Absonderungsrechte – Verhältnis zwischen Globalzession und verlängertem Eigentumsvorbehalt, InsbürO 2005, 247 ff. • Schmid, Entstehung und Geltendmachung konkurrierender Sicherheiten von finanzierender Bank und Lieferanten in der Insolvenz des Sicherungsgebers, ZInsO 2009, 2217 ff. • Schmidt/Büchler, Effiziente Ermittlung und Abwicklung von Aus- und Absonderungsrechten in der Insolvenz, Teil 4: Vermieter- und Verpächterpfandrecht, InsbürO 2007, 42 ff. • Tetzlaff, Verschiedene Möglichkeiten für die Auflösung einer Kollision zwischen Eigentumsvorbehalt und Globalzession, ZInsO 2009, 1092 ff. • Wipperfürth, Fragen eines arbeitenden Lesers – Das Absonderungsrecht im Praktiker-Fokus, InsbürO 2012, 339 ff.	
49.	Pfandrecht – Beispiel	• ein Gläubiger hat schon mehrere Monate vor dem Insolvenzantrag durch Erwirkung eines Pfändungs- und Überweisungsbeschlusses wirksam die Konten des Schuldners gepfändet • etwaige Kontenguthaben stehen daher dem Gläubiger zu • = Pfandrecht durch Zwangsvollstreckung (§ 50 Abs. 1 InsO) • (mögliche Anfechtung bleibt hier unberücksichtigt)	
50.	Pfandrecht – Wirksamkeit	• rechtsgeschäftliches Pfandrecht, gesetzliches Pfandrecht oder Pfandrecht durch Pfändung = Absonderungsrecht gem. § 50 InsO • von wann datiert das Pfandrecht? • innerhalb eines Monats vor Insolvenzantragstellung? • dann greift ggf. die Rückschlagsperre gem. § 88 InsO – in Verbraucherinsolvenzverfahren: verlängerte Frist = drei Monate vor Insolvenzantragstellung gem. § 88 Abs. 2 InsO • ggf. Anfechtbarkeit über § 140 InsO (= Vornahme der Rechtshandlung: »Werthaltigmachung des Pfandrechtes« = s. »Rechtshandlung«)	Checkliste Vollstreckungsmaßnahmen
51.	Pfandrecht – Wirksamkeit – Einkommen	• frühere Regelung in § 114 Abs. 3 InsO mit weiterhin bestehender zeitlich eingeschränkter Wirksamkeit einer Pfändung von Einkommen ist in 2014 entfallen • kein Absonderungsrecht mehr aus Pfandrecht am Einkommen	
52.	Rang der Absonderungsgläubiger	• werden von mehreren Gläubigern Absonderungsrechte an einem oder mehreren Vermögenswerten geltend gemacht: Klärung, wer Vorrang hat • Bsp: Vermieterpfandrecht und Raumsicherungsübereignung, verlängerter Eigentumsvorbehalt und Globalzession • tabellarischer Überblick lt. Literaturtipp rechts hilft bei Klärung des Vorrangs und den erforderlichen Voraussetzungen • abschließende Klärung durch Verwalter	Haushalter, Kollision von Sicherheiten, InsbürO 2017, 144 ff.
53.	Raumsicherungsübereignung	• Wirksamkeit einer etwaigen Raumsicherungsübereignung sollte geprüft werden • hierfür Vorgaben der Rechtsprechung berücksichtigen: eindeutige Vereinbarung eines Standortes bzw. eindeutige Kennzeichnung (Bestimmtheitsgrundsatz)	Zu den Voraussetzungen für den Bestimmtheitsgrundsatz: BGH v. 12.2.1992 – XII ZR 7/91 (Rn. 16) in WKRS 1992, 14532

Nr.	Thema	Checkliste Absonderungsrecht: Zusatzinformationen – alphabetisch sortiert	Hilfsmittel
54.	Rückschlagsperre	• Rückschlagsperre bedeutet die rückwirkende Unwirksamkeit von **Sicherungen** durch Vollstreckung • Zeitraum: ein Monat vor Antragstellung oder danach • gesetzliche Grundlage: § 88 InsO • im Verbraucherinsolvenzverfahren beträgt der Zeitraum gem. § 88 Abs. 2 InsO: drei Monate • bei Befriedigung durch Vollstreckung, also nicht nur Sicherung: Anfechtbarkeit gem. §§ 129, 140 InsO prüfen (s. vorstehend »Rechtshandlung«)	ABC des Insolvenzrechtes: Rückschlagsperre, InsbürO 2008, 320
55.	Sicherungsabtretung – Beispiel	• der Schuldner A hat eine Forderung gegen B • A tritt aufgrund einer eigenen Verbindlichkeit ggü. C diese Forderung gegen B an C zur Sicherheit ab • die Forderung gegen B steht jetzt C zu (zur Sicherheit) • = Abtretungserklärung (§ 51 Nr. 1 InsO) • (mögliche Anfechtung einer Sicherungsabtretung bleibt hier unberücksichtigt)	Schmidt/Büchler, Effiziente Ermittlung und Abwicklung von Aus- und Absonderungsrechten in der Insolvenz, Teil 2: Sicherungsabtretung, InsbürO 2006, 362 (364 ff.)
56.	Sicherungsübereignung – Beispiel	• Schuldner A kann seine Schulden bei D nicht bezahlen • D droht mit gerichtlichen Maßnahmen • A übereignet D sein wertvolles Auto als Sicherheit und bittet um Zahlungsaufschub • für den Fall, dass A nicht zahlen kann, wird vereinbart, dass D das Auto verkaufen und aus dem Kaufpreiserlös die Schulden ablösen kann • = Sicherungsübereignung (§ 51 Nr. 1 InsO) • (mögliche Anfechtung einer Sicherungsübereignung bleibt hier unberücksichtigt)	Schmidt/Büchler, Effiziente Ermittlung und Abwicklung von Aus- und Absonderungsrechten in der Insolvenz, Teil 1: Sicherungsübereignung, InsbürO 2006, 322 (324 ff.)
57.	Verbraucherinsolvenzverfahren	• frühere Regelung mit fehlendem Verwertungsrecht eines Treuhänders gem. § 313 Abs. 3 InsO ist in 2014 entfallen • nunmehr hat der Insolvenzverwalter auch in Verbraucherinsolvenzverfahren (§ 304 InsO) ein Verwertungsrecht von mit Absonderungsrechten belasteten Gegenständen	
58.	Verjährung	• Verjährungsfrist für Absonderungsrechte umstritten: 30 Jahre oder 3 Jahre? • s. gesonderte Checkliste	Checkliste Verjährungsfristen
59.	Vermieterpfandrecht – allgemein	• gesetzliche Regelungen in §§ 562 – 562d BGB • Pfandrecht an den vom Mieter eingebrachten, pfändbaren Sachen = Absonderungsrecht gem. § 50 Abs. 2 InsO • Pfandrecht erstreckt sich auf die Miete oder Pacht für die Zeit der letzten 12 Monate vor Insolvenzeröffnung (§ 50 Abs. 2 InsO) • Wert der Sachen > Gesamtforderung aus diesem Zeitraum = übersteigender Betrag gehört in die Insolvenzmasse, soweit keine anderen Rechte Dritter bestehen • Ansprüche aus älterem Zeitraum und Entschädigungsanspruch infolge einer Vertragskündigung: einfache Insolvenzforderung • Ausnahme: Pfandrecht eines Verpächters unterliegt nicht dieser Einschränkung (§ 50 Abs. 2 Satz 2 InsO)	s. vorstehend Literaturtipp
60.	Vermieterpfandrecht – Befriedigung	• keine Entfernung der Gegenstände ohne Zustimmung des Vermieters (§ 562b BGB) während der vorläufigen Verwaltung • mit Insolvenzeröffnung obliegt dem Insolvenzverwalter das Verwertungsrecht gem. § 166 Abs. 1 InsO • dann: »normale« Befriedigung des Absonderungsrechtes: s. Stichwörter in dieser Checkliste • Erlösauskehr: Zahlung auf Mietinsolvenzforderungen • entstandene Masseverbindlichkeiten sind gesondert zu zahlen: es besteht keine Tilgungsbestimmung nach § 366 Abs. 1 BGB, sondern es greift die Tilgungsreihenfolge des § 366 Abs. 2 BGB: älteste Forderungen (= Insolvenzforderungen) zuerst	Keine Tilgungsbestimmung: BGH v. 9.10.2014 – IX ZR 69/14 in InsbürO 2015, 112, ZInsO 2014, 2320 Muster 20: »Vermieterpfandrecht – erste Hinweise an Vermieter«

Nr.	Thema	Checkliste Absonderungsrecht: Zusatzinformationen – alphabetisch sortiert	Hilfsmittel
61.	Vermieterpfandrecht – Konkurrenz Sicherheiten	• Problematik: Abgrenzung zu anderen Sicherheiten: s. Literaturtipp Küpper, Tetzlaff • im groben Überblick: – Eigentumsvorbehalt geht vor (§ 47 InsO) – Sicherungseignung: Vermieterpfandrecht geht vor, unabhängig davon, ob Gegenstände vor oder nach Einbringung in das Objekt sicherungsübereignet werden – Voraussetzungen des Vorrangs des Vermieterpfandrechtes: Gegenstand steht im Eigentum des Schuldners	Vorrang des Vermieterpfandrechtes: BGH v. 4.12.2003 – IX ZR 222/02 (Rn. 13 m.w.N.) in ZInsO 2004, 151 Haushalter, Kollision von Sicherheiten, InsbürO 2017, 144 ff.
62.	Versicherungsvertrag	• Sicherungsabtretung von Ansprüchen aus einem Versicherungsvertrag (= Anspruch auf Rückkaufswert): – Absonderungsrecht gem. § 51 Nr. 1 InsO • Pfändung von Ansprüchen aus einen Versicherungsvertrag: – Absonderungsrecht gem. § 50 Abs. 1 InsO	Checkliste Versicherungsverträge
63.	Versicherungsanspruch Dritter	• Anspruch eines Dritten auf Versicherungsleistung (z. B. aus Schadensersatzforderung) = Anspruch auf abgesonderte Befriedigung aus dem Freistellungsanspruch des Versicherungsnehmers (= Schuldner) • keine Anmeldung zur Insolvenztabelle erforderlich	Zum Anspruch des Dritten: BGH v. 18.8.2016 – III ZR 69/16 (Rn. 4 m.w.N.) in WKRS 2016, 23633
64.	Warenlager	• bei Sicherungsübereignung und Verpfändung von Warenlager (mit wechselndem Bestand): Prüfung der Erfüllung des Bestimmtheitsgrundsatzes • s. vorstehend »Raumsicherungsübereignung« • (beachte: ggf. mit Anschlusszession Verkaufsforderung = Absonderungsrecht an Verkaufsforderung) • Argument für Nichtigkeit der Sicherungsübereignung: fehlende Prüfung der Erfolgsaussichten des Sanierungsvorhabens vor Kreditgewährung	Zum Bestimmtheitsgrundsatz: BGH v. 4.10.1993 – II ZR 156/92 (Rn. 14) in WKRS 1993, 14858 Voraussetzungen für Nichtigkeit Sicherungsübereignung Warenlager: BGH v. 12.4.2016 – XI ZR 305/14 in InsbürO 2016, 468, ZInsO 2016, 1201
65.	Werkunternehmerpfandrecht	• Gegenstände können sich bei Insolvenzeröffnung in einer Werkstatt befinden • Werkstatt kann das Werkunternehmerpfandrecht gem. § 647 BGB geltend machen: – Herausgabe nur gegen Ausgleich des Rechnungsbetrages – Werkunternehmerpfandrecht = Absonderungsrecht • Verwertungsvereinbarung mit Werkstatt treffen: Anerkennung Absonderungsrecht und dafür Herausgabe Gegenstand zwecks Verwertung	
66.	Zinsen auch nach IE	• Anrechnungsklausel des § 367 Abs. 1 BGB (= erst Kosten, dann Zinsen, dann Hauptforderung) erfasst bei Absonderungsrechten auch Kosten und Zinsen nach IE • damit: Nachrang des § 39 Abs. 1 Nr. 1, 2 InsO für Kosten und Zinsen nach IE greift nicht bei Absonderungsrechten • insoweit i.d.R.: Ausfallbezifferung beim Gläubiger einholen, obwohl der Verwalter den Ausfall gem. § 190 Abs. 3 InsO zu ermitteln hat, wenn ihm das Verwertungsrecht zusteht (= Abstimmung mit Gläubiger)	Zur Anrechnungsklausel: BGH v. 17.2.2011 -IX ZR 83/10 in InsbürO 2011, 354, ZInsO 2011, 630 Heyn, Ausfallberechnung unter Berücksichtigung von nach IE anfallender Zinsen, InsbürO 2010, 189 ff.
67.	Zinszahlungspflicht Insolvenzverwalter	• Gläubiger haben Anspruch auf eine zügige Verwertung durch den Insolvenzverwalter • bei verzögerter Verwertung besteht ein Zinszahlungsanspruch gem. § 169 InsO • grds. Zinsen ab Berichtstermin • bei Anordnung gem. § 21 InsO: Zinsen ab Zeitpunkt, der drei Monate nach dieser Anordnung liegt • kein Zinsanspruch, wenn mit keiner Befriedigung des Gläubigers zu rechnen ist (§ 169 Satz 3 InsO)	Zum Zinsanspruch: BGH v. 16.2.2006 – IX ZR 26/05 in ZInsO 2006, 433, WKRS 2006, 12893

Checkliste 3: Akteneinlagerung

Jedes schuldnerische Unternehmen verwaltet eine Menge von Unterlagen. Tlw. wird es sich um einen Papierbestand, tlw. 5
um einen digitalen Datenbestand handeln. Die gesetzlichen Aufbewahrungspflichten bleiben im Insolvenzverfahren gem. § 36 Abs. 2 Nr. 1 InsO unberührt. Der Insolvenzverwalter hat sie daher zu erfüllen. Hintergrund der gesetzlichen Archivierungspflicht ist u.a., dass die Möglichkeit für die Finanzverwaltung und die Sozialversicherungsträger bestehen bleibt, auch noch nach Jahren Zugriff auf notwendige Daten nehmen zu können.

(Die Übersicht ist nach gängigen Überlegungen und Arbeitsschritten sortiert.)

6

Nr.	Thema	Checkliste Akteneinlagerung: Erläuterung	Hilfsmittel
1.	Gesetzliche Grundlagen	• Archivierungsvorschriften finden sich in – § 147 Abs. 1, 3 AO – § 41 Abs. 1 Satz 10 EStG – § 257 HGB – § 14b Abs. 1 UStG	
2.	Aufbewahrungs-fristen	• die Beachtung der gesetzlichen Aufbewahrungsfristen übernimmt i.d.R. der Archivar • für einen Überblick über diese Fristen: s. Literaturtipp	Riedel, Aufbewahrung von Unterlagen des Schuldners durch den Insolvenzverwalter/Treuhänders, InsbürO 2011, 220 ff.
3.	Entscheidungs-findung	• Insolvenzverwalter muss die Entscheidung über die Durchführung der Archivierung treffen – dafür benötigt er Antworten auf folgende Fragen: – Ist die Akteneinlagerung dringend oder kann sie noch aufgeschoben werden? – Was kostet die Akteneinlagerung voraussichtlich? – Welche Gesamtsumme befindet sich derzeit auf dem Treuhandkonto? – Sind die vorhandenen Beträge schon verplant oder steht der erforderliche Betrag zur Verfügung?	
4.	Zeitpunkt der Archivierung	• Angemietete Betriebsimmobilie und Betriebseinstellung: – bei Kündigung des Mietverhältnisses und Räumung: Archivierung spätestens am Ende der Kündigungsfrist – dadurch: Vermeidung der Miete als Masseverbindlichkeit über längeren Zeitraum – Archivierung häufig zeitnah erforderlich • Eigene Betriebsimmobilie: – Räumung und damit Archivierung erst beim Verkauf erforderlich – ist i.d.R. später als beim Mietverhältnis	
5.	Art von Unterlagen	Es kann sich um folgende zu archivierende Unterlagen handeln: • Auftrags- und Projektunterlagen • Buchhaltungsunterlagen • Personalunterlagen • Steuerunterlagen • Jahresabschlüsse • etc.	Bucher, Die Archivierung von Geschäftsunterlagen – Outsourcing – »make-or-buy«, InsbürO 2007, 422 ff.
6.	Anzahl der Ordner	• Klärung, wie viele Unterlagen vor Ort im Betrieb vorhanden sind • i.d.R. Ordner, daher Anzahl ermitteln lassen • Grund: Die Preise des Lageristen richten sich nach dem Lagerumfang im Regal, Fahrzeuggröße für Abholung etc.	
7.	Lagerist – Angebot	• Angebot eines Lageristen einholen • sinnvoll: zwei Angebote als Vergleich und Nachweis für die Gläubiger, dass für die Akteneinlagerung nicht zu viel Geld bezahlt wurde • geringfügige Preisunterschiede können sich je nach Anzahl der Ordner (nicht selten 2.000 Stück und mehr) erheblich auswirken • Prüfung, ob genug Geld auf dem Treuhandkonto vorhanden ist, um die Leistung des Archivar bezahlen zu können	

Nr.	Thema	Checkliste Akteneinlagerung: Erläuterung	Hilfsmittel
8.	Archivierung – »Akteneinlagerung«	• im Ordner »Verträge« sollte eine neue Rubrik »Akteneinlagerung« angelegt werden • hier kann sämtlicher Schriftverkehr abgelegt werden • insbes. auch das spätere Aktenverzeichnis	Muster 210 – 213 (Inhaltsverzeichnis): »Inhaltsverzeichnis«
9.	Lagerist – Auftrag	• schriftliche Auftragsvergabe an Lageristen • darin Bezugnahme auf das Angebot • Wiedervorlage notieren: »Aktenverzeichnis da«? • bei dringender Räumung: Notfrist notieren!	Muster 21: »Auftrag zur Akteneinlagerung« Wiedervorlagen-Kalender
10.	Rechnung – Kontrolle	• die gestellte Rechnung des Lageristen ist auf Richtigkeit zu prüfen: Vergleich mit dem Angebot • das Aktenverzeichnis muss vorliegen, um die Anzahl der Unterlagen abgleichen zu können	
11.	Rechnung – Zahlung	• Bezahlung der Rechnung veranlassen • Rechnung im Original als Beleg zum Treuhandkonto nehmen • Kopie der Rechnung verbleibt im Vertragsordner	Checkliste Treuhandkonto
12.	Aktenverzeichnis	• der Lagerist erstellt ein Aktenverzeichnis • darin werden alle Unterlagen einzeln aufgelistet • sie können bei Bedarf leicht anhand der Regalnummer gefunden werden • das Aktenverzeichnis sollte getrennt durch eine Trennkarte in einer gesondert angelegten Rubrik abgeheftet werden • Eingang vom Lageristen überwachen: Wiedervorlage notieren	Wiedervorlagen-Kalender
13.	GoBD	• GoBD = Grundsätze zur ordnungsgemäßen Führung und Aufbewahrung von Büchern, Aufzeichnungen und Unterlagen in elektronischer Form sowie zum Datenzugriff • BMF-Schreiben vom 05.05.2015 wg. Änderung des Umsatzsteueranwendungserlasses aufgrund der GoBD • Anwendung auf Umsätze nach dem 31.12.2014 • z.B. Aufbewahrung elektronischer Rechnungen: Echtheit der Herkunft, Unversehrtheit des Inhalts, Lesbarkeit der Rechnung gewährleisten	www.bundesfinanzministerium.de > Service > BMF-Schreiben www.sage.de > Downloadcenter > Praxisleitfäden > Gesetzliche Themen > Das ABC der Aufbewahrungspflichten: 14-seitiger Leitfaden »Die GoBD im Schnelldurchlauf«

Checkliste 4: Anfechtungsansprüche

7 Durch Anfechtungen werden Rechtshandlungen aus der Zeit vor Insolvenzeröffnung rückgängig gemacht. Dadurch können ggf. Zahlungseingänge zur Insolvenzmasse realisiert werden. Die Durchsetzung von Anfechtungsansprüchen ist hierbei an bestimmte Voraussetzungen geknüpft. Das Anfechtungsrecht ist kompliziert und die Durchsetzung etwaiger Ansprüche letztlich Aufgabe des Insolvenzverwalters oder eines beauftragten Rechtsanwaltes. Das Erkennen möglicher Anfechtungsansprüche und die Zusammenstellung erforderlicher Informationen gehört aber auch zum Aufgabenbereich der Insolvenzsachbearbeiter. Bei der Sortierung von Unterlagen oder Bearbeitung von Vorgängen erlangen Insolvenzsachbearbeiter ggf. Kenntnisse über bestimmte Vorgänge, die dem Insolvenzverwalter als erster Hinweis für mögliche Anfechtungsansprüche dienen können. Diese nachfolgende Übersicht stellt die gesetzlichen Anforderungen und die möglichen Arbeitsschritte im groben Überblick vor. Es sei ausdrücklich darauf hingewiesen, dass diese Übersicht nur einen Einstieg in die Materie bieten kann. Es wird in der Spalte Hilfsmittel und unter dem gesonderten Stichwort »Literaturtipp« auf tiefergreifende Literatur verwiesen.

(Die Übersicht enthält zunächst gängige Überlegungen und Arbeitsschritte. Im Anschluss daran werden alle relevanten Aspekte für die Prüfung von Anfechtungsansprüchen in alphabetischer Reihenfolge aufgelistet) 8

Nr.	Thema	Checkliste Anfechtungsansprüche allgemeine Arbeitsschritte	Hilfsmittel
1.	Gesetzliche Grundlagen	• Regelungen zum Anfechtungsrecht finden sich in den §§ 129 – 147 InsO	
2.	Anfechtung – Definition	• Anfechtung = rückwirkende Beseitigung einer Rechtshandlung bzw. der Rechtsfolgen aus der Zeit vor Insolvenzeröffnung • damit: Vorverlegung des insolvenzrechtlichen Gläubigerschutzes und Ausgleich einer Vermögensverschiebung	Staufenbiel, Systematik der Insolvenzanfechtung, Teil 1: InsbürO 2006, 402 ff. Teil 2: InsbürO 2007, 2 ff. Teil 3: InsbürO 2007, 96 ff. ABC des Insolvenzrechtes: Insolvenzanfechtung, InsbürO 2004, 119 f.
3.	Anfechtung – Voraussetzungen	• es müssen vier grundlegende Voraussetzungen für eine Anfechtung vorliegen: – Rechtshandlung (§ 129 InsO) – Gläubigerbenachteiligung (§ 129 InsO) – Anfechtungsgrund (§§ 130 – 137 InsO) – kein Ausschluss der Anfechtung (§ 142 InsO) • siehe für alle vier Sachverhalte: nachfolgende Stichworte in der Übersicht »Grundlagenwissen«	
4.	Vorläufige Verwaltung	• der vorläufige Insolvenzverwalter hat keine Anfechtungsbefugnis • die Insolvenzeröffnung ist Voraussetzung für die Anfechtungsbefugnis (§ 129 Abs. 1 InsO) • der vorläufige Insolvenzverwalter kann aber Anfechtungsansprüche ermitteln und festhalten, die ihm bei der Durchsicht von Unterlagen auffallen • bei Betriebsfortführung zu berücksichtigen: – Zahlung mit Zustimmung des vorläufigen Verwalters an Gläubiger wg. Marktmacht (= Ausgleich einer Altverbindlichkeiten, die einfache Insolvenzforderung wäre und der keine künftige Leistung des Gläubigers an die Masse gegenübersteht = Druckzahlung): Anfechtung möglich – insbes., wenn Zahlung unter Ankündigung der späteren Anfechtung erfolgt (»Vorbehalt der Anfechtung«) – es darf kein schutzwürdiges Vertrauen beim Gläubiger entstehen, dass er die Zahlung behalten darf	Insolvenzeröffnung Voraussetzung für Fälligkeit des Rückgewähranspruches: BGH v. 1.2.2007 – IX ZR 96/04 (Rn. 20) in WKRS 2007, 10900 Anfechtung von Zahlungen aus der Zeit der vorläufigen Verwaltung: BGH v. 20.2.2014 – IX ZR 164/13 (Rn. 11, 12 m.w.N.) in InsbürO 2014, 244, ZInsO 2014, 598 Zum schutzwürdigen Vertrauenstatbestand: BGH, 10.01.2013 – IX ZR 161/11 (Rn. 17 m.w.N.) in ZInsO 2013, 551
5.	Verbraucherinsolvenzverfahren	• es gelten die dieselben Anfechtungsregeln wie im Regelinsolvenzverfahren • frühere Einschränkung in § 313 Abs. 2 InsO (= Treuhänder hatte keine Anfechtungsbefugnis ohne Beauftragung durch die Gläubigerversammlung) ist in beantragten Verfahren ab 01.07.2014 weggefallen • Grundlage für Änderung: Gesetz zur Verkürzung der Verbraucherinsolvenz- und Restschuldbefreiungsverfahren und zur Stärkung der Gläubigerrechte vom 18.07.2013 (BGBl. 2013, Teil 1, S. 2379 ff. – Nr. 38)	
6.	Rückgewähranspruch	• Rückgewähranspruch gem. § 143 Abs. 1 InsO entsteht automatisch mit Insolvenzeröffnung • Insolvenzverwalter darf diesen Anspruch an Dritte abtreten, wenn (Teil)-Erlös in die Masse fließt	Insolvenzeröffnung Voraussetzung für Fälligkeit des Rückgewähranspruches: BGH v.1.2.2007 – IX ZR 96/04 (Rn. 20) in WKRS 2007, 10900 Möglichkeit der Abtretung: BGH v. 10.1.2013 – IX ZR 172/11 (Rn. 10 m.w.N.) in InsbürO 2013, 286, ZInsO 2013, 441

Nr.	Thema	Checkliste Anfechtungsansprüche allgemeine Arbeitsschritte	Hilfsmittel
7.	Erklärung	• für die Entstehung des Rückgewähranspruches bedarf es keiner gesonderten Erklärung des Insolvenzverwalter • der Anspruch auf Rückgewähr des zuvor Erlangten entsteht mit Insolvenzeröffnung	Für Entstehung des Rückgewähranspruches kein Erfordernis einer Erklärung: BGH v. 24.09.2015 – IX ZR 55/15 (Rn. 17 m.w.N.) in InsbürO 2016, 86, ZInsO 2016, 94
8.	Rechtsfolge der Anfechtung	• die Rechtsfolge der Anfechtung für die Insolvenzmasse ist in § 143 InsO geregelt – Rückgewähr dessen, was aus dem Vermögen des Schuldners veräußert, weggegeben oder aufgegeben wurde • die Rechtsfolge für den Anfechtungsgegnerin ist in § 144 InsO geregelt – nach Rückgewähr an die Insolvenzmasse lebt seine Forderung wieder auf – Anmeldung zur Insolvenztabelle ist möglich – eine Aufrechnung des Gläubigers mit anderen Insolvenzforderungen zum Ausschluss der Anfechtung scheidet aus	keine Aufrechnungsmöglichkeit des Rückgewähranspruches: BGH v. 15.11.2007 – IX ZR 122/05 (Rn. 2) in WKRS 2007, 42875
9.	Anfechtungszeitraum	• unterschiedliche Zeiträume für mögliche Anfechtungen gem. den Regelungen in §§ 130 – 135 InsO • s. hierzu in die nachfolgenden Erläuterungen (bspw. Nrn. 15, 29) und in die gesonderte Checkliste »Fristen« • dort: Überblick über unterschiedliche Zeiträume als Grundlage für Recherche in den Unterlagen	Checkliste Fristen
10.	Verjährungsfrist	• für Anfechtungsansprüche gilt die regelmäßige Verjährung von drei Jahren gem. § 146 Abs. 1 InsO i.V.m. § 195 BGB • Beginn der Verjährungsfrist mit Ablauf des Jahres der Insolvenzeröffnung (§ 199 Abs. 1 Nr. 1 BGB) Bsp.: Insolvenzeröffnung am 18.07.2017, Verjährungsbeginn: 01.01.2018, Verjährungsablauf: 31.12.2020 • späterer Beginn der Verjährungsfrist bei späterer Kenntniserlangung über den Anfechtungstatbestand (§ 199 Abs. 1 Nr. 2 BGB) Bsp.: Insolvenzeröffnung am 18.07.2017, Kenntnis vom Anfechtungstatbestand: 05.02.2018, Verjährungsbeginn: 01.01.2019, Verjährungsablauf: 31.12.2021 • Hemmungswirkung gem. § 203 ff. BGB möglich Bsp. für Hemmung: Einreichung Klage oder PKH-Gesuch (§ 204 Abs. 1 Nr. 14 BGB)	
11.	Verjährungsfrist – Verlängerung	• spätere Kenntniserlangung von Anfechtungstatbeständen in einem Vermerk festhalten für ggf. erforderlichen Nachweis der nicht eingetretenen Verjährung: – Wann wurde Kenntnis erlangt? Datum festhalten – Wodurch wurde Kenntnis erlangt? Gespräch, Einsicht von Unterlagen etc. benennen – Welcher Anfechtungstatbestand ist gegeben? Kurze Schilderung des Sachverhaltes. – Wer ist der Anfechtungsgegner? Name benennen • nach der BGH-Rechtsprechung setzt der Verjährungsbeginn lediglich die Kenntnis vom Sachverhalt voraus; kein Erfordernis der rechtlichen Beurteilung = Hinausschieben der Verjährungsfrist muss gut begründet werden können: »Kannte der Insolvenzverwalter den Sachverhalt wirklich nicht?«	Voraussetzung des späteren Verjährungsbeginns: BGH v. 21.2.2018 – IV ZR 385/16 (Rn. 15 m.w.N.) in WKRS 2018, 10984

Nr.	Thema	Checkliste Anfechtungsansprüche allgemeine Arbeitsschritte	Hilfsmittel
12.	Fristen notieren	• zur Geltendmachung von Anfechtungsansprüchen Fristen notieren, um – die Insolvenzmasse zügig zu mehren – die Verjährungsfristen einzuhalten – die Gefahr der eintretenden Zahlungsunfähigkeit beim Anfechtungsgegner durch Zeitablauf zu umgehen • die Überwachung dieser Frist ist daher wichtig: – **Notfrist** einen Monat vor Ablauf der drei Jahre: »... *(Name des Verfahrens): Notfrist: Anfechtungsansprüche realisiert? Fristablauf:...* – **Vorfrist** vier Monate vor Ablauf der drei Jahre: »... *(Name des Verfahrens): Vorfrist: Anfechtungsansprüche realisiert? Fristablauf:...*« – **Vorfrist** im Halbjahresrhythmus: »... *(Name des Verfahrens): Anfechtungsansprüche realisiert? Fristablauf:...*« (den Verwalter an die Geltendmachung erinnern)	
13.	Prüfung	• nachfolgend werden neben den grundsätzlichen Begrifflichkeiten und Voraussetzungen einer Anfechtung auch die grundlegenden Prüfungsfragen für unterschiedliche – regelmäßig auftretende – Rechtsverhältnisse vorgestellt • Sachbearbeiter können dadurch erste Informationen sammeln	
14.	Wichtige Unterlagen	• eine Vielzahl von Unterlagen aus der Liste »vorzulegende Unterlagen« können relevant sein • folgende Unterlagen sind regelmäßig wichtig: – Aktiv- und Passivprozesse – Bilanzen – Eröffnungsgutachten – frühere Insolvenzanträge – gesellschaftsrechtliche Unterlagen – Kontoauszüge und Kontobelege – Kredit- und Sicherungsverträge – Mahnschreiben, Mahnbescheide – Ratenzahlungsvereinbarungen – Schriftwechsel mit Kreditinstituten – Schriftwechsel mit Vertragspartnern – Vollstreckungsunterlagen	Kirstein, Die systematisch strukturierte Anfechtungsermittlung als Voraussetzung eines angemessenen Erfolges, InsbürO 2008, 213 ff. Hartwig, Sondierung und strukturierte Verfolgung von Anfechtungsansprüchen, InsbürO 2010, 52 ff.

15.	Informationen sammeln	• bei der Durchsicht der vom Schuldner eingereichten Unterlagen ist auf folgende Sachverhalte zu achten:
		– sind anfechtungsrelevante Rechtshandlungen erkennbar:
		  – im Zeitraum von drei Monaten vor Insolvenzantragstellung oder danach? (§§ 130 – 132 InsO)
		  – im Zeitraum von zwei Jahren vor Antragstellung mit nahe stehenden Personen? (§ 133 Abs. 4 InsO)
		  – im Zeitraum von vier Jahren vor Antragstellung: unentgeltliche Leistungen? (§ 134 InsO)
		  – im Zeitraum von zehn Jahren vor Antragstellung mit Vorsatz? (§ 133 Abs. 1 InsO)
		– Wann trat Zahlungsunfähigkeit des Schuldners ein? (dem ggf. vorliegenden Gutachten aus dem Eröffnungsverfahren entnehmen!)
		– War die Kenntnis des Gläubigers über die Zahlungsunfähigkeit gegeben? (Achtung: nicht immer notwendig)
		– Aktenvermerke über die Vorgänge mit den jeweiligen Informationen fertigen
			Muster 28: »Prüfungsvermerk Anfechtung«

16.	Fragestellungen	• der Schuldner sollte befragt werden, um den Prüfungsrahmen ggf. zu erweitern: – Druckzahlungen durch Androhung von Zwangsvollstreckung oder der Drohung eines Insolvenzantrages erfolgt? (ggf. inkongruente Deckung) – Familienverhältnisse? (ggf. Namen von Lebensgefährten, andere Nachnamen von Kindern etc., um nahe stehende Personen zu erkennen)	

Nr.	Thema	Checkliste Anfechtungsansprüche allgemeine Arbeitsschritte	Hilfsmittel
		– frühere Insolvenzanträge? (ggf. Erledigung durch Zahlung?) – Umzug in den letzten Jahren? (ggf. Grundbuchamt am anderen Wohnort anschreiben)	
17.	Informationsfreiheitsgesetz	• nach dem IFG (= Gesetz zur Regelung des Zugangs zu amtlichen Informationen) besteht ein Auskunftsanspruch – bspw. in die Vollstreckungsakten bei der Finanzverwaltung und bei den Sozialversicherungsträgern • dadurch evtl. Ermittlung möglicher Anfechtungstatbestände • künftiger Anfechtungsanspruch schließt Auskunftsanspruch nicht grundsätzlich aus, aber es muss eine Ermittlung auf anderen Wegen nicht möglich sein (= Auskunft durch Schuldner) • unterschiedliche Rechtsprechung in den einzelnen Bundesländern zu Auskunftsansprüchen • Achtung: IFG (Bund) = Informationsanspruch gegen Bundesbehörden • für Anspruch gegen Landesbehörden: IFG der eigenen Ländern • bspw. ist das Finanzamt eine Landesbehörde gem. § 2 Abs. 1 FVG • es gibt derzeit in 13 Bundesländern »LIFG«, in drei dagegen nicht (Stand 5/2019): Bayern, Niedersachsen und Sachsen • etwaige Gebühren nach § 10 IFG i.V.m. BGebG, aber Kostenregelung in den Bundesländern unterschiedlich • siehe auch nachfolgend »Sozialversicherungsträger«	Muster 131 (Finanzamt): »Kontoauszug FinA – Anforderung durch Verwalter« Muster 132 (Finanzamt): »Kontoauszug FinA – Anforderung durch Verwalter – NRW« ——— Baatz, »Anmerkung zu BVerwG – IFG«, ZInsO 2012, 1269 Schmittmann/Böing, Erkenntnisse zu Auskunftsansprüchen ggü. Sozvers.T. u. FinA, InsbürO 2010, 15 ff. Zistler, Kurz und knapp: IFG, InsbürO 2016, 504 f. (zur Anwendung IFG Bund und IFG Land) ——— Beispielhaft: Auskunftsanspruch als Vermögensverwalter gem. § 34 Abs. 3 i.V.m. Abs. 1 AO: BVerwG v. 26.04.2018 – 7 C 5.16, InsbürO 2018, 487, ZInsO 2018, 1907 Auskunft nach dem IFG bewilligt: OVG NRW v. 30.1.2018 – 15 A 28/17 in WKRS 2018, 10541 Auskunft nach dem IFG abgelehnt: OVG Hamburg v. 8.2.2018 – 3 Bf 107/17 Auskunft nach dem IZG abgelehnt: OVG SchlH v. 25.1.2018 – 4 LB 38/17 ——— Ebner/Krause, Der Auskunftsanspruch des Insolvenzverwalters gegenüber der Finanzverwaltung – Praxishinweise zum Urteil des BVerwG v. 26.04.2018 – 7 C 5.16, InsbürO 2019, 65 ff.
18.	Zinsansprüche	• Zinsanspruch gem. § 143 Abs. 1 Satz 3 InsO nur nach Eintritt des Verzuges des Anfechtungsgegners (= nach erster Mahnung gem. § 286 Abs. 1 S. 2 BGB) oder nach Erhebung einer Anfechtungsklage (§ 291 BGB) • Grundlage dieser Regelung: Anfechtungsreform (= Gesetz zur Verbesserung der Rechtssicherheit bei Anfechtungen nach der InsO und nach dem AnfG vom 29.3.2017) (BGBl. 2017 Teil I vom 04.04.2017 – Nr. 16, S. 654), das am 05.04.2017 in Kraft getreten ist	Raabe, Das neue Insolvenzanfechtungsrecht, InsbürO 2017, 182 ff.

Nr.	Thema	Checkliste Anfechtungsansprüche allgemeine Arbeitsschritte	Hilfsmittel
		• bis zum 04.04.2017 konnte ein Zinsanspruch ab dem Zeitpunkt der Insolvenzeröffnung gegen den Anfechtungsgegner geltend gemacht werden (§ 143 Abs. 1 Satz 2 InsO, § 819 Abs. 1, § 818 Abs. 4, § 288 Abs. 1 Satz 2 BGB)	
19.	Prüfvermerk	• Informationen und Ergebnisse aus der Durchsicht in einem Prüfvermerk festhalten • bietet eine Arbeitserleichterung für den Insolvenzverwalter = grundlegende Informationen im Überblick • erleichtert auch Aktenbearbeitung für andere Sachbearbeiter • hilft bei der Berichterstellung	Muster 28: »Prüfungsvermerk Anfechtung«
20.	Anspruchsschreiben	• Anfechtungsansprüche sollten schriftlich ggü. dem Anfechtungsgegner geltend gemacht werden • darin: Begründung anhand gesetzlicher Regelungen • »einfache« und standardisierte Anschreiben können Insolvenzsachbearbeiter ggf. entwerfen • Achtung: Zinsanspruch darin nicht vergessen • Beachte: Unterbrechung der Verjährungsfrist gem. § 146 InsO nur durch Erhebung einer Anfechtungsklage, nicht durch ein Anspruchsschreiben	Muster 23: »Anfechtung § 130 Abs. 1 Nr. 1 InsO« Muster 24: »Anfechtung Kontokorrent § 131 Abs. 1 Nr. 2 InsO« Muster 25: »Anfechtung Vollstreckung § 131 Abs. 1 Nr. 1 InsO« Muster 26: »Anfechtung Vollstreckung § 131 Abs. 1 Nr. 2 InsO«
21.	Prozesskostenhilfe	• auch dem Insolvenzverwalter steht Prozesskostenhilfe zu • Voraussetzung: kein ausreichender Massebestand zur Zahlung der Gerichtskosten • umfangreiche Anlagen erforderlich (= Tätigkeit der Insolvenzsachbearbeiter)	Checkliste Prozesskostenhilfeantrag
22.	Vorsteuerberichtigung	• bei Anfechtungen von Zahlungen an Dienstleister oder Lieferanten ist Umsatzsteuer enthalten, die vor Insolvenzeröffnung als Vorsteuer geltend gemacht wurde • nach der BFH-Rechtsprechung ist bei erfolgreicher Anfechtung eine Vorsteuerberichtigung gem. § 17 Abs. 2 Nr. 1 Satz 2 UStG vorzunehmen • Hintergrund: durch die Rückgewähr der Zahlung an sich wird auch die gezahlte Umsatzsteuer erstattet, so dass der Vorsteuererstattungsanspruch im Nachhinein entfällt und daher zu korrigieren ist • vereinnahmter Steuerbetrag (= Erstattung der Umsatzsteuer) ist nach Korrekturmeldung als Masseverbindlichkeit gem. § 55 Abs. 1 Nr. 1 InsO abzuführen	Vorsteuerberichtigung und Masseverbindlichkeit: BFH v. 29.3.2017 – XI R 5/16 in InsbürO 2017, 344, ZInsO 2017, 1328 Busch u. Büker, Insolvenzanfechtung und Vorsteuerberichtigung, InsbürO 2017, 6 f.
23.	Belege für Vorsteuerkorrektur	• um diese Vorsteuerkorrektur erkennen und vollziehen zu können, müssen für die Buchhaltung entsprechende Belege zu den Kontoauszügen des Treuhandkontos geheftet werden • das Anfechtungsschreiben an sich reicht nicht aus • die der Anfechtung zugrundeliegende ursprüngliche Rechnung des Lieferanten oder Dienstleisters oder ein Vertrag oder ähnliches ist zum Vorgang zu heften • sollten diese Unterlagen vom Schuldner noch nicht vorgelegt worden sein, müssten sie angefordert werden	Muster 22: »Anfechtung – Belege vom Schuldner«
24.	Vergleich mit Anfechtungsgegner – Steuerproblematik	• in einem Vergleich über einen Anfechtungsanspruch wird i.d.R. ein Verzicht ausgesprochen = ein Teil des geltend gemachten Anfechtungsbetrages wird nicht weiter verfolgt • steuerlich: Verzicht gegen Entgelt = umsatzsteuerbare Verzichtsleistung lt. BFH (s. rechts), aber keine umsatzsteuerliche Auswirkung	Umsatzsteuer auf Verzicht bei Anfechtung: BFH v. 30.3.2011 – XI R 5/09 (Rn. 24 m.w.N.) in WKRS 2011, 21910 Vorsteuer-Rückforderung als Masseverbindlichkeit:

Nr.	Thema	Checkliste Anfechtungsansprüche allgemeine Arbeitsschritte	Hilfsmittel
		• dagegen: durch den vereinnahmten Teil-Zahlungsbetrag aus der Anfechtung wird eine Vorsteuerkorrektur erforderlich, sofern der Schuldner vor Insolvenzeröffnung die Vorsteuer geltend gemacht hatte, aber nur hinsichtlich des in dem tatsächlich geflossenen Betrages enthaltene Umsatzsteuerbetrages • Steueranspruch der Finanzverwaltung auf Rückforderung der gezogenen Vorsteuer ist Masseverbindlichkeit	BFH v. 15.12.2016 –V R 26/16, BStBl. II 2017, 375 ff., WKRS 2016, 32853 Engel, Der Vergleichsabschluss bei der Anfechtung und die umsatzsteuerrechtlichen Folgen, InsbürO 2018, 389 ff.
25.	Vergleich mit Anfechtungsgegner – Zustimmungsproblematik	• gem. § 160 Abs. 1 InsO ist bei bedeutenden Entscheidungen die Zustimmung der Gläubigerversammlung erforderlich • je nach Höhe des Verzichtes durch den Insolvenzverwalter Zustimmung einholen • dann gesonderte Gläubigerversammlung anregen (§ 75 Abs. 1 Nr. 1 InsO)	Checkliste Terminvorbereitung Muster 184 (Haftungsansprüche): »Gläubigerversammlung – Antrag auf Einberufung wg. Vergleich«
26.	Wiederaufleben	• nach erfolgreicher Anfechtung lebt die Forderung des Gläubigers wieder auf (§ 144 InsO) • sie kann zur Insolvenztabelle angemeldet werden • sofern es eine Forderung mit dem Charakter des § 302 InsO (= von RSB ausgenommene Forderung) war, soll auch dieser Charakter wieder aufleben: s. Literaturtipp (mit tlw. Lösungsansätzen zur Klärung dieser Problematik im Beitrag Laroche/Neurauter)	Maier/Mager, Wiedererstehung einer vorsätzlich deliktischen Forderung nach erfolgreicher Anfechtung und Forderungsanmeldung und ihre praktischen Folgen, ZInsO 2015, 238 ff. Laroche/Neurauter, Handlungsoptionen im Spannungsfeld zwischen strafrechtlichem Strafanspruch und insolvenzrechtlicher Gläubigergleichbehandlung, InsbürO 2018, 58 ff.
27.	Literaturtipps	• Geißler, Ausgewählte Rechtsfragen zu den Anfechtungsansprüchen der §§ 130 – 134 InsO und zu deren praktischer Beitreibung, Teil 1: InsbürO 2019, 174 ff., Teil 2: InsbürO 2019, 208 ff. • Haarmeyer/Huber/Schmittmann, Praxis der Insolvenzanfechtung, 3. Aufl. 2018, Carl-Heymanns-Verlag • für grundlegende Informationen zu einzelnen Sachverhalten, aber vor Inkrafttreten der Anfechtungsreform: – Dr. Kemper, Der Kontokorrentkredit in der Krise des Unternehmens, 306 S., Nomos-Verlag – Dr. Küpper/Heinze, Regelung zur Nutzungsüberlassung nach Insolvenzeröffnung gem. § 135 Abs. 3 InsO – zwischen Durchsetzungssperre und Ausgleichsanspruch, InsbürO 2010, 84 ff. – Schmittmann/Dannemann, Ermittlung der Zahlungsunfähigkeit unter besonderer Berücksichtigung von Insolvenzanfechtungsansprüchen, InsbürO 2011, 2 ff. – Staufenbiel/Brill, Anfechtungen von Drittzahlungen – eine Fallstudie, ZInsO 2013, 2040	
28.	Anfechtung – Checkpoints	• für die Erklärung einer Anfechtung müssen vier Voraussetzungen erfüllt sein (s. vorstehend Nr. 3): – Rechtshandlung (§ 129 InsO) – Gläubigerbenachteiligung (§ 129 InsO) – Anfechtungsgrund (§§ 130 – 137 InsO) – kein Ausschluss der Anfechtung (§ 142 InsO) • hierzu wird nachstehend näheres erläutert	

Nr.	Thema	Checkliste Anfechtungsansprüche Grundlagenwissen in alphabetischer Reihenfolge	Hilfsmittel
29.	Anfechtungsfrist – Berechnung	• die in §§ 130 – 136 bestimmten Fristen berechnen sich vom Tag der **Antragstellung** (§ 139 Abs. 1 InsO) • Eingang des Antrages beim Insolvenzgericht zählt • bei mehreren Anträge: i.d.R. der erste zulässige und begründete Antrag (§ 139 Abs. 2 InsO) • Achtung: Die Insolvenz**eröffnung** ist für die Fristberechnung unbedeutend	Berechnung der Anfechtungsfrist von ggf. älterem Insolvenzantrag: BAG, 26.10.2017 – 6 AZR 511/16 (Rn. 18 m.w.N.) in ZInsO 2018, 127
30.	Anfechtungsgegner	• Anfechtungsgegner ist derjenige, der einen Vermögenswert aus der Insolvenzmasse erlangt hat • bei der Anfechtung aufgrund der kongruenten und inkongruenten Deckung muss der Anfechtungsgegner Insolvenzgläubiger sein (s. Gesetzeswortlaut) • bei der Vorsatzanfechtung (§ 133 InsO) muss der Anfechtungsgegner weder Insolvenzgläubiger noch ein Vertragspartner des Schuldners sein (s. Rechtsprechung) • der Schuldner ist kein tauglicher Anfechtungsgegner (s. Rechtsprechung) • ein Massegläubiger kann auch kein Anfechtungsgegner sein	Anfechtungsgegner bei Vorsatzanfechtung = jede Person, die etwas zum Nachteil der Masse erlangt hat: BGH v. 24.05.2012 – IX ZR 142/11 in InsbürO 2013, 113, WKRS 2012, 16776 Schuldner kein Anfechtungsgegner: BGH v. 13.10.2011 – IX ZR 80/11 in InsbürO 2012, 238, WKRS 2011, 27676 Massegläubiger keine Anfechtungsgegner, nur Insolvenzgläubiger: BGH v. 15.12.2005 – IX ZA 3/04 in WKRS 2005, 27811
31.	Anfechtungsgesetz	• außerhalb eines Insolvenzverfahrens Möglichkeit des einzelnen Gläubigers, Anfechtung nach dem AnfG zu verfolgen • gem. § 16 AnfG: bei Insolvenzeröffnung Anspruchsverfolgung durch Insolvenzverwalter • sind Anfechtungsprozesse zum Zeitpunkt der Insolvenzeröffnung anhängig: Regelungen der §§ 16 – 18 AnfG berücksichtigen (ggf. Kostenerstattung an Gläubiger, Unterbrechung Rechtsstreit etc.) • rein informativ: einige Unterschiede zwischen Anfechtungsvorschriften in der InsO und den Regelungen im AnfG: s. Beitrag nebenstehend	Kirchhof, Gemeinsamkeiten von sowie Unterschiede zwischen Insolvenz- und Einzelgläubigeranfechtung, ZInsO 2013, 1813 ff.
32.	Anfechtungsgrund – allgemein	• es muss einer der in der InsO vorgegebenen Anfechtungsgründe gegeben sein: §§ 130 – 137 InsO	
33.	Anfechtungsgrund: Gesellschafterdarlehen	• Regelung in § 135 InsO (Gesetzestext nur in Auszügen): – Sicherung an Vermögenswerten der Gesellschaft für eine Forderung eines Gesellschafters innerhalb von 10 Jahren vor dem Insolvenzantrag oder danach – Forderung des Gesellschafters = Darlehen an die Gesellschaft oder gleichgestellte Forderung mit Finanzierungscharakter – Befriedigung eines Gesellschafterdarlehens innerhalb eines Jahres vor dem Insolvenzantrag oder danach – Befriedigung der Forderung eines Dritten, für die ein Gesellschafter eine Sicherheit bestellt hat oder als Bürge haftet, innerhalb eines Jahres vor dem Insolvenzantrag oder danach (§ 135 Abs. 2 InsO) • wichtig: analoge Anwendung bei Verwertung weiterer Gesellschaftssicherheiten durch Insolvenzverwalter und damit eingehender Befreiung der Gesellschaftersicherheit (= »Doppelbesicherung«)	Bsp. Sicherheit: Sicherungsübereignung, Grundschuld Bsp. Befriedigung: Darlehensraten an Gesellschafter Bsp. Dritter: Darlehensraten an Bank, Gesellschafter bürgt Neve, Ausgewählte Problembereiche im Rahmen des § 135 InsO, InsbürO 2013, 305 ff.

Nr.	Thema	Checkliste Anfechtungsansprüche Grundlagenwissen in alphabetischer Reihenfolge	Hilfsmittel
34.	Anfechtungsgrund: Inkongruente Deckung	• Regelung in § 131 InsO (Gesetzestext nur in Auszügen): – anfechtbar ist eine Rechtshandlung, die einem Insolvenzgläubiger eine Sicherung oder Befriedigung gewährt oder ermöglicht hat, **die er nicht oder nicht in der Art oder nicht zu der Zeit zu beanspruchen hatte,** – wenn die Handlung im letzten Monat vor Insolvenzantragstellung oder nach diesem Antrag vorgenommen worden ist (ohne Kenntnis Gläubiger), – wenn die Handlung innerhalb des zweiten oder dritten Monats vor dem Eröffnungsantrag vorgenommen worden ist und der Schuldner zur Zeit der Handlung zahlungsunfähig war oder – wenn die Handlung innerhalb des zweiten oder dritten Monats vor dem Eröffnungsantrag vorgenommen worden ist und dem Gläubiger zur Zeit der Handlung bekannt war, dass sie die Insolvenzgläubiger benachteiligte	ABC des Insolvenzrechtes: Kongruente und inkongruente Deckung, InsbürO 2011, 436 Inkongruenz bei Vollstreckungsmaßnahmen: BGH v. 9.1.2014 – IX ZR 209/11 (Rn. 37 m.w.N.) in ZInsO 2014, 295

35.	Anfechtungsgrund: Kongruente Deckung	• Regelung in § 130 InsO (Gesetzestext nur in Auszügen):
		– anfechtbar ist eine Rechtshandlung, die einem Insolvenzgläubiger eine Sicherung oder Befriedigung gewährt oder ermöglicht hat,
		  – wenn sie **in den letzten drei Monaten vor Insolvenzantragstellung** erfolgt ist,
		  – der Schuldner **zahlungsunfähig** war und
		  – der **Gläubiger** zu dieser Zeit die Zahlungsunfähigkeit **kannte** oder
		– wenn sie **nach dem Eröffnungsantrag** vorgenommen worden ist und der Gläubiger zu dieser Zeit die Zahlungsunfähigkeit oder den Eröffnungsantrag kannte.
		• s. nachfolgend auch »Kenntnis Gläubiger« mit Rechtsprechungsverweisen (Nr. 50)
			ABC des Insolvenzrechtes: Kongruente und inkongruente Deckung, InsbürO 2011, 436

36.	Anfechtungsgrund: Vorsätzliche Benachteiligung – allgemein	• bezüglich der vorsätzlichen Benachteiligung wird auch von Vorsatzanfechtung gesprochen • Regelung dazu in **§ 133 Abs. 1 InsO** (Gesetzestext nur in Auszügen): – anfechtbar ist eine Rechtshandlung, die – der Schuldner in den letzten **zehn Jahren** vor dem Insolvenzantrag oder nach dem Insolvenzantrag mit dem **Vorsatz** vorgenommen hat, seine **Gläubiger zu benachteiligen,** – wenn der **andere Teil** zur Zeit der Handlung den **Vorsatz** des Schuldners **kannte (Abs. 1)** • nach **§ 133 Abs. 2 InsO** wird der Zeitraum von zehn Jahren auf **vier Jahre beschränkt**, wenn eine **Deckungshandlung** vorliegt (= Sicherung oder Befriedigung des Gläubigers) • die 10-Jahresfrist greift bei unlauteren Handlungen (bspw. bei Vermögensverschiebungen • nach **§ 133 Abs. 3 Satz 1 InsO** ist für die Anfechtung der Deckungshandlung nunmehr die **Kenntnis von der eingetretenen Zahlungsunfähigkeit** erforderlich (nach § 133 Abs. 1 InsO »nur« Kenntnis vom Vorsatz, der unter bestimmten Umständen vermutet wurde): Die Anfechtungsvoraussetzungen wurden damit erschwert • nach **§ 133 Abs. 3 Satz 2 InsO** wird vermutet, dass der Anfechtungsgegner die **Zahlungsunfähigkeit nicht kannte**, wenn eine **Zahlungsvereinbarung** mit dem Schuldner geschlossen wurde = insoweit hat der Insolvenzverwalter eine erhöhte Darlegungspflicht zum Nachweis der erforderlichen Kenntnis	Ludwig, Arbeitshilfe zu § 133 Abs. 1 InsO: Übersicht zu den Beweisindizien, InsbürO 2016, 319 ff. Ludwig, Die Anfechtung nach § 133 InsO n.F. – eine »Zwischenbilanz«, InsbürO 2018, 142 ff. Raabe, Das neue Insolvenzanfechtungsrecht, InsbürO 2017, 182 ff.

Nr.	Thema	Checkliste Anfechtungsansprüche Grundlagenwissen in alphabetischer Reihenfolge	Hilfsmittel
37.	Anfechtungsgrund: Vorsätzliche Benachteiligung – nahe stehende Personen	• Regelung in § 133 Abs. 4 InsO (Gesetzestext nur in Auszügen): – anfechtbar ist ein vom Schuldner mit einer **nahe stehenden Person** (§ 138 InsO) geschlossener entgeltlicher Vertrag, durch den die Insolvenzgläubiger unmittelbar benachteiligt werden. – es gilt ein Zeitraum von **zwei Jahren** vor Insolvenzantragstellung	Ludwig, Arbeitshilfe zu § 133 Abs. 1 InsO: Übersicht zu den Beweisindizien, InsbürO 2016, 319 ff. Ludwig, Die Anfechtung nach § 133 InsO n.F. – eine »Zwischenbilanz«, InsbürO 2018, 142 ff.
38.	Arbeitnehmer	• die Zahlung von Arbeitsentgelt für erbrachte Arbeitsleistungen im 3-Monats-Zeitraum stellt ein Bargeschäft dar • diese Regelung findet sich in § 142 Abs. 2 Satz 2 InsO n.F. • vor der Anfechtungsreform war dies gängige Rechtsprechung des Bundesarbeitsgerichts • der Gesetzgeber hat insoweit die Rechtsprechung umgesetzt • Streitpunkt könnte sein, ob mit dem »Arbeitsentgelt« auch die Sozialversicherungsbeiträge und die Lohnsteuern der Anfechtung entzogen sind: die gesetzliche Formulierung sieht dies nicht vor, aber im Gesetzgebungsverfahren war dies vorgesehen: s. Literaturtipp	Zur alten Gesetzeslage: Bargeschäft bei Zahlung von Arbeitsentgelt im 3-Monats-Zeitraum: BAG v. 06.10.2011 – 6 AZR 262/10 in ZInsO 2012, 37, WKRS 2011, 29147 Raabe, Das neue Insolvenzanfechtungsrecht, InsbürO 2017, 182 ff.
39.	Aufrechnung	• Regelungen zur Unzulässigkeit einer Aufrechnung finden sich in § 96 InsO • Unzulässigkeit liegt vor, wenn – ein Insolvenzgläubiger erst nach Insolvenzeröffnung etwas zur Insolvenzmasse schuldig geworden ist – ein Insolvenzgläubiger seine Forderung erst nach Insolvenzeröffnung von einem anderen Gläubiger erworben hat – ein Insolvenzgläubiger die Möglichkeit der Aufrechnung durch eine anfechtbare Rechtshandlung erlangt hat – wenn ein Gläubiger, dessen Forderung aus dem freien Vermögen des Schuldners zu erfüllen ist, etwas zur Masse schuldet • damit zusammenfassend: Aufrechnungsmöglichkeit muss vor Insolvenzeröffnung bereits bestanden haben (= beide Forderungen aufrechenbar) • s. Literaturtipp und Rechtsprechung	Schmittmann, Die Aufrechnungsverbote aus § 96 Abs. 1 InsO im Lichte der Rechtsprechung des BFH, InsbürO 2016, 410 ff. Werthaltigkeit einer Forderung erst mit Leistungserbringung: BGH v. 14.2.2013 – IX ZR 94/12 in ZInsO 2013, 492, WKRS 2013, 32066 Aufrechnungsverbot greift nicht während der vorläufigen Verwaltung: BGH v. 15.3.2012 – IX ZR 249/09 (Rn. 24 ff. m.w.N.) in InsbürO 2012, 322, ZInsO 2012, 693 Vertragskündigung nach Insolvenzeröffnung anfechtbar = Aufrechnungsverbot: BGH v. 12.1.2017 – IX ZR 130/16 (Rn. 9 m.w.N.) in InsbürO 2017, 254, ZInsO 2017, 504
40.	Ausschlussgrund	• s. nachfolgend »Bargeschäft« (Nr. 41)	
41.	Bargeschäft – allgemein	• Regelung zum Bargeschäft in § 142 InsO • Bargeschäft bedeutet Leistung und Gegenleistung in einem engen zeitlichen Zusammenhang • zeitlicher Zusammenhang: Leistungsaustausch innerhalb von längstens 30 Tagen (s. Rechtsprechung) • Bedeutung u.a. bei Kontokorrentbuchungen und bei Lieferungen und Leistungen im Rahmen einer Betriebsführung • vor der Anfechtungsreform: Vorsatzanfechtung war möglich, wenn Schuldner unrentabel arbeitete und die Insolvenzmasse keinen Nutzen von der Gegenleistung des Gläubigers hatte	Zeitraum von längstens 30 Tagen: BGH v.17.12.2015 – IX ZR 61/14 (Rn. 39 m.w.N.) in InsbürO 2016, 211, ZInsO 2016, 214 Vorkasse-Zahlungen während Betriebsfortführung als Bargeschäft: BGH v. 12.2.2015 – IX ZR 180/12 (Rn. 22 m.w.N.) in InsbürO 2015, 366, ZInsO 2015, 628

Nr.	Thema	Checkliste Anfechtungsansprüche Grundlagenwissen in alphabetischer Reihenfolge	Hilfsmittel
		• seit Inkrafttreten von § 142 InsO n.F.: Vorsatzanfechtung kommt nur noch bei unlauteren Handlungen in Betracht = starke Einschränkung der Anfechtung im Rahmen des Bargschäftes	Zum alten Recht: Vorsatzanfechtung trotz Bargeschäft bei fehlendem Nutzen für die Masse: BGH v. 4.5.2017 – IX ZR 285/16 in InsbürO 2017, 343, ZInsO 2017, 1366
42.	Druckzahlungen	• Zahlungen auf Druckausübung durch Gläubiger können der Anfechtung unterliegen • regelmäßig handelt es sich bei Befriedigung auf Basis nachfolgender Situationen um eine inkongruente Deckung gem. § 131 InsO: – Insolvenzantrag: Zahlung zwecks Erledigung – Vollstreckung: Zahlung zwecks Vermeidung – Forderungsausgleich nach Zahlungsaufforderung mit Androhung Vollstreckung/Insolvenzantrag	Zahlung unter Druck der bevorstehenden Vollstreckung: BAG v. 27.3.2014 – 6 AZR 989/12 (Rn. 37) in InsbürO 2014, 411, WKRS 2014, 16250 Inkongruenz bei Drohung mit einem Insolvenzantrag: BGH v. 7.3.2013 – IX ZR 216/12 (Rn. 12 ff.) in ZInsO 2013, 778 Sicherung oder Befriedigung durch Vollstreckungsmaßnahme ist inkongruent: BGH v. 23.3.2006 – IX ZR 116/03 in ZInsO 2006, 553
43.	Geldbußen	• die Anfechtungsmöglichkeit ist bei Zahlung auf Geldbußen gegeben • die Forderung lebt gem. § 144 InsO wieder auf • eine Vollstreckung auf Zahlung ist während des laufenden Verfahrens nicht möglich (§ 89 InsO) • Erzwingungshaft ist jedoch von § 89 InsO nicht umfasst (s. Rechtsprechung rechts) • anders als bei den Geldstrafen (s. nachfolgend – Nr. 44) gelten für die Geldbußen folgende Aspekte: – keine Vollstreckungsverjährung gem. § 34 Abs. 4 Nr. 1 OWiG – Geldbußen sind nicht von der Restschuldbefreiung umfasst (§ 302 Nr. 2 InsO) – die Vollstreckung kann nicht durch einen Insolvenzplan eingeschränkt werden (§ 225 Abs. 3 InsO) • damit kann eine Behörde die wieder auflebende Forderung unabhängig von der Restschuldbefreiung später weiter verfolgen: der Sanktionscharakter wird erhalten • eventueller Ausschlussgrund für die Anfechtung: Zahlung ist aus dem unpfändbaren Vermögen erfolgt (s. BGH-Rechtsprechung rechts)	Laroche/Neurauter, Handlungsoptionen im Spannungsfeld zwischen strafrechtlichem Strafanspruch und insolvenzrechtlicher Gläubigergleichbehandlung, InsbürO 2018, 58 ff. Erzwingungshaft für eine Geldbuße: LG Berlin v. 3.7.2006 – 505 Qs 54/06, WKRS 2006, 37881, NJW 2007, 1541 Zur Zahlung aus dem unpfändbaren Vermögen: BGH v. 07.04.2016 – IX ZR 145/15 (Rn. 17) in InsbürO 2016, 338, ZInsO 2016, 1206
44.	Geldstrafe	• die Anfechtungsmöglichkeit ist bei Zahlung auf Geldstrafen gegeben • Problematik: Wiederaufleben der Forderung inkl. Vollstreckungsmöglichkeit wie Ersatzfreiheitsstrafe (§ 43 StGB): das Vollstreckungsverbot gem. § 89 InsO greift hier nicht, weil es nur für die Beitreibung von Zahlungen gilt • Rechtsprechung bejaht die Anfechtung und ihre Folgen • eventueller Ausschlussgrund für die Anfechtung: Zahlung ist aus dem unpfändbaren Vermögen erfolgt (s. BGH-Rechtsprechung rechts)	Laroche/Neurauter, Handlungsoptionen im Spannungsfeld zwischen strafrechtlichem Strafanspruch und insolvenzrechtlicher Gläubigergleichbehandlung, InsbürO 2018, 58 ff. Anfechtung einer Geldstrafe: LG Göttingen, Beschl. v. 19.01.2016 – 5 Qs 3/15 in InsbürO 2016, 388, ZInsO 2016, 858 Anfechtung einer Geldstrafe: BGH v. 14.10.2010 – IX ZR 16/10 in InsbürO 2011, 34, ZInsO 2010, 2295

Nr.	Thema	Checkliste Anfechtungsansprüche Grundlagenwissen in alphabetischer Reihenfolge	Hilfsmittel
			Vollstreckung einer Geldstrafe auch während des Insolvenzverfahrens: BVerfG v. 24.08.2006 – 2 BvR 1552/06 in WKRS 2006, 35792 Zur Zahlung aus dem unpfändbaren Vermögen: BGH v. 07.04.2016 – IX ZR 145/15 (Rn. 17) in InsbürO 2016, 338, ZInsO 2016, 1206
45.	Gerichtsstand – Anfechtungsgegner im Inland	• die örtliche Zuständigkeit für Anfechtungsklagen richtet sich nach den Vorschriften der §§ 13 ff. ZPO – sachliche Zuständigkeit: Zivilgerichte gem. § 13 GVG (ebenso nach der Rechtsprechung) – sachliche Zuständigkeit bei Arbeitnehmern: Arbeitsgerichte (s. Rechtsprechung) – sachliche Zuständigkeit bei Sozialversicherungsträgern: Zivilgerichte (s. Rechtsprechung)	Zuständigkeit der ordentlichen Gerichte: BGH v. 6.12.2012 – IX ZB 84/12 (Rn. 6) in WKRS 2012, 28638 Zuständigkeit der ordentlichen Gerichte bei Anfechtung von Steuerzahlungen: BFH v. 26.8.2014 – VII R 16/13 (Rn. 16) in InsbürO 2015, 366, ZInsO 2015, 321 Zuständigkeit der ordentlichen Gerichte bei Anfechtung gegen Sozialversicherungsträger: BGH v. 24.3.2011 – IX ZB 36/09 in ZInsO 2011, 723 Anfechtungsansprüche gegen Arbeitnehmer: Zuständigkeit der Arbeitsgerichte: GmS-OGB v. 27.9.2010 – GmS-OGB 1/09 in ZInsO 2010, 2400
46.	Gerichtsstand – Anfechtungsgegner innerhalb EU	• eröffnetes Insolvenzverfahren in Deutschland und Anfechtungsansprüche gegen Anfechtungsgegner im Ausland: – Zuständigkeit der deutschen Gerichte nach BGH- und EuGH-Rechtsprechung • nationale Zuständigkeitsregelung soll die Abwicklung der Insolvenzverfahren fördern und die damit verbundene Durchsetzung von Ansprüchen erleichtern • anderenfalls: kosten- und zeitintensive Prozesse in unterschiedlichen Mitgliedstaaten der EU zu Lasten der Insolvenzmasse • wenn kein örtlicher Gerichtsstand vorhanden: Zuständigkeit des Prozessgerichtes am Sitz des Insolvenzgerichtes	Zuständigkeit für eine Anfechtung: EuGH v. 12.2.2009 – C-339/07 in InsbürO 2010, 64, ZInsO 2009, 493 Zuständigkeit für eine Anfechtung: BGH v. 16.9.2015 – VIII ZR 17/15 in InsbürO 2016, 86, WKRS 2015, 27199 Checkliste Auslandsbezug
47.	Gerichtsstand bei Anfechtungsklagen außerhalb EU	• Zuständigkeit der Gerichte des Mitgliedstaates, in dem die Insolvenzeröffnung erfolgt, auch für Gegner mit Wohnsitz außerhalb der EU lt. Rechtsprechung EuGH	Zuständigkeit für eine Anfechtung: EuGH v. 16.1.2014 – Rs. C-328/12 in InsbürO 2014, 154, ZInsO 214, 192 Zuständigkeit für eine Anfechtung: BGH v. 27.3.2014 – IX ZR 2/12 (Rn. 7) in InsbürO 2014, 409, ZInsO 2014, 1176 Checkliste Auslandsbezug

Nr.	Thema	Checkliste Anfechtungsansprüche Grundlagenwissen in alphabetischer Reihenfolge	Hilfsmittel
48.	Gläubigerbenachteiligung	• Voraussetzung einer Anfechtung gem. § 129 Abs. 1 InsO ist eine Gläubigerbenachteiligung: – Liegt eine Verminderung der Vermögensmasse vor? Bsp.: Ein Vermögenswert befindet sich nicht mehr in der Insolvenzmasse – Ist ggf. eine Erhöhung der Verbindlichkeiten eingetreten? Bsp.: Es ist ein weiterer Gläubiger mit einer Forderung hinzugekommen = die Summe der Insolvenzforderungen ist gestiegen • die Gläubigerbenachteiligung ist bei der Geltendmachung des Anfechtungsanspruches darzulegen	Aufstellung im Hamburger Kommentar zum Insolvenzrecht, Rogge/Leptien, 7. Aufl., Rn. 82 – 88 Heitsch, Gläubigerbenachteiligung durch Zahlung Dritter, ZInsO 2012, 2088 (mit Urteilsverweisen) exemplarisch unter vielen: Anscheinsbeweis für Gläubigerbenachteiligung (= unzureichende Insolvenzmasse): BGH v. 20.2.2014 – IX ZR 164/13 (Rn. 20 m.w.N.) in InsbürO 2014, 244, ZInsO 2014, 598 mittelbare Gläubigerbenachteiligung (= Aufwertung zum Massegläubiger): BGH v. 26.4.2012 – IX ZR 146/11 in ZInsO 2012, 1127 keine Gläubigerbenachteiligung bei Sicherungsrecht des Gläubigers: BGH v. 13.7.2017 – IX ZR 173/16 (Rn. 11 m.w.N.) in InsbürO 2017, 518, ZInsO 2017, 1844 Wipperfürth, Anfechtung – objektive Gläubigerbenachteiligung, InsbürO 2017, 158 f.
49.	Gläubigerbenachteiligung – Nachweis	• die Gläubigerbenachteiligung ist nachzuweisen • liegt regelmäßig vor, wenn keine 100 %-Quote auf Insolvenzforderungen gezahlt werden kann • Grund: Minderung der Vermögensmasse durch anfechtbare Rechtshandlung = Minderung der Quote • Nachweis daher z.B. durch Vermögensübersicht § 153 InsO mit Bestand »freier Masse« und Gesamtsumme der Insolvenzforderungen	exemplarisch unter vielen: Anscheinsbeweis für Gläubigerbenachteiligung (= unzureichende Insolvenzmasse): BGH v. 20.2.2014 – IX ZR 164/13 (Rn. 20 m.w.N.) in InsbürO 2014, 244, ZInsO 2014, 598
50.	Kenntnis Gläubiger	• die Kenntnis des Anfechtungsgegners ist tlw. Tatbestandsvoraussetzung zur Durchsetzung des Anfechtungsanspruches: s. vorstehend »Anfechtungsgründe« (Nr. 35, 36) • den Nachweis der Kenntnis zu erbringen ist häufig die schwierigste Aufgabe im Rahmen der Anfechtung • tlw. reicht die Darlegung von Indizien, weil das Gesetz eine Vermutungsregelung gelten lässt (z.B. § 130 Abs. 2 InsO) und der Anfechtungsgegner dann die Unkenntnis zu beweisen hat (= Beweislastumkehr) • durch die Anfechtungsreform ist bei der Vorsatzanfechtung gem. § 133 InsO die Darlegungslast für den Insolvenzverwalter erschwert worden: s. vorstehend (Nr. 36) • Bsp: § 133 Abs. 3 Satz 2 InsO n.F.: Vermutung bei Abschluss einer Ratenzahlungsvereinbarung, dass der Gläubiger die Zahlungsunfähigkeit nicht kannte	Ludwig, Arbeitshilfe zu § 133 Abs. 1 InsO: Übersicht zu den Beweisindizien, InsbürO 2016, 319 ff. Ludwig, Die Anfechtung nach § 133 InsO n.F. – eine »Zwischenbilanz«, InsbürO 2018, 142 ff.

Nr.	Thema	Checkliste Anfechtungsansprüche Grundlagenwissen in alphabetischer Reihenfolge	Hilfsmittel
51.	Nahe stehende Personen	• bei nahe stehenden Personen gelten verlängerte Anfechtungsfristen (§ 133 Abs. 4 InsO) • Unterscheidung bei nahe stehenden Personen zwischen – natürlichen Personen (§ 138 Abs. 1 InsO) und – juristischen Personen (§ 138 Abs. 2 InsO) • Steuerberater kann auch als nahestehende Person von jur. Personen gewertet werden (s. Rechtsprechung) • dagegen: nicht ehelicher Partner gilt nicht als nahe stehend	Steuerberater als nahe stehend: BGH v. 15.11.2012 – IX ZR 205/11 in ZInsO 2012, 2335, WKRS 2012, 27981 GmbH & Co. KG als nahe stehend: BGH v. 22.12.2016 – IX ZR 94/14 in InsbürO 2017, 255, ZInsO 2017, 546 nicht ehelicher Partner nicht nahe stehend: BGH v. 17.3.2011 – IX ZA 3/11 (Rn. 3) in InsbürO 2012, 37, ZInsO 2011, 784
52.	Nutzungsentschädigung	• ab dem 05.04.2017 ist eine Nutzungsentschädigung gem. § 143 Abs. 1 Satz 3 InsO ausgeschlossen • vor der Anfechtungsreform hatte die Rechtsprechung neben dem Anfechtungsanspruch auch einen Anspruch auf Nutzungsentschädigung gegenüber Behörden zuerkannt – Grund: ersparte Aufwendung für den Staatshaushalt durch Verwendung des anfechtbaren Betrages	zum alten Recht: Anspruch auf Nutzungsentschädigung: BGH v. 24.5.2012 – IX ZR 125/11 in InsbürO 2012, 402, ZInsO 2012, 1168
53.	Rechtshandlung	• anfechtbar sind unterschiedliche Rechtshandlungen (§ 129 Abs. 1 InsO) • unzählige Rechtshandlungen sind denkbar • entscheidend ist der Eintritt der rechtlichen Wirkung: bei mehraktigen Rechtshandlungen ist zeitlich auf den letzten zur Erfüllung des Tatbestandes erforderlichen Teilakt abzustellen (§ 140 Abs. 1 InsO) • Beispiele: – beim Kauf-, Miet- oder Darlehensvertrag – bei Sicherungsübereignungen oder Forderungsabtretungen – bei Prozesshandlungen wie Anerkenntnis, Klageverzicht oder -rücknahme, Vergleichen – bei Zwangsvollstreckungsmaßnahmen, wie z. B. einer Kontopfändung – bei Zahlungen des Schuldners – bei Schenkungen	Beispiele entnommen aus Staufenbiel, Systematik der Insolvenzanfechtung, Teil 1, InsbürO 2006, 402 ff. exemplarisch für Rechtshandlungen: Tilgung fremder Schuld, die wertlos war, als unentgeltliche Leistung: BGH, 25.02.2016 – IX ZR 12/14 (Rn. 10 m.w.N.) in ZInsO 2016, 700 Auffüllung eines gepfändeten Kontos: BGH v. 19.9.2013 –IX ZR 4/13 in ZInsO 2013, 2213, WKRS 2013, 46445 Auffüllung einer Kasse zur Abwendung einer Vollstreckung: BGH v. 3.2.2011 – IX ZR 213/09 in ZInsO 2011, 574, WKRS 2011, 11407 Entstehung Pfandrecht mit Abruf der Kreditmittel: BGH v. 9.6.2011 – IX ZR 179/08 in ZInsO 2011, 1350, WKRS 2011, 18880
54.	Rechtshandlung – Unterlassungshandlung	• anfechtbar sind auch Unterlassungshandlungen (§ 129 Abs. 2 InsO) • unzählige Unterlassungen sind denkbar • entscheidend ist der Eintritt der rechtlichen Wirkung: bei mehraktigen Rechtshandlungen ist zeitlich auf den letzten zur Erfüllung des Tatbestandes erforderlichen Teilakt abzustellen (§ 140 Abs. 1 InsO) • Beispiele: – Unterlassung eines Widerspruchs gegen einen Mahnbescheid – Erlass eines Versäumnisurteils durch bewusste Versäumung eines Termins – Nichtunterbrechung von Verjährungsfristen	Beispiele entnommen aus Staufenbiel, Systematik der Insolvenzanfechtung, Teil 1, InsbürO 2006, 402 ff. Unterlassung als Rechtshandlung: BGH v. 10.2.2005 – IX ZR 211/02 (Rn. 30) in InsbürO 2005, 238, ZInsO 2005, 260

Nr.	Thema	Checkliste Anfechtungsansprüche Grundlagenwissen in alphabetischer Reihenfolge	Hilfsmittel
55.	Unentgeltlichkeit	• Rechtsgrundlage für die Anfechtung von unentgeltlichen Leistungen in § 134 InsO • Unentgeltlichkeit setzt nach BGH-Rechtsprechung nicht voraus, dass die anzufechtende Leistung rechtsgrundlos erfolgt • Voraussetzung: dem Leistenden fließt **keine** dem von ihm aufgegebenen Vermögenswert oder der eingegangenen Verpflichtung **entsprechende** Gegenleistung zu • Zeitpunkt des Rechtserwerbs des Anfechtungsgegner ist für Frage der Unentgeltlichkeit entscheidend • als Gelegenheitsgeschenke i.S.d. § 134 Abs. 2 InsO von geringem Wert der Anfechtung entzogen: einzelne Gelegenheit bis zu 200 EUR und im Kalenderjahr bis zu 500 EUR	Schenkungsanfechtung: BGH v. 17.12.2015 – 6 AZR 186/14 (OS 1) in InsbürO 2016, 305, ZInsO 2016, 575 Tilgung fremder Schuld, die wertlos war, als unentgeltliche Leistung: BGH, 25.02.2016 – IX ZR 12/14 (Rn. 10 m.w.N.) in ZInsO 2016, 700 Gelegenheitsgeschenk: BGH v. 4.2.2016 – IX ZR 77/15 in InsbürO 2016, 306, ZInsO 2016, 632 Abgrenzung Unentgeltlichkeit von Entgeltlichkeit: BGH v. 19.07.2018 – IX ZR 296/17 in InsbürO 2019, 54, ZInsO 2018, 1898
56.	Versicherungsleistungen	• bei Versicherungsverträgen können Bezugsrechte zugunsten Dritter vorliegen • auch kann es ggf. einen Kündigungsausschluss durch Umwandlung in einen pfändungsgeschützten Vertrag geben • ob insoweit Anfechtungsmöglichkeiten bestehen: s. gesonderte Checkliste »Versicherungsverträge« mit dortigen Rechtsprechungsverweisen	Checkliste Versicherungsverträge
57.	Versicherungsprämien – mögliche Anfechtung	• Versicherungsprämien sind ggf. für eine Betriebsfortführung erforderlich: dann vollständigen Ausgleich vornehmen, um ggf. den Versicherungsschutz zu wahren (= genau prüfen) • spätere Anfechtung der eigentlichen Insolvenzforderung gleichzeitig mit der Zahlung ankündigen • auf den Zeitpunkt der Anfechtung achten, um den Versicherungsschutz nicht nachträglich zu verlieren • denn: Forderung der Versicherung lebt wieder auf (§ 144 InsO) • kurz vor Ablauf der Verjährungsfrist (Anfechtung: § 146 Abs. 1 InsO = drei Jahre ab Jahr der Eröffnung) dürfte feststehen, ob der Versicherungsschutz benötigt wird • detaillierte Infos im Beitrag in ZInsO: siehe nebenstehend (dort: § 39 VVG heute § 38 VVG)	Homann/Neufeld, »Der Versicherungsschutz der Insolvenzmasse und die qualifizierte Mahnung nach § 39 VVG«, ZInsO 2005, 741 Zum schutzwürdigen Vertrauenstatbestand: BGH, 10.01.2013 – IX ZR 161/11 (Rn. 17 m.w.N.) in ZInsO 2013, 551
58.	Vollstreckungsmaßnahmen	• Gläubiger können durch Vollstreckungsmaßnahmen Teilbefriedigungen erhalten haben • Anfechtung nach § 131 InsO möglich: s. vorstehend »Anfechtungsgrund inkongruent« (Nr. 34) • zwei Möglichkeiten der Kenntniserlangung: – Forderungsaufstellung: s. nachfolgend (Nr. 61 – 66) – Vollstreckungstitel: s. nachfolgend (Nr. 106 – 111)	
59.	Vorsätzliche Benachteiligung	• s. vorstehend »Anfechtungsgrund – vorsätzliche Benachteiligung« (Nr. 36) • s. vorstehend »Rechtshandlung« (Nr. 53)	Ludwig, Arbeitshilfe zu § 133 Abs. 1 InsO: Übersicht zu den Beweisindizien, InsbürO 2016, 319 ff. Ludwig, Die Anfechtung nach § 133 InsO n.F. – eine »Zwischenbilanz«, InsbürO 2018, 142 ff.

Nr.	Thema	Checkliste Anfechtungsansprüche Grundlagenwissen in alphabetischer Reihenfolge	Hilfsmittel
60.	Zahlungsunfähigkeit	• Nachweis der Zahlungsunfähigkeit des Schuldners, z. B. durch Liquiditätsbilanz, aber auch auf andere Weise möglich (s. Rechtsprechung – Nr. 53) • die Zahlungsunfähigkeit ist gem. § 17 InsO ein Insolvenzgrund für die Insolvenzeröffnung: nähere Ausführungen finden sich daher i.d.R. im erstellten Gutachten • diese Erläuterungen aus dem Gutachten können für die Durchsetzung von Anfechtungsansprüchen verwendet werden • es gilt allerdings darzustellen, dass die Zahlungsunfähigkeit nicht nur zum Zeitpunkt der Antragstellung bestand, sondern auch schon zum Zeitpunkt der anzufechtenden Rechtshandlung	Objektive Indizien ausschlaggebend (hier Zahlungsunfähigkeit trotz tatsächlich nur Zahlungsunwilligkeit): BGH v. 12.10.2017 – IX ZR 50/15 (Rn. 13 m.w.N.) in ZInsO 2017, 2612 Nichtzahlung von Sozialversicherungsbeiträgen als Indiz: BGH v. 12.10.2006 – IX ZR 228/03 (Rn. 24 m.w.N.) in ZInsO 2006, 1210, WKRS 2006, 25597 Liquiditätsbilanz entbehrlich bei Nachweis auf andere Weise: BGH, 26.03.2015 – IX ZR 134/13 (Rn. 6 m.w.N.) in InsbürO 2015, 409, ZInsO 2015, 1056 Gehrlein, Der Begriff der Zahlungsunfähigkeit, ZInsO 2018, 354
61.	FA – Ausgangssituation	• Anmeldung von Ansprüchen aus Vollstreckungstiteln zur Insolvenztabelle: als Anlage finden sich häufig Forderungsaufstellungen • Kopie muss an den Sachbearbeiter des Verfahrens gehen zwecks Prüfung von möglichen Anfechtungsansprüchen • daher: Übersicht aus Insolvenztabelle ausdrucken: Ansprüche mit Titeln vorhanden? • Liegen alle Forderungsaufstellungen aus diesen Anmeldungen vor? • aber auch: Forderungsaufstellungen ohne Vollstreckungstitel berücksichtigen (= ggf. Ratenzahlung: s. nachfolgend)	Insolvenztabelle aus Insolvenzsoftware
62.	FA – Vorgehen	• Mögliche Fragestelllungen zu den Forderungsaufstelllungen: – Sind Zahlungen im Anfechtungszeitraum erfolgt? – Hat der Schuldner ggf. unter Druck oder auf Vollstreckungen/angedrohte Vollstreckungen gezahlt? Kann er Vollstreckungsandrohungen belegen? – gleiches gilt für Insolvenzanträge: – Sind Ratenzahlungen geflossen? s. nachfolgend »Ratenzahlungsvereinbarung« (Nr. 89 – 94) • Achtung: Es greift i.d.R. § 131 InsO = keine Kenntnis von Zahlungsunfähigkeit erforderlich (s. vorstehend »Anfechtungsgrund inkongruent« – Nr. 34) • ggf. trotzdem: Ist die Kenntnis des Gläubigers belegt? = Vorsatzanfechtung möglich = längerer Anfechtungszeitraum • ggf. Vollstreckungsunterlagen vom Gläubiger anfordern • Begründung: Nachweis für notwendige Feststellung der angemeldeten Vollstreckungskosten zur Insolvenztabelle • Prüfung der wirtschaftlichen Durchsetzbarkeit beim Anfechtungsgegner: – Ist ein Insolvenzverfahren anhängig? – Hat der Anfechtungsgegner die eidesstattliche Versicherung geleistet?	Checkliste Forderungseinzug: »Vermögensverhältnisse des Drittschuldners« Muster 133 (Forderungseinzug): »Anfrage an Insolvenzgericht des Drittschuldners« Muster 134 (Forderungseinzug): »Anfrage an Insolvenzgericht – Vollstreckungsportal« Muster 135 (Forderungseinzug): »Auskunftsersuchen – Insolvenzportal – Info-Übersicht« Muster 136 (Forderungseinzug): »Auskunftsersuchen – Vollstreckungsportal – Info-Übersicht«

Nr.	Thema	Checkliste Anfechtungsansprüche Forderungsaufstellung	Hilfsmittel
63.	FA – Vorzulegende Unterlagen	• für eine abschließende Prüfung eines Anfechtungsanspruches Zusammenstellung folgender Unterlagen für den Verwalter (ggf. alternativ): – Auskünfte über Vermögensverhältnisse des Anfechtungsgegners: Schuldnerkartei u.ä. – Forderungsanmeldung (Anmeldeformular nebst Anlagen) – Forderungsaufstellung – Insolvenzantrag, ggf. älterer Insolvenzantrag aus der Gerichtsakte ersichtlich – Prüfvermerk (eigener) – ggf. Schriftwechsel (Androhung Vollstreckung etc.) – Vollstreckungstitel – Vollstreckungsunterlagen	Muster 28: »Prüfungsvermerk Anfechtung«
64.	FA – Musterschreiben	• ggf. kann ein Anspruchsschreiben vorbereitet werden • dies hängt maßgeblich vom Sachverhalt ab • ist dieser einfach und eindeutig: dann kann ggf. ein Muster verwendet werden • anderenfalls: individuelle Ausführungen erforderlich	Muster 25: »Anfechtung Vollstreckung § 131 Abs. 1 Nr. 1 InsO« Muster 26: »Anfechtung Vollstreckung § 131 Abs. 1 Nr. 2 InsO«
65.	FA – Wiedervorlage	• Wiedervorlage-Frist notieren – Prüfung: Liegt eine Rückmeldung des Insolvenzverwalters vor? – Wurde der Anspruch geltend gemacht? – Hat sich der Anspruch ggf. erledigt: keine Anfechtung möglich oder hat Gegner geleistet?	Wiedervorlagen-Kalender
66.	FA – Archivierung	• ggf. Vorgang im Vertragsordner »Anfechtungen« unter einer Trennkarte mit Namen des Gläubigers anlegen	Muster 210 (Inhaltsverzeichnis): »Inhaltsverzeichnis jur. Person«

Nr.	Thema	Checkliste Anfechtungsansprüche Gesellschafterdarlehen	Hilfsmittel
67.	GD – Ausgangssituation	• Regelung zur Anfechtung von Gesellschafterdarlehen in § 135 InsO	Checkliste Haftungsansprüche: Gesellschafterdarlehen
68.	GD – Sicherheit	• nach der BGH-Rechtsprechung ist die Anfechtung auch dann möglich, wenn die für ein Gesellschafterdarlehen bestellte anfechtbare Sicherheit verwertet wurde: keine Sperrwirkung • dies gilt auch dann, wenn die Verwertung länger als ein Jahr vor dem Insolvenzantrag erfolgte • Gesellschafter i.S.v. § 135 Abs. 1 Nr. 1 InsO ist derjenige, der 50 % und mehr Anteile an der Gesellschaft hält und alleiniger Geschäftsführer ist	Verwertung einer Sicherheit steht der Anfechtung nicht entgegen: BGH v. 18.7.2013 – IX ZR 219/11 in InsbürO 2013, 458, ZInsO 2013, 1578
69.	GD – Voraussetzung	• nach BGH-Rechtsprechung setzt die Anfechtung keine Krise der Gesellschaft voraus = vereinfachte Rechtslage • Begründung: dadurch verschärfte Haftung, aber zeitliche Einschränkung auf ein Jahr	Anfechtung ohne Krise innerhalb Jahresfrist vor Antragstellung: BGH v. 30.4.2015 – IX ZR 196/13 in ZInsO 2015, 1149, InsbürO 2015, 449
70.	GD – Vorgehen	• Mögliche Fragestellungen: – Gibt es Darlehen oder sonstige Finanzierungshilfen (= gleichgestellte Forderungen) von Gesellschaftern? – Wurden diese in den letzten 12 Monaten befriedigt? – Gibt es Sicherheiten für das jeweilige Darlehen? – Hat ein Gesellschafter eine Sicherheit für ein Darlehen bei einer Bank übernommen? (§ 135 Abs. 2 InsO)	Checkliste Haftungsansprüche mit Rechtsprechungsverweisen exemplarisch: Erstattungspflicht des Gesellschafters bei Befreiung durch Verwertung der Gesellschaftssicherheit: BGH v. 01.12.2011 – IX ZR 11/11 in InsbürO 2012, 75, ZInsO 2012, 81

Nr.	Thema	Checkliste Anfechtungsansprüche Gesellschafterdarlehen	Hilfsmittel
		– Wurde dieses in den letzten 12 Monaten befriedigt? – dadurch: Befreiung des Gesellschafters aus der Sicherheit (= Anfechtung analog § 135 Abs. 2 InsO aufgrund BGH-Rechtsprechung bei Verwertung von Sicherungsgut durch Insolvenzverwalter und damit Freiwerden der Gesellschaftersicherheit) – Rückforderungsmöglichkeit vom Gesellschafter (Achtung: nicht von der Bank) • nach der Rechtsprechung besteht der Anspruch gem. § 135 Abs. 1 InsO unabhängig von Abtretung an Dritte oder Gesellschafterwechsel innerhalb der Fristen • Prüfung der wirtschaftlichen Durchsetzbarkeit beim Anfechtungsgegner: – Ist ein Insolvenzverfahren anhängig? – Hat der Anfechtungsgegner die eidesstattliche Versicherung geleistet?	Erstattungspflicht des Gesellschafters bei Befreiung durch Darlehensrückzahlung der Gesellschaft: BGH v. 20.02.2014 – IX ZR 164/13 in InsbürO 2014, 244, ZInsO 2014, 598 Checkliste Forderungseinzug: »Vermögensverhältnisse des Drittschuldners« Muster 133 (Forderungseinzug): »Anfrage an Insolvenzgericht des Drittschuldners« Muster 134 (Forderungseinzug): »Anfrage an Insolvenzgericht – Vollstreckungsportal« Muster 135 (Forderungseinzug): »Auskunftsersuchen – Insolvenzportal – Info-Übersicht« Muster 136 (Forderungseinzug): »Auskunftsersuchen – Vollstreckungsportal – Info-Übersicht«
71.	GD – Vorzulegende Unterlagen	• für eine abschließende Prüfung eines Anfechtungsanspruches Zusammenstellung folgender Unterlagen für den Verwalter: – Darlehensvertrag – ggf. Forderungsanmeldung der Bank, woraus sich die Sicherheit des Gesellschafters ergibt (ggf. Doppelbesicherung aus Gesellschaftsvermögen) – Insolvenzantrag, ggf. älterer Insolvenzantrag aus der Gerichtsakte ersichtlich – Sicherheitenverträge (Bsp. Sicherungsübereignung, Grundschuld, Bürgschaft) – Summen- und Saldenliste (wg. geleisteter Zahlungen)	Muster 28: »Prüfungsvermerk Anfechtung«
72.	GD – Muster	• ggf. kann ein Anspruchsschreiben vorbereitet werden • dies hängt maßgeblich vom Sachverhalt • ist dieser einfach und eindeutig: dann kann ein Muster ggf. verwendet werden • anderenfalls: individuelle Ausführungen erforderlich	
73.	GD – Wiedervorlage	• Wiedervorlage-Frist notieren – Prüfung: Liegt eine Rückmeldung des Insolvenzverwalters vor? – Wurde der Anspruch geltend gemacht? – Hat sich der Anspruch ggf. erledigt: keine Anfechtung möglich oder hat Gegner geleistet?	Wiedervorlagen-Kalender
74.	GD – Archivierung	• ggf. Vorgang im Ordner »Gesellschaftsrechtliche Verhältnisse« unter neuer Rubrik »Anfechtungen« mit einer Trennkarte und Namen des hat Gläubigers anlegen	Muster 210 (Inhaltsverzeichnis): »Inhaltsverzeichnis jur. Pers.«
75.	KK – Ausgangssituation	• Kontokorrentkredite gibt es i.d.R. in allen Insolvenzverfahren von jur. Personen • daher: Durchsicht der Bedingungen und der erfolgten Verbuchungen für mögliche Anfechtungsansprüche erforderlich	

Nr.	Thema	Checkliste Anfechtungsansprüche Kontokorrentkonto	Hilfsmittel
76.	KK – Definition	• Kontokorrent (italienisch) heißt übersetzt: »laufende Rechnung« • vereinbarte Abrechnungsweise zwischen Personen, die miteinander in Geschäftsverbindung stehen • erst nur Verbuchung der beiderseitigen Geldansprüche und Leistungen • Verrechnung am Ende eines bestimmten Zeitabschnitts im Ganzen	
77.	KK – Gläubigerbenachteiligung	• Voraussetzung einer jeden Anfechtung oder unzulässigen Verrechnung nach § 96 Abs. 1 Nr. 3 InsO: Gläubigerbenachteiligung (§ 129 Abs. 1 InsO) • bei Sicherheiten zugunsten der Bank fehlt eine solche ggf.: – Bank bekommt sowieso das, was ihr aufgrund eines Absonderungsrechtes ggf. zusteht: Wird die Sicherheit ggf. frei? – es sei denn: Sicherheit selbst anfechtbar (z.B. Globalzession i.V.m. § 140 Abs. 1 InsO) • Achtung: ggf. werden Zahlungen als masseschmälernde Zahlung i.S.v. § 64 GmbH (= Haftung des Geschäftsführers) gewertet	keine Gläubigerbenachteiligung bei Sicherungsrecht des Gläubigers: BGH v. 13.7.2017 – IX ZR 173/16 (Rn. 11 m.w.N.) in InsbürO 2017, 518, ZInsO 2017, 1844 Checkliste Globalzession Checkliste Haftungsansprüche
78.	KK – Kontobewegungen	• Kontokorrentkreditrahmen = Schuldner darf trotz fehlendem Guthaben auf dem Konto Auszahlungen bis zu einer bestimmten Höhe vornehmen • Eintritt in Soll-Kontostand ist also zulässig • eingehende Gutschriften werden verrechnet: Soll-Kontostand sinkt • der Kontokorrentkreditrahmen wird auch Kreditlinie genannt • Anfechtung: Rückgängigmachung bestimmter unzulässiger Verrechnungen im Kontokorrent zur Rückführung des Saldos	Kemper, Das Kontokorrentkonto in der Insolvenz, Aufl. 2011, Nomos-Verlag, 306 S.
79.	KK – Kündigung	• die Bank kann die Geschäftsbeziehung kündigen: – mit Kündigung entsteht ein Rückzahlungsanspruch – dann: Anfechtung kongruente Deckung (§ 130 InsO) – ohne Kündigung: kein Rückzahlungsanspruch (Kontokorrent) – dann Anfechtung inkongruente Deckung (§ 131 InsO) (= kein Anspruch zu dieser Zeit) • daher: Feststellung, ob und ggf. wann die Kündigung ausgesprochen wurde bzw. ob eine Überziehung geduldet oder nicht geduldet wurde (bei geduldeter Überziehung: kein Rückzahlungsanspruch – inkongruent) • aber: lässt die Bank erneute Verfügungen des Schuldners zu, ist die Verrechnung kongruent (s. Rechtsprechung)	Kongruente Verrechnung bei Zulassung von Verfügungen: BGH v. 7.7.2011 – IX ZR 100/10 (Rn. 6) in ZInsO 2011, 1500 Verrechnung ohne neue Verfügungen = inkongruent: BGH v. 7.7.2011 – IX ZR 100/10 (Rn. 6) in ZInsO 2011, 1500 Verrechnung steht Aufrechnung i.S.v. § 96 Abs. 1 Nr. 3 InsO gleich: BGH v. 19.1.2012 – IX ZR 4/11 (Rn. 8) in InsbürO 2012, 282, ZInsO 2012, 488
80.	KK – Rückzahlungsanspruch – Berechnung	• Rückführungssaldo: Vergleich Saldo am Tag drei Monate vor dem Insolvenzantrag und Saldo am Tag der Antragstellung (s. Rechtsprechung) • wenn Saldo am Tag der Antragstellung niedriger: Differenz ist der Rückführungssaldo und unterliegt der Anfechtung i.V.m. § 96 Abs. 1 Nr. 3 InsO • entscheidend Saldo zu Beginn des Tages: 0.00 Uhr = Saldo am Abschluss des Vortages entscheidend	Betrachtung gesamter Zeitraum: BGH v. 7.7.2011 – IX ZR 100/10 (Rn. 6) in ZInsO 2011, 1500 Saldo am Tag der Antragstellung um 0.00 Uhr: OLG Frankfurt/Main v. 17.11.2010 (Rn. 16) – 9 U 7/10 in ZInsO 2010, 2402, WKRS 2010, 32769

Nr.	Thema	Checkliste Anfechtungsansprüche Kontokorrentkonto	Hilfsmittel
81.	KK – Überziehung Kontokorrent	• wird der Kontokorrent überzogen, fehlt es an einer vertraglichen Grundlage • dann: immer Rückzahlungsanspruch der Bank auch ohne Kündigung gegeben = i.d.R. Anfechtung nur nach § 130 InsO (= kongruente Deckung) möglich • aber nach der Rechtsprechung bei geduldeter Überziehung auch Anfechtung nach §§ 131, 133 InsO möglich • daher Feststellung: Welcher Kontokorrentrahmen war vertraglich gegeben?	Anfechtung bei geduldeter Überziehung: BGH v. 6.10.2009 – IX ZR 191/05 (Rn. 12 ff.) in InsbürO 2010, 67, ZInsO 2009, 20160
82.	KK – Verrechnungen nach dem Insolvenzantrag	• Banken werden i.d.R vom Insolvenzantrag unterrichtet • Unterrichtung sollte bspw. der vorläufige Verwalter unverzüglich vornehmen • damit: Kenntnis der Bank von der Zahlungsunfähigkeit • Verrechnungen unterliegen während der vorläufigen Verwaltung der Anfechtung nach §§ 130, 131 InsO (je nach erfolgter oder fehlender Kündigung: s. vorstehend Nr. 34, 35) (= konkruente oder inkongruente Deckung) • im eröffneten Verfahren: keine Verrechnung mehr wg. § 91 InsO = kein Rechtserwerb mehr durch Dritte möglich • Beträge aus Gutschriften nach Insolvenzantragstellung von der Bank anfordern	
83.	KK – Verrechnungen vor dem Insolvenzantrag	• Sind Gutschriften im Zeitraum von drei Monaten vor dem Insolvenzantrag zu verzeichnen, die zu einer Saldoreduzierung führten? • Kontoauszüge durchsehen	Muster 24: »Anfechtung Kontokorrent § 131 Abs. 1 Nr. 2 InsO«
84.	KK – Vorgehen – Zusammenfassung	Mögliche Fragestellungen: • Welche Kreditrahmen-Höhe bestand? • Wurde der Kontokorrentkredit gekündigt? • Wann ist die Kündigung erfolgt? • Wann wurde die Bank über den Insolvenzantrag informiert? • Hatte sie bereits vorher Kenntnis von der Zahlungsunfähigkeit oder dem Eröffnungsantrag? • Welcher Anfechtungszeitraum ergibt sich? (Bei Kündigung vor Insolvenzantragstellung: Beginn 3 Monate vor Antragstellung bis zur Kündigung) • Liegt ggf. eine Globalzession vor? • Gibt es andere Sicherheiten aus dem Schuldnervermögen, die zur Absonderung berechtigen? • Welche Kontobewegungen gab es? (Wurden Verfügungen bei Überziehung der Kreditlinie zugelassen?) • Welcher Rückzahlungssaldo errechnet sich?	
85.	KK – Muster	• ggf. kann ein Anspruchsschreiben vorbereitet werden • dies hängt maßgeblich vom Sachverhalt ab • ist dieser einfach und eindeutig: dann kann ein Muster ggf. verwendet werden • anderenfalls: individuelle Ausführungen erforderlich	Muster 24: »Anfechtung Kontokorrent § 131 Abs. 1 Nr. 2 InsO«
86.	KK – Vorzulegende Unterlagen	• für abschließende Prüfung eines Anfechtungsanspruches Zusammenstellung folgender Unterlagen für den Verwalter: – Forderungsanmeldung der Bank nebst Forderungskonto – Insolvenzantrag, ggf. älterer Insolvenzantrag (aus der Gerichtsakte ersichtlich?) – Kontoauszüge/Kontenverlauf, aus welchen die einzelnen Salden (Start/Ende) ersichtlich sind – gesamten Kontoauszüge mit Kennzeichnung der evtl. zugelassenen Verfügungen – Kontovertrag – Vertrag über Kontokorrentkreditrahmen (falls extra)	Muster 28: »Prüfungsvermerk Anfechtung«

Nr.	Thema	Checkliste Anfechtungsansprüche Kontokorrentkonto	Hilfsmittel
		– Kündigung der Bank – falls vorhanden – Prüfvermerk (eigener) – Sicherungsrechte der Bank, insbesondere z. B. Globalzession – falls vorhanden	
87.	KK – Wiedervorlage	• Wiedervorlage-Frist notieren: – Prüfung: Liegt eine Rückmeldung des Insolvenzverwalters vor? – Wurde der Anspruch geltend gemacht? – Hat sich der Anspruch ggf. erledigt: keine Anfechtung möglich oder hat Gegner geleistet?	Wiedervorlagen-Kalender
88.	KK – Archivierung	• ggf. Vorgang im Ordner »Bank« unter neuer Rubrik »Anfechtungen« mit einer Trennkarte und Namen der Bank anlegen	Muster 210 (Inhaltsverzeichnis): »Inhaltsverzeichnis jur. Pers.«

Nr.	Thema	Checkliste Anfechtungsansprüche Ratenzahlungsvereinbarungen	Hilfsmittel
89.	RZV – Ausgangssituation	• Ratenzahlungsvereinbarungen ergeben sich aus: – den Forderungsanmeldungen und den damit eingereichten Forderungsaufstellungen – aus den Kontoauszügen eines Schuldners • Ratenzahlungen können der Anfechtung unterliegen • allerdings nach § 133 Abs. 3 Satz 2 InsO n.F.: Vermutung bei Abschluss einer Ratenzahlungsvereinbarung, dass der Gläubiger die Zahlungsunfähigkeit nicht kannte • damit hat Insolvenzverwalter das Gegenteil zu beweisen = andere Indizien müssen hinzutreten • mögliche Indizien: – Information über fehlende Möglichkeit, alle Verbindlichkeiten begleichen zu können – keine oder sehr verspätete Reaktion auf Rechnungen, Mahnungen, Einschaltung eines Inkassodienstes – unregelmäßige Ratenzahlung – Ratenzahlungsvereinbarung erst nach mehrmaligen erfolglosen Zahlungsaufforderungen	Bitte auf RZV verbunden mit Hinweis auf fehlenden Ausgleich aller Verbindlichkeiten = Indiz für Kenntnis: BGH v. 18.1.2018 – IX ZR 144/16 (Rn. 20) in ZInsO 2018, 511 Fehlende Reaktion auf Rechnung, Mahnungen, Inkasso u.a. = Indiz für Kenntnis: BGH v. 18.1.2018 – IX ZR 144/16 (Rn. 18) in ZInsO 2018, 511 mittelbar objektive Tatsachen schildern: BGH v. 18.1.2018 – IX ZR 144/16 (Rn. 10) in ZInsO 2018, 511 Unregelmäßige Raten = Indiz für Kenntnis: BGH v. 14.7.2016 – IX ZR 188/15 (Rn. 21) in InsbürO 2016, 470, ZInsO 2016, 1749
90.	RZV – Vorgehen	• Mögliche Fragestellungen: – Wann wurde die Vereinbarung unterzeichnet und mit welcher Begründung? Wurden die Zahlungsschwierigkeiten erwähnt? – Gibt es zusätzlichen Schriftverkehr mit dem Gläubiger über die Zahlungsunfähigkeit? – Ergibt sich ein relevanter Anfechtungszeitraum? Welcher? (§ 133 Abs. 2 InsO: vier Jahre möglich) – Ist das Datum der Vereinbarung korrekt oder wurde die Vereinbarung rückdatiert? (Gespräch mit Schuldner führen) – Welche Zahlungen wurden wann, von wem und an wen gezahlt? – Gibt es erfolglose Zahlungsaufforderungen seitens des Gläubigers? Wurde ein Inkassounternehmen eingeschaltet? (s. vorstehend Ausgangssituation) • Prüfung der wirtschaftlichen Durchsetzbarkeit (nicht bei Anfechtung gegenüber FinA oder Sozialversicherungsträgern): – Ist ein Insolvenzverfahren anhängig? – Hat der Anfechtungsgegner die eidesstattliche Versicherung geleistet?	Ludwig, Arbeitshilfe zu § 133 Abs. 1 InsO: Übersicht zu den Beweisindizien, InsbürO 2016, 319 ff. Ludwig, Die Anfechtung nach § 133 InsO n.F. – eine »Zwischenbilanz«, InsbürO 2018, 142 ff. Checkliste Forderungseinzug: »Vermögensverhältnisse des Drittschuldners« Muster 133 – 136: »Auskunftsersuchen«

Nr.	Thema	Checkliste Anfechtungsansprüche Ratenzahlungsvereinbarungen	Hilfsmittel
91.	RZV – Vorzulegende Unterlagen	• für eine abschließende Prüfung eines Anfechtungsanspruches Zusammenstellung folgender Unterlagen für den Verwalter: – Aufstellung der getätigten Zahlungen: Welche wurden wann von wem und an wen gezahlt? – ggf. Auskünfte über Vermögensverhältnisse des Anfechtungsgegners: Schuldnerverzeichnis, Insolvenzbekanntmachungen – ggf. Forderungsanmeldung d. Gläubigers nebst Anlagen, insbes. Forderungskonto – Insolvenzantrag, ggf. älterer Insolvenzantrag (aus der Gerichtsakte ersichtlich?) – ggf. Kassenbuch nebst Quittungen (= Nachweis der geleisteten Barzahlungen an Gläubiger) – Kontoauszüge als Beleg der geleisteten Zahlungen – Ratenzahlungsvereinbarung – Prüfvermerk (eigener) – Schriftverkehr mit Gläubiger über Zahlungsschwierigkeiten etc. (Androhung von Maßnahmen durch den Gläubiger?) – ggf. Schufa-Auskunft des Schuldners (relevante Einträge = ggf. Kenntnis des Gläubigers?)	Muster 28: »Prüfvermerk Anfechtung«
92.	RZV – Muster	• ggf. kann ein Anspruchsschreiben vorbereitet werden • dies hängt maßgeblich vom Sachverhalt ab • ist dieser einfach und eindeutig: dann kann ein Muster ggf. verwendet werden • anderenfalls: individuelle Ausführungen erforderlich	Meyer-Löffler, Die Anfechtung von Ratenzahlungen nach § 133 InsO n.F. – Vorschlag für ein Anfechtungsschreiben, InsbürO 2018, 457 ff.
93.	RZV – Wiedervorlage	• Wiedervorlage-Frist notieren – Prüfung: Liegt eine Rückmeldung des Insolvenzverwalters vor? – Wurde der Anspruch geltend gemacht? – Hat sich der Anspruch ggf. erledigt: Keine Anfechtung möglich oder hat Gegner geleistet?	Wiedervorlagen-Kalender
94.	RZV – Archivierung	• ggf. Vorgang im Ordner »Verträge« unter neuer Rubrik »Anfechtungen« mit einer Trennkarte und Namen des Gläubigers anlegen	Muster 210 (Inhaltsverzeichnis): »Inhaltsverzeichnis. jur. Pers.«
95.	SiV – Vorgehen	• Mögliche Fragestellungen: – Liegen Sicherungsverträge vor? Welche und mit wem? – Von wann datieren diese? Nachbesicherung erfolgt? Fällt der Abschluss in einen relevanten Anfechtungszeitraum? (§ 130 InsO: drei Monate, Vorsatzanfechtung § 133 InsO: vier Jahre) – Achtung: bei Abtretung zukünftiger Forderungen (Globalzession) ist wg. der Anfechtbarkeit auf Zeitpunkt der Entstehung der Forderung abzustellen (§ 140 Abs. 1 InsO) oder »Werthaltigmachung«: s. Checkliste Globalzession – Kenntnis des Sicherungsnehmers von der Zahlungsunfähigkeit erforderlich und gegeben? – Liegen ggf. ältere Insolvenzanträge vor = anderer Anfechtungszeitraum? – Erfüllen die Sicherungsverträge die gesetzlichen Bestimmtheitsgrundsätze (z. B. beim Raumsicherungsvertrag?) – Vermerk über die erfolgte Prüfung zu den Unterlagen nehmen	Checkliste Absonderungsrechte Checkliste Globalzession ——— Schmidt/Büchler, Effiziente Abwicklung von Aus- und Absonderungsrechten in der Insolvenz, Teil 8: Anfechtbarkeit von Sachsicherheiten gem. §§ 130, 131 InsO, InsbürO 2008, 330 ff. ——— Zu den Voraussetzungen für den Bestimmtheitsgrundsatz: BGH v. 12.2.1992 – XII ZR 7/91 (Rn. 16) in WKRS 1992, 14532 Zum Bestimmtheitsgrundsatz: BGH v. 4.10.1993 – II ZR 156/92 (Rn. 14) in WKRS 1993, 14858 Voraussetzungen der Nichtigkeit Sicherungsübereignung Warenlager: BGH v. 12.4.2016 – XI ZR 305/14 in InsbürO 2016, 468, ZInsO 2016, 1201

Nr.	Thema	Checkliste Anfechtungsansprüche Sicherungsverträge	Hilfsmittel
96.	SiV – Vorzulegende Unterlagen	• für abschließende Prüfung eines Anfechtungsanspruches Zusammenstellung folgender Unterlagen für den Verwalter: – Darlehensverträge (soweit nicht bei der Forderungsanmeldung dabei) – Forderungsanmeldung der Bank nebst Anlagen – Insolvenzantrag, ggf. älterer Insolvenzantrag (aus der Gerichtsakte ersichtlich?) – ggf. Rückbuchungen oder Pfändungen auf Kontoauszügen (= Kenntnis von Zahlungsschwierigkeiten) – Schriftverkehr mit Bank/Dritten bzgl. Kenntnis der Zahlungsunfähigkeit /-schwierigkeiten – Sicherungsverträge (soweit nicht bei Forderungsanmeldung)	
97.	SiV – Wiedervorlage	• Wiedervorlage-Frist notieren – Prüfung: Liegt eine Rückmeldung des Insolvenzverwalters vor? – Wurde der Anspruch geltend gemacht? – Hat sich der Anspruch ggf. erledigt: keine Anfechtung möglich oder hat Gegner geleistet?	Wiedervorlagen-Kalender
98.	SiV – Archivierung	• ggf. Vorgang im Ordner »Bank« unter neuer Rubrik »Anfechtungen« mit einer Trennkarte und Namen des Gläubigers anlegen	Muster 210 (Inhaltsverzeichnis): »Inhaltsverzeichnis jur. Pers.«

Nr.	Thema	Checkliste Anfechtungsansprüche Sozialversicherungsträger	Hilfsmittel
99.	SVT – Ausgangslage	• Sozialversicherungsträger stellen häufig Insolvenzanträge oder leiten Zwangsvollstreckungsmaßnahmen ein • ggf. sind Zahlungen aufgrund früherer Anträge oder Vollstreckungsmaßnahmen an diese geflossen (inkongruente Deckung/Sicherung, § 131 InsO) • ggf. sind aber auch Zahlungen aufgrund von »nur« angekündigten ZV-Maßnahmen oder angekündigten Insolvenzanträgen geflossen (Inkongruenz) • die geleisteten Zahlungen an die Sozialversicherungsträger sind daher zu untersuchen	Strafbewährtheit bei Nichtabführung = Indiz der Zahlungsunfähigkeit bei Nichtzahlung: BGH v. 27.5.2003 – IX ZR 169/02 (Rn. 27) in ZInsO 2003, 764, WKRS 2003, 23901
100.	SVT – Informationsfreiheitsgesetz – Anspruch gg. Sozialversicherungsträger	• siehe grundsätzliches oben: IFG (Nr. 17) • aber: gem. Art. 87 Abs. 2 GG gilt ein sozialer Versicherungsträger als Bundesbehörde, wenn sich dieser über mehr als drei Länder erstreckt (Satz 2) • bei Bundesbehörde greift das IFG Bund • soziale Versicherungsträger über ein oder zwei Bundesländer = Landesbehörde • bei Landesbehörde greift das IFG des jeweiligen Bundeslandes, soweit es dieses gibt • die erforderliche Information kann im Internet abgerufen werden: Überblick über alle Krankenkassen mit ihren Geschäftsstellen	www.krankenkassen.de Muster 27: »Kontoauszug SozV – Bund – Anforderung« Auskunftsanspruch gegeben: BVerwG v. 27.11.2014 – BVerwG 7 C 20.12 (Rn. 27 m.w.N.) in WKRS 2014, 31387 Schmittmann/Böing, Erkenntnisse zu Auskunftsansprüchen ggü. SozVers.Trägern u. FinA, InsbürO 2010, 15 ff. Zistler, Kurz und knapp: IFG, InsbürO 2016, 504 f. (zur Anwendung IFG Bund und IFG Land)

Nr.	Thema	Checkliste Anfechtungsansprüche Sozialversicherungsträger	Hilfsmittel
101.	SVT – Prüfung	• Mögliche Fragestelllungen: – Sind Zahlungen im Zeitraum von drei Monaten vor dem Insolvenzantrag an die Krankenkassen in Folge von Druckausübung (Drohung ZV/Insolvenzantrag) geflossen? – ganz wichtig: Gibt es ältere Insolvenzanträge? – Schuldner befragen oder Krankenkasse anschreiben und einen Kontoauszug anfordern (IFG) – trotz § 28e Abs. 1 Satz 2 SGB IV (= Zahlung von Sozialversicherungsbeiträgen aus dem Vermögen des Beschäftigten) unterliegen auch Arbeitnehmeranteile laut BGH-Rechtsprechung der Anfechtung	Zahlung unter Druck der bevorstehenden Vollstreckung: BAG v. 27.3.2014 – 6 AZR 989/12 (Rn. 37) in InsbürO 2014, 411, WKRS 2014, 16250 Inkongruenz bei Drohung mit einem Insolvenzantrag: BGH v. 7.3.2013 – IX ZR 216/12 (Rn. 12 ff.) in ZInsO 2013, 778 Sicherung oder Befriedigung durch Vollstreckungsmaßnahme ist inkongruent: BGH v. 23.3.2006 – IX ZR 116/03 in ZInsO 2006, 553 Anfechtung von Sozialversicherungsbeiträge als Leistung des Arbeitgebers: BGH v. 16.6.2016 – IX ZR 114/15 (Rn. 26 m.w.N.) in InsbürO 2016, 387, ZInsO 2016, 1421
102.	SVT – Vorzulegende Unterlagen	• für eine abschließende Prüfung eines Anfechtungsanspruches Zusammenstellung folgender Unterlagen für den Verwalter: – Forderungsanmeldung der Krankenkasse mit Anlagen – Insolvenzantrag, ggf. älterer Insolvenzantrag (aus der Gerichtsakte ersichtlich?) – Kontenverlauf von den letzten drei Monaten vor Antragstellung, aus welchem die maßgeblichen Zahlungen ersichtlich sind (= Vorlage durch Krankenkasse erfolgt?) – Kontoauszüge des Schuldners als Beleg der geleisteten Zahlungen – Prüfvermerk (eigener) – Schreiben mit Vollstreckungsandrohung, Androhung Insolvenzantrag – ggf. Vollstreckungsprotokolle/Information des Hauptzollamtes (= Vollstreckungsbehörde der Sozialversicherungsträger) (= Antwort Hauptzollamt da?)	Muster 394 (Vollstreckungsmaßnahmen): »Vollstreckungsanfrage beim Hauptzollamt«
103.	SVT – Muster	• ggf. kann ein Anspruchsschreiben vorbereitet werden • dies hängt maßgeblich vom Sachverhalt • ist dieser einfach und eindeutig: dann kann ein Muster ggf. verwendet werden • anderenfalls: individuelle Ausführungen erforderlich	Muster 25: »Anfechtung Vollstreckung § 131 Abs. 1 Nr. 1 InsO« Muster 26: »Anfechtung Vollstreckung § 131 Abs. 1 Nr. 2 InsO«
104.	SVT – Wiedervorlage	• Wiedervorlage-Frist notieren: – Prüfung: Liegt eine Rückmeldung des Insolvenzverwalters vor? – Wurde der Anspruch geltend gemacht? – Hat sich der Anspruch ggf. erledigt: keine Anfechtung möglich oder hat Gegner geleistet?	Wiedervorlagen-Kalender
105.	SVT – Archivierung	• ggf. Vorgang im Ordner »Arbeitsverhältnisse« unter neuer Rubrik »Anfechtungen« mit einer Trennkarte und Namen des Gläubigers anlegen	Muster 210 (Inhaltsverzeichnis): »Inhaltsverzeichnis jur. Pers.«

Nr.	Thema	Checkliste Anfechtungsansprüche Vollstreckungstitel	Hilfsmittel
106.	VT – Ausgangslage	• durch Vollstreckungsmaßnahmen erlangte Befriedigungen werden auf dem Vollstreckungstitel selbst vermerkt • daher: Prüfung des Titels (wg. Inkongruenz gem. § 131 InsO im 3-Monats-Zeitraum vor Insolvenzantragstellung)	
107.	VT – Prüfung	• Mögliche Fragestellungen: – Sind Zahlungen im relevanten Anfechtungszeitraum aufgrund von ZV-Maßnahmen erfolgt? – Anfrage an Gerichtsvollzieher fertigen – Gibt es eine Forderungsaufstellung? Stimmen Daten zu geleisteten Zahlungen in dieser mit Angaben im Titel überein? – Vollstreckungsunterlagen ggf. vom Gläubiger anfordern mit Verweis auf den erforderlichen Nachweis für die Feststellung von angemeldeten Vollstreckungskosten zur Insolvenztabelle – siehe auch in die obigen Ausführungen zur Forderungsaufstellung	Muster 393 (Vollstreckungsmaßnahmen): »Vollstreckungsanfrage beim GVZ« Klein, Anfechtung einer Zahlung an den GVZ, InsbürO 2012, 352 ff.
108.	VT – Vorzulegende Unterlagen	• für abschließende Prüfung eines Anfechtungsanspruches Zusammenstellung folgender Unterlagen für den Verwalter: – Auskunft des Gerichtsvollziehers (= Antwort da?) – ggf. Forderungsaufstellung – Insolvenzantrag, ggf. älterer Antrag aus Gerichtsakte – Kassenbuch mit Quittungen über mögliche Barzahlungen – ggf. Kontoauszüge als Beleg von Zahlungen – Prüfvermerk (eigener) – Schufa-Auskunft des Schuldners (relevante Einträge = ggf. Kenntnis des Gläubigers?) – Vollstreckungstitel und Vollstreckungsunterlagen	
109.	VT – Muster	• ggf. kann ein Anspruchsschreiben vorbereitet werden • dies hängt maßgeblich vom Sachverhalt • ist dieser einfach und eindeutig: dann kann ein Muster ggf. verwendet werden • anderenfalls: individuelle Ausführungen erforderlich	Muster 25: »Anfechtung Vollstreckung § 131 Abs. 1 Nr. 1 InsO« Muster 26: »Anfechtung Vollstreckung § 131 Abs. 1 Nr. 2 InsO«
110.	VT – Wiedervorlage	• Wiedervorlage-Frist notieren: – Prüfung: Liegt eine Rückmeldung des Insolvenzverwalters vor? – Wurde der Anspruch geltend gemacht? – Hat sich der Anspruch ggf. erledigt: keine Anfechtung möglich oder hat Gegner geleistet?	Wiedervorlagen-Kalender
111.	VT – Archivierung	• ggf. Vorgang im Ordner »Verträge« unter neuer Rubrik »Anfechtungen« mit einer Trennkarte und Namen des Gläubigers anlegen	Muster 210 (Inhaltsverzeichnis): »Inhaltsverzeichnis jur. Pers.«

Checkliste 5: Arbeitsverhältnisse

9 Das Thema »Arbeitsverhältnisse in der Insolvenz« ist umfassend und gehört in vielen Teilen nicht zum Hauptaufgabengebiet von Insolvenzsachbearbeitern, weil hier oftmals tiefgreifende arbeitsrechtliche Kenntnisse erforderlich sind, so dass die Bearbeitung durch den Insolvenzverwalter oder sogar einen von ihm gesondert beauftragten Rechtsanwalt erfolgt. Dennoch gibt es einige grundlegende Informationen, die für die Abwicklung von Insolvenzverfahren von Bedeutung sind oder sein können. Die nachfolgende Übersicht gibt insoweit einen Überblick. Sie erhebt aber keinen Anspruch auf Detailtiefe und Vollständigkeit, sondern erläutert lediglich Grundbegrifflichkeiten. Sie dient insbesondere als Nachschlagewerk. Die jeweils angegebenen gesetzlichen Vorschriften bieten die Möglichkeit, sich weiter gehend einarbeiten zu können.

(Diese Übersicht ist nach wichtigen Informationen und gängigen Arbeitsschritten sortiert. Im Anschluss daran finden sich zusätzliche Informationen alphabetisch sortiert.)

10

Nr.	Thema	Checkliste Arbeitsverhältnisse: Erläuterung	Hilfsmittel
1.	GOI	• GOI = Grundsätze ordnungsgemäßer Insolvenzverwaltung (70 Grundsätze) • hinsichtlich der Arbeitsverhältnisse gelten folgende Grundsätze: – Grundsatz 35: Information der Mitarbeiter im schuldnerischen Unternehmen über Situation, geplante Maßnahmen, ihre Rechte und Ansprüche innerhalb von 3 Tagen nach Anordnung einer vorläufigen Verwaltung – Grundsatz 37: Sicherstellung der Funktionsfähigkeit der Personalabteilung, insbes. Lohn- und Gehaltsbuchhaltung, ggf. auch durch externe Dienstleister – Grundsatz 38: zeitnahe Ermittlung und Bekanntgabe ggü. Arbeitnehmern von Urlaubs- und Überstundenansprüchen – Grundsatz 39: Information der Arbeitnehmer und des Betriebsrates während des Verfahrensablaufs über Sachstand, geplante Maßnahmen und Verfahrensoptionen • *(Die Autoren danken dem VID für die freundliche Zustimmung zur Veröffentlichung von Hinweisen auf die GOIs)*	VID = Verband Insolvenzverwalter Deutschlands e.V. www.vid.de Muster 30: »Arbeitnehmerversammlung – Leitfaden«
2.	Arbeitnehmerliste	• im schuldnerischen Unternehmen eine Arbeitnehmeraufstellung anfertigen lassen • Dateninhalt anhand einer Mustertabelle vorgeben • folgende Daten sollten mindestens eingetragen werden: – Bankverbindung – Betriebszugehörigkeit – Familienstand und Anzahl der Kinder – Kündigungsfrist – Name und Anschrift – Steuer-ID – Sozialversicherungsnummer – Lohn/Gehaltshöhe – Lohn/Gehalts–Rückstand – Schwerbehinderung: Hinweis – Tätigkeit – Tarifverträge: Tarifgruppe • die Liste sollte vom Schuldner unterzeichnet sein = u.a. Bestätigung über die ausstehenden Löhne und Gehälter für die Insolvenzgeldzahlungen	Muster 29: »Arbeitnehmerliste für Insolvenzgeld«
3.	Meldung zu schwerbehinderten Arbeitnehmern	• in der vorstehenden Arbeitnehmerliste sollte auch vermerkt werden, wenn schwerbehinderte Arbeitnehmer beschäftigt sind • Arbeitgeber mit einer Anzahl von mehr als 20 Arbeitnehmern pro Monat im Jahresdurchschnitt müssen schwerbehinderte Arbeitnehmer beschäftigten oder eine **Ausgleichsabgabe** zahlen (§ 160 SGB IX) • zur Feststellung der Einhaltung dieser Vorschrift hat nach § 163 **Abs. 2 SGB IX** jeweils bis zum 31.03. eines Kalenderjahres für das vorangegangene Kalenderjahr eine **Meldung** des Arbeitgebers an die **Bundesagentur für Arbeit** über diese Beschäftigungsverhältnisse zu erfolgen • anzeigepflichtig ist **jeder Arbeitgeber**, der im Jahresdurchschnitt **mehr als 20 Arbeitnehmer** monatlich beschäftigt und damit auch diejenigen, die keine schwerbehinderten Arbeitnehmer beschäftigen • dabei ist zu berücksichtigen, dass **freigestellte Arbeitnehmer** bspw. bei Schließung des Betriebes nicht von der Anzeigepflicht entbindet; bis zum Ablauf der Kündigungsfrist sind diese zu berücksichtigen • **Anzeigepflicht** geht **auf den Insolvenzverwalter über** • im **Jahr der Eröffnung zwei Meldungen** abgeben: – direkt bei Insolvenzeröffnung für den Zeitraum bis zur Insolvenzeröffnung – zum 31.03. des Folgejahres für den Zeitraum ab Insolvenzeröffnung bis zum Ende des Jahres	Fristenkalender Formular für Anzeige: www.iw-elan.de > Bestellservice häufig gestellte Fragen: www.iw-elan.de > links FAQ Situation in der Insolvenz: Fachliche Weisungen zu § 163 SGB IX der Bundesagentur für Arbeit (Ziff. 5.4.) (Stand: 01.01.2018)

Nr.	Thema	Checkliste Arbeitsverhältnisse: Erläuterung	Hilfsmittel
		• Angaben zur **Berechnung der Anzahl** der Arbeitsverhältnisse findet man in §§ 156, 157 SGB IX (z.B. Personen in Elternzeit oder Auszubildende zählen nicht mit) • die **Frist** ist daher immer dann zu **notieren**, wenn ein schuldnerischer Betrieb mehr als 20 Arbeitnehmer beschäftigt • unter 20 Arbeitnehmer muss eine Anzeige nur nach Aufforderung durch die Bundesagentur für Arbeit erfolgen (§ 163 Abs. 4 SGB IX) • bei einer Anzahl im Grenzbereich: s. rechts FAQ • eine fehlende, verspätete oder unrichtige Abgabe stellt eine **Ordnungswidrigkeit** dar, die mit einen Bußgeld geahndet werden kann (§ 238 Abs. 1 Nr. 3 SGB IX i.V.m. § 238 Abs. 2 SGB IX) • Die Anzeige ist auf einem **vorgeschriebenem Formular** abzugeben: s. Homepage nebenstehend; dort sind auch weitere Erläuterungen zu finden.	
4.	Arbeitnehmerversammlung	• Arbeitnehmer über versch. Sachverhalte (insbes. über ihre Rechte) informieren (Erfordernis auch lt. GOI-Kriterien) • i.d.R. bei einem laufenden Betrieb im Rahmen einer Arbeitnehmerversammlung	Muster 30: »Arbeitnehmerversammlung – Leitfaden«
5.	Archivierung Unterlagen -Arbeitnehmer	• wichtige Personalunterlagen sollten in einem gesonderten Ordner »Arbeitsverhältnisse« in Fotokopie abgeheftet werden. • ein alphabetisches Register ist hilfreich: nach Name des einzelnen Arbeitnehmers archivieren • gebraucht werden i.d.R. mindestens: – Arbeitsvertrag – Beitragsmeldungen Sozialversicherungsträger – Lohn-/Gehaltsabrechnungen der letzten zwei Monate – Lohnjournal – Lohnsteuerabzugsmerkmale = sind in der Lohn- und Gehaltsabrechnung enthalten – Lohnsteueranmeldungen – Prüfungsberichte von Betriebsprüfungen (Lohnsteuer, Sozialversicherung, Umsatzsteuer) – Überblick über ausstehende Urlaubsansprüche	Muster 210 (Inhaltsverzeichnis): »Inhaltsverzeichnis jur. Pers.«
6.	Archivierung Unterlagen – sonstiger Schriftverkehr	• Es wird Schriftverkehr mit Dritten geführt. Hierfür sollten gesonderte Rubriken unter Verwendung eines nummerischen Registers angelegt werden • Agentur für Arbeit – allgemeiner Schriftverkehr • Arbeitnehmeraufstellung • Berufsgenossenschaft – Schriftverkehr • Betriebsprüfung • Krankenkassen – Schriftverkehr (Trennkarten bei mehreren Krankenkassen verwenden) • Lohnjournale • Tarifverträge/Betriebsvereinbarungen	Muster 210 (Inhaltsverzeichnis): »Inhaltsverzeichnis jur. Pers.«
7.	Betriebsnummer	• Sozialversicherungsbeiträge werden unter einer Betriebsnummer monatlich gemeldet, die jeder Arbeitgeber für sich beantragen muss • mit Insolvenzeröffnung ist eine neue Betriebsnummer für die Insolvenzmasse anzufordern, sofern Löhne und Gehälter an Arbeitnehmer im eröffneten Verfahren gezahlt werden • während der vorläufigen Verwaltung ist dies i.d.R. nicht erforderlich, weil für diesen Zeitraum Insolvenzgeld gezahlt wird • für den Antrag auf Erteilung einer neuen Betriebsnummer gibt es ein Formular der Arbeitsagentur • die Arbeitsagentur erteilt eine neue Nummer aber bei Nennung der alten Betriebsnummer auch auf Anfrage per E-Mail • Sinn und Zweck einer neuen Betriebsnummer: Trennung der Buchungen bei den Sozialversicherungsträgern in vor und nach Insolvenzeröffnung • Betriebsnummer lässt sich den Beitragsnachweisen für die Krankenkassen entnehmen	siehe Musterübersicht wg. Download: www.arbeitsagentur.de Lauck, »Neue Betriebsnummer bei Fortführung des Insolvenzverfahrens nach Eröffnung«, InsbürO 2009, 154 f.

Nr.	Thema	Checkliste Arbeitsverhältnisse: Erläuterung	Hilfsmittel
8.	Fortbestand der Arbeitsverhältnisse	• Arbeitsverhältnisse bestehen gem. § 108 Abs. 1 InsO mit Wirkung für die Insolvenzmasse fort • ein Wahlrecht gem. § 103 InsO besteht nicht, nur ein Sonderkündigungsrecht gem. § 113 InsO • wenn Beschäftigungsverhältnis nicht vor Insolvenzeröffnung endet: Ansprüche der Arbeitnehmer ab Insolvenzeröffnung als Masseverbindlichkeit gem. § 55 Abs. 1 Nr. 2 InsO berücksichtigen	Gebhardt, Die Auswirkung der Eröffnung des Insolvenzverfahrens auf Inhalt und Bestand von Arbeitsverhältnissen, InsbürO 2009, 258 ff.
9.	Masseverbindlichkeit	• Lohn- und Gehaltsansprüche: Masseverbindlichkeiten im eröffneten Verfahren gem. § 55 Abs. 2 InsO – bei Weiterführung der Arbeitsverträge oder – bis zum etwaigen Ablauf einer Kündigungsfrist • gilt auch bei Freistellung • allerdings bei neuem Arbeitsverhältnis eines Arbeitnehmers mit Drittem: Anrechnung des dort erzielten Arbeitsentgeltes (§ 615 BGB)	Anrechnung aus neuem Arbeitsverhältnis: BSG v. 25.08.2008 - B 11 AL 64/08 B Rn. 4 in ZInsO 2009, 351, WKRS 2008, 34524
10.	Lohnsteuer	• Zahlung von Löhnen und Gehälter im eröffneten Verfahren: Lohnsteuer abführen gem. § 38 ff. EStG • Bruttoentgelt (inkl. Lohnsteuer) ist gem. § 55 Abs. 1 Nr. 2 InsO als Masseverbindlichkeit zu begleichen	
11.	Sozialversicherungsbeiträge	• im eröffneten Verfahren ist der gesamte Bruttoentgeltanspruch als Masseverbindlichkeit auszugleichen • Bestandteil des Bruttoentgeltes sind die Sozialversicherungsbeiträge	
12.	Einfache Insolvenzforderungen	• Lohn- und Gehaltsansprüche vor Insolvenzeröffnung sind einfache Insolvenzforderungen (§ 38 InsO), die meist über das Insolvenzgeld abgedeckt sind	Checkliste Insolvenztabelle – Zusatzinfos (best. Gläubiger) Dreschers, Die Prüfung und Feststellung arbeitsrechtlicher Ansprüche in der Insolvenz, InsbürO 2004, 42 ff. Voß, Insolvenzgeldfähige und nicht insolvenzgeldfähige Bezüge, InsbürO 2018, 138 ff.
13.	Insolvenzgeldanspruch	• Arbeitnehmer über die Möglichkeit eines Insolvenzgeldantrages und die bestehende Ausschlussfrist unterrichten	Checkliste Insolvenzgeld
14.	Insolvenzgeldanspruch - Anspruchsübergang auf ArbA	• zahlt die Arbeitsagentur Insolvenzgeld gem. § 165 SGB III, geht der Anspruch auf Arbeitsentgelt gem. § 169 SGB III auf die Bundesagentur über • dieser Anspruch ist als einfache Insolvenzforderung zu berücksichtigen (§ 55 Abs. 3 InsO)	
15.	Insolvenzgeldvorfinanzierung	• Vorfinanzierung von Insolvenzgeld durch Darlehensaufnahme • Durchführung mit Zustimmung der Arbeitsagentur • Vorfinanzierung wird benötigt bei einer Betriebsfortführung während der vorläufigen Verwaltung • dadurch: zeitnaher Ausgleich der Lohn- und Gehaltsansprüche = Motivation der Arbeitnehmer zur weiteren Tätigkeit • Voraussetzung: positive Fortführungsprognose und Erhalt eines erheblichen Teils der Arbeitsplätze • Arbeitnehmer über Einleitung informieren: Schreiben kann Vermietern etc. vorgelegt werden	Checkliste Insolvenzgeldvorfinanzierung Muster 217 (Insolvenzgeldvorfinanzierung): »Rundschreiben AN – Vorabinfo Insolvenzgeld«
16.	Kündigung – allgemeines	• Arbeitsverhältnisse können durch Kündigung gem. § 620 BGB beendet werden • eine Kündigung bedarf der Schriftform gem. § 623 BGB • die Kündigung muss eigenhändig unterschrieben werden (§ 126 BGB) • die Kündigung muss zugehen; den Nachweis muss der Kündigende führen (schriftliche Bestätigung der Entgegennahme)	Laws, Formelle Anforderungen bei der Kündigung von Arbeitnehmern durch den Insolvenzverwalter, InsbürO 2010, 458 ff. Muster 32: »Kündigung mit Freistellung und Verrechnung«

Nr.	Thema	Checkliste Arbeitsverhältnisse: Erläuterung	Hilfsmittel
17.	Kündigungsarten	• außerordentliche Kündigung ohne Einhaltung einer Kündigungsfrist: es muss ein wichtiger Grund vorliegen (§ 626 Abs. 1 BGB) • ordentliche Kündigung: Kündigungsfrist muss eingehalten werden (= siehe nachfolgend)	
18.	Kündigungsgrund	• ein Kündigungsgrund muss vorliegen, aber i.d.R. nicht angegeben werden • ist das Kündigungsschutzgesetz anzuwenden, dann muss eine Sozialauswahl durchgeführt werden (§ 1 Abs. 3 KSchG) • Sozialauswahl: s. unten • Kündigungsgründe (§ 1 Abs. 2 KSchG): – betriebsbedingt (z. B. Betriebsschließung) – personenbedingt (z.B. Krankheit) – verhaltensbedingt (z.B. Diebstahl) • zur Anwendung des KSchG: s. unten	
19.	Kündigungsberechtigung – vorläufiges Verfahren	• bei einer schwachen vorläufigen Insolvenzverwaltung: Zustimmungsvorbehalt gem. § 21 Abs. 2 Nr. 2 Alt. 2 InsO = Schuldner unterzeichnet die Kündigung, vorläufiger Verwalter muss zur Wirksamkeit zustimmen (§ 182 Abs. 3 BGB i.V.m. § 111 Satz 2, 3 BGB) • bei einer starken vorläufigen Insolvenzverwaltung: allgemeines Verfügungsverbot gem. § 21 Abs. 2 Nr. 2 Alt. 1 InsO = Insolvenzverwalter unterzeichnet die Kündigung alleine	Zustimmungsvorbehalt umfasst auch Kündigungen: BAG v. 10.10.2002 - 2 AZR 532/01 (Leitsatz) in ZInsO 2003, 817, WKRS 2002, 17657 Berscheid/Bertram, Richtig kündigen im Insolvenzeröffnungsverfahren – Teil 2: Kündigungsbefugnis des vorläufigen Insolvenzverwalters, InsbürO 2004, 172 ff.
20.	Kündigungsberechtigung – eröffnetes Verfahren	• im eröffneten Verfahren: Übergang Verwaltungs- und Verfügungsrecht gem. § 80 InsO = Insolvenzverwalter kann (ausschließlich) kündigen • Stellvertreter kann eine Kündigung aussprechen (§ 164 BGB), aber: Originalvollmacht muss vorgelegt werden: ansonsten droht Zurückweisung (§ 174 BGB)	
21.	Massenentlassungsanzeige	• Entlassungen in Betrieben mit mehr als 20 beschäftigten Arbeitnehmern nur zulässig, wenn **vorab** eine Massenentlassungsanzeige bei der zuständigen Arbeitsagentur erstattet wird (§ 17 KSchG) • Fehlende oder fehlerhafte Anzeige führt zur Unwirksamkeit der Kündigungen • Der Anzeige ist eine Stellungnahme des Betriebsrates beizufügen (§ 17 Abs. 3 Satz 2 KSchG)	Muster 35: »Massenentlassungen – Anzeige ggü. ArbA« Pohlner, »Die Durchführung einer Massenentlassungsanzeige anhand eines Praxisbeispiels«, Teil 1: InsbürO 2013, 49 ff., Teil 2: InsbürO 2013, 91 ff. Fehlerhafte Massenentlassungsanzeige führt zur Nichtigkeit der Kündigungen: BAG v. 22.11.2012 – 2 AZR 371/11 in WKRS 2012, 36315 Vorgaben für das Verfahren zur Anzeige der Massenentlassung: BAG v. 9.6.2016 – 6 AZR 638/15 in InsbürO 2017, 216, ZInsO 2017, 289

Nr.	Thema	Checkliste Arbeitsverhältnisse: Erläuterung	Hilfsmittel
22.	Kündigungsfrist	• arbeitsvertragliche Regelung ist mit gesetzlicher Kündigungsfrist zu vergleichen • gesetzliche Kündigungsfrist ist Mindestfrist • Ausnahme hiervon: siehe in § 622 Abs. 5 BGB (bei Aushilfen, bei Betrieben mit weniger als 20 Arbeitnehmern) • Achtung: ggf. ist auch ein Tarifvertrag anwendbar: siehe nachfolgend • im Insolvenzverfahren gilt gem. § 113 InsO eine (Sonder-) Kündigungsfrist von maximal drei Monaten zum Monatsende • ist eine kürzere Frist laut Arbeitsvertrag maßgeblich, gilt diese • wäre die Kündigungsfrist ohne Insolvenz länger: Kappung über § 113 InsO auf drei Monate zum Monatsende	Checkliste »Vertragsverhältnisse«
23.	Kündigungsfrist – vorläufige Verwaltung	• § 113 InsO gilt nicht während der vorläufigen Verwaltung • Nachkündigung im eröffneten Verfahren mit ggf. nach § 113 InsO kürzerer Kündigungsfrist möglich	Keine Anwendung § 113 Satz 2 InsO während vorläufiger Verwaltung: BAG v. 20.01.2005 - 2 AZR 134/04 (Leitsatz) in ZInsO 2005, 1342, WKRS 2005, 15282
24.	Tarifvertrag	• es ist zu prüfen, ob ggf. ein Tarifvertrag anzuwenden ist • dort festgelegte Fristen gehen den gesetzlichen Kündigungsfristen vor (§ 622 Abs. 4 BGB)	
25.	Freistellung	• wird der Geschäftsbetrieb eingestellt, so erfolgt i.d.R. eine Freistellung der gekündigten Arbeitnehmer • manche Arbeitnehmer werden ggf. noch für Restabwicklungsarbeiten beschäftigt • Freistellung beendet das Arbeitsverhältnis nicht • aber: Freistellung unter Anrechnung der Urlaubsansprüche und Urlaubsabgeltungsansprüche (§ 366 Abs. 1 BGB = Bestimmung der Tilgungsreihenfolge des Verwalters) vornehmen • Achtung bei Formulierung im Informationsschreiben über die Freistellung: Reihenfolge gezielt wählen (§ 133 BGB), für Arbeitnehmer eindeutig formulieren: »Freistellung von Arbeitspflicht unter Anrechnung ...« • ebenso: Anrechnung von neuem Einkommen aus neuem Arbeitsverhältnis (§§ 615 Satz 2, 254 Abs. 2 Satz 1 BGB) • bei letzterem ratsam: ggf. Zustimmung Arbeitnehmer einholen	Freistellung unter Anrechnung von Ansprüchen: LAG Sachsen v. 26.02.2013 - 1 Sa 360/12 in WKRS 2013, 34753 m.V.a. BAG v. 1.10.1991 – 9 AZR 290/90 in WKRS 1991, 10025 Muster 32: »Kündigung mit Freistellung und Verrechnung« Zu Voraussetzungen der wirksamen Freistellung unter Anrechnung von Urlaub: BAG, Urt. v. 20.02.2015 – 9 AZR 455/13 in WKRS 2015, 12661, InsbürO 2016, 40
26.	Hinweispflicht wg. Meldung Arbeitslosigkeit	• gem. § 2 Abs. 2 Satz 2 Nr. 3 SGB III muss im Kündigungsschreiben der Hinweis enthalten sein, dass sich der Arbeitnehmer wegen der drohenden Arbeitslosigkeit unverzüglich bei der Arbeitsagentur melden muss	Muster 32: »Kündigung mit Freistellung und Verrechnung«
27.	Geschäftsführer – Gehaltsansprüche	• Möglichkeit, bei Pflichtverletzungen Einwendungen gegen die Gehaltsansprüche zu erheben: s. Literaturtipp Stiller, – darin im Fazit eine tabellarische Übersicht mit unterschiedlichen Fallgestaltungen und Argumenten des Insolvenzverwalters • während einer Betriebsfortführung ist eine Ablehnung der Vergütung eher selten, weil i.d.R. Tätigkeit des Geschäftsführers erforderlich und gewünscht • bei einer erfolgten Kündigung könnte die Erhebung von Einwendungen für den Kündigungszeitraum in Betracht kommen	Stiller, Vergütungsansprüche von Gesellschafter-Geschäftsführern in der Insolvenz der GmbH, ZInsO 2016, 2165 ff. (zu Einwendungen gegen solche Ansprüche)
28.	Kündigungsschutz	• siehe wegen einzelner Stichworte in die alphabetische Reihenfolge unten	
29.	Schadensersatz	• entsteht dem Arbeitnehmer durch die verkürzte Kündigungsfrist des § 113 InsO ein Schaden, kann dieser als Insolvenzforderung im Range des § 38 InsO geltend gemacht werden (§ 113 Satz 3 InsO) • Verkürzung des Bezugszeitraums für Arbeitslosengeld I ist kein ersatzbarer Schaden • Schadensersatzanspruch lt. Rechtsprechung nur bei Kündigung durch Insolvenzverwalter; bei Vergleich in einem Arbeitsgerichtsprozess: kein Anspruch • wg. Abfindungsanspruch: s. unten	Schadensersatzanspruch: BAG, Urt. v. 19.11.2015 – 6 AZR 558/14 in InsbürO 2016, 254, ZInsO 2016, 635

Nr.	Thema	Checkliste Arbeitsverhältnisse: Erläuterung	Hilfsmittel
30.	Eigenkündigung	• fristlose Eigenkündigung durch einen Arbeitnehmer ist gem. § 626 BGB möglich • trotz Eigenkündigung kann ein Schadensersatzanspruch gem. § 628 Abs. 2 BGB geltend gemacht werden: Entgeltanspruch bis zum Ablauf einer regulären Kündigungsfrist und ggf. Abfindungsanspruch • erfolgt die Eigenkündigung vor Insolvenzeröffnung, greift nicht die verkürzte Kündigungsfrist des § 113 InsO für die Ermittlung des fiktiven regulären Kündigungszeitraums • unterschiedliche Voraussetzungen müssen aber erfüllt sein: KSchG anwendbar, kein Vorliegen eines Kündigungsgrundes für Arbeitgeber etc.	Zum etwaigen Schadensersatzanspruch: BAG v. 26.07.2007 – 8 AZR 817/06 in WKRS 2007, 42056
31.	Rechtsstreitigkeiten	• Abfrage, ob Arbeitnehmer gegen vor Insolvenzantragstellung ausgesprochene Kündigungen Kündigungsschutzklagen eingereicht haben = Überblick verschaffen • Unterlagen von Arbeitsrechtsstreitigkeiten sortieren und ggf. zu den alphabetisch sortierten Unterlagen der Arbeitnehmer heften (mit Trennkarten) • ggf. auch gesonderte Handakten anlegen • ggf. Fristen und Termine während der vorläufigen Verwaltung notieren • im eröffneten Verfahren Aussetzung gem. § 240 ZPO anzeigen • ggf. später Aufnahme des Prozesses oder Mitteilung einer außergerichtlichen Einigung	Muster 29: »Arbeitnehmerliste für Insolvenzgeld«, darin: Spalte für »Klage gg. Kündigung« Muster 38: »Rechtsstreit: Unterbrechung nach § 240 ZPO« Muster 36: »Rechtsstreit – AN – Anfrage an Personalbuchhaltung« Muster 37: »Rechtsstreit AN – Erledigung durch Insolvenzgeld«
32.	Differenzlohnberechnung	• Die Differenz zwischen dem erhaltenen Arbeitslosengeld und dem vollständigen monatlichen Arbeitsentgelt steht dem Arbeitnehmer als Masseverbindlichkeit gem. § 55 Abs. 1 Nr. 2 InsO zu • Voraussetzung: Lohn-/Gehaltsansprüche bestehen im eröffneten Verfahren (z. B. Ablauf der Kündigungsfrist im eröffneten Verfahren) • für die Differenzlohnermittlung sind die Beitragssätze der Sozialversicherungsträger zugrunde zu legen, die zum Zeitpunkt der Entstehung des Anspruches galten (Entstehungsprinzip) • die Differenzlohnberechnung erfolgt vereinfacht dargestellt wie folgt: Bruttoentgelt-Summe (Lohn-/Gehaltsansprüche bis zum Ablauf der Kündigungsfrist) ./. Arbeitslosengeld = Differenzsumme ./. Arbeitnehmeranteil SV (Basis Bruttoentgelt der Differenzsumme) (Achtung: ggf. alte Beitragssätze) ./. Lohnsteuer (Basis Bruttoentgelt der Differenzsumme) (Lohnsteuerklasse VI) = Netto-Auszahlungsbetrag an den Arbeitnehmer • Achtung: Anrechnung eines Arbeitsentgeltes während der Freistellungsphase bei anderem Arbeitgeber = ggf. Minderung der Bruttolohnsumme (§ 615 BGB)	Dreschers, Die Berechnung von Differenzlohnansprüchen im Insolvenzverfahren, InsbürO 2005, 42 ff. Anrechnung aus neuem Arbeitsverhältnis: BSG v. 25.08.2008 - B 11 AL 64/08 B Rn. 4 in ZInsO 2009, 351, WKRS 2008, 34524 Muster 31: »Differenzlohn – Klärung – SS an AN«
33.	Freigabe der selbständigen Tätigkeit	• Bei der Selbständigkeit einer natürlichen Person besteht die Möglichkeit, den Geschäftsbetrieb gem. § 35 Abs. 2 InsO freizugeben • die zum Zeitpunkt der Freigabeerklärung bestehenden Arbeitsverhältnisse sind nach der Rechtsprechung hiervon umfasst • Arbeitnehmer können daher nach Freigabe keine Ansprüche gegen die Insolvenzmasse als Masseverbindlichkeit geltend machen	Checkliste Freigabe Freigabe umfasst Arbeitsverhältnisse: BAG v. 21.11.2013 – 6 AZR 979/11 in InsbürO 2014, 242, ZInsO 2014, 507 WKRS 2013, 52739

Nr.	Thema	Checkliste Arbeitsverhältnisse: Erläuterung	Hilfsmittel
34.	Masseunzulänglichkeit	• Was ist hinsichtlich der Lohnsteuer und der Sozialversicherungsbeiträge zu beachten, wenn MUZ angezeigt und Arbeitnehmer freigestellt wurden? (s. Literaturtipp) – Lohnsteuern als Altmasseverbindlichkeit sind nach dem Zuflussprinzip zu ermitteln und zu zahlen – Sozialversicherungsbeiträge als Altmasseverbindlichkeit sind nach dem Entstehungsprinzip zu ermitteln, jedoch nur für tatsächlich in Anspruch genommene Leistungen zu zahlen • Beispiele wie wann was gemeldet werden muss, finden sich im Literaturtipp rechts	Pohlner, Lohnsteuer und Sozialversicherungsbeiträge im Insolvenzverfahren, Teil 2 A = Lohnsteuer, InsbürO 2015, 2015, 389 ff. und Teil 2 B = Sozialversicherungsansprüche, InsbürO 2015, 432 ff.
35.	Urlaubsansprüche	• Welche Urlaubsansprüche seitens der Arbeitnehmer bestehen, sollte möglichst zeitnah abgeklärt werden • i.d.R. Abfrage dieser Daten gleichzeitig mit Daten zum Insolvenzgeld • § 6 Abs. 1 BUrlG: Ausschluss des Urlaubsanspruches im neuen Arbeitsverhältnis, wenn schon im alten ArbV Urlaubsanspruch ganz oder tlw. erfüllt wurde (negative Anspruchsvoraussetzung) • § 6 Abs. 2 BUrlG: Pflicht des Arbeitgebers zur Erteilung einer Bescheinigung über gewährten oder abgegoltenem Urlaub	Muster 29: »Arbeitnehmerliste für Insolvenzgeld«, darin: Spalte »Urlaubsansprüche« nur einmaliger Urlaubsanspruch: BAG v. 16.12.2014 – 9 AZR 295/13 in InsbürO 2015, 25, WKRS 2014, 33485
36.	Urlaubsabgeltung	• wenn bestehende Urlaubsansprüche nicht mehr gewährt werden können, sind sie gem. § 7 Abs. 4 BurlG abzugelten • Beendigung des Arbeitsverhältnisses **vor** Insolvenzeröffnung: Abgeltungsanspruch = Insolvenzforderung • Beendigung des Arbeitsverhältnisses **nach** Insolvenzeröffnung: Abgeltungsanspruch = Masseverbindlichkeit • Masseverbindlichkeit: umfasst auch Urlaubsansprüche aus der Zeit vor Insolvenzeröffnung, lediglich Beendigungsdatum ist für Einordnung entscheidend • Berechnung erfolgt nach §§ 4, 5 BUrlG • Urlaubsabgeltungsansprüche müssen ermittelt werden: Anfrage an schuldnerisches Unternehmen wg. Personalunterlagen • tlw. melden Arbeitnehmern solche Ansprüche zur Insolvenztabelle an: dafür Information über Anspruch an sich und Einordnung nach § 38 InsO oder § 55 InsO wichtig	Zur Urlaubsabgeltung als Masseverbindlichkeit: BAG v. 21.11.2006 – 9 AZR 97/06 in WKRS 2006, 33065
37.	Urlaubsabgeltung – Masseunzulänglichkeit	• Urlaubsabgeltungsanspruch stellt Altmasseverbindlichkeit dar • Voraussetzung: Kündigung ist vor Anzeige erfolgt und keine Inanspruchnahme der Arbeitsleistung • dann werden Bedingungen des § 209 Abs. 2 InsO nicht erfüllt	Voraussetzung für Neumasseverbindlichkeit: BAG v. 08.05.2014 – 6 AZR 246/12 Rn. 24 in ZInsO 2014, 1441, WKRS 2014, 17941

Nr.	Thema	Checkliste Arbeitsverhältnisse Zusatzinformationen – alphabetische Reihenfolge	Hilfsmittel
38.	Abfindungsanspruch	• Abfindungsansprüche können gem. §§ 9, 10 KSchG geltend gemacht werden • bei Kündigung aus betrieblichen Gründen kann ein Abfindungsanspruch auf § 1a KSchG basieren • Abfindungsansprüche sind einfache Insolvenzforderungen, wenn – sie vor Insolvenzeröffnung begründet wurden – das Arbeitsverhältnis durch Kündigung des Insolvenzverwalters nach Insolvenzeröffnung beendet wird (§ 113 Satz 3 InsO) • dem Grunde nach: kein Abfindungsanspruch bei Abschluss eines Aufhebungsvertrages (s. Rechtsprechung) • ggf. aber entsprechende Regelung im Aufhebungsvertrag • dann ggf. auch als Masseverbindlichkeit zu begleichen: vertragliche Regelungen einsehen • Abfindungsanspruch = Masseverbindlichkeit: ggf. aus Arbeitsgerichtsprozess	Kein Anspruch nach § 113 S. 3 InsO bei Aufhebungsvertrag: BAG v. 19.11.2015 – 6 AZR 558/14 Rn. 16 in InsbürO 2016, 254, ZInsO 2016, 635 Einordnung in Insolvenzforderung/ Masseverbindlichkeit: BAG v. 07.11.2017 – 1 AZR 186/16 Rn. 16, 17 in WKRS 2017, 30246
39.	Arbeitsbescheinigung	• gem. § 312 Abs. 1 SGB III ist bei Beendigung eines Beschäftigungsverhältnisses eine Arbeitsbescheinigung zu erstellen • darin: Informationen, die für den Anspruch auf Arbeitslosengeld etc. von Bedeutung sind	www.arbeitsagentur.de > Bürgerinnen & Bürger > Arbeitslosigkeit > Arbeitslosengeld > Antrag > Arbeitsbescheinigung

Nr.	Thema	Checkliste Arbeitsverhältnisse **Zusatzinformationen** – alphabetische Reihenfolge	Hilfsmittel
40.	Arbeitslosengeld	• bei Freistellung eines gekündigten Arbeitnehmers hat dieser Anspruch auf Arbeitslosengeld (§ 157 Abs. 3 SGB III) (Höhe = bis zu 67 % gem. § 149 SGB III) • die Differenz zwischen Arbeitslosengeld und vollem Lohn- und Gehaltsanspruch kann der Arbeitnehmer weiterhin als Masseverbindlichkeit beanspruchen, soweit dies in den Zeitraum nach Insolvenzeröffnung fällt • siehe vorstehend »Differenzlohnberechnung« (Nr. 32)	
41.	Arbeitslosengeld – Anspruchsübergang auf ArbA	• bei Zahlung von Arbeitslosengeld geht der Anspruch auf Arbeitsentgelt in dieser Höhe auf die Bundesagentur über (§ 115 SGB X) • dieser übergegangene Anspruch ist als Masseverbindlichkeit zu berücksichtigen, weil auch der Lohn- und Gehaltsanspruch eine solche i.S.d. § 55 Abs. 1 Nr. 2 InsO darstellt, soweit dieser in den Zeitraum nach Insolvenzeröffnung fällt	
42.	Arbeitsverhältnis – Definition	• häufig werden Begrifflichkeiten synonym verwendet, es sei auf folgende Unterschiede hingewiesen: – Beschäftigungsverhältnis = im Sozialversicherungsrecht angelegt: § 2 Abs. 2 Nr. 1 SGB IV = Beschäftigung gegen Entgelt – Arbeitsverhältnis: Austausch von Arbeitsleistung und Vergütung = Dauerschuldverhältnis • es kann ein Beschäftigungsverhältnis bestehen, auch wenn das Arbeitsverhältnis beendet ist (z.B. gekündigter Arbeitnehmer ist freigestellt)	
43.	Arbeitszeitkonten	• flexible Arbeitszeit: Über- und Minusstunden werden auf einem Arbeitszeitkonto geführt • unterschiedliche Varianten möglich: – Gleitzeitsystem: einfache Gleitzeit = kein Arbeitszeitkonto = Vorgabe eines Zeitrahmens für tägliche Arbeitszeit – Gleitzeitsystem: qualifizierte Gleitzeit: AN können Beginn und Ende und Dauer der täglichen Arbeitszeit bestimmen, Gesamtarbeitszeit muss innerhalb einer bestimmten Periode erreicht werden – Jahresarbeitszeitkonten: Vereinbarung eines festgelegten Arbeitszeitvolumen aus Basis eines Jahresarbeitsvertrages (keine gleichmäßige Verteilung der Arbeitszeit, aber monatlich gleichbleibendes Entgelt) – Ansparkonten: Ansparen von Plusstunden möglich (z. B. für Langzeiturlaub, früheren Ruhestand) – Altersteilzeit: Tätigkeit in der ersten Hälfe in Vollzeit, Freistellung in zweiter Hälfte • Plusstunden aus Zeit vor IE = einfache Insolvenzforderung • von Insolvenzgeld nur umfasst, wenn Stunden im Insolvenzgeldzeitraum geleistet wurden • ggf. Absicherung des Wertguthabens durch Arbeitgeber, § 7e SGB IV • bei Minusstunden: Anspruch des IV auf Ausgleich	Mohr, Arbeitszeitkonten in der Insolvenz, InsbürO 2014, 311 ff.
44.	Aufhebungsvertrag	• Aufhebungsvertrag = vertragliche Vereinbarung zwischen Insolvenzverwalter und Arbeitnehmer über Beendigung des Arbeitsverhältnisses zu einem gemeinsam festgelegten Zeitpunkt • Aufhebungsvertrag bedarf der Schriftform gem. § 623 BGB	
45.	Beschäftigungsverhältnis – Definition	• häufig werden Begrifflichkeiten synonym verwendet, es sei auf folgende Unterschiede hingewiesen: – Beschäftigungsverhältnis = im Sozialversicherungsrecht angelegt: § 2 Abs. 2 Nr. 1 SGB IV = Beschäftigung gegen Entgelt – Arbeitsverhältnis: Austausch von Arbeitsleistung und Vergütung = Dauerschuldverhältnis • es kann ein Beschäftigungsverhältnis bestehen, auch wenn das Arbeitsverhältnis beendet ist (z.B. gekündigter Arbeitnehmer ist freigestellt)	

Nr.	Thema	Checkliste Arbeitsverhältnisse Zusatzinformationen – alphabetische Reihenfolge	Hilfsmittel
46.	Betriebsprüfung	• Rentenversicherungsträger und die Finanzverwaltung führen regelmäßig Betriebsprüfungen durch • damit: Feststellung der korrekten Meldungen und Abführung von Sozialversicherungsbeiträgen und Steuern • gesetzliche Grundlagen: – Rentenversicherungsträger gem. § 28p SGB IV – Finanzverwaltung gem. § 193 ff. AO • bei Ankündigung einer bevorstehenden Prüfung im Insolvenzverfahren: erforderliche Unterlagen bereitstellen • vorab wären folgende Punkte zu klären: – Welche Zeiträume werden geprüft? – Ob und wo befinden sich die entsprechenden Personalunterlagen? – Kann der gesetzte Termin und Ort bestätigt werden?	
47.	Betriebsrat	• Besteht ein Betriebsrat im Unternehmen, ist dieser vor dem Ausspruch einer jeden Kündigung anzuhören (§ 102 Abs. 1 BetrVG) • Bei Kündigung von Betriebsratsmitgliedern bedarf es nicht eines Anhörungsverfahren (§ 102 BetrVG), sondern eines Zustimmungsverfahrens (§ 103 BetrVG)	
48.	Betriebsübergang	• Unterrichtung der Arbeitnehmer nach § 613a Abs. 5 BGB • Erklärung erfordert eine verständliche, arbeitsplatzbezogene und zutreffende Information. Sie muss u.a. Angaben über die Identität des Erwerbers, den Gegenstand und den rechtlichen Grund des Betriebsübergangs sowie eine korrekte Darstellung der rechtlichen Folgen des Betriebsübergangs für den Arbeitnehmer enthalten	Anforderung an Information über Betriebsübergang: BAG v. 13.07.2006 - 8 AZR 305/05 (Leitsatz) in ZInsO 2007, 1170, WKRS 2006, 23565
49.	Entgeltbescheinigung	• Arbeitnehmer haben nach § 108 Abs. 1 GewO Anspruch auf eine monatliche Entgeltbescheinigung mit bestimmten Mindestangaben • beachte: Verordnung zur Erstellung einer Entgeltbescheinigung (EBV) i.S.v. § 108 Abs. 3 GewO (in Kraft seit dem 01.07.2013) • nähere Infos über das Bundesministerium für Arbeit und Soziales	www.bmas.de (über Suchfunktion EBV eingeben)
50.	Interessenausgleich	• Interessenausgleich = Vereinbarung zwischen Insolvenzverwalter und Betriebsrat über Betriebsänderung (z. B. Betriebsstilllegung) (§§ 111, 112 BetrVG) • kommt in Betracht bei Unternehmen mit i.d.R. mehr als zwanzig wahlberechtigten Arbeitnehmern (§ 111 BetrVG)	Albrecht, Arbeits- und sozialrechtliche Aspekte in der Insolvenz, 1. Teil, Betriebsänderungen, Sozialpläne und Interessenausgleich, InsbürO 2007, 130 ff.
51.	Kündigungsschutz – Ausbildungsverhältnisse	• Bei der Kündigung eines Ausbildungsvertrages muss ein Kündigungsgrund angegeben werden (§ 22 Abs. 3 BBiG)	
52.	Kündigungsschutz – Betriebsratsmitglieder	• Die Kündigung von Betriebsratsmitglieder ist außerhalb der Insolvenz nach § 15 KSchG unzulässig • daher keine ordentliche, sondern nur außerordentliche Kündigung möglich • gem. § 15 Abs. 4 KSchG ist eine ordentliche Kündigung jedoch bei einer Betriebsstilllegung zulässig	
53.	Kündigungsschutz – Elternzeit	• Bei der Kündigung von Arbeitnehmern in Elternzeit ist § 18 BEEG zu beachten: Zustimmung der für den Arbeitsschutz zuständigen obersten Landesbehörde • Achtung: Es können Verwaltungskosten anfallen (Verwaltungskostengesetze der Länder)	Muster 33: »Kündigung (Mutterschutz, Elternzeit) – Zustimmung Landesbehörde«
54.	Kündigungsschutz – Mutterschutz	• Bei der Kündigung von Frauen während der Schwangerschaft oder bis zum Ablauf von vier Monaten nach der Entbindung muss ein Kündigungsgrund angegeben werden (§ 9 Abs. 3 Satz 2 MuSchG) • Zulässigkeit der Kündigung nur mit Zustimmung der für den Arbeitsschutz zuständigen obersten Landesbehörde • Achtung: Es können Verwaltungskosten anfallen (Verwaltungskostengesetze der Länder)	Muster 33: »Kündigung (Mutterschutz, Elternzeit) – Zustimmung Landesbehörde«

Nr.	Thema	Checkliste Arbeitsverhältnisse **Zusatzinformationen** – alphabetische Reihenfolge	Hilfsmittel
55.	Kündigungsschutz – schwerbehinderte Menschen	• Kündigung von schwerbehinderten Menschen darf gem. § 168 SGB IX nur mit Zustimmung des Integrationsamtes erfolgen • Grad der Behinderung: mindestens 50 % (§ 2 Abs. 3 SGB IX) • Verfahren zur Einholung der Zustimmung des Integrationsamtes und Entscheidung dort: siehe §§ 168 ff. SGB IX • Achtung: Es können Verwaltungskosten anfallen (Verwaltungskostengesetze der Länder)	Muster 34: »Kündigung schwerbehinderter AN – Zustimmung Integrationsamt«
56.	Kündigungsschutzgesetz	• anzuwenden bei Mindestgröße von regelmäßig mehr als 5 in Vollzeit beschäftigten Arbeitnehmern (§ 23 Abs. 1 KSchG) • Kündigungsschutz besteht erst, wenn das Arbeitsverhältnis des betroffenen Arbeitnehmers länger als sechs Monate bestanden hat (§ 1 Abs. 1 KSchG)	
57.	Literaturtipps	• Albrecht, Arbeits- und sozialrechtliche Aspekte in der Insolvenz, 2. Teil: Beschäftigungs- und Qualifizierungsgesellschaften, InsbürO 2007, 177 f. • Annuß/Lemke, Arbeitsrechtliche Umstrukturierung in der Insolvenz, RWS-Verlag, Aufl. 2012, 238 S. • Dreschers/Becker, Altersteilzeitarbeitsverhältnisse in der Insolvenz, InsbürO 2007, 367 ff. • Schmidt, Arbeits- und Sozialrecht in der Insolvenz – ein Leitfaden, Paperback, Aufl. 2010, 155 S.	
58.	Sozialauswahl	• bei betriebsbedingter Kündigung ist eine Sozialauswahl durchzuführen (§ 1 Abs. 3 KSchG), wenn das KSchG greift (= siehe oben) • wird der Betrieb insgesamt geschlossen, erübrigt sich dies, weil dann alle Mitarbeiter gekündigt werden	
59.	Sozialplan	• Sozialplan = Regelung über wirtschaftliche Folgen einer Betriebsänderung (§ 112 Abs. 1 BetrVG) (§§ 123, 124 InsO) • z.B. Regelungen zu Abfindungszahlungen • Umfang des Sozialplans: Beachtung von zwei Grenzen gem. § 123 InsO: – Gesamtbetrag von 2,5 Monatsverdiensten der betroffenen Arbeitnehmer – 1/3 der für die Insolvenzgläubiger zur Verfügung stehenden Insolvenzmasse • Anspruch aus Sozialplan, der nach Insolvenzeröffnung aufgestellt wird, ist Masseverbindlichkeit	Albrecht, Arbeits- und sozialrechtliche Aspekte in der Insolvenz, 1. Teil, Betriebsänderungen, Sozialpläne und Interessenausgleich, InsbürO 2007, 130 ff.
60.	Zeugnis	• Arbeitnehmer haben Anspruch auf ein Zeugnis (§ 630 BGB, § 109 GewO) • einfaches Zeugnis: Angaben zur Art und Dauer der Tätigkeit • qualifiziertes Zeugnis: zusätzliche Angaben zur Leistung und zum Verhalten (§ 109 Abs. 1 Satz 2 GewO) • eine Erteilung in elektronischer Form ist ausgeschlossen (§ 109 Abs. 3 GewO) • nur der Insolvenzverwalter im eröffneten Verfahren ist zur Zeugniserteilung verpflichtet • er hat hierbei einen Auskunftsanspruch gegen den Schuldner	Zur Zeugniserteilung: BAG v. 23.06.2004 - 10 AZR 495/03 (Leitsatz) in WKRS 2004, 18130

Checkliste 6: Auftragseingang Kleinverfahren

11 In Kleinverfahren gibt es eine Reihe von standardisierten Tätigkeiten, die nicht vom Insolvenzsachbearbeiter, sondern ggf. vom Sekretariat oder sonstigen dritten Personen vorgenommen werden. Die nachfolgende Übersicht gibt einen Überblick über diese möglichen Arbeitsschritte. Die Checkliste sollte mit den entsprechenden Erledigungsvermerken in die Akte geheftet werden. Dann wäre die Durchführung für den Sachbearbeiter nachvollziehbar dokumentiert.

(Die Übersicht ist nach gängigen Überlegungen und Arbeitsschritten sortiert.)

12

Nr.	Thema	Checkliste Auftragseingang: Arbeiten Sekretariat: Erläuterungen	Hilfsmittel	Erledigungsvermerk
1.	Erledigungsvermerk	• diese vorliegende Liste ausdrucken, jeweils abhaken und in die Akte heften zur Info für den Sachbearbeiter		
2.	Kollisionsprüfung	• Feststellung, ob eine Kollision vorliegt oder Gründe für eine Kollisionsgefährdung vorliegen • Bestätigung dieser Prüfung ggü. dem Insolvenzgericht, soweit dies von dort gewünscht wird (tlw. nur bei positivem Prüfungsergebnis)		
3.	Akte anlegen und Daten erfassen	• Verfahrensdaten in Insolvenzsoftware erfassen • Aktenblatt ausdrucken	Insolvenzsoftware	
4.	Ordner und Inhaltsverzeichnis	• Ordnerschild anfertigen • Inhaltsverzeichnis anlegen	Muster 211 – 212 (Inhaltsverzeichnis): Inhaltsverzeichnis natürliche Person	
5.	Termine und Fristen	Folgende Termine und Fristen notieren: • Termin zur ersten Gläubigerversammlung notieren • i.d.R. Notfrist für eine Woche und einen Tag vorher notieren: Abgabe Bericht und Verzeichnisse (je nach Gericht ggf. unterschiedlich) • Vorfrist für Erstellung Verzeichnisse und Bericht: zwei Wochen vor Fristablauf • Prüfungstermin notieren • Anmeldefrist notieren (rein informatorisch und zur Berechnung der Drittelfrist) • Drittelfrist als Notfrist notieren: Einreichung Tabelle • Vorfrist für Erstellung Tabelle eine Woche vorher notieren • drei Tage vor Prüfungstermin weitere Notfrist notieren: Einreichung Prüfungsergebnisse • Anfechtungsfrist als Notfrist notieren (einen Monat vor Ablauf von drei Jahren ab Ende des Jahres, in dem das Verfahren eröffnet wurde (§ 146 InsO i.V.m. § 195 BGB) • Vorfrist für vorstehende Verjährungsfrist eintragen (i.d.R. drei Monate) • (Wiedervorlage für Geltendmachung Anfechtungsansprüche notieren: z.B. zwei Monate nach Eröffnung) • Frist zur Abgabe des Halbjahresberichtes als Notfrist vorsorglich schon einmal notieren: halbes Jahr nach dem Tag der Gläubigerversammlung • Vorfrist für Halbjahresberichterstattung vier Wochen vorher notieren • verkürzte RSB – 3 Jahre: Frist 3 Jahre nach IE • verkürzte RSB – 5 Jahre: Frist 5 Jahre nach IE	Fristenstempel Insolvenzsoftware	
6.	Beschluss scannen + versenden	• Eröffnungsbeschluss scannen und weiterleiten an alle Kolleginnen und Kollegen wg. Einhaltung GOI Grundsatz 20 (= keine Verbundenheit zu Schuldnern) • Archivierung im System	Rundmail wg. Info an Kolleginnen und Kollegen	
7.	Beschluss stempeln	• Kopie des Eröffnungsbeschlusses mit Fristenstempel versehen: Hilfestellung bei Fristenführung und Nachweis über notierte Fristen		
8.	Kapazitätenprüfung	• Verwalter prüft vor der Auftragsbestätigung die Kapazität (GOI Nr. 23) • Ist die Prüfung auf einer Kopie des Beschlusses mit Kürzel vermerkt worden?		

Nr.	Thema	Checkliste Auftragseingang: Arbeiten Sekretariat: Erläuterungen	Hilfsmittel	Erledigungsvermerk
9.	Gerichtsakte	• Herstellung einer Fotokopie der Gerichtsakte • unverzügliche Rücksendung • ggf. persönliche Rückgabe beim Insolvenzgericht	Muster 108 (Eröffnungsbeschluss nat. Person): »Auftragsbestätigung – Rücksendung Gerichtsakte«	
10.	Auftragsannahme	• es ist höflich, die Auftragsannahme zu bestätigen • dies kann mit dem ersten Schreiben verbunden werden: s. nachfolgend • dabei auch: ggf. Bestätigung einer Kollisionsprüfung: s. vorstehend • außerdem GOI-Grundsatz Nr. 22: Auftragsannahme nachweisen	Muster 108 (Eröffnungsbeschluss nat. Person): »Auftragsbestätigung – Rücksendung Gerichtsakte«	
11.	Erstanschreiben – Schuldner	• Schuldner zwecks Einholung von Informationen unverzüglich anschreiben (max. 1 – 2 Tage) • Formulare/Fragebögen übersenden • Rückmeldung durch Wiedervorlagefrist und Notfrist überwachen • Ablage des Schriftverkehrs: »Schriftverkehr mit Schuldner«	Muster 110 (Eröffnungsbeschluss natürliche Person): »Erstanschreiben wg. Termin etc.« wegen Anlagen: s. Musterübersicht Eröffnungsbeschluss nat. Pers.) Wiedervorlagen-Kalender	
12.	Treuhandkonto einrichten	• Kontonummer entweder der Kontoliste entnehmen oder bei der Bank anfordern	Muster 342 (Treuhandkonto): »Eröffnung Treuhandkonto – Übersendung Beschluss« Checkliste Treuhandkonto	
13.	Arbeitgeber informieren	• Erstanschreiben an Arbeitgeber fertigen: – versch. Varianten im Muster beachten – je nach Zeitpunkt im Monat und Handhabung im Büro: ggf. erst Rücksprache mit Schuldner/in	Muster 85 (Einkommen): »Arbeitgeber – Erstanschreiben« Muster 89 (Einkommen): »Drittschuldner sonstiger«	
14.	Bank anschreiben	• Information an Bank des Schuldners wg. Einzug nicht verbrauchter Guthaben auf P-Konto • weitere Informationen zu weiterem Vermögen anfordern (aufgelöste Sparbücher etc.) • keine Kontofreigabe	Muster 61 – 62 (Bank): Kontoerklärung« (versch. Varianten) Checklisten Bank und Freigabe	
15.	Finanzamt anschreiben	• Info an zuständiges Finanzamt über Insolvenzeröffnung • Einzug etwaiger Steuerguthaben auf Treuhandkonto • Zuständigkeit für Kfz-Steuer seit 2014 gesondert beim Hauptzollamt: s. nachstehend	Muster 128 (Finanzamt): »Erstanschreiben FinA – eröffnetes Verfahren« Checkliste Finanzamt	
16.	Gläubiger anschreiben	• Gläubigerdaten in Insolvenzsoftware einspielen oder händisch eintragen • Rundschreiben fertigen: Aufforderung zur Anmeldung • bei ausländischen Gläubigern: Besonderheiten nach der EuInsVO beachten: gesonderte Aufforderung zur Anmeldung fertigen mit anderem Text und anderen Anlagen	Muster 250 (Insolvenztabelle): »Gläubigeraufforderung zur Anmeldung« Muster 239 (Insolvenztabelle): »Ausland – Aufforderung zur Anmeldung – innerhalb der EU« Muster 248 (Insolvenztabelle): Forderungsanmeldungsformular nat. Person Checkliste Insolvenztabelle Führung Checkliste Auslandsbezug > Forderungsanmeldung	

Nr.	Thema	Checkliste Auftragseingang: Arbeiten Sekretariat: Erläuterungen	Hilfsmittel	Erledigungs-vermerk
17.	Grundstücksbestand feststellen	• Gerichtsakte zwecks Infos über Grundstücke durchsehen: Rückmeldung vom Grundbuchamt zu finden? • ggf. Grundbuchamt um Auskunft ersuchen • falls schon bekannt: Grundstücksdaten zwecks Eintragung eines Sicherungsvermerks an das Gericht übersenden	Muster 189 (Immobilie): »Grundbuch – Eigentümerkarte – Auskunftsersuchen« Muster 111 – 112: (Eröffnungsbeschluss natürliche Person): »Erste Infos an AG« Checkliste Immobilienvermögen	
18.	Kfz-Steuer	• Zuständigkeit der Hauptzollämter für Kfz-Steuer • Information über Insolvenzeröffnung an Hauptzollamt wg. etwaiger Steuerguthaben	Checkliste Fahrzeuge Muster 123 (Fahrzeuge): »Kfz-Steuer – Erstanschreiben«	
19.	Vollstreckungsmaßnahmen – Anfrage	• Anfrage beim Gerichtsvollzieher nach Vollstreckungsmaßnahmen in den Monaten vor Antragstellung • in IN-4a-Verfahren: auch Anfrage Hauptzollamt (= Vollstreckungsbehörde der Krankenkassen)	Muster 393 – 394: (Vollstreckungsmaßnahmen): Vollstreckungsanfrage beim GVZ und beim Hauptzollamt Checkliste Vollstreckungsmaßnahmen	
20.	Debitoren zur Zahlung auffordern	• Sind Debitoren vorhanden und schon aus der Gerichtsakte ersichtlich: Zahlungsaufforderung an diese	Muster 140 – 141 (Forderungseinzug): »Mahnschreiben 1 und 2« Checkliste Forderungseinzug	
21.	Zustellungsnachweis erbringen	• Zustellungsnachweis fertigen und mit weiteren Infos beim Insolvenzgericht einreichen • i.d.R. mit Rücksendung Gerichtsakte und Auftragsbestätigung verbinden	Muster 156 (Gläubiger): »Zustellungsnachweis« ggf. Ausdruck aus Insolvenzsoftware	
22.	Vermieter anschreiben	• Vermieter über die Insolvenzeröffnung informieren • Zahlung der Miete aus der Masse ablehnen (§ 109 Abs. 1 Satz 2 InsO) • häufig erst nach Erstgespräch mit Schuldner/in möglich, weil dann Adressdaten Vermieter übergeben werden	Muster 376 (Vertragsverhältnisse): »Vermieteranschreiben § 109 Abs. 1 Satz 2 InsO« Checkliste Vertragsverhältnisse	
23.	Kfz-Zulassungsstelle – Anfrage	• Anfrage beim Kraftfahrt-Bundesamt wg. aktueller Zulassungen und Zulassungen, die 6 Monate vor Antragstellung geendet haben	Muster 121 (Fahrzeuge): »Anfrage Kfz-Haltung« Checkliste Fahrzeuge	
24.	Wiedervorlagen	• für alle gestellten Anfragen und ggf. Zahlungsaufforderungen an Debitoren: – Wiedervorlagen notieren und Antworten überwachen	Insolvenzsoftware	

Checkliste 7: Auslandsbezug

In den letzten Jahren werden Insolvenzsachbearbeiter verstärkt auch mit Insolvenzverfahren konfrontiert, in denen länderübergreifende Fragen geklärt werden müssen. So kann sich z. B. ein Teilvermögen eines Schuldners im Ausland befinden oder es wird eine Niederlassung im Ausland betrieben. Auch der umgekehrte Fall ist möglich: Im Ausland ist der Hauptbestandteil des Vermögens und in Deutschland wird lediglich das Verfahren über einen Teil des Vermögens abgewickelt. Ein Verfahren mit Auslandsbezug wird i.d.R. in den Aufgabenbereich des Insolvenzverwalters gehören. Mit nachstehender Übersicht soll aber auch Sachbearbeitern der Einstieg in die Materie ermöglicht werden. Es werden gesetzliche Grundlagen und Begrifflichkeiten vorgestellt, die helfen, Sachverhalte besser zu verstehen und ggf. Beiträge zu diesen Themen besser nachvollziehen zu können. Der Schwerpunkt liegt hierbei auf Insolvenzverfahren innerhalb Europas, für die die EuInsVO gilt. Nur am Rande wird auch auf internationales Insolvenzrecht eingegangen. Hervorzuheben ist aber, dass durch das Inkrafttreten der Neuregelungen der EuInsVO Insolvenzsachbearbeiter insbesondere im Rahmen der Insolvenztabelle mehr mit diesem Thema »Auslandsbezug« zu tun haben, denn es sind verpflichtende Vorgaben bei Forderungen von ausländischen Gläubigern zu beachten. 13

(Die Übersicht dient als Nachschlagewerk, ist nach unterschiedlichen Sachbereichen und innerhalb dieser alphabetisch sortiert.)

14

Nr.	Thema	Checkliste Auslandsbezug: Erläuterung Häufig anzutreffende ausländische Gesellschaftsformen	Hilfsmittel
1.	BV	= Besloten vennootschap met beperkte aansprakelijkheid (niederländische GmbH mit beschränkter Haftung)	
2.	Ltd.	= Private Limited Company (England)	
3.	PLC	= Public Limited Company (England)	
4.	S.A.	= Société anonyme (belgische Aktiengesellschaft)	
5.	N.V.	= Naamloze Venootschap (belgische Aktiengesellschaft)	
6.	S.A.R.L.	= Société à responsabilité limitée (französische GmbH)	
7.	S.A.	= Société Anonyme (französische Aktiengesellschaft)	
8.	sp. z o.o.	= spółka z ograniczoną odpowiedzialnością (polnische GmbH)	
9.	S.L.	= Sociedad de responsbilidad limitada (spanische GmbH)	

Nr.	Thema	Checkliste Auslandsbezug: Erläuterung Begrifflichkeiten	Hilfsmittel
10.	ABl. EG	= Amtsblatt der Europäischen Union • Ausführungen auf der rechts genannten Internetseite: Das Amtsblatt ist die wichtigste Quelle der Inhalte von EUR-Lex. Es erscheint täglich (regelmäßig montags bis samstags, sonntags nur in dringenden Fällen) in den EU-Amtssprachen	Internetseite: eur-lex.europa.eu
11.	actor sequitur forum rei	= die Zuständigkeit knüpft weiterhin an den Wohnsitz des Schuldners an, sofern sich dieser in einem durch das Übereinkommen gebundenen Staat befindet	
12.	Annexverfahren	= mit einem Insolvenzverfahren zwingend verbundene Klagen, die sich direkt aus diesem Insolvenzverfahren ableiten und eng damit verknüpft sind (s. auch Erwägungsgrund 6 der EuInsVO) • teilweise Abgrenzungsprobleme: EuGVVO eröffnet Verfahren nach actor sequitur forum rei (s. vorstehend Nr. 11); EuInsVO eröffnet Hauptverfahren nach COMI und für Sekundärverfahren nach »establishment« (= Niederlassung) • daher Klärung durch EuGH in Vergangenheit und voraussichtlich auch in Zukunft erforderlich • klare zivilrechtliche Ansprüche sind nicht vor den Insolvenzgerichten zu führen (s. auch Erwägungsgrund 16 der EuInsVO)	Albrecht, Die reformierte EuInsVO im Spiegel der Rechtsprechung des EuGH, Teil 2: InsbürO 2018, 53 ff. (Ziff. 3a) Bündelung der Klagen: EuGH v. 16.1.2014 – Rs. C-328/12 (Rn. 8) in InsbürO 2014, 154, ZInsO 2014, 192 Zuständigkeit beim Forderungseinzug: EuGH v. 4.9.2014 – Rs. C-157/13 in WKRS 2014, 20477
13.	COMI	= Center of Main Interest: • Mittelpunkt der hauptsächlichen Interessen des Schuldners, üblicherweise der Ort, an dem eine Gesellschaft ihren Sitz hat, ggf. abweichend der Ort, an dem für Dritte erkennbar die Tätigkeit ausgeübt wird • bei natürlichen Personen: Wohnsitz • Einschränkungen nach der neuen EuInsVO: s. nachstehend vor allem, wenn einige Monate vor Insolvenzantragstellung eine Verlegung des Geschäftssitzes oder Wohnsitzes erfolgt ist	Siehe nachfolgende Verweise unter EuInsVO und weiteren Erläuterungen zum COMI
14.	EG	= Europäische Gemeinschaft • Die EG ging 1993 aus der Europäischen Wirtschaftsgemeinschaft (EWG) hervor. • Supranationale Organisation, d. h. durch völkerrechtlichen Vertrag begründete internationale Organisation, die über selbständige Entscheidungs- und Handlungsbefugnisse verfügt und deren Rechtsetzung dem nationalen Recht vorgeht. • Die EG ist die wichtigste der drei Säulen der EU. Sie ist rechtsfähig und kann – anders als die EU – völkerrechtlich verbindliche Verträge abschließen.	

Nr.	Thema	Checkliste Auslandsbezug: Erläuterung Begrifflichkeiten	Hilfsmittel
15.	E-Justiz-Portal	= Europäisches Justizportal • dort sind umfangreiche Informationen zu finden, wie vor- und nachstehend auch auszugsweise erwähnt werden: – nationale Gesetze und europäische Verordnungen – Datenbank zur Rechtsprechung – Datenbank für Anwaltssuche u.ä. – Formulare für die Forderungsanmeldung – Insolvenzregister	Europäische Justizportal: e-justice.europa.eu > linke Seite: Register > Insolvenzregister
16.	Erwägungsgründe	= Erwägungsgründe enthalten die Begründungen für die Bestimmungen eines verfügenden Teils, also z. B. für die Artikel in der EuInsVO	
17.	EU	= Europäische Union: • Verbund von 28 europäischen Staaten (Stand: Febr. 2018). Er basiert auf einem Drei-Säulen-Modell: 1. Europäische Gemeinschaften (EG), 2. Gemeinsame Außen- und Sicherheitspolitik (GASP), 3. Polizeiliche und justizielle Zusammenarbeit in Strafsachen (PJZS)	
18.	EuGH	= Europäischer Gerichtshof: • Sitz in Luxemburg, oberstes rechtsprechendes Organ der Europäischen Gemeinschaft; fungiert als Staaten-, Verwaltungs- und Zivilgericht	
19.	EWR-Abkommen	= Abkommen über den Europäischen Wirtschaftsraum (EWR): • Abschluss zwischen den Mitgliedstaaten der Europäischen Freihandelsassoziation (EFTA) und den Mitgliedstaaten der Europäischen Union • Erweiterung des Binnenmarktes der Europäischen Gemeinschaft um die Länder Island, Liechtenstein und Norwegen	
20.	Formelles Recht	= Rechtsnormen, die die Durchsetzung des materiellen Rechts regeln	
21.	Forum shopping	= gezielte Auswahl eines international zuständigen Gerichts mit dem Ziel, günstigere Regelungen zur Anwendung zu bringen	
22.	Gesamtverfahren	= Verfahren, an dem alle oder ein wesentlicher Teil der Gläubiger des Schuldners beteiligt sind, vorausgesetzt, dass im letzteren Fall das Verfahren nicht die Forderungen der Gläubiger berührt, die nicht daran beteiligt sind (Art. 2 Nr. 1 EuInsVO, Erwägungsgrund 14) • Ausschluss von individuellen Rechtsverfolgungsmaßnahmen	
23.	Gesellschaftsrechtliche Insolvenzantragspflicht	• Eine Insolvenzantragspflicht ist in Deutschland in § 15a InsO geregelt und gilt für alle Gesellschaften.	
24.	Gesellschaftsstatut	• (Statut = lat. »Festsetzung«) = Gesellschaftsrechtliche Rechtsnormen = Deutsches Gesellschaftsrecht (GmbHG, HGB, AktG, GenG, etc.) • für Gesellschaften gilt das Gesellschaftsstatut des Staates, in dem sie in ein öffentliches Register eingetragen sind (lt. EuGH für Gründungsphase) • Einschränkung lt. EuGH: Nach Eintritt der Zahlungsunfähigkeit und der Zuständigkeitsfeststellung nach Art. 4 gilt das nationale Recht des Staates der Verfahrenseröffnung, in Deutschland bspw. § 64 Abs. 2 GmbHG für die Haftung eines directors einer Limited	Zur Anwendung des § 64 Abs. 2 GmbH auf eine Limited: EuGH v. 10.12.2015 – C-594/14 in InsbürO 2016, 128, ZInsO 2016, 175, WKRS 2015, 32712
25.	Insolvenzrechtliche Antragspflicht	• Regelung in § 15a InsO gilt für alle Gesellschaften, insbesondere auch für ausländische Gesellschaften (lex fori concursus) • Regelung dient als nationaler Schutzmechanismus und ermöglicht Haftungsansprüche gegen Geschäftsführer von ausländischen Gesellschaften	
26.	Insolvenzstatut	• Insolvenzrechtliche Rechtsnormen = Deutsches Insolvenzrecht (Statut = lat. »Festsetzung«)	
27.	IPR	= Internationales Privatrecht	

Nr.	Thema	Checkliste Auslandsbezug: Erläuterung Begrifflichkeiten	Hilfsmittel
28.	Kollisionsnorm	• notwendige Klärung bei einer Rechtsfrage, welche von mehreren in Frage kommenden Rechtsordnungen Anwendung findet • Verweis auf entsprechende Rechtsordnung und damit Klärung möglich • Bsp.: Art. 7 Abs. 1 EuInsVO: darin Festlegung, dass das Recht des Staates der Verfahrenseröffnung Anwendung findet	
29.	Kompetenzkonflikt	= zwei Arten von Kompetenzkonflikten: • einen positiven Kompetenzkonflikt: zwei Stellen (z.B. Staat, Verwaltung, Justiz) halten sich für zuständig • einen negativen Kompetenzkonflikt: keine von zwei möglichen Stellen (z. B. Staat, Verwaltung, Justiz) hält sich für zuständig	
30.	Lex fori concursus	• lat. i.w.S. = Zusammentreffen ausländischer Insolvenzrechtsvorschriften • Insolvenzverfahren und seine Wirkungen unterliegen dem Recht des Staates, in dem das Verfahren eröffnet wird (Art. 7 Abs. 1 EuInsVO, § 335 InsO). • auch bei grenzüberschreitendem Insolvenzbezug gilt immer nur das Insolvenzrecht eines Staates	
31.	Lex fori processus	• lat. i.w.S. = Zusammentreffen ausländischer Prozessvorschriften • Insolvenzverfahren und seine Wirkungen unterliegen dem Recht des Staates, in dem der Rechtsstreit anhängig ist (Art. 18 EuInsVO, § 352 InsO). • Es gilt also auch bei grenzüberschreitendem Insolvenzbezug immer nur das Prozessrecht eines Staates.	
32.	Lex rei sitae	• lat. = Recht der belegenen Sache • Bezeichnung des Rechts an dem Ort, an dem sich eine Sache (z. B. ein Grundstück) befindet (Art. 43 EGBGB) • Regelung auch in Art. 11 EuInsVO hinsichtlich unbeweglicher Gegenstände: Recht des Mitgliedstaates, in dem sich der Gegenstand befindet	
33.	Liquidation	• Verkauf des gesamten Vermögens einer Gesellschaft und damit Umwandlung des darin gebundenen Kapitals in Bargeld • Ziel der Liquidation: Auflösung der Gesellschaft unter Befriedigung aller Gläubiger • Anwendung der EuInsVO auch auf Liquidationsverfahren (Art. 1 Abs. 1 EuInsVO) • Reorganisation oder Sanierung der Gesellschaft kommt im Liquidationsverfahren nicht in Frage	
34.	Materielles Recht	• regelt anhand von Rechtsnormen die Entstehung, Veränderung und den Untergang von Rechten, demnach die Rechtsbeziehungen zwischen Rechtssubjekten • Durchsetzung dieser Rechte durch formelles Recht (Prozessrecht)	
35.	Niederlassung = establishment	= Tätigkeitsort, an dem der Schuldner einer wirtschaftlichen Aktivität von nicht vorübergehender Art nachgeht oder in den drei Monaten vor dem Antrag auf Eröffnung des Hauptinsolvenzverfahrens nachgegangen ist, die den Einsatz von Personal und Vermögenswerten voraussetzt (Art. 2 Nr. 10 EuInsVO)	Auslegung »Niederlassung«: EuGH v. 10.3.2011 -Rs. C – 396/09 in ZInsO 2011, 2123, WKRS 2011, 27360 Nicht nur Vermögenswerte, sondern auch Einsatz von Personal: BGH v. 21.6.2012 – IX ZB 287/11 in Insbüro 2013, 114, ZInsO 2012, 1491
36.	Niederlassungsfreiheit	= Erlaubnis für Personen oder Gesellschaften zur Aufnahme und Ausübung selbstständiger Erwerbstätigkeiten sowie zur Gründung und Leitung von Unternehmen (Art. 49 AEUV)	
37.	ordre public	= französisch für: »öffentliche Ordnung« = Regelung zum Schutz der wesentlichen Grundsätze des deutschen Rechts und der Grundrechte (Art. 6 EGBGB)	

Nr.	Thema	Checkliste Auslandsbezug: Erläuterung Begrifflichkeiten	Hilfsmittel
38.	Ordre public-Vorbehalt	• (kollisionsrechtlich) = Anwendung bei Widerspruch von ausländischem Recht mit inländischem Recht nach deutscher Rechtsordnung gem. Art. 6 EGBGB, Art. 33 EuInsVO • entsprechend möglich: Weigerung eines Mitgliedstaates, wegen Unvereinbarkeit mit eigenen Grundprinzipien ein Verfahren anzuerkennen oder eine Entscheidung zu vollstrecken	
39.	Primärrecht	= im wesentlichen: Verträge zur Gründung der Europäischen Gemeinschaft und der Europäischen Union	
40.	Prioritätsprinzip	• bei mehreren Rechtsvorgängen Berücksichtigung ausschließlich des zeitlich früheren Rechtsvorganges • Anwendung bei der Anerkennung der Insolvenzverfahren innerhalb der Mitgliedstaaten der EU gem. Art. 19 EuInsVO	Voraussetzung einer Nichtanerkennung: EuGH v. 2.5.2006 – Rs. C-341/04 (Tenor 2, 4), abrufbar über www.wolters-kluwer-online.de oder das Europäische Justizportal
41.	Sachnorm	• Rechtsvorschrift, die Fragen zu einem Sachverhalt mit Auslandsbezug klärt und eine direkte Rechtsfolge anordnet • Abweichung insoweit vom lex fori concursus • übergeordnete Geltung und unabhängig von dem Recht des Staates des Verfahrenseröffnung • Bsp.: Art. 8 – 18 EuInsVO, § 352 InsO im internationalen Insolvenzrecht	
42.	Sanierung	• Wiederherstellung der Leistungsfähigkeit eines Betriebes • im Insolvenzverfahren: bei Übertragung von Unternehmen und Unternehmensteilen = übertragende Sanierung	
43.	Sekundärrecht	• Erlass einzelner Richtlinien und Verordnungen durch die Organe der EG auf der Grundlage des Primärrechtes • die sekundären Rechtsvorschriften leiten sich von den im Primärrecht allgemein festgelegten Grundsätze ab • Geltung insoweit als Sekundärrecht	
44.	Territorialprinzip	• Erfassung des Vermögens des Schuldners lediglich in dem Staat der Verfahrenseröffnung (Art. 3 Abs. 2 EuInsVO) • Wirkung der Rechtsfolgen der Verfahrenseröffnung auch nur in diesem Staat • zu territorial beschränkten Insolvenzverfahren gehören: Partikularverfahren und Sekundärinsolvenzverfahren	
45.	Universalitätsprinzip	• Erfassung des weltweiten Vermögens eines Schuldners durch die Eröffnung eines Hauptinsolvenzverfahrens • dies unabhängig davon, in welchem Staat sich das Vermögen befindet	
46.	Verfahrensrecht	• Regelungen, die juristische Abläufe regeln	
47.	Ausgangssituation	• Eröffnetes Insolvenzverfahren über das Vermögen einer natürlichen Person in Deutschland • Arbeitsplatz im Ausland = Einkommenserzielung im Ausland • ggf. sogar: spätere Wohnsitzverlegung dorthin	

Nr.	Thema	Checkliste Auslandsbezug: Erläuterung Einkommensbezüge aus dem Ausland	Hilfsmittel
48.	Pfändungsfreibetrag	• gem. Art. 7 Abs. 2 Buchst. b) EuInsVO gelten die §§ 35, 36 InsO für eine Tätigkeit in einem EU-Mitgliedstaat • gem. § 335 InsO gelten die §§ 35, 36 InsO für eine Tätigkeit in einem Staat außerhalb der EU (= internationales Insolvenzrecht) • gem. §§ 35, 36 InsO: Insolvenzbeschlag auf Vermögen, das der Zwangsvollstreckung unterliegt	Deutsches Insolvenzrecht bei Wohnsitzverlegung in Ausland nach Insolvenzeröffnung: BGH v. 20.7.2017 – IX ZB 63/16 in InsbürO 2017, 431, ZInsO 2017, 1781

Nr.	Thema	Checkliste Auslandsbezug: Erläuterung Einkommensbezüge aus dem Ausland	Hilfsmittel
		• § 36 Abs. 1 Satz 2 InsO verweist auf § 850c ZPO (= Pfändungsschutzvorschrift, Pfändungstabelle) • daher: bei Verlegung des Wohnsitzes ins Ausland und höheren Lebenshaltungskosten dort: dennoch nur Pfändungsfreibetrag gem. § 850c ZPO • gem. § 850e Nr. 1 ZPO grds. nur das Nettoeinkommen pfändbar • tlw. aber wg. unterschiedlicher länderspezifischer Regelungen: Auszahlung des Bruttoeinkommens durch den Arbeitgeber • dann: Abzug der vom Schuldner zu zahlenden Einkommensteuer- und ggf. Sozialversicherungsbeträge • s. nachfolgend Pfändungsvorschriften	Wipperfürth, Einkommen Schweiz, InsbürO 2016, 438 f. (Rubrik Fragezeichen) Lissner, Einkommenserzielung im Ausland, InsbürO 2013, 429 ff. Heyn, Ermittlung pfändbarer Einkommensanteile bei Vereinnahmung v. Provisionen im Ausland, InsbürO 2010, 35 ff. Paulick/Simon, »EU-Grenzgänger«, ZInsO 2009, 1933 ff.
49.	Pfändungsvorschriften	• s. vorstehend: Pfändungsfreibetrag: Geltung EuInsVO oder im Nicht-EU-Land: § 335 InsO • Universalitätsgrundsatz des § 335 InsO wird eingeschränkt durch: »*..., soweit nichts anderes bestimmt ist, ...*« • Einschränkung oder Unterbindung des deutschen nationalen Rechts durch eigene länderspezifische Regelung • Beispiel Schweiz: Durchführung Anerkennungsverfahren zwecks Auslieferung von in der Schweiz vorhandenem Vermögen nach Deutschland auf hoheitlichem Wege (Art. 166, 170 IPRG), (Schweizerisches Bundesgesetz zur Schuldbeitreibung und Konkurs (SchKG) (s. Literaturtipp Nr. 84 – 91 – bspw. Thirase: Vorgehen) • Achtung: Kostenvorschuss für Verfahrensdurchführung erforderlich = Masseverbindlichkeit wird begründet	
50.	Schutzantrag	• Möglichkeit des Schuldners: Antrag auf Erhöhung der Pfändungsfreigrenze gem. § 850f Abs. 1 b) ZPO • zuständig: Vollstreckungsgericht am Wohnsitz des Schuldners (§ 828 Abs. 2 ZPO) • im Insolvenzverfahren: wegen der Sachnähe gem. § 36 Abs. 4 Satz 1 InsO Zuständigkeit des Insolvenzgerichtes	
51.	Allgemein	• Bei der Bearbeitung eines Insolvenzverfahrens mit Auslandsbezug: Lesen der EuInsVO anzuraten • dadurch: Überblick, welche übergeordneten Regelungen dort enthalten sind • die wichtigsten Regelungen sind nachstehend zu finden: Zuständigkeit, anwendbares Recht, Anerkennung • abrufbar insgesamt über das Europäische Justizportal: s. rechts • Neufassung EuInsVO: Verabschiedung am 20.05.2015, Veröffentlichung in ABl. L 141 v. 5.6.2015, S. 19 – 72, Veröffentlichung einer Berichtigung: ABl. L 349 v. 21.12.2016, S. 6 • Inkrafttreten nach Art. 92 seit dem 26.6.2017 mit drei Ausnahmen: – ab 26.6.2016: Informationen zum Insolvenzrecht der Mitgliedstaaten und der Union (Art. 86 EuInsVO) (= nationale Gesetze sind über das Europäische Justizportal zu finden) – ab 26.6.2018: Einrichtung von Insolvenzregistern (Art. 24 Abs. 1 EuInsVO) (= in Deutschland: www.insolvenzbekanntmachung.de) – ab 26.6.2019: Vernetzung von Insolvenzregistern (Art. 25) (= zentrale Abfrage von Insolvenzverfahren)	EuInsVO: e-justice.europa.eu > links: Arbeitshilfen für Gerichte und Juristen > Insolvenz > Grenzüberschreitende Insolvenzen > »Verordnung 2015/848« oder »Zusammenfassung« Synopse alte und neue EuInsVO als Beilage zur Juniausgabe der InsbürO 2017 Nationale Gesetze: E-justice.europa.eu > links: Recht > Recht der Mitgliedstaaten > Datenbanken N-Lex > Land auswählen (Bsp. Deutschland: Man landet auf der Homepage des Bundesministeriums für Justiz und Verbraucherschutz und kann die einzelnen Gesetze abrufen = Verknüpfung wird deutlich)

Nr.	Thema	Checkliste Auslandsbezug: Erläuterung Europäische Insolvenzverordnung (EuInsVO)	Hilfsmittel
52.	Änderungen seit 2017	• Die reformierte EuInsVO enthält vor allem neue Regelungen zu folgenden Aspekten: – grenzüberschreitend notwendige Kooperation von Insolvenzverwaltern und Insolvenzgerichten – Konzerninsolvenzverfahren – zunehmende Konzentration auf Sanierung statt auf Vollliquidation (Vorauskoordinierung im Hinblick auf die Richtlinie zur vorinsolvenzlichen Sanierung)	Albrecht, Die reformierte EuInsVO im Spiegel der Rechtsprechung des EuGH, Teil 1: InsbürO 2018, 14 ff.
53.	Anerkennung der Insolvenzverfahren	• Art. 19 und 20 EuInsVO: inhaltlich hat sich an den Regelungen zur früheren EuInsVO nichts wesentliches geändert (v.a.: statt Gebiet, jetzt Hoheitsgebiet), es sind die Artikelnummern geändert worden (früher Art. 16, 17) • Insolvenzeröffnung durch ein nach Art. 3 EuInsVO zuständiges Gericht eines Mitgliedstaates wird durch alle anderen Mitgliedsstaaten nach Eintritt der Wirksamkeit im Staat der Verfahrenseröffnung anerkannt (Art. 19) • hierfür keine Förmlichkeiten erforderlich (Art. 32 EuInsVO) • möglich: Einwendung gegen die Entscheidung aufgrund des ordre public-Vorbehalts (Art. 33 EuInsVO)	Zur Anerkennung: EuGH v. 2.5.2006 – Rs. C-341/04 (Tenor 2, 4), abrufbar über www.wolters-kluwer-online.de oder das Europäische Justizportal
54.	Anfechtung	• das Recht des Mitgliedstaates der Verfahrenseröffnung bestimmt, welche Handlungen einer Anfechtung unterliegen (Art. 7 Abs. 2 Satz 2 m) EuInsVO)	
55.	Anwendbares Recht	• Art. 7 EuInsVO • für das Insolvenzverfahren und seine Wirkung gilt grds. das Insolvenzrecht des Mitgliedstaates, in dem das Verfahren eröffnet ist • »Staat der Verfahrenseröffnung« also wichtig • Ausnahme: EuInsVO bestimmt etwas anderes (z.B. durch ordre public-Vorbehalt) • Inhaltliche Aspekte: Art des Verfahrens, Umfang des Insolvenzbeschlages, Gläubigerrechte nach Verfahrensbeendigung, Kostentragungspflicht	
56.	Anwendungsbereich der EuInsVO – allgemein	• Vermögen des Schuldners muss sich auf mehrere Mitgliedstaaten verteilen (mindestens zwei)	
57.	Anwendungsbereich EuInsVO – persönlich	• Art. 7 Abs. 2 EuInsVO • Geltung der EuInsVO nach Erwägungsgrund (9) für natürliche und juristische Personen • dort im Erwägungsgrund 9 wird auf Anhang I verwiesen, in der erschöpfend alle Insolvenzverfahren aufgeführt sind, für die die EuInsVO anzuwenden ist; durch diese Auflistung soll die Prüfung, ob die Anwendungsvoraussetzungen erfüllt sind, für andere Mitgliedstaaten entfallen • keine ausdrücklichen Regelungen zum persönlichen Anwendungsbereich in der EuInsVO • daher: gem. Art. 7 Abs. 2 EuInsVO Rückgriff auf die Eröffnungsvoraussetzungen des jeweiligen Mitgliedstaates • in Deutschland daher: Anwendung des § 11 InsO (= Zulässigkeit des Insolvenzverfahrens)	
58.	Anwendungsbereich EuInsVO-räumlich (COMI)	• Art. 3 Abs. 1 EuInsVO • für die Insolvenzeröffnung Zuständigkeit der Gerichte in dem Mitgliedsstaat, in dessen Gebiet der Schuldner den **Mittelpunkt seiner hauptsächlichen Interessen hat** • zur näheren Definition des Mittelpunktes der hauptsächlichen Interessen: s. nachfolgend COMI	

Nr.	Thema	Checkliste Auslandsbezug: Erläuterung Europäische Insolvenzverordnung (EuInsVO)	Hilfsmittel
59.	Anwendungs-bereich EuInsVO – räumlich bei einer Niederlassung	• Art. 3 Abs. 2, 3, 4 EuInsVO • Eröffnung eines Insolvenzverfahrens über das Vermögen einer Niederlassung in dem entsprechenden Mitgliedstaat möglich • Partikular- oder Sekundärinsolvenzverfahren • Beschränkung der Wirkungen des jeweiligen Verfahrens auf das Gebiet dieses Mitgliedstaates (Territorialprinzip)	
60.	Anwendungsbereich EuInsVO – sachlich	• Art. 1 Abs. 1 EuInsVO • Geltung der EuInsVO für öffentliche Gesamtverfahren einschl. vorläufiger Verfahren, wenn – Verfügungsgewalt entzogen – Vermögen und Geschäfte der Aufsicht und Kontrolle eines Gerichts unterstellt – Aussetzung der Einzelzwangsvollstreckung (mit weiteren Voraussetzungen) gewährt wird • ausgenommen von der EuInsVO (Art. 1 Abs. 2): u.a. Versicherungsunternehmen, Kreditinstitute, Wertpapierfirmen	
61.	Arbeitsverträge	• § 13 EuInsVO: Es gilt ausschließlich das Recht des Mitgliedstaates, das auf den Arbeitsvertrag anzuwenden ist • außerhalb der EU: § 337 InsO	
62.	Aufrechnung	• Aufrechnung ist möglich, wenn eine solche nach dem Recht des Mitgliedstaates der Verfahrenseröffnung zulässig ist (Art. 9 EuInsVO) • außerhalb der EU gilt § 338 InsO	
63.	COMI – juristische Personen	• Mittelpunkt der hauptsächlichen Interessen ist der Ort, an dem der Schuldner gewöhnlich der **Verwaltung seiner Interessen nachgeht** und der für **Dritte feststellbar** ist (s. Rechtsprechung) • **bei Gesellschaften und juristischen Personen** – Vermutung bis zum Beweis des Gegenteils: Mittelpunkt ihrer hauptsächlichen Interessen der **Ort ihres Sitzes** (ggf. abweichend Tätigkeitsort für andere mehr wahrnehmbar) • entscheidend für Abweichung: **objektive und für Dritte feststellbare Elemente** müssen anderen Mittelpunkt als Satzungssitz belegen (zu berücksichtigen hierbei vor allem: Sitz der Verwaltung, Kontrollgremien, Produktionsstätte, Verkaufsstellen) • **Voraussetzung** der Vermutung: **keine Verlegung** innerhalb eines Zeitraums von **drei Monaten vor Insolvenzantragstellung** in einen anderen Mitgliedstaat • s. hierzu auch in die **Erwägungsgründe** 28 – 32 (= **Erläuterungen** zur Auslegung des Mittelpunktes der hauptsächlichen Interessen und Hinweise zur möglichen Widerlegung der grundsätzlichen Annahme) • Insolvenzgerichte haben eine sorgfältige Prüfung vorzunehmen (Erwägungsgrund 27), insbesondere zur Vermeidung eines Forum shopping, dazu können sie weitere Informationen vom Schuldner und Stellungnahmen von Gläubigern einholen (Erwägungsgrund 32)	Zum Mittelpunkt der Verwaltung und Kontrolle – Feststellung durch Dritte: EuGH v. 20.10.2011 – Rs. C-396/09 in ZInsO 2011, 2123 Albrecht, Die reformierte EuInsVO im Spiegel der Rechtsprechung des EuGH – Ein Überblick – Teil 1: InsbürO 2018, 14 ff. (Ziff. II. 2. a) Hintergrund für neue Regelung – keine Verlegung = Umsetzung EuGH-Rechtsprechung: EuGH v 17.1.2006 – Rs. C-1/04, abrufbar über www.wolterskluwer-online.de oder das Europäische Justizportal
64.	COMI – natürliche Personen	• bei **natürlichen Personen mit selbständiger Tätigkeit** – Vermutung bis zum Beweis des Gegenteils: Mittelpunkt ihrer hauptsächlichen Interessen ihre **Hauptniederlassung** • **Voraussetzung** der Vermutung: **keine Verlegung** innerhalb eines Zeitraums von **drei Monaten vor Insolvenzantragstellung** in einen anderen Mitgliedstaat • bei **natürlichen Personen** – Vermutung bis zum Beweis des Gegenteils: Mittelpunkt ihrer hauptsächlichen Interessen der **Ort ihres gewöhnlichen Aufenthalts;** • **Voraussetzung: keine Aufenthaltsverlegung** innerhalb eines Zeitraums von **sechs Monaten vor Insolvenzantragstellung** in einen anderen Mitgliedstaat	Zur objektiv wahrnehmbaren Tätigkeit: EuGH v. 2.5.2006 – Rs. C-341/04 (Rn. 1), abrufbar über www.wolterskluwer-online.de oder das Europäische Justizportal Zum Mittelpunkt der Verwaltung und Kontrolle – Feststellung durch Dritte: EuGH v. 20.10.2011 – Rs. C-396/09 in ZInsO 2011, 2123

Nr.	Thema	Checkliste Auslandsbezug: Erläuterung Europäische Insolvenzverordnung (EuInsVO)	Hilfsmittel
		• s. hierzu auch in die **Erwägungsgründe** 28 – 32 (= **Erläuterungen** zur Auslegung des Mittelpunktes der hauptsächlichen Interessen und Hinweise zur möglichen Widerlegung der grundsätzlichen Annahme) • Insolvenzgerichte haben eine sorgfältige Prüfung vorzunehmen (Erwägungsgrund 27), insbesondere zur Vermeidung eines Forum shopping, dazu können sie weitere Informationen vom Schuldner und Stellungnahmen von Gläubigern einholen (Erwägungsgrund 32) • nach BGH-Rechtsprechung ergibt sich der Mittelpunkt aus den Kriterien der Arbeit, der Familie und der sozialen und kulturellen Integration; auf den formellen Wohnsitz sei nicht abzustellen	COMI = Kriterien der Integration, nicht abzustellen auf formellen Wohnsitz: BGH v. 2.3.2017 – IX ZB 70/16 in ZInsO 2017, 706, InsbürO 2017, 208 ff. mit Anmerkung Henning Albrecht, Die reformierte EuInsVO im Spiegel der Rechtsprechung des EuGH – Ein Überblick – Teil 1: InsbürO 2018, 14 ff. (Ziff. II. 2. b)
65.	Datenschutz	• neues Kapitel VI zum Datenschutz (Art. 78 – 83 EuInsVO), darin geht es um folgende Themen: – Aufgaben der Mitgliedstaaten hinsichtlich der Verarbeitung personenbezogener Daten in nationalen Insolvenzregistern – Aufgaben der Kommission im Zusammenhang mit der Verarbeitung personenbezogener Daten (u.a. Löschung, Sicherheit) – Informationspflichten über Rolle der Kommission – Speicherung personenbezogener Daten trotz Vernetzung nur in nationalen Datenbanken – Zugang zu personenbezogenen Daten über das Europäische Justizportal: zeitliche Einschränkung nach nationalem Recht	
66.	Dingliche Rechte	• Regelungen zu den dinglichen Rechten Dritter sind in Art. 8 EuInsVO zu finden • Voraussetzung für die Anwendung: Vorhandensein eines Gegenstandes in einem anderen Mitgliedstaat, also außerhalb des Mitgliedstaates der Verfahrenseröffnung • außerhalb der EU: § 351 InsO	
67.	Eigentumsvorbehaltsrechte	• Regelung in Art. 10 EuInsVO bzw. außerhalb der EU in § 335 InsO = nationales Recht des Mitgliedstaates der Verfahrenseröffnung greift (§ 107 InsO) • bei Käuferinsolvenz außerhalb der EU: § 351 Abs. 1 InsO	
68.	Forderungsanmeldung – Unterrichtung der Gläubiger	• für die Unterrichtung der Gläubiger ist Art. 54 Abs. 2 EuInsVO zu beachten: **konkrete Vorgaben** zur Unterrichtung der Gläubiger • nach Art. 55 Abs. 3 EuInsVO werden diese verpflichtenden Angaben erfüllt, wenn das **Standardmitteilungsformular** nach Art. 88 EuInsVO übermittelt wird • die Unterrichtung **kann in deutscher Sprache** erfolgen, wobei es **sinnvoll** erscheint, das Anschreiben in Englisch zu verfassen • das **Standardmitteilungsformular** ist gem. Art. 54 Abs. 3 S. 3 EuInsVO nur dann in einer anderen Sprache als der Sprache des Staates der Verfahrenseröffnung zu verwenden, wenn der Staat dies gemäß Art. 55 Abs. 5 S. 3 EuInsVO zugelassen hat, was in Deutschland bislang (Stand 5/2019) nicht der Fall ist • wichtig: ein Verweis auf die **Linkadresse** des Europäischen Justizportals **reicht nicht** aus • bei einer fehlerhaften Unterrichtung eines Gläubigers können ggf. Schadensersatzansprüche gegen den Verwalter entstehen: näheres dazu s. Literaturverweis	Fuchs in Ahrens/Gehrlein/Ringstmeier: Insolvenzrecht Kommentar, 3. Aufl. 2017, § 54 EuInsVO Rn. 31 Schadensersatzansprüche: wie vor, § 54 EuInsVO Rn. 47 ff. e-justice.europa.eu > Klage vor Gericht > Insolvenz > Mitteilung über ein Insolvenzverfahren Elliott/Lorenz, Forderungsanmeldung nach der neuen EuInsVO, InsbürO 2018, 215 ff. Muster 239 (Insolvenztabelle): »Ausland – Aufforderung zur Anmeldung innerhalb der EU«

Nr.	Thema	Checkliste Auslandsbezug: Erläuterung Europäische Insolvenzverordnung (EuInsVO)	Hilfsmittel
69.	Forderungsanmeldung – Sprache	• alte Regelung nach Art. 42 Abs. 2 EuInsVO: grds. Anmeldung von Forderungen in der Amtssprache des Landes, aus dem der Gläubiger stammt; Ausnahme: Gläubiger innerhalb der EU konnten in ihrer Amtssprache anmelden, aber Titel »Anmeldung einer Forderung« musste in deutscher Sprache enthalten sein • es konnte eine komplette Übersetzung der Forderungsanmeldung vom Gläubiger verlangt werden (Art. 42 Abs. 2 S. 3 EuInsVO a.F.) • **neue Regelung**: Art. 55 Abs. 5 i.V.m. Art. 2 Nr. 12 EuInsVO: Gläubiger der EU können ihre Forderungen in **jeder Amtssprache** der Organe der EU anmelden • Vorteil: Gläubiger können jetzt bspw. in **englisch anmelden**; dadurch wird ggf. eine Übersetzung entbehrlich und der Gläubiger kann Übersetzungskosten sparen • nach Art. 55 Abs. 5 S. 3 EuInsVO n.F. hat jeder Mitgliedstaat anzugeben, ob er neben seiner eigenen Amtssprache eine **andere Sprache zulässt**; dann dürfte keine Übersetzung angefordert werden; eine solche Regelung ist im deutschen **Gesetz zur Durchführung der Verordnung** EU 2015/848 über Insolvenzverfahren vom 05.06.2017 (BGBl. Teil I Nr. 34 v. 09.06.2017, S. 1476) aber **nicht enthalten.** • nach Art. 55 Abs. 5 S. 2 EuInsVO n.F. kann im **Einzelfall eine Übersetzung** verlangt werden • weitere **Regelungen** für Anspruch auf **Übersetzung**: § 184 S. 1 GVG (= deutsche Sprache ist die Amtssprache) i.V.m. § 4 InsO i.V.m. § 142 Abs. 3 ZPO (= Anordnung Gericht auf Beibringung einer Übersetzung) • ein Hinweis zur **grundsätzlichen Übersetzung** in der Aufforderung zur Anmeldung ist **nicht zulässig**: s. Literaturverweis • die **Aufforderung zur Übersetzung** sollte eine **Überschrift** in einer **Sprache** enthalten, die der **betroffene Gläubiger versteht**, damit er weiß, dass etwas von ihm verlangt wird • **Anmeldung** durch Gläubiger in **ausländischer Sprache wahrt** zunächst die **Anmeldefrist** • in der Aufforderung ist eine **Frist** (mindestens so lang wie die ursprüngliche Anmeldefrist) zu setzen und auf die **Säumnisfolgen** entsprechend Art. 54 Abs. 2 S. 1 EuInsVO **hinzuweisen**; bei Nichteinhaltung der Frist soll die Anmeldung dann gelten, als wäre die Anmeldefrist von Anfang nicht gewahrt • bei Gläubigern **außerhalb der EU gilt Deutsch** als Amtssprache (§ 184 S. GVG); von ihnen ist in jedem Fall eine Übersetzung anzufordern	Synopse zur EuInsVO als Beilage zum InsbürO-Heft Juni 2017 Erfordernis einer Übersetzung: Fuchs in Ahrens/Gehrlein/Ringstmeier: Insolvenzrecht Kommentar, 3. Aufl. 2017, § 55 EuInsVO Rn. 26 ff. Keine standardisierte Aufforderung zur Übersetzung: wie vor: § 55 EuInsVO, Rn. 39 Sprache der Aufforderung zur Übersetzung: wie vor: § 55 EuInsVO Rn. 37 Fristsetzung: wie vor: § 55 EuInsVO Rn. 65 ff. Muster 241 (Insolvenztabelle): »Ausland – Aufforderung zur Übersetzung innerhalb der EU« Elliott/Lorenz, Forderungsanmeldung nach der neuen EuInsVO, InsbürO 2018, 215 ff.
70.	Forderungsanmeldung – Formular	• nach Art. 55 Abs. 1 S. 2 EuInsVO n.F. haben ausländische Gläubiger ein **Standardformular** zu verwenden, das gem. Art. 88 EuInsVO n.F. festgelegt wird • Art. 55 Abs. 2 und 3 EuInsVO n.F. regeln die **Inhalte** des Standardformulars für die Forderungsanmeldung • Art. 55 Abs. 4 EuInsVO n.F. eröffnet dem Gläubiger die Möglichkeit, die Anmeldungen auch auf **anderem Wege** vorzunehmen, es müssen aber die **Angaben nach Art. 55 Abs. 2 EuInsVO enthalten** sein • aufgrund der Regelung von Art. 55 Abs. 4 EuInsVO ist die Anmeldung auf dem Standardformular daher nicht zwingend, sondern nur die **Angaben** in Art. 55 Abs. 2 EuInsVO sind **verpflichtend** • darüber hinausgehende Angaben (z. B. aus nationalem Recht) dürfen nicht verlangt werden: s. Literaturverweis • die **Überschrift** der Forderungsanmeldung ist in Art. 55 Abs. 1 S. 2 geregelt: *»Das Formular trägt die Überschrift »Forderungsanmeldung« in sämtlichen Amtssprachen der Organe Union«* • bei Verwendung des Formulars ist die Überschrift auch in deutscher Sprache enthalten;	Angaben in Forderungsanmeldung: Fuchs in Ahrens/Gehrlein/Ringstmeier: Insolvenzrecht Kommentar, 3. Aufl. 2017, § 55 EuInsVO Rn. 3 e-justice.europa.eu > Klage vor Gericht > Insolvenz > Forderungsanmeldung deutsche Überschrift nicht zwingend: wie vor: § 55 EuInsVO Rn. 8

Nr.	Thema	Checkliste Auslandsbezug: Erläuterung Europäische Insolvenzverordnung (EuInsVO)	Hilfsmittel
		• bei fehlender Verwendung des Formulars: Art. 55 Abs. 4 EuInsVO verweist nur verpflichtend auf Abs. 2 des Art. 55, nicht auf Abs. 1 des Art. 55, so dass die mehrsprachige Überschrift »Forderungsanmeldung« keine Wirksamkeitsvoraussetzung ist; die Überschrift muss auch nicht mehr – wie früher – in deutsch vorhanden sein: s. Literaturverweis	
71.	Gesetzgebung	• nach Art. 86 EuInsVO haben die Mitgliedstaaten eine kurze Beschreibung ihres nationalen Rechts und ihrer Verfahren zum Insolvenzrecht der Öffentlichkeit zur Verfügung zu stellen • dies betrifft insbesondere Informationen zu den Aspekten nach Art. 7 Abs. 2 EuInsVO = Informationen zum nationalen Verfahrensablauf wie bspw. Umfang des Insolvenzbeschlages, zu den Befugnissen des Schuldners und des Verwalters, zur Forderungsanmeldung, zu den Voraussetzungen und den Wirkungen der Verfahrensbeendigung etc. • für diese Zusammenstellung der Informationen hatten die Mitgliedsstaaten nach Art. 92 a) Zeit bis zum 26.06.2016 • die Informationen sind jetzt über das Europäische Justizportal abrufbar	e-justice.europa.eu > Recht > EU-Recht > runterscollen: Zusammenfassung der EU-Gesetzgebung > rechts oben kann man die Sprache einstellen > danach: nach Sachgebieten sortiert und Auswahlmöglichkeit
72.	Insolvenzfähigkeit	• Art. 7 Abs. 2 Buchst. a) EuInsVO • Regelungen des jeweils zuständigen Mitgliedstaates entscheiden über die Insolvenzfähigkeit (Art. 7 Abs. 1 EuInsVO) • Regelungen hierzu in Deutschland in den §§ 11, 12 InsO • danach: Insolvenzeröffnung über das Vermögen einer natürlichen oder einer juristischen Person möglich • § 12 InsO regelt Ausschlüsse (wie bspw. Insolvenzverfahren über das Vermögen eines Landes)	
73.	Insolvenzregister	• Verlinkung der Insolvenzregister aller Mitgliedstaaten auf europäischer Ebene (in Deutschland: www.insolvenzbekanntmachungen.de) • Möglichkeit der Suche mithilfe einer mehrsprachigen Abfrageschnittstelle in allen vernetzten Registern • Regelung dazu in Art. 24 EuInsVO (= Einrichtung), Art. 25 EuInsVO (= Vernetzung), Art. 87 EuInsVO (= Einrichtung der Vernetzung) • nach Art. 92c EuInsVO (= Inkrafttreten des Art. 25 EuInsVO) gilt der verpflichtende Anschluss an diese zentrale Vernetzung ab 26.06.2019 • per Stand 5/2019 sind 8 Länder angeschlossen	Europäische Justizportal: e-justice.europa.eu > linke Seite: Register > Insolvenzregister
74.	Insolvenzgrund	• Art. 7 Abs. 1 EuInsVO • Verweis auf das Recht des jeweiligen Staates, in dem das Insolvenzverfahren eröffnet wird • Regelung der Insolvenzgründe in Deutschland in §§ 16 – 19 InsO • deutsche Insolvenzgründe: Zahlungsunfähigkeit, drohende Zahlungsunfähigkeit und Überschuldung	

75.	Konzerninsolvenzen (= Unternehmensgruppe)	• neues Kapitel V mit den Art. 56 – 77 EuInsVO zu Insolvenzverfahren über das Vermögen von Mitgliedern einer Unternehmensgruppe
		  – Abschnitt 1: Zusammenarbeit und Kommunikation (Art. 56 – 60)
		  – Abschnitt 2: Koordinierung (Art. 61 – 77)
		• siehe auch Erläuterungen in den Erwägungsgründen 51- 62 EuInsVO
		• erklärtes Ziel: Kommunikation, Koordination und Kooperation	

76.	Rechtsstreitigkeiten – Wirkung auf anhängige	• Art. 18 EuInsVO • Verweis auf das jeweils nationale Recht des Mitgliedsstaates, in dem der Rechtsstreit anhängig ist (lex fori processus) • in Deutschland werden Prozesse nach § 240 ZPO unterbrochen • außerhalb der EU: ebenfalls Unterbrechung gem. § 352 InsO	

Nr.	Thema	Checkliste Auslandsbezug: Erläuterung Europäische Insolvenzverordnung (EuInsVO)	Hilfsmittel
77.	Sicherungsmaßnahmen	• Art. 32 Abs. 1 Satz 4 EuInsVO • Anerkennung von – nach nationalem Recht – angeordneten Sicherungsmaßnahmen durch andere Mitgliedsstaaten	
78.	Zeitlicher Anwendungsbereich	• Art. 84 Abs. 1 Satz 1 EuInsVO • Inkrafttreten der EuInsVO am 26.06.2017 • anwendbar auf alle Insolvenzverfahren, die nach diesem Stichtag eröffnet wurden • entscheidend: Wirksamkeit des Eröffnungsbeschlusses, nicht der Tag der Insolvenzantragstellung	
79.	Durchführungsverordnung in Deutschland	• Gesetz zur Durchführung der Verordnung (EU) 2015/848 über Insolvenzverfahren vom 05.06.2017 (BGBl. 2017 Teil I, S. 1476 – Nr. 34 v. 09.06.2017) • u.a. gem. Art. 3: Einführung des § 102c EGInsO (= §§ 1 – 26) mit Regelungen zur Umsetzung der neuen EuInsVO • Inkrafttreten nach Art. 9 Abs. 1 DVO am 26.06.2017 • nach Albrecht (s. rechts): ein exaktes Drehbuch für den Bearbeiter von grenzüberschreitender Insolvenzverfahren	Albrecht, Die reformierte EuInsVO im Spiegel der Rechtsprechung des EuGH – Ein Überblick – Teil 2: InsbürO 2018, 14 ff. (Ziff. III)
80.	Überprüfungsklausel	• Art. 46 EuInsVO a.F. sah einen Bericht über die Anwendung der Verordnung bis zum 01.06.2012 vor • in Art. 90 EuInsVO n.F. ist diese damalige Regelung nunmehr umfassender geregelt: – bis zum 27.5.2027 einen Bericht über die Anwendung der EuInsVO, danach alle fünf Jahre – bis 27.6.2022 einen Bericht über die Anwendung des Gruppen-Koordinationsverfahrens – bis zum 1.1.2016 eine Studie über die grenzüberschreitenden Aspekte bei Haftung von Geschäftsleitern und ihres Ausschlusses von einer Tätigkeit – bis zum 27.6.2020 eine Studie zur Frage der Wahl des Gerichtsstands in missbräuchlicher Absicht	

Nr.	Thema	Checkliste Auslandsbezug: Erläuterung Gerichtsstand – Zuständigkeiten	Hilfsmittel
81.	Gerichtsstand bei Anfechtungsklagen außerhalb EU	• Zuständigkeit der Gerichte des Mitgliedstaates, in dem die Insolvenzeröffnung erfolgt, auch für Gegner mit Wohnsitz außerhalb der EU lt. Rechtsprechung EuGH	Zuständigkeit für eine Anfechtung: EuGH v. 16.1.2014 – Rs. C-328/12 in InsbürO 2014, 154, ZInsO 214, 192 Zuständigkeit für eine Anfechtung: BGH v. 27.3.2014 – IX ZR 2/12 (Rn. 7) in InsbürO 2014, 409, ZInsO 2014, 1176
82.	Gerichtsstand bei Anfechtungsklagen innerhalb EU	• eröffnetes Insolvenzverfahren in Deutschland und Anfechtungsansprüche gegen Anfechtungsgegner im Ausland: – Zuständigkeit der deutschen Gerichte nach BGH- und EuGH-Rechtsprechung • nationale Zuständigkeitsregelung soll die Abwicklung der Insolvenzverfahren fördern und die damit verbundene Durchsetzung von Ansprüchen erleichtern • anderenfalls: kosten- und zeitintensive Prozesse in unterschiedlichen Mitgliedstaaten der EU zu Lasten der Insolvenzmasse • wenn kein örtlicher Gerichtsstand vorhanden: Zuständigkeit des Prozessgerichtes am Sitz des Insolvenzgerichtes	Zuständigkeit für eine Anfechtung: EuGH v. 28.06.2018 – Rs. C-296/17, InsbürO 2018, 448, ZInsO 2018, 1614 ebenso schon früher: Zuständigkeit für eine Anfechtung: EuGH v. 12.2.2009 – C-339/07 in InsbürO 2010, 64, ZInsO 2009, 493

Nr.	Thema	Checkliste Auslandsbezug: Erläuterung Gerichtsstand – Zuständigkeiten	Hilfsmittel
			Zuständigkeit für eine Anfechtung: BGH v. 16.9.2015 – VIII ZR 17/15 in InsbürO 2016, 86, WKRS 2015, 27199 Checkliste Anfechtungsansprüche
83.	Gerichtsstand bei Zahlungsklagen gegen ausländische Käufer in der EU	• Ausgangslage: Kaufvertrag zwischen deutschem Insolvenzschuldner und holländischem Käufer • bei Streit über die Zahlungsverpflichtung wg. Aufrechnung und Anfechtung nach § 96 Abs. 1 Nr. 3 InsO sei nach BGH nicht Art. 3 Abs. 1 EuInsVO anwendbar, sondern die Bestimmungen der EuGVVO: Art. 25 EuGVVO (= Parteivereinbarung über Gerichtsstand) (Art. 23 Abs. 1 EuGVVO a.F.)	Bei Streit über eine Aufrechnung Anwendung EuGVVO: BGH v. 16.9.2015 – VII ZR 17/15 in WKRS 2015, 27199, InsbürO 2016, 86

Nr.	Thema	Checkliste Auslandsbezug: Erläuterung Literaturtipps	Hilfsmittel
84.	Albrecht	• Die reformierte EuInsVO im Spiegel der Rechtsprechung des EuGH – Ein Überblick – Teil 1: InsbürO 2018, 14 ff. und Teil 2: InsbürO 2018, 53 ff.	
85.	Koch	• Gedanken zum Brexit – Insolvenzanfechtung, dingliche Rechte Dritter und weitere besondere Sachverhalte (Art. 7 ff. EuInsVO n.F.) nach dem Brexit, ZInsO 2016, 1884 ff. (auch Gedanken zur Anwendung der Regelungen an sich)	
86.	Laroche	• Das neue Konzerninsolvenzrecht nach InsO und EuInsVO – Probleme und Fragen aus gerichtlicher Sicht, ZInsO 2017, 2585 ff.	
87.	Poertzgen	• Die Insolvenzantragspflicht (§ 15a InsO) bei (echten) Auslandsgesellschaften, ZInsO 2017, 1932 ff.	
88.	Swierczok	• Der neue Art. 102c EGInsO, ZInsO 2017, 1861 ff. (Art. 102c EGInsO = Umsetzung der neuen Regelungen der EuInsVO)	
89.	Thirase	• Die Europäische Insolvenzverordnung? Ein Überblick, InsbürO 2009, 141 ff. • Das dingliche Vermögen im europäischen Ausland und deren Verwertung i.S.d. EuInsVO, InsbürO 2009, 392 ff. (auch wenn sich der Beitrag auf die alte Fassung der EuInsVO bezieht, enthält er grundlegende interessante Erläuterungen zur EuInsVO)	
90.	Vallender	• Aktuelle und künftige neue Herausforderungen für Insolvenzrichter und –Rechtspfleger, ZInsO 2017, 2464 ff. (Ziffer I zur EuInsVO)	
91.	Würdinger	• Restschuldbefreiung im deutschen und europäischen Insolvenzrecht – Entwicklungen und Perspektiven, KTS 2017, 445 ff. (abrufbar über www.wolterskluwer-online.de)	

Nr.	Thema	Checkliste Auslandsbezug: Erläuterung Rechtsgrundlagen	Hilfsmittel
92.	AEUV	= Vertrag über die Arbeitsweise der Europäischen Union • Inkrafttreten am 01.12.2009 • einsehbar in ABl. EG Nr. C 115 vom 9.5.2008, S. 47 oder über rechts stehende Internetseite	www.aeuv.de
93.	AVAG	= Gesetz zur Ausführung zwischenstaatlicher Verträge und zur Durchführung von Verordnungen und Abkommen der Europäischen Gemeinschaft auf dem Gebiet der Anerkennung und Vollstreckung in Zivil- und Handelssachen	

Nr.	Thema	Checkliste Auslandsbezug: Erläuterung Rechtsgrundlagen	Hilfsmittel
94.	EGBGB	= Einführungsgesetz zum bürgerlichen Gesetzbuch (von Bedeutung im Zusammenhang mit der EuInsVO ist § 6 EGBGB, s. vorstehend »ordre public«)	
95.	EGInsO	= Einführungsgesetz zur Insolvenzordnung: (In Art. 102c EGInsO ist die Durchführung der neuen EuInsVO geregelt.)	
96.	EuGVVO	= Verordnung über die gerichtliche Zuständigkeit und Anerkennung und Vollstreckung von Entscheidungen in Zivil- und Handelssachen (genannt auch: Brüssel 1a-Verordnung) (EU 2015/281) (veröffentlicht in ABl. L 54 vom 25.2.2015) • Regelung der internationalen Zuständigkeit von Gerichten gegenüber Beklagten, die ihren Wohnsitz innerhalb der EU haben • Regelung über die Anerkennung und Vollstreckung von Entscheidungen in Zivil- und Handelssachen aus anderen Mitgliedstaaten • vollstreckbare Entscheidung ist in jedem Mitgliedstaat vollstreckbar, ohne dass es einer Vollstreckbarkeitserklärung bedarf (Art. 39 EuGVVO) • keine Anwendung gem. Art. 1 Abs. 2 Buchst. b) EuGVVO auf Konkurse oder ähnliche Verfahren bezüglich der Verfahrensabwicklung an sich, aber bei zivil- und handelsrechtlichen Ansprüchen ohne spezifischen insolvenzrechtlichen Anwendungsgrund greift EuGVVO nach Art. 6 Abs. 2 EuInsVO • siehe auch Erwägungsgründe 6 und 7 zur EuInsVO: dort Regelungen, dass EuGVVO und EuInsVO nebeneinander durch klare Zuständigkeiten angewendet werden • Beispiel: EuGVVO anwendbar, wenn EuInsVO nicht greift, z.B. wenn keine Auflistung im Anhang I zur EuInsVO erfolgt ist (s. Erwägungsgrund 9) und Literaturtipp (= Erläuterung für Großbritannien)	Maßstäbe zur Abgrenzung von EuGVVO und EuInsVO: BGH, v. 8.5.2014 – IX ZB 35/12 in ZInsO 2014, 1115 Albrecht, Die reformierte EuInsVO im Spiegel der Rechtsprechung des EuGH – Ein Überblick –Teil 1 in InsbürO 2018, 14 ff. (Ziff. II 1e)
97.	EuInsVO – (EU) 2015/848	= Europäische Insolvenzverordnung (Inkrafttreten: 26.06.2017): • Rechtliche Regelungen für grenzüberschreitende Insolvenzverfahren innerhalb der EU – mit Ausnahme von Dänemark. • Geltung u.a. für Verbraucher- und Unternehmensinsolvenzen • Anwendung als Sekundärrecht gem. § 288 Abs. 2 AEUV: sie ist verbindlich und in allen Mitgliedstaaten anzuwenden	
98.	InsO	= Insolvenzordnung: Anwendung auf insolvenzrechtliche Sachverhalte innerhalb Deutschlands	
99.	Internationales Insolvenzrecht	• §§ 335 – 359 InsO (20.03.2003): – Regelungen für grenzüberschreitende Insolvenzverfahren außerhalb der EU – mit Ausnahme von Dänemark -, demnach das deutsche internationale Insolvenzrecht – Geltung neben der EuInsVO	

Nr.	Thema	Checkliste Auslandsbezug: Erläuterung Verfahrensarten – Hauptinsolvenzverfahren (Art. 3 Abs. 1 EuInsVO)	Hilfsmittel
100.	Ort	• Eröffnung eines Hauptinsolvenzverfahrens in dem Mitgliedstaat, in dessen Hoheitsgebiet der Schuldner den Mittelpunkt seiner hauptsächlichen Interessen hat (= COMI) • genaue Definition »Mittelpunkt der hauptsächlichen Interessen«: neu und umfassend in Art. 3 Abs. 1 EuInsVO: s. vorstehend »EuInsVO – Anwendungsbereich – räumlich«	
101.	Voraussetzung	• Vermögen auf dem Gebiet von mindestens zwei Mitgliedstaaten = grenzüberschreitender Insolvenzbezug (s. Erwägungsgründe 1 und 3)	
102.	Wirkung	• mit Eröffnung: Beschlagnahme sämtlichen Vermögens, egal wo sich dieses befindet • Geltung des Universalitätsprinzip • nur ein Hauptinsolvenzverfahren möglich: Anerkennung dieses ersten eröffneten Verfahrens durch andere Mitgliedstaaten (Art. 19 Abs. 1 EuInsVO)	

Nr.	Thema	Checkliste Auslandsbezug: Erläuterung Verfahrensarten – **Partikularverfahren** Art. 3, Abs. 2, 3 EuInsVO § 354 InsO (für internationales Insolvenzrecht)	Hilfsmittel
103.	Antragsberechtigung	• gem. Art. 3 Abs. 4 Buchst. b) i) EuInsVO jeder Gläubiger, dessen Forderung sich aus dem Betrieb einer Niederlassung ergibt oder damit im Zusammenhang steht, die sich im Hoheitsgebiet des Mitgliedstaats befindet, in dem die Eröffnung beantragt wird • gem. Art. 3 Abs. 4 Buchst. b) ii) EuInsVO eine Behörde, die nach dem Recht des Mitgliedstaates, in dessen Hoheitsgebiet sich die Niederlassung befindet, das Recht hat, die Eröffnung des Insolvenzverfahrens zu beantragen.	
104.	Definition	• isoliertes Verfahren, das sich lediglich auf die Insolvenz einer Niederlassung und das befindliche Vermögen im Mitgliedstaat dieser Niederlassung erstreckt • Niederlassung gem. Art. 2 Nr. 10 EuInsVO = Tätigkeitsort, an dem der Schuldner einer wirtschaftlichen Aktivität von nicht vorübergehender Art nachgeht oder in den drei Monaten vor dem Antrag auf Eröffnung des Hauptinsolvenzverfahrens nachgegangen ist, die den Einsatz von Personal und Vermögenswerten voraussetzt	
105.	Ort	• Mitgliedstaat, in dem eine Niederlassung i.S.v. Art. 2 Nr. 10 EuInsVO betrieben wird (s. vorstehend)	
106.	Umwandlung	• Eröffnung eines Hauptinsolvenzverfahrens in einem anderen Mitgliedstaat nach Eröffnung eines Partikularinsolvenzverfahrens: • dann Umwandlung des Partikularverfahrens in ein Sekundärinsolvenzverfahren bzw. Behandlung wie ein solches (Art. 3 letzter Satz) • daher: Beachtung der Vorschriften für Sekundärinsolvenzverfahren: Art. 34 – 52 EuInsVO	
107.	Voraussetzung	• keine Eröffnung eines Hauptinsolvenzverfahrens in einem anderen Mitgliedstaat, ansonsten: Eröffnung Sekundärinsolvenzverfahren (Art. 3 Abs. 3 EuInsVO) • keine Möglichkeit der Eröffnung eines Hauptinsolvenzverfahrens in dem Mitgliedstaat, in dem der COMI liegt (Art. 3 Abs. 4 EuInsVO) • Antrag eines Gläubigers oder einer Behörde auf Insolvenzeröffnung (Art. 3 Abs. 4 b) EuInsVO)	
108.	Zusammenarbeit der Verwalter	• Eröffnung Hauptverfahren nach Partikularverfahren und Umwandlung in Sekundärinsolvenzverfahren, dann gelten die Art. 41, 45, 46, 47 und 49 EuInsVO (Art. 50 EuInsVO): – Art. 41: Zusammenarbeit und Kommunikation der Verwalter – Art. 45: Ausübung von Gläubigerrechten – Art. 46: Aussetzung der Verwertung der Masse – Art. 47: Recht des Verwalters, Sanierungspläne vorzuschlagen – Art. 49: Überschuss im Sekundärinsolvenzverfahren	

Nr.	Thema	Checkliste Auslandsbezug: Erläuterung Verfahrensarten – **Sekundärinsolvenzverfahren** (Art. 34 – 52 EuInsVO) §§ 356 ff. InsO (internationales Insolvenzrecht)	Hilfsmittel
109.	Antragsberechtigung	• gem. Art. 37 EuInsVO nur der Verwalter des Hauptinsolvenzverfahrens und jede andere Person oder Behörde, die nach dem Recht des Mitgliedstaats, in dessen Hoheitsgebiet die Eröffnung des Sekundärinsolvenzverfahrens beantragt wird, dazu befugt ist	
110.	Definition	• Sekundärinsolvenzverfahren verläuft parallel zu einem Hauptinsolvenzverfahren (Art. 34 ff. EuInsVO) • Beschränkung – ebenso wie das Partikularinsolvenzverfahren – auf inländisches Vermögen im Mitgliedstaat, in dem dieses beantragt wird (Art. 34 letzter Satz)	

Nr.	Thema	Checkliste Auslandsbezug: Erläuterung Verfahrensarten – **Sekundärinsolvenzverfahren** (Art. 34 – 52 EuInsVO) §§ 356 ff. InsO (internationales Insolvenzrecht)	Hilfsmittel
111.	Forderungsanmeldung	• Gläubiger können ihre Forderungen sowohl im Sekundärinsolvenzverfahren als auch gleichzeitig im Hauptinsolvenzverfahren anmelden (Art. 45 Abs. 1 EuInsVO) • Verwalter des jeweiligen Verfahrens können die Gesamtforderungen des einen Verfahrens in dem anderen Verfahren anmelden (Art. 45 Abs. 2 EuInsVO)	
112.	Voraussetzung	• COMI innerhalb der EU • Niederlassung ist in dem Mitgliedsstaat der beabsichtigten Verfahrenseröffnung vorhanden (Art. 3 Abs. 3 EuInsVO) • gem. Art. 34 Satz 2 EuInsVO keine erneute Prüfung, ob ein Insolvenzgrund vorliegt • durch das Hauptinsolvenzverfahren wird die Insolvenz des Schuldners angenommen • für die weiteren Eröffnungsvoraussetzungen gilt nach Art. 4, 35 EuInsVO das nationale Recht des Staates, in dem das Sekundärinsolvenzverfahren eröffnet werden soll	Voraussetzung der Eröffnung: Niederlassung vorhanden: BGH v. 8.03.2012 – IX ZB 178/11 in InsbürO 2012, 324, ZInsO 2012, 699
113.	Zusicherungen	• nach Erwägungsgründen 41, 42 kann ein Sekundärinsolvenzverfahren vermieden werden, wenn der Insolvenzverwalter des Hauptverfahrens schriftliche Zusicherungen an die lokalen Gläubiger erteilt • siehe Regelungen Art. 37, 38 EuInsVO	

Nr.	Thema	Checkliste Auslandsbezug: Erläuterung Weitere Informationen	Hilfsmittel
114.	GOI	• Grundsatz 69: Verfahrensannahme nur bei ausreichenden Kenntnissen des internationalen Insolvenzrechtes und bei entsprechenden Sprachkenntnissen, bei grenzüberschreitenden Insolvenzverfahren: Sicherstellung eines Netzwerkes für Prüfung und Erarbeitung von Lösungen für rechtliche Problemstellungen in fremden Jurisdiktionen • *(Die Autoren danken dem VID für die freundliche Zustimmung zur Veröffentlichung von Hinweisen auf die GOIs)*	VID = Verband Insolvenzverwalter Deutschlands e.V. www.vid.de
115.	Ltd. = Private Limited Company	• Erläuterung der gesellschaftsrechtlichen und insolvenzrechtlichen Besonderheiten in gesonderter Checkliste	Checkliste Limited Muster 266 (Limited): Gutachten Limited
116.	Rechtsprechung	• im Europäischen Justizportal gibt es eine Datenbank über die Rechtsprechung des Europäischen Gerichtshofes (EuGH) • dort gibt es Suchfelder, in die man Stichworte, wie bspw. Comi, aber natürlich auch das schon bekannte Aktenzeichen eingeben kann: s. rechts	Datenbank: e-justice.europa.eu > linke Seite oben: Rechtsprechung > EU-Rechtsprechung > Datenbank EUR-Lex > Suche in der EU-Rechtsprechung
117.	Suchportal für Anwälte	• Suchportal auf dem Europäischen Justizportal: »Find-a-lawyer«	e-justice.europa.eu > deutsch > in der linken Auflistung ca. mittig »Wie finde ich …?" > Anwalt, Notar, Dolmetscher, Mediator
118.	Unternehmensregister	• über das europäische Justizportal kann man Einblick in alle Register der europäischen Mitgliedstaaten nehmen, sie sind seit Juni 2017 verknüpft • man kann über dieses Register Auskünfte über alle Unternehmen innerhalb der EU einholen	e-justice.europa.eu > deutsch > in der linken Auflistung ca. mittig »Register« > Unternehmensregister
119.	Verbraucherinsolvenzverfahren	• Auslandsbezug in diesen Verfahren ist ein Ausnahmefall • wenn Voraussetzungen vorliegen: Anwendung der EuInsVO auch in diesen Verfahren • denkbar insbesondere bei Grundstücken im Ausland • bei Einkommen im Ausland: siehe oben	

Checkliste 8: Ausschüttung – Vorbereitung durch Sachbearbeiter

Massebestand lt. Schlussbericht: ________________EUR 15

16

Einnahmenseite:	Ja	Nein
evtl. **weitere Konten** aufgelöst?		
nicht liquidiertes Vermögen lt. Schlussbericht:	Folgendes:	
Verwertung des im Schlussbericht genannten nicht liquidierten Vermögens?		Grund:
weitere Massezuflüsse lt. Schlussbericht realisiert – außer Zinsen?		Grund:
weitere sonstige Massezuflüsse – ungeplant – (außer Zinsen) realisiert?	Grund:	
Massezugehörigkeit der weiteren Einnahmen		Grund:
Ausgabenseite:	**Ja**	**Nein**
Rückstellungen lt. Schlussbericht für:		
Rückstellungen genutzt (= Zahlung erfolgt) oder **erledigt** (= wurde nicht gebraucht)?	Grund:	Bei Nein: Sachbearbeiter klären!
Weitere Masseverbindlichkeiten <u>gezahlt</u> ohne Rückstellung?	Grund:	
Masseverbindlichkeiten <u>offen</u> ohne Nennung im Schlussbericht? (bspw. Steuern oder Steuerberatungskosten?)	Grund:	
Anwaltsgebühren offen? (Aktenkonto prüfen)		
Gerichtskosten gezahlt?		
Weitere Gerichtskosten aufgrund **weiterer Einnahmen?** (weitere Abrechnung anfordern?)		
Weiterer Vergütungsanspruch für Verwalter? (Ergänzender Vergütungsantrag?)		
Kostenvorschuss gezahlt?		
Kostenvorschuss an Einzahler **erstattet?**		
Arbeitnehmerforderungen? (bei »JA« Abführung von Lohnsteuer)		
Nachtragsverteilung beantragt für:		
Rückstellung für RSB-Phase erforderlich?	Betrag:	

Verteilung vornehmen gem. Regelung *(bitte zwei Möglichkeiten streichen):*
- Normal: § 53 InsO
- Masselosigkeit gem. § 207 InsO
- Masseunzulänglichkeit gem. § 209 InsO

____________________ ____________________

Ort, Datum Unterschrift

Checkliste 9: Ausschüttungsbericht

Für den Ausschüttungsbericht findet man in der InsO keine gesonderte rechtliche Grundlage. In § 66 Abs. 1 InsO ist allgemein geregelt, dass der Insolvenzverwalter Rechnung zu legen hat. Diese Regelung umfasst die Erstellung der Schlussrechnung und des Schlussberichtes. Auch der Ausschüttungsbericht fällt unter diese Vorschrift. Mit diesem erfolgt der Nachweis über die korrekte Verteilung des vorhandenen Massebestandes. Er erleichtert dem Rechtspfleger die Prüfungsarbeit. Dem Grunde nach wäre es aber auch möglich, nur die Kontoauszüge zu übersenden. Dann würde jedoch die Möglichkeit fehlen, auf bestimmte Sachverhalte hinweisen zu können, z. B. Rangfolge der Verteilung, Rückstellungen, Rückbuchungen etc. 17

(Die nachfolgende Übersicht ist nach gängigen Überlegungen und Arbeitsschritten sortiert.)

18

Nr.	Thema	Checkliste Ausschüttungsbericht: Erläuterung	Hilfsmittel
1.	Aufbau des Berichtes	• Berichtszeitraum: Zeitpunkt der Schlussrechnung gem. § 66 Abs. 1 InsO bis zur tatsächlichen Ausschüttung • Kontostand bei Einreichung des Schlussberichtes • Angaben zu offenen Positionen laut Schlussbericht (nicht liquidiertes Vermögen/Rückstellungen: s. nachfolgend) • Darstellung der weiteren Einnahmen nach Einreichung des Schlussberichtes (z. B. Vorsteuererstattung, Zinsen u.ä.) • Angaben zur Berücksichtigung bes. Gläubiger (bestrittene Titel, aufschiebend bedingte Gläubiger etc.) • Sortierung der Auszahlungen je nach Gläubigergruppe (§§ 55, 54, 38 InsO) (s. nachfolgend: Rangfolge) • Kontostand sollte Null sein • Angaben zur möglichen Nachtragsverteilung: s. nachfolgend	Muster 39: »Ausschüttungsbericht § 53 InsO«
2.	Frist zur Vorlage bei Gericht	• im Protokoll über den Schlusstermin ist i.d.R. eine Frist zur Vorlage des Ausschüttungsberichtes enthalten • entsprechende Frist müsste bei Eingang des Protokolls notiert worden sein • ggf. Kontrolle dieser Frist bei Erstellung des Entwurfes des Ausschüttungsberichtes • Achtung: für die Versendung des Berichtes muss die Ausschüttung erfolgt sein, wofür man i.d.R. mindestens zwei Wochen einplanen muss	Checkliste Beendigung des Verfahrens Insolvenzsoftware
3.	Vorbereitung der Ausschüttung	• für die Vorbereitung einer Ausschüttung sind einzelne Sachverhalte zu prüfen • Kenntnis dazu hat i.d.R. der Verfahrenssachbearbeiter • je nach Büroorganisation: Nutzung einer gesonderten Checkliste »Vorbereitung« = Dokumentation der Prüfung durch den Sachbearbeiter • darin: Abfrage von Daten u. Sachverhalten, die für die Fertigung des Entwurfs benötigt werden • oder direkte Erstellung eines Entwurfes durch die Schlussrechnungsabteilung	Checkliste »Ausschüttung – Vorbereitung d. Sachbearbeiter«
4.	Entwurf erstellen	• ggf. Infoblatt vom Sachbearbeiter anfordern (je nach Büroorganisation) • am Tag der Verteilung des Massebestandes: Entwurf des Ausschüttungsberichtes fertigen • das sich daraus ergebende Guthaben muss dem Kontostand entsprechen • Entwurf dient der Selbstkontrolle, ob korrekt gerechnet wurde • darüber hinaus: Selbstkontrolle, ob an alles gedacht wurde: Rangfolge, richtige Gläubigergruppen etc. • s. in den Plan zur Schlussrechnung im Schlussbericht: Was soll an wen ausgeschüttet werden? • Haben sich nach der Schlussrechnungslegung noch neue Sachverhalte ergeben? • wegen weitere Einzelheiten: s. nachfolgend	Checkliste »Ausschüttung – Vorbereitung d. Sachbearbeiter«
5.	Rangfolge	• Die Verteilung des Massebestandes erfolgt nach einer bestimmten Rangfolge je nach Sachverhalt: – »normale« Verteilung: § 53 InsO – Masselosigkeit: § 207 InsO – Masseunzulänglichkeit: § 209 InsO • diese Rangfolge muss sich im Ausschüttungsbericht wiederfinden	Checkliste Verteilung Muster 39 – 42: Ausschüttungsberichte für versch. Varianten
6.	Rückstellungen	• ggf. in Schlussrechnung: Rückstellung für noch offene Verbindlichkeiten • Erläuterung, was damit passiert ist • Rückstellung wurde benötigt: Zahlung erfolgt? • Rückstellung wurde nicht benötigt: Geld stand zur Verteilung an die Insolvenzgläubiger zur Verfügung?	Muster 39: »Ausschüttungsbericht § 53 InsO«

Nr.	Thema	Checkliste Ausschüttungsbericht: Erläuterung	Hilfsmittel
7.	Simulation Kontoauflösung	• für die Ermittlung des zur Verteilung verfügbaren Betrages ist von Bedeutung: – Welche Zinsen werden dem Treuhandkonto noch am Ende der Abrechnungsperiode (Monat, Quartal) gutgeschrieben? – Welche Kontoführungsgebühren werden dem Konto noch belastet? • Anfrage an Bank wg. Simulation der Kontoauflösung am Tag X	Muster 344 (Treuhandkonto): »Kontoauflösung – Simulation – E-Mail-Anfrage«
8.	Masselosigkeit	• bei einer Masselosigkeit wird der vorhandene Massebestand lediglich quotal auf die Verfahrenskosten (§ 54 InsO) verteilt • Darstellung dieser quotalen Verteilung im Ausschüttungsbericht	Muster 41: »Ausschüttungsbericht Masselosigkeit«
9.	Masseunzulänglichkeit	• bei einer Masseunzulänglichkeit werden erst die Massekosten (§ 54 InsO) und dann quotal die Masseverbindlichkeiten (§ 55 InsO) bezahlt • Darstellung dieser quotalen Verteilung im Ausschüttungsbericht	Muster 42: »Ausschüttungsbericht Masseunzulänglichkeit«
10.	Nicht liquidiertes Vermögen?	• ggf. im Schlussbericht: Auflistung von nicht liquidierten Vermögenswerten • Gläubigerversammlung entscheidet hierüber gem. § 197 Abs. 1 Nr. 3 InsO • im Ausschüttungsbericht abschließend erläutern: Was ist damit passiert?	Muster 39: »Ausschüttungsbericht § 53 InsO«
11.	Auszahlungen	• nach Fertigung eines Entwurfs und damit erfolgter Selbstkontrolle: Verteilung des Massebestandes vornehmen • Auszahlung über Insolvenzsoftware	Insolvenzsoftware
12.	Nullkontostellung	• das Treuhandkonto sollte/muss einen Nullkontostand aufweisen • dies kann ggf. schwierig werden, wenn sich eine RSB-Phase anschließt und regelmäßig pfändbare Einkommensanteile eingehen • dann einfach im Ausschüttungsbericht erläutern • wenn geringfügige Beträge zurück gebucht werden, für die keine Hinterlegung Sinn macht: ggf. mit dem Insolvenzgericht die Möglichkeit einer Spende klären: von den Hinterlegungsstellen und Gerichten unterschiedlich gehandhabt: s. nachfolgend »Hinterlegung«	
13.	Hinterlegung	• regelmäßige Problematik bei der Verteilung: Gläubiger sind nicht mehr auffindbar • ggf. Quotenbetrag hinterlegen: s. gesonderte Checkliste Verteilung • Problematik: Hinterlegungsstellen fordern häufig vorherige Ermittlungen, die Geld kosten und den Quotenbetrag übersteigen (z. B. für Gewerbemeldeamtsanfrage) • nähere Darstellung der Problematik im Literaturtipp • unterschiedliche Handhabung bei den Gerichten abklären	Checkliste Verteilung Stiller/Schmidt, Hinterlegung von Quotenzahlungen des Insolvenzverwalters bei unbekanntem Aufenthalt des Insolvenzgläubigers, InsbürO 2011, 413 Lauck, Hinterlegung einer Quotenauszahlung, InsbürO 2012, 425
14.	Nullquote	• Bestätigung ggü. dem Insolvenzgericht, dass kein Geld vorhanden ist oder • ggf. geringer Massebestand an die Staatskasse überwiesen wurde	Muster 45: »Kurzmitteilung – fehlende Einnahmen« Muster 44: »Kurzmitteilung (bei Kostenstundung) – geringe Einnahmen«
15.	Fertigstellung des Berichtes	• Auszahlung erfolgt? • Liegt Nullkontostellung vor? • dann Entwurf des Ausschüttungsberichtes vervollständigen und versenden • ggf.: Angabe zum Verwendungszweck eines etwaigen Restguthabens (z. B. Spende)	

Nr.	Thema	Checkliste Ausschüttungsbericht: Erläuterung	Hilfsmittel
16.	Original-Kontoauszüge	• Einreichung der Kontoauszüge seit dem Stichtag in der Schlussrechnung • Prüfung der Belege auf Vollständigkeit und richtige Sortierung • Beleg für Auszahlung an die Insolvenzgläubiger: Verteilungsverzeichnis und Banksammelliste (= Nachweis, auf welche Konten der Gläubiger gezahlt wurde) • Kontoauszüge = Nachweis der Aufgabenerfüllung als Insolvenzverwalter • Archivierungspflicht des Insolvenzverwalters • Rücksendung daher überwachen und Wiedervorlage notieren: s. nachfolgend	Wiedervorlagenkalender Insolvenzsoftware
17.	Verfahrensbeendigung	• Beendigung des Amtes als Insolvenzverwalter erst mit Aufhebungs- und Einstellungsbeschluss • Aufhebung gem. § 200 bei »normaler Verteilung« • Einstellung gem. § 207 InsO bei Masselosigkeit • Einstellung gem. § 211 InsO bei Masseunzulänglichkeit • Überwachung des Einganges eines solchen Beschlusses	Wiedervorlagenkalender
18.	Wiedervorlagen	• Wiedervorlage notieren: **fünf Tage nach Vornahme der Auszahlung:** Ausschüttungsbericht versenden • Wiedervorlage notieren: **sechs Wochen nach Einreichung Ausschüttungsbericht**: Aufhebungs- oder Einstellungsbeschluss da? • Wiedervorlage notieren: **sechs Wochen nach Einreichung Ausschüttungsbericht**: Original-Kontoauszüge zurück?	Wiedervorlagenkalender
19.	Verbraucherinsolvenzverfahren	• es gibt keine Besonderheiten • häufig keine Verteilung an Insolvenzgläubiger • daher oft: nur Kurzmitteilungen an das Insolvenzgericht	Muster 45: »Kurzmitteilung – fehlende Einnahmen«

Checkliste 10: Aussonderungsrechte

19 Unter einem Aussonderungsrecht versteht man das Recht eines Gläubigers, einen Gegenstand aussondern zu lassen, weil dieser im Eigentum des Gläubigers steht (§ 985 BGB). Das bedeutet, dass der Gegenstand, an dem der Gläubiger ein Aussonderungsrecht geltend macht, nicht zur Insolvenzmasse gehört (§ 35 InsO) und damit vom Insolvenzverwalter auch nicht verwertet werden darf. Mit Aussonderungsrechten belastete Gegenstände müssen an den jeweiligen Gläubiger herausgegeben werden, soweit das Recht nachgewiesen und tatsächlich wirksam ist. Bis zu einem solchen Nachweis gilt die Eigentumsvermutung des Besitzers gem. § 1006 BGB.

(Die nachfolgende Übersicht ist nach gängigen Arbeitsschritten sortiert.)

20

Nr.	Thema	Checkliste Aussonderungsrechte: Erläuterung	Hilfsmittel
1.	Gesetzliche Grundlagen	• Regelungen zu Aussonderungsrechten finden sich in den §§ 47, 48 InsO sowie im BGB	
2.	Beispiel: Eigentumsvorbehalt	• Lieferung von Filtermaterial an Produktionsfirma zur Herstellung von Filtern unter Eigentumsvorbehalt (= EV) • EV = Filtermaterial bleibt solange im Eigentum des Lieferanten, bis Rechnung vollständig bezahlt ist • Lieferant kann Rückgabe des nicht bezahlten Filtermaterials im Insolvenzfalle verlangen	
3.	Beispiel: Leasing	• Erwerb eines Firmenfahrzeuges auf Basis eines Leasingvertrages • Nutzung durch insolvente Firma z.B. drei Jahre lang gegen Zahlung der Leasingraten • Eigentum bleibt bei der Leasinggesellschaft • Firma ist lediglich Leasingnehmer und Fahrzeughalter • bei Ablauf des Leasingvertrages: Möglichkeit des Kaufes • im Insolvenzfalle: Herausgabeanspruch der Leasinggesellschaft	Wipperfürth, Aussonderung/ Leasing, InsbürO 2017, 25 ff.

Nr.	Thema	Checkliste Aussonderungsrechte: Erläuterung	Hilfsmittel
4.	Beispiel: Leihe	• Leihe eines Containers zur Müllentsorgung bei Umbauarbeiten • vor Abschluss der Umbauarbeiten: Eintritt der Insolvenz des Entleihers • Herausgabeanspruch des Eigentümers des Containers/des Verleihers	
5.	Beispiel: Miete	• Anmietung einer Maschine zur Herstellung von Produkten für die Laufzeit von vier Jahren • Kaufoption am Ende der Laufzeit vertraglich vereinbart • vor Ablauf der vier Jahre: Eintritt der Insolvenz beim Mieter • Herausgabeanspruch des Vermieters, wenn Insolvenzverwalter nicht die Erfüllung des Vertrages wählt (§ 103 InsO)	
6.	Aufforderung an Gläubiger	• im Eröffnungsbeschluss werden Gläubiger zur Geltendmachung eines möglichen Aussonderungsanspruches aufgefordert (§ 28 Abs. 2 InsO) • weitere Aufforderung im Anschreiben an alle Gläubiger inkl. Merkblatt durch den Insolvenzverwalter wg. Forderungsanmeldung zur Insolvenztabelle • fehlt eine Geltendmachung durch Gläubiger: nochmalige gesonderte Aufforderung vornehmen • bei Kenntnis von Fremdeigentum: Beachtung dieses Eigentumsrechtes durch den Insolvenzverwalter	Muster 250 (Insolvenztabelle): »Gläubigeraufforderung zur Anmeldung«
7.	Nachweis des Eigentumsverhältnisses	• Nachweise über Eigentum an exakt bezeichnetem Gegenstand vorlegen lassen • Nachweise dem Insolvenzverwalter zur Prüfung übergeben • bei Eigentumsvorbehaltsware: Infoblatt an Gläubiger versenden	Muster 47: Eigentumsvorbehalt – Merkblatt für Gläubiger Muster 48: Eigentumsvorbehalt – Übersendung Merkblatt
8.	Durchsicht der Unterlagen	• schuldnerische Unterlagen nach Aussonderungsrechten durchsehen oder Übersicht Vertragsverhältnisse vom schuldnerischen Unternehmen anfordern • bei einer Inventur werden Aussonderungsrechte auch gesondert vermerkt • Daten dann entsprechend erfassen: s. nachfolgend	Checkliste Vertragsverhältnisse Muster 377 (Vertragsverhältnisse): »Vertragsverhältnisse – Übersicht«
9.	Datenerfassung	• ermittelte Daten in die EDV eintragen • wichtig für die Gutachtenerstellung: kein Erlös für Kostendeckung (§ 26 InsO) • wichtig für das Gläubigerverzeichnis (§ 152 InsO): Gesetz sieht Angabe vor • wichtig für den Schlussbericht: Erläuterung, welche Aussonderungsrechte geltend gemacht und befriedigt wurden	Insolvenzsoftware Muster 55: »Übersicht Aus- u. Absonderungsrechte – Tabelle«
10.	Archivierung	• Unterlagen zu Aussonderungsrechten geordnet archivieren • gesonderte Rubrik im Ordner »Inventar« anlegen • Trennkarten für jedes Aussonderungsrecht mit Gegenstand u. Namen des Aussonderungsgläubiger beschriften	Muster 210 (Inhaltsverzeichnis): »Inhaltsverzeichnis jur. Pers.«
11.	Sicherstellung	• Ist der Gegenstand im Besitz des Insolvenzverwalters? – dann Info an den Gläubiger über die Sicherstellung • Ist der Gegenstand nicht im Besitz des Insolvenzverwalters? – Stellungnahme vom Geschäftsführer bzw. Schuldner einholen – dann ggf. noch Sicherstellung und Info an den Gläubiger – ggf. aber auch Info an den Gläubiger über den Verlust des Gegenstandes	Muster 54: »Info an Aussonderungsgläubiger – Gegenstand vorhanden« Muster 53: »Info an Aussonderungsgläubiger – Fehlen Gegenstand«
12.	Herausgabe – Zeitpunkt	• unterschiedliche Zeitpunkte der möglichen Herausgabe: • Aufforderung zur Erklärung der Vertragserfüllung gem. § 103 Abs. 2 Satz 2 InsO durch den Gläubiger nach Insolvenzeröffnung: bei Ablehnung dann auch Herausgabe • bei Eigentumsvorbehaltsware: Erklärung gem. § 103 Abs. 2 Satz 2 InsO nach der ersten Gläubigerversammlung bei Aufforderung durch den Gläubiger	Checkliste vorläufige Verwaltung Sperrwirkung für Gesellschafter und verbundene Unternehmen: BGH, Urt. v. 29.1.2015 – IX ZR 279/13 (Rn. 54, 55), InsbürO 2015, 366 = BGHZ 204, 83 = ZInsO 2015, 559

Nr.	Thema	Checkliste Aussonderungsrechte: Erläuterung	Hilfsmittel
		• bei drohendem Wertverlust: vorherige Herausgabe (z. B. bei Lebensmitteln, Saisongegenständen) (§ 107 Abs. 2 Satz 2 InsO) • während vorläufiger Verwaltung: s. nachfolgend • bei überlassener Nutzung durch Gesellschafter: Sperrwirkung für ein Jahr gem. § 135 Abs. 3 InsO = kein Aussonderungsrecht für diese Zeit, aber Ausgleichsanspruch nach § 135 Abs. 3 Satz 2 InsO = Berechnungsgrundlage ist die durchschnittliche Vergütung aus dem letzten Jahr vor Insolvenzeröffnung: s. nachfolgend auch »Nutzungsentschädigung«	
13.	Herausgabe – vorläufige Verwaltung	• frühere BGH-Rechtsprechung vor Schaffung § 21 Abs. 2 Satz 1 Nr. 5 InsO: Klärung fremder Rechte im eröffneten Verfahren • nunmehr: Klärung während der vorläufigen Verwaltung, wenn Gegenstand betriebsnotwendig und »möglichst schonende« Gestaltung für beide Vertragspartner • ggf. Anordnung gem. § 21 Abs. 2 Satz 1 Nr. 5 InsO: Gegenstand ist betriebsnotwendig = dann keine Herausgabe vor Eröffnung • Anordnung erfordert eine individualisierbare Anordnung: daher Begründung erforderlich • pauschale Anordnungen sind unzulässig: s. Rechtsprechung • grundsätzlich gilt: Verwalter hat Aufgabe der Sicherung, nicht der aktiven Herausgabe (BGH – IX ZR 7/09 in Rn. 44)	»schonende« Klärung Fremdrechte: BGH v. 21.1.2010 – IX ZR 65/09 (Rn. 39) in InsbürO 2010, 231, ZInsO 2010, 714 Individualisierende Anordnung: BGH v. 03.12.2009 – IX ZR 7/09 in ZInsO 2010, 607 WKRS 2009, 29127 Muster 397 – 398 (vorl. Verwaltung): »Antrag auf Anordnung vorl. Verwaltung: darin Passus wg. § 21 Abs. 2 Satz 1 Nr. 5 InsO« Muster 14 (Absonderung): »Einziehungs- und Verwertungsstopp – Info an Gläubiger«
14.	Nutzungsausfallentschädigung	• bei Anordnung gem. § 21 Abs. 2 Satz 1 Nr. 5 InsO besteht ein Anspruch auf Nutzungsausfallentschädigung zugunsten des Vertragspartners erst nach Ablauf von drei Monaten nach der Anordnung • auch kein Entschädigungsanspruch gem. § 546a BGB (= Entschädigung bei verspäteter Rückgabe): s. Rechtsprechung • allerdings: ggf. Anspruch bei Wertverlust: s. nachfolgend • beide Ansprüche (Nutzungsausfallentschädigung und Wertverlust) sind – sofern sie anfallen – Masseverbindlichkeit • bei Überlassung durch Gesellschafter: Höhe des Ausgleichsanspruches bestimmt sich nach dem im letzten Jahr tatsächlich vom Schuldner Geleisteten (s. Rechtsprechung)	Nutzungsausfallentschädigung: BGH v. 03.12.2009 – IX ZR 7/09 in ZInsO 2010, 607 WKRS 2009, 29127 (Rn. 28 ff.) Bestätigung: BVerfG v. 22.3.2012 – 1 BvR 3169/11 in InsbürO 2013, 112, ZInsO 2012, 1220 Masseverbindlichkeit: BGH v. 8.3.2012 – IX ZR 78/11 (Rn. 24 ff.) in InsbürO 2012, 323, ZInsO 2012, 701 Zum Ausgleichsanspruch eines Gesellschafters: BGH v. 29.1.2015 – IX ZR 279/13 (Rn. 55), InsbürO 2015, 366 = BGHZ 204, 83 = ZInsO 2015, 559
15.	Wertverlust	• während der Anordnung gem. § 21 Abs. 1 Satz 1 Nr. 5 InsO durch Nutzung der Gegenstände: Wertverlust oder Beschädigung? • Wenn ja: Entschädigungsanspruch zugunsten des Vertragspartners ist Masseverbindlichkeit • zur Beweisentlastung: Fotos machen: s. nachfolgend • Wertverlust kann anhand der Kauf- und Rückkaufpreise und der nach der durchschnittlichen Laufleistung ermittelten Gesamtlebensdauer geschätzt werden (BGH-Rechtsprechung)	Wertverlust: BGH v. 8.9.2016 – IX ZR 52/15 in InsbürO 2016, 515, ZInsO 2016, 2201 Rn. 7 m.w.N.: grds. Pflicht Rn. 8: Berechnung des Wertverlustes Masseverbindlichkeit: BGH v. 8.3.2012 – IX ZR 78/11 (Rn. 24 ff.) in InsbürO 2012, 323, ZInsO 2012, 701

Nr.	Thema	Checkliste Aussonderungsrechte: Erläuterung	Hilfsmittel
16.	Fotos	• Gegenstände, die für eine Betriebsfortführung weiter genutzt werden, fotografieren • dient der Beweisentlastung: Übernahmezustand wird festgehalten • ggf. schon vorher bestandene Schäden werden dokumentiert • vor Nutzung entstandene Schäden wären Insolvenzforderung • nachher entstehende Schäden wären Masseverbindlichkeit	Dokumentation Zustand: BGH v. 28.6.2012 – IX ZR 219/10 (Rn. 26) in InsbürO 2012, 442, ZInsO 2012, 1421
17.	Herausgabe: »Freigabeerklärung« und Abholung	• Eigentumsvorbehalt geklärt? (s. nachfolgend) • Gegenstand sichergestellt? (s. vorstehend) • Herausgabezeitpunkt gegeben? (s. vorstehend) • dann Einverständnis zur Abholung geben: Standort und Ansprechpartner zur Vereinbarung eines Abholtermins mitteilen • Insolvenzverwalter muss den Gegenstand nicht überbringen • Bestätigung über Entgegennahme des Gegenstandes einholen • Vorgang schließen mit Vermerk »Erledigt«	Muster 52: »Freigabe Aussonderungsgut und Abholung« Checkliste Freigabe
18.	Abholung	• Insolvenzverwalter muss den Gegenstand nicht selbst versenden • Bereitstellung zur Abholung reicht aus • Kosten der Abholung hat der Aussonderungsgläubiger zu tragen • Kosten der Bereitstellung hat der Insolvenzverwalter zu tragen	Keine Versendung, nur Bereitstellung: LG Bonn v. 21.12.2006 – 6 S 264/06 in ZInsO 2011, 2336, WKRS 2006, 36222 Zu den Abholungskosten: BGH v. 28.6.2012 – IX ZR 219/10 in InsbürO 2012, 442, ZInsO 2012, 1421 Hage/Lind, Kostentragungspflicht bei Aussonderungsgegenständen, InsbürO 2012, 88 f.
19.	Ablösung	• ggf. lohnt sich eine Ablösung des Gegenstandes, um einen Übererlös zugunsten der Insolvenzmasse zu erzielen • ggf.: Anfrage beim Gläubiger über Ablösesumme • Vergleich der Ablösesumme mit ermitteltem Verkehrswert durch Sachverständigen • bei späterer Veräußerung durch Verwalter: ggf. Mehrerlös für Insolvenzmasse • Achtung: Kosten der Erhaltung bis zu einem Verkauf auch berücksichtigen (z. B. Kfz-Steuer, Versicherungsprämien etc.) • Vorgang bei Vorlage entsprechender Infos mit dem Verwalter besprechen • ggf. Vorgehen: erst Eigentumsübergang auf Insolvenzmasse, dann später auf Dritten	Muster 46: »Ablösesumme Aussonderungsgut – Anfrage« Checkliste Inventar
20.	Verzichtserklärung	• es kann vorkommen, dass eine Geltendmachung durch den Gläubiger fehlt • ggf. ist der Gegenstand für ihn zwischenzeitlich wertlos geworden • eine Verwertung kann trotzdem nicht einfach stattfinden, wenn es Kenntnisse über das Eigentumsrecht eines Dritten gibt (§§ 903 ff. BGB) • nach BGH-Rechtsprechung kann auch die Anmeldung ohne Beschränkung auf den Ausfall nicht als Verzicht auf das Absonderungsrecht gewertet werden • ggf. Verzichtserklärung vom Gläubiger anfordern • alternativ bei fehlender Reaktion: Gläubigerversammlung muss über den Verbleib dieses Gegenstandes im Schlusstermin entscheiden (§ 197 Abs. 1 Nr. 3 InsO)	Kein Verzicht auf Absonderungsrecht bei Anmeldung ohne Beschränkung: BGH v. 9.3.2017 – IX ZR 177/15 in InsbürO 2018, 12, ZInsO 2017, 704
21.	Ersatz**ab**sonderungsrecht – Nachweis	• Ersatzabsonderungsrecht kann bei unberechtigter Veräußerung eines mit Absonderungsrecht belasteten Gegenstandes entstehen • grds. gilt: Absonderungsgläubiger muss Daten zum Nachweis eines Ersatzabsonderungsrechtes nachzuweisen (§ 1006 BGB) • Insolvenzverwalter muss dafür Einsicht in Unterlagen gewähren • bei Warenverarbeitung: Klärung einiger Fragen: s. nachfolgend	

Nr.	Thema	Checkliste Aussonderungsrechte: Erläuterung	Hilfsmittel
22.	Ersatz**ab**sonderungsrecht – Prüfungsergebnis	• Nach Prüfung des jeweiligen Sachverhaltes kann es zu folgenden Ergebnissen kommen: – Zahlungseingang durch Dritten erfolgte vor Insolvenzantragstellung = **Untergang der Ersatzabsonderung** – Forderung gegen Dritten besteht noch nach Insolvenzeröffnung, Drittschuldner aber selbst insolvent, Ausbuchung der Forderung = **Untergang der Ersatzabsonderung** – Zahlung des Dritten erfolgt nach Insolvenzeröffnung, Anteil der verarbeiteten Ware ist aber nicht genau zu definieren = **Untergang der Ersatzabsonderung** – Zahlung des Dritten erfolgt nach Insolvenzeröffnung, Anteil der verarbeiteten Ware ist eindeutig, Abtretung des Zahlungsanspruches fehlt aber = **Untergang der Ersatzabsonderung** – Zahlung des Dritten erfolgt nach Insolvenzeröffnung, Anteil der verarbeiteten Ware ist eindeutig, Abtretung des Zahlungsanspruches liegt vor = **Auszahlung des anteiligen Kaufpreises** (§ 48 InsO analog)	Muster 51: »Ersatzabsonderung – Zahlung vor Eröffnung« Muster 50: »Ersatzabsonderung – Dritter ist insolvent« Schmidt/Büchler, Effiziente Ermittlung und Abwicklung von Aus- und Absonderungsrechten in de Insolvenz, Teil 7: Ersatzaussonderung und Ersatzabsonderung, §§ 48, 48 InsO analog, InsbürO 2007, 464 ff.
23.	Ersatz**aus**sonderungsrecht	• Ersatzaussonderungsrecht greift bei unberechtigter Veräußerung eines Gegenstandes, der im Eigentum eines Dritten steht (§ 48 InsO) • Anspruch auf Abtretung des Anspruchs auf Gegenleistung (§ 48 S. 1 InsO) • Aussonderungsanspruch an der Gegenleistung/Surrogat (= Kaufpreis) (§ 48 S. 2 InsO) • Gegenleistung unterscheidbar in der Insolvenzmasse = Anspruch greift • Veräußerung nach Insolvenzeröffnung und nicht mehr unterscheidbar vorhanden, ggf. Haftungsproblem des Insolvenzverwalters (§ 60 InsO) • Gegenleistung **vor** Insolvenzeröffnung erbracht und nicht mehr unterscheidbar in der Insolvenzmasse = Untergang des Ersatzaussonderungsrechtes, keine Haftung gem. § 60 InsO	Schmidt/Büchler, Effiziente Ermittlung und Abwicklung von Aus- und Absonderungsrechten in de Insolvenz, Teil 7: Ersatzaussonderung und Ersatzabsonderung, §§ 48, 48 InsO analog, InsbürO 2007, 464 ff. Geißler, Ausgewählte Rechtsprobleme der Ersatzaussonderung in der Praxis der Insolvenzverwaltung, ZInsO 2017, 2727 ff. Wipperfürth, Aussonderung/Leasing, InsbürO 2017, 25 ff. (Fall 3)
24.	GOI	• GOI = Grundsätze ordnungsgemäßer Insolvenzverwaltung (70 Grundsätze) – für das Thema »Aussonderungsrechte« finden sich folgende Grundsätze in den GOIs: – Grundsatz 11: Qualifiziertes Personal für alle relevanten Bereiche der Insolvenzverwaltung, z.B. Aussonderungsansprüche – Grundsatz 49: Wahrung der Interessen der Aus- und Absonderungsgläubiger – Grundsatz 50: bei Bedarf Erwirkung einer gerichtlichen Ermächtigung zur Nutzung des Sicherungsgutes • *(Die Autoren danken dem VID für die freundliche Zustimmung zur Veröffentlichung von Hinweisen auf die GOIs)*	VID = Verband Insolvenzverwalter Deutschlands e.V. www.vid.de
25.	Eigentumsvorbehaltsrechte – allgemein	• Eigentum bleibt bis zum vollständigen Ausgleich der Rechnung beim Lieferanten (§§ 449, 929, 158 Abs. 1 BGB) • unterschiedliche Eigentumsvorbehaltsrechte möglich: s. nachfolgend • grundsätzliche Fragen zu diesen Rechten: – Wurden die AGBs wirksam vereinbart? – Welche Form des Eigentumsvorbehaltes greift? • bei Betriebsfortführung: eine Verwertungsvereinbarung mit dem Warenlieferanten schließen	Muster 49: »Eigentumsvorbehalt – Verwertungsvereinbarung« s. Literaturtipp nachstehend
26.	Eigentumsvorbehalt – einfacher	• gesetzliche Regelung in § 449 BGB: • EV-Recht greift nur, wenn die gelieferte Ware noch unterscheidbar im Unternehmen vorhanden • Verarbeitungs- und Veräußerungserlaubnis • bei Verarbeitung ist das Recht untergegangen und der Lieferant hat die Möglichkeit, seinen Zahlungsanspruch zur Insolvenztabelle anzumelden • (beachte: ggf. »Herstellungsklausel« bei Weiterverarbeitung in AGB's)	

Nr.	Thema	Checkliste Aussonderungsrechte: Erläuterung	Hilfsmittel
27.	Eigentumsvorbehalt – erweiterter	• EV-Recht greift nicht nur an einem bestimmten Gegenstand, sondern auch an gleichen, vom selben Lieferanten übergebenen Waren • Bsp.: Lieferung Getränkekisten am 10.08., Lieferung Getränkekisten 10.09. • Rechnung vom 10.08.: welche Kisten aus dieser Lieferung vom 10.08. noch da sind, spielt keine Rolle • entscheidend: sind überhaupt noch Kisten dieses Lieferanten vorhanden? (z. B. Veltins, Krombacher etc.)	
28.	Eigentumsvorbehalt – verlängerter	• Verarbeitung oder Veräußerung der Ware (ggf. mit Herstellungsklausel) und Lieferung an einen Dritten • EV-Recht des Lieferanten wandelt sich in Absonderungsrecht (= Anspruch auf Kaufpreisforderung für die verarbeitete Ware) • Voraussetzung: Vereinbarung einer (Voraus-) Abtretung des (anteiligen) Kaufpreises zur Sicherung • bei Zahlung des Kaufpreises vor Insolvenzantragstellung: Forderung des Lieferanten nur einfache Insolvenzforderung (verlängerter Eigentumsvorbehalt untergegangen)	s. Literaturtipp nachstehend Bestimmtheitsgrundsatz: BGH v. 16.12.1957 – VII ZR 49/57 in WKRS 1957, 13983 bestätigt u.a. durch: BGH v. 10.1.2013 – IX ZR 161/11 (Rn. 14) in ZInsO 2013, 551
29.	Eigentumsvorbehalt – Literaturtipp	• Klose, Der Eigentumsvorbehalt nach der Schuldrechtsmodernisierung, ZInsO 2009, 1792 ff. • Küpper, Der Rang der Absonderungsrechte – Verhältnis zwischen Globalzession und verlängertem Eigentumsvorbehalt, InsbürO 2005, 247 ff. • Schmidt/Büchler, Effiziente Ermittlung Abwicklung von Aus- und Absonderungsrechten in der Insolvenz, Teil 3: Eigentumsvorbehalt, InsbürO 2006, 442 ff. • Wipperfürth, Veräußerung von Eigentumsvorbehaltsware im vorläufigen Insolvenzverfahren, InsbürO 2011, 291 ff.	
30.	Warenverarbeitung	• bei Verarbeitung von Waren, die unter Eigentumsvorbehalt stehen: Klärung folgender Aspekte zur Begründung eines etwaigen Ersatzabsonderungsrechtes: – Wann und wofür wurde die »Ware« verarbeitet? (gibt es eine »Herstellungsklausel«?) – An wen wurde »das Produkt« geliefert? – Zu welchem Anteil steckt die »Ware« in dem »Produkt«? – Ist die Rechnung von diesem Dritten bezahlt worden? – Wann und auf welches Konto erfolgte die Zahlung? • Das Ergebnis führt nicht zwingend zu einem realisierbaren Anspruch des Gläubigers: s. vorstehend Ersatzaussonderung – Prüfungsergebnis	
31.	Verjährung	• für Aussonderungsrechte gilt i.d.R. eine Verjährungsfrist von 30 Jahren • s. gesonderte Checkliste	Checkliste Verjährungsfristen
32.	Vergütungsrecht	• Wurde ein Mehrerlös durch einen Verkauf für die Insolvenzmasse erzielt? • dann: Abzug etwaiger Ablösebeträge von dem erzielten Kaufpreis (§ 1 Abs. 2 Nr. 2 InsVV) • nur Differenz fließt in die Berechnungsgrundlage gem. § 1 InsVV ein	
33.	Verbraucherinsolvenzverfahren	• i.d.R. keine Aussonderungsrechte • regelmäßig nur bei unternehmerischen Betrieben • ansonsten aber: keine Besonderheiten, wenn es solche doch einmal geben sollte	

Checkliste 11: Bank

21 Die Banken spielen im Insolvenzverfahren eine große Rolle, sowohl bzgl. der Treuhandkontenführung als auch bzgl. der alten Geschäftskonten von Unternehmen. Es können etwaige Guthabenbeträge von den Banken eingezogen oder ggf. Anfechtungsansprüche gegen sie geltend gemacht werden. In Insolvenzverfahren über das Vermögen natürlicher Personen erfolgt eine Prüfung hinsichtlich der privaten Girokonten. Werden sie als P-Konto geführt, ist eine Freigabe – jedenfalls nach der gesetzlichen Regelung in § 850k ZPO – nicht erforderlich. Die einzelnen Arbeitsschritte werden nachfolgend näher erläutert.

(Die Übersicht ist nach gängigen Überlegungen und Arbeitsschritten sortiert.)

22

Nr.	Thema	Checkliste Bank: Erläuterung	Hilfsmittel
1.	Treuhandkontoführung	• Anlage eines Treuhandkontos für jedes Verfahren • der BGH hält die Führung eines Anderkontos als Vollrechtstreuhandkontos für unzulässig (IX ZR 47/18): Er fordert die Anlage von Sonderkonten mit Ermächtigungsbefugnis: Zum Zeitpunkt der Druckfreigabe dieser Auflage gab es noch keine abschließende Lösung seitens der Banken für etwaige Angebote anderer Konten, daher konnte hierauf noch nicht näher eingegangen werden • Beachtung bestimmter Bedingungen für die spätere Schlussrechnungsprüfung • s. nähere Informationen in gesonderter Checkliste • in dieser Checkliste: Informationen zu vor Insolvenzeröffnung schon bestehenden Konten	Checkliste Treuhandkonto
2.	Archivierung von Unterlagen	• es werden i.d.R. unterschiedliche Unterlagen zu Bankkonten angefordert und sind dann zu archivieren • gesondertes Bankregister anlegen • einzelne Rubriken zur Archivierung erstellen, für jede Bank gesondert: – Schriftverkehr mit Bank … (1) – Darlehens- und Sicherungsverträge – Kontoauszüge Treuhandkonto – Kontoauszüge Geschäftskonto (mindestens der letzten vier Monate vor Antragstellung) – Schriftverkehr mit Bank … (2) – … (wie vor)	Muster 210 (Inhaltsverzeichnis): »Inhaltsverzeichnis jur. Person«
3.	Beibringung der Unterlagen	• die vorstehend genannten Unterlagen müssen angefordert werden • ggf. bereits während der Gutachtenphase vom Schuldner • ggf. tlw. von der Bank selbst	Muster 66: »Sicherungsverträge Bank – Anforderung« oder Muster 173 – 176 (Gutachten): »Liste vorzulegende Unterlagen«
4.	Schweigepflichtentbindungserklärung	• Banken fordern nicht selten für Auskünfte über etwaige Zahlungsvorgänge vor Insolvenzeröffnung eine Schweigepflichtentbindungserklärung • aber: im eröffneten Verfahren Verwaltungs- und Verfügungsbefugnis gem. § 80 InsO = keine Schweigepflichtentbindungserklärung erforderlich • vorsorglich: Schweigepflichtentbindungserklärung unterzeichnen lassen, um sie bei Bedarf vorlegen zu können • während der vorläufigen Verwaltung: Schweigepflichtentbindungserklärung erforderlich	Muster 119 (Eröffnungsbeschluss nat. Pers.): »Schweigepflichtentbindungserklärung«
5.	Kontoverträge	• Verträge über Girokonten (§ 675f BGB i.V.m. § 675 BGB) und über Kontokorrentkonten sind Geschäftsbesorgungsverträge • sie erlöschen mit Insolvenzeröffnung gem. §§ 115, 116 InsO automatisch • Ausnahme nach herrschender Meinung: Pfändungsschutzkonto bleibt erhalten	Kein Erlöschen: LG Verden v. 19.9.2013 – 4 S 3/13 mit Anmerkung Henning in InsbürO 2014, 36

Nr.	Thema	Checkliste Bank: Erläuterung	Hilfsmittel
6.	GOI	• GOI = Grundsätze ordnungsgemäßer Insolvenzverwaltung (70 Grundsätze) • bezüglich der Konten gilt folgender Grundsatz: – Grundsatz 29: Unterrichtung der beteiligten Banken zwecks Sperrung der Konten für Verfügungen jeder Art • *(Die Autoren danken dem VID für die freundliche Zustimmung zur Veröffentlichung von Hinweisen auf die GOIs)*	VID = Verband Insolvenzverwalter Deutschlands e.V. www.vid.de
7.	Kontoguthaben – Einziehung – vorl. Verwaltung	• Einziehung etwaiger Guthabenbeträge: Umbuchung von den Geschäftskonten auf das eingerichtete Treuhandkonto • Bei **Betriebsfortführung**: Hinweis an Bank: Geschäftskonten für weitere Einzahlungen von Kunden aufrecht erhalten • Bei **Betriebseinstellung:** Vereinnahmung etwaiger Kontoguthaben gleichzeitig mit Kontoschließung	Muster 56: »Kontoguthaben – Einziehung – vorl. Verf.« Muster 58: »Kontoschließung – vorl. Verfahren«
8.	Kontoguthaben – Einziehung – eröffnetes Verfahren	• Beendigung Kontovertrag gem. §§ 115, 116 InsO • etwaiges Kontoguthaben zur Überweisung an die Insolvenzmasse anfordern • Einzahlung von Kunden auf geschlossene Konten: Gutschrift durch die Bank und Auskehrung an die Insolvenzmasse (§ 677 BGB) • bei natürlichen Personen: s. nachfolgend »Kontofreigabe«	Muster 57: »Kontoguthaben – Einziehung – eröffnetes Verfahren«
9.	Konten – natürliche Personen	• auf einem Pfändungsschutzkonto (kurz: P-Konto) automatischer Pfändungsschutz = keine Freigabe mehr erforderlich (§ 850k ZPO) • einzelne Banken fordern trotzdem eine Freigabe von den Insolvenzbüros • s. wegen einzelner Regelungen in gesonderte Checkliste	Checkliste Pfändungsschutzkonto Muster 61: »P-Konto – Kontoerklärung – P-Konto besteht« Muster 62: »P-Konto – Kontoerklärung – Zustimmung z. Umwandlung« Muster 63: »P-Konto – Kontoerklärung – Übersendung an Schuldner zur Info«
10.	Sparkonto	• auf Sparkonten kann kein Pfändungsschutz gewährt werden • gesetzlicher Schutz gem. § 850k ZPO bezieht sich nur auf Girokonten	Insolvenzbeschlag an angespartem Vermögen: BGH v. 26.9.2013 – IX ZB 247/11 (Rn. 6) in InsbürO 2014, 33, ZInsO 2013, 2274
11.	Sparguthaben	bei natürlichen Personen: • Anfrage an die Bank wg. etwaiger bestehender oder »kürzlich« aufgelöster Sparguthaben, Sparbücher • Sparbuch wäre vom Schuldner im Original zu übergeben • ggf. Schweigepflichtentbindungserklärung beifügen: s. vorstehend	Muster 57: »Kontoguthaben – Einziehung – eröffnetes Verf.« (Passus unten wg. Sparguthaben etc.) Muster 369 (Versicherungsverträge): »Verlusterklärung« (ggf. Sparbuch)
12.	Bankschließfach	• der Schuldner sollte im Erstgespräch zu einem möglicherweise bestehenden Bankschließfach befragt werden • der Mietvertrag über ein Bankschließfach kann gem. § 109 InsO vom Insolvenzverwalter gekündigt werden • für die Einsicht in das Bankschließfach muss der Schuldner entsprechend der Auskunfts- und Mitwirkungspflicht den Schlüssel herauszugeben (§§ 20, 98 InsO) – ggf. ist eine Notöffnung mit einem Schlüsseldienst denkbar, die aber kostenintensiv ist • ein etwaiger Inhalt im Schließfach ist vom Insolvenzbeschlag umfasst • nach den mietvertraglichen Regelung nimmt die Bank keine Kenntnis von dem Inhalt (s. Literaturtipp)	Kolb, Das Bankschließfach im Insolvenzverfahren, InsbürO 2017, 4 ff. Muster 116 (Eröffnungsbeschluss nat. Person): »Fragebogen in Kleinverfahren« (darin die Frage nach einem Bankschließfach) Muster 164 (Gutachten): »Fragebogen zum Gutachten« (darin die Frage nach einem Bankschließfach)

Nr.	Thema	Checkliste Bank: Erläuterung	Hilfsmittel
13.	Anfechtungs-anspruch	• mögliche Anfechtung prüfen: • ggf. Anfechtung von Kontokorrentverrechnungen • ggf. Anfechtung von Sicherungsverträgen • gesetzliche Grundlagen und Voraussetzungen: s. gesonderte Checkliste	Checkliste Anfechtungsansprüche
14.	Kontokorrent-konto – Verrech-nung	• wegen § 96 Abs. 1 Nr. 3 InsO keine Verrechnungsmöglichkeit mehr nach Insolvenzeröffnung (BGH-Rechtsprechung) • Begründung: Erlöschen des Kontovertrages gem. § 116 InsO, entstandener Sollsaldo nicht mehr von Globalzession umfasst (§ 91 InsO) • allerdings: ggf. greifen AGB-Banken = Pfandrecht gem. § 667 BGB = Sicherheitentausch = keine Gläubigerbenachteiligung, Prüfung im Einzelfall erforderlich • bei vorläufiger Verwaltung: Anfechtung gem. §§ 130, 131 InsO möglich (je nach erfolgter oder fehlender Kündigung durch die Bank, beachte dabei ggf. Überschreitung Kontokorrentrahmen = Rückzahlungsanspruch Bank) • bei fehlender Kündigung: kein Rückzahlungsanspruch = Anfechtung tendenziell möglich (weitere Tatbestandsvoraussetzungen prüfen) • bei erfolgter Kündigung: Rückzahlungsanspruch besteht ′= Anfechtung scheidet ggf. aus (weitere Tatbestandsvoraussetzungen prüfen) • Auszahlung ggf. weiterer, nach Anordnung einer vorläufigen Verwaltung auf den Konten eingehender Beträge	Checkliste Anfechtungsansprüche Keine Verrechnung bei fehlender Kündigung: BGH v. 19.1.2012 – IX ZR 4/11 (Rn. 8) in InsbürO 2012, 282, ZInsO 2012, 488 Keine Gläubigerbenachteiligung bei wirksamen Absonderungsrecht (= Sicherheitentausch): BGH v. 2.2.2017 – IX ZR 245/14 (Rn. 12) in InsbürO 2017, 255, ZInsO 2017, 494 Muster 24 (Anfechtungsansprüche): »Anfechtung Kontokorrent § 131 Abs. 1 Nr. 2 InsO« (m.w.N.) Obermüller, Sicherungsabtretung von und AGB-Pfandrecht an Kontokorrentforderungen in der Insolvenz, ZIinsO 2009, 1527
15.	Handlungen des Schuldners	• Schuldner darf mit Anordnung der vorläufigen Verwaltung oder mit Insolvenzeröffnung nicht mehr über seine Konten verfügen (Ausnahme: P-Konto) • dennoch erfolgte Zahlungen können von dem Empfänger zurückgefordert werden	Rückforderungsanspruch während vorl. Verwaltung: BGH v. 21.11.2013 – IX ZR 52/13 in InsbürO 2014, 78, ZInsO 2014, 33, WKRS 2013, 50138 Unwirksamkeit Handlung nach IE: BGH v. 13.3.2014 – IX ZR 147/11 in ZInsO 2014, 1011
16.	Wiedervorlagen	• bei allen Anfragen und Aufforderungen: Wiedervorlagen zur Kontrolle der Antworten und ggf. Zahlungseingänge notieren	Wiedervorlagenkalender
17.	Girokonto-Anspruch für Verbraucher	• Natürliche Personen haben nach Insolvenzeröffnung immer wieder Probleme mit den Banken wg. der Kontoführung, ein Kontowechsel war bis 2016 schwierig • Verbraucher haben seit dem 18.06.2016 einen Anspruch auf ein Girokonto • gesetzliche Grundlage: Zahlungskontengesetz (= ZKG) (BGBl. 2016 I S. 720) • »Basiskonto« ist mit grundlegenden Funktionen ausgestattet: Barein- und auszahlungen, Ausführung von Lastschriften, Überweisungen und Daueraufträge, Zahlungsvorgänge mittels einer Zahlungskarte • Literaturtipp nebenstehend: Vorstellung verschiedener Fallsituationen (Kündigung Konto oder Sperrung durch Bank) mit Lösung, Vorgehen bei Weigerung der Banken u.a. • nach dem »Kontenwechselhilfe«-Gesetz: gesetzlicher Anspruch der Verbraucher auf Zusammenwirken des bisherigen und künftigen Zahlungsdienstleisters	Grote, Der neue Rechtsanspruch auf ein Girokonto nach dem Zahlungskontengesetz, InsbürO 2016, 223 ff. »Kontenwechselhilfe«-Gesetz, InsbürO 2016, 438 (BGB. I 2016, Nr. 17 v. 18.04.2016, S. 720)

Nr.	Thema	Checkliste Bank: Erläuterung	Hilfsmittel
18.	Lastschriften-widerruf	• Lastschrift: Zahlungsempfänger zieht Geld vom Konto des Zahlenden ein • grundlegende BGH-Entscheidungen in 2010 zum Vorgehen: s. nebenstehend – bei natürlichen Personen – Einzugsermächtigungsverfahren: keine Versagung der Genehmigung, wenn Lastschrift aus dem unpfändbarem Vermögen eingelöst wird – bei juristischen Personen- Einzugsermächtigungsverfahren: Prüfung einer vor Insolvenzeröffnung erfolgten konkludenten Genehmigung – Ergebnis der Rechtsprechung: kein pauschaler Widerruf • Belastung im SEPA-Lastschriftverfahren ist dagegen von Anfang wirksam = kein Anspruch der Insolvenzmasse (BGH – XI ZR 236/07 Rn. 35) • damit: kein Lastschriftenwiderruf mehr möglich • s. nachstehend auch Zahlungsdiensterecht (Regelungen in §§ 675c ff. BGB)	Zum Lastschriftenwiderruf: BGH v. 20.7.2010 – IX ZR 37/09 in InsbürO 2010, 352, ZInsO 2010, 1534 Zum Lastschriftenwiderruf: BGH v. 20.7.2010 – XI ZR 236/07 in InsbürO 2010, 395, ZInsO 2010, 1538 gegen Widerruf: Braun, Das Ende des Lastschriftenwiderrufs, InsbürO 2013, 476 ff. Widerruf nur eingeschränkt: Priebe, Lastschriftenwiderruf, InsbürO 2014, 6 ff.
19.	Sepa	• Sepa = Single European Payments Area • deutsch: einheitlicher europäischer Zahlungsverkehr • Umstellung des Zahlungsverkehrs: – Banknummer hat BLZ und Kto-Nr. ersetzt = IBAN (= International Bank Account Number): wird gebraucht bei Zahlungen innerhalb der EU – Zahlungsverkehr außerhalb der EU: BIC (= Bank Identifier Code) erforderlich – praktisches Problem: Banken fordern trotz Inlandsüberweisung tlw. IBAN und BIC gleichzeitig und verweigern sonst die Durchführung • Umstellungszeitpunkte: – Nutzung Sepa für Unternehmen ab 01.08.2014 verpflichtend – Nutzung Sepa für Privatkunden ab 01.06.2016 verpflichtend	Braun, Das Ende des Lastschriftenwiderrufs, InsbürO 2013, 476 ff. Priebe, Lastschriftenwiderruf, InsbürO 2014, 6 ff.
20.	Zahlungs-diensterecht	• Gesetzliche Regelungen zum Rechtsverhältnis zwischen Zahlungsdienstnutzer und Zahlungsdienstleister • Regelungen in §§ 675c ff. BGB • Inkrafttreten am 31.10.2009 • Übergangsregelung in Art. 229 § 22 EGBGB • Bestandteil des Girokontovertrages kann ein Zahlungsdiensterahmenvertrag gem. § 675f Abs. 2 BGB sein • Anwendung der Vorschriften der §§ 675c ff. BGH z. B. im Rahmen des Lastschriftverfahren (§ 675x BGB)	

Checkliste 12: Beendigung des Insolvenzverfahrens

Ein Insolvenzverfahren wird gem. § 200 InsO aufgehoben, sobald die Schlussverteilung vollzogen ist. Für eine Einstellung bei Masselosigkeit oder Masseunzulänglichkeit gem. §§ 207, 211 InsO ist ebenfalls die erfolgte Verteilung der vorhandenen Insolvenzmasse Voraussetzung. Bis zu einer solchen jeweiligen Verfahrensbeendigung sind allerdings einige Arbeitsschritte erforderlich. 23

(Die Übersicht ist nach gängigen Überlegungen und Arbeitsschritten sortiert.)

24

Nr.	Thema	Checkliste Beendigung des Insolvenzverfahrens: Erläuterung	Hilfsmittel	Erledigungsvermerk mit SB-Kürzel
1.	Arbeitsschritte bis zur Beendigung	• Überarbeitung der Insolvenztabelle • Erstellung Schlussrechnung • Erstellung Schlussbericht • Erstellung des Vergütungsantrages • Schlusstermin • Verteilung des Massebestandes • Ausschüttungsbericht • Verfahrensaufhebung	Checkliste Insolvenztabelle –Schlussbericht Checkliste Schlussrechnung Checkliste Schlussbericht Muster 345 – 359 (Vergütungsanträge): versch. Varianten Checkliste Verteilung Checkliste Ausschüttung	
2.	Forderungsanmeldung – weitere	• ggf. sind nach Einreichung des Schlussberichtes noch weitere Forderungsanmeldungen eingegangen • nachträglicher Prüfungstermin wird ggf. zusammen mit Schlusstermin abgehalten • Ladungsfrist für besonderen Prüfungstermin gem. § 177 Abs. 3 InsO beachten • bei Forderung aus unerlaubter Handlung: Information an das Gericht wg. Unterrichtung des Schuldners über Rechtsfolgen gem. § 175 Abs. 2 InsO beachten • Abstimmung mit dem Gericht über jeweilige Handhabung erforderlich • aber: nach Veröffentlichung gem. § 188 InsO keine Aufnahme der nachträglich angemeldeten Forderungen mehr in das Verteilungsverzeichnis	Zum Ausschluss von der Verteilung: BGH v. 22.03.2007 – IX ZB 8/05 in InsbürO 2007, 277, ZInsO 2007, 493 Gerbers/Pape, Der Umgang mit Forderungsanmeldungen nach Einreichung des Schlussberichte, ZInsO 2006, 685 ff. Heyn, Umgang mit einer verspätet angemeldeten unerlaubten Handlung einige Tage vor dem Schlusstermin, InsbürO 2009, 436 f.	
3.	Vergütungsbeschluss	• Vergleich des Vergütungsbeschlusses mit dem Antrag • Eintritt der Rechtskraft ggf. vormerken: 14 Tage nach Bekanntmachung (§ 569 Abs. 1 ZPO) • Achtung: Nach BGH-Rechtsprechung setzt eine wirksame Bekanntmachung die Nennung wesentlicher Inhalte voraus: u.a. die Berechnungsgrundlage und Informationen zu Zuschlägen und Abschlägen (= Gläubiger muss Möglichkeit der Prüfung erhalten) • bei unwirksamer Bekanntmachung beginnt die Beschwerdefrist nicht • bzgl. nicht festgesetzter Differenzen Rücksprache mit dem Insolvenzverwalter und ggf. sofortige Beschwerde einlegen • ggf. aber auch Ausbuchung der Differenz vornehmen	Koeplin, Einlegung der Beschwerde, InsbürO 2011, 91 ff. Zur Voraussetzung einer wirksamen Veröffentlichung: BGH v. 14.12.2017 – IX ZB 65/16 in InsbürO 2018, 116, ZInsO 2018, 135 Rn. 26: zu den Inhalten Zur Fristberechnung: BGH v. 14.11.2013 – IX ZB 101/11 in InsbürO 2014, 76, ZInsO 2013, 2507 Checkliste Rechtsmittelübersicht	
4.	Rechnung	• Rechnung für festgesetzte Vergütung schreiben und Überweisung vom Treuhandkonto veranlassen • Fotokopie der Rechnung an die Buchhaltung geben • Bei Zahlung aus der Staatskasse: Antrag auf Auszahlung der vollen Summe stellen	Muster 350 (Vergütungsanträge): »Rechnungsmuster« Chatroom, Frage 2 in InsbürO 2007, 197 (Vergütungsentnahme) Wiedervorlagen-Kalender	

Nr.	Thema	Checkliste Beendigung des Insolvenzverfahrens: Erläuterung	Hilfsmittel	Erledigungs-vermerk mit SB-Kürzel
		• ggf. vorhandene Insolvenzmasse an die Staatskasse auszahlen; wegen etwaiger Zinsen auf dem Treuhandkonto keine Verrechnung auf Vergütung: unterschiedliche Handhabung der Gerichtskassen • Wiedervorlage notieren: Honorar eingegangen? Aktenkonto auf Null?		
5.	Vorsteuererstattung	• Prüfung, ob Vorsteuerabzugsberechtigung besteht • wenn ja: Info an Buchhaltung, dass Vergütung entnommen wurde • Umsatzsteuervoranmeldung fertigen und Vorsteuer geltend machen • Wiedervorlage notieren für Überwachung Zahlungseingang	Wiedervorlagenkalender Insolvenzsoftware	
6.	Vergütungsantrag – Ergänzung	• weitere Erlöse nach Einreichung des Schlussberichtes vereinnahmt? • z. B. hohe Zinsbeträge, Steuererstattung, sonstige Einnahme? • ergänzender Vergütungsantrag möglich	Zum weiteren Vergütungsanspruch: BGH v. 20.07.2017 – IX ZB 75/16 in InsbürO 2017, 436, ZInsO 2017, 1810 m.w.N. Muster 347 (Vergütungsanträge): »Ergänzender Vergütungsantrag«	
7.	Gerichtliche Verfügungen	• Insolvenzgericht übermittelt den Beschluss über die Vergütungsfestsetzung und den Schlusstermin • im Anschreiben: etwaige Verfügungen beachten und bearbeiten		
8.	Gerichtskostenrechnung	• Wertansatz (= Berechnungsgrundlage) und Berücksichtigung ggf. gezahlter Vorschüsse prüfen • Überweisung vom Treuhandkonto unter Angabe des Kassenzeichens vornehmen • Achtung in Kostenstundungsverfahren: in manchen Bezirken: Kostennachricht der Oberjustizkasse abwarten • Kostennachricht dient der statistischen Erfassung von Zahlungseingängen auf Verfahrenskosten in Kostenstundungsverfahren	Checkliste »Massekosten/ Verfahrenskosten«	
9.	Schlussrechnung – Änderung	• vorhandene Insolvenzmasse verändert sich ggf. durch höhere oder niedrigere Massekosten gem. § 54 InsO • Änderungen können sich durch andere Vergütungsfestsetzung oder abweichende Gerichtskostenrechnung ergeben • wenn sich die Rangfolge ändern sollte (= §§ 53, 209, 207 InsO): aktualisierte Fassung der Schlussrechnung erstellen und dem Insolvenzgericht vorlegen = Art der Verfahrensbeendigung ist für den Schlusstermin wichtig • bei nur veränderten Zahlungen (ohne Rangfolgeänderungen) reichen Informationen im späteren Ausschüttungsbericht		
10.	Schlusstermin – mündlich	• gesetzliche Regelung in § 197 InsO • Gerichtstermin notieren, ggf. auch gesondert im Kalender des Insolvenzverwalters • Vorfrist von drei Tagen eintragen: »Verfahren xy, GT am …« • Wiedervorlage 14 Tage nach Schlusstermin: Protokoll des Insolvenzgerichtes da?	Insolvenzsoftware/ Wiedervorlagen-Kalender Checkliste Terminvorbereitung ABC des Insolvenzrechts: Schlusstermin, InsbürO 2006, 359 f.	

Nr.	Thema	Checkliste Beendigung des Insolvenzverfahrens: Erläuterung	Hilfsmittel	Erledigungsvermerk mit SB-Kürzel
11.	Schlusstermin – schriftlich	• gesetzliche Regelung in § 197 i.V.m. § 5 Abs. 2 InsO • Stichtag zur Erhebung von Einwendungen notieren • Wiedervorlage 14 Tage nach Ablauf der Frist: Protokoll des Insolvenzgerichtes da?	Insolvenzsoftware/ Wiedervorlagen-Kalender Checkliste Terminvorbereitung ABC des Insolvenzrechts: Schlusstermin, InsbürO 2006, 359 f.	
12.	Terminvorbereitung	• Sind die Themen in dieser Checkliste erledigt worden? • Ist die Veröffentlichung durch das Insolvenzgericht fristgerecht erfolgt (§ 189 Abs. 1 InsO)? Liegt ein Nachweis vor? • bei mündlichen Termin: Terminzettel fertigen	Checkliste Terminvorbereitung Muster 338 (Terminvorbereitung): »Terminzettel Schlusstermin«	
13.	Terminprotokoll	• Durchsicht des Protokolls: Gab es Auffälligkeiten im Ablauf? • Abarbeitung etwaiger gerichtlicher Verfügungen • Frist für Ausschüttungsbericht notieren	Insolvenzsoftware	
14.	Verteilung/ Ausschüttung	• Ausschüttungsbericht entwerfen • dadurch: Kontrolle des Massebestandes und der Verteilung an Masse- und Insolvenzgläubiger • Prüfung, ob ggf. an Arbeitnehmer ausgezahlt werden muss • Prüfung, ob sonstige Aspekte zu berücksichtigen sind • Informationsschreiben an die Gläubiger über Quotenzahlung versenden • Überweisungen über EDV-System veranlassen	Checkliste Ausschüttung Checkliste Verteilung	
15.	Treuhandkonto -Auflösung: jur. Person	• mit Auftrag zur Durchführung der Ausschüttung ist die Bank um Auflösung des Treuhandkontos zu bitten	Muster 339 (Treuhandkonto): »Ausschüttung – Auftrag und Kontoauflösung«	
16.	Treuhandkonto – Auflösung: natürliche Person	• Treuhandkonto bleibt – soweit es überhaupt eines gibt – für RSB-Phase erhalten, wenn Einnahmen zu erwarten sind	Muster 340 (Treuhandkonto): »Ausschüttung – Auftrag und Kontoerhalt für RSB-Phase«	
17.	Ausschüttungsbericht	• nach Eingang des Kontoauszuges über den Null-Kontostand: Ausschüttungsbericht aktualisieren und versenden	Checkliste Ausschüttungsbericht	
18.	Bestallungsurkunde	• Das Original der Bestallungsurkunde ist an das Insolvenzgericht zurückzureichen.	Muster 311 – 312 (Schlussbericht): »Übersendung Schlussbericht«, darin: Rückgabe Urkunde	
19.	Originalkontoauszüge – Rücksendung	• Wiedervorlage für die Rücksendung durch das Insolvenzgericht notieren: sechs Wochen nach Versendung Ausschüttungsbericht • Kontrolle über Eingang sämtlicher Original-Kontoauszüge: mit Einreichung des Schlussberichtes und weitere Auszüge mit Einreichung des Ausschüttungsberichtes	Wiedervorlagenkalender	
20.	Aufhebung/ Einstellung	• Wiedervorlage notieren für Eingang Aufhebungs- oder Einstellungsbeschluss: – bei Verteilung nach § 53 InsO: Aufhebung gem. § 200 InsO – bei Masseunzulänglichkeit: Einstellung nach § 211 InsO – bei Masselosigkeit: Einstellung nach § 207 InsO	Wiedervorlagenkalender	

Nr.	Thema	Checkliste Beendigung des Insolvenzverfahrens: Erläuterung	Hilfsmittel	Erledigungs-vermerk mit SB-Kürzel
		• Zeitpunkt der Kontrolle: zwei Monate nach Einreichung Ausschüttungsbericht		
21.	Verfahrensstatus	• Kontrolle, ob Verfahrensstatus in der EDV geändert wurde • von »eröffnetes Verfahren« in »aufgehoben« oder »eingestellt« oder in »RSB-Phase«	Insolvenzsoftware	
22.	Statistikgesetz	• Kontrolle, ob Verfahrensdaten im EDV-System aktualisiert wurden • Verfahrensbeendigung eintragen	Insolvenzsoftware	
23.	Aktenablage	• Insolvenzverfahren insgesamt beendet? • keine RSB-Phase? • dann Akte ablegen		

Checkliste 13: Berichte

Im Verlauf eines Insolvenzverfahrens hat der Insolvenzverwalter oder Treuhänder in der RSB-Phase eine Reihe von Berichten zu erstellen, mit denen die Gläubiger und das Insolvenzgericht über die jeweiligen Abwicklungsschritte und -ergebnisse informiert werden. Die nachfolgende Übersicht gibt einen Gesamtüberblick über alle erforderlichen Berichte. Die wichtigsten Aspekte zur Zielsetzung und zum Inhalt der jeweiligen Berichte werden hierbei vorgestellt. Teilweise wird auf gesonderte Checklisten für einzelne Berichte verwiesen. Der Schwerpunkt der nachfolgenden Erläuterungen liegt auf den ersten Berichten. Für alle hier genannten Berichte gilt jedoch: In den jeweiligen Muster-Berichten, die im Musterteil zu finden sind, werden weitere konkrete Arbeitshinweise gegeben. 25

(Die nachfolgende Übersicht ist nach der Reihenfolge der zu erstellenden Berichte sortiert.)

26

Nr.	Thema	Checkliste Berichte: Erläuterung Gutachten	Hilfsmittel
1.	Inhalt	• i.w.S. »Bericht« • Erläuterungen im Eröffnungsverfahren über Vermögenssituation des Schuldners/der Schuldnerin • Grundlage für Entscheidung über Insolvenzeröffnung • siehe gesonderte Checkliste	Checkliste Gutachten

Nr.	Thema	Checkliste Berichte: Erläuterung Bericht zur ersten Gläubigerversammlung	Hilfsmittel
2.	Einreichung – Zeitpunkt	• in der InsO wird der schriftliche Bericht zur 1. GV nicht genannt • § 156 InsO geht von den Erläuterungen durch den Insolvenzverwalter persönlich im Berichtstermin aus • daher: es gibt keine gesetzliche Frist zur Einreichung oder Vorlage des Berichtes • aber gängig: Vorlage mit den Verzeichnissen (= spätestens 1 Woche vor dem Berichtstermin gem. § 154 InsO) • Handhabung des jeweiligen Gerichtes beachten	Muster 72: »Übersendung erster Bericht an AG«
3.	GOI	• GOI = Grundsätze ordnungsgemäßer Insolvenzverwaltung (70 Grundsätze) • bezüglich der Informationserteilung des Insolvenzverwalters gegenüber den Gläubigern gilt folgender Grundsatz: – Grundsatz 45: vollständige und zuverlässige Erstellung der gesetzlichen Verzeichnisse nach §§ 151 – 153 InsO, Erstellung des Berichtes zur 1. GV unter Beachtung der Grundsätze für das Sachverständigengutachten und der Anforderungen des § 156 InsO • *(Die Autoren danken dem VID für die freundliche Zustimmung zur Veröffentlichung von Hinweisen auf die GOIs)*	VID = Verband Insolvenzverwalter Deutschlands e.V. www.vid.de

Nr.	Thema	Checkliste Berichte: Erläuterung Bericht zur ersten Gläubigerversammlung	Hilfsmittel
4.	Aussagen (= Inhalt)	• Überblick über die Gesamtsituation des Schuldners gem. § 156 InsO: – aktuelle wirtschaftliche Lage – Krisenursachen (Finanzen, Marketingmaßnahmen, Marktsituation etc.) – Stärken und Schwächen des Unternehmens – ggf. Marktposition und Wettbewerbssituation – Zukunftsperspektive: ob und wenn ja, welche Aussichten der Erhaltung des Unternehmens im Ganzen oder in Teilen bestehen (Fortführungsprognose: s. nachstehend) – ob die Möglichkeit eines Insolvenzplans besteht und welche Auswirkungen jeweils für die Befriedigung der Gläubiger eintreten würden (s. nachstehend) • darüber hinaus gängig: verbale Erläuterungen der Angaben in den Verzeichnissen der §§ 151 – 153 InsO	
5.	Gutachtentext – Nutzung	• Gutachten dient der Eröffnungsentscheidung des/der Richters/in und ist nicht öffentlich • Bericht zur ersten Gläubigerversammlung kann dennoch tlw. wortgleich sein • Vorgehen: – Gutachtentext aufrufen und als neue Datei »Bericht zur ersten Gläubigerversammlung« abspeichern – die Bezeichnung »Gutachten« durch »Bericht zur ersten Gläubigerversammlung« ersetzen – Datum aktualisieren – Muster »Bericht zur 1. GV« öffnen (Gliederungspunkte und Texte daraus für andere, gerade neu gespeicherte Datei nutzen = rauskopieren) – Gutachtentext komplett von vorne lesen und ggf. aktualisieren: Was ist zwischenzeitlich passiert? Machen die Ausführungen zum jetzigen Zeitpunkt noch Sinn? (s. nachfolgend auch »Zusammenstellung weiterer Infos) – Gliederungspunkte im Berichtsmuster mit Punkten im Gutachten vergleichen: ggf. abändern, ergänzen – Erläuterungen im Gutachten zum »Entscheidungsvorschlag« etc. löschen und neue Themen »Quote« etc. einsetzen – Bearbeitungshinweise im Berichtsmuster beachten	Muster: 67 »Bericht zur 1. GV«
6.	Entwurf	• Erstellung des Berichtes zur 1. GV im Entwurf • Fragen bzw. offene Punkte können farblich markiert werden • spätestens drei Tage vor Fristablauf Vorlage an Insolvenzverwalter = Möglichkeit zur Abänderung und Ergänzung	Muster 67: »Bericht zur 1. GV (jur. Person, nat. Person, Limited)« Muster 68: »Bericht zur 1 GV (Planverfahren Firma + nat. Person)
7.	Gliederungspunkte	• die einzelnen (grds.) Gliederungspunkte ergeben sich aus den Musterberichten • auf die Auflistung des Inhaltsverzeichnisses an dieser Stelle wird verzichtet • zum groben Überblick werden einzelne Gliederungspunkte zu Sachbereichen zusammengefasst: – Datenpool (Name etc.) – wirtschaftliche und (bei Unternehmen) gesellschaftsrechtliche Situation des Schuldners/der Schuldnerin – Angaben zu bedeutenden Vertragsverhältnissen – Angaben zur Unternehmensfortführung – Angaben zu einem möglichen Insolvenzplan (§§ 217 ff. InsO) – Welche Vermögenswerte sind insgesamt vorhanden und mit welchen Erlösen ist jeweils zu rechnen? – Welche Rechte machen Dritte an diesen Vermögensgegenständen geltend? – Welche freie Masse wird voraussichtlich erzielt und ist mit einer Quote für die Gläubiger zu rechnen? – Mit welcher Verfahrensdauer ist zu rechnen?	Muster 67: »Bericht zur 1. GV (jur. Person, nat. Person, Limited)« Muster 68: »Bericht zur 1 GV (Planverfahren Firma + nat. Person)

Nr.	Thema	Checkliste Berichte: Erläuterung Bericht zur ersten Gläubigerversammlung	Hilfsmittel
8.	Zusammenstellung weiterer Infos	• aktuelle Geschehnisse seit der Insolvenzeröffnung können im Text – anders als in den Verzeichnissen – aufgenommen werden • dazu kann man wie folgt vorgehen: – ggf. aktuelle Posteingänge bearbeiten: interessante Informationen für den Bericht darin? – alle Ordner durchgehen: Prüfung, ob ggf. neue Sachverhalte seit der Gutachtenerstellung bekannt wurden (= neue Vermögenswerte?) – Bsp.: neue Anfechtungsansprüche, neue Rückkaufswerte, neuer Haftungsanspruch etc. – Gelegenheit beim Durchblättern nutzen: ggf. erforderliche Schreiben zur Einleitung der Realisierung eines Vermögenswertes fertigen – dann im Bericht ggf. allgemeine Formulierung aufnehmen, dass »noch kein Ergebnis vorliegt, aber erwartet wird« – bei Vermögenswerten Text aktualisieren: Wurde bereits etwas verkauft? Zu welchem Preis? Liegen ggf. Angebote vor? Ist aktuell etwas zu veranlassen? – Bei jeglichen Ansprüchen gegen Dritte: Wurden diese bereits geltend gemacht? Kann bereits etwas zu der jeweiligen Durchsetzungsmöglichkeit gesagt werden?	
9.	Fortführungsaussichten	• Insolvenzverwalter hat gem. § 156 InsO über die Aussichten einer Betriebsfortführung zu berichten • Gläubigerversammlung trifft auf Basis dieser Erläuterungen eine Entscheidung (§ 157 InsO) • sorgfältige und fundierte Berichterstattung: ansonsten ggf. Haftungspotential • Fortführungsprognose ist stets mit einem gewissen Grad der Ungewissheit verbunden: s. Literaturtipp wg. Umgang mit dieser Ungewissheit und Darlegung von Entscheidungsaspekten	Zur möglichen Haftung: Wegener in Frankfurter Kommentar zur InsO, 9. Aufl. 2018, § 156 Rn. 14 Decker in Hamburger Kommentar zum Insolvenzrecht, 7. Aufl., § 156 Rn. 4, 7 Nickert/Schilling, Umgang mit der Ungewissheit – Darstellung anhand des Verwalterberichts nach § 156 InsO, Teil 1: InsbürO 2017, 51 ff., Teil 2: InsbürO 2017, 105 ff.
10.	Haftungsansprüche	• in einem Gutachten werden mögliche Haftungsansprüche i.d.R. ausführlich erläutert • diese Erläuterungen ggf. im Bericht zur 1. GV kürzen, damit Gegner nicht zu viele Infos erhält (z. B. zu den Erfolgsaussichten) • Absprache mit dem Verwalter erforderlich	
11.	Insolvenzplanverfahren	• im Planverfahren finden sich die meisten Ausführungen bereits im Insolvenzplan • daher: Bericht zur 1. GV in verkürzter Fassung fertigen	Muster 68: »Bericht zur 1 GV (Planverfahren Firma + nat. Person)
12.	Verfahrensüberblick	• bei Erstellung des Berichtes zur 1. GV intensive Bearbeitung der einzelnen Vorgänge durch einen Sachbearbeiter: umfassender Überblick • dann: Erleichterung der weiteren Abwicklungsschritte, Bearbeitung von Posteingänge etc. (= effektive Verfahrensabwicklung)	
13.	Verzeichnisse §§ 151 – 153 InsO	• Verzeichnisse gem. §§ 151 – 153 InsO sind gem. § 154 InsO eine Woche vor der Gläubigerversammlung einzureichen • Inhalt: Vermögenswerte und Verbindlichkeiten in Zahlen dargestellt • Inhalt sollte mit den textlichen Erläuterungen im Bericht übereinstimmen: daher Abgleich der Angaben erforderlich • siehe gesonderte Checklisten	Checklisten Gläubigerverzeichnis, Verzeichnis der Massegegenstände und Vermögensübersicht

Nr.	Thema	Checkliste Berichte: Erläuterung Bericht zur ersten Gläubigerversammlung	Hilfsmittel
14.	Stichtag für die Angaben	• in den Verzeichnissen gem. §§ 151 – 153 InsO sind die Angaben auf den Zeitpunkt der Insolvenzeröffnung zu machen (§ 153 Abs. 1 Satz 1 InsO) • Verkäufe nach Insolvenzeröffnung bleiben darin demnach unberücksichtigt • Bsp.: ein zum Zeitpunkt der Gläubigerversammlung schon verkauftes Fahrzeug erscheint noch immer als Vermögenswert »Fahrzeug« und nicht als Geldbetrag auf dem Treuhandkonto • Text im Bericht sollte den Angaben in den Verzeichnissen entsprechen • dort hat man aber die Möglichkeit, Veränderungen zusätzlich zu erläutern: s. vorstehende Erläuterungen	
15.	Archivierung	• Archivierung des Berichtes zur 1. GV im Ordner »Allgemein«, Rubrik »Berichte« • soweit möglich: Einstellung im Gläubigerinformationssystem	Muster 210 – 213 (Inhaltsverzeichnis): versch. Varianten

Nr.	Thema	Checkliste Berichte: Erläuterung Erster Bericht in Kleinverfahren (IK-/4a-IN-Verf.)	Hilfsmittel
16.	Einreichung – Zeitpunkt	• in der InsO wird ein Sachstandsbericht in Kleinverfahren nicht genannt: • gem. § 29 Abs. 2 InsO Verzicht auf Berichtstermin möglich und in der Praxis der Regelfall (vor dem 01.07.2014: Regelung in § 312 Abs. 1 Satz 2 InsO für IK-Verfahren) • daher: es gibt keine gesetzliche Frist zur Einreichung oder Vorlage des Berichtes • gängig: die Gerichte wünschen solche Berichte gleichzeitig mit Vorlage der Verzeichnisse (= analog § 154 InsO: spätestens 1 Woche vor dem Prüfungstermin) • Handhabung des jeweiligen Gerichtes beachten	
17.	Aussagen (= Inhalt)	• Überblick über die Gesamtsituation des Schuldners gem. § 156 InsO: – Ursachen für die Zahlungsunfähigkeit – Angaben zu Vermögenswerten und deren möglicher Realisierung = verbale Erläuterungen der Angaben in den Verzeichnissen der §§ 151 – 153 InsO – insbesondere auch zur Einkommenssituation und zu Unterhaltspflichten – Angabe, ob ein Insolvenzplan in Betracht kommt	
18.	Entwurf	• Erstellung dieses 1. Berichtes im Entwurf • Musterbericht aufrufen und für das Verfahren neu abspeichern • individuelle Daten einsetzen: s. nachstehend »Informationsquellen«, »Zusammenstellung weiterer Infos« • Fragen bzw. offene Punkte können farblich markiert werden • spätestens drei Tage vor Fristablauf Vorlage an den Insolvenzverwalter = Möglichkeit zur Abänderung und Ergänzung	Muster 69: »Erster Bericht in Kleinverfahren«
19.	Gliederungspunkte	• die einzelnen (grds.) Gliederungspunkte ergeben sich aus dem Musterbericht • auf die Auflistung des Inhaltsverzeichnisses an dieser Stelle wird verzichtet • zum groben Überblick werden einzelne Gliederungspunkte zu Sachbereichen zusammengefasst: – Datenpool (Name etc.) – Ursachen für die Zahlungsunfähigkeit – Angaben zur Einkommenssituation und zu Unterhaltspflichten – Welche Vermögenswerte sind insgesamt vorhanden und mit welchen Erlösen ist jeweils zu rechnen?	Muster 69: »Erster Bericht in Kleinverfahren«

Nr.	Thema	Checkliste Berichte: Erläuterung Erster Bericht in Kleinverfahren (IK-/4a-IN-Verf.)	Hilfsmittel
		– Gibt es Rechte Dritte an diesen Vermögensgegenständen? Welche? – Welche freie Masse wird voraussichtlich erzielt und ist mit einer Quote für die Gläubiger zu rechnen? – Mit welcher Verfahrensdauer ist zu rechnen?	
20.	Informationsquellen	• allgemeine Daten zum Verfahren und zum Schuldner der Gerichtsakte und dem vom Schuldner ausgefüllten Fragebogen entnehmen • ggf. weiter erforderliche Informationen zu Gründen der Insolvenz etc. aus dem Gespräch mit dem Schuldner aufnehmen • ggf. Informationen zu etwaigen Vermögenswerten aus dem aktuellen Schriftverkehr mit Dritten einfügen	Muster 69: »Erster Bericht in Kleinverfahren«
21.	Zusammenstellung weiterer Infos	• aktuelle Geschehnisse seit der Insolvenzeröffnung können im Text – anders als in den Verzeichnissen – aufgenommen werden • dazu kann man wie folgt vorgehen: – ggf. aktuelle Posteingänge bearbeiten: interessante Informationen für den Bericht darin? – Gelegenheit beim Durchblättern nutzen: ggf. erforderliche Schreiben zur Einleitung der Realisierung eines Vermögenswertes fertigen – dann im Bericht ggf. allgemeine Formulierung aufnehmen, dass »noch kein Ergebnis vorliegt, aber erwartet wird« – bei Vermögenswerten Text aktualisieren: Wurde bereits etwas verkauft? Zu welchem Preis? Liegen ggf. Angebote vor? Ist aktuell etwas zu veranlassen? – bei jeglichen Ansprüchen gegen Dritte: Wurden diese bereits geltend gemacht? Kann bereits etwas zu der jeweiligen Durchsetzungsmöglichkeit gesagt werden?	
22.	Stichtag für die Angaben	• in den Verzeichnissen gem. §§ 151 – 153 InsO sind die Angaben auf den Zeitpunkt der Insolvenzeröffnung zu machen (§ 153 Abs. 1 Satz 1 InsO) • Verkäufe nach Insolvenzeröffnung bleiben darin demnach unberücksichtigt • Bsp.: ein zum Zeitpunkt der Gläubigerversammlung schon verkauftes Fahrzeug erscheint noch immer als Vermögenswert »Fahrzeug« und nicht als Geldbetrag auf dem Treuhandkonto • Text im Bericht sollte den Angaben in den Verzeichnissen entsprechen • dort hat man aber die Möglichkeit, Veränderungen zusätzlich zu erläutern: s. vorstehend	
23.	Tabellenform	• der Musterbericht enthält keine vollständigen Sätze mehr • Informationen werden in Stichworten in Tabellenform gegeben • dadurch: erhebliche Arbeitserleichterung beim Rechtspfleger = schnelle Erfassung der erforderlichen Informationen • ebenso: zügige Erstellung durch den Insolvenzsachbearbeiter • Achtung: vorherige Abstimmung mit den Insolvenzgerichten (= Erfahrung: viele positive Rückmeldungen, aber auch Ablehnung denkbar)	Muster 69: »Erster Bericht in Kleinverfahren«
24.	Verfahrensüberblick	• bei Erstellung des 1. Berichtes mit intensiver Bearbeitung der einzelnen Vorgänge durch einen Sachbearbeiter: umfassender Überblick • dann: Erleichterung der weiteren Abwicklungsschritte, Bearbeitung von Posteingänge etc. (= effektive Verfahrensabwicklung)	
25.	Verzeichnisse §§ 151 – 153 InsO	• Verzeichnisse gem. §§ 151 – 153 InsO sind gem. § 154 InsO eine Woche vor der Gläubigerversammlung einzureichen • dies gilt auch in Kleinverfahren • Inhalt: Vermögenswerte und Verbindlichkeiten in Zahlen dargestellt • Inhalt sollte mit den textlichen Erläuterungen im Bericht übereinstimmen: daher Abgleich der Angaben erforderlich • siehe gesonderte Checklisten	Checklisten Gläubigerverzeichnis, Verzeichnis der Massegegenstände und Vermögensübersicht

Nr.	Thema	Checkliste Berichte: Erläuterung Erster Bericht in Kleinverfahren (IK-/4a-IN-Verf.)	Hilfsmittel
26.	Archivierung	• Archivierung des Berichtes im Ordner »Allgemein«, Rubrik »Berichte« • soweit möglich: Einstellung im Gläubigerinformationssystem	Muster 211 – 212 (Inhaltsverzeichnis): versch. Varianten

Nr.	Thema	Checkliste Berichte: Erläuterung Halbjahresberichte/ Sachstandsberichte	Hilfsmittel
27.	Inhalt	• Erläuterungen zu den Verwertungsaktivitäten in einem bestimmten Zeitraum • i.d.R. Berichtszeitraum: sechs Monate • Nachweis über aktuellen Kontostand • ggf. fortlaufende Prüfung der bisherigen Tätigkeiten • siehe gesonderte Checkliste	Checkliste Halbjahresbericht Muster 70: »Halbjahresbericht in Regelinsolvenz – ForStaB« Muster 71: »Halbjahresbericht Kleinverfahren«

Nr.	Thema	Checkliste Berichte: Erläuterung Schlussberichte	Hilfsmittel
28.	Inhalt	• Bericht über den gesamten Verlauf des Insolvenzverfahrens • Darstellung der Einnahmen und Ausgaben • siehe gesonderte Checkliste	Checkliste Schlussbericht Muster 303 – 310 (Schlussberichte)

Nr.	Thema	Checkliste Berichte: Erläuterung Ausschüttungsberichte	Hilfsmittel
29.	Inhalt	• Bericht über die Verteilung des Massebestandes • Nachweis über die Berücksichtigung der Rangfolge der einzelnen Gläubigergruppen • siehe gesonderte Checkliste	Checkliste Ausschüttungsberichte Muster 39 – 45 (Ausschüttungsberichte)

Nr.	Thema	Checkliste Berichte: Erläuterung Jahresberichte	Hilfsmittel
30.	Inhalt	• Bericht des Treuhänders während der RSB-Phase • Erläuterung über Vereinnahmung etwaiger pfändbarer Einkommensanteile oder Erbschaften • ggf. Erläuterungen über Erfüllung der Obliegenheiten • siehe gesonderte Checkliste	Checkliste Restschuldbefreiungsphase Muster 297 – 298 (RSB-Phase): Jahresberichte

Checkliste 14: Betriebsfortführung

27 Ein schuldnerischer Betrieb wird gerade im Eröffnungsverfahren häufig fortgeführt, um zunächst einmal prüfen zu können, ob eine Sanierung des Unternehmens in Betracht kommt. Bis zu einer solchen abschließenden Entscheidung wird der Betrieb damit erhalten. Dies entspricht der gesetzlichen Regelung in § 22 Abs. 1 Nr. 2 InsO. Die Entscheidung über eine Stilllegung oder Fortführung trifft gem. § 157 InsO die Gläubigerversammlung im Berichtstermin. Bei einer Stilllegung vor dem Berichtstermin ist die Zustimmung des Gläubigerausschusses einzuholen (§ 158 Abs. 1 InsO). Wenn ein solcher fehlt, ist der Schuldner zu unterrichten (§ 158 Abs. 2 InsO).

Eine Betriebsfortführung bedeutet, dass das schuldnerische Unternehmen weiterarbeitet. Bei einem produzierenden Unternehmen wird z. B. Ware bestellt, verarbeitet, produziert und an Dritte verkauft. Alle Handlungen geschehen unter Aufsicht des vorläufigen Insolvenzverwalters oder des Verwalters im eröffneten Verfahren. Er muss jeder unternehmerischen Handlung zustimmen bzw. sie anordnen, um eine Verminderung des Vermögens zu verhindern. Hierfür sind insbesondere Planungsrechnungen und Kalkulationen von größter Wichtigkeit. Aber auch andere Arbeitsschritte sind erforderlich, um diesem Auftrag der Vermögenserhaltung oder -mehrung bzw. der Verhinderung der Vermögensminderung nachzukommen.

(Die Übersicht ist nach gängigen Informationen und Arbeitsschritten sortiert. Am Ende finden sich zusätzliche Informationen in alphabetischer Reihenfolge.)

28

Nr.	Thema	Checkliste Betriebsfortführung: Erläuterung	Hilfsmittel
1.	Gesetzlicher Auftrag	• vorläufiger Insolvenzverwalter soll das schuldnerische Unternehmen bis zur Entscheidung über die Eröffnung fortführen (§ 22 Abs. 1 Satz 2 Nr. 2 InsO) • Stilllegung nur, um eine erhebliche Verminderung des Vermögens zu vermeiden • diese Regelung gilt allerdings gem. § 22 Abs. 1 Satz 1 InsO nur für den starken Verwalter • Anwendung für den schwachen vorläufigen Verwaltung über § 22 Abs. 2 InsO	
2.	GOI	• GOI = Grundsätze ordnungsgemäßer Insolvenzverwaltung (70 Grundsätze) • hinsichtlich der Betriebsfortführung gelten folgende Grundsätze: – Grundsatz 37: Sicherstellung der Funktionsfähigkeit der Personalabteilung, insbesondere der Lohn- und Gehaltsbuchhaltung (ggf. durch externe Dienstleister) – Grundsatz 53: Antrag auf Einzelermächtigung während der vorläufigen Verwaltung – Grundsätze 54 (Absicherung) und 55 (Verteilungsreihenfolge): s. Checkliste Masseverbindlichkeiten – Grundsatz 56: Ausschöpfung aller Möglichkeiten der Betriebsfortführung zwecks Erhalt des Unternehmens und der Arbeitsplätze – Grundsatz 57: Erfordernis einer zeitnahen Liquiditätsplanung in Anlehnung an IDW-Standard, Überprüfung der Einhaltung der Planung in regelmäßigen Abständen durch Soll-/Ist-Vergleich – Grundsatz 58: Regelungen zur Auslaufproduktion • *(Die Autoren danken dem VID für die freundliche Zustimmung zur Veröffentlichung von Hinweisen auf die GOIs)*	VID = Verband Insolvenzverwalter Deutschlands e.V. www.vid.de
3.	Fortführungs-/Fortbestehensprognose	• bei fortgeführten Betrieben hat der Sachverständige im Eröffnungsverfahren Ausführungen zur möglichen Überschuldung zu machen • eine solche liegt gem. § 19 Abs. 2 InsO nicht vor, wenn eine positive Fortführungs-/Fortbestehensprognose besteht • hoher Arbeitsaufwand für belastbare Prognose: Unternehmenskonzept, plausible Finanz-, Gewinn- und Verlustrechnungs- und Bilanzplanung • Ansätze und Bewertungen der Planzahlen müssen nachvollziehbar sein	Literaturtipp: Ehlers, Anforderungen an die Fortführungs-/Fortbestehensprognose, ZInsO 2016, 1244
4.	Arbeitnehmer	• zur Sicherstellung einer Betriebsfortführung ist Motivation der Arbeitnehmer erforderlich • insbesondere Aufklärung über ihre Rechte (Insolvenzgeld, Urlaubs- und Überstundenansprüche etc.) (s. GOI Nr. 23)	Muster 30 (Arbeitsverhältnisse): »Arbeitnehmerversammlung – Leitfaden«
5.	Arbeitnehmerliste	• es ist ein Überblick über sämtliche Arbeitnehmer mit allen erforderlichen Daten (persönliche, Betriebszugehörigkeit etc.) zu erstellen • entsprechende Aufstellung im schuldnerischen Unternehmen erstellen lassen • Insolvenzgeldvorfinanzierung wird i.d.R. durchgeführt: vorstehende Aufstellung klärt: »Wer bekommt welchen Lohn oder welches Gehalt?« • Übersicht dient auch der möglichen Vorbereitung von Kündigungen, ggf. Erarbeitung eines Sozialplans, Massenentlassungsanzeige	Checkliste Arbeitsverhältnisse Muster 29 (Arbeitsverhältnisse): »Arbeitnehmerliste für Insolvenzgeld«
6.	Insolvenzgeldvorfinanzierung	• Voraussetzung: Ausgleich der laufenden und zukünftigen Lohn- und Gehaltsansprüche • Insolvenzgeldvorfinanzierung: Insolvenzgeld wird unverzüglich schon vor Insolvenzeröffnung ausgezahlt • Finanzierung durch ein Darlehen bei einer Bank	Checkliste Insolvenzgeldvorfinanzierung

Nr.	Thema	Checkliste Betriebsfortführung: Erläuterung	Hilfsmittel
		• Voraussetzung: Fortführungskonzept und Zustimmung der Arbeitsagentur • Darlehen bei einer Bank beantragen • Kauf- und Abtretungsverträge mit Arbeitnehmern schließen etc.	
7.	Kündigungen	• ggf. müssen Kündigungen der Arbeitnehmer vorsorglich oder endgültig ausgesprochen werden • Klärung, ob diese vorbereitet werden sollen • während der vorläufigen Verwaltung müssen etwaige Kündigungen ggf. vom Schuldner und dem vorläufigen Verwalter unterzeichnet werden (je nach Verfahrensart): s. gesonderte Checkliste	Checkliste Arbeitsverhältnisse Berscheid/Bertram, Richtig kündigen im Insolvenzeröffnungsverfahren – Teil 1. Bestellungsbeschluss und Arbeitgeberfunktion des vorläufigen Insolvenzverwalters, InsbürO 2004, 128 ff.
8.	Versorgungsunternehmen – Zählerstände	• beim ersten Besuch im schuldnerischen Unternehmen sollten die Zählerstände schon direkt abgelesen werden • ggf. aber auch Versorgungsunternehmen zur Ablesung beauftragen	Checkliste vorläufige Verwaltung
9.	Versorgungsunternehmen – Zahlungsweise	• Kontaktaufnahme mit einzelnen Vertragspartner zur Klärung ausstehender und zukünftiger Beiträge • betr. i.d.R. Gas-, Strom- und Wasserlieferanten • ggf. Betrag als Sicherheit hinterlegen und Verrechnung mit laufenden Abschlägen ermöglichen • Trennung der aufgelaufenen Rückstände und der zukünftigen Beiträge (§ 105 InsO = Teilbarkeit) • Rückstände sind einfache Insolvenzforderungen, ab Zahlungszustimmung während der vorläufigen Verwaltung bzw. Eröffnung: Ausgleich als Masseverbindlichkeit • Schriftverkehr in die Rubriken »Immobilie« oder »Verträge« heften	Checkliste Vertragsverhältnisse Muster 377 (Vertragsverhältnisse): »Vertragsverhältnisse – Übersicht« Muster 77: »Zahlungszustimmung an Dauerlieferant« Ahrendt in Hamburger Kommentar zum Insolvenzrecht, 7. Aufl., § 105 Rn. 5
10.	Inventur	• Inventur = Bestandsaufnahme aller Vermögensgegenstände nach Art, Menge und Wert zu einem bestimmten Zeitpunkt • dadurch Dokumentation der Vermögenswerte bei Amtsübernahme • Inventur am Tag der Anordnung des vorläufigen Verfahrens und am Tag der Eröffnung vornehmen lassen (= zu beiden Stichtagen) • Listen und Schriftverkehr in Rubrik »Inventar« abheften	Muster 210 (Inhaltsverzeichnis): Inhaltsverzeichnis jur. Pers.
11.	Aus- und Absonderungsgläubiger	• es ist ein Überblick erforderlich, welche Vertragspartner Aus- und Absonderungsrechte an betrieblichen Gegenstände haben • es ist ggf. eine Anordnung gem. § 21 Abs. 2 Satz 1 Nr. 5 InsO beim Insolvenzgericht anzuregen: kein Einzug oder Verwertung durch Aus- und Absonderungsgläubiger • Zahlung von Nutzungsentschädigung frühestens 3 Monate nach Anordnung (§ 21 Abs. 2 Satz 1 Nr. 5 Satz i.V.m. § 169 InsO) • diese Regelung gilt nach der Rechtsprechung für Aus- und Absonderungsrechte	Checkliste Aussonderungsrechte Checkliste Absonderungsrechte Nutzungsentgelt für Aussonderungsberechtigte: BVerfG v. 22.03.2012 – 1 BvR 3169/11 in InsbürO 2013, 112, ZInsO 2012, 1220, WKRS 2012, 16501 Muster 377 (Vertragsverhältnisse): »Vertragsverhältnisse – Übersicht« Muster 397 – 398 (vorläufige Verwaltung): »Antrag an das Insolvenzgericht gem. § 21 Abs. 1 Nr. 5 InsO« (darin Passus wg. Aus- und Absonderungsgläubigern) Muster 14 (Absonderungsrechte): »Einziehungs- und Verwertungsstopp – Info an Gläubiger«

Nr.	Thema	Checkliste Betriebsfortführung: Erläuterung	Hilfsmittel
12.	Treuhandkonto – Anlage	• der gesamte Zahlungsverkehr sollte unverzüglich über ein Treuhandkonto und nicht mehr über die alten Geschäftskonten des Unternehmens abgewickelt werden • daher: Kontonummer entweder einer vorliegenden Konto-Liste entnehmen oder bei der Bank anfordern • in beiden Fällen: kurzes Anschreiben an die Bank	Checkliste Treuhandkonto Muster 342 (Treuhandkonto): »Eröffnung Treuhandkonto – Übersendung Beschluss«
13.	Treuhandkonto – Buchung	• die einzelnen Buchungen der Betriebsfortführung (Einnahmen und Ausgaben) sind auf getrennte Konten – extra für die Betriebsfortführung – zu buchen • ggf. Zuordnung zu Überpositionen (z.B. »A120« o.ä.) vornehmen, um genaue Trennung zu anderen Buchungen, die auch ohne Betriebsfortführung angefallen wären, zu schaffen • es ist später eine Einnahmen-Überschussrechnung zu fertigen • daher Zuordnung bei jedem Buchungsvorgang: Resultiert Einnahme oder Ausgabe aus Betriebsfortführung?	Muster 304 (Schlussberichte): »Schlussbericht jur. Person« – darin: Gliederungspunkt »Überschussermittlung aus Betriebsfortführung« »Summen- und Saldenliste« aus Insolvenzsoftware
14.	Treuhandkonto – EV-Rechte	• für mögliche Eigentumsvorbehaltsrechte kann es im Einzelfall sinnvoll sein, ein gesondertes zweites Treuhandkonto anzulegen • Einnahmen aus Weiterveräußerung oder Verarbeitung von Waren mit EV-Rechten dann dort vorsorglich separieren • das Konto sollte dann auf den Auszügen eine erweiterte Bezeichnung haben: »Treuhandkonto – EV-Rechte«	Checkliste Treuhandkonto Muster 342 (Treuhandkonto): »Eröffnung Treuhandkonto – Übersendung Beschluss«
15.	Treuhandkonto – Steuerverbindlichkeiten	• Verbindlichkeiten aus dem Steuerverhältnis während der vorläufigen Verwaltung = Masseverbindlichkeit nach Eröffnung (§ 55 Abs. 4 InsO) • ggf. gesondertes Treuhandkonto anlegen und entsprechende Beträge zur Abdeckung dieser Steuerverbindlichkeiten dort gesondert verwahren (beachte: kein Schutz des Gläubigers vor MUZ) • das Konto sollte dann auf den Auszügen eine erweiterte Bezeichnung haben: »Treuhandkonto 2« oder »Treuhandkonto – Steuer«	Checkliste Treuhandkonto Muster: s. vorstehend Checkliste Steuerangelegenheiten Zur Anwendung des § 55 Abs. 4 InsO: s. Busch, InsbürO 2016, 443: detaillierte Übersicht über alle BMF-Schreiben und Handhabung damit
16.	Forderungseinzug	• Debitorenliste vom schuldnerischen Unternehmen geben lassen • während der vorläufigen Verwaltung: Einzugsrecht bei Vorliegen einer Globalzession prüfen • ggf. sämtliche Debitoren über erforderliche Zahlung auf Treuhandkonto informieren • Hinweis an diese: schuldbefreiende Wirkung nur noch bei Zahlung auf Treuhandkonto • wenn bereits ein Zahlungsverzug vorliegt, dann die Debitoren auch gleichzeitig mahnen • Zahlungseingang überwachen und Forderungseinzug intensiv betreiben • neu begründete Forderungen während der vorläufigen Verwaltung und im eröffneten Verfahren unterliegen keiner möglichen Globalzession und sind daher für die Insolvenzmasse frei (Ausnahme: Einsatz von Beständen mit Sicherungsrechten, z.B. Sicherungsübereignung, mit Anschlusszession) • viele weitere wichtige Hinweise in der gesonderten Checkliste	Checkliste Forderungseinzug Zur Einziehungsbefugnis: BGH v. 20.02.2003 – IX ZR 81/02 in ZInsO 2003, 318, WKRS 2003, 15778 Bei Entzug Einziehungsbefugnis durch Sicherungsnehmer: BGH v. 22.07.2007 – IX ZR 2/06 in WKRS 2007, 12617 Muster 140 – 141 (Forderungseinzug): »Mahnschreiben 1 und 2«
17.	Bankkonten – Briefkopf	• auf den Briefköpfen des schuldnerischen Unternehmens sind i.d.R. die vorhandenen Bankkonten aufgeführt • diese müssten gestrichen und die neue Treuhandkonto-Nummer auf die Briefbögen gesetzt werden • Kunden müssen aufgefordert werden, nur noch auf diese Kontoverbindung zu zahlen: s. vorstehend Forderungseinzug • entsprechendes Gespräch im Unternehmen zwecks Veranlassung führen	

Nr.	Thema	Checkliste Betriebsfortführung: Erläuterung	Hilfsmittel
18.	Rechnungen **an** Dritte	• bei Rechnungsstellung an Kunden des schuldnerischen Unternehmens gilt: § 14 Abs. 4 UStG beachten: s. nachstehend »Rechnung von Dritten« • Besonderheit: mit Anordnung der vorläufigen Verwaltung mit neuen Rechnungsnummern arbeiten • das gleiche bei Insolvenzeröffnung: nochmals einen neuen Stamm von Rechnungsnummern starten • dadurch ist die Abgrenzung Altforderung – Forderung begründet im vorläufigen Verfahren – Forderungen begründet im eröffneten Verfahren schon anhand der Rechnungsnummer möglich • Buchung auf jeweils gesonderte Sachkonten wird dadurch erleichtert	Checkliste Treuhandkonto – Buchungssätze > Forderungseinzug
19.	Rechnungen an öffentliche Auftraggeber	• bei öffentlichen Auftraggebern ist das E-Rechnungsgesetz (BGBl. I 2017, Nr. 19, S. 770) zu berücksichtigen = elektronischer Rechnungsaustausch – Akzeptanz der Rechnung nur unter Berücksichtigung der Vorgaben – nicht betroffen: Rechnung unter 1.000 EUR netto – Inkrafttreten: ab 27.11.2018 für Bundesministerien, ab 27.11.2019 für alle anderen öffentlichen Auftraggeber – Unternehmen müssen auf elektronischen Rechnungsaustausch umstellen	Nähere Informationen zum elektronischen Rechnungsaustausch: www.verband-e-rechnung.org > E-Rechnung > z.B. häufig gestellte Fragen
20.	Bankkonten – Guthaben	• Guthaben auf ursprünglichen Bankkonten des schuldnerischen Unternehmens zur Insolvenzmasse ziehen • Anschreiben an alle bekannten Banken fertigen • mit dem Verwalter etwaigen Kontoerhalt oder ggf. Kontoschließung klären • mögliche Anfechtung von Verrechnungen im 3-Monats-Zeitraum vor Insolvenzantragstellung prüfen	Checkliste Bank Muster 56 – 57 (Bank): »Kontoguthaben – Einziehung« Checkliste Anfechtungsansprüche
21.	Fortführungsaussichten	• Verpflichtung eines Insolvenzverwalters zur Prüfung der Erfolgsaussichten einer Betriebsfortführung • dafür u.a. wichtig: Werthaltigkeit des bestehenden und Begründung eines künftigen Forderungsbestandes	Klärungspflicht: BGH v. 06.10.2011 – IX ZR 105/09 in ZInso 2012, 137, WKRS 2011, 27743
22.	Betriebsnummer	• mit Insolvenzeröffnung ist eine neue Betriebsnummer für die Insolvenzmasse anzufordern, sofern Löhne und Gehälter an Arbeitnehmer im eröffneten Verfahren gezahlt werden • während der vorläufigen Verwaltung ist dies i.d.R. nicht erforderlich, weil für diesen Zeitraum Insolvenzgeld gezahlt wird • weitere Informationen in gesonderter Checkliste	Checkliste Arbeitsverhältnisse
23.	Kasse	• Handkasse des schuldnerischen Unternehmen ggf. erhalten und für erforderliche Barausgaben auffüllen • wöchentlich Kassenberichte nebst Belegen vom schuldnerischen Unternehmen schicken lassen • Merkblatt für Kassenführung an entsprechende Mitarbeiter im Betrieb übergeben und Einhaltung kontrollieren – viele einzelne Kriterien der Kassenführung, die bei Nichteinhaltung zu steuerlichen Nachforderungen, aber auch zu Steuerstraftatbeständen führen können • Wiedervorlagen für diese Kontrollen notieren • GoBD (= Grundsätze ordnungsgemäßer Führung und Aufbewahrung von Büchern, Aufzeichnungen und Unterlagen in elektronischer Form sowie zum Datenzugriff) beachten – ab 01.01.2017 Anwendung GoBD verpflichtend = Verwendung von GoBD-konformen Registrierkassen – bei Nichtbeachtung drohen seitens der Finanzverwaltung Hinzuschätzungen, die als Masseverbindlichkeit zu begleichen wären – Informationen zu den Anforderungen der GoBD-konformen Kassen: s. rechts	Muster 75: Kassenführung – Merkblatt Wiedervorlagen-Kalender www.kassen-gobd.de Erläuterungen zu GoBD-konformen Kassen: InsbürO aktuell 2017, 94 f. Zistler, Die Kasse des Schuldners – Büchse der Pandora und/oder Buch mit sieben Siegeln? InsbürO 2017, 322 ff.

Nr.	Thema	Checkliste Betriebsfortführung: Erläuterung	Hilfsmittel
24.	Informationen an Kunden und Lieferanten	• Kunden und Lieferanten sind häufig irritiert, wenn sie von dem Insolvenzantrag erfahren • ein Rundschreiben an alle Kunden und Lieferanten mit Informationen zum Insolvenzverfahren und zum weiteren Vorgehen beruhigt in vielen Fällen • Abstimmung mit Verwalter, ob ein solches verschickt werden soll • erspart ggf. viele Nachfragen und verringert Unsicherheiten • ersetzt allerdings keine persönlichen Gespräche des Verwalters mit Großlieferanten oder Hauptkunden	
25.	Zahlungszusicherung – allgemein	• Lieferanten/Dienstleister möchten bei einem laufenden Insolvenzverfahren Sicherheit darüber, dass ihre Rechnung auch bezahlt wird • daher: Zustimmung durch vorläufigen Insolvenzverwalter erforderlich (Achtung: Risiko bei persönlichen Zahlungsgarantien) • Einzelermächtigung durch Insolvenzgericht oder Ausgleich vor Insolvenzeröffnung erforderlich: s. nachfolgend Einzelermächtigung oder Vorkasse • Informationsschreiben an Lieferanten/Dienstleister über Vorgehensweise versenden • schuldnerisches Unternehmen muss jede Bestellung abzeichnen lassen (Freigabe): Formblatt mit notwendigen Informationen vorgeben – im eröffneten Verfahren: Auftragsvergabe = Verbindlichkeiten aus Handlungen des Insolvenzverwalters oder durch Inanspruchnahme einer Leistung zugunsten der Masse: Masseverbindlichkeit gem. § 55 Abs. 1 Nr. 1 InsO	Muster 80: »Zahlungszusicherung an Warenlieferanten« Muster 78: »Zahlungszusicherung an Dienstleister« Checkliste Masseverbindlichkeiten Zur Begründung von Masseverbindlichkeiten: BGH v. 07.05.2009 – IX ZR 61/08 in ZInsO 2009, 1102, WKRS 2009, 14374 Frind, Die Begründung von Masseverbindlichkeiten bei der Betriebsfortführung im Insolvenzeröffnungsverfahren, Teil 1: InsbürO 2014, 217 ff., Teil 2: InsbürO 2014, 264 ff., Teil 3: InsbürO 2014, 323 ff.
26.	Zahlungszusicherung – Überblick	• Archivierung der erteilten Zusicherungen (Freigaben) alphabetisch in Ordnern »offene Zusicherungen A – Z« und »bezahlte Zusicherungen A – Z« • kein Schriftverkehr zu Dauerschuldverhältnissen: diese gehören in den Ordner »Vertragsverhältnisse« • Erstellung und Führung einer Übersicht der erteilten Zusicherungen: Welche Zusicherungen sind noch offen, welche wurden wann bezahlt? • Daten ständig bei Erteilung einer Zustimmung und Bezahlung einer Rechnung aktualisieren • Daten aus diesem Überblick fließen in Soll-Ist-Abgleich zur Planungsrechnung und in die Überprüfung der weiteren Planungsrechnungen (Anpassung) ein	Muster 210 (Inhaltsverzeichnis): »Inhaltsverzeichnis jur. Person« Muster 76: »Zahlungszusicherungen – Übersicht«
27.	Einzelermächtigung – grundsätzlich	• für schwachen vorläufigen Verwalter greift § 55 Abs. 2 InsO (= Begründung von Masseverbindlichkeiten) nicht • Vorteil: Schonung der Insolvenzmasse • Nachteil: für Betriebsfortführung im vorläufigen Verfahren mit Zustimmungsvorbehalt müssen Verbindlichkeiten begründet werden, die ggf. erst nach Verfahrenseröffnung gezahlt werden können, aber grds. nicht mehr gezahlt werden dürfen (Schuldner braucht Zustimmung des schwachen vorl. Verwalters, § 21 Abs. 2 Nr. 2 2. Alt. InsO) • Rechtsprechung fordert hierfür eine Einzelermächtigung durch das Insolvenzgericht • Zweck: mit Einzelermächtigung werden begründete, aber noch nicht bezahlte Verbindlichkeiten aus der Zeit der vorläufigen Verwaltung mit Insolvenzeröffnung zu Masseverbindlichkeiten	Zur Einzelermächtigung: BGH v. 18.07.2002 – IX ZR 195/01 in ZInsO 2002, 819 WKRS 2002, 23632 Zur Begründung von Masseverbindlichkeiten: BGH v. 07.05.2009 – IX ZR 61/08 in ZInsO 2009, 1102, WKRS 2009, 14374 Einzelermächtigung für unechten Massekredit: AG Hannover v. 24.09.2018 – 904 IN 472/18, InsbürO 2019, 51, ZInsO 2018, 2420

Nr.	Thema	Checkliste Betriebsfortführung: Erläuterung	Hilfsmittel
		• dürfen dementsprechend auch nach Insolvenzeröffnung noch gezahlt werden (= keine einfachen Insolvenzforderungen) • Achtung bei Formulierung der Zahlungszusicherung an Lieferanten und andere Dritte: siehe Muster • wg. anderer Möglichkeit der Zahlung: siehe nachfolgend Zahlungszusicherung – Ausgleich	
28.	Einzelermächtigung – Antrag	• Antrag auf Einzelermächtigung erfordert angemessene Informationen über die konkrete Art und den Umfang der Leistungen, die aus der vorhandenen Masse bezahlt werden sollen sowie konkrete Benennung des Leistenden • dabei auch: Erläuterungen zur Finanzierbarkeit machen (Liquiditätsplan: s. nachstehend) • Problem: manche Gerichte lehnen eine Einzelermächtigung ab (dann ggf. »Treuhandmodell«) • im Einzelfall klären, welche Handhabung beim Insolvenzgericht gewünscht ist • s. auch Nr. 5 der Heidelberger Leitlinien (= Aufstellung von Leitlinien durch acht Insolvenzrichter in Baden-Württemberg zur Zusammenarbeit von Insolvenzgericht und Insolvenzverwaltern): – darin: Bestätigung der obigen Erläuterungen	Muster 73: »Einzelermächtigung – Antrag« Muster 74: »Einzelermächtigung – Anlage zum Antrag« Heidelberger Leitlinien, ZInsO 2009, 1848
29.	Einzelermächtigung – Gruppenprojekt	• nach den Heidelberger Leitlinien (Nr. 5) soll auch eine Ermächtigung für ein Gruppenprojekt (z. B. Bauprojekt) möglich sein • dafür: genaue Bezeichnung der Gruppe mit Benennung des Kostenumfangs	Heidelberger Leitlinien, ZInsO 2009, 1848
30.	Vorkassezahlungen	• um eine Einzelermächtigung zu umgehen, kann man auch Vorkassezahlungen mit Lieferanten und Dienstleistern vereinbaren • dann greift der Bargeschäftscharakter gem. § 142 InsO • Lieferanten und Dienstleister erhalten auf diese Weise eigene Sicherheit	BGH v. 18.07.2002 – IX ZR 195/01 in ZInsO 2002, 819 WKRS 2002, 23632 Wipperfürth, Anfechtbarkeit und Eigentumsvorbehalt bei Vorkassezahlungen, Teil 1: InsbürO 2013, 132 ff., Teil 2: InsbürO 2013, 172 ff.
31.	Zahlungszusicherung – Ausgleich	• der Ausgleich einer Rechnung und damit ein Ausgleich einer Zahlungszusicherung kann im vorläufigen Verfahren auch ohne Einzelermächtigung erfolgen: Bargeschäft gem. § 142 InsO (vorherige Abstimmungen mit dem Schuldner/Geschäftsführer) • dafür: entweder sofortige oder aber zeitnahe Bezahlung der entgegen genommenen Lieferung oder Leistung	Schutz durch Bargeschäft: BGH v. 18.07.2002 – IX ZR 195/01 Rn. 45 in ZInsO 2002, 819 WKRS 2002, 23632
32.	Rechnungen **von** Dritten	• bei Eingangsrechnungen auf Erfüllung der Anforderungen des § 14 Abs. 4 UStG für Rechnungserstellung achten • Vorsteuerabzug gem. § 15 UStG nur bei ordnungsgemäßen Rechnungen gegenüber der Finanzverwaltung möglich • Adressat ist das schuldnerische Unternehmen und nicht der vorläufige Insolvenzverwalter • kein Ausgleich von Rechnungen, die Merkmale nicht erfüllen, da ansonsten ein Schaden für die Insolvenzmasse und damit eine Haftung gem. § 60 InsO droht	Checkliste Steuerangelegenheiten Checkliste Masseverbindlichkeiten Schmittmann, Rechnungsanforderungen im Insolvenzverfahren, InsbürO 2006, 383 f. Zu den Rechnungsanforderungen: BFH v. 29.08.2012 – XI R 40/10 in InsbürO 2013, 246, ZInsO 2013, 200, WKRS 2012, 29514 (keine Veröffentlichung im BStBl.)

Nr.	Thema	Checkliste Betriebsfortführung: Erläuterung	Hilfsmittel
33.	Haftpflichtversicherung – gesonderte	• in größeren Insolvenzverfahren mit Betriebsfortführungen reicht ggf. der normale Versicherungsschutz des Insolvenzverwalters nicht aus, um etwaige Schäden abzudecken • dann ist die ggf. der Abschluss einer gesonderten Haftpflichtversicherung erforderlich • Achtung: Prämien einer solchen Versicherung sind vom Insolvenzverwalter selbst zu zahlen und später bei der Vergütungsfestsetzung als besondere Auslagen i.S.d. § 4 Abs. 3 Satz 2 InsVV erstattungsfähig; Voraussetzung: i.d.R. vor Vertragsabschluss Abstimmung mit dem Insolvenzgericht über Vorliegen des überdurchschnittlichen Risikos; Vorschussantrag für diese Auslagen möglich • bei einem Gläubigerausschuss: Abstimmung auch mit diesem • kostenlose Berechnung von Objektdeckungssummen im einzelnen Verfahren möglich: s. nebenstehend (wird auch von den Insolvenzgerichten zur Überprüfung der abgeschlossenen Versicherungen genutzt)	Muster 366 (Vertragsverhältnisse): »Haftpflichtversicherung – besondere – Zustimmung Insolvenzgericht« Ermittlung Versicherungsumfang: www.insorisk.de
34.	Mietverhältnis	• wird der Betrieb in angemieteten Räumlichkeiten geführt: – Kündigungssperre des Vermieters gem. § 112 InsO greift nach der Rechtsprechung nicht für einen Zahlungsverzug nach Insolvenzantragstellung – daher: Prüfung, wie lange die Räumlichkeiten benötigt werden – Mieten ggf. über Einzelermächtigung während der vorläufigen Verwaltung ausgleichen	Zur Kündigungsmöglichkeit während der vorläufigen Verwaltung: BGH v. 18.07.2002 – IX ZR 195/01 in ZInsO 2002, 819, WKRS 2002, 23632
35.	Versicherungsprämien	• Ermittlung von relevanten Versicherungen für die Betriebsfortführung, z. B.: – Betriebshaftpflichtversicherung – Geschäftsinhaltsversicherung – Kfz-Haftpflichtversicherung • Kontaktaufnahme mit einzelnen Versicherungen zur Klärung ausstehender und zukünftiger Beiträge • ggf. Zahlungsfälligkeit auf monatlich umstellen • Trennung der aufgelaufenen Rückstände und der zukünftigen Beiträge (§ 105 InsO = Teilbarkeit) • Achtung: Bei Mahnung durch die Versicherungsgesellschaft gem. § 38 VVG ist der Versicherungsschutz in Gefahr: daher ggf. für Ausgleich der ausstehenden Prämien sorgen: s. weitergehende Hinweise in Checkliste Versicherungsverträge • Schriftverkehr in der Rubrik »Vertragsverhältnisse« archivieren	Muster 79: »Zahlungszustimmung an Versicherung« Muster 377 (Vertragsverhältnisse): »Vertragsverhältnisse – Übersicht« Checkliste Vertragsverhältnisse Checkliste Versicherungsverträge > »Beitragszahlungen« Ahrendt in Hamburger Kommentar zum Insolvenzrecht, 7. Aufl., § 105 Rn. 5
36.	Versicherungsverträge	• ggf. Wechsel von Versicherungsverträgen zu anderen Gesellschaften mit günstigeren Prämien	Checkliste Versicherungsverträge > »Kündigungsfrist« »Vertragswechsel«
37.	Vertragsverhältnisse	• Welche Verpflichtungen aus Verträgen müssen während der Betriebsfortführung bezahlt werden? • Gibt es zusätzlich zu den Rubriken – Aus- und Absonderungsrechte – Versicherungsgesellschaften – Versorgungsunternehmen weitere Dauerschuldverhältnisse, z. B. Vermieter, Telefon etc.? • Übersicht über Vertragsverhältnisse sollte diese zusätzlichen Vertragsverhältnisse enthalten • Übersicht im schuldnerischen Unternehmen erstellen lassen: Muster übergeben • Ordner »Verträge« mit einzelnen Rubriken für jeden Vertragspartner anlegen • Unterlagen zu Aus- und Absonderungsrechten gehören i.d.R. in den Inventarordner	Muster 377 (Vertragsverhältnisse): »Vertragsverhältnisse – Übersicht« Checkliste Vertragsverhältnisse
38.	Zahlungsüberblick	• die Übersicht über Vertragsverhältnisse sollte Angaben über die Zahlungsmodalitäten der Dauerschuldverhältnisse enthalten • Was muss wann in welcher Höhe bezahlt werden? • betr. Versicherungsprämien, Versorgungsunternehmen etc.: Wiedervorlagen notieren und jeweilige Zahlung fristgerecht veranlassen	Muster 377 (Vertragsverhältnisse): »Vertragsverhältnisse – Übersicht« Wiedervorlagenkalender

Nr.	Thema	Checkliste Betriebsfortführung: Erläuterung	Hilfsmittel
39.	Lohn- und Finanzbuchhaltung	• Sicherstellung der Funktionsfähigkeit (GOI Nr. 37) – Buchhaltung liefert notwendiges Zahlenmaterial für Überblick über wirtschaftliche Situation • dafür: Prüfung und Entscheidung, wer die Lohn- und Finanzbuchhaltung weiterführt • vier Möglichkeiten: Unternehmen selbst, alter Steuerberater, neuer Steuerberater, eigenes Insolvenzbüro	
40.	Datev-Buchhaltung	• die meisten Unternehmen führen ihre Buchhaltung über Datev • je nachdem wo und wer die Buchhaltung führt: Daten überspielen lassen = jederzeitigen Zugriff durch den Insolvenzverwalter ermöglichen • Informationen aus Datev-Buchhaltung helfen i.d.R. auch bei der Geltendmachung von Anfechtungs- und Haftungsansprüchen	
41.	Liquiditätsplan	• Liquiditätsplan =Überblick über Liquidität des Unternehmens • Liquiditätsprognose = Prognose über voraussichtliche Einnahmen und Ausgaben • Was ist derzeit an liquiden Mitteln vorhanden? Was ist kurzfristig als Eingang zu erwarten? Welche Ausgaben müssen getätigt werden? • Liquiditätspläne, bestenfalls integriert auf Grundlage einer Erfolgsrechnung, sind Grundvoraussetzung für eine Betriebsfortführung • Liquiditätsplan gilt auch als Entlastungsbeweis, wenn die Betriebsfortführung aus irgendeinem Grund scheitern sollte und ggf. nicht alle begründeten Masseverbindlichkeiten bezahlt werden können (§ 61 InsO) • ständige Aktualisierung – i.d.R. spätestens alle drei Tage • ggf. Wiedervorlagen notieren für Zuarbeit durch Dritte, die diese Pläne erstellen und aktualisieren	Peeters/Wilde/Hartwig, Liquiditätsmanagement: Grundlage der Betriebsfortführung im Insolvenzverfahren, InsbürO 2018, 135 ff. Hartwig, Planung und Finanzierung in der Betriebsfortführung, InsbürO 2017, 493 ff. Stahlschmidt, Finanz- und Liquiditätsplanung im Insolvenzverfahren, InsbürO 2004, 340 ff. Zur Entlastung durch Liquiditätsplan: BGH v. 17.12.2004 – IX ZR 185/03 in ZInsO 2005, 205, WKRS 2004, 27139 Wiedervorlagen-Kalender
42.	Planungsrechnung	• Planungsrechnung = Prognose über die weitere wirtschaftliche Entwicklung des schuldnerischen Unternehmens für bestimmte Zeitabschnitte (Monate, Jahre) • Grundlage für Betriebsfortführung und Prüfung von Sanierungsmöglichkeiten • die Erstellung einer Planungsrechnung muss ggf. in Auftrag gegeben werden: Abstimmung mit dem Insolvenzverwalter	Nickert, Breakeven-Analyse als wichtigstes Entscheidungsinstrument zur Klärung der Gewinnsituation von Produkten/Gewinnteilen, InsbürO 2004, 211 ff.
43.	Weitere betriebswirtschaftliche Auswertungen	• es gibt weitere betriebswirtschaftliche Auswertungen (BWA), die zur Unternehmenssteuerung erforderlich sind, bspw.: – kurzfristige Erfolgsrechnung (KER) = Abbildung des betrieblichen Erfolges, aber keine Angaben zur Liquidität – Bewegungsbilanz: Auskunft über Veränderungen im Vermögen = Mittelherkunft und Mittelverwendung – Vermögensrechnung = Anzeige von Entnahmen und Einlagen – Offene-Posten-Buchhaltung (OPOS) = Fälligkeitsübersichten der Forderungen und Verbindlichkeiten – Kosten- und Leistungsrechnung (KOST) = Zerlegung von Erträgen und Kosten = konkrete Zuordnung zu einzelnen Bereichen • s. wegen näherer Erläuterungen in dem InsbürO-Beitrag	Nickert/Nickert, Betriebswirtschaftliche Auswertungen: Was ist das und welche Formen gibt es? InsbürO 2018, 300 ff.
44.	Wirtschaftliche Verhältnisse	• unterschiedliches Zahlenmaterial – für einen Überblick darüber, ob die Betriebsfortführung zu positiven oder negativen Ergebnissen führt oder – für eine Analyse der wirtschaftlichen Situation in der Vergangenheit (Krisenursachen) • Ordner »Wirtschaftliche Verhältnisse« mit einzelnen Rubriken anlegen: z.B. Liquiditätsplan, Debitorenlisten, Jahresabschlüsse, BWAs etc.	Muster 210 (Inhaltsverzeichnis): »Inhaltsverzeichnis jur. Person«

Nr.	Thema	Checkliste Betriebsfortführung: Erläuterung	Hilfsmittel
45.	Tätigkeitsvermerke	• eine Vielzahl von einzelnen Tätigkeiten können Zuschlagstatbestände für die spätere Verwaltervergütung begründen • einzelne Tätigkeiten kurz schriftlich festhalten, um vergütungserhöhende Tatbestände aktenkundig zu machen	
46.	Zusätzliche Tätigkeiten	• es gibt viele weitere Arbeitsschritte im Rahmen der Betriebsfortführung: vorstehend nur Standard-Arbeitsvorgänge • weitere Arbeitsschritte ergeben sich je nach den Individualitäten in einem Verfahren	
47.	Stilllegung – Einzug von Vermögensgegenständen	• Befinden sich Vermögensgegenstände bei Dritten? • Bsp.: Werkzeuge, Fahrzeuge etc. • Klärung mit dem Verwalter, ob und wie die Einziehung von diesen Gegenständen erfolgen soll	

Nr.	Thema	Checkliste Betriebsfortführung: Erläuterung Zusatzinformationen – alphabetisch sortiert	Hilfsmittel
48.	Auslandslieferanten	• bei Lieferungen aus dem Ausland und Zahlungen für diese von über 12.500 EUR: § 11 Außenwirtschaftsgesetz (AWG) i.V.m. §§ 67 ff. Außenwirtschaftsverordnung (AWV) beachten • Zahlung der Bundesbank zur Außenwirtschaftsstatistik bis zum 7. des Folgemonats elektronisch zu melden; bei Privatpersonen telefonische Erledigung möglich • Regelung gilt für ein- und ausgehende Zahlungen	Siehe in Gesetzestext bzw. Verordnung: AWG AWV
49.	Bauabzugssteuer	• bei einer Zahlung auf eine Forderung, der eine Bauleistung zugrunde liegt, sind 15 % Bauabzugssteuer von der Bruttoforderung (!) abzuführen • Ausnahme: Vorliegen einer aktuellen (!) Freistellungsbescheinigung • Vorliegen einer solchen Freistellungsbescheinigung kann über das Bundeszentralamt für Steuern abgefragt werden • Regelungen in §§ 48 – 48d EStG (Bagatellgrenzen beachten)	eibe.bff-online.de
50.	Due Diligence	• Due Diligence = Analyse, Prüfung u. Bewertung eines Kaufgegenstandes • Zurverfügungstellung von Unternehmensdaten, i.d.R. aber wg. Zeitdruck nur eingeschränkte Einsicht und Prüfung möglich • Ausgleich von Risiken durch Garantieerklärungen im Kaufvertrag	Reuther, Distressed M&A – Unternehmensverkauf aus der Insolvenz, InsbürO 2016, 137 ff.
51.	Eigentumsvorbehaltsware	• s. wegen näherer Informationen in gesonderte Checkliste	Checkliste Aussonderungsrechte
52.	Einkommen »Geschäftsführer«	• Arbeits- bzw. Dienstverträge gelten im eröffneten Verfahren fort (§ 108 Abs. 1 Satz 1 InsO) • bis zum Ablauf der Kündigungsfrist: Gehaltsforderungen = Masseverbindlichkeiten i.S.v. § 55 Abs. 1 Nr. 1 InsO • Möglichkeit eines überhöhten Gehaltes prüfen: ggf. Haftungsanspruch wg. Verstoß gegen Kapitalerhaltungsgrundsatz (§§ 30 Abs. 1, 31 Abs. 1 GmbHG) • Möglichkeit, bei Pflichtverletzungen Einwendungen gegen die Gehaltsansprüche zu erheben: s. Literaturtipp Stiller und gesonderte Checkliste • Möglichkeit einer Zuwendung aus der Insolvenzmasse gem. §§ 101 Abs. 1 Satz 3, 100 InsO durch Beschluss der Gläubigerversammlung; Voraussetzungen: Vertretungsbefugnis natürlicher Person und Unterhaltsbedürftigkeit (eher selten)	Wipperfürth, Selbstbehalt des Schuldners bzw. des gesetzlichen Vertreters – Teil 2, InsbürO 2016, 21 ff. (S. 25 f.) Stiller, Vergütungsansprüche von Gesellschafter-Geschäftsführern in der Insolvenz der GmbH, ZInsO 2016, 2165 ff. (zu Einwendungen gegen solche Ansprüche) (s. Checkliste Arbeitsverhältnisse)

Nr.	Thema	Checkliste Betriebsfortführung: Erläuterung Zusatzinformationen – alphabetisch sortiert	Hilfsmittel
53.	elektronische Rechnungen	• bei der Verwendung elektronischer Rechnungen darauf achten, dass die Anforderungen der Finanzverwaltung eingehalten werden • Beachtung der Grundsätze zur ordnungsgemäßen Führung und Aufbewahrung von Büchern, Aufzeichnungen und Unterlagen in elektronischer Form sowie zum Datenzugriff (GoBD) (Sie wurden mit BMF-Schreiben vom 14.11.2014 veröffentlicht (BStBl. I 2014 S. 1450).) • umfangreiches BMF-Schreiben vom 29.1.2004 (IV B 7 – S 7280-19/04), das verschiedene Aspekte betrifft und ebenfalls zu beachten ist • Originalzustand eines elektronischen Dokuments jederzeit lesbar machen können • etwaige Bearbeitungsvorgänge und andere Veränderungen müssen protokolliert und mit dem Dokument abgespeichert (ggf. verknüpft) werden • für die Erfüllung der Belegfunktion verschiedene Angaben zwingend erforderlich: – zur Kontierung, – zu Ordnungskriterien für die Ablage und – zum Buchungsdatum	Nähere Erläuterungen zu den Anforderungen: www.verband-e-rechnung.org (z. B. unter »E-Rechnung«: häufig gestellte Fragen)
54.	Freigabe der Selbständigkeit	• bei natürlichen Personen kann die selbständige Tätigkeit aus der Insolvenzmasse freigegeben werden • eine Erklärung, ob Vermögen aus der selbständigen Tätigkeit zur Insolvenzmasse gehört und ob Verbindlichkeiten daraus im Insolvenzverfahren geltend gemacht werden können, muss der Insolvenzverwalter nach Insolvenzeröffnung gem. § 35 Abs. 2 InsO abgeben	Checkliste Freigabe
55.	Geschäftsführer	• Organstellung des Geschäftsführers wird durch die Insolvenzeröffnung nicht berührt • eine GmbH braucht auch im Insolvenzverfahren einen Geschäftsführer • bei Tod oder Amtsniederlegung: ggf. Bestellung eines Verfahrenspflegers	Priebe, GmbH-Geschäftsführer – Grundlagen der organschaftlichen Vertretung vor und in der insolvenzrechtlichen Krise, Teil 1: InsbürO 2014, 313 ff. Teil 2: InsbürO 2014, 386 ff. (Haftungsansprüche)
56.	Gewerbeuntersagung	• Gewerbeuntersagungsverfahren wird nicht durch Insolvenzeröffnung unterbrochen (s. Rechtsprechung rechts) • kein Vollstreckungsverbot für Gewerbeuntersagung für die Dauer des Insolvenzverfahren (§ 12 Satz 1 GewO) • Voraussetzungen für Wiedergestattung der Gewerbeausübung: Wegfall der Unzuverlässigkeit (§ 35 Abs. 6 GewO) (detaillierte Erläuterung dieses Begriffs »Unzuverlässigkeit« in Entscheidung BVerwG rechts)	BVerwG, Urt. v. 15.04.2015 – 8 C 6.14 in ZInsO 2015, 1625, InsbürO 2016, 36
57.	M & A – Prozess	• M&A = Mergers and Acquisitions • i.d.R. Bezeichnung für Fusion oder Verschmelzung zweier Unternehmen zu einer rechtlichen und wirtschaftlichen Einheit (Merger) bzw. der Erwerb von Unternehmenseinheiten oder eines ganzen Unternehmens (Acquisition) • synonyme Verwendung des Begriffes bei allen Vorgängen im Zusammenhang mit der Übertragung und Belastung von Eigentumsrechten an Unternehmen • kennzeichnend für M&A-Berater: insbes. Qualität und Anzahl ihrer Kontakte zu potentiellen Investoren • Ablauf eines M&A-Prozesses: s. Literaturtipp – Investorensuche – Angebotsabgabe – Due Diligence (s. vorstehend) – Kaufvertrag	Kürbis/Hartwig, Bedeutung und Ablauf eines die Betriebsfortführung begleitenden M & A-Prozesses, InsbürO 2018, 182 ff. Reuther, Distressed M&A – Unternehmensverkauf aus der Insolvenz, InsbürO 2016, 137 ff.

Nr.	Thema	Checkliste Betriebsfortführung: Erläuterung Zusatzinformationen – alphabetisch sortiert	Hilfsmittel
58.	Natürliche Person	• Ist eine natürliche Person selbständig: Einnahmen fallen insgesamt in die Insolvenzmasse • s. gesonderte Checkliste »selbständige Tätigkeit«	Insolvenzbeschlag an Einnahmen: BGH v. 20.03.2003 – IX ZB 388/02 in ZInsO 2003, 413, WKRS 2003, 23669
59.	Sanierungsmöglichkeiten	• Insolvenzplanverfahren = Erhaltung des derzeitigen Unternehmens und Einigung auf Teilbefriedigung der Gläubiger • Unternehmensverkauf (tlw. oder im Ganzen): s. unten • dafür Ermittlung der Sanierungsmöglichkeit: s. u.a. Literaturtipp rechts	Nickert/Kühne, Leitbild des sanierten Unternehmens, InsbürO 2014, 500 ff. Nickert/Kühne, Eigenverwaltung und gerichtliche Unternehmenssanierung, InsbürO 2015, 465 ff.
60.	schuldbefreiende Wirkung	• Leistung ohne schuldbefreiende Wirkung bedeutet, dass ein Kunde grds. noch einmal zahlen müsste, wenn er trotz eines Hinweises auf ein neues Konto auf das alte Konto zahlt, weil er mit dieser fehlerhaften Zahlung von seiner Zahlungsschuld nicht befreit wird.	
61.	Stilllegung – Betrieb	• wenn eine Stilllegung des Geschäftsbetriebes zur Vermeidung einer Minderung des Vermögens erforderlich wird: §§ 157, 158 InsO beachten • Gläubigerversammlung entscheidet über Stilllegung oder Fortführung (§ 157 InsO) • vor der Gläubigerversammlung: Zustimmung Gläubigerausschuss oder Insolvenzgericht einholen (§ 158 InsO) • bei ggf. erforderlicher Einziehung von Vermögensgegenständen: siehe nachfolgend	
62.	Unterhaltszahlung	• Einnahmen aus der Betriebsfortführung fließen vollumfänglich in die Masse • Geschäftsführer oder auch Schuldner/Schuldnerin selbst können aber für ihre Tätigkeit vergütet werden • Bewilligung einer Unterhaltszahlung gem. § 100 InsO ist nicht erforderlich: bei Betriebsfortführung wird die Tätigkeit vergütet = Lohnersatzfunktion	Zur Unterhaltsgewährung: BGH v. 04.05.2006 – IX ZB 202/05 in ZInsO 2006, 703, WKRS 2006, 16721 Kostrewa, Unterhaltsgewährung aus der Insolvenzmasse, InsbürO 2011, 27 ff.
63.	Unternehmensverkauf	• verschiedene Möglichkeiten lt. InsbürO-Beitrag v. Reuther: • übertragende Sanierung (= Asset Deal): Investor übernimmt keine Anteile am schuldnerischen Unternehmen, sondern nur ausgewählte Vermögensgegenstände und/oder Rechtsbeziehungen des insolventen Unternehmens • Anteilskauf (= Share Deal): scheidet i.d.R. im Insolvenzverfahren, weil Anteile und Verbindlichkeiten mitübertragen werden, lediglich Kombination aus Asset Deal und Share Deal kommt tlw. vor • Insolvenzplan: gesellschaftsrechtliche Transaktionsformen wie bspw. eine Beteiligung über eine Kapitalerhöhung, ein *Debt-to-Equity Swap* oder umwandlungsrechtliche Maßnahmen wie Verschmelzung, Abspaltung und Ausgliederung • Begriff »M&A – Prozess«: s. vorstehend	Reuther, Distressed M&A – Unternehmensverkauf aus der Insolvenz, InsbürO 2016, 137 ff.
64.	Verbraucherinsolvenzverfahren	• keine Betriebsfortführung im Verbraucherinsolvenzverfahren • Eröffnungsvoraussetzungen des § 304 Abs. 1 InsO: keine wirtschaftliche Tätigkeit (Satz 1) oder – wenn es eine solche gab – Beendigung dieser (Satz 2) • möglich: Start einer selbständigen Tätigkeit während des eröffneten Verfahrens: dann Betriebsfortführung oder Freigabe prüfen	Wipperfürth, Betriebsfortführung im Verbraucherinsolvenzverfahren, InsbürO 2018, 394 ff. Wipperfürth, Die Vergütung bei Betriebsfortführung im Verbraucherinsolvenzverfahren, InsbürO 2018, 437 f.

Checkliste 15: Eigenverwaltung

29 Das Gesetz zur weiteren Erleichterung der Sanierung von Unternehmen vom 07.12.2011 (BGBl. 2011 Teil I, S. 2582 – Ausgabe Nr. 64) (kurz »ESUG« genannt) hat Neuregelungen im Bereich der Eigenverwaltung mit dem Ziel geschaffen, dass diese Verfahrensart, die bis dahin in der Praxis eher selten genutzt wurde, besser angenommen werde. Das ESUG ist am 01.03.2012 in Kraft getreten. Die Vorstellungen des Gesetzgebers, mit der Einführung der attraktiveren Regelungen die Anzahl der Eigenverwaltungen zu erhöhen, haben sich bestätigt: Eigenverwaltungsverfahren sind keine Ausnahme mehr, sondern wurden seit März 2012 regelmäßig beantragt. Daher werden die Insolvenzbüros auch die Regelungen zu dieser Verfahrensart zu beachten haben. Die meisten Angelegenheiten werden i.d.R. in den Aufgabenbereich des Sachwalters gehören. Dennoch dürfte es hilfreich sein, wenn Insolvenzsachbearbeiter die Grundlagen eines Eigenverwaltungsverfahrens kennen.

(Die Übersicht ist nach gängigen Informationen und Arbeitsschritten sortiert. Im Anschluss daran finden sich Zusatzinformationen in alphabetischer Reihenfolge.)

30

Nr.	Thema	Checkliste Eigenverwaltung: Erläuterung	Hilfsmittel
1.	Gesetzliche Regelungen	• gesetzliche Regelungen finden sich in den §§ 270 ff. InsO • gesetzliche Voraussetzungen für die Antragstellung: § 13 InsO	
2.	GOI	• GOI = Grundsätze ordnungsgemäßer Insolvenzverwaltung (70 Grundsätze) • Grundsatz 67: Kriterien für die Eigenverwaltung (z.B. konstruktive Begleitung, objektiver und unabhängiger Vertreter der Gläubigerinteressen) • *(Die Autoren danken dem VID für die freundliche Zustimmung zur Veröffentlichung von Hinweisen auf die GOIs)*	VID = Verband Insolvenzverwalter Deutschlands e.V. www.vid.de
3.	Betriebsfortführung	• Schuldner führt den Betrieb selbst (in Eigenverwaltung) fort: § 270 InsO • Sachwalter führt »lediglich« die Aufsicht: s. nachfolgend »Sachwalter – Aufgaben« (Nr. 9)	
4.	Zielsetzung der Eigenverwaltung	• Optimierung des Insolvenzverfahrens im Hinblick auf Zeit und Kosten und zu erwartender Quote: – Zeitersparnis = ein Dritter (= Insolvenzverwalter) muss sich nicht in das Unternehmen einarbeiten´ – geringere Tätigkeit des Sachwalters im Vergleich zum Insolvenzverwalter = geringere Vergütung = Kostenersparnis – frühzeitige Antragstellung, weil Schuldner selbst im Unternehmen bleibt – dadurch: bessere Sanierungschance = höhere Quote für die Gläubiger	
5.	Eröffnungsverfahren	• Einführung der vorläufigen Eigenverwaltung durch das ESUG in § 270a InsO • gesetzliche Regelungen gem. §§ 270 ff. InsO gelten nun überwiegend schon im Eröffnungsverfahren • Bestellung eines vorläufigen Sachwalters (§ 270a Abs. 1 Satz 2 InsO) (s. nachstehend »Sachwalter – Aufgaben« – Nr. 6, 9)	
6.	Sachwalter – vorläufiger – Aufgaben	• Anwendung der Aufgabenregelung in §§ 274, 275 InsO auch auf den vorläufigen Sachwalter (§ 270a Abs. 1 Satz 2 InsO): s. nachstehend	ABC des Insolvenzrechtes: vorläufiger Sachwalter, InsbürO 2012, 403 f.
7.	Masseverbindlichkeiten – Eröffnungsverfahren	• im Schutzschirmverfahren nach § 270b InsO: Ermächtigung durch das Insolvenzgericht zur Begründung von Masseverbindlichkeiten erforderlich auf Basis der gesetzlichen Regelung: § 270b Abs. 2 Satz 1 InsO i.V.m. Satz 2 InsO = Schaffung der Rechtsstellung des starken vorläufigen Insolvenzverwalters • im Schutzschirmverfahren: § 55 Abs. 3 InsO findet Anwendung = übergegangene Forderungen auf die Arbeitsagentur sind einfache Insolvenzforderungen • im Verfahren nach § 270a InsO gibt es keine entsprechende gesetzliche Regelung: Begründung von Masseverbindlichkeiten nach BGH-Rechtsprechung mit Einzelermächtigung möglich	Ermächtigungserfordernis in beiden Fällen, aber auf unterschiedlicher Grundlage: BGH v. 24.3.2016 – IX ZR 157/14 (Rn. 6) in InsbürO 2016, 347, ZInsO 2016, 903 Anwendung § 55 Abs. 3 InsO: BGH v. 16.6.2016 – IX ZR 114/15 (Rn. 30 ff.) in InsbürO 2016, 387, ZInsO 2016, 1421

Nr.	Thema	Checkliste Eigenverwaltung: Erläuterung	Hilfsmittel
			Keine Begründung Masseverbindlichkeit nach § 270a InsO ohne gerichtliche Ermächtigung des Schuldners: BGH v. 22.11.2018 – IX ZR 167/16 in InsbürO 2019, 97, ZInsO 2018, 2796
8.	Einzelermächtigung in der vorläufigen Eigenverwaltung	• Einzelermächtigung = Ermächtigung zur Begründung von Masseverbindlichkeiten im Eröffnungsverfahren • keine ausdrückliche Regelung in der InsO wie in § 270b Abs. 3 für das Schutzschirmverfahren • nach der Rechtsprechung: Einzelermächtigung für den Schuldner, nicht für den vorläufigen Sachwalter • ggf. aber Zustimmung durch vorläufigen Sachwalter • bei einer Ablehnung einer Einzelermächtigung durch das Insolvenzgericht kein Rechtsmittel möglich • s. auch nachstehende Ausführungen zur »Insolvenzgeldvorfinanzierung«	Einzelermächtigung im Schutzschirmverfahren: BGH v. 16.6.2016 – IX ZR 114/15 in InsbürO 2016, 387, ZInsO 2016, 1421 Einzelermächtigung für den Schuldner außerhalb Schutzschirmverfahren: AG Essen v. 3.2.2015 – 163 IN 14/15 (m. ausführlichem Überblick über Meinungsstand) in InsbürO 2015, 367, ZInsO 2015, 700 kein Rechtsmittel gegen die Ablehnung der Einzelermächtigung: BGH v. 7.2.2013 – IX ZB 43/12 (Rn. 6) in ZInsO 2013, 460, WKRS 2013, 31950 Keine Begründung Masseverbindlichkeit nach § 270a InsO ohne gerichtliche Ermächtigung: BGH v. 22.11.2018 – IX ZR 167/16 in InsbürO 2019, 97, ZInsO 2018, 2796 Klinck, Die Einzelermächtigung des Schuldners zur Begründung von Masseverbindlichkeiten in den Eigenverwaltungs-Eröffnungsverfahren nach §§ 270a und 270b InsO, ZInsO 2014, 365 ff.
9.	Sachwalter – Aufgaben	• grundsätzliche Aufgaben des Sachwalters gem. § 274 Abs. 2 InsO: – Prüfung der wirtschaftlichen Lage des Schuldners – Überwachung der Geschäftsführung sowie die Ausgaben für die Lebensführung • zusätzlich möglich – soweit die Sachverhalte gegeben sind: – Anfechtungen (§ 280 InsO) (nach dem Gesetz) – Haftungsinanspruchnahme gem. §§ 92, 93 InsO (§ 280 InsO) (nach dem Gesetz) – Erstellung eines Insolvenzplans (§ 284 InsO) (nach Auftrag durch die Gläubigerversammlung) – Kassenhoheit (§ 275 Abs. 2 InsO) (auf Verlangen des Sachwalters) – Prüfung der Tätigkeiten des Schuldners und Abgabe von Stellungnahmen (§§ 281, 283 InsO) (nach dem Gesetz) – Zustimmung zur Begründung von Verbindlichkeiten (§ 275 Abs. 1 InsO) (nach dem Gesetz) – Zustimmung für einzelne Rechtsgeschäfte (§ 277 InsO) (nach Anordnung des Gerichtes auf Antrag der Gläubigerversammlung) • Anordnungen im gerichtlichen Beschluss genau prüfen • Auflistung der nicht »zulässigen« Aufgaben = Aufgabenbegrenzung: s. Literaturtipp (S. 19 f.), Bsp.: kein Berater des Schuldners oder der Geschäftsleitung	s. jeweils Stichwort in dieser Übersicht Frind, »Das »unbekannte Wesen« – was macht/darf der vorläufige Sachwalter in der Eigenverwaltung«, InsbürO 2016, 14 ff.

Nr.	Thema	Checkliste Eigenverwaltung: Erläuterung	Hilfsmittel
10.	Zustimmungsvorbehalt	• Anordnung möglich, dass bestimmte Rechtsgeschäfte nur mit Zustimmung des Sachwalters wirksam sind (§ 277 InsO)	
11.	Schuldnertätigkeiten – Überblick	• Berichterstattung (§ 281 Abs. 2 InsO) • Betriebsfortführung (§ 270 InsO) • Erklärung zu Vertragsverhältnissen (§ 279 InsO) • Erstellung der Verzeichnisse (§§ 151 – 153 InsO) (§ 281 Abs. 1 InsO) • Rechnungslegung (§ 281 Abs. 3 InsO) • Verteilungen (§ 283 Abs. 2 InsO) • Verwertung Sicherungsgut (§ 282 InsO)	s. jeweiliges Stichwort in dieser Liste
12.	Verwertungstätigkeit	• Recht zur Verwertung von Gegenständen, an denen Absonderungsrechte bestehen, steht dem Schuldner zu (§ 282 Abs. 1 InsO) • keine Feststellungskostenpauschale (§ 282 Abs. 1 Satz 2 InsO) • Verwertungskosten nur in tatsächlicher Höhe (§ 282 Abs. 1 Satz 3 InsO) • Ausübung des Verwertungsrechtes im Einvernehmen mit dem Sachwalter	Checkliste Absonderungsrechte
13.	Kassenführung	• Möglichkeit des Sachwalters gem. § 275 Abs. 2 InsO zur Kassenführung: – alle eingehenden Gelder entgegennehmen – alle Ausgaben werden vom Sachwalter geleistet • Vorteil: Kontrolle über Einnahmen und Ausgaben, Vertrauen der Lieferanten in sachgerechte und abgestimmte Unternehmensfortführung	
14.	Nachteilsmeldung	• sofortige Anzeige von Umständen, die erwarten lassen, das die Fortsetzung der Eigenverwaltung zu Nachteilen für die Gläubiger führen werden (§ 274 Abs. 3 InsO): Anzeigepflicht für (vorläufigen) Sachwalter • rechtliche Grundlage: § 270a Abs. 1 Satz 2 InsO i.V.m. § 274 Abs. 3 InsO • daher: regelmäßige Beobachtung der Unternehmensentwicklung und Analyse der Insolvenzursachen und -gründe • Beispiele für meldepflichtige Vorgänge: s. Literaturtipp rechts (S. 18): z.B. *»destruktive Haltung der Geschäftsführung gegenüber der notwendigen Art der Betriebsfortführung«*	Frind, »Das »unbekannte Wesen« – was macht/darf der vorläufige Sachwalter in der Eigenverwaltung«, InsbürO 2016, 14 ff.
15.	Vollstreckungsverbot	• Vollstreckungsverbot gem. § 89 InsO greift im eröffneten Verfahren • während der vorläufigen Eigenverwaltung: Anordnung gem. § 21 Abs. 2 Nr. 3 InsO möglich	
16.	Anfechtung	• nur Sachwalter kann Rechtshandlungen gem. §§ 129 – 147 InsO anfechten (§ 280 InsO) • Schuldner ist dazu nicht berechtigt	Checkliste Anfechtungsansprüche Anfechtungsbefugnis nur für Sachwalter: BGH v. 16.6.2016 – IX ZR 114/15 (Rn. 11) in InsbürO 2016, 387, ZInsO 2016, 1421
17.	Grundstücke – Insolvenzvermerk	• gem. § 270c Satz 3 InsO sind die Regelungen in §§ 32, 33 InsO nicht anzuwenden: – deshalb also: keine Eintragungen der Eigenverwaltung im Grundbuch (§ 32 InsO) und Schiffsregister oder Register für Pfandrechte an Luftfahrzeugen (§ 33 InsO) • entsprechend kein Informationsbedarf des Insolvenzgerichtes durch das Insolvenzbüro zwecks Eintragung eines solchen Vermerks	Checkliste Immobilienvermögen
18.	Haftungsinanspruchnahme	• Haftungsansprüche gem. §§ 92, 93 InsO kann nur der Sachwalter geltend machen (§ 280 InsO) • siehe wegen Organhaftung: gesondertes Stichwort	Checkliste Haftungsansprüche

Nr.	Thema	Checkliste Eigenverwaltung: Erläuterung	Hilfsmittel
19.	Insolvenzgeldvorfinanzierung	• für die Insolvenzgeldvorfinanzierung muss ein Massekredit gewährt werden, hierfür ist in der Regelinsolvenz eine Einzelermächtigung des vorläufigen Verwalters erforderlich • im Eigenverwaltungsverfahren tlw. streitige Frage in Rechtsprechung und Literatur, wer zu ermächtigen ist, um Masseverbindlichkeiten in der vorläufigen Eigenverwaltung zu begründen, insbesondere im Hinblick auf einen Massekredit: s. vorstehend »Einzelermächtigung« (Nr. 8) – Schuldner selbst oder vorläufiger Sachwalter? (nach BGH-Rechtsprechung Schuldner) • lt. BGH-Rechtsprechung ist die Durchführung der Insolvenzgeldvorfinanzierung Aufgabe des eigenverwaltenden Schuldners; Sachwalters hat nur zu unterstützen und zu überwachen • für vorfinanzierende Kreditinstitute soll der Aufwand einer Insolvenzgeldvorfinanzierung im Eigenverwaltungsverfahren höher und das Risiko größer sein (z.B. mehr Beteiligte in Eigenverwaltung): s. Literaturtipp	Oppermann/Schmid, Ermächtigung des Schuldners zur Aufnahme eines Massekredits zur Vorfinanzierung des Insolvenzgeldes im Verfahren nach § 270a InsO, ZInsO 2012, 862 Muschiol, ESUG-Insolvenzgeldvorfinanzierung: neue Risiken für die Kreditinstitute und deren Abschwächung, InsbürO 2016, 61 ff. Insolvenzgeldvorfinanzierung = Aufgabe des Schuldners: BGH v. 22.6.2017 – IX ZB 91/15 (Rn. 23) in InsbürO 2018, 13, ZInsO 2017, 1813
20.	Insolvenzplan	• Auftrag zur Erstellung eines Insolvenzplans kann an den Sachwalter oder den Schuldner ergehen (§ 284 InsO) • bei Auftrag an den Schuldner: beratende Tätigkeit des Sachwalters (§ 284 Abs. 1 Satz 2 InsO)	Checkliste Insolvenzplanverfahren
21.	Insolvenztabelle	• Forderungen sind beim Sachwalter anzumelden (§ 270c Satz 2 InsO) • damit Führung der Insolvenztabelle durch den Sachwalter • Möglichkeit des Bestreitens von Forderungen: Insolvenzgläubiger, Schuldner, Sachwalter (§ 283 Abs. 1 InsO)	Checkliste Insolvenztabelle Möglichkeit der Beschränkung des Widerspruchs durch Schuldner auf Deliktcharakter: BGH v. 10.10.2013 – IX ZR 30/13 (Rn. 12, 13) in InsbürO 2013, 495, ZInsO 2013, 2206
22.	Lebensführung	• Mittel für eine bescheidene Lebensführung dürfen aus der Insolvenzmasse entnommen werden (§ 278 Abs. 1 InsO) • bei jur. Personen: gleiche Regelung für vertretungsberechtigte persönlich haftende Gesellschafter (§ 278 Abs. 2 InsO), Voraussetzung: Bedürftigkeit • gerichtliche Festsetzung des unpfändbaren Betrages ist sinnvoll (§§ 270 Abs. 1 Satz 2, 35, 36 Abs. 1 InsO, § 850i ZPO) • höherer Bedarf nach einzelfallbezogener Würdigung kann der Schuldner im Festsetzungsantrag geltend machen • Entnahme überhöhter Betrag = Nachteil i.S.d. § 270 Abs. 2 Nr. 2 InsO • bei organschaftlichen Vertretern einer juristischen Person: arbeitsvertraglicher Anspruch, daher kein Anspruch gem. § 278 InsO	Wipperfürth, Selbstbehalt des Schuldners bzw. des gesetzlichen Vertreters – Teil 2, InsbürO 2016, 21 ff. (23 f., 26)
23.	Rechtsstreit	• Unterbrechung eines Rechtsstreites gem. § 240 ZPO tritt auch bei der Eigenverwaltung ein (§ 240 Satz 1 ZPO) • Grund nach der BGH-Rechtsprechung: auch der Schuldner in Eigenverwaltung benötigt eine Überlegungsfrist, wie er sich nach der Eröffnung des Insolvenzverfahrens in einem die Insolvenzmasse betreffenden Rechtsstreit verhalten soll	Unterbrechung Rechtsstreit in der Eigenverwaltung: BGH v. 07.12.2006 – V ZB 93/06 in ZInsO 2007, 100, WKRS 2006, 29106 Aufnahmeberechtigung des eigenverwaltenden Schuldners: BFH v. 27.2.2014 – V R 21/11 (Rn. 14) in InsbürO 2014, 364, ZInsO 2014, 1771
24.	Vertragsverhältnisse	• die Regelungen zu den Vertragsverhältnissen gem. §§ 103 bis 128 InsO sind vom Schuldner anzuwenden (§ 279 Satz 1 InsO) • Ausübung der insoweit gegebenen Rechte im Einvernehmen mit dem Sachwalter (§ 279 Satz 2 InsO) • die Regelungen der §§ 120, 122 und 126 InsO (Kündigung von Betriebsvereinbarungen, Betriebsänderung, Beschlussverfahren Kündigungsschutz) bedürfen der Zustimmung des Sachwalters	Checkliste Vertragsverhältnisse

Nr.	Thema	Checkliste Eigenverwaltung: Erläuterung	Hilfsmittel
25.	Masseverbindlichkeiten – eröffnetes Verfahren	• Regelung zur Begründung von Verbindlichkeiten in § 275 Abs. 1 InsO: – Verbindlichkeiten, die nicht zum gewöhnlichen Geschäftsbetrieb gehören, bedürfen der Zustimmung des Sachwalters – Verbindlichkeiten, die zum gewöhnlichen Geschäftsbetrieb gehören, dürfen nicht begründet werden, wenn der Sachwalter widerspricht • bei erfolgter Zustimmung: Haftung des Sachwalters gem. § 61 InsO (§ 277 Abs. 1 Satz 3 InsO) • aber auch Haftung des Geschäftsleiters lt. BGH-Rechtsprechung nach §§ 60, 61 InsO	Haftung des Geschäftsleiters nach §§ 60, 61 InsO: BGH v. 26.04.2018 – IX ZR 238/17 in InsbürO 2018, 284, ZInsO 2018, 1200
26.	Verzeichnisse	• die Verzeichnisse gem. §§ 151 – 153 InsO hat der Schuldner zu erstellen (§ 281 Abs. 1 InsO) • Sachwalter hat diese zu prüfen und schriftlich zu erklären, ob Einwendungen zu erheben sind	Checklisten Verzeichnis der Massegegenstände Gläubigerverzeichnis Vermögensübersicht
27.	Berichtstermin	• der Schuldner hat den Bericht zu erstatten (§ 281 Abs. 2 Satz 1 InsO) • Sachwalter hat Stellung zu nehmen (§ 281 Abs. 2 Satz 2 InsO)	Checkliste Berichte
28.	Gläubigerversammlung	• zum Ablauf der Gläubigerversammlung: s. vorstehend »Berichtstermin« • die Gläubigerversammlung kann eine Eigenverwaltung beantragen • Voraussetzungen: Zustimmung des Schuldners und Kopf- und Summenmehrheit (§ 76 Abs. 2 InsO) der Gläubigerversammlung • dann: Anordnung durch das Insolvenzgericht	
29.	Rechnungslegung	• der Schuldner hat Rechnung gem. §§ 66, 155 InsO zu legen (§ 281 Abs. 3 InsO) • Sachwalter hat die Rechnungslegung zu prüfen und schriftlich zu erklären, ob Einwendungen zu erheben sind (§ 281 Abs. 3 Satz 2 i.V.m. § 281 Abs. 1 Satz 2 InsO)	Checkliste Schlussrechnung
30.	Verteilungen	• Verteilungen werden vom Schuldner vorgenommen (§ 283 Abs. 2 InsO) • dem Sachwalter obliegt die Prüfungspflicht und schriftliche Stellungnahme, ob Einwendungen zu erheben sind	Checkliste Verteilungen

Nr.	Thema	Checkliste Eigenverwaltung: Erläuterung **Zusatzinformationen** – alphabetische Reihenfolge	Hilfsmittel
31.	Absonderungsrechte	• s. vorstehend »Verwertungstätigkeit« (obliegt dem Schuldner)	
32.	Antragsablehnung	• Antragsablehnung nach dem ESUG nur noch eingeschränkt möglich: – gem. § 270 Abs. 2 Nr. 2 InsO: wenn Umstände bekannt sind, die erwarten lassen, dass die Anordnung zu Nachteilen für die Gläubiger führen wird – gem. § 270 Abs. 3 Satz 2 InsO: einstimmiger Beschluss des vorläufigen Gläubigerausschusses: dann gilt Anordnung als nicht nachteilig • ablehnender Beschluss muss vom Insolvenzgericht schriftlich begründet werden (§ 270 Abs. 4 InsO) • ein Rechtsmittel ist gegen die Ablehnung nicht gegeben (nur bei Anordnung der Eigenverwaltung gem. § 272 Abs. 2 Satz 3 InsO mit dem Ziel der Aufhebung)	
33.	Antragsrücknahme	• Neuregelung durch das ESUG in § 270a Abs. 2 InsO: – Bedenken des Insolvenzgerichts gegen die Eigenverwaltung muss es dem Schuldner mitteilen – damit: Gelegenheit zur Antragsrücknahme • Gesetzgeber erhofft sich dadurch: frühzeitige Antragstellung = bessere Sanierungschancen	

Nr.	Thema	Checkliste Eigenverwaltung: Erläuterung Zusatzinformationen – alphabetische Reihenfolge	Hilfsmittel
34.	Antragsvoraussetzung	• verpflichtende Angaben gem. § 13 Abs. 1 Satz 6 Nr. 1 i.V.m. § 13 Abs. 1 Satz 4 InsO in Form eines Verzeichnisses (§ 13 Abs. 1 Satz 3 InsO): – zu den höchsten Forderungen – zu den höchsten gesicherten Forderungen – zu den Forderungen der Finanzverwaltung – zu den Forderungen der Sozialversicherungsträger – zu den Forderungen aus betrieblicher Altersversorgung • weitere Angaben gem. § 13 Abs. 1 Satz 6 Nr. 1 i.V.m. § 13 Abs. 1 Satz 5 InsO: – zur Bilanzsumme – zu den Umsatzerlösen – zur durchschnittlichen Zahl der Arbeitnehmer des vorangegangenen Geschäftsjahres • weiter: Erklärung gem. § 13 Abs. 1 Satz 7 InsO, dass die gemachten Angaben richtig und vollständig sind • daher bei einem Gutachtenauftrag gem. § 5 InsO: ggf. Auftrag zur Prüfung dieser Voraussetzungen vorhanden	Klein, Das insolvenzrechtliche Gutachten im Eröffnungsverfahren der Eigenverwaltung, InsbürO 2017, 137 ff.
35.	ESUG	• für einen Überblick über die eingetretenen Änderungen durch das ESUG: Synopse §§ 270 – 285 InsO • Kreuznacht, Stärkung der Eigenverwaltung durch ESUG – Chance für Eigensanierung des Unternehmens, InsbürO 2013, 211 ff.	Synopse ESUG, InsbürO 2012, 175 ff.
36.	Gläubigerausschuss	• Eigenverwaltungsverfahren werden häufig bei größeren Verfahren durchgeführt: dort gibt es regelmäßig einen Gläubigerausschuss • insoweit ist auch § 22a Abs. 1 InsO zu beachten: Einsetzung eines vorläufigen Gläubigerausschuss, ggf. verpflichtend oder als Möglichkeit • Aufgaben des Gläubigerausschusses: – Stellungnahme zum Antrag auf Eigenverwaltung (§ 270 Abs. 3 InsO) – Kenntnis von Einstellungsgründen (§ 274 Abs. 3 InsO) – Zustimmung bei bedeutsamen Rechtshandlungen im Rahmen der Eigenverwaltung gem. § 276 InsO • wegen weiterer Aufgaben und Befugnisse: s. gesonderte Checkliste	Checkliste Gläubigerausschuss
37.	Konzerninsolvenz	• Gesetz zur Erleichterung der Bewältigung von Konzerninsolvenzen (BGBl. 2017 Teil 1, S. 866 ff. – Nr. 22 v. 21.04.2017) (Inkrafttreten am 21.04.2018) • dadurch Neuregelung in § 270d InsO gilt für die Eigenverwaltung bei gruppenangehörigen Schuldnern folgendes: – der eigenverwaltende Schuldner unterliegt den Kooperationspflichten des § 269a InsO (= Zusammenarbeit der Insolvenzverwalter (vorläufiges und eröffnetes Verfahren) – dem eigenverwaltenden Schuldner stehen nach Verfahrenseröffnung die Antragsrechte nach § 3a Abs. 1 InsO (= Antrag auf Zuständigkeit eines Gruppen-Gerichtsstandes), § 3d Abs. 2 InsO (= Verweisung an den Gruppen-Gerichtsstand) und § 269d Abs. 2 Satz 2 InsO (= Antragsrecht für Koordinationsverfahren)	
38.	Masseunzulänglichkeit	• soweit eine Masseunzulänglichkeit eintreten sollte, wäre diese vom Sachwalter beim Insolvenzgericht anzuzeigen	Checkliste Masseunzulänglichkeit
39.	Neuerungen durch ESUG	• die wesentlichen gesetzlichen Änderungen durch das ESUG sind folgende: – Einführung einer vorläufigen Eigenverwaltung (§ 270a Abs. 1 InsO) – Rücknahmemöglichkeit des Eigenantrages durch den Schuldner (§ 270a Abs. 2 InsO)	

Nr.	Thema	Checkliste Eigenverwaltung: Erläuterung Zusatzinformationen – alphabetische Reihenfolge	Hilfsmittel
		– Erleichterung der Voraussetzungen für die Anordnung der Eigenverwaltung nach Eröffnung des Insolvenzverfahrens (§ 270 Abs. 2 InsO) – Stärkung des Einflusses der Gläubiger auf eine Anordnung der Eigenverwaltung (§ 270 Abs. 3 InsO)	
40.	Organhaftung	• im Gesetz gibt es keine eindeutige Regelung, ob die Haftung z. B. nach §§ 43, 64 GmbH auch im Eigenverwaltungsverfahren gilt • in der Literatur streitig, Argumente sprechen für Haftung • im Beitrag lt. Tipp rechts: Untersuchung der Haftung – nach § 64 GmbH, § 92 Abs. 2 AktG (= persönliche Haftung) – § 43 GmbH, § 93 AktG (= Geschäftsleiter-Haftung) – nach Business Jugdement Rule (= Haftungsausschluss wg. objektiver Annahme des richtigen Handels) – nach §§ 60, 61 InsO (= Schadensersatzpflicht) – aus culpa in contrahendo (schuldhafte Verletzung der vertraglichen Pflichen) – Außenhaftung ggü. Sozialversicherungsträgern, Finanzverwaltung und zu den Haftungsvoraussetzungen • Hinweis in dem InsbürO-Beitrag: Anfechtungsanspruch lebt nach Geltendmachung wieder auf, Haftungsanspruch nicht, daher ggf. Haftungsanspruch vorzuziehen, falls Leistungsfähigkeit des Organs vorliegt (= keine Erhöhung der Passiva in der Insolvenztabelle) • ggf. auch Gläubigerbenachteiligung durch Handlungen der Organe prüfen > Gläubigerbenachteiligungen = ggf. Aufhebung der Eigenverwaltung?	Schmittmann/Lemken, Haftung der Organe des Schuldners in der (vorläufigen) Eigenverwaltung und im Schutzschirmverfahren, InsbürO 2015, 424 ff.
41.	Prozesskostenhilfe	• die Vorschrift des § 116 Satz 1 Nr. 1 ZPO zur Gewährung von Prozesskostenhilfe ist auch für den eigenverwaltenden Schuldner anwendbar • siehe Erläuterungen in gesonderter Checkliste	Checkliste Prozesskostenhilfe PKH in der Eigenverwaltung: BAG v. 22.8.2017 – 1 AZR 546/15 in InsbürO 2017, 517, ZInsO 2017, 2315 Weber, PKH für den eigenverwaltenden Schuldner, ZInsO 2014, 2151
42.	Sachwalter – allgemein	• gem. § 270a InsO wird statt eines vorläufigen Insolvenzverwalters ein vorläufiger Sachwalter bestellt • gem. § 270c InsO wird statt eines Insolvenzverwalters ein Sachwalter bestellt	
43.	Sanierungsberater	• dem Schuldner obliegt die Unternehmensfortführung unter den besonderen Bedingungen des Eigenverwaltungsverfahrens • Sachwalter hat nur eingeschränkte Aufgaben • i.d.R. steht dem Schuldner ein Sanierungsberater zur Seite • damit: auch Kontakt des Insolvenzbüros mit dem Sanierungsberater, Vornahme von Abstimmungen	
44.	Schlussbericht	• s. vorstehend »Rechnungslegung« (obliegt dem Schuldner)	
45.	Schutzschirmverfahren	• Schutzschirmverfahren = besondere Verfahrensart im Rahmen der Eigenverwaltung • geschaffen im Rahmen des ESUGs • gesetzliche Regelung in § 270b InsO • s. gesonderte Checkliste »Schutzschirmverfahren«	Checkliste Schutzschirmverfahren
46.	Verbraucherinsolvenzverfahren	• keine Anwendung der Vorschriften für eine Eigenverwaltung in Verbraucherinsolvenzverfahren: – in beantragten Verfahren ab 01.07.2014 gem. § 270 Abs. 1 InsO – in beantragten Verfahren bis 30.06.2014 gem. § 312 Abs. 2 InsO	Wipperfürth, Eigenverwaltung/Verbraucherinsolvenz, InsbürO 2016, 507 f.

Nr.	Thema	Checkliste Eigenverwaltung: Erläuterung Zusatzinformationen – alphabetische Reihenfolge	Hilfsmittel
47.	Vergütung – vorläufige Eigenverwaltung	• keine Regelung für den vorläufigen Sachwalter in der InsVV, lediglich für den Sachwalter im eröffneten Verfahren: § 12 InsVV • aber: § 270a Abs. 1 Satz 2 InsO verweist auf §§ 274, 275 InsO • § 274 InsO verweist auf §§ 63 – 65 InsO (Vergütungsanspruch, Festsetzung, InsVV) • § 274 InsO verweist auf § 54 Nr. 2 InsO: Vergütung gehört zu den Massekosten nach Eröffnung • nach BGH: einheitlicher Vergütungsanspruch für das Eröffnungsverfahren und das eröffnete Verfahren: Festsetzung erst am Ende der Eigenverwaltung im eröffneten Verfahren • Vergütungssatz für das eröffnete Verfahren: 60 %, für die vorläufige Eigenverwaltung: 25 % von 60 % • Zu- und Abschläge möglich; dabei aber die eingeschränkte Tätigkeiten des Sachwalters beachten = keine Vergütung für Tätigkeiten, die nicht zum Aufgabenbereich eines Sachwalters gehören • Vorschussmöglichkeit gegeben für die Tätigkeit des vorläufigen Sachwalters	Checkliste Vergütungsanträge Berechnung des Vergütungsanspruches des vorläufigen Sachwalters: BGH v. 21.7.2016 – IX ZB 70/14 in InsbürO 2016, 403, ZInsO 2016, 1637 Tätigkeitsbereich des vorl. Sachwalters und entsprechende Zuschlagsgewährung (Ausführungen zu 5 Bereichen): BGH v. 22.6.2017 – IX ZB 91/15 (m.w.N.) in InsbürO 2018, 13, ZInsO 2017, 1813 Haarmeyer, Die (neue) Vergütung des Sachwalters, InsbürO 2016, 440 ff. Amberger, Die Vergütung des (vorläufigen) Sachwalters – ein Musterantrag, InsbürO 2018, 93 ff.
48.	Vergütung – eröffnetes Verfahren	• Vergütungsanspruch ergibt sich aus § 274 Abs. 1 InsO i.V.m. §§ 62 – 65 InsO • insoweit: Regelung in § 12 Abs. 1 InsVV = 60 % der Regelvergütung des Insolvenzverwalters • Zuschläge gem. § 3 InsVV über § 10 InsVV möglich • Zuschläge insbes. bei zustimmungsbedürftigen Rechtsgeschäften (§ 12 Abs. 2 InsVV): – Beispiel: Kassenhoheit	Checkliste Vergütungsanträge Amberger, Die Vergütung des (vorläufigen) Sachwalters – ein Musterantrag, InsbürO 2018, 93 ff.
49.	Vergütung – Auslagen	• die Auslagenpauschale beträgt abweichend von § 8 Abs. 3 InsVV gem. § 12 Abs. 3 InsVV nur 125,00 EUR	

Checkliste 16: Einkommen

Das monatliche Einkommen eines Schuldners zählt zum Neuerwerb des Vermögens, das nach § 35 Abs. 1 InsO während der Dauer des Verfahrens auch zur Insolvenzmasse gehört. Es erfolgt insoweit allerdings eine Einschränkung über § 36 Abs. 1 InsO, wonach diejenigen Gegenstände (= Vermögenswerte), die nicht der Zwangsvollstreckung unterliegen, auch nicht vom Insolvenzbeschlag erfasst sind. Für die Ermittlung der monatlich pfändbaren Einkommensanteile zugunsten der Insolvenzmasse sind dementsprechend die Pfändungsbeschränkungen der ZPO zu berücksichtigen, die tlw. in § 36 Abs. 1 InsO aufgeführt sind (bspw. §§ 850a 850c, 850e, 850i ZPO), tlw. aber auch aufgrund der BGH-Rechtsprechung zu Anwendung kommen. Die Berechnung ist häufig aufgrund der Vielzahl unterschiedlicher Aspekte nicht ganz einfach. Die wichtigsten Gesichtspunkte zur Realisierung der pfändbaren Einkommensanteile werden nachstehend erläutert und hierbei auf gesetzliche Regelungen oder die Rechtsprechung verwiesen. 31

(Die Übersicht ist nach gängigen Überlegungen und Arbeitsschritten sortiert. Im Anschluss folgen zusätzliche Informationen in alphabetischer Reihenfolge.)

32

Nr.	Thema	Checkliste Einkommen: Erläuterungen	Hilfsmittel
1.	Auskunftspflicht des Schuldners	• der Schuldner muss über alle das Verfahren betreffenden Verhältnisse Auskunft erteilen (§ 97 InsO) • dazu gehören Auskünfte zum Einkommen, aber auch zu anderen Vermögenswerten (mögliche Anfechtungstatbestände u.ä.) • zur Ermittlung der pfändbaren Einkommensanteile gehören insbesondere: – Mitteilung des Arbeitgebers, auch jeden Wechsel – Vorlage der Lohn-/Gehaltsabrechnungen	Umfassende Auskunftspflicht (»von sich aus«): BGH, 27.4.2017 – IX ZB 80/16 (Rn. 8 m.w.N.) in InsbürO 2017, 341, ZInsO 2017, 1270

Nr.	Thema	Checkliste Einkommen: Erläuterungen	Hilfsmittel
		– Angaben zum Einkommen der Unterhaltsberechtigten (Kinder oder Ehepartner) (= ggf. Wegfall der Unterhaltspflicht) • Verweigerung erfüllt einen Versagungstatbestand: – im eröffneten Verfahren gem. § 290 Abs. 1 Nr. 5 InsO – in der RSB-Phase gem. § 295 Abs. 1 Nr. 3 InsO	
2.	Einzugsrecht – eröffnetes Verfahren	• Insolvenzbeschlag am Neuerwerb gem. § 35 Abs. 1 InsO • beschränkt auf pfändbares Einkommen gem. § 36 Abs. 1 InsO i.V.m. §§ 850 ff. ZPO • auch bei Lohnersatzleistungen (z. B. Arbeitslosengeld, Insolvenzgeld etc.) greifen die Pfändungsbeschränkungen • Recht des Insolvenzverwalters zum Einzug (§ 80 Abs. 1 InsO) • zeitliche Einschränkung: Ende der Laufzeit der Abtretung gem. § 287 Abs. 2 InsO (6 Jahre ab Insolvenzeröffnung oder bei vorzeitiger RSB-Erteilung vorzeitiges Ende) • beachte: zunächst Einzug auch über diesen Zeitraum hinaus, Einnahmen separieren und ggf. an den Schuldner auszahlen, wenn RSB erteilt wird (§ 300a InsO)	Unpfändbares Einkommen kein Teil der Insolvenzmasse: LAG Schleswig-Holstein v. 18.1.2006 – 3 Sa 549/05 in WKRS 2006,11160
3.	Einzugsrecht – RSB-Phase	• Während der RSB-Phase: Obliegenheit des Schuldners zur Abführung von pfändbaren Einkommensanteilen aufgrund der Abtretung gem. § 287 Abs. 2 InsO an den Treuhänder (§ 295 Abs. 1 InsO) • Treuhänder darf Zahlung vom Arbeitgeber oder sonstigem zahlungspflichtigen Dritten an ihn fordern • beachte § 287 Abs. 3 InsO: ein Abtretungsausschluss = eine Bedingung etc. greifen bei dieser Abtretung gem. § 287 Abs. 2 InsO nicht • Umfang der Abtretung: keine Einschränkung = das gesamte pfändbare Einkommen wie auch im eröffneten Verfahren (s. auch Checkliste RSB-Phase)	Checkliste Restschuldbefreiungsphase: »Abtretungserklärung – Umfang«
4.	Anträge auf Abänderung	• es gibt unterschiedliche Anträge auf Abänderung eines etwaigen pfändbaren Einkommensanteils: – Änderung der Berücksichtigung von Unterhaltspflichten (kompletter oder teilweiser Wegfall) – Herabsetzung Pfändungsfreigrenze wegen keiner tatsächlichen Unterhaltszahlung – Berücksichtigung anderer Steuerklasse (Ausgleich) – Zusammenrechnung mehrerer Einkommen • siehe jeweils nachstehend	Muster 90: Herabsetzung Freigrenze – Antrag nach § 850c Abs. 1 ZPO Muster 91 – 93: Herabsetzung Freigrenze – Antrag § 850c Abs. 4 ZPO (versch. Varianten) Muster 94 – 95: »Mehrere Einkommen – Antrag auf Zusammenrechnung« (zwei Varianten) Muster 100: »Steuerklasse fehlerhaft – Antrag an Insolvenzgericht«
5.	Arbeitgeber – Anschreiben	• Sicherstellung der pfändbaren Einkommensanteile gem. § 35 Abs. 1 InsO • dafür: Unterrichtung des Arbeitgebers über die Insolvenzeröffnung und den Insolvenzbeschlag • nach Erhalt der Information: keine Leistungsbefreiung mehr durch Arbeitgeber bei Zahlung an den Schuldner • weitere Angaben zu etwaigen Unterhaltspflichten sind wichtig (= Abgleich der Daten beim Arbeitgeber möglich)	Muster 85: »Arbeitgeber – Erstanschreiben« Leistungsbefreiung nur bei Unkenntnis: BGH v. 16.7.2009 – IX ZR 118/08 (Leitsatz, Rn. 15 ff.) in ZInsO 2009, 1646, WKRS 2009, 20018

Nr.	Thema	Checkliste Einkommen: Erläuterungen	Hilfsmittel
6.	Arbeitsagentur – Anschreiben	• laufende Geldleistungen (z. B. Arbeitslosengeld) sind – dem Grunde nach – wie Arbeitseinkommen gem. § 54 Abs. 4 SGB I pfändbar • die Arbeitsagentur ist daher über die Insolvenzeröffnung und den Insolvenzbeschlag zu informieren • hier ein näherer Überblick über einzelne Sozialleistungen und deren etwaige Pfändbarkeit: – Arbeitslosengeld I nach SGB III: pfändbar gem. § 334 SGB III – Arbeitslosengeld II nach SGB II: unpfändbar gem. § 42 Abs. 4 S. 1 SGB II und damit nicht massezugehörig gem. §§ 35 Abs. 1, 36 Abs. 1 S. 1 InsO – Sozialhilfe nach SGB XII (anstelle von ALG II, wenn Erwerbsunfähigkeit vorliegt): unpfändbar gem. § 17 Abs. 1 S. 2 SGB XII und damit nicht massezugehörig gem. §§ 35 Abs. 1, 36 Abs. 1 S. 1 InsO – Sozialgeld nach § 7 SGB II (nicht erwerbsfähige Person in Bedarfsgemeinschaft mit erwerbsfähiger und leistungsberechtigter Person): unpfändbar gem. § 42 Abs. 4 S. 1 SGB II und damit nicht massezugehörig gem. §§ 35 Abs. 1, 36 Abs. 1 S. 1 InsO	Muster 89: »Drittschuldner sonstiger (ArbA, Rentenanstalt)« Wipperfürth, Unpfändbarkeit des Anspruches auf Leistungen zur Sicherung des Lebensunterhalts, InsbürO 2017, 119 f.
7.	Leistungsbefreiung Drittschuldner	• Regelung in § 82 InsO beachten: – nach Insolvenzeröffnung darf ein Arbeitgeber pfändbare Beträge nur noch an die Insolvenzmasse leisten – bei Zahlungen an den Schuldner wird er von seiner Leistung nicht frei • Voraussetzungen: – Arbeitgeber muss Kenntnis von der Insolvenzeröffnung haben – Schuldner sollte bei Nichtbeachtung des Arbeitgebers zunächst zur Zahlung aufgefordert werden (= s. nachstehend »pfändbare Einkommensanteile«) • öffentliche Bekanntmachung kann für Kenntnis ausreichen (Einzelfall, z. B. Größe und Organisation des Arbeitgebers) • bei fehlender Erstattung durch den Schuldner dann Anspruch auf erneute Leistung durch den Arbeitgeber • (§ 82 InsO erweitert die Rechte des § 407 BGB) • bei Leistungsbefreiung des Drittschuldners = Nachweis der Unkenntnis: Herausgabepflicht des Schuldners (§ 148 Abs. 2 InsO)	Leistungsbefreiung nur bei Unkenntnis: BGH v. 16.7.2009 – IX ZR 118/08 (Leitsatz, Rn. 15 ff.) in ZInsO 2009, 1646, WKRS 2009, 20018 Forderung nach Organisation zur Kenntniserlangung der Insolvenzeröffnung: BFH v. 18.8.2015 – VII R 24/13 (Rn. 17 ff.) in ZInsO 2015, 2583
8.	Leistungsbefreiung in der RSB-Phase	• Anspruch des Treuhänders auf Auskehrung pfändbarer Einkommensanteile gem. § 287 Abs. 2 InsO • bei fehlerhafter Leistung des Arbeitgebers: § 407 BGB • gleiche Situation wie im eröffneten Verfahren: vorgelegte Abtretung ist vom Arbeitgeber zu berücksichtigen	Leistungsbefreiung nur bei Unkenntnis: BGH v. 16.7.2009 – IX ZR 118/08 (Leitsatz, Rn. 15 ff.) in ZInsO 2009, 1646, WKRS 2009, 20018
9.	Eigenabführung	• auf Wunsch des Schuldners ggf. Verzicht auf die Unterrichtung des Arbeitgebers über das Insolvenzverfahren • Grund: Kündigung droht, z. B. in der Probezeit (= dann entfallen ggf. auch pfändbare Einkommensanteile für die Masse) • Eigenabführung der monatlich pfändbaren Beträge durch den Schuldner • bei fehlender Auskunftserteilung d. Schuldner bzgl. seiner Einkünfte: lt. BGH-Rechtsprechung ggf. Versagung RSB • Problem bei dieser Vorgehensweise: – intensive Kontrolle erforderlich, daher nur bei redlichen Schuldnern denkbar (= Verzicht eher absolute Ausnahme) = Haftungsfalle des Insolvenzverwalters – siehe auch vorstehend: Leistungsbefreiung des Drittschuldners = keine Kenntnis von der Insolvenzeröffnung = keine Leistungspflicht – bei unpfändbaren Lohn- und Gehaltsbestandteilen (= keine einfache Anwendung der Pfändungstabelle) keine bzw. nur kosten- und zeitintensive Kontrolle des jeweils monatlich pfändbaren Anteils durch das Insolvenzbüro wg. Nettomethode möglich (s. unten)	Strengere Mitwirkungspflicht des Schuldners bei selbständiger Abführung: BGH v. 20.2.2014 – IX ZA 32/13 in InsbürO 2014, 244, ZInsO 2014, 687

Nr.	Thema	Checkliste Einkommen: Erläuterungen	Hilfsmittel
10.	Unterhaltspflichten – allgemein	• Familienangehörige sind sich gegenseitig zum Unterhalt verpflichtet: bspw. gegenüber Ehepartner/in gem. §§ 1360 ff. BGB, gegenüber Kindern gem. § 1601 BGB • bei der Einkommenspfändung sind nur gesetzliche Unterhaltspflichten zu berücksichtigen (s. auch § 850f Abs. 1 Buchst. c ZPO); freiwillige Unterhaltszahlungen werden nicht berücksichtigt • Pfändungsfreigrenzen sind gestaffelt je nach Anzahl der unterhaltsberechtigten Personen (§ 850c ZPO): die Pfändungstabelle hat entsprechend mehrere Spalten je nach Anzahl der Unterhaltsberechtigten • die Überprüfung von unterhaltsberechtigten Personen ist daher wichtig • eine Änderung der Unterhaltspflichten kann zu einem höheren monatlich pfändbaren Einkommensanteil führen • eigenes Einkommen der Unterhaltsberechtigten hat der Schuldner daher anzugeben und ggf. zu belegen • im eröffneten Verfahren: Pflicht des Schuldners, wesentliche Umstände für das Verfahren von sich aus mitzuteilen, Auskunftsanspruch gegen ihn gem. § 97 InsO: s. oben • in der Wohlverhaltensperiode: keine Mitteilungspflicht zu Unterhaltspflichten, nur Auskunft bei Anfrage	Grote, Pfändungsschutz bei Bedarfsgemeinschaften nach § 850f Abs. 1 ZPO – immer noch ungeklärt, InsbürO 2019, 73 ff. Pflicht, wesentliche Umstände offenzulegen: BGH v. 11.02.2010 – IX ZB 126/08 in InsbürO 2010, 156, ZInsO 2010, 477 Keine Mitteilungspflicht des Schuldners über Veränderung bei Unterhaltspflichten: BGH v. 12.07.2018 – IX ZB 78/17 in InsbürO 2018, 399, WKRS 2018, 29164

11.	Unterhaltspflichten – Angaben	• den Arbeitgeber trifft keine Ermittlungspflicht
		• Arbeitgeber darf die Angaben des Arbeitnehmers der Berechnung des pfändbaren Einkommensanteils zugrunde legen bzw. den Lohnsteuermerkmalen vertrauen (s. Rechtsprechung)
		  – Bsp.: Arbeitnehmer mit Ehefrau und zwei minderjährigen Kindern gibt 3 unterhaltsberechtigte Personen an, Ehefrau verfügt aber über eigenes ausreichendes Einkommen
		  – Bsp.: Arbeitnehmer hat zwei Stiefkinder, die auf der Lohnsteuerkarte eingetragen sind, unterhaltsrechtlich aber nicht als unterhaltsberechtigt gelten
		• für abweichende Berechnung ist dem Arbeitgeber ein gerichtlicher Beschluss gem. § 850c Abs. 4 ZPO vorzulegen
		• eine Unterhaltspflicht besteht i.d.R. gegenüber Verwandten in gerader Linie (Eltern, Kindern, Adoptivkinder, nicht aber ggü. Stiefkindern, Geschwister) sowie (ehemaligen) Ehepartnern
			Keine Nachforschungspflicht des Arbeitgebers: BAG v. 26.11.1986 – 4 AZR 786/85 (Rn. 22 ff.) in WKRS 1986, 14606
			
			Vertrauen auf Lohnsteuermerkmale: LAG Hamm, Urt. v. 15.04.2015 – 2 Sa 1325/14 in ZInsO 2015, 2348, InsbürO 2015, 535
			
			Grote, Das pfändbare Einkommen – Kontrollpflichten von Insolvenzbüro und Drittschuldner, InsbürO 2018, 71 f.
			
			Ohne gerichtlichen Beschluss kein Wegfall einer Unterhaltsberechtigung: BGH v. 3.11.2011 – IX ZR 45/11 (Rn. 8) in InsbürO 2012, 109, ZInsO 2012, 30
			
			Pfändungsrechtlich keine Anerkennung einer Unterhaltszahlung an Stiefkinder: BGH v. 19.10.2017 – IX ZB 100/16 (Rn. 13) in InsbürO 2018, 38, ZInsO 2017, 2429

12.	Unterhaltspflichten – Kinder	• bei Unterhaltspflichten gegenüber Kindern ist das Alter und ggf. das eigene Einkommen zu berücksichtigen • Alter der Kinder ermitteln: aus der Gerichtsakte, aus dem Fragebogen, aus dem Datenpool im 1. Bericht zur GV • ältere Kinder haben ggf. eigenes Einkommen • evtl. entfällt die Unterhaltspflicht im Laufe des Verfahrens und ein Änderungsantrag ist zu stellen (s. nachfolgend) • Volljährigkeit oder Ausbildungsabschluss kann während des Verfahrens eintreten? dann: Wiedervorlage für spätere Überprüfung des eigenen Einkommens dieses betroffenen Kindes	Wiedervorlagenkalender

Nr.	Thema	Checkliste Einkommen: Erläuterungen	Hilfsmittel
13.	Kinder – Berücksichtigung bei beiden Ehepartnern	• durch Berücksichtigung der Unterhaltspflicht eines Kindes ergibt sich ein höherer Pfändungsfreibetrag zugunsten des Schuldners • jeder Ehepartner hat Anspruch auf Berücksichtigung seiner Kindern, sofern er diesen tatsächlich Natural- oder Barunterhalt zahlt = ein Kind wird bei beiden Ehepartner voll berücksichtigt • jedoch: BGH-Rechtsprechung: Naturalunterhalt ist anzurechnen • Antrag gem. § 850c Abs. 4 ZPO: – Ehepartner hat Einkommen **über** der Pfändungsfreigrenze: Hälfte des Differenzbetrages zwischen zwei Spalten der Pfändungstabelle dem Schuldner zusätzlich belassen (Rechenbeispiel: s. Literaturtipp) – Ehepartner hat Einkommen **unterhalb** der Pfändungsfreigrenze: volle Berücksichtigung der Freibeträge bei beiden Elternteilen	Prozentualer Wegfall der Unterhaltspflicht: BGH v. 16.4.2015 – IX ZB 41/14 in InsbürO 2015, 323, ZInsO 2015, 1101 Mansius/Grote, Nur halbe Unterhaltspflicht bei Doppelverdienern? InsbürO 2015, 380 ff. Volle Berücksichtigung der Unterhaltspflicht bei beiden Eltern: BAG v. 21.1.1975 – 5 AZR 200/74 in WKRS 1975, 10123
14.	Unterhaltspflichten – Einkommensgrenzen	• nach BGH-Rechtsprechung: keine festen Berechnungsgrößen = Ermessensentscheidung des Gerichtes im Einzelfall • i.d.R. bei Überschreitung des Satzes für Arbeitslosengeld II (§ 19 SGB II i.V.m. §§ 28, 28a SGB XII und der Anlage zu § 28 SGB XII – Regelbedarfsstufen) zzgl. 30 – 50 %: Wegfall der Unterhaltspflicht, damit i.d.R. bei Einkommen bis 636,00 EUR Unterhaltspflicht berücksichtigen, bei Einkommen darüber hinaus nicht mehr (= Grundregel, aber Einzelfallentscheidung) • s. auch unten: Sozialleistungen • daher: auch bei geringerem Einkommen einer unterhaltsberechtigten Person evtl. Herabsetzung der Pfändungsfreigrenze möglich • denkbar auch: tlw. Anrechnung des Einkommens eines Familienangehörigen (= siehe Urteilsbegründung AG Meiningen) oder Anrechnung von Naturalunterhalt • Berechnungsbeispiele in Rechtsprechung rechts: Verhältnis der Einkommen von Ehepartnern zu den Lebenshaltungskosten bilden und Bedarf von unterhaltsbedürftigen Personen daran ermitteln	keine festen Berechnungsgrößen, Einzelfallentscheidung: BGH v. 3.11.2011 – IX ZR 45/11 (Rn. 11 m.w.N.) in InsbürO 2012, 109, ZInsO 2012, 30 Prozentuale Berücksichtigung: AG Meiningen v. 14.9.2012 – IK 235/11 in InsbürO 2013, 244 Berücksichtigung von Naturalunterhalt: BGH v. 16.4.2015 – IX ZB 41/14 (Rn. 10 ff. m.w.N.) in InsbürO 2015, 323, ZInsO 2015, 1101 Rechenbeispiele Verhältnis Einkommen zu Lebenshaltungskosten: LG Stuttgart v. 02.07.2018 – 9 T 167/17 in InsbürO 2019 (Juliheft) LG Hildesheim v. 18.10.2018 – 5 T 97/18 in InsbürO 2019, 226 ——— Grote, »Kann der Ehepartner eines Schuldners mit einem geringerem Einkommen als unterhaltspflichtige Person berücksichtigt werden?« InsbürO 2009, 71 f. Wegener/Koch, Die Einnahmen des Schuldners in der Insolvenz – Teil 1, InsbürO 2015, 56 ff.
15.	Unterhaltspflichten – Antrag auf Nichtberücksichtigung	• für eine Abänderung der Berücksichtigung von Unterhaltspflichten ist ein gerichtlicher Beschluss erforderlich • Geltendmachung einer anderen Berechnung ohne Beschluss führt zu keinem einklagbaren Zahlungsanspruch (s. Rechtsprechung) • Antragsberechtigung des Insolvenzverwalters im eröffneten Verfahren: § 36 Abs. 4 InsO i.V.m. § 850c Abs. 4 ZPO	Muster 92: Herabsetzung Freigrenze – Antrag § 850c Abs. 4 ZPO (Wegfall Unterhaltspflicht)

Nr.	Thema	Checkliste Einkommen: Erläuterungen	Hilfsmittel
		• Antragsberechtigung des Treuhänders in der RSB-Phase (§ 292 Abs. 1 Satz 3 i.V.m. § 36 Abs. 1 Satz 2, 4 InsO) • zuständiges Gericht: Insolvenzgericht gem. § 36 Abs. 4 InsO • Gericht entscheidet nach Umständen des Einzelfalls: s. vorstehend • wird nur eine tlw. Nichtberücksichtigung angeordnet, wird die Anwendung der Pfändungstabelle nach § 850c ZPO schwierig, weil dort keine Spalte »0,5 Unterhaltsberechtigt« enthalten ist – Anwendung der Mittelwert-Methode führt nach Grote/Zamaitat zu inkorrekten Ergebnissen (s. rechts) – Nutzung einer von Grote/Zamaitat entwickelten Excel-Tabelle für Fälle der teilweisen (20, 30, 50 %igen oder anderweitigen prozentualen) Nichtberücksichtigung sinnvoll und schnell – darüber hinaus haben Grote/Zamaitat eine inoffizielle Pfändungstabelle mit jeweiligen Spalten zur hälftigen Berücksichtigung entwickelt	Muster 90: Herabsetzung Freigrenze – Antrag § 850c Abs. 1 ZPO (keine Unterhaltszahlung) ——— Ohne gerichtlichen Beschluss kein Wegfall einer Unterhaltsberechtigung: BGH v. 3.11.2011 – IX ZR 45/11 (Rn. 8) in InsbürO 2012, 109, ZInsO 2012, 30 Keine Unterhaltszahlung: BGH v. 28.9.2017 – VII ZB 14/16 (Rn. 7) in InsbürO 2018, 121, WKRS 2017, 24485 ——— Grote/Zamaitat, Berechnung des pfändbaren Betrags unter nur tlw. Berücksichtigung von unterhaltsberechtigten Personen, InsbürO 2017, 317 ff. Grote/Zamaitat, Inoffizielle Pfändungstabelle für nur zur Hälfte zu berücksichtigende Unterhaltspflichten, InsbürO 2017, 405 ff. Excel-Tabelle und inoffizielle Pfändungstabelle zu finden unter www.judis.info
16.	Steuerklasse – allgemein	• falsche Steuerklasse führt zu einer Minderung des pfändbaren Einkommensanteils – Bsp.: bei Steuerklasse 5 sind höhere Lohnsteuerbeträge abzuführen als in Steuerklasse 3 = niedrigeres Nettoeinkommen = weniger pfändbar • Familienverhältnisse und Lohn-/Gehaltsabrechnungen sind zu prüfen • Steuerklasse ist auf jeder Lohn-/Gehaltsabrechnung aufgeführt • s. nachfolgend: »Steuerklasse – Überblick« mit Angaben zur sinnvollen Steuerklassenwahl • Ermittlung des Nettoeinkommens nach unterschiedlichen Steuerklassen für einen Vergleich vornehmen, z. B. unter www.abgabenrechner.de	Grote, Die missbräuchliche Wahl der Steuerklasse, InsbürO 2006, 42 ff. Muster 98: »Steuerklassen – Überblick«
17.	Steuerklasse – Aufforderung zur Änderung	• Schuldner kann zur Abänderung der Steuerklassenwahl aufgefordert werden • Verpflichtung zur Änderung besteht nicht • aber: Verpflichtung zum Differenzausgleich besteht: s. nachfolgend	Muster 99: »Steuerklasse – Aufforderung zur Abänderung«
18.	Steuerklasse – Ausgleich ohne Änderung	• bei Weigerung der Änderung der Steuerklassenwahl: – Verpflichtung zum Ausgleich der sich ergebenden Differenz bzgl. des pfändbaren Betrages – Antrag an das Insolvenzgericht, dass Arbeitgeber nach fiktiver Steuerklasse abführen muss (§ 850h ZPO) – hierfür: gesonderte Lohn-/Gehaltsabrechnung auf Grundlage der eigentlich korrekten Steuerklasse erstellen lassen	Muster 100: »Steuerklasse – fehlerhaft – Antrag an Insolvenzgericht« Folgen der rechtsmissbräuchlichen Wahl der Steuerklasse: BGH v. 4.10.2005 – VII ZB 26/05 in ZInsO 2005, 1212

Nr.	Thema	Checkliste Einkommen: Erläuterungen	Hilfsmittel
		• mögliche Sanktion für die Weigerung laut Recht-sprechung: Aufhebung der Verfahrenskostenstundung oder Versagung der RSB	Steuerklassenwahl – Verstoß gegen Erwerbsobliegenheit im Rahmen der Kostenstundung: BGH v. 5.3.2009 – IX ZB 2/07 (Rn. 2 m.w.N.) in InsbürO 2009, 198, ZInsO 2009, 734
19.	Steuerklasse – Steuererstattung	• bis zum Erlass eines vorstehenden Beschlusses an den Arbeitgeber: Abführung hoher Lohnsteuerbeträge an das FinA • ggf. dadurch erhöhte Einkommensteuererstattung • auf zeitnahe Abgabe der Steuererklärung zu Beginn des folgenden Kalenderjahres achten • damit Ausgleich des eingetretenen Schadens zugunsten der Insolvenzmasse schaffen • aber: eine solche Vereinnahmung ist nicht während der Restschuldbefreiungsphase möglich • Abtretung gem. § 287 Abs. 2 InsO umfasst keine Steuererstattungen • Vereinnahmung von Einkommenssteuerguthaben während der RSB-Phase nur aus Zeit des eröffneten Verfahrens	Checkliste Steuerangelegenheiten
20.	Steuerklasse – Überblick	• es gibt die Steuerklassen 1 – 5 • je nach Einkommens- und Lebenssituation ist die richtige Steuerklasse zu wählen • ein tabellarischer Überblick gibt nähere Erläuterungen	Muster 98: »Steuerklassen – Überblick«
21.	Gehaltsabrechnungen	• Vorlage der Lohn- und Gehaltsabrechnungen ist zur Prüfung der korrekten Höhe der vereinnahmten pfändbaren Einkommensanteile erforderlich • Schuldner im Erstgespräch auf diese Vorlagepflicht hinweisen • Wiedervorlage zur Kontrolle der Vorlage je nach Einzelfall im Rhythmus von drei bis sechs Monaten notieren • Prüfung der Pfändbarkeit einzelner Gehalts- bzw. Lohnbestandteile erforderlich: s. Literaturtipp mit tabellarischer Übersicht	Wiedervorlagenkalender Gehaltsabrechnung des Monats – eine Inhaltsübersicht für die Jahre 2012 – 2018, InsbürO 2019, 101 ff. Excel-Tabelle zur Berechnung des pfändbaren Betrages: www.judis.info
22.	Nettomethode – allgemein	• Nettomethode meint: unpfändbare Brutto-Einkommensanteile werden vom Bruttoeinkommen in Abzug gebracht • dann Steuern und Sozialversicherungsbeiträge vom pfändbaren Bruttoeinkommen berechnen und abziehen (§ 850e Abs. 1 ZPO) • Ergebnis: Zahlung unpfändbarer Anteile wirkt sich nicht aus • anders: Bruttomethode: siehe unten • aber: BAG hat die Nettomethode im Jahre 2013 bestätigt! • siehe nachfolgend bei den Zusatzinformationen: Berechnungsbeispiele	Nettomethode: BAG v. 17.4.2013 – 10 AZR 59/12 in InsbürO 2013, 369, ZInsO 2013, 1485
23.	Nettomethode – Berechnung	• Problem bei der Nettomethode: Erstellung einer fiktiven Lohn- und Gehaltsabrechnung ohne unpfändbare Anteile erforderlich • nach BAG: Arbeitgeber muss diese fertigen • ggf. Arbeitgeber und Schuldner über die BAG-Entscheidung informieren • für Stichproben durch die Insolvenzbüros: Excel-Tabelle im Internet	Muster 85: »Arbeitgeber – Erstanschreiben« Erläuterung der Nettomethode: Grote, Gehaltsabrechnung des Monats, InsbürO 2013, 376, 421, 465, 505 Excel-Tabelle zur Berechnung des pfändbaren Anteils nach der Nettomethode: www.judis.info > Downloads
24.	Unpfändbare Einkommensanteile – Berechnung	• nach der Nettomethode gilt: unpfändbare Anteile werden brutto vom Gesamteinkommen brutto in Abzug gebracht • fiktive Abrechnung ohne diese Anteile ist erforderlich • siehe vorstehend	

Nr.	Thema	Checkliste Einkommen: Erläuterungen	Hilfsmittel

25.	Pfändbare Einkommensanteile – Berechnung	• die Berechnung von pfändbaren Einkommensanteilen ergibt sich aus § 850e ZPO, danach u.a.:
		– Beachtung steuerrechtlicher und sozialrechtlicher Vorschriften und entsprechende Abführung
		– Möglichkeit der Zusammenrechnung:
		  – bei mehreren Einkommen
		  – bei zusätzlichen Naturalleistungen
		• Nettoeinkommen ist zur Anwendung der Pfändungstabelle entscheidend
		• bei Streit über die Zusammenrechnung (bspw. von Geld- und Naturalleistungen): Klage vor Prozessgericht lt. BGH-Rechtsprechung, keine Zuständigkeit Insolvenzgericht
		• Pfändbarkeit oder Unpfändbarkeit einzelner Gehaltsbestandteile aus der monatlichen InsbürO-Rubrik in der Inhaltsübersicht zusammengefasst
		• Exceltabelle als Arbeitshilfe mit Abfragekriterien und hinterlegten Formel zur Ermittlung des Nettoeinkommens: www.judis.info
		• s. auch Literaturtipp rechts mit weitergehenden Informationen im alphabetischen Überblick
			Gehaltsabrechnung des Monats – eine Inhaltsübersicht für die Jahre 2012 – 2018, InsbürO 2019, 101 ff.
			Berechnungstabelle mit hinterlegten Formeln: www.judis.info > Downloads
			Zuständigkeit bei Streit über Zusammenrechnung: BGH v. 19.04.2018 – IX ZB 27/17 in WKRS 2018, 13997, InsbürO 2018, 277
			Literaturtipp: Grote/Zamaitat, ABC der pfändbaren Lohn- und Gehaltspositionen aus dem ZAP-Verlag, 181 S.
			Wipperfürth, Leistungen der Soka-Bau, InsbürO 2019, 151 f.

26.	Pfändungsfreigrenze	• der Schuldner hat Anspruch auf unpfändbares Einkommen gem. der Pfändungstabelle des § 850c ZPO • nicht nur der Insolvenzverwalter kann die Änderung dieser Pfändungsfreigrenze bewirken (s. nachfolgend) • auch der Schuldner kann einen Antrag gem. § 850f ZPO stellen: Nachweis z.B. von besonderen Bedürfnissen aus persönlichen oder beruflichen Gründen (§ 850f Abs. 1c ZPO) • zuständig in allen Fällen: das Insolvenzgericht gem. § 36 Abs. 4 Satz 1 InsO	Wipperfürth, Selbstbehalt des Schuldners, Teil 1: InsbürO 2015, 515 ff. Erhöhung wg. berufsbedingter Fahrtkosten: LG Mühlhausen v. 3.6.2016 – 1 T 37/16 in InsbürO 2016, 467, ZInsO 2016, 1705
27.	Pfändungstabelle	• Anpassung der Pfändungstabelle gem. § 850c Abs. 2a ZPO alle zwei Jahre: Veröffentlichung im Bundesgesetzblatt • Hintergrund: Entwicklung des Grundfreibetrages nach § 32a Abs. 1 Nr. 1 EStG • letzte Änderung zum 01.07.2017 (BGBl. 2017 Teil I v. 07.04.2017 – Nr. 18 – S. 750) • aktuelle und alte Pfändungstabellen sind bspw. über das Bundesministerium für Justiz und Verbraucherschutz abrufbar	www.bundesgesetzblatt.de www.bmjv.de > Suchfunktion »Pfändungstabelle«
28.	Pfändbare Einkommensanteile – Prüfung	• Überprüfung der vereinnahmten und ggf. fehlenden pfändbaren Einkommensanteilen gehört zu den Grundpflichten eines Insolvenzverwalters • Arbeitgeber verrechnen sich regelmäßig trotz Nutzung von speziellen EDV-Programmen • anzuraten: Tabelle erstellen und die monatlichen Soll-Beträge und Ist-Beträge (= was ist tatsächlich eingegangen?) dort eintragen • Differenzen werden dann schnell deutlich und müssen nachgefordert werden • Tabelle dient dem Nachweis der erfolgten Prüfung und dem Überblick	Pfändungstabelle im Internet oder in der Insolvenzsoftware Gehaltsabrechnung des Monats – eine Inhaltsübersicht für die Jahre 2012 – 2018, InsbürO 2019, 101 ff. Berechnungstabelle mit hinterlegten Formeln: www.judis.info > Downloads Literaturtipp: Grote/Zamaitat, ABC der pfändbaren Lohn- und Gehaltspositionen aus dem ZAP-Verlag, 181 S.
29.	Pfändbare Einkommensanteile – fehlerhafte Zahlung	• bei fehlerhafter Auszahlung des Arbeitgebers an den Schuldner: keine Leistungsbefreiung bei Kenntnis von der Insolvenzeröffnung • bei erneuter Zahlungspflicht des Arbeitgebers: Erstattungsanspruch des Arbeitgebers gegenüber dem Schuldner s. vorstehend »Leistungsbefreiung«	Leistungsbefreiung nur bei Unkenntnis: BGH v. 16.7.2009 – IX ZR 118/08 (Leitsatz, Rn. 15 ff.) in ZInsO 2009, 1646, WKRS 2009, 20018

Nr.	Thema	Checkliste Einkommen: Erläuterungen	Hilfsmittel
30.	Mehrere Einkommen	• Erzielung von mehreren Einkommen bei unterschiedlichen Arbeitgebern: – ggf. jeweils in unpfändbarer Höhe – ggf. einmal mit und einmal ohne pfändbarem Anteil • bei Zusammenrechnung: Entstehung oder Erhöhung eines pfändbaren Anteils • Zusammenrechnungsbeschluss gem. § 850e Abs. 2 ZPO durch Antrag an das Insolvenzgericht erwirken • darin wird bestimmt, welcher Arbeitgeber den oder ggf. welchen Anteil des pfändbaren Betrages abzuführen hat • keine Rückwirkung, keine Verpflichtung des Schuldners, bis zur Zustellung erlangtes Einkommen an IV zu erstatten (Stiller, InsbürO 2015, 169 ff.) • Befugnis der Antragstellung auch für den Treuhänder in der RSB-Phase	Muster 94 – 95: »Mehrere Einkommen – Antrag § 850e Nr. 2 ZPO« (zwei Varianten) Muster 96: »Mehrere Einkommen – Zustellung an Zahlstellen« ——— Grote, Der taugliche Zusammenrechnungsbeschluss, InsbürO 2010, 475 Deppe, Neuerwerb in der Insolvenz, Teil 7: InsbürO 2010, 343 f. ——— Antragserfordernis und Umsetzung: BGH v. 10.7.2008 – IX ZB 118/07 (Rn. 14) in ZInsO 2008, 971, WKRS 2008, 19290 keine Zusammenrechnung bei Einkommen und zusätzlich ALG II-Bezug: BGH v. 25.10.2012 -IX ZB 263/11 in InsbürO 2013, 245, ZInsO 2013, 1274 keine Zusammenrechnung von Einkommen und Wohnvorteil: BGH v. 7.2.2013 – IX ZB 85/12 in InsbürO 2013, 193, ZInsO 2013, 549
31.	Pfändbare Einkommensanteile – RSB-Erteilung	• Vereinnahmung pfändbarer Einkommensanteile bis zur rechtskräftigen Erteilung der RSB: – in beantragten Verfahren ab 01.07.2014 gem. § 300a InsO – in beantragten Verfahren bis 30.06.2014 gem. Rechtsprechung • nach Eintritt der Rechtskraft: Auszahlung ggf. vereinnahmter Beträge an den Schuldner • Datum der Rechtskraft ggf. telefonisch beim Insolvenzgericht erfragen (jeder abweichende Tag bedeutet ggf. einen Verlust für den Schuldner bei fehlerhafter Auszahlung)	Sicherung bis zur Rechtskraft der RSB-Erteilung: BGH v. 1.6.2017 – IX ZB 87/16 (Rn. 15 m.w.N.) in InsbürO 2017, 386, ZInsO 2017, 1692
32.	Prüfungsvermerk	• über das Ergebnis aller vorgenommenen Prüfungen ist ein kurzer Prüfungsvermerk anzufertigen • Dokumentation der einmal erfolgten Prüfung erleichtert spätere Bearbeitung der Akte	Muster 97: »Prüfungsvermerk über Einkommenssituation«
33.	Literaturtipps	• Grote/Zamaitat, ABC der pfändbaren Lohn- und Gehaltspositionen aus dem ZAP-Verlag, 181 S. • Deppe, Neuerwerb in der Insolvenz: Beitragsreihe in der InsbürO zu unterschiedlichen Themen bzgl. des Einkommens, Inhaltsverzeichnis über alle Beiträge in InsbürO 2013, 8 ff. • Riedel, Berechnung des pfändbaren Einkommensanteils bei Überschreitung der Pfändungsgrenze von 3.020,06 EUR, InsbürO 2010, 104 ff. • Riedel, Lohnpfändung und Insolvenz, RWS-Verlag, 2. Aufl., 152 S.	
34.	Weitere Aspekte	• siehe in nachstehende Auflistung von weiteren Prüfungskriterien	

Nr.	Thema	Checkliste Einkommen: Erläuterungen Zusatzinformationen – alphabetische Reihenfolge	Hilfsmittel
35.	Abfindungen	• Abfindungen können zugunsten der Insolvenzmasse vereinnahmt werden • sie gelten gem. §§ 9, 10 KSchG als Einkommen i.S.d. § 850c ZPO • Abfindungen sind von der Abtretung gem. § 287 Abs. 2 InsO umfasst und können daher auch während der RSB-Phase vereinnahmt werden	Abfindung als Neuerwerb: BAG v. 12.08.2014 – 10 AZB 8/14 in ZInsO 2014, 2038 Abfindung als »Bezüge aus einem Dienstverhältnis«: BGH v. 11.5.2010 – IX ZR 139/09 in InsbürO 2010, 321, ZInsO 2010, 1088
36.	Abfindungen – Schutzantrag	• ein Schuldner kann einen Schutzantrag gem. § 850i ZPO stellen • hierbei: Berücksichtigung, für welchen Zeitraum der Abfindungsbetrag als Einkommensersatz dienen soll (= Dauer der voraussichtlichen Arbeitslosigkeit, Alter und Gesundheit des Schuldners etc.) • Antrag unterliegt keiner Fristbindung • zuständiges Gericht: Insolvenzgericht gem. § 36 Abs. 4 InsO	Einzelne Aspekte zur Ermittlung des Pfändungsschutzes, Zeitraum für Stellensuche (hier: 3 Monate): LG Stuttgart, Beschl. v. 27.11.2017 – 2 T 162/17 in InsbürO 2018, 159 Fiktiver Zeitraum 12 Monate: LG Essen v. 21.7.2011 – 7 Ta 366/11 + 397/11 in InsbürO 2011, 431 Orientierung an Pfändungsfreibetrag gem. § 850c ZPO: LG Münster v. 8.2.2011 – 5 T 502/10 (Rn. 20) in WKRS 2011, 15785
37.	Abgeordnete	• monatliche Entschädigung = Diät, zusätzlich Anspruch auf Aufwendungsersatz = meistens Kostenpauschale • unterschiedliche Regelungen der einzelnen Länder zur Unübertragbarkeit der Entschädigung • Unübertragbarkeit = unterliegt nicht oder nicht vollständig der Pfändung gem. § 851 Abs. 1 ZPO • (einschränkende) verfassungskonforme Auslegung zwecks Pfändbarkeit für verfassungsrechtlich geschütztes Befriedigungsrecht des Gläubigers • tlw. kein Verweis in landesrechtlichen Regelungen auf § 851 ZPO = Auslegung möglich • Freibeträge der §§ 850a – 850i ZPO beachten, keine Unterschreitung der hälftigen Unübertragbarkeit, Entschädigung werde brutto ausgezahlt, verbundene Pflichten müssen erfüllbar bleiben: • Aufwandsentschädigung gem. § 850a Nr. 3 ZPO unpfändbar	Bergner, Insolvenz von Abgeordneten – schlechte Karten für den Insolvenzverwalter? ZInsO 2016, 1189 ff. Grote, Gehaltsabrechnung des Monats: Auch Abgeordnete können überschuldet sein, InsbürO 2017, 348 ff.
38.	Abtretung – allgemein	• frühere Regelung zur zeitlich eingeschränkten weiteren Wirksamkeit der Abtretung von pfändbaren Einkommensanteilen an Dritte gem. § 114 Abs. 1 InsO in 2014 entfallen • Grundlage des Wegfalls: Gesetz zur Verkürzung der Restschuldbefreiungsverfahren und Stärkung der Gläubigerrechte vom 15.07.2013 (BGBl. 2013, S. 2379 ff.)	Wipperfürth, § 114 InsO – Niemals geht man so ganz, InsbürO 2014, 508 ff.
39.	Arbeitskraft des Schuldners	• Arbeitskraft gehört nicht zur Insolvenzmasse gem. § 35 Abs. 1 InsO • daher: Schuldner kann über sein Arbeitsverhältnis frei bestimmen (= Wechsel, Veränderung der Position etc.) • erzielte, pfändbare Einkommensanteile aus dem Arbeitsverhältnis unterliegen dagegen: – im eröffneten Verfahren dem Insolvenzbeschlag gem. § 35 Abs. 1 InsO – während der RSB-Phase der Abtretung gem. § 287 Abs. 2 InsO	keine Arbeitspflicht, nur Obliegenheit: BAG v. 20.6.2013 – 6 AZR 789/11 in InsbürO 2013, 499, WKRS 2013, 43471
40.	Arbeitsplatzsuche	• s. nachstehend »Erwerbsobliegenheit«	

Nr.	Thema	Checkliste Einkommen: Erläuterungen Zusatzinformationen – alphabetische Reihenfolge	Hilfsmittel
41.	Aufrechnung	• frühere Möglichkeit der Aufrechnung gem. § 114 Abs. 2 InsO mit pfändbaren Beträgen ist in 2014 ersatzlos entfallen • Bsp.: Ansprüche des Arbeitgebers aus Arbeitgeberdarlehen • Grundlage des Wegfalls: Gesetz zur Verkürzung der Restschuldbefreiungsverfahren und Stärkung der Gläubigerrechte vom 15.07.2013 (BGBl. 2013, S. 2379 ff.) • Achtung: ggf. Aufrechnung bei Bezug von Sozialleistungen mit unpfändbaren Beträgen möglich: s. Hinweise im Beitragstipp	Lackmann, Die Auf- und Verrechnung von Sozialleistungen im Insolvenzverfahren, InsbürO 2014, 24 ff.
42.	Ausland – Einkommenserzielung	• pfändbare Einkommensanteile sind gem. § 850c ZPO vom Insolvenzbeschlag erfasst • Schuldner kann ggf. Schutzantrag wg. höherer Lebenshaltungskosten oder beruflichen Kosten stellen • wohnt der Schuldner im EU-Ausland: Anwendung der EuInsVO (s. gesonderte Checkliste) • wohnt der Schuldner im Nicht-EU-Ausland: Anwendung § 335 InsO (s. gesonderte Checkliste)	Checkliste Ausland: »Einkommen« Lissner, Einkommenserzielung im Ausland, Teil 1: InsbürO 2013, 429 ff. Teil 2: InsbürO 2014, 320 ff. Wipperfürth, Einkommen Schweiz, InsbürO 2016, 438 f. (Rubrik Fragezeichen)
43.	bedingt pfändbare Bezüge	• gesetzliche Regelung in § 850b ZPO • Billigkeitsentscheidung des Insolvenzgerichts möglich = ggf. wird das Einkommen dann vom Insolvenzbeschlag umfasst • Auflistung verschiedener Bezüge im Literaturtipp: Verletzungsrenten (gesetzlich, vertraglich), Berufsunfähigkeitsrente, Einkünfte aus Stiftungen oder Fürsorge, Bezüge von Krankenkassen und Sterbegeldversicherung	Anwendung § 850b ZPO in Insolvenzverfahren: BGH v. 3.12.2009 – IX ZR 189/08 in InsbürO 2010, 118, ZInsO 2010, 188 Deppe, Aktualisierung »Neuerwerb in der Insolvenz« – Update Teil 4: bedingt pfändbare Beträge (§ 850b ZPO), InsbürO 2016, 234 ff. Muster 88: »Berufsunfähigkeitsrente – Antrag § 850b Abs. 1 Nr. 1 ZPO – Billigkeitsentscheidung«
44.	Bruttomethode – Berechnungsbeispiel	• siehe nachfolgend »Nettomethode – Gegenteil Bruttomethode«	
45.	Dienstfahrzeug	• erhält der Schuldner ein Dienstfahrzeug vom Arbeitgeber ist die Berechnung des pfändbaren Einkommensanteils nicht einfach • Nutzungsvorteil ist dem Einkommen hinzuzurechnen und dieses Gesamteinkommen der Pfändung zugrunde zu legen • allerdings: ggf. erhält der Schuldner dann aber zu wenig ausgezahlt • gem. § 107 GewO muss das unpfändbare Einkommen ausgezahlt werden und darf nicht in Naturalien gewährt werden	Zur Berücksichtigung von § 107 GewO: BAG v. 24.3.2009 – 9 AZR 733/07 in InsbürO 2012, 236, ZInsO 2009, 1412 Grote, Pfändungsberechnung bei Dienstwagen, InsbürO 2012, 265 Gehaltsabrechnung des Monats: Dienstwagen, InsbürO 2012, 286 Schutzantrag des Schuldners zur Nichtberücksichtigung des Dienstwagens bei der Berechnung: LG Münster v. 21.6.2012 – 5 T 268/12 in InsbürO 2013, 75

Nr.	Thema	Checkliste Einkommen: Erläuterungen Zusatzinformationen – alphabetische Reihenfolge	Hilfsmittel
46.	Differenzlohnansprüche	• Differenzlohn = Differenz zwischen monatlichem Arbeitsentgelt bis zum Ablauf der Kündigungsfrist und erhaltenem Arbeitslosengeld • im Insolvenzverfahren über das Vermögen eines Arbeitnehmers mit Anspruch auf Differenzlohn in einem anderen Insolvenzverfahren: s. Literaturtipp • ggf. frühzeitigen Antrag auf Zusammenrechnung gem. § 850e Nr. 2a ZPO stellen • bei fehlender frühzeitiger Kenntnis: Vereinnahmung über P-Konto, wenn durch Zahlungseingang der Freibetrag überschritten wird	Wipperfürth, Differenzlohnansprüche im Insolvenzverfahren des Arbeitnehmers – Pfändbarkeit und P-Konto, InsbürO 2016, 449 ff.
47.	Direktversicherung – Neuabschluss	• s. nachstehend »Entgeltumwandlung«	
48.	Entgeltumwandlung	• keine Entgeltumwandlung nach Insolvenzeröffnung und während der RSB-Phase möglich: Vermeidung der Minderung der pfändbaren Einkommensanteile • eröffnetes Verfahren: Hinderung durch § 81 Abs. 2 Satz 1 InsO • RSB-Phase: Hinderung durch § 287 Abs. 2 Satz 1 InsO i.V.m. § 398 Abs. 2 BGB	Unzulässigkeit einer Entgeltumwandlung nach Insolvenzeröffnung: BAG v. 30.7.2008 – 10 AZR 459/07 (Rn. 17) in InsbürO 2009, 39, WKRS 2008, 22415

49.	Erwerbsobliegenheit – eröffnetes Verfahren	• für beantragte Verfahren ab dem 01.07.2014:
		– Neuregelung in § 287b InsO: Erwerbsobliegenheit ab Beginn der Abtretungsfrist (gleicher Text wie in § 4c Nr. 4 InsO)
		– Versagungstatbestand in § 290 Abs. 1 Nr. 7 InsO: bei Verletzung Erwerbsobliegenheit und Beeinträchtigung der Gläubigerbefriedigung
		• in beantragten Verfahren bis zum 30.06.2014:
		– keine gesetzliche Regelung
		– allerdings: Aufhebung der Kostenstundung gem. § 4c Nr. 4 InsO möglich:
		  – bei fehlender Erwerbstätigkeit
		  – bei fehlendem Bemühen um eine solche
		  – bei Ablehnung einer zumutbaren Tätigkeit
			Pflicht zur Suche einer Vollzeitbeschäftigung: BGH, Beschl. v. 01.03.2018 – IX ZB 32/17 in InsbürO 2018, 194, ZInsO 2018, 787 und BGH v. 14.1.2010 – IX ZB 242/06 in InsbürO 2010, 119, ZInsO 2010, 393
			
			Bewerbungsnachweis: BGH v. 19.5.2011 – IX ZB 224/09 in InsbürO 2011, 312, ZInsO 2011, 1301
			
			bei Obliegenheitsverletzung Aufhebung der Kostenstundung: BGH v. 13.9.2012 – IX ZB 191/11 in InsbürO 2012, 437, ZInsO 2012, 1958 Deppe, Die Erwerbsobliegenheit des Schuldners im eröffneten Verfahren, InsbürO 2018, 132 ff.

50.	Erwerbsobliegenheit – RSB-Phase	• gesetzliche Regelung in § 295 Abs. 1 Nr. 1 InsO: Ausübung einer angemessenen Erwerbstätigkeit, ggf. Bemühung um eine solche und keine Ablehnung einer zumutbaren Tätigkeit	siehe vorstehend
51.	Herabsetzung Pfändungsfreigrenze	• s. vorstehend »Unterhaltspflichten«	
52.	Heraufsetzung Pfändungsfreigrenze	• für Erhöhung der Bemessung des unpfändbaren Teils des Arbeitseinkommens zugunsten des Schuldners: Antrag des Schuldners gem. § 850g ZPO erforderlich • Bsp.: Änderung des Beschlusses über Wegfall Unterhaltsberechtigte gem. § 850c Abs. 4 ZPO, weil die ursprüngliche Unterhaltsberechtigte ihre Arbeitsstelle verloren hat • weitere mögliche Gründe: Fahrtkosten, medizinische Belange und andere persönliche oder berufliche Belastungen	Lissner, Die Erhöhung des unpfändbaren Betrages, InsbürO 2019, 426 ff. mit Verweis auf bis dahin ergangene Rechtsprechung zu den einzelnen Gründen Grote, Pfändungsschutz bei Bedarfsgemeinschaften nach § 850f Abs. 1 ZPO – immer noch ungeklärt, InsbürO 2019, 73 ff.

Nr.	Thema	Checkliste Einkommen: Erläuterungen Zusatzinformationen – alphabetische Reihenfolge	Hilfsmittel
53.	Immobiliennutzung – unentgeltlich	• mit Insolvenzeröffnung werden keine Darlehensraten mehr an die Bank gezahlt • trotzdem erhält der Schuldner die volle Pfändungsfreigrenze (= darin auch Aufwendungen für Miete etc.) • bis zur Veräußerung der Immobilie daher Vorteil gegenüber anderen Schuldnern • Nutzungsentgelt anfordern • bei Nichtzahlung: »Idee« zur Änderung der Pfändungsfreigrenze über § 850e Nr. 3 ZPO (= Zusammenrechnung von Einkommen und Naturalleistung), nach der Rechtsprechung aber nicht möglich	Checkliste Immobilie Wipperfürth, Nutzungsentschädigung für eine schuldnereigene Immobilie, InsbürO 2013, 88 ff. Anspruch auf Nutzungsentschädigung: BGH v. 19.11.2015 – IX ZB 59/14 (Rn. 8 m.w.N.) in ZInsO 2016, 34, InsbürO 2016, 77 Zahlung keine Mitwirkungspflicht: BGH v. 19.11.2015 – IX ZB 59/14 (Rn. 9 ff.) in ZInsO 2016, 34, InsbürO 2016, 77 mit Anmerkung Heyn keine Zusammenrechnung von Einkommen und Wohnvorteil: BGH v. 7.2.2013 – IX ZB 85/12 in InsbürO 2013, 193, ZInsO 2013, 549
54.	Kinder – tatsächliche Zahlung Unterhalt	• aus § 850c Abs. 1 Satz 2 ZPO ergibt sich, dass sich der unpfändbare Anteil des Arbeitseinkommens des Schuldners nur erhöht, wenn der Schuldner tatsächlich auf Grund einer gesetzlichen Verpflichtung Unterhalt leistet • nach der Rechtsprechung kann daher ein klarstellender Beschluss gem. § 850c Abs. 1 ZPO gestellt werden, dass der Unterhaltsberechtigte nicht berücksichtigt wird, wenn tatsächlich keine Unterhaltszahlung geleistet wird	Muster 90: Herabsetzung Freigrenze – Antrag § 850c Abs. 1 ZPO (keine Unterhaltszahlung) keine Unterhaltszahlung: BGH v. 28.9.2017 – VII ZB 14/16 (Rn. 7) in InsbürO 2018, 121, WKRS 2017, 24485
55.	Kinder – Wegfall Unterhaltspflicht	• bei Kinder über 21 Jahre evtl. vorhandenes Vermögen prüfen, das als Vermögensstamm aufgebraucht werden kann • siehe nachstehend »Unterhaltspflicht – Antrag auf Änderung«	Heyn, Unterhaltsverpflichtung ggü. volljährigen Kindern, Auskunftserteilung Schuldner, InsbürO 2010, 149 f.
56.	Kinderbetreuung	• Beurteilung der Erwerbstätigkeit, wenn Kinder zu betreuen sind: Maßstäbe des § 1570 BGB – Betreuung bis zum 8. Lebensjahr: grds. keine Erwerbsobliegenheit, im Einzelfall bei konkreten Umständen, – auch bei Betreuung bis zum 11. Lebensjahr: Umstände des Einzelfalls wg. Teilzeit-Erwerbstätigkeit betrachten	Obliegenheitspflicht bei Kinderbetreuung – Maßstäbe des § 1570 BGB: BGH v. 3.12.2009 – IX ZB 139/07 in InsbürO 2010, 113, ZInsO 2010, 105
57.	Kindergeld	• der Anspruch auf Auszahlung von Kindergeld ist grds. gem. § 54 Abs. 5 S. 1 SGB I i.V.m. § 76 EStG unpfändbar • dieser Pfändungsschutz gilt aber nach Auszahlung nicht mehr • Betrag unterliegt dann bspw. dem Pfändungsschutz auf dem P-Konto • bei strafgefangenen Jugendlichen wird das Kindergeld an die Justizvollzugsanstalt überwiesen und kann dort nach Ansparung des Überbrückungsgeldes pfändbar werden: s. Literaturtipp • s. wegen »Überbrückungsgeld« nachfolgend »Strafgefangene«	Bergner/Schubert, Pfändbarkeit des Kindergeldes eines inhaftierten Schuldners, InsbürO 2017, 499 ff.
58.	Krankenhaustagegeld	• Pfändbarkeit ist im Einzelfall auf Basis einer Billigkeitsentscheidung gem. § 850b ZPO zu prüfen • s. weitere Informationen in Checkliste Versicherung	Checkliste Versicherungen
59.	Krankenversicherungsbeiträge	• Beiträge zu privaten Krankenversicherungen sind abzuziehen, soweit sie den Rahmen des Üblichen nicht übersteigen • Begrenzung des Abzuges im Basistarif der privaten Krankenversicherung auf den Höchstbeitragssatz der gesetzlichen Kranken- und Pflegeversicherung	LG Hamburg v. 5.7.2017 – 326 T 90/16 in InsbürO 2017, 431 m. Anmerkung Heyn Grote, Gehaltsabrechnung des Monats, InsbürO 2014, 195 Wipperfürth, InsbürO-Rubrik »Fragezeichen«, InsbürO 2015, 353

Nr.	Thema	Checkliste Einkommen: Erläuterungen Zusatzinformationen – alphabetische Reihenfolge	Hilfsmittel
60.	Lohnabrechnungen	• siehe vorstehend »Gehaltsabrechnungen«	
61.	Lohnersatzleistungen	• Beispiele für Lohnersatzleistungen: Altersrente, Arbeitslosengeld, Insolvenzgeld, Krankengeld • diese sind gem. § 54 Abs. 4 SGB I wie Arbeitseinkommen pfändbar • Ausnahme: Unpfändbarkeit gem. § 54 Abs. 3 SGB I liegt vor und andere Unpfändbarkeitsregelungen: s. vorstehend »Arbeitsagentur« • Lohnersatzleistungen unterliegen dem Progressionsvorbehalt und sind damit in einer Steuererklärung zu berücksichtigen: s. gesonderte Checkliste	Checkliste Steuerangelegenheiten: Lohnersatzleistungen
62.	Nachzahlungen	• Nachzahlungen von Sozialleistungen (z.B. im Zeitraum zw. Antragstellung und Bewilligung) gelten als laufende Zahlung i.S.v. § 54 Abs. 4 SGBI • damit Umrechnung auf Monate der Bewilligung und anhand dessen Ermittlung von ggf. pfändbaren Beträgen	Aufteilung der Nachzahlung auf bewilligten Zeitraum: BGH, Beschl. v. 24.1.2018 – VII ZB 21/17 in InsbürO 2018, 196, WKRS 2018, 10502
63.	Nettomethode – Berechnungsbeispiel	• Berechnungsbeispiel: – Monatliches Gehalt: 3.500,00 EUR – Weihnachtsgratifikation: 1.100,00 EUR – Überstundenvergütung: 650,00 EUR – Gesamtbruttoeinkommen: 5.250,00 EUR – abzgl. unpfändbarer Beträge § 850a ZPO: – Weihnachtsgeld (Hälfte, max. 500,00 EUR) 500,00 EUR – Hälfte der Überstunden 325,00 EUR – verbleibendes Bruttoeinkommen 4.425,00 EUR – abzgl. SozVers.beiträge u. Steuern (hier fiktiv) 1.475,00 EUR – Nettoeinkommen 2.950,00 EUR • dieses Nettoeinkommens ist für die Ermittlung des pfändbaren Einkommensanteils anhand der Pfändungstabelle zugrunde zu legen	
64.	Nettomethode – Gegenteil Bruttomethode – Beispiel	• Berechnungsbeispiel: – Monatliches Gehalt: 3.500,00 EUR – Weihnachtsgratifikation: 1.100,00 EUR – Überstundenvergütung: 650,00 EUR – Gesamtbruttoeinkommen: 5.250,00 EUR – abzgl. SozVers.beiträge u. Steuern (hier fiktiv) 1.750,00 EUR – Nettoeinkommen 3.500,00 EUR – abzgl. unpfändbarer Beträge gem. – § 850a ZPO: – Weihnachtsgeld (Hälfte, max. 500,00 EUR) 500,00 EUR – Hälfte der Überstunden 325,00 EUR – verbleibendes Nettoeinkommen 2.675,00 EUR • unpfändbare Anteile werden brutto vom netto abgezogen • Ergebnis: Sozialversicherungsbeiträge und Steuern werden doppelt in Abzug gebracht • diese Berechnungsmethode hat das BAG im Jahre 2013 abgelehnt	Nettomethode: BAG v. 17.4.2013 – 10 AZR 59/12 in InsbürO 2013, 369, ZInsO 2013, 1485
65.	Neuerwerb	• Neuerwerb ist pfändbar gem. § 35 Abs. 1 Hs. 2 InsO • dazu gehört auch das monatliche Einkommen • Neuerwerb entfällt mit RSB-Erteilung: – in beantragten Verfahren ab 01.07.2014: nach § 300a InsO – in beantragten Verfahren bis 30.06.2014: nach BGH-Rechtsprechung	Sicherung bis zur Rechtskraft der RSB-Erteilung: BGH v. 1.6.2017 – IX ZB 87/16 (Rn. 15 m.w.N.) in InsbürO 2017, 386, ZInsO 2017, 1692 Deppe, Aktualisierung Neuerwerb in der Insolvenz – Update 1 – 3, InsbürO 2014, 96 ff.

Nr.	Thema	Checkliste Einkommen: Erläuterungen Zusatzinformationen – alphabetische Reihenfolge	Hilfsmittel
66.	Pfändungsmaßnahme	• frühere Regelung zur Berücksichtigung einer Pfändung vor Insolvenzeröffnung gem. § 114 Abs. 3 InsO mit eingeschränkter weiterer Wirksamkeit einer Pfändung im Insolvenzverfahren ist in 2014 entfallen • Grundlage des Wegfalls: Gesetz zur Verkürzung der Restschuldbefreiungsverfahren und Stärkung der Gläubigerrechte vom 15.07.2013 (BGBl. 2013, S. 2379 ff.)	
67.	Pfändungsschutzantrag	• für Erhöhung der Bemessung des unpfändbaren Teils des Arbeitseinkommens zugunsten des Schuldners: Antrag des Schuldners gem. § 850g ZPO erforderlich • siehe vorstehend »Heraufsetzung der Pfändungsfreigrenze« • Schutzantrag auch nach § 850i ZPO für sonstige Einnahmen möglich (z.B. Abfindung)	Pfändungsschutz nach § 850i ZPO: BGH v. 26.6.2014 – IX ZB 88/13 (Leitsatz, Rn. 10) in InsbürO 2014, 606, ZInsO 2016, 334 Pfändungsschutz nach § 850i ZPO für Einkünfte aus Immobilieneigentum: BGH v. 27.10.2018 – IX ZB 19/18 in InsbürO 2019, 48, ZInsO 2018, 2517 Wipperfürth, Sonstige Einkünfte und Pfändungsschutz, InsbürO 2019, 87 f.
68.	Rentenbezüge	• monatliche Rentenbezüge sind wie Einkommen pfändbar (§ 54 Abs. 4 SGB I, § 850 Abs. 2, Abs. 3b ZPO) • bei mehreren Renten: Antrag auf Zusammenrechnung prüfen • bei pfändbarem Bezug einer Rente (z.B. gesetzliche Altersrente) und ggf. unpfändbarem Bezug (z. B. wg. Körperverletzung): Zusammenrechnungsantrag mit Antrag auf Billigkeit (s. vorstehend) verbinden • ein Schuldner, der ggf. bekanntermaßen eine höhere gesetzliche Rente erzielen wird, als sein aktuelles Einkommen, ist nicht verpflichtet, einen Antrag auf vorzeitige Altersrente zu stellen – Rentenbezüge sind nach § 54 Abs. 2 SGB I pfändbar, aber das Recht zur Antragstellung unterliegt nicht dem Insolvenzbeschlag • erzielt ein Rentner neben der Rente weitere Einkünfte (z. B. aus unselbständiger Tätigkeit oder aus selbständiger Tätigkeit): Zusammenrechnungsantrag nach § 850e ZPO (bei Selbständigkeit: fiktiv); aber: Schuldner kann Pfändungsschutz für Hälfte der Einkünfte analog § 850a Abs. 1 Nr. 1 ZPO stellen	Heyn, Rentnerinnen und Rentner in der Insolvenz, InsbürO 2014, 115 ff. Insolvenzbeschlag an Verletztenrente – Zusammenrechnung mit Altersrente: BGH v. 20.10.2016 – IX ZB 66/15 in InsbürO 2017, 76, ZInsO 2016, 2391 Engelmann, Muss ein Insolvenzschuldner eine lohnenswerte Altersrente vorziehen? InsbürO 2017, 155 ff. Abführungspflicht bei unselbständig tätigem Rentner: BGH v. 26.06.2014 – IX ZB 87/13 in InsbürO 2014, 410, ZInsO 2014, 1488 Abführungspflicht bei selbständig tätigem Rentner: BGH v. 12.04.2018 – IX ZB 60/16 in ZInsO 2018, 1508, InsbürO 2018, 314 m. Anmerkung Henning
69.	Selbständige Tätigkeit	• Einnahmen unterliegen dem Insolvenzbeschlag gem. § 35 Abs. 1 InsO, wenn keine Freigabe erklärt wird • bei Freigabe gilt grundsätzlich: Anspruch auf fiktive pfändbare Beträge aus unselbständigem Arbeitsverhältnis (§ 295 Abs. 2 InsO) • Vielzahl von Aspekten sind bei der Geltendmachung des fiktiven Anspruches zu beachten: s. gesonderte Checkliste	Checkliste selbständige Tätigkeit
70.	Sozialleistungen	• Siehe vorstehend »Arbeitsagentur« mit Auflistung der unterschiedlichen Leistungsansprüche • Sozialhilfe (= für alle Personen, die nicht erwerbsfähig sind): Regelung in § 28 SGB XII • »erster« Bedarfssatz für Sozialhilfe gem. Anlage zu § 28 SGB XII, ab 01.01.2018: 416,00 EUR • Bedarfssätze orientieren sich an der Familiensituation und dem Alter	

Nr.	Thema	Checkliste Einkommen: Erläuterungen Zusatzinformationen – alphabetische Reihenfolge	Hilfsmittel
		• Arbeitslosengeld II (= für alle Personen, die erwerbsfähig sind) (ähnlich der Sozialhilfe): Regelung in § 20 SGB II • Anpassung für ALG II gem. § 20 Abs. 5 SGB II jeweils zum 1. eines Jahres anhand Sozialhilfe gem. § 28 SGB XII • Sozialgeld = erwerbsunfähig und in Bedarfsgemeinschaft mit erwerbsfähiger und leistungsberechtigter Person	
71.	Strafgefangene	• Vorschriften der §§ 850 ff. ZPO auf das Einkommen von Strafgefangenen nicht anwendbar lt. BGH-Rechtsprechung • 3/7 seiner Bezüge: Hausgeld für Gefangene für persönlichen Bedarf = unpfändbar • 4/7 der Bezüge: Ansparen für Überbrückungsgeld: Existenzsicherung für Schuldner und Familie nach Entlassung aus Haft = unpfändbar • Höhe des Überbrückungsgeldes wird vom Leiter der Justizvollzugsanstalt festgesetzt (Nr. 1 Abs. 2 VVStvollzG zu § 51) • ist festgelegte Höhe des Überbrückungsgeldes erreicht: 4/7 der Bezüge pfändbar für Insolvenzmasse = Eigengeld • daher: Anschreiben an JVA wg. etwaigem Insolvenzbeschlag • Unterbringungs- und Verpflegungskosten zahlt ein Gefangener nicht (Haftkostenbeitrag, § 50 StVollzG) • Achtung: bei sonstigen Einkünften des Schuldners (z.B. Rente) wird diese i.d.R. an die JVA gezahlt • bei Untersuchungshaft wird nur ein unpfändbares Taschengeld gezahlt (§§ 176, 177 StVollzG, § 811 Abs. 1 Nr. 8 ZPO) • bei Tätigkeit außerhalb der JVA: Pfändung wie sonst beim Arbeitgeber; zahlt der Arbeitgeber das Einkommen vollständig an die JVA, dann wie vorstehend: Hausgeld, Überbrückungsgeld, Eigengeld • bei Verzicht auf »Urlaubsanspruch« kann eine Ausgleichsentschädigung anfallen, die pfändbar wäre (§ 43 StVollzG)	Deppe, Insolvenzmasse bei inhaftierten Schuldnern, InsbürO 2013, 277 ff. Muster 86: »Arbeitgeber – JVA – Erstanschreiben« Pfändbarkeit Eigengeld: BGH v. 1.7.2015 – XII ZB 240/14 in ZInsO 2015, 1671, InsbürO 2015, 539 Bergner/Schubert, Pfändbarkeit des Kindergeldes eines inhaftierten Schuldners, InsbürO 2017, 499 ff.
72.	Taschengeldanspruch	• Anspruch gegen den besser verdienenden Ehepartner auf Taschengeld (= frei verfügbarer Betrag) • Pfändbarkeit gem. § 850b Abs. 2 ZPO (= bedingt pfändbar) • i.d.R. nur dann, wenn Ehepartner über ein hohes Nettoeinkommen verfügt • in dem Fall: 5 – 7 % als Taschengeldanspruch • Die Berechnung ist wie folgt vorzunehmen: – fiktiven Unterhaltsanspruch errechnen: 3/7 des bereinigten Nettoeinkommens des Ehepartners – davon pfändbaren Betrag ermittelt lt. Pfändungstabelle – 5 – 7 % des bereinigten Nettoeinkommens als Taschengeldanspruch errechnen – davon sind nach der Rechtsprechung 7/10 pfändbar – diesen ermittelten pfändbaren Taschengeldanspruch und den pfändbaren – vorstehend ermittelten – Betrag aus dem Unterhaltsanspruch vergleichen: Ist der pfändbare Taschengeldanspruch gedeckt? dann kann ein Billigkeitsantrag gestellt werden. • Auskunftsanspruch über Einkommen des Ehepartners besteht gem. § 97 InsO	Anspruch auf Taschengeld: BGH v. 21.1.1998 – XII ZR 140/96 (Rn. 9, 11) in WKRS 1998, 17049 Bestätigung: BGH v. 12.12.2012 – XII ZR 43/11 (Rn. 26) in WKRS 2012, 30738 Heyn, Der Taschengeldanspruch zur Erhöhung der Insolvenzmasse, InsbürO 2019, 146 ff. mit Auflistung weiterer relevanter Rechtsprechung
73.	Unpfändbare Einkommensanteile	• gesetzliche Grundlage: § 850a ZPO, danach unpfändbar: – Aufwandsentschädigungen, Schmutzzulagen etc. – Blindenzulagen – Erziehungsgelder und ähnliche Bezüge – Heirats- und Geburtsbeihilfen – Sterbebezüge – Überstundenvergütung inkl. Zuschlägen: 50 % – Urlaubsgeld = Zusatzleistung des Arbeitgebers (nicht zu verwechseln mit Urlaubsentgelt und Urlaubsabgeltung: s. nachstehend) – Weihnachtsvergütung bis zum Betrag der Hälfte des monatlichen Arbeitseinkommens, höchstens aber bis zu 500 EUR • Achtung: auf genauen Wortlaut des Gesetzestextes achten!	kein Insolvenzbeschlag am unpfändbarem Einkommen: BAG v. 28.8.2013 – 10 AZR 323/12 in InsbürO 2014, 38, ZInsO 2013, 2381 keine Einziehungsbefugnis des Insolvenzverwalters: LAG Schleswig-Holstein v. 18.1.2006 – 3 Sa 549/05 in WKRS 2006,11160 Grote, Macht der Arbeitnehmer Überstunden, wenn er 40 statt 35 Stunden arbeitet? InsbürO 2018, 516 ff.

Nr.	Thema	Checkliste Einkommen: Erläuterungen Zusatzinformationen – alphabetische Reihenfolge	Hilfsmittel
74.	Unterhaltspflichten – Hartz-IV-Leistungen	• Hartz-IV-Leistungen werden anhand der Bedarfsgemeinschaft (= mehrere Familienmitglieder) berechnet • tlw. erfolgt eine Anrechnung von Einkommen von im Haushalt lebenden, nicht verwandten Personen = verminderte Hartz-IV-Leistung • vollstreckungsrechtlich erfolgt dagegen keine Anerkennung einer Unterhaltspflicht von im Haushalt lebenden, nicht verwandten Personen (z.B. Lebensgefährte) • daher: unterhaltsrechtlich und vollstreckungsrechtlich abweichende Beurteilung • Folge in der Praxis: weniger Hartz-IV-Leistung, aber keine höhere Pfändungsfreigrenze, damit kann ggf. ein finanzielles Problem für den Schuldner auftreten • Schutz für Schuldner über Antrag nach § 850f Abs. 1 lit. a ZPO (= Änderung des unpfändbaren Betrages zum Schutz des notwendigen Lebensunterhaltes = »Sozialhilfebedarf«) • möglicherweise durch den Insolvenzsachbearbeiter einen Hinweis an den Schuldner bzw. Verweis auf Schuldnerberatungsstelle • Henning (s. rechts) fordert gesetzliche Regelungen zur Anerkennung von faktischen Unterhaltspflichten unabhängig von einer Ehe, um vorstehende Problematik zu beheben	Grote mit Anmerkung zur Rechtsprechung in InsbürO 2015, 68 Voraussetzung für einen Antrag nach § 850f Abs. 1 lit. a ZPO: BGH v. 19.10.2017 – IX ZB 100/16 in ZInsO 2017, 2429, InsbürO 2018, 38 ff. m. Anmerkung Henning
75.	Unterhaltspflicht – Zahlungsnachweis	• nach der BGH-Rechtsprechung ist die Zahlung von Unterhalt nachzuweisen • anderenfalls kann ein Antrag auf Nichtberücksichtigung des Unterhaltsberechtigten gem. § 850c **Abs. 1** ZPO gestellt werden • Achtung: § 850c **Abs. 4** ZPO ist nach der BGH-Rechtsprechung nicht anwendbar; diese Regelung greift nur, wenn der Unterhaltsberechtigte über eigenes Einkommen verfügt (Rn. 6 der BGH-Entscheidung rechts) • es sollten daher nicht nur Einkommensnachweise, sondern bei faktischer Zahlungspflicht gegenüber getrennt lebenden Kindern oder Ehepartnern auch Zahlungsnachweise vom Schuldner angefordert werden	Keine Unterhaltszahlung: BGH v. 28.9.2017 – VII ZB 14/16 (Rn. 6 ff.) in InsbürO 2018, 121, WKRS 2017, 24485 Muster 90: »Herabsetzung Freigrenze – Antrag § 850c Abs. 1 ZPO« (keine Unterhaltszahlung) Muster 120 (Eröffnungsbeschluss nat. Person): »Vorzulegende Unterlagen in Kleinverfahren« (Gliederungspunkt »Einkommen«)
76.	Urlaubsabgeltung	• Abgeltung des nicht gewährten Urlaubs (§ 7 Abs. 4 BUrlG) • i.d.R. bei Beendigung eines Arbeitsverhältnisses und nicht genommenem Urlaub • damit abzugrenzen vom Urlaubsgeld: s. nachfolgend • Urlaubsabgeltung i.d.R. pfändbar wie Arbeitseinkommen • stirbt der AN während eines laufenden Arbeitsverhältnisses, wandelt sich der Urlaubsanspruch nicht in einen Urlaubsabgeltungsanspruch und fällt damit auch nicht in den Nachlass (s. BAG-Rechtsprechung)	Zur Pfändbarkeit der Urlaubsabgeltung: BAG v. 28.8.2001 – 9 AZR 611/99 (Rn. 15, 16) in WKRS 2001, 19025 Bei Tod des AN kein Anspruch für den Nachlass: BAG v. 20.9.2011 – 9 AZR 416/10 (Rn. 17 ff.) in InsbürO 2012, 280, ZInsO 2012, 100
77.	Urlaubsgeld	• Urlaubsgeld ist gem. § 850a ZPO unpfändbar, wenn es im Rahmen des Üblichen bleibt • nach der BGH-Rechtsprechung ist die Üblichkeit anhand der Verhältnisse in gleichartigen Unternehmen zu prüfen (Rn. 11) • die Grenze von 500,00 EUR wie beim Weihnachtsgeld ist nicht auf das Urlaubsgeld übertragbar (Rn. 12) • Abgrenzung von Urlaubsentgelt = Entgeltfortzahlung im Urlaub – also: Zahlung des Arbeitseinkommens während der Dauer des Urlaubs (§ 11 BUrlG) (= voll pfändbar)	Unpfändbarkeit von Urlaubsgeld bei Zahlung im Rahmen des Üblichen: BGH v. 26.4.2012 – IX ZB 239/10 in ZInsO 2012, 970, WKRS 2012, 15360

Nr.	Thema	Checkliste Einkommen: Erläuterungen Zusatzinformationen – alphabetische Reihenfolge	Hilfsmittel
78.	Urlaub – drei Begrifflichkeiten	• für einen Überblick hier noch einmal die Begrifflichkeiten und die mögliche Pfändbarkeit in Bezug auf Urlaub: – Urlaubsentgelt = Lohn/Gehalt wird während eines Urlaubs fortgezahlt: voll pfändbar – Urlaubsgeld = wird zusätzlich zum Lohn/Gehalt gewährt: unpfändbar gem. § 850a ZPO, wenn im Rahmen des Üblichen – Urlaubsabgeltung = Urlaub wird nicht gewährt, sondern abgegolten: voll pfändbar	
79.	Vermögenswirksame Leistungen	• vermögenswirksame Leistungen sind gem. § 2 Abs. 7 VermBG nicht übertragbar • nicht übertragbare Forderungen sind gem. § 851 ZPO unpfändbar • daher: Abzug der entsprechenden Beträge als unpfändbare Beträge nach der Nettomethode	
80.	Verpfändung	• frühere Anwendung der Regelung des § 114 Abs. 1 InsO = zeitlich eingeschränkte weitere Wirksamkeit der Verpfändung im Insolvenzverfahren: ist in 2014 entfallen • Grundlage des Wegfalls: Gesetz zur Verkürzung der Restschuldbefreiungsverfahren und Stärkung der Gläubigerrechte vom 15.07.2013 (BGBl. 2013, S. 2379 ff.)	
81.	Verschleiertes Einkommen – allgemein	• Tätigkeit des Schuldners gegen unverhältnismäßig geringe Vergütung = ggf. verschleiertes Einkommen • möglich z.B. bei Tätigkeit im Unternehmen des Ehepartners oder sonstiger Familienmitglieder • Vergleich des Verdienstes in der Branche mit Einkommen des Schuldners: z. B. durch Einsicht in den Tarifvertrag • nach BAG-Rechtsprechung: Einzelfallentscheidung erforderlich = keine Grenze von bspw. 75 % statt 100 % eines Anspruches • Problem dabei auch: Nachweis der Tätigkeit mit höherem Lohn- bzw. Gehaltsanspruch • Bsp.: Tätigkeit als Supermarktleiter, aber Behauptung: einfacher Angestellter • detektivische Nachforschungen tlw. erforderlich (s. Urteilsbegründung in LAG BW: rechts) • Anspruch durch Insolvenzbüro ermittelt? zur Geltendmachung: s. nachstehend	Insolvenzbeschlag am verschleierten Einkommen: BAG v. 16.5.2013 – 6 AZR 556/11 in InsbürO 2014, 154, ZInsO 2013, 1357 Einzelfallentscheidung: BAG v. 22.10.2008 – 10 AZR 703/07 in ZInsO 2009, 344, WKRS 2008, 26598 Beispiel für Ermittlung von verschleiertem Einkommen: LAG Baden-Württemberg v. 27.1.2011 – 3 Sa 51/10 (Rn. 21 ff.) in InsbürO 2012, 77, ZInsO 2011, 1856 Tarifregister beim Bundesministerium für Arbeit: Auflistung sämtlicher Tarifverträge
82.	Verschleiertes Einkommen - Geltendmachung	• kein eigener vertraglicher Anspruch des Schuldners auf angemessene Vergütung gem. § 611 Abs. 1 BGB: daher kein Insolvenzbeschlag auf Neuerwerb gem. § 35 InsO • aber gem. § 36 Abs. 1 Satz 2 InsO i.V.m. § 850h Abs. 2 Satz 1 ZPO: angemessene Vergütung gilt als geschuldet vom Arbeitgeber gegenüber dem Gläubiger • Insolvenzverwalter nimmt Interessen der Gesamtgläubigerschaft war: Eröffnungsbeschluss wirkt wie ein Pfändungs- und Überweisungsbeschluss	Zum Anspruch und zur Berechnung mit Verweis auf BAG-Rechtsprechung: LAG Hessen v. 30.06.2015 – 8 Sa 380/14 (Ziff. II. 1.) in InsbürO 2016, 305, ZInsO 2016, 814 Arend/Tenbergen, Massemehrung durch Abschöpfung verschleierter Einkommen, Teil 1: Voraussetzungen (InsbürO 2018, 212 ff.), Teil 2: Musterklage (InsbürO 2018, 252 ff.), Teil 3: Sicherung des vor Insolvenzeröffnung erzielten Prozesserfolges eines Gläubigers (InsbürO 2018, 332 ff.), Teil 4: Übertragung des Ermittlungsaufwands und der Prozessführung auf Gläubiger nach Insolvenzeröffnung (InsbürO 2018, 461 ff.)

Nr.	Thema	Checkliste Einkommen: Erläuterungen Zusatzinformationen – alphabetische Reihenfolge	Hilfsmittel
		• Pfändung wirkt aber nicht zurück: daher kein Anspruch auf fiktive angemessene Vergütung für die Zeit vor Insolvenzeröffnung	
83.	Zuschläge	• BAG-Rechtsprechung und BGH-Rechtsprechung haben klare Vorgaben gemacht: – Zulagen für Sonntags-, Feiertags- und Nachtarbeit sind Erschwerniszulagen i.S.v. § 850a Nr. 3 ZPO und damit im Rahmen des Üblichen unpfändbar. – Zulagen für Schicht-, Samstags- oder sog. Vorfestarbeit sind dagegen der Pfändung nicht entzogen – Hinsichtlich der Frage des Umfangs und der Höhe der Pfändbarkeit von Sonntags-, Feiertags- und Nachtarbeit: Regelung in § 3b EStG (= Steuerfreiheit der Zuschläge) • in Lohn- und Gehaltsabrechnung ist daher immer auf die Art der Zulagen/Zuschläge zu achten und insbesondere auch darauf, ob sie steuerfrei gewährt werden: ohne steuerfreie Zahlung unterfallen sie der Pfändung • Vielzahl von Zuschlägen/Zulagen möglich: s. Gehaltsabrechnung des Monats in InsbürO	Abgrenzung der Zulagen in Pfändbarkeit und Unpfändbarkeit: BAG v. 23.8.2017 – 10 AZR 859/16 in ZInsO 2017, 2451, InsbürO 2017, 511 m. Anmerkung Grote Bestätigung: BGH v. 20.09.2018 – IX ZB 41/16 in WKRS 2018, 36113 Unpfändbarkeit von Nachtzuschlägen: BGH v. 29.6.2016 – VII ZB 4/15 in InsbürO 2016, 378 f., ZInsO 2016, 1574 Beispielberechnung in einer Gehaltsabrechnung des Monats: InsbürO 2018, 125 (Ziff. 7) Gehaltsabrechnung des Monats – eine Inhaltsübersicht für die Jahre 2012 – 2018, InsbürO 2019, 101 ff. Literaturtipp: Grote/Zamaitat, ABC der pfändbaren Lohn- und Gehaltspositionen aus dem ZAP-Verlag, 181 S.

Checkliste 17: Eröffnungsbeschluss jur. Person

Mit der Insolvenzeröffnung werden wesentliche Tätigkeitsfelder für Insolvenzsachbearbeiter eröffnet. Eine Vielzahl unter- 33
schiedlicher Arbeitsschritte ist vorzunehmen, um bspw. Gläubigerforderungen zu erfassen, Vermögenswerte zu realisieren oder Maßnahmen zu dokumentieren und Berichte zu fertigen. Je zügiger diese Arbeitsschritte vollzogen werden, umso eher ist das Insolvenzverfahren i.d.R. abgewickelt. Bei einer Vielzahl nachfolgender Erläuterungen wird auf andere Checklisten verwiesen, in denen weitergehende Informationen zu finden sind. Die nachfolgende Übersicht bietet insoweit aber einen Gesamtüberblick.

(Die Übersicht ist nach gängigen Informationen und Arbeitsschritten sortiert.)

34

Nr.	Thema	Checkliste Eröffnungsbeschluss jur. Person: Erläuterung	Hilfsmittel
1.	Beschluss stempeln	• Eröffnungsbeschluss mit Fristenstempel versehen: Hilfestellung bei Fristenführung: s. nachfolgend	Fristenstempel
2.	Termine und Fristen notieren	Folgende Termine und Fristen notieren: • Termin zur ersten **Gläubigerversammlung** notieren • Notfrist für eine Woche und einen Tag vorher notieren: **Abgabe Bericht** und Verzeichnisse • Vorfrist für Erstellung Verzeichnisse und Bericht: zwei Wochen vor Fristablauf • **Prüfungstermin** notieren • **Anmeldefrist** notieren (rein informatorisch und zur Berechnung der Drittelfrist) • **Drittelfrist** als Notfrist notieren: Einreichung Tabelle • Vorfrist für Erstellung Tabelle eine Woche vorher notieren • drei Tage vor Prüfungstermin weitere Notfrist notieren: Einreichung **Prüfungsergebnisse**	Fristenstempel Insolvenzsoftware

Nr.	Thema	Checkliste Eröffnungsbeschluss jur. Person: Erläuterung	Hilfsmittel
		• **Anfechtungsfrist** als Notfrist notieren (einen Monat vor Ablauf von drei Jahren ab Ende des Jahres, in dem das Verfahren eröffnet wurde (§ 146 InsO i.V.m. § 195 BGB) • Vorfrist für Geltendmachung Anfechtungsansprüche im Halbjahresrhythmus notieren • Verjährungsfrist **Haftungsansprüche** als Notfrist notieren: sechs Monate nach Insolvenzeröffnung (§ 19 Abs. 6 Satz 2 GmbHG): Prüfung Haftungsansprüche und Verjährung • Vorfrist für Prüfung Haftungsansprüche vier Wochen vorher notieren • Frist zur Abgabe des **Halbjahresberichtes** als Notfrist vorsorglich schon einmal notieren: halbes Jahr nach dem Tag der Gläubigerversammlung • Vorfrist für Berichterstattung vier Wochen vorher notieren	
3.	Datenerfassung	• Verfahrensdaten in der Insolvenzsoftware aktualisieren: »eröffnetes Verfahren«	
4.	Beschlusskontrolle	• Sind im Eröffnungsbeschluss die erforderlichen Tagesordnungspunkte, z. B. für Zustimmung nach § 160 InsO, enthalten? • Gab es eine Anregung im Gutachten, die beachtet wurde? • ggf. Info an das Insolvenzgericht zur Berichtigung	Muster 105: »Tagesordnung – Ergänzung – Info an Gericht« Bielau, Ordnungsgemäße Bekanntmachung der Tagesordnung einer Gläubigerversammlung, InsbürO 2010, 24 ff. Zur Tagesordnung: BGH v. 9.6.2016 – IX ZB 83/15 (Rn. 10 m.w.N.) in WKRS 2016, 18661
5.	Auftragsannahme	• es ist höflich, die Auftragsannahme zu bestätigen • GOI-Grundsatz Nr. 22: Auftragsannahme nachweisen	Muster 101: »Auftragsbestätigung – Eröffnung«
6.	Gerichtliches Anschreiben	• Anschreiben sorgfältig lesen und ggf. Verfügungen erledigen	
7.	Gerichtsbeschluss verteilen	• Kopie an mitarbeitende Abteilungen: Buchhaltung, andere Büros, Tabelle etc.	
8.	Sicherungsmaßnahmen – Überblick	• Eintragung in das Grundbuch oder Register (§§ 32, 33 InsO) • Inbesitznahme (§ 148 Abs. 1 InsO) • Inventarisierung (analog Inventur gem. § 240 HGB) • Siegelung (§ 150 InsO) • Versicherung (Prüfung oder Abschluss von Versicherungsverträgen und Zahlung der Prämien) • Vollstreckungsverbot (§ 89 InsO) • siehe nachfolgende Stichwörter	Checkliste Immobilienvermögen Checkliste Inventar Checkliste Versicherung Checkliste Vollstreckungsmaßnahmen
9.	Sicherstellung	• grds.: Schuldner sollte Vermögenswerte freiwillig zwecks Sicherstellung übergeben • aber: Eröffnungsbeschluss ist ein Vollstreckungstitel i.S.d. § 794 Abs. 1 Nr. 3 ZPO (i.V.m. bspw. § 51 Abs. 1 GVGA NRW) • Sicherstellung von Vermögensgegenständen mit diesem Beschluss gem. § 148 Abs. 2 InsO im Vollstreckungswege möglich • ggf. Durchsetzung der Herausgabe mithilfe des Gerichtsvollziehers gem. bspw. § 51 GVGA NRW vornehmen • hierfür: Gegenstand muss im Eröffnungsbeschluss nicht genau bezeichnet sein (s. Kommentierung u. bspw. § 51 Abs. 2 GVGA NRW) • Voraussetzungen für die Vollstreckung gem. § 750 ZPO schaffen: – Vollstreckungsklausel gem. § 725 ZPO und Zustellung gem. § 166 ff. ZPO	Muster 106: »Vollstreckungs- und Zustellungsklausel – Antrag auf Erteilung« Muster 107: »Vollstreckungsauftrag an Gerichtsvollzieher« Hamburger Kommentar zum Insolvenzrecht, 7. Aufl., Jarchow, § 148 Rn. 27 ff. Beispiel: GVGA NRW abrufbar: www.jvv.nrw.de

Nr.	Thema	Checkliste Eröffnungsbeschluss jur. Person: Erläuterung	Hilfsmittel
		• Vollstreckung aber nur gegen Schuldner möglich, nicht gegen Dritte • bei Besitz durch Dritte: Prozessweg beschreiten • i.d.R. erfolgt Sicherstellung bereits während der vorläufigen Verwaltung	(Stand 5/2019: Fassung. v. 19.08.2016)
10.	Treuhandkonto	• soweit es bislang noch kein Treuhandkonto geben sollte: Einrichtung eines solchen • Kontonummer entweder der Kontoliste entnehmen oder bei der Bank anfordern	Muster 342 (Treuhandkonto): »Eröffnung Treuhandkonto – Übersendung Beschluss« Checkliste Treuhandkonto
11.	Gläubiger anschreiben	• Rundschreiben fertigen: Aufforderung zur Anmeldung • bei ausländischen Gläubigern: Besonderheiten bei der Aufforderung zur Anmeldung nach der EuInsVO berücksichtigen: s. gesonderte Checkliste	Muster 250 (Insolvenztabelle): »Gläubigeraufforderung zur Anmeldung« Muster 247: »Forderungsanmeldungsformular jur. Person« Checkliste Insolvenztabelle Führung Checkliste Auslandsbezug > Forderungsanmeldung
12.	Insolvenztabelle	• die Insolvenztabelle wird i.d.R. durch eine gesonderte Abteilung geführt • wegen der Bearbeitung: s. gesonderte Checkliste	Checkliste Insolvenztabelle
13.	Forderungseinzug	• ausstehende Rechnungsbeträge von Dritten (= Debitoren) sind anzufordern • ggf. erste Mahnschreiben schon während der vorläufigen Verwaltung erfolgt • ggf. nunmehr gerichtliche Schritte einleiten	Checkliste Forderungseinzug
14.	Zustellungsnachweis erbringen	• Nachweis über Zustellung an Gläubiger und Debitoren fertigen und mit weiteren Infos beim Insolvenzgericht einreichen	Muster 156 (Gläubiger): »Zustellungsnachweis« ggf. EDV-Ausdrucke aus Insolvenzsoftware
15.	Bankkonten	• Beendigung Kontovertrag gem. §§ 115, 116 InsO • etwaiges Kontoguthaben zur Überweisung an die Insolvenzmasse anfordern • Einzahlung von Kunden auf geschlossene Konten: Gutschrift durch die Bank und Auskehrung an die Insolvenzmasse (§ 677 BGB)	Muster 57 (Bank): »Kontoguthaben – Einziehung – eröffnetes Verfahren« Muster 59 (Bank): »Kontoschließung – eröffnetes Verfahren«
16.	Kontokorrentkonto – Verrechnung	• wegen § 91 InsO keine Verrechnungsmöglichkeit mehr nach Insolvenzeröffnung (BGH-Rechtsprechung) • Begründung: Erlöschen des Kontovertrages gem. § 116 InsO, Entstehung des Sollsaldos nicht mehr von Globalzession umfasst (§ 91 InsO) • allerdings: ggf. greifen AGB-Banken = Prüfung • Auszahlung weiter ggf. dort eingehender Beträge	Checkliste Anfechtungsansprüche
17.	Finanzamt anschreiben	• Info an zuständiges Finanzamt über Insolvenzeröffnung • Einzug etwaiger Steuerguthaben auf Treuhandkonto	Muster 128 (Finanzamt): »Erstanschreiben – FinA – eröffnetes Verfahren« Checkliste Finanzamt
18.	Grundstücksbestand	• Grundstücke werden durch Eintragung eines Insolvenzvermerkes in Abt. II des Grundbuches gesichert • Kontrolle, ob Grundstücke im Eigentum des Schuldners stehen und der Insolvenzvermerk eingetragen wurde • Anfrage an das Grundbuchamt zwecks Kontrolle der Angaben des Schuldners • Insolvenzgerichte fragen regelmäßig mit Übersendung des Eröffnungsbeschlusses nach dem Grundstücksbestand • falls noch nicht geschehen: noch antworten	Muster 189 (Immobilie): »Grundbuchamt – Eigentümerkartei – Auskunftsersuchen« Muster 102: »Erste Infos ans Insolvenzgericht jur. Person« Checkliste Immobilienvermögen

Nr.	Thema	Checkliste Eröffnungsbeschluss jur. Person: Erläuterung	Hilfsmittel
19.	Handelsregister	• Auflösung einer GmbH: – durch Insolvenzeröffnung gem. § 60 Abs. 1 Nr. 4 GmbHG oder – durch Abweisung mangels Masse gem. § 60 Abs. 1 Nr. 5 GmbHG • Eintragung dieser Auflösung in das Handelsregister: gem. § 65 Abs. 1 GmbHG von Amts wegen ohne formelle Anmeldung und kostenfrei • Eintragung wird veranlasst durch das Insolvenzgericht gem. § 31 InsO • Eingang der Eintragungsmitteilung überwachen • (andere Rechtsformen: gleiche Handhabung, Regelungen in den dortigen Gesetzen)	Wiedervorlagenkalender Checkliste Vertretungsverhältnisse (= andere Gesetze für andere Rechtsformen)
20.	Gewerbeabmeldung – allgemein	• Beendigung einer gewerblichen Tätigkeit ist gem. § 137 Abs. 1 AO der jeweiligen Gemeinde anzuzeigen • Anzeigepflicht in § 14 Abs. 1 Satz 2 Nr. 3 GewO • Nutzung eines Vordruckes gem. § 14 Abs. 4 Nr. 3 GewO • gem. § 155 Abs. 1 Satz 2 InsO: Übergang der handels- und steuerrechtlichen Pflichten auf den Insolvenzverwalter • Verletzung der Anzeigepflicht: Ordnungswidrigkeit gem. § 14 Abs. 2 Nr. 1 GewO • durch Abmeldung werden z. B. IHK-Beiträge als Masseverbindlichkeit vermieden	
21.	Gewerbeabmeldung – Vorgehen	• bei eingestellten Betrieben Prüfung, ob Gewerbeabmeldung erfolgt ist • ggf. veranlassen • bei fortgeführten Betrieben ist eine Gewerbeabmeldung nicht erforderlich • für reine Anfrage an die Gemeinde: keine Gebühr zahlen • Gemeinde verwechseln dies ggf. mit Auskunft aus dem Gewerbemelderegister • Kopie der Anschreiben und des Abmeldeformulars im Ordner »Allgemein« unter der Rubrik »Gewerbeabmeldung« archivieren • bei Abmeldung vorab die ggf. anfallenden Kosten abfragen und Massebestand zum Ausgleich prüfen	Muster 103: »Gewerbeabmeldung – Anschreiben an Amt«
22.	Handwerkskammer	• bei handwerklichen Betrieben: Anzeige der Betriebseinstellung gem. § 18 Abs. 1 HwO • keine Anzeige, keine richtige, unvollständige oder verspätete Anzeige = Ordnungswidrigkeit gem. § 18 Abs. 1 Nr. 1 HwO • Klärung mit der Handwerkskammer, ob Anzeige erfolgt ist • ggf. veranlassen • Abmeldeformular nutzen • Rücksendung der Handwerkskarte (sofern vorhanden) • Kopie der Anschreiben und des Abmeldeformulars im Ordner »Verträge« unter der Rubrik »Handwerkskammer« archivieren	Muster 104: »Handwerkskammer – Kündigung Mitgliedschaft«
23.	Informationsfreiheitsgesetz	• Kontoauszüge über erfolgte Zahlungen und Verrechnungen beim FinA und den Sozialversicherungsträgern anfordern • ggf. ergeben sich daraus Anfechtungstatbestände • Anspruch ergibt nach dem IFG des jeweiligen Bundeslandes • nähere Informationen in Checkliste Anfechtungsansprüche	Checkliste Anfechtungsansprüche: Informationsfreiheitsgesetz Zistler, Kurz und knapp: IFG, InsbürO 2016, 504 f. (zur Anwendung IFG Bund und IFG Land)
24.	Vollstreckungsmaßnahmen – Anfrage	• Anfrage beim Hauptzollamt (= Vollstreckungsamt für Behörden und Krankenkassen) nach Vollstreckungsmaßnahmen in den Monaten vor Antragstellung • ggf. Erlangung von Informationen für Anfechtungsansprüche	Muster 393 – 394 (Vollstreckungsmaßnahmen): »Vollstreckungsanfrage an GVZ und Hauptzollamt« Checkliste Vollstreckungsmaßnahmen

Nr.	Thema	Checkliste Eröffnungsbeschluss jur. Person: Erläuterung	Hilfsmittel
25.	Arbeitsverhältnisse	• Lohn- und Gehaltsforderungen aus bestehenden Arbeitsverhältnissen sind ab dem Tag der Insolvenzeröffnung als Masseverbindlichkeit zu befriedigen (§ 55 Abs. 1 Nr. 2 InsO) • soweit es daher Arbeitsverhältnisse gibt: sind ggf. Kündigungen erforderlich?	Checkliste Arbeitsverhältnisse
26.	Insolvenzgeld	• soweit es Arbeitnehmer gibt oder gab: Insolvenzgeldbescheinigungen erstellen (i.d.R. Zuständigkeit der Buchhaltungsabteilung) • soweit noch nicht erfolgt: Arbeitnehmer auf Ausschlussfrist für Insolvenzgeldantrag gem. § 324 Abs. 2 SGB III hinweisen	Checkliste Insolvenzgeld
27.	Insolvenzgeldvorfinanzierung	• soweit eine Vorfinanzierung während der vorläufigen Verwaltung stattgefunden hat: – Auszahlung Insolvenzgeld und damit Ausgleich des Darlehenskontos überwachen – je eher die Rückzahlung erfolgt, desto weniger fallen Zinsbeträge auf dem Darlehenskonto ab	Checkliste Insolvenzgeldvorfinanzierung Wiedervorlagenkalender
28.	Meldung zu schwerbehinderten Arbeitnehmern	• Arbeitgeber mit einer Anzahl von mehr als 20 Arbeitnehmern pro Monat im Jahresdurchschnitt müssen schwerbehinderte Arbeitnehmer beschäftigten oder eine Ausgleichsabgabe zahlen (§ 160 SGB IX) • dafür muss eine Anzeige eine Meldung an die Bundesagentur für Arbeit erfolgen: s. ausführliche Erläuterungen in der gesonderten Checkliste • die Meldepflicht geht auf den Insolvenzverwalter über • nach Insolvenzeröffnung ist eine direkte Meldung für den Zeitraum vom 01.01. bis zum Tag der Insolvenzeröffnung zu fertigen • weitere Meldungen sind jeweils zum 31.03. vorzunehmen • mit der Personalbuchung abklären, ob diese die Fristenüberwachung übernimmt	Checkliste Arbeitsverhältnisse häufig gestellte Fragen: www.iw-elan.de > links FAQ Situation in der Insolvenz: Fachliche Weisungen zu § 163 SGB IX der Bundesagentur für Arbeit (Ziff. 5.4.) (Stand: 01.01.2018)
29.	Masseunzulänglichkeit	• ggf. ist schon bei Eröffnung ersichtlich, dass MUZ droht • z.B. bei Lohn- und Gehaltsforderungen aus dem Kündigungszeitraum • dann Erklärung ggü. dem Gericht abgeben	Checkliste Masseunzulänglichkeit
30.	Absonderungsrechte	• soweit es Absonderungsrechte gibt: gesonderte Checkliste	Checkliste Absonderung
31.	Aussonderungsrechte	• soweit es Aussonderungsrechte gibt: gesonderte Checkliste	Checkliste Aussonderungsrechte
32.	Betriebsfortführung	• bei Betriebsfortführung: s. gesonderte Checkliste	Checkliste Betriebsfortführung
33.	Vertragsverhältnisse	• Vertragspartner fordern ggf. die Erklärung zur Erfüllung oder Ablehnung eines Vertrages gem. § 103 InsO • wenn keine Vertragsablehnung nach Aufforderung erfolgt, droht Zahlungsanspruch aus dem Vertrag als Masseverbindlichkeit gem. § 55 Abs. 1 Nr. 2 InsO • daher auf Aufforderungen der Vertragspartner zeitnah reagieren	Muster 373 (Vertragsverhältnisse): »Vertragserfüllung – Ablehnung« Checkliste Vertragsverhältnisse
34.	Insolvenzplanverfahren	• Prüfung, ob ggf. ein Insolvenzplanverfahren in Betracht kommt (= dann Besonderheiten beachten) • Information dazu ggf. aus vorher erstellten Gutachten im Eröffnungsverfahren	Checkliste Insolvenzplan
35.	Rechnungslegungspflicht – vorl. Verwaltung	• für die vorläufige Verwaltung: Rechnungslegungspflicht gem. § 66 InsO i.V.m. § 21 Abs. 2 Nr. 1 InsO beachten • Eröffnungsbeschluss an Schlussrechnungsabteilung geben mit der Bitte um Rechnungslegung	Muster 315 (Schlussberichte): »Rechnungslegung vorl. Verw.« Checkliste Schlussbericht
36.	Rechtsstreit – Definition	• Unterscheidung: – **Aktivprozess**: Der Schuldner führt einen Prozess gegen einen Dritten, ist also Kläger und aktiv beteiligt – **Passivprozess**: Der Schuldner wurde verklagt, ist also Beklagter und damit nur passiv beteiligt	

Nr.	Thema	Checkliste Eröffnungsbeschluss jur. Person: Erläuterung	Hilfsmittel
37.	Rechtsstreit – Aussetzungsantrag	• Mitteilung an Prozessgericht über Verfahrenseröffnung wegen Unterbrechungswirkung nach § 240 ZPO versenden • Termine und Fristen werden aufgehoben und damit gestoppt • hierdurch Zeitgewinnung = eingehende Prüfung durch den Insolvenzverwalter möglich • Unterlagen im Ordner »Vertragsverhältnisse« archivieren: gesonderte Rubrik »Rechtsstreite«, mit Trennkarten jeweils für einzelnen Rechtsstreit, sortiert nach dem Namen des Prozessgegners • Arbeitsrechtsstreitigkeiten: im Ordner »Arbeitsverhältnisse« archivieren	Muster 38 (Arbeitsverhältnisse): »Rechtsstreit – Unterbrechung nach § 240 ZPO«
38.	Rechtsstreit – weiteres	• Wiedervorlage wegen möglicher Aufnahme (= Ende der Unterbrechung) gem. §§ 85, 86 InsO notieren • bei Aktivprozessen: mögliche Gerichtskostenerstattung bei späterer Erledigung überwachen • eingezahlter Gerichtskostenvorschuss kann ggf. für die Insolvenzmasse vereinnahmt werden, weil er bei Nichtdurchführung des Prozesses (tlw.) erstattet wird	Wiedervorlagenkalender Gerichtskostenvorschuss: OLG Brandenburg v. 20.07.2011 – 6 W 7/11 in InsbürO 2013, 195, ZInsO 2012, 2253
39.	Akteneinlagerung	• ggf. sind schuldnerische Unterlagen einzulagern	Checkliste Akteneinlagerung
40.	Vermögenswerte	• die Realisierung der einzelnen Vermögenswerte sollte – soweit möglich – rasch eingeleitet werden • insbes. folgende Kapitel können hierbei helfen: – Anfechtungsansprüche – Fahrzeuge – Globalzession – Immobilienvermögen – Inventar – Verwertungsmaßnahmen	jeweils gesonderte Checkliste
41.	Selbständige Tätigkeit	• Abgabe einer Erklärung zur selbständigen Tätigkeit gem. § 35 Abs. 2 InsO: nur in Verfahren über das Vermögen natürlicher Personen	Checkliste selbständige Tätigkeit
42.	To-Do-Liste	• To-Do-Liste gibt Überblick über einzelne abzuwickelnde Sachverhalte • Bsp.: Versteigerung erfolgt? Abrechnung Absonderungsgläubiger, Forderungseinzug erledigt? • kann regelmäßig leicht und unkompliziert handschriftlich aktualisiert werden	
43.	Wiedervorlagen	• Wiedervorlagen für einzelne Schritte notieren: Angaben zur Rubriknummer aus dem Inhaltsverzeichnis machen! • Bsp.: Eingang Kaufpreise Versteigerung da? Inventar 4, Anfechtungszahlung Müller da? Verträge 6	Wiedervorlagenkalender
44.	Berichtsentwurf	• auf Basis des erstellten Gutachtens einen ersten Berichtsentwurf fertigen • dadurch: Erlangung eines guten Überblicks über Vermögenswerte • vorstehende Arbeitsschritte können darin schon mit entsprechenden Erläuterungen berücksichtigt werden • fehlende Informationen oder Unterlagen anfordern • ggf. Vorgänge einleiten • Anfertigung To-Do-Liste: s. vorstehend • ggf. Wiedervorlage notieren	Checkliste Berichte Wiedervorlagenkalender Muster 67: »Bericht zur 1. GV«
45.	weitere Abwicklung	• Es gibt weitere Arbeitsschritte im Verlauf des Verfahrens, auf die nur kurz verwiesen werden soll: – Verzeichnis der Massegegenstände, § 151 InsO – Gläubigerverzeichnis, § 152 InsO – Vermögensverzeichnis, § 153 InsO – Terminvorbereitung – Schlussbericht – Schlussrechnung – Vergütungsanträge – Beendigung des Verfahrens – Verteilung	jeweils gesonderte Checklisten

Nr.	Thema	Checkliste Eröffnungsbeschluss jur. Person: Erläuterung	Hilfsmittel
46.	Auskunftspflichten	• während des eröffneten Verfahrens wird das Insolvenzbüro von unterschiedlichen Seiten um Auskunft und Erklärung zu einzelnen Sachverhalten gebeten • es stellt sich die Frage, an wen welche Auskünfte wann erteilt werden können • grobe Zusammenfassung aus dem Literaturtipp rechts: – **Schuldner**: kein allgemeines Auskunftsrecht, pflichtgemäßes Ermessen des Insolvenzverwalters unter Berücksichtigung der Umstände des Einzelfalls – **Insolvenzgericht:** Aufsichtsführung gem. § 58 InsO, daher Erteilung von Zwischenberichten an dieses – **Insolvenzgläubiger**: kein Auskunftsanspruch gegen Insolvenzverwalter, Einsichtsrecht in Gerichtsakte gem. § 4 InsO i.V.m. § 299 ZPO – **Massegläubiger**: Auskunftsanspruch aus Vertragsbeziehung, § 242 BGB (= nach Treu und Glauben), bei Masseunzulänglichkeit kein Auskunftsrecht – **Aussonderungsgläubiger**: Auskunftsanspruch über Verbleib und Zustand des auszusondernden Gegenstandes – **Absonderungsgläubiger**: Auskunftsanspruch über Zustand des Sicherungsobjektes und über geplante Umstände der Verwertung • **Gläubigerversammlung** dient zur Berichterstattung des Insolvenzverwalters = darin umfassend Auskunftserteilung über alle relevanten Umstände • in der Praxis sollte das Insolvenzbüro einen guten Weg finden, um den Auskunftsbegehren der Beteiligten zu begegnen (= Informationserteilung zumutbar und nicht verfahrensgefährdend)	Neve, Auskunfts- und Rechenschaftspflichten des Insolvenzverwalters im eröffneten Insolvenzverfahren, InsbürO 2017, 231 ff. (mit Angaben auch zu Rechenschaftspflichten wie Schlussbericht u.a.)
47.	GOI	• GOI = Grundsätze ordnungsgemäßer Insolvenzverwaltung (70 Grundsätze) • betr. das Verfahren an sich gelten folgende Grundsätze: – Grundsatz 12: Verwendung einer leistungsfähigen und gerichtskompatiblen elektronischen Datenverarbeitung; Abbildung aller relevanten Vorgänge in einem integrierten Insolvenzbearbeitungsprogramm – Grundsatz 13: Zugriffsmöglichkeit eines jeden Mitarbeiters über einen eigenen PC-Arbeitsplatz auf das Insolvenzbearbeitungsprogramm – Grundsatz 14: tägliche Datensicherung der im Verfahren gesammelten Daten – Grundsatz 22: unverzügliche Erklärung zur Annahme des übertragenen Amtes – Grundsatz 23: Annahme nur, wenn Anforderungen des konkreten Verfahrens erfüllt werden können (z.B. Leistungsfähigkeit seiner Mitarbeiter, vorhandene Infrastruktur) – Grundsatz 24: Offenbarung von möglichen Interessenkollisionen • *(Die Autoren danken dem VID für die freundliche Zustimmung zur Veröffentlichung von Hinweisen auf die GOIs)*	VID = Verband Insolvenzverwalter Deutschlands e.V. www.vid.de
48.	Besonderes elektronisches Postfach (= beA)	• beA = besonderes elektronisches Postfach hat EGVP abgelöst • gewährleistet einen Sicherheitsschutz bei Datenübertragungen • ab 01.01.2018 verpflichtend für alle Anwälte • abklären, ob die Insolvenzgerichte entsprechende Daten per beA haben möchten • ist der Insolvenzverwalter kein Rechtsanwalt, gibt es die alternative Nutzungsmöglichkeiten: s. nebenstehend • nähere Angaben zur elektronischen Versendung: s. Literaturtipps	Alternative zu beA: InsbürO 2017, 266 mit Verweis auf www.egvp.de > linke Seite: Informationen zu Drittanwendungen: Auflistung der alternativen Nutzungsmöglichkeiten Heyn/Scheungrab, Interview zum Thema »elektronisches Postfach«, InsbürO 2017, 141 ff. Pianowski, Elektronischer Rechtsverkehr und die Arbeit des Insolvenzverwalters, InsbürO 2018, 63 ff. Pianowski, Dateiaustausch zwischen Verwalter und Gericht, InsbürO 2008, 458 ff.

Checkliste 18: Eröffnungsbeschluss natürliche Person

35 Die Insolvenzverfahren über das Vermögen natürlicher Personen werden von Insolvenzsachbearbeitern häufig sehr intensiv begleitet und einige Bereiche fast selbständig abgewickelt. Wegen der häufig fehlenden Insolvenzmasse und der damit einhergehenden geringen Vergütung müssen solche Verfahren sehr strukturiert abgewickelt, gleichzeitig aber individuelle Besonderheiten trotzdem beachten werden. Die nachfolgende Zusammenstellung soll hierbei helfen. Sie bezieht sich auf alle Insolvenzverfahren über das Vermögen natürlicher Personen, unabhängig davon, ob diese als Regelinsolvenz- oder Verbraucherinsolvenzverfahren geführt werden. Wegen der diesbezüglichen Unterscheidung wird an den entsprechenden Stellen auf die gesonderte Übersicht »Verbraucherinsolvenzverfahren« verwiesen.

(Die Übersicht ist nach gängigen Informationen und Arbeitsschritten sortiert.)

36

Nr.	Thema	Checkliste Eröffnungsbeschluss nat. Person: Erläuterung	Hilfsmittel
1.	erste Arbeitsschritte	• Erledigung der ersten Arbeitsschritte durch das Sekretariat!! • s. insoweit gesonderte Checkliste • ggf. Überprüfung: Erledigungsvermerke in gesonderter Checkliste gesetzt? • die dort genannten Punkte fehlen nachstehend	Checkliste Auftragseingang Kleinverfahren
2.	Beschlusskontrolle	• Sind im Eröffnungsbeschluss die erforderlichen Tagesordnungspunkte, z. B. für Zustimmung nach § 160 InsO, enthalten? • Gab es eine Anregung im Gutachten, die beachtet wurde? • ggf. Info an das Insolvenzgericht zur Berichtigung	Muster 105 (Eröffnungsbeschluss jur. Person): »Tagesordnung – Ergänzung – Info an Gericht« Bielau, Ordnungsgemäße Bekanntmachung der Tagesordnung einer Gläubigerversammlung, InsbürO 2010, 24 ff. Zur Tagesordnung: BGH v. 9.6.2016 – IX ZB 83/15 (Rn. 10 m.w.N.) in WKRS 2016, 18661
3.	Termine und Fristen notieren	Folgende Termine und Fristen notieren: • Termin zur ersten **Gläubigerversammlung** notieren (im schriftlichen Verfahren: **Stichtag**) • Notfrist für eine Woche und einen Tag vorher notieren: **Abgabe Bericht und Verzeichnisse** • Vorfrist für Erstellung Verzeichnisse und Bericht: zwei Wochen vor Fristablauf • **Prüfungstermin** notieren (beim schriftlichen Verfahren: **Stichtag**) • **Anmeldefrist** notieren (rein informatorisch und zur Berechnung der Drittelfrist) • **Drittelfrist** als Notfrist notieren: Einreichung Tabelle • Vorfrist für Erstellung Tabelle eine Woche vorher notieren • drei Tage vor Prüfungstermin weitere Notfrist notieren: Einreichung **Prüfungsergebnisse** • **Anfechtungsfrist** als Notfrist notieren (einen Monat vor Ablauf von drei Jahren ab Ende des Jahres, in dem das Verfahren eröffnet wurde (§ 146 InsO i.V.m. § 195 BGB) • Vorfrist für Geltendmachung Anfechtungsansprüche im Halbjahresrhythmus notieren • Frist zur Abgabe des **Halbjahresberichtes** als Notfrist vorsorglich schon einmal notieren: halbes Jahr nach dem Tag der Gläubigerversammlung • Vorfrist für Berichterstattung vier Wochen vorher notieren	Fristenstempel Insolvenzsoftware
4.	Sicherungsmaßnahmen – Überblick	• Eintragung in das Grundbuch oder Register (§§ 32, 33 InsO) • Inbesitznahme (§ 148 Abs. 1 InsO) • Inventarisierung (analog Inventur gem. § 240 HGB) • Siegelung (§ 150 InsO) • Versicherung (Prüfung oder Abschluss von Versicherungsverträgen und Zahlung der Prämien) • Vollstreckungsverbot (§ 89 InsO)	Checkliste Immobilien Checkliste Inventar Checkliste Versicherung Checkliste Vollstreckungsmaßnahmen

Nr.	Thema	Checkliste Eröffnungsbeschluss nat. Person: Erläuterung	Hilfsmittel
5.	Sicherstellung	• grundsätzlich gilt: Schuldner sollte Vermögenswerte freiwillig zwecks Sicherstellung übergeben • aber: Eröffnungsbeschluss ist ein Vollstreckungstitel i.S.d. § 794 Abs. 1 Nr. 3 ZPO (i.V.m. bspw. § 51 Abs. 1 GVGA NRW) • Sicherstellung von Vermögensgegenständen mit diesem Beschluss gem. § 148 Abs. 2 InsO im Vollstreckungswege möglich • ggf. Durchsetzung der Herausgabe mithilfe des Gerichtsvollziehers gem. bspw. § 51 GVGA NRW vornehmen • hierfür: Gegenstand muss im Eröffnungsbeschluss nicht genau bezeichnet sein (s. Kommentierung u. bspw. § 51 Abs. 2 GVGA NRW) • Voraussetzungen für die Vollstreckung gem. § 750 ZPO schaffen: – Vollstreckungsklausel gem. § 725 ZPO und Zustellung gem. § 166 ff. ZPO • Vollstreckung aber nur gegen Schuldner möglich, nicht gegen Dritte • bei Besitz durch Dritte: Prozessweg beschreiten	Muster 106 (Eröffnungsbeschluss jur. Pers.): »Vollstreckungs- und Zustellungsklausel – Antrag auf Erteilung« Muster 107 (Eröffnungsbeschluss jur. Pers.): »Vollstreckungsauftrag an Gerichtsvollzieher« Hamburger Kommentar zum Insolvenzrecht, 7. Aufl., Jarchow, § 148 Rn. 27 ff. Beispiel: GVGA NRW abrufbar: www.jvv.nrw.de (Stand 5/2019: Fassung. v. 19.08.2016) Arbeitshilfe: Der Eröffnungsbeschluss, InsbürO 2006, 391 f. Arbeitshilfe: Wirkungen der Verfahrenseröffnung, InsbürO 2006, 474 f. Deppe, Eröffnungsbeschluss neu ab 01.07.2007, InsbürO 2007, 288 ff.
6.	Gerichtliches Anschreiben	• Anschreiben sorgfältig lesen und Verfügungen erledigen	
7.	Gerichtsakte – allgemein	• Daten aus der Gerichtsakte für den Berichtsentwurf nutzen • kritische Durchsicht: gibt es fehlende, undurchsichtige oder widersprüchliche Angaben? • dann vormerken für das Erstgespräch • To-Do-Liste zur Realisierung vorhandener Vermögenswerte oder Ansprüche erstellen: s. nachfolgend	Muster 67 (Berichte): »Bericht zur 1. GV« Muster 69 (Berichte): »Erster Bericht in Kleinverfahren«
8.	Gerichtsakte – Daten	• mögliche Daten aus der Gerichtsakte: – Um welche Person handelt es sich? – Wann wurde der Insolvenzantrag gestellt? – Lag jemals eine selbständige Tätigkeit vor? – Im IN-Verfahren: Wird eine selbständige Tätigkeit ggf. weiter ausgeübt? – Wie viele Gläubiger sind vorhanden? – Wie hoch sind die ausstehenden Verbindlichkeiten? – Gibt es einen Verfahrensbevollmächtigten? – Familienverhältnisse des Schuldners? – Einkommenssituation der anderen Familienmitglieder: Bestehen mögliche Unterhaltsverpflichtungen? – Welche Vermögensverhältnisse oder –gegenstände werden angegeben? – Bestehen hieran ggf. Aus- oder Absonderungsrechte von Seiten Dritter? – Wurde in den letzten zwei Jahren Vermögen verschenkt oder auf sonstige Art und Weise weggegeben? – Gibt es einen Arbeitgeber oder besteht Arbeitslosigkeit? – Sind Angaben zu Zwangsvollstreckungsmaßnahmen gemacht? Greift ggf. die Rückschlagsperre?	
9.	Berichtsentwurf	• bei Durchsicht der Gerichtsakte: Informationen daraus gleich in den Berichtsentwurf einsetzen • später: Vervollständigung der Daten nach Vorlage der angeforderten Unterlagen	Checkliste Berichte Muster 67 (Berichte): »Bericht zur 1. GV« Muster 69 (Berichte): »Erster Bericht in Kleinverfahren«

Nr.	Thema	Checkliste Eröffnungsbeschluss nat. Person: Erläuterung	Hilfsmittel
10.	Inhaltsverzeichnis	• soweit noch nicht während einer vorläufigen Verwaltung geschehen: • Inhaltsverzeichnis erstellen für ordnungsgemäße Archivierung der Unterlagen	Muster 211 – 13 (Inhaltsverzeichnis): Inhaltsverzeichnis nat. Person (versch. Varianten)
11.	Grundstücksbestand	• Grundstücke werden durch Eintragung eines Insolvenzvermerkes in Abt. II des Grundbuches gesichert • Kontrolle, ob Grundstücke im Eigentum des Schuldners stehen und der Insolvenzvermerk eingetragen wurde • ggf. liegt die Auskunft des Grundbuchamtes vor (Anfrage durch Sekretariat) • Insolvenzgerichte fragen regelmäßig mit Übersendung des Eröffnungsbeschlusses nach dem Grundstücksbestand • falls noch nicht geschehen: noch antworten	Checkliste Immobilienvermögen
12.	Handwerkskammer	• Ist ggf. noch eine Abmeldung bei der Handwerkskammer zu veranlassen?	Checkliste Eröffnungsbeschluss jur. Pers. > Handwerkskammer
13.	Informationsfreiheitsgesetz	• Kontoauszüge über erfolgte Zahlungen und Verrechnungen beim FinA und den Sozialversicherungsträgern anfordern • ggf. ergeben sich daraus Anfechtungstatbestände • Anspruch ergibt nach dem IFG des jeweiligen Bundeslandes • nähere Informationen in Checkliste Anfechtungsansprüche	Checkliste Anfechtungsansprüche > »Informationsfreiheitsgesetz« Zistler, Kurz und knapp: IFG, InsbürO 2016, 504 f. (zur Anwendung IFG Bund und IFG Land)
14.	Insolvenztabelle	• die Insolvenztabelle wird i.d.R. durch eine gesonderte Abteilung geführt • wegen der Bearbeitung: s. gesonderte Checkliste	Checkliste Insolvenztabelle
15.	Besprechung mit dem Schuldner	• Erstgespräch – Leitfaden für sich selbst ausdrucken und für den Gesprächsverlauf nutzen • Übergabe von Unterlagen an den Schuldner für das Erstgespräch: »Merkblatt Obliegenheiten« und »Verfahrensablauf – Übersicht« • Erläuterung dieser Unterlagen und Vertrauensbasis schaffen • Durchsicht des ausgefüllten Fragebogens inkl. der vorgelegten Unterlagen • Klärung von offenen Fragen aus dem vorher gefertigten Berichtsentwurf • ggf. weitere erforderliche Infos zur Vereinnahmung von pfändbaren Einkommensanteilen • Klärung der Erstellung von Steuererklärungen • Personalausweis kopieren und in Akte archivieren = Foto des Schuldners jederzeit greifbar • ggf. Klärung möglicher freiwilliger Zahlungen auf Verfahrenskosten: s. nachfolgend	Muster 113: »Erstgespräch – Leitfaden Kleinverfahren« Muster 114: »Erstgespräch – Merkblatt Obliegenheiten« Muster 115: »Erstgespräch – Verfahrensablauf – Übersicht« Wipperfürth, Im Gespräch mit Schuldnern – Der widerspenstige Zähmung, InsbürO 2012, 309 ff.
16.	freiwillige Zahlungen	• Schuldner haben die Möglichkeiten, Ratenzahlungen auf die Verfahrenskosten vorzunehmen • einige Gerichte verlangen dies von den Schuldnern, obwohl es hierfür keine gesetzliche Grundlage gibt • Hinweise zur Kostenstundung: s. gesonderte Checkliste • Klärung, wie die Handhabung beim jeweiligen Gericht ist • für das Insolvenzbüro: Ratenzahlungen vermeiden, da nur viel Buchungsaufwand • werden Ratenzahlungen geleistet: schriftliche Bestätigung vom Schuldner über die Verrechnungsmöglichkeit einholen	Checkliste Kostenstundung Muster 117: »Freiwillige Zahlungen – Vereinbarung Verrechnung«
17.	Einkommensverhältnisse	• Klärung des Arbeitgebers und der Unterhaltspflichten • Steuerklasse prüfen • Prüfungsvermerk Einkommen anhand gesonderter Checkliste erstellen	Checkliste Einkommen
18.	Einkommenssteuererklärung	• ausstehende Steuererklärungen sind beim FinA einzureichen, um etwaige Steuerguthaben für die Insolvenzmasse zu realisieren • Hereingabe der erforderlichen Unterlagen durch den Schuldners: mündliche oder schriftliche Klärung	Checkliste Steuerangelegenheiten Wiedervorlagenkalender

Nr.	Thema	Checkliste Eröffnungsbeschluss nat. Person: Erläuterung	Hilfsmittel
		• ggf. möchte der Schuldner die Steuererklärung auch selbst zusammen mit seiner Ehefrau fertigen und einreichen • für beide Varianten: Wiedervorlage zur Kontrolle notieren	Suwelack, Praktische Hilfeleistung bei der Erstellung der Einkommenssteuererklärung – Teil 1 – 4: InsbürO 2014, 14 ff., 52 ff., 169 ff., 214 ff.
19.	Kontoauszüge	• Original-Kontoauszüge des Schuldners für den Zeitraum von sechs Monaten vor Eröffnung durchsehen • Sind Abbuchungen an bislang unbekannte Versicherungen, Bausparkassen oder andere Banken ersichtlich? • Abbuchungen können weitere Vermögenswerte offenbaren • nicht selten: Auflösung Lebensversicherung, Sparkonto bei anderer Bank etc. • ggf. Dritte anschreiben und Sachverhalt aufklären • ggf. Erfüllung der Tatbestände des § 290 Abs. 1 Nr. 4 (Vermögen verschwendet) oder Nr. 5 (unrichtige Angaben im Insolvenzantrag) zur Versagung der Restschuldbefreiung	
20.	Gewerbeabmeldung	• Ist ggf. noch eine Gewerbeabmeldung zu veranlassen?	Checkliste Eröffnungsbeschluss jur. Pers. > Gewerbeabmeldung
21.	Absonderungsrechte	• soweit es Absonderungsrechte gibt: gesonderte Checkliste	Checkliste Absonderung
22.	Aussonderungsrechte	• soweit es Aussonderungsrechte gibt: gesonderte Checkliste	Checkliste Aussonderungsrechte
23.	Vertragsverhältnisse	• Vertragspartner fordern ggf. die Erklärung zur Erfüllung oder Ablehnung eines Vertrages gem. § 103 InsO • wenn keine Vertragsablehnung nach Aufforderung erfolgt, droht Zahlungsanspruch aus dem Vertrag als Masseverbindlichkeit gem. § 55 Abs. 1 Nr. 2 InsO • daher auf Aufforderungen der Vertragspartner zeitnah reagieren	Muster 377 (Vertragsverhältnisse): »Vertragserfüllung – Ablehnung« Checkliste Vertragsverhältnisse
24.	Arbeitsverhältnisse	• soweit es noch Arbeitsverhältnisse gibt: ggf. Kündigung erforderlich?	Checkliste Arbeitsverhältnisse
25.	Insolvenzgeld	• soweit es Arbeitnehmer gibt oder gab: Insolvenzgeldbescheinigungen erstellen (i.d.R. Zuständigkeit der Buchhaltungsabteilung) • soweit noch nicht erfolgt: Arbeitnehmer auf die Ausschlussfrist für den Insolvenzgeldantrag gem. § 324 Abs. 2 SGB III hinweisen	Checkliste Insolvenzgeld
26.	Insolvenzgeldvorfinanzierung	• soweit eine Vorfinanzierung während der vorläufigen Verwaltung stattgefunden hat: – Auszahlung Insolvenzgeld und damit Ausgleich des Darlehenskontos überwachen – je eher die Rückzahlung erfolgt, desto weniger fallen Zinsbeträge auf dem Darlehenskonto ab	Checkliste Insolvenzgeldvorfinanzierung Wiedervorlagenkalender
27.	Akteneinlagerung	• ggf. sind schuldnerische Unterlagen einzulagern?	Checkliste Akteneinlagerung
28.	Masseunzulänglichkeit	• ggf. ist schon bei Eröffnung ersichtlich, dass MUZ droht • dann Erklärung ggü. dem Gericht abgeben • wichtig: keine Zahlungen an Dritte als Masseverbindlichkeit, wenn die Verfahrenskosten nicht vollständig gedeckt sind • dies gilt auch bei Kostenstundung	Checkliste Masseunzulänglichkeit Zur Rangfolge der Befriedigung: BGH v. 13.03.2014 – IX ZB 204/11 Rn. 6 m.w.N. in InsbürO 2014, 289, ZInsO 2014, 951
29.	Rechnungslegungspflicht – vorl. Verwaltung	• sofern es vor Eröffnung eine vorläufige Verwaltung gab: Rechnungslegungspflicht gem. § 66 InsO i.V.m. § 21 Abs. 2 Nr. 1 InsO beachten • Eröffnungsbeschluss an Schlussrechnungsabteilung geben mit der Bitte um Rechnungslegung	Muster 315 (Schlussberichte): »Rechnungslegung vorl. Verw.« Checkliste Schlussbericht

Nr.	Thema	Checkliste Eröffnungsbeschluss nat. Person: Erläuterung	Hilfsmittel
30.	Rechtsstreit – Definition	• Unterscheidung: – **Aktivprozess**: Der Schuldner führt einen Prozess gegen einen Dritten, ist also Kläger und aktiv beteiligt – **Passivprozess**: Der Schuldner wurde verklagt, ist also Beklagter und damit nur passiv beteiligt	
31.	Rechtsstreit – Aussetzungsantrag	• Sind Prozesse anhängig? • Mitteilung an Prozessgericht über Verfahrenseröffnung wegen Unterbrechungswirkung nach § 240 ZPO versenden • Termine und Fristen werden aufgehoben und damit gestoppt • hierdurch Zeitgewinnung = eingehende Prüfung durch Insolvenzverwalter möglich • Unterlagen im Ordner »Vertragsverhältnisse« archivieren: gesonderte Rubrik »Rechtsstreite«, mit Trennkarten jeweils für einzelnen Rechtsstreit, sortiert nach dem Namen des Prozessgegners • Arbeitsrechtsstreitigkeiten: im Ordner »Arbeitsverhältnisse« archivieren	Muster 38 (Arbeitsverhältnisse): »Rechtsstreit – Unterbrechung nach § 240 ZPO«
32.	Rechtsstreit – weiteres	• Wiedervorlage wegen möglicher Aufnahme (= Ende der Unterbrechung) gem. §§ 85, 86 InsO notieren • bei Aktivprozessen: mögliche Gerichtskostenerstattung bei späterer Erledigung überwachen • eingezahlter Gerichtskostenvorschuss kann ggf. für die Insolvenzmasse vereinnahmt werden, weil er bei Nichtdurchführung des Prozesses (tlw.) erstattet wird	Wiedervorlagenkalender Gerichtskostenvorschuss: OLG Brandenburg v. 20.07.2011 – 6 W 7/11 in InsbürO 2013, 195, ZInsO 2012, 2253
33.	Insolvenzplanverfahren	• Prüfung, ob ggf. ein Insolvenzplanverfahren in Betracht kommt (= dann Besonderheiten beachten) • Information dazu ggf. aus vorher erstelltem Gutachten im Eröffnungsverfahren	Checkliste Insolvenzplan
34.	Betriebsfortführung	• bei etwaiger Betriebsfortführung: s. gesonderte Checkliste	Checkliste Betriebsfortführung
35.	Gläubiger – weitere	• es können sich ggf. im Laufe des Verfahrens bislang unbekannte Gläubiger melden • hier: Prüfung, in welchem Rang diese zu befriedigen sind: §§ 38, 55, 209 oder gar nicht (Neugläubiger)? • Rang eines Massegläubigers setzt Handlung oder Inanspruchnahme der Leistung durch den Insolvenzverwalter voraus (§ 55 Abs. 1 InsO)	Checkliste Gläubiger Checkliste Vertragsverhältnisse
36.	Selbständige Tätigkeit	• Informationen zu einer möglichen Selbständigkeit einholen • Erklärung gem. § 35 Abs. 2 InsO abgeben: – gehört das Vermögen aus der selbständigen Tätigkeit zur Insolvenzmasse oder wird diese Tätigkeit freigegeben?	Checkliste Selbständige Tätigkeit Muster 317 (Freigabe): »Freigabe – Erklärung ggü. Schuldner« Muster 318 (Freigabe): »Freigabe – Information an das Insolvenzgericht«
37.	Vermögenswerte	• die Realisierung der einzelnen Vermögenswerte sollte – soweit möglich – rasch eingeleitet werden • insbes. folgende Kapitel können hierbei helfen: – Absonderungsrechte – Anfechtungsansprüche – Einkommen – Fahrzeuge – Forderungseinzug – Globalzession – Immobilienvermögen – Inventar – Versicherungsverträge	jeweils gesonderte Checkliste

Nr.	Thema	Checkliste Eröffnungsbeschluss nat. Person: Erläuterung	Hilfsmittel
38.	To-Do-Liste	• To-Do-Liste gibt Überblick über einzelne abzuwickelnde Sachverhalte • Bsp.: Fahrzeug Ford Mondeo – Verkauf/Rückkaufswert Versicherung/Käufer für Imobilie ... etc. • kann regelmäßig leicht und unkompliziert handschriftlich aktualisiert werden	
39.	Wiedervorlagen	• Wiedervorlagen für einzelne Schritte notieren: Angaben zur Rubriknummer aus dem Inhaltsverzeichnis machen! • Bsp.: Rückkaufswert da? Verträge 5 oder Kaufpreis Fahrzeug da? Inventar 3	Wiedervorlagenkalender
40.	weitere Abwicklung	• Es gibt weitere Arbeitsschritte im Verlauf eines Verfahrens, auf die nur kurz verwiesen werden soll: – Verzeichnis der Massegegenstände, § 151 InsO – Gläubigerverzeichnis, § 152 InsO – Vermögensverzeichnis, § 153 InsO – Terminvorbereitung – Schlussbericht – Schlussrechnung – Vergütungsanträge – Beendigung des Verfahrens – Verteilung – Restschuldbefreiungsphase	jeweils gesonderte Checklisten
41.	Auskunftspflichten	• während des eröffneten Verfahrens wird das Insolvenzbüro von unterschiedlichen Seiten um Auskunft und Erklärung zu einzelnen Sachverhalten gebeten • es stellt sich die Frage, an wen welche Auskünfte wann erteilt werden können • grobe Zusammenfassung aus dem Literaturtipp rechts: – **Schuldner**: kein allgemeines Auskunftsrecht, pflichtgemäßes Ermessen des Insolvenzverwalters unter Berücksichtigung der Umstände des Einzelfalls – **Insolvenzgericht:** Aufsichtsführung gem. § 58 InsO, daher Erteilung von Zwischenberichten an dieses – **Insolvenzgläubiger**: kein Auskunftsanspruch gegen Insolvenzverwalter, Einsichtsrecht in Gerichtsakte gem. § 4 InsO i.V.m. § 299 ZPO – **Massegläubiger**: Auskunftsanspruch aus Vertragsbeziehung, § 242 BGB (= nach Treu und Glauben), bei Masseunzulänglichkeit kein Auskunftsrecht – **Aussonderungsgläubiger**: Auskunftsanspruch über Verbleib und Zustand des auszusondernden Gegenstandes – **Absonderungsgläubiger:** Auskunftsanspruch über Zustand des Sicherungsobjektes und über geplante Umstände der Verwertung • **Gläubigerversammlung** dient zur Berichterstattung des Insolvenzverwalters = darin umfassend Auskunftserteilung über alle relevanten Umstände • in der Praxis sollte das Insolvenzbüro einen guten Weg finden, um den Auskunftsbegehren der Beteiligten zu begegnen (= Informationserteilung zumutbar und nicht verfahrensgefährdend)	Neve, Auskunfts- und Rechenschaftspflichten des Insolvenzverwalters im eröffneten Insolvenzverfahren, InsbürO 2017, 231 ff. (mit Angaben auch zu Rechenschaftspflichten wie Schlussbericht u.a.)
42.	GOI	• GOI = Grundsätze ordnungsgemäßer Insolvenzverwaltung (70 Grundsätze) • betr. das Verfahren an sich gelten folgende Grundsätze: – Grundsatz 12: Verwendung einer leistungsfähigen und gerichtskompatiblen elektronischen Datenverarbeitung; Abbildung aller relevanten Vorgänge in einem integrierten Insolvenzbearbeitungsprogramm – Grundsatz 13: Zugriffsmöglichkeit eines jeden Mitarbeiters über einen eigenen PC-Arbeitsplatz auf das Insolvenzbearbeitungsprogramm – Grundsatz 14: tägliche Datensicherung der im Verfahren gesammelten Daten – Grundsatz 22: unverzügliche Erklärung zur Annahme des übertragenen Amtes	VID = Verband Insolvenzverwalter Deutschlands e.V. www.vid.de

Nr.	Thema	Checkliste Eröffnungsbeschluss nat. Person: Erläuterung	Hilfsmittel
		– Grundsatz 23: Annahme nur, wenn Anforderungen des konkreten Verfahrens erfüllt werden können (z.B. Leistungsfähigkeit seiner Mitarbeiter, vorhandene Infrastruktur) – Grundsatz 24: Offenbarung von möglichen Interessenkollisionen • *(Die Autoren danken dem VID für die freundliche Zustimmung zur Veröffentlichung von Hinweisen auf die GOIs)*	
43.	Besonderes elektronisches Postfach (= beA)	• beA = besonderes elektronisches Postfach hat EGVP abgelöst • gewährleistet einen Sicherheitsschutz bei Datenübertragungen • ab 01.01.2018 verpflichtend für alle Anwälte • abklären, ob die Insolvenzgerichte entsprechende Daten per beA haben möchten • ist der Insolvenzverwalter kein Rechtsanwalt, gibt es die alternative Nutzungsmöglichkeiten: s. nebenstehend • nähere Angaben zur elektronischen Versendung: s. Literaturtipps	Alternative zu beA: InsbürO 2017, 266 mit Verweis auf www.egvp.de > linke Seite: Informationen zu Drittanwendungen: Auflistung der alternativen Nutzungsmöglichkeiten Heyn/Scheungrab, Interview zum Thema »elektronisches Postfach«, InsbürO 2017, 141 ff. Pianowski, Elektronischer Rechtsverkehr und die Arbeit des Insolvenzverwalters, InsbürO 2018, 63 ff. Pianowski, Dateiaustausch zwischen Verwalter und Gericht, InsbürO 2008, 458 ff.

Checkliste 19: Fahrzeuge

37 In einer Vielzahl von Insolvenzverfahren befinden sich Fahrzeuge im Besitz des Schuldners, für die zu prüfen ist, ob sie zur Insolvenzmasse gehören oder nicht. Stehen sie im Eigentum des Schuldners und sind diese nicht unpfändbar, ist eine Verwertung durchzuführen. Bei größeren Unternehmensinsolvenzen erfolgt der Verkauf selbst i.d.R. zusammen mit dem anderen beweglichen Anlagevermögen durch einen beauftragten Verwerter. Aber auch hier hat der Sachbearbeiter die Abwicklung zu überwachen und ggf. Abrechnungen mit Absonderungsgläubigern vorzunehmen. In Kleinverfahren wird die Veräußerung durch das Insolvenzbüro regelmäßig selbst durchgeführt. Diese und weitere Arbeitsschritte werden in der folgenden Checkliste dargestellt.

(Die Übersicht ist nach gängigen Informationen und Arbeitsschritten sortiert. Im Anschluss daran finden sich Zusatzinformationen in alphabetischer Reihenfolge.)

38

Nr.	Thema	Checkliste Fahrzeuge: Erläuterung	Hilfsmittel
1.	Archivierung bei jur. Pers.	• Einzelne Rubriken im Inventarordner anlegen: – Fahrzeugpapiere – Kfz-Steuer – Verkauf etc. – Trennkarten für einzelne Kennzeichen nutzen	Muster 210 (Inhaltsverzeichnis): »Inhaltsverzeichnis jur. Pers.«
2.	Archivierung bei natürl. Pers.	• gesonderte Rubrik »Fahrzeuge« anlegen • Trennkarten nutzen für einzelne Sachverhalte: Kfz-Steuer, Verkauf etc.	Muster 211 – 213 (Inhaltsverzeichnis): »Inhaltsverzeichnis nat. Pers.« (versch. Varianten)
3.	Kfz-Zulassungsstelle	• Anfrage an Zulassungsstelle wg. aktueller Zulassungen • aber auch abfragen: Zulassungen der letzten sechs Monate • gesetzliche Grundlage: § 19 BDSG • Schweigepflichtentbindungserklärung dem Auskunftsersuchen beifügen • durch Auskunft: Informationen darüber, ob ggf. Fahrzeuge vor dem Insolvenzantrag veräußert oder auf Familienangehörige übertragen wurden • Achtung: Zulassung bedeutet noch nicht Eigentum: s. nachfolgend Zulassungsbescheinigungen • nähere Informationen zum Eigentum erforderlich	Muster 121: »Anfrage Kfz-Haltung«

Nr.	Thema	Checkliste Fahrzeuge: Erläuterung	Hilfsmittel
4.	Sicherstellung – Betriebseinstellung	• Fahrzeuge sind sicherzustellen durch: – Entgegennahme der Zulassungsbescheinigungen II im Original – Entgegennahme der Zulassungsbescheinigungen I im Original – Entgegennahme sämtlicher Schlüssel – Aufzeichnung des km-Standes – ggf. daran auch Kontrolle möglich: Gibt es weitere Schlüssel? Wird das Fahrzeug ohne Zustimmung des Verwalters genutzt?	
5.	Sicherstellung – Betriebsfortführung	• Fahrzeuge sind sicherzustellen durch: – Entgegennahme der Zulassungsbescheinigungen II im Original – Entgegennahme der Zulassungsbescheinigung I in Kopie – das Original muss bei Nutzung des Fahrzeuges jederzeit vorgezeigt werden können – Schlüssel bleiben im Unternehmen – Aufzeichnung des km-Standes und Führung eines Fahrtenbuches – daran Kontrolle möglich: Wird das Fahrzeug nur für betriebliche Zwecke genutzt?	
6.	Sicherstellung – Vollständigkeit	• Abklärung, ob Fahrzeuge vollständig vorhanden sind • bei Unternehmensinsolvenzen: – Abgleich der Fahrzeuge mit Daten im Anlageverzeichnis der Buchhaltung (ggf. letzter Jahresabschluss) – fehlende Fahrzeuge und deren Standorte ermitteln – ggf. Werkunternehmerpfandrecht: s. nachfolgend – ggf. aber auch Veräußerung: Prüfung, ob die Kaufpreishöhe angemessen war und die Verbuchung ordnungsgemäß erfolgt ist – ggf. werden auch Schwarzverkäufe aufgedeckt	
7.	Eigentum	• Prüfung der Eigentumsverhältnisse: – Eigentümer eines Fahrzeuges: eingetragen in der Zulassungsbescheinigung II – oder: wer die Zulassungsbescheinigung II besitzt – dann nämlich: jederzeitige Ummeldung auf sich selbst möglich – ggf. liegt das Eigentum bei einem Dritten: nur Zulassung auf Schuldner reicht nicht für Eigentum – Bsp. Eigentumsnachweis: Rechnung und entsprechender Zahlungsnachweis – ggf. bestehen Aus- oder Absonderungsrechte: Gläubiger obliegt der Eigentumsnachweis – bei zweifelhaftem Eigentum: Auskunftsanspruch gegen Schuldner gem. §§ 97, 98 InsO	Wipperfürth/Meyer, Zur Pfändbarkeit eines Fahrzeuges bei zweifelhaftem Eigentum, InsbürO 2015, 185 ff. Grote, Das liebste Kind: Darf der Schuldner seinen Pkw behalten? – Teil 1: InsbürO 2014, 516 ff., Teil 2: InsbürO 2015, 17 ff. jeweils mit Verweis auf Rechtsprechung
8.	Zulassungsbescheinigung I	• Regelung in § 11 FZV • früher hieß diese »Fahrzeugschein« • enthält die Fahrzeugdaten und ist auf Verlangen vorzuzeigen • Zulassung bedeutet kein Eigentum • d. h.: es können unterschiedliche Personen in der Zulassungsbescheinigung I und II eingetragen sein	
9.	Zulassungsbescheinigung II	• Regelung in § 12 FZV • früher hieß diese »Fahrzeugbrief« • weist grds. den Eigentümer des Fahrzeuges aus • wer die Zulassungsbehörde II besitzt, kann jederzeit eine Ummeldung auf sich vornehmen • dieses Papier gehört daher in den Tresor	
10.	Betriebsfortführung	• Prüfung der Verkehrstauglichkeit (TÜV, ASU, Haftpflichtversicherung) • Behebung etwaiger Mängel • Zahlung der Versicherungsprämien • während der vorläufigen Verwaltung: ggf. Einzelermächtigung wg. der entstehenden Kosten für Rang als Masseverbindlichkeit einholen	Checkliste Betriebsfortführung

Nr.	Thema	Checkliste Fahrzeuge: Erläuterung	Hilfsmittel
11.	Absonderungsrechte	• an darlehensfinanzierten Fahrzeuge bestehen Absonderungsrechte • Sicherheit der finanzierenden Bank: Sicherungsübereignung • Zulassungsbescheinigung II liegt bei der Bank • Bank ist zwecks Verwertung des Fahrzeuges gem. § 166 InsO zur Herausgabe verpflichtet: s. Rechtsprechung • einzelne Arbeitsschritte: gesonderte Checkliste • so insbes.: Anzeige Veräußerung, Abrechnung etc. • Fahrzeug unpfändbar, aber darlehensfinanziert: Vertragsparteien (Darlehensgeber und Schuldner) entscheiden über Vertragsfortführung, Insolvenzverwalter wählt bei Aufforderung den Nichteintritt gem. § 103 InsO (s. Literaturtipp Haushalter)	Checkliste Absonderungsrechte Schmidt/Büchler, Effiziente Ermittlung und Abwicklung von Aus- und Absonderungsrechten in der Insolvenz: Sicherungsübereignung, InsbürO 2006, 322 ff. Hess, Kölner Kommentar zur InsO, Bd. 3, §§ 129-216, 1. Aufl. 2017, § 166 Rn. 60 m.V.a.: OLG Stuttgart v. 26.06.2012 – 6 U 45/12 in InsbürO 2012, 403 ZInsO 2012, 1546 Haushalter, Unpfändbarkeit eines darlehensfinanzierten Fahrzeuges, InsbürO 2016, 154 ff.
12.	Aussonderungsrechte	• Eigentum des Fahrzeuges liegt bei einem Dritten • Bsp.: Leasing • Vertragsbedingungen wg. Eigentumsverhältnis prüfen • Erklärung zur Vertragserfüllung oder -ablehnung gem. § 103 InsO abgeben • Zeitpunkt der Erklärung: nach Eröffnung und ggf. erst nach Aufforderung durch den Aussonderungsgläubiger • ggf. Ablösesumme mit Verkehrswert vergleichen • bei Differenz: ggf. Erlös für die Insolvenzmasse • bei Vertragsablehnung: Bereitstellung zur Abholung vorbereiten	Checkliste Aussonderungsrechte
13.	Bewertung	• Sachverständigen beauftragen oder • Schätzung über das Internet vornehmen	www.mobile.de
14.	Auslösung	• Schuldner kann den Verkehrswert des Fahrzeuges in die Insolvenzmasse einzahlen und das Fahrzeug dann behalten (= Auslösung) • i.d.R. bei Fahrzeugwerten unter 1.000 EUR • frühere Regelung in § 314 InsO zur Auslösung auf Antrag an das Insolvenzgericht ist in 2014 entfallen • aber gängig: Auslösung ohne gerichtlichen Beschluss • Insolvenzverwalter muss belegen können, dass Auslösesumme dem Verkehrswert entspricht	Muster 127: »Verwertungsmöglichkeiten – Info an Schuldner«
15.	Freigabe	• es kann unterschiedliche Gründe für eine mögliche Freigabe geben: keine Verwertbarkeit, Überlassung an Absonderungsgläubiger wg. besserer Verkaufschancen • siehe gesonderte Checkliste	Checkliste Freigabe
16.	Kfz-Steuer	• Kfz-Steuer wird mit Insolvenzeröffnung neu festgesetzt (§ 6 KraftStG) • Kfz-Steuer ist eine Jahressteuer (§ 11 Abs. 1 KraftStG) und mit Eröffnung als Masseverbindlichkeit auszugleichen • Massebestand für den Ausgleich dieser Jahressteuer prüfen • ggf. sofortige Abmeldung bei der Zulassungsstelle veranlassen • allerdings: abgemeldete Fahrzeuge sind wg. der fehlenden Probefahrt schwerer zu verkaufen • Tageskennzeichen (= 5 Tage) sind nicht günstig (ca. 70 EUR) • Rückstände aus der Zeit vor Eröffnung: einfache Insolvenzforderung (= Insolvenztabelle) • bei Nichtzahlung der Kfz-Steuer: Zwangsabmeldung durch die Behörde nach § 14 KraftStG möglich • bei Verkauf: anteilige Erstattung der Kfz-Steuer überwachen • Wiedervorlage eintragen • Kfz-Steuer keine Masseverbindlichkeit bei Unpfändbarkeit oder Freigabe: s. Rechtsprechung • bei Unpfändbarkeit: s. nachstehend	Wiedervorlagenkalender Bei Unpfändbarkeit: BFH v. 08.07.2011 – II R 49/09 in InsbürO 2011, 425, ZInsO 2011, 1502 (keine VÖ in BStBl.) Bei Freigabe: BFH v. 08.09.2011 – II R 54/10 Rn. 14 in BStBl. II 2012,149, InsbürO 2012, 118, ZInsO 2011, 2339

Nr.	Thema	Checkliste Fahrzeuge: Erläuterung	Hilfsmittel
17.	Verwertung – durch Dritte	• in größeren Verfahren wird i.d.R. ein Verwertungsunternehmen mit der Veräußerung des gesamten Anlagevermögens beauftragt • dazu gehören dann auch i.d.R. die Fahrzeuge • Abstimmung der Verwertungsaktivitäten • bei Absonderungsrechten: Veräußerungsanzeige (§ 168 InsO) • später: Kaufpreiserlöse mit Prognosewerten vergleichen • ggf. Differenzen und Gründe ermitteln • Zahlungseingänge (= Kaufpreiserlöse) überwachen • Wiedervorlage notieren	Checkliste Verwertung Checkliste Absonderungsrechte Wiedervorlagenkalender
18.	Verwertung – eigene	• in Kleinverfahren wird der Verwalter die Verwertung i.d.R. selbst vornehmen • Fahrzeuge ggf. verschiedenen Verwertungsunternehmen anbieten • oder: Anzeige im Internet veröffentlichen • Achtung: Kosten einer solchen Anzeige beachten • ggf. Verauslagung durch das Insolvenzbüro und spätere Erstattung nach Erlangung eines Kaufpreises • bei Absonderungsrechten: Veräußerungsanzeige (§ 168 InsO)	www.mobile.de Checkliste Absonderungsrechte Heyn, »Der Verkauf eines Fahrzeuges ohne Fahrzeugpapiere«, InsbürO 2009, 469 ff.
19.	Umsatzsteuer – jur. Pers.	• bei einem Verkauf: Prüfung einer etwaigen Umsatzsteuerpflicht vornehmen • Gehören Fahrzeuge zum Betriebsvermögen? = Umsatzsteuerpflicht beim Verkauf • in Rechnung an etwaigen Käufer Umsatzsteuer ausweisen • im eröffneten Verfahren: als Masseverbindlichkeit abführen • im vorläufigen Verfahren: ebenfalls Masseverbindlichkeit (§ 55 Abs. 4 InsO)	Checkliste Steuerangelegenheiten
20.	Umsatzsteuer – natürl. Pers.	• bei einem Verkauf: Prüfung einer etwaigen Umsatzsteuerpflicht vornehmen • Gehören Fahrzeuge zum Betriebs- oder Privatvermögen? • Prüfung, ob MWSt. bei der Anschaffung als Vorsteuer geltend gemacht wurde • Einsicht in die damalige Steuererklärung • wenn ja: Betriebsvermögen und Umsatzsteuerpflicht beim Verkauf • in Rechnung an etwaigen Käufer Umsatzsteuer ausweisen • im eröffneten Verfahren: als Masseverbindlichkeit abführen • im vorläufigen Verfahren: ebenfalls Masseverbindlichkeit (§ 55 Abs. 4 InsO)	Checkliste Steuerangelegenheiten
21.	Unpfändbarkeit	• in Insolvenzverfahren über das Vermögen natürlichen Personen: – Unpfändbarkeit kann vorliegen gem. § 811 Abs. 1 Nr. 5 ZPO – danach: Fahrzeug wird für den Weg zur Arbeit benötigt – Fahrten mit öffentlichen Verkehrsmitteln sind wg. der Arbeitszeiten oder aus anderen Gründen nicht zumutbar – in welchem Umfang die Nutzung der öffentlichen Verkehrsmittel zumutbar ist: Entscheidung im Einzelfall (s. Rechtsprechung) – Unpfändbarkeit ist auch gegeben, wenn Ehepartner das Fahrzeug für den Weg zur Arbeit benötigt (s. Rechtsprechung) – Bestätigung der Unpfändbarkeit an den Schuldner = Sicherheit: er darf das Fahrzeug behalten – keine Freigabe, da ansonsten nicht wieder rückgängig zu machen: s. nachstehend »Unpfändbarkeit – Wegfall« – Unterrichtung des Finanzamtes bzw. des Hauptzollamtes (s. nachfolgend Nr. 31: Kfz-Steuer – Zuständigkeit) wg. Kfz-Steuer (= zahlt der Schuldner aus unpfändbarem Vermögen) – Möglichkeit der Austauschpfändung prüfen: s. nachstehend	Muster 116 (Eröffnungsbeschl. nat. Person): »Fragebogen – Kleinverfahren« Muster 124: »Unpfändbarkeit – Bestätigung ggü. Schuldner« Muster 122: »Empfangsbestätigung Fahrzeugpapiere« Muster 125: »Unpfändbarkeit – Mitteilung an Hauptzollamt« Bedarf d. Ehepartner + öffentliche Verkehrsmittel (Rn. 16): BGH v. 28.01.2010 – VII ZB 16/09 in InsbürO 2010, 157, WKRS 2010, 10923

Nr.	Thema	Checkliste Fahrzeuge: Erläuterung	Hilfsmittel
		– darlehensfinanzierte Fahrzeuge: Entscheidung der Vertragsparteien (Darlehensgeber u. Schuldner) über Fortführung = Zahlung Darlehensraten aus pfändungsfreiem Einkommen = keine Gläubigerbenachteiligung (s. Literaturtipp Haushalter)	Haushalter, Unpfändbarkeit eines darlehensfinanzierten Fahrzeuges, InsbürO 2016, 154 ff. Spitzer, Fahrzeugnutzung für die Fahrt zum Kindergarten, InsbürO 2018, 148 f.
22.	Unpfändbarkeit – Fahrzeugkosten	• bei Unpfändbarkeit: Schuldner hat sämtliche Kosten für ein unpfändbares Fahrzeug aus seinem unpfändbaren Einkommen zu tragen: – Kfz-Steuer, Versicherungsprämien, aber auch Reparaturkosten • bei einem etwaigen Unfall: tlw. Insolvenzbeschlag an etwaigen Versicherungsleistungen: s. Literaturtipp	Chatroom, Frage 1: Wer zahlt die Reparaturkosten für ein unpfändbares Fahrzeug?, InsbürO 2008, 275 f. Klein/Haushalter, Unfallschaden am unpfändbaren Fahrzeug, InsbürO 2013, 229 ff.
23.	Unpfändbarkeit – Kfz-Steuer	• Verkehrsrechtliche Veräußerungsanzeige gegenüber Zulassungsbehörde abgeben (analog § 13 Abs. 4 FZV) • Empfangsbestätigung über Fahrzeugpapiere einholen • Fotokopie an die Finanzverwaltung bzw. das Hauptzollamt (s. nachfolgend Nr. 31: Kfz-Steuer – Zuständigkeit) versenden	Muster 125: »Unpfändbarkeit – Mitteilung an Hauptzollamt« Muster 126: »Verkehrsrechtliche Veräußerungsanzeige«
24.	Unpfändbarkeit – Wegfall	• die Unpfändbarkeit kann entfallen z. B. durch Eintritt der Arbeitslosigkeit • Insolvenzbeschlag greift in dem Moment des Wegfalls der Bedingungen des § 811 Abs. 1 Nr. 5 ZPO • dann ggf. adäquate Frist für z.B. Antritt eines neuen Arbeitsverhältnisses • ggf. aber auch Verkauf zugunsten der Insolvenzmasse • ähnliche Situation: Verkauf des Fahrzeuges durch Schuldner ohne Arbeitsplatzverlust = Insolvenzbeschlag am Kaufpreis = s. nachstehend »Verkauf durch Schuldner«	Chatroom, Frage 1: Was ist ein Insolvenzbeschlag, InsbürO 2007, 236
25.	Verkauf durch Schuldner	• Verkauf des Fahrzeuges durch den Schuldner, um neues anzuschaffen • Problem: mit Verkauf Wegfall der Schutzbedingung des § 811 Abs. 1 Nr. 5 ZPO • damit: Insolvenzbeschlag greift am Kaufpreis • adäquate Frist zur Anschaffung eines neuen Fahrzeuges geben	
26.	Verbraucherinsolvenzverfahren	• es gibt keine Besonderheiten im Verbraucherinsolvenzverfahren • frühere Besonderheiten in §§ 313, 314 InsO (kein Verwertungsrecht an Fahrzeugen, die mit einem Absonderungsrecht belegt sind, und Möglichkeit der Auslösung) sind in 2014 entfallen	

Nr.	Thema	Checkliste Fahrzeuge: Erläuterung Zusatzinformationen – alphabetisch sortiert	Hilfsmittel
27.	Abmeldung – elektronisch	• möglich ab dem 01.01.2015: Internetportal des Kraftfahrt-Bundesamtes (KBA) • Voraussetzung: Fahrzeuganmeldung ab dem 01.01.2015 • erforderlich: Sicherheitscode von Prüfplakette auf Kennzeichen oder im Fahrzeugschein	Informationsfilm und weitere Infos: www.bmvi.de > Verkehr und Mobilität > Fahrzeuge > internetbasierte Fahrzeugzulassung
28.	Austauschpfändung	• Austauschpfändung kommt bei Fahrzeugen mit lohnenswertem Verkehrswert in Betracht (§ 811a ZPO) • Bereitstellung eines günstigeren Ersatzfahrzeuges und Verkauf des vorhandenen • Differenz = Erlös für die Masse • Antragserfordernis beim Insolvenzgericht (§ 36 Abs. 4 InsO) • Problem 1: für Anschaffung eines adäquaten Fahrzeuges muss genug Geld vorhanden sein • Problem 2: BGH hat entschieden: Ersatzfahrzeug = annähernd gleiche Haltbarkeit und Lebensdauer • in der Praxis daher i.d.R. nicht mehr relevant/möglich	Voraussetzungen einer Austauschpfändung: BGH v. 16.06.2011 – VII ZB 114/09 in InsbürO 2011, 348, WKRS 2011, 20145

Nr.	Thema	Checkliste Fahrzeuge: Erläuterung Zusatzinformationen – alphabetisch sortiert	Hilfsmittel
29.	Fahrzeugbrief	• siehe vorstehend »Zulassungsbescheinigung II« (Ziff. 9)	
30.	Fahrzeugschein	• siehe vorstehend »Zulassungsbescheinigung I« (Ziff. 8)	
31.	Kfz-Steuer – Zuständigkeit	• früher: Zuständigkeit der Finanzämter für Kfz-Steuer • ab Febr. 2014: Umstellung der Zuständigkeit auf Hauptzollämter • jeweils zuständiges Hauptzollamt: s. Informationen auf der Internetseite	www.zoll.de > Privatpersonen/ Unternehmen > Kfz-Steuer
32.	Unfallschaden	• Versicherungsschaden für pfändungsfreies Fahrzeug ist nicht vom Insolvenzbeschlag umfasst • aber: Schadensersatzanspruch gegen Dritte soll als Surrogat pfändbar sei (streitig in Literatur und Rechtsprechung)	Massezugehörigkeit eines Schadensersatzanspruches: LG Ansbach v. 30.07.2015 – 1 S 1317/14 in ZInsO 2015, 2041, InsbürO 2016, 41
33.	Werkunternehmer-pfandrecht	• Fahrzeuge können sich bei Insolvenzeröffnung in einer Werkstatt befinden • Werkstatt kann das Werkunternehmerpfandrecht gem. § 647 BGB geltend machen: – Herausgabe nur gegen Ausgleich des Rechnungsbetrages – Werkunternehmerpfandrecht = Absonderungsrecht: s. oben – Verwertungsvereinbarung mit Werkstatt treffen: Anerkennung Absonderungsrecht und dafür Herausgabe Fahrzeug zwecks Verwertung	
34.	Zulassung neuer Fahrzeuge	• bei bestehenden Rückständen von Kfz-Steuer oder Verwaltungsgebühren: Zulassungsstellen sind berechtigt, Neuzulassung vom Ausgleich der offenen Beträge abhängig zu machen • anwendbares Recht: Verordnungen der einzelnen Länder • nur wenn der Schuldner ein Fahrzeug dringend benötigen würde und ihm eine Zahlung aus dem pfändungsfreien Vermögen nicht zumutbar wäre, würde die Verwaltung gegen »gute Sitten« verstoßen • s. Rechtsprechung: Zahlung aus pfändungsfreiem Vermögen kein Problem für Restschuldbefreiung	fehlender Ermessenspielraum der Behörde + evtl. Ausnahme: BGH v. 14.01.2010 – IX ZR 93/09 Rn. 11 in InsbürO 2010, 114, ZInsO 2010, 376 Zahlung aus pfändungsfreiem Vermögen zulässig: Siehe zuvor Rn. 9

Checkliste 20: Finanzamt

Mit der Finanzverwaltung hat ein Insolvenzsachbearbeiter es in fast jedem Insolvenzverfahren zu tun. In Kleinverfahren geht es um die Einkommenssteuererklärung, in größeren Verfahren vorwiegend um die Umsatzsteuer- und Körperschaftssteuererklärung und weitere Steuerpflichten. Insoweit wird auf die gesonderte Checkliste »Steuerangelegenheiten« verwiesen. In der nachfolgenden Übersicht geht es vorwiegend um den allgemeinen Schriftverkehr mit dem Finanzamt. 39

(Die Übersicht ist nach gängigen Informationen und Arbeitsschritten sortiert.)

40

Nr.	Thema	Checkliste Finanzamt: Erläuterung	Hilfsmittel
1.	Erstanschreiben	• das Finanzamt muss unverzüglich nach Auftragseingang informiert werden: – bei Anordnung der vorläufigen Verwaltung – bei Insolvenzeröffnung • Grund: Steuerguthaben sind nur noch an die Insolvenzmasse zu erstatten • keine Auszahlung mehr an den Schuldner • Finanzamt erteilt ein neue Steuernummer: s. nachstehend	Muster 128 – 129: »Erstanschreiben FinA« (vorl. Verf. – eröffnetes Verf.)
2.	Steuernummer	• Finanzamt erteilt eine Masse-Steuernummer • unter dieser werden dann alle neuen Vorgänge gebucht • damit Trennung von Buchungen in Zeit vor und nach Insolvenzeröffnung • soweit Verrechnung zulässig ist, erfolgt tlw. eine Umbuchung von Steuerguthaben auf alte Steuernummer	

Nr.	Thema	Checkliste Finanzamt: Erläuterung	Hilfsmittel
3.	Archivierung – jur. Person	• gesondertes Inhaltsverzeichnis für sorgfältige Trennung des jeweiligen Schriftverkehrs: – allgemeiner Schriftverkehr mit Finanzamt (z.B. neue Steuernummer) – allgemeiner Schriftverkehr mit Steuerberater – Einkommensteuer – Gewerbesteuer – Kfz-Steuer – Körperschaftssteuer – Lohnsteuer – Umsatzsteuer – Jahresabschlüsse (wegen des Umfangs am besten ganz hinten abheften)	Muster 210 (Inhaltsverzeichnis): »Inhaltsverzeichnis jur. Person«
4.	Archivierung – natürl. Person	• Einrichtung einer einzelnen gesonderten Rubrik • Trennkarten für allgemeinen Schriftverkehr, Einkommenssteuer, Kfz-Steuer etc.	Muster 211 – 213 (Inhaltsverzeichnis): »Inhaltsverzeichnis natürl. Person« (versch. Varianten)
5.	Kontoauszug	• FinA ist häufig Anfechtungsgegner • Kontoauszug: Überblick über Steuerforderungen und Einzahlungen • damit: Überblick über die Verbuchungen des Finanzamtes • ggf. Anfechtung von Verrechnungen möglich • während der vorläufigen Verwaltung: Anforderung durch Schuldner selbst kann gelingen • später: Sperrvermerk beim FinA, dann ggf. Verweis auf IFG: s. nachfolgend	Muster 130 – 132: »Kontoauszug Anforderung …« (drei Varianten) Checkliste Anfechtungsansprüche Voraussetzung für die Erteilung eines Kontoauszuges (keine Hilfe zur Anfechtung): BFH v. 19.3.2013 – II R 17/11 (Rn. 22 ff.) in ZInsO 2013, 1159
6.	Informationsfreiheitsgesetz	• nach dem IFG (= Gesetz zur Regelung des Zugangs zu amtlichen Informationen des Bundes) besteht ein Auskunftsanspruch • Auskunft kann Erkenntnisse über mögliche Anfechtungsansprüche bringen: s. vorstehend »Kontoauszug« • Achtung: IFG (Bund) = Informationsanspruch gegen Bundesbehörden • für Anspruch gegen Landesbehörden: IFG der eigenen Ländern • FinA ist Landesbehörde gem. § 2 Abs. 1 FVG • es gibt derzeit in 13 Bundesländern »LIFG«, in drei dagegen nicht (Stand 5/2019): Bayern, Niedersachsen und Sachsen • Achtung: Kostenregelung in den Bundesländern unterschiedlich	Muster 131: »Kontoauszug FinA – Anforderung durch Verwalter – neutral« Muster 132: »Kontoauszug FinA – Anforderung durch Verwalter – NRW« keine Auskunftsverweigerung nach AO: BVerwG v. 14.5.2012 – 7 B 53.11 in Insbüro 2013, 75, ZInsO 2012, 1268 Baatz, »Anmerkung zu BVerwG – IFG«, ZInsO 2012, 1269 Bestätigung des Anspruches nach IFG: BVerwG v. 26.04.2018 – 7 C 5.16, InsbürO 2018, 487, ZInsO 2018, 1907 Ebner/Krause, Der Auskunftsanspruch des Insolvenzverwalters gegenüber der Finanzverwaltung – Praxishinweise zum BVerwG v. 26.04.2018 – 7 C 5.16, InsbürO 2019, 65 ff. Schmittmann/Böing, Erkenntnisse zu Auskunftsansprüchen ggü. Sozvers.T. u. FinA, InsbürO 2010, 15 ff.

Nr.	Thema	Checkliste Finanzamt: Erläuterung	Hilfsmittel
7.	Fristen	• i.d.R. keine Überwachung der vom FinA gesetzten Fristen durch den Insolvenzsachbearbeiter • Zuständigkeit der Buchhaltung/Steuerabteilung • jedoch: bei Androhung von Vollstreckungsmaßnahmen oder Zwangsgeld: Abstimmung mit Buchhaltung/Steuerabteilung vornehmen • Sachbearbeiter kann Unterlagen zur Beantwortung der Rückfragen/Anforderungen des Finanzamtes für die »Buchhaltung« zusammenstellen	
8.	Posteingänge	• i.d.R. Insolvenzsachbearbeiter keine Steuerfachangestellte • daher i.d.R. fehlende Kenntnis für die Beantwortung vieler Anfragen des FinA • gesetzte Fristen beachten und wahren, daher: Schriftverkehr sofort an die Buchhaltung und/oder Steuerberater weiterleiten	
9.	Steuererklärungen – jur. Pers.	• mit Insolvenzeröffnung Übergang der handels- und steuerrechtlichen Pflichten gem. § 155 Abs. 1 InsO auf den Insolvenzverwalter • welche Steuerpflichten bestehen und welche grundlegenden Aspekte zu beachten sind: s. gesonderte Checkliste	Checkliste Steuerangelegenheiten Muster 323 – 335: Steuerangelegenheiten
10.	Steuererklärungen – natürl. Pers.	• Übergang der Steuerpflichten auf Insolvenzverwalter gem. § 155 Abs. 1 InsO • Unterlagen und Geld zur Erfüllung der Steuerpflichten vorhanden? • Finanzamt ggf. über den Sachstand informieren • ggf. Masseunzulänglichkeit erklären • ggf. Kostenvorschuss beim Gericht beantragen • Rücksprache mit dem Insolvenzverwalter nehmen	Checkliste Steuerangelegenheiten Muster 323 – 335: Steuerangelegenheiten
11.	Steuerguthaben	• Kopie der Steuererklärung mit erwartetem Steuerguthaben auf die Kontoauszüge heften = Kontrolle des Zahlungseinganges/Beleg • über etwaige Steuerguthaben ergehen gesonderte Mitteilungen seitens des FinA • diese weitere Kopie des Schriftstückes auf Kontoauszüge heften • zusammen mit Steuererklärung = Beleg für die Buchung • Zahlungseingang überwachen • bei Verrechnung ggf. Anfechtung prüfen	Checkliste Anfechtungsansprüche
12.	Nachtragsverteilung	• häufig Anordnung der Nachtragsverteilung bei Verfahrensbeendigung: ggf. später Steuerguthaben aus der Zeit des eröffneten Verfahrens • Mitteilung über angeordnete Nachtragsverteilung versenden: Verhinderung einer Verrechnung	Checkliste Nachtragsverteilung Muster 283 (Nachtragsverteilung): »FinA – Übersendung Beschluss Nachtragsverteilung«
13.	Verbraucherinsolvenzverfahren	• keine Besonderheit im vereinfachten Insolvenzverfahren • gleiche Arbeitsschritte wie vorstehend	

Checkliste 21: Forderungseinzug

Zum schuldnerischen Vermögen gehören – gerade bei Unternehmensinsolvenzen – auch Forderungen gegen Dritte. Diese kann der Insolvenzverwalter zur Insolvenzmasse ziehen. Soweit eine Globalzession einer Bank vorliegt, die ein Absonderungsrecht nach § 51 Abs. 1 InsO an dem Forderungsbestand begründet, sind gesonderte Arbeitsschritte zu berücksichtigen. Insoweit ist insbesondere während einer vorläufigen Verwaltung zunächst die Einziehungsbefugnis des vorläufigen Insolvenzverwalters zu prüfen. Die nachstehende Checkliste beschäftigt sich allerdings mit dem Forderungseinzug an sich. Die Schuldner, die dem schuldnerischen Unternehmen Geld schulden, nennt man auch Debitoren. Daher spricht man auch häufig vom Debitoreneinzug. Um diese Schuldner nicht mit dem insolventen Schuldner zu verwechseln, wird auch die Begriff »Drittschuldner« verwendet. 41

(Die Übersicht ist nach gängigen Informationen und Arbeitsschritten sortiert. Im Anschluss daran finden sich Zusatzinformationen in alphabetischer Reihenfolge.)

42

Nr.	Thema	Checkliste Forderungs-/Debitoreneinzug: Erläuterung	Hilfsmittel
1.	Allgemein	• Forderungen gegen Dritte stellen Vermögenswerte dar • Dritte schulden dem insolventen Unternehmen Geld = ausstehende Forderung • Dritte werden häufig als Debitoren oder Drittschuldner bezeichnet	
2.	Datenzusammenstellung	• Daten der Drittschuldner müssen in einer Excel-Liste zusammen gestellt werden • genaue Vorgaben in Excel-Liste zum späteren Einspielen in die Insolvenzsoftware • Excel-Liste mit Eingabehinweisen an Mitarbeiter im insolventen Unternehmen übergeben	Insolvenzsoftware
3.	Umsatzsteuer-Identifikationsnummer (Umsatzsteuer-ID)	• eine Umsatzsteuer-Identifikationsnummer dient der eindeutigen Kennzeichnung eines jeden Unternehmens für Geschäfte innerhalb der EU • verfügen beide Geschäftspartner über eine Umsatzsteuer-ID, ist das leistende Unternehmen von der Umsatzsteuer befreit (§ 13b UStG) = kein Ausweis von Umsatzsteuer in der Rechnung – Voraussetzung: beide Umsatzsteuer-ID müssen aufgeführt werden • daher im Rahmen des Forderungseinzuges wichtig: Abfrage von Umsatzsteuer-IDs bei Drittschuldnern im Ausland – werden die Forderungen im laufenden Verfahren eingezogen, besteht ggf. keine Pflicht zur Abführung von Umsatzsteuer – die Bedeutung der Vorlage von Belegen (= Rechnungen) wird deutlich • diese Abfrage ist in der vorstehend genannten Excel-Liste berücksichtigt • siehe wegen näherer Informationen in die gesonderte Checkliste	Checkliste Steuerangelegenheiten
4.	Debitorenliste – erste Aktualisierung	• in den Debitorenlisten der schuldnerischen Unternehmen sind häufig Forderungen enthalten, bei denen eine Wertberichtigung zu erfolgen hat • daher: genaueste Prüfung der einzelnen Forderungen • verjährte Forderungen und solche unter 5,00 EUR herauslöschen • eine offizielle Ausbuchung gegenüber der Finanzverwaltung muss nicht einzeln erfolgen, weil sämtliche ausstehenden Forderungen sowieso mit Anordnung einer vorläufigen Verwaltung als uneinbringlich korrigiert werden müssen (§ 17 Abs. 2 Nr. 1 UStG) (s. nachfolgend: Umsatzsteuerkorrektur) • Löschung beim Vorgang selbst vermerken	Checkliste Verjährungsfristen Checkliste Steuerangelegenheiten
5.	Belege zu den Forderungen	• zur Geltendmachung der Forderungen müssen auch entsprechende Unterlagen vorliegen • diese müssen gleich zu Beginn des Verfahrens im schuldnerischen zusammengestellt und gesichert werden • i.d.R. werden sie mit dem Gutachtenauftrag angefordert • die Unterlagen sind zu kontrollieren und ggf. weitere nachzufordern • insoweit sind nur die Unterlagen für die Forderungen nach »Bereinigung« der Debitorenliste von Bedeutung • bei möglichen streitigen gerichtlichen Auseinandersetzungen dienen die Belege als Nachweis der Forderung	Muster 173 – 176 (Gutachten): »Liste vorzulegende Unterlagen« (unterschiedliche Rechtsformen)
6.	Archivierung der Unterlagen	• Ordner »Forderungseinzug« mit Register A – Z anlegen • Debitorenliste kann oben aufgeheftet werden	Muster 210 (Inhaltsverzeichnis): »Inhaltsverzeichnis jur. Person«

Nr.	Thema	Checkliste Forderungs-/Debitoreneinzug: Erläuterung	Hilfsmittel
7.	Einziehungsbefugnis – vorläufige Verwaltung	• Drittschuldner sind über die Anordnung der vorläufigen Verwaltung zu informieren (§ 23 Abs. 1 Satz 2 InsO) • gleichzeitiger Hinweis: Zahlung mit schuldbefreiender Wirkung nur noch unter Beachtung des Beschlusses (§ 23 Abs. 1 Satz 3 InsO)	Zur Einziehungsbefugnis: BGH v. 20.02.2003 – IX ZR 81/02 in ZInsO 2003, 318, WKRS 2003, 15778 Hamburger Kommentar, 7. Aufl., Schröder, § 23 Rn. 5 InsO
8.	Einziehungsbefugnis – vorläufige Verwaltung – Globalzession	• Achtung bei Sicherungsrechten am Forderungsbestand (z.B. Globalzession): Einziehungsbefugnis im Anordnungsbeschluss umfasst solche Forderungen nicht automatisch • nach BGH-Rechtsprechung Einzug nur bei drohender Verjährung oder Uneinbringlichkeit möglich, weil der vorläufige Verwalter nur sichern darf; Verwertungsmaßnahmen zur Masseanreicherung gehören nicht in seinen Aufgabenbereich • Prüfung, ob Einziehungsbefugnis durch Absonderungsberechtigten widerrufen wurde • s. wegen weiterer Information: gesonderte Checkliste	Checkliste Globalzession Ermächtigung zur Einziehung wirkt nicht gegenüber Sicherungsnehmern: BGH v. 20.02.2003 – IX ZR 81/02 in ZInsO 2003, 318, WKRS 2003, 15778 Einziehungsbeschränkung: BGH v. 15.3.2012 – IX ZR 249/09 (Rn. 11) in InsbürO 2012, 322, ZInsO 2012, 693
9.	Einziehungsbefugnis – eröffnetes Verfahren	• Forderungen gegen Dritte soll der Insolvenzverwalter gem. § 148 InsO sichern • freie Forderungen darf der Insolvenzverwalter gem. §§ 35 Abs. 1, 36 Abs. 1 InsO einziehen • hierfür: Information an Drittschuldner versenden, dass Zahlung auf das eingerichtete Treuhandkonto zu erfolgen hat • das Verwertungsrecht gem. § 166 Abs. 2 InsO (= Einzug von Forderungen) bezieht sich nur auf abgetretene Forderungen • verpfändete Forderungen sind nicht umfasst: Insolvenzverwalter darf sie nicht einziehen	Checkliste Absonderungsrechte Kein Verwertungsrecht bei Verpfändung: BGH v. 26.1.2012 – IX ZR 191/10 in ZInsO 2012, 547, WKRS 2012, 11439
10.	Einziehungsbefugnis – eröffnetes Verfahren – Globalzession	• liegt eine Globalzession zugunsten eines Dritten vor, darf der Insolvenzverwalter im eröffneten Verfahren trotzdem einziehen (§ 166 Abs. 2 InsO) • Globalzession führt zu einem Absonderungsrecht (§ 51 InsO) • Absonderungsberechtigter hat Anspruch auf Nachweis der Bearbeitung des Forderungsbestandes • daher: getrennte Forderungslisten führen – Altforderungen, begründet vor Insolvenzantragstellung – Forderungen, begründet während der vorläufigen Verwaltung – Forderungen, begründet im eröffneten Verfahren • Globalzession greift nur an den Altforderungen	Checkliste Globalzession
11.	Forderungsaufstellung	• Ausdruck aus der Insolvenzsoftware mit den wichtigsten Daten zu den einzelnen Forderungen ermöglichen: – Übersicht dient dem eigenen Überblick des Sachbearbeiters – Übersicht dient als Anlage zu den Sachstandsberichten – Übersicht dient als Nachweis für die Abrechnung mit dem Absonderungsgläubiger (Globalzession) • ggf. auch Datentransfer aus der Insolvenzsoftware nach Excel, um dort ergänzende Infos eingeben zu können • folgende Daten sind relevant: – Namen und der Anschrift des Drittschuldners – Rechnungsdatum – Rechnungsbetrag – Zahlungseingang – Aufrechnungsmöglichkeiten – ggf. Grund der Ausbuchung (z.B. Vermögenslosigkeit) – Stand der Geltendmachung	Insolvenzsoftware Muster 139: »Forderungsaufstellung«
12.	Treuhandkonto einrichten	• der gesamte Zahlungsverkehr sollte unverzüglich über ein Treuhandkonto und nicht mehr über die alten Geschäftskonten des Unternehmens abgewickelt werden • daher: Kontonummer entweder einer vorliegenden Konto-Liste entnehmen oder bei der Bank anfordern • in beiden Fällen: kurzes Anschreiben an die Bank	Checkliste Treuhandkonto Muster 342 (Treuhandkonto): »Eröffnung Treuhandkonto – Übersendung Beschluss«

Nr.	Thema	Checkliste Forderungs-/Debitoreneinzug: Erläuterung	Hilfsmittel
13.	Mahnlauf – erster	• erstes Mahnschreiben schnellstmöglich verschicken, um ggf. kurzfristig Liquidität zu erhöhen • Hinweis an Drittschuldner: schuldbefreiende Wirkung nur noch durch Zahlung auf das Treuhandkonto • bei Betriebsfortführung: ersten Mahnlauf über das Unternehmen • bei Nutzung der Briefbögen des schuldnerischen Unternehmens: alte Bankkonten darauf streichen • Wiedervorlage notieren und Zahlungseingang kontrollieren	Muster 140: »Mahnschreiben Nr. 1« Wiedervorlagen-Kalender
14.	Zustellungsnachweis	• über die Zahlungsaufforderung an die Debitoren ist gegenüber dem Insolvenzgericht ein Zustellungsnachweis zu erbringen: s. gesonderte Checkliste	Checkliste Eröffnungsbeschluss Muster 156 (Gläubiger): »Zustellungsnachweis«
15.	Zahlungseingänge kontrollieren	• Drittschuldner leisten Zahlung auf das angegebene Treuhandkonto, aber nicht selten auch auf Geschäftskonten des Verwalterbüros, die sie dem Briefbogen entnehmen • jeweilige Kontrolle ist erforderlich: Muss etwas umgebucht werden? • Erstattung von Kosten des Mahnverfahrens durch die Drittschuldner kontrollieren: RVG-Gebühren gehören nicht in die Insolvenzmasse • RVG-Gebühren sind an etwaige Anwaltskanzlei zu erstatten • Umbuchung vom Treuhandkonto auf Kanzleikonto vornehmen oder umgekehrt • hierfür entsprechende Belege zum Treuhandkonto heften (Vermerk mit Erläuterung, Rechnung etc.) • regelmäßige Wiedervorlage (3- oder 6-Monats-Rhythmus) notieren • das Aktenkonto zu einer etwaig gesondert angelegten Aktennummer (ggf. für einzelne Forderungen in einer Anwaltssoftware) sollte jeweils bei Beendigung eines Vorgangs ausgeglichen sein	Wiedervorlagen-Kalender
16.	Umsatzsteuerberichtigung	• nach der BFH-Rechtsprechung ist ein insolventes Unternehmen in drei Unternehmensteile aufgliedern (Rn. 23 aus Entscheidung rechts): – vorinsolvenzlicher Unternehmensteil – Insolvenzmasse – insolvenzfreies Vermögen • mit Anordnung einer vorläufigen Verwaltung werden ausstehende Entgelte gem. § 17 Abs. 2 Nr. 1 Satz 1 UStG uneinbringlich (egal ob schwache oder starke Verwaltung) (Rn. 17 ff. aus Entscheidung rechts) • Begründung: Recht des schuldnerischen Unternehmens zum Forderungseinzug wird i.S.v. §§ 80, 82 InsO geregelt = kein Einzug mehr möglich • die Umsatzsteuerkorrektur führt zu einer Minderung der Umsatzsteuerverbindlichkeiten gegenüber der Finanzverwaltung = es muss weniger Umsatzsteuer abgeführt werden, wenn die Forderungen als uneinbringlich gelten • aber bei späterer Vereinnahmung: erneute Berichtigung und Zahlung als Masseverbindlichkeit • Umsatzsteuerkorrekturen müssen über die Buchhaltung/Steuerabteilung jeweils vorgenommen werden	Pflicht zur Umsatzsteuerkorrektur: BFH v. 1.3.2016 – XI R 21/14 (m.w.N.) in InsbürO 2016, 390, ZInsO 2016, 1486
17.	Umsatzsteuer	• aus den eingezogenen Forderungen ist die Umsatzsteuer an die Finanzverwaltung abzuführen • sowohl bei Ist- als auch bei Sollbesteuerung • genaue Prüfung je nach Entstehung und Einzug der Forderungen erforderlichen: s. Übersicht nebenstehend	Checkliste Steuerangelegenheiten Muster 330 (Steuerangelegenheiten): Forderungseinzug – Übersicht Einordnung Umsatzsteuer (veröffentlicht in InsbürO 2018, 378 ff. v. Busch/Büker/Heyn)

Nr.	Thema	Checkliste Forderungs-/Debitoreneinzug: Erläuterung	Hilfsmittel
18.	Wertberichtigungen für Masseverzeichnis	• Wertberichtigungen = Abschläge • der Forderungsbestand ist gem. § 151 Abs. 2 InsO für die Aufnahme in das Masseverzeichnis zu bewerten • wegen des Alters der Forderungen werden i.d.R. Abschläge vorgenommen • je nach Branche übliche Zahlungsziele ermitteln: 30 – 60 Tage normal • denkbare Abschläge als eine Variante: – Alter bis sechs Monate: 20 % Abschlag – Alter bis 12 Monate: 70 % Abschlag – Alter bis 24 Monate: 90 % Abschlag • Vornahme der Abschläge je nach Einzelfall	Zum Ermessenspielraum des Verwalters: BGH v. 10.1.2013 – IX ZR 172/11 (Rn. 8) in InsbürO 2013, 286, ZInsO 2013, 441
19.	Neue Debitoren – neue Rechnungen	• bei Rechnungsstellung an Kunden des schuldnerischen Unternehmens § 14 Abs. 4 UStG beachten (= Rechnungsanforderungen) • Besonderheit: mit Anordnung der vorläufigen Verwaltung mit neuen Rechnungsnummern arbeiten • das gleiche bei Insolvenzeröffnung: nochmals einen neuen Stamm von Rechnungsnummern starten • dadurch ist die Abgrenzung »Altforderung«, »Forderung begründet im vorläufigen Verfahren«, »Forderungen begründet im eröffneten Verfahren« schon anhand der Rechnungsnummer möglich • Buchung auf jeweils gesonderte Sachkonten wird dadurch erleichtert • Achtung: Bei Geschäften im Ausland an die Aufführung der Umsatzsteuer-ID denken: s. vorstehend	
20.	Rechnungen an öffentliche Auftraggeber	• bei öffentlichen Auftraggebern ist das E-Rechnungsgesetz (BGBl. I 2017, Nr. 19, S. 770) zu berücksichtigen = elektronischer Rechnungsaustausch – Akzeptanz der Rechnung nur unter Berücksichtigung der Vorgaben – nicht betroffen: Rechnung unter 1.000 EUR netto – Inkrafttreten: ab 27.11.2018 für Bundesministerien, ab 27.11.2019 für alle anderen öffentlichen Auftraggeber – Unternehmen müssen auf elektronischen Rechnungsaustausch umstellen	Nähere Informationen zum elektronischen Rechnungsaustausch: www.verband-e-rechnung.org > E-Rechnung > z.B. häufig gestellte Fragen
21.	Mahnlauf – zweiter	• i.d.R. wird auch noch ein zweiter Mahnlauf vor Einleitung von gerichtlichen Schritten gemacht • Daten aus Excel-Debitorenliste in die Insolvenzsoftware einspielen • zweites Mahnschreiben i.d.R. über den Briefbogen des Insolvenzverwalters (nicht mehr über das Unternehmen) • ggf. sogar zweites Mahnschreiben über etwaige Anwaltskanzlei des Insolvenzverwalters, weil ein Verzug eingetreten ist • Wiedervorlage notieren und Zahlungseingang kontrollieren	Insolvenzsoftware Muster 141: »Mahnschreiben Nr. 2« Muster 142: »RVG-Abrechnung« Wiedervorlagen-Kalender
22.	Schuldnerverzeichnis – allgemein	• Eintragungen insolvenzrechtlicher Entscheidungen zur Restschuldbefreiung erfolgen im Schuldnerverzeichnis gem. § 303a InsO • Einsichtsbefugnis für Gläubiger gem. § 882f ZPO i.V.m. §§ 5 ff. SchuFV, u. a. – zum Zwecke der Zwangsvollstreckung – um wirtschaftliche Nachteile abzuwenden • daher: ggf. Infos aus Schuldnerverzeichnis nutzen, um Erfolgsaussichten der Forderungsverfolgung zu ermitteln	

Nr.	Thema	Checkliste Forderungs-/Debitoreneinzug: Erläuterung	Hilfsmittel
23.	Vermögensverhältnisse des Drittschuldners prüfen	• Recherche über Vermögensverhältnisse des jeweiligen Drittschuldners durchführen • Nutzung der Internetportale • Abfrage im Vollstreckungsportal ist kostenpflichtig – Insolvenzgericht bekommt kostenlos Auskunft: daher ggf. um Auskunft über das Insolvenzgericht bitten • im Insolvenzportal werden Abweisungen mangels Masse innerhalb eines Monats gelöscht (§ 3 Abs. 3 ÖBekInsIntV) – daher: ggf. gleichzeitig Anfrage an Insolvenzgericht am Wohnort des Drittschuldners	www.insolvenzbekanntmachungen.de Muster 135: »Auskunftsersuchen – Insolvenzportal – Info-Übersicht« Muster 133: »Anfrage an Insolvenzgericht des Drittschuldners« www.vollstreckungsportal.de Muster 136: »Auskunftsersuchen – Vollstreckungsportal – Info-Übersicht« Muster 134: »Anfrage an Insolvenzgericht – Vollstreckungsportal«
24.	Forderungsanmeldung im Verfahren von Drittschuldnern	• bei Insolvenzverfahren über das Vermögen des Drittschuldners: Vornahme einer Forderungsanmeldung im dortigen Verfahren • dadurch Verjährungshemmung: § 204 Abs. 1 Nr. 10 BGB • regelmäßig Anfragen im dortigen Verwalterbüro: wann und wie hoch ist die zu erwartende Quote? (= wichtig für den eigenen Verfahrensabschluss)	Muster 247 – 248 (Insolvenztabelle): »Forderungsanmeldungsformular« Goth, Forderungsanmeldung in der Insolvenz von Gesellschaft und persönlich haftendem Gesellschafter (§ 93 InsO), InsbürO 2011, 411 f.
25.	Adressermittlung	• wenn Drittschuldner verzogen sind: Anfrage an das Einwohnermeldeamt fertigen • Achtung: vorher prüfen, ob Kosten aus der Masse bezahlt werden können • Gebühr i.d.R. zwischen 5,00 – 10,00 EUR • auch möglich: Adressermittlung über das Insolvenzgericht	Muster 137: »Einwohnermeldeamts-Anfrage« Muster 138: »Einwohnermeldeamt – Anfrage über das Gericht«
26.	Debitorenliste – zweite Aktualisierung	• nach dem ersten oder zweiten Mahnschreiben liegen i.d.R. einige Reaktionen der Drittschuldner vor • ggf. liegt Vermögenslosigkeit beim Dritten vor • ggf. gibt es Mängeleinreden • ggf. wurde schon bezahlt und die Zahlung nicht/nicht richtig verbucht • für die Löschung der Forderung in der Debitorenlisteliste entsprechende Nachweise zu den Unterlagen heften (= jederzeit Grund des fehlenden Einzuges ersichtlich) • Forderung wird gem. § 253 Abs. 4 Satz 2 HGB abgeschrieben (durch Umsatzsteuerkorrektur gem. § 17 Abs. 2 Nr. 1 UStG schon mit Anordnung der vorl. Verwaltung erfolgt)	Checkliste Steuerangelegenheiten
27.	Zahlungen an Sicherungsnehmer (= Bank wg. Globalzession)	• Zahlungseingänge beim Sicherungsnehmer = der Bank, die über eine Globalzession verfügt? • eine schuldbefreiende Wirkung (= s. nachfolgend bei den Zusatzinformationen) kann durch Zahlung der Drittschuldner bei Kenntnis der Insolvenzeröffnung nicht mehr eintreten • rechtliche Folge: Insolvenzverwalter kann die Zahlung vom Drittschuldner noch einmal verlangen • in der Praxis: Bank zahlt die von Drittschuldnern eingehenden Beträge unverzüglich an die Insolvenzmasse aus	Keine schuldbefreiende Wirkung bei Zahlung an Zessionar: BGH, 23.04.2009 – IX ZR 65/08 in ZInsO 2009, 1058

Nr.	Thema	Checkliste Forderungs-/Debitoreneinzug: Erläuterung	Hilfsmittel
28.	Verjährungsfristen	• im Jahr der Insolvenzeröffnung droht ggf. die Verjährung von einem Teil der offenen Forderungen (§ 195 BGB) • Notfrist für diese Forderungen notieren: spätestens am Ende des Jahres müsste der Anspruch bezahlt sein oder zur Verjährungshemmung gerichtlich geltend gemacht werden (§ 204 Abs. 1 BGB) • für die Folgejahre Wiedervorlage notieren für jeweils Anfang November »Verjährung Forderungseinzug prüfen« • ggf. Einzelnotfristen notieren	Checkliste Verjährungsfristen Wiedervorlagen-Kalender
29.	Gerichtliches Mahnverfahren – Vorbereitung	• vor Einleitung eines gerichtlichen Mahnverfahrens: abschließende Prüfung der vorhandenen Unterlagen wg. Möglichkeit eines streitigen Prozesses • mögliche Unterlagen könnten sein: – schriftlicher Auftrag – unterzeichneter Lieferschein – ggf. unterzeichneter Vertrag – ggf. unterzeichnetes Abnahmeprotokoll – Rechnung – ggf. schon erfolgte Mahnschreiben – ggf. schriftliche Reaktionen des Debitors – ggf. Hinweis von Mitarbeitern im schuldnerischen Unternehmen zu einzelner Forderung	
30.	Zustimmungserfordernis Gläubigerversammlung	• sofern eine hohe Forderung gerichtlich geltend gemacht werden soll, ist die Zustimmung der Gläubigerversammlung einzuholen (§ 160 Abs. 2 Nr. 3 InsO) • prüfen, ob diese ggf. in der ersten Gläubigerversammlung erteilt wurde • wenn möglich sollte die Anregung zur Beschlussfassung als Tagesordnungspunkt schon im Gutachten enthalten sein	Muster 167 – 168 (Gutachten): »Gutachten GmbH« und »Gutachten nat. Person« (letzter Gliederungspunkt darin)
31.	Gerichtliches Mahnverfahren – Einleitung	• Antrag auf Erlass eines Mahnbescheides stellen • i.d.R. gesonderte Aktennummer in etwaiger Anwaltssoftware vergeben • neue Aktennummer dient klarer Übersicht bei Zahlung der Gerichtskosten und ggf. Erstattung durch Drittschuldner • kein gesonderter Aktendeckel erforderlich: weitere Aufbewahrung der Unterlagen im Ordner möglich, aber unterschiedliche Handhabung • ggf. in der Software bei der gesonderten Aktennummer auf Vorgang im Ordner verweisen	
32.	Mahnverfahren – Gerichtskosten	• mit Einleitung eines gerichtlichen Mahnverfahrens wird die Einzahlung eines Gerichtskostenvorschusses fällig (Nr. 1100 KV GKG) • prüfen, ob genug »freies« Geld auf dem Treuhandkonto zwecks möglicher Verwendung vorhanden ist • Prozesskostenhilfe ist auch im Mahnverfahren möglich	Checkliste Prozesskostenhilfe PKH für Mahnverfahren: BGH v. 10.08.2017 – III ZA 42/1 (Rn. 5) in WKRS 2017, 20444
33.	Prozessverfahren – streitiges	• bei Widerspruch des Drittschuldners gegen den Mahnbescheid: ggf. Überleitung in das streitige Prozessverfahren • zunächst Gründe für den Widerspruch herausfinden • Ist eine Vergleichsmöglichkeit gegeben? Rücksprache mit dem Insolvenzverwalter nehmen • Handakte anlegen; Vermerk im bisherigen Ordner mit Hinweis auf die Handakte abheften • ggf. Abgabe an das streitige Gericht beantragen • Einzahlung des weiteren Gerichtskostenvorschusses (Nr. 1210 KV GKG) • Frist für Begründung des Mahnbescheidsantrages notieren • Vorgang dem Insolvenzverwalter oder einem Rechtsanwalt übergeben • Akte dann wie Prozessakte behandeln: Gerichtstermin und Fristen für Schriftsätze notieren, später zur Abrechnung nach dem RVG geben	Wiedervorlagenkalender

Nr.	Thema	Checkliste Forderungs-/Debitoreneinzug: Erläuterung	Hilfsmittel
34.	Zwangsvollstreckungsmaßnahme	• Nach Erlangung eines Vollstreckungstitels können ggf. Vollstreckungsmaßnahmen eingeleitet werden, dafür: – liegen Informationen über mögliche Konten des Drittschuldners in der Buchhaltung aus Verträgen, Schreiben oder älteren Zahlungen vor? – ist ausreichend Geld auf dem Treuhandkonto vorhanden? – sind die Erfolgsaussichten einer Maßnahme gut? ggf. aktuell noch einmal die Vermögensverhältnisse des Drittschuldners prüfen • Vorsicht bei den Vollstreckungskosten zulasten der Masse: Insolvenzverwalter sollte einfache Vollstreckungshandlungen nach der Literatur selbst erledigen können = i.d.R. keine RVG-Gebühren	Haut, Das Vollstreckungswesen in Deutschland und der EU, InsbürO 2013, 55 ff.
35.	Vollstreckungsaufträge – Formulare	• bei Vollstreckungsaufträgen an den Gerichtsvollzieher sind zwingend die amtlichen Formulare zu verwenden • gesetzliche Grundlage hierfür: § 802 ZPO i.V.m. § 1 Abs. 1 GVFV (Gerichtsvollzieherformular-Verordnung)	
36.	Wiedervorlagen – grundsätzlich	• Wiedervorlage »Forderungseinzug bearbeiten« vierteljährlich notieren • Bearbeitung aktualisieren • erledigte Forderungen durch jeweiligen Vermerk kennzeichnen • bei vorheriger Vergabe einer gesonderten Aktennummer: Akte bei Erledigung in der Anwaltssoftware ablegen	Wiedervorlagen-Kalender
37.	Wiedervorlage – Globalzession	• bei Vorliegen einer Globalzession: Wiedervorlage für regelmäßige Abrechnung gegenüber dem Absonderungsberechtigten notieren • Abrechnungszeitpunkt zwischen drei und sechs Monaten • ggf. gibt es auch eine Verwertungsvereinbarung und dort eine entsprechende Regelung zu den Abrechnungsstichtagen	Checkliste Globalzession Wiedervorlagen-Kalender
38.	Beendigung	• Vor Beendigung des Forderungseinzuges noch einmal abschließend prüfen: – alle Vorgänge erledigt? – alle ggf. angelegten Akten abgelegt? • Besonderheit bei anhängigen Insolvenzverfahren über das Vermögen von Drittschuldnern: ggf. Nachtragsverteilung beim eigenen Insolvenzgericht anregen, entsprechende Information an die Schlussrechnungsabteilung geben = AV	Muster 313 (Schlussbericht): »Umlaufzettel Schlussbericht«

Nr.	Thema	**Checkliste Forderungs-/Debitoreneinzug:** **Erläuterung Zusatzinformationen** – alphabetische Reihenfolge	Hilfsmittel
39.	Aktivprozesse – ältere	• Feststellung, ob und welche Prozesse bei Insolvenzeröffnung anhängig waren • Unterbrechung gem. § 240 ZPO erfolgt? • Prozessaufnahme durch Insolvenzverwalter geprüft? • ggf. außergerichtlichen Vergleich geschlossen? • Prozessbeendigung dem Prozessgericht mitteilen: dort Verfahrensbeendigung ermöglichen • ggf. Erstattung Gerichtskostenvorschuss – evtl. anteilig – möglich = Erlös zugunsten der Insolvenzmasse: s. nachfolgend	Erstattung Gerichtskostenvorschuss: OLG Brandenburg v. 20.07.2011 – 6 W 7/11 in InsbürO 2013, 195, ZInsO 2012, 2253 Checkliste Verwertungstätigkeit: »Rechtsstreit Kosten«
40.	Aufrechnungen	• Drittschuldner erklären ggf. die Aufrechnung mit eigenen Forderungen gegen den Schuldner • Achtung: Aufrechnungslage muss schon bei Insolvenzeröffnung bestanden haben (§ 96 InsO) • Beweislast hierfür trägt der Drittschuldner	Aufrechnung durch Gläubiger nur bei Nachweis der Aufrechnungslage vor IE: BGH v. 26.4.2012 – IX ZR 149/11 in InsbürO 2012, 402, ZInsO 2013, 878

Nr.	Thema	Checkliste Forderungs-/Debitoreneinzug: Erläuterung Zusatzinformationen – alphabetische Reihenfolge	Hilfsmittel
41.	Auslandsschuldner	• bei Drittschuldnern im Ausland: § 11 Außenwirtschaftsgesetz (AWG) i.V.m. §§ 67 ff. und Außenwirtschaftsverordnung (AWV) beachten: – Zahlungseingänge ab 12.501 EUR melden, wenn keine Warenlieferung betroffen ist • Zahlungseingang an die Bundesbank zur Außenwirtschaftsstatistik bis zum 7. des Folgemonats (§ 71 Abs. 7 AWV) elektronisch melden (§ 72 AWV) • Regelung gilt für ein- und ausgehende Zahlungen	s.in den Gesetzestext bzw. in die Verordnung: AWG = Außenwirtschaftsgesetz AWV = Außenwirtschaftsverordnung
42.	Bauunternehmen	• unverzügliche Sicherung der Baustelle und Erfassung der Bautenstände wg. späterer Bezifferung des Forderungsbestandes • unverzügliche Sicherstellung der Bauvertragsunterlagen einschl. Korrespondenz sowie der Avalunterlagen • (Grundsatz 32 der GOI) • beachte die Steuerschuldnerschaft des Leistungsempfängers bei Bauleistungen gem. § 13b Abs. 4 und Abs. 5 S. 2 UStG i.V.m. Abs. 2 Nr. 4 UStG: s. gesonderte Checkliste mit Hinweisen auf Rechtsprechung u.a.	Checkliste Steuerangelegenheiten
43.	Ermächtigung Dritter	• Der Insolvenzverwalter ist berechtigt, eine Forderung gegen einen Drittschuldner zu verkaufen oder eine Einziehungsermächtigung für einen Dritten zu erteilen • Vorteil ggf.: Aufwand an Kosten für die Masse sparen • s. nachstehend »Verkauf von Forderungen«	Ermächtigung Dritter: BGH v. 18.10.2012 – IX ZR 10/10 (Rn. 2) in InsbürO 2013, 200, ZInsO 2012, 2341
44.	Forderungsbörse	• s. Stichwort »Verkauf von Forderungen«	
45.	Gerichtskosten-erstattung	• Unterbrechung von vor Insolvenzeröffnung anhängigen Aktivprozessen gem. § 240 ZPO • Prüfung, ob ggf. eine Gerichtskostenerstattung möglich ist durch Klagerücknahme oder Einigung mit Drittschuldner • Frist von sechs Monaten für Wegfall der Hemmung beginnt erst mit dem Wegfall des Grundes der Unterbrechung oder der Aussetzung	Erstattung Gerichtskostenvorschuss: OLG Brandenburg v. 20.07.2011 – 6 W 7/11 in InsbürO 2013, 195, ZInsO 2012, 2253 Checkliste Verwertungstätigkeit: »Rechtsstreit Kosten«
46.	Schuldbefreiende Wirkung – Definition	• schuldbefreiende Wirkung = Erlöschen des Schuldverhältnisses, wenn die geschuldete Leistung an den Forderungsgläubiger bewirkt wird • keine schuldbefreiende Wirkung, z.B.: – trotz Hinweises auf ein neues Konto Zahlung auf das alte Konto = fehlerhafte Zahlung – trotz Hinweises auf die Insolvenzeröffnung Zahlung an den Sicherungsnehmer (= Bank) • gesetzliche Regelung: § 362 BGB	
47.	Sicherstellung von Unterlagen	• Beschluss über die Anordnung der vorläufigen Verwaltung oder Eröffnungsbeschluss sind Vollstreckungstitel i.S.d. § 794 Abs. 1 Nr. 3 ZPO (i.V.m. bspw. § 51 Abs. 1 GVGA NRW) • Insolvenzverwalter kann gem. § 148 Abs. 2 InsO die Herausgabe von Unterlagen mithilfe des Gerichtsvollziehers durchsetzen (bspw. § 51 GVGA NRW) • Benennung der zur Insolvenzmasse gehörenden Gegenstände nicht erforderlich (bspw. § 51 Abs. 2 GVGA NRW) • Insolvenzverwalter muss diese in seinem Auftrag an den GVZ konkretisieren (bspw. § 51 Abs. 2 GVGA NRW) • Voraussetzungen der Vollstreckung gem. § 750 ZPO: – Vollstreckungsklausel gem. § 725 ZPO und Zustellung gem. § 166 ff. ZPO	Muster 106 (Eröffnungsbeschluss jur. Person): »Vollstreckungs- und Zustellungsklausel – Antrag auf Erteilung« Muster 107 (Eröffnungsbeschluss jur. Person): »Vollstreckungsauftrag an Gerichtsvollzieher« Beispiel: GVGA NRW abrufbar: www.jvv.nrw.de (Stand 5/2019, Fassung. v. 19.08.2016)

Nr.	Thema	Checkliste Forderungs-/Debitoreneinzug: Erläuterung Zusatzinformationen – alphabetische Reihenfolge	Hilfsmittel
48.	Verkauf von Forderungen	• Forderungen, die ggf. schwer beizutreiben sind, können über einen »Zweitmarkt für Forderungen« ggf. in bares Geld umgewandelt werden: an der Forderungsbörse Debitos • Vorgang: Übertragung von Forderungen an ein bestimmtes Unternehmen zwecks Einzug durch dieses nennt man »Factoring« • Voraussetzungen und einzelne Arbeitsschritte für eine solche Übertragung: s. Literaturtipp	Peters, »Forderungseinzug«: Debitos – ein Zweitmarkt für Forderungen, InsbürO 2016, 141 ff.
49.	GOI	• GOI = Grundsätze ordnungsgemäßer Insolvenzverwaltung (70 Grundsätze) • Grundsatz 11: Qualifiziertes Personal für alle relevanten Bereiche der Insolvenzverwaltung, z.B. Forderungsmanagement • *(Die Autoren danken dem VID für die freundliche Zustimmung zur Veröffentlichung von Hinweisen auf die GOIs)*	VID = Verband Insolvenzverwalter Deutschlands e.V. www.vid.de

Checkliste 22: Freigabe

43 Der Insolvenzverwalter hat im Rahmen der Abwicklung eines Insolvenzverfahrens die Möglichkeit und auch die Verpflichtung, einzelne Vermögensgegenstände aus der Insolvenzmasse freizugeben. Eine Freigabe hat zur Folge, dass der Insolvenzbeschlag durch eine solche Erklärung aufgehoben wird. I.d.R. erfolgt dies zum Schutz der Insolvenzmasse vor anfallenden Kosten für den Gegenstand oder auch dann, wenn ersichtlich wird, dass mit einem Verwertungserlös gar nicht oder zumindest nicht in einer Höhe zu rechnen ist, die die anfallenden Kosten bis zur Verwertung decken und sich daher also kein Übererlös für die Insolvenzmasse ergibt.

Es gibt unterschiedliche Arten von Freigaben. Um welche es sich handelt, in welcher Form eine Freigabe abzugeben ist und welche Rechtsfolgen diese hat, wird nachfolgend dargestellt. Darüber hinaus werden diejenigen Vermögensgegenstände vorgestellt, für die eine Freigabe üblicherweise in Betracht kommt.

(Die Übersicht ist nach gängigen Informationen und Arbeitsschritten sortiert.)

44

Nr.	Thema	Checkliste Freigabe: Erläuterung Allgemeines	Hilfsmittel
1.	Gesetzliche Grundlagen	• grds.: § 80 Abs. 1 InsO (Verwaltungs- und Verfügungsbefugnis = Insolvenzverwalter entscheidet über Vermögenswerte) • direkte Regelung nur für selbständige Tätigkeit: – § 35 Abs. 2 InsO (Freigabe der Selbständigkeit) • ansonsten nur indirekte Regelungen: – § 32 Abs. 3 InsO (Grundstücksfreigabe) – § 85 Abs. 2 InsO (Rechtsstreit)	
2.	Gründe für eine Freigabe allgemein	• Gegenstand ist unpfändbar nach § 36 Abs. 1 InsO • die Kosten der Sicherung und Verwaltung übersteigen den Nutzen und den zu erwartenden Verwertungserlös • ein Absonderungsgläubiger hat einen besseren Zugang zu einem Verkaufsmarkt • der Gegenstand ist wertlos, so dass mit keinem Verwertungserlös zu rechnen ist	
3.	Arten	• s. nachfolgend Nr. 35	
4.	Form	• einseitige, empfangsbedürftige Willenserklärung gegenüber dem Schuldner • daher: schriftliche Abfassung • Wirksamkeit tritt mit Zugang gem. § 130 Abs. 1 BGB ein • sollte der Schuldner unbekannt verzogen sein, gibt es unterschiedliche alternative Zustellungsadressaten: s. Literaturtipp	Form und Folge einer Freigabe: BGH v. 1.2.2007 – IX ZR 178/05 (Rn. 18) in ZInsO 2007, 545, WKRS 2007, 30372 Heyn, Zur Freigabe von Vermögenswerten bei fehlendem Erklärungsempfänger, InsbürO 2011, 12 ff.
5.	Inhalt	• die Freigabe muss einen »Gegenstand« konkret bezeichnen • der Gegenstand muss anhand der Erklärung genau identifizierbar sein	Muster 143: »Freigabe einzelner Gegenstand«

Nr.	Thema	Checkliste Freigabe: Erläuterung Allgemeines	Hilfsmittel
6.	Rechtsfolge	• Rechtsfolge der Freigabe ist die Aufhebung des Insolvenzbeschlages gem. § 35 Abs. 1 InsO • die Verwaltungs- und Verfügungsbefugnis geht an den Schuldner zurück	Form und Folge einer Freigabe: BGH v. 1.2.2007 – IX ZR 178/05 (Rn. 18) in ZInsO 2007, 545, WKRS 2007, 30372
7.	Prüfungskriterien im Überblick	• es muss eine genaue Prüfung für jede Art der Freigabe erfolgen: – echte Freigabe: tatsächlich kein angemessener Erlös für die Insolvenzmasse? – erkaufte Freigabe: Verkehrswert ermitteln, Auslösesumme vereinbaren – modifizierte Freigabe: bessere Verwertungsmöglichkeit durch Gläubiger? Kostenersparnis für die Masse? – unechte Freigabe: rechtswirksames Aussonderungsrecht? • siehe jeweils nachfolgend bei »Arten der Freigabe« (Nr. 35)	
8.	Haftung	• für eine Fehlentscheidung des Insolvenzverwalters droht eine Haftung gem. § 60 InsO (= persönliche Haftung) • Beispiele: Es erfolgt eine Grundstücksfreigabe und später stellt sich heraus, dass das Grundstück zu einem Kaufpreis veräußert wurde, der weit über dem Valutastand der Grundpfandrechte lag = es hätte sich ein Übererlös für die Insolvenzmasse ergeben	
9.	Widerruf – Ausschluss	• ein endgültiger und unbedingter Verzicht ist Voraussetzung für die Wirksamkeit der Freigabe • daher grds. kein Widerruf möglich • Ausnahmeregelung für einen Widerruf bei Freigabe der selbständigen Tätigkeit in § 35 Abs. 2 Satz 3 InsO: s. nachfolgend • selten: eine Anfechtung gem. §§ 119, 123 BGB (= wg. Irrtums, wg. Täuschung/Drohung): ggf. mit dem Insolvenzverwalter besprechen	
10.	Archivierung	• Erklärungen zur Freigabe sollten beim jeweiligen Vorgang archiviert werden • ggf. Kennzeichnung durch Trennkarte (z.B. bei Fahrzeugen, Rechtsstreiten) • ggf. gesonderte Rubrik anlegen (z.B. im Grundstücksregister)	Muster 210 – 213 (Inhaltsverzeichnis): Inhaltsverzeichnis (versch. Varianten)
11.	Echte Freigabe	• eine echte Freigabe ist eine vorbehaltlose, unbedingte und endgültige Verzichtserklärung • damit: Verzicht auf sämtliche gegenwärtigen und zukünftigen Rechte an dem »Gegenstand«	
12.	Echte Freigabe – Beispiele	• Freigabe eines Grundstückes • Freigabe eines Aktivprozesses (Ablehnung der Aufnahmebefugnis, § 85 InsO) • Freigabe der selbständigen Tätigkeit	
13.	Erkaufte Freigabe	• Auslösung eines Gegenstandes durch Zahlung einer Auslösesumme (= entspricht dem Verkehrswert) (analog dem früheren § 314 Abs. 1 InsO) • damit wird eine Verwertung vermieden • nach vollständigem Zahlungseingang der Ablösesumme erklärt der Insolvenzverwalter die Freigabe aus dem Insolvenzbeschlag • häufig anzutreffen in Verfahren über das Vermögen von natürlichen Personen	
14.	Erkaufte Freigabe – Beispiel	• Freigabe eines Fahrzeuges • Freigabe eines Bausparvertrages	

Nr.	Thema	Checkliste Freigabe: Erläuterung Arten der Freigabe	Hilfsmittel
15.	Modifizierte Freigabe	• eine modifizierte Freigabe wird auch fiduziarische (= eingeschränkte oder treuhänderische) Freigabe genannt • der Verzicht auf die eigene Geltendmachung eines Rechtes wird erklärt (= Prozessführung wird abgegeben) – Voraussetzung: Insolvenzverfahren über das Vermögen einer natürlichen Person – Interesse des Schuldners: durch Beitreibung einen Teil seiner Schulden zu tilgen, ggf. zur Erhaltung eines Geschäftsbetriebes • der Verzicht auf das Recht zur Verwertung wird erklärt (s. § 166 Abs. 1 i.V.m. § 170 Abs. 2 InsO), aber Beteiligung am Erlös wird gefordert (Feststellungskostenpauschale)	Modifizierte Freigabe – Prozessstandschaft: Wimmer, Frankfurter Kommentar zur Insolvenzordnung, 9. Aufl., Bornemann, § 35 InsO Rn. 75 Zur modifizierten Freigabe und Prozessstandschaft: BGH v. 19.3.1987 – III ZR 2/86 (Ls + Rn. 6) in WKRS 1987, 13453 Modifizierte Freigabe bei Absonderungsgut: Hess, Kölner Kommentar zur Insolvenzordnung, Band 3, §§ 129-216, 1. Aufl., Hess, § 171 InsO Rn. 64
16.	Modifizierte Freigabe – Beispiel	• Forderung gegen einen Dritten, die auf dem Prozesswege geltend zu machen ist • Schuldner wird ermächtigt, das zur Insolvenzmasse gehörende Recht im eigenen Namen geltend zu machen • ein Gegenstand wird dem Absonderungsgläubiger zur Verwertung überlassen	
17.	Unechte Freigabe	• eine unechte Freigabe eine rein deklaratorische Erklärung • es besteht kein Insolvenzbeschlag an diesen Gegenständen • reine Bestätigung des Eigentumsrechtes eines Dritten	
18.	Unechte Freigabe – Beispiel	• Aussonderungsgegenstände (§ 47 InsO) • unpfändbare Fahrzeuge (§ 811 Abs. 1 Nr. 5 ZPO)	

Nr.	Thema	Checkliste Freigabe: Erläuterung Absonderungsrechte	Hilfsmittel
19.	Adressat	• Adressat einer Freigabeerklärung bei Gegenständen, die mit Absonderungsrechten belastet sind, ist der Absonderungsgläubiger • es sei denn, der Gegenstand ist unabhängig vom Absonderungsrecht nicht vom Insolvenzbeschlag umfasst (z.B. bei pfändungsgeschützten Fahrzeugen)	
20.	Art der Freigabe	• Überlassung = Verzicht auf Verwertungsrecht gem. § 166 Abs. 1 i.V.m. § 170 Abs. 2 InsO • Überlassung des Gegenstandes an den Absonderungsgläubiger gegen Abführung der Umsatzsteuer und des Feststellungskostenbeitrages (s. nachfolgend)	Muster 15 (Absonderungsrechte): »Freigabe eines Absonderungsgegenstandes – Überlassung«
21.	Gründe	• der Absonderungsgläubiger hat bspw. einen besseren Zugang zu dem betreffenden Verkaufsmarkt für den Gegenstand oder • Gegenstand hat bspw. einen niedrigen Verkaufswert: kein angemessenes Verhältnis zwischen Aufwand der Verwertung und Erlös für die Masse	
22.	Prüfung	• vor Überlassung des Gegenstandes: Prüfung, ob ein rechtswirksames Absonderungsrecht vorliegt • ohne rechtswirksames Absonderungsrecht fällt ein etwaiger Verkaufserlös vollständig in die Insolvenzmasse = ggf. erübrigt sich dann eine Freigabe, weil die Kosten in dem Fall vollumfänglich gedeckt sind	Checkliste Absonderungsrechte
23.	Feststellungskostenpauschale	• bei Überlassung des Gegenstandes zur Verwertung – Zahlung der Feststellungskostenpauschale gem. § 170 Abs. 2 InsO an die Masse durch den Absonderungsgläubiger	
24.	Umsatzsteuer	• bei Überlassung des Gegenstandes zur Verwertung: – Zahlung der Umsatzsteuer aus dem Kaufpreis an die Masse (§ 170 Abs. 2 InsO) durch den Absonderungsgläubiger	

Nr.	Thema	Checkliste Freigabe: Erläuterung Absonderungsrechte	Hilfsmittel
25.	Selbstübernahme	• Der Gläubiger kann den Gegenstand auch selbst als neuer Eigentümer übernehmen (§ 168 Abs. 3 InsO) • dann: Anspruch der Insolvenzmasse auf beide Kostenbeiträge gem. § 171 InsO und Umsatzsteuer (s. Rechtsprechung) • Grund: »normale« Verwertung der »anderen Art« • daher: diese Einigung/Verwertung stellt keine Freigabe (= Überlassung) an den Absonderungsgläubiger dar, sondern einen normalen Verkaufsvorgang	Checkliste Absonderungsrechte Muster 10 (Absonderungsrechte): »Abrechnung bei Selbstübernahme d. Gläubiger« Anspruch auf Kostenbeiträge bei Selbstübernahme: BGH v. 3.11.2005 – IX ZR 181/04 (Rn. 12 in ZInsO 2005, 1270, WKRS 2005, 25413)
26.	Verbraucherinsolvenzverfahren	• keine Besonderheit = gleiches Vorgehen möglich • Wegfall der einschränkenden Regelung des § 313 Abs. 3 InsO (= kein Verwertungsrecht für Treuhänder für mit Absonderungsrechten belastete Gegenstände) durch: – Reform zur Verkürzung der Verbraucherinsolvenz- und Restschuldbefreiungsverfahren und zur Stärkung der Gläubigerrechte vom 18.07.2013 (BGBl. 2013, Teil 1, S. 2379 ff. – Nr. 38)	
27.	Wiedervorlage	• bei Überlassung eines Gegenstandes: Überwachung der Verwertung durch den Absonderungsgläubiger • Kontrolle des Zahlungseingang: Feststellungskostenpauschale und Umsatzsteuer	Wiedervorlagenkalender

Nr.	Thema	Checkliste Freigabe: Erläuterung Aussonderungsrechte	Hilfsmittel
28.	Adressat	• Adressat für eine »Freigabeerklärung« bei Aussonderungsgut ist der Aussonderungsgläubiger	
29.	Art der Freigabe	• unechte Freigabeerklärung • Aussonderungsrecht = Eigentum liegt bei einem Dritten (§ 47 InsO) • Bestätigung dieses Eigentumsrechtes und Anerkennung des Herausgabeanspruches • daher: rein deklaratorische Erklärung	
30.	Prüfung	• vor Abgabe der Erklärung: Prüfung der Rechtswirksamkeit des Aussonderungsrechtes	Checkliste Aussonderungsrechte
31.	Abholung	• Gläubiger zur Abholung auffordern: Standort und Ansprechpartner zur Vereinbarung eines Abholtermins mitteilen • Bestätigung über den Empfang des Gegenstandes geben lassen	Checkliste Aussonderungsrechte Muster 52 (Aussonderungsrechte): »Freigabe und Abholung«
32.	Erledigungsvermerk	• Vorgang schließen mit Vermerk: »Erledigt« • dies vereinfacht den Überblick für Dritte bei Durchsicht der Unterlagen	
33.	Verbraucherinsolvenzverfahren	• Aussonderungsgegenstände vorhanden? • auch der Insolvenzverwalter im Verbraucherinsolvenzverfahren kann eine deklaratorische Erklärung abgeben	

Nr.	Thema	Checkliste Freigabe: Erläuterung Fahrzeuge	Hilfsmittel
34.	Adressat	• Adressat für eine Freigabe von Fahrzeugen kann sein: – der Schuldner bei Auslösung oder Unpfändbarkeit – der Absonderungsgläubiger bei Überlassung	
35.	Arten der Freigabe	• mehrere Möglichkeiten: – erkaufte Freigabe (Auslösung) – modifizierte Freigabe (Überlassung an Absonderungsgläubiger oder an Schuldner) – unechte Freigabe (bei Unpfändbarkeit)	

Nr.	Thema	Checkliste Freigabe: Erläuterung Fahrzeuge	Hilfsmittel
36.	Gründe	• der Schuldner möchte das Fahrzeug behalten (erkaufte Freigabe) • Kosten der Erhaltung übersteigen Kostenbeiträge für die Masse (modifizierte Freigabe) • Unpfändbarkeit gem. § 811 Abs. 1 Nr. 1 ZPO liegt vor (unechte Freigabe)	
37.	Prüfung	• vor einer Entscheidungsfindung genaue Prüfung: – Ermittlung des Verkehrswertes bei Auslösung – rechtswirksames Absonderungsrecht? – Welche Kosten stehen welchem Erlös gegenüber? – Unpfändbarkeit gegeben? (Möglichkeit der Nutzung von öffentlichen Verkehrsmitteln prüfen)	Checkliste Fahrzeuge
38.	Auslösung	• Schuldner kann den Verkehrswert des Fahrzeuges in die Insolvenzmasse einzahlen und das Fahrzeug dann behalten (= Auslösung) • i.d.R. bei Fahrzeugwerten unter 1.000 EUR • Bedingung für die Auslösung und Freigabeerklärung: die Auslösesumme entspricht dem Verkehrswert • Insolvenzverwalter sollte Ermittlung des Verkehrswertes in Berichten darlegen • frühere Antragsmöglichkeit gem. § 314 Abs. 1 InsO in Verbraucherinsolvenzverfahren ist in 2014 entfallen (s. oben), heute gleiche Handhabung in der Praxis, aber ohne vorherige Beschlussfassung durch das Gericht (= Verwalter erklärt seine Handlungen in den Sachstandsberichten)	Muster 127 (Fahrzeuge): »Verwertungsmöglichkeiten – Info an Schuldner/in«
39.	Unpfändbarkeit	• in Insolvenzverfahren über das Vermögen natürlichen Personen: – Unpfändbarkeit kann vorliegen gem. § 811 Abs. 1 Nr. 5 ZPO – danach: Fahrzeug wird für den Weg zur Arbeit benötigt – Fahrten mit öffentlichen Verkehrsmitteln sind wg. der Arbeitszeiten oder aus anderen Gründen nicht zumutbar • Bestätigung der Unpfändbarkeit an den Schuldner = Sicherheit für ihn: er darf das Fahrzeug behalten • keine Freigabe, da ansonsten nicht wieder rückgängig zu machen: s. gesonderte Checkliste »Unpfändbarkeit – Wegfall« – sollte der Schuldner arbeitslos werden, entfällt die Unpfändbarkeit des Fahrzeuges und dürfte für die Insolvenzmasse verwertet werden • Unterrichtung des Finanzamtes über die Unpfändbarkeit wg. der Zahlung der Kfz-Steuer (= zahlt der Schuldner aus unpfändbarem Vermögen) • Möglichkeit der Austauschpfändung prüfen, wenn der Schuldner über ein Fahrzeug mit einem hohen Verkehrswert verfügt: gesonderte Checkliste	Muster 124 (Fahrzeuge): »Unpfändbarkeit – Bestätigung ggü. Schuldner« Muster 125 (Fahrzeuge): »Unpfändbarkeit – Mitteilung an Hauptzollamt« Checkliste Fahrzeuge: »Unpfändbarkeit – Kfz-Steuer« »Unpfändbarkeit – Wegfall«
40.	Überlassung an den Absonderungsgläubiger	• möglich ist auch bei Fahrzeugen, dass ein solches an den Absonderungsgläubiger zur Verwertung überlassen wird, was eher selten ist, weil Fahrzeuge relativ leicht zu verwerten sind und damit kein besonderer Zugang zu einem Verkaufsmarkt der Grund für die Überlassung sein wird • falls dies angedacht ist: siehe hierzu in vorstehende Ausführungen zu Absonderungsgegenständen	

Nr.	Thema	Checkliste Freigabe: Erläuterung Girokonten	Hilfsmittel
41.	Adressat	• Adressat für die Freigabe von Girokonten ist die kontoführende Bank • Kopie an den Schuldner zur Information versenden	
42.	Art der Freigabe	• i.d.R. unechte Freigabe – ein P-Konto ist vom Insolvenzbeschlag nicht umfasst – andere Girokonten werden i.d.R. nicht freigegeben, weil die Guthaben zur Insolvenzmasse gezogen werden – Ausnahme: Freigabe eines Geschäftskontos bei Freigabe einer selbständigen Tätigkeit – von der Freigabe der selbständigen Tätigkeit sind die Vertragsverhältnisse umfasst; dazu gehört auch das geschäftliche Girokontoverhältnis	Vertragsverhältnisse von Freigabe umfasst: BGH v. 9.2.2012 – IX ZR 75/11 in InsbürO 2012, 274, ZInsO 2012, 481

Nr.	Thema	Checkliste Freigabe: Erläuterung Girokonten	Hilfsmittel
43.	Erklärung	• noch kein P-Konto: Einverständnis zur Führung eines P-Kontos abgeben – deklaratorische Erklärung, weil Schuldner dies alleine entscheiden kann und muss • keine Freigabe von »normalen« Girokonten, da ab dem 01.01.2012 Pfändungsschutz nur noch über P-Konto besteht – gesamtes Guthaben auf »normalem« Girokonto wird vom Insolvenzbeschlag umfasst • zeitnahe Umwandlungsmöglichkeit von normalen Girokonten in P-Konto besteht • beim P-Konto: Erklärung des Insolvenzverwalters zur Vereinnahmung des etwaig nicht verbrauchten Guthabens (§ 850k Abs. 1 S. 3 ZPO): s. gesonderte Checkliste – für nicht verbrauchtes Guthaben entfällt nach Ablauf des zweiten Monats der Pfändungsschutz	Checkliste P-Konto Muster 61 (Bank): »P-Konto – Kontoerklärung – P-Konto besteht« Muster 62 (Bank): »P-Konto – Kontoerklärung – Zustimmung zur Umwandlung« Muster 63 (Bank): »P-Konto – Kontoerklärung – Übersendung an Schuldner«
44.	Geschäftsbesorgungsverträge	• Verträge über Girokonten (§ 675f BGB i.V.m. § 675 BGB) und über Kontokorrentkonten sind Geschäftsbesorgungsverträge • automatisches Erlöschen mit Insolvenzeröffnung gem. §§ 115, 116 InsO • für neuen Abschluss eines Kontovertrages fordern die Banken die Zustimmung des Insolvenzverwalters • durch P-Konto-Regelung eigentlich kein neuer Abschluss erforderlich = P-Konto ist nicht vom Insolvenzbeschlag umfasst • i.d.R. daher deklaratorische Erklärung	Checkliste Bank Checkliste P-Konto
45.	P-Konto	• Regelung in § 850k ZPO • automatischer Pfändungsschutz • keine Freigabe mehr erforderlich und eigentlich auch nicht »erlaubt« • Anspruch der Insolvenzmasse auf nicht verbrauchtes Guthaben ergibt sich aus dem Gesetz und greift, wenn keine Freigabe erklärt wurde • weitere Infos: s. gesonderte Checkliste	Checkliste P-Konto
46.	Verbraucherinsolvenzverfahren	• keine Besonderheiten	
47.	Adressat	• Adressat für die Freigabeerklärung zu einem Grundstück ist: – der Schuldner oder – der Zwangsverwalter (bei angeordneter Zwangsverwaltung)	
48.	Art der Freigabe	• echte Freigabe • möglich auch: modifizierte Freigabe (= eher selten, daher keine weiteren Ausführungen) • bei beiden Möglichkeiten (echt oder modifiziert): Entlastung durch die Insolvenzmasse durch Verringerung der Passiva (s. nachfolgend Nr. 61) = umsatzsteuerpflichtige Verwertungshanlung	Checkliste Immobilienvermögen Steuerfolge bei Freigabe: BFH v. 16.8.2001 – V R 59/99 (Rn. 19) in ZInsO 2002, 222, WKRS 2001, 23323
49.	Gründe für eine Freigabe	• Vorliegen von folgenden Gründen können einzeln oder kumulativ Anlass einer Freigabeerklärung sein: – Altlasten (Bodenverunreinigungen u.ä.) – fehlende Einigung mit Grundpfandrechtsgläubiger über Kaufpreishöhe (zu hohe Erwartungen seitens der Bank) – laufende Kosten sind höher als prognostizierter Erlös für die Masse = kein verbleibender Erlös – steuerliche Belastungen bei der Veräußerung sind höher als Erlös für die Masse: s. gesonderte Checkliste – Verwertungsaussichten schlecht bzw. aussichtslos (schlechter Baubestand, schlechte Lage etc.) • Achtung bei Nutzung der Immobilie durch den Schuldner: Anspruch der Insolvenzmasse auf Nutzungsentgelt – diese monatlichen Zahlungen sollten bei der Ermittlung der Kostendeckung bis zu einer Verwertung berücksichtigt werden = dadurch kann ggf. die Steuerbelastung abgedeckt werden	Checkliste Immobilienvermögen Wipperfürth, Umfang der Grundstücksfreigabe, InsbürO 2011, 460 ff.

Nr.	Thema	Checkliste Freigabe: Erläuterung Grundstücke	Hilfsmittel
50.	Erklärung	• die Freigabeerklärung muss das Grundstück genau bezeichnen • daher: Nennung der Grundbuchblattnummer, Gemarkung, Flur, Flurstück • Empfangsbestätigung einholen und Eingang kontrollieren	Muster 146: »Grundstücksfreigabe- Erklärung ggü. Schuldner«
51.	Umfang	• Freigabe erfasst das Grundstückseigentum und eine etwaige Nutzungsentschädigung gg. den Schuldner • ob Mietzinsansprüche von der Freigabe umfasst sind, ist nicht eindeutig, die Begründung in der BGH-Rechtsprechung zur selbständigen Tätigkeit und zur Mietkaution könnte dafür sprechen = – selbständige Tätigkeit und Vertragsverhältnisse: *»zerschneidet das rechtliche Band zwischen Insolvenzmasse und Schuldner«* – Mietkaution: *»Freigabe erstreckt sich auf dasjenige Vermögen des Schuldners, das der weiteren Durchführung des Mietvertrags zuzuordnen ist«* • das Muster zur Freigabeerklärung geht insoweit auch davon aus, dass diese umfasst sind • nicht umfasst jedenfalls Rückgewähransprüche aus einer etwaigen Eigentümergrundschuld: s. Rechtsprechung und Literaturtipp	Wipperfürth, Umfang der Grundstücksfreigabe, InsbürO 2011, 460 ff. Keine Freigabe des Rückgewähranspruches nicht valutierter Grundschulden: BGH v. 27.4.2017 – IX ZB 93/16 (Leitsatz + Rn. 19, 22) in InsbürO 2017, 375, ZInsO 2017, 1850 Wipperfürth, Die Folgen der Freigabe eines Grundstücks (Anmerkung zu BGH vorstehend), InsbürO 2017, 358 ff.
52.	Rechtsfolge	• ab dem rechtswirksamen Zugang der Freigabe: keine Kostenbelastung mehr für die Insolvenzmasse • Schuldner ist wieder zahlungspflichtig: ggf. Aufgabe des Eigentums: s. nachfolgend • Grundsteuer lastet als dingliche Last auf dem Grundstück (§ 12 GrStG): s. nachfolgend	Heyn, Auswirkung einer Grundstücksfreigabe aus Vermögen der GmbH in der Insolvenz des Gesellschafters, InsbürO 2011, 378 ff.
53.	Insolvenzvermerk	• das Insolvenzgericht ist über die Freigabe zu unterrichten • das Insolvenzgericht sollte um Löschung des Insolvenzvermerkes in Abt. II des Grundbuches gebeten werden (§ 32 Abs. 3 Satz 1 InsO) • Möglichkeit gem. § 32 Abs. 3 Satz 2 InsO: Insolvenzverwalter kann selbst den Antrag auf Löschung stellen – aber: dafür Löschungsbewilligung in öffentlich-beglaubigter Form gem. § 29 GBO erforderlich (= Notarkosten) • Kosten für die Eintragung im Grundbuch: in beiden Fällen gebührenfrei (= keine Gerichtskosten) (§ 69 Abs. 2 KostO)	Checkliste Immobilienvermögen Muster 151: »Grundstücksfreigabe-Löschung Vermerk im GB«
54.	Grundpfandrechtsgläubiger	• der/die Grundpfandrechtsgläubiger sollte/n über die Freigabe informiert werden = Kenntnis, wer sich jetzt um das Sicherungsobjekt kümmert	Muster 147: »Grundstücksfreigabe – Info an GPR-Gläubiger«
55.	Versicherungsgesellschaft	• die zuständige Versicherungsgesellschaft für die Gebäudeversicherung sollte informiert werden • Anliegen: Prämienrechnungen sind nicht mehr an das Insolvenzbüro zu versenden	Muster 149: »Grundstücksfreigabe – Info an Versicherung«
56.	Mieter	• wenn das Gebäude an Dritte vermietet ist, müssten die Mieter über die Freigabe informiert werden • Aufforderung zur Zahlung der Miete an den Schuldner selbst	Muster 148: »Grundstücksfreigabe – Info an Mieter«
57.	Öffentliche Lasten	• die Behörden sollten über die Grundstücksfreigabe nach Vorlage der Empfangsbestätigung informiert werden: – Stadtverwaltung wg. Erschließungskosten, Grundsteuer, Müllgebühren, Straßenreinigungsgebühren etc. – Grundsteuer = dingliche Last: s. nachfolgend	Muster 150: »Grundstücksfreigabe – Info wg. öffentlicher Abgaben«
58.	Grundsteuer	• Grundsteuer lastet als dingliche Last auf Grundstücken (§ 12 GrStG) • bei einem Verkauf wären diese daher immer auszugleichen oder vom Käufer als Zahllast zu übernehmen • die Freigabeerklärung ändert an diesem Status nichts	

Nr.	Thema	Checkliste Freigabe: Erläuterung Grundstücke	Hilfsmittel
59.	Eigentumswohnung	• laufende Wohngeldzahlungen sind als Masseverbindlichkeiten zu befriedigen • Anzeige der Masseunzulänglichkeit: befreit nur von den bis dahin aufgelaufenen Kosten – Kosten ab Anzeige der MUZ: Neumasseverbindlichkeiten • daher: Freigabemöglichkeit dringend unverzüglich nach Eröffnung prüfen • laufende Kosten > Erlös für die Masse? • wenn ja: dann Freigabe = Befreiung von der Zahlungsverpflichtung der laufenden Kosten	Küpper, Freigabe von Immobilien wg. auflaufender Wohngeldverbindlichkeiten, InsbürO 2007, 306 f. Checkliste Masseunzulänglichkeit
60.	Gemietete Räumlichkeiten	• Rückgabe der gemieteten Räumlichkeiten durch Schlüsselübergabe • aber: Räumung (= Entfernung) der darin befindlichen Gegenstände kann ggf. kostenintensiv sein • daher: Möglichkeit der Freigabe dieser Gegenstände • Rechtsfolge: Befreiung von der Verpflichtung zur Räumung oder zur Zahlung anfallender Kosten bei Räumung durch Dritte • Voraussetzung: – Gegenstände wurden vor Insolvenzeröffnung vom Schuldner in die Räumlichkeiten eingebracht und – es gibt noch kein Räumungsurteil gegen den Insolvenzverwalter • in der Freigabe sind die Gegenstände genau zu bezeichnen • es handelt sich um eine echte Freigabe	Checkliste Vertragsverhältnisse Muster 144: »Freigabe Gegenstände – in Mieträumen« Muster 145: »Freigabe Gegenstände – Unterrichtung Vermieter« Herausgabeanspruch, aber kein Räumungsanspruch: BGH v. 7.7.2010 – XII ZR 158/09 (Rn. 10) in ZInsO 2010, 1452 Haftung für Zustand nur, wenn IV verursacht: BGH v. 5.7.2001 – IX ZR 327/99 in ZInsO 2001, 751
61.	Steuerliche Problematik	• nach Freigabe kann das Grundstück ggf. durch die Grundpfandrechtsgläubiger verwertet werden (z. B. durch Zwangsversteigerung) • Erlös führt zur Minderung der Forderungen der Grundpfandrechtsgläubiger • damit: Minderung der Gesamtverbindlichkeiten im Insolvenzverfahren • steuerlich: »Erlös« = Verringerung der Passivseite der Bilanz • dieser »Erlös« ist trotz Freigabe umsatzsteuerpflichtig	Steuerfolge bei Freigabe: BFH v. 16.8.2001 – V R 59/99 (Rn. 19) in ZInsO 2002, 222, WKRS 2001, 23323
62.	Zustimmungserfordernis	• Zustimmungserfordernis gem. § 160 Abs. 1 Satz 1 InsO bei Rechtshandlungen von besonderer Bedeutung • ausdrückliche Regelung für Grundstücke aus freier Hand: § 160 Abs. 2 Nr. 1 InsO • ist ein Gläubigerausschuss vorhanden: Zustimmung von diesem • ist kein Gläubigerausschuss vorhanden: Zustimmung der Gläubigerversammlung • Zustimmungsfiktion bei beschlussunfähiger Gläubigerversammlung (= kein Gläubiger anwesend, keine Stellungnahme eines Gläubigers im schriftlichen Verfahren) (§ 160 Abs. 1 Satz 3 InsO) = Zustimmung gilt als erteilt • bei unbelasteten Grundstücken = i.d.R. hoher Vermögenswert, Zustimmungserfordernis würde deshalb greifen, aber i.d.R. auch keine Freigabe, sondern Veräußerung, daher keine Zustimmung erforderlich • bei belasteten Grundstücken: Erfordernis der Zustimmung streitig, herrschende Meinung: nein – Begründung: gesetzliche Regelung bezieht sich ausdrücklich auf Grundstücke aus freier Hand	

Nr.	Thema	Checkliste Freigabe: Erläuterung Selbständige Tätigkeit	Hilfsmittel
63.	Aufgabe des Eigentums	• Möglichkeit für den Eigentümer eines Grundstück: Verzicht auf das Grundstück gem. § 928 BGB • Abgabe der Erklärung gegenüber dem Grundbuchamt • Grundstück fällt dann an den Staat gem. § 928 Abs. 2 BGB • daher i.d.R.: keine Vollstreckungsmaßnahmen seitens der Stadt wg. ausstehenden Gebühren gegen den Schuldner = Staat »möchte die Grundstücke nicht« • theoretisch: auch Insolvenzverwalter kann Aufgabe des Eigentums gem. § 928 BGB erklären – ggf. denkbar, wenn kein Zustellungsadressat für eine Freigabe vorhanden ist (= z. B. Vertreter der Schuldnerin bei einer GmbH ist unbekannt verzogen)	Heyn, Zur Freigabe von Vermögenswerten bei fehlendem Erklärungsempfänger, InsbürO 2011, 12 ff.
64.	Verbraucherinsolvenzverfahren	• keine Besonderheit	
65.	Adressat	• Adressat für die Freigabeerklärung der selbständigen Tätigkeit ist der Schuldner	
66.	Anwendungsbereich – allgemein	• Regelungen in § 35 Abs. 2, 3 InsO traten durch das Gesetz zur Vereinfachung des Insolvenzverfahrens am 01.07.2007 in Kraft (BGBl. 2007 I, S. 509 ff.) • Vorschrift ist keine Kann-Vorschrift, sondern eine Muss-Vorschrift: – Insolvenzverwalter muss eine Erklärung zur selbständigen Tätigkeit abgeben	Muster 317 (selbständige Tätigkeit): »Freigabeerklärung ggü. Schuldner« Muster 316 (selbständige Tätigkeit): »Erklärung § 35 Abs. 2 bei IE – keine Freigabe«
67.	Anwendungsbereich – sachlich	• die Freigabemöglichkeit ist in Insolvenzverfahren über das Vermögen natürlicher Personen gegeben • Erklärungsinhalt: Freigabe von Einkünften aus der selbständigen Tätigkeit = kein Anspruch der Insolvenzmasse auf Einnahmen aus dieser Tätigkeit • die reine Freigabe von unpfändbaren Gegenständen (= für die Berufsausübung erforderlich, § 811 Abs. 1 Nr. 5 ZPO) ist nicht gemeint = das wäre eine unechte Freigabe – die Freigabeerklärung gem. § 35 Abs. 2 InsO umfasst diese unechte Erklärung, geht aber darüber hinaus	
68.	Anwendungsbereich – zeitlich	• keine zeitliche Regelung in der InsO • Abgabe aber möglichst unverzüglich nach Insolvenzeröffnung oder Kenntniserlangung (= Forderung der Insolvenzgerichte) • denkbar: Aufnahme der selbständigen Tätigkeit im laufenden Verfahren und Kenntniserlangung erst Wochen später • auch zur Haftungsvermeidung gem. § 60 InsO (z.B. bei Inanspruchnahme durch das FinA) ist eine unverzügliche Erklärung sinnvoll	
69.	Verbraucherinsolvenzverfahren	• keine Anwendung der Vorschriften über die Freigabe bei Insolvenzeröffnung – da Eröffnungsvoraussetzung gem. § 304 Abs. 1 InsO u.a. ist, dass keine selbständige Tätigkeit vorliegt • ggf. später im laufenden Verfahren: Aufnahme der selbständigen Tätigkeit – dann Anwendung der Vorschrift des § 35 Abs. 2 InsO und ebenfalls Erklärungspflicht des Insolvenzverwalters	
70.	Gründe für eine Freigabe	• folgende Gründe für eine Freigabe können vorliegen: – unüberschaubare Verhältnisse: der Schuldner gewährt keinen ausreichenden Einblick in seine selbständige Tätigkeit = hohes Haftungsrisiko für die Insolvenzmasse wegen der ggf. anfallenden Kosten im Range einer Masseverbindlichkeit – Ausgaben sind höher als die zu erwartenden Einnahmen = kein zu erwartender Gewinn und daher mit Freigabe Schutz vor Verbindlichkeiten – ggf. auch: Erlös < fiktive Abführungspflicht gem. § 295 Abs. 2 InsO: s. nachfolgend und Literaturtipp rechts	Festschrift für Haarmeyer, Dauerbaustelle InsO, Ehlers, Die Freigabe der selbständigen Tätigkeit und die Sanierungsoption, S. 15 ff.

Nr.	Thema	Checkliste Freigabe: Erläuterung Selbständige Tätigkeit	Hilfsmittel
71.	Zustimmungserfordernis	• die Zustimmung der Gläubigerversammlung ist gesetzlich nicht ausdrücklich geregelt • da die Freigabeerklärung i.d.R. eilbedürftig ist, um Masseverbindlichkeiten zu vermeiden: kein Abwarten bis zu einer Gläubigerversammlung • theoretisch denkbar: Zustimmung der Gläubigerversammlung nachträglich einholen • Problem dabei: Tagesordnungspunkt muss vor einer Gläubigerversammlung veröffentlicht werden, damit wirksame Beschlüsse gefasst werden können – wenn Freigabe während einer vorläufigen Verwaltung absehbar ist, Anregung im Gutachten geben, die Zustimmung als Tagesordnungspunkt für die Gläubigerversammlung aufzunehmen – Prüfung der erfolgten Veröffentlichung, ggf. Ergänzung der Veröffentlichung anregen	Checkliste Eröffnungsbeschluss nat. Pers. > Beschlusskontrolle
72.	Erklärung – eröffnetes Verfahren	• in der Freigabeerklärung ist inhaltlich genau auszuführen, welche selbständige Tätigkeit umfasst ist • einzelne Gegenstände können, müssen aber nicht einzeln aufgeführt werden: BGH-Rechtsprechung	Muster 317 (Selbständige Tätigkeit): »Freigabe – Erklärung ggü. Schuldner« Inhalt der Erklärung: BGH v. 9.2.2012 – IX ZR 75/11 (Rn. 19) in ZInsO 2012, 481, InsbürO 2012, 274
73.	Erklärung – RSB-Phase	• die Freigabe einer selbständigen Tätigkeit in der RSB-Phase kann es nicht geben • Einnahmen aus selbständiger Tätigkeit sind nicht an den Treuhänder abzuführen • lediglich Ausgleichsanspruch gem. § 295 Abs. 2 InsO = pfändbare Beträge nach fiktivem Einkommen	
74.	Form	• siehe oben: einseitige, empfangsbedürftige, schriftliche Willenserklärung • Zugang bestätigen lassen	Form und Folge einer Freigabe: BGH v. 1.2.2007 – IX ZR 178/05 (Rn. 18) in ZInsO 2007, 545, WKRS 2007, 30372
75.	Haftung	• Haftungsfolgen der fehlenden oder der fehlerhaften Freigabe: – nach § 55 Abs. 1 InsO: Haftung für Verbindlichkeiten aus der selbständigen Tätigkeit als Masseverbindlichkeiten – nach §§ 60, 61 InsO: ggf. persönliche Haftung für die Verbindlichkeiten aus der selbständigen Tätigkeit bei Pflichtverletzung des Insolvenzverwalters	
76.	Veröffentlichung	• die Freigabeerklärung ist gegenüber dem Insolvenzgericht anzuzeigen (§ 35 Abs. 3 Satz 1 InsO) • die Veröffentlichung der Freigabe erfolgt durch das Insolvenzgericht (§ 35 Abs. 3 Satz 2 InsO) • mögliche Erklärung der Unwirksamkeit gem. § 35 Abs. 2 Satz 3 InsO ist ebenfalls zu veröffentlichen (§ 35 Abs. 3 Satz 2 InsO)	Muster 318 (Selbständige Tätigkeit): »Freigabe – Information an das Insolvenzgericht«
77.	Rechtsfolge	• die Rechtsfolgen der Freigabe sind folgende: – kein Anspruch auf Einnahmen aus selbständiger Tätigkeit – auch kein Anspruch auf etwaige, nach der Freigabe sich ergebende Steuerguthaben aus der Zeit nach Freigabe – dafür aber auch: keine Masseverbindlichkeiten zu Lasten der Insolvenzmasse • streitig ist, ob ein aus dem Gewinn der freigegebenen selbständigen Tätigkeit gekaufter Gegenstand ggf. dem Insolvenzbeschlag als Neuerwerb gem. § 35 Abs. 1 InsO unterliegt: verneinend LG Duisburg, wenn Gegenstand zur Betriebsfortführung dient	Busch/Jungmann/Winkens, Freigabe der selbständigen Tätigkeit und die steuerrechtlichen Folgen, InsbürO 2013, 178 ff. Kein Insolvenzbeschlag am Neuerwerb (Motorrad): LG Duisburg v. 17.05.2018 – 8 O 182/17 in ZInsO 2018, 1313, InsbürO 2018, 319 m. Anmerkung Grote

Nr.	Thema	Checkliste Freigabe: Erläuterung Selbständige Tätigkeit	Hilfsmittel
78.	Vertragsverhältnisse	• Vertragsverhältnisse sind nach der BGH-Rechtsprechung von der Freigabe umfasst • sie müssen für diese Wirkung nicht einzeln in der Freigabeerklärung aufgeführt sein	Vertragsverhältnisse von Freigabe umfasst: BGH v. 9.2.2012 – IX ZR 75/11 in InsbürO 2012, 274, ZInsO 2012, 481
79.	Arbeitsverhältnisse – Enthaftung	• Arbeitsverhältnisse gehören auch zu den Vertragsverhältnissen, sie sind daher auch von der Freigabe umfasst • grundsätzliche Voraussetzung der Enthaftung (= damit kein Arbeitnehmer Ansprüche gegen die Insolvenzmasse geltend machen kann): wirksame Freigabeerklärung	Freigabe umfasst Arbeitsverhältnisse: BAG v. 21.11.2013 – 6 AZR 979/11 in InsbürO 2014, 242, ZInsO 2014, 507 WKRS 2013, 52739
80.	Arbeitsverhältnisse – Abschluss nach Freigabe	• Freigabe wirkt bei Arbeitsverhältnissen, die nach dem Freigabestichtag abgeschlossen wurden = Neu-Arbeitnehmer • Schuldner hat neu eingestellt: keine Zahlungspflicht für die Insolvenzmasse	
81.	Arbeitsverhältnisse – Abschluss vor Freigabe	• Freigabe wirkt auch bei Arbeitsverhältnissen, die vor dem Freigabestichtag schon bestanden = Alt-Arbeitnehmer • Rechtsprechung des BGH und des BAG: s. vorstehend	Freigabe umfasst Arbeitsverhältnisse: BAG v. 21.11.2013 – 6 AZR 979/11 in InsbürO 2014, 242, ZInsO 2014, 507 WKRS 2013, 52739
82.	Betriebsmittel/ Gegenstände	• es gibt unpfändbare Betriebsmittel/Gegenstände gem. § 811 Abs. 1 Nr. 5 ZPO, dafür ist keine Freigabe erforderlich – Erklärung aber ggf. in Einzelfällen klarstellend sinnvoll • für Betriebsmittel, die dem Insolvenzbeschlag unterliegen, ist die Freigabeerklärung erforderlich	Inhalt der Erklärung: BGH v. 9.2.2012 – IX ZR 75/11 (Rn. 19) in ZInsO 2012, 481, InsbürO 2012, 274 Klein, Einschränkende Auslegung des § 811 Abs. 1 Nr. 5 ZPO? InsbürO 2016, 501 ff.
83.	Betriebsgrundstück	• in einer Entscheidung des AG Hamburgs ging es darum, ob die Freigabe einer selbständigen Tätigkeit auch ein Grundstück umfasse, in dessen Gebäude die selbständige Tätigkeit ausgeführt werde • Henning erläutert dazu, dass die Freigabeerklärung auch ohne ausdrückliche Erläuterung ein solches Grundstück umfassen könne, wenn es eindeutig dem Betriebsvermögen zuzuordnen sei – nach der BGH-Rechtsprechung: *Freigabe umfasst das gesamte Vermögen des Schuldners, das der freigegebenen Selbstständigkeit gewidmet ist einschl. der Vermögensgegenstände und Vertragsverhältnisse* – Henning rät daher zur Vorsicht bei der Abgabe von Freigabeerklärungen in den Fällen, in denen auch ein Betriebsgrundstück betroffen ist	Grundstückseigentum bei Freigabe: AG Hamburg v. 14.2.2017 – 67g IN 137/15 in InsbürO 2018, 78 m. Anmerkung Henning Umfang der Freigabe: BGH v. 9.2.2012 – IX ZR 75/11 in InsbürO 2012, 274, ZInsO 2012, 481
84.	Betriebsübergang	• bei Veräußerung des Unternehmens im Ganzen oder von maßgeblichen Teilen: § 613a BGB beachten (= Rechte und Pflichten beim Betriebsübergang) • zum wirksamen Übergang von Arbeitsverhältnissen mit dem Ziel der Entlastung der Insolvenzmasse: – Voraussetzung: schriftliche Unterrichtung der Arbeitnehmer (§ 613a Abs. 5 BGB, §§ 126b, 126 BGB) – erforderliche Informationen der Unterrichtung: s. § 613a Abs. 5 BGB – Anforderungen an ordentliche Unterrichtung nach BAG-Rechtsprechung sehr hoch: Haftungspotential droht • bei der reinen Freigabe einer selbständigen Tätigkeit ist keine Belehrung erforderlich; nach BAG-Rechtsprechung sind die Arbeitsverhältnisse von der Freigabe umfasst	Anforderung an Information über Betriebsübergang: BAG v. 13.07.2006 – 8 AZR 305/05 (Leitsatz) in ZInsO 2007, 1170, WKRS 2006, 23565

Nr.	Thema	Checkliste Freigabe: Erläuterung Selbständige Tätigkeit	Hilfsmittel
85.	Fiktives Einkommen – allgemein	• der Schuldner hat die Gläubiger gem. § 295 Abs. 2 InsO so zu stellen, wie wenn er in einem unselbständigen Arbeitsverhältnis stünde • damit: Abführung von fiktiven pfändbaren Einkommensanteilen • abzuführende Beträge orientieren sich ausdrücklich nicht am Gewinn der selbständigen Tätigkeit • jedoch: bei fehlendem Erfolg der selbständigen Tätigkeit und der fehlenden Abführung von fiktiven Beträgen: Offenlegung des fehlenden Gewinns (s. gesonderte Checkliste) • § 295 Abs. 2 InsO (Angleichungspflicht) gilt über § 35 Abs. 2 Satz 2 InsO nach Freigabe auch im eröffneten Verfahren • jährliche Abführungspflicht nach BGH-Rechtsprechung: den Schuldner informieren und diese Informationen in den Sachstandsberichten aufnehmen • siehe gesonderte Checkliste mit Auflistung von Vielzahl von Kriterien zur Ermittlung des fiktiven Einkommens	Checkliste Selbständige Tätigkeit Abführungspflicht im eröffneten Verfahren: BGH v. 13.6.2013 – IX ZB 38/10 (Rn. 20) in ZInsO 2013, 1586 WKRS 2013, 41415 Jährliche Abführungspflicht: BGH v. 19.7.2012 – IX ZB 188/09 in ZInsO 2012, 1488, WKRS 2012, 20410
86.	Fiktives Einkommen – Ermittlung	• Problematik bei der Angleichungspflicht gem. § 295 Abs. 2 InsO: Ermittlung des fiktiven Betrages • Berücksichtigung versch. Aspekte: Berufsausbildung, Berufserfahrung, Alter, Marktsituation, Unterhaltspflicht etc. • Insolvenzverwalter müssen diesen fiktiven Betrag nicht ermitteln, aber Auskünfte des Schuldners zu den einzelnen Aspekten auf Schlüssigkeit prüfen und im eröffneten Verfahren sich etwaig ergebende Zahlungsansprüche einklagen	Checkliste Selbständige Tätigkeit Geltendmachung im Prozessweg: BGH v. 13.3.2014 – IX ZR 43/12 in InsbürO 2014, 279, ZInsO 2014, 824 mit Anmerkung Pape dazu in InsbürO 2015, 273 (Ziff. IV)

87.	Steuerliche Aspekte	• Unterrichtung der Finanzverwaltung über die Freigabe ist sinnvoll:
		  – keine neuen Steuerverbindlichkeiten als Masseverbindlichkeit
		• die Finanzverwaltung erteilt i.d.R. eine dritte Steuernummer für das freigegebene Vermögen
		• damit eigentlich klare Zuordnung der einzelnen Steuerforderungen
		  – bei etwaigen Zahlungsaufforderungen oder Verrechnungsmitteilungen dennoch genauestens prüfen, ob eine korrekte Zuordnung erfolgt ist
		• etwaige Steuerguthaben nach der Freigabe darf das FinA auch mit Altforderungen aus der Zeit vor Insolvenzeröffnung verrechnen
			Muster 319 (Selbständige Tätigkeit): »Freigabe – Unterrichtung FinA«
			
			Zulässigkeit einer Verrechnung mit Umsatzsteuerguthaben nach Freigabe: BFH v. 1.9.2010 – VII R 35/08 in BStBl.II 2011, 336, InsbürO 2011, 355, ZInsO 2011, 51
			
			Busch/Jungmann/Winkens, Freigabe selbständige Tätigkeit und steuerrechtliche Folgen InsbürO 2013, 178 ff.

88.	Widerruf	• auf Antrag der Gläubigerversammlung ist es möglich, die Freigabe für unwirksam zu erklären • Regelung in § 35 Abs. 2 Satz 3 InsO	Zur Erklärung der Unwirksamkeit einer Freigabe: LG Duisburg v. 24.6.2010 – 7 T 109/10 in InsbürO 2010, 446, WKRS 2010, 28686

Checkliste 23: Fristen

Während der Abwicklung eines Insolvenzverfahrens sind unterschiedliche Fristen zu beachten. Hierbei kann es sich um Fristen nach dem Gesetz handeln, die häufig Ausschlussfristen sind, oder aber auch um verfahrenstechnische zusätzliche Fristen, die vom Insolvenzgericht vorgegeben werden. Der nachstehende Überblick gewährt Einblick in die Vielzahl der zu beachtenden Fristen. 45

(Die Übersicht dient als Nachschlagewerk und ist daher alphabetisch sortiert.)

46

Nr.	Art der Fristen	Gesetzliche Regelung	Fristzeitpunkt oder -zeitraum	Erläuterung	Hilfsmittel
1.	Abschlagsverteilung – Feststellungsklage	§§ 189 Abs. 1, 194 Abs. 1 InsO	drei Wochen nach öffentlicher Bekanntmachung der bevorstehenden Verteilung	s. nachstehend »Feststellungsklagen – Ausschlussfrist« Verlängerung der Frist des § 189 InsO zur Erhebung einer Feststellungsklage um eine Woche	Checkliste Abschlagsverteilung

Nr.	Art der Fristen	Gesetzliche Regelung	Fristzeitpunkt oder -zeitraum	Erläuterung	Hilfsmittel
2.	Abschlussbericht Treuhänder – RSB-Phase	§§ 287 Abs. 2, 292 InsO	sechs Jahre nach Insolvenzeröffnung (ohne vorzeitige Erteilung gem. § 300 Abs. 1 InsO, ansonsten früher)	Ablauf der Abtretungserklärung gem. § 287 Abs. 2 InsO oder Antrag auf vorzeitige Erteilung der Restschuldbefreiung gem. § 300 Abs. 1 InsO Fertigung eines Abschlussberichtes zum Stichtag des Ablaufes der 6 Jahre oder zum Zeitpunkt des Antrages auf vorzeitige RSB-Erteilung oder zeitnah danach	Checkliste RSB-Phase
3.	Absonderungsrecht: Anzeige Veräußerungsabsicht	§ 168 InsO	1 Woche nach Anzeige	Absonderungsgläubiger Gelegenheit geben, vor Verwertung auf günstigere Verwertungsmöglichkeit hinzuweisen	Checkliste Absonderungsrechte
4.	Anfechtungsansprüche	§ 146 InsO i.V.m. § 199 Abs. 1 Nr. 1 und Nr. 2 BGB	drei Jahre ab Ende des Kalenderjahres der Eröffnung oder der Kenntniserlangung	**Allgemein:** Verjährung des Anfechtungsanspruches	Checkliste Anfechtungsansprüche
5.	Anfechtungsansprüche			einzelne Ansprüche nachstehend alphabetisch sortiert:	
6.	Anfechtungsansprüche	§ 135 Abs. 2 InsO § 139 InsO	1 Jahr vor Insolvenzantragstellung oder danach	**Gesellschafterdarlehen – Rückgewähr:** Befriedigung der Darlehens-Rückzahlungsansprüche	Checkliste Anfechtungsansprüche
7.	Anfechtungsansprüche	§ 135 Abs. 1 InsO § 139 InsO	10 Jahre vor Insolvenzantragstellung oder danach	**Gesellschafterdarlehen – Sicherheit:** Gewährung von Sicherheiten auf Gesellschafterdarlehen	Checkliste Anfechtungsansprüche
8.	Anfechtungsansprüche	§ 131 Abs. 1 Nr. 1 InsO § 139 InsO	1 Monat vor Insolvenzantragstellung oder danach	**Inkongruente Deckung:** Sicherung oder Befriedigung ist erfolgt kein Anspruch des Gläubigers, nicht in der Art oder nicht zu der Zeit	Checkliste Anfechtungsansprüche
9.	Anfechtungsansprüche	§ 131 Abs. 1 Nr. 2 InsO § 139 InsO	2/3 Monat vor Insolvenzantragstellung	**Inkongruente Deckung:** Sicherung oder Befriedigung ist erfolgt kein Anspruch des Gläubigers, nicht in der Art oder nicht zu der Zeit Schuldner ist zum Zeitpunkt der Handlung zahlungsunfähig	Checkliste Anfechtungsansprüche
10.	Anfechtungsansprüche	§ 131 Abs. 1 Nr. 3 InsO § 139 InsO	2/3 Monat vor Insolvenzantragstellung	**Inkongruente Deckung:** Sicherung oder Befriedigung ist erfolgt kein Anspruch des Gläubigers, nicht in der Art oder nicht zu der Zeit Gläubiger ist die eintretende Benachteiligung bekannt	Checkliste Anfechtungsansprüche
11.	Anfechtungsansprüche	§ 130 InsO § 139 InsO	3 Monate vor Insolvenzantragstellung oder danach	**Kongruente Deckung (= Deckungsanfechtung):** Zahlungsunfähigkeit ist gegeben Gläubiger kennt die Zahlungsunfähigkeit	Checkliste Anfechtungsansprüche
12.	Anfechtungsansprüche	§ 132 InsO § 139 InsO	3 Monate vor Insolvenzantragstellung oder danach	**Nachteilige Rechtshandlung – unmittelbar:** Rechtsgeschäft mit unmittelbarer Benachteiligung Zahlungsunfähigkeit ist gegeben Gläubiger kennt die Zahlungsunfähigkeit	Checkliste Anfechtungsansprüche

Nr.	Art der Fristen	Gesetzliche Regelung	Fristzeitpunkt oder -zeitraum	Erläuterung	Hilfsmittel
13.	Anfechtungsansprüche	§ 133 Abs. 4 InsO § 139 InsO	2 Jahre ab Insolvenzantragstellung	**Nahestehende Personen:** entgeltlicher Vertrag mit nahestehender Person, durch den Gläubiger unmittelbar benachteiligt werden Kenntnis der nahestehenden Person von Vorsatz der Gläubigerbenachteiligung erforderlich	Checkliste Anfechtungsansprüche
14.	Anfechtungsansprüche	§ 136 InsO § 139 InsO	1 Jahr vor Insolvenzantragstellung	**Stille Gesellschaft:** Rückgewährung der Einlage eines stillen Gesellschafters oder ganzer oder tlw. Erlass an Verlusten	Checkliste Anfechtungsansprüche
15.	Anfechtungsansprüche	§ 134 InsO § 139 InsO	4 Jahre vor Insolvenzantragstellung	**Unentgeltliche Leistung:** Aufgabe eines Vermögenswertes ohne Empfang eines entsprechenden Gegenwertes	Checkliste Anfechtungsansprüche
16.	Anfechtungsansprüche	§ 133 Abs. 2 InsO § 139 InsO	4 Jahre vor Insolvenzantragstellung oder danach	**Vorsätzliche Benachteiligung:** Vorsatz, Gläubiger zu benachteiligen der andere Teil kennt diesen Vorsatz	Checkliste Anfechtungsansprüche
17.	Anmeldefrist	§ 28 Abs. 1 InsO	zwei Wochen bis drei Monate nach Eröffnung	Gelegenheit der Insolvenzgläubiger, Forderungen zur Insolvenztabelle anzumelden keine Ausschlussfrist (§ 177 Abs. 1 InsO), aber Gebühr für gesonderten Prüfungstermin zahlen (Nr. 2340 KV GKG)	Checkliste Insolvenztabelle
18.	Antragspflicht für jur. Person	§ 15a InsO		s. nachstehend »Insolvenzantragspflicht«	
19.	Ausschüttungsbericht	§§ 200, 207, 211 InsO	i.d.R. zwei bis drei Monate nach dem Schlusstermin	Bericht über die erfolgte Ausschüttung des Massebestandes Festlegung der Frist durch Insolvenzgericht im Terminprotokoll über den Schlusstermin	Checkliste Ausschüttungsbericht
20.	Bericht zur ersten Gläubigerversammlung	analog § 154 InsO	eine Woche vor dem Berichtstermin	keine gesetzliche Vorgabe analoge Anwendung der Frist zur Vorlage der Verzeichnisse gem. §§ 151 – 153 InsO	Checkliste Berichte
21.	Beschwerde	§ 6 InsO §§ 567 ff. ZPO	zwei Wochen ab Verkündung oder Zustellung	Entscheidungen ergehen i.d.R. ohne mündliche Verhandlung, daher: Zustellung relevant Einzelzustellung: Zustellungswirkung drei Tage später (§ 8 Abs. 1 InsO) Öffentliche Bekanntmachung: Zustellungswirkung zwei Tage danach (§ 9 Abs. 3 InsO) Ermittlung: welche Zustellung erfolgte zuerst = Datum für Fristberechnung entscheidend	Checkliste Rechtsmittel
22.	Drittelfrist	§ 175 Abs. 1 Satz 2 InsO	erstes Drittel zwischen Anmeldefrist und Prüfungstermin	Niederlegung der Insolvenztabelle mit den Forderungsanmeldungen und beigefügten Urkunden auf Geschäftsstelle des Insolvenzgerichtes innerhalb der Drittelfrist	Checkliste Insolvenztabelle

Nr.	Art der Fristen	Gesetzliche Regelung	Fristzeitpunkt oder -zeitraum	Erläuterung	Hilfsmittel
23.	Einkommenssteuererklärung (bei natürlichen Personen) (Besteuerungszeitraum bis 31.12.2017)	§§ 25 Abs. 1, 3, 46 EStG, § 149 Abs. 2 AO	fünf Monate nach Ablauf eines Kalenderjahres	Pflicht zur Abgabe einer Einkommenssteuererklärung bei bestimmten Voraussetzungen (Bsp.: Steuerklasse III/V, mehrere Einkommen)	Checkliste Steuerangelegenheiten
24.	Einkommenssteuererklärung (bei natürlichen Personen) (Besteuerungszeitraum ab 01.01.2018)	§§ 25 Abs. 1, 3, 46 EStG, § 149 Abs. 2, 3 AO	sieben Monate nach Ablauf eines Kalenderjahres bei Beauftragung Dritter i.S.d. §§ 3 und 4 StBerG: Abgabefrist Ende Februar des zweiten auf den Besteuerungszeitraum folgenden Jahres (Beispiel für 2018: bis Ende Febr. 2020)	Pflicht zur Abgabe einer Einkommenssteuererklärung bei bestimmten Voraussetzungen (Bsp.: Steuerklasse III/V, mehrere Einkommen)	Checkliste Steuerangelegenheiten
25.	Einkommenssteuerveranlagung (bei natürlichen Personen)	§ 46 Abs. 2 Nr. 8 EStG, § 169 Abs. 2 Nr. 2 AO	vier Jahre lang nach Ablauf eines Kalenderjahres möglich	Möglichkeit der Einkommenssteuerveranlagung auf Antrag	Checkliste Steuerangelegenheiten
26.	Erinnerung	§ 11 Abs. 2 Satz 1 RPflG	zwei Wochen ab Verkündung oder Zustellung	bei Entscheidungen von Rechtspflegern gem. § 3 Nr. 2e RPflG: wenn die InsO keine sofortige Beschwerde vorsieht: Rechtsbehelf der Erinnerung möglich s. wegen Fristberechnung: vorstehend Beschwerde	Checkliste Rechtsmittel
27.	Feststellungsklagen – Ausschlussfrist zur Erhebung	§§ 189 ff. InsO	zwei Wochen nach öffentlicher Bekanntmachung der bevorstehenden Verteilung	Gläubiger mit bestrittenen Forderungen und Ausfallgläubiger müssen zur Berücksichtigung im Verteilungsverzeichnis Feststellungsklage erheben Ausnahme: § 190 Abs. 3 InsO: Verwertungsrecht beim Insolvenzverwalter = Ermittlung Ausfall durch diesen	Checkliste Insolvenztabelle
28.	Forderungsanmeldungen – Verjährung der Ansprüche	§§ 194 ff. BGB	drei Jahre ab Ende des Kalenderjahres nach Entstehung des Anspruches	Verjährung der angemeldeten Forderungen aus Lieferungen und Leistungen prüfen durch Forderungsanmeldung: Hemmung der Verjährung (§ 204 Abs. 1 Nr. 10 BGB) nach BGH-Rechtsprechung: Hemmungswirkung nur bei ordnungsgemäßer, rechtzeitiger und vollständiger Forderungsanmeldung bei Bestreiten einer Forderung und nachträglicher Vorlage von Unterlagen: ggf. eingetretene Verjährung prüfen	Checkliste Insolvenztabelle Checkliste Verjährungsfristen

Nr.	Art der Fristen	Gesetzliche Regelung	Fristzeitpunkt oder -zeitraum	Erläuterung	Hilfsmittel
29.	Forderungseinzug – Ansprüche gegen Dritte	§§ 194 ff. BGB	drei Jahre ab Ende des Kalenderjahres der Entstehung des Anspruches	Prüfung, welche Forderungen gegen Dritte jeweils am Ende des laufenden Jahres verjähren: Anspruchsverfolgung bei grundloser Verjährung: Haftung des Insolvenzverwwalters gem. § 60 InsO	Checkliste Forderungseinzug Checkliste Verjährungsfristen
30.	Freigabe Mietverhältnis	§ 109 Abs. 1 Satz 2 InsO	höchstens drei Monate zum Monatsende	Wohnung des Schuldners: Ablehnung von Ansprüchen des Vermieters nach Ablauf einer fiktiven Kündigungsfrist (= Enthaftungserklärung) unverzügliche Erklärung, um Verlängerung des fiktiven Kündigungszeitraums zu vermeiden	Checkliste Vertragsverhältnisse
31.	Fristberechnung: Antragstellung – Eröffnung	§ 139 InsO	Tag des Insolvenzantrages	Anfechtungsfristen (§§ 130 – 137 InsO) berechnen sich vom Tag der Insolvenzantragstellung (Eingang beim Insolvenzgericht) bei mehreren Anträgen: erster Antrag Insolvenzeröffnung ist nur für Verjährungsfrist entscheidend	Checkliste Anfechtungsansprüche
32.	Gläubigeraufforderung zur Forderungsanmeldung	§ 28 InsO	spätestens innerhalb einer Woche nach Eröffnung	keine gesetzliche Frist unverzüglich aber erforderlich, um Gläubigern genug Zeit zur Vornahme der Forderungsanmeldung innerhalb der Anmeldefrist zu geben	Checkliste Insolvenztabelle
33.	Gläubigerversammlung/ Berichtstermin	§§ 29, 156 InsO	zwischen 6 Wochen und drei Monaten ab Eröffnung	nach § 156 hat ein Insolvenzverwalter im Berichtstermin über »das Verfahren« zu berichten üblich aber: Einreichung schriftlicher Bericht eine Woche vorher zusammen mit den Verzeichnissen §§ 151 – 153 InsO beim Insolvenzgericht dieser Bericht ist Grundlage für die mündlichen Erläuterungen	Checkliste Berichte
34.	Gutachtenfrist	§ 5 Abs. 1 InsO	i.d.R. 4 – 6 Wochen	Bestimmung Vorlagefrist durch Richter/Richterin: Gutachten= Ermittlung der Vermögenssituation etc.	Checkliste Gutachten
35.	Haftungsansprüche GmbHG	§ 19 Abs. 6 Satz 2 GmbHG	6 Monate ab Insolvenzeröffnung	unterschiedliche Verjährungsfristen für Haftungsansprüche nach dem GmbHG tlw. kein Verjährungseintritt innerhalb der ersten 6 Monate ab Insolvenzeröffnung daher: direkte Prüfung erforderlich, ob Verjährung nach Ablauf dieser Hemmung eintritt	Checkliste Haftungsansprüche
36.	Halbjahresberichtsfrist	§§ 58, 66 Abs. 3 InsO	i.d.R.im 6-Monats-Rhythmus ab der Gläubigerversammlung	Gläubigerversammlung beschließt i.d.R. den Berichtsrhythmus Frist ist dem Terminprotokoll über die Gläubigerversammlung zu entnehmen	Checkliste Halbjahresberichte
37.	Insolvenzantrag	§§ 13 – 15 InsO		s. nachstehend »Insolvenzantragspflicht«	Checkliste Haftungsansprüche

Nr.	Art der Fristen	Gesetzliche Regelung	Fristzeitpunkt oder -zeitraum	Erläuterung	Hilfsmittel
38.	Insolvenzantragspflicht bei juristischen Personen	§ 15a InsO	spätestens drei Wochen nach Eintritt Zahlungsunfähigkeit	Vertreter von jur. Personen müssen bei Eintritt der Zahlungsunfähigkeit Insolvenzantrag stellen bei Pflichtverletzung: Haftung	Checkliste Haftungsansprüche
39.	Insolvenzgeldantrag	§ 324 Abs. 3 SGB III	bis zu zwei Monaten ab Insolvenzeröffnung	Insolvenzgeldzahlung setzt Antrag des jeweiligen Arbeitnehmers voraus Ausschlussfrist! daher: Belehrung der Arbeitnehmer	Checkliste Insolvenzgeld
40.	Insolvenzgeldzeitraum	§ 165 Abs. 1 SGB III	drei Monate rückwirkend ab Insolvenzeröffnung, Betriebseinstellung oder Ausscheiden AN	Zahlung von ausstehenden Löhnen und Gehältern an die Arbeitnehmer des schuldnerischen Unternehmens durch die Agentur für Arbeit	Checkliste Insolvenzgeld
41.	Insolvenzgeldvorfinanzierung	§ 170 SGB III	Insolvenzeröffnung spätestens mit Ablauf des Insolvenzgeldzeitraums	Insolvenzgeldvorfinanzierung: Aufnahme eines Darlehens und Zahlung der Löhne und Gehälter vor Insolvenzeröffnung hierbei: Beachtung des Insolvenzgeldzeitraums bei Überschreitung: Teil der Arbeitnehmeransprüche = Insolvenzforderung	Checkliste Insolvenzgeldvorfinanzierung
42.	Insolvenzplan	§ 232 Abs. 3 InsO	zwei Wochen ab Zugang	Vorlage eines Insolvenzplans durch Schuldners oder Verwalter (§ 218 InsO) Weiterleitung durch Insolvenzgericht an Beteiligte (Gläubigerausschuss, Schuldner, Verwalter) Bei Planvorlage durch Schuldner: Stellungnahme des Insolvenzverwalters innerhalb von zwei Wochen ab Zugang	Checkliste Insolvenzplan
43.	Insolvenzplan – nicht angemeldete Forderungen	§ 259b InsO	innerhalb eines Jahres ab Rechtskraft der Bestätigung des Insolvenzplans (§ 248 InsO)	Verjährungsfrist für Forderungen, die bis zum Abstimmungstermin nicht angemeldet worden sind Vorschrift nur anwendbar, wenn Verjährung dadurch eher eintritt als bei Anwendung der sonstigen Verjährungsfristen Hemmung gem. § 259b Abs. 4 i.V.m. § 259a InsO möglich	Checkliste Insolvenzplan
44.	Jahresabschluss (große und mittelgroße Kapitalgesellschaften)	§ 264 Abs. 1 Satz 3 HGB	drei Monate nach Abschluss des Geschäftsjahres	Frist zur Erstellung eines Jahresabschlusses	Checkliste Steuerangelegenheiten
45.	Jahresabschluss (kleine Kapitalgesellschaften)	§ 264 Abs. 1 Satz 4 HGB	sechs Monate nach Abschluss des Geschäftsjahres	Frist zur Erstellung eines Jahresabschlusses	Checkliste Steuerangelegenheiten
46.	Jahresabschluss – Offenlegung	§ 325 Abs. 1a HGB	spätestens 12 Monate nach Abschluss des Geschäftsjahres	Einreichung des Jahresabschlusses beim elektronischen Bundesanzeiger	Checkliste Steuerangelegenheiten

Nr.	Art der Fristen	Gesetzliche Regelung	Fristzeitpunkt oder -zeitraum	Erläuterung	Hilfsmittel
47.	Jahresbericht Treuhänder	§ 292 InsO	im Jahresrhythmus nach Verfahrensaufhebung	keine exakte Regelung im Gesetz, i.d.R. aber gängige Praxis Regelung zum Motivationsrabatt (§292 Abs. 1 Satz 4 InsO a.F.) bestätigt diese Stichtagsregelung zur Verfahrensaufhebung einmal jährlich berichten über Einnahmen und ggf. Verteilung	Checkliste RSB-Phase
48.	Kündigungsfrist (Dienstverhältnisse)	§ 113 InsO	längstens drei Monate zum Monatsende	Kündigungsrecht des Insolvenzverwalters unabhängig von vertraglich vereinbarter Vertragsdauer Prüfung, ob ggf. laut Vertrag kürzere Frist entscheidend ist	Checkliste Arbeitsverhältnisse
49.	Kündigungsfrist (Mietverhältnis)	§ 109 Abs. 1 Satz 1 InsO	längstens drei Monate zum Monatsende	Kündigungsrecht des Insolvenzverwalters unabhängig von vertraglich vereinbarter Vertragsdauer Prüfung, ob ggf. laut Vertrag kürzere Frist entscheidend ist	Checkliste Vertragsverhältnisse
50.	Lieferungen und Leistungen – Verjährung	§§ 194 ff. BGB		s. vorstehend »Forderungsanmeldungen« »Forderungseinzug«	Checkliste Insolvenztabelle
51.	Lohnsteueranmeldung für den Vormonat	§ 41a EStG	bis zum 10. eines Monats für den Vormonat	bei Betriebsfortführung und Zahlung von Löhnen und Gehältern im eröffneten Verfahren: Lohnsteuermeldung an das FinA	Checkliste Steuerangelegenheiten
52.	Prüfungstermin – Anberaumung	§ 29 Abs. 1 Nr. 2, 176 InsO	zwischen 1 Woche und zwei Monaten ab Eröffnung	Übermittlung der Prüfungsergebnisse an das Insolvenzgericht Zusammenstellung aller erforderlichen Unterlagen für den Insolvenzverwalter zur Teilnahme	Checkliste Terminvorbereitung
53.	Prüfungstermin – Prüfungsergebnisse	./.	i.d.R. drei Tage vor dem Prüfungstermin	Übersendung Prüfungsergebnisse per Datentransfer zur Vorbereitung des Prüfungstermins	Checkliste Insolvenztabelle
54.	Rechnungslegung	§ 66 InsO	zeitnah nach Beendigung Verwertungsmaßnahmen	Rechnungslegung = »Bericht« über Tätigkeit und Ergebnis Möglichkeit des Insolvenzgerichtes zur Erinnerung und Festsetzung Zwangsgeld (§ 58 InsO)	Checkliste Schlussbericht Checkliste Schlussrechnung
55.	Rechtsmittel	§ 6 InsO		s. vorstehend »Beschwerde«	Checkliste Rechtmittel
56.	Rückschlagsperre in Regelinsolvenzverfahren	§ 88 Abs. 1 InsO	Zeitraum von einem Monaten vor dem Insolvenzantrag	Erlangte Sicherungen durch Vollstreckungsmaßnahmen entfallen Folge: kein Absonderungsrecht an Vermögenswert der Insolvenzmasse	Checkliste Vollstreckungsmaßnahmen
57.	Rückschlagsperre in Verbraucherinsolvenzverfahren	§ 88 Abs. 2 InsO	Zeitraum von drei Monaten vor dem Insolvenzantrag	Erlangte Sicherungen durch Vollstreckungsmaßnahmen entfallen Folge: kein Absonderungsrecht an Vermögenswert der Insolvenzmasse	Checkliste Vollstreckungsmaßnahmen
58.	Sachstandsberichte			s. vorstehend »Halbjahresberichte«	Checkliste Halbjahresberichte

Nr.	Art der Fristen	Gesetzliche Regelung	Fristzeitpunkt oder -zeitraum	Erläuterung	Hilfsmittel
59.	Sachverständigenvergütung – Verjährung	§ 2 Abs. 1 Nr. 1 JVEG	drei Monate nach Eingang des Gutachtens beim Insolvenzgericht	Abrechnung nach dem JVEG über Sachverständigentätigkeit i.d.R. gleichzeitig mit dem Gutachten einreichen ansonsten: Frist genau überwachen durch KostRModG: Eintritt der Verjährung nur bei Belehrung über Verjährungsfrist (§ 2 Abs. 1, Abs. 2 Satz 2 JVEG)	Checkliste Gutachten
60.	Schlussbericht	§ 66 InsO	bei Beendigung des Amtes	s. vorstehend »Rechnungslegung« Schlussbericht = textliche Erläuterung des Zahlenwerks in der Schlussrechnung	Checkliste Schlussbericht
61.	Schlusstermin	§ 197 Abs. 2 InsO	zwischen öffentlicher Bekanntmachung und dem Termin: Frist von mindestens einem Monat und höchstens zwei Monaten	Ablauf der Ausschlussfrist der §§ 189 ff. InsO (= Erhebung von Feststellungsklagen) muss erfolgt sein Zusammenstellung aller erforderlichen Unterlagen für den Insolvenzverwalter zur Teilnahme	Checkliste Terminvorbereitung
62.	Stammeinlage – Verjährung Einzahlungsanspruch	§ 19 Abs. 6 GmbHG	frühestens sechs Monate ab Eröffnung	Verjährung des Anspruches auf Einzahlung der Stammeinlage: 10 Jahre ab Zeitpunkt der Entstehung (§ 19 Abs. 6 Satz 1 GmbH) durch Insolvenzeröffnung ggf. Verlängerung dieser Frist daher: direkte Prüfung erforderlich, ob Verjährung nach Ablauf dieser Hemmung eintritt	Checkliste Haftungsansprüche
63.	Umsatzsteuererklärung für den Vormonat	§ 18 Abs. 1 UStG	bis zum 10. eines Monats für Vormonat (ggf. auch vierteljährlich)	vereinnahmte Umsatzsteuer muss jeweils im Rahmen einer Umsatzsteuervoranmeldung beim FinA gemeldet und abgeführt werden (Zahlungseingang beim FinA auch innerhalb der Frist)	Checkliste Steuerangelegenheiten
64.	Unvollständiger Antrag	§ 305 Abs. 3 InsO	binnen eines Monats	Insolvenzgericht gibt dem Schuldner bei unvollständigem Antrag Gelegenheit zur Ergänzung bei Nichtbeachtung der Frist gilt Antrag als zurückgenommen (keine Frist für Insolvenzsachbearbeiter! Rein informativ in dieser Liste)	./.
65.	Veräußerungsabsicht – Anzeige	§ 168 InsO		s. vorstehend »Absonderungsrechte – Veräußerungsanzeige«	Checkliste Absonderungsrechte
66.	Vergütungsantrag	§ 63 InsO § 293 InsO §§ 194 ff. BGB	drei Jahre ab Beendigung	Vergütungsansprüche unterliegen der regelmäßigen Verjährung im eröffneten Verfahren i.d.R. kein Problem, da mit Einrechnung der Schlussrechnung auch Vergütungsantrag einzureichen ist (§ 8 Abs. 1 Satz 3 InsVV) bei vorläufiger Verwaltung: s. nachstehend	Checkliste Vergütungsanträge

Nr.	Art der Fristen	Gesetzliche Regelung	Fristzeitpunkt oder -zeitraum	Erläuterung	Hilfsmittel
67.	Vergütungsantrag – vorläufige Verwaltung	§ 63 Abs. 3 InsO, §§ 194 ff. BGB	drei Jahre ab Beendigung des Amtes bei Insolvenzeröffnung: Hemmungswirkung	Verjährung der Vergütungsansprüche des vorläufigen Verwalters werden bis zum Abschluss des eröffneten Verfahrens gehemmt (BGH-Rechtsprechung)	Checkliste Vergütungsanträge
68.	Verjährungsfrist			s. jeweils vor- oder nachstehend: Anfechtungsansprüche Forderungsanmeldungen Forderungseinzug Haftungsansprüche Insolvenzplan – nicht angemeldete Forderungen Sachverständigenvergütung Vergütungsanträge Zinsansprüche	Checkliste Verjährungsfristen
69.	Verteilung – Bekanntmachung	§ 188 InsO	vor jeder Verteilung im eröffneten Verfahren frühzeitig vor Schlusstermin: s. vorstehend	Verteilungsverzeichnis ist auf der Geschäftsstelle niederzulegen Bekanntgabe der Daten für öffentliche Bekanntmachung durch Verwalter an das Insolvenzgericht (§ 188 Abs. 3 InsO) Öffentliche Bekanntmachung durch das Insolvenzgericht (§ 188 Abs. 3 InsO) Öffentliche Bekanntmachung setzt die Ausschlussfrist der §§ 189 ff. InsO in Gang	Checkliste Verteilung
70.	Verteilung – RSB-Phase	§ 292 Abs. 1 Satz 1 InsO	i.d.R. einmal jährlich	Verteilung der Einnahmen aus der Abtretung gem. § 287 Abs. 2 InsO an Gläubiger, sofern Verfahrenskosten ausgeglichen sind in beantragten Verfahren ab 01.07.2014: Aussetzung bis Ende der Abtretungsfrist bei Geringfügigkeit der zu verteilenden Beträge (§ 292 Satz 4 InsO)	Checkliste Ausschüttungsbericht Checkliste RSB-Phase Checkliste Verteilung
71.	Verwertungsaufforderung	§§ 170 Abs. 2, 173 InsO	Festlegung durch das Insolvenzgericht	Bei Überlassung eines Gegenstandes an Gläubiger oder fehlendem Verwertungsrecht gem. § 166 InsO: Möglichkeit der Fristsetzung durch das Insolvenzgericht für Verwertung durch den Gläubiger nach Ablauf der Frist: ggf. Berechtigung des Verwalters zur Verwertung oder Einzug eines möglichen Feststellungskostenbeitrages	Checkliste Verwertungstätigkeit
72.	Verwertungshandlung	§§ 159, 169 InsO	unverzüglich nach Berichtstermin	Pflicht zur unverzüglichen Verwertung der Vermögenswerte nach Berichtstermin bei verzögerter Verwertungshandlung: Zinsanspruch des Absonderungsgläubigers	Checkliste Verwertungstätigkeit Checkliste Absonderungsrechte
73.	Verzeichnisse §§ 151 – 153 InsO	§ 154 InsO	spätestens eine Woche vor dem Berichtstermin	Niederlegung auf der Geschäftsstelle des Insolvenzgerichtes: Verzeichnis der Massegegenstände Gläubigerverzeichnis Vermögensübersicht	Checkliste Berichte

Nr.	Art der Fristen	Gesetzliche Regelung	Fristzeitpunkt oder -zeitraum	Erläuterung	Hilfsmittel
74.	Vorschussvergütungsantrag	§ 9 InsVV	sechs Monate nach Beginn der Tätigkeit	Berechtigung zu einem Vergütungsvorschuss Zustimmung des Insolvenzgerichtes auf Antrag des Insolvenzverwalters	Checkliste Vergütungsanträge
75.	Zinsansprüche – Verjährung	§ 197 Abs. 2 i.V.m. § 199 Abs. 1 Nr. 1 BGB	drei Jahre nach Abschluss des Jahres, in dem die Rechtskraft des Titels eingetreten ist	anwendbar auf laufende Zinsen, die ab Rechtskraft eines Vollstreckungstitels anfallen Hemmungswirkung möglich	Checkliste Insolvenztabelle Checkliste Verjährungsfristen

Checkliste 24: Gläubiger – Kreditoren

47 Als Gläubiger oder auch als Kreditor wird derjenige bezeichnet, der gegen einen anderen einen Zahlungsanspruch hat. Im Insolvenzverfahren kann es sich insoweit um Zahlungsansprüche gegen den Schuldner aus der Zeit vor Insolvenzeröffnung oder um Zahlungsansprüche gegen den Insolvenzverwalter aus der Zeit nach Insolvenzeröffnung handeln. Bei den ersten Forderungen spricht man von Insolvenzforderungen, bei den zweiten von Masseverbindlichkeiten. Die Unterscheidung ist wichtig, weil die Forderungen unterschiedlich zu befriedigen sind. Auf welche Weise die jeweiligen Gläubiger am Insolvenzverfahren teilnehmen, wird nachstehend erläutert.

(Die Übersicht ist in Informationen zu Insolvenzgläubigern und zu weiteren Gläubigern aufgeteilt (= zwei Tabellen). Danach folgt noch ein allgemeiner Teil.)

48

Nr.	Thema	Checkliste Gläubiger/Kreditoren: Erläuterung Insolvenzgläubiger	Hilfsmittel
1.	Definition	• Gläubiger, die zum Zeitpunkt der Eröffnung einen begründeten Zahlungsanspruch haben, sind Insolvenzgläubiger (§ 38 InsO)	Checkliste Insolvenztabelle (Muster 229 – 260)
2.	Gläubigerdaten	• Aufnahme der Gläubigerdaten in der Insolvenzsoftware ermöglicht Teilnahme der Gläubiger am Verfahren = Aufforderung zur Anmeldung an diese • Zusammenstellung der Daten während der Gutachtenphase oder während einer vorläufigen Verwaltung: Vorgabe des Formats an Schuldner • i.d.R.: Excel-Format zur späteren Einspielung in das EDV-System • in Verbraucherinsolvenzverfahren: es gilt die Verordnung zur Einführung von Vordrucken für das Verbraucherinsolvenzverfahren (VbrInsVV) • danach: Gläubigerliste ist mit dem Eröffnungsantrag einzureichen (§ 1 Abs. 1 Nr. 2 g VbrInsVV)	Insolvenzsoftware Checkliste Gutachten (Muster 161 – 183) Checkliste vorläufige Verwaltung (Muster 397 – 400)
3.	Aufforderung der Gläubiger zur Anmeldung	• Aufforderungsschreiben innerhalb einer Woche nach Eröffnung versenden • Adressaten Insolvenzgläubiger gem. § 38 InsO: vorstehend • Anlagen zum Aufforderungsschreiben beachten: – Eröffnungsbeschluss in Fotokopie – Anmeldeformular in zweifacher Ausfertigung – Merkblatt mit Ausfüllhinweisen • ggf. Merkblatt für ausländische Gläubiger gem. Art. 42 Abs. 1 EuInsVO • Kopie des Anschreibens als »Muster« zusammen mit dem Zustellungsnachweis (s. nachfolgend) im Tabellenordner unter Trennkarte »allgemeiner Schriftverkehr« archivieren = Nachweis, welche Gläubiger mit welchem Text angeschrieben wurden	Checkliste Insolvenztabelle (Muster 229 – 260) Muster 250 (Insolvenztabelle): »Gläubigeraufforderung« Muster 247 – 249 (Insolvenztabelle) »Forderungsanmeldungsformular« (drei Varianten) gerichtliches Merkblatt für Insolvenzgläubiger: abrufbar bspw. über www.justiz.nrw.de

Nr.	Thema	Checkliste Gläubiger/Kreditoren: Erläuterung Insolvenzgläubiger	Hilfsmittel
4.	Zustellungsnachweis	• über die Aufforderung der Gläubiger zur Anmeldung muss gegenüber dem Insolvenzgericht ein Zustellungsnachweis erbracht werden • dieser sollte (ggf.) mit weiteren vom Insolvenzgericht angeforderten Informationen übermittelt werden	Checkliste Eröffnungsbeschluss (für jur. oder natürl. Person) Muster 156: »Zustellungsnachweis« Muster 157: »Zustellungsnachweis – Übersendung an Gericht«
5.	Archivierung	• Unterlagen der Insolvenzgläubiger in ein A – Z-Register einsortieren (Kreditorenordner) • diese können aus der Zeit vor Insolvenzeröffnung (z. B. bei einer vorläufigen Verwaltung), aber ggf. auch aus der Zeit danach (z. B. Mahnungen etc.) resultieren • Forderungsanmeldungen und dazugehöriger Schriftverkehr gehören allerdings in den Tabellenordner	Muster 210 – 213 (Inhaltsverzeichnis): Inhaltsverzeichnis (versch. Varianten)
6.	Gläubigerversammlung	• über die Gläubigerversammlung können Insolvenzgläubiger ihre Rechte wahrnehmen und den Verlauf des Verfahrens mitbestimmen: – Entscheidung über Betriebsstilllegung oder Fortführung (§ 157 Satz 1 InsO) – Ausarbeitung Insolvenzplan (§ 157 Satz 2 InsO) – Verwertung der Insolvenzmasse (§ 159 InsO) – besonders bedeutsame Rechtshandlungen (§ 160 InsO) • die Stimmrechte der Gläubiger bestimmen sich nach den Regelungen der §§ 76 f. InsO • besondere Gläubigerversammlung ist auf Antrag möglich (§ 75 InsO)	Checkliste Terminvorbereitung (Muster 336 – 338)
7.	Auskunftserteilung	• Gläubiger fragen regelmäßig nach dem Verfahrensstand, dies insbes. auch telefonisch • Was darf an Auskünften wann und wie erteilt werden? s. hierzu in den Literaturtipp	Bruder/Dressler, Telefonische Auskünfte im Insolvenzverfahren, InsbürO 2013, 45 ff. Neve, Auskunfts- und Rechenschaftspflichten des Insolvenzverwalters im eröffneten Insolvenzverfahren, InsbürO 2017, 231 ff. (mit Angaben auch zu Rechenschaftspflichten wie Schlussbericht u.a.) Checkliste Eröffnungsbeschluss jur. Pers. (Nr. 46) und nat. Pers. (Nr. 41): Zusammenfassung der Auskunftsmöglichkeiten
8.	Nachträgliche Forderungsanmeldungen	• regelmäßig Eingang von Forderungsanmeldungen nach Ablauf der Anmeldefrist oder sogar nach dem Prüfungstermin • verspätete Anmeldungen sind gem. § 177 Abs. 1 InsO möglich • jedoch: gesonderte Gerichtsgebühr für nachträglichen Prüfungstermin (Nr. 2340 KV GKG) • Anmeldung **vor** Bekanntmachung der bevorstehenden Verteilung (§ 188 InsO): Prüfung ist möglich und Aufnahme in das Verteilungsverzeichnis • Anmeldung **nach** Bekanntmachung der bevorstehenden Verteilung (§ 188 InsO): Prüfung möglich, aber keine Aufnahme mehr in das Verteilungsverzeichnis	Checkliste Insolvenztabelle > Nachträgliche Anmeldungen Ausschluss von Verteilung: BGH v. 22.03.2007 – IX ZB 8/05 in ZInsO 2007, 493 WKRS 2007, 15826
9.	Geltendmachung von Haftungsansprüchen	• Recht zur Geltendmachung von Haftungsansprüchen bei Personengesellschaften: Insolvenzverwalter gem. § 93 InsO • entsprechende Info an Gläubiger	Checkliste Haftungsansprüche Muster 186 (Haftungsansprüche): »Information an Gläubiger wg. § 93 InsO«

Nr.	Thema	Checkliste Gläubiger/Kreditoren: Erläuterung Insolvenzgläubiger	Hilfsmittel
10.	Schadensersatz	• immer wieder werden Gläubiger von den Schuldnern nicht benannt und können daher am Verfahren nicht teilnehmen • Kenntnis des Gläubigers vom Insolvenzverfahren bis zum Schlusstermin: Nachmeldung möglich • spätere Kenntnis: Schadensersatzforderung gegen Schuldner i.S.v. § 826 BGB, Geltendmachung außerhalb des Insolvenzverfahrens	OLG Saarbrücken, Beschl. v. 7.05.2015 – 4 W 9/15 in ZInsO 2015, 2130, InsbürO 2016, 40 mit Verweis auf BGH (Beschl. v. 6.11.2008 – IX ZB 34/08 in WKRS 2008, 25726 Rn. 11)
11.	Absonderungsgläubiger	• s. gesonderte Checkliste	Checkliste Absonderungsrechte (Muster 10 – 20)
12.	Arbeitnehmer	• s. gesonderte Checkliste	Checkliste Arbeitsverhältnisse (Muster 29 – 38)
13.	Aussonderungsgläubiger	• s. gesonderte Checkliste	Checkliste Aussonderungsrechte (Muster 46 – 55)
14.	Dienstleister	• wg. Dienstleistungen aus der Zeit der vorläufigen Verwaltung und des eröffneten Verfahrens: s. gesonderte Checkliste	Checkliste Betriebsfortführung (Muster 73 – 80)
15.	Lieferanten	• wg. Lieferungen aus Zeit der vorläufigen Verwaltung und des eröffneten Verfahren: s. gesonderte Checkliste	Checkliste Betriebsfortführung (Muster 73 – 80)
16.	Massegläubiger	• Massegläubiger = durch Verwalter begründete oder aufoktroyierte Leistung eines Dritten (§ 55 Abs. 1 InsO) • Zuordnung von eingehendem Schriftverkehr in unterschiedlichen Registern/Bereichen möglich, ggf. beim Gläubiger anrufen – für Betriebsfortführung: Register Betriebsfortführung durchsehen – für Grundstücke: Immobilienregister durchsehen – bei Steuerforderung: Register Steuern durchsehen – für Vertragsverhältnisse: Register Verträge durchsehen – für die Verwertung: Inventarregister durchsehen	Checkliste Masseverbindlichkeiten (Muster 274) Checkliste Masseunzulänglichkeit (Muster 269 – 273)
17.	Nachträgliche Gläubiger	• bislang unbekannte Gläubiger erhalten Möglichkeit zur nachträglichen Anmeldung • eine solche ist gem. § 177 Abs. 1 InsO möglich • jedoch: gesonderte Gerichtsgebühr für nachträglichen Prüfungstermin (Nr. 2340 KV GKG) • vor Aufforderung – wenn möglich – prüfen: handelt es sich um eine Insolvenzforderung gem. § 38 InsO? • entsprechende Aufforderung nebst Anmeldeformular versenden	Muster 251 (Insolvenztabelle): »Gläubigeraufforderung zur nachträglichen Anmeldung«
18.	Neugläubiger	• Begründung eines Zahlungsanspruches allein durch Schuldner, ggf. durch freigegebene selbständige Tätigkeit • die Voraussetzungen des § 55 Abs. 1 InsO (= Handlung oder Inanspruchnahme durch Insolvenzverwalter) liegen nicht vor • Verfügung über Gegenstand der Insolvenzmasse? Prüfung der möglichen Unwirksamkeit gem. § 81 InsO • damit Neugläubiger = kein begründeter Zahlungsanspruch gegen die Insolvenzmasse • kein Ausgleich als Masseverbindlichkeit • Zweitinsolvenzverfahren schwierig, wenn kein freies Vermögen vorhanden • bei freigegebenem Vermögen Zweitinsolvenzverfahren nach der Rechtsprechung möglich: s. nachstehend • aber: von Neugläubigern spricht man auch, wenn Forderungen nach dem eigentlichen Zeitpunkt der Insolvenzantragspflicht begründet werden: Haftung des Vertretungsorgans (= Neugläubigerschaden)	Muster 152 – 153: »Neugläubiger – Hinweis wg. Nichtzahlung« (jur. Pers. u. nat. Pers.) Muster 154: »Neugläubiger – Kopie an Schuldner« Poertzgen, Zahlungsanspruch von Neugläubigern, ZInsO 2009, 1833 ff. Zu Neugläubigern nach Verletzung der Antragspflicht. BGH, Urt. v. 14.5.2012 – II ZR 130/10, ZInsO 2012, 1367
19.	Vertragspartner	• s. gesonderte Checklisten	Checkliste Versicherungsverträge (Muster 361 – 369) Checkliste Vertragsverhältnisse (Muster 373 – 377)

Nr.	Thema	Checkliste Gläubiger/Kreditoren: Erläuterung Allgemeines	Hilfsmittel
20.	GOI	• GOI = Grundsätze ordnungsgemäßer Insolvenzverwaltung (70 Grundsätze) • Grundsatz 15: Beachtung der Anforderungen des Datenschutzes bei Zugangskontrollen zum Datenbestand, insbes. beim Gläubigerinformationssystem (bes. Zugangscodes) • Grundsatz 46: Einrichtung eines Gläubigerinformationssystems • *(Die Autoren danken dem VID für die freundliche Zustimmung zur Veröffentlichung von Hinweisen auf die GOIs)*	VID = Verband Insolvenzverwalter Deutschlands e.V. www.vid.de
21.	Gläubigerausschuss	• ein Gläubigerausschuss kann zur Unterstützung und Überwachung des Insolvenzverwalters eingesetzt werden • in einen Gläubigerausschuss werden einzelne Gläubiger als Mitglieder gewählt (§ 67 Abs. 2 InsO) • der Gläubigerausschuss kann anstelle der Gläubigerversammlung den Entscheidungen des Insolvenzverwalters zustimmen • wegen näherer Einzelheiten: s. gesonderte Checkliste	Checkliste Gläubigerausschuss
22.	Schriftverkehr	• häufig gehen Schreiben der Gläubiger ein (z. B. Mahnungen, Vollstreckungsandrohungen etc.) • hierbei: Prüfung der Einordnung des Gläubigers • Insolvenzgläubiger? A – Z-Liste der Insolvenztabelle und nachträgliche Anmeldungen durchsehen • liegt Anmeldung vor: Mahnung etc. dazu heften, Beantwortung nicht erforderlich! • Hintergrund: ggf. unterschiedliche Abteilungen im Unternehmen des Gläubigers zuständig für Mahnungen und Forderungsanmeldungen • keine Forderungsanmeldung? dann Zustellungsnachweis durchsehen: schon zur Anmeldung aufgefordert? • wenn ja: ggf. erneuter Hinweis auf Möglichkeit der Anmeldung, Archivierung im Kreditorenordner • ggf. »unbekannter Gläubiger«: s. vorstehend (Nr. 17) • ggf. auch »Massegläubiger«: s. vorstehend (Nr. 16) • ggf. auch »Neugläubiger«: s. vorstehend (Nr. 18) • Achtung: bei Mahnung durch Versicherungsgesellschaft gem. § 38 VVG ist der Versicherungsschutz in Gefahr: Sachverhalt näher prüfen: s. gesonderte Checkliste	Muster 251 (Insolvenztabelle): »Gläubigeraufforderung – zur nachträglichen Aufforderung« Checkliste Versicherungsverträge
23.	Verbraucherinsolvenzverfahren	• keine Besonderheit • häufig gibt es dort aber Neugläubiger	
24.	Versagungsantrag	• damit die Gläubiger einen etwaigen Versagungsantrag stellen können (§§ 290 Abs. 1, 296 InsO), müssen sie entsprechende Informationen über das Fehlverhalten des Schuldners erhalten • ggf. Versendung der Sachstandsberichte oder des Schlussberichtes an Gläubiger • die Rechtsprechung hat den Verwalter/Treuhänder zur Auskunftserteilung befugt	Muster 155: »Versagungstatbestand – Info an Gläubiger« Für Info während RSB-Phase: BGH v. 01.07.2010 – IX ZB 84/09 in InsbürO 2010, 357, ZInsO 2010, 1498
25.	Zweitinsolvenzverfahren	• denkbar, wenn nach Insolvenzeröffnung neue Verbindlichkeiten durch den Schuldner ohne Mitwirkung des Insolvenzverwalters begründet werden • z. B. bei freigegebener selbständiger Tätigkeit • Voraussetzung für Zweitinsolvenzverfahren: neues freies Vermögen muss vorhanden sein	Büttner, Gegenvorstellung und beschränkte Restschuldbefreiung – Probleme im Zusammenhang mit dem sogenannten Zweitinsolvenzverfahren, ZInsO 2017, 1057 Schmerbach, Zweitinsolvenzverfahren, ZInsO 2009, 2078 ff.

Checkliste 25: Gläubigerausschuss

49 Das Gesetz zur weiteren Erleichterung der Sanierung von Unternehmen vom 07.12.2011 (BGBl. 2011 Teil I, S. 2582 – Ausgabe Nr. 64) (kurz »ESUG« genannt) hat Neuregelungen im Bereich des Gläubigerausschusses geschaffen. So wurde in § 22a InsO i.V.m. § 21 Abs. 2 Nr. 1a InsO ein vorläufiger Gläubigerausschuss in die Insolvenzordnung aufgenommen. Wesentliches Ziel des Gesetzgebers war es, die Gläubigerautonomie und den Einfluss der Gläubiger auf die Auswahl des (vorläufigen) Insolvenzverwalters zu stärken. Das Instrument des vorläufigen Gläubigerausschusses ist in der Praxis gut angenommen worden. Die Insolvenzbüros haben daher seit Inkrafttreten des ESUGs häufiger mit Gläubigerausschüssen zu tun. Über Funktionen und Aufgaben eines Gläubigerausschusses soll nachfolgend entsprechend ein Überblick gegeben werden.

(Die Übersicht dient als Nachschlagewerk und ist daher alphabetisch sortiert.)

50

Nr.	Thema	Checkliste Gläubigerausschuss: Erläuterung	Hilfsmittel
1.	Antragsausschuss – Eröffnungsverfahren	• gesetzliche Regelung in § 22a Abs. 2 InsO • Insolvenzgericht »soll« einen vorläufigen Gläubigerausschuss einsetzen, wenn – ein Antrag des Schuldners, eines Gläubigers oder des schon eingesetzten vorläufigen Insolvenzverwalters auf Einsetzung gestellt wird und – geeignete Personen als Mitglieder des vorläufigen Gläubigerausschusses vorgeschlagen sind und eine Einverständniserklärung der vorgeschlagenen Personen vorliegt • bei Vorliegen der vorstehenden Voraussetzungen besteht eine Verpflichtung des Insolvenzgerichtes zur Einsetzung des vorläufigen Gläubigerausschusses • Ausnahmen von der Einsetzung in § 22a Abs. 3 InsO (= Einsetzungssperre: s. nachstehend) • Antragsausschuss wird auch »Soll«-Ausschuss genannt (= Insolvenzgericht soll einsetzen)	
2.	Aufgaben – grundsätzlich	• gesetzliche Regelung in § 69 InsO: – Unterstützung und Überwachung des Insolvenzverwalters bei der Geschäftsführung – Unterrichtung über den Gang der Geschäfte – Einsichtnahme in Bücher und Geschäftspapiere – Prüfung des Geldverkehrs und Geldbestandes • darüber hinaus Zustimmungsbefugnis zu unterschiedlichen Entscheidungen: s. nachstehend »Handlungen«	
3.	Aufgaben – vorläufiger Ausschuss	• neben den Aufgaben gem. § 69 und § 160 InsO folgende weitere: – Anhörungsrecht vor Bestellung eines Verwalters durch Benennung eines konkreten Aufgabenprofils (§ 56a Abs. 1 InsO) – einstimmiger, bindender Vorschlag für einen Verwalter (§ 56a Abs. 2 InsO) – einstimmige Ersetzung der gerichtlichen Auswahlentscheidung ohne Beteiligung des vorläufigen Gläubigerausschusses (§ 56a Abs. 3 InsO) – Antrag auf Aufhebung des Schutzschirmverfahrens vor Ablauf der gesetzten Frist (§ 270b Abs. 4 Satz 1 Nr. 3 InsO) – Stellungnahme zum Antrag auf Eigenverwaltung (§ 270 Abs. 3 InsO)	
4.	Ausschuss-Varianten – Eröffnungsverfahren	• InsO unterscheidet drei Varianten des Gläubigerausschusses: – Pflichtausschuss – Antragausschuss – Kann-Ausschuss • nähere Erläuterungen hierzu jeweils unter gesondertem Stichwort	

Nr.	Thema	Checkliste Gläubigerausschuss: Erläuterung	Hilfsmittel
5.	Beschlüsse	• Wirksamkeit der Beschlüsse gem. § 72 InsO bei – Teilnahme der Mehrheit der Mitglieder an der Beschlussfassung – Mehrheit der abgegebenen Stimmen	
6.	Besetzung	• gesetzliche Regelung in § 67 Abs. 2 InsO • Abbildung der wesentlichen Gläubigergruppen: – Absonderungsberechtigte Gläubiger – Insolvenzgläubiger mit höchsten Forderungen – Kleingläubiger – Vertreter der Arbeitnehmer • Problem beim »Vierer-Ausschuss«: mögliche Stimmparität • daher anzuraten: fünf Mitglieder benennen • Regelung in § 67 Abs. 2 InsO gilt auch für den vorläufigen Gläubigerausschuss gem. § 22a InsO	Zur Mindestbesetzung von zwei Mitgliedern: BGH v. 05.03.2009 – IX ZB 148/08 in ZInsO 2009, 716, WKRS 2009, 11561 Gewerkschafts-sekretär als Vertreter der AN zulässig: AG Hannover, Beschl. v. 14.09.2015 – 908 IN 594/15-1 in ZInsO 2015, 1982, InsbürO 2016, 37
7.	Einsetzung – eröffnetes Verfahren	• gesetzliche Regelung in § 67 ff. InsO: – Insolvenzgericht kann einen Gläubigerausschuss vor der ersten Gläubigerversammlung einsetzen (= sogenannter Interims-Gläubigerausschuss) (§ 67 InsO) – Gläubigerversammlung kann einen Gläubigerausschuss wählen (§ 68 InsO)	
8.	Einsetzung – Eröffnungsverfahren	• Einsetzung eines vorläufigen Gläubigerausschuss nach § 22a InsO tlw. verpflichtend, tlw. möglich • s. vorstehend »Ausschuss-Varianten« (Nr. 4)	
9.	Einsetzungssperre – Eröffnungsverfahren	• § 22a Abs. 3 InsO enthält ein Verbot zur Einsetzung eines vorläufigen Gläubigerausschusses • dortige Gründe: – Einstellung Geschäftsbetrieb – Einsetzung im Verhältnis zu erwartender Insolvenzmasse unverhältnismäßig – nachteilige Veränderung der Vermögenslage durch Verzögerung im Zusammenhang mit der Einsetzung • betroffen von dem Verbot: Pflicht- und Antragsausschluss • nicht betroffen: Kann-Ausschuss	
10.	Entlassung	• Möglichkeit der Entlassung eines Mitgliedes aus wichtigem Grund durch das Insolvenzgericht (§ 70 InsO) • von Amts wegen oder auf Antrag des Mitglieds oder der Gläubigerversammlung	
11	ESUG	• für einen Überblick über die eingetretenen Änderungen durch das ESUG: Synopse §§ 270 – 285 InsO	Synopse ESUG, InsbürO 2012, 175 ff.
12.	GOI	• GOI = Grundsätze ordnungsgemäßer Insolvenzverwaltung (70 Grundsätze) • Grundsatz 3: Teilnahme an Gläubigerausschusssitzungen (= Höchstpersönlichkeit) • Grundsatz 40: soweit zweckmäßig und angemessen Anregung der Einsetzung eines (vorläufigen) Gläubigerausschusses durch Insolvenzverwalter • *(Die Autoren danken dem VID für die freundliche Zustimmung zur Veröffentlichung von Hinweisen auf die GOIs)*	VID = Verband Insolvenzverwalter Deutschlands e.V. www.vid.de
13.	Haftung	• Schadensersatzpflicht der Gläubigerausschussmitglieder bei schuldhafter Pflichtverletzung (§ 71 InsO) • gegenüber den absonderungsberechtigten Gläubigern und den Insolvenzgläubigern	Lissner, Fragen rund um die Mitgliedschaft im Gläubigerausschuss, Teil 2: InsbürO 2017, 151 ff.

Nr.	Thema	Checkliste Gläubigerausschuss: Erläuterung	Hilfsmittel
14.	Handlungen	• die InsO sieht in einigen Teilen die Einholung der Zustimmung des Gläubigerausschusses vor – soweit ein solcher bestellt ist • andererseits hat der Gläubigerausschuss einige Rechte • hierzu folgender Überblick: – Abschlagsverteilung: Zustimmung (§ 195 Abs. 1 InsO) – Auskunftspflicht des Schuldners (§ 97 Abs. 1 Satz 1 InsO) – Berichtstermin: Möglichkeit zur Stellungnahme zum Bericht des Verwalters (§ 156 Abs. 2 InsO) – besonders bedeutsame Rechtshandlunge: Zustimmung (§ 160 Abs. 1 InsO) – Eigenverwaltungsverfahren: Stellungnahme zum Antrag (§ 270 Abs. 3 InsO) – Eigenverwaltungsverfahren: bedeutsame Rechtshandlungen: Zustimmung (§ 276 InsO) – Eigenverwaltungsverfahren: mögliche Einstellungsgründe: Recht auf Unterrichtung (§ 274 Abs. 3 InsO) – Entlassung des Insolvenzverwalters (Antragsrecht) (§ 59 Abs. 1 InsO) – Gläubigerversammlung: Antragsrecht auf Einberufung (§ 75 InsO) – Insolvenzplanverfahren: Beratende Funktion bei der Erstellung (§ 218 Abs. 3 InsO) – Insolvenzplanverfahren: Abgabe einer Stellungnahme zum Plan (§ 232 InsO) – Insolvenzplanverfahren: Anhörungsrecht vor Bestätigung des Plans durch das Gerichts (§ 248 Abs. 2 InsO), ebenfalls bei Berichtigung (§ 248a Abs. 2 InsO) – Insolvenzplanüberwachung: Unterrichtung und Auskunftserteilung durch Insolvenzverwalter (§§ 261, 262 InsO – Rechnungslegung: Stellungnahme (§ 66 Abs. 2 InsO) – Schutzschirmverfahren: Antragsrecht auf Aufhebung (§ 270b Abs. 4 Nr. 2 InsO) – Stilllegung oder Veräußerung des Unternehmens vor dem Berichtstermin: Zustimmung (§ 158 Abs. 1 InsO) – Verteilung an die Insolvenzgläubiger: Zustimmung (§ 187 Abs. 3 InsO) – Verzeichnis der Massegegenstände: Antrag auf Verzicht zustimmungsbedürftig (§ 151 Abs. 3 InsO) – Wertgegenstände: Entscheidung über Anlageort und Anlagebedingungen (insbes. auch Geld = Treuhandkonto) (§ 149 InsO)	Lissner, Fragen rund um die Mitgliedschaft im Gläubigerausschuss, Teil 2: InsbürO 2017, 151 ff. grundlegend zu den Aufgaben des Ausschusses, insbesondere zur Prüfung des Geldverkehrs: BGH v. 9.10.2014 – IX ZR 140/11 in InsbürO 2015, 158, ZInsO 2014, 2361
15.	Kann-Ausschuss – Eröffnungsverfahren	• gesetzliche Regelung in § 21 Abs. 2 Nr. 1a InsO • Insolvenzgericht kann vorläufigen Gläubigerausschuss nach pflichtgemäßen Ermessen einsetzen, unabhängig vom – Erreichen der Schwellenwerte beim Pflichtausschuss (s. nachstehend) oder – Antrag beim Antragsausschuss (s. vorstehend) • Gründe: geringfügiges Unterschreiten der Schwellenwerte oder maßgebliche Veränderung der Schwellenwerte zum Zeitpunkt der Insolvenzantragstellung im Vergleich zum abgelaufenen Geschäftsjahr	Kreuznacht, ESUG – Der vorläufige Gläubigerausschuss, InsbürO 2013, 123 ff.
16.	Mitglieder	• grundsätzlich: s. vorstehend »Besetzung« • bzgl. des vorläufigen Gläubigerausschusses: auch Gläubiger in spe (= werden erst mit Insolvenzeröffnung Gläubiger) können aufgenommen werden • Bsp.: Bundesagentur für Arbeit durch Insolvenzgeldzahlung	Lissner, Fragen rund um die Mitgliedschaft im Gläubigerausschuss, Teil 1: InsbürO 2017, 116 ff., Teil 2: InsbürO 2017, 151 ff.
17.	Pflichtausschuss – Eröffnungsverfahren	• gesetzliche Regelung in § 22a Abs. 1 InsO • Insolvenzgericht »hat« einen vorläufigen Gläubigerausschuss einzusetzen, wenn zumindest zwei der drei nachstehenden Schwellenwerte erreicht sind: – Bilanzsumme nach Abzug eines auf der Aktivseite ausgewiesenen Fehlbetrages nach § 268 Abs. 3 HGB: 4.840.000,00 EUR – Umsatzerlöse in den letzten 12 Monaten vor Abschlussstichtag: 9.860.000,00 EUR – Arbeitnehmer im Jahresdurchschnitt mindestens: 50	Kreuznacht, ESUG – Der vorläufige Gläubigerausschuss, InsbürO 2013, 123 ff.

Nr.	Thema	Checkliste Gläubigerausschuss: Erläuterung	Hilfsmittel
		• Schwellenwerte = Merkmale zur Abgrenzung einer kleinen von einer mittelgroßen Kapitalgesellschaft (§ 267 Abs. 1 HGB) • Bewertung nicht zum Zeitpunkt der Insolvenzantragstellung • Bewertung nach den Verhältnissen des dem Insolvenzantrag vorgegangenen Geschäftsjahres • Pflichtausschuss wird auch »Muss«-Ausschuss genannt (= Insolvenzgericht muss einsetzen)	
18.	Kann-Ausschuss – Eröffnetes Verfahren	• das Insolvenzgericht kann vor der ersten Gläubigerversammlung einen Gläubigerausschuss einsetzen: sogenannter Interim-Gläubigerausschuss	
19.	Pflichtverletzung	• Gläubigerausschussmitglieder haften bei Pflichtverletzung • Beispiel: verzögerte Kassenprüfung, dadurch wurde Veruntreuung von Geldern durch Insolvenzverwalter nicht verhindert	Zur Haftung: BGH v. 25.06.2015 – IX ZR 142/13 (Rn. 13 m.w.N.) in ZInsO 2015, 1563, InsbürO 2015, 538
20.	Vergütung – allgemein	• gesetzlicher Anspruch auf Vergütung gem. § 73 InsO • Berechnung erfolgt gem. §§ 17, 18 InsVV • aber Ausnahmen beachten: s. nachstehend	Deppe, Vergütung der Gläubigerausschussmitglieder, InsbürO 2005, 164 ff. Lissner, Fragen rund um die Mitgliedschaft im Gläubigerausschuss, Teil 2: InsbürO 2017, 151 ff.
21.	Vergütung – Ausschluss	• ggf. Ausschluss eines Vergütungsanspruches: – Tätigkeit als Ausschussmitglied ist Teil der beruflichen Tätigkeit • nach der Literatur: jeweilige Art der Vertretung prüfen (jur. Person, institutionelle Gläubiger, Körperschaft öffentlichen Rechts)	Lorenz/Klanke, InsVV-Kommentar, 3. Aufl., Lorenz, § 17 Rn. 19 ff. Graeber/Graeber, InsVV-Kommentar, 2. Aufl., § 17 Rn. 24 ff. Vergütungsausschluss: LG Duisburg v. 13.09.2004 – 7 T 221/04 in WKRS 2004, 38227
22.	Vergütung – Stundensatz – eröffnetes Verfahren	• Vergütung wird gem. § 17 Abs. 1 InsVV nach Stunden berechnet: zwischen 35 und 95 EUR/Stunde • Umfang der Tätigkeit ist bei der Festsetzung zu berücksichtigen	Höherer Stundensatz bei besonderer Sachkunde: AG Hamburg v. 03.08.2018 – 326 T 41/17 in InsbürO 2019, 56, ZInsO 2018, 2050
23.	Vergütung – Stundensatz – vorläufiger Ausschuss	• für Aufgaben gem. § 56a InsO (= Stellungnahme zur Verwalterbestellung) und gem. § 270 Abs. 3 InsO (= Stellungnahme zur Begründung von Masseverbindlichkeiten): einmalig 300 EUR gem. § 17 Abs. 2 Satz 1 InsVV • nach Bestellung eines vorläufigen Insolvenzverwalters oder vorläufigen Sachwalters: Vergütung gem. § 17 Abs. 1 InsVV (= wie im eröffneten Verfahren)	
24.	Vorläufiger Ausschuss	• s. wegen einzelner unterschiedlicher Stichworte vorstehend	ABC des Insolvenzrechtes: vorläufiger Gläubigerausschuss, InsbürO 2012, 240
25.	Wahl des Ausschusses	• Gläubigerversammlung kann einen Gläubigerausschuss wählen (§ 68 Abs. 1 InsO) • falls ein solcher vom Insolvenzgericht schon gem. § 67 Abs. 1 InsO eingesetzt wurde: Möglichkeit der Wahl anderer Mitglieder durch die Gläubigerversammlung (§ 68 Abs. 2 InsO)	
26.	Wahl eines Insolvenzverwalters	• vorläufiger Gläubigerausschuss hat Möglichkeit, auf Wahl des Insolvenzverwalters Einfluss zu nehmen • dadurch: Einflussnahme auf Maßnahmen, insbes. Unternehmensfortführung	
27.	Zusammenarbeit	• Zusammenarbeit Gläubigerausschuss und Insolvenzverwalter bzw. Sachwalter: Abwägung zwischen Dienstleistung und Distanz • Wünsche eines Gläubigerausschusses berücksichtigen, soweit sachdienlich	Graeber, Gläubigerausschuss und Insolvenzverwalterbüro, InsbürO 2014, 101 ff.
28.	Zustimmungsbefugnis	• s. vorstehend »Handlungen«	

Checkliste 26: Gläubigerverzeichnis

51 Gem. § 152 InsO hat der Insolvenzverwalter ein Verzeichnis aller Gläubiger des Schuldners aufzustellen, die ihm aus den Büchern und Geschäftspapieren des Schuldners, durch sonstige Angaben des Schuldners, durch die Forderungsanmeldungen oder auf andere Weise bekannt geworden sind. Absonderungsgläubiger und nachrangige Gläubiger sind hierbei gesondert aufzuführen. Auch die Möglichkeit einer etwaigen Aufrechnung und mögliche Masseverbindlichkeiten sind zu benennen. Das Verzeichnis bietet die Grundlage für die Passivseite der Vermögensübersicht gem. § 153 Abs. 1 InsO. Die nachfolgende Übersicht zeigt auf, welche einzelnen Aspekte bei der Erstellung zu berücksichtigen sind.

(Die Übersicht ist nach gängigen Informationen und Arbeitsschritte sortiert.)

52

Nr.	Thema	Checkliste Gläubigerverzeichnis (§ 152 InsO): Erläuterung	Hilfsmittel
1.	Gesetzliche Grundlage	• Regelung in § 152 InsO	
2.	Passiva	• Passiva = Kapitalseite = wie wurden die Werte der Aktivseite finanziert? Wo kommen die Gelder her? • Einteilung des Kapitals in Eigenkapital und Fremdkapital (Mittel von Dritten) • Gläubigerverzeichnis: Auflistung der Ansprüche Dritter	
3.	Zusammenhang der Verzeichnisse §§ 151 – 153 InsO	• die Verzeichnisse gem. §§ 151, 152 und 153 InsO hängen zusammen: – Verzeichnis der Massegegenstände (§ 151 InsO) mit Detailinformationen = Aktiva – Gläubigerverzeichnis (§ 152 InsO) mit Detailinformationen = Passiva – Vermögensübersicht: Aktiva und Passiva mit jeweils verdichteten Daten	Checklisten Verzeichnis der Massegegenstände Vermögensübersicht
4.	Handelsrechtliche Grundsätze	• Vermögensverzeichnisse gem. §§ 151 – 153 InsO = insolvenzspezifisches Rechenwerk • nach der InsO keine verpflichtende Anwendung der handelsrechtlichen Grundsätze • einige handelsrechtliche Standards werden allerdings regelmäßig berücksichtigt	Rechnungslegungshinweise des Instituts der Wirtschaftsprüfer in Deutschland e.V. (IDW): ZInsO 2009, 75 ff., 130 ff., 179 ff. oder www.idw.de
5.	Zweck	• das Gläubigerverzeichnis ermöglicht die Ermittlung einer voraussichtlichen Quote • ermittelter Erlös aus dem Verzeichnis der Massegegenstände (ohne Abzug der Rechte Dritter) abzüglich aller Verbindlichkeiten gem. Gruppe 2 – 5 • dann: Welcher Betrag bleibt zur Verteilung an die Insolvenzgläubiger im Rang 6 (s. nachfolgend Nr. 12)? (= prognostizierte Quote)	
6.	Erstellung	• Erstellung des Gläubigerverzeichnisses über Insolvenzsoftware • Ausdruck eines korrekten Verzeichnisses setzt sorgfältige und ordnungsgemäße Eingabe der Daten voraus • Kontrolle des Ausdrucks ist anzuraten	Insolvenzsoftware
7.	Inhalt	• Folgende Angaben sollten im Gläubigerverzeichnis gemacht werden: – Name und Anschriften aller bekannten Gläubiger – Höhe und Grund der Forderungen – Sortierung nach Gläubigergruppen: sieben Stück: s. nachfolgend jeweils einzelne Erläuterung – weitere Angaben je nach Gläubigergruppe: s. dort – Sortierung nach bestimmter Reihenfolge (s. nachstehend »Reihenfolge«)	
8.	Fortführung	• sollte eine Betriebsfortführung stattfinden, ergeben sich andere Werte bei den Verbindlichkeiten (= Passivseite = Gläubigerverzeichnis) • Grund: Masseverbindlichkeiten (§ 55 InsO) können höher sein (z. B. durch Wareneinkauf, aber auch steuerliche Verpflichtungen, Abgabe von Jahresabschlüssen etc.)	

Nr.	Thema	Checkliste Gläubigerverzeichnis (§ 152 InsO): Erläuterung	Hilfsmittel
		• Grund: Erlös aus der Verwertung fällt i.d.R. höher aus: dann Befriedigung der Absonderungsrechte höher • dadurch: geringerer Ausfall der Absonderungsgläubiger • daher wichtig bei Betriebsfortführung: zwei Werte im Gläubigerverzeichnis angeben: Fortführungswerte und Liquidationswerte	
9.	Liquidation	• ist eine Betriebseinstellung schon erfolgt oder kurzfristig absehbar: Liquidationswerte angeben • dadurch: geringere Masseverbindlichkeiten (§ 55 InsO) • dadurch: Erlös für Absonderungsrechte i.d.R. geringer und damit höherer Ausfall	
10.	Stichtag	• die Vermögensübersicht gem. § 153 InsO ist auf den Stichtag der Eröffnung aufzustellen • dort Verweis auf die Benennung der absonderungsberechtigten und nachrangigen Gläubiger: § 153 Abs. 1 Satz 2 InsO • § 152 Abs. 1 InsO nennt auch die Gläubigerdaten aus Forderungsanmeldungen • daher: für das Gläubigerverzeichnis sämtliche Daten nutzen, auch solche, die nach Insolvenzeröffnung bekannt werden • damit: für das Gläubigerverzeichnis kein Stichtag	
11.	Sortierung	• Sortierung nach der Fälligkeit: • »Wie schnell müssen die Verbindlichkeiten zurückgezahlt werden?« • Zuordnung der unterschiedlichen Gläubigergruppen nach entsprechender Reihenfolge • Zuordnung innerhalb einer Gruppe: alphabetisch	Insolvenzsoftware Muster 158: »Gläubigerverzeichnis« (Beispiel)
12.	Reihenfolge	• Die Reihenfolge der Gläubiger stellt sich unter Berücksichtigung der »Sortierung nach der Fälligkeit« wie folgt dar: – Aussonderungsgläubiger (Gruppe 1) – Absonderungsgläubiger (Gruppe 2) – Aufrechnungsgläubiger (Gruppe 3 = qualitativ identisch mit Gruppe 2) – Massegläubiger: Masseverbindlichkeiten (Gruppe 4) – Massegläubiger: Massekosten (Gruppe 5) – Insolvenzgläubiger (Gruppe 6) – nachrangige Gläubiger (Gruppe 7) • Hinweise zu den einzelnen Gläubigergruppen: s. nachstehend	
13.	Aussonderungsgläubiger (Gruppe 1)	• die gesetzlichen Regelungen zu den Aussonderungsgläubigern finden sich in §§ 47, 48 InsO • eigentlich: keine Benennung der Aussonderungsgläubiger im Gläubigerverzeichnis (= § 152 InsO führt diese nicht auf) • Grund: Herausgabe von Eigentum außerhalb des Insolvenzverfahrens • häufig aber dennoch: der Vollständigkeit halber werden diese aufgeführt • dann: Gruppe 1 • bei Aufnahme folgende zusätzlichen Angaben: – Art des Rechtes: z. B. Eigentum, Eigentumsvorbehalt etc.	Checkliste Aussonderungsgläubiger
14.	Absonderungsgläubiger (Gruppe 2)	• die gesetzlichen Regelungen zu den Absonderungsrechten finden sich in §§ 49 – 52 InsO • Gruppe 2 für absonderungsberechtigte Gläubiger (hinter Aussonderungsgläubiger) • damit: vorrangige Befriedigung vor anderen Gläubigern • gem. § 152 Abs. 2 Satz 3 InsO sind folgende zusätzliche Angaben zu Absonderungsgläubigern zu machen: – Gegenstand, an dem das Absonderungsrecht besteht – Höhe des mutmaßlichen Ausfalls (Unterscheidung je nach Liquidation oder Fortführung) (= Ausfall ist Insolvenzforderung) • Befriedigung des Absonderungsrecht = Erlös, den der Absonderungsgläubiger bei einer Verwertung erhält	Checkliste Absonderungsrechte

Nr.	Thema	Checkliste Gläubigerverzeichnis (§ 152 InsO): Erläuterung	Hilfsmittel
		• dieser Wert ergibt sich aus dem Verzeichnis der Massegegenstände (§ 151 InsO) • dort: Angabe von Rechten Dritten an einem Vermögenswert • Höchstgrenze der Befriedigung: voraussichtlicher Erlös aus der Verwertung • Bsp.: Gesamtforderung 10.000 EUR./. Erlös aus Sicherungsrecht = 6.000 EUR (Angabe bei Absonderungsrechten) = Ausfall: 4.000 EUR (geschätzte Insolvenzforderungen)	
15.	Aufrechnungsgläubiger (Gruppe 3)	• die gesetzliche Regelung zur Möglichkeit der Aufrechnung findet sich in § 94 InsO • Gruppe 3 für aufrechnungsberechtigte Gläubiger (hinter Aus- und Absonderungsgläubiger) • allerdings: gleichwertige Befriedigung mit Absonderungsrechten, Gruppe 3 = lediglich Reihenfolge der Nennung • damit: vorrangige Befriedigung vor anderen Gläubigern • gem. § 152 Abs. 3 InsO sind Angaben zur Möglichkeit der Aufrechnung zu machen • hierzu: Nennung der Forderung aus dem Verzeichnis der Massegegenstände (§ 151 InsO), mit der aufgerechnet werden soll • dort: Angabe des Rechtes zur Aufrechnung • Angabe der Höhe der eigenen Forderung des Aufrechnungsgläubiger • damit: Ermittlung, ob die Forderung des Gläubigers komplett erlischt oder ein Restbetrag als Insolvenzforderung zu berücksichtigen ist	Checkliste Verzeichnis der Massegegenstände
16.	Massegläubiger (Gruppe 4 und 5)	• Massegläubiger = Gläubiger der Verfahrenskosten (§ 54 InsO = Massekosten) und Gläubiger von Handlungen bei der Verfahrensabwicklung oder Betriebsfortführung (§ 55 InsO = Masseverbindlichkeiten) • s. nachstehend: gesonderte Erläuterungen	
17.	Masseverbindlichkeit (Gruppe 4)	• die gesetzlichen Regelungen für die Masseverbindlichkeiten finden sich in § 55 InsO • diese resultieren aus Handlungen des Insolvenzverwalters bzw. aus der Begründung durch die Verwaltung, Verwertung und Verteilung der Insolvenzmasse • ggf. Kosten aus Inanspruchnahme aus gegenseitigen Verträgen (z. B. Löhne und Gehälter im Kündigungszeitraum) • ggf. Verbindlichkeiten aus der Zeit der vorläufigen Verwaltung (starker Verwalter = § 55 Abs. 2 InsO) • ggf. Steuerverbindlichkeiten aus der Zeit der vorläufigen Verwaltung gem. § 55 Abs. 4 InsO • Masseverbindlichkeiten sind i.d.R. im Gläubigerverzeichnis als Gläubigergruppe 4 zu finden • Bsp.: Kosten der Akteneinlagerung, Steuerberatungskosten, Umsatzsteuer aus der vorläufigen Verwaltung • daher: Prüfung und Aufnahme aller berechtigten Zahlungsansprüche Dritter i.S.d. § 55 InsO	Checkliste Masseverbindlichkeiten
18.	Massekosten (Gruppe 5)	• zu den Massekosten gehören gem. § 54 InsO: – die Gerichtskosten – die Vergütungen und Auslagen des vorläufigen Insolvenzverwalters – die Vergütungen und Auslagen des Insolvenzverwalters – die Vergütungen und Auslagen der Mitglieder eines etwaigen Gläubigerausschusses • diese Kosten sind anhand der im Verzeichnis der Massegegenstände ermittelten freien Masse für die Angaben im Gläubigerverzeichnis zu schätzen • Achtung bei Betriebsfortführung: Schätzung auf Basis von zwei Werten: Fortführungs- und Liquidationswerten • bei Betriebsfortführung: höhere Berechnungsgrundlage und i.d.R. gesonderte Zuschläge • die Massekosten sind i.d.R. im Gläubigerverzeichnis als Gläubigergruppe 5 zu finden	Checkliste Massekosten Checkliste Vergütungsanträge

Nr.	Thema	Checkliste Gläubigerverzeichnis (§ 152 InsO): Erläuterung	Hilfsmittel
19.	Insolvenzgläubiger (Gruppe 6)	• die gesetzliche Grundlage findet sich in § 38 InsO • Insolvenzgläubiger sind im Gläubigerverzeichnis i.d.R. als Gläubigergruppe 6 zu finden • Insolvenzgläubiger haben einen Zahlungsanspruch, der aus der Zeit vor Insolvenzeröffnung resultiert • alle bekannten Insolvenzforderungen sind aufzunehmen: s. nachfolgend »Stichtag« • ggf. Trennung in drei Kategorien: – festgestellte Forderungen (= diese müssen bei einer Quotenzahlung berücksichtigt werden) – bestrittene Forderungen (= diese können ggf. noch nachträglich festgestellt werden) – noch nicht angemeldete Forderungen (= diese Verbindlichkeiten sind bekannt und könnten noch nachträglich angemeldet und festgestellt werden) • durch vorstehende Kategorien: unterschiedliche Quotenprognosen möglich • Sicherungsrechte der Insolvenzgläubiger sind zu beachten • weitere mögliche Angaben: Gläubigervertreter und Fibuwert	Checkliste Insolvenztabelle Chatroom, Frage 3: Gehören auf die Passivseite der Vermögensübersicht nur die festgestellten oder auch die bestrittenen Insolvenzforderungen? InsbürO 2008, 276 f.
20.	Nachrangige Gläubiger (Gruppe 7)	• welche Forderungen nachrangig sind, ergibt sich aus § 39 InsO (z. B. Gesellschafterdarlehen = § 39 Abs. 1 Nr. 5 InsO) • diese sind nur anzumelden, wenn das Insolvenzgericht zur Anmeldung gesondert auffordert (§ 174 Abs. 3 InsO) • dies erfolgt, wenn die Insolvenzforderungen vollumfänglich bezahlt werden können • gehen dennoch vorab Anmeldungen ein: Aufnahme in die Insolvenztabelle, aber Forderung bestreiten • Aufnahme im Gläubigerverzeichnis: schon bekannte Forderungen = Gesellschafterdarlehen, Bußgeldforderung etc. • keine Schätzung von Kosten- oder Zinsansprüchen der Insolvenzgläubiger (§ 39 Abs. 1 Nr. 1, 2 InsO) (= keine Aufnahme)	Nachrang Gesellschafterdarlehen: BGH v. 13.07.2017 – IX ZR 173/16 (Rn. 17) in InsbürO 2017, 518, ZInsO 2017, 1844
21.	Zwischensumme	• Bildung von Zwischensummen zu einzelner Gläubigergruppe sinnvoll • damit: Gesamtsumme pro Gläubigergruppe erkennbar	
22.	Verbraucherinsolvenzverfahren	• grds. gleiche Handhabung bei der Erstellung • Übernahme der Daten i.d.R. leichter, weil Gläubigerverzeichnis als Anlage zum Eröffnungsantrag Voraussetzung gem. § 1 Abs. 1 Nr. 2 g) VerbInsVV ist • i.d.R. keine Masseverbindlichkeiten, sondern nur Massekosten	

Checkliste 27: Globalzession

Von einer Globalzession spricht man, wenn die gegenwärtigen und künftigen Forderungen eines Unternehmens ganz oder teilweise (z. B. ggü. Kunden mit Buchstaben A – M) an einen Dritten – i.d.R. ist dies eine Bank – abgetreten werden. Eine Globalzession begründet ein Absonderungsrecht an dem Forderungsbestand des schuldnerischen Unternehmens (§ 51 Nr. 1 InsO). Der Insolvenzverwalter ist zwar im eröffneten Verfahren zum Forderungseinzug berechtigt, muss jedoch das Absonderungsrecht aus den erzielten Zahlungseingängen befriedigen. Über diese und weitere Arbeitsschritte gibt die nachstehende Checkliste einen Überblick. 53

(Die Übersicht ist nach gängigen Informationen und Arbeitsschritten sortiert. Im Anschluss daran finden sich Zusatzinformationen, die alphabetisch sortiert sind.)

54

Nr.	Thema	Checkliste Globalzession: Erläuterung	Hilfsmittel
1.	Absonderungsrecht	• Ansprüche aus einer Abtretung begründen ein Absonderungsrecht: § 51 Nr. 1 InsO • Globalzession = Abtretung: s. nachstehend »Definition«	Schmidt/Büchler, Effiziente Ermittlung und Abwicklung von Aus- und Absonderungsrechten in der Insolvenz, Teil 2: Sicherungsabtretung, InsbürO 2006, 364 ff.

Nr.	Thema	Checkliste Globalzession: Erläuterung	Hilfsmittel
2.	Definition	• Zession (lat.) = Abtretung • Abtretung = im Zivilrecht: Übertragung von Forderungen und anderen Rechten • Abtretender (= bisheriger Gläubiger) = Zedent • Abtretungsempfänger (= neuer Gläubiger) = Zessionar	
3.	Einblick in die Globalzession	• eine Fotokopie der Globalzession ist anzufordern und einzusehen • i.d.R. Anforderung mit der Liste »Vorzulegende Unterlagen«	Muster 173 – 176 (Gutachten): »Liste vorzulegender Unterlagen« (für versch. Rechtsformen)
4.	Einziehungsbefugnis – allgemein	• bei Abschluss der Globalzession überlässt der Sicherungsnehmer (= Bank) dem Sicherungsgeber (= Schuldner) i.d.R. die Einziehungsbefugnis (§ 185 BGB) • damit: Recht des Schuldners, die Forderungen von seinen Kunden direkt einzuziehen • aber: Verpflichtung, Gutschrift auf Konten beim Sicherungsnehmer zu veranlassen, dort: Verrechnung mit ggf. Sollsaldo	
5.	Einziehungsbefugnis – Erlöschen	• die Einziehungsbefugnis kann erlöschen durch: – vertragliche Gestaltung (z. B. bei Insolvenzantragstellung) – Widerruf durch den Sicherungsnehmer (= Bank): s. nachstehend	
6.	Einziehungsbefugnis – Widerruf	• der Sicherungsnehmer kann die Einziehungsbefugnis widerrufen • dann Berechtigung zum eigenen Einzug bei den Kunden des Schuldners (= Offenlegung, dass die Forderungen der Bank »gehören«) • Widerruf = Indiz für Kenntnis über Zahlungsunfähigkeit • daher: Hinweis für mögliche Anfechtung des Rechtserwerbs an Forderungen ab dem Zeitpunkt des Widerrufs: s. nachstehend »Anfechtung« • zum Widerruf während der vorläufigen Verwaltung: s. nachstehend	
7.	Einziehungsbefugnis – vorläufige Verwaltung	• Befugnis des vorläufigen Verwalters im Anordnungsbeschluss zur Einziehung von Forderungen gegen Dritte (§ 23 Abs. 1 InsO) • d. h.: Einziehungsbefugnis bezieht sich auf freie Forderungen (= ohne Abtretung) • Erlöschen der Einziehungsbefugnis prüfen: s. vorstehend • kein Widerruf? dann besteht Einziehungsbefugnis des vorläufigen Verwalters – in dem Fall: keine Auszahlung an Bank: s. nachstehend »Ersatzabsonderungsrecht« • Widerruf erfolgt? Kontaktaufnahme mit Gläubiger: s. nachstehend	Zur Einziehungsbefugnis: BGH v. 20.02.2003 – IX ZR 81/02 in ZInsO 2003, 318, WKRS 2003, 15778 Bei Entzug Einziehungsbefugnis durch Sicherungsnehmer: BGH v. 22.07.2007 – IX ZR 2/06 in WKRS 2007, 12617 Bales, Absonderungsrecht des Sicherungszessionars nach Einziehung der Forderung d. d. vorläufigen IV, InsbürO 2010, 266 ff.
8.	Vollstreckungsverbot – vorläufige Verwaltung	• Vollstreckungsverbot im Anordnungsbeschluss gem. § 21 Abs. 2 Nr. 3 InsO hindert Sicherungsnehmer nicht, Rechte aus vertraglicher Regelung geltend zu machen • daher: Recht, Zahlungen von Drittschuldnern einzuziehen	Rechte des Sicherungsnehmers: BGH v. 20.02.2003 – IX ZR 81/02 (Leitsatz) in ZInsO 2003, 318, WKRS 2003, 15778
9.	Einziehungsbefugnis – eröffnetes Verfahren	• der Insolvenzverwalter ist gem. § 166 Abs. 2 InsO zum Einzug von abgetretenen Forderungen berechtigt • Widerruf der Einziehungsbefugnis spielt keine Rolle im eröffneten Verfahren • Absonderungsrecht: Prüfung der Rechtswirksamkeit und ggf. Befriedigung	

Nr.	Thema	Checkliste Globalzession: Erläuterung	Hilfsmittel
10.	Rechtswirksamkeit	• Prüfung der Rechtswirksamkeit der Globalzession: – ggf. Anfechtung möglich: s. nachstehend • Sind die rechtlichen Anforderungen an eine Globalzession erfüllt? Diese sind: – Anerkennung des verlängerten Eigentumsvorbehaltes der Lieferanten und insoweit Verzichtserklärung auf Ansprüche (= Teilverzichtsklausel) – Bestimmbarkeit der Forderungen – Nennung einer Deckungsobergrenze – keine Übersicherung (§ 138 BGB) – Regelungen zur Offenlegung • Vermerk über die erfolgte Vor-Prüfung zu den Unterlagen nehmen: abschließende Prüfung erfolgt durch den Insolvenzverwalter	Zum Bestimmtheitsgrundsatz: BGH v. 29.11.2007 – IX ZR 30/07 (Rn. 26, 27) in ZInsO 2007, 1273, WKRS 2007, 44959 Zur Teilverzichtsklausel: OLG Celle v. 24.02.2011 – 6 U 126/10 in ZInsO 2011, 686, WKRS 2011, 12975 Zur Übersicherung: BGH v. 19.06.1991 – VIII ZR 244/90 in WKRS 1991, 15607 Wirksamkeitskriterien für Verwertungsregelung: BGH v. 26.04.2005 – XI ZR 289/04 (Rn. 18) WKRS 2005, 14249 Checkliste Anfechtungsansprüche
11.	Leistungsdatum	• die Abtretung greift nach der Rechtsprechung mit der Erbringung der Leistung • Leistungsdatum ist gem. § 14 UStG in jeder Rechnung aufzuführen • bei mehraktigen Rechtshandlungen: letzter Akt für Forderungsentstehung entscheidend (§ 140 Abs. 1 InsO) • Prüfung, welche Rechnungen noch zu den »Altforderungen« gehören • s. nachstehend: Anfechtung	Werthaltigmachung – Leistungserbringung: BGH v. 14.02.2013 – IX ZR 94/12 in ZInsO 2013, 492
12.	Anfechtung – Globalzession	• Rechtswirksamkeit gegeben? s. vorstehend • aber ggf. Anfechtung möglich: – Welches Datum trägt die Globalzession? Wurde sie ggf. im 3-Monats-Zeitraum vor Insolvenzantragstellung geschlossen? – Gibt es ggf. einen älteren Insolvenzantrag? (§ 139 Abs. 2 InsO) • nach BGH-Rechtsprechung Anfechtung hinsichtlich zukünftig entstehender Forderungen grds. nur als kongruente Deckung möglich • damit: Kenntnis der Bank über Zahlungsunfähigkeit nachweisbar? • dann Verrechnungen aus 3-Monats-Zeitraum anfechtbar, neu begründete noch ausstehende Forderungen (Werthaltigmachung der Globalzession) verbleiben ggf. in der Insolvenzmasse • wg. Anfechtbarkeit auf Entstehen der Forderungen abstellen, nicht auf Datum des Zessionsvertrages (§ 140 Abs. 1 InsO)	Checkliste Anfechtungsansprüche kongruente Anfechtung BGH v. 11.06.2015 – IX ZR 110/13 (Rn. 14) in InsbürO 2015, 450, ZInsO 2015, 1497
13.	Anfechtung – Verrechnung	• wegen § 91 InsO keine Verrechnungsmöglichkeit mehr nach Insolvenzeröffnung • nach Rechtsprechung: Erlöschen des Kontokorrent gem. §§ 115, 116 InsO mit Insolvenzeröffnung • etwaiges Guthaben kann von Globalzession gem. § 91 Abs. 1 InsO nicht umfasst sein – Hatte die Bank ggf. nachweisbar Kenntnis von der Zahlungsunfähigkeit, z. B. bei erfolgtem Widerruf der Einziehungsbefugnis? – ggf. Anfechtungsmöglichkeit der Verrechnungen im Zeitraum bis zu drei Monaten vor Insolvenzantragstellung – ggf. Rückzahlungsanspruch gegen die Bank ermitteln – neueste Rechtsprechung: nur noch Anfechtung wg. kongruenter Deckung möglich	Wiedervorlagen-Kalender Anfechtung Kontokorrent: BGH v.7.7.2011 – IX ZR 100/10 in ZInsO 2011, 1500 Obermüller, Sicherungsabtretung von AGB-Pfandrecht an Kontokorrentforderungen in der Insolvenz, ZInsO 2009, 1527

Nr.	Thema	Checkliste Globalzession: Erläuterung	Hilfsmittel
		– aber: ggf. auch AGB-Pfandrecht (beachte: Anfechtung wg. Inkongruenz möglich, § 131 InsO) – Vorgang an juristische Mitarbeiter oder Insolvenzverwalter zur weiteren Bearbeitung übergeben – Wiedervorlage notieren	
14.	Rechtserwerb	• nach Insolvenzeröffnung können Rechte aus der Globalzession an neu entstehenden Forderungen nicht mehr entstehen (§ 91 Abs. 1 InsO) • bei Kenntnis der Zahlungsunfähigkeit unterliegt der Rechtserwerb von Forderungen aus der Zeit vor Insolvenzeröffnung ggf. der Anfechtung: s. vorstehend »Anfechtung«	
15.	Kontaktaufnahme	• i.d.R. telefonische Kontaktaufnahme durch den Verwalter mit der Bank schon während der vorläufigen Verwaltung • Einziehungsrecht klären, ggf. Verwertungsabrede treffen	Muster 160: »Verwertungsvereinbarung mit Bank«
16.	Verwertungsvereinbarung	• schriftliche Bestätigung über Abwicklungsmodalitäten • ggf. höheren Kostenbeitrag für die Insolvenzmasse vereinbaren (s. nachfolgend Kostenbeiträge) • ggf. Beteiligung an entstehenden Einziehungkosten (z. B. Gerichtskosten)	Muster 160: »Verwertungsvereinbarung mit Bank«
17.	Archivierung	• für den gesamten Schriftverkehr unterschiedliche Rubriken im Bankordner anlegen: »Schriftverkehr mit Bank ....« • Sicherungsrechte mit Trennkarten sortieren: »Sicherungsübereignung«, »Globalzession« etc. • alternativ: Rubrik »Globalzession und Schriftverkehr wg. Befriedigung etc.".	Muster 210 – 213 (Inhaltsverzeichnis): Inhaltsverzeichnis (versch. Varianten)
18.	Zahlungseingänge	• Buchungen der Zahlungseingänge müssen sorgfältig erfolgen • jeweilige Zuordnung der Forderungen in unterschiedliche Zeiträume • Zuordnung anhand der Rechnungsnummern und Leistungsdatum möglich • i.d.R. neuer Beginn von Rechnungsnummern bei Anordnung der vorläufigen Verwaltung und mit Insolvenzeröffnung • unterschiedliche Konten anlegen: s. nachstehend »Konten«	Ausdrucke aus Insolvenzsoftware
19.	Konten	• Zuordnung der Zahlungseingänge auf unterschiedlichen Konten zwecks exakter Abrechnung mit Absonderungsgläubiger • für Abgrenzung: Leistungsdatum ist entscheidend: s. vorstehend • sinnvolle Trennung daher: – begründete »Altforderungen« vor Anordnung vorläufiges Verfahren (für die Bank) – Forderungen, begründet während des vorläufigen Verfahrens (»Neuforderungen vor IE«) (für Masse) – Forderungen, begründet nach Eröffnung des Verfahrens (»Neuforderungen nach IE«) (für Masse) • ordnungsgemäße Trennung der Forderungen ist von großer Bedeutung für die Insolvenzmasse: ansonsten fehlerhafte Auszahlung an Absonderungsgläubiger	Checkliste Forderungseinzug
20.	Umsatzsteuer	• aus den eingezogenen Forderungen ist die Umsatzsteuer an die Finanzverwaltung abzuführen • sowohl bei Ist- als auch bei Sollbesteuerung • genaue Prüfung je nach Entstehung und Einzug der Forderungen erforderlichen: s. Übersicht nebenstehend • Abzug entsprechend bei der Abrechnung ggü. Gläubiger berücksichtigen • bei Vorliegen einer Globalzession und der Geltendmachung einer Verwertungskostenpauschale ist Umsatzsteuer auf diese Verwertungskostenpauschale zu berechnen • ein Dreifachumsatz wird beim Einzug von abgetretenen Forderungen nicht angenommen	Checkliste Steuerangelegenheiten Muster 330 (Steuerangelegenheiten): »Forderungseinzug – Übersicht Einordnung Umsatzsteuer« BMF-Schreiben vom 30.4.2014 (BStBl. I 2014 S. 816) (Ziff. II) abrufbar über www.wolters-kluwer-online.de

Nr.	Thema	Checkliste Globalzession: Erläuterung	Hilfsmittel
21.	Abrechnung	• Auszahlung der eingezogenen Forderungen abzgl. gesetzliche oder vereinbarte Kostenbeiträge, verauslagte Kosten und Umsatzsteuer • zur Höhe der Kostenbeiträge: s. nachstehend • zum Abzug der Umsatzsteuer: s. vorstehend • Abrechnung fertigen: Auflistung der vereinnahmten Forderungen (s. Checkliste Forderungseinzug) und der entstandenen Kosten (z. B. Gerichtskosten für Klageverfahren) • Kostenbeiträge und Umsatzsteuer gesondert aufführen • Wiedervorlage für regelmäßige, ggf. vierteljährliche Abrechnung notieren	Muster 159: »Abrechnung Globalzession ggü. Gläubiger« Muster 139 (Forderungseinzug): »Forderungsaufstellung« Checkliste Forderungseinzug > Forderungsaufstellung Wiedervorlagen-Kalender
22.	Kostenbeiträge – vorläufiges Verfahren	• ist der Insolvenzverwalter zum Einzug während der vorläufigen Verwaltung berechtigt, kann er auch Kostenbeiträge vereinnahmen (§ 21 Abs. 2 Nr. 5 letzter Satz InsO) • zur Einziehungsbefugnis: s. vorstehend	
23.	Kostenbeiträge – eröffnetes Verfahren	• Kostenbeiträge dürfen gem. §§ 170, 171 InsO von den eingezogenen Forderungen in Abzug gebracht werden • ggf. Verwertungsvereinbarung schließen: darin höheren Kostenanteil vereinbaren (z. B. 25 % für die Masse) • Begründung: Forderungseinzug sehr aufwändige Tätigkeit (viele einzelne Forderungen, Beachtung von Verjährungsvorschriften, Unterlagen für Klageverfahren prüfen etc.)	Muster 160: »Verwertungsvereinbarung mit Bank«
24.	Verwertungskostenpauschale	• für den Forderungseinzug Anspruch auf Kostenbeiträge gem. §§ 170, 171 InsO • Beachtung der anfallenden Umsatzsteuer auf Verwertungskostenpauschale gem. BMF-Schreiben vom 30.04.2014: vorstehend »Umsatzsteuer« • entsprechende Rechnung für Abtretungsgläubiger erstellen	Checkliste Steuerangelegenheiten > USt – Verwertungsmaßnahmen Moderegger, Umsatzsteueransprüche bei der Verwertung von sicherungsübereigneten Gegenständen im Insolvenzverfahren anhand von Praxisbeispielen: Fall 3 = Forderungseinzug, InsbürO 2014, 378 ff.
25.	Feststellungskostenbeitrag auch bei Zahlung an Absonderungsgläubiger	• im eröffneten Verfahren: Anspruch der Masse auch bei Direktzahlung an Absonderungsgläubiger • Grund: »Entgelt« für Prüfung des Absonderungsrechtes • im vorläufigen Verfahren: keinen Anspruch	Anspruch auf Feststellungskostenbeitrag: BGH v. 09.06.2005 – IX ZR 266/02 (Rn. 4) in WKRS 2005, 16242
26.	Ausfallforderung	• aufgrund des Sicherungsrechtes Feststellung der angemeldeten Forderung nur für den Ausfall • für das Schlussverzeichnis (§ 188 InsO): Ausfallforderung ermitteln (§ 190 InsO) • i.d.R. trotz der Regelung in § 190 Abs. 3 InsO (Berechnung durch Verwalter) Kontaktaufnahme mit Abtretungsgläubiger	Muster 234 – 235 (Insolvenztabelle): »Ausfallbezifferung durch Gläubiger«
27.	Wiedervorlagen	• Wiedervorlagen für alle Arbeitsschritte notiert • u.a. Forderungseinzug betreiben • u.a. Abrechnungen regelmäßig vornehmen	Wiedervorlagenkalender

Nr.	Thema	Checkliste Globalzession: Erläuterung Zusatzinformationen – alphabetische Reihenfolge	Hilfsmittel
28.	Ermächtigung Dritter	• der Insolvenzverwalter darf auch Dritte zum Einzug ermächtigen • Grund z.B.: Zeit und Kosten für einen Rechtsstreit für Masse zu ersparen • Regelung des § 168 Abs. 1 InsO ist zu beachten, danach: Mitteilung der Ermächtigungsabsicht an Absonderungsgläubiger	Ermächtigung Dritter: BGH v. 18.10.2012 – IX ZR 10/10 in InsbürO 2013, 200, ZInsO 2012, 2341 Muster 19 (Absonderungsrechte): »Veräußerungsabsicht – Anzeige § 168 InsO«
29.	Ersatzabsonderungsrecht	• keine gesetzliche Regelung in der InsO • Regelung nur für Ersatzaussonderung: hier analoge Anwendung § 48 InsO • Widerruf der Einziehungsbefugnis und Einzug während vorläufiger Verwaltung durch Insolvenzverwalter erfolgt: Ersatzabsonderungsrecht	Zum Ersatzabsonderungsrecht: BGH v. 08.12.2015 – II ZR 68/14 (Rn. 15 m.w.N.) in InsbürO 2016, 253, ZInsO 2016, 338

Nr.	Thema	Checkliste Globalzession: Erläuterung Zusatzinformationen – alphabetische Reihenfolge	Hilfsmittel
		• kein Widerruf der Einziehungsbefugnis und Einzug während vorläufiger Verwaltung erfolgt: kein Ersatzabsonderungsrecht • im letzteren Fall: Einnahmen bleiben in der Insolvenzmasse	
30.	Forderungsverkauf	• der Insolvenzverwalter darf Forderungen auch verkaufen • hierbei hat er die Regelung in § 168 Abs. 1 InsO zu berücksichtigen, danach: Mitteilung der Veräußerungsabsicht an Absonderungsgläubiger	Ermächtigung Dritter: BGH v. 18.10.2012 – IX ZR 10/10 in InsbürO 2013, 200, ZInsO 2012, 2341 Muster 19 (Absonderungsrechte): »Veräußerungsabsicht – Anzeige § 168 InsO«
31.	Kollision von Sicherheiten	• Kollision zwischen Globalzession und verlängertem Eigentumsvorbehalt denkbar • Literaturtipps: – Küpper, Der Rang der Absonderungsrechte, Verhältnis zwischen Globalzession und verlängertem Eigentumsvorbehalt, InsbürO 2005, 247 ff. – Tetzlaff, Verschiedene Möglichkeiten für die Auflösung einer Kollision zwischen Eigentumsvorbehalt und Globalzession, ZInsO 2009, 1092 ff. – Psaroudakis, Globalzession und Insolvenzanfechtung mit Ausführung zur Konkurrenz von Globalzession und verlängertem Eigentumsvorbehalt, ZInsO 2009, 1039 – Haushalter, Kollision von Sicherheitsrechten im Insolvenzverfahren, InsbürO 2017, 137 ff.	Siehe Literaturtipps links
32.	Verbraucherinsolvenzverfahren	• Globalzession kommt in den vereinfachten Insolvenzverfahren nicht vor • Eröffnungsvoraussetzung: keine selbständige Tätigkeit • daher: keine Absicherungsmöglichkeit der Banken über Globalzession, weil kein Forderungsbestand vorhanden	

Checkliste 28: Gutachten

55 Das Insolvenzgericht kann einen Sachverständigen mit der Ermittlung unterschiedlicher Sachverhalte beauftragen, um auf Basis der Ergebnisse eine Entscheidung über die Insolvenzeröffnung oder die Abweisung des Insolvenzantrages zu treffen. Der beauftragte Sachverständige hat alle relevanten Daten und Informationen in einem Gutachten zusammenzufassen. Die Bearbeitungsstandards werden nachfolgend dargestellt. Bis zur Eröffnungsentscheidung spricht man vom Eröffnungsverfahren, nach der Insolvenzeröffnung spricht man vom eröffneten Verfahren.

(Die Übersicht ist gängigen Überlegungen und Arbeitsschritten sortiert. Im Anschluss daran finden sich Zusatzinformationen in alphabetischer Reihenfolge.)

56

Nr.	Thema	Checkliste Gutachten: Erläuterung	Hilfsmittel
1.	Auftrag	• das Insolvenzgericht kann zur Ermittlung aller für die Insolvenzeröffnung bedeutenden Umstände Sachverständige beauftragen (§ 5 Abs. 1 InsO) • im gerichtlichen Beschluss sind die zu ermittelnden Sachverhalte einzeln aufgeführt • zur Erledigung des Auftrages gelten die Vorschriften der §§ 404 – 413 ZPO (= Vorschriften betr. Sachverständigen) über § 4 InsO analog	
2.	Datenerfassung	• Eingabe der Verfahrensdaten in die Insolvenzsoftware, ggf. bei Mandatsführung in einer Anwaltssoftware zusätzlich dort eingeben • hierdurch: jederzeit Filterung von Verfahrensdaten möglich • aber auch: Filterung über bestehende Aufträge insgesamt möglich • etwaige Kollisionsgründe bei der Auftragsannahme werden ebenfalls ersichtlich	Insolvenzsoftware sonstige Software

Nr.	Thema	Checkliste Gutachten: Erläuterung	Hilfsmittel
3.	Kollisionsprüfung	• manche Gerichte wünschen direkt bei Auftragsannahme eine Erklärung zu § 56 Abs. 1 Nr. 2 InsO – Feststellung, ob eine Kollision vorliegt oder Gründe für eine Kollisionsgefährdung vorliegen • daher: Erklärung, ob der insolvente Schuldner vor dem Eröffnungsantrag in allgemeiner Form über den Ablauf des Insolvenzverfahrens und dessen Folgen beraten wurde • wenn ja: Umfang der Beratung angeben	Muster 165: »Gerichtsakte Rücksendung – Gutachtenauftrag« (inkl. Ehrenerklärung)
4.	Auftragsannahme	• es ist höflich, die Auftragsannahme zu bestätigen • dies kann mit der Rücksendung der Gerichtsakt verbunden werden: s. nachfolgend • dabei auch: Bestätigung einer Kollisionsprüfung und Abgabe »Ehrenerklärung«: s. vorstehend	Muster 165: »Gerichtsakte Rücksendung – Gutachtenauftrag«
5.	Archivierung	• Inhaltsverzeichnis anlegen mit folgenden Standardrubriken: – Beschlüsse – Schriftverkehr mit dem Amtsgericht – Schriftverkehr mit Schuldner/in/allgemeiner Schriftverkehr – Aktenvermerke – Gerichtsakte – Gutachten • weitere Rubriken für Unterlagen: – z.B. Verträge, wirtschaftliche Verhältnisse etc.	Muster 210 – 2013 (Inhaltsverzeichnis): Inhaltsverzeichnis (versch. Varianten)
6.	Beschluss stempeln	• Gutachtenbeschluss mit Stempel versehen: Hilfe bei Fristenführung: s. nachstehend »Fristen«	Fristenstempel
7.	Fristen	• zuständiger/Richter/in setzt eine Frist zur Vorlage des Gutachtens: i.d.R. zwischen drei und sechs Wochen • Notfrist notieren: – »… (Name des Verfahrens): Fristablauf: Abgabe Gutachten« – zwei Wochen vorher Vorfrist notieren: »… (Name des Verfahrens): Vorfrist für Gutachten; FA:…« – zwei Wochen nach Auftragserteilung : »… (Name des Verfahrens): Rückmeldung Schuldner erfolgt?« • innerhalb von 2 – 3 Tagen kurzen Zwischenbericht an das Gericht (ggf. unmittelbar mit Antrag auf Anordnung der vorläufigen Insolvenzverwaltung) • drei Monate nach Auftragserteilung (vorsorglich): »… (Name des Verfahrens): Abrechnung Gutachtenauftrag«	Insolvenzsoftware Wiedervorlagen-Kalender
8.	Gerichtsakte lesen	• ersten Überblick über die Situation erlangen • später: Informationen mit denen im Fragebogen für das Erstgespräch vergleichen oder ggf. ergänzen • Skepsis und Nachfrage bei fehlenden, undurchsichtigen oder widersprüchlichen Angaben	
9.	Anruf beim Schuldner	• Telefonnummer herausfinden und unverzüglich Kontakt aufnehmen (i.d.R. max. 1 – 2 Tage) • Befragung anhand eines Fragenkatalogs: s. Muster • Umfang des Verfahrens anhand der Informationen abschätzen und ggf. weitere Schritte (z. B. vorläufige Verwaltung etc.) einleiten • Besprechungstermin vereinbaren: Tag, Ort und Zeit klären • bei Betriebsfortführung: s. vorläufige Verwaltung	Muster 163: »Erstgespräch – Fragebogen – Telefonat«
10.	Auskunftspflicht – Schuldner	• der Schuldner ist zur Auskunft und Mitwirkung gem. § 97 InsO verpflichtet • zur Durchsetzung dieser Pflicht besteht die Möglichkeit von Zwangsmaßnahmen: s. nachstehend • i.d.R. erfolgt bei Weigerung zur vollständigen Auskunft eine schriftliche Aufforderung durch das Insolvenzgericht • auch Anhörung des Schuldners möglich: § 97 Abs. 1 Satz 1 InsO • keine Honorierung des Schuldners oder Kostenerstattung • außerdem: Auskünfte sind durch Unterlagen zu belegen	Vollständige Auskunftspflicht ohne Nachfrage: BGH v. 07.10.2010 -IX ZA 29/10 (Rn. 4) in ZInsO 2010, 2148 Auskunft durch Vorlage von Belegen: BGH v. 19.1.2006 – IX ZB 14/03 (Rn. 8) in ZInsO 2006, 264, WKRS 2006, 10739

Nr.	Thema	Checkliste Gutachten: Erläuterung	Hilfsmittel
			Keine Kostenerstattung: LG Köln v. 17.2.2004 – 19 T 262/03 (Rn. 14) in InsbürO 2004, 278, ZInsO 2004, 756
11.	Vorläufige Verwaltung	• ggf. Anregung der vorläufigen Verwaltung, wenn – das schuldnerische Unternehmen noch tätig ist – werthaltige Vermögensgegenstände (Pkw, Maschinen etc.) vorhanden sind, – andere Gründe zur Sicherung von Vermögen erkennbar werden • Achtung: Gutachtenauftrag bleibt erhalten	Checkliste vorläufige Verwaltung Muster 397 – 398 (vorläufige Verwaltung): »Antrag auf Anordnung vorl. Verwaltung« (zwei Varianten)
12.	Gerichtsakte	• Gerichtsakte kopieren und unverzüglich zurücksenden • gleichzeitig Auftragsannahme bestätigen: s. oben • Gerichtsakte im Ordner »Allgemein«, Rubrik »Gerichtsakte« archivieren • Anschreiben im Ordner »Allgemein«, Rubrik »Schriftverkehr mit Amtsgericht« archivieren	Muster 165: »Gerichtsakte Rücksendung – Gutachtenauftrag«
13.	Gerichtsbeschluss verteilen	• Kopie an mitarbeitende Abteilungen: ggf. Buchhaltung, Steuerabteilung andere Büros etc.	
14.	Erstanschreiben	• Erstanschreiben fertigen • darin: dem Schuldner eine Liste »Vorzulegende Unterlagen« und ggf. einen Fragebogen übergeben: s. jeweils nachstehend • Erstanschreiben versenden oder persönlich bei Besuch im Unternehmen übergeben • Wiedervorlage für Einreichung Unterlagen notieren	Muster 162: »Erstanschreiben an Schuldner« Wiedervorlagenkalender
15.	Fragebogen	• um die Vielzahl der erforderlichen Informationen zu erhalten, kann man einen Fragebogen nutzen • Schuldner um Ausfüllung bitten • im Gespräch mit dem Schuldner durchgehen	Muster 164: »Fragebogen zum Gutachten«
16.	Vorzulegende Unterlagen	• es werden eine Vielzahl von unterschiedlichen Unterlagen zur Erstellung eines Gutachtens benötigt • sinnvoll: Listen mit vorzulegenden Unterlagen je nach Unternehmensart nutzen (z. B. GmbH, Einzelfirma, UG etc.) • den Schuldner bitten, die Unterlagen anhand dieser Liste zusammen zu stellen • Wiedervorlage zur Kontrolle eintragen • falls nicht vollständig erledigt: nachfordern	Muster 173 – 176: »Liste vorzulegender Unterlagen« (vier Varianten) Muster 267 (Limited): »Liste vorzulegender Unterlagen« Muster 277 (Nachlassinsolvenz): »Liste vorzulegender Unterlagen« Wiedervorlagen-Kalender
17.	Besprechung mit dem Schuldner	• persönliches Gespräch mit dem Schuldner zeitnah nach Auftragseingang führen • Teilnahme Sachbearbeiter am Gespräch: Einblick in die Gesamtsituation und Gründe der Insolvenz • Durchsicht der Liste vorzulegende Unterlagen und des Fragebogens • Informationen aus der Besprechung für die Gutachtenerstellung nutzen • ggf. neuen Termin vereinbaren, um das fertige Gutachten mit dem Schuldner zu besprechen: s. nachfolgend	Muster 167: »Gutachten GmbH« Muster 168: »Gutachten nat. Person«
18.	Eröffnungsstichtag	• Insolvenzeröffnung zu einem bestimmten Zeitpunkt? • z. B. um den Insolvenzgeldzeitraum nicht zu überschreiten? • dann Gutachtenvorlage beim Insolvenzgericht: zwei Tage vor diesem Tag = genug Zeit für Richter/in zur Entscheidungsfindung und Beschlussfassung • Fristablauf also zwei Tage vor diesem erforderlichen Eröffnungsstichtag notieren, ggf. bisher notiertes Datum korrigieren	Insolvenzsoftware

Nr.	Thema	Checkliste Gutachten: Erläuterung	Hilfsmittel
19.	Anruf beim Richter	• manche Gerichte wünschen zwei Tage nach Erteilung des Gutachtenauftrages und Erlangung erster Informationen einen telefonischen Zwischenstand • Sachverständigen daher an den Anruf erinnern	
20.	Sichtung der übergebenen Unterlagen	• Eingänge anhand der Liste »Vorzulegende Unterlagen« festhalten • ggf. fehlende Unterlagen unter erneuter Fristsetzung anfordern • Gutachtenentwurf anhand der übergebenen Unterlagen fertigen oder vervollständigen • Zeitaufwand hierfür festhalten • werden ggf. neue Vermögenswerte ersichtlich (z.B. Rückkaufswerte aus Versicherungsverträge o.ä? • ggf. vorläufiges Verfahren zur Sicherstellung anordnen lassen	Muster 167: »Gutachten GmbH« Muster 168: »Gutachten nat. Pers.« Checkliste Versicherungsverträge Checkliste Vorläufige Verwaltung
21.	Zwischenbericht	• Vorlage des Gutachtens nicht innerhalb der gesetzten Frist möglich? • dann Zwischenbericht abgeben und Gründe benennen • Grund z. B.: verspätete Einreichung von Unterlagen = Prüfung erfolgt noch oder bisher keine vollständige Einreichung der Unterlagen • neue Frist zur Gutachteneinreichung notieren	Insolvenzsoftware Muster 183: »Zwischenbericht für Gutachten«
22.	Querulierender Schuldner	• bei Verweigerung des Schuldners zur Auskunftserteilung oder Mitwirkung besteht die Möglichkeit von Zwangsmaßnahmen: s. nachstehend	
23.	Zwangsmaßnahmen	• die Auskunfts- und Mitwirkungspflichten gem. § 97 InsO können mit Zwangsmaßnahmen durchgesetzt werden (§ 98 InsO) • folgende Möglichkeiten gibt es: – Abnahme der eidesstattlichen Versicherung zu den erteilten Auskünften – zwangsweise Vorführung zur Anhörung – Haftanordnung zur Erzwingung von Angaben	Muster 180: »Zwangsmaßnahmen – Androhung ggü. Schuldner« Muster 181 – 182: »Zwangsmaßnahmen – Anregung bei Gericht« Küpper, Das Verfahren bei Anordnung der Haft (§ 98 Abs. 3 InsO), InsbürO 2018, 292 ff.
24.	Gutachtenerstellung	• Erstellung Entwurf eines Gutachtens zur Vorlage an den Verwalter • eine Vielzahl von Gliederungspunkten können durch Sachbearbeiter gut vorbereitet werden • offene Punkte oder Fragen farblich markieren • Stundenaufwand festhalten • wichtig: Gutachten muss für Dritte nachvollziehbar und widerspruchsfrei sein (s. Rechtsprechung)	Muster 167: »Gutachten GmbH« Muster 168: »Gutachten nat. Person« Abweisung nur bei nachvollziehbaren und widerspruchsfreien Erläuterungen: BGH v. 15.01.2009 – IX ZR 56/08 in ZInsO 2009, 433, WKRS 2009, 10416 Frind, Eckpunkte für das gute Insolvenzgutachten – Erwartungen des Insolvenzgerichtes und Umsetzung durch das Insolvenzbüro, InsbürO 2018, 177 ff.
25.	Gliederungspunkte	• die einzelnen (grds.) Gliederungspunkte ergeben sich aus den Muster-Gutachten • auf die Auflistung des Inhaltsverzeichnisses an dieser Stelle wird verzichtet • zum groben Überblick werden einzelne Gliederungspunkte zu Sachbereichen zusammengefasst: – Datenpool (Name etc.) – wirtschaftliche und (bei Unternehmen) gesellschaftsrechtliche Situation des Schuldners/der Schuldnerin – Angaben zu bedeutenden Vertragsverhältnissen	Muster 167: »Gutachten GmbH« Muster 168: »Gutachten nat. Person« Franke/Böhme, Formale und inhaltliche Anforderungen an insolvenzrechtliche Gutachten, InsbürO 2005, 242 ff.

Nr.	Thema	Checkliste Gutachten: Erläuterung	Hilfsmittel
		– Angaben zur Unternehmensfortführung – Angaben zu einem möglichen Insolvenzplan (§§ 217 ff. InsO) – Welche Vermögenswerte sind insgesamt vorhanden und mit welchen Erlösen ist jeweils zu rechnen? – Welche Rechte machen Dritte an diesen Vermögensgegenständen geltend? – Welche freie Masse wird voraussichtlich erzielt? – Ist damit eine kostendeckende Insolvenzmasse vorhanden? – Kann eine Eröffnung oder muss eine Abweisung mangels Masse erfolgen?	Stiller, Prüfung der örtlichen Zuständigkeit des Insolvenzgerichts nach § 3 InsO im GmbH-Insolvenzverfahren bei Anzeichen für eine rechtsmissbräuchliche Zuständigkeitsbegründung, InsbürO 2019, 138 ff.
26.	Inhalt	• die Ausführungen im Gutachten dienen unterschiedlichen Beteiligten zur Information: – dem Richter/der Richterin als Entscheidung über die Insolvenzeröffnung oder die Abweisung mangels Masse – der Staatsanwaltschaft zur Verfolgung von möglichen Straftatbeständen (z. B. Bankrott, Insolvenzverschleppung): s. nachstehend – dem Schuldner/der Schuldnerin: Möglichkeit, nachzuvollziehen, wie das Ergebnis ermittelt wurde: Eröffnung oder Abweisung • Gutachten sollte daher fundiert, nachvollziehbar und widerspruchsfrei sein	Abweisung nur bei nachvollziehbaren und widerspruchsfreien Erläuterungen: BGH v. 15.01.2009 – IX ZR 56/08 in ZInsO 2009, 433, WKRS 2009, 10416
27.	Vermögensübersicht	• Vermögensübersicht analog der Vermögensübersicht gem. § 153 InsO bietet einem Richter/einer Richterin einen Überblick über die gesamte Vermögenssituation • Problem: häufig zum Zeitpunkt der Gutachtenerstellung noch keine Einspielung der erforderlichen Daten in der Insolvenzsoftware • möglich: Vermögensübersicht direkt im Gutachten einbauen und »per Hand erstellen« oder im Gutachten auf Anlage verweisen: s. Muster • bietet auch eine gute Grundlage für die Ermittlung der Verfahrenskosten: freie Masse daraus ersichtlich	Muster 179: »Vermögensübersicht für das Gutachten«
28.	Insolvenzgrund	• eine Insolvenzeröffnung setzt immer einen Insolvenzgrund voraus (§ 16 InsO) • eine Aufgabe des Sachverständigen ist immer die Ermittlung eines solchen Insolvenzgrundes • die Insolvenzgründe sind in §§ 17 – 19 InsO geregelt: – drohende Zahlungsunfähigkeit (§ 18 InsO): s. nachstehend – Überschuldung (§ 19 InsO): s. nachstehend – Zahlungsunfähigkeit (§ 17 InsO): s. nachstehend	ABC des Insolvenzrechtes: Insolvenzgrund, InsbürO 2006, 439
29.	Gutachten in der Eigenverwaltung	• im wesentlichen keine großen Unterschiede im Vergleich zur Regelinsolvenz: Aufgaben sind durch den Auftrag des Gerichts definiert – auf die gestellten Fragen müssen Antworten gegeben werden • es werden aber Ausführungen zu möglichen Nachteilen dieser Verfahrensart erfolgen müssen (§ 270 Abs. 2 Nr. 2 InsO) – dieser Aspekt ist aber regelmäßig auch im Auftrag des Gerichts enthalten • s. Literaturtipp: dort werden einzelne Gliederungspunkte eines Gutachtens mit der Regelinsolvenz verglichen	Klein, Das insolvenzrechtliche Gutachten im Eröffnungsverfahren der Eigenverwaltung, InsbürO 2017, 137 ff.
30.	Abweisung mangels Masse	• Insolvenzeröffnung erfolgt nur bei einer kostendeckenden Masse • kostendeckende Masse = Vermögenswerte decken die Kosten des Verfahrens (§ 54 InsO) • keine kostendeckende Masse vorhanden? dann Abweisung mangels Masse gem. § 26 Abs. 1 InsO • in diesen Fällen: tlw. andere Formulierungen im Gutachtentext • bei GmbH: Liquidation der Gesellschaft gem. §§ 70 ff. GmbHG	Muster 167: »Gutachten GmbH« Muster 168: »Gutachten natürl. Pers.«, darin Gliederungspunkt »Abweisung« ABC des Insolvenzrechtes: Deckung der Verfahrenskosten, InsbürO 2012, 443 f.

Nr.	Thema	Checkliste Gutachten: Erläuterung	Hilfsmittel
31.	Gutachtenentwurf mit Schuldner besprechen	• einige Insolvenzgerichte wünschen eine Bestätigung darüber, dass das Gutachten vor der Versendung mit dem Schuldner besprochen wurde • Vorteil: Klärung aller Angelegenheiten und Vermeidung von Unstimmigkeiten, ggf. sogar Erlangung weiterer Informationen	Muster 161: »Bestätigung Besprechung Gutachten«
32.	Versendung	• Gutachten mindestens zweifach an das Insolvenzgericht versenden • eine Kopie versendet das Insolvenzgericht an den Schuldner – ist ein Verfahrensbevollmächtigter vorhanden, ist für diesen eine weitere Kopie beizulegen – Gutachten ggf. auch elektronisch versenden (per beA = besonderes elektronisches Postfach): Handhabung der einzelnen Insolvenzgerichte berücksichtigen • Gutachten abheften im Ordner »Allgemein«, Rubrik »Gutachten« • Anschreiben an das Gericht abheften im Ordner »Allgemein«, Rubrik »Schriftverkehr mit dem AG« • ggf. Kopie an Staatsanwaltschaft: s. nachstehend	Muster 178: »Übersendung Gutachten an AG«
33.	Statistikbogen	• Statistikbogen dient der Auswertung der Insolvenzverfahren in Deutschland • darin: Angaben zum insolventen Unternehmen, z. B. Branche, Eröffnungsgrund, Anzahl der Arbeitnehmer, die geschätzte Höhe der Verbindlichkeiten • wird von den Insolvenzgerichten an die Sachverständigen zur Ausfüllung verschickt • gleichzeitig mit Gutachtenversendung: Statistikbogen zurücksenden • wird von den Insolvenzgerichten an die statistischen Landesämter weitergeleitet	
34.	Staatsanwaltschaft	• die Staatsanwaltschaft verfolgt auf Basis der Gutachten Straftatbestände gem. §§ 283 – 283d StGB (= Insolvenzstraftaten) • hat die Staatsanwaltschaft u.U. auch während des Eröffnungsverfahrens bereits nach dem Gutachten gefragt, erhält auch diese eine Kopie des fertig gestellten Gutachtens • Anschreiben abheften im Ordner »Allgemein«, Rubrik »Ermittlungsverfahren, Schriftverkehr mit StA« • häufig aber auch keine Anfrage an den Verwalter, • Versendung durch das Insolvenzgericht an die Staatsanwaltschaft gem. Ziffer IX der Anordnung über die Mitteilungen in Zivilsachen (= MiZi)	
35.	JVEG	• JVEG = Justizvergütungsentschädigungsgesetz • Sachverständigentätigkeit wird nach Stunden abgerechnet • einige Insolvenzgerichte fordern einen Stundennachweis • der Stundensatz beträgt 80,00 EUR bei gleichzeitiger vorläufiger Verwaltung (§ 9 Abs. 2 JVEG) • (Erhöhung des Stundensatz durch KostRModG, Inkrafttreten am 01.08.2013) • beim isolierten Sachverständigen i.d.R. höherer Stundensatz (i.d.R. Zuordnung zur Honorargruppe 6 der Anlage 1 zu § 9 Abs. 1 JVEG = 90,00 EUR) (Höhe ist in Rechtsprechung und Literatur streitig) • es können weitere Auslagen geltend gemacht werden: Fahrtkosten, Schreibkosten etc.: s. Muster	Muster 170 – 171: »Gutachtenabrechnungen« (zwei Varianten) Muster 172: »Gutachtenabrechnung – Stundenaufstellung« Stundensatz mit 115,00 EUR: OLG Karlsruhe, Beschl. v. 16.09.2015 – 15 W 57/15 in InsbürO 2016, 212, ZInsO 2016, 355
36.	Stundenaufstellung	• die Abrechnung der Sachverständigenvergütung erfolgt nach Stunden und gemäß JVEG • daher: sämtliche Stunden notieren • Insolvenzverwalter nach seinen Stunden der Prüfung etc. fragen	Muster 172: »Gutachten – Stundenaufstellung«

Nr.	Thema	Checkliste Gutachten: Erläuterung	Hilfsmittel
37.	Abrechnungsfrist	• Abrechnung muss innerhalb von drei Monaten ab Gutachteneinreichung erfolgen: sonst droht Verjährung (§ 2 Abs. 1 Nr. 1 JVEG) • Voraussetzung für Verjährungseintritt: Belehrung durch das Insolvenzgericht (§ 2 Abs. 1 JVEG) • Notfrist vorsorglich notieren • bei Zwischenbericht ggf. Frist aktualisieren	Insolvenzsoftware
38.	Wiedervorlagen	• für alle gestellten Anfragen Wiedervorlagen notieren und Antworten überwachen	Wiedervorlagenkalender
39.	Gläubigerliste	• bei erwarteter Verfahrenseröffnung: Gläubigerliste mit vollständigen Namen und Anschriften bereits erstellen lassen – dafür: Vorgabe des Formats an Schuldner – i.d.R.: Excel-Format zur späteren Einspielung in das System	Checkliste Gläubiger
40.	Verbraucherinsolvenzverfahren	• i.d.R. werden keine Gutachtenaufträge in den vereinfachten Insolvenzverfahren erteilt • dort: direkte Insolvenzeröffnung • es gibt aber einige Insolvenzgerichte, die Gutachten anfordern: vereinfachte Fassung eines Gutachtens erstellen	

Nr.	Thema	Checkliste Gutachten: Erläuterung **Zusatzinformationen** – alphabetisch sortiert	Hilfsmittel
41.	Abweisung mangels Masse – Vorschusspflicht	• die Abweisung mangels Masse unterbleibt, wenn ein ausreichender Geldbetrag als Vorschuss eingezahlt wird oder eine Kostenstundung erfolgt • gem. § 26 Abs. 4 InsO ist eine jede Person, die pflichtwidrig und schuldhaft nach den Vorschriften des Insolvenz- oder Gesellschaftsrechts (z.B. § 15a InsO) keinen Antrag auf Insolvenzeröffnung gestellt hat, zur Leistung eines Vorschusses verpflichtet • Möglichkeit des vorläufigen Verwalters, diesen Vorschuss anzufordern • bei drohender Abweisung mangels Masse: Ausführungen hierzu im Gutachten machen	Dannemann/Schütte, Die Vorschusspflicht gem. § 26 Abs. 4 InsO – stiefmütterlich behandelt? InsbürO 2019, 168 ff.
42.	Anfechtung	• Anfechtungsansprüche gehören zur Insolvenzmasse (§§ 129 ff. InsO) • führen ggf. zu einer kostendeckende Masse und damit zur Insolvenzeröffnung • mögliche Anfechtungsansprüche daher genauestens prüfen • Bsp.: Gesellschafterdarlehen gem. § 135 InsO	Checkliste Anfechtung
43.	Auskunftspflicht – Angestellte	• auch Angestellte oder frühere Angestellte sind zur Auskunft und Mitwirkung verpflichtet (§ 101 Abs. 2 InsO) • Sanktion: Bei Verletzung dieser Auskunfts- und Mitwirkungspflicht droht Auferlegung der Verfahrenskosten bei Abweisung mangels Masse (§ 101 Abs. 3 InsO)	
44.	Auskunftspflicht – Vertretungsorgane	• Auskunfts- und Mitwirkungspflichten gem. §§ 97 – 99 InsO gelten auch für Vertretungsorgane (= § 101 InsO) • Sanktion: Bei Verletzung dieser Auskunfts- und Mitwirkungspflicht droht Auferlegung der Verfahrenskosten bei Abweisung mangels Masse (§ 101 Abs. 3 InsO)	
45.	Eigenverwaltung	• bei der Gutachtenerstellung für ein Eigenverwaltungsverfahren gibt es einige Besonderheiten zu berücksichtigen: s. gesonderte Checkliste und Literaturtipp	Checkliste Eigenverwaltung Klein, Gutachten in der Eigenverwaltung, InsbürO 2017, 137 ff.
46.	Form Insolvenzantrag	• unter bestimmten Voraussetzungen (§ 13 Abs. 1 Satz 6 InsO): Erfordernis von bestimmten Angaben im Insolvenzantrag • s. Auflistung in § 13 Abs. 1 Satz 4 InsO • ggf. Auftrag zur Prüfung im Beschluss über Sachverständigenernennung: entsprechende Ausführungen im Gutachten	Muster 166: »Gliederungspunkt Form des Insolvenzantrages (§ 13 InsO)«

Nr.	Thema	Checkliste Gutachten: Erläuterung **Zusatzinformationen** – alphabetisch sortiert	Hilfsmittel
47.	GOI	• GOI = Grundsätze ordnungsgemäßer Insolvenzverwaltung (70 Grundsätze) • bezüglich des Gutachtenauftrages gelten folgende Grundsätze: – Grundsatz 22: unverzügliche Erklärung zur Annahme des übertragenen Amtes – Grundsatz 23: Annahme nur, wenn Anforderungen des konkreten Verfahrens erfüllt werden können (z.B. Leistungsfähigkeit seiner Mitarbeiter, vorhandene Infrastruktur) – Grundsatz 24: Offenbarung von möglichen Interessenkollisionen – Grundsatz 25: Kontaktaufnahme zum Schuldner unverzüglich, bei Betriebsfortführung spätestens am folgenden Tag nach Auftragserteilung vor Ort – Grundsatz 26: unverzügliche Prüfung von Sicherungsmaßnahmen – Grundsatz 27: Bericht an das Insolvenzgericht, ob und welche Sicherungsmaßnahmen erforderlich sind – Grundsatz 41: Gutachten = wesentliche Erkenntnisquelle des Insolvenzgerichtes, dient auch Rechenschaftslegung des (vorläufigen) Insolvenzverwalters – Grundsatz 42: bestimmte Gliederungspunkte als Mindeststandards im Gutachten • *(Die Autoren danken dem VID für die freundliche Zustimmung zur Veröffentlichung von Hinweisen auf die GOIs)*	VID = Verband Insolvenzverwalter Deutschlands e.V. www.vid.de
48.	Haftungsansprüche	• Vielzahl von unterschiedlichen Haftungsansprüchen möglich • werthaltiger Zahlungsanspruch gehört zur Insolvenzmasse und führt damit ggf. zur kostendeckende Masse und zur Insolvenzeröffnung • daher eingehende Prüfung erforderlich • Bsp.: Verstoß gegen Kapitalerhaltungspflicht, Schadensersatzansprüche wg. Insolvenzverschleppung	Muster 169: »Gliederungspunkt Haftungsansprüche« Checkliste Haftungsansprüche Haarmeyer, Die Praxis der Gutachtenerstellung im Insolvenzeröffnungsverfahren, ZInsO 2009, 1335
49.	IDW-Standard	• IDW = Institut der Wirtschaftsprüfer in Deutschland • Herausgabe unterschiedlicher Verlautbarungen • IDW S 11 = Beurteilung des Vorliegens von Insolvenzgründen • IDW S 9 = Bescheinigung gem. § 270b InsO	www.idw.de > Verlautbarungen Näheres zum IDW: z.B. InsbürO 2017, 442
50.	Kontoauszug	• FinA ist häufig Anfechtungsgegner • Kontoauszug: Überblick über Steuerforderungen und Einzahlungen • damit: Überblick über die Verbuchungen des Finanzamtes • ggf. Anfechtung von Verrechnungen möglich • kein Auskunftsrecht des Sachverständigen ggü. Finanzamt • Anforderung durch Schuldner selbst kann gelingen • bei Insolvenzeröffnung: Sperrvermerk beim FinA, dann ggf. Verweis auf IFG: s. Checkliste Finanzamt	Muster 130 (Finanzamt): »Kontoauszug – Anforderung d. Schuldner« Checkliste Finanzamt Checkliste Anfechtungsansprüche
51.	Limited	• bei der Gutachtenerstellung für eine Limited sind einige Besonderheiten zu berücksichtigen: s. gesonderte Checkliste	Checkliste Limited
52.	Liquiditätsstatus–Definition	• die im maßgeblichen Zeitraum verfügbaren und innerhalb von drei Wochen flüssig zu machenden Mittel in Beziehung setzen zu den an demselben Stichtag fälligen und innerhalb von drei Wochen fällig werdenden Verbindlichkeiten • für Verbindlichkeiten: ggf. Erlöschen, Fälligkeiten berücksichtigen • dann Zahlungsunfähigkeit daran ermitteln: siehe nachstehend	Fälligkeit = ernsthaftes Einfordern: BGH v. 14.7.2011 – IX ZB 57/11 in ZInsO 2011, 1742 Zur Feststellung Zahlungsunfähigkeit: BGH v. 19.12.2017 – II ZR 88/16 (Rn. 33, Rn. 36 m.w.N.) in ZInsO 2018, 381

Nr.	Thema	Checkliste Gutachten: Erläuterung Zusatzinformationen – alphabetisch sortiert	Hilfsmittel
53.	Liquiditätsstatus – Inhalt	• zur Ermittlung der Zahlungsunfähigkeit sind sowohl die Aktiva I und II als auch die Passiva I und II zu berücksichtigen: – Aktiva I = am Stichtag verfügbaren liquiden Mittel – Aktiva II = innerhalb der folgenden 21 Tage verfügbaren liquiden Mittel – Passiva I = am Stichtag fälligen Verbindlichkeiten – Passiva II = innerhalb der folgenden 21 Tage fällig werdenden Verbindlichkeiten	Berücksichtigung auch von Passiva II: BGH v. 19.12.2017 – II ZR 88/16 (Ls. 2, Rn. 35, 46 ff.) in InsbürO 2018, 161, ZInsO 2018, 318
54.	Literaturtipp	• BAKinsO-Entschließung: Grundsätze der Gutachtenerstellung im Eröffnungsverfahren, ZInsO 2007, 1211 (Download auch unter www.bakinso.de möglich) • Priebe, Checkliste zum insolvenzrechtlichen Gutachten über das Vermögen einer GmbH, InsbürO 2014, 428 ff. • Heidelberger Leitlinien = Leitlinien von acht Insolvenzgerichten in Baden-Württemberg zur Zusammenarbeit von Insolvenzgericht und Insolvenzverwaltern, ZInsO 2009, 1848, abrufbar auch über www.amtsgericht-heidelberg.de • Kölner Leitlinien zur Zusammenarbeit mit dem Insolvenzgericht, ZInsO 2017, 637,	
55.	Nachlassinsolvenzverfahren	• bei der Gutachtenerstellung für ein Nachlassinsolvenzverfahren gibt es einige Besonderheiten zu berücksichtigen: s. gesonderte Checkliste	Checkliste Nachlassinsolvenzverfahren
56.	Sachverständige	• i.d.R. werden Angehörige aus rechts-, steuer- oder wirtschaftsberatenden Berufen als Sachverständige beauftragt • Sachverständiger darf die Wohn- und Geschäftsräume nur mit Einverständnis des Schuldners betreten	Arbeitshilfe: »Der Sachverständige im vorläufigen Insolvenzverfahren, InsbürO 2006, 351 f. Zum Betreten v. Wohn- und Geschäftsräumen: BGH v. 4.3.2004 – IX ZB 133/03 in InsbürO 2004, 154, ZInsO 2004, 550
57.	Stammeinlage	• bei einer GmbH: Prüfung der wirksamen Erbringung der Stammeinlage durch Gesellschafter • bei unvollständigen Unterlagen: Anforderung von Zahlungsnachweisen bei Gesellschaftern • ggf. bestehender und werthaltiger Zahlungsanspruch gehört zur Insolvenzmasse und führt ggf. zu einer kostendeckenden Masse und damit zur Eröffnung	Checkliste Haftungsansprüche
58.	Steuerberater	• Steuerberater verfügt ggf. über angeforderte Unterlagen • kein Zurückbehaltungsrecht des Steuerberaters an Unterlagen des Unternehmens = Herausgabepflicht • wegen ggf. ausstehender Honoraransprüche: nur Zurückbehaltungsrecht an eigenen Arbeitsergebnissen • Arbeitsergebnis aber noch nicht die Aufbereitung der Buchhaltungsunterlagen = Ordnung und rechnerische Eingabe (s. Rechtsprechung) • Arbeitsergebnis: Verwertung der »Rohdaten« aus den Unterlagen	Muster 177: »Steuerberater – Herausgabe von Unterlagen« Herausgabeanspruch gg. Steuerberater: BGH v. 11.3.2004 – IX ZR 178/03 in WKRS 2004, 14339
59.	Überschuldung	• Insolvenzgrund der Überschuldung ist in § 19 InsO geregelt • Überschuldung liegt vor, wenn das Vermögen des Schuldners die bestehenden Verbindlichkeiten nicht mehr deckt, es sei denn, die Fortführung des Unternehmens ist nach den Umständen überwiegend wahrscheinlich • für die Ermittlung: Erstellung einer Überschuldungsbilanz • Überschuldungsbegriff durch das FMStG im Jahre 2008 geändert, zunächst befristet bis zum 01.01.2011, dann verlängert bis zum 31.12.2013 • Entfristung mit Gesetz zur Einführung einer Rechtsbehelfsbelehrung im Zivilprozess (BGBl. I 2012, S. 2418 – Ausgabe Nr. 57) in Art. 18 • entsprechend: Überschuldungsbegriff gem. § 19 Abs. 2 InsO i.d.F. von 2008 bleibt auch ab 01.01.2014 erhalten	Überschuldungsbilanz: BGH v. 8.3.2012 – IX ZR 102/11 (Rn. 5) in ZInsO 2012, 732, WKRS 2012, 11833 Wuschek, Werte für den Überschuldungsbegriff, InsbürO 2012, 7 ff. Kühne/Nickert, Wann ist eine insolvenzrechtliche Prognose positiv? ZInsO 2014, 2297

Nr.	Thema	Checkliste Gutachten: Erläuterung Zusatzinformationen – alphabetisch sortiert	Hilfsmittel
60.	Zahlungseinstellung	• Zahlungseinstellung = Nichtzahlung eines maßgeblichen Teils der Verbindlichkeiten • Ermittlung: Gegenüberstellung der vorhandenen Zahlungsmittel und offenen Verbindlichkeiten • aber Ermittlung auch auf andere Weise möglich: Indiztatsachen	Gesamtschau Beweisanzeichen: BGH v. 19.12.2017 – II ZR 88/16 (Rn. 65 m.w.N.) in ZInsO 2018, 381
61.	Zahlungsunfähigkeit – Definition	• Insolvenzgrund der Zahlungsunfähigkeit ist in § 17 InsO geregelt • Zahlungsunfähigkeit: Schuldner ist nicht mehr in der Lage, seine fälligen und fällig werdenden Zahlungspflichten zu erfüllen • i.d.R. Zahlungsunfähigkeit bei Einstellung der Zahlungen (§ 17 Abs. 2 Satz 2 InsO) = nach außen hervortretendes Verhalten des Schuldners, in dem sich typischerweise ausdrückt, dass er nicht der Lage ist, seine fälligen Zahlungspflichten zu erfüllen • hierfür Liquiditätsbilanz erstellen: s. oben	Zur Feststellung Zahlungsunfähigkeit: BGH v. 19.12.2017 – II ZR 88/16 (Rn. 33, Rn. 36 m.w.N.) in ZInsO 2018, 381 Haarmeyer, Die Methoden zur Ermittlung der Zahlungsunfähigkeit, InsbürO 2011, 442 ff. Staufenbiel, Update Zahlungsunfähigkeit, InsbürO 2011, 446 ff.
62.	Zahlungsunfähigkeit – drohende	• Insolvenzgrund der drohenden Zahlungsunfähigkeit ist in § 18 InsO geregelt • drohende Zahlungsunfähigkeit = Schuldner wird voraussichtlich nicht der Lage sein wird, seine künftigen Zahlungspflichten zu erfüllen	
63.	Zahlungsunfähigkeit – Ermittlung	• betriebswirtschaftliche Methode: stichtagsbezogene Gegenüberstellung der fälligen Verbindlichkeiten und der zur Tilgung vorhandenen oder kurzfristig realisierbaren Mittel, ergänzt um die Prognose, ob eine Zahlungsfähigkeit innerhalb einer 3-Wochen-Frist wiederhergestellt werden kann (z.B. durch Kredite, Einnahmen aus Geschäftstätigkeit, Veräußerung von Vermögenswerten) • wirtschaftskriminalistische Methode: Warnzeichen für Zahlungsunfähigkeiten sind bspw. ausdrückliche Erklärung, nicht zahlen zu können, das Ignorieren von Rechnungen und Mahnungen, gescheiterte Vollstreckungsversuche, Nichtzahlung von Löhnen und Gehältern u.a. • nach BGH-Rechtsprechung: Gesamtschau mehrerer, darauf hindeutender, in der Rechtsprechung entwickelter Beweisanzeichen, bspw. – Nichtzahlung von Sozialversicherungsbeiträgen – Nichtzahlung von Steuerforderungen – betriebene Vollstreckungsverfahren – tatsächliche Nichtzahlung eines erheblichen Teils der Verbindlichkeiten • dadurch ggf. keine Darlegung der genauen Höhe der Verbindlichkeiten oder der Unterdeckung von 10 %	Zu den beiden Methoden: BGH, Beschl. v. 12.04.2018 – 5 StR 538/17 (Rn. 16 m.w.N.), InsbürO 2018, 362, ZInsO 2018, 1410 Gesamtschau mehrerer Beweisanzeichen: BGH v. 15.11.2018 – IX ZR 81/18 in InsbürO 2019, 90, WKRS 2018, 42114

Checkliste 29: Haftungsansprüche – Begrifflichkeiten

Zum besseren Verständnis bei der Ermittlung und Geltendmachung von Haftungsansprüchen sollen nachstehend unterschiedliche Begrifflichkeiten erläutert werden, die ggf. auch dabei helfen, Aufsätze zum Thema Haftungsansprüche einfacher nachvollziehen zu können. 57

(Die Übersicht dient als Nachschlagewerk und ist daher alphabetisch sortiert.)

58

Nr.	Begriff	Checkliste Haftungsansprüche – Begrifflichkeiten: Erläuterungen	Hilfsmittel
1.	Altgläubiger	• Altgläubiger = Gläubiger, die bereits vor dem Beginn der Insolvenzantragspflicht Forderungen gegen die GmbH hatten • Insolvenzantragspflicht liegt in vielen Fällen vor dem Datum der tatsächlichen Insolvenzantragstellung	Checkliste Verteilung

Nr.	Begriff	Checkliste Haftungsansprüche – Begrifflichkeiten: Erläuterungen	Hilfsmittel
		• Insolvenzverschleppung = Vermögen der GmbH geht verloren = Verringerung der Quote, die Altgläubiger bei rechtzeitiger Antragstellung erhalten hätten • damit: Entstehung eines Quotenschadens • Geltendmachung dieses Quotenschadens durch den Insolvenzverwalter gem. § 92 InsO • Achtung: werden Einnahmen aus einem Quotenschaden gem. § 92 InsO erzielt, sind diese auch nur an die Altgläubiger zu verteilen: s. gesonderte Checkliste	
2.	Außenhaftung	• Außenhaftung = Schadensersatzpflicht der Gesellschafter gegenüber einzelnen Gläubigern trotz des grundsätzlichen Haftungsausschlusses gem. § 13 Abs. 2 GmbH • z.B. gegenüber Neugläubigern, die ihre Ansprüche auch im eröffneten Insolvenzverfahren selbst verfolgen (s. nachfolgend)	
3.	Beherrschungs- und Gewinnabführungsvertrag	• Beherrschungs- und Gewinnabführungsvertrag = GmbH unterstellt ihre Leitung einem anderen Unternehmen, z. B. der Muttergesellschaft • Vertragsinhalt: Verpflichtung der GmbH, ihre sämtlichen Gewinne an ein herrschendes Unternehmen abzuführen • allerdings: bei Eintritt von Verlusten bei der GmbH: Pflicht der Muttergesellschaft, diese Verluste auszugleichen • nach der Rechtsprechung Beendigung des Vertrages mit Insolvenzeröffnung • bei Insolvenz des beherrschten Unternehmens: Anspruch auf Ausgleich der Verluste • bei Insolvenz der herrschenden Unternehmens: Ausgleichsanspruch als Insolvenzforderung	zur Vertragsbeendigung und zum Ausgleichsanspruch: BGH v. 14.12.1987 – II ZR 170/87 in WKRS 1987, 13356 Vertragsbeendigung unterjährig: BGH v.16.6.2015 – II ZR 384/13 (Rn. 15 m.w.N.) in WKRS 2015, 20459 Insolvenz des herrschenden Unternehmens – Ansprüche als Insolvenzgläubiger: BGH v. 17.3.2008 – II ZR 45/06 in WKRS 2008, 12169
4.	Cash-Pooling	• Cash = Liquidität • Pooling = Zusammenführung • Cash-Pooling findet bei Konzernen Anwendung • stellt einen konzerninternen Liquiditätsausgleich und eine Liquiditätsbündelung dar	
5.	Differenzhaftung	• Regelungen bspw. in § 9 GmbHG • Pflicht der Gesellschafter zum Ersatz der Differenz bei nicht vollständiger Erbringung der Sach- oder Bareinlage (s. auch »Vorbelastung«) • Zahlungsanspruch gegen Gesellschafter	
6.	Durchgriffshaftung	• persönliche Haftung der Gesellschafter einer GmbH über ihre Einlage hinaus mit ihrem Privatvermögen dem Grunde nach ausgeschlossen • Haftungsbeschränkung auf das Gesellschaftsvermögen gem. § 13 Abs. 2 GmbHG greift aber in Einzelfällen nicht, wie z. B. beim existenzvernichtenden Eingriff (= dann Durchgriffshaftung) • Inanspruchnahme der Gesellschafter bei GmbH: s. gesonderte Checkliste • Inanspruchnahme der Gesellschafter (analog) gem. § 128 HGB möglich bei GbR, OHG durch Insolvenzverwalter (§ 93 InsO)	Checkliste Haftungsansprüche – Übersicht einzelner Ansprüche
7.	Existenz vernichtender Eingriff	• Rechtsprechung hat den Begriff entwickelt • Definition: ein Gesellschafter oder ein herrschendes Unternehmen entzieht einer abhängigen GmbH das Vermögen ohne Ausgleichsregelungen • GmbH wird »geplündert« • i.d.R.: ein Gesellschafter der GmbH ist auch gleichzeitig Gesellschafter des herrschenden Unternehmens und profitiert von der Rechtshandlung zulasten der Gläubiger • Rechtsfolge: Schadensersatzanspruch wegen sittenwidriger Schädigung nach § 826 BGB (Einzelfallentscheidungen)	Anspruch aus Existenzvernichtung: BGH v. 21.2.2013 – IX ZR 52/10 (Rn. 20) in ZInsO 2013, 780, WKRS 2013, 34674

Nr.	Begriff	Checkliste Haftungsansprüche – Begrifflichkeiten: Erläuterungen	Hilfsmittel
8.	Faktischer Geschäftsführer	• faktischer Geschäftsführer = ist nicht im Handelsregister eingetragen, steuert jedoch die Geschicke der Gesellschaft oder nimmt zumindest maßgeblichen Einfluss darauf • tritt insoweit nach außen wie ein Geschäftsführer auf	
9.	Haftung – allgemein	• Haftung = im Zivilrecht Zahlungsverpflichtung wg. schadensverursachendem Verhalten • kann auch eine Verpflichtung zum Einstehen einer fremden Schuld sein • mit Haftung ist eine Verantwortlichkeit verbunden, für den Schaden eines anderen Ersatz zu leisten (verschuldensunabhängig oder –abhängig; vertraglich oder deliktisch)	
10.	Innenhaftung	• Innenhaftung = (Schadens-)Ersatzpflicht der Geschäftsführer oder Gesellschafter wegen Verstoß gegen gesetzliche Pflichten (z. B. gegen die Kapitalerhaltungspflicht, § 43 GmbHG etc.) = Anspruch der GmbH • Geltendmachung durch den Insolvenzverwalter gem. § 80 Abs. 1 InsO	
11.	Insolvenzantragspflicht	• Insolvenzantragspflicht gem. § 15a Abs. 1 InsO ohne schuldhaftes Zögern, aber spätestens innerhalb eines Zeitraums von drei Wochen nach Eintritt der Zahlungsunfähigkeit oder bei Überschuldung bei jur. Personen oder Gesellschaften ohne Rechtspersönlichkeit • für Gesellschaften ohne Rechtspersönlichkeiten siehe in § 11 Abs. 2 InsO: u.a. OHG, KG, GbR	
12.	Insolvenzverschleppung	• Insolvenzverschleppung = Verletzung der Insolvenzantragspflicht gem. § 15a InsO (ggf. verbunden mit Weiterführung des Geschäftsbetriebes) • dadurch i.d.R. Eintritt eines erheblichen Vermögensverlustes • Rechtsfolge: insbes. Geschäftsführerhaftung gem. § 64 GmbHG; Strafbarkeit gem. § 15a Abs. 4, 5 InsO	
13.	Kollateralschaden	• Kollateralschaden = Begleitschaden, der ggf. durch eine Rechtshandlung neben dem eigentlichen Schaden auftritt	
14.	MoMiG	• Gesetz zur Modernisierung des GmbH-Rechtes und zur Bekämpfung von Missbräuchen vom 23.10.2008 (BGBl. 2008, Teil I, S. 2026, Ausgabe Nr. 48 vom 28.10.2008) (In Kraft seit dem 01.11.2008) • anzuwenden auf alle ab dem 01.11.2008 eröffneten Verfahren (Art. 103d EGInsO)	Synopse MoMiG, ZInsO 2009, 727 ff.
15.	Neugläubiger	• Neugläubiger = Gläubiger, die erst nach Eintritt der Zahlungsunfähigkeit oder Überschuldung und damit während der Phase der Insolvenzverschleppung eine Forderung gegen die GmbH erlangen und damit ausfallen • Neugläubiger können ihren Haftungsanspruch nur selbst gegen den Geschäftsführer verfolgen (§ 823 Abs. 2 BGB i.V.m. § 15a InsO) • Anspruch auf Ersatz des vollen Individualschadens (Vertrauensschaden) • keine Beschränkung auf Quotenschaden • keine Berechtigung des Insolvenzverwalters zur Geltendmachung	Anspruch eines Neugläubigers: BGH v. 22.10.2013 – II ZR 394/12 (Rn. 7 m.w.N.) in ZInsO 2013, 2556
16.	Quotenschaden	• Quotenschaden = Schaden, der Gläubigern dadurch entsteht, dass ein Insolvenzantrag nicht rechtzeitig gestellt wird • dadurch: weiterer Abfluss von Vermögen der GmbH = Verringerung der Quote im Vergleich zur Quote, die sich bei rechtzeitiger Antragstellung ergeben hätte • nach der BGH-Rechtsprechung ist der Ersatzanspruch nicht auf den Quotenschaden gerichtet; erstattungspflichtige Masseschmälerung ist jeweils unter wirtschaftlichen Gesichtspunkten etwaigen ausgleichenden Massezuflüssen gegenüber zu stellen • bei etwaigen Einnahmen aus der Geltendmachung eines Quotenschadens ist darauf zu achten, dass diese nur an die Altgläubiger (s. vorstehend) verteilt werden	Zum Ersatzanspruch: BGH v. 4.7.2017 – II ZR 319/15 (Rn. 11 m.w.N.) in InsbürO 2017, 515, ZInsO 2017, 1847 Checkliste Verteilung

Nr.	Begriff	Checkliste Haftungsansprüche – Begrifflichkeiten: Erläuterungen	Hilfsmittel
17.	Reinvermögen	• Reinvermögen = Aktivvermögen abzüglich Verbindlichkeiten	
18.	Überschuldung – bilanziell	• Überschuldung im insolvenzrechtlichen Sinne kann nicht abschließend aus der Handels- oder Steuerbilanz entnommen werden (nur Anhaltspunkte) • Erstellung der Handels- u. Steuerbilanz erfolgt nach anderen Bewertungskriterien (hieraus ggf. bilanzielle Überschuldung oder nicht durch Eigenkapital gedeckter Fehlbetrag) • in der Handels- und Steuerbilanz sind auf der Aktivseite bspw. Buchwerte, aber keine Verkehrswerte bei Vermögenswerten und kein Wertansatz für immaterielle Vermögenswerte	
19.	Überschuldung – insolvenzrechtlich	• Überschuldung = es besteht keine positive Fortführungsprognose und das Vermögen der Gesellschaft deckt die Verbindlichkeiten der Gesellschaft (nach Zerschlagungswerten) nicht mehr (§ 19 InsO) • Bewertungskriterien andere als bei Handels- oder Steuerbilanz: s. vorstehend • Ermittlung der Überschuldung: lediglich das Fremdkapital und die Verbindlichkeiten gegenüber Dritten sind entscheidend • das Stammkapital wird nicht passiviert • zur Abgrenzung zur Unterbilanz: s. nachstehend • Überschuldung verpflichtet zur Insolvenzantragstellung: s. oben	Ringstmeier, »Wie wird bei der Ermittlung der Überschuldung einer GmbH das eingezahlte Eigenkapital behandelt?« Rubrik Fragezeichen: Frage 1, InsbürO 2009, 155 ff.
20.	Überschuldung – Beispiel	• Die Verbindlichkeiten der Gesellschaft betragen insgesamt 100.000,00 € • Das Vermögen der Gesellschaft auf der Aktivseite beträgt 70.000,00 € • Es liegt demnach eine Überschuldung vor, und zwar i.H.v. 30.000,00 €	
21.	Überschuldungsbilanz	• Überschuldungsbilanz = Gegenüberstellung von Aktiva und Passiva mit dem Ziel, ein etwaiges Übergewicht der Verbindlichkeiten zu ermitteln und eine Überschuldung feststellen zu können • keine Anwendung der handelsrechtlichen Grundsätze • Abweichung z. B. durch Aufdeckung der stillen Reserven in der Überschuldungsbilanz (= in Handelsbilanz nicht) • außerdem: Aufnahme von nicht bilanzierungsfähigen Vermögenswerten, wie z. B. Firmenwert, erforderlich (Ausnahmefälle) • Überschuldungsbilanz dient als Nachweis der eingetretenen Überschuldung bei der Geltendmachung von Haftungsansprüchen	
22.	Unterbilanz	• Unterbilanz = Eigenkapital, das sich aus dem Stammkapital zusammensetzt, ist nicht mehr vollständig durch das Vermögen der Gesellschaft auf der Aktivseite einer Bilanz nach Abzug der echten Passiva gedeckt = Reinvermögen < Eigenkapital • Unterbilanz verpflichtet nicht zur Insolvenzantragstellung • sie kann aber Haftungsansprüche gegen die Gesellschafter begründen (§§ 30, 31 GmbHG)	
23.	Unterbilanz – Beispiel	• Das Stammkapital der Gesellschaft beträgt: 25.000,00 EUR • Das Reinvermögen der Gesellschaft beträgt 15.000,00 EUR • dann liegt eine Unterbilanz vor, und zwar i.H.v. 10.000,00 EUR	
24.	Unterkapitalisierung	• Unterkapitalisierung = Eigenkapital und ggf. Gesellschafterdarlehen reichen nicht aus, um den Finanzbedarf der Gesellschaft zu decken • als Folge kann eine Durchgriffshaftung der Gesellschafter in Betracht kommen (ggf. Fallgruppe »existenzvernichtender Eingriff«)	
25.	Unterkapitalisierung – Beispiel	• das Eigenkapital der Gesellschaft beträgt 35.000,00 EUR • der Finanzbedarf der Gesellschaft beträgt allerdings 40.000,00 EUR • es liegt eine Unterkapitalisierung i.H.v. 5.000,00 EUR vor	

Nr.	Begriff	Checkliste Haftungsansprüche – Begrifflichkeiten: Erläuterungen	Hilfsmittel
26.	Upstream loan-Leistung	• upstream = »gegen den Strom« • loan = leihen • upstream-loan-Leistung = Darlehen einer Tochtergesellschaft an ihre Muttergesellschaft	
27.	Verdeckte Gewinnausschüttung	• verdeckte Gewinnausschüttung = Eintritt einer Vermögensminderung zu Lasten der Gesellschaft oder Verhinderung einer Vermögensmehrung • in beiden Fällen: für eine Leistung erfolgt keine äquivalente Gegenleistung • bei Eintritt einer Unterbilanz durch diese Handlungen: Haftungsansprüche wegen des Verstoßes gegen das Kapitalerhaltungsgebot nach §§ 30, 31 GmbHG	
28.	Verdeckte Gewinnausschüttung – Beispiele	• Eine Baufirma liefert einem Gesellschafter für sein Privathaus Baumaterial im Wert von tatsächlich 100.000,00 € zu einem Preis von 50.000,00 € • Der Gesellschafter verkauft der Gesellschaft Waren im Wert von tatsächlich 20.000,00 € zu einem erhöhten Preis von 40.000,00 € • Der Gesellschafter-Geschäftsführer bezieht ein zu hohes Gehalt	
29.	Verdeckte Sacheinlage	• verdeckte Sacheinlage = Gesellschaftsvertrag sieht Bareinlage vor, eingezahlter Betrag wird aber zeitnah gegen Vermögensgegenstand ausgetauscht • dadurch: Sachwert vorhanden, aber kein Geldwert • Umgehung der Publizitäts- und Bewertungsvorschriften nach GmbHG für Sacheinlage bei GmbH-Gründung • Haftung gem. § 19 Abs. 4 GmbHG • danach: tatsächlichen Wert der eingebrachten Sache ermitteln und fehlende Differenz vom Gesellschafter fordern	

Checkliste 30: Haftungsansprüche – Arbeitsschritte

Es wird wohl kaum ein Insolvenzverfahren über das Vermögen einer insolventen juristischen Person geben, in der nicht irgendwelche Haftungsansprüche gegen die Gesellschafter oder den oder die Geschäftsführer zu verfolgen sein werden. Die Ermittlung solcher Haftungsansprüche gehört zur Aufgabe des Sachverständigen im Eröffnungsverfahren. Im eröffneten Verfahren ist dann der Insolvenzverwalter für die Geltendmachung und Realisierung dieser Ansprüche zuständig. Insolvenzsachbearbeiter können Vorbereitungen zur Ermittlung solcher Ansprüche treffen oder auch im Zuge von Vergleichsverhandlungen involviert werden. Zu diesem Zweck ist es sinnvoll, die möglichen Haftungsansprüche und die entsprechenden Rechtsgrundlagen zu kennen. Der Schwerpunkt der nachstehenden Erläuterungen liegt hierbei auf dem Insolvenzverfahren über das Vermögen einer GmbH. 59

(Die Übersicht ist nach gängigen Informationen und Arbeitsschritten sortiert.)

60

Nr.	Thema	Checkliste Haftungsansprüche – Arbeitsschritte: Erläuterung	Hilfsmittel
1.	Rechtsgrundlagen	• siehe wegen der Vielzahl von Rechtsgrundlagen für einzelne Haftungsansprüche in die gesonderte Übersicht • dort auch: Hinweise zur Ermittlung • Literaturhinweise • Verjährungsfrist	Checkliste Haftungsansprüche – einzelne Ansprüche
2.	Verbraucherinsolvenzverfahren	• keine Anwendung der hier erläuterten Arbeitsschritte in Verbraucherinsolvenzverfahren • die dargestellten Haftungsansprüche sind ausschließlich in Insolvenzverfahren über das Vermögen jur. Personen geltend zu machen	
3.	Begrifflichkeiten	• es gibt eine Vielzahl von Begrifflichkeiten, die bei der Ermittlung von Haftungsansprüchen von Bedeutung sind • siehe in die gesonderte Übersicht	Checkliste Haftungsansprüche – Begrifflichkeiten

Nr.	Thema	Checkliste Haftungsansprüche – Arbeitsschritte: Erläuterung	Hilfsmittel
4.	Rückgewähranspruch	• Rückgewähranspruch = Pflicht zur Erstattung eines fehlerhaft ausgezahlten Betrages (z. B. Verstoß gegen Kapitalerhaltungsgebot) • vollwertiger Rückgewähranspruch = Zahlungsanspruch lässt sich durchsetzen/realisieren = Zahlungspflichtiger ist zahlungsfähig	
5.	Geschäftsführer – Ermittlung	• Einsicht in einen aktuellen Handelsregisterauszug: s. nachfolgend • Ermittlung des oder der aktuellen Geschäftsführer • Feststellung, ob und ggf. wann Geschäftsführerwechsel stattfanden (= mögliche Haftung von Alt-Geschäftsführern)	
6.	Gesellschafter – Ermittlung	• Ermittlung der aktuellen oder vorherigen Gesellschafter • gegen vorherige Gesellschafter können ggf. je nach Datum des Ausscheidens Haftungsansprüche bestehen • im Handelsregisterauszug keine Angaben zu den Gesellschaftern • aber: Liste der Gesellschafter einsehen • diese ist bei jeder eingetretenen Änderung in aktualisierter Form beim Handelsregister einzureichen (§ 40 GmbHG) • kann beim Handelsregister in Kopie angefordert werden	www.handelsregister.de www.handelsregister-bekanntmachungen.de
7.	Handelsregister	• Handelsregisterauszug = Daten über Firmenname, Sitz, Name der Geschäftsführer, Gesellschaftszweck • auch Änderungen sind aus dem Handelsregister ersichtlich (z. B. Geschäftsführerwechsel, Sitzverlegung) • Handelsregisterauszug beim Handelsregister anfordern • auch elektronisch möglich (= Gesetz über das elektronische Handelsregister, Genossenschaftsregister und Unternehmensregister (EHUG))	www.handelsregister.de www.handelsregister-bekanntmachungen.de
8.	Vereitelungsgefahr – dinglicher Arrest	• gibt es konkrete Anhaltspunkte dafür, dass der Haftende seine Vermögenswerte beiseite schaffen möchte, um einer späteren Vollstreckung zu entgehen, liegt eine Vereitelung der späteren Anspruchsdurchsetzung vor • insoweit besteht die Möglichkeit eines dinglichen Arrestes gem. § 917 Abs. 1 ZPO (= Erwirkung eines Arrestbefehls als Titel zur Sicherung von Vermögenswerten) • Geltendmachung des dinglichen Arrestes: anwaltliche Aufgabe	Dälken, Insolvenzanfechtung und Organhaftung: Effektive Massesicherung durch dinglichen Arrest, InsbürO 2018, 338 ff. (inkl. Muster Arrestgesuch und Muster Antrag auf Eintragung einer Arresthypothek)
9.	Forderungsanmeldungen	• die Tabellensachbearbeiter sollten die Geschäftsführer und Gesellschafter immer namentlich kennen, um angemeldete Forderungen von diesen Personen zu bestreiten: – ggf. Nachrang des § 39 Abs. 1 Nr. 5 InsO (Gesellschafterdarlehen oder Handlungen, die dem wirtschaftlich entsprechen) beachten – ggf. auch § 39 Abs. 2 InsO anwendbar: Nachrang i.S.v. § 39 Abs. 1 InsO, wenn der Nachrang zwischen Gläubiger und Schuldner vereinbart – ggf. wegen geltend zu machendem Haftungsanspruch vorläufig bestreiten; ggf. erfolgt Klärung der gegenseitigen Ansprüche im Rahmen einer Vergleichsvereinbarung • sollten Forderungen festgestellt werden können: ggf. Verrechnungsmöglichkeit von Ansprüchen mit etwaiger Quote prüfen = Haftungsanspruch wird durch Quotenzahlung tlw. befriedigt	Checkliste Insolvenztabelle: Zusatzinfos
10.	Auskunftsanspruch	• wenn ein Haftungsanspruch gegen einen Geschäftsführer vorliegt: keine Pflicht des GF zur Auskunft über eigene Einkommens- und Vermögensverhältnisse • die mögliche Durchsetzung eines Zahlungsanspruches gegen einen Geschäftsführer muss also anderweitig ermittelt werden	keine Auskunftspflicht zu eigenen Vermögensverhältnissen: BGH v. 5.3.2015 – IX ZB 62/14 in InsbürO 2015, 236, ZInsO 2015, 740

Nr.	Thema	Checkliste Haftungsansprüche – Arbeitsschritte: Erläuterung	Hilfsmittel
11.	Vermögensverhältnisse	• Prüfung der Vermögensverhältnisse der Anspruchsgegner ist aber wichtig: – dadurch ggf. Feststellung der Werthaltigkeit von Ansprüchen (= Chance der Realisierung) • Abfragen über Schuldnerkartei oder Vollstreckungsportal oder Insolvenzgericht tätigen: s. nachfolgend	www.insolvenzbekanntmachungen.de www.vollstreckungsportal.de
12.	Vollstreckungsportal	• Vollstreckungsportal = Abfrage der Eintragungen in der Schuldnerkartei möglich • darin enthalten: Eintragungen ab 01.01.2013 • Abfrage im Vollstreckungsportal ist kostenpflichtig • Insolvenzgericht bekommt kostenlos Auskunft: daher ggf. um Auskunft über das Insolvenzgericht bitten	www.vollstreckungsportal.de Muster 136 (Forderungseinzug): »Auskunftsersuchen – Vollstreckungsportal – Info-Übersicht« Muster 134 (Forderungseinzug): »Anfrage an Insolvenzgericht – Vollstreckungsportal«
13.	Insolvenzgericht – Anfrage	• Abfrage der Vermögensverhältnisse von Haftungsgegnern beim zuständigen Insolvenzgericht für den jeweiligen Wohnsitz – Insolvenzverfahren über deren Vermögen anhängig oder ggf. mangels Masse abgewiesen? • Internetportal nutzen • im Insolvenzportal werden Abweisungen mangels Masse innerhalb eines Monats gelöscht (§ 3 Abs. 3 InsoBekV) • daher: ggf. gleichzeitig Anfrage beim Insolvenzgericht am Wohnort des Dritten	www.insolvenzbekanntmachungen.de Muster 135 (Forderungseinzug): »Auskunftsersuchen – Insolvenzportal – Info-Übersicht« Muster 133: »Anfrage an Insolvenzgericht – Drittschuldner«
14.	Prozesskostenhilfe (= PKH)	• wenn Insolvenzmasse zur Einleitung von gerichtlichen Klageverfahren fehlt: PKH beantragen • Insolvenzverwalter hat als Partei kraft Amtes Anspruch auf PKH (§§ 114, 116 Satz 1 ZPO) • umfangreiche Anlagen sind zum PKH-Antrag vorzubereiten: s. gesonderte Checkliste	Checkliste Prozesskostenhilfeantrag Küpper, Der erfolgreiche PKH-Antrag des Insolvenzverwalters, InsbürO 2007, 442 ff.
15.	Verjährungsfristen	• für die einzelnen Haftungsansprüche sind unterschiedliche Verjährungsfristen zu beachten • diese sind in der gesonderten Übersicht jeweils bei den einzelnen Haftungsansprüchen genannt: s. dort • Achtung: die kürzeste Frist ist sechs Monate nach Insolvenzeröffnung (§ 19 Abs. 6 Satz 2 GmbHG: Leistung der Einlagen): – daher diese vorsorglich immer bei Insolvenzeröffnung notieren: s. Checkliste Eröffnungsbeschluss (»Termine«)	Checkliste Haftungsansprüche – einzelne Ansprüche
16.	Separierung von Zahlungen nach §§ 92, 93 InsO	• mit den Regelungen §§ 92, 93 InsO werden Ersatzansprüche geltend gemacht, die einen Schaden durch Verminderung der Insolvenzmasse ausgleichen sollen – wäre die Masse bspw. bei rechtzeitiger Insolvenzantragstellung nicht gemindert worden, hätte sich eine bessere Quote ergeben (= Quotenschaden) • dieser Quotenschaden betrifft aber nur Altgläubiger (= gab es schon zum Zeitpunkt der Insolvenzantragspflicht) • da Neugläubiger ihren Schaden gesondert in voller Höhe geltend machen können, sind diese aus etwaigen Einnahmen nicht zu bedienen • daher: erzielte Einnahmen gesondert separieren = gesondertes Treuhandkonto anlegen • diese Einnahmen müssen unabhängig von der sonstigen Verteilung nur an Altgläubiger verteilt werden – Kosten der Einziehungstätigkeit sind vorher aus der Einnahmensumme in Abzug zu bringen	Checkliste Verteilung Ahrens/Gehrlein / Ringstmeier: Insolvenzrecht Kommentar, 3. Aufl. 2017, Piepenbrock, § 92 Rn. 21, § 93 Rn. 21 Hamburger Kommentar zum Insolvenzrecht, 7. Aufl., Pohlmann, § 92 Rn. 32, § 93 Rn. 85 f. Umgang mit Einnahmen aus § 92 InsO: BGH v. 9.10.2014 – IX ZR 140/11 (Ls. 7 + Rn. 45) in InsbürO 2015, 158, ZInsO 2014, 2361

Nr.	Thema	Checkliste Haftungsansprüche – Arbeitsschritte: Erläuterung	Hilfsmittel
			Umgang mit Einnahmen aus § 93 InsO: BGH v. 17.12.2015 – IX ZR 143/13 (Rn. 12) in InsbürO 2016, 251, ZInsO 2016, 330 Graeber/Graeber, Vergütungsrecht in der Insolvenzpraxis: Die Durchsetzung von Ansprüchen gem. §§ 92, 93 InsO durch das Verwalterbüro, InsbürO 2019, 71 ff.
17.	Vergleichsabschluss	• für einen Vergleichsabschluss ist ggf. die Zustimmung der Gläubigerversammlung gem. § 160 Abs. 1 InsO erforderlich – tlw. Verzicht auf Haftungsanspruch seitens des Insolvenzverwalter? = damit besondere Bedeutung? • Terminierung einer gesonderten Gläubigerversammlung wegen Zustimmung zum Vergleich beim Insolvenzgericht beantragen: s. nachfolgend • Archivierung beim Schriftverkehr zum Haftungsanspruch, Kopie zum Schriftverkehr mit dem Insolvenzgericht im Ordner Allgemein	Muster 184: »Gläubigerversammlung – Antrag auf Einberufung«
18.	Gläubigerversammlung – gesonderte	• vom Insolvenzverwalter kann eine gesonderte Gläubigerversammlung gem. § 75 Abs. 1 Nr. 1 InsO beantragt werden • erfolgt i.d.R. für Zustimmungen gem. § 160 InsO • Antrag beim Insolvenzgericht stellen • nach Beschlussfassung: Einladung an Gläubiger versenden mit einer Belehrung über die Zustimmungsfiktion • Zustimmungsfiktion = wenn kein Gläubiger anwesend ist die GV beschlussunfähig, Zustimmung gilt dann als erteilt (§ 160 Abs. 1 Satz 3 InsO) • Voraussetzung dieser Rechtsfolge: Gläubiger sind über Fiktion belehrt worden (§ 160 Abs. 1 Satz 3 InsO)	Muster 184: »Gläubigerversammlung – Antrag auf Einberufung« Muster 185: »Gläubigerversammlung – Einladung der Gläubiger«
19.	Vergleichserfüllung	• ggf. werden Ratenzahlungen oder sonstige Zahlungstermine in einer Vergleichsvereinbarung geregelt? • Vergleichserfüllung überwachen: Wiedervorlagen für Zahlungstermine notieren	Wiedervorlagenkalender
20.	Anfechtungsansprüche	• es gibt eine Reihe von möglichen Anfechtungsansprüchen gegen die Gesellschafter • diese werden in der gesonderten Übersicht dargestellt • Achtung: Verjährungsfrist für Anfechtungsansprüche notieren	Checkliste Haftungsansprüche – einzelne Ansprüche
21.	Beraterhaftung	• Steuerberater oder andere Berater des schuldnerischen Unternehmens haben häufig Kenntnis von der Insolvenzlage • ggf. kommen Haftungsansprüche wg. Beihilfe zur Insolvenzverschleppung in Betracht • durch BGH-Rechtsprechung v. 26.1.2017: Ausweitung der Prüfungs- und Hinweispflichten und damit Verschärfung der Haftung eines Steuerberaters	Kurswende des BGH – verschärfte Haftungskriterien: BGH v. 26.1.2017 – IX ZR 285/14, InsbürO 2017, 213 = ZInsO 2017, 432 Eckert, Steuerberaterhaftung für Insolvenzverschleppungsschäden, Teil 1: InsbürO 2017, 444 ff., Teil 2: InsbürO 2017, 484 ff.
22.	Eigenverwaltung	• im Gesetz nicht eindeutig geklärt, ob Haftungsnormen auch im Eigenverwaltungsverfahren gelten, z. B. §§ 43, 64 GmbH, §§ 60, 61 InsO • in der Literatur wurde dies schon längere Zeit bejaht: s. rechts: nähere Infos in gesonderter Checkliste und im Literaturtipp • der BGH hat die Anwendung der §§ 60, 61 InsO inzwischen bestätigt: s. rechts	Checkliste EigenverwaltungCheckliste Schutzschirmverfahren Haftung nach §§ 60, 61 InsO: BGH v. 26.04.2018 – IX ZR 238/17, InsbürO 2018, 284, ZInsO 2018, 1200

Nr.	Thema	Checkliste Haftungsansprüche – Arbeitsschritte: Erläuterung	Hilfsmittel
			Schmittmann/Lemken, Haftung der Organe des Schuldners in der (vorläufigen) Eigenverwaltung und im Schutzschirmverfahren, InsbürO 2015, 424 ff.
23.	GbR – Haftungsinanspruchnahme	• Literaturtipp: Küpper, Haftungsinanspruchnahme der Gesellschafter einer Gesellschaft bürgerlichen Rechts, InsbürO 2005, 294 ff.	
24.	Haftungsansprüche	• Überblick über einzelne Haftungsansprüche bei einer GmbH mit Rechtsgrundlagen, Beispielen und Literaturhinweisen: s. gesonderte Checkliste	Checkliste Haftungsansprüche –einzelne Ansprüche
25.	Kommanditgesellschaft	• Insolvenzverfahren über das Vermögen von Kommanditgesellschaften nicht der Regelfall – eher anzutreffen: Insolvenzverfahren über eine GmbH & Co. KG • bei der KG Haftung des Komplementärs (= persönlich haftender Gesellschafter gem. § 161 Abs. 1 HGB) • nach § 161 Abs. 2 HGB finden die Regelungen zur OHG auf die Kommanditgesellschaft Anwendung, dementsprechend: persönliche Haftung gem. § 128 HGB • die Geltendmachung von Ansprüchen obliegt im Insolvenzverfahren gem. § 93 InsO dem Insolvenzverwalter • lt. BGH-Rechtsprechung: substantiierte Darlegung des Haftungsanspruches nach § 171 Abs. 2, § 172 Abs. 4 HGB durch Vorlage der Insolvenztabelle mit festgestellten Forderungen • keine Einwendungsmöglichkeit des Kommanditisten (§§ 129 Abs. 1, § 161 Abs. 2 HGB) gegen festgestellte Insolvenzforderungen wg. Rechtskraftwirkung gem. § 201 Abs. 2 InsO • keine Inanspruchnahme des Kommanditisten für Verfahrenskosten und Masseverbindlichkeiten, sondern für Befriedigung der Insolvenzgläubiger	Heckel, Aufbringung und Nachweis des Haftkapitals der Kommanditgesellschaft, InsbürO 2007, 9 ff. Glaubhaftungmachung des Haftungstatbestandes durch Vorlage der Insolvenztabelle: BGH v. 20.02.2018 – II ZR 272/16 in InsbürO 2018, 321, ZInsO 2018, 870 Ausschluss der Einwendungsmöglichkeit: wie vor (Nr. 23) keine Haftung für Verfahrenskosten und Masseverbindlichkeiten: LG Offenburg v. 16.01.2018 – 2 O 26/18 in InsbürO 2018, 321, ZInsO 2018, 1055 mit Verweis auf BGH-Rechtsprechung
26.	Limited	• eine Haftung des directors einer Limited nach § 64 GmbHG wurde vom EuGH bestätigt	Haftung eines directors: EuGH v. 10.12.2015 – RS. C-594/14 in InsbürO 2016, 128, ZInsO 2016, 175 und BGH v. 15.03.2016 – II ZR 119/14 in InsbürO 2016, 305, ZInsO 2016, 847 Checkliste Limited
27.	Mindergesellschafter (InsO)	• als Mindergesellschafter gelten solche Gesellschafter mit einem Geschäftsanteil von maximal 10 % (s. in den Wortlaut des § 135 Abs. 4 i.V.m. 39 Abs. 5 InsO) • ggf. entfällt eine Haftung oder Erstattungspflicht bei Mindergesellschaftern	
28.	Nutzungsüberlassung	• Hat ein Gesellschafter dem schuldnerischen Unternehmen einen Gegenstand zum Gebrauch oder zur Ausübung überlassen? – kein Herausgabeanspruch des Gesellschafters während der Dauer des Verfahrens (§ 135 Abs. 3 InsO) – beschränkt auf höchstens ein Jahr ab Eröffnung – Voraussetzung: Gegenstand ist für Fortführung des Unternehmen von erheblicher Bedeutung • Gesellschafter hat ab Insolvenzeröffnung einen Ausgleichsanspruch: Durchschnitt der im letzten Jahr vor Insolvenzeröffnung geleisteten Vergütung • rückständige Nutzungsentgelte aus der Zeit vor Insolvenzeröffnung = nachrangige Insolvenzforderungen gem. § 39 Abs. 1 Nr. 5 InsO (= Rechtshandlung, die einem Darlehen wirtschaftlich entsprechen)	Küpper/Heinze, Nutzungsüberlassung nach IE gem. § 135 Abs. 3 InsO, InsbürO 2010, 84 ff.

Nr.	Thema	Checkliste Haftungsansprüche – Arbeitsschritte: Erläuterung	Hilfsmittel
29.	Personengesellschaften	• bei Personengesellschaften (z. B. OHG, GbR) haften die Gesellschafter persönlich • ausschließliche Geltendmachung von solchen Haftungsansprüchen während der Dauer des Insolvenzverfahrens durch den Insolvenzverwalter (§ 93 InsO)	Muster 186: »Information an Gläubiger wg. § 93 InsO« Goth, Forderungsanmeldung in der Insolvenz des persönlich haftendem Gesellschafter (§ 93 InsO), InsbürO 2011, 411 f.
30.	Schutzschirmverfahren	• siehe vorstehend »Eigenverwaltung«	
31.	Stammeinlage	• Nachweis der Einzahlung der Stammeinlage anfordern • wurde diese nicht vollständig gezahlt und muss eingefordert werden: siehe in die gesonderte Übersicht • bei (tlw.) ausstehender Stammeinlage vertraglicher Zahlungsanspruch; ggf. Solidarhaftung der Mitgesellschafter gem. § 24 GmbHG	Checkliste Haftungsansprüche – einzelne Ansprüche Muster 187: »Stammeinlage – Anforderung Nachweis der Einzahlung« Muster 188: »Stammeinlage – Hin- und Herzahlen – Anspruch«
32.	Wiedervorlagen	• Wiedervorlagen für sämtliche Anforderungen oder Zahlungsaufforderungen notieren • Vorgänge in der Überwachung halten • Insolvenzverwalter ggf. immer wieder an die Durchsetzung erinnern • Zahlungseingänge mehren die Insolvenzmasse, Zinsen können vereinnahmt werden	Wiedervorlagenkalender
33.	Literaturtipp	• umfassender Überblick mit Erläuterungen auf über 70 Seiten: Bitter/Baschnagel, Haftung von Geschäftsführern und Gesellschaftern in der Insolvenz ihrer GmbH – Teil 1: ZInsO 2018, 557 ff., Teil 2: ZInsO 2018, 625 ff.	

Checkliste 31: Haftungsansprüche – einzelne Ansprüche im Überblick

61 Es gibt eine Vielzahl unterschiedlicher Haftungsansprüche, die im Insolvenzverfahren gegen unterschiedliche Dritte verfolgt werden können. Die nachfolgende Tabelle soll einen Überblick über gängige mögliche Ansprüche geben. Hierbei werden nicht nur die Rechtsgrundlagen vorgestellt, sondern u.a. auch ausgeführt, wie man solche Ansprüche ggf. ermitteln kann.

(Die Übersicht dient als Nachschlagewerk und ist daher alphabetisch sortiert.)

62

Thema	Haftungsanspruch	Gesetzesgrundlage	Verjährungs-Frist	Umschreibung eines Beispiels	Ermittlung/ Rechtsprechung/ Literaturtipp
Bürgschaft	Gesellschafterhaftung: Rückgängigmachung einer **Befreiung aus der Bürgschaft** innerhalb des letzten Jahres vor Insolvenzantragstellung oder danach	§ 135 Abs. 2 InsO, § 143 Abs. 3 InsO	3 Jahre ab Schluss des Kalenderjahres: § 146 Abs. 1 InsO i.V.m. §§ 195, 199 BGB	• *Darlehensaufnahme durch GmbH bei einer Bank* • *Bürgschaft hierfür durch einen Gesellschafter* • *Darlehensrückzahlungen durch die GmbH an die Bank innerhalb des letzten Jahres vor Insolvenzantragstellung* • *dadurch: Befreiung des Gesellschafters aus der Bürgschaft = er haftet nur noch für die restliche Darlehenssumme*	Prüfung der Summen- und Saldenliste bzgl. Zahlungen an die Bank ggf. Abfrage der Darlehensvalutastände bei der Bank für den Zeitraum ein Jahr vor Antragstellung und aktuell: Differenz = erfolgte Rückzahlung ggf. Prüfung einer Forderungsaufstellung der Bank mit Zahlungen des letzten Jahres

Thema	Haftungsanspruch	Gesetzesgrundlage	Verjährungs-Frist	Umschreibung eines Beispiels	Ermittlung/ Rechtsprechung/ Literaturtipp
				• *Erstattungsanspruch gegen den Gesellschafter in Höhe der geleisteten Zahlung im letzten Jahr vor Insolvenzantragstellung = freigewordener Betrag (Haftungserleichterung)*	Rechtsprechung exemplarisch: Erstattungspflicht bei Befreiung des Gesellschafters: BGH v. 13.7.2017 – IX ZR 173/16 (Rn. 14 ff. m.w.N.) in InsbürO 2017, 518, ZInsO 2017, 1844
Existenz – vernichtung	**Gesellschafter – haftung:** Rückgängigmachung eines entstandenen Schadens	§ 826 BGB	3 Jahre ab Ende des Jahres der Kenntniserlangung, § 199 Abs. 1 Nr. 2 BGB	• *Mehrheitsgesellschafter einer GmbH ist eine andere Gesellschaft, also ein herrschendes Unternehmen* • *Zahlungen an das herrschende Unternehmen ohne Rücksicht auf dadurch eintretende Unterbilanz, ggf. sogar Überschuldung* • *damit: Ausplünderung der GmbH* • *weiterer Mitgesellschafter der GmbH ist gleichzeitig Gesellschafter am herrschenden Unternehmen = Vermögensverschiebung zu seinen Gunsten/zulasten der Gläubiger* • *Erstattungsanspruch aller Zahlungen, die eine sittenwidrige Schädigung verursacht haben*	Überprüfung des gesamten Zahlungsverkehrs anhand der Kontoauszüge und der Belege mindestens für ein Jahr vor Insolvenzantragstellung ggf. Prüfung von Summen- und Saldenliste Sind Gesellschaften an der GmbH beteiligt: Überprüfung der dortigen Gesellschafter Rechtsprechung exemplarisch: Anspruch aus Existenzvernichtung: BGH v. 21.2.2013 – IX ZR 52/10 (Rn. 20) in ZInsO 2013, 780, WKRS 2013, 34674 Beginn der Verjährungsfrist erst bei Kenntnis: BGH v. 24.7.2012 – II ZR 177/11 in ZInsO 2012, 1718, WKRS 2012, 22111 Literaturtipp: Strohn, Existenzvernichtung, Vermögensvermischung, Durchgriffshaftung, ZInsO 2008, 706
Existenz-vernichtung	**Geschäftsführer-haftung:** Solidarische Haftung bei Beihilfe zur Existenzvernichtung	§ 830 BGB	3 Jahre ab Ende des Jahres der Kenntniserlangung, § 199 Abs. 1 Nr. 2 BGB	• *Sachverhalt wie vorstehend* • *direkte Handlungen des Geschäftsführers oder ggf. Beihilfe = in beiden Fällen: Haftungsansprüche*	Prüfung wie vorstehend, dabei: Inwieweit war der Geschäftsführer involviert? Rechtsprechung exemplarisch: Zur Haftung eines Mittäters: BGH v. 24.7.2012 – II ZR 177/11 (Rn. 14) in ZInsO 2012, 1718, WKRS 2012, 22111 Literaturtipp: Bitter, Haftung von Geschäftsführern und Gesellschaftern in der Insolvenz ihrer GmbH – Teil 2: ZInsO 2018, 625 ff.

Thema	Haftungsanspruch	Gesetzes-grundlage	Verjährungs-Frist	Umschreibung eines Beispiels	Ermittlung/ Rechtsprechung/ Literaturtipp
Faktischer Geschäfts-führer	**Erstattungs-anspruch**	§ 64 GmbHG	5 Jahre ab Handlung §§ 64, 43 GmbHG	• *s. nachstehend*	s. nachstehend
Faktischer Geschäfts-führer	**Schadensersatz-anspruch**	§ 823 Abs. 2 BGB i.V.m. § 15a InsO	3 Jahre ab Ende des Jahres der Kenntnis-erlangung, § 199 Abs. 1 Nr. 2 BGB	• *Gesellschafter trifft maß-gebliche Entscheidungen, obwohl keine Bestellung zum Geschäftsführer vorliegt*	Informationsgespräch mit Mitarbeitern im Unterneh-men, ggf. mit Großkunden oder Großlieferanten: Wer tritt als Entschei-dungsträger auf? Rechtsprechung exemplarisch: zur Umschreibung fak-tischer GF und Haftung: BGH v. 11.6.2013 – II ZR 389/12 (Rn. 11, 23) in WKRS 2013, 41413 Faktischer GF = Täter einer Insolvenzverschleppung: BGH v. 18.12.2014 – 4 StR 323/14 in ZInsO 2015, 196, Ins-bürO 2015, 247
Gesell-schafter–darlehen/ Besiche-rung	Gesellschafterhaf-tung: Anfechtung der **Bestellung einer Sicherheit für ein Gesellschafter-darlehen** innerhalb der letzten 10 Jahre vor Insolvenz-antragstellung oder danach	§ 135 Abs. 1 Nr. 1 InsO	3 Jahre ab Schluss des Kalender-jahres der IE: § 146 Abs. 1 InsO i.V.m. §§ 195, 199 BGB	• *Gesellschafter stellt der GmbH ein Darlehen zur Verfügung* • *Bestellung einer Sicherheit für dieses Darlehen aus dem Gesellschaftsvermögen* • *Bsp.: Sicherungsübereig-nung des Fuhrparks* • *Sicherungunterliegt der Anfechtung*	Prüfung der Darlehens- und Sicherungsverträge Rechtsprechung exemplarisch: Zur Anfechtbarkeit der Sicherheit: BGH v. 18.7.2013 – IX ZR 219/11 (Rn. 14) in InsbürO 2013, 458, ZInsO 2013, 1573
Gesell-schafter-darlehen/ Rück-zahlung	Gesellschafterhaf-tung: Anfechtung von **Rückzahlungen auf ein Gesell-schafterdarlehen** innerhalb des letzten Jahres vor Insolvenzantrag-stellung oder danach	§ 135 Abs. 1 Nr. 2 InsO	3 Jahre ab Schluss des Kalender-jahres: § 146 Abs. 1 InsO i.V.m. §§ 195, 199 BGB	• *Gesellschafter stellt der GmbH ein Darlehen oder vergleichbare Finanzie-rungshilfen zur Verfügung* • *Zahlung der vereinbarten Darlehensraten durch insolvente GmbH an den Gesellschafter*	Prüfung der Summen- und Saldenlisten oder der Kontoaus-züge und Feststellung der erfolgten Zahlungen an den Gesellschafter Rechtsprechung exemplarisch: Erstattungspflicht bei Tilgung an Gesellschafter: BGH v. 13.7.2017 – IX ZR 173/16 (Rn. 17 m.w.N.) in Ins-bürO 2017, 518, ZInsO 2017, 1844 kein Bargeschäftseinwand: BGH v. 7.5.2013 – IX ZR 271/12 in WKRS 2013, 37182

Thema	Haftungsanspruch	Gesetzes-grundlage	Verjährungs-Frist	Umschreibung eines Beispiels	Ermittlung/ Rechtsprechung/ Literaturtipp
					Literaturtipp: Hamann, Die Jahresfrist des § 135 Abs. 1 Nr. 2 InsO – auf dem Prüfstand des MoMiG übersehen? ZInsO 2009, 264 ff. Henkel, Das Bargeschäftsprivileg gilt nicht im Rahmen des § 135 Abs. 1 InsO, ZInsO 2009, 1577 ff.
Gründungs-haftung	**Vorgründungs-gesellschaft:** Haftung für Verbindlichkeiten aus der Zeit vor der Gründung einer GmbH (Beurkundung) wie Gesellschafter einer BGB-Gesellschaft oder ggf. OHG	§§ 705 ff., BGB §§ 105 ff. HGB § 93 InsO	3 Jahre ab Schluss des Kalenderjahres: §§ 195, 199 BGB	• *zwei Gesellschafter möchten eine GmbH gründen* • *Auftrag an einen Notar zum Entwurf des Gesellschaftsvertrages und Geschäftsaufnahme* • *Abstandnahme vom Vorhaben vor Beurkundung des Vertragsentwurfs* • *Haftung der Gesellschafter persönlich für die Notargebühren oder andere entstandene Verbindlichkeiten* • *im Insolvenzverfahren: Geltendmachung dieses Anspruches durch den Insolvenzverwalter (§ 93 InsO)*	Prüfung der Unterlagen und Ermittlung der ggf. fehlenden Gründung Prüfung der begründeten Verbindlichkeiten Rechtsprechung exemplarisch: Unbeschränkte Haftung der Gesellschafter: BGH v. 6.3.2012 – II ZR 56/10 (Rn. 15) in ZInsO 2012, 803, WKRS 2012, 13607 Literaturtipp: Schmidt/Kuleisa, Massegenerierung in der GmbH-Insolvenz, Teil 2: Gründerhaftung, InsbürO 2009, 301
Gründungs-haftung	**Vorgesellschaft:** Haftung für Verluste nach Abschluss des Gesellschaftsvertrages bei Scheitern der Eintragung in das Handelsregister	§ 11 Abs. 2 GmbHG, Verlust-deckungshaftung § 93 InsO	3 Jahre ab Schluss des Kalenderjahres: §§ 195, 199 BGB	• *Gründung einer GmbH mit notariellem Vertrag* • *vor Eintragung in das Handelsregister Begründung von Verlusten* • *Eintragung der GmbH scheitert* • *Eröffnung Insolvenzverfahren über das Vermögen der GmbH i.G.* • *Handelnde haften gem. § 11 Abs. 2 GmbHG für die begründeten Verbindlichkeiten* • *Verlustdeckungshaftung der Gesellschafter anteilig als Innenhaftung; Ausfallhaftung der Mitgesellschafter entsprechend § 24 GmbHG; nicht auf Höhe der Einlageverpflichtung begrenzt* • *im Insolvenzverfahren: Geltendmachung dieses Anspruches durch den Insolvenzverwalter (§ 93 InsO)*	Prüfung der gesellschaftsrechtlichen Unterlagen und Ermittlung der ggf. fehlenden Eintragung Prüfung der entstandenen Verluste Rechtsprechung exemplarisch: Unbeschränkte Haftung der Gesellschafter: BGH v. 6.3.2012 – II ZR 56/10 (Rn. 15) in ZInsO 2012, 803, WKRS 2012, 13607 Haftung bei Täuschung des Vertragspartners durch Handeln als GmbH: BGH v. 12.6.2012 – II ZR 256/11 (Rn. 22 ff.) in ZInsO 2012, 1778

Thema	Haftungsanspruch	Gesetzes-grundlage	Verjährungs-Frist	Umschreibung eines Beispiels	Ermittlung/ Rechtsprechung/ Literaturtipp
Insolvenz-verschlep-pung	**Geschäftsführer-haftung:** Ersatzanspruch für die **nach Insolvenzreife geleisteten Zahlungen** **Achtung:** Ausnahmeregelung in § 64 Satz 2 GmbH: Zahlungen mit Sorgfalt eines ordentlichen Kaufmanns (z.B. Arbeitnehmer-anteile)	§ 15a Abs. 1 InsO, § 64 Satz 1 GmbHG	5 Jahre ab Tag der Auszahlung, § 64 Satz 4 GmbHG i.V.m. § 43 Abs. 4 GmbHG, § 200 BGB	• *Eintritt der Überschuldung einer GmbH im Mai 2015* • *Kenntnis des Geschäftsführers hiervon, aber Weiterführung des Geschäftsbetriebes* • *Zahlungseingang von mehreren Kunden im Juli 2015* • *mit dem Geld: Begleichung von Lieferantenforderungen (ungesicherte Altverbindlichkeiten) oder Rückführung des Debetsaldos eines Kontokorrentkredites einer Bank*	Durchsicht der Summen- und Saldenlisten für diesen Zeitraum ggf. Überprüfung aller Kontoauszüge und Belege und Ermittlung der entsprechenden Zahlungsabgänge Erforschung von Vermögensverlusten auf andere Weise durch Prüfung der Kontobelege Rechtsprechung: Anspruchsminderung durch erfolgreiche Anfechtungen: BGH v. 3.6.2014 – II ZR 100/13 in InsbürO 2014, 531 = ZInsO 2014, 1615 Zahlung auf debitorisches Konto ist masseschmälernd: BGH v. 23.6.2015 – II ZR 366/13 in InsbürO 2015, 540, ZInsO 2015, 1616 Ersatzpflicht entfällt bei Zufluss eines Gegenwertes: BGH v. 4.7.2017 – II ZR 319/15 in InsbürO 2017, 515, ZInsO 2017, 1847 Literaturtipp: Dannemann/Traphan, Aktuelle Entwicklungen bei der Ermittlung und Durchsetzung von Haftungsansprüchen gegen den Geschäftsführer aus § 64 GmbHG, InsbürO 2017, 187 ff. Dannemann/Traphan, Update zu § 64 Satz 1 GmbHG, InsbürO 2017, 497 ff.
Insolvenz-verschlep-pung	**Gesellschafter haftung:** Insolvenz-antragspflicht bei Führungslosigkeit der GmbH: Erstattungs-anspruch für die nach Insolvenz-reife geleisteten Zahlungen	§ 15a Abs. 3 InsO, § 64 GmbHG	bei § 823 BGB: 3 Jahre ab Schluss des Kalender-jahres der Kenntnis-erlangung vom Schaden §§ 194, 195, 199 Abs. 1 BGB	• *Eintritt der Überschuldung einer GmbH im Mai 2015* • *kein Insolvenzantrag durch Geschäftsführer, sondern Amtsniederlegung* • *damit: Eintritt der Führungslosigkeit der GmbH*	Prüfung der Geschäftsführer: Wer ist Geschäftsführer? Gibt es Kontakt zu diesen? Liegen ggf. Niederlegungen vor? Wer sind die Gesellschafter? Von wem wurde der Antrag wann gestellt?

Thema	Haftungsanspruch	Gesetzes-grundlage	Verjährungs-Frist	Umschreibung eines Beispiels	Ermittlung/ Rechtsprechung/ Literaturtipp
			Ohne Kenntnis: 10 Jahre ab Entstehung §§ 194, 199 Abs. 3 Nr. 1 BGB bei § 64 GmbHG: 5 Jahre ab Tag der Auszahlung gem. § 64 Satz 4, 43 Abs. 4 GmbHG	• *Amtsniederlegung ist anzeigepflichtig gegenüber Gesellschaftern* • *dann: Insolvenzantragspflicht durch die Gesellschafter* • *Eintritt der Führungslosigkeit auch durch unwirksame Geschäftsführerbestellung oder Tod eines Geschäftsführers*	Ermittlung des Schadens: siehe vorstehend bei der Geschäftsführerhaftung Literaturtipp: Berger, Insolvenzantragspflicht bei Führungslosigkeit der Gesellschaft nach § 15a Abs. 3 InsO, ZInsO 2009, 1977
Kapitalerhaltungspflicht	**Gesellschafterhaftung:** Verstoß gegen die Kapitalerhaltungspflicht, Rückzahlung verbotener Zahlungen	§§ 30 Abs. 1, 31 Abs. 1 GmbHG	10 Jahre ab Tag der Auszahlung, § 31 Abs. 5 GmbHG, § 200 BGB jedoch frühestens: 6 Monate ab dem Tag der Insolvenzveröffnung, § 31 Abs. 5 Satz 3 GmbHG, § 19 Abs. 6 Satz 2 GmbHG	• *Beschluss auf der Gesellschafterversammlung: Auszahlung eines Betrages i.H.v. … EUR* • *durch Zahlung aber Eintritt der Unterbilanz*	Prüfung aller Auszahlungen an die Gesellschafter mindestens im letzten Jahr vor Insolvenzantragstellung, je nach Situation sogar länger/Unterbilanz Hierzu: Prüfung der Summen- und Saldenliste oder der Kontoauszüge Anforderung und Prüfung der Protokolle der Gesellschafterversammlungen mindestens im letzten Jahr vor Antragstellung Rechtsprechung exemplarisch: Verstoß gegen Kapitalerhaltung: BGH v. 21.3.2017 – II ZR 93/16 in InsbürO 2017, 387, ZInsO 2017, 1112 Literaturtipp: Rüdiger/Weimer, Die Haftung der Gesellschafter im Insolvenzverfahren über das Vermögen einer GmbH, InsbürO 2007, 416 Porzelt, Der Begriff der Zahlungen an Gesellschafter in § 64 Satz 3 GmbHG, §§ 30 Abs. 1, 31 GmbHG, ZInsO 2013, 2145
Kapitalerhaltungspflicht	**Geschäftsführerhaftung:** Verstoß gegen die Kapitalerhaltungspflicht, Leistung zu **hoher Gehaltszahlungen** bei Gesellschafter-Geschäftsführer (verdeckte Gewinnausschüttung)	§§ 43 Abs. 3, 30 GmbHG mit Verweis auf Verstöße gegen § 30 GmbHG	5 Jahre ab Tag Anspruchsentstehung, 43 Abs. 4 GmbHG	• *Zahlung eines monatlich überhöhten Gehaltes durch Gesellschafter-Geschäftsführer* • *Eintritt der Unterbilanz?* • *dann: Verstoß gegen Kapitalerhaltungsvorschrift* • *Haftung des Geschäftsführers*	Prüfung des Geschäftsführervertrages auf angemessene Höhe des Gehaltes Ermittlung einer Unterbilanz sowie die Gesamtsumme der seit Eintritt der Unterbilanz geleisteten Zahlungen Vergleich Geschäftsführergehalt möglich über Studie aus 2018 www.gmbhchef.de

Thema	Haftungsanspruch	Gesetzesgrundlage	Verjährungs-Frist	Umschreibung eines Beispiels	Ermittlung/ Rechtsprechung/ Literaturtipp
Kapitalerhaltungspflicht	Geschäftsführerhaftung: **Solidarische Haftung** für alle Verstöße gegen das Kapitalerhaltungsgebot (Achtung: Die Haftung nach § 64 GmbHG wg. Insolvenzverschleppung umfasst auch die Auszahlungen gegen § 30 GmbHG und entsprechend gem. § 43 Abs. 2, 3 GmbHG)	§ 43 Abs. 2, 3 GmbHG	5 Jahre ab Tag der Anspruchs-entstehung, § 43 Abs. 4 GmbHG	• *Vornahme von Auszahlungen durch Geschäftsführer an die Gesellschafter* • *Grundlage: Beschluss der Gesellschafterversammlung* • *aber: durch Zahlung Eintritt der Unterbilanz* • *solidarische Haftung des Geschäftsführers neben Erstattungspflicht durch Gesellschafter*	Prüfung aller Auszahlungen an die Gesellschafter mindestens im letzten Jahr vor Insolvenzantragstellung, je nach Situation sogar länger, sowie Feststellung einer Unterbilanz Hierzu: Prüfung der Summen- und Saldenliste oder der Kontoauszüge Anforderung und Prüfung der Protokolle der Gesellschafterversammlungen mindestens im letzten Jahr vor Antragstellung Literaturtipp: Heitsch, Zur Haftung bei Insolvenzverschleppung, § 43 Abs. 2 GmbH als Anspruchsgrundlage, ZInsO 2009, 1571
Kapitalerhaltungspflicht	**Ausfallhaftung Mitgesellschafter**: Verstoß gegen die Kapitalerhaltungspflicht, § 30 Abs. 1 GmbHG	§ 31 Abs. 3 GmbHG	5 Jahre ab Tag der Auszahlung, § 31 Abs. 5 GmbHG	• *Rückzahlungsanspruch gegen Gesellschafter i.H.v. 100.000,00 EUR* • *Eintritt der Vermögenslosigkeit bei diesem Gesellschafter = keine Realisierung möglich* • *zwei weitere Mitgesellschafter haften im Verhältnis ihrer Anteile für diesen Anspruch*	Ermittlung der Mitgesellschafter und ihrer Anteile Feststellung der Vermögenslosigkeit des einen Gesellschafters
Masseschmälernde Zahlungen	**Geschäftsführerhaftung:** Forderungseinzug auf debitorischem Konto	§ 64 GmbHG	5 Jahre ab Handlung §§ 64, 43 GmbHG	• *wirksame Globalzession der Bank liegt vor* • *Forderungseinzug erfolgt über debitorisch geführtes Konto = Verrechnung d. Bank mit Sollsaldo* • *Forderungen sind aber erst nach Insolvenzreife entstanden bzw. werthaltig geworden: Geschäftsführer muss Verrechnung vermeiden* • *Ausnahme: Sicherheit wird durch Verrechnung frei = Erlös für Masse*	Ermittlung des Zeitpunkts des Entstehens bzw. Werthaltigkeit der Forderung Prüfung, ob und ggf. welche Sicherheiten zugunsten der Bank vorliegen: Freiwerden durch Verrechnung? Literaturtipp: Bitter/Baschnagel, Haftung von Geschäftsführern und Gesellschaftern in der Insolvenz ihrer GmbH – Teil 1: ZInsO 2018, 557 ff.
Schadensersatzpflicht	Geschäftsführerhaftung: Handeln für **Komplementär-GmbH**	§ 43 Abs. 2 GmbHG	5 Jahre ab Tag der Anspruchsentstehung, § 43 Abs. 4 GmbHG	• *Komplementär GmbH tritt nicht operativ nach außen auf, sondern handelt nur für die Kommanditgesellschaft (GmbH & Co. KG)* • *pflichtwidriges Verhalten des Geschäftsführers nach einer Entscheidung des BGHs: Abschluss überhöhter Honorarvereinbarungen zugunsten Dritter*	Durchsicht von Unterlagen: Verträge zugunsten Dritter Auffällige von der Norm abweichende Vereinbarungen? (z. B. Höhe der Gebühren etc.)

Thema	Haftungsanspruch	Gesetzesgrundlage	Verjährungs-Frist	Umschreibung eines Beispiels	Ermittlung/ Rechtsprechung/ Literaturtipp
				• *Haftung des Geschäftsführers zugunsten der KG*	Rechtsprechung exemplarisch: Komplementär führt Geschäfte der KG: BGH v. 18.6.2013 – II ZR 86/11 (Rn. 15, 17) in ZInsO 2013, 1753
Stammeinlage	Gesellschafterhaftung: bislang keine vollständige Erbringung der Stammeinlage	§ 46 Abs. 2 GmbHG	10 Jahre, § 19 Abs. 6 Satz 1 GmbHG, jedoch frühestens: 6 Monate ab IE, § 19 Abs. 6 Satz 2 GmbHG	• *Gründung einer GmbH mit Stammkapital i.H.v. 25.000,00 EUR* • *nach § 7 Abs. 2 GmbHG muss bei Eintragung in das Handelsregister mindestens die Hälfte des Stammkapitals eingezahlt sein* • *mit Insolvenzeröffnung kann der Insolvenzverwalter das restliche Stammkapital als Mindesthaftungsfond für die Gläubiger anfordern (§§ 35, 80 InsO)*	Regelung im Gesellschaftsvertrag zur Zahlungspflicht prüfen Nachweis der Einzahlung der Stammeinlage von Gesellschaftern anfordern Kontoauszüge vor und nach Gründung prüfen ggf. Prüfung der Summen- und Saldenliste Literaturtipp: Priebe, Die Stammeinlageforderung der GmbH im Kaduzierungsverfahren, InsbürO 2013, 261
Stammeinlage	Gesellschafterhaftung: Unwirksame Erbringung der Stammeinlage (z. B. durch **Hin und Her-Zahlungen**) (**verdeckte Sacheinlage**) **Achtung:** Ausnahmeregelung in § 19 Abs. 5 GmbH bei ggf. vollwertigem Rückgewähranspruch	§ 19 Abs. 2, 4,5 GmbHG, Gesellschaftsvertrag	10 Jahre, § 19 Abs. 6 Satz 1 GmbHG, jedoch frühestens: 6 Monate ab IE, § 19 Abs. 6 Satz 2 GmbHG	• *Gründung einer GmbH mit Stammkapital i.H.v. 25.000,00 EUR* • *neue GmbH wird Komplementärin einer GmbH & Co. KG* • *zwei Gesellschafter der GmbH sind auch Kommanditisten der GmbH & Co. KG* • *zunächst Zahlung des Stammkapitals an die GmbH* • *aber wenige Tage später: Auszahlung an GmbH & Co. KG als Darlehensvergabe* • *damit: keine wirksame Erbringung des Stammkapitals = nochmalige Zahlung*	Nachweis der Einzahlung der Stammeinlage von Gesellschaftern anfordern Kontoauszüge vor und nach Gründung prüfen ggf. Prüfung der Summen- und Saldenlisten Rechtsprechung exemplarisch: Zur verdeckten Sacheinlage: BGH v. 19.01.2016 – II ZR 61/15 in InsbürO 2016, 304, ZInsO 2016, 707 Literaturtipp: Böing/Schmittmann, Fragen rund um die Einzahlung des Stammkapitals, InsbürO 2005, 250 ff. Rakel, Kapitalaufbringung– Probleme der verdeckten Sacheinlage bei der GmbH, InsbürO 2009, 342 ff.
Stammeinlage	Geschäftsführer und Gesellschafter: falsche Angaben bei Errichtung der Gesellschaft	§ 9a GmbHG	5 Jahre ab Eintragung der Gesellschaft, § 9b Abs. 2 GmbHG	• *Gründung einer GmbH mit Stammkapital i.H.v. 25.000,00 EUR* • *zwei Gesellschafter übernehmen je eine Stammeinlage i.H.v. 12.500,00 EUR* • *laut Gesellschaftsvertrag: erforderliche Einzahlung der Stammeinlage je zur Hälfte*	Prüfung der Regelung im Gesellschaftsvertrag Kontoauszüge vor und nach Gründung prüfen Nachweis der Einzahlung der Stammeinlage von Gesellschaftern anfordern

Thema	Haftungsanspruch	Gesetzes-grundlage	Verjährungs-Frist	Umschreibung eines Beispiels	Ermittlung/ Rechtsprechung/ Literaturtipp
				• *entsprechende Versicherung gegenüber dem Handelsregister bei Anmeldung der GmbH* • *tatsächlich aber gar keine oder nur geringere Zahlung geflossen* • *Zahlungsanspruch auf Differenz*	Rechtsprechung exemplarisch: Beweispflicht der Erbringung liegt beim Gesellschafter: BGH v. 17.09.2013 – II ZR 142/12 (Rn. 3) in WKRS 2013, 52419 Literaturtipp: Neve, Die Geltendmachung offener Stammeinlageverpflichtungen in der Insolvenz der GmbH, InsbürO 2010, 373 ff.
Stammeinlage	Gesellschafterhaftung: Nichterbringung oder nicht vollständige Erbringung der **Stammeinlage als Sacheinlage** (Differenzhaftung)	§ 9 GmbHG	10 Jahre seit Eintragung der Gesellschaft in das Handelsregister, § 9 Abs. 2 GmbHG	• *Gründung einer GmbH mit einem Stammkapital i.H.v. 25.000,00 EUR* • *zwei Gesellschafter übernehmen je eine Stammeinlage i.H.v. 12.500,00 EUR* • *laut Gesellschaftsvertrag kann Gesellschafter A die Stammeinlage durch eine Sacheinlage erbringen* • *hierfür z.B.: Übereignung eines Fahrzeuges in das Eigentum der GmbH* • *aber: Fahrzeug weist am Tag der Anmeldung der GmbH nicht den Nennwert der Stammeinlage auf* • *Differenz hat der Gesellschafter in bar noch zu leisten*	Prüfung der Regelung im Gesellschaftsvertrag Werthaltigkeit des Gegenstandes zum damaligen Zeitpunkt ist vom Gesellschafter nachzuweisen (§ 19 Abs. 4 GmbHG)
Unterbilanzhaftung (Vorbelastungshaftung)	Gesellschafterhaftung: Haftung bei Geschäftsaufnahme nach Abschluss des Gesellschaftsvertrages, aber vor Eintragung der GmbH in das Handelsregister (bei Aufzehrung des Stammkapitals) (Abgrenzung zur Verlustdeckungshaftung, s.o. bei Ausbleiben der Eintragung) (Aufrechnungsverbot des § 19 Abs. 2 Satz 2 GmbHG)	Vorbelastungshaftung (Rechtsfortbildung)	10 Jahre ab Eintragung in das Handelsregister, analog § 9 Abs. 2 GmbHG	• *Aufnahme der Geschäftstätigkeit vor Eintragung der GmbH in das Handelsregister und damit einhergehend Verlust des Stammkapitals = ist am Tag der Eintragung in das Handelsregister nicht mehr vollständig vorhanden* • *auch bei Nutzung eines GmbH-Mantels = Umfirmierung, ggf. Sitzverlegung etc. = faktische Neugründung* • *Erwirtschaftung von Verlusten* • *Haftung der Gesellschafter für operative Verluste und Wertminderungen des Vermögens am Tag der Eintragung (= Vorbelastung)* • *Innenhaftung*	Ermittlung des Gründungs- und Eintragungsdatums Prüfung der Einzahlung des Stammkapitals Ermittlung der operativen Verluste und Wertminderungen zum Eintragungstag Kontoauszüge seit Gründung durchsehen: Kontostand am Eintragungstag feststellen Rechnungen Dritter überprüfen: Leistungsdatum vor Eintragung? Rechtsprechung exemplarisch: Unbeschränkte Haftung der Gesellschafter: BGH v. 6.3.2012 – II ZR 56/10 (Rn. 15) in ZInsO 2012, 803, WKRS 2012, 13607

Thema	Haftungsanspruch	Gesetzes-grundlage	Verjährungs-Frist	Umschreibung eines Beispiels	Ermittlung/ Rechtsprechung/ Literaturtipp
Unter-nehmer–gesellschaft (haftungs-beschränkt)	Gesellschafter-haftung: **Verstoß gegen Rücklagen-bildung**	§ 5a Abs. 3, 5 GmbHG, § 812 BGB	3 Jahre ab Ende des Jahres der Kenntnis-erlangung, § 199 Abs. 1 Nr. 2 BGB	• *Veranlassung der Auszahlung von Gewinnen bei haftungsbeschränkter GmbH mit einem Stammkapital von 5.000,00 EUR an die Gesellschafter* • *dabei: Rücklagenbildung gem. § 5a Abs. 3 GmbHG wird missachtet* • *Rücklagenbildung ist solange zu erfüllen bis Mindeststammkapital gem. § 5 Abs. 1 GmbHG von 25.000,00 € erreicht ist*	Überprüfung der Einzahlungen in die Rücklagenbildung Prüfung der ggf. erfolgten Zahlungen an Gesellschafter dafür: Prüfung der Summen- und Saldenlisten oder Kontoauszüge
Unter-nehmer–gesellschaft (haftungs–beschränkt)	Geschäftsführer-haftung: **Solidarische Haftung** für Verstöße gegen Rücklagenbildung	§ 43 Abs. 2 GmbHG	5 Jahre ab dem Tag der Auszahlung, § 43 Abs. 4 GmbHG	• *Beispiel wie vorstehend* • *Geschäftsführer haftet ebenfalls für die Rücklagenbildung*	wie vorstehend
Vermögens–ver-mischung	Gesellschafterhaftung: **Erstattungs-anspruch wegen Vermischung von Privat- und Gesell-schaftsvermögen** (Durchgriffshaftung; mögliche Fallgruppe des existenzvernichtenden Eingriffs)	§ 93 InsO, § 128 HGB, § 826 BGB	3 Jahre ab Ende des Jahres der Kenntnis-erlangung, § 199 Abs. 1 Nr. 2 BGB	• *Gesellschafter-Geschäftsführer zahlt regelmäßig private Rechnungen aus dem Vermögen der Gesellschaft* • *doppelte Buchführung liegt nicht vor* • *tatsächliche Zahlungsverpflichtungen sind nur schwer zuzuordnen*	Prüfung aller Kontoauszüge mit Belegen in einem Zeitraum von mindestens einem Jahr vor Insolvenzantragstellung Rechtsprechung exemplarisch: Anspruchsberechtigung des Insolvenzverwalters wg. Vermögensvermischung: BGH v. 14.11.2005 – II ZR 178/03 in ZInsO 2006, 328, WKRS 2005, 29880 Literaturtipp: Strohn, Existenzvernichtung, Vermögensvermischung, Durchgriffshaftung, ZInsO 2008, 706 ff.

Checkliste 32: Halbjahresbericht

Die Gläubigerversammlung kann dem Insolvenzverwalter aufgeben, zu bestimmten Zeitpunkten während des Verfahrens Zwischenrechnung zu legen (§ 66 Abs. 3 InsO). I.d.R. wird ein Zeitraum von sechs Monaten festgelegt. Dann ist ein entsprechender Bericht anzufertigen und über die Verwertungsaktivität der letzten Monate zu berichten. Es gibt eine ganze Reihe von Arbeitsschritten, die hierbei zu beachten sind. Insbesondere können zu diesem Berichtsstichtag kontinuierlich Prüfungen erfolgen, um eine ordnungsgemäße Verfahrensabwicklung zu gewährleisten und einen späteren Verfahrensabschluss vorzubereiten. 63

(Die Übersicht ist nach gängigen Informationen und Arbeitsschritten sortiert.)

64

Nr.	Thema	Checkliste Halbjahresbericht: Erläuterung	Hilfsmittel
1.	Zweck	• die Halbjahresberichte dienen den Gläubigern und dem Rechtspfleger zur Information • Gläubiger haben ein Einsichtsrecht beim Insolvenzgericht	

Nr.	Thema	Checkliste Halbjahresbericht: Erläuterung	Hilfsmittel
		• ggf. auch Abrufmöglichkeit über Veröffentlichung im Internet (= OLGA oder GIS) • Gläubiger interessieren sich u.a. für die Verfahrensdauer und die Quotenprognose: s. nachfolgend	
2.	GOI	• GOI = Grundsätze ordnungsgemäßer Insolvenzverwaltung (70 Grundsätze) • Grundsatz 45: Zwischenberichte schließen an ersten Bericht an und enthalten eine fortlaufende Rechnungslegung • Grundsatz 63: u.a. Aktualisierung der gerichtlich geprüften Forderungen zu jedem Zwischenbericht • Grundsatz 65: Anstreben eines frühestmöglichen Verfahrensabschlusses ggf. unter Vorbehalt der Nachtragsverteilung in Ansehung der Art, des Umfangs und des Anspruches des jew. Verfahrens • *(Die Autoren danken dem VID für die freundliche Zustimmung zur Veröffentlichung von Hinweisen auf die GOIs)*	VID = Verband Insolvenzverwalter Deutschlands e.V. www.vid.de
3.	Berichtszeitraum	• Zeitpunkt der Berichterstattung überprüfen: sechs Monate? ggf. weniger oder mehr? • Festlegung i.d.R. im Terminprotokoll über 1. GV • ggf. abweichende spätere Festlegung in einem Anschreiben vom Insolvenzgericht? • keine GV in Verbraucherinsolvenzverfahren, daher: Festlegung i.d.R. im Erstanschreiben des Insolvenzgerichtes	Fristenkontrolle in Insolvenzsoftware
4.	Datenaktualisierung	• Daten in Insolvenzsoftware prüfen und ggf. aktualisieren: Sachbearbeiter, Termine, Status etc. • Datum der Versendung des Halbjahresberichtes dort im Logbuch eintragen	Insolvenzsoftware
5.	Erstellung – erster HJB	• HJB = Halbjahresbericht • Bericht zur 1. GV oder ersten Sachstandsbericht zur Hand nehmen, aber Text nicht als Grundlage kopieren • neuer Text/neue Formulierungen sind wichtig (= zeigt individuelle Bearbeitung) • allgemeine Daten (Datenpool, wirtschaftliche Entwicklung, Insolvenzgründe etc.) entfallen komplett • von Interesse sind lediglich die Verwertungserfolge gem. der Aktivseite der Vermögensübersicht • Verzeichnis der Massegegenstände einsehen: s. nachstehend • es sollte irgendetwas zu jedem Vorgang passiert sein; ggf. etwas aktuell einleiten (Bedeutung des Wiedervorlagensystems wird hier deutlich!) • wegen Gliederung und Umfang: s. nachstehend	Muster 70 (Berichte): »Halbjahresbericht –Regelinsolvenz – ForStaB« Muster 71 (Berichte): »Halbjahresbericht Kleinverfahren«
6.	Erstellung – weiterer HJB	• niemals alten Bericht als Muster nutzen, sondern stets neu und frei formulieren • Überschriften bleiben ggf. gleich: bei abgeschlossenen Vorgängen kurzen Verweis auf andere Berichte geben • Gliederungspunkte aber ggf. später zusammenfassen: s. nachstehend »Gliederung«	Muster 70 (Berichte): »Halbjahresbericht –Regelinsolvenz – ForStaB« Muster 71 (Berichte): »Halbjahresbericht Kleinverfahren«
7.	Verzeichnis der Massegegenstände	• Verzeichnis der Massegegenstände gem. § 151 InsO ausdrucken – korrekte Buchungen erfolgt, dann im aktuellen Verzeichnis: nur noch die zur Realisierung ausstehenden Vermögenspositionen – Fassung zum Zeitpunkt der 1. GV einsehen • wegen der einzelnen Aussagen dazu: s. nachfolgend	Insolvenzsoftware Verzeichnis der Massegegenstände alt und neu

Nr.	Thema	Checkliste Halbjahresbericht: Erläuterung	Hilfsmittel
8.	Gliederung	• sinnvoll ist, die Gliederung des Halbjahresberichtes am Verzeichnis der Massegegenstände (§ 151 InsO) bzw. der Vermögensübersicht (= Aktivseite ist verdichtetes Masseverzeichnis) (§ 153 InsO) zu orientieren = dieselbe Reihenfolge • dadurch: Rechtspfleger kann die Erläuterungen mit den Angaben in den Verzeichnissen (§§ 151, 153 InsO) leichter vergleichen • allerdings: keine Negativmitteilungen aufnehmen (z.B. »Fahrzeuge sind nicht vorhanden«) = »bläht« den Bericht nur unnötig auf • sinnvoll auch: gleiche Gliederung in allen Berichten (= 1. HJB, 2. HJB…) • bei erledigten Positionen: Hinweis auf letzte Erläuterungen mit Ergebnis (»Bericht vom ….«) • bei vielen erledigten Positionen: Zusammenfassung der Positionen = einmaliger Hinweis auf erledigte Positionen	Muster 70 (Berichte): »Halbjahresbericht – Regelinsolvenz – ForStaB« Muster 71 (Berichte): »Halbjahresbericht Kleinverfahren«
9.	Aktenkonto	• Prüfung, ob ggf. Buchungen über das Geschäftskonto des Insolvenzverwalters erfolgt sind • Einblick in Aktenkonto des Verfahrens (= nicht Treuhandkonto) • ggf. Buchungen korrigieren: Weiterleitung von Beträgen auf das Treuhandkonto (z. B. aus Forderungseinzug) • ggf. Stornierung von eingebuchten Honorarbeträgen: ggf. nur tlw. durch gerichtliche Beschlüsse bewilligt (bspw. Vergütung für vorl. Verwaltung)?	Ggf. Anwaltssoftware / Buchhaltungsprogramm
10.	Treuhandkonto	• das vorhandene Guthaben auf dem Treuhandkonto ist in jedem Fall mit dem Halbjahresbericht nachzuweisen • häufig wünschen die Insolvenzgerichte nur eine Kopie des letzten Kontoauszug • dadurch: weniger Papier in der Gerichtsakte • manche Gerichte zusätzlich: – chronologische Einnahmen- und Ausgabenübersicht (= jede einzelne Buchung ersichtlich) für Berichtszeitraum – verdichtete Summen- und Saldenliste für den Berichtszeitraum = Überblick über Buchungen nach Sachbereichen • i.d.R. keine Sachkontenblätter = bleibt der Schlussrechnung vorbehalten • jeweilige Abstimmung mit dem Insolvenzgericht erforderlich	Insolvenzsoftware
11.	Belege	• keine Buchung ohne Beleg! • es bietet sich an, zum Zeitpunkt der Berichterstattung die Belege zu den Kontoauszügen des Treuhandkontos zu kontrollieren • dadurch: kontinuierliche Prüfung • s. nachfolgend »Buchungssätze«	Checkliste Treuhandkonto
12.	Buchungssätze	• Sachkontenblätter für den Berichtszeitraum ausdrucken • Buchungssätze kontrollieren: ggf. korrigieren, ergänzen • gibt es ein Konto »ungeklärte Posten«?: s. nachstehend • gleichzeitig: Kontoauszüge und Belege kontrollieren: ist alles vollständig? • darüber Prüfungsvermerk fertigen • Vorbereitung für die spätere Schlussrechnung • Vorteil dieser kontinuierlichen Prüfung: etwaige Probleme können zeitnah geklärt werden • ansonsten: bei langem Zeitablauf wird Problembehebung immer schwieriger	Checkliste Treuhandkonto – Buchungssätze Muster 341 (Treuhandkonto): »Buchungen – Prüfungsvermerk«
13.	Ungeklärte Posten	• »ungeklärte Posten« = Belege zum Treuhandkonto fehlen = Buchhaltung konnte die Buchung nicht zuordnen • Kontrolle, ob es »ungeklärte Posten« bei den Buchungen gibt: Summen- und Saldenliste einsehen • ggf. Sachkontoblatt »ungeklärte Posten« ausdrucken • Belege suchen und Buchungen berichtigen lassen	Checkliste Treuhandkonto

Nr.	Thema	Checkliste Halbjahresbericht: Erläuterung	Hilfsmittel
14.	Betriebsfortführung – Buchungen	• Kontrolle, ob die Ausgaben der Betriebsfortführung auf einem gesonderten übergeordneten Buchungskonto gebucht wurden • Trennung zu sonstigen Masseverbindlichkeiten wichtig für spätere Überschussermittlung • unverdichtete Summen- und Saldenliste ausdrucken und Ausgaben durchgehen	Insolvenzsoftware
15.	Aussagen	• Buchhaltungs-Ausdrucke und Belege in Ordnung? Dann mit der Berichtserstellung starten: • Die Erläuterungen sollten Antworten auf »W-Fragen« geben: – Was wurde wann, an wen und zu welchem Kaufpreis veräußert? – Welcher Erlös verbleibt daraus der Insolvenzmasse? (ggf. Absonderungsrechte, Masseverbindlichkeiten?) – Entsprechen die erzielten Einnahmen der Prognose (= Vermögensübersicht)? Wenn nein: warum nicht? – Was wurde noch nicht verwertet/realisiert? – Wie ist der aktuelle Stand der Verwertungsaktivität/ Geltendmachung? • einzelne Fragen werden in den Mustern zu den jeweiligen Bereichen (z.B. Immobilie, Anlagevermögen, Ansprüche etc.) weiter ausgeführt • wegen des Umfangs des Ausführungen: s. nachstehend	
16.	Umfang	• der Umfang der Erläuterungen sollte so kurz wie möglich sein: – ausführliche Erläuterungen sind im 1. GV enthalten und können im Schlussbericht gegeben werden • wenn überhaupt über eine fortgeschriebene Vermögensübersicht hinaus berichtet werden muss: kurze Einleitung in ein Thema: ggf. ein oder zwei Sätze mit Verweis auf Verzeichnis der Massegegenstände oder Bericht zur 1. GV • Stand oder Ergebnis einer Verwertung auch in Worten kurz halten: ggf. mit tabellarischen Übersichten arbeiten – z. B. Überblick über Aus- und Absonderungsrechte, Forderungseinzug etc. • wichtig für den Rechtspfleger: »das Verfahren schreitet fort«	Muster 70 (Berichte): »Halbjahresbericht Regelinsolvenz ForStaB« Muster 71 (Berichte): »Halbjahresbericht Kleinverfahren«
17.	ForStaB	• ForStaB = fortgeschriebener standarisierter Zwischenbericht (Projekt des AG Aachen) • Verwertung der Vermögenswerte aus Verzeichnis der Massegegenstände in Zahlen darstellen • dabei Berücksichtigung von Drittrechten • umfangreiche Erläuterungen erledigen sich • tlw. Erläuterungen zu: – Ausschluss einer Verwertung – bisher fehlender Verwertung – bisher fehlendem Abschluss (z.B. Rechtsstreit) – niedrigeren Erlösen • Informationen ggf. ergänzen durch weitere Übersichten: Forderungseinzug, Anfechtungsansprüche u.a.	Muster 70 (Berichte): »Halbjahresbericht – Regelinsolvenz – ForStaB« Wipperfürth, Qualitätssicherung durch den ForStaB – eine Zwischenbilanz mit Interview mit Repräsentanten des AG Aachens, InsbürO 2014, 60 ff.
18.	Aktivprozesse	• Aufnahme der unterbrochenen Prozesse durch Insolvenzverwalter erfolgt oder zumindest geprüft? • ggf. außergerichtlichen Vergleich geschlossen? • Prozessbeendigung dem Prozessgericht mitteilen: dort Verfahrensbeendigung ermöglichen • ggf. Erstattung Gerichtskostenvorschuss – evtl. anteilig – möglich • neue Prozesse eingeleitet? Gericht, Aktenzeichen und Sachstand jeweils mitteilen	Gerichtskostenvorschuss: OLG Brandenburg v. 20.07.2011 – 6 W 7/11 in InsbürO 2013, 195, ZInsO 2012, 2253 Insolvenzbeschlag am Kostenerstattungsanspruch: BGH v. 20.06.2017 – VI ZB 55/16 (Rn. 26) in ZInsO 2017, 2432
19.	Anfechtungsansprüche	• Prüfung, ob Anfechtungsansprüche laut 1. Bericht vorliegen und schon realisiert wurden • falls die Geltendmachung aussteht: Einleitung = eigenes Anschreiben fertigen oder Übergabe des Vorganges an einen Rechtsanwalt	Checkliste Anfechtungsansprüche

Nr.	Thema	Checkliste Halbjahresbericht: Erläuterung	Hilfsmittel
20.	Forderungseinzug	• aktuellen Bearbeitungsstand überprüfen: – Ist die Forderungsaufstellung auf dem neuesten Stand? – Stehen Forderungen gegen Drittschuldner weiter aus? – Sind Gerichtsverfahren anhängig? – Können Ausbuchungen vorgenommen werden?	Checkliste Forderungseinzug Forderungsaufstellung
21.	Haftpflichtversicherung	• Handelt es sich um ein größeres Insolvenzverfahren? • Ist ggf. eine besondere Haftpflichtversicherung abgeschlossen worden? • Wird diese Versicherung weiterhin nicht benötigt oder kann sie gekündigt werden? (Belastung der Masse über Auslagenersatz gem. § 4 Abs. 3 InsVV vermeiden)	
22.	Insolvenztabelle	• Berichtigungen der Prüfungsvermerke sollten jeweils mit dem Halbjahresbericht beim Insolvenzgericht eingereicht werden • (jedoch individuelle Wünsche der Gerichte beachten) • dadurch: Gerichtsakte muss dem Rechtspfleger nur einmal vorgelegt werden (= Zeitersparnis auch für Servicekräfte bei Gericht) (ansonsten außerhalb des Berichtszeitraums wg. Tabellenänderung noch einmal) • außerdem: Gläubiger haben Anspruch auf zeitnahe Berichtigung • ggf. sind auch nachträgliche Anmeldungen einzureichen: je nach Anzahl, ggf. erst weiter sammeln • Abt. »Insolvenztabelle« sollte alles für den Bericht vorbereitet haben: Muster-Aktenvermerk nutzen	Checkliste Insolvenztabelle – Führung Muster 255 (Insolvenztabelle): »Sachstandsinfo Tabelle für HJB«
23.	Kassenbestand	• Ist eine eine Betriebsschließung erfolgt? • Gab es einen Kassenbestand und ist der entsprechende Betrag auf das Treuhandkonto eingezahlt worden?	
24.	Masseunzulänglichkeit – alt	• wurde eine Masseunzulänglichkeit angezeigt: Erläuterung, ob diese noch immer besteht oder ggf. durch weitere Einnahmen aufgehoben wurde • falls Ausgaben getätigt wurden: Begründung geben (= Neumasseverbindlichkeit?) • falls MUZ nicht mehr besteht: Können Altmasseverbindlichkeiten nunmehr bezahlt werden? (wichtig, da insbes. bei offenen Steuerverbindlichkeiten Säumniszuschläge auflaufen)	Checkliste Masseunzulänglichkeit
25.	Masseunzulänglichkeit – neu	• in regelmäßigen Abständen – spätestens bei Berichterstattung – sollte geprüft werden, ob ggf. eine Masseunzulänglichkeit vorliegt • in vielen Verfahren besteht keine Gefahr: dann erübrigt sich eine Prüfung • in einigen Verfahren bewegt sich der vorhandene Massebestand ggf. »an der Grenze« • Feststellung der MUZ wichtig für die Vornahme weiterer Zahlungen: daher »im Auge behalten« • bei fehlerhafter Vornahme von Auszahlungen erfolgt ggf. später ein Abzug von der Verwaltervergütung durch das Insolvenzgericht	Checkliste Masseunzulänglichkeit
26.	Masseverbindlichkeiten	• die getätigten Masseverbindlichkeiten ergeben sich aus der Summen- und Saldenliste (= soweit das Gericht diese wünscht) • i.d.R. keine zusätzlichen Erläuterungen dazu • aber: ausstehende Masseverbindlichkeiten sind zu erläutern • Bsp.: Honorare für Prozesse, Löhne/Gehälter aus Kündigungszeitraum • Info wichtig, um das Guthaben auf dem Ander Treuhandkonto »bewerten« zu können: Bleibt es oder vermindert es sich noch? • dies insbes. bei einem Antrag auf Vergütungsvorschuss • bei Masseunzulänglichkeit: s. vorstehend	Checkliste Masseverbindlichkeiten

Nr.	Thema	Checkliste Halbjahresbericht: Erläuterung	Hilfsmittel
27.	Neue Vermögenswerte	• es kann immer vorkommen, dass sich neue Vermögenspositionen ergeben, die im ursprünglichen Masseverzeichnis noch nicht aufgeführt waren • diese sind aber eigentlich sofort nach Kenntnis von dieser Position aufzunehmen, so dass sie im neuen Verzeichnis erscheinen müssten • über diese ggf. neuen Positionen ebenfalls berichten	Insolvenzsoftware
28.	Steuererklärungen	• Stehen Steuererklärungen aus? • ggf. Kontakt mit der Buchhaltungs/-steuer abteilung aufnehmen: kann aktuell etwas veranlasst werden? • bei Fehlen von Unterlagen: erneute Kontaktaufnahme zum Schuldner	Checkliste Steuerangelegenheiten
29.	Steuerzahlungen	• Sind Steuern bspw. aufgrund von Verwertungshandlungen zu zahlen? • Wurden die Umsatzsteuererklärungen abgegeben und die Verwertungshandlungen berücksichtigt?	
30.	Quotenprognose	• zum Abschluss des Berichtes: Prognose über Quotenzahlung machen • i.d.R. keine konkreten Angaben in Prozent, da ansonsten Gläubiger dies beanspruchen • vorsichtige Tendenz angeben • Ermittlung der Quote: s. gesonderte Checkliste	Checkliste Verteilung: Quotenberechnung
31.	Verfahrensdauer	• ebenfalls am Ende des Berichtes: Prognose über Verfahrensdauer geben • orientiert sich an den ausstehenden Verwertungshandlungen • vorsichtige Prognose!	
32.	Verfahrensbeendigung	• falls eine Verfahrensbeendigung im Bericht angekündigt wird: – Tabellenkraft über bevorstehende Beendigung informieren – Beginn der Überarbeitung der Insolvenztabelle für den Schlussbericht – Umlaufzettel »Schlussbericht« ausfüllen und in die jeweiligen Abteilungen leiten	Checkliste Insolvenztabelle – Schlussbericht Muster 313 (Schlussbericht): »Umlaufzettel Schlussbericht«
33.	Anlagen	• es gibt unterschiedliche Möglichkeiten, welche Anlagen beizufügen sind (= je nachdem, ob textlich erläutert oder Übersichten eingereicht werden): – Anfechtungen-Überblick – Berichtigungen für Insolvenztabelle – Einnahmen- und Ausgabenübersicht – Forderungsaufstellung – Kontoauszug/-auszüge – nachträgliche Forderungsanmeldungen – Summen- und Saldenliste – Verwertungsliste	
34.	Archivierung	• gesonderte Rubrik »Berichte« anlegen • ggf. sogar einen gesonderten Ordner »Berichte« anlegen	Muster 210 – 213 (Inhaltsverzeichnis): Inhaltsverzeichnis (versch. Varianten)
35.	Wiedervorlagen	• für ggf. neu eingeleitete Sachverhalte: Wiedervorlagen notieren	Wiedervorlagenkalender
36.	Frist	• die Frist für den nächsten Halbjahresbericht notieren/kontrollieren	Insolvenzsoftware
37.	Internetseite	• Prüfung, ob es ggf. Pressemitteilungen in dem Verfahren gab, die noch nicht auf der eigenen Internetseite veröffentlicht sind • ggf. dann Veröffentlichung veranlassen	

Checkliste 33: Immobilienvermögen

Wenn Grundstücke vom Insolvenzbeschlag umfasst sind, müssen sie gesichert, ggf. verwaltet und veräußert werden. Es müssen erforderliche Gebäudeversicherungen geprüft, Grundbuchauszüge eingesehen und die Belastungen ermittelt werden. Die mit einem Grundstück verbundenen Nebenkosten sind dabei ständig im »Auge zu behalten«, um ggf. eine Entscheidung darüber treffen zu können, ob eine Freigabe des Grundstückes zu erfolgen hat. Dies kommt insbesondere dann in Betracht, wenn mehr Kosten verausgabt werden als später als Erlös erzielt wird. In diesem Zusammenhang sind auch steuerrechtliche Aspekte bei Grundstücken zu berücksichtigen. Es gibt eine Vielzahl von einzelnen Arbeitsschritten, bei denen Insolvenzsachbearbeiter intensiv unterstützen können. Die nachfolgende Checkliste bezieht sich dabei lediglich auf Grundstücke, die im Eigentum eines Schuldners stehen. Bei angemieteten Räumlichkeiten oder Grundstücke sei auf die Checkliste Vertragsverhältnisse verwiesen. 65

(Die nachfolgende Übersicht ist nach gängigen Informationen und Arbeitsschritten sortiert. Im Anschluss daran finden sich weitergehende Informationen in alphabetischer Reihenfolge.)

66

Nr.	Thema	Checkliste Immobilienvermögen: Erläuterung	Hilfsmittel
1.	Erste Ermittlungen	• Einsicht in die Gerichtsakte: dort ggf. Angaben zum Grundstück • Gespräch mit dem Schuldner • Anfrage an das Grundbuchamt, ob Eigentum für den Schuldner eingetragen ist • ggf. auch Anfrage an andere Grundbuchämter, wenn ein Wohnwechsel bekannt ist	Muster 189: »Grundbuch – Eigentümerkartei – Auskunftsersuchen«
2.	Inhaltsverzeichnis	• es gibt i.d.R. viele Unterlagen bezüglich eines Grundstückes • dafür geordnete Archivierung erforderlich: gesondertes Immobilienregister führen • wg. detaillierter Auflistung wird auf das Muster verwiesen • wesentlicher Zweck des Verzeichnisses: Trennung des Schriftverkehrs mit Dritten und der einzelnen Unterlagen • sachlicher Zusammenhang: Trennung durch Trennkarten innerhalb einer Rubrik (z.B. bei Kaufinteressenten)	Muster 210 – 2013 (Inhaltsverzeichnis): Inhaltsverzeichnis (versch. Varianten)
3.	Grundbuchauszug	• vollständiger und aktueller Grundbuchauszug sollte vorliegen • ggf. befindet sich einer in der Gerichtsakte: Prüfung, von wann dieser datiert • i.d.R. einen aktuellen Auszug anfordern • das Grundbuchamt ist beim zuständigen Amtsgericht, in dessen Bezirk das Grundstück liegt • Gerichtsgebühr von 10,00 € gem. Nr. 17000 KV GNotKG • Archivierung in einer gesonderten Rubrik »Grundbuchauszug«	Muster 190: »Grundbuchauszug – Anforderung« Abruf von Grundbuchdaten: www.grundbuch-portal.de
4.	Grundbuchdaten	• die Grundbuchdaten sind anhand eines Grundbuchauszuges festzustellen • daran: vollständiger Überblick über Eigentum und Belastung: – Grundbuchamt beim zuständigen Amtsgericht... – Grundbuch von... Blatt... – Flur..., Flurstück... – Größe... qm – Straßen- und Ortsbezeichnung:... – Grundstücksart: z.B. Gebäude- und Freifläche, Grünfläche, Landwirtschaftsfläche, Waldfläche, Betriebsgelände etc. – genauer Name des Eigentümers und dessen Eigentumsanteil (ggf. nicht im Volleigentum) – wann ist das Eigentum erlangt worden? Datum der Auflassung und der Eintragung im Grundbuch – Belastungen in Abt. II und III – liegen die eingetragenen Belastungen auf allen Flurstücken des Bestandsverzeichnisses? (= s. Zusatzinformationen: Grundbuch – Aufbau) • weitere Informationen zum Grundbuch-Aufbau finden sich unten bei den Zusatzinformationen, dort auch zu Grundstücken im Ausland	Abruf von Grundbuchdaten: www.grundbuch-portal.de

Nr.	Thema	Checkliste Immobilienvermögen: Erläuterung	Hilfsmittel
5.	Baulastenverzeichnis	• Baulast = durch den Eigentumsberechtigten freiwillig übernommene öffentlich-rechtliche Verpflichtung zu einem das Grundstück betreffenden Tun, Dulden oder Unterlassen • Beispiele: Sicherung der Zufahrt, Leitungsrecht • Eintragung von Baulasten nicht im Grundbuch, sondern im Baulastenverzeichnis • Baulasten bleiben beim freihändigen Verkauf oder in der Zwangsversteigerung bestehen, daher Einsichtnahme in das Baulastenverzeichnis wichtig, • im Einzelfall abwägen, ob Klärung durch Insolvenzbüro erforderlich oder ob etwaiger Käufer Einsicht in das Baulastenverzeichnis nimmt • Auskunft aus Baulastenverzeichnis kostet i.d.R. Gebühren	Wuschek, Baulasten als wertschmälernde Faktoren eines Grundstücks, InsbürO 2018, 344 ff.
6.	Zwangsversteigerung oder Zwangsverwaltung	• klären, ob in in Abt. II des Grundbuches eine Zwangsverwaltung oder Zwangsversteigerung eingetragen wurde • wenn ja: Ausführungen unten bei den Zusatzinformationen beachten betr. die Rechte des Insolvenzverwalters, der Einnahmen und der Kosten bzgl. des Grundstückes	
7.	Insolvenzvermerk – eröffnetes Verfahren	• Grundstücke werden durch Eintragung eines Insolvenzvermerkes in Abt. II des Grundbuches gesichert (§ 32 Abs. 1 InsO) • damit: keine Verfügung des Schuldners mehr ohne Zustimmung des Insolvenzverwalters möglich • Eintragung des Insolvenzvermerks wird durch das Insolvenzgericht veranlasst • dafür: Mitteilung des Insolvenzverwalters an das Insolvenzgericht über den Grundstücksbestand (= Mitteilung der Grundbuchdaten) • i.d.R. wird Info mit dem ersten Anschreiben an das Gericht mitgeteilt • Eintragung im Grundbuch gebührenfrei (= keine Gerichtskosten) (KV GNotKG: Teil I, Hauptabschnitt 4, Vormerkung 1.4., (2) Nr. 2, 3) • das Grundbuchamt versendet eine Eintragungsmitteilung: Wiedervorlage zur Kontrolle notieren	Muster 102 (Eröffnungsbeschluss jur. Pers): »Erste Infos an das Insolvenzgericht« Muster 111 – 112 (Eröffnungsbeschluss nat. Person): »Erste Infos an das Insolvenzgericht« Schmerbach, Grundbuchantrag auf Eintragung des Insolvenzvermerkes, InsbürO 2004, 68 f. Wiedervorlagen-Kalender
8.	Insolvenzvermerk – Eröffnungsverfahren	• der Insolvenzvermerk wird auch im Eröffnungsverfahren bei Anordnung von Sicherungsmaßnahmen und damit Verfügungsbeschränkungen eingetragen (§ 23 Abs. 3 InsO)	
9.	Eintragungsmitteilungen	• über jede Eintragung im Grundbuch versendet das Grundbuchamt eine Eintragungsmitteilungen • die Eintragungen sind jeweils zu kontrollieren und beim Grundbuchauszug zu archivieren • damit: aktueller Grundbuchstand ersichtlich	
10.	Gebäudeversicherung	• Gebäudeversicherung = Versicherung gegen Brand und sonstige Zerstörung • wichtige Prüfung: Besteht eine Gebäudeversicherung? • Ist der Versicherungsschutz ausreichend? • Wurden die Prämien gezahlt? Ansonsten: Gefahr des Verlustes des Versicherungsschutzes • bei Belastung mit Grundpfandrechten: Grundpfandrechtsgläubiger übernehmen i.d.R. die Prämien = Absicherung ihres Sicherungsobjektes • daher: Kontaktaufnahme mit diesen • Achtung: Haftungsproblematik bei verzögerter Bearbeitung und Eintritt des Versicherungsfalls (§ 60 InsO)	Muster 206: »Versicherungsschutz – Abstimmung mit GPFR-Gläubigerin« Heinze, »Prämie nicht gezahlt«, InsbürO 2016, 193 ff.

Nr.	Thema	Checkliste Immobilienvermögen: Erläuterung	Hilfsmittel
11.	Valutastand	• in Abt. III des Grundbuches: Eintragung von Grundpfandrechten • dort: Nennung der nominalen Werte (= ursprüngliche Darlehenssumme) • Abfrage des Valutastandes (= aktuell ausstehende Darlehenssumme) • wichtig für die Prüfung, ob mit einem Erlös für die Insolvenzmasse zu rechnen ist: – Kaufpreisanteil > Kosten? • daher: Kontakt zu Grundpfandrechtsgläubigern aufnehmen • siehe auch Zusatzinformation: »Immobilienkredit« zur Frage der unzulässigen Vorfälligkeitsentschädigung	Muster 206: »Versicherungsschutz – Abstimmung mit GPFR-Gläubigerin« (darin: Abfrage des Valutastandes)
12.	Absonderungsrechte	• Absonderungsrechte an Grundstückseigentum: – Abtretung von Mieteinnahmen (§ 110 InsO): s. nachstehend – Grundpfandrechte (§ 49 InsO): s. nachstehend – ZVG: s. Zusatzinformationen: Absonderungsrechte – ZVG	
13.	Grundpfandrechte	• gesetzliche Regelungen für Hypothek in §§ 1113 ff. BGB, für Grundschuld in §§ 1191 ff. BGB • Grundpfandrechte berechtigen zur Absonderung (§ 49 InsO) • s. Stichwörter: Kaufpreishöhe, Valutastand, Verkehrswert etc.	
14.	Grundpfandrechte – Verwandte	• Prüfung, ob es ggf. Grundpfandrechte zugunsten Dritter – außer Bankinstituten – gibt • ggf. Verwandtschaftsverhältnis prüfen • ggf. Anfechtungsmöglichkeiten prüfen • bei nahestehenden Personen: verlängerte Anfechtungsfristen von zwei oder vier Jahren (§§ 133, 134, 138 InsO) beachten • Definition »nahestehend« in § 138 Abs. 2 InsO	Checkliste Anfechtungsansprüche
15.	Zwangssicherungs-hypotheken	• Sind Zwangssicherungshypotheken im Grundbuch eingetragen? • dann genaue Prüfung, welche Handlungsmöglichkeiten in Betracht kommen: s. nachfolgend	s. nachstehende ausführliche Erläuterungen bei den Zusatzinformationen mit Literatur- und Rechtsprechungshinweisen
16.	Fotos machen	• von dem Objekt sollten Fotos gemacht und in der Akte archiviert werden • damit jederzeit möglich: Objekt »vor Augen führen«	
17.	Sicherung – Objekt	• Erhaltung: ggf. Versorgung mit Wasser, Energie, insbes. im Winter • Inbesitznahme gem. § 854 BGB = Ausübung der tatsächlichen Gewalt über das Objekt • Versicherung: s. vorstehend »Gebäudeversicherung« • Zugang bei leerstehenden Immobilien: Entgegennahme der Schlüssel	
18.	Grundsteuerbeträge	• Grundsteuern fallen unabhängig von einer Nutzung immer an • Festsetzung zu Beginn eines Jahres (§ 9 GrStG) und Fälligkeit jeweils 1/4-jährlich (§ 28 GrStG) • daher: Grundsteuerbeträge für Jahr der Eröffnung einfache Insolvenzforderung (§ 41 InsO = nicht fällige Forderungen werden fällig) • dingliche Belastung gem. § 12 GrStG = keine abgesonderte Befriedigung aus Verkaufserlös, sondern Grundstück haftet weiter = Anspruch der Stadt/Gemeinde gegen Erwerber • notarielle Erklärung des Insolvenzverwalters im Kaufvertrag i.d.R. aber »lastenfrei«, daher: Ausgleich ausstehender Grundsteuerbeträge bei Veräußerung, damit der Erwerber wirklich lastenfrei erwirbt • insoweit: angemeldete Forderung der offenen Grundsteuerbeträge nur für den Ausfall feststellen • ab dem Kalenderjahr nach Eröffnung: Masseverbindlichkeit • bei Freigabe: ab dem nächsten 01.01. keine Masseverbindlichkeit mehr (Entstehung nach Freigabe, § 9 Abs. 2 GrStG)	Muster 191: »Grundsteuern -Info an Gemeinde wg. Zahlung« Grundsteuer als dingliche Last: BGH v. 18.2.2010 – IX ZR 101/09 (Rn. 11) in ZInsO 2010, 914, WKRS 2010, 14826 Wipperfürth/Schmittmann, Grundsteuer bei der freihändigen Immobilienverwertung im Insolvenzverfahren, InsbürO 2014, 221 ff.

Nr.	Thema	Checkliste Immobilienvermögen: Erläuterung	Hilfsmittel
19.	Nebenkosten – allgemein	• Ermittlung der laufenden Kosten eines Grundstückes • ab dem Tag der Insolvenzeröffnung: Masseverbindlichkeiten • daher Prüfung: Übersteigen die Erträge die Kosten? – Bsp.: Mieteinnahmen > laufende Kosten? – Bsp.: Kaufpreisanteil Masse > laufende Kosten? • ggf. Freigabe des Grundstückes: s. nachfolgend • Masseunzulänglichkeit »hilft nicht«: s. Zusatzinformationen	Checkliste Masseverbindlichkeiten
20.	Nebenkosten – Arten	• es können unterschiedliche Nebenkosten anfallen • Beispiele: – Erschließungskosten – Gebäudeversicherung: s. vorstehend – Grundsteuern: s. vorstehend – Heizkosten – Müllgebühren – Schornsteinfegerkosten – Straßenreinigungskosten – Stromkosten – Wasser- und Abwasserkosten	
21.	Nebenkosten – Ausgleich	• für einige Grundbesitzabgaben gibt es eine abgesonderte Befriedigung • nähere Prüfung erforderlich, vom Grundsatz her: – dingliche Haftung bei grundstücksbezogenen Abgaben (z. B. anhand der Nutzfläche, z. B. Grundsteuer) – bei Erhebung anhand Zahl und Größe z. B. der Abfalltonnen = keine dingliche Haftung = kein Absonderungsrecht • Prüfung anhand der Satzung der Kommune oder anhand des Kommunalabgabengesetzes	Wipperfürth/Schmittmann, Grundbesitzabgaben im Insolvenzverfahren, InsbürO 2014, 382 ff.
22.	Nutzungsentschädigung	• Schuldner bewohnt die eigene Immobilie? • dann Anspruch der Insolvenzmasse auf Nutzungsentgelt (= analog Miete) • Abschluss einer Nutzungsvereinbarung und Kontrolle der Zahlungseingänge • bei Nichtzahlung: Räumung veranlassen oder ggf. Kündigung aussprechen • Eröffnungsbeschluss wirkt als Räumungstitel (§ 885 ZPO i.V.m. § 35 InsO), allerdings nur gegen den Schuldner alleine • bei Familienmitgliedern: Räumungsklage gem. § 257 BGB erforderlich • Nichtzahlung der Nutzungsentschädigung ist kein Versagungsgrund, aber Nichträumung der Immobilie ist Versagungsgrund i.S.d. § 290 Abs. 1 Nr. 5 InsO	Muster 199: »Nutzungsvereinbarung Grundstück mit Schuldner wg. Miete« Wipperfürth, Nutzungsentschädigung für eine schuldnereigene Immobilie, InsbürO 2013, 88 ff. Anspruch auf Nutzungsentschädigung: BGH v. 19.11.2015 – IX ZB 59/14 (Rn. 8 m.w.N.) in ZInsO 2016, 34, InsbürO 2016, 77 Zahlung keine Mitwirkungspflicht: BGH v. 19.11.2015 – IX ZB 59/14 (Rn. 9 ff.) in ZInsO 2016, 34, InsbürO 2016, 77 mit Anmerkung Heyn
23.	Nutzungsentschädigung – Pfändungsfreigrenze	• Schuldner zahlt nach Insolvenzeröffnung i.d.R. keine Darlehensraten mehr • Schuldner erhält aber gesetzlichen Pfändungsfreibetrag, der jeweils Mietzahlung berücksichtigt • logische Überlegung: Zusammenrechnungsbeschluss nach § 850e Nr. 2 ZPO (Arbeitseinkommen und Nutzungswert), um Pfändungsfreigrenze zugunsten der Insolvenzmasse zu verändern • BGH hat dies abgelehnt: Zusammenrechnungsantrag beziehe sich nur auf Arbeitseinkommen, mietfreies Wohnen gehöre nicht dazu	Keine Zusammenrechnung nach § 850e Abs. 2 ZPO: BGH v. 7.2.2013 – IX ZB 85/12 (Rn. 12) in InsbürO 2013, 193, ZInsO 2013, 546

Nr.	Thema	Checkliste Immobilienvermögen: Erläuterung	Hilfsmittel
24.	Mietverträge	• Miet- und Pachtverträge bestehen gem. § 108 Abs. 1 InsO nach Insolvenzeröffnung fort • daher: Anspruch auf Mieteinnahmen • Ausnahmen: bei Zwangsverwaltung oder Abtretung: s. nachstehend • Mietverträge vorlegen lassen • Zahlung der Miete oder Pacht auf das Treuhandkonto verlangen: s. nachfolgend »Mieteinnahmen« • für einen Überblick, wem welche Ansprüche aus dem Mietverhältnis in den versch. Verfahrensstadien (vorl. Verw., eröffnetes Verfahren, MUZ) zustehen: s. Literaturtipp	Heyn, Mietansprüche in der Insolvenz im tabellarischen Überblick, InsbürO 2010, 43 ff.
25.	Mieteinnahmen	• Zahlung der Miete oder Pacht auf das Treuhandkonto verlangen • Hinweis an Mieter: Zahlung mit schuldbefreiender Wirkung nur noch auf das Treuhandkonto (§ 82 InsO) • Achtung: Fälligkeit der Mieten am dritten Werktag eines Monats (§ 556b BGB): daher ggf. Eile geboten • ggf. besteht Umsatzsteuerpflicht: s. nachstehend • regelmäßige Wiedervorlagen für etwaige Mieteinnahmen notieren	Muster 198: »Miete – Pacht – Zahlungsaufforderung« Klein, Pfändungsschutz für Einkünfte aus Vermietung und Verpachtung? InsbürO 2013, 142 ff. Wiedervorlagen-Kalender
26.	Umsatzsteuer – Mieteinnahmen	• Vermietungs- und Verpachtungseinnahmen sind gem. § 4 Nr. 12 UStG grds. umsatzsteuerfrei • ggf. aber: Wahl zur Umsatzsteueroption vor Insolvenzeröffnung getroffen (= bei Kauf oder Errichtung Vorsteuer geltend gemacht) (§ 9 Abs. 2 UStG) • i.d.R. bei gewerblicher Nutzung • dann unterliegen Mieteinnahmen der Umsatzsteuer • für Ermittlung: Rücksprache mit Steuerberater: Einsicht in Einkommens- bzw. Körperschaftssteuerbescheide etc. • bei Bestätigung der Umsatzsteueroption: Mieteinnahmen bei der monatlichen Umsatzsteuervoranmeldung berücksichtigen	Checkliste Steuerangelegenheiten Muster 205: »Umsatzsteuer – Anfrage an Steuerberater (Verkauf + Miete)«
27.	Mieteinnahmen – Abtretung	• ggf. liegt eine Abtretung von Miet- und Pachtzahlungen vor • diese ist noch für den laufenden Monat oder ggf. darauffolgenden Monat wirksam (§ 110 InsO) • Datum der Eröffnung ist entscheidend: vor oder nach dem 15. eines Monats • Prüfung, ob ggf. eine Anfechtung der Abtretung möglich ist • bei Feststellung der Wirksamkeit: Abrechnung gegenüber Absonderungsgläubigern fertigen • Auszahlung der vereinnahmten Mieten (§ 166 Abs. 2 InsO) für den Zeitraum des § 110 InsO vornehmen • Achtung: Umsatzsteuer ggf. beachten • nach Ablauf des Zeitraums: Mieten stehen der Insolvenzmasse vollumfänglich zu (Ausnahme: Zwangsverwaltung)	Fischer, Grundschuldgläubiger, ZInsO 2012, 1493 ff., darin Ziff. 8: Mietzinsabtretung, ZInsO 2012, 1507
28.	Miethöhe	• Überprüfung der Mietpreishöhe • insbes. bei Mietern, die mit dem Schuldner verwandt sind (= Abfrage beim Schuldner) • ortsübliche Mieten kann man bei der jeweiligen Gemeinde oder Stadtverwaltung erfragen	
29.	Mietkaution	• von Mietern hinterlegte und vorhandene Kautionen sind von der sonstigen Insolvenzmasse getrennt zu halten • Insolvenzverwalter trifft dieselbe Pflicht wie jeden Vermieter (§ 551 Abs. 3 BGB)	
30.	Mietverhältnis – Kündigung	• bei Nichtzahlung von Mieten stehen dem Insolvenzverwalter die üblichen Kündigungs- und Räumungsrechte gem. §§ 257, 573 ff. BGB zu	

Nr.	Thema	Checkliste Immobilienvermögen: Erläuterung	Hilfsmittel
31.	Entscheidung	• es muss eine Entscheidung getroffen werden, ob das Grundstück in der Insolvenzmasse verbleibt oder freigegeben wird • Erlös für Insolvenzmasse > Kosten? • hier insbesondere auch mögliche Einkommens- und Umsatzsteuerpflicht berücksichtigen: s. nachstehend • s. Muster wg. Zusammenstellung von erforderlichen Informationen und Abstimmung mit dem Verwalter • wegen möglicher eintretender Änderungen (z.B. Nichtzahlung der Mieten, kein Verkauf in Aussicht) regelmäßig erneute Prüfung der Einnahmen und Ausgaben vornehmen • regelmäßige Wiedervorlage notieren	Wiedervorlagenkalender Muster 335 (Steuerangelegenheiten): »Verkäufe – Steuerpflicht – Prüfungsvermerk«
32.	Freigabe	• Grundstücksfreigabe entlastet die Insolvenzmasse von den laufenden Kosten • zur Art und Form der Freigabe: s. gesonderte Checkliste • Achtung: Freigabe erfasst nach BGH-Rechtsprechung nicht den Anspruch auf Rückgewähr nicht valutierter Grundschulden = Anordnung einer Nachtragsverteilung später möglich (wenn kein Löschungsanspruch nachrangiger Grundpfandrechtsgläubiger gegeben ist: s. nachfolgend auch Löschungsanspruch § 1179a BGB)	Checkliste Freigabe Muster 146 – 151 (Freigabe): »Grundstücksfreigabe« Keine Freigabe des Rückgewähranspruches nicht valutierter Grundschulden: BGH v. 27.4.2017 – IX ZB 93/16 (Leitsatz + Rn. 19, 22) in InsbürO 2017, 375, ZInsO 2017, 1850 Wipperfürth, Die Folgen der Freigabe eines Grundstücks (Anmerkung zu BGH vorstehend), InsbürO 2017, 358 ff.
33.	Umsatzsteuer – Freigabe	• Verkauf das Grundstückes nach Freigabe: für die Insolvenzmasse kann Umsatzsteuerbelastung drohen • Begründung: Minderung der Verbindlichkeiten durch Ablösung der Grundpfandrechte (= Minderung der Passivseite) • Umsatzsteuer wird vom FinA als Masseverbindlichkeit geltend gemacht • dringend beachten, da ansonsten Haftung gem. § 60 InsO droht	Schmittmann, Umsatzsteuerliche Probleme bei Immobilienverkäufen in der Insolvenz, ZInsO 2006, 1299 ff.
34.	Flurkarte	• Flurkarte = Übersicht über eigene Flurstücke und Nachbargrundstücke • Anforderung über Katasteramt der Gemeinde möglich • wird z.B. bei landwirtschaftlichen Flächen gebraucht: Eigentümer der Nachbargrundstücke ansprechen und nach möglichem Kaufinteresse fragen • mit Flur und Flurstücknummer: Eigentümer beim Grundbuchamt ermittelbar	
35.	Makler	• regelmäßig werden Makler mit dem Verkauf der Immobilien beauftragt • Unterlagen für Makler: ggf. Flurkarte, Grundbuchauszug, Gutachten etc. • Makler ggf. um Einschätzung zur Kaufpreishöhe bitten • Problematik der Kostenbelastung bei Auftragsvergabe, daher Versuch der Vereinbarung mit Makler, dass er Provision später vom Käufer erhält = sein Risiko bei fehlendem Verkauf • Mietrechtsnovellierungsgesetz (BGBl. I 2015, Teil 1, S. 610 – Nr. 16 v. 27.04.2015), Inkrafttreten am 01.06.2015 = danach: Bestellerprinzip: »Wer bestellt, der zahlt«: betrifft nur Maklertätigkeit in Bezug auf Mietverträge, nicht in Bezug auf Kaufverträge	Muster 197: »Makler – Infos wg. Grundstücksbewertung« InsbürO aktuell: 2015, 210

Nr.	Thema	Checkliste Immobilienvermögen: Erläuterung	Hilfsmittel
36.	Energieausweis	• Verordnung über energiesparenden Wärmeschutz und energiesparende Anlagentechnik bei Gebäuden (EnEV), (Inkrafttreten am 01.05.2014): – Grundstücksverkäufer muss bei Besichtigung einen Energieausweis vorzeigen und bei Kauf übergeben (§ 16 Abs. 2 EnEV) – gilt auch für Mietverhältnisse (§ 16 Abs. 2 Satz 4 EnEV): Mieter/Käufer soll den Ausweis bei seiner Entscheidung über den Abschluss des Miet-/Kaufvertrages berücksichtigen können – bei Nichtbeachtung: Ordnungswidrigkeit gem. § 27 Abs. 2 Nr. 3 EnEV i.V.m. § 8 Abs. 1 Nr. 2 EnEG (= Energieeinsparungsgesetz) – Kosten für Energieausweise ca. 25,00 bis 400,00 EUR, Vielzahl von Anbietern – Anfrage bei Stadtwerken wg. Erstellung vornehmen – Verpflichtung, Angaben zum Energieausweis in Immobilienanzeigen zu machen (§ 16a Abs. 1 Satz 1, Abs. 2 EnEV): Bei Verstoß Ordnungswidrigkeit gem. § 8 Abs. 1 Nr. 2 EnEG • es gab vor der Energieeinsparverordnung im Jahre 2014 auch schon andere Verordnungen: welche wann galt, lässt sich einem Merkblatt entnehmen: s. rechts	www.enev-online.de > oben rechts: Publikationen »Merkblatt – Energieausweise« mit Hinweisen, wann welche Regelung anzuwenden ist (= mehrere Änderungen in den letzten Jahren) www.enev-online.de > EnEV 2014 Praxis (links oben) > Praxishilfen > oben, zweite Zeile: Termine und Bußgelder > EnEV-Kalender: Termine, Pflichten und Bußgeldrisiko
37.	Verkehrswert	• Ermittlung des Verkehrswertes des Grundstückes • wichtig für Prüfung: Erlös > Kosten? • 5 Möglichkeiten der Ermittlung: – Anruf bei Grundpfandrechtsgläubigerin: Liegt dort ein Gutachten vor? Gibt es eine interne Grundstücksbewertung? – Makler ggf. mit Schätzung beauftragen: Achtung Kostenproblematik: s. vorstehend Makler – Anruf beim Gutachterausschuss der jeweiligen Stadt: qm-Preis oder Bodenrichtwert erfragen: dann eigene Einschätzung möglich – eigene Besichtigung und Einschätzung: Ist Valutastand als Kaufpreis überhaupt denkbar? – Berechnung anhand versch. Rechen-Methoden: s. Beitrag du Carrois	du Carrois, vereinfachte Ertragswertermittlung von Immobilien, InsbürO 2012, 381 du Carrois, Entwicklung einer Verwertungsstrategie von Wohnungseigentum, InsbürO 2012, 415 Muster 197: »Makler – Infos wg. Grundstücksbewertung«
38.	Kaufvertrag – alt	• Kaufvertrag vom Schuldner anfordern, falls nicht schon übergeben • wg. Umsatzsteuerproblematik ggf. von Bedeutung • Anhaltspunkt für Grundstücksbewertung	
39.	Kaufpreishöhe	• Kaufpreishöhe mit Grundpfandrechtsgläubigerin abstimmen • diese muss Löschungsbewilligung für lastenfreie Umschreibung auf Käufer erteilen • Kaufpreis reicht i.d.R. nicht zur vollständigen Befriedigung der Grundpfandrechtsgläubigerin (= wertausschöpfende Belastung des Grundstückes) • daher ohne deren Einverständnis zur Kaufpreishöhe kein Verkauf möglich • wenn Darlehensvaluta < Kaufpreis = Restbetrag ist Übererlös zugunsten der Masse • Klärung auch, ob Kaufpreis netto oder brutto: s. nachstehend »Umsatzsteuer«	Muster 192: »Kaufpreis – Abstimmung mit Bank«
40.	Umsatzsteuer – Kaufpreis	• Kaufpreise aus Grundstücksverkäufen grundsätzlich umsatzsteuerfrei (§ 4 Nr. 9a UStG) • ggf. aber: Wahl zur Umsatzsteueroption vor Insolvenzeröffnung getroffen (= bei Kauf oder Errichtung Vorsteuer geltend gemacht) (§ 9 Abs. 1 UStG) • dann unterliegt die Kaufpreiszahlung der Umsatzsteuer • für Ermittlung: Rücksprache mit Steuerberater: Einsicht in alte Kaufverträge, Einkommens- bzw. Körperschaftssteuerbescheide etc.	Muster 205: »Umsatzsteuer – Anfrage an Steuerberater (Verkauf + Miete)«

Nr.	Thema	Checkliste Immobilienvermögen: Erläuterung	Hilfsmittel
41.	Massebeteiligung bei Veräußerung	• InsO sieht keine Kostenbeiträge bei freihändiger Veräußerung des Grundstückseigentums vor • Regelungen in §§ 170, 171 InsO gelten nur für »bewegliches Vermögen« • daher: prozentuale Beteiligung aus dem Kaufpreis mit Grundpfandrechtsgläubiger abstimmen • i.d.R. Beteiligung zwischen 2 – 10 % • etwaige Kosten nach dem ZVG vor Kaufvertragsabschluss ermitteln und bei Kaufpreisfindung einfließen lassen: s. Zusatzinformationen »Absonderungsrechte ZVG« • nach Zahlungseingang beim Grundpfandrechtsgläubiger: Abrechnung über Massebeteiligung fertigen • Achtung: Umsatzsteuer berücksichtigen: s. nachfolgend	Muster 207: »Verwertungsvereinbarung – freie Veräußerung« Muster 200: »Rechnung Kostenpauschale – Immobilienverkauf«
42.	Umsatzsteuer – Kaufpreisanteil Masse	• Massebeteiligung aus Kaufpreis ist umsatzsteuerpflichtig: s. Rechtsprechung • Begründung: Leistungsentgelt aus Geschäftsbesorgungsvertrag mit Grundpfandrechtsgläubiger = umsatzsteuerpflichtig i.S.v. § 1 Abs. 1 Nr. 1 UStG	Umsatzsteuer auf Massebeteiligung: BFH v. 28.7.2011 – V R 28/09 in InsbürO 2012, 111, ZInsO 2011, 1904 dazu: BMF-Schreiben vom 30.04.2014 und Änderung AEAO (insbes. Abschnitt 1.2. Abs. 4) Moderegger, Umsatzsteueransprüche bei der Verwertung von sicherungsübereigneten Gegenständen im Insolvenzverfahren anhand von Praxisbeispielen, InsbürO 2014, 378 (Fall 4)
43.	Einkommenssteuer	• bei Veräußerung eines Grundstückes innerhalb der Spekulationsfrist von 10 Jahren ab Kaufvertragsabschluss(!): Einkommenssteuer als Masseverbindlichkeit berücksichtigen • dies gilt auch, wenn der Insolvenzmasse ggf. nur eine Kostenbeteiligung zugeflossen ist (= Steuerbelastung ist ggf. höher als Erlös der Masse) • keine Steuerproblematik bei Eigennutzung durch Schuldner oder Betriebsvermögen • AV über Prüfung fertigen und zur Akte heften • vor diesem Hintergrund Freigabe des Grundstücks prüfen: Kosten > Erlöse?	Einkommenssteuer als Masseverbindlichkeit auch bei wertausschöpfender Belastung: BFH v. 16.5.2013 – IV R 23/11 in ZInsO 2013, 1536, InsbürO 2013, 415 m. Anmerkung Voß Muster 335 (Steuerangelegenheiten): »Verkäufe – Steuerpflicht – Prüfungsvermerk«
44.	Finanzierungsbestätigung	• Finanzierungsbestätigung des Käufers vorlegen lassen • dadurch: Nachweis, dass der Käufer den Kaufpreis auch tatsächlich leisten kann	
45.	Löschungsbewilligung	• für eine lastenfreie Umschreibung sind die eingetragenen Rechte Dritter in Abt. III des Grundbuches zu löschen • hierfür: Löschungsbewilligung des Grundstückseigentümers erforderlich (§ 1183 BGB, § 27 GBO) • der Insolvenzverwalter erklärt i.d.R. die lastenfreie Umschreibung im Kaufvertrag und klärt die Erteilung der Löschungsbewilligungen im Vorfeld mit den Grundpfandrechtsgläubigern ab • bei Empfang des gesamten oder anteiligen Kaufpreises durch vorrangige Grundpfandrechtsgläubiger dürfte die Erteilung problemlos erfolgen • aber: auch Grundpfandrechtsgläubiger, die keine Zahlung erhalten, weil sie nachrangige Rechte haben, sind zu betrachten • Problematik: lt. BGH-Rechtsprechung kein Anspruch auf »einfache« Löschungsbewilligung ohne Zahlbetrag: s. Informationen unter nachfolgendem Stichwort »Zwangssicherungshypotheken«	siehe Stichwort »Zwangssicherungshypothek« in dieser Checkliste Muster 193: »Löschungsbewilligung Grundpfandrecht ohne ZV – Entwurf« Muster 194: »Löschungsbewilligung Grundpfandrechte ohne ZV – SS an Gläubiger« Keine Pflicht zur Erteilung einer Löschungsbewilligung bei Zwangssicherungshypothek: BGH v. 30.4.2015 – IX ZR 301/13 in ZInsO 2016, 1097, InsbürO 2016, 441

Nr.	Thema	Checkliste Immobilienvermögen: Erläuterung	Hilfsmittel
		• der Insolvenzverwalter darf aber zur Erlangung einer Löschungsbewilligung für wertlose Grundpfandrechte keine Zusicherungen von Zahlungen zu Lasten der Masse machen • Ablösung dieser nachrangigen Rechte durch vorrangige Grundpfandrechtsgläubiger dagegen möglich; Vorteil für diese: freihändiger Verkauf mit höherer Kaufpreiserwartung wird nicht blockiert • soweit Grundschuldbriefe existieren, sind diese ebenfalls zwecks Löschung zu übergeben: s. Zusatzinformationen	Keine Zahlungszusicherungen zu Lasten der Masse bei wertlosen Grundpfandrechten: BGH v. 30.4.2015 – IX ZR 301/13 (Rn. 12) in ZInsO 2016, 1097, InsbürO 2016, 441 mit Verweis auf BGH v. 20.03.2008 – IX ZR 68/06 Zahlung einer Lästigkeitsprämie durch vorrangige Grundpfandrechtgläubiger: BGH v. 30.4.2015 – IX ZR 301/13 (Rn. 12) in ZInsO 2016, 1097, InsbürO 2016, 441 mit Verweis auf BGH v. 20.03.2014 – IX ZR 80/13
46.	Kaufvertragsabschluss	• Grundstückskaufverträge bedürfen der notariellen Beurkundung gem. § 311b Abs. 1 BGB • Finanzierungsbestätigung vorhanden? s. vorstehend • dann: Kaufvertragsentwurf vom Kaufinteressenten durch Notar erstellen lassen • Kaufvertragsentwurf vor Beurkundung genauestens prüfen • Insolvenzverwalter treffen die gleichen Sorgfaltspflichten wie sonstigen Verkäufer, Bsp.: Kenntnis von vorhandenen Mängeln sind anzugeben • häufig keine Anwesenheit des Insolvenzverwalters bei Beurkundung, sondern später Erteilung einer Genehmigung: s. nachstehend	Zur Angabe von Mängeln: OLG Koblenz v. 12.6.2015 – 10 U 755/14 in ZInsO 2015, 1343, InsbürO 2015, 537 Krauß, Immobilienkaufverträge in der Praxis, 8. Aufl., Rn. 4399
47.	Genehmigungserklärung	• bei fehlender Anwesenheit des Insolvenzverwalters bei Beurkundung eines Kaufvertragsabschlusses kann nachfolgend eine Genehmigungserklärung abgegeben werden • Achtung: Genehmigungserklärung in notariell-beglaubigter Form erforderlich • Notarkosten für diese Genehmigung: Masseverbindlichkeit • sinnvoll und gerechtfertigt ist dies dann, wenn der Käufer weit entfernt vom Insolvenzgericht wohnt und der Insolvenzverwalter also eine weite Anreise zum Notar hätte • ggf. kann aber auch der Käufer anreisen und man wählt einen Notar in der Nähe des Insolvenzbüros, damit die Kosten einer Genehmigungserklärung vermieden werden	
48.	Gerichtskosten – Verkauf	• i.d.R. werden Grundstücke lastenfrei an Käufer übereignet • es erfolgt die Löschung der bestehenden Grundpfandrechte • dafür fallen Gerichtskosten an • diese sind als Masseverbindlichkeit zu begleichen	Checkliste Masseverbindlichkeiten
49.	Vertragserfüllung	• Überwachung der Vertragsabwicklung: – Kontrolle des Zahlungseingangs der vereinbarten Massebeteiligung oder sogar eines Übererlöses – hierfür Abrechnung erstellen: s. vorstehend »Massebeteiligung« – Überwachung der Eigentumsumschreibung • entsprechende Wiedervorlagen notieren	Wiedervorlagenkalender
50.	Insolvenzvermerk – Löschung	• bei Veräußerung erfolgt die Löschung des Insolvenzvermerks im Zuge der Eintragung des neuen Eigentümers • bei Freigabe: Info an das Insolvenzgericht: von dort Ersuchen an das Grundbuchamt zwecks Löschung (§ 32 Abs. 3 InsO) • kein Anfall von Gerichtskosten ((KV GNotKG: Teil I, Hauptabschnitt 4, Vormerkung 1.4., (2) Nr. 3)	Zur Löschung des Insolvenzvermerks: BGH v. 30.8.2017 – VII ZB 23/14 (Rn. 18) in ZInsO 2017, 2694

Nr.	Thema	Checkliste Immobilienvermögen: Erläuterung	Hilfsmittel
		• bei eigenem Antrag: Nachweis durch öffentliche Urkunden oder Löschungsbewilligung in öffentlich-beglaubigter Form (= Anfall von Notargebühren) erforderlich lt. BGH-Rechtsprechung	Wipperfürth, Löschung des Insolvenzvermerks nach Grundstücksfreigabe, InsbürO 2012, 471 ff.
51.	Verwertungsliste	• bei mehreren Grundstücken oder Veräußerung von Teilen eines Grundstückes: Verwertungsliste für Grundstücke führen • dort: Eintragungen ggf. der Flurstücke (oder nur Grundbuchblattnummer) mit jeweiligem Kaufvertragsabschluss und erfolgter Eigentumsumschreibung • schafft einen Überblick für die Halbjahresberichte und den Schlussbericht	analog Muster 384 (Verwertungstätigkeit): »Verwertungsliste in Kleinverfahren«
52.	Wiedervorlagen	• für alle eingeleiteten Maßnahmen Wiedervorlagen notieren und Vorgänge in der Überwachung halten	Wiedervorlagenkalender

Nr.	Thema	Checkliste Immobilienvermögen: Erläuterung Zusatzinformationen – alphabetisch sortiert	Hilfsmittel
53.	Absonderungsrechte – ZVG	• Bestimmte Gläubiger sind im Insolvenzverfahren Absonderungsgläubiger, obwohl sie sich nicht aus dem Grundbuch ergeben: – § 10 Abs. 1 Nr. 2 ZVG: Hausgelder der Wohnungseigentümergemeinschaft – § 10 Abs. 1 Nr. 3 ZVG: Öffentliche Grundstückslasten, insbes. Grundsteuern – (§ 10 Abs. 1 Nr. 4 ZVG: dingliche Rechte am Grundstück, insbes. von Grund- und Hypothekengläubigern) • Entscheidung BGH zur Grundsteuer: Bei Nichtberücksichtigung kein Anspruch des Absonderungsgläubigers am Kaufpreiserlös mit der Begründung, dass dingliche Last gegeben ist (= Inanspruchnahme des neuen Grundstückseigentümers) (s. vorstehend »Grundsteuer«) • Entscheidung BGH zum Wohnungseigentum: keine dingliche Last, aber Absonderungsrecht nach § 49 InsO, der auf § 10 Abs. 1 Nr. 2 ZVG verweist (= »nach Maßgabe des Gesetzes über die Zwangsversteigerung«) • siehe auch nachfolgend »Eigentumswohnung«	Grundsteuer als dingliche Last: BGH v. 18.2.2010 – IX ZR 101/09 (Rn. 11) in ZInsO 2010, 914, WKRS 2010, 14826 kein dingliches Recht für Wohnungseigentümergemeinschaft, aber Absonderungsrecht: BGH v. 13.9.2013 – V ZR 209/12 (Leitsatz u. Rn. 24 ff.) in InsbürO 2014, 192, ZInsO 2013, 2056 (offen darin: wie die Abgeltung erfolgen soll – Rn. 26)
54.	Altlasten	• Altlasten können hohe Kosten verursachen. Daher Prüfung erforderlich: – Gefahr nach Insolvenzeröffnung durch den Verwalter hervorgerufen oder bestehen diese durch sein Handeln fort > Masseverbindlichkeit! Keine Freigabe möglich – Gefahr vor Insolvenzeröffnung von dem Schuldner hervorgerufen > Kosten der Durchführung einer Ersatzvornahme > Insolvenzforderung – Gefahr vor Eröffnung, Grundverfügung erst nach Eröffnung gegen Verwalter erlassen > Freigabe prüfen!	keine Inanspruchnahme des Verwalters nach Grundstücksfreigabe: BVerwG v. 23.9.2004 – BVerwG 7 C 22.03 in InsbürO 2004, 355, ZInsO 2004, 1206
55.	Ausland	• Immobilien im Ausland sind schwer zu ermitteln und vor allem auch schwer zu verwerten: andere Register, andere Vorschriften, andere Sprache • allerdings: es gibt Informationen zu den Grundbüchern über das europäische Justizportal: s. rechts = dort können Zuständigkeiten und eine Vielzahl von wichtigen Daten zur jeweiligen Grundstücksverwaltung abgefragt werden • es ist jeweils eine Übersetzung der Erläuterungen in den einzelnen Mitgliedstaaten möglich, allerdings in Englisch • Infos zu Immobilienvermögen in der Türkei, Spanien, Frankreich und Italien im Literaturtipp nebenstehend	e-justice-europa.eu > linke Seite: Register > Grundbücher > Auswahl zwischen »EU-Grundbuchportal« und »Grundbücher in den Mitgliedstaaten« Hartwig, Die Ermittlung von Immobilienvermögen im Ausland, InsbürO 2014, 113 ff.

Nr.	Thema	Checkliste Immobilienvermögen: Erläuterung Zusatzinformationen – alphabetisch sortiert	Hilfsmittel
56.	Eigentümergrund-schuld	• Eigentümergrundschuld liegt vor, wenn ein Schuldner seine persönliche Darlehensschuld beglichen hat und der Anspruch auf Rückgewähr der Grundschuld durch den Gläubiger an den Schuldner erfüllt wird: Grundschuld und Eigentum vereinigen sich • Löschungsanspruch nachrangiger Grundpfandrechtsgläubiger gem. § 1179a Abs. 1 S. 1 BGB möglich • Prüfung der Insolvenzfestigkeit eines solchen Löschungsanspruches aus § 1179a Abs. 1 Satz 1 BGB • s. nachstehend »Löschungsanspruch § 1179a BGB«	Wipperfürth, Die Eigentümergrundschuld, ein Insolvenzverfahren und der V. und IX. Senat – it takes two to tango, InsbürO 2014, 433 f.
57.	Eigentumswohnung	• bei einer Eigentumswohnung: Zahlungsverpflichtung gegenüber der Wohnungseigentümergemeinschaft (= WEG) • Ansprüche = gemeinschaftliche Kosten am Grundstück und Gebäude • Absonderungsrecht für diese Ansprüche gem. § 49 InsO i.vm. mit § 10 Abs. 1 Nr. 2 ZVG, jedoch mit Beschränkungen: – zeitlich: laufende und rückständige Beträge aus dem Jahr der Beschlagnahme (= Insolvenzeröffnung) und der letzten zwei Jahre – betragsmäßig: höchstens 5 % des Wertes nach § 74a Abs. 5 ZVG (= ermittelter Verkehrswert durch das Vollstreckungsgericht) – darüber hinausgehende Ansprüche sind einfache Insolvenzforderung gem. § 38 InsO • Ansprüche aus der Zeit nach Insolvenzeröffnung = Masseverbindlichkeiten i.S.v. § 55 Abs. 1 Nr. 1 InsO	kein dingliches Recht für Wohnungseigentümergemeinschaft, aber Absonderungsrecht: BGH v. 13.9.2013 – V ZR 209/12 (Leitsatz u. Rn. 24 ff.) in InsbürO 2014, 192, ZInsO 2013, 2056 (offen darin: wie die Abgeltung erfolgen soll – Rn. 26)
58.	Erschließungs-kosten	• Erschließungskosten sind vom Eigentümer zu bezahlen • gesetzliche Regelungen hierzu in §§ 127 – 135 BauGB • gem. § 133 BauGB entsteht die Beitragspflicht mit der endgültigen Herstellung • bei abgeschlossener Erschließung vor Insolvenzeröffnung = Insolvenzforderung • bei noch andauernder Erschließung = Masseverbindlichkeit mit Fertigstellung: Freigabe des Grundstücks prüfen • für Erweiterungs- oder Verbesserungsmaßnahmen: s. § 128 Abs. 2 BauGB = Berechtigung zur Beitragserhebung durch Gemeinde	Zistler, Kurz und knapp: 3 Fragen – 3 Antworten: IFG, Masseunzulänglichkeit und Erschließungskosten, InsbürO 2016, 504
59.	GOI	• GOI = Grundsätze ordnungsgemäßer Insolvenzverwaltung (70 Grundsätze) • Grundsatz 7: Beauftragung externer Dienstleister auf Kosten der Masse möglich für u.a. Be- und Verwertung von Immobilien • Grundsatz 8: Anzeige der Beauftragung gegenüber Insolvenzgericht in geeigneter Weise • Grundsatz 9: jährliche Bewertung des beauftragten Dienstleisters i.S.d. DIN EN ISO 9001:2008 und ggf. erforderliche Konsequenzen daraus • Grundsatz 28: Eintragung von Sicherungsvermerken in die entsprechenden Register • *(Die Autoren danken dem VID für die freundliche Zustimmung zur Veröffentlichung von Hinweisen auf die GOIs)*	VID = Verband Insolvenzverwalter Deutschlands e.V. www.vid.de
60.	Grundbuch – Aufbau	• Grundbuch = ein beim Amtsgericht vom Grundbuchamt geführtes Register • für jedes selbständige Grundstück wird ein gesondertes Grundbuchblatt angelegt • dieses ist über ein Justizportal abrufbar, allerdings ist die Einsichtnahme kostenpflichtig: s. vorstehend »Grundbuchauszug« • Grundbuchblatt wird anhand des Bezirkes und einer Nummer gekennzeichnet: Deckblatt • Bsp: Grundbuch von Münster Blatt 1234	Abruf von Grundbuchdaten: www.grundbuch-portal.de nähere Erläuterungen zum Grundbuchaufbau: www.grundbuch.de

Nr.	Thema	Checkliste Immobilienvermögen: Erläuterung Zusatzinformationen – alphabetisch sortiert	Hilfsmittel
		• Bestandsverzeichnis: genaue Bezeichnung des Grundstücks anhand von Vorgaben des Katasteramtes: s. vorstehend »Grundbuchdaten« • Abt. I: Eigentümer: Wer? Mit welchem Anteil? Seit wann? • Abt. II: Beschränkungen und Belastungen: Nutzungsrechte, Wegerechte etc. • Abt. III: Grundpfandrechte: i.d.R. dingliche Last am Grundbuch aufgrund von ausgegebenen Darlehen oder anderen Forderungen • nähere Erläuterungen zum Aufbau und Inhalt eines Grundbuches: s. Internetseite www.grundbuch.de	
61.	Grundschuldbriefe	• Grundschulden können gem. § 1192 i.V.m. § 1116 BGB mit oder ohne Brief im Grundbuch eingetragen werden • soweit Grundschuldbriefe existieren, sind diese zur Löschung des Rechtes beim Grundbuchamt einzureichen • der Grundstückseigentümer hat gegen Befriedigung des Gläubigers einen Anspruch auf Herausgabe solcher Grundschuldbriefe (§ 1144 BGB) • die Briefe werden i.d.R. gleichzeitig mit der Löschungsbewilligung vom Grundpfandrechtsgläubiger übermittelt • s. auch vorstehend: Löschungsbewilligung	
62.	Immobilienkredit	• Immobilien werden i.d.R. darlehensfinanziert • im Insolvenzverfahren werden häufig Kündigungen seitens der Banken ausgesprochen • Kreditinstitute berechnen für die vorzeitige Vertragsabwicklung nicht selten eine Vorfälligkeitsentschädigung • nach BGH-Auffassung ist eine Vorfälligkeitsentschädigung bei Kündigung durch die Bank nicht zulässig: § 497 Abs. 1 BGB • ggf. entsteht ein Zahlungsanspruch zugunsten der Masse, zumindest aber ist dieser Anspruch als angemeldete Forderung zur Insolvenztabelle zu bestreiten	Zur Vorfällligkeitsentschädigung: BGH v. 19.1.2016 – XI ZR 103/15 in WKRS 2016, 13269, InsbürO 2016, 293 f. mit Anmerkung Grote (Aufsatz Grote zu dieser Thematik: InsbürO 2016, 112 f.)
63.	Insolvenzplanverfahren	• bei Grundstücksübertragungen im Rahmen eines Insolvenzplanverfahrens: keine notarielle Beurkundung erforderlich • Erklärungen im Planverfahren reichen für Eintragungsanträge im Grundbuch aus (§ 925 Abs. 1 Satz 2 BGB)	Checkliste Insolvenzplanverfahren Wipperfürth, Grundbesitz im Insolvenzplanverfahren, InsbürO 2014, 136 ff.
64.	Insolvenzvermerk – weitere Infos	• Eintragung des Insolvenzvermerks im Grundbuch erfolgt auch: – bei Anordnung der Nachtragsverteilung (§ 203 Abs. 1 Nr. 3 InsO) – bei einer Erbengemeinschaft als Eigentümer – bei einer GbR als Eigentümer – bei Überwachung eines Insolvenzplans, der einen Zustimmungsvorbehalt für das Grundstücksvermögen vorsieht (§ 267 Abs. 3 S. 2 InsO)	Insolvenzvermerk bei einer GbR: BGH v. 13.7.2017 – V ZB 136/16 in InsbürO 2018, 83, ZInsO 2017, 2385
65.	Literaturtipp	• Wipperfürth/Schmittmann, Das Grundstück im Insolvenzverfahren unter Berücksichtigung steuerlicher Bezüge: – Teil 1: Zivilrechtliche Besonderheiten, InsbürO 2018, 421 ff., – Teil 2: Zivilrechtliche Besonderheiten, InsbürO 2018, 467 ff., – Teil 3: Steuerrechtliche Besonderheiten (Einkommens- und Umsatzsteuer), InsbürO 2019, 37 ff., – Teil 4: Steuerliche Aspekte (Grundbesitzabgaben, Grunderwerbsteuer, Eigenheimzulage), InsbürO 2019, 79 ff. • Wuschek, Zwangsversteigerungen – Überlegungen aus der Sicht des herrschenden Grundstücks, InsbürO 2018, 109 ff. • Gehrlein, Die »lockeren« wesentlichen Bestandteile eines Grundstücks, ZInsO 2017, 573 ff. • Wedekind, Die Immobilie in der Insolvenz der natürliche Person, Teil 1: InsbürO 2010, 209 ff., Teil 2: InsbürO 2010, 242 ff.	

Nr.	Thema	Checkliste Immobilienvermögen: Erläuterung Zusatzinformationen – alphabetisch sortiert	Hilfsmittel
		• Schmidt/Büchler, Effiziente Ermittlung und Abwicklung von Aus- und Absonderungsrechten in der Insolvenz: – Teil 5 A: Absonderungsrechte an Immobilien, InsbürO 2007, 168 ff. – Teil 5 B: InsbürO 2007, 214 ff. – Teil 6: Haftungsverband, InsbürO 2007, 293 ff.	
66.	Löschungsanspruch § 1179a BGB	• Anspruch eines Grundpfandrechtsgläubigers gegenüber dem Eigentümer auf Löschung vorrangiger oder gleichrangiger Grundschuld, wenn Vereinigung (= Eigentümergrundschuld) eingetreten ist • dadurch: nachrangiger Grundpfandrechtsgläubiger hat bei Versteigerung Anspruch auf Versteigerungserlös • nach BGH-Rechtsprechung: Löschungsanspruch gem. § 1179a BGB insolvenzfest • i.d.R. anzunehmen bei – enger Sicherungsabrede und gleichzeitiger Abtretung des Rückgewähranspruches – weiter Sicherungsabrede und gleichzeitiger Abtretung des Rückgewähranspruches inkl. Recht zur Kündigung der weiten Abrede zugunsten einer engen • auch dann, wenn Vereinigung erst nach Insolvenzeröffnung eintritt: Vergleich mit Vormerkung gem. § 106 InsO • ggf. aber Anfechtung möglich, wenn Vereinigung durch Mittel der Insolvenzmasse herbeigeführt wurde (= Darlehensrückzahlung in kritischer Zeit) (s. Beitrag Obermüller in ZInsO 2013, 854)	Insolvenzfestigkeit des Löschungsanspruches gem. § 1179a BGB: BGH v. 27.2.2012 – V ZR 270/10 in InsbürO 2012, 401, ZInsO 2012, 1070 Wipperfürth, Die Eigentümergrundschuld, ein Insolvenzverfahren und der V. und IX. Senat – it takes two to tango, InsbürO 2014, 433 f. Wipperfürth, Der Löschungsanspruch gem. § 1179a BGB – eine Frage der Unendlichkeit? InsbürO 2016, 357 ff. Wipperfürth, Die Folgen der Freigabe eines Grundstücks (Anmerkung zu BGH v. 27.4.2017 – IX ZB 93/16 = Freigabe umfasst keine Rückgewähransprüche), InsbürO 2017, 358 ff.
67.	Masseunzulänglichkeit	• die Erklärung der Masseunzulänglichkeit (= MUZ) wg. laufender Grundstückskosten ist keine dauerhafte Lösung • MUZ bedeutet: keine oder anteilige Befriedigung der Altmasseverbindlichkeiten • aber: laufende Kosten ab Anzeige der MUZ sind Neumasseverbindlichkeiten (§ 209 Abs. 1 Nr. 2 InsO)	Checkliste Masseunzulänglichkeit
68.	Pachtzahlungen	• s. vorstehend: Mieteinnahmen etc. • dortigen Ausführungen gelten auch für Pachtverträge	
69.	Rückgewähranspruch	• s. vorstehend »Löschungsanspruch«	
70.	Rückübertragungsklausel	• Rückübertragungsanspruch i.S.v. § 883 BGB = dingliche Vormerkung zur Sicherung eines obligatorischen Anspruches • Beispiel: Eltern übertragen ihr Grundstück an ihr Kind; im Falle der Insolvenz des Kindes: Rückübertragung • § 91 Abs. 1 InsO (= Ausschluss sonstigen Rechtserwerbs) greift nicht, wenn grundbuchliche Eintragung vor Insolvenzeröffnung • Vormerkung ist gem. § 106 InsO insolvenzfest: damit Aussonderungsrecht der Vormerkungsberechtigten	Moderegger, Anspruch auf Rückübertragung einer Immobilie gegenüber dem Insolvenzverwalter aufgrund aufschiebend bedingter Vormerkung?, InsbürO 2016, 334 ff.
71.	Sicherung – grundbuchrechtlich	• s. vorstehend »Insolvenzvermerk«	
72.	Sicherungshypothek	• s. nachfolgend »Zwangssicherungshypothek«	
73.	Verbraucherinsolvenzverfahren	• frühere Einschränkung des § 313 Abs. 3 InsO (= Verwertungsrecht nicht bei Gegenständen mit Absonderungsrechten) ist in beantragten Verfahren ab 01.07.2014 entfallen • nunmehr gleiche Abwicklung in IN- und IK-Verfahren	
74.	Zwangssicherungshypotheken	• Prüfung, ob Zwangssicherungshypotheken im Grundbuch eingetragen sind • Klärung etwaiger Zwangssicherungshypotheken für lastenfreie Übergabe an etwaigen Käufer erforderlich	Muster 201: »Sicherungshypothek – § 88 InsO – Grundbuchberichtigung«

Nr.	Thema	Checkliste Immobilienvermögen: Erläuterung Zusatzinformationen – alphabetisch sortiert	Hilfsmittel
		• Rückschlagsperre gem. § 88 InsO (= Eintragung innerhalb eines Monats bzw. drei Monaten vor Insolvenzantrag): Vollstreckung wird mit Insolvenzeröffnung schwebend unwirksam • Anspruch aus Hypothek kann wieder aufleben bei Freigabe oder Verfahrensbeendigung ohne Grundstücksverkauf (BGH-Rechtsprechung aus 2006) • BGH-Rechtsprechung berücksichtigen: kein Anspruch auf Erteilung einer Löschungsbewilligung nur weil Sicherungshypothek nicht bedient wird und damit wertlos ist • Folgen der BGH-Rechtsprechung für die Praxis (s. Literaturtipp Becker rechts): – die Rückschlagsperre greift, ist offenkundig und Grundstücksverkauf wird sicher stattfinden (= kein Aufleben der Sicherungshypothek bei späterer Freigabe des Grundstücks = Konvaleszens); Grundbuch ist offenkundig fehlerhaft, so dass Berichtigung gem. § 22 GBO beantragt werden kann – wichtig: BGH hat Offenkundigkeit der Rückschlagsperre durch Bescheinigung des Insolvenzgerichtes abgelehnt; in den entschiedenen Fällen war die Frist von einem Monat allerdings überschritten und ein Zusammenhang zu einem anderen Insolvenzantrag musste hergestellt werden – Voraussetzung für den Versuch der offenkundigen Berichtigung daher: gesetzliche Frist für Rückschlagsperre ist wirklich offenkundig ohne weitere Ausführungen – Beispiel: Eintragung Zwangssicherungshypothek am 10.06., Insolvenzantrag am 15.06., Insolvenzeröffnung am 25.06. = dann ist die Monatsfrist auf jeden Fall deutlich – wenn keine Offenkundigkeit: Klage gegen Gläubiger möglich auf Erteilung einer Löschungsbewilligung möglich – Anfechtungsansprüche wegen inkongruenter Deckung gem. § 131 InsO prüfen (= Anfechtung einer Vollstreckungsmaßnahme); Voraussetzung: Grundstück darf nicht wertausschöpfend belastet sein (= Erlös für Masse muss sich ergeben), weil ansonsten keine Gläubigerbenachteiligung vorliegt – wenn keine Anfechtung: Abstimmung mit Grundpfandrechtsgläubiger über Zahlung einer Lästigkeitsprämie aus dessen Vermögen (= keine Belastung der Insolvenzmasse) • Kosten der Löschungsbewilligung hat der Gläubiger zu tragen: s. Literaturtipp nebenstehend • Ausnahme: FinA benötigt keine öffentliche Beglaubigung für die Löschungsbewilligung, daher fallen dort keine Kosten an • siehe wegen der Verhandlungsmöglichkeit mit Grundpfandrechtsgläubigern auch nachfolgend: Zwangsversteigerung – Antrag des Insolvenzverwalters = Verlust der Rechte aus wertlosen Sicherungshypotheken bewirken	Muster 202: »Sicherungshypothek – § 88 InsO – Grundbuchberichtigung – Info an Gläubiger« Muster 203: »Sicherungshypothek – Ablösung durch Bank« Muster 204: »Sicherungshypothek – Rückschlagsperre – SS an Gläubiger« Muster 195: »Löschungsbewilligung – ZV – SH – Lästigkeitsprämie – SS an Gläubiger« Muster 196: »Löschungsbewilligung – ZV-Sicherungshypothek – Entwurf« ——— Checkliste Anfechtungsansprüche ——— Becker, Nachrangige (wertlose) Zwangssicherungshypothek im Insolvenzverfahren – Handlungsmöglichkeiten für den Insolvenzverwalter, InsbürO 2017, 225 Wipperfürth, Rückschlagsperre und Kosten einer Löschungsbewilligung, InsbürO 2014, 274 ff. Wipperfürth/Deppe, Zwangssicherungshypothek, Insolvenzverfahren und der BGH: keine Pflicht zur Erteilung der Löschungsbewilligung trotz Rückschlagsperre? ZInsO 2016, 78 ff. ——— Wiederaufleben einer Zwangssicherungshypothek nach Freigabe: BGH v. 19.1.2006 – IX ZR 232/04 (Leitsatz d) in ZInsO 2006, 261, WKRS 2006, 10792 Unrichtigkeitsnachweises in Form des § 29 GBO: BGH v. 12.7.2012 – V ZB 219/11 in ZInsO 2012, 1633 InsbürO 2016, 441 Keine Pflicht zur Erteilung einer Löschungsbewilligung bei Zwangssicherungshypothek: BGH v. 30.4.2015 – IX ZR 301/13 in ZInsO 2016, 1097,

Nr.	Thema	Checkliste Immobilienvermögen: Erläuterung Zusatzinformationen – alphabetisch sortiert	Hilfsmittel
			Zahlung einer Lästigkeitsprämie durch vorrangige Grundpfandrechtgläubiger: BGH v. 30.4.2015 – IX ZR 301/13 (Rn. 12) in ZInsO 2016, 1097, InsbürO 2016, 441 mit Verweis auf BGH v. 20.032014 – IX ZR 80/13
75.	Zwangsversteigerung – allgemein	• Zwangsversteigerung = Form der Zwangsvollstreckung in das unbewegliche Vermögen • Zweck = Befriedigung der Gläubiger durch Versteigerung des Grundstückes • Regelungen in §§ 15 bis 145a ZVG • Eintragung eines Versteigerungsvermerks in Abt. II des Grundbuches (§ 19 ZVG)	
76.	Zwangsversteigerung – Antrag des Insolvenzverwalters	• der Insolvenzverwalter kann die Zwangsversteigerung gem. § 165 InsO selbst beantragen • in der Praxis eher selten, weil eine freihändige Veräußerung zu höheren Kaufpreisen führt und die frei verhandelbare Massebeteiligung i.d.R. höher sein wird als ein Erlös im Rahmen der Zwangsversteigerung • aber bei wertlosen Grundpfandrechten, die eine freihändige Verwertung blockieren, ein alternativer Weg • Antragstellung nach § 174a ZVG möglich = geringste Gebot umfasst nur die den Ansprüchen aus § 10 Abs. 1 Nr. 1a ZVG (= 4 % Feststellungskosten auf Wert der beweglichen, von der Versteigerung umfassten Gegenstände) vorgehenden Rechte • ohne Zwangsverwaltung sind dies nur die Kosten des Verfahrens (§ 109 Abs. 1 ZVG) • andere Grundpfandrechte werden nachrangig und sind beim geringsten Gebot nicht zu berücksichtigen = Zwangsversteigerung wird für Ersteher interessanter • erloschene Rechte setzen sich als Pfandrechte am Ersteigerungserlös fort, aber dieser ist durch geringstes Gebot nach § 174a ZVG niedrig • wegen genauem Ablauf: s. Literaturtipp rechts • diese Möglichkeit kann in Verhandlungen mit Grundpfandrechtsgläubigern hilfreich sein = drohender Verlust der Rechte im Versteigerungsverfahren führt zu Verhandlungsbereitschaft bei Verwertungsvereinbarungen • Voraussetzung für dieses Vorgehen: Es gibt bewegliche Gegenstände, die von der Zwangsversteigerung umfasst sind = Anspruch auf Feststellungskostenpauschale gem. § 10 Abs. 1 Nr. 1a ZVG kann geltend gemacht werden	Becker, Nachrangige Grundpfandrechte – Freigabe oder Zwangsversteigerung auf Antrag des Insolvenzverwalters? InsbürO 2018, 218 ff. Möglichkeit eines Antrages nach § 174a ZVG: BGH v. 26.4.2012 – V ZB 181/11 (Rn. 17 f.) in InsbürO 2013, 113, ZInsO 2013, 256
77.	Zwangsversteigerung – Auswirkung	• Die Beschlagnahme durch Anordnung der Zwangsversteigerung umfasst keine Miet- und Pachtforderungen (§ 21 Abs. 2 ZVG) • sie stehen dem die Zwangsversteigerung betreibenden Grundpfandrechtsgläubiger nicht zu • Ausnahme: land- und forstwirtschaftliche Erzeugnisse (§ 21 Abs. 1 ZVG) • daher: Mieten können bis zu einem Verkauf zugunsten der Insolvenzmasse eingezogen werden (sofern keine Zwangsverwaltung angeordnet ist) • die Kosten sind aber dann auch von der Insolvenzmasse zu zahlen (z. B. für Strom, Wasser u.a.)	

Nr.	Thema	Checkliste Immobilienvermögen: Erläuterung Zusatzinformationen – alphabetisch sortiert	Hilfsmittel
78.	Zwangsversteigerung – Einstellungsantrag	• Antrag auf einstweilige Einstellung nach § 30d ZVG möglich • Voraussetzung: Grundstück wird bspw. für eine Betriebsfortführung dringend benötigt oder Insolvenzplanverfahren ist angedacht • Bedingung: laufende Zinsen ab dem Berichtstermin sind zu zahlen und ein Wertausgleich ist vorzunehmen (§ 30e ZVG) • das Zwangsversteigerungsverfahren wird nur auf Antrag des Gläubigers weitergeführt (§§ 30 f, 31 ZVG) (z.B. bei Wegfall des Einstellungsgrundes oder bei Beendigung des Insolvenzverfahrens)	
79.	Zwangsversteigerung – freier Verkauf	• freihändiger Verkauf ist in Abstimmung mit Grundpfandrechtsgläubiger durch den Insolvenzverwalter bis zum Versteigerungstermin möglich • denkbar: Rücknahme des Versteigerungsantrages oder Einstellungsantrag durch Gläubiger (§§ 28 – 34 ZVG) • theoretisch: eigener Antrag auf Zwangsversteigerung durch den Insolvenzverwalter möglich (§ 165 InsO) • erfolgt i.d.R. aber nicht, da Kaufpreise niedriger als bei freihändiger Veräußerung: s. vorstehend	
80.	Zwangsversteigerung – Miteigentumsanteil	• kein Recht des Insolvenzverwalters auf Zwangsversteigerung des gesamten Grundstückes, wenn Schuldner lediglich Miteigentümer ist • Teilungsversteigerung gem. §§ 180 ff. ZVG möglich	Zur Möglichkeit einer Teilungsversteigerung: BGH v. 26.4.2012 – V ZB 181/11 (Leitsätze + Rn. 10) in InsbürO 2013, 113, ZInsO 2013, 256 Schlamann, Die Teilungsversteigerung – Teil 1: InsbürO 2018, 101, Teil 2: 172 ff.
81.	Zwangsversteigerung – Verfahren	• Ermittlung des Verkehrswertes durch Sachverständigen und Festsetzung gem. § 74a Abs. 5 ZVG durch das Vollstreckungsgericht • geringste Gebot muss die vorhergehenden Rechte und die Verfahrenskosten abdecken (§ 44 ZVG) • Verfahrenskosten sowie Ansprüche nach § 10 ZVG (z.B. öffentliche Lasten) müssen im Versteigerungstermin bar bezahlt werden (§ 49 ZVG) (= Bargebot) • Möglichkeit der vorherigen Zahlung vor dem Termin und Vorlage Zahlungsnachweis im Termin (§ 49 Abs. 3 ZVG) • Erlösverteilung berücksichtigt die öffentlichen Lasten (z. B. Grundsteuerbeträge) aus den letzten zwei bis vier Jahren gem. § 10 Abs. 1 Nr. 3 bis 8 ZVG in unterschiedlichen Rängen • Eigentumsübergang auf den Ersteher erfolgt mit dem Zuschlagsbeschluss (§ 90 ZVG)	Schlamann, Die Teilungsversteigerung – Teil 1: InsbürO 2018, 101, Teil 2: 172 ff. (mit grundsätzlichen Erläuterungen zum Ablauf eines Versteigerungsverfahrens)
82.	Zwangsversteigerung – Zubehörhaftung	• Zubehör = bewegliche Gegenstände, die ohne Bestandteil der Hauptsache zu sein, dort dem wirtschaftlichen Zweck der Hauptsache zu dienen bestimmt sind und zur Hauptsache in einem entsprechenden räumlichen Verhältnis stehen • daher: Zubehörhaftung gem. § 1120 BGB ggf. beachten • denn: im Zwangsversteigerungsverfahren kann die Feststellungskostenpauschale gem. § 10 Abs. 1 Nr. 1a ZVG angemeldet werden • Anmeldefrist beachten • bei verspäteter Anmeldung: Rang hinter allen anderen Rechten (§ 110 ZVG) • diese Feststellungskostenpauschale ermöglicht einen Antrag auf ein besonderes geringste Gebot gem. § 174a ZVG: s. vorstehend »Zwangsversteigerung – Antrag durch Insolvenzverwalter«	Becker, Nachrangige Grundpfandrechte – Freigabe oder Zwangsversteigerung auf Antrag des Insolvenzverwalters? InsbürO 2018, 218 ff. Möglichkeit eines Antrages nach § 174a ZVG: BGH v. 26.4.2012 – V ZB 181/11 (Rn. 17 f.) in InsbürO 2013, 113, ZInsO 2013, 256

Nr.	Thema	Checkliste Immobilienvermögen: Erläuterung Zusatzinformationen – alphabetisch sortiert	Hilfsmittel
83.	Zwangsverwaltung – allgemein	• Zwangsverwaltung = Form der Zwangsvollstreckung in das unbewegliche Vermögen • Zweck = Befriedigung der Gläubiger aus den laufenden Erträgen (§§ 146 ff. ZVG) • Eintragung eines Zwangsverwaltungsvermerks in Abt. II des Grundbuches • Bestellung eines Zwangsverwalters (§ 150 ZVG) • wegen vergütungsrechtlicher Fragen: s. gesonderte Checkliste und Literaturtipp	Thrum, Zwangsverwaltung als Vollstreckungsmaßnahme, Teil 1: InsbürO 2009, 57 ff., Teil 2: InsbürO 2009, 96 ff. Checkliste Vergütungsanträge Zimmer, Vergütung bei freihändiger Grundstücksverwertung und »kalter« Zwangsverwaltung, InsbürO 2017, 102 ff. Zimmer, Vergütung des Insolvenzverwalters für Hausverwaltung und »kalte« Zwangsverwaltung, InsbürO 2016, 510 ff.
84.	Zwangsverwaltung – Beendigung	• Zwangsverwaltung endet: – durch Befriedigung des Gläubigers (§ 161 ZVG) – Zuschlagsbeschluss im Rahmen der Versteigerung (§§ 90, 91 ZVG) – freihändige Veräußerung (§§ 873 ff. BGB) – Rücknahmeerklärung des Gläubigers (§ 161 Abs. 4 i.V.m. §§ 29, 32 ZVG) • Achtung: bei einschränkungsloser Rücknahme: ggf. Anspruch auf Erlösauskehr gegenüber Zwangsverwalter zugunsten der Insolvenzmasse = Grundpfandrechtsgläubiger hat keinen Anspruch: s. Rechtsprechung • Vermeidung dieser Folge für Grundpfandrechtsgläubiger nur, wenn Antragsrücknahme nur mit Wirkung für die Zukunft und unter Vorbehalt ihres durch die Beschlagnahme bereits entstandenen Erlöspfandrechts (Rn. 11 der Entscheidung)	Kein Pfandrecht am Erlösüberschuss des Zwangsverwalters: BGH v. 10.10.2013 – IX ZB 197/11 in InsbürO 2014, 76, ZInsO 2013, 2270
85.	Zwangsverwaltung-Einstellungsantrag	• Antrag auf Einstellung der Zwangsverwaltung gem. § 153b ZVG möglich • Voraussetzung: Einstellung ist für Betriebsfortführung dringend erforderlich (z.B. bei Hotelbetrieb) • Bedingung: Nachteilsausgleich muss an Gläubiger gezahlt werden (§ 153b Abs. 2 ZVG)	
86.	Zwangsverwaltung-Erträge	• Aufgaben des Zwangsverwalters (§§ 152, 155 ZVG): – Erhaltung der wirtschaftlichen Nutzung des Grundstückes – Vereinnahmung der laufenden Erträge – Ausgleich der laufenden Kosten (§ 156 ZVG) – Verteilung der Überschüsse an Gläubiger bzw. Bevorrechtigte • Entzug der Verwaltung und Nutzung durch Insolvenzmasse (§ 148 Abs. 2 ZVG) = Zwangsverwalter ist Berechtigter • damit: kein Ertrag für die Insolvenzmasse (Ausnahme: ggf. bei Antragsrücknahme d. Gläubiger: s. vorstehend »Beendigung«) • Zwangsverwalter hat etwaige Einkommenssteuer in Bezug auf die verwaltete Immobilie zu zahlen: s. BFH-Rechtsprechung und BMF-Schreiben	Kein Pfandrecht am Erlösüberschuss des Zwangsverwalters: BGH v. 10.10.2013 – IX ZB 197/11 in InsbürO 2014, 76, ZInsO 2013, 2270 Zahlungspflicht des Zwangsverwalters betr. Einkommenssteuer: BFH v. 10.2.2015 – IX R 23/14, InsbürO 2015, 447 = ZInsO 2015, 1265 Bauch/Hartwig zu vorstehendem BFH-Urteil, InsbürO 2016, 104 ff. Einkommenssteuerpflicht des Zwangsverwalters: BMF-Schreiben v. 3.5.2017 (näheres dazu in InsbürO aktuell: 2017, 266)

Nr.	Thema	Checkliste Immobilienvermögen: Erläuterung Zusatzinformationen – alphabetisch sortiert	Hilfsmittel
87.	Zwangsverwaltung – »kalte«	• kalte Zwangsverwaltung = Einigung zwischen Insolvenzverwalter und Grundpfandrechtsgläubigerin über prozentuale Aufteilung der Mieteinnahmen • Vorteil für Masse: Vermeidung des gerichtlichen Zwangsverwaltungsverfahrens • Vorteil für Grundpfandrechtsgläubiger: v.a. keine Freigabe des Grundstücks aus der Masse • Aufteilung der Erlöse häufig: 60 % für Grundpfandrechtsgläubiger und 40 % für die Insolvenzmasse • andere Variante: 70 % und 30 % • Umsatzsteuerpflicht auf Mieteinnahmen insgesamt möglich, wenn Option gewählt: s. oben bei Mieteinnahmen • Achtung: weitere Umsatzsteuer auf vereinbarten Anteil für die Insolvenzmasse (wg. Geschäftsbesorgungsvertrag lt. Rechtsprechung) • Umsatzsteuer wird Gläubigerin in Rechnung gestellt: daher nur den Restbetrag auszahlen!	Muster 208: »Verwertungsvereinbarung – kalte Zwangsverwaltung« ——— Janca, Die kalte Zwangsverwaltung im Insolvenzverfahren, InsbürO 2004, 377 ff. Moderegger, Umsatzsteueransprüche bei der Verwertung von sicherungsübereigneten Gegenständen im Insolvenzverfahren anhand von Praxisbeispielen, InsbürO 2014, 378 (Fall 5) ——— Umsatzsteuer auf Massebeteiligung: BFH v. 28.7.2011 – V R 28/09 (Rn. 36) in InsbürO 2012, 111, ZInsO 2011, 1904 dazu: BMF-Schreiben vom 30.04.2014 und Änderung AEAO (insbes. Abschnitt 1.2. Abs. 4)
88.	Zwangsverwaltung-sonstiges	• freihändiger Verkauf ist trotz Zwangsverwaltung durch den Insolvenzverwalter möglich • theoretisch: eigener Antrag auf Zwangsverwaltung durch Insolvenzverwalter möglich (§ 165 InsO) • erfolgt aber i.d.R. nicht, da Vorschusspflicht zur Abdeckung der voraussichtlich anfallenden Verfahrenskosten besteht • und der Antragsteller auch zum Ausgleich offener Kosten nach Aufhebung der Zwangsverwaltung verpflichtet ist	Wipperfürth, Masseverbindlichkeiten aus der Zwangsverwaltung? InsbürO 2013, 365 ff.

Checkliste 34: Inhaltsverzeichnis

67 Die Sortierung der Unterlagen eines Insolvenzverfahrens und die entsprechenden Inhaltsverzeichnisse in Ordnern sind von großer Bedeutung für eine ordnungsgemäße Abwicklung. Nur wenn alle Informationen richtig zugeordnet und archiviert werden, kann auf sie jederzeit problemlos zugegriffen werden.

(Die Übersicht ist nach gängigen Überlegungen und Arbeitsschritten sortiert.)

68

Nr.	Thema	Checkliste Inhaltsverzeichnis: Erläuterung	Hilfsmittel
1.	EDV-Führung	• die Inhaltsverzeichnisses sollten in einem EDV-Programm (z.B. Word) geführt werden • dadurch: handschriftliche unleserliche Rubriken werden vermieden • Suchfunktion zu Vorgängen wird ermöglicht	
2.	Ordnungssystem	• Nutzung eines immer gleichen Ordnungssystems = auch fremder Sachbearbeiter findet sich zurecht • möglichen Wechsel in der Sachbearbeitung immer berücksichtigen: Ausscheiden, Krankheit, Urlaub, Zuständigkeitswechsel	
3.	Muster	• Muster für Inhaltsverzeichnisse nutzen = in allen Verfahren etwa identische Verzeichnisse • dadurch: geordnetes Archiv und leichter Zugang zu den Unterlagen • Muster neu abspeichern und mit Verfahrensname in der Dateibezeichnung versehen	Muster 209 – 214: »Inhaltsverzeichnis« (versch. Varianten)

Nr.	Thema	Checkliste Inhaltsverzeichnis: Erläuterung	Hilfsmittel
4.	Verbraucherinsolvenzverfahren	• in vereinfachten Insolvenzverfahren: i.d.R. nur wenige Unterlagen • daher: verkürztes Inhaltsverzeichnis nutzen	Muster 211 – 213: »Inhaltsverzeichnis nat. Person« (versch. Varianten)
5.	Aktualisierung	• eine Aktualisierung/Ergänzung des Inhaltsverzeichnisses sollte immer im EDV-Programm erfolgen • dadurch: Suche von Vorgängen über Word-Suchfunktion möglich • neuen Ausdruck fertigen und im Ordner austauschen	
6.	Vorgänge	• einzelne Vorgänge wie »Handakten« behandeln • jeweiligen Schriftverkehr in eine Rubrik im Ordner heften • chronologische Sortierung • Bsp.: Vereinnahmung Rückkaufswert, Verkauf Immobilie etc.	
7.	Allgemeiner Schriftverkehr	• in der Rubrik »Allgemeiner Schriftverkehr« nur Schriftverkehr heften, der keinem anderen Vorgang zuzuordnen ist • Bsp.: Erstanschreiben an Schuldner • ansonsten üblicherweise Zuordnung zu anderen Rubriken	
8.	Aktenvermerke	• etwaig gefertigte Aktenvermerke sollten zum entsprechenden Vorgang geheftet werden, um einen Gesamtüberblick dort zu ermöglichen • die Rubrik »Aktenvermerke« im allgemeinen Ordner sollte nur für »allgemeine Aktenvermerke« genutzt werden: – Bsp.: Gesprächsprotokolle mit dem Schuldner, Fahrtkostenvermerke zum schuldnerischen Betrieb etc.	
9.	Einzelvorgänge	• einzelne Vorgänge sollten immer getrennt geheftet werden. • So können sie entweder – bei sachlichem Zusammenhang durch Trennkarten unter einer Rubrik gekennzeichnet werden: z.B. Kaufinteressenten: Müller, Alfred und Hausmann, Willi – bei sachlicher Trennung komplett in neue Rubriken geheftet werden z.B. Versicherungsverträge und Mietvertrag	
10.	Schriftverkehr mit Schuldner	• Insolvenzschuldner wird häufig zu verschiedenen Vorgängen angeschrieben oder angesprochen • jeweiliges Schreiben oder jeweiligen Aktenvermerk zum jeweiligen Vorgang • nur allgemeine Schreiben in allgemeine Rubrik heften: s. oben	
11.	Gutachtenphase	• Insolvenzeröffnung unklar? ggf. Abweisung mangels Masse? • dann ggf. verkürztes Inhaltsverzeichnis während der Gutachtenphase nutzen	Muster 210: »Inhaltsverzeichnis jur. Person«
12.	Schlussbericht	• bei umfangreichen Schlussberichten: einfachere Handhabung mit gesondertem Inhaltsverzeichnis	Muster 214: »Inhaltsverzeichnis Schlussbericht«
13.	Insolvenzplanverfahren	• zur Erstellung und Abwicklung eines Insolvenzplans: Vielzahl von Übersichten und umfangreicher Schriftverkehr erforderlich • für besseren Überblick: gesondertes Inhaltsverzeichnis verwenden	Muster 209: »Inhaltsverzeichnis Insolvenzplan«

Checkliste 35: Insolvenzgeld

69 Insolvenzgeld schützt Arbeitnehmer vor Verlusten von ausstehenden Lohn- und Gehaltsansprüchen für einen Zeitraum bis zu drei Monaten bei Eröffnung des Insolvenzverfahrens, bei Abweisung mangels Masse oder bei vollständiger Einstellung der Betriebstätigkeit. Es handelt sich um eine Entgeltersatzleistung. Die Zahlung des Insolvenzgeldes erfolgt über die Arbeitsagentur. Der Insolvenzverwalter ist zur Erstellung einer Insolvenzgeldbescheinigung verpflichtet, um eine Auszahlung des jeweiligen Insolvenzgeldes zu bewirken. Diese und weitere Arbeitsschritte sind zu beachten und tlw. von Insolvenzsachbearbeitern zu vollziehen.

(Die Übersicht ist nach gängigen Informationen und Arbeitsschritten sortiert. Am Ende finden sich Zusatzinformationen in alphabetischer Reihenfolge.)

70

Nr.	Thema	Checkliste Insolvenzgeld: Erläuterung	Hilfsmittel
1.	Definition von Insolvenzgeld	• Insolvenzgeld = Ausgleich der Ansprüche auf Arbeitsentgelt bei einem Insolvenzereignis für maximal drei Monate eines Arbeitsverhältnisses (§ 165 Abs. 1 SGB III) • Einschränkung: bis zur Höhe der monatlichen Beitragsbemessungsgrenze gem. § 341 Abs. 4 SGB III (per Stand 01.01.2019: West: 6.700 EUR, Ost: 6.150 EUR) und nur insolvenzgeldfähige Bezüge • Zeitraum der drei Monate: Berechnung ab Insolvenzeröffnung, ab Abweisungsbeschluss mangels Masse, ab Beendigung Arbeitsverhältnis oder Betriebsstillegung: s. nachfolgend	Lauck, »Das Insolvenzgeld«, InsbürO 2008, 415 ff. Wiesmeier, »Die Bedeutung des Insolvenzgeldes im Eröffnungsverfahren«, InsbürO 2009, 187 ff. Voß, Insolvenzgeldfähige und nicht insolvenzgeldfähige Bezüge, InsbürO 2018, 138 ff.
2.	Personalunterlagen anfordern	• Personalunterlagen anfordern bzw. im schuldnerischen Unternehmen einsehen • dies kann und sollte schon während der vorläufigen Verwaltung passieren	Muster 173 – 176, 267, 277: Liste vorzulegender Unterlagen (darin: Personalunterlagen)
3.	Ordner »Arbeitsverhältnisse« anlegen	• sämtliche Unterlagen zu den Arbeitsverhältnissen geordnet archivieren • Rubrik »Arbeitnehmerliste« • Rubrik »Schriftverkehr mit Agentur für Arbeit wg. Insolvenzgeld« • Insolvenzgeldbescheinigungen bei jedem Arbeitnehmer unter A – Z abheften (Erstellung nach Eröffnung: s. nachfolgend) • Arbeitsverträge etc. zu den einzelnen Arbeitnehmer nach alphabetischer Reihenfolge heften	Muster 210 (Inhaltsverzeichnis): »Inhaltsverzeichnis jur. Person«
4.	Arbeitnehmerliste erstellen	• Übergabe einer tabellarischen Übersicht an Schuldner zwecks Ausfüllung mit entsprechenden Daten • darin: Angaben zum Arbeitnehmer selbst, zum Zeitpunkt der rückständigen Löhne und Gehälter, Höhe, Geburtsdatum, Anschrift, Betriebszugehörigkeit etc. • Schuldner sollte diese unterschreiben: Bestätigung, dass später Insolvenzgeldanträge und -bescheinigungen korrekt sind • Prüfung, ob alle Arbeitnehmer über den erforderlichen Insolvenzgeldantrag informiert wurden: Anwesenheit in Mitarbeiterversammlung, gesonderte Info? • Arbeitnehmer ggf. als Gläubiger im EDV-System aufnehmen für Arbeitsentgelte, sofern bekannt ist, dass nicht alle Ansprüche vom Insolvenzgeld gedeckt sind • Beispiel: mehr als drei Monate Rückstand, Ansprüche über Beitragsbemessungsgrenze, nicht insolvenzgeldfähige Bezüge	Muster 29 (Arbeitsverhältnisse): »Arbeitnehmerliste für Insolvenzgeld«

Nr.	Thema	Checkliste Insolvenzgeld: Erläuterung	Hilfsmittel
5.	Antrag auf Insolvenzgeld – Ausschlussfrist	• Insolvenzgeld wird nur auf Antrag gewährt • Antragsteller ist der Arbeitnehmer • der Insolvenzgeldantrag ist gem. § 323 Abs. 1, § 324 Abs. 3 Satz 1 SGB III innerhalb einer Ausschlussfrist von zwei Monaten nach dem Insolvenzereignis zu stellen • entscheidend ist der Eingang bei der Arbeitsagentur • wegen Insolvenzereignis: siehe unten • die Arbeitnehmer sollten entsprechend informiert werden • dies geschieht entweder – durch Information im Rahmen einer Mitarbeiterversammlung und Übergabe eines Info-Blattes der Agentur für Arbeit oder – durch Übersendung einer schriftlichen Mitteilung • keine Verpflichtung des Insolvenzverwalters auf Antragstellung!	Muster 215: »Insolvenzgeldantrag – Ausschlussfrist – Info an AN« »Merkblatt Insolvenzgeld«: Download von www.arbeitsagentur.de (s. Musterübersicht) »Insolvenzgeldantrag«: Download von www.arbeitsagentur.de (s. Musterübersicht) kein Antrag durch IV: ArbG Weiden v. 03.07.2012 – 5 Ca 1344/11 in InsbürO 2012, 243, ZInsO 2012, 2158
6.	Zuständigkeit für Insolvenzgeld	• Regelung in § 327 Abs. 2 SGB III: zuständig ist die Agentur für Arbeit, in deren Bezirk die für den Arbeitgeber zuständige Lohnabrechnungsstelle liegt; dies ist i.d.R. der Betriebssitz	
7.	Insolvenzgeldbescheinigungen	• Regelung in § 314 SGB III • Insolvenzverwalter ist zur Erstellung der Insolvenzgeldbescheinigung verpflichtet • Inhalt u.a.: Personaldaten, Nettoarbeitsentgelte, aktueller Stand zum Arbeitsverhältnis • Insolvenzgeldbescheinigung ergänzt den Insolvenzgeldantrag des/der Arbeitnehmers/in • zur Erstellung Einblick in die Personalunterlagen erforderlich • Unterschrift des Verwalters und Versendung an die Agentur für Arbeit • Wiedervorlage für vier Wochen nach Eröffnung eintragen: »Insolvenzgeldbescheinigungen erstellt?"	»Insolvenzgeldbescheinigung«: Download von www.arbeitsagentur.de (s. Musterübersicht) Wiedervorlagen-Kalender
8.	Lohnsteuer – Nullmeldung	• Insolvenzgeld = Entgeltersatzleistung gem. § 3 Abs. 4 Nr. 5 SGB III, § 3 Nr. 2 EStG = steuerfrei • Insolvenzverwalter hat eine entsprechende Lohnsteuer- Nullmeldung ggü. dem Finanzamt abzugeben • Insolvenzgeld unterliegt aber dem Progressionsvorbehalt: ggf. Arbeitnehmer informieren: s. gesonderte Checkliste	Checkliste Steuerangelegenheiten > Lohnsteuer Lohnersatzleistung
9.	Sozialversicherungsbeiträge	• die auf das Arbeitsentgelt im Insolvenzgeldzeitraum entfallenden Sozialversicherungsbeiträge werden auf Antrag der zuständigen Einzugsstelle von der Agentur für Arbeit an die Einzugsstelle der Sozialversicherungsträger gezahlt (§ 175 Abs. 1 SGB III) • die Ansprüche bleiben ggü. dem Arbeitgeber bestehen • die Sozialversicherungsträger melden diese Ansprüche zur Insolvenztabelle an • bei einer etwaigen Quotenzahlung hat die Einzugsstelle eine Erstattung an die Agentur für Arbeit vorzunehmen (§ 175 Abs. 2 SGB III)	Checkliste Insolvenztabelle – Zusatzinfos > Sozialversicherungsträger
10.	Auskunftspflicht	• gem. § 316 Abs. 1 SGB III besteht seitens des Insolvenzverwalters eine Auskunftspflicht ggü. der Agentur für Arbeit • die Agentur für Arbeit hat auch ein Einsichtsrecht in die Arbeitsentgeltunterlagen • gem. § 316 Abs. 2 SGB III sind alle Dritten (Arbeitgeber, Arbeitnehmer/innen) verpflichtet, dem Insolvenzverwalter die erforderlichen Auskünfte zur Erstellung der Insolvenzgeldbescheinigung zukommen zu lassen	

Nr.	Thema	Checkliste Insolvenzgeld: Erläuterung	Hilfsmittel
11.	Agentur für Arbeit als Gläubiger aufnehmen	• Bei Zahlung von Insolvenzgeld gehen die Ansprüche der einzelnen Arbeitnehmer auf die Agentur für Arbeit über (§ 169 SGB III) • die Agentur für Arbeit kann diese übergegangenen Ansprüche gem. § 55 Abs. 3 InsO als Insolvenzforderung geltend machen • daher: Agentur für Arbeit als Gläubiger aufnehmen • zur Forderungsanmeldung auffordern	Muster 250 (Insolvenztabelle): »Gläubigeraufforderung zur Anmeldung«
12.	Forderungsanmeldungen	• bzgl. der Forderungsanmeldung der Agentur für Arbeit sei auf die Ausführungen zur Insolvenztabelle verwiesen • sollten Arbeitnehmer Lohn- und Gehaltsforderungen anmelden, gibt es auch einige Besonderheiten zu beachten	Checkliste Insolvenztabelle > Zusatzinformationen
13.	Insolvenzgeldvorfinanzierung	• bei einer Betriebsfortführung: Möglichkeit der Vorfinanzierung während der vorläufigen Verwaltung • rückständige Lohn- und Gehaltsansprüche werden schon vor Insolvenzeröffnung ausgeglichen • bestimmte Voraussetzungen müssen erfüllt sein	Checkliste Insolvenzgeldvorfinanzierung Muster 217 (Insolvenzgeldvorfinanzierung): »Rundschreiben AN – Vorabinfo Insolvenzgeld«
14.	Zuständigkeit bei Abweisung mangels Masse	• wird ein Insolvenzverfahren nicht eröffnet, ist die Insolvenzgeldbescheinigung vom Arbeitgeber zu erstellen (§ 314 Abs. 2 SGB III) • daher: erst Tätigkeiten aufnehmen, wenn Eröffnung sichergestellt ist	

Nr.	Thema	Checkliste Insolvenzgeld: Erläuterung Zusatzinformationen – alphabetisch sortiert	Hilfsmittel
15.	Änderungen der Regelungen im SGB III	• Gesetz zur Verbesserung der Eingliederungschancen am Arbeitsmarkt v. 20.12.2011 (HEGA 10/2012 – 06): Vorschriften zum Insolvenzgeld wurden geändert • Bisherige Regelungen in §§ 183 – 189a SGB III • Neue Regelungen in §§ 165 – 172 SGB III • Inkrafttreten ab 01.04.2012	Kannengießer »Heimlich, still und leise? Änderungen zum Insolvenzgeld im SGB III«, InsbürO 2013, 83 ff.
16.	Finanzierung des Insolvenzgeldes	• das Insolvenzgeld wird durch eine monatliche Umlage aller Arbeitgeber finanziert (§ 358 Abs. 1 SGB III) • die Umlage wird nach einem Prozentsatz des Arbeitsentgeltes erhoben • Grundlage: Arbeitsentgelt, nach dem die Beiträge zur gesetzlichen Rentenversicherung bemessen werden	
17.	Geschäftsführer	• Gesellschafter-Geschäftsführer mit Anteil von mehr als 50 % = kein Arbeitsverhältnis • kleinerer Anteil: Pflicht zur Leistung weisungsgebundener, fremdbestimmter Arbeit in persönlicher Abhängigkeit • größerer Anteil: Leitungsmacht über Gesellschafterstellung • kein abhängiges Arbeitsverhältnis = ggf. kein Insolvenzgeldanspruch: Zusatzblatt bei Antragstellung ausfüllen	Geschäftsführer: BAG v. 17.09.2014 – 10 AZB 43/14 in InsbürO 2015, 252, ZInsO 2015, 358 Geschäftsführer – Einordnungsmerkmale: BAG v. 14.03.2018 – B 12 R 5/16 in WKRS 2018, 26633, InsbürO 2018, 446 www.arbeitsagentur.de > Unternehmen > Finanzielle Hilfen > Insolvenzgeld > Anspruchsberechtigte > Formulare Insolvenzgeld > Zusatzblatt Gesellschafter/ Geschäftsführer
18.	Insolvenzereignis	• als Insolvenzereignis gilt gem. § 165 SGB III – die Eröffnung des Insolvenzverfahrens – die Abweisung mangels Masse – die vollständige Betriebsstilllegung, ohne dass ein Insolvenzantrag gestellt wurde	

Nr.	Thema	Checkliste Insolvenzgeld: Erläuterung Zusatzinformationen – alphabetisch sortiert	Hilfsmittel
19.	Insolvenzgeldhöhe	• Regelung in § 167 SGB III • Nettoarbeitsentgelt = auf die monatliche Beitragsbemessungsgrenze (§ 341 Abs. 4 SGB III) begrenztes Bruttoarbeitsentgelt abzgl. gesetzlicher Abzüge • ggf. können Urlaubs- und Weihnachtsgeld und andere Lohn- und Gehaltsbestandteile berücksichtigt werden • es gibt aber auch nicht insolvenzgeldfähige Lohn- und Gehaltsbestandteile, wie bspw. arbeitgeberfinanzierte Beiträge zur betrieblichen Altersvorsorge, Urlaubsabgeltung oder Guthabenstunden auf Arbeitszeitkonten • siehe Literaturtipp rechts: Voß	Voß, Insolvenzgeldfähige und nicht insolvenzgeldfähige Bezüge, InsbürO 2018, 138 ff. Dreschers, Prüfung und Feststellung arbeitsrechtlicher Ansprüche in der Insolvenz, InsbürO 2004, 42 ff. Bischoff, Absicherung des im Insolvenzgeld-Zeitraum erarbeiteten Arbeitsentgeltes, InsbürO 2005, 95 ff.
20.	Insolvenzgeld-zeitraum	• Gewährung von Insolvenzgeld für die vorausgegangenen drei Monate des Arbeitsverhältnisses vor dem Insolvenzereignis • drei Monate vor Insolvenzereignis (Bsp.: IE = 01.11., dann 01.08. – 31.10.) • aber auch: drei Monate vor **Beendigung des Arbeitsverhältnisses**, wenn der Zeitpunkt zeitlich vor dem Insolvenzereignis liegt (Bsp.: Insolvenzgeld: 01.07. – 30.09. bei IE am 01.11.)	
21.	Literaturtipp	• Kurzüberblick über »Insolvenzgeld« von Suwelack in InsbürO 2016, 152 ff.	
22.	Spesen	• § 165 Abs. 2 SGB III: »Zu den Ansprüchen auf Arbeitsentgelt gehören **alle** Ansprüche auf Bezüge aus dem Arbeitsverhältnis.« • Durchführungsanweisung für das Insolvenzgeld zu § 165 SGB III – S. 37: beispielhaft Bestandteile des insolvenzgeldfähigen Arbeitsentgeltes: Wegezulagen, Kostgelder, Reisekosten, Sachbezüge.	www.arbeitsagentur.de > Unternehmen > Finanzielle Hilfen > Insolvenzgeld > nach unten scrollen »Zusatzinformation«: rechts unten: Durchführungsanweisung
23.	Verbraucherinsol-venzverfahren	• keine Bearbeitung von Insolvenzgeldanträge im vereinfachten Insolvenzverfahren • Grund: Eröffnungsvoraussetzung gem. § 304 Abs. 1 Satz 2 InsO: keine Forderungen aus Arbeitsverhältnissen gegen den Schuldner • wären solche gegeben, wäre das Verfahren als Regelinsolvenzverfahren zu führen	

Checkliste 36: Insolvenzgeldvorfinanzierung

Insolvenzgeld wird üblicherweise erst nach Insolvenzeröffnung an Arbeitnehmer gezahlt. Bei einer Betriebsfortführung kann aber ggf. eine Vorfinanzierung des Insolvenzgeldes erfolgen. Dabei wird ein Darlehen aufgenommen, um daraus die laufenden Lohn- und Gehaltsansprüche jeweils zum Fälligkeitszeitpunkt zahlen zu können. Auf diese Weise werden die Arbeitnehmer motiviert, während des Eröffnungsverfahrens im schuldnerischen Betrieb weiter zu arbeiten. Die Vorfinanzierung ist allerdings an bestimmte Voraussetzungen geknüpft. Die Arbeitnehmer treten ihre künftigen Insolvenzgeldansprüche an den Darlehensgeber ab. Bei der Durchführung der Vorfinanzierung können Insolvenzsachbearbeiter unterstützend tätig sein. 71

(Die Übersicht ist nach gängigen Informationen und Arbeitsschritten sortiert.)

72

Nr.	Thema	Checkliste Insolvenzgeldvorfinanzierung: Erläuterung	Hilfsmittel
1.	Gesetzliche Regelung	• die Möglichkeit der Vorfinanzierung ist in § 170 SGB III geregelt	
2.	Voraussetzung	• Voraussetzung der Insolvenzgeldvorfinanzierung: – 3-Monats-Zeitraum zur Zahlung des Insolvenzgeldes ist bei Anordnung der vorläufigen Verwaltung noch nicht abgelaufen – *Bsp.: Arbeitsentgelt für einen Monat steht aus, damit für zwei Monate Möglichkeit der Betriebsfortführung = Vorfinanzierung sinnvoll* – *(= drei Monate insgesamt, für zwei Monate Vorfinanzierung, ein Monat nach Eröffnung Insolvenzgeld durch Arbeitsagentur)*	

Nr.	Thema	Checkliste Insolvenzgeldvorfinanzierung: Erläuterung	Hilfsmittel
3.	Zweck	• Insolvenzgeld kann nicht für rückständige Monate vorfinanziert werden • die Vorfinanzierung erfolgt, um Arbeitnehmer zur weiteren Mitarbeit zu motivieren • diese hätten bei ausstehenden Lohn- und Gehaltsansprüchen ansonsten ein fristloses Kündigungsrecht • Vorfinanzierung ermöglicht eine Betriebsfortführung bis zum Ablauf des 3-Monats-Zeitraums ohne Nachteil für die Arbeitnehmer	
4.	Eröffnungsfrist	• Insolvenzgeldzeitraum von drei Monaten sollte nicht überschritten werden • ansonsten: weitere Ansprüche der Arbeitnehmer = einfache Insolvenzforderungen gem. § 38 InsO • Insolvenzeröffnung muss zur Wahrung des Insolvenzgeldzeitraums daher an einem bestimmten Tag erfolgen • Eröffnungsfrist vorab als Notfrist notieren • Gutachten zur Entscheidung über die Eröffnung i.d.R. drei Tage vor Ablauf dieser Frist beim Insolvenzgericht vorlegen • i.d.R. vorherige Abstimmung mit Richter über diesen Eröffnungstag • häufig: persönliche Abgabe eines Gutachtens mit vorgegebenem Eröffnungstag	Insolvenzsoftware Muster 178 (Gutachten): »Übersendung Gutachten an AG«
5.	Insolvenzgeld	• Informationen zum Insolvenzgeld und den Zahlungsvoraussetzungen: s. gesonderte Checkliste	Checkliste Insolvenzgeld
6.	Archivierung von Unterlagen	• gesonderte Rubriken für den Schriftverkehr anlegen: • im Ordner Arbeitsverhältnisse: – Schriftverkehr mit Arbeitsagentur wegen Insolvenzgeldvorfinanzierung – Abtretungserklärungen und Schriftverkehr mit Arbeitnehmer in ein A – Z-Register – Übersicht über Rücksendung der Abtretungserklärungen gesondert, ggf. mit Trennkarte vor A – Z Register • im Ordner Bank: – Schriftverkehr mit Bank wegen Insolvenzgeldvorfinanzierung – Kontoauszüge Insolvenzgeldvorfinanzierung	Muster 210 (Inhaltsverzeichnis): »Inhaltsverzeichnis jur. Person«
7.	Betriebsfortführung	• Betriebsfortführung räumt dem Insolvenzverwalter Zeit ein, um – ggf. einen Käufer für das Unternehmen zu finden und Arbeitsplätze zu sichern – ggf. andere Konzepte zur Rettung des Unternehmens zu entwickeln	
8.	Arbeitnehmer informieren	• Information an Arbeitnehmer über bevorstehende Insolvenzgeldvorfinanzierung: mündlich auf Mitarbeiterversammlung • aber auch schriftlich: hilft bei Vermieter etc. wg. etwaigem Zahlungsrückstand	Muster 217: »Rundschreiben an AN – Vorabinfo Insolvenzgeld«
9.	Zustimmung Arbeitsagentur	• Vorfinanzierung erfordert die Zustimmung der Arbeitsagentur gem. § 170 Abs. 4 SGB III • Voraussetzung: Fortführungskonzept: s. nachstehend • schriftlichen Antrag mit Darstellung der Fortführungsprognose stellen • hierfür: Formular der Arbeitsagentur nutzen • i.d.R. vorherige telefonische Abstimmung vornehmen • Wiedervorlage für Eingang der Zustimmung notieren	Muster 221: »Zustimmung Arbeitsagentur – Einholung« »Zustimmung Arbeitsagentur –Vordruck«: Download von www.arbeitsagentur.de (s. Musterübersicht) Wiedervorlagenkalender

Nr.	Thema	Checkliste Insolvenzgeldvorfinanzierung: Erläuterung	Hilfsmittel
10.	Fortführungs-konzept	• für Zustimmung der Arbeitsagentur: Fortführungskonzept erforderlich • darin Ausführungen zu Zukunftsperspektiven erforderlich: Umstrukturierung (= Insolvenzplan), potentieller Investor, potentieller Käufer, Rationalisierung etc. • wichtig: Darstellung der Aussichten auf dauerhafte Erhaltung des Unternehmens und Anzahl der zu erhaltenden Arbeitsplätze	
11.	Arbeitsplatzerhalt – Voraussetzung	• die Zustimmung hängt auch vom Erhalt der voraussichtlichen Anzahl der Arbeitsplätze, daher: Ausführungen dazu erforderlich und konkrete Zahl nennen • Regelung in § 112a BetrVG beachten • darin: Maßstäbe für Betriebsänderungen	
12.	Zustimmung Betriebsrat	• soweit ein Betriebsrat vorhanden: Zustimmung gem. § 87 BetrVG erforderlich • i.d.R. unverzügliche Information des Betriebsrates durch Insolvenzverwalter • schriftliche Zustimmung einholen und Eingang überwachen • Wiedervorlage notieren	Wiedervorlagenkalender
13.	Masseverbindlichkeit	• Insolvenzgeldzahlungen der Arbeitsagentur können gem. § 55 Abs. 3 InsO nur als einfache Insolvenzforderungen im eröffneten Verfahren geltend gemacht werden • damit: keine Belastung der Arbeitsentgelte im vorläufigen Verfahren als Masseverbindlichkeit (= Ersparnis zugunsten der Insolvenzmasse) • Masseverbindlichkeiten bei Vorfinanzierung: Bearbeitungsgebühr für Darlehen und evtl. Zinsen	
14.	Einzelermächtigung	• für schwachen vorläufigen Verwalter greift § 55 Abs. 2 InsO (= Begründung von Masseverbindlichkeiten) nicht • Rechtsprechung fordert für die Begründung einer Masseverbindlichkeit eine Einzelermächtigung durch das Insolvenzgericht • Zweck: mit Einzelermächtigung werden verursachte, aber noch nicht bezahlte Verbindlichkeiten aus der Zeit der vorläufigen Verwaltung mit Insolvenzeröffnung zu Masseverbindlichkeiten • Bearbeitungsgebühr und Zinsen für die Insolvenzgeldvorfinanzierung sind aus der Insolvenzmasse zu bezahlen: daher Einzelermächtigung erforderlich	Checkliste Betriebsfortführung > Einzelermächtigung Zur Einzelermächtigung: BGH v. 18.07.2002 – IX ZR 195/01 in ZInsO 2002, 819 WKRS 2002, 23632 Zur Begründung von Masseverbindlichkeiten: BGH v. 07.05.2009 – IX ZR 61/08 in ZInsO 2009, 1102, WKRS 2009, 14374
15.	Darlehenshöhe	• Gesamtsumme der bereits ausstehenden und voraussichtlich noch anfallenden Arbeitsentgelte für den Insolvenzgeldzeitraum	
16.	Darlehenskon-ditionen	• Darlehensbedingungen (Gebühren, Zinsen) mit einer Bank klären • i.d.R. telefonische Kontaktaufnahme durch den Insolvenzverwalter	
17.	Vereinbarung mit Bank	• neben dem Darlehensvertrag wird eine gesonderte Vereinbarung zur Abwicklung der Insolvenzgeldvorfinanzierung geschlossen • daneben: Vollmachtserteilung für Abwicklung der Vorfinanzierung durch vorl. Verwalter • Entwurf kann der Insolvenzsachbearbeiter fertigen • Unterzeichnung und Eingang überwachen: Wiedervorlage notieren	Muster 216: »Rahmenvertrag mit Bank« Muster 220: »Vollmacht Bank § 170 SGB III« Wiedervorlagenkalender
18.	Bearbeitungsgebühr	• für die Bereitstellung des Darlehens entsteht eine Bearbeitungsgebühr bei der Bank • i.d.R. prozentualer Anteil der Darlehenssumme (z.B. 1 %) • diese ist als Masseverbindlichkeit zu begleichen (daher: Einzelermächtigung erforderlich) • Ausgleich spätestens bei Auflösung des Darlehenskontos vornehmen	

Nr.	Thema	Checkliste Insolvenzgeldvorfinanzierung: Erläuterung	Hilfsmittel
19.	Sicherheit	• Banken geben Darlehen nur gegen Sicherheiten heraus • Sicherheit für Insolvenzgeldvorfinanzierung: Abtretungserklärung der Arbeitnehmer • damit: Anspruch der Bank gegen die Arbeitsagentur auf Auszahlung der Insolvenzgeldansprüche nach Eröffnung • damit: unterzeichnete Abtretungserklärung von größter Wichtigkeit	
20.	Darlehensvertrag	• neben der Vereinbarung (s. vorstehend) verlangt die Bank die Unterzeichnung eines gesonderten Darlehensvertrages • vorab vereinbarten Zinssatz und Höhe der Bearbeitungsgebühr darin kontrollieren	
21.	Darlehenskonto	• Anlage eines gesonderten Kontos, erfolgt durch die Bank automatisch • Kontoauszüge getrennt von Kontoauszügen des laufenden Treuhandkontos halten • zu den einzelnen Buchungen gehören ebenfalls Belege • Original-Kontoauszüge sind mit der Schlussrechnung für die vorläufige Verwaltung beim Insolvenzgericht vorzulegen	
22.	Abtretungserklärung Arbeitnehmer	• zur Absicherung der Darlehenssumme: Abtretung der Insolvenzgeldansprüche durch die Arbeitnehmer an die Bank • zum Inhalt: s. nachfolgend • Abtretungserklärungen durch Arbeitnehmer unterzeichnen lassen: Aufforderung per Post oder direkt im schuldnerischen Betrieb • zweifache Ausfertigung: ein Original für den Arbeitnehmer, ein Original für die Bank • Eingang unterzeichneter Abtretungen überwachen, in einer Liste vermerken • unterzeichnetes Original an die Bank weiterleiten • Kopien werden für die Akte gefertigt, unter A – Z im Ordner »Arbeitsverhältnisse« abheften • Auszahlungen erst nach Eingang der unterzeichneten Abtretungserklärung vornehmen: s. nachstehend	Muster 218: »Vertrag Ankauf – Abtretung Arbeitnehmer inkl. InsoVerf., Abtretung, Pfändung« Muster 219: »Vertrag Ankauf – Abtretung Arbeitnehmer ohne Rechte Dritter« Wiedervorlagen-Kalender
23.	Abtretungserklärung – Inhalt	• i.d.R. Zuständigkeit der Personalabteilung • Inhalt: bereits ausstehendes und fiktiv zukünftiges Arbeitsentgelt für 3-Monats-Zeitraum • fiktiv deshalb, weil ggf. Veränderung bei Berechnung nach geleisteten Stunden, Zahlung von Zuschlägen etc. • Lohn- und Gehaltsabrechnungen als Anlage beifügen • für zukünftige Monate: fiktiv entwerfen	Muster 218: »Vertrag Ankauf – Abtretung Arbeitnehmer inkl. InsoVerf., Abtretung, Pfändung« Muster 219: »Vertrag Ankauf – Abtretung Arbeitnehmer ohne Rechte Dritter«
24.	Auszahlungen	• Auszahlung des jeweiligen Arbeitsentgeltes wird jeweils zu den monatlichen Zahlungstermine vorgenommen • erste Auszahlung deckt Rückstände ab • ggf. schnellstmöglich zunächst Abschläge zahlen • aber: keine Auszahlung an einzelne Arbeitnehmer, wenn unterzeichnete Abtretungserklärung fehlt • direkte Ausführung der Überweisungen bei der Bank klären und kontrollieren • Achtung: bei verspäteter Zahlung kann Arbeitsverweigerung drohen!	
25.	Insolvenzgeldantrag Dritter	• Insolvenzgeld wird nur auf Antrag gewährt: Antragsteller ist der Arbeitnehmer • bei Abtretung der Ansprüche ist die Bank Antragsteller • daher wird ein Insolvenzgeldantrag Dritter gestellt • Unterlagen sind für die Bank vorzubereiten und zur Unterzeichnung an diese zu übermitteln • ggf. liegt Vollmacht der Bank vor: dann Unterzeichnung durch Verwalter • Achtung: Ausschlussfrist für den Insolvenzgeldantrag gem. § 323 Abs. 1, § 324 Abs. 3 Satz 1 SGB III innerhalb einer Ausschlussfrist von zwei Monaten nach der Insolvenzeröffnung • Notfrist notieren	»Insolvenzgeldantrag Dritter – Vordruck«: Download von www.arbeitsagentur.de (s. Musterübersicht) Insolvenzsoftware

Nr.	Thema	Checkliste Insolvenzgeldvorfinanzierung: Erläuterung	Hilfsmittel
26.	Rückzahlung Darlehen	• Arbeitsagentur zahlt die Insolvenzgeldbeträge auf das Darlehenskonto • dafür: Insolvenzgeldbescheinigungen erforderlich • bis zur Auszahlung des Insolvenzgeldes fallen Zinsen an • zeitnahe Auszahlung der Insolvenzgeldbeträge daher überwachen und ggf. nachfassen • mögliche Differenz zwischen beantragtem und ausgezahltem Insolvenzgeld aufklären • Wiedervorlage notieren	Wiedervorlagenkalender
27.	Insolvenzgeld-bescheinigungen	• Regelung in § 314 SGB III • Insolvenzverwalter ist zur Erstellung der Insolvenzgeldbescheinigung verpflichtet • Inhalt u.a.: Personaldaten, Nettoarbeitsentgelte, aktueller Stand zum Arbeitsverhältnis • keine Auszahlung des Insolvenzgeldes ohne Insolvenzgeldbescheinigung • zur Erstellung Einblick in die Personalunterlagen erforderlich • Unterschrift des Verwalters und Versendung an die Agentur für Arbeit • Wiedervorlage für vier Wochen nach Eröffnung eintragen: »Insolvenzgeldbescheinigungen erstellt?«	»Insolvenzgeldbescheinigung«: Download von www.arbeitsagentur.de (s. Musterübersicht) Checkliste Insolvenzgeld Wiedervorlagen-Kalender
28.	etwaige Differenz in Darlehensplanung und tatsächlicher Zahlung	• nach Insolvenzeröffnung tatsächliches Arbeitsentgelt bekannt: Ablauf der vorfinanzierten Monate = geleistete Tätigkeiten bekannt • ggf. Differenzsumme bei der Arbeitsagentur noch nachfordern: Insolvenzgeldbescheinigungen dürften i.d.R. schon die korrekten Beträge aufweisen, weil zum Zeitpunkt der Erstellung dieser Bescheinigungen schon die tatsächlichen Entgelte bekannt sind	
29.	Zinsen	• für die bereitgestellte Darlehenssumme sind Zinsen zu entrichten • nach Auszahlung des Insolvenzgeldes und dem Ausgleich der Bearbeitungsgebühr (s. vorstehend) dürfte das Darlehenskonto nur noch mit den offenen Zinsen belastet sein • diesen Betrag zum Ausgleich des Darlehenskontos vom laufenden Treuhandkonto als Masseverbindlichkeit zahlen	
30.	Kontoauflösung	• Darlehenskonto ist auf Null zu bringen und aufzulösen • entsprechenden Antrag an die Bank stellen • i.d.R. schickt die Bank ein Lastschrifteinzugsformular zwecks Unterzeichnung zu • Hintergrund: Zinsen ändern sich jeden Tag	Muster 343 (Treuhandkonto): »Kontoauflösung Insolvenzgeldvorfinanzierung – Antrag«
31.	Finanzierungsrisiko der Bank	• die Darlehensfinanzierung stellt ein minimales Risiko für die Bank dar • Auszahlungen des Insolvenzgeldes durch Arbeitsagentur durch Abtretungserklärungen gesichert • Voraussetzung: fristgerechte Insolvenzeröffnung • bei Verschiebung des Insolvenzgeldzeitraums: ggf. abweichende Insolvenzgeldansprüche der Arbeitnehmer • damit ggf. Ausfall für die Bank • ggf. Schadensersatzanspruch gegen den Insolvenzverwalter gem. § 60 InsO	
32.	GOI	• GOI = Grundsätze ordnungsgemäßer Insolvenzverwaltung (70 Grundsätze) • Grundsatz 36: bei Vorliegen der rechtlichen Voraussetzungen unverzügliche Einholung der Zustimmung und Durchführung einer Insolvenzgeldvorfinanzierung • *(Die Autoren danken dem VID für die freundliche Zustimmung zur Veröffentlichung von Hinweisen auf die GOIs)*	VID = Verband Insolvenzverwalter Deutschlands e.V. www.vid.de

Nr.	Thema	Checkliste Insolvenzgeldvorfinanzierung: Erläuterung	Hilfsmittel
33.	Literaturtipp	• Schmidt/Haarmeyer/Albrecht, Praxis und Ausbildung im Insolvenzbüro, 2. Aufl., Teil D. Eröffnungsverfahren, Ziffer IV. 2. Instrument der Insolvenzgeldvorfinanzierung, Rn. 192 ff. • Suwelack, Insolvenzrecht für Greenhorns: Insolvenzgeldvorfinanzierung, InsbürO 2016, 237 ff.	
34.	Eigenverwaltung	• Insolvenzgeldvorfinanzierung auch im Rahmen der Eigenverwaltung (§ 270a InsO) und im Schutzschirmverfahren (§ 270b InsO) möglich • für Banken aber erhöhter Aufwand und höheres Risiko • Beispiele: fristgerechte Verfahrenseröffnung, keine Antragsrücknahme, korrekte Berechnung der insolvenzgeldfähigen Arbeitsentgelte	Muschiol, ESUG-Insolvenzgeldvorfinanzierung: neue Risiken für die Kreditinstitute und deren Abschwächung, InsbürO 2016, 61 ff.
35.	Verbraucherinsolvenzverfahren	• keine Insolvenzgeldvorfinanzierung in vereinfachten Insolvenzverfahren • dortige Eröffnungsvoraussetzung: keine selbständige Tätigkeit (§ 304 Abs. 1 InsO)	

Checkliste 37: Insolvenzplanverfahren

73 Das Insolvenzplanverfahren ist eine besondere Verfahrensart zum Erhalt des schuldnerischen Unternehmens. In einem Insolvenzplan können – abweichend von der regulären Abwicklung ohne Plan – Vereinbarungen mit allen Gläubigern zwecks Teilbefriedigung ihrer Ansprüche getroffen werden. In der Abwicklung sind einige Besonderheiten zu berücksichtigen. Insolvenzsachbearbeiter können auch in diesen Verfahren bei einer Vielzahl von Tätigkeiten unterstützen. In der nachfolgenden Checkliste werden neben einzelnen Arbeitsschritten auch Hinweise zum Ablauf eines Insolvenzplanverfahrens vorgestellt. Es sei allerdings darauf hingewiesen, dass diese allgemeinen Informationen sehr vereinfacht dargestellt werden. Für eine detaillierte Einarbeitung in die Regelungen zum Insolvenzplanverfahren ist das Studium weiterer Literatur erforderlich. Dafür werden nachstehend einige Literaturtipps gegeben.

(Die Übersicht ist nach gängigen Überlegungen und Arbeitsschritten sortiert)

74

Nr.	Thema	Checkliste Insolvenzplanverfahren: Erläuterung	Hilfsmittel
1.	Gesetzliche Regelungen	• die gesetzlichen Regelungen zum Insolvenzplanverfahren finden sich in §§ 217 – 269 InsO	
2.	Natürliche Personen	• durch GVRSTG (BGBl. I 2013, 2379 ff.) Wegfall der Einschränkung in § 312 Abs. 2 InsO = kein Insolvenzplan in Verbraucherinsolvenzverfahren (= IK-Verfahren) • dementsprechend: Insolvenzplan für alle natürlichen Personen möglich • nach der Rechtsprechung ist kein Antrag auf Restschuldbefreiung für einen Insolvenzplan bei natürlichen Personen erforderlich: s. Hinweis rechts	Grote, Reform Teil 11: Insolvenzplanverfahren für Verbraucher, InsbürO 2014, 203 ff. und InsbürO 2014, 252 ff. Nawroth, Gestaltender Teil des Insolvenzplans für Verbraucher – Vorschläge zum praktischen Umgang, InsbürO 2016, 66 ff. Blankenburg, Probleme des Insolvenzplans in Kleinverfahren, ZInsO 2015, 1293 ff. RSB-Antrag keine Voraussetzung für Insolvenzplan: LG Hamburg, Beschl. v. 22.01.2018 – 326 T 40/17 in InsbürO 2018, 156, ZInsO 2017, 331
3.	GOI	• GOI = Grundsätze ordnungsgemäßer Insolvenzverwaltung (70 Grundsätze) • Grundsatz 68: Prüfung der Möglichkeit der Verbesserung der Verfahrensergebnisse durch einen Insolvenzplan in jedem Verfahren, Mitteilung im Bericht zur 1. GV • *(Die Autoren danken dem VID für die freundliche Zustimmung zur Veröffentlichung von Hinweisen auf die GOIs)*	VID = Verband Insolvenzverwalter Deutschlands e.V. www.vid.de

Nr.	Thema	Checkliste Insolvenzplanverfahren: Erläuterung	Hilfsmittel
4.	Eröffnungsbeschluss jur. Person	• übliche Arbeitsschritte verrichten • Besonderheiten im Planverfahren (ähnlich wie bei Betriebsfortführung): – Abmeldungen: sämtliche Abmeldungen beim Gewerbemeldeamt etc. entfallen: Unternehmen bleibt erhalten – Arbeitsverhältnisse: ggf. sind keine oder nur wenige Kündigungen notwendig, um die Personalkosten zu reduzieren – Aussonderungsrechte: ggf. Weiterführung der Verträge = keine Befriedigung von Aussonderungsrechten – Konten: i.d.R. keine Schließung, sondern Weiterleitung der eingehenden Gutschriften auf das Treuhandkonto – Vermögenswerte: ggf. gar keine Verwertung von Gegenständen, häufig nur Forderungseinzug und Anfechtungsansprüche – Vertragserfüllung: i.d.R. keine Ablehnung gem. § 103 InsO, sondern Weiterführung = Klärung mit Vertragspartnern – weitere Arbeitsschritte anhand der gesonderten Checkliste (s. rechts) sollten durchgeführt oder zumindest geprüft werden – Schlussbericht und Schlussrechnung sind nicht zwingend zu erstellen – Verfahrensaufhebung erst nach Sicherstellung oder Zahlung von Verfahrenskosten und Masseverbindlichkeiten (diese können mglw. bereits im Plan durch einen Stichtag oder aber entsprechende Regelungen im gestaltenden Teil abgegrenzt werden) – Ausschüttung der im Plan vorgesehenen Quoten i.d.R. durch Schuldner selbst	Checkliste Eröffnungsbeschluss jur. Person
5.	Eröffnungsbeschluss – natürliche Person	• übliche Arbeitsschritte verrichten • Besonderheiten im Planverfahren: – s. vorstehend »Eröffnungsbeschluss jur. Person«, zusätzlich: – Vermieter: Unterscheidung zwischen Vermieter einer Betriebsstätte (= Weiterführung) und Vermieter einer Wohnung (= Abgabe Erklärung § 109 Abs. 1 Satz 2 InsO)	Checkliste Eröffnungsbeschluss natürliche Person
6.	Inhalt Insolvenzplan	• ein Insolvenzplan setzt sich gem. § 219 InsO wie folgt zusammen: – darstellender Teil – gestaltender Teil – Anlagen gem. §§ 229, 230 InsO – siehe jeweils nachfolgend	
7.	Ziel	• bei juristischen Personen: – Erhaltung des Unternehmens in der jetzigen Form (aber auch Liquidationsplan u.ä. möglich) – Befreiung von einem Großteil der Verbindlichkeiten – hierfür: Regelungen mit Gläubiger in zusammengefassten Gläubigergruppen • bei natürlichen Personen: – Erhaltung einer selbständigen Tätigkeit (häufig bspw. Ärzte, Rechtsanwälte) – alternativer Weg für vorzeitige Restschuldbefreiung	Grote, Vergleich: Vier Möglichkeiten der vorzeitigen Restschuldbefreiung nach neuem Recht, InsbürO 2015, 305 ff. (Erste Möglichkeit: Insolvenzplan)
8.	prepackaged plan	• Bezeichnung für Ausarbeitung eines Insolvenzplans bereits vor Insolvenzeröffnung • damit bei Insolvenzeröffnung: Insolvenzplan »schon im Gepäck«	
9.	Schuldenbereinigungsplan – Unterschiede	• erhebliche Differenzen zwischen Schuldenbereinigungsplan und Insolvenzplanverfahren • Vor- und Nachteile für Verbraucher berücksichtigen • Vorteile Schuldenbereinigungsplan: – Erlöschen der Forderung, wenn keine Wiederauflebensklausel vorhanden – keine Inanspruchnahme von Sicherheiten (z.B. Bürgen) – keine Schufa-Eintragung	Frind, Störeinflüsse im Privatinsolvenz-Planverfahren, ZInsO 2014, 280 ff.

Nr.	Thema	Checkliste Insolvenzplanverfahren: Erläuterung	Hilfsmittel
		– geringe Prüfungsanforderungen (Vollstreckbarkeit, keine Vergleichsdarstellung zum normalen Verfahren) – Zustimmungsfiktion und Zustimmungsersetzung – Nullplan möglich • Nachteile des Schuldenbereinigungsplans: – nur in Verbraucherinsolvenzverfahren möglich – keine Universalwirkung: nur aufgeführte Gläubiger, vergessene Gläubiger werden nicht umfasst	
10.	Betriebsfortführung	• Ziel eines Insolvenzplans: Erhaltung/Sanierung des schuldnerischen Unternehmens oder evidente Besserstellung der Gläubiger durch Plan • daher: im Planverfahren findet i.d.R. eine Betriebsfortführung statt (bei nat. Personen bspw.: Plan auch ohne Betriebsfortführung möglich) • Arbeitsschritte zur Betriebsfortführung: s. gesonderte Checkliste	Checkliste Betriebsfortführung
11.	Verwertungstätigkeit	• i.d.R. keine Verwertungstätigkeit im Hinblick auf bewegliches oder unbewegliches Vermögens • Plan = Erhaltung des Unternehmens/des Vermögens • Ausnahmen denkbar: Verkauf einzelner Fahrzeuge etc. • außerdem: Forderungseinzug, Anfechtungen werden durchgeführt	Verfolgung der Anfechtung nach Planbestätigung möglich: BGH v. 7.5.2015 – IX ZB 75/14 (Rn. 32 ff.) in InsbürO 2015, 402 ff., ZInsO 2015, 1398 ff.
12.	Insolvenztabelle	• die Führung der Insolvenztabelle ist wie üblich zu vollziehen • anhand der Anmeldungen werden die Gläubigergruppen gebildet: s. nachfolgend • insoweit wichtig: nachträgliche Anmeldungen sind rechtzeitig vor dem Erörterungs- und Abstimmungstermin durch das Gericht zu prüfen	Checkliste Insolvenztabelle
13.	Bericht zur 1. GV	• Gläubigerversammlung gem. § 29 Abs. 1 Nr. 1 InsO findet normal statt • daher auch Einreichung eines Berichtes zur 1. GV • i.d.R. nur kurze Fassung mit Verweisen auf Ausführungen im Insolvenzplan, wenn vorher feststeht, dass ein Insolvenzplan erstellt wird, ansonsten: normaler umfassender Bericht • Erörterungs- und Abstimmungstermin kann in der ersten Gläubigerversammlung stattfinden, aber auch in gesonderter Gläubigerversammlung erfolgen	Muster 68 (Berichte): »Bericht zur 1. GV – Planverfahren«
14.	Verzeichnisse §§ 151 – 153 InsO	• Gläubigerversammlung gem. § 29 Abs. 1 Nr. 1 InsO findet normal statt • daher: Verzeichnisse gem. §§ 151 – 153 InsO sind normal anzufertigen und fristgerecht einzureichen (§ 154 InsO) • ggf. Verweis auf Anlagen zum Insolvenzplan möglich: Abstimmung zwischen Verwalter und Insolvenzgericht	Checklisten Gläubigerverzeichnis Vermögensübersicht Verzeichnis der Massegegenstände
15.	Treuhandkonto	• übliche Dokumentation über die Einnahmen und Ausgaben auf dem Treuhandkonto	Checkliste Treuhandkonto
16.	Vorlageberechtigung	• zur Vorlage eines Insolvenzplans sind gem. § 218 Abs. 1 InsO berechtigt: – der Insolvenzverwalter – der Schuldner • der Sachwalter hat dagegen kein Initiativrecht, er kann aber gem. § 284 Abs. 1 InsO von der Gläubigerversammlung beauftragt werden	kein Initiativrecht für Sachwalter: BGH v. 22.9.2016 – IX ZB 71/14 (Rn. 75) in InsbürO 2016, 512, ZInsO 2016, 2077
17.	Zuständigkeit	• frühere Zuständigkeit: Rechtspfleger • Gesetzesänderung durch ESUG (= Gesetz zur weiteren Erleichterung der Sanierung von Unternehmen – BGBl. 2011 Teil I, S. 2582 – Nr. 64), neue Zuständigkeit: Richter • dafür: Änderung in § 18 Abs. 1 RPflG (Art. 5 ESUG) • Zuständigkeit des Richters für Planverfahren und Überwachung, nur Vollstreckung aus dem Plan (§ 257 InsO) obliegt dem Rechtspfleger • Anwendung dieser geänderten Zuständigkeit gem. § 103g Satz 2 EGInsO auf alle beantragten Verfahren ab dem 01.01.2013	InsbürO aktuell 2013, 42 und 82

Nr.	Thema	Checkliste Insolvenzplanverfahren: Erläuterung	Hilfsmittel
18.	Darstellender Teil	• Darstellung der Gesamtsituation: – Bericht über das Unternehmen – die wirtschaftliche Situation – den bisherigen Verlauf des Insolvenzverfahrens – die Zielsetzung • lt. BGH-Rechtsprechung Angaben unerlässlich sind, die die Gläubiger für ein sachgerechtes Urteil über den Insolvenzplan benötigen	Zum geforderten Inhalt eines Plans: BGH v. 7.5.2015 – IX ZB 75/14 (Rn. 29) in InsbürO 2015, 402 ff., ZInsO 2015, 1398 ff. ebenfalls zu den Anforderungen an den Inhalt – Mängelvermeidung: BGH v. 26.04.2018 – IX ZB 49/17 in InsbürO 2018, 363, ZInsO 2018, 1404
19.	Gestaltender Teil	• Gestaltung der Befriedigung der Gläubiger: – wann fließen welche Beträge an welche Gläubiger? – welche Rechtsverhältnisse werden geändert? • Gestaltung, wie eine Einigung mit Gläubigern ausstehen könnte	Musterinsolvenzplan in einem Verbraucherinsolvenzverfahren – erarbeitet am 15.03.2018 auf dem 15. Dt. Insolvenzrechtstag, InsbürO 2018, 225 ff.
20.	Gläubigergruppen – Einteilung	• Einteilung der Gläubiger in Gläubigergruppen (§ 222 InsO) • Einordnung grds. nach sachlichen Kriterien, z.B.: – absonderungsberechtigte Gläubiger (z.B. Gruppe 1) – Arbeitnehmer (z. B. Gruppe 2) – Insolvenzgläubiger (z.B. Gruppe 3) – nachrangige Gläubiger (z. B. Gruppe 4) • aber: keine genauen gesetzlichen Vorgaben = Einteilung variabel (s. Gesetzestext in § 222 InsO) – Grundsatz: Zusammenfassung von Gläubigern mit gleicher Rechtsstellung und mit gleichartigen wirtschaftlichen Interessen und sachgerechte Abgrenzung der Gruppen voneinander • damit: Gestaltungsmöglichkeiten im Insolvenzplan • aber: Kriterien der Einteilung sind im Plan zu erläutern (§ 222 Abs. 2 Satz 3 InsO)	Insolvenzsoftware Zur Gruppeneinteilung: BGH v. 7.5.2015 – IX ZB 75/14 (Rn. 9 ff.) in InsbürO 2015, 402 ff., ZInsO 2015, 1398 ff. Zur Gruppeneinteilung: BGH v. 10.1.2008 – IX ZB 97/07 (m.w.N.) in WKRS 2008, 10051 Darlegung der Gründe für Unterscheidung von Gruppen: AG Köln v. 6.4.2016 – 74 IN 45/15, InsbürO 2016, 346, ZInsO 2016, 1218
21.	Gläubigergruppe – Arbeitnehmer	• Arbeitnehmer bilden regelmäßig neben den Insolvenzgläubigern eine der größten Gläubigergruppen • einerseits sind Arbeitnehmerschutzvorschriften zu beachten • andererseits sind arbeitsrechtliche Maßnahmen im Rahmen eines Sanierungskonzeptes umzusetzen • die Umsetzung der Gestaltungsmöglichkeiten im Insolvenzplan fällt in den Aufgabenbereich des Insolvenzverwalters, für Hintergrundwissen dazu: s. Literaturtipp	Krings, Arbeitsrecht im Insolvenzplanverfahren – so geht das (nicht), ZInsO 2017, 577 ff.
22.	Gläubigergruppen – Verzeichnis	• Erstellung von Listen mit Name und Anschriften aller Gläubiger – eingeteilt in Gläubigergruppen – als Anlage zum Insolvenzplan • Gruppenbildung kann entscheidungspolitische Auswirkungen haben • ggf. Ausdruck aus Insolvenzsoftware möglich: dort aber genaue Prüfung	Muster 222: »Gläubigergruppenverzeichnis gem. § 222 InsO« Insolvenzsoftware
23.	Vergleichsrechnung	• im Rahmen der Vorprüfung gem. § 231 InsO durch das Insolvenzgericht: Vergleichsrechnung prüfen: Was erhalten die Gläubiger mit Plan und was ohne? • bei natürlichen Personen: Prognose über zukünftige pfändbare Einkommensanteile: Gehaltserhöhung, ggf. Wegfall einer Unterhaltspflicht? • steuerliche Themen (Besteuerung Sanierungsgewinn, Auswirkungen auf Einkommensteuer und mögliche Belastungen der Masse) berücksichtigen und prüfen • bei etwaiger Schlechterstellung eines Gläubigers: Aufnahme einer Kompensationsregelung • fehlende Ausführungen können zur Zurückweisung gem. § 231 InsO führen	Anforderungen an die Vergleichsrechnung: BGH v. 20.7.2017 – IX ZB 13/16 in InsbürO 2017, 473, ZInsO 2017, 1779 Berücksichtigung zukünftiger Gehaltsentwicklung: LG Hamburg v. 18.11.2015 – 326 T 109/15 in InsbürO 2016, 161, ZInsO 2016, 47

Nr.	Thema	Checkliste Insolvenzplanverfahren: Erläuterung	Hilfsmittel
			Stahlschmidt, Der Insolvenzplan lebt! – Die Rechtsprechung der letzten Jahre zur gerichtlichen Vorprüfung des Insolvenzplans, ZInsO 2018, 494
24.	Anlagen	• Anlagen belegen die Ausführungen im darstellenden und gestaltenden Teil: ausgedrückt in Zahlen • gem. § 229 InsO zwingende Anlagen: Vermögensübersicht und Ergebnis- und Finanzplan • weitere mögliche Anlagen: – Gläubigergruppenverzeichnis gem. § 222 InsO für die Stimmrechtsliste gem. § 239 InsO – Stellungnahmen der Beteiligten gem. § 232 InsO – bei unterschiedlicher Befriedigung innerhalb einer Gruppe: Zustimmungserklärung aller betroffenen Beteiligten gem. § 226 InsO – Dritter stellt Summe zur Verfügung: Bestätigung des Dritten und Leistungsnachweis: s. Rechtsprechung • gem. § 230 InsO bei natürlichen Personen darüber hinaus: Fortführungserklärung des Schuldners	Zur Einzahlung durch Dritte: LG Hamburg, Beschl. v. 18.11.2015 – 326 T 109/15 in InsbürO 2016, 161 f., ZInsO 2016, 47 ff.
25.	Gläubigerausschuss	• soweit ein Gläubigerausschuss bestellt ist, stehen diesen im Planverfahren folgende Rechte zu: – beratende Funktion bei der Erstellung (§ 218 Abs. 3 InsO) – Abgabe einer Stellungnahme zum Plan (§ 232 InsO) – Anhörungsrecht vor Bestätigung des Plans durch das Gerichts (§ 248 Abs. 2 InsO), ebenfalls bei Berichtigung (§ 248a Abs. 2 InsO) – Insolvenzplanüberwachung: Unterrichtung und Auskunftserteilung durch Insolvenzverwalter (§§ 261, 262 InsO) • wegen weiterer Rechte und Funktionen: s. gesonderte Checkliste	Checkliste Gläubigerausschuss
26.	Ausschlussklauseln	• bei **materiellen Ausschlussklauseln** für nicht angemeldete Forderungen droht die Zurückweisung des Plans = daher **vermeiden** • lt. BGH-Rechtsprechung: Gläubiger von nicht angemeldeten Forderungen haben Anspruch auf Quote laut Plan, Ausschluss unzulässig auch bei RSB-Erteilung • **verfahrensmäßige Ausschlussklauseln** sind lt. Rechtsprechung dagegen **zulässig** • Vorteile: – kein Vollstreckungstitel über Insolvenztabelle mehr möglich, daher Erwirkung auf gewöhnlichem Weg = Zeit für Verhandlungen – Verjährungshemmung gem. § 204 Abs. 1 Nr. 10 BGB greift nicht, daher keine 30-jährige Verjährungsfrist – Wiederauflebensklausel gem. § 255 InsO unter bestimmten Bedingungen möglich, aber faktisch schwierig (s. ZInsO 2016, 245) • Sanierungskonzept im Insolvenzplan sollte entsprechend nicht nur die angemeldeten Verbindlichkeiten laut Insolvenztabelle berücksichtigen	Brünkmans, Präklusions- und Ausschlussklauseln in Insolvenzplänen, ZInsO 2016, 245 (inkl. neuester Rechtsprechung) Zur Unzulässigkeit von Ausschlussklauseln: BGH v. 3.12.2015 – IX ZA 32/14 (Rn. 11 ff.) in InsbürO 2016, 167, ZInsO 2016, 148 ff. Zu Folgen einer Ausschlussklausel – Leistungsklage möglich: BAG v. 19.11.2015 – 6 AZR 559/14 in InsbürO 2016, 161, ZInsO 2016, 220
27.	Bestrittene Forderungen	• Regelungen im Insolvenzplan möglich, dass Gläubiger Feststellungsklagen zur Klärung der bestrittenen Forderungen erheben müssen	Zur möglichen Regelung von bestrittenen Forderungen: BGH v. 15.7.2010 – IX ZB 65/10 (Rn. 9) in ZInsO 2010, 1448, WKRS 2010, 19708 Bestätigung und nähere Erläuterung: BAG v. 19.11.2015 – 6 AZR 559/14 (Rn. 24) in InsbürO 2016, 161, ZInsO 2016, 220

Nr.	Thema	Checkliste Insolvenzplanverfahren: Erläuterung	Hilfsmittel
28.	debt-equity-swap	• Schaffung von Anteilsrechten • gem. § 225a InsO ist die Umwandlung einer Gläubigerforderung in Anteils- und Mitgliedschaftsrechte am Schuldner möglich (= Umwandlung von Fremdkapital in Eigenkapital) • Vorteil: Wegfall von Zins- und Tilgungsfristen = Verbesserung der Liquidität und Rentabilität • Aufnahme entsprechender Regelungen hierfür im gestaltenden Teil • Kompensationsregelung für Gesellschafter in § 222 Abs. 1 Satz 2 Nr. 4 InsO: gesonderte Gruppe für Gesellschafter bilden, deren Rechte verändert werden = Stimmrecht gewähren (§ 238 InsO) • in diesem Zusammenhang aber weiter beachten: – Obstruktionsverbot für Anteilsinhaber gem. § 245 Abs. 3 InsO – Nachrangigkeit der Gesellschafterforderungen gem. § 39 Abs. 1 Nr. 5 InsO • die Erklärungen im Plan reichen für die erforderlichen Anmeldungen im Handelsregister (= soweit erforderlich) (= Eintritt der Wirksamkeit der Planbestätigung durch das Insolvenzgericht) • keine Eintragung von Anteilsrechten im Handelsregister • lediglich einmal jährlich Einreichung einer aktuellen Liste der Gesellschafter zum Handelsregister für die dortige Beiakte	Brünkmans, Abfindungs- und Bewertungsfragen bei gesellschaftsrechtlichen Maßnahmen im Insolvenzplan, ZInsO 2017, 1401 ff. Voß, Neue Sanierungschancen durch Reform des Insolvenzplanverfahrens nach ESUG, InsbürO 2013, 256 ff. Wuschek, Debt-Equity-Swap – Gestaltung von Anteilsrechten im Insolvenzplanverfahren, ZInsO 2012, 1768 f.
29.	Gesellschaftsrechtliche Änderungen	• Gesellschaftsrechtliche Änderungen bedürfen zur Wirksamkeit i.d.R. der Eintragung in das Handelsregister • Prüfungspflicht des Registergerichtes auf Vereinbarkeit mit anwendbarem Gesellschaftsrecht, formelle Aspekte werden wegen der Fiktionswirkung gem. § 254a Abs. 2 InsO nicht geprüft • ratsam: vorherige Abstimmung mit Handelsregister	Entscheidung eines Registergerichtes – Abweisung wg. unzulässiger Regelung im Plan: AG Charlottenburg v. 9.2.2015 – HRB 153203B, InsbürO 2015, 251 f., ZInsO 2015, 413 ff. Fortsetzung einer GmbH durch Insolvenzplan (§ 60 Abs. 1 Nr. 4 GmbH): BGH v. 28.4.2015 – II ZB 13/14 in ZInsO 2015, 1576
30.	Grundstücksübertragung	• bei Grundstücksübertragungen im Rahmen eines Insolvenzplanverfahrens: keine notarielle Beurkundung erforderlich • Erklärungen im Planverfahren reichen für Eintragungsanträge im Grundbuch aus (§ 925 Abs. 1 Satz 2 BGB)	Checkliste Immobilienvermögen Wipperfürth, Grundbesitz im Insolvenzplanverfahren, InsbürO 2014, 136 ff.
31.	Neugläubiger	• 2015: Entscheidung zu der Frage, ob Neugläubiger im Plan berücksichtigt werden können, z. B. das Finanzamt mit dem Anspruch aus der Besteuerung des Sanierungsgewinns: LG Düsseldorf – s. nebenstehend • keine Zurückweisung der Anmeldung des Neugläubigers für den Plan im Rahmen der Vorprüfung nach § 231 Abs. 1 InsO	Berücksichtigung von Neugläubigern: LG Düsseldorf, Beschl. v. 21.9.2015 – 25 T 404/15, InsbürO 2016, 85 f., ZInsO 2015, 2186 ff.
32.	Prozessführungsbefugnis	• Regelungen im Plan können Fortführung von anhängigen Prozessen nach Verfahrensaufhebung vorsehen • ggf. Parteiwechsel nach Verfahrensaufhebung gewünscht oder Aktivlegitimation des Insolvenzverwalters erhalten?	Zur Prozessführungsbefugnis: BGH v. 9.1.2014 – IX ZR 209/11 (Rn. 15, 17 m.w.N) in ZInsO 2014, 295

Nr.	Thema	Checkliste Insolvenzplanverfahren: Erläuterung	Hilfsmittel
33.	Rechtsanwälte – Zulassungswiderruf	• bei Eintritt des Vermögensverfalls von Anwälten wird die Zulassung entzogen: Widerrufsbescheid ergeht • Insolvenzplan verhindert dies nicht grundsätzlich • nach BGH-Rechtsprechung: Voraussetzung zur Vermeidung des Widerrufs: Bestätigung des Insolvenzplans bis zum Erlass des Widerrufsbescheides • Freigabe der selbständigen Tätigkeit ändert auch nichts am Widerruf	Zum maßgeblichen Zeitpunkt beim Zulassungswiderruf: BGH v. 17.9.2015 – AnwZ (Brfg) 29/15 in WKRS 2015, 26515 Widerruf trotz Freigabe: BGH v. 20.11.2017 – AnwZ (Brfg) 46/17 in WKRS 2017, 27222
34.	Straftaten	• Straftaten des Schuldners sind im Plan aufzuführen • dadurch: Einschätzung der Gläubiger möglich, ob erforderliche Eignung für Betriebserhalt vorliegt • Planbestätigung wegen fehlender Angaben zu Straftaten im Plan kann nur verweigert werden, wenn es um eine Unternehmensfortführung geht (= andere Ziele auch möglich: s. oben)	Angabe von Straftaten: BGH v. 13.10.2011 – IX ZB 37/08 in ZInsO 2012, 173, WKRS 2011, 32217
35.	Vergütungsanspruch – Hauptverfahren	• Berechnungsgrundlage für die Vergütung wird gem. § 1 Satz 2 InsVV geschätzt • Vergütungsansprüche werden im Insolvenzplan i.d.R. im Rahmen der Darstellung der gesamten finanziellen Situation des Schuldners berücksichtigt (= um die zu zahlende Vergütung verminderter Massebestand) • nachträgliche Änderung zum Zeitpunkt des späteren Schlusstermins ist möglich, aber oftmals schwierig wg. Planung aller Zahlen • Berechnungsgrundlage = Schätzung: spätere Einnahmen prognostizieren und berücksichtigen	
36.	Vergütungsanspruch – Regelung im Plan	• Frage, ob eine Vergütung bindend im Insolvenzplan geregelt werden kann, war lange Zeit streitig • BGH-Entscheidung: – Vereinbarungen über die Vergütung des Insolvenzverwalters können nicht Inhalt eines Insolvenzplans sein – Planbestätigung kann nicht von der Vergütungsfestsetzung durch das Insolvenzgericht abhängig gemacht werden – Insolvenzverwalter kann eine Erklärung i.S.v. § 230 Abs. 3 InsO abgeben, dass er keine über die im Plan genannte Vergütung beantragen wird = Planungssicherheit für Planabwicklung (Rn. 40 der BGH-Entscheidung)	Keine bindende Vergütungsregelung im Plan: BGH v. 16.2.2017 – IX ZB 103/15 in InsbürO 2017, 207, ZInsO 2017, 538,
37.	Salvatorische Klausel	• i.d.R. sinnvoll: vorherige Erörterung mit Gericht (und Gläubigerausschuss) • Klausel zielt i.d.R. auf die Möglichkeit ab, Auslegungsregeln zu nutzen, um Nichtigkeit des gesamten Vertrages zu vermeiden (§ 139 BGB i.V.m. §§ 133, 157 BGB) • im allgemeinen Vertragsrecht wirksam • Insolvenzplan sei spezifisch insolvenzrechtliches Instrument; kein Raum für § 139 BGB • Planregelungen, die gegen gesetzliche Vorgaben verstoßen, führen zur Zurückweisung des Plans oder zur Versagung der Planbestätigung	Zur Unwirksamkeit solcher Klauseln im Plan: BGH v. 7.5.2015 – IX ZB 75/14 (Rn. 23 ff.), InsbürO 2015, 402 ff., ZInsO 2015, 1398 ff.
38.	Niederlegung Insolvenzplan	• der Insolvenzplan ist mit allen Anlagen zur Einsicht der Beteiligten beim Insolvenzgericht niederzulegen (§ 234 InsO) • Einreichung des Plans bewirkt die Anberaumung eines Erörterungs- und Abstimmungstermin (§ 235 InsO): s. nachfolgend	
39.	Archivierung	• ein Insolvenzplan und der dazugehörige Schriftverkehr ist i.d.R. umfangreich • daher bietet es sich an, einen gesonderten Ordner mit einem Inhaltsverzeichnis anzulegen: – Beschlüsse in Kopie – Schriftverkehr mit dem Insolvenzgericht – Aktenvermerke	Muster 209 (Inhaltsverzeichnis): »Inhaltsverzeichnis Insolvenzplanverfahren«

Nr.	Thema	Checkliste Insolvenzplanverfahren: Erläuterung	Hilfsmittel
		– Insolvenzplan – Entwürfe – Anlagen zum Plan – Schriftverkehr mit Gläubigern, ggf. A – Z-Register	
40.	Wiedervorlagen	• Wiedervorlagen für alle erforderlichen Kontrollen notieren	Wiedervorlagenkalender
41.	Veröffentlichung	• einzelne Verfahrensabschnitte (Niederlegung Insolvenzplan, Annahme und Verfahrensaufhebung) an die Presse melden • Presseberichte auf der eigenen Internetseite veröffentlichen	
42.	Stellungnahmen	• Das Insolvenzgericht hat gem. § 232 Stellungnahmen zum Insolvenzplan einzuholen: – vom Betriebsrat – falls vorhanden - – vom Gläubigerausschuss – falls bestellt - – vom Schuldner • hierfür kurze Fristsetzung gem. § 232 Abs. 3 InsO: höchstens zwei Wochen • daher i.d.R. vorherige Abstimmung des Insolvenzverwalters mit den Gläubigern und gleichzeitige Einreichung der Stellungnahmen zusammen mit dem Insolvenzplan	
43.	Ladung Beteiligte	• die Beteiligten sind gesondert zum Erörterungstermin zu laden (§ 235 Abs. 3 InsO)	
44.	Zustellung Insolvenzplan	• besondere Ladung mit Übersendung einer Kopie des Insolvenzplans zum Erörterungs- und Abstimmungstermin (§ 235 Abs. 3 InsO): – der Absonderungsberechtigten – ggf. der Beteiligten mit Anteils- und Mitgliedschaftsrechten – ggf. Betriebsrat – der Insolvenzgläubiger, die Forderungen angemeldet haben – des Schuldners • i.d.R. Übertragung dieser Zustellung gem. § 8 Abs. 3 InsO an den Insolvenzverwalter	Muster 223: »Ladung Erörterungstermin – Übersendung an Beteiligte« Muster 228: »Vollmacht zur Stimmrechtsausübung«
45.	Zustellungskosten	• Erstattung der Zustellungskosten im Vergütungsantrag berücksichtigen • Insolvenzgerichte gewähren unterschiedliche Pauschalbeträge (i.d.R. zwischen 2,80 – 4,80 EUR) • BGH-Rechtsprechung beachten • ggf. auch abweichender Pauschalbetrag wg. erhöhter Kopierkosten möglich: Erläuterung dazu abgeben	Muster 359 (Vergütungsanträge): »Zustellungskosten – Formulierungsvorschlag«
46.	Zustellungsnachweis	• Nachweis über die jeweils getätigten Zustellungen gegenüber dem Insolvenzgericht erbringen • im Ordner »Insolvenzplan« beim Schriftverkehr mit dem Insolvenzgericht in Kopie archivieren	Muster 156 (Gläubiger): »Zustellungsnachweis« Muster 157 (Gläubiger): »Übersendung Zustellungsnachweis an Gericht«
47.	Erörterungs- und Abstimmungstermin	• neben der Gläubigerversammlung und dem Prüfungstermin gem. § 29 Abs. 1 InsO gibt es einen gesonderten Erörterungs- und Abstimmungstermin gem. § 235 InsO (Verbindung mit Berichtstermin möglich) • darin: Erörterung über Stimmrechte und Insolvenzplan und Abstimmung über den Plan • hierfür: Veröffentlichung des Termins und besondere Ladung aller Beteiligten erforderlich (§ 235 Abs. 2, 3 InsO) • s. vorstehend: Zustellung Insolvenzplan	
48.	Annahme	• Annahme des Insolvenzplans durch die Beteiligten im Abstimmungstermin (§ 235 InsO), i.d.R. nach Erörterungstermin (findet i.d.R. am selben Tag hintereinander statt)	Arbeitshilfe: Annahme und Bestätigung Insolvenzplan, InsbürO 2007, 111 f.

Nr.	Thema	Checkliste Insolvenzplanverfahren: Erläuterung	Hilfsmittel
		• Voraussetzung: i.d.R. Besserstellung der Beteiligten im Vergleich zu erwartender Quote ohne Insolvenzplan • nach Annahme: Bestätigung des Insolvenzplans durch das Insolvenzgericht (§ 248 InsO): s. nachstehend	
49.	Obstruktionsverbot	• einzelne Gläubiger können die Annahme des Insolvenzplans nicht verhindern, wenn bestimmte Voraussetzungen berücksichtigt werden – z.B. keine Schlechterstellung im Vergleich ohne Plan und angemessene wirtschaftliche Beteiligung dieser Gläubiger • angemessen = s. in Gesetzestext in § 245 Abs. 2 InsO • diese Regelungen sind bei der Planerstellung zu berücksichtigen, um die Obstruktionsmöglichkeit zu verhindern	
50.	Bestätigungs-beschluss	• das Insolvenzgericht hat die Annahme des Insolvenzplans durch die Beteiligten und die Zustimmung des Schuldners per Beschluss zu bestätigen (§ 248 InsO) • gegen den Bestätigungsbeschluss besteht die Möglichkeit der sofortigen Beschwerde: s. nachstehend • der Bestätigungsbeschluss ist allen Beteiligten zuzustellen: s. nachfolgend	
51.	Zustellung Bestätigungsbeschluss	• Zustellung des Beschlusses über die Bestätigung oder Versagung des Insolvenzplans an die Beteiligten gem. § 252 InsO • i.d.R. Übertragung der Zustellung gem. § 8 Abs. 3 InsO auf den Insolvenzverwalter • s. wegen Beteiligten: vorstehend »Zustellung Insolvenzplan« • Achtung: Eile geboten, weil Rechtsmittelfrist (s. nachfolgend) ab Verkündung des Beschlusses (§ 252 Abs. 1 InsO) läuft • gem. § 252 Abs. 2 Satz 1 InsO: Kopie des Plans oder des wesentlichen Inhalts gleichzeitig übersenden • aber: wenn keine Änderung zur ersten Übersendung vor dem Erörterungs- und Abstimmungstermin erfolgt ist: ggf. Verweis auf diese Fassung vornehmen	Muster 224: »Planbestätigung – Versendung an Gläubiger« keine erneute Übersendung des Plans: AG Ludwigshafen am Rhein, Beschl. v. 08.07.2016 – 3e IN 380/15 Ft in InsbürO 2016, 470, ZInsO 2016, 1711
52.	Wirkung	• die Wirkungen des bestätigten Insolvenzplans finden sich in §§ 254, 254a InsO • diese gelten gem. § 254b InsO auch für Insolvenzgläubiger, die ihre Forderungen nicht angemeldet haben • und auch für Beteilige, die dem Insolvenzplan widersprochen haben • dagegen: keine Wirkung gegenüber aussonderungsberechtigten Gläubigern, Massegläubigern, Neugläubigern und Dritten: sie haben einen vollen Zahlungsanspruch und müssen sich nicht auf die Quote laut Plan verweisen lassen • allerdings: ggf. ausdrückliche Berücksichtigung dieser Gläubiger im Plan selbst (z. B. Neugläubiger: s. vorstehend): dann auch Wirkung gegenüber diesen Gläubigern	Zum Anspruch von Neugläubigern: BGH v. 13.10.2016 – IX ZR 250/16 in WKRS 2016, 27780
53.	Regelungen – bindend	• die Regelungen im Plan sind bindend • frühzeitige Auszahlungen an Gläubiger – abweichend von festgelegten Zeitpunkten – bedeuten ein Haftungspotential für den Insolvenzverwalter (= im entschiedenen Fall: Zinsverlust für Gläubiger)	Schadensersatz wg. vorzeitiger Zahlung: LG Berlin v. 1.12.2011 – 9 0 293/11 in InsbürO 2012, 281, ZInsO 2012, 326
54.	Aufrechnung	• eine bei Insolvenzeröffnung wirksam erlangte Aufrechnungslage bleibt unabhängig von den Regelungen im Insolvenzplan erhalten • nach Erteilung einer Restschuldbefreiung ist eine Aufrechnung aber nicht mehr möglich	Aufrechnungsmöglichkeit bleibt erhalten: BGH v. 19.5.2011 – IX ZR 222/08 in InsbürO 2012, 396, ZInsO 2011, 1214 Keine Aufrechnung nach RSB-Erteilung: BFH v. 13.12.2016 – X R 4/15 (Rn. 43) in InsbürO 2017, 390, ZInsO 2017, 1580

Nr.	Thema	Checkliste Insolvenzplanverfahren: Erläuterung	Hilfsmittel
55.	Sofortige Beschwerde	• gegen die Bestätigung oder Versagung des Plans besteht das Rechtsmittel der sofortigen Beschwerde (§ 253 i.V.m. § 6 InsO) • zulässig ist die sofortige Beschwerde gegen den Bestätigungsbeschluss nur, wenn (§ 253 Abs. 2 InsO) – Widerspruch gegen Plan im Abstimmungstermin oder schriftlich erhoben wurde – der Beschwerde führende Gläubiger gegen den Plan gestimmt hat – Nachweis der Schlechtstellung geführt wird	Checkliste Rechtsmittel Anforderungen an eine Beschwerde: BGH v. 17.7.2014 – IX ZB 13/14 in InsbürO 2014, 530, ZInsO 2014, 1552
56.	Rechtskraft	• Zur Prüfung der Rechtskraft des gerichtlichen Beschlusses: – Liegt der gerichtliche Beschluss über die Bestätigung vor? – Ist die Zustellung an sämtliche Gläubiger fristgerecht erfolgt? – Ist ein Rechtsmittel bei Gericht eingegangen? • Wiedervorlage zur Kontrolle notieren: 3 Wochen nach dem Erörterungstermin (Bekanntgabe der Entscheidung i.d.R. im Termin, § 252 Abs. 1 InsO)	Wiedervorlagenkalender
57.	Berichtigungen	• seit 2012 durch ESUG (s. nachfolgend): offensichtliche Fehler können berichtigt werden (§ 221 Satz 2 InsO i.V.m. § 248a InsO)	
58.	Beendigung	• zur Verfahrensbeendigung werden übliche Arbeitsschritte vollzogen • für ggf. nachträgliche Forderungsanmeldungen nachträglicher Prüfungstermin erforderlich • Erstellung eines Schlussberichtes (s. nachstehend) und Abhaltung eines Schlusstermins • allerdings: keine Veröffentlichung gem. § 188 InsO, da keine Verteilung stattfindet • vor Verfahrensaufhebung: Masseverbindlichkeiten begleichen (§ 258 Abs. 2 InsO): s. nachfolgend • Auszahlung Guthaben auf Treuhandkonto an schuldnerisches Unternehmen: s. nachfolgend »Treuhandkonto – Auflösung« • Ausschüttungsnachweis gegenüber dem Insolvenzgericht	Checkliste Beendigung des Verfahrens Checkliste Ausschüttungsbericht
59.	Masseverbindlichkeiten	• unstreitige fällige Masseverbindlichkeiten sind gem. § 258 Abs. 2 InsO vor Verfahrensaufhebung zu begleichen • für streitige oder noch nicht fällige Masseverbindlichkeiten: Sicherheit erbringen (§ 258 Abs. 2 InsO) • Sicherheit kann auch für Sozialplanansprüche erbracht werden (s. Rechtsprechung)	Kreuznacht, Massezulänglichkeit als ungeschriebene Zulässigkeitsvoraussetzung des Insolvenzplans oder Redaktionsversehen? NZI 2007, 438 ff. Keine Kostenstundung wg. vorrangiger Befriedigung Masseverbindlichkeiten gem. § 258 Abs. 2 InsO: BGH v. 5.5.2011- IX ZB 136/09 in ZInsO 2011, 1064 Sicherheit für Sozialplanansprüche: LAG Düsseldorf v. 19.3.2015 – 13 Sa 1222/14 in ZInsO 2015, 1447, InsbürO 2015, 537
60.	Schlussbericht	• normale Erstellung eines Schlussberichtes (aber nicht zwingend, je nach Einzelfall und Wunsch des Gerichtes) • Insolvenztabelle: Überarbeitung und für nachträgliche Anmeldungen Anberaumung eines nachträglichen Prüfungstermins (betrifft nur Anmeldungen nach dem Erörterungs- und Abstimmungstermin)	Checkliste Schlussbericht Checkliste Vergütungsanträge

Nr.	Thema	Checkliste Insolvenzplanverfahren: Erläuterung	Hilfsmittel
		• als Besonderheiten ist folgendes zu berücksichtigen: – Anfechtungsprozesse: Weiterführung durch den Insolvenzverwalter auch nach Aufhebung, wenn dies im gestaltenden Teil vorgesehen ist (§ 259 Abs. 3 InsO) – Rechtsstreitigkeiten: Schuldner ist nach Verfahrensaufhebung wieder prozessführungsbefugt – soweit keine andere Regelung bezüglich der Prozessführungsbefugnis des Insolvenzverwalters; anhängige Prozesse hindern den Verfahrensabschluss daher nicht – Forderungseinzug: Regelung im Plan beachten: Wer soll die bestehenden Forderungen nach Verfahrensaufhebung einziehen? – Masseverbindlichkeiten: Prüfung der ausstehenden und ggf. Begleichung (Aufhebungsvoraussetzung gem. § 258 Abs. 2 InsO) – Vergütungsantrag: Berechnungsgrundlage ist eine Schätzung (§ 1 Satz 2 InsVV): s. gesonderte Checkliste – weitere Arbeitsschritte anhand der gesonderten Checkliste Schlussbericht sollten durchgeführt oder zumindest geprüft werden	Prozessführungsbefugnis: BGH v. 9.1.2014 – IX ZR 209/11 (Rn. 15, 17 m.w.N) in ZInsO 2014, 295 Anfechtungsprozesse: BGH v. 7.5.2015 – IX ZB 75/14 (Rn. 34) in InsbürO 2015, 402, ZInsO 2015, 1398
61.	Schlussrechnung	• normale Einreichung aller Buchungen: einmal chronologisch und einmal nach Sachbereichen sortiert • damit: Nachweis der ordnungsgemäßen Verwaltung • je nach Regelung im Insolvenzplan: Planung einer möglichen Verteilung • allerdings: keine Quotenzahlung an alle, sondern je nach Gläubigergruppe i.d.R. unterschiedliche Befriedigung (= Regelungen im Plan) • ggf. auch erst Zahlungen an Gläubiger zu späteren Zahlungsterminen • weitere Arbeitsschritte anhand der gesonderten Checkliste Schlussrechnung sollten durchgeführt oder zumindest geprüft werden • Umfang der Rechnungslegung kann im Plan abweichend geregelt werden • auch der Zeitraum der Rechnungslegungsprüfung kann abweichend geregelt werden: s. AG Ludwigshafen	Checkliste Schlussrechnung Regelung zur Rechnungslegungsprüfung plandispositv: AG Ludwigshafen v. 10.4.2015 – 3 f IN 27/14 Lu, ZInsO 2015, 859 ff.
62.	Treuhandkonto – Auflösung	• Nachweis der Nullkonto-Stellung ist gegenüber dem Insolvenzgericht zur Verfahrensaufhebung nachzuweisen • dafür: Guthabenbetrag an das schuldnerische Unternehmen zahlen • aber: erst alle erforderlichen Zahlungen tätigen (= Massekosten und Masseverbindlichkeiten) • Auflösung des Treuhandkontos sollte zunächst nicht erfolgen • Kunden zahlen ggf. trotz Mitteilung eines neuen Geschäftskontos auch nach Verfahrensaufhebung auf das Treuhandkonto • dann: Weiterleitung dieser Beträge an das schuldnerische Unternehmen • Wiedervorlage für spätere Kontoauflösung notieren	Wiedervorlagenkalender
63.	Aufhebung – Hauptverfahren	• Aufhebung des Verfahrens mit rechtskräftiger Bestätigung des Insolvenzplans (§ 258 Abs. 1 InsO) • Voraussetzung: Ausgleich der Masseverbindlichkeiten (§ 258 Abs. 2 InsO): s. vorstehend • regelmäßig vorab auch: Einreichung Schlussbericht und Abhaltung eines Schlusstermins: s. vorstehend • allerdings: keine Regelung hierzu in § 258 InsO	Kreuznacht, Massezulänglichkeit als ungeschriebene Zulässigkeitsvoraussetzung des Insolvenzplans oder Redaktionsversehen? NZI 2007, 438 ff.
64.	Planerfüllung	• Regelungen im Insolvenzplan sehen häufig Zahlungstermine über einen längeren Zeitraum vor (ggf. sogar über mehrere Jahre) • daher: Möglichkeit, dass ein Insolvenzverwalter die Planerfüllung überwachen soll (Regelung im gestaltenden Teil gem. § 260 InsO)	

Nr.	Thema	Checkliste Insolvenzplanverfahren: Erläuterung	Hilfsmittel
		• dann: jährlicher Bericht des Insolvenzverwalters (§ 261 Abs. 2 InsO) • bei Nichterfüllung: Anzeigepflicht des Insolvenzverwalters (§ 262 InsO)	
65.	Überwachung – Jahresbericht	• Überwachungsauftrag gem. § 260 InsO vorhanden? • dann einmal jährlich über die Planerfüllung berichten (§ 261 Abs. 2 InsO) • schuldnerisches Unternehmen leistet Zahlungen und muss Nachweis gegenüber dem Insolvenzverwalter erbringen • bei Nichterfüllung: Anzeigepflicht gegenüber Gläubigerausschuss und Insolvenzgericht (§ 262 InsO) • Notfrist für jährliche Sachstandsberichte notieren	Muster 227: »Überwachung – Sachstandsbericht Erfüllung« Muster 225: »Überwachung – Anzeige Nichterfüllung ggü. Gericht« Muster 226: »Überwachung – Anzeige Nichterfüllung ggü. Gläubigern« Muster 156 (Gläubiger): »Zustellungsnachweis« Insolvenzsoftware
66.	Überwachung – Vergütung	• für die Überwachung der Planerfüllung kann der Insolvenzverwalter eine gesonderte Vergütung beanspruchen (§ 6 Abs. 2 InsVV) • Vergütungsantrag nach Beendigung der Überwachungstätigkeit stellen • Erlass des Vergütungsbeschlusses und Zahlungseingang kontrollieren	Wiedervorlagenkalender
67.	Aufhebung – Überwachung	• die Überwachung der Planerfüllung wird gemäß § 268 InsO aufgehoben: – wenn der Insolvenzplan erfüllt wurde oder die Erfüllung gewährleistet ist oder – drei Jahre seit der Aufhebung des Insolvenzverfahrens verstrichen sind und kein neuer Antrag auf Insolvenzeröffnung gestellt wurde • der Eingang des entsprechenden Beschlusses ist durch die Insolvenzsachbearbeiter zu kontrollieren • erst mit Aufhebungsbeschluss endet das Amt des Insolvenzverwalters, wenn er mit der Überwachung der Planerfüllung beauftragt wurde	
68.	Literaturtipps	• Wiederhaupt, Standardisierter Insolvenzplan in den Insolvenzverfahren natürlicher Personen – Das Beste aus zwei Welten, ZInsO 2018, 306 ff. • Zipperer, Der Insolvenzplan als Kernstück jeder Sanierung – und die gerichtliche Sicht, Teil 1: InsbürO 2017, 489 ff., Teil 2: InsbürO 2018, 18 ff. • Martini/Horstkotte, Häufige Fehler bei der Aufstellung von Insolvenzplänen und der Durchführung von Insolvenzplanverfahren, ZInsO 2017, 1913 ff. • Brünkmans, Abfindungs- und Bewertungsfragen bei gesellschaftsrechtlichen Maßnahmen im Insolvenzplan, ZInsO 2017, 1401 ff. • Wipperfürth, Insolvenzplan im Verbraucherinsolvenzverfahren – viel Wind um ein »laues Lüftchen«? InsbürO 2016, 281 ff. • Nawroth, Gestaltender Teil des Insolvenzplans für Verbraucher – Vorschläge zum praktischen Umgang, InsbürO 2016, 66 ff. • Brünkmans, Präklusions- und Ausschlussklauseln in Insolvenzplänen, ZInsO 2016, 245 • Suwelack, Behandlung der Lohn- und Gehaltszahlung bei Verfahrensaufhebung unter Berücksichtigung eines Insolvenzplanverfahrens, InsbürO 2013, 26 ff.	

Nr.	Thema	Checkliste Insolvenzplanverfahren: Erläuterung	Hilfsmittel
		• Voß, ESUG: Das Insolvenzplanverfahren, InsbürO 2013, 256 • Wertenbruch, Die Personengesellschaft im Vergleich zur AG und GmbH im Insolvenzplanverfahren, ZIP 2013, 1693 ff.	
69.	ESUG	• ESUG = Abkürzung für das Gesetz zur weiteren Erleichterung der Sanierung von Unternehmen vom 07.12.2011 (BGBl. 2011 Teil I, S. 2582 – Ausgabe Nr. 64) • für einen Überblick über die eingetretenen Änderungen durch das ESUG: s. Synopse §§ 217 – 269 InsO	Synopse ESUG, InsbürO 2012, 175 ff.

Checkliste 38: Insolvenztabelle – Führung

75 Das Insolvenzverfahren dient gem. § 1 InsO der gemeinschaftlichen Befriedigung der Gläubiger. Die Umsetzung dieses Ziels ist nur dann möglich, wenn die Forderungen der Gläubiger erfasst werden. Hierzu gibt es die Insolvenztabelle. In ihr werden die angemeldeten Forderungen der Gläubiger, d. h. also die Verbindlichkeiten des Schuldners gegenüber Dritten, einzeln aufgenommen und – soweit die Forderungen als berechtigt festgestellt werden – später bei der Verfahrensbeendigung in ein Verteilungsverzeichnis übertragen. Ein etwaig vorhandener Massebestand wird dann anhand eines solchen Verteilungsverzeichnisses quotal an die Gläubiger verteilt. Die Führung der Insolvenztabelle ist ein umfangreiches und verantwortungsvolles Aufgabengebiet von Insolvenzsachbearbeitern. Es sind eine Vielzahl von einzelnen Aspekten zu berücksichtigen. Daher wurde das Thema »Insolvenztabelle« in mehrere Untertitel aufgeteilt und wurden mehrere einzelne Checklisten erstellt.

(Die Übersicht ist nach gängigen Informationen und Arbeitsschritten sortiert.)

76

Nr.	Thema	Checkliste Insolvenztabelle – Führung: Erläuterung	Hilfsmittel
1.	Verbraucherinsolvenzverfahren	• keine Besonderheiten • gleiche Führung wie im IN-Verfahren	
2.	Aktenanlage in der Software	• Verfahrensdaten eingeben: Schuldnername mit Adresse, Telefonnummer, Insolvenzgericht und Aktenzeichen, Verfahrensstatus, Datum Insolvenzantrag u.a. • ggf. ist die Eingabe während einer Gutachtenphase oder einer vorläufigen Verwaltung schon erfolgt?	Insolvenzsoftware
3.	Fristen notieren	• Eingabe der Anmeldefrist, der Drittelfrist, des Prüftermins in Insolvenzsoftware • ggf. Termin für Info über unerlaubte Handlungen (je nach Gericht unterschiedlich) notieren: s. nachfolgend • ggf. werden diese Fristen vorab vom Sekretariat erledigt? Dann Kontrolle durch Tabellensachbearbeiterin	Insolvenzsoftware
4.	Archivierung – Schriftverkehr	• Anlage eines Ordners »Insolvenztabelle« • darin: Trennkarten für Schriftverkehr mit dem Insolvenzgericht, mit dem Schuldner (jeweils speziell bzgl. der Insolvenztabelle)	Muster 210 – 213 (Inhaltsverzeichnis): Inhaltsverzeichnis (versch. Varianten)
5.	Wünsche Gericht – Übersicht	• Gibt es für das betreffende Gericht bereits eine Übersicht mit allen Wünschen zur Führung der Insolvenztabelle? • wenn ja: ausdrucken und zum Tabellenordner nehmen • wenn nein: dann anlegen	Muster 258: »Übersicht Insolvenztabelle – Wünsche Gericht«
6.	Datenerfassung – Gläubiger	• Eingabe der Gläubigerdaten aus der Finanzbuchhaltung (FIBU) des Schuldners (Kreditorenliste): Adressdaten, aber auch einzelne Forderungen der Gläubiger • ggf. in das System einspielen aus Excel-Liste: Unternehmen über Ausfüllen der Liste (bestimmte Reihenfolge) informieren • Achtung: auf gerichtliche Schnittstellen für Datentransfer achten: IT-InsO oder BES-InsO = u.a. unterschiedliche Anredevorgaben • bei Nichtbeachtung der Schnittstellen: Fehlermeldung beim Datentransfer	Muster 173 – 176, 267, 277: »Liste vorzulegende Unterlagen« mit Beispiel zur Kreditorenliste für Einspielung in das System

Nr.	Thema	Checkliste Insolvenztabelle – Führung: Erläuterung	Hilfsmittel
		• FIBU-Forderungen sind zum späteren Abgleich bei der Prüfung wichtig = ggf. Abweichung vom Anmeldebetrag • bei natürlichen Personen: Eingabe der Daten aus Gläubigerliste = Anlage zum Insolvenzantrag	
7.	Gläubigeraufforderung zur Anmeldung	• sämtliche Gläubiger innerhalb einer Woche nach Insolvenzeröffnung zur Anmeldung ihrer Forderungen auffordern • vorab Daten erfassen: s. vorstehend »Datenerfassung« • Kopie eines Schreibens mit Vermerk versehen: »An alle Gläubiger gem. Zustellungsnachweis versandt« = dann braucht man nicht alle Schreiben archivieren • Zustellungsnachweis erbringen: s. nachstehend	Muster 250: »Gläubigeraufforderung zur Anmeldung«
8.	Gläubigeraufforderung – Anlagen	• die Aufforderung zur Forderungsanmeldung enthält folgende Anlagen: – Anmeldeformular – (sinnvoll sind unterschiedliche Formulare für jur. und natürliche Personen sowie ein gesondertes für ggf. nachrangige Forderungen) – Merkblatt zum Ausfüllen • Achtung: diese Anlagen in regelmäßigen Abstand überprüfen: Entsprechen sie noch der aktuellen Handhabung oder hat sich etwas geändert?	Muster 247 und 248: »Forderungsanmeldungsformular jur./nat. Pers.« Muster 249: »Forderungsanmeldungsformular Nachrang § 39 InsO« Merkblatt zur Anmeldung: herunterladen über www.justiz.nrw.de (nutzbar für ganz Deutschland, allgemeine Infos)
9.	Gläubiger im Ausland	• Seit Inkrafttreten der Neuregelungen der EuInsVO im Juni 2017 Änderungen bei der Aufforderung von Gläubigern im Ausland: – siehe umfassende Erläuterungen in der Checkliste Auslandsbezug – zusammenfassend: zwingende Versendung vorgeschriebener Formulare (Anhang I und II), die über das europäische Justizportal heruntergeladen werden können (Art. 54 Abs. 2, 3 EuInsVO i.V.m. Art. 88 EuInsVO) – Formular »Anhang I« ist vom Insolvenzbüro auszufüllen: sinnvoll wäre der Ausdruck in englischer Sprache, weil dem Gläubiger das Verständnis damit erleichtert wird, dies ist aber nicht zwingend – längere Anmeldefrist: mindestens 30 Tage	Checkliste Auslandsbezug > Forderungsanmeldung mit näheren Erläuterungen Muster 239: »Ausland – Aufforderung zur Anmeldung – innerhalb der EU«
10.	Zustellungsnachweis	• Zustellungsnachweis gegenüber Insolvenzgericht erbringen: zusammen mit diesem ist ersichtlich, welche Gläubiger angeschrieben wurden • Achtung: Bei Gläubigern mit Bevollmächtigten ist Zustellung unbedingt an die Bevollmächtigten vorzunehmen (§ 172 ZPO)	Muster 156 (Gläubiger): »Zustellungsnachweis« Muster 157 (Gläubiger): »Zustellungsnachweis – Übersendung an Gericht«
11.	Anmeldefrist	• grundsätzlich gilt die Anmeldefrist gem. § 28 Abs. 1 InsO • gem. § 177 Abs. 1 Satz 1 InsO können aber auch verspätete Anmeldungen im Prüfungstermin geprüft werden • dafür aber erforderlich: kein Widerspruch vom Insolvenzverwalter oder Insolvenzgläubiger • ansonsten: nachträglicher Prüfungstermin, § 177 Abs. 1 Satz 2 InsO • unterschiedliche Handhabung der Gerichte: muss jeweils abgeklärt werden • tlw. Stichtag Anmeldefrist, tlw. bis zur Drittelfrist, tlw. bis 3 Tage vor Prüfungstermin • Klärung wichtig für Einreichung der Unterlagen zum Prüfungstermin	Muster 258: »Übersicht Insolvenztabelle – Wünsche Gericht«

Nr.	Thema	Checkliste Insolvenztabelle – Führung: Erläuterung	Hilfsmittel
12.	Drittelfrist – grundsätzliches	• Regelung in § 175 Abs. 1 Satz 2 InsO • Vorlage der Insolvenztabelle beim Insolvenzgericht mit Anmeldungen und beigefügten Unterlagen innerhalb des ersten Drittels des Zeitraums, der zwischen dem Ablauf der Anmeldefrist und dem Prüfungstermin liegt • Anmeldefrist (§ 28 Abs. 1 InsO) und Prüfungstermin (§ 29 Abs. 1 Nr. 2 InsO) stehen im Eröffnungsbeschluss • Grund der Vorlage: Niederlegung der Tabelle in der Geschäftsstelle gem. § 175 Abs. 1 Satz 2 InsO und damit Einsichtsmöglichkeit der Beteiligten • Bsp.: Prüfungstermin: 21.07., Ablauf Anmeldefrist: 30.06., Zeitraum zwischen diesen Terminen: 3 Wochen, Ablauf Drittelfrist: 07.07. = Ablauf der ersten Woche • bis zur Niederlegung: Verwalter führt allein die Tabelle = Änderungen bis dahin sind möglich • nach Niederlegung: Insolvenzgericht führt die Tabelle (§ 15a Abs. 5 AktO) = Änderungen müssen jeweils mitgeteilt werden	
13.	Unerlaubte Handlung – gesonderte Meldung	• Die Insolvenzgerichte sind über das Vorliegen von Anmeldungen aus unerlaubter Handlung (§ 302 Nr. 1 InsO) gesondert zu informieren, i.d.R. zur Drittelfrist • je nach Handhabung des Gerichtes wird sogar schon mit Ablauf der Anmeldefrist eine Meldung über unerlaubte Handlungen gewünscht • Achtung: wenn kein Restschuldbefreiungsantrag gestellt wurde, kann auch kein Ausnahmetatbestand gem. § 302 InsO in die Tabelle eingetragen werden, aber: das Insolvenzgericht sollte dennoch informiert werden = dortige Entscheidung über weiteres Vorgehen	Muster 242 – 243: »Drittelfrist – Versendung Insolvenztabelle« (jur. Pers. + nat. Pers.) Muster 237: »Ausgenommene Forderung – gesonderte Meldung« Muster 258: »Übersicht Insolvenztabelle – Wünsche Gericht« kein RSB-Antrag = keine Eintragung wg. § 302 InsO: AG Köln. v. 1.12.2016 – 73 IN 485/15 (m.w.N.) in InsbürO 2017, 164, ZInsO 2017, 109
14.	Prüfung der Anmeldungen – Vorlage	• die Insolvenztabelle, d. h. die Tabellenausdrucke mit Entwürfen der Prüfungsvermerke und den entsprechenden Anmeldungen in gesammelter Form aus der Tabellenabteilung intern zur Prüfung vorlegen • zuständig: Insolvenzsachbearbeiter des Verfahrens und Insolvenzverwalter • diesen Prüfungszeitraum bei nachfolgenden Arbeitsschritten mitberücksichtigen	Checkliste Insolvenztabelle – Prüfung
15.	Eingang der Anmeldung	• Anmeldungen unbedingt mit einem Eingangsstempel versehen, da die Sortierung (= Nummerierung) später nach Eingangsdatum erfolgt • ratsam: Anmeldung durchsehen, ob ggf. Aus- oder Absonderungsrechte geltend gemacht werden • in dem Fall: sofortige Kopie an Insolvenzsachbearbeiter: Start der Klärung dieser Rechte, dadurch wird die Aufnahme eines Ergebnisses im ersten Bericht ggf. möglich	
16.	Unterschrift	• die Forderungsanmeldung muss unterschrieben sein, allerdings muss es keine Originalunterschrift sein, sondern reicht bspw. auch eine Unterschrift auf einem Telefax • es muss zweifelsfrei erkennbar sein, wer Absender ist • Ausnahmen von Unterschrift: bspw. Behörde bei Verwaltungsakt (§ 37 Abs. 3 i.V.m. Abs. 5 VwVfG) • bei Eingang per E-Mail muss die Anmeldung als PDF-Formular im Anhang unterschrieben sein oder die E-Mail enthält eine qualifizierten elektronischen Signatur; dieser Handhabung muss der Verwalter aber vorher zugestimmt haben (§ 174 Abs. 4 InsO)	Hamburger Kommentar zum Insolvenzrecht, 7. Aufl., Preß/Henningsmeier, § 174 Rn. 10 Radschuwait, Muss die Forderungsanmeldung unterschrieben sein? InsbürO 2018, 67 ff.

Nr.	Thema	Checkliste Insolvenztabelle – Führung: Erläuterung	Hilfsmittel
		• der Absender muss eindeutig identifizierbar sein • es muss deutlich sein, dass es sich um keinen Entwurf handelt, sondern der Absender für den Inhalt der Anmeldung einsteht • bei fehlender Unterschrift muss der Gläubiger auf diesen Mangel hingewiesen werden	
17.	Forderungsanmeldung – Sortierung – Start	• für jede Anmeldung eine Trennkarte mit Namen des Gläubigers anlegen • nach Eingangsdatum abheften, die älteren Anmeldungen liegen oben, die jüngsten unten • innerhalb eines Datums: alphabetisch sortieren • Tabellennummer noch nicht auf der Trennkarte eintragen; sie wird sich ggf. noch ändern • Insolvenzsoftware vergibt zunächst eine vorläufige Tab.-Nr. je nach Reihenfolge der Eingabe, sortiert aber noch nicht nach Datum • spätere Sortierung nach Abschluss der Eingaben vornehmen – siehe nachfolgend	
18.	Forderungsanmeldung – Eingabe Gläubigerdaten	• einzelne Daten zu jeder Anmeldung vollständig in der Insolvenzsoftware eingeben: • Spalten in der Software durchgehen und füllen. Die wichtigsten dabei: – vollständiger Name bzw. vollständige Firmierung und Anschrift des Gläubigers – ggf. gesetzlicher Vertreter (je nach Wunsch des Gerichtes): s. nachstehend »Vertreter« – Beteiligtenart des Gläubigers im System vermerken für spätere Filterung: z. B. Arbeitnehmer, Lieferant, Bank etc. – Aktenzeichen des Gläubigers (immer, auch bei Bevollmächtigten) – bei Bevollmächtigten Angaben zur Vollmacht: wichtig für spätere Quotenausschüttung: s. Literaturtipp und Checkliste Verteilung – Aktenzeichen des Bevollmächtigten – Zustellungsempfänger vermerken: Gläubiger oder Bevollmächtigter – Bankverbindung, ggf. vom Bevollmächtigten, wenn Geldempfangsvollmacht von diesem vorliegt – Anmeldedatum – Hauptforderung, Nebenkosten, Zinsen – Achtung: Zinsen werden nicht ausgerechnet: Aufgabe des Gläubigers • handelt sich um eine formell korrekte Anmeldung, müssen die Daten aufgenommen werden: inhaltlichen Zweifel ist über den Prüfungsvermerk zu begegnen (= bestreiten) (s. Rechtsprechung)	Insolvenz-Software Muster 258: »Übersicht Insolvenztabelle – Wünsche Gericht« Checkliste Vertretungsverhältnisse Radschuwait, Muss ein Bevollmächtigter zur Forderungsanmeldung eine Vollmacht vorlegen? InsbürO 2018, 67 ff. Checkliste Verteilung > Bevollmächtigter Aufnahme in die Insolvenztabelle auch bei etwaigen Einwendungen: BGH v. 26.1.2017 – IX ZR 315/14 (Rn. 27, 29) in InsbürO 2017, 216, ZInsO 2017, 496
19.	Vertreter	• bei juristischen Personen oder Behörden etc. ist die Angabe des Vertreters erforderlich • aber: Vertreter (z. B. Geschäftsführer, Bürgermeister etc.) können im Laufe des Verfahrens wechseln • daher i.d.R. nur Angabe der Art der Vertretung (z. B. GmbH, vertreten durch Geschäftsführer, Gemeinde, vertreten durch Bürgermeister etc.) • jedoch: unterschiedliche Handhabung der Gerichte: manche fordern auch konkrete Namen • daher: Klärung mit dem jeweiligen Insolvenzgericht • in der Checkliste Vertretungsverhältnisse finden sich auch Angaben zur Formulierung bei Einzelfirmen (z.B. Name handelnd unter …), bei einer GbR u.v.m.	Checkliste Vertretungsverhältnisse Muster 258: »Übersicht Insolvenztabelle – Wünsche Gericht«

Nr.	Thema	Checkliste Insolvenztabelle – Führung: Erläuterung	Hilfsmittel
20.	Rechtsnachfolge	• Definition: Eintritt einer Person in ein bestehendes Rechtsverhältnis anstelle des Rechtsvorgängers • Unterscheidung: – Einzel-Rechtsnachfolge, z.B. Forderungsabtretung (§§ 398 ff. BGB) oder – Gesamt-Rechtsnachfolge, z.B. Erbschaft (§§ 1922 ff. BGB) • Nachweis zu erbringen gem. § 727 ZPO: in öffentlicher oder öffentlich-beglaubigter Form oder offenkundig (z.B. Abtretungserklärung, Erbschein, Handelsregisterauszug) • Rechtsnachfolge hat der Rechtspfleger zu prüfen (§ 20 Nr. 12 RPflG) wg. späterer Erteilung der Vollstreckungsklausel • bei Bürgen und Gesamtschuldnern: Forderungsübergang (§§ 774, 426 BGB) • nach AG Düsseldorf soll bei Bürgen kein Nachweis der Rechtsfolge erforderlich sein, weil es sich um einen Parteiwechsel und keine Rechtsnachfolge handele (s. rechts): Aufnahme in Verteilungsverzeichnis sei auch ohne Änderung der Insolvenztabelle möglich	Checkliste Insolvenztabelle – Zusatzinfos bes. Gläubiger Gesamtschuldner/Bürgen Nachweis der Rechtsnachfolge: BGH v. 30.8.2017 – VII ZB 23/14 (Rn. 15) in ZInsO 2017, 2694 Folgen des Forderungsübergangs auf Bürgen in der Insolvenztabelle: AG Düsseldorf v. 18.04.2018 – 502 IN 175/09 in InsbürO 2019, 155 f. mit Anmerkung Deppe
21.	Rechtsnachfolge wg. Fusion	• Rechtsnachfolge = Gläubigerwechsel (z.B. bei Krankenkassen, Banken) • ebenfalls Nachweis zu erbringen gem. § 727 ZPO: in öffentlicher oder öffentlich-beglaubigter Form oder offenkundig • Originalunterlagen vom Gläubiger daher an das Insolvenzgericht und keine Änderung der Tabelle ohne Abstimmung mit dem/der Rechtspfleger/in • Mehrfachverwendung von Unterlagen bei zentraler Sammlung möglich • bei Fusion von Krankenkassen ggf. Offenkundigkeit über www.bundesversicherungsamt.de möglich • bzgl. der Kfz-Steuer: durch Änderung der Zuständigkeiten in den letzten Jahren ggf. Korrektur des Gläubigers im Tabellenauszug (aber unterschiedliche Handhabung der Gerichte, daher im Einzelfall klären) (s. Literaturtipp und Checkliste Insolvenztabelle – Anmeldung Finanzamt: Stichpunkt Kfz-Steuer) • bei unklarer Rechtsnachfolge: bei Verfahrensbeendigung ggf. Hinterlegung eines etwaigen Quotenbetrages • bei fehlendem Nachweis: Abstimmung mit Insolvenzverwalter über weiteres Vorgehen	Meyer, Die Krux mit der Prüfung von Rechtsnachfolgen, InsbürO 2015, 9 ff. Schlamann, Geltendmachung der Kraftfahrzeugsteuer: Tabelleneintragungen und ggf. eingetretene Rechtsnachfolge auf Gläubigerseite, InsbürO 2015, 461 ff. Checkliste Insolvenztabelle – Prüfung Verweis auf Nachweis an zentraler Stelle: OLG Jena v. 23.5.2012 – 9 W 107/12 (Rn. 11, 12) in WKRS 2012, 16625
22.	Prüfung der Anmeldungen – Erstprüfung	• gleichzeitig mit der Dateneingabe: Vorprüfung der Forderung • Eingabe des Prüfungsergebnisses • dies bei nachfolgenden Arbeitsschritten berücksichtigen	Checkliste Insolvenztabelle – Prüfung
23.	Bestreiten	• Grund für ein Bestreiten in der Insolvenzsoftware vermerken • je nach Software: ggf. bei externer Bemerkung eintragen: dann auch für Gläubiger ersichtlich bei Versendung gem. § 179 Abs. 3 InsO (= Versendung Tabellenauszug) • ggf. ergänzenden Aktenvermerk mit näheren Erläuterungen zur Forderung heften = Hilfe für jeden Dritten, der die Akte mal später bearbeitet	Checkliste Insolvenztabelle – Prüfung
24.	Forderungsanmeldung – Eingabe der Forderungsdaten	• nähere Bezeichnung der Forderungen: Warenlieferung, Dienstleistung, Sozialversicherungsbeiträge etc. • bei IN-Verfahren von natürlichen Personen: auch bei Vollstreckungstiteln Forderungsgrund nennen, soweit aus den Anmeldeunterlagen ersichtlich: für spätere Einordnung wichtig, ob private oder geschäftliche Verbindung (anteilige Vorsteuerabzugsberechtigung) • bei IN-Verfahren von natürlichen Personen: bei Darlehensforderungen nennen: geschäftliche oder private Verbindlichkeit zur Ermittlung der Vorsteuerabzugsberechtigung • soweit bekannt und sinnvoll: Zeitraum der Forderung nennen: »... aus Zeit vom ... bis ...« • bei Umsatzsteuer in den Rechnungen der Gläubiger: Haken im System setzen und Umsatzsteuerbetrag gesondert eingeben (für spätere Umsatzsteuer-Berichtigung wichtig)	Checkliste Insolvenztabelle – Prüfung Checkliste Insolvenztabelle – Zusatzinfos bei besonderen Gläubigern: Vollstreckungstitel Deppe, Rechtsfolgen einer titulierten Forderung nur bei Vorlage des Schuldtitels, InsbürO 2016, 244

Nr.	Thema	Checkliste Insolvenztabelle – Führung: Erläuterung	Hilfsmittel
		• Angaben zu möglichen Vollstreckungstiteln machen: in Klammern zur Forderung; und Haken im System setzen für spätere Filtermöglichkeit • Rechtsfolge §§ 179 Abs. 2, 184 Abs. 2 InsO (= Insolvenzverwalter muss ein Bestreiten verfolgen) nur, wenn Titel im Original bis zum Prüfungstermin vorliegt: s. weitergehende Informationen in gesonderter Checkliste • Achtung: Vollstreckungstitel muss den anmeldenden Gläubiger ausweisen: s. Literaturtipp und gesonderte Checkliste Prüfung: Vollstreckungstitel • bei natürlichen Pers.: Angaben zu unerlaubten Handlungen in Klammern zur Forderungsbezeichnung setzen • alle diese Angaben dienen späteren Auswertungen: Nachweis Zahlungsunfähigkeit, Umsatzsteuerberichtigungen, Kontrolle Vorlage Vollstreckungstitel, Wirkung des § 302 Nr. 1 InsO	Deppe, Abtretung titulierter Forderungen ohne Titelumschreibung – Berücksichtigung bestrittener Forderungen bei der Schlussverteilung? InsbürO 2015, 59
25.	Nachrangige Forderungen (§ 39 InsO)	• Katalog der nachrangigen Forderungen in § 39 InsO einsehen: – Zinsen nach Eröffnung – Kosten der Forderungsanmeldung – Geldstrafen, Geldbußen etc. – Forderung unentgeltliche Leistung – Gesellschafterdarlehen u.ä. • Anmeldung von diesen Forderungen nur nach gesonderter Aufforderung durch das Insolvenzgericht möglich (§ 174 Abs. 3 InsO) • ggf. aber: ordnungsgemäße Anmeldung dieser Forderungen im Rang des § 38 InsO (= fehlerhafte Angabe des Gläubigers), dann zwar in die Insolvenztabelle aufnehmen, aber auf jeden Fall bestreiten • durch Bestreiten: Vermeidung der Teilnahme an Verteilung auf Forderungen im Range des § 38 InsO • bei einer Anmeldung im Rang § 39 InsO ohne Aufforderung kann der Insolvenzverwalter die Aufnahme in die Tabelle ablehnen (s. Kortleben rechts m.w.N.) • informativ: Geldstrafen i.S. § 39 Abs. 1 Nr. 3 InsO sind von der RSB gem. § 302 Nr. 2 InsO automatisch ausgenommen: Eine Anmeldung muss hierfür nicht angemeldet werden (vgl. § 302 Nr. 1 (Unterhalt etc.): dort Verweis auf Anmeldung in § 174 Abs. 2 InsO, bei Geldstrafe Nr. 2 kein Verweis)	Kortleben, Anmeldung von nachrangigen Insolvenzforderungen im Sinne des § 39 InsO vor gerichtlicher Aufforderung, ZInsO 2017, 2726 Hackenberg, Nachrangige Insolvenzforderungen, InsbürO 2005, 325 ff. Nickert, Umgang mit titulierten nachrangigen Forderungen, InsbürO 2006, 353 ff. Deppe, Von der RSB ausgenommene Forderungen, InsbürO 2015, 46 ff. Rückzahlungsanspruch Gesellschafter nachrangig, wenn Gesellschafter innerhalb eines Jahres vor Eröffnung ausgeschieden: BGH v. 15.11.2011 – II ZR 6/11 in InsbürO 2012, 239, ZInsO 2012, 141
26.	Sprache	• bei Beteiligung von ausländischen Gläubigern: siehe nähere Erläuterungen in der Checkliste Auslandsbezug, hier zusammenfassend: – nach Art. 55 Abs. 5 i.V.m. Art. 2 Nr. 12 EuInsVO: Gläubiger der EU können ihre Forderungen in jeder Amtssprache der Organe der EU anmelden, also nicht nur in ihrer eigenen, sondern bspw. auch in englisch – Anmeldung in ausländischer Sprache wahrt zunächst die Anmeldefrist – Anforderung einer Übersetzung ist möglich, allerdings nicht standardisiert, sondern nur, wenn schwierige Begriffe nicht verständlich sind	Checkliste Auslandsbezug: Forderungsanmeldung – Sprache Muster 239: »Ausland – Aufforderung zur Anmeldung innerhalb der EU« Muster 240: »Ausland – Aufforderung zur Übersetzung außerhalb der EU« Muster 241: »Ausland – Aufforderung zur Übersetzung innerhalb der EU«
27.	Forderungsanmeldung – Doppel	• Insolvenztabelle wird beim Insolvenzgericht zur Einsichtnahme durch die Gläubiger niedergelegt (§ 175 Abs. 1 Satz 2 InsO), dafür: – je einen Ordner »Insolvenztabelle« für das Insolvenzgericht und den Insolvenzverwalter erstellen – die Ordner haben den gleichen Inhalt – Original-Anmeldungen gehen zum Insolvenzgericht (§ 175 Abs. 1 Satz 2 InsO) • ggf. besondere Wünsche des einzelnen Gerichtes berücksichtigen: z.B. Nutzung von gerichtlichen Aktenbänden statt Ordnern	Muster 258: »Übersicht Insolvenztabelle – Wünsche Gericht«

Nr.	Thema	Checkliste Insolvenztabelle – Führung: Erläuterung	Hilfsmittel
28.	Forderungsanmeldung – fehlende Infos	• Anforderung von fehlenden Unterlagen oder Informationen vor dem Prüfungstermin erspart ggf. das Bestreiten der Forderung und die spätere nochmalige Bearbeitung der Forderungsanmeldung • Musterschreiben nutzen: damit wird der Entwurf des Tabellenauszuges verschickt, aus der Spalte Bemerkung ist der Grund des Bestreitens ersichtlich • Anschreiben zur jeweiligen Anmeldung heften	Muster 231: »Anforderung fehlender Belege«
29.	Forderungsanmeldung – Sortierung – grundsätzliches	• keine Regelung im Gesetz zur Sortierung der Forderungsanmeldungen • möglich: nach Alphabet, nach Datum, durcheinander • gängigste Variante: nach Datum • Eingangsdatum ist für die Eingabe im System entscheidend: daher mit Eingangsstempel versehen	
30.	Tabellennummer	• Forderungen eines Gläubigers aus unterschiedlichen Rechtsgründe sollten getrennt aufgenommen werden • die Vergabe der Tabellennummern orientiert sich dabei an den Schnittstellen, die beim Datentransfer zu den Gerichten, verwendet werden müssen: – für mehrere Forderungen eines Gläubigers mit unterschiedlichen Forderungsbezeichnungen wird jeweils eine Tab-Nr. vergeben (IT-InsO-Schnittstelle) – für mehrere Forderungen eines Gläubiger mit unterschiedlichen Forderungsbezeichnungen wird eine Tabellennummer vergeben, unter dieser werden die unterschiedlichen Forderungen nummeriert (BES-Inso-Schnittstelle) – Beispiel: Arbeitsagentur hat Forderung aus Insolvenzgeldzahlung und Rückforderungsanspruch aus Fördermaßnahme	
31.	Absonderungsrechte	• soweit Absonderungsrechte geltend gemacht werden: direkte Eingabe der Besicherung in der Insolvenzsoftware • Fotokopie der Anmeldung nebst allen Anlagen an den Insolvenzsachbearbeiter zwecks weiterer Bearbeitung übergeben • Banken haben die geltend gemachte Forderung ebenso wie alle anderen Gläubiger zu belegen (§ 174 Abs. 1 InsO) • daher: Vorlage von Darlehensverträgen, Sicherungsverträgen, letzter Kontoauszug, Forderungsaufstellung etc. • Forderung lediglich für den Ausfall feststellen	Muster 231: »Anforderung fehlender Belege« Checkliste Insolvenztabelle – Schlussbericht Checkliste Absonderungsrecht
32.	Aussonderungsrechte	• Aussonderungsrechte werden dem Grunde nach nicht in die Insolvenztabelle eingetragen • es handelt sich gem. § 47 InsO nicht um Insolvenzgläubiger • soweit solche Anmeldungen doch eingehen sollten, Rücksprache mit dem Insolvenzsachbearbeiter nehmen und ggf. weitere Infos, z. B. zu Eigentumsvorbehaltsrechten anfordern • Merkblatt über erforderlichen Nachweis übersenden • ggf. wandeln sich Eigentumsvorbehaltsrechte in Ersatzaussonderungsrechte gem. § 48 InsO, bei denen ein etwaiger Ausfall anmeldefähig wäre	Checkliste Aussonderungsrechte Muster 231: »Anforderung fehlender Belege« Muster 47 (Aussonderungsrechte): »Eigentumsvorbehalt – Merkblatt für Gläubiger«
33.	Haftung Gesellschafter	• s. gesonderte Checkliste • Prozessstandschaft des Insolvenzverwalters: Geltendmachung der Forderungen aus der Insolvenztabelle gegen Gesellschafter • bei etwaigem InsO-Verfahren des Gesellschafters und gleichzeitigem Amt: auf Formulierung im Tabellenauszug achten (Bsp.: GmbH & Co. KG und GmbH)	Checkliste Insolvenztabelle Zusatzinfos (bes. Gläubiger)
34.	Haftung mehrerer Personen	• haften dem Gläubiger neben dem Schuldner auch andere Personen, gilt § 43 InsO • die Forderung kann bis zur vollen Befriedigung im Insolvenzverfahren verfolgt werden, unabhängig von Zahlungen des Dritten (§ 421 BGB) • bei Verfahrensende ist ein möglicher Anspruchsübergang zu prüfen (§ 426 BGB)	

Nr.	Thema	Checkliste Insolvenztabelle – Führung: Erläuterung	Hilfsmittel
		• dafür müssen diese Forderungsanmeldungen gekennzeichnet werden: Eintragung in Übersicht, ggf. Kennzeichnung in Insolvenzsoftware möglich für spätere Filterung • bei der Forderungsart im Tabellenauszug Gesamthaftung vermerken: z. B. »Forderung aus Darlehen als Gesamtschuldner«	
35.	Inkassodienstleister	• zur Vertretung des Gläubigers bei der Forderungsanmeldung sind gem. § 174 Abs. 1 Satz 3 InsO auch Personen befugt, die Inkassodienstleistungen erbringen (= registrierte Personen nach § 10 Abs. 1 Satz 1 Nr. 1 des Rechtsdienstleistungsgesetzes) • Inkassodienstleister können daher als Verfahrensbevollmächtigte in die Tabelle aufgenommen werden • sie sind dann in der Software auch als Postempfänger zu vermerken • Achtung: Manche Insolvenzgerichte möchte die Aufnahme von Inkassodienstleistern als Verfahrensbevollmächtigte nicht: dies ist ggf. jeweils abzuklären • wichtig ist, dass Inkassounternehmen gleichzeitig mit der Forderungsanmeldung eine Vollmacht einreichen müssen, fehlt diese: unverzüglich anfordern • bei fehlender Vorlage der Vollmacht gibt es unterschiedliche Handhabung: Verwalter nimmt Forderung auf, informiert Gericht über fehlende Vollmacht, Gericht weist Anmeldung als unwirksam zurück, Tab.-Nrn. sind zu korrigieren; ggf. alternative Wege mit dem Gericht besprechen	Radschuwait, Muss ein Bevollmächtigter zur Forderungsanmeldung eine Vollmacht vorlegen? InsbürO 2018, 347 ff.: Ziffer IV: fehlende Vollmacht eines Inkassobüros
36.	Krankenkassen – Besonderheit	• wird bzgl. der Arbeitnehmeranteile der Tatbestand der unerlaubten Handlung angemeldet? • dann die Forderungsanmeldung unter zwei Tab.-Nrn. eintragen: einmal mit Arbeitgeberanteil und einmal mit Arbeitnehmeranteil • nur der Arbeitnehmeranteil erhält das Merkmal »ausgenommene Forderung« • ein Sachvortrag ist nach BGH-Rechtsprechung nicht erforderlich, Angabe der »Nichtabführung der Arbeitnehmeranteile« reicht	Checkliste Insolvenztabelle – Prüfung
37.	Unerlaubte Handlungen	• unerlaubte Handlungen = von der Restschuldbefreiung ausgenommene Forderungen (§ 302 InsO) • nicht mehr allein Deliktforderungen i.S.v. § 823 Abs. 2 BGB, sondern auch vorsätzlich pflichtwidriges Verhalten bei gesetzlichen Unterhaltsforderungen und Steuerforderungen stellen unerlaubte Handlungen mit dem Ausnahmecharakter i.S.v. § 302 InsO dar • der geltend gemachte Anspruch muss in tatsächlicher Hinsicht zweifelsfrei bestimmbar sein und der Schuldner/die Schuldnerin erkennen können, welches Verhalten ihm/ihr vorgeworfen wird • Ausnahme für den Sachvortrag: s. vorstehend »Krankenkassen«	Anforderung an Sachvortrag: BGH v. 9.1.2014 – IX ZR 103/13 in InsbürO 2014, 151, ZInsO 2014, 236 Schmittmann, Reform – Teil 10: Die Neufassung der Deliktforderungen in § 302 InsO, InsbürO 2014, 159 ff. Muster 238: »Ausgenommene Forderung – Nichteintragung – Info nach PT«
38.	Ausgenommene Forderungen – Besonderheit bei der Bearbeitung	• Weitere Kopie der Forderungsanmeldungen mit dem Charakter »unerlaubte Handlung« erstellen: Gericht versendet diese an den Schuldner • Kopie dient dem Gericht für den Hinweis gem. § 175 Abs. 2 InsO: Möglichkeit des Widerspruchs durch Schuldner • Tab.-Nr. bereits in Liste für späteren Schlussbericht eintragen: dann später Info über Widerspruch und Ergebnis geben • im Tabellenauszug zusätzlich zur Forderungsart vermerken in Klammern: (Forderung aus unerlaubter Handlung gem. § 302 Nr. 1 InsO: (welcher Forderungsgrund): Unterhalt, Steuer, vorsätzliche Handlung) • diesen Hinweis in Klammern auch bei Zinsen und Nebenforderung setzen: werden ebenfalls nicht von RSB erfasst (s. Rechtsprechung) • in Insolvenzsoftware Haken für ausgenommene Forderung zur späteren Filterung setzen	Keine RSB auf Zinsen: BGH v. 18.11.2010 – IX ZR 67/10 in ZInsO 2011, 102 Keine RSB auf Prozesskosten: BGH v. 2.12.2010 – IX ZR 247/09 in InsbürO 2011, 74 = WKRS 2010, 29513 Grote, Von der RSB ausgenommene Forderungen, InsbürO 2013, 227

Nr.	Thema	Checkliste Insolvenztabelle – Führung: Erläuterung	Hilfsmittel
39.	Zug-um-Zug-Forderungen	• Zug-um-Zug-Forderungen sind nicht anmeldefähig • Wert der Forderung ist nach § 45 Abs. 1 InsO zu schätzen	Zug-um-Zug-Forderungen: BGH v. 11.2.2016 – III ZR 383/12 in InsbürO 2016, 348, ZInsO 2016, 1152
40.	Forderungsanmeldung – Sortierung – Ende	• nach Abschluss der Dateneingabe ist wie folgt vorzugehen: – endgültige Tabellennummern vergeben durch Klicken in der Insolvenzsoftware auf »Nummerieren« = Auswahl nach Sortierkriterien, i.d.R. nach Datum, innerhalb eines Datums alphabetisch – Sortierung der Anmeldeunterlagen im Ordner anhand der endgültigen Nummern ggf. aktualisieren – Trennkarten mit Tabellennummern versehen	
41.	Drittelfrist – Prüfungsergebnisse	• i.d.R. keine »geplanten« Prüfungsergebnisse zur Drittelfrist übersenden • Rechtswirksamkeit der Prüfungsergebnisse tritt erst im Prüfungstermin ein (§ 178 InsO) • vorherige geplante Ergebnisse könnten Gläubiger bei Einsichtnahme verwirren • aber unterschiedliche Handhabung der Gerichte und auch unterschiedliche Handhabung bei mündlichen oder schriftlichen Prüfungstermin	Muster 258: »Übersicht Insolvenztabelle – Wünsche Gericht«
42.	Tabellenauszug – Ausdruck	• Tabellenausdruck auf jede Anmeldung heften für spätere Prüfung durch Sachbearbeiter oder Insolvenzverwalter • Ausdruck-Art je nach Gericht beachten: Hochformat/ Querformat: siehe bes. Wünsche des Gerichtes • denselben Ausdruck in eigenen Ordner heften = Kenntnis von jeweiliger Handhabung des Gerichtes wird dadurch deutlich • Prüfungsdatum sollte enthalten sein = Arbeitserleichterung für Rechtspfleger: auf den beglaubigten Auszügen nur noch Unterschrift erforderlich • verspätete Anmeldungen durch Trennkarte »verspätete Anmeldungen« kennzeichnen	Muster 258: »Übersicht Insolvenztabelle – Wünsche Gericht« Insolvenzsoftware
43.	Stellungnahme Schuldner	• Tabellen-Gesamtübersicht gem. § 175 InsO ausdrucken und an Schuldner übersenden • Schuldner soll ggf. Einwendungen gegen Forderungen und die vorgesehenen Prüfungsergebnisse erheben • bei natürlichen Personen: Verwandtschaftsverhältnis zu einzelnen Gläubigern abfragen: ggf. Anfechtung eines Sicherungsrechts möglich • wenn die Prüfungsergebnisse schon zur Drittelfrist mitübermittelt werden sollen, ist die Rückmeldung des Schuldners zeitlich mit einzuplanen	Muster 257: »Stellungnahme Schuldner – Tabelle § 175 InsO« Insolvenzsoftware
44.	Drittelfrist – Versendung	• wenn Prüfungsergebnisse schon übermittelt werden sollen (bspw. bei schriftlichen Terminen): Rückmeldung durch Verwalter/Insolvenzsachbearbeiter / Schuldner wg. Änderung der vorgeschlagenen Prüfungsergebnisse da? ggf. Eingabe in die Software, • grundsätzlich auch ohne Prüfungsergebnisse: – Anschreiben an das Gericht fertigen – Anschreiben im Tabellenordner unter der Trennkarte »Schriftverkehr mit dem Insolvenzgericht« abheften. – Daten zusätzlich per beA/E-Mail/EGVP an das Gericht versenden; dafür eine Versendedatei in der Insolvenzsoftware erstellen – Achtung: individuelle Wünsche der Gerichte berücksichtigen bei Übergabe der Tabellenunterlagen und Versendung der Tabellendaten	Muster 258: »Übersicht Insolvenztabelle – Wünsche Gericht«: Drittelfrist – Versendung Insolvenztabelle Insolvenzsoftware
45.	Bestrittene Forderungen	• Übersicht über bestrittene Forderungen ausdrucken • auf Wiedervorlage in 2 Monaten legen • es drohen Feststellungsklagen und Kostentragungspflicht gem. § 93 ZPO, wenn keine zeitnahe Änderung des jeweiligen Prüfvermerks erfolgt nach Vorlage weiterer Unterlagen durch den Gläubiger	Insolvenzsoftware Wiedervorlagen-Kalender Kostentragungslast bei vorläufigem Bestreiten: OLG Celle v. 13.3.2012 – 9 W 35/12 in InsbürO 2012, 400, ZInsO 2012, 978

Nr.	Thema	Checkliste Insolvenztabelle – Führung: Erläuterung	Hilfsmittel
		• Prüfungsvermerk »vorläufig bestritten« mit der Begründung, dass noch keine detaillierte Prüfung erfolgen konnte = Haftungsrisiko, da Rechtsprechung gem. § 29 Abs. 1 Nr. 2 InsO auf 2-Monats-Zeitraum verweist • also: Bearbeitung und Änderung über Wiedervorlage im Blick halten	Angemessene Zeit zur Entscheidung über Feststellung: BGH v. 14.7.2016, -IX ZB 62/15 (Rn. 23 m.w.N.) in ZInsO 2016, 1647 Kostentragungspflicht bei floskelhaftem Verweis auf spätere Prüfung: VG Magdeburg v. 25.1.2017 – 3 A 152/16 in ZInsO 2017, 1562, InsbürO 2017, 383 m. Anmerkung Heyn

46.	Bestrittene Forderungen – Feststellungsklagen	• informativ sei an dieser Stelle mitgeteilt: der Gläubiger einer bestrittenen Forderung kann Feststellungsklage erheben:
		– gem. § 180 InsO im ordentlichen Verfahren
		– gem. § 185 InsO bei besonderer Gerichtsbarkeit:
		  – Arbeitsgerichtsbarkeit
		  – Finanzgerichtsbarkeit	

47.	Übersichten – Ausdruck	• für beide Ordner (bzw. Aktenband) – Gericht und Insolvenzverwalter: – Liste aller Gläubiger – nach lfd. Nrn. sortiert – ausdrucken und vorne im Ordner unter einer Trennkarte abheften (= Tabelle § 175 InsO) – Liste aller Gläubiger – alphabetisch sortiert – (= Index ohne ausführliche Angaben) ausdrucken und vorne im Ordner unter einer Trennkarte abheften – Übersicht aller »ausgenommenen Forderungen« ausdrucken und vorne im Ordner unter einer Trennkarte abheften – Übersicht über alle Forderungen mit Vollstreckungstiteln ausdrucken und vorne im Ordner unter einer Trennkarte abheften	Insolvenzsoftware
48.	Prüfungstermin – Ablauf	• Insolvenzverwalter wird die Prüfungsergebnisse anhand einer Tabellenübersicht nach § 175 InsO mit dem Rechtspfleger durchgehen • alphabetische Übersicht mit jeweiliger Tab.-Nr. hilft bei Klärung von Einzelfragen: einzelne Anmeldung dann schnell zu finden • Fragen können bspw. von anwesenden Gläubigern kommen	
49.	Prüfungstermin – Terminzettel	• Terminzettel mit Raumangabe und wesentlichen Infos zum Überblick über die Insolvenztabelle für den Insolvenzverwalter fertigen • Ordner »Insolvenztabelle« zur Mitnahme für den Insolvenzverwalter bereitstellen	Muster 336 – 337 (Terminvorbereitung): Terminzettel – Berichts- und Prüfungstermin (jur. Pers. + nat. Pers.)
50.	Prüfungstermin – Vorbereitung	• etwa 3 Tage vor dem Prüfungstermin sind die Prüfungsergebnisse abschließend einzuarbeiten und zu versenden (wenn dies nicht schon vorher passiert ist): – Informationen des Schuldners in die Tabelle eingearbeitet? – Änderungswünsche des Verwalters/Sachbearbeiters in die Tabelle eingearbeitet? – alle Ausdrucke – wie vorstehend aufgelistet – abgeheftet? – Tabellenauszug mit Prüfungsergebnis auf jede Anmeldung heften – soweit noch nicht geschehen – Daten ggf. erneut per beA/E-Mail/EGVP an das Gericht versenden; dafür eine neue Versendedatei in Insolvenzsoftware erstellen (dieses Mal mit Prüfungsergebnissen) – Anschreiben an das Insolvenzgericht fertigen und unter der Trennkarte »Schriftverkehr mit dem Insolvenzgericht« abheften	Muster 252: »Prüfungstermin – erster – Versendung Tabelle« Muster 253: »Prüfungstermin – erster – Daten – elektronische Versendung Versendung« Muster 258: »Übersicht Insolvenztabelle Wünsche Gericht«: Prüfungstermin erster – Versendung Insolvenztabelle Prüfungstermin – Daten elektronische Versendung Insolvenzsoftware

Nr.	Thema	Checkliste Insolvenztabelle – Führung: Erläuterung	Hilfsmittel
51.	Terminprotokoll	• Prüfung, ob Einwendungen Dritter erhoben wurden • wenn ja: Eingabe in Insolvenzsoftware • Ablage des Protokolls im Ordner Insolvenztabelle unter Trennkarte »Schriftverkehr mit dem Insolvenzgericht«	
52.	Gläubigerinformation über Prüfungsergebnis	• Gläubiger mit festgestellten Forderungen erhalten gem. § 179 Abs. 3 Satz 3 InsO keine Information • Gläubiger mit bestrittenen Forderungen erhalten gem. § 179 Abs. 3 S. 1, 2 InsO einen beglaubigten Tabellenauszug • Grund: Möglichkeit, weitere Unterlagen einzureichen und ggf. nachträgliche Feststellung der Forderung zu bewirken	
53.	Tabellenauszug – beglaubigte – Versendung	• Zustellung eines beglaubigten Tabellenauszuges an Gläubiger mit bestrittenen Forderungen gem. § 179 Abs. 3 InsO • Versendung erfolgt bei vielen Gerichten selbst, andere übertragen diese Zustellungsaufgabe gem. § 8 Abs. 3 InsO an den Insolvenzverwalter • bei Beauftragung: Zustellung an alle Gläubiger mit bestrittenen Forderungen vornehmen: Filterung per Insolvenzsoftware: Serienbrief erstellen • Kopie des Schreibens einmal abheften unter Trennkarte »allgemeiner Schriftverkehr« im Tabellenordner: darauf vermerken »versandt an alle Gläubiger mit bestrittenen Forderungen« • beglaubigte Tabellenauszüge zu jeder Anmeldung heften • Zustellungsnachweis gegenüber dem Insolvenzgericht erbringen	Muster 258: »Übersicht Insolvenztabelle – Wünsche Gericht«
54.	Tabellenauszug – Gläubiger	• wenn keine OLGA (= Online-Gläubigerauskunft) oder kein GIS (= Gläubigerinformationssystem) vorhanden ist, stellen Gläubiger mit festgestellten Forderungen häufig Sachstandsanfragen • in dem Fall: Service des Büros: Tabellenauszug an Gläubiger versenden, ggf. per Fax	Muster 254: »Sachstandsanfrage – Übersendung Tabellenauszug«
55.	Sachstandsanfragen	• Gläubiger fragen nach dem Grund eines etwaigen Bestreitens, nach dem voraussichtlichen Zeitpunkt der Verfahrensbeendigung sowie nach der voraussichtlichen Quotenhöhe • Insolvenzbüros sind grds. nicht zur Beantwortung verpflichtet: Sachstandsberichte und Tabellenunterlagen bei Gericht dienen der Information der Gläubiger • aber: Feststellungsklagen und mögliche Kostenlast für die Masse vermeiden: daher im Einzelfall entscheiden • einzelner Gläubiger hat Anspruch auf kurzfristige Korrektur eines Prüfungsvermerkes • OLGA oder GIS reduzieren die Sachstandsanfragen, weil dann für die Gläubiger Einsicht in eigene Forderungsanmeldung und in Sachstandsberichte möglich wird	Kostentragungslast bei vorläufigem Bestreiten: OLG Celle v. 13.3.2012 – 9 W 35/12 in InsbürO 2012, 400, ZInsO 2012
56.	Unbekannte Gläubiger	• immer wieder gehen auch Zahlungserinnerungen von Insolvenzgläubigern während der Dauer des Insolvenzverfahrens ein, die vorher noch nicht bekannt waren • dann müssen diese nachträglich zur Forderungsanmeldung aufgefordert werden	Checkliste Gläubiger Muster 250: »Gläubigeraufforderung zur nachträglichen Anmeldung«
57.	Nachträgliche Anmeldungen	• i.d.R. gesammelte Mitteilung an das Insolvenzgericht im Rahmen der Sachstandsberichte • individuelle Wünsche der Insolvenzgerichte berücksichtigen • nachträglicher Prüfungstermin wird vom Insolvenzgericht auf Anregung durch das Insolvenzbüro anberaumt • Besonderheit: es gibt keine Drittelfrist mehr	Muster 258: »Übersicht Insolvenztabelle Wünsche Gericht«
58.	Prüfungstermin – nachträglich näheres zu beachten	• für gesonderten Prüfungstermin wird pro Gläubiger eine Gebühr von 20 € (Nr. 2340 KV GKG) berechnet • Vorsicht beim Bestreiten von Forderungen in nachträglichen Anmeldungen kurz vor dem Schlusstermin: Gläubiger muss die Möglichkeit haben, nachträgliche Unterlagen einzureichen • beglaubigter Tabellenauszug gem. § 179 Abs. 3 InsO muss noch vor dem Schlusstermin zugestellt werden	Zur Voraussetzung zur Teilnahme an der Schlussverteilung: BGH v. 22.3.2007 – IX ZB 8/05 in InsbürO 2007, 277, ZInsO 2007, 493

Nr.	Thema	Checkliste Insolvenztabelle – Führung: Erläuterung	Hilfsmittel
		• Praxistipp: Fehlende Informationen/Unterlagen vor dem Prüfungstermin anfordern und Forderungen damit möglichst feststellen • Besonderheit bei nachträglichen Anmeldungen nach Veröffentlichung des Verteilungsverzeichnisses gem. § 188 InsO: Prüfung ist noch möglich, Aufnahme in das Verteilungsverzeichnis aber nicht mehr	
59.	Prüfungstermin – nachträglich- elektronische Versendung	• Daten der nachträglichen Anmeldungen elektronisch an das Gericht versenden • i.d.R. erst, wenn Beschluss über nachträglichen Prüfungstermin vorliegt	Muster 258: »Übersicht Insolvenztabelle Wünsche Gericht«
60.	Prüfungstermin – nachträglich – Zustellung	• Beschluss über nachträglichen Prüfungstermin muss an die Gläubiger gem. § 177 Abs. 3 Satz 2 InsO zugestellt werden • das Insolvenzgericht kann diese Zustellung gem. § 8 Abs. 3 InsO an das Verwalterbüro übertragen • in dem Fall: Zustellungsnachweis erbringen	Muster 156 (Gläubiger): »Zustellungsnachweis« Muster 157 (Gläubiger): »Zustellungsnachweis – Übersendung an Gericht«
61.	Berichtigungen von Prüfungsvermerken – grundsätzliches	• bei bestrittenen Forderungen: Einreichung weiterer Unterlagen durch die Gläubiger mit dem Ziel der nachträglichen Forderungsfeststellung • i.d.R. keine direkte Bearbeitung, sondern Sammlung für Zeitpunkt der Sachstandsberichte • Übersicht vorne im Tabellenordner abheften und entsprechend betroffene Tab.-Nrn. und Gläubigername dort notieren • auf diese Liste kann man dann im Rahmen der Berichterstattung zurückgreifen • aber Achtung Haftungsgefahr: s. vorstehend »bestrittene Forderungen«: Gläubiger hat Anspruch auf zeitnahe Korrektur des Prüfungsergebnisses	Muster 255: »Sachstandsinfo Tabelle für Halbjahresberichte«
62.	Berichtigungen von Prüfungsvermerken – Vorgehen in der Software	• weitere nachträgliche Unterlagen von Gläubigern führen ggf. zu einem anderen Prüfungsergebnis • Achtung: ersten Prüfvermerk nach dem Prüfungstermin nie ändern! Berichtigungen in die Spalte »Berichtigungen« eintragen • ggf. Grund des bisherigen Bestreitens aus der Spalte »Bemerkung« entfernen • zur Gewährleistung dieses Vorgehens: nach dem Prüfungstermin Prüfung vermerken = Sperrung im System vornehmen • jede Änderung muss dem Insolvenzgericht mitgeteilt werden: gleicher Stand der Insolvenztabelle beim Insolvenzverwalter und beim Insolvenzgericht • individuelle Wünsche der Gerichte für Mitteilung dieser Änderungen beachten	Muster 258: »Übersicht Insolvenztabelle Wünsche Gericht«
63.	Berichtigung von Prüfungsvermerken – Information an das Insolvenzgericht	• i.d.R. gesammelte Mitteilung von Änderungen an das Insolvenzgericht, z. B. mit Sachstandsberichten • hierfür: geänderte Tabellenauszüge ausdrucken und Unterlagen vom jeweiligen Gläubiger kopieren • Fristenliste wöchentlich einsehen und diejenigen Tabellen aktualisieren, für die Sachstandsberichte abzugeben sind • Bearbeitungsvermerk für Sachbearbeiter fertigen über aktuellen Stand der Bearbeitung • Archivierung der Anzeige an den Sachbearbeiter und das Gericht über erfolgte Änderungen bei jeder betroffenen Forderungsanmeldung = sonst dort nicht ersichtlich, dass Anzeige erfolgt ist • zusätzlich: Kopie des Schreibens unter SV mit dem AG = ersichtlich, dass und wie oft AG schon informiert wurde	Muster 229 – 230: »Änderung der Insolvenztabelle – Anzeige« (eröffnetes Verf. + RSB-Phase)
64.	Beendigung des Insolvenzverfahrens	• Überarbeitung der Insolvenztabelle zur Erstellung des Schlussverzeichnisses	Checkliste Insolvenztabelle – Schlussbericht

Nr.	Thema	Checkliste Insolvenztabelle – Führung: Erläuterung	Hilfsmittel
65.	GOI	• GOI = Grundsätze ordnungsgemäßer Insolvenzverwaltung (70 Grundsätze) • Grundsatz 11: Qualifiziertes Personal für alle relevanten Bereiche der Insolvenzverwaltung, z.B. Tabellenführung • Grundsatz 63: aktuelle Führung der Insolvenztabelle, materielle Prüfung der Forderungen zum Prüfungstermin, Vermeidung des vorläufigen Bestreitens, Aktualisierung der gerichtlich geprüften Forderungen zu jedem Zwischenbericht • *(Die Autoren danken dem VID für die freundliche Zustimmung zur Veröffentlichung von Hinweisen auf die GOIs)*	VID = Verband Insolvenzverwalter Deutschlands e.V. www.vid.de
66.	Insolvenztabelle beim Insolvenzgericht	• rein informatorisch: – Wie die Insolvenztabelle beim Insolvenzgericht zu führen ist, was mit den eingereichten Unterlagen passieren soll etc., kann einer jeweiligen Länder-Verordnung entnommen werden – Aktenordnung für Gerichte der ordentlichen Gerichtsbarkeit und für die Staatsanwaltschaften = z.B. AktO NRW – Regelung für das Insolvenzverfahren in § 15a Abs. 3 ff. AktO (i.d.F.v. 1.1.2018)	
67.	Nachlassinsolvenzverfahren	• Nachlassverbindlichkeiten werden zur Insolvenztabelle angemeldet und »normal« aufgenommen • Besonderheit: Ansprüche der Pflichtteilsberechtigten oder aus Vermächtnissen haben den Nachrang nach § 39 InsO (§ 327 Abs. 1 InsO) • daher: Forderungsanmeldung nur nach Aufforderung durch das Insolvenzgericht möglich • dennoch Eingang von Anmeldungen? dann Aufnahme in die Tabelle, aber bestreiten	Hamburger Kommentar zur InsO, 7. Aufl., Böhm, § 327 Rn. 1 ff.
68.	Zusatzinformationen	• Checkliste Insolvenztabelle – FinA-Anmeldung • Checkliste Insolvenztabelle – FinA – Kürzel-Überblick • Checkliste Insolvenztabelle – Prüfung • Checkliste Insolvenztabelle – Schlussbericht • Checkliste Insolvenztabelle – Zusatzinfos zu bestimmten Gläubigern	

Checkliste 39: Insolvenztabelle – Prüfung

77 Die einzelnen Forderungsanmeldungen sind unter Zugrundelegung unterschiedlicher Aspekte genauestens zu prüfen. Zum einen geht es um formale Aspekte wie die Übernahme der korrekten Gläubigerbezeichnung, zum anderen um die inhaltliche Prüfung zur Feststellung der Forderung zur Insolvenztabelle. Durch die Feststellung entsteht ein rechtskräftiger Titel (§ 178 Abs. 3 InsO), aus dem die Gläubiger nach Verfahrensbeendigung – sofern keine Restschuldbefreiungsphase mit einem Vollstreckungsverbot (§ 294 InsO) anhängig ist oder keine Restschuldbefreiung erteilt wurde (§ 301 InsO) – vollstrecken können (§ 201 InsO). Es muss daher letztlich eine Antwort auf die Frage gefunden werden: Ist die geltend gemachte Forderung berechtigt und insoweit im Sinne von § 174 Abs. 1 Satz 2 InsO ausreichend belegt?

(Die Übersicht ist nach gängigen Überlegungen und Arbeitsschritten sortiert.)

78

Nr.	Thema	Checkliste Insolvenztabelle – Prüfung: Erläuterung	Hilfsmittel
69.	Prüfungskriterien	• Formale Prüfung: Aufnahme der korrekten Daten • Inhaltliche Prüfung: Ist die Forderung berechtigt und belegt?	schlüssige Darlegung des Forderungsgrundes/Lebenssachverhaltes als Voraussetzung für wirksame Forderung: OLG München, Urt. v. 22.12.2017 – 13 U 927/15 in InsbürO 2018, 163 Deppe, Das insolvenzrechtliche Feststellungsverfahren, InsbürO 2004, 251 ff.

Nr.	Thema	Checkliste Insolvenztabelle – Prüfung: Erläuterung	Hilfsmittel
70.	Datum der Anmeldung	• Ist das richtige Datum der Anmeldung (= Eingangsdatum beim Insolvenzverwalter) im Tabellenauszug vermerkt? • Bedeutung des Eingangsstempels wird hier deutlich	
71.	Gläubigerbezeichnung	• Sind der Name und die Anschrift des Gläubigers vollständig aus der Anmeldung in den Auszug übernommen worden? • Sind ggf. Vor- und Zuname angegeben? • Ist die korrekte Firmenbezeichnung genannt?	
72.	Aktenzeichen des Gläubigers	• Aktenzeichen des Gläubigers im Tabellenauszug vermerkt? • erspart bei etwaigem Schriftverkehr Zuordnungsprobleme beim Gläubiger und vermeidet damit Telefonanrufe im Insolvenzbüro	
73.	Vertretungsverhältnisse	• Ist die Angabe in der Tabelle erforderlich? Siehe in die Vorgaben des Gerichts: manche Gerichte möchten dies nicht • Grund der möglichen Nichtaufnahme: Vertreter des Gläubigers kann sich bis zur Verfahrensbeendigung ändern • wenn Eintragung erforderlich, dann bei Firmen: Ist der gesetzliche Vertreter (Geschäftsführer, Vorstandsvorsitzender etc.) im Tabellenauszug enthalten? • Wurde er in der Anmeldung aufgeführt? ggf. nachfragen • besondere Fälle, wie z. B. beim Inkassounternehmen: s. Checkliste Insolvenztabelle Führung und Checkliste Vertretungsverhältnisse	Checkliste Insolvenztabelle Führung Checkliste Vertretungsverhältnisse Muster 258: »Übersicht Insolvenztabelle – Wünsche Gericht«
74.	Bevollmächtigter	• Bevollmächtigter im Tabellenauszug und als Zustellungsadressat in der Insolvenzsoftware vermerkt? • Vollmacht des Bevollmächtigten gem. § 80 ff. ZPO vorhanden? In der Insolvenzsoftware vermerkt? • Ist der Bevollmächtigte ein Rechtsanwalt? Dann keine Vollmacht erforderlich, § 4 InsO i.V.m. § 88 Abs. 2 ZPO • aber bei Ausschüttung: Vorlage einer Geldempfangsvollmacht immer erforderlich	Checkliste Verteilung
75.	Forderungsart	• Ist eine konkrete Angabe der Forderungsart im Tabellenauszug erfolgt? Beispiele: – Arbeitsentgelt – Lieferung und Leistung – Sozialversicherungsbeiträge – Steuern (konkret benennen: Umsatzsteuer, Lohnsteuer etc.) – …	
76.	Forderungsart – Ergänzung	• Ergänzung der Forderungsart durch Besonderheit: – Forderung aus Vollstreckungsbescheid des Amtsgerichts… vom… (AZ:…) – Forderung aus unerlaubter Handlung oder Deliktforderung – Forderung aus Anfechtung • diese Ergänzung in Klammer zum Forderungsgrund setzen • der Grund der Ursprungsforderung bleibt damit ersichtlich	
77.	Vollstreckungstitel	• Liegt der Forderung ein Vollstreckungstitel zugrunde? • Ist dies in der Insolvenztabelle vermerkt: in Klammern hinter der Forderungsart (Vollstreckungsbescheid des AG … v. …)? • konkreter Forderungsgrund (z. B. Warenlieferung), der dem VB zugrunde liegt, ist für spätere Einordnung der Vorsteuerabzugsberechtigung wichtig: private oder geschäftliche Verbindlichkeit? • Ist dies in der Insolvenzsoftware vermerkt wg. späterer Filterung? Info an das Gericht erforderlich, für welche Forderungen Vollstreckungstitel vorliegen (= Haken setzen)	Checkliste Insolvenztabelle – Zusatzinfos Deppe, Abtretung titulierter Forderungen ohne Titelumschreibung – Berücksichtigung bestrittener Forderungen bei der Schlussverteilung? InsbürO 2015, 59 ff.

Nr.	Thema	Checkliste Insolvenztabelle – Prüfung: Erläuterung	Hilfsmittel
		• Achtung bei Rechtsnachfolge: Titel muss den neuen Gläubiger ausweisen, sonst »Forderung ohne Titel«: s. Literaturtipp • auf Originaltiteln wird gem. § 178 Abs. 2 Satz 3 InsO die Feststellung vermerkt = Entwertung des ursprünglichen Titels • kein Bestreiten wegen Nichtvorlage des Original-Titels durch den Gläubiger • beim Bestreiten aus anderen Gründen: Rechtsfolge der §§ 179 Abs. 2, 189 Abs. 1 InsO (Verfolgung Widerspruch und Berücksichtigung bei Ausschüttung) gilt nur bei Vorlage Originaltitel bis zum Prüfungstermin, liegt der Titel nicht vor, muss der Gläubiger das Bestreiten verfolgen (§ 189 InsO)	Für Feststellung keine Vorlage Originaltitel: BGH v. 1.12.2005 – IX ZR 95/04 in InsbürO 2006, 158, ZInsO 2006, 102 Rechtsfolge titulierter Forderungen nur bei Vorlage Titel: RG, Urt. v. 19.05.1914 – Rep. III. 84/14 in InsbürO 2016, 244 f., WKRS 1914, 10086
78.	Zahlen – Überprüfung	• Stimmen die Zahlenangaben im Anmeldeformular mit den beigefügten Belegen überein? • Sind diese angemeldeten Beträge in der Insolvenztabelle exakt aufgenommen worden? • bei Unstimmigkeiten: Info an Gläubiger wg. Aufklärung • vorherige Klärung vor Ablauf der Drittelfrist erspart Nachfragen des Gläubiger über Grund des Bestreitens und Klärung nach dem Prüfungstermin	Muster 231: »Anforderung fehlender Belege«
79.	Nachweis durch Belege	• Der Forderungsanmeldung sollen die Unterlagen zum Nachweis der Forderung beigefügt werden: § 174 Abs. 1 Satz 2 InsO • Ist die Forderung durch Vorlage von Belegen nachgewiesen? • Sind die Belege ordnungsgemäß? • Leistung bezeichnet und ersichtlich? • Betrag netto und brutto ersichtlich?	Muster 231: »Anforderung fehlender Belege«
80.	Umsatzsteuer in Rechnungen	• Umsatzsteuerbetrag aus den eingereichten Rechnungen der Gläubiger in der Insolvenzsoftware bei den Forderungsdaten erfassen • dies ist für Umsatzsteuerberichtigung gem. § 17 Abs. 1 UStG von Bedeutung • vor Insolvenzeröffnung gezogene Vorsteuerbeträge sind zu korrigieren, weil keine Bezahlung der Verbindlichkeiten erfolgt ist • Ausdruck aus Insolvenzsoftware ziehen: Gläubigerforderungen mit Umsatzsteuer • Kontrolle: wurden alle entsprechenden Forderungen erfasst?	Checkliste Steuerangelegenheiten
81.	Namensidentität	• Korrekter Name des Insolvenzschuldners auf Belegen vorhanden? • ggf. besteht Anspruch gegen Dritten, z. B. Tochtergesellschaft der Schuldnerin o.ä.	
82.	Nebenforderungen	• Werden Nebenforderungen (z. B. Mahn- und Vollstreckungskosten) geltend gemacht? • Sind diese belegt? § 174 Abs. 1 Satz 2 InsO (= Nachweis) gilt ebenso • ggf. Nachforderung beim Gläubiger • i.d.R. Kosten bis 20,00 EUR ohne Nachweis anerkennen	Muster 231: »Anforderung fehlender Belege«
83.	Zinsansprüche	• Werden Zinsen auf die ausstehende Forderung geltend gemacht? • Sind diese richtig berechnet: Korrekter Zinsbeginn, korrekte Zinshöhe, korrekter Zinszeitraum (nur bis zur Insolvenzeröffnung)? • Ist ggf. Verjährung gem. §§ 195, 197 Abs. 2 BGB eingetreten: 3 Jahre ab Ende des Jahres der Rechtskraft des Titels?	Checkliste Insolvenztabelle – Zusatzinfos Kath, Verjährung von Zinsansprüchen, InsbürO 2010, 186 f.
84.	Forderungsaufstellung – Teilzahlungen	• Ergeben sich aus einer Forderungsaufstellung Zahlungen an den Gläubiger innerhalb eines Zeitraums von drei Monaten vor Insolvenzantragstellung (nicht Eröffnung!)? • Doppel anfertigen zur weiteren Verfolgung eines möglichen Anfechtungsanspruchs durch Sachbearbeiter • ggf. fehlende Belege zur Forderungsaufstellung vom Gläubiger anfordern, um ggf. Anfechtungsanspruch zu belegen • häufig ergeben sich daraus Hinweise, wann die Kenntnis des Gläubigers von der Zahlungsunfähigkeit gegeben war (z. B. Vollstreckungsunterlagen)	Checkliste Anfechtung Muster 231: »Anforderung fehlender Belege«

Nr.	Thema	Checkliste Insolvenztabelle – Prüfung: Erläuterung	Hilfsmittel
85.	Verjährung	• Ist ggf. Verjährung eingetreten? • Welches Datum trägt der jeweilige Beleg? • nur ordnungsgemäße Forderungsanmeldung hemmt die Verjährung, daher gerade bei Insolvenzeröffnung und Anmeldefrist über den Jahreswechsel genau prüfen, ob nicht ggf. Verjährung einer angemeldeten Forderung vorliegt • Insolvenzverwalter darf und muss die Verjährungseinrede gem. § 214 BGB erheben und etwaige Forderungen bestreiten • dient dem Schutz der anderen Gläubiger, • ansonsten Wirkung des § 214 Abs. 2 BGB: kein Zurückfordern einer Leistung auf verjährte Forderung • dann kann Haftung gem. § 60 InsO drohen	Checkliste Verjährungsfristen Hamburger Kommentar zum Insolvenzrecht, 7. Aufl., Lüdtke, § 38 Rn. 22 i.V.m. § 178 Rn. 8 Verjährungshemmung nur durch ordnungsgemäße Anmeldung: BGH v. 21.2.2013 – IX ZR 92/12 (Rn. 14) in InsbürO 2013, 327, ZInsO 2013, 602
86.	Kreditorenbuchhaltung oder Gläubigerliste	• Vergleich der Anmeldebeträge mit den Beträgen in der Kreditorenliste bzw. Gläubigerliste: i.d.R. als Fibuforderung in der Insolvenzsoftware bei den Gläubigerdaten vorhanden • bei gravierender Abweichung: Fotokopie der Anmeldung ggf. an die Buchhaltungsabteilung oder ggf. den Schuldner (Verf. über natürliche Person) zwecks Klärung versenden • Wiedervorlage notieren • schriftliche Rückmeldung zur Forderungsanmeldung nehmen und ggf. Prüfungsergebnis berichtigen	Wiedervorlagen-Kalender
87.	Prüfungsvermerke	• Es gibt folgende Möglichkeiten der Prüfvermerke: – *»Die Forderung wird festgestellt.«* – *»Die Forderung wird i.H.v. … EUR festgestellt; i.H.v. … EUR wird die Forderung bestritten.«* – *»Die Forderung wird bestritten.«* – *»Die Forderung wird für den Ausfall festgestellt.«* – *»Die Forderung wird aufschiebend bedingt festgestellt«.* – *Die Forderung wird auflösend bedingt festgestellt.«* • keine Aufnahme »vom Verwalter« (sofern Gericht dies zulässt): wird beim elektronischen Datentransfer über die Schnittstellen IT-InsO und BES-InsO sowieso nicht übermittelt • Achtung: vorläufiges Bestreiten gibt es nach der InsO nicht • Klärung der Vorgehensweise mit dem Insolvenzgericht	Muster 258: »Übersicht Insolvenztabelle – Wünsche Gericht«
88.	Bestreiten	• beim Bestreiten einer Forderung sollte der Gläubiger über den Grund informiert werden • Rechtsprechung geht von einer kurzen Überlegungs- und Bearbeitungsfrist für den Insolvenzverwalter aus: tlw. nur bis zum Prüfungstermin, tlw. bis zu zwei Monaten • eingereichte Nachweise von Gläubigern daher sofort bearbeiten • in Kontakt mit dem Gläubiger bleiben, ggf. nachträgliche Feststellung kurz mitteilen • ansonsten droht Feststellungsklage und Kostentragungspflicht gem. § 93 ZPO • daher: Anmeldungen bis zum ersten Prüfungstermin intensiv prüfen und alle Forderungen feststellen, die belegt sind = keine Prüfung herauszögern und nur deshalb bestreiten	Kostentragungslast bei vorläufigem Bestreiten: OLG Celle v. 13.3.2012 – 9 W 35/12 in InsbürO 2012, 400, ZInsO 2012 Angemessene Zeit zur Entscheidung über Feststellung: BGH v. 14.7.2016, -IX ZB 62/15 (Rn. 23 m.w.N.) in ZInsO 2016, 1647
89.	Arbeitnehmerforderungen	• Bei der Anmeldung von Arbeitnehmern sind unterschiedliche Aspekte zu berücksichtigen, z. B. – nicht nur Anmeldung des Nettoentgeltes – bei Insolvenzgeldzahlung ggf. kein weiterer Zahlungsanspruch • es sei auf die gesonderte Checkliste »Zusatzinfos« verwiesen	Checkliste Insolvenztabelle – Zusatzinfos – bes. Gläubiger
90.	Ausgenommene Forderungen – allgemein	• Regelung in § 302 Abs. 1 InsO: folgende Forderungen unterfallen nicht der RSB: – Forderung aus vorsätzlich begangener unerlaubter Handlung: s. nachstehend »Deliktforderung« – Forderung aus vorsätzlich pflichtwidrig nicht gewährtem Unterhalt: s. nachstehend – Forderung aus Steuerstraftat nach den §§ 370, 373 oder § 374 AO: s. nachstehend	Pianowski, Umgang mit Anmeldungen von neuerdings von der RSB ausgenommenen Forderungen zur Insolvenztabelle, InsbürO 2015, 4 ff. Deppe, Von der RSB ausgenommene Forderungen, InsbürO 2015, 46 ff.

Nr.	Thema	Checkliste Insolvenztabelle – Prüfung: Erläuterung	Hilfsmittel
		• § 302 Nr. 2 InsO (Geldstrafen, -bußen u.ä.): ebenfalls ausgenommen, aber keine Anmeldung erforderlich (= kein Verweis auf § 174 Abs. 2 InsO)	Pape, Die ausgenommenen Forderungen gem. § 302 Abs. 1 InsO – eine aktuelle Bestandsaufnahme –Teil 1: InsbürO 2016, 483 ff. (welche Forderungen betroffen sind) Teil 2: InsbürO 2017, 16 ff. (Voraussetzungen der Anmeldung) Teil 3: InsbürO 2017, 56 ff. (Widerspruch des Schuldners)
91.	Ausgenommene Forderung – Anmeldung	• Voraussetzung einer Anmeldung: Antrag auf Restschuldbefreiung wurde gestellt • Erwirkung der Rechtsfolge der Forderungen des § 302 Nr. 1 InsO: – Erfordernis des Tatsachenvortrages: § 174 Abs. 2 InsO (lt. BGH: zweifelsfreie Bestimmbarkeit des Anspruches erforderlich, aber keine schlüssige Darlegung des Delikttatbestandes) – Ist der Tatbestand der unerlaubten Handlung eindeutig nachzuvollziehen? Ggf. nachfassen • für Forderungen nach § 302 Nr. 2, 3 InsO keine Anmeldung erforderlich	Muster 236: »Ausgenommene Forderung – Anforderung Sachvortrag« Voraussetzung einer Anmeldung mit Rechtsfolge § 302 InsO ohne RSB-Antrag: AG Köln v. 1.12.2016 – 73 IN 485/15 in ZInsO 2017, 109, InsbürO 2017, 165 mit zustimmender Anmerkung Grote Anforderung an Sachvortrag: BGH v. 9.1.2014 – IX ZR 103/13 in InsbürO 2014, 151, ZInsO 2014, 236 Deppe, Von der RSB ausgenommene Forderungen, InsbürO 2015, 46 ff.
92.	Ausgenommene Forderungen – Steuerstraftat	• rechtskräftige Verurteilung muss bei Anmeldung noch nicht vorliegen (vgl. BR-Drucks. 467/12, S. 49) • erst relevant für spätere Erteilung der Vollstreckungsklausel • daher: Aufnahme einer etwaigen Anmeldung in die Insolvenztabelle mit Hinweis auf Anmeldemerkmal des § 302 InsO • lt. BFH-Rechtsprechung kann die Feststellung einer Steuerstraftat im Verwaltungsakt erfolgen: Entscheidung durch FinA, dadurch Rechtsfolge des § 302 InsO bewirken = Ausnahme von Restschuldbefreiung	Pianowski, Umgang mit Anmeldungen von neuerdings von der RSB ausgenommenen Forderungen zur Insolvenztabelle, InsbürO 2015, 4 ff. Deppe, Von der RSB ausgenommene Forderungen, InsbürO 2015, 46 ff. Feststellung Steuerstraftat im Verwaltungsakt: BFH v. 07.08.2018 – VII R 24/17 u. VII R 25/17 in InsbürO 2019, 45, ZInsO 2018, 2674
93.	Ausgenommene Forderungen – Unterhalt	• Pflichtwidrigkeit liegt gem. Gesetzesbegründung BT-Drucks. 17/11268 (S. 32) vor, wenn – gesetzliche Unterhaltspflicht – Bedürftigkeit des Unterhaltsberechtigten – Leistungsfähigkeit des Unterhaltsschuldners – vorsätzliches Handeln • Sachvortrag: *»in tatsächlicher Hinsicht zweifelsfrei bestimmt ist und der Schuldner erkennen kann, welches Verhalten der Gläubiger ihm vorwirft«* • daher: Aufnahme einer etwaigen Anmeldung in die Insolvenztabelle mit Hinweis auf Anmeldemerkmal des § 302 InsO	Pianowski, Umgang mit Anmeldungen von neuerdings von der RSB ausgenommenen Forderungen zur Insolvenztabelle, InsbürO 2015, 4 ff. Deppe, Von der RSB ausgenommene Forderungen, InsbürO 2015, 46 ff.

Nr.	Thema	Checkliste Insolvenztabelle – Prüfung: Erläuterung	Hilfsmittel
			Erforderlicher Sachvortrag des Gläubigers zum Vorsatz: BGH v. 3.3.2016 – IX ZB 33/14 in ZInsO 2016, 918, InsbürO 2016,246 Sekundäre Darlegungspflicht des Schuldners für fehlende Leistungsfähigkeit bei Unterhaltsverpflichtung: BGH v. 3.3.2016 – IX ZB 65/14 in InsbürO 2016, 245, ZInsO 2016, 848
94.	Deliktforderung – Rechtsgrundlagen	• Rechtsgrundlagen für die Anmeldung einer Deliktforderung können sein: § 823 Abs. 2 BGB bspw. i.V.m. – § 263 StGB (Betrug), – § 170b StGB (Verletzung gesetzlicher Unterhaltspflicht), – § 266a StGB (nicht abgeführte Sozialversicherungsbeiträge)	
95.	Deliktforderung – Vollstreckungsbescheid	• wg. Anmeldevoraussetzungen s. vorstehend: »Ausgenommene Forderungen« • Benennung der unerlaubten Handlung im Vollstreckungsbescheid oder in privatschriftlichen Schuldanerkenntnissen reicht nicht aus: fehlende Belehrung des Schuldners über Tragweite (= nämlich keine RSB für diese Forderung, § 302 InsO) • Geltendmachung im Anmeldeformular: Forderung in Tabelle aufnehmen, aber Rechtsgrund der unerlaubten Handlung ggf. weglassen: Insolvenzgericht informieren	Muster 236: »Ausgenommene Forderung – Anforderung Sachvortrag« keine Deliktforderung im VB: BGH v. 28.6.2012 -IX ZR 160/11 (Rn. 12) in ZInsO 2012, 1614, WKRS 2012, 20509 Hain, Die unerlaubte Handlung, ZInsO 2011, 1193 Heyn, Deliktforderung, InsbürO 2009, 32 Pianowski, Umgang mit Anmeldungen von neuerdings von der RSB ausgenommenen Forderungen zur Insolvenztabelle, InsbürO 2015, 4 ff. Deppe, Von der RSB ausgenommene Forderungen, InsbürO 2015, 46 ff
96.	Deliktforderung – Sachvortrag	• nach BGH-Rechtsprechung muss der geltend gemachte Anspruch zweifelsfrei bestimmbar sein = der Schuldner muss erkennen können, welches Verhalten ihm vorgeworfen wird • darüber hinaus muss ein Schaden eingetreten sein und belegt werden und der Gläubiger hat zum vorsätzlichen Handeln vorzutragen (s. AG Köln rechts)	Anforderung an Sachvortrag: BGH v. 9.1.2014 – IX ZR 103/13 in InsbürO 2014, 151, ZInsO 2014, 236 Sachvortrag zum Schaden und zum Vorsatz: AG Köln v. 7.4.2017 – 71 IK 175/15 in ZInsO 2017, 1036, InsbürO 2017, 296 ff. mit Anmerkung Henning
97.	Deliktforderung – Krankenkassen	• auch für Krankenkassen gilt § 174 Abs. 2 InsO = konkrete Bezeichnung des Anspruches • für diese gilt aber nach BGH-Rechtsprechung, die Angabe, dass Arbeitnehmeranteile nicht abgeführt wurden ohne weitere schlüssige Darlegung des Sachverhaltes	Checkliste Insolvenztabelle – Zusatzinfos: Sozialversicherungsträger: Deliktforderung

Nr.	Thema	Checkliste Insolvenztabelle – Prüfung: Erläuterung	Hilfsmittel
98.	Aus- und Absonderungsrechte	• Wird ein Aus- oder Absonderungsrecht geltend gemacht? • Ist dies in der Insolvenzsoftware vermerkt? • Forderung kann damit lediglich als Ausfallforderung festgestellt werden • Folgen der Feststellung für den Ausfall: keine Berücksichtigung bei einer etwaigen Verteilung ohne Bezifferung des eingetretenen Ausfall und abschließender Feststellung (s. Checkliste Insolvenztabelle – Schlussbericht) • Wurde die Anmeldung gesondert kopiert und dem Sachbearbeiter zur Bearbeitung und Berücksichtigung übergeben?	Checklisten Aussonderungsrechte Absonderungsrechte Checkliste Insolvenztabelle – Schlussbericht
99.	Betriebskostennachforderung	• Betriebskostennachforderung = einfache Insolvenzforderung in der Insolvenz des Mieters auch dann, wenn der Vermieter erst nach Insolvenzeröffnung oder nach dem Wirksamwerden der Enthaftungserklärung des Insolvenzverwalters gem. § 109 Abs. 1 S. 2 InsO abrechnet • Voraussetzung: Nachforderung betrifft Abrechnungszeitraum vor Insolvenzeröffnung	Zur Einordnung als Insolvenzforderung: BGH v. 13.4.2011 -VIII ZR 295/10 in InsbürO 2011, 228, ZInsO 2011, 968
100.	Finanzverwaltung	• Prüfung der Anmeldungen der Finanzverwaltung sind kompliziert • Erläuterungen sind umfassend, können nur ansatzweise in Form einer Checkliste gegeben werden • ausdrücklicher Verweis auf Literaturtipps • i.d.R. Rücksprache nach Vorprüfung mit der Buchhaltung	Checkliste Insolvenztabelle – FinA-Anmeldung Checkliste Insolvenztabelle – FinA – Kürzel-Überblick
101.	Gerichtskosten	• Gerichtskosten können von der Gerichtskasse als zuständige Vollstreckungsbehörde vollstreckt werden = kein Vollstreckungstitel erforderlich (§ 6 Abs. 1 Nr. 1, Abs. 2 i.V.m. § 2 Abs. 1 S. 1 JBeitrG, s. auch §§ 802a bis 802i ZPO) • Voraussetzungen lt. BGH: Unterschrift und Dienstsiegel • Gerichtskostenrechnungen, die diese Voraussetzungen erfüllen, sind daher als titulierte Forderungen in die Insolvenztabelle einzutragen.	Zur Vollstreckung durch eine Gerichtskasse: BGH v. 18.12.2014 – I ZB 27/14 in WKRS 2014, 34845
102.	Geschäftsführer/ Gesellschaftern	• Kenntnis der Namen der Geschäftsführer und Gesellschafter für Tabellenprüfung erforderlich • dadurch: Erkennen der entsprechenden Anmeldungen dieser Personen • möglichen Nachrang gem. § 39 Abs. 1 Nr. 5 InsO beachten • auch mögliche Gegenforderungen (= Haftungsansprüche) berücksichtigen • etwaige Feststellung nur in Abstimmung mit dem Insolvenzverwalter, Forderungen i.d.R. zum ersten Prüfungstermin zunächst bestreiten	Checkliste Haftungsansprüche
103.	Geschäftsführerhaftung nach der AO	• Achtung bezüglich der Haftung von Geschäftsführern für Steuerforderungen nach der AO • Geschäftsführer einer GmbH haftet gem. § 69 AO ggf. persönlich für Steuerverbindlichkeiten • daher ist es wichtig, diesen über Steuerfestsetzungen zu informieren = Möglichkeit der Korrektur für ihn = Minderung der Haftung • dies gilt insbesondere für Schätzungsbescheide • werden Steuerforderungen auf Basis von Schätzungsbescheiden zur Insolvenztabelle festgestellt, kann der Geschäftsführer im Haftungsprozess gegen ihn keine Einwendungen mehr erheben (s. BFH-Rechtsprechung) = Haftung für ihn in dieser Höhe	Muster 331 (Steuerangelegenheiten): »Haftung – Geschäftsführer – Info über Steuerschätzung« Ausschluss von Einwendungen nach Feststellung zur Tabelle: BFH v. 27.09.2017 – XI R 9/16 in InsbürO 2018, 163, ZInsO 2017, 2753
104.	Grundsteuerbeträge	• Festsetzung von Grundsteuerbeträgen gem. § 9 GrStG zu Beginn eines Kalenderjahres • Fälligkeit jeweils ¼-jährlich gem. § 28 GrStG • Grundsteuerbeträge für Jahr der Eröffnung: einfache Insolvenzforderung • gem. § 41 InsO gelten nicht fällige Forderungen als fällig • ab dem neuen Kalenderjahr: Masseverbindlichkeit	

Nr.	Thema	Checkliste Insolvenztabelle – Prüfung: Erläuterung	Hilfsmittel
		• aber: dingliche Haftung am Grundstück gem. § 12 GrStG: damit nur für den Ausfall feststellen, weil die Insolvenzforderung bei einem etwaigen Grundstücksverkauf befriedigt wird	
105.	IHK-Beiträge	• mit Anmeldung eines Gewerbes entsteht auch die gesetzliche Mitgliedschaft in der Industrie- und Handelskammer • gem. § 3 IHKG kann die IHK von den Mitgliedern Beiträge fordern • Beitragshöhe hängt von Unternehmensart und Unternehmensumsatz ab • Beiträge werden jeweils zu Jahresbeginn per Bescheid festgesetzt • Beiträge sind für den Erhebungszeitraum zu zahlen, auch wenn Betrieb vor Ablauf stillgelegt wird • laufende Beträge für das Kalenderjahr der Eröffnung daher: Insolvenzforderung gem. § 38 InsO • bei Betriebsstilllegung entfällt i.d.R. Beitragspflicht, aber erst für das darauffolgende Kalenderjahr; Rechtsprechung aber: Betriebsstilllegung nicht entscheidend, sondern Verteilung des Vermögens = Schlussverteilung im Verfahren (streitig: s. anhängige Nichtzulassungsbeschwerde beim BVerwG rechts) • bei Betriebsfortführung: Beitrag für das darauffolgende Jahr = Masseverbindlichkeit • ggf. Kopie der Anmeldung in die Buchhaltung geben zwecks möglicher Minderung: ggf. geringerer Umsatz als Berechnungsgrundlage	Haß, IHK-Beiträge vor und während des Insolvenzverfahrens, InsbürO 2010, 139 IHK-Beiträge als Masseverbindlichkeit: OVG NRW v. 18.06.2018 – 17 A 1258/15, InsbürO 2018, 404, WKRS 2018, 26390 (per Stand 5/2019: Nichtzulassungsbeschwerde beim BVerwG anhängig: 10 B 14.18)
106.	Immobilienkredite	• Immobilien werden i.d.R. darlehensfinanziert • im Insolvenzverfahren werden häufig Kündigungen seitens der Bank ausgesprochen • Kreditinstitute berechnen für die vorzeitige Vertragsabwicklung nicht selten eine Vorfälligkeitsentschädigung • nach BGH-Auffassung ist eine Vorfälligkeitsentschädigung bei Kündigung durch die Bank nicht zulässig: § 497 Abs. 1 BGB • ggf. Zahlungsanspruch zugunsten der Masse, zumindest aber als Tabellenforderung zu bestreiten	Keine Vorfälligkeitsentschädigung: BGH v. 22.11.2016 – XI ZR 187/14 in InsbürO 2017, 170 m.w.N., ZInsO 2017, 90 Grote, Vorfälligkeitsentschädigung nach Kündigung der Bank? InsbürO 2016, 112 ff.
107.	Inkassokosten	• Gesetz gegen unseriöse Geschäftspraktiken v. 1.1.2013 (BGBl. I 2013 – Nr. 59 v. 08.10.2013, S. 3714): Inkassokosten nur noch erstattungsfähig i.H.v. RVG-Gebühren • daher: keine Feststellung von Inkassokosten ohne vergleichende Darstellung der RVG-Gebühren seitens des Inkassounternehmens • Prüfungsschema = Auflistung der einzelnen Prüfungsaspekte zur etwaigen Forderungsfeststellung nutzen: Download über Link rechts	InsbürO aktuell: 2015, 42 f. Prüfungsschema für Inkassokosten: www.infodienst-schuldnerberatung.de > Rubriken > Inkassowatch > runterscrollen (auf S. 3 unten klicken): Link zum Prüfungsschema per April 2016 (Stand: 5/2019)
108.	Leasinggegenstände	• Leasinggegenstände unterliegen der Aussonderung gem. § 47 InsO • aber: Wenn Leasinggegenstände verbotener Weise »verschwinden« und der Insolvenzverwalter also die Aussonderungsansprüche nicht erfüllen kann, melden die Leasinggesellschaften i.d.R. ihre Forderungen zur Insolvenztabelle an • i.d.R. dürfen diese zunächst nur für den Ausfall festgestellt werden, weil zu prüfen ist, ob ggf. eine Versicherung für den Schaden eintreten wird • nach Ausführungen im Literaturtipp rechts kommt ggf. nur die Vertrauensschadenversicherung in Betracht	Heinze, »Hilfe – Leasingfahrzeuge schon über dem Kaukasus« – Sieh es mal versicherungsrechtlich, InsbürO 2016, 113 ff.

Nr.	Thema	Checkliste Insolvenztabelle – Prüfung: Erläuterung	Hilfsmittel
109.	Rechtsstreitigkeiten	• Wird aus den Unterlagen ein anhängiger Rechtsstreit ersichtlich? • Wurden die diesbezüglichen Unterlagen gesondert kopiert und dem Sachbearbeiter zur Bearbeitung übergeben? • § 240 ZPO (= Unterbrechung des Rechtsstreites) muss vom Verfahrenssachbearbeiter geprüft werden: Wurden etwaige Termine aufgehoben? • Forderung regelmäßig mit Hinweis auf Prozess zunächst bestreiten • ggf. Forderung später nach Prüfung des Sachverhaltes durch einen Rechtsanwalt und ggf. Klärung mit Gläubiger anerkennen • hierfür: Eintragung in Übersicht für spätere Überarbeitung der Tabelle • etwaig spätere Feststellung dem Gericht wegen Beendigung des Prozesses mitteilen: mit Sachbearbeiter klären	
110.	Schwerbehinderten – Ausgleichsgabe	• Arbeitgeber mit einer Anzahl von mehr als 20 Arbeitnehmern pro Monat im Jahresdurchschnitt müssen schwerbehinderte Arbeitnehmer beschäftigten oder eine Ausgleichsabgabe zahlen (§ 160 SGB IX) • die Ausgleichsabgabe ist gem. § 160 Abs. 4 S. SGB IX gleichzeitig mit der Abgabe der Anzeige gem. § 163 Abs. 2 SGB IX rückwirkend für das abgelaufene Kalenderjahr zu zahlen (= spätestens zum 31.03. eines Jahres) • bei Nichtzahlung werden Säumniszuschläge gem. § 24 SGB IV berechnet (1 % pro Monat) • rückständige Zahlungen aus der Zeit vor Insolvenzeröffnung sind einfache Insolvenzforderungen, Beträge ab Insolvenzeröffnung sind als Masseverbindlichkeit zu begleichen	Checkliste Arbeitsverhältnisse > Ausgleichsabgabe
111.	Versicherungen	• Trennung der aufgelaufenen Rückstände und der zukünftigen Beiträge (§ 105 InsO = Teilbarkeit) • Beitragsrückstand entstanden vor Insolvenzeröffnung: einfache Insolvenzforderung gem. § 38 InsO • Weiterführung des Vertrages durch Schuldner gewollt? • Achtung: Bei Mahnung durch die Versicherungsgesellschaft gem. § 38 VVG ist der Versicherungsschutz in Gefahr (problematisch ggf. bei unpfändbarem Fahrzeug, privater Krankenversicherung): Trennung § 105 InsO befreit nicht von dem etwaigen Verlust des Versicherungsschutzes	Checkliste Versicherungsverträge Hamburger Kommentar zum Insolvenzrecht, 7. Aufl., Ahrendt, § 105 Rn. 5
112.	Vollstreckungspauschale von Behörden	• bundesunmittelbare Körperschaften und Anstalten des öffentlichen Rechts zahlen gem. § 19a VwVG eine Vollstreckungspauschale für die entstehenden Auslagen der Vollstreckungsbehörde • gem. § 19a Abs. 5 VwVG darf diese Pauschale nicht an den Schuldner weiterbelastet werden • daher: keine Feststellung zur Insolvenztabelle	InsbürO – aktuell: 2015, 42

Checkliste 40: Insolvenztabelle – Zusatzinfos – besondere Gläubiger und Besonderheiten

79 Es gibt bestimmte Gläubigergruppen, die in vielen Insolvenzverfahren immer wieder anzutreffen sind und deren Forderungsanmeldungen ein Insolvenzsachbearbeiter vorzurüfen hat. Auf die Besonderheiten bei der Prüfung von solchen Anmeldungen soll nachstehend näher eingegangen werden. Darüber hinaus gibt es andere Besonderheiten unabhängig von einer bestimmten Gläubigergruppe, die in der nachfolgenden Übersicht als Ergänzung zu den Checklisten Führung und Prüfung dargestellt werden.

(Die Übersichten sind nach gängigen Informationen und Arbeitsschritten sortiert.)

80

Nr.	Thema	Checkliste Insolvenztabelle – Zusatzinfos – besondere Gläubiger: Arbeitnehmer	Hilfsmittel
113.	Anspruchsgrundlage	• Besteht überhaupt ein Anspruch auf die angemeldete Forderung: z.B. Bezahlung von Überstunden, Sonderzahlungen? • Regelungen im Arbeitsvertrag oder sonstige Regelungen prüfen, ggf. vom Arbeitnehmer anfordern • ggf. Forderung, die nicht vom Insolvenzgeld gedeckt ist (z.B. Reisekosten) • ggf. Kenntnis aus dem Verfahren: Arbeitnehmer haben Ansprüche aus rückständigen Lohn- und Gehaltszahlungen aus mehr als 3 Monaten: 4. Monat = Insolvenzforderung • viele weitere Arbeitnehmerforderungen denkbar: Schadensersatzanspruch etc.: einzelne Ansprüche näher erläutert in Checkliste Arbeitsverhältnisse	Muster 231: »Anforderung fehlender Belege« Checkliste Arbeitsverhältnisse
114.	Einordnung der Forderung	• Handelt es sich um eine Insolvenzforderung oder eine Masseverbindlichkeit? • genaue Einordnung des etwaigen Anspruches • bei Masseverbindlichkeit: Bearbeitung durch Sachbearbeiter/ Personalabteilung	Checkliste Arbeitsverhältnisse Dreschers, Arbeitsrechtliche Ansprüche, InsbürO 2004, 42 ff.
115.	Krankenkassen	• Sozialversicherungsbeitrag entsteht auch bei Nichtzahlung der Löhne und Gehälter (§ 22 Abs. 1 Satz 3 SGB IV) • Entstehung der Beitragsansprüche vor Insolvenzeröffnung = einfache Insolvenzforderung der Krankenkasse gem. § 38 InsO • Krankenkassen machen Arbeitnehmer- und Arbeitgeberanteile geltend • für etwaige angemeldete Säumniszuschläge kann ein Erlassantrag gestellt werden	Muster 244: »Erlassantrag wg. Säumniszuschlägen Sozialversicherung – Minderung Forderung«
116.	Prüfungshinweis allgemein	• Problem bei der Bruttoanmeldung des Arbeitnehmers: in dem Bruttoeinkommen steckt der auch der Sozialversicherungsbeitrag • Arbeitnehmer darauf hinweisen, dass das Nettoeinkommen und die Lohnsteuer anmeldefähig sind • Sozialversicherungsbeitrag ggf. ansonsten in der Anmeldung des Arbeitnehmers bestreiten • Sozialversicherungsbeitrag (= ggf. zu bestreitender Betrag) ergibt sich aus den vorgelegten Lohn- und Gehaltsabrechnungen	
117.	Bruttoanmeldung – Sozialversicherungsbeitrag	• der entsprechende Sozialversicherungsbeitrag aus der Lohn-/ Gehaltsabrechnung eines Arbeitnehmers wird über die Anmeldung der Krankenkasse geltend gemacht • dieser kann nicht über die Quotenausschüttung an den Arbeitnehmer in diesem Rahmen gezahlt werden, da insoweit eine Meldung an die Krankenkasse gem. § 28a SGB IV erforderlich wäre • Problem: ein Arbeitsverhältnis besteht aber nicht mehr = Meldung nicht möglich • Quote wird auf eigene Forderungsanmeldung der Krankenkasse gezahlt	
118.	Bruttoanmeldung – Lohnsteuer	• bei etwaiger Quote ist auf den jeweiligen Lohn- und Gehaltsanspruch des einzelnen Arbeitnehmers Lohnsteuer gem. § 38 EStG zu zahlen: s. nachfolgend • bei der Lohnsteuer gilt das Zuflussprinzip (§ 38 Abs. 2 Satz 2 EStG) • damit: Lohnsteuern erst zahlen bei Quote = vorher hat der Arbeitgeber keine Zahlung geleistet – Insolvenzgeld = Entgeltersatzleistung gem. § 3 Abs. 4 Nr. 5 SGB III = steuerfrei • daher: Bruttoanmeldung erforderlich, sonst Benachteiligung des Arbeitnehmers, aber nur eingeschränkt: s. vorstehend Sozialversicherungsbeitrag • Achtung: Änderung der Forderungsanmeldung durch Arbeitnehmer (ggf. Nachmeldung, weil anfangs nur netto angemeldet) nicht erforderlich, wenn sowieso kein Anspruch als Insolvenzforderung besteht (z. B. Insolvenzgeldzeitraum)	Muster 232: »Arbeitnehmer – Hinweis auf Bruttoanmeldung« Pflicht zur Abführung der Lohnsteuer: BAG v. 21.12.2016 – 5 AZR 273/16 (Rn. 14 ff.) in WKRS 2016, 33642

Nr.	Thema	Checkliste Insolvenztabelle – Zusatzinfos – besondere Gläubiger: Arbeitnehmer	Hilfsmittel
119.	Insolvenzgeld-zeitraum	• wenn der Anspruch aus dem Zeitraum vor Insolvenzeröffnung resultiert: Fällt er in den Insolvenzgeldzeitraum? • wenn ja: Forderung aufnehmen, aber mit Verweis auf Insolvenzgeld bestreiten • Anspruch geht mit Zahlung des Insolvenzgeldes auf die Bundesagentur für Arbeit über (§ 169 SGB III) = diese ist dann Insolvenzgläubigerin (§ 55 Abs. 3 InsO) • wenn nein: weitere Prüfungsschritte wie vor- und nachstehend	
120.	Bestreiten – (vorläufiges)	• kein Prüfungsabschluss vor dem Prüfungstermin möglich wg. – fehlender Insolvenzgeldzahlung seitens der Arbeitsagentur? – fehlender Unterlagen seitens des Arbeitnehmers? • dann: (vorläufig) bestreiten und Arbeitnehmer informieren • aber: Wiedervorlage notieren wg. Haftungsrisiko bei bestrittenen Forderungen	Muster 233: »Arbeitnehmer – Info über Bestreiten« Wiedervorlagen-Kalender Kostentragungslast bei vorläufigem Bestreiten: OLG Celle v. 13.3.2012 – 9 W 35/12 in InsbürO 2012, 400, ZInsO 2012, 978 Angemessene Zeit zur Entscheidung über Feststellung: BGH v. 14.7.2016, -IX ZB 62/15 (Rn. 23 m.w.N.) in ZInsO 2016, 1647
121.	Nachweis/Belege	• auch Arbeitnehmer haben die Vorschrift des § 174 Abs. 1 Satz 2 InsO zu beachten • es sind Unterlagen zum Nachweis der Forderungen vorzulegen • i.d.R. insbesondere Lohn- und Gehaltsabrechnungen	Muster 231: »Anforderung fehlender Belege«
122.	Urlaubsabgeltung	• Urlaubsansprüche ggf. zusammen mit dem schuldnerischen Unternehmen ermitteln • ggf. Anrechnung von Urlaub im Zeitraum der Freistellung nach Kündigung? • Einordnung in Insolvenzforderungen und Masseverbindlichkeit, je nach Zeitpunkt der Beendigung des Arbeitsverhältnisses • s. gesonderte Checkliste	Checkliste Arbeitsverhältnisse
123.	Zinsanspruch	• Anspruch wie alle anderen Gläubiger auch gem. § 288 BGB • Zinsbeginn: Fälligkeit des Anspruches auf Arbeitsentgelt • Zinshöhe: ggf. bei Vorlage einer Bankbescheinigung höherer Zinssatz gem. § 288 Abs. 3 BGB	Zinsanspruch aus Bruttovergütung: BAG v. 7.3.2001 – GS – 1/00 (Rn. 9) in WKRS 2001, 10088
124.	Zusammenarbeit mit Buchhaltung	• die Personalbuchhaltung kann einen etwaig angemeldeten Anspruch häufig besser beurteilen – Kenntnisse über Insolvenzgeldzahlung erforderlich – Kenntnisse über vertragliche Regelungen erforderlich • daher: ggf. Abstimmung mit der Personalbuchhaltung	
125.	Quotenzahlung	• bei einer etwaigen Quotenzahlung ist eine Lohn- und Gehaltsabrechnung über den Quotenbetrag erforderlich • Besteuerung nach Steuerklasse VI (§ 38b Abs. 1 Nr. 6 EStG) (= bei mehreren Arbeitgebern) • aktuelle Lohnsteuerabzugsmerkmale sind entscheidend (§ 38a Abs. 1 Satz 3 EStG) • Lohnsteuerpflicht setzt nach Steuerklasse VI schon ab 10,00 EUR Zahlbetrag an den Arbeitnehmer ein • erhöhter Steuersatz der Steuerklasse VI kann über die Einkommenssteuererklärung zur Erstattung geltend gemacht werden (= Lohnsteuerhöhe: § 38a Abs. 1 Satz 3 EStG) • daher: Anschreiben an Arbeitnehmer über diese Möglichkeit versenden • die Quotenzahlung setzt eine Übersicht über alle angemeldeten Arbeitnehmerforderungen voraus • daher: bei Eingabe der Anmeldedaten Haken setzen bei Beteiligtenart = Filtermöglichkeit gegeben	Checkliste Verteilung Muster 370 (Verteilung): »Auszahlungsmitteilung an Gläubiger« (darin: Passus für Arbeitnehmer) Aktuelle Lohnsteuermerkmale: BAG v. 26.2.2003 – 5 AZR 223/02 in WKRS 2003, 12628

Nr.	Thema	Checkliste Insolvenztabelle – Zusatzinfos – besondere Gläubiger: Bundesagentur für Arbeit	Hilfsmittel
126.	Anspruchsgrundlagen	• Anspruch aus Zahlung von Insolvenzgeld = Anspruchsübergang gem. § 169 SGB III i.V.m. § 55 Abs. 3 InsO • Anspruch aus Zahlung von Fördergeldern, Beihilfen etc.	
127.	Tabellen-Nr.	• jeder Anspruchsgrund erhält eine eigene Tabellen-Nr. • also: Anspruch aus Insolvenzgeldzahlung, Anspruch aus Fördergeldern etc. • unterschiedliche Aktenzeichen der Bundesagentur	
128.	Pauschalanmeldung	• Insolvenzgeldzahlung ist zum Zeitpunkt der Anmeldung i.d.R. noch nicht erfolgt • daher reicht die Bundesagentur innerhalb der Anmeldefrist i.d.R. eine Pauschalanmeldung ein • diese ist mit Verweis auf pauschale Anmeldung zunächst zu bestreiten	
129.	Konkretisierung	• nach Vornahme der Insolvenzgeldzahlung reicht die Bundesagentur eine Konkretisierung der Forderungsanmeldung ein • es wird insoweit immer eine Liste überreicht, der die einzelnen Zahlungen an die Arbeitnehmer zu entnehmen sind • Prüfung der Liste durch Tabellenkraft: Insolvenzgeldbescheinigungen einsehen und Beträge abgleichen oder ggf. Excel-Liste vorhanden mit allen Daten auf einen Blick • Forderung kann i.d.R. nunmehr festgestellt werden • wenn es Forderungsanmeldungen der Arbeitnehmer gibt: Kopie der Liste mit Insolvenzgeldzahlung zur Anmeldung des Arbeitnehmers nehmen: dann wird ersichtlich, welche Zahlung er bekommen hat und ggf. abschließende Prüfung seines angemeldeten Anspruches möglich (= weitere offene Ansprüche vorhanden?)	
130.	Nettoansprüche	• das geltend gemachte Insolvenzgeld beinhaltet nur die Nettoansprüche der Arbeitnehmer (§ 167 SGB III) • Lohnsteuerbeträge fallen nicht an, weil es sich um eine Entgeltersatzleistung handelt (§ 3 Abs. 4 Nr. 5 SGB III i.V.m. § 3 Nr. 2 EStG) • Sozialversicherungsbeiträge werden von den Krankenkassen im Insolvenzverfahren geltend gemacht (§ 175 Abs. 2 SGB III = Einziehungsbefugnis gegenüber Arbeitgeber = schuldnerisches Unternehmen)	
131.	Verteilung	• Die Bundesagentur kann die Zuständigkeit für die Geldendmachung von Ansprüchen übertragen (§ 6b SGB II) (z.B. auf die Kreisverwaltung) • ggf. schon frühzeitig klären, an wen eine etwaige Quote gezahlt werden soll: Ist dies im Anmeldeformular angegeben?	Checkliste Verteilung

Nr.	Thema	Checkliste Insolvenztabelle – Zusatzinfos – besondere Gläubiger: Sozialversicherungsträger	Hilfsmittel
132.	Allgemeines	• Sozialversicherungsträger = Einzugsstelle für Sozialversicherungsbeiträge gem. § 28h SGB IV • Achtung bei Anmeldung von unerlaubten Handlung • Achtung bei gleichzeitiger Anmeldung von Ansprüchen der Arbeitnehmer • s. jeweils nachfolgende Ausführungen	
133.	Pauschalanmeldung	• die Sozialversicherungsträger melden i.d.R. zur Wahrung der Anmeldefrist einen Pauschalbetrag an • dieser Pauschalbetrag ist zunächst zu bestreiten	
134.	Konkretisierung	• zunächst Pauschalanmeldung zur Wahrung der Anmeldefrist • später erfolgt eine Konkretisierung • ggf. Abstimmung mit der Personalbuchhaltung des Insolvenzbüros • Änderung des Prüfvermerks = nunmehr Feststellung	Muster 229 – 230: »Änderung der Insolvenztabelle – Anzeige« (eröffnetes Verf. + RSB-Phase)

Nr.	Thema	Checkliste Insolvenztabelle – Zusatzinfos – besondere Gläubiger: Sozialversicherungsträger	Hilfsmittel
135.	Nachweis/Belege	• der Forderungsanmeldung sind Nachweise beizufügen (§ 174 Abs. Abs. 2 InsO) • dies müssen i.d.R. die Beitragsnachweise sein • aber: ggf. sind Beitragsbescheide für vollstreckbar erklärt worden = Titel = keine weiteren Nachweise • oder: für Insolvenzantrag lt. BGH: keine Aufschlüsselung der Forderung nach Arbeitnehmern, wenn von dem Schuldner gefertigte Datensätze (sog. softcopys) vorgelegt werden: Datenübermittlung gem. § 28b Abs. 2 Satz 1 SGB IV i.V.m. § 28b Abs. 2 SGB IV, gesicherte und verschlüsselte Datenübertragung gem. § 28f Abs. 3 Satz 1 SGB IV: ggf. auch für die Forderungsanmeldung zu berücksichtigen	Muster 231: »Anforderung fehlender Belege« Zu »softcopys«: BGH v. 11.6.2015 – IX ZB 76/13 in ZInsO 2015, 1566, InsbürO 2015, 539 Vollstreckbarkeit von Bescheiden: BGH v. 25.2.2016 – V ZB 25/15 in InsbürO 2016, 252, WKRS 2016, 13268
136.	Ausgenommene Forderung aus unerlaubter Handlung – Aufnahme in Tabelle	• Wird bzgl. der Arbeitnehmeranteile die Forderung als ausgenommene Forderung gem. § 302 InsO wegen unerlaubte Handlung gem. § 266a StGB angemeldet? (nur in Verfahren von natürlichen Personen) • dann die Forderungsanmeldung unter zwei Tab.-Nrn. eintragen: einmal mit Arbeitgeberanteil und einmal mit Arbeitnehmeranteil • nur der Arbeitnehmeranteil erhält das Merkmal der Deliktforderung	Deppe, Geltendmachung von Deliktforderungen im Insolvenzverfahren und Titulierung durch die Feststellung zur Insolvenztabelle, InsbürO 2019, 126
137.	Deliktforderung – Darlegungspflicht	• auch für Krankenkassen gilt dem Grunde nach § 174 Abs. 2 InsO = nähere Angaben zum Anspruch (= Schuldner muss erkennen können, welches Verhalten ihm vorgeworfen wird) • aber nach BGH-Rechtsprechung reicht die Angabe, dass Arbeitnehmeranteile nicht abgeführt wurden ohne weitere schlüssige Darlegung des Sachverhaltes	
138.	Forderungsanmeldung der Arbeitnehmern	• doppelte Berücksichtigung des Arbeitnehmeranteils vermeiden: Arbeitnehmeranteil bei Forderungsanmeldung durch Arbeitnehmer ggf. bestreiten • siehe Ausführungen bei Arbeitnehmer-Anmeldungen • bei der Krankenkasse: Arbeitnehmer- und Arbeitgeberanteil feststellen • ist für spätere Verteilung wichtig: s. Ausführungen bei Arbeitnehmern-Anmeldungen	Checkliste Verteilung
139.	Fusion	• wenn Krankenkassen fusionieren, ist eine Änderung der Gläubigerbezeichnung im Tabellenauszug vorzunehmen • es ist § 727 ZPO zu beachten • Nachweis der Fusion durch öffentliche oder öffentlich-beglaubigte Urkunden • allerdings: ggf. ist Fusion auch offenkundig • z.B. durch Sammlung der Fusionsnachweise an zentraler Stelle: im Insolvenzbüro oder amtsbekannt beim Insolvenzgericht	Verweis auf Nachweis an zentraler Stelle: OLG Jena v. 23.5.2012 – 9 W 107/12 (Rn. 11, 12) in WKRS 2012, 16625
140.	Betriebsprüfung	• Betriebsprüfung = Prüfung der Abführung von Sozialabgaben durch Rentenversicherungsanstalt • nach Prüfung: Bescheid über bspw. etwaige Nachforderung • Rechtsmittelfrist: 4 Wochen: zuständig: Sachbearbeiter des Verfahrens, nicht Tabellenkraft • Berichtigung Forderungsanmeldung aufgrund des Bescheides durch Krankenkassen • Abstimmung Tabellenkraft mit Sachbearbeiter wg. Anerkennung	

Nr.	Thema	Checkliste Insolvenztabelle – Zusatzinfos – Gesellschafterinsolvenz	Hilfsmittel
141.	Allgemeines	• bei persönlicher Haftung von Gesellschaftern gilt § 93 InsO • danach: Verbindlichkeiten der Gesellschaft können während der Dauer des Insolvenzverfahrens nur vom Insolvenzverwalter geltend gemacht werden	

Nr.	Thema	Checkliste Insolvenztabelle – Zusatzinfos – Gesellschafterinsolvenz	Hilfsmittel
142.	Beispiele	• GmbH & Co. KG = Geltendmachung bei Komplementärin = GmbH • OHG = Geltendmachung bei einzelnen Gesellschaftern	
143.	Anspruchshöhe	• gegen die Gesellschafter dürfen nur die Insolvenzforderungen geltend gemacht werden • Masseverbindlichkeiten und Massekosten sind aus dem Gesellschaftsvermögen zu begleichen • entsprechend dürfen auch in einem etwaigen Insolvenzverfahren über das Vermögen des Gesellschafters nur die Insolvenzforderungen angemeldet werden	Beschränkung auf Insolvenzforderungen: BGH v. 24.9.2009 – IX ZR 234/07 (Rn. 15, 26) in ZInsO 2009, 2198, WKRS 2009, 24506 Prozessstandschaft: BGH v. 9.10.2006 – II ZR 193/05 in WKRS 2006, 28069 Schmittmann, Verteilungsfragen in masseunzulänglichen Verfahren über das Vermögen einer GmbH & Co. KG, InsbürO 2014, 442 ff.
144.	Formulierung im Tabellenauszug	• befinden sich die Gesellschafter selbst im Insolvenzverfahren: Anmeldung der Gesellschaftsverbindlichkeiten im dortigen Verfahren • im Anmeldeformular: Insolvenzverwalter als Partei kraft Amtes als Vertreter im Namen jedes einzelnen Gläubigers = Hinweis auf Prozessstandschaft • Achtung: einzelner Gläubiger muss erkennbar sein: lediglich Prozessstandschaft, kein Forderungsübergang auf Insolvenzverwalter: – Nennung Gläubigernummer aus Gesellschafts-Tabelle (z. B. »*Hauptforderung des Gläubigers Nr. 1 (= Gläubiger der Gesellschaftsforderung) aus …*«) – und Grundlage der Haftung: § 93 InsO und bei OHG: §§ 105 ff., 128 HGB, bei GmbH: §§ 161 Abs. 2, 105 ff., 128 HGB • demnach: keine Sammelanmeldung • Klärung mit dem Gericht: alle Anmeldeunterlagen der einen Insolvenztabelle zur Tabelle der Komplementärin oder reichen die reinen Tabellenauszüge der Gesellschaft für die Tabelle beim Gesellschafter?	Prozessstandschaft: BGH v. 9.10.2006 – II ZR 193/05 in WKRS 2006, 28069 Deppe, Forderungsanmeldung in Insolvenz persönlich haftender Gesellschafter (§ 93 InsO), InsbürO 2005, 322 Checkliste Vertretungsverhältnisse: Prozessstandschaft Muster 258: »Übersicht Insolvenztabelle – Wünsche Gericht«
145.	Prüfungsvermerk	• im Gesellschafterinsolvenzverfahren: Feststellung zunächst nur für den Ausfall • ggf. ist in der Gesellschaftsinsolvenz weiteres Vermögen vorhanden (= eigene Quote auch ohne Gesellschafterhaftung) • dann Haftungsminderung für Gesellschafter • nach Ende der Verwertungstätigkeit in Gesellschaftsinsolvenz: Ausfall jeweils mitteilen im Gesellschafterinsolvenzverfahren	
146.	Sonderinsolvenzverwalter	• Problem der Anmeldung, wenn der Insolvenzverwalter der GmbH & Co. KG und der Komplementär-GmbH eine Person ist • einige Insolvenzgerichte bestellen für die Anmeldung einen Sonderinsolvenzverwalter	Muster 258: »Übersicht Insolvenztabelle Wünsche Gericht«
147.	Verteilungsfrage	• Frage, ob Zahlungen aus der Gesellschafterhaftung auf Massekosten und Masseverbindlichkeiten in der Gesellschaftsinsolvenz verrechnet werden dürfen (= keine Haftung der Gesellschafter, s. vorstehend), aber Verrechnungsmöglichkeit der Zahlung »Haftung auf Insolvenzforderungen« dennoch gegeben? • Schmittmann, InsbürO 2014, 442 ff.: keine Verrechnung auf Masseverbindlichkeiten bei MUZ (= Sondermasse bilden) • Pohlmann, ZInsO 2008, 21 ff.: keine Haftung Gesellschafter für Massekosten, aber Verrechnung auf Massekosten möglich, um Abweisung mangels Masse zu verhindern	Beschränkung auf Insolvenzforderungen: BGH v. 24.9.2009 – IX ZR 234/07 (Rn. 15, 26) in ZInsO 2009, 2198, WKRS 2009, 24506 Schmittmann, Verteilungsfragen in masseunzulänglichen Verfahren über das Vermögen einer GmbH & Co. KG, InsbürO 2014, 442 ff.

Nr.	Thema	Checkliste Insolvenztabelle – Zusatzinfos – Gesellschafterinsolvenz	Hilfsmittel
			Pohlmann, »Die Verfahrenskostendeckung durch Geltendmachung der persönlichen Gesellschafterhaftung nach § 93 InsO« in ZInsO 2008, 21 ff.

Nr.	Thema	Checkliste Insolvenztabelle – Zusatzinfos – Vollstreckungstitel	Hilfsmittel
148.	Allgemeines	• Liegt der Forderung ein Vollstreckungstitel zugrunde? • Ist dies in der Insolvenztabelle vermerkt: in Klammern hinter die Forderungsart (z. B. Forderung aus Warenlieferung), z. B.: Vollstreckungsbescheid des AG ... v. ..., AZ: ...? • Vorlage Original-Titel spätestens im Prüfungstermin: nur dann »titulierte Forderung« und Haken setzen	
149.	Original-Titel	• Original muss zur Anerkennung als »titulierte Forderung« vorgelegt werden (InsbürO 2015, 59 ff.) • der Original-Titel muss zur Entwertung gem. § 178 Abs. 2 Satz 3 InsO vorgelegt werden: – Ist das Original vom Gläubiger eingereicht oder zumindest bereits angefordert worden? • aber: die Forderungsfeststellung darf davon nicht abhängig gemacht werden • Fotokopie reicht als Nachweis der Forderungsberechtigung aus • falls das Original nicht vorgelegt, aber die Vollstreckung daraus vom Gläubiger betrieben wird, besteht die Möglichkeit der Erinnerung gem. § 766 ZPO • Rechtsfolge des § 179 Abs. 2 InsO (= Insolvenzverwalter muss Widerspruch verfolgen) greift nur bei Vorlage Originaltitel bis zum Prüfungstermin • Achtung: manche Gerichte möchten die Anforderung der Original-Titel nicht	Muster 259: »Vollstreckungstitel – Anforderung« Muster 258: »Übersicht Insolvenztabelle – Wünsche Gericht« Für Feststellung keine Vorlage Originaltitel: BGH v. 1.12.2005 – IX ZR 95/04 in InsbürO 2006, 158, ZInsO 2006, 102 Zur Rechtsfolge des § 179 Abs. 2 InsO: RG, Urt. v. 19.05.1914 – Rep. III. 84/14 in InsbürO 2016, 244 f., WKRS 1914, 10086 mit Anmerkung Deppe
150.	Übergabe Vollstreckungstitel	• es gibt i.d.R. unterschiedliche Wünsche der Insolvenzgerichte zur Übergabe der Vollstreckungstitel – in Klarsichtfolie bei den Anmeldeunterlagen – gesammelte oben auf den Anmeldungen – gar keine Überreichung und Entwertung • besondere Wünsche der Gerichte berücksichtigen	Muster 258: »Übersicht Insolvenztabelle – Wünsche Gericht«
151.	Übersicht Vollstreckungstitel	• das Gericht möchte eine Übersicht über alle Forderungen aus Vollstreckungstiteln erhalten • Filterung über Insolvenzsoftware »Vollstreckbarer Titel« und dann Übersicht ausdrucken • diese Übersicht dient auch als Nachweis für das Insolvenzbüro, bei welchen Forderungen Titel vorliegen und welche an das Insolvenzgericht übergeben wurden	Muster 258: »Übersicht Insolvenztabelle – Wünsche Gericht«
152.	Entwertung + Rücksendung	• Entwertung der Titel erfolgt nach § 178 Abs. 2 Satz 3 InsO (aber unterschiedliche Handhabung der Gerichte beachten) • auf dem Vollstreckungstitel wird die Feststellung zur Insolvenztabelle vermerkt • dadurch: keine Vollstreckung mehr möglich, weil Gerichtsvollzieher die Eröffnung des Insolvenzverfahren sofort erkennt • manche Gerichte möchten diese Entwertung nicht • Rücksendung an Gläubiger ohne Entwertung ist haftungsträchtig (= ggf. ZV-Maßnahmen durch diesen?): Gläubiger auf Vollstreckungsverbot hinweisen • Rücksendung auch bei fehlender Entwertung, denn Archivierung durch das Insolvenzbüro für die Zeit bis zur Ablauf der 30-jährigen Gültigkeit ist nicht zu gewährleisten	Muster 258: »Übersicht Insolvenztabelle – Wünsche Gericht«

Nr.	Thema	Checkliste Insolvenztabelle – Zusatzinfos – Vollstreckungstitel	Hilfsmittel
153.	Prüfung	• Forderungen aus Vollstreckungstiteln können nur mit einer Klage nach § 767 ZPO (= Einwendungen gegen festgestellten Anspruch) bestritten werden • aber: Berechnung der Restforderung kann ggf. wegen mangelhafter Forderungsaufstellung bestritten werden • tlw. werden auch Ansprüche aus Titeln geltend gemacht, ohne diese vorzulegen, auch nicht in Kopie • Anmeldungen auf Wiedervorlage legen und Kontrolle der angeforderten weiteren Infos	Muster 231: »Anforderung fehlender Belege« Wiedervorlagen-Kalender
154.	Widerspruch bzw. Bestreiten durch Verwalter	• beim Bestreiten einer Forderung aus einem Titel: Achtung wg. §§ 179 Abs. 2, 189 Abs. 1 InsO • Verfolgung Widerspruch durch den Verwalter • trotz Bestreiten Berücksichtigung bei etwaiger Ausschüttung • dies gilt auch für ggf. bestrittene Vollstreckungskosten • aber: bei Bestreiten der Zinsen wg. Verjährung gem. § 197 Abs. 2 BGB greifen die Regelungen in §§ 179 Abs. 2, 189 Abs. 1 InsO nicht • die Regelung gilt nicht für abgetretene Vollstreckungstitel ohne Änderung der Vollstreckungsklausel: s. nachstehend »Abtretung« • gilt auch nicht bei fehlender Vorlage des Originaltitels bis zum Prüfungstermin	Heyn, Muss der IV den Widerspruch bei bestrittenen Vollstreckungskosten selbst verfolgen? InsbürO 2010, 225 ff. Deppe in InsbürO 2015, 59 ff.: RG, Urt. v. 19.05.1914 – III 84/14
155.	Zinsanspruch aus Titel	• titulierte Zinsen vor Rechtskraft des Titels: 30-jährige Verjährung gem. § 197 Abs. 1 Nr. 4 BGB • titulierte Zinsen nach Rechtskraft unterliegen gem. § 197 Abs. 2 i.V.m. § 195 BGB der 3-jährigen Verjährung (wiederkehrende Leistung) • ältere Zinsen müssen daher im Interesse der Gesamtgläubigerschaft bestritten werden • Gläubiger sollten über Bestreiten informiert werden, um Unstimmigkeiten zu verhindern • Gelegenheit geben: Verjährungsneubeginn gem. § 212 Abs. 2 BGB nachzuweisen	Checkliste Verjährungsfristen: Neubeginn der Verjährung Muster 260: »Vollstreckungstitel – Info über Bestreiten« Kath, Verjährung von Zinsansprüchen, InsbürO 2010, 186 f.
156.	Teilzahlungen laut Forderungsaufstellung	• Ergeben sich aus einer Forderungsaufstellung Zahlungen an den Gläubiger innerhalb eines Zeitraums von drei Monaten vor Insolvenzantragstellung (= nicht Eröffnung)? • Doppel anfertigen zur weiteren Verfolgung eines möglichen Anfechtungsanspruchs durch Sachbearbeiter • ggf. fehlende Belege zur Forderungsaufstellung vom Gläubiger anfordern, um ggf. Anfechtungsanspruch zu belegen • häufig ergeben sich daraus Hinweise, wann die Kenntnis des Gläubigers von der Zahlungsunfähigkeit gegeben war (z. B. Vollstreckungsunterlagen)	Checkliste Anfechtung Muster 231: »Anforderung fehlender Belege«
157.	Abtretung	• Abtretung einer titulierten Forderung: Gläubiger muss Umschreibung der Vollstreckungsklausel gem. § 727 ZPO bewirken • Vorlage Original-Titel spätestens im Prüfungstermin: dann Eintragung in Insolvenztabelle als titulierte Forderung • keine Vorlage: keine Eintragung der Titulierung, § 179 Abs. 2 InsO greift dann beim etwaigen Bestreiten der Forderung durch Insolvenzverwalter nicht	Deppe, Abtretung titulierter Forderung ohne Titelumschreibung, InsbürO 2015, 59 ff.

Nr.	Thema	Checkliste Insolvenztabelle – Zusatzinfos – Zinsansprüche	Hilfsmittel
158.	Allgemeines	• zu beantwortende Fragen: • Werden Zinsen auf die ausstehende Forderung geltend gemacht? • Sind diese richtig berechnet: Korrekter Zinsbeginn und korrekte Zinshöhe? • Ist ggf. Verjährung gem. §§ 195, 197 Abs. 2 BGB eingetreten?	

Nr.	Thema	Checkliste Insolvenztabelle – Zusatzinfos – Zinsansprüche	Hilfsmittel
159.	Zinsberechnung	• Zinsbetrag sollte in der Anmeldung aufgeführt werden • Zinsberechnung muss nachvollziehbar sein • ohne Zinsbetrag und Zinsberechnung keine Kontrollmöglichkeit des Verwalters • Vorschrift des § 174 Abs. 1 InsO = substantiierte Darlegungspflicht des Gläubigers • aber Angabe Zinsbeginn und Zinshöhe soll lt. Kommentierung ausreichen	Hamburger Kommentar zum Insolvenzrecht, 7. Aufl., Preß/Henningsmeier, § 174 Rn. 24
160.	Zinshöhe	• Bei der Überprüfung der Zinshöhe sind folgende Aspekte zu berücksichtigen: – der »normale« Zinssatz beträgt 5 Prozentpunkte über dem Basiszinssatz der Europäischen Zentralbank (§ 288 Abs. 1 BGB) – der Zinssatz zwischen Gewerbetreibenden beträgt 8 Prozentpunkte über dem Basiszinssatz der Europäischen Zentralbank (§ 288 Abs. 2 BGB) (Schuldverhältnisse bis 28.07.2014) – für Schuldverhältnisse ab dem 29.07.2014: 9 % zwischen Gewerbetreibenden, (außerdem: Anspruch auf Pauschale von 40 Euro (§ 288 Abs. 5 BGB)) – der aktuelle Basiszinssatz kann im Internet über www.basiszinsatz.info abgerufen werden – seit dem 01.07.2016 beträgt der Basiszinssatz -0,88 % – damit kann ein Unternehmer gegen einen privaten Schuldner einen Zinssatz von 4,12 % geltend machen (§ 288 Abs. 1 BGB) – Gewerbetreibende untereinander können einen Zinssatz von 7,12 % bzw. 8,12 % beanspruchen – Gläubiger können höhere Zinsen geltend machen, wenn sie z.B. eine entsprechende Zinsbescheinigung der Bank vorlegen (§ 288 Abs. 3 BGB) – ein zu hoher Zinssatz ist zu bestreiten	Änderung d. Gesetz zur Bekämpfung vom Zahlungsverzug im Geschäftsverkehr (BGBl. I 2014, 1218 – Nr. 35) (Kurzinfo in InsbürO 2014, 418)
161.	Zinszeitraum	• Zinsen dürfen nur bis einschließlich einen Tag vor der Insolvenzeröffnung berechnet werden • ab dem Tag der Insolvenzeröffnung sind Zinsen gem. § 39 Abs. 1 Nr. 1 InsO nachrangig • das gilt nicht bei Absonderungsrechten: s. gesonderte Checkliste	Checkliste Absonderungsrechte: Zinsanspruch Zinsanspruch und Tilgungsreihenfolge bei Absonderungsrechten: BGH v. 17.2.2011 – IX ZR 83/10 (Rn. 12) in InsbürO 2011, 354, ZInsO 2011, 630
162.	Verzugseintritt	• Regelung in § 286 BGB: Verzug, wenn – durch den Gläubiger gemahnt wurde (§ 286 Abs. 1 BGB): zwei Tage nach Datum der Mahnung (für Zustellung) – auf einer Rechnung ein genaues Leistungsdatum genannt ist (§ 286 Abs. 2 Nr. 1 BGB): ein Tag danach – der Zahlungspflichtige in der Rechnung auf den Verzugseintritt hingewiesen wurde: automatisch 30 Tage nach Fälligkeit (§ 286 Abs. 3 BGB) • Regelung in § 308 Nr. 1a BGB: Einschränkung der Zahlungsfrist auf 30 Tage (anzuwenden auf Schuldverhältnisse ab 28.07.2014)	Änderung d. Gesetz zur Bekämpfung vom Zahlungsverzug im Geschäftsverkehr (BGBl. I 2014, 1218 – Nr. 35) (Kurzinfo in InsbürO 2014, 418)
163.	Verjährung	• titulierte Zinsen ab Rechtskraft des Titels (§ 201 BGB) verjähren innerhalb von drei Jahren gem. §§ 195, 197 Abs. 2, 199 BGB • u.a. Vollstreckungsmaßnahmen können die Verjährung unterbrechen (§ 212 Abs. 1 BGB) • titulierte Zinsen bis zur Rechtskraft unterliegen dagegen der 30-jährigen Verjährung • keine Anwendung dieser Verjährung auf Zinsen aus Verbraucherdarlehensverträgen, § 497 Abs. 3 Satz 4 BGB	Checkliste Verjährung Kath, Verjährung von Zinsansprüchen, InsbürO 2010, 186 f.

Nr.	Thema	Checkliste Insolvenztabelle – Zusatzinfos – Zinsansprüche	Hilfsmittel
164.	Dokumentation des Bestreitens	• Grund des Bestreitens im Tabellenauszug in der Rubrik »Bemerkung« in Stichpunkten aufnehmen • verhindert späteres Nachfragen des Gläubigers • detaillierte Infos über Grund des Bestreitens ggf. in gesondertem Aktenvermerk zur Forderungsanmeldung heften • verhindert spätere eigene nochmalige Prüfung, wieso bestritten wurde	

Nr.	Thema	Checkliste Insolvenztabelle – Zusatzinfos – Besonderheiten gem. §§ 41 – 46 InsO	Hilfsmittel
165.	Allgemeines	• Anmeldungen, die auf den Regelungen der §§ 41 – 46 InsO basieren, sind zwar selten, kommen aber dennoch vor • auf nachstehende Erläuterungen darf daher verwiesen werden	
166.	Auflösend bedingte Forderungen (§ 42 InsO)	• auflösend bedingte Forderungen: Eintritt der Bedingung = Ende der Wirkung des Rechtsgeschäftes (§ 158 Abs. 2 BGB) = vorheriger Zustand tritt wieder ein • § 42 InsO: auflösend bedingte Forderungen werden wie unbedingte Forderungen berücksichtigt: Eintragung in Tabelle, Feststellung, Berücksichtigung bei Verteilung • allerdings: Feststellung in der Insolvenzsoftware unter »Feststellung auflösend bedingt« = damit später im Verteilungsverzeichnis ersichtlich und kann noch einmal geprüft werden – Bsp: Gewährung von Subventionen für Anschaffung von betrieblichen Gegenständen = Verpflichtung nur zur eigenen Nutzung dieser Gegenstände innerhalb eines bestimmten Zeitraums > Ablauf = keine Forderung des Subventionsgeber mehr, aber: Verletzung der Vertragspflichten = Rückforderungsanspruch; vor Insolvenzeröffnung Widerrufsgrund der Zweckverfehlung gegeben: dann einfache Insolvenzforderung • bei Eintritt der Bedingung gilt folgendes: – vor Feststellung zur Tabelle: Bestreiten der Forderung (§§ 176, 178 InsO) – nach Feststellung, aber vor Befriedigung: Verzichtserklärung des Gläubigers oder Vollstreckungsabwehrklage gem. § 767 ZPO – nach erfolgter Verteilung: Rückforderung gem. §§ 159, 812 BGB – nach Verfahrensaufhebung: Rückforderung gem. §§ 159, 812 BGB und Nachtragsverteilung gem. § 203 Abs. 1 Nr. 2 InsO	Hamburger Kommentar zum Insolvenzgericht, 7. Aufl., Lüdtke, § 42 Rn. 2 ff. Schweda, Umgang mit Subventionen, InsbürO 2012, 190 ff. Zweckverfehlung vor Insolvenzeröffnung = Insolvenzforderung: BVerG v. 26.2.2015 – 3 C 8.14 in WKRS 2015, 15215, ZInsO 2015, 1219
167.	Aufschiebend bedingte Forderungen	• bei aufschiebend bedingten Forderungen hängt das tatsächliche Entstehung der Forderung von einem zukünftigen Ereignis – dem Eintritt einer Bedingung – ab – Bsp.: Gewährleistungsbürgschaft = Bank wird erst dann aus der Bürgschaft in Anspruch genommen, wenn ein Mangel z. B. an einem Haus auftritt: dann Erstattungsanspruch der Bank gegen Insolvenzschuldner • diese Forderungen können zur Insolvenztabelle angemeldet werden • sie dürfen aber nur »aufschiebend bedingt festgestellt« werden • aufschiebend bedingte Forderung wird bei etwaigen Verteilungen berücksichtigt, wenn Eintritt der Bedingung nicht fernliegt (s. § 191 InsO)	Heyn, Forderungsanmeldung der Bank mit Avalansprüchen, InsbürO 2006, 122 f.
168.	Gesamtschuldner und Bürgen (§ 44 InsO)	• Bei Befriedigung eines Gläubigers durch einen Bürgen oder Dritten, geht die Forderung auf diesen über (§§ 426, 774 BGB) • Möglichkeit der Geltendmachung dieser Forderung des Bürgen/Dritten im Insolvenzverfahren nur dann, wenn der Gläubiger selbst diese Forderung nicht geltend macht (§ 44 InsO)	Heyn, Forderungsanmeldung Bank mit Avalansprüchen, InsbürO 2006, 122 ff.

Nr.	Thema	Checkliste Insolvenztabelle – Zusatzinfos – Besonderheiten gem. §§ 41 – 46 InsO	Hilfsmittel
		• Ansonsten: Nachweis der erfolgten Zahlung des Bürgen oder Dritten an Gläubiger nach Insolvenzeröffnung und damit Forderungsübergang prüfen • Umschreibung der bestehenden Tabellennummer auf Mithaftenden erst bei Vollbefriedigung des Hauptgläubigers	
169.	Haftung mehrerer Personen (§ 43 InsO)	• Haften dem Gläubiger neben dem Schuldner auch andere Personen, gilt § 43 InsO • die Forderung kann bis zur vollen Befriedigung im Insolvenzverfahren verfolgt werden, unabhängig von Zahlungen des Dritten (§ 421 BGB) • bei Verfahrensende ist ein möglicher Anspruchsübergang auf den anderen Schuldner zu prüfen (§ 426 BGB), der Zahlung geleistet hat • daher gesonderte Übersicht über diese Anmeldung zwecks späterer Klärung führen	Deppe, Gesamtschuldnerische Haftung, InsbürO 2004, 184 ff. Checkliste Insolvenztabelle Führung
170.	Nicht fällige Forderungen (§ 41 InsO)	• nicht fällige Forderungen werden im Insolvenzverfahren fällig • bei unverzinslichen Forderungen: Minderung der Forderung gem. § 41 Abs. 2 InsO beachten: – Abzinsung mit gesetzlichem Zinssatz (§ 246 BGB, § 352 HGB), um Vorteil der Zahlung vor Fälligkeit herauszurechnen – Berechnung gem. § 41 Abs. 2 Satz 2 InsO wie auch gem. §§ 1133 Satz 3, 1217 Abs. 2 Satz 2 BGB, § 111 ZVG	Chatroom, Frage 3: Abzinsungsregelung, InsbürO 2008, 235 f.
171.	Nicht fällige Forderungen (§ 41 InsO) – Formel	• Abzinsung erfolgt nach der Hoffmann'schen Formel: Abgezinster Betrag = 36.500 x Nennbetrag der Forderung./. 36.500 + (Zinssatz x Tage von Eröffnung bis urspr. Fälligkeit)	Chatroom, Frage 3: Abzinsungsregelung, InsbürO 2008, 235 f.
172.	Umrechnung von Forderungen (§ 45 InsO)	• Anmeldung in inländischer Währung • Umrechnung nach dem Kurswert für den Zahlungsort am Tag der Eröffnung (§ 45 Satz 2 InsO) • Umrechnung i.d.R. durch den Gläubiger • keine Geldforderung = Vornahme einer Schätzung durch den Gläubiger (§ 45 Satz 1 InsO)	
173.	Wiederkehrende Leistungen (§ 46 InsO)	• Anspruch auf wiederkehrende Leistung, deren Betrag bestimmt ist (z. B. Rentenanspruch) • bei bestimmter Dauer: Zusammenrechnung und Abzinsung • bei unbestimmter Dauer: Schätzung vornehmen • Rücksprache mit Verwalter wg. Prüfung der Berechnung des Gläubigers nehmen	Hamburger Kommentar zum Insolvenzrecht, 7. Aufl., Lüdtke, § 46 Rn. 1 ff.

Checkliste 41: Insolvenztabelle – Schlussbericht

81 Vor der Erstellung eines Schlussberichtes muss die Insolvenztabelle noch einmal überarbeitet und ggf. abschließend geprüft werden, damit dieser entnommen werden kann, welche Forderungen in welcher Höhe bei einer etwaigen Quotenzahlung zu berücksichtigen sind. Für den Schlusstermin wird insoweit ein Schlussverzeichnis benötigt. Zum Zwecke der Erstellung wird ggf. weiterer Schriftverkehr mit einzelnen Gläubigern wegen fehlender Nachweise oder ggf. ein weiterer nachträglicher Prüfungstermin erforderlich. Die nachfolgende Checkliste gibt einen Überblick über die einzelnen Arbeitsschritte.

(Die Übersicht ist nach gängigen Überlegungen und Arbeitsschritten sortiert.)

82

Nr.	Thema	Checkliste Insolvenztabelle – Schlussbericht Erläuterung	Hilfsmittel
174.	Verbraucherinsolvenzverfahren	• Besonderheiten gibt es nicht • die Insolvenztabelle ist ebenso wie im IN-Verfahren für den Schlussbericht vorzubereiten	
175.	Abschließende Bearbeitung	• Klärung der ggf. noch ausstehenden Berichtigungen • Feststellung möglicher nachträglicher Anmeldungen	

Nr.	Thema	Checkliste Insolvenztabelle – Schlussbericht Erläuterung	Hilfsmittel
176.	Zusammenfassung Überarbeitung	• für die Schlussberichtserstellung ist es von Bedeutung, zu welchem Ergebnis die Überarbeitung der Insolvenztabelle geführt hat • Überprüfung der Insolvenztabelle schriftlich festhalten • dadurch: jeder andere Sachbearbeiter sieht die vorgenommene Prüfung, z.B. Schlussrechnungsabteilung	Muster 256: »Sachstandsinfo Tabelle für Schlussbericht«
177.	Weitere Nachweise von Gläubigern	• Einreichung weiterer Unterlagen durch die Gläubiger mit dem Ziel der nachträglichen Forderungsfeststellung? • Prüfung, ob noch weitere Unterlagen vorliegen, die noch nicht geprüft wurden; i.d.R. vorne im Tabellenordner eine Übersicht mit notierten Tabellennummern zu noch zu bearbeitenden Anmeldungen	
178.	Bestrittene Forderungen	• Überprüfung nachträglich eingereichter Unterlagen • nunmehr ausreichender Beleg? • dann Prüfungsvermerk berichtigen • bei Arbeitnehmern: mit etwaiger Insolvenzgeldzahlung abgleichen, offener Betrag? s. nachfolgend	
179.	Bestrittene Forderungen mit Vollstreckungstitel	• Filterung aller Forderungen mit Vollstreckungstiteln und dann Ausdruck aus Insolvenzsoftware: Gibt es bestrittene Forderungen, für die ein Titel vorliegt? • ggf. weitere Unterlagen zur nachträglichen Feststellung prüfen oder ggf. anfordern • Pflicht des Insolvenzverwalters zur Verfolgung des Widerspruchs = Bestreiten (§ 179 Abs. 2 InsO) • Voraussetzung: Originaltitel lag zum Zeitpunkt des Prüfungstermins vor • wenn dies der Fall war: Trotz Bestreiten Aufnahme in das Verteilungsverzeichnis (§ 189 Abs. 1 InsO) • bei Nichtberücksichtigung, ggf. Haftung gem. § 60 InsO • daher wichtig: Klärung vor Abgabe des Schlussverzeichnisses	Insolvenzsoftware
180.	Fehlende Nachweise	• Durchsicht der noch immer bestrittenen Forderungen • weitere Nachweise i.d.R. nicht gesondert anfordern • denn: begl. Tabellenauszug an Gläubiger mit Info über das Bestreiten gem. § 179 Abs. 3 Satz 1 InsO • daher: keine Verpflichtung des Insolvenzbüros nach der InsO, Gläubiger zur Einreichung anzuhalten = ggf. Service des Insolvenzbüros	
181.	Prüfungsvermerke – Änderungen	• weitere nachträgliche Unterlagen von Gläubigern führen ggf. zu einem anderen Prüfungsergebnis • Achtung: ersten Prüfvermerk nie ändern! Berichtigungen in die Spalte »Berichtigungen« eintragen • um dies zu gewährleisten: nach dem Prüfungstermin in der Insolvenzsoftware Prüfung vermerken = Sperrung im System • ggf. Grund des bisherigen Bestreitens aus der Spalte »Bemerkung« entfernen • jede Änderung muss dem Insolvenzgericht mitgeteilt werden: gleicher Stand der Insolvenztabelle beim Insolvenzverwalter und beim Insolvenzgericht • individuelle Wünsche der Gerichte für Mitteilung dieser Änderungen beachten	Muster 258: »Übersicht Insolvenztabelle – Wünsche des Gerichtes«
182.	Prüfungsvermerke – Mitteilungen	• i.d.R. gesammelte Mitteilung von Änderungen an das Insolvenzgericht • hierfür: geänderte Tabellenauszüge ausdrucken und Unterlagen von Gläubiger kopieren • auch hier: individuelle Wünsche der Gerichte beachten: ggf. auch noch nur Auflistung der Tab.-Nrn. mit neuem Prüfungsergebnis	Muster 229 – 230: »Änderung der Insolvenztabelle – Anzeige« (eröffnetes Verf. + RSB-Phase)

Nr.	Thema	Checkliste Insolvenztabelle – Schlussbericht Erläuterung	Hilfsmittel
183.	Ausfallforderung	• Ausfallforderungen werden bei einer Verteilung nur berücksichtigt, wenn der eingetretene Ausfall festgestellt wird (§ 190 Abs. 1 Satz 2 InsO) • Hat der Verwalter das Verwertungsrecht gem. § 166 InsO, gilt § 190 Abs. 3 InsO = Verwalter muss den Ausfall berechnen • Ausschlussfrist des § 189 Abs. 1 InsO gilt in Fall des § 190 Abs. 3 InsO (= Verwertungsrecht liegt beim IV) nicht • im Regelfall: Ausfallberechnung vom Absonderungsgläubiger dennoch anfordern und damit den noch festzustellenden Betrag abstimmen	Chatroom, Frage 2: fehlende Verwertung = keine Ausfallberechnung möglich? InsbürO 2008, 355 f. Muster 234: »Ausfallbezifferung – Aufforderung an Gläubiger« Muster 235: »Ausfallbezifferung durch Gläubiger – Muster«
184.	Ausfallforderung – Berechnung	• Absonderungsgläubiger hat das Recht, Zinsen nach Insolvenzeröffnung und weitere Kosten bei der Ausfallberechnung zu berücksichtigen • § 39 Abs. 1 Nr. 1 InsO (= Nachrang von Zinsansprüchen) ist nach dem BGH nicht für Zinsanspruch der Absonderungsgläubiger anwendbar • vereinnahmte Erlöse dürfen nach Tilgungsreihenfolge des § 367 Abs. 1 BGB verrechnet werden: erst Kosten, dann Zinsen, dann Hauptforderung • aber: Kontrolle, ob die ausgezahlten Erlöse auf das Absonderungsrecht mindernd in Abzug gebracht wurden	Zinsanspruch und Tilgungsreihenfolge: BGH v. 17.2.2011 – IX ZR 83/10 (Rn. 12) in InsbürO 2011, 354, ZInsO 2011, 630
185.	Ausfallforderung – Verzicht	• ein Absonderungsrecht ermöglicht auch nach Verfahrensbeendigung eine Befriedigung daraus (bei natürl. Personen: § 301 Abs. 2 Satz 1 InsO = Absonderungsrecht wird von RSB nicht berührt) • Absonderungsgläubiger hat ein Wahlrecht (§ 52 Satz 2 InsO): – Ausfall beziffern (= Absonderungsrecht befriedigt) und Forderung feststellen lassen = Teilnahme an Verteilung – oder: Verzicht auf Absonderungsrecht (= bisher keine Befriedigung, z.B. aus freigegebener Immobilie) erklären = Forderungsfeststellung = Teilnahme an Verteilung • wird kein Ausfall oder kein Verzicht erklärt = keine Feststellung der Forderung = keine Aufnahme in das Verteilungsverzeichnis • bei einem Verzicht ist zu unterscheiden: für die Aufnahme in das Verteilungsverzeichnis reicht der Verzicht auf den schuldrechtlichen Sicherungsanspruch aus der Sicherungszweckerklärung; ein dinglicher Verzicht ist nicht erforderlich • wichtig: nach BGH-Rechtsprechung bedeutet die Anmeldung der Forderung eines Absonderungsgläubigers ohne Beschränkung auf den Ausfall kein Verzicht auf das Recht zur abgesonderten Befriedigung = ein dem Insolvenzverwalter bekanntes Absonderungsrecht muss also berücksichtigt werden	Anmeldung ohne Beschränkung auf Ausfall = kein Verzicht auf Absonderungsrecht: BGH v. 9.3.2017 – IX ZR 177/15 in InsbürO 2017, 345, ZInsO 2017, 704 Verzicht auf Sicherungsanspruch aus Zweckerklärung ausreichend: BGH v. 2.12.2010 – IX ZB 61/09 in ZInsO 2011, 91 (bestätigt durch vorstehende BGH-Entscheidung: IX ZR 177/15 Rn. 12)
186.	Arbeitnehmer – Anmeldungen	• Wurden Forderungen von Arbeitnehmern angemeldet? • Bestanden Forderungen von Arbeitnehmern über den Insolvenzgeldzeitraum hinaus? • Bruttolohn des Arbeitnehmers enthält den Arbeitnehmeranteil an Sozialversicherungsbeiträgen: darf daher gar nicht in die Insolvenztabelle eingetragen bzw. muss bestritten werden • Nettolohn + Lohnsteuerbetrag darf festgestellt werden • bei der Ausschüttung auf die Erstellung der ggf. erforderlichen Lohn- und Gehaltsabrechnung mit Abführung der Lohnsteuer achten: Liste mit Arbeitnehmerforderungen bereits jetzt ausdrucken	Checkliste Insolvenztabelle – Zusatzinfos
187.	Ausgenommene Forderungen	• Unter welchen Tab-Nrn. werden Forderungen aus unerlaubten Handlungen geführt? (nur bei Verf. von natürlichen Personen) • Hat der Schuldner Widerspruch erhoben und ist dieser ggf. beseitigt? • Widerspruch ergibt sich aus dem jew. Terminsprotokoll • Greift ggf. § 184 Abs. 2 InsO: Schuldner musste wegen seines Widerspruch Klage erheben?	Arbeitshilfe in InsbürO 2007, 393 f. (Behandlung von Widersprüchen)

Nr.	Thema	Checkliste Insolvenztabelle – Schlussbericht Erläuterung	Hilfsmittel
		• Klärung der ggf. erfolgten Beseitigung des Widerspruchs mit Schuldner • Ausgenommene Forderungen werden von RSB nicht umfasst (§ 302 Nr. 1 InsO) • Info hierzu im Schlussbericht dient als Service für das Insolvenzgericht	
188.	Ausgenommene Forderungen – Nachreichung der Rechtsfolge des § 302 InsO	• die nachträgliche Anmeldung der Rechtsfolge des § 302 InsO zu einer bestehenden und schon geprüften Forderung ist nach dem BGH zulässig • daher: ggf. Aufnahme in die Insolvenztabelle bei ausreichendem Sachvortrag (§ 174 Abs. 2 InsO) • letzte Frist der Geltendmachung: spätestens mit Ablauf der Abtretungsfrist gem. § 287 Abs. 2 InsO im asymmetrischen Verfahren, • ansonsten bis zum Schlusstermin, weil eine Feststellungsklage nach § 184 InsO die Anmeldung im eröffneten Verfahren voraussetze	Zeitpunkt der Nachmeldung im asymmetrischen Verfahren: BGH v. 7.5.2013 – IX ZR 151/12 in InsbürO 2013, 455, ZInsO 2013, 1589 Rn. 9 dieser Entscheidung: Keine Feststellungsklage ohne Anmeldung im eröffneten Verfahren
189.	Haftung mehrerer Personen	• Übersicht vorne im Tabellenordner einsehen: Gibt es solche Anmeldungen? • bei Haftung mehrerer Personen: Anspruch des Gläubigers auf vollständige Berücksichtigung der ausstehenden Forderung zum Zeitpunkt der Insolvenzeröffnung (§ 421 BGB) • vor Verfahrensbeendigung Klärung, ob ggf. Vollbefriedigung durch Dritten eingetreten • dann Anspruchsübergang auf Mithaftenden (§ 426 BGB) • bei Teilbefriedigung durch Dritten: keine Änderung der hiesigen Tabelle (§ 421 Satz 2 BGB) • möglicher Übererlös würde dem Mithaftenden aus Anspruchsübergang gegen den Gläubiger zustehen	Heyn, Zum Umgang mit der Bürgschaft bei einer Forderungsanmeldung, InsbürO 2010, 307 ff. Riedel, Bürgschaft in der Insolvenz, InsbürO 2011, 407 ff.
190.	Kfz-Steuer	• Änderung der Zuständigkeit für den Einzug der Kfz-Steuer in den Jahren 2009 und 2014 • Prüfung, ob Insolvenztabelle zu korrigieren ist: (Gläubigereigenschaft oder Einzugsstelle? • aber unterschiedliche Handhabung der Gerichte, daher im Einzelfall klären	Schlamann, Geltendmachung der Kraftfahrzeugsteuer: Tabelleneintragungen und ggf. eingetretene Rechtsnachfolge auf Gläubigerseite, InsbürO 2015, 461 ff.
191.	Nachmeldung	• Nachmeldung eines bereits aufgenommenen Gläubigers als nachträgliche Anmeldung behandeln • einzelne Arbeitsschritte für nachträgliche Anmeldungen vollziehen	Checkliste Insolvenztabelle – Prüfung
192.	Nachträgliche Forderungsanmeldungen	• Liegen nachträgliche Forderungsanmeldungen vor, die noch nicht im gerichtlichen Prüfungstermin geprüft wurden? • Anberaumung eines weiteren Prüfungstermins anregen	Checkliste Insolvenztabelle – Führung
193.	Rücknahme von Forderungsanmeldungen	• auch Rücknahmen von Forderungsanmeldungen oder von Teilbeträgen kommen regelmäßig vor • dadurch Verringerung der Gesamtsumme der Verbindlichkeiten und entsprechend höhere Quote • Insolvenztabelle entsprechend berichtigen • Berichtigungsvermerk: »*Die Anmeldung wurde vom Gläubiger zurückgenommen.*« • Achtung: Nach einer OLG-Entscheidung soll eine wirksame Rücknahme nach dem Prüftermin nur noch gegenüber dem Insolvenzgericht erklärt werden können (Revision beim BGH anhängig per Stand Mai 2019)	Muster 229 – 230: »Änderung der Insolvenztabelle – Anzeige« (eröffnetes Verf. + RSB-Phase) Absatz: Adressat für Rücknahme ist das Insolvenzgericht: OLG Brandenburg v. 13.03.2018 – 3 U 49/16 in WKRS 2018, 12839, InsbürO 2018, 278 (Revision beim BGH: IX ZR 79/18) Heyn, Umgang mit der Rücknahme einer Forderungsanmeldung, InsbürO 2010, 68 ff.

Nr.	Thema	Checkliste Insolvenztabelle – Schlussbericht Erläuterung	Hilfsmittel
		• Zeitpunkt, bis zu dem Rücknahmen möglich ist, ist umstritten: vielfach angenommen bis zum Verfahrensende • danach: Wertung als materiell-rechtlichen Verzicht auf Geltendmachung der Forderung = keine Berücksichtigung bei der Verteilung	Zur Rücknahme einer festgestellten Forderung: AG Köln v. 8.1.2016 – 71 IN 20/13 in InsbürO 2016, 164, ZInsO 2016, 236
194.	Auflösend bedingte Forderungen	• Sind solche in der Insolvenztabelle vorhanden? • wenn ja: s. Ausführungen in Checkliste Insolvenztabelle -Zusatzinfos	Checkliste Insolvenztabelle – Zusatzinfos
195.	Aufschiebend bedingte Forderungen	• Ist die Bedingung eingetreten: Feststellung vornehmen und auszahlen • Fehlt die Bedingung: Quotenbetrag zurückbehalten, wenn Möglichkeit des Eintritts nicht fern liegt (§ 191 Abs. 2 InsO)	

Checkliste 42: Insolvenztabelle – FinA – Prüfungsschema

83 *(inhaltlich entnommen aus InsbürO 2012, 134 ff., InsbürO 2012, 248 ff., InsbürO 2012, 376 ff.: Beiträge von Frau Lauck, »Die Prüfung der Forderungsanmeldung des FinA anhand eines Praxisbeispiels«, mit deren freundlicher Unterstützung und sodann ergänzt)*

84

Nr.	Arbeitsschritte der Prüfung	Forderungsanmeldung des FinA: Erläuterung der Prüfung
	Allgemeines	• **lfd. Nr. 196 – 208**
196.	Allgemeines	• Steuerfestsetzung durch Steuerbescheid (§ 155 Abs. 1 Satz 1 AO) • nach IE keine Festsetzung per Steuerbescheid mehr möglich: § 87 InsO = Geltendmachung von Forderungen nur nach Regelungen in der InsO • nur noch Steuerberechnung möglich (z.B. zwecks Anmeldung zur Insolvenztabelle) • kein Steuerbescheid, damit nicht vollstreckbar (§ 89 InsO = Vollstreckungsverbot) • Insolvenzrecht geht vor Steuerrecht • Bescheid (Datum entscheidend!) dennoch erlassen, dann nichtig gem. § 125 AO und gem. § 124 Abs. 3 AO unwirksam
197.	Anmeldeberechtigung	• für die verschiedenen Steuerforderungen sind unterschiedliche Behörden zuständig, bspw.: – für Einkommenssteuer: Wohnsitzfinanzamt – für Gewerbesteuer: Gemeinde – für Kfz-Steuer: Zollbehörden – für Umsatzsteuer: Betriebsfinanzamt • einen Überblick über mehr als 30 Steuerarten und die jeweilige Zuständigkeit für eine Forderungsanmeldung gibt Zistler in InsbürO 2017, 97 f.
198.	Belege	• gleiche Vorlagepflicht wie für alle anderen Gläubiger (§ 174 Abs. 1 Satz 1 InsO) • fehlende Belege anfordern • Muster 231: »Anforderung fehlender Belege« oder Muster 246: »Finanzamt – Info über Bestreiten«
199.	Berechnungen	• Berechnung (= keine Bescheide) unterliegen keiner Rechtsmittelfrist, daher jederzeit abänderbar • Berechnung = kein Titel, keine Unanfechtbarkeit (häufig falsche Angaben zu dieser Thematik seitens FinA) • damit eigentlich immer das Kürzel: NT = nicht tituliert (s. Kürzel-Tabelle)
200.	Berechnungsgrundlage – Korrektur	• Korrektur der Berechnungsgrundlage für Steuerforderungen: hierfür Abgabe Steuererklärungen • Problem der Abgabe: keine ausreichenden Unterlagen, keine ausreichende Masse für Steuerberater • alternative Möglichkeit: u.a. Auswertung der Forderungsanmeldungen wg. Vorsteuerschätzung • Voraussetzung: Erfassung aller Forderungsanmeldungen mit Umsatzsteuerschlüssel! • dann Ausdruck aus Insolvenzsoftware: »Gläubigerforderungen mit Umsatzsteuer«

Nr.	Arbeitsschritte der Prüfung	Forderungsanmeldung des FinA: Erläuterung der Prüfung
201.	Einordnung der Forderungen	• Prüfung der Kürzel: s. Kürzel-Überblick mit jeweils unterschiedlichen Folgen der Handhabung • Beispiel: NK = nicht bestandskräftig, kein Rechtsbehelf = angemeldete Forderung ist inhaltlich näher zu prüfen • Sortierung der einzelnen Steuerforderungen: eigene Vorprüfung (z. B. unanfechtbar? Prüfung Zahlungsverjährung vornehmen) und Information an Buchhaltung wg. weitergehender Prüfung (z. B. inhaltliche Prüfung): Tabelle herstellen: s. Muster (s. nachstehend)
203.	Festsetzungsverfahren – Stand	• der jeweilige Stand des Festsetzungsverfahrens ist bei jeder Forderung einzeln zu prüfen • die verwendeten Kürzel geben hierzu nähere Auskünfte • die Kürzel können aber auch falsch vom FinA angegeben werden: daher Kontrolle • Angaben anhand der Belege überprüfen
204.	Kfz-Steuer	• mehrere Änderungen bei der Verwaltung der Steuer in den letzten Jahren: – Forderungen bis zum 30.06.2009 entstanden: Landessteuer, zuständig: Landesfinanzämter – Forderungen ab 01.07.2009 – 30.06.2014 entstanden: Bundessteuer, zuständig: Landesfinanzämter (fremdes Recht in eigenem Namen) – Forderungen ab 01.07.2014 entstanden: Bundessteuer, zuständig: Hauptzollämter • Achtung daher bei Gläubigerbezeichnung, ggf. Tabellenänderung wg. Rechtsnachfolge (InsbürO 2015, 461 ff.) (sehen Gerichte unterschiedlich = abklären)
205.	Kürzel – Erläuterung	• s. gesonderte »Checkliste Insolvenztabelle FinA – Kürzel-Überblick«
206.	Schätzungen	• wegen fehlender Steuererklärungen werden Steuerforderungen häufig geschätzt • durch nachträgliche Abgabe von Steuererklärungen ggf. Minderung der angemeldeten Forderung möglich • Schätzung = Bemessungsgrundlage ergibt sich aus Bescheid/Berechnung (dort nachsehen)
207.	Tabelle mit Prüfungsergebnis	• Muster 245: »FinA – Anmeldung – Prüfungsnotizen im Überblick« nutzen • einzelne lfd. Nr. dort eintragen • ggf. Nummern zusammenfassen: z. B. alles kann festgestellt werden • diese eigene Tabelle dient als Nachweis der durchgeführten Prüfung
208.	Widerspruch/ Bestreiten	• sollte der Insolvenzverwalter oder der Schuldner einer angemeldeten Forderungen widersprechen, sie also bestreiten, sind unterschiedliche Rechtsfolgen zu beachten, je nachdem, in welchem verfahrensrechtlichen Stand sich die bestrittene Forderung befand (bspw. fehlender Ablauf der Rechtsbehelfsfrist oder titulierte Forderung) (s. detaillierte Auflistung in Busch, Die Anmeldung von Steuerforderungen im Insolvenzverfahren, InsbürO 2019, 115 ff.)
	Festsetzungsverjährung	• **lfd. Nr. 209**
209.	Definition	• Verjährung der Festsetzung = Einschränkung des Zeitraums, in welchem die Steuerfestsetzungen noch geändert oder Steuern erhoben werden können (§ 169 AO) • Festsetzungsfrist: 4 Jahre (Einkommenssteuer, Umsatzsteuer etc.) (§ 169 Abs. 2 Satz 1 Nr. 2 AO) • Beginn der Festsetzungsfrist: § 170 AO = Ende des Kalenderjahres, in dem die Steuer entstanden ist etc. – ist eine Steuererklärung erforderlich: mit Ablauf des Kalenderjahres, in dem die Steuererklärung eingereicht wird – keine Abgabe der Steuererklärung: mit Ablauf des dritten Kalenderjahres, das auf das Kalenderjahr folgt, in dem die Steuer entstanden ist (Anlaufhemmung) • dadurch: Hinausschieben des Beginns der Festsetzungsverjährung um 3 Jahre • Bsp.: Einkommenssteuer 1999, Bescheid aus 2000, Anlaufhemmung (3 Jahre): 31.12.2003, Beginn der Verjährungsfrist: 31.12.2003, Eintritt Verjährung: 2007 (4 Jahre)
	Lohnsteuer	• **lfd. Nr. 210**
210.	Insolvenzgeldzeitraum	• fällt die angemeldete Lohnsteuer ggf. in den Insolvenzgeldzeitraum? • Insolvenzgeld ist eine Entgeltersatzleistung, die lohnsteuerfrei ist (§ 3 Abs. 4 Nr. 5 SGB III) • daher: Forderung bestreiten • Abgabe an Buchhaltungsabteilung wegen Erstellung der Nullmeldung • i.d.R. erfolgt sodann eine Korrektur der Anmeldung
	Nicht titulierte Forderungen:	• **lfd. Nr. 211 – 212**
211.	Bestreiten	• wegen einer evtl. erforderlichen Prüfung: Forderungen zunächst vorläufig bestreiten

Nr.	Arbeitsschritte der Prüfung	Forderungsanmeldung des FinA: Erläuterung der Prüfung
212.	Buchhaltungs-/ Steuerabteilung – Übergabe	• NT = es liegen keine Steuerbescheide oder Steueranmeldungen vor • Prüfung der Festsetzungsverjährung: s. vorstehend • ggf. Buchhaltungsabt.: Prüfung, ob noch Steuererklärungen zur Korrektur dieser Anmeldungen abgegeben werden können
	Säumniszuschläge	• **lfd. Nr. 213**
213.	Definition	• werden erhoben, wenn Steuer nicht bis zum Ablauf des Fälligkeitstages gezahlt wird (§ 240 AO) • Erziehungsfunktion = soll die fristgerechte Zahlung erzwingen • wird die Steuer an sich bestritten: dann auch Säumniszuschläge • wird die Forderung später festgestellt/anerkannt, dennoch ggf. Säumniszuschläge (wg. evtl. Erlass: § 227 AO = Korrektur der Anmeldung) • Muster 328 (Steuerangelegenheiten): »Erlassantrag wg. Säumniszuschlägen« • Säumniszuschläge nach erfolgter Anfechtung sind unzulässig, wenn Steuern vom Schuldner bis zum Ablauf des Fälligkeitstages gezahlt wurden (BFH v. 22.11.2017 – XI R 14/16 in InsbürO 2018, 366, ZInsO 2018, 1317)
	Unanfechtbare Forderungen:	• **lfd. Nr. 214 – 220**
214.	Zahlungsverjährung – allgemein	• Verjährung: 5 Jahre gem. § 228 AO • Verjährungsbeginn: § 229 Abs. 1 AO: Ablauf des Kalenderjahres, in dem die Festsetzung wirksam geworden ist • Wirkung einer Zahlungsverjährung gem. § 232 AO: Anspruch aus dem Steuerverhältnis inkl. Zinsen erlischt
215.	Zahlungsverjährung – Prüfungsfragen	• In welchem Jahr ist der Bescheid ergangen? • Sind seit Erlass des Bescheides 5 Jahre vergangen? • Liegen Nachweise zur Unterbrechung der Zahlungsverjährung vor? • Sollte die Unterbrechung nachgewiesen worden sein: Sind seit der Unterbrechung wiederum 5 Jahre vergangen?
216.	Bestreiten	• wenn eine Zahlungsverjährung (s. u.) möglich sein sollte: Forderung zunächst vorläufig bestreiten
217.	Informationsmitteilung	• über den Grund des Bestreitens sollte das Finanzamt gesondert neben dem beglaubigten Tabellenauszug unterrichtet werden • Muster 246: »FinA– Info über Bestreiten« • dadurch: Vermeidung eines Feststellungsbescheides und ggf. dann Einspruchsverfahren
218.	Nachweise anfordern	• ggf. Belege für Unterbrechung der Zahlungsverjährung anfordern • s. Muster 231: »Anforderung fehlender Belege«
219.	Zahlungsverjährung – Neubeginn	• § 231 Abs. 3 AO: Ablauf des Kalenderjahres, in dem eine Unterbrechung endet
220.	Zahlungsverjährung – Unterbrechung	• Verjährungsunterbrechung gem. § 231 Abs. 1 AO durch: – Anmeldung im Insolvenzverfahren – Aussetzung der Vollziehung – schriftliche Geltendmachung des Anspruches – Stundung – Zahlungsaufschub
	Vorbehalt der Nachprüfung	• **lfd. Nr. 221 – 225**
221.	Allgemeines	• Zweck = dient einer vereinfachten und beschleunigten Steuerfestsetzung (Festsetzung trotz weiterer Klärung) • Änderung ist auf Antrag des Steuerpflichtigen (§ 164 Abs. 2 AO) oder durch steuerliche Außenprüfung jederzeit möglich • Abänderung durch z.B. korrigierende Steuererklärung des Steuerschuldners, insbes. z.B. bei Schätzungsbescheiden
222.	Bestreiten	• sollte ein Vorbehalt der Nachprüfung vorliegen: Forderung zunächst bestreiten
223.	Details	• es tritt keine materielle, aber formelle Bestandskraft des Steuerbescheides ein • daher: Steuer ist fällig und kann auch vollstreckt werden • daher: Deklaration der Bescheide als tituliert und unanfechtbar • Vorbehalt der Nachprüfung aus dem Bescheid ersichtlich: »*Der Bescheid ergeht nach § 164 Abs. 1 AO unter Vorbehalt der Nachprüfung.*«

Nr.	Arbeitsschritte der Prüfung	Forderungsanmeldung des FinA: Erläuterung der Prüfung
		• »Steuerberechnung« (s. vorstehend) kann nicht tituliert und vollstreckbar werden, nur ein »Bescheid«
224.	Informationsmitteilung	• über den Grund des Bestreitens sollte das Finanzamt gesondert neben dem beglaubigten Tabellenauszug unterrichtet werden • Muster 246: »FinA– Info über Bestreiten« • dadurch: Vermeidung eines Feststellungsbescheides und ggf. dann Einspruchsverfahren
225.	Prüfungsfragen	• Liegt ein Bescheid oder eine Berechnung vor? • Ist der zu prüfende Bescheid als unanfechtbar deklariert worden? • Ist der zu prüfende Bescheid unter dem Vorbehalt der Nachprüfung ergangen?
	Verspätungszuschläge	• **lfd. Nr. 226**
226.	Definition	• werden erhoben, wenn die Steuererklärung verspätet abgegeben wird (§ 152 AO) • Erziehungs- und Sanktionsfunktion = soll die fristgerechte Abgabe erzwingen • Voraussetzung: Verpflichtung zur Abgabe, Fristversäumnis und schuldhaftes Versäumnis • Achtung: bei Bestreiten einer Forderung, auch dazugehörigen Verspätungszuschlag bestreiten • Bsp.: Lohnsteuer = s. vorstehend
	Zinsen	• **lfd. Nr. 227**
227.	Rechtliche Grundlage	• Steuerforderungen können auch verzinst werden: §§ 233 ff. AO • die steuerlichen Nebenleistungen (Verspätungszuschlag, Säumniszuschlag) werden nicht verzinst • wird die Steuer an sich bestritten: dann auch Zinsen • wird die Forderung später festgestellt/anerkannt, fallen dennoch Zinsen an (wg. evtl. Erlass: § 227 AO = Korrektur der Anmeldung)

Checkliste 43: Insolvenztabelle – FinA – Kürzel-Überblick

(entnommen aus InsbürO 2012, 135 – Beitrag von Frau Lauck, »Die Prüfung der Forderungsanmeldung des FinA anhand eines Praxisbeispiels« mit deren freundlicher Zustimmung) 85

86

Kürzel	Bedeutung	Stand des Festsetzungsverfahrens	Hinweise	Wirkung für Forderungsprüfung
NK	<u>n</u>icht bestandskräftig, <u>k</u>ein Rechtsbehelf	• kein Rechtsbehelf eingelegt • Rechtsbehelfsfrist durch IE unterbrochen	• Beim Bestreiten: Forderung des FinA, das Steuerstreitverfahren einzuleiten	• ist inhaltlich zu prüfen
NR	<u>n</u>icht bestandskräftig, <u>R</u>echtsbehelf eingelegt	• Rechtsbehelf ist eingelegt • Einspruchsverfahren unterbrochen	• Beim Bestreiten: Forderung des FinA, das Steuerstreitverfahren aufzunehmen	• ist inhaltlich zu prüfen
NT	<u>n</u>icht <u>t</u>ituliert	• kein Steuerbescheid oder • keine Steueranmeldung vor IE	• Beim Bestreiten: FinA erlässt Feststellungsbescheid	• ist inhaltlich zu prüfen
T	<u>t</u>ituliert	• Steuerbescheid vor IE ergangen oder • Steueranmeldung i.S.v. § 168 AO (z.B. Lohn- und Umsatzsteuer) vor IE abgegeben	• tituliert, aber **<u>nicht</u>** unanfechtbar • Prüfung, ob im Bescheid: Vorbehalt der Nachprüfung (§ 164 AO)	• Prüfung: Vorbehalt der Nachprüfung • Prüfung der Zahlungsverjährung
TU	<u>t</u>ituliert und <u>u</u>nanfechtbar	• Kombination aus tituliert und unanfechtbar	• Änderung grds. ausgeschlossen • Ausnahme: Vorbehalt der Nachprüfung (§ 164 AO)	• grds. feststellen • aber: Prüfung der Zahlungsverjährung • aber: Vorbehalt der Nachprüfung?

Kürzel	Bedeutung	Stand des Festsetzungsverfahrens	Hinweise	Wirkung für Forderungsprüfung
U	Unanfechtbar	• kein Rechtsbehelf eingelegt • Rechtsbehelfsfrist vor IE abgelaufen • ggf. Steueranmeldung abgegeben • Bestandskraft wirkt auch gegen Bestreitenden	• Änderung unanfechtbarer Bescheide grds. ausgeschlossen • Ausnahme: Vorbehalt der Nachprüfung (§ 164 AO)	• grds. feststellen • aber: Prüfung der Zahlungsverjährung • aber: Vorbehalt der Nachprüfung?

Erläuterungen zu vorstehenden gesetzlichen Regelungen (beachte: Handlungen durch Insolvenzverwalter erforderlich):

§ 179 Abs. 2 InsO = beim Bestreiten von Vollstreckungstiteln muss der Insolvenzverwalter Klage erheben
§ 110 AO = Wiedereinsetzung in den vorherigen Stand
§ 164 AO = Abänderung bei Vorbehalt der Nachprüfung
§ 172 AO = Aufhebung und Abänderung von Steuerbescheiden

Checkliste 44: Inventar

87 Der Begriff »Inventar« wird regelmäßig für das bewegliche Anlage- und Umlaufvermögen verwendet. Dem Insolvenzverwalter obliegt die Sicherung und Verwertung dieses Inventars gem. § 159 InsO. Einzelne wichtige Aspekte hierbei werden in der nachfolgenden Checkliste dargestellt. Für die Realisierung anderer Vermögenswerte, die keine Gegenstände sind, wird auf die gesonderte Checkliste »Verwertungstätigkeit« verwiesen.

(Die Übersicht ist nach gängigen Überlegungen und Arbeitsschritten sortiert.)

88

Nr.	Thema	Checkliste Inventar: Erläuterung	Hilfsmittel
1.	Sicherstellung – allgemein	• Sicherstellung durch Inventur = schriftliche Fixierung der vorgefundenen Vermögenswerte • ggf. Sicherstellung der Schlüssel zu Räumlichkeiten, in denen Gegenstände lagern • ggf. auch Lagerung bei einem Dritten, z.B. wenn angemietete Räumlichkeiten gekündigt wurden • dann aber Achtung: Lagerungskosten • in kleineren Verfahren: Gegenstände können ggf. bis zur Verwertung im Besitz des Schuldners bleiben	
2.	Inventur	• Inventur = Bestandsaufnahme des beweglichen Vermögens • eine Inventur hat zu erfolgen: – bei Anordnung der vorläufigen Verwaltung – bei Insolvenzeröffnung – ggf. auch beim späteren Verkauf	
3.	fehlende Gegenstände	• Vergleich des Anlagenspiegels mit Inventurliste, Sachverständigengutachten oder Masseverzeichnis (§ 151 InsO) • Anlagenspiegel = Anlage zum Jahresabschluss = Auflistung sämtlicher vorhandenen Vermögenspositionen • dadurch ggf. Aufklärung von fehlenden Gegenstände • Hinweise für fehlende Gegenstände auch: Sicherungsverträge, Kfz-Steuerbescheide (= Gegenstand nicht auffindbar) • ggf. Verkauf vor Insolvenzantrag: Kaufunterlagen einsehen, Kaufpreishöhe prüfen • ggf. Schwarzverkäufe erfolgt? • Ist noch anderswo eine Sicherung möglich?	
4.	Sicherstellung – Herausgabe	• Schuldner sollte Vermögenswerte freiwillig zwecks Sicherstellung übergeben • Eröffnungsbeschluss ist ein Vollstreckungstitel i.S.d. § 794 Abs. 1 Nr. 3 ZPO (i.V.m. bspw. § 51 Abs. 1 GVGA NRW)	Muster 106 (Eröffnungsbeschluss jur. Person): »Vollstreckungs- und Zustellungsklausel – Antrag auf Erteilung«

Nr.	Thema	Checkliste Inventar: Erläuterung	Hilfsmittel
		• Sicherstellung von Vermögensgegenständen mit diesem Beschluss gem. § 148 Abs. 2 InsO im Vollstreckungswege möglich • ggf. Durchsetzung der Herausgabe mithilfe des Gerichtsvollziehers gem. bspw. § 51 GVGA NRW vornehmen • hierfür: Gegenstand muss im Eröffnungsbeschluss nicht genau bezeichnet sein (s. Kommentierung u. bspw. § 51 Abs. 2 GVGA NRW) • Voraussetzungen für die Vollstreckung gem. § 750 ZPO schaffen: – Vollstreckungsklausel gem. § 725 ZPO und Zustellung gem. § 166 ff. ZPO • Vollstreckung aber nur gegen Schuldner möglich, nicht gegen Dritte • bei Besitz durch Dritte: Prozessweg beschreiten • i.d.R. erfolgt Sicherstellung bereits während der vorläufigen Verwaltung	Muster 107 (Eröffnungsbeschluss jur. Person: »Vollstreckungsauftrag an Gerichtsvollzieher« Arbeitshilfe: Wirkungen der Verfahrenseröffnung, InsbürO 2006, 474 f. Hamburger Kommentar zum Insolvenzrecht, 7. Aufl., Jarchow, § 148 Rn. 27 ff. bspw.: GVGA NRW abrufbar: www.jvv.justiz.nrw.de > JVV (per Stand Mai 2019: Fassung v. 19.08.2016)
5.	Besitz	• in kleineren Verfahren verbleiben die Gegenstände ggf. bis zur Verwertung im Besitz des Schuldners • bei etwaigen Kaufinteressenten: mit Schuldner Besichtigungstermin vereinbaren	
6.	Wertermittlung	• für den Verkauf eines Gegenstandes: vorherigen Verkehrswert ermitteln • verschiedene Möglichkeiten: – Gutachten eines Industriesachverständigen (nach Fortführungs- oder Liquidationswerten) – alte Rechnungen oder Kaufverträge einsehen – Schätzung über das Internet vornehmen (z.B. bei Fahrzeugen)	
7.	Sachverständiger – Begutachtung	• i.d.R. wird ein Industriesachverständiger mit der Bewertung des gesamten beweglichen Anlagevermögens beauftragt • er erstellt ein Gutachten, das die Basis für einen etwaigen Verkauf ist • je nach Situation erfolgt die Bewertung nach Fortführungs- und Liquidationswerten • bei Betriebseinstellung erübrigt sich z.B. eine Bewertung nach Fortführungswerten • Sachverständiger berechnet ein Honorar für die Bewertung • bei Beauftragung eines Sachverständigen während der vorläufigen Verwaltung: Einzelermächtigung vom Insolvenzgericht zur Begründung einer Masseverbindlichkeit einholen • ideal: Sachverständiger der Bewertung ist nicht identisch mit Sachverständiger der Verwertung • damit: kein Verdacht für fehlerhafte Bewertung	Muster 210 (Inhaltsverzeichnis): »Inhaltsverzeichnis jur. Pers.« Checkliste Betriebsfortführung > Einzelermächtigung
8.	Fortführungswert	• bei einer Betriebsfortführung: i.d.R. Erzielung höherer Preise • Grund: i.d.R. Veräußerung des Unternehmens im Ganzen • ggf. mehr Zeit für Käufersuche als bei Liquidation • bei Betriebsschließung: Liquidationswert	
9.	Liquidationswert	• bei einer Betriebsschließung: i.d.R. Erzielung niedrigerer Preise • Grund: Einzelverkäufe von Gegenständen • i.d.R. herrscht Zeitdruck, z. B. bei erforderlicher Räumung	
10.	Inhaltsverzeichnis	• es ist sinnvoll, ein gesondertes Inhaltsverzeichnis für das Inventar anzulegen • die einzelne Rubriken werden im Muster-Inhaltsverzeichnis vorgeschlagen • im Wesentlichen geht es um die Trennung von: – Aus- und Absonderungsrechten: Schriftverkehr hierzu – Fahrzeugunterlagen – Fortführungs- und Liquidationsgutachten – Schriftverkehr mit dem Sachverständigen – Schriftverkehr mit Kaufinteressenten – etc.	Muster 210 (Inhaltsverzeichnis): »Inhaltsverzeichnis jur. Person«

Nr.	Thema	Checkliste Inventar: Erläuterung	Hilfsmittel
11	Aus- und Absonderungsrechte	• Aus- und Absonderungsrechte am beweglichen Vermögen sind zu ermitteln und zu berücksichtigen • bei Durchsicht der Unterlagen auf solche Rechte achten • Geltendmachung durch Aus- und Absonderungsgläubiger bearbeiten • für etwaigen Schriftverkehr: gesonderte Rubrik anlegen: s. nachfolgend »Inhaltsverzeichnis«	Checklisten Aussonderungsrechte und Absonderungsrechte
12.	Verwertung – allgemein	• Verwertungstätigkeit ist Verwaltertätigkeit • Delegation an Dritte ist gängig und zulässig: s. auch nachfolgende GOI-Kriterien • zur Verwaltertätigkeit gehört: Abstimmung mit Industriesachverständigen, Anzeigepflicht ggü. Absonderungsgläubigern, Entscheidung über Freigabe, Kontrolle der Abrechnung etc. • bei größeren Insolvenzverfahren: Versteigerung • bei einzelnen Gegenständen: ggf. Verwertungsfirmen ansprechen oder • Einstellen ins Internet, z. B. bei Ebay	
13.	Verbraucherinsolvenzverfahren	• keine weiteren Besonderheiten • i.d.R. nur wenige oder gar keine freien Vermögensgegenstände	
14.	Wertverlust	• Wertverlust durch Zeitablauf vermeiden und Verkaufsbemühungen verstärken • ggf. Saisongeschäft beachten: z.B. Motorräder verkaufen sich im Frühjahr und Sommer besser	
15.	Fahrzeuge	• bei Fahrzeugen sind eine Vielzahl von einzelnen Prüfungsschritten zu berücksichtigen: s. gesonderte Checkliste	Checkliste Fahrzeuge
16.	Verwerter	• in größeren Verfahren wird eine Verwertungsfirma (ggf. gleichzeitiger Industriesachverständige) mit der Verwertung beauftragt • Grund: Zugang zum Markt, Erfahrung in der Durchführung von Versteigerungen • hierbei: i.d.R. keine Kostenbelastung für die Insolvenzmasse • Sachverständiger erhält von den Käufern Prämien • Sachverständiger erteilt eine Abrechnung: i.d.R. Einzelauflistung aller getätigten Verkäufe	
17.	Verwertung – Kontrolle	• genaue Prüfung der Abrechnung eines Verwerters: – Abrechnung kopieren – Einzelwerte darin mit Werten aus dem Sachverständigengutachten vergleichen – bei höheren Kaufpreisen: »HK« (= höherer Kaufpreis) auf der Kopie eintragen – bei niedrigeren Kaufpreisen: »NK« (= niedrigerer Kaufpreis) auf Kopie eintragen – bei NK: Gründe durch Gespräch mit Sachverständigen ermitteln und Aktennotiz fertigen – Einzelkaufpreise netto addieren und Gesamtsumme netto überprüfen – Bruttogesamtsumme errechnen und mit Wert in Abrechnung vergleichen – Zahlungseingang auf dem Treuhandkonto überprüfen – Abrechnung als Beleg zu den Kontoauszügen heften – Ergebnis insgesamt zufrieden stellend und damit höher als Gutachtenwerte? – Welche Gegenstände sind noch nicht verwertet? In Kopie des Gutachtens ggf. gelb markieren • Verwertungsliste erstellen bzw. aktualisieren: s. nachstehend	Muster 384 – 385 (Verwertungstätigkeit): »Verwertungsliste« (zwei Varianten)

Nr.	Thema	Checkliste Inventar: Erläuterung	Hilfsmittel
18.	Kaufinteressenten	Bei Verwertung durch Insolvenzverwalter: • Schriftverkehr mit Kaufinteressenten sollte in einer gesonderten Rubrik archiviert werden • Trennkarten mit jeweiligem Name des Kaufinteressenten nutzen • bei Besichtigungsterminen: ggf. Abstimmung mit dem Schuldner, wenn Gegenstand in seinem Besitz (= in kleineren Verfahren)	Muster 261: »Kaufinteressenten – Anfrage bei Verwertungsunternehmen«
19.	Zustimmungserfordernis	• gem. § 160 Abs. 1 InsO: Zustimmung der Gläubigerversammlung für bedeutende Entscheidungen erforderlich • u.a. bei Veräußerung des Unternehmens oder des Warenlagers im Ganzen • Antrag auf gesonderte Gläubigerversammlung gem. § 75 Abs. 1 Nr. 1 InsO möglich • ggf. Zustimmung auch bereits vorsorglich in der 1. GV geben lassen	Checkliste Terminvorbereitung
20.	Verkaufsabwicklung	• Fertigung eines Kaufbeleges, je nach Bedarf: – Kaufvertrag, Rechnung oder nur Quittung – Kaufvertrag z. B. bei Fahrzeugen wg. einzelner Regelungen – Rechnung z. B. bei elektronischen Geräten – Quittung z. B. bei Kleinverkäufen = Barzahlung • Kopie des Kaufbeleges zu den Kontoauszügen nehmen • ggf. Wiedervorlage für Zahlungseingang notieren	Muster 262: »Kaufvertrag Fahrzeug« Muster 264: »Rechnung bei Verkauf aus Masse« Muster 265: »Verkaufsbestätigung« Muster 263: »Quittung« Wiedervorlagenkalender
21.	Umsatzsteuer	• vor jeder Veräußerung: Prüfung, ob Brutto- oder Nettokaufpreis • bei Zuordnung des Gegenstandes zum betrieblichen Vermögen: Verkauf umsatzsteuerpflichtig • Muster »Prüfungsvermerk« ermöglicht Vorprüfung und Sammlung von Informationen • ggf. Einsicht in Körperschaftssteuer-, Gewerbesteuer-, Einkommenssteuerbescheid: Rücksprache mit Buchhaltungsabteilung/Steuerberater • aus dem Kaufpreis: Abführung der Umsatzsteuer • Achtung: Masseunzulänglichkeit vor der Abführung prüfen	Muster 335 (Steuerangelegenheiten): »Verkäufe – Steuerpflicht – Prüfungsvermerk«
22.	Rechnung	• erstellte Rechnungen an Dritte müssen Anforderungen nach dem UStG erfüllen: – Bezeichnung des Gegenstandes gem. § 14 Abs. 4 Nr. 5 UStG – Datumsangabe gem. § 14 Abs. 4 Nr. 3 UStG – Leistungszeitraum oder Leistungszeitpunkt gem. § 14 Abs. 4 Nr. 6 UStG – Name und Anschrift gem. § 14 Abs. 4 Nr. 1 UStG – Rechnungsnummer gem. § 14 Abs. 4 Nr. 4 UStG – Umsatzsteuer-ID gem. § 14 Abs. 4 Nr. 2 UStG	Muster 264: »Rechnung bei Verkauf aus Masse«
23.	Verwertungsliste	• Verwertungsliste = Überblick über Verwertungsaktivität bzgl. beweglicher Gegenstände • dient der eigenen Kontrolle und als Anlage zu Halbjahresberichten (= ForStaB) • daher: regelmäßige Aktualisierung (= ggf. Wiedervorlage notieren oder bei jedem Verkauf direkte Eintragung) • wegen des Inhaltes sei auf das Muster verwiesen • insbesondere folgende Angaben: – Bezeichnung des Gegenstandes – Recht Dritter – Freigabe oder Verkauf – erzielter Verwertungserlös • Grundlage: Verzeichnis der Massegegenstände • ggf. bietet die Insolvenzsoftware die Möglichkeit der Erfassung des Verwertungsergebnisses	Muster 384 – 385 (Verwertungstätigkeit): »Verwertungsliste« (zwei Varianten) Wiedervorlagen-Kalender

Nr.	Thema	Checkliste Inventar: Erläuterung	Hilfsmittel
24.	Verwertung – Verzögerung	• absonderungsberechtigte Gläubiger haben einen Zinsanspruch ab dem Berichtstermin (§ 169 InsO) • dient als Schutz vor einer verzögerten Verwertung durch den Insolvenzverwalter • daher: Verwertung unverzüglich durchführen	Checkliste Absonderungsrechte > »Zinszahlungspflicht«
25.	Wiedervorlagen	• Wiedervorlagen notieren, um Fortgang von Angelegenheiten in der Überwachung zu halten: – Gibt es eine Reaktion Dritter? – Unterzeichneter Vertrag zurück? – Kaufpreis gezahlt? – etc.	Wiedervorlagenkalender
26.	GOI	• GOI = Grundsätze ordnungsgemäßer Insolvenzverwaltung (70 Grundsätze) • Grundsatz 7: Beauftragung externer Dienstleister auf Kosten der Masse möglich für u.a. Inventarisierung sowie die Be- und Verwertung von Wirtschaftsgütern • Grundsatz 8: Anzeige der Beauftragung ggü. Insolvenzgericht in geeigneter Weise • Grundsatz 9: jährliche Bewertung des beauftragten Dienstleisters i.S.d. DIN EN ISO 9001:2008 und ggf. erforderliche Konsequenzen daraus • Grundsatz 30: Inbesitznahme des beweglichen Anlage- und Umlaufvermögens • Grundsatz 31: Inventur des beweglichen Anlage- und Umlaufvermögens durch qualifiziertes Personal oder Sachverständige • Grundsatz 59: sofortige Bewertung des Anlage- und Umlaufvermögens, ggf. unter Hinzuziehung eines externen Sachverständigen • Grundsatz 60: zu erfüllende Kriterien durch einen Dritten, der mit der Be- oder Verwertung des Anlage- und Umlaufvermögens beauftragt wird • *(Die Autoren danken dem VID für die freundliche Zustimmung zur Veröffentlichung von Hinweisen auf die GOIs)*	VID = Verband Insolvenzverwalter Deutschlands e.V. www.vid.de

Checkliste 45: Kosten im Eröffnungsverfahren

89 Nicht selten werden Insolvenzanträge mangels Masse abgewiesen, weil eine kostendeckende Masse nicht vorhanden ist oder Insolvenzanträge sich erledigen, wenn der Schuldner die ausstehende Forderung des Gläubigers begleicht. In diesem Fällen ist jeweils zu klären, wer für welche Kosten haftet. Gerade im Fall einer vorzeitigen Erledigung des Insolvenzantrages kommt es immer vor, dass später von anderen Gläubigern weitere Insolvenzanträge gestellt werden, die dann letztlich zur Eröffnung führen. Für Insolvenzsachbearbeiter ist hierbei von besonderem Interesse, welche Ansprüche wer im Folgeverfahren geltend machen kann.

(Die Übersicht dient als Nachschlagewerk und ist daher alphabetisch sortiert.)

90

Nr.	Thema	Checkliste Kosten im Eröffnungsverfahren: Erläuterung	Hilfsmittel
1.	Abweisung mangels Masse	• Haftung des antragstellenden Gläubiger als Zweitschuldner für die Verfahrensgebühr (§ 23 Abs. 1 Satz 1 GKG) und die Auslagen (§ 23 Abs. 1 Satz 2 GKG) • Auslagen des Gerichtes: s. nachstehend • Verfahrensgebühr: s. nachstehend Gerichtskosten • Ausnahme gem. § 23 Abs. 1 Satz 3 GKG: Auslagen nach Nr. 9017 KV (= Kostenstundung) schuldet der Schuldner • s. nachfolgend »Gläubigerhaftung« im Überblick	ABC des Insolvenzrechts: Abweisung mangels Masse, InsbürO 2008, 359 f. Haftung des Antragstellers: OLG Köln v. 28.1.2010 – 17 W 343/09 in ZInsO 2010, 539, WKRS 2010, 11284

Nr.	Thema	Checkliste Kosten im Eröffnungsverfahren: Erläuterung	Hilfsmittel
2.	Abweisung – sonstige	• es kommt auch eine Abweisung wegen eines unzulässigen oder unbegründeten Antrages in Betracht • in dem Fall: ebenfalls Haftung des antragstellenden Gläubigers als Zweitschuldner (§ 23 Abs. 1 Satz 2 GKG) • Ausnahme gem. § 14 Abs. 3 InsO: Schuldner erfüllt die Forderung des Gläubigers und Antrag wird als unbegründet abgewiesen = Schuldnerhaftung für die Kosten des Verfahrens (§ 23 Abs. 1 Satz 4 GKG) • s. nachfolgend »Gläubigerhaftung« im Überblick	
3.	Anspruchsdurchsetzung	• s. nachfolgend »Vergütungsbeschluss«	
4.	Antragsrücknahme	• Haftung des antragstellenden Gläubiger als Zweitschuldner für die Verfahrensgebühr (§ 23 Abs. 1 Satz 1 GKG) und die Auslagen (§ 23 Abs. 1 Satz 2 GKG) • Auslagen des Gerichtes: s. nachstehend • Verfahrensgebühr: s. nachstehend Gerichtskosten • Ausnahmen wie vor: Auslagen nach Nr. 9017 KV nicht (§ 23 Abs. 1 Satz 3 GKG) • s. nachfolgend »Gläubigerhaftung« im Überblick	Haftung des Antragstellers: LG Göttingen v. 14.04.2009 – 10 T 25/09 in ZInsO 2009, 1926, WKRS 2009, 37673
5.	Auslagen	• die zu zahlenden Auslagen durch die Staatskasse ergeben sich aus Anlage 1 zum GKG (§ 3 Abs. 2 GKG) (= Kostenverzeichnis) • sie sind dort im Teil 9 geregelt • zu den Auslagen des Insolvenzgerichtes im Eröffnungsverfahren zählen: – die Veröffentlichungskosten (Nr. 9004 KV GKG) – die Sachverständigenkosten (Nr. 9005 KV GKG) – Vergütungen aufgrund einer Kostenstundung (Nr. 9017 KV GKG) – s. jeweils nachstehend	GKG abrufbar über www.gesetze-im-Internet.de
6.	Berechnungsgrundlage	• die Gerichtsgebühren werden nach § 58 GKG berechnet • darin gibt es eine Unterscheidung zwischen – Schuldnerantrag (§ 58 Abs. 1 GKG) = Wert der Insolvenzmasse zur Zeit der Verfahrensbeendigung – Gläubigerantrag (§ 58 Abs. 2 GKG) = Betrag seiner Forderung, jedoch höchstens Wert der Insolvenzmasse	GKG abrufbar über www.gesetze-im-internet.de
7.	Erledigungs-erklärung	• Erledigungserklärung bedeutet: Schuldner zahlt die ausstehende Forderung des antragstellenden Gläubigers • dadurch: Hauptsache ist erledigt • in dem Fall nach der Rechtsprechung: keine Haftung des antragstellenden Gläubigers für die Auslagen, wenn der Antrag zulässig war • § 23 Abs. 1 GKG sieht die Kostentragungspflicht für die Auslagen nur für die Fälle der Abweisung und der Rücknahme vor • die Verfahrensgebühr bleibt von dieser Befreiung unberührt (§ 23 Abs. 1 Satz 1 GKG) • Schuldner haftet für die Auslagen gem. § 23 Abs. 6 GKG	Keine Haftung Antragsteller bei Erledigung: OLG Koblenz v. 13.02.2007 – 14 W 106/07 in ZInsO 2007, 610, WKRS 2007, 12840 Zur Voraussetzung der Haftungsfreistellung: Ahrens/Gehrlein/Ringstmeier: Insolvenzrecht Kommentar, 3. Aufl., § 26 Rn. 27, 28 GKG abrufbar über www.gesetze-im-internet.de
8.	Fälligkeit	• die Fälligkeit der Gebühren- und Vergütungsansprüche tritt wie folgt ein: – die Verfahrensgebühr beim Insolvenzgericht nach § 6 Abs. 1 Nr. 3 GKG mit Antragseinreichung – die Vergütung des Sachverständigen nach § 2 Abs. 1 Nr. 1 JVEG mit der Vorlage des Gutachtens beim Insolvenzgericht – die Vergütung des vorläufigen Insolvenzverwalters mit der Beendigung seines Amtes (§ 10 i.V.m. § 8 InsVV) = Insolvenzeröffnung oder durch Aufhebung der Sicherungsmaßnahme und Entlassung aus seinem Amt	GKG abrufbar über www.gesetze-im-internet.de

Nr.	Thema	Checkliste Kosten im Eröffnungsverfahren: Erläuterung	Hilfsmittel
9.	Gerichtskosten – Berechnung	• Regelung im GKG • die einzelnen Gebührentatbestände bestimmen sich aus Anlage 1 zum GKG (§ 3 Abs. 2 GKG) (= Kostenverzeichnis) • die Gerichtsgebühren für das Insolvenzverfahren sind dort im Teil 2, Hauptabschnitt 3: Nrn. 2310 – 2386 geregelt	Lissner, Die Kosten im Insolvenzverfahren – ein Kurzüberblick, InsbürO 2013, 19 ff.
10	Gerichtskosten – Gläubigerantrag	• nach Nr. 2311 KV GKG = 0,5 Geb. für das Eröffnungsverfahren, mindestens 180,00 EUR • Berechnungsgrundlage: s. vorstehend	GKG abrufbar über www.gesetze-im-internet.de
11.	Gerichtskosten – Schuldnerantrag	• nach Nr. 2310 KV GKG = 0,5 Geb. für das Eröffnungsverfahren • Berechnungsgrundlage: s. vorstehend	GKG abrufbar über www.gesetze-im-internet.de
12.	Gläubigerausschuss	• im Eröffnungsverfahren kann ein vorläufiger Gläubigerausschuss bestellt werden (§ 22a InsO) • die Vergütungsansprüche der Mitglieder dieses Ausschusses richtet sich nach § 17 Abs. 2 InsVV • im eröffneten Verfahren: Zahlung der Vergütung über § 54 InsO • bei Nichteröffnung: Zahlungsanspruch gegen die Staatskasse nur bei Kostenstundung (Nr. 9017 KV GKG)	Checkliste Gläubigerausschuss
13.	Gläubigerhaftung	• der antragstellende Gläubiger haftet gem. § 23 Abs. 1 Sätze 1, 2 GKG für die Auslagen nach Nrn. 9004, 9005 – bei Abweisung mangels Masse – bei Abweisung eines unbegründeten Antrages – bei Abweisung eines unzulässigen Antrages – bei Antragsrücknahme • für die Gerichtsgebühr: Haftung unabhängig vom Ergebnis seines Antrages • bei Eröffnung jedoch: Gerichtsgebühr gehört zu den Massekosten • s. jeweils vor- und nachstehend	GKG abrufbar über www.gesetze-im-internet.de
14.	Gutachterkosten	• s. nachstehend »Sachverständigenkosten«	
15.	Haftung	• wegen Gläubigerhaftung: s. vorstehend • wegen Schuldnerhaftung: s. nachstehend	
16.	Kostenfestsetzung	• Festsetzung der Vergütung des vorläufigen Insolvenzverwalters durch das Insolvenzgericht (§ 26a InsO)	
17.	Kostenstundung – allgemein	• die aufgrund einer Kostenstundung zu zahlenden Beträge werden als Auslagen nach Nr. 9017 KV GKG aus der Staatskasse beglichen • Anspruchsgrundlage: § 63 Abs. 2 InsO • für die Erstattung dieser Beträge an die Staatskasse haftet der Schuldner alleine (§ 23 Abs. 1 Satz 3 InsO)	Checkliste Kostenstundung
18.	Kostenstundung – Umfang	• von einer Kostenstundung als Auslagen nach Nr. 9017 KV GKG umfasst: – Vergütung des vorläufigen Insolvenzverwalters – Vergütung des Insolvenzverwalters im eröffneten Verfahren – Vergütung eines Gläubigerausschussmitgliedes – Treuhändervergütung	GKG abrufbar über www.gesetze-im-internet.de
19.	Kostentragungspflicht	• s. vorstehend: Gläubigerhaftung • s. nachstehend: Schuldnerhaftung	
20.	Massekosten	• die Kosten des Eröffnungsverfahren gehören bei Insolvenzeröffnung zu den Massekosten gem. § 54 InsO • für die Gerichtskosten ergibt sich dies aus § 33 GKG • bei Nichteröffnung: Problematik der vorläufigen Verwaltervergütung: s. nachstehend • wg. Massekosten des eröffneten Verfahrens: s. gesonderte Checkliste	Checkliste Massekosten

Nr.	Thema	Checkliste Kosten im Eröffnungsverfahren: Erläuterung	Hilfsmittel
21.	Sachverständigen-kosten	• Beauftragung eines Sachverständigen durch das Insolvenzgericht gem. § 5 Abs. 1 InsO • Aufgabe: u.a. Ermittlung der Insolvenzgründe (§§ 16 – 19 InsO) und Feststellung einer etwaigen kostendeckenden Masse (§ 26 InsO) • Vergütungsanspruch des Sachverständigen nach JVEG • Ausgleich der Sachverständigenvergütung durch die Staatskasse nach Nr. 9005 KV GKG (= Auslagen des Gerichtes)	Checkliste Gutachten
22.	Schuldnerhaftung	• der Schuldner haftet – gem. § 23 Abs. 1 Satz 4 GKG bei Abweisung eines unbegründeten Antrages, wenn er die Forderung des Gläubigers nach Antragstellung erfüllt (§ 14 Abs. 3 InsO) – nach der Rechtsprechung bei einer Erledigungserklärung (§ 23 Abs. 6 GKG) – für die gezahlten Beträge aufgrund einer Kostenstundung (Nr. 9017 KV GKG) • s. jeweils vor- und nachstehend	GKG abrufbar über www.gesetze-im-internet.de
23.	Verbraucherinsol-venzverfahren	• i.d.R. gibt es kein Eröffnungsverfahren in den vereinfachten Insolvenzverfahren • Ausnahmefall: Beauftragung als Sachverständiger • dann Zahlung der Vergütung nach dem JVEG nach Nr. 9005 KV GKG: s. vorstehend	
24.	Vergütungsbeschluss	• die Festsetzung der Vergütung erfolgt durch einen Beschluss • dadurch: titulierte Forderung, die der 30-jährigen Verjährung gem. § 197 Abs. 1 Nr. 3 BGB unterliegt • im Festsetzungsbeschluss ist der Kostenschuldner zu nennen • für mögliche Vollstreckungsmaßnahmen gelten die Vorschriften des § 794 Abs. 1 Nr. 2 ZPO i.V.m. §§ 725 ff. ZPO • denkbar: Vermögenswerte werden durch Begutachtung bekannt (z.B. Lebensversicherungen), dann bei Nichteröffnung Vollstreckung in diese Werte wegen der Vergütung aus vorläufiger Verwaltung möglich	
25.	Verjährung	• für Vergütungsansprüche: regelmäßige Verjährungsfrist gem. § 195 BGB • Verjährungsbeginn gem. § 199 Abs. 1 BGB: Ende des Kalenderjahres, in dem der Anspruch entsteht • Anspruch auf Vergütung als vorläufiger Insolvenzverwalter entsteht mit Beendigung des Amtes • Beendigung des Amtes: Insolvenzeröffnung oder Aufhebung der Sicherungsmaßnahmen	Checkliste Verjährungsfristen
26.	Verrechnung	• Aufhebung der Sicherungsmaßnahmen gem. § 25 InsO: – bei starker vorl. Verwaltung: Verrechnung Vergütungsanspruch mit Guthaben auf dem Treuhandkonto zulässig (§ 25 Abs. 2 InsO) – gleiches gilt für begründete »Masseverbindlichkeiten« • aber: Abstimmung mit Richter/Richterin, dass Sicherungsmaßnahmen erst nach Verrechnung aufgehoben werden • in der Literatur: analoge Anwendung auf schwache vorl. Verwaltung	Hamburger Kommentar zum Insolvenzrecht, 7. Aufl., Schröder, § 25 Rn. 11. analoge Anwendung § 25 InsO: BGH v. 22.07.2007 – IX ZR 2/06 in WKRS 2007, 12617
27.	Veröffentlichungs-kosten	• es können ggf. Veröffentlichungskosten anfallen: z.B. Beschluss über Abweisung mangels Masse • Einstellung im elektronischen Informations- und Kommunikationssystem • Veröffentlichungskosten werden als Auslagen nach Nr. 9004 KV GKG bezahlt • Regelung für öffentliche Bekanntmachungen: § 9 InsO	www.insolvenzbekannt-machungen.de

Nr.	Thema	Checkliste Kosten im Eröffnungsverfahren: Erläuterung	Hilfsmittel
28.	Vorläufige Verwaltung – allgemein	• Bestellung eines vorläufigen Insolvenzverwalters gem. § 21 Abs. 2 InsO zur Sicherung des schuldnerischen Vermögens • im eröffneten Verfahren: Zahlung der Vergütung des vorläufigen Verwalters aus der Insolvenzmasse (§ 54 Nr. 2 InsO) • bei Nichteröffnung: Nennung der Vergütung des vorläufigen Verwalters als Auslagen im Teil 9 KV GKG nur bei Kostenstundung • Problematik der Zahlung: s. nachstehend • bei späterer Eröffnung aufgrund eines neuen Insolvenzantrages: nur einfache Insolvenzforderung • nur bei verbundenen Antragsverfahren zur gemeinsamen Entscheidung: Kostenlast gem. § 54 InsO	Bei Eröffnung durch anderen Antrag – kein Rang nach § 54 InsO: BGH v. 23.04.2015 – IX ZB 55/13 (Rn. 3) in ZInsO 2015, 1846, InsbürO 2015, 446
29.	Vorläufige Verwaltung – Gläubigerhaftung	• grds. nach der Rechtsprechung keine Gläubigerhaftung • Begründung: keine Zahlungspflicht der Staatskasse (s. nachstehend), damit keine zu erstattenden Auslagen • Ausnahme bei einem unzulässigen Insolvenzantrag oder bei Missbrauch als Druckmittel: ggf. Haftung gem. § 4 InsO i.V.m. §§ 91a, 269 Abs. 3 ZPO	
30.	Vorläufige Verwaltung – Staatskasse	• grds. keine Haftung der Staatskasse • keine Auflistung der Zahlungspflicht als Auslagen im Teil 9 KV GKG • dort nur Sachverständigenvergütung genannt (Nr. 9005 KV GKG) • nach der Rechtsprechung auch kein Anspruch wg. Beauftragung durch das Insolvenzgericht (= Ausfallhaftung) • Pflicht des vorläufigen Insolvenzverwalters zur Prüfung der Kostendeckung vor Ausübung umfangreicher Tätigkeiten (= Ausfall in Grenzen halten) • allerdings: bei Bewilligung der Kostenstundung Kostentragungspflicht nach Nr. 9017 KV GKG	Kein Erstattungsanspruch ohne Kostenstundung gegen Staatskasse: BGH v. 09.07.2015 – IX ZB 68/14 (Rn. 8 m.w.N., 12) in InsbürO 2015, 540, ZInsO 2015, 1734

Checkliste 46: Kostenstundung

91 Ist der Schuldner eine natürliche Person und hat einen Antrag auf Restschuldbefreiung gestellt, so können ihm die Kosten des Insolvenzverfahrens bis zur Erteilung der RSB auf Antrag gem. § 4a InsO gestundet werden. Die Bewilligung der Kostenstundung ist der Regelfall in den vereinfachten Insolvenzverfahren gem. §§ 304 ff. InsO. Auch in den Regelinsolvenzverfahren wird eine Kostenstundung von natürlichen Personen als Schuldner/Schuldnerin beantragt und auch bewilligt, kommt also auch dort vor. Häufig wissen die Insolvenzschuldner trotz der eigenen Antragstellung selbst gar nicht, was die Kostenstundung für sie bedeutet. In einem Erstgespräch sollte man sie daher entsprechend kurz über die wichtigsten Details informieren.

(Die Übersicht ist nach gängigen Informationen sortiert.)

92

Nr.	Thema	Checkliste Kostenstundung: Erläuterung	Hilfsmittel
1.	Allgemein	• Verfahrenskostenstundung = die Staatskasse zahlt zunächst sämtliche Kosten des Verfahrens (s. nachstehend Umfang) • damit: Vergütungsansprüche des Insolvenzverwalters oder Treuhänder richten sich gegen die Staatskasse • gesetzliche Grundlage: §§ 63 Abs. 2, 293 Abs. 2 InsO • später: Erstattungsanspruch der Staatskasse gegen den Schuldner: s. nachstehend	ABC des Insolvenzrechtes: Stundung der Verfahrenskosten, InsbürO 2007, 158 f.
2.	Voraussetzung – Bewilligung	• schriftlicher Antrag beim Insolvenzgericht (§ 4a Abs. 1 Satz 1 InsO) • Nachweis, dass das Vermögen des Schuldners voraussichtlich nicht ausreichend wird, um die Kosten des Verfahrens zu decken	Deppe, Stundung der Kosten im Insolvenzverfahren – Teil 1: Voraussetzungen und Wirkung der Stundung, InsbürO 2004, 63 ff.

Nr.	Thema	Checkliste Kostenstundung: Erläuterung	Hilfsmittel
3.	Bewilligung	• die Kostenstundung erfolgt für jeden Verfahrensabschnitt gesondert (§ 4a Abs. 3 Satz 2 InsO) • eröffnetes Verfahren und RSB-Phase: damit i.d.R. zwei Anträge des Schuldners erforderlich • wg. der Voraussetzungen: s. unten • die Bewilligung erfolgt durch gerichtlichen Beschluss	
4.	Einstweiliger Rechtsschutz	• bis zur Entscheidung über die Kostenstundung: Eintritt einstweiliger Stundung gem. § 4a Abs. 3 Satz 3 InsO • bei Antragsabweisung: Wegfall dieser Wirkung • bis dahin entstandene Vergütungsansprüche sind aber von der einstweiligen Wirkung umfasst	Einstweilige Kostendeckung: LG Göttingen v. 11.02.2009 – 10 T 9/09 (Rn. 9) InsbürO 2011, 193, ZInsO 2011, 397
5.	Umfang	• von einer Kostenstundung als Auslagen nach Nr. 9017 KV GKG sind umfasst: – Vergütung des vorläufigen Insolvenzverwalters – Vergütung des Insolvenzverwalters im eröffneten Verfahren – Vergütung eines Gläubigerausschussmitgliedes – Treuhändervergütung	
6.	Verfahrenskosten	• Schuldner fragen regelmäßig nach der Gesamtsumme der voraussichtlichen Verfahrenskosten • Schätzung abgeben: Verfahrenskosten berechnen • dafür bei Berechnung der Mindestvergütung: Gläubigeranzahl berücksichtigen = ggf. Vergütungserhöhung • grober Überblick – (unterschiedliche Vergütung je nach Gläubigeranzahl): – im IN-Verfahren: ca. 2.000 – 2.500 EUR – im IK-Verfahren: ca. 1.600,00 – 2.000 EUR – in der RSB-Phase: 119,00 EUR pro Jahr (ohne Erlöse)	Checkliste Vergütungsanträge
7.	Belehrung	• Schuldner sollte über den Inhalt und den Umfang der Kostenstundung belehrt werden • Möglichkeit der Ratenzahlung anbieten • hierbei aber ausdrücklicher Hinweis erforderlich: eine gesetzliche Verpflichtung zur Ratenzahlung besteht nicht • insbesondere: über Verlängerung der Rückzahlungsmöglichkeit unterrichten: s. nachstehend	
8.	Ratenzahlung – laufendes Verfahrens	• kein Anspruch der Staatskasse auf vorherige Erstattung gegen den Schuldner • aber: Schuldner hat die Möglichkeit, während des Verfahrens Raten zu zahlen, um am Ende nicht mit der gesamten Summe der Verfahrenskosten belastet zu werden • manche Insolvenzgerichte bestehen auf eine solche Ratenzahlung • s. vorstehend: Belehrung	
9.	Aufhebung der Bewilligung	• bei Fehlverhalten: Aufhebung der Kostenstundung während des laufenden Verfahrens möglich (§ 4c InsO) • Aufzählung der Gründe in § 4c InsO, z.B. unrichtige oder gar keine Auskunftserteilung • dann im eröffneten Verfahren: Einzahlung eines Gerichtskostenvorschuss erforderlich • ansonsten ggf. Einstellung wegen Masselosigkeit gem. § 207 InsO und keine Erteilung der RSB • während der RSB-Phase: Zahlung der Mindestvergütung gem. § 298 InsO bei Aufhebung der Kostenstundung erforderlich • Staatskasse haftet jedoch für die Vergütung des Insolvenzverwalters/Treuhänders bis zur Aufhebung	Checkliste Masselosigkeit Checkliste RSB-Phase Haftung Staatskasse für Vergütung bis Aufhebung: BGH v. 09.07.2015 – IX ZB 68/14 (Rn. 15) in InsbürO 2015, 540, ZInsO 2015, 1734 Moderegger, Der Vergütungsanspruch des Treuhänders in der Wohlverhaltensperiode nach Aufhebung der Kostenstundung, InsbürO 2018, 432 ff.
10.	Auslagen	• die aufgrund einer Kostenstundung zu zahlenden Beträge werden als Auslagen nach Nr. 9017 KV GKG aus der Staatskasse beglichen • die Beträge werden damit in einer Gerichtskostenrechnung als Auslagen aufgeführt	

Nr.	Thema	Checkliste Kostenstundung: Erläuterung	Hilfsmittel
11.	Erteilung RSB	• die Kostenstundung wird bis zur Erteilung der RSB gewährt (§ 4a Abs. 1 Satz 1 InsO) • RSB wird im Regelfall nach Ablauf von sechs Jahren erteilt (§ 300 Abs. 1 i.V.m. § 287 Abs. 2 InsO) • bei vorzeitige Erteilung der RSB: Voraussetzung ist der vorherige Ausgleich der Verfahrenskosten (§ 300 InsO) = Kostenstundung wird nicht mehr benötigt	
12.	Versagung RSB	• bei Versagung der RSB wird die Kostenstundung aufgehoben (§ 4c Nr. 5 InsO) • damit: Rückzahlungsverpflichtung des Schuldners tritt ein	
13.	Erstattungsanspruch	• die Staatskasse hat einen Erstattungsanspruch gegen den Schuldner (§ 23 Abs. 1 Satz 3 GKG)	
14.	Verlängerung	• Verlängerung der Kostenstundung nach Erteilung der RSB ist möglich (§ 4b InsO) • Voraussetzung: unzureichendes Einkommen oder Vermögen	Deppe, Stundung der Kosten im Insolvenzverfahren: Wiedereinziehung der gestundeten Beträge, InsbürO 2004, 97 ff.
15.	Ratenzahlung	• bei unzureichendem Einkommen oder Vermögen nach Erteilung der RSB: Möglichkeit der Ratenzahlung = Festsetzung durch das Gericht (§ 4b Abs. 1 InsO) • Höhe der monatlichen Rate: Geltung der Vorschriften der §§ 115 Abs. 1 und 2, 120 Abs. 4 ZPO (= Rückzahlung von PKH)	
16.	Zahlungsbefreiung	• Dauer der möglichen Ratenzahlungen zur Erfüllung des Erstattungsanspruches der Staatskasse: 48 Monate (§ 115 Abs. 2 ZPO) (= vier Jahre) • danach: Befreiung von der Zahlungspflicht = Verfall des Erstattungsanspruches der Staatskasse • damit: Verfahrensdauer = 6 Jahre + Dauer der Erstattung der Kostenstundung = 4 Jahre = insgesamt 10 Jahre • danach ist der Schuldner von allen Verbindlichkeiten befreit (Ausnahme: Deliktforderungen) • in beantragten Verfahren ab dem 01.07.2014 frühzeitige Erteilung der RSB möglich: Voraussetzung ist der Ausgleich aller Verfahrenskosten = frühere Befreiung von allen Verbindlichkeiten (Insolvenzforderungen + Verfahrenskosten)	

Checkliste 47: Limited – Arbeitsschritte

93 Die Private Limited Company (Ltd.) ist eine der gängigsten ausländischen Gesellschaftsrechtsformen auf dem deutschen Markt. Sie wird kurz auch einfach Limited genannt. Mit dieser Gesellschaftsform wird i.d.R. jedes Insolvenzbüro konfrontiert werden, so dass den erforderlichen Arbeitsschritten ein gesondertes Kapitel in diesem Buch gewidmet wird. Es gibt zwar auch noch die Public Limited Company (plc). Sie unterliegt aber strengeren Anforderungen bei der Gründung und ist daher weniger beliebt.

94 Der Schwerpunkt der nachfolgenden Erläuterungen liegt auf dem Eröffnungsverfahren, in dem nach § 5 Abs. 1 InsO ein Sachverständigengutachten erstellt wird, bei dem einige Besonderheiten zu beachten sind. In einer gesonderten Checkliste werden Begrifflichkeiten im Zusammenhang mit einer Limited vorgestellt. Hierauf sei ausdrücklich verwiesen.

(Die Übersicht ist nach gängigen Informationen und Arbeitsschritten sortiert.)

95

Nr.	Thema	Checkliste Limited – Arbeitsschritte: Erläuterung	Hilfsmittel
1.	Checkliste Gutachten	• sämtliche Arbeitsschritte in der gesonderten Checkliste Gutachten sind auch bei einer Limited zu berücksichtigen • daher: ausdrücklicher Verweis auf diese Checkliste • zur Vermeidung von Wiederholungen: hier keine erneute Auflistung dieser dortigen Arbeitsschritte	Checkliste Gutachten
2.	Vorzulegende Unterlagen	• Vielzahl von Unterlagen sind anzufordern: s. Checkliste Gutachten	Muster 267: »Liste vorzulegender Unterlagen -Limited«

Nr.	Thema	Checkliste Limited – Arbeitsschritte: Erläuterung	Hilfsmittel
3.	Gutachtenerstellung	• das Muster-Gutachten für eine Limited berücksichtigt die abweichenden Prüfungen und Formulierungen im Vergleich zu einer GmbH • ein Gutachtenentwurf kann daher anhand dieses Musters von Insolvenzsachbearbeitern vorbereitet werden	Muster 266: »Gutachten Limited«
4.	Handelsregister in Deutschland	• Limited wird in England gegründet • bei Tätigkeit in Deutschland: Zweigniederlassung muss im deutschen Handelsregister eingetragen werden (s. Checkliste Begrifflichkeiten: »Anmeldung«) • Prüfung, ob dies erfolgt ist • Einsicht ins online-Portal oder ggf. Anforderung eines Handelsregisterauszuges • beides löst Gebühren aus: diese können als Auslagen in der Gutachtenabrechnung berücksichtigt werden	www.handelsregister.de
5.	Handelsregister in England	• Prüfung der eingetragenen Daten im englischen Handelsregister • Online-Service bei der dortigen Verwaltungsbehörde = Companies house • gegen geringe Gebühr online-Übersendung von entsprechenden Auszügen aus dem Handelsregister • wichtige Informationen daraus: – ob die Limited noch im Handelsregister eingetragen ist oder ggf. schon gelöscht wurde (s. nachfolgend) – wer die vertretungsberechtigten Personen, also die directors, sind – mit welchem »Stammkapital« sie gegründet wurde	www.companieshouse.gov.uk
6.	Korrespondenz	• sofern Korrespondenz in englisch zu führen ist, wird auf Beiträge in der InsbürO mit einem tabellarischem Überblick über englische Begriffe aus dem Insolvenzbereich, typischen Sätzen der Korrespondenz sowie mit englischen Mustertexten verwiesen	Elliot/Lorenz, Englisch für Insolvenzsachbearbeiter und Insolvenzverwalter, InsbürO 2018, 258 ff. Wipperfürth, Insolvenzdeutsch – Englisch, InsbürO 2013, 270 f.
7.	Anfechtungsansprüche – Gerichtsstand	• eröffnetes Insolvenzverfahren in Deutschland und Anfechtungsansprüche gegen Anfechtungsgegner im Ausland: – Zuständigkeit der deutschen Gerichte (Art. 3 Abs. 1 EuInsVO) – Bestätigung durch BGH und EuGH – nationale Zuständigkeitsregelung soll die Abwicklung der Insolvenzverfahren fördern und die damit verbundene Durchsetzung von Ansprüchen erleichtern – anderenfalls: kosten- und zeitintensive Prozesse in unterschiedlichen Mitgliedstaaten der EU zu Lasten der Insolvenzmasse – wenn kein örtlicher Gerichtsstand vorhanden: Zuständigkeit des Prozessgerichtes am Sitz des Insolvenzgerichtes	Checkliste Anfechtungsansprüche Zuständigkeit für eine Anfechtung: EuGH v. 12.2.2009 – C-339/07 in InsbürO 2010, 64, ZInsO 2009, 493 Zuständigkeit für eine Anfechtung: BGH v. 16.9.2015 – VIII ZR 17/15 in InsbürO 2016, 86, WKRS 2015, 27199
8.	Anfechtungsansprüche – materiell-rechtlich	• Recht des Mitgliedstaates der Verfahrenseröffnung bestimmt, welche Handlungen einer Anfechtung unterliegen (Art. 7 Abs. 2 Satz 2 m) EuInsVO)	
9.	Haftungsansprüche	• Kollision von deutschem Insolvenzrecht mit ggf. englischem Gesellschaftsrecht • aber nach der Rechtsprechung: § 64 GmbHG keine gesellschaftsrechtliche Norm, sondern eine insolvenzrechtliche • Folge: Director einer Limited haftet gem. § 64 GmbHG • zuständig ist ein deutsches Gericht	Haftung eines directors: EuGH v. 10.12.2015 – RS. C-594/14 in InsbürO 2016, 128, ZInsO 2016, 175 und BGH v. 15.03.2016 – II ZR 119/14 in InsbürO 2016, 305, ZInsO 2016, 847 Checkliste Haftungsansprüche

Nr.	Thema	Checkliste Limited – Arbeitsschritte: Erläuterung	Hilfsmittel
10.	Sozialversicherungs-beiträge	• Schadensersatzanspruch gem. § 823 Abs. 2 BGB, § 266a Abs. 1 StGB wegen der Nichtabführung von Arbeitnehmeranteilen greift nach BGH-Rechtsprechung auch bei Vertretungsorganen von ausländischen Gesellschaften • es kommt für die Haftung auf das Tätigkeitsbild des Vertretungsorgans an • dieses ist im Anwendungsbereich des § 14 Abs. 2 StGB nicht abhängig vom Sitz der Gesellschaft	Schadensersatzanspruch: BGH v. 11.6.2013 – II ZR 389/12 in ZInsO 2013, 1736, WKRS 2013, 41413
11.	Limited & Co. KG	• eher eine Ausnahme, aber möglich: – englische Limited kann als persönlich haftende Gesellschafterin eine KG in Deutschland gründen – Besonderheit: es greifen dann die Vorschriften zur KG nach dem HGB • soll hier aber nicht weiter ausgeführt werden	
12.	Literaturtipp	• Krüger, Die persönliche Haftung der handelnden Personen einer Private Limited Company im Überblick, ZInsO 2007, 861 ff. • Schmittmann/Gregor, Limited & Co. KG im Gesellschafts-, Insolvenz-, Steuer- und Strafrecht, InsbürO 2006, 454 ff. • Zerres, Deutsche Insolvenzantragspflicht für die englische Limited mit Inlandssitz, DZWIR 2006, 356 ff.	
13.	Löschung Limited – englisches Handelsregister Fortbestand	• im Gründungsstaat erloschene englische Limited, die aber noch Vermögen besitzt, besteht in Deutschland als Rest- oder Spaltgesellschaft fort • dann greift deutsches Gesellschaftsrecht: Fortführung als OHG, BGB-Gesellschaft oder Einzelkaufmann • siehe Rechtsprechung	Rechtsfolgen des Erlöschens einer Limited: Otte-Gräbener, Zusammenfassung in WKRS 2017, 365810 Fortsetzung als Restgesellschaft: BGH, 22.11.2016 – II ZB 19/15 in ZInsO 2017, 507
14.	Löschung Limited – englisches Handelsregister Steuerliche Folge	• s. wegen steuerlicher Rechtsfolge in BMF-Schreiben v. 06.01.2014 (AZ: IV C 2 – S 2701/10/1002): • *»Restgesellschaft bleibt grds. als Steuersubjekt bestehen, solange sie über Vermögen verfügt und steuerliche Pflichten zu erfüllen hat.«* • s. wegen Zustellungsempfänger bei Löschung in BMF-Schreiben vom 14.09.2017: FinA kann weiterhin Steuerbescheide erlassen und den im Handelsregister eingetragenen Vertretern zustellen, es sei denn, das Erloschen der Vertretungsmacht ist bekannt	BMF-Schreiben vom 6.1.2014 (BStBl. I 2014 S. 111) abrufbar über www.wolters-kluwer-online.de BMF-Schreiben vom 14.9.2017 (BStBl. I 2017 S. 1437) abrufbar über www.wolters-kluwer-online.de
15.	Insolvenzeröffnung – weitere Abwicklung	• Insolvenzeröffnung über das Vermögen einer Limited erfolgt? • dann zur Verfahrensabwicklung/Realisierung der Vermögenswerte: weitere Checklisten	insbes. Checkliste Eröffnungsbeschluss jur. Person mit weiteren Verweisen

Checkliste 48: Limited – Hintergründe und Begrifflichkeiten

96 Zum besseren Verständnis bei der Bearbeitung eines Insolvenzverfahrens über das Vermögen einer Limited werden nachstehend einige Informationen zum Hintergrund einer Limited gegeben und unterschiedliche Begrifflichkeiten erläutert, die dabei unterstützen sollen, Aufsätze zum Thema Limited einfacher nachvollziehen zu können.

(Die Übersicht dient als Nachschlagewerk und ist daher – mit Ausnahme der ersten beiden Begriffe – alphabetisch sortiert.)

97

Nr.	Thema	Checkliste Limited Begrifflichkeiten: Erläuterung	Hilfsmittel
1.	Companies act 2014 (CA)	• Gesetz zur Reform des englischen Gesellschaftsrechtes • löste den companies act 2006 und den companies act 1985 ab • nachfolgend companies act kurz = CA 2014 • section darin = Teil, nachfolgend kurz = sec.	

Nr.	Thema	Checkliste Limited Begrifflichkeiten: Erläuterung	Hilfsmittel
2.	Literaturtipp	• www.gtai.de = Germany Trade & Invest = Gesellschaft der Bundesrepublik Deutschland für Außenwirtschaft und Standortmarketing: – Vielzahl von Informationen zur Limited in einer 4-teiligen Beitragsreihe per Juni 2017: Suchbegriff »Limited« > Gesellschaftsrecht – Grundzüge der irischen Limited • Schmittmann/Gregor, Limited & Co. KG im Gesellschafts-, Insolvenz-, Steuer- und Strafrecht, InsbürO 2006, 454	
3.	Anmeldung	• eine auf dem deutschen Markt tätige Limited hat unterschiedliche Anmeldungen vorzunehmen • s. nachfolgend	
4.	Anmeldung – Berufsgenossenschaft	• zur Berufsgenossenschaft = diese Anmeldung ist bei Beschäftigung sozialversicherungspflichtiger Arbeitnehmer erforderlich (§ 150 SGB VII)	
5.	Anmeldung – Finanzamt	• beim örtlichen Finanzamt = diese Anmeldung ist zur Erteilung einer Steuernummer erforderlich – § 2 UStG (= Definition Unternehmen, Unternehmer) – § 14 UStG (= Ausstellung von Rechnungen) • darüber ist die Anmeldung zur Erteilung einer Umsatzsteuer-Identifikationsnummer (= USt-ID) erforderlich – USt-ID für Abwicklung von Geschäften zwischen EU-Ländern = Kennzeichnung eines Unternehmens innerhalb der EU – § 14a UStG (= Ausstellung von Rechnungen bei EU-Geschäften)	
6.	Anmeldung – Gewerbemeldeamt	• beim Gewerbemeldeamt = jede gewerbliche Tätigkeit, auch das Betreiben einer Zweigniederlassung, ist dem Gewerbemeldeamt gem. § 14 GewO anzuzeigen • ansonsten droht ein Gewerbeuntersagungsverfahren gem. § 35 GewO	
7.	Anmeldung – Handelsregister	• zum Handelsregister = Eintragungspflicht einer Zweigniederlassung in Deutschland gem. §§ 13d HGB • bei Verstoß gegen diese Vorschrift: ggf. Sanktion durch Zwangsgeld gem. § 14 HGB • aber: Handelnden-Haftung gem. § 11 Abs. 2 GmbHG (deutsches Gesellschaftsrecht) findet auf eine Limited keine Anwendung • s. nachfolgend auch »Zweigniederlassung«	keine Handelnden-Haftung nach § 11 Abs. 2 GmbHG: Schwerdtfeger, Gesellschaftsrecht Kommentar, 3. Auflage 2015, Reber/Kröger, Rn. 64 Keine Handelnden-Haftung nach § 11 Abs. 2 GmbHG: BGH v. 14.3.2005 – II ZR 5/03 in ZInsO 2005, 541
8.	Anmeldung – IHK	• zur Industrie- und Handelskammer= analoge Anwendung des § 2 Abs. 1 IHKG für Zweigniederlassungen ausländischer Gesellschaften	
9.	Annual report	• Geschäftsbericht: s. Jahresabschluss: s. nachstehend	
10.	Annual return	• Jahresmeldung • in der Jahresmeldung sind die wichtigsten Daten der Limited zu aktualisieren • der Jahresabschluss ist jeweils beizufügen (sec. 347 CA 2014) • Einreichung einer Übersicht über die *directors (= Geschäftsführer)* und ggf. den *secretary (=Stellvertreter der Gesellschaft mit verwaltungsrechtl. Funktion)* sowie die Gesellschafter und ihre Anteile • s. nachstehend Jahresabschluss	Basisdaten über registrierte Limited-Gesellschaften kostenlos abrufbar über: www.cro.ie (dort auch Übersetzung in Deutsch möglich) Anforderung von Kopien des annual return dort auch möglich, aber kostenpflichtig
11.	Application of registration	• Anmeldung der Limited beim Companies House	www.companieshouse.gov.uk (dort auch Übersetzung in Deutsch möglich) Suche nach Vielzahl von Informationen möglich: (frühere) Firmennamen, Insolvenzen, aktuelle und frühere »Geschäftsführer« u.v.m.

Nr.	Thema	Checkliste Limited Begrifflichkeiten: Erläuterung	Hilfsmittel
12.	Articles of association	• Gesellschaftssatzung • Regelungen im Innenverhältnis: z. B. Umfang der Geschäftsführerbefugnis, Übertragung von Funktionen durch Gesellschafter etc. • seit 2014 reichen Ausführungen im Gründungsdokument (= constitution) (sec. 19 Abs. 1 CA 2014)	
13.	Board of directors	• Direktorium = Gremium von mehreren Direktoren = Gremium von mehreren Geschäftsführern • nur natürliche Personen können directors werden (sec 130 CA 20014) • sie müssen mindestens 18 Jahre alt sein (sec 131 CA 2014) • es reicht ein einziger director (sec 128 Abs. 1 CA 20014)	
14.	business name	• Firmenname	
15.	Call	• Zahlungsaufforderung an die Gesellschafter, Einzahlungen auf ihre Kapitalanteile vorzunehmen • uncalled capital = nicht eingefordertes Kapital • eine solche Zahlungsaufforderung kann – soweit die Einzahlung noch nicht erfolgt ist – auch vom Insolvenzverwalter vorgenommen werden • paidup capital = geleisteter Anteil: s. nachstehend	
16.	Certificate of incorporation	• Bescheinigung über die Gründung = Gründungsurkunde • sie belegt die Eintragung im Companies house • erst mit der Eintragung wird die Limited rechtsfähig	
17.	COMI	• Center of Main Interest: Mittelpunkt der hauptsächlichen Interessen des Schuldners • üblicherweise der Ort, an dem eine Gesellschaft ihren Sitz hat, ggf. abweichend an dem für Dritte erkennbar die Tätigkeit ausgeübt wird • Einschränkungen nach der neuen EuInsVO vor allem, wenn einige Monate vor Insolvenzantragstellung eine Verlegung des Geschäftssitzes erfolgt ist	Checkliste Ausland > COMI
18.	Common law	• Rechtsprechung in den englischsprechenden Ländern = Stützung auf Präzedenzfälle • sie hat z. B. eine Ausnahme zur Durchbrechung der Haftungsbeschränkung zugelassen	
19.	Companies constitution	• Satzung der Gesellschaft = Gründungsdokument	
20.	Company directors disqualification act 1986 (CDDA)	• Recht zur Disqualifizierung von Geschäftsführern durch Erlass von »Berufsverboten« • bei Verstoß gegen die Disqualifizierung haftet ein Geschäftsführer gem. sec. 15 CDDA 1986 unbegrenzt persönlich	www.companieshouse.gov.uk (dort auch Übersetzung in Deutsch möglich) dort Suchfunktion nach disqualifizierten Unternehmensdirektoren gegeben (oben rechts)
21.	Companies house	• Verwaltungsbehörde im Wirtschaftministerium in England, die das Handelsregister führt • dort werden alle Limited-Gesellschaften registriert	www.companieshouse.gov.uk
22.	Company Secretary	• Sekretär oder Schriftführer = Übernahme der Verwaltung • dieser kann freiwillig als weiterer Stellvertreter der Gesellschaft berufen werden • er hat aber nur verwaltungstechnische Aufgaben, kein Management! • director und company secretary können dieselbe Person sein (sec 129 Abs. 1 CA 2014) • Ausnahme: nur ein director, dann gesonderte Person (sec 129 Abs. 6 CA 2014)	

Nr.	Thema	Checkliste Limited Begrifflichkeiten: Erläuterung	Hilfsmittel
23.	de facto director	• faktischer Geschäftsführer = keine Eintragung im Handelsregister, aber Steuerung der Geschicke der Gesellschaft oder maßgeblichen Einfluss darauf und Auftritt als Geschäftsführer nach außen • sec 222 CA 2014	
24.	director	• Geschäftsführer • bei einer Limited muss der Geschäftsführer eine natürliche Person sein (sec 128 Abs. 1 CA 20014)	
25.	Disqualifizierung des directors	• Verbot, Geschäftsführer zu sein oder als ein solcher zu agieren (sec. 1 – 4 CDDA 1986) • die Namen der disqualifizierten Geschäftsführer sind auf der Internetseite des companies house veröffentlicht • Vielzahl von Regelungen in sec 837 – 864 CA 2014	www.companieshouse.gov.uk
26.	Distribution	• Verteilung = Gewinnausschüttung an Gesellschafter	
27.	Durchgriffshaftung	• trotz der eigentlichen Haftungsbeschränkung auf die Anteile Haftung der Gesellschafter über §§ 823, 826 BGB persönlich, unbeschränkt und gesamtschuldnerisch • Anwendung des materiellen Deliktsrechts, d. h. es wird ein Anspruch aus unerlaubter Handlung geltend gemacht • bei Vermögensdelikten: Anspruchsverfolgung gem. Art. 40 Abs. 1 EGBGB an dem Ort, an dem das Vermögen liegt • demnach: Anwendung von deutschem Recht • s. nachstehend: lifting or piercing the veil • nach englischem Recht weitere Haftungsansprüche: s. nachstehend »fraudulent trading« und »wrongful trading«	Zerres, Deutsche Insolvenzantragspflicht für die englische Limited mit Inlandssitz, DZWIR 2006, 356 ff
28.	duty of care and skill	• Sorgfaltspflicht (sec. 227, 228 CA 2014)	
29.	EuInsVO	• VO (EU) 2015/848 = Europäische Insolvenzverordnung (In Kraft seit dem 26.06.2017) (löste die VO (EG) 1346/2000 ab) – Rechtliche Regelungen für grenzüberschreitende Insolvenzverfahren innerhalb der EU – mit Ausnahme von Dänemark – Geltung für Verbraucher- und Unternehmensinsolvenzen – Anwendung als Sekundärrecht gem. § 288 AEUV – Anwendung auf Limited, weil die Rechte von zwei Staaten betroffen sind – gem. Art. 3 Abs. 1 Satz 2 EuInsVO: Nachweis des COMI in Deutschland	
30.	fiduciary duty	• Treuepflicht gegenüber der Gesellschaft (sec. 228 CA 2014)	
31.	Fraudulent trading	• (sec 715 – 724 CA 2014) • betrügerisches Handeln, das zur zivilrechtlichen Haftung führt: Regelung im englischen Gesellschaftsrecht und im englischen Insolvenzrecht: persönliche Haftung eines *directors*, wenn er gegen die Gläubigerinteressen handelt und der Gesellschaft wissentlich Vermögen entzieht, z. B. indem er Vermögen unter Wert verkauft etc. • s. auch nachstehend: Geschäftsführerhaftung • Voraussetzung des Anspruches: Nachweis des vorsätzlichen Handelns	
32.	General meeting	• Generalversammlung: Versammlung der members/shareholders, ähnlich einer Gesellschafterversammlung bei einer GmbH • einmal jährlich abzuhalten (sec 175 Abs. 1 CA 2014) • Ausnahme: nur ein Gesellschafter (sec 196 Abs. 2 CA 2014) • schriftliche Beschlussfassung auch möglich (sec 193 CA 2014)	
33.	Geschäftsführerhaftung	• verletzt der Geschäftsführer einer Limited die ihm auferlegten Pflichten, so haftet er uneingeschränkt und persönlich für den entstandenen Schaden • insoweit greift für eine Limited mit Niederlassung in Deutschland u.a. auch § 69 AO i.V.m. § 34 AO (= Haftung der Vertreter für Steuerschulden)	

Nr.	Thema	Checkliste Limited Begrifflichkeiten: Erläuterung	Hilfsmittel
34.	Gründungsdatum	• Gründungsdatum einer Limited ist das Ausstellungsdatum der Gründungsurkunde • es weicht insoweit z. B. von einer GmbH ab, die mit dem Gründungsvertrag gegründet ist	
35.	Insolvenzantragsrecht	• (§ 15 InsO) • Recht zum Insolvenzantrag: Mitglieder des Vertretungsorgans • Vertretungsberechtigung nach gesellschaftsrechtlichen Normen • bei Limited: nach englischem Gesellschaftsrecht	
36.	Insolvenzantrags-pflicht	• (§ 15a InsO) • Pflicht für alle Gesellschaften zur Insolvenzantragstellung innerhalb eines Zeitraums von spätestens drei Wochen nach Eintritt der Zahlungsunfähigkeit oder Überschuldung • damit: auch die Limited ist von dieser Vorschrift umfasst	
37.	Insolvency Act 1986 (IA)	• gesetzliche Regelung für die Abwicklung von Insolvenzverfahren in England, Schottland, Wales und Nordirland • also: ähnlich der Insolvenzordnung in Deutschland	
38.	Insolvenzfähigkeit	• Insolvenzfähigkeit einer Limited: Art. 4 Abs. 2 Buchst. a) EuInsVO i.V.m. § 11 Abs. 1 InsO: – Art. 7 Abs. 2 Buchst. a) EuInsVO: es gilt das Recht des Staates mit Regelungen zur Verfahrenseröffnung – gem. § 11 Abs. 1 InsO: Eröffnung eines Insolvenzverfahrens über das Vermögen jeder natürlichen und juristischen Person möglich – Limited = juristische Person, damit i.S.d. § 11 Abs. 1 InsO insolvenzfähig – gem. § 11 Abs. 3 InsO: Insolvenzeröffnung auch dann, wenn eine Gesellschaft bereits aufgelöst ist – Voraussetzung: im Inland vorhandenes Vermögen	Schmittmann/Bischoff, De facto director, shadow director and dissolved companies: Aktuelle Rechtsfragen der scheinausländischen Limited, ZInsO 2009, 1561 ff.
39.	Insolvenzgründe	• gem. Art. 4 Abs. 2 EuInsVO (= Verweis auf das Recht des Staates der Verfahrenseröffnung) gilt auch für die Limited: § 16 InsO (= Eröffnungsgrund als Eröffnungsvoraussetzung) mit den Eröffnungsgründen der §§ 17 – 19 InsO • Insolvenzgründe daher: Zahlungsunfähigkeit, drohende Zahlungsunfähigkeit sowie Überschuldung	Ringstmeier, Fragezeichen Frage 1: Wie wird bei der Ermittlung der Überschuldung einer GmbH das eingezahlte Eigenkapital behandelt? (analoge Anwendung), InsbürO 2009, 155 ff.
40.	Insolvenzstatut	• Insolvenzrechtliche Rechtsnormen = Insolvenzrecht • (Statut = lat. »Festsetzung«)	
41.	Issued share capital	• gezeichnetes Kapital = Austeilung, Zuteilung und Einzahlung auf Kapitalanteile	
42.	Jahresabschluss	• nach englischen Rechnungslegungsvorschriften: Erstellung eines Jahresabschlusses (annual account oder statutory financial statements • Einreichung Jahresabschluss beim Companies house zusammen mit Geschäftsbericht (*annual report*) und einer aktuellen Datenübersicht (*annual return*) • Frist von 10 Monate nach Ende eines Geschäftsjahres • bei Nichtbeachtung: u. a. droht die Löschung der Limited im dortigen Handelsregister • darüber hinaus: nach deutschen Steuergesetzen für die Zweigniederlassung in Deutschland: Erstellung einer Steuerbilanz	
43.	lifting or piercing the corporate veil	• Begriff für die Durchgriffshaftung auf die Gesellschafter und die Geschäftsführer • s. vorstehend »Durchgriffshaftung«	
44.	Limited	• beschränkt, begrenzt • die private company limited by shares bedeutet demnach: Gesellschaft mit Haftungsbeschränkung auf das Kapital	
45.	Managing director	• der Managing director ist im englischen Sinne für die Durchführung der Tagesgeschäfte verantwortlich	

Nr.	Thema	Checkliste Limited Begrifflichkeiten: Erläuterung	Hilfsmittel
46.	Member/ Shareholder	• Gesellschafter/Anteilseigner • ähnlich den Gesellschaftern einer GmbH oder den Aktionären einer AG	
47.	Memorandum of association	• Gründungserklärung der Limited • das memorandum of association enthielt früher Regelungen zum Außenverhältnis der Gesellschaft: z. B. Firma, Sitz, Kapital, Unternehmensgegenstand, Haftungsbeschränkung • seit 2014 reichen Ausführungen im Gründungsdokument (= constitution) (sec. 19 Abs. 1 CA 2014)	
48.	Moment of truth	• Stunde der Wahrheit • im Insolvenzrecht: Zeitpunkt der Feststellung der Insolvenz	
49.	Nominal share capital	• Nennkapital der Limited • eine Limited kann in jeder Währung gegründet werden • es würde theoretisch 1 Cent zur Gründung ausreichen	
50.	Officer	• i.w.S. Führungskraft • im rechtlichen Sinne: Vertretungsorgan	
51.	Paidup capital	• bereits geleistete Zahlungen auf Kapitalanteile	
52.	Partikularinsolvenz-verfahren	• i.S.d. Art. 3 Abs. 2, 3 EuInsVO: isoliertes Verfahren, das sich lediglich auf Vermögen im Inland erstreckt • Eröffnung nur dann, wenn in keinem anderen Mitgliedstaat ein Hauptverfahren eröffnet wurde • ansonsten: Sekundärinsolvenzverfahren eröffnet (Art. 3 Abs. 3 EuInsVO) • s. wg. weiterer Details: Checkliste Auslandsbezug	Checkliste Auslandsbezug
53.	Piercing the corporate veil	• Begriff für die Durchgriffshaftung auf die Gesellschafter und die Geschäftsführer • s. vorstehend »Durchgriffshaftung«	
54.	Sekundärinsolvenz-verfahren	• ein Sekundärinsolvenzverfahren verläuft parallel zu einem Hauptinsolvenzverfahren (Art. 34 ff. EuInsVO) • es ist – ebenso wie das Partikularinsolvenzverfahren – beschränkt auf inländisches Vermögen • s. wg. weiterer Details: Checkliste Auslandsbezug	Checkliste Auslandsbezug
55.	shadow director	• (sec. 221 CA 2014) (sec. 22 (5) CDDA) • Schatten-Geschäftsführer: er gibt Anweisungen an den tatsächlich bestellten Geschäftsführer, der diese befolgt (z. B. eine Muttergesellschaft der Limited) • der Schatten-Geschäftsführer kann aufgrund seiner »Machtstellung« ggf. ebenfalls in Wege der Durchgriffshaftung in Anspruch genommen werden	
56.	shares	• Aktien	
57.	Statement of capital and shareholderhip	• Erklärung zum Kapital und den Aktionären	
58.	Statement of compliance	• Einwilligungserklärung	
59.	statutory financial statements	• Jahresabschluss: s. vorstehend	
60.	Subscribers	• Gründungsgesellschafter: Sie unterzeichnen die Gründungserklärung	
61.	Sunshine doctrine	• Bezeichnung für die Behauptung der Geschäftsführer, man hätte nicht gewusst, dass man später keine Zahlung wird leisten können	

Nr.	Thema	Checkliste Limited Begrifflichkeiten: Erläuterung	Hilfsmittel
62.	Trennungsprinzip	• Trennungsprinzip bei der zivilrechtlichen Haftung z. B.: Haftungsbeschränkung der Gesellschaft auf Gesellschaftsvermögen • Trennungsprinzip im deutschen Recht: z.B. Trennung der GmbH und der Gesellschafter: – beide sind voneinander unabhängige Rechtssubjekte, die mit unterschiedlichen Vermögensmassen unterschiedlichen Gläubigern haften • Trennungsprinzip auch im englischen Recht: salomon-doctrine • Grund: im Fall Salomon wurde eine Durchgriffshaftung gegen den Geschäftsführer abgelehnt • inzwischen kennt das englische Recht aber auch Ausnahmefälle für Haftungsansprüche über das Gesellschaftsvermögen hinaus	
63.	Uncalledcapital	• noch nicht von den Gesellschaftern eingefordertes Kapital	
64.	Unterkapitalisierung	• Unterkapitalisierung = Eigenkapital und Fremdkapital reichen nicht aus, um den Finanzbedarf der Gesellschaft zu decken • als Folge kommt eine Durchgriffshaftung der Gesellschafter in Betracht	
65.	Unterkapitalisierung – Beispiel	• das Eigenkapital und das Fremdkapital der Gesellschaft beträgt 35.000,00 EUR • der Finanzbedarf der Gesellschaft beträgt allerdings 40.000,00 EUR • es liegt eine Unterkapitalisierung i.H.v. 5.000,00 EUR vor	
66.	Winding up	• Auflösung der Gesellschaft = Liquidation (sec 624 – 653 CA 2014) • wird ein Antrag auf Insolvenzeröffnung über das Vermögen einer Limited mangels Masse abgewiesen, so folgt das *winding up* = die Liquidation nach englischem Recht	
67.	Wrongful trading	• unrechtmäßiges Handeln (sec 715 – 724 CA 2014) • Haftungsanspruch nach englischem Recht gegen den Geschäftsführer, den Schattengeschäftsführer oder den faktischen Geschäftsführer im Rahmen einer Insolvenz • es reicht die Kenntnis oder die grob fahrlässige Unkenntnis über die eingetretene Insolvenz • abzustellen ist für die Ermittlung des Haftungsanspruches auf den Zeitpunkt des Eintritts der Insolvenz = moment of truth	
68.	Zweigniederlassung Limited	• Niederlassung = Tätigkeitsort, an dem der Schuldner einer wirtschaftlichen Aktivität von nicht vorübergehender Art nachgeht, die den Einsatz von Personal und Vermögenswerten voraussetzt (Art. 2 Nr. 10 EuInsVO). • gem. §§ 13 ff. HGB bei Errichtung einer Zweigniederlassung: Pflicht zur Eintragung in das deutsche Handelsregister (gilt auch für Limited) • für die Eintragung der Zweigniederlassung einer Limited sind folgende Unterlagen erforderlich: – Satzung in beglaubigter Form und mit Apostille (§ 438 ZPO = Echtheitsprüfung ausländischer Dokumente) – Gründungsurkunde im Original (*certificate of incorporation*)	

Checkliste 49: Massekosten / Verfahrenskosten

98 Bei den Massekosten handelt es sich um die Kosten des Insolvenzverfahrens gem. § 54 InsO. Daher wird synonym auch der Begriff Verfahrenskosten verwendet. Die Masse- oder Verfahrenskosten sind nicht zu verwechseln mit Masseverbindlichkeiten, bei denen es sich um Verbindlichkeiten gegenüber Dritten handelt. Massekosten sind grundsätzlich vorrangig vor den Masseverbindlichkeiten und den Insolvenzforderungen zu befriedigen. In der nachfolgenden Checkliste wird erläutert, welche Kosten zu den Massekosten zählen.

(Die Übersicht dient als Nachschlagewerk und ist daher alphabetisch sortiert.)

99

Nr.	Thema	Checkliste Massekosten: Erläuterung	Hilfsmittel
1.	Allgemeiner Überblick	• Zu den Massekosten gem. § 54 InsO zählen folgende Kosten bzw. Vergütungen: – die Gerichtskosten, – die Vergütung und die Auslagen des vorläufigen Insolvenzverwalters, – die Vergütung und die Auslagen des Insolvenzverwalters im eröffneten Verfahren, – Kosten der Mitglieder eines etwaigen Gläubigerausschusses – im Falle einer Eigenverwaltung: die Vergütung des Sachwalters und vorläufigen Sachwalters	Lissner, Kosten im Insolvenzverfahren – ein Kurzüberblick, InsbürO 2013, 19 ff.
2.	Auslagen	• die zu zahlenden Auslagen durch die Staatskasse ergeben sich aus der Anlage 1 zum GKG (§ 3 Abs. 2 GKG) (= Kostenverzeichnis) • sie sind dort im Teil 9 geregelt • zu den Auslagen des Insolvenzgerichtes im Eröffnungsverfahren zählen: – die Sachverständigenkosten: s. nachstehend – die Veröffentlichungskosten: s. nachstehend • die Auslagen werden im eröffneten Verfahren in die Gerichtskostenrechnung aufgenommen und sind somit aus der Insolvenzmasse auszugleichen • zu den Auslagen des Insolvenzbüros: s. § 8 Abs. 3 InsVV und gesonderte Checkliste (Hinweis rechts)	Checkliste Kosten im Eröffnungsverfahren Checkliste Vergütungsanträge
3.	Berechnung	• die Berechnung und Berücksichtigung der einzelnen Massekosten ist von großer Bedeutung für die unterschiedlichen Bereiche: – Masselosigkeit, – Masseunzulänglichkeit, – Schlussrechnung, – Vermögensübersicht • nur bei korrekter Schätzung der Verfahrenskosten können die entsprechenden Themenbereiche ordnungsgemäß bearbeitet werden	
4.	Erledigte Anträge	• Kosten eines erledigten Insolvenzantrages sind keine Massekosten i.S.d. § 54 InsO, wenn ein später eröffnetes Verfahren nicht mit dem erledigten Verfahren verbunden wird • dem antragstellenden Gläubiger entstandene Kosten sind einfache Insolvenzforderung	Kosten eines anderen Insolvenzantrages: BGH v. 23.4.2015 – IX ZB 55/13 in ZInsO 2015, 1846, InsbürO 2015, 446
5.	Eröffnungsverfahren	• die Kosten des Eröffnungsverfahrens sind im eröffneten Verfahren zu erstatten und zählen daher zu den Massekosten gem. § 54 InsO • wegen weiterer Details: s. gesonderte Checkliste	Checkliste Kosten im Eröffnungsverfahren
6.	Europäische Insolvenzverordnung 2015/848 (EuInsVO)	• Regelungen zu den Gebühren für besondere Verfahren nach der Verordnung (EU) 2015/848: Teil 2, Hauptabschnitt 3, Abschnitt 6 der Anlage 1 zum GKG (Nr. 2360 – 2362 KV GKG) • Nr. 2360 KV GKG = Verfahren über einen Antrag nach Art. 36 Abs. 7 Satz 2 EuInsVO (= Anfechtung einer Zusicherung des Verwalters im Hauptinsolvenzverfahren zur Vermeidung eines Sekundärinsolvenzverfahrens): 3,0 Geb. • Nr. 2361 KV GKG = Verfahren über einstweilige Maßnahmen nach Art. 36 Abs. 9 EuInsVO (= Anrufung des zuständigen Gerichts für das Sekundärinsolvenzverfahren zwecks Sicherungsmaßnahmen zur Einhaltung der Zusicherung des Verwalters im Hauptinsolvenzverfahren): 1,0 Geb. • Nr. 2362 KV GKG = Verfahren über einen Antrag auf Eröffnung eines Gruppen-Koordinationsverfahrens nach Art. 61 EuInsVO: 4.000 EUR	GKG abrufbar über www.gesetze-im-internet.de oder www.wolterskluwer-online.de (dort mit der Möglichkeit, alte und aktuelle Rechtsstände zu vergleichen)

Nr.	Thema	Checkliste Massekosten: Erläuterung	Hilfsmittel
7.	Gerichtskosten – Berechnung	• Regelung im GKG • die einzelne Höhe der jeweiligen Gerichtsgebühr für die unterschiedlichen Tätigkeiten des Gerichtes bestimmt sich aus der Anlage 1 zum GKG (§ 3 Abs. 2 GKG) (= Kostenverzeichnis) • die Gerichtsgebühren für das Insolvenzverfahren sind dort im Teil 2, Hauptabschnitt 3: Nrn. 2310 – 2386 geregelt	GKG abrufbar über www.gesetze-im-internet.de oder www.wolterskluwer-online.de (dort mit der Möglichkeit, alte und aktuelle Rechtsstände zu vergleichen)
8.	Gerichtskosten – Berechnungsgrundlage	• Regelung in § 58 GKG • Berechnungsgrundlage: Wert der Insolvenzmasse zur Zeit der Beendigung des Verfahrens • kein konkreter Verweis auf § 1 Abs. 2 Nr. 4b InsVV (= Abzug der Ausgaben bei Betriebsfortführung) • unterschiedliche Auffassungen in der Rechtsprechung: tlw. kein Abzug, tlw. Abzug • Grundlage für die Berechnung der Gerichtskosten im Rahmen der Schlussrechnung erläutern: s. Muster »Schlussbericht« • Gesetzesänderung ist beim BMJ vorgeschlagen (InsbürO 2013, 82) (Stand: März 2018)	Muster 304 – 305 (Schlussberichte): »Schlussbericht« (Formulierung zur Teilungsmasse) Kein Abzug der Kosten einer Betriebsfortführung: OLG München v. 25.4.2017 – 21 W 2/17 in InsbürO 2017, 346 (m.w.N.), WKRS 2017, 13641 Andere Ansicht: OLG Stuttgart. v. 30.4.2014 – 8 W 149/14 in InsbürO 2014, 452, ZInsO 2014, 1177 Auflistung der ergangenen Entscheidungen zur Problematik des Abzuges der Kosten einer Betriebsfortführung: InsbürO 2013, 331, 464
9.	Gerichtskosten im eröffneten Verfahren – Schuldnerantrag – Aufhebung	• **Eröffnetes Verfahren – Schuldnerantrag, Verfahrensende: § 200 InsO** • Nr. 2310 KV GKG = 0,5 Geb. (= Eröffnungsverfahren) • Nr. 2320 KV GKG = 2,5 Geb. (= Durchführung) • bei gleichzeitigem Gläubigerantrag ebenso	GKG abrufbar über www.gesetze-im-internet.de oder www.wolterskluwer-online.de
10.	Gerichtskosten im eröffneten Verfahren – Schuldnerantrag – Einstellung	• **Eröffnetes Verfahren – Schuldnerantrag,** • **Verfahrensende: §§ 207, 211, 212, 213 InsO** • Nr. 2310 KV GKG = 0,5 Geb. (= Eröffnungsverfahren) • Nr. 2322 KV GKG = 1,5 Geb. (= Durchführung) • bei gleichzeitigem Gläubigerantrag ebenso • Ende des Verfahrens nach Prüfungstermin	GKG abrufbar über www.gesetze-im-internet.de oder www.wolterskluwer-online.de
11.	Gerichtskosten im eröffneten Verfahren – Gläubigerantrag – Aufhebung	• **Eröffnetes Verfahren – nur Gläubigerantrag,** • **Verfahrensende: § 200 InsO** • Nr. 2311 KV GKG = 0,5 Geb. (= Eröffnungsverfahren) (mindestens 180,00 EUR) • Nr. 2330 KV GKG = 3 Geb. (= Durchführung)	GKG abrufbar über www.gesetze-im-internet.de oder www.wolterskluwer-online.de
12.	Gerichtskosten im eröffneten Verfahren – Gläubigerantrag – Einstellung	• **Eröffnetes Verfahren – nur Gläubigerantrag,** • **Verfahrensende: §§ 207, 211, 212, 213 InsO** • Nr. 2311 KV GKG = 0,5 Geb. (= Eröffnungsverfahren) • (mindestens 180,00 EUR) • Nr. 2332 KV GKG = 2,0 Geb. (= Durchführung) • Ende des Verfahrens nach Prüfungstermin	GKG abrufbar über www.gesetze-im-internet.de oder www.wolterskluwer-online.de
13.	Gesetzesänderung	• Vielzahl von Änderungen in unterschiedlichen Kostengesetzen durch das 2. KostRModG (= 2. Kostenrechtsmodernisierungsgesetz) • Vielzahl von Änderungen durch die Durchführung der Verordnung (EU) 2015/848 über Insolvenzverfahren vom 05.06.2017 (BGBl. 2017 Teil I, S. 1476 – Nr. 34 v. 09.06.2017) • relevante Auswirkungen im Insolvenzverfahren: GKG, RVG, JVEG	Teil-Synopse KostRModG, InsbürO 2013, 342 mit Korrektur in InsbürO 2013, 468 Teil-Synopse DVO: InsbürO 2017, 366 ff. Vergleiche des alten und neuen Rechtsstandes möglich über www.wolterskluwer-online.de

Nr.	Thema	Checkliste Massekosten: Erläuterung	Hilfsmittel
14.	Gläubigerausschuss-mitglieder	• die Vergütung der Mitglieder eines etwaigen Gläubigerausschusses ist in § 17 InsVV geregelt • sie erhalten einen Stundensatz zwischen 35 und 95 EUR • Tätigkeit: Teilnahme an Gläubigerausschussversammlung, Prüfungen u.ä. • für eine Massekostenschätzung insgesamt müsste diese Vergütung in Abstimmung mit dem Insolvenzverwalter geschätzt werden	Checkliste Gläubigerausschuss
15.	Gutachterkosten	• s. nachstehend »Sachverständigenvergütung«	

16.	Koordinationsverfahren	• Koordinierung der Verfahren von Schuldnern, die derselben Unternehmensgruppe angehören
		• Einführung von Regelungen in der InsO durch das Gesetz zur Erleichterung der Bewältigung von Konzerninsolvenzen (BGBl. 2017 Teil 1, S. 866 ff. – Nr. 22) (Inkrafttreten am 21.04.2018): §§ 269a – 269i InsO
		• Gebühren in der Anlage 1 zum GKG: Teil 2, Hauptabschnitt 3, Abschnitt 7 (Nr. 2370 – 2371 KV GKG)
		  • Nr. 2370 KV GKG: Verfahren im allgemeinen: 500 EUR
		  • Nr. 2371 KV GKG: Vorlage Koordinationsplan zur Bestätigung: 1.000 EUR
			GKG abrufbar über www.gesetze-im-internet.de oder www.wolterskluwer-online.de (dort mit der Möglichkeit, alte und aktuelle Rechtsstände zu vergleichen)

17.	Prüfungstermin – besonderer	• für einen nachträglichen Prüfungstermin hat jeder Gläubiger einer nachträglichen Anmeldung Gebühren zu tragen: – Nr. 2340 KV GKG = 20,00 EUR • für einen nachträglichen Prüfungstermin fallen daher keine Kosten zulasten der Insolvenzmasse an	
18.	Sachverständigen-vergütung	• die Beauftragung eines Sachverständigen erfolgt gem. § 5 Abs. 1 InsO durch das Insolvenzgericht • die Sachverständigenvergütung wird gem. Nr. 9005 KV GKG aus der Staatskasse gezahlt • sie zählt damit zu den Gerichtskosten und ist in der Gerichtskostenabrechnung für ein Verfahren als Auslage aufgeführt • bei Abweisung mangels Masse: i.d.R. Haftung des antragstellenden Gläubigers (s. gesonderte Checkliste »Kosten des Eröffnungsverfahrens mit weiteren Alternativen) • die Vergütung beträgt i.d.R. zwischen 650 € und 1.200 € netto • bei einer späteren Schätzung der Massekosten im eröffneten Verfahren ist das Honorar des Sachverständigen i.d.R. bereits abgerechnet und damit der exakte Betrag bekannt	Checkliste Gutachten Checkliste Kosten im Eröffnungsverfahren
19.	Sachwalter	• die Vergütung des Sachwalters bei einer Eigenverwaltung (§§ 270 ff. InsO) berechnet sich nach § 12 InsVV • die Vergütung des vorläufigen Sachwalter bei einer Eigenverwaltung (§§ 270 ff. InsO) berechnet sich nach der BGH-Rechtsprechung ebenfalls nach § 12 InsVV und wird zusammen mit der Vergütung des Sachwalters im eröffneten Verfahren festgesetzt (= gleiche Berechnungsgrundlage, einheitlicher Vergütungsantrag) (i.d.R. 25 %)	Checkliste Eigenverwaltung Vergütung für den vorläufigen Eigenverwalter: BGH v. 21.7.2016 – IX ZB 70/14 in InsbürO 2016, 403, ZInsO 2016, 1637 und BGH v. 22.9.2016 – IX ZB 71/14 in InsbürO 2016, 512, ZInsO 2016, 2077
20.	Schlussrechnungs-prüfer	• zur Prüfung der Schlussrechnung werden vom Insolvenzgericht häufig externe Sachverständige beauftragt • Honorar eines solchen Schlussrechnungsprüfers zählt zu den Gerichtskosten (= Insolvenzgericht ist Auftraggeber) • der Betrag ist in der Gerichtskostenrechnung mit aufgeführt oder wird nachträglich berechnet	Zimmer, Die Vergütung des Belegprüfers aus buchhalterischer Sicht, ZInsO 2009, 1806

Nr.	Thema	Checkliste Massekosten: Erläuterung	Hilfsmittel
21.	Treuhändervergütung – RSB-Phase	• während einer RSB-Phase wird die Vergütung des Treuhänders nach §§ 14 – 16 InsVV berechnet • diese Vergütung hat der Treuhänder bei einer Kostenstundung vor einer Verteilung auszugleichen (§ 292 Abs. 1 Satz 2 InsO) • ohne Kostenstundung hat der Schuldner die Mindestvergütung gem. § 298 InsO zu zahlen, falls die erzielten Einnahmen die Vergütung nicht abdecken	Checkliste Vergütungsanträge: Treuhändervergütung Checkliste RSB-Phase: Treuhändervergütung (mit weiteren Hinweisen)
22.	Veröffentlichungskosten	• die Veröffentlichungen der Insolvenzgerichte erfolgen in einem elektronischen Informations- und Kommunikationssystem • Regelung in Nr. 9004 KV GKG: keine Gebühr für Veröffentlichung im elektronischen Informations- und Kommunikationssystem, wenn diese nicht einzeln berechnet und einem bestimmten Verfahren zugeordnet wird; wenn doch: dann in voller Höhe zu zahlen • für Veröffentlichung gesonderter Prüftermin: keine Gebühr • früher: 1,00 EUR pro Veröffentlichung (Änderung durch KostRModG, Inkrafttreten am 29.07.2013)	GKG abrufbar über www.gesetze-im-Internet.de
23.	Verwaltervergütung	• die Verwaltervergütung im eröffneten Verfahren berechnet sich nach §§ 1 – 9 InsVV • grundlegende Aspekte für die Berechnung: s. gesonderte Checkliste	Checkliste Vergütungsanträge
24.	Vorläufige Verwaltung	• die Vergütung für die Tätigkeit während einer vorläufigen Verwaltung berechnet sich nach §§ 10, 11 InsVV • grundlegende Aspekte für die Berechnung: s. gesonderte Checkliste	Checkliste Vergütungsanträge: vorläufige Verwaltung

Checkliste 50: Masselosigkeit

100 Von einer Masselosigkeit gem. § 207 InsO spricht man in einem Insolvenzverfahren dann, wenn sich nach Insolvenzeröffnung herausstellt, dass die Massekosten gem. § 54 InsO nicht mehr gedeckt sind. Das Verfahren ist demnach masselos, d. h. es ist keine ausreichende Masse zum Ausgleich der Verfahrenskosten vorhanden. Dies kann unterschiedliche Gründe haben. Der Eintritt einer Masselosigkeit ist beim Insolvenzgericht anzuzeigen und das Verfahren gem. § 207 InsO einzustellen. Auf diesen und weitere Bearbeitungsaspekte wird nachstehend eingegangen.

(Die Übersicht ist nach gängigen Überlegungen und Arbeitsschritten sortiert.)

101

Nr.	Thema	Checkliste Masselosigkeit: Erläuterung	Hilfsmittel
1.	Gesetzliche Regelung	• die gesetzlichen Regelungen zur Masselosigkeit finden sich in § 207 InsO	
2.	Eintritt	• Eintritt der Masselosigkeit eher selten • Grund: vor Insolvenzeröffnung sorgfältige Prüfung der Kostendeckung (§ 26 Abs. 1 InsO) • Sachverständige macht Ausführungen hierzu in seinem Gutachten • daher: Eintritt i.d.R. nur bei unvorhersehbaren Ereignissen	Muster 167 – 168 (Gutachten): »Gutachten – Gliederungspunkt Verfahrenskostendeckung«
3.	Ermittlung	• regelmäßige Überprüfung des vorhandenen Massebestandes • manchmal: Masseunzulänglichkeit wird geprüft, aber dann wird festgestellt: Vorliegen einer Masselosigkeit • wegen der einzelnen Prüfungskriterien: s. gesonderte Checkliste • Vorsicht: bei Vornahme von Zahlungen trotz Masselosigkeit droht Haftung gem. § 60 InsO (i.d.R. Abzug von der eigenen Vergütung)	Checkliste Masseunzulänglichkeit

Nr.	Thema	Checkliste Masselosigkeit: Erläuterung	Hilfsmittel
4.	Masseunzulänglichkeit – Unterscheidung	• Unterschied zu einer Masseunzulänglichkeit gem. § 208 InsO: Verfahrenskosten sind gedeckt • bei MUZ: Verbindlichkeiten ggü. Dritten (§ 55 InsO) können nicht bezahlt werden • bei MUZ: Verfahren wird nicht eingestellt, Insolvenzverwalter übt weiter Verwertungsaktivitäten aus	Checkliste Masseunzulänglichkeit
5.	Gründe	• es kann unterschiedliche Gründe für den Eintritt einer Masselosigkeit geben: – Bsp.: Zahlungsanspruch gegen Dritten lässt sich nicht realisieren = eigener Insolvenzantrag des Dritten – Bsp.: Prozess gegen Dritten geht verloren = keine Realisierung eines geplanten Zahlungsanspruches – Bsp.: großer Auftrag für das Unternehmen entfällt = Betriebseinstellung = keine ausreichenden Einnahmen mehr	
6.	Anzeige	• bei Feststellung der Masselosigkeit: unverzügliche Anzeige gegenüber dem Insolvenzgericht • Anzeige und Schriftverkehr gesondert archivieren (z.B. durch Trennkarte beim Schriftverkehr mit dem AG)	Muster 268: »Anzeige Eintritt Masselosigkeit«
7.	Eintragung in der Software	• Datum der Anzeige der Masselosigkeit in der Insolvenzsoftware eintragen • dadurch jederzeit abrufbar und ersichtlich bei den Verfahrensdaten bzw. bei den Ereignissen	Insolvenzsoftware
8.	Rechtsfolgen	• das Insolvenzverfahren ist bei Eintritt einer Masselosigkeit einzustellen (§ 207 Abs. 1 Satz 1 InsO) • Vermeidung der Einstellung: Kostenvorschuss oder Kostenstundung: s. nachfolgend • vorherige Anhörung der Gläubigerversammlung und der Massegläubiger gem. § 207 Abs. 2 InsO • dafür: Erstellung eines Schlussberichtes und einer Schlussrechnung: s. nachstehend • wichtig: keine weitere Verwertungsaktivität seitens des Insolvenzverwalters • wegen Verrechnung des vorhandenen Massebestandes: s. nachfolgend	ABC des Insolvenzrechts: Einstellung des Insolvenzverfahrens, InsbürO 2008, 440
9.	Verbraucherinsolvenzverfahren	• Masselosigkeit kommt in Verbraucherinsolvenzverfahren i.d.R. nicht vor, da meistens eine Kostenstundung gleich mit der Verfahrenseröffnung bewilligt wird • bei Kostenstundung: kein Eintritt der Masselosigkeit (§ 207 Abs. 1 Satz 2 InsO) (= Verfahrenskosten werden aus der Staatskasse bezahlt) • außerdem: Erteilung der Restschuldbefreiung nur im Falle der Masseunzulänglichkeit (§ 289 Abs. 3 InsO) • bei Einstellung der Masselosigkeit später keine Restschuldbefreiung möglich	
10.	Kostenvorschuss	• zur Vermeidung einer Einstellung aufgrund Masselosigkeit: Einzahlung eines Kostenvorschusses durch Gläubiger möglich (§ 207 Abs. 1 Satz 2 InsO)	ABC des Insolvenzrechts: Kostenvorschuss, InsbürO 2007, 359 f.
11.	Kostenstundung	• zur Vermeidung einer Einstellung aufgrund Masselosigkeit: Bewilligung einer Kostenstundung gem. § 4a InsO möglich (§ 207 Abs. 1 Satz 2 InsO) • Voraussetzung: Verfahren über das Vermögen einer natürlichen Person und Antrag des Schuldners (§ 4a Abs. 1 Satz 1 InsO) • Antrag auch noch nach Insolvenzeröffnung möglich	Checkliste Kostenstundung Heyn, Erneuter Kostenstundungsantrag bei unerwartetem Eintritt der Masselosigkeit möglich?, InsbürO 2011, 103 ff.

Nr.	Thema	Checkliste Masselosigkeit: Erläuterung	Hilfsmittel
12.	Schlussrechnung	• vor der Einstellung ist gem. § 66 InsO Rechnung zu legen • daher: Erstellung eines Schlussberichtes und einer Schlussrechnung • darin: Rangfolge einer etwaigen Verteilung gem. § 207 Abs. 3 InsO beachten: s. nachstehend »Verrechnung«	Checklisten Schlussbericht und Schlussrechnung Ringstmeier, Beendigung masseloser Insolvenzverfahren, InsbürO 2004, 49 ff.
13.	Verrechnung	• Kennzeichen der Masselosigkeit: kein vollständiger Ausgleich der Verfahrenskosten möglich • daher: ein etwaiger Massebestand wird quotal verrechnet • zunächst auf die Auslagen des Insolvenzgerichtes (Nrn. 9004, 9005 KV GKG) und des Verwalters (§ 8 InsVV) • danach quotal auf die Gerichtskosten (Nrn. 2310 ff. KV GKG) und die Verwaltervergütung (§§ 1 – 9 InsVV) • hierzu: entsprechende Schlussrechnung im Schlussbericht erstellen	Muster 306 (Schlussberichte): »Schlussrechnung – Masselosigkeit § 207 InsO«

Checkliste 51: Masseunzulänglichkeit

102 Von einer Masseunzulänglichkeit gem. § 208 InsO spricht man in einem Insolvenzverfahren dann, wenn zwar die Kosten des Verfahrens (Massekosten gem. § 54 InsO) gedeckt sind, aber die fälligen Masseverbindlichkeiten (= Verbindlichkeiten gegenüber Dritten) nicht oder nicht vollständig beglichen werden können. Die Masse ist also unzulänglich, d. h. sie reicht für die Masseverbindlichkeiten nicht aus. In der nachfolgenden Checkliste werden Grundkenntnisse darüber vermittelt, welche Daten zur Ermittlung einer etwaigen Masseunzulänglichkeit erforderlich und welche Arbeitsschritte beim Eintritt einer Masseunzulänglichkeit zu vollziehen sind.

(Die Übersicht ist nach gängigen Überlegungen und Arbeitsschritten sortiert.)

103

Nr.	Thema	Checkliste Masseunzulänglichkeit: Erläuterung	Hilfsmittel
1.	Gesetzliche Grundlage	• die gesetzlichen Regelungen finden sich in §§ 208 – 211 InsO	
2.	Abkürzung	• Masseunzulänglichkeit = kurz »MUZ«	
3.	Zielsetzung	• Warum wird MUZ angezeigt? • Gläubiger sollen frühzeitig über die Nicht- oder nicht vollständige Erfüllung ihrer Forderungen informiert werden • außerdem: Änderung der Befriedigungsreihenfolge = Einteilung in Alt- und Neumasseverbindlichkeiten (s. nachfolgend) (§ 209 InsO) • Eintritt eines Vollstreckungsverbotes gem. § 210 InsO für Altmasseverbindlichkeiten: s. nachfolgend	
4.	Eintritt	• der Eintritt einer Masseunzulänglichkeit lässt sich vereinfacht wie folgt darstellen: voraussichtliche freie Masse < Massekosten plus Masseverbindlichkeiten = Masseunzulänglichkeit	
5.	Drohende MUZ	• Anzeige der MUZ ist bei Eintritt oder bei einem drohenden Eintritt möglich (§ 208 Abs. 1 Satz 2 InsO) • es gelten die gleichen Arbeitsschritte	
6.	Ermittlung	• zur Ermittlung der Masseunzulänglichkeit: Ermittlung der freien Masse und der Kosten gem. §§ 54, 55 InsO • freie Masse: Barvermögen und prognostizierte weitere Einnahmen anhand der Vermögensübersicht: s. nachstehend • Massekosten: s. nachstehend • Masseverbindlichkeiten: s. nachstehend	

Nr.	Thema	Checkliste Masseunzulänglichkeit: Erläuterung	Hilfsmittel
7.	Informationen – Sammlung	• alle Informationen anhand der Arbeitsschritte in dieser Checkliste (insbes. Ermittlung mit dortigen Verweisen) zusammenstellen • Prüfungsvermerk anfertigen • dann Rücksprache mit dem Insolvenzverwalter wg. einer möglichen Anzeige der MUZ	Muster 271: »Prüfzettel und Feststellung MUZ«
8.	Barvermögen	• Feststellung des aktuellen Barvermögens = Prüfung des aktuellen Guthabenbetrages auf dem Treuhandkonto • Achtung: Sind daraus noch Auszahlungen an Absonderungsgläubiger zu tätigen? • dann Barvermögen entsprechend korrigieren = verminderter Betrag steht zum Ausgleich der Massekosten und Masseverbindlichkeiten zur Verfügung	
9.	Absonderungsrechte	• Sind aus dem vorhandenen Kontoguthaben ggf. noch Absonderungsrechte zu befriedigen? • nach dem Gesetz eigentlich unverzügliche Befriedigung des Absonderungsgläubigers (= Weiterleitung des Verwertungserlöses) (§ 170 Abs. 1 Satz 2 InsO) • dennoch: etwaige Absonderungsrechte mit Forderungshöhe auflisten oder aus EDV ausdrucken • oder ggf. zeitgleich Abrechnung für Absonderungsgläubiger fertigen und Auszahlung vornehmen • Barvermögen mindert sich dadurch • Absonderungsrechte sind aus dem erzielten Erlös unabhängig von einer Masseunzulänglichkeit zu befriedigen (§ 170 Abs. 1 InsO = Kostenbeiträge vorweg entnehmen)	Wipperfürth, Das Absonderungsrecht im Praktiker-Fokus, Ziffer V., InsbürO 2012, 339 ff.
10.	Massekosten	• Schätzung der Verfahrenskosten gem. § 54 InsO • dafür: prognostizierte freie Masse der Vermögensübersicht als Grundlage für die Schätzung nehmen • Achtung: Werthaltigkeit der Einzelpositionen in der Vermögensübersicht prüfen • wegen der Berechnung: s. gesonderte Checkliste	Checkliste Vergütungsanträge
11.	Vermögensübersicht	• Vermögensübersicht gem. § 153 InsO = Überblick über prognostizierte Einnahmen • Prüfung: – welche Einnahmen wurden schon erzielt? – welche Einnahmen fallen ggf. weg? – mit welchen Einnahmen ist noch und wann zu rechnen?	Checkliste Vermögensübersicht
12.	Masseverbindlichkeiten	• Ermittlung der ausstehenden Masseverbindlichkeiten (§ 55 InsO) = Altmasseverbindlichkeiten • Wurden alle Altmassegläubiger mit ihren Forderungen im EDV-System eingetragen? • ggf. Ausdruck »Verzeichnis der Massegläubiger« = Gesamtsumme der Verbindlichkeiten ersehen	Checkliste Masseverbindlichkeiten Insolvenzsoftware
13.	Verzeichnis der Massegläubiger	• zusammen mit der Anzeige der Masseunzulänglichkeit ist ein Verzeichnis der Altmassegläubiger beim Insolvenzgericht einzureichen • Inhalt mindestens: Gläubigername, Forderungsgrund, Forderungshöhe • dadurch: Überblick, welche Massegläubiger welche Forderungen an die Insolvenzmasse haben • dadurch: Überblick, an wen die Anzeige der MUZ zugestellt werden muss	Insolvenzsoftware
14.	Massegläubiger	• s. vorstehend: Masseverbindlichkeiten • s. nachstehend: Altmasseverbindlichkeiten • s. nachstehend: Neumasseverbindlichkeiten	

Nr.	Thema	Checkliste Masseunzulänglichkeit: Erläuterung	Hilfsmittel
15.	Anzeige	• nach Feststellung des Eintritts oder des drohenden Eintritts der MUZ: Anzeige beim Insolvenzgericht vornehmen • darin: Angabe von Gründen • Anzeige gilt mit Eingang beim Insolvenzgericht als erhoben: s. nachstehend • Beachtung der Rangfolge des § 209 InsO ist auch zu beachten bei verspäteter Anzeige: Eintritt der MUZ entscheidend	Muster 269: »Anzeige Eintritt Masseunzulänglichkeit« Muster 270: » Anzeige MUZ wg. Steuer bei Kostenstundung« Weiter Handlungsspielraum bei Anzeige MUZ: BGH v. 20.7.2017 – IX ZR 310/14 in InsbürO 2017, 435, WKRS 2017, 18470 Rangfolge auch bei verspäteter Anzeige: BGH v. 19.11.2009 – IX B 261/08 (Rn. 14) in ZInsO 2010, 63, WKRS 2009, 28104
16.	Inhaltsverzeichnis	• Schriftverkehr zur Anzeige der Masseunzulänglichkeit getrennt führen = neue Rubrik im Ordner »allgemein« anlegen • dort: Anzeige, Verzeichnis der Massegläubiger, Zustellung etc. archivieren • einzelnen Schriftverkehr mit Massegläubiger jeweils in der dortigen Rubrik archivieren = Gesamtüberblick beim Vorgang • gesonderte Rubrik wichtig: schnell erkennbar, dass MUZ vorliegt = Auswirkung auf weitere Abwicklung	Muster 210 (Inhaltsverzeichnis): »Inhaltsverzeichnis jur. Person«
17.	EDV-Eintragung	• Datum der Anzeige der MUZ in der Insolvenzsoftware eintragen • dadurch jederzeit abrufbar und ersichtlich bei den Verfahrensdaten bzw. den Ereignissen	Insolvenzsoftware
18.	Eingangsstempel	• die Anzeige gilt mit Eingang beim Insolvenzgericht als erhoben • das Insolvenzgericht setzt einen Eingangsstempel auf die Anzeige • Eingangsstempel ist wichtig für die Rangfolge des § 209 InsO: s. nachfolgend • diese gestempelte Anzeige wird an die Massegläubiger zugestellt: s. nachfolgend	
19.	Zustellung	• Massegläubiger sind über die Anzeige der MUZ zu informieren (§ 208 Abs. 2 Satz 2 InsO) • Zustellungsauftrag vom Insolvenzgericht gem. § 8 Abs. 3 InsO • Adressen aus dem Verzeichnis der Massegläubiger • Übersendung der Anzeige mit Eingangsstempel des Gerichts • gleichzeitig Informationen über die weitere Abwicklung geben • Zustellungsnachweis ggü. dem Insolvenzgericht erbringen • Achtung: bei drohender MUZ ggf. gar keine Massegläubiger vorhanden = keine Zustellung möglich	Muster 273: »Zustellung MUZ-Schreiben an Massegläubiger« Muster 156 (Gläubiger): »Zustellungsnachweis« Muster 157 (Gläubiger) »Zustellungsnachweis – Übersendung an AG«
20.	Verwertungsaktivität	• Pflicht zur Verwaltung und Verwertung besteht gem. § 208 Abs. 3 InsO auch nach Anzeige der MUZ fort • daher: Realisierung weiterer Vermögenswerte • ggf. Aufhebung der MUZ durch weitere Einnahmen • mindestens aber: durch weitere Einnahmen Erhöhung der Quote für die Massegläubiger	Checkliste Verwertungstätigkeit
21.	»Kontosperrung «	• keine tatsächliche Kontosperrung bei der Bank • aber: es muss sichergestellt werden, dass keine Altmasseverbindlichkeiten mehr beglichen werden • Aktenvermerk zu den Kontoauszügen heften mit Verweis auf MUZ • in der Insolvenzsoftware ggf. eine aufploppende Notiz »MUZ« aktivieren, damit jeder bei der Öffnung dieser Verfahrensdaten darauf gestoßen wird und keine Zahlungen mehr ohne nähere Prüfung (ggf. Aufhebung MUZ) vornimmt	

Nr.	Thema	Checkliste Masseunzulänglichkeit: Erläuterung	Hilfsmittel
		• keine Zahlungen ohne ausdrückliche Abstimmung mit dem Verwalter veranlassen	
22.	Rangfolge Befriedigung	• MUZ bewirkt geänderte Reihenfolge der Befriedigung: Rangfolge nach § 209 Abs. 1 InsO beachten: – Massekosten gem. § 54 InsO – Neumasseverbindlichkeiten – Altmasseverbindlichkeiten • demnach: Altmasseverbindlichkeiten erhalten erst eine Zahlung (= i.d.R. quotale Befriedigung), wenn die Neumasseverbindlichkeiten befriedigt sind • daher: möglichst Vermeidung von Neumasseverbindlichkeiten	Checkliste Schlussrechnung Muster 307 – 308 (Schlussberichte): »Schlussrechnung bei MUZ«
23.	GOI	• GOI = Grundsätze ordnungsgemäßer Insolvenzverwaltung (70 Grundsätze) • Grundsatz 55: Beachtung der Verteilungsreihenfolge des § 209 InsO und Trennung nach Alt- und Neumassegläubigern • *(Die Autoren danken dem VID für die freundliche Zustimmung zur Veröffentlichung von Hinweisen auf die GOIs)*	VID = Verband Insolvenzverwalter Deutschlands e.V. www.vid.de
24.	Altmasseverbindlichkeiten	• Altmasseverbindlichkeiten = Masseverbindlichkeiten aus der Zeit vor Anzeige der MUZ • sie sind gem. § 209 Abs. 1 Nr. 3 InsO nach den Massekosten und den Neumasseverbindlichkeiten zu befriedigen (i.d.R. quotal) • Feststellungsklage statt Leistungsklage möglich: s. nachstehend • Achtung: ggf. Verjährungseintritt berücksichtigen: s. nachstehend • Erfassung Altmasseverbindlichkeiten: Verzeichnis der Massegläubiger gleichzeitig mit Anzeige erstellt: s. vorstehend	Checkliste Masseverbindlichkeiten
25.	Neumasseverbindlichkeiten	• Neumasseverbindlichkeiten = Masseverbindlichkeiten ab Anzeige der Masseunzulänglichkeit • diese werden gem. § 209 Abs. 2 InsO begründet, wenn – Vertragserfüllung gewählt wird (Nr. 1) – die Kündigung nicht zum nächstmöglichen Zeitpunkt ausgesprochen wird (Nr. 2) – die Gegenleistung in Anspruch genommen wird (Nr. 3) • sie sind gem. § 209 Abs. 1 Nr. 2 InsO direkt nach den Verfahrenskosten vorrangig vor den Altmasseverbindlichkeiten zu begleichen • Zeitpunkt der Begründung ist entscheidend, nicht der Entstehung • Vorsicht bei der Begründung von Neumasseverbindlichkeiten: Haftungsrisiko gem. §§ 60, 61 InsO	Pape, Mietverträge im Insolvenzverfahren – Teil 4: Mietrechtliche Besonderheiten bei MUZ und im Verbraucherinsolvenzverfahren, InsbürO 2005, 169 ff. Abgrenzung Alt- und Neumasseverbindlichkeiten: BGH v. 13.04.2006 – IX ZR 22/05 in WKRS 2006, 14321 Neumasseverbindlichkeit bei fehlender o. verspäteter Kündigung: bspw.: BAG v. 09.02.2012 – IX ZR 75/11 in InsbürO 2012, 274, ZInsO 2012, 481
26.	Haftung gem. § 61 InsO	• Begründung einer Masseverbindlichkeit durch Rechtshandlung des Insolvenzverwalters, aber später keine oder keine vollständige Begleichung? • dann Schadensersatzanspruch des Massegläubigers gegen den Insolvenzverwalter (= persönliche Haftung) • Befreiung von der Haftung: Insolvenzverwalter konnte nicht erkennen, dass Masse voraussichtlich zur Erfüllung nicht ausreichen wird (§ 61 Satz 2 InsO) • Entlastungsbeweis: Liquiditätspläne	
27.	Liquiditätspläne	• Liquiditätspläne geben bei einer Betriebsfortführung Überblick über Einnahmen- und Ausgabensituation • damit: Überblick über wirtschaftliche Situation = Erwirtschaftung von Gewinnen oder Verlusten • bei Begründung von Masseverbindlichkeiten und späterer Masseunzulänglichkeit droht dem Insolvenzverwalter eine Haftung nach § 61 InsO	Zum Entlastungsbeweis: BGH v. 06.10.2011 – IX ZR 105/09 (Rn. 4 m.w.N.) in ZInsO 2012, 137 Checkliste Betriebsfortführung Wiedervorlagenkalender

Nr.	Thema	Checkliste Masseunzulänglichkeit: Erläuterung	Hilfsmittel
		• Liquiditätspläne gelten als Entlastungsnachweis in einem möglichen Haftungsprozess • daher: Überwachung der regelmäßigen Erstellung (= Wiedervorlagen notieren)	
28.	Vertragsverhältnisse	• aus Vertragsverhältnissen resultieren häufig monatliche Zahlungsverpflichtungen • nach Anzeige der MUZ gelten diese als Altmasseverbindlichkeiten und sind im Rang des § 209 Abs. 1 Nr. 3 InsO zu befriedigen, wenn der Verwalter die Kündigung zum nächstmöglichen Termin vornimmt (§ 209 Abs. 2 Nr. 2 InsO) • bei Kündigung zum späteren Zeitpunkt: ggf. persönliche Haftung gem. § 60 InsO, weil dann eine Neumasseverbindlichkeit entsteht = Schaden für die Insolvenzmasse • bei Wahl der Vertragserfüllung oder Inanspruchnahme der Gegenleistung: Neumasseverbindlichkeit (§ 209 Abs. 2 Nr. 1, 3 InsO)	Checkliste Vertragsverhältnisse
29.	Verwertungskosten	• Provisionen eines beauftragten Verwerters fallen als Neumasseverbindlichkeit i.S.d. § 209 Abs. 1 Nr. 2 InsO an, wenn die Verwertung erst nach Anzeige der Masseunzulänglichkeit erfolgt (s. Literaturtipp rechts) • Provisionen des Verwerters dürften auch als unvermeidbare Verwaltungskosten i.S.d. BGH-Rechtsprechung gewertet werden: daher Zahlung als Neumasseverbindlichkeit = kein Abzug von Vergütung (s. Literaturtipp rechts) (Begründung: höherer Erlös für die Masse bei Verwertung durch qualifizierten Verwerter)	Zistler, kurz und knapp: Masseunzulänglichkeit und Rechnung des Verwerters, InsbürO 2016, 504 (Ziff. II) Moderegger, Unausweichliche Verwaltungskosten, InsbürO 2015, 526 ff.
30.	Säumniszuschläge FinA	• bei Nichtzahlung von Steuern bis zum Ablauf des Fälligkeitstages fallen Säumniszuschläge gem. § 240 Abs. 1 AO an • Anzeige der Masseunzulänglichkeit verhindert nicht materiellrechtliche Entstehung dieser Säumniszuschläge, aber es ist ein tlw. Erlass möglich • Wegfall der Masseunzulänglichkeit führt zum wieder auflebenden Zahlungsanspruch seitens der Finanzverwaltung inkl. Säumniszuschläge (Erlass hinfällig), wenn die Forderung nicht zeitnah ausgeglichen wird: daher zu allen Berichtszeitpunkten Stand der MUZ prüfen	Engel, Masseunzulänglichkeit: Problematik mit dem Fiskus, InsbürO 2016, 457 ff. Zum möglichen Erlass: FG Sachsen v. 18.01.2017 – 8 K 1208/16 m.w.N. in InsbürO 2017, 473, ZInsO 2017, 1908
31.	Arbeitnehmer	• Was ist hinsichtlich der Lohnsteuer und der Sozialversicherungsbeiträge zu beachten, wenn MUZ angezeigt und Arbeitnehmer freigestellt wurden? (s. Literaturtipp) • Lohnsteuern als Altmasseverbindlichkeit sind nach dem Zuflussprinzip zu ermitteln und zu zahlen • Sozialversicherungsbeiträge als Altmasseverbindlichkeit sind nach dem Entstehungsprinzip zu ermitteln, jedoch nur für tatsächlich in Anspruch genommene Leistungen zu zahlen • Beispiele, wie wann was gemeldet werden muss finden sich im Literaturtipp rechts	Pohlner, Lohnsteuer und Sozialversicherungsbeiträge im Insolvenzverfahren, Teil 2 A (bei MUZ) = Lohnsteuer, InsbürO 2015, 2015, 389 ff. und Teil 2 B (bei MUZ) = Sozialversicherungsansprüche, InsbürO 2015, 432 ff. Teil 3: Lohnsteuer und Sozialversicherungsbeiträge nach Aufhebung der MUZ, InsbürO 2015, 477 ff.
32.	Verjährung	• keine gesetzliche Regelung, ob die Verjährung der Masseverbindlichkeiten durch Anzeige der MUZ gehemmt wird • nach BGH: keine Anwendung der Vorschriften für Insolvenzforderungen auf Masseforderung = Hemmung gem. § 204 Abs. 1 Nr. 10 BGB greift nicht (Rn. 21 der BGH-Entscheidung) • Massegläubiger muss Maßnahmen zur Hemmung der Verjährung unternehmen, z. B. eine Feststellungsklage erheben • denkbar zur Vermeidung von Prozesskosten: Stillhalteabkommen gem. § 205 BGB treffen oder Verjährungsverzichtserklärung seitens des Insolvenzverwalters abgeben	Keine Hemmung der Verjährung: BGH v. 14.12.2017 – IX ZR 118/17 in InsbürO 2018, 212, ZInsO 2018, 314 Muster 272: »Verjährungsverzichtserklärung«

Nr.	Thema	Checkliste Masseunzulänglichkeit: Erläuterung	Hilfsmittel
		• nach Wegfall der MUZ unverzüglicher Ausgleich der Masseverbindlichkeiten, dabei Prüfung der möglichen Einrede der Verjährung	Heyn, Die Verjährung von Masseverbindlichkeiten nach Anzeige der MUZ, InsbürO 2011, 261 ff. Hahn, Zur Problematik verjährter Altmasseverbindlichkeiten im Rang des § 209 Abs. 1 Nr. 3 InsO, ZInsO 2016, 616 ff.
33.	Vollstreckungsverbot	• Masseverbindlichkeiten aus der Zeit vor der Anzeige der MUZ (§ 209 Abs. 1 Nr. 3 InsO) dürfen nicht vollstreckt werden (§ 210 InsO) • Gläubiger sollten auf dieses Vollstreckungsverbot bei der Zustellung der Anzeige der MUZ hingewiesen werden • bei späteren Mahnungen erneuten Hinweis geben	Muster 273: »Zustellung MUZ-Schreiben an Massegläubiger«
34.	Leistungsklage	• Leistungsklage = gerichtliche Geltendmachung eines Zahlungsanspruches • wegen des Vollstreckungsverbotes gem. § 210 InsO keine Leistungsklage möglich: diese würde zu einem Vollstreckungstitel führen • zulässig aber: Feststellungsklage	
35.	Feststellungsklage	• Feststellungsklage = gerichtlicher Antrag auf Feststellung eines Zahlungsanspruches • Feststellungsklage ist zulässig = ggf. Urteil, dass Massegläubiger einen Zahlungsanspruch hat • daraus aber keine Vollstreckung möglich • Feststellungsklage unterbricht die Verjährung: s. nachstehend • Leistungsklage dagegen ist unzulässig	
36.	Einstellung	• im Normalfall erfolgt eine Verfahrensaufhebung gem. § 200 InsO • bei MUZ erfolgt jedoch eine Verfahrenseinstellung gem. § 211 InsO • dafür vorher: Schlussrechnungslegung wie sonst auch, Verteilung unter Beachtung der geänderten Rangfolge	Checklisten Schlussbericht und Schlussrechnung
37.	Schlussrechnung	• bei der Schlussrechnungslegung gem. § 66 InsO ist zwischen den Zeiträumen vor und nach MUZ zu unterscheiden: – eine Schlussrechnung bis zur MUZ – gesonderte Schlussrechnung ab MUZ (§ 211 Abs. 2 InsO) = Nachweis, dass keine oder wenn nur Neumasseverbindlichkeiten befriedigt wurden	Checkliste Schlussrechnung
38.	Verbraucherinsolvenzverfahren	• keine wirkliche Besonderheit im vereinfachten Insolvenzverfahren • i.d.R. allerdings keine MUZ, weil keine Masseverbindlichkeiten begründet werden • möglich allerdings: Umsatzsteuerforderung wg. Verkauf eines Gegenstandes aus vorheriger betrieblicher Tätigkeit • Vorsicht: Rangfolge des § 209 InsO gilt auch bei Kostenstundung	Muster 270: »Anzeige MUZ bei Kostenstundung wg. Steuer«
39.	Kostenstundung	• Rangfolge des § 209 InsO ist auch bei Kostenstundung zu beachten • bei Verkäufen kann ggf. eine Steuerforderung entstehen: dann MUZ anzeigen, wenn Verfahrenskosten aus der vorhandenen Masse nicht gedeckt sind • bei Missachtung und Ausgleichung ohne Prüfung der MUZ: Abzug des gezahlten Betrages von der Verwaltervergütung • FinA über angezeigte MUZ informieren	Zur Rangfolge der Befriedigung: BGH v. 13.03.2014 – IX ZB 204/11 Rn. 6 m.w.N. in InsbürO 2014, 289, ZInsO 2014, 951 Muster 270: »Anzeige MUZ bei Kostenstundung wg. Steuer«

Nr.	Thema	Checkliste Masseunzulänglichkeit: Erläuterung	Hilfsmittel
			Muster 333 (Steuerangelegenheiten): »Masseunzulänglichkeit – USt – Info an FinA wg. Nichtzahlung«
40.	Massegläubiger – RSB-Phase	• bei Verteilung von Einnahmen während der RSB-Phase: offene Masseverbindlichkeiten zunächst berücksichtigen • aber: ggf. eingetretene Verjährung der Masseverbindlichkeiten beachten: s. vorstehend »Verjährung«	Heyn, Berücksichtigung von Massegläubigern während der RSB-Phase, InsbürO 2006, 282 ff.

Checkliste 52: Masseverbindlichkeiten

104 Von Masseverbindlichkeiten spricht man, wenn der Insolvenzverwalter oder ggf. auch der vorläufige Insolvenzverwalter durch eigene Handlungen Verbindlichkeiten gegenüber Dritten begründet oder begründen muss (§ 55 InsO). Diese Masseverbindlichkeiten sind vorrangig vor den Insolvenzforderungen und im Normalfall auch vorrangig vor den Massekosten (§ 54 InsO) zu befriedigen. Falls der vorhandene Massebestand aus unvorhersehbaren Gründen nicht ausreichen sollte, um die Masseverbindlichkeiten vollständig auszugleichen, ändert sich die Rangfolge. Die nachfolgende Checkliste gibt einen Überblick darüber, welche Voraussetzungen bei der Begründung von Masseverbindlichkeiten gegeben sein sollten, welche Verbindlichkeiten als Masseverbindlichkeiten zu qualifizieren sind und welche Aspekte bei der Befriedigung zu berücksichtigen sind.

(Die Übersicht ist nach gängigen Überlegungen und Arbeitsschritten sortiert.)

105

Nr.	Thema	Checkliste Masseverbindlichkeiten: Erläuterung	Hilfsmittel
1.	Gesetzliche Regelung	• die gesetzliche Regelung zu den Masseverbindlichkeiten findet sich in § 55 InsO	
2.	Entstehung	• Masseverbindlichkeiten entstehen durch Begründung oder Inanspruchnahme einer Leistung (§ 55 Abs. 1 InsO): – Bsp. eigene Handlung: Beauftragung eines Steuerberaters, Warenbestellung – Bsp. Inanspruchnahme: Arbeitsentgelt oder Miete während Kündigungszeitraum	
3.	GOI	• GOI = Grundsätze ordnungsgemäßer Insolvenzverwaltung (70 Grundsätze) • Grundsatz 52: Begründung von Masseverbindlichkeiten nur nach sorgfältiger Prüfung und bei der Annahme im Zeitpunkt des Entstehens der Verbindlichkeit, diese bei Fälligkeit bedienen zu können • Grundsatz 53: Antrag auf Einzelermächtigung während der vorläufigen Verwaltung • Grundsatz 54: Bemühen um eine adäquate Absicherung der Zahlungszusagen • *(Die Autoren danken dem VID für die freundliche Zustimmung zur Veröffentlichung von Hinweisen auf die GOIs)*	VID = Verband Insolvenzverwalter Deutschlands e.V. www.vid.de
4.	Massegläubiger	• Massegläubiger = Gläubiger, die nach Insolvenzeröffnung einen Zahlungsanspruch erworben haben • Unterscheidung in Masseverbindlichkeiten und Massekosten • Voraussetzung der Masseverbindlichkeiten: Handlung des Insolvenzverwalters: s. vorstehend »Entstehung« • Masseverbindlichkeiten aus vorläufiger Verwaltung: s. nachstehend • Massekosten: Kosten des Verfahrens: s. gesonderte Checkliste • Kennzeichen der Massegläubiger: vorrangige Befriedigung und i.d.R. vollständiger Zahlungsausgleich	Checkliste Gläubiger Checkliste Massekosten
5.	Archivierung	• jeden Vorgang wie eine Handakte behandeln: Kompletter und chronologischer Schriftverkehr • daher: Schriftverkehr zu Masseverbindlichkeiten den unterschiedlichen Rubriken zuordnen	Muster 210 (Inhaltsverzeichnis): »Inhaltsverzeichnis jur. Person«

Nr.	Thema	Checkliste Masseverbindlichkeiten: Erläuterung	Hilfsmittel
		• Beispiele: – Allgemein (z. B. Gebühr für Gewerbeabmeldung) – Bank (z. B. Kosten für Zweitschriften der Kontoauszüge) – Betriebsfortführung (z. B. Warenbestellung) – Debitoren (z. B. Gerichtskosten für Mahnverfahren) – Gesellschaftsrechtliche Verhältnisse (z. B. Gerichtskosten für Handelsregisterauszüge) – Immobilie (z. B. Prämien Gebäudeversicherung, Stromkosten) – Inventar (z. B. Beauftragung eines Industriesachverständigen) – Verträge (z. B. Telefonanschluss während der Betriebsfortführung etc.)	
6.	Voraussetzungen der Begründung	• vor Begründung einer Masseverbindlichkeit: – Feststellung des Barvermögens = Prüfung des aktuellen Guthabenbetrages auf dem Treuhandkonto – Achtung: Sind daraus noch Auszahlungen an Absonderungsgläubiger oder andere Massegläubiger zu tätigen? – dann Barvermögen entsprechend korrigieren = verminderter Betrag steht zum Ausgleich der Massekosten und Masseverbindlichkeiten zur Verfügung – sind weitere Zahlungen zu erwarten: Einsicht in Liquiditätsplan und Vermögensübersicht gem. § 153 InsO	
7.	Vorläufige Verwaltung – schwache	• zur Begründung von Masseverbindlichkeiten nach der Rechtsprechung gerichtliche Einzelermächtigung erforderlich • bzgl. Steuern: mit Zustimmung des vorl. Verwalters begründete Steuerverbindlichkeiten gelten gem. § 55 Abs. 4 InsO nach Insolvenzeröffnung als Masseverbindlichkeiten	Checkliste Betriebsfortführung
8.	Vorläufige Verwaltung – starke	• bei starker vorläufiger Verwaltung: § 55 Abs. 2 InsO = begründete Verbindlichkeiten gelten nach Insolvenzeröffnung als Masseverbindlichkeiten	
9.	Haftung	• sorgfältige vorherige Prüfung des möglichen Zahlungsausgleichs vor Begründung einer Masseverbindlichkeit (s. vorstehend »Voraussetzungen«) • bei Nichtzahlung ggf. Schadensersatzanspruch des Massegläubigers gegen den Insolvenzverwalter (= persönliche Haftung) (§ 61 InsO) • Befreiung von der Haftung: Insolvenzverwalter konnte nicht erkennen, dass Masse voraussichtlich zur Erfüllung nicht ausreichen wird (§ 61 Satz 2 InsO)	Checkliste Masseunzulänglichkeit Zur Entlastung durch Liquiditätsplan: BGH v. 20.07.2017 – IX ZR 310/14 (Rn. 25 m.w.N.) in InsbürO 2017, 435, ZInsO 2017, 1784 und BGH v. 17.12.2004 – IX ZR 185/03 in ZInsO 2005, 205, WKRS 2004, 27139
10.	Auftrag an verbundene Unternehmen	• rechtzeitige Anzeigepflicht des Insolvenzverwalters gegenüber Insolvenzgericht bei geplanter Auftragserteilung an ein mit dem Insolvenzverwalter verbundenes Unternehmen • sinnvoll: Alternativangebot mit einreichen, um Preisvergleich zu ermöglichen	Zur Anzeigepflicht: BGH v. 26.04.2012 – IX ZB 31/11 in ZInsO 2012, 1125, WKRS 2012, 16236 Muster 274: »Anzeige Beauftragung externer Dritter«
11.	Rangfolge	• im Regelfall: Befriedigung der Masseverbindlichkeiten und Massekosten aus der Insolvenzmasse (§ 53 InsO) • bei Masseunzulänglichkeit: Änderung der Rangfolge gem. § 209 InsO • dann zunächst die Massekosten und erst danach die Masseverbindlichkeiten = letztere quotal	Checkliste Masseunzulänglichkeit Checkliste Masselosigkeit

Nr.	Thema	Checkliste Masseverbindlichkeiten: Erläuterung	Hilfsmittel
12.	Liquiditätspläne	• Liquiditätspläne geben bei einer Betriebsfortführung Überblick über Einnahmen- und Ausgabensituation • damit: Überblick über wirtschaftliche Situation = Erwirtschaftung von Gewinnen oder Verlusten • bei Begründung von Masseverbindlichkeiten und später er Masseunzulänglichkeit droht dem Insolvenzverwalter eine Haftung nach § 61 InsO: s. oben • Liquiditätspläne gelten als Entlastungsnachweis in einem möglichen Haftungsprozess • daher: Überwachung der regelmäßigen Erstellung (= Wiedervorlagen notieren)	Zur Entlastung durch Liquiditätsplan: BGH v. 20.07.2017 – IX ZR 310/14 (Rn. 25 m.w.N.) in InsbürO 2017, 435, ZInsO 2017, 1784 und BGH v. 17.12.2004 – IX ZR 185/03 in ZInsO 2005, 205, WKRS 2004, 27139 Checkliste Betriebsfortführung Wiedervorlagen-Kalender
13.	Dienstleister	• insbes. bei einer Betriebsfortführung werden ggf. Dienstleistungen Dritter beansprucht • die Ansprüche der Dienstleister sind Masseverbindlichkeiten, soweit der Insolvenzverwalter die Begründung veranlasst hat	Checkliste Gläubiger
14.	Lieferanten	• bei einer Betriebsfortführung werden ggf. Waren geliefert • die Ansprüche der Lieferanten sind Masseverbindlichkeiten, soweit der Insolvenzverwalter die Begründung veranlasst hat • während einer vorläufigen Verwaltung: Rang als Masseverbindlichkeit ggf. durch Einzelermächtigung	Checkliste Gläubiger Checkliste Betriebsfortführung
15.	Rechnungen	• vor Zahlungsausgleich Rechnung prüfen: • erfüllt die jeweilige Rechnung die Anforderungen des § 14 UStG: – Absender: richtig und vollständig? (Leistungserbringer) – Adressat: richtig und vollständig? (Leistungsempfänger) – Ausstellungsdatum – Leistungsart – Leistungsort und Leistungszeitraum – Rechnungsnummer – Umsatzsteuerausweis • bei fehlerhaften Angaben kann die darin ausgewiesene Umsatzsteuer ggf. nicht ggü. der Finanzverwaltung als Vorsteuer geltend gemacht werden • dann entsteht der Insolvenzmasse ein Schaden	Checkliste Steuerangelegenheiten
16.	Vertragsverhältnisse	• bei schuldnerischen Unternehmen sind i.d.R. eine Vielzahl von Verträgen vorhanden = daraus können Masseverbindlichkeiten resultieren • Prüfung sämtlicher Vertragsverhältnisse und ggf. Ablehnung der Erfüllung gem. § 103 InsO • bei Dauerschuldverhältnissen gelten §§ 108 – 110 InsO (Miet-, Pacht- oder Dienstverhältnisse): keine Ablehnung, sondern nur Kündigung möglich	Checkliste Vertragsverhältnisse
17.	Mietzinsforderung	• teilweise unterschiedliche Auffassungen zur Einordnung von Mietzinsforderungen: – Mietzinsforderung entsteht am 01. eines Monats, damit um 0.00 Uhr = einfache Insolvenzforderung für den Monat der Eröffnung – abweichende Meinung: dann hätte es der Regelung in § 108 Abs. 1 Satz 1, § 109 Abs. 1 Satz 1 InsO nicht bedurft (= Fortbestehen des Vertrages, aber Kündigungsmöglichkeit) • zweite Meinung inzwischen gängig: Aufteilung der Mietansprüche in die Zeit vor und nach Insolvenzeröffnung, d. h. anteilige Befriedigung der Miete für den Monat der Eröffnung als Masseverbindlichkeit	Aufteilung der Mietansprüche: BGH v. 3.4.2003 – IX ZR 163/02 (Rn. 6) in ZInsO 2003, 412, WKRS 2003, 23160 Aufteilung im Eröffnungsmonat: AG Lichtenfels v. 14.5.2014 – 2 C 24/14 in InsbürO 2014, 410, ZInsO 2014, 1351 Harz/Riecke/Schmid, Handbuch des Fachanwalts Miet- und Wohnungseigentumsrecht, 6. Auflage 2018, Rn. 198

Nr.	Thema	Checkliste Masseverbindlichkeiten: Erläuterung	Hilfsmittel
18.	Mietzinsforderung – Vermieterpfandrecht	• bei Erlösauskehr auf ein Vermieterpfandrecht haben die Instanzgerichte entschieden: • Tilgungsbestimmung möglich: – Erlös erst auf Mietzinsforderungen als Masseverbindlichkeiten verrechnen – dann auf Insolvenzforderungen • BGH hat dies abgelehnt: keine Tilgungsbestimmung • Rn. 12 der Entscheidung: § 366 Abs. 1 BGB (= Tilgungsbestimmung des Schuldners) ist nicht anwendbar bei Auskehrung eines Erlöses auf eine Sicherheit • Rn. 22 der Entscheidung: Es gilt die gesetzliche Tilgungsreihenfolge gem. § 366 Abs. 2 BGH: älteste Forderungen zuerst = Erlösauskehr auf Insolvenzforderungen bis zur vollen Befriedigung, danach erst auf Masseverbindlichkeiten	Keine Tilgungsbestimmung: BGH v. 9.10.2014 – IX ZR 69/14 in InsbürO 2015, 112, ZInsO 2014, 2320
19.	Arbeitsentgelt	• es gibt unterschiedliche Möglichkeiten der Entstehung von Arbeitsentgelt als Masseverbindlichkeiten: s. gesonderte Checkliste • Beispiele: – volles Arbeitsentgelt während des Kündigungszeitraums – Differenzlohnansprüche der Arbeitnehmer (= Differenz zwischen Arbeitslosengeld und vollem Arbeitsentgelt) – Übergang der Lohn- und Gehaltsansprüche auf die Arbeitsagentur bei Zahlung von Sozialleistungen (Arbeitslosengeld während des Kündigungszeitraums) (§ 115 SGB X) – Varianten 2 und 3 ergeben zusammen das volle Arbeitsentgelt (= Arbeitslosengeld + Differenz zum vollen Lohn) = Ansprüche nur »entweder (1) / oder (2 +3)«, nicht gleichzeitig	Checkliste Arbeitsverhältnisse
20.	Steuerverbindlichkeiten	• Steuerverbindlichkeiten, die nach Insolvenzeröffnung entstehen, sind als Masseverbindlichkeiten zu begleichen • dies gilt insbes. für die Umsatzsteuer bei Veräußerung von Vermögenswerten	Checkliste Steuerangelegenheiten
21.	Nachlassinsolvenzverfahren	• zu §§ 54, 55 InsO zusätzliche Masseverbindlichkeiten gem. § 324 InsO (z.B. Beerdigungskosten) • siehe gesonderte Checkliste	Checkliste Nachlassinsolvenzverfahren
22.	Schlussrechnungsprüfer	• Honorar eines etwaigen Schlussrechnungsprüfers ist keine Masseverbindlichkeit • Auftraggeber ist das Insolvenzgericht = Ausgleich durch die Staatskasse • Erstattung durch die Insolvenzmasse als Auslagen des Gerichtes = Massekosten	Checkliste Massekosten
23.	Rechtsstreit – Aufnahme	• siehe gesonderte Checkliste	Checkliste Verwertungstätigkeit: Rechtsstreit
24.	Ungerechtfertigte Bereicherung	• Ansprüche aus ungerechtfertigter Bereicherung nach Insolvenzeröffnung sind Masseverbindlichkeiten gem. § 55 Abs. 1 Nr. 3 InsO – Bsp.: Vereinnahmung Rückkaufswert einer verpfändeten Lebensversicherung (§ 166 Abs. 2 InsO: nur Verwertungsrecht bei Abtretung) – Bsp.: Fehlüberweisung eines Dritten • Besonderheit berücksichtigen: Zahlungseingang auf welchem Konto? Dadurch Ansprüche gegen die Insolvenzmasse oder gegen Insolvenzverwalter persönlich: s. Beitrag Beiske/Heyn	Kein Verwertungsrecht bei Verpfändung: BGH v. 26.1.2012 – IX ZR 191/10 in ZInsO 2012, 547, WKRS 2012, 11439 Beiske/Heyn, Die ungerechtfertigte Bereicherung, InsbürO 2017, 193 ff. mit Erläuterung der dazu ergangenen Rechtsprechung Priebe, Die Fehlüberweisung im Insolvenzverfahren, InsbürO 2010, 366 ff.

Nr.	Thema	Checkliste Masseverbindlichkeiten: Erläuterung	Hilfsmittel
25.	Masseunzulänglichkeit	• Insolvenzmasse reicht nicht aus, um die Masseverbindlichkeiten vollständig begleichen zu können • Anzeige ggü. dem Insolvenzgericht erforderlich • Änderung der Befriedigungsrangfolge: s. vorstehend	Checkliste Masseunzulänglichkeit
26.	Altmasseverbindlichkeit	• Verbindlichkeit, die vor Anzeige einer Masseunzulänglichkeit, begründet wurde • s. gesonderte Checkliste	Checkliste Masseunzulänglichkeit
27.	Neumasseverbindlichkeit	• Verbindlichkeit, die nach Anzeige einer Masseunzulänglichkeit begründet wurde	Checkliste Masseunzulänglichkeit
28.	Vollstreckungsverbot	• für Masseverbindlichkeiten, die nicht durch eine Handlung des Insolvenzverwalters begründet wurden, gilt ein Vollstreckungsverbot gem. § 90 InsO • Dauer: sechs Monate nach Insolvenzeröffnung • Erläuterung in § 90 Abs. 2 InsO, welche Masseverbindlichkeiten davon nicht umfasst sind: Erfüllung gewählt, Leistung in Anspruch genommen, bis Ablauf des ersten möglichen Kündigungstermins • s. wegen näherer Erläuterungen: gesonderte Checkliste	Checkliste Vollstreckungsmaßnahmen
29.	Neuverbindlichkeiten	• ein Schuldner kann nach Insolvenzeröffnung Verträge abschließen • mit Insolvenzeröffnung und dem Verlust der Verfügungsbefugnis über das zur Insolvenzmasse gehörende Vermögen geht kein Verlust der Verfügungsfähigkeit und der Geschäftsfähigkeit einher • für neue Verträge haftet die Insolvenzmasse nicht, wenn keine Handlung des Verwalters vorliegt (§ 55 Abs. 1 Nr. 1 InsO), • auch nicht gem. § 55 Abs. 1 Nr. 2 InsO wg. aufoktroyierten Verbindlichkeiten: diese setzen einen Vertragsabschluss vor Insolvenzeröffnung voraus • der Schuldner haftet für diese Neuverbindlichkeiten mit seinem freien Vermögen	Moderegger, Die Neuforderung im Nachlassinsolvenzverfahren, InsbürO 2018, 306 ff.
30.	Verbraucherinsolvenzverfahren	• i.d.R. keine Begründung von Masseverbindlichkeiten, weil i.d.R. kein Erfordernis gegeben • ggf. aber Steuerverbindlichkeit als Masseverbindlichkeit bei Verkäufen von ehemaligen Betriebsvermögen zu berücksichtigen	Checkliste Verwertungstätigkeit

Checkliste 53: Nachlassinsolvenzverfahren

106 Bei einem Nachlassinsolvenzverfahren werden das Vermögen eines Verstorbenen und damit der Nachlass verwertet und quotal an die vorhandenen Gläubiger verteilt. Ein solches Verfahren wird dann erforderlich, wenn der Nachlass eines Erblassers nicht ausreicht, um alle ausstehenden Verbindlichkeiten zu befriedigen (§ 1980 BGB). Ein Nachlassinsolvenzverfahren ist ähnlich wie ein »normales« Verfahren abzuwickeln. Es können daher alle gesonderten Checklisten genutzt werden. Die nachfolgende Checkliste gibt insoweit jedoch einen Überblick über einige Besonderheiten und Hintergründe zu dieser Verfahrensart.

(Die Übersicht ist nach gängigen Überlegungen und Arbeitsschritten sortiert.)

107

Nr.	Thema	Checkliste Nachlassinsolvenzverfahren: Erläuterung	Hilfsmittel
1.	Zulässigkeit	• die Zulässigkeit eines Nachlassinsolvenzverfahrens ergibt sich aus § 11 Abs. 2 Nr. 2 InsO	
2.	Gesetzliche Regelung	• die wesentlichen gesetzlichen Regelungen finden sich in – §§ 315 – 334 InsO – §§ 1975 ff. BGB (Beschränkung der Haftung der Erben) • auf weitere wird nachstehend jeweils verwiesen	

Nr.	Thema	Checkliste Nachlassinsolvenzverfahren: Erläuterung	Hilfsmittel
3.	Aktenzeichen	• Nachlassinsolvenzverfahren werden beim Insolvenzgericht mit dem Aktenzeichen »IN« geführt	
4.	Erblasser	• Erblasser = verstorbene Person	
5.	Erben	• Schuldner des Nachlassinsolvenzverfahrens ist der Erbe bzw. sind die Erben • diese ergeben sich ggf. aus dem Eröffnungsbeschluss • ggf. aber auch Ermittlung und Feststellung der Erben durch Beantragung eines Erbscheins (§ 2353 ff. BGB)	Moderegger, Nachlassinsolvenzverfahren – Ein Überblick für den Insolvenzverwalter, InsbürO 2014, 259 ff.
6.	Tod – im eröffneten Verfahren	• Eintritt des Todes während eines Verfahrens möglich – während des Eröffnungsverfahrens – während des eröffneten Verfahrens – während der RSB-Phase • unterschiedliche Rechtsfolgen: s. Literaturtipp • vereinfachter Überblick: – Fremdantrag im Eröffnungsverfahren: Fortsetzung als Nachlassinsolvenzverfahren – im eröffneten Verfahren (egal, ob IN oder IK): Fortsetzung als Nachlassinsolvenzverfahren – in RSB-Phase: vorzeitige Beendigung gem. § 299 InsO • das Insolvenzgericht muss unverzüglich unterrichtet werden	Muster 280: »Tod des Schuldners – Info ans Insolvenzgericht« Muster 279: »Sterbeurkunde – Anforderung b. Nachlassgericht« Kampf, Tod in der Insolvenz – eine Herausforderung für die Verfahrensbeteiligten, ZVI 2018, 3 ff. Schmerbach, Der Tod des Schuldners im Insolvenzverfahren, InsbürO 2009, 251 ff.
7.	Verfahrensabwicklung	• »normale« Abwicklung = Verwaltung und Verwertung • Nutzung der anderen Checklisten je nach Art des Vermögenswertes • das Erstanschreiben ist allerdings nebst dem Fragebogen auf die Nachlassinsolvenz abzustimmen	Muster 275: »Erstanschreiben Nachlassinsolvenz« Muster 276: »Fragebogen zum Gutachten – Nachlassinsolvenz« Muster 278: Schweigepflichtentbindungserklärung
8.	Unterschied zur Nachlasspflegschaft	• Anordnung der Nachlasspflegschaft: Sicherung des Nachlasses bis zur Annahme des Erbes (§§ 1960 ff. BGB) • Grund: unbekannter Erbe oder ungewiss, ob die Erbschaft angenommen wird • ggf. Haftung des Nachlasspflegers gem. § 826 BGB bei Kenntnis über verschuldeten Nachlass und dennoch Zahlung an Gläubiger • Amt endet nach der Rechtsprechung nicht automatisch mit Insolvenzeröffnung • Aufgabe der Erbenermittlung bleibt erhalten: s. Literaturtipp »Moderegger« • s. nachstehend: Haftung – Nachlasspfleger	Kein Erlöschen Amt Nachlasspfleger: OLG Stuttgart v. 23.04.2012 -8 W 136/12 (Rn. 11) in InsbürO 2013, 196, WKRS 2012, 20474 Roth, Haftung von Nachlasspflegern und Amtshaftung bei Missbrauch der Nachlasspflegschaft, ZInsO 2013, 1567 Moderegger, Nachlassinsolvenzverfahren – Ein Überblick für den Insolvenzverwalter, InsbürO 2014, 259 ff.
9.	Unterschied zur Nachlassverwaltung	• Nachlassverwaltung (§ 1981 BGB) = Trennung von Nachlass und Vermögen des Erben (§ 1976 BGB) • Bestellung eines Nachlassverwalters • Aufgabe: Verwaltung des Nachlasses und Befriedigung der Nachlassgläubiger • Herausgabe eines Übererlöses an den Erben (§ 1986 BGB) • Unterschied zum Nachlassinsolvenzverfahren = Nachlass ist nicht überschuldet • Nachlassinsolvenzverfahren dagegen: Nachlass ist zahlungsunfähig oder überschuldet: nur Teilbefriedigung möglich • etwaige Nachlassverwaltung endet automatisch mit Insolvenzeröffnung (§ 1988 Abs. 1 BGB) • s. nachstehend »Haftung – Nachlassverwalter«	

Nr.	Thema	Checkliste Nachlassinsolvenzverfahren: Erläuterung	Hilfsmittel
10.	Haftungsbeschränkung	• Eröffnung des Nachlassinsolvenzverfahrens = Trennung von Nachlass und Eigenvermögen des Erben • damit: Haftung des Erben wird auf den Nachlass beschränkt (§ 1976 BGB) • s. auch in die gesetzlichen Regelungen: §§ 1975 ff. BGB	Zimmer in Prütting/Wegen/Weinreich, BGB-Kommentar, 13. Aufl., § 1976 Rn. 1
11.	Gutachtenerstellung	• Beauftragung eines Sachverständigen gem. § 5 Abs. 1 InsO zur Ermittlung insbes. eines Insolvenzgrundes und einer etwaigen kostendeckenden Masse • Berücksichtigung der Besonderheiten in dieser Checkliste • ansonsten: übliche Erstellung = s. gesonderte Checkliste	Checkliste Gutachten Roth, Die Eröffnungsgründe im Nachlassverfahren, ZInsO 2009, 2265 ff.
12.	Informationen	• für einen Überblick über die Vermögenssituation sind Informationen erforderlich: – zum Nachlassvermögen – zu den Nachlassverbindlichkeiten – den Handlungen vor Insolvenzeröffnung: s. nachstehend »Anfechtung« – s. nachstehend: Auskunfts- und Mitwirkungspflicht	Wipperfürth, Nachlassinsolvenzverfahren und Recherchemöglichkeiten, InsbürO 2018, 113 ff.
13.	Kostenstundung	• eine Kostenstundung kommt im Nachlassinsolvenzverfahren nicht in Betracht • Begründung: Kostenstundung nach § 4a InsO setzt einen Restschuldbefreiungsantrag voraus • Restschuldbefreiung für den Nachlass ist nicht vorgesehen • auch PKH für den Erben kommt nicht in Betracht	Keine Kostenstundung im Nachlassinsolvenzverfahren: LG Coburg v. 19.10.2016 – 41 T 109/16 in ZInsO 2016, 176, InsbürO 2017, 163 f. mit zustimmender Anmerkung v. Schmerbach inkl. Verweise auf herrschende Meinung
14.	Nachlass	• Insolvenzbeschlag bzgl. des ererbten Vermögens = Nachlass • kein Insolvenzbeschlag am Vermögen des/der Erben • ggf. Vornahme der Trennung dieser Vermögensmassen • Herausgabepflicht des/der Erben bzw. Anspruch auf Wertersatz bei »Verwertung« vor Antragstellung durch den/die Erben • Ermittlung einzelner Vermögenswerte: Unterlagen des Erblassers sichern und durchsehen (s. Aufzählung im Literaturtipp unter Ziffer IV. 1.)	Moderegger, Nachlassinsolvenzverfahren – Ein Überblick für den Insolvenzverwalter, InsbürO 2014, 259 ff. Muster 277: Liste vorzulegender Unterlagen für Nachlassverfahren
15.	Herausgabeanspruch	• gegen Besitzer von Nachlass-Gegenständen ohne eigenes Erbrecht (= Erbschaftsbesitzer, §§ 2018 ff. BGB): – Herausgabeanspruch u.a. aus §§ 985, 812 BGB – Schadensersatzansprüche aus §§ 992, 823 ff. BGB – Besitzschutzansprüche aus §§ 861, 1007 BGB • Geltendmachung durch Nachlassinsolvenzverwalter gem. § 80 InsO • Auskunftsanspruch gem. §§ 2027, 2028 BGB	Moderegger, Nachlassinsolvenzverfahren – massemehrende Ansprüche, InsbürO 2014, 306 ff.
16.	Auskunfts- und Mitwirkungspflichten	• Auskunfts- und Mitwirkungspflicht gilt für den Erben • Durchsetzungsmöglichkeit gem. §§ 97 ff. InsO • für möglichen Nachlasspfleger gilt die Auskunfts- und Mitwirkungspflicht über § 101 InsO • Inhalt: Auskunft über Stand des Nachlasses (§ 666 BGB)	Moderegger, Nachlassinsolvenzverfahren – Ein Überblick für den Insolvenzverwalter, InsbürO 2014, 259 ff. Muster 277: Liste vorzulegende Unterlagen für Nachlassverfahren
17.	Anfechtungsansprüche	• Erweiterung der Möglichkeit zur Anfechtung auf befriedigte Pflichtteilsansprüche, Vermächtnisse oder Auflagen (§ 322 InsO) • Leistungen des Erben vor Insolvenzeröffnung i.S.d. § 322 InsO: Prüfung, ob unentgeltliche Leistung i.S.v. § 134 InsO = anfechtbar • Auskunftsersuchen an Erben über solche Leistungen • ansonsten: Geltung der Regelungen gem. §§ 129 ff. InsO: hier insbes. § 133 InsO mit 4-Jahres-Zeitraum prüfen • (Handlungen wg. verspäteter Antragstellung häufig außerhalb des 3-Monats-Zeitraums der §§ 130, 131 InsO)	Checkliste Anfechtungsansprüche Moderegger, Nachlassinsolvenzverfahren – massemehrende Ansprüche, InsbürO 2014, 306 ff.

Nr.	Thema	Checkliste Nachlassinsolvenzverfahren: Erläuterung	Hilfsmittel
18.	Anfechtung – Nachlasspflegschaft	• ggf. Anordnung der Nachlasspflegschaft (s. vorstehend) vor Insolvenzeröffnung • Entnahme der festgesetzten Vergütung des Nachlasspflegers vor Insolvenzeröffnung: Anfechtung nicht möglich • Entnahmeberechtigung gem. § 1890 BGB	Zur Entnahmeberechtigung: BGH v. 15.12.2005 – IX ZA 3/04 (Rn. 5) In WKRS 2005, 27811
19.	Zwangsvollstreckungsmaßnahmen	• Maßnahmen der Zwangsvollstreckung in den Nachlass, die nach dem Eintritt des Erbfalles erfolgt sind, gewähren kein Recht auf abgesonderte Befriedigung (§ 321 InsO) • damit: zeitliche Prüfung der Vollstreckungsmaßnahmen • Maßnahmen nach Eröffnung: Vollstreckungsverbot des § 89 InsO greift = unwirksam	Hamburger Kommentar zur InsO, 7. Aufl., Böhm, § 321 Rn. 2 ff.
20.	Haftung – Antragspflicht	• dem Erben obliegt eine Insolvenzantragspflicht gem. § 1980 Abs. 1 BGB, sobald er die Zahlungsunfähigkeit oder Überschuldung des Nachlasses feststellt • bei Pflichtverletzung: Schadensersatzanspruch (= damit ähnlich Insolvenzverschleppung durch Geschäftsführer einer GmbH) (§ 1980 Abs. 1 Satz 2 BGB) • Kenntnis der Zahlungsunfähigkeit oder Überschuldung steht auf Fahrlässigkeit beruhenden Unkenntnis gleich (§ 1980 Abs. 2 BGB) • gleiche Pflicht für den Nachlassverwalter (§§ 1985 Abs. 2, 1978 Abs. 2 BGB)	Moderegger, Nachlassinsolvenzverfahren – Ein Überblick für den Insolvenzverwalter, InsbürO 2014, 259 ff. Joannidis/Weiß, Der Insolvenzantrag des Schuldners, Nachlasspflegers, -verwalters pp.: Antragsrecht und Antragspflicht? InsbürO 2018, 265 ff.
21.	Haftung – Erben	• Verletzung Insolvenzantragspflicht: s. vorstehend • bei schädigenden Verwaltungsmaßnahmen vor Insolvenzeröffnung: Haftung nach Regeln der Geschäftsführung ohne Auftrag (§ 1978, §§ 677 ff. BGB) • etwaige Darlehensforderung des Erblassers gegen Erben: Einziehungsmöglichkeit gem. § 1976 BGB	Moderegger, Nachlassinsolvenzverfahren – massemehrende Ansprüche, InsbürO 2014, 306 ff. Joannidis/Weiß, Der Insolvenzantrag des Erben: Antragsrecht und Antragspflicht? InsbürO 2018, 265 ff.
22.	Haftung – Nachlasspfleger	• Tätigkeit des Nachlasspflegers im Interesse des Erben, nicht im Interesse der Nachlassgläubiger • streitig in Literatur, ob Nachlassinsolvenzverwalter etwaigen Schadensersatzanspruch geltend machen kann: tendenziell eher ja	Moderegger, Nachlassinsolvenzverfahren – massemehrende Ansprüche, InsbürO 2014, 306 ff. Joannidis/Weiß, Der Insolvenzantrag des Nachlasspflegers: Antragsrecht und Antragspflicht, InsbürO 2018, 265 ff.
23.	Haftung – Nachlassverwalter	• Verletzung Insolvenzantragspflicht: s. vorstehend • Schadensersatzanspruch gem. § 1986 BGB: Übergabe des Nachlass an Erben ohne vorherigen Ausgleich der Nachlassverbindlichkeiten	Moderegger, Nachlassinsolvenzverfahren – massemehrende Ansprüche, InsbürO 2014, 306 ff. Joannidis/Weiß, Der Insolvenzantrag des Nachlassverwalters: Antragsrecht und Antragspflicht, InsbürO 2018, 265 ff.
24.	Haftung – Testamentsvollstrecker	• keine Insolvenzantragspflicht, sondern nur Antragsberechtigung (§ 317 Abs. 1 InsO) • Aufgabe: ordnungsgemäße Verwaltung des Nachlasses (§ 2216 BGB) • Schadensersatzhaftung gem. § 2219 Abs. 1 BGB gegenüber Erben • streitig, ob Insolvenzverwalter auf diesen Anspruch zugreifen kann: tendenziell nein	Moderegger, Nachlassinsolvenzverfahren – massemehrende Ansprüche, InsbürO 2014, 306 ff.

Nr.	Thema	Checkliste Nachlassinsolvenzverfahren: Erläuterung	Hilfsmittel
25.	Masseverbindlichkeiten	• besondere Masseverbindlichkeiten im Nachlassverfahren: Aufzählung in § 324 Abs. 1 InsO mit Rang des § 55 InsO: – Bsp.: Beerdigungskosten des Erblasser (§ 1968 BGB), durch Rechtsgeschäfte eines Nachlasspflegers entstandene Verbindlichkeiten (§§ 1960 ff. BGB) – zu den Beerdigungskosten gehören bspw.: Bestattungs-/Beisetzungskosten und der Beerdigungskaffee; Grabpflegekosten sind nicht von § 324 InsO umfasst (s. Beitrag nebenstehend) • bei Geltendmachung solcher Ansprüche: vor Ausgleich jeweils Prüfung der möglichen Masseunzulänglichkeit	Checkliste Masseverbindlichkeiten Checkliste Masseunzulänglichkeit Wipperfürth, Beerdigungskosten im Nachlassinsolvenzverfahren, InsbürO 2019, 44 f.
26.	Neuverbindlichkeiten	• ein Schuldner kann nach Insolvenzeröffnung Verträge abschließen • mit Insolvenzeröffnung und dem Verlust der Verfügungsbefugnis über das zur Insolvenzmasse gehörende Vermögen geht kein Verlust der Verfügungsfähigkeit und der Geschäftsfähigkeit einher • für neue Verträge haftet die Insolvenzmasse nicht, wenn keine Handlung des Verwalters vorliegt (§ 55 Abs. 1 Nr. 1 InsO), • auch nicht gem. § 55 Abs. 1 Nr. 2 InsO wg. aufoktroyierten Verbindlichkeiten: diese setzen einen Vertragsabschluss vor Insolvenzeröffnung voraus • der Schuldner haftet für diese Neuverbindlichkeiten mit seinem freien Vermögen; im Nachlassinsolvenzverfahren haftet der/die Erbe/n	Moderegger, Die Neuforderung im Nachlassinsolvenzverfahren, InsbürO 2018, 306 ff.
27.	Beerdigungskosten	• Beerdigungskosten des Erblasser (§ 1968 BGB) sind gem. § 324 Abs. 1 Nr. 2 InsO Masseverbindlichkeiten • Zinsen auf die Rechnung des Beerdigungsinstitutes muss die Masse nicht zahlen, weil i.d.R. die Verzugsvoraussetzungen nicht gegeben sind	Moderegger, Zinsen auf Beerdigungskosten im Nachlassinsolvenzverfahren, InsbürO 2016, 73 f.
28.	Nachlasspflegschaft – Kosten	• Kosten der Nachlasspflegschaft können im später eröffneten Verfahren als Masseverbindlichkeiten geltend gemacht werden (§ 324 Abs. 1 Nr. 4 InsO) • Berechtigung auch, Vergütung vor der Herausgabe aus dem Nachlass zu nehmen • eine Anfechtung scheidet aus, weil der Nachlasspfleger als Massegläubiger eingeordnet wird	Keine Anfechtung gegenüber Massegläubiger: BGH v. 15.12.2005 – IX ZA 3/04 (Rn. 4, 6) In WKRS 2005, 27811
29.	Nachlassverbindlichkeiten	• statt »Insolvenzverbindlichkeiten« heißt es »Nachlassverbindlichkeiten« (§ 325 InsO) • Nachlassverbindlichkeiten = vom Erblasser verursachte Verbindlichkeiten (= Erblasserschulden) sowie solche, die den Erben treffen (= Erbfallschulden) (§ 1967 Abs. 2 BGB): s. Kommentarfundstelle nebenstehend • Bsp. Erbfallschuld: Verbindlichkeit aus Pflichtteilsrecht • eigene Schulden des Erben werden grds. nicht berücksichtigt • Ausnahme: Nachlasserbenschulden (z.B. durch Betriebsfortführung): s. Kommentar Rn. 5 • wegen Besonderheit der Rangfolge: s. nachstehend »Insolvenztabelle«	Checkliste Insolvenztabelle Hamburger Kommentar zur InsO, 7. Aufl., Böhm, § 325 Rn. 1 ff.
30.	Erbschaftssteuer	• Erbschaftssteuer wird von dem/den Erben als Gesamtrechtsnachfolger aufgrund Erbanfalls gem. § 3 Abs. 1 Nr. 1 ErbStG i.V.m. § 1922 BGB geschuldet • kann von der Finanzverwaltung als Nachlassinsolvenzforderung zur Insolvenztabelle angemeldet werden • wird ein Schuldner allerdings während des eröffneten Vermögens Erbe, entsteht die Erbschaftssteuer als Masseverbindlichkeit gem. § 55 Abs. 1 Nr. 1 InsO (= »in anderer Weise«), weil der Erbfall ins eröffnete Verfahren fällt	Erbschaftssteuer bei Erbfall vor Eröffnung Insolvenzforderung: BFH v. 20.1.2016 – II R 34/14 in InsbürO 2016, 254, ZInsO 2016, 824

Nr.	Thema	Checkliste Nachlassinsolvenzverfahren: Erläuterung	Hilfsmittel
			Erbschaftssteuer bei Erbfall nach Insolvenzeröffnung Masseverbindlichkeit: BFH v. 5.4.2017 – II R 30/15 in InsbürO 2017, 434, WKRS 2017, 18060
31.	Masseunzulänglichkeit	• Eintritt der MUZ = übliche Arbeitsschritte gem. gesonderter Checkliste • Masseverbindlichkeiten nach § 324 Abs. 1 InsO (s. vorstehend) haben den Rang des § 209 Abs. 1 Nr. 3 InsO (= Altmasseverbindlichkeiten) (§ 324 Abs. 2 InsO)	Checkliste Masseunzulänglichkeit
32.	Insolvenztabelle	• Nachlassverbindlichkeiten: Forderungen von Gläubigern gegen den Erblasser = Erblasserschulden (§§ 1967 ff. BGB), nicht gegen den Erben (= getrennte Vermögensmasse) • Nachlassverbindlichkeiten werden zur Insolvenztabelle angemeldet und »normal« aufgenommen • Besonderheit: Ansprüche der Pflichtteilsberechtigten oder aus Vermächtnissen haben den Nachrang nach § 39 InsO (§ 327 Abs. 1 InsO): genaue Prüfung erforderlich! • daher: Forderungsanmeldung im Rang des § 39 InsO nur nach Aufforderung durch das Insolvenzgericht möglich • dennoch Eingang von Anmeldungen: Aufnahme in die Tabelle, aber bestreiten	Hamburger Kommentar zur InsO, 7. Aufl., Böhm, § 327 Rn. 1 ff.
33.	Nachlassverzeichnis	• Nachlassverzeichnis entspricht dem Verzeichnis der Massegegenstände gem. § 151 InsO (= andere Bezeichnung) • Achtung: Vermögen des Erben fällt nicht in die Insolvenzmasse (§ 1976 BGB): s. vorstehend »Haftungsbeschränkung«	Checkliste Verzeichnis der Massegegenstände Küpper, Erstellung des Nachlassverzeichnisses im Nachlassinsolvenzverfahrens, InsbürO 2004, 94 ff.
34.	Beendigung	• »normale« Abwicklung der Verfahrensbeendigung • Erstellung einer Schlussrechnung und eines Schlussberichtes etc.	Checkliste Beendigung des Verfahrens Checkliste Schlussbericht Checkliste Schlussrechnung
35.	Verteilung	• bei der Verfahrensbeendigung: Berücksichtigung der Vorschriften der §§ 327, 328 InsO • Einnahmen aus Anfechtung: keine Auszahlung auf nachrangige Verbindlichkeiten gem. § 327 Abs. 1 InsO (= Pflichtteil, Vermächtnis) (§ 328 Abs. 1 InsO) • diese Vorschrift wird relevant, wenn die Forderungen im Rang § 39 InsO vollständig bezahlt werden können	
36.	Literaturtipp	• Lissner, Am Ende blieben nur die Schulden, ZInsO 2017, 2253 ff. • Moderegger, Zusammentreffen von Nachlass- und Erbeninsolvenz, InsbürO 2015, 172 ff.	

Checkliste 54: Nachtragsverteilung

Es kann mehrere Gründe geben, warum nach der Aufhebung oder Einstellung eines Insolvenzverfahrens noch Vermögenswerte vorhanden sind, die dem Insolvenzbeschlag im laufenden Verfahren unterlegen haben oder hätten. Es können Vermögenswerte sein, die erst nach Verfahrensbeendigung bekannt werden. Dann wird die Nachtragsverteilung nachträglich angeordnet. Oder es geht um Vermögenswerte, die bei Verfahrensbeendigung schon bekannt sind, aber aus unterschiedlichen Gründen noch nicht verwertet werden konnten. In dem Fall wird die Nachtragsverteilung i.d.R. gleichzeitig mit der Verfahrensaufhebung oder Einstellung angeordnet. Die nachfolgende Checkliste gibt einen Überblick über die Voraussetzungen der Anordnung und das Vorgehen nach erfolgter Anordnung. Häufig umfasst die Anordnung einer Nachtragsverteilung etwaige Steuererstattungsansprüche. Daher werden nachfolgend insoweit auch entsprechende Muster vorgestellt. 108

(Die Übersicht ist nach gängigen Überlegungen und Arbeitsschritten sortiert.)

109

Nr.	Thema	Checkliste Nachtragsverteilung: Erläuterungen	Hilfsmittel
1.	Gesetzliche Regelung	• gesetzliche Regelungen zur Nachtragsverteilung in § 203 InsO	
2.	Voraussetzung einer Anordnung	• Anordnung der Nachtragsverteilung gem. § 203 Abs. 1 InsO, wenn – zurückbehaltene Beträge für die Verteilung frei werden – Beträge, die aus der Insolvenzmasse gezahlt sind, zurückfließen oder – Gegenstände der Masse ermittelt werden • nach der Rechtsprechung darüber hinaus, wenn – Vermögenswerte schon im Laufe des Verfahrens bekannt waren, aber fehlerhaft eingeschätzt wurden – Vermögenswerte versehentlich nicht verwertet wurden – Rechtsstreite noch anhängig sind und etwaige Klageforderung dem Insolvenzbeschlag unterliegen soll: s. nachstehend »Rechtsstreit« • Zugehörigkeit zur Insolvenzmasse muss erläutert werden, sie ist Grundvoraussetzung für die Anordnung • Verfahrensaufhebung hindert die Anordnung nicht (§ 203 Abs. 2 InsO)	Anordnung bei Fehleinschätzung: BGH v. 01.12.2005 – IX ZB 17/04 Rn. 6 in ZInsO 2006, 33, WKRS 2005, 26772 Anordnung bei Nachlässigkeit: BGH v. 06.12.2007 – IX ZB 229/06 Rn. 6 in ZInsO 2008, 99, WKRS 2007, 44161 Anordnung für Pflichtteilsanspruch: BGH v. 02.12.2010 – IX ZB 84/09 in InsbürO 2011, 71, ZInsO 2011, 45 Todesfallleistung aus Risikolebensversicherung: BGH v. 18.12.2014 – IX ZB 50/13 Rn. 4 ff. in InsbürO 2015, 192, ZInsO 2015, 213 Zugehörigkeit: BGH v. 20.06.2013 – IX ZB 10/13 Rn. 5 in InsbürO 2013, 463, ZInsO 2013, 1409
3.	Verbraucherinsolvenzverfahren	• Anordnung der Nachtragsverteilung auch im Verbraucherinsolvenzverfahren möglich	Anordnung Nachtragsverteilung in Verbraucherinsolvenz: BGH v. 01.12.2005 – IX ZB 17/04 (Leitsatz) in ZInsO 2006, 33, WKRS 2005, 26772
4.	Antrag oder Anregung	• Insolvenzverwalter kann den Antrag jederzeit stellen • bei Kenntnis von voraussichtlichem Vermögenswert Antragstellung schon bei Verfahrensaufhebung (z.B. bei erwarteten Steuererstattungsansprüchen) • aber auch insbesondere nach Verfahrensaufhebung möglich, wenn nachträgliche Vermögenswerte bekannt werden • für ein Beschwerderecht bei Ablehnung ist ein vorheriger Antrag erforderlich; Anregung auf Anordnung reicht nicht aus (BGH-Rechtsprechung) • einer Anregung muss ein Rechtspfleger nicht folgen, einen Antrag muss er bescheiden	Muster 281: »Antrag auf Nachtragsverteilung wg. Steuererstattung« Muster 303 – 305 (Schlussberichte): »Schlussberichte – Gliederungspunkt Nachtragsverteilung« Beschwerdeberechtigung nur bei Antrag: BGH v. 24.03.2015 – IX ZB 50/13 in WKRS 2015, 13259
5.	Bestimmtheit	• der Vermögenswert, für den die Nachtragsverteilung angeordnet werden soll, muss hinreichend bestimmt sein • bei Steuererstattungsansprüchen daher keine allgemeine Formulierung, sondern konkrete Steuerart und Erstattungsgrund – Bsp. korrekt: »Nachtragsverteilung für etwaige Einkommenssteuerguthaben für die Kalenderjahre 2012, 2013« – Bsp. fehlerhaft: »Nachtragsverteilung für Steuererstattungsansprüche des Schuldners« • nach BFH-Rechtsprechung Einzelfallentscheidung, ob Konkretisierung erfolgt ist: »auf die Dauer des Insolvenzverfahrens entfallende Steuererstattungsansprüche« = bestimmbar, also ausreichend	Zur Bestimmtheit: BGH, Beschl. v. 12.02.2015 – IX ZR 186/13, InsbürO 2015, 252 Zur Bestimmtheit (Einzelfallentscheidung): BFH v. 20.09.2016 – VII R 10/15 in InsbürO 2017, 169, WKRS 2016, 32641

Nr.	Thema	Checkliste Nachtragsverteilung: Erläuterungen	Hilfsmittel
6.	Freigabe von Vermögenswerten	• für Gegenstände, die aus der Insolvenzmasse rechtswirksam freigegeben wurden, kann keine Nachtragsverteilung angeordnet werden • bei Grundstücksfreigabe werden i.d.R. die Rechte aus Eigentümerpfandrechten und aus dem Sicherungsvertrag nicht freigegeben, daher ggf. Nachtragsverteilung für Rückgewähranspruch aus nicht mehr valutierender Grundschulden	keine NV bei Freigabe: BGH v. 03.04.2014 – IX ZA 5/14 in InsbürO 2014, 356, ZInsO 2014, 1008 Zu Ansprüchen aus Eigentümerpfandrechten: BGH v. 27.04.2017 – IX ZB 93/16 Rn. 19 in InsbürO 2017, 375, ZInsO 2017, 1850
7.	Masselosigkeit	• eine Nachtragsverteilung ist auch im Anschluss an eine Einstellung des Insolvenzverfahrens aufgrund des Fehlens einer die Verfahrenskosten deckenden Masse zulässig	Nachtragsverteilung auch bei Einstellung mangels Masse: BGH v. 16.01.2014 – IX ZB 122/12 Rn. 5 in InsbürO 2014, 189, ZInsO 2014, 340
8.	Beschluss	• Anordnung der Nachtragsverteilung erfolgt gem. § 203 Abs. 1 Satz 1 InsO: – auf Antrag/Anregung des Insolvenzverwalters – auf Antrag eines Insolvenzgläubigers – von Amts wegen • Insolvenzgericht hat zu prüfen, ob der Insolvenzbeschlag i.S.d. §§ 35, 36 InsO vorliegt	
9.	Geringfügigkeit	• Insolvenzgericht kann bei Geringfügigkeit des zu erlangenden Betrages von der Anordnung absehen (§ 203 Abs. 3 InsO)	Engel, Nachtragsverteilung für Steuererstattungsansprüche – lohnt sich das? InsbürO 2016, 197 ff.
10.	Wirkung der Anordnung	• Anordnung der Nachtragsverteilung nur ex nunc • keine Rückwirkung einer angeordneten Nachtragsverteilung • daher: soweit möglich, vorsorglich Nachtragsverteilung mit Verfahrensaufhebung anordnen lassen	keine Rückwirkung: BFH v. 04.09.2008 – VII B 239/07 Rn. 8 in WKRS 2008, 24768 (keine VÖ im BStBl.), bestätigt durch: BFH v. 20.09.2016 – VII R 10/15 Rn. 18 in InsbürO 2017, 169, ZInsO 2017, 564
11.	Vorbehalt	• tlw. wird die Nachtragsverteilung angeordnet, tlw. wird die Nachtragsverteilung im gerichtlichen Beschluss nur vorbehalten • auch bei einem Vorbehalt der Nachtragsverteilung wird der Insolvenzbeschlag aber weiter aufrecht erhalten	Insolvenzbeschlag auch bei Vorbehalt der NV: BGH v. 03.03.2016 – IX ZR 19/15 Rn. 10 in InsbürO 2016, 307, ZInsO 2016, 687
12.	Rechte des Insolvenzverwalters	• Anordnung der Nachtragsverteilung = Aufrechterhaltung Insolvenzbeschlag = Rechte zur Realisierung des Vermögenswertes bleiben erhalten • z.B. Möglichkeit, einen Versagungsantrag zu stellen, wenn im Insolvenzverfahren eines Drittschuldners eine Forderung angemeldet wurde • z.B. Möglichkeit, Mitwirkung des Schuldners gem. § 98 InsO durchzusetzen	Rechte des Verwalters: BGH v. 18.06.2015 – IX ZB 86/12 in ZInsO 2015, 1396, InsbürO 2016, 497
13.	Finanzamt	• sofern die Nachtragsverteilung etwaige Steuererstattungsansprüche umfasst: FinA entsprechend informieren	Muster 283: »FinA – Übersendung Beschluss Nachtragsverteilung«
14.	Aufrechnung	• wegen fehlender Rückwirkung: erfolgte Aufrechnung vor Anordnung der Nachtragsverteilung zulässig • bei Anordnung der Nachtragsverteilung mit Verfahrensaufhebung: Aufrechterhaltung Insolvenzbeschlag = Aufrechnungsverbot	Aufrechnung ohne NV: BFH v. 04.09.2008 – VII B 239/07 Rn. 6 in WKRS 2008, 24768 (keine VÖ im BStBl.) Aufrechnungsverbot: BFH v. 28.02.2012 – VII R 36/11 in BStBl. II 2012, 451, InsbürO 2012, 363, ZInsO 2012, 883

Nr.	Thema	Checkliste Nachtragsverteilung: Erläuterungen	Hilfsmittel
			Wipperfürth, Auswirkungen der nachträglichen Anordnung der Nachtragsverteilung auf Verrechnungen mit Steueransprüchen nach EStG, InsbürO 2013, 449 ff.
15.	Einkommenssteuer	• Insolvenzbeschlag an etwaigem Einkommenssteuerguthaben, wenn Lohnsteuer während der Dauer des Insolvenzverfahrens gezahlt wird • daher: Einkommenssteuerguthaben aus Zeit des Verfahrens = Insolvenzbeschlag • wegen möglicher Aufrechnungen (s. vorstehend): Nachtragsverteilung direkt mit Verfahrensaufhebung anordnen lassen • hierbei mindestens: etwaige Erstattungsansprüche aus laufendem Kalenderjahr, ggf. auch für frühere • wg. Abgabe der Einkommenssteuererklärung: s. gesonderte Checkliste	Erstattungsforderung begründende Sachverhalt vor oder während des Insolvenzverfahrens: BFH v. 20.09.2016 – VII R 10/15 Rn. 18 in InsbürO 2017, 169, ZInsO 2017, 564 Checkliste Steuerangelegenheiten Muster 303 – 305 (Schlussberichte): »Schlussbericht – Gliederungspunkt Nachtragsverteilung« Muster 324 (Steuerangelegenheiten): »Einkommenssteuererklärung – Aufforderung zur Mitwirkung«
16.	Auskunfts- und Mitwirkungspflicht	• Auskunfts- und Mitwirkungspflichten des Schuldners aus § 97 InsO gelten auch im Nachtragsverteilungsverfahren (s. BGH-Rechtsprechung) • Durchsetzung gem. § 98 InsO möglich • insbesondere häufig wg. der Mitwirkung zur Abgabe von Steuererklärungen von Bedeutung	Mitwirkungspflichten: BGH v. 25.02.2016 – IX ZB 74/15 in InsbürO 2016, 303, ZInsO 2016, 698
17.	Erstattungsanspruch	• sofern ein Vermögenswert (z.B. Steuerguthaben, Realisierung Forderung gegen Dritte) vom Schuldner vereinnahmt wurde: Erstattungsanspruch gegen ihn (= Surrogat)	
18.	Surrogat	• Einziehung eines Vermögenswertes, der dem Insolvenzbeschlag nach den Regelungen der §§ 35, 36 InsO unterliegt, durch Schuldner: – Auszahlungsanspruch gegen Schuldner = Nachtragsverteilung an diesem Anspruch möglich – Schuldner ggf. entsprechend auffordern	Surrogat: BGH v. 26.01.2012 – IX ZB 111/10 Rn. 20, 21 in InsbürO 2012, 149, WKRS 2012, 10509 Muster 281: »Antrag auf Nachtragsverteilung wg. Steuererstattung« (vorsorgliche Ausführungen zum Surrogat) Muster 282: »Erstattungsersuchen an Schuldner«
19.	Grundstücke – Insolvenzvermerk	• wird die Nachtragsverteilung bzgl. Grundstücksvermögen angeordnet (§ 203 Abs. 1 Nr. 3 InsO): – Aufrechterhaltung des schon bestehenden Insolvenzvermerkes oder – Eintragung eines Insolvenzvermerks im Grundbuch (§ 32 Abs. 1 InsO) • bei schon erfolgter Veräußerung durch Auflassung und Eintragungsantrag beim Grundbuchamt: keine Nachtragsverteilung möglich: s. Rechtsprechung	Veräußerung an Dritte: BGH v. 06.12.2007 -IX ZB 229/06 (Leitsatz) in ZInsO 2008, 99, WKRS 2007, 44161
20.	Rechtsstreit	• Nachtragsverteilung für anhängige Klageforderung: Prozessführungsbefugnis bleibt auch nach Verfahrensaufhebung erhalten	Prozessführungsbefugnis: BFH v. 20.09.2016 – VII R 10/15 Rn. 16 in InsbürO 2017, 169, ZInsO 2017, 564

Nr.	Thema	Checkliste Nachtragsverteilung: Erläuterungen	Hilfsmittel
21.	Pfändbare Einkommensanteile	• Pfändbare Einkommensanteile fließen nach dem Gesetz zur Masse: – im eröffneten Verfahren über § 35 Abs. 1 InsO – in der RSB-Phase über die Abtretung gem. § 287 Abs. 2 InsO – daher i.d.R. keine Nachtragsverteilung für diese erforderlich – Rückstände an pfändbaren Einkommensanteilen können auflaufen, wenn der Schuldner z.B. die Aufnahme eines Arbeitsverhältnisse nicht rechtzeitig anzeigt – i.d.R. Ausgleich des Schadens durch Ratenzahlung seitens des Schuldners = Vermeidung der Erfüllung des Versagungsgrundes gem. § 290 Abs. 1 Nr. 5 InsO (= Verletzung Auskunfts- und Mitwirkungspflichten) – für diesen Anspruch: keine Nachtragsverteilung möglich, weil – freiwillige Zahlungen des Schuldners und – Versagungsgrund des § 290 Abs. 1 InsO nur bis zum Schlusstermin geltend gemacht werden kann	Deppe, Nachtragsverteilung für Ratenzahlung des Schuldners auf nicht abgeführte pfändbare Beträge aus laufendem Einkommen, InsbürO 2013, 405 f.
22.	Restschuldbefreiung	• die Erteilung der Restschuldbefreiung hindert nicht die Anordnung der Nachtragsverteilung, wenn der Zahlungsanspruch vor dem Zeitpunkt der Erteilung der Restschuldbefreiung begründet war (= gängige Rechtsprechung)	Nachtragsverteilung bei Begründung vor oder während des Verfahrens: BGH, Beschl. v. 12.01.2006 – IX ZB 239/04 in ZInsO 2006, 139 f.; ebenso: BFH, Urt. v. 28.02.2012 – VII R 36/11 in InsbürO 2012, 363, ZInsO 2012, 883 Moderegger, Nachtragsverteilungsverbot bei Verwaltungserwerb nach Restschuldbefreiung?, InsbürO 2016, 239 f.
23.	Verteilung	• Einnahmen aufgrund angeordneter Nachtragsverteilung sind dem eröffneten Verfahren zuzuordnen • die Verteilung ist keine Aufgabe des Treuhänders in der Restschuldbefreiungsphase, auch wenn die Einnahmen in dieser Phase eingehen • formelle Verwaltungs- und Verfügungsbefugnis hat nur der Insolvenzverwalter aus dem eröffneten Verfahren aufgrund des Beschlusses über Anordnung der Nachtragsverteilung • die Verteilung erfolgt gem. § 205 InsO: – Verteilung auf Basis des Schlussverzeichnisses – Rechnungslegung über die Vollzug	Moderegger, Gehört zu den Aufgaben des Treuhänders in der WVP die Verteilung nachträglicher Steuererstattungen aus dem Insolvenzverfahren? InsbürO 2015, 232 ff.
24.	Vergütung	• gesonderter Vergütungsanspruch für Nachtragsverteilung gem. § 6 Abs. 1 InsVV • Festsetzung nach billigem Ermessen • keine Erhöhung der Berechnungsgrundlage und keine Ergänzung des ursprünglichen Vergütungsantrages, sondern Vergütungsanspruch ist davon losgelöst zu berechnen • § 6 Abs. 1 InsVV greift nur bei **Massezuflüssen nach Verfahrensbeendigung**; für Massezuflüsse bspw. nach dem Schlusstermin oder nach der Schlussverteilung aber vor Verfahrensaufhebung: Ergänzung der Vergütung = erhöhte Berechnungsgrundlage • allerdings: Wenn Massezufluss vorhersehbar und bestimmbar war, ist dieser schon bei der Festsetzung der Vergütung für das Insolvenzverfahren zu berücksichtigen, dann kein gesonderter Anspruch nach § 6 InsVV	Muster 349: »Nachtragsverteilung – Vergütungsantrag« gesonderter Vergütungsanspruch: BGH v. 06.10.2011 – IX ZB 12/11 Rn. 15 in ZInsO 2011, 2049, WKRS 2011, 26222 § 6 InsVV erst nach Verfahrensbeendigung: BGH v. 06.04.2017 – IX ZB 3/16 Rn. 12 in InsbürO 2017, 303, ZInsO 2017, 1118

Nr.	Thema	Checkliste Nachtragsverteilung: Erläuterungen	Hilfsmittel
		• bei Ermittlung anteiliger Vergütung: Umständen des Einzelfalls sind zu beachten, i.d.R. 25 % der Regelvergütung des § 2 InsVV auf Basis der erzielten nachträglichen Einnahmen • Berücksichtigung des Umfangs der Tätigkeit, der rechtlichen Schwierigkeiten etc.	Vorhersehbare Einnahme: BGH v. 20.07.2017 – IX ZB 75/16 Rn. 22 in InsbürO 2017, 436, ZInsO 2017, 1810 Moderegger, InsbürO 2015, 235 (Vergütung für die Verteilung)
25.	Literaturtipp	• Moderegger, Nachtragsverteilungsverbot bei Verwaltungserwerb nach Restschuldbefreiung? InsbürO 2016, 239 ff. • Engel, Nachtragsverteilung für Steuererstattungsansprüche – lohnt sich das? InsbürO 2016, 197 • Moderegger, Gehört zu den Aufgaben des Treuhänders in der Wohlverhaltensperiode die Verteilung einer nachträglichen Steuererstattung aus dem Insolvenzverfahren und die Berichterstattung darüber, ob der Schuldner Einkommensnachweise vorgelegt hat? InsbürO 2015, 232 ff. • Lissner, Das Ausmaß der Nachtragsverteilung, InsbürO 2013, 355 ff. • ABC des Insolvenzrechts: Nachtragsverteilung, InsbürO 2007, 79 f.	

Checkliste 55: Pfändungsschutzkonto

110 Mit dem Gesetz zur Reform des Kontopfändungsschutzes vom 07.07.2009 (verkündet am 10.07.2009 im BGBl. I 2009, S. 1707 – Ausgabe 39) wurde der Pfändungsschutz auf Girokonten maßgeblich verändert. Seit dem 1.1.2012 sind die Regelungen verpflichtend (Art. 10 Abs. 2 des Gesetzes). In der Praxis hat sich zu Beginn der Anwendung der gesetzlichen Neuregelungen gezeigt, dass diese im Hinblick auf ein Insolvenzverfahren nicht ausgereift sind. Fragen wie das Erlöschen eines vor Insolvenzeröffnung bestehenden P-Kontos aufgrund der Regelungen in §§ 115, 116 InsO oder des Insolvenzbeschlages an einem etwaig entstehenden Guthaben bei Nichtverbrauch haben vielfach zu Problemen geführt. Manche aufgetretenen Probleme konnten in den Jahren seit 2012 durch die Rechtsprechung geklärt werden, so insbesondere einige Fragen zum Insolvenzbeschlag an Teilen des Guthabens auf dem Pfändungsschutzkonto. In der nachfolgenden Übersicht sind einzelne Aspekte im Zusammenhang mit dem Pfändungsschutzkonto zusammengestellt und hierbei auf Literatur, Rechtsprechung oder Muster verwiesen.

(Die Übersicht dient als Nachschlagewerk und ist daher alphabetisch sortiert.)

111

Nr.	Thema	Checkliste P-Konto: Erläuterung	Hilfsmittel
1.	Abkürzung	• Pfändungsschutzkonto = P-Konto	
2.	Anzahl	• jede Person darf nur ein P-Konto unterhalten (§ 850k Abs. 8 ZPO) • Abgabe einer entsprechenden Versicherung bei Umwandlungsbegehren erforderlich • bei mehreren Konten: Anordnung des Vollstreckungsgericht, welches Konto als P-Konto geführt wird (§ 850k Abs. 9 ZPO): Pfändungsschutz für anderes Konto entfällt	
3.	Belehrung	• Unterrichtung der Schuldner im Erstgespräch über P-Konto-Regelung und damit verbundene Probleme (z.B. Insolvenzbeschlag an nicht verbrauchtem Guthaben) • ggf. Informationsbroschüre der Deutschen Kreditwirtschaft übergeben, darin viele wichtige Informationen für den Schuldner: s. nachfolgend	Muster 115 (Eröffnungsbeschl. natürl. Person): »Erstgespräch – Verfahrensablauf – Übersicht«
4.	Bescheinigung	• Erstellung einer Bescheinigung über etwaige Unterhaltspflichten zur Erhöhung des Freibetrages gem. § 850k Abs. 2, 5 ZPO: – Arbeitgeber – Familienkasse – Rechtsanwälte (i.d.R. aber nicht kostenlos) – Schuldnerberatungsstellen – Sozialleistungsträger	Muster 61 – 63 (Bank): »P-Konto – Kontoerklärung« (versch. Varianten) Wipperfürth, P-Konto, InsbürO 2016, 27 f.

Nr.	Thema	Checkliste P-Konto: Erläuterung	Hilfsmittel
		• Insolvenzverwalter ist für die Erstellung der Bescheinigung nicht zuständig • Dauer der Gültigkeit der Bescheinigung streitig (s. Literaturtipp Spitzer): nach Wohngeldgesetz sind Bescheinigungen nach Ablauf einer Jahresfrist nicht mehr geeignet; nach AG SBV Berlin: Drittschuldner entscheidet über Zeitraum • keine Rückwirkung des geänderten Freibetrages: etwaiges, an den Insolvenzverwalter ausgekehrtes Guthaben ist i.d.R. nicht zu erstatten; Ausnahme: Härteantrag gem. § 765a ZPO • sinnvoll: bei Bank die Daten der Bescheinigung abfragen zwecks Abgleich wg. Unterhaltsberechtigung und Information über den von der Bank vorgemerkten Freibetrag	Spitzer, P-Konto-Bescheinigung, InsbürO 2016, 241 f.
5.	Blankettbeschluss	• s. nachfolgend »Pfändungsfreibetrag«	
6.	Buchungen	• Problem: Abhebung eines Barbetrages durch Schuldner und spätere erneute Einzahlung zwecks Tätigung einer Überweisung: – Einzahlung wird auf den Freibetrag angerechnet – bei Überschreitung des Freibetrags: Insolvenzbeschlag • Grund: Pfändungsschutz unabhängig von Art der Einkünfte • Folge: Schuldner sollte sich die Überweisungen vor Abhebung des Guthabens überlegen	Spitzer, Pfändungsschutzkonto: Abhebung und Einzahlung, InsbürO 2017, 420 ff.
7.	Doppelpfändung	• trotz Berücksichtigung der Pfändungsschutzvorschriften durch den Arbeitgeber kann pfändbares Einkommen auf dem P-Konto eingehen • Grund: Einkommen über Basis-Pfändungsfreigrenze: 3/10 gehen jeweils an den Schuldner, so dass jeweils 7/10 von höheren Einkommen nur pfändbar sind • Pfändungsschutz setzt sich am Auszahlungsanspruch des Schuldners gegen die Bank nicht fort • Pfändungsschutz ggf. über Bescheinigung der Unterhaltspflichten oder aber über Antrag gem. § 850k Abs. 4 ZPO: Heraufsetzung Pfändungsfreigrenze wegen Doppelpfändung • bei wechselnder Höhe: Quellenfreigabe = Zahlungen eines bestimmten Arbeitgebers werden pfändungsfrei gestellt	Wipperfürth, Das P-Konto: höheres und wechselndes Einkommen, InsbürO 2016, 74 ff. (Rubrik Fragezeichen)
8.	EC-Karten-Nutzung	• nach Rechtsprechung soll eine grds. Verweigerung der EC-Karten-Nutzung bei Bestandskunden unzulässig sein: Einzelfall abhängig	Ausschluss EC-Karten-Nutzung unzulässig: BGH v. 16.7.2013 – XI ZR 260/12 in InsbürO 2013, 375, ZInsO 2013, 1860
9.	Einrichtung	• s. auch nachstehend »Umwandlung« u. »Rückumwandlung«	
10.	Erklärung	• Erklärung des Insolvenzverwalter zur Handhabung des Girokontos: keine Freigabe (s. nachstehend) • Erklärung über höchstpersönliches Recht des Schuldners zur Umwandlung (s. nachstehend) und zum Insolvenzbeschlag bei nicht verbrauchtem Guthaben (s. nachstehend) • bei Verfahrensbeendigung (= Eintritt in RSB-Phase): Information an Bank = P-Konto-Notwendigkeit entfällt ggf. (ggf. weniger Einschränkungen durch die Bank)	Muster 61 (Bank): »P-Konto – Kontoerklärung – P-Konto besteht« Muster 63 (Bank): »P-Konto – Kontoerklärung – Kopie an Schuldner« Muster 62 (Bank): »P-Konto – Kontoerklärung – Zustimmung zur Umwandlung« Muster 64 (Bank): »P-Konto – Info an Bank über Verfahrensende‘«

Nr.	Thema	Checkliste P-Konto: Erläuterung	Hilfsmittel
11.	Erlöschen	• keine eindeutige gesetzliche Regelung in § 850k ZPO, ob P-Konto mit Insolvenzeröffnung aufgrund der §§ 115, 116 InsO erlischt • in Literatur anfangs streitig, Rechtsprechung: nein, inzwischen: herrschende Meinung: kein Erlöschen • Gründe in der Literatur dafür, dass das Konto nicht erlischt: Pfändungsschutz würde ausgehebelt werden, Guthaben auf dem Konto sei unpfändbar, damit kein Insolvenzbeschlag, damit kein Erlöschen	kein Erlöschen: LG Verden v. 19.9.2013 – 4 S 3/13 in InsbürO 2014, 36
12.	Evaluation	• Gesetz zur Reform des Kontopfändungsschutz sah vor, dass nach Ablauf von drei Jahren seit dem Inkrafttreten der Neuregelung überprüft werden sollte, ob die beabsichtigten Wirkungen erreicht worden sind, die entstandenen Kosten in einem angemessenen Verhältnis zu den Ergebnissen stehen und welche Nebenwirkungen eingetreten sind (vgl. BT-Drs. 16/7615 S. 15 f.) • Anfang 2016 wurde der Schlussbericht dieser Prüfung mit 303 Seiten veröffentlicht • Insolvenzrechtlich wurde folgendes dort festgehalten: – *»Das Zusammenspiel P-Konto, Pfändungen und Insolvenzen ist nicht eindeutig. Grundsätzliche Erklärung des Insolvenzverwalters zum P-Konto wäre wünschenswert.«* – *»In der Gesetzgebung ist eine eindeutige Behandlung des Pfändungsschutzkontos im Rahmen des (Verbraucher-) Insolvenzverfahrens zur einheitlichen Regelung notwendig.«* – *»Klare gesetzliche Regelung zum P-Konto im Insolvenzfall des Kunden sind notwendig.«* • Stand Anfang 2018: gesetzliche Änderungen sind angedacht, s. hierzu u.a. in die Stellungnahme der Deutschen Kreditwirtschaft (= die Interessenvertretung der fünf kreditwirtschaftlichen Spitzenverbände = DK)	Heyn, Evaluation P-Konto – der Schlussbericht liegt vor, InsbürO 2016, 136 f. www.die-dk.de Suchfunktion: Pfändungsschutzkonto: Evaluierung Pfändungsschutzkonto – Stellungnahme zum Download v. 07.02.2018
13.	Freigabe	• keine Freigabe durch Insolvenzverwalter erforderlich: s. vorstehend Erklärung • Vereinnahmung von nicht verbrauchten Guthaben = Insolvenzbeschlag daran (s. nachstehend: Guthaben) • daher ggf. Haftung bei Freigabe (streitig: s. Literaturtipps)	Muster 61 – 63 (Bank): »P-Konto – Kontoerklärung« (s. vorstehend »Erklärung«)
14.	Gesellschaftsrecht	• Einrichtung eines P-Kontos nur für natürliche Personen möglich (§ 850k ZPO) • in Insolvenzverfahren über das Vermögen von **juristischen Personen** daher keine Einrichtung eines P-Kontos für die Geschäftsführer oder Gesellschafter möglich: Trennung von Gesellschafts- und Privatvermögen • Vertragsverhältnisse zu den Konten der Gesellschaft erlöschen mit Insolvenzeröffnung gem. §§ 115, 116 InsO • Unterhalt des Geschäftsführers ist über die Gehaltszahlung gedeckt (§§ 108 Abs. 1 Satz 1, 55 Abs. 1 Nr. 1 InsO)	Wipperfürth, P-Konto und Gesellschaftsrecht, InsbürO 2016, 116 ff. (Rubrik Fragezeichen) mit Verweise auf weitere Beiträge
15.	Guthaben	• Pfändungsschutz nur für lfd. bzw. darauf folgenden Monat (§ 850k Abs. 1 Satz 3 ZPO • Pfandrecht entsteht mit Ablauf des Folge-Kalendermonats – nicht verbrauchtes Guthaben damit ab 3. Monat pfändbar = Insolvenzbeschlag greift (s. Rechtsprechung) • Ausnahme: Monatsanfangsproblematik bei Zahlung nach dem SGB II: Zahlung am Ende eines Monats – Übertragung auch in den übernächsten Monat lt. BGH • Verfügungen sind erst auf das Restguthaben aus dem Vormonat und danach auf neuen Sockelfreibetrag anzurechnen (= First-in-First-out-Prinzip) • ggf. Nachtragsverteilung vorsorglich anordnen lassen für Sparbeträge aus dem Zeitraum des eröffneten Verfahrens, die erst nach Ablauf des Folge-Monats pfändbar werden • für Insolvenzbeschlag ist Herkunft der Gelder unerheblich (z.B. Einzahlung aus Ebay-Verkäufen, Abhebung Guthaben und erneute Einzahlung (s. unten), Scheckeinreichung u.ä.)	Insolvenzbeschlag am nicht verbrauchten Guthaben: BGH v. 17.10.2017 – XI ZR 419/15 (Rn. 19 m.w.N.) in InsbürO 2018, 81, ZInsO 2017, 2650 Monatsanfangsproblematik: BGH v. 4.12.2014 – IX ZR 115/14 in ZInsO 2015, 144, InsbürO 2015, 151 Insolvenzbeschlag an angespartem Vermögen: BGH v. 26.9.2013 – IX ZB 247/11 in InsbürO 2014, 33, ZInsO 2013, 2274

Nr.	Thema	Checkliste P-Konto: Erläuterung	Hilfsmittel
			First-in-First-out-Prinzip: BGH v. 19.10.2017 – IX ZR 3/17 in InsbürO 2018, 81, ZInsO 2017, 2647 ——— Casse, Aktuelle Fragen zum P-Konto im Insolvenzverfahren, InsbürO 2014, 459 ff., Ziff. II. Wipperfürth, Energiekostenguthaben auf dem P-Konto, InsbürO 2015, 20 ff.
16.	Guthaben – Verfügung	• Verfügung am Automaten am letzten Tag des Monats, der auf eine Wochenende fällt, gilt als Verfügung, auch wenn die Buchung erst später erfolgt • keine Beschränkung des Kontoinhabers durch § 850k Abs. 1 Satz 1 ZPO auf die üblichen Geschäftszeiten der kontoführenden Bank (Rn. 25 der BGH-Entscheidung) • Verfügungen des Kontoinhabers sind jeweils auf zuerst auf das Guthaben aus dem Vormonat anzurechnen	Wirkung und Folge einer Verfügung: BGH v. 17.10.2017 – XI ZR 419/15 in InsbürO 2018, 81, ZInsO 2017, 2650
17.	Informationsbroschüre	• es gibt mehrere Möglichkeiten, Informationsbroschüren im Internet zu erhalten – Bsp.: Deutsche Kreditwirtschaft (= die Interessenvertretung der fünf kreditwirtschaftlichen Spitzenverbände = DK) – Bsp.: Bundesverband Deutscher Banken • darin viele Erläuterungen zur Handhabung des P-Kontos	www.die-dk.de Suchfunktion: Pfändungsschutzkonto: Allgemeine Informationen zum Kontopfändungsschutz (Stand: 1/2018) Kurzinformation für Kontoinhaber (Stand: 1/2018) www. www.bankenverband.de > Publikationen > Broschüren > »Pfändungsschutz dank P-Konto« (Stand 5/2018)
18.	Kindergeld	• Kindergeld ist gem. § 850k Abs. 2 Nr. 3 ZPO nicht von einer etwaigen Pfändung auf dem P-Konto umfasst • sofern die Bank die Verfügung über Kindergeldzahlung auf dem P-Konto zunächst gesperrt hat, muss der Schuldner den Kindergeldbescheid vorlegen: das reicht für die Freischaltung der Verfügung	
19.	Kontoführungsgebühren – Höhe	• nach BGH-Rechtsprechung keine Berechtigung der Bank, für erhöhten Arbeitsaufwand mit P-Konto ein höheres Entgelt zu verlangen • Begründung: Erfüllung einer gesetzlichen Pflicht	keine höheres Entgelt zulässig: BGH v. 13.11.2012 – XI ZR 500/11 in InsbürO 2013, 148, ZInsO 2013, 40 Bestätigung: BGH v. 12.9.2017 – XI ZR 590/15 (Rn. 54) in WKRS 2017, 23555
20.	Kontoführungsgebühren – Verrechnung	• Bank darf Zahlungseingänge mit Kontoführungsgebühren verrechnen (§ 850k Abs. 6 Satz 3 ZPO) • dies gilt auch bei Zahlungen nach dem SGB oder Kindergeld (§ 850k Abs. 6 Satz 1 ZPO)	
21.	Kündigung	• bei Kündigung des Girokontovertrages durch die Bank: s. nachstehend »Schlichtungsverfahren« • aber: Anspruch auf Basiskonto nach dem Zahlungskontengesetz • Wechsel des Kontos bei vorherigen Pfändungen im Rahmen des Insolvenzverfahrens ggf. sinnvoll (s. Literaturtipp), wegen gesetzlichem Anspruch auf Basiskonto müsste dies problemlos funktionieren	Grote, Der neue Rechtsanspruch auf ein Girokonto nach dem Zahlungskontengesetz, InsbürO 2016, 223

Nr.	Thema	Checkliste P-Konto: Erläuterung	Hilfsmittel
22.	Literaturtipp	• Sudergat, Kontopfändung und P-Konto, 3. Aufl., RWS-Verlag, ca. 420 S. • Binner/Richter, P-Konto und Insolvenz: Praxisprobleme und Reformansätze, Teil 1: InsbürO 2016, 360 ff., Teil 2: InsbürO 2016, 414 ff.	
23.	Nachzahlung	• Nachzahlungen von Sozialleistungen sind auf die jeweiligen Monate umzurechnen und bleiben daher unpfändbar	Umrechnung von Nachzahlungsbeträgen: BGH v. 24.01.2018 – VII ZB 21/17 in InsbürO 2018, 160, ZInsO 2018, 605 BT-Drs. 16/7615, S. 9
24.	Pfändungsfreibetrag	• § 850k Abs. 1 ZPO: Verweis nur auf – § 850c Abs. 1 Satz 1 ZPO = Freibetrag ohne Unterhaltspflichten und – auf § 850c Abs. 2a ZPO = Änderung des Freibetrages alle zwei Jahre zum 01.07. • Abs. 2: höhere Freibeträge wg. Unterhaltspflichten möglich • aber: Bescheinigung hierfür erforderlich (Abs. 5) • Abs. 4: Antrag an das Vollstreckungsgericht wg. abweichender Regelung möglich (z.B. bei schwankendem Einkommen) • Vollstreckungsschutzantrag gem. § 850k Abs. 4 ZPO auch erforderlich, wenn höherer Freibetrag durch höheres Einkommen erforderlich (= 3/10 gehen immer an den Schuldner) (s. Doppelpfändung)	»Blankettbeschluss« bei wechselndem Einkommen: BGH v. 10.11.2011 -VII ZB 64/10 in InsbürO 2012, 281, ZInsO 2012, 145 Casse, Aktuelle Fragen zum P-Konto im Insolvenzverfahren, InsbürO 2014, 459 ff., Teil III.
25.	Pfändungsmaßnahmen aus der Zeit vor Insolvenzeröffnung	• Pfändungsmaßnahmen auf dem P-Konto aus der Zeit vor Insolvenzeröffnung werden aufgrund des Vollstreckungsverbotes gem. § 89 InsO von der Bank nicht mehr bedient • etwaig anfallendes pfändbares Guthaben (s. vorstehend) steht der Insolvenzmasse zu (= Insolvenzbeschlag) • die öffentlich-rechtliche Verstrickung dieser vorherigen Pfändungsmaßnahmen bleibt aber trotz der insolvenzrechtlichen Folge des Vollstreckungsverbotes erhalten (§ 829 Abs. 1 Satz 1 ZPO) • Folge: Bank zahlt etwaige Guthaben häufig nicht an den Insolvenzverwalter aus • nach BGH-Rechtsprechung: Antrag auf Ruhendstellung der vorherigen Pfändungsmaßnahmen und Aufhebung der öffentlich-rechtlichen Verstrickung erforderlich • für diesen Antrag sind die unterschiedlichen Zuständigkeiten zu berücksichtigen (s. Muster): – »normaler« Gläubiger: Vollstreckungsgericht, das die Maßnahme (= Pfüb) erlassen hat – Finanzverwaltung als Gläubiger: Verwaltungsbehörde, das die Maßnahme (= Pfüb) erlassen hat – Sozialversicherungsträger als Gläubiger: Verwaltungsbehörde, das die Maßnahme (= Pfüb) erlassen hat • Instanzgerichte gehen unterschiedliche mit der BGH-Entscheidung um (s. Rechtsprechungshinweise rechts): – Aussetzung der Vollziehung = milderes Mittel = Gebot der Verhältnismäßigkeit = kein Rangverlust für Gläubiger oder – Aufhebung der Pfändungsmaßnahme = keine gesetzliche Grundlage für Aussetzung = Rangverlust für Gläubiger	Muster 388: »Kontopfändung auf P-Konto – allgemein – Verstrickung – Ruhendstellung« Muster 389: »Kontopfändung auf P-Konto – FinA – Verstrickung – Ruhendstellung« Muster 390: »Kontopfändung auf P-P-Konto – Soz.vers.träger – Verstrickung – Ruhendstellung« Öffentlich-rechtliche Verstrickung: BGH v. 21.9.2017 – IX ZR 40/17 in InsbürO 2017, 506, ZInsO 2017, 2267 Aufhebung der Pfändung: AG Essen v. 01.08.2018 – 163 IK 206/15 in InsbürO 2018, 397, ZInsO 2018, 1877 Nur Aussetzung der Vollziehung: AG Dresden v. 31.05.2018 – 545 IK 1176/17, InsbürO 2018, 323, ZInsO 2018, 1581 Aufhebung der Pfändung: AG Göttingen v. 26.10.2018 – 74 IK 155/18 in InsbürO 2019, 100 Aussetzung der Pfändung: AG Zeitz v. 29.11.2018 – 5 M 754/16 in InsbürO 2019, 99, ZInsO 2019, 41

Nr.	Thema	Checkliste P-Konto: Erläuterung	Hilfsmittel
26.	Pfändungsschutz	• Pfändungsschutz des Einkommens beim Arbeitgeber über §§ 850 ff. ZPO • Zahlungseingang auf Konto: unpfändbarer Anspruch erlischt und wandelt sich in neuen Auszahlungsanspruch gegen Bank um • dort neuer automatischer Pfändungsschutz auf P-Konto bei Guthaben (= s. wg. Formulierung »Guthaben« in § 850k) • auf normalem Girokonto kein Pfändungsschutz • Pfändungsschutz für nicht verbrauchtes Guthaben im nächsten Monat: s. vorstehend »Guthaben« mit Verweis auf Rechtsprechung	
27.	Rückumwandlung	• die kontoführende Bank sollte über die Verfahrensbeendigung (= Eintritt in RSB-Phase) informiert werden • etwaige Kontoguthaben gem. § 850k Abs. 1 ZPO werden von der Abtretungserklärung gem. § 287 Abs. 2 InsO nicht umfasst • ggf. mag der Schuldner das P-Konto wieder in ein »normales« Girokonto rückumwandeln • allerdings: erhöhte Kontoführungsgebühren für P-Konten sind unzulässig • während des eröffneten Verfahrens besteht kein Pfändungsschutz ohne P-Konto = Bankguthaben in voller Höhe vom Insolvenzbeschlag umfasst, daher im eröffneten Verfahren keine Rückumwandlung möglich	Muster 64 (Bank): »P-Konto – Info Bank über Verfahrensende« keine höheres Entgelt zulässig: BGH v. 13.11.2012 – XI ZR 500/11 in InsbürO 2013, 148, ZInsO 2013, 40 Wipperfürth, P-Konto: höheres und wechselndes Einkommen, InsbürO 2016, 74 ff. (Frage 3)
28.	Schlichtungsverfahren	• Kunde möchte sich über Bank beschweren: Möglichkeit der Nutzung eines kostenlosen Schlichtungsverfahrens • z.B. bei Verweigerung der Einrichtung oder Weiterführung der Kontoführung: Ombudsmann prüft, ob und welche Möglichkeiten bestehen • nähere Informationen hierzu auf Internetseite: s. nebenstehend	www.bankenverband.de > Service > FAQ > Ombudsstelle
29.	Selbständiger Schuldner	• **keine Freigabe der selbständigen Tätigkeit:** Geschäftskonto erlischt gem. §§ 115, 116 InsO, Einnahmen sind über das Treuhandkonto zu vereinnahmen; Selbstbehalt des Schuldners ist auf gesondertem P-Konto geschützt; • ggf. Antrag auf Festsetzung eines Selbstbehaltes gem. § 850i ZPO und auf Erhöhung des Freibetrages gem. § 850k Abs. 4 ZPO beim Insolvenzgericht stellen • **Freigabe der selbständigen Tätigkeit:** Geschäftskonto ist von der Freigabe umfasst (BGH zu Vertragsverhältnissen), gesondertes P-Konto hat keinen Zusammenhang zur selbständigen Tätigkeit: keine Freigabe des Kontos erforderlich, weil Pfändungsschutz über § 850k ZPO gegeben ist; ratsam für Schuldner: Zahlungsvorgänge auf diesen getrennten Konten führen: Geschäftskonto und für privaten Bereich P-Konto	Wipperfürth, Das P-Konto bei Betriebsfortführung oder Freigabe, ZInsO 2015, 2305 Wipperfürth, P-Konto und Selbständigkeit/Freigabe § 35 Abs. 2 InsO, InsbürO 2016, 158 f. (Rubrik Fragezeichen) Vertragsverhältnisse von Freigabe umfasst: BGH v. 9.2.2012 – IX ZR 75/11 in InsbürO 2012, 274, ZInsO 2012, 481
30.	Sparkonto	• kein Pfändungsschutz auf Sparkonten • § 850k Abs. 7 ZPO sieht ausdrücklich nur Umwandlung eines Girokontos vor	Insolvenzbeschlag an angespartem Vermögen: BGH v. 26.9.2013 – IX ZB 247/11 (Rn. 6) in InsbürO 2014, 33, ZInsO 2013, 2274 AG Schwarzenbeck v. 24.5.2012 – 5 M 962/12 in InsbürO 2013, 196
31.	Umwandlung	• Umwandlung »normales Girokonto« in P-Konto höchstpersönliches Recht • § 80 InsO hindert Schuldner nicht an Umwandlung • Umwandlung noch nach Pfändung möglich: 4 Wochen seit Zustellung Überweisungsbeschluss (§ 850k Abs. 1 Satz 4 ZPO) • Anspruch auf Umwandlung innerhalb von vier Tagen seit Erklärung (§ 850k Abs. 7 Satz 3 ZPO) • wg. Rückumwandlung: s. vorstehend	Zur Höchstpersönlichkeit des Umwandlungsbegehrens: BGH v. 13.2.2014 – IX ZB 91/12 (Rn. 9) in InsbürO 2014, 244, ZInsO 2014, 687
32.	Verstrickung	• s. vorstehend »Pfändungsmaßnahmen aus der Zeit vor Insolvenzeröffnung«	

Checkliste 56: Postbearbeitung

112 Während der Abwicklung eines Insolvenzverfahrens gibt es eine Vielzahl von Posteingängen und Postausgängen. In der Praxis stellt man fest, dass gerade die Bearbeitung der Post Insolvenzsachbearbeiter immer wieder vor größere Probleme stellt. Es fehlt häufig der Überblick über den weiteren Ablauf einer Angelegenheit oder auch einfach nur an der richtigen Zuordnung zum entsprechenden Vorgang. Die nachfolgende Checkliste kann insoweit eine Hilfestellung bieten.

(Die Übersicht ist nach gängigen Überlegungen und Arbeitsschritten sortiert.)

113

Nr.	Thema	Checkliste Postbearbeitung: Erläuterung	Hilfsmittel
1.	Sortierung – erste	• eingehende Post kann zunächst nach der Dringlichkeit der Bearbeitung sortiert werden: – Archivierung sofort möglich – Bearbeitung leicht und eindeutig – eilige Angelegenheiten (= sofort erledigen) – Fristen und Termine (= sofort notieren) – »schwierige« Post • s. jeweils gesondertes Stichwort in dieser Checkliste • sinnvoll ist, entsprechende Ablagekästen auf dem Schreibtisch zu haben: – Ablage – kurzfristig zu bearbeiten – langfristig zu bearbeiten (= nicht Wochen, sondern Tage) – mit Verwalter/in besprechen	
2.	Zuordnung	• Auswertung der Informationen aus dem eingegangenen Schreiben zwecks Zuordnung • Welchen Sachverhalt betrifft es? – Anfechtungsanspruch? = Suche in Inhaltsverzeichnissen z. B. Bank, Inventar, Vertragsverhältnisse – Arbeitsverhältnis? = Suche im Inhaltsverzeichnis Arbeitsverhältnisse – Forderung gegen Dritte? = Suche in Unterlagen »Debitoren« – Geschäftskonten? = Inhaltsverzeichnis Bank – Haftungsansprüche? = Suche im Inhaltsverzeichnis Gesellschaftsrechtliche Verhältnisse – Inventar? = Suche im Inhaltsverzeichnis Inventar – Vertragsverhältnis? = Suche im Inhaltsverzeichnis Vertragsverhältnisse • Ist die Ordner- und Registernummer im Schreiben angegeben? • ggf. im gespeicherten Inhaltsverzeichnis »Suchbegriff« aus dem Anschreiben eingegeben	Muster 209 – 214 (Inhaltsverzeichnis): »Inhaltsverzeichnis« (verschiedene Varianten)
3.	Bearbeitung	• unzählige Arbeitsschritte zur Bearbeitung möglich • je nach Sachverhalt, je nach Kenntnisstand eines Sachbearbeiters • grundlegende Fragen als Hilfestellung: – Archivierung: Inhalt zufrieden stellend? keine weitere Veranlassung? – Forderung des Dritten: Steht ihm diese zu? – Informationen Dritten erforderlich? – Verwertungsliste ergänzen? – Vorgang schon bekannt oder neu? ggf. andere Checklisten nutzen? – Vorlage an den Verwalter erforderlich? – Weiterleitung an andere Abteilungen oder sonstige Dritte? – Wiedervorlage zur späteren Kontrolle erforderlich? – Zahlungseingang zu erwarten? Kopie zu den Kontoauszügen	Wiedervorlagen-Kalender
4.	Eilige Post	• eilige Post = gerichtliche oder außergerichtliche Fristen sind zu beachten • Prüfung, ob die Bearbeitung direkt selbständig erfolgen kann • bei Rücksprache mit Insolvenzverwalter/in: ggf. Vorgang insgesamt zur Abklärung der Reaktion dazu nehmen	

Nr.	Thema	Checkliste Postbearbeitung: Erläuterung	Hilfsmittel
5.	Fristen	• Fristen sind unverzüglich in der Software und ggf. weiteren Listen, Kalendern etc. zu notieren • die Organisation der Fristen-Überwachung muss bekannt sein	Insolvenzsoftware Wiedervorlagenkalender
6.	Termine	• Termine sind unverzüglich in der Software und ggf. in weiteren Listen, Kalendern etc. zu notieren • die Organisation der Termin-Überwachung muss bekannt sein	Insolvenzsoftware
7.	Checklisten	• ggf. Einblick in die Checklisten zum jeweiligen Thema in einem Anschreiben • Kontrolle, welcher Arbeitsschritt ggf. nun eingeleitet werden könnte	Checkliste zu betreffendem Thema
8.	Stichwortverzeichnis	• Stichwortverzeichnis der »Arbeitshilfen« nutzen und dort ggf. nach einer entsprechenden Checkliste suchen	
9.	Archivierung	• eine Archivierung sollte sorgfältig und eindeutig erfolgen • Muster-Inhaltsverzeichnisse nutzen • bei immer gleicher Ablage: leichterer Zugang zu Vorgängen	Checkliste Inhaltsverzeichnis
10.	Mehrere Vorgänge	• manches Mal betreffen Anschreiben auch unterschiedliche Vorgänge • dies insbes. bei Antwortschreiben von Schuldnern • dann Kopie des Schreibens für jeden Vorgang erforderlich • dies gilt für Posteingänge und –ausgänge • sinnvoll: entsprechende Passagen farblich markieren • jeden Vorgang als »eigene Handakte« betrachten und entsprechend führen	Muster 209 – 214 (Inhaltsverzeichnis): »Inhaltsverzeichnis« (verschiedene Varianten)
11.	Schwierige Post	• in manchen Fällen wird der Insolvenzverwalter die Bearbeitung alleine vornehmen müssen • zur vorherigen Prüfung: s. vorstehend »Bearbeitung«	
12.	Vorlage	• Insolvenzverwalter ist letztlich für die Bearbeitung zuständig • Sachbearbeiter unterstützen bei »einfachen« und eindeutigen Sachverhalten • wenn keine eigene Bearbeitung möglich: Vorlage an den Verwalter und Besprechung mit diesem • ggf. Erwerb von neuen Kenntnissen durch das Gespräch zur weiteren Bearbeitung durch Sachbearbeiter • häufig: Vorgang dazu nehmen, da zur Beantwortung weitergehende Informationen aus vorherigem Schriftverkehr erforderlich sein können	
13.	Postausgänge	• sämtliche Ausgangsschreiben sollten mit dem eigenen Aktenzeichen versehen werden • i.d.R. die Aktennummer • aber auch sinnvoll: Ordner und Registernummer (Bsp: Inventar 5, Verträge 8) • damit später bei einer Antwort leichtere Zuordnung möglich	
14.	Verbraucherinsolvenzverfahren	• i.d.R. weniger Postein- und –ausgänge im Vergleich zum Regelinsolvenzverfahren • dafür aber häufig: selbständige Beantwortung	

Checkliste 57: Prozesskostenhilfeantrag

Die Prozesskostenhilfe verhilft dem Insolvenzverwalter in einer Vielzahl von Insolvenzverfahren dazu, Anfechtungs- oder Haftungsansprüche oder sonstige Zahlungsansprüche gegen Dritte gerichtlich geltend machen zu können, wenn die vorhandene Insolvenzmasse nicht ausreicht, um die Prozesskosten zu tragen. Die Prozesskostenhilfe ist insoweit insbesondere wichtig, um von der Einzahlung eines Gerichtskostenvorschusses gem. § 6 GKG befreit zu werden, der mit der Einleitung von bürgerlichen Rechtsstreitigkeiten mit Einreichung der Klage oder bspw. auch eines Mahnbescheides fällig wird. 114

Die Fertigung von Anträgen zur Bewilligung von Prozesskostenhilfe fällt zwar i.d.R. nicht in den Aufgabenbereich der Insolvenzsachbearbeiter. Die Rechtsprechung fordert für einen solchen Antrag allerdings eine Vielzahl von Angaben, die im Vorfeld von Insolvenzsachbearbeitern zusammengestellt werden können. Die nachfolgende Checkliste soll insoweit einen Überblick über das Verfahren an sich und die Arbeitsschritte der Sachbearbeiter geben.

(Die Übersicht nach gängigen Überlegungen und Arbeitsschritten sortiert.)

115

Nr.	Thema	Checkliste Prozesskostenhilfeantrag: Erläuterung	Hilfsmittel
1.	Abkürzung	• Prozesskostenhilfe = PKH	
2.	Anspruchsberechtigung	• Insolvenzverwalter als Partei kraft Amtes Anspruch auf PKH gem. §§ 114, 116 Satz 1 Nr. 1 ZPO • Sachwalter hat ebenfalls Anspruch auf PKH: s. Rechtsprechung • Bewilligung von PKH = kein Regelfall, Ablehnung = keine besonders begründbare Ausnahme: s. Rechtsprechung • bei Beantwortung einer schwierigen, bislang ungeklärten Rechtsfrage, seien die Erfolgsaussichten der beabsichtigten Rechtsverfolgung gegeben • grundsätzliche Voraussetzungen für einen PKH-Antrag beachten: s. Stichworte in dieser Checkliste	Anspruch Sachwalter: BAG v. 22.8.2017 – 1 AZR 546/15 Rn. 8 ff. in InsbürO 2017, 517, ZInsO 2017, 2315 Weber, PKH für den eigenverwaltenden Schuldner, ZInsO 2014, 2151 Bewilligung/Ablehnung allgemein: BGH v. 04.12.2012 – II ZA 3/12 Rn. 3 in WKRS 2012, 30104 PKH bei ungeklärter Rechtsfrage: OVG Niedersachen v. 15.5.2017 – 11 PA 102/17 in InsbürO 2017, 436 PKH für Vereinigung: BGH v. 19.10.2017 – IX ZA 16/17 in InsbürO 2018, 124, WKRS 2017, 25274
3.	Verbraucherinsolvenzverfahren	• i.d.R. keine Ansprüche vorhanden, die gerichtlich geltend zu machen sind • wenn doch: gleiche Anwendung der PKH-Vorschriften	
4.	Aufnahme Rechtsstreit	• Aufnahme eines Rechtsstreites gem. §§ 85, 86 InsO: eigenen PKH-Antrag durch Insolvenzverwalter stellen • dies auch, wenn vorab PKH für den Schuldner bewilligt wurde • Grund: durch Unterbrechung gem. § 240 ZPO Eintritt eines Parteiwechsels • trotz Unterbrechung kann über PKH entschieden werden	PKH-Antrag trotz Unterbrechung: BGH v. 13.06.2002 – VII ZA 2/02 in WKRS 2002, 19069
5.	Passivprozess	• PKH kann auch für einen Passivprozess gewährt werden • Voraussetzung: Abwehr und damit erfolgreiches Ergebnis des Prozesses hat Auswirkung auf die Insolvenzmasse	PKH für Aktiv- und Passivprozess: BAG v. 22.08.2017 – 1 AZR 546/15 (A) (Rn. 6) in InsbürO 2017, 517, ZInsO 2017, 2315
6.	Mahnverfahren	• PKH-Bewilligung auch für ein Mahnverfahren • Begründung BGH: Der sachliche Geltungsbereich der §§ 114 ff ZPO erstreckt sich auf alle in der Zivilprozessordnung geregelten Verfahren. • Voraussetzung fehlender Mutwilligkeit gilt für einen solchen PKH-Antrag	PKH für Mahnverfahren: BGH, Beschl. v. 10.08.2017 – III ZA 42/16 Rn. 5 in WKRS 2017, 20444
7.	Antrag	• die Abfassung des PKH-Antrages an sich gehört i.d.R. in den Zuständigkeitsbereich eines Anwaltes • nach BGH-Rechtsprechung: keine schematischen Darstellungen, sondern Betrachtung und Würdigung der Umstände des Einzelfalls • dennoch: ein Muster bietet die Möglichkeit für einen Überblick über die entsprechenden Anforderungen	Küpper, Der erfolgreiche PKH-Antrag des Insolvenzverwalters, InsbürO 2007, 442 ff. Muster 285: »Antrag auf PKH« Muster für alle Anlagen: s. Musterübersicht (Nr. 287 – 293)

Nr.	Thema	Checkliste Prozesskostenhilfeantrag: Erläuterung	Hilfsmittel
		• die aktuelle Rechtsprechung jeweils berücksichtigen • die Angaben im Antrag werden als richtig unterstellt (s. Rechtsprechung)	Ausgehen v. Richtigkeit der Angaben: OLG Stuttgart v. 20.02.2004 13 W 57/03 in ZInsO 2004, 556, WKRS 2004, 11709
8.	Vordrucke	• gem. § 117 Abs. 3 und 4 ZPO i.V.m. § 1 Prozesskostenhilfevordruckverordnung (PKHFV): Nutzung eines amtlichen Vordruckes für den PKH-Antrag • der Insolvenzverwalter ist von diesem Vordruckzwang allerdings gem. § 1 Abs. 2 PKHFV befreit	
9.	Wahrheitsgemäße Angaben	• wahrheitsgemäße Angaben im PKH-Antrag erforderlich • bei absichtlichen oder grob fahrlässigen Falschangaben: Aufhebung des PKH-Beschlusses gem. § 124 Abs. 1 Nr. 2 ZPO möglich	
10.	Teilklage	• Erhebung einer Teilklage mindert das Prozess- und Vollstreckungsrisiko (= niedrigere Kosten) • PKH wird auch für eine Teilklage bewilligt • es müssen aber diesbezüglich nachvollziehbare Gründe im Antrag aufgeführt werden	PKH für Teilklage bei gutem Grund für Teilklage: BGH v. 06.12.2010 – II ZB 13/09 in ZInsO 2011, 282
11.	Zuständigkeit	• zuständig für den PKH-Antrag: Prozessgericht, bei dem der Rechtsstreit anhängig gemacht werden soll oder ggf. schon anhängig ist	
12.	Adressat	• Adressat des PKH-Antrages können alle Gerichte, also Amts- oder Landgerichte, aber auch Arbeits-, Finanz-, Sozial- und Verwaltungsgerichte sein • PKH-Anträge sind in allen Gerichtszweigen zulässig • aber: In Verwaltungsrechtsstreitigkeiten ist ein anderes Ermittlungsverfahren zur Zumutbarkeit zu beachten	
13.	Massebestand	• unzureichender Massebestand ist im Antrag näher zu erläutern • zu berücksichtigen ist der Massebestand abzgl. Massekosten und Masseverbindlichkeiten = Rest stünde für Prozesskosten zur Vergütung	Erfordernis Darstellung Massebestand: BGH v. 04.07.2013 – IX ZR 68/11 in WKRS 2013, 42620
14.	Masselosigkeit	• auch bei Masselosigkeit gem. § 207 InsO kann ein PKH-Antrag gestellt werden • Voraussetzung: bei erfolgreicher Klage würde Masselosigkeit abgewendet werden • andere Meinungen: § 207 InsO fordert die sofortige Verfahrenseinstellung, daher keine weitere Verwertungsaktivität (= Prozesseinleitung) • aber nach BGH: Ordnungsfunktion muss erhalten bleiben (= z. B. Haftungsansprüche geltend machen)	PKH nur, wenn Massearmut beseitigt wird: BGH v. 12.11.2015 – IX ZB 82/14 in InsbürO 2016, 204, ZInsO 2016, 270
15.	Masseunzulänglichkeit	• bei Masseunzulänglichkeit soll der Insolvenzverwalter weiter verwerten (§ 208 Abs. 3 InsO) • damit steht eine Masseunzulänglichkeit der Gewährung von PKH nicht entgegen	PKH bei MUZ: BGH v. 22.11.2012 – IX ZB 62/12 Rn. 6 in InsbürO 2013, 199, ZInsO 2013, 249
16.	Anlagen	• komprimierter Überblick über die Angaben: – Nachweis, dass nicht genug Geld vorhanden, um Gerichtskosten selbst tragen zu können (Verfahrenskosten § 54 InsO, Geldbestand und künftige Einnahmen) – Nachweis, dass es keinem anderen Gläubiger zumutbar ist, diese Kosten zu übernehmen (Gläubigerstruktur, voraussichtliche Gewinnbeteiligung) • hierdurch ergeben sich eine Vielzahl von Anlagen • tlw. können Insolvenzsoftwareprogramme die Daten nicht in einer Übersicht liefern • ggf. Datentransfer zu Excel zwecks weiterer Bearbeitung erforderlich	Muster 284: »Anlagenübersicht PKH-Antrag« mit Auflistung aller erforderlichen Anlagen

Nr.	Thema	Checkliste Prozesskostenhilfeantrag: Erläuterung	Hilfsmittel
17.	Eidesstattliche Versicherung	• Glaubhaftmachung der unzureichenden Vermögenssituation (= § 117 Abs. 2 ZPO) im Insolvenzverfahren gem. § 118 Abs. 2 ZPO • Abgabe einer eidesstattlichen Versicherung über die im PKH-Antrag gemachten Angaben durch den Insolvenzverwalter nicht erforderlich • Unterstellung der Richtigkeit der Angaben durch das Prozessgericht ohne weitere Nachforschungen (z.B. § 118 Abs. 2 Satz 2 ZPO)	Ausgehen v. Richtigkeit der Angaben: OLG Stuttgart v. 20.02.2004 13 W 57/03 in ZInsO 2004, 556, WKRS 2004, 11709
18.	Kostenvorschuss	• Beteiligten (= Gläubigern) ist dem Grunde nach Kostenvorschuss zuzumuten • unterschiedliche Anforderungen an Beteiligten, grds. gilt: Leistungsfähigkeit ist entscheidend, nicht Leistungsbereitschaft und bei höherem Erlös als Vorschuss = Zahlungspflicht gegeben • nach BGH-Rechtsprechung: nicht erhöhte Quote ist entscheidend, sondern Verhältnis der aufzubringenden Kosten zum zu erwartenden Ertrag: weniger als das Doppelte = keine Kostenvorschusspflicht • Bsp.: 13-fache im Verhältnis zum Vorschuss = Vorschusspflicht für Gläubiger • im Antrag jeweils Erläuterungen zur Zumutbarkeit etc. erforderlich	Kostenvorschusspflicht bejaht wg. höherem späteren Erlös: BGH v. 19.05.2015 – II ZR 263/14 m.w.N. in ZInsO 2015, 1465, InsbürO 2015, 538 Verhältnis Kosten – Ertrag entscheidend: BGH, Beschl. v. 19.07.2018 – IX ZB 24/16, InsbürO 2018, 441, ZInsO 2018, 1952 Muster 285: »Antrag auf PKH« Muster 286: »Kostenvorschuss – Aufforderung an Gläubiger«
19.	Beklagte/r	• Abweisung des PKH-Antrages ist im Interesse der/des Beklagten, weil dann der geltend gemachte Anspruch ggf. nicht gerichtlich eingeklagt wird • daher muss der PKH-Antrag alle Voraussetzungen, vor allem die Glaubhaftmachung, gut erfüllen, damit die Beklagtenseite keine Argumente zur Abweisung liefern kann	
20.	Verjährung – Hemmung	• vollständiger und ordnungsgemäßer PKH-Antrag hemmt die Verjährung (§ 204 Abs. 1 Nr. 14 BGB) • Eintritt der Hemmung endet gem. § 204 Abs. 2 Satz 1 BGB sechs Monate nach einer rechtskräftigen Entscheidung über den PKH-Antrag	
21.	Rechtsmittel	• gegen die Ablehnung der PKH kann sofortige Beschwerde gem. § 127 Abs. 3 ZPO eingelegt werden	

Checkliste 58: Rechtsmittel und Rechtsbehelfe – ein Einzelüberblick

116 Die nachfolgende Aufstellung soll einen Überblick darüber geben, in welchen Bereichen welcher Rechtsbehelf nach welcher Vorschrift und innerhalb welcher Frist möglich ist. Hierzu sei ergänzend erläutert:

117 In der Spalte »**Thema**« erfolgt die alphabetische Sortierung einer Vielzahl von Schlagwörtern in der Abwicklung eines Insolvenzverfahrens. Hierbei wurden die unterschiedlichen Verfahrensabschnitte sowie auch Verfahrensarten etc. berücksichtigt ohne allerdings Anspruch auf Vollständigkeit zu erheben.

118 In der Spalte »**Art des Beschlusses**« werden die jeweiligen Beschlüsse näher bezeichnet und die entsprechende gesetzliche Regelung benannt. Mehrere Beschlüsse zu einem Schlagwort sind dabei untereinander alphabetisch und nicht verfahrenstechnisch geordnet.

119 Der Spalte »grundsätzlicher Entscheidungsträger« kann entnommen werden, wer dem Grunde nach die Entscheidung zu treffen hat: der Insolvenzrichter oder der Rechtspfleger. Hierbei ist allerdings § 18 Abs. 2 RPflG zu beachten. Danach kann ein Richter sich das Insolvenzverfahren ganz oder teilweise vorbehalten, wenn er dies für geboten erachtet. Auch nach einer Übertragung auf den Rechtspfleger kann er ein Verfahren wieder an sich ziehen, wenn und solange er dies für erforderlich hält. Daher können die Entscheidungsträger in den täglichen Beschlüssen von denjenigen in der nachfolgenden Tabelle abweichen. Dies hat aber keine Auswirkung auf die Möglichkeit des Rechtsmittels oder des Rechtsbehelfs. So kann ggf. die Erinnerung gegen die Entscheidung eines Richters möglich sein, weil die Entscheidung eigentlich dem Rechtspfleger oblag.

(Die Übersicht dient als Nachschlagewerk und ist daher alphabetisch sortiert.)

120

Thema	Art des Beschlusses	Grds. Entscheidungsträger	Rechtsmittel/ –behelf	Beschwerdeberechtigter	Vorschrift	Frist
Abschlagsverteilung	siehe gesondertes **Thema: Verteilungsverzeichnis**	s.u.	s.u.	s.u.	s.u.	s.u.
Abweisung mangels Masse	Abweisungsbeschluss gem. § 26 InsO	Richter gem. § 18 Abs. 1 Nr. 1 RPflG	Sofortige Beschwerde	Antragsteller und Schuldner	§ 34 Abs. 1 InsO, § 567 ff. ZPO	Notfrist von 2 Wochen (§ 569 Abs. 1 ZPO)
Abweisung wegen Unzulässigkeit	Abweisungsbeschluss gem. § 3 InsO (*fehlender Verweisungsantrag*)	Richter gem. § 18 Abs. 1 Nr. 1 RPflG	Sofortige Beschwerde	Antragsteller	§ 34 Abs. 1 InsO, § 567 ff. ZPO	Notfrist von 2 Wochen (§ 569 Abs. 1 ZPO)
Anhörung	Anordnung der Anhörung gem. § 10 InsO siehe gesonderte **Themen:** Haft, Vorführung	s.u.	s.u.	s.u.	s.u.	s.u.
Aufhebung des Verfahrens	Verfahrensaufhebung gem. § 200 InsO	Rechtspfleger gem. § 3 Nr. 2 e) RPflG	Erinnerung	Verfahrensbeteiligte	§ 11 Abs. 2 RPflG, § 567 ff. ZPO	Notfrist von 2 Wochen (§ 569 Abs. 1 ZPO)
Auskunftspflicht des Schuldners	Auskunftsverlangen gem. § 97 InsO siehe gesonderte **Themen: Haft, Vorführung**	s.u.	s.u.	s.u.	s.u.	s.u.
Beendigung des Verfahrens	siehe gesonderte **Themen: Aufhebung, Einstellung, Insolvenzplan**	s.u.	s.u.	s.u.	s.u.	s.u.
Befangenheit	**Ablehnung** des Gesuchs wegen **Befangenheit des Rechtspflegers** gem. § 10 RPflG	Richter gem. § 10 Satz 2 RPflG	Sofortige Beschwerde	Antragsteller	§ 10 Satz 1 RPflG i.V.m. § 46 Abs. 2 ZPO, § 567 ff. ZPO	Notfrist von 2 Wochen (§ 569 Abs. 1 ZPO)
	Ablehnung des Gesuchs wegen **Befangenheit des Richters** gem. § 42 ff. ZPO	Insolvenzgericht gem. § 45 Abs. 1 ZPO	Sofortige Beschwerde	Antragsteller	§ 46 Abs. 2 ZPO, § 567 ff. ZPO	Notfrist von 2 Wochen (§ 569 Abs. 1 ZPO)
	Befangenheit des Insolvenzverwalter: siehe gesondertes **Thema:** **Entlassung**	s.u.	s.u.	s.u.	s.u.	s.u.
	Gewährung des **Gesuchs** wegen **Befangenheit des Richters** gem. § 42 ff. ZPO	Insolvenzgericht gem. § 45 Abs. 1 ZPO	**Kein** Rechtsmittel gem. § 46 Abs. 2 ZPO	./.	./.	./.

Thema	Art des Beschlusses	Grds. Entscheidungsträger	Rechtsmittel/ –behelf	Beschwerdeberechtigter	Vorschrift	Frist
	Gewährung des Gesuchs wegen **Befangenheit des Rechtspflegers** gem. § 10 RPflG	Richter gem. § 10 Satz 2 RPflG	**Kein** Rechtsmittel gem. § 10 Satz 1 RPflG i.V.m. § 46 Abs. 2 ZPO	./.	./.	./.
Beiordnung eines Anwalts	Ablehnung der Beiordnung eines Anwalts gem. § 4a Abs. 2 InsO	Vor der Eröffnung: Richter gem. § 18 Abs. 1 Nr. 1 RPflG	In beiden Fällen: Sofortige Beschwerde	Schuldner	§ 4d Abs. 1 InsO, § 567 ff. ZPO	Notfrist von 2 Wochen (§ 569 Abs. 1 ZPO)
		Nach der Eröffnung: Rechtspfleger gem. § 3 Nr. 2 e) RPflG				
Betriebsänderung gem. § 121 InsO	**Gerichtliche Zustimmung gem. § 122 InsO**	Rechtspfleger gem. § 3 Nr. 2 e) RPflG	**Keine** sofortige Beschwerde Rechtsbeschwerde an das LAG muss zugelassen werden Aber: Erinnerung	Verfahrensbeteiligte	§ 122 Abs. 3 Satz 1 InsO § 122 Abs. 3 Satz 2 InsO § 11 Abs. 2 RPflG, § 567 ff. ZPO	Notfrist von 1 Monat (§ 122 Abs. 3 Satz 3 InsO) Notfrist von 2 Wochen (§ 569 Abs. 1 ZPO)
Betriebsstilllegung	Ablehnung der Versagung der **Stilllegung des Betriebes vor der ersten Gläubigerversammlung gem. § 158 Abs. 2 InsO**	Rechtspfleger gem. § 3 Nr. 2 e) RPflG	Erinnerung	Insolvenzverwalter Schuldner	§ 11 Abs. 2 RPflG, § 567 ff. ZPO	Notfrist von 2 Wochen (§ 569 Abs. 1 ZPO)
	Versagung **der Stilllegung vor der ersten Gläubigerversammlung gem. § 158 Abs. 2 InsO**	Rechtspfleger gem. § 3 Nr. 2 e) RPflG	Erinnerung	Insolvenzverwalter Schuldner	§ 11 Abs. 2 RPflG, § 567 ff. ZPO	Notfrist von 2 Wochen (§ 569 Abs. 1 ZPO)
Betriebsveräußerung	Ablehnung der Versagung **der Betriebsveräußerung vor der ersten Gläubigerversammlung gem. § 158 Abs. 2 InsO**	Rechtspfleger gem. § 3 Nr. 2 e) RPflG	Erinnerung	Insolvenzverwalter Schuldner	§ 11 Abs. 2 RPflG, § 567 ff. ZPO	Notfrist von 2 Wochen (§ 569 Abs. 1 ZPO)
	Versagung **der Veräußerung vor der ersten Gläubigerversammlung gem. § 158 Abs. 2 InsO**	Rechtspfleger gem. § 3 Nr. 2 e) RPflG	Erinnerung	Insolvenzverwalter Schuldner	§ 11 Abs. 2 RPflG, § 567 ff. ZPO	Notfrist von 2 Wochen (§ 569 Abs. 1 ZPO)
Eigenverwaltung	**Ablehnung der Anordnung** der Eigenverwaltung **gem. § 270 InsO**	Richter gem. § 18 Abs. 1 Nr. 1 RPflG	**Kein** Rechtsmittel	./.	./.	./.

Thema	Art des Beschlusses	Grds. Entscheidungsträger	Rechtsmittel/ –behelf	Beschwerdeberechtigter	Vorschrift	Frist
	Anordnung der Eigenverwaltung **gem. § 270 InsO** (Antrag des Schuldners und ggf. Zustimmung Gläubiger gem. § 270 Abs. 2 InsO erforderlich)	Richter gem. § 18 Abs. 1 Nr. 1 RPflG	**Kein** Rechtsmittel	./.	./.	./.
	Anordnung der **vorläufigen Eigenverwaltung gem. § 270a InsO** (Antrag des Schuldners erforderlich)	Richter gem. § 18 Abs. 1 Nr. 1 RPflG	**Kein** Rechtsmittel	./.	./.	./.
	Aufhebung der Anordnung der Eigenverwaltung **gem. § 272 InsO**	Rechtspfleger gem. § 3 Nr. 2 e) RPflG	Sofortige Beschwerde	Schuldner Antragstellender Gläubiger	§ 11 Abs. 1 RPflG, § 272 Abs. 2 Satz 3 InsO, § 567 ff. ZPO	Notfrist von 2 Wochen (§ 569 Abs. 1 ZPO)
	Anordnung **Schutzschirmverfahren:** s. gesondertes Thema	s.u.	s.u.	s.u.	s.u.	s.u.
	Anordnung der **Zustimmungsbedürftigkeit gem. § 277 InsO**	Richter gem. § 18 Abs. 1 Nr. 1 RPflG	**Kein** Rechtsmittel	./.	./.	./.
Einkommen: Festsetzung unpfändbarer Anteil	Entscheidung nach § 36 Abs. 4 InsO	Rechtspfleger gem. § 3 Nr. 2 e) RPflG	Sofortige Beschwerde	Verfahrensbeteiligte	§ 793 ZPO, § 567 ff. ZPO	Notfrist von 2 Wochen (§ 569 Abs. 1 ZPO)
Einstellung	**Ablehnung** der Einstellung des Verfahrens wegen Wegfalls des Eröffnungsgrundes **gem. § 212 InsO**	Rechtspfleger gem. § 3 Nr. 2 e) RPflG	Sofortige Beschwerde	Schuldner	§ 11 Abs. 1 RPflG, § 216 Abs. 2 InsO, § 567 ff. ZPO	Notfrist von 2 Wochen (§ 569 Abs. 1 ZPO)
	Ablehnung der Einstellung mit Zustimmung der Gläubiger **gem. § 213 InsO**	Rechtspfleger gem. § 3 Nr. 2 e) RPflG	Sofortige Beschwerde	Schuldner	§ 11 Abs. 1 RPflG, § 216 Abs. 2 InsO, § 567 ff. ZPO	Notfrist von 2 Wochen (§ 569 Abs. 1 ZPO)
	Einstellung mangels Masse **gem. § 207 InsO**	Rechtspfleger gem. § 3 Nr. 2 e) RPflG	Sofortige Beschwerde	Schuldner Insolvenzgläubiger	§ 11 Abs. 1 RPflG, § 216 Abs. 1 InsO, § 567 ff. ZPO	Notfrist von 2 Wochen (§ 569 Abs. 1 ZPO)
	Einstellung wegen Wegfalls des Eröffnungsgrundes **gem. § 212 InsO**	Rechtspfleger gem. § 3 Nr. 2 e) RPflG	Sofortige Beschwerde	Insolvenzgläubiger	§ 11 Abs. 1 RPflG, § 216 Abs. 1 InsO, § 567 ff. ZPO	Notfrist von 2 Wochen (§ 569 Abs. 1 ZPO)
	Einstellung mit Zustimmung der Gläubiger **gem. § 213 InsO**	Rechtspfleger gem. § 3 Nr. 2 e) RPflG	Sofortige Beschwerde	Insolvenzgläubiger	§ 11 Abs. 1 RPflG, § 216 Abs. 1 InsO, § 567 ff. ZPO	Notfrist von 2 Wochen (§ 569 Abs. 1 ZPO)

Thema	Art des Beschlusses	Grds. Entscheidungsträger	Rechtsmittel/ –behelf	Beschwerdeberechtigter	Vorschrift	Frist
Entlassung	**Entlassung des** Insolvenzverwalters **gem. § 59 InsO**	Rechtspfleger gem. § 3 Nr. 2 e) RPflG	Sofortige Beschwerde	Insolvenzverwalter	§ 11 Abs. 1 RPflG, § 59 Abs. 2 InsO, § 567 ff. ZPO	Notfrist von 2 Wochen (§ 569 Abs. 1 ZPO)
	Ablehnung einer beantragten **Entlassung des Insolvenzverwalters**	Rechtspfleger gem. § 3 Nr. 2 e) RPflG	Sofortige Beschwerde	Insolvenzverwalter Gläubigerausschuss ggf. Insolvenz-Gläubiger	§ 11 Abs. 1 RPflG, § 59 Abs. 2 InsO, § 567 ff. ZPO	Notfrist von 2 Wochen (§ 569 Abs. 1 ZPO)
	Entlassung eines **Mitgliedes des Gläubigerausschusses**	Rechtspfleger gem. § 3 Nr. 2 e) RPflG	Sofortige Beschwerde Erinnerung	Entlassenes Mitglied Verfahrensbeteiligte	§ 11 Abs. 1 RPflG, § 70 Satz 3 InsO, § 567 ff. ZPO § 11 Abs. 2 RPflG, § 567 ff. ZPO	Notfrist von 2 Wochen (§ 569 Abs. 1 ZPO) Notfrist von 2 Wochen (§ 569 Abs. 1 ZPO)
	Entlassung **des Treuhänders gem. §§ 313, 292 InsO (Reform: §§ 56, 288 InsO):** siehe gesondertes **Thema:** Treuhänder	s.u.	s.u.	s.u.	s.u.	s.u.
Eröffnung	Ablehnung **der Verfahrenseröffnung**	Richter gem. § 18 Abs. 1 Nr. 1 RPflG	Sofortige Beschwerde	Antragsteller und ggf. Schuldner	§ 34 Abs. 1 InsO, § 567 ff. ZPO	Notfrist von 2 Wochen (§ 569 Abs. 1 ZPO)
	Eröffnung des Verfahrens	Richter gem. § 18 Abs. 1 Nr. 1 RPflG	Sofortige Beschwerde	Schuldner	§ 34 Abs. 2 InsO, § 567 ff. ZPO	Notfrist von 2 Wochen (§ 569 Abs. 1 ZPO)
Forderungsanmeldung	**Ablehnung der Eintragung** in die Insolvenztabelle wg. mangelhafter Anmeldung	Rechtspfleger gem. § 3 Nr. 2 e) RPflG	Erinnerung	Gläubiger	§ 11 Abs. 2 RPflG, § 567 ff. ZPO	Notfrist von 2 Wochen (§ 569 Abs. 1 ZPO)
	im übrigen: **Ablehnung der Eintragung** in die Insolvenztabelle durch den Insolvenzverwalter	Insolvenzverwalter	**Kein** Rechtsmittel **nur Anregung** an das Gericht	Gläubiger	§ 58 Abs. 2 Satz 1 InsO	Keine Frist
Gläubigerausschuss	**Einsetzung** eines Ausschusses vor der ersten Gläubigerversammlung gem. § 67 InsO	Richter gem. § 18 Abs. 1 Nr. 1 RPflG	**Kein** Rechtsmittel	./.	./.	./.

Thema	Art des Beschlusses	Grds. Entscheidungsträger	Rechtsmittel/–behelf	Beschwerdeberechtigter	Vorschrift	Frist
	Änderung oder Neuwahl eines Gläubigerausschusses gem. § 68 InsO siehe auch gesondertes Thema: Gläubigerversammlung	Gläubigerversammlung	**Kein** Rechtsmittel	./.	./.	./.
	Entlassung eines Mitgliedes gem. § 70 InsO: siehe gesondertes Thema: **Entlassung**	s.o.	s.o.	s.o.	s.o.	s.o.
	Vergütungsfestsetzung für die Gläubigerausschussmitglieder: siehe gesondertes Thema: **Vergütung**	s.u.	s.u.	s.u.	s.u.	s.u.
	Einsetzung eines **vorläufigen Gläubigerausschusses gem. § 22a InsO**	Richter gem. § 18 Abs. 1 Nr. 1 RPflG	**Kein** Rechtsmittel	./.	./.	./.
Gläubigerversammlung	Gerichtliche **Aufhebung eines Beschlusses** der Gläubigerversammlung gem. § 78 InsO	Rechtspfleger gem. § 3 Nr. 2 e) RPflG	Sofortige Beschwerde	Absonderungsberechtigte Gläubiger Nicht nachrangige Insolvenzgläubiger	§ 11 Abs. 1 RPflG, § 78 Abs. 2 InsO, § 567 ff. ZPO	Notfrist von 2 Wochen (§ 569 Abs. 1 ZPO)
	Ablehnung einer beantragten **Aufhebung eines Beschlusses** der Gläubigerversammlung gem. § 78 InsO	Rechtspfleger gem. § 3 Nr. 2 e) RPflG	Sofortige Beschwerde	Antragsteller	§ 11 Abs. 1 RPflG, § 78 Abs. 2 InsO, § 567 ff. ZPO	Notfrist von 2 Wochen (§ 569 Abs. 1 ZPO)
	Ablehnung der **Einberufung** einer Gläubigerversammlung gem. § 75 InsO	Rechtspfleger gem. § 3 Nr. 2 e) RPflG	Sofortige Beschwerde	Antragsteller	§ 11 Abs. 1 RPflG, § 75 Abs. 3 InsO, § 567 ff. ZPO	Notfrist von 2 Wochen (§ 569 Abs. 1 ZPO)
	Einberufung einer **Gläubigerversammlung gem. § 75 InsO**	Rechtspfleger gem. § 3 Nr. 2 e) RPflG	Erinnerung	Verfahrensbeteiligte	§ 11 Abs. 2 RPflG, § 567 ff. ZPO	Notfrist von 2 Wochen (§ 569 Abs. 1 ZPO)
	Stimmrechtsfestsetzung **nach § 77 InsO**	Rechtspfleger gem. § 3 Nr. 2 e) RPflG	Kein Rechtsbehelf Überprüfung durch Richter	./. Insolvenzverwalter Gläubiger	§ 11 Abs. 3 Satz 2 RPflG § 18 Abs. 3 Satz 2 RPflG	./. Sofort in Gläubigerversammlung
Haftbefehl	**Abweisung** eines Antrages auf **Aufhebung** der Haft während der **vorläufigen Verwaltung** gem. § 21 Abs. 3 InsO	Richter gem. § 18 Abs. 1 Nr. 1 RPflG	Sofortige Beschwerde	Schuldner	§ 21 Abs. 3 i.V.m. § 98 Abs. 3 InsO, § 567 ff. ZPO	Notfrist von 2 Wochen (§ 569 Abs. 1 ZPO)

Thema	Art des Beschlusses	Grds. Entscheidungsträger	Rechtsmittel/ –behelf	Beschwerdeberechtigter	Vorschrift	Frist
	Anordnung der Haft während der **vorläufigen Verwaltung** gem. § 21 Abs. 3 InsO	Richter gem. § 18 Abs. 1 Nr. 1 RPflG	Sofortige Beschwerde	Schuldner	§ 21 Abs. 3 i.V.m. § 98 Abs. 3 InsO, § 567 ff. ZPO	Notfrist von 2 Wochen (§ 569 Abs. 1 ZPO)
	Abweisung eines Antrages auf **Aufhebung** der Haft im **eröffneten Verfahren** gem. § 98 InsO	Richter gem. § 4 Abs. 2 Nr. 2 RPflG	Sofortige Beschwerde	Schuldner	§ 98 Abs. 3 InsO, § 567 ff. ZPO	Notfrist von 2 Wochen (§ 569 Abs. 1 ZPO)
	Anordnung der Haft im **eröffneten Verfahren** gem. § 98 InsO	Richter gem. § 4 Abs. 2 Nr. 2 RPflG	Sofortige Beschwerde	Schuldner	§ 98 Abs. 3 InsO, § 567 ff. ZPO	Notfrist von 2 Wochen (§ 569 Abs. 1 ZPO)
Insolvenzplan	Bestätigung **eines Insolvenzplans gem. § 248 f. InsO**	Richter gem. § 18 Abs. 1 Nr. 1 RPflG	Sofortige Beschwerde	Schuldner Gläubiger Anteilsinhabern	§ 253 InsO, § 567 ff. ZPO	Notfrist von 2 Wochen (§ 569 Abs. 1 ZPO)
	Bestätigung einer **Planberichtigung gem. § 248a InsO**	Richter gem. § 18 Abs. 1 Nr. 1 RPflG	Sofortige Beschwerde	Gläubiger Anteilsinhabern Insolvenzverwalter	§ 248a Abs. 4 InsO, § 567 ff. ZPO	Notfrist von 2 Wochen (§ 569 Abs. 1 ZPO)
	Stimmrechtsfestsetzung **nach § 237 InsO (Insolvenzgläubiger)**	Richter gem. § 18 Abs. 1 Nr. 1 RPflG	**Kein** Rechtsmittel	./.	./.	./.
	Stimmrechtsfestsetzung **nach § 238 InsO (Absonderungsgläubiger)**	Richter gem. § 18 Abs. 1 Nr. 1 RPflG	**Kein** Rechtsmittel	./.	./.	./.
	Versagung einer Bestätigung des Insolvenzplans gem. **§ 249 f. InsO**	Richter gem. § 18 Abs. 1 Nr. 1 RPflG	Sofortige Beschwerde	Schuldner Gläubiger Anteilsinhaber	§ 253 InsO, § 567 ff. ZPO	Notfrist von 2 Wochen (§ 569 Abs. 1 ZPO)
	Zurückweisung **eines Insolvenzplans gem. § 231 InsO**	Richter gem. § 18 Abs. 1 Nr. 1 RPflG	Sofortige Beschwerde	Vorleger des Plans	§ 231 Abs. 3 InsO, § 567 ff. ZPO	Notfrist von 2 Wochen (§ 569 Abs. 1 ZPO)
Insolvenzverwalter	**Bestellung** zum Insolvenzverwalter gem. § 56 InsO	Richter gem. § 18 Abs. 1 Nr. 1 RPflG	**Kein** Rechtsmittel	./.	./.	./.
	Entlassung aus dem Amt gem. § 59 InsO: siehe vorstehend: **Entlassung**	s.o.	s.o.	s.o.	s.o.	s.o.
	Vergütungsfestsetzung: siehe nachstehend: Vergütung	s.u.	s.u.	s.u.	s.u.	s.u.

Thema	Art des Beschlusses	Grds. Entscheidungsträger	Rechtsmittel/ –behelf	Beschwerdeberechtigter	Vorschrift	Frist
	Versagung einer Bestellung zum Insolvenzverwalter nach Wahl durch Gläubigerversammlung gem. § 57 InsO	Richter gem. § 18 Abs. 1 Nr. 1 RPflG	Sofortige Beschwerde	Insolvenzgläubiger	§ 57 Satz 4 InsO, § 567 ff. ZPO	Notfrist von 2 Wochen (§ 569 Abs. 1 ZPO)
Internationales Insolvenzrecht	**Ablehnung** der **öffentlichen Bekanntmachung** einer **Anerkennung** der Verfahrenseröffnung gem. § 345 InsO	Richter gem. § 18 Abs. 1 Nr. 3 RPflG	Sofortige Beschwerde	Ausländischer Verwalter	§ 345 Abs. 3 Satz 3 InsO, § 567 ff. ZPO	Notfrist von 2 Wochen (§ 569 Abs. 1 ZPO)
	Ablehnung der Eintragung der Verfahrensanerkennung **im Grundbuch** gem. § 346 InsO	Richter gem. § 18 Abs. 1 Nr. 3 RPflG	Sofortige Beschwerde	Ausländischer Verwalter	§ 346 Abs. 2 InsO, § 567 ff. ZPO	Notfrist von 2 Wochen (§ 569 Abs. 1 ZPO)
	Sicherungsmaßnahmen wg. inländischem Vermögen gem. § 344 InsO	Richter gem. § 18 Abs. 1 Nr. 3 RPflG	Sofortige Beschwerde	Vorläufiger Verwalter im Ausland	§ 344 Abs. 2 InsO § 567 ff. ZPO	Notfrist von 2 Wochen (§ 569 Abs. 1 ZPO)
Kostenstundung	**Ablehnung** der Stundung gem. § 4a InsO	Vor der Eröffnung: Richter gem. § 18 Abs. 1 Nr. 1 RPflG Nach der Eröffnung: Rechtspfleger gem. § 3 Nr. 2 e) RPflG	In beiden Fällen: Sofortige Beschwerde	Schuldner	§ 4d Abs. 1 InsO, § 567 ff. ZPO	Notfrist von 2 Wochen (§ 569 Abs. 1 ZPO)
	Aufhebung der Stundung gem. § 4c InsO	Rechtspfleger gem. § 3 Nr. 2 e) RPflG	Sofortige Beschwerde	Schuldner	§ 11 Abs. 1 RPflG, § 4d Abs. 1 InsO, § 567 ff. ZPO	Notfrist von 2 Wochen (§ 569 Abs. 1 ZPO)
	Stundungsbewilligung gem. § 4a InsO	Vor der Eröffnung: Richter gem. § 18 Abs. 1 Nr. 1 RPflG Nach der Eröffnung: Rechtspfleger gem. § 3 Nr. 2 e) RPflG	In beiden Fällen: Sofortige Beschwerde	Staatskasse	§ 4d Abs. 2 InsO, § 567 ff. ZPO	Notfrist von 2 Wochen (§ 569 Abs. 1 ZPO)
Mitwirkungspflicht	Mitwirkungspflicht des Schuldners gem. § 97 InsO, s. Haft, Vorführung	s.o. u. s.u.	s.o. u. s.u.	s.o. u. s.u.	s.o. u. s.u.	s.o. u. s.u.
Nachlassverfahren	**Ablehnung** der Eröffnung gem. §§ 315 ff. InsO	Richter gem. § 18 Abs. 1 Nr. 1 RPflG	Sofortige Beschwerde	Antragsteller und ggf. Schuldner	§ 34 Abs. 1 InsO, § 567 ff. ZPO	Notfrist von 2 Wochen (§ 569 Abs. 1 ZPO)

Thema	Art des Beschlusses	Grds. Entscheidungsträger	Rechtsmittel/ –behelf	Beschwerdeberechtigter	Vorschrift	Frist
	Eröffnung gem. §§ 315 ff. InsO	Richter gem. § 18 Abs. 1 Nr. 1 RPflG	Sofortige Beschwerde	Schuldner	§ 34 Abs. 2 InsO, § 567 ff. ZPO	Notfrist von 2 Wochen (§ 569 Abs. 1 ZPO)
Nachtragsverteilung	**Ablehnung** einer Nachtragsverteilung gem. § 203 InsO	Rechtspfleger gem. § 3 Nr. 2 e) RPflG	Sofortige Beschwerde	Antragsteller	§ 11 Abs. 1 RPflG, § 204 Abs. 1 Satz 2 InsO, § 567 ff. ZPO	Notfrist von 2 Wochen (§ 569 Abs. 1 ZPO)
	Anordnung einer Nachtragsverteilung gem. § 203 InsO	Rechtspfleger gem. § 3 Nr. 2 e) RPflG	Sofortige Beschwerde	Schuldner	§ 11 Abs. 1 RPflG, § 204 Abs. 2 Satz 2 InsO, § 567 ff. ZPO	Notfrist von 2 Wochen (§ 569 Abs. 1 ZPO)
Pfändungsgrenze	**Abweisung eines Antrages auf Nichtberücksichtigung einer unterhaltsberechtigten Person** gem. §§ 35 Abs. 1, 36 Abs. 1, 4 InsO, § 850 c Abs. 4 ZPO: s. Einkommen	s.o.	s.o.	s.o.	s.o.	s.o.
Postsperre	**Anordnung** einer Postsperre während der **vorläufigen Verwaltung** gem. § 21 Abs. 2 Nr. 4 InsO	Richter gem. § 18 Abs. 1 Nr. 1 RPflG	Sofortige Beschwerde	Schuldner	§ 21 Abs. 1 Satz 2 InsO, § 567 ff. ZPO	Notfrist von 2 Wochen (§ 569 Abs. 1 ZPO)
	Anordnung einer Postsperre im **eröffneten Verfahren** gem. § 99 InsO,	Rechtspfleger gem. § 3 Nr. 2 e) RPflG	Sofortige Beschwerde	Schuldner	§ 11 Abs. 1 RPflG, § 99 Abs. 3 InsO, § 567 ff. ZPO	Notfrist von 2 Wochen (§ 569 Abs. 1 ZPO)
Rechtshandlung	Vorläufige **Untersagung** einer Rechtshandlung gem. § 161 InsO	Rechtspfleger gem. § 3 Nr. 2 e) RPflG	Erinnerung	Verfahrensbeteiligte	§ 11 Abs. 2 RPflG, § 567 ff. ZPO	Notfrist von 2 Wochen (§ 569 Abs. 1 ZPO)
Restschuldbefreiung	**Ankündigung** der Restschuldbefreiung gem. §§ 289, 291 InsO	Rechtspfleger gem. § 3 Nr. 2 e) RPflG	Sofortige Beschwerde	Insolvenzgläubiger mit Versagungsantrag Schuldner	§ 11 Abs. 1 RPflG, § 289 Abs. 2 InsO, § 567 ff. ZPO	Notfrist von 2 Wochen (§ 569 Abs. 1 ZPO)
	Erteilung der Restschuldbefreiung gem. § 300 InsO	Vorliegen Versagungsantrag: Richter gem. § 18 Abs. 1 Nr. 2 RPflG kein Versagungsantrag: Rechtspfleger gem. § 3 Nr. 2 e) RPflG	In beiden Fällen: Sofortige Beschwerde	Schuldner Gläubiger, der Versagung beantragt hat	§ 300 Abs. 3 InsO, § 567 ff. ZPO	Notfrist von 2 Wochen (§ 569 Abs. 1 ZPO)

Thema	Art des Beschlusses	Grds. Entscheidungsträger	Rechtsmittel/ –behelf	Beschwerdeberechtigter	Vorschrift	Frist
	Versagung der Restschuldbefreiung gem. **§ 290 InsO (eröffnetes Verfahren)**	Richter gem. § 18 Abs. 1 Nr. 2 RPflG	Sofortige Beschwerde	Schuldner Insolvenzgläubiger, der Versagung beantragt hat	§ 289 Abs. 2 InsO, § 567 ff. ZPO	Notfrist von 2 Wochen (§ 569 Abs. 1 ZPO)
	Versagung der Restschuldbefreiung wg. **Obliegenheitenverstoß** gem. § 296 InsO (**während der RSB-Phase**)	Richter gem. § 18 Abs. 1 Nr. 2 RPflG	Sofortige Beschwerde	Antragsteller Schuldner	§ 296 Abs. 3 InsO, § 567 ff. ZPO	Notfrist von 2 Wochen (§ 569 Abs. 1 ZPO)
	Versagung der Restschuldbefreiung wg. **Insolvenzstraftat** gem. § 297 InsO	Richter gem. § 18 Abs. 1 Nr. 2 RPflG	Sofortige Beschwerde	Antragsteller Schuldner	§ 297 Abs. 2 i.V.m. § 296 Abs. 3 InsO, § 567 ff. ZPO	Notfrist von 2 Wochen (§ 569 Abs. 1 ZPO)
	Versagung der Restschuldbefreiung wg. **fehlender Deckung der Mindestvergütung** gem. § 298 InsO	Rechtspfleger gem. § 3 Nr. 2 e) RPflG	Sofortige Beschwerde	Antragsteller Schuldner	§ 11 Abs. 1 RPflG, § 298 Abs. 3 i.V.m. § 296 Abs. 3 InsO, § 567 ff. ZPO	Notfrist von 2 Wochen (§ 569 Abs. 1 ZPO)
	Widerruf einer Restschuldbefreiung gem. § 303 InsO	Richter gem. § 18 Abs. 1 Nr. 2 RPflG	Sofortige Beschwerde	Antragsteller Schuldner	§ 303 Abs. 3 Satz 2 InsO, § 567 ff. ZPO	Notfrist von 2 Wochen (§ 569 Abs. 1 ZPO)
Sachverständiger	**Beauftragung** zum Sachverständigen gem. § 5 Abs. 1 InsO	Richter gem. § 18 Abs. 1 Nr. 1 RPflG	**Kein** Rechtsmittel	./.	./.	./.
	Vergütungsfestsetzung nach JVEG, s.: **Vergütung** des SV	s.u.	s.u.	s.u.	s.u.	s.u.
Schlussverteilung	siehe gesondertes **Thema: Verteilungsverzeichnis**	s.u.	s.u.	s.u.	s.u.	s.u.
Schuldenbereinigungsplan	**Anordnung der Verfahrensfortsetzung** gem. § 306 Abs. 1 InsO	Richter gem. § 18 Abs. 1 Nr. 1 RPflG	Kein Rechtsmittel	./.	./.	./.
	Zustimmungsersetzung gem. § 309 InsO	Richter gem. § 18 Abs. 1 Nr. 1 RPflG	Sofortige Beschwerde	Antragsteller Gläubiger, dessen Zustimmung ersetzt wird	§ 309 Abs. 2 Satz 3 InsO, § 567 ff. ZPO	Notfrist von 2 Wochen (§ 569 Abs. 1 ZPO)
Schutzschirmverfahren	**Anordnung vorläufige Eigenverwaltung** in Form eines Schutzschirmverfahrens **gem. § 270b InsO**	Richter gem. § 18 Abs. 1 Nr. 1 RPflG	**Kein** Rechtsmittel Aber: Aufhebung wegen Gründe gem. § 270b Abs. 4 InsO möglich	./.	./.	./.

Thema	Art des Beschlusses	Grds. Entscheidungsträger	Rechtsmittel/ –behelf	Beschwerdeberechtigter	Vorschrift	Frist
Sicherungsmaßnahmen	**Ablehnung der Anordnung** von Sicherungsmaßnahmen gem. § 21 Abs. 1 InsO	Richter gem. § 18 Abs. 1 Nr. 1 RPflG	**Kein** Rechtsmittel	./.	./.	./.
	Anordnung von Sicherungsmaßnahmen gem. § 21 Abs. 1 InsO	Richter gem. § 18 Abs. 1 Nr. 1 RPflG	Sofortige Beschwerde	Schuldner	§ 21 Abs. 1 Satz 2 InsO, § 567 ff. ZPO	Notfrist von 2 Wochen (§ 569 Abs. 1 ZPO)
	Aufhebung **von Sicherungsmaßnahmen gem. § 25 InsO**	Richter gem. § 18 Abs. 1 Nr. 1 RPflG	**Kein** Rechtsmittel	./.	./.	./.
	Siehe auch gesonderte Themen: **Ab- und Aussonderungsrechte, Haft, Postsperre**	s.o.	s.o.	s.o.	s.o.	s.o.
	Sicherungsmaßnahmen bei Auslandsbezug, s.: **Internationales Insolvenzrecht**	s.o.	s.o.	s.o.	s.o.	s.o.
Stimmrechtsfestsetzung	Siehe gesonderte Themen: Gläubigerversammlung, Insolvenzplan	s.o.	s.o.	s.o.	s.o.	s.o.
Treuhänder im vereinfachten Verfahren	**Ablehnung** eines Antrages auf **Entlassung** gem. § 313 Abs. 1 i.V.m. § 59 Abs. 1 InsO	Richter gem. § 18 Abs. 1 Nr. 1 RPflG	Sofortige Beschwerde	Treuhänder Insolvenzgläubiger	§ 313 Abs. 1 Satz 3 i.V.m. § 59 Abs. 2 Satz 2 InsO, § 567 ff. ZPO	Notfrist von 2 Wochen (§ 569 Abs. 1 ZPO)
	Bestellung zum Treuhänder gem. § 313 InsO	Richter gem. § 18 Abs. 1 Nr. 1 RPflG	**Kein** Rechtsmittel	./.	./.	./.
	Entlassung aus dem Amt gem. § 313 Abs. 1 i.V.m. § 59 Abs. 1 InsO	Richter gem. § 18 Abs. 1 Nr. 1 RPflG	Sofortige Beschwerde	Treuhänder	§ 313 Abs. 1 Satz 3 i.V.m. § 59 Abs. 2 Satz 1 InsO, § 567 ff. ZPO	Notfrist von 2 Wochen (§ 569 Abs. 1 ZPO)
Treuhänder in der RSB-Phase	**Ablehnung** eines Antrages auf **Entlassung** gem. § 292 Abs. 3 i.V.m. § 59 Abs. 1 InsO	Richter gem. § 18 Abs. 1 Nr. 1 RPflG	Sofortige Beschwerde	Treuhänder Insolvenzgläubiger	§ 292 Abs. 3 i.V.m. § 59 Abs. 2 Satz 2 InsO, § 567 ff. ZPO	Notfrist von 2 Wochen (§ 569 Abs. 1 ZPO)
	Bestellung zum Treuhänder gem. § 291 Abs. 2 InsO	Rechtspfleger gem. § 3 Nr. 2 e) RPflG	Erinnerung	Verfahrensbeteiligte	§ 11 Abs. 2 InsO, § 567 ff. ZPO	Notfrist von 2 Wochen (§ 569 Abs. 1 ZPO)

Thema	Art des Beschlusses	Grds. Entscheidungsträger	Rechtsmittel/ –behelf	Beschwerdeberechtigter	Vorschrift	Frist
	Entlassung aus dem Amt gem. § 292 Abs. 3 i.V.m. § 59 Abs. 1 InsO	Richter gem. § 18 Abs. 1 Nr. 1 RPflG	Sofortige Beschwerde	Treuhänder	§ 292 Abs. 3 i.V.m. § 59 Abs. 2 Satz 1 InsO, § 567 ff. ZPO	Notfrist von 2 Wochen (§ 569 Abs. 1 ZPO)
	Nichtberücksichtigung des vorgeschlagenen Treuhänders gem. der Möglichkeit nach § 288 InsO	Rechtspfleger gem. § 3 Nr. 2 e) RPflG	Erinnerung	Verfahrensbeteiligte	§ 11 Abs. 2 InsO, § 567 ff. ZPO	Notfrist von 2 Wochen (§ 569 Abs. 1 ZPO)
Unpfändbarkeit von Vermögenswerten	Entscheidungen über ggf. fehlende Massezugehörigkeit nach § 36 Abs. 1, 4 InsO während der **vorläufigen Verwaltung**	Rechtspfleger gem. § 20 Nr. 17 RPflG	Sofortige Beschwerde	Verfahrensbeteiligte	§ 793 ZPO § 567 ff. ZPO	Notfrist von 2 Wochen (§ 569 Abs. 1 ZPO)
	Entscheidungen über ggf. fehlende Massezugehörigkeit nach § 36 Abs. 1, 4 InsO **im eröffneten Verfahren außer §§ 851c, 851d ZPO**	Rechtspfleger gem. § 20 Nr. 17 RPflG	Sofortige Beschwerde	Verfahrensbeteiligte	§ 793 ZPO § 567 ff. ZPO	Notfrist von 2 Wochen (§ 569 Abs. 1 ZPO)
	Entscheidungen über ggf. fehlende Massezugehörigkeit nach § 36 Abs. 1, 4 InsO **im eröffneten Verfahren bzgl. Pfändungsschutz bei**	Rechtspfleger gem. § 20 Nr. 17 RPflG	Sofortige Beschwerde	Verfahrensbeteiligte	§ 793 ZPO § 567 ff. ZPO	Notfrist von 2 Wochen (§ 569 Abs. 1 ZPO)
	Altersrente (§ 851c) und Altersvorsorgevermögen (851d ZPO)					
Vergütung allgemein	Festsetzungsbeschluss: Rechtsmittel bei Vergütungsbeschlüssen nur bei Erreichen des Beschwerdewertes von 200,00 EUR nach § 64 Abs. 3 Satz 2 InsO i.V.m. § 567 Abs. 2 ZPO	Rechtspfleger gem. § 3 Nr. 2 e) RPflG	Erinnerung mit Beschwerdewert	Verfahrensbeteiligte	§ 11 Abs. 2 RPflG § 567 ff. ZPO	Notfrist von 2 Wochen (§ 569 Abs. 1 ZPO)
Vergütung der Gläubigerausschussmitglieder	Vergütungsfestsetzung gem. § 73 InsO	Rechtspfleger gem. § 3 Nr. 2 e) RPflG	Sofortige Beschwerde mit Beschwerdewert	Insolvenzverwalter Schuldner Insolvenzgläubiger (inkl. Gläubigerausschussmitglieder, § 67 InsO)	§ 11 Abs. 1 RPflG, § 73 Abs. 2 i.V.m. § 64 Abs. 3 InsO, § 567 ff. ZPO	Notfrist von 2 Wochen (§ 569 Abs. 1 ZPO)

Thema	Art des Beschlusses	Grds. Entscheidungsträger	Rechtsmittel/ –behelf	Beschwerdeberechtigter	Vorschrift	Frist
Vergütung des Insolvenzverwalters	**Vergütungsfestsetzung:** **eröffnetes Verfahren** gem. §§ 63 f. InsO, §§ 1 ff. InsVV **Nachtragsverteilung** gem. §§ 63 f. InsO, § 6 Abs. 1 InsVV	Rechtspfleger gem. § 3 Nr. 2 e) RPflG	Sofortige Beschwerde mit Beschwerdewert	Insolvenzverwalter Schuldner Insolvenzgläubiger	§ 11 Abs. 1 RPflG, §§ 65, 64 Abs. 3 InsO, § 567 ff. ZPO	Notfrist von 2 Wochen (§ 569 Abs. 1 ZPO)
	Überwachung Insolvenzplan gem. §§ 63 f. InsO, § 6 Abs. 2 InsVV					
	Festsetzung eines **Vorschusses** gem. §§ 63 f. InsO, § 9 InsVV	Rechtspfleger gem. § 3 Nr. 2 e) RPflG	Erinnerung	Verfahrensbeteiligte	§ 11 Abs. 2 RPflG, § 567 ff. ZPO	Notfrist von 2 Wochen (§ 569 Abs. 1 ZPO)
Vergütung des Sachverständigen	Festsetzung der **Sachverständigenvergütung** nach JVEG	Richter gem. § 18 Abs. 1 Nr. 1 RPflG	Beschwerde mit Beschwerdewert	Sachverständiger Staatskasse	§ 9 Abs. 1 Satz 5 JVEG i.V.m. § 4 Abs. 3 JVEG	**Keine** Frist
Vergütung des Sachwalters	**Vergütungsfestsetzung** für den **Sachwalter** gem. §§ 63 f. InsO, § 12 InsVV	Rechtspfleger gem. § 3 Nr. 2 e) RPflG	Sofortige Beschwerde mit Beschwerdewert	Sachwalter Schuldner Insolvenzgläubiger	§ 11 Abs. 1 RPflG, §§ 65, 64 Abs. 3 InsO, § 567 ff. ZPO	Notfrist von 2 Wochen (§ 569 Abs. 1 ZPO)
Vergütung des Treuhänders	**Vergütungsfestsetzung** für den **Treuhänder** im vereinfachten Verfahren gem. §§ 63 f. InsO, § 13 InsVV	Rechtspfleger gem. § 3 Nr. 2 e) RPflG	Sofortige Beschwerde mit Beschwerdewert	Treuhänder Schuldner Insolvenzgläubiger	§ 11 Abs. 1 RPflG, §§ 65, 64 Abs. 3 InsO, § 567 ff. ZPO	Notfrist von 2 Wochen (§ 569 Abs. 1 ZPO)
	Vergütungsfestsetzung für den **Treuhänder in der RSB-Phase** gem. §§ 63 f. InsO, §§ 14 f. InsVV	Rechtspfleger gem. § 3 Nr. 2 e) RPflG	Sofortige Beschwerde mit Beschwerdewert	Treuhänder Schuldner Insolvenzgläubiger	§ 11 Abs. 1 RPflG, §§ 65, 64 Abs. 3 InsO, § 567 ff. ZPO	Notfrist von 2 Wochen (§ 569 Abs. 1 ZPO)
Vergütung des vorläufigen Insolvenzverwalters	**Vergütungsfestsetzung** für die **vorläufige Verwaltung** gem. §§ 63 f. InsO, § 11 InsVV	Rechtspfleger gem. § 3 Nr. 2 e) RPflG	Sofortige Beschwerde mit Beschwerdewert	Insolvenzverwalter Schuldner Insolvenzgläubiger	§ 11 Abs. 1 RPflG, §§ 65, 64 Abs. 3 InsO, § 567 ff. ZPO	Notfrist von 2 Wochen (§ 569 Abs. 1 ZPO)
Verteilungsverzeichnis (für Abschlags- und Schlussverteilungen)	Anordnung der **Verzeichnisberichtigung** gem. § 194 Abs. 3 InsO	Rechtspfleger gem. § 3 Nr. 2 e) RPflG	Sofortige Beschwerde	Insolvenzverwalter Insolvenzgläubiger	§ 11 Abs. 1 RPflG, § 197 Abs. 3 InsO i.V.m. § 194 Abs. 3 InsO, § 567 ff. ZPO	Notfrist von 2 Wochen (§ 569 Abs. 1 ZPO) Fristbeginn mit Niederlegung § 194 Abs. 3 Satz 3 InsO

Thema	Art des Beschlusses	Grds. Entscheidungsträger	Rechtsmittel/ –behelf	Beschwerdeberechtigter	Vorschrift	Frist
	Zurückweisung von Einwendungen gegen das Verteilungsverzeichnis gem. § 194 Abs. 2 InsO	Rechtspfleger gem. § 3 Nr. 2 e) RPflG	Sofortige Beschwerde	Gläubiger	§ 11 Abs. 1 RPflG, § 197 Abs. 3 InsO i.V.m. § 194 Abs. 2 InsO, § 567 ff. ZPO	Notfrist von 2 Wochen (§ 569 Abs. 1 ZPO) Fristbeginn mit Niederlegung § 194 Abs. 3 Satz 3 InsO
Verweisung	Entscheidung über Unzuständigkeit und Verweisung gem. § 3 InsO (*nach Verweisungsantrag*)	Richter gem. § 18 Abs. 1 Nr. 1 RPflG	Kein Rechtsmittel (§ 281 Abs. 2 Satz 2 ZPO)	./.	./.	./.
Verwertung	**Festsetzung Betrag und Modalitäten zur Auslösung von Vermögenswerten** durch Schuldner gem. § 314 InsO *(Wegfall der Regelung für beantragte Verfahren ab dem 01.07.2014)*	Rechtspfleger gem. § 3 Nr. 2 e) RPflG	Erinnerung	Verfahrensbeteiligte	§ 11 Abs. 2 InsO, § 567 ff. ZPO	Notfrist von 2 Wochen (§ 569 Abs. 1 ZPO)
	Fristsetzung für Gläubiger **zur Verwertung** gem. § 173 Abs. 2 InsO	Rechtspfleger gem. § 3 Nr. 2 e) RPflG	Erinnerung	Verfahrensbeteiligte	§ 11 Abs. 2 InsO, § 567 ff. ZPO	Notfrist von 2 Wochen (§ 569 Abs. 1 ZPO)
Vorführung des Schuldners	Anordnung der Vorführung im eröffneten Verfahren gem. § 98 Abs. 2 InsO	Richter gem. § 4 Abs. 2 Nr. 2 RPflG	**Kein** Rechtsmittel	./.	./.	./.
	Anordnung der Vorführung während der **vorläufigen Verwaltung** gem. § 21 Abs. 3 InsO	Richter gem. § 4 Abs. 2 Nr. 2 RPflG	**Kein** Rechtsmittel	./.	./.	./.
Vorläufiges Verfahren	Siehe: **Absonderungsrechte, Aussonderungsrechte, Haft, Postsperre, Sicherungsmaßnahmen, Vorführung, Zwangsvollstreckung,**	s.o. u. s.u.	s.o. u. s.u.	s.o. u. s.u.	s.o. u. s.u.	s.o. u. s.u.

Thema	Art des Beschlusses	Grds. Entscheidungsträger	Rechtsmittel/ –behelf	Beschwerdeberechtigter	Vorschrift	Frist
Zwangsgeldfestsetzung	**Ablehnung** einer Anregung durch Verfahrensbeteiligte auf **Zwangsgeldfestsetzung** gem. § 58 Abs. 2 InsO	Rechtspfleger gem. § 3 Nr. 2 e) RPflG	**Kein** Rechtsmittel	./.	./.	./.
	Androhung Zwangsgeldfestsetzung zur Erfüllung der Pflichten eines Insolvenzverwalters gem. § 58 Abs. 2 InsO	Rechtspfleger gem. § 3 Nr. 2 e) RPflG	**Kein** Rechtsmittel	./.	./.	./.
	Zwangsgeldfestsetzung zur Erfüllung der Pflichten eines Insolvenzverwalters gem. § 58 Abs. 2 InsO	Rechtspfleger gem. § 3 Nr. 2 e) RPflG	Sofortige Beschwerde	Insolvenzverwalter	§ 11 Abs. 1 RPflG, § 58 Abs. 2 Satz 3 InsO, § 567 ff. ZPO	Notfrist von 2 Wochen (§ 569 Abs. 1 ZPO)
	Obiges gilt auch für: Sachwalter, Treuhänder, vorl. Verwalter	s.v.	s.v.	s.v.	s.v.	s.v.
Zwangsmittel	Anordnung von Zwangsmittel gem. § 98 InsO siehe: **Haft, Vorführung**	s.o.	s.o.	s.o.	s.o.	s.o.
Zwangsvollstreckung	Entscheidung über **Einwendungen gegen Vollstreckungsverbot** des § 89 InsO	Rechtspfleger gem. § 20 Nr. 17 RPflG	Erinnerung danach: Sofortige Beschwerde	Verfahrensbeteiligte	§ 766 ZPO § 793 ZPO § 567 ff. ZPO	**Keine** Frist Notfrist von 2 Wochen (§ 569 Abs. 1 ZPO
	Verstoß gegen Untersagung oder Einstellung von Vollstreckungsmaßnahmen während der **vorläufigen Verwaltung** gem. § 21 Abs. 2 Nr. 3 InsO	Richter gem. § 18 Abs. 1 Nr. 1 RPflG	Erinnerung danach: Sofortige Beschwerde	Verfahrensbeteiligte	§ 766 ZPO § 793 ZPO § 567 ff. ZPO	**Keine** Frist Notfrist von 2 Wochen (§ 569 Abs. 1 ZPO

Checkliste 59: Rechtsmittel und Rechtsbehelfe

Im Verlauf eines Insolvenzverfahrens werden vom zuständigen Insolvenzgericht viele Entscheidungen getroffen, die z. T. angreifbar sind. Die Insolvenzordnung sieht in § 6 InsO die sofortige Beschwerde als Rechtsmittel vor. Bei welchen Entscheidungen dieses Rechtsmittel anzuwenden ist und in welcher Vorschrift sich hierzu eine Regelung findet, sind Fragen, die in der alltäglichen Praxis immer wieder auftauchen. Von Bedeutung ist auch, wer beschwerdeberechtigt ist, welche Fristen zu beachten sind und bei welchem Gericht und in welcher Form eine Beschwerde eingelegt werden kann. Bei Entscheidungen vom Rechtspfleger ist darüber hinaus der Rechtsbehelf der Erinnerung möglich. Insoweit gelten dieselben Fragen wie zur Beschwerde. Die nachfolgende Übersicht soll entsprechend in der alltäglichen Praxis unterstützen. 121

(Die Übersicht ist nach gängigen Überlegungen sortiert.)

122

Nr.	Thema	Checkliste Rechtsmittel und Rechtsbehelfe: Erläuterung	Hilfsmittel
1.	Zivilprozessordnung	• Anwendung der Vorschriften der ZPO gem. § 4 InsO • Voraussetzungen: InsO sieht keine andere Regelung vor • neben der ZPO: weitere Möglichkeiten der Rechtsmittel oder Rechtsbehelfe nach anderen Regelungen: s. nachfolgend	Schmerbach, Der richtige Ansprechpartner beim Insolvenzgericht, InsbürO 2004, 3 ff.
2.	Richter	• die Zuständigkeit des Richters im Insolvenzverfahren ergibt sich aus § 18 Abs. 1 RPflG: – das Eröffnungsverfahren – das Verfahren über einen Insolvenzplan – Entscheidungen über Versagung oder Widerruf der RSB – Entscheidungen in ausländischen Insolvenzverfahren (§§ 344 – 346 InsO) • gem. § 18 Abs. 2 RPflG kann ein Richter das Insolvenzverfahren ganz oder teilweise an sich ziehen	
3.	Rechtspfleger	• Rechtspfleger ist gem. § 3 Abs. 2e RPflG für das Insolvenzverfahren zuständig • Einschränkung: Zuständigkeit des Richters wie vorstehend	
4.	Entscheidungen	• wenn das Gesetz ausdrücklich die sofortige Beschwerde vorsieht: – dann ist diese zulässig, unabhängig davon, ob ein Richter/eine Richterin oder ein Rechtspfleger/eine Rechtspflegerin die Entscheidung getroffen hat	
5.	Rechtsmittel	• Rechtsmittel = Möglichkeit, eine Entscheidung anzugreifen und eine Aufhebung oder Abänderung zu bewirken • zwingend an Formen und Fristen gebunden • zwei entscheidende Wirkungen: – Entscheidung über das Rechtsmittel durch eine höhere Instanz (= Devolutiveffekt) – Ausnahme: Abhilfemöglichkeit nach § 572 ZPO führt zur Abänderung oder Aufhebung einer Entscheidung – Rechtskraft der angefochtenen Entscheidung wird durch die Einlegung des Rechtsmittels hinausgeschoben (= Suspensiveffekt) • Rechtsmittel stellen eine Untergruppe der Rechtsbehelfe dar • Beschwerde gehört zu den Rechtsmitteln	
6.	Rechtsmittelbelehrung	• Gesetz zur Einführung einer Rechtsbehelfsbelehrung im Zivilprozess und zur Änderung anderer Vorschriften vom 05.12.2012, verkündet am 11.12.2012 (BGBl. I 2012, S. 2418 – Ausgabe Nr. 57): – jede anfechtbare gerichtliche Entscheidung muss eine Belehrung enthalten: über statthaftes Rechtsmittel, das zuständige Gericht und die einzuhaltende Frist und Form • Inkrafttreten der Änderungen bzgl. Insolvenzverfahren: 01.01.2014 • betroffen u.a. ZPO (§ 232 = Rechtsbelehrung), § 11 Abs. 2 RPflG (= Belehrung über Erinnerung), § 5b GKG (= Belehrung in Kostenrechnung) • bei fehlender Belehrung ggf. kein Verschulden und Wiedereinsetzung in den vorherigen Stand möglich	

Nr.	Thema	Checkliste Rechtsmittel und Rechtsbehelfe: Erläuterung	Hilfsmittel
		• Insolvenzverwalter sollte insolvenzgerichtliche Entscheidungen daraufhin prüfen, ansonsten können andere Beschwerdeberechtigte Wiedereinsetzung in den vorherigen Stand beantragen und Beschwerde oder Erinnerung (§ 11 Abs. 2 RPflG n. F.) einlegen • gerade bei Vergütungsfestsetzungen dürfte der Insolvenzverwalter ein Interesse an der Rechtskraft der Entscheidung haben, sofern er nicht selbst Beschwerde einlegen möchte	
7.	Rechtsbehelf	• Rechtsbehelf = jede rechtlich anerkannte Möglichkeit, eine Entscheidung anzugreifen und damit eine Aufhebung oder Abänderung zu bewirken • Formen und Fristen sind nicht zwingend • Bsp.: auch eine Dienstaufsichtsbeschwerde ist ein Rechtsbehelf • die Erinnerung gehört zu den Rechtsbehelfen • Grund: keine Entscheidung durch höhere Instanz (s. vorstehend Rechtsmittel mit Devolutiveffekt)	
8.	Rechtsbehelfs-belehrung	• seit 01.01.2014 ist jede anfechtbare gerichtliche Entscheidung mit einer ausführlichen Rechtsmittelbelehrung zu versehen (§ 4 InsO i.V.m. § 232 ZPO n. F.): s. vorstehend	Gesetze abrufbar: www.gesetze-im–Internet.de
9.	Rechtsbeschwerde	• früher: Rechtsbeschwerde gem. § 7 InsO zulässig • seit dem 27.10.2011: Rechtsbeschwerde nur noch zulässig, wenn diese vom Beschwerdegericht zugelassen wird (Gesetz zur Änderung des § 522 der Zivilprozessordnung, BGBl. 2011, Teil I, S. 2082 – Nr. 53) • gesetzliche Regelung nunmehr: § 4 InsO i.V.m. § 574 Abs. 1 Nr. 2 ZPO • Voraussetzung der Zulassung gem. § 574 Abs. 3 ZPO: – Statthaftigkeit der sofortigen Beschwerde – grundsätzliche Bedeutung – Fortbildung des Rechts – Sicherung einer einheitlichen Rechtsprechung	Voraussetzung der Rechtsbeschwerde (= sofortige Beschwerde): BGH v. 25.4.2013 – IX ZB 179/10 (Rn. 5) in InsbürO 2013, 284, ZInsO 2013, 1100 keine Anfechtung der Nichtzulassung: BGH v. 1.2.2018 – IX ZB 73/17 (Rn. 2 m.w.N) in WKRS 2018, 10623 Beifügung einer Rechtsmittelbelehrung keine Zulassung ohne nähere Begründung: BGH v. 13.3.2014 – IX ZB 48/13 in InsbürO 2014, 491, WKRS 2014, 12810
10.	Antragsverfahren	• Überblick über mögliche oder fehlende Rechtsmittel: s. Literaturtipp, zusammenfassend: – keine sofortige Beschwerde gegen die Anordnung der Sachverständigenbeauftragung möglich – keine sofortige Beschwerde gegen Person des Sachverständigen möglich – gegen Anordnung der vorläufigen Verwaltung: Beschwerderecht des Schuldners gem. § 21 Abs. 1 Satz 2 InsO – keine sofortige Beschwerde gegen Aufhebung von Sicherungsmaßnahmen oder die Unterlassung der Aufhebung – Festsetzung der Sachverständigenvergütung nach dem JVEG: sofortige Beschwerde für Schuldner und Staatskasse – Festsetzung der vorläufigen Verwaltervergütung: sofortige Beschwerde für den Verwalter und den Schuldner gem. § 26a Abs. 2 InsO – gegen die Ablehnung der Eröffnung: Beschwerderecht für den Antragsteller – gegen Abweisung mangels Masse: Beschwerderecht für den Schuldner – gegen die Insolvenzeröffnung: Beschwerderecht für den Schuldner	Casse, Rechtsmittel und Besonderheiten im Insolvenzantragsverfahren – § 25 Abs. 2 auch bei schwacher vorläufiger Verwaltung, InsbürO 2015, 133,
11.	Berechtigung	• zur Einlegung eines Rechtsmittels oder –behelfs sind berechtigt: – der Insolvenzverwalter – jeder Insolvenzgläubiger – der Schuldner	Zur Beschwerdeberechtigung bei Insolvenzgläubigern: BGH v. 7.12.2006 – IX ZB 1/04 in ZInsO 2007, 259, WKRS 2006, 31325

Nr.	Thema	Checkliste Rechtsmittel und Rechtsbehelfe: Erläuterung	Hilfsmittel
		• bei Vergütungsfestsetzungen ergibt sich dies bspw. aus § 64 Abs. 3 InsO • bei Insolvenzgläubigern reicht die Anmeldung zur Insolvenztabelle; eine Forderungsfeststellung muss nicht vorliegen (s. Rechtsprechung)	
12.	Sofortige Beschwerde	• sofortige Beschwerde gegen Entscheidungen des Insolvenzgerichtes möglich, sofern die InsO dies ausdrücklich vorsieht (§ 6 Abs. 1 InsO) • Regelung für sofortige Beschwerde in § 567 ZPO • wann diese zulässig ist: s. gesonderten Einzelüberblick • Abhilfemöglichkeit: s. nachfolgend • bei Entscheidungen über Vollstreckungsmaßnahmen greift über § 4 InsO die Regelung in § 793 ZPO (= sofortige Beschwerde): – Entscheidung über Pfändbarkeit (§ 36 Abs. 4 InsO) – Entscheidung gem. § 89 InsO (Vollstreckungsverbot, Ausnahmeregelung für Delikt- und Unterhaltsgläubiger)	Checkliste Rechtsmittel- und behelfe > Einzelüberblick
13.	Beschwerdefrist	• gesetzliche Regelung: § 569 Abs. 1 ZPO = Notfrist von zwei Wochen • Beginn der Beschwerdefrist gem. § 6 Abs. 2 InsO: – mit Verkündung der Entscheidung oder – wenn diese nicht verkündet wird, mit deren Zustellung • bei öffentlicher Bekanntmachung: Frist des § 9 Abs. 1 Satz 3 InsO beachten • danach: Bekanntmachung gilt als bewirkt nach Ablauf von zwei weiteren Tagen nach dem Tag der Veröffentlichung • jeweils früherer Zeitpunkt ist maßgeblich • daher: zur Fristwahrung nicht allein das Zustellungsdatum beachten, sondern das Veröffentlichungsdatum kontrollieren	Koeplin, Die Einlegung der sofortigen Beschwerde im Insolvenzverfahren, InsbürO 2011, 91 ff. Zur Fristberechnung: BGH v. 24.3.2016 – IX ZB 67/14 (Rn. 7 ff. m.w.N.) in InsbürO 2016, 254, ZInsO 2016, 867
14.	Vergütungsentscheidungen	• nach § 64 Abs. 2 Satz 1 InsO sind Vergütungsentscheidungen öffentlich bekannt zu machen • nach der BGH-Rechtsprechung ist die öffentliche Bekanntmachung einer Vergütungsfestsetzung nur wirksam, wenn die maßgeblichen Teil der Beschlussgründe selbst veröffentlicht werden: – festgesetzte Vergütung – festgesetzte Auslagen – festgesetzte Umsatzsteuer – abgezogene Vorschüsse • wenn dies nicht erfolgt, beginnt die Beschwerdefrist nicht zu laufen (§ 569 Abs. 1 S. 2 Hs. 2 ZPO = Ablauf von fünf Monaten nach Erlass der Entscheidung) • damit würde also keine Rechtskraft eintreten	Voraussetzungen einer wirksamen Veröffentlichung: BGH v. 14.12.2017 – IX ZB 65/16 in InsbürO 2018, 116, ZInsO 2018, 135 Hinweis auf Kritik aus der Branche (z.B. VID): InsbürO 2018, 90
15.	Beschwerdesumme	• bei Kostenentscheidungen: Beschwerdewert von 201,00 EUR muss erreicht werden (§ 567 Abs. 2 ZPO) • bei sonstigen Entscheidungen ist dies nicht erforderlich	
16.	Einlegung	• Beschwerde und Erinnerung sind jeweils beim Insolvenzgericht einzulegen (= Abhilfemöglichkeit: s. unten): – Beschwerde: § 6 Abs. 1 Satz 2 InsO – Erinnerung: § 11 Abs. 2 Satz 5 RPflG	Zur funktionalen Zuständigkeit des Insolvenzgerichtes: BGH v. 16.11.2011- IX ZA 100/11 in WKRS 2011, 29703
17.	Form	• Einlegung der sofortigen Beschwerde durch Einreichung einer Beschwerdeschrift (§ 569 Abs. 2 ZPO) • darin: Bezeichnung der angefochtenen Entscheidung und Erklärung, dass die Beschwerde gegen diese Entscheidung eingelegt wird	
18.	Abhilfemöglichkeit – Beschwerde	• § 572 Abs. 1 ZPO: Gericht, das die »streitige« Entscheidung getroffen hat, kann einer sofortigen Beschwerde abhelfen, wenn es sie für begründet hält • anderenfalls: Vorlage der Beschwerde beim Beschwerdegericht	

Nr.	Thema	Checkliste Rechtsmittel und Rechtsbehelfe: Erläuterung	Hilfsmittel
19.	Erinnerung	• bei Entscheidungen von Rechtspflegern gem. § 3 Nr. 2e RPflG, wenn die InsO keine sofortige Beschwerde vorsieht: – Rechtsbehelf der Erinnerung möglich (§ 11 Abs. 2 RPflG) – Voraussetzung: tatsächliche Entscheidung und keine vorbereitende Maßnahme (z.B. Vorschussfestsetzung) – Rechtspfleger hat die Möglichkeit der Abhilfe: s. nachfolgend • bei Entscheidungen unter Ausnutzung des Vorbehaltes gem. § 18 Abs. 2 RPflG durch einen Richter, obwohl die eigentliche Zuständigkeit dem Rechtspfleger gem. § 3 Nr. 2 e) RPflG obliegt: Erinnerung trotzdem zulässig (s. Literaturtipps und Rechtsprechung)	Graeber, Rechtswegmöglichkeiten im Insolvenzverfahren, InsbürO 2006, 204 (unten) bei Nichtabhilfe Vorlage an Richter, nicht an Beschwerdegericht: BGH v. 24.11.2016 – IX ZB 4/15 in InsbürO 2017, 160, ZInsO 2017, 320
20.	Erinnerung – Frist	• gem. § 11 Abs. 2 Satz 1 RPflG: Notfrist zur Einlegung der Erinnerung von zwei Wochen ab Verkündung oder Zustellung • öffentliche Bekanntmachung beachten: s. vorstehend »Beschwerdefrist«	
21.	Erinnerung – Summe	• gem. § 11 Abs. 2 RPflG sind die Vorschriften der ZPO über die sofortige Beschwerde sinngemäß anzuwenden • damit: Erreichen der Beschwerdesumme (s. vorstehend)	
22.	Abhilfemöglichkeit – Erinnerung	• § 11 Abs. 2 Satz 5 RPflG: Rechtspfleger kann abhelfen, wenn er die Erinnerung für begründet hält • anderenfalls: Vorlage der Erinnerung beim Richter	
23.	Kosten	• die Gebühr für das Beschwerdeverfahren beträgt nach Nr. 2361 KV GKG 60,00 EUR, sofern sie zurückgewiesen oder verworfen wird • bei tlw. Obsiegen: ggf. Reduzierung der Gebühr auf die Hälfte (Nr. 2361 KV GKG) • das Erinnerungsverfahren ist gem. § 11 Abs. 4 RPflG gebührenfrei	Gesetze abrufbar: www.gesetze-im-Internet.de

Checkliste 60: Regelinsolvenzverfahren

123 Bei Regelinsolvenzverfahren handelt es sich um Insolvenzverfahren über das Vermögen von juristischen und natürlichen Personen, wobei bei letzteren zusätzliche Eröffnungsvoraussetzungen vorliegen müssen. Die häufig verwendeten Begriffe »Unternehmensinsolvenz« oder »Firmeninsolvenz« betreffen dann jeweils ein solches Regelinsolvenzverfahren über das Vermögen eines Geschäftsbetriebes. Nachfolgend werden die Voraussetzungen für die Eröffnung eines Regelinsolvenzverfahrens und typische Merkmale in der Abwicklung dargestellt.

(Die Übersicht dient als Nachschlagewerk und ist daher alphabetisch sortiert.)

124

Nr.	Thema	Checkliste Regelinsolvenzverfahren: Erläuterung	Hilfsmittel
1.	Absonderungsrechte	• soweit Absonderungsrechte an Vermögenswerten bestehen: Verwertungsrecht des Insolvenzverwalters gem. § 166 InsO • Voraussetzung: er muss den Gegenstand im Besitz haben • Vorschriften über die Beteiligung am Verwertungsvorgang und Befriedigung des Absonderungsgläubigers berücksichtigen: §§ 167 – 173 InsO	Checkliste Absonderungsrechte Checkliste Forderungseinzug
2.	Abwicklung	• Abwicklung eines Regelinsolvenzverfahrens wird in allen gesonderten Checklisten dargestellt • dort jeweils detaillierte Hinweise zu einzelnen Themenkomplexen	
3.	Aktenzeichen	• die Regelinsolvenzverfahren werden beim Insolvenzgericht mit dem Aktenzeichen IN geführt • sie werden daher auch als »IN-Verfahren« bezeichnet	
4.	Anfechtungsrecht	• der Insolvenzverwalter kann Insolvenzanfechtungen vornehmen (§§ 129 ff. InsO) • Anfechtung = Rückgewähr dessen, was durch eine anfechtbare Handlung veräußert, weggegeben oder aufgegeben wurde (§ 143 InsO)	Checkliste Anfechtungsansprüche

Nr.	Thema	Checkliste Regelinsolvenzverfahren: Erläuterung	Hilfsmittel
5.	Eigenverwaltung	• besondere Verfahrensart gem. §§ 270 – 285 InsO	Checkliste Eigenverwaltung
6.	Eröffnungsvoraussetzungen	• Eröffnungsvoraussetzungen sind folgende: – Schuldner ist eine juristische Person (§ 11 InsO) – Schuldner ist eine natürliche Person (§ 11 InsO): – Voraussetzungen des § 304 InsO werden nicht erfüllt, sonst Eröffnung als Verbraucherinsolvenzverfahren • bei natürlichen Personen Eröffnung Regelinsolvenzverfahren, wenn – Schuldner eine wirtschaftliche Tätigkeit ausübt (§ 304 Abs. 1 Satz 1 InsO) – Schuldner eine wirtschaftliche Tätigkeit ausgeübt hat, seine Vermögensverhältnisse aber nicht überschaubar sind (= mehr als 20 Gläubiger und Forderungen aus Arbeitsverhältnissen) (§ 304 Abs. 1 Satz 2, Abs. 2 InsO)	
7.	Gesetzesänderung	• Reform zur Verkürzung der Verbraucherinsolvenz- und Restschuldbefreiungsverfahren und zur Stärkung der Gläubigerrechte vom 18.07.2013 (BGBl. 2013, Teil 1, S. 2379 ff.) • grds.: Inkrafttreten am 01.07.2014 • aber: einige Passagen sind am Tag nach der Verkündung (19.07.2013) in Kraft getreten: – §§ 56 Abs. 1 S. 3 Nr. 1, 63 Abs. 3 InsO, § 11 Abs. 1 InsVV, §§ 66a und 67c GenG • Auswirkung dieser Änderungen auch im Regelinsolvenzverfahren: – § 56 Abs. 1 S. Nr. 1 InsO: Bestellung des Insolvenzverwalter – kein Ausschluss wegen Vorschlag durch Schuldner oder Gläubiger – § 63 Abs. 3 InsO i.V.m. § 11 Abs. 1 InsVV: Regelung der Vergütung des vorläufigen Verwalters – § 66a, 67c GenG: Pfändungsschutz für Genossenschaftsanteile	
8.	Gläubigerversammlung	• im Eröffnungsbeschluss wird eine Gläubigerversammlung bestimmt (§ 29 Abs. 1 Nr. 1 InsO) • diese kann mündlich oder schriftlich (§ 5 Abs. 2 InsO) durchgeführt werden: s. nachstehend »schriftliches Verfahren« • § 29 Abs. 2 S. 2 InsO: Verzicht auf Berichtstermin möglich, wenn Vermögensverhältnisse überschaubar und Gläubigeranzahl oder Höhe der Verbindlichkeiten gering • zu dieser Gläubigerversammlung sind ein Bericht (§ 156 InsO) und die Verzeichnisse (§§ 151 – 153 InsO) zu fertigen	Checkliste Berichte Checkliste Gläubigerverzeichnis Vermögensübersicht Verzeichnis der Massegegenstände
9.	Gutachten	• es wird regelmäßig ein Sachverständiger gem. § 5 Abs. 1 InsO beauftragt • Auftrag insbes.: – Ermittlung der möglichen Eröffnungsgründe (§§ 16 – 19 InsO) – Ermittlung einer kostendeckenden Masse (§ 26 InsO)	Checkliste Gutachten Checkliste Limited
10.	Insolvenzplan	• Insolvenzplan = Möglichkeit von besonderen Regelungen zur Gläubigerbefriedigung • Regelungen in §§ 217 – 269 InsO • im Regelinsolvenzverfahren, aber auch im Verbraucherinsolvenzverfahren jederzeit anwendbar	Checkliste Insolvenzplan
11.	Insolvenzverwalter	• es wird ein Insolvenzverwalter bestellt (§ 27 Abs. 1 Satz 1, 56 Abs. 1 InsO) • auf diesen geht die Verwaltungs- und Verfügungsbefugnis mit Insolvenzeröffnung über (§ 80 Abs. 1 InsO)	
12.	Kostenstundung	• Kostenstundung (§ 4a InsO) auch in Regelinsolvenzverfahren über das Vermögen natürlicher Personen möglich • gebräuchliche Abkürzung für diese Verfahren: »4a-Verfahren«	Checkliste Kostenstundung
13.	Regelinsolvenzverfahren	• gängige Verfahrensart • andere Verfahrensart: Verbraucherinsolvenzverfahren (§§ 304 ff. InsO) • s. nachstehend »Unterschiede«	ABC des Insolvenzrechtes: Regelinsolvenzverfahren, InsbürO 2008, 199 f.

Nr.	Thema	Checkliste Regelinsolvenzverfahren: Erläuterung	Hilfsmittel
14.	Rückschlagsperre	• Rückschlagsperre = Eintritt der Unwirksamkeit von erlangten Sicherungen durch Vollstreckungsmaßnahmen • die Frist der Rückschlagsperre gem. § 88 InsO beträgt im Regelinsolvenzverfahren: einen Monat ab Antragstellung (§ 88 InsO)	Checkliste Vollstreckungsmaßnahmen ABC des Insolvenzrechtes: Rückschlagsperre, InsbürO 2008, 320
15.	Schriftliches Verfahren	• gem. § 5 Abs. 2 InsO ist die Abhaltung von Termin im schriftlichen Verfahren der Regelfall • Voraussetzung: überschaubare Vermögensverhältnisse und geringe Gläubigeranzahl oder geringe Höhe der Verbindlichkeiten • ansonsten kann das Insolvenzgericht auch mündliche Termine abhalten (i.d.R. in Verfahren über das Vermögen von jur. Personen)	
16.	Treuhänder	• bei natürlichen Personen kann sich an das eröffnete Regelverfahren eine RSB-Phase anschließen • dort wird dann ein Treuhänder bestellt (§ 288 S. 2 InsO)	Checkliste RSB-Phase
17.	Unterschiede zum Verbraucherinsolvenzverfahren (bis 30.06.2014)	• in beantragten Verbraucherinsolvenzverfahren bis 30.06.2014 sind folgende 8 Unterschiede zu nennen, die in der Regelinsolvenz gegeben sind: – dem Insolvenzverwalter obliegt das Anfechtungsrecht – Eigenverwaltung möglich – es findet eine Gläubigerversammlung statt – ein Insolvenzplan ist möglich – schriftliches Verfahren nur bei überschaubaren Verhältnisse – die Frist der Rückschlagsperre beträgt nur einen Monat – Insolvenzverwalter statt Treuhänder – es besteht das Verwertungsrecht bei Absonderung • s. jeweils vorstehend	ABC des Insolvenzrechtes: Insolvenzverwalter/Treuhänder, die Unterschiede im eröffneten Insolvenzverfahren, InsbürO 2007, 119 f.
18.	Unterschiede zum Verbraucherinsolvenzverfahren (ab 01.07.2014)	• in beantragten Verbraucherinsolvenzverfahren ab 01.07.2014 sind folgende 2 Unterschiede zu nennen, die in der Regelinsolvenz gegeben sind: – Eigenverwaltung möglich – die Frist der Rückschlagsperre beträgt nur einen Monat • s. jeweils vorstehend	
19.	Weitere Hinweise	• wesentliche Abwicklungsschritte für Regelinsolvenzverfahren finden sich in folgenden Checklisten: – Eröffnungsbeschluss jur. Person – Gutachten – Insolvenztabelle – Limited • darüber hinaus anwendbar: alle anderen	

Checkliste 61: Restschuldbefreiungsphase

125 Natürliche Personen können nach § 287 Abs. 1 InsO einen Antrag auf Erteilung der Restschuldbefreiung stellen. Diesem Antrag ist gem. § 287 Abs. 2 InsO eine Erklärung beizufügen, dass der Schuldner seine pfändbaren Einkommensanteile für die Dauer von sechs Jahren nach Insolvenzeröffnung abtritt. Das gesamte Verfahren bis zur Erteilung der Restschuldbefreiung dauert daher sechs Jahre. Das Insolvenzverfahren wird i.d.R. bereits nach kurzer Zeit beendet. Soweit keine Versagungsgründe nach § 290 InsO gegeben und geltend gemacht werden, geht das beendete Insolvenzverfahren in die Restschuldbefreiungsphase über. Häufig wird auch der Begriff »Entschuldungsverfahren« verwendet. Die Pflichten des Treuhänders in dieser Phase ergeben sich aus § 292 InsO. Auf die hierfür erforderlichen Arbeitsschritte wird nachfolgend näher eingegangen.

(Die Übersicht ist nach gängigen Informationen und Arbeitsschritten sortiert. Am Ende sind weitere Informationen alphabetisch sortiert angefügt.)

126

Nr.	Thema	Checkliste Restschuldbefreiungsphase: Erläuterung	Hilfsmittel
1.	Abkürzung	• Restschuldbefreiungsverfahren = RSB-Phase • Synonym: Wohlverhaltensphase = WVP-Phase	

Nr.	Thema	Checkliste Restschuldbefreiungsphase: Erläuterung	Hilfsmittel
2.	Abtretungserklärung	• Voraussetzung für einen RSB-Antrag: Abtretung von pfändbaren Forderungen auf Bezüge aus einem Dienstverhältnis oder an deren Stelle tretende laufende Bezüge (§ 287 Abs. 2 InsO) • Zeitraum: für sechs Jahre nach der Eröffnung des Insolvenzverfahrens • beachte § 287 Abs. 3 InsO: ein Abtretungsausschluss oder eine Bedingung etc. greifen bei dieser Abtretung gem. § 287 Abs. 2 InsO nicht • die Abtretungserklärung greift erst in der RSB-Phase, denn im eröffneten Verfahren sind pfändbare Einkommensanteile vom Insolvenzbeschlag gem. § 35 InsO umfasst	
3.	Abtretungserklärung – Umfang	• zum Einkommen i.S.v. § 287 Abs. 2 InsO zählen: – pfändbare Vergütungsansprüche aller Art aus Erwerbstätigkeit – auch Lohnersatzleistungen nach dem SGB, Rentenzahlungen, Abfindungen u.v.m. • es gilt insoweit der Pfändungsschutz der §§ 850 ff. ZPO = nur darüber hinaus gehende Beträge sind pfändbar • zum Einkommen i.S.v. § 287 Abs. 2 InsO zählen nicht: – Miet- und Pachteinnahmen – Einnahmen aus Kapitalvermögen – Steuererstattungen • es gilt der Pfändungsschutz nach § 850i ZPO für Einkünfte, die kein Arbeitseinkommen sind	Abfindung von Abtretungserklärung umfasst: BGH v. 11.5.2010 – IX ZR 139/09 in InsbürO 2010, 321, ZInsO 2010, 1088 Pfändungsschutz für Einkünfte, die kein Arbeitseinkommen sind: BGH v. 26.6.2014 – IX ZB 88/13 in InsbürO 2015, 73, ZInsO 2014, 1609 den Pfändungsschutz noch problematisiert vor BGH-Entscheidung: Klein, Pfändungsschutz für Einkünfte aus Vermietung und Verpachtung? InsbürO 2013, 142 ff. Steuererstattung kein Einkommen: BFH v. 15.3.2017 – III R 12/16 (Rn. 16 m.w.N.) in ZInsO 2017, 2708
4.	Verkürzung Restschuldbefreiungsphase	• vorzeitige Erteilung der Restschuldbefreiung unter bestimmten Voraussetzungen gem. § 300 Abs. 1 InsO möglich • für nähere Erläuterungen: siehe in nachfolgende Zusatzinformationen (alphabetische Sortierung) • ungeklärt: Wer macht den Schuldner auf die Voraussetzungen aufmerksam: keine originäre Pflicht des Treuhänders • Vorsicht: bei zu ausführlicher Erläuterung gegenüber Schuldner Gefahr einer zulässigen Rechtsberatung (s. Literaturtipp nebenstehend)	Wipperfürth, Verkürzung der Restschuldbefreiungsphase, InsbürO 2016, 291 f. (Rubrik Fragezeichen)
5.	Einnahmen	• der Insolvenzbeschlag gem. §§ 35, 36 InsO greift während der RSB-Phase nicht mehr am pfändbaren Einkommen • pfändbare Einkommensanteile werden ausschließlich aufgrund der Abtretung gem. § 287 Abs. 2 InsO erzielt • der Schuldner hat Veränderungen im Hinblick auf den pfändbaren Einkommensanteil mitzuteilen: Wechsel Arbeitgeber, Änderung Wohnsitz, mehrere Einkommen • der Treuhänder kann Anträge nach § 850c Abs. 2, 4 ZPO oder nach § 850e ZPO beim Insolvenzgericht stellen, um den pfändbaren Einkommensanteil ggf. zu erhöhen • weitere Einnahmen resultieren aus der Obliegenheit gem. § 295 Abs. 1 Nr. 2 InsO: Abführung hälftiger Anteil einer etwaigen Erbschaft • der Treuhänder, der nicht mit der Obliegenheiten-überwachung gem. § 292 Abs. 2 InsO beauftragt wurde, hat keine Pflicht, die Einnahmen auf ihre Richtigkeit hin zu überprüfen; daher keine Anwendung von § 60 InsO • in der Praxis verlangen die Insolvenzgerichte dennoch tlw. Auskünfte zur Richtigkeit der Abführung: Wünsche der Gerichte daher berücksichtigen; i.d.R. reichen Stichproben auf Richtigkeit aus	Recht des Treuhänders zur Antragstellung: BGH v. 25.10.2012 – IX ZB 263/11 in InsbürO 2013, 245, ZInsO 2013, 1274 Checkliste Einkommen mit Vielzahl von Varianten und entsprechenden Verweisen auf Musteranträge keine Überprüfungspflicht für den Treuhänder: OLG Celle v. 2.10.2007 – 16 U 29/07 in WKRS 2007, 41953

Nr.	Thema	Checkliste Restschuldbefreiungsphase: Erläuterung	Hilfsmittel
6.	Obliegenheitspflichten	• Schuldner hat während der RSB-Phase Obliegenheiten gem. § 295 InsO zu erfüllen: – Ausübung einer Erwerbstätigkeit oder sich um eine solche bemühen – Abführung des hälftigen Anteils einer Erbschaft – Meldung jeder Änderung eines Wohnungswechsels oder der Arbeitsstelle – Auskunftserteilung ggü. Treuhänder und Gericht – keine Verschaffung eines Sondervorteils für einen Insolvenzgläubiger • Obliegenheit bedeutet aber keine Pflicht, Sanktion der Nichteinhaltung erfolgt über RSB-Versagung • die Überwachung der Obliegenheiten durch den Treuhänder erfolgt nur bei gesondertem Auftrag (§ 292 Abs. 2 InsO): in der Praxis ist Auftragserteilung unüblich • dennoch: Belehrung des Schuldners über die Obliegenheiten sinnvoll und üblich: s. nachstehend »Belehrung«	Muster 299: »Obliegenheiten – Erstinformation an Schuldner« (keine selbständige Tätigkeit) Muster 322 (selbständige Tätigkeit) »Obliegenheiten – Erstinformationen an Schuldner« (selbständige Tätigkeit) ABC des Insolvenzrechts: Obliegenheitsverletzung, InsbürO 2008, 239 f. keine Arbeitspflicht, aber Erwerbsobliegenheit: BAG v. 20.6.2013 – 6 AZR 789/11 in InsbürO 2013, 499, ZInsO 2013, 1806
7.	Erwerbsobliegenheit	• Regelung in § 295 Abs. 1 Nr. 1 InsO	keine Arbeitspflicht, aber Erwerbsobliegenheit: BAG v. 20.6.2013 – 6 AZR 789/11 in InsbürO 2013, 499, ZInsO 2013, 1806 Checkliste Einkommen mit weiteren Hinweisen auf Rechtsprechung
8.	Belehrung	• Belehrung des Schuldners über die Obliegenheitspflichten des § 295 InsO sinnvoll und üblich • zu Beginn der RSB-Phase entsprechendes Anschreiben versenden • i.d.R. bereits mündliche Erläuterungen im Erstgespräch zu Beginn des Hauptverfahrens	Muster 299: »Obliegenheiten – Erstinformation an Schuldner« (keine selbständige Tätigkeit) Muster 322 (selbständige Tätigkeit): »Obliegenheiten – Erstinformationen an Schuldner« (selbständige Tätigkeit)
9.	Aufgabe des Treuhänders	• gesetzliche Regelung in § 292 InsO: – Unterrichtung des zur Zahlung von Bezügen Verpflichteten – Verteilung der aufgrund der Abtretungserklärung (s. vorstehend) oder auf sonstige Weise erlangten Beträge an die Insolvenzgläubiger	ABC des Insolvenzrechts: Treuhänder im Entschuldungsverfahren, InsbürO 2007, 399 f.
10.	Fristen	• einmal jährlich Jahresbericht oder zumindest Prüfungstätigkeit: s. nachstehend »Jahresbericht – Frist« • daher mindestens einmal jährlich Kontaktaufnahme zum Schuldner: sinnvoll sechs Wochen vor der Frist für den Jahresbericht • einmal jährlich Verteilung – sofern Einnahmen vorhanden-: unterschiedliche Zeitpunkte denkbar: s. nachstehend »Verteilung – Zeitpunkt« • sämtliche Fristen mit ggf. Vorfristen notieren und überwachen	Insolvenzsoftware
11.	Übersicht – Infos auf einen Blick	• alle relevanten Informationen zur Abwicklung der RSB-Phase in eine Übersicht eintragen und vorne auf die Akte heften • jeweils spätestens einmal jährlich aktualisieren und neu ausdrucken • erleichtert das Einarbeiten in die Akte = alles auf einen Blick	
12.	Arbeitgeber	• der Arbeitgeber des Schuldners ist auf die Abführungspflicht von pfändbaren Einkommensanteilen des Schuldners hinzuweisen (§ 292 Abs. 1 InsO) • Beschluss über Bestellung zum Treuhänder übermitteln	Muster 296: »Arbeitgeber – Info wg. RSB-Phase« Checkliste Einkommen

Nr.	Thema	Checkliste Restschuldbefreiungsphase: Erläuterung	Hilfsmittel
		• Vereinbarung darüber, dass der Arbeitgeber nicht informiert wird und der Schuldner selbst abführt, ist haftungsträchtig: s. Rechtsprechung rechts • Unterhaltspflichten prüfen und berücksichtigen: s. nachstehend »Unterhaltspflichten«	Zur fehlenden Offenlegung der Abtretung: BGH v. 20.2.2014 – IX ZA 32/13 (Rn. 3 m.w.N.) in InsbürO 2014, 244, ZInsO 2014, 687
13.	Einkommen	• Beachtung von vielen unterschiedlichen Aspekte bei der Vereinnahmung von pfändbaren Einkommensanteilen • siehe gesonderte Checkliste • für Prüfungspflicht der Zahlungseingänge und der Höhe ist eigentlich ein gesonderter Auftrag gem. § 292 Abs. 2 InsO erforderlich • siehe vorstehende Ausführungen zu »Einnahmen«	Checkliste Einkommen mit Vielzahl von weiteren Hinweisen zur Bestimmung des pfändbaren Einkommens keine Überprüfungspflicht für den Treuhänder: OLG Celle v. 2.10.2007 – 16 U 29/07 in WKRS 2007, 41953
14.	Einkommen – Veränderung	• der pfändbare Einkommensanteil kann durch Anträge nach §§ 850 ff. ZPO verändert werden, z. B.: – Wegfall einer Unterhaltspflicht – Zusammenrechnung mehrerer Einkommen • der Treuhänder ist verpflichtet, solche Anträge zu stellen: § 292 Abs. 1 Satz 3 InsO i.V.m. § 36 Abs. 1 Satz 2 InsO, Abs. 4 InsO	Checkliste Einkommen Muster 90 – 93 (Einkommen): »Herabsetzung Pfändungsfreigrenze § 850c ZPO« Muster 94 – 96 (Einkommen): »Mehrere Einkommen – Antrag § 850e Nr. 2 ZPO«
15.	Unterhaltspflichten	• bestehende Unterhaltspflichten führen zu einer Minderung von pfändbaren Einkommensanteilen • die Überprüfung der Unterhaltspflichten ist daher wichtig: ggf. kommt ein Wegfall in Betracht (eigenes Einkommen des Ehepartners oder Beendigung einer Ausbildung eines Kindes) • der Schuldner ist nach der BGH-Rechtsprechung in der Wohlverhaltensphase nicht verpflichtet, von sich aus Änderungen mitzuteilen, sondern nur auf Anfrage durch den Treuhänder • viele einzelne Aspekte zu berücksichtigen: s. gesonderte Checkliste	Checkliste Einkommen Keine Mitteilungspflicht des Schuldners über Veränderung bei Unterhaltspflichten: BGH v. 12.07.2018 – IX ZB 78/17 in InsbürO 2018, 399, WKRS 2018, 29164
16.	Selbständige Tätigkeit	• bei selbständiger Tätigkeit: Ausgleichsverpflichtung des Schuldners gem. § 295 Abs. 2 InsO • Abtretungserklärung gem. § 287 Abs. 2 InsO umfasst keine Forderungen des Schuldners aus selbständiger Tätigkeit • siehe wegen einzelner Aspekte: gesonderte Checkliste	Checkliste selbständige Tätigkeit Abtretungserklärung greift nicht beim selbständig tätigen Schuldner: BGH v. 15.10.2009 – IX ZR 234/08 in InsbürO 2010, 119, ZInsO 2010, 59
17.	Einziehungsbefugnis	• Einnahmebefugnis für pfändbare Einkommensanteile ergibt sich aus § 287 Abs. 2 i.V.m. § 292 InsO • keine Regelung in der InsO, ob diese auch noch besteht, wenn RSB erteilt wurde für Ansprüche, die von der Abtretung erfasst sind, aber nicht bezahlt wurden: Instanzgerichte bejahen dies • Beispielfall: fehlerhafte Auszahlung des Arbeitgebers an den Schuldner, nochmaliger Zahlungsanspruch gg. Arbeitgeber aus § 82 InsO	Einziehungsbefugnis des Treuhänders nach Ende der RSB-Phase: VG Berlin, Urt. v. 19.03.2015 – 26 K 267.13 in ZInsO 2015, 2141, InsbürO 2016, 84
18.	P-Konto – Rückumwandlung	• die kontoführende Bank sollte über die Verfahrensaufhebung informiert werden • etwaige Kontoguthaben gem. § 850k Abs. 1 ZPO werden von der Abtretungserklärung gem. § 287 Abs. 2 InsO nicht umfasst • ggf. mag der Schuldner das P-Konto wieder in ein »normales« Girokonto rückumwandeln • allerdings: erhöhte Kontoführungsgebühren für P-Konten sind unzulässig	Muster 64 (Bank): »P-Konto – Info Bank über Verfahrensende« keine höheres Entgelt zulässig: BGH v. 13.11.2012 – XI ZR 500/11 in InsbürO 2013, 148, ZInsO 2013, 40 Bestätigung: BGH v. 12.9.2017 – XI ZR 590/15 (Rn. 54) in WKRS 2017, 23555

Nr.	Thema	Checkliste Restschuldbefreiungsphase: Erläuterung	Hilfsmittel
19.	Verfahrensanalyse-Daten	• Führung einer Analyse-Liste mit Verfahrensdaten für eine etwaige Zertifizierungsprüfung • Bei Übernahme der Akte in die RSB-Phase: Daten in der Liste Datenanalyse eingetragen? ggf. ergänzen	
20.	Auskunftsersuchen	• i.d.R. kein Überwachungsauftrag für Obliegenheiten gem. § 292 Abs. 2 InsO • dennoch sinnvoll und üblich: einmal jährlich Kontaktaufnahme zum Schuldner • Abfrage von etwaigen Veränderungen oder Erbfall • keine Pflicht des Schuldners, von sich aus Veränderungen bei den Unterhaltspflichten mitzuteilen, nur Auskunft bei Anfrage: s. BGH-Entscheidung = Änderung des pfändbaren Einkommensanteils daher nur durch Auskunft bei Anfrage denkbar • i.d.R.: sechs Wochen vor der Frist für den Jahresbericht • Ergebnis der Kontaktaufnahme für Jahresbericht nutzen: s. nachstehend	Muster 295: »Anforderung Infos v. Schuldner jährlich« Heyn, Rückforderung von Vergütung bei Tod des Schuldners in der RSB-Phase, InsbürO 2009, 358 f. Keine Mitteilungspflicht des Schuldners über Veränderung bei Unterhaltspflichten: BGH v. 12.07.2018 – IX ZB 78/17 in InsbürO 2018, 399, WKRS 2018, 29164
21.	Bewerbungsbemühungen	• Obliegenheit gem. § 295 Abs. 1 InsO, sich um Erwerbstätigkeit zu bemühen • daher: Nachweis der Bewerbungsbemühungen erforderlich • s. wegen weiterer Informationen in gesonderte Checkliste	Checkliste selbständige Tätigkeit: darin Kriterien für den Umfang von Bewerbungsbemühungen allgemein
22.	Erbschaft	• für die Zuordnung einer Erbschaft in das eröffnete Verfahren oder in die RSB-Phase: Zeitpunkt des Erbfalls entscheidend • gem. § 295 Abs. 1 Nr. 2 InsO ist der hälftige Wert einer Erbschaft an den Treuhänder herauszugeben, allerdings in Geld, nicht als Vermögensgegenstand (s. Rechtsprechung) • für Berechnung des hälftigen Wertes: ggf. Regelungen in §§ 2303 BGB (Pflichtteil) hinzuziehen • gem. § 2311 BGB: Wert des Nachlasses zum Zeitpunkt des Erbfalls relevant • kein Anspruch der Gläubiger auf Geltendmachung des Pflichtteils (§ 83 InsO): Obliegenheit zur Abführung entsteht erst mit Erhalt der Erbschaft (z. B. Zahlungseingang auf Konto)	Zeitpunkt des Erbfalls für Einordnung in Verfahrensabschnitt: BGH v. 15.7.2010 – IX ZB 229/07 in InsbürO 2010, 355, ZInsO 2010, 1496 Herausgabepflicht des Wertes in Geld: BGH v. 10.1.2013 – IX ZB 163/11 in InsbürO 2014, 211, ZInsO 2013, 306 Ablehnung Pflichtteil – keine Obliegenheitsverletzung: BGH v. 25.6.2009 – IX ZB 196/08 in InsbürO 2009, 323, ZInsO 2009, 1461 Regenfus, »Erwerb von Todes wegen« in der Wohlverhaltensperiode, InsbürO 2016, 406 ff.
23.	Jahresbericht-allgemein	• keine gesetzliche Regelung für eine Berichtspflicht während der Dauer der RSB-Phase (nur für Abschlussbericht: s. nachstehend) • üblich und von den Insolvenzgerichten gefordert: jährlicher Sachstandsbericht bei Verteilung oder Kenntnis von Obliegenheitsverletzung • ohne Verteilung und ohne Kenntnis von möglichen Versagungsgründen: i.d.R. kein Jahresbericht erforderlich • aber: dennoch jährliche Kontaktaufnahme zum Schuldner und kurzen Vermerk über erlangte Informationen erstellen • i.d.R. im Abschlussbericht: Nachweis der jährlichen Kontaktaufnahme (= Vergütungsanspruch) • individuelle Wünsche des jew. Insolvenzgerichtes berücksichtigen	
24.	Jahresbericht – Frist (in beantragten Verfahren bis 30.06.2014)	• Frist für den Jahresbericht orientiert sich an der Pflicht zur Verteilung gem. § 292 Abs. 1 InsO • jedoch: keine gesetzlich eindeutige Regelung für den Zeitpunkt der Verteilung • i.d.R. Fristbeginn mit Datum der Verfahrensaufhebung • Grund: Motivationsrabatt orientiert sich an der Verfahrensaufhebung	

Nr.	Thema	Checkliste Restschuldbefreiungsphase: Erläuterung	Hilfsmittel
		• tlw. jedoch auch: Fristbeginn mit Bestellung des Treuhänders = Ankündigung der RSB gem. § 291 InsO • individuelle Wünsche des jew. Insolvenzgerichtes berücksichtigen	
25.	Jahresbericht – Frist (in beantragten Verfahren ab 01.07.2014)	• Streichung der Regelung in § 291 InsO (= Ankündigung RSB und Bestimmung Treuhänder) • Treuhänder wird nach der Neuregelung in § 288 Satz 2 InsO mit der Aufhebung oder Einstellung des Verfahrens bestimmt • damit: Frist für die Jahresberichte eindeutiger als vorher: ab Aufhebung bzw. Einstellung	
26.	Jahresbericht – Inhalt	• Gliederungspunkte ergeben sich u.a. aus § 295 InsO: – Aussagen zu den Obliegenheiten des Schuldners machen: Arbeitgeberwechsel, Erbschaft erlangt etc. – bzgl. der Vereinnahmung von pfändbaren Einkommensanteilen: aktuelle Informationen zu Unterhaltspflichten etc. • bei Verwendung eines Musters: relativ zügige Erstellung möglich	Muster 297: »Jahresbericht Treuhänder – keine Einnahmen – Kurzfassung« Muster 298: »Jahresbericht Treuhänder – Tab.form«
27.	Kostenstundung	• bei Bewilligung einer Kostenstundung im eröffneten Verfahren und einem offenen Erstattungsanspruch der Staatskasse: keine Verteilung der erzielten Einnahmen an die Insolvenzgläubiger (§ 292 Abs. 1 Satz 2 InsO) • keine Kostenstundung erforderlich bei möglicher Bildung einer Rückstellung aus dem eröffnetem Verfahren für Gesamtkosten der RSB-Phase	Checkliste Kostenstundung Bildung einer Rückstellung: BGH v. 20.11.2014 – IX ZB 16/14 in InsbürO 2015, 62, ZInsO 2015, 28 Zimmer, Die Rückstellung für die Treuhändervergütung und ihre (Folge-)Probleme, InsbürO 2016, 324 ff. Deppe, Stundung der Kosten im Insolvenzverfahren – Teil 2: Wiedereinziehung der gestundeten Beträge, InsbürO 2004, 97 ff.
28.	Obliegenheitsverletzung	• Obliegenheitsverletzung in den Jahresberichten aufnehmen • Information an Gläubiger über Möglichkeit des Antrages auf Versagung der RSB nach der Rechtsprechung zulässig • s. nachstehend »Versagungsantrag«	Muster 302: »Versagungsgründe § 295 InsO – Gliederungspunkt« Muster 155 (Gläubiger): »Versagungstatbestand – Info an Gläubiger« Unterrichtung der Gläubiger: BGH v. 1.7.2010 – IX ZB 84/09 in InsbürO 2010, 357, ZInsO 2010, 1498
29.	Treuhändervergütung	• Anspruch auf Vergütung gem. § 293 InsO i.V.m. § 14 InsVV • jährlicher Anspruch auf einen Vorschuss i.H.v. mindestens 100,00 EUR gem. § 14 Abs. 3 InsVV • bei Verteilung: Erhöhung dieser Mindestvergütung je 5 Gläubiger um 50,00 EUR • s. wegen einzelner Aspekte: gesonderte Checkliste • bei Kostenstundung: Vergütungsanspruch gegen die Staatskasse • häufig: Insolvenzgerichte bitten um Verzicht auf jährlichen Vorschuss, um Verwaltungsaufwand zu mindern: – ohne Verteilung = kein Jahresbericht (s. vorstehend) = kein Vorschuss	Checkliste Vergütungsanträge Muster 300: »Treuhändervergütung – Zahlungsaufforderung an Schuldner § 298 InsO« Muster 352 (Vergütungsanträge): »RSB-Phase – Abschluss-Vergütungsantrag § 14 InsVV«

Nr.	Thema	Checkliste Restschuldbefreiungsphase: Erläuterung	Hilfsmittel
		• bei fehlender vollständiger Deckung der Mindestvergütung inkl. Auslagen und Umsatzsteuer ggf. mehrere Probleme (s. Literaturtipp Graeber rechts): – Versagungsantrag gem. § 298 InsO auch für tlw. ausstehende Vergütung möglich? (Tendenz: ja, wenn nicht zu geringfügig) – Anrechnung der Teilzahlung gem. § 367 BGB erst auf Auslagen, dann auf Umsatzsteuer, dann auf Vergütung? (Tendenz: ja) – Versagungsantrag gem. § 298 InsO ggf. nicht sinnvoll, weil Vollstreckung der anderen Gläubiger ermöglicht wird (§ 201 InsO)? Vollstreckung durch Treuhänder auf Basis des Vergütungsbeschlusses möglich = Alleinstellung für Vollstreckung ohne Versagungsantrag – Erhöhung wg. Gläubigeranzahl: Verteilung verschieben? Im letzten Jahr ggf. hälftig aufteilen: Vergütung + Verteilungsbetrag (Vorschlag Graeber)	Muster 353 (Vergütungsanträge): »RSB- Vorschussrechnung« Graeber, Die Nichtzahlung der Mindestvergütung gem. § 298 InsO und ihre Folgen, InsbürO 2016, 459 ff.
30.	Verteilung	• bei einer etwaigen Verteilung sind unterschiedliche Aspekte zu berücksichtigen: – z.B. Ermittlung des zu verteilenden Betrages – z.B. Rückstellung für Gesamtkosten der RSB-Phase – z.B. zu berücksichtigende Insolvenzgläubiger (Schlussverzeichnis) – z.B. Auszahlungen auf Arbeitnehmerforderungen • Einblick in ggf. Ausschüttungsbericht des eröffneten Verfahrens: hier Hinweise wg. vorstehender Aspekte • ggf. Einblick in Ausschüttungsbericht des Vorjahres • Nachweis der Verteilung durch Vorlage der Original-Kontoauszüge • s. gesonderte Checkliste	Checkliste Verteilung Checkliste Ausschüttungsbericht Muster 43 (Ausschüttungsberichte): »Ausschüttungsbericht RSB-Phase«
31.	Verteilung – Aussetzung (Verfahren ab 01.07.2014)	• Aussetzung der Verteilung bei geringen Beträge längstens bis zum Ende der Laufzeit der Abtretungserklärung möglich • Unterrichtung des Insolvenzgerichtes einmal jährlich durch den Treuhänder im Rahmen des Jahresberichtes	
32.	Verteilung – Zeitpunkt	• i.d.R. Verteilung innerhalb der Jahresberichtsfrist (z.B. zwei Wochen vor Ablauf des Jahres) vornehmen und zum Ablauf eines Tätigkeitsjahres: Jahresberichterstellen • anzutreffende abweichende Regelung: Verteilung zum Ablauf des Tätigkeitsjahres und Einreichung des Jahresberichtes innerhalb des folgenden Monats • individuelle Handhabung des jeweiligen Insolvenzgerichtes klären	
33.	Schlussverzeichnis	• Schlussverzeichnis = Verteilungsverzeichnis gem. § 188 InsO • Verteilungsverzeichnis = Verzeichnis der Forderungen, die bei einer Verteilung zu berücksichtigen sind • Verteilungsverzeichnis wird zusammen mit dem Schlussbericht beim Insolvenzgericht eingereicht • Änderungen sind in der RSB-Phase nicht mehr möglich, aber etwaige Rücknahmen von Gläubigern werden als Verzicht an der Verteilung gewertet	Checkliste Insolvenztabelle Checkliste Verteilung Zur Rücknahme: AG Köln v. 8.1.2106 – 71 IN 20/13 in InsbürO 2016, 164, ZInsO 2016, 236 Schmerbach, »Rücknahme« einer festgestellten Forderung – rechtliche Einordnung und praktische Umsetzung, ZInsO 2016, 375 ff. Heyn, Umgang mit der Rücknahme einer Forderungsanmeldung, InsbürO 2010, 68 ff.

Nr.	Thema	Checkliste Restschuldbefreiungsphase: Erläuterung	Hilfsmittel
34.	Kontoauszüge	• sofern eine Verteilung vorgenommen wurde: Original-Kontoauszüge beim Insolvenzgericht als Nachweis vorlegen	
35.	Abschlussbericht	• nach Ablauf von sechs Jahren seit der Insolvenzeröffnung endet die RSB-Phase • zu diesem Stichtag: Rechnungslegung gem. § 292 Abs. 3 InsO = Abschlussbericht erstellen • inhaltlich fast identisch mit Jahresbericht • abweichend: keine Vorschuss-Vergütungsanträge mehr, sondern abschließender Vergütungsantrag	Muster 294: »Abschlussbericht RSB-Phase – Tab.form«

Nr.	Thema	Checkliste Restschuldbefreiungsphase: Erläuterung Zusatzinformationen – alphabetisch sortiert	Hilfsmittel
36.	Altverfahren	• für Verfahren, die vor dem 01.12.2001 eröffnet wurden, gilt die 6-jährige Laufzeit gem. § 287 Abs. 2 InsO ab Eröffnung noch nicht • es gilt § 287 Abs. 2 InsO i.d.F. v. 05.10.1994: Laufzeit der Abtretung 7 Jahre ab Aufhebung des Insolvenzverfahrens • aber nach Rechtsprechung: Entscheidung über RSB spätestens nach 12 Jahren	Erteilung RSB nach 12 Jahren: BGH v. 18.7.2013 – IX ZB 11/13 in InsbürO 2014, 212, ZInsO 2013, 1657
37.	Aufrechnung	• in beantragten Verfahren bis zum 30.06.2014: – der zur Zahlung von Bezügen, die von der Abtretungserklärung umfasst sind, Verpflichtete kann aufrechnen, soweit die Aufrechnung gem. § 114 Abs. 2 InsO zulässig wäre (§ 294 Abs. 3 InsO) – gem. §§ 51, 52 SGB I ist die Aufrechnung/Verrechnung von Sozialleistungen möglich – betragsmäßige Beschränkung gem. § 51 Abs. 2 SGB I: Aufrechnung/Verrechnung möglich, wenn dadurch kein Anspruch auf Hilfe zum Lebensunterhalt entsteht – es gilt kein allgemeines Aufrechnungsverbot mehr in der RSB-Phase (z.B. für FinA nicht) • in beantragten Verfahren ab 01.07.2014: – Aufnahme Aufrechnungsverbot in § 294 Abs. 3 InsO – (Wegfall der Aufrechnungsmöglichkeit gem. § 114 Abs. 2 InsO)	kein Aufrechnungsverbot: BFH v. 22.5.2012 – VII R 58/10 (Rn. 9 m.w.N.) in InsbürO 2013, 196, ZInsO 2012, 2104
38.	Ausgenommene Forderungen	• Regelung in § 302 Nr. 1 InsO – müssen angemeldet werden: – vorsätzlich unerlaubte Handlung (i.V.m. § 823 BGB) – vorsätzlich pflichtwidrig nicht gewährter Unterhalt – verurteilte Steuerstraftat nach §§ 370, 373, 374 AO • Tatbestände nach § 302 Nr. 2, 3 InsO – müssen nicht angemeldet werden: – Geldstrafen und Gelder aus Kostenstundung	Checkliste Insolvenztabelle > Ausgenommene Forderungen Tabellarischer Überblick über Rechtsvorschrift und Auswirkung auf Tabelle: InsbürO 2015, 46
39.	Deliktforderungen	• Deliktforderungen = vorsätzlich begangene unerlaubte Handlungen (ein Tatbestand von § 302 InsO) • s. wg. weiterer Tatbestände in § 302 InsO auch vorstehend »ausgenommene Forderung« • s. wegen Umfang und Inhalt der Deliktforderung: Rechtsprechungsübersicht	Checkliste Insolvenztabelle: Stichwort Deliktforderungen mit Rechtsprechungshinweisen
40.	Gesetzesänderung	• umfassende Gesetzesänderungen bezüglich der RSB-Phase durch Reform zur Verkürzung der Verbraucherinsolvenz- und Restschuldbefreiungsverfahren und zur Stärkung der Gläubigerrechte vom 18.07.2013 (BGBl. 2013, Teil 1, S. 2379 ff. – Nr. 38) • Inkrafttreten der Vorschriften für die RSB-Phase am 01.07.2014 • geänderte Vorschriften werden in dieser Checkliste berücksichtigt	

Nr.	Thema	Checkliste Restschuldbefreiungsphase: Erläuterung Zusatzinformationen – alphabetisch sortiert	Hilfsmittel
41.	Motivationsrabatt	• Motivationsrabatt = Rückzahlung eines bestimmten Teils der erzielten Einnahmen an den Schuldner • Einnahmen = aus Abtretung oder sonstigen Leistungen (z.B. Erbschaft, selbständiger Tätigkeit) • Regelung in § 292 Abs. 1 Satz 4 InsO • Einnahmen während des **5. Jahres** nach Verfahrensaufhebung: Auskehrung von **10 %** • Einnahmen während des **6. Jahres** nach Verfahrensaufhebung: Auskehrung von **15 %** • Vorsicht bei Kostenstundung: dann Voraussetzung für die Auszahlung: das Einkommen darf die Grenze des in § 115 Abs. 1 ZPO errechneten Betrages nicht übersteigen • Angaben zur Ermittlung des Einkommens nach § 115 Abs. 1 ZPO: s. Literaturtipp • in beantragten Verfahren ab dem 01.07.2014: Wegfall dieser Regelung zum Motivationsrabatt	ABC des Insolvenzrechts: Motivationsrabatt, InsbürO 2007, 479 f. Prütting/Gehrlein, ZPO-Kommentar, 10. Aufl., Zempel, § 115 ZPO Rn. 3 ff. (Einsatz von Einkommen und Vermögen) abrufbar auch über www.wolterskluwer-online.de > meine Inhalte > Kommentare Haushalter, Der Motivationsrabatt – bald Geschichte? InsbürO 2014, 226 ff.
42.	RSB – Entscheidungszeitpunkt	• Entscheidung über die RSB ist spätestens nach Ablauf der Abtretungserklärung gem. § 287 Abs. 2 InsO (= sechs Jahre ab Insolvenzeröffnung) zu treffen • gerichtlicher Beschluss ergeht nach Anhörung gem. § 300 InsO	Entscheidung RSB nach Ablauf der Laufzeit trotz weiterer Verwertungstätigkeit: BGH v. 03.12.2009 – IX ZB 247/08 in InsbürO 2010, 115, ZInsO 2010, 102
43.	RSB – Versagung – Veröffentlichung	• die Versagung der Restschuldbefreiung ist dem Schuldner zuzustellen, er hat das Recht zur sofortigen Beschwerde (§ 290 Abs. 3 Satz 1 InsO) • der Beschluss über eine Versagung ist nach § 290 Abs. 3 Satz 2 öffentlich bekannt zu machen • wenn der Schuldner eine Wohnsitzänderung nicht mitteilt, darf das Insolvenzgericht die öffentliche Bekanntmachung vornehmen, ohne vorher eine Adressermittlung durchzuführen	keine Adressermittlung erforderlich: BGH v. 16.5.2013 – IX ZB 272/11 in InsbürO 2013, 409, ZInsO 2013, 1310
44.	RSB – vorzeitige Erteilung (Verfahren bis zum 30.06.2014)	• vorzeitige Erteilung der RSB aufgrund der Rechtsprechung möglich: – wenn keine Anmeldungen vorliegen – wenn alle Insolvenzgläubiger laut Schlussverzeichnis (s. vorstehend) vollständig befriedigt wurden – wenn alle Insolvenzgläubiger laut Schlussverzeichnis (s. vorstehend) tlw. befriedigt wurden und auf die Restforderungen verzichtet haben	keine Anmeldungen oder Vollbefriedigung: BGH v. 17.3.2005 – IX ZB 214/04 in ZInsO 2005, 597, WKRS 2005, 13722
45.	RSB – vorzeitige Erteilung (Verfahren ab 01.07.2014)	• vorzeitige Erteilung der RSB gem. § 300 InsO möglich: – keine Forderungsanmeldung oder vollständige Befriedigung – Ablauf von drei Jahren und 35 % für Insolvenzgläubiger (in der RSB-Phase: mit Nachweis über die Herkunft der Zahlungsmittel) – Ablauf von fünf Jahren und Ausgleich Verfahrenskosten	Mustern 115 (Eröffnungsbeschluss natürliche Person): »Erstgespräch – Verfahrensablauf – Übersicht«
46.	Schufa-Eintrag	• viele Schuldner fragen in den Insolvenzbüros nach der Wirkung der RSB-Erteilung für die Schufa • es gilt die Schuldnerverzeichnisführungsverordnung (SchuFV) • Eintragungen sind gem. § 4 Abs. 1 SchuFV drei Jahre nach dem Tag der Eintragung zu löschen • gem. § 4 Abs. 2 Nr. 1 SchuFV erfolgt eine Löschung auch bei etwaiger vollständiger Befriedigung der Gläubiger • RSB-Versagung und RSB-Widerruf werden gem. § 303a InsO in der Schufa eingetragen und bleiben dort drei Jahre enthalten, wobei die Frist mit dem Ende des Kalenderjahres der Eintragung beginnt	Zu den Löschungsfristen: OLG Karlsruhe v. 1.3.2016 – 12 U 32/16 in InsbürO 2016, 341 (m. Anmerkung Schmerbach), ZInsO 2016, 973

Nr.	Thema	Checkliste Restschuldbefreiungsphase: Erläuterung Zusatzinformationen – alphabetisch sortiert	Hilfsmittel
47.	Veröffentlichung	• Öffentliche Bekanntmachung der RSB-Erteilung, der Versagung oder des Widerrufes gem. InsBekV unter www.insolvenzbekanntmachung.de • Löschungsfrist gem. § 3 Abs. 2 InsBekV: sechs Monate nach Rechtskraft einer Entscheidung • Eintragung in Schufa: s. vorstehend »Schufa-Eintragung«	
48.	Versagungsgründe	• die Versagungsgründe für die RSB-Phase sind in § 295 InsO geregelt • bei Verletzung der dort genannten Obliegenheiten: Versagungsantrag (s. vorstehend) möglich • Treuhänder darf Gläubiger insoweit informieren: s. vorstehend »Obliegenheitsverletzung«	Muster 155 (Gläubiger): »Versagungstatbestand – Info an Gläubiger« Unterrichtung der Gläubiger: BGH v. 1.7.2010 – IX ZB 84/09 in InsbürO 2010, 357, ZInsO 2010, 1498 Lissner, Versagungsgründe in der RSB-Phase, InsbürO 2013, 187 ff.
49.	Versagungsantrag	• Versagungsantrag gem. § 296 InsO möglich • ausschließlicher Antragsteller: Insolvenzgläubiger • Forderung kann auch bestritten sein, formale Gläubigerstellung reicht aus (s. Rechtsprechung) • Ausnahme: Mindestvergütung: s. vorstehend (hier Antragsteller: Treuhänder) • Voraussetzungen für Gläubigerantrag: Verletzung einer Obliegenheit und Beeinträchtigung der Befriedigung der Insolvenzgläubiger • Glaubhaftmachung erforderlich: Bezug auf Bericht des Treuhänders ist möglich • grundsätzlich gilt: alle Beweismittel nach § 294 ZPO i.V.m. § 4 InsO sind möglich • Frist: binnen eines Jahres nach Kenntniserlangung von der Obliegenheitsverletzung (§ 296 Abs. 1 Satz 2 InsO) • Unterrichtung der Insolvenzgläubiger über Versagungstatbestände zulässig: s. Rechtsprechung	Erfordernis der Gläubigerbeeinträchtigung: BGH v. 5.4.2006 – IX ZB 50/05, InsbürO 2006, 278, ZInsO 2006, 547 Heilung des Schadens vor Antragsstellung auf Versagung möglich: BGH v. 18.2.2010 – IX ZB 211/09 in InsbürO 2010, 194, ZInsO 2010, 684 Glaubhaftmachung: BGH v. 27.4.2017 – IX ZB 80/16 (Rn. 7 m.w.N.) in InsbürO 2017, 341, ZInsO 2017, 1270 Unterrichtung der Gläubiger: BGH v. 1.7.2010 – IX ZB 84/09 in InsbürO 2010, 357, ZInsO 2010, 1498
50.	Gläubigerbeeinträchtigung	• für die Versagung der Restschuldbefreiung muss eine Gläubigerbeeinträchtigung vorliegen • s. vorstehend »Versagungsantrag«	Erfordernis der Gläubigerbeeinträchtigung: BGH v. 5.4.2006 – IX ZB 50/05, InsbürO 2006, 278, ZInsO 2006, 547
51.	Versagungsantrag – Mindestvergütung	• Versagungsantrag gem. § 298 Abs. 1 InsO möglich • ausschließlicher Antragsteller: Treuhänder • Voraussetzungen: Nichtzahlung der Mindestvergütung für das vorangegangene Jahr (! = s. Gesetzeswortlaut) durch den Schuldner trotz Aufforderung und Belehrung über mögliche Versagung der RSB • kein Versagungsantrag bei Bewilligung einer Kostenstundung für die RSB-Phase • Antrag auf Kostenstundung auch nachträglich, d. h. während der RSB-Phase, möglich, um einen Versagungsantrag gem. § 298 InsO zu vermeiden	Muster 301: »Versagungsantrag wg. fehlender Mindestvergütung«
52.	Vollstreckungsverbot	• während der RSB-Phase gilt ein Vollstreckungsverbot für Insolvenzgläubiger gem. § 294 InsO (= Gleichbehandlung aller Gläubiger) • dazu zählt auch die Abgabe der eidesstattlichen Versicherung • gem. § 295 Abs. 1 Nr. 4 InsO: Zahlungen sind nur an den Treuhänder zu leisten • aber nach der Rechtsprechung: Zahlungen aus unpfändbarem Vermögen sind zulässig	Zahlung aus unpfändbarem Vermögen möglich, u.a.: BAG v. 21.2.2013 – 6 AZR 553/11 (Rn. 57 m.w.N.) in ZInsO 2013, 1214

Nr.	Thema	Checkliste Restschuldbefreiungsphase: Erläuterung Zusatzinformationen – alphabetisch sortiert	Hilfsmittel
53.	RSB – Wirkung	• § 301 InsO: RSB wirkt gegen alle Insolvenzgläubiger • auch gegen diejenigen, die nicht angemeldet haben • Forderungen erlöschen nicht, sind aber nicht mehr durchsetzbar	
54.	Wirkung der Restschuldbefreiung – Ausnahme gem. § 302 InsO	• Regelung in § 302 InsO = ausgenommene Forderungen • s. vorstehend »ausgenommene Forderungen« = um welche handelt es sich	
55.	Wirkung der Restschuldbefreiung – Ausnahme für Masseverbindlichkeiten	• Steuerschulden, die als Masseverbindlichkeiten im eröffneten Verfahren entstanden sind, können nach Abschluss des Insolvenzverfahrens mit Erstattungsansprüchen des ehemaligen Insolvenzschuldners verrechnet werden • diese Masseverbindlichkeiten werden nach der BFH-Rechtsprechung nicht von der Restschuldbefreiung umfasst • es ist anzuraten, den Schuldner schon während des laufenden Verfahrens über diese Rechtsfolge zu unterrichten und ihm entsprechende Steuerbescheide zu übersenden	keine RSB für Masseverbindlichkeiten: BFH v. 28.11.2017 – VII R 1/16 in WKRS 2017, 31462 Busch/Büker, Die Durchsetzung von Masseverbindlichkeiten nach Aufhebung des Insolvenzverfahrens; Geltendmachung der Einrede der beschränkten Hafung, InsbürO 2017, 60 f.

Checkliste 62: Schlussbericht

127 Nach § 66 InsO hat der Insolvenzverwalter bei Beendigung seines Amtes Rechnung zu legen. Dies geschieht i.d.R. durch Gegenüberstellung der Einnahmen und Ausgaben (= Schlussrechnung). Ergänzend zu einer Schlussrechnung wird im Regelfall auch ein entsprechender Schlussbericht erstellt, der nähere Erläuterungen zu dem Zahlenwerk in der Schlussrechnung liefert. Darin wird über alle Einnahmen und Ausgaben in dem Verfahren, aber auch über andere relevante Fakten, wie z. B. die Gründe für eine Betriebsschließung oder den Erfolg einer Betriebsfortführung, berichtet und ggf. erläutert, warum prognostizierte Erlöse nicht oder sogar besser realisiert werden konnten. An dem Schlussbericht und den darin beschriebenen Ergebnissen bei der Verwertung des Vermögens wird die »Qualität« des Insolvenzverwalters gemessen. Der Schlussbericht ist damit sozusagen das »Aushängeschild« des Verwalters. Die Gläubiger interessiert letztlich die Höhe der Quote, die sie erhalten, aber der Schlussbericht kann Erklärungen für Schwierigkeiten bei der Abwicklung oder ähnliches geben und vor allem auch die Arbeitsweise des Insolvenzverwalters darstellen.

In vielen Insolvenzbüros werden die Insolvenzsachbearbeiter mit dem Entwurf eines Schlussberichtes betraut. Daher sollte man im Vorfeld wissen, wie ein solcher aufgebaut ist und worauf zu achten ist, damit während der gesamten Abwicklung des Verfahrens bereits berücksichtigt wird, dass später eine Berichterstattung über jede Handlung gegenüber den Gläubigern erfolgen muss und die Unterlagen entsprechend aussagekräftig geführt werden.

(Die Übersicht nach gängigen Überlegungen und Arbeitsschritten sortiert.)

128

Nr.	Thema	Checkliste Schlussbericht: Erläuterung	Hilfsmittel
1.	Gesetzliche Grundlage	• § 66 Abs. 1 InsO = Schlussrechnungslegung (Zahlenmaterial) • in der Praxis: zusätzlich Vorlage eines Schlussberichtes = Texterläuterungen zum Zahlenwerk	
2.	Vorläufige Verwaltung	• § 66 Abs. 1 InsO gilt über § 21 Abs. 2 Nr. 1 InsO auch für die vorläufige Verwaltung • daher: Rechnungslegungspflicht auch für vorläufige Verwaltung, aber i.d.R. im Gutachten enthalten, daher Verweise möglich	Muster 315: »Rechnungslegung vorl. Verwaltung«
3.	Start für Berichterstellung	• Infos aus den unterschiedlichen Abteilungen des Insolvenzbüros einholen: Vermerk-Muster nutzen • ausgefüllten Vermerk durchgehen und ggf. nachfassen • diese Checkliste hier ausdrucken und zu den Schlussrechnungsunterlagen heften: einzelne Schritte abzeichnen	Muster 313: »Umlaufzettel Schlussbericht«

Nr.	Thema	Checkliste Schlussbericht: Erläuterung	Hilfsmittel
4.	Muster aufrufen	• Die meisten Insolvenzbüros verfügen über Muster zur Erstellung eines Schlussberichtes • dieses aufrufen, neu abspeichern und die Ergebnisse der nachfolgenden Arbeitsschritte darin vermerken	Muster 304: Schlussbericht jur. Person Muster 305: Schlussbericht nat. Person
5.	Berichte lesen	• Der Bericht zur 1. GV und die weiteren Sachstandsberichte sollten gelesen werden = damit Einarbeitung in den Sachstand • Notizen daraus schon in den Entwurf des Schlussberichtes einfügen	
6.	Unterlagen des Verfahrens zusammenstellen	• Sämtliche Ordner des Insolvenzverfahrens sind zusammen zu stellen und müssen durchgearbeitet werden. • Feststellung, ob alle Angelegenheiten erledigt sind • ggf. nachfassen und noch erledigen	
7.	Schlussrechnung 1. Teil prüfen	• sämtliche **bisherigen** Buchungen sind durchzusehen: Ausdrucke aus Insolvenzsoftware prüfen	Checkliste Schlussrechnung
8.	Schlussrechnung 2. Teil erstellen	• alle erforderlichen Daten für die Darstellung der **geplanten** Verteilung des Massebestandes müssen ermittelt werden	Checkliste Schlussrechnung
9.	Vermögenswerte	• Vermögensverzeichnis gem. § 153 InsO einsehen: Wurden alle dort aufgeführten Vermögenswerte realisiert? • Wurden einzelne Vermögenswerte ggf. freigegeben? • Sind aus der Schlussrechnung oder den Sachstandsberichten weitere Vermögenswerte bekannt? • alle Positionen als Gliederungspunkte im Schlussbericht nutzen	Muster 304 – 305: »Schlussbericht« (Formulierungen darin)
10.	Inhalt des Schlussberichtes	• Abgleich der Prognosewerte aus dem Verzeichnis der Massegegenstände gem. § 151 InsO: – einzelne Gliederungspunkte im Schlussbericht sollten Prognosewert und Sachkontenblatt enthalten – Erläuterungen über mögliche Schwierigkeiten bei der Realisierung – Erläuterungen bei Abweichungen von Prognosewerten – Erläuterungen von möglichen nicht geplanten Ausgaben – Formulierungsinhalte: siehe nachfolgend • Ergebnis: Qualitätsmessung des Verwalterbüros	Muster 304 – 305: »Schlussberichte« (Formulierungen darin) Deppe, Insolvenzrecht für Greenhorns: Schlussbericht, InsbürO 2016, 455 ff.
11.	Formulierungsvorschläge	• mit wenigen Sätzen viel sagen: aussagekräftige Formulierungen wählen • Antworten auf folgende W-Fragen geben: – Welcher Gegenstand wurde wann, an wen und zu welchem Preis verkauft? (z. B. Grundstücke, Fahrzeuge, andere bewegliche Gegenstände etc.) – Welche Rechte wurden gegenüber wem und aus welchem Rechtsgrund und mit welchem Erfolg geltend gemacht? (z. B. Forderungseinzug, Ansprüche gegen Geschäftsführer, Gesellschafter etc.) – Wann erfolgte der Geldfluss? (Zahlungseingang auf Treuhandkonto) – Welche Aus- und Absonderungsrechte wurden von wem und wann jeweils geltend gemacht und in welcher Form befriedigt? (bezogen auf jeden einzelnen Sachverhalt, ggf. in Tabellenform) – Was verbleibt daraus jeweils der Insolvenzmasse? (z. B. Kostenbeitrag) – Warum wurde prognostizierter Wert ggf. nicht erreicht? Grund nennen! • neue Formulierungen wählen, keine alten Texte aus vorherigen Sachstandsberichten nutzen	Muster 304 – 305: »Schlussbericht« (Formulierungen darin)
12.	Beurteilung des Abwicklungsergebnisses	• Möglichkeit, auch ein nicht so gutes Ergebnis zu erläutern: Was hat die Erzielung eines anderen Ergebnisses verhindert?	

Nr.	Thema	Checkliste Schlussbericht: Erläuterung	Hilfsmittel
13.	Akteneinlagerung prüfen	• Sind die betrieblichen Unterlagen eingelagert worden? • Liegt ein entsprechendes Aktenverzeichnis vor? • Sind die Einlagerungskosten für den gesamten Zeitraum der Archivierungspflicht bezahlt worden?	Checkliste Akteneinlagerung Riedel, Aufbewahrung von Unterlagen, InsbürO 2011, 220
14.	Aktenkonto des Insolvenzbüros prüfen	• Aktenkonto auf Null? dann nichts zu veranlassen! • Sind ggf. Guthaben vom Aktenkonto auf das Treuhandkonto auszukehren? • Sind ggf. noch ausstehende Honorare oder Auslagen vom Treuhandkonto zu begleichen?	ggf. Anwaltssoftware
15.	Handakten aus Anwaltsbüros	• Wurden Handakten im Anwaltsbereich angelegt? • Welche sind das? Übersicht ausdrucken • Ist die jeweilige Angelegenheit beendet? Ggf. sonst kurzfristig abwickeln! • Ist ggf. noch Honorar nach dem RVG abzurechnen? • Ist dieses Honorar abrechnungsfähig? • Wurde das Honorar vom Treuhandkonto an die Kanzlei gezahlt? • Wiedervorlage mit Halbjahresfrist eintragen mit Vermerk »Insolvenzverfahren beendet? Ablage?« • danach können die Akten abgelegt werden	ggf. Anwaltssoftware Wiedervorlagenkalender
16.	Rechtsstreitigkeiten – Durchsicht	• Beendigung der Rechtsstreitigkeiten prüfen • Sind alle Aktivprozesse beendet? • Wurden etwaige Kostenerstattungsansprüche gegen Dritte geprüft und realisiert? • Wurden Gerichtskostenerstattungen geprüft und realisiert? • Bei Passivprozessen: Müssen ggf. noch Prozessgerichte über mögliche Feststellungen zur Insolvenztabelle informiert werden?	Gerichtskostenvorschuss: OLG Brandenburg v. 20.07.2011 – 6 W 7/11 in InsbürO 2013, 195, ZInsO 2012, 2253 Insolvenzbeschlag am Kostenerstattungsanspruch: BGH v. 20.06.2017 – VI ZB 55/16 (Rn. 26) in ZInsO 2017, 2432
17.	Insolvenztabelle	• Aufarbeitung der Insolvenztabelle: – Berichtigungen vorzunehmen? – nachträgliche Anmeldungen vorhanden?	Checkliste Insolvenztabelle: Schlussbericht Vorbereitung
18.	Kontoauszüge	• die Original-Kontoauszüge nebst Belegen müssen dem Insolvenzgericht vorgelegt werden • Kontrolle der Vollständigkeit aller Belege (ggf. stichprobenartig = muss eigentlich während des laufenden Verfahrens passieren) • Fotokopien brauchen hiervon nicht gefertigt werden • das Insolvenzgericht reicht diese nach Prüfung zurück • eine Fotokopie des letzten Kontoauszuges als Beleg für den Stichtag in der Schlussrechnung fertigen und zu den eigenen Unterlagen heften: darauf vermerken, dass Originale verschickt wurden	Checkliste Treuhandkonto
19.	Steuerliche Angelegenheiten	• Klärung, – ob alle erforderlichen Steuererklärungen zur Erfüllung der Rechnungslegungspflichten gem. § 155 InsO abgegeben wurden – wurden die Steuerpflichten nach § 55 Abs. 2 InsO aus der Zeit einer vorläufigen Verwaltung erfüllt? – ob und ggf. in welcher Höhe noch Steuerguthaben zu erwarten sind (durch Einkommenssteuererklärungen, Jahresabschlüsse etc.?) – ob und ggf. in welcher Höhe noch Steuernachzahlungen zu leisten sind, – ob und ggf. in welcher Höhe noch Honorar an den Steuerberater zu zahlen ist, – ob alle Kapitalertragssteuerbeträge erstattet wurden – ob die Vorsteuerkorrektur nach § 17 UStG in voller Höhe erfolgt ist: Wurden nachträgliche Anmeldungen ggf. berücksichtigt?	Checkliste Steuerangelegenheiten

Nr.	Thema	Checkliste Schlussbericht: Erläuterung	Hilfsmittel
20.	Versagungsantrag	• in Verfahren über das Vermögen natürlicher Personen und bei vorliegendem Antrag auf Erteilung der RSB: – Ausführungen zu möglichen Versagungsgründen gem. § 290 InsO machen – nach der BGH-Rechtsprechung: kein Erfordernis der Gläubigerbeeinträchtigung (nur bei Verletzung der Erwerbsobliegenheit gem. § 290 Abs. 1 Nr. 7 InsO = neuer Tatbestand seit 01.07.2014)	Muster 314: »Versagungsgründe § 290 InsO – Gliederungspunkt« keine Gläubigerbeeinträchtigung, Gefährdung reicht: BGH v. 18.6.2015 – IX ZB 86/12 (Rn. 15 m.w.N.) in InsbürO 2015, 497, ZInsO 2015, 1396
21.	Verbraucher-insolvenzverfahren – Schlussbericht	• Schlussberichte in Verbraucherinsolvenzverfahren sind einiges kürzer als in Regelinsolvenzverfahren • ansonsten gibt es vom Inhalt her keine gravierenden Abweichungen • tabellarischer Aufbau bietet zügige Durcharbeitung für die Rechtspfleger	Muster 303: »Schlussbericht Kleinverfahren«
22.	Insolvenzplanverfahren	• Besonderheiten bei der Erstellung des Schlussberichtes berücksichtigen: z. B. i.d.R. keine Verwertungstätigkeit erfolgt • Erlöse aus Betriebsfortführung • i.d.R. auch keine Verteilung an Insolvenzgläubiger • Zahlungen durch das schuldnerische Unternehmen laut Regelungen im Insolvenzplan	Muster 304 – 305: »Schlussbericht« (darin alternative Formulierungen für Planverfahren)
23.	Bewertungsparameter	• Bewertungsparameter = Zusammenstellung verschie-dener Daten = Überblick über Verfahrensergebnis • kann als eigenständiger Gliederungspunkt im Schlussbericht vorhanden sein • kann dem Insolvenzgericht zur Auswertung der Leistungen eines Insolvenzbüros dienen • vielfach werden solche Daten nicht mehr im Rahmen eines Schlussberichtes von den Insolvenzgerichten gefordert, sondern in Rahmen von Fragebögen für die Bewerbung oder die Erhaltung einer Listung • sinnvoll ist es, eine eigene gesonderte Liste zu erstellen und die Daten aus jedem Schlussbericht dort einzutragen, um jederzeit Auskunft erteilen zu können: s. nachfolgend »Datenanalyse«	Frind, Gerichtsbezogene Verfahrenskennzahlenauswertung, ZInsO 2009, 1683 ff.
24.	Vorlage Entwurf an Verwalter	• der Entwurf des Schlussberichtes ist – je nach Organisation im Insolvenzbüro – dem Insolvenzverwalter vorzulegen • offene Positionen sollten optisch gekennzeichnet werden: z. B. gelb hinterlegen • man kann offene Fragen an den Verwalter in den Text setzen • Wiedervorlage für Rückgabe notieren	Wiedervorlagenkalender
25.	Anlagen zum Schlussbericht	• Chronologische Einnahmen- und Ausgabenübersicht • Original-Kontoauszüge • Sachkontenblätter • ggf. Schlussbilanz = weitergeführte Vermögensübersicht • Schlussrechnung 1. Teil • Schluss-Verteilungsverzeichnis • Vergütungsantrag • weitere Anlagen zur Darstellung inhaltlicher Dinge denkbar: z. B. Forderungsaufstellung etc. • für solche: Anlagenverzeichnis für besseren Überblick verwenden • Anlagenverzeichnis insoweit mit dem Entwurf des Berichtes schon vorbereiten	
26.	Abschluss-Schreiben an das Gericht	• Der Bericht ist nebst allen Anlagen an das Insolvenzgericht zu versenden: Entwurf fertigen!	Muster 311: Übersendung Schlussbericht an AG – Kleinverfahren Muster 312: Übersendung Schlussbericht an AG – Regelinsolvenz

Nr.	Thema	Checkliste Schlussbericht: Erläuterung	Hilfsmittel
27.	Versendung des Schlussberichtes	• Aktualisierung der Schlussrechnung anhand aktueller Kontoauszüge vornehmen (Entwurf ist ggf. Tage/Wochen alt) • ggf. Änderungen und Ergänzungen im Schlussbericht vornehmen: weitere Einnahmen, Rückmeldungen vom Verwalter, Klärung offener Fragen etc. • Abschluss-Schreiben im Entwurf nutzen und alles entsprechend zusammenstellen • Daten in Insolvenzsoftware aktualisieren und Versendung des Schlussberichtes dort vermerken	Insolvenzsoftware
28.	Vergütungsantrag	• den abschließenden Vergütungsantrag in Kopie an die Buchhaltungsabteilung geben • Betrag im Rechnungssystem einbuchen	ggf. Anwaltssoftware
29.	Wiedervorlagen notieren	• mit Versendung des Schlussberichtes Wiedervorlagen in 6 Monaten notieren: – Schlusstermin anberaumt? – Vergütung festgesetzt und bezahlt? – Original-Kontoauszüge zurück? • bei natürlichen Personen: aktuelle Einkommensnachweise da? • wg. einzelner erforderlicher Arbeitsschritte: s. nachstehend und gesonderte Checkliste: s. rechts	Wiedervorlagenkalender Checkliste Beendigung des Insolvenzverfahrens
30.	Archivierung des Schlussberichtes	• neue Rubrik im Ordner »Berichte« anlegen mit Trennkarte »Schlussbericht mit allen Anlagen« • bei größeren Berichten: eigenen gesonderten Ordner mit Inhaltsverzeichnis anlegen • Entwürfe des Schlussberichtes mit Notizen ebenfalls archivieren	Muster 214 (Inhaltsverzeichnis): »Inhaltsverzeichnis Schlussbericht«
31.	Veröffentlichung des Berichtes	• soweit GIS (= Gläubigerinformationssystem) oder OLGA (= Onlinegläubigerauskunft) installiert ist: Einstellung im System	Insolvenzsoftware
32.	Datenanalyse-Liste	• Verfahrensdaten in Liste der Datenanalyse für etwaige Zertifizierungs-Audits aufnehmen • diese Liste kann gleichzeitig für die Fragebögen der Insolvenzgerichte zur Erhaltung der Listung dienen (s. vorstehend Bewertungsparameter)	
33.	Insolvenztabelle kennzeichnen	• Aktenvermerk oben in den Tabellenordner heften »Schlussbericht raus« • dadurch Kenntnis der Tabellenkraft vom Schlussbericht	
34.	Statistik-Daten	• InsStatG = Insolvenzstatistikgesetz • Erfassung von Verfahrensdaten zur Auswertung durch Statistikämter • Versendung jeweils innerhalb von vier Wochen nach Ende eines Kalenderjahres (also zum 28.01.): Daten aus dem Vorjahr (§ 4 Abs. 3 InsStatG) • dafür: Verfahrensdaten in Statistik-Modul eingeben	Insolvenz-Software Heyn, Insolvenzstatistikgesetz, InsbürO 2013, 3 fff.
35.	Beendigung des Verfahrens	• gesonderte Checkliste »Beendigung des Verfahrens«: ausdrucken • im Ordner »Schlussbericht« oben drauf heften • ggf. zum Schriftverkehr mit dem Schlussbericht heften	Checkliste Beendigung des Verfahrens
36.	Bankdaten von Gläubigern	• spätere Ausschüttung vorbereiten = dann später kein Zeitdruck: – Kontrolle veranlassen, ob die Bankdaten der Gläubiger in der Insolvenzsoftware komplett enthalten sind – ggf. fehlende Bankdaten aus den vorhandenen Unterlagen eingeben – ganz unbekannte Bankdaten noch nicht anfordern: mit der Information über eine Ausschüttung werden sie automatisch abgefragt	

Nr.	Thema	Checkliste Schlussbericht: Erläuterung	Hilfsmittel
37.	GOI	• GOI = Grundsätze ordnungsgemäßer Insolvenzverwaltung (70 Grundsätze) • Grundsatz 21: geeignetes Auswertungssystem zur internen jährlichen Erfolgskontrolle anhand geeigneter Bezugs- und Referenzwerte (z.B. durchschnittliche Verfahrensdauer, Betreibungsquote von Forderungen) • Grundsatz 66: umfassende und detaillierte Darstellung der Vermögensentwicklung auf Basis der Vermögensübersicht gem. § 153 InsO und unter Bezugnahme auf Zwischenberichte, Übergabe des Belegwesens • *(Die Autoren danken dem VID für die freundliche Zustimmung zur Veröffentlichung von Hinweisen auf die GOIs)*	VID = Verband Insolvenzverwalter Deutschlands e.V. www.vid.de

Checkliste 63: Schlussrechnung

Gemäß § 66 InsO hat der Insolvenzverwalter bei der Beendigung seines Amtes Rechnung zu legen. Dies geschieht durch eine Gegenüberstellung sämtlicher Einnahmen und Ausgaben in einer so genannten Schlussrechnung = Zusammenfassung sämtlicher Abwicklungstätigkeiten im Verfahren dargestellt in Zahlen. In der Schlussrechnung werden die Einnahmen und Ausgaben auf dem Treuhandkonto nach Sachbereichen sortiert und ein Plan verfasst, an wen und in welcher Höhe das verbleibende Guthaben verteilt wird. Ergänzend dazu gibt es den Schlussbericht, der diese Zahlen verbal erläutert (s. Checkliste Schlussbericht). 129

(Die Übersicht ist nach gängigen Informationen und Arbeitsschritten sortiert)

130

Nr.	Thema	Checkliste Schlussrechnung: Erläuterung	Hilfsmittel
1.	Gesetzliche Grundlagen	• Aufsichts- und Kontrollpflicht des Insolvenzgerichtes: §§ 58, 59, 66 Abs. 2 InsO • Auskunftspflicht des Insolvenzverwalters gegenüber der Gläubigerversammlung: § 79 InsO • Rechnungslegungspflicht des Insolvenzverwalters: § 66 Abs. 1 InsO • Rechnungslegungspflicht des vorläufigen Verwalters: § 21 Abs. 2 Nr. 1 i.V.m. § 66 InsO • Überwachungspflicht des Gläubigerausschusses: § 69 InsO	
2.	Allgemein	• die Schlussrechnung basiert auf einer internen Rechnungslegung = = insolvenzrechtliche Rechnungslegung = Einnahmen-Überschuss-Rechnung • dagegen: externe Rechnungslegung = handelsrechtliche Rechnungslegung (Steuererklärungen, Bilanzen, Jahresabschlüssen): s. unten stehend	Deppe, Insolvenzrecht für Greenhorns: Schlussrechnung, InsbürO 2016, 332 ff.
3.	Schlussrechnung – Insolvenzplanverfahren	• Besonderheit: i.d.R. keine übliche Verteilung an Insolvenzgläubiger, sondern abweichende Regelungen: siehe in den Insolvenzplan • Tätigkeiten entsprechend nachfolgender Schritte sind dennoch erforderlich	Muster 309 – 310: Schlussrechnung – normal – jur. Pers. + nat. Pers.
4.	Schlussrechnung – vorläufiges Verfahren	• gesetzliche Grundlage: § 21 Abs. 2 Nr. 1 i.V.m. § 66 InsO • Buchungen für Zeitraum der vorläufigen Verwaltung gesondert ausweisen • gleiche Ausdrucke und Klärung wie nachfolgend	Checkliste vorläufige Verwaltung Muster 315 (Schlussbericht): »Rechnungslegung vorl. Verwaltung«
5.	Prüfung Insolvenzgericht	• das Insolvenzgericht hat die Schlussrechnung gem. § 66 Abs. 2 InsO zu prüfen • dabei wird Rechtmäßigkeit (Einhaltung der gesetzlichen Vorschriften) und nicht Zweckmäßigkeit geprüft: – formelle Richtigkeit = geordnet, vollständig, nachvollziehbar – materielle Richtigkeit = rechnerisch richtig, korrekte Buchungspositionen • maßgeblicher Prüfungsinhalt: keine Beeinträchtigung oder Vereitelung des wesentlichen Ziels der InsO: Gläubigerbefriedigung (§ 1 InsO)	

Nr.	Thema	Checkliste Schlussrechnung: Erläuterung	Hilfsmittel
6.	Aufbau der Schlussrechnung	• Zusammensetzung aus zwei Teilen: – Gegenüberstellung der Einnahmen und Ausgaben nach Sachbereichen (= 1. Teil) – Plan über die Verteilung an Masse- und Insolvenzgläubiger erstellen (= 2. Teil)	
7.	Grundlage der Schlussrechnung	• Regelung in § 66 Abs. 1 InsO: Pflicht zur Rechnungslegung bei Beendigung des Amtes (Zahlenmaterial) • Anwendung auch § 259 BGB: Mitteilung einer geordneten Zusammenstellung der Einnahmen und Ausgaben, Vorlage von Belegen • in der Praxis: gefordert wird gleichzeitig auch ein Schlussbericht (textliche Erläuterung)	Checkliste Schlussbericht
8.	Voraussetzungen	• Voraussetzungen für die Erstellung der Schlussrechnung: – Realisierung der Vermögenswerte laut Masseverzeichnis – damit: Beendigung der Verwertung der Insolvenzmasse: § 196 InsO – ggf. Prüfung der fehlenden Verwertbarkeit (§ 197 Abs. 1 Nr. 3 InsO) – Ausnahme: laufendes Einkommen (§ 196 Abs. 1 InsO)	
9.	Ausdruck der Schlussrechnung	• Schlussrechnung = Summen- und Saldenliste = geordnetes Zahlenmaterial • Summen- und Saldenliste in verdichteter Form = alle Einnahmen und Ausgabenkonten sind mit Gesamtsummen enthalten • Summen- und Saldenliste ist die Basis für die Erstellung des Schlussberichtes, einzelne Punkte darin sind Gliederungspunkte im Schlussbericht • Erläuterung des Ausdrucks: Sachkonto-Bezeichnung, Kontobezeichnung, gebuchte Gesamtsumme • dazu gehören erläuternd die Sachkontenblätter: s. nachfolgend	Insolvenzsoftware
10.	Ausdruck der Schlussrechnung – Buchungssystematik	• Zuordnung der Buchungen nach sachlicher Ordnung und logischen Gesichtspunkten: s. nachfolgend im einzelnen • Dritte sollten die Buchungen ohne Hintergrundwissen leicht nachvollziehen können • Positionen aus dem Vermögensverzeichnis gem. § 153 InsO sollten sich leicht finden lassen	Checkliste Treuhandkonto – Buchungssätze
11.	Sachkontenblätter	• Sachkontenblätter ausdrucken, bei MUZ nach Zeiträumen getrennt • Sachkontenblätter durchgehen und die Buchungen einzeln auf Plausibilität prüfen • Erläuterung des Sachkontenblattes: – Gegenkonto (= Treuhandkonto), – Buchungsdatum, – Betrag, – Beleg-Nr. (= Kontoauszug-Nr.), – Buchungstext • Sind die Buchungssätze konkret und nachvollziehbar? • Sind ggf. Buchungen enthalten, die sachlich einem anderen Bereich zuzuordnen sind? (z.B. Anfechtung im Konto Forderungseinzug) • Sachkontenblätter ggf. berichtigen • Sachkontenblätter werden zusammen mit dem Schlussbericht beim Insolvenzgericht eingereicht	Ausdrucke aus Insolvenzsoftware Checkliste Treuhandkonto – Buchungssätze Wipperfürth, Freigabe einzelner Vermögenswerte – buchhalterische Darstellung und Berechnungsgrundlage Insolvenzverwaltervergütung, InsbürO 2017, 204 ff.
12.	Belegwesen	• die Kontoauszüge des Treuhandkontos sind insgesamt durchzugehen: – Hat dies ggf. bereits ein Sachbearbeiter im Rahmen der Halbjahresberichterstattung gemacht? Gibt es hierzu einen Prüfungsvermerk? – Sind alle Auszüge vollständig und chronologisch hintereinander? – Sind jeweils aussagekräftige Belege dahinter geheftet?	Muster 341 (Treuhandkonto): »Buchungen – Prüfungsvermerk«

Nr.	Thema	Checkliste Schlussrechnung: Erläuterung	Hilfsmittel
13.	Kontostand – Abgleich	• Stimmt der Kontostand in den Ausdrucken mit dem tatsächlichen Kontostand überein? • wenn nein: Recherche nach dem Grund der Abweichung: – Bsp.: die letzten Kontoauszüge wurden noch nicht gebucht – Bsp.: es ist ggf. kein Sachkonto zugeordnet	
14.	Kontenbezeichnung	• die Kontenbezeichnung in der Buchhaltung soll konkret und eindeutig sind • bei bestimmten Sachverhalten Unterkonten anlegen, z.B. bei Fahrzeugen (Kfz-Steuer, Kfz-Versicherung, Kfz-Reparatur etc.) • allerdings: zu viele Einzelkonten vermeiden, damit Übersichtlichkeit gewahrt bleibt • im Einzelfall entscheiden, was sinnvoll erscheint: große Betriebsfortführung (= mehr Unterkonten), kleine Betriebsfortführung (= Hauptkonten reichen ggf.) • möglichst vermeiden: Konto »Sonstiges«	
15.	Forderungseinzug	• hier müssen gesonderte Sachkonten für die unterschiedlichen Verfahrensstadien angelegt worden sein: – Forderungen aus Lieferungen und Leistung vor vorläufiger Verwaltung – Forderungen aus Lieferung und Leistung ab vorläufiger Verwaltung – Forderungen aus Lieferung und Leistung ab Insolvenzeröffnung • nur korrekter Anlage und Zuordnung der Forderungen ermöglicht eine korrekte Abrechnung auf Globalzession • keine Buchungen aus Anfechtungen, Haftungsansprüchen etc. auf diesen Konten = Haftungsrisiko für fehlerhafte Auszahlung auf Globalzession	Checkliste Forderungseinzug Checkliste Globalzession
16.	Haftungsansprüche	• Haftungsansprüche umfassen die Ansprüche gegen Geschäftsführer und Gesellschafter • Werden solche realisiert, sollten sie auf gesonderte Konten gebucht werden • Kontrolle, ob es diese gab (Einsichtnahme in die Sachstandsberichte) und ob korrekt gebucht wurde • wenn es Alt- und Neugläubiger gibt und bspw. ein Quotenschaden gem. § 92 InsO oder die persönliche Haftung der Gesellschafter bei Gesellschaften ohne Rechtspersönlichkeit gem. § 93 InsO geltend gemacht wurde, müssen die Einnahmen separiert werden: – sie dienen nur der Befriedigung der Altgläubiger (§ 92 InsO) bzw. Gesellschaftsgläubigern (§ 93 InsO) – wurde ein gesondertes Treuhandkonto angelegt? – vor einer Ausschüttung an diese sind die Kosten der Einziehung in Abzug zu bringen – siehe weitergehende Informationen in Checkliste Verteilung	Ausdruck aus Insolvenzsoftware: Sachkontenblatt »Haftungsansprüche« Umgang mit Einnahmen aus § 92 InsO: BGH v. 9.10.2014 – IX ZR 140/11 (Ls. 7 + Rn. 45) in InsbürO 2015, 158, ZInsO 2014, 2361 Umgang mit Einnahmen aus § 93 InsO: BGH v. 17.12.2015 – IX ZR 143/13 (Rn. 12) in InsbürO 2016, 251, ZInsO 2016, 330 Checkliste Verteilung
17.	Konto »Massekosten«	• Massekosten (§ 54 InsO) und Masseverbindlichkeiten (§ 55 InsO) auf jeden Fall trennen • Trennung nicht nur durch unterschiedliche Konten, sondern schon durch Trennung der Hauptbereiche in den Ausgaben • Bsp.: A353 Massekosten: darunter Konten »Gerichtskosten«, »Vergütung vorl. Verwalter«, »Vergütung Insolvenzverwalter«	
18.	Konto »Masseverbindlichkeit«	• die Einzelkontobezeichnung »Masseverbindlichkeit« vermeiden • besser: weitere Konten mit konkreter Bezeichnung anlegen • Bsp.: Steuerberatungskosten, Akteneinlagerung etc.	

Nr.	Thema	Checkliste Schlussrechnung: Erläuterung	Hilfsmittel
19.	Kostenbeiträge	• Wurden die Kostenbeiträge auf gesonderte Konten gebucht? • Wurden diese richtig ermittelt? • Wurden alle Kostenbeiträge geltend gemacht?	Checklisten Absonderungsrechte Fahrzeuge Forderungseinzug Inventar Versicherungsverträge Verwertungstätigkeit
20.	Masseunzulänglichkeit – Besonderheit	• gesonderte Rechnungslegung gem. § 211 Abs. 2 InsO • bei MUZ: – Ausdruck der Summen- und Saldenliste bis zum Stichtag des Eingangs der Anzeige der Masseunzulänglichkeit beim Insolvenzgericht – weiterer Ausdruck ab dem Tag des Eingangs der Anzeige der Masseunzulänglichkeit beim Insolvenzgericht • dazu gehören erläuternd die Sachkontenblätter: siehe vorstehend	Ausdrucke aus Insolvenzsoftware jeweiligen Zeitraum eingrenzen
21.	Masseunzulänglichkeit – Inhalt des Ausdrucks	• aus den getrennten Ausdrucken (Schlussrechnung, Sachkontenblätter) sollte sich ergeben, dass ab Anzeige der MUZ keine Zahlungen mehr an Alt-Massegläubiger vorgenommen wurden • Zahlungen an Neumassegläubiger sind denkbar	
22.	Beauftragung Dritter	• Welche Dritten wurden beauftragt und bezahlt? • Informationen sind für den Vergütungsantrag von Bedeutung: §§ 1 Abs. 2 Nr. 4a, 4 Abs. 1 Satz 3, 5 InsVV • keine Delegation von verwaltertypischen Aufgaben: Prüfung anhand der Sachkontenblätter und der aussagekräftigen Buchungssätze ermöglichen	Checkliste Vergütungsanträge
23.	Verteilungsplan	• Verteilungsplan nicht zu verwechseln mit dem Verteilungsverzeichnis • Verteilungsplan = Plan, an wen der vorhandene Massebestand in der Reihenfolge der §§ 53, 207 oder 209 InsO ausgekehrt wird • Verteilungsverzeichnis = Verzeichnis über die Insolvenzgläubiger mit festgestellten Forderungen, die Anspruch auf Berücksichtigung bei einer etwaigen Verteilung haben	
24.	Plan zur Verteilung erstellen: § 53 InsO »normal«	• Verteilungsreihenfolge des § 53 InsO: – Masseverbindlichkeiten (§ 55 InsO) – Massekosten (§ 54 InsO) – Insolvenzgläubiger (§ 38 InsO)	Muster 309 – 310: »Schlussrechnung – normal« (jur. Pers. + nat. Pers.)
25.	Plan zur Verteilung erstellen: § 209 InsO bei MUZ	• Verteilungsreihenfolge des § 209 InsO: – Massekosten (§§ 54 InsO, 209 Abs. 1 Nr. 1 InsO) – Masseverbindlichkeiten nach Anzeige der MUZ (§§ 55, 209 Abs. 1 Nr. 2 InsO) – Masseverbindlichkeiten vor Anzeige der MUZ (§§ 55, 209 Abs. 1 Nr. 3 InsO): nur Quote – Insolvenzgläubiger entfallen	Muster 307 – 308: »Schlussrechnung – MUZ § 209 InsO« (jur. Pers. + nat. Pers.)
26.	Plan zur Verteilung erstellen: § 207 InsO bei Masselosigkeit	• Verteilungsreihenfolge des § 207 InsO: – Auslagen des Insolvenzgerichtes und des Verwalters, – Vergütung des Verwalters und Gerichtsgebühren: nur Quote – etwaige Masseverbindlichkeiten entfallen – Insolvenzforderungen entfallen	Muster 306: »Schlussrechnung – Masselosigkeit § 207 InsO«
27.	Ermittlung der Forderungen der Massegläubiger, § 55 InsO	• Feststellung, ob und welche Masseverbindlichkeiten ausstehen • Feststellung, ob und welche Lohn- und Gehaltsansprüche der Arbeitnehmer noch bestehen, ggf. aus dem Kündigungszeitraum • i.d.R. Speicherung in der Insolvenzsoftware = Ausdruck möglich • aber: Kontrolle, ob die Übersicht vollständig ist • bei MUZ: i.d.R. Sammlung von Unterlagen der Massegläubiger in gesonderter Rubrik	Ausdruck aus Insolvenzsoftware Checkliste Arbeitsverhältnisse ggf. Checkliste Masseverbindlichkeiten

Nr.	Thema	Checkliste Schlussrechnung: Erläuterung	Hilfsmittel
		• Hinweis: bereits bezahlte Massegläubiger sind an dieser Stelle uninteressant; sie wurden im Teil 1 der Schlussrechnung geprüft	
28.	Ermittlung der Forderungen der Massegläubiger, § 54 InsO	• Ermittlung der offenen Massekosten: • Wurde die vorläufige Verwaltervergütung bereits abgerechnet und bezahlt? – Ergibt sich eine Abweichung gem. § 11 Abs. 2 InsVV? – ggf. weitere Vergütung beantragen oder ggf. Vergütung zurückzahlen? • Vergütungsantrag für das eröffnete Verfahren entwerfen und Verwaltervergütung berechnen • Höhe der Gerichtskosten errechnen – Wurde bereits ein Vorschuss auf die Gerichtskosten gezahlt? • Ermittlungsergebnis in die Schlussrechnung im Schlussbericht einsetzen • zur internen Info: Wurde die Gutachtertätigkeit nach dem JVEG abgerechnet und von der Staatskasse bezahlt? – wenn nein: Anspruch verjährt, aber interne Organisation kontrollieren und ggf. abändern	Checkliste Massekosten Checkliste Vergütungsanträge und Musterübersicht (Muster 345 – 359)
29.	Ermittlung der Insolvenzforderungen	• Wurde die Insolvenztabelle für den Schlussbericht überarbeitet? • Liegt der Prüfungsvermerk aus der Tabellenbearbeitung vor? • Ohne Prüfungsvermerk: eigene Prüfung vornehmen • Ausdruck Tabellenübersicht § 175 InsO einsehen und prüfen, ob noch Ausfallforderungen u.ä. bestehen • Abgleich der geprüften Tab-Nrn. im Terminsprotokoll mit vorhandenen Tab-Nrn. • Gesamtüberblick aus der Insolvenzsoftware ermitteln = Gesamtsumme der festgestellten Forderungen: Ausdruck fertigen • Schluss-Verteilungsverzeichnis ausdrucken: i.d.R. ohne Quote, weil sich diese bis zur tatsächlichen Ausschüttung sowieso ändert (ggf. Wünsche des Gerichtes berücksichtigen)	Muster 256 (Insolvenztabelle): »Sachstandsinfo Tabelle für Schlussbericht« Muster 258 (Insolvenztabelle): »Übersicht Insolvenztabelle – Wünsche Gericht« Insolvenzsoftware
30.	Quotenberechnung	• im Normalfall: Quote an die Insolvenzgläubiger • bei Masseunzulänglichkeit: Quote an die Massegläubiger • bei Masselosigkeit: Quote an den Verwalter und die Gerichtskasse	Checkliste Verteilung
31.	Rückstellung RSB-Kosten	• lt. BGH-Rechtsprechung: Rückstellung der Kosten für die RSB-Phase aus dem Massebestand im eröffneten Verfahren = Verminderung der etwaigen Quote • Voraussetzung: keine pfändbaren Einkommensanteile zu erwarten • Begründung: Analogie aus §§ 292 Abs. 1 Satz 2, 189, 191, 198 InsO: Vorrang der Begleichung der Verfahrenskosten	Rückstellung RSB-Kosten: BGH v. 20.11.2014 – IX ZB 16/14 in InsbürO 2015, 62, ZInsO 2015, 28 kritische Würdigung: Zimmer, Die Rückstellung für die Treuhändervergütung und ihre (Folge-)Probleme, InsbürO 2016, 324 ff.
32.	Anlage	• zusammen mit der Schlussrechnung ist auch eine chronologische Einnahmen- und Ausgabenübersicht beim Insolvenzgericht einzureichen • Ausdruck aus der Insolvenzsoftware möglich	Insolvenzsoftware
33.	Vorzeitige Bestellung eines Schlussrechnungsprüfers	• vorzeitige Prüfung der Buchungen während der Dauer des Verfahrens erscheint nur in größeren Verfahren sinnvoll (= Zwischenrechnungslegung) • kontinuierliche Prüfung ermöglicht die Klärung aller auftretenden Fragen • durch Zeitablauf wird dies erschwert	
		Externe Rechnungslegung	
34.	Bilanz	• Bilanz = Gegenüberstellung von Vermögen (Aktiva) und Schulden (Passiva) • zum Schluss eines jeden Geschäftsjahres einen das Verhältnis des Vermögens und seiner Schulden darstellenden Abschluss • ist Bestandteil des Jahresabschlusses • Pflicht zur Aufstellung einer Bilanz: § 242 Abs. 1 HGB	

Nr.	Thema	Checkliste Schlussrechnung: Erläuterung	Hilfsmittel
35.	Buchführung	• Buchführungspflicht eines jeden Kaufmanns: §§ 238 ff. HGB	
36.	Externe Rechnungslegung	• externe Rechnungslegung = handelsrechtliche Rechnungslegung	
37.	Gesetzliche Regelung	• § 155 Abs. 1 InsO: Handels- und steuerrechtliche Pflichten in Bezug auf die Insolvenzmasse hat der Insolvenzverwalter zu erfüllen	
38.	Gewinn- und Verlustrechnung	• Gewinn- und Verlustrechnung = Gegenüberstellung der Aufwendungen und Erträge eines Geschäftsjahres • Pflicht zur Erstellung: § 242 Abs. 2 HGB • ist Bestandteil des Jahresabschlusses	
39.	Jahresabschluss	• Jahresabschluss = Bilanz und Gewinn- und Verlustrechnung (§ 242 Abs. 3 HGB) • Inhalte zum Jahresabschluss: §§ 246 ff. HGB	

Checkliste 64: Schutzschirmverfahren

131 Das Gesetz zur weiteren Erleichterung der Sanierung von Unternehmen vom 07.12.2011 (BGBl. 2011 Teil I – Nr. 64, S. 2582) (kurz »ESUG« genannt) hat mit dem Schutzschirmverfahren ein neues Verfahren in die Insolvenzordnung eingeführt. Damit hat der Gesetzgeber ein Sanierungsverfahren geschaffen, in dem das Unternehmen in einer wirtschaftlichen Krise weitgehend eigenverantwortlich eine Insolvenz vorbereiten und steuern kann, um ein eigenes Sanierungskonzept mit einem Insolvenzplan umzusetzen. Die weit verbreitete »Angst« vieler Unternehmer, beim Gang zum Insolvenzgericht die Kontrolle zu verlieren und ihr Unternehmen in die Hände eines nur vom Gericht ausgewählten Insolvenzverwalter zu legen, soll damit genommen werden. Das eigenverantwortliche Handeln des Unternehmers bis hin zum »Mitbringen« des Verwalters in der Insolvenz soll nachhaltig gestärkt werden. Das Schutzschirmverfahren erfordert i.d.R. überwiegend Tätigkeiten des Insolvenzverwalters, der als Sachwalter agiert. Für Insolvenzsachbearbeiter können Informationen zum Ablauf des Verfahrens dennoch hilfreich sein, um den Sachwalter insoweit unterstützen zu können.

(Die Übersicht ist nach gängigen Überlegungen sortiert.)

132

Nr.	Thema	Checkliste Schutzschirmverfahren: Erläuterung	Hilfsmittel
1.	Allgemein	• Schutzschirmverfahren = besondere Verfahrensart im Rahmen der Eigenverwaltung mit festgesetzter Frist zur Vorlage eines Insolvenzplans (§ 270b Abs. 1 InsO) • daher: Eigenverwaltung wird mit einem Insolvenzplanverfahren verknüpft • bestimmte Voraussetzungen müssen vorliegen: s. nachstehend »Voraussetzungen« • Verfahrensziel: Sanierung des Rechtsträgers, hierfür zeitlich begrenzter Schutz vor Zugriffen der Gläubiger	ABC des Insolvenzrechtes: Schutzschirmverfahren, InsbürO 2013, 36 Kreuznacht, ESUG – Das Schutzschirmverfahren, InsbürO 2013, 165 ff. Lemken, Das Schutzschirmverfahren – ein Überblick nach 2 ½ Jahren ESUG, InsbürO 2014, 423 ff.
2.	Antragsvoraussetzungen	• es darf keine Zahlungsunfähigkeit eingetreten sein • lediglich drohende Zahlungsunfähigkeit oder Überschuldung darf vorliegen • Sanierung darf nicht offensichtlich aussichtslos sein • Vorlage einer Bescheinigung über die letzten beiden vorstehenden Punkte ist erforderlich (§ 270b Abs. 1 Satz 3 InsO)	
3.	Antragstellung	• zur Einleitung eines Schutzschirmverfahrens bedarf es folgender Anträge: – Insolvenzantrag wegen drohender Zahlungsunfähigkeit oder Überschuldung (§§ 13, 22a InsO) – Antrag auf Anordnung der Eigenverwaltung (§ 270 Abs. 2 InsO) – Antrag auf Zulassung des Schutzschirmverfahrens mit Bestimmung einer Frist zur Vorlage des Insolvenzplans – Vorlage der Bescheinigung über Sanierungschancen (§ 270b InsO)	

Nr.	Thema	Checkliste Schutzschirmverfahren: Erläuterung	Hilfsmittel
4.	Erforderliche Angaben im Insolvenzantrag	• verpflichtende Angaben gem. § 13 Abs. 1 Satz 6 Nr. 1 i.V.m. § 13 Abs. 1 Satz 4 InsO in Form eines Verzeichnisses (§ 13 Abs. 1 Satz 3 InsO): – zu den höchsten Forderungen – zu den höchsten gesicherten Forderungen – zu den Forderungen der Finanzverwaltung – zu den Forderungen der Sozialversicherungsträger – zu den Forderungen aus betrieblicher Altersversorgung • weitere Angaben gem. § 13 Abs. 1 Satz 6 Nr. 1 i.V.m. § 13 Abs. 1 Satz 5 InsO: – zur Bilanzsumme – zu den Umsatzerlösen – zur durchschnittlichen Zahl der Arbeitnehmer des vorangegangenen Geschäftsjahres • weiter: Erklärung gem. § 13 Abs. 1 Satz 7 InsO, dass die gemachten Angaben richtig und vollständig sind • daher beim Gutachtenauftrag: ggf. Auftrag an den Sachverständigen zur Prüfung dieser Voraussetzungen	Kannengießer/Kreuznacht, ESUG – Der Eröffnungsantrag, InsbürO 2013, 86 ff. Klein, Das insolvenzrechtliche Gutachten im Eröffnungsverfahren der Eigenverwaltung, InsbürO 2017, 137 ff.
5.	Bescheinigung	• wesentlicher Bestandteil des Antrages auf Zulassung des Schutzschirmverfahrens: Bescheinigung nach § 270b Abs. 1 Satz 3 InsO – über das Vorliegen von drohender Zahlungsunfähigkeit oder Überschuldung, – aber kein Vorliegen einer Zahlungsunfähigkeit und – dass die angestrebte Sanierung nicht offensichtlich aussichtslos ist	
6.	Beschränkung	• Beschränkung des Schutzschirmverfahrens auf den Zeitraum zwischen Insolvenzantrag und Insolvenzeröffnung	
7.	Sachwalter – vorläufiger	• gem. § 270b Abs. 2 i.V.m. § 270a Abs. 1 Satz 2 InsO wird statt eines vorläufigen Insolvenzverwalters ein vorläufiger Sachwalter bestellt • dieser kann vom Schuldner vorgeschlagen werden (§ 270b Abs. 2 InsO)	
8.	Sachwalter – vorläufiger – Aufgaben	• Aufgabe: kontrollierende und beratende Funktion (§ 270b Abs. 2 Satz 1 InsO i.V.m.§ 270a Abs. 1 Satz 2 InsO i.V.m. §§ 274, 275 InsO) – Prüfung der wirtschaftlichen Lage des Schuldners – Überwachung der Geschäftsführung sowie der Ausgaben für die Lebensführung • wg. der Begründung von Verbindlichkeiten: s. nachstehend »Verbindlichkeiten« • wg. der Kassenhoheit s. nachstehend »Kassenführung« • Aufgabe: sofortige Anzeige von Umständen, die erwarten lassen, das die Fortsetzung der Verwaltung zu Nachteilen für die Gläubiger führen werden (§ 274 Abs. 3 InsO)	
9.	Sicherungsmaßnahmen	• das Insolvenzgericht kann gem. § 270b Abs. 2 Satz 3 i.V.m. § 21 Abs. 1 InsO Sicherungsmaßnahmen anordnen (Kann-Vorschrift): – vorläufigen Gläubigerausschuss (§ 21 Abs. 2 Nr. 1a InsO) – Einstellung der Zwangsvollstreckung in bewegliches Vermögen (§ 21 Abs. 2 Nr. 3 InsO) – Anordnung einer Postsperre (§ 21 Abs. 2 Nr. 4 InsO) – Verwertungs- und Einziehungsverbot für Gegenstände, die der Aussonderung unterliegen (§ 21 Abs. 2 Nr. 5 InsO) • das Insolvenzgericht muss Sicherungsmaßnahme anordnen, wenn der Schuldner dies beantragt (§ 270b Abs. 2 Satz 3 letzter HS InsO): – Einstellung der Zwangsvollstreckung in bewegliches Vermögen (§ 21 Abs. 2 Nr. 3 InsO)	

Nr.	Thema	Checkliste Schutzschirmverfahren: Erläuterung	Hilfsmittel
10.	Einzelermächtigung	• Einzelermächtigung = Ermächtigung zur Begründung von Masseverbindlichkeiten im Eröffnungsverfahren • hierfür ausdrückliche Regelung für das Schutzschirmverfahren in der InsO in § 270b Abs. 3 • nach der Rechtsprechung: Einzelermächtigung für den Schuldner, nicht für den vorläufigen Sachwalter • bei einer Ablehnung einer Einzelermächtigung durch das Insolvenzgericht ist kein Rechtsmittel möglich: s. Rechtsprechung	Einzelermächtigung im Schutzschirmverfahren: BGH v.16.6.2016 – IX ZR 114/15 in InsbürO 2016, 387, ZInsO 2016, 1421 kein Rechtsmittel gegen die Ablehnung der Einzelermächtigung: BGH v. 7.2.2013 – IX ZB 43/12 (Rn. 6) in ZInsO 2013, 460, WKRS 2013, 31950
11.	Masseverbindlichkeiten	• Regelung zur Begründung von Verbindlichkeiten durch den Schuldner in § 275 Abs. 1 InsO (anwendbar über § 270b Abs. 2 i.V.m. § 270a Abs. 2): – Verbindlichkeiten, die nicht zum gewöhnlichen Geschäftsbetrieb gehören, bedürfen der Zustimmung des Sachwalters – Verbindlichkeiten, die zum gewöhnlichen Geschäftsbetrieb gehören, dürfen nicht begründet werden, wenn der Sachwalter widerspricht	
12.	Kassenführung	• Möglichkeit des vorläufigen Sachwalters gem. § 270b Abs. 2 i.V.m. § 270a Abs. 1 i.V.m. § 275 Abs. 2 InsO zur Kassenführung: – alle eingehenden Gelder entgegennehmen – alle Ausgaben werden vom Sachwalter geleistet • Vorteil: Kontrolle über Einnahmen und Ausgaben, Vertrauen der Lieferanten in sachgerechte und abgestimmte Unternehmensfortführung	
13.	Gläubigerausschuss	• Eigenverwaltungsverfahren werden häufig bei größeren Verfahren durchgeführt • insoweit ist § 22a Abs. 1 InsO zu beachten: Einsetzung eines vorläufigen Gläubigerausschuss bei Erfüllung von versch. Merkmalen (Bilanzsumme, Umsatzerlös, Arbeitnehmeranzahl) • s. gesonderte Checkliste »Gläubigerausschuss«	Checkliste Gläubigerausschuss
14.	Grundstücke – Insolvenzvermerk	• i.d.R. keine Eintragung eines Insolvenzvermerkes im Grundbuch gem. § 23 Abs. 3 InsO, da keine Verfügungsbeschränkungen erfolgen (§ 270b Abs. 2 Satz 3 InsO) • bei Anordnung von Verfügungsbeschränkungen ist ggf. eine Eintragung möglich	
15.	Insolvenzgeldvorfinanzierung	• Insolvenzgeldzahlungen der Bundesagentur für Arbeit sind gem. § 55 Abs. 3 InsO als einfache Insolvenzforderung geltend zu machen • § 270b Abs. 3 Satz 2 InsO verweist nur auf § 55 Abs. 2 InsO, nicht auf § 55 Abs. 3 InsO (= Rang als Insolvenzforderung) • dennoch: Bundesagentur hat erklärt, dass § 55 Abs. 3 InsO anwendbar ist, daher: gängige Praxis	Anwendbarkeit von § 55 Abs. 3 InsO: BGH v. 16.6.2016 – IX ZR 114/15 (Rn. 31 ff.) in InsbürO 2016, 387, ZInsO 2016, 1421
16.	Insolvenzplan	• Vorlage eines Insolvenzplanes = Voraussetzung für Schutzschirmverfahren: s. vorstehend »Antragsvoraussetzung« • häufig werden die Insolvenzpläne schon im Vorfeld eines Insolvenzantrages vorbereitet (= Prepacked plan) • näheres zur Erstellung eines Insolvenzplanes: s. gesonderte Checkliste	Checkliste Insolvenzplanverfahren
17.	Sanierungskonzept	• Wesentliche Bestandteile eines Sanierungskonzeptes: – Analyse der Krisenursachen – Erarbeitung der Sanierungsziele – Einschätzung, mit welchen Maßnahmen die Ertragsfähigkeit des Unternehmens wieder hergestellt werden soll	

Nr.	Thema	Checkliste Schutzschirmverfahren: Erläuterung	Hilfsmittel
18.	Anfechtung	• Anwendbarkeit der Anfechtungsvorschriften über Hinweis in § 280 InsO • Anfechtung der Zahlungen vor dem Insolvenzantrag möglich, aber auch für Zahlungen während des Schutzschirmverfahrens: Einzelfallprüfung erforderlich • Zahlungen während des Schutzschirmverfahrens vorsorglich anfechtbar gestalten = den Zahlungsempfänger über den Eröffnungsantrag informieren	Lemken/Schmittmann, Insolvenzrechtliche Anfechtbarkeit von Zahlungen des Schuldners im Schutzschirmverfahren, InsbürO 2015, 213 ff.
19.	Sozialversicherungsbeiträge	• Arbeitnehmer-Beiträge sollten unter Vorbehalt einer Tilgungsbestimmung und unter Hinweis auf den gestellten Insolvenzantrag abgeführt werden • dadurch: Vermeidung einer Strafbarkeit gem. § 266a StGB • aber: im eröffneten Verfahren Anfechtung der kongruenten Deckung möglich, jedoch umstritten	bejahend: Lemken/Schmittmann, InsbürO 2015, 213 ff. bejahend: Laroche/Wollenweber, Strafbarkeit von Geschäftsführer und vorläufigem Insolvenzverwalter nach § 266a StGB im Eröffnungsverfahren und ihre Vermeidung, ZInsO 2016, 2225 ff.
20.	Organhaftung	• im Gesetz keine eindeutige Regelung, ob Haftung z. B. nach §§ 43, 64 GmbH auch im Schutzschirmverfahren gilt • in der Literatur streitig, Argumente sprechen für Haftung • im Beitrag lt. Tipp rechts: Untersuchung der Haftung – nach § 64 GmbH, § 92 Abs. 2 AktG, – § 43 GmbH, § 93 AktG, – nach Business Jugdement Rule, – nach §§ 60, 61 InsO, – aus culpa in contrahendo (schuldhafte Verletzung der vertraglichen Pflichen), – Außenhaftung ggü. Sozialversicherungsträgern, Finanzverwaltung und zu den Haftungsvoraussetzungen • Hinweis in dem InsbürO-Beitrag: Anfechtungsanspruch lebt nach Geltendmachung wieder auf, Haftungsanspruch nicht, daher ggf. Haftungsanspruch vorzuziehen, falls eine Leistungsfähigkeit des Organs vorliegt • ggf. auch Gläubigerbenachteiligung durch die Handlungen der Organe prüfen = Gläubigerbenachteiligungen = ggf. Aufhebung des Schutzschirmverfahrens?	Schmittmann/Lemken, Haftung der Organe des Schuldners in der (vorläufigen) Eigenverwaltung und im Schutzschirmverfahren, InsbürO 2015, 424 ff.
21.	Rechnungslegung	• keine gesonderten Regelungen in der InsO für die Rechnungslegung: weder für die vorläufige Eigenverwaltung noch für das Schutzschirmverfahren • auch kein Verweis auf § 281 Abs. 3 InsO (= Schuldner ist zuständig) vorhanden • analoge Anwendung des § 281 Abs. 3 InsO: danach obliegt dem Schuldner die Rechnungslegung • vorläufiger Sachwalter hat die Rechnungslegung zu prüfen und schriftlich zu erklären, ob Einwendungen zu erheben sind (§ 281 Abs. 3 i.V.m. § 281 Abs. 1 Satz 2 InsO)	
22.	Steuerproblematik	• Steuerverbindlichkeiten aus der vorläufigen Verwaltung gelten gem. § 55 Abs. 4 InsO nach Insolvenzeröffnung als Masseverbindlichkeiten • keine Regelung in § 55 Abs. 4 InsO für die vorläufige Eigenverwaltung und das Schutzschirmverfahren • BMF-Schreiben vom 17.01.2012 zu grundsätzlichen Anwendungsfragen des § 55 Abs. 4 InsO enthält auch keine diesbezügliche Aussage • dennoch könnten Haftungstatbestände (§ 370 AO = Steuerhinterziehung, § 34 AO = Pflichten des Vermögensverwalters, § 69 AO = Haftung der Vertreter) drohen	Busch/Büker, § 55 Abs. 4 InsO – quo vadis? – Teil 3, InsbürO 2016, 443 Adam, Die abgabenrechtliche Haftung des Geschäftsführers, schwachen vorläufigen Insolvenzverwalters und vorläufigen Sachwalters, ZInsO 2017, 2289 ff. (Ziffer IV zum Zahlungszeitpunkt)

Nr.	Thema	Checkliste Schutzschirmverfahren: Erläuterung	Hilfsmittel
		• daher erfolgen i.d.R. die Zahlung der Steuerverbindlichkeiten, allerdings kann diese unter Vorbehalt der Tilgungsbestimmung und unter Hinweis auf den Insolvenzantrag geleistet werden • ggf. im eröffneten Verfahren Anfechtung der kongruenten Deckung möglich, aber umstritten	Anfechtung bejahend: Lemken/Schmittmann, InsbürO 2015, 213 ff. Hiebert, ZInsO 2015, 1242
23.	Vergütung – allgemein	• keine Regelung für den vorläufigen Sachwalter in der InsVV • aber: § 270a Abs. 1 Satz 2 InsO verweist auf §§ 274, 275 InsO • § 274 InsO verweist auf §§ 63 – 65 InsO (Vergütungsanspruch, Festsetzung, InsVV) • § 274 InsO verweist auf § 54 Nr. 2 InsO: Vergütung gehört zu den Massekosten nach Eröffnung	
24.	Vergütungsberechnung	• keine Regelung für den vorläufigen Sachwalter in der InsVV, lediglich für den Sachwalter im eröffneten Verfahren: § 12 InsVV • nach BGH: einheitlicher Vergütungsanspruch für das Eröffnungsverfahren und das eröffnete Verfahren: Festsetzung erst am Ende der Eigenverwaltung im eröffneten Verfahren • Vergütungssatz für das eröffnete Verfahren: 60 %, für die vorläufige Eigenverwaltung: 25 % von 60 % • Zu- und Abschläge möglich; dabei aber die eingeschränkte Tätigkeiten des Sachwalters beachten = keine Vergütung für Tätigkeiten, die nicht zum Aufgabenbereich eines Sachwalters gehören • Vorschussmöglichkeit gegeben für die Tätigkeit des vorläufigen Sachwalters	Berechnung des Vergütungsanspruches des vorläufigen Sachwalters: BGH v. 21.7.2016 – IX ZB 70/14 in InsbürO 2016, 403, ZInsO 2016, 1637 Tätigkeitsbereich des vorl. Sachwalters und entsprechende Zuschlagsgewährung (Ausführungen zu 5 Bereichen): BGH v. 22.6.2017 – IX ZB 91/15 (m.w.N.) in InsbürO 2018, 13, ZInsO 2017, 1813 Amberger, Die Vergütung des (vorläufigen) Sachwalters – ein Musterantrag, InsbürO 2018, 93 ff.
25.	Aufhebung	• Gründe für eine etwaige Aufhebung des Verfahrens entsprechend der Auflistung in § 270b Abs. 4 InsO: – es werden Umstände bekannt, die Nachteile für die Gläubiger erwarten lassen – angestrebte Sanierung ist aussichtslos geworden – Mehrheitsbeschluss des vorläufigen Gläubigerausschusses	
26.	ESUG	• für einen Überblick über die eingetretenen Änderungen durch das ESUG: Synopse §§ 270 – 285 InsO	Synopse ESUG, InsbürO 2012, 175 ff.

Checkliste 65: Selbständige Tätigkeit

133 Das monatliche Einkommen eines Schuldners zählt zum Neuerwerb des Vermögens, das nach § 35 Abs. 1 InsO während der Dauer des Verfahrens auch zur Insolvenzmasse gehört. Es erfolgt insoweit allerdings eine Einschränkung über § 36 Abs. 1 InsO, wonach diejenigen Gegenstände (= Vermögenswerte), die nicht der Zwangsvollstreckung unterliegen, auch nicht vom Insolvenzbeschlag erfasst sind. Für die Ermittlung der monatlich pfändbaren Einkommensanteile zugunsten der Insolvenzmasse sind die Pfändungsfreigrenzen des § 850c ZPO zu berücksichtigen.

134 Bei einer selbständigen Tätigkeit ist die Pfändungstabelle des § 850c ZPO nur eingeschränkt anzuwenden. Nach einer Freigabe der selbständigen Tätigkeit sind die Einnahmen aus dieser selbständigen Tätigkeit nämlich nicht zugrunde zu legen, sondern die Vorschrift des § 295 Abs. 2 InsO ist zu berücksichtigen, wonach der Schuldner die Insolvenzgläubiger so zu stellen hat, als würde er Einkünfte aus einem abhängigen Beschäftigungsverhältnis erzielen. Es gibt mehrere Aspekte, die insoweit zu beachten sind. Insbesondere sind auch Unterschiede zu verzeichnen zwischen dem eröffneten Verfahren und der Restschuldbefreiungsphase. Die nachfolgende Checkliste gewährt einen Überblick.

(Die Übersicht ist nach gängigen Informationen und Arbeitsschritten sortiert.)

135

Nr.	Thema	Checkliste selbständige Tätigkeit: Erläuterungen	Hilfsmittel
1.	Verbraucherinsolvenzverfahren	• Eröffnungsvoraussetzung für das Verbraucherinsolvenzverfahren: keine selbständige Tätigkeit (§ 304 Abs. 1 InsO) • aber theoretisch möglich: Aufnahme einer selbständigen Tätigkeit während des schon eröffneten Verfahrens oder während der RSB-Phase • daher können die nachstehenden Erläuterungen auch für Verbraucherinsolvenzverfahren relevant sein	
2.	Abtretungserklärung § 287 Abs. 2 InsO	• nach der BGH-Rechtsprechung: Einnahmen aus selbständiger Tätigkeit sind nicht von der Abtretungserklärung gem. § 287 Abs. 2 InsO umfasst • dennoch ist die Abtretungserklärung Voraussetzung für die Restschuldbefreiung = muss auch vom selbständigen Schuldner abgegeben werden • die Abtretungserklärung des § 287 Abs. 2 InsO greift aber auch erst in der Restschuldbefreiungsphase, im eröffneten Verfahren gilt der Insolvenzbeschlag gem. § 35 Abs. 1 InsO	Abtretung umfasst keine Einnahmen aus selbständiger Tätigkeit: BGH v. 15.10.2009 – IX ZR 234/08 (Rn. 11 ff.) in InsbürO 2010, 119, ZInsO 2009, 2416
3.	Betriebsfortführung	• bei Betriebsfortführung durch den Insolvenzverwalter: Insolvenzbeschlag auf alle Einnahmen • im Gegenzug aber auch: alle Ausgaben müssen aus der Insolvenzmasse bezahlt werden • ggf. Zahlungen an den Schuldner zum Ausgleich der Arbeitstätigkeit während der Betriebsfortführung: s. nachfolgend »Pfändungsschutz« • möglich auch: Beschluss der Gläubigerversammlung über zu gewährenden Unterhalt an den Schuldner erwirken • bei Entgelt für Dienstleistung: kein Beschluss erforderlich • ggf. Schutzantrag gem. § 850i Abs. 1 Nr. 3 ZPO: s. Stichwort »Pfändungsschutz – Antrag«	Checkliste Betriebsfortführung Insolvenzbeschlag an den Einnahmen und Schutzmöglichkeiten für den Schuldner: BGH v. 19.5.2011 – IX ZB 94/09 in InsbürO 2011, 392, ZInsO 2011, 1412 Kostrewa, Unterhaltsgewährung aus der Insolvenzmasse, InsbürO 2011, 27 Wipperfürth, Selbstbehalt des Schuldners, InsbürO 2015, 517 ff.
4.	Erklärung § 35 Abs. 2 InsO	• bei Vorliegen einer selbständigen Tätigkeit des Schuldners: Erklärung gem. § 35 Abs. 2 InsO erforderlich • danach: Erklärung des Verwalters, ob das Vermögen aus der Tätigkeit zur Masse gehört oder nicht (Freigabe: ja/nein) • diese Erklärung ist jeweils zu Beginn eines Verfahrens gegenüber dem Insolvenzgericht abzugeben • wenn keine selbständige Tätigkeit vorliegt, ist dies mitzuteilen	Muster 316: »Erklärung § 35 Abs. 2 InsO – keine Freigabe« Muster 112 (Eröffnungsbeschluss nat. Pers.): Erklärung § 35 Abs. 2 InsO in »Erste Info an das Gericht« Zugriff auf freigegebenes Vermögen für Neugläubiger: BGH v. 25.1.2018 – IX ZA 19/17 (Rn. 10) in WKRS 2018, 10730
5.	Forderungen gegen Dritte	• bei Betriebsfortführung: Forderungen gegen Dritte einziehen • hierfür: Zahlungsaufforderung an Dritte durch den Insolvenzverwalter • die Einziehungsbefugnis ergibt sich ohne Rechte Dritter an den Forderungen aus §§ 35, 36 Abs. 1 InsO • bei Vorliegen bspw. einer Globalzession ergibt sich die Einziehungsbefugnis aus § 166 Abs. 2 InsO • siehe wegen weiterer Aspekte in gesonderte Checkliste	Checkliste Forderungseinzug: »Einziehungsbefugnis«

Nr.	Thema	Checkliste selbständige Tätigkeit: Erläuterungen	Hilfsmittel
6.	Pfändungsschutz	• gem. § 850 Abs. 2 ZPO können auch Einkommen aus selbständiger Tätigkeit Pfändungsschutz genießen • dort: »*sonstige Vergütungen für Dienstleistungen aller Art, die die Erwerbstätigkeit des Schuldners vollständig oder zu einem wesentlichen Teil in Anspruch nehmen*« • damit: Pfändungsschutz gem. § 850a bis 805i ZPO auf Antrag möglich • auch Unterhaltszahlung gem. § 100 InsO durch Beschlussfassung der Gläubigerversammlung möglich (i.d.R. eher Motivationszahlung über pfändungsfreies Einkommen hinaus)	Wipperfürth, Selbstbehalt des Schuldners, InsbürO 2015, 517 ff.
7.	Pfändungsschutz – Antrag gem. § 850i Abs. 1 ZPO	• um den Insolvenzbeschlag gem. § 35 Abs. 1 InsO an den Einnahmen aus der selbständigen Tätigkeit einzuschränken: – Schuldner kann einen Schutzantrag stellen • Einnahmen gelten als sonstige Einnahmen i.S.v. § 850i ZPO • Inhalt des Schutzantrages: Schuldner ist so viel zu belassen, als ihm nach freier Schätzung des Gerichts verbleiben würde, wenn sein Arbeitseinkommen aus laufendem Arbeits- oder Dienstlohn bestünde	Wipperfürth, Selbstbehalt des Schuldners, InsbürO 2015, 517 ff.
8.	Freigabe – eröffnetes Verfahren	• wird die Freigabe der selbständigen Tätigkeit gem. § 35 Abs. 2 InsO erklärt, ergeben sich folgende Rechtsfolgen: – durch Freigabe: keinen Anspruch auf erwirtschaftete Einnahmen – aber: auch keine Belastung der Insolvenzmasse mit Ausgaben – Anspruch auf fiktive pfändbare Beträge aus unselbständigen Arbeitsverhältnis (§ 35 Abs. 2 Satz 2 i.V.m. § 295 Abs. 2 InsO) • Problematik für Schuldner: ggf. vorliegende Vorausabtretung Dritter wird nach Freigabe wieder wirksam (= Kovaleszenz) – dadurch ggf. erforderlich: gleichzeitige Befriedigung des Abtretungsgläubigers und des Ausgleichsanspruches gem. § 295 Abs. 2 InsO durch den Schuldner	Muster 317: »Freigabe – Erklärung ggü. Schuldner« Muster 318: »Freigabe – Information an das Insolvenzgericht« Muster 319: »Freigabe – Unterrichtung FinA« Checkliste Freigabe Erneute Wirksamkeit einer Abtretung nach Freigabe = Kovaleszens: BGH v. 18.4.2013 – IX ZR 165/12 in ZInsO 2013, 1146, InsbürO 2013, 321 mit zwei Anmerkungen von Henning und Heyn
9.	Freigabe – RSB-Phase	• eine Freigabe in der RSB-Phase ist nicht erforderlich – kein Anspruch auf Einnahmen aus selbständiger Tätigkeit (= kein Insolvenzbeschlag), daher keine Entstehung von Masseverbindlichkeiten möglich • lediglich Ausgleichsanspruch aus § 295 Abs. 2 InsO = Gleichstellung wie bei einem unselbständigen Arbeitsverhältnis	
10.	P-Konto	• die Rechtsfolgen einer selbständigen Tätigkeit im Hinblick auf ein P-Konto sind zu unterscheiden: – **keine Freigabe der selbständigen Tätigkeit:** – Geschäftskonto erlischt gem. §§ 115, 116 InsO – Einnahmen sind über das Treuhandkonto zu vereinnahmen – Selbstbehalt des Schuldners ist auf gesondertem P-Konto geschützt – ggf. Antrag auf Festsetzung eines Selbstbehaltes gem. § 850i ZPO und auf Erhöhung des Freibetrages gem. § 850k Abs. 4 ZPO beim Insolvenzgericht stellen – **Freigabe der selbständigen Tätigkeit:** – Geschäftskonto ist von der Freigabe umfasst (BGH zu Vertragsverhältnissen), – P-Konto (= kein Geschäftskonto) hat keinen Zusammenhang zur selbständigen Tätigkeit (ist dem privaten Bereich zuzuordnen)	Wipperfürth, Das P-Konto bei Betriebsfortführung oder Freigabe, ZInsO 2015, 2305 Wipperfürth, P-Konto und Selbständigkeit/Freigabe § 35 Abs. 2 InsO, InsbürO 2016, 158 f. (Rubrik Fragezeichen) Vertragsverhältnisse von Freigabe umfasst: BGH v. 9.2.2012 – IX ZR 75/11 in InsbürO 2012, 274, ZInsO 2012, 481

Nr.	Thema	Checkliste selbständige Tätigkeit: Erläuterungen	Hilfsmittel
		– keine Freigabe des Kontos erforderlich, Pfändungsschutz erfolgt über § 850k ZPO – ratsam für den Schuldner: Zahlungsvorgänge auf diesen getrennten Konten führen (Geschäftskonto, P-Konto = zwei Konten)	
11.	Ausgleichspflicht	• bei Freigabe einer selbständigen Tätigkeit gilt § 295 Abs. 2 InsO = Gläubiger so stellen, als sei der Schuldner abhängig beschäftigt • daher: pfändbare Einkommensanteile auf Basis fiktiven Einkommens ermitteln: s. nachfolgend • Schuldner entsprechend informieren	Muster 317: »Freigabe – Erklärung ggü. Schuldner« Muster 321: »Rechtsprechungsübersicht für Schuldner« Wipperfürth, Selbstbehalt des Schuldners – Teil 2: InsbürO 2016, 21 ff.
12.	Zahlungspflicht/-obliegenheit des Schuldners – allgemein	• im eröffneten Verfahren: Pflicht zur Zahlung/Abführung gem. § 35 Abs. 2 Satz 2 InsO i.V.m. § 295 Abs. 2 InsO – Insolvenzverwalter hat die Zahlung einzufordern und zu überwachen – ggf. Geltendmachung auf Prozessweg: s. nachfolgend – keine Erwerbsobliegenheit des selbständig tätigen Schuldners im eröffneten Verfahren, daher auch kein Versagungstatbestand: s. Problematik der fehlenden Verweisung in Deppe-Beitrag rechts • in RSB-Phase: Obliegenheit zur Abführung gem. § 295 Abs. 2 InsO – Treuhänder hat keinen Zahlungsanspruch, Schuldner muss die Obliegenheit von sich aus erfüllen – bei Nichtabführung: • Zahlungsvereinbarung zwischen Insolvenzverwalter/Treuhänder und Schuldner = vertragliche Gestaltung = begründet keine Auskunfts- und Mitwirkungspflicht i.S.v. § 97 Abs. 1 InsO i.V.m. § 290 Abs. 1 Nr. 5 InsO i.V.m. §§ 35 Abs. 2, 295 Abs. 2 InsO = Nichteinhaltung der Vereinbarung kein Versagungsgrund lt. BGH-Rechtsprechung (aber ggf. Indiz für Fehlverhalten)	Abführungspflicht im eröffneten Verfahren: BGH v. 13.6.2013 – IX ZB 38/10 (Rn. 20) in ZInsO 2013, 1586 WKRS 2013, 41415 Geltendmachung im Prozessweg: BGH v. 13.3.2014 – IX ZR 43/12 in InsbürO 2014, 279, ZInsO 2014, 824 mit Anmerkung Pape dazu in InsbürO 2015, 273 (Ziff. IV) Deppe, Die Erwerbsobliegenheit des Schuldners im eröffneten Verfahren, InsbürO 2018, 132 ff. (Ziff. IV) Kein Versagungstatbestand bei Verletzung vertraglicher Vereinbarung: BGH v. 12.04.2018 – IX ZB 60/16 in ZInsO 2018, 1508, InsbürO 2018, 314 ff. mit Anmerkung Henning
13.	Fiktives Einkommen – allgemein	• fiktiv = was würde der Schuldner verdienen, wenn er in einem unselbständigen Arbeitsverhältnis stünde • Pflicht zur Auskunftserteilung über: – mögliche abhängige Tätigkeit – mögliches fiktives Nettoeinkommen • unterschiedliche Angaben dazu erforderlich: s. nachfolgend • keine Pflicht zur Auskunftserteilung über etwaige Gewinne aus der selbständigen Tätigkeit: s. nachfolgend (mit Hinweis Ausnahme)	Auskunftsanspruch zum fiktiven Einkommen: BGH v. 26.2.2013 – IX ZB 165/11 in InsbürO 2013, 193, ZInsO 2013, 625 Maßstab für fiktives Einkommen: BGH v. 17.1.2013 – IX ZB 98/11 (Rn. 14) in InsbürO 2013, 194, ZInsO 2013, 405 Wipperfürth, Selbstbehalt des Schuldners – Teil 2: InsbürO 2016, 21 ff.
14.	Fiktives Einkommen – Angaben	• Angaben zur Ermittlung eines fiktiven Einkommens: – Alter, – Arbeitsmarkt,	Muster 320: »Infobogen fiktives Einkommen«

Nr.	Thema	Checkliste selbständige Tätigkeit: Erläuterungen	Hilfsmittel
		– Ausbildung, – Branche, – Erfahrung, – Gesundheit, – Unterhaltsberechtigte, – Werdegang	Auskunftspflicht des Schuldners: BVerfG v. 7.12.2016 – 2 BvR 1602/16 in InsbürO 2017, 121, ZInsO 2017, 158
15.	Pfändbare Beträge – Berechnung	• hypothetisches (= fiktives) Einkommen ist entscheidend • um den fiktiven abzuführenden Betrag zu errechnen: – fiktives Nettoeinkommen anhand der vorstehenden Angaben ermitteln – dabei Pfändungstabelle nach § 850c ZPO unter Berücksichtigung der unterhaltspflichtigen Personen verwenden – pfändbaren monatlichen Betrag entnehmen	
16.	Erwerbsobliegenheit – eröffnetes Verfahren	• in beantragten Verfahren ab 01.07.2014: – Regelung für das eröffnete Verfahren in § 287b InsO (= Erwerbsobliegenheit) greift nicht für selbständig tätige Schuldner: Es besteht eine Mitwirkungspflicht = Auskunft über Daten zur Ermittlung des fiktiven Einkommens und Abführungspflicht, aber keine Erwerbsobliegenheit (s. Beitrag Deppe), daher auch keine Versagung möglich • in beantragten Verfahren bis 30.06.2014: – keine Regelung zur Verpflichtung des Schuldners, sich einen Arbeitsplatz zu suchen (= keine Erwerbsobliegenheit) – bei Kostenstundung: Verpflichtung gem. § 4c Nr. 4 InsO • Rechtsfolge aus § 287b InsO: Aufgabe der selbständigen Tätigkeit, wenn Gewinne für den Ausgleich gem. § 295 Abs. 2 InsO nicht ausreichen	Deppe, Die Erwerbsobliegenheit des Schuldners im eröffneten Verfahren, InsbürO 2018, 132 ff. (Ziff. IV) Keine Pflicht zur Eingehung eines Dienstverhältnisses bei fehlendem Gewinn: BGH v. 13.6.2013 – IX ZB 38/10 in InsbürO 2013, 412, ZInsO 2013, 1586 Wipperfürth, Selbstbehalt des Schuldners – Teil 2: InsbürO 2016, 21 ff.
17.	Erwerbsobliegenheit – RSB-Phase	• Erwerbsobliegenheit in der RSB-Phase besteht gem. § 295 Abs. 1 Nr. 1 InsO: – Ausübung angemessener Tätigkeit oder Bemühen um eine solche • insoweit: Aufgabe der selbständigen Tätigkeit, wenn Gewinne für den Ausgleich gem. § 295 Abs. 2 InsO nicht ausreichen	Versagungsgrund durch fehlende angemessene Tätigkeit in abhängiger Beschäftigung: BGH v. 4.2.2016 – IX ZB 13/15 (Rn. 10) in InsbürO 2016, 250, ZInsO 2016, 593
18.	Erwerbsobliegenheit – Umfang	• die Erwerbsobliegenheit umfasst eine Vollzeitbeschäftigung • wer keine Vollzeitbeschäftigung ausübt, hat sich um eine solche zu bemühen • dies gilt bei Arbeitslosigkeit, aber auch für eine Teilzeitbeschäftigung • s. auch nachstehend »Nebenbeschäftigung«	Pflicht zur Ausübung einer Vollzeittätigkeit: BGH v. 1.3.2018 – IX ZB 32/17 in ZInsO 2018, 787, InsbürO 2018, 194 mit Anmerkung Henning
19.	Auskunftsanspruch – eröffnetes Verfahren	• der Schuldner hat umfassend Auskunft zu allen erforderlichen Angaben zur Ermittlung des fiktiven pfändbaren Einkommensanteils zu erteilen • gesetzliche Grundlage § 295 Abs. 2 InsO i.V.m. § 290 Abs. 1 Nr. 5 InsO • s. vorstehend »fiktives Einkommen« • bei fehlenden Gewinnen hat der Schuldner darüber Auskunft zu erteilen: s. nachstehend »Gewinne«	Auskunftspflicht im eröffneten Verfahren: BGH v. 13.6.2013 – IX ZB 38/10 (Rn. 20 m.w.N.) in InsbürO 2013, 412, ZInsO 2013, 1586
20.	Auskunftsanspruch – RSB-Phase	• der Auskunftsanspruch in der RSB-Phase zu einem fiktiven pfändbaren Einkommensanteil ergibt sich allein aus § 295 Abs. 2 InsO • Auskunftsanspruch ist eine Obliegenheit • s. vorstehend »fiktives Einkommen« • bei fehlenden Gewinnen hat der Schuldner darüber Auskunft zu erteilen: s. nachstehend »Gewinne«	
21.	Festsetzung Zahlbeträge	• weder der Treuhänder in der RSB-Phase noch das Insolvenzgericht müssen die abzuführenden Beträge gem. § 295 Abs. 2 InsO festsetzen oder kontrollieren • reine Entgegennahme der Beträge bzw. Informationen • Einarbeitung der Tatsachen in die Sachstandsberichte	keine Festsetzung durch Treuhänder oder Gericht: BGH v. 17.1.2013 – IX ZB 98/11 (Rn. 23) in InsbürO 2013, 194, ZInsO 2013, 405

Nr.	Thema	Checkliste selbständige Tätigkeit: Erläuterungen	Hilfsmittel
		• im eröffneten Verfahren ist der Insolvenzverwalter allerdings bei Nichtabführung zur Klageerhebung verpflichtet: er muss die Beträge als zumindest kontrollieren, um einen Zahlungsanspruch ermitteln zu können • bei fehlender Abführung besteht vor Klageerhebung ein Anspruch auf Auskunft über die Gewinne: s. nachstehend »Gewinne«	
22.	Gewinne – eröffnetes Verfahren	• nach einer Freigabe gem. § 35 Abs. 2 InsO kein Anspruch des Insolvenzverwalters auf Gewinne aus der selbständigen Tätigkeit, aber auf Zahlungen daraus zur Erfüllung des Ausgleichsanspruches gem. § 295 Abs. 2 InsO • liegt das Einkommen des Schuldners aus der freigegebenen selbständigen Tätigkeit über fiktivem Nettoeinkommen: Abführungspflicht (s. vorstehend) • liegt das Einkommen des Schuldners aus der freigegebenen selbständigen Tätigkeit unter einem fiktivem Nettobetrag: Anspruch auf Nachweis über seine Einnahmensituation = Nachweis seiner Gewinne • Kenntnis über die Höhe der Gewinne erlangt der Insolvenzverwalter also erst dann, wenn der Schuldner vorträgt, er könne die Ausgleichszahlungen gem. § 295 Abs. 2 InsO nicht leisten • durch Offenlegung der Gewinne: Prüfung, ob tatsächlich keine Zahlungen geleistet werden können • wegen der Erwerbsobliegenheit (§ 287b InsO, § 295 Abs. 1 InsO) ist im Fall fehlender Gewinne eine Aufgabe der selbständigen Tätigkeit erforderlich • Schuldner hat sich also um ein abhängiges Dienstverhältnis zu bemühen und diese Bemühungen nachzuweisen	Auskunftspflicht über fehlende Gewinne: BGH v. 13.6.2013 – IX ZB 38/10 (Rn. 21, 22) in InsbürO 2013, 412, ZInsO 2013, 1586
23.	Gewinne – eröffnetes Verfahren (Verfahren bis 30.06.2014)	• wegen fehlender Erwerbsobliegenheit: keine Aufgabe der selbständigen Tätigkeit trotz fehlender Gewinne • aber ggf. Erwerbsobliegenheit aufgrund der Kostenstundung gem. § 4c Nr. 4 InsO	
24.	Gewinne – RSB-Phase	• kein Anspruch des Treuhänders auf Gewinne aus der selbständigen Tätigkeit, aber auf Zahlungen daraus zur Erfüllung des Ausgleichsanspruches gem. § 295 Abs. 2 InsO • wenn Gewinne aus selbständiger Tätigkeit nicht ausreichen, um Ausgleich gem. § 295 Abs. 2 InsO zu erfüllen: – Rechtsprechung fordert: Bemühungen um abhängiges Arbeitsverhältnis – damit: Aufgabe der selbständigen Tätigkeit, wenn Eintritt in ein abhängiges Arbeitsverhältnis möglich wird – allerdings: Voraussetzungen müssen gegeben sein: s. vorstehend »fiktives Einkommen – Angaben«, »Bewerbungsbemühungen«	Pflicht zur Bemühung um abhängiges Dienstverhältnis: BGH v. 12.7.2012 – IX ZB 270/11 (Rn. 13) in WKRS 2012, 19975
25.	Abführungsobliegenheit – zeitlich	• gem. § 295 Abs. 2 InsO: Gläubiger sind gleichzustellen, wie wenn der Schuldner in einem abhängigen Beschäftigungsverhältnis stünde • nach BGH-Rechtsprechung daher: jährliche Abführung der fiktiven Ausgleichsbeträge • allerdings: im eröffneten Verfahren erfolgt die Ausschüttung erst bei Verfahrensbeendigung, daher ggf. ausreichend, wenn erst zu diesem Zeitpunkt – BGH-Begründung: keine Benachteiligung der Gläubiger	Jährliche Abführungspflicht: BGH v. 19.7.2012 – IX ZB 188/09 in ZInsO 2012, 1488, WKRS 2012, 20410
26.	Klageweise Geltendmachung (= Prozessführung)	• lt. BGH-Rechtsprechung Verpflichtung des Insolvenzverwalters, die Beträge nach § 35 Abs. 2 i.V.m. § 295 Abs. 2 InsO für das eröffnete Verfahren geltend zu machen • ggf. Prozessweg beschreiten: Beweisführung, dass abhängige Beschäftigung mit höherem Verdienst möglich gewesen sei	Geltendmachung im Prozessweg: BGH v. 13.3.2014 – IX ZR 43/12 in InsbürO 2014, 279, ZInsO 2014, 824 mit Anmerkung Pape dazu in InsbürO 2015, 273 (Ziff. IV)

Nr.	Thema	Checkliste selbständige Tätigkeit: Erläuterungen	Hilfsmittel
		• dafür: Auskünfte des Schuldners erforderlich • vergütungsrechtliche Auswirkungen der Prozessführung berücksichtigen: Einsatz eigener Sachkunde § 5 InsVV oder Zuschlag nach § 3 Abs. 1 InsVV oder Delegation an Dritten	Graeber/Graeber, Der Einzug der vom selbständigen Schuldner abzuführenden Beträge vor dem Prozessgericht, InsbürO 2016, 367 ff.
27.	Bewerbungsbemühungen = Arbeitsplatzsuche	• nach BGH-Rechtsprechung aktives Bemühungen um Arbeitsstelle erforderlich • nach BGH: 2 – 3 Bewerbungen pro Woche • zur Beurteilung der Angemessenheit einer Erwerbstätigkeit: § 1574 Abs. 2 BGB • danach: Erwerbstätigkeit muss der Ausbildung, den Fähigkeiten, einer früheren Erwerbstätigkeit, dem Lebensalter und dem Gesundheitszustand entsprechen • grds.: Beurteilung nach insolvenzrechtlichen Grundsätzen, nicht nach dem Unterhalts- oder Sozialrecht • Schuldner muss den Nachweis über die Bemühungen führen, wenn er Verschuldensvorwurf entkräften möchte	Zu den Bewerbungsbemühungen: BGH v. 1.3.2018 – IX ZB 32/17 (Rn. 10 m.w.N.) in ZInsO 2018, 787, InsbürO 2018, 194 mit Anmerkung Henning Beurteilung der Zumutbarkeit nach insolvenzrechtlichen Kriterien: BGH v. 13.9.2012 – IX ZB 191/11 (Rn. 10) in InsbürO 2013, 437, ZInsO 2012, 1958 Wipperfürth, Selbstbehalt des Schuldners – Teil 2: InsbürO 2016, 21 ff.
28.	Unterrichtung Schuldner	• über die Obliegenheiten und Pflichten und die Vielzahl der einzelnen damit im Zusammenhang stehenden Aspekte sollte ein Schuldner unterrichtet werden • ggf. im Erstgespräch persönlich erläutern, aber insbesondere mit der Freigabeerklärung ein gesondertes Informationsschreiben ihn fertigen = gibt dem Schuldner die Möglichkeit, alles nachlesen zu können	Muster 317: »Freigabe – Erklärung ggü. Schuldner« Muster 322: »RSB-Phase – Obliegenheiten – Erstinfo an Schuldner« Muster 321: »Rechtsprechungsübersicht für Schuldner« Muster 320: »Infobogen über fiktives Einkommen« Wipperfürth, Selbstbehalt des Schuldners – Teil 2: InsbürO 2016, 21 ff.
29.	RSB-Phase	• Schuldner zu Beginn einer RSB-Phase über Obliegenheiten des § 295 InsO informieren • bei selbständiger Tätigkeit: abweichende Obliegenheiten vom »Normalfall« = anderes Muster als bei abhängiger Beschäftigung	Muster 322: »RSB-Phase – Obliegenheiten – Erstinfo an Schuldner«
30.	Versagungsgrund – eröffnetes Verfahren	• Versagungsgründe für das eröffnete Verfahren finden sich in § 290 Abs. 1 InsO • z. B. Weigerung des Schuldners zur Auskunft über Einnahmen oder Erfüllung des Ausgleichsanspruches = Verletzung der Mitwirkungspflicht gem. § 290 Abs. 1 Nr. 5 InsO • s. auch vorstehend »Abführungspflicht – allgemein« • ggf. ist die Höhe der abgeführten Beträge nicht ausreichend: s. vorstehend »Einkommensvergleich«	Glaubhaftmachung Versagungsgrund durch Einkommensvergleich: BGH v. 19.5.2011 – IX ZB 224/09 (Rn. 11) in ZInsO 2011, 1301 WKRS 2011, 18463 Glaubhaftmachung Versagungsgrund durch Einkommensvergleich: BGH v. 1.3.2018 – IX ZB 32/17 (Rn. 10 m.w.N.) in ZInsO 2018, 787, InsbürO 2018, 194 mit Anmerkung Henning

Nr.	Thema	Checkliste selbständige Tätigkeit: Erläuterungen	Hilfsmittel
31.	Versagungsgrund – RSB-Phase	• Versagungsgründe für die RSB-Phase finden sich § 295 InsO • keine Zahlungen gem. § 295 Abs. 2 InsO (= Angleichung an Zahlungen aus abhängigem Dienstverhältnis): – ggf. Höhe der abgeführten Beträge nicht ausreichend: s. vorstehend »Einkommensvergleich« – kein Nachweis über Bemühungen um Wechsel in unselbständiges Arbeitsverhältnis – keine Angaben zur Möglichkeit eines Wechsels =Info zum fiktiven Einkommen	Versagungsantrag erst am Ende der RSB-Phase: BGH v. 10.10.2013 – IX ZB 119/12 (LS + Rn. 7) in InsbürO 2014, 150, ZInsO 2014, 47 Nichtabführung von Beträgen als Versagungsgrund: BGH v. 10.10.2013 – IX ZB 119/12 (LS + Rn. 7) in InsbürO 2014, 150, ZInsO 2014, 47 Möglichkeit einer abhängigen Tätigkeit muss gegeben sein: BGH v. 10.10.2013 – IX ZB 119/12 (Rn. 12) in InsbürO 2014, 150, ZInsO 2014, 47
32.	Einkommensvergleich	• der den Versagungsantrag stellende Gläubiger muss die Beeinträchtigung der Gläubigerbefriedigung nachweisen • die Gläubigerbeeinträchtigung ist gem. § 296 Abs. 1 InsO Antragsvoraussetzung • dafür: Angaben zu einem möglichen fiktiven Verdienst • Vergleich zu Lohn- und Gehaltstabellen in der jeweiligen Branche durch Einsicht in das Tarifregister möglich • auch andere Internetseiten bieten insofern Informationen zu Löhnen und Gehältern	Beispiele: www.tarifregister.nrw.de Bundesministerium für Arbeit: www.bmas.de > Tarifverträge www.gehaltsvergleich.com
33.	Nebentätigkeit	• übt der Schuldner eine selbständige Nebentätigkeit neben einem abhängigen Beschäftigungsverhältnis aus: Ausgleich über § 295 Abs. 2 InsO (= fiktives Einkommen) wie bei einer Vollzeitbeschäftigung • d.h. keine einzelne Abführung aus Nebentätigkeit, sondern fiktiver Betrag aus Vollzeitbeschäftigung ist entscheidend • allerdings: Vollzeitbeschäftigung muss möglich sein (Alter, Marktsituation etc.) • gleiche Voraussetzungen wie bei Erwerbslosigkeit • diese Pflicht gilt für die RSB-Phase und bei den ab dem 01.07.2014 beantragten Verfahren von der Insolvenzeröffnung an • bei Vollzeitbeschäftigung in unselbständigem Arbeitsverhältnis und selbständiger Nebentätigkeit: Problem, was abzuführen ist, da Erwerbsobliegenheit über Vollzeitstelle ggf. schon erfüllt wird: – Nebentätigkeit = überobligatorisch = 50 % pfändbar gem. § 850a Nr. 1 ZPO (s. Literaturtipp mit Verweis auf BGH-Rechtsprechung)	Ausgleichspflicht bei Nebentätigkeit: BGH v. 5.4.2006 – IX ZB 50/05 (Rn. 13) in InsbürO 2006, 278, ZInsO 2006, 547 Wipperfürth/Schmittmann, Insolvenzrechtliche Konsequenzen der Umwandlung einer gem. § 35 Abs. 2 InsO freigegebenen Selbstständigkeit in ein Nebengewerbe, ZInsO 2015, 2560
34.	Rentner	• erzielt ein Rentner neben der Rente weitere Einkünfte aus selbständiger Tätigkeit: Abführungspflicht gem. §§ 35 Abs. 2, 295 Abs. 2 InsO • Schuldner kann Pfändungsschutz für Hälfte der Einkünfte analog § 850a Abs. 1 Nr. 1 ZPO stellen	Abführungspflicht bei selbständig tätigem Rentner: BGH v. 12.04.2018 – IX ZB 60/16 in ZInsO 2018, 1508, InsbürO 2018, 314 m. Anmerkung Henning Pfändungsschutz für einen Teil der Einkünfte: BGH v. 26.06.2014 – IX ZB 87/13 in InsbürO 2014, 410, ZInsO 2014, 1488

Nr.	Thema	Checkliste selbständige Tätigkeit: Erläuterungen	Hilfsmittel
35.	Arzt	• Vergütung für ärztliche Tätigkeit als Selbständiger: – für Privatpatienten: Gebührenordnung für Ärzte (GOÄ) – für Kassenpatienten: Verteilung durch kassenärztliche Vereinigung gem. § 85 SGB V an Ärzte (Basis: Vierecksverhältnis: s. Literaturtipp rechts) • Forderungseinzug ist möglich: Schweigepflicht bzgl. Patientendaten treten ggü. vorrangigen Belangen Dritter zurück • Freigabe der selbständigen Tätigkeit prüfen: s. Stichwort »Freigabe«: – keine Freigabe: Einnahmen unterfallen dem Insolvenzbeschlag gem. § 35 Abs. 1 InsO – Freigabe: Ausgleichsanspruch gem. §§ 35 Abs. 2, 295 Abs. 2 InsO • ggf. Problematik der Globalzession zugunsten der kassenärztlichen Vereinigung bei Freigabe = Konvaleszenz (= nachträgliches Gültigwerden eines unwirksamen Rechtsgeschäfts) (s. auch InsbürO 2013, 321 – 324) • Achtung bei Aufrechnung der Kassenärztlichen Vereinigung: Rückforderungsansprüche vor Insolvenzeröffnung sind einfache Insolvenzforderung (§ 96 Abs. 1 InsO) • Problematik bei Verkauf der Praxis: Patientenakten dürfen nur mit Zustimmung des Patienten übertragen werden (§ 203 SGB i.V.m. § 134 BGB): Fortführung über einen Insolvenzplan daher häufig sinnvoll • siehe Literaturtipp zu weiteren Stichworten: – Anteil an Gemeinschaftspraxis (Auflösung, Abwicklung, Weiterführung) – Vermögenswert der Arztpraxis (Approbation, Vertragsarztsitz): höchstpersönliche Rechte = kein Insolvenzbeschlag	Haushalter, »Ich bin Arzt und insolvent« – Besonderheiten der Insolvenzsachbearbeitung, InsbürO 2016, 8 ff. d'Avoine, Arzt und Praxis in Krise und Insolvenz, RWS-Verlag (Rezension in InsbürO 2016, 478)
36.	Zweitinsolvenzverfahren	• ein Zweitinsolvenzverfahren ist nach Freigabe der selbständigen Tätigkeit möglich • ein Neugläubiger kann einen Insolvenzantrag stellen • der Insolvenzbeschlag im dortigen Verfahren ist beschränkt auf das freigegebene Vermögen	Möglichkeit eines Zweitinsolvenzverfahrens: BGH v. 9.6.2011 – IX ZB 175/10 in InsbürO 2011, 310, ZInsO 2011, 1349 Kein zweiter RSB-Antrag ohne Entscheidung über den ersten: BGH v. 18.12.2014 – IX ZB 22/13 in ZInsO 2015, 499, InsbürO 2015, 238
37.	Literaturtipp	• Pape, Die neue Rechtsprechung des BGH zu § 295 Abs. 2 InsO und ihre Auswirkungen auf die Praxis: – InsbürO 2013, 299 (Teil 1) – InsbürO 2013, 346 (Teil 2)	

Checkliste 66: Steuerangelegenheiten

136 Nach § 155 InsO bleiben die handels- und steuerrechtlichen Pflichten eines Schuldners im Insolvenzverfahren unberührt. Mit Übergang der Verwaltungs- und Verfügungsbefugnis gem. § 80 InsO hat der Insolvenzverwalter nicht nur die Steuererklärungen für die aktuellen Zeiträume, sondern auch noch ausstehende Steuererklärungen für abgelaufene Zeiträume abzugeben. Eine entsprechende Regelung hierzu findet sich in § 34 Abs. 3 AO. Darin ist geregelt, dass ein Vermögensverwalter die steuerlichen Pflichten, die sonst nach § 34 Abs. 1 AO gesetzlichen Vertretern obliegen, zu erfüllen hat.

137 Das Steuerrecht ist kompliziert und geht nicht immer konform mit den insolvenzrechtlichen Bestimmungen. Steuerrechtliche Angelegenheiten fallen daher dem Grunde nach in den Aufgabenbereich des Insolvenzverwalters. Für einen Insolvenzsachbearbeiter ist es aber wichtig, die an den Insolvenzverwalter gestellten Anforderungen und die damit ggf. verbundenen Probleme zu erkennen und die Abwicklung überwachen zu können. Dabei beschränken sich die nachstehenden Ausführungen nur auf den wesentlichsten Teil von Informationen zum Thema Steuern. Ein Gesamtüberblick würde ein ganzes Buch füllen und daher sei auf die Literaturtipps verwiesen. Es werden auch einige Begrifflichkeiten erläutert, die ggf. helfen, weitergehende Informationen zu diesem Thema besser nachvollziehen zu können.

(Die Übersicht dient als Nachschlagewerk. Der allgemeine Teil ist nach gängigen Überlegungen sortiert. Im Anschluss daran folgt eine Sortierung nach verschiedenen Steuerarten in alphabetischer Reihenfolge.)

138

Nr.	Schritt	Checkliste Steuerangelegenheiten: Erläuterung Allgemeiner Teil	Hilfsmittel
1.	Gesetzliche Grundlagen	• Abgabenordnung: AO • Einkommenssteuergesetz: EStG • Gewerbesteuergesetz: GewStG • Körperschaftssteuergesetz: KStG • Umsatzsteuergesetz: UStG	
2.	Handels- und steuerliche Rechnungslegungspflicht	• gesetzliche Regelung für das Insolvenzverfahren in § 155 InsO: – handels- und steuerrechtliche Rechnungslegungspflichten bleiben unberührt – in Bezug auf die Insolvenzmasse hat der Insolvenzverwalter diese Pflichten zu erfüllen	
3.	Haftung Vermögensverwalter	• BMF-Schreiben vom 23.05.2016: Vermögensverwalter gem. § 34 AO sind zur Anzeige und Berichtigung von Steuererklärungen verpflichtet • der Anwendungserlass zur AO wurde entsprechend ergänzt: Regelung der Berichtigungspflicht in Abschnitt 117a AEAO zu § 153 AO	BMF-Schreiben vom 23.5.2016: www.bundesfinanzministerium.de > BMF-Schreiben (BStBl. 2016 I S. 490) Anwendungserlass zur AO
4.	Verbraucherinsolvenzverfahren	• den Verbraucherinsolvenzverwalter trifft auch die Abgabepflicht für ausstehende Steuererklärung gem. § 34 Abs. 3 AO • vielfach aber vereinfachte Vordrucke für Einkommenssteuererklärung nutzbar	Siehe nachfolgend Ausführungen zur Einkommenssteuer mit Verweisen auf Literatur und Rechtsprechung
5.	Geschäftsführer-Haftung	• Geschäftsführer einer GmbH haftet gem. § 69 AO ggf. persönlich für Steuerverbindlichkeiten • daher ist es wichtig, diesen über Steuerfestsetzungen zu informieren = Möglichkeit der Korrektur für ihn = Minderung der Haftung • gilt insbesondere für Schätzungsbescheide • werden Steuerforderungen auf Basis von Schätzungsbescheiden zur Insolvenztabelle festgestellt, kann der Geschäftsführer im Haftungsprozess gegen ihn keine Einwendungen mehr erheben (s. BFH-Rechtsprechung) = Haftung für ihn in dieser Höhe	Muster 331: »Haftung – Geschäftsführer – Info über Steuerschätzung« Ausschluss von Einwendungen nach Feststellung zur Tabelle: BFH v. 27.09.2017 – XI R 9/16 in InsbürO 2018, 163, ZInsO 2017, 2753 Busch, Die Haftung des Geschäftsführers nach § 69 AO für die Steuerforderungen einer insolventen GmbH, InsbürO 2019, 120 ff.
6.	Personengesellschaft – Beteiligung	• fällt eine Beteiligung des Schuldners an einer Personengesellschaft in die Insolvenzmasse ist zu prüfen, ob daraus ein Erlös zu erzielen ist • trifft diese Gesellschaft eine Einkommenssteuerpflicht, kann diese Masseverbindlichkeit sein, auch wenn kein Erlös in die Insolvenzmasse geflossen ist • Masseverbindlichkeiten scheiden nicht deshalb aus, weil die Einkünfte aus einer Beteiligung des Schuldners an einer Personengesellschaft nicht in die Insolvenzmasse geflossen sind. Nach § 15 Abs. 1 Satz 1 Nr. 2 Satz 1 EStG sind u.a. die Gewinnanteile den Mitunternehmern zuzurechnen, die Personengesellschaft selbst ist nicht einkommensteuerpflichtig. • Schmittmann führt zur BFH-Rechtsprechung aus (InsbürO 2015, 358): ggf. Buchgewinn d. Aufhebung stiller Reserven, Auflösung von Rückstellung = Einkommenssteuer entsteht, daher: Prüfung der Verlustvorträge: je nach Höhe – Verbleib Anteil in Masse, wenn keine Prüfung möglich: Gläubigerversammlung über Freigabe entscheiden lassen = Haftungsausschluss	Masseverbindlichkeit trotz fehlendem Erlös: BFH v. 18.12.2014 – X B 89/14 in ZInsO 2015, 360, InsbürO 2015, 357 dazu Anmerkung Schmittmann: InsbürO 2015, 358

Nr.	Schritt	Checkliste Steuerangelegenheiten: Erläuterung Allgemeiner Teil	Hilfsmittel
7.	Steuerberater	• Beauftragung eines Steuerberaters für Steuererklärungen möglich = zulässige Delegation i.S.v. § 4 Abs. 1 Satz 3 InsVV • einfache Einkommenssteuererklärungen sind von dieser Delegationsmöglichkeit nicht umfasst = Verwalter muss sie selbst machen • bei Verfahren mit Masselosigkeit oder Masseunzulänglichkeit: Anspruch auf Kostenvorschuss gegen die Staatskasse, wenn FinA Abgabe von Steuererklärungen fordert: s. Rechtsprechung • Anspruch ist in der Praxis wenig bedeutend: i.d.R. Einigung mit Finanzverwaltung über Schätzung • dafür: tlw. Vorlage von schuldnerischen Unterlagen, Zahlenmaterial aus Insolvenztabelle u.ä. • i.d.R. kurze Info an das FinA über fehlende Masse zur Beauftragung eines Steuerberaters	Muster 329: »fehlende Masse – Erklärung ggü. FinA« Anspruch auf Kostenvorschuss: BGH v. 22.7.2004 – IX ZB 161/03 in InsbürO 2004, 317, ZInsO 2004, 970, WKRS 2004, 16772 Delegationsmöglichkeit bei Erfordernis besonderer Kenntnisse: BGH v. 13.3.2014 – IX ZB 204/11 8Rn. 10 m.w.N.) in InsbürO 2014, 289, ZInsO 2014, 951
8.	Verspätungszuschläge	• werden erhoben, wenn die Steuererklärung verspätet abgegeben wird (§ 152 AO) • Erziehungs- und Sanktionsfunktion = soll die fristgerechte Abgabe erzwingen • nicht gerechtfertigt, wenn Steuererklärung zu keiner Zahlung zugunsten des FinA führt	kein Verspätungszuschlag bei Steuerfestsetzung von 0 EUR: BFH v. 31.5.2017 – I R 37/15 (Rn. 20 m.w.N.) in WKRS 2017, 23991
9.	Anwendungserlass zur AO	• Abkürzung: AEAO = Anwendungserlass zur Abgabenordnung • Informationen aus etwaigen BMF-Schreiben fließen in den AEAO ein = Änderung der AEAO	www.bundesfinanzministerium.de > Themen > Steuern > Steuerarten> Umsatzsteuer > AO-Anwendungserlass
10.	BMF-Schreiben	• BMF (= Bundesministerium der Finanzen) gibt Anwendungserlasse (= BMF-Schreiben) heraus • darin laut Begriffsbestimmung: allgemeine Weisungen, die der Vollzugsgleichheit im Bereich der von den Ländern im Auftrag des Bundes verwalteten Steuern dienen • BMF-Schreiben enthalten insoweit wichtige Informationen für die Umsetzung in der Praxis: werden nachfolgend jeweils genannt • Vorgaben fließen in den AEAO ein: s. vorstehend • Positivliste des Bundesfinanzministeriums ergeht in regelmäßigen Abständen, zuletzt am 18.03.2019: – Anwendung der BMF-Schreiben für Steuertatbestände, die nach einem bestimmten Zeitpunkt (zuletzt: 31.12.2017) verwirklich wurden, wenn diese Schreiben in der Positivliste aufgeführt – BMF-Schreiben, die nicht aufgeführt sind, werden für Steuertatbestände nach dem Zeitpunkt aufgehoben – Steuertatbestände vor dem Zeitpunkt: Anwendung bisheriger BMF-Schreiben bleibt unberührt, sofern es keine ändernden oder ergänzenden BMF-Schreiben gibt • Positivliste umfasste im März 2019 88 Seiten, davon über die Suchfunktion einige Treffer mit insolvenzrechtlichem Bezug	www.bundesfinanzministerium.de > BMF-Schreiben: Positivliste lt. BMF-Schreiben vom 18.03.2019 betr. Steuertatbestände nach dem 31.12.2017
11.	Bundessteuerblatt	• im Bundessteuerblatt finden sich folgende Veröffentlichungen: – im Bundessteuerblatt I: Veröffentlichungen des Bundesministerium für Finanzen und der obersten Finanzbehörden der Länder – im Bundessteuerblatt II: Entscheidungen des Bundesfinanzhofes (= BFH) • es werden nicht alle Entscheidungen des BFH im Bundessteuerblatt veröffentlicht; Grund: z.B. keine Anwendung durch die Finanzverwaltung	www.bundessteuerblatt.de www.bundesfinanzhof.de > Entscheidungen > Veröffentlichung

Nr.	Schritt	Checkliste Steuerangelegenheiten: Erläuterung Allgemeiner Teil	Hilfsmittel
12.	GoBD	• GoBD = Grundsätze zur ordnungsgemäßen Führung und Aufbewahrung von Büchern, Aufzeichnungen und Unterlagen in elektronischer Form sowie zum Datenzugriff • BMF-Schreiben vom 05.05.2015 wg. Änderung des Umsatzsteueranwendungserlasses aufgrund der GoBD • Anwendung auf Umsätze nach dem 31.12.2014 • z.B. Aufbewahrung elektronischer Rechnungen: Echtheit der Herkunft, Unversehrtheit des Inhalts, Lesbarkeit der Rechnung gewährleisten	www.bundesfinanzministerium.de > BMF-Schreiben www.sage.de > Download-center > Praxisleitfäden > Gesetzliche Themen > Das ABC der Aufbewahrungspflichten: 14-seitiger Leitfaden »Die GoBD im Schnelldurchlauf«
13.	Gesetzesänderung	• Modernisierung des Besteuerungsverfahrens: Inkrafttreten am 01.01.2017 • wesentlicher Inhalt: die Änderung der Abgabefristen, die Automatisierung und weitgehend beleglose Abgabe von Erklärungen und die Einführung eines Verspätungszuschlages	BGBl. I 2016 – Nr. 35 – S. 1679
14.	Elektronisches Besteuerungsverfahren	• durch das Gesetz zur Modernisierung des Besteuerungsverfahren ab 01.01.2017: vollständiges elektronisches Besteuerungsverfahren möglich	
15.	Schriftverkehr – FinA	• in jedem Insolvenzverfahren: Schriftverkehr mit dem FinA • in Kleinverfahren: Information über Insolvenzeröffnung und ggf. Einziehung von Steuerguthaben aus Einkommenssteuererklärungen • in Unternehmensinsolvenzverfahren: Abgabe unterschiedlicher Steuererklärungen, weitergehender Schriftverkehr (z.B. bei MUZ) • unterschiedliche Musterschreiben: s. gesonderte Checkliste	Checkliste Finanzamt Checkliste Posteingänge Muster 210 (Inhaltsverzeichnis): »Inhaltsverzeichnis jur. Person«
16.	Archivierung	• Archivierung von Schriftverkehr mit dem FinA und abgegebenen Steuererklärungen in einem gesonderten Inhaltsverzeichnis – Rubrik Finanzamt • Sortierung je nach Steuerart • sinnvoll ist bspw. innerhalb einer Steuerart eine zusätzliche Sortierung nach Jahren mit Trennkarten (bspw. bei der Umsatzsteuer wird es ansonsten über mehrere Jahre schwierig, den Schriftverkehr zu einem Kalenderjahr nachvollziehen zu können)	Muster 210 (Inhaltsverzeichnis): »Inhaltsverzeichnis jur. Person«
17.	Eröffnungsverfahren	• Beachtung der Regelung in § 55 Abs. 4 InsO • Umsatzsteuer aus Eröffnungsverfahren ist nach Insolvenzeröffnung als Masseverbindlichkeit zu begleichen • zur Umsetzung in der Praxis: – BMF-Schreiben vom 17.01.2012, darin u.a.: Erstreckung der Regelung in § 55 Abs. 4 InsO auf alle Steuerarten – BMF-Schreiben vom 20.05.2015, darin u.a.: Klärung der aufgetretenen Fragen, z. B. Anwendung von § 55 Abs. 4 InsO auf Verfahren (z.B. Eigenverwaltung), Steuerarten etc. – BMF-Schreiben vom 18.11.2015, darin u.a.: zeitliche Anwendung der Grundsätze des BMF-Schreibens v. 20.05.2015: auf Sicherungsmaßnahmen, die nach dem 31.12.2014 angeordnet wurden • per Nov. 2018: BFH lässt Frage, ob von § 55 Abs. 4 InsO nur Verbindlichkeiten oder auch Steuererstattungsansprüche umfasst sind, also ob Erstattungsanspruch nicht aufgerechnet werden darf, sondern an die Insolvenzmasse auszuzahlen ist, offen (XI R 32/17) und verweist zurück an Gericht erster Instanz	www.bundesministerium.de > BMF-Schreiben Busch/Büker, Masseverbindlichkeiten gem. § 55 Abs. 4 InsO – quo vadis? Teil 3: InsbürO, 2016, 443 ff. Teil 2: InsbürO 2015, 333 ff. Teil 1: InsbürO 2015, 124 ff. offen gelassen: Aufrechnungsmöglichkeit Vorsteuerguthaben: BFH v. 14.11.2018 – XI R 32/17 in InsbürO 2019, 232 = BFH/NV 2019, 280-282

Nr.	Schritt	Checkliste Steuerangelegenheiten: Erläuterung Allgemeiner Teil	Hilfsmittel
18.	Begründung Steuer	• Einordnung der Steuerforderungen in Insolvenzforderung § 38 InsO, Masseverbindlichkeit § 55 InsO oder insolvenzfreies Vermögen § 35 Abs. 2 InsO • dafür: Unterscheidung in Begründung, Entstehung und Fälligkeit von Steuerforderungen • s. wegen Beispiel aller drei Komponenten nachstehend »Fälligkeit« • Begründetheit einer Steuerforderung = Rechtsgrund für Forderung wird gelegt • Bsp. Begründung Umsatzsteuerforderung: Erfüllung Umsatzsteuertatbestand = Leistung gegen ein vereinbartes Entgelt wurde erbracht (§ 1 Abs. 1 Nr. 1 UStG) = Ausführung der Leistung	
19.	Entstehung Steuer	• Einordnung der Steuerforderungen in Insolvenzforderung § 38 InsO, Masseverbindlichkeit § 55 InsO oder insolvenzfreies Vermögen § 35 Abs. 2 InsO • dafür: Unterscheidung in Begründung, Entstehung und Fälligkeit von Steuerforderungen • s. wegen Beispiel aller drei Komponenten nachstehend »Fälligkeit« • Entstehung einer Steuerforderung: § 38 AO = Tatbestand ist verwirklicht, an den das Gesetz die Leistungspflicht knüpft, Zugriff auf einzelne Gesetze • Bsp. Einkommenssteuer: Entstehung mit Lohnzufluss an den Arbeitnehmer (§ 38 Abs. 2 EStG) • Bsp. Umsatzsteuer: Ablauf Voranmeldungszeitraum (§ 13 UStG) und Einordnung des Zeitraums (Kalendermonat oder ¼-Jahr = § 18 Abs. 2 UStG)	
20.	Fälligkeit Steuer	• Einordnung der Steuerforderungen in Insolvenzforderung § 38 InsO, Masseverbindlichkeit § 55 InsO oder insolvenzfreies Vermögen § 35 Abs. 2 InsO • dafür: Unterscheidung in Begründung, Entstehung und Fälligkeit von Steuerforderungen • Fälligkeit einer Steuerforderung gem. § 220 AO = Verweis auf einzelne Steuergesetze • Bsp. Umsatzsteuer: fällig am 10. Tag nach Ablauf des Voranmeldungszeitraums gem. § 18 Abs. 1 Satz 3 UStG	
21.	Fälligkeit – Steuer Beispiel	• Beispiel für Begründung, Entstehung, Fälligkeit: – Verkauf eines Vermögensgegenstandes am 21.07.2017 zu einem Kaufpreis von 10.000 EUR netto zzgl. 19 % Umsatzsteuer – Begründung der Umsatzsteuerforderung: Mit Abschluss des Kaufvertrages – Entstehung der Umsatzsteuerforderung: Ablauf des Voranmeldungszeitraums (z. B. Ende des Kalendermonats, § 13 Abs. 1 Nr. 1a UStG) – Fälligkeit der Umsatzsteuerforderung: 10.08.2017 (= 10. Tag im Folgemonat nach Ablauf des Voranmeldungszeitraums)	
22.	Festsetzung – Steuer	• Festsetzung = Verwaltungsakt gem. § 155 Abs. 1 Satz 1 AO zum Erlass eines Steuerbescheides • Vollstreckung aus Steuerbescheid gem. § 251 AO möglich • im Insolvenzverfahren: keine Festsetzung mehr bzgl. Insolvenzforderungen gem. § 38 InsO zulässig • nur Steuerberechnung für Insolvenzforderungen zulässig (§ 251 Abs. 2 S. 1 AO): s. nachstehend »Steuerberechnung« • bei Nichtbeachtung durch FinA und Erlass von Steuerbescheiden: Eintritt der Nichtigkeit gem. § 125 AO und Unwirksamkeit gem. § 124 Abs. 3 AO	Keine Steuerbescheide für Insolvenzforderungen: BFH, 05.04.2017 – II R 30/15 (Rn. 13 m.w.N.) in InsbürO 2017, 434, ZInsO 2017, 1856 Feststellung zur Tabelle wie ein Steuerbescheid: BFH v. 05.07.2018 – XI B 17/18 in InsbürO 2018, 488, ZInsO 2018, 2300

Nr.	Schritt	Checkliste Steuerangelegenheiten: Erläuterung Allgemeiner Teil	Hilfsmittel
		• Feststellung zur Insolvenztabelle wirkt wie ein Steuerbescheid; keine Abänderung eines Tabelleneintrages durch Anträge nach der AO möglich (Rechtsprechung)	Keine Änderung der Insolvenztabelle durch Anträge nach AO: BFH v. 05.07.2018 – XI B 18/18 in InsbürO 2018, 488, WKRS 2018, 34838
23.	Steuerberechnung	• für Steuerforderungen aus der Zeit vor Insolvenzeröffnung = keine Festsetzung mehr durch Steuerbescheid zulässig: s. vorstehend »Festsetzung« • Begründung: Steuerbescheid wäre vollstreckbar • Vollstreckungsverbot gem. § 89 InsO greift aber • gem. § 87 InsO: Forderungen von Insolvenzgläubigern nur verfolgen nach Regelungen in der InsO • bei Nichtbeachtung und Erlass von Steuerbescheiden: Eintritt der Nichtigkeit gem. § 125 AO und Unwirksamkeit gem. § 124 Abs. 3 AO	Keine Steuerbescheide für Insolvenzforderungen: BFH, 05.04.2017 – II R 30/15 (Rn. 13 m.w.N.) in InsbürO 2017, 434, ZInsO 2017, 1856
24.	Säumniszuschläge	• Säumniszuschläge werden erhoben, wenn die Steuer nicht bis zum Ablauf des Fälligkeitstages gezahlt wird (§ 240 AO) • Erziehungsfunktion = soll die fristgerechte Zahlung erzwingen • Erlassantrag im Insolvenzverfahren gem. § 227 AO möglich • u.a. Hintergrund für den Erlass: Säumniszuschlag beträgt 12 % gem. § 240 AO = höherer »Zinssatz« als andere Gläubiger bekommen • Begründung für den Erlassantrag: Vorliegen der Zahlungsunfähigkeit und nicht fehlende Zahlungswilligkeit • dagegen Verspätungszuschläge: werden erhoben, wenn die Steuererklärung verspätet abgegeben wird: s. vorstehend • wg. der nachhaltigen Verfestigung des niedrigen Marktzinsniveaus bestehen schwerwiegende verfassungsrechtliche Zweifel an dem vorgenannten festgelegten Zinssatz für den Zeitraum ab 2015 (BFH-Rechtsprechung)	Muster 328: »Erlassantrag wg. Säumniszuschlägen« Erlass aus Billigkeitsgründen: BFH v. 20.5.2010 – V R 42/08 (Rn. 19 m.w.N.) in WKRS 2010, 20648 Verfassungsrechtliche Zweifel an Höhe des Zinssatzes gem. § 238 AO i.V.m. § 233a AO (Steuernachforderungen): BFH v. 25.04.2018 – IX B 21/18 Rn. 15 – 34 in InsbürO 2018, 405 Verfassungsrechtliche Zweifel an Höhe des Zinssatzes gem. § 240 AO = Anschluss an vorstehende BFH-Entscheidung: FG München v. 13.08.2018 – 14 V 736/18 in InsbürO 2018, 487, ZInsO 2018, 2144 (Revision beim BFH: VII B 155/18) BMF-Schreiben zu den Zweifeln an Verfassungsmäßigkeit v. 14.12.2018: www.bundesfinanzministerium.de > BMF-Schreiben
25.	Masseunzulänglichkeit	• bei MUZ Verteilungsreihenfolge des § 209 Abs. 1 InsO beachten • FinA über MUZ benachrichtigen • Steuerbescheide dürfen trotz Anzeige einer Masseunzulänglichkeit ergehen, nur die Vollstreckung ist eingeschränkt (§ 251 Abs. 2 AO) • s. wegen weiterer Details in gesonderte Checkliste	Checkliste Masseunzulänglichkeit Muster 333: »Masseunzulänglichkeit – USt. – Info an FinA wg. Nichtzahlung« Erlass Steuerbescheid trotz MUZ: BFH v. 1.6.2016 – X R 26/14 (Rn. 49 m.w.N.) in InsbürO 2016, 471, ZInsO 2016, 1820

Nr.	Schritt	Checkliste Steuerangelegenheiten: Erläuterung Allgemeiner Teil	Hilfsmittel
26.	Einspruch	• gegen steuerliche Verwaltungsakte ist die Erhebung eines Einspruches statthaft (§§ 347 ff. AO) • der Einspruch ist schriftlich oder elektronisch oder zur Niederschrift zu erklären (§ 357 AO) • ein Einspruch kann nach der Rechtsprechung auch per E-Mail ohne Signatur erhoben werden	Einspruch per E-Mail: BFH v. 13.5.2015 – III R 26/14 in WKRS 2015, 22267, InsbürO 2016, 39
27.	Rechtsstreit – Finanzgericht	• finanzgerichtliches Verfahren werden unterbrochen gem. § 155 FGO i.V.m. § 240 ZPO: – bei Anordnung einer starken vorläufigen Verwaltung und – durch eine Insolvenzeröffnung	keine Unterbrechung bei schwacher vorläufiger Verwaltung: BFH v. 8.8.2013 – II B 3/13 in InsbürO 2013, 504, ZInsO 2013, 2217
28.	Geschäftsjahr	• mit Insolvenzeröffnung beginnt ein neuer Rhythmus des Geschäftsjahres (§ 155 Abs. 2 Satz 1 InsO) • Recht des Insolvenzverwalters, Änderung des Geschäftsjahres für die Zeit nach Insolvenzeröffnung vorzunehmen (§§ 80, 155 Abs. 1 InsO) • Grund: z.B. Vermeidung von höheren Kosten (= für zweites Geschäftsjahr = Rumpfgeschäftsjahr ab Eröffnung gesonderte Aufstellung eines Jahresabschlusses) • Frist: Erklärung noch während des ersten laufenden Geschäftsjahres nach Insolvenzeröffnung • der Wechsel des Geschäftsjahres muss im Handelsregister kenntlich gemacht werden: daher entsprechende Mitteilung an das Registergericht fertigen	Wechsel des Geschäftsjahres: BGH v. 21.2.2017 – II ZB 16/15 (Rn. 10 m.w.N.) in InsbürO 2017, 343, ZInsO 2017, 831
29.	Jahresabschluss	• Pflicht eines Kaufmanns zur Erstellung eines Jahresabschluss zum Abschluss eines Geschäftsjahres (§ 242 HGB) • Pflicht der Kapitalgesellschaft hierzu in § 264 HGB • große und mittelgroße Kapitalgesellschaften: Vorlagefrist innerhalb der ersten drei Monate des neuen Jahres (§ 264 Abs. 1 Satz 3 HGB) • kleine Kapitalgesellschaften: Vorlagefrist innerhalb der ersten sechs Monate des neuen Jahres (§ 264 Abs. 1 Satz 4 HGB) • wegen der Offenlegungspflicht: s. nachfolgend • Aufstellungspflicht trifft den Insolvenzverwalter gem. § 34 Abs. 3 AO	Harz/Hauser, BilMan – Ein Werkzeug zur Identifizierung von Auffälligkeiten in Jahresabschlüssen, InsbürO 2018, 462 ff. Heyn, Mögliche Kostenerstattung bei der Nutzung von BilMan, InsbürO 2018, 464 ff.
30.	Lagebericht	• Lagebericht: Anlage zum Jahresabschluss (§ 264 HGB) • gesetzliche Regelung in § 289 ff. HGB • Lagebericht = Darstellung der tatsächlichen Situation: Geschäftsverlauf, Chancen und Risiken • Bsp.: eingetretene wesentliche Veränderungen nach Schluss eines Geschäftsjahres • anwendbar auf mittelgroße und große Kapitalgesellschaften	
31.	Offenlegungspflicht	• Offenlegung der Bilanzen gem. § 325 HGB • hierzu: Einreichung beim elektronischen Bundesanzeiger (§ 325 Abs. 1 HGB) • Vorlagefrist: spätestens innerhalb von 12 Monaten nach dem Abschlussstichtag – i.d.R. Abschluss des Kalenderjahres (§ 325 Abs. 1a HGB) • alle Veröffentlichungen sind über www.unternehmensregister.de abrufbar • Offenlegungspflicht gilt bis zur Löschung der Gesellschaft; bei fehlendem Geschäftsbetrieb: »Nullbilanz« (s. Rechtsprechung) • Verhängung von Ordnungsgelder gegen den Insolvenzverwalter bei Verletzung der Offenlegungspflicht ist streitig: s. Rechtsprechung • gravierende Änderungen in 2007 durch das EHUG = Gesetz über das elektronische Handelsregister, Genossenschaftsregister und Unternehmensregister: Entbürokratisierung der Unternehmenspublizität und Beschleunigung von Eintragungen in das Handelsregister und den Zugriff auf Unternehmensdaten	www.bundesanzeiger.de www.unternehmensregister.de In der Insolvenz keine Offenlegung: OLG Köln, Beschl. v. 14.07.2016 – 28 Wx 6/16 (Ziff. II a) bb) in InsbürO 2016, 471, WKRS 2016, 20095 Blank, kein Ordnungsgeld wg. Verstoß gg. Offenlegung, ZInsO 2009, 2186 f. Wipperfürth, Offenlegungspflichten, InsbürO 2016, 418 f. (Rubrik Fragezeichen, darin z.B. kein Ordnungsgeld)

Nr.	Schritt	Checkliste Steuerangelegenheiten: Erläuterung Allgemeiner Teil	Hilfsmittel

32.	Rechnungsanforderungen	• gesetzliche Regelung zu Anforderungen in Rechnungen (§ 14 Abs. 4 UStG):
		– vollständiger Name und Anschrift des leistenden Unternehmens und des Leistungsempfängers
		– Insolvenzverwalter als Leistungsempfänger:
		  – bei Betriebsfortführung: Betriebsadresse im Adressfeld
		  – bei Einstellung des Geschäftsbetriebes: Anschrift des Insolvenzverwalterbüros im Adressfeld
		– Steuernummer oder Umsatzsteuer-Identifikationsnummer
		– Ausstellungsdatum
		– fortlaufende Rechnungsnummer
		– Menge und Art der Ware oder Bezeichnung der Leistung
		– Leistungszeitpunkt
		– Netto-Entgelt
		– Steuersatz und Steuerbetrag
		– ggf. Hinweispflicht zur Aufbewahrungspflicht der Rechnung
			Schmittmann, Rechnungsanforderungen im Insolvenzverfahren, InsbürO 2006, 383 f.

33.	Rechnungskontrolle	• Rechnungen, die als Masseverbindlichkeiten zu bezahlen sind, genau kontrollieren: Rechnungsanforderungen § 14 Abs. 4 UStG erfüllt? • wenn nein: Vorsteuerabzug gem. § 15 UStG gefährdet = Masseschädigung • bspw.: Anschrift des Leistungsempfängers (= Insolvenzmasse) ist häufig problematisch, daher auf korrekte Bezeichnung achten	Schmittmann, Rechnungsanforderungen im Insolvenzverfahren, InsbürO 2006, 383 f. Anspruchsvoraussetzung für den Vorsteuerabzug: BFH v. 16.3.2017 – V R 27/16 (Rn. 12 m.w.N.) in WKRS 2017, 15296
34.	Absonderungsgegenstände	• Verwertung von Sicherungsgut führt zu einem Dreifachumsatz: 1. Lieferung: Insolvenzverwalter liefert den sicherungsübereigneten Gegenstand von der Insolvenzmasse an den Sicherungsnehmer (z.B. Bank) (= Schuldtilgung) 2. Sicherungsnehmer liefert fiktiv an den Insolvenzverwalter. Insolvenzverwalter wird als Kommissionär bei der Verwertung tätig (= Gutschrift) 3. Insolvenzverwalter verkauft den Sicherungsgegenstand an den Käufer. • damit: drei »Lieferungen« = Dreifachumsatz • ein BMF-Schreiben erläutert die genaue umsatzsteuerrechtlich korrekte Abrechnung gegenüber dem Absonderungsgläubiger • entsprechend ist dieser Vorgang bei der Umsatzsteuermeldung zu berücksichtigen • s. nachfolgend auch »Umsatzsteuer – Dreifachumsatz« • ein Dreifachumsatz wird aber nicht angenommen beim Forderungseinzug und der Abrechnung auf eine Globalzession • ein Dreifachumsatz wird nicht angenommen, wenn der Insolvenzverwalter auf sein Verwertungsrecht verzichtet und der Gläubiger selbst verwertet • dagegen ist ein Dreifachumsatz anzunehmen, wenn der Absonderungsgläubiger den Gegenstand selbst übernimmt (= keine Unterscheidung zu Verkauf an Dritten)	Steuerbare Leistung bei Verwertung von Sicherungsgut: BFH v. 28.7.2011 – V R 28/09 (Rn. 26 ff.) in InsbürO 2012, 111, ZInsO 2011, 1904 BMF-Schreiben vom 30.4.2014 (BStBl. I 2014 S. 816) (Ziff. II) abrufbar über www.wolters-kluwer-online.de Moderegger, Umsatzsteueransprüche bei der Verwertung von sicherungsübereigneten Gegenstände im Insolvenzverfahren anhand von Beispielen, InsbürO 2014, 378 ff.
35.	Aufrechnung	• FinA darf tlw. Steuerguthaben mit Altforderungen verrechnen • Voraussetzung: Forderung ist »ihrem Kern nach« bereits vor Insolvenzeröffnung begründet = sämtliche materiell-rechtlichen Tatbestandsvoraussetzungen für die Entstehung des Erstattungsanspruches sind im Zeitpunkt der Insolvenzeröffnung erfüllt • Regelungen zur Aufrechnung: § 226 Abs. 1 AO, §§ 387 ff. BGB, §§ 94 – 96 InsO • umfassendes Thema für viele Varianten: s. Literaturtipps	Zu den Voraussetzungen einer Aufrechnung: BFH, Urt. v. 18.08.2015 – VII R 29/14 (Rn. 16 m.w.N.) in ZInsO 2016, 2441, InsbürO 2016, 87 Schmittmann, Die Aufrechnungsverbote aus § 96 Abs. 1 InsO im Lichte der Rechtsprechung des BFH, InsbürO 2016, 410 ff.

Nr.	Schritt	Checkliste Steuerangelegenheiten: Erläuterung Allgemeiner Teil	Hilfsmittel
		• die Erteilung der Restschuldbefreiung umfasst keine offenen Masseverbindlichkeiten aus dem eröffneten Verfahren: das FinA darf mit Erstattungsansprüchen des Schuldners verrechnen	keine RSB für Masseverbindlichkeiten: BFH v. 28.11.2017 – VII R 1/16 in WKRS 2017, 31462 Busch/Büker, Die Durchsetzung von Masseverbindlichkeiten nach Aufhebung des Insolvenzverfahrens; Geltendmachung der Einrede der beschränkten Haftung, InsbürO 2017, 60 f.
36.	Sanierungsgewinn	• erfolgreiche Sanierung (z.B. durch Unternehmensverkauf, Insolvenzplan) führt ggf. zu Sanierungsgewinn, der zu versteuern ist • früherer Erlass dieser Besteuerung (Sanierungserlass: Klärung im Einzelfall bei Darlegung der Sanierungsbedürftigkeit, Sanierungsfähigkeit, Sanierungseignung und Sanierungsbereitschaft der Gläubiger = Bewahrung vor finanziellen Zusammenbruch = Unternehmen wieder ertragsfähig machen) ist in 2017 gekippt worden – Verlauf: BFH-Entscheidung (GrS 1/15), dass Sanierungserlass gem. BMF-Schreiben aus 2003 unzulässig ist – BMF-Schreiben vom 27.04.2017 mit Vertrauensschutz auf einen vollzogenen Schuldenerlass bis zum 08.02.2017 – BFH-Entscheidungen (X R 38/15, I R 52/14) zur Nichtanwendung des BMF-Schreibens vom 27.04.2017 = Vertrauensschutz ist unzulässig, Anwendung § 3a EStG auf Altfälle ebenso unzulässig – Änderung des Gesetzes in § 3a EStG, Inkrafttreten wurde von einem zustimmenden Beschluss der EU-Kommission abhängig gemacht (Art. 6 des Gesetzes); EU hat nur informelle Mitteilung (comfort letter) gemacht: Sanierungserlass keine rechtswidrige Beihilfe; Folge: Gesetzgeber musste Zustimmungserfordernis im Gesetz streichen: BGBl. 2018 Teil I – Nr. 45 v. 14.12.2018, S. 2338 (»Jahressteuergesetz 2018«) – Die Änderungen sind am 15.12.2018 in Kraft getreten • Regelung auch für Altfälle gem. Art. 2 Nr. 5 des vorstehend genannten Gesetzes: Änderung in § 52 Abs. 4a EStG (für Schuldenerlass nach dem 08.02.2017 gem. Satz 1, auf Antrag auch für Schuldenerlasse vor dem 08.02.2017 gem. Satz 3) • auch natürliche Personen können sich auf die Steuerfreiheit berufen (§ 3a Abs. 5 EStG)	Gesetzliche Änderung zur Steuerfreiheit von Sanierungsgewinnen: § 3a EStG (BGBl. Teil I 2017 – Nr. 43 v. 04.07.2018, S. 2074) Gesetzliche Änderung zur Steuerfreiheit von Sanierungsgewinnen: §§ 3a, 3c, 52 EStG, § 8 KStG, § 7b GewStG: BGB. 2018 Teil I – Nr. 45 v. 14.12.2018, S. 2338 vorher: Unzulässigkeit des BMF-Schreiben v. 27.03.2003 zum Sanierungserlass: BFH v. 28.11.2016 – GrS 1/15 in InsbürO 2017, 135, ZInsO 2017, 340 BMF-Schreiben vom 27.04.2017 zum Vertrauensschutz (BStBl. I 2017 S. 741) abrufbar über www.wolters-kluwer-online.de keine Anwendung § 3a EStG n.F. und des BMF-Schreibens v. 27.04.2017: BFH v. 23.8.2017 – I R 52/14 in InsbürO 2017, 518, ZInsO 2017, 2393 ebenso: BFH v. 23.8.2017 – X R 38/15 in InsbürO 2017, 518, ZInsO 2017, 2396
37.	Literaturtipp	• Busch/Winkens/Büker, Insolvenzrecht und Steuern visuell, 2. Aufl., 351 S., Schäffer-Poeschel-Verlag • Duda/Schmittmann, Steuerliche Fragen im Insolvenzverfahren über das Vermögen einer Gesellschaft bürgerlichen Rechts: – Teil 1: Bedeutung und Praxisrelevanz des Themas, InsbürO 2017, 276 ff., – Teil 2 – Steuerverwaltungsakte: InsbürO 2017, 312 ff., – Teil 3 – Korrektur fehlerhafter Verwaltungsakte: InsbürO 2017, 410 ff., – Teil 4: Zusammenfassende Anmerkungen: InsbürO 2018, 23 ff.	

Nr.	Schritt	Checkliste Steuerangelegenheiten: Erläuterung Allgemeiner Teil	Hilfsmittel
		• Lauck, Sechs Steuerarten im Überblick: – Teil 1 – Einkommenssteuer und Lohnsteuer: InsbürO 2010, 292 ff., – Teil 2 – Körperschaftssteuer, Gewerbesteuer, Kfz-Steuer: InsbürO 2010, 332 ff., – Teil 3 – Umsatzsteuer: InsbürO 2010, 419 ff. • Moderegger, Rückforderung des Finanzamts von zu Unrecht an den Insolvenzverwalter gem. § 233a AO ausgezahlten Erstattungszinsen: Masseverbindlichkeit oder Insolvenzforderung? InsbürO 2015, 146 ff. • Neve, Einzelne Fragen zum Insolvenzsteuerrecht, InsbürO 2012, 54 ff.	
38.	GOI	• GOI = Grundsätze ordnungsgemäßer Insolvenzverwaltung (70 Grundsätze) • Grundsatz 7: Beauftragung externer Dienstleister auf Kosten der Masse möglich für u.a. Erstellung der Buchführung sowie von Jahresabschlüssen und Steuererklärungen • Grundsatz 8: Anzeige der Beauftragung ggü. Insolvenzgericht in geeigneter Weise • Grundsatz 9: jährliche Bewertung des beauftragten Dienstleisters i.S.d. DIN EN ISO 9001:2008 und ggf. erforderliche Konsequenzen daraus • Grundsatz 11: Qualifiziertes Personal für alle relevanten Bereiche der Insolvenzverwaltung, z. B. die Lohn- und Finanzbuchhaltung • Grundsatz 48: Erstellung von Jahresabschlüssen und Steuererklärungen gem. § 155 Abs. 1 InsO, soweit die Kosten gedeckt sind oder keine Verständigung mit der Finanzverwaltung möglich ist • *(Die Autoren danken dem VID für die freundliche Zustimmung zur Veröffentlichung von Hinweisen auf die GOIs)*	VID = Verband Insolvenzverwalter Deutschlands e.V. www.vid.de

Nr.	Schritt	Checkliste Steuerangelegenheiten: Erläuterungen **Einkommenssteuer** (alphabetisch sortiert)	Hilfsmittel
39.	EinkSt – Abgabefrist	• Pflicht zur Abgabe einer Einkommenssteuererklärung: Regelung in §§ 25 Abs. 1, 46 EStG • Regelung zur Abgabefrist in der AO für Zeiträume bis 31.12.2017: – mit Abgabepflicht: bis zum 31.05. eines Jahres für das vorangegangene abgelaufene Kalenderjahr (§ 149 Abs. 2 AO) – ohne Abgabepflicht: vier Jahre nach Ablauf eines Kalenderjahres (§ 169 Abs. 2 Nr. 2 AO) • Regelung zur Abgabefrist in der AO für Zeiträume ab 01.01.2018: – mit Abgabepflicht: bis zum 31.07. eines Jahres für das vorangegangene abgelaufene Kalenderjahr (§ 149 Abs. 2 AO) – ist ein Steuerberater beauftragt: Frist bis zum letzten Tag des Februars des zweiten auf den Besteuerungszeitraum folgenden Kalenderjahres (§ 149 Abs. 3 AO) – ohne Abgabepflicht: vier Jahre nach Ablauf eines Kalenderjahres (§ 169 Abs. 2 Nr. 2 AO)	
40.	EinkSt – Abgabepflicht – allgemein	• Regelung in § 46 EStG, darunter u.a.: – Bezug von Arbeitslohn von mehr als einem Arbeitgeber – Steuerfreibetrag bei den Lohnsteuerabzugsmerkmalen – Steuerklassen III und V oder IV	

Nr.	Schritt	Checkliste Steuerangelegenheiten: Erläuterungen **Einkommenssteuer** (alphabetisch sortiert)	Hilfsmittel
41.	EinkSt – Abgabepflicht – Insolvenzverwalter	• Abgabepflicht des Insolvenzverwalters gem. § 34 Abs. 1 und 3 AO, soweit die Verwaltung reicht • Verwaltungs- und Verfügungsbefugnis gem. § 80 Abs. 1 InsO über das zur Insolvenzmasse gehörende Vermögen (§§ 35, 36 InsO) • daher sind auch etwaige Steuererklärungen abzugeben • keine Befugnis des Insolvenzverwalters, die Abgabe der Einkommenssteuererklärung an den Schuldner zu delegieren • Schuldner ist aber zur Vorlage der entsprechenden Unterlagen verpflichtet • falls ein Schuldner die Erklärung dennoch selbständig – ggf. auch mit Ehepartner zusammen – abgibt: i.d.R. wird dennoch eine Unterschrift durch den Insolvenzverwalter seitens der Finanzverwaltung gefordert • i.d.R. kurze Erklärung zu dieser Unterschrift zusätzlich gegenüber der Finanzverwaltung abgeben: Hinweis auf Haftungsrisiko • wenn allein die Vorlage der Unterlagen für den Schuldner schwierig ist, ggf. auch Aufforderung zur direkten Abgabe • bei z.B. selbständiger Tätigkeit darf ein Steuerberater mit der Erstellung der Einkommenssteuererklärung beauftragt werden (Delegation i.S.v. § 4 Abs. 1 Satz 3 InsVV)	Muster 324: »Einkommenssteuererklärung – Aufforderung zur Mitwirkung« Muster 325: »Einkommenssteuererklärung – Checkliste f. Schuldner – Unterlagen« Muster 326: »Einkommenssteuererklärung – Prüfung und Unterschrift Schuldner« Muster 327: »Einkommenssteuererklärung – Übersendung an FinA und Hinweis Unterschrift« Wipperfürth/Busch/Schmittmann, Einkommensteuer und die Erklärungspflicht des Treuhänders bei abhängiger Beschäftigung, InsbürO 2013, 478 ff. keine Delegation der Steuererklärung an den Schuldner: BGH v. 18.12.2008 – IX ZB 197/07 (Rn. 9) in InsbürO 2009, 115, ZInsO 2009, 300
42.	EinkSt – Abgabepflicht – Schuldner/Schuldnerin	• bei der Beurteilung über eine Kostenstundungsantrag, aber auch im Falle der bewilligten Kostenstundung gem. § 4a InsO: Verpflichtung zur Realisierung von möglichen Steuerguthaben • im letzten Fall: Angaben in der Vermögensübersicht prüfen, ggf. fehlerhaft wg. ausstehender Steuererklärungen? • daher: Verpflichtung des Schuldners zur Hereingabe von steuerrelevanten Unterlagen oder direkte Abgabe der Einkommenssteuererklärungen beim FinA	Muster 324: »Einkommenssteuererklärung – Aufforderung zur Mitwirkung« Muster 325: »Einkommenssteuererklärung – Checkliste f. Schuldner – Unterlagen« Berücksichtigung von ausstehenden Steuererklärungen bei der Prüfung einer Kostenstundung: BGH v. 8.6.2010 – IX ZB 156/08 (Rn. 11) in InsbürO 2010, 313, ZInsO 2010, 1224
43.	EinkSt – Antragsveranlagung	• Möglichkeit, die abgeführte Lohnsteuer auf die Einkommenssteuer anrechnen zu lassen, ohne einer Abgabepflicht zu unterliegen • Regelung hierfür in § 46 Abs. 2 Nr. 8 EStG • Antragserfordernis durch Abgabe einer Einkommenssteuererklärung (§ 46 Abs. 2 Nr. 8 Satz 2 EStG) • Abgabefrist: s. vorstehend	
44.	EinkSt – Aufrechnung	• die Aufrechnungsmöglichkeit des FinA mit Einkommenssteuerguthaben ist nach der Rechtsprechung eindeutig: – abgeführte Lohnsteuer während der Dauer des Insolvenzverfahrens: nicht zu verrechnen – Erstattungsanspruch entsteht im Zeitpunkt der Abführung • für nach Verfahrensaufhebung entstehende Steuererstattungsansprüche aus der Zeit des eröffneten Verfahrens: Nachtragsverteilung anordnen lassen, weil ansonsten eine Aufrechnung zulässig wäre	Entstehungszeitpunkt des Guthabens und Aufrechnungsverbot: BFH v. 28.2.2012 – VII R 36/11 in BStBl. II 2012,451, InsbürO 2012, 363, ZInsO 2012, 883

Nr.	Schritt	Checkliste Steuerangelegenheiten: Erläuterungen **Einkommenssteuer** (alphabetisch sortiert)	Hilfsmittel
		• s. auch nachfolgend »Steuerguthaben«	Aufrechnung ohne Nachtragsverteilung: BFH v. 04.09.2008 – VII B 239/07 Rn. 6 in WKRS 2008, 24768 (keine VÖ im BStBl.) Checkliste Nachtragsverteilung Engel, Nachtragsverteilung für Steuererstattungsansprüche – lohnt sich das? InsbürO 2016, 197 ff.
45.	EinkSt – Aufteilung	• s. nachfolgend »Steuerbescheid – Aufteilung«	
46.	EinkSt – ausstehende Erklärungen	• bei Insolvenzeröffnung etwaig ausstehende Einkommenssteuererklärungen: Abgabe und ggf. dadurch Realisierung von Einkommenssteuerguthaben • Abgabepflicht: s. vorstehend • ggf. Realisierung von Steuerguthaben: s. nachstehend	
47.	EinkSt – Ehegatten	• s. nachstehend »Zusammenveranlagung«	
48.	EinkSt – Einkommenssteuererklärung	• Verpflichtung zur Abgabe einer Einkommenssteuererklärung gem. § 46 EStG: s. vorstehend »Abgabepflicht« • keine Verpflichtung: dann Möglichkeit zur Veranlagung auf Antrag (§ 46 Abs. 2 Nr. 8 EStG): s. vorstehend • nähere Informationen zur Einkommenssteuer lassen sich einem amtlichen Einkommenssteuer-Handbuch in digitaler Form entnehmen, darin – Gesetze, Richtlinien, Hinweise und umfangreiche Suchfunktionen zu passenden Inhalten	Wipperfürth/Busch/Schmittmann, Einkommenssteuer und die Erklärungspflicht des Treuhänders bei abhängiger Beschäftigung, InsbürO 2013, 478 ff. Delegationsmöglichkeit an Steuerberater bei Erfordernis besonderer Kenntnisse: BGH v. 13.3.2014 – IX ZB 204/11 8Rn. 10 m.w.N.) in InsbürO 2014, 289, ZInsO 2014, 951 Digitales Einkommenssteuer-Handbuch: www.bmf-esth.de
49.	EinkSt – Formulare	• Formulare zur Abgabe der Einkommenssteuererklärung bei jeder Finanzverwaltung, Stadt- oder Gemeindeverwaltung oder über das Internet erhältlich • vereinfachte Vordrucke nutzen, wenn keine besonderen Ausgaben geltend gemacht werden (= nur zwei Seiten und wenige Angaben)	www.elster.de Suwelack, Praktische Hilfeleistung bei der Erstellung einer Einkommenssteuererklärung, Teil 1: InsbürO 2014, 14 ff. Teil 2: InsbürO 2014, 52 ff. Teil 3: InsbürO 2014, 169 ff. Teil 4: InsbürO 2014, 214 ff.
50.	EinkSt – Formulare – Überschussberechnung	• für eine Einnahmen-Überschussrechnung ist ab dem Veranlagungszeitraum 2017 verpflichtend der Vordruck »Anlage EÜR« zu verwenden • für Veranlagungszeiträume vor 2017 wurde die Abgabe einer formlosen Erklärung als ausreichend angesehen	www.elster.de
51.	EinkSt – Freigabe selbständige Tätigkeit	• Einkommenssteuerforderungen aus der Zeit nach erklärter Freigabe der selbständigen Tätigkeit sind keine Masseverbindlichkeiten • Erklärung gem. § 35 Abs. 2 InsO bezweckt gerade den Schutz vor solchen Forderungen • ein nach der Freigabe entstehendes Steuerguthaben aus etwaigen Vorauszahlungen kann aber dann auch nicht zur Masse gezogen werden	Kein Insolvenzbeschlag an Steuerguthaben aus freigegebener Tätigkeit –Vorauszahlung erfolgt nach Freigabe: BFH v. 26.11.2014 – VII R 32/13 (Rn. 18 ff. m.w.N.) in ZInsO 2015, 569, InsbürO 2015, 355

Nr.	Schritt	Checkliste Steuerangelegenheiten: Erläuterungen Einkommenssteuer (alphabetisch sortiert)	Hilfsmittel
			zur BFH-Entscheidung: BMF-Schreiben v. 22.7.2015 (BStBl. I 2015 S. 571) (Änderung des AEAO zu § 251 AO (= Vollstreckbare Verwaltungsakte)) abrufbar über www.wolterskluwer-online.de
52.	EinkSt- Nachzahlung	• eine etwaige Einkommenssteuernachzahlung kann seitens des FinA nicht als Masseverbindlichkeit geltend gemacht werden	Einkommenssteuernachzahlung keine Masseverbindlichkeit: BFH v. 15.3.2017 – III R 12/16 (Rn. 18 m.w.N.) in ZInsO 2017, 2708
53.	EinkSt – Steuerbescheid – Aufteilung	• Bei Eheleuten: – Möglichkeit der Aufteilung der Steuerschuld gem. §§ 268 ff. AO – dann getrennte Veranlagung gem. § 26a EStG – vorherige Prüfung erforderlich, was für die Masse günstiger ist – Steuernachzahlung ist sowieso keine Masseverbindlichkeit – Steuerguthaben fällt in die Insolvenzmasse – ggf. entsteht durch eine Aufteilung ein Guthaben	Muster 323: »EStG-Bescheid – Aufteilung – Antrag« Einkommenssteuernachzahlung keine Masseverbindlichkeit: BFH v. 15.3.2017 – III R 12/16 (Rn. 18 m.w.N.) in ZInsO 2017, 2708 Vorrang des Insolvenzrechtes: BMF-Schreiben v. 10.12.2015 zur Zuordnung von Einkünften, Aufteilung von Steuererstattungen bei Eheleuten: www.bundesfinanzministerium.de > BMF-Schreiben
54.	EinkSt – Steuerguthaben	• im eröffneten Verfahren: – Steuerguthaben aus der Zeit vor Insolvenzeröffnung darf das FinA verrechnen (betr. i.d.R. Unternehmensinsolvenzen) – dadurch: Minderung etwaiger Steuerforderungen und indirekte Quotenverbesserung – Steuerguthaben aus der Zeit nach Insolvenzeröffnung dürfen nicht verrechnet werden • Steuerguthaben während RSB: – keine Verrechnung, wenn es Veranlagungszeitraum aus der Zeit des eröffneten Verfahrens betrifft und Nachtragsverteilung angeordnet wurde – Steuerguthaben aus Zeit nach Verfahrensaufhebung: kein Aufrechnungsverbot mehr	Entstehungszeitpunkt des Guthabens und Aufrechnungsverbot: BFH v. 28.2.2012 – VII R 36/11 in BStBl. II 2012,451, InsbürO 2012, 363, ZInsO 2012, 883 Aufrechnung ohne Nachtragsverteilung: BFH v. 04.09.2008 – VII B 239/07 Rn. 6 in WKRS 2008, 24768 (keine VÖ im BStBl.) Engel, Nachtragsverteilung für Steuererstattungsansprüche – lohnt sich das? InsbürO 2016, 197 ff.
55.	EinkSt – Steuerpflicht	• natürliche Personen sind einkommenssteuerpflichtig gem. § 1 EStG • Abgabe einer Steuererklärung für einen abgelaufenen Veranlagungszeitraum (§ 25 Abs. 3 EStG) • Veranlagungszeitraum = Kalenderjahr (§ 25 Abs. 1 EStG) • zur Abgabefrist, Abgabepflicht: s. vorstehend	
56.	EinkSt – Unterschrift	• Einkommenssteuererklärung muss gem. § 25 Abs. 3 Satz 1 EStG eigenhändig unterschrieben werden • Formerfordernis gem. § 25 Abs. 3 EStG wird auch bei Einreichung per Telefax gewahrt = kein Original erforderlich	Wirksame Übersendung per Telefax: GmSOGB 05.04.2000 – GmS-OGB 1/98 in WKRS 2000, 18605

Nr.	Schritt	Checkliste Steuerangelegenheiten: Erläuterungen **Einkommenssteuer** (alphabetisch sortiert)	Hilfsmittel
			Wirksame Einreichung Einkommenssteuerklärung per Fax: BFH v. 08.10.2014 – VI R 82/13 in InsbürO 2015, 245, WKRS 2014, 28357
57.	EinkSt – Veräußerungsgeschäfte	• Verkäufe aus dem Privatvermögen können der Einkommenssteuer unterliegen (§ 23 EStG): – bei Grdst.: keine 10 Jahre zwischen Anschaffung und Verkauf und keine private Nutzung – bei anderen Wirtschaftsgütern, mit denen Einkünfte erzielt wurden: 10 Jahre • Feststellung des Zeitpunktes der Anschaffung: Einsicht in Anlagenverzeichnis zum Jahresabschluss oder alte Rechnung • wenn Zeiträume nicht überschritten: Klärung des Vorgehens mit Steuerabteilung, ggf. Freigabe	Muster 335: »Verkäufe -Steuerpflicht – Prüfungsvermerk« Einkommenssteuer als Masseverbindlichkeit auch bei wertausschöpfender Belastung: BFH v. 16.5.2013 – IV R 23/11 in ZInsO 2013, 1536, InsbürO 2013, 415 m. Anmerkung Voß
58.	EinkSt – Wahlrecht	• Steuerpflichtige Person hat ein Wahlrecht bei der Veranlagung: – getrennte Veranlagung (§ 26a EStG) oder – Zusammenveranlagung (§ 26b EStG) • Veranlagungswahlrecht steht dem Insolvenzverwalter zu • Prüfung erforderlich, welcher Weg für die Insolvenzmasse zu höherem Erlös führt	Zum Wahlrecht des Insolvenzverwalters: BFH v. 15.3.2017 – III R 12/16 (Leitsatz 3 m.w.N.) in ZInsO 2017, 2708
59.	EinkSt – Zusammenveranlagung	• bei Zusammenveranlagung: – keine Abgabe auf einem Formular erforderlich – nicht insolventer Ehepartner kann die Erklärung auf gesondertem Formular beim FinA einreichen • möchte der nicht insolvente Ehepartner eine Zusammenveranlagung, kann der Insolvenzverwalter seine Zustimmung nicht von einer Beteiligung am – für den Ehepartner – entstehenden Steuervorteil (bspw. Verlustvortrag) für die Insolvenzmasse abhängig machen	Zustimmung zur Zusammenveranlagung bedingungsfeindlich: BGH v. 18.5.2011- XII ZR 67/09 (Leitsatz, Rn. 25 ff.) in InsbürO 2011, 392, ZInsO 2011, 1460

Nr.	Schritt	Checkliste Steuerangelegenheiten: Erläuterungen **Kapitalertragssteuer** (alphabetisch sortiert)	Hilfsmittel
60.	KAPSt – Abgeltungssteuer	• Abgeltungssteuer = Kapitalertragssteuer • Regelung zur Abgeltungssteuer seit dem 01.01.2009 in Kraft (§ 32d EStG) • Steuertarif von 25 % auf Kapitalerträge • direkte Abführung vom Kreditinstitut (§ 43 EStG) = daher auch Quellensteuer genannt	
61.	KAPSt- Allgemein	• Steuersatz für Kapitalertragssteuer in § 32d EStG (= Steuertarif für Einkünfte aus Kapitalvermögen) • Regelungen insgesamt zur Kapitalertragssteuer: §§ 43 – 45e EStG • Zinsen zählen zu Einkünften aus Kapitalvermögen gem. § 20 Abs. 1 Nr. 7 EStG • die Einkommenssteuer wird als Abzug vom Kapitalertrag (= Kapitalertragssteuer) gem. § 43 Abs. 1 Satz 1 Nr. 7 EStG erhoben • daher: direkter Abzug durch das Kreditinstitut und Weiterleitung an die Finanzverwaltung • kein tatsächlicher Zufluss der Zinseinnahme in voller Höhe auf dem Treuhandkonto	
62.	KAPSt – BMF-Schreiben	• BMF-Schreiben vom 18.01.2016 (120 Seiten) • zwei Stellen mit insolvenzrechtlichem Bezug: – S. 23 zum Forderungsausfall: Zahlungen auf Basis Insolvenzplan – S. 63 zu Treuhandkonten des Insolvenzverwalters (Rn. 155 mit Verweis auf Rn. 152 und 154)	www.bundesfinanzministerium.de > BMF-Schreiben (BStBl. 2016 I S. 85)

Nr.	Schritt	Checkliste Steuerangelegenheiten: Erläuterungen **Kapitalertragssteuer** (alphabetisch sortiert)	Hilfsmittel
63.	KAPSt – Buchung	• i.d.R. Buchung des vollen Zinsbetrages als Einnahme und Abzug von Kapitalertragssteuer als Masseverbindlichkeit • damit fließen die Zinseinnahmen in voller Höhe auch gem. § 1 Abs. 2 Nr. 4 Satz 1 InsVV in die Berechnungsgrundlage für die Verwaltervergütung • allerdings: unterschiedliche Handhabung in der Praxis, tlw. Buchung des reinen Zahlungseingangs als Einnahme (= pagatorische Buchführung = Buchung tatsächlicher Zahlungszuflüsse)	Bruttobuchung: Graeber, Der Abgeltungssteuerbetrag als Bestandteil der Berechnungsgrundlage der Verwaltervergütung, ZInsO 2013, 1834 Nettobuchung: Reck/Schmittmann, Die Berechnungsgrundlage der Vergütung und der pagatorische Zahlungsbegriff, ZInsO 2015, 2254 ff.
64.	KAPSt – Erstattung	• bei juristischen Personen: Erstattung der gezahlten Kapitalertragssteuer über die jährliche Körperschaftssteuererklärung • falls eine solche nicht abgegeben wird: ggf. formlosen Erstattungsantrag versuchen • bei natürlichen Personen: Erstattung der gezahlten Kapitalertragssteuer über die jährliche Einkommenssteuererklärung • ggf. vereinfachten Vordruck hierfür nutzen • Erfordernis für den Erstattungsantrag: Vorlage der Original-Steuerbescheinigungen: s. nachfolgend • bei Erteilung eines Freistellungsauftrages an die Bank: keine Abführung der Kapitalertragssteuer z.B. durch ein Kreditinstitut	Muster 332: »Kapitalertragssteuer – formloser Antrag auf Erstattung« Checkliste Versicherungsverträge: »Freistellungsauftrag«
65.	KAPSt – Freistellungsauftrag	• Freistellungsauftrag = Auftrag an Kreditinstitut, keine Kapitalertragssteuer abzuführen • Begründung: Einkünfte aus Kapitalvermögen nicht höher als Sparer-Pauschbetrag (s. nachfolgend) • mehrere Freistellungsaufträge = Gesamtsumme der jeweils freigestellten Summe darf Sparer-Pauschbetrag nicht überschreiten: – diesbezügliche Versicherung wird im Freistellungsauftrag mit Unterzeichnung erteilt (Speicherung der Daten beim Bundeszentralamt für Steuern (BZSt) gem. § 45d EStG)	
66.	KAPSt – Sparer-Pauschbetrag	• Regelung in § 20 Abs. 9 EStG • Sparer-Pauschbetrag = pauschale Werbungskosten für Einkünfte aus Kapitalvermögen • per Stand: 5/2019: – für Alleinstehende: 801 EUR – für Verheiratete: 1.602 EUR • bedeutsam für Freistellungsaufträge im Zusammenhang von Versicherungsverträgen: s. nachfolgend und gesonderte Checkliste • Zinseinnahmen unterhalb dieser Grenzen sind steuerfrei: daher Erstattung der abgeführten Beträge bzw. bei einem Freistellungsauftrag keine Abführung der Kapitalertragssteuer	Checkliste Versicherungsverträge: »Freistellungsauftrag«
67.	KAPSt – Steuerbescheinigung	• für gutgeschriebene Zinsen und abgeführte Kapitalertragssteuern erteilen die Kreditinstitute Steuerbescheinigungen (§ 45a EStG) • Steuerbescheinigung = Nachweis der geleisteten Kapitalertragssteuer • Originale der Steuerbescheinigungen gesondert archivieren für späteren Erstattungsantrag	
68.	KAPSt – Versicherungsverträge	• bei Auszahlung von Rückkaufswerten: Verpflichtung der Versicherungsgesellschaft zur Abführung von Kapitalertragssteuer • bei natürlichen Personen: Vermeidung der Abführung durch Vorlage eines Freistellungsauftrages	Checkliste Versicherungsverträge: »Freistellungsauftrag«

Nr.	Schritt	Checkliste Steuerangelegenheiten: Erläuterungen **Kapitalertragssteuer** (alphabetisch sortiert)	Hilfsmittel
69.	KAPSt – Zinsabschlagssteuer	• Erhebungsform der Einkommenssteuer • Rechtslage vor dem 01.01.2009: Zinsabschlagsteuer • Zinsabschlagsteuer unterlag dem persönlichen Einkommensteuersatz • Abschlag konnte angeglichen werden • ab 01.01.2009: Abgeltungssteuer = Kapitalertragssteuer	
70.	USt – allgemein	• Umsatzsteuer = Steuer auf Lieferungen und sonstige Leistungen, die ein Unternehmen im Inland gegen Entgelt im Rahmen seines Unternehmens ausführt • der erzielte Umsatz wird besteuert • Bsp.: Filterfirma produziert Filter und verschickt eine Rechnung an ihren Kunden über 2.380 EUR brutto. 380 EUR sind als vereinnahmte Umsatzsteuer an das FinA abzuführen (ggf. gemindert um gezahlte Vorsteuer) • s. Vorsteuer-Definition: nachstehend	
71.	USt – Anfechtungsansprüche – Vergleich	• nach BFH-Rechtsprechung: Vergleich bei Anfechtungsansprüchen = tlw. Verzicht auf Entgelt • Verzicht ist steuerbare Leistung i.S.d. §§ 1 Abs. 1 Nr. 1 Satz 1, 3 Abs. 9 UStG • bei der Realisierung von Anfechtungsansprüchen zu beachten: s. wegen Einzelheiten in gesonderte Checkliste	Umsatzsteuer auf Verzicht: BFH v. 30.3.2011 – XI R 5/09 (Rn. 24 m.w.N.) in WKRS 2011, 21910 Checkliste Anfechtungsansprüche – Arbeitsschritte: »Vergleich mit Anfechtungsgegner« Engel, Der Vergleichsabschluss bei der Anfechtung und die umsatzsteuerrechtlichen Folgen, InsbürO 2018, 389 ff.
72.	USt – Anfechtungsansprüche – Vorsteuerberichtigung	• Sachverhalt: Anfechtung einer umsatzsteuerpflichtigen Zahlung • Rückzahlung durch Gläubiger = Vorsteuerkorrektur erforderlich – soweit diese vorher geltend gemacht wurde • siehe nachfolgend »Vorsteuerkorrektur«	Erstattungsanspruch FinA ist Masseverbindlichkeit: BFH v. 15.12.2016 – V R 26/16 in InsbürO 2017, 256, WKRS 2016, 32853 Busch/Büker, Insolvenzanfechtung und Vorsteuerberichtigung, InsbürO 2017, 6 ff.
73.	USt – Bauleistungen	• Steuerschuldnerschaft des Leistungsempfängers bei Bauleistungen gem. § 13b Abs. 4 und Abs. 5 S. 2 UStG i.V.m. Abs. 2 Nr. 4 UStG • nach BFH-Rechtsprechung in 2013: Leistungsempfänger von Bauleistungen ist Steuerschuldner für die an ihn erbrachte Leistung, wenn er diese Leistung seinerseits zur Erbringung einer Bauleistung verwendet; der Anteil der vom Leistungsempfänger ausgeführten Bauleistungen am Gesamtumsatz ist unbedeutend • BMF-Schreiben zur Umsetzung dieser Entscheidung vom 04.02.2015, Ausweitung mit BMF-Schreiben vom 10.08.2016 • weitere BFH-Entscheidung in 2017: Korrektur der Umsatzsteuerfestsetzung in Bauträgerfällen gem. § 27 Abs. 19 UStG • dazu BMF-Schreiben vom 26.07.2017 mit Erläuterungen zur Umsetzung • BMF-Schreiben vom 24.01.2019 hebt Tz. 15a des BMF-Schreibens vom 26.07.2017 auf: Voraussetzung der Möglichkeit der Aufrechnung mit Erstattungsanspruch des leistenden Unternehmens entfällt	Leistungsempfänger als Steuerschuldner: BFH v. 22.8.2013 – V R 37/10 in BStBl. II 2014, S. 128, WKRS 2013, 48718 BMF-Schreiben v. 4.2.2015 (BStBl. 2014 I S. 233) BMF-Schreiben vv. 10.8.2016 (BStBl. 2016 I S. 820) abrufbar über www.bundesfinanzministerium.de Umsatzsteuerkorrektur in Bauträgerfällen: BFH v. 23.2.2017 – V R 16/16, V R 24/16 in WKRS 2017, 12348 BMF-Schreiben vom 26.7.2017 (BStBl. 2017 I S. 1001) abrufbar über www.wolters-kluwer-online.de

Nr.	Schritt	Checkliste Steuerangelegenheiten: Erläuterungen **Kapitalertragssteuer** (alphabetisch sortiert)	Hilfsmittel
			Voraussetzung für Anwendung § 27 Abs. 19 UStG: FG Hamburg, Urt. v. 18.01.2018 – 3 K 209/17 in InsbürO 2019, 443, ZInsO 2018, 1064 BMF-Schreiben vom 24.01.2019 (BStBl. I 2019, 116) Abrufbar www.bundesfinanzministerium.de
74.	USt – Doppelumsatz	• bei Verwertung von sicherungsübereigneten Gegenständen kann es zu einem Doppelumsatz kommen • Verwertung durch Sicherungsnehmer (= i.d.R. Bank): – Lieferung des Sicherungsnehmers (Schuldner) an Sicherungsgeber (Bank) = Überlassung zur Verwertung durch Bank – Lieferung des Sicherungsgebers (Bank) an Dritten (Käufer) = Verwertung • Umsatzsteuer auf den Kaufpreis ist abzuführen • Umsatzsteuer ist jeweils im entsprechenden Monat zu melden • Achtung: dies gilt auch in Falle einer Lieferung vor Insolvenzeröffnung, aber der Verwertung nach Insolvenzeröffnung • ein Doppelumsatz wird auch beim Forderungseinzug und der Abrechnung auf eine Globalzession angenommen	Moderegger, Umsatzsteueransprüche bei der Verwertung von sicherungsübereigneten Gegenstände im Insolvenzverfahren anhand von Beispielen, InsbürO 2014, 378 ff.
75.	USt – Dreifachumsatz	• bei der Verwertung von sicherungsübereigneten Gegenständen kann es zu einem Dreifachumsatz kommen • Verwertung durch Sicherungsgeber (= Insolvenzverwalter): – Sicherungsübereignung erstarkt = Lieferung Sicherungsgeber (= Schuldner) an Sicherungsnehmer (= Bank) (= Schuldtilgung erfolgt) – gem. § 3 Abs. 3 UStG: Überlassung der Verfügungsmacht = Lieferung Sicherungsnehmer (= Bank = Kommittent) an Sicherungsgeber (= Schuldner/Insolvenzverwalter = Kommissionär) (= Gutschrift wird erteilt) – Lieferung des Sicherungsgebers (= Schuldner/Insolvenzverwalter) an Dritten (= Käufer) • damit: drei »Lieferungen« = Dreifachumsatz • es ist die Umsatzsteuer auf den Kaufpreis und die Umsatzsteuer auf den Betrag der Schuldtilgung abzuführen • ein Dreifachumsatz wird auch bei einem Übererlös (= Kaufpreis > Forderung des Gläubigers) angenommen • Umsatzsteuer ist jeweils im entsprechenden Monat zu melden	Steuerbare Leistung bei Verwertung von Sicherungsgut: BFH v. 28.7.2011 – V R 28/09 (Rn. 26 ff.) in InsbürO 2012, 111, ZInsO 2011, 1904 BMF-Schreiben vom 30.4.2014 (BStBl. I 2014 S. 816) (Ziff. II) in ZInsO 2014, 1000 abrufbar über www.wolterskluwer-online.de Moderegger, Umsatzsteueransprüche bei der Verwertung von sicherungsübereigneten Gegenstände im Insolvenzverfahren anhand von Beispielen, InsbürO 2014, 378 ff.
76.	USt – Eröffnungsverfahren	• Regelung in § 55 Abs. 4 InsO • Entstehung von Umsatzsteuer während einer vorläufigen Verwaltung und Ausgleich nach Insolvenzeröffnung als Masseverbindlichkeiten für Eröffnungsverfahren ab dem 01.01.2015 • zu Anwendungsfragen: zuletzt BMF-Schreiben v. 18.5.2016 • danach: Grundsätze anwendbar auf Sicherungsmaßnahmen, die **nach** dem 31.12.2014 angeordnet wurden • s. wegen vorheriger BMF-Schreiben und weiterer Erläuterungen vorstehend im allgemeinen Teil »Eröffnungsverfahren«	BMF-Schreiben v. 18.5.2016 (BStBl. I S. 506) abrufbar über www.wolterskluwer-online.de oder ZInsO 2016, 1150 Busch/Büker, Masseverbindlichkeiten gem. § 55 Abs. 4 InsO – quo vadis? Teil 3: InsbürO, 2016, 443 ff. Teil 2: InsbürO 2015, 333 ff. Teil 1: InsbürO 2015, 124 ff.

Nr.	Schritt	Checkliste Steuerangelegenheiten: Erläuterungen **Kapitalertragssteuer** (alphabetisch sortiert)	Hilfsmittel
77.	USt – Forderungseinzug	• durch BFH-Rechtsprechung: Aufteilung insolventes Unternehmen in drei Unternehmensteile: – Unternehmensteil vor Insolvenzeröffnung – Unternehmensteil im eröffneten Verfahren – freigegebener Unternehmensteil • alle ausstehenden Forderungen gegen Dritte bei Insolvenzeröffnung: uneinbringlich = Folge: Umsatzsteuerkorrektur gem. § 17 Abs. 2 Nr. 1 UStG • später eingezogene Forderungen im eröffneten Verfahren: erneute Umsatzsteuerkorrektur gem. § 17 Abs. 2 Nr. 1 UStG • Folge: eingezogene Umsatzteuer als Masseverbindlichkeit abführen • Achtung: auf genaue Zeiträume achten, wann welche Forderungen von wem eingezogen werden (schwache oder starke vorläufige Verwaltung, eröffnetes Verfahren): daraus ergibt sich Melde- und Zahlungspflicht: s. Übersicht: Literaturtipp rechts • Uneinbringlichkeit ist auch gegeben, wenn Sicherheitseinbehalt der Grund der Nichtzahlung ist (BMF-Schreiben vom 03.08.2015): s. nachfolgend • letztes BMF-Schreiben mit Erläuterung zum Eintritt der Uneinbringlichkeit von Forderungen im vorläufigen Insolvenzverfahren und die dadurch erforderlich werdenden Steuerberichtigungen vom 18.5.2016 • Achtung bei Globalzession: Abzug der Umsatzsteuer vor Auszahlung der vereinnahmten Gesamtsumme an Absonderungsgläubiger, weil diese als Masseverbindlichkeit an die Finanzverwaltung abzuführen ist	Aufteilung in drei Unternehmensteile: BFH v. 9.12.2010 – V R 22/10 (Rn. 28 ff.) in InsbürO 2011, 190, ZInsO 2011, 823 Steuerberichtigung bei einer starken vorl. Verwaltung: BFH v. 1.3.2016 – XI R 21/14 in InsbürO 2016, 390, ZInsO 2016, 1486 Steuerberichtigung bei einer schwachen vorl. Verwaltung: BFH v. 1.6.2016 – XI R 9/15 (Rn. 26 ff.) in InsbürO 2016, 431, ZInsO 2016, 20677 Steuerberichtigung bei Sicherheitseinbehalt: BFH v. 24.10.2013 – V R 31/12 in WKRS 2013, 52812 Steuerberichtigung bei Eigenverwaltung: BFH v. 27.09.2018 – V R 45/16 in InsbürO 2019, 98, ZInsO 2018, 2671 ——— Kein Aufrechnungsverbot bei erster Korrektur: BFH v. 25.7.2012 – VII R 29/11 (Rn. 17) in InsbürO 2013, 197, BStBl. II 2013, 36-39, ZInsO 2012, 2142 BMF-Schreiben s. nächsten Gliederungspunkt ——— Muster 159 (Globalzession): »Abrechnung Globalzession ggü. Gläubiger« ——— Busch/Büker/Heyn, Übersicht über Zuordnung der Umsatzsteuerverpflichtung im Rahmen des Forderungseinzuges, InsbürO 2018, 378 ff. (s. Muster 330: Abdruck des Beitrages in aktualisierter Fassung per 2019) Moderegger, Umsatzsteueransprüche bei der Verwertung von sicherungsübereigneten Gegenstände im Insolvenzverfahren anhand von Beispielen, InsbürO 2014, 378 ff. (Fall 3)

Nr.	Schritt	Checkliste Steuerangelegenheiten: Erläuterungen **Kapitalertragssteuer** (alphabetisch sortiert)	Hilfsmittel
78.	USt – Forderungseinzug – BMF-Schreiben	• bzgl. der Problematik Umsatzsteuer beim Forderungseinzug: – BMF-Schreiben vom 09.12.2011 (BStBl I 2011 S. 1273) (ZInsO 2012, 25) – BMF-Schreiben vom 17.01.2012 (BStBl. I 2012 S. 120) (ZInsO 2012, 213) – BMF-Schreiben vom 12.04.2013 (ZInsO 2013, 819) – BMF-Schreiben vom 20.5.2015 (BStBl. I 2015 S. 476) (ZInsO 2015, 1195) – BMF-Schreiben vom 18.11.2015 (BStBl. I 2015 S. 886) – BMF-Schreiben vom 03.08.2015 (BStBl. I 2015 S. 624) – BMF-Schreiben v. 18.5.2016 (BStBl. I S. 506) (ZInsO 2016, 1150)	BMF-Schreiben abrufbar über: www.bundesfinanzministerium.de www.wolterskluwer-online.de oder ZInsO-Fundstellen: s. nebenstehend Muster 330: »Forderungseinzug – Übersicht Einordnung Umsatzsteuer« Moderegger, Umsatzsteueransprüche bei der Verwertung von sicherungsübereigneten Gegenstände im Insolvenzverfahren anhand von Beispielen, InsbürO 2014, 378 ff. (Fall 3)
79.	USt – Freigabe	• nach erklärter Freigabe einer selbständigen Tätigkeit: – Umsatzsteuerforderungen aus selbständiger Tätigkeit keine Masseverbindlichkeit – Umsatzsteuerguthaben: Verrechnungsmöglichkeit des FinA mit Altforderung	Zulässigkeit einer Verrechnung mit Umsatzsteuerguthaben nach Freigabe: BFH v. 1.9.2010 – VII R 35/08 in BStBl.II 2011, 336, InsbürO 2011, 355, ZInsO 2011, 51
80.	USt – Geschäftsveräußerung im Ganzen	• bei der Veräußerung eines insolventen Betriebes im Ganzen an einen anderen Unternehmen für dessen Unternehmen: Umsatzsteuerfreiheit gem. § 1 Abs. 1a UStG • dafür müssen bestimmte Kriterien erfüllt sein, z.B. bei Anteilsübertragung müssen alle Anteile übertragen werden • Aufgabenbereich des Insolvenzverwalters oder Steuerberaters • s. nähere Informationen im Literaturhinweis	Wolff-Heinze, Die Geschäftsveräußerung im Ganzen – aus dem Blickpunkt einer umsatzsteuerlichen Betrachtung, InsbürO 2006, 336 ff. Zu den Voraussetzungen für eine Steuerfreiheit: BFH v. 27.1.2011 – V R 38/09 in WKRS 2011, 11406 BMF-Schreiben vom 24.03.2014 (BStBl. I 2014 S. 606) abrufbar über www.wolters-kluwer-online.de
81.	Umsatzsteuer-Identifikationsnummer (Umsatzsteuer-ID)	• eine Umsatzsteuer-Identifikationsnummer dient der eindeutigen Kennzeichnung eines jeden Unternehmens für Geschäfte innerhalb der EU • die Umsatzsteuer-ID kann zusätzlich zur Steuernummer beantragt werden • zuständig: Bundeszentralamt für Steuern (s. dortige Formulare für Antrag) • abzugrenzen: jede natürliche Person und jedes Unternehmen bekommt grundsätzlich eine Steuer-Identifikationsnummer • die Umsatzsteuer-ID wird aber nur an Unternehmen vergeben • die Umsatzsteuer-ID ist bei Geschäften innerhalb der EU auf der Rechnung aufzuführen, und zwar die eigene Umsatzsteuer-ID als auch die Umsatzsteuer-ID des Geschäftspartners • wenn beide Geschäftspartner über eine Umsatzsteuer-ID verfügen: das leistende Unternehmen ist von der Umsatzsteuer befreit (§ 13b UStG) = Leistungsempfänger im EU-Ausland muss die Umsatzsteuer abführen • ist der Empfänger der Leistung eine Privatperson oder ein Unternehmen ohne Umsatzsteuer-ID gibt es keine Umsatzsteuerbefreiung = Umsatzsteuer ist auszuweisen	Antrag auf Zuteilung einer Umsatzsteuer-ID: www.formulare-bfinv.de

Nr.	Schritt	Checkliste Steuerangelegenheiten: Erläuterungen **Kapitalertragssteuer** (alphabetisch sortiert)	Hilfsmittel
82.	USt – Ist-Besteuerung	• Istbesteuerung = Versteuerung der Umsätze nach **vereinnahmten** Entgelten (§ 20 UStG) • Klein-Unternehmer unterliegen i.d.R. der Ist-Besteuerung • anwendbar gem. § 20 UStG, wenn: – Gesamtumsatz nach § 19 Abs. 3 UStG im vorangegangenen Kalenderjahr nicht mehr als 500.000 EUR betragen hat – ein Unternehmen von der Verpflichtung, Bücher zu führen oder Abschlüssen zu erstellen nach § 148 AO befreit ist oder – eine Tätigkeit als Angehöriger eines freien Berufes (§ 18 Abs. 1 Nr. 1 EStG) ausgeübt wird • Abführung der Umsatzsteuer erst nach Vereinnahmung eines Rechnungsbetrages • die bisher angewandte Versteuerungsart (Ist- oder Soll-Besteuerung) gilt im Insolvenzverfahren fort • s. nachstehend auch »Soll-Besteuerung«	
83.	USt – Ist-Besteuerung – Beispiel	• *Beispiel:* – *Erstellung einer Rechnung vom 15.05.2017 über 1.000 EUR netto zzgl. 19 % Umsatzsteuer* – *keine Abführung der Umsatzsteuer am 10.06. (= Voranmeldungszeitraum = 1 Monat) oder 10.07. (= Voranmeldungszeitraum = Kalendervierteljahr) (= Sollbesteuerung)* – *Abführung der Umsatzsteuer erst nach Zahlungseingang am 10.10.2017 (= Meldung und Abführung zum 10.11. = monatlicher Voranmeldungszeitraum oder am 10.01. = Voranmeldungszeitraum ¼-Jahr)* – *Fazit: Abführung der Umsatzsteuer nach dem Ist-Zustand: Wann wurde die Rechnung beglichen?*	
84.	USt – Kleinunternehmer	• Regelung zur Besteuerung von Kleinunternehmern: § 19 UStG • Kleinunternehmer: Umsatz < 17.500 EUR im vorangegangenen Geschäftsjahr und < 50.000 EUR im laufenden Geschäftsjahr • bei Eingruppierung als Kleinunternehmer: keine Umsatzsteuerpflicht	
85.	USt – Kostenstundung	• nach BGH-Rechtsprechung: auch in Kostenstundungsverfahren gilt die Verteilungsreihenfolge des § 209 Abs. 1 InsO • Folge: keine Abführung etwaiger Umsatzsteuer aus Verwertungsgeschäften, solange Verfahrenskosten nicht gedeckt sind	Rangfolge § 209 InsO auch bei Kostenstundung: BGH v. 13.03.2014 – IX ZB 204/11 Rn. 6 m.w.N. in InsbürO 2014, 289, ZInsO 2014, 951 Muster 333: »Masseunzulänglichkeit – USt. – Info an FinA wg. Nichtzahlung«
86.	USt – Literaturtipp	• Marchal/Nobereit, Berichtigung von Rechnungen mit unrichtigem oder unberechtigtem Umsatzsteuerausweis durch den Insolvenzverwalter – ein Mittel zur Mehrung der Insolvenzmasse, ZInsO 2014, 2308 ff. • Moderegger, Umsatzsteueransprüche bei der Verwertung von sicherungsübereigneten Gegenstände im Insolvenzverfahren anhand von Beispielen, InsbürO 2014, 378 ff. • Roth, Umsatzsteuer und Insolvenz, ZInsO 2014, 309 ff.	
87.	USt – Nullmeldungen	• nach der Rechtsprechung: Pflicht zur Abgabe auch von Nullmeldungen = Bestätigung, dass kein Umsatz getätigt wurde • Zwangsgeldfestsetzung bei Nichtabgabe möglich	Zwangsgeld auch bei Nullmeldung: BFH v. 6.11.2012 – VII R 72/11 in BStBl. II 2013,141, ZInsO 2013, 82 WKRS 2012, 29504

Nr.	Schritt	Checkliste Steuerangelegenheiten: Erläuterungen **Kapitalertragssteuer** (alphabetisch sortiert)	Hilfsmittel
88.	USt – Organschaft	• umsatzsteuerliche Organschaft gem. § 2 Abs. 2 Nr. 2 UStG: jur. Person ist finanziell, wirtschaftlich und organisatorisch in das Unternehmen des Organträgers eingegliedert • s. Beiträge Lemken: InsbürO 2010,413 ff., Aktualisierung InsbürO 2012, 417 ff. • s. Rechtsprechungsänderung des BFH zur Organschaft mit Kommentar Lemken: InsbürO 2013, 483 ff. • im kurzen Überblick zu beachten: – Organschaft endet bereits mit Bestellung eines schwachen vorläufigen Verwalters für die Organgesellschaft – Organträger kann für die Umsatzsteuer im Innenverhältnis von der Organgesellschaft in Anspruch genommen werden – ggf. ergibt sich ein Erstattungsanspruch der Organgesellschaft gegenüber der Finanzverwaltung	InsbürO-Beiträge mit Erläuterungen zur Organschaft – Folgen und Massemehrung: s. nebenstehend Merkmale einer Organschaft: BFH v. 12.10.2016 – XI R 30/14 (Rn. 19, 27, 28) in InsbürO 2017, 215, WKRS 2016, 31770 Beendigung der Organschaft bei Anordnung schwacher vorl. Verw.: BFH v. 8.8.2013 – V R 18/13 in InsbürO 2013, 499, ZInsO 2013, 1847 = WKRS 2013, 43341 Beendigung der Organschaft bei Eigenverwaltung: BFH v. 15.12.2016 – V R 14/16 in InsbürO 2017, 256, WKRS 2016, 33619 keine Organschaft zwischen Schwestergesellschaften: BFH v. 24.8.2016 – V R 36/15 in InsbürO 2017, 127, ZInsO 2017, 44
89.	USt – Soll-Besteuerung	• Sollbesteuerung = Versteuerung der Umsätze nach **vereinbarten** Entgelten (§ 16 Abs. 1 UStG) • juristische Personen unterliegen der Sollbesteuerung, natürliche Personen je nach Umsatzvolumen • daher: bei Erstellung der Rechnung an Kunden Meldung und Abführung darin ausgewiesener Umsatzsteuer • Zahlungseingang spielt bei der Meldung zunächst keine Rolle • andere Besteuerungsform: Ist-Besteuerung – s. vorstehend • bei späterer Nichtzahlung der Rechnung (z.B. Reklamation, Stornierung, Zahlungsunfähigkeit etc.): Umsatzsteuerberichtigung gem. § 17 UStG • s. wegen Meldung, Verrechnung etc.: vorstehend »Forderungseinzug« • die bisher angewandte Versteuerungsart (Soll- oder Ist-Besteuerung) gilt im Insolvenzverfahren fort • Antrag auf Änderung gem. § 20 UStG ist möglich	
90.	USt – Soll-Besteuerung – Beispiel	• *Beispiel:* – *Erstellung einer Rechnung vom 15.05.2017 über 1.000 EUR netto zzgl. 19 % Umsatzsteuer* – *Abführung der Umsatzsteuer am 10.06. (= Voranmeldungszeitraum = 1 Monat) oder 10.07. (= Voranmeldungszeitraum = Kalendervierteljahr)* – *Zahlungseingang am 10.10.2017 ist irrelevant* – *Fazit: Abführung der Umsatzsteuer nach Soll-Zustand: Rechnung wurde erstellt und soll bezahlt werden*	
91.	USt – Verwertungsmaßnahme	• nach BFH-Rechtsprechung: Verwertung eines Vermögensgegenstandes, an dem Absonderungsrechte bestehen = Geschäftsbesorgungsvertrag mit Absonderungsgläubiger • Begründung: keine Verpflichtung zur Verwertung durch Insolvenzverwalter (auch nicht nach § 166 InsO = nur Recht, keine Pflicht) • daher: Verwertungsleistung (= Verwertungskostenbeitrag) ist umsatzsteuerpflichtig	Steuerbare Leistung bei Verwertung von Sicherungsgut: BFH v. 28.7.2011 – V R 28/09 (Rn. 26 ff.) in InsbürO 2012, 111, ZInsO 2011, 1904

Nr.	Schritt	Checkliste Steuerangelegenheiten: Erläuterungen Kapitalertragssteuer (alphabetisch sortiert)	Hilfsmittel
		• zu berücksichtigen – bei der Grundstücksverwertung (= Verkauf) – bei der Grundstücksverwaltung (= Zwangsverwaltung) – bei der Verwertung von beweglichen Gegenständen • BMF-Schreiben vom 30.04.2014 und Änderung AEAO (insbes. Abschnitt 1.2. Abs. 4)	BMF-Schreiben vom 30.4.2014 (BStBl. I 2014 S. 816) (Ziff. II) abrufbar über www.wolters-kluwer-online.de Moderegger, Umsatzsteueransprüche bei der Verwertung von sicherungsübereigneten Gegenstände im Insolvenzverfahren anhand von Beispielen, InsbürO 2014, 378 ff.
92.	USt – Voranmeldungen	• Abgabe von Umsatzsteuervoranmeldungen nach Ablauf des Voranmeldungszeitraums • Voranmeldungszeitraums: s. vorstehend »Fälligkeit« • ordnungsgemäßer Belege zu den Kontoauszügen heften, damit die Buchhaltung eine ordnungsgemäße Meldung der Umsatzsteuer fertigen kann: – vereinnahmte Umsatzsteuer > Vorsteuer = Steuerverbindlichkeit ggü. FinA = Verbindlichkeit – vereinnahmte Umsatzsteuer < Vorsteuer = Steuerforderung gg. FinA = Guthaben – je nach Zuordnung der Forderung bzw. Verbindlichkeit: Insolvenzforderung oder Masseverbindlichkeit, Verrechnungsverbot oder Auszahlungspflicht • Archivierung der Umsatzsteuervoranmeldungen im Ordner »Finanzamt«, Rubrik »Umsatzsteuer« • Kopie der Meldung zu den Kontoauszügen als Beleg für den Zahlungseingang/-ausgang	Muster 210 (Inhaltsverzeichnis): »Inhaltsverzeichnis jur. Person« Checkliste Treuhandkonto
93.	USt – Vorläufige Verwaltung	• Steuerforderungen aus dem Eröffnungsverfahren gelten gem. § 55 Abs. 4 InsO als Masseverbindlichkeiten: s. vorstehend »Eröffnungsverfahren« mit Hinweisen zu Anwendungsfragen • Umsatzsteuer aus der Vergütung des vorläufigen Verwalters darf nicht mit Altforderungen durch das FinA verrechnet werden • Geltendmachung der Umsatzsteuer in Umsatzsteuervoranmeldung zwecks Erlangung des Steuerguthabens für die Insolvenzmasse	Verbot der Aufrechnung: BFH v. 2.11.2010 – VII R 6/10 in BStBl. 2011, 374, ZInsO 2011, 283
94.	Vorsteuerabzug	• Vorsteuerabzug = Möglichkeit des Abzuges der gezahlten Vorsteuer von dem vereinnahmten und abzuführenden Umsatzsteuerbetrag (§ 15 UStG) • Voraussetzung: Rechnung erfüllt die Anforderungen gem. § 14 Abs. 4 UStG: s. vorstehend »Rechnungsanforderungen« • bei Soll-Besteuerung: Abzugsmöglichkeit der in einer Rechnung von einem Lieferanten/Dienstleister ausgewiesenen Vorsteuer, obwohl die Rechnung vom schuldnerischen Unternehmen ggf. noch nicht bezahlt wurde • damit nach Insolvenzeröffnung: Vorsteuerkorrektur erforderlich • Vorsteuer aus Verwaltervergütung: bei natürlichen Pers. ggf. anteilig je nach Anteil des Betriebsvermögens in der Insolvenz (s. Literaturtipp)	Muster 334: »Umsatzsteuer – Steueraufteilung – privat – betrieblich – Info an FinA« Anspruchsvoraussetzung für den Vorsteuerabzug: BFH v. 16.3.2017 – V R 27/16 (Rn. 12 m.w.N.) in WKRS 2017, 15296 Zum anteiligen Vorsteuerabzug bei Betriebs- und Privatvermögen: BFH v. 15.4.2015 – V R 44/14 in InsbürO 2015, 447, ZInsO 2015, 1328 Schmittmann, Vorsteuer aus Verwaltervergütung, InsbürO 2011, 224 f. Schmittmann, Rechnungsanforderungen im Insolvenzverfahren, InsbürO 2006, 383 f.

Nr.	Schritt	Checkliste Steuerangelegenheiten: Erläuterungen Vorsteuer (alphabetisch sortiert)	Hilfsmittel
95.	Vorsteuer – Beispiel	• Beispiel für Vorsteuer = die von einem Unternehmen an Dritte bezahlte Umsatzsteuer (§ 15 UStG) – Bsp.: Filterfirma bezieht Filtermaterial und erhält eine Rechnung über 1.190 EUR brutto – darin enthaltene Umsatzsteuer i.H.v. 190 EUR kann die Filterfirma ggü. dem FinA als Vorsteuer geltend machen = Minderung der vereinnahmten Umsatzsteuer aus Rechnungen an ihre eigenen Kunden	
96.	Vorsteuerkorrektur – Anfechtung	• bei Anfechtungen von Zahlungen an Dienstleister oder Lieferanten ist Umsatzsteuer enthalten, die vor Insolvenzeröffnung als Vorsteuer geltend gemacht wurde • nach BFH-Rechtsprechung ist bei erfolgreicher Anfechtung eine Vorsteuerberichtigung gem. § 17 Abs. 2 Nr. 1 Satz 2 UStG vorzunehmen = mit Rückgewähr der Zahlung an die Insolvenzmasse ist die Umsatzsteuer nicht mehr bezahlt, also entfällt im nachhinein die Möglichkeit des Vorsteuerabzuges • vereinnahmter Steuerbetrag ist nach Korrekturmeldung als Masseverbindlichkeit gem. § 55 Abs. 1 Nr. 1 InsO abzuführen	Erstattungsanspruch FinA ist Masseverbindlichkeit: BFH v. 15.12.2016 – V R 26/16 in InsbürO 2017, 256, WKRS 2016, 32853 Busch u. Büker, Insolvenzanfechtung und Vorsteuerberichtigung, InsbürO 2017, 6 f.
97.	Vorsteuerkorrektur – Forderungsanmeldungen	• § 17 Abs. 1 UStG: Berichtigung der gezogenen Vorsteuer aus Rechnungen der Insolvenzgläubiger: – nicht bezahlte Rechnungen ergeben sich aus der Insolvenztabelle – wichtig hier: enthaltene Umsatzsteuer in der Insolvenzsoftware vermerken: Setzen eines Haken = Ausdruck einer Liste über Gesamtsumme der Umsatzsteuer möglich – in Gläubigerforderungen enthaltene Umsatzsteuer ist zu korrigieren – Grund: Unternehmen hat wegen unberechtigt gezogener Vorsteuer zu wenig vereinnahmte Umsatzsteuer vor Insolvenzeröffnung abgeführt (= Vorsteuer aus diesen Rechnungen gezogen, obwohl sie nicht bezahlt wurden) – durch die korrigierten Meldungen ergibt sich eine Steuerforderung seitens der Finanzverwaltung, die zur Insolvenztabelle angemeldet werden kann • wichtig zu beachten: es ist die Gesamtsumme der ausstehenden Rechnungen bei der Korrekturmeldung zu berücksichtigen, egal, auf welcher Basis die Erkenntnis basiert – Summe der Forderungsanmeldungen > als Summe aus Kreditorenbuchhaltung = Korrekturmeldung auf Basis der Forderungsanmeldungen – gibt es später nachträgliche Anmeldungen, die ggf. in der Korrekturmeldung noch nicht berücksichtigt wurden, weil auf Basis der Kreditorenbuchhaltung korrigiert wurde?	Insolvenzsoftware Schmittmann, Nachträgliche Forderungsanmeldung, unterlassene Vorsteuerberichtigung und Steuerstrafrecht, InsbürO 2017, 288 ff. Tesch, Nachträgliche Forderungsanmeldung, unterlassene Vorsteuerberichtigung und Steuerstrafrecht – Ergänzende Lösungshinweise, InsbürO 2017, 457 ff.
98.	Vorsteuerkorrektur – Quotenzahlung	• durch die Quotenzahlung werden Gelder auf Forderungen von Dienstleister und Lieferanten gezahlt, die mit Umsatzsteuern belegt sind • das schuldnerische Unternehmen hat diese Umsatzsteuerbeträge bei Rechnungseingang als Vorsteuer geltend gemacht, ohne tatsächlich einen Rechnungsausgleich vorzunehmen • mit Insolvenzeröffnung ist – wie vorstehend erläutert – eine Vorsteuerkorrektur vorzunehmen • mit der Quotenzahlung ist diese Vorsteuermeldung nun gem. § 17 Abs. 2 Nr. 1 Satz 2 UStG erneut zu korrigieren • eine Aufrechnung ist ausgeschlossen, weil sich der Steueranspruch erst durch die Quotenzahlung im eröffneten Verfahren vollständig verwirklicht und damit abgeschlossen ist • daher: Vorsteuerberichtigung gegenüber der Finanzverwaltung geltend machen und Steuerguthaben vereinnahmen	Aufrechnungsverbot nach Korrektur gem. § 17 Abs. 2 UStG: BFH v. 11.07.2013 – XI B 41/13 (Rn. 30 ff.) in InsbürO 2013, 499, ZInsO 2013, 1739 Tesch, Nachträgliche Forderungsanmeldung, unterlassene Vorsteuerberichtigung und Steuerstrafrecht – Ergänzende Lösungshinweise, InsbürO 2017, 457 ff. (Ziff. IV. 5)

Nr.	Schritt	Checkliste Steuerangelegenheiten: Erläuterungen Vorsteuer (alphabetisch sortiert)	Hilfsmittel
99.	Vorsteuerkorrektur – Verkäufe	• § 15a UStG: Berichtigung der gezogenen Vorsteuer aus Anschaffungs- und Herstellungskosten bei – Verkauf von Wirtschaftsgütern innerhalb von 5 Jahren ab Anschaffung – Verkauf von Grundstücken innerhalb von 10 Jahren ab Anschaffung • Feststellung des Zeitpunktes der Anschaffung: z.B. aus Anlagenverzeichnis zum Jahresabschluss oder alten Rechnungen • wenn Zeiträume nicht überschritten: Klärung mit Buchhaltung über Vorgehen, ggf. Freigabe	Muster 335: »Verkauf Steuerpflicht – Prüfungsvermerk« Vorsteuerkorrektur i.S.v. § 15a UStG: BFH v. 8.3.2012 – V R 24/11 (Rn. 15 ff.) in BStBl. II 2012, 466, ZInsO 2012, 746
100.	Gewerbesteuer	• Gewerbesteuer = Besteuerung des Ertrages eines Gewerbetriebes • Regelungen im GewStG • jeder Gewerbebetrieb, der im Inland betrieben wird: gewerbesteuerpflichtig gem. § 2 GewStG • Besteuerungsgrundlage: Gewerbeertrag (§ 6 GewStG) • Folge der Insolvenzeröffnung: Status als Gewerbetreibender bleibt erhalten = weiterhin gewerbesteuerpflichtig • Entstehung: mit Ablauf des Erhebungszeitraums (§ 18 GewStG) • Erhebungszeitraum ist gem. § 14 S. 2 GewStG das Kalenderjahr • Zuordnung zu Insolvenzforderungen oder Masseverbindlichkeiten: nach allgemeinen insolvenzrechtlichen Grundsätzen • damit: Gewerbesteuer im Jahr der Eröffnung einfache Insolvenzforderung, in den darauffolgenden Jahren Masseverbindlichkeit	Wipperfürth/Schmittmann, Die Gewerbesteuer in der Insolvenz, InsbürO 2014, 471 ff. Digitales Handbuch zur Gewerbesteuer: www.bundesfinanzministerium.de > Publikationen > amtliche Handbücher: »Gewerbesteuer«
101.	Körperschaftsteuer	• Körperschaft = juristische Personen • Einkommenssteuer für natürliche Personen = Körperschaftssteuer für Kapitalgesellschaften • Steuerpflichtig das »Einkommen« einer Kapitalgesellschaft = Bilanzgewinn • gesetzliche Regelungen im KStG • Körperschaftssteuererklärungen führen im Insolvenzverfahren häufig zu Steuerguthaben (z.B. aus Erstattung von Kapitalertragssteuern, wegen Verlusten)	Digitales Handbuch zur Körperschaftssteuer: www.bundesfinanzministerium.de > Publikationen > amtliche Handbücher: »Körperschaftssteuer«
102.	Kraftfahrzeugsteuer – allgemein	• Kfz-Steuer = Steuer für das Halten eines Fahrzeuges • gesetzliche Regelungen im KraftStG • Kfz-Steuer mit Insolvenzeröffnung i.d.R. Masseverbindlichkeit • keine Masseverbindlichkeit bei Unpfändbarkeit oder Freigabe des Fahrzeuges: s. Rechtsprechung • s. wegen näherer Details zur Kfz-Steuer: gesonderte Checkliste	Checkliste Fahrzeuge: »Kfz-Steuer« Voraussetzung für Kfz-Steuer als Masseverbindlichkeit = Massebezug: BFH v. 8.7.2011 – II R 49/09 in InsbürO 2011, 425, ZInsO 2011, 1502, WKRS 2011, 20588
103.	Kraftfahrzeugsteuer – Zuständigkeit	• Zuständigkeit der Zollverwaltung für die Festsetzung, Erhebung und Vollstreckung der Kraftfahrzeugsteuer • jeweils zuständiges Hauptzollamt lässt sich der Homepage entnehmen: Auflistung aller Kontaktstellen, sortiert nach Bundesländern und Kreisen	www.zoll.de > Unternehmen oder Privatpersonen > Kfz-Steuer > Ansprechpartner u. Kontaktstellen
104.	Lohnsteuer	• gesetzliche Regelungen zur Lohnsteuer: §§ 38 ff. EStG • bei Zahlung von Löhnen und Gehältern im eröffneten Verfahren: Lohnsteuer ist Masseverbindlichkeit gem. § 55 Abs. 2 InsO • für den Insolvenzgeldzeitraum: Lohnsteuer-Nullmeldung abgeben: – Insolvenzgeld ist Lohnsteuerersatzleistung und damit steuerfrei (§ 3 Nr. 2 EStG)	

Nr.	Schritt	Checkliste Steuerangelegenheiten: Erläuterungen Vorsteuer (alphabetisch sortiert)	Hilfsmittel
105.	Lohnsteuerfreie Leistungen	• Beispiele für Lohnersatzleistungen: Arbeitslosengeld, Insolvenzgeld, Krankengeld (§ 32b Abs. 1 EStG) • Lohnersatzleistungen sind lohnsteuerfrei: – Arbeitslosengeld gem. § 3 Nr. 2a EStG – Insolvenzgeld gem. § 3 Nr. 2b EStG i.V.m. § 3 Abs. 4 Nr. 5 SGB III – Krankengeld gem. § 3 Nr. 1a) EStG • aber: Anwendung besonderer Steuersatz (= Progressionsvorbehalt, § 32b Abs. 1 Nr. 1 EStG): – § 32 Abs. 1 Nr. 1 EStG verweist auf § 50 Abs. 2 Satz 2 Nr. 4 EStG = beschränkte Steuerpflicht gilt nicht – § 50 Abs. 2 Satz 2 Nr. 4 EStG: Verweis auf § 49 Abs. 1 Nr. 4 EStG: Einkünfte aus nicht selbständiger Arbeit • Berechnung: Addition der Lohnersatzleistung zu den sonstigen Einkünften und Anwendung des entsprechenden (höheren) Steuersatzes = indirekt also höhere Steuerschuld als ohne Einrechnung der Lohnersatzleistung • Achtung: Verpflichtung zur Einkommenssteuererklärung bei Bezug von Lohnersatzleistungen von mehr als 410,00 EUR (§ 46 Abs. 2 Nr. 1 EStG)	

Checkliste 67: Terminvorbereitung

139 In einem Insolvenzverfahren finden unterschiedliche Termine beim Insolvenzgericht statt. Im Normalfall wird eine Gläubigerversammlung und ein Prüfungstermin und am Ende des Verfahrens ein Schlusstermin abgehalten. Für manche Termine wird auch das schriftliche Verfahren angeordnet. Zur Vorbereitung dieser Termine sollten die Insolvenzsachbearbeiter die entsprechenden Unterlagen zusammenzustellen und dem Insolvenzverwalter spätestens einen Tag vor dem Termin übergeben. Nachfolgend werden in einer kurzen Übersicht die möglichen Termine und die jeweils erforderlichen Arbeitsschritte vorgestellt.

(Die Übersicht nach der chronologischen Reihenfolge von vorkommenden Termine und dazugehörigen Informationen sortiert.)

140

Nr.	Thema	Checkliste Terminvorbereitung: Erläuterung	Hilfsmittel
1.	GOI	• GOI = Grundsätze ordnungsgemäßer Insolvenzverwaltung (70 Grundsätze) • Grundsatz 2: Terminwahrnehmung beim Insolvenzgericht (= Höchstpersönlichkeit) • *(Die Autoren danken dem VID für die freundliche Zustimmung zur Veröffentlichung von Hinweisen auf die GOIs)*	VID = Verband Insolvenzverwalter Deutschlands e.V. www.vid.de
2.	Schriftliche Termine – Hintergrund	• bei Vorliegen der Voraussetzungen grundsätzlich schriftliches Verfahren gem. § 5 Abs. 2 InsO • Voraussetzung: überschaubare Vermögensverhältnisse und geringe Gläubigeranzahl oder geringe Höhe der Verbindlichkeiten • Möglichkeit, Termine mündlich abzuhalten (§ 5 Abs. 2 S. 2 InsO) • in dem jeweiligen Beschluss wird ein Stichtag bestimmt, der dem mündlichen Termin entspricht und bis zu dem Einwendungen erhoben werden können	Neuwahl eines Insolvenzverwalters auch im schriftlichen Verfahren: BGH v. 16.5.2013 – IX ZB 198/11 in InsbürO 2013, 374, ZInsO 2013, 1307
3.	Schriftliche Termine – Bearbeitung	• Wiedervorlage für 2 Wochen nach dem Stichtag notieren • Eingang des Terminprotokolls überwachen und Inhalt kontrollieren • ggf. neue Fristen notieren etc.	Wiedervorlagenkalender
4.	Anhörung – gerichtliche – Hintergrund	• Auskunfts- und Mitwirkungspflicht des Schuldners im eröffneten Verfahren: § 97 InsO • gem. § 97 Abs. 3 InsO: Anhörung durch das Insolvenzgericht möglich • Auskunfts- und Mitwirkungspflicht des Schuldners im Eröffnungsverfahren: § 20 Abs. 1 InsO • gem. § 20 Abs. 1 Satz 2 InsO gelten die §§ 97, 98, 101 Abs.1 InsO entsprechend • daher: auch im Eröffnungsverfahren Anhörung möglich	

Nr.	Thema	Checkliste Terminvorbereitung: Erläuterung	Hilfsmittel
5.	Anhörung – gerichtliche – Vorbereitung	• Terminzettel vorbereiten • Fragebogen fertigen mit offenen Fragen/Problemen, die der Schuldner klären soll • entsprechende Unterlagen zu den Fragen zusammenstellen • in Absprache mit dem Verwalter ggf. weitere Unterlagen zusammenstellen	Muster 336 – 337: »Terminzettel Berichts- und Prüftermin« (jur. Pers. + nat. Pers.) (Nutzung auch für Anhörung: ggf. umschreiben)
6.	Berichtstermin	• s. nachstehend »Gläubigerversammlung – erste«	
7.	Gläubigerversammlung – allgemein	• Gläubigerversammlung = Zusammentreffen der Gläubiger, um Entscheidungen zur Abwicklung des Insolvenzverfahrens zu treffen • Gläubigerautonomie = Gläubiger bestimmen, auf welche Weise welches Ziel erreicht wird • dazu: in vielen Regelungen der InsO Zustimmung bzw. Entscheidung der Gläubiger erforderlich • Beispiele: – Beauftragung zur Ausarbeitung eines Insolvenzplans (§ 218 Abs. 2 InsO) – Fortführung oder Stilllegung eines Unternehmens (§ 157 InsO) – Wahl eines anderen Insolvenzverwalters (§ 57 InsO) – Zustimmung zu bedeutsamen Rechtsgeschäften (§§ 160 ff. InsO) – u.v.m.	Checkliste Eröffnungsbeschluss
8.	Gläubigerversammlung – erste – Hintergrund	• Anberaumung einer ersten Gläubigerversammlung gem. § 29 Abs. 1 Nr. 1 InsO im Eröffnungsbeschluss • darin: Insolvenzverwalter berichtet über wirtschaftliche Situation des Schuldners und Ursachen, Aussichten der Abwicklung etc. (= Berichtstermin gem. § 156 InsO)	Wegener, Der Berichtstermin, InsbürO 2007, 332 ff.
9.	Verbraucherinsolvenzverfahren	• seit 01.07.2014: Wegfall der Regelung in § 312 Abs. 1 Satz 2 InsO (= nur Prüfungstermin) • damit Anwendung von § 29 InsO: Bestimmung einer Gläubigerversammlung und eines Prüfungstermins im Eröffnungsbeschluss • allerdings: Neuregelung in § 29 Abs. 2 InsO: Verzicht des Gerichtes auf Berichtstermin möglich, wenn – Vermögensverhältnisse überschaubar und – Gläubigeranzahl oder Höhe der Verbindlichkeiten gering	
10.	Gläubigerversammlung – erste – Vorbereitung	• Vorlage von Verzeichnissen gem. §§ 151 – 153 InsO innerhalb der Frist des § 154 InsO (= 1 Woche vor dem Berichtstermin: s. gesonderte Checklisten) • Terminzettel vorbereiten • Bericht zur ersten Gläubigerversammlung inkl. Anlagen übergeben • in Absprache mit dem Verwalter ggf. weitere Unterlagen zusammenstellen	Checklisten Berichte Gläubigerverzeichnis Vermögensübersicht Verzeichnis der Massegegenstände Muster 336 – 337: »Terminzettel Berichts- und Prüftermin« (jur. Pers. + nat. Pers.)
11.	Tagesordnung	• Tagesordnungspunkte müssen vor einer Gläubigerversammlung veröffentlicht werden • s. wg. näherer Infos in gesonderte Checkliste • zur Vorbereitung einer Gläubigersammlung: Kontrolle, ob alle Themen veröffentlicht wurden (s. ggf. Vorschläge im Gutachten)	Schlagworte in Tagesordnung: BGH v. 09.06.2016 – IX ZB 83/15 (Rn. 10 m.w.N.) in WKRS 2016, 18661 Checkliste Eröffnungsbeschluss jur. Person: »Beschlusskontrolle« Muster 105 (Eröffnungsbeschluss jur. Pers.): »Tagesordnung – Ergänzung Info an Gericht«

Nr.	Thema	Checkliste Terminvorbereitung: Erläuterung	Hilfsmittel
12.	Gläubigerversammlung – weitere – Hintergrund	• gem. § 75 InsO auf Antrag Anberaumung einer weiteren Gläubigerversammlung möglich • Antragsberechtigung des Insolvenzverwalters gem. § 75 Abs. 1 Nr. 1 InsO • Erfordernis i.d.R. für Einholung einer Zustimmung der Gläubigerversammlung gem. § 160 InsO (= für bedeutsame Rechtsgeschäfte) • Beispiel: Zustimmung zu einem Vergleich über einen Haftungsanspruch mit Verzicht auf Teilforderung (§ 160 Abs. 2 Nr. 3 InsO) • s. auch nachstehend »Zustimmungsfiktion«	Checkliste Haftungsansprüche – Arbeitsschritte: »Gläubigerversammlung« »Vergleichsabschluss«
13.	Gläubigerversammlung – weitere – Vorbereitung	• Einladung sämtlicher Gläubiger: i.d.R. Zustellungsauftrag vom Insolvenzgericht • darin: Belehrung über Rechtsfolgen bei Ausbleiben: s. nachstehend »Zustimmungsfiktion« • Terminzettel vorbereiten • entsprechende Unterlagen für Zustimmungserfordernis zusammenstellen	Muster 185 (Haftungsansprüche): »Gläubigerversammlung – Einladung« Muster 336 – 337: »Terminzettel Berichts- und Prüftermin« (jur. Pers. + nat. Pers.)
14.	Teilnahmeberechtigung	• die Teilnahmeberechtigung an Gläubigerversammlungen ergibt sich aus § 74 Abs. Satz 2 InsO: – Absonderungsgläubiger – Gläubigerausschussmitglieder – Insolvenzgläubiger – Insolvenzverwalter – Schuldner	
15.	Zustimmungsfiktion	• Zustimmungsfiktion = kein Gläubiger in der Gläubigerversammlung anwesend • damit GV beschlussunfähig, Zustimmung gilt dann als erteilt (§ 160 Abs. 1 Satz 3 InsO) • Voraussetzung: Gläubiger sind über Fiktion belehrt worden (§ 160 Abs. 1 Satz 3 InsO) • daher: mit Einladung Belehrung vornehmen	Checkliste Haftungsansprüche – Arbeitsschritte: »Gläubigerversammlung« »Vergleichsabschluss«
16.	Prüfungstermin – erster – Hintergrund	• Anberaumung eines ersten Prüfungstermins gem. § 29 Abs. 1 Nr. 2 InsO im Eröffnungsbeschluss • darin: Prüfung der angemeldeten Forderungen bzgl. Betrag und Rang (§ 176 InsO) • bei bestrittenen Forderungen: ggf. einzelne Erörterung (§ 176 Satz 2 InsO)	ABC des Insolvenzrechtes: Prüfungstermin, InsbürO 2011, 40
17.	Prüfungstermin – erster – Vorbereitung	• Insolvenztabelle zur Drittelfrist beim Insolvenzgericht niederlegen (§ 175 Abs. 1 InsO) • geplante Prüfungsergebnisse vorab digital übermitteln • Terminzettel vorbereiten • Ordner »Insolvenztabelle« vollständig an den Insolvenzverwalter übergeben • darin zwingend: Softwareausdruck mit Tabellenüberblick gem. § 175 InsO (= leichter Überblick für Verwalter im Termin), sortiert nach laufenden Nummern • in Absprache mit dem Verwalter ggf. weitere Unterlagen zusammenstellen • ggf. arbeitet auch der Insolvenzverwalter schon digital: dann ggf. Stick mit Daten übergeben	Muster 336 – 337: »Terminzettel Berichts- und Prüftermin« (jur. Pers. + nat. Pers.) Insolvenzsoftware
18.	Prüfungstermin – nachträglicher – Hintergrund	• Anberaumung von nachträglichen Prüfungsterminen gem. § 177 Abs. 1 InsO möglich • darin: Prüfung von Anmeldungen, die nach Ablauf der Anmeldezeit oder noch später beim Verwalter eingegangen sind • gleicher Verlauf wie beim ersten: § 176 InsO	Checkliste Insolvenztabelle

Nr.	Thema	Checkliste Terminvorbereitung: Erläuterung	Hilfsmittel
19.	Prüfungstermin – nachträglicher – Vorbereitung	• Daten der nachträglichen Forderungsanmeldungen an das Insolvenzgericht übermitteln • geplante Prüfungsergebnisse vorab übersenden: unterschiedliche Handhabung der Gerichte bzgl. Zeitpunkt • Terminzettel vorbereiten • Ordner »Insolvenztabelle« mit den nachträglichen Anmeldungen an den Verwalter übergeben (bei digitaler Bearbeitung: ggf. Stick übergeben) • in Absprache mit dem Verwalter ggf. weitere Unterlagen zusammenstellen	Checkliste Insolvenztabelle Muster 336 – 337: »Terminzettel Berichts- und Prüftermin« (jur. Pers. + nat. Pers.)
20.	Schlusstermin – Inhalt	• gesetzliche Regelung in § 197 InsO • Gläubigerversammlung zur Erörterung der Schlussrechnung • Erhebung von Einwendungen gegen das Schlussverzeichnis möglich • Entscheidung über nicht verwertbare Gegenstände treffen • kann gem. § 5 Abs. 2 InsO auch schriftlich abgehalten werden (= bei überschaubaren Verhältnissen und geringer Gläubigeranzahl/geringe Höhe der Verbindlichkeiten)	ABC des Insolvenzrechtes: Schlusstermin, InsbürO 2006, 359
21.	Schlusstermin – Vorbereitung	• Terminzettel vorbereiten • Prüfung der abgelaufenen Veröffentlichungsfrist gem. § 189 InsO: s. nachstehend • Schlussbericht inkl. Schlussrechnung an den Verwalter übergeben • in Absprache mit dem Verwalter ggf. Berichtsordner und weitere Unterlagen	Muster 338: »Terminzettel Schlusstermin«
22.	Veröffentlichungsfrist	• vor einem Schlusstermin ist gem. § 188 InsO das Verteilungsverzeichnis zu veröffentlichen • Gelegenheit für Gläubiger zur Berichtigung/Ergänzung gem. §§ 189 ff. InsO • Ablauf der dort genannten Frist von zwei Wochen nach öffentlicher Bekanntmachung ist zwingend für den Schlusstermin • Grund: Verteilungsverzeichnis ist nach dem Schlusstermin nicht mehr zu ändern • daher Prüfung erforderlich: 16-Tage-Frist (14 Tage plus 2 Tage Zugang Info) gemäß § 189 Abs. 1 InsO gewahrt?	
23.	Schlusstermin – natürliche Person	• seit 01.07.2014 Änderung in § 290 Abs. 1 Satz 1 InsO: keine Beschränkung der Stellung eines Versagungsantrages im Schlusstermin • nunmehr jederzeit »*bis zum Schlusstermin oder bis zur Entscheidung nach § 211 Abs. 1 InsO*« möglich • schriftliche Anträge möglich (§ 290 Abs. 2 InsO) • Schuldner wird wohl stets schriftlich Stellung nehmen dürfen	
24.	Versagungsantrag	• beantragte Verfahren bis 30.06.2014: – Versagungsanträge sind von Insolvenzgläubigern gem. § 290 Abs. 1 InsO **im** Schlusstermin zu stellen – bei Terminen im schriftlichen Verfahren gem. § 5 Abs. 2 InsO: schriftliche Antragstellung möglich • in beantragten Verfahren ab dem 01.07.2014: – Wegfall dieser Einschränkung, dann sind Versagungsanträge **bis zum** Schlusstermin möglich (§ 290 Abs. 1, 2 InsO) • s. jeweils vorstehend	

Checkliste 68: Treuhandkonto

Die Führung des Treuhandkontos gehört in jedem Insolvenzverfahren zur täglichen Arbeit. Die damit verbundenen Auf- 141
gaben sind so normal und vom Grundsatz her auch einfach, dass in vielen Büros der Kontoführung keine besondere Aufmerksamkeit gewidmet wird. Man muss sich allerdings vor Augen halten, dass fremdes Vermögen verwaltet wird und mit jedem Schlussbericht die Original-Kontoauszüge beim Insolvenzgericht zur Prüfung vorgelegt werden müssen. Spätestens

zu diesem Zeitpunkt werden dann Mängel offensichtlich, die man im Vorfeld bei sorgfältiger Führung und dauerhafter Prüfung hätte vermeiden können. Die Kontoführung sollte daher stets sehr sorgfältig erfolgen.

(Die nachfolgende Übersicht ist nach gängigen Überlegungen und Arbeitsschritten sortiert.)

142

Nr.	Thema	Checkliste Treuhandkonto: Erläuterung	Hilfsmittel
1.	Anlage Treuhandkonto	• für jedes Insolvenzverfahren ist ein gesondertes Treuhandkonto zu führen • daher: Kontonummer entweder einer vorliegenden Konto-Liste entnehmen oder bei der Bank anfordern • in beiden Fällen: kurzes Anschreiben an die Bank • bei Anlage v. Sonderkonten, z. B. für Insolvenzgeldvorfinanzierung, Umsatzsteuer nach § 55 Abs. 4 InsO: Anzeige gegenüber dem Insolvenzgericht (s. nachfolgend)	Muster 342: »Eröffnung Treuhandkonto – Übersendung Beschluss«
2.	Gläubigerausschuss – Gläubigerversammlung	• gem. § 149 InsO kann ein etwaiger Gläubigerausschuss oder die Gläubigerversammlung bestimmen: – Bank, bei der das Treuhandkonto geführt werden soll – zu welchen Bedingungen das Treuhandkonto geführt werden soll • daher: in den Terminprotokollen ist hierzu auch immer eine Aussage zu finden	
3.	Unterscheidung Kontoarten	• es gibt verschiedene Möglichkeiten der Verwahrung des Geldes auf unterschiedlichen Konten • Treuhand-/Anderkonten: Insolvenzverwalter ist Kontoinhaber und gegenüber der Bank berechtigt • Ermächtigungs-/Sonderkonten: Kontoinhaber der insolvente Schuldner = die Insolvenzmasse • Folgen der Zurechnung bei ungerechtfertigter Bereicherung sind unterschiedlich: – im ersten Fall: Leistung an Insolvenzverwalter persönlich – im zweiten Fall: Leistung an Insolvenzmasse • bei Leistung an Masse: Erhöhung Berechnungsgrundlage und Abzug erhöhter Vergütung vor Rückzahlung • dabei Unterscheidung zwischen Treuhandkonto und Anderkonto – Treuhandkonto: Kontoinhaber ist Vollrechtsinhaber in Eigenschaft als Treuhänder über fremdes Vermögen – Anderkonto: Treuhandkonto mit besonderen Geschäftsbedingungen für bestimmte Berufsgruppe • Sonderkonto i.d.R. Synonym für Ermächtigungskonto • die gängige Führung von Anderkonten hat der BGH Anfang 2019 wegen der fehlenden Vermögenszurechnung zur Insolvenzmasse für unzulässig erklärt (die Praxis hat bei Druckfreigabe dieses Buches noch keine abschließende Lösung gehabt, sodass die Bezeichnung Treuhandkonto zunächst in dieser Auflage fortgeführt wird)	Unzulässigkeit der Führung von Anderkonten: BGH, Urt. v. 07.02.2019 – IX ZR 47/18 in InsbürO 2019, 268, ZInsO 2019, 845 Beiske/Heyn, Die ungerechtfertigte Bereicherung der Insolvenzmasse, InsbürO 2017, 193 ff.
4.	Vollmachtserteilung	• es ist zu klären, wer für den Fall einer Urlaubsabwesenheit oder von sonstigen Außenterminen Vollmacht über die jeweiligen Konten erhält • i.d.R. sehr eingeschränkte Vollmachtserteilung • es droht Haftungspotential	
5.	Insolvenzgeldvorfinanzierung	• für die Vorfinanzierung von Arbeitsentgeltansprüchen ist ein gesondertes Konto anzulegen • gleiche Sorgfältigkeit wie beim anderen Treuhandkonto auch • dieses zweite Treuhandkonto ist ein Darlehenskonto • wegen Besonderheit: s. gesonderte Checkliste	Checkliste Insolvenzgeldvorfinanzierung Muster 343: »Kontoauflösung – Insolvenzgeldvorfinanzierung – Antrag«
6.	Belege	• Grundsatz »keine Buchung ohne Beleg« beachten!!! • die Buchungen können nur ordnungsgemäß durch die Buchhaltung erfolgen, wenn die Belege aussagekräftig sind, z. B.: – Debitoren: Ausgangsrechnungen, Verträge u.ä. – Kreditoren: Eingangsrechnungen • durch den Beleg sollten keine Fragen offen bleiben • handelt es sich um eine umsatzsteuerpflichtige Angelegenheit, muss sich dies aus dem Beleg ergeben	Checkliste Treuhandkonto – Buchungssätze: (anhand der vorgegebenen Informationen erkennt man die erforderlichen Belege)

Nr.	Thema	Checkliste Treuhandkonto: Erläuterung	Hilfsmittel
		• etwaige Abweichungen beim Zahlungseingang vom Beleg: durch Aktenvermerk erläutern • jeweils den richtigen Beleg auch hinter den richtigen Kontoauszug heften	
7.	Sorgfältigkeit	• auf größte Sorgfalt achten bei der Führung des Treuhandkontos wegen »Verwaltung fremden Vermögens« • es erfolgt eine Prüfung der Kontoführung durch das Insolvenzgericht bei Verfahrensbeendigung (§ 66 InsO)	
8.	Einweisung in Kontoführung	• bei Delegation der Archivierung von Kontoauszügen oder Fertigung von Überweisungen: Einweisung und Schulung der entsprechenden Mitarbeitern • Bedeutung der Sorgfältigkeit bei den Belegen darf nicht unterschätzt werden!	
9.	Eingangsrechnungen – Anforderungen	• Prüfung, ob die Rechnung die Anforderungen des § 14 UStG erfüllt: – richtiger und vollständiger Adressat (Leistungsempfänger) – richtiger und vollständiger Absender (Leistungserbringer) – Ausstellungsdatum – Rechnungsnummer – Leistungsort und Leistungszeitraum – Leistungsart – Ausweis der Umsatzsteuer	
10.	Eingangsrechnungen – Umsatzsteuererstattung	• Vorsteuerabzug gem. § 15 UStG nur bei ordnungsgemäßen Rechnungen gem. § 14 UStG gegenüber der Finanzverwaltung möglich • Adressat ist das schuldnerische Unternehmen und nicht der vorläufige Insolvenzverwalter • kein Ausgleich von Rechnungen, die Merkmale nicht erfüllen, da ansonsten ein Schaden für die Insolvenzmasse und damit eine Haftung gem. § 60 InsO droht	Checkliste Steuerangelegenheiten Checkliste Masseverbindlichkeiten Schmittmann, Rechnungsanforderungen im Insolvenzverfahren, InsbürO 2006, 383 f.
11.	Zahlungseingänge	• Schreiben mit Zahlungsaufforderung an Dritte bei Versendung zu den Kontoauszügen oben drauf heften • damit später: nur Entnahme dort zum Abheften • Hintergrund: i.d.R. liegt der Kontoauszug beim Versenden des Schreibens noch nicht vor	
12.	Überweisungen – Einleitung	• Eingabe beim Online-Banking, Beleg für Überweisung ausdrucken • diesen Ausdruck mit weiterem Beleg (=Zahlungsgrund) dem Insolvenzverwalter zur Unterschrift vorlegen • damit: Insolvenzverwalter Prüfungsmöglichkeit eröffnen • später alles zu den Kontoauszügen heften • Achtung: Passwörter für Zugang werden regelmäßig geändert	
13.	Überweisung – Vollzug	• abschließende Durchführung durch Buchhaltung (= Freigabe der gespeicherten Überweisung) • tatsächliche Überweisung sollte nur bei ordnungsgemäßer Vorbereitung erfolgen	
14.	Buchungssätze – Vorgaben	• es sollte intern abgestimmt werden, welche Informationen in den Buchungssätzen enthalten sein sollen • aussagekräftige Buchungssätze erleichtern die Schlussrechnung gem. § 66 InsO	Checkliste Treuhandkonto – Buchungssätze
15.	Buchungen – Kontrolle	• anzuraten ist, im Rhythmus der Berichterstattung die Buchungen für ein Konto zu überprüfen und dies schriftlich festzuhalten • Vorteile: – ggf. fehlende Belege sind eher zu finden als Jahre später bei Verfahrensbeendigung – ggf. fehlerhafte Buchungen können korrigiert werden = korrekter Überblick über Einnahmen und Ausgaben in den einzelnen Sachbereichen	Muster 341: »Buchungen – Prüfungsvermerk«

Nr.	Thema	Checkliste Treuhandkonto: Erläuterung	Hilfsmittel
16.	Zinsbuchungen	• Klärung, wie Zinsbuchungen erfolgen sollen: netto oder brutto • unterschiedliche Auffassungen in der Literatur • brutto erhöht die Berechnungsgrundlage, obwohl kein tatsächlicher Zahlungseingang vorhanden ist • Insolvenzbuchhaltung eigentlich pagatorisch = aus Zahlung stammend • Gegenmeinung: Kapitalertragssteuer ist eine »normale« Masseverbindlichkeit, daher kein Abzug i.S.v. § 1 Abs. 2 Nr. 4 Satz 1 InsVV	für Bruttobuchung: Graeber, Der Abgeltungsteuerbetrag als Bestandteil der Berechnungsgrundlage der Verwaltervergütung, ZInsO 2013, 1834 ff. gegen Bruttobuchung: Reck/Schmittmann, Die Berechnungsgrundlage der Vergütung und der pagatorische Zahlungsbegriff, ZInsO 2015, 2254 ff. gegen Bruttobuchung: Reck, Anmerkung zur Berechnung von Erstattungen und Teilungsmassen vor dem Hintergrund von steuerlichen Problemen, InsbürO 2012, 389 ff. gegen Bruttobuchung: LG Aachen v. 18.12.2012 – 6 T 98/12 in ZInsO 2013, 683
17.	Zinseinnahmen	• die Guthabenbeträge auf den Treuhandkonten sollten verzinst werden • i.d.R. Vereinbarung mit den kontoführenden Banken, dass Verzinsung direkt auf dem Treuhandkonto erfolgt • ggf. auch gesonderte Anlage von Tages- und Festgeldkonten • in Zeiten eines niedrigen Marktzinsniveaus werden tlw. von den Banken keine Zinsen gewährt	Zur Pflicht der Massemehrung: BGH v. 16.03.2017 – IX ZR 253/15 (Rn. 12) in InsbürO 2017, 259, ZInsO 2017, 827
18.	Ungeklärte Posten	• »ungeklärte Posten« = Belege zum Treuhandkonto fehlen = Buchhaltung konnte die Buchung nicht zuordnen • Kontrolle, ob es »ungeklärte Posten« bei den Buchungen gibt: Summen- und Saldenliste einsehen • ggf. Sachkontoblatt »ungeklärte Posten« ausdrucken • Belege suchen und Buchungen berichtigen lassen	
19.	Buchungen – fehlerhaft	• es soll nicht, aber kann vorkommen, dass Zahlungen auf einem falschen Treuhandkonto eingehen • Buchung dann korrigieren: ggf. Aktenvermerk erstellen und erläutern, warum ein Zahlungsabgang erfolgt • abheften in beiden Verfahren • Auskehrung des Geldbetrages vom falschen auf das richtige Treuhandkonto • Achtung: Zahlungseingang ist eine ungerechtfertigte Bereicherung, die bei Masseunzulänglichkeit in der Reihenfolge des § 209 Abs. 1 Nr. 3 InsO zu berücksichtigen ist	
20.	Vergütungsentnahme	• vor Entnahme einer festgesetzten Vergütung: Rechnung schreiben • ohne Rechnung keine Vorsteuerabzugsberechtigung • bei Überweisung vom Treuhandkonto Rechnung als Beleg zu den Kontoauszügen heften	Muster 350 (Vergütungsanträge): »Rechnungsmuster« Rechnung für Vorsteuerabzug: BFH v. 26.09.2012 – V R 9/11 in BStBl II 2013, 346-348 InsbürO 2013, 195
21.	Verteilung des Massebestandes	• das gesamte Kontoguthaben wird spätestens bei Verfahrensbeendigung verteilt • Unterscheidung zwischen Masseverbindlichkeiten und Insolvenzforderungen beachten (§§ 55, 38 InsO) • Regelungen der §§ 187 ff. InsO (= wer nimmt an Verteilung teil?) beachten • technische Vorgaben in der Insolvenzsoftware berücksichtigen (z.B. Umsetzung einer Rückstellung) • u.v.m.	Checkliste Verteilung

Nr.	Thema	Checkliste Treuhandkonto: Erläuterung	Hilfsmittel
22.	Null-Kontostellung	• die Verteilung des Massebestandes ist gegenüber dem Insolvenzgericht nachzuweisen • ein Ausschüttungsbericht ist zu fertigen • u.a. Kontoauszug mit Ausweis des Null-Kontostandes ist zu übermitteln	Checkliste Ausschüttungsbericht
23.	Kontoauflösung – Simulation	• für die Ermittlung des zur Verteilung verfügbaren Betrages (= Schaffung Nullkontostellung Treuhandkonto) ist von Bedeutung: – Welche Zinsen werden noch gutgeschrieben am Ende der Abrechnungsperiode (Monat, Quartal)? – Welche Kosten werden noch belastet? • Anfrage an Bank wg. Simulation der Kontoauflösung am Tag X	Muster 344: »Kontoauflösung – Simulation – E-Mail-Anfrage«
24.	Originalkontoauszüge – Rücksendung	• die Originalkontoauszüge werden mit der Schlussrechnung gem. § 66 InsO zur Überprüfung an das Insolvenzgericht übergeben • Rückgabe erfolgt nach Zustimmung zur Schlussverteilung (§ 196 Abs. 2 InsO) • Übergabe weiterer Original-Kontoauszüge erfolgt mit dem Ausschüttungsbericht • Rückgabe erfolgt i.d.R. mit Verfahrensaufhebung • Rückgabe der übergebenen Original-Kontoauszüge durch das Insolvenzgericht überwachen: Wiedervorlage eintragen • Kontoauszüge nebst Belegen archivieren	Checkliste Ausschüttungsbericht Wiedervorlagen-Kalender
25.	Kontoauflösung bei juristischen Personen	• nach Verteilung des Massebestandes (= Guthaben auf dem Treuhandkonto) muss das Konto aufgelöst werden • diese geschieht i.d.R. zeitgleich mit Ausführung der Verteilung • weitere Zahlungseingänge sind i.d.R. nicht zu erwarten • Ausnahme: bereits angeordnete Nachtragsverteilung • Kontoauflösung in Insolvenzsoftware vermerken = dort dann später sofort zu erkennen	Muster 339: »Ausschüttung – Auftrag und Kontoauflösung« Checkliste Nachtragsverteilung Insolvenzsoftware
26.	Kontoauflösung bei natürlichen Personen	• bei natürlichen Personen schließt sich i.d.R. nach der Verteilung des Massebestandes (= Guthaben auf dem Treuhandkonto) noch die Restschuldbefreiungsphase an • daher: keine Auflösung des Treuhandkontos • es ist ggf. mit weiteren Zahlungseingängen zu rechnen: ggf. pfändbare Einkommensanteile, Zahlung aus Erbschaft	Muster 340: »Ausschüttung – Auftrag und Kontoerhalt« Checkliste RSB-Phase
27.	GOI	• GOI = Grundsätze ordnungsgemäßer Insolvenzverwaltung (70 Grundsätze) • Grundsatz 43: Vereinnahmung von Geldern auf besonderen Treuhandkonten; Sammelkonten sind unzulässig • Grundsatz 44: bei Nutzung gesonderter Treuhandkonten (z. B. Projektkonto) vollständige, umfassende und transparente Abrechnung ggü. Insolvenzgericht, Darstellung der rechtlichen Gestaltung • Grundsatz 47: Geschäftsvorfälle auf den Treuhandkonten sind regelmäßig innerhalb von 10 Arbeitstagen buchhalterisch zu verarbeiten, radierfeste Buchungen, in eröffneten Verfahren ab 01.01.2013 Verwendung des Standardkontenrahmens InsO SKR 04 oder InsO SKR 03 • *(Die Autoren danken dem VID für die freundliche Zustimmung zur Veröffentlichung von Hinweisen auf die GOIs)*	VID = Verband Insolvenzverwalter Deutschlands e.V. www.vid.de

Checkliste 69: Treuhandkonto – Buchungssätze

Die einzelnen Buchungen auf einem Treuhandkonto (bisher auch gängig »Anderkonto« genannt, was sich durch die BGH-Rechtsprechung – IX ZR 47/18 – als Standardkonto zukünftig voraussichtlich ändern wird) sind elementar wichtig für die Sachstandsberichte und insbesondere die Schlussrechnung. Es muss zum einen eine richtige Zuordnung der Einnahmen und Ausgaben auf den entsprechenden Sachkonten erfolgen. Zum anderen sollten die Buchungssätze so aussagekräftig sein, dass der Sachverhalt der einzelnen Buchung durch jeden Dritte leicht erfasst werden kann. 143

(Die nachfolgende Übersicht dient als Nachschlagewerk und ist alphabetisch sortiert.)

144

Nr.	Thema	Checkliste Treuhandkonto – Buchungssätze: Erläuterung	Formulierungsbeispiele:
1.	Anfechtungsansprüche	• Gab es solche Ansprüche? Einsichtnahme in die Sachstandsberichte • Sind diese auf einem gesonderten Konto gebucht? • Sind dort ausschließlich Anfechtungsansprüche gebucht oder ggf. weitere Buchungen zu finden, die einem anderen Bereich zuzuordnen sind, z.B. Haftungsansprüche?	• Hermann Muster, Anfechtung Zahlung Lieferung und Leistung • TKK, Anfechtung Sozialversicherungsbeitrag
2.	Beauftragung Dritter	• Tätigkeit des Dritten aufzeigen, die bezahlt wird • ggf. Zeitraum benennen • nur Name und Rech-Nr. hat keine Aussagekraft	• Honorar Hausmann für Akteneinlagerung, Einlagerungszeit: 2013 – 2015 • Honorar Baum, Re 24235/17 wg. Prüfung Schlussrechnung Bauvorhaben Waldweg
3.	Dauerschuldverhältnisse	• jeweiligen Vertragspartner, den Gegenstand und den Zeitraum benennen • die mögliche Rechnungs-Nr. ist unbedeutend	• siehe andere Rubriken: Telefon, Versicherung etc.
4.	Forderungseinzug	• hier sollten gesonderte Sachkonten für die unterschiedlichen Verfahrensstadien angelegt worden sein: – Forderungen aus Lieferungen und Leistung **vor** vorläufiger Verwaltung – Forderungen aus Lieferung und Leistung **ab** vorläufiger Verwaltung – Forderungen aus Lieferung und Leistung **ab** Insolvenzeröffnung • Achtung: Leistungsdatum ist für Zuordnung zu den einzelnen Konten entscheidend, nicht das Rechnungsdatum (s. Checkliste Globalzession > Leistungsdatum) • Forderungsbezeichnung erfolgt aber über Rechnungsdatum wg. Archivierung/Zuordnung: »Rechnung vom … Nr. …« • i.d.R. Stamm neuer Rechnungsnummern bei Anordnung vorl. Verwaltung und nochmals bei Insolvenzeröffnung: s. Checkliste Betriebsfortführung > »Rechnungen an Dritte« • nur korrekte Anlage und Zuordnung der Forderungen ermöglicht eine korrekte Abrechnung auf Globalzession • keine Buchungen aus Anfechtungen, Haftungsansprüchen etc. auf diesen Konten = Haftungsrisiko für fehlerhafte Auszahlung auf Globalzession	• Alfred Maier, Rech. v. 25.04.2017, Rech-Nr. 1234/17 • Otto Haus, Rech. v. 06.05.2017, Rech.-Nr. 1000/17
5.	Haftungsansprüche	• Haftungsansprüche umfassen die Ansprüche gegen Geschäftsführer und Gesellschafter • werden solche realisiert, sollten sie auf gesonderte Konten gebucht werden • Kontrolle, ob es diese gab (Einsichtnahme in die Sachstandsberichte) und ob korrekt gebucht wurde	• Karl Mustermann, Haftung gem. § 64 GmbHG
6.	Materiallieferungen	• soweit möglich: Angaben zum Material • Rechnungsnummer aufführen • Rechnungsnummer hier wichtig, weil bei Betriebsfortführung ggf. häufiger geliefert wird und dann die Unterscheidung der einzelnen Lieferungen möglich wird	• Fa. Mausbach, Filterstoff, Re 1235/17 • Fa. Wolle, Sand, Re 9999/17
7.	Miet- und Leasingkosten	• Gegenstand aufführen, für den gezahlt wird • Zeitraum benennen	• Fa. Mustermann, Leasing für Kopierer für Mai 2017
8.	Pfändbares Einkommen	• Zuordnung zum jeweiligen Monat sollte ersichtlich werden • dadurch wird mit einem Blick auf das Sachkonto deutlich, ob die Beträge der Insolvenzmasse monatlich zugeflossen sind • Name des Drittschuldners (= Arbeitgeber) ist nicht von erheblicher Bedeutung	• pfändbarer Einkommensanteil für April 2018
9.	Rechtsstreitigkeiten – Einnahmen	• bei Einnahmen aus Rechtsstreitigkeiten ist genau zu prüfen, aus welchem Rechtsgrund gezahlt wurde • als Beleg zu den Kontoauszügen nicht nur das Urteil, sondern auch die ersten Seiten der Klageschrift mit Klageantrag abheften = daraus ergibt sich Anspruchsgrund	• Erlös aus Rechtsstreit gg. Maier, LG MS: 4 0 100/16, Anfechtung wg. ….

Nr.	Thema	Checkliste Treuhandkonto – Buchungssätze: Erläuterung	Formulierungsbeispiele:
		• Bsp.: Anfechtungsklage: Erlös auf Konto »Anfechtung« • Bsp.: Zahlungsklage gg. Drittschuldner: Erlös auf Konto »Forderungen aus Lieferung und Leistung« • dann Rechtsstreit aufzeigen: Gericht und AZ nennen	• Erlös aus Rechtsstreit gg. Mustermann, AG MHL: 1 0 888/17, Haftung gem. § 64 GmbHG
10.	Rechtsstreitigkeiten – Ausgaben	• wenn RA-Gebühren gezahlt und ggf. erstattet wurden, sind die Prozessdaten aufzuführen, damit eine konkrete Zuordnung zum jew. Prozess erfolgen kann • Name des Gegners, gerichtliches AZ aufführen • Erstattungen werden als Minusbuchungen auf die Ausgabekonten gebucht • dadurch: keine Erhöhung der Berechnungsgrundlage durch Rückfluss von getätigten Ausgaben • Ausgaben werden dadurch gemindert, im Idealfall: Ausgabenkonto auf Null	• RA-Honorar i. S. Muster/Meier, LG MS: 4 0 100/08 • Erstattung RA Honorar i. S. Muster/Meier, LG MS: 4 0 100/08 • Gerichtskosten i. S. Muster/Maier, LG MS: 4 0 100/08 • Gerichtskostenerstattung i.S. Muster/Meier, LG MS: 4 0 100/08
11.	Telefonrechnungen	• Vertragspartner und Zahlungszeitraum sollte ersichtlich sein • Doppelzahlung wird vermieden oder kann korrigiert werden	• Deutsche Telekom, Gebühren März 2017 • Vodafone, Gebühren April 2017
12.	Versicherungen	• Sachverhalt sollte sich aus Buchungssatz ergeben: • Angabe der Versicherungsart, ggf. versicherter Gegenstand und der Zahlungszeitraum • bei aussagekräftigen Buchungssätzen ist eine Kontrolle schnell möglich • Doppelzahlung wird vermieden oder kann korrigiert werden • Zahlung nach Verkauf oder Freigabe eines Gegenstandes wird vermieden oder kann korrigiert werden	• LVM, Kfz-Versicherung für WAF – MS 100 für 01.01. – 31.12.2017 • Signal Iduna, Betriebshaftpflichtversicherung für 01.01. – 31.03.2017

Checkliste 70: Verbraucherinsolvenzverfahren

Nach den Regelungen in §§ 304 – 311 InsO gibt es gesonderte Regelungen für Verbraucherinsolvenzverfahren. Hierbei handelt es sich um Insolvenzverfahren über das Vermögen natürlicher Personen. Es sind bestimmte Eröffnungsvoraussetzungen zu erfüllen, um eine Abwicklung in dieser Verfahrensart zu bewirken. In der nachfolgenden Checkliste werden die abweichenden Regelungen zum Regelinsolvenzverfahren (= IN-Verfahren) dargestellt. 145

(Die Übersicht dient als Nachschlagewerk und ist daher alphabetisch sortiert.)

146

Nr.	Thema	Checkliste Verbraucherinsolvenzverfahren: Erläuterung	Hilfsmittel
1.	Absonderungsrechte	• soweit Absonderungsrechte an Vermögenswerten bestehen: Verwertungsrecht des Insolvenzverwalters gem. § 166 InsO • Voraussetzung: er muss den Gegenstand im Besitz haben • Vorschriften über die Beteiligung am Verwertungsvorgang und Befriedigung des Absonderungsgläubigers berücksichtigen: §§ 167 – 173 InsO • in beantragten Verfahren bis 30.06.2014: Einschränkung dieses Rechts gem. § 313 Abs. 3 InsO: Gläubigern oblag die Verwertung	
2.	Abwicklung	• Abwicklung eines Verbraucherinsolvenzverfahrens wird in allen gesonderten Checklisten dargestellt • dort jeweils eigener Hinweis zu Besonderheiten im Vergleich zum Regelinsolvenzverfahren	
3.	Aktenzeichen	• die vereinfachten Insolvenzverfahren werden beim Insolvenzgericht mit dem Aktenzeichen IK geführt • daher auch die Bezeichnung »IK-Verfahren«	
4.	Altverfahren	• Verfahren, die vor dem 01.12.2001 eröffnet wurden: – RSB-Phase beträgt 7 Jahre und beginnt mit der rechtskräftigen Aufhebung oder Einstellung des Insolvenzverfahrens (Art. 103a EGInsO) • beachte BGH-Rechtsprechung: 12 Jahre nach Insolvenzeröffnung ist RSB zu erteilen, unabhängig vom Stand des Insolvenzverfahrens	Erteilung RSB nach 12 Jahren: BGH v. 18.7.2013 – IX ZB 11/13 in InsbürO 2014, 212, ZInsO 2013, 1657

Nr.	Thema	Checkliste Verbraucherinsolvenzverfahren: Erläuterung	Hilfsmittel
5.	Anfechtungsrecht	• der Insolvenzverwalter kann Insolvenzanfechtungen vornehmen (§§ 129 ff. InsO) • Anfechtung = Rückgewähr dessen, was durch eine anfechtbare Handlung veräußert, weggegeben oder aufgegeben wurde (§ 143 InsO) • in beantragten Verfahren bis zum 30.06.2014: Einschränkung der Anfechtung gem. § 313 Abs. 2 InsO = Gläubigerversammlung musste den Treuhänder erst mit der Anfechtung beauftragen	Checkliste Anfechtungsansprüche
6.	Anwendung	• in beantragten Verfahren ab 01.07.2014: Anwendung der Regelungen in §§ 304 – 311 InsO • Wegfall der (einschränkenden) Regelungen in §§ 312 – 314 InsO • in beantragten Verfahren bis 30.06.2014: Anwendung der Regelungen in §§ 304 – 314 InsO	
7.	Eröffnungsvoraussetzungen	• Eröffnungsvoraussetzungen sind folgende: – Schuldner ist eine natürliche Person, die keine selbständige Tätigkeit ausübt (§ 304 Abs. 1 Satz 1 InsO) – bei früherer selbständiger Tätigkeit: überschaubare Vermögensverhältnisse erforderlich – überschaubare Vermögensverhältnisse = weniger als 20 Gläubiger und keine Forderungen aus Arbeitsverhältnissen – Scheitern eines Schuldenbereinigungsplans (§§ 305 – 310 InsO)	
8.	Gesetzesänderung	• Reform zur Verkürzung der Verbraucherinsolvenz- und Restschuldbefreiungsverfahren und zur Stärkung der Gläubigerrechte vom 18.07.2013 (BGBl. 2013, Teil 1, S. 2379 ff.) • grds.: Inkrafttreten am 01.07.2014 • aber: einige Passagen sind am Tag nach der Verkündung (19.07.2013) in Kraft getreten: • §§ 56 Abs. 1 S. 3 Nr. 1, 63 Abs. 3 InsO, § 11 Abs. 1 InsVV, §§ 66a und 67c GenG • grundlegende Änderungen bei der Abwicklung der Verbraucherinsolvenzverfahren	
9.	Gläubigerversammlung	• § 29 Abs. 2 S. 2 InsO: Verzicht auf Berichtstermin möglich, wenn Vermögensverhältnisse überschaubar und Gläubigeranzahl oder Höhe der Verbindlichkeiten gering • wenn kein Verzicht: im Eröffnungsbeschluss wird eine Gläubigerversammlung bestimmt (§ 29 Abs. 1 Nr. 1 InsO) • diese kann mündlich oder schriftlich (§ 5 Abs. 2 InsO) durchgeführt werden: s. nachstehend »schriftliches Verfahren« • zu dieser Gläubigerversammlung sind ein Bericht (§ 156 InsO) und die Verzeichnisse (§§ 151 – 153 InsO) zu fertigen • frühere Einschränkung in beantragten Verfahren bis 30.06.2014: nur ein Prüfungstermin (§ 13 Abs. 1 Satz 2 InsO)	Checkliste Berichte Checkliste Gläubigerverzeichnis Vermögensübersicht Verzeichnis der Massegegenstände
10.	Insolvenzplan	• Insolvenzplan = Möglichkeit von besonderen Regelungen zur Gläubigerbefriedigung • Regelungen in §§ 217 – 269 InsO • im Regelinsolvenzverfahren, aber auch im Verbraucherinsolvenzverfahren jederzeit anwendbar • in beantragten Verfahren bis 30.06.2014: gem. § 312 Abs. 2 InsO keine Anwendungen der Regelungen in §§ 217 – 269 InsO für ein Insolvenzplanverfahren	Checkliste Insolvenzplan
11.	RSB-Erteilung	• Entscheidung über Erteilung RSB gem. § 300 InsO • grds. nach Ablauf von sechs Jahren • vorzeitige Erteilung aber unter bestimmten Voraussetzungen möglich • in beantragten Verfahren ab 01.07.2014: gem. § 300 Abs. 1 InsO: – keine Forderungsanmeldung oder vollständige Befriedigung – Ablauf von drei Jahren und 35 % für Insolvenzgläubiger mit Nachweis über die Herkunft der Zahlungsmittel – Ablauf von fünf Jahren und Ausgleich Verfahrenskosten	Checkliste RSB-Phase Grote, 20 Jahre Restschuldbefreiung – wie alles anfing, InsbürO 2019, 5 ff. Grote, Restschuldbefreiung in 3 Jahren ohne Mindestquote? InsbürO 2019, 204 ff. (zur per Stand Mai 2019 anstehenden gesetzlichen Änderung zur Verkürzung der Restschuldbefreiung)

Nr.	Thema	Checkliste Verbraucherinsolvenzverfahren: Erläuterung	Hilfsmittel
		• in beantragten Verfahren bis 30.06.2014: entsprechend der Rechtsprechung • s. wg. näherer Informationen in gesonderte Checkliste	
12.	Rückschlagsperre	• Rückschlagsperre = Eintritt der Unwirksamkeit von erlangten Sicherungen durch Vollstreckungsmaßnahmen • die Frist der Rückschlagsperre gem. § 88 InsO beträgt im Verbraucherinsolvenzverfahren: drei Monate ab Antragstellung gem. § 88 Abs. 2 InsO • in beantragten Verfahren bis zum 30.06.2014 galt dieselbe Frist, aber nach der Regelung in § 312 Abs. 1 Satz 3 InsO	Checkliste Vollstreckungsmaßnahmen ABC des Insolvenzrechtes: Rückschlagsperre, InsbürO 2008, 320
13.	Schriftliches Verfahren (ab 01.07.2014)	• in beantragten Verfahren ab dem 01.07.2014 gilt § 5 Abs. 2 InsO • Verfahren werden immer schriftlich abgehalten, wenn – die Vermögensverhältnisse überschaubar sind und – die Zahl der Gläubiger gering ist • Insolvenzgericht kann anordnen, dass das Verfahren oder Teile davon mündlich abgehalten werden können • daher nunmehr Kehrtwendung zur Altregelung in § 5 Abs. 2 InsO: schriftlich Regelfall, mündlich Ausnahme	
14.	Schriftliches Verfahren (bis 30.06.2014)	• gem. § 5 Abs. 2 InsO war die Abhaltung von Terminen im schriftlichen Verfahren möglich (aber nicht der Regelfall lt. Gesetz) • Voraussetzung: überschaubare Vermögensverhältnisse und die Zahl der Gläubiger gering • diese waren Eröffnungsvoraussetzung für vereinfachte Insolvenzverfahren • daher: Insolvenzgerichte hielten die Prüfungstermine i.d.R. schriftlich ab	
15.	Treuhänder	• durch Gesetzesänderung in beantragten Verfahren ab dem 01.07.2014: statt Treuhänder auch Insolvenzverwalter im eröffneten Verfahren (§ 27 Abs. 1 InsO) • in beantragten Verfahren bis zum 30.06.2014: Aufgaben des Insolvenzverwalters wurden/werden von einem Treuhänder wahrgenommen (§ 313 Abs. 1 Satz 1 InsO) • damit: gleiche Bezeichnung wie der Treuhänder in RSB-Phase, aber andere Aufgaben	
16.	Unterschiede zum Verbraucherinsolvenzverfahren (in beantragten Verfahren ab 01.07.2014)	• folgende 2 Unterschiede sind zu nennen, die in einer Verbraucherinsolvenz gegeben sind: – keine Eigenverwaltung möglich – Rückschlagsperre länger als im Regelinsolvenzverfahren • s. jeweils vorstehend	
17.	Unterschiede zum Regelinsolvenzverfahren (in beantragten Verf. bis 30.06.2014)	• folgende 8 Unterschiede sind zu nennen, die in der Verbraucherinsolvenz gegeben sind: – kein Anfechtungsrecht – keine Eigenverwaltung – keine Gläubigerversammlung, nur Prüfungstermin – kein Insolvenzplanverfahren – i.d.R. schriftliches Verfahren – Rückschlagsperre länger als im Regelinsolvenzverfahren – Treuhänder statt Insolvenzverwalter – kein Verwertungsrecht bei Absonderung • s. jeweils vor- und nachstehend	
18.	Weitere Hinweise	• wesentliche Abwicklungsschritte für Verbraucherinsolvenzverfahren finden sich in folgenden Checklisten: – Einkommen – Eröffnungsbeschluss natürliche Person – Insolvenztabelle – darüber hinaus anwendbar: alle anderen	

Checkliste 71: Vergütungsanträge

147 Der Insolvenzverwalter hat gem. § 63 InsO einen Anspruch auf Vergütung für seine Geschäftsführung und auf Erstattung angemessener Auslagen. Nach § 65 InsO wird das Bundesministerium für Justiz und für Verbraucherschutz (BMJV) ermächtigt, diese Vergütung und die Erstattung der Auslagen des Insolvenzverwalters durch Rechtsverordnung zu regeln. Die einzelnen Regelungen zur Abrechnung der Verwaltervergütung und der Auslagen finden sich daher in der InsVV. Auch die Vergütungsansprüche des vorläufigen Insolvenzverwalters, des Sachwalters oder des Treuhänders sind nach diesen Regelungen zur Festsetzung zu beantragen.

148 Die genaue Berechnung der einzelnen Vergütungsansprüche ist – je nach Art des Vergütungsanspruches (z.B. Vergütung für die vorläufige Verwaltung) ein sehr umfangreiches und schwieriges Thema und kann und soll in diesem Buch nicht abschließend erläutert werden. Es werden an dieser Stelle aber Grundkenntnisse über einzelne Vergütungsansprüche vermittelt.

(Die Übersicht ist nach gängigen Informationen und Arbeitsschritten sortiert.)

149

Nr.	Schritt	Checkliste Vergütungsanträge: Erläuterung	Hilfsmittel
1.	Gesetzliche Regelungen	• § 63 InsO = Anspruch auf Vergütung und Auslagen • § 64 InsO = Festsetzung durch das Insolvenzgericht • § 65 InsO = Ermächtigung BMJ zur detaillierten Regelung • Verweis auf diese Vorschriften bei Sachwalter, Treuhänder etc.: s. nachstehend • InsVV = Insolvenzrechtliche Vergütungsverordnung • § 54 InsO = Kosten des Verfahrens	
2.	Gesetzesänderungen	• mehrere Gesetzesänderungen seit Inkrafttreten der InsVV im Jahre 1999 • Übergangsregelungen in § 19 InsVV = Regelungen, auf welche Verfahren welche Gesetzesänderungen anwendbar sind • z.B. beantragte Verfahren bis zum 30.06.2014: alte Regelungen zur Treuhändervergütung im eröffneten Verfahren gem. § 13 InsVV anwendbar (§ 19 Abs. 4 InsVV)	
3.	Schätzung	• im Sachverständigengutachten gem. § 5 InsO und auch bei der Prüfung einer etwaigen Masseunzulänglichkeit: Prognose über Verfahrenskosten gem. § 54 InsO erforderlich • abweichende Vergütung bei Fortführungs- und Liquidationswerten: – für den Fall der Fortführung und Veräußerung des Unternehmens Prognose zu Fortführungswerten in der Berechnungsgrundlage und – für den Fall der Betriebseinstellung und Veräußerung des Aktivvermögens Prognose zu Liquidationswerten in der Berechnungsgrundlage • s. wegen näherer Erläuterungen der Werte in gesonderte Checkliste • etwaige Zu- und Abschläge gem. § 3 InsVV berücksichtigen • für eine solche Prognose sind die nachstehenden Informationen zur grundlegenden Ermittlung eines Vergütungsanspruches von Bedeutung	Checkliste Verzeichnis der Massegegenstände
4.	Fälligkeit	• Fälligkeit der Vergütungsansprüche mit Beendigung des Amtes: – vorläufige Verwaltung: mit Insolvenzeröffnung oder Aufhebung der Sicherungsmaßnahme – Insolvenzverwalter/Sachwalter im eröffneten Verfahren: mit Einreichung der Schlussrechnung – Sachverständiger: Beendigung des Amtes (§ 2 Abs. 1 Nr. 1 JVEG) – Treuhänder in der RSB-Phase: Ende der Laufzeit der Abtretungserklärung gem. § 287 Abs. 2 InsO (ggf. endet die Laufzeit vorzeitig gem. § 300 Abs. 1 InsO)	
5.	Vorschuss	• Anspruch auf einen Vergütungsvorschuss gem. § 9 InsVV • Voraussetzung: Verfahrensdauer länger als 6 Monate und Zustimmung des Insolvenzgerichts	Muster 358: »Vorschuss – Vergütungsantrag«

Nr.	Schritt	Checkliste Vergütungsanträge: Erläuterung	Hilfsmittel
		• Berechnung: mehrere Möglichkeiten – geschätzte Insolvenzmasse laut Vermögensübersicht und Bruchteil hiervon – bisher aktuell erzielte Insolvenzmasse laut Einnahmenliste: Regelvergütung hieraus oder ggf. nur Bruchteil – aktueller Kontostand: Regelvergütung hieraus oder ggf. nur Bruchteil (Ausgaben wurden hierbei durch Kontobewegungen abgezogen, so dass die Berechnungsgrundlage niedriger ist als sie sein muss) • Vorschuss auch während der vorläufigen Verwaltung möglich; Voraussetzung: längere Dauer des Eröffnungsverfahrens, hohe eigene Kosten (z. B. für Zustellungen) oder Gefährdung der späteren Realisierung: s. Literaturtipp • die Ablehnung einer Vorschussfestsetzung durch das Insolvenzgericht kann nicht mit der sofortigen Beschwerde angegriffen werden	Haarmeyer, Vorschussmöglichkeit während der vorläufigen Verwaltung, InsbürO 2016, 231 ff. kein Beschwerderecht bei Ablehnung der Festsetzung: BGH v. 14.7.2016 – IX ZB 23/14 (Rn. 11 m.w.N.) in InsbürO 2016, 405, ZInsO 2016, 1645
6.	Verjährung	• Vergütungsansprüche verjähren gem. § 195 BGB innerhalb von drei Jahren • Fristbeginn gem. § 199 Abs. 1 BGB: Ende des Jahres, in dem der Anspruche entsteht • rechtskräftig festgesetzte Ansprüche: Verjährungsfrist 30 Jahre gem. § 197 Abs. 1 Nr. 3 BGB • Verjährungsfrist für den Vergütungsanspruch für die vorläufige Verwaltung: Hemmung bis zum Abschluss des eröffneten Insolvenzverfahrens (s. Rechtsprechung)	Verjährungshemmung für Vergütung vorl. Verwaltung: BGH v. 22.9.2010 – IX ZB 195/09 in InsbürO 2011, 36, ZInsO 2010, 2103
7.	Antragserfordernis	• Vergütungsansprüche sind durch das Insolvenzgericht gem. § 64 Abs. 1 InsO festzusetzen • hierfür: Antragserfordernis gem. § 8 Abs. 1 InsVV	
8.	Kostenstundung	• bei bewilligter Kostenstundung gem. § 4a InsO: gleiches Vorgehen: Antrag, Berechnung, Festsetzung • jedoch: die Erstattung aus der Staatskasse ist auf die Mindestvergütung beschränkt: s. Rechtsprechung, aber auch Literaturtipp – Folge: Festsetzung einer höheren Vergütung ist möglich, wenn sich diese aufgrund der Berechnung ergibt, Erstattung aber nur in Höhe der Mindestvergütung – wegen des Restbetrages entsteht mit der Festsetzung ein Vollstreckungstitel gegen den Schuldner (s. nachfolgend »Rechtskraft«) – Zimmer kritisiert diese Entscheidung und rät bei Anwendung durch die Insolvenzgerichte zur Beschwerde • wird die Kostenstundung aufgehoben, bleibt die Kostenstundung bis zur Kenntnis des Insolvenzverwalters oder Treuhänders von der Aufhebung erhalten = Staatskasse zahlt die bis zu diesem Zeitpunkt angefallene Vergütung • Masseunzulänglichkeit ist auch in Kostenstundungsverfahren zu berücksichtigen = vor Ausgleich ausstehender Masseverbindlichkeiten immer die Deckung der Verfahrenskosten gem. § 54 InsO prüfen – bei der Festsetzung der Vergütung kann das Insolvenzgericht sonst die gezahlten Masseverbindlichkeiten, die zum Ausgleich der Vergütung fehlen, in Abzug bringen = Insolvenzverwalter erhält in dieser Höhe keine Zahlung aus der Staatskasse	Verfahrenskosten stets Vorrang: BGH v. Beschl. v. 7.2.2013 – IX ZB 175/11 in ZInsO 2013, 563 Beschränkung der Erstattung auf Mindestvergütung: BGH v. 7.2.2013 – IX ZB 245/11 in InsbürO 2013, 236, ZInsO 2013, 566 Kritik an dieser Entscheidung: Zimmer, Beschränkung der Vergütungsfestsetzung gegen Staatskasse auf die Mindestvergütung, InsbürO 2014, 1003 ff. bei Aufhebung der Kostenstundung Haftung der Staatskasse bis Kenntnis des Verwalters: BGH v. 8.5.2014 – IX ZB 31/13 in InsbürO 2014, 402, ZInsO 2014, 1179
9.	Haftung Staatskasse	• Staatskasse zahlt die Kosten des Sachverständigen (Nr. 9005 KV GKG) • Staatskasse zahlt die Vergütung bei bewilligter Kostenstundung gem. § 4a InsO, aber nur in Höhe der Mindestvergütung: s. vorstehend • keine Haftung der Staatskasse für die Vergütung aus vorläufiger Verwaltung ohne entsprechende Kostenstundung für das Eröffnungsverfahren	Keine Haftung der Staatskasse ohne Kostenstundung für das Eröffnungsverfahren: BGH v. 9.7.2015 – IX ZB 68/14 (Rn. 8 ff.) in InsbürO 2015, 540, ZInsO 2015, 1734

Nr.	Schritt	Checkliste Vergütungsanträge: Erläuterung	Hilfsmittel
10.	Regelsätze der Vergütung	• Regelsätze der Vergütung in § 2 InsVV = Grundvergütung • Erhöhung oder Minderung der Vergütung ist über § 3 InsVV möglich = Zu- und Abschläge (s. nachfolgend) • Regelsatz für den Insolvenzverwalter im Verbraucherinsolvenzverfahren: § 13 InsVV = verminderte Vergütung gem. § 2 InsVV • Regelsatz für den Treuhänder in der RSB-Phase: § 14 InsVV	
11.	Mindestvergütung	• Regelungen in §§ 2 Abs. 2, § 13 i.V.m. § 2, § 14 Abs. 3 InsVV • Erhöhung durch höhere Anzahl von Gläubigern möglich • Achtung: unterschiedliche Gläubigeranzahl in den Regelungen und unterschiedliche Berechnungsmethoden: – in § 2 Abs. 2 InsVV: ab 11. Gläubiger – in § 14 Abs. 3 InsVV: je 5 Gläubiger, auch vom ersten an – s. wg. genauer Berechnung in Rechtsprechung und Muster • weitere Kriterien bei der Berechnung: – Anzahl der anmeldenden Gläubiger werden berücksichtigt, nicht die Anzahl der Forderungsanmeldungen (= ggf. ein Gläubiger für mehrere Tab-Nrn.) – manche Behörden sind als Gebietskörperschaft als ein Gläubiger zu werten – s. in Rechtsprechung und Muster • Zuschläge sind auch auf die Mindestvergütung bei einem erhöhten Bearbeitungsaufwand gem. § 3 InsVV möglich (s. Rechtsprechung)	Muster 348: »Mindestvergütung § 2 InsVV« Muster 355: »Verbraucherinsolvenz – Vergütungsantrag §§ 2, 13 InsVV« Kopfzahl der Gläubiger entscheidend: BGH v. 16.12.2010 – IX ZB 39/10 in InsbürO 2011, 110, ZInsO 2011, 200 Gebietskörperschaft (= mehrere Behörden) als nur eine Gläubigerin: BGH v. 19.5.2011 – IX ZB 27/10 (Rn. 6) in ZInsO 2011, 1251, WKRS 2011, 19017 Zuschläge auf Mindestvergütung: BGH v. 14.12.2017 – IX ZB 101/15 (Rn. 13) in WKRS 2017, 29310 RSB-Phase – je 5 Gläubiger: BGH v. 16.12.2010 – IX ZB 261/09 in InsbürO 2011, 114, ZInsO 2011, 247
12.	Kleinverfahren (IN- oder IK-Verfahren)	• Anspruch auf Mindestvergütung: – im Regelinsolvenzverfahren gem. § 2 Abs. 2 InsVV – im Verbraucherinsolvenzverfahren gem. § 13 InsVV i.V.m. § 2 InsVV • bei einer höheren Berechnungsgrundlage und Überschreitung der Mindestvergütung kann auch der höhere Betrag = die Regelvergütung nach § 2 Abs. 1 InsVV beansprucht werden	Muster 348: »Mindestvergütung § 2 InsVV« Muster 355: »Verbraucherinsolvenz – Vergütungsantrag §§ 2, 13 InsVV«
13.	Verbraucherinsolvenzverfahren – Berechnung	• in beantragten Verfahren ab 01.07.2014: – Verweis in § 13 InsVV auf § 2 InsVV mit Einschränkung – Einschränkung = bei Erstellung der Verzeichnisse nach § 305 Abs. 1 Nr. 3 InsO durch geeignete Stelle oder Person: Minderung Mindestvergütung auf 800 EUR • s. zur Berechnung jeweils auch Hinweise in den Mustern • nach BGH-Rechtsprechung tlw. weitere Kürzung der Mindestvergütung möglich, sofern Tätigkeit des Insolvenzverwalters nicht über Tätigkeit des früheren Treuhänders hinausgeht; kann eigentlich nur Ausnahme sein lt. Begründung von Graeber im Literaturtipp rechts	Muster 355: »Verbraucherinsolvenz – Vergütungsantrag §§ 2, 13 InsVV« Kürzung der Mindestvergütung bei geringer Tätigkeit: BGH v. 06.04.2017 – IX ZB 48/16 in InsbürO 2017, 248, ZInsO 2017, 901 Graeber/Graeber, Vergütungsrecht in der Insolvenzpraxis: Regelvergütung und Mindestvergütung des Insolvenzverwalters in Verbraucherinsolvenzverfahren, InsbürO 2019, 134 ff.

Nr.	Schritt	Checkliste Vergütungsanträge: Erläuterung	Hilfsmittel
			Lissner, InsVV für Greenhorns: Die Vergütung des Treuhänders nach § 293 InsO, Teil 1: InsbürO 2016, 372 ff., Teil 2: InsbürO 2016, 416 ff.
14.	Berechnungsgrundlage – allgemein	• Berechnungsgrundlage = Wert, auf dessen Basis die Vergütung berechnet wird • Regelung in § 1 InsVV: Wert, auf den sich die Schlussrechnung bezieht (§ 1 Satz 1 InsVV) • i.d.R. Gesamtsumme der Einnahmen abzgl. der Beträge gem. § 1 Abs. 2 InsVV (s. nachfolgend und s. Muster) • nach BGH-Rechtsprechung ist auf den Zeitpunkt der Verfahrensbeendigung, nicht auf den Zeitpunkt der Schlussrechnung abzustellen = sicher zu erwartende Einnahmen dürfen berücksichtigt werden oder es kann später ein ergänzender Vergütungsantrag gestellt werden: s. nachfolgend • nach Graeber soll die Regelung in § 1 Abs. 2 InsVV (= vorzunehmende Abzüge von der Berechnungsgrundlage) nichtig sein – folgt man der Ansicht und kürzt die Berechnungsgrundlage nicht, so ergibt sich eine höhere Vergütung – nach der Rechtsprechung hat aber eine Gesamtwürdigung aller Umstände bei der Festsetzung der Vergütung zu erfolgen = Zuschläge werden in dem Fall ggf. niedriger ausfallen, ggf. werden Abschläge vorgenommen • im Planverfahren keine Verwertung = i.d.R. keine Einnahmen aus Verkäufen = daher Schätzung der Vermögenswerte (§ 1 Abs. 1 Satz 2 InsO) • in der Eigenverwaltung ebenso: keine Verwertung = i.d.R. keine Einnahmen aus Verkäufen = daher Schätzung der Vermögenswerte (§ 1 Abs. 1 S. 2 InsO) • für eine Prognose über die Verfahrenskosten: Gesamtsumme der freien Masse aus der Vermögensübersicht gem. § 153 InsO nehmen • während der Gutachtenphase: s. nachfolgend Schätzung	Muster 351: »Regelinsolvenz – Vergütungsantrag« Berechnungsgrundlage zum Zeitpunkt der Verfahrensbeendigung: BGH v. 20.7.2017 – IX ZB 75/16 (Rn. 12, 14) in InsbürO 2017, 436, ZInsO 2017, 1810 Graeber, Vergütungsrecht in der Insolvenzpraxis: Die Regelung des § 1 Abs. 2 InsVV ist nichtig, ZInsO 2018, 141 ff. Gesamtwürdigung der Zu- und Abschläge für angemessene Vergütung, exemplarisch: BGH v. 21.7.2016 – IX ZB 70/14 (Ls. i u. Rn. 57) in InsbürO 2016, 403, ZInsO 2016, 1637
15.	Aussonderungsrechte	• Aussonderungsrechte gehören nicht zur Insolvenzmasse (§ 47 InsO) • Wert der Aussonderungsrechte wird daher in der Berechnungsgrundlage (= § 1 InsVV) nicht berücksichtigt • Ausnahme bei Ankauf durch die Insolvenzmasse: dann Veräußerungserlös abzgl. Abfindungsbetrag an den Aussonderungsgläubiger = nur Mehrerlös (§ 1 Abs. 2 Nr. 2 InsVV) berücksichtigen	
16.	Absonderungsrechte	• bei Absonderungsrechten: Verwertungsbefugnis des Insolvenzverwalters gem. § 166 InsO • aber: keine vollständige Einrechnung des Verwertungserlöses in die Berechnungsgrundlage • Einschränkung gem. § 1 Abs. 2 Nr. 1 InsVV: höchstens 50 % des zugeflossenen Feststellungskostenbeitrages = Sondervergütung • s. wegen Berechnung in das Muster • durch die tlw. Einrechnung in die Berechnungsgrundlage ist diese Sondervergütung Teil der Regelvergütung = darauf berechnen sich Zu- und Abschläge (s. Rechtsprechung) • bei Abfindung/Auslösung eines Absonderungsgläubigers: Veräußerungserlös abzgl. Abfindungsbetrag an Absonderungsgläubiger = nur Mehrerlös (§ 1 Abs. 2 Nr. 2 Satz 3 InsVV) berücksichtigen	Muster 345: »Absonderungsrechte – Vergleichsberechnung« Sondervergütung = Teil der Regelvergütung: BGH v. 17.4.2013 – IX ZB 141/11 (Rn. 6) in InsbürO 2013, 331, ZInsO 2013, 1104 Sondervergütung bei Absonderungsrechten: BGH v. 10.10.2013 – IX ZB 169/11 in ZInsO 2013, 2288, InsbürO 2014, 235 mit Anmerkung Zimmer zur genauen Berechnung

Nr.	Schritt	Checkliste Vergütungsanträge: Erläuterung	Hilfsmittel
17.	Betriebsfortführung	• Betriebsfortführung = Vielzahl von Einnahmen und Ausgaben • Abzug der Ausgaben von der Gesamtsumme der Einnahmen gem. § 1 Abs. 2 Nr. 4 b) InsVV • daher: Buchung auf gesonderte Konten für Betriebsfortführung erforderlich, um Überschuss (= Einnahmen abzgl. Ausgaben) ermitteln zu können = nur Überschuss fließt in die Berechnungsgrundlage • s. wegen Berechnung: Muster • Problematik bzgl. der Gerichtskostenberechnung: einige Gerichte nehmen keinen Abzug der Ausgaben vor = höhere Kosten = Kostenlast für die Insolvenzmasse – aber herrschende Meinung: bei beiden Berechnungen sind die Ausgaben einer Betriebsfortführung abzuziehen • für eine Betriebsfortführung kann ein Zuschlag beantragt werden, wenn die Insolvenzmasse durch die erzielten Einnahmen nicht entsprechend größer geworden ist = Vergleichsberechnung erforderlich: – welche Regelvergütung ergibt sich ohne den Überschuss aus der Betriebsfortführung? – welche Regelvergütung ergibt sich mit dem Überschuss? – ist die Differenz (= Erhöhung der Regelvergütung) angemessen als Vergütung für die Betriebsfortführung? – wenn nein: Zuschlag zum Ausgleich der Differenz bis zur angemessenen Vergütung beantragen	Muster 346: »Betriebsfortführung – Zuschlag – Formulierungsvorschlag« Abzug der Ausgaben bei Verwendung für Betriebsfortführung: BGH v. 21.7.2011 – IX ZB 148/10 (Rn. 13) in ZInsO 2011, 1615 Abzug von begründeten, aber vor Eröffnung noch nicht bezahlten Ausgaben: BGH v. 2.3.2017 – IX ZB 90/15 in InsbürO 2017, 302, ZInsO 2017, 1051 Kein Abzug der Ausgaben für Gerichtskostenberechnung: OLG München v. 25.4.2017 – 21 W 2/17 in InsbürO 2017, 346 m. Anmerkung zum Überblick anderer Entscheidungen (s. auch InsbürO 2013, 464) Abzug der Ausgaben für Gerichtskostenberechnung: OLG Stuttgart v. 30.4.2014 – 8 W 149/14, ZInsO 2014, 1177, InsbürO 2014, 452 m. Anmerkung zum Überblick anderer Entscheidungen Zuschlag für Betriebsfortführung bei unzureichender Massemehrung BGH v. 12.5.2011 – IX ZB 143/08 (Rn. 10) in ZInsO 2011, 1422
18.	Forderungseinzug	• unterschiedliche Buchungsmöglichkeiten bei Gegenforderung eines Drittschuldners: – Einzug der Forderung zugunsten der Insolvenzmasse in voller Höhe buchen auf einem Einnahmenkonto – vorgenommene Aufrechnung des Drittschuldners wg. Gegenforderung als Masseverbindlichkeit auf der Ausgabenseite – dann: Abzug von der Gesamtsumme der Einnahmen gem. § 1 Abs. 2 Nr. 3 InsVV – andere Buchungsmöglichkeit: nur tatsächlichen Geldfluss = geminderten Betrag auf der Einnahmenseite buchen – dann: kein Abzug mehr gem. § 1 Abs. 2 Nr. 3 InsVV • Erläuterung dazu im Vergütungsantrag erforderlich	Muster 351: »Regelinsolvenz – Vergütungsantrag« (darin Ausführungen zur Aufrechnung durch Dritte)
19.	Berechnungsgrundlage – Grundstück	• Wert eines mit Grundpfandrechten belasteten, vom Insolvenzverwalter freihändig veräußertes Grundstück fließt nicht in Berechnungsgrundlage, wenn weder ein Übererlös noch ein Kostenbeitrag zur Masse fließt • Veräußerung führt zur Minderung der Summe der Insolvenzforderungen, weil der Grundpfandrechtsgläubiger Befriedigung erlangt und damit die Ausfallforderung gemindert wird = Quotenverbesserung – Quotenverbesserung ist originäre Aufgabe des Insolvenzverwalters (Rn. 13) – bei besonderen Anstrengungen für die Veräußerung ggf. Zuschlag möglich	keine Berücksichtigung eines belasteten Grundstückswertes in Berechnungsgrundlage: BGH v. 9.6.2016 – IX ZB 17/15 in InsbürO 2016, 390, ZInsO 2016, 1443 freier Grundstückswert fließen ein: BGH v. 21.9.2017 – IX ZB 84/16 (Rn. 16) in InsbürO 2018, 34, ZInsO 2017, 2286

Nr.	Schritt	Checkliste Vergütungsanträge: Erläuterung	Hilfsmittel
20.	Berechnungsgrundlage – Ansprüche nach §§ 92,93 InsO	• Schadensersatzansprüche nach §§ 92, 93 InsO sind in der »normalen« Berechnungsgrundlage nicht zu berücksichtigen • Begründung: Einnahmen gehören nicht zur Insolvenzmasse, sondern werden den geschädigten Gläubigern zugerechnet und auch gesondert an die Altgläubiger ausgeschüttet • es ist eine Vergütung nach der InsVV auf Basis einer gesonderten Berechnungsgrundlage (= nur erzielte Einnahmen aus §§ 92, 93 InsO) zu ermitteln • die Kosten sind aus den erzielten Einnahmen zu begleichen, nicht aus der sonstigen Insolvenzmasse	Graeber, Die Bemessung der besonderen Insolvenzverwaltervergütung für die Geltendmachung von Ansprüchen nach §§ 92, 93 InsO, NZI 2016, 860 ff. Graeber/Graeber, Vergütungsrecht in der Insolvenzpraxis: Die Durchsetzung von Ansprüchen gem. §§ 92, 93 InsO durch das Verwalterbüro, InsbürO 2019, 71 ff. Haarmeyer, Die Vergütung des Insolvenzverwalters bei der Generierung und Verwaltung von Sondermassen, InsbürO 2019, 130 ff. Umgang mit Einnahmen aus § 92 InsO: BGH v. 9.10.2014 – IX ZR 140/11 (Ls. 7 + Rn. 45) in InsbürO 2015, 158, ZInsO 2014, 2361 Umgang mit Einnahmen aus § 93 InsO: BGH v. 17.12.2015 – IX ZR 143/13 (Rn. 12) in InsbürO 2016, 251, ZInsO 2016, 330
21.	Sachkunde – besondere	• besondere Sachkunde = Kenntnisse als Rechtsanwalt, Steuerberater, Wirtschaftsprüfer • Einsatz dieser Sachkunde darf gesondert vergütet werden (§ 5 InsVV) • bei Einzeltätigkeit außerhalb einer Sozietät: Abzug dieser gesonderten Vergütung von Berechnungsgrundlage (§ 1 Abs. 2 Nr. 4a InsVV) • bei Sozietät: kein direkte Geldfluss an Insolvenzverwalter, sondern nur als Sozius, daher kein Abzug (s. Rechtsprechung)	Abzug von Honorar nach § 5 InsVV nicht bei Zufluss als Sozius: BGH v. 29.9.2011 – IX ZB 112/09 (Rn. 11) in ZInsO 2011, 2051 Muster 351: »Regelinsolvenz – Vergütungsantrag« (darin Angaben zu § 1 Abs. 2 Nr. 4a InsVV)
22.	Umsatzsteuer	• auf die gesamte Vergütung inkl. Auslagen ist die Umsatzsteuer zu berechnen: § 7 InsVV • für die festgesetzte und aus der Insolvenzmasse gezahlte Umsatzsteuer kann bei Vorsteuerberechtigung des Schuldners (ggf. tlw.) ein Erstattungsantrag bei der Finanzverwaltung gestellt werden • bei natürlichen Personen erfolgt die Erstattung nur in prozentualer Höhe der angemeldeten Verbindlichkeiten zur Insolvenztabelle aus der unternehmerischen Tätigkeit • die erstattungsfähige Umsatzsteuer darf in die Berechnungsgrundlage als Vorsteuererstattungsanspruch eingerechnet werden, allerdings im ersten Vergütungsantrag nur einmal: s. Rechtsprechung und Muster • wird der sich dadurch ergebende höhere Umsatzsteuerbetrag in voller Höhe als Vorsteuer erstattet, kann ein ergänzender Vergütungsantrag gestellt werden (s. Rechtsprechung)	Umsatzsteuer in Berechnungsgrundlage: BGH v. 26.2.2015 – IX ZB 9/13 (Rn. 8 ff. m.w.N.) in InsbürO 2015, 254, ZInsO 2015, 711 Aufteilung Erstattungsanspruch nach angemeldeten Verbindlichkeiten: BFH v. 15.4.2015 – V R 44/14 (Rn. 18, 19) in InsbürO 2015, 447, ZInsO 2015, 1328 für weitere Erstattung ergänzender Antrag: BGH v. 26.2.2015 – IX ZB 9/13 (Rn. 10) in InsbürO 2015, 254, ZInsO 2015, 711 Muster 354: »Umsatzsteuer – Einrechnung – Formulierungsbeispiele«

Nr.	Schritt	Checkliste Vergütungsanträge: Erläuterung	Hilfsmittel
23.	Vorzeitige Amtsbeendigung	• die Berechnungsgrundlage für die Vergütung bei vorzeitiger Beendigung ist zum Zeitpunkt des Ausscheidens zu schätzen (BGH-Rechtsprechung)	Vorzeitige Amtsbeendigung: BGH v. 11.06.2015 – IX ZB 18/13 in ZInsO 2015, 1636, InsbürO 2015, 450
24.	Zwangsverwaltung	• häufig »kalte« Zwangsverwaltung = Zwangsverwaltung durch Insolvenzverwalter auf Basis einer Regelung mit Grundpfandrechtsgläubiger • vergütungsrechtlich ist diese von Bedeutung: – Anteil für die Masse wird vertraglich geregelt – verbleibende Einnahme (= Überschuss für die Masse) erhöht die Regelvergütung – ist erhöhte Vergütung durch Überschuss nicht ausreichend: Zuschlag möglich – Vergleichsberechnung im Vergütungsantrag durchführen: Regelvergütung ohne Überschuss versus Regelvergütung mit Überschuss = Differenz nicht ausreichend zur Vergütung der Tätigkeit? • zur Ermittlung des Überschusses: – Buchung der Einnahmen und Ausgaben auf gesonderten Konten – wichtig für die Zuordnung der Buchungen zur kalten Zwangsverwaltung und die Abrechnung gegenüber dem Grundpfandrechtsgläubiger	Zur Vergütung einer kalten Zwangsverwaltung: BGH v. 14.7.2016 – IX ZB 31/14 in ZInsO 2016, 1693, InsbürO 2016, 404 Zimmer, Vergütung des Insolvenzverwalters für Hausverwaltung und »kalte Zwangsverwaltung«, InsbürO 2015, 510 ff.
25.	Zuschläge	• für unterschiedliche Tätigkeiten können Zuschläge zur Regelvergütung beantragt werden • Voraussetzung: Abweichung von quantitativen und qualitativen Merkmalen eines »Normalverfahrens« • dies gilt auch für Verbraucherinsolvenzverfahren • diese Merkmale sind in den Kommentierungen und auch in der Rechtsprechung zu finden: s. Literaturtipps • in den Kommentierungen finden sich Faustregeltabellen mit Vorschlägen zu Prozentsätzen für etwaige Zuschläge – der BGH betont in ständiger Rechtsprechung: keine Anwendung von Faustregeltabellen, sondern Bemessung der Zu- und Abschläge ist im Einzelfall als Gesamtwürdigung vorzunehmen	keine Bindung an Faustregeltabelle: BGH, 21.07.2016 – IX ZB 70/14 (Rn. 59) in InsbürO 2016, 403, ZInsO 2016, 1637 Gesamtwürdigung der Zu- und Abschläge für angemessene Vergütung, exemplarisch: BGH v. 21.7.2016 – IX ZB 70/14 (Ls. i u. Rn. 57) in InsbürO 2016, 403, ZInsO 2016, 1637 Wipperfürth, Zu- und Abschläge im Verbraucherinsolvenzverfahren, InsbürO 2018, 477 f.
26.	Anfechtungsansprüche	• Ermittlung und Realisierung von Anfechtungsansprüchen gehört zur Regelaufgabe des Insolvenzverwalters • Hintergrund: Hat ein Sachverständiger die Ansprüche schon ermittelt und eine Vergütung nach dem JVEG erhalten? Folge: Kein Zuschlag für Insolvenzverwalter für die Durchsetzung des Anspruches • aber bei umfangreicher Ermittlungsarbeit im eröffneten Verfahren oder schwieriger Durchsetzung ggf. Zuschlag möglich • Achtung: Vergleichsrechnung erforderlich = Wie hat sich die Regelvergütung schon durch die erzielten Einnahmen aus der Realisierung der Anfechtungsansprüche erhöht? • bei Delegation der Ermittlung von Anfechtungsansprüchen auf Dritte auf Kosten der Masse: ggf. Abzug von der Regelvergütung nach der InsVV zulasten des Verwalters, wenn nicht schwieriger und aufwändiger Sachverhalt vorhanden (= hätte der Verwalter dies ohne Zuschlag selbst machen müssen?)	Vergleichsberechnung bei einem Zuschlag für Anfechtungsansprüche: BGH v. 8.3.2012 – IX ZB 162/11 (Rn. 11 ff.) in ZInsO 2012, 753 Vergütungsabzug bei Delegation an Dritte ohne ausreichenden Grund: BGH v. 14.11.2012 – IX ZB 95/10 (Rn. 4, 5) in InsbürO 2013, 195, ZInsO 2013, 152 Laubereau, Die Delegation der Ermittlung von Anfechtungsansprüchen, ZInsO 2016, 496 (Delegation = Vergütungsabzug) Ganter, (Erwiderung auf Laubereau), ZInsO 2016, 677 (Einschränkung des Vergütungsabzuges)

Nr.	Schritt	Checkliste Vergütungsanträge: Erläuterung	Hilfsmittel
27.	Abschläge	• die InsVV sieht nicht nur Zuschläge, sondern auch Abschläge vor (§ 3 Abs. 2 InsVV) • ein Abschlag ist vorzunehmen, wenn bspw. typische Merkmale eines Verfahrens (qualitativ oder quantitativ) nicht erfüllt werden • s. wegen dieser Merkmale in die Kommentierungen: s. Vorschläge nachfolgend • in beantragten Verfahren ab dem 01.07.2014: Neuregelung in § 3 Abs. 2e InsVV – danach: Abschlag, wenn Vermögensverhältnisse überschaubar und Anzahl der Gläubiger oder Höhe der Verbindlichkeiten gering – problematisch ist die Definition »überschaubar«, nach der Literatur analog § 304 Abs. 2 InsVV • keine Beschränkung des Abschlagstatbestandes auf Verbraucherinsolvenzverfahren, sondern anwendbar auch für Regelinsolvenzverfahren • in Regelinsolvenzverfahren kann ein Abschlag bspw. immer dann gerechtfertigt sein, wenn ein vorläufiger Insolvenzverwalter bestellt war und Tätigkeiten verrichtet, die im eröffneten Verfahren zu Arbeitserleichterungen geführt haben	Abschlagskriterium – geringerer Aufwand: BGH v. 14.12.2017 – IX ZB 101/15 (Rn. 9 m.w.N.) in WKRS 2017, 29310 Abschlag bei Tätigkeitserleichterung durch vorl. Verwaltung BGH v. 8.7.2010 – IX ZB 222/09 (Rn. 3, 4 m.w.N.) in ZInsO 2010, 1503, WKRS 2010, 20448 Abschläge auf Mindestvergütung: BGH v. 14.12.2017 – IX ZB 101/15 (Rn. 14 ff.) in WKRS 2017, 29310 Graeber, Änderung des Vergütungsrechtes für Treuhänder bzw. Verbraucherinsolvenzverwalter ab dem 01.07.2014, InsbürO 2014, 3 ff.
28.	Gläubigerinformationssystem	• die Kosten eines Gläubigerinformationssystems (= GIS)/einer Onlinegläubigerauskunft (= OLGA) dürfen nicht aus der Masse gezahlt werden • nach BGH-Rechtsprechung gehören sie zu den allgemeinen Geschäftskosten und sind von der Auslagenpauschale gem. § 8 Abs. 3 InsVV umfasst (Rn. 29 der BGH-Entscheidung)	keine Zahlung von GIS/OLGA – Kosten aus der Masse: BGH v. 14.7.2016 – IX ZB 62/15, InsbürO 2016, 404, ZInsO 2016, 1647
29.	Auslagenpauschale	• Berechnung einer Auslagenpauschale gem. § 8 Abs. 3 InsVV: – für das erste Jahr 15 % der Regelvergütung – für die darauf folgenden Jahre je 10 % der Regelvergütung (auch für angefangene Jahre: keine Beschränkung des Betrages auf die laufenden Monate) • Höchstgrenzen allerdings: 250 € pro Monat der Dauer des Verfahrens und 30 % der Regelvergütung nach § 2 InsVV • Achtung: Berechnung der Auslagenpauschale nur nach Regelvergütung des § 2 InsVV ohne Zuschläge gem. § 3 InsVV (Wortlaut des § 8 Abs. 3 InsVV = »von Regelvergütung«) • bei einer Erhöhung der Mindestvergütung durch die Gläubigeranzahl ist die Auslagenpauschale von der erhöhten Vergütung zu berechnen = erhöhter Betrag stellt Regelvergütung nach § 2 InsVV dar • etwaige Abschläge haben auch keine Auswirkung auf die Auslagenpauschale: Berechnung von der Regelvergütung (= gleiche Begründung wie zuvor bei Zuschlägen)	Muster 351: »Regelinsolvenz – Vergütungsantrag« (darin: Auslagenberechnung) Auslagenpauschale von erhöhter Mindestvergütung: BGH, 09.03.2006 – IX ZB 257/04 (Rn. 4) in WKRS 2006, 12491 Amberger, Berechnung der Auslagenpauschale bei einem Abschlag auf die Regelvergütung, InsbürO 2019, 42 f.
30.	Zustellungskosten	• Übertragung des Zustellungswesens gem. § 8 Abs. 3 InsO auf den Insolvenzverwalter möglich • i.d.R. bei allen Insolvenzgerichten: Übertragung der Aufforderung zur Forderungsanmeldung, Zustellung des Beschlusses über Schlusstermin • weitere Zustellungen möglich (beglaubigte Tabellenauszüge, Zustellung Insolvenzplan etc.) • Erstattung der Sach- und Personalkosten sind im Wege eines Pauschalbetrages zu erstatten (s. Rechtsprechung): – i.d.R. Beträge zwischen 2,70 EUR bis 3,80 EUR je nach Gericht – individuelle Unterschiede der Insolvenzgerichte beachten • die Delegation der Zustellungen durch den Insolvenzverwalter auf Dritte ist nur zu marktüblichen Konditionen (= keine Schädigung der Masse) und vorheriger Anzeige beim Insolvenzgericht möglich: s. Rechtsprechung	Muster 359: »Zustellungskosten – Formulierungsvorschlag« Erstattung Zustellungskosten als Pauschalbetrag: BGH v. 21.3.2013 – IX ZB 209/10 (Rn. 25, 26) in InsbürO 2013, 493, ZInsO 2013, 849 Zur Delegation des Zustellungswesens an Dritte: BGH v. 26.4.2012 – IX ZB 31/11 (Rn. 16 ff.) in ZInsO 2012, 1125

Nr.	Schritt	Checkliste Vergütungsanträge: Erläuterung	Hilfsmittel
31.	Rechtskraft	• die Rechtskraft von Vergütungsfestsetzungsbeschlüssen tritt nach Ablauf der Beschwerdefrist ein: s. nachfolgend	
32.	Rechtsmittelbelehrung	• jede anfechtbare gerichtliche Entscheidung ist mit einer ausführlichen Rechtsmittelbelehrung zu versehen (§§ 4 InsO, 232 ZPO) • das Insolvenzbüro sollte insolvenzgerichtliche Entscheidungen daraufhin prüfen – ansonsten können andere Beschwerdeberechtigte Wiedereinsetzung in den vorherigen Stand beantragen und Beschwerde oder Erinnerung (§ 11 Abs. 2 RPflG) einlegen • gerade bei Vergütungsfestsetzungen dürfte der Insolvenzverwalter ein Interesse an der Rechtskraft der Entscheidung haben, sofern er nicht selbst Beschwerde einlegen möchte	
33.	Beschwerde	• Befugnis zur sofortigen Beschwerde gegen den Festsetzungsbeschluss gem. § 64 Abs. 3 InsO i.V.m. § 569 Abs. 1 ZPO für – Insolvenzverwalter – Schuldner – jeden Insolvenzgläubiger • gesetzliche Regelung in § 64 Abs. 3 InsO • wegen weiterer Informationen: s. gesonderte Checkliste	Checkliste Rechtsmittel
34.	Erinnerung	• Erinnerung gegen Festsetzungsbeschlüsse des Rechtspflegers (§ 3 Nr. 2e) RPflG) gem. § 11 Abs. 2 RPflG möglich • wg. weiterer Informationen: s. gesonderte Checkliste	Checkliste Rechtsmittel
35.	Beschwerdefrist	• Einlegung der Beschwerde innerhalb einer Notfrist von zwei Wochen gem. § 569 Abs. 1 ZPO – ab persönlicher Zustellung der Entscheidung – ab 3. Tag nach der öffentlichen Bekanntmachung gem. § 9 InsO – soweit das Datum vor der persönlichen Zustellung liegt	Koeplin, Zur Einlegung der sofortigen Beschwerde im Insolvenzverfahren, InsbürO 2011, 91 ff. Fristberechnung für Beschwerde: BGH v. 24.3.2016 – IX ZB 67/14 (Rn. 7, 8) in InsbürO 2016, 254, ZInsO 2016, 867
36.	Öffentliche Bekanntmachung	• gem. § 9 Abs. 1 InsO erfolgt die öffentliche Bekanntmachung über eine zentrale und länderübergreifende Veröffentlichung im Internet • die öffentliche Bekanntmachung hat Zustellungswirkung: s. vorstehend • Vergütungsfestsetzungsbeschlüsse sind gem. § 64 Abs. 2 InsO öffentlich bekannt zu machen: – nach § 9 Abs. 1 InsO (= öffentliche Bekanntmachung) kann die Veröffentlichung auszugsweise geschehen – gem. § 64 Abs. 3 Satz 2 InsO sind die festgesetzten Beträge nicht zu veröffentlichen – aber nach BGH-Rechtsprechung sind die für das Verständnis der Festsetzung maßgeblichen Teile der Beschlussgründe (Berechnungsgrundlage, Zu- und Abschläge) zu veröffentlichen (Rn. 26 der BGH-Entscheidung: s. rechts) – ohne diese Angaben erfolgt keine Zustellungswirkung – werden diese Kriterien bei der Veröffentlichung nicht berücksichtigt, beginnt die Beschwerdefrist erst nach Ablauf von fünf Monaten nach dem Erlass der Entscheidung für diejenigen, an die keine persönliche Zustellung erfolgt (= Insolvenzgläubiger) (Rn. 38 ff. der BGH-Rechtsprechung: s. rechts) • damit besteht die Gefahr des fehlenden Eintritts der Rechtskraft bei fehlerhafter Veröffentlichung • Gesetzesentwurf zu Änderungen der InsOBekV per Aug. 2018; Verbände (z.B. VID, Gravenbrucher Kreis) fordern die Berücksichtigung vorstehender Problematik wg. BGH (s. rechts) (InsbürO 2018, 414) (per Stand 5/2019: noch keine Verabschiedung von gesetzlichen Änderungen)	Fristberechnung für Beschwerde: BGH v. 24.3.2016 – IX ZB 67/14 (Rn. 7, 8) in InsbürO 2016, 254, ZInsO 2016, 867 Voraussetzung für eine wirksame öffentliche Bekanntmachung (Nennung grundlegender Aspekte für die Vergütungsfestsetzung): BGH v. 14.12.2017 – IX ZB 65/16 in InsbürO 2018, 116, ZInsO 2018, 135 InsbürO aktuell – 2018, 90: Reaktionen auf den vorstehenden Beschluss zur öffentlichen Bekanntmachung beabsichtigte Änderungen in InsOBekV: www.bmjv.de > Service > aktuelle Gesetzgebungsverfahren > Stichwort »InsOBekV« Stellungnahmen dazu von Verbänden: InsbürO 2018, 414

Nr.	Schritt	Checkliste Vergütungsanträge: Erläuterung	Hilfsmittel
37.	Entnahme	• eine Entnahme der Vergütung ist nach Erlass des Vergütungsfestsetzungsbeschlusses möglich • Rechtskraft ist nicht erforderlich (s. Rechtsprechung) • bei ggf. späterer Änderung und zu hoher Entnahme: Anwendung von § 717 Abs. 2 ZPO (= Wirkungen eines aufhebenden oder ändernden Urteils = Schadensersatzpflicht): – Rückzahlung an die Insolvenzmasse und Zinszahlung ab dem Tag der Entnahme gem. §§ 291, 288 BGB	Entnahmerecht vor Rechtskraft, aber Verzinsung bei Rückzahlung: BGH v. 20.3.2014 – IX ZR 25/12 (Rn. 13) in InsbürO 2014, 535, ZInsO 2014, 1438
38.	Ergänzender Vergütungsantrag	• nachträglicher Vergütungsantrag bis zur Verfahrensbeendigung (Aufhebung oder Einstellung) möglich (s. Rechtsprechung) • Grund: weitere Zahlungseingänge seit Einreichung der Schlussrechnung • berücksichtigt der Insolvenzverwalter sicher zu erwartende Einnahmen zum Zeitpunkt der Schlussrechnungslegung nicht, führt dies nicht zur Präklusion (= Ausschluss) einer weiteren Vergütungsfestsetzung (Rn. 10 der BGH-Entscheidung: s. rechts) • Zeitpunkt der Antragstellung: in der praktischen Umsetzung bis zur Verteilung des Massebestandes, spätestens bis zur Verfahrensaufhebung: – nach BGH-Rechtsprechung hängt die Schlussverteilung und Verfahrensaufhebung aber nicht von einer rechtskräftigen Vergütungsfestsetzung ab (Rn. 20, 21) – es können Rückstellungen für etwaige beantragte Vergütungsansprüche gebildet werden, so dass die Verteilung an die Gläubiger unabhängig von einer weiteren Vergütungsfestsetzung erfolgen kann • Einnahmendifferenz und Vergütungsdifferenz ermitteln, Prüfung, ob sich ein ergänzender Antrag lohnt, insoweit Abstimmung mit dem Verwalter	Ergänzender Vergütungsanspruch bis zur Verfahrensaufhebung: BGH v. 20.7.2017 – IX ZB 75/16 (Rn. 8 m.w.N.) in InsbürO 2017, 436, ZInsO 2017, 1810 Verteilung und Verfahrensaufhebung hindern keine weitere Vergütungsfestsetzung: BGH v. 20.7.2017 – IX ZB 75/16 (Rn. 20, 21) in InsbürO 2017, 436, ZInsO 2017, 1810 Muster 347: »Ergänzender Vergütungsantrag«
39.	Gläubigerausschuss	• Regelung für Vergütungsansprüche von Gläubigerausschussmitgliedern in § 17 InsVV • s. wegen näherer Informationen in gesonderte Checkliste	Checkliste Gläubigerausschuss
40.	Sachverständiger	• Tätigkeit als Sachverständiger im Insolvenzeröffnungsverfahren gem. § 5 InsO: Abrechnung erfolgt nach dem JVEG • s. Erläuterung in gesonderter Checkliste und Muster	Checkliste Gutachten Muster 170 – 171 (Gutachten): »Gutachtenabrechnung« (zwei Varianten) Muster 172 (Gutachten): »Gutachtenabrechnung – Stundenaufstellung«
41.	Insolvenzplan	• die Vermögenswerte sind wegen der i.d.R. fehlenden Verwertung gem. § 1 Abs. 1 S. 2 InsVV für die Ermittlung der Berechnungsgrundlage zu schätzen • etwaige Abzüge gem. § 1 Abs. 2 InsVV auch im Planverfahren vorzunehmen (s. allerdings Bedenken Graeber vorstehend Nr. 14) • siehe wegen weiterer Erläuterungen (Hauptverfahren, Überwachungsphase u.a.) in die gesonderte Checkliste • wichtig: eine Vergütungsregelung im Insolvenzplan ist für das Insolvenzgericht nicht bindend – nach BGH-Rechtsprechung ist das Insolvenzgericht für die Festsetzung zuständig, eine Abweichung für das Planverfahren ist nicht geregelt – Unabhängigkeit des Insolvenzverwalters = Neutralität in sämtliche Richtungen	Checkliste Insolvenzplanverfahren Keine bindende Vergütungsregelung im Plan: BGH v. 16.2.2017 – IX ZB 103/15 in InsbürO 2017, 207, ZInsO 2017, 538,

Nr.	Schritt	Checkliste Vergütungsanträge: Erläuterung	Hilfsmittel
42.	Sachwalter	• Vergütungsanspruch ergibt sich aus § 274 Abs. 1 InsO i.V.m. §§ 62 – 65 InsO • insoweit: Regelung in § 12 Abs. 1 InsVV = 60 % der Regelvergütung des Insolvenzverwalters • keine Vergütungsregelung in der InsVV für den vorläufigen Sachwalter: dazu aber BGH-Rechtsprechung: – einheitlicher Vergütungsanspruch für das Eröffnungs- und das eröffnete Verfahren am Ende des Verfahrens: Festsetzung erst am Ende der Eigenverwaltung im eröffneten Verfahren – Vergütungssatz für die vorläufige Eigenverwaltung: 25 % von 60 % – vorläufiger Sachwalter kann einen Vorschuss beantragen • wichtig bei beiden Vergütungsansprüchen: Vergütungsanspruch nur für Tätigkeiten, die dem (vorläufigen) Eigenverwalter obliegen – Tätigkeiten über sein Aufgabenfeld hinaus bleiben unberücksichtigt (s. Rechtsprechung rechts) • wird das Verfahren nicht eröffnet, wird die Vergütung eines etwaigen vorläufigen Eigenverwalters analog § 26a InsO festgesetzt (s. AG Köln rechts) • s. wegen näherer Erläuterungen in gesonderte Checkliste	Checkliste Eigenverwaltung Berechnung des Vergütungsanspruches des vorläufigen Sachwalters: BGH v. 21.7.2016 – IX ZB 70/14 in InsbürO 2016, 403, ZInsO 2016, 1637 Tätigkeitsbereich des vorl. Sachwalters und entsprechende Zuschlagsgewährung (Ausführungen zu 5 Bereichen): BGH v. 22.6.2017 – IX ZB 91/15 (m.w.N.) in InsbürO 2018, 13, ZInsO 2017, 1813 Festsetzung bei fehlender Eröffnung: AG Köln v. 73 IN 411/16 in InsbürO 2017, 217, ZInsO 2017, 514 ——— Haarmeyer, Die (neue) Vergütung des Sachwalters, InsbürO 2016, 440 ff. Amberger, Die Vergütung des (vorläufigen) Sachwalters – ein Musterantrag, InsbürO 2018, 93 ff.
43.	Treuhändervergütung – RSB-Phase	• Regelung für den Vergütungsanspruch des Treuhänders in der RSB-Phase in § 293 InsO i.V.m. § 63 Abs. 2, §§ 64 und 65 InsO • Berechnung gem. § 14 InsVV: Staffelsatz oder Mindestvergütung von 100 EUR pro Jahr der Tätigkeit, je nach Gläubigeranzahl höher • wg. Fragen zur Berechnungsgrundlage s. Literaturtipp Zimmer, bspw.: – Erbschaften werden gem. § 14 Abs. 1 InsO (= auf andere Weise) berücksichtigt • Voraussetzungen für die Erhöhung der Mindestvergütung (s. Literaturtipp Zimmer): – qualitativ: Verteilung wird durchgeführt – quantitativ: Anzahl der Gläubiger • nach BGH-Rechtsprechung: die Vergütungserhöhung gem. § 14 Abs. 3 Satz 2 InsO tritt für je 5 Gläubiger an, die bei einer Verteilung berücksichtigt werden (s. zur Berechnung auch Hinweise im Muster) • Vorschussentnahme gem. § 16 Abs. 2 InsVV möglich – aus den erzielten Einnahmen: ohne Zustimmung des Gerichtes – bei Kostenstundung: mit Zustimmung • bei Auftrag zur Überwachung der Obliegenheiten gem. § 292 Abs. 2 InsO: gesonderter Vergütungsanspruch gem. § 15 InsVV (i.d.R. keine Praxisrelevanz) • Zahlungspflicht des Schuldners für jährliche Mindestvergütung gem. § 298 InsO bei fehlender Kostenstundung, ansonsten droht Versagung der Restschuldbefreiung • wg. Fragestellungen bei Teil-Nichtzahlung der Mindestvergütung: s. Literaturtipp rechts (Voraussetzungen Antrag, Anrechnung Teilzahlung nach § 367 BGB, erhöhter Vergütungsanspruch wg. Gläubigeranzahl, Vollstreckung des Treuhänders aus Vergütungsbeschluss)	Muster 353: »RSB-Phase – Vorschussrechnung« Muster 352: »RSB-Phase – Abschluss-Vergütungsantrag« ——— RSB-Phase – je 5 Gläubiger: BGH v. 16.12.2010 – IX ZB 261/09 in InsbürO 2011, 114, ZInsO 2011, 247 ——— Zimmer, Erhöhung der Treuhändervergütung nach § 14 Abs. 1 Satz 2 InsVV, InsbürO 2016, 143 ff. Graeber, Die Nichtzahlung der Mindestvergütung gem. § 298 InsO und ihre Folgen, InsbürO 2015, 459 ff. Lissner, InsVV für Greenhorns: Die Vergütung des Treuhänders nach § 293 InsO, Teil 1: InsbürO 2016, 372 ff., Teil 2: InsbürO 2016, 416 ff.

Nr.	Schritt	Checkliste Vergütungsanträge: Erläuterung	Hilfsmittel
44.	Vorläufige Verwaltung – Festsetzung	• das Insolvenzgericht ist für die Festsetzung zuständig – im Falle der Verfahrenseröffnung gem. §§ 10, 11 InsVV i.V.m. § 8 Abs. 1 InsVV – im Falle der Nichteröffnung ergibt sich die Zuständigkeit des Insolvenzgerichtes für die Festsetzung der Vergütung aus § 26a InsO und sodann den Regelungen gem. §§ 10, 11 InsVV i.V.m. § 8 Abs. 1 InsVV	
45.	Vorläufige Verwaltung – Regelvergütung	• Regelsatz für die Vergütung des vorläufigen Verwalters gem. § 63 Abs. 3 InsO: 25 % der Vergütung nach § 2 InsVV • Berechnungsgrundlage: Vermögen, auf das sich die Tätigkeit des vorl. IV während des Eröffnungsverfahrens bezogen hat (§ 63 Abs. 3 InsO) • Ermittlung der Berechnungsgrundlage für die Vergütungsberechnung i.d.R. schwierig, erfordert umfassende Kenntnisse • je nach Abrechnungszeitpunkt (vor Abschluss der Verwertung oder erst zum Zeitpunkt der Schlussrechnungslegung im eröffneten Verfahren): Schätzwerte oder tatsächlich erzielte Erlöse als Verkehrswerte – bei Schätzung: Mitteilung über tatsächlich erzielte Erlöse muss gem. § 63 Abs. 3 InsO i.V.m. § 11 Abs. 2 InsVV mit Schlussrechnung erfolgen – ggf. Abänderung der Vergütungsfestsetzung bei Wertdifferenz von mehr als 20 % – aber: nur Änderung der Berechnungsgrundlage und ggf. dadurch veränderte Vergütung, keine Änderung des festgesetzten Regelsatzes • für Schätzung: Abstimmung mit zuständigen Sachbearbeitern für Vergütungsanträge oder durch Insolvenzverwalter selbst bezüglich der anzusetzenden Werte • über § 10 InsVV gelten die Vorschriften der §§ 1 – 9 InsVV (= Auslagen, Umsatzsteuer, Zuschläge etc.) auch für die Vergütung des vorläufigen Verwalters • viele BGH-Entscheidungen und mehrfache Gesetzesänderungen zur Berechnungsgrundlage bezüglich der Berücksichtigung von Aus- und Absonderungsrechten – ein Überblick findet sich in einer Anmerkung zu einer diesbezüglichen Vergütungsentscheidung des AG Hannover – heutige Regelung in § 11 Abs. 1 Satz 2 InsVV n.F. gilt in allen beantragten Verfahren ab dem 19.07.2013	Muster 356: »Vorläufige Verwaltung – Vergütungsantrag einfach« Muster 357: »Vorläufige Verwaltung – Vergütungsantrag – aufwändig – Einleitung« ——— Erhebliche Befassung Voraussetzung der Berücksichtigung von Absonderungswerten: AG Hannover v. 18.4.2017 – 903 IN 172/16 – 0 – in InsbürO 2017, 381 mit Anmerkung Heyn (Überblick über Änderungen seit Inkrafttreten der InsVV) Berechnungsgrundlage für Stichtag 19.07.2013: BGH v. 14.07.2016 – IX ZB 46/14 in InsbürO 2016, 403, ZInsO 2016, 1653 ——— Prasser, Die Berücksichtigung von Aus- und Absonderungsrechten bei der Vergütung des vorläufigen Insolvenzverwalters nach altem und neuem Recht, InsbürO 2017, 14 ff.
46.	Vorläufige Verwaltung – Zuschläge	• Zuschläge werden i.d.R. auch nur i.H.v. 25 % der Zuschlagshöhe im eröffneten Verfahren zugebilligt • das gilt dann nicht, wenn die Tätigkeit den vorläufigen Insolvenzverwalter genauso belasten wie den endgültigen Verwalter – Beispiel: Betriebsfortführung • siehe in die Kommentierungen zur InsVV	Gleiche Höhe der Zuschläge bei gleicher Belastung: BGH v. 22.9.2016 – IX ZB 71/14 (Rn. 44 m.w.N.) in InsbürO 2016, 514, ZInsO 2016, 2077
47.	Vorläufige Verwaltung – Mindestvergütung	• die Regelung zur Mindestvergütung des § 2 Abs. 2 InsVV greift auch für die Vergütung des vorläufigen Verwalters – es erfolgt insoweit i.d.R. keine Kürzung auf 25 % des Betrages gem. § 2 Abs. 2 InsVV (= 250,00 EUR statt 1.000 EUR) • BGH hat diese bestätigt, lässt aber eine Kürzung in besonderen Ausnahmefällen zu • liegt eine Kostenstundung für das Eröffnungsverfahren vor, kann für die vorläufige Verwaltung die Mindestvergütung gegenüber der Staatskasse abgerechnet werden – soweit die vorhandene Masse zum Ausgleich nicht ausreicht: s. vorstehend »Kostenstundung« wg. Problematik der Erstattungshöhe und Literaturtipp rechts • ohne Kostenstundung kann ein Vergütungsbeschluss dennoch erwirkt werden, der als Vollstreckungstitel gegen den Schuldner dient, soweit die vorhandene Masse nicht zum Ausgleich ausreicht	Kürzung der Mindestvergütung des vorläufigen Verwalters nur in Ausnahmefällen: BGH v. 13.7.2016 – IX ZB 104/05 (Rn. 40, 41) in ZInsO 2006, 811 Stapper/Häußner, Reform der Mindestvergütung des vorläufigen Insolvenzverwalters? ZInsO 2014, 2349 (= ungekürzte Mindestvergütung)

Nr.	Schritt	Checkliste Vergütungsanträge: Erläuterung	Hilfsmittel
48.	Literaturtipps	• Graeber/Graeber, Insolvenzrechtliche Vergütungsverordnung – Kommentar, Graeber-Verlag • Lorenz/Klanke, InsVV, GKG, RVG – Kommentar zu Vergütung und Kosten in der Insolvenz, Luchterhand-Verlag • Zimmer, InsVV – Kommentar, RWS-Verlag • Haarmeyer/Mock, Insolvenzrechtliche Vergütung, Beck-Verlag • Weigelt, Die RVG-Abrechnung im Insolvenzverfahren, InsbürO 2013, 104 ff. • Graeber/Graeber, Vergütungsrecht in der Insolvenzpraxis: Ansprüche aus ungerechtfertigter Bereicherung im Insolvenzverfahren und deren Auswirkungen auf die Vergütung des Insolvenzverwalters, InsbürO 2017, 487 ff. • Graeber, Vergütungsrecht in der Insolvenzpraxis: Kein Ausgleich für eine Geldentwertung/Kein Inflationsausgleich bei der Verwaltervergütung, InsbürO 2017, 403 ff.	

Checkliste 72: Verjährungsfristen

150 Im Insolvenzverfahren ist eine Vielzahl von Verjährungsfristen von Bedeutung. Sie spielen vor allem bei der Bearbeitung der Insolvenztabelle, im Rahmen des Forderungseinzuges oder bei der Geltendmachung von Haftungsansprüchen gegen Dritte eine große Rolle. Spezielle insolvenzrechtliche Verjährungsfristen betreffen insbesondere die Verfahrensabwicklung an sich und die Berichtspflichten des Insolvenzverwalters. Aufgrund der Komplexität der Verjährungsthematik kann nachfolgend nur ein grober Überblick gegeben werden. Im Literaturtipp findet sich eine detailliertere Übersicht, die aber ebenfalls keinen Anspruch auf Vollständigkeit erhebt. Bei Unsicherheiten ist der genaue Wortlaut des Gesetzestextes heranzuziehen und ggf. Rücksprache mit dem Insolvenzverwalter zu nehmen.

(Die Übersicht gibt zunächst allgemeine Informationen und ist im Anschluss daran als Nachschlagewerk nach einzelnen Sachbereichen alphabetisch sortiert.)

151

Nr.	Thema	Checkliste Verjährungsfristen: Erläuterung	Hilfsmittel
1.	Allgemeines	• Regelungen im BGB beachten • spezielle Regelungen in der InsO beachten • grundlegend: »regelmäßige Verjährungsfrist« = s. nachfolgend	
2.	Regelmäßige Verjährungsfrist	• gesetzliche Regelung in § 195 BGB: drei Jahre • anzuwenden für alle Ansprüche, die seit dem 1.1.2002 fällig geworden sind • Fristbeginn (§ 199 Abs. 1 BGB): Ende des Jahres, in dem – Anspruch entstanden oder – Kenntnis von Anspruch begründenden Umständen erlangt wurde	Bsp.: • Warenlieferung im Juni 2018 im Werte von 2.000,00 EUR mit gleichzeitiger Rechnungsstellung • Verjährungsfrist beginnt am 01.01.2019 • Verjährung damit mit Ablauf des 31.12.2021
3.	Regelmäßige Verjährungsfrist: Anwendungsbereich	• die dreijährige Verjährungsfrist gilt auch für – Ansprüche zwischen Gewerbetreibenden (früher: vier Jahre) – Rückforderungen aus Darlehen, Bürgschaften, abstrakten Schuldanerkenntnissen (früher: 30 Jahre)	
4.	Spezielle Verjährungsfristen	• neben der dreijährigen Verjährungsfrist des § 195 BGB gibt es einige Ausnahmeregelungen • diese werden nachfolgend jeweils genannt, soweit sie zutreffen	
5.	Beginn der Verjährungsfrist	• die Verjährungsfrist beginnt mit dem Schluss des Jahres (§ 199 Abs. 1 BGB) • Bsp. bei Mängelbeseitigung: – eine Leistungsaufforderung durch den Gläubiger ist nicht erforderlich: Fristablauf zur Nachbesserung setzt Selbsteintrittsrecht und damit Verjährung in Gang – ansonsten könnte Gläubiger den Verjährungsbeginn bestimmen	Zur Verjährungsfrist bei Mängelbeseitigung: BGH v. 11.9.2012 – XI ZR 56/11 in WKRS 2012, 25812

Nr.	Thema	Checkliste Verjährungsfristen: Erläuterung	Hilfsmittel
6.	Fristberechnung	• bei der Berechnung von Fristen sind die gesetzlichen Regelungen zu beachten: – Wann beginnt eine Frist? Wann endet eine Frist? – Wie wird die Verjährungsfrist demnach berechnet? • s. in die nachfolgenden Ausführungen	
7.	»Ereignisfrist« Fristbeginn gem. § 187 Abs. 1 BGB	• Ist für den Anfang einer Frist ein Ereignis oder ein in den Lauf des Tages fallender Zeitpunkt maßgebend, so wird bei der Berechnung der Frist der Tag nicht mitgerechnet, in welchen das Ereignis oder der Zeitpunkt fällt.	Bsp.: • Lieferung an Kunden am 10.06.2016 und Übergabe Rechnung • Verjährungsbeginn nach § 199 Abs. 1 BGB mit Schluss des Jahres, in dem Anspruch entstanden ist, also 31.12.2016 • der 31.12.2016 wird nicht mitgerechnet • Beginn: 01.01.2017 und Ablauf der Frist: 31.12.2019
8.	»Beginnfrist« Fristbeginn gem. § 187 Abs. 2 BGB	• Ist der Beginn eines Tages der für den Anfang einer Frist maßgebende Zeitpunkt, so wird dieser Tag bei der Berechnung der Frist nach § 187 Abs. 2 BGB mitgerechnet	Bsp.: • Lieferant stellt am 16.11.2017 Antrag auf Erlass eines Mahnbescheides • ab diesem Tag tritt gem. § 204 Abs. 1 Nr. 1 BGB die Hemmung der Verjährung ein
9.	Fristende	• Regelung in § 188 BGB • eine nach Tagen bestimmte Frist endigt nach § 188 Abs. 1 BGB mit dem Ablauf des letzten Tages der Frist • ist eine Frist nach Wochen, nach Monaten oder nach einem längeren Zeitraum, z. B. Jahr, halbes Jahr etc., bestimmt, so ist § 188 Abs. 2 BGB zu berücksichtigen • in § 188 Abs. 2 BGB wird unterschieden zwischen der Ereignis- und Beginnfrist des § 187 BGB: s. vorstehend	Bsp.: • Lieferung an Kunden am 10.06.2017 und Übergabe Rechnung • Verjährungsbeginn nach § 199 Abs. 1 BGB mit Schluss des Jahres, in dem Anspruch entstanden ist, also 31.12.2017 • Fristberechnung gem. § 187 Abs. 1 BGB • Beginn: 01.01.2018 und Ablauf der Frist: 31.12.2020 • der 31.12.2020 ist der letzte Tag der Frist
10.	Fristverschiebung	• Regelung in § 193 BGB • Fällt ein Fristbeginn oder der letzte Tag einer Frist, also ein Fristende, auf einen Sonntag, einen am Erklärungs- oder Leistungsort staatlich anerkannten allgemeinen Feiertag oder einen Sonnabend, so tritt gem. § 193 BGB an die Stelle eines solchen Tages der nächste Werktag	
11.	Hemmung – Forderungsanmeldung	• Hemmung tritt nach § 204 Abs. 1 Nr. 10 BGB mit der Forderungsanmeldung ein • Hemmung endet sechs Monate nach Beendigung des Insolvenzverfahrens (§ 204 Abs. 2 BGB) • bei Anschluss der RSB-Phase: Hemmung gem. § 206 BGB (wg. höherer Gewalt) i.V.m. § 294 InsO (= Vollstreckungsverbot)	
12.	Hemmung – Forderungsanmeldung – eigene	• bei Ansprüchen des Insolvenzschuldners gegen Drittschuldner: Verjährungsfrist gem. § 195 ff. BGB beachten • rechtzeitige Anmeldung der Forderungen im dortigen Insolvenzverfahren	

Nr.	Thema	Checkliste Verjährungsfristen: Erläuterung	Hilfsmittel
13.	Hemmung – Forderungsanmeldung – mangelhaft	• Hemmung gem. § 204 Abs. 1 Nr. 10 BGB tritt nur ein bei ordnungsgemäßer Anmeldung i.S.d. § 174 InsO • bei Ablehnung der Aufnahme in die Insolvenztabelle: keine Hemmung	Hamburger Kommentar zum Insolvenzrecht, 7. Aufl., Preß/Henningsmeier, § 174 Rn. 35
14.	Hemmung – nachrangige Forderungen	• Möglichkeit zur Anmeldung erst bei Aufforderung gem. § 174 Abs. 3 Satz 1 InsO • daher: keine Hemmung gem. § 204 Abs. 1 Nr. 10 BGB • in Literatur vertreten: Hemmung gem. § 206 BGB (= wg. höherer Gewalt)	
15.	Hemmung – PKH-Antrag	• Verjährungshemmung kann durch PKH-Antrag gem. § 204 Abs. 1 Nr. 14 BGB eintreten • dafür Hinweis an das Prozessgericht wg. alsbaldiger Zustellung an Gegenseite	
16.	Hemmung – Ende	• gem. § 204 Abs. 2 BGB endet eine Hemmung sechs Monate nach der rechtskräftigen Entscheidung oder anderweitigen Beendigung des eingeleiteten Verfahrens	
17.	Neubeginn der Verjährung	• Wird eine Vollstreckungsmaßnahme beantragt oder durchgeführt, beginnt die Verjährung erneut (§ 212 Abs. 1 BGB) • dies gilt auch bei einer Abschlagszahlung, Zinszahlung oder Sicherheitsleistung (§ 212 Abs. 1 BGB)	
18.	Masseunzulänglichkeit	• keine gesetzliche Regelung, ob die Verjährung der Masseverbindlichkeiten nach Anzeige der MUZ gehemmt wird • nach BGH-Rechtsprechung: nein • Alt-Massegläubiger müssen von sich aus Sorge für die Verhinderung des Eintritts der Verjährung tragen, • ausdrückliche Geltendmachung des Anspruches durch Gläubiger mit z.B. dem Ziel, durch Einigung mit Insolvenzverwalter, der eine Verjährungsverzichtserklärung abgibt, eine Feststellungsklage zu verhindern	Keine Hemmung der Verjährung: BGH v. 14.12.2017 – IX ZR 118/17 in InsbürO 2018, 212, ZInsO 2018, 314
19.	Einrede der Verjährung	• die Forderungsanmeldungen zur Insolvenztabelle sind auf mögliche verjährte Forderungen zu prüfen • Insolvenzverwalter muss zum Schutz der Insolvenzmasse die Einrede der Verjährung erheben (§ 214 BGB), wenn verjährte Ansprüche gegen die Insolvenzmasse geltend gemacht werden • ansonsten droht Haftung gem. § 60 InsO	Hamburger Kommentar zum Insolvenzrecht, 7. Aufl., Lüdtke, § 38 Rn. 22 i.V.m. § 178 Rn. 8 Chatroom, Frage 3: Erhebung der Einrede der Verjährung? InsbürO 2007, 197 f.
20.	Literaturtipp	• Deppe, Verjährungsfristen – ein tabellarischer Überblick mit über 80 einzelnen Sachverhalten, InsbürO 2016, 493 ff.	
		Verjährungsfristen nach Sachbereichen, alphabetisch sortiert	
21.	Absonderungsrechte	• Verjährungsfrist umstritten: 30 Jahre oder 3 Jahre: s. Literaturtipp	Wegener, Die Verjährung von Aus- und Absonderungsrechten in der Insolvenz, InsbürO 2012, 67 ff.
22.	Anfechtungsansprüche	• Regelmäßige Verjährung gem. § 146 Abs. 1 InsO i.V.m. § 195 BGB: drei Jahre, beginnend mit dem Ende des Jahres – in dem die Eröffnung erfolgt (§ 199 Abs. 1 Nr. 1 BGB) oder – in dem die Kenntnis über mögliche Anfechtungstatbestände (§ 199 Abs. 1 Nr. 2 BGB) erlangt wurde, • insoweit Fristen und Wiedervorlagen notieren	Insolvenz-Software Wiedervorlagen-Kalender
23.	Aussonderungsrechte	• i.d.R. Verjährungsfrist von 30 Jahren gem. § 985 BGB i.V.m. § 197 Abs. 1 Nr. 2 BGB • s. auch Literaturtipp	Wegener, Die Verjährung von Aus- und Absonderungsrechten in der Insolvenz, InsbürO 2012, 67 ff.

Nr.	Thema	Checkliste Verjährungsfristen: Erläuterung	Hilfsmittel
24.	Betriebskostennachforderung	• Anspruch des Vermieters entsteht mit Kenntnis über die den Anspruch begründenden Umstände (z.B. Grundsteuerbescheid), § 199 Abs. 1 Nr. 2 BGB • vorherige Betriebskostenabrechnung mit Hinweis auf mögliche Nachberechnung schließt Nachforderungsanspruch nicht aus • gem. § 556 Abs. 3 Satz 2 BGB muss der Vermieter die Betriebskostenabrechnung innerhalb von 12 Monaten nach Ablauf des Abrechnungszeitraums vornehmen • nach Ablauf dieser Frist ist die Geltendmachung ausgeschlossen: § 556 Abs. 3 Satz 3 BGB • dies gilt nicht, wenn der Vermieter dies nicht zu vertreten hat: § 556 Abs. 3 Satz 3 BGB i.V.m. § 199 Abs. 1 Nr. 2 BGB	Zur Verjährungsfrist betr. Betriebskostennachforderung: BGH v. 12.12.2012 – VIII ZR 264/12 in InsbürO 2013, 245, WKRS 2012, 30235
25.	Deliktforderung (spez. VF)	• Schadensersatzansprüche gem. § 823 Abs. 2 BGB i.V.m. § 266a StGB oder anderen Schutzgesetzen unterliegen der 5-jährigen Verjährung gem. § 78 Abs. 3 Nr. 4 StGB • bei der Forderungsprüfung ist dies zu beachten	
26.	Gesellschaftsrechtliche Ansprüche	• Unterschiedliche Verjährungsfristen für verschiedene Ansprüche gegen Gesellschafter oder Geschäftsführer	Checkliste Haftungsansprüche – einzelne Ansprüche im Überblick
27.	Grundstücke (spez. VF)	• 10-jährige Verjährung für Ansprüche auf Übertragung des Eigentums an Grundstücken oder Rechten an diesen (§ 196 BGB)	
28.	Insolvenzplan	• besondere Verjährungsfrist für Forderungen, die bis zum Abstimmungstermin nicht angemeldet worden sind: innerhalb eines Jahres gem. § 259b Abs. 1 InsO • Beginn der Verjährungsfrist: Fälligkeit der Forderung und Eintritt der Rechtskraft des Bestätigungsbeschlusses gem. § 248 i.V.m. § 253 InsO • Anwendung dieser Verjährungsfrist nur, wenn sie kürzer ist als bei Anwendung der ansonsten geltenden Verjährungsfrist (§ 259b Abs. 3 InsO) • Hemmung gem. § 259b Abs. 4 InsO bei Vollstreckungsschutz gem. § 259a InsO möglich (= Anordnung des Insolvenzgerichtes)	
29.	Mietverhältnis (spez. VF)	• Verjährung von sechs Monaten bei Schadensersatz aus Mietverhältnis (§ 548 Abs. 1 Satz 1 BGB) • Frist läuft ab Rückgabe der Mietsache (§ 548 Abs. 1 Satz 2 BGB).	
30.	Rechnungslegungspflicht gem. § 66 InsO	• gem. § 62 InsO verjähren Schadensersatzansprüche wegen einer Pflichtverletzung des Insolvenzverwalters in drei Jahren • ein vorläufiger Insolvenzverwalter hat ebenfalls Rechnung gem. § 66 InsO i.V.m. § 21 Abs. 2 Nr. 1 InsO zu legen • die Rechnungslegung dient der Feststellung der ordnungsmäßigen Abwicklung • nach einer Entscheidung des LG Münster hat das Insolvenzgericht daher keinen Anspruch mehr auf Rechnungslegung, wenn ab dem Ende des Jahres der Insolvenzeröffnung drei Jahre vergangen sind (§ 195 BGB) • allerdings: Rechnungslegung liegt im eigenen Interesse zur Dokumentation der ordnungsgemäßen Tätigkeit	nach Verjährungseintritt kein Anspruch auf Rechnungslegung: LG Münster v. 2.5.2011 – 5 T 817/10 in InsbürO 2013, 75
31.	Sachverständigenvergütung	• es gilt eine Verjährungsfrist von drei Monaten ab Abgabe des Gutachtens gem. § 2 Abs. 1 Nr. 1 JVEG • Voraussetzung für Verjährungseintritt: Belehrung durch das Insolvenzgericht ist erfolgt (§ 2 Abs. 1 JVEG)	Checkliste Gutachten: Abrechnungsfrist
32.	Schadensersatzansprüche – Verletzung Körper (spez. VJ)	• 30 Jahre Verjährungsfrist für Schadensersatzansprüche wg. Verletzung des Körpers, der Gesundheit etc. (§ 199 Abs. 2 BGB) • Frist beginnt mit dem den Schaden auslösenden Ereignis	

Nr.	Thema	Checkliste Verjährungsfristen: Erläuterung	Hilfsmittel
33.	Schadensersatz-ansprüche – sonstige (spez. VJ)	• 10-jährige Verjährungsfrist für sonstige Schadensersatzansprüche (§ 199 Abs. 3 BGB) • Frist beginnt mit Entstehung des Anspruches	
34.	Sozialplanansprüche	• Sozialplanansprüche unterliegen der regelmäßigen Verjährung gem. § 195 BGB • früher: 30 Jahre, aber seit 01.01.2002 Änderung in § 195 BGB • ob eine Hemmung von Sozialplanansprüchen nach § 123 Abs. 2 InsO bei Anzeige der Masseunzulänglichkeit eintritt, war lange in der Literatur umstritten • nunmehr BGH-Rechtsprechung: Massegläubiger ist an der Erhebung einer Feststellungsklage bei Anzeige der MUZ nicht gehindert sind, um eine Hemmung zu erwirken, ggf. durch diese Möglichkeit auch Einigung mit dem Verwalter auf Verjährungsverzichtserklärung	keine Hemmung der Verjährung: BGH v. 14.12.2017 – IX ZR 118/17 in InsbürO 2018, 212, ZInsO 2018, 314
35.	Sozialversicherungs-ansprüche	• Verjährungsfristen in § 25 SGB IV: ausschließlich und einheitlich • Regelungen im BGH nur bzgl. Hemmung, Ablaufhemmung, Neubeginn anwendbar • für Ermittlung der Verjährungsfrist Unterscheidung zwischen – »einfachen« Sozialbeiträgen (4 Jahre nach Ablauf Kalenderjahr, in dem Fälligkeit eintrat, aber unanfechtbarer Beitragsbescheid: 30 Jahre) – vorsätzlich vorenthaltenen Beiträgen (30 Jahre nach Ablauf Kalenderjahr, in dem Fälligkeit eintrat)	Kannengießer, Verjährung von Sozialversicherungsbeiträgen, InsbürO 2014, 176 ff.
36.	Verbraucherdar-lehensvertrag	• Darlehensrückzahlungsanspruch des Darlehensgebers gem. § 488 Abs. 1 Satz 2 BGB • Hemmung der Verjährungsfrist gem. § 497 Abs. 3 BGB von höchstens 10 Jahren Abzug • diese Hemmung gilt für die Ansprüche auf Darlehensrückzahlung und Zinsen • sie soll nach der Rechtsprechung nicht gelten für den durch Kündigung entstehenden Anspruch auf Zahlung der gesamten Restschuld (s. rechts): dann gilt die Regelverjährung von drei Jahren gem. §§ 195, 199 BGB	Keine Hemmung des Zahlungsanspruchs bei Kündigung: LG München v. 19.09.2018 – 35 O 3953/18 in InsbürO 2019, 157, ZInsO 2018, 2599 ebenso: LG Hamburg v. 29.12.2017 – 307 O 142/16 in InsbürO 2018, 275 und LG Bremen, v. 01.04.2019 – 2 O 1604/19 in InsbürO 2019 (Juliheft)
37.	Vergütungsansprü-che nach der InsVV	• bis zur rechtskräftigen Festsetzung des Vergütungsanspruches gem. §§ 63 Abs. 1, 293 InsO gilt die regelmäßige Verjährungsfrist von drei Jahren gem. § 195 BGB ab der Beendigung der Tätigkeit • durch Festsetzungsantrag Hemmung gem. § 204 Abs. 1 BGB • nach rechtskräftiger Festsetzung: 30-jährige Verjährung gem. § 197 Abs. 1 Nr. 5 BGB • bei vorläufiger Verwaltervergütung: Hemmung der Verjährungsfrist bis zum Abschluss des eröffneten Verfahrens	Verjährungsfrist der Vergütung im eröffneten Verfahren: BGH v. 29.3.2007 – IX ZB 153/06 in ZInsO 2007, 539, WKRS 2007, 30899 Hemmung Vergütung vorl. Verwalter bis Verfahrensende eröffnetes Verfahren: BGH v. 22.9.2010 – IX ZB 195/09 in InsbürO 2011, 36, ZInsO 2010, 2103
38.	Vollstreckungskosten (spez. VJ)	• 30-jährige Verjährungsfrist für Zwangsvollstreckungskosten (§ 197 Abs. 1 Nr. 6 BGB)	
39.	Vollstreckungstitel aus Insolvenztabelle (spez. VJ)	• 30 Jahre Verjährungsfrist für Ansprüche, die durch die im Insolvenzverfahren erfolgte Feststellung vollstreckbar geworden sind (§ 197 Abs. 1 Nr. 5 BGB)	
40.	Vollstreckungstitel – sonstige (spez. VJ)	• 30 Jahre Verjährungsfrist für rechtskräftig festgestellte Ansprüche (§ 197 Abs. 1 Nr. 3 BGB) (z. B. Urteile, Kostenfestsetzungsbeschlüsse, Vollstreckungsbescheide)	

Nr.	Thema	Checkliste Verjährungsfristen: Erläuterung	Hilfsmittel
41.	Zinsansprüche	• Titulierte Zinsen ab Rechtskraft des Titels (§ 201 BGB) verjähren innerhalb von drei Jahren gem. §§ 195, 197 Abs. 2, 199 BGB • Titulierte Zinsen bis zur Rechtskraft unterliegen dagegen der 30-jährigen Verjährung • keine Anwendung dieser Verjährung auf Zinsen aus Verbraucherdarlehensverträgen, § 497 Abs. 3 Satz 4 BGB	Bsp.: • Antrag auf Mahnbescheid am 10.11.2015 • Vollstreckungsbescheid wird am 25.03.2016 rechtskräftig • Verjährungsfrist für Zinsen ab 26.03.2016 beginnt am 01.01.2017 und endet am 31.12.2019 • Zinsen für die Zeit von März 2016 bis Ende 2016 wären demnach am 01.01.2020 verjährt • Zinsen vor März 2016 dürfen zur Insolvenztabelle festgestellt werden. Sie sind wg. der längeren Verjährungsfrist nicht verjährt Kath, Verjährung von Zinsansprüchen, InsbürO 2010, 186 f.
42.	Zinsansprüche – Neubeginn der Verjährung	• durch Anerkenntnis oder Vollstreckungsmaßnahmen kann die Verjährung neu beginnen (§ 212 Abs. 1 BGB)	Bsp.: • Erteilung Vollstreckungsauftrag in obigem Fall am 15.08.2019 an den GVZ • Neubeginn der Verjährungsfrist ab 16.08.2019 • Ende der Verjährung am 15.08.2022

Checkliste 73: Vermögensübersicht

Nach § 153 Abs. 1 InsO hat der Insolvenzverwalter auf den Zeitpunkt der Insolvenzeröffnung eine geordnete Übersicht aufzustellen, in der die Gegenstände der Insolvenzmasse und die Verbindlichkeiten eines Schuldners aufgeführt und einander gegenübergestellt werden. Darüber hinaus ist ein Verzeichnis der Massegegenstände nach § 151 InsO sowie ein Gläubigerverzeichnis nach § 152 InsO vorzulegen. Diese beiden letztgenannten dienen bei der Erstellung der Vermögensübersicht nach § 153 Abs. 1 InsO als Grundlage. Was im Bericht zur Gläubigerversammlung in Textform erläutert wird, findet sich in diesen drei Verzeichnissen in Zahlen dargestellt wieder. Wichtige Aspekte bei der Erstellung einer Vermögensübersicht durch Insolvenzsachbearbeiter werden nachfolgend dargestellt. 152

(Die Übersicht ist nach gängigen Überlegungen und Arbeitsschritten sortiert.)

153

Nr.	Thema	Checkliste Vermögensübersicht: Erläuterung	Hilfsmittel
1.	Vorlagefrist	• Vorlagefrist für Vermögensübersicht gem. § 154 InsO: spätestens eine Woche vor dem Berichtstermin (= erste Gläubigerversammlung) auf der Geschäftsstelle des Insolvenzgerichtes zur Einsicht der Beteiligten • keine Frist im Gesetz für Vorlage Bericht zur ersten Gläubigerversammlung • aber gleichzeitig einreichen: Unstimmigkeiten damit vermeiden (= ggf. abweichende Werte in Vermögensübersicht und Bericht) • Notfrist mit Vorfrist notieren: Erstellung eines Entwurfs mit einplanen	Insolvenzsoftware
2.	Bilanz – Definition	• Bilanz = kurz gefasste Gegenüberstellung von Vermögen (Aktiva) und Kapital (Passiva) in Kontenform • Vermögensübersicht = gleiche Definition • Unterschied zur handelsrechtlichen und steuerlichen Bilanz: Aufnahme insolvenzspezifischer Ansprüche möglich	

Nr.	Thema	Checkliste Vermögensübersicht: Erläuterung	Hilfsmittel
3.	Aufbau	• Vermögensübersicht besteht aus einer Aktiv- und einer Passivseite: s. nachstehend • Übernahme des Aufbaus aus – Verzeichnis der Massegegenstände (§ 151 InsO) – Gläubigerverzeichnis (§ 152 InsO) • Spalten horizontal und Zeilen vertikal bleiben erhalten: nur Werte daran sind verdichtet (= Gesamtsummen) • s. wegen näherer Details: gesonderte Checklisten	Checkliste Verzeichnis der Massegegenstände Checkliste Gläubigerverzeichnis
4.	Handelsrechtliche Gliederung	• keine Vorschrift der Anwendung von handelsrechtlicher Gliederung gem. § 266 HGB • Vermögensübersicht = insolvenzspezifisches Rechenwerk • dennoch: tlw. Nutzung dieser Grundsätze sorgt für einen guten Überblick	Checkliste Verzeichnis der Massegegenstände Checkliste Gläubigerverzeichnis
5.	Sortierung – Flüssigkeit	• Sortierung der Aktivseite = sämtliche vorhandenen Vermögenswerte nach der Flüssigkeit • Flüssigkeit = Wie schnell können die vorhandenen Vermögensgegenstände »zu Geld gemacht werden«?	Checkliste Verzeichnis der Massegegenstände
6.	Sortierung – Fälligkeit	• Sortierung der Passivseite = sämtliche vorhandenen Verbindlichkeiten nach der Fälligkeit • Fälligkeit = »Wie schnell müssen die Verbindlichkeiten zurückgezahlt werden?«	Checkliste Gläubigerverzeichnis
7.	Inhalt – Überblick	• Text-Informationen aus dem Bericht zur 1. GV werden in der Vermögensübersicht in Zahlen ausgedrückt oder umgekehrt • Aufnahme des gesamten Vermögens gem. § 35 InsO (= Insolvenzbeschlag) • s. wegen näherer Details: gesonderte Checklisten	Checkliste Verzeichnis der Massegegenstände Checkliste Gläubigerverzeichnis
8.	Insolvenzsoftware	• eine Vermögensübersicht wird mit einer Insolvenzsoftware erstellt • Vorsicht: die Daten im Ausdruck können nur richtig sein, wenn sie in korrekter Weise eingegeben wurden • daher: stets Kontrolle des Ausdruckes vornehmen	Insolvenzsoftware
9.	Stichtag	• gem. § 153 InsO = Erstellung einer Vermögensübersicht zum Zeitpunkt der Insolvenzeröffnung • s. wegen näherer Details: gesonderte Checklisten	Checkliste Verzeichnis der Massegegenstände Checkliste Gläubigerverzeichnis
10.	Unterlagen	• für eine ordnungsgemäße und vollständige Erstellung der Vermögensübersicht: Erfordernis einer Vielzahl von Unterlagen und Informationen • s. wegen näherer Erläuterung: gesonderte Checklisten	Checkliste Verzeichnis der Massegegenstände Checkliste Gläubigerverzeichnis
11.	Aktivseite	• das Verzeichnis der Massegegenstände bietet die Grundlage für die Aktivseite der Vermögensübersicht gem. § 153 InsO • Sortierung von Aktivpositionen nach Flüssigkeit • Übernahme der Daten aus dem Verzeichnis der Massegegenstände in verdichteter Form = nur Gesamtsummen der übergeordneten Aktivpositionen aufführen	Checkliste Verzeichnis der Massegegenstände
12.	Beispiel Aktivseite	• zur Verdeutlichung der unterschiedlichen Darstellung (= Einzelauflistung im Verzeichnis § 151 InsO, in verdichteter Form in § 153 InsO): • Darstellung im Verzeichnis der Massegegenstände (bzgl. der Angaben in gekürzter Fassung): – PKW VW Passat TDI, Bauj. 2011, Fahrgestell-Nr. …, amtliches Kennzeichen: MS – B 222: Liquidationswert: 12.500,00 EUR – PKW Opel Omega, Bauj. 2010, Fahrgestell-Nr.…, amtliches Kennzeichen: MS MA 994, Liquidationswert: 8.900,00 EUR • Darstellung in Vermögensübersicht (bzgl. der Angaben in gekürzter Fassung): – Fahrzeuge, Liquidationswert: 21.400,00 EUR	Muster 360: »Vermögensübersicht«

Nr.	Thema	Checkliste Vermögensübersicht: Erläuterung	Hilfsmittel
		• Ergebnis: man kann erkennen – dass nur die Gesamtsumme einer Aktivposition (= hier Fahrzeuge) aufgeführt wird – dass für Informationen zur Zusammensetzung das Verzeichnis der Massegegenstände eingesehen werden muss	
13.	Passivseite	• das Gläubigerverzeichnis bietet die Grundlage für die Passivseite der Vermögensübersicht gem. § 153 InsO • Sortierung von Passivpositionen nach Fälligkeit • Übernahme der Daten aus dem Gläubigerverzeichnis in verdichteter Form = nur Gesamtsummen der übergeordneten Passivpositionen aufführen • inhaltlich: Wie sind die Vermögenswerte der Aktivseite finanziert worden? Welche Kosten fallen im Insolvenzverfahren an?	Checkliste Gläubigerverzeichnis
14.	Beispiel Passivseite	• zur Verdeutlichung der unterschiedlichen Darstellung (= Einzelauflistung im Verzeichnis § 152 InsO, in verdichteter Form in § 153 InsO): • Darstellung im Gläubigerverzeichnis (bzgl. der Angaben in gekürzter Fassung): – Anton Meyer, *(Adresse)*, Insolvenzforderung : 10.456,64 EUR – Willi Maus, *(Adresse),* Insolvenzforderung: 16.246,77 EUR • Darstellung in Vermögensübersicht (bzgl. der Angaben in gekürzter Fassung): – Insolvenzforderungen § 38 InsO, Gesamtsumme: 26.703,41 EUR • Ergebnis: man kann erkennen – dass nur die Gesamtsumme einer Passivposition (= hier Insolvenzforderungen) aufgeführt wird – dass für Informationen zur Zusammensetzung das Gläubigerverzeichnis eingesehen werden muss	Muster 360: »Vermögensübersicht«
15.	Bewertungen	• Aspekte zu Bewertungsansätzen auf der Aktivseite • s. gesonderte Checkliste	Checkliste Verzeichnis der Massegegenstände
16.	freie Insolvenzmasse	• freie Insolvenzmasse = Gesamtsumme aus den Einzelwerten der Aktivpositionenohne Absonderungsrecht • tatsächliche freie Masse zur Ermittlung der Quote: Summe der freien Masse abzgl. Summe der Masseverbindlichkeiten und Massekosten im Gläubigerverzeichnis	Checkliste Verzeichnis der Massegegenstände
17.	Entwurf	• der Entwurf der Verzeichnisse gem. §§ 151 – 153 InsO sollte spätestens zwei Wochen vor Fristablauf gem. § 154 InsO erstellt sein • Vorlage an den Insolvenzverwalter zwecks Kontrolle und möglicher Abänderung	Muster 360: »Vermögensübersicht«
18.	Verbraucherinsolvenzverfahren	• nach dem Gesetz keine Besonderheiten • in der Praxis auf der Aktivseite i.d.R. wenig Positionen: s. gesonderte Checkliste • in der Praxis auf der Passivseite i.d.R. nur Rangklassen »Absonderungsgläubiger« und »Insolvenzgläubiger«: s. gesonderte Checkliste	Checkliste Verzeichnis der Massegegenstände Checkliste Gläubigerverzeichnis

Checkliste 74: Versicherungsverträge

Die Versicherungsverträge eines schuldnerischen Unternehmens oder von natürlichen Personen können in einem Insolvenzverfahren von großer Bedeutung sein. Dies gilt insbesondere für Lebensversicherungsverträge, in denen ggf. ein höherer Rückkaufswert vorhanden ist, der nunmehr zur Auszahlung und damit in die Insolvenzmasse gelangen kann. Zu beachten sind aber auch andere Versicherungsverträge, bei denen die daraus resultierenden Kosten ggf. zu Lasten der Masse 154 durch eine Ablehnung nach § 103 InsO oder ggf. durch eine Kündigung zu vermeiden sind oder der Versicherungsschutz wird gerade benötigt und es ist auf den Ausgleich der Versicherungsprämien zu achten.

Bei Versicherungsverträgen sind daher unterschiedliche Aspekte zu berücksichtigen, damit möglichst kein Verlust für die Insolvenzmasse eintritt bzw. unnötige Kosten zu Lasten der Insolvenzmasse vermieden werden. Die nachfolgenden Ausführungen sind insoweit getrennt danach aufgeteilt worden, ob ein Vertrag aufgelöst und ein etwaiger Rückkaufswert zur Masse gezogen werden soll oder der Versicherungsvertrag aufrecht erhalten bleiben soll. Außerdem finden sich noch Erläuterungen zu speziellen Versicherungsverträgen. Die jeweilige Rubrik im Titel erkennbar.

(Die Übersichten sind nach gängigen Informationen und Arbeitsschritten sortiert.)

155

Nr.	Thema	Checkliste Versicherungsverträge – Erläuterungen Vereinnahmung eines Rückkaufswertes	Hilfsmittel
1.	Verbraucherinsolvenzverfahren	• in beantragten Verfahren ab dem 01.07.2014: Wegfall der Einschränkung gem. § 313 Abs. 3 InsO • in beantragten Verfahren bis zum 30.06.2014: kein Verwertungsrecht des Treuhänders in vereinfachten Insolvenzverfahren bei Vorliegen von Absonderungsrechten (§ 313 Abs. 3 InsO) • in beantragten Verfahren ab 01.07.2014: Vollzug aller nachstehenden Arbeitsschritte wie im Regelinsolvenzverfahren auch bei abgetretenen Ansprüchen aus Versicherungsverträgen	
2.	Rückkaufswert – allgemein	• Rückkaufswert = der in einem Versicherungsverhältnis angesparte Geldbetrag, der zur Auszahlung gelangen kann • der Rückkaufswert wird ggf. um Abschlusskosten (s. nachstehend) und einen Stornoabzug (s. nachstehend) gemindert • Anspruch auf den Rückkaufswert gem. § 169 Abs. 1 VVG	
3.	Ablaufleistung	• Ablaufleistung = der nach Vertragsende ausgezahlte Gesamtbetrag, der sich aus der vereinbarten Versicherungssumme, den in der Laufzeit erwirtschafteten Überschussanteilen und einem evtl. von den Versicherungsgesellschaften gezahlten Schlussbonus berechnet • Ablaufleistung setzt das vereinbarte Vertragsende voraus • beim Einzug des Rückkaufswertes wird der Vertrag vor dem geplantem Vertragsende gekündigt	
4.	Deckungskapital	• Deckungskapital bei einer Kapitallebensversicherung = Ansammlung und Verzinsung der Prämienanteile, welche die beim Ablauf der Versicherung fällig werdende Erlebensfall-Leistung bilden	
5.	Rückkaufswert – Vertragsarten	• zur Einziehung von Rückkaufswerten kommen folgende Versicherungsverträge in Betracht: – Direktversicherung (s. auch unten) – Lebensversicherungen – private Rentenversicherungen (s. auch unten) – Unfallversicherungen	
6.	Ermittlung	• Versicherungsverträge mit etwaigen Rückkaufswerte sind vom Schuldner anzugeben • jedoch: i.d.R. weitere Ermittlung durch den Insolvenzverwalter: – Durchsicht von vorgelegten Kontoauszügen: Abbuchungen von Prämienzahlungen zu finden? – dann: Versicherungsgesellschaften um Auskunft bitten, wenn z.B. eine Kfz-Versicherung besteht: s. nachstehend »Auskunftsersuchen«	
7.	Auskunftsersuchen	• sobald ein Vertrag bei einer Versicherungsgesellschaft bekannt wird (z.B. Kfz-Versicherung): Anfrage, ob ggf. weitere Verträge bestehen oder bestanden	Muster 362: »Anfrage wg. Rückkaufswert«

Nr.	Thema	Checkliste Versicherungsverträge – Erläuterungen Vereinnahmung eines Rückkaufswertes	Hilfsmittel
		• Grund: häufig bestehen mehrere Verträge bei gleichen Versicherungsgesellschaften • hierbei insbesondere: Anfrage, ob evtl. Verträge in den letzten 12 Monaten vor Insolvenzantragstellung aufgelöst wurden • Grund in § 290 Abs. 1 Nr. 4 InsO: keine Verschwendung von Vermögen in den letzten 12 Monaten vor dem Insolvenzantrag zur Vermeidung einer Beeinträchtigung der Gläubigerbefriedigung	
8.	Archivierung	• Archivierung sämtlicher Unterlagen im Ordner »Verträge« • gesonderte Rubriken für unterschiedliche Versicherungsgesellschaften anlegen • einzelne Versicherungsverträge in diesen Rubriken mit Trennkarten kennzeichnen • in Kleinverfahren Unterlagen mit Trennkarten in Rubrik »Vermögensverhältnisse« archivieren	Muster 210 – 213 (Inhaltsverzeichnis): »Inhaltsverzeichnis« (versch. Varianten)
9.	Rückkaufswert – Sicherung	• bei Kenntnis von bestehenden Versicherungsverträgen mit etwaigen Rückkaufswerten: sofortige Information an den Versicherer • dadurch: Wegfall der Legitimationswirkung des § 808 BGB • Legitimationswirkung = Auszahlungsmöglichkeit der Versicherung an jeden, der den Versicherungsschein vorliegt (s. nachstehend) • bei Kenntnis über das Insolvenzverfahren: Versicherungsgesellschaft leistet nicht mehr schuldbefreiend an Dritten, Auszahlung an Dritte wird also vermieden • auch im Rahmen der vorläufigen Verwaltung: Information an Versicherungsgesellschaft	Muster 362: »Anfrage – Rückkaufswert« Muster 364: »Auszahlungsverbot an Vertragspartner« Heyn, Sicherung von Rückkaufswerten während der vorläufigen Verwaltung, InsbürO 2011, 122 ff.
10.	Versicherungsnehmer	• Versicherungsnehmer (VN) = Vertragspartner der Versicherungsgesellschaft • VN = Recht zur Ausgestaltung des Vertrages, zur Kündigung, zur Bestimmung von Bezugsberechtigung etc. • falls mehrere Versicherungsnehmer: s. nachstehend »Gesamtschuldner«, »Gesamtgläubigerschaft«	
11.	Rückkaufswert – Auslösung	• Schuldner kann den Versicherungsvertrag aus der Insolvenzmasse auslösen, wenn er ihn erhalten möchte • Voraussetzung: Insolvenzmasse entsteht kein Nachteil • Handhabung: – Einzahlung des Rückkaufswertes in die Insolvenzmasse durch den Schuldner und damit Freigabe des Versicherungsvertrages – i.d.R. Vereinbarung einer Ratenzahlung: Zeitraum von sechs Monaten sollte i.d.R. nicht überschritten werden (= Verfahrensbeendigung ermöglichen) • in beantragten Verfahren bis 30.06.2014: Regelung dazu in § 314 InsO für Verbraucherinsolvenzverfahren • Wegfall der Vorschrift durch die Reform zur Verkürzung der Verbraucherinsolvenz- und Restschuldbefreiungsverfahren und zur Stärkung der Gläubigerrechte vom 18.07.2013 (BGBl. 2013, Teil 1, S. 2379 ff. – Nr. 38), dadurch einfachere Handhabung ohne Antragstellung beim Gericht	Muster 363: »Auslösung des Versicherungsvertrages« Checkliste Fahrzeuge: Auslösung
12.	Rückkaufswert – Kündigung	• Voraussetzung für die Einziehung eines Rückkaufswertes ist die Kündigung des Vertragsverhältnisses (§ 168 Abs. 1 VVG)	Muster 367: »Kündigung – Einziehung Rückkaufswert« Einzug des Rückkaufswertes erfordert Kündigung: BGH v. 9.10.2014 – IX ZR 41/14 (Rn. 26 m.w.N.) in InsbürO 2015, 76, ZInsO 2014, 2271

Nr.	Thema	Checkliste Versicherungsverträge – Erläuterungen Vereinnahmung eines Rückkaufswertes	Hilfsmittel
13.	Kündigungsfrist	• Regelung allgemein: – Versicherungsverhältnis auf unbestimmte Zeit geschlossen: Kündigung für den Schluss der laufenden Versicherungsperiode möglich (§ 11 Abs. 2 VVG) – Versicherungsverhältnis auf mehr als drei Jahre geschlossen: Kündigung zum Schluss des 3. Jahres oder jedes darauffolgenden Jahre mit Kündigungsfrist von 3 Monaten (§ 11 Abs. 4 VVG) • Regelung für Lebensversicherungsverträge: – sind laufenden Prämien zu zahlen: Kündigung jederzeit für den Schluss der laufenden Versicherungsperiode möglich (§ 168 Abs. 1 VVG) • Versicherungsperiode gem. § 12 VVG: Zeitraum eines Jahres, wenn nicht die Prämie nach kürzeren Zeitabschnitten bemessen wird	siehe VVG unter www.wolterskluwer-online.de
14.	Kündigungsausschluss	• ein vertraglicher Abtretungsausschluss gem. § 168 Abs. 3 VVG hindert die Kündigung durch den Insolvenzverwalter nicht • Voraussetzung: Lebensversicherung ist pfändbar und fällt in die Masse (analog § 851 Abs. 2 ZPO) • nach BGH-Rechtsprechung gilt dies ebenso für einen vertraglichen Kündigungsausschluss: die Unübertragbarkeit muss dem Interesse der Gläubiger weichen	Insolvenzbeschlag trotz Kündigungsausschluss: BGH v. 1.12.2011 – IX ZR 79/11 (Rn. 34 ff.) in ZInsO 2012, 77, WKRS 2011, 30451
15.	Pfändungsschutz	• in § 851c ZPO ist der Pfändungsschutz für Altersrenten geregelt: • Voraussetzungen für den Pfändungsschutz: – Leistung wird in regelmäßigen Zeitabständen lebenslang und nicht vor Vollendung des 60. Lebensjahres oder nur bei Eintritt der Berufsunfähigkeit gewährt (§ 851 Abs. 1 Nr. 1 ZPO) – Ausschluss der Bestimmung von Dritten als Berechtigte – mit Ausnahme von Hinterbliebenen (§ 851c Abs. 1 Nr. 3 ZPO) – keine Verfügung über den Vertrag (z.B. Abtretung) (§ 851c Abs. 1 Nr. 2 ZPO) – keine Vereinbarung einer Kapitalleistung (§ 851c Abs. 1 Nr. 4 ZPO) (Ausnahme: Todesfall) • gem. § 851c Abs. 2 ZPO: Unpfändbarkeit eines etwaigen Rückkaufswertes ist betragsmäßig je nach Alter eines Versicherungsnehmers beschränkt • d.h.: während der Ansparphase kann beim Überschreiten dieser Grenzen eine Pfändungsmöglichkeit gegeben sein • in der späteren Auszahlungsphase sind die Auszahlungsbeträge gem. § 850c ZPO wie »normales Einkommen« pfändbar	Wimmer, Das Gesetz zum Pfändungsschutz der Altersvorsorge unter besonderer Berücksichtigung der Hinterbliebenenversorgung, ZInsO 2007, 281 ff.
16.	Versicherungsschein	• der Versicherungsschein (Regelung in § 3 VVG) ist ein Legitimationspapier gem. § 808 BGB • Legitimationspapier = Erbringung der Leistung an denjenigen, der das Papier vorlegt • zur Sicherung des Rückkaufswertes: s. vorstehend • Auszahlung des Rückkaufswertes erfolgt nur gegen Vorlage des Original-Versicherungsschein (§ 808 Abs. 2 BGB) • falls nicht auffindbar: Verlusterklärung abgeben (s. nachstehend)	Versicherungsschein als Legitimationspapier: BGH v. 10.3.2010 – IV ZR 207/08 (Rn. 10) in ZInsO 2010, 810, WKRS 2010, 13310 Muster 361: »Anforderung Unterlagen v. Schuldner (VN-Schein etc.)« Muster 369: »Verlusterklärung«
17.	Verlusterklärung	• Verlusterklärung = Erklärung, dass der Original-Versicherungsschein trotz intensiver Nachforschungen nicht auffindbar ist • Bitte um Erstellung einer Ersatzurkunde = alle bisherigen Urkunden werden ungültig • Erklärung, dass auf die Kraftloserklärung der verlorenen Urkunde im Aufgebotsverfahren verzichtet wird • i.d.R. ein Formular der Versicherungsgesellschaft = dort anzufordern • dieses ist vom Schuldner selbst zu unterzeichnen	Muster 361: »Anforderung Unterlagen v. Schuldner (VN-Schein etc.)«

Nr.	Thema	Checkliste Versicherungsverträge – Erläuterungen Vereinnahmung eines Rückkaufswertes	Hilfsmittel
18.	Freistellungsauftrag – natürliche Personen	• Versicherungsgesellschaft ist zur Abführung der gesetzlichen Kapitalertragssteuer bei Auszahlung des Rückkaufswertes verpflichtet (s. nachstehend »Kapitalertragssteuer«) • Ausnahme: Vorlage eines Freistellungsauftrages • Freistellungsauftrag = Erklärung, dass Sparer-Pauschbetrag (s. nachstehend) nicht überschritten wird • Unterzeichnung des Freistellungsauftrages ausschließlich vom Schuldner selbst • ggf. vorherige Belehrung über die Bedeutung der Erklärung und Abfrage beim Schuldner, ob ggf. weitere Freistellungsaufträge bestehen	Muster 361: »Anforderung Unterlagen vom Schuldner (VN-Schein etc.)« Checkliste Steuerangelegenheiten: Kapitalertragssteuer
19.	Sparer-Pauschbetrag	• bei Einkünften aus Kapitalvermögen (u.a. Rückkaufswert) gelten Freigrenzen durch Abzug von pauschalierten Werbungskosten gem. § 20 Abs. 9 EStG (per Stand 5/2019): – Sparer-Pauschbetrag für Alleinstehende: 801,00 EUR – Sparer-Pauschbetrag für Verheiratete: 1.602,00 EUR • Folge: erst Beträge über diese Freigrenzen hinaus unterliegen der Kapitalertragssteuer	
20.	Freistellungsauftrag – juristische Person	• die Abgabe eines Freistellungsauftrages bei juristischen Personen ist nicht möglich • s. nachstehend »Kapitalertragssteuer – Erstattung«	Checkliste Steuerangelegenheiten: »Kapitalertragssteuer«
21.	Kapitalertragssteuer – allgemein	• Kapitalertragssteuer = Abzug vom Kapitalertrag (§ 43 Abs. 1 Satz 1 Nr. 4 EStG bei LV) • Kapitalertrag = Rückkaufswert aus LV (§ 20 Abs. 1 Nr. 6 EStG) • Schuldner der Kapitalertragssteuer ist im Falle des § 43 Abs. 1 Satz 1 Nr. 4 EStG (= Rückkaufswert) der Gläubiger (= Versicherer) • Vermeidung der Abführung: s. vorstehend »Freistellungsauftrag« und »Sparer-Pauschbetrag«	
22.	Kapitalertragssteuer – Erstattung	• bei juristischen Personen: Erstattung der gezahlten Kapitalertragssteuer über die jährliche Körperschaftssteuererklärung • falls eine solche nicht abgegeben wird: ggf. formlosen Erstattungsantrag versuchen: s. gesonderte Checkliste • bei natürlichen Personen: Erstattung der gezahlten Kapitalertragssteuer über die jährliche Einkommenssteuererklärung • ggf. vereinfachten Vordruck hierfür nutzen	Checkliste Steuerangelegenheiten: Kapitalertragssteuer Muster 332 (Steuerangelegenheiten): »Kapitalertragssteuer – formloser Antrag auf Erstattung«
23.	Rückkaufswert – Abrechnung	• die Versicherungsgesellschaft erstellt für die Auszahlung des Rückkaufswertes ein Abrechnungsschreiben • Kontrolle dieser Abrechnung vornehmen: – Ausweis von Stornogebühren? – Auszahlung von Kleinstbeträgen? – Berücksichtigung des Freistellungsauftrages erfolgt? – Verrechnung von Abschlusskosten nach »Zillmer-Verfahren« ausgewiesen? • siehe jeweils nachfolgende Stichwörter in dieser Checkliste • ggf. korrigierte Abrechnung fordern • Kopie der Abrechnung zu den Kontoauszügen als Beleg für den Zahlungseingang heften	

Nr.	Thema	Checkliste Versicherungsverträge – Erläuterungen Vereinnahmung eines Rückkaufswertes	Hilfsmittel
24.	Stornoabzug	• Abzug eines gewissen Prozentsatzes bei vorzeitiger Beendigung eines Lebensversicherungsvertrages zur Abdeckung der Verwaltungskosten für vorzeitige Auflösung (§ 176 Abs. 4 VVG a.F.) (§ 169 Abs. 3 VVG n.F.) • nach der Rechtsprechung: eindeutige Differenzierung zwischen Rückkaufswert (§ 176 Abs. 3 VVG a.F. = § 169 Abs. 1 VVG n.F.) und Stornoabzug (§ 176 Abs. 4 VVG a.F. = § 169 Abs. 3 VVG n.F.) (Verwaltungskosten) in den Versicherungsbedingungen erforderlich • insoweit: VN muss den Stornoabzug als wirtschaftlichen Nachteil erkennen können	Differenzierung zwischen Rückkaufswert und Stornoabzug: BGH v. 25.7.2012 – IV ZR 201/10 (LS 2) in InsbürO 2013, 197, ZInsO 2012, 2108 Wipperfürth, Insolvenzrechtliche Bedeutung der Abrechnung von Lebensversicherungen nach dem »Zillmer-Verfahren«, InsbürO 2013, 219 ff.
25.	Kleinstbeträge	• nach der Rechtsprechung: Unwirksamkeit der Nichtauszahlung von Beträgen < 10,00 EUR = auch Kleinbeträge müssen ausgezahlt werden	Auszahlung von Kleinbeträgen: BGH v. 19.12.2012 – IV ZR 200/10 (Rn. 11) in WKRS 2012, 31185
26.	Abschlusskosten	• Abschlusskosten einer Versicherung = Kosten zur Deckung der Betriebskosten des Versicherers • Fälligkeit mit Abschluss der Versicherung • häufig: Verrechnung dieser Kosten mit ersten Beiträgen • wegen evtl. Unwirksamkeit dieser Verrechnung nach den AVB-KLV: s. nachstehend »Zillmer-Verfahren«	Zur Verrechnung von Abschlusskosten: BGH v. 25.7.2012 – IV ZR 201/10 (LS 1) in InsbürO 2013, 197, ZInsO 2012, 2108
27.	Zillmer-Verfahren – allgemein	• Abschlusskosten (s. vorstehend) sind vom Versicherer zu bevorschussen (= keine direkte Zahlung vom Versicherungsnehmer) • Zillmer-Verfahren = Verfahren zur Verteilung der Abschlusskosten auf gesamte Laufzeit des Versicherungsvertrages, entwickelt nach dem Mathematiker Zillmer • Methode: Verrechnung von Beiträgen auf Abschlusskosten, Höchstbetrag: 4 % der Beitragssumme	Zillmer-Methode: BGH v. 25.7.2012 – IV ZR 201/10 (Rn. 19) in InsbürO 2013, 197, ZInsO 2012, 2108 Wipperfürth, Insolvenzrechtliche Bedeutung der Abrechnung von Lebensversicherungen nach dem »Zillmer-Verfahren«, InsbürO 2013, 219 ff.
28.	Zillmer-Verfahren – Rechtsprechung	• Verrechnung von Abschlusskosten nach dem Zillmerverfahren = Unwirksamkeit der Verrechnung erster Beiträge gem. § 307 Abs. 2 Nr. 2 Abs. 1 Satz 1 BGB • betroffen: Kapitallebens-, aufgeschobene oder fondsgebundene • Rentenversicherungsverträge	Zur Verrechnung von Abschlusskosten: BGH v. 25.7.2012 – IV ZR 201/10 (LS 1) in InsbürO 2013, 197, ZInsO 2012, 2108
29.	Zillmer-Verfahren – zeitliche Anwendung	• Prüfung einer unwirksamen Verrechnung für – Vertragsabschlüsse im Zeitraum: 1994 – 2007 und – bei Vertragskündigung ab 01.01.2010	s. Literaturtipp LV: »Wipperfürth«
30.	Rückkaufswert – Zahlungseingang	• Zahlungseingang durch Eintragung einer Wiedervorlage überwachen • Zahlungshöhe und Beleg überprüfen • Zahlungseingang beim Vorgang notieren = Abschluss • ggf. noch Auszahlung an Absonderungsgläubiger vornehmen	Wiedervorlagenkalender Checkliste Treuhandkonto

Nr.	Thema	Checkliste Versicherungsverträge – Erläuterungen Vereinnahmung eines Rückkaufswertes	Hilfsmittel
31.	Absonderungsrechte – allgemein	• Absonderungsrechte können wie folgt begründet werden: – Abtretung von Ansprüchen aus Versicherungsverträgen (§ 51 Nr. 1 InsO) – hierbei: Anzeige gegenüber der Versicherung wg. der Wirksamkeit prüfen (s. Rechtsprechung) – Pfändung der Ansprüche aus Versicherungsverträgen (§ 50 Abs. 1 InsO) • i.d.R. vorzeitige Anfrage (schon während der vorläufigen Verwaltung) bei der jew. Versicherungsgesellschaft nach Sicherungsrechten Dritter und Entgegennahme entsprechender Belege • später auch: Geltendmachung durch die Absonderungsgläubiger mit den Forderungsanmeldungen	Unwirksamkeit einer Abtretung ohne Anzeige, wenn Anzeige vertraglich vorgesehen: BGH v. 19.2.1992 – IV ZR 111/91 in WKRS 1992, 14687 Muster 362: »Anfrage wg. Rückkaufswert«
32.	Absonderungsrechte – Bearbeitung	• bei Pfändung: Rückschlagsperre gem. § 88 InsO prüfen • sowohl bei Pfändung als auch bei Abtretung: Anfechtungsmöglichkeiten prüfen • keine Unwirksamkeit festzustellen? dann: Einziehungsrecht beim Insolvenzverwalter gem. § 166 Abs. 2 InsO • im Anschluss: Befriedigung des Absonderungsgläubiger vornehmen und Abrechnung erstellen • bzgl. Kostenbeiträge: s. nachstehend	Checkliste Vollstreckungsmaßnahmen Checkliste Anfechtungsansprüche Checkliste Absonderungsrechte Muster 12 (Absonderungsrechte): »Abrechnung bei Verwertung durch Insolvenzverwalter«
33.	Kostenbeiträge	• Vereinnahmung von Kostenbeiträgen gem. §§ 170, 171 InsO bei Absonderungsrechten möglich • i.d.R. Verwertungskostenpauschale = variable Position gem. § 171 Abs. 2 Satz 2 InsO • Absonderungsgläubiger berufen sich häufig auf niedrigeren Aufwand beim Einzug von Rückkaufswerten, allerdings hat nach einer Entscheidung des OLG Düsseldorf der Gläubiger Gründe vorzutragen, die einen geringen Aufwand und damit eine niedrigere Pauschale belegen = Pauschale dann ggf. verringern • nach der Rechtsprechung ist eine niedrigere Verwertungskostenpauschale möglich, wenn eine beachtliche Abweichung des »normalen« Aufwandes vorliegt (i.d.R. Erfordernis von 50 %)	Checkliste Absonderungsrechte: Kostenbeiträge Wahl zwischen Pauschale oder tatsächlichen Kosten: BGH v. 22.2.2007 – IX ZR 112/06 (Rn. 2) in ZInsO 2007, 374, WKRS 2007, 12182 Vortragspflicht des Gläubiger zur niedrigeren Pauschale: OLG Düsseldorf v. 27.4.2017 – I-12 U 42/15 (Leitsatz 7) in WKRS 2017, 30429 abweichende Verwertungskostenpauschale: AG Göttingen v. 10.12.2013 – 21 C 55/13 in ZInsO 2014, 108, InsbürO 2014, 79 m. Anmerkung und weiteren Nachweisen
34.	GOI betr. Versicherung	• GOI = Grundsätze ordnungsgemäßer Insolvenzverwaltung (70 Grundsätze) • Grundsatz 16: eigene Berufshaftpflichtversicherung mit Mindestversicherungsschutz auf 2 Mio. EUR pro Versicherungsfall und 4 Mio. EUR Jahreshöchstleistung (Absicherung spezielles Risiko des Insolvenzverwalters) • Grundsatz 17: ständige Überprüfung des Versicherungsschutzes und unverzüglicher Abschluss einer angemessenen zusätzlichen Versicherung für einzelne Verfahren bei besonderen Haftungsrisiken • *(Die Autoren danken dem VID für die freundliche Zustimmung zur Veröffentlichung von Hinweisen auf die GOIs)*	VID = Verband Insolvenzverwalter Deutschlands e.V. www.vid.de
35.	Bausparvertrag	• ähnliches Vorgehen wie bei Versicherung • s. gesonderte Checkliste »Verwertungstätigkeit«	Checkliste Verwertungstätigkeit

Nr.	Thema	Checkliste Versicherungsverträge – Erläuterungen Aufrechterhaltung Versicherungsschutz	Hilfsmittel
36.	Teilbarkeit	• gesetzliche Regelung der Teilbarkeit von Leistungen in § 105 InsO • sind Leistungen teilbar, dann sind sie in die Verfahrensabschnitte aufzuteilen: – Ansprüche aus der Zeit vor Insolvenzeröffnung sind einfache Insolvenzforderungen – Ansprüche aus der Zeit nach Insolvenzeröffnung können Masseverbindlichkeiten sein, wenn die weiteren Voraussetzungen (§ 55 InsO) vorliegen (z. B. Erfüllung gewählt wird) • dies gilt, soweit die InsO nichts anderes regelt • andere Auffassung: § 105 InsO soll auf Versicherungsverträge nicht anwendbar sein, weil der Versicherer bis zum Schadensfall noch keine Leistung erbracht hat, die Voraussetzung für die Anwendbarkeit des § 105 InsO sei (s. rechts: Prahl)	Versicherungsvertrag = teilbarer Vertrag: Hamburger Kommentar zum Insolvenzrecht, 7. Aufl., Ahrendt, § 105 Rn. 5 zur Teilbarkeit und qualifizierten Mahnung: OLG Düsseldorf v. 9.12.2005 – I-4 U 133/04 in WKRS 2005, 26880 Prahl, Die rückständige Folgeprämie in der Insolvenz des Versicherungsnehmers und § 38 VVG, ZInsO 2015, 2565
37.	Beitragszahlungen – Rückstand allgemein (Prämienrückstand)	• gem. § 38 Abs. 2 VVG ist der Versicherer nicht zur Leistung verpflichtet, wenn Zahlungsverzug vorliegt • Zahlungsverzug tritt ein bei Mahnung des Versicherers unter den Voraussetzungen des § 38 Abs. 1 VVG (= qualifizierte Mahnung) • qualifizierte Mahnung = Textform gem. § 126b BGB, Zweiwochenfrist darin mit ausdrücklichem Hinweis auf mögliche Leistungsfreiheit und Kündigungsrecht • Verzug und etwaige Kündigung kann durch nachträgliche Zahlung innerhalb einer bestimmten Frist korrigiert werden: § 38 Abs. 3 VVG • demnach: bei Rückstand der Beitragszahlungen droht der Verlust des Versicherungsschutzes • nur der vollständige Ausgleich der offenen Prämien hebt die Leistungsfreiheit der Versicherungsgesellschaft auf (§ 38 Abs. 2 VVG, § 38 Abs. 3 S. 3 VVG) • Voraussetzung dafür: qualifizierte Mahnung mit förmlichen Anforderungen gem. § 38 Abs. 1 VVG (s. Literaturtipp u. Rechtsprechung) • zur Erhaltung des Versicherungsschutzes hilft die Teilbarkeit nach § 105 InsO nicht, deren Anwendbarkeit auch tlw. umstritten ist (s. vorstehend)	Haut/Stier, Versicherungsschutz in der Insolvenz – ein Erfahrungsbericht, InsbürO 2010, 262 ff.
38.	Beitragszahlungen – Rückstand in der Insolvenz (Prämienrückstand)	• es gibt zwei unterschiedliche Auffassungen zum Vorgehen: 1. Anwendbarkeit des VVG mit Verlust des Versicherungsschutz wie vorstehend droht: Ausgleich aller rückständigen Prämien vornehmen und Anfechtung ankündigen (s. rechts: Homann, Heinze) 2. In der Insolvenz greifen die vorstehenden Regelungen zu den Folgen einer qualifizierten Mahnung nicht, da ansonsten Bevorzugung der Versicherungsgesellschaft vorliegen würde (s. rechts: Prahl) • häufig anzutreffende Handhabung: Vorgehen laut Prahl: – Rechtsfolgen von Mahnung und Verzug entfallen im Insolvenzverfahren – keine Zahlung auf Rückstand, sondern nur laufende Prämien ausgleichen (wenn der Versicherungsschutz gebraucht wird) – Versicherer kann im Versicherungsfalles mit rückständigen Prämien aufrechnen = abgesonderte Befriedigung = kein Verlust seines Prämienanspruches = Voraussetzung für Leistung im Schadensfall = kein Verlust des Versicherungsschutzes zugunsten des VN	Homann/Neufeld, »Der Versicherungsschutz der Insolvenzmasse und die qualifizierte Mahnung nach § 39 VVG«, ZInsO 2005, 741 Heinze, »Wehe dem roten Hahn auf dem Dach«, die Prämie ist nicht gezahlt! – Sieh es mal versicherungsrechtlich, InsbürO 2016, 193 ff. Prahl, Die rückständige Folgeprämie in der Insolvenz des Versicherungsnehmers und § 38 VVG, ZInsO 2015, 2565 Anfechtung von gezahlten Versicherungsprämien: AG Köln v. 7.8.2017 – 142 C 162/17 in InsbürO 2017, 510, WKRS 2017, 23376 Checkliste Anfechtungsansprüche

Nr.	Thema	Checkliste Versicherungsverträge – Erläuterungen Aufrechterhaltung Versicherungsschutz	Hilfsmittel
39.	Vertragswechsel	• bei einer Betriebsfortführung ggf. sinnvoll: – Kündigung von etwaigen teuren Versicherungsverträgen – Abschluss und damit Wechsel zu anderen Versicherungsgesellschaften mit günstigeren Tarifen • s. vorstehend »Kündigungsfrist«	Checkliste Betriebsfortführung
40.	Schadensfall – Gebäudeversicherung	• ggf. Leistungsfreiheit des Versicherers bei qualifizierter Mahnung (s. vorstehend: Beitragsrückstand in der Insolvenz = unterschiedliche Auffassungen) • etwaige Leistungsfreiheit hängt vom Zeitpunkt des Eintritts des Schadensfalles ab: – Schadensfall vor Ablauf der in der Mahnung gesetzten Frist = Leistungspflicht – Schadensfall nach der gesetzten Frist, aber Nachzahlung vor Eintritt des Versicherungsfalles = Leistungspflicht – Kündigung wird gegenstandslos, wenn Zahlung innerhalb eines Monats nachgeholt wird: s. vorstehend • wichtig vor allem für Sachbearbeiter: – Versicherung prüft vor Leistungseintritt etwaige Obliegenheitsverletzung gem. § 28 VVG i.V.m. § 82 VVG seitens des Versicherungsnehmers (Sorgfaltspflichten – vor und nach dem Versicherungsfall –, z. B. Sicherheitsmaßnahmen) – die Einhaltung der Sorgfaltspflichten sind daher mit dem schuldnerischen Unternehmen zu klären • Schäden Dritter werden i.d.R. durch die Gebäudeversicherung in Form der Feuerversicherung nicht gedeckt • zu vorstehenden Informationen und zu einzelnen Versicherungen (Feuerversicherung, Betriebshaftpflichtversicherung, Gebäudehaftpflicht) und dem Umfang des jeweiligen Versicherungsschutzes: s. Literaturtipp	Heinze, »Wehe dem roten Hahn auf dem Dach«, die Prämie ist nicht gezahlt! – Sieh es mal versicherungsrechtlich, InsbürO 2016, 193 ff.
41.	Schadensfall – Haftpflicht	• im Falle eines Haftpflichtversicherungsschadens greift § 110 VVG: Absonderungsrecht des Geschädigten aus Freistellungsanspruch des insolventen Versicherungsnehmers • im Insolvenzverfahren mit Schwierigkeiten verbunden: s. Problemdarstellung im Literaturtipp rechts (z. B. Feststellung zur Tabelle hat keine Bindungswirkung für Entscheidung des Versicherer, keine Freistellung des Anspruches erforderlich) • Insolvenzverwalter sollte den Schuldner nach eingetretenen Schäden fragen und Meldungen an die Versicherung prüfen oder nachholen	Heinze, Irrungen und Wirrungen zu § 110 VVG in der Praxis der Insolvenzverwaltung – für den Insolvenzverwalter eine Wahl zwischen Scylla und Charybdis? InsbürO 2015, 469 ff. Absonderungsrecht des geschädigten Dritten gegen Versicherer: BGH v. 28.7.2016 – III ZR 70/16 (Rn. 4) in InsbürO 2017, 36, ZInsO 2016, 2088
42.	Berufsunfähigkeitsversicherung	• Berufsunfähigkeitsversicherungen sind häufig mit einer Rentenversicherung gekoppelt • wird dort ein Kapitalwahlrecht gewählt, entfällt der Pfändungsschutz gem. § 851c ZPO für alle vertraglichen Leistungen • daher Versicherungsleistungen prüfen • wegen Pfändungsschutz: s. nachstehend »Rentenversicherung« • im Übrigen: Berufsunfähigkeitsrenten können gem. 850b ZPO nach Billigkeitsprüfung ggf. für pfändbar erklärt werden	Zu den Voraussetzungen des Pfändungsschutz für eine Berufsunfähigkeitsrente: BGH v. 15.7.2010 – IX ZR 132/09 in InsbürO 2011, 156, ZInsO 2010, 1485 Marwyk, Die bedingte Pfändbarkeit der Berufsunfähigkeitsversicherung in der Insolvenz natürlicher Personen, InsbürO 2017, 401 ff. Grote, Nachzahlung einer privaten Berufsunfähigkeitsrente in der Wohlverhaltensperiode, InsbürO 2018, 270 ff. (Anträge auf Nachtragsverteilung, nach §§ 850e, 850b ZPO, konkrete Rechenbeispiele)

Nr.	Thema	Checkliste Versicherungsverträge – Erläuterungen Spezielle Versicherungsverträge	Hilfsmittel
43.	Direkt-versicherungen	• Prüfung, ob Versicherungsvertrag vom Insolvenzbeschlag umfasst ist – dies hängt vom vereinbarten Bezugsrecht ab: s. nachfolgend • bei Arbeitgeberinsolvenz: Berücksichtigung einer Vielzahl von unterschiedlichen Kriterien (s. rechts: Prüfvermerk) • bei Arbeitnehmerinsolvenz: i.d.R. keine Massezugehörigkeit, weil häufig Riester-Vertrag, aber Voraussetzungen für Pfändungsschutz müssen dort vorliegen: s. nachfolgend »Riester-Vertrag« • Achtung bei Regelungen bzgl. Bezugsrecht: arbeitsvertragliche Regelung hat keine Auswirkung auf das Versicherungsverhältnis, versicherungsvertragliche Regelung ist entscheidend • nach BGH-Rechtsprechung kann bei fehlender Kündigungsmöglichkeit aber auf die Versicherungsleistung bei Eintritt zugegriffen werden (Versicherungsleistung und Kündigung = zwei getrennte Ansprüche); Nachtragsverteilung für Anwartschaftsrecht sei zeitlich unbeschränkt möglich	Muster 365: »Direktversicherungen – Prüfvermerk« s. Literaturtipps nachstehend s. Rechtsprechung nachfolgend Nachtragsverteilung für Anwartschaftsrecht auf Versicherungsleistung: BGH v. 20.12.2018 – IX ZB 8/17 in WKRS 2019, 47008, InsbürO 2019, 195 ff. mit Anmerkung Henning

44.	Direktversicherung – Bezugsrecht	• mehrere Möglichkeit eines Bezugsrechtes (§ 159 VVG) bei einer Direktversicherung:
		– widerrufliches Bezugsrecht: nicht insolvenzfest
		  – aber Achtung bei Eintritt des Versicherungsfalls (z.B. Tod des Schuldners): widerrufliches Bezugsrecht wandelt sich in unwiderrufliches, wenn IV nicht die Änderung des Bezugsrechtes vorher bewirkt hat
		– unwiderrufliches Bezugsrecht: insolvenzfest
		– gespaltenes Bezugsrecht: z. B. widerruflich für den Todesfall, unwiderruflich für den Erlebensfall
		  – Hauptbestandteil: Erlebensfall ist unwiderruflich, Todesfall = widerruflich = nur Appendix (Zusatz), daher Schicksal des »Hauptbestandteiles« entscheidend = unwiderruflich = Freigabeanspruch gegen den Insolvenzverwalter
		• Eintrittsrecht des Bezugsberechtigten gem. § 170 Abs. 1 Satz 1 VVG innerhalb eines Monats ab Insolvenzeröffnung (§ 170 Abs. 3 VVG):
		– Voraussetzung: Zustimmung des Versicherungsnehmers (= im Insolvenzverfahren des Insolvenzverwalters) = schnelle Prüfung erforderlich, ob Insolvenzbeschlag besteht
		– Rechtsfolge: Bezugsberechtigter nimmt die Stelle des bisherigen Versicherungsnehmers (= Arbeitgeber) ein
			Hatwig, Gespaltenes Bezugsrecht beim Lebensversicherungsvertrag, InsbürO 2014, 519 ff.
			
			Hatwig, Wem gehört die Lebensversicherung, Teil 1: Das widerrufliche Bezugsrecht, InsbürO 2015, 229 ff.
			
			Zum eingeschränkt unwiderruflichen Bezugsrecht in der Insolvenz des Arbeitgebers: BGH v. 9.10.2014 – IX ZR 41/14 in InsbürO 2015, 76, ZInsO 2014, 2271
			
			Zum unwiderruflichen Bezugsrecht in der Insolvenz des Arbeitgebers: BGH v. 22.1.2014 – IV ZR 201/13 in ZInsO 2014, 398, WKRS 2014, 10346
			
			Versicherungsvertragliche Regelung entscheidend: BAG v. 18.9.2012 – 3 AZR 176/10 (Rn. 13) in InsbürO 2012, 440, ZInsO 2013, 33

45.	Direktversicherung – Literaturtipp	• Heyn, Direktversicherungen in der Insolvenz, InsbürO 2007, 374 ff. • Chatroom, Frage 3: Ist der Abschluss einer Direktversicherung im Insolvenzverfahren über das Vermögen von natürlichen Personen nach Insolvenzeröffnung zulässig? InsbürO 2008, 116 f. • Küpper, Die arbeitgeberfinanzierte Direktversicherung in der Insolvenz des Arbeitnehmers, InsbürO 2004, 337 ff.	
46.	Kautionsversicherung	• nach der BGH-Rechtsprechung ist ein Kautionsversicherung ein Geschäftsbesorgungsvertrag • dieser erlischt mit Insolvenzeröffnung gem. § 116 Satz 1, § 115 Abs. 1 InsO • gezahlte Prämienzahlungen für die Zeit nach Insolvenzeröffnung sind zurück zu gewähren = Erlös für die Insolvenzmasse	Rückzahlung der Prämien: BGH v. 18.11.2010 – IX ZR 17/10 (Rn. 7, 8) in InsbürO 2011, 355, ZInsO 2010, 2391 Zistler, Was ist eine Kautionsversicherung? Ist daraus ein Erlös für die Insolvenzmasse zu erzielen: z.B. durch Rückerstattung Prämien? InsbürO 2017, 24 ff.

Nr.	Thema	Checkliste Versicherungsverträge – Erläuterungen Spezielle Versicherungsverträge	Hilfsmittel
47.	Krankenhaustagegeld	• ob Krankenhaustagegeld pfändbar ist, ist umstritten • Prüfung der Pfändbarkeit ist im Einzelfall auf Basis einer Billigkeitsentscheidung nach § 850b Abs. 2 ZPO möglich • bejahende Meinung: Pfändungsschutz des § 850b Abs. 1 Nr. ZPO greift nur, wenn Bezüge von Krankenkassen ausschließlich oder zu einem wesentlichen Teil zu Unterstützungszwecken gewährt werden • Zweck bspw.: Ausgleich bestehende Deckungslücke zwischen Erstattungsleistungen der Krankenversicherung und entsprechenden Kosten oder krankheitsbedingten Verdienstausfall • geht Krankenhaustagegeld über die Krankheitskosten hinaus und ist das Existenzminimum anderweitig gesichert, soll eine Pfändbarkeit gegeben sein = Antrag nach § 850b ZPO beim Insolvenzgericht stellen	Pfändbarkeit umstritten: Ahrens/Gehrlein Ringstmeier: Insolvenzrecht Kommentar, 3. Aufl., Ahrens, § 36 InsO Rn. 65 Pfändbarkeit bejahend: LG Frankenthal 9.9.2015 – 2 S 389/14 in InsbürO 2016, 345, ZInsO 2016, 866
48.	Krankenversicherung	• private Krankenversicherungsverträge sind pfändungsgeschützt • kein Wahlrecht des Insolvenzverwalters gem. § 103 InsO • Leistungsansprüche gegen Versicherung unpfändbar gem. § 850b Abs. 1 Nr. 4 ZPO • rückständige Beiträge der Krankenversicherung aus der Zeit vor Insolvenzeröffnung sind Insolvenzforderung • rückständige Beiträge aus Zeit nach Insolvenzeröffnung sind Neugläubigerforderung (keine Masseverbindlichkeit) • Zahlungen an die Krankenversicherung im Rahmen des Bargeschäftes oder vom P-Konto: nicht anfechtbar • kein Kündigungsrecht des Versicherers wegen rückständiger Beiträge, aber eingeschränkte Leistungspflicht (= Einstufung in Notlagentarif: s. Anmerkung InsbürO 2016, 339) • außerdem: private Krankenversicherung kann im Notlagentarif rückständige Beträge gegen Kostenerstattungsanspruch des Versicherungsnehmers aufrechnen (s. InsbürO 2019, 153)	kein Wahlrecht IV: BGH v. 19.2.2014 – IV ZR 163/13 in InsbürO 2014, 244, ZInsO 2014, 833 Insolvenzforderung und fehlende Anfechtbarkeit: BGH v. 7.4.2016 – IX ZR 145/15 in InsbürO 2016, 338 ff., ZInsO 2016, 1206 mit Anmerkung Henning Aufrechnungsmöglichkeit rückständige Beiträge mit Erstattungsanspruch: BGH v. 05.12.2018 – IV ZR 81/18 in InsbürO 2019, 153, WKRS 2018, 43486 mit Anmerkung Henning

49.	Lebensversicherung – (Risiko)	• bei Todesfall des Schuldners: Pfändungsschutz gem. § 850b ZPO (= bedingt pfändbare Bezüge)
		• bei Todesfall bspw. des Ehepartners und Bezugsberechtigung des Schuldners: Insolvenzbeschlag am Anspruch des Schuldners auf etwaige Todesfallleistung
		  – bei Insolvenzeröffnung: aufschiebend bedingter Anspruch der Bezugsberechtigung = Anwartschaftsrecht = Insolvenzbeschlag
		  – nach Verfahrensaufhebung: spätere Anordnung der Nachtragsverteilung möglich
		• sind die Ansprüche aus dem Versicherungsvertrag nur für den Todesfall abgetreten, steht das vorzeitige Kündigungsrecht und ein etwaiger Rückkaufswert (soweit er bspw. bei kombinierten Verträgen anfällt) der Insolvenzmasse zu: s. Literaturtipp
			Nachtragsverteilung für Bezugsrecht nach Todesfall: BGH v. 18.12.2014 – IX ZB 50/13 in ZInsO 2015, 213, InsbürO 2015, 192
			
			Zistler, Abtretung nur für den Todesfall: Wem gebührt der Rückkaufswert? InsbürO 2017, 109 ff.

50.	Lebensversicherung – Umwandlung	• Umwandlung einer Lebensversicherung gem. § 167 VVG zur Erlangung des Pfändungsschutz nach § 851c ZPO ist möglich: s. vorstehend »Pfändungsschutz nach § 851c ZPO« (Nr. 15) • die Voraussetzungen des Pfändungsschutz nach § 851c ZPO müssen aber im Zeitpunkt der Insolvenzeröffnung vorgelegen haben – das reine Umwandlungsbegehren des Schuldners reicht nach der BGH-Rechtsprechung nicht aus • fehlt der Pfändungsschutz kann der Insolvenzverwalter die Kündigung des Vertrages aussprechen und den Rückkaufswert zur Insolvenzmasse ziehen	Pfändungsschutz erst ab tatsächlicher Umwandlung unter den Voraussetzungen des § 851c ZPO: BGH v. 22.7.2015 – IV ZR 223/15 in ZInsO 2015, 2088, InsbürO 2015, 532

Nr.	Thema	Checkliste Versicherungsverträge – Erläuterungen Spezielle Versicherungsverträge	Hilfsmittel
51.	Lebensversicherung – Literaturtipp	• Hatwig, Prüfung von Ansprüchen aus Lebensversicherungsverträgen auf Massezugehörigkeit, Teil 1: InsbürO 2013, 350 ff., Teil 2: InsbürO 2013, 438 ff. • Kier, Die Verwertung von Lebensversicherungsverträgen im Insolvenzverfahren, InsbürO 2004, 122 ff. • Schmidt, Die Verwertung einer Lebensversicherung nach dem Tod des Schuldners, InsbürO 2005, 8 ff. • Wipperfürth, Insolvenzrechtliche Bedeutung der Abrechnung von Lebensversicherungen nach dem »Zillmer-Verfahren«, InsbürO 2013, 219 ff.	
52.	Rentenversicherung	• Pfändungsschutz für Rentenversicherungsverträge besteht nach § 851c ZPO: • zu den Voraussetzungen s. vorstehend »Pfändungsschutz« (Nr. 15)	Heyn, Rentnerinnen und Rentner in der Insolvenz, InsbürO 2014, 115 ff. Wimmer, Das Gesetz zum Pfändungsschutz der Altersvorsorge unter besonderer Berücksichtigung der Hinterbliebenenversorgung, ZInsO 2007, 281 ff.
53.	Restschuldversicherung – allgemein	• mit Verbraucherdarlehensverträgen werden i.d.R. auch Restschuldversicherungsverträge abgeschlossen • ggf. gelten diese gem. § 358 Abs. 3 Satz 1 BGB als verbundenes Geschäft • bei fehlender Belehrung über dieses verbundene Geschäft: Widerrufsfrist beginnt nicht zu laufen • ggf. Widerruf möglich, Rechtsfolge: Umwandlung in ein Rückabwicklungsverhältnis	Verbundene Geschäfte: BGH v. 15.12.2009 – XI ZR 45/09 in InsbürO 2010, 76, ZInsO 2010, 603
54.	Restschuldversicherung – Rückabwicklung	• wechselseitige Rückzahlungsansprüche knüpfen an das ursprüngliche (widerrufene) Vertragsverhältnis an (Rn. 17 der BGH-Entscheidung: s. rechts) • diese Ansprüche sind zum Zeitpunkt der Insolvenzeröffnung aufschiebend bedingte Ansprüche (Rn. 16 der BGH-Entscheidung: s. rechts) • Anspruch des Darlehensnehmers (= Schuldners) auf Erstattung der gezahlten Darlehensraten steht Anspruch des Darlehensgebers (= Bank) auf Rückzahlung der Darlehensvaluta gegenüber = Aufrechnung möglich (§§ 387, 389 BGB, § 95 Abs. 1 InsO) • ausstehende Darlehensvaluta übersteigt damit i.d.R. den Erstattungsanspruch des Schuldners = kein Erlös für die Insolvenzmasse • Versicherungsprämie (= aus dem verbundenen Vertrag) ist nicht erstattungsfähig, weil sie nicht aus dem Vermögen des Schuldners entrichtet wurde (Rn. 27 der BGH-Rechtsprechung: s. rechts)	Zur Rückabwicklung eines Widerrufs: BGH v. 3.3.2016 – IX ZR 132/15 (m.w.N.) in InsbürO 2016, 302, ZInsO 2016, 690
55.	Riester-Rente	• nach der BGH-Rechtsprechung liegt nicht grundsätzlich eine Unpfändbarkeit vor; für eine solche müssen folgende Voraussetzungen vorliegen: – Pfändungsschutz nur für Kapital aus Altersvorsorgevermögen, geförderten Altersvorsorgebeiträgen oder gezahlten Zulagen = zusätzliche Zahlungen des Schuldners sind nicht geschützt – Vertrag muss förderfähig gewesen sein – Antrag auf Zulage für die jeweiligen Beitragsjahre muss gestellt sein – Voraussetzungen für die Zulagen müssen vorgelegen oder sogar gewährt worden sein – die Voraussetzungen des Pfändungsschutzes nach § 851c ZPO (v. vorstehend) müssen nicht zusätzlich erfüllt sein	Muster 368: »Kündigung – Einziehung – Riester-Vertrag« Zu den Voraussetzungen für den Pfändungsschutz einer Riester-Rente: BGH v. 16.11.2017 – IX ZR 21/17 in ZInsO 2018, 162, InsbürO 2018, 118 m. Anmerkung Henning

Nr.	Thema	Checkliste Versicherungsverträge – Erläuterungen Spezielle Versicherungsverträge	Hilfsmittel
56.	Sterbegeldversicherung – allgemein	• für Sterbegeldversicherungen, die ausschließlich für den Todesfall abgeschlossen sind, gilt ein Pfändungsschutz gem. § 850b Abs. 1 Nr. 4 ZPO • geschützter Betrag nach § 850b Abs. 1 Nr. 4 ZPO: 3.579 EUR wg. Möglichkeit einer angemessenen Bestattung • darüber hinausgehender Betrag ist pfändbar: s. Rechtsprechung • Pfändbarkeit des darunter liegenden Betrages kann ggf. auf Basis einer Billigkeitsprüfung herbeigeführt werden (§ 850b Abs. 2 ZPO) • bei Überschreiten der Grenze: ggf. Aufspaltung in zwei Verträge möglich: einer wird ausgezahlt, aber: Rechtsprechung hat die Umsetzung offen gelassen	Grote, Sterbegeldversicherung, InsbürO 2014, 103 ff. Hatwig, Sterbegeldversicherung, InsbürO 2015, 524 ff. Zum Pfändungsschutz: BGH v. 12.12.2007 – VII ZB 47/07 in WKRS 2007, 44850
57.	Sterbegeldversicherung – Pfändungsschutz	• Voraussetzungen des Pfändungsschutzes nach § 850b Abs. 1 Nr. 4 ZPO: – Abschluss des Versicherungsvertrages nur für den Todesfall – keine Versicherungssumme auch im Erlebensfall – Versicherungsnehmer und Versicherter müssen identisch sein – lediglich Bezugsberechtigung für Hinterbliebene zulässig • kombinierter Versicherungsvertrag (z.B. mit Lebensversicherung): nicht insolvenzfest = pfändbar	Zu den Voraussetzungen des Pfändungsschutzes: BGH v. 19.3.2009 – IX ZA 2/09 (Rn. 5) in InsbürO 2010, 112, ZInsO 2009, 915
58.	Sterbegeldversicherung – Billigkeitsprüfung	• § 850b ZPO ist laut BGH-Rechtsprechung auch im Insolvenzverfahren anhängig • Abwägung zwischen den Interessen des Schuldners und denen der Gläubigergesamtheit	Anwendung § 850b ZPO in Insolvenzverfahren: BGH v. 3.12.2009 – IX ZR 189/08 in InsbürO 2010, 118, ZInsO 2010, 188
59.	Sterbegeldversicherung – Kündigung	• praktisches Vorgehen derzeit noch in Rechtsprechung und Literatur ungeklärt • keine Vereinnahmung des gesamten Betrages, wenn Rückkaufswert 3.579,00 EUR überschreitet • Teilkündigung muss aber möglich sein = Quotelung des Rückkaufswertes und Auszahlung Teilbetrag, wird aber häufig von den Versicherungsgesellschaften abgelehnt • ohne Teilkündigung: Widerspruch zur BGH-Rechtsprechung mit fehlendem Pfändungsschutz über 3.579,00 EUR	Grote, Sterbegeldversicherung, InsbürO 2014, 103 ff. Grote, »Teilkündigung einer Sterbegeldversicherung«, InsbürO 2014, 524 ff.

Checkliste 75: Verteilung

Das Ziel des Insolvenzverfahrens ist gem. § 1 InsO die gemeinschaftliche Befriedigung der Gläubiger. Am Ende eines Verfahrens wird ein Schlussverzeichnis erstellt, in dem alle Gläubiger mit festgestellten oder aufschiebend bedingten Forderungen enthalten sind, die bei einer etwaigen Verteilung zu berücksichtigen sind. Eine Verteilung kommt zustande, wenn am Ende eines Verfahrens nach Ausgleich der Massekosten gem. § 54 InsO und nach Befriedigung der Masseverbindlichkeiten gem. § 55 InsO ein Betrag zur Verteilung an die Insolvenzgläubiger gem. § 38 InsO zur Verfügung steht. Das Schlussverzeichnis ist die Grundlage für das Verteilungsverzeichnis, in dem die einzelnen Zahlbeträge oder ggf. eine Nullquote ausgewiesen wird. Die Insolvenzsoftware liefert solch ein Verzeichnis zwar auf Knopfdruck, jedoch muss dieses von den Insolvenzsachbearbeitern eingehend geprüft werden, denn es ist nur dann richtig, wenn die vorherigen Eingaben korrekt erfolgt sind. Insoweit sind auch Kenntnisse über etwaige Änderungsmöglichkeiten erforderlich. Darüber hinaus sind bei der Ausschüttung der zu verteilenden Masse weitere Besonderheiten zu beachten, die nachfolgend vorgestellt werden. 156

(Die Übersicht ist nach gängigen Überlegungen und Arbeitsschritten sortiert.)

157

Nr.	Thema	Checkliste Verteilung: Erläuterung	Hilfsmittel
1.	Gesetzliche Grundlage für die Verteilung	• § 1 InsO i.V.m. §§ 187 ff. InsO	
2.	Verbraucherinsolvenzverfahren	• es gelten dieselben Regelungen wie im Regelinsolvenzverfahren: § 304 Abs. 1 Satz 1 i.V.m. §§ 188 ff. InsO	

Nr.	Thema	Checkliste Verteilung: Erläuterung	Hilfsmittel
3.	Ermittlung des zu verteilenden Betrages	• vor einer etwaigen Verteilung an die Insolvenzgläubiger sind zunächst alle vorherigen Abzüge zu ermitteln und zu berücksichtigen: – Massekosten gem. § 54 InsO – Masseverbindlichkeiten gem. § 55 InsO	
4.	Massekosten gem. § 54 InsO	• Massekosten = Verfahrenskosten (= Gerichtskosten, Kosten des (vorläufigen) (Sach-)Verwalters, Gläubigerausschuss) • vorrangige Befriedigung der Massekosten gem. § 54 InsO = erst Massekosten dann Zahlung an Insolvenzgläubiger • unterschiedliche Rangfolge je nach gegebener Situation beachten: § 53 InsO (normal), § 207 InsO (Masselosigkeit), § 209 InsO (Masseunzulänglichkeit)	
5.	RSB-Phase – Kosten	• lt. BGH-Rechtsprechung: Rückstellung für Gesamtkosten der RSB-Phase im eröffneten Verfahren bilden = Abzug von der zu verteilenden Insolvenzmasse = »verminderte Quote« • Vorrang sämtlicher Kosten vor Auszahlung an Insolvenz- bzw. Massegläubiger (Analogie zu § 292 Abs. 1 Satz 2 InsO) • gilt im eröffneten Verfahren und in RSB-Phase (= keine jährliche Ausschüttung gem. § 292 Abs. 1 InsO, wenn nicht die Kosten für den Gesamtzeitraum der RSB-Phase abgedeckt sind)	Rückstellung RSB-Kosten: BGH v. 20.11.2014 – IX ZB 16/14 in InsbürO 2015, 62, ZInsO 2015, 28) kritische Würdigung: Zimmer, Die Rückstellung für die Treuhändervergütung und ihre (Folge-)Probleme, InsbürO 2016, 324 ff.
6.	Masseverbindlichkeiten gem. § 55 InsO	• Masseverbindlichkeiten = Verbindlichkeiten gegenüber Dritten (durch Veranlassung oder Inanspruchnahme einer Lieferung oder Leistung des Insolvenzverwalters oder aufoktroyierte Verbindlichkeiten) • vorrangige Befriedigung der Masseverbindlichkeiten gem. § 55 InsO = erst Befriedigung dieser Massegläubiger, dann Ausschüttung des verbleibenden Restmassebestandes an die Insolvenzgläubiger gem. § 38 InsO • unterschiedliche Rangfolge je nach gegebener Situation beachten: § 53 InsO (normal), § 207 InsO (Masselosigkeit), § 209 InsO (Masseunzulänglichkeit): s. nachstehend	
7.	Normalfall	• Wenn keine Masseunzulänglichkeit (§ 209 InsO) und keine Masselosigkeit (§ 207 InsO) vorliegt, dann gilt gem. § 53 InsO folgende Rangfolge: – Masseverbindlichkeiten gem. § 55 InsO – Massekosten gem. § 54 InsO – Insolvenzforderungen gem. § 38 InsO	
8.	Masselosigkeit	• Kennzeichen der Masselosigkeit: kein vollständiger Ausgleich der Verfahrenskosten möglich • daher: ein etwaiger Massebestand wird quotal auf die Verfahrenskosten gem. § 54 InsO verrechnet • zunächst auf die Auslagen des Insolvenzgerichtes (Nrn. 9004, 9005 KV GKG) und des Verwalters (§ 8 InsVV) • danach quotal auf die Gerichtskosten (Nrn. 2310 ff. KV GKG) und die Verwaltervergütung (§§ 1 – 9 InsVV) • hierzu: entsprechende Schlussrechnung im Schlussbericht erstellen • Insolvenzgläubiger erhalten keine Quote = keine Verteilung	Checkliste Masselosigkeit
9.	Masseunzulänglichkeit	• liegt MUZ bei Verfahrensbeendigung vor: Reihenfolge nach § 209 Abs. 1 InsO beachten: – Massekosten gem. § 54 InsO – Neumasseverbindlichkeiten – Altmasseverbindlichkeiten • demnach: Altmasseverbindlichkeiten erhalten erst eine Zahlung (= i.d.R. quotale Befriedigung), wenn die Neumasseverbindlichkeiten befriedigt sind • daher: möglichst Vermeidung von Neumasseverbindlichkeiten • Insolvenzgläubiger erhalten keine Quote = keine Verteilung	Checkliste Masseunzulänglichkeit

Nr.	Thema	Checkliste Verteilung: Erläuterung	Hilfsmittel
10.	Verzeichnisse	• Verteilungsverzeichnis = allgemeine Bezeichnung für die Übersicht über die Höhe der einzelnen Auszahlungsbeträge an welche Gläubiger • der Verteilung liegt je nach Verfahrensstadium folgendes andere Verzeichnis zugrunde: – Abschlagsverzeichnis (§§ 187 Abs. 2, 195 InsO) – Angleichungsverzeichnis (§ 192 InsO) (bei einer vorherigen Abschlagsverteilung) – Schlussverzeichnis (§ 196 InsO) – Nachtragsverzeichnis (§ 203 InsO) • die Verzeichnisse können inhaltlich voneinander abweichen (§§ 189 ff. InsO): spätere Feststellung von Forderungen, Rücknahmen, Verzichtserklärungen	
11.	Schlussverzeichnis – Einreichung mit Schlussbericht	• zusammen mit dem Schlussbericht ist ein Schlussverzeichnis zwecks Einholung der Zustimmung des Insolvenzgerichtes gem. § 196 Abs. 2 InsO einzureichen • es geht um die Feststellung, welche Gläubiger mit welchen Forderungen an einer etwaigen Verteilung teilnehmen • i.d.R. wird darin keine Quote ausgewiesen • Grund: Quote wird sich bis zur Ausschüttung sowieso noch verändern (weitere Einnahmen wie Zinsen etc.) • Einreichung eines Schlussverzeichnisses mit Null-Quote ist daher zulässig • Quotenbetrag ergibt sich aus dem Schlussbericht und aus der vorzunehmenden Veröffentlichung gem. § 188 InsO • Insolvenzgericht prüft lediglich die korrekte Aufnahme der Gläubigerdaten im Schlussverzeichnis	Insolvenzsoftware
12.	Unterscheidung Verteilungsplan und Verteilungsverzeichnis	• Verteilungsplan gehört in die Schlussrechnung: Welche Beträge werden an welche Gläubigergruppe verteilt? = Plan, wie der Massebestand verteilt werden soll = Prognose • Verteilungsverzeichnis weist Quotenbeträge für einzelne Gläubiger aus, wird bei tatsächlicher Ausschüttung erstellt	Insolvenzsoftware
13.	Basisdaten für eine Verteilung	• für die Erstellung eines Abschlags- oder Schlussverzeichnisses sind unterschiedliche Aspekte zu berücksichtigen, die nachfolgend erläutert werden	
14.	Absonderungsrechte	• Absonderungsberechtigte Gläubiger sind gem. § 190 InsO mit ihrem Ausfall zu berücksichtigen • für den Nachweis des Ausfalls gilt die Frist des § 189 Abs. 1 (= zwei Wochen nach öffentlicher Bekanntmachung) • wenn das Verwertungsrecht gem. § 166 InsO beim Insolvenzverwalter liegt: keine Anwendung der vorstehenden Ausschlussfrist gem. § 189 InsO • dann muss der Insolvenzverwalter den Ausfall selbst beziffern • daher vor Einreichung des Schlussverzeichnisses und Einholung der Genehmigung gem. § 196 InsO: Ausfallforderungen prüfen und klären • i.d.R. erfolgt dies bei Erstellung des Schlussberichtes	Berücksichtigung von Absonderungsrechten bei der Verteilung: BGH v. 02.07.2009 – IX ZR 126/08 in InsbürO 2009, 404, ZInsO 2009, 1507 Checkliste Insolvenztabelle – Schlussbericht Checkliste Schlussbericht Hopfenbeck, Berücksichtigung des absonderungsberechtigten Gläubigers bei Verteilung in der RSB-Phase, InsbürO 2010, 61 ff.
15.	Aufschiebend bedingte Forderungen	• ist die Bedingung eingetreten: Feststellung vornehmen und im Schlussverzeichnis berücksichtigen • fehlt die Bedingung: Quotenbetrag ggf. zurückbehalten: § 191 Abs. 2 InsO = ebenfalls im Schlussverzeichnis aufnehmen • Achtung: nicht zurückhalten, wenn Eintritt der Bedingung fernliegt (§ 191 Abs. 2 InsO) = keine Aufnahme in das Schlussverzeichnis • bei einer Abschlagsverteilung: Rückstellung in voller Höhe gem. § 191 Abs. 1 InsO	

Nr.	Thema	Checkliste Verteilung: Erläuterung	Hilfsmittel
16.	Bestrittene Forderungen mit Vollstreckungstitel	• Gibt es noch bestrittene Forderungen, für die ein Vollstreckungstitel vorliegt? • Achtung: Trotz Bestreiten Aufnahme in das Abschlags- oder Schlussverzeichnis gem. § 189 Abs. 1 InsO • Grund: Insolvenzverwalter muss Widerspruch verfolgen (§ 179 Abs. 2 InsO) • Voraussetzung der Rechtsfolge gem. § 179 Abs. 2 InsO: Vollstreckungstitel liegt zum Zeitpunkt des Prüfungstermins im Original vor • liegt der Titel nicht vor, hat der Gläubiger die Feststellung der Forderung selbst zu verfolgen (§ 179 Abs. 1, § 184 Abs. 1 InsO): ohne eine solche keine Aufnahme in das Schlussverzeichnis	
17.	Arbeitnehmerforderungen – Prüfung	• bei Erstellung des Abschlags- oder Schlussverzeichnisses ist folgende Prüfung vorzunehmen: – sind Doppelberücksichtigungen unterblieben: Arbeitnehmer- und Arbeitgeber-Sozialversicherungsanteil nur einmal zur Tabelle festgestellt? – i.d.R. bei der Krankenkasse, beim Arbeitnehmer nicht – kann ggf. noch etwas nachträglich festgestellt werden?	Checkliste Insolvenztabelle: Zusatzinfos (spez. Gläubiger) > darin Besonderheiten bei Arbeitnehmer
18.	Sozialplan	• Wurde ein Sozialplan geschlossen und sind die Verbindlichkeiten daraus Masseverbindlichkeit? • nach § 123 Abs. 2 InsO darf zum Ausgleich dieser Masseverbindlichkeiten ohne Abschluss eines Insolvenzplans nur 1/3 der verteilungsfähigen Masse verwendet werden • Vorsicht: Verjährung von etwaigen Ansprüchen prüfen, denn nach BGH-Rechtsprechung muss Massegläubiger verjährungshemmende Maßnahmen durchführen • mölicherweise ist im Sozialplan eine Verjährungsverzichtserklärung enthalten: daher dort prüfen	Checkliste Verjährungsfristen: »Sozialplan« keine Hemmung der Verjährung: BGH v. 14.12.2017 – IX ZR 118/17 in InsbürO 2018, 212, ZInsO 2018, 314
19.	Einnahmen für Ansprüche nach § 92 InsO	• mit der Regelung in § 92 InsO werden Ersatzansprüche geltend gemacht, die einen Schaden durch Verminderung der Insolvenzmasse ausgleichen sollen – wäre die Masse bspw. bei rechtzeitiger Insolvenzantragstellung nicht gemindert worden, hätte sich eine bessere Quote ergeben (= Quotenschaden durch verspätete Insolvenzantragstellung, Verletzung der Insolvenzantragspflicht gem. § 15a InsO) • dieser Quotenschaden betrifft aber nur Altgläubiger (= gab es schon zum Zeitpunkt der Insolvenzantragspflicht) • da Neugläubiger ihren Schaden gesondert in voller Höhe geltend machen können, sind diese aus etwaigen Einnahmen nicht zu bedienen • daher: erzielte Einnahmen sind gesondert zu separieren: – wurde ein gesondertes Treuhandkonto angelegt? • diese Einnahmen müssen unabhängig von der sonstigen Verteilung nur an Altgläubiger verteilt werden – Kosten der Einziehungstätigkeit sind vorher aus der Einnahmensumme in Abzug zu bringen • Prüfung, ob eine Trennung von Alt- und Neugläubigern in der Tabelle vorgenommen wurde – mit Geltendmachung der Ansprüche muss dies gegenüber dem Anspruchsgegner erläutert worden sein (= alle Ansprüche aus der Tabelle oder nur ein Teil?) – sind keine Neugläubiger vorhanden, können die Einnahmen insgesamt mit dem restlichen Massebestand ausgeschüttet werden	Ahrens/Gehrlein/Ringstmeier: Insolvenzrecht Kommentar, 3. Aufl., Piepenbrock, § 92 Rn. 21, Hamburger Kommentar zum Insolvenzrecht, 7. Aufl., Pohlmann, § 92 Rn. 32, Umgang mit Einnahmen aus § 92 InsO: BGH v. 9.10.2014 – IX ZR 140/11 (Ls. 7 + Rn. 45) in InsbürO 2015, 158, ZInsO 2014, 2361 Umgang mit Einnahmen aus § 93 InsO: BGH v. 17.12.2015 – IX ZR 143/13 (Rn. 12) in InsbürO 2016, 251, ZInsO 2016, 330

Nr.	Thema	Checkliste Verteilung: Erläuterung	Hilfsmittel
20.	Einnahmen für Ansprüche nach § 93 InsO	• nach § 93 InsO kann die persönliche Haftung u.a. bei Gesellschaften ohne Rechtspersönlichkeit geltend gemacht • für solche Einnahmen ist allerdings eine Sondermasse zu bilden, da sie ausschließlich der Befriedigung der Gesellschaftsgläubiger dienen • also keine Verwendung der Einnahmen auf Massekosten und Masseverbindlichkeiten • die Einziehungskosten sind dagegen vorab in Abzug zubringen	Umgang mit Einnahmen aus § 93 InsO: BGH v. 17.12.2015 – IX ZR 143/13 (Rn. 12) in InsbürO 2016, 251, ZInsO 2016, 330 Ahrens/Gehrlein Ringstmeier: Insolvenzrecht Kommentar, 3. Aufl., Piepenbrock, § 93 Rn. 21 Hamburger Kommentar zum Insolvenzrecht, 7. Aufl., Pohlmann, § 93 Rn. 85 f.
21.	Zustimmung des Insolvenzgerichtes	• Schlussverteilung bedarf der Zustimmung des Insolvenzgerichtes gem. § 196 Abs. 2 InsO • Zustimmung wird mit Anberaumung des Schlusstermins erteilt (§ 197 Abs. 1 InsO) • Kontrolle vor einer Verteilung, ob schriftliche Zustimmung vorliegt	
22.	Abschlagsverteilung	• Abschlagsverteilung bedarf der Zustimmung des Gläubigerausschusses (§ 195 Abs. 1 InsO)	Checkliste Abschlagsverteilung
23.	Nachträgliche Anmeldungen – nach Schlussbericht	• Eingang von Forderungsanmeldungen nach Einreichung des Schlussberichtes, aber vor Veröffentlichung: – Prüfung kann noch erfolgen – Aufnahme in das Verteilungsverzeichnis ist noch möglich • Voraussetzung: Besonderer Prüftermin findet vor der Veröffentlichung des Schlussverzeichnisses statt	Keine Aufnahme ins Schlussverzeichnis bei Verbindung des besonderen Prüftermins mit Schlusstermin: BGH v. 22.03.2007 – IX ZB 8/05 in InsbürO 2007, 277, ZInsO 2007, 493
24.	Veröffentlichung des Verteilungsverzeichnisses	• Pflicht des Insolvenzverwalters gem. § 188 Satz 3 InsO anzuzeigen: Summe der Forderungen und den für die Verteilung verfügbaren Betrag • Information an das Insolvenzgericht, von dort: Veröffentlichung • Veröffentlichung = Beginn der Ausschlussfrist für die Regelungen der §§ 189 ff. InsO (= Ausfallbezifferung, Feststellungsklagen) • Frist gem. § 189 Abs. 1 InsO beachten: 14 Tage plus 2 Tage = 16 Tage zwischen Veröffentlichung und Schlusstermin • bei Änderungen innerhalb der Frist der §§ 189 Abs. 1, 193 InsO: keine erneute Veröffentlichung erforderlich	Muster 372: »Veröffentlichungstext – Formulierungsbeispiele« Insolvenzgericht ist Urheber der Veröffentlichung: BGH v. 7.2.2013 – IX ZR 145/12 in ZInsO 2013, 496, WKRS 2013, 32060 Chatroom, Frage 2: Was genau wird veröffentlicht? InsbürO 2008, 76 f.
25.	Verteilungsverzeichnis – Änderung	• Änderung des Verteilungsverzeichnis nach Veröffentlichung nur nach den Regelungen in §§ 189 – 193 InsO möglich • Erhebung Feststellungsklage, Nachweis Ausfall etc. • gibt es solche Erklärungen der Gläubiger nach §§ 189 ff. InsO: Änderung des Verzeichnisses durch den Insolvenzverwalter gem. § 193 InsO • Frist hierfür: drei Tage nach Ablauf der Ausschlussfrist des § 189 Abs. 1 InsO • Einwendungen gem. § 194 i.V.m. § 197 Abs. 1 Nr. 2 InsO = offensichtliche Unrichtigkeiten	Änderungen nur aufgrund der Regelungen der §§ 189 – 193 InsO: BGH v. 22.3.2007 – IX ZB 8/05 (Rn. 10) in InsbürO 2007, 277, ZInsO 2007, 493
26.	Nachträgliche Anmeldungen – nach Veröffentlichung	• Einreichung von Forderungsanmeldungen nach Veröffentlichung des Schlussverzeichnisses = keine Aufnahme mehr möglich	keine Teilnahme an Schlussverteilung bei Anmeldung nach Veröffentlichung: BGH v. 22.03.2007 – IX ZB 8/05 in InsbürO 2007, 277, ZInsO 2007, 493
27.	Feststellungsklage	• Feststellungsklage: Ausschlussfrist von zwei Wochen ab Veröffentlichung (§ 189 Abs. 1 InsO) • Nachweis an den Insolvenzverwalter über tatsächliche Erhebung der Feststellungsklage • bei einer Abschlagsverteilung: drei Wochen ab Veröffentlichung (§ 194 Abs. 1 InsO)	Nachweis über Feststellungsklage innerhalb der Ausschlussfrist: BGH v. 13.9.2012 – IX ZB 143/11 in InsbürO 2013, 199, ZInsO 2012, 1987

Nr.	Thema	Checkliste Verteilung: Erläuterung	Hilfsmittel
		• bei Feststellungsklage ggf. Rückstellung gem. § 189 Abs. 2 InsO bilden, um die Quotenauszahlung trotz des Rechtsstreites vornehmen zu können • Praxistipp: streitige Forderungen möglichst vor Einreichung des Schlussberichtes klären	kein Nachholen des fristgebundenen Nachweises: BGH v. 22.10.2009 – IX ZB 49/09 (Rn. 13) in ZInsO 2009, 2243, WKRS 2009, 24930
28.	Ausschüttungsbericht fertigen	• Ausschüttungsbericht im **Entwurf** fertigen • Zeitpunkt: Info der Gläubiger über bevorstehende Ausschüttung • dadurch: Prüfung aller zu berücksichtigenden Aspekte: s. Infos aus dieser Checkliste und in die Muster Ausschüttungsberichte • Einsicht in Plan im Schlussbericht: Auflistung aller zu berücksichtigenden Gläubiger (§§ 54, 55, 38) • Ergebnis = Klarheit, wer welche Beträge aus dem zu verteilenden Massebestand erhält • später Ausschüttungsbericht vollständigen und versenden	Checkliste Ausschüttungsbericht Muster Ausschüttungsberichte (Nr. 39 – 45)
29.	Abschlagszahlungen – Angleichung	• sind Abschlagszahlungen erfolgt: Feststellung, ob Angleichung gem. § 192 InsO zu erfolgen hat • Angleichung = Gläubiger, die bei der bisherigen Abschlagszahlung nicht berücksichtigt wurden, jetzt aber festgestellte Forderungen haben, erhalten die schon ausgezahlte Quote • nur der Restmassebestand wird dann an alle Gläubiger mit festgestellten Forderungen gezahlt • § 192 InsO verweist auf §§ 189 und 190 InsO, damit ist eine Angleichung nur für Gläubiger vorzunehmen, die diese Voraussetzungen der §§ 189, 190 InsO (Feststellungklage bei bestrittenen Forderungen, Ausfallbezifferung) erfüllen • aber streitig, ob enge (vorstehend) oder weite Auslegung = Gläubiger, die nachträglich einfach Nachweise vorgelegt haben, und auch nachträgliche Anmeldungen • siehe wegen näherer Einzelheiten in gesonderte Checkliste	Checkliste Abschlagsverteilung
30.	Bankverbindungen	• über die Insolvenzsoftware sollte geprüft werden, ob alle Bankverbindungen der anmeldenden und zu berücksichtigenden Gläubiger hinterlegt sind (i.d.R. durch ein paar Klicks möglich)	
31.	Quotenzahlung an Bundesagentur für Arbeit	• die Bundesagentur kann die Zuständigkeit für die Geltendmachung von Ansprüchen übertragen (§ 6b SGB II) (z.B. auf die Kreisverwaltung): Wurde dies in der Anmeldung angegeben? Wer bekommt also die Quote?	
32.	Quotenauszahlung – Info an Gläubiger	• Entwurf des Ausschüttungsberichtes liegt vor? = Kontrolle des tatsächlich zur Verteilung verfügbaren Betrages • Gläubiger über bevorstehende Auszahlung informieren: häufig wird kein konkreter Betrag genannt, sondern die Quotenzahlung an sich angekündigt • in dem Anschreiben: Gelegenheit zur Benennung einer neuen Kontoverbindung geben • Arbeitnehmer sollten gesondert angeschrieben und darüber informiert werden, dass von dem Quotenbetrag Lohnsteuer abzuführen ist: s. auch nachfolgend • Wiedervorlage für Ausschüttung 7 – 10 Tage später für Prüfung etwaig geänderter Bankverbindungen notieren • Fotokopie eines Schreibens als »Muster« im Tabellenordner nebst dem Verteilungsverzeichnis abheften • daraus wird ersichtlich, welche Gläubiger angeschrieben wurden	Muster 370: »Auszahlungsmitteilung an Gläubiger« (darin Passus für Arbeitnehmer) Wiedervorlagen-Kalender

Nr.	Thema	Checkliste Verteilung: Erläuterung	Hilfsmittel
33.	Verzichtserklärungen – Grundsatz	• viele Gläubiger möchten »Mini-Quoten« unter 10,00 EUR gar nicht erhalten • der Buchungsaufwand sei viel zu groß • grds. wäre ein Verzicht denkbar, aber der Verwaltungsaufwand im Insolvenzbüro ist ebenfalls groß: – Verzicht kann im EDV-Programm nur vermerkt werden, wenn der Quotenbetrag feststeht, also nachträglich = keine grds. Speicherung möglich, denn dann würde dieser Gläubiger auch bei einem höheren Auszahlungsbetrag keine Berücksichtigung finden – Ausschüttung läuft bei der Überweisung und der Buchung automatisiert = kein geringerer Aufwand für das Insolvenzbüro bei Verzicht – Verzicht wäre sinnvoll, um Hinterlegungsanträge zu vermeiden, aber für einen Verzicht ist ein Kontakt erforderlich: fehlender Kontakt ist wiederum Grund für eine Hinterlegung = funktioniert daher nicht • Umsetzung in der Praxis schwierig, daher: i.d.R. keine Verzichtserklärungen anfordern	
34.	Gläubigerdaten – Änderung	• nach der Ausschüttungsmitteilung an Gläubiger gehen häufig folgende Informationen ein: – Info über Abtretung der Forderung – Info über geänderte Anschrift – Info über geänderte Firmierung – Info über neuen Bevollmächtigten etc. • Problem: Muss dies alles in die Insolvenztabelle eingetragen werden? (viel Arbeit: wem nützt sie?) • grds. Tabellenauszug = vollstreckbarer Titel (§ 178 Abs. 3 InsO), daher: Änderung erforderlich • daher i.d.R. jede Änderung an das Insolvenzgericht mitteilen • aber: Änderung ist auch später durch Gläubiger möglich, wenn Antrag auf Erteilung einer vollstreckbaren Ausfertigung gem. § 201 Abs. 2 Satz 3 InsO gestellt wird • Individuelle Wünsche des jeweiligen Insolvenzgerichtes beachten: die Handhabung erfolgt unterschiedlich	Muster 258 (Insolvenztabelle): »Übersicht Insolvenztabelle -Wünsche Gericht«
35.	Nachforschungen	• häufig kommen Briefe an Gläubiger zurück, dann gilt: – grds. keine Einwohnermeldeamtsanfragen – grds. keine Gewerbemeldeamtsanfragen – Insolvenzverwalter hat keinen Nachforschungsauftrag – wenn dies gemacht wird: Service des Insolvenzbüros • aber Achtung: Kosten von etwaigen Nachforschungen müssen vom Quotenbetrag des Gläubigers in Abzug gebracht werden und dürfen nicht die Insolvenzmasse an sich treffen = ansonsten Nachteil für alle anderen Gläubiger • Grund: Quotenzahlung ist eine Holschuld (§ 269 Abs. 1 BGB) = Gläubiger ist verpflichtet, seine Erreichbarkeit zu gewährleisten • eigentlich: Hinterlegung: s. nachfolgend • allerdings: häufig verlangen die Hinterlegungsstellen Nachforschungen • bei Rückbuchungen: s. nachfolgend	Lauck, Hinterlegung einer Quotenauszahlung, InsbürO 2012, 425 Stiller/Schmidt, Hinterlegung von Quotenzahlungen des Insolvenzverwalters bei unbekanntem Aufenthalt des Insolvenzgläubigers, InsbürO 2011, 413
36.	Quotenberechnung – Formel	• Formel für die Quotenberechnung an Insolvenzgläubiger: $\frac{\text{Verbleibender Massebestand abzgl. ggf. Überweisungskosten} \times 100}{\text{Gesamtsumme der festgestellten Forderungen laut Insolvenztabelle}}$	Insolvenzsoftware
37.	Quotenberechnung-Gegenkontrolle	• Quote x Gesamtsumme der festgestellten Forderungen laut Insolvenztabelle = Massebestand, der verteilt werden kann • i.d.R. nicht erforderlich, da Quotenberechnung über Insolvenzsoftware erfolgt • dennoch: Vorgehen sollte man kennen	

Nr.	Thema	Checkliste Verteilung: Erläuterung	Hilfsmittel
38.	Simulation Kontoauflösung	• für die Ermittlung des zur Verteilung verfügbaren Betrages ist von Bedeutung: Welche Zinsen werden dem Treuhandkonto noch gutgeschrieben am Ende der Abrechnungsperiode (Monat, Quartal) • Anfrage an Bank wg. Simulation der Kontoauflösung am Tag X • wenn keine Verzinsung erfolgt, ist keine Simulation erforderlich	Muster 344 (Treuhandkonto): »Kontoauflösung – Simulation – E-Mail-Anfrage« Checkliste Ausschüttungsbericht
39.	Überweisungskosten	• Feststellung, ob und ggf. welche Überweisungsgebühren berücksichtigt werden müssen • Konditionen der Banken prüfen: tlw. ohne jegliche Gebühren, tlw. mit Gebühren in unterschiedlicher Höhe für bestimmte Dienste (Überweisung, Online-Einblick, Zustellung Kontoauszüge) • ggf. von der Bank eine Auflistung über Standardpreise schicken lassen • Abzug vom Massebestand vornehmen als Rückstellung für spätere Abbuchungen nach erfolgter Ausschüttung	Checkliste Ausschüttungsbericht
40.	Arbeitnehmerforderungen – Umgang	• bei Ausschüttungsbeträgen an Arbeitnehmer: – Quotenbetrag wird nicht komplett ausgezahlt – Lohn-und Gehaltsabrechnungen fertigen lassen (Buchhaltung) – hierbei: Berechnung nach Steuerklasse VI (§ 38b Abs. 1 Nr. 6 EStG: bei Lohn- und Gehaltsbezug von zwei oder mehr Arbeitgebern), daher: keine Anforderung der Lohnsteuerabzugsmerkmale – Lohnsteuer fällt nach Steuerklasse VI bereits bei einem Auszahlungsbetrag i.H.v. 10,00 EUR an – Arbeitgeber-Sozialversicherungsbeitrag wird bei der Quotenzahlung über die Anmeldung der Krankenkasse berücksichtigt	Checkliste Insolvenztabelle – Zusatzinfos (spez. Gläubiger) > darin Besonderheiten bei Arbeitnehmer Muster 370: »Auszahlungsmitteilung an Gläubiger« (darin Passus für Arbeitnehmer)
41.	Arbeitnehmerforderungen – Suche	• Arbeitnehmerforderungen aus dem Verteilungsverzeichnis ermitteln • i.d.R. Filterung im EDV-Programm möglich • ggf. Durchsicht eines Ausdrucks »Tabelle § 175 InsO« nach Grund der jeweiligen Forderung (Lohn, Gehalt etc.)	Checkliste Insolvenztabelle: Zusatzinfos (spez. Gläubiger) > darin Besonderheiten bei Arbeitnehmer Insolvenzsoftware
42.	Arbeitnehmerforderungen – Zahlung der Quote	• bei der Vornahme der Ausschüttung an Arbeitnehmer ist nachfolgendes zu beachten: – gesonderte Überweisungen an Arbeitnehmer wg. Lohnsteuerabzug: s. vorstehend – dafür: Arbeitnehmerforderungen aus der Gesamtverteilung herausnehmen – ggf. ist keine einzelne Herausnahme in der Insolvenzsoftware möglich: dann Bankverbindung herauslöschen: Treuhandkonto einsetzen (= Überweisung Masse an Masse = Geld bleibt vorhanden), später Bankverbindung des AN wieder eintragen – trägt man keine Kontoverbindung ein, gibt es bei der automatisierten Überweisung an alle anderen Gläubiger i.d.R. eine Fehlermeldung, so dass man die Gesamtüberweisung nicht vollziehen kann – im Anschluss an die Herausnahme oder Eintragung der eigenen Kontoverbindung: Einzelüberweisungen an Arbeitnehmer vornehmen; zuständig Personalabteilung	Insolvenzsoftware

Nr.	Thema	Checkliste Verteilung: Erläuterung	Hilfsmittel
43.	Arbeitnehmerforderungen – Tätigkeit der Buchhaltung	• Lohn- und Gehaltsabrechnungen für die quotalen Arbeitsentgelte fertigen • darauf entfallende Lohnsteuer gemäß § 38a Abs. 1 S. 3 EStG i.V.m. § 41a Abs. 1 EStG an das Finanzamt melden und abführen • Erstellung einer Lohnsteuerbescheinigung für den betroffenen Arbeitnehmer	Zuflussprinzip für die Lohnsteuer bei späterer Zahlung: BAG v. 26.2.2003 – 5 AZR 223/02 in WKRS 2003, 12628
44.	Auslandszahlungen	• bei Quotenzahlungen ins Ausland: § 11 Außenwirtschaftsgesetz (AWG) i.V.m. §§ 67 ff. und Außenwirtschaftsverordnung (AWV) beachten: – Zahlungen ab 12.501 EUR melden, wenn keine Warenlieferung betroffen ist • Zahlungsausgang an die Bundesbank zur Außenwirtschaftsstatistik bis zum 7. des Folgemonats (§ 71 Abs. 7 AWV) elektronisch melden (§ 72 AWV)	S. in den Gesetzestext bzw. in die Verordnung: AWG = Außenwirtschaftsgesetz AWV = Außenwirtschaftsverordnung
45.	Bauabzugssteuer	• bei einer Quotenzahlung auf angemeldete Forderungen aus Bauleistungen ist die möglicherweise erforderliche Abführung von 15 % Bauabzugssteuer von der Bruttoforderung (!) zu prüfen (§ 48 EStG) • keine Bauabzugssteuer bspw. bei Leistung an Privatperson (= keine Bauabzugssteuer in Insolvenzverfahren von natürlichen Personen ohne selbständige Tätigkeit) • die Quote kann in den betroffenen Fällen nicht vollständig ausgezahlt werden • dies würde nur gehen, wenn bei der Quotenauszahlung eine aktuelle (!) Freistellungsbescheinigung vorliegen würde – Vorliegen einer solchen Freistellungsbescheinigung kann über das Bundeszentralamt für Steuern abgefragt werden • oder wenn bestimmte Beträge nicht überschritten werden (§ 48 EStG) (u.a. 5.000,00 EUR) (= Bagatellgrenze) • ohne Freistellungsbescheinigung und bei Überschreitung der Bagatellgrenze: Vorgehen wie bei den Arbeitnehmern = Herausnahme aus Gesamtverteilung und gesonderte Überweisungen machen	eibe.bff-online.de
46.	Quotenauszahlung – Probleme	• in manche Insolvenzsoftware können keine Einzelbeträge zurückbehalten werden • dies ist aber erforderlich, z. B. bei Arbeitnehmerforderungen • oder auch z.B.: ausstehende Klärung bei einzelnen Gläubigern wg. Bankverbindung, Anschrift etc. • alternativer Weg: bei diesen Gläubiger: Bankverbindung in der Insolvenzsoftware löschen und derzeit eigenes Treuhandkonto dort eintragen • dann: spätere gesonderte einzelne Überweisung möglich • ohne Kontoverbindung bei einem Gläubiger: ggf. keine Übernahme des Gläubiger im Auszahlungsverzeichnis: s. nachfolgend »Auszahlungsliste«	
47.	Geldempfangsvollmachten	• Ausschüttung an Bevollmächtigte der Gläubiger nur bei Vorlage einer Geldempfangsvollmacht • Kontrolle in der Insolvenzsoftware (i.d.R. Eingabe bei Aufnahme der Forderungsanmeldung) • Achtung: in der Insolvenzsoftware müssten zwei Haken gesetzt sein: einmal für die Vertretung an sich und einmal für die Vorlage einer Geldempfangsvollmacht – nur wenn letzter Haken gesetzt ist, geht die Quotenzahlung automatisiert an den Verfahrensbevollmächtigten • ggf. Durchsicht der vorhandenen Unterlagen oder Anforderung	Erfordernis einer Geldempfangsvollmacht: LG Duisburg v. 23.8.2012 – 7 T 80/12 (Rn. 3) in WKRS 2012, 25282

Nr.	Thema	Checkliste Verteilung: Erläuterung	Hilfsmittel
48.	Quotenauszahlung – Vornahme	• Ausschüttungsbericht aktualisieren • Änderungen ggf. durch weitere Guthabenzinsen, sonstige weitere Einnahmen oder weitere Ausgaben • Änderungsmitteilungen der Gläubiger hinsichtlich etwaiger neuer Kontoverbindungen oder sonstiger Informationen beachten! • bei Nichtberücksichtigung einer mitgeteilten neuen Kontoverbindung: keine Tilgungswirkung auf altes Konto = Haftungsgefahr für das Verwalterbüro • aktuelles Verteilungsverzeichnis ausdrucken • Achtung bei Rückstellung für einzelne Gläubiger: bspw. Arbeitnehmer, wg. Bauabzugssteuer, sonstige Gründe (s. vorstehend »Probleme«) • Auszahlung über die Insolvenzsoftware vornehmen: entsprechende Belege ausdrucken: s. nachfolgend • Wiedervorlage für eine Woche später notieren: dann den Ausschüttungsbericht versenden	Checkliste Ausschüttungsbericht keine Tilgungswirkung bei Nichtbeachtung geänderter Bankverbindung: BGH v. 14.7.2008 – II ZR 132/07 (Rn. 14 m.w.N.) in WKRS 2008, 19052 Wiedervorlagen-Kalender
49.	Auszahlungsliste	• bei der Ausschüttung über die Insolvenzsoftware wird eine Auszahlungsliste erstellt • darin: Nachweis, welcher Gläubiger welchen Betrag erhalten hat = gehört zu den Buchungsbelegen • mögliches technisches Problem: ein Gläubiger wird nicht übernommen • daher immer Gegenkontrolle erforderlich: Stimmt Gläubigeranzahl in der Auszahlungsliste mit der Gläubigeranzahl lt. Verteilungsverzeichnis überein?	
50.	Buchung	• die Verteilung muss in der Insolvenzsoftware so gebucht werden, dass alle Zahlungen an die Gläubiger einzeln erscheinen • dafür: keine Einzelbuchung der Einzelbeträge, sondern ein Buchungsvorgang für die Gesamtausschüttung möglich • s. hierfür ggf. in das Handbuch für das Insolvenzprogramm	Handbuch über die Insolvenzsoftware – i.d.R oben in Menüleiste
51.	Fehlerhafte Überweisung	• sollte es versehentlich zu fehlerhaften Überweisungen an Dritte kommen, z. B. durch Zahlendreher in der Kontoverbindung • Herausgabeanspruch gem. § 812 BGB geltend machen: Erlangung ohne Rechtsgrund = Herausgabepflicht des Dritten	
52.	Rückbuchungen	• trotz vorheriger Ausschüttungsmitteilung an die Gläubiger gibt es immer wieder Rückbuchungen • durch Anrufe bei den Gläubigern kann häufig eine neue Bankverbindung ermittelt werden • dann nochmalige Überweisung • kein Ergebnis durch Anrufe: Hinterlegung = s. nachfolgend	
53.	Vorsteuerberichtigung	• durch die Quotenzahlung werden Gelder auf Forderungen von Dienstleister und Lieferanten gezahlt, die mit Umsatzsteuern belegt sind • das schuldnerische Unternehmen hat diese Umsatzsteuerbeträge bei Rechnungseingang als Vorsteuer geltend gemacht, ohne tatsächlich einen Rechnungsausgleich vorgenommen zu haben • mit Insolvenzeröffnung ist durch das Insolvenzbüro eine Vorsteuerkorrektur gem. § 17 Abs. 2 Nr. 1 UStG vorzunehmen und macht das Finanzamt den sich ergebenden Rückzahlungsanspruch zur Insolvenztabelle geltend • mit der Quotenzahlung ist diese Geltendmachung nun gem. § 17 Abs. 2 Nr. 1 Satz 2 UStG erneut zu korrigieren • eine Aufrechnung ist ausgeschlossen, weil sich der Steueranspruch erst durch die Quotenzahlung im eröffneten Verfahren vollständig verwirklicht und damit abgeschlossen ist (§§ 96 Abs. 1 Nr. 1 InsO) • Vorsteuerberichtigung gegenüber der Finanzverwaltung geltend machen und Steuerguthaben vereinnahmen	Aufrechnungsverbot nach Korrektur gem. § 17 Abs. 2 UStG: BFH v. 11.07.2013 – XI B 41/13 (Rn. 30 ff.) in InsbürO 2013, 499, ZInsO 2013, 1739 Tesch, Nachträgliche Forderungsanmeldung, unterlassene Vorsteuerberichtigung und Steuerstrafrecht – Ergänzende Lösungshinweise, InsbürO 2017, 457 ff. (Ziff. IV. 5) Busch/Büker, Umsatzsteuerliche Fragestellungen im Zusammenhang mit der Auszahlung der Quote an die Insolvenzgläubiger, InsbürO 2017, 284

Nr.	Thema	Checkliste Verteilung: Erläuterung	Hilfsmittel
		• dafür: Umsatzsteuererklärung auf amtlichen Formular erforderlich, kein formloser Erstattungsantrag möglich • kurze Info an Buchhaltung wg. erforderlicher Erklärung • durch vereinnahmtes Steuerguthaben: zweite Ausschüttung erforderlich = erneut Zahlung von Umsatzsteuer an Dienstleistrer und Lieferanten etc. = Spirale = gleiche Durchführung, solange sich »sinnvolle« Zahlungen an Gläubiger ergeben (Einzelfallentscheidung)	
54.	Hinterlegung	• Voraussetzung der Hinterlegung: Gläubiger ist mit der Annahme im Verzug (§ 372 BGB) • lt. OLG Hamm wird Annahmeverzug begründet, wenn der Gläubiger informiert ist, was bei einer unbekannten Adresse nicht der Fall ist = Insolvenzverwalter muss Nachforschungen anstellen • Quotenzahlung ist eine Holschuld (§ 269 Abs. 1 BGB) • Hinterlegungsstelle = Leistungsort = Insolvenzgericht (§ 374 BGB) • mit Hinterlegung auf das Recht zur Rücknahme verzichten (§ 378 BGB) • Achtung: Kosten der Hinterlegung hat der Gläubiger zu tragen (§ 381 BGB): z. B. Kosten der Zustellung des Hinterlegungsscheins • Achtung bei niedrigen Quotenbeträgen: Prüfung, ob die anfallenden Kosten von der Auszahlungssumme gedeckt werden	Wipperfürth, Wer bekommt das Geld? – Gläubiger, Erben und Ausschüttung, InsbürO 2017, 502 ff. Lauck, Hinterlegung einer Quotenauszahlung, InsbürO 2012, 425 ff. Stiller/Schmidt, Hinterlegung von Quotenzahlungen des Insolvenzverwalters bei unbekanntem Aufenthalt des Insolvenzgläubigers, InsbürO 2011, 413 ff. Hinterlegung nur bei Überschuss nach Abzug der Anzeigekosten: KG v. 14.7.2015 – 1 VA 17/14 in ZInsO 2015, 1629, InsbürO 2015, 450 Zumutbarkeit für IV zu Nachforschungen: OLG Hamm v. 10.03.2016 – 15 VA 4/16 in InsbürO 2016, 388, ZInsO 2016, 1176
55.	Hinterlegung – rechtliche Grundlage	• eigenes Hinterlegungsgesetz in den jeweiligen Bundesländern	
56.	Hinterlegungsantrag	• ein entsprechendes Formular kann im Internet i.d.R. bei jedem zuständigen Amtsgericht herunter geladen werden • darin u.a.: Angaben zum Grund der Hinterlegung machen • wichtig: Auf das Recht zur Rücknahme verzichten! • Anlagen: Eröffnungsbeschluss, Bestallungsurkunde, Forderungsanmeldung und Tabellenauszug des betreffenden Gläubigers, Anschreiben an Gläubiger mit Retourenschein, ggf. Kontoauszug mit Rückbuchung • Antrag und Anlagen mindestens 2-fach, häufig sogar 3- oder 4-fach einreichen: beim jeweiligen AG nachfragen	Muster 371: »Hinterlegungsantrag – Anschreiben« Formulare für Hinterlegungsanträge, z.B.: www.justiz.nrw.de
57.	Restguthaben	• Restguthaben auf dem Treuhandkonto darf es nicht geben • vorherige genaue Ermittlung wegen Zinsen und Kosten erforderlich: s. vorstehend »Simulation Kontoauflösung« • ggf. Ausbuchung von gebuchten Zinsen oder Kosten durch die Bank, falls sich hier zeitlich etwas überschneidet	
58.	Massebestand – gering oder keiner während des eröffneten Verfahrens	• sollte der Massebestand im eröffneten Verfahren zu gering sein, um eine Verfahrenskosten zu decken, so wird dieser Betrag aber zumindest angerechnet • unterschiedliche Handhabung der Gerichte: volle Auszahlung und im Gegenzug voller Ausgleich der Vergütung auf Basis einer erfolgten Kostenstundung oder Teilauszahlung aus Staatskasse und Teilauszahlung durch Überweisung vom Treuhandkonto • falls gar kein Kontoguthaben vorhanden ist, kann zwecks Beendigung des Verfahrens eine kurze Mitteilung an das Insolvenzgericht verschickt werden	Muster 44 (Ausschüttungsberichte): »Kurzmitteilung (bei Kostenstundung) – geringe Einnahmen« Muster 45 (Ausschüttungsberichte): »Kurzmitteilung wg. fehlender Einnahmen«

Nr.	Thema	Checkliste Verteilung: Erläuterung	Hilfsmittel
59.	RSB-Phase – MUZ	• lag im eröffneten Verfahren eine MUZ vor, sind zunächst die ausstehenden Alt-Masseverbindlichkeiten zu begleichen bevor es zu einer Verteilung an die Insolvenzgläubiger kommt	Masseverbindlichkeiten Vorrang vor Insolvenzforderungen auch in der RSB-Phase: BGH v. 17.3.2005 – IX ZB 214/04 in ZInsO 2005, 597, WKRS 2005, 13722
60.	Massebestand – gering während der RSB-Phase	• in beantragten Verfahren ab 01.07.2014: – Neuregelung in § 292 Abs. 1 Satz 4 InsO: Aussetzung der Verteilung wg. Geringfügigkeit längstens bis zum Ende der Abtretungsfrist • in beantragten Verfahren bis 30.06.2014: – eigentlich gem. § 292 Abs. 1 Satz 2 InsO jährliche Ausschüttung, in der Praxis aber gängig: Betrag auf dem Konto belassen und zusammen mit weiteren Einnahmen im folgenden Jahr ausschütten: Zustimmung Insolvenzgericht im Jahresbericht einholen	
61.	Rücknahme von Forderungsanmeldungen	• es kann vorkommen, dass einzelne Gläubiger eine Befriedigung durch Zahlung des Insolvenzschuldners erhalten – Bsp.: Aufrechnung gem. §§ 51, 52 SGB I (Sozialleistungen) – Bsp: Aufrechnung mit Steuerguthaben in der RSB-Phase, da diese von der Abtretung gem. § 287 Abs. 2 InsO nicht umfasst sind • dann eigentlich Rücknahme der Forderungsanmeldung = Änderung des Schlussverzeichnisses • aber: Befriedigung lässt den materiell-rechtlichen Anspruch nicht entfallen (§ 178 Abs. 3 InsO) • verfahrensrechtlich: Rücknahme als Verzichtserklärung des Gläubigers auf Berücksichtigung bei Verteilung zu werten • s. auch nachfolgend	Heyn, Der Umgang mit der Rücknahme einer Forderungsanmeldung, InsbürO 201, 68 Zur Rücknahme einer festgestellten Forderung: AG Köln v. 8.1.2016 – 71 IN 20/13 in InsbürO 2016, 164, ZInsO 2016, 236
62.	Verteilungsabwehrklage	• bei Kenntnis von der Befriedigung eines Gläubigers: Möglichkeit der Erhebung einer Verteilungsabwehrklage • Gläubiger hat keinen Anspruch mehr auf Berücksichtigung bei einer etwaigen Verteilung	Zum Recht des IV zur Erhebung einer Verteilungsabwehrklage: BGH v. 29.3.2012 – IX ZR 116/11 in ZInsO 2012, 975, WKRS 2012, 15685
63.	Nachlassinsolvenzverfahren	• etwaige Befriedigung der Forderungen im Rang des § 39 InsO und zusätzlicher Übererlös? • dann Berücksichtigung der Vorschriften der §§ 327, 328 InsO: – Befriedigung von Verbindlichkeiten gegenüber Pflichtteilsberechtigten – Befriedigung von Verbindlichkeiten aus den vom Erblasser angeordneten Vermächtnissen und Auflagen • aber: bei Einnahmen aus einer Anfechtung: keine Auszahlung auf nachrangige Verbindlichkeiten gem. § 327 Abs. 1 InsO (= Pflichtteil, Vermächtnis) (§ 328 Abs. 1 InsO)	
64.	Nachtragsverteilung	• Verteilung auf Basis des Schlussverzeichnisses gem. §§ 203, 205 InsO • gesonderten Vergütungsanspruch nach § 6 Abs. 1 InsVV prüfen und ggf. vor Verteilung in Abzug bringen • ggf. erhöhte Gerichtskosten wg. höherer Berechnungsgrundlage berücksichtigen und vor Verteilung in Abzug bringen	Checkliste Nachtragsverteilung
65.	Literaturtipp	• Deppe, Verteilung der Insolvenzmasse – abgerechnet wird zum Schluss – Teil 1: InsbürO 2017, 367 ff., Teil 2: InsbürO 2017, 422 ff. • ABC des Insolvenzrechtes: Verteilung der Insolvenzmasse, InsbürO 2010, 76 f. • Holzer, Grundzüge des Verteilungsverfahren nach der InsO, InsbürO 2011, 82 ff. • Reiswich, Die fehlende Positionsbeziehung des Gesetzgebers zum Ausfall- oder Doppelberücksichtigungsprinzip in § 93 InsO und ihre Konsequenzen bei der Quotenberechnung in der Doppelinsolvenz von OHG und Gesellschafter, ZInsO 2014, 2411	

Checkliste 76: Vertragsverhältnisse

Jedes schuldnerische Unternehmen wird eine Vielzahl von Vertragsverhältnissen während der Dauer der Betriebstätigkeit begründet haben (z. B. Betriebshaftpflicht-, Kfz-, Inventarversicherung, Telefonanschluss etc.). Die hieraus regelmäßig anfallenden Kosten stellen ab dem Tag der Insolvenzeröffnung Masseverbindlichkeiten dar, sofern der Insolvenzverwalter seine Rechte nach der InsO nicht unverzüglich wahrnimmt. Ihm steht die Erfüllungsablehnung oder ggf. ein Kündigungsrecht zu. Welches Recht unter welchen Bedingungen ausgeübt werden kann, wird nachstehend erläutert. 158

(Die Übersicht ist nach gängigen Informationen und Arbeitsschritten sortiert und enthält im Anschluss Stichwörter zu Sachbereichen alphabetisch sortiert.)

159

Nr.	Thema	Checkliste Vertragsverhältnisse: Erläuterung	Hilfsmittel
1.	Vertragspartner	• während der Dauer des Insolvenzverfahrens: Geltendmachung von Ansprüchen durch unterschiedliche Vertragspartner • genaue Prüfung, ob der einzelne Anspruch jeweils berechtigt ist • genaue Prüfung, wie ein Anspruch einzuordnen ist: Insolvenzforderung oder Masseverbindlichkeit oder außerhalb des Verfahrens = Neuverbindlichkeit des Schuldners	Checkliste Gläubiger
2.	Übersicht	• Welche vertraglichen Pflichten können die Insolvenzmasse treffen? • Übersicht vom Schuldner erstellen lassen • insbesondere bei Betriebsfortführung von Bedeutung • bei Betriebseinstellung: Ablehnung oder Kündigung eines Vertrages möglich	Checkliste Betriebsfortführung Muster 377: »Vertragsverhältnisse – Übersicht«
3.	Eröffnungsverfahren	• Vertragsverhältnisse bestehen zunächst fort (§ 108 Abs. 1 InsO) • dies betrifft u.a. Miet- und Pachtverhältnisse und Dienstverhältnisse	
4.	Vorläufige Verwaltung	• vorläufiger Insolvenzverwalter muss sich nach dem Gesetz nicht erklären, also keine Ablehnungs- oder Erfüllungswahl • in der Praxis aber: Abklärung mit den Vertragspartnern, erforderlich insbesondere bei weiterer Nutzung von Gegenständen/Räumlichkeiten (§ 21 Abs. 2 Nr. 5 InsO) (= gerichtlichen Beschluss beantragen) • Nutzung von Gegenständen, die der Aussonderung unterliegen > Anordnung des § 21 Abs. 2 Satz 1 Nr. 5 InsO > Zahlung von Nutzungsentgelt erst nach Ablauf von drei Monaten • bei beweglichen Gegenständen: s. Checkliste Absonderungsrechte • bei unbeweglichen Gegenständen (= Anmietung von Räumlichkeiten): – Kündigungssperre gem. § 112 InsO greift nach der Rechtsprechung nicht bei Zahlungsverzug nach dem Insolvenzantrag – daher bei einer Betriebsfortführung: Prüfung, wie lange die Räumlichkeiten benötigt werden – für etwaige Zahlung der Miete/Pacht während einer vorläufigen Verwaltung: Einzelermächtigung einholen: s. Checkliste Betriebsfortführung	kein Wahlrecht für den vorläufigen Verwalter: BGH v. 15.11.2012 – IX ZB 88/09 (Rn. 50) in InsbürO 2013, 110, ZInsO 2013, 44 Checkliste Absonderungsrechte Checkliste Betriebsfortführung Keine Kündigungssperre § 112 InsO bei Zahlungsverzug mit Mieten nach Antragstellung: BGH v. 18.7.2002 – IX ZR 195/01 (Leitsatz e) in ZInsO 2004, 57 Mögliche Qualifizierung zur Masseverbindlichkeit während Eröffnungsverfahren: BGH v. 18.7.2002 – IX ZR 195/01 (Leitsätze c, d) in ZInsO 2004, 57
5.	Erlöschen von Rechtsbeziehungen	• besondere Regelungen in der InsO für die Zeit nach Insolvenzeröffnung: – Erlöschen von Aufträgen (§ 115 InsO) – Erlöschen von Geschäftsbesorgungsverträgen (§ 116) (z. B. Girokonten) – Erlöschen von Vollmachten (§ 117 InsO) • für andere vertragliche Beziehungen: § 103 InsO (= Fortbestand mit Ablehnungsmöglichkeit) oder §§ 109 – 110 InsO (= Kündigungsmöglichkeit)	Checkliste Bank
6.	Wahlrecht	• Insolvenzverwalter hat bei gegenseitigen Verträgen gem. § 103 Abs. 1 InsO ein Wahlrecht: Ablehnung oder Erfüllung	ABC des Insolvenzrechtes: Erfüllungswahl, InsbürO 2012, 155 f.

Nr.	Thema	Checkliste Vertragsverhältnisse: Erläuterung	Hilfsmittel
7.	Wahlrecht – Einschränkung	• Regelungen in §§ 104, 106, 107 InsO abweichend vom Wahlrecht, welche Pflichten der Insolvenzverwalter erfüllen muss und welche Ansprüche Dritte gegen die Masse geltend machen können Betroffen sind folgende Rechtsverhältnisse: – Fixgeschäfte, Finanzleistungen (§ 104 InsO) – Auflassungsvormerkung im Grundbuch (§ 106 InsO) – Verträge mit Eigentumsvorbehalt (§ 107 InsO)	
8.	Wahlrecht – vorläufige Verwaltung	• das Wahlrecht gem. § 103 InsO greift nicht für die vorläufige Verwaltung • es steht lediglich dem Insolvenzverwalter im eröffneten Verfahren zu	kein Wahlrecht für den vorläufigen Verwalter: BGH v. 15.11.2012 – IX ZB 88/09 (Rn. 50) in InsbürO 2013, 110, ZInsO 2013, 44
9.	Ablehnung – Vertragserfüllung	• die Vertragserfüllung kann gem. § 103 Abs. 2 InsO abgelehnt werden • Voraussetzung: **gegenseitiger Vertrag**, der noch **nicht** oder noch **nicht vollständig erfüllt** ist. • wichtig nach BGH-Rechtsprechung: »*Für die Auslegung des Verhaltens des Insolvenzverwalters ist maßgebend, welche Bedeutung ihm der Vertragsgegner nach der Verkehrssitte und den Gesamtumständen beimessen musste*« = eindeutiges Verhalten zeigen oder Formulierung wählen, um Ablehnung zu bewirken • Beispiele für Vertragsverhältnisse: – Kaufvertrag über Warenlieferung – Mietvertrag über bewegliche Sache – Versicherungsvertrag – Werkvertrag. • Erläuterung für nicht vollständige Erfüllung am Beispiel Versicherungsvertrag: – Pflicht zur Prämienzahlung des Schuldners steht der Pflicht der Versicherung zur Gewährung des Versicherungsschutzes gegenüber. Beides muss immer wieder in bestimmten Zeitabschnitten neu erfüllt werden.	Muster 373 – 374: Ablehnung Vertragserfüllung (jur. Pers. + nat. Pers.) Beispiele für Vertragsverhältnisse: Hamburger Kommentar zum Insolvenzrecht, 7. Aufl., Ahrend, § 103 Rn. 7 Zur Auslegung des Verhaltens: BGH, Urt. v. 13.02.2014 – IX ZR 313/12 in ZInsO 2014, 710 Willenserklärung ist bedingungsfeindlich: BGH v. 14.9.2017 – IX ZR 261/15 (Rn. 18 m.w.N.) in InsbürO 2017, 515, ZInsO 2017, 2159
10.	Ablehnung – Vertragserfüllung – Rechtsfolge	• durch Ablehnung: wechselseitige Erfüllungsansprüche werden abgerechnet: – Forderung seitens des Gläubigers: Insolvenzforderung gem. § 38 InsO – insbes. bei Versicherungsverträge ggf. Guthaben zugunsten der Masse möglich • daher: Wiedervorlage für Rückmeldung des Vertragspartners notieren	Hamburger Kommentar zum Insolvenzrecht, 7. Aufl., Ahrendt, § 103 Rn. 39 Wiedervorlagenkalender
11.	Ablehnung – Kündigung – Unterscheidung	• Unterscheidung zwischen der Möglichkeit einer Ablehnung gem. § 103 Abs. 2 InsO und einer Kündigung gem. §§ 108 – 110 InsO: s. nachstehend	
12.	Betriebseinstellung	• bei Betriebseinstellung/Betriebsschließung: i.d.R. Ablehnung der Erfüllung sämtlicher Vertragsverhältnisse • ggf. Kündigungen gem. §§ 108, 109 InsO aussprechen • Ausnahme: Gebäudeversicherung bei Immobilienbestand (s. nachstehend)	Muster 373 – 374: »Ablehnung Vertragserfüllung« (jur. Pers. + nat. Pers.)
13.	Betriebsfortführung	• Prüfung, ob und welche Verträge ggf. nicht benötigt werden • Prüfung, ob ggf. neue Verträge zu günstigeren Tarifen abgeschlossen werden können (z. B. Versicherungen)	Checkliste Betriebsfortführung

Nr.	Thema	Checkliste Vertragsverhältnisse: Erläuterung	Hilfsmittel
14.	Erklärung – Form	• Ablehnung oder Erfüllungswahl ist eine Willenserklärung des Insolvenzverwalters: – einseitig – empfangsbedürftig – bedingungsfeindlich – unwiderruflich • Die Erklärung sollte eindeutig formuliert sein und keine andere Interpretation als die Ablehnung der Vertragserfüllung ermöglichen	Zur Auslegung des Verhaltens: BGH, Urt. v. 13.02.2014 – IX ZR 313/12 in ZInsO 2014, 710 Willenserklärung ist bedingungsfeindlich: BGH v. 14.9.2017 – IX ZR 261/15 (Rn. 18 m.w.N.) in InsbürO 2017, 515, ZInsO 2017, 2159
15.	Erklärung – Frist	• § 103 InsO sieht keine Frist vor • allerdings: bei Aufforderung durch den Vertragspartner hat der Insolvenzverwalter unverzüglich zu erklären (§ 103 Abs. 2 Satz 2 InsO), ob Erfüllung oder Ablehnung gewählt werde	
16.	Freigabe	• bei natürlichen Personen hat der Insolvenzverwalter die Möglichkeit, die selbständige Tätigkeit des Schuldners aus der Insolvenzmasse freizugeben • davon umfasst sind auch die Vertragsverhältnisse	Checkliste Freigabe Freigabe umfasst auch Vertragsverhältnisse: BGH v. 9.2.2012 – IX ZR 75/11in ZInsO 2012, 48, InsbürO 2012, 274, WKRS 2012, 11173 Bestätigung: u.a. BGH v. 25.1.2018 – IX ZA 19/17 (Rn. 10) in WKRS 2018, 10730
17.	Kündigung	• die Regelungen der §§ 108 – 110 InsO betreffen folgende **Dauerschuldverhältnisse** – Miet- und Pachtverhältnisse des Schuldners über unbewegliche Gegenstände oder Räume – Dienstverträge des Schuldners – Darlehensverhältnis, soweit der Schuldner Darlehensgeber ist und das Darlehen schon ausgereicht wurde • Fortbestehen der Schuldverhältnisse gem. § 108 InsO • Sonderkündigungsrecht des Insolvenzverwalters gem. § 109 InsO: drei Monate zum Monatsende, soweit nicht eine kürzere Frist maßgeblich ist • Ausnahme: Wohnraum des Schuldners = hier nur eine Enthaftungserklärung gem. § 109 Abs. 1 S. 2 InsO: s. nachfolgend	Muster 375: »Kündigung § 109 InsO« Kündigungswirkung auch ggü. Mitmieter: BGH v. 13.3.2013 – XII ZR 34/12 in InsbürO 2013, 329, ZInsO 2013, 873 Kein Kündigungsrecht des IV bei Wohnraum: BGH v. 19.6.2008 – IX ZR 84/07 (Rn. 22) in ZInsO 2008, 808, WKRS 2008, 17194 s. Literaturtipp nachstehend
18.	Kündigungssperre	• Schuldner ist Mieter, gesetzliche Regelung in § 112 InsO • Vertragspartner (Vermieter, Verpächter) kann nicht kündigen – wegen eines Zahlungsverzuges aus der Zeit vor Eröffnung – wegen einer Verschlechterung der Vermögensverhältnisse des Schuldners • diese Kündigungssperre dient dem Schutz einer etwaigen Betriebsfortführung • allerdings eine Einschränkung: bei Zahlungsverzug nach Insolvenzantragstellung besteht nach der Rechtsprechung keine Kündigungssperre mehr, also ein Kündigungsrecht • s. vorstehend: Eröffnungsverfahren • s. nachfolgend: Wohnraum	keine Kündigungssperre § 112 InsO bei Zahlungsverzug mit Mieten nach Antragstellung: BGH v. 18.7.2002 – IX ZR 195/01 (Leitsatz e) in ZInsO 2004, 57

Nr.	Thema	Checkliste Vertragsverhältnisse: Erläuterung	Hilfsmittel
19.	Herausgabepflicht	• bei beweglichen Gegenständen und Ablehnung der Vertragserfüllung: Herausgabepflicht des Insolvenzverwalters • bei unverzüglicher Herausgabe: vertragliche Ansprüche ab Eröffnung bleiben Insolvenzforderung • bei verzögerte Herausgabe: Nutzungsentschädigung an Vermieter gem. 546a BGB: s. nachstehend	Herausgabepflicht und etwaige Nutzungsentschädigung: BGH v. 1.3.2007 – IX ZR 81/05 in WKRS 2007, 58653
20.	Masseverbindlichkeit	• bei Kündigung: ab Insolvenzeröffnung sind Ansprüche des Vertragspartners bis zum Ablauf der Kündigungsfrist Masseverbindlichkeiten • bei MUZ: Masseverbindlichkeit entsteht, wenn eine Bedingung gem. § 209 Abs. 1 Nr. 2 i.V.m. § 209 Abs. 2 InsO gegeben ist: s. nachfolgend	Hamburger Kommentar zum Insolvenzrecht, 7. Aufl., Pohlmann-Weide, § 109 Rn. 14
21.	Masseunzulänglichkeit	• Ansprüche während des Kündigungszeitraums = Altmasseverbindlichkeit, sofern zum nächstmöglichen Termin gekündigt wird, § 209 Abs. 1 Nr. 3 InsO • dagegen Neumasseverbindlichkeit (§ 209 Abs. 1 Nr. 2 i.V.m. § 209 Abs. 2 InsO) wenn – Erfüllung trotz MUZ gewählt wird – erster Kündigungszeitpunkt nicht genutzt wird – Gegenleistung in Anspruch genommen wird	Checkliste Masseunzulänglichkeit Neumasseverbindlichkeit nach Zeitpunkt für mögliche Kündigung: BGH v. 3.4.2003 – IX ZR 101/02 in ZInsO 2003, 465, WKRS 2003, 23158
22.	Teilbarkeit	• gesetzliche Regelung in § 105 InsO: sind Leistungen teilbar, dann sind sie in die Verfahrensabschnitte aufzuteilen: – Ansprüche aus der Zeit vor Insolvenzeröffnung sind einfache Insolvenzforderungen – Ansprüche aus der Zeit nach Insolvenzeröffnung können Masseverbindlichkeiten sein, wenn die weiteren Voraussetzungen (§ 55 InsO) vorliegen (z. B. Erfüllung gewählt wird) • dies gilt, soweit die InsO nichts anderes regelt	Zur Teilbarkeit von Leistungen: BGH v. 15.11.2012 – IX ZR 169/11 (Rn. 14) in InsbürO 2013, 245, ZInsO 2013, 292
23.	Archivierung der Unterlagen	• Archivierung sämtlicher Unterlagen zu den Vertragsverhältnissen in einem gesonderten Inhaltsverzeichnis »Verträge« mit einzelnen Rubriken zu jedem Vertragspartner	Muster 210 – 213 (Inhaltsverzeichnis): »Inhaltsverzeichnis« (versch. Varianten)
24.	Wiedervorlagen	• insbesondere bei Kündigungen: Anforderung einer Bestätigung • Kontrolle der Vorlage einer solchen Bestätigung: Wiedervorlage notieren • bei Aufrechterhaltung etwaiger Verträge und erforderlichen regelmäßigen Zahlungen: Wiedervorlage für Zahlungstermine notieren	Wiedervorlagenkalender
25.	GOI	• GOI = Grundsätze ordnungsgemäßer Insolvenzverwaltung (70 Grundsätze) • Grundsatz 11: Qualifiziertes Personal für alle relevanten Bereiche der Insolvenzverwaltung, z.B. Vertragswesen und Verwaltung von Dauerschuldverhältnissen • *(Die Autoren danken dem VID für die freundliche Zustimmung zur Veröffentlichung von Hinweisen auf die GOIs)*	VID = Verband Insolvenzverwalter Deutschlands e.V. www.vid.de
26.	Literaturtipp	• Heyn, Mietansprüche in der Insolvenz im tabellarischen Überblick, InsbürO 2010, 43 ff. • Pape, Mietverträge im Insolvenzverfahren: – Teil 1: Grundsätzliche Fragen, InsbürO 2005, 2 – Teil 2: Mietrechtliche Fragen im Eröffnungsverfahren, InsbürO 2005, 53 ff. – Teil 3: Folgen der Kündigung des Mietverhältnisses im Insolvenzverfahren, InsbürO 2005, 82 ff. – Teil 4: Mietrechtliche Besonderheiten bei Masseunzulänglichkeit und im Verbraucherinsolvenzverfahren, InsbürO 2005, 169 ff. • Spitzer, Greenhorn-Beitrag: Vertragsverhältnisse in der Insolvenz, InsbürO 2013, 101	

Nr.	Thema	Checkliste Vertragsverhältnisse: Erläuterung Einzelne Vertragsverhältnisse – alphabetisch sortiert	Hilfsmittel
27.	ADAC	• nach herrschender Meinung fällt das Mitgliedschaftsrecht eines insolventen Mitgliedes nicht in die Insolvenzmasse, da es nicht übertragbar und unpfändbar ist • Erklärung nach § 103 InsO kann daher die Mitgliedschaft nicht beenden • ggf. vertragliche Klausel zum Ausschluss eines insolventen Mitgliedes	Haushalter, ADAC – Der Verein im Lichte des Insolvenzrechtes, InsbürO 2016, 400 ff.
28.	Arbeitsverhältnisse	• s. gesonderte Checkliste	Checkliste Arbeitsverhältnisse
29.	Aussonderungsrechte	• s. gesonderte Checkliste	Checkliste Aussonderungsrechte
30.	Betriebskostenerstattung aus Mietverhältnis	• grundsätzlich greift der Insolvenzbeschlag gem. § 35 InsO • bei Enthaftungserklärung zur Wohnung eines Schuldners gem. § 109 Abs. 1 Satz 2 InsO ist zu unterscheiden: – Betriebskosten werden über den Vermieter gezahlt und abgerechnet = kein gesondertes Vertragsverhältnis = Enthaftungserklärung gibt auch etwaige Erstattungsbeträge frei – gesondertes Vertragsverhältnis mit Stadtwerken u.ä. = Enthaftungserklärung bezieht sich nur auf Vertragsverhältnis mit Vermieter = Insolvenzbeschlag bleibt erhalten = etwaiges Guthaben kann vereinnahmt werden	Enthaftungserklärung umfasst alle mietvertraglichen Forderungen: BGH v. 13.7.2017 – IX ZB 33/16 in InsbürO 2017, 431, ZInsO 2017, 1726 Spitzer, Betriebskostenerstattung und die Erklärung gem. § 109 Abs. 1 Nr. 2 InsO, InsbürO 2018, 31 ff.
31.	Gebäudeversicherung	• keine Ablehnung der Vertragserfüllung aus diesem Vertrag • Prämienzahlung muss erfolgen: Versicherungsschutz muss erhalten bleiben • ggf. Übernahme der Prämien durch Grundpfandrechtsgläubiger (= Absicherung ihres Sicherungsobjektes)	Checkliste Immobilienvermögen
32.	Grundstückskaufvertrag	• Ablehnung der Erfüllung eines Kaufvertrages durch Insolvenzverwalter des Grundstückskäufers • als Folge Aussonderung des Grundstücks durch Verkäufer • Rückerstattungsanspruch einer etwaig geleisteten Anzahlung zugunsten der Masse abzüglich Nichterfüllungsschaden des Verkäufers	Zu den Ansprüchen bei Nichterfüllung eines Grundstückskaufvertrages: BGH v. 7.2.2013 -IX ZR 218/11 in ZInsO 2013, 494, WKRS 2013, 32063
33.	Haftpflichtversicherung – gesonderte	• in größeren Insolvenzverfahren mit Betriebsfortführungen reicht ggf. der normale Versicherungsschutz des Insolvenzverwalters nicht aus, um etwaige Schäden abzudecken • dann ist die ggf. der Abschluss einer gesonderten Haftpflichtversicherung erforderlich • Achtung: Prämien einer solchen Versicherung sind vom Insolvenzverwalter selbst zu zahlen und später bei der Vergütungsfestsetzung als besondere Auslagen i.S.d. § 4 Abs. 3 Satz 2 InsVV erstattungsfähig; Voraussetzung: i.d.R. vor Vertragsabschluss Abstimmung mit dem Insolvenzgericht über Abstimmung des überdurchschnittlichen Risikos; Vorschussantrag für diese Auslagen möglich • bei einem Gläubigerausschuss: Abstimmung auch mit diesem • kostenlose Berechnung von Objektdeckungssummen im einzelnen Verfahren möglich: s. nebenstehend (wird auch von den Insolvenzgerichten zur Überprüfung der abgeschlossenen Versicherungen genutzt)	Muster 366 (Versicherungsverträge): »Haftpflichtversicherung – besondere – Zustimmung Insolvenzgericht« Ermittlung Versicherungsumfang: www.insorisk.de
34.	Lösungsklauseln	• Lösungsklauseln für den Insolvenzfall = Vertragsbeendigung für den Fall des Eintritts einer Insolvenz eines Vertragspartners sind nach BGH-Rechtsprechung unwirksam i.S.v. § 119 InsO (= Unwirksamkeit abweichender Vereinbarungen) • betrifft Verträge mit fortlaufender Lieferung von Waren oder Energie • Begründung: Wahlrecht gem. § 103 InsO wird im Vorfeld ausgeschlossen	Zur Unwirksamkeit von Lösungsklauseln: BGH v. 15.11.2012 – IX ZR 169/11 in InsbürO 2013, 245, ZInsO 2013, 292

Nr.	Thema	Checkliste Vertragsverhältnisse: Erläuterung Einzelne Vertragsverhältnisse – alphabetisch sortiert	Hilfsmittel
35.	Mietkaution – Insolvenz des Mieters	• Mietkaution = Anwartschaftsrecht am Anspruch auf Rückzahlung = dem Grunde nach vom Insolvenzbeschlag umfasst • Enthaftungserklärung gem. § 109 Abs. 1 Satz 2 InsO ändert dies aber • mit Enthaftungserklärung verbundene Freigabe erstreckt sich auf dasjenige Vermögen des Schuldners, das der weiteren Durchführung des Mietvertrags zuzuordnen ist (Rn. 7 der BGH-Entscheidung) • entsprechend: kein Insolvenzbeschlag mehr, keine Anordnung einer Nachtragsverteilung möglich	Enthaftungserklärung umfasst auch Mietkaution: BGH v. 16.3.2017 – IX ZB 45/15 in InsbürO 2017, 246, ZInsO 2017, 875 Enthaftungserklärung umfasst alle mietvertraglichen Forderungen: BGH v. 13.7.2017 – IX ZB 33/16 in InsbürO 2017, 431, ZInsO 2017, 1726 Cymutta, Die Behandlung der Mietkaution im Insolvenz-verfahren, InsbürO 2017, 7 ff. (vor der BGH-Entscheidung, aber mit hilfreichen Erläuterungen zu 7 Fallvarianten – Gewerbe- oder Wohnraummietverträgen u.a.) Cymutta, Neue Entwicklungen zum Umgang mit der Mietkaution im Insolvenzverfahren, Teil 1: InsbürO 2019, 32 ff., Teil 2: InsbürO 2019, 76 ff. (Erläuterungen anhand von Fallbeispielen)
36.	Mietkaution – Insolvenz des Vermieters	• wegen einzelner Fallvarianten und Rechtsfolgen: s. Literaturtipp, hier nur zusammenfassend: • **kein Anspruch** des Mieters auf **Rückzahlung der Mietkaution aufgrund der Insolvenzeröffnung** – Beendigung des Mietvertrages ist Voraussetzung für das Herausgabeverlangen • **kein Anspruch** des Mieters auf Rückzahlung der Mietkaution gegen den Insolvenzverwalter bei Mietvertragsbeendigung, wenn der Betrag **nicht mehr unterscheidbar** in der Insolvenzmasse (kein gesondertes Mietkautionskonto) vorhanden ist – Mieter kann den Zahlungsanspruch als Insolvenzforderung zur Insolvenztabelle anmelden • **kein Anspruch** des Mieters gegen den Insolvenzverwalter, die gezahlte Mietkaution **rechtssicher anzulegen** oder **Mietzahlungen einzubehalten** – die Pflicht zur rechtssicheren Anlage stellt im Insolvenzverfahren eine einfache Insolvenzforderung dar – ein Aufrechnungsrecht mit laufenden Mietzahlungen scheidet aus (§ 96 Abs. 1 Nr. 1 InsO) • bei **Verpfändung eines Sparbuches** des Mieters an den Vermieter gilt § 166 InsO = der Insolvenzverwalter darf verwerten, Kostenbeiträge vereinnahmen und den Restbetrag zur Befriedigung des Absonderungsrechtes (§§ 50 Abs. 1, 51 Nr. 1 InsO) an den Mieter auskehren	Cymutta, Die Behandlung der Mietkaution im Insolvenzverfahren, InsbürO 2017, 7 ff. (mit hilfreichen Erläuterungen zu 5 Fallvarianten: Barzahlung, Sparbuch etc.) Cymutta, Neue Entwicklungen zum Umgang mit der Mietkaution im Insolvenzverfahren, Teil 1: InsbürO 2019, 32 ff., Teil 2: InsbürO 2019, 76 ff. (Erläuterungen anhand von Fallbeispielen)

Nr.	Thema	Checkliste Vertragsverhältnisse: Erläuterung Einzelne Vertragsverhältnisse – alphabetisch sortiert	Hilfsmittel
37.	Mietsache – Rückgabe	• Anspruch des Vermieters auf Rückgabe der Mietsache • jedoch kein Anspruch auf Räumung • keine Haftung für Zustand der Mietsache, es sei denn, der Insolvenzverwalter hat dies verursacht • etwaige Räumungskosten = Insolvenzforderung • jedoch praktischer Lösungsweg: um Miete als Masseverbindlichkeit im Kündigungszeitraum zu vermeiden: ggf. Einigung mit Vermieter: Räumung und vorzeitige Aufhebung des Mietvertrages • bei verspäteter Rückgabe: Anspruch auf Nutzungsentschädigung gem. § 546a BGB	Herausgabeanspruch, aber kein Räumungsanspruch: BGH v. 7.7.2010 – XII ZR 158/09 (Rn. 10) in ZInsO 2010, 1452 Haftung für Zustand nur, wenn IV verursacht: BGH v. 5.7.2001 – IX ZR 327/99 in ZInsO 2001, 751 Zur Berechnung der Nutzungsentschädigung bei verspäteter Rückgabe der Mietsache: BGH v. 18.1.2017 – VIII ZR 17/16 (Rn 77) in WKRS 2017, 10171 Räumungsanspruch gegen Schuldner: AG Köln v. 2.8.2016 – 206 C 29/16 in ZInsO 2016, 2269, InsbürO 2017, 73 ff. mit Anmerkung Schmerbach (Erläuterungen zu Herausgabe und Räumung)
38.	Mietvertrag – Beendigung	• Herausgabeanspruch des Vermieters gem. § 985 BGB, § 47 InsO: s. vorstehend • Räumungsanspruch des Vermieters gem. § 546a BGB: s. vorstehend »Mietsache – Rückgabe«	siehe vorstehend
39.	Mietvertrag – Nutzungsentschädigung	• verzögerte Herausgabe trotz Vertragsbeendigung: Nutzungsentschädigung an Vermieter gem. 546a BGB • durch Vorenthaltung der Mietsache: Anspruch auf Nutzungsentschädigung wird Masseverbindlichkeit	Zur Berechnung der Nutzungsentschädigung bei verspäteter Rückgabe der Mietsache: BGH v. 18.1.2017 – VIII ZR 17/16 (Rn 77) in WKRS 2017, 10171 s. Literaturtipp vorstehend
40.	Mietvertrag – Räumungsanspruch	• s. vorstehend »Mietsache – Rückgabe«	
41.	Mietvertrag – Rücktritt vom Vertrag	• wenn keine Überlassung der Räumlichkeiten vor Eröffnung erfolgt ist: Rücktrittsmöglichkeit gem. § 109 Abs. 2 InsO	
42.	Vermieteransprüche	• Überblick über unterschiedliche Anspruchsmöglichkeiten eines Vermieters: – als Aussonderungsgläubiger: Anspruch auf Rückgabe der Mietsache – als Absonderungsgläubiger: Pfandrecht an den eingebrachten Gegenständen: s. nachfolgend – als Insolvenzgläubiger: ausstehende Mietzinszahlungen aus der Zeit vor Insolvenzeröffnung und Schadensersatzforderung (§ 109 Abs. 1 Satz 3 InsO) – als Massegläubiger: Mietzinszahlungen bis zum Ablauf der Kündigungsfrist im eröffneten Verfahren – als Massegläubiger: Nutzungsentschädigung bei Vorenthaltung der Mietsache nach Ablauf der Kündigungsfrist	
43.	Vermieterpfandrecht	• s. wegen näherer Erläuterungen: gesonderte Checkliste	Checkliste Absonderungsrechte
44.	Versicherungsverträge	• s. gesonderte Checkliste	Checkliste Versicherungsverträge

Nr.	Thema	Checkliste Vertragsverhältnisse: Erläuterung Einzelne Vertragsverhältnisse – alphabetisch sortiert	Hilfsmittel
45.	Wohnraum	• keine Kündigung seitens des Insolvenzverwalters erforderlich und nach der Rechtsprechung auch nicht zulässig • Abgabe Enthaftungserklärung gem. § 109 Abs. 1 Satz 2 InsO • Wirkung: – Vermieter kann nach Ablauf der besonderen Kündigungsfrist keine Ansprüche als Masseverbindlichkeit geltend machen – Vermieter kann aber trotzdem sowohl im eröffneten Verfahren als auch in der RSB-Phase wg. Mietrückstände aus der Zeit vor Insolvenzeröffnung kündigen; § 112 InsO gilt in dem Fall nicht (BGH-Rechtsprechung) • bzgl. Mietkaution: siehe vorstehend	Muster 376: »Vermieteranschreiben § 109 Abs. 1 Satz 2 InsO« Kein Kündigungsrecht des IV bei Wohnraum: BGH v. 19.6.2008 – IX ZR 84/07 (Rn. 22) in ZInsO 2008, 808, WKRS 2008, 17194 Kündigungssperre § 112 InsO greift nicht mehr nach Enthaftungserklärung: BGH v.17.06.2015 – VIII ZR 19/14 in ZInsO 2015, 1748, InsbürO 2015, 367 Bestätigung durch: BGH v. 27.9.2017 – VIII ZR 193/16 in InsbürO 2018, 82, ZInsO 2017, 2373

Checkliste 77: Vertretungsverhältnisse

160 Kenntnisse über Vertretungsverhältnisse sind insbesondere bei der Bearbeitung der Insolvenztabelle von Bedeutung. Der nachfolgende Überblick soll insoweit als Nachschlagewerk dienen.

(Die Übersicht ist alphabetisch sortiert.)

161

Nr.	Gläubiger	Gesetzlicher Vertreter/Formulierung	Gesetzliche Grundlage
	Gewillkürte Prozessstandschaft	• **lfd. Nr. 1** = rechtsgeschäftliche Ermächtigung, im eigenen Namen ein fremdes Recht geltend zu machen (§ 185 Abs. 1 BGB) (Achtung: keine Abtretung gem. § 398 BGB)	
1.	Inkassounternehmen	Gläubigername und Anschrift, vertreten durch das Inkassounternehmen … Inkassounternehmen tritt als Bevollmächtigter auf, ist auch zur Terminwahrnehmung berechtigt (s. § 174 Abs. 1 Satz 3 InsO: Inkassounternehmen = registrierte Personen nach RDG = Rechtsdienstleistungsgesetz) Kontrolle, ob vom RDG erfasst, über www.rechtsdienstleistungsregister.de möglich	§ 10 Abs. 1 Satz 1 RDG § 174 Abs. 1 Satz 3 InsO § 79 Abs. 2 Satz 2 Nr. 4 ZPO (BR-Drucks. 623/06 S. 202)
	Kapitalgesellschaften	**lfd. Nr. 2 – 5**	
2.	AG = Aktiengesellschaft	vertreten durch den Vorstand, ggf. Vorstandsvorsitzenden	§ 78 AktG
3.	GmbH = Gesellschaft mit beschränkter Haftung	vertreten durch den Geschäftsführer	§ 35 GmbHG
4.	GmbH & Co. KG = Gesellschaft mit beschränkter Haftung & Kooperation Kommanditgesellschaft	vertreten durch die persönliche haftende Gesellschafterin (Komplementärin = die GmbH), diese wiederum vertreten durch den Geschäftsführer	§ 161 Abs. 2 i.V.m. § 125 HGB
5.	Unternehmergesellschaft	vertreten durch den Geschäftsführer	§ 35 GmbHG

	Partei kraft Amtes	• **lfd. Nr. 6 – 9** = gesetzliche Prozessstandschaft: im eigenen Namen ein fremdes Recht geltend machen	
6.	Insolvenzverwalter	Vor- und Zuname, Adresse (des Insolvenzverwalters) als Insolvenzverwalter über das Vermögen … bei § 93 InsO noch weiter anfügen: *»(§ 93 InsO = Prozessführungsbefugnis = fremdes Recht im eigenen Namen)«*	§ 56 InsO (bspw. bei Haftung gem. § 93 InsO)
7.	Nachlassverwalter	Vor- und Zuname, Adresse (des Nachlassverwalters) als Nachlassverwalter über den Nachlass des am … verstorbenen …	§§ 1981, 1985 BGB
8.	Testamentsvollstrecker	Vor- und Zuname, Adresse (des Testamentsvollstreckers) als Testamentsvollstrecker über den Nachlass des am … verstorbenen …	§§ 2197, 2203 BGB
9.	Zwangsverwalter	Vor- und Zuname, Adresse (des Zwangsverwalters) als Zwangsverwalter des (genaue Bezeichnung des Objektes)	§ 1 ZwVwV, § 152 ZVG
	Personengesellschaften	• **lfd. Nr. 10 – 13**	
10.	Einzelfirma	Inhaber: Vor- und Zuname des Inhaber, handelnd unter …	§§ 1, 17 ff. HGB
11.	GbR = Gesellschaft bürgerlichen Rechts	vertreten durch die Gesellschafter	§§ 709, 714 BGB
12.	KG = Kommanditgesellschaft	vertreten durch die persönlich haftenden Gesellschafter	§ 161 Abs. 2 i.V.m. § 125 HGB
13.	OHG = offene Handelsgesellschaft	vertreten durch die persönlich haftenden Gesellschafter	§ 125 HGB
	Sonstige	• **lfd. Nr. 14 – 17**	
14.	Genossenschaft	vertreten durch den Vorstand	§ 24 GenG
15.	Minderjährige	vertreten durch Eltern vertreten durch Vormund	§ 1629 Abs. 1 BGB §§ 1773, 1793 BGB
16.	Verein	vertreten durch den Vorstand	§ 26 BGB
17.	Wohnungseigentümergemeinschaft … XYZ-Strasse	vertreten durch den Verwalter	§§ 20 i.V.m. §§ 26 – 28 WEG

Checkliste 78: Verwertungstätigkeit

Gem. § 159 InsO hat der Insolvenzverwalter das zur Insolvenzmasse gehörende Vermögen unverzüglich nach dem Berichtstermin zu verwerten, soweit die Beschlüsse der Gläubigerversammlung dem nicht entgegenstehen. Die Verwertungstätigkeit ist eine der Hauptaufgaben des Insolvenzverwalters. Die gesamten Vermögenswerte, die er bei seinem Amtsantritt vorfindet und die gem. § 35 InsO vom Insolvenzbeschlag umfasst sind, hat er zu versilbern. Darüber hinaus hat er insolvenzspezifische Ansprüche geltend zu machen. 162

(Die Übersicht enthält zunächst allgemeine Informationen, sortiert nach gängigen Überlegungen und ist im Anschluss daran alphabetisch nach Vermögenswerten sortiert.)

163

Nr.	Thema	Checkliste Verwertungstätigkeit: Erläuterung	Hilfsmittel
1.	Allgemein	• Verwertung = einen finanziellen Nutzung ziehen • Möglichkeiten der Verwertung: – Nutzung der Vermögenswerte: z.B. für Betriebsfortführung – Einzug von Forderungen – Verkauf von Vermögenswerten – Geltendmachung von Anfechtungsrechten • am Ende: Vermögenswerte werden in Geld umgewandelt, um dieses verteilen zu können (§ 187 InsO)	

Nr.	Thema	Checkliste Verwertungstätigkeit: Erläuterung	Hilfsmittel
2.	Insolvenzbeschlag	• Insolvenzbeschlag = Beschlagnahmung (= Begriff aus der Zwangsvollstreckung) • gesetzliche Regelung in § 35 InsO • vom Insolvenzbeschlag umfasst: – das gesamte Vermögen, das dem Schuldner zur Zeit der Insolvenzeröffnung gehört und – das er während der Dauer des Verfahrens erlangt • Einschränkung: unpfändbare Gegenstände gem. § 36 InsO • Bezeichnung des gesamten pfändbaren Vermögens als Insolvenzmasse • mit Insolvenzeröffnung: Übergang der Verwaltungs- und Verfügungsbefugnis gem. § 80 InsO • Verwertungsrecht (§ 80 InsO) und Verwertungsaufgabe (§ 159 InsO)	ABC des Insolvenzrechtes: Insolvenzbeschlag, InsbürO 2011, 119 f.
3.	Massezugehörigkeit	• über Zulässigkeit einer Verwertung/Vollstreckung (z. B. Herabsetzung Pfändungsfreigrenze etc.) entscheidet auf Antrag das Insolvenzgericht gem. § 36 Abs. 4 InsO • über die Frage der Massezugehörigkeit als solche entscheidet bei Streit das Prozessgericht	Prozessgericht: BGH v. 14.04.2016 – IX ZR 176/15 in InsbürO 2016, 430, ZInsO 2016, 1256 Prozessgericht bei Lohnbestandteilen ohne vorherige Vollstreckungsanordnung: BGH v. 27.09.2018 – IX ZA 4/18 in InsbürO 2019, 93, ZInsO 2018, 2575
4.	Aufgaben	• zeitnahe Realisierung sämtlicher Vermögenswerte • bei beweglichen Gegenständen in größerem Umfang: – Auswahl eines seriösen und verlässlichen Verwertungsunternehmens • zeitliche Abstimmung der Verwertung • inhaltliche Abstimmung über die Verwertung • Kontrolle der Verwertung: Prüfung der Vollständigkeit und Abgleich der prognostizierten und tatsächlich erzielten Erlöse • Kontrolle der Zahlungseingänge	Checkliste Inventar
5.	Zeitliche Vorgabe	• keine konkrete Vorgabe der Verfahrensdauer und damit der Verwertungsdauer • aber gem. § 159 InsO: unverzügliche Verwertung nach dem Berichtstermin • unverzüglich = zumindest einleitende Tätigkeiten (Käufersuche etc.)	
6.	Aus- und Absonderungsrechte	• Aus- und Absonderungsrechte sind zu ermitteln und zu berücksichtigen • bei Durchsicht der Unterlagen auf solche Rechte achten • Geltendmachung durch Aus- und Absonderungsgläubiger bearbeiten • bei beweglichen Gegenständen: gesonderte Rubrik im Inventarordner anlegen • ansonsten: Rubriken in den jeweiligen Ordner anlegen (z.B. bei Globalzession im Bankordner, bei Abtretung von Versicherungsansprüchen im Ordner Vertragsverhältnisse)	Checklisten Aussonderungsrechte und Absonderungsrechte
7.	Verwertungsbefugnis – vorläufige Verwaltung	• keine Verwertungsbefugnis für den vorläufigen Verwalter • Aufgaben gem. § 22 Abs. 1 InsO: u.a. Vermögen sichern und erhalten	keine Verwertungsbefugnis: BGH v. 15.03.2012 – IX ZR 249/09 (Rn. 11) in InsbürO 2012, 322, ZInsO 2011, 165 keine Beauftragung Dritter ohne Insolvenzgericht: AG Hamburg v. 29.04.2013 – 67g IN 327/11 in InsbürO 2014, 410, ZInsO 2014, 1071

Nr.	Thema	Checkliste Verwertungstätigkeit: Erläuterung	Hilfsmittel
8.	Verwertungsbefugnis – Insolvenzverwalter	• Verwertungsbefugnis steht dem Insolvenzverwalter im eröffneten Verfahren zu • i.d.R. erst nach dem Berichtstermin (§ 159 InsO)	
9.	Verwertungsbefugnis – Absonderungsrechte	• gesetzliche Regelung in § 66 InsO: • Insolvenzverwalter darf bewegliche Gegenstände verwerten, wenn er sie im Besitz hat und ein Absonderungsrecht an ihnen besteht (Sicherungsübereignung, Pfandrecht etc.) • Insolvenzverwalter darf Forderungen einziehen, wenn sie abgetreten sind • kein Verwertungsrecht für Forderungen bei Pfändung: s. nachstehend	Kein Verwertungsrecht bei Verpfändung von Forderungen: BGH v. 26.1.2012 – IX ZR 191/10 in ZInsO 2012, 547, WKRS 2012, 11439
10.	Kostenbeiträge	• bei Verwertung von Vermögenswerten gem. § 166 InsO (= mit Absonderungsrecht belegt): Anspruch auf Kostenbeiträge gem. §§ 170, 171 InsO • Übererlös = Verwertungserlös > Forderung des Sicherungsgläubigers – Übersicherung bis zu 10 % lt. BGH-Rechtsprechung zulässig – Kostenbeiträge werden kompensiert = vollständige Befriedigung des Sicherungsgläubigers, keine Kostenbeiträge, weil der Absonderungsgläubiger hierfür wiederum einen Erstattungsanspruch am Übererlös hätte	Checkliste Absonderungsrechte Heeseler/Neu, Der Übererlös bei der Verwertung von Sicherungsgut – wie ist er vom Insolvenzverwalter abzurechnen? InsbürO 2015, 178 (m.V.a. Rechtsprechung) Heeseler, Kompensation der Kostenbeiträge gem. §§ 170, 171 durch den Verwertungserlös, ZInsO 2002, 924 ff.
11.	Verwertungsbefugnis – Gläubiger	• hat ein Gläubiger einen Gegenstand bei Eröffnung im Besitz und kann ein Absonderungsrecht daran nachweisen, darf er selbst verwerten • Bsp.: Werkunternehmerpfandrecht, Sicherstellung bei Sicherungsübereignung • Fristsetzung gem. § 173 Abs. 2 InsO für die Verwertung durch den Gläubiger möglich • Wiedervorlage zur Kontrolle notieren	Muster 378: »Antrag auf Verwertung durch Gläubiger gem. § 173 InsO« Wiedervorlagenkalender Chatroom, Frage 1: Vorgehen nach Ablauf der Frist des § 173 InsO, InsbürO 2008, 153
12.	Verwertungsbefugnis – Pfändung	• das Verwertungsrecht gem. § 166 Abs. 2 InsO (Einzug von Forderungen) bezieht sich nur auf abgetretene Forderungen • verpfändete Forderungen sind nicht umfasst: Insolvenzverwalter darf sie bei einem insolvenzfesten Pfandrecht nicht einziehen	Kein Verwertungsrecht bei Verpfändung: BGH v. 11.12.2014 – IX ZB 69/12 (Rn. 10) in InsbürO 2015, 202, ZInsO 2015, 2219 ebenso: BGH v. 26.1.2012 – IX ZR 191/10 in ZInsO 2012, 547, WKRS 2012, 11439
13.	Verwertungsbefugnis – Verbraucherinsolvenzverfahren	• keine weiteren Besonderheiten • i.d.R. nur wenige oder gar keine freien Vermögenswerte	
14.	Zivilrecht	• bei den Verkäufen durch den Insolvenzverwalter gelten die Regelungen des Zivilrechtes • z.B. vertragstypische Pflichten beim Kaufvertrag gem. § 433 BGB: Verschaffung der Kaufsache frei von Sach- und Rechtsmängeln	
15.	Zustimmungserfordernis	• gem. § 160 Abs. 1 InsO: Zustimmung der Gläubigerversammlung für bedeutende Entscheidungen erforderlich • u.a. bei Veräußerung des Unternehmens oder des Warenlagers im ganzen • Antrag auf gesonderte Gläubigerversammlung gem. § 75 Abs. 1 Nr. 1 InsO möglich • ggf. Zustimmung auch bereits vorsorglich in der 1. GV geben lassen	Checkliste Terminvorbereitung Muster 167 – 168 (Gutachten): »Gutachten« (darin: Erforderliche Beschlüsse der Gläubigerversammlung«
16.	Auftragserteilung	• gem. § 4 Abs. 1 Satz 3 InsVV: für besondere Aufgaben dürfen Dienst- und Werkverträge geschlossen werden • Verwertungsfirma/Verwerter kann mit der Verwertung beauftragt werden: s. auch nachfolgend GOI-Kriterien	

Nr.	Thema	Checkliste Verwertungstätigkeit: Erläuterung	Hilfsmittel
17.	Verwertungsliste	• Verwertungsliste = Überblick über Verwertungsaktivität bzgl. beweglicher Gegenstände • dient der eigenen Kontrolle und als Anlage zu Halbjahresberichten • daher: regelmäßige Aktualisierung (= ggf. Wiedervorlage notieren oder bei jedem Verkauf direkte Eintragung) • wegen des Inhaltes sei auf das Muster verwiesen • insbesondere folgende Angaben: – Bezeichnung des Gegenstandes – Recht Dritter – Freigabe oder Verkauf – erzielter Verwertungserlös – Grundlage: Verzeichnis der Massegegenstände • ggf. bietet die Insolvenzsoftware die Möglichkeit der Erfassung des Verwertungsergebnisses	Muster 384: »Verwertungsliste in Kleinverfahren« Muster 385: »Verwertungsübersicht ForStaB« Wiedervorlagen-Kalender
18.	GOI	• GOI = Grundsätze ordnungsgemäßer Insolvenzverwaltung (70 Grundsätze) • Grundsatz 7: Beauftragung externer Dienstleister auf Kosten der Masse möglich für u.a. – Inventarisierung sowie die Be- und Verwertung von Wirtschaftsgütern – Be- und Verwertung von Immobilien • Grundsatz 8: Anzeige der Beauftragung ggü. Insolvenzgericht in geeigneter Weise • Grundsatz 9: jährliche Bewertung des beauftragten Dienstleisters i.S.d. DIN EN ISO 9001:2008 und ggf. erforderliche Konsequenzen daraus • Grundsatz 60: zu erfüllende Kriterien durch einen Dritten, der mit der Be- oder Verwertung des Anlage- und Umlaufvermögens beauftragt wird • *(Die Autoren danken dem VID für die freundliche Zustimmung zur Veröffentlichung von Hinweisen auf die GOIs)*	VID = Verband Insolvenzverwalter Deutschlands e.V. www.vid.de
19.	Asymmetrische Verfahren	• Asymmetrie = Gegenteil von Symmetrie • Verfahrensverlauf abweichend vom Regelfall: Erteilung der Restschuldbefreiung im laufenden Insolvenzverfahren • damit: keine Restschuldbefreiungsphase • Konsequenz: Insolvenzbeschlag am Neuerwerb entfällt ab Erteilung Restschuldbefreiung (s. unten Neuerwerb – Wegfall) • damit: keine weitere Verwertungstätigkeit bezüglich Neuerwerb (z. B. pfändbares Einkommen, aber auch Erbschaft u.ä.)	
20.	Literaturtipps	• Wilhelmi, Optimierung des Verkaufs eines insolventen Unternehmens (übertragende Sanierung) im Mittelstand und bei Kleinbetrieben: – Teil 1: Notwendigkeit der Optimierung, welche Rolle spielen die Beteiligten und welche Grundvoraussetzungen sollen vorhanden sein? InsbürO 2007, 165 ff. – Teil 2: Beschreibung der wichtigsten Voraussetzungen für die Gestaltung des Verkaufsvorgangs, InsbürO 2007, 255 ff. – Teil 3: Erwerberfindung, InsbürO 2008, 47 ff. – Teil 4: Preisfindung, InsbürO 2008, 179 ff. • Schmerbach, Übertragende Sanierung, InsbürO 2008, 170 ff.	

Nr.	Thema	Checkliste Verwertungstätigkeit: Erläuterung	Hilfsmittel
21.	Literaturtipp – Der besondere Fall	• in der Rubrik »Der besondere Fall« der InsbürO werden Erfahrungsberichte von Insolvenzverwaltern über Insolvenzverfahren in besonderen Branchen veröffentlicht • daraus kann ein Insolvenzbüro Hinweise erhalten, auf welche Aspekte in solchen Branchen zu achten ist • bislang wurden folgende Themen veröffentlicht (Stand 5/2019): – Amateursport (Dälken, InsbürO 2018, 267 ff.) – Bäckerei-Kette (Hartwig, InsbürO 2019, 143 ff.) – Fitnessstudio (Martini, InsbürO 2016, 21 ff.) – Insel-Altenheim (Hanken, InsbürO 2017, 416 ff.) – Lübecker Airport (Pannen, InsbürO 2017, 200 ff.) – Krankenhaus (Ringstmeier, InsbürO 2018, 106 ff.) – Milchviehbetrieb (Durani/Hauschild, InsbürO 2017, 329 ff.) – Münchner Abendzeitung (Bierbach/Geyler, InsbürO 2017, 61 ff.) – Reitbetrieb (Weiß/Meyer, InsbürO 2017, 370 ff.) – Schiffsinsolvenz (Köster/Hemmerle, InsbürO 2018, 29 ff.)	

Nr.	Thema	Checkliste Verwertungstätigkeit: einzelne Vermögenswerte (alphabetisch sortiert)	Hilfsmittel
22.	Aktien	• kein Verwertungsrecht des Insolvenzverwalters bei Inhaberaktien, die vom Schuldner an einen Dritten wirksam verpfändet worden und in einer in Verwahrung einer Wertpapiersammelbank befindlichen Sammelurkunde verbrieft sind, wenn der Schuldner die Mitgliedschaftsrechte wegen der Übertragung auf einen Treuhänder nicht wahrnehmen kann • Insolvenzeröffnung über das Vermögen des Treugebers bleibt ohne Einfluss auf die Wirksamkeit einer doppel- oder mehrseitigen Treuhandvereinbarung, wenn dies zur Wahrung der Rechte eines Drittbegünstigten erforderlich ist • siehe in die BGH-Entscheidung aus 2015 mit Klärung der Verpfändungs- und Verwertungsfragen	Inhaberaktien: BGH v. 24.09.2015 – IX ZR 272/13 in ZInsO 2015, 2484
23.	Anfechtungsansprüche	• s. gesonderte Checkliste	Checkliste Anfechtungsansprüche
24.	Bankvermögen	• siehe wegen der evtl. Realisierung von – Kontoguthaben, – Sparguthaben, – Vermögen in Bankschließfächern • in gesonderte Checkliste	Checkliste Bank
25.	Bausparvertrag	• Kündigung aussprechen und Bausparguthaben vereinnahmen • keine Vorlage einer Urkunde (wie z. B. Versicherungsschein) • bei gemeinschaftlichen Bausparkonten: Prüfung des »Oder-Kontos« mit Einzelverfügungsbefugnis (i.d.R. keine Zustimmung des Ehepartners) • s. Checkliste Versicherungsverträge »Gesamtgläubigerschaft«	Muster 379: »Bausparvertrag – Kündigung« Muster 380: »Bausparvertrag – Kündigung – Info an Ehepartner« Gesamtgläubigerschaft mit Einzelbefugnis: BGH v. 31.03.2009 – XI ZR 288/08 (Rn. 13) in WKRS 2009, 12968 Checkliste Versicherungsverträge Wipperfürth, (Bau-)Sparguthaben in der Insolvenz, InsbürO 2013, 66 ff.

Nr.	Thema	Checkliste Verwertungstätigkeit: einzelne Vermögenswerte (alphabetisch sortiert)	Hilfsmittel
26.	Betriebskosten-abrechnung	• für den Insolvenzbeschlag an etwaigen Erstattungsansprüchen aus Betriebskostenabrechnungen ist zu unterscheiden: – Betriebskostenvorauszahlung erfolgt mit der Mietzahlung an den Vermieter: Freigabeerklärung gem. § 109 Abs. 1 Satz 2 InsO umfasst nach BGH-Rechtsprechung alle Ansprüche aus dem Mietverhältnis = kein Insolvenzbeschlag an etwaigem Guthaben – gesondertes Vertragsverhältnis mit Versorgungsunternehmen: Insolvenzbeschlag greift an etwaigem Guthaben – bei Bezug von ALG II und Leistungen der Vorauszahlungen durch ArbA = kein Insolvenzbeschlag an etwaigem Guthaben: s. Rechtsprechung • ohne Freigabe der Mietsache greift der Insolvenzbeschlag: – Frist zur Erstellung der Abrechnung durch Vermieter: 1 Jahr nach Ablauf des Abrechnungszeitraums (§ 556 Abs. 3 Satz 2 BGB)	Spitzer, Betriebskostenerstattung und die Erklärung gem. § 109 Abs. 1 Nr. 2 InsO, InsbürO 2018, 31 ff. Unpfändbarkeit bei Leistungen nach SGB II: BGH v. 22.05.2014 – IX ZR 136/13 (Rn. 31) in InsbürO 2015, 73, ZInsO 2014, 1272
27.	Domain	• Domain = »Name« einer Internetprotokoll-Adresse (= IP-Adresse) • Bsp.: www.wolterskluwer-online.de • Domains werden weltweit einzigartig registriert • Domains können wertvoll sein und damit ggf. zur Mehrung der Insolvenzmasse führen • pfändbar sind Ansprüche gegen die nationale Vergabestelle (denic eG, www.denic.de) gem. § 857 ZPO • zwecks Wertermittlung: s. Literaturhinweise	Lorenz, Die Verwertung von Urheberrechten, gewerblichen Schutzrechten und Domains, InsbürO 2018, 417 ff. Schmittmann, Patente, Marken, Domains, InsbürO 2004, 178 ff. Empting, Internet-Domain, ZInsO 2006, 229 ff. Müller/Obermüller/Weiß, Domainverwertung, ZInsO 2012, 780 ff. Hamburger Kommentar zum Insolvenzrecht, 7. Aufl., Lüdtke, § 35 Rn. 121
28.	Eigentümergrund-schuld	• gehört eine Eigentümergrundschuld zur Masse kann der Insolvenzverwalter daraus die Zwangsvollstreckung betreiben • bei Veräußerung des Grundstückes: Umwandlung in Fremdgrundschuld: Insolvenzbeschlag bleibt erhalten	Rechte aus Eigentümergrundschuld: BGH v. 24.03.2016 – IX ZR 259/13 in InsbürO 2016, 348, ZInsO 2016, 912
29.	Einkommen	• s. gesonderte Checkliste	Checkliste Einkommen
30.	Erbschaft	• Erbschaft unterliegt dem Insolvenzbeschlag gem. § 35 Abs. 1 InsO • Entscheidung über Annahme oder Ausschlagung steht allein dem Schuldner zu (§ 83 InsO) • keine Obliegenheitsverletzung bei fehlender Geltendmachung des Pflichtteils (s. Rechtsprechung) • für Zuordnung der Erbschaft ins eröffnetes Verfahren oder in die Restschuldbefreiungsphase: Datum des Erbfalls entscheidend • theoretische Gefahr: bei Erbschaft mit Verbindlichkeiten im eröffneten Verfahren (z.B. durch Nichtausschlagung): Pflicht des Insolvenzverwalters, die Masse vor Zugriff der Nachlassgläubiger zu schützen, z.B. durch Antrag auf Nachlassverwaltung oder Nachlassinsolvenz	Insolvenzbeschlag an Erbschaft: BGH v. 13.05.2014 – XI ZR 405/12 (fünf Leitsätze) in InsbürO 2010, 355, ZInsO 2010, 1496 Arend/Spitzer, Erbschaft im Insolvenzverfahren: Massemehrung oder Massebelastung? InsbürO 2018, 386 ff. Proff/Weiß, Das BGB und Erbrecht – wichtigste Rechtsinstitute für Insolvenzsachbearbeiter, InsbürO 2019, 435 f.
31.	Fahrzeuge	• s. gesonderte Checkliste	Checkliste Fahrzeuge
32.	Fördermittel	• s. nachstehend »Subventionen«	
33.	Forderungseinzug	• s. gesonderte Checkliste	Checkliste Forderungseinzug

Nr.	Thema	Checkliste Verwertungstätigkeit: einzelne Vermögenswerte (alphabetisch sortiert)	Hilfsmittel
34.	Genossenschaftsanteil – jur. Person	• GmbH wird mit Insolvenzeröffnung gem. § 60 Abs. 1 Nr. 4 GmbH aufgelöst • damit: automatische Beendigung der Mitgliedschaft in der Genossenschaft = Einziehung des Anteils möglich • kein Pfandrecht der Bank an dem Auseinandersetzungsguthaben gem. § 91 InsO, da Anspruch der Insolvenzmasse erst mit Eröffnung entsteht	kein Pfandrecht: BGH v. 08.01.2009 IX ZR 217/07 in ZInsO 2009, 383, WKRS 2009, 10178 Muster 381: »Genossenschaftsanteil – Formulierungsvorschläge«
35.	Genossenschaftsanteil – natürliche Person	• Pfändungsschutz durch Regelung in § 67c Abs. 1 Nr. 1 GenG • Voraussetzungen: – Genossenschaftsanteil ist Voraussetzung für Nutzung der Wohnung – Geschäftsguthaben beträgt höchstens das Vierfache des monatlichen Netto-Nutzungsentgeltes oder höchstens 2.000,00 EUR • für den Pfändungsschutz gelten die Grenzen alternativ (Bsp.: 4-facher Betrag ist höher als 2.000 EUR = geschützt) • Problem: bei Überschreitung der Grenze von 2.000,00 EUR (mehr als 4-facher Betrag) keine Minderung des Geschäftsanteils möglich, sondern komplette Kündigung	Muster 381: »Genossenschaftsanteil – Formulierungsvorschläge« Grote/Heyn, Der Genossenschaftsanteil – ein Überblick über den Kündigungsausschluss, InsbürO 2015, 279 f. Grote, Reform: Schutz für Mitglieder der Wohnungsgenossenschaften, InsbürO 2013, 296 Henning, Reform: Inkrafttreten, InsbürO 2013, 388 Kündigungspflicht: AG Hamburg v. 17.11.2014 – 68c IK 619/14 in ZInsO 2015, 46, InsbürO 2015, 107
36.	Gerichtskosten	• s. nachfolgend »Rechtsstreit – Kosten«	
37.	Gesellschaftsanteil	• Anteil an einer anderen Gesellschaft = ggf. Vermögenswert • Prüfung der vertraglichen Regelungen erforderlich = Auflösung der Gesellschaft wg. Insolvenz eines Gesellschafters oder Ausschluss von diesem • Achtung bei Personengesellschaft: Haftung für mögliche Steuerforderungen (aus Gewinnanteilen) – ggf. Nutzung von Verlustvorträgen prüfen = kostenneutral oder sogar massemehrend trotz Steuerforderungen als Masseverbindlichkeit – ggf. aber auch Freigabe des Gesellschaftsanteil mit Zustimmung der Gläubigerversammlung	Haftung Steuerforderungen: BFH v. 18.12.2014 – X B 89/14 in InsbürO 2015, 357 mit Anmerkung Schmittmann
38.	Haftungsansprüche	• s. gesonderte Checkliste	Checkliste Haftungsansprüche
39.	Hausrat – technische Geräte	• die Autoren der Literaturtipps erläutern folgendes zusammenfassend: – gewöhnlicher Hausrat ist gem. § 811 Abs. 1 Nr. 1 ZPO pfändungsgeschützt – nicht von § 811 Abs. 1 Nr. 1 ZPO geschützte Vermögenswerte des Hausrates sind der Pfändung gem. § 812 ZPO entzogen, wenn deren Verwertungserlös außer allem Verhältnis steht – bei der Beurteilung nach § 812 ZPO sind die veränderten Lebensbedingungen zu berücksichtigen (= früher Fernseher: Luxus, heute: Bestandteil normaler Lebensführung)	Grote, Das Smartphone in der Insolvenzmasse, InsbürO 2019, 112 ff. Heeseler/Neu, Pfändung von Smartphon & Co. – Möglichkeiten der Massemehrung? InsbürO 2018, 449 ff. (mit Verweis auf Vielzahl von Entscheidungen)

Nr.	Thema	Checkliste Verwertungstätigkeit: einzelne Vermögenswerte (alphabetisch sortiert)	Hilfsmittel
		– wertvolle Gegenstände sind vom Insolvenzbeschlag umfasst (z.B. kostbares Gemälde) und können verwertet werden – Gegenstände für die Erwerbstätigkeit fallen unter den Pfändungsschutz nach § 811 Abs. 1 Nr. 5 ZPO – liegt eine Unpfändbarkeit vor, kommt eine Austauschpfändung in Betracht: Austausch des wertvollen Gegenstandes gegen Überlassung eines Ersatzstückes – Rechtsprechung zu TV-Geräten: bspw. bei Vorhandensein eines internetfähigen Laptops ist Pfändbarkeit gegeben – Rechtsprechung Computer/Laptop: ist beides vorhanden, kann eines verwertet werden, tlw. wird vertreten: kein normaler Hausrat, weil Nutzung eine Internetcafés möglich wäre – bei einer Verwertung müssen die Daten gesichert werden – Rechtsprechung zu Smartphones, Drucker, Digitalkamera, Spielkonsole, elektrische Gitarre: kein zentraler Bestandteil der eigenwirtschaftlichen Lebensführung = pfändbar – Thermomix stellt einen nicht unerheblichen Vermögenswert da (= Anschaffungspreis von über 1.000 EUR) – Zuordnung zur bescheidenen Lebensführung = dann unpfändbar, aber ggf. Austauschpfändung möglich – Zuordnung als Luxusgegenstand = dann pfändbar – Zuordnung ist streitig, Abnutzung des Gerätes und zu erwartender Erlös hilft ggf. für eine Entscheidung (= steht Erlös im Verhältnis i.S.v. § 812 ZPO?) • sinnvoll ist entsprechend dieser Ausführungen ein persönlicher Besuch beim Schuldner zuhause • wobei die Befragung des Schuldners trotzdem wichtig ist, weil nicht alle Gegenstände beim Besuch sichtbar sein werden (z. B. Smartphone)	Wipperfürth, Der Thermomix im Insolvenzverfahren, InsbürO 2017, 462 ff. Muster 116: »Fragebogen Kleinverfahren« (darin Abfrage zum Hausrat)
40.	Immobilien	• s. gesonderte Checkliste	Checkliste Immobilienvermögen
41.	Inventar	• s. gesonderte Checkliste und dortige Muster mit Kaufvertrag, Verkaufsbestätigung und Rechnung	Checkliste Inventar Muster Inventar (Nr. 261 – 265)
42.	Kautionsversicherung	• Grund für den Abschluss einer Kautionsversicherung ist ein Mietverhältnis • ein Versicherer tritt für Leistungen ein, die sich aus dem Mietverhältnis ergeben können (bspw. Mietzahlungen, Sachschäden u.a.) • Versicherungsvertrag ist eine Risikoversicherung • für die Insolvenzmasse könnte ein Massezufluss lediglich aus einer Beitragserstattung resultieren – Voraussetzung: Beendigung des Versicherungsvertrages – Insolvenzverwalter sollte nicht kündigen, weil Wiederauffüllungsanspruch nach Insolvenzeröffnung eine Masseverbindlichkeit wäre – Massezufluss daher nur bei gleichzeitiger Beendigung des Mietverhältnisses und Versicherungsvertrages (= Versicherungsvertrag wird nicht mehr benötigt)	Zistler, Was ist eine Kautionsversicherung? Ist daraus ein Erlös für die Insolvenzmasse zu erzielen: z. B. durch Rückerstattung Prämien? InsbürO 2017, 24 f.
43.	Kreditverträge – Bearbeitungsentgelt	• lt. BGH-Rechtsprechung: Bearbeitung des Darlehensvertrages und der vorbereitenden Tätigkeiten keine gesonderte Leistung für den Kunden = kein Entgeltanspruch • Rückforderungsanspruch = Insolvenzbeschlag gem. § 35 Abs. 1 InsO • 3-jährige Verjährung = Kreditverträge ab 2012 prüfen	Zur Unwirksamkeit einer Preisnebenabrede: BGH v. 17.10.2017 – XI ZR 157/16 (Rn. 21, 28) in WKRS 2017, 25764
44.	Lizenzen	• Lizenz = immaterielles Vermögen: s. unten stehend »Schutzrechte«	

Nr.	Thema	Checkliste Verwertungstätigkeit: einzelne Vermögenswerte (alphabetisch sortiert)	Hilfsmittel
45.	Lizenzvertrag	• zwei wichtige BGH-Entscheidungen zum Lizenzvertrag aus dem Jahre 2012 • bei Vorliegen von Lizenzverträgen sollten die Urteilsbegründungen näher studiert werden • per Stand Mai 2019: Frage der Insolvenzfestigkeit von Lizenzen ist ungelöst: Es fehlt an einer gesetzlichen Regelung • nach herrschender Meinung unterliegen Lizenzverträge dem Wahlrecht des Insolvenzverwalters gem. § 103 InsO • Lehnt der Insolvenzverwalter im Falle der Insolvenz des Lizenzgebers die Vertragserfüllung ab, hat der Lizenznehmer nur einen Schadensersatzanspruch als Insolvenzforderung im Rang des § 38 InsO	Zurückfallen Nutzungsrecht: (zur Haupt- u. Unterlizenz) BGH v. 19.07.2012 – I ZR 70/10 (M2-Trade-Entscheidung) in ZInsO 2012, 1611 WKRS 2012, 19586 Zur Unterlizenz: BGH v. 19.07.2012 – I ZR 24/11 (Take-Five-Entscheidung) in ZInsO 2012, 1611 Zu den Folgen bei Übergang auf neuen Rechtsinhaber: BGH v. 21.10.2015 – I ZR 173/14 in InsbürO 2016, 127, ZInsO 106, 150 Groh, Das Schicksal von Lizenzen an gewerblichen Schutzrechten in der Insolvenz des Lizenzgebers – Ein Überblick, ZInsO 2019, 925 ff.
46.	Nebenkostenabrechnung	• s. vorstehend »Betriebskostenabrechnung«	
47.	Neuerwerb	• Neuerwerb = Vermögen, das der Schuldner während des Verfahrens erlangt: es unterliegt dem Insolvenzbeschlag (§ 35 Abs. 1 InsO) • nach der Rechtsprechung nicht nur pfändbare Einkommensanteile • sondern auch: Erlös bei Verkauf einer unpfändbaren Sache, Erwerb eines pfändbaren Gegenstandes mit Mitteln aus unpfändbarem Vermögen, Sparguthaben aus unpfändbarem Einkommen (zum Sparguthaben kritische Stimmen im Zusammenhang mit Motorrad-Entscheidung = kein Insolvenzbeschlag am für die Betriebsfortführung neu erworbenen Motorrad aus dem Gewinn der freigegebenen selbständigen Tätigkeit) • Erbschaften, Lottogewinne etc.	Sparguthaben: BGH v. 26.09.2013 – IX ZB 247/11 in InsbürO 2014, 33, ZInsO 2013, 2274 Kein Insolvenzbeschlag am Neuerwerb für Betriebsfortführung (Motorrad): LG Duisburg v. 17.05.2018 – 8 O 182/17 in ZInsO 2018, 1313, InsbürO 2018, 319 m. Anmerkung Grote
48.	Neuerwerb – Wegfall bei RSB-Erteilung	• nach Ablauf der Abtretungsfrist ist die Restschulbefreiung zu erteilen, unabhängig davon, ob das Insolvenzverfahren beendet ist oder andauert (asymmetrische Verfahren: s. oben) • dadurch: Neuerwerb fällt nicht mehr in die Insolvenzmasse (keine Steuererstattungsansprüche, keine pfändbaren Einkommensanteile etc.) • Regelung zum Umgang mit dem Neuerwerb in § 300a InsO: bis zur rechtskräftigen Erteilung der Restschuldbefreiung: vereinnahmen und treuhänderisch verwalten	Zeitpunkt Wegfall Insolvenzbeschlag: BGH v. 13.2.2014 – IX ZB 23/13 in InsbürO 2014, 237, ZInsO 2014, 603
49.	Photovoltaikanlagen	• Photovoltaikanlagen sind i.d.R. darlehensfinanziert • Finanzierungsvereinbarung: Abtretung der Einspeisevergütung • Prüfung vornehmen, ob diese Abtretung insolvenzfest ist	Zistler, Abtretung der Einspeisevergütung im Insolvenzverfahren, ZInsO 2015, 180 ff.
50.	Rechtsstreit – Kosten	• vor IE anhängige Rechtsstreite werden gem. § 240 ZPO unterbrochen • ggf. erfolgt eine außergerichtliche Einigung, eine Abwendung der Klageforderung eines Gläubigers oder eine Klagerücknahme durch den Insolvenzverwalter • ein etwaiger Kostenerstattungsanspruch (sowohl gegen die Gerichtskasse als auch gegen den Prozessgegner) fällt in die Insolvenzmasse • dies gilt z. B. auch dann, wenn ein Aktivprozess beendet wird und die Rechtsschutzversicherung vorab den Gerichtskostenvorschuss gezahlt hat	Gerichtskostenvorschuss: OLG Brandenburg v. 20.07.2011 – 6 W 7/11 in InsbürO 2013, 195, ZInsO 2012, 2253 Insolvenzbeschlag am Kostenerstattungsanspruch: BGH v. 20.06.2017 – VI ZB 55/16 (Rn. 26) in ZInsO 2017, 2432

Nr.	Thema	Checkliste Verwertungstätigkeit: einzelne Vermögenswerte (alphabetisch sortiert)	Hilfsmittel
		• Kostenerstattungsanspruch der Gegenseite ist Insolvenzforderung gem. § 38 InsO; aber bei Aufnahme übernimmt der Insolvenzverwalter das volle Kostenrisiko, auch wenn die Kosten tlw. vor Insolvenzeröffnung entstanden sind • Aufnahme Prozess in Rechtsmittelinstanz: Kosten der vorherigen Instanz sind Insolvenzforderungen • daher: Rechtsstreitigkeiten näher prüfen; lt. BGH-Rechtsprechung schuldet der Insolvenzverwalter hinsichtlich der Prüfung der Prozessaussichten grds. dieselbe Sorgfalt wie ein Rechtsanwalt seinem Mandanten	Kostenrisiko – einheitlicher Anspruch innerhalb einer Instanz: BGH v. 28.06.2016 – II ZR 364/13 (Rn. 10) in InsbürO 2016, 473, ZInsO 2016, 1520 Kosten Rechtsmittelinstanz: BGH v. 28.06.2016 – II ZR 364/13 in InsbürO 2016, 390, WKRS 2016, 20082 Sorgfaltspflicht betr. Prozessaussichten: BGH v. 29.10.2015 – IX ZR 33/15 in InsbürO 2015, 127, ZInsO 2015, 2533
51.	Schmerzensgeld	• Schmerzensgeld ist in voller Höhe pfändbar • dies gilt nicht für »Leistungen in Anerkennung des zugefügten Leids von Opfern des sexuellen Missbrauchs« (freiwillige Leistung der kath. Kirche): unpfändbar	Schmerzensgeld pfändbar: BGH, Urt. v. 24.03.2011 – IX ZR 180/10 in ZInsO 2011, 772 Rn. 33 ff. Sexueller Missbrauch: BGH, Urt. v. 22.05.2014 – IX ZB 72/12 in InsbürO 2014, 445, ZInsO 2014, 1213) Wipperfürth, Sonstiges Einkommen, InsbürO 2016, 485 f. (Rubrik Fragezeichen)
52.	Schutzrechte	• Beispiele für Schutzrechte: – Patente (technische Erfindung, Verfahren) – Gebrauchsmuster (technische Erfindung) – Verlags- und Marken (Zeichen, Bilder i.V.m. Waren/Dienstleistungen) – Geschmacksmuster (Design) – Nutzungsrechte an Urheberrechten – Lizenzen • unterschiedliche Laufzeiten für die Schutzwirkung • Eintragung der Schutzrechte in öffentliche Register, Einsichtnahme durch jedermann möglich • Unterscheidung beim Sicherungsgegenstand: Recht auf das Schutzrecht, dem Anspruch auf Erteilung des Schutzrechtes und dem Recht aus dem Schutzrecht • tlw. zur Wirksamkeit eines Sicherungsrechtes: Eintragung in Register erforderlich	Lorenz, Die Verwertung von Urheberrechten, gewerblichen Schutzrechten und Domains, InsbürO 2018, 417 ff. Wuschek, Gewerbliche Schutzrechte und Lizenzen als Kreditsicherheiten und in der Insolvenz – die Insolvenzfestigkeit von Nutzungsrechten an Patenten und anderen Schutzrechten: InsbürO 2015, Teil 1: 140 ff. Teil 2: 183 ff. Teil 3: 224 ff.
53.	Steuerguthaben	• Information an die Finanzverwaltung über die Insolvenzeröffnung, um etwaige Steuerguthaben zu vereinnahmen • Abgabe von ausstehenden Steuererklärungen: ggf. daraus resultierendes Guthaben gehört in die Insolvenzmasse	Checkliste Steuerangelegenheiten
54.	Subventionen	• Anschaffung vorhandener Wirtschaftsgüter durch den Schuldner ggf. mit Subventionen • ggf. Anfrage an Investitionszulagenstelle der Finanzverwaltung fertigen • Widerruf der Subventionen ist möglich, wenn Zuwendungszweck gefährdet wird, was durch die Eröffnung eines Insolvenzverfahrens häufig gegeben ist (bspw. Sicherung von Dauerarbeitsplätzen) • prüfen, ob im Zuwendungsbescheid aufgegeben wurde, Änderungen zuwendungsrelevanter Umstände mitzuteilen; Verstoß hiergegen (bspw. Information über Insolvenzverfahren) kann zum Widerruf führen • s. wegen weiterer Erläuterungen: Literaturtipp	Schweda, Der Umgang mit Subventionen des Insolvenzschuldners, InsbürO 2012, 190 ff. Muster 383: »Subventionen – Abfrage wg. InsO-Verf.« Zur Widerrufsmöglichkeit bei Gefährdung Zuwendungszweck: VG Bayreuth v. 15.11.2017 – B 4 K 16.620 in InsbürO 2018, 283, ZInsO 2018, 811

Nr.	Thema	Checkliste Verwertungstätigkeit: einzelne Vermögenswerte (alphabetisch sortiert)	Hilfsmittel
			Widerrufsmöglichkeit bei Verstoß gg. Mitteilungspflichten: OVG NRW v. 26.03.2018 – 4 A 1049/16 in ZInsO 2018, 996, InsbürO 2018, 285
55.	Übertragende Sanierung (Asset Deal)	• unterschiedliche Möglichkeiten einer Verwertung des schuldnerischen Unternehmens • eine Variante: übertragende Sanierung = Asset-Deal • dabei: Verkauf einzelner Wirtschaftsgüter (i.d.R. umfassender Bestandteil), aber keine Veräußerung der Geschäftsanteile an der GmbH • damit Rechtsträger »GmbH« bleibt erhalten	Kürbis/Hartwig, Bedeutung und Ablauf eines die Betriebsfortführung begleitenden M & A-Prozesses, InsbürO 2018, 182 ff. Reuther, Distressed M&A – Unternehmensverkauf aus der Insolvenz, InsbürO 2016, 137 ff. Wipperfürth, Asset Deal und »Mietfreistellungsanspruch«, InsbürO 2017, 424 f.
56.	Vermächtnis	• Vermächtnis = Zuwendung eines bestimmten Vermögensvorteils, ohne Erbe zu werden • gesetzliche Regelungen: §§ 2147 ff. BGB • Erlangung nicht unmittelbar mit dem Tode des Erblassers • schuldrechtlicher Anspruch gegen den mit dem Vermächtnis Belasteten (i.d.R. der Erbe) • Annahme des Vermächtnisses ist erforderlich (§ 2180 BGB) • nach BGH-Rechtsprechung: Abführung des Erlangten an die Insolvenzmasse erst mit Annahme • verzögerte Annahme stellt keine Obliegenheitsverletzung dar	Vermächtnis: BGH v. 10.01.2013 – IX ZB 163/11 (Rn. 14) in InsbürO 2014, 211, ZInsO 2013, 306
57.	Versicherungsverträge	• s. gesonderte Checkliste	Checkliste Versicherungsverträge

Checkliste 79: Verzeichnis der Massegegenstände

Nach § 153 Abs. 1 InsO hat der Insolvenzverwalter auf den Zeitpunkt der Insolvenzeröffnung eine geordnete Übersicht aufzustellen, in der die Gegenstände der Insolvenzmasse und die Verbindlichkeiten des Schuldners aufgeführt und einander gegenübergestellt werden. Darüber hinaus ist ein Verzeichnis der Massegegenstände nach § 151 InsO sowie ein Gläubigerverzeichnis nach § 152 InsO vorzulegen. Diese beiden letztgenannten dienen bei der Erstellung der Vermögensübersicht nach § 153 Abs. 1 InsO als Grundlage. 164

In der nachfolgenden Checkliste geht es um einen Überblick darüber, wie ein Verzeichnis der Massegegenstände aufgebaut ist, welche Daten einzutragen sind, woher man diese erhält und was sonst noch alles bei der Erstellung zu beachten ist. 165

(Die Übersicht ist nach gängigen Überlegungen und Arbeitsschritten sortiert.)

165

Nr.	Thema	Checkliste Verzeichnis der Massegegenstände (§ 151 InsO): Erläuterung	Hilfsmittel
1.	Bilanz – Definition	• Bilanz = kurz gefasste Gegenüberstellung von Vermögen (Aktiva) und Kapital (Passiva) in Kontenform • Verzeichnis der Massegegenstände = gleiche Definition • Unterschied zur handelsrechtlichen und steuerlichen Bilanz: u.a. Aufnahme insolvenzspezifischer Ansprüche möglich	
2.	Aktiva	• Aktiva = Kapitalverwendung (Mittelverwendung) = wofür wurden die Gelder der Passivseite verwendet? • Einteilung der Aktiva in lang- und kurzfristige Anlagen • Verzeichnis der Massegegenstände: Auflistung der vorhandenen Vermögenswerte	

Nr.	Thema	Checkliste Verzeichnis der Massegegenstände (§ 151 InsO): Erläuterung	Hilfsmittel
3.	Aktivseite	• das Verzeichnis der Massegegenstände bietet die Grundlage für die Aktivseite der Vermögensübersicht gem. § 153 InsO • Sortierung nach Flüssigkeit: s. nachfolgend »Sortierung« • Übernahme der Daten aus dem Verzeichnis der Massegegenstände in verdichteter Form nach übergeordneten Aktivpositionen in Vermögensübersicht: s. nachfolgend	Checkliste Vermögensübersicht
4.	Passivseite	• das Gläubigerverzeichnis bietet die Grundlage für die Passivseite der Vermögensübersicht gem. § 153 InsO • Sortierung nach Fälligkeit • inhaltlich: – Wie sind die Vermögenswerte der Aktivseite finanziert worden? – Was kostet die Versilberung dieser Vermögenswerte? (z. B. Prozesskosten bei Anfechtungsansprüchen etc.) – Welche weiteren Kosten fallen für die Abwicklung des Insolvenzverfahrens an?	Checkliste Gläubigerverzeichnis
5.	Inventarverzeichnis	• ein Kaufmann hat ein Inventarverzeichnis gem. § 240 HGB zu erstellen • im Insolvenzverfahren wird dieses noch erweitert um insolvenzspezifische Ansprüche = Verzeichnis der Massegegenstände	
6.	Inhalt – Überblick	• Text-Informationen aus dem Bericht zur 1. GV werden im Verzeichnis der Massegegenstände in Zahlen ausgedrückt oder umgekehrt • Aufnahme des gesamten Vermögens gem. § 35 InsO (= Insolvenzbeschlag: s. nachfolgend) • gem. § 151 InsO sind folgende Angaben zu machen: – Aufstellung der einzelnen Gegenstände (= Vermögenswerte) (= s. nachfolgend »Insolvenzbeschlag«) – Angabe des jeweiligen Wertes – bei Betriebsfortführung: Fortführungs- und Liquidationswert – bei Betriebsstilllegung: nur Liquidationswert • im Gläubigerverzeichnis gem. § 152 InsO sind Ansprüche der Gläubiger an diesen Gegenständen aufzulisten • allerdings in der Praxis: Verzeichnis der Massegegenstände weist solche Rechte ebenfalls schon auf, daher inhaltlich: – Auflistung der einzelnen Vermögenswerte mit genauer Bezeichnung und Bewertung – Auflistung der etwaigen Rechte Dritter daran – Angabe, welche freie Masse voraussichtlich zur Verteilung zur Verfügung stehen wird	
7.	Insolvenzbeschlag	• Insolvenzbeschlag = Beschlagnahmung (= Begriff aus der Zwangsvollstreckung) • gesetzliche Regelung in § 35 InsO • vom Insolvenzbeschlag umfasst: – das gesamte Vermögen, das dem Schuldner zur Zeit der Insolvenzeröffnung gehört und – das er während der Dauer des Verfahrens erlangt. • Einschränkung: unpfändbare Gegenstände gem. § 36 InsO • Bezeichnung des gesamten pfändbaren Vermögens als Insolvenzmasse • Auflistung dieser gesamten Insolvenzmasse im Verzeichnis der Massegegenstände unter Zuordnung zu einzelnen Aktivpositionen (s. nachfolgend)	
8.	Vorlagefrist	• Vorlagefrist für Vermögensübersicht gem. § 154 InsO: eine Woche vor dem Berichtstermin (= erste Gläubigerversammlung) auf der Geschäftsstelle des Insolvenzgerichtes zur Einsicht der Beteiligten • keine Frist im Gesetz für Vorlage des Berichtes zur ersten Gläubigerversammlung • aber gleichzeitig einreichen: Unstimmigkeiten damit vermeiden • Notfrist und Vorfrist notieren	Insolvenzsoftware

Nr.	Thema	Checkliste Verzeichnis der Massegegenstände (§ 151 InsO): Erläuterung	Hilfsmittel
9.	Entwurf	• der Entwurf der Verzeichnisse gem. §§ 151 – 153 InsO sollte spätestens zwei Wochen vor Fristablauf gem. § 154 InsO erstellt sein • Vorlage an den Insolvenzverwalter zwecks Kontrolle und möglicher Abänderung	Muster 386: »Verzeichnis der Massegegenstände – Kleinverfahren« Muster 387: »Verzeichnis der Massegegenstände – Regelinsolvenz«
10.	Verzicht auf Erstellung	• auf Antrag gem. § 151 Abs. 3 InsO Verzicht auf Erstellung des Masseverzeichnisses unter Angabe von Gründen möglich • allerdings: keine gleiche gesetzliche Regelung für Vermögensübersicht gem. § 153 InsO • Verzeichnis der Massegegenstände aber Grundlage für die Vermögensübersicht • daher eher weniger Gebrauch von Verzichtsmöglichkeit • ggf. in vereinfachten Verfahren denkbar, da mit dem Insolvenzantrag gem. § 1 Abs. 1 Nr. 2e VbrInsVV vom Schuldner ein Vermögensverzeichnis einzureichen ist • wenn dieses vollständig und richtig ist, könnte über § 151 Abs. 3 InsO hierauf Bezug genommen werden	
11.	Insolvenzsoftware	• ein Verzeichnis der Massegegenstände wird mit einer Insolvenzsoftware erstellt • Vorsicht: die Daten im Ausdruck können nur richtig sein, wenn sie in korrekter Weise eingegeben wurden • daher: stets Kontrolle des Ausdruckes vornehmen	Insolvenzsoftware
12.	Handelsrechtliche Gliederung	• keine Vorschrift der Anwendung der handelsrechtlichen Gliederung gem. § 266 HGB • Verzeichnis der Massegegenstände = insolvenzspezifisches Rechenwerk • dennoch: Nutzung dieser Grundsätze sorgt für einen guten Überblick (s. Erläuterungen in dieser Checkliste)	
13.	Handelsrechtliche Bewertung	• keine Vorschrift der Anwendung der handelsrechtlichen Bewertung gem. § 252 HGB • Verzeichnis der Massegegenstände = insolvenzspezifisches Rechenwerk • dennoch: Nutzung der dort genannten Grundsätze hilft bei der Bewertung, z.B.: – Vermögensgegenstände und Schulden einzeln bewerten (Nr. 3 des § 252 HGB) – vorsichtig bewerten = Risiken berücksichtigen (Nr. 4 des § 252 HGB)	
14.	Abkürzungen	• Verzeichnis der Massegegenstände = kurz »Masseverzeichnis« • Kaufpreis = KP • Kostenbeitrag = KB • Lebensversicherung = LV • Umsatzsteuer = USt	
15.	Aufbau – horizontal	• horizontal = Spalten von links nach rechts • folgende Spalten sollten vorhanden sein: – lfd. Nr. = Kennzeichnung der einzelnen Vermögenswerte und dadurch wird auch die Anzahl ersichtlich – Bezeichnung = Identifikation des Vermögenswertes – Fibuwert = Wert aus Finanzbuchhaltung des Unternehmens – Liquidations- und Fortführungswerten – Absonderungsrechte – Kostenbeiträge – freie Insolvenzmasse • bei Fortführung sind die Spalten Absonderungsrechte, Kostenbeiträge, freie Masse jeweils doppelt zu führen: s. nachstehende Beispiel (Liquidations- und Fortführungswert) • s. wg. näherer Details zu den einzelnen Spalten jeweils nachfolgend	

Nr.	Thema	Checkliste Verzeichnis der Massegegenstände (§ 151 InsO): Erläuterung	Hilfsmittel
16.	Aufbau – vertikal	• vertikal: Aufbau der Aktivpositionen nach der Flüssigkeit	
17.	Sortierung	• Sortierung sämtlicher vorhandenen Vermögenswerte nach der Flüssigkeit • Flüssigkeit = wie schnell können die vorhandenen Vermögensgegenstände »zu Geld gemacht werden«	
18.	Aktivpositionen	• für einen geordneten Überblick Zuordnung der einzelnen Vermögenswerte zu unterschiedlichen übergeordneten Aktivpositionen: – Anlagevermögen – Umlaufvermögen – Sonstiges Vermögen – Insolvenzspezifische Ansprüche • siehe zu jeder Positionen nachfolgend	
19.	Anlagevermögen – allgemein	• Anlagevermögen = Geld ist »angelegt« und einer langfristigen Nutzung zugeführt • zunächst ein Verkauf erforderlich, um anstatt des »Gegenstandes« wieder über Geld zu verfügen • zum Anlagevermögen zählen: – Finanzanlagen – immaterielle Vermögenswerte – Sachanlagen: unbewegliches und bewegliches Vermögen	
20.	Anlagevermögen – Aktivpositionen	• typische und damit regelmäßig vorkommende Aktivpositionen sind folgende: • Immaterielle Vermögenswerte – Konzessionen – Geschäfts- oder Firmenwert • Sachanlagen: unbewegliches Anlagevermögen – Grundstücke – Grundstücksgleiche Rechte • Sachanlagen: bewegliches Anlagevermögen – Betriebs- und Geschäftsausstattung – Fahrzeuge – technische Anlagen und Maschinen • Finanzanlagen – Beteiligungen an anderen Unternehmen – Wertpapiere	
21.	Umlaufvermögen – allgemein	• Umlaufvermögen = Vermögensteile verbleiben nur kurzfristig im Unternehmen, sind also im »Umlauf« • zum Umlaufvermögen zählen insbesondere: – Warenvorräte – Forderungen gegen Dritte – Geldbestände	
22.	Umlaufvermögen – Aktivpositionen	• typische und damit regelmäßig vorkommende Aktivpositionen sind folgende: • Vorräte – Roh-, Hilfs- und Betriebsstoffe – unfertige Erzeugnisse – fertige Erzeugnisse • Forderungen aus Lieferungen und Leistungen • Forderungen gegen verbundene Unternehmen • Flüssige Mittel: – Guthaben bei Kreditinstituten – Kassenbestand	

Nr.	Thema	Checkliste Verzeichnis der Massegegenstände (§ 151 InsO): Erläuterung	Hilfsmittel
23.	Bezeichnung	• die Vermögenswerte sind im Verzeichnis der Massegegenstände kurz und knapp, aber doch eindeutig zu bezeichnen • je nach Vermögenswert unterschiedliche Anforderungen • grds.: Angaben sollten Identifizierung des einzelnen Vermögenswertes möglich machen – Bsp.: Lkw Mercedes Benz, Bj. 2010, Fahrgestell-Nr...., amtl. KZ: MS – AA 445 – Bsp.: Rückkaufswert LV HUK-Coburg, Vers.-Nr....	
24.	Zwischensummen	• Zwischensummen zu einzelnen Aktivpositionen = Überblick über Gesamtsumme in einem Bereich • Bsp.: 15 Einzel-Forderungen gegen Drittschuldner, Zwischensumme weist 15.600,00 EUR aus = leichter Zugang zu Informationen	
25.	Unterlagen	• für eine ordnungsgemäße und vollständige Erstellung des Masseverzeichnisses: Erfordernis einer Vielzahl von Unterlagen und Informationen • beispielhaft können dies folgende sein: – Debitorenliste (idealerweise als Excel-Liste): wg. aufzunehmender Forderungen gegen Drittschuldner – Eröffnungsbeschluss: Verfahrensdaten und Frist zur Vorlage des Masseverzeichnisses – Gutachten des Sachverständigen im Insolvenzantragsverfahrens gem. § 5 Abs. 1 InsO: insbes. wg. der Anfechtungs- und Haftungsansprüche – Gutachten eines externen Industriesachverständigen über Massegegenstände: insbes. wg. des beweglichen Anlagevermögens (idealerweise Daten per Excel zum Einspielen in das System) – Gutachten über vorhandene Immobilien: wg. möglicher Bewertung – Jahresabschluss – letzter: wg. Fibuwerten und Bewertung von Vermögenswerten – Versicherungsunterlagen wg. möglicher Rückkaufswerte • Kontaktaufnahme mit Schuldner zwecks Zusammenstellung von erforderlichen Unterlagen	
26.	Stichtag	• gem. § 153 InsO = Erstellung einer Vermögensübersicht zum Zeitpunkt der Insolvenzeröffnung • Verzeichnis der Massegegenstände = Grundlage für Aktivseite der Vermögensübersicht • damit: Eingabe der Vermögenswerte zum Stichtag der Insolvenzeröffnung – Bsp. für Konsequenz: Forderungsbestand kann sich ggf. bereits durch Realisierung seit Eröffnung bis zum Zeitpunkt der Vorlage des Masseverzeichnisses geändert haben – aber bei Darstellung zum Stichtag der Eröffnung: ausstehende Forderungen bei der Aktivposition »Forderungen aus Lieferung und Leistung« und nicht beim »Guthaben Treuhandkonto« (sonst Darstellung aktuelle Situation, nicht Eröffnungsstichtag)	
27.	Bewertungsansätze	• grds. vorsichtige Bewertungsansätze = aus Bewertung ergibt sich die prognostizierte freie Masse • anhand der freien Masse: Ermittlung der voraussichtlichen Quote • besser später höhere Masse und höhere Quote als Erklärungsnot, warum die zu hoch prognostizierte Masse nicht erreicht wurde • Informationen z.B. auch aus vorliegenden Kaufangeboten, erhobenen Mängeleinreden, schon erfolgten Verkäufen (= Verkehrswert bzw. Kaufpreis bekannt) berücksichtigen	

Nr.	Thema	Checkliste Verzeichnis der Massegegenstände (§ 151 InsO): Erläuterung	Hilfsmittel
28.	Bewertungen – Vornahme	• die Bewertung der einzelnen Vermögenswerte (insbes. des beweglichen Anlagevermögens) soll ausdrücklich nicht Gegenstand dieser Checkliste sein • Bewertung bleibt dem Insolvenzverwalter oder einem Sachverständigen vorbehalten • Beispiel: Bewertung einer Maschine im Unternehmen	bzgl. Bewertungsansätzen: Institut der Wirtschaftsprüfer in Deutschland e.V. (IDW), Rechnungslegungshinweise, ZInsO 2009, 75 ff., 130 ff. sowie 179 ff.
29.	Sachverständiger	• gem. § 151 Abs. 2 Satz 3 InsO kann für besonders schwierige Bewertungen ein Sachverständiger beauftragt werden	Checkliste Inventar Hamburger Kommentar zur InsO, 7. Aufl., Jarchow, § 151 Rn. 23
30.	Bewertungen–Eingabe	• Insolvenzsachbearbeiter sind für die Eingabe der vorgenommenen Bewertungen zuständig • bei beweglichen Gegenstände erfolgt i.d.R. ein Einspielen von Daten eines Industriesachverständigen in die Insolvenzsoftware • bei anderen Vermögenswerten müssen zusätzliche Bewertungen vorgenommen werden, hierzu: • s. nachfolgend: Erinnerungs- und Nullwerte • s. nachfolgend: Forderungen aus Lieferungen und Leistungen • s. nachfolgend: Haftungsansprüche • s. nachfolgend: Kostenbeitrag unbewegliches Vermögen	Insolvenzsoftware
31.	Fibuwert	• Fibuwert = Wert aus der Finanzbuchhaltung des Unternehmens • eigentlich nicht bedeutsam, da ein Fibuwert keinen Verkehrswert (= aktuell erzielbarer Wert am Markt) darstellt • Fibuwert ergibt sich aus ursprünglichem Kaufpreis abzgl. Abschreibung • damit möglich: Grundstück hat einen Fibuwert von 1,00 EUR, aber einen Verkehrswert von 500.000 EUR (= stille Reserve: s. nachfolgend)	
32.	Bruttobeträge	• Angabe der Werte im Masseverzeichnis als Brutto-Beträge • Grund: Kostenbeiträge aus Absonderungsrechten errechnen sich anhand der Bruttobeträge • insoweit: klare und nachvollziehbare Berechnung in den einzelnen Spalten • Umsatzsteuer gehört aber nicht zur freien Masse • daher erforderlich: Aufnahme der Umsatzsteuer als Masseverbindlichkeit im Gläubigerverzeichnis • insoweit: freie Masse laut Masseverzeichnis abzgl. Masseverbindlichkeiten laut Gläubigerverzeichnis	
33.	Fortführungswert	• bei einer Betriebsfortführung: i.d.R. Erzielung höherer Preise • Grund: i.d.R. Veräußerung des Unternehmens im ganzen • ggf. mehr Zeit für Käufersuche als bei Liquidation • bei Betriebsschließung: Liquidationswert: s. nachfolgend • Angabe von Fortführungswerten nur dann, wenn eine Betriebsfortführung stattfindet • dann zum Vergleich für die Gläubiger: Angabe von Liquidations- und Fortführungswerten • Achtung: bei einigen Positionen ist der Fortführungs- und Liquidationswert identisch (Bsp.: Guthaben auf Geldkonten)	
34.	Liquidationswert	• bei einer Betriebsschließung: i.d.R. Erzielung niedrigerer Preise • Grund: Einzelverkäufe von Gegenständen • i.d.R. herrscht Zeitdruck, z. B. bei erforderlicher Räumung • Liquidationswerte sind immer anzugeben • bei Betriebsfortführung: zusätzlich Fortführungswert: s. vorstehend	

Nr.	Thema	Checkliste Verzeichnis der Massegegenstände (§ 151 InsO): Erläuterung	Hilfsmittel
35.	Übererlös	• Übererlös = Kaufpreis > Forderung eines Absonderungsgläubigers • die Differenz verbleibt in der Insolvenzmasse • Darstellung des Übererlöses im Masseverzeichnis in der freien Masse • Achtung: bei einem Übererlös dürfen keine Kostenbeiträge bei der Auszahlung an Absonderungsgläubiger vereinnahmt werden, daher keine Zahlen in Spalte »Kostenbeiträge«	Heeseler/Neu, Der Übererlös bei der Verwertung von Sicherungsgut – wie ist er vom Insolvenzverwalter abzurechnen? InsbürO 2015, 178 (m.V.a. Rechtsprechung) Heeseler, Kompensation der Kostenbeiträge gem. §§ 170, 171 durch den Verwertungserlös, ZInsO 2002, 924 ff.
36.	Erinnerungswerte	• Erinnerungswerte = Einsetzen eines Wertes von 1,00 EUR • Grund: Anspruch (= Aktivposition) besteht, aber die konkrete Höhe oder die Durchsetzung des Anspruches ist ungewiss • häufig der Fall bei Anfechtungs- oder Haftungsansprüchen • s. zur Unterscheidung auch nachfolgend »Nullwerte«	
37.	Nullwerte	• Nullwerte = Kennzeichnung, dass ein Vermögenswert nicht vorhanden ist • also: Aktivposition wird als Überschrift aufgeführt, ist aber tatsächlich nicht vorhanden • Grund: dadurch Verdeutlichung, dass diese Position geprüft wurde • Nutzung häufig in Verbraucherinsolvenzverfahren oder gestundeten 4a-Regelinsolvenzverfahren • bei jur. Personen i.d.R. nur Auflistung der vorhandenen Aktivpositionen • in Insolvenzsoftware: Auswahl möglich, ob Ausdruck mit oder ohne Nullwerte	
38.	Absonderungsrechte	• Auflistung der etwaigen Absonderungsrechte an einzelnen Vermögenswerten • Grund: Darstellung der jeweiligen Belastung und Ermittlung der jeweiligen Kostenbeiträge (s. nachfolgend) • Informationen ergeben sich i.d.R. aus vorliegenden Forderungsanmeldungen • Nennung des Namen des Absonderungsgläubigers, die Art des Rechtes (z.B. Sicherungsübereignung) und die Forderungshöhe (= maximal Höhe des Vermögenswertes = Darstellung der vollständigen Belastung)	Checkliste Gläubigerverzeichnis Checkliste Absonderungsrechte
39.	Aussonderungsrechte	• Gegenstände, an denen Aussonderungsrechte bestehen, gehören nicht in das Verzeichnis der Massegegenstände • § 152 Abs. 2 InsO nennt nur die Absonderungsgläubiger (= hier liegt auch das Verwertungsrecht beim Insolvenzverwalters, § 166 InsO) • für Aussonderungsrechte gelten gem. § 47 InsO die Gesetze außerhalb des Insolvenzverfahrens	Checkliste Aussonderungsrechte
40.	Kostenbeiträge – bewegliches Vermögen	• Kostenbeiträge = Feststellungs- und Verwertungskostenpauschale gem. § 171 InsO • Auflistung im Masseverzeichnis zur Ermittlung der freien Masse (s. nachfolgend) • bei Fortführung: getrennte Spalten = Kostenbeitrag Liquidation und Kostenbeitrag Fortführung	Checkliste Absonderungsrechte
41.	Kostenbeitrag – unbewegliches Vermögen	• keine gesetzliche Regelung in der InsO • freie Vereinbarung mit Grundpfandrechtsgläubigern • Prozentsätze liegen i.d.R. zwischen 2 – 10 % • Bewertung des Grundstückes häufig ohne bisherigen Kaufinteressenten schwer • daher auch Berechnung des Kostenbeitrages schwer • häufig: Einsetzen eines Erinnerungswertes (s. vorstehend)	Checkliste Immobilienvermögen

Nr.	Thema	Checkliste Verzeichnis der Massegegenstände (§ 151 InsO): Erläuterung	Hilfsmittel
42.	freie Insolvenzmasse	• freie Insolvenzmasse = Prognose über die Summe, die sich aus der Verwertung der einzelnen Vermögenswerte ergeben wird, nachdem die Absonderungsrechte befriedigt werden • Zusammensetzung: zu erzielende Kaufpreise abzgl. Absonderungsrechte, zzgl. Kostenbeiträge und ggf. Übererlös • bei Fortführung: zwei Spalten freie Masse (= bei Liquidation und bei Fortführung) • Spalten »freie Masse« und »Absonderungsrechte« müssen Summe des Liquidations- bzw. Fortführungswert ergeben • s. auch nachfolgendes Beispiel • freie Masse dient Ermittlung der Quote: Summe der freien Masse im Masseverzeichnis abzgl. Summe der Massekosten und Masseverbindlichkeiten im Gläubigerverzeichnis = Verteilungsmasse	
43.	Anfechtungsansprüche	• Anfechtungsansprüche gehören zu den insolvenzspezifischen Vermögenswerten (s. nachfolgend) • Bewertung von Ansprüchen ist schwierig: Sind diese durchsetzbar? Ist die Forderung später auch zu realisieren? • Vorgabe vom Insolvenzverwalter, ob voller Wert im Masseverzeichnis eingestellt werden soll • i.d.R. gibt es einen Abschlag, ggf. sogar nur Erinnerungswert (s. vorstehend)	Checkliste Anfechtungsansprüche
44.	Forderungen aus Lieferung und Leistung	• Überprüfung der Gesamtsumme der ausstehenden Forderungen laut Debitorenliste – ggf. tlw. verjährte Forderungen darin enthalten – ggf. tlw. Kenntnisse über Uneinbringlichkeit beim Drittschuldner • i.d.R. auf ermittelte Restsumme weiteren Abschlag = Einrechnung des Risikos der Beitreibung • i.d.R. können nicht alle Forderungen erfolgreich eingezogen werden • Abschlag je nach Einzelfall (z.B. 50 %) • hierbei Unterscheidung zwischen Altforderungen (= bestanden bereits vor Insolvenzantragstellung), Forderungen aus Zeit der vorläufigen Verwaltung und aus Zeit des eröffneten Verfahrens • Abschlag bei Altforderungen ist i.d.R. höher als bei den Forderungen aus den anderen Zeiträumen • Grund: diese Forderungen sind älter = Beitreibungsrisiko größer • Eingabe dieses Abschlages bei jeweiliger Forderung, damit im Masseverzeichnis der »Verkehrswert« erscheint • außerdem: mögliche Aufrechnungsrechte (= Absonderungsrecht, §§ 94 ff. InsO) von Gläubigern eingeben: s. Checkliste Gläubigerverzeichnis	Checkliste Forderungseinzug Checkliste Gläubigerverzeichnis
45.	Haftungsansprüche	• Haftungsansprüche gehören zu den insolvenzspezifischen Vermögenswerten (s. nachfolgend) • wegen Bewertung: s. vorstehend »Anfechtungsansprüche«	Checkliste Haftungsansprüche
46.	Insolvenzspezifische Ansprüche – allgemein	• insolvenzspezifische Ansprüche sind in einer handelsrechtlichen Bilanz bzw. in einem kaufmännischen Inventarverzeichnis nicht zu finden • diese Positionen werden regelmäßig an den Schluss eines Masseverzeichnisses gesetzt, obwohl damit ein Widerspruch gegen die Sortierung nach der Flüssigkeit besteht • Bsp.: Kassenbestand ist schon in Geld vorhanden und müsste den Abschluss bilden • aber üblich: insolvenzspezifische Ansprüche – und damit zusätzliche Positionen – kommen an den Schluss	
47.	Insolvenzspezifische Ansprüche – Aktivpositionen	• typische und damit regelmäßig vorkommende Aktivpositionen sind folgende: – Anfechtungsansprüche – Haftungsansprüche (z. B. gegen Geschäftsführer oder Gesellschafter)	

Nr.	Thema	Checkliste Verzeichnis der Massegegenstände (§ 151 InsO): Erläuterung	Hilfsmittel
48.	Pfändbarer Einkommensanteil	• Neuerwerb gehört gem. § 35 Abs. 1 InsO zur Insolvenzmasse • Einschränkung gem. § 36 InsO: nur pfändbares Vermögen • Bewertung der pfändbaren Einkommensanteile schwierig: – wie viele Monate sollen zusammenaddiert werden? (= Frage der voraussichtlichen Verfahrensdauer) – ist der pfändbare Anteil monatlich gleich oder verändert er sich durch unterschiedliche Einkommenshöhe? • i.d.R. sehr vorsichtige Prognose: max. 6 Monate und als Höhe Durchschnittswert des pfändbaren Einkommens der letzten drei – vier Monate	Checkliste Einkommen
49.	Sonstige Vermögenswerte – Aktivpositionen	• typische und damit regelmäßig vorkommende Aktivpositionen sind folgende: – Pfändbarer Einkommensanteil (s. vorstehend) – Rückkaufswerte aus Versicherungen – Steuererstattungsansprüche • Positionen werden als Zusatzpositionen an den Schluss (vor oder nach Anfechtungs- und Haftungsansprüchen) gesetzt	
50.	Stille Reserve	• stille Reserve = Bewertung einer Vermögensposition (Fibuwert) entspricht nicht dem Verkehrswert (= aktuell am Markt erzielbarer Kaufpreis) • niedrige Bewertung ergibt sich aus handels- und steuerrechtlichen Vorgaben • Fibuwert = ursprünglicher Kaufpreis abzgl. Abschreibung (s. vorstehend) • im Insolvenzverfahren: Aufdeckung von stillen Reserven, da im Masseverzeichnis Verkehrswerte aufzulisten sind	
51.	Beispiel	• Rechenbeispiel zur Verdeutlichung der Eintragungen im Masseverzeichnis (aber Achtung: Spaltenbezeichnungen sind hier vertikal dargestellt, eigentlich aber horizontal) – Lfd. Nr.: 5 – Bezeichnung: Sattelschlepper, Bj. 2009, Fahrgestell-Nr...., amtl. KZ: MS – MM 555 – Fibuwert: 3.000,00 EUR (brutto) – Liquidationswert: 5.950,00 EUR (brutto) – Fortführungswert : 7.140,00 EUR (brutto) – Absonderungsrecht Liqui-Wert : 4.464,50 EUR (KP ./. USt, KB) – Absonderungsrecht Fortf.-Wert: 5.357,40 EUR (dto.) – Kostenbeitrag Liqui-Wert: 535,50 EUR – Kostenbeitrag Fortf.-Wert: 642,60 EUR – freie Masse Liquidation: 1.485,50 EUR – freie Masse Fortf.-Wert: 1.782,60 EUR • Ergebnis: man kann erkennen – dass ein Absonderungsrecht vorliegt – dass für die freie Masse nur die Kostenbeiträge und die Umsatzsteuer aus dem jeweiligen Kaufpreis verbleiben – dass die Forderung des Absonderungsgläubigers den jeweiligen Kaufpreis übersteigt, denn es ist kein Übererlös in der freien Masse (nur KB und USt)	Muster 386: »Verzeichnis der Massegegenstände – Kleinverfahren« Muster 387: »Verzeichnis der Massegegenstände – Regelinsolvenz«
52.	Verbraucherinsolvenzverfahren	• i.d.R. wenige Aktivpositionen in vereinfachten Insolvenzverfahren vorhanden • grds. aber: gleiche Vorgaben wie im Regelinsolvenzverfahren (= Insolvenzgerichte fordern die Verzeichnisse, obwohl keine Gläubigerversammlung anberaumt wird) • zum Nachweis der erfolgten Prüfung von Vermögenswerten: ggf. Nullwerte eintragen (s. vorstehend) • keine Spalten mit Fortführungswerten erforderlich • Problematik der Bewertung: pfändbarer Einkommensanteil: s. vorstehend • möglich: Verzicht auf Erstellung: s. vorstehend	

Checkliste 80: Vollstreckungsmaßnahmen

167 Vor der Einleitung eines Insolvenzverfahrens können Gläubiger ihre Forderungen im Wege der Zwangsvollstreckung nach den Regelungen der §§ 704 ff. ZPO beitreiben. Dabei erlangt derjenige ggf. eine Befriedigung, der schneller ist als die anderen, wenn er in bestimmte Vermögenswerte vollstreckt. Das Insolvenzverfahren hat dagegen gem. § 1 InsO die gemeinschaftliche Befriedigung der Gläubiger zum Ziel. Ein etwaig erzielter Erlös soll an alle gleichmäßig verteilt werden. Daher sind Vollstreckungsmaßnahmen während der Dauer des Insolvenzverfahrens gem. § 89 InsO für die Insolvenzgläubiger verboten. Vorgenommene Vollstreckungsmaßnahmen innerhalb eines Zeitraums von maximal drei Monaten vor Insolvenzantragstellung können ggf. unwirksam werden oder unterliegen einer möglichen Anfechtung. Insoweit ist eine genaue Prüfung vorzunehmen, um ggf. dasjenige zurückzuholen, was der Gläubigergemeinschaft zur Verfügung hätte stehen sollen. Während einer vorläufigen Verwaltung können Vollstreckungsmaßnahmen gem. § 21 Abs. 2 Nr. 3 InsO untersagt werden. Diese und weitere Besonderheiten werden nachfolgend näher erläutert.

(Die Übersicht ist nach gängigen Überlegungen und Arbeitsschritten sortiert.)

168

Nr.	Thema	Checkliste Vollstreckungsmaßnahmen: Erläuterung	Hilfsmittel
1.	Vorläufige Verwaltung	• Untersagung von Vollstreckungsmaßnahmen gem. § 21 Abs. 2 Nr. 3 InsO möglich • ggf. Anordnung beim Insolvenzgericht anregen • sinnvoll insbesondere: – wenn Vermögenswerte mit zu erwartendem Erlös vorhanden sind – wenn Vollstreckungsmaßnahmen von einzelnen Gläubigern durch Ankündigungen bekannt werden • Beschluss über die Anordnung der vorläufigen Verwaltung entsprechend kontrollieren • Ergänzungsbeschluss ist jederzeit möglich	Checkliste Vorläufige Verwaltung Muster 397 – 398 (vorläufige Verwaltung): »Antrag auf Anordnung der vorläufigen Verwaltung« (zwei Varianten) Alleiniges Einziehungsrecht Insolvenzverwalter: BGH v. 23.04.2009 – IX ZR 65/08 (Leitsätze) in ZInsO 2009, 1058, WKRS 2009, 13881
2.	Vollstreckungsverbot – Insolvenzgläubiger	• während der Dauer des eröffneten Insolvenzverfahrens: Vollstreckungsverbot für Insolvenzgläubiger gem. § 89 InsO • Grund: Ziel des Insolvenzverfahrens: gemeinschaftliche Befriedigung gem. § 1 InsO • bei Ankündigung von Vollstreckungsmaßnahmen durch Insolvenzgläubiger: entsprechenden Hinweis an diese geben	Muster 396: »Vollstreckungsverbot – Hinweis an Insolvenzgläubiger« Haushalter, Das asymmetrische Verfahren: Vollstreckung nach Erteilung der Restschuldbefreiung, InsbürO 2016, 108 ff.
3.	Restschuldbefreiungsphase	• Vollstreckungsverbot während der RSB-Phase gem. § 294 Abs. 1 InsO • dazu zählt auch: Abgabe der EV • für Neugläubiger greift Vollstreckungsverbot nur eingeschränkt: während RSB-Phase nicht in abgetretene pfändbare Bezüge, nach Erteilung RSB im asymmetrischen Verfahren: kein Verbot (Ausnahme jeweils: § 300a Abs. 1 Satz 2 InsO)	Keine EV-Abgabe: BGH v. 25.09.2014 – IX ZB 117/12 Rn. 4 in InsbürO 2014, 534, ZInsO 2014, 2164 Haushalter, Das asymmetrische Verfahren: Vollstreckung nach Erteilung der Restschuldbefreiung, InsbürO 2016, 108 ff.
4.	Herausgabe von Vermögenswerten	• Insolvenzverwalter kann aus dem Eröffnungsbeschluss die Herausgabevollstreckung betreiben (§ 148 Abs. 2 InsO) • das Insolvenzgericht ist insoweit als besonderes Vollstreckungsgericht zuständig • für ZV-Maßnahmen kann auch PKH beantragt werden (§ 117 Abs. 1 Satz 3 ZPO	Zur Zuständigkeit des Insolvenzgerichtes: BGH v. 26.04.2012 – IX ZB 273/11 in ZInsO 2012, 969, WKRS 2012, 15101
5.	GOI	• GOI = Grundsätze ordnungsgemäßer Insolvenzverwaltung (70 Grundsätze) • Grundsatz 33: Maßnahmen gegen Vollstreckungen Dritter und Abwehr neuer Speditionspfandrechte, Aufrechnungen und Zurückbehaltungsrechte • *(Die Autoren danken dem VID für die freundliche Zustimmung zur Veröffentlichung von Hinweisen auf die GOIs)*	VID = Verband Insolvenzverwalter Deutschlands e.V. www.vid.de

Nr.	Thema	Checkliste Vollstreckungsmaßnahmen: Erläuterung	Hilfsmittel
6.	Anfrage an Vollstreckungsorgane	• vor Insolvenzeröffnung durchgeführte Vollstreckungsmaßnahmen können sowohl der Rückschlagsperre (§ 88 InsO) als auch der Anfechtung unterliegen (§ 131 InsO) • daher: Anfragen an Vollstreckungsstellen – Gerichtsvollzieher = GVZ – Hauptzollamt = Vollstreckungsstelle für Behörden • für das Anspruchsbegehren gilt das IFG des Bundes, weil das Hauptzollamt eine Bundesbehörde ist	Muster 393: »Vollstreckungsanfrage beim GVZ« Muster 394: Vollstreckungsanfrage beim Hauptzollamt« Muster 395: »Vollstreckungsanfrage Infoblatt« Zistler, Kurz und knapp: IFG, InsbürO 2016, 504 f. (zur Anwendung IFG Bund und IFG Land)
7.	Rückschlagsperre – allgemein	• Rückschlagsperre = rückwirkende Unwirksamkeit einer erlangten Sicherung durch eine Zwangsvollstreckungsmaßnahme • gesetzliche Regelung in § 88 InsO • Zeitraum: rückwirkend einen Monat vor Insolvenzantragstellung oder danach • im IK-Verfahren: verlängerter Zeitraum: drei Monate vor Insolvenzantragstellung oder danach gem. § 88 Abs. 2 InsO • Folge: erlangtes Pfandrecht begründet kein Absonderungsrecht i.S.v. § 50 Abs. 1 InsO • maßgebender Insolvenzantrag: s. nachfolgend • bei schon erlangter Befriedigung: s. nachfolgend »Anfechtung«	Zum maßgeblichen Antrag für Rückschlagsperre: BGH v. 19.05.2011 – IX ZB 284/09 (Leitsatz) in InsbürO 2011, 430, ZInsO 2011, 1413, WKRS 2011, 19385
8.	Rückschlagsperre – Insolvenzantrag	• nach BGH-Rechtsprechung maßgebend für die Fristberechnung: – zulässiger und begründeter Insolvenzantrag, der zur Insolvenzeröffnung geführt hat – auch, wenn dieser zunächst mangelhaft war	Zum maßgeblichen Antrag für Rückschlagsperre: BGH v. 19.05.2011 – IX ZB 284/09 (Leitsatz) in InsbürO 2011, 430, ZInsO 2011, 1413, WKRS 2011, 19385
9.	Rückschlagsperre – Beispiel	• Zustellung eines Pfändungs- und Überweisungsbeschlusses am 10.05.: Pfändung eines Kontos bei einer Bank • Insolvenzantrag vom 20.05., Insolvenzeröffnung am 15.07. • am 15.07.: Rückschlagsperre greift mit Insolvenzeröffnung • Zustellung des Pfändungs- und Überweiungs-beschlusses: 10 Tage vor dem Insolvenzantrag = innerhalb eines Monats vor dem Insolvenzantrag • rückwirkende Unwirksamkeit = Bank darf den Pfändungs- und Überweisungsbeschluss nicht befriedigen	
10.	Rückschlagsperre – Vorgehen	• Drittschuldner und Gläubiger über die eingetretene Unwirksamkeit informieren • Vermögenswert kann verwertet werden, Erlös verbleibt in der Insolvenzmasse • bei Zwangssicherungshypotheken: s. gesonderte Checkliste	Muster 392: »Rückschlagsperre – Konto – Info an Bank« Muster 391: »Rückschlagsperre – Info an Gläubiger« Checkliste Immobilienvermögen Muster 201 – 204 (Immobilienvermögen): »Sicherungshypothek – Rückschlagsperre«
11.	Rückschlagsperre – Aufleben	• beachte: bei späterer Freigabe des Vermögenswertes im eröffneten Verfahren lebt das Pfandrecht wieder auf (z.B. bei Zwangssicherungshypotheken und Freigabe des Grundstückes) • daher: erhaltener Rang sollte erhalten bleiben = keine Rücknahme der Vollstreckungsmaßnahme fordern (= ist auch nicht erforderlich)	
12.	Anfechtung	• Vollstreckungsmaßnahmen, die vor Insolvenzeröffnung zu einer Befriedigung geführt haben, können der Anfechtung gem. § 131 InsO unterliegen • Zeitraum: nach § 131 InsO maximal drei Monate vor Insolvenzantragstellung oder danach	Checkliste Anfechtungsansprüche

Nr.	Thema	Checkliste Vollstreckungsmaßnahmen: Erläuterung	Hilfsmittel
		• daran hat auch durch die Reform der Anfechtungsregelungen in 2017 (BGBl. 2017 Teil I vom 04.04.2017 – Nr. 16, S. 654) nichts geändert, § 131 InsO wurde nicht verändert	
13.	Kontopfändung	• Pfändungen sind im Insolvenzverfahren nicht mehr durchsetzbar: – im eröffneten Verfahren gem. §§ 89, 91 InsO – in RSB-Phase gem. § 294 InsO – nach Erteilung der RSB gem. § 301 InsO • Aufhebung ist nicht erforderlich, wenn kein Kontoguthaben vorhanden ist • bei Versagung RSB kann Pfändung wieder aufleben • bei beabsichtigtem Einzug von Kontoguthaben (z.B. beim P-Konto): Aufhebung der öffentlich-rechtlichen Verstrickung erforderlich (s. gesonderte Checkliste)	Checkliste P-Konto: Pfändungsmaßnahmen vor IE Muster 388: »Kontopfändung auf P-Konto – allgemein – Verstrickung – Ruhendstellung« Muster 389: »Kontopfändung auf P-Konto – FinA – Verstrickung – Ruhendstellung« Muster 390: »Kontopfändung auf P-P-Konto – Soz.vers. träger – Verstrickung – Ruhendstellung« Öffentlich-rechtliche Verstrickung: BGH v. 21.9.2017 – IX ZR 40/17 in InsbürO 2017, 506, ZInsO 2017, 2267 Wellmann, Schicksal »alter« Kontopfändungen, InsbürO 2015, 101 ff. Waldschmidt, Kontenpfändung und die Folgen in der Insolvenz, InsbürO 2019, 67 ff.
14.	Masseunzulänglichkeit	• nach der Anzeige der MUZ: Vollstreckungsverbot gem. § 210 InsO für alle bis dahin begründeten Masseverbindlichkeiten (§ 209 Abs. 1 Nr. 3 InsO) • Stichtag: Eingangsstempel des Insolvenzgerichtes auf der Anzeige der MUZ • insoweit: Erhebung einer Leistungsklage durch Massegläubiger untersagt = keine Erlangung eines Vollstreckungstitels • aber: Erhebung einer Feststellungsklage möglich • mit Zustellung der Anzeige der MUZ: Massegläubiger auf Vollstreckungsverbot hinweisen	Muster 273 (Masseunzulänglichkeit): »Zustellung MUZ-Schreiben an Massegläubiger« Checkliste Masseunzulänglichkeit
15.	Masseverbindlichkeiten	• bei bestimmten Masseverbindlichkeiten gilt ein Vollstreckungsverbot gem. § 90 Abs. 1 InsO • betroffen: keine Rechtshandlung des Insolvenzverwalters erfolgt = aufgezwungene Masseverbindlichkeiten (§ 55 Abs. 1 Nr. 2, 3 InsO) • Vollstreckungsverbot zeitlich beschränkt für Dauer von sechs Monaten nach Insolvenzeröffnung • Ziel: Schutz der Insolvenzmasse, Gelegenheit, ggf. Regelungen zu treffen oder Sanierung durchzuführen • beachte Ausnahmen in § 90 Abs. 2 InsO: – bei Erfüllungswahl durch den Insolvenzverwalter – bei Versäumung des ersten möglichen Kündigungstermins – bei Inanspruchnahme einer Leistung • in diesen drei obigen Fällen greift das Vollstreckungsverbot nicht	Hamburger Kommentar zur InsO, 7. Aufl., Kuleisa, § 90 Rn. 5 Checkliste Masseverbindlichkeiten

Nr.	Thema	Checkliste Vollstreckungsmaßnahmen: Erläuterung	Hilfsmittel
16.	Neugläubiger	• Neugläubiger = Gläubiger, die einen Zahlungsanspruch nach Insolvenzeröffnung gg. den Schuldner erworben haben • Vollstreckungsverbot während des eröffneten Insolvenzverfahrens gem. § 89 Abs. 2 InsO, • Ausnahmen: – im eröffneten Verfahren: – in das freigegebene Vermögen – bei Deliktforderungen: in den erweitert pfändbaren Teil der Bezüge gem. § 850f ZPO – im asymmetrischen Verfahren nach Erteilung der RSB: kein Vollstreckungsverbot, Ausnahme: § 300a Abs. 1 Satz 2 InsO – in der RSB-Phase: – in das Vermögen, das nicht von der Abtretung umfasst ist	Haushalter, Das asymmetrische Verfahren: Vollstreckung nach Erteilung der Restschuldbefreiung, InsbürO 2016, 108 ff.
17.	Deliktforderungen – Vollstreckungsmöglichkeit	• Kein Vollstreckungsverbot gem. § 89 Abs. 2 Satz 2 InsO für Forderungen aus vorsätzlich unerlaubten Handlungen (= Deliktforderungen) • allerdings: dies gilt nur für Neugläubiger von Deliktforderungen • Deliktforderungen, die schon bei Insolvenzeröffnung bestanden, werden zwar gem. § 302 InsO privilegiert (= keine RSB), aber die Vollstreckungsverbote der §§ 89 Abs. 1, 294 Abs. 1 InsO gelten auch für sie	Vollstreckung in Vorrechtsbereich: BGH v. 28.6.2012 – IX ZB 313/11 (Leitsatz) in InsbürO 2012, 442, ZInsO 2012, 1437, WKRS 2012, 18533 Hamburger Kommentar zum Insolvenzgericht, 7. Aufl., Kuleisa, § 89 Rn. 16
18.	Unterhaltsansprüche – Vollstreckungsmöglichkeit	• Vollstreckungsverbot des § 89 Abs. 1 InsO greift nicht bei Unterhaltsansprüchen (§ 89 Abs. 2 Satz 2 InsO) • Vollstreckungsmaßnahmen in pfändbaren Teil des Einkommens des Schuldners, der für andere unpfändbar ist, möglich • dafür Regelung in § 850d ZPO: Pfändungsgrenze des § 850c ZPO ist nicht anzuwenden • Insolvenzgericht (§ 89 Abs. 3 InsO) setzt den Eigenbedarf des Schuldners nach Würdigung der Umstände des Einzelfalls fest (§§ 850d Abs. 1, 850f ZPO) (häufig: »Sozialhilfesatz« zzgl. ggf. Zuschlag) • Resultat: Insolvenzmasse erhält die pfändbaren Beträge nach der Pfändungstabelle des § 850c ZPO • Differenz zwischen Pfändungsfreigrenze und festgesetztem Eigenbedarf erhält der Unterhaltsgläubiger • nach der Rechtsprechung: Vollstreckung von Unterhaltsansprüche nur für Ansprüche aus der Zeit nach Insolvenzeröffnung • Alt-Ansprüche aus der Zeit vor Insolvenzeröffnung = Vollstreckungsverbot des § 89 Abs. 1 InsO greift	Zur Vollstreckungsmöglichkeit von Unterhaltsgläubigern: BAG v. 17.09.2009 – 6 AZR 369/08 iIn WKRS 2009, 25726 Heyn, Familienrechtliche Unterhaltsforderungen im Insolvenzverfahren, InsbürO 2009, 123 ff.
19.	Tabellenauszug	• Eintragung in die Insolvenztabelle wirkt bei festgestellten Forderungen wie ein rechtskräftiges Urteil (§ 178 Abs. 3 InsO) • nach Verfahrensaufhebung: vollstreckbare Ausfertigung eines Tabellenauszuges auf Antrag eines Gläubigers möglich (§ 201 Abs. 2 InsO)	
20.	Vollstreckung nach Verfahrensaufhebung	• Vollstreckung aus Tabellenauszug für nicht befriedigte Forderungen durch Insolvenzgläubiger nach Verfahrensaufhebung möglich (§ 201 Abs. 1 InsO) • erfolgreiche Durchsetzung jedoch problematisch: – bei juristischen Personen: Auflösung einer GmbH mit Insolvenzeröffnung gem. § 60 Abs. 1 Nr. 4 GmbHG – Verfahrensaufhebung wird gem. § 32 Abs. 1 Nr. 4 HGB im Handelsregister eingetragen – daher: i.d.R. keine juristische Person mehr, kein Vermögen mehr greifbar – bei natürlichen Personen: an das Hauptverfahren schließt sich i.d.R. RSB-Phase (§ 291 InsO) – während RSB-Phase: Vollstreckungsverbot gem. § 294 InsO	Mäusezahl, die unterschiedlichen Gläubigergruppen, Teil 3: Vollstreckungsgläubiger, InsbürO 2004, 334 ff.

Nr.	Thema	Checkliste Vollstreckungsmaßnahmen: Erläuterung	Hilfsmittel
21.	Vollstreckungsschutz für Schuldner nach AO	• nach § 319 AO (= Abgabenordnung) gilt folgendes: *»Beschränkungen und Verbote, die nach §§ 850 bis 852 ZPO und anderen gesetzlichen Bestimmungen für die Pfändung von Forderungen und Ansprüchen bestehen, gelten sinngemäß«* • damit werden Pfändungsgrenzen auch bei Vollstreckung durch die Finanzverwaltung anerkannt	
22.	Vollstreckungsschutz für Schuldner nach Freigabe	• freigegebene Gegenstände gehören zum sonstigen Vermögen des Schuldners • auch insoweit greift das Vollstreckungsverbot gem. § 89 Abs. 1 InsO	Vollstreckungsschutz für freigegebene Gegenstände: BGH v. 25.09.2014 – IX ZB 117/12 Rn. 12 in InsbürO 2014, 543, ZInsO 2014, 2164
23.	Vollstreckungsmaßnahmen gegen Drittschuldner	• leitet das Insolvenzbüro eigene Vollstreckungsmaß-nahmen gegen Drittschuldner zwecks Realisierung von Forderungen ein: s. gesonderte Checkliste • diese Liste thematisiert nur die Vollstreckungsmaßnahmen bzgl. des Schuldners selbst	Checkliste Forderungseinzug

Checkliste 81: Vorläufige Verwaltung

169 Nach § 21 InsO kann das Insolvenzgericht im Eröffnungsverfahren, also nach Insolvenzantragstellung, aber vor der Insolvenzeröffnung, **Sicherungsmaßnahmen** anordnen, die insgesamt in den §§ 21 – 25 InsO geregelt sind. Hierzu gehört u. a. die Anordnung der vorläufigen Insolvenzverwaltung, die gem. § 22 Abs. 1 InsO die Sicherung und Erhaltung des schuldnerischen Vermögens zum Ziel hat und damit vermeiden soll, dass Vermögenswerte »verschwinden« (z.B. indem der Schuldner sie »schwarz« verkauft, Forderungen privat einzieht o.Ä.). Auch eine Betriebsfortführung kann im Rahmen einer vorläufigen Verwaltung stattfinden.

170 Während einer vorläufigen Verwaltung ist der gem. § 5 InsO bestellte Sachverständige, der i.d.R. auch gleichzeitig der vorläufige Verwalter ist, beauftragt, zu prüfen, ob ein Eröffnungsgrund vorliegt und ob eine kostendeckende Masse vorhanden ist. Erst nach Vorliegen dieser Informationen wird das Insolvenzgericht über eine Insolvenzeröffnung entscheiden. Bei der vorläufigen Verwaltung handelt es sich demnach um eine Art »Schwebeverfahren«. Eine spätere Eröffnung ist nicht unbedingt zwingend, liegt aber häufig nahe, weil i.d.R. eine solche Sicherungsmaßnahme nur dann angeordnet wird, wenn auch Vermögenswerte zu sichern sind, deren Erlös im Regelfall auch die Verfahrenskosten deckt (§ 26 Abs. 1 InsO).

171 Es gibt zwei unterschiedliche Verfahrensarten der vorläufigen Verwaltung. Ist eine solche Anordnung erfolgt, sind eine Vielzahl von Tätigkeiten zu verrichten, um schnellstmöglich einen Überblick über die Vermögenswerte zu erlangen und diese auch zu sichern. Auf alle diese Themen wird nachstehend eingegangen.

(Die Übersicht ist nach gängigen Informationen und Arbeitsschritten sortiert.)

172

Nr.	Thema	Checkliste vorläufiges Verfahren: Erläuterung	Hilfsmittel
1.	Anordnung – allgemein	• zwei Möglichkeiten der Anordnung der vorläufigen Verwaltung: – Insolvenzgericht ordnet diese aufgrund der Informationen aus den Antragsunterlagen gleich selber an – Sachverständige regt die Anordnung nach Feststellung von Vermögenswerten an	
2.	Anordnung – Anregung	• Anregung auf Anordnung der vorläufigen Verwaltung sollte auf jeden Fall schriftlich erfolgen • Antrag per Telefax übermitteln! • vorheriger Anruf beim Richter ist sinnvoll: der Grund kann erläutert werden und die unverzügliche Beschlussfassung ist gewährleistet • wegen Variante der vorläufigen Verwaltung: s. nachstehend	Muster 397: »Antrag auf Anordnung der vorl. Verwaltung – schwach« Muster 398: »Antrag auf Anordnung der vorl. Verwaltung – stark«
3.	Anordnung – Gründe	• mögliche Gründe für die Anordnung: – das schuldnerische Unternehmen ist noch tätig – werthaltige Vermögensgegenstände sind (Pkw, Maschinen, ausstehende Forderungen etc.) vorhanden – sonstige Gründe für eine Sicherung sind erkennbar	

Nr.	Thema	Checkliste vorläufiges Verfahren: Erläuterung	Hilfsmittel
4.	Anordnung – Varianten	• es gibt zwei Varianten der vorläufigen Verwaltung: – **schwache vorläufige Verwaltung** § 21 Abs. 2, Nr. 2 2. Alt. InsO (Zustimmungsvorbehalt) – **starke vorläufige Verwaltung** § 21 Abs. 2, Nr. 2 1. Alt. InsO (allgemeine Verfügungsmacht) • s. hierzu in die nachstehenden Erläuterungen »schwache« und »starke«	Arbeitshilfe: Der vorläufige Insolvenzverwalter, InsbürO 2006, 431 f.
5.	Postsperre	• mit dem Antrag auf Anordnung einer vorläufigen Verwaltung kann auch eine Postsperre beantragt werden (§§ 21 Abs. 2 Satz 1 Nr. 4, 99 InsO) • Voraussetzung: konkrete Anhaltspunkte, dass ohne Postsperre wesentliche Belange der Gläubiger und der Insolvenzmasse gefährdet sind • i.d.R. spricht ein obstruierendes Verhalten des Schuldners für eine solche Maßnahme, aber allein die unterlassene Auskunft gem. § 97 InsO rechtfertigt keine Postsperre	AG Ludwigshafen v. 9.5.2016 – 3d IN 36/16 in ZInsO 2016, 2353, InsbürO 2017, 75 m. Anmerkung Heyn u. Verweis auf Kommentierung Originäre Pflicht zur Sicherung und Erhaltung des Schuldnervermögens: BGH v. 5.5.2011 – IX ZR 144/10 (Rn. 49) in ZInsO 2011, 1463
6.	Anordnung – Wirkung	• die vorläufige Verwaltung führt zu einer Verfügungsbeschränkung des Schuldners • der Schuldner darf dagegen nicht verstoßen (§ 24 InsO) • anderenfalls: Wirkung der §§ 81, 82 InsO = Rechtsgeschäft unwirksam, Regelung zur Befreiung eines Drittschuldners	
7.	Begrifflichkeiten	• man spricht stets: – von der **Anordnung** der vorläufigen Verwaltung: Anordnungsbeschluss – von der **Eröffnung** des Insolvenzverfahrens (= die spätere endgültige Eröffnung, § 27 InsO): Eröffnungsbeschluss	
8.	Sachverständigentätigkeit	• die Beauftragung als Sachverständiger bleibt trotz der Ernennung zum vorläufigen Verwalter erhalten • Tätigkeit wird auch gesondert vergütet: § 11 Abs. 4 InsVV • daher: dortige Frist zur Gutachtenvorlage weiter beachten	Checkliste Gutachten
9.	Anordnungsbeschluss	• Prüfung des Beschlusses: Wurde die schwache oder die starke vorläufige Verwaltung angeordnet? • Beschluss einscannen und zum Verfahren in der Insolvenzsoftware speichern • Anordnung in der Insolvenzsoftware vermerken • Kopie des Beschlusses innerhalb des Büros verteilen, • ggf. Versendung an alle Kollegen/innen wg. Compliance (= Ausschluss eines Verwandtschaftsverhältnisses) im Rahmen einer Zertifizierung	Insolvenzsoftware
10.	Schwache vorläufige Verwaltung	• Zustimmungsvorbehalt gem. § 21 Abs. 2 Nr. 2 2. Alt. InsO • Verfügungen des Schuldners bedürfen jeweils der Zustimmung des vorläufigen Verwalters • vorläufiger Verwalter darf nicht alleine entscheiden und verfügen, nur zustimmen • Insolvenzgericht legt die Rechte und Pflichten des vorläufigen Verwalters im Anordnungsbeschluss gem. § 22 Abs. 2 InsO fest • darin: Teil der Pflichten des starken vorläufigen Verwalters	
11.	Starke vorläufige Verwaltung	• dem Schuldner wird ein allgemeines Verfügungsverbot auferlegt • Übergang der Verwaltungs- und Verfügungsbefugnis • damit: der starke vorläufige Verwalter darf alleine entscheiden und verfügen • seine Pflichten ergeben sich aus § 22 Abs. 1 InsO: – Sicherung des Vermögens – Erhaltung des Geschäftsbetriebes	Till, Für die starke vorläufige Insolvenzverwaltung: ein Plädoyer, InsbürO 2017, 47 ff.

Nr.	Thema	Checkliste vorläufiges Verfahren: Erläuterung	Hilfsmittel
		• großer Nachteil: Es entstehen Masseverbindlichkeiten gem. § 55 Abs. 2 InsO (= großes Haftungsrisiko) • daher: Anordnung in der Praxis eher selten • allerdings: durch § 55 Abs. 4 InsO (Steuerforderungen) entstehen Masseverbindlichkeiten auch bei schwacher Verwaltung • Till spricht sich für die starke vorläufige Verwaltung aus, als Hauptgrund nennt er im Rahmen einer Betriebsfortführung die deutlich verbesserte mögliche Managementleistung des starken vorläufigen Verwalters – Möglichkeit des wirtschaftlichen Turnarounds durch ESUG gestärkt – Vertrauensvorschuss seitens der Arbeitnehmerschaft gegenüber dem vorläufigen Verwalter (= bisheriges Management wird für Fehler verantwortlich gemacht) – Autoritätsperson mit Verwaltungs- und Verfügungsbefugnis hat positive Wirkung für Belegschaft	
12.	Kontaktaufnahme mit dem Schuldner	• mit Eingang des Anordnungsbeschlusses hat eine sofortige Kontaktaufnahme mit dem Schuldner zu erfolgen: i.d.R. vor Ort • er muss auf seine Verfügungsbeschränkung gem. Anordnungsbeschluss hingewiesen werden	Checkliste Gutachten Muster 399: »Erstanschreiben an Schuldner – vorl. Verwaltung« Muster 400: »Erstbesuch – Tätigkeitsübersicht«
13.	Keine Verwertungsbefugnis	• vorläufiger Verwalter hat keine Verwertungsbefugnis • diese steht erst dem Insolvenzverwalter im eröffneten Verfahren zu • i.d.R. erst nach dem Berichtstermin (§ 159 InsO)	keine Verwertungsbefugnis: BGH v. 15.03.2012 – IX ZR 249/09 (Rn. 11) in InsbürO 2012, 322, ZInsO 2011, 165 keine Beauftragung Dritter ohne Insolvenzgericht: AG Hamburg v. 29.04.2013 – 67g IN 327/11 in InsbürO 2014, 410, ZInsO 2014, 1071
14.	Sicherung vor Ort	• vorläufiger Verwalter darf Geschäftsräume betreten und dort Nachforschungen anstellen (§ 22 Abs. 3 InsO) • daher: schnellstmögliche Sicherung vor Ort = Aufsuchen des Geschäftsbetriebes • unterschiedliche Prüfung und Sicherungen vornehmen: s. Muster mit Vorgaben	Muster 400: »Erstbesuch – Tätigkeitsübersicht«
15.	Sicherungsmaßnahmen – Überblick	• Eintragung in das Grundbuch oder Register (§ 23 Abs. 3 i.V.m. §§ 32, 33 InsO) • Inbesitznahme (§ 22 Abs. 3, analog § 148 Abs. 1 InsO) • Inventarisierung (analog Inventur gem. § 240 HGB) • Siegelung (analog § 150 InsO) • Versicherung (Prüfung oder Abschluss von Versicherungsverträgen und Zahlung der Prämien) • Vollstreckungsabwehr (§ 21 Abs. 2 Nr. 3 InsO)	Checkliste Immobilienvermögen Checkliste Inventar Checkliste Versicherungsverträge Checkliste Vollstreckungsmaßnahmen
16.	Inventarisierung	• Industriesachverständiger sollte mit der Inventarisierung des beweglichen Anlagevermögens beauftragt werden (Feststellung Liquidations- und Fortführungswert) • Achtung: vorläufiger Verwalter kann dem Auftrag nur zustimmen, Auftraggeber ist das schuldnerische Unternehmen • Inventarverzeichnis dient dem Überblick, welches bewegliche Vermögen vorhanden ist und mit welchen Erlösen zu rechnen ist • Problem: entstehende Kosten • ggf. Einzelermächtigung durch das Insolvenzgericht einholen • alternativ: Bargeschäft = sofortiger Ausgleich	Muster 73 – 74 (Betriebsfortführung): »Einzelermächtigung – Antrag« Checkliste Inventar: Inventarverzeichnis

Nr.	Thema	Checkliste vorläufiges Verfahren: Erläuterung	Hilfsmittel
17.	Vermögensgegenstände bei Dritten	• Befinden sich Vermögensgegenstände bei Dritten? • Bsp.: Werkzeuge, Fahrzeuge etc. • Klärung mit dem vorl. Verwalter, ob Einziehung erfolgen soll oder die Gegenstände noch vor Ort benötigt werden	
18.	Verfahrensstatus	• in Insolvenzsoftware wird jeweils der aktuelle Status des Verfahrens eingetragen • Kontrolle, ob »vorläufige Verwaltung« dort eingetragen ist • ggf. Status »Gutachten« abändern	Insolvenzsoftware
19.	Auftragsannahme	• es ist höflich, die Auftragsannahme zu bestätigen • hierbei ggf. eine Mitteilung über den Ausschluss einer möglichen vorherigen Beratung des Schuldners gem. § 56 InsO machen (= Negativmeldung)	Muster 165 (Gutachten): »Rücksendung Gerichtsakte« (darin Auftragsannahme Amt vorl. Verwalter)
20.	Eröffnungsfrist notieren	• bei Betriebsfortführung: Insolvenzgeldzeitraum von drei Monaten beachten • Insolvenzeröffnung muss an einem bestimmten Tag erfolgen, um diesen Zeitraum nicht zu überschreiten • Ablauf des Zeitraums ermitteln • Notfrist für Einreichung des Gutachtens notieren: mind. zwei Tage vor Eröffnungsstichtag	Checklisten Insolvenzgeld und Insolvenzgeldvorfinanzierung Insolvenzsoftware
21.	Treuhandkonto eröffnen	• Einrichtung eines Treuhandkontos, um Zahlungen vereinnahmen zu können • wichtig ggf. für den Forderungseinzug • insbes. wichtig bei Betriebsfortführung	Checkliste Treuhandkonto Muster 342 (Treuhandkonto): »Eröffnung Treuhandkonto – Übersendung Beschluss«
22.	Betriebsfortführung	• sofern der Geschäftsbetrieb bei Insolvenzantragstellung noch läuft: Pflicht des vorläufigen Verwalters zur Aufrechterhaltung gem. § 22 Abs. 1 Nr. 2 InsO • ganz viele unterschiedliche Tätigkeiten sind zu vollziehen: Checkliste Betriebsfortführung • bei erforderlicher Einstellung des Geschäftsbetriebes: s. nachstehend »Einstellung«	Checkliste Betriebsfortführung
23.	Insolvenzgeld	• bei Betriebsfortführung: Insolvenzgeldvorfinanzierung einleiten: s. dort • in jedem Fall: erforderliche Personaldaten zusammenstellen lassen für spätere Insolvenzgeldbescheinigungen	Checkliste Insolvenzgeldvorfinanzierung Checkliste Insolvenzgeld Muster 29 (Arbeitsverhältnisse): »Arbeitnehmerliste für Insolvenzgeld« Muster 217 (Insolvenzgeldvorfinanzierung): »Rundschreiben AN – Vorabinfo Insolvenzgeld«
24.	Masseverbindlichkeiten	• Begründung von Masseverbindlichkeiten nur mit Einzelermächtigung • ansonsten: Bargeschäfte tätigen • **vor** Insolvenzeröffnung für **Ausgleich** der neu begründeten Verbindlichkeiten sorgen • bei Ausgleich von Rechnungen aus der Zeit der vorl. Verw. im eröffneten Verfahren – ohne Einzelermächtigung – drohen Haftungsansprüche gem. § 60 InsO	
25.	Stilllegung des Geschäftsbetriebes	• zur Vermeidung einer erheblichen Verminderung des Vermögens kann eine Betriebsstilllegung ratsam sein • dafür: Zustimmung des Insolvenzgerichtes erforderlich (§ 22 Abs. 1 Nr. 2 InsO)	

Nr.	Thema	Checkliste vorläufiges Verfahren: Erläuterung	Hilfsmittel
26.	Aus- und Absonderungsrechte	• Übersicht über sämtliche Aus- und Absonderungsrecht erstellen lassen • bei Betriebsfortführung: Antrag gem. § 21 Abs. 2 Nr. 5 InsO möglich: kein Einzugs- oder Verwertungsrecht durch Gläubiger, weitere Nutzung möglich • bei geschlossenem Betrieb: Sicherungspflicht umfasst auch Gegenstände, die mit Aus- und Absonderungsrechten belegt sind • Aussonderung: Erklärung gem. § 103 InsO (= Wahlrecht zur Vertragserfüllung) erst nach dem Berichtstermin (§ 107 InsO), auch Herausgabe an Gläubiger erst später • Ausnahme: verderbliche Ware (§ 107 Abs. 2 Satz 3 InsO)	Muster 55 (Aussonderungsrechte): »Übersicht Aus- und Absonderungsrechte – Tabelle« Checkliste Aussonderungsrechte und Absonderungsrechte nur Sicherung, keine Herausgabe: BGH v. 03.12.2009 – IX ZR 7/09 (Rn. 44) in ZInsO 2010, 607, WKRS 2009, 29127
27.	Bekanntmachung	• Anordnung der vorläufigen Verwaltung wird öffentlich bekanntgemacht (§ 23 InsO) • gesonderte Zustellung an Schuldner, vorl. Verwalter und Drittschuldner • i.d.R. Übertragung der Zustellungen auf den vorläufigen Verwalter, dann Zustellungsnachweis erbringen: s. nachfolgend »Forderungseinzug – Zustellungsnachweis«	Muster 156 (Gläubiger): »Zustellungsnachweis« Muster 157 (Gläubiger): »Zustellungsnachweis – Übersendung an AG«
28.	Forderungseinzug	• Drittschuldner sind über die Anordnung der vorläufigen Verwaltung zu informieren (§ 23 Abs. 1 Satz 2 InsO) • gleichzeitig: Zahlung mit schuldbefreiender Wirkung nur noch unter Beachtung des Beschlusses (§ 23 Abs. 1 Satz 3 InsO) • Drittschuldner = nicht nur Debitoren (Forderungen aus Lieferungen und Leistung), sondern alle, die Zahlungen an den Schuldner leisten müssen • allerdings: nach BGH-Rechtsprechung nur bei drohender Verjährung oder Uneinbringlichkeit der Forderung Verwertungsbefugnis des vorl. Verwalters = ansonsten Einzug ist Tätigkeit im eröffneten Verfahren • daher: Abstimmung mit Insolvenzverwalter über Zeitpunkt und Adressaten des ersten Mahnschreibens	Muster 140 – 141 (Forderungseinzug): »Mahnschreiben Nr. 1 + 2« Checkliste Forderungseinzug: »vorläufige Verwaltung« Checkliste Globalzession Zur Einziehungsbefugnis: BGH v. 15.3.2012 – IX ZR 249/09 in InsbürO 2012, 322, ZInsO 2012, 693 Hamburger Kommentar, 7. Aufl., Schröder, § 23 Rn. 5 InsO
29.	Forderungseinzug – Sicherungsrechte	• Achtung bei Sicherungsrechten am Forderungsbestand (z.B. Globalzession): Einziehungsbefugnis im Anordnungsbeschluss umfasst solche Forderungen nicht automatisch • Prüfung, ob Einziehungsbefugnis widerrufen wurde • Zu den Folgen eines etwaigen Widerrufs (z. B. ggf. Ersatzabsonderungsrecht): s. Checkliste Globalzession: Stichwort »Einziehungsbefugnis«	Zur Einziehungsbefugnis: BGH v. 20.02.2003 – IX ZR 81/02 in ZInsO 2003, 318, WKRS 2003, 15778 Bei Entzug Einziehungsbefugnis durch Sicherungsnehmer: BGH v. 22.07.2007 – IX ZR 2/06 in WKRS 2007, 12617
30.	Forderungseinzug – Zustellungsnachweis	• Nachweis über durchgeführte Zustellungen des Anordnungsbeschlusses an Drittschuldner gem. § 23 Abs. 1 Satz 2 InsO i.V.m. § 8 Abs. 3 InsO erbringen • Achtung: ggf. mit weiteren geforderten Infos zusammen • einzelne Schreiben vermeiden, da dies Mehrarbeit beim Insolvenzgericht verursacht	Muster 156 (Gläubiger): »Zustellungsnachweis« Muster 157 (Gläubiger): »Zustellungsnachweis – Übersendung an AG«
31.	Geschäftskonten – Guthaben	• alle Banken, bei denen Konten existieren, anschreiben und über die Anordnung der vorl. Verwaltung unterrichten • bei Betriebsfortführung: i.d.R. werden die Konten noch nicht geschlossen • § 116 InsO = Erlöschen des Kontovertrages greift noch nicht • etwaige Konto-Guthaben auf das Treuhandkonto umleiten	Muster 56 (Bank): »Kontoguthaben – Einziehung – vorl. Verw.«

Nr.	Thema	Checkliste vorläufiges Verfahren: Erläuterung	Hilfsmittel
32.	Geschäftskonten – Schließung	• bei einer Betriebsstillegung können die Geschäftskonten geschlossen werden • dann Banken entsprechend anschreiben und etwaige Guthaben auf den Geschäftskonten auf das Treuhandkonto umleiten	Muster 58 (Bank: »Kontoschließung – vorl. Verw.«
33.	Überweisungen ohne Zustimmung	• Überweisungen nach Anordnung der vorl. Verwaltung ohne Zustimmung des Insolvenzverwalters prüfen: Uhrzeit am Tag der Anordnung beachten • ggf. Erstattungsanspruch gegen Zahlungsempfänger wg. ungerechtfertigter Bereicherung	Rückforderungsanspruch: BGH v. 21.11.2013 – IX ZR 52/13 in InsbürO 2014, 78, ZInsO 2014, 33
34.	Immobilienbestand – Gebäudeversicherung	• Befinden sich Grundstücke im Eigentum des Schuldners? • Prüfung, ob die Gebäudehaftpflichtversicherung gezahlt wurde • ggf. Kontakt mit der Grundpfandrechtsgläubigerin aufnehmen: diese übernimmt i.d.R. die Versicherungsbeiträge • Grund der Übernahme: dient dem Schutz des Sicherungsobjektes • Achtung: drohender Verlust des Versicherungsschutzes bei Zahlungsverzug, § 38 Abs. 2 VVG	Checkliste Versicherungen: »Beitragszahlungen – Rückstand«
35.	Zählerstände	• Zählerstände von Versorgungsunternehmen schriftlich festhalten: Gas-, Strom- und Wasserlieferungen • zeitliche Abgrenzung der Forderungen in – Altforderungen vor Anordnung der vorl. Verwaltung – Forderungen während der vorl. Verwaltung – Forderungen nach Insolvenzeröffnung • die Altforderungen sind einfache Insolvenzforderungen	
36.	Finanzamt anschreiben	• die Finanzverwaltung über die Anordnung der vorläufigen Verwaltung informieren • etwaiger Steuerguthaben sind auf das Treuhandkonto zu zahlen • Achtung: Steuernummer angeben!	Muster 129 (Finanzamt): »Erstanschreiben – vorl. Verw.«
37.	Finanzamt – Kontoauszug	• ein Kontoauszug der Finanzverwaltung weist alle geleisteten Zahlungen des Schuldners und die Verrechnung dieser aus • Inhalt kann zur Ermittlung von Anfechtungstatbeständen dienen • Finanzämter verweigern häufig die Herausgabe • beachte aber: Anspruch nach dem IFG: s. nachstehend • während der vorläufigen Verwaltung: Möglichkeit noch, dass Schuldner alleine den Kontoauszug anfordert: häufig noch kein Sperrvermerk in der Akte beim FinA	Muster 130 – 132 (Finanzamt): »Kontoauszug – Anforderung vom FinA« (versch. Varianten)
38.	Informationsfreiheitsgesetz – Anspruch gg. FinA	• nach dem IFG (= Gesetz zur Regelung des Zugangs zu amtlichen Informationen) besteht ein Auskunftsanspruch • unterschiedliche Gesetze bei Anspruch gegen Bund und Landesbehörden • nicht jedes Bundesland hat ein IFG (Bayern, Niedersachsen und Sachsen per Stand 5/2019 nicht) • Achtung: Kostenregelung unterschiedlich • Anwendung im vorläufigen Verfahren fraglich	Checkliste Anfechtungsansprüche: »Informationsfreiheitsgesetz« Bsp. IFG NRW: Muster 132 (Finanzamt): »Kontoauszug FinA – Anforderung durch Verwalter« Auskunftsanspruch: BFH v. 19.03.2013 – II R 17/11 in BStBl. II 2013, 639, InsbürO 2013, 330 m.w.N., ZInsO 2013, 1159
39.	Informationsfreiheitsgesetz – Anspruch gg. Sozialversicherungsträger	• s. Ausführungen vorstehend • Sozialversicherungsträger: mal Bundesbehörde, mal Landesbehörde: Voraussetzung gem. Art. 87 Abs. 2 GG • nähere Informationen: s. Checkliste Anfechtungsansprüche • Anwendung im vorläufigen Verfahren fraglich	Checkliste Anfechtungsansprüche: »Informationsfreiheitsgesetz« Auskunftsanspruch: BVerwG v. 09.11.2010 – 7 B 43.10 in InsbürO 2012, 282, ZInsO 2011, 49

Nr.	Thema	Checkliste vorläufiges Verfahren: Erläuterung	Hilfsmittel
40.	Vertragsverhältnisse – Überblick	• Überblick über sämtliche Vertragsverhältnisse verschaffen • Ordner »Vertragsverhältnisse« anlegen • bei Betriebsfortführung: s. auch dort • Vertragspartner wg. evtl. rückständiger Zahlungen als Gläubiger in Insolvenzsoftware aufnehmen	Checkliste Vertragsverhältnisse Muster 210 (Inhaltsverzeichnis): »Inhaltsverzeichnis jur. Person« Insolvenzsoftware
41.	Versicherungsverträge	• bei etwaigen Versicherungsverträgen mit Rückkaufswerten: – Information der Anordnung der vorläufigen Verwaltung an den Versicherer – Grund: Wegfall der Legitimationswirkung des § 808 BGB = Versicherer darf bei Vorlage des Versicherungsscheins nicht mehr an Dritten leisten	Heyn, Sicherung von Rückkaufswerten während der vorläufigen Verwaltung, InsbürO 2011, 122 ff. Checkliste Versicherungsverträge
42.	Kündigung – Arbeitsverhältnisse	• bei geschlossenen Betrieben: ggf. sind Kündigungen der Arbeitsverhältnisse erforderlich, um den Kündigungszeitraum nicht in das eröffnete Verfahren hineinlaufen zu lassen • bei Betriebsfortführung: ggf. sollen Kündigungen vorsorglich ausgesprochen werden • Abstimmung mit vorl. Verwalter • Kündigungen im vorläufigen Verfahren kann nur der Schuldner vornehmen: schwacher vorl. Verwalter kann nur zustimmen • ggf. auch nur Vorbereitung, um diese direkt nach Insolvenzeröffnung zu versenden	Checkliste Arbeitsverhältnisse: »Kündigung« Berscheid/Bertram, Kündigungsbefugnis im vorl. Verfahren, InsbürO 2004, 172 ff.
43.	Kündigungen – Mietverhältnisse	• s. vorstehend • bei ggf. vorliegenden oder selbst ausgesprochenen Kündigungen: Räumungszeitpunkt notieren • bei verspäteter Räumung: Anspruch des Vermieters auf Nutzungsentschädigung • ggf. ebenfalls Kündigungen aussprechen oder vorbereiten	Checkliste Vertragsverhältnisse: »Nutzungsentschädigung« Wiedervorlagen-Kalender
44.	Leasinggegenstände	• bei Nutzung von Leasinggegenständen: Dokumentation des übernommenen Zustandes veranlassen • lt. BGH-Rechtsprechung: Pflicht zur Zustandsfeststellung • s. gesonderte Checkliste Aussonderungsrechte »Fotos«	Checkliste Aussonderungsrechte Pflicht zur Dokumentation: BGH v. 8.9.2016 – IX ZR 52/15 (Rn. 16) in InsbürO 2016, 515, ZInsO 2016, 2201
45.	Rechtsstreite	• § 240 ZPO (Unterbrechung des Prozesses) greift nicht während der vorläufigen Verwaltung • ggf. Fristen und Termine notieren: Vermeidung von Versäumnisurteilen gegen die Insolvenzmasse • Kontaktaufnahme mit bisherigem Verfahrensbevollmächtigten: weitere Vertretung abstimmen	Wiedervorlagenkalender
46.	Tätigkeiten des vorl. Verwalters	• der vorl. Verwalter hat eine Vielzahl weiterer Tätigkeit über diese Checkliste hinaus zu erledigen • Bsp.: Beurteilung der wirtschaftlichen Situation, Investorensuche, Organisation der Ausproduktion etc.	Titz/Tötter, »Tätigkeiten in der vorläufigen Insolvenzverwaltung«, ZInsO 2006, 976
47.	Tätigkeitsvermerke	• eine Vielzahl von einzelnen Tätigkeiten können Zuschlagstatbestände für die spätere Verwaltervergütung begründen • einzelne Tätigkeiten kurz schriftlich festhalten, um vergütungserhöhende Tatbestände aktenkundig zu machen • hierbei insbes: Tätigkeiten im Hinblick auf Gegenstände, die mit Aus- und Absonderungsrechten belegt sind, festhalten • diese Vermögenswerte werden in der Berechnungsgrundlage nur bei erheblicher Tätigkeit berücksichtigt (§ 11 Abs. 1 Satz 2 InsVV)	

Nr.	Thema	Checkliste vorläufiges Verfahren: Erläuterung	Hilfsmittel
48.	Sicherungsmaßnahmen – Aufhebung	• bei Rücknahme oder Erledigung des Insolvenzantrages: Aufhebung der Sicherungsmaßnahmen gem. § 25 InsO • Frage zu diesem Zeitpunkt: Darf der vorl. Verwalter den Vergütungsanspruch mit Guthaben auf dem Treuhandkonto verrechnen? • Darf er ggf. begründete, aber noch ausstehende Verbindlichkeiten von dem Guthaben begleichen? • s. nachfolgend: Verrechnung	
49.	Verrechnung Kontoguthaben	• Aufhebung der Sicherungsmaßnahmen gem. § 25 InsO: – bei starker vorl. Verwaltung: Verrechnung Vergütungsanspruch mit Guthaben auf dem Treuhandkonto zulässig (§ 25 Abs. 2 InsO) – gleiches gilt für begründete »Masseverbindlichkeiten« – aber: Abstimmung mit Richter/Richterin, dass Sicherungsmaßnahmen erst nach Verrechnung aufgehoben werden – in der Literatur: analoge Anwendung auf schwache vorl. Verwaltung • Voraussetzung für Verrechnung: Schlussrechnungslegung und Vergütungsfestsetzung: s. nachfolgend	Hamburger Kommentar zum Insolvenzrecht, 7. Aufl., Schröder, § 25 Rn. 11 analoge Anwendung § 25 InsO: BGH v. 22.07.2007 – IX ZR 2/06 in WKRS 2007, 12617
50.	Rechnungslegungspflicht – allgemein	• eine Rechnungslegungspflicht gem. § 66 InsO besteht über § 21 Abs. 2 Nr. 1 InsO auch für den vorläufigen Verwalter • Beendigung des Amtes des vorläufigen Verwalters: – Insolvenzeröffnung (§ 27 InsO) – Abweisung mangels Masse (§ 26 InsO) – Aufhebung der Sicherungsmaßnahmen (§ 25 InsO) • bei Insolvenzeröffnung: die Rechnungslegung ist auch Grundlage für die Festsetzung der Vergütung • bei den anderen beiden Beendigungsarten: Gläubiger und Schuldner können Rechnungslegung gem. § 259 BGB beanspruchen	Rechnungslegungspflicht: BGH v. 14.04.2005 -IX ZB 76/04 (Rn. 6) in InsbürO 2005, 239, ZInsO 2005, 483 Schmerbach, Grundsätze der Rechnungslegung für die beim AG Göttingen tätigen vorläufigen Verwalter, ZInsO 2008, 637
51.	Rechnungslegungspflicht – Umsetzung	• i.d.R. wird im Gutachten schon umfassend über die Tätigkeit des vorläufigen Verwalters berichtet • es kann auf diese Ausführungen verwiesen werden • zusätzlich Ausdrucke aus Insolvenzsoftware beifügen: – chronologische Einnahmen- und Ausgabenübersicht – Einnahmen- und Ausgabenübersicht – sortiert nach Sachbereichen – Sachkontenblätter • Original-Kontoauszüge mit Belegen überreichen	Muster 315 (Schlussberichte): »Rechnungslegung vorl. Verw.«
52.	Vergütungsanspruch	• die Vergütung des vorläufigen Verwalters gehört im eröffneten Verfahren zu den Massekosten gem. § 54 Nr. 2 InsO • bei Nicht-Eröffnung: keine Haftung des antragstellenden Gläubigers oder der Staatskasse • ggf. Verrechnung mit Guthaben auf dem Treuhandkonto	Einordnung zu Massekosten: BGH v. 15.12.2011 – IX ZR 118/11 (Rn. 5) in InsbürO 2012, 317, ZInsO 2012, 241
53.	Gläubigerdaten	• wenn die Insolvenzeröffnung sehr wahrscheinlich ist: – Gläubigerdaten vorsorglich bereits vor Insolvenzeröffnung in Insolvenzsoftware einspielen – Daten in Excel-Liste vom Schuldner zusammenstellen lassen – Prüfung der Daten-Schnittstelle beim Insolvenzgericht: BES oder IT-InsO = unterschiedliche Eingaben der Anreden u.ä. erforderlich • durch Eintragung: unverzügliche Zustellung des Eröffnungsbeschlusses später möglich	Insolvenzsoftware
54.	GOI	• GOI = Grundsätze ordnungsgemäßer Insolvenzverwaltung (70 Grundsätze) • Grundsatz 1: grundlegende, verfahrensleitende Entscheidungen (= Höchstpersönlichkeit) • Grundsatz 4: Informationserteilung zumindest in der ersten Betriebsversammlung (= Höchstpersönlichkeit) • Grundsätze 22 – 24: Auftragsannahme: s. Checkliste Gutachten	VID = Verband Insolvenzverwalter Deutschlands e.V. www.vid.de

Nr.	Thema	Checkliste vorläufiges Verfahren: Erläuterung	Hilfsmittel
		• Grundsatz 25: Kontaktaufnahme zum Schuldner unverzüglich, bei Betriebsfortführung spätestens am folgenden Tag nach Auftragserteilung vor Ort • Grundsatz 30: Inbesitznahme des beweglichen Anlage- und Umlaufvermögens • Grundsatz 34: Sicherstellung von Geldeingängen auf Konten mit ausschließlicher Verfügungsmacht des vorläufigen Insolvenzverwalters • *(Die Autoren danken dem VID für die freundliche Zustimmung zur Veröffentlichung von Hinweisen auf die GOIs)*	
55.	Literaturtipp	• Dr. Graeber, Die Haftung des vorläufigen Insolvenzverwalters, Beitragsreihe mit 9 Teilen: – Teil 1: InsbürO 2010, 122 ff. (u.a. Haftungsgrundlagen, Verjährung) – Teil 2: Insbüro 2010, 327 ff. (Betriebsfortführung) – Teil 3: InsbürO 2010, 450 ff. (Haftungsvoraussetzungen für § 61 InsO) – Teil 4: InsbürO 2011, 140 ff. (Haftung nach § 61 InsO) – Teil 5: InsbürO 2011, 333 ff. (starker IV: einzelne Themen, wie bspw. Arbeitgeberstellung, Betriebsfortführung) – Teil 6: InsbürO 2011,363 ff. (starker IV: einzelne Themen, wie bspw. Mietzahlungen, Insolvenzgeldvorfinanzierung) – Teil 7: InsbürO 2012, 12 ff. (u.a. vertragliche Haftung) – Teil 8: InsbürO 2012, 300 ff. (schwacher IV mit Zustimmungsvorbehalt) – Teil 9: InsbürO 2013, 54 ff. (u.a. Inanspruchnahme v. Leistungen) • Heidelberger Leitlinien = Leitlinien von acht Insolvenzgerichten in Baden-Württemberg zur Zusammenarbeit von Insolvenzgericht und Insolvenzverwaltern, ZInsO 2009, 1848, abrufbar auch über www.amtsgericht-heidelberg.de • Kölner Leitlinien zur Zusammenarbeit mit dem Insolvenzgericht, ZInsO 2017, 637,	Siehe nebenstehend

Teil 2 Muster

Musterübersicht Abschlagsverteilung

(Die Übersicht ist alphabetisch sortiert)

		Rdn.
Muster 229 – 230:	Änderung der Tabelle – Anzeige (*s. Muster Insolvenztabelle: Muster 229 – 230*)	401-402
Muster 1:	Ausschüttungsnachweis ggü. Insolvenzgericht	173
Muster 370:	Auszahlungsmitteilung an Gläubiger (*s. Muster Verteilung: Muster 370*)	542
Muster 2:	Gläubigerausschuss – erste Einholung Zustimmung	174
Muster 3:	Gläubigerausschuss – weitere Einholung Zustimmung	175
Muster 4:	Gläubigerausschuss – Zustimmungserklärung	176
Muster 5:	Veröffentlichung Abschlagsverteilung – Übersendung an AG	177
Muster 6:	Veröffentlichungstext – Abschlagsverteilung	178
Muster 7:	Verteilungsverzeichnis für Abschlagsverteilung	179
Muster 8:	Verteilungsverzeichnis für Angleichung	180
Muster 9:	Verteilungsverzeichnis für weitere Ausschüttung	181

Muster 1: Ausschüttungsnachweis ggü. Insolvenzgericht

Adressat: Insolvenzgericht 173

Insolvenzverfahren über das Vermögen der Firma.../des Herrn .../der Frau ...
Geschäftszeichen:... IN.../...
Abschlagsverteilung

Sehr geehrte Frau Rechtspflegerin..., /sehr geehrter Herr Rechtspfleger...,

in obiger Angelegenheit nehme ich Bezug auf mein Schreiben vom... Die Abschlagsverteilung ist zwischenzeitlich vollzogen. In der **Anlage** überreiche ich folgende Unterlagen:

1. Ausschüttungsverzeichnis
2. Chronologische Einnahmen- und Ausgabenübersicht für den Zeitraum seit der letzten Berichterstattung am ... bis ....
3. Kontenblatt ... betr. die einzelnen Auszahlungen an die Insolvenzgläubiger
4. Original-Kontoauszüge Nr. .../... bis .../...

Ich bitte um Prüfung der Auszahlung und Rücksendung der Original-Kontoauszüge.

Mit freundlichen Grüßen

....
Insolvenzverwalter/in

Anlagen:
Siehe vorstehende Aufstellung

Muster 2: Gläubigerausschuss – erste Einholung Zustimmung

Adressaten (Mitglieder des Gläubigerausschusses): Herrn/Frau ... 174

Insolvenzverfahren über das Vermögen der Firma...
Amtsgericht...:... IN.../...
Vornahme einer Abschlagsverteilung

Sehr geehrter Herr.../sehr geehrte Frau...,

in obigem Insolvenzverfahren verfüge ich bereits heute über eine ausreichend große Masse, um eine Abschlagsverteilung an die Insolvenzgläubiger vornehmen zu können. Auf dem Treuhandkonto befindet sich derzeit ein Guthabenbetrag in Höhe von... EUR. Eine Fotokopie des letzten Kontoauszuges vom... liegt zur Information in der **Anlage** anbei. Von diesem Betrag ist ein Abzug für voraussichtliche Verfahrenskosten nach § 54 InsO und für bereits bestehende oder voraussehbare Masseverbindlichkeiten nach § 55 InsO in Höhe von ... EUR vorzunehmen, so dass sich eine Restsumme in Höhe von... EUR ergibt. Die Masseverbindlichkeiten begründen sich hauptsächlich aus den... *(z. B. Arbeitnehmerforderungen).*

Zahlungen an Aus- und Absonderungsgläubiger sind darüber hinaus nicht mehr zu berücksichtigen, da diese – soweit sie bestanden – bereits ausgeglichen wurden.

[Alternative:

Darüber hinaus müssen noch Zahlungen an Aus- und Absonderungsgläubiger in einer Höhe von ca. ... EUR vorgenommen werden, die bislang nicht geleistet wurden, weil ...]

Ich beabsichtige, von der vorgenannten Summe einen Betrag in Höhe von... EUR vorab zur Ausschüttung zu bringen.

Zur Errechnung der Quote habe ich die bisher bereits festgestellten Forderungen ermittelt und eine Rückstellung für Ausfallforderungen und darüber hinaus für solche Forderungen gebildet, bei denen ggf. eine Feststellungsklage in Betracht kommen kann. Insoweit beabsichtige ich im Interesse der bislang festgestellten Gläubiger, bei einer späteren Schlussverteilung eine enge Auslegung des Gesetzestextes in § 192 InsO anzuwenden und folge damit einer Ansicht in der Literatur und dem LG Krefeld (09.02.2011 – 7 T 23/11 in WKRS 011, 17245).

Die andere Ansicht in der Literatur bildet auch Rückstellungen für bislang bestrittene und nachträgliche, noch nicht geprüfte Forderungen. Diese Auffassung ist meiner Ansicht nach aber vom Gesetzeswortlaut des § 192 InsO nicht gedeckt, der auf die Regelungen in §§ 189, 190 InsO verweist und damit auf den Nachweis des Ausfalls und der Erhebung einer Feststellungsklage.

Entsprechend der engen Auslegung ist der Quotenberechnung eine Gesamtsumme von Forderungen in Höhe von... zugrunde zu legen. In der **Anlage** ist ein entsprechendes Verteilungsverzeichnis beigefügt. Danach ergibt sich eine Quote in Höhe von... %.

Ich bitte um Prüfung der Unterlagen und in Ihrer Eigenschaft als Gläubigerausschussmitglied um Erteilung Ihrer Zustimmung zur Abschlagsverteilung auf dieser Grundlage. Nach Vorliegen aller Zustimmungen würde ich das Verteilungsverzeichnis veröffentlichen und die Ausschüttung vornehmen. Ein Entwurf Ihrer Zustimmungserklärung wird zur weiteren Verwendung **anliegend** ebenfalls überreicht.

Für etwaige Rückfragen stehe ich selbstverständlich zur Verfügung und verbleibe

mit freundlichen Grüßen

....

Insolvenzverwalter/in

Anlagen:
Fotokopie des Kontoauszuges vom
Verteilungsverzeichnis
Zustimmungserklärung im Entwurf

Muster 3: Gläubigerausschuss – weitere Einholung Zustimmung

175 *Adressat (Mitglieder des Gläubigerausschusses): Herrn/Frau*

Insolvenzverfahren über das Vermögen der Firma...
Amtsgericht...:... IN.../...
Vornahme einer weiteren Abschlagsverteilung

Sehr geehrter Herr ...,/sehr geehrte Frau...,

in obiger Angelegenheit konnten Sie dem letzten Sachstandsbericht vom... bereits entnehmen, dass ich auf dem eingerichteten Treuhandkonto über einen Guthabenbetrag in Höhe von... EUR verfüge. Dies versetzt mich in die Lage, eine weitere Abschlagsverteilung an die Insolvenzgläubiger vornehmen zu können. *Aus- und Absonderungsgläubiger haben keine Ansprüche mehr, so dass diesbezüglich keine Zahlungen mehr zu berücksichtigen sind.*

Die möglichen Verfahrenskosten nach § 54 InsO und Masseverbindlichkeiten nach § 55 InsO habe ich dagegen erneut zunächst in Abzug gebracht, so dass sich ein restlicher Guthabenbetrag in Höhe von... EUR ergibt.

Bei einer neuen Ausschüttung ist die Vorschrift des § 192 InsO nunmehr zu beachten. In meinem Schreiben vom ... hatte ich bereits erläutert, dass ich eine enge Auslegung des § 192 InsO vornehmen möchte. Danach ist nur auf diejenigen Forderungen die erste schon gezahlte Quote nachträglich zu leisten, die die Voraussetzungen der §§ 189, 190 InsO erfüllen. Dies sind die Ermittlung des eingetretenen Ausfalls und die Erhebung von Feststellungsklagen.

Die bisher festgestellten Ausfallforderungen können noch nicht abschließend berechnet werden. Für sie wird daher erneut eine Rückstellung in Höhe von ... EUR gebildet.

Feststellungsklagen wurden bisher nicht erhoben, so dass eine Angleichung gem. § 192 InsO nicht erforderlich ist.

In der **Anlage** finden Sie ein Verteilungsverzeichnis. In diesem werden alle bis heute festgestellten Forderungen berücksichtigt, auch diejenigen, auf die ggf. bei der ersten Abschlagsverteilung noch keine Quote gezahlt wurde, weil sie zum damaligen Zeitpunkt noch nicht festgestellt waren. Die Vorschrift des § 192 InsO bezieht sich insoweit nur auf die

Angleichung an die bereits gezahlte Quote. Bei allen weiteren Ausschüttungen sind diese nachträglich festgestellten oder ggf. nachträglich angemeldeten Forderungen ebenfalls zu berücksichtigen.

[Alternative bei Berechnung Ausfall und Feststellungsklagen:

Die unter Tab.-Nrn. … und … geführten Ausfallforderungen sind inzwischen abschließend berechnet und festgestellt worden. Auch wurden zu den Tab.-Nrn. … Feststellungsklagen erhoben, die zu nachträglichen Feststellungen geführt haben. Es ist somit eine Angleichung gem. § 192 InsO vorzunehmen. Ein entsprechendes Verteilungsverzeichnis ist in der ***Anlage*** *beigefügt. Daraus ist ersichtlich, dass an diese Gläubiger zunächst ein Betrag in Höhe von… EUR ausgezahlt werden wird.]*

Von dem so verbleibenden Massebestand beabsichtige ich, einen weiteren Betrag von… EUR auszuschütten. Dabei sind nunmehr alle bis heute festgestellten Forderungen zu berücksichtigen, auch diejenigen, auf die ggf. bei der ersten Abschlagsverteilung noch keine Quote gezahlt wurde und für die die Angleichungsvorschrift des § 192 InsO bei der engen Auslegung nicht greift. Die Vorschrift des § 192 InsO bezieht sich insoweit nur auf die Angleichung an die bereits gezahlte Quote. Bei allen weiteren Ausschüttungen sind diese nachträglich festgestellten oder ggf. nachträglich angemeldeten Forderungen ebenfalls zu berücksichtigen.

Ein entsprechendes zweites Verteilungsverzeichnis habe ich erstellt und liegt ebenfalls ***anbei****. Darin werden auch etwaige erforderliche weitere Rückstellungen berücksichtigt.]*

Für beide Varianten:

Ich bitte erneut um Prüfung der Unterlagen und Erteilung Ihrer Zustimmung als Gläubigerausschussmitglied zur Ausschüttung. Den Entwurf einer Zustimmungserklärung finden Sie in der weiteren **Anlage**.

Mit freundlichen Grüßen

……………………………….
Insolvenzverwalter/in

Anlagen:
ggf. Angleichungsverzeichnis § 192 InsO
Weiteres Verteilungsverzeichnis
Zustimmungserklärung im Entwurf

Muster 4: Gläubigerausschuss – Zustimmungserklärung

Adressat: Insolvenzverwalter/in 176

Insolvenzverfahren über das Vermögen der Firma…
Amtsgericht…: … IN…/…

Sehr geehrte Frau…, /sehr geehrter Herr …,

in obiger Angelegenheit nehme ich Bezug auf die Ausführungen zur beabsichtigten Abschlagsverteilung in Ihrem Schreiben vom… und erteile hiermit meine Zustimmung zur Vornahme dieser Abschlagsverteilung.

Mit freundlichen Grüßen

……………………………….
(Unterschrift)
(Gläubigerausschussmitglied)

Muster 5: Veröffentlichung Abschlagsverteilung – Übersendung an AG

Adressat: Insolvenzgericht 177

Insolvenzverfahren über das Vermögen der Firma…
Geschäftszeichen:… IN…/….
Vornahme einer Abschlagsverteilung

Sehr geehrte Frau Rechtspflegerin…, / sehr geehrter Herr Rechtspfleger…,

in obigem Insolvenzverfahren beabsichtige ich, eine Abschlagsverteilung nach §§ 187 Abs. 2, 195 InsO vorzunehmen. Zur Verfügung steht ein Betrag in Höhe von… EUR. In der **Anlage** überreiche ich eine Abschrift meines Schreibens an die Gläubigerausschussmitglieder, dem Sie weitere Informationen zur Ermittlung des Auszahlungsbetrages entnehmen können. Sämtliche Gläubigerausschussmitglieder haben der Abschlagsverteilung zugestimmt. Fotokopien der Zustimmungserklärungen sind **anliegend** ebenfalls beigefügt.

Darüber hinaus wird das Verteilungsverzeichnis zur Niederlegung auf der Geschäftsstelle nebst dem Entwurf eines Veröffentlichungstextes in der weiteren **Anlage** übersandt. Dieser Text wird Ihnen heute auch gleichzeitig per E-Mail/per beA zur weiteren Verwendung übermittelt.

[Alternative ohne Gläubigerausschuss:

in obigem Insolvenzverfahren beabsichtige ich, eine Abschlagsverteilung nach §§ 187 Abs. 2, 195 InsO vorzunehmen. Zur Verfügung steht ein Betrag in Höhe von… EUR. Ein Gläubigerausschuss ist im vorliegenden Verfahren nicht eingesetzt worden. Daher kommt § 195 Abs. 1 Satz 2 InsO zur Anwendung und ich kann als Insolvenzverwalter/in den Bruchteil für die Abschlagsverteilung festsetzen. In der Anlage übersende ich insoweit das Verteilungsverzeichnis … (s. vorstehender Absatz).]

Für beide Varianten:

Nach Vornahme der Abschlagsverteilung würde ich dann erneut kurz berichten und die entsprechenden Kontoauszüge vorlegen.

Mit freundlichen Grüßen

....

Insolvenzverwalter/in

Anlagen:
Schreiben an die Gläubigerausschussmitglieder
Zustimmungserklärungen der Gläubigerausschussmitglieder
Verteilungsverzeichnis
Veröffentlichungstext

Muster 6: Veröffentlichungstext – Abschlagsverteilung

178 »In dem Insolvenzverfahren über das Vermögen der Firma… mit dem Sitz in… (Amtsgericht…:… IN…/…) beabsichtigt der/die Insolvenzverwalter/in die Vornahme einer Abschlagsverteilung nach § 195 InsO. Zur Verteilung steht ein Betrag in Höhe von… EUR zur Verfügung. Die Gesamtsumme der festgestellten Forderungen beträgt… EUR. Darüber hinaus sind allerdings Rückstellungen zu bilden für solche Forderungen, die ggf. die Voraussetzungen der §§ 189, 190 InsO für eine spätere Angleichung gem. § 192 InsO erfüllen. Für diese ist eine weitere Summe in Höhe von … EUR zugrunde zu legen. Auf Basis dieser Zahlen ergibt sich eine Quote in Höhe von… %. Die Gläubigerausschussmitglieder haben der Abschlagsverteilung zugestimmt. Das Verteilungsverzeichnis liegt zur Einsicht der Beteiligten auf der Geschäftsstelle des Insolvenzgerichts (Amtsgericht…,… komplette Anschrift), Zimmer…, aus.«

Muster 7: Verteilungsverzeichnis für Abschlagsverteilung

179 **Verteilungsverzeichnis gem. § 188 InsO**
(1. Abschlagsverteilung

in dem Insolvenzverfahren über das Vermögen der Firma …
Amtsgericht …: … IN … /…

Lfd. Nr.	Gläubiger	Anmelde-betrag	Fest-gestellt	Bestritten (Feststellungs-klage wahrscheinlich)	Festgestellt für den Ausfall	Zurück-behalten	Auszahlungs-betrag	Quote in %
1	Hans Muster	1.245,45	1.245,45	./.	./.	./.	178,10	14,3
2	Klaus Meier	4.265,33	./.	./.	4.265,33	609,94	./.	14,3
3	Olaf Schneider	35.366,99	./.	35.366,99	./.	5.057,48	./.	14,3
		40.877,77	1.245,45	35.366,99	4.265,33	5.667,42	178,10	

Muster 8: Verteilungsverzeichnis für Angleichung

Verteilungsverzeichnis gem. § 188 InsO 180
(1. Abschlagsverteilung – Angleichung)

in dem Insolvenzverfahren über das Vermögen der Firma ...
Amtsgericht ...: ... IN .../...

Lfd. Nr.	Gläubiger	Anmeldebetrag	Festgestellt	Bestritten (Feststellungsklage wahrscheinlich)	Festgestellt für den Ausfall	Zurückbehalten	Auszahlungsbetrag	Quote in %
2	Klaus Meier *(vorher Ausfallgläubiger)*	4.265,33	4.265,33	./.	./.	./.	609,94	14,3
3	Olaf Schneider	35.366,99	./.	35.366,99	./.	5.057,48	./.	14,3
24	Klaus Wulf *(nachträgliche Anmeldung = keine Berücksichtigung)*	1.352,66	1.352,66	./.	./.	./.	./.	0
		40.984,98	**5.617,99**	**35.366,99**	**./.**	**5.057,48**	**609,94**	

▶ Hinweis:

Es ist darauf zu achten, ob die **enge oder weite Auslegung der Literatur und Rechtsprechung für die Aufnahme** der bei der ersten Verteilung nicht berücksichtigten Gläubiger zugrunde gelegt wird: s. Erläuterungen in der Checkliste.

Muster 9: Verteilungsverzeichnis für weitere Ausschüttung

Verteilungsverzeichnis gem. § 188 InsO 181
(2. Abschlagsverteilung)

in dem Insolvenzverfahren über das Vermögen der Firma...
Amtsgericht ...: ... IN ... /...

Lfd. Nr.	Gläubiger	Anmeldebetrag	Festgestellt	Bestritten (Feststellungsklage wahrscheinlich)	Festgestellt für den Ausfall	Zurückbehalten	Auszahlungsbetrag	Quote in %
1	Hans Muster *(im 1. PT festgestellt)*	1.245,45	1.245,45	./.	./.	./.	122,05	9,8
2	Klaus Meier *(vorher Ausfallgläubiger)*	4.265,33	4.265,33	./.	./.	./.	418,00	9,8
3	Olaf Schneider	35.366,99	./.	35.366,99	./.	3.465,97	./.	9,8
24	Klaus Wulf *(nachträgliche Anmeldung, nur keine Angleichung, aber weitere Verteilung ja)*	1.352,66	1.352,66	./.	./.	./.	132,56	9,8
		42.230,43	**6.863,44**	**35.366,99**	**./.**	**3.465,97**	**672,61**	

Musterübersicht Absonderungsrechte

(Die Übersicht ist alphabetisch sortiert)

		Rdn.
Muster 10:	Abrechnung bei Selbstübernahme d. Gläubiger (§ 168 Abs. 3 InsO)	182
Muster 11:	Abrechnung bei Verwertung durch Gläubiger	183
Muster 12:	Abrechnung bei Verwertung durch Insolvenzverwalter	184
Muster 397 – 398:	Antrag an Insolvenzgericht § 21 Abs. 1 Nr. 5 InsO (*s. vorläufige Verwaltung*)	569 – 570
Muster 378:	Antrag auf Verwertung d. Gläubiger § 173 InsO (*s. Muster Verwertungsmaßnahmen*)	550
Muster 234 – 235:	Ausfallbezifferung durch Gläubiger – Muster (*s. Muster Insolvenztabelle*)	406 – 407
Muster 13:	Auskunft gem. § 167 InsO	185
Muster 364:	Auszahlungsverbot – Info an Vertragspartner (*s. Muster Versicherungen*)	535
Muster 14:	Einziehungs- und Verwertungsstopp – Info an Gläubiger	186
Muster 15:	Freigabe eines Absonderungsgegenstandes – Überlassung	187
Muster 210:	Inhaltsverzeichnis jur. Person (*s. Muster Inhaltsverzeichnis*)	382
Muster 262:	Kaufvertrag Fahrzeug (*s. Muster Inventar*)	434
Muster 264:	Rechnung – Verkauf Gegenstand (*s. Muster Inventar*)	436
Muster 16:	Rechnung FKP – Verwertung durch Gläubiger	188
Muster 17:	Rechnung USt – Lieferung 1 – Masse an Gläubiger	189
Muster 18:	Rechnung USt – Lieferung 2 – Gläubiger an Masse – Gutschrift	190
Muster 55:	Übersicht Aus- und Absonderungsrechte – Tabellenform (*s. Muster Aussonderung*)	228
Muster 19:	Veräußerungsabsicht – Anzeige § 168 InsO	191
Muster 265:	Verkaufsbestätigung (*s. Muster Inventar*)	437
Muster 20:	Vermieterpfandrecht – erste Hinweise an Vermieter	192
Muster 385:	Verwertungsübersicht ForStab (*s. Muster Verwertungstätigkeit*)	557

Muster 10: Abrechnung bei Selbstübernahme d. Gläubiger (§ 168 Abs. 3 InsO)

182 *Adressat: Absonderungsberechtigter*

Insolvenzverfahren über das Vermögen der Firma....
Amtsgericht....: ... IN .../....
Ihr Zeichen:

Sehr geehrte Damen und Herren,

in obiger Angelegenheit nehme ich Ihr Angebot vom ... auf Übernahme des Gegenstandes... i.S.d. § 168 Abs. 3 InsO an. In der **Anlage** erhalten Sie insoweit einen schriftlichen Kaufvertrag mit der Bitte um Unterzeichnung und Rücksendung. *Ggf.:* Bitte vereinbaren Sie mit meinem/r Mitarbeiter/in, Herrn/Frau ...... einen Abholtermin. Eine entsprechende Rechnung über den Verkauf des Gegenstandes liegt ebenfalls bereits **anbei.**

Bei der Übernahme eines Vermögenswertes durch den Gläubiger selbst gem. § 168 Abs. 3 InsO handelt es sich um eine andere Verwertungsmöglichkeit durch den Insolvenzverwalter, für die eine Abrechnung des Erlöses gemäß §§ 170, 171 InsO zu erfolgen hat (*BGH, Urt. v. 03.11.2005 – IX ZR 181/04, Rn. 12, in ZInsO 2005, 1270, BGHZ 165, 28 – 35, WKRS 2005, 25413).* Aufgrund des vereinbarten Kaufpreises ergibt sich insoweit folgende Abrechnung:

Nettokaufpreis	*15.000,00 €*
zzgl. 19 % Umsatzsteuer	*2.850,00 €*
Bruttokaufpreis	*17.850,00 €*
Berechnung der Pauschalen vom Bruttokaufpreis:	
4 % Feststellungskostenpauschale gemäß § 171 Abs. 1 InsO	*714,00 €*
5 % Verwertungskostenpauschale gemäß § 171 Abs. 2 InsO	*892,50 €*

Berechnung der Erlösverteilung:

Bruttokaufpreis	*17.850,00 €*
./. Umsatzsteuer gem. § 171 Abs. 2 Satz 3 InsO	*2.850,00 €*
./. Pauschalen gem. § 171 InsO wie vorstehend	*1.606,50 €*
Betrag der Schuldtilgung = Nettoentgelt	*13.393,50 €*
+ hierauf abzuführende Umsatzeuer (19 %)	*2.544,77 €*
(BFH-Urt. v. 28.07.2011 – V R 28/09 in ZInsO 2011, 1904 f., BMF-Schreiben vom 30.04.2014)	
Bruttoentgelt	*15.938,27 €*
./. abzuführende Umsatzsteuer (19 %) auf Verwertungserlös	*2.544,77 €*
(Rechtsgrundlage wie vorstehend aufgeführt)	
verbleibende Erlösbeteiligung	*13.393,50 €*

Im Falle der Übernahme gem. § 168 Abs. 3 InsO ist dieser Betrag der Erlösbeteiligung auf Ihr Sicherungsrecht gem. § 51 InsO und in der Folge auf Ihre angemeldete Forderung anzurechnen. Ich darf Sie bitten, mir Ihren Ausfall zu beziffern, damit eine abschließende Feststellung zur Insolvenztabelle erfolgen kann und Sie mit einer etwaigen Restforderung bei einer möglichen Quotenzahlung berücksichtigt werden. Insoweit füge ich **anliegend** ein entsprechendes Musterschreiben zur weiteren Verwendung anbei.

Die Kostenbeiträge und der Umsatzsteuerbetrag sind bitte auf das eingerichtete Treuhandkonto zu überweisen:

Bank …

IBAN:…

BIC: …

Verwendungszweck: Verf. …, Kostenbeiträge + USt.

Bezüglich der abzuführenden Umsatzsteuer auf den Verwertungserlös können Sie die beiliegende Rechnung, die den Anforderungen nach § 14 UStG entspricht, dafür verwenden, den Umsatzsteuerbetrag gegenüber der Finanzverwaltung als Vorsteuer geltend zu machen.

Für Rückfragen stehen ich und meine Mitarbeiter gerne zur Verfügung.

Mit freundlichen Grüßen

………………………………

Insolvenzverwalter/in

Anlagen:
Kaufvertrag
Rechnung
Ausfallbezifferung – Muster

▶ **Bearbeitungshinweise:**

- entsprechende Rechnung: s. Muster Nr. 17 und 18
- Kopie des Schreibens und der Rechnung als Beleg zu den Kontoauszügen
- Kopie des Schreibens zur Anmeldung des Gläubigers in den Tabellenordner heften, damit dort die ggf. für den Ausfall festgestellte Forderung als befriedigt oder ggf. tlw. befriedigt vermerkt wird.
- Wiedervorlage wegen Antwort dort notieren!
- »Erledigt«-Vermerk auf den Vorgang in den Inventarordner heften!

▶ **Prüfung der Umsatzsteuerpflicht:**

Eine Umsatzsteuerpflicht, also die Abführung der Umsatzsteuer auf den Kaufpreis und auf den Verwertungskostenbeitrag, besteht, wenn der Gegenstand zum Betriebsvermögen gehörte. Hierzu ist die Einsicht in folgende Unterlagen erforderlich:
- Kaufvertrag/Rechnung über den zu verkaufenden Gegenstand
- Umsatzsteuerjahreserklärung/Jahresabschluss
- Anlagenspiegel: Ist der Gegenstand dort aufgeführt?

Bitte einen Prüfungsvermerk fertigen und in Kopie an die Buchhaltung zur Kenntnis geben. Siehe hierzu in Muster »Steuerangelegenheiten« (Nr. 335 – Rn. 506): »Verkäufe – Steuerpflicht – Prüfungsvermerk«.

Muster 11: Abrechnung bei Verwertung durch Gläubiger

183 *Adressat: Absonderungsgläubiger*

Insolvenzverfahren über das Vermögen der Firma …
Amtsgericht..:… IN…/…
Ihr Zeichen:

Sehr geehrte Damen und Herren,

ich danke für die Übersendung der Mitteilungen über die erfolgte Verwertung der *Fahrzeuge vom Typ … und Typ …*. **Anliegend** erhalten Sie die entsprechende Abrechnung gem. § 170 Abs. 2 InsO über den Feststellungskostenbeitrag und die gesetzliche Mehrwertsteuer mit der Bitte um Zahlung des darin ausgewiesenen Betrages an die Insolvenzmasse.

Der Resterlös des Kaufpreises steht Ihnen bis zur Höhe der gesicherten Forderung zu. Ein Übererlös wäre an die Insolvenzmasse auszuzahlen. Ich bitte bei dieser Gelegenheit auch um Korrektur der vorgenommenen Forderungsanmeldung und füge in der weiteren **Anlage** ein Formular zur Ausfallbezifferung bei.

▶ Hinweis:

Der Übererlös steht der Insolvenzmasse **nur** bei Verwertung durch den Gläubiger gem. § 170 Abs. 2 InsO zu. Bei einer Selbstübernahme eines Gegenstandes durch den Gläubiger gem. § 168 Abs. 3 InsO muss ein späterer Übererlös bei Weiterveräußerung nicht abgeführt und auch nicht auf die Insolvenzforderung angerechnet werden (BGH, Urt. v. 03.11.2005 – IX ZR 181/04).

Mit freundlichen Grüßen

………………………………
Insolvenzverwalter/in

Anlagen:
Rechnung FKP
Ausfallbezifferung – Muster (s. Muster Insolvenztabelle – Nr. 235)

Muster 12: Abrechnung bei Verwertung durch Insolvenzverwalter

▶ Achtung Privatvermögen:

184 Ist geprüft worden, ob der verwertete Gegenstand dem Betriebs- oder Privatvermögen unterliegt? Bei Privatvermögen entfällt die Umsatzsteuerpflicht! Dann nachstehend entsprechend keine Umsatzsteuer aufführen.

Adressat: Absonderungsgläubiger

Insolvenzverfahren über das Vermögen der Firma… mit dem Sitz in…
Amtsgericht…:… IN … /…
Sicherungsübereignungsvertrag betr. »*Fahrzeug Golf TDI mit dem amtlichen Kennzeichen…*«
(U.Z.: »*Inventar…*«)
Ihr Zeichen:…

Sehr geehrter Herr…,/sehr geehrte Frau…,

in obiger Angelegenheit ist die Veräußerung des Fahrzeuges nunmehr erfolgt und der Kaufpreis von mir vereinnahmt worden. Mir steht als Insolvenzverwalter/in gem. § 171 InsO ein Anteil aus dem Kaufpreiserlös für die Insolvenzmasse zur Abdeckung der mit der Verwertung verbundenen Tätigkeiten und entstandenen Kosten zu. Darüber hinaus ist die Umsatzsteuer gem. § 171 Abs. 2 InsO von mir einzubehalten und an die Finanzverwaltung abzuführen.

[Alternative:

Ein möglicher Umsatzsteuerbetrag gem. § 171 Abs. 2 InsO fällt im vorliegenden Fall nicht an, weil der Gegenstand nicht zum Betriebsvermögen *des Schuldners/der Schuldnerin* gehörte und der Verkauf daher umsatzsteuerfrei erfolgte.]

In der **Anlage** überreiche ich zwei Rechnungen über die steuerrechtlichen Lieferungen im Rahmen des Dreifachumsatzes: Von der Masse an Sie als Sicherungsnehmer und von Ihnen als Gläubiger zurück an die Masse. Die Abrechnung nehme ich dazu wie folgt vor:

Siehe wegen der Rechnungen in die Muster Nr. 17 und 18 »Rechnung UST – Lieferung 1« und »Rechnung UST – Lieferung 2«

Brutto-Veräußerungserlös	*17.850,00 €*
./. Umsatzsteuer gem. § 171 Abs. 2 Satz 3 InsO	*2.850,00 €*
./. Pauschalen gem. § 171 InsO gemäß Rechnungen	*1.606,50 €*
Betrag der Schuldtilgung = Nettoentgelt	*13.393,50 €*
+ hierauf abzuführende Umsatzsteuer (19 %)	*2.544,76 €*
Bruttoentgelt	*15.938,26 €*
abzüglich abzuführender Umsatzsteuer (§ 171 Abs. 2 S. 3 InsO)	*2.544,76 €*
tatsächlicher Auszahlungsbetrag an Sie	13.393,50 €

Die Abrechnung basiert auf der Entscheidung des Bundesfinanzhofes vom 28.07.2011 (V R 28/09 in ZInsO 2011, 1904 f.) sowie dem BMF-Schreiben vom 30.04.2014.

▶ Erläuterung:

Die Insolvenzmasse hat **einen Umsatzsteuerbetrag** an die Finanzverwaltung **abzuführen**. Dazu wird gemeldet: Umsatzsteuer aus der Kaufpreisforderung gegen Käufer und Umsatzsteuer auf die Schuldtilgung (Lieferung 1 = Masse an Gläubiger) = Gesamtabführungsvertrag abzüglich gemeldeter Umsatzsteuer auf Schuldtilgung als Vorsteuer (Lieferung 2: Gläubiger an Masse) = Umsatzsteuer auf Schuldtilgung hebt sich auf, tatsächlich gezahlt wird also nur die Umsatzsteuer aus der Kaufpreisforderung.

Der Auszahlungsbetrag in Höhe von... EUR wird am heutigen Tage auf Ihr Konto überwiesen.

Ihr Absonderungsrecht aus dem *Sicherungsübereignungsvertrag* wurde damit befriedigt. Ich darf Sie bitten, Ihren Ausfall abschließend zu beziffern. In der weiteren **Anlage** finden Sie insoweit ein Musterschreiben zur weiteren Verwendung.

▶ Hinweis:

Diese Aufforderung zur Ausfallbezifferung nur aufnehmen, wenn keine anderen Sicherheiten mehr bestehen (z. B. Grundpfandrecht, Globalzession etc.). Ansonsten müsste die Verwertung dieser Sicherheiten für eine abschließende Ausfallberechnung abgewartet werden.

Für Rückfragen stehe ich selbstverständlich gerne zur Verfügung.

Mit freundlichen Grüßen

....
Insolvenzverwalter/in

Anlagen:
Rechnungen über Verwertungshandlung
Ausfallbezifferung – Muster

▶ Bearbeitungshinweise:

- entsprechende Rechnung: s. Muster Nr. 17 und 18
- Kopie des Schreibens und der Rechnung als Beleg zu den Kontoauszügen
- Kopie des Schreibens zur Anmeldung des Gläubigers in den Tabellenordner heften, damit dort die ggf. für den Ausfall festgestellte Forderung als befriedigt oder ggf. tlw. befriedigt vermerkt wird.
- Wiedervorlage wegen Antwort dort notieren!
- »Erledigt«-Vermerk auf den Vorgang in den Inventarordner heften!
- Dieses Schreiben kann auch bei Auszahlung von Rückkaufswerten oder sonstigen Abrechnungen gegenüber Absonderungsgläubigern genutzt werden.
- In besonderen Fällen ist noch der weitere Zinszahlungsanspruch des Gläubigers gem. § 169 InsO zu berücksichtigen

▶ Prüfung der Umsatzsteuerpflicht:

Eine Umsatzsteuerpflicht, also die Abführung der Umsatzsteuer auf den Kaufpreis, besteht, wenn der Gegenstand zum Betriebsvermögen gehörte. Hierzu ist die Einsicht in folgende Unterlagen erforderlich:
- Kaufvertrag/Rechnung über den zu verkaufenden Gegenstand
- Umsatzsteuerjahreserklärung/Jahresabschluss
- Anlagenspiegel: Ist der Gegenstand dort aufgeführt?

Bitte einen Prüfungsvermerk fertigen und in Kopie an die Buchhaltung zur Kenntnis geben. Siehe hierzu in Muster »Steuerangelegenheiten« (Nr. 335 – Rn. 506): »Verkäufe – Steuerpflicht – Prüfungsvermerk«.

Muster 13: Auskunft gem. § 167 InsO

185 *Adressat: Absonderungsgläubiger*

Insolvenzverfahren über das Vermögen der Firma… mit dem Sitz in…
Amtsgericht…:… IN… /…
Ihr Absonderungsrecht am »*Fahrzeug Golf TDI mit dem amtlichen Kennzeichen….*«
***U.Z.: »Inventar 5«*, Ihr Zeichen:…**

Sehr geehrte Damen und Herren,

hiermit zeige ich an, dass über das Vermögen der Firma… GmbH mit dem Sitz in… das Insolvenzverfahren eröffnet und der/die Unterzeichner/in zur/zum Insolvenzverwalter/in bestellt wurde. Eine Fotokopie des gerichtlichen Eröffnungsbeschlusses liegt in der **Anlage** zu Ihrer Information anbei.

Den mir vorliegenden Unterlagen konnte ich entnehmen, dass das oben näher bezeichnete *Fahrzeug* an Sie rechtswirksam sicherungsübereignet wurde. Das Fahrzeug wurde von mir sichergestellt und befindet sich daher in meinem Besitz. Ich beabsichtige, mein Verwertungsrecht gemäß § 166 InsO auszuüben. Das Fahrzeug befindet sich in einem *guten Zustand* und wurde von einem Sachverständigen mit einem Wert von … EUR bewertet. Einen etwaigen Verwertungserlös werde ich selbstverständlich abzüglich der gesetzlichen Umsatzsteuer und der Kostenpauschalen gemäß §§ 170, 171 InsO an Sie auszahlen.

Sobald Verkaufsverhandlungen mit einem Dritten vor dem Abschluss stehen, werde ich Sie entsprechend § 168 InsO informieren. Für heute verbleibe ich zunächst

mit freundlichen Grüßen

……………………………..
Insolvenzverwalter/in

Anlage:
Eröffnungsbeschluss

Muster 14: Einziehungs- und Verwertungsstopp – Info an Gläubiger

186 *Adressat: Aus- oder Absonderungsgläubiger*

Insolvenzverfahren über das Vermögen der Firma… mit dem Sitz in…
Amtsgericht…:… IN… /…
(U.Z.: »***Inventar/Aussonderungsrechte***«)
Ihr Zeichen:…

Sehr geehrte Damen und Herren,

hiermit zeige ich an, dass über das Vermögen der Firma… GmbH mit dem Sitz in… das vorläufige Insolvenzverfahren angeordnet und ich zum/zur vorläufigen Insolvenzverwalter/in bestellt wurde. Eine Fotokopie des gerichtlichen Anordnungsbeschlusses liegt in der **Anlage** zu Ihrer Information anbei.

Den mir vorliegenden Unterlagen konnte ich entnehmen, dass … (*Gegenstand*)

Absonderungsrecht:

an Sie rechtswirksam sicherungsübereignet wurde.

Aussonderungsrecht:

in Ihrem Eigentum steht.

Dieser Gegenstand ist für die Fortführung des Geschäftsbetriebes aber dringend erforderlich. Daher habe ich beim Insolvenzgericht einen Antrag gem. § 21 Abs. 2 Satz 1 Nr. 5 InsO gestellt. Diesem Antrag ist das Insolvenzgericht gefolgt und hat ein Einziehungsverbot erlassen. Der entsprechende gerichtliche Beschluss wird Ihnen **anliegend** ebenfalls übermittelt.

Das bedeutet nunmehr, dass … (Gegenstand) vom/von der Schuldner/in weiterhin genutzt werden darf. Die Rechtsprechung sieht eine Nutzungsentschädigung erst nach Ablauf von drei Monaten seit der Anordnung vor (§ 21 Abs. 2 Satz 1 Nr. 5 InsO i.V.m. § 169 Satz 2 und 3 InsO). Ein etwaig eintretender Wertverlust ist gem. § 172 InsO zu entschädigen. Zur Feststellung eines solchen Wertverlustes durch die weitere Nutzung während der vorläufigen Verwaltung wurde der Zustand zum Zeitpunkt der Anordnung der vorl. Verwaltung entsprechend dokumentiert.

Bei Aussonderung:

Durch die Betriebsfortführung werden die Chancen auf eine mögliche Sanierung des Unternehmens erhöht. Ggf. wird der bestehende Vertrag mit Ihnen dauerhaft weitergeführt werden können.

Bei Absonderung:

Im Falle der Eröffnung und einer möglichen Sanierung werde ich noch einmal gesondert wegen einer möglichen Abstimmung im Sinne von § 168 InsO auf Sie zukommen.

Für Rückfragen stehe ich selbstverständlich gerne zur Verfügung.

Mit freundlichen Grüßen

....

Insolvenzverwalter/in

Anlage:
Anordnungsbeschluss vorl. Verwaltung
gerichtlicher Beschluss nach § 21 Abs. 2 Satz 1 Nr. 5 InsO

Muster 15: Freigabe eines Absonderungsgegenstandes – Überlassung

Adressat: Absonderungsgläubiger 187

Insolvenzverfahren über das Vermögen der Firma... mit dem Sitz in...
Amtsgericht...:... IN.../...
Ihr Absonderungsrecht am »*Fahrzeug Golf TDI mit dem amtlichen Kennzeichen...* «
(U.Z.: »***Inventar 5***«)

Sehr geehrte Damen und Herren,

in obiger Angelegenheit *komme ich zurück auf den bisher geführten Schriftwechsel* und möchte Ihnen nunmehr mitteilen, dass ich keine Möglichkeiten sehe, das *Fahrzeug* adäquat zu verwerten und damit einen Erlös für die Insolvenzmasse erzielen zu können.

Soweit Sie eine eigene Verwertung vornehmen möchten, würde ich Ihnen das Fahrzeug hierzu überlassen und verzichte insoweit auf mein Verwertungsrecht gem. § 166 Abs. 1 InsO. Ich bitte Sie um telefonische Kontaktaufnahme zur Abstimmung eines Abholtermins. Nach Verwertung durch Sie würde ich um Übersendung eines Verwertungsnachweises, einer aktuellen Forderungsaufstellung und um Auszahlung der Feststellungskostenpauschale gem. § 170 Abs. 2 i.V.m. § 171 Abs. 1 InsO *sowie des Umsatzsteuerbetrages gem. § 171 Abs. 2 Satz 3 InsO* bitten. Die Feststellungskostenpauschale fällt für die Prüfung Ihres Absonderungsrechtes an und ist an die Insolvenzmasse zu zahlen.

[Alternative:

Umsatzsteuer fällt bei einem etwaigen Verkauf nicht an, weil das Fahrzeug nicht im Betriebsvermögen, sondern dem Privatvermögen stand.]

Sofern Sie ebenfalls keine Verwertungsmöglichkeit sehen, bitte ich um Unterzeichnung der unten stehenden Verzichtserklärung.

Mit freundlichen Grüßen

....

Insolvenzverwalter/in

Es wird hiermit der Verzicht auf das Absonderungsrecht an dem Fahrzeug mit dem amtlichen Kennzeichen... erklärt.

..................., den............

....
Geschäftsführer

▶ Hinweise:

Sofern ein Verzicht durch den Absonderungsgläubiger erfolgt, kann sich eine Verwertung für die Insolvenzmasse ggf. doch lohnen, weil nun nicht mehr nur die Kostenbeiträge nach § 171 InsO in die Insolvenzmasse fallen, sondern der gesamte Kaufpreis.

Wegen des geltend gemachten Anspruches auf die Feststellungskostenpauschale und die Umsatzsteuer handelt es sich um eine modifizierte Freigabe.

Muster 16: Rechnung FKP – Verwertung durch Gläubiger

188 *…als Insolvenzverwalter/in über das Vermögen der*
… GmbH
(Anschrift…)

Adressat: Absonderungsgläubiger

▶ **Muster bei Verwertung durch den Gläubiger selbst!**

Aber: Bei Selbstübernahme (Kauf durch Gläubiger: s. gesondertes Muster Nr. 17 und 18): Rechnung muss auf Briefkopf des Verfahrens erstellt werden.

Datum:……

internes AZ: ……

(*Unbedingt St-Nr. der Masse angeben*) Steuer-Nr.: ………..

Rechnung Nr. … (Bsp: Re-Nr. 56/17 – 001/18)

für die Feststellung des Absonderungsrechtes gem. §§ 170 Abs. 2, 171 InsO

Verwertung

des …….. (*Gegenstand genau bezeichnen*) (Finanzierungsvertrag Nr. …….) sowie

des …..(*Gegenstand genau bezeichnen*) (Finanzierungsvertrag Nr. …….)

im Leistungszeitraum vom … bis …

Bruttoerlös (= Kaufpreis) insgesamt	11.900,00 EUR
./. 19 % Umsatzsteuer gem. § 171 Abs. 2 Satz 3 InsO	1.900,00 EUR
./. 4 % Feststellungskosten auf Bruttoerlös	**476,00 EUR**
Schuldtilgung bzw. Nettoentgelt	9.524,00 EUR
+ 19 % Umsatzsteuer auf Schuldtilgung	1.809,56 EUR
Gesamtsumme	**11.333,56 EUR**

▶ Erläuterung:

Bei der Verwertung durch den Gläubiger liegt kein Dreifachumsatz vor. Eine Verwertungstätigkeit des Insolvenzverwalters ist nicht erfolgt. Es ist ein Doppelumsatz gegeben, so dass auch doppelt Umsatzsteuer anfällt: einmal auf den Verkauf an den Käufer und einmal auf die Schuldtilgung.

Ich bitte, den Betrag der Feststellungskostenpauschale, die Umsatzsteuer aus dem Kaufpreis und die Umsatzsteuer auf den Betrag der Schuldtilgung, demnach eine Gesamtsumme i.H.v. … EUR auf folgendes Treuhandkonto zu überweisen:

Bank …..

IBAN: …..

BIC: …

Kontoinhaber … als IV wg. … (Verf.bez.)

Verwendungszweck: FK-Beitrag u. Umsatzsteuer … (Verf.bez.)

……………………………………

Insolvenzverwalter/in

▶ Allgemeiner Hinweis:

Wenn keine Vorsteuerabzugsberechtigung des Gläubigers vorliegt, ist er neben dem Feststellungskostenbeitrag mit der Umsatzsteuer auf die Schuldtilgung belastet.

Muster 17: Rechnung USt – Lieferung 1 – Masse an Gläubiger

▶ Achtung Privatvermögen:

Ist geprüft worden, ob der verwertete Gegenstand dem Betriebs- oder Privatvermögen unterliegt? Bei Privatvermögen entfällt die Umsatzsteuerpflicht! Dann keine Rechnung an den Gläubiger! 189

▶ Achtung beim Einzug von Forderungen:

Hierfür gibt es eine gesonderte Rechnung! Die nachstehende gilt nur für die Verwertung von beweglichen Gegenständen.

... als Insolvenzverwalter über das Vermögen der
... GmbH
(Anschrift) ...

Adressat: Absonderungsgläubiger

Datum:...
internes AZ:...
(*Unbedingt St-Nr. der Masse angeben*) Steuer-Nr.:...

Rechnung Nr. ... (Bsp: Re-Nr. 56/17 – 001/18) betr. Schuldbefreiung des Sicherungsgebers (= Masse)

(lt. BMF-Schreiben vom 30.04.2014: Lieferung 1: Masse an Gläubiger zwecks Befreiung der Masse)

Leistungszeit: ...

Brutto- Veräußerungserlös	*17.850,00 €*
Berechnung der Pauschalen vom Brutto-Veräußerungserlös:	
4 % Feststellungskostenpauschale gemäß § 171 Abs. 1 InsO	*714,00 €*
5 % Verwertungskostenpauschale gemäß § 171 Abs. 2 InsO	*892,50 €*
Gesamtbetrag Kostenpauschalen	1.606,50 €
Berechnung der Schuldtilgung = Nettoentgelt:	
Bruttokaufpreis	*17.850,00 €*
./. Umsatzsteuer gem. § 171 Abs. 2 Satz 3 InsO	*-2.850,00 €*
./. Pauschalen gem. § 171 InsO wie vorstehend	*-1.606,50 €*
Betrag der Schuldtilgung = Nettoentgelt	*13.393,50 €*
+ hierauf abzuführende Umsatzsteuer (19 %)	+ *2.544,76 €*
Brutto-Entgelt	15.938,26 €

Der Anspruch der Masse wird verrechnet mit Ihrem Anspruch gegen die Insolvenzmasse aus der Lieferung des Sicherungsgutes an die Insolvenzmasse. Dafür habe ich eine gesonderte Gutschrift erteilt. Zahlungen aufgrund dieser Rechnung sind nicht zu leisten.

....

Insolvenzverwalter/in

Muster 18: Rechnung USt – Lieferung 2 – Gläubiger an Masse – Gutschrift

▶ Achtung Privatvermögen:

Ist geprüft worden, ob der verwertete Gegenstand dem Betriebs- oder Privatvermögen unterliegt? Bei Privatvermögen entfällt die Umsatzsteuerpflicht! Dann keine Rechnung an den Gläubiger! 190

▶ Achtung beim Einzug von Forderungen:

Hierfür gibt es eine gesonderte Rechnung! Diese nachstehende gilt nur für die Verwertung von beweglichen Gegenständen.

... als Insolvenzverwalter über das Vermögen der
... GmbH
(Anschrift) ...

Adressat: Absonderungsgläubiger

Datum:...
internes AZ:...
(*Unbedingt St-Nr. der Masse angeben*) Steuer-Nr.:...

Gutschrift Nr. ... (Bsp: Re-Nr. 56/17 – 001/18)
betr. Lieferung des Sicherungsgutes vom Gläubiger an die Masse

(lt. BMF-Schreiben vom 30.04.2014: Lieferung 2 – Gläubiger an Masse)

Leistungszeit: ...

Brutto- Veräußerungserlös	*17.850,00 €*
Berechnung der Pauschalen vom Brutto-Veräußerungserlös:	
4 % Feststellungskostenpauschale gemäß § 171 Abs. 1 InsO	*714,00 €*
5 % Verwertungskostenpauschale gemäß § 171 Abs. 2 InsO	*892,50 €*
Gesamtbetrag Kostenpauschalen	1.606,50 €
Berechnung der Schuldtilgung = Nettoentgelt:	
Bruttokaufpreis	*17.850,00 €*
./. Umsatzsteuer gem. § 171 Abs. 2 Satz 3 InsO	*2.850,00 €*
./. Pauschalen gem. § 171 InsO wie vorstehend	*1.606,50 €*
Betrag der Schuldtilgung = Nettoentgelt	*13.393,50 €*
+ hierauf abzuführende Umsatzsteuer (19 %)	*2.544,76 €*
Brutto-Entgelt	15.938,26 €

....
Insolvenzverwalter/in

Muster 19: Veräußerungsabsicht – Anzeige § 168 InsO

191 *Adressat: Absonderungsgläubiger*

Insolvenzverfahren über das Vermögen der Firma... mit dem Sitz in...
Amtsgericht...:... IN... /...
Sicherungsübereignungsvertrag betr. »*Fahrzeug Golf TDI mit dem amtlichen Kennzeichen...*«
U.Z.: »*Inventar ...*«, Ihr Zeichen:...

Sehr geehrte Frau...,/sehr geehrter Herr...,

falls der Gläubiger nicht im Zustellungsnachweis aufgeführt ist oder auf sonstige Weise über die IE informiert wurde:

hiermit zeige ich an, dass über das Vermögen der Firma .../des Herrn.../der Frau... das Insolvenzverfahren eröffnet und der/die Unterzeichnerin zum/zur Insolvenzverwalter/in bestellt worden ist. Eine Fotokopie des gerichtlichen Eröffnungsbeschlusses liegt in der **Anlage** zu Ihrer Information anbei.

Ich beabsichtige, das oben näher *bezeichnete Fahrzeug* zu veräußern. Es liegt mir ein Kaufangebot über *15.000 € netto* vor. Ich fordere Sie daher auf, gemäß § 168 Abs. 1 Satz 2 InsO Ihre Zustimmung zum Verkauf zu erteilen oder mir ggf. eine bessere Verwertungsmöglichkeit mitzuteilen

Falls der Gläubiger die Eröffnung schon kennt:

in obiger Angelegenheit zeige ich gemäß § 168 InsO an, dass ich beabsichtige, das oben näher *bezeichnete Fahrzeug* zu veräußern. Es liegt mir ein Kaufangebot über *15.000 € netto* vor. Ich fordere Sie daher auf, gemäß § 168 Abs. 1 Satz 2 InsO Ihre Zustimmung zum Verkauf zu erteilen oder mir ggf. eine bessere Verwertungsmöglichkeit mitzuteilen.

Hierfür habe ich mir eine Frist bis zum

...

(eine Woche + drei Tage für die Zustellung)

notiert. Sollte ich innerhalb dieser Frist keine Nachricht von Ihnen erhalten, werde ich dies als stillschweigende Zustimmung werten.

Mit freundlichen Grüßen

....
Insolvenzverwalter/in

Muster 20: Vermieterpfandrecht – erste Hinweise an Vermieter

Adressat: Vermieter 192

Insolvenzverfahren über das Vermögen der Firma... mit dem Sitz in...
Amtsgericht...:... IN... /...
Mietverhältnis
U.Z.: »*Verträge...*, Ihr Zeichen:...

Sehr geehrte Frau..., /Sehr geehrter Herr...,

in obiger Angelegenheit zeige ich an, dass mit Beschluss des Amtsgerichts .... vom .... das Insolvenzverfahren eröffnet und der/die Unterzeichner/in zum/zur Insolvenzverwalter/in bestellt worden ist. Eine Fotokopie des amtsgerichtlichen Beschlusses liegt in der **Anlage** zu Ihrer Information anbei.

Ich darf Sie heute darauf hinweisen, dass das gesetzliche Pfandrecht des Vermieters im Insolvenzverfahren gem. § 50 Abs. 2 InsO wegen der Miete oder Pacht für eine frühere Zeit als die letzten 12 Monate vor der Eröffnung des Verfahrens sowie wegen der Entschädigung, die in Folge einer etwaigen Kündigung des/der Insolvenzverwalters/in zu zahlen ist, nicht geltend gemacht werden kann. Solche Ansprüche können Sie als Insolvenzforderung gem. § 38 InsO zur Insolvenztabelle anmelden.

Dagegen steht Ihnen bezüglich der Mietrückstände aus den letzten 12 Monaten ein Absonderungsrecht gem. § 50 Abs. 2 InsO zu. Diesbezüglich darf ich allerdings weiter erläutern, dass mir als Insolvenzverwalter/in gem. § 166 Abs. 1 InsO das Verwertungsrecht auch an den Gegenständen zusteht, die mit einem Absonderungsrecht belegt sind. Ich werde daher eine Verwertung der in Besitz genommenen Gegenstände vornehmen und den Verwertungserlös im Anschluss daran abzüglich der gesetzlichen Kostenbeiträge für die Insolvenzmasse gem. § 171 InsO und abzüglich der gesetzlichen Umsatzsteuer gem. § 171 Abs. 2 Satz 3 InsO an Sie auszahlen. Selbstverständlich erhalten Sie eine entsprechende Abrechnung.

Auch die Mietansprüche, die mit einem Vermieterpfandrecht besichert sind, können Sie allerdings zur Insolvenztabelle anmelden. Ich würde diese bei einem ausreichenden Nachweis für den Ausfall feststellen. Sollten Sie daher keine volle Befriedigung aufgrund des Vermieterpfandrechtes für die Mietrückstände aus den letzten 12 Monaten erlangen, würde die Restforderung bei einer etwaigen Verteilung berücksichtigt werden.

Für Rückfragen stehen meine Mitarbeiter und ich selbstverständlich gerne zur Verfügung.

Mit freundlichen Grüßen

....
Insolvenzverwalter/in

Anlage:
Eröffnungsbeschluss

Musterübersicht Akteneinlagerung

(Die Übersicht ist alphabetisch sortiert)

		Rdn.
Muster 21:	Auftrag zur Akteneinlagerung	193
Muster 210 – 213:	Inhaltsverzeichnis jur. Pers./natürl. Person (*siehe Muster Inhaltsverzeichnis*)	382 – 385

Muster 21: Auftrag zur Akteneinlagerung

193 *Adressat: Archivar*

Insolvenzverfahren über das Vermögen der Firma... mit dem Sitz in...
Amtsgericht...:... IN... /...
Akteneinlagerung (U.Z.: »*Verträge....«)*
Ihr Zeichen:...

Sehr geehrte Damen und Herren,

hiermit erteile ich Ihnen den Auftrag zur Einlagerung aller Betriebsunterlagen der obigen Firma zu den in Ihrem Angebot vom... gemachten Konditionen. Zur Abstimmung eines Abholtermins bitte ich um telefonische Kontaktaufnahme mit unserer Mitarbeiterin, Frau.../unserem Mitarbeiter, Herrn... (Tel.:...). Nach Einlagerung bitte ich um möglichst unverzügliche Übersendung eines Aktenverzeichnisses.

▶ Hinweis:

Bei Beauftragung Dritter auf Kosten der Masse sollten i.d.R. immer **mindestens zwei Angebote** zum Vergleich vorliegen.

Es gibt über www.blitzarchiv.de oder www.aktenfarm.de die Möglichkeit, die **Aufbewahrungspflichten** feststellen. Dort ist jeweils eine umfangreiche Auflistung nach einzelnen Unterlagen zu finden.

Außerdem kann man sich dort schnell eine **Angebot selbst** kostenlos erstellen. Dort sind die einzelnen Positionen für eine mögliche Kalkulation auch jeweils aufgeführt.

www.blitzarchiv.de scheint dabei leichter zu sein.

Mit freundlichen Grüßen

....
Insolvenzverwalter/in

Musterübersicht Anfechtungsansprüche

(Die Übersicht ist alphabetisch sortiert)

		Rdn.
Muster 22:	Anfechtung – Belege vom Schuldner	194
Muster 23:	Anfechtung (kongruent) § 130 Abs. 1 Nr. 1 InsO	195
Muster 24:	Anfechtung Kontokorrent § 131 Abs. 1 Nr. 2 InsO	196
Muster 25:	Anfechtung Vollstreckung § 131 Abs. 1 Nr. 1 InsO	197
Muster 26:	Anfechtung Vollstreckung § 131 Abs. 1 Nr. 2 InsO	198
Muster 210 – 213:	Inhaltsverzeichnis – Sortierung (*s. Muster Inhaltsverzeichnis)*	382 – 385
Muster 130 – 132:	Kontoauszug FinA – Anforderung (*s. Muster Finanzamt)*	302
Muster 27:	Kontoauszug SozV neutral – Anforderung	199
Muster 28:	Prüfungsvermerk Anfechtung	200
Muster 393:	Vollstreckungsanfrage beim Gerichtsvollzieher (*s. Muster Vollstreckungsmaßnahmen)*	565
Muster 394:	Vollstreckungsanfrage beim Hauptzollamt (*s. Muster Vollstreckungsmaßnahmen)*	566

Muster 22: Anfechtung – Belege vom Schuldner

Adressat: Insolvenzschuldner 194

Insolvenzverfahren über das Vermögen der Firma …
Amtsgericht …: … IN…/…
U.Z.: … (*Ord.bez. u. Reg.Nr.)*

Sehr geehrte Frau …,/sehr geehrter Herr …,

die Insolvenzordnung sieht in den Regelungen der §§ 129 ff. InsO unter bestimmten Voraussetzungen die Anfechtung von Zahlungen vor, die Sie bzw. das schuldnerische Unternehmen an Dritte vor Insolvenzeröffnung geleistet haben. Die dadurch erzielten Erlöse fließen in die Insolvenzmasse und dienen der gemeinschaftlichen Gläubigerbefriedigung im Sinne des § 1 InsO.

Bei Zahlungen an Dienstleister oder Lieferanten ist in der gezahlten Summe Umsatzsteuer enthalten. Nach der Rechtsprechung des Bundesfinanzhofes ist der jeweilige Umsatzsteuerbetrag, der an die Insolvenzmasse zurückfließt, an die Finanzverwaltung abzuführen, weil die vor Insolvenzeröffnung geltend gemachte Vorsteuer insoweit gem. § 17 Abs. 2 Nr. 1 Satz 2 UStG zu berichtigen ist (BFH, Urt. v. 15.12.2016 – V R 26/16 in WKRS 2016, 32853). Zu diesem Zweck benötige ich die entsprechenden Rechnungen, aus der der Umsatzsteuersatz und entsprechend der Umsatzsteuerbetrag hervorgeht.

In der **Anlage** übersende ich Ihnen insoweit

- *mein heutiges Schreiben an …*
- *meine heutigen Schreiben an zwei/unterschiedliche Anfechtungsgegner.*

Daraus können Sie ersehen, um welche Zahlungen es sich handelt. Ich bitte Sie, mir die ursprünglichen Rechnungen in Kopie zu übermitteln.

Mit freundlichen Grüßen

…………………………………………
Insolvenzverwalter/in

Muster 23: Anfechtung (kongruent) § 130 Abs. 1 Nr. 1 InsO

Adressat: Anfechtungsgegner 195

▶ Achtung: Steuerberichtigung bei erfolgreicher Anfechtung:

Bei **Anfechtung von Zahlungen, in denen Umsatzsteuer steckt** – also an Dienstleister u. Lieferanten – wird auch dieser Umsatzsteuerbetrag zurückverlangt. Dieser wurde aber vom Insolvenzschuldner als Vorsteuer geltend gemacht. Dieser **Vorsteuerabzug** ist nunmehr **zu korrigieren**: § 17 Abs. 2 Nr. 1 Satz 2 UStG (BFH, Urt. v. 15.12.2016 – V R 26/16 in WKRS 2016, 32853), d. h. die Umsatzsteuer muss an das FinA gemeldet und sogar als **Masseverbindlichkeit** gem. § 55 Abs. 1 Nr. 1 InsO abgeführt werden.

Dafür braucht die **Buchhaltung einen Beleg**. Es reicht nicht nur das Anfechtungsschreiben, sondern die **ursprüngliche Rechnung** muss zu diesem Anfechtungsschreiben und damit zu den Kontoauszügen geheftet werden, weil daraus auch der Umsatzsteuersatz und der Betrag ersichtlich ist.

Bitte daher kontrollieren, ob die Rechnung vorhanden ist. Anderenfalls beim Schuldner anfordern: s. **Muster Nr. 22 »Anfechtung – Belege vom Schuldner«**.

Dies gilt auch für Anfechtung von Vollstreckungsmaßnahmen, denen umsatzsteuerpflichtige Leistungen zugrunde liegen.

Bei Anfechtungen gegenüber der **Finanzverwaltung und den Sozialversicherungsträgern werden keine gesonderten Belege** benötigt, weil in den Zahlungen keine Umsatzsteuer erhalten ist.

Insolvenzverfahren über das Vermögen der Firma .../des Herrn .../der Frau ...
Amtsgericht ...:... IN.../...
U.Z.: ... *(Ord.bez. u. Reg.Nr.)*
Ihr Zeichen: ...

Sehr geehrte Damen und Herren,

mit Beschluss des Amtsgerichts – Insolvenzgericht – ... vom ... ist über das Vermögen der vorbezeichneten Firma/Person das Insolvenzverfahren eröffnet und Herr/Frau ... zum/zur Insolvenzverwalter/in bestellt worden. Eine Kopie des Eröffnungsbeschlusses füge ich in der **Anlage** zu diesem Anschreiben zu Ihrer Kenntnisnahme bei.

Ausweislich der vorliegenden Unterlagen hat der Schuldner/die Schuldnerin an Sie/das ... (z.B. FinA) im anfechtbaren Zeitraum von drei Monaten vor dem Insolvenzantrag am... eine Zahlung i.H.v. ... EUR und am ... eine Zahlung i.H.v. ... EUR geleistet.

Diese Zahlungen sind gem. § 130 Abs. 1 Nr. 1, Abs. 2 InsO anfechtbar. Hiernach ist eine Rechtshandlung anfechtbar, die einem Insolvenzgläubiger eine Sicherung oder Befriedigung gewährt oder ermöglicht hat, wenn sie in den letzten drei Monaten vor dem Antrag auf Eröffnung des Insolvenzverfahrens vorgenommen worden ist, wenn zurzeit der Handlung der Schuldner zahlungsunfähig war und wenn der Gläubiger zu dieser Zeit die Zahlungsunfähigkeit kannte. Der Kenntnis der Zahlungsunfähigkeit oder des Eröffnungsantrages steht die Kenntnis von Umständen gleich, die zwingend auf die Zahlungsunfähigkeit oder den Eröffnungsantrag schließen lassen.

Die Eröffnung des Insolvenzverfahrens erfolgte aufgrund des am... bei Gericht eingegangenen Gläubigerantrages, so dass die vorbezeichneten Zahlungen im anfechtbaren Zeitraum von drei Monaten vor dem Insolvenzantrag geleistet wurden.

Zum Zeitpunkt der Zahlungen war der Insolvenzschuldner/die Insolvenzschuldnerin auch zahlungsunfähig. ...

▶ Hinweis:

Es müssen Ausführungen zur Zahlungsunfähigkeit erfolgen. Hierzu kann Einsicht in das Gutachten genommen werden, in dem nähere Ausführungen zum Vorliegen und zum Zeitpunkt des Eintritts der Zahlungsunfähigkeit zu finden sind, weil die Zahlungsunfähigkeit als Insolvenzgrund i.d.R. zur Insolvenzeröffnung geführt hat.

Die Zahlungsunfähigkeit kann unabhängig von einem Liquiditätsstatus auch anhand der Insolvenztabelle belegt werden. Siehe nachstehendes Beispiel:

»In der **Anlage** liegt eine Übersicht über die in die Insolvenztabelle aufgenommenen Forderungen bei. Darin ist vermerkt, aus welchem Zeitraum die angemeldeten Forderungen stammen. Von der Gesamtsumme der angemeldeten Forderungen i.H.v. ... EUR bestand bereits ein Teil i.H.v ... EUR zu Beginn des 3-Monats-Zeitraums am ..... Daran wird deutlich, dass bereits ein maßgeblicher Teil der Verbindlichkeiten am ... (Beginn des 3-Monats-Zeitraums) fällig und nicht beglichen war und somit schon zu diesem Zeitpunkt Zahlungsunfähigkeit vorlag. Der BGH lässt schon eine solche Darstellung als Nachweis der vorliegenden Zahlungsunfähigkeit ausreichen (Urt. v. 06.12.2012 – IX ZR 3/12 Rn. 20, 21 in ZInsO 2013, 190; Urt. v. 29.03.2012 – IX ZR 40/10 Rn. 9, 10 in ZInsO 2012, 976; Urt. v. 30.06.2011 – IX ZR 134/10 Rn. 13 in ZInsO 2011, 1410).«

Sie/Das... (FinA) hatte im Übrigen auch Kenntnis von Umständen, die zwingend auf die eingetretene Zahlungsunfähigkeit des Schuldners/der Schuldnerin schließen lassen. (Nähere Ausführungen dazu machen, nachfolgend ein Beispiel:)

»Bereits vor der Erbringung der Zahlung am ... war es zu mehreren Rückbuchungen von Steuerzahlungen im Rahmen der Einzugsermächtigung gekommen. Auch der Zahlungsbetrag, der am ... an ... erbracht wurde, war bereits zurückgebucht worden. Darüber hinaus waren bereits zeitlich vorher mehrere Mahnungen des ... an den Insolvenzschuldner/die Insolvenzschuldnerin ergangen.

Neben der Tatsache, dass den oben bezeichneten Zahlungen mehrere Mahnungen sowie Rückbuchungen vorangegangen waren, ist auch zu berücksichtigen, dass es sich bei den Zahlungsbeträgen um Lohnsteuerverbindlichkeiten handelte, die rückständig waren. Nach der BGH-Rechtsprechung spricht die Nichtzahlung von Steuern, Sozialversicherungsbeiträgen,

Löhnen und sonst fälligen Verbindlichkeiten über einen Zeitraum von mehr als drei Wochen nach Fälligkeit regelmäßig für eine Zahlungseinstellung (BGH, Urt. v. 07.05.2015 – IX ZR 95/14 Rn. 15 in ZInsO 2015, 1262 m.V.a. BGH, Urt. v. 12.10.2006 – IX ZR 228/03 in ZInsO 2006, 1210), insbesondere auch, weil die Nichtzahlung von Steuern und Sozialversicherungsbeiträgen strafbewährt ist und solche Zahlungen somit regelmäßig vor allen anderen fälligen Zahlungen ausgeglichen werden.«

▶ Hinweise zur Zahlungsunfähigkeit:

Weitere Ausführungen zur Zahlungseinstellung können im ersten Anschreiben unterbleiben. Erst bei Zahlungsverweigerung durch den Anfechtungsgegner ist es ggf. erforderlich, auf die weitere BGH-Rechtsprechung zurückzugreifen und ausführlicher vorzutragen, z. B. zur

- gesetzlichen Vermutung der Zahlungsunfähigkeit trotz einzelner beträchtlicher Zahlungen (BGH, a.a.O)
- Zahlungseinstellung = tatsächliche Nichtzahlung eines erheblichen Teils der fälligen Verbindlichkeiten (BGH, a.a.O)
- Kenntnis der institutionellen Gläubiger von der wirtschaftlichen Situation: u.a. OLG Hamm, Urt. v. 08.09.2011 – I-27 U 36/11 in ZInsO 2013, 512.

▶ Hinweis zur Gläubigerbenachteiligung:

Die erforderliche objektive Gläubigerbenachteiligung gem. § 129 InsO ist zu prüfen und festzustellen. Ausführungen hierzu können im ersten Anschreiben i.d.R. aber unterbleiben. Wenn der Anfechtungsgegner die fehlende Gläubigerbenachteiligung moniert, kann man immer noch erwidern.

Sollten zugunsten des Gläubigers zur Absonderung berechtigende Sicherheiten bestanden haben, kann dies die objektive Gläubigerbeeinträchtigung ausschließen, es sei denn, auch die Sicherheit ist anfechtbar, dann näheres ausführen.

Ihnen ist die Zahlungsunfähigkeit demzufolge bekannt.

Nach vorstehenden Ausführungen besteht somit ein Anfechtungsanspruch gem. § 130 Abs. 1 Nr. 1, Abs. 2 InsO i.H.v. insgesamt ... EUR. Gem. § 143 Abs. 1 InsO *sind Sie/ist das ... (z.B. Finanzamt)* daher verpflichtet, den vereinnahmten *Gesamtbetrag* an die Insolvenzmasse zurück zu erstatten. Ich fordere Sie daher auf, diesen Betrag i.H.v. insgesamt

... EUR

bis spätestens zum

... (zwei Wochen)

auf das nachfolgende Treuhandkonto zu zahlen:

Bank: ...

IBAN: ...

BIC: ...

Kontoinhaber: ... als IV wg.. (Verf.bez.)

Verwendungszweck: Anfechtung ...

Nach fruchtlosem Ablauf der Frist werden Sie sich mit der Zahlung im Verzug befinden und haben entsprechend §§ 286 Abs. 2 Nr. 1 BGB i.V.m. § 143 Abs. 1 Satz 3 InsO Verzugszinsen zu zahlen.

Nach §§ 291 BGB, 288 Abs. 1 BGB beträgt der Zinssatz 5 % (= Verbrauchergeschäft)/9 % (= Handelsgeschaft) über dem jeweiligen Basiszinssatz. Als Tageszinssatz ergibt sich folgender Betrag:

▶ Hinweis 1:

Änderung im Anfechtungsrecht per 05.04.2017: kein Zinsanspruch mehr seit Insolvenzeröffnung, sondern nur nach Verzugseintritt.

▶ Hinweis 2:

Nachfolgend nur ein Rechenbeispiel: Die individuellen Daten können über die Internetseite www.basiszinssatz.info errechnet, kopiert und hier eingesetzt werden.

▶ Hinweis 3:

Der Basiszinssatz verändert sich jeweils zum 01.01. und 01.07. eines Jahres gem. § 247 BGB. Von daher sind für längere Zinszeiträume unterschiedliche Zinssätze zu berücksichtigen.

Ausgangsdaten:
- Betrag: 3.252,68 €
- Von: Mo., 03.07.2017
- Bis: Mo., 03.07.2017
- Verzugszinssatz:
  - Verbrauchergeschäft (5 Prozentpunkte über Basiszinssatz)

Zeitraum	Tage	Zinssatz	Zinsertrag
03.07.2017 – 03.07.2017:	1	4.12 %	0,3672 €
Total:			
03.07.2017 – 03.07.2017:	1	**Zinsen:**	**0,3672 €**
		Ausgangsforderung:	**+ 3.252,6800 €**
		Gesamtforderung:	**= 3.253,0472 €**
Jeder Tag ab 04.07.2017:	1	4.12 %	0,3672 €

Ich bitte, den sich am Tag Ihrer Zahlung eventuell ergebenden Zinsbetrag ebenfalls auf das vorgenannte Konto zu zahlen.

▶ Hinweis:

Herausgabe einer Nutzungsentschädigung – wie die Rechtsprechung es ermöglicht hatte – sind durch das Anfechtungsgesetz 2017 ausgeschlossen: § 143 Abs. 1 InsO n.F.

Ich weise ausdrücklich darauf hin, dass mit schuldbefreiender Wirkung ausschließlich auf das vorbezeichnete Treuhandkonto geleistet werden kann.

Mit freundlichen Grüßen

....

Insolvenzverwalter/in

Anlagen:
Eröffnungsbeschluss
...

196 Muster 24: Anfechtung Kontokorrent § 131 Abs. 1 Nr. 2 InsO (ohne Sicherungsabtretung, ansonsten § 130 InsO = Anfechtung der Sicherheit)

Adressat: Bank

▶ Achtung: Steuerberichtigung bei erfolgreicher Anfechtung:

Bei **Anfechtung von Zahlungen, in denen Umsatzsteuer steckt** – also an Dienstleister u. Lieferanten – wird auch dieser Umsatzsteuerbetrag zurückverlangt. Dieser wurde aber vom Insolvenzschuldner als Vorsteuer geltend gemacht. Dieser **Vorsteuerabzug** ist nunmehr **zu korrigieren:** § 17 Abs. 2 Nr. 1 Satz 2 UStG (BFH, Urt. v. 15.12.2016 – V R 26/16 in WKRS 2016, 32853), d. h. die Umsatzsteuer muss an das FinA gemeldet und sogar als **Masseverbindlichkeit** gem. § 55 Abs. 1 Nr. 1 InsO abgeführt werden.

Dafür braucht die **Buchhaltung einen Beleg.** Es reicht nicht nur das Anfechtungsschreiben, sondern die **ursprüngliche Rechnung** muss zu diesem Anfechtungsschreiben und damit zu den Kontoauszügen geheftet werden, weil daraus auch der Umsatzsteuersatz und der Betrag ersichtlich ist.

Bitte daher kontrollieren, ob die Rechnung vorhanden ist. Anderenfalls beim Schuldner anfordern: s. **Muster Nr. 22 »Anfechtung – Belege vom Schuldner«**.

Dies gilt auch für Anfechtung von Vollstreckungsmaßnahmen, denen umsatzsteuerpflichtige Leistungen zugrunde liegen.

Bei Anfechtungen gegenüber der **Finanzverwaltung und den Sozialversicherungsträgern werden keine gesonderten Belege** benötigt, weil in den Zahlungen keine Umsatzsteuer erhalten ist.

Insolvenzverfahren über das Vermögen der Firma .../des Herrn .../der Frau ...
Amtsgericht ...:... IN.../...
U.Z.: ... (*Ord.bez. u. Reg.Nr.*)
Ihr Zeichen: ...

Sehr geehrte Damen und Herren,

mit Beschluss des Amtsgerichts – Insolvenzgericht – ... vom ... ist über das Vermögen der vorstehend näher bezeichneten Firma/Person das Insolvenzverfahren eröffnet und Herr/Frau .... zum/zur Insolvenzverwalter/in bestellt worden. Eine Kopie des Eröffnungsbeschlusses füge ich in der **Anlage** zu diesem Anschreiben zu Ihrer Kenntnisnahme bei.

Aus den Kontoauszügen *des Schuldners/der Schuldnerin* betreffend das in Ihrem Hause geführte Geschäftskonto Nr. .... konnte ermittelt werden, dass im Zeitraum von drei Monaten vor Insolvenzantragstellung die *von dem Schuldner/von der Schuldnerin* in Anspruch genommene Kreditlinie zurückgeführt wurde. Diese Rückführung der in Ihrem Hause bestehenden Kreditlinie war unzulässig i.S.d. § 96 Abs. 1 Nr. 3 InsO.

Im Einzelnen hierzu wie folgt:

Dem Kontoauszug Nr. ... (Blatt ...) vom ... (*Tag vor Beginn des 3-Monats-Zeitraums wg. Schlusssaldo und damit neuer Saldo am ersten Tag des 3-Monats-Zeitraums*) konnte ein »Saldo Alt« i.H.v. (-) ... EUR entnommen werden. Am Tag der Insolvenzantragstellung (0:00 Uhr) betrug der Debetsaldo ausweislich des Kontoauszuges Nr. ... (Blatt ...) nur noch (-) ... EUR. Dieser Betrag ist von Ihnen ausweislich der Forderungsanmeldung vom ... auch zur Insolvenztabelle angemeldet worden (Tab.-Nr. ...). Aus diesen vorgenannten Kontoständen wird deutlich, dass der Debetsaldo innerhalb des für eine Anfechtung relevanten Zeitraums um ... EUR zurückgeführt wurde. Diese Rückführung unterliegt der Anfechtung gem. § 131 Abs. 1 Nr. 2 InsO. Nach dieser Regelung ist eine Rechtshandlung anfechtbar, die einem Insolvenzgläubiger eine Sicherung oder Befriedigung gewährt oder ermöglicht hat, die er nicht oder nicht in der Art oder nicht zu der Zeit zu beanspruchen hatte, wenn die Handlung innerhalb des zweiten oder dritten Monats vor dem Eröffnungsantrag vorgenommen worden ist und *der Schuldner/die Schuldnerin* zur Zeit der Handlung zahlungsunfähig war.

Eine Kündigung der Kontokorrentlinie lag bis zur Insolvenzantragstellung nicht vor, so dass kein Anspruch auf Rückführung der Kreditlinie bestand und die Verrechnungen somit inkongruent waren (*BGH, Urt. v. 14.10.2010 – IX ZR 160/08 in ZInsO 2010, 2399). Eine Sicherungsabtretung von Forderungen des Schuldners/der Schuldnerin* – wie der BGH sie in seiner Entscheidung vom 02.02.2017 (IX ZR 245/14 in ZInsO 2017, 494) zugunsten des Gläubigers erläutert – ist im vorliegenden Fall nicht gegeben.

▶ Hinweis:

Es muss im ersten Anfechtungsschreiben nicht detailliert auf einzelne Dinge eingegangen werden, die eindeutig sind. Nachstehendes Formulierungsbeispiel kann daher ggf. dem Sachbearbeiter lediglich dazu dienen, die Materie leichter zu verstehen. Man kann diese Formulierung aber auch im Anschreiben übernehmen. Dies ist häufig »Geschmackssache« der einzelnen Insolvenzbüros, ob sie einen Anspruch kurz und knapp oder detailliert formulieren.

Formulierungsbeispiel:

»Bezüglich des Rückführungssaldos darf auf die Rechtsprechung des BGH (Urt. v. 27.03.2008 – IX ZR 29/07 in WKRS 2008, 11872) verwiesen werden. Darin heißt es, dass die Rückführung eines Kredites dann vorliege, wenn der Sollstand zu Beginn des Anfechtungszeitraums höher war als an dessen Ende.

Nach der weiteren Rechtsprechung des BGH ist die Inkongruenz von Verrechnungen im debitorischen Bankenkontokorrent für den gesamten Anfechtungszeitraum im Übrigen nur einheitlich zu betrachten (BGH, Urt. v. 07.07.2011 – IX ZR 100/10 Nr. 9 in ZInsO 2011, 1500). Erfolge keine Kündigung des Kontokorrents, läuft der Anfechtungszeitraum bis zur Insolvenzeröffnung (BGH, a.a.O.). Mit der einheitlichen Betrachtungsweise ist gemeint, dass nicht die einzelnen Zahlungseingänge und –ausgänge zu betrachten sind, sondern der Debetsaldo zu Beginn des Anfechtungszeitraums zu vergleichen ist mit dem Debetsaldo am Ende des Anfechtungszeitraums. Dies ist vorliegend erfolgt.

Der BGH hat darüber hinaus weiter entschieden, dass § 96 Abs. 1 Nr. 3 InsO auch bei Verrechnungen im Kontokorrent greife, obwohl im Gesetzeswortlaut nur von Aufrechnung die Rede ist (BGH, Urt. v. 19.01.2012 – IX ZR 4/11 Rn. 8 in InsbürO 2012, 282, ZInsO 2012, 488).«

Nachfolgender Passus sollte in jedem Anschreiben enthalten sein:

Der maßgebliche Insolvenzantrag ist am ... beim Amtsgericht eingegangen, so dass sich der anfechtungsrelevante Zeitraum vom ... bis zum ... ergibt und bei der vorstehend ermittelten Rückführung entsprechend zugrunde gelegt wurde.

Der Insolvenzschuldner/die Insolvenzschuldnerin war zu Beginn des 3-Monats-Zeitraums auch bereits zahlungsunfähig. ....

▶ Hinweis:

Es müssen Ausführungen zur Zahlungsunfähigkeit erfolgen. Hierzu kann Einsicht in das Gutachten genommen werden, in dem nähere Ausführungen zum Vorliegen und zum Zeitpunkt des Eintritts der Zahlungsunfähigkeit zu finden sind, weil die Zahlungsunfähigkeit als Insolvenzgrund i.d.R. zur Insolvenzeröffnung geführt hat.

Die Zahlungsunfähigkeit kann unabhängig von einem Liquiditätsstatus auch anhand der Insolvenztabelle belegt werden. Siehe nachstehendes Beispiel:

*»In der **Anlage** liegt eine Übersicht über die in die Insolvenztabelle aufgenommenen Forderungen bei. Darin ist vermerkt, aus welchem Zeitraum die angemeldeten Forderungen stammen. Von der Gesamtsumme der angemeldeten Forderungen i.H.v. ... EUR bestand bereits ein Teil i.H.v ... EUR zu Beginn des 3-Monats-Zeitraums am ... Daran wird deutlich, dass bereits ein maßgeblicher Teil der Verbindlichkeiten am... (Beginn des 3-Monats-Zeitraums) fällig und nicht beglichen war und somit schon zu diesem Zeitpunkt Zahlungsunfähigkeit vorlag. Der BGH lässt schon eine solche Darstellung als Nachweis der vorliegenden Zahlungsunfähigkeit ausreichen (Urt. v. 06.12.2012 – IX ZR 3/12 Rn. 20, 21 in ZInsO 2013, 190; Urt. v. 29.03.2012 – IX ZR 40/10 Rn. 9, 10 in ZInsO 2012, 976; Urt. v. 30.06.2011 – IX ZR 134/10 Rn. 13 in ZInsO 2011, 1410).«*

▶ Hinweis zur Gläubigerbenachteiligung:

Die erforderliche objektive Gläubigerbenachteiligung gem. § 129 InsO ist zu prüfen und festzustellen. Ausführungen hierzu können im ersten Anschreiben i.d.R. aber unterbleiben. Wenn der Anfechtungsgegner die fehlende Gläubigerbenachteiligung moniert, kann man immer noch erwidern.

Nach vorstehenden Erläuterungen liegen alle Voraussetzungen einer Anfechtung gem. § 131 InsO vor.

▶ Hinweis:

Sollte eine Globalzession oder sonstige zur Absonderung berechtigende Sicherheiten vorliegen, müssten weitere Ausführungen folgen, da dann die objektive Gläubigerbenachteiligung entfallen kann, es sei denn, dass die Sicherheit ebenfalls der Anfechtung unterliegen würde (z. B. durch Werthaltigmachung). Die Globalzession ist nach der BGH-Rechtsprechung (Urt. v. 29.11.2007 – IX ZR 30/07 in ZInsO 2007, 1273) allerdings nur als kongruente Deckung (= § 130 InsO) anfechtbar, so dass dann die Kenntnis von der Zahlungsunfähigkeit noch zusätzlich nachgewiesen werden müsste (= s. gesondertes Muster § 130 InsO).

Siehe auch BGH, Urt. v. 02.02.2017 – IX ZR 245/14 in ZInsO 2017, 494 = Anfechtung bei Vorliegen einer Sicherungsabtretung

Infolgedessen möchte ich Sie bitten, gem. § 143 Abs. 1 InsO den Gesamtbetrag in Höhe von

... EUR

bis spätestens zum

... (*zwei Wochen*)

auf das für das Insolvenzverfahren eingerichtete Treuhandkonto zu erstatten:

Bank: ...

IBAN: ...

BIC: ...

Kontoinhaber:... als IV wg. ... (Verf.bez.)

Verwendungszweck: Anfechtung ...

Nach fruchtlosem Ablauf der Frist werden Sie sich mit der Zahlung im Verzug befinden und haben entsprechend §§ 286 Abs. 2 Nr. 1 BGB i.V.m. § 143 Abs. 1 Satz 3 InsO Verzugszinsen zu zahlen.

Nach §§ 291 BGB, 288 Abs. 1 BGB beträgt der Zinssatz 5 % (= Verbrauchergeschäft)/9 % (= Handelsgeschaft) über dem jeweiligen Basiszinssatz. Als Tageszinssatz ergibt sich folgender Betrag:

▶ Hinweis 1:

Änderung im Anfechtungsrecht per 05.04.2017: kein Zinsanspruch mehr seit Insolvenzeröffnung, sondern nur nach Verzugseintritt.

▶ Hinweis 2:

Nachfolgend nur ein Rechenbeispiel: Die individuellen Daten können über die Internetseite www.basiszinssatz.info errechnet, kopiert und hier eingesetzt werden.

▶ Hinweis 3:

Der Basiszinssatz verändert sich jeweils zum 01.01. und 01.07. eines Jahres gem. § 247 BGB. Von daher sind für längere Zinszeiträume unterschiedliche Zinssätze zu berücksichtigen.

Ausgangsdaten:

- Betrag: 3.252,68 €
- Von: Mo., 03.07.2017
- Bis: Mo., 03.07.2017
- Verzugszinssatz:
  - Verbrauchergeschäft (5 Prozentpunkte über Basiszinssatz)

Zeitraum	Tage	Zinssatz	Zinsertrag
03.07.2017 – 03.07.2017:	1	4.12 %	0,3672 €
Total:			
03.07.2017 – 03.07.2017:	1	**Zinsen:**	**0,3672 €**
		Ausgangsforderung:	**+ 3.252,6800 €**
		Gesamtforderung:	**= 3.253,0472 €**
Jeder Tag ab 04.07.2017:	1	4.12 %	0,3672 €

Ich bitte, den sich am Tag Ihrer Zahlung eventuell ergebenden Zinsbetrag ebenfalls auf das vorgenannte Konto zu zahlen.

▶ Hinweis:

Herausgabe einer Nutzungsentschädigung – wie die Rechtsprechung es ermöglicht hatte – sind durch das Anfechtungsgesetz 2017 ausgeschlossen: § 143 Abs. 1 InsO n.F.

Ich weise ausdrücklich darauf hin, dass mit schuldbefreiender Wirkung ausschließlich auf das vorbezeichnete Treuhandkonto geleistet werden kann.

Mit freundlichen Grüßen

....

Insolvenzverwalter/in

Anlagen:
Eröffnungsbeschluss
...

Muster 25: Anfechtung Vollstreckung § 131 Abs. 1 Nr. 1 InsO

Adressat: Anfechtungsgegner 197

▶ Achtung: Steuerberichtigung bei erfolgreicher Anfechtung:

Bei **Anfechtung von Zahlungen, in denen Umsatzsteuer steckt** – also an Dienstleister u. Lieferanten – wird auch dieser Umsatzsteuerbetrag zurückverlangt. Dieser wurde aber vom Insolvenzschuldner als Vorsteuer geltend gemacht. Dieser **Vorsteuerabzug** ist nunmehr **zu korrigieren:** § 17 Abs. 2 Nr. 1 Satz 2 UStG (BFH, Urt. v. 15.12.2016 – V R 26/16 in WKRS 2016, 32853), d. h. die Umsatzsteuer muss an das FinA gemeldet und sogar als **Masseverbindlichkeit** gem. § 55 Abs. 1 Nr. 1 InsO abgeführt werden.

Dafür braucht die **Buchhaltung einen Beleg**. Es reicht nicht nur das Anfechtungsschreiben, sondern die **ursprüngliche Rechnung** muss zu diesem Anfechtungsschreiben und damit zu den Kontoauszügen geheftet werden, weil daraus auch der Umsatzsteuersatz und der Betrag ersichtlich ist.

Bitte daher kontrollieren, ob die Rechnung vorhanden ist. Anderenfalls beim Schuldner anfordern: s. **Muster Nr. 22 »Anfechtung – Belege vom Schuldner«.**

Dies gilt auch für Anfechtung von Vollstreckungsmaßnahmen, denen umsatzsteuerpflichtige Leistungen zugrunde liegen.

Bei Anfechtungen gegenüber der **Finanzverwaltung und den Sozialversicherungsträgern** werden **keine gesonderten Belege** benötigt, weil in den Zahlungen keine Umsatzsteuer erhalten ist.

Insolvenzverfahren über das Vermögen der Firma .../des Herrn .../der Frau ...
Amtsgericht ...:... IN.../...
U.Z.: ... (*Ord.bez. u. Reg.Nr.*)

Ihr Zeichen: …

Sehr geehrte Damen und Herren,

mit Beschluss des Amtsgerichts – Insolvenzgericht – … vom … ist über das Vermögen der vorstehend näher bezeichneten *Firma/Person* das Insolvenzverfahren eröffnet und Herr/Frau …. zum/zur Insolvenzverwalter/in bestellt worden. Eine Kopie des Eröffnungsbeschlusses füge ich in der **Anlage** zu diesem Anschreiben zu Ihrer Kenntnisnahme bei.

Ausweislich der vorliegenden Unterlagen ist der … (Bank)/dem … (Arbeitgeber)/… (sonstiges) ein Pfändungs- und Überweisungsbeschluss am … zugestellt worden. Hierauf wurde am … eine Zahlung i.H.v.… EUR/wurden im Zeitraum vom … Zahlungen i.H.v. insgesamt … *EUR* geleistet.

Diese vorgenannte Zahlung/Diese vorgenannten Zahlungen stellt/stellen eine anfechtbare Rechtshandlung nach den Regelungen in §§ 129, 131 Abs. 1 Nr. 1 InsO dar. Danach ist eine Rechtshandlung anfechtbar, die einem Insolvenzgläubiger eine Sicherung oder Befriedigung gewährt oder ermöglicht hat, die er nicht oder nicht in der Art oder nicht zu der Zeit zu beanspruchen hatte, wenn die Handlung innerhalb des letzten Monats vor dem Antrag auf Eröffnung des Insolvenzverfahrens oder danach erfolgt ist.

Der maßgebliche Insolvenzantrag ist am … beim Amtsgericht … eingegangen, so dass die oben dargestellte Zahlung im anfechtbaren Zeitraum des letzten Monats vor dem Insolvenzantrag/nach dem Insolvenzantrag geleistet wurde.

▶ Hinweis:

Ausführungen zur Zahlungsunfähigkeit müssen nicht erfolgen, weil sie keine Tatbestandsvoraussetzung sind.

Es handelt sich um eine inkongruente Deckung Ihrer Forderung. Nach ständiger Rechtsprechung ist eine Zahlung stets dann inkongruent, wenn sie im Wege der Zwangsvollstreckung erlangt wurde oder zur Abwendung einer angedrohten Zwangsvollstreckungsmaßnahme erfolgt ist (u.a. BGH, Urt. v. 07.04.2016 – IX ZR 145/15 Rn. 16 m.w.N. in ZInsO 2016, 1206; BGH, Urt. v. 20.01.2011 – IX ZR 8/10 Rn. 6 m.w.N. in ZInsO 2011, 423; Rogge/Leptien in: Hamburger Kommentar zum Insolvenzrecht, 7. Aufl. 2019, § 131 Rn. 11).

▶ Hinweis zur Gläubigerbenachteiligung:

Die erforderliche objektive Gläubigerbenachteiligung gem. § 129 InsO ist zu prüfen und festzustellen. Ausführungen hierzu können im ersten Anschreiben i.d.R. aber unterbleiben. Wenn der Anfechtungsgegner die fehlende Gläubigerbenachteiligung moniert, kann man immer noch erwidern.

Aufgrund dieser geschilderten anfechtbaren Rechtshandlung besteht damit zu Gunsten der Insolvenzmasse gem. § 143 Abs. 1 InsO ein Rückgewähranspruch in Höhe von insgesamt … EUR. Ich fordere Sie auf, den Betrag in Höhe von … **EUR** bis spätestens zum

…

(zwei Wochen)

auf das nachfolgende Treuhandkonto zu zahlen:

Bank: …

IBAN: …

BIC: …

Kontoinhaber:… als IV wg. … (Verf.bez.)

Verwendungszweck: …

Nach fruchtlosem Ablauf der Frist werden Sie sich mit der Zahlung im Verzug befinden und haben entsprechend §§ 286 Abs. 2 Nr. 1 BGB i.V.m. § 143 Abs. 1 Satz 3 InsO Verzugszinsen zu zahlen.

Nach §§ 291 BGB, 288 Abs. 1 BGB beträgt der Zinssatz 5 % (= Verbrauchergeschäft)/9 % (= Handelsgeschaft) über dem jeweiligen Basiszinssatz. Als Tageszinssatz ergibt sich folgender Betrag:

▶ Hinweis 1:

Änderung im Anfechtungsrecht per 05.04.2017: kein Zinsanspruch mehr seit Insolvenzeröffnung, sondern nur nach Verzugseintritt.

▶ Hinweis 2:

Nachfolgend nur ein Rechenbeispiel: Die individuellen Daten können über die Internetseite www.basiszinssatz.info errechnet, kopiert und hier eingesetzt werden.

▶ Hinweis 3:

Der Basiszinssatz verändert sich jeweils zum 01.01. und 01.07. eines Jahres gem. § 247 BGB. Von daher sind für längere Zinszeiträume unterschiedliche Zinssätze zu berücksichtigen.

Ausgangsdaten:
- Betrag: 3.252,68 €
- Von: Mo., 03.07.2017
- Bis: Mo., 03.07.2017
- Verzugszinssatz:
  - Verbrauchergeschäft (5 Prozentpunkte über Basiszinssatz)

Zeitraum	Tage	Zinssatz	Zinsertrag
03.07.2017 – 03.07.2017:	1	4.12 %	0,3672 €
Total:			
03.07.2017 – 03.07.2017:	1	**Zinsen:**	**0,3672 €**
		Ausgangsforderung:	**+ 3.252,6800 €**
		Gesamtforderung:	**= 3.253,0472 €**
Jeder Tag ab 04.07.2017:	1	4.12 %	0,3672 €

Ich bitte, den sich am Tag Ihrer Zahlung eventuell ergebenden Zinsbetrag ebenfalls auf das vorgenannte Konto zu zahlen.

▶ Hinweis:

Herausgabe einer Nutzungsentschädigung – wie die Rechtsprechung es ermöglicht hatte – sind durch das Anfechtungsgesetz 2017 ausgeschlossen: § 143 Abs. 1 InsO n.F.

Ich weise ausdrücklich darauf hin, dass mit schuldbefreiender Wirkung ausschließlich auf das vorbezeichnete Treuhandkonto geleistet werden kann.

Mit freundlichen Grüßen

....
Insolvenzverwalter/in

Anlage:
Eröffnungsbeschluss
...

Muster 26: Anfechtung Vollstreckung § 131 Abs. 1 Nr. 2 InsO

Adressat: Anfechtungsgegner 198

▶ Achtung: Steuerberichtigung bei erfolgreicher Anfechtung:

Bei **Anfechtung von Zahlungen, in denen Umsatzsteuer steckt** – also an Dienstleister u. Lieferanten – wird auch dieser Umsatzsteuerbetrag zurückverlangt. Dieser wurde aber vom Insolvenzschuldner als Vorsteuer geltend gemacht. Dieser **Vorsteuerabzug** ist nunmehr **zu korrigieren:** § 17 Abs. 2 Nr. 1 Satz 2 UStG (BFH, Urt. v. 15.12.2016 – V R 26/16 in WKRS 2016, 32853), d. H. Die Umsatzsteuer muss an das FinA gemeldet und sogar als **Masseverbindlichkeit** gem. § 55 Abs. 1 Nr. 1 InsO abgeführt werden.

Dafür braucht die **Buchhaltung einen Beleg**. Es reicht nicht nur das Anfechtungsschreiben, sondern die **ursprüngliche Rechnung** muss zu diesem Anfechtungsschreiben und damit zu den Kontoauszügen geheftet werden, weil daraus auch der Umsatzsteuersatz und der Betrag ersichtlich ist.

Bitte daher kontrollieren, ob die Rechnung vorhanden ist. Anderenfalls beim Schuldner anfordern: s. **Muster Nr. 22 »Anfechtung – Belege vom Schuldner«**.

Dies gilt auch für Anfechtung von Vollstreckungsmaßnahmen, denen umsatzsteuerpflichtige Leistungen zugrunde liegen.

Bei Anfechtungen gegenüber der **Finanzverwaltung und den Sozialversicherungsträgern werden keine gesonderten Belege** benötigt, weil in den Zahlungen keine Umsatzsteuer erhalten ist.

Insolvenzverfahren über das Vermögen der Firma .../des Herrn .../der Frau ...
Amtsgericht ...:... IN.../...
U.Z.: ... (*Ord.bez. u. Reg.Nr.*)

Ihr Zeichen: …

Sehr geehrte Damen und Herren,

mit Beschluss des Amtsgerichts – Insolvenzgericht – … vom … ist über das Vermögen der vorstehend näher bezeichneten *Firma/Person* das Insolvenzverfahren eröffnet und Herr/Frau …. zum/zur Insolvenzverwalter/in bestellt worden. Eine Kopie des Eröffnungsbeschlusses füge ich in der **Anlage** zu diesem Anschreiben zu Ihrer Kenntnisnahme bei.

Ausweislich der vorliegenden Unterlagen hat der Schuldner/die Schuldnerin am … eine Zahlung i.H.v. … EUR an die Zahlstelle des Hauptzollamtes … (Ort) aufgrund der Vollstreckungsankündigung vom … geleistet. Hintergrund für die Zahlung war die ausstehende Forderung an … (z. B. Beitrag für … (Zeitraum), Umsatzsteuerforderungen für … (Zeitraum)). Der Vollstreckungsankündigung war bereits am … eine Mahnung vorausgegangen, auf die keine Zahlung durch *den Schuldner/die Schuldnerin* erfolgte.

Diese vorgenannte Zahlung stellt eine anfechtbare Rechtshandlung nach den Regelungen in §§ 129, 131 Abs. 1 Nr. 2 InsO dar. Danach ist eine Rechtshandlung anfechtbar, die einem Insolvenzgläubiger eine Sicherung oder Befriedigung gewährt oder ermöglicht hat, die er nicht oder nicht in der Art oder nicht zu der Zeit zu beanspruchen hatte, wenn die Handlung innerhalb des zweiten oder dritten Monats vor dem Eröffnungsantrag vorgenommen worden ist und *der Schuldner/die Schuldnerin* zur Zeit der Handlung zahlungsunfähig war.

Der maßgebliche Insolvenzantrag ist am … beim Amtsgericht eingegangen, so dass die oben dargestellte Zahlung im anfechtbaren Zeitraum von drei Monaten vor dem Insolvenzantrag geleistet wurde. Zu diesem Zeitpunkt war *der Insolvenzschuldner/die Insolvenzschuldnerin* auch zahlungsunfähig. …

▶ Hinweis:

Es müssen Ausführungen zur Zahlungsunfähigkeit erfolgen. Hierzu kann Einsicht in das Gutachten genommen werden, in dem nähere Ausführungen zum Vorliegen und zum Zeitpunkt des Eintritts der Zahlungsunfähigkeit zu finden sind, weil die Zahlungsunfähigkeit als Insolvenzgrund i.d.R. zur Insolvenzeröffnung geführt hat.

Die Zahlungsunfähigkeit kann unabhängig von einem Liquiditätsstatus auch anhand der Insolvenztabelle belegt werden. Siehe nachstehendes Beispiel:

*»In der weiteren **Anlage** liegt eine Übersicht über die in die Insolvenztabelle aufgenommenen Forderungen bei. Darin ist vermerkt, aus welchem Zeitraum die angemeldeten Forderungen stammen. Von der Gesamtsumme der angemeldeten Forderungen i.H.v. … EUR bestand bereits ein Teil i.H.v … EUR zu Beginn des 3-Monats-Zeitraums am … Daran wird deutlich, dass bereits ein maßgeblicher Teil der Verbindlichkeiten am … (Beginn des 3-Monats-Zeitraums) fällig und nicht beglichen war und somit schon zu diesem Zeitpunkt Zahlungsunfähigkeit vorlag. Der BGH lässt schon eine solche Darstellung als Nachweis der vorliegenden Zahlungsunfähigkeit ausreichen (Urt. v. 06.12.2012 – IX ZR 3/12 Rn. 20, 21 in ZInsO 2013, 190; Urt. v. 29.03.2012 – IX ZR 40/10 Rn. 9, 10 in ZInsO 2012, 976; Urt. v. 30.06.2011 – IX ZR 134/10 Rn. 13 in ZInsO 2011, 1410).«*

Wie bereits oben dargestellt, erfolgte die Zahlung aufgrund der Vollstreckungsankündigungen des Hauptzollamtes … *(Ort)* und somit zur Abwendung von unmittelbar eingeleiteten Zwangsvollstreckungsmaßnahmen, so dass die Zahlung eine inkongruente Deckung darstellt. Nach ständiger Rechtsprechung ist eine Zahlung stets dann inkongruent, wenn sie im Wege der Zwangsvollstreckung erlangt wurde oder zur Abwendung einer angedrohten Zwangsvollstreckungsmaßnahme erfolgt ist (u.a. BGH, Urt. v. 07.04.2016 – IX ZR 145/15 Rn. 16 m.w.N. in ZInsO 2016, 1206; BGH, Urt. v. 20.01.2011 – IX ZR 8/10 Rn. 6 m.w.N. in ZInsO 2011, 423; Rogge/Leptien in: Hamburger Kommentar zum Insolvenzrecht, 7. Aufl. 2019, § 131 *Rn. 11*). Ob der Gläubiger bei der Entgegennahme des Zahlbetrages Kenntnis von der Zahlungsunfähigkeit hatte, ist unerheblich (Rogge/Leptien in: Hamburger Kommentar zum Insolvenzrecht, 7. Aufl. 2019, § 131 Rn. 41).

▶ Hinweis zur Gläubigerbenachteiligung:

Die erforderliche objektive Gläubigerbenachteiligung gem. § 129 InsO ist zu prüfen und festzustellen. Ausführungen hierzu können im ersten Anschreiben i.d.R. aber unterbleiben. Wenn der Anfechtungsgegner die fehlende Gläubigerbenachteiligung moniert, kann man immer noch erwidern.

Sollten zugunsten des Gläubigers zur Absonderung berechtigende Sicherheiten bestanden haben, kann dies die objektive Gläubigerbeeinträchtigung ausschließen, es sei denn, auch die Sicherheit ist anfechtbar, dann näheres ausführen.

Aufgrund der zuvor geschilderten anfechtbaren Rechtshandlung besteht damit zu Gunsten der Insolvenzmasse gem. § 143 Abs. 1 InsO ein Rückgewähranspruch in Höhe von insgesamt … EUR. Ich fordere Sie auf, den Betrag in Höhe von … **EUR** bis spätestens zum

…

(zwei Wochen)

auf das nachfolgende Treuhandkonto zu zahlen:

Bank: …

IBAN: …

BIC: …

Kontoinhaber: … als IV wg. … (Verf.bez.)

Verwendungszweck: Anfechtung …

Nach fruchtlosem Ablauf der Frist werden Sie sich mit der Zahlung im Verzug befinden und haben entsprechend §§ 286 Abs. 2 Nr. 1 BGB i.V.m. § 143 Abs. 1 Satz 3 InsO Verzugszinsen zu zahlen.

Nach §§ 291 BGB, 288 Abs. 1 BGB beträgt der Zinssatz 5 % (= Verbrauchergeschäft)/9 % (= Handelsgeschaft) über dem jeweiligen Basiszinssatz. Als Tageszinssatz ergibt sich folgender Betrag:

▶ Hinweis 1:

Änderung im Anfechtungsrecht per 05.04.2017: kein Zinsanspruch mehr seit Insolvenzeröffnung, sondern nur nach Verzugseintritt.

▶ Hinweis 2:

Nachfolgend nur ein Rechenbeispiel: Die individuellen Daten können über die Internetseite www.basiszinssatz.info errechnet, kopiert und hier eingesetzt werden.

▶ Hinweis 3:

Der Basiszinssatz verändert sich jeweils zum 01.01. und 01.07. eines Jahres gem. § 247 BGB. Von daher sind für längere Zinszeiträume unterschiedliche Zinssätze zu berücksichtigen.

Ausgangsdaten:
- Betrag: 3.252,68 €
- Von: Mo., 03.07.2017
- Bis: Mo., 03.07.2017
- Verzugszinssatz:
  - Verbrauchergeschäft (5 Prozentpunkte über Basiszinssatz)

Zeitraum	Tage	Zinssatz	Zinsertrag
03.07.2017 – 03.07.2017:	1	4.12 %	0,3672 €
Total:			
03.07.2017 – 03.07.2017:	1	**Zinsen:**	**0,3672 €**
		Ausgangsforderung:	**+ 3.252,6800 €**
		Gesamtforderung:	**= 3.253,0472 €**
Jeder Tag ab 04.07.2017:	1	4.12 %	0,3672 €

Ich bitte, den sich am Tag Ihrer Zahlung eventuell ergebenden Zinsbetrag ebenfalls auf das vorgenannte Konto zu zahlen.

▶ Hinweis:

Herausgabe einer Nutzungsentschädigung – wie die Rechtsprechung es ermöglicht hatte – sind durch das Anfechtungsgesetz 2017 ausgeschlossen: § 143 Abs. 1 InsO n.F.

Ich weise ausdrücklich darauf hin, dass mit schuldbefreiender Wirkung ausschließlich auf das vorbezeichnete Treuhandkonto geleistet werden kann.

Mit freundlichen Grüßen

……………………………………

Insolvenzverwalter/in

Anlagen:
Eröffnungsbeschluss
…

Muster 27: Kontoauszug SozV IFG-Bund – Anforderung

199 *Adressat: Sozialversicherungsträger*

Insolvenzverfahren über das Vermögen der Firma .../des Herrn .../der Frau ...
Amtsgericht ...:... IN.../...
U.Z.: ... (*Ord.bez. u. Reg.Nr.*)
Betriebsnummer....

Sehr geehrte Damen und Herren,

in obiger Angelegenheit bin ich am ... zum/zur Insolvenzverwalter/in über das Vermögen der vorgenannten Firma/Person bestellt worden. Eine Fotokopie des amtsgerichtlichen Beschlusses liegt in der **Anlage** zur Information anbei.

Ich bitte in dieser Eigenschaft um Übersendung von Speicherkontoauszügen für den Zeitraum ... bis...

Zum Anspruch auf entsprechende Akteneinsicht verweise ich auf § 1 Abs. 1 Satz 1 IFG Bund. Danach steht das Informationsrecht jedem ohne weitere Voraussetzung zu. Das Gesetz unterscheidet nicht danach, in welcher Eigenschaft, zu welchem Zweck, aus welchem Motiv oder aus welcher Verfahrensstellung heraus der Betroffene den Zugang zu amtlichen Informationen begehrt (*u.a. OVG Hamburg, 16.04.2012 – 5 Bf 241/10.Z. in ZInsO 2012, 989*).

Unter »amtlichen Informationen« i.S.v. § 1 Abs. 1 Satz 1 IFG Bund ist nach der Legaldefinition des § 2 Nr. 1 IFG Bund jede amtlichen Zwecken dienende Aufzeichnung unabhängig von der Art ihrer Speicherung zu verstehen (*OVG Hamburg, 16.04.2012 – 5 Bf 241/10.Z. in ZInsO 2012, 989*).

Das BVerwG hat im Hinblick auf ein Insolvenzverfahren entschieden, dass Bestimmungen der InsO über die Erteilung von Auskünften (§§ 97, 101 InsO) ebenso wenig wie § 242 BGB »Regelungen in anderen Rechtsvorschriften« i.S.v. § 1 Abs. 3 IFG Bund sind, die dem Informationsfreiheitsgesetz vorgehen (*BVerwG, 09.11.2010 – 7 B 43.10 in DVBl. 2011, 180, ZInsO 2011, 49*). Es hat in dieser Entscheidung das Auskunftsrecht des Insolvenzverwalters bestätigt.

Ein Anspruch könnte mit dem Hinweis auf nachteilige Auswirkungen auf ein laufendes Gerichtsverfahren verweigert werden (*BVerwG, 09.11.2010 – 7 B 43.10 in DVBl. 2011, 180, ZInsO 2011, 49*). Ein solches Verfahren ist vorliegend aber nicht anhängig.

Letztlich besteht sogar dann ein Anspruch, wenn sich aus den Informationen mögliche Anfechtungsansprüche gegen die jeweilige Behörde ergeben würden. Der Gesetzgeber hat mit dem IFG in Kauf genommen, dass Ansprüche aus der Insolvenzanfechtung gegen die öffentliche Hand unter erleichterten Bedingungen geltend gemacht werden können (*OVG Rheinland-Pfalz, 12.02.2010 – 10 A 11156/09.OVG in DStR 2010, 13, ZInsO 2010, 1708*).

Ich benötige die Informationen, um mir einen Überblick über sämtliche Zahlungsflüsse des Schuldners/der Schuldnerin und die insoweit erfolgten Verrechnungen und Umbuchungen zu verschaffen. Die erforderlichen Informationen lassen sich nicht ausreichend aus den mir vom Schuldner/von der Schuldnerin vorgelegten Unterlagen entnehmen, weil mir diese trotz mehrfacher Aufforderungen nicht vollständig vorgelegt wurden und auch keine ordnungsgemäße Buchführung vorliegt.

Ich bitte daher, dem Begehren zu entsprechen. Bezüglich möglicher Kosten verweise ich auf § 10 Abs. 1 Satz 2, Abs. 2 IFG i.V.m. § 7 BGebG, wonach für die Erteilung einfacher Auskünfte keine Gebühren und Auslagen zu erheben sind. Sollten Sie die Auskunft nicht als »einfach« einzustufen, bitte ich vor der Bearbeitung dieser Anfrage höflich um entsprechende Mitteilung.

Mit freundlichen Grüßen

....
Insolvenzverwalter/in

Anlage:
Eröffnungsbeschluss

▶ **Hinweis, Stand 5/2019**

In folgenden Bundesländern gibt es noch kein IFG – damit keinen Anspruch gegen Sozialversicherungsträger:

Bayern, Niedersachsen und Sachsen

Muster 28: Prüfvermerk Anfechtung

Prüfungsvermerk Anfechtung 200

in dem Insolvenzverfahren über das Vermögen der Firma .../des Herrn .../der Frau ...

Amtsgericht ...: .... IN .../....

zur Übergabe an Anwaltsabteilung

Name des Insolvenzverfahrens	*Vollständige Bezeichnung*
Anfechtungsgegner	*Vor- und Zuname, ggf. Anschrift*
Anfechtungssumme:	*ca.*
Unterlagen zu finden in:	*Ordner..., Rubrik...*
Beleg für spätere Vorsteuerberichtigung als Masseverbindlichkeit: (BFH, Urt. v. 15.12.2016 – V R 26/16 in WKRS 2016, 32853)	*Ursprungsrechnung liegt vor* *Ursprungsrechnung wurde beim Schuldner angefordert per ...*
Insolvenzschuldner ist vorsteuerabzugsberechtigt:	*Ja, weil juristische Person* *Ja, aber Privatperson: betriebliche Forderung wurde bezahlt und wird jetzt angefochten* *nein, weil private Forderung angefochten wird*
Stichwort zum Rechtsverhältnis:	*z. B. Kontokorrentkonto, Ratenzahlungsvereinbarung, Sozialversicherungsbeiträge, Vollstreckungen, Insolvenzanträge*
Sachverhaltsdarstellung/Rechtshandlung:	*Kurze Beschreibung, was passiert ist:*
Erstes Anschreiben schon erfolgt:	*Nein/ja, liegt anbei*
Anfechtungsgrund/Vorschrift:	*§§ 130 – 137 InsO*
Gläubigerbenachteiligung:	*z. B. Minderung der Vermögensmasse*
Ablauf der Verjährungsfrist:	*Tag/Monat/Jahr*
Kenntniserlangung von Anfechtungstatbeständen: *(nur wenn Anfechtungsfrist von drei Jahren verlängert werden soll)*	*Durch welche Information? Wann?*
Vormerkung von Vorfristen:	*Ist erledigt für jeweils den* *Tag/Monat/Jahr* *Tag/Monat/Jahr*
Zuständiges Gericht:	*Amts- oder Landgericht mit Ort*
Anlagen zur Klage:	*z. B.: sind vorbereitet und liegen anbei*
Prozesskostenhilfe:	*Ist erforderlich/ist nicht erforderlich*
Anlagen zum Prozesskostenhilfegesuch:	*z. B.: sind vorbereitet und liegen anbei*
Vermögensverhältnisse wurden geprüft und für positiv befunden:	*Ja/nein*

....
Ort/Datum

....
Unterschrift des Insolvenzsachbearbeiters

Musterübersicht Arbeitsverhältnisse

(Die Übersicht ist alphabetisch sortiert)

		Rdn.
Muster 29:	Arbeitnehmerliste für Insolvenzgeld	201
Muster 30:	Arbeitnehmerversammlung – Leitfaden	202
Muster 31:	Differenzlohn – Klärung – SV an AN	203
Muster 210 – 213:	Inhaltsverzeichnis jur. Person (*s. Muster Inhaltsverzeichnis*)	382
Muster 32:	Kündigung mit Freistellung und Verrechnung	204
Muster 33:	Kündigung (Mutterschutz, Elternzeit) – Zustimmung Landesbehörde	205
Muster 34:	Kündigung schwerbehinderter AN – Zustimmung Integrationsamt	206
Muster 35:	Massenentlassungen – Anzeige ggü. ArbA	207
Muster 36:	Rechtsstreit AN – Anfrage an Personalbuchhaltung	208
Muster 37:	Rechtsstreit AN – Erledigung durch Insolvenzgeld	209
Muster 38:	Rechtsstreit: Unterbrechung nach § 240 ZPO	210
Muster 217:	Rundschreiben an AN – Vorabinfo Insolvenzgeld (*s. Muster Insolvenzgeldvorfinanzierung*)	389

Muster 29: Arbeitnehmerliste für Insolvenzgeld

Insolvenzverfahren

Name des Schuldners:

Anschrift des Schuldners:

Für nachstehende Arbeitnehmer sind die Gehälter bzw. Löhne nicht gezahlt und es besteht Anspruch auf Insolvenzgeld. Die Arbeitnehmer wurden darüber informiert, dass sie bei ihrer zuständigen Agentur für Arbeit einen Antrag auf Insolvenzgeld stellen können. (Antragsfrist 2 Monate ab Insolvenzeröffnung)

Name	Vorname	Anschrift	Geb. Datum	Familienstand	Anzahl Kinder	Steuer-ID	Sozialversicherungsnummer	Betriebszugehörigkeit seit	Liegt eine Tarifgebundenheit vor?	Tätigkeit als	Einsatzort	mtl. Lohn-/ Gehaltshöhe in EUR brutto	mtl. Lohn-/ Gehaltshöhe in EUR netto	Art der Tätigkeit	ausstehende Löhne für die Monate	Kündigungsfrist (... Wochen / Monate zum Monatsende/ Quartalsende)	Arbeitsvertrag gekündigt zum	besonderer Kündigungsschutz (Schwerbehinderung, Mutterschutz, Betriebsrat etc.)	Klage gg. Kündigung	Anzahl der noch ausstehenden Urlaubstage	Bankverbindung (Name der Bank)	IBAN

Bitte auch Arbeitnehmer mit Krankengeldbezug aufführen (evtl. auch ausgesteuerte Arbeitnehmer = Langzeitkranke).

Bitte auch Arbeitnehmer aufführen, die sich in Elternzeit befinden (männlich und weiblich).

Bitte die Gehaltnachweise für alle Arbeitnehmer und Zeiträume sowie die Kündigungen beifügen.

....

Datum Unterschrift Schuldner

Muster 30: Arbeitnehmerversammlung – Leitfaden

202 Die Arbeitnehmer sind vom vorläufigen Insolvenzverwalter bzw. Insolvenzverwalter über folgendes zu informieren (GOI 35):
1. Sachstand
2. geplante Maßnahmen
3. Verfahrensoptionen
4. Insolvenzgeld /-vorfinanzierung
5. Behandlung von Überstunden
6. Behandlung von Urlaubsansprüchen
7. Altersteilzeit
8. Direktversicherungen

Information erfolgt am ….

Es wurde eine Teilnehmerliste herumgereicht und von den Teilnehmer gegengezeichnet.

……………………………..
Unterschrift

▶ Hinweis:

Beschäftigt das schuldnerische Unternehmen **mehr als 20 Arbeitnehmer**? Dann Anzeige nach § 163 Abs. 2 SGB IX wg. Meldung etwaiger schwerbehinderter Arbeitnehmer direkt nach Eröffnung fertigen und **Frist** für erneute Anzeige **für 31.03. des Folgejahres notieren**: s. Erläuterungen in Checkliste Arbeitsverhältnisse: Fehlende Fristeinhaltung ist eine Ordnungswidrigkeit.

Muster 31: Differenzlohn – Klärung – SS an AN

203 *Adressat: Arbeitnehmer/in*

▶ Achtung: MUZ ?

Anschreiben nur verwenden, wenn MUZ behoben ist. Ansonsten kein Anspruch der AN = Abfrage dann unnötige Arbeit

Insolvenzverfahren über das Vermögen der Firma …
Amtsgericht …: … IN …/…

Sehr geehrte Frau …,/sehr geehrter Herr …,

in der vorbezeichneten Angelegenheit nehme ich Bezug auf die meinerseits Ihnen gegenüber am … ausgesprochene Kündigung Ihres mit der Schuldnerin bestehenden Arbeitsverhältnisses.

Um eine abschließende Prüfung Ihres bisher wegen der eingetretenen und angezeigten Masseunzulänglichkeit gem. § 208 InsO offenen Lohn- bzw. Gehaltsanspruches gegen die Masse ermitteln zu können, möchte ich Sie bitten, mir mitzuteilen, welche Einkünfte Sie für den Zeitraum

… bis …

(ab Nichtzahlung des Lohnes bis zum Ablauf der Kündigungsfrist)

bezogen haben.

Bitte reichen Sie entsprechende Lohnnachweise oder Gehaltsabrechnungen eines etwaigen neuen Arbeitgebers, etwaige Arbeitslosengeldbescheide oder Nachweise über sonstige Einkünfte bei mir ein.

Des Weiteren bitte ich um Mitteilung einer aktuellen Bankverbindung, auf die der evtl. Lohn- bzw. Gehaltsanspruch ausgekehrt werden kann.

Ich bitte um Rückmeldung bis zum

…

(14 Tage einsetzen)

Die Bearbeitung der Auszahlung wird nach Eingang der Antworten sämtlicher Arbeitnehmer noch einige Zeit in Anspruch nehmen. Rechnen Sie bitte mit einem Bearbeitungszeitraum von ca. drei Monaten.

Für Rückfragen stehen wir Ihnen selbstverständlich gern zur Verfügung.

Mit freundlichen Grüßen

……………………………………
Insolvenzverwalter/in

Muster 32: Kündigung mit Freistellung und Verrechnung

Adressat: Arbeitnehmer/in 204

Insolvenzverfahren über das Vermögen der Firma ... mit dem Sitz in ...
Amtsgericht ...: ... IN .../...
Kündigung Ihres Arbeitsverhältnisses/Freistellung

Sehr geehrte Frau ..., /Sehr geehrter Herr ...,

mit Beschluss des Amtsgerichts – Insolvenzgericht – .... vom ... wurde das Insolvenzverfahren über das Vermögen der Firma ... eröffnet und *ich zum/zur Insolvenzverwalter/in* bestellt. Eine Fotokopie dieses Beschlusses liegt in der **Anlage** zur Ihrer Information anbei.

Hiermit kündige ich das mit Ihnen bestehende Arbeitsverhältnis ordentlich betriebsbedingt zum ..., hilfsweise zum nächstzulässigen Termin. Ich weise insoweit darauf hin, dass aufgrund der Insolvenzeröffnung unabhängig von der Dauer Ihrer Betriebszugehörigkeit die Kündigungsfrist gem. § 113 InsO längstens 3 Monate beträgt, wenn nicht eine kürzere Frist maßgeblich ist.

Wegen der Einstellung des Geschäftsbetriebes werden Sie hiermit gleichzeitig mit sofortiger Wirkung unwiderruflich und unter Anrechnung auf noch bestehende Urlaubsansprüche und Ansprüche auf Freizeitgewährung von Ihrer Tätigkeit freigestellt.

Übersteigt die Freistellungszeit die Resturlaubsdauer, erklären Sie sich damit einverstanden, sich gegenüber ihrem Vergütungsanspruch dasjenige anrechnen zu lassen, was Sie durch anderweitigen Einsatz Ihrer Arbeitskraft während des Laufes der Kündigungsfrist bei einem neuen Arbeitgeber erwerben. Insoweit verweise ich auf die Anrechnungsmöglichkeit nach den Regelungen in §§ 615 Satz 2, 254 Abs. 2 Satz 1 BGB.

Ihre Arbeitspapiere werden wir Ihnen in Kürze zur Verfügung stellen.

Im Übrigen teile ich Ihnen folgendes mit:

Nach § 38 Abs. 1 SGB III sind Personen, deren Arbeitsverhältnis endet, verpflichtet, sich spätestens drei Monate vor dessen Beendigung persönlich bei der Agentur für Arbeit arbeitsuchend zu melden. Zur Wahrung der Frist reicht eine Anzeige unter Angabe der persönlichen Daten und des Beendigungszeitpunktes aus, wenn die persönliche Meldung nach terminlicher Vereinbarung nachgeholt wird. Somit können Arbeitnehmer wählen, ob sie sich rechtzeitig persönlich in der Agentur für Arbeit arbeitsuchend melden oder – damit sie die gesetzlichen Fristen nicht versäumen – die Möglichkeit der telefonischen, schriftlichen oder Online-Anzeige (unter www.arbeitsagentur.de > Arbeitslos und Arbeit finden > So beantragen Sie Arbeitslosengeld) nutzen.

Eine Verletzung der Pflicht zur Meldung nach § 38 Abs. 1 SGB III kann zum Eintritt einer Sperrzeit führen.

Liegen zwischen der Kenntnis des Beendigungszeitpunktes und der Beendigung des Arbeitsverhältnisses weniger als drei Monate, hat die Meldung innerhalb von drei Tagen nach Kenntnis des Beendigungszeitpunktes zu erfolgen.

Die Pflicht zur Meldung besteht unabhängig davon, ob der Fortbestand des Arbeitsverhältnisses gerichtlich geltend gemacht wird. Auch wenn eine Weiterbeschäftigung vorgesehen ist, sind Sie zur Meldung verpflichtet, solange der Vertrag über den Fortbestand des Arbeitsverhältnisses noch nicht geschlossen wurde.

Für Ihren weiteren Lebensweg wünsche ich Ihnen alles Gute.

Mit freundlichen Grüßen

....
Insolvenzverwalter/in

Vorstehende Kündigung habe ich im Original am .... um .... Uhr erhalten.

....
(Unterschrift)

Ich bin mit der Anrechnung eines etwaigen anderweitigen Verdienstes während der Kündigungsfrist nach Freistellung gegenüber meinem Vergütungsanspruch einverstanden.

....
(Unterschrift)

Muster 33: Kündigung (Mutterschutz, Elternzeit) – Zustimmung Landesbehörde

▶ Achtung:

205 Es können Verwaltungskosten nach den Verwaltungskostengesetzen der Länder anfallen. Ggf. vorab klären. Ggf. MUZ erklären oder Verzicht beantragen (s. unten).

Adressat: Oberste Landesbehörde (s. § 17 Abs. 2 MuschG, § 18 Abs. 1 S. 5 BEEG)

Beispiel:
Bezirksregierung Münster
Domplatz 1 -3
48143 Münster

Insolvenzverfahren über das Vermögen der Firma... mit dem Sitz in ...
Amtsgericht...:... IN... /...
(U.Z.: »***Arbeitsverhältnisse...*** «)
Kündigung einer schwangeren Arbeitnehmerin/einer Arbeitnehmerin bzw. Arbeitnehmers in der Elternzeit

---

Sehr geehrte Damen und Herren,

hiermit zeige ich zunächst an, dass über das Vermögen der Firma ... mit dem Sitz in... das Insolvenzverfahren eröffnet und der/die Unterzeichner/in zum/zur Insolvenzverwalter/in bestellt worden ist. Eine Fotokopie des gerichtlichen Eröffnungsbeschlusses liegt in der **Anlage** zu Ihrer Information anbei.

Die Schuldnerin beschäftigt *die Arbeitnehmerin/den Arbeitnehmer*

....(Vor- und Zuname),

geb. am...

wohnhaft in...,

die/der sich seit dem... *im Mutterschutz/in Elternzeit* befindet, und zwar bis zum... Den entsprechenden Antrag *der Schuldnerin/des Schuldners* überreichen wir in der weiteren **Anlage.** Die Arbeitsvertragsparteien haben eine dem Antrag entsprechende Vereinbarung getroffen. Der Unterzeichner beantragt

bei Mutterschutz:
die Zustimmung zur ordentlichen Kündigung des mit *Frau/Herrn* ... bestehenden Arbeitsverhältnisses gemäß § 17 Abs. 2 MuSchG zu erteilen.

bei Erziehungsurlaub:
die Zustimmung zur ordentlichen Kündigung des mit *Frau/Herrn* ... bestehenden Arbeitsverhältnisses gemäß § 18 Abs. 1 S. 3, 4 BEEG zu erteilen.

Begründung:

Der Geschäftsbetrieb der Schuldnerin ist mit Wirkung zum ... endgültig stillgelegt worden. Da die Schuldnerin somit vollständig liquidiert werden muss, fallen sämtliche zuletzt bestehenden ... Arbeitsplätze weg. Soweit kein Sonderkündigungsschutz nach dem SGB IX, BEEG oder MuSchG besteht, ist gegenüber allen Beschäftigten bereits am... die ordentliche, betriebsbedingte Kündigung ausgesprochen bzw. das Arbeitsverhältnis mit Aufhebungsvertrag beendet worden, wobei die maximale Kündigungsfrist drei Monate gemäß § 113 InsO beträgt.

Frau/Herr ... hat für *ihre/seine Tochter/Sohn* ..., geb. am ..., Elternzeit für ... Jahre beantragt, und zwar beginnend mit dem ...

Frau/Herr ... war während ihres Mutterschutzes und der der sich anschließenden Elternzeit/ihrer/seiner Elternzeit im Betrieb der Schuldnerin nicht beschäftigt. Von den Kündigungen ist lediglich ... (bspw. eine weitere Mitarbeiterin in Elternzeit) betroffen. Die Kündigungen sollen unverzüglich nach Vorlage der beantragten Zustimmung ausgesprochen werden.

Sämtliche gekündigten Mitarbeiter sind mit dem Tag der Kündigung von ihrer Arbeitsverpflichtung freigestellt worden, bis auf ... Mitarbeiter, die für noch dringend durchzuführende Abwicklungsarbeiten benötigt werden.

Bei dem zuständigen Arbeitsamt wurde die Massenentlassungsanzeige nach § 17 KSchG am ... eingereicht; eine Entscheidung hierüber liegt noch nicht vor.

Infolge der Insolvenzeröffnung und der nunmehr durchgeführten endgültigen Betriebsstilllegung liegen die Voraussetzungen des § 17 Abs. 2 MuSchG/§ 18 Abs. 1 S. 2 BEEG vor.

Die Schuldnerin/der Schuldner war in der Betriebsstätte ... (*Straße, Ort*) der Schuldnerin als ... beschäftigt. Ihr Tätigkeitsfeld war ...

Der/Die Ansprechpartner/in in der Personalvertretung ist … *Herr/Frau* … Sie ist in der vorgenannten Betriebsstätte unter der Tel.: … erreichbar.

Für weitere Auskünfte steht Ihnen der Unterzeichner gerne zur Verfügung.

Eine Ausfertigung des Antrages zwecks Zustellung an… (*Schuldnerin/Schuldner*) haben wir **beigefügt**.

Bei fehlender Kostendeckung:

Abschließend darf ich darauf hinweisen, dass im vorliegenden Verfahren kein ausreichender Massebestand vorhanden ist, um etwaige Verwaltungskosten tragen zu können. Bei einem etwaigen Kostenbescheid müsste Masseunzulänglichkeit gem. § 209 InsO angezeigt werden. Es wird daher angefragt, ob die Bereitschaft besteht, auf die Geltendmachung etwaiger Verwaltungskosten zu verzichten.

Mit freundlichen Grüßen

…………………………………..

Insolvenzverwalter/in

▶ Hinweis:

Der Antrag kann **formlos** gestellt werden. Ein Vordruck ist nicht erforderlich. Es müssen jedoch die oben ersichtlichen Angaben gemacht werden. Vor allem ist auch eine Begründung abzugeben. Fristen zur Antragstellung sind im Rahmen einer ordentlichen Kündigung (Einhaltung der Kündigungsfrist) nicht einzuhalten.

Muster 34: Kündigung schwerbehinderter AN – Zustimmung Integrationsamt

▶ Achtung:

Es können **Verwaltungskosten** nach den Verwaltungskostengesetzen der Länder anfallen. Ggf. vorab klären. Ggf. MUZ 206
erklären oder Verzicht beantragen (s. unten).

▶ Hinweis:

Bei der Beschäftigung von **schwerbehinderten Arbeitnehmern** ist die Frist für die Anzeige nach § 163 Abs. 2 SGB IX **am 31.03. zu beachten:** s. Erläuterungen in Checkliste Arbeitsverhältnisse: Fehlende Fristeinhaltung ist Ordnungswidrigkeit.

Adressat: Integrationsamt beim zuständigen Landwirtschaftsverband

Beispiel:
Landwirtschaftsverband Westfalen-Lippe
- Integrationsamt -
Freiherr-vom-Stein-Platz 1
48133 Münster

Insolvenzverfahren über das Vermögen der Firma… mit dem Sitz in…
Amtsgericht …:… **IN… /…**
(U.Z.: »***Arbeitsverhältnisse…*** «)
Kündigung einer/s schwerbehinderten Arbeitnehmerin/s

Sehr geehrte Damen und Herren,

hiermit zeige ich zunächst an, dass über das Vermögen der im Betreff genannten Firma das Insolvenzverfahren eröffnet und ich *zum/zur Insolvenzverwalter/in* bestellt worden bin. Eine Fotokopie des gerichtlichen Eröffnungsbeschlusses liegt in der **Anlage** zu Ihrer Information anbei.

Die Schuldnerin beschäftigt *den/die Arbeitnehmer/in*

…. (Vor- und Zuname),

geb. am…,

wohnhaft in…,

die zu… % schwerbehindert ist. Das Arbeitsverhältnis soll unter Einhaltung der Kündigungsfrist am… zum… gekündigt werden. Dies geschieht vor dem Hintergrund, dass der schuldnerische Betrieb aufgrund der Insolvenzsituation eingestellt werden musste. Hierzu überreiche ich mein Gutachten vom …, das Grundlage für die Insolvenzeröffnung war, mit näheren Angaben. Die Gewerbeabmeldung ist am … erfolgt. Eine Fotokopie der Abmeldung ist ebenfalls **anliegend** beigefügt.

Ich beantrage hiermit die Erteilung Ihrer Zustimmung zur Kündigung und überreiche in der weiteren **Anlage** den Antrag auf dem offiziellen Formular mit den erforderlichen Angaben.

Sollten Sie weitergehende Informationen benötigen, stehen wir dafür gerne zur Verfügung.

Bei fehlender Kostendeckung:

Abschließend darf ich darauf hinweisen, dass im vorliegenden Verfahren kein ausreichender Massebestand vorhanden ist, um etwaige Verwaltungskosten tragen zu können. Bei einem etwaigen Kostenbescheid müsste Masseunzulänglichkeit gem. § 209 InsO angezeigt werden. Es wird daher angefragt, ob die Bereitschaft besteht, auf die Geltendmachung etwaiger Verwaltungskosten zu verzichten.

Mit freundlichen Grüßen

....
Insolvenzverwalter/in

Anlage:
Eröffnungsbeschluss
Antrag auf amtlichem Formular
ggf. Gutachten
ggf. Gewerbeabmeldung

▶ Hinweis:

Es gibt im Internet ein **Formular des Integrationsamtes**, das für den Antrag verwendet werden soll. Die Begründung hat nach den Ausführungen in diesem Formular gesondert zu erfolgen. Daher wird das vorstehende Schreiben benötigt. Die weiteren Angaben ergeben sich aus dem Formular, das über www.lwl-integrationsamt.de > Formulare heruntergeladen werden kann.

Muster 35: Massenentlassungen – Anzeige ggü. ArbA

207 *Adressat: Bundesagentur für Arbeit*

Insolvenzverfahren über das Vermögen der Firma… mit dem Sitz in…
Amtsgericht….: … IN… /…
Anzeige von Massenentlassungen
(U.Z.: »*Arbeitsverhältnisse*… «)
Betriebsnummer: …

Sehr geehrte Damen und Herren,

hiermit zeige ich an, dass über das Vermögen der Firma… mit dem Sitz in… das Insolvenzverfahren eröffnet und *ich zum/zur Insolvenzverwalter/in* bestellt worden bin. Eine Fotokopie des amtsgerichtlichen Beschlusses liegt in der **Anlage** zu Ihrer Information anbei.

Bedauerlicherweise bin ich gezwungen, eine Massenentlassung vornehmen zu müssen. In der weiteren **Anlage** überreiche ich entsprechend das ausgefüllte Formular für die Anzeige von Massenentlassungen nebst den dazugehörigen Anlagen.

▶ Hinweis:

Das Formular »Entlassungsanzeige« kann über www.arbeitsagentur.de heruntergeladen werden.

Mit freundlichen Grüßen

....
Insolvenzverwalter/in

Anlagen:
Eröffnungsbeschluss
Formular »Anzeige Massenentlassung« nebst erforderlichen Anlagen

▶ Bearbeitungshinweis:

Siehe zwecks Ausfüllung der Formulare und Anlagen in Pohlner, »Die Durchführung einer Massenentlassungsanzeige anhand eines Praxisbeispiels«, Teil 1: InsbürO 2013, 49 ff., Teil 2: InsbürO 2013, 91 ff.

Muster 36: Rechtsstreit AN – Anfrage an Personalbuchhaltung

Aktenvermerk für Buchhaltung in Sachen... betr. Insolvenzgeldzahlungen 208

▶ Hinweis:

Die Insolvenzgeldbescheinigungen sind im **Ordner »Arbeitsverhältnisse«** abgeheftet. Aus einer solchen kann man genau ersehen, welche offenen Lohn- bzw. Gehaltszahlungen bescheinigt wurden. Dadurch kann sich die Frage ggf. relativ leicht erledigen und die Buchhaltung muss ggf. nur bei schwierigen, nicht aufzuklärenden Sachverhalten Unterstützung leisten.

Der Arbeitnehmer/die Arbeitnehmerin ... hat den schuldnerischen Betrieb ... auf Zahlung von rückständigem Lohn/Gehalt verklagt. Die ersten Seiten der Klageschrift liegen zur Information anbei. Aus dem Klageantrag zu 1) ist zu entnehmen, in welcher Höhe für welche Monate ein Zahlungsanspruch begehrt wird. Ich bitte zu prüfen, ob dieser Anspruch mit der Insolvenzgeldzahlung der Agentur für Arbeit identisch ist und sich damit ggf. erledigt hat. Dann könnte der Rechtsstreit beendet werden.

Falls eine Differenz besteht, bitte ich, diese genau zu benennen. In welchem Monat wurde weniger gezahlt? Kann diese Differenz ggf. zur Insolvenztabelle festgestellt werden?

..., den...

....
(Name des Insolvenzsachbearbeiters)

Muster 37: Rechtsstreit AN – Erledigung durch Insolvenzgeld

Adressat: Prozessgericht 209

In dem Rechtsstreit
...../. ... als IV über das Vermögen der ...
Az.:...

---

ist über das Vermögen der Beklagten bekanntlich das Insolvenzverfahren anhängig. *Die Klägerin/der Kläger* macht mit dem Klageanspruch die Zahlung von rückständigem *Lohn/Gehalt* für die Monate... geltend. Dieser *Lohn-/Gehaltsanspruch* ist durch die Insolvenzgeldzahlungen der Agentur für Arbeit gedeckt und zwischenzeitlich erfüllt worden. Ein weiterer Anspruch *der Klägerin/des Klägers* besteht nicht mehr. *Die Klägerin/der Kläger* mag die Klage daher zurücknehmen.

....
Insolvenzverwalter/in

Muster 38: Rechtsstreit – Unterbrechung nach § 240 ZPO

Adressat: Prozessgericht 210

In dem Rechtsstreit
...../. ...
Az.:...

---

zeige ich an, dass über das Vermögen des Klägers/der Klägerin / der Beklagten/des Beklagten am... das Insolvenzverfahren eröffnet wurde. Eine Fotokopie des amtsgerichtlichen Eröffnungsbeschlusses liegt in der **Anlage** zur Information anbei.

Ich bitte, die Verfahrensunterbrechung nach § 240 ZPO zu beachten.

....
Insolvenzverwalter/in

Anlage:
Eröffnungsbeschluss

▶ Hinweis:

Bei vorliegender Terminanberaumung oder laufenden Fristen: Aufhebung bzw. Aussetzung dringend kontrollieren! Wiedervorlage notieren!

Musterübersicht Ausschüttungsberichte

(Die Übersicht ist alphabetisch sortiert)

		Rdn.
Muster 39:	Ausschüttungsbericht § 53 InsO	211
Muster 40:	Ausschüttungsbericht Insolvenzplan	212
Muster 41:	Ausschüttungsbericht Masselosigkeit	213
Muster 42:	Ausschüttungsbericht Masseunzulänglichkeit	214
Muster 43:	Ausschüttungsbericht RSB-Phase	215
Muster 344:	Kontoauflösung – Simulation – E-Mail-Anfrage (*s. Muster Treuhandkonto*)	516
Muster 44:	Kurzmitteilung (bei Kostenstundung)- geringe Einnahmen	216
Muster 45:	Kurzmitteilung – fehlende Einnahmen	217

Muster 39: Ausschüttungsbericht § 53 InsO

211 *Adressat: Insolvenzgericht*

▶ Hinweis:

Siehe auch Checkliste »Ausschüttung – Vorbereitung durch Sachbearbeiter« mit weiteren Prüfungskriterien

Insolvenzverfahren über das Vermögen der/des Firma/Frau/Herrn …,
Geschäftszeichen: … ***IN/IK*** **…/…**

Sehr geehrte Frau Rechtspflegerin …,/sehr geehrter Herr Rechtspfleger …,

über die Verteilung der Masse berichte ich wie folgt:

1. Kontostand Schlussbericht
   Das Guthaben auf dem Treuhandkonto mit der IBAN … bei der … (*Bank*) betrug zum Stichtag der Schlussrechnungslegung am …

   …. EUR

2. Nicht liquidiertes Vermögen
   Nicht liquidiertes Vermögen war ausweislich der Ausführungen im Schlussbericht nicht mehr vorhanden.

   [Alternative Vermögen vorhanden, Verwertung nun erfolgt:
   Zum Zeitpunkt der Erstellung des Schlussberichtes waren noch … vorhanden. Zwischenzeitlich konnte eine *Realisierung/Verwertung* erfolgen. Die erzielten Einnahmen werden nachfolgend dargestellt.]

   [Alternative Vermögen vorhanden, keine Verwertung:
   Zum Zeitpunkt der Erstellung des Schlussberichtes waren noch … vorhanden. Die Gläubigerversammlung hat im Schlusstermin gem. § 197 Abs. 1 InsO entschieden, dass es sich um einen nicht verwertbaren Gegenstand handelt, so dass die Entsorgung durchgeführt werden konnte.]

   Übertrag verfügbarer Massebestand … EUR

3. Information zu Rückstellungen

   [Rückstellung für Masseverbindlichkeit:
   In der Schlussrechnung vom … wurde eine Rückstellung i.H.v. … EUR für … gebildet. Diese wurde – wie aus der beigefügten Summen- und Saldenliste ersichtlich – auch tatsächlich i.H.v. … EUR benötigt und die Kosten insoweit bezahlt. *(ggf. siehe weitere Rückstellung für RSB-Phase nachfolgend). Der Restbetrag stand zur Verteilung an die Insolvenzgläubiger zur Verfügung.]*

   [Alternative Rückstellung, aber nicht gebraucht:
   In der Schlussrechnung vom … wurde eine Rückstellung i.H.v. … EUR für … gebildet. Der Sachverhalt hat sich allerdings nicht bestätigt, weil …. Der Betrag wurde somit nicht benötigt und stand zur Verteilung an die Insolvenzgläubiger zur Verfügung.]

   [Alternative Rückstellung für RSB-Phase:
   Ausweislich der Schlussrechnung wurde *darüber hinaus* aufgrund der BGH-Rechtsprechung (Beschl. v. 20.11.2014 – IX ZB 16/14 in ZInsO 2015, 28, WKRS 2014, 27348) eine *weitere* Rückstellung für die Kosten der RSB-Phase i.H.v.… EUR gebildet. Dieser Betrag wurde bei der nachstehend näher erläuterten Ausschüttung entsprechend berücksichtigt.]

   [Alternative keine Rückstellung:
   Rückstellungen wurden ausweislich der Schlussrechnung nicht gebildet.]

4. Rückzahlung Kostenvorschuss
Von *Herrn/Frau … (Gläubiger/Schuldner)* wurde ein Kostenvorschuss gem. § 26 Abs. 1 InsO i.H.v. … EUR gezahlt. Dieser Vorschuss war zu erstatten. Die Auszahlung ist am … erfolgt.

▶ Achtung:

– Prüfung, ob Kostenvorschuss geleistet wurde: eigene Konten oder Gerichtskostenrechnung einsehen
– ggf. Erstattung an Leistenden schon gem. § 26 Abs. 3 InsO durch Vertretungsorgan erfolgt

[Alternative kein Kostenvorschuss:
Ein Kostenvorschuss gem. § 26 Abs. 1 InsO wurde im hiesigen Verfahren nicht geleistet und musste entsprechend auch nicht aus der Insolvenzmasse zurückgezahlt werden.]

5. Einnahmen und Ausgaben nach Schlussrechnungslegung
Nach Einreichung der Schlussrechnung wurden noch weitere Einnahmen realisiert und – *wie vorstehend tlw. schon erläutert* – Ausgaben getätigt. Insoweit wird auf die **anliegende** Summen- und Saldenliste für den Zeitraum seit Schlussrechnungslegung verwiesen. Die Gesamteinnahmen und –ausgaben ergeben sich entsprechend wie folgt:

▶ Achtung:

Bitte kontrollieren, ob die Buchungen in der Software aktuell sind oder ggf. noch Kontoauszüge nachgebucht werden müssen.

Einnahmen insgesamt	… EUR
Ausgaben insgesamt	… EUR
verbleibender Massebestand	… EUR

Eine aktualisierte Summen- und Saldenliste über den gesamten Zeitraum – also inkl. des Zeitraums nach Schlussrechnungslegung – wird ebenfalls in der **Anlage** überreicht.

▶ Achtung – Kontoführungsgebühren:

Für den laufenden Monat und bis zur Schließung des Kontos können ggf. noch Kontoführungsgebühren anfallen. Außerdem sind die Überweisungen an die Gläubiger zur Ausschüttung der Quote kostenpflichtig. Gesamtbetrag der anfallenden Kosten ermitteln und von dem vorstehenden Massebestand in Abzug bringen: s. Simulation der Kontoauflösung – Muster 344.

Von diesem Betrag waren noch Kontoführungsgebühren für den laufenden *und nächsten Monat* (*bei Überschreitung der Monatsgrenze*) sowie Kosten für die Überweisungen der Quotenbeträge an die Gläubiger in Abzug zu bringen. Insgesamt wurde ein Betrag i.H.v. … EUR ermittelt. Damit verblieb eine Gesamtsumme zur Ausschüttung
i.H.v. **…EUR**

6. Auszahlungssumme an Insolvenzgläubiger
Zur Verteilung an die Insolvenzgläubiger stand nach vorstehenden Ausführungen insgesamt ein Betrag
i.H.v. **…EUR**
zur Verfügung.

▶ Hinweis bzgl. Bauabzugssteuer:

Sollte einer Forderung eine Bauleistung zugrunde liegen, müssen 15 % Bauabzugssteuer von der Bruttoforderung (!) an das FinA abgeführt werden oder eine aktuelle Freistellungsbescheinigung vorliegen. Abfrage Freistellungsbescheinigung ist über das Bundeszentralamt für Steuern möglich: s. Checkliste Verteilung

Daher: Quote ggf. nicht voll auszahlen! Filter nach Beteiligtenart setzen und Gläubiger mit Bauleistungen ermitteln!

7. Berücksichtigung von Arbeitnehmerforderungen

festgestellte Arbeitnehmerforderungen:
Bei den vorhandenen Insolvenzgläubigern handelt es sich in … (*Anzahl*) Fällen um Arbeitnehmer. Bei der Auszahlung einer Quote an diese ist zu beachten, dass die darauf entfallende Lohnsteuer an die Finanzverwaltung abzuführen ist (§ 38 Abs. 3 EStG i.V.m. § 41a Abs. 1 EStG = Zufluss-Prinzip). Die entsprechend erfolgte gesonderte Zahlung an die Finanzverwaltung ist aus der Summen- und Saldenliste sowie dem dazugehörigen Sachkontenblatt ersichtlich. Die erforderlichen Sozialversicherungsbeiträge sind über die Forderungsanmeldungen der Sozialversicherungsträger und die dorthin gezahlte Quote berücksichtigt worden.

▶ Hinweis:

Es fällt in der Steuerklasse VI bei der Auszahlung ab 10,00 EUR Lohnsteuer an, so dass die Lohnsteuer bei Quotenzahlungen an Arbeitnehmer unbedingt berücksichtigt und abgeführt werden muss.

keine (festgestellten) Arbeitnehmerforderungen:
Arbeitnehmerforderungen und damit eine etwaige gesonderte Lohnsteuerzahlung gem. § 38 Abs. 3 EStG i.V.m. § 41a Abs. 1 EStG waren bei der Verteilung vorliegend nicht zu berücksichtigen.

8. Berücksichtigung von bestrittenen Forderungen mit Titeln
Titulierte Forderungen werden nicht bzw. nicht mehr bestritten. § 179 Abs. 2 i.V.m. § 189 Abs. 1 InsO ist daher nicht anzuwenden.

[Alternative bei fehlender Vorlage des Originaltitels:
Es wird die unter der Tab.-Nr. ... angemeldete Forderung bestritten. Die Rechtsfolgen der §§ 179 Abs. 2, 184 Abs. 2 InsO greifen hier jedoch nicht, weil das Original des Vollstreckungstitels nicht fristgerecht bis zum Prüfungstag bzw. Prüfungsstichtag vorgelegt wurde.]

[Alternative bei bestrittenen verjährten Zinsen:
Von einer titulierten Forderung (Tab.-Nr. ...) wird ein Teil der angemeldeten Zinsen wegen Verjährung gem. § 197 Abs. 2 i.V.m. § 195 BGB bestritten. Der Gläubiger wurde hierüber informiert. Eine Feststellungsklage mit dem Nachweis über einen etwaigen Neubeginn der Verjährung gem. § 212 Abs. 1 BGB wurde nicht erhoben. Die reine Vorlage solcher Nachweise innerhalb der Frist des § 189 InsO hätte grundsätzlich auch nicht mehr zu einer Änderung des Schlussverzeichnisses geführt (*BGH, 20.03.2007 – IX ZB 8/05* Rn. 10 *in ZInsO 2007, 493*). Solche wurden aber auch nicht vorgelegt. § 179 Abs. 2 i.V.m. § 189 Abs. 1 InsO ist nicht anzuwenden.]

9. Verteilung auf Forderungen nach § 38 InsO
Durch den vorstehend genannten zur Verteilung verfügbaren Betrag konnte auf die Gesamtsumme der festgestellten Forderungen in Höhe von... EUR eine Quote von ... % gezahlt werden.

▶ Hinweis:

Stimmt die Summe lt. Tabellenstatistik aus der Software mit der veröffentlichten Summe (= Veröffentlichung einsehen: www.insolvenzbekanntmachungen.de) überein? Wenn nein: Woher kommt die Abweichung? Prüfen!

Bezüglich der einzelnen Überweisungen an die jeweiligen Gläubiger wird auf das beiliegende Verteilungsverzeichnis und den Ausschüttungsnachweis verwiesen, auf deren Basis die Auszahlungen vorgenommen wurden.

Vorsteuererstattung aus Quotenzahlung:
Insoweit sei darauf hingewiesen, dass durch die erfolgte Quotenzahlung Gelder an Dienstleister und Lieferanten auf ihre geltend gemachten Forderungen gezahlt wurden, die mit Umsatzsteuer belegt waren. Daher wurde gegenüber der Finanzverwaltung eine Umsatzsteuerberichtigung gem. § 17 Abs. 2 Nr. 1 Satz 2 UStG erklärt, mit der die gezahlte Quote auf die Umsatzsteuer als gezahlte Vorsteuer geltend gemacht wurde, was zu einem Erstattungsbetrag i.H.v. ... EUR geführt hat, der am ... auf dem Treuhandkonto eingegangen ist und zu einer weiteren Quotenzahlung i.H.v. ... EUR geführt hat.

▶ Hinweis:

Es muss das amtliche Formular zur Vorsteuerberichtigung verwendet werden.

Keine Vorsteuererstattung durch Quotenzahlung:
Insoweit sei darauf hingewiesen, dass durch die erfolgte Quotenzahlung Gelder an Dienstleister und Lieferanten auf ihre geltend gemachten Forderungen gezahlt wurden, die mit Umsatzsteuer belegt waren. Daher hätte gegenüber der Finanzverwaltung eine Umsatzsteuerberichtigung gem. § 17 Abs. 2 Nr. 1 Satz 2 UStG erklärt werden können, mit der die gezahlte Quote auf die Umsatzsteuer als gezahlte Vorsteuer geltend zu machen gewesen wäre. Es hätte sich eine weitere Quote in Höhe von ... % ergeben, die aber angesichts der Zusammensetzung der Gläubigerforderungen zu keinen adäquaten Auszahlungsbeträgen geführt hätte. Auf die größte Gläubigerforderung wäre ein Betrag i.H.v. ... EUR geflossen. Von daher wurde von diesem Vorgehen Abstand genommen.

▶ Hinweis:

Welche Auszahlungsbeträge sinnvoll sind, ist im Einzelfall zu untersuchen. Bekommen bspw. sechs Gläubiger Beträge unter 1,00 EUR, aber ein Gläubiger über 130,00 EUR, dürfte eine Verpflichtung zur Abgabe der Umsatzsteuerkorrektur bestehen.

Ein Massebestand ist nun nicht mehr vorhanden.

▶ Hinweis:

Hier sollte kein Betrag mehr verbleiben, da der Restmassebestand komplett an die Gläubiger verteilt werden sollte, um nach der Verteilung das Treuhandkonto schließen zu können! Wenn es Rückstellungen bspw. für die RSB-Phase gibt, sind diese zu nennen: s. nachfolgend.

[Alternative für Rückstellungen:
Aufgrund der zu bildenden Rückstellungen verbleibt ein Massebestand in Höhe von ... EUR.]

10. Hinweis zu erfolgten Rückbuchungen

▶ Hinweis:

Sinnvoll ist es, Gläubiger vorab über die beabsichtigte Ausschüttung zu informieren und ihnen die Möglichkeit zu geben, eine geänderte Kontoverbindung zu benennen. Siehe hierzu in das Muster Nr. 370 »Verteilung: Auszahlungsmitteilung an Gläubiger«.

Vor dem Hintergrund sich inzwischen geänderter Bankverbindungen sind einige Rückbuchungen von Quotenzahlungen erfolgt. Nachdem die entsprechenden neuen Bankverbindungen in Erfahrung gebracht wurden, sind die Quotenbeträge erneut an die Gläubiger überwiesen worden. Es handelt sich im Einzelnen um folgende Beträge:

Lfd. Tab.-Nr.	Name des Gläubigers	Betrag in EUR	Datum Rückbuchung	Datum erneute Auszahlung

▶ Hinweis:

Diese Ausführungen dienen dem/der Rechtspfleger/in zum besseren Verständnis, aber auch vor allem der Selbstkontrolle und sind natürlich nur dann erforderlich, wenn es solche Rückbuchungen gegeben hat.

11. Original-Kontoauszüge etc.

Der Nachweis über die Ausschüttung ergibt sich aus folgenden Unterlagen, die dem Ausschüttungsbericht beigefügt sind:

- Summen- und Saldenliste
- Sachkontenblätter
- Buchungsjournal chronologisch
- Original-Kontoauszüge nebst Belegen *(Nr..../20... bis.../20...)*
- Verteilungsverzeichnis (= Quotenübersicht)
- Ausschüttungsnachweis (= Übersicht der einzelnen Bankkonten)

Diese Unterlagen beziehen sich auf den Zeitraum ab Einreichung des Schlussberichtes und dem dort aufgeführten letzten Buchungsstichtag per ...

▶ Achtung:

Online-Auszüge über Nullstellung bzw. über Ausschüttung können übermittelt werden, aber der Original-Auszug muss je nach Wunsch des Gerichtes hinterher geschickt werden.

[Alternative – kein Originalkontoauszug Nullstellung:
Es wird darauf hingewiesen, dass der letzte Kontoauszug nur ein Online-Kontoauszug ist. Das Original des Kontoauszuges mit dem Nachweis der Nullkontostellung wird kurzfristig nachgereicht werden.]

Es wird höflich um Rücksendung der Auszüge nach erfolgter Prüfung gebeten.

12. Verfahrensaufhebung

Ich bitte, das Insolvenzverfahren nunmehr gem. § 200 InsO aufzuheben. *Die Bestallungsurkunde ist diesem Bericht im Original beigefügt (wird häufig schon vorher überreicht).*

13. Nachtragsverteilung

Ich bitte allerdings, den Insolvenzbeschlag für... aufrecht zu erhalten und verweise insoweit auf die Ausführungen im Schlussbericht auf S. ...

▶ Hinweis:

Diesen Gliederungspunkt nur drin lassen, wenn im Schlussbericht ein entsprechender Antrag gestellt wurde.

Mit freundlichen Grüßen

....

Insolvenzverwalter/in

Anlagen:
Siehe vorstehende Auflistung

Muster 40: Ausschüttungsbericht – Insolvenzplanverfahren

212 *Adressat: Insolvenzgericht*

▶ **Hinweis:**

Siehe auch Checkliste »Ausschüttung – Vorbereitung durch Sachbearbeiter« mit weiteren Prüfungskriterien

Insolvenzverfahren über das Vermögen der Firma .../des Herrn .../ der Frau...
Geschäftszeichen: .... *IN/IK .../...*

Sehr geehrte Frau Rechtspflegerin ....,/sehr geehrter Herr Rechtspfleger ....,

über die Ausschüttung der Masse darf ich wie folgt berichten:

1. Kontostand Schlussbericht
Das Guthaben auf dem Treuhandkonto mit der IBAN ... bei der ... (Bank) betrug zum Stichtag der Schlussrechnungslegung am ...

... EUR.

2. Information zu Rückstellungen
Rückstellung für Masseverbindlichkeit:
In der Schlussrechnung vom ... wurde eine Rückstellung i.H.v. ... EUR für ... gebildet. Diese wurde – wie aus der beigefügten Summen- und Saldenliste ersichtlich – auch tatsächlich i.H.v. ... EUR benötigt und die Kosten insoweit bezahlt. *Der Restbetrag stand zur Verteilung an die Insolvenzgläubiger zur Verfügung.*

[Alternative Rückstellung, aber nicht gebraucht:
In der Schlussrechnung vom ... wurde eine Rückstellung i.H.v. ... EUR für ... gebildet. Der Sachverhalt hat sich allerdings nicht bestätigt, weil .... Der Betrag wurde somit nicht benötigt und stand zur Verteilung an die Insolvenzgläubiger zur Verfügung.]

[Alternative keine Rückstellung:
Rückstellungen wurden ausweislich der Schlussrechnung nicht gebildet.]

3. Rückzahlung Kostenvorschuss
Von *Herrn/Frau ... (Gläubiger/Schuldner)* wurde ein Kostenvorschuss gem. § 26 Abs. 1 InsO i.H.v. ... EUR gezahlt. Dieser Vorschuss war zu erstatten. Die Auszahlung ist am ... erfolgt.

▶ **Achtung:**

– Prüfung, ob Kostenvorschuss geleistet wurde: eigene Konten oder Gerichtskostenrechnung einsehen
– ggf. Erstattung an Leistenden schon gem. § 26 Abs. 3 InsO durch Vertretungsorgan erfolgt

[Alternative kein Kostenvorschuss:
Ein Kostenvorschuss gem. § 26 Abs. 1 InsO wurde im hiesigen Verfahren nicht geleistet und musste entsprechend auch nicht aus der Insolvenzmasse zurückgezahlt werden.]

4. Einnahmen nach Einreichung Schlussbericht
Nach Einreichung des Schlussberichtes wurden noch einige Einnahmen realisiert. Insoweit wird auf die anliegende verdichtete Summen- und Saldenliste verwiesen, der diese Einnahmen nach Sachbereichen sortiert im Einzelnen zu entnehmen sind. Hierbei handelt es sich insbesondere um Einnahmen aus der Betriebsfortführung sowie die Umsatzsteuererstattung aus der Verwaltervergütung. Ausweislich dieser Summen- und Saldenliste stand zusätzlich ein Betrag i.H.v.

... EUR

zur Verteilung zur Verfügung.

5. Ausgaben nach Einreichung des Schlussberichtes gemäß § 53 InsO
Nach Einreichung des Schlussberichtes wurden etwaig ausstehende Masseverbindlichkeiten gem. § 55 InsO sowie die Verfahrenskosten gem. § 54 InsO bezahlt. Auch insoweit wird auf die anliegende verdichtete Summen- und Saldenliste verwiesen. In dieser sind die einzelnen Zahlungen ebenfalls nach Sachbereichen sortiert dokumentiert. Insoweit wurden Ausgaben i.H.v. insgesamt

... EUR

getätigt. Bei den Masseverbindlichkeiten nach § 55 InsO handelt es sich insbesondere um ...

▶ **Achtung – Kontoführungsgebühren:**

Für den laufenden Monat und bis zur Schließung des Kontos können ggf. noch Kontoführungsgebühren anfallen. Außerdem sind die Überweisungen jeweils kostenpflichtig. Gesamtbetrag der anfallenden Kosten ermitteln und von dem vorstehenden Massebestand in Abzug bringen: s. Muster Nr. 344: Kontosimulation.

Außerdem waren noch Kontoführungsgebühren für den laufenden *und nächsten Monat* (*bei Überschreitung der Monatsgrenze*) sowie Kosten für die getätigten Überweisungen an die Gläubiger einzuplanen. Insgesamt wurde ein Betrag i.H.v. … EUR ermittelt.

6. Masseverbindlichkeiten
Ausstehende Masseverbindlichkeiten sind nicht mehr vorhanden. Diese wurden insgesamt beglichen.

▶ Hinweis:

Wurden bspw. alle erforderlichen Steuerzahlungen geleistet?

[Alternative – noch offene Masseverbindlichkeiten:
Es gibt derzeit noch streitige Masseverbindlichkeiten bzw. nicht fällige Masseverbindlichkeiten. Hierfür ist ein Betrag i.H.v. … EUR zurückbehalten worden und befindet sich noch auf dem Treuhandkonto.]

7. Auszahlung an Beteiligte gemäß Insolvenzplan
Der Insolvenzplan sieht auf S. … vor, dass zum … Zahlungen wie folgt vorzunehmen waren:
Gläubigergruppe 1: …
Gläubigergruppe 2: …
…

▶ Hinweis:

Passage aus dem Insolvenzplan ggf. hierhin kopieren.

▶ Hinweis bzgl. Bauabzugssteuer:

Sollte einer Forderung eine Bauleistung zugrunde liegen, müssen 15 % Bauabzugssteuer von der Bruttoforderung (!) an das FinA abgeführt werden oder eine aktuelle Freistellungsbescheinigung vorliegen. Abfrage Freistellungsbescheinigung ist über das Bundeszentralamt für Steuern möglich: s. Checkliste Verteilung

Daher: Quote ggf. nicht voll auszahlen! Filter nach Beteiligtenart setzen und Gläubiger mit Bauleistungen ermitteln!

Diese Zahlungen sind fristgerecht erfolgt. Insgesamt wurde ein Betrag i.H.v.

… EUR

geleistet. Dies ergibt sich aus der anliegenden Summen- und Saldenliste.

[Alternative:
Nach den Ausführungen im Insolvenzplan auf S. …. waren derzeit noch keine Zahlungen an die Beteiligten vorzunehmen. Solche sind erst im Jahre … vom schuldnerischen Unternehmen direkt zu leisten.]

8. Berücksichtigung von Arbeitnehmerforderungen
festgestellte Arbeitnehmerforderungen:
Bei den vorhandenen Insolvenzgläubigern handelt es sich in … (*Anzahl*) Fällen um Arbeitnehmer. *Diese sind in der Gläubigergruppe … zusammengefasst.*

Bei der Auszahlung einer Quote an diese ist zu beachten, dass die darauf entfallende Lohnsteuer an die Finanzverwaltung abzuführen ist (§ 38 Abs. 3 EStG i.V.m. § 41a Abs. 1 EStG = Zufluss-Prinzip). Die entsprechend erfolgte gesonderte Zahlung an die Finanzverwaltung ist aus der Summen- und Saldenliste sowie dem dazugehörigen Sachkontenblatt ersichtlich. Die erforderlichen Sozialversicherungsbeiträge sind über die Forderungsanmeldungen der Sozialversicherungsträger und die dorthin gezahlte Quote berücksichtigt worden.

▶ Hinweis:

Es fällt in der Steuerklasse VI bei der Auszahlung ab 10,00 EUR Lohnsteuer an, so dass die Lohnsteuer bei Quotenzahlungen an Arbeitnehmer unbedingt berücksichtigt und abgeführt werden muss.

keine (festgestellten) Arbeitnehmerforderungen:
Arbeitnehmerforderungen und damit eine etwaige gesonderte Lohnsteuerzahlung gem. § 38 Abs. 3 EStG i.V.m. § 41a Abs. 1 EStG waren bei der Verteilung vorliegend nicht zu berücksichtigen. Hierzu wird auch auf die Ausführungen im Insolvenzplan auf Seite … verwiesen.

9. Auszahlung Restguthaben an die Schuldnerin
Der Restmassebestand i.H.v. … EUR wurde am … auf das Geschäftskonto der Schuldnerin überwiesen. Der Kontostand beträgt daher: 0,00 EUR.

[Alternative:
Der Kontostand beträgt daher …. EUR und entspricht damit der zuvor genannten Rückstellung wegen der noch ausstehenden Masseverbindlichkeiten.]

▶ Hinweis Vorsteuererstattung aus Quotenzahlung:

In einem Insolvenzplanverfahren sind die Beträge an die einzelnen Gläubiger festgelegt. Eine Vorsteuererstattung aus der Quotenzahlung gem. § 17 Abs. 2 Nr. 1 Satz 2 UStG wirkt sich daher für diese nicht aus, es sei denn, es wäre eine entsprechende Regelung im Plan. Die Vorsteuererstattung kann durch das Unternehmen geltend gemacht und vereinnahmt werden.

10. Original-Kontoauszüge etc.
Der Nachweis über die erfolgten Buchungen ergibt sich aus folgenden in der **Anlage** beigefügten Unterlagen:
- *ggf. Ausschüttungsverzeichnis*
- Summen- und Saldenliste
- Sachkontenblätter
- Chronologisches Buchungsjournal
- Original-Kontoauszüge nebst Belegen (Nr. …/20… bis …/20…)

Diese Unterlagen beziehen sich auf den Zeitraum ab Einreichung des Schlussberichtes und dem dort aufgeführten letzten Buchungsstichtag per …

▶ Achtung:

Online-Auszüge über Nullstellung bzw. über Ausschüttung können übermittelt werden, aber der Original-Auszug muss je nach Wunsch des Gerichtes hinterher geschickt werden.

[Alternative – kein Originalkontoauszug Nullstellung:
Es wird darauf hingewiesen, dass der letzte Kontoauszug nur ein Online-Kontoauszug ist. Das Original des Kontoauszuges mit dem Nachweis der Nullkontostellung wird kurzfristig nachgereicht werden.]

Es wird höflich um Rücksendung der Auszüge nach erfolgter Prüfung gebeten.

11. Verfahrensaufhebung
Ich bitte, das Insolvenzverfahren nunmehr gem. § 200 InsO aufzuheben. *Die Bestallungsurkunde ist diesem Bericht im Original beigefügt (wird häufig schon vorher überreicht).*

Ggf. Ermächtigung für Prozessführung:
Ich bitte, in dem Aufhebungsbeschluss zu vermerken, dass *der/die Unterzeichner/in* zur Weiterführung des Prozesses vor dem … (AZ: …) berechtigt ist.

Mit freundlichen Grüßen

……………………………
Insolvenzverwalter/in

Anlagen:
s. vorstehende Auflistung

Muster 41: Ausschüttungsbericht Masselosigkeit

213 *Adressat: Insolvenzgericht*

▶ Hinweis:

Siehe auch ggf. Checkliste »Ausschüttung – Vorbereitung durch Sachbearbeiter« mit weiteren Prüfungskriterien.

Insolvenzverfahren über das Vermögen der Firma …/ des Herrn …/ der Frau…
Geschäftszeichen: … ***IN/IK*** **…/…**

Sehr geehrte Frau Rechtspflegerin …,/sehr geehrter Herr Rechtspfleger …,

über die Ausschüttung der Masse darf ich wie folgt berichten:

1. Kontostand Schlussbericht
Das Guthaben auf dem Treuhandkonto mit der IBAN … bei der … (Bank) betrug zum Stichtag der Schlussrechnungslegung am …

…. EUR

2. Nicht liquidiertes Vermögen
Nicht liquidiertes Vermögen war ausweislich der Ausführungen im Schlussbericht nicht mehr vorhanden.

[Alternative Vermögen vorhanden, Verwertung nun erfolgt:
Zum Zeitpunkt der Erstellung des Schlussberichtes waren noch … vorhanden. Zwischenzeitlich konnte eine Realisierung/Verwertung erfolgen. Die erzielten Einnahmen werden nachfolgend dargestellt.]

[Alternative Vermögen vorhanden, keine Verwertung:
Zum Zeitpunkt der Erstellung des Schlussberichtes waren noch ... vorhanden. Die Gläubigerversammlung hat im Schlusstermin gem. § 197 Abs. 1 InsO entschieden, dass es sich um einen nicht verwertbaren Gegenstand handelt, so dass die Entsorgung durchgeführt werden konnte.]

Übertrag verfügbarer Massebestand **... EUR**

3. Information zu Rückstellungen
Masseverbindlichkeit vorhanden, aber offen:
In der Schlussrechnung vom ... wurde eine Rückstellung i.H.v. ... EUR für ... gebildet. Diese hat sich auch bestätigt, so dass der entsprechende Betrag in das Verzeichnis der Massegläubiger aufgenommen wurde. Ein Ausgleich dieser Forderung konnte wegen der Masselosigkeit nicht erfolgen. Hierzu nachstehend mehr.

[Alternative – Rückstellung aufgelöst:
In der Schlussrechnung vom ... wurde eine Rückstellung i.H.v. ... EUR für ... gebildet. Der Sachverhalt hat sich allerdings nicht bestätigt, weil ... Der Gläubiger wurde daher nicht in das Verzeichnis der Massegläubiger aufgenommen.]

[Alternative – keine Rückstellungen:
Rückstellungen wurden ausweislich der Schlussrechnung nicht gebildet.]

4. Einnahmen und Ausgaben nach Schlussrechnungslegung
Nach Einreichung der Schlussrechnung wurden noch weitere Einnahmen realisiert und – *wie vorstehend tlw. schon erläutert* – Ausgaben getätigt. Insoweit wird auf die **anliegende** Summen- und Saldenliste für den Zeitraum seit Schlussrechnungslegung verwiesen. Die Gesamteinnahmen und –ausgaben ergeben sich entsprechend wie folgt:

▶ Achtung:

Bitte kontrollieren, ob die Buchungen in der Software aktuell sind oder ggf. noch Kontoauszüge nachgebucht werden müssen.

Einnahmen insgesamt	... EUR
Ausgaben insgesamt	... EUR
verbleibender Massebestand	... EUR

Eine aktualisierte Summen- und Saldenliste über den gesamten Zeitraum – also inkl. des Zeitraums nach Schlussrechnungslegung – wird ebenfalls in der **Anlage** überreicht.

▶ Achtung – Kontoführungsgebühren:

Für den laufenden Monat und bis zur Schließung des Kontos können ggf. noch Kontoführungsgebühren anfallen. Außerdem sind die Überweisungen jeweils kostenpflichtig. Gesamtbetrag der anfallenden Kosten ermitteln und von dem vorstehenden Massebestand in Abzug bringen: siehe Muster Nr. 344: Kontosimulation.

Von diesem Betrag waren noch Kontoführungsgebühren für den laufenden *und nächsten Monat* (*bei Überschreitung der Monatsgrenze*) sowie Kosten für die Überweisungen zur Auflösung des Massebestandes in Abzug zu bringen. Insgesamt wurde ein Betrag i.H.v. ... EUR ermittelt. Damit verblieb eine Gesamtsumme zur Ausschüttung i.H.v. **... EUR**

5. Vornahme der Ausschüttungen nach § 207 InsO

5.1. Auslagen nach § 54 InsO
Nach § 207 Abs. 3 InsO sind zunächst lediglich die entstandenen Auslagen zu berichtigen. Von daher wurden folgende Zahlungen vorgenommen:

▶ Hinweis:

Hier sind nach § 207 Abs. 3 InsO lediglich die Auslagen des Insolvenzgerichtes, also z. B. die Veröffentlichungs- oder Sachverständigenkosten, sowie die Auslagen des Verwalters, also z. B. die Auslagenpauschale oder die Zustellungskosten, in Ansatz zu bringen.

Auch Auslagen von Gläubigerausschussmitgliedern könnten hier berücksichtigt werden, sofern es solche gibt, da auch sie zu den Verfahrenskosten nach § 54 Nr. 2 InsO gehören.

Nicht selten können diese Auslagen des Verfahrens noch vollständig bezahlt werden. Sollte dies nicht der Fall sein, ist die Quotenaufteilung wie im Text unter nachstehender Ziffer 2 anzuwenden und zu erläutern.

a)	Auslagen des Gerichtes	... EUR
b)	Auslagen des Verwalters inkl. MWSt. lt. Beschluss vom ...	... EUR
c)	*Auslagen der Gläubigerausschussmitglieder*	... EUR
	Zwischensumme	... EUR
	verbleibendes Guthaben	... EUR

5.2. weitere Kosten nach § 54 InsO

	Die weiteren Verfahrenskosten stellen sich wie folgt dar:	
a)	übrige Gerichtskosten	... EUR
b)	Verwaltervergütung (ohne Auslagen) und darauf entfallende MWSt.	... EUR
c)	*Vergütung der Gläubigerausschussmitglieder*	... EUR
	Zwischensumme	.... EUR

Auf diese Kosten konnte eine Quote in Höhe von ... % und damit eine Gesamtsumme von ... **EUR** gezahlt werden. Wegen der einzelnen Zahlungen wird auf die anliegende Summen- und Saldenliste sowie die entsprechenden Sachkontenblätter verwiesen.

Restbetrag ... EUR

▶ Hinweis:

Hier sollte am besten gar kein Betrag verbleiben, da der Restmassebestand komplett auf die Verfahrenskosten verteilt werden sollte, um nach der Verteilung das Treuhandkonto schließen zu können.

5.3. Masseverbindlichkeiten nach § 55 InsO

Auf die ausstehenden Masseverbindlichkeiten konnten keinerlei Zahlungen mehr vorgenommen werden. Die einzelnen Verbindlichkeiten ergeben sich aus dem beiliegenden Verzeichnis bzgl. der Massegläubiger.

▶ Hinweis:

Die Erstellung eines solchen Verzeichnisses der Masseverbindlichkeiten ist dringend zu empfehlen. Im Falle einer Nachtragsverteilung (§ 203 InsO) oder im Falle von Einnahmen während der Restschuldbefreiungsphase wären zunächst Zahlungen an diese Massegläubiger zu leisten, bevor Gelder an die Insolvenzgläubiger fließen.

6. Berücksichtigung von bestrittenen Forderungen mit Titeln

Titulierte Forderungen werden nicht bzw. nicht mehr bestritten. § 179 Abs. 2 i.V.m. § 189 Abs. 1 InsO ist daher nicht anzuwenden.

[*Alternative bei fehlender Vorlage des Originaltitels:*
Es wird die unter der Tab.-Nr. ... angemeldete Forderung bestritten. Die Rechtsfolgen der §§ 179 Abs. 2, 184 Abs. 2 InsO greifen hier jedoch nicht, weil das Original des Vollstreckungstitels nicht fristgerecht bis zum Prüfungstag bzw. Prüfungsstichtag vorgelegt wurde.]

[*Alternative bei bestrittenen verjährten Zinsen:*
Von einer titulierten Forderung (Tab.-Nr. ...) wird ein Teil der angemeldeten Zinsen wegen Verjährung gem. § 197 Abs. 2 i.V.m. § 195 BGB bestritten. Der Gläubiger wurde hierüber informiert. Eine Feststellungsklage mit dem Nachweis über einen etwaigen Neubeginn der Verjährung gem. § 212 Abs. 1 BGB wurde nicht erhoben. Die reine Vorlage solcher Nachweise innerhalb der Frist des § 189 InsO hätte grundsätzlich auch nicht mehr zu einer Änderung des Schlussverzeichnisses geführt (*BGH, 20.03.2007 – IX ZB 8/05 in ZInsO 2007, 493*). Solche wurden aber auch nicht vorgelegt. § 179 Abs. 2 i.V.m. § 189 Abs. 1 InsO ist nicht anzuwenden. Bei Erstellung des Schlussverzeichnisses wurde diese Problematik des § 179 Abs. 2 i.V.m. § 189 Abs. 1 InsO berücksichtigt.]

7. Verteilung auf Forderungen nach § 38 InsO

Auf die Gesamtsumme der festgestellten Forderungen in Höhe von... EUR konnte wegen der eingetretenen Masselosigkeit keine Quote mehr gezahlt werden. Ein Schlussverzeichnis über die Gläubiger dieser Rangklasse liegt informatorisch diesem Bericht anbei.

▶ Hinweis:

Stimmt die Summe lt. Tabellenstatistik aus der Software mit der veröffentlichten Summe (= Veröffentlichung einsehen: www.insolvenzbekanntmachungen.de) überein? Wenn nein: Woher kommt die Abweichung? Prüfen!

8. Original-Kontoauszüge etc.
   Der Nachweis über die Ausschüttung ergibt sich aus folgenden in der **Anlage** beigefügten Unterlagen:
   - Summen- und Saldenliste
   - Sachkontenblätter
   - Buchungsjournal chronologisch
   - Original-Kontoauszüge nebst Belegen (Nr. …/20 … bis …/20…)

   Diese Unterlagen beziehen sich auf den Zeitraum ab Einreichung des Schlussberichtes und dem dort aufgeführten letzten Buchungsstichtag per…

   ▶ Hinweis:

   Online-Auszüge über Nullstellung können übermittelt werden, aber der Original-Auszug muss hinterher geschickt werden.

   [Alternative – kein Originalkontoauszug Nullstellung:
   Es wird darauf hingewiesen, dass der letzte Kontoauszug nur ein Online-Kontoauszug ist. Das Original des Kontoauszuges mit dem Nachweis der Nullkontostellung wird kurzfristig nachgereicht werden.

   Es wird höflich um Rücksendung der Auszüge nach erfolgter Prüfung gebeten.]

9. Verfahrensbeendigung
   Ich bitte, das Insolvenzverfahren nach § 207 InsO einzustellen. *Die Bestallungsurkunde ist diesem Bericht im Original beigefügt (wird häufig schon vorher überreicht).*

Mit freundlichen Grüßen

………………………………
Insolvenzverwalter/in

Anlagen:
s. Auflistung in vorstehender Ziffer 8
Verzeichnis über Massegläubiger
Schlussverzeichnis für Insolvenzgläubiger

▶ Hinweis Kostenvorschuss:

Ein Rückzahlungsanspruch eines etwaigen Vorschussleistenden besteht nur bei kostendeckender Masse.

Muster 42: Ausschüttungsbericht Masseunzulänglichkeit

Adressat: Insolvenzgericht 214

▶ Hinweis:

Siehe auch Checkliste Ausschüttung »Vorbereitung durch Sachbearbeiter« mit weiteren Prüfungskriterien

Insolvenzverfahren über das Vermögen der Firma …/des Herrn …/ der Frau…
Geschäftszeichen: … IN/IK …/….

Sehr geehrte Frau Rechtspflegerin …, /sehr geehrter Herr Rechtspfleger ….,

über die Ausschüttung der Masse darf ich wie folgt berichten:

1. Kontostand Schlussbericht
   Das Guthaben auf dem Treuhandkonto mit der IBAN … bei der … (*Bank*) betrug zum Stichtag der Schlussrechnungslegung am …

   …. EUR

2. Nicht liquidiertes Vermögen
   Nicht liquidiertes Vermögen war ausweislich der Ausführungen im Schlussbericht nicht mehr vorhanden.

   [Alternative Vermögen vorhanden, Verwertung nun erfolgt:
   Zum Zeitpunkt der Erstellung des Schlussberichtes waren noch … vorhanden. Zwischenzeitlich konnte eine *Realisierung/Verwertung* erfolgen. Die erzielten Einnahmen werden nachfolgend dargestellt.]

   [Alternative Vermögen vorhanden, keine Verwertung:
   Zum Zeitpunkt der Erstellung des Schlussberichtes waren noch … vorhanden. Die Gläubigerversammlung hat im Schlusstermin gem. § 197 Abs. 1 InsO entschieden, dass es sich um einen nicht verwertbaren Gegenstand handelt, so dass die Entsorgung durchgeführt werden konnte.]

   Übertrag verfügbarer Massebestand … EUR

3. Information zu Rückstellungen
   [Alternative Rückstellung für Masseverbindlichkeit:
   In der Schlussrechnung vom … wurde eine Rückstellung i.H.v. … EUR für … gebildet. Diese wurde – wie aus der beigefügten Summen- und Saldenliste ersichtlich – auch tatsächlich i.H.v. … EUR benötigt und die Kosten insoweit bezahlt. *Der Restbetrag stand zur Verteilung an die Insolvenzgläubiger zur Verfügung.]*

   [Alternative Rückstellung, aber nicht gebraucht:
   In der Schlussrechnung vom … wurde eine Rückstellung i.H.v. … EUR für … gebildet. Der Sachverhalt hat sich allerdings nicht bestätigt, weil …. Der Betrag wurde somit nicht benötigt und stand zur Verteilung an die Insolvenzgläubiger zur Verfügung.]

   [Alternative keine Rückstellung:
   Rückstellungen wurden ausweislich der Schlussrechnung nicht gebildet.]

   Bei natürlichen Personen zur Rückstellung für RSB-Phase:
   Eine Rückstellung für die RSB-Phase wurde ausweislich der Schlussrechnung nicht vorgenommen, weil die Verpflichtung zur Rückstellung solcher Kosten nach der BGH-Rechtsprechung (Beschl. v. 20.11.2014 – IX ZB 16/14 in ZInsO 2015, 28, WKRS 2014, 27348) erst dann greift, wenn es zu einer Quotenzahlung an die Insolvenzgläubiger gem. § 38 InsO kommt, was vorliegend aufgrund der eingetretenen Masseunzulänglichkeit nicht der Fall ist.

4. Rückzahlung Kostenvorschuss
   Von *Herrn/Frau … (Gläubiger/Schuldner)* wurde ein Kostenvorschuss gem. § 26 Abs. 1 InsO i.H.v. … EUR gezahlt. Dieser Vorschuss war zu erstatten. Die Auszahlung ist am … erfolgt.

   ▶ Achtung:

   – Prüfung, ob Kostenvorschuss geleistet wurde: eigene Konten oder Gerichtskostenrechnung einsehen
   – ggf. Erstattung an Leistenden schon gem. § 26 Abs. 3 InsO durch Vertretungsorgan erfolgt

   [Alternative kein Kostenvorschuss:
   Ein Kostenvorschuss gem. § 26 Abs. 1 InsO wurde im hiesigen Verfahren nicht geleistet und musste entsprechend auch nicht aus der Insolvenzmasse zurückgezahlt werden.]

5. Einnahmen und Ausgaben nach Schlussrechnungslegung
   Nach Einreichung der Schlussrechnung wurden noch weitere Einnahmen realisiert und – *wie vorstehend tlw. schon erläutert* – Ausgaben getätigt. Insoweit wird auf die **anliegende** Summen- und Saldenliste für den Zeitraum seit Schlussrechnungslegung verwiesen. Die Gesamteinnahmen und –ausgaben ergeben sich entsprechend wie folgt:

   ▶ Achtung:

   Bitte kontrollieren, ob die Buchungen in der Software aktuell sind oder ggf. noch Kontoauszüge nachgebucht werden müssen.

Einnahmen insgesamt	… EUR
Ausgaben insgesamt	… EUR
verbleibender Massebestand	… EUR

   Eine aktualisierte Summen- und Saldenliste über den gesamten Zeitraum – also inkl. des Zeitraums nach Schlussrechnungslegung – wird ebenfalls in der **Anlage** überreicht.

   ▶ Achtung – Kontoführungsgebühren:

   Für den laufenden Monat und bis zur Schließung des Kontos können ggf. noch Kontoführungsgebühren anfallen. Außerdem sind die Überweisungen jeweils kostenpflichtig. Gesamtbetrag der anfallenden Kosten ermitteln und von dem vorstehenden Massebestand in Abzug bringen: s. Muster Nr. 344: Kontosimulation.

   Von diesem Betrag waren noch Kontoführungsgebühren für den laufenden *und nächsten Monat* (*bei Überschreitung der Monatsgrenze*) sowie Kosten für die jetzt getätigten Überweisungen in Abzug zu bringen. Insgesamt wurde ein Betrag i.H.v. … EUR ermittelt. Damit verblieb eine Gesamtsumme zur Ausschüttung i.H.v. **… EUR**

6. Vornahme der Ausschüttungen nach § 209 InsO

6.1. Verfahrenskosten gem. § 54 InsO
   Die Verfahrenskosten gem. § 54 InsO wurden *für das eröffnete Verfahren* insgesamt bezahlt. Es wird insoweit ebenfalls auf die anliegende verdichtete Summen- und Saldenliste verwiesen. In dieser sind die einzelnen Zahlungen dokumentiert. Nach Ausgleich dieser Kosten stand ein Restguthaben i.H.v.

   … EUR

   zur Verteilung an die Massegläubiger zur Verfügung.

6.2. Neumasseverbindlichkeiten nach § 209 Abs. 1 Nr. 2 InsO
Die nach Anzeige der Masseunzulänglichkeit angefallenen Verbindlichkeiten, die sogenannten Neumasseverbindlichkeiten, wurden in voller Höhe ausgeglichen. Sie sind in der anliegenden Summen- und Saldenliste auch gesondert ausgewiesen. Hierbei handelt es sich insbesondere um *Kontoführungsgebühren* etc. Insgesamt musste ein Betrag i.H.v.

... EUR

gezahlt werden.

6.3. Alt-Masseverbindlichkeiten nach § 209 Abs. 1 Nr. 3 InsO
Ausstehende Alt-Masseverbindlichkeiten gab es in einer Gesamthöhe von... EUR. Insoweit wird auf das **beiliegende** Verzeichnis dieser Masseverbindlichkeiten verwiesen. Auf diese konnte eine Quote von... % und damit eine Gesamtsumme in Höhe von

... EUR

gezahlt werden.

verbleibendes Restguthaben **... EUR**

▶ Hinweis:

Hier sollte am besten gar kein Betrag verbleiben, da der Restmassebestand komplett zunächst auf die Verfahrenskosten gem. § 54 InsO und dann an die Massegläubiger verteilt werden sollte, um nach der Verteilung das Treuhandkonto schließen zu können!!!!

▶ Hinweis bzgl. Bauabzugssteuer:

Sollte einer Masseforderung eine Bauleistung zugrunde liegen, müssen 15 % Bauabzugssteuer von der Bruttoforderung (!) an das FinA abgeführt werden oder eine aktuelle Freistellungsbescheinigung vorliegen. Abfrage Freistellungsbescheinigung ist über das Bundeszentralamt für Steuern möglich: s. Checkliste Verteilung

Verzeichnis der Massegläubiger daher auf solche möglichen Forderungen prüfen.

7. Berücksichtigung von bestrittenen Forderungen mit Titeln
Titulierte Forderungen werden nicht bzw. nicht mehr bestritten. § 179 Abs. 2 i.V.m. § 189 Abs. 1 InsO ist daher nicht anzuwenden.

[Alternative bei fehlender Vorlage des Originaltitels:
Es wird die unter der Tab.-Nr. ... angemeldete Forderung bestritten. Die Rechtsfolgen der §§ 179 Abs. 2, 184 Abs. 2 InsO greifen hier jedoch nicht, weil das Original des Vollstreckungstitels nicht fristgerecht bis zum Prüfungstag bzw. Prüfungsstichtag vorgelegt wurde.]

[Alternative bei bestrittenen verjährten Zinsen:
Von einer titulierten Forderung (Tab.-Nr. ...) wird ein Teil der angemeldeten Zinsen wegen Verjährung gem. § 197 Abs. 2 i.V.m. § 195 BGB bestritten. Der Gläubiger wurde hierüber informiert. Eine Feststellungsklage mit dem Nachweis über einen etwaigen Neubeginn der Verjährung gem. § 212 Abs. 1 BGB wurde nicht erhoben. Die reine Vorlage solcher Nachweise innerhalb der Frist des § 189 InsO hätte grundsätzlich auch nicht mehr zu einer Änderung des Schlussverzeichnisses geführt (*BGH, 20.03.2007 – IX ZB 8/05 in ZInsO 2007, 493*). Solche wurden aber auch nicht vorgelegt. § 179 Abs. 2 i.V.m. § 189 Abs. 1 InsO ist nicht anzuwenden.]

Bei Erstellung des Schlussverzeichnisses wurde diese Problematik des § 179 Abs. 2 i.V.m. § 189 Abs. 1 InsO berücksichtigt.

8. Verteilung auf Forderungen nach § 38 InsO
Auf die Gesamtsumme der festgestellten Forderungen in Höhe von... EUR

konnte wegen der eingetretenen Masseunzulänglichkeit keine Quote mehr gezahlt werden. Es wird anliegend aber ein Schlussverzeichnis dieser Rangklasse gem. § 38 InsO überreicht.

▶ Hinweis:

Stimmt die Summe lt. Tabellenstatistik aus der Software mit der veröffentlichten Summe (= Veröffentlichung einsehen: www.insolvenzbekanntmachungen.de) überein? Wenn nein: Woher kommt die Abweichung? Prüfen!

9. Original-Kontoauszüge etc.
Der Nachweis über die Ausschüttung ergibt sich aus folgenden in der **Anlage** beigefügten Unterlagen:
- Summen- und Saldenliste
- Sachkontenblätter
- Buchungsjournal chronologisch
- Original-Kontoauszüge nebst Belegen (Nr. .../20... bis.../20...)

Diese Unterlagen beziehen sich auf den Zeitraum ab Einreichung des Schlussberichtes und dem dort aufgeführten letzten Buchungsstichtag per ...

▶ Achtung:

Online-Auszüge über Nullstellung bzw. über Ausschüttung können übermittelt werden, aber der Original-Auszug muss je nach Wunsch des Gerichtes hinterher geschickt werden.

[Alternative – kein Originalkontoauszug Nullstellung:
Es wird darauf hingewiesen, dass der letzte Kontoauszug nur ein Online-Kontoauszug ist. Das Original des Kontoauszuges mit dem Nachweis der Nullkontostellung wird kurzfristig nachgereicht werden.]

10. <u>Verfahrensbeendigung</u>
Ich bitte, das Insolvenzverfahren nunmehr nach § 211 InsO einzustellen. *Die Bestallungsurkunde ist diesem Bericht im Original beigefügt (wird häufig schon vorher überreicht).*

11. <u>Nachtragsverteilung</u>
Ich bitte allerdings, den Insolvenzbeschlag für... aufrecht zu erhalten und verweise insoweit auf die Ausführungen im Schlussbericht auf S. ...

▶ Hinweis:

Diesen Gliederungspunkt nur drin lassen, wenn im Schlussbericht ein entsprechender Antrag gestellt wurde.

Mit freundlichen Grüßen

....
Insolvenzverwalter/in

Anlagen:
S. Auflistung in vorstehender Ziffer 9
Verzeichnis der Massegläubiger
Schlussverzeichnis Insolvenzgläubiger

Muster 43: Ausschüttungsbericht RSB-Phase

215 *Adressat: Insolvenzgericht*

▶ Hinweis:

Sollte das Guthaben an die Staatskasse wg. ausstehender Verfahrenskosten gezahlt worden sein, dann bitte das Muster Nr. 44 »Kurzmitteilung« nutzen. Das vorliegende Muster nur bei tatsächlicher Quotenausschüttung verwenden.

▶ **Verwendung i.d.R. nur bei Abschlussberichten:**

Dieses Muster i.d.R. nur bei Abschlussberichten verwenden, da einige Kriterien beim Abschluss aufgeführt sind. Ausschüttungen während der RSB-Phase können kurz im Rahmen der Jahresberichte erläutert werden.

Insolvenzverfahren über das Vermögen der Firma .../des Herrn .../ der Frau...
Geschäftszeichen:... *IN/IK* .../...

Sehr geehrte Frau Rechtspflegerin..../sehr geehrter Herr Rechtspfleger ...,

über die Ausschüttung der Masse darf ich wie folgt berichten:

1. <u>Kontostand Abschlussbericht</u>
Aus dem Jahresbericht ergibt sich/Abschlussbericht ergab sich ausweislich des Kontoauszuges Nr. ... – Treuhandkonto mit der IBAN ... bei der ... (*Bank*) – ein Guthaben per ... i.H.v. ... EUR.

2. <u>Einnahmen nach Einreichung Abschlussbericht</u>
Nach Einreichung des *Jahresberichtes/Abschlussberichtes* und damit nach Ablauf der Laufzeit der Abtretungserklärung gem. § 287 Abs. 2 InsO wurden noch weitere pfändbare Einkommensanteile i.H.v. ... EUR realisiert. Insoweit wird auf die anliegende Summen- und Saldenliste verwiesen. Dieser Betrag steht aber nach einer Entscheidung des BGH (*Beschl. v. 3.12.2009 – IX ZB 247/08 in ZInsO 2010, 102*) *dem Schuldner/der Schuldnerin* dann zu, wenn die Restschuldbefreiung erteilt wurde. Dies ist vorliegend der Fall. Die Rechtskraft des entsprechenden Beschlusses ist am .... eingetreten. Von daher ist die zunächst vereinnahmte Summe ab dem... *(Tag nach der Rechtskraft)* an *den Schuldner/die Schuldnerin* wieder ausgekehrt worden.

▶ Hinweis:

Rechtskraft über www.insolvenzbekanntmachungen.de kontrollieren: Wann erfolgte die Veröffentlichung? Sofortige Beschwerde gem. § 300 Abs. 4 InsO i.V.m. § 567 ZPO innerhalb von zwei Wochen möglich.

[Alternative – keine pfändbaren Einkommensanteile:
Nach Einreichung des Abschlussberichtes sind keine weiteren pfändbaren Einkommensanteile vereinnahmt worden.]

3. Entnahme der Treuhändervergütung
Die Treuhändervergütung wurde mit Beschluss vom … in Höhe eines Betrages von

… EUR

festgesetzt. Dieser Betrag wurde aus dem vorhandenen Guthaben auf dem Treuhandkonto entnommen. Dieses resultiert – wie die Erläuterungen in den jeweiligen Jahresberichten zeigen – aus pfändbaren Einkommensanteilen/aus der schon im eröffneten Verfahren gebildeten Rückstellung für die Verfahrenskosten der RSB-Phase.

4. Auszahlung an Staatskasse
Eine Auszahlung an die Staatskasse war nicht erforderlich, da sämtliche Verfahrenskosten i.S.v. Nr. 9017 KV GKG schon *im eröffneten Verfahren/im … Jahr der RSB-Phase* ausgeglichen werden konnten.

5. Motivationsrabatt

▶ Hinweis:

Dieser Aspekt ist nur in beantragten Verfahren bis zum 30.06.2014 zu prüfen. In beantragten Verfahren ab 01.07.2014 entfällt diese Regelung komplett: s. Checkliste RSB-Phase.

Ein Motivationsrabatt gem. § 292 Abs. 1 Satz 4 InsO war nicht zu berücksichtigen, da seit der Verfahrensaufhebung noch keine vier Jahre abgelaufen sind.

[Alternative – Zahlung Motivationsrabatt:
Da seit der Verfahrensaufhebung am … *vier/fünf* Jahre abgelaufen sind, war der Motivationsrabatt gem. § 292 Abs. 1 Satz 4 InsO zu berücksichtigen. An den Schuldner wurden daher … % (*10 % oder 15 %)* von den erzielten Einnahmen ausgezahlt.]

6. Auszahlungssumme an Insolvenzgläubiger
Zur Verteilung an die Insolvenzgläubiger stand nach obigen Ausführungen ein Betrag i.H.v.

… EUR

zur Verfügung.

▶ Achtung – Kontoführungsgebühren:

Für den laufenden Monat und bis zur Schließung des Kontos können ggf. noch Kontoführungsgebühren anfallen. Außerdem sind die Überweisungen an die Gläubiger zur Ausschüttung der Quote kostenpflichtig. Gesamtbetrag der anfallenden Kosten ermitteln und von dem vorstehenden Massebestand in Abzug bringen: siehe Muster Nr. 344: Kontosimulation.

Von diesem Betrag waren noch Kontoführungsgebühren für den laufenden *und nächsten Monat* (*bei Überschreitung der Monatsgrenze*) sowie Kosten für die Überweisungen der Quotenbeträge an die Gläubiger in Abzug zu bringen. Insgesamt wurde ein Betrag i.H.v. … EUR ermittelt. Damit verblieb eine Gesamtsumme zur Ausschüttung i.H.v. **… EUR.**

7. Verteilung auf Forderungen nach § 38 InsO
Auf die Gesamtsumme der festgestellten Forderungen in Höhe von… EUR konnte am … eine Quote von … % gezahlt werden. Bezüglich der einzelnen Überweisungen an die jeweiligen Gläubiger wird auf das beiliegende Verteilungsverzeichnis sowie den Ausschüttungsnachweis verwiesen, auf deren Basis die Auszahlungen vorgenommen wurden. Insgesamt wurde ein Betrag in Höhe von

… EUR

ausgezahlt.

▶ Hinweis bzgl. Bauabzugssteuer:

Sollte einer Forderung eine Bauleistung zugrunde liegen, müssen 15 % Bauabzugssteuer von der Bruttoforderung (!) an das FinA abgeführt werden oder eine aktuelle Freistellungsbescheinigung vorliegen. Abfrage Freistellungsbescheinigung ist über das Bundeszentralamt für Steuern möglich: s. Checkliste Verteilung

Daher: Quote ggf. nicht voll auszahlen! Filter nach Beteiligtenart setzen und Gläubiger mit Bauleistungen ermitteln!

Restmassebestand **… EUR**

▶ Hinweis:

Hier sollte am besten gar kein Betrag verbleiben, da der Restmassebestand komplett an die Gläubiger verteilt werden sollte, um nach der Verteilung das Treuhandkonto schließen zu können.

8. Berücksichtigung von Arbeitnehmerforderungen
festgestellte Arbeitnehmerforderungen:
Bei den vorhandenen Insolvenzgläubigern handelt es sich in ... (*Anzahl*) Fällen um Arbeitnehmer. Bei der Auszahlung einer Quote an diese ist zu beachten, dass die darauf entfallende Lohnsteuer an die Finanzverwaltung abzuführen ist (§ 38 Abs. 3 EStG i.V.m. § 41a Abs. 1 EStG = Zufluss-Prinzip). Die entsprechend erfolgte gesonderte Zahlung an die Finanzverwaltung ist aus der Summen- und Saldenliste sowie dem dazugehörigen Sachkontenblatt ersichtlich. Die erforderlichen Sozialversicherungsbeiträge sind über die Forderungsanmeldungen der Sozialversicherungsträger und die dorthin gezahlte Quote berücksichtigt worden.

▶ Hinweis:

Es fällt in der Steuerklasse VI bei der Auszahlung ab 10,00 EUR Lohnsteuer an, so dass die Lohnsteuer bei Quotenzahlungen an Arbeitnehmer unbedingt berücksichtigt und abgeführt werden muss.

keine (festgestellten) Arbeitnehmerforderungen:
Arbeitnehmerforderungen und damit eine etwaige gesonderte Lohnsteuerzahlung gem. § 38 Abs. 3 EStG i.V.m. § 41a Abs. 1 EStG waren bei der Verteilung vorliegend nicht zu berücksichtigen.

9. Hinweis zu erfolgten Rückbuchungen

▶ Hinweis:

Sinnvoll ist es, Gläubiger vorab über die beabsichtigte Ausschüttung zu informieren und ihnen die Möglichkeit zu geben, eine geänderte Kontoverbindung zu benennen. Siehe hierzu in das Muster Nr. 370 »Verteilung«: »Auszahlungsmitteilung an Gläubiger«.

Vor dem Hintergrund sich inzwischen geänderter Bankverbindungen sind einige Rückbuchungen von Quotenzahlungen erfolgt. Nachdem die entsprechenden neuen Bankverbindungen in Erfahrung gebracht wurden, sind die Quotenbeträge erneut an die Gläubiger überwiesen worden. Es handelt sich im Einzelnen um folgende Beträge:

Lfd. Tab.-Nr.	Name des Gläubigers	Betrag in EUR	Datum Rückbuchung	Datum erneute Auszahlung

▶ Hinweis:

Diese Ausführungen dienen dem Rechtspfleger zum besseren Verständnis, aber auch vor allem der Selbstkontrolle und sind natürlich nur dann erforderlich, wenn es solche Rückbuchungen gegeben hat.

10. Quotenüberblick
An dieser Stelle sei erläutert, dass während der gesamten Dauer des Insolvenzverfahrens (Hauptverfahren und Restschuldbefreiungsphase) ... Mal Quoten in einer Gesamthöhe von ... % ausgezahlt wurden.

11. Original-Kontoauszüge etc.
Der Nachweis über die Ausschüttung ergibt sich aus folgenden in der **Anlage** beigefügten Unterlagen:

- Summen- und Saldenliste
- Sachkontenblätter
- Buchungsjournal chronologisch
- Original-Kontoauszüge nebst Belegen *(Nr.../20... bis.../20...)*
- Verteilungsverzeichnis (= Quotenübersicht)
- Ausschüttungsnachweis (= Übersicht der einzelnen Bankkonten)

Diese Unterlagen beziehen sich auf den Zeitraum ab Einreichung des Jahresberichtes/Abschlussberichtes und dem dort aufgeführten letzten Buchungsstichtag per ...

▶ Achtung:

Online-Auszüge über Nullstellung bzw. über Ausschüttung können übermittelt werden, aber der Original-Auszug muss je nach Wunsch des Gerichtes hinterher geschickt werden.

[Alternative – kein Originalkontoauszug Nullstellung:
Es wird darauf hingewiesen, dass der letzte Kontoauszug nur ein Online-Kontoauszug ist. Das Original des Kontoauszuges mit dem Nachweis der Nullkontostellung wird kurzfristig nachgereicht werden.]

Es wird höflich um Rücksendung der Auszüge nach erfolgter Prüfung gebeten.

Mit freundlichen Grüßen

....
Treuhänder/in

Anlagen:
s. Auflistung in vorstehender Ziffer 11

Muster 44: Kurzmitteilung (bei Kostenstundung) – geringe Einnahmen

Adressat: Insolvenzgericht 216

Insolvenzverfahren über das Vermögen des Herrn/der Frau..., wohnhaft:...
Geschäftszeichen:... IN.../...

Sehr geehrte Frau Rechtspflegerin..., /sehr geehrter Herr Rechtspfleger ...,

Verwaltervergütung und Gerichtskosten gedeckt:

zur Beendigung des Insolvenzverfahrens darf ich hiermit bestätigen, dass ich den Massebestand zur Verrechnung auf die angefallene Insolvenzverwaltervergütung entnommen habe. Ebenso sind die Gerichtskosten ausgeglichen worden.

Der restliche Massebestand in Höhe von ... EUR soll entsprechend der BGH-Rechtsprechung (Beschl. v. 20.11.2014 – IX ZB 16/14 in ZInsO 2015, 28 ff., WKRS 2014, 27348) als Rückstellung auf die noch anfallende Treuhändervergütung während der RSB-Phase auf dem Treuhandkonto verbleiben. Insoweit darf auch auf die Schlussrechnung im Schlussbericht verwiesen werden.

▶ Achtung – Kontoführungsgebühren:

Während der RSB-Phase können Kontoführungsgebühren allein für die Führung des Kontos anfallen. Diese bei der Rückstellung ebenfalls berücksichtigen, da ansonsten nach Entnahme der Vorschüsse auf die Treuhändervergütung keine Kontodeckung mehr vorhanden sein kann.

Darüber hinaus war eine Rückstellung für Kontoführungsgebühren bis zum Ende der RSB-Phase sowie Kosten für die nunmehr getätigten Überweisungen einzuplanen. Insgesamt wurde ein Betrag i.H.v. ... EUR ermittelt.

Der Kontostand beträgt daher nunmehr ... EUR. Die entsprechenden Kontoauszüge seit Einreichung des Schlussberichtes (Kontoauszüge Nr. .../20.. bis Nr. .../20..) liegen in der **Anlage** im Original anbei.

keine vollständige Deckung der Kosten – Auszahlung an Staatskasse – Verrechnung:

zur Beendigung des Insolvenzverfahrens darf ich hiermit bestätigen, dass ich den geringen Massebestand zur Verrechnung auf die angefallenen Gerichtskosten an die Gerichtskasse überwiesen habe. Ich bitte aufgrund der vorliegenden Kostenstundung im hiesigen Verfahren, die festgesetzte Verwaltervergütung i.H.v. ... EUR aus der Staatskasse zu zahlen.

Eine Rückstellung für die Kosten der RSB-Phase (BGH, Beschl. v. 20.11.2014 – IX ZB 16/14 in ZInsO 2015, 28 ff., WKRS 2014, 27348) konnte aufgrund des geringen Massebestandes nicht gebildet werden.

keine vollständige Deckung der Kosten – nur Differenz anfordern:

zur Beendigung des Insolvenzverfahrens darf ich kurz bestätigen, dass ich den geringen Massebestand i.H.v. ... EUR vom Treuhandkonto entnommen und auf die festgesetzte Vergütung i.H.v. ... EUR verrechnet habe. Ich bitte aufgrund der vorliegenden Kostenstundung im hiesigen Verfahren, die noch ausstehende Vergütung i.H.v. ... EUR aus der Staatskasse zu zahlen.

Eine Rückstellung für die Kosten der RSB-Phase (BGH, Beschl. v. 20.11.2014 – IX ZB 16/14 in ZInsO 2015, 28 ff., WKRS 2014, 27348) konnte aufgrund des geringen Massebestandes nicht gebildet werden.

für beide Varianten:

Die entsprechenden Kontoauszüge seit Einreichung des Schlussberichtes (Kontoauszüge Nr..../20.. -.../20..) liegen in der **Anlage** im Original anbei.

Zur Information teile ich darüber hinaus noch einmal mit, dass keinerlei Masseverbindlichkeiten begründet wurden.

Ich rege daher an, das Insolvenzverfahren nunmehr nach § 200 InsO aufzuheben. *Die Bestallungsurkunde ist diesem Bericht im Original beigefügt (wird häufig schon vorher überreicht).*

Bei erforderlicher Nachtragsverteilung:

Ich bitte allerdings, den Insolvenzbeschlag für... aufrecht zu erhalten und verweise insoweit auf die Ausführungen im Schlussbericht auf S. ...

Mit freundlichen Grüßen

....
Insolvenzverwalter/in

Anlage:
Original-Kontoauszüge

▶ Hinweis:

Sollten doch Masseverbindlichkeiten begründet worden sein, ist ein Verzeichnis dieser Massegläubiger als Anlage beizufügen. Es erfolgt dann eine Verfahrenseinstellung nach § 211 InsO: s. Muster Nr. 42 »Ausschüttungsbericht – Masseunzulänglichkeit«.

Muster 45: Kurzmitteilung wg. fehlenden Einnahmen

217 *Adressat: Insolvenzgericht*

Insolvenzverfahren über das Vermögen des Herrn/der Frau..., wohnhaft:...
Geschäftszeichen:... IN.../...

Sehr geehrte Frau Rechtspflegerin ..., /sehr geehrter Herr Rechtspfleger...,

zur Beendigung des Insolvenzverfahrens darf ich hiermit bestätigen, dass auch nach Einreichung des Schlussberichtes keinerlei Zahlungseingänge auf dem Treuhandkonto zu verzeichnen sind. Ein entsprechender Kontoauszug mit dem Nullkontostand vom... liegt in der **Anlage** anbei. Weitere Auszüge liegen nicht vor. Auszahlungen können nicht vorgenommen werden.

Zur Information teile ich darüber hinaus noch einmal mit, dass keinerlei Masseverbindlichkeiten begründet wurden.

Ich rege daher an, das Insolvenzverfahren nunmehr nach § 200 InsO aufzuheben. Die Bestallungsurkunde ist diesem Bericht im Original beigefügt *(wird häufig schon vorher überreicht).*

Bei erforderlicher Nachtragsverteilung:

Ich bitte allerdings, den Insolvenzbeschlag für ... aufrecht zu erhalten und verweise insoweit auf die Ausführungen im Schlussbericht auf S. ...

Mit freundlichen Grüßen

....
Insolvenzverwalter/in

Anlage:
Kontoauszug mit Nullkontostand

▶ Hinweis:

Sollten doch Masseverbindlichkeiten begründet worden sein, ist ein Verzeichnis dieser Massegläubiger als Anlage beizufügen. Es erfolgt dann eine Verfahrenseinstellung nach § 211 InsO: s. dann in Muster Nr. 42 »Ausschüttungsbericht Masseunzulänglichkeit«.

Musterübersicht Aussonderungsrechte

(Die Übersicht ist alphabetisch sortiert)

		Rdn.
Muster 46:	Ablösesumme Aussonderungsrecht – Anfrage	218
Muster 397 – 398:	Antrag an Insolvenzgericht § 21 Abs. 1 Nr. 5 InsO (*s. Muster vorläufige Verwaltung*)	569 – 570
Muster 47:	Eigentumsvorbehalt – Merkblatt für Gläubiger	219
Muster 48:	Eigentumsvorbehalt – Übersendung Merkblatt	220
Muster 49:	Eigentumsvorbehalt – Verwertungsvereinbarung	221
Muster 14:	Einziehungs- und Verwertungsstopp – Info an Gläubiger (*s. Muster Absonderungsrechte*)	187
Muster 50:	Ersatzaussonderung – Dritter ist insolvent	222
Muster 51:	Ersatzaussonderung – Zahlung vor Eröffnung	223
Muster 52:	Freigabe Aussonderungsgut und Abholung	224
Muster 250:	Gläubigeraufforderung zur Anmeldung (*s. Muster Insolvenztabelle*)	422
Muster 53:	Info an Aussonderungsgläubiger – Fehlen Gegenstand	225
Muster 54:	Info an Aussonderungsgläubiger – Gegenstand vorhanden	226
Muster 210 – 213:	Inhaltsverzeichnis (*s. Muster Inhaltsverzeichnis*)	382 – 385
Muster 55:	Übersicht Aus- und Absonderungsrechte – Tabelle	227
Muster 377:	Vertragsverhältnisse – Übersicht (*s. Muster Vertragsverhältnisse*)	549

Muster 46: Ablösesumme Aussonderungsrecht – Anfrage

Adressat: Aussonderungsgläubiger 218

Insolvenzverfahren über das Vermögen der Firma… mit dem Sitz in…
Amtsgericht…:… IN… /…
Aussonderungsrecht an… (bspw. VW Polo) mit dem amtlichen Kennzeichen ….
(U.Z.: »*Inventar/Aussonderungsrechte*«)
Ihr Zeichen:…

Sehr geehrte Damen und Herren,

in obiger Angelegenheit nehme ich Bezug auf Ihr Schreiben vom… *Der VW Polo mit dem amtlichen Kennzeichen…* wurde von mir sichergestellt. Zur Prüfung Ihres Aussonderungsrechtes bitte ich freundlich um Hereingabe folgender Unterlagen:

1. Fotokopie der Zulassungsbescheinigung II und Versicherung, dass sich diese im Original bei Ihren Unterlagen befindet;
2. Fotokopie des Leasingvertrages.

Eine Entscheidung über die Freigabe des in Ihrem Eigentum stehenden Fahrzeuges wird unverzüglich nach Vorlage dieser Unterlagen getroffen werden. Soweit Ihr Recht durch diese Unterlagen ausreichend nachgewiesen wird, dürfte einer späteren Abholung durch Sie grundsätzlich nichts mehr im Wege stehen.

Ich erwäge allerdings, das Fahrzeug abzulösen und bitte daher um eine möglichst rasche Mitteilung der zu zahlenden Ablösesumme, damit ich diese in meine Überlegungen zur Ablösung mit einbeziehen kann.

Mit freundlichen Grüßen

………………………………

Insolvenzverwalter/in

Muster 47: Merkblatt für Gläubiger mit Eigentumsvorbehaltsrechten

Sehr geehrte Damen und Herren, 219

soweit Sie als Gläubiger mit dem Schuldner/der Schuldnerin Eigentumsvorbehaltsrechte vereinbart haben sollten, möchte ich Sie dringend darum bitten, nachstehende Hinweise zu beachten. Anderenfalls wird eine Bearbeitung Ihrer Rechte nicht möglich sein! Im Einzelnen hierzu wie folgt:

1. Behauptete oder von Ihnen noch geltend zu machende Eigentumsvorbehaltsrechte können nur anerkannt werden, soweit Sie den erforderlichen Nachweis erbringen, wann und in welcher Form der Eigentumsvorbehalt vereinbart wurde, also Gegenstand der Lieferverträge zwischen Ihnen und dem Schuldner/der Schuldnerin geworden ist. Hierzu ist es nicht ausreichend, zu behaupten, dass Ihre Geschäfts- und Lieferbedingungen auf Rechnungen, Lieferscheinen etc.

abgedruckt seien; Vertragsinhalt und somit Grundlage der Geschäftsverbindung können nur diejenigen Regelungen werden, die bei Abschluss des Geschäftes vereinbart worden sind, also zum Gegenstand und Inhalt des Vertrages gemacht wurden, oder die aufgrund vorheriger häufiger Übung und Kenntnis auf Seiten des Schuldners/der Schuldnerin als Ihr Vertragswille bekannt gewesen sind (so z. B. die Verwendung von Allgemeinen Geschäftsbedingungen bei lang andauernder Geschäftsbeziehung).

2. Für den vorbezeichneten Nachweis von Eigentumsvorbehaltsrechten ist es nicht ausreichend, dass Sie Auftrags-, Rechnungs- oder sonstige Formulare übersenden. Es muss demgegenüber ausführlich und konkret dargelegt werden, wie lange die Geschäftsbeziehung andauert, welche zum jeweiligen Zeitpunkt gültigen Formulare/AGBs verwandt worden sind und wie der Eigentumsvorbehalt dem Schuldner/der Schuldnerin bzw. dem schuldnerischen Unternehmen zur Kenntnis gebracht worden ist.
3. Folgende Unterlagen/Informationen sind demzufolge (schriftlich) nachzuweisen:
   - die Eigentumsvorbehaltsbedingungen (z. B. AGBs) auf dem Original-Formular
   - im Original ein Formularsatz mit Auftragsbestätigung, Lieferschein und Rechnung
   - Nachweis über die Dauer der Geschäftsverbindung (Auflistung von mindestens 5 der letzten Liefergeschäfte (nachweislich))
   - soweit vorhanden eine schriftliche Auftragsbestätigung oder ein Anerkenntnis der Eigentumsvorbehaltsrechte bzw. Lieferbedingungen, aus denen sich die Eigentumsvorbehaltsrechte ergeben, durch den Schuldner/die Schuldnerin
4. Um unnötigen kostenträchtigen Schriftwechsel zu vermeiden und eine zügige Bearbeitung möglicher Eigentumsvorbehaltsrechte zu gewährleisten, bitte ich Sie dringend, die vorbezeichneten Nachweise in der beschriebenen Art und Weise zu führen. Ausdrücklich weise ich darauf hin, dass es nicht ausreicht, die geforderten Original-Formulare und die Original-Bedingungen per Telefax vorzulegen. Ferner mache ich darauf aufmerksam, dass ich Schriftwechsel nicht beantworten werde und Eigentumsvorbehaltsrechte nicht anerkenne und auch nicht anerkennen kann, wenn vermeintliche Aussonderungsrechte nicht in ausreichender Art und Weise hier geltend gemacht und nachgewiesen werden. Die Verfahrensweise entspricht der rechtlichen Situation, entlastet die Insolvenzverwaltung und gewährleistet im Zuge dessen, dass dem Interesse aller Eigentumsvorbehaltslieferanten an einer zeitnahen Bearbeitung ihrer Aussonderungsrechte Rechnung getragen werden kann. Ich bitte in Ihrem eigenen Interesse um Verständnis.

....

Insolvenzverwalter/in

Muster 48: Eigentumsvorbehalt – Übersendung Merkblatt

220 *Adressat: Lieferanten*

Insolvenzverfahren über das Vermögen der Firma... mit dem Sitz in...
Amtsgericht...:... IN... /...
(U.Z.: »*Inventar/Aussonderungsrechte*«)
Ihr Zeichen:...

Sehr geehrte Damen und Herren,

ich darf Sie heute darüber informieren, dass mit Beschluss vom ... die vorläufige Verwaltung über das Vermögen der oben näher bezeichneten Firma angeordnet wurde. Eine Fotokopie des amtsgerichtlichen Beschlusses liegt in der **Anlage** zu Ihrer Information anbei.

bei vorheriger Aufforderung durch den Gläubiger:

Mit Ihrem Schreiben vom ... haben Sie um Herausgabe der unter Eigentumsvorbehalt stehenden Ware gem. Rechnung vom ... (Nr. ...) gebeten. Ich betrachte Ihr Schreiben als Aufforderung zur Ausübung des Wahlrechts gem. § 107 Abs. 2 InsO.

Nach § 107 Abs. 2 InsO hat der Insolvenzverwalter die Erklärung zur Ausübung des Wahlrechts gem. § 103 InsO erst unverzüglich nach dem Berichtstermin abzugeben. Ich werde Ihnen daher zum entsprechenden Zeitpunkt eine Erklärung bzgl. des Wahlrechts zukommen lassen.

Zunächst fordere ich Sie jedoch auf, nachzuweisen, dass der Eigentumsvorbehalt rechtswirksam abgeschlossen wurde.

auch ohne vorherige Aufforderung:

Als Lieferant des schuldnerischen Unternehmens/zu diesem Zweck darf ich Ihnen heute ein Merkblatt mit der ausdrücklichen Bitte um Kenntnisnahme übermitteln. Daraus ergibt sich, welche Informationen und Unterlagen erforderlich sind, um ggf. bestehende Eigentumsvorbehaltsrechte geltend machen zu können. Ich bitte um Beachtung.

Mit freundlichen Grüßen

....

(vorläufige/r) Insolvenzverwalter/in

Anlage:
Anordnungsbeschluss
Merkblatt

Muster 49: Eigentumsvorbehalt – Verwertungsvereinbarung

Adressat: Lieferant 221

Insolvenzverfahren über das Vermögen der Firma... mit dem Sitz in...
Amtsgericht...:... IN... /...
(U.Z.: »*Inventar/Aussonderungsrechte*«)
Ihr Zeichen:...

Sehr geehrte Damen und Herren,

das Amtsgericht – Insolvenzgericht -... hat mit Beschluss vom... die vorläufige Verwaltung über das Vermögen der Firma ... angeordnet und mich *zum/zur* Sachverständigen und vorläufigen *Insolvenzverwalter/in* mit Zustimmungsvorbehalt bestellt. Eine Kopie des Beschlusses überreiche ich in der **Anlage**.

Im Rahmen der Inventur der Warenvorräte wurden Lieferungen vorgefunden, die mit Eigentumsvorbehaltsrechten zu Ihren Gunsten (einfacher, verlängerter, erweiterter EV) belastet sein können. Die Inventur ergibt Warenvorräte aus Ihren Lieferungen zu einem Einkaufspreis von insgesamt... EUR. Ich darf Sie daher bitten, mir Nachweise über etwaige Eigentumsvorbehaltsrechte zu übergeben. Zu diesem Zweck füge ich in der weiteren **Anlage** ein Merkblatt bei, dem Sie nähere Informationen über erforderliche Nachweise entnehmen können. Bei Einreichung der Unterlagen bitte ich, auch den Betrag Ihrer offenen Gesamtforderung anzugeben.

Darüber hinaus teile ich Ihnen folgendes mit:
1. Der Geschäftsbetrieb wird zunächst im ordnungsgemäßen Geschäftsgang fortgeführt; die Warenvorräte werden zu den bisherigen Verkaufspreisen veräußert. Insoweit werde ich nach Insolvenzeröffnung die Erfüllung der zugrundeliegenden Kaufverträge wählen und die entsprechenden Einkaufspreise an Sie auszahlen.
2. Nach Abschluss des Verkaufs im ordnungsgemäßen Geschäftsgang wird ein Räumungsverkauf stattfinden, der mit einer weiteren Zwischeninventur vorbereitet wird. Im Räumungsverkauf können die Einkaufspreise der Lieferanten nicht mehr garantiert werden. Ziel des Räumungsverkaufes ist es, auch die restliche Ware vollständig zu veräußern, so dass keine Abholungskosten für Sie auflaufen. Im Übrigen führt die Verwertung von Warenvorräten im Räumungsverkauf erfahrungsgemäß zu erheblich höheren Erlösen als der Postenverkauf nach Betriebsstilllegung.
3. Für die Abwicklung der weiteren Verkaufstätigkeit im ordnungsgemäßen Geschäftsgang sowie im Ausverkauf biete ich Ihnen folgende Verwertungsvereinbarung an:
   a) Die Warenvorräte *des/der Schuldners/in* werden im Insolvenzeröffnungsverfahren veräußert. Der Lieferant ist mit der Veräußerung einverstanden. Die Veräußerung der Warenvorräte erfolgt zunächst im ordnungsgemäßen Geschäftsgang, sodann im Räumungsverkauf.
   b) Die Erlöse aus dem Verkauf der Warenvorräte werden *vom/von der* vorläufigen *Insolvenzverwalter/in* für den Lieferanten auf einem Sonderkonto verwahrt. *Der/Die* vorläufige *Insolvenzverwalter/in* ist berechtigt, diese Erlöse zugleich für sonstige Absonderungsberechtigte treuhänderisch zu halten. Die Zuteilung der Erlösbeteiligung erfolgt im eröffneten Insolvenzverfahren auf Grundlage der Inventur der Warenvorräte. Der Erlösanteil des Lieferanten bestimmt sich nach dem Verhältnis des Einkaufswertes der von ihm gelieferten Warenvorräte zu dem Gesamteinkaufswert der veräußerten Warenvorräte.
   c) Der Erlös aus der Verwertung der Warenvorräte wird nach Abzug der Umsatzsteuer sowie der anteiligen Kosten der Veräußerung zwischen dem Lieferanten und der Insolvenzmasse wie folgt geteilt:
   ...... % für Lieferant
   ...... % für Insolvenzmasse (ggf. zzgl. 19 % MWSt).
   Die Erlösbeteiligung wird bis zur Höhe der gesicherten Forderung an den Lieferanten ausgezahlt.
   Die Verwertungskosten werden vom Lieferanten in dem Verhältnis getragen, in dem seine Erlösbeteiligung zum Gesamterlös der Veräußerung steht.
   d) Der Lieferant verpflichtet sich, *den/die (vorläufige/n) Insolvenzverwalter/in* hinsichtlich vorrangiger Rechte Dritter an den Warenvorräten freizuhalten, soweit Erlöse an ihn ausgezahlt werden.

Diese Vereinbarung wird zwischen Ihnen und *dem/der Schuldner/in* geschlossen. Ich bitte Sie, mir die Vereinbarung zum Zeichen Ihres Einverständnisses unterzeichnet zurückzusenden. Ich werde Ihnen abschließend ein von *dem/der Schuldner/in* unterzeichnetes Exemplar zukommen lassen.

Sollten Sie mit dieser Verwertungsvereinbarung nicht einverstanden sein, ist die Ware auf Ihre Kosten aus den Geschäftsräumen *des/der Schuldners/in* abzuholen und der Einkaufspreis der abgeholten Warenvorräte gutzuschreiben. Sollte sich aus der Gutschrift der abgeholten Ware und offenen Kaufpreisforderung ein Saldo zu Gunsten *des/der Schuldners/in* ergeben, so ist dieser auszuzahlen. Die Abholung der Warenvorräte setzt voraus, dass Sie Ihren Eigentumsvorbehalt und die Höhe Ihrer Forderung zuvor nachweisen.

Mit freundlichen Grüßen   Zustimmung:

....

Geschäftsleitung   *Vorläufige/r Insolvenzverwalter/in*

[] Wir sind mit der Vereinbarung einverstanden.
[] Wir sind mir der Vereinbarung nicht einverstanden und werden die Warenvorräte gegen Gutschrift der entsprechenden Einkaufspreise abholen.

____________, den ____________

____

Unterschrift Lieferant

Muster 50: Ersatzaussonderung – Dritter ist insolvent

222 *Adressat: Aussonderungsgläubiger*

Insolvenzverfahren über das Vermögen der Firma... mit dem Sitz in...
Amtsgericht...:... IN... /...
(U.Z.: »***Inventar/Aussonderungsrechte***«)
Ihr Zeichen:...

Sehr geehrte Damen und Herren,

in obiger Angelegenheit komme ich zurück auf Ihr Schreiben vom..., mit dem Sie ein Aussonderungsrecht an der am... gelieferten... (*Ware*) geltend machen. Nach Prüfung des Sachverhaltes und Rücksprache mit dem Geschäftsführer der Insolvenzschuldnerin kann ich Ihnen Folgendes mitteilen:

Die von Ihnen gelieferte Ware wurde bereits verarbeitet und am... an einen Dritten veräußert. Ihr Aussonderungsrecht ist damit untergegangen.

Der Kunde der Insolvenzschuldnerin hat die ihm gelegte Rechnung allerdings bis heute nicht beglichen, so dass grundsätzlich ein Zahlungsanspruch gegen diesen besteht und Ihnen damit ein etwaiges Ersatzaussonderungsrecht zustehen würde. Der Kunde hat aber selbst einen Insolvenzantrag gestellt, so dass die Forderung gegen ihn zwischenzeitlich ausgebucht wurde. Damit ist auch ein etwaiges Ersatzaussonderungsrecht nicht gegeben.

Eine vorrangige Befriedigung Ihres Anspruches wird daher nicht erfolgen. Sie können lediglich als einfacher Insolvenzgläubiger über die Anmeldung Ihrer Forderung zur Insolvenztabelle am Ende des Insolvenzverfahrens an einer möglichen quotalen Verteilung teilnehmen.

Mit freundlichen Grüßen

....
Insolvenzverwalter/in

Anlage:
Anordnungsbeschluss

Muster 51: Ersatzaussonderung – Zahlung vor Eröffnung

223 *Adressat: Aussonderungsgläubiger*

Insolvenzverfahren über das Vermögen der Firma... mit dem Sitz in...
Amtsgericht...:... IN... /...
Aussonderungsrecht an...
(U.Z.: »***Inventar/Aussonderungsrechte***«)
Ihr Zeichen:...

Sehr geehrte Damen und Herren,

in obiger Angelegenheit komme ich zurück auf Ihr Schreiben vom..., mit dem Sie ein Aussonderungsrecht an der am... gelieferten... (*Ware*) geltend machen. Nach Prüfung des Sachverhaltes und Rücksprache mit dem Geschäftsführer der Insolvenzschuldnerin muss ich Ihnen mitteilen, dass die von Ihnen gelieferte Ware bereits verarbeitet und am... an einen Dritten veräußert wurde. Der Kunde der Insolvenzschuldnerin hat die ihm gelegte Rechnung am... beglichen. Die

Zahlung erfolgte auf das alte Geschäftskonto der Insolvenzschuldnerin. Die Auslieferung der Ware als auch die Zahlung erfolgten vor Stellung des Insolvenzantrages am … Ihr Aussonderungsrecht ist damit untergegangen.

Da die Zahlung an die Insolvenzschuldnerin auf deren debitorisch geführtes Geschäftskonto vor Insolvenzeröffnung und im vorliegenden Fall sogar vor Insolvenzantragstellung erfolgte, ist diese Zahlung bzw. der entsprechende Betrag nicht unterscheidbar in der Insolvenzmasse vorhanden *(vgl. Hamburger Kommentar, 7. Aufl. 2019, Scholz, § 48 Rn. 26)*. Damit ist auch ein etwaiges Ersatzaussonderungsrecht nicht gegeben. Zudem haben Sie der Weiterveräußerung nicht widersprochen.

Eine vorrangige Befriedigung Ihres Anspruches wird daher nicht erfolgen. Sie können lediglich als Insolvenzgläubiger gem. § 38 InsO über die Anmeldung Ihrer Forderung zur Insolvenztabelle am Ende des Insolvenzverfahrens an einer möglichen quotalen Verteilung teilnehmen.

Mit freundlichen Grüßen

…………………………….
Insolvenzverwalter/in

Muster 52: Freigabe Aussonderungsgut und Abholung

Adressat: Aussonderungsgläubiger 224

Insolvenzverfahren über das Vermögen der Firma… mit dem Sitz in…
Amtsgericht…:… IN… /…
Aussonderungsrecht *am … (bspw. VW Polo) mit dem amtlichen Kennzeichen….*
(U.Z.: »*Inventar/Aussonderungsrechte*«)
Ihr Zeichen:…

Sehr geehrte Damen und Herren,

in obiger Angelegenheit bedanke ich mich zunächst für die Übermittlung der Unterlagen, die es mir ermöglicht haben, das von Ihnen geltend gemachte Aussonderungsrecht zu prüfen. Ich erkläre heute die Freigabe des oben näher bezeichneten *Fahrzeuges* und bitte Sie, sich telefonisch mit unserer/m Mitarbeiter/in, Frau/Herrn… (Tel.:…) zwecks Abstimmung eines Abholtermins in Verbindung zu setzen.

Nach Abholung des Fahrzeuges bitte ich um schriftliche Bestätigung Ihrerseits, dass sich das Fahrzeug wieder in Ihrem Besitz befindet und Ihr Aussonderungsrecht damit befriedigt wurde.

Mit freundlichen Grüßen

…………………………….
Insolvenzverwalter/in

▶ Literaturtipp:

Siehe ggf. auch: »Die Kostentragungspflicht bei der Aussonderung von Gegenständen, insbesondere bei Aufwendungen für den Ausbau einer Sache« von Hage/Lind in InsbürO 2012, 88 f.

▶ Hinweis – Art der Freigabe:

Bei dieser Freigabeerklärung handelt es sich um eine unechte Freigabe, weil das Eigentum bei einem Dritten liegt und der Gegenstand damit nicht vom Insolvenzbeschlag umfasst ist. Siehe wegen näherer Informationen in die Checkliste Freigabe.

Muster 53: Info an Aussonderungsgläubiger – Fehlen Gegenstand

Adressat: Aussonderungsgläubiger 225

Insolvenzverfahren über das Vermögen der Firma…. mit dem Sitz in…
Amtsgericht…:… IN… /…
Aussonderungsrecht *an … (bspw. Glasschneidemaschine)*
(U.Z.: »*Inventar/Aussonderungsrechte*«)
Ihr Zeichen:…

Sehr geehrte Damen und Herren,

in obiger Angelegenheit nehme ich Bezug auf Ihr Schreiben vom…, mit dem Sie Ihr Aussonderungsrecht an der *Glasschneidemaschine des Fabrikats…, Fabriknummer…,* geltend gemacht haben. Ich habe eine solche Maschine bei Übernahme meines Amtes und bei der Sicherstellung sämtlichen Inventars jedoch nicht vorgefunden. Der Geschäftsführer gibt hierzu keine Stellungnahme ab. Es steht Ihnen frei, direkt Kontakt mit dem Geschäftsführer diesbezüglich aufzunehmen.

Mit freundlichen Grüßen

…………………………..

Insolvenzverwalter/in

► Hinweis:

Es kommt immer wieder vor, dass Geschäftsführer einzelne Gegenstände vor Insolvenzantragstellung »schwarz« verkaufen und den Erlös privat vereinnahmen. Dies erfüllt einen Straftatbestand, gerade auch dann, wenn das Eigentum bei einem Dritten lag. Der Gläubiger hat insoweit die Möglichkeit, eine Strafanzeige zu erheben.

Muster 54: Info an Aussonderungsgläubiger – Gegenstand vorhanden

226 *Adressat: Aussonderungsgläubiger*

Insolvenzverfahren über das Vermögen der Firma… mit dem Sitz in…
Amtsgericht…:… IN… /…
Aussonderungsrecht am … (bspw. *Filtermaterial*)
(U.Z.: »*Inventar/Aussonderungsrechte*«)
Ihr Zeichen:…

Sehr geehrte Damen und Herren,

in obiger Angelegenheit nehme ich Bezug auf Ihr Schreiben vom… Die von Ihnen gelieferte Ware/der von Ihnen gelieferte Gegenstand wurde von mir sichergestellt. Zur Prüfung Ihres Aussonderungsrechtes aufgrund etwaig bestehender Eigentumsvorbehaltsrechte benötige ich einige Unterlagen und verweise insoweit auf das in der **Anlage** beiliegende Merkblatt. Ich bitte, die dort genannten Informationen zu beachten und entsprechende Unterlagen zu übersenden.

Eine Entscheidung über die Erfüllung des mit Ihnen abgeschlossenen Vertrages über das festgestellte *Filtermaterial* wird zeitnah, spätestens unverzüglich nach der ersten Gläubigerversammlung am… getroffen werden (§ 107 Abs. 2 InsO). Ich bitte Sie daher um Geduld. Soweit Ihr Recht bis dahin ausreichend nachgewiesen wurde, dürfte einer späteren Abholung durch Sie grundsätzlich nichts mehr im Wege stehen. Selbstverständlich können Sie an der Gläubigerversammlung auch gerne teilnehmen.

Mit freundlichen Grüßen

……………………………

Insolvenzverwalter/in

► Hinweise:

Gemäß § 107 Abs. 2 InsO muss der Insolvenzverwalter die Gegenstände, die unter **Eigentumsvorbehalt** stehen, erst nach der Gläubigerversammlung herausgeben, es sei denn, es droht eine Wertminderung (§ 107 Abs. 2 Satz 2 InsO).

Bei anderen Aussonderungsrechten hat der Insolvenzverwalter entsprechend § 103 Abs. 2 InsO bei Aufforderung durch den Gläubiger direkt eine Herausgabe zu veranlassen, falls er eine **Vertragserfüllung ablehnt**. Dann ist der obige Text entsprechend zu ändern.

Muster 55: Übersicht Aus- und Absonderungsrechte – Tabelle

227 **Übersicht über Drittrechte in dem Insolvenzverfahren über das Vermögen *des/der…***

Amtsgericht…:… IN…/…

► Hinweis:

Diese Übersicht soll nur als Muster dienen. Es kann ggf. auch ein Ausdruck aus der Insolvenzsoftware gemacht werden. Das wäre zu prüfen!

Aussonderungsrechte

Name des Gläubigers	Tab.-Nr.	Vermögenswert/ Gegenstand	Art des Rechtes	Verlauf der Bearbeitung	Stand
Deventer Logistik GmbH	*34*	*Paletten*	*Eigentum*	*02.07.17 Geltendmachung Drittrecht* *10.08.17 Anerkennung Drittrecht* *18.08.17 Herausgabe*	*erledigt*
Konica Minolta	*./.*	*Fotokopierer*	*Eigentum*	*03.07.17 Geltendmachung Drittrecht* *15.08.17 Anerkennung Drittrecht* *15.08.17 Regelung zur Weiterführung des Vertrages*	*erledigt*

Absonderungsrechte

Name des Gläubigers	Tab.-Nr.	Vermögenswert/ Gegenstand	Art des Rechtes	Verlauf der Bearbeitung	Stand
LBS Münster	*58*	*Bausparvertrag*	*Abtretung*	*02.07.17 Geltendmachung Drittrecht wg. Darlehensforderung* *10.08.17 Anerkennung Drittrecht* *15.11.17 Vertragsauflösung* *05.01.18 Auskehrung Guthaben*	*erledigt*
BMW Bank	*25*	*BMW Typ …, amtl. Kennzeichen: …*	*Sicherungs-übereignung*	*03.07.17 Geltendmachung Drittrecht* *10.08.17 Anerkennung Drittrecht* *08.09.17 Veräußerung Fahrzeug* *15.09.17 Auskehrung Kaufpreis*	*erledigt*
Sparkasse …	*16*	*Maschinenpark*	*Sicherungs-übereignung*	*03.07.17 Geltendmachung Drittrecht* *10.08.17 Anerkennung Drittrecht* *10.08.17 Regelung wg. Erfüllung der Darlehensforderungen*	*erledigt*

Musterübersicht Bank

(Die Übersicht ist alphabetisch sortiert)

		Rdn.
Muster 24:	Anfechtung Kontokorrent § 131 Abs. 1 Nr. 2 InsO (*s. Muster Anfechtungsansprüche*)	196
Muster 379 – 380:	Bausparvertrag (*s. Muster Verwertungstätigkeit*)	551 – 552
Muster 56:	Kontoguthaben – Einziehung – vorl. Verfahren	228
Muster 57:	Kontoguthaben – Einziehung – eröffnetes Verfahren	229
Muster 58:	Kontoschließung – vorläufiges Verfahren	230
Muster 59:	Kontoschließung – eröffnetes Verfahren	231
Muster 173 – 176:	Liste vorzulegender Unterlagen (*s. Muster Gutachten*)	345 – 348
Muster 60:	P-Konto – Guthaben – Anforderung	232
Muster 61:	P-Konto – Kontoerklärung – P-Konto besteht	233
Muster 62:	P-Konto – Kontoerklärung – P-Konto Zustimmung zur Umwandlung	234
Muster 63:	P-Konto – Kontoerklärung – Übersendung an Schuldner zur Info	235
Muster 64:	P-Konto – Info an Bank über Verfahrensende	236
Muster 388 – 390:	P-Konto – Pfändung – Verstrickung – Ruhendstellung (*s. Muster Vollstreckungsmaßnahmen*)	560 – 562
Muster 65:	P-Konto – Pfändung – Auszahlungsbegehren an Masse	237
Muster 119:	Schweigepflichtentbindungserklärung (*s. Muster Eröffnungsbeschluss natürl. Person*)	291
Muster 66:	Sicherungsverträge Bank – Anforderung	238
Muster 369:	Verlusterklärung (z. B. Sparbuch) (*s. Muster Versicherungsverträge*)	541

Muster 56: Kontoguthaben – Einziehung – vorläufiges Verfahren

228 *Adressat: Bank*

Insolvenzeröffnungsverfahren über das Vermögen der Firma... mit dem Sitz in...
Amtsgericht ...:... IN.../...
IBAN:... (U.Z.: *Bank*)

Sehr geehrte Damen und Herren,

hiermit zeige ich an, dass mit Beschluss des Amtsgerichts –Insolvenzgericht – ... vom ... über das Vermögen der vorstehend genannten Firma das vorläufige Insolvenzverfahren angeordnet und ich *zum/zur vorläufigen Insolvenzverwalter/in* bestellt worden bin. Eine Fotokopie des gerichtlichen Anordnungsbeschlusses liegt in der **Anlage** zu Ihrer Information anbei.

In Ihrem Hause wird das im Betreff aufgeführte Geschäftskonto der Insolvenzschuldnerin geführt. Soweit dieses Konto ein Guthaben ausweist, möchte ich Sie bitten, den gesamten **Guthabenbetrag** unverzüglich auf das von mir eingerichtete Treuhandkonto auszuzahlen:

Bank:...

IBAN: ...

BIC: ...

Kontoinhaber: ... als IV wg.... (Verf.bez.)

Sollten weitere Konten mit Guthabenbeträge bestehen, bitte ich, ebenso zu verfahren.

Mit diesem Schreiben soll ausdrücklich **keine Schließung** der Konten erfolgen. Da der Betrieb fortgeführt wird und viele Kunden trotz Hinweises auf das eingerichtete Treuhandkonto häufig Zahlung auf alte Geschäftskonten leisten, sollen die Konten derzeit auf jeden Fall bestehen bleiben.

Ich widerspreche hiermit allerdings ausdrücklich sämtlichen SEPA-Lastschriftmandaten und bitte, diese zu beenden, um sowohl weitere Abbuchungen von dem Geschäftskonto, aber auch ggf. weitere Kosten für ältere, inzwischen nicht mehr gebrauchte SEPA-Lastschriftmandate zu vermeiden. Sämtliche Zahlungen an Vertragspartner werden über das für das Verfahren eingerichtete Treuhandkonto abgewickelt.

▶ Hinweis:

Die Banken berechnen tlw. **für ursprünglich erteilte SEPA-Lastschriftmandate** – z. B. für Leasingverträge, die nicht mehr bestehen – auch ohne Abbuchungen **Gebühren**. Daher ist es ratsam, vorsorglich solche Mandate zu beenden.

Bitte genau prüfen, ob **während der vorläufigen Verwaltung die laufenden SEPA-Mandate benötigt werden**. I.d.R. gibt es Abstimmungen mit dem jeweiligen Vertragspartner und die jeweiligen Zahlungen laufen über das Treuhandkonto.

Sollte es anders sein, müsste man die **SEPA-Lastschriftmandate**, die **nicht beendet** werden sollen, ggf. **einzeln auflisten** oder den **Passus wegen der Beendigung komplett herausnehmen.**

Darüber hinaus wäre ich Ihnen für eine Prüfung und Mitteilung dankbar, ob die Schuldnerin über **Sparkonten, Sparbücher, Depots oder Schließfächer etc.** verfügt oder in den letzten drei Monaten vor der Insolvenzantragstellung am … verfügt hat.

Mit freundlichen Grüßen

………………………………………………………

vorläufige/r Insolvenzverwalter/in

Anlage:
Anordnungsbeschluss

Muster 57: Kontoguthaben – Einziehung – eröffnetes Verfahren

Adressat: Bank 229

Insolvenzverfahren über das Vermögen der Firma …/des Herrn …/der Frau…
Amtsgericht….: …. IN… /…
Kontoguthaben (U.Z.: »***Bank***«)
IBAN:…

Sehr geehrte Damen und Herren,

hiermit zeige ich an, dass über das Vermögen der vorstehend genannten *Firma/Person* das Insolvenzverfahren eröffnet und ich *zum/zur Insolvenzverwalter/in* bestellt worden bin. Eine Fotokopie des gerichtlichen Eröffnungsbeschlusses liegt in der **Anlage** zu Ihrer Information anbei.

In Ihrem Hause wird ein Geschäftskonto *des Insolvenzschuldners/der Insolvenzschuldnerin* geführt. Soweit dieses Konto und etwaige weitere Konten Guthaben ausweisen, möchte ich Sie bitten, die gesamten **Guthabenbeträge** unverzüglich auf das von mir eingerichtete Treuhandkonto auszuzahlen:

Bank:…

IBAN: …

BIC: …

Kontoinhaber: … als IV wg.… (Verf.bez.)

Eine Kontoschließung soll ausdrücklich *derzeit noch* nicht erfolgen.

Ich widerspreche hiermit allerdings ausdrücklich sämtlichen SEPA-Lastschriftmandaten und bitte, diese zu beenden, um sowohl weitere Abbuchungen von dem Geschäftskonto, aber auch ggf. weitere Kosten für ältere, inzwischen nicht mehr gebrauchte SEPA-Lastschriftmandate zu vermeiden. Sämtliche Zahlungen an Vertragspartner werden über das für das Verfahren eingerichtete Treuhandkonto abgewickelt.

▶ Hinweis:

Die Banken berechnen tlw. **für ursprünglich erteilte SEPA-Lastschriftmandate** – z. B. für Leasingverträge, die nicht mehr bestehen – auch ohne Abbuchungen **Gebühren**. Daher ist es ratsam, vorsorglich solche Mandate zu beenden.

Die **laufenden SEPA-Mandate** dürften i.d.R. nicht mehr benötigt werden, weil es **Abstimmungen mit dem jeweiligen Vertragspartner** geben muss und die jeweiligen Zahlungen dann über das Treuhandkonto laufen.

Sollte es anders sein, müsste man die **SEPA-Lastschriftmandate**, die **nicht beendet** werden sollen, ggf. **einzeln auflisten.**

Im Übrigen wäre ich für eine Prüfung und Mitteilung darüber dankbar, ob *der Schuldner/die Schuldnerin* über **Sparkonten, Sparbücher, Depots oder Schließfächer etc.** verfügt oder in den letzten 12 Monaten vor der Insolvenzantragstellung am … verfügt hat.

Mit freundlichen Grüßen

....
Insolvenzverwalter/in

Anlage:
Eröffnungsbeschluss

Muster 58: Kontoschließung – vorläufiges Verfahren

230 *Adressat: Bank*

Insolvenzeröffnungsverfahren über das Vermögen der Firma... mit dem Sitz in...
Amtsgericht...: ... IN... /...
IBAN:... (U.Z.: »*Bank*«)

Sehr geehrte Damen und Herren,

hiermit zeige ich an, dass über das Vermögen der vorstehend genannten Firma das vorläufige Insolvenzverfahren angeordnet/das Insolvenzverfahren eröffnet und ich zum/zur vorläufigen Insolvenzverwalter/in bestellt worden bin. Eine Fotokopie des gerichtlichen Anordnungsbeschlusses/Eröffnungsbeschlusses liegt in der **Anlage** zu Ihrer Information anbei.

In Ihrem Hause wird ein Geschäftskonto der Insolvenzschuldnerin geführt. Der schuldnerische Betrieb ist eingestellt worden. Ich bitte Sie daher, dieses Konto und mögliche weitere **Konten zu schließen** und etwaige **Guthabenbeträge** auf das von mir eingerichtete Treuhandkonto bei der

Bank:...

IBAN: ...

BIC: ...

Kontoinhaber: ... als IV wg. ... (Verf.bez.)

auszuzahlen.

Rein vorsorglich weise ich darauf hin, dass auch etwaige mit dem Konto verbundene SEPA-Lastschriftmandate beendet werden sollen und damit bitte keine Gebühren mehr anfallen.

Darüber hinaus wäre ich Ihnen für eine Prüfung und Mitteilung dankbar, ob die Schuldnerin über **Sparkonten, Sparbücher, Depots oder Schließfächer etc.** verfügt oder in den letzten drei Monaten vor Insolvenzantragstellung am ... verfügt hat.

Mit freundlichen Grüßen

....
vorläufige/r Insolvenzverwalter/in

Anlage:
Fotokopie des Anordnungsbeschlusses/Eröffnungsbeschlusses

Muster 59: Kontoschließung – eröffnetes Verfahren

231 *Adressat: Bank*

Insolvenzverfahren über das Vermögen der Firma.../des Herrn .../der Frau ...
Amtsgericht...:... IN... /...
IBAN: ... (U.Z.: »*Bank*«)

Sehr geehrte Damen und Herren,

hiermit zeige ich an, dass *(ggf. zwischenzeitlich)* über das Vermögen der vorgenannten *Firma/Person* das Insolvenzverfahren eröffnet und ich *zum/zur Insolvenzverwalter/in* bestellt worden bin. Eine Fotokopie des gerichtlichen Eröffnungsbeschlusses liegt in der **Anlage** zu Ihrer Information anbei.

Der schuldnerische Betrieb ist eingestellt worden. Ich bitte Sie daher, das oben genannte Konto und mögliche weitere in Ihrem Hause geführten **Konten zu schließen** und etwaige **Guthabenbeträge** auf das von mir eingerichtete Treuhandkonto bei der

Bank:...

IBAN: ...

BIC: ...

Kontoinhaber: ... als IV wg. ... (Verf.bez.)

auszuzahlen.

Rein vorsorglich weise ich darauf hin, dass auch etwaige mit dem Konto verbundene SEPA-Lastschriftmandate beendet werden sollen und damit bitte keine weiteren Gebühren mehr anfallen.

Im Übrigen wäre ich für eine Prüfung und Mitteilung darüber dankbar, ob *die Schuldnerin/der Schuldner* über **Sparkonten, Sparbücher, Depots oder Schließfächer etc.** verfügt oder in den letzten drei Monaten vor Insolvenzantragstellung am … verfügt hat.

▶ Hinweis:

Bei vorstehendem Absatz prüfen, ob die Anfrage nicht schon ggf. während der vorläufigen Verwaltung erfolgt ist.

Mit freundlichen Grüßen

………………………………

Insolvenzverwalter/in

Anlage:
Eröffnungsbeschluss

Muster 60: P-Konto – Kontoguthaben Anforderung

Adressat: Bank 232

Insolvenzverfahren über das Vermögen des Herrn …/der Frau …
Amtsgericht…:… IN… /…
IBAN: … (U.Z.: *»Bank«*)

Sehr geehrte Damen und Herren,

ich nehme Bezug auf mein Schreiben vom … Darin hatte ich erläutert, dass eine Freigabe des bestehenden Girokontos *der Schuldnerin/des Schuldners*, das als P-Konto in Ihrem Hause geführt wird, ausdrücklich nicht erfolgt. Hintergrund hierfür ist, dass der Pfändungsschutz nach § 850k Abs. 1 Satz 1 ZPO nur an dem unpfändbaren Guthaben gem. § 850c Abs. 1 Satz 1 ZPO greift. Möchte ein Schuldner aufgrund etwaig bestehender Unterhaltspflichten einen höheren Pfändungsschutz bewirken, hat er eine entsprechende Unterhaltsbescheinigung gem. § 850k Abs. 2 ZPO vorzulegen. Dies trifft im vorliegenden Fall allerdings nicht zu.

Der Arbeitgeber *des Schuldners/der Schuldnerin* hat die monatlich pfändbaren Einkommensanteile trotz Information über das Insolvenzverfahren bislang nicht an die Insolvenzmasse abgeführt. Nach meiner Kenntnis fließen daher seit … Zahlbeträge auf das P-Konto, die den ab dem 01.07.2017 geltenden Pfändungsfreibetrag i.H.v. *1.139,99 EUR* übersteigen und über die *der Schuldner/die Schuldnerin* nach den gesetzlichen Regelungen nicht verfügen darf.

▶ Hinweis:

Der Freibetrag kann alle zwei Jahre angepasst werden. Vorstehender Betrag gilt ab 01.07.2017. Die nächste Anpassung ist zum 01.07.2019 möglich.

Die Regelung in § 850k Abs. 1 Satz 3 ZPO, nach der der Insolvenzbeschlag zusätzlich greift, wenn ein Schuldner über den pfändungsfreien Betrag innerhalb von zwei Monaten nicht verfügt, ist bezüglich der den Pfändungsfreibetrag übersteigenden Zahlungseingänge nicht anzuwenden, d. h. die Wartefrist von zwei Monaten ist diesbezüglich nicht einzuhalten.

Ich bitte Sie entsprechend, die gesperrten Zahlungseingänge umgehend an die Insolvenzmasse abzuführen. Sollte sich zusätzlich Guthaben i.S.d. Regelung des § 850k Abs. 1 Satz 3 ZPO ergeben haben, bitte ich selbstverständlich ebenfalls um Auszahlung. In diesem Falle wäre ich für ein kurzes Informationsschreiben dankbar, damit ich nachvollziehen kann, wie sich der Zahlungseingang auf dem Treuhandkonto zusammensetzt.

Die Kontoverbindung des Treuhandkontos lautet wie folgt:

Bank:…

IBAN: …

BIC: …

Kontoinhaber: … als IV wg. … (Verf.bez.)

Mit freundlichen Grüßen

……………………………………………

Insolvenzverwalter/in

Muster 61: P-Konto – Kontoerklärung – P-Konto besteht

233 *Adressat: Bank*

Insolvenzverfahren über das Vermögen des Herrn .../der Frau ...
Amtsgericht...:... IN... /...
IBAN: ... (U.Z.: »*Bank*«)

Sehr geehrte Damen und Herren,

hiermit zeige ich an, dass über das Vermögen der vorstehend genannten Person das Insolvenzverfahren eröffnet und ich *zum/zur Insolvenzverwalter/in* bestellt worden bin. Eine Fotokopie des gerichtlichen Eröffnungsbeschlusses liegt in der **Anlage** zu Ihrer Information anbei.

Etwaige mit Ihrem Hause bestehenden Verträge über Konten, Sparbücher oder ähnliches sind gemäß §§ 115, 116 InsO erloschen. Sollten sich insoweit Guthabenbeträge ergeben, bitte ich um Auszahlung auf das von mir eingerichtete Treuhandkonto:

Bank:...

IBAN: ...

BIC: ...

Kontoinhaber: ... als IV wg. ... (Verf.bez.)

[Alternative – noch kein Treuhandkonto:

Sollten sich insoweit Guthabenbeträge ergeben, bitte ich um eine entsprechende Mitteilung. Im vorliegenden Verfahren wurde derzeit noch kein Treuhandkonto eingerichtet, da *der Schuldner/die Schuldnerin* bisher über keine pfändbaren Einkommensanteile verfügt und auch anderes Vermögen nicht ersichtlich ist. Die Einrichtung eines solchen Treuhandkontos ist aber problemlos möglich, sobald von Ihnen eine Information über eine bevorstehende Zahlung eingeht.]

Für beide Varianten:

Die Vorschriften der §§ 115, 116 InsO und damit das Erlöschen der Geschäftsbesorgungsverträge gilt ausdrücklich **nicht für das laufende Girokonto** *des Schuldners/der Schuldnerin*, das bei Ihnen als P-Konto geführt wird. Da § 36 Abs. 1 S. 2 InsO auf § 850k ZPO verweist, ist das P-Konto nicht vom Insolvenzbeschlag umfasst und damit auch der Kontovertrag mit Insolvenzeröffnung nicht erloschen.

Der Schuldner/die Schuldnerin verfügt über ein pfändungsfreies Einkommen und ist in jedem Fall daran interessiert, den bestehenden Kontovertrag auch weiterzuführen. Rein deklaratorisch bitte ich Sie daher, diesem Wunsch des *Schuldners/der Schuldnerin* nachzukommen. Falls Sie Überziehungen auf dem Konto zulassen sollten, erfolgen diese ausdrücklich ohne meine Zustimmung und begründen solche etwaig neu entstehenden Forderungen gegen *den Schuldner/die Schuldnerin* daher keine Masseverbindlichkeit.

Der Arbeitgeber *des Schuldners/der Schuldnerin* wurde mit gleicher Post angeschrieben und um Auskehrung etwaiger anteiliger pfändbarer Einkommensanteile unmittelbar an mich gebeten.

Eine Kontofreigabe des laufenden Girokontos erfolgt mit diesem Schreiben allerdings ausdrücklich nicht. Sollte *der Schuldner/die Schuldnerin* über das monatlich eingehende Einkommen auf dem Konto innerhalb des laufenden oder darauffolgenden Monats nicht verfügt haben oder es zu anderen weitergehenden Einzahlungen auf dem Konto kommen, die den Freibetrag überschreiten, wäre ein solches Guthaben an die Insolvenzmasse abzuführen (§ 850k Abs. 1 ZPO), weil der Insolvenzbeschlag dann an dem Auszahlungsanspruch greifen würde.

Sollte eine Kontopfändung vorliegen, bitte ich um eine entsprechende Information über diese Pfändungsmaßnahme, damit ich einen Antrag auf Ruhendstellung und Aufhebung der Verstrickung veranlassen und damit die Auszahlung etwaiger Guthaben an mich bewirken kann (BGH-Urt. v. 21.09.2017 – IX ZR 40/17 in ZInsO 2017, 2267).

▶ Hinweis:

Siehe wegen des Antrages auf Ruhendstellung und Aufhebung der Verstrickung in die Muster Vollstreckungsmaßnahmen (Nr. 388 – 390): »Kontopfändung – Aufhebung Verstrickung«

Ergänzung für Banken, die sich bekanntermaßen weigern, Guthaben auszuzahlen:

Ich darf Ihnen insoweit rein informativ in der **Anlage** einen Aufsatz aus der InsbürO (2015, 101 ff.) – einer insolvenzrechtlichen Fachzeitschrift – über das »Schicksal alter Kontopfändungen« überreichen und mir den dortigen Inhalt zu Eigen machen. Darin werden die rechtliche Situation bei vorliegenden Kontopfändungen und die Folge für die Praxis ausführlich erläutert.

Sollte *der Schuldner/die Schuldnerin* Ihnen eine Bescheinigung über etwaige Unterhaltspflichten gem. § 850k Abs. 5 ZPO vorgelegt haben und der Freibetrag dadurch erhöht worden sein, wäre ich Ihnen dankbar, wenn Sie mir eine Kopie dieser Bescheinigung übermitteln würden, damit auch ich den von Ihnen eingestellten Freibetrag kenne. Eine Rückmeldung kann gerne direkt auf diesem Schreiben und per Telefax oder E-Mail erfolgen.

Darüber hinaus wäre ich Ihnen dankbar, wenn Sie mir mitteilen würden,
- ob der *Schuldner/die Schuldnerin* bei Ihnen weitere Konten, Sparbücher, Depots oder Schließfächer etc. im letzten Jahr vor Insolvenzantragstellung am … aufgelöst hat und
- zu welchem Stichtag das Girokonto in ein P-Konto umgewandelt wurde.

▶ Hinweis wg. P-Konto-Umwandlung:

Zahlungen vom normalen Girokonto unterliegen leichter der Anfechtung. Sie erfolgen dann nicht aus dem geschützten unpfändbaren Vermögen. Der Anfechtungsgegner hat in dem Fall das Gegenteil zu beweisen.

Falls vorhanden:

Eine Schweigepflichtentbindungserklärung wird vorsorglich in der weiteren **Anlage** überreicht.

Für Ihre Bemühungen bedanke ich mich im Voraus und verbleibe zunächst

mit freundlichen Grüßen

....
Insolvenzverwalter/in

Anlagen:
Eröffnungsbeschluss
Schweigepflichtentbindungserklärung (Muster Nr. 119)

▶ Hinweis:

Bitte eine Kopie des Schreibens an den Schuldner/die Schuldnerin versenden (s. Muster Nr. 63)

Falls die Bank nur den nachfolgenden Passus zurückschickt: Verfahrensdaten eintragen:

Betreff: Insolvenzverfahren …, AG …: … IN/IK…/…

Rückantwort *(bitte ankreuzen)*:
☐ *Der Schuldner/Die Schuldnerin* hat eine Bescheinigung über Unterhaltspflichten vorgelegt. Diese wird in Kopie überreicht.
☐ *Der Schuldner/Die Schuldnerin* hat keine Unterhaltspflichten angezeigt.
☐ Der bei uns vorgemerkte Freibetrag beträgt: ______________ EUR.

....
Ort, Datum

....
Unterschrift/Stempel

Muster 62: P-Konto – Kontoerklärung – Zustimmung z. Umwandlung

Adressat: Bank 234

Insolvenzverfahren über das Vermögen des Herrn …/der Frau …
Amtsgericht…:… IN… /…
IBAN: … (U.Z.: *»Bank«*)

Sehr geehrte Damen und Herren,

hiermit zeige ich an, dass über das Vermögen der oben genannten Person das Insolvenzverfahren eröffnet und ich *zum/zur Insolvenzverwalter/in* bestellt worden bin. Eine Fotokopie des gerichtlichen Eröffnungsbeschlusses liegt in der **Anlage** zu Ihrer Information anbei.

Die in Ihrem Hause mit *dem Schuldner/der Schuldnerin* etwaig bestehenden Verträge über Konten und Sparbücher oder Ähnliches sind gem. §§ 115, 116 InsO erloschen. Etwaige Guthabenbeträge bitte ich – **mit Ausnahme des Guthabens des laufenden Girokontos** – auf das von mir eingerichtete Treuhandkonto zu überweisen:

Bank:...

IBAN: ...

BIC: ...

Kontoinhaber: ... als IV wg. ... (Verf.bez.)

[Alternative – noch kein Treuhandkonto:

Sollten sich insoweit Guthabenbeträge ergeben, bitte ich um eine entsprechende Mitteilung. Im vorliegenden Verfahren wurde derzeit noch kein Treuhandkonto eingerichtet, da *der Schuldner/die Schuldnerin* bisher über keine pfändbaren Einkommensanteile verfügt und auch anderes Vermögen nicht ersichtlich ist. Die Einrichtung eines solchen Treuhandkontos ist aber problemlos möglich, sobald von Ihnen eine Information über eine bevorstehende Zahlung eingeht.]

Für beide Varianten:

Da *der Schuldner/die Schuldnerin* über ein pfändungsfreies Einkommen verfügt, ist *er/sie* daran interessiert, das bisher laufende Girokonto in ein P-Konto umzuwandeln. Falls *der Schuldner/die Schuldnerin* einen solchen Antrag auf Umwandlung stellt – was nach eindeutigem Gesetzestext in § 850k Ziff. 7 ZPO nur *er/sie* selbst beantragen kann – bitte sich Sie lediglich, diesem Wunsch *des Schuldners/der Schuldnerin* nachzukommen. Sollten Sie Überziehungen auf dem etwaigen neuen Konto zulassen, erfolgen diese ausdrücklich <u>ohne</u> meine Zustimmung und begründen solche etwaig neu entstehenden Forderungen gegen *den Schuldner/die Schuldnerin* daher keine Masseverbindlichkeit.

Der Arbeitgeber *des Schuldners/der Schuldnerin* wurde mit gleicher Post angeschrieben und um Auskehrung der pfändbaren Einkommensanteile unmittelbar an mich gebeten, so dass nur eine Auszahlung des unpfändbaren Einkommens an *den Schuldner/die Schuldnerin* erfolgen wird.

Eine Kontofreigabe erfolgt mit diesem Schreiben allerdings ausdrücklich nicht. Sollte *der Schuldner/die* Schuldnerin über das monatlich eingehende Einkommen auf dem Konto innerhalb des laufenden oder darauffolgenden Monats nicht verfügt haben oder es zu weiteren sonstigen Zahlungseingängen auf dem Konto kommen, die den Freibetrag überschreiten, wäre ein solches Guthaben an die Insolvenzmasse abzuführen (§ 850k Abs. 1 ZPO), weil der Insolvenzbeschlag dann an dem Auszahlungsanspruch greifen würde.

Sollte eine Kontopfändung vorliegen, bitte ich um eine entsprechende Information über diese Pfändungsmaßnahme, damit ich einen Antrag auf Ruhendstellung und Aufhebung der Verstrickung veranlassen und damit die Auszahlung etwaiger Guthaben an mich bewirken kann (BGH-Urt. v. 21.09.2017 – IX ZR 40/17 in ZInsO 2017, 2267).

▶ Hinweis:

Siehe wegen des Antrages auf Ruhendstellung und Aufhebung der Verstrickung in die Muster Vollstreckungsmaßnahmen (Nr. 388 – 390): »Kontopfändung – Aufhebung Verstrickung«

Ergänzung für Banken, die sich bekanntermaßen weigern, Guthaben auszuzahlen:

Ich darf Ihnen insoweit rein informativ in der **Anlage** einen Aufsatz aus der InsbürO (2015, 101 ff.) – einer insolvenzrechtlichen Fachzeitschrift – über das »Schicksal alter Kontopfändungen« überreichen und mir den dortigen Inhalt zu Eigen machen. Darin werden die rechtliche Situation bei vorliegenden Kontopfändungen und die Folge für die Praxis ausführlich erläutert.

Sollte kein P-Konto eingerichtet werden, weise ich ausdrücklich darauf hin, dass dann sämtliche Zahlungseingänge auf dem geführten Girokonto dem Insolvenzbeschlag gem. § 35 InsO unterliegen.

Sollte *der Schuldner/die Schuldnerin* Ihnen eine Bescheinigung über etwaige Unterhaltspflichten gem. § 850k Abs. 5 ZPO vorlegen und sich der Freibetrag auf dem etwaigen P-Konto dadurch erhöhen, wäre ich Ihnen dankbar, wenn Sie mir eine Kopie dieser Bescheinigung übermitteln würden, damit auch ich den von Ihnen eingestellten Freibetrag kenne. Eine Rückmeldung kann gerne direkt auf diesem Schreiben und per Telefax oder E-Mail erfolgen.

Darüber hinaus wäre ich Ihnen verbunden, wenn Sie mir mitteilen würden, ob der *Schuldner/die Schuldnerin* bei Ihnen weitere Konten, Sparbücher, Depots oder Schließfächer etc. im letzten Jahr vor Insolvenzantragstellung am ... aufgelöst hat.

Falls vorhanden:

Eine Schweigepflichtentbindungserklärung wird vorsorglich in der weiteren **Anlage** überreicht.

Für Ihre Bemühungen bedanke ich mich im Voraus und verbleibe zunächst

mit freundlichen Grüßen

....

Insolvenzverwalter/in

Anlagen:
Eröffnungsbeschluss
Schweigepflichtentbindungserklärung (Muster Nr. 119)

▶ Hinweis:

Bitte eine Kopie des Schreibens an den Schuldner/die Schuldnerin versenden (s. Muster Nr. 63)

▶ Hinweis wg. P-Konto-Umwandlung – Anfechtung:

Zahlungen vom normalen Girokonto unterliegen leichter der Anfechtung. Sie erfolgen dann nicht aus dem geschützten unpfändbaren Vermögen. Der Anfechtungsgegner hat in dem Fall das Gegenteil zu beweisen. Daher im Falle der Verwendung dieses Schreibens genau schauen, ob ggf. Zahlungen vom Girokonto aus dem 3-Monats-Zeitraum der Anfechtung unterliegen.

Falls die Bank nur den nachfolgenden Passus zurückschickt: Verfahrensdaten eintragen:

Betreff: Insolvenzverfahren ..., AG ...: ... IN/IK .../...

Rückantwort *(bitte ankreuzen)*:
☐ Ein P-Konto wurde eingerichtet.
☐ Ein P-Konto wurde nicht eingerichtet.
☐ *Der Schuldner/Die Schuldnerin* hat eine Bescheinigung über Unterhaltspflichten vorgelegt. Diese wird in Kopie überreicht.
☐ *Der Schuldner/Die Schuldnerin* hat keine Unterhaltspflichten angezeigt.
☐ Der bei uns vorgemerkte Freibetrag beträgt: ______________ EUR.

....
Ort, Datum

....
Unterschrift/Stempel

Muster 63: P-Konto – Kontoerklärung – Übersendung an Schuldner zur Info

Adressat: Schuldner/in 235

Insolvenzverfahren über Ihr Vermögen
Amtsgericht...:... IN/IK... /...
(U.Z.: *»Bank«)*

____

Sehr geehrte Herr...,/sehr geehrte Frau ...

in der **Anlage** übersende ich Ihnen mein heutiges Schreiben an die ... Bank in Abschrift mit der Bitte um Kenntnisnahme.

Bei Verfahrensbeginn und sofern keine Übergabe im Erstgespräch:

Darüber hinaus erhalten Sie **anliegend** die Fotokopie einer Informationsbroschüre, der Sie weitere Informationen zum P-Konto und dem dort automatisch vorhandenen Pfändungsschutz entnehmen können.

Mit freundlichen Grüßen

....
Insolvenzverwalter/in

Anlagen:
Anschreiben an die Bank
P-Konto-Broschüre

▶ Informationsbroschüre:

Diese kann über die Homepage des Bankenverbandes heruntergeladen werden: www.bankenverband.de

Muster 64: P-Konto – Info Bank über Verfahrensende

236 *Adressat: Bank*

Restschuldbefreiungsverfahren über das Vermögen des Herrn… /der Frau…
Amtsgericht…:… IN/IK… /…
(U.Z.: »Bank«)
IBAN:…

Sehr geehrte Damen und Herren,

in obiger Angelegenheit darf ich Ihnen mitteilen, dass das Insolvenzverfahren mit Beschluss des Amtsgerichts … vom … aufgehoben wurde. Damit entfällt auch der Insolvenzbeschlag an den Zahlungseingängen auf dem Girokonto *des Schuldners/der Schuldnerin*, insbesondere auch an einem etwaigen Kontoguthaben gem. § 850k Abs. 1 ZPO, das sich ergibt, wenn *der Schuldner/die Schuldnerin* über die monatlichen Freibeträge nicht oder nicht vollständig verfügt oder an Beträgen, die den Sockelbetrag gem. § 850k Abs. 1, 2 ZPO übersteigen.

Sofern *der Schuldner/die Schuldnerin* das Pfändungsschutzkonto nunmehr in ein normales Girokonto rückumwandeln möchte und keine anderweitigen Pfändungen darauf ruhen, bestehen von meiner Seite keine Bedenken.

Mit freundlichen Grüßen

……………………………
Insolvenzverwalter/in

Anlage:
Aufhebungsbeschluss

▶ **Hinweis – Kopie Schuldner:**

Bitte eine Kopie des Schreibens an den Schuldner versenden: s. gesondertes Muster (Nr. 63) »Kontoerklärung – Übersendung an Schuldner zu Info« oder im Rahmen des Erstanschreiben für die RSB-Phase = Obliegenheiten-Information (Muster Nr. 299).

▶ **Hinweis – nicht verbrauchtes Guthaben:**

Rückwirkung der obigen Freigabe: Etwaiges, nicht verbrauchtes Kontoguthaben aus den beiden Monaten vor der Verfahrensaufhebung kann über die Nachtragsverteilung vom Insolvenzbeschlag umfasst sein. Wenn ein entsprechender Beschluss vorliegt, muss die Nachtragsverteilung der Bank angezeigt werden.

▶ **Hinweis – Vollstreckungsmöglichkeit Gläubiger:**

Ohne sich anschließender RSB-Phase können sich Gläubiger eine vollstreckbare Ausfertigung des Tabellenauszuges gem. § 201 Abs. 2 InsO erteilen lassen, um dann daraus zu vollstrecken. In diesen Fällen sollte der Schuldner seinen Pfändungsschutz über das P-Konto erhalten. Die Entscheidung trifft aber allein der Schuldner/die Schuldnerin.

Muster 65: P-Konto – Pfändung – Auszahlungsbegehren an Masse

237 *Adressat: Bank*

Insolvenzverfahren über das Vermögen des Herrn …/der Frau …
Amtsgericht…:… IN… /…
IBAN: … (U.Z.: »*Bank*«)

Sehr geehrte Damen und Herren,

ich nehme Bezug auf mein Schreiben vom …, mit dem ich schon darauf hingewiesen hatte, dass Vollstreckungsmaßnahmen während *des eröffneten Verfahrens gem. § 89 InsO/der RSB-Phase gem. § 294 InsO* unzulässig sind. Sie baten *den Schuldner/die Schuldnerin* nunmehr, darauf hinzuwirken, dass die Vollstreckungsgläubiger die bestehenden Pfändungsmaßnahmen für erledigt erklären. Das ist rechtlich nicht korrekt. Erlauben Sie mir bitte noch einmal folgenden ergänzenden Hinweis:

Mit der Eröffnung des Insolvenzverfahrens ist gem. § 89 InsO ein vollständiges Vollstreckungsverbot im Hinblick auf Einzelzwangsvollstreckungsmaßnahmen eingetreten. Zwar bleibt die Verstrickung der Forderung bestehen, das Pfändungspfandrecht ist allerdings nicht durchsetzbar. Mit der Aufhebung des Insolvenzverfahrens gilt nicht § 89 InsO, der ein eröffnetes Verfahren voraussetzt, sondern § 294 InsO, der ebenfalls ein umfassendes Vollstreckungsverbot in Bezug auf Insolvenzgläubiger bewirkt (so BGH, Beschluss vom 28.06.2012 – IX ZB 313/11).

Daraus folgt, dass die vorliegenden Pfändungen von Ihnen nicht bedient werden dürfen. Etwaige an die Vollstreckungsgläubiger gezahlte Beträge sind dem Konto wieder gutzuschreiben und wegen des Insolvenzbeschlages gem. § 850k Abs. 1 ZPO an mich auszuzahlen.

Eine Erledigungserklärung durch die Gläubiger würde die BGH-Entscheidung vom 24.03.2011 (IX ZB 217/08) unbeachtet lassen. Darin hat der BGH ausgeführt, dass ein Pfändungspfandrecht aus der Zeit vor Insolvenzeröffnung nur so weit und so lange unwirksam sei, als die Zwecke des Insolvenzverfahrens und der möglichen Restschuldbefreiung dies rechtfertigen. Würde die Restschuldbefreiung versagt werden, würde die Rangposition der Pfändung wieder aufleben (BGH, a.a.O. Rn. 14). Bis zum Ende der Restschuldbefreiungsphase ist es für den Gläubiger demnach gar nicht sicher, ob die Pfändung dauerhaft nicht durchsetzbar bleibt oder daraus ggf. nach Versagung der Restschuldbefreiung Ansprüche geltend gemacht werden können. Zum Erhalt der Rangposition ist die Pfändung demnach nicht erledigt, aber für die Dauer des Insolvenzverfahrens nicht durchsetzbar.

Sollten Sie die öffentlich-rechtliche Verstrickung als Argument dafür nennen, dass eine Auszahlung an die Insolvenzmasse nicht erfolgen kann, so würde ich die Ruhendstellung der Pfändungen dieser öffentlich-rechtlichen Verstrickung beantragen (BGH-Urt. v. 21.09.2017 – IX ZR 40/17 in ZInsO 2017, 2267). Bitte lassen Sie mir zu diesem Zweck nähere Informationen zu den Pfändungsgläubigern zukommen. Eine Fotokopie der ersten Seite des jeweiligen Pfändungs- und Überweisungsbeschlusses dürfte ggf. ausreichen. Es werden die konkrete Bezeichnung des Pfändungsgläubigers sowie das Datum der Zustellung des Pfändungs- und Überweisungsbeschlusses benötigt.

Mit freundlichen Grüßen

....

Insolvenzverwalter/in

▶ **Hinweis:**

Siehe wegen des Antrages auf Ruhendstellung der Verstrickung in die Muster Vollstreckungsmaßnahmen (Nr. 388 – 390): »Kontopfändung – Aufhebung Verstrickung«

Muster 66: Sicherungsverträge Bank – Anforderung

Adressat: Bank 238

Insolvenzverfahren über das Vermögen der Firma .../des Herrn .../der Frau...
Amtsgericht....: .... IN... /...
IBAN:...

Sehr geehrte Damen und Herren,

mit diesem Schreiben zeige ich Ihnen an, dass durch gerichtlichen Beschluss vom ... das *(vorläufige)* Insolvenzverfahren über das Vermögen der vorstehend genannten *Firma/Person* eröffnet/angeordnet worden ist. Eine Fotokopie des amtsgerichtlichen Beschlusses liegt in der **Anlage** zu Ihrer Information anbei.

Ich möchte Sie heute freundlich bitten, mir sämtliche zwischen Ihnen und *der/dem Schuldner/in* bestehenden Darlehensverträge und die Sicherungsverträge nebst dazugehöriger Sicherungszweckerklärungen zu übersenden, da *der/die Schuldner/in über die Unterlagen nicht mehr verfügt/mir diese Unterlagen bisher trotz mehrfacher Aufforderungen nicht zur Verfügung gestellt hat.* Des Weiteren wäre ich für die Mitteilung der aktuell bestehenden Salden dankbar.

Für Ihre Bemühungen danke ich Ihnen und stehe zur Beantwortung etwaiger Rückfragen selbstverständlich jederzeit gerne zur Verfügung.

Mit freundlichen Grüßen

....

Insolvenzverwalter/in

Anlage:
Anordnungs-/Eröffnungsbeschluss

Musterübersicht Berichte

(Die Übersicht ist alphabetisch sortiert)

		Rdn.
Muster 39 – 45:	Ausschüttungsberichte (*s. Muster Ausschüttungsberichte*)	211 – 217
Muster 67:	Bericht zur 1. GV (jur. Person, natürl. Person, Limited)	239
Muster 68:	Bericht zur 1. GV (Planverfahren Firma + natürl. Person)	240
Muster 69:	Erster Bericht in Kleinverfahren	241
Muster 70:	Halbjahresbericht in Regelinsolvenz – ForStaB	242
Muster 71:	Halbjahresbericht Kleinverfahren	243
Muster 297 – 298:	Jahresberichte in RSB-Phase (*s. Muster RSB-Phase*)	469 – 470
Muster 303 – 305:	Schlussberichte (*s. Muster Schlussberichte*)	475 – 477
Muster 72:	Übersendung erster Bericht an AG	244

Muster 67: Bericht zur 1. GV (jur. Person, natürl. Person, Limited)

239 BERICHT

zur ersten Gläubigerversammlung

[*Alternative:*
Erster Sachstandsbericht]

in dem Insolvenzverfahren über das Vermögen *der/des*

… *(Firma / vollständiger Name), Straße Hausnummer, Postleitzahl Ort*

vorgelegt vom Insolvenzverwalter:	… (*Vor- und Nachname*)
Insolvenzgericht:	Amtsgericht …
Aktenzeichen des Amtsgerichts:	… IN …/…
Datum:	…

Inhaltsverzeichnis

A. Allgemeines
B. Datenpool
C. Gesellschaftsrechtliche Verhältnisse
D. Steuerrechtliche Verhältnisse/Rechnungswesen
E. Einkommen
F. Arbeitsrechtliche Verhältnisse
G. Vertragsverhältnisse
H. Durchgeführte Maßnahmen
I. Wirtschaftliche Entwicklung
J. Vorliegen eines Insolvenzgrundes/Eintritt der Insolvenz
K. Sanierung des Unternehmens/Insolvenzplanverfahren
L. Ansprüche gegen Gesellschafter und Geschäftsführers
M. Aus- und Absonderungsrechte
N. Rückschlagsperre
O. Anfechtungstatbestände
P. Rechtsstreitigkeiten
Q. Masseverbindlichkeiten
R. Vermögensübersicht
S. Verzeichnisse §§ 151 – 153 InsO
T. Ausgenommene Forderungen gem. § 302 InsO
U. Schlussbemerkung/Voraussichtliche Quote
   I. Verfahrensdauer
   II. Voraussichtliche Quote

▶ Arbeitshinweise:

- Datei »Gutachten« neu abspeichern: viele Formulierungen können übernommen werden
- dieses Muster dazu nehmen und durcharbeiten
- Achtung: Texte im Gutachten intensiv lesen und nicht ungelesen übernehmen: tlw. weichen Zeitpunkte voneinander ab
- Nachfolgend werden die Texte vorgegeben, die abweichen (können)

A.
Allgemeines

▶ Arbeitshinweise:

- Nachfolgenden Text in die neue Datei hineinkopieren
- Text »Auftrag« im Gutachten dadurch ersetzen

Am… um… Uhr wurde durch das Amtsgericht -Insolvenzgericht-… das Insolvenzverfahren über das Vermögen *der/des*

… (*Firma/Schuldner / Schuldnerin*)

wegen … (*Zahlungsunfähigkeit und Überschuldung*) eröffnet.

▶ Arbeitshinweis:

Bitte im Beschluss überprüfen, bei natürlichen Personen: nur Zahlungsunfähigkeit

mündlicher Berichtstermin:

Im Eröffnungsbeschluss wurden der Termin zur ersten Gläubigerversammlung (Berichtstermin) und der Prüftermin hinsichtlich der angemeldeten Forderungen anberaumt auf

… (Wochentag), den…,… Uhr,

im Gebäude des Amtsgerichts…, … Etage, Saal …,

… (Anschrift)

Zu durchgeführten Maßnahmen aufgrund des Eröffnungsbeschlusses wird nachstehend näheres erläutert.

[Alternative – schriftliche Termine:

Ausweislich des Eröffnungsbeschlusses werden die erste Gläubigerversammlung (§ 29 Abs. 1 Nr. 1 InsO) und der Prüfungstermin (§ 29 Abs. 1 Nr. 2 InsO) schriftlich durchgeführt (§ 5 Abs. 2 InsO). Schriftliche Stellungnahmen von Gläubigern können beim Insolvenzgericht bis zu dem angesetzten Stichtag, dem …, eingereicht werden.]

Bei Anordnung der vorläufigen Verwaltung:

Der Eröffnung war ein vorläufiges Insolvenzverfahren unter Anordnung eines Zustimmungsvorbehaltes nach *§ 21 Abs. 2 Nr. 2, 2. Alt. InsO* vorausgegangen, welches durch Beschluss des Insolvenzgerichts am … um … Uhr angeordnet wurde.

▶ Hinweis Gläubigerausschuss:

Bei Bestimmung eines vorläufigen Gläubigerausschusses: s. gesonderte Datei

B.
Datenpool

▶ Arbeitshinweis:

Der Datenpool aus dem Gutachten kann komplett übernommen werden.

C.
Gesellschaftsrechtliche Verhältnisse

▶ Arbeitshinweis:

Diesen Gliederungspunkt nur in Insolvenzverfahren über das **Vermögen jur. Personen** nutzen.

Der Text aus dem Gutachten kann komplett übernommen werden.

D.
Steuerrechtliche Verhältnisse/Rechnungswesen

▶ Arbeitshinweis:

Der Text aus dem Gutachten kann komplett übernommen werden.

E.
Einkommen

▶ Arbeitshinweis:

Diesen Gliederungspunkt nur in Insolvenzverfahren über das **Vermögen natürlicher Personen** nutzen.

Der Text aus dem Gutachten kann komplett übernommen werden.

Gibt es neue Informationen? Müssen Änderungen in den Text eingearbeitet werden?

F.
Arbeitsrechtliche Verhältnisse

▶ Arbeitshinweis:

Der Text aus dem Gutachten kann komplett übernommen werden.

Achtung: Gibt es etwas Aktuelles zu berichten: z. B. Ausspruch von Kündigungen?

G.
Vertragsverhältnisse

Achtung: Dieser Gliederungspunkt ist im Gutachten nicht enthalten.

▶ Arbeitshinweis:

Es mag im Einzelfall sinnvoll erscheinen, die Vertragsverhältnisse detailliert aufzuführen und dem Bericht eine Tabelle beizufügen. I.d.R. dürften aber allgemeine Auskünfte im Bericht ausreichen. Die wichtigste Frage für das Insolvenzverfahren ist: Gibt es noch Vertragsverhältnisse, die aus der Insolvenzmasse bedient werden müssen (= Masseverbindlichkeiten)? Gab es wichtige Vertragsverhältnisse, die für die Verfahrensabwicklung relevant waren, z. B. Mietverhältnis? Aber Achtung: Zum Mietverhältnis wird i.d.R. schon bei den durchgeführten Maßnahmen etwas gesagt.

Bei Betriebseinstellung:

Beispielhafter Text:

Die Schuldnerin/Der Schuldner ist zur Ausübung ihres/seines Gewerbebetriebes eine Vielzahl von Vertragsverhältnissen eingegangen, so z. B. für die betrieblichen Räumlichkeiten, für die Telefonanlage, für die Fahrzeuge etc. Aufgrund der Betriebseinstellung habe ich die Vertragserfüllung gem. § 103 InsO abgelehnt. Beim Mietverhältnis wurde gem. § 109 InsO die Kündigung ausgesprochen. Bis zum Ablauf des Kündigungszeitraums werden die Zahlungsansprüche als Masseverbindlichkeiten zu bedienen sein.

Bei Betriebsfortführung:

Beispielhafter Text:

Die Schuldnerin/Der Schuldner ist zur Ausübung ihres/seines Gewerbebetriebes eine Vielzahl von Vertragsverhältnissen eingegangen, so z. B. für die betrieblichen Räumlichkeiten, für die Telefonanlage, für die Fahrzeuge etc. Die Vertragsbeziehungen wurden während der Betriebsfortführung aufrechterhalten. Der Käufer/die Käuferin des schuldnerischen Unternehmens führt derzeit Verhandlungen mit den Vertragspartnern über die Übernahme der Verträge. Für den Teil der Verträge, an deren Fortführung der Käufer/die Käuferin nicht interessiert ist, wurde die Vertragserfüllung gem. § 103 Abs. 2 InsO abgelehnt bzw. beim Mietverhältnis die erforderliche Kündigung gem. § 109 Abs. 1 Satz 1 InsO ausgesprochen.

In beiden Fällen bei natürlichen Personen:

Für die private Wohnung *des Schuldners/der Schuldnerin* wurde gegenüber dem Vermieter die Erklärung gem. § 109 InsO durch mich am … abgegeben.

H.
Durchgeführte Maßnahmen

▶ Wichtiger Hinweis:

Die Ausführungen im Gutachten können teilweise übernommen werden. Dabei ist zu beachten: Der Schwerpunkt der Erläuterungen sollte auf den Tätigkeiten seit Insolvenzeröffnung liegen. Dortige Formulierungen lesen und prüfen: Gibt es etwas Aktuelles zu berichten? Welche Aspekte aus der Zeit der vorläufigen Verwaltung sind von Bedeutung?

Zusätzlicher Gliederungspunkt:

I.

Feststellung der am Verfahren teilnehmenden Gläubiger

Zur Feststellung der am Insolvenzverfahren teilnehmenden Gläubiger habe ich sämtliche aus den vorliegenden Unterlagen hervorgehenden Gläubiger angeschrieben und diese innerhalb der im Eröffnungsbeschluss gesetzten Frist zur Anmeldung der Forderung aufgefordert und auf *den Termin zur ersten Gläubigerversammlung* und den Prüftermin hingewiesen. Ebenso erfolgte die Aufforderung zur Geltendmachung von Sicherungsrechten gem. §§ 47 ff. InsO.

Bis zum heutigen Tage haben insgesamt … **Gläubiger** ihre Forderungen mit einem Gesamtbetrag in Höhe von … **EUR** angemeldet. Zu geltend gemachten Aus- und Absonderungsrechten werden nachfolgend gesonderte Ausführungen gemacht.

I.

Wirtschaftliche Entwicklung

▶ Arbeitshinweis:

Der Text aus dem Gutachten wird i.d.R. lediglich in einer verkürzten Fassung übernommen.

J.

Vorliegen eines Insolvenzgrundes/Eintritt der Insolvenz

▶ Arbeitshinweis:

Der Text aus dem Gutachten wird i.d.R. in einer verkürzten Fassung übernommen.

K.

Sanierung des Unternehmens/Insolvenzplanverfahren

▶ Arbeitshinweis:

Text aus dem Gutachten nehmen und ggf. aktualisieren: Was ist seit Eröffnung passiert?

Zusätzlicher Beispieltext für übertragende Sanierung:

Mit der Firma … wurde nach Eröffnung des Insolvenzverfahrens ein Kauf- und Übertragungsvertrag über die wesentlichen Wirtschaftsgüter der Schuldnerin/des Schuldners mit Wirkung zum …, 0:00 Uhr abgeschlossen. Dies war zeitnah erforderlich, weil …

Der Kaufvertrag bedarf noch der Zustimmung der Gläubigerversammlung gem. § 160 Abs. 2 Nr. 1 InsO. Sämtliche Arbeitnehmer werden nach Übertragung des Geschäftsbetriebes beim Käufer/bei der Käuferin angestellt.

Eine übertragende Sanierung kann daher – vorbehaltlich der Zustimmung der Gläubigerversammlung – erfolgreich umgesetzt werden kann.

Zusätzlicher Beispieltext für Insolvenzplan:

Derzeit soll der Geschäftsbetrieb bis auf weiteres fortgeführt werden. Ggf. gelingt es, über erwirtschaftete Gewinne eine ausreichende Quote für die Gläubiger darzustellen, so dass das Insolvenzverfahren vorzeitig beendet und *der Schuldner/die Schuldnerin* aus der Insolvenz entlassen werden kann. Es soll daher ein Insolvenzplanverfahren auf den Weg gebracht werden. Die diesbezüglichen Prüfungen und Vorbereitungen werden in der Folgezeit vorgenommen. Ziel ist es, *den Schuldner/die Schuldnerin* bzw. das Einzelunternehmen schuldenfrei und somit im sanierten Zustand aus der Insolvenz zu entlassen.

L.

Ansprüche gegen Gesellschafter und Geschäftsführers

▶ Arbeitshinweis:

Dieser Gliederungspunkt ist nur in Insolvenzverfahren über das **Vermögen juristischer Personen** zu nutzen.

Text aus dem Gutachten nehmen und ggf. aktualisieren: Was ist seit der Eröffnung passiert? Gab es Veränderungen? Neue Erkenntnisse? Ggf. schon Ergebnisse?

M.

Aus- und Absonderungsrechte

▶ Arbeitshinweis:

Text aus dem Gutachten nehmen und ggf. aktualisieren: Was ist seit der Eröffnung passiert? Gab es Veränderungen? Neue Erkenntnisse? Haben ggf. vorher unbekannte Aus- oder Absonderungsgläubiger Rechte geltend gemacht?

N.
Rückschlagsperre

Achtung! Geänderter Einleitungssatz im Vergleich zum Gutachten:

Erlangte Sicherungen aus Zwangsvollstreckungsmaßnahmen, die von der Rückschlagsperre nach § 88 InsO erfasst sind, konnten wie folgt festgestellt werden:

▶ Arbeitshinweis:

Text aus dem Gutachten nehmen und ggf. aktualisieren: Was ist seit der Eröffnung passiert?

▶ Hinweis:

Falls es keine Sicherungen gibt, die von der Rückschlagsperre erfasst sind, sollte der Gliederungspunkt weggelassen werden. Eine Negativmitteilung ist nicht erforderlich. Das Insolvenzgericht kann unterstellen, dass ein Insolvenzverwalter berichten würde, wenn es welche gäbe.

O.
Anfechtungstatbestände

▶ Arbeitshinweis:

Text aus dem Gutachten nehmen und ggf. aktualisieren: Was ist seit der Eröffnung passiert?

P.
Rechtsstreitigkeiten

▶ Arbeitshinweis:

Text aus dem Gutachten nehmen und ggf. aktualisieren.

Achtung: Ergänzung:

Der Prozess ist/Die Prozesse sind derzeit gem. § 240 ZPO unterbrochen. Ob eine Aufnahme durch mich erfolgen wird, wird derzeit noch geprüft.

Hinweis: Siehe zur Aufnahme von Rechtsstreitigkeiten in die Regelungen zu §§ 85, 86 InsO.

▶ Ggf. Löschung des Gliederungspunktes:

Falls es keine Rechtsstreitigkeiten gibt, sollte der Gliederungspunkt weggelassen werden. Eine Negativmitteilung ist nicht erforderlich. Das Insolvenzgericht kann unterstellen, dass ein Insolvenzverwalter berichten würde, wenn es welche gäbe.

Q.
Masseverbindlichkeiten

Achtung: Dieser Gliederungspunkt ist im Gutachten nicht enthalten.

▶ Arbeitshinweis:

Unter dieser Rubrik sollte kurz erläutert werden, welche Masseverbindlichkeiten gegen die Insolvenzmasse bestehen. Im Einzelnen müssten sich diese aus dem Gläubigerverzeichnis nach § 152 InsO und der Vermögensübersicht nach § 153 InsO (= Passivseite) ergeben. Auf die Einzelheiten kann daher ggf. verwiesen werden. Aber eine kurze Begründung im Bericht bietet sich an.

Auch bei einer Betriebsstilllegung vor Insolvenzeröffnung können theoretisch Masseverbindlichkeiten dadurch entstehen, dass mögliche Kündigungsfristen von Arbeitnehmern, Mietverhältnissen etc. in das eröffnete Verfahren hineinlaufen.

Bei Betriebseinstellung:

Beispielhafter Text:

Aufgrund der Betriebsstilllegung fallen Auslaufkosten für die gekündigten Arbeitnehmer an. Diese Ansprüche führen gegen die Insolvenzmasse zu Masseverbindlichkeiten gem. § 55 InsO. Des Weiteren werden für die Archivierung der Geschäftsunterlagen sowie für die Erstellung der noch ausstehenden Steuererklärungen und Jahresabschlüsse für die

Kalenderjahre… Masseverbindlichkeiten gem. § 55 Abs. 1 Nr. 1 InsO entstehen. Die entsprechend prognostizierten Kosten sind in der Vermögensübersicht nach § 153 InsO insoweit berücksichtigt.

Bei Betriebsfortführung:

Beispielhafter Text:

Aufgrund der Betriebsfortführung fallen bis *zum Übernahmestichtag durch den Käufer/die Käuferin/zur Bestätigung eines Insolvenzplans* weitere Kosten als Masseverbindlichkeiten an. Insoweit erfolgt in engen Zeitabständen von wenigen Tagen regelmäßig eine Kontrolle, ob die erzielten Einnahmen diese verursachten Ausgaben decken.

Des Weiteren werden für die Archivierung der Geschäftsunterlagen sowie die Erstellung der noch ausstehenden Steuererklärungen und Jahresabschlüsse für die Kalenderjahre… Masseverbindlichkeiten gem. § 55 Abs. 1 Nr. 1 InsO entstehen. Die entsprechend prognostizierten Kosten sind in der Vermögensübersicht nach § 153 InsO berücksichtigt.

R.
Vermögensübersicht

▶ Arbeitshinweise:

- Vermögensübersicht aus dem Gutachten bildet die Grundlage
- muss aber aktualisiert und aufgrund neuer Informationen (insbes. aus den Forderungsanmeldungen) ergänzt werden
- Einleitungssätze neu: wie nachstehend

Nachfolgend werden in einer Vermögensübersicht sämtliche Vermögenswerte zusammengefasst und darin Informationen gegeben, die die Werte im Verzeichnis der Massegegenstände noch konkretisieren. Die eingesetzten Werte entsprechen dabei der Bewertung am Tag der Insolvenzeröffnung gem. § 153 Abs. 1 InsO.

Der Ausweis der Vermögenswerte des Anlage- und Umlaufvermögens erfolgt nach … (*Liquidations- oder Fortführungswerten*), weil … Die bislang bekannten Sicherungsrechte werden – regelmäßig als Schätzung – in Abzug gebracht und so die voraussichtliche freie Masse ermittelt.

[Aktivseite einsetzen! (ggf. siehe Alternative nachstehend)

Für die Passivseite werden folgende Daten zusammengestellt und damit das Gläubigerverzeichnis des § 152 InsO ergänzt. Die ausgewiesenen Verbindlichkeiten entsprechen dem Kenntnisstand auf Grundlage der Buchführung und der Informationen aus dem Unternehmen per Insolvenzeröffnung gem. § 153 Abs. 1 InsO.]

Passivseite einsetzen! (ggf. siehe Alternative nachstehend)

*Alternative – Vermögensübersicht **als Anlage**:*

In einer in der **Anlage** beigefügten Vermögensübersicht werden sämtliche Vermögenswerte zusammengefasst und darin Informationen gegeben, die die Werte im Verzeichnis der Massegegenstände noch konkretisieren. Die eingesetzten Werte entsprechen dabei der Bewertung am Tag der Insolvenzeröffnung gem. § 153 Abs. 1 InsO.

Der Ausweis der Vermögenswerte des Anlage- und Umlaufsvermögens erfolgt nach … (*Liquidations- oder Fortführungswerten*), weil … Die bislang bekannten Sicherungsrechte werden – regelmäßig als Schätzung – in Abzug gebracht und so die voraussichtliche freie Masse ermittelt.

Für die Passivseite werden die Daten des Gläubigerverzeichnisses gem. § 152 InsO ergänzt. Die ausgewiesenen Verbindlichkeiten entsprechen dem Kenntnisstand auf Grundlage der Buchführung und der Informationen aus dem Unternehmen per Insolvenzeröffnung gem. § 153 Abs. 1 InsO.

Auf die Ausführungen in dieser Vermögensübersicht darf ausdrücklich verwiesen werden.

S.
Verzeichnisse §§ 151 – 153 InsO

Achtung: Dieser Gliederungspunkt ist im Gutachten nicht enthalten.

Das Verzeichnis der Massegegenstände gem. § 151 InsO, das Verzeichnis der Gläubiger gem. § 152 sowie die Vermögensübersicht gem. § 153 InsO finden sich ebenfalls in den **Anlagen**. Diese bilden – abweichend von der Vermögensübersicht des vorstehenden Gliederungspunktes – das reine Zahlenwerk ab.

*Nachfolgender Gliederungspunkt nur bei **natürlichen Personen**:*

T.
Ausgenommene Forderungen gem. § 302 InsO

Es wurden bislang keine Forderungen mit der Rechtsfolge des § 302 InsO zur Insolvenztabelle angemeldet.

[Alternative:

Unter *der/den Tab.-Nr./Tab.-Nrn. …* wurden Forderungen mit der Rechtsfolge des § 302 InsO zur Insolvenztabelle angemeldet. Damit werden Forderungen aus]

bitte auswählen:

aus vorsätzlich unerlaubter Handlung,

aus vorsätzlich pflichtwidrig verletzter gesetzlicher Unterhaltspflicht

aus einer Steuerstraftat nach den §§ 370, 373 oder 374 AO

geltend gemacht.

Diese Forderungsanmeldungen wurden dem Gericht mit Schreiben vom … und vom … übermittelt.

U.
Schlussbemerkung/Voraussichtliche Quote

Achtung: Die nachfolgenden Gliederungspunkte sind im Gutachten nicht enthalten.

I.
Verfahrensdauer

Die Verfahrensdauer hängt maßgeblich von … ab. Es wird zunächst mit einer Verfahrensdauer von … Jahren gerechnet.

II.
Voraussichtliche Quote

Hinweis: Siehe Checkliste »Verteilung«: Quotenberechnung

Konkrete Quotenangabe:

Wie die vorstehenden Ausführungen zeigen, sind Verwertungserlöse in einer Gesamtsumme von … EUR zu erwarten. Dadurch können voraussichtlich die Verfahrenskosten gem. § 54 InsO vollumfänglich ausgeglichen und darüber hinaus eine Quote an die Insolvenzgläubiger gezahlt werden. Stellt man die Summe der prognostizierten Verwertungserlöse abzgl. Massekosten und Masseverbindlichkeiten ins Verhältnis mit den derzeit bekannten Insolvenzforderungen gem. § 38 InsO, so würde sich nach derzeitigem Stand eine Quote in Höhe von ca. … % ergeben. Ausdrücklich handelt es sich hierbei aber um eine Prognose. Es sind Unwägbarkeiten des weiteren Verfahrensablaufs noch abzuwarten.

▶ Hinweis:

Prognose ist anhand der Vermögensübersicht möglich:

Summe freie Masse abzgl. Massekosten und Masseverbindlichkeiten = zur Verteilung frei, Summe Forderungen § 38 InsO (nicht nur angemeldet, sondern Fibu) teilen durch vorstehend ermittelten Betrag x 100 = Quote. Man kann eine ca.-Angabe auf diese Weise machen.

Alternative offene Quotenangabe:

Bei Betriebseinstellung:

Derzeit kann noch keine Aussage darüber getroffen werden, ob eine Quote auf Insolvenzforderungen gem. § 38 InsO gezahlt werden kann.

Bei Betriebsfortführung:

Aufgrund *der übertragenden Sanierung des schuldnerischen Unternehmens und der damit vereinnahmten Kaufpreissumme/der geplanten Betriebsfortführung und der Verfahrensabwicklung durch einen Insolvenzplan* sowie den weiter noch zu realisierenden Vermögenswerten wird an die Insolvenzgläubiger im Rang des § 38 InsO eine Quote gezahlt werden können. Über die genaue Höhe kann derzeit aber noch keine abschließende Aussage getroffen werden.

▶ Arbeitshinweise:

Weitere Gliederungspunkte im Gutachten entfernen:
- Verfahrenskostendeckung
- Zusammenfassung
- Entscheidungsvorschlag
- Ermächtigung gem. § 25 Abs. 2 InsO
- Erforderliche Beschlüsse der Gläubigerversammlung

▶ Schlusshinweis zur Gläubigerversammlung:

Beschlüsse für die erste Gläubigerversammlung können mit diesem Bericht nicht mehr vorgeschlagen werden, weil solche Vorschläge als Tagesordnungspunkte veröffentlicht werden müssen (BGH, Beschl. v. 20.03.2008 – IX ZB 104/07 in ZInsO 2008, 504 f.). Solche Vorschläge müssen daher vorab im Gutachten aufgeführt werden oder direkt nach Insolvenzeröffnung gesondert zur Veröffentlichung angeregt werden. Ist dies nicht passiert, muss eine gesonderte Gläubigerversammlung stattfinden.

…, den…

……………………………………………

Insolvenzverwalter/in

▶ Hinweis für folgende Berichte:

Bei den Mustern »Verwertung« ist eine Verwertungsübersicht i.S.e. fortgeschriebenen standardisierten Berichtes (ForStaB) zu finden (Nr. 385). Hierzu müsste man die Daten des Verzeichnisses der Massegegenstände aus der Insolvenzsoftware in eine Excel-Tabelle transferieren und dort die weiteren Spalten anhand der »Verwertungsübersicht« anlegen. Diese Übersicht kann dann regelmäßig oder zum Halbjahresbericht gefüllt bzw. aktualisiert werden. Sie erspart »umfangreiche Erläuterungen« in Textform.

▶ Übersendung Bericht an das Gericht.

Bitte das vorhandene Muster Nr. 72 mit weiteren Hinweisen nutzen.

Muster 68: Bericht zur 1. GV (Planverfahren Firma + natürl. Person)

BERICHT 240

zur ersten Gläubigerversammlung

in dem Insolvenzverfahren über das Vermögen *der/des … (Firma / vollständiger Name),*

Straße Hausnummer, Postleitzahl Ort

vorgelegt vom Insolvenzverwalter:	…. (*Vor- und Nachname*)
Insolvenzgericht:	Amtsgericht …
Aktenzeichen des Amtsgerichts:	… IN …/…
Datum:	…

Inhaltsverzeichnis

A. Verweis auf Ausführungen des Insolvenzplans
B. Ausführungen zum Insolvenzplanverfahren
C. Darstellung des weiteren Verlaufes der Geschäftstätigkeit
D. Verzeichnis der Gläubiger/Vermögensübersicht / Verzeichnis der Massegegenstände
E. Massebestand
F. Schlussbemerkung/voraussichtliche Quote
1. Verfahrensdauer
2. Voraussichtliche Quote

A.

Verweis auf Ausführungen des Insolvenzplans

Im Hinblick auf den Verfahrensablauf, die rechtlichen Verhältnisse, die Analyse des Geschäftsbetriebes *der Schuldnerin/des Schuldners*, das Vorliegen eines Insolvenzgrundes etc. wird auf die Ausführungen in dem Insolvenzplan verwiesen, der am… beim Amtsgericht… hinterlegt worden ist. Der Insolvenzplan wurde sämtlichen bekannten Gläubigern durch *die Schuldnerin/den Schuldner im Auftrag von mir* zugestellt.

B.

Ausführungen zum Insolvenzplanverfahren

Ich habe von meinem Planinitiativrecht i.S.d. § 218 InsO Gebrauch gemacht und – wie vorstehend ausgeführt – am … beim Amtsgericht … einen Insolvenzplan, der die Restrukturierung des Geschäftsbetriebes *der Schuldnerin/des Schuldners* zum Inhalt hat, hinterlegt. Der Insolvenzplan wurde durch das Insolvenzgericht nicht zurückgewiesen. Eine bestätigende Stellungnahme *der Schuldnerin/des Schuldners* gem. § 232 InsO liegt vor.

Der Insolvenzplan wird anlässlich der Gläubigerversammlung am … erörtert und zur Abstimmung gestellt.

C.
Darstellung des weiteren Verlaufes der Geschäftstätigkeit

Bereits bei Anordnung der vorläufigen Verwaltung habe ich eine umfassende Planungsrechnung erstellen lassen. Gleichzeitig wurde ein Controllingsystem implementiert, welches einen zeitnahen Soll-Ist-Vergleich ermöglicht.

Die Überarbeitung, die durch die *Firma …* ausgeführt wird, zeigt, dass die zur Restrukturierung vorgenommenen Planungen weitestgehend erreicht werden.

Auf Grundlage der Ist-Werte sowie der Ergebnisse der Verhandlungen mit den Arbeitnehmern im Hinblick auf die Personalkosten sowie auf Grundlage der Gespräche mit den Lieferanten ist die Planung für das Geschäftsjahr … sowie die Folgejahre angepasst worden. Die Planungsrechnung für das Geschäftsjahr… liegt in der **Anlage** zu Informationszwecken bei. Diese weiteren Planungsrechnungen werden zur Vorbereitung der Gläubigerversammlung übergeben.

D.
Verzeichnis der Gläubiger/Vermögensübersicht /
Verzeichnis der Massegegenstände

Das Verzeichnis der Massegegenstände gem. § 151 InsO, das Verzeichnis der Gläubiger gem. § 152 InsO sowie die Vermögensübersicht gem. § 153 InsO werden in der **Anlage** überreicht.

E.
Massebestand

Das eingerichtete Treuhandkonto weist per … einen Guthabenbetrag i.H.v. … EUR aus. Eine Fotokopie eines Online-Kontoauszuges vom… wird **anliegend** beigefügt.

F.
Schlussbemerkung/voraussichtliche Quote

1. Verfahrensdauer

Es wird mit einer Verfahrensdauer von ca. 6 Monaten gerechnet.

2. Voraussichtliche Quote

Die voraussichtlichen Quoten für die einzelnen Gläubigergruppen Nr.… bis … sind dem Insolvenzplan zu entnehmen.

…, den…

……………………………………..
Insolvenzverwalter/in

Muster 69: Erster Bericht in Kleinverfahren

241

BERICHT ZUR ERSTEN

Gläubigerversammlung

[ALTERNATIVE:

ERSTER SACHSTANDSBERICHT]

in dem Insolvenzverfahren über das Vermögen *des/der*

Herrn / Frau … (Straße), … (PLZ / Ort)

vorgelegt *vom/von der Insolvenzverwalter/in: … (Vor- und Nachname)*

Insolvenzgericht:	Amtsgericht …
Aktenzeichen des Amtsgerichts:	… IN …/…
Datum:	…

Inhaltsverzeichnis

A. Verfahrensdaten
B. Persönliche Verhältnisse/Datenpool
C. Steuerliche Verhältnisse/Rechnungswesen
D. Einkommenssituation
E. Gründe der Insolvenz

F. Aktiva/Vermögensgegenstände
G. Passiva
H. Insolvenztabelle
I. Voraussichtliche Quote und Verfahrensdauer
J. Besondere Handlungen/Beschluss gem. § 160 InsO

A.
Verfahrensdaten

Die wichtigsten Daten zu dem vorliegenden Insolvenzverfahren werden wie folgt zusammengefasst:

Insolvenzantrag:	vom ..., eingegangen bei Gericht am ...
Insolvenzeröffnung:	00. Monat 0000
Antrag auf Restschuldbefreiung:	verbunden mit dem Insolvenzantrag
Ende der Wohlverhaltensperiode:	00. Monat 0000
Kostenstundung:	*Ja, für das eröffnete Verfahren / für das eröffnete Verfahren und die sich anschließende RSB-Phase/nein*
Anmeldestichtag:	00. Monat 0000
Gläubigerversammlung:	*Nein/Ja, am ...*
Stichtag des Prüfungstermins:	00. Monat 0000
Belehrung des Schuldners über Auskunfts- und Mitwirkungspflichten erfolgt:	am ...
Hinweis auf Stundungsantrag und –bewilligung erfolgt:	am..
Erstgespräch geführt:	am ... in ... durch ...

B.
Persönliche Verhältnisse/Datenpool

Die wichtigsten Angaben zu den persönlichen Verhältnissen *des/der Schuldners/in* werden nachfolgend im tabellarischen Überblick wie folgt festgehalten:

Geburtsdatum:	
Staatsangehörigkeit:	
aktuelle Anschrift:	
Telefonnummer/ggf. auch Handy:	
Familienstand:	
Berufsausbildung:	
Aktuelle berufliche Tätigkeit:	
Anzahl der Dauerschuldverhältnisse für alltägliche Lebensführung:	... *(Anzahl)*
Mietverhältnis für die Wohnung:	Erklärung gem. § 109 InsO wurde am ... abgegeben
Grund für die Zahlungsunfähigkeit: *Hinweis: Daten wegen Datenschutzvorschriften abstrakt halten*	*z. B. falsches Konsumverhalten, Scheidung, Krankheit, Arbeitslosigkeit, gescheiterte Selbstständigkeit etc.* *in 4a-Verfahren: nähere Ausführungen zur Selbstständigkeit: s. nachstehend Buchstabe E.*
Eingerichtetes Treuhandkonto:	... *(Bank)* IBAN: BIC:

▶ **Arbeitshinweis:**

In gestundeten Regelinsolvenzverfahren: nachfolgenden Gliederungspunkt C.

In Verbraucherinsolvenzverfahren kann dieser Gliederungspunkt gelöscht werden.

C.
Steuerliche Verhältnisse/Rechnungswesen

Zu den steuerlichen Verhältnissen wurden *vom Schuldner/von der Schuldnerin* folgende Angaben gemacht:

Zuständiges Finanzamt:	... *(Anschrift)*
Steuernummer:	.... *(z.B. altem Steuerbescheid zu entnehmen)*

Vorliegen einer ehemals selbstständigen Tätigkeit:	ja/nein
Vorhandensein einer Buchführung:	ja/nein
Vorliegen von Jahresabschlüssen:	.... (*Kalenderjahre*)
Vorliegen von erstellten Rechnungen an Kunden:	ja/nein
Umsatzsteuer:	Sollbesteuerung gem. § 16 UStG / Istbesteuerung gem. § 20 UStG
Gewerbesteuer:	Ja, gem. § 2 Abs. 1 GewStG/Nein
Letzter Einkommensteuerbescheid:	.... (*Kalenderjahr*)

D.
Einkommenssituation

Die Einkommenssituation stellt sich unter Berücksichtigung möglicher Unterhaltspflichten und etwaiger anderer Aspekte wie folgt dar:

▶ **Arbeitshinweis:**

Sind Sachverhalte nicht gegeben, wie z. B. Arbeitslosigkeit oder eine Anstellung, dann sollten die entsprechenden Zeilen mit weitergehenden Informationen insgesamt gelöscht werden. Nur diejenigen Zeilen stehen lassen, zu denen man auch etwas ausführt.

Name und Anschrift des Arbeitgebers:	
Art der Tätigkeit:	*z.B. Verkäuferin*
Beginn des Arbeitsverhältnisses:	00. Monat 0000
Angabe zur Stundenzahl:	*geringfügige Beschäftigung / Teilzeit/Vollzeit*
Nachweise über Bemühungen zur Erwerbstätigkeit in **Vollzeit** erbracht: (Erwerbsobliegenheit gem. § 287b InsO)	ja/nein
Bruttogehalt/-lohn:	... EUR
Nettoeinkommen:	.... EUR
Steuerklasse lt. Lohn-/Gehaltsbescheinigung:	*I / II / III / IV / V*
Gründe für eine Aufforderung zur Änderung der Lohnsteuerklasse:	nein/ja, ... (welche?)
Information an Arbeitgeber über Insolvenzverfahren:	am ....
Arbeitslosigkeit liegt vor seit:	*... (Datum)*
Datum des letzten vorgelegten Arbeitslosenbescheides:	*..., bewilligt bis zum ...*
Arbeitslosengeld I nach SGB III i.H.v.: *(pfändbar gem. § 334 SGB III)*	*... EUR*
Arbeitslosengeld II nach SGB II i.H.v.: *(unpfändbar gem. § 42 Abs. 4 S. 1 SGB II und damit nicht massezugehörig gem. §§ 35 Abs. 1, 36 Abs. 1 S. 1 InsO)*	*... EUR*
Nachweise über Erwerbsbemühungen erbracht: (Erwerbsobliegenheit gem. § 287b InsO)	*Ja/nein*
Erwerbsunfähigkeit liegt vor seit: *Interner Hinweis:* *dann Bezug von Sozialhilfe, bei Erwerbsfähigkeit: Bezug von Arbeitslosengeld II*	*... (Datum)*
Sozialhilfe nach SGB XII i.H.v.:	*... EUR*
(unpfändbar gem. § 17 Abs. 1 S. 2 SGB XII und damit nicht massezugehörig gem. §§ 35 Abs. 1, 36 Abs. 1 S. 1 InsO)	
Sozialgeld nach § 7 SGB II i.H.v.: *(Nicht erwerbsfähige Person in Bedarfsgemeinschaft mit erwerbsfähiger und leistungsberechtigter Person)* *(unpfändbar gem. § 42 Abs. 4 S. 1 SGB II und damit nicht massezugehörig gem. §§ 35 Abs. 1, 36 Abs. 1 S. 1 InsO)*	*... EUR*
Datum des letzten vorgelegten Bescheides:	*... (Datum)*

Name und Geburtsdatum der Kinder:	*Linus*, geb. im Jahre ... ...
Eigenes Einkommen der Kinder:	... EUR
Eigenes Einkommen *des/der Ehepartners/in:* *Achtung: Einkommen über 1.139,99 EUR (Pfändungsfreigrenze bis 30.06.2019, danach höher) + Kinder?* *Dann Antrag auf Wegfall des hälftigen Kinderfreibetrages:* *s. Muster »Herabsetzung Freigrenze – Doppelverdiener« im* (Muster Einkommen Nr. 91)	... EUR
Höhe des monatlich pfändbaren Einkommensanteils (§ 35 Abs. 1 InsO) bei ... *(Anzahl)* Unterhaltsberechtigten:	.... EUR
Vereinnahmung auf Treuhandkonto erfolgt regelmäßig:	Ja/nein, weil ... (Grund?)
Lohn-/Gehaltsbescheinigungen liegen vor bis:	*Monat/Jahr*
Selbstständige Tätigkeit:	*seit Monat/Jahr als .....*
Erfüllung der Angleichungspflicht des § 295 Abs. 2 InsO: (BGH-Beschl. v. 19.07.2012 – IX ZB 188/09 in WKRS 2012, 20410)	*letzte Zahlung am ....* *(s. Summen- und Saldenliste)* *bislang keine Zahlung*
Bei Nichtzahlung: Auskunft über Gewinnsituation wg. fehlender Zahlung (BGH-Beschl. v. 13.06.2013 – IX ZB 38/10 in WKRS 2013, 41415)	*Ja, Schreiben liegt in Kopie anbei* *Nein, bisher keine Auskunft erteilt* *Aufforderung ist am .... erfolgt*
Nachweis über Erwerbsbemühungen erbracht: (BGH-Beschl. v. 07.05.2009 – IX ZB 133/07 in ZInsO 2009, 1217)	*Ja, dieser liegt anbei/nein*

► Arbeitshinweis zu nachfolgendem Gliederungspunkt:

In gestundeten Regelinsolvenzverfahren: nachfolgenden Gliederungspunkt »Gründe der Insolvenz« füllen.

In Verbraucherinsolvenzverfahren kann dieser Gliederungspunkt gelöscht werden.

E.
Gründe der Insolvenz

Zu den Gründen für die eingetretene Insolvenz *erklärte der Schuldner/die Schuldnerin* Folgendes:

Art der selbstständigen Tätigkeit:	...... (Bsp.: Werkstatt, Gaststätte etc.)
Aufgabe der selbstständigen Tätigkeit/Gewerbeabmeldung:	... (Datum)
Grund der Beendigung:	...

► Achtung:

Persönliche Gründe für die Beendigung (wie z.B. Krankheit) wegen Datenschutzvorschriften abstrakt halten.

F.
Aktiva/Vermögensgegenstände

Mit *dem Schuldner/der Schuldnerin* wurde erörtert, welche Vermögenswerte vorhanden sind. Darüber hinaus wurden auch tlw. Anfragen bei Dritten zur Überprüfung möglicher Vermögenswerte vorgenommen. Das Ergebnis der Recherchen stellt sich wie folgt dar:

► Arbeitshinweis:

Falls Vermögenswerte vorhanden sind, sollte die nachfolgende Übersicht durchgegangen und vorhandene Informationen entsprechend eingetragen und ggf. weitere Zeilen ergänzt werden.

Falls ein Vermögenswert nicht gegeben ist, »nein« angeben und Zeilen darunter sind zu löschen.

Anfechtungsrechte:	keine Anfechtungstatbestände vorhanden
Wenn ja: Anfechtungsgegner:	... (Name und Anschrift)

Anfechtungsgrund:	… *(Bsp. Ratenzahlung, Befriedigung im Wege der Vollstreckung)*
Anfechtungsvorschrift:	§§ 130 – 134 InsO
Geltendmachung des Anfechtungsanspruches:	am …
Ergebnis:	*Zahlung erfolgt am …/steht noch aus*
Bank:	
Kreditinstitut und Girokonto:	… *(Name und Anschrift)* IBAN: … BIC: …
P-Konto-Status:	ja/nein, weil … (Grund) Bei nein: Die Belehrung des Schuldners ist im Erstgespräch ausdrücklich erfolgt. Bei nein zusätzlich: Eine Freigabe des Kontos ist nicht erfolgt, weil der Insolvenzbeschlag an einem nicht geschützten Girokonto greift. Pfändungsschutz kann der Schuldner nur über ein P-Konto erhalten.
Anforderung etwaiges, nicht verbrauchtes Kontoguthaben gem. § 850k Abs. 1 ZPO:	am … (Datum)
Sparbücher, Depots, sonstiges Vermögen:	laut Auskunft der vorgenannten Bank nicht vorhanden
Bausparvertrag:	ja/nein
Bausparkasse/Bank:	… *(Name und Anschrift)*
Bausparguthaben:	… EUR
Datum der Kündigung:	…
Art eines möglichen Absonderungsrechtes:	Nein/Ja, … (Abtretung)
Bei nein: nächste Zeilen löschen	
Name und Anschrift des Absonderungsberechtigten:	…
Anfechtungstatbestände für Absonderungsrechte:	Nein/Ja, weil … (Grund)
Wenn ja:	*s. Zeilen vorstehend: »Anfechtungsrechte«: hierhin kopieren*
Feststellungs- und Verwertungskostenpauschale (Schätzwert) (§ 171 InsO):	… EUR
Betriebs- und Geschäftsausstattung:	nicht (mehr) vorhanden
Fahrzeug:	ja/nein
Nähere Angaben zum Fahrzeug:	Typ …, Baujahr …, Laufleistung… km, Fahrgestell-Nr. …, amtliches Kennzeichen: …
Schätzwert des Fahrzeuges:	… EUR
Schätzung vorgenommen durch:	… (Absonderungsgläubiger, Eigene Schätzung, Industriesachverständiger, etc.)
Unpfändbarkeit gem. § 811 Abs. 1 Nr. 5 ZPO:	Nein/Ja
Bei ja: Nutzung öffentlicher Verkehrsmittel?	nicht möglich
Möglichkeit der Austauschpfändung: *(Berücksichtigung von BGH, Beschl. v. 16.06.2011 – VII ZB 114/09 in ZInsO 2011, 1420)*	nicht gegeben
Art eines möglichen Absonderungsrechtes:	Nein/ja: Sicherungsübereignung

Bei nein: nächste Zeilen löschen	
Name und Anschrift des Absonderungsberechtigten:	…
Anfechtungstatbestände für Absonderungsrechte	Nein/Ja, weil … (Grund)
Wenn ja:	*s. Zeilen vorstehend: »Anfechtungsrechte«: hierhin kopieren*
Feststellungs- und Verwertungskostenpauschale (Schätzwert) (§§ 171 InsO):	… EUR
Forderungen gegen Dritte:	Nein/ja: siehe gesonderte Debitorenliste
Genossenschaftsanteil:	
Bank:	… *(Name und Anschrift) (z.B. Volksbank)*
Kündigung gem. § 66a GenG für Genossenschaftsanteil an Bank erfolgt am:	… (Datum) mit Ablauf der Kündigungsfrist zum …
Zahlungseingang:	… (Datum/fehlt derzeit noch)
Wohnungsbaugenossenschaft:	… *(Name und Anschrift)*
Kündigungsausschluss gem. § 67c GenG:	Mitgliedschaft ist Voraussetzung für die Nutzung der Wohnung keine Überschreitung der Höchstwerte (4-fache Kaltmiete und 2.000,00 EUR) *Interner Hinweis: beide Grenzen müssen überschritten werden*
Kündigungsausschluss gem. § 67c GenG:	greift vorliegend nicht, da Höchstwerte überschritten werden daher: vollumfänglich zu vereinnahmen (InsbürO 2013, 296 f.) *Teilkündigung gem. § 67b GenG laut Satzung nicht möglich*
Kündigung gem. § 66a GenG für Anteil an Wohnungsbaugenossenschaft erfolgt am:	… (Datum) mit Ablauf der Kündigungsfrist zum …
Wert der Genossenschaftsanteile:	… EUR
Hausrat: *Achtung:* *Siehe Heeseler, Pfändung von Smartphones & Co. in InsbürO 2017, 449: Austauschpfändung sehr wohl denkbar, ggf. Auslösung durch Schuldner*	keine pfändbaren Gegenstände
Immobilienbestand:	Nein/ja
Nähere Angaben zum Grundstück:	Grundbuch von … Blatt …, Flur …, Flurstück …, Grundstücksart, Straßenname, Größe
Anordnung der Zwangsversteigerung:	Nein/Ja, am … (Datum)
Anordnung der Zwangsverwaltung:	Nein/Ja, am … (Datum)
Schätzwert des Grundstückes	… EUR
Schätzung vorgenommen durch:	… (Eigene Schätzung, Grundpfandrechtsgläubiger, Gutachten, Makler etc.) *(s. wg. Bewertung in InsbürO 2012, 381 u. 415)*
Valutastand der Grundpfandrechte:	… EUR
Anfechtungstatbestände für eingetragene Grundpfandrechte:	Nein/Ja, weil … (Grund)
Wenn ja:	*s. Zeilen vorstehend: »Anfechtungsrechte«: hierhin kopieren*
Rückschlagsperre:	Es sind keine Vollstreckungsmaßnahmen aus dem relevanten Zeitraum bekannt
Wenn ja: Vollstreckungsgläubiger:	… (Name und Anschrift)

Art der Vollstreckungsmaßnahme:	…. (z.B. Pfändung, Zwangssicherungshypothek)
Datum der Geltendmachung der Rückschlagsperre:	…
Resultat für Insolvenzmasse:	… (Bsp.: Guthaben auf Konto frei, Grundbuch frei von Belastung der Zwangssicherungshypothek: Löschungsbewilligung liegt vor etc.)
Sonstiges pfändbares Vermögen:	… *(Art, Wert)*
Steuererstattungsansprüche:	
Letzte Einkommenssteuererklärung:	… *(Kalenderjahr)*
Zuständiges Finanzamt:	… *(Anschrift)*
Steuernummer alt:	… *(altem Steuerbescheid zu entnehmen)*
Masse-Steuernummer:	… *(i.d.R. Mitteilung zu entnehmen)*
Information des Finanzamtes über Insolvenzeröffnung:	… *(Datum)*
Versicherungsverträge mit Rückkaufswerten:	… (Anzahl) *(bei mehreren: nachfolgende Zeilen ausfüllen für jeden Vertrag und nummerieren: Versicherung 1, Versicherung 2)*
Versicherungsgesellschaft:	… (Name und Anschrift)
Versicherungsscheinnummer:	…
Voraussichtlicher Rückkaufswert:	… EUR
Datum der Kündigung:	…
Art eines möglichen Absonderungsrechtes:	nein (dann nächste Zeilen löschen) / Ja, ... (bspw. Abtretung)
Name und Anschrift des Absonderungsberechtigten:	…
Anfechtungstatbestände für Absonderungsrechte:	nein/Ja, weil… (Grund)
Wenn ja:	*s. Zeilen vorstehend: »Anfechtungsrechte«: hierhin kopieren*
Feststellungs- und Verwertungskostenpauschale (Schätzwert) (§ 171 InsO):	… EUR
Gesamtwert der voraussichtlichen freien Masse aus der Verwertung der Vermögenswerte:	… EUR

G.
Passiva

Sämtliche Passiva ergeben sich im Detail aus dem beiliegenden Gläubigerverzeichnis gem. § 152 InsO. Auf dieses darf verwiesen werden.

H.
Insolvenztabelle

Zu den eingegangenen Forderungsanmeldungen wird Folgendes mitgeteilt:

Forderungsanmeldungen insgesamt:	Tab.-Nr. … bis …
Eingegangene Anmeldungen nach Ablauf der Anmeldefrist:	ab Tab.-Nr. …
Anmeldung von Forderungen mit der Rechtsfolge des § 302 InsO:	Tab.-Nrn. … *aus vorsätzlich unerlaubter Handlung,* *aus vorsätzlich pflichtwidrig verletzter gesetzlicher Unterhaltspflicht* *aus einer Steuerstraftat nach den §§ 370, 373 oder 374 AO*
Bestrittene oder tlw. bestrittene Forderungen:	s. gesonderte Anlage *(Filter in Insolvenzsoftware nach bestrittenen Forderungen)*
Ausfallforderungen:	Tab-Nrn.: …/keine
Aufschiebend bedingte Forderungen:	Tab.-Nr. … *(Wenn keine, dann Zeile löschen)*

I.
Voraussichtliche Quote und Verfahrensdauer

Eine Quote kann voraussichtlich nicht gezahlt werden. Sollte Insolvenzmasse vereinnahmt werden, wird diese lediglich einen Teil der Verfahrenskosten gem. § 54 InsO decken.

[Alternative – keine Quotenangabe:

Wie die vorstehenden Ausführungen zeigen, sind Verwertungserlöse in einer Gesamtsumme von ... EUR zu erwarten. Dadurch können voraussichtlich die Verfahrenskosten gem. § 54 InsO vollumfänglich ausgeglichen und darüber hinaus eine Quote an die Insolvenzgläubiger gezahlt werden. Über die Quotenhöhe soll heute noch keine Prognose abgegeben werden.]

[Alternative 2 – konkretere Quote:

Wie die vorstehenden Ausführungen zeigen, sind Verwertungserlöse in einer Gesamtsumme von ... EUR zu erwarten. Dadurch können voraussichtlich die Verfahrenskosten gem. § 54 InsO vollumfänglich ausgeglichen und darüber hinaus eine Quote an die Insolvenzgläubiger gezahlt werden. Stellt man die Summe der prognostizierten Verwertungserlöse abzgl. Massekosten und Masseverbindlichkeiten ins Verhältnis mit den derzeit bekannten Insolvenzforderungen gem. § 38 InsO, so würde sich nach derzeitigem Stand eine Quote in Höhe von ca. ... % ergeben. Ausdrücklich handelt es sich hierbei aber um eine Prognose. Es sind Unwägbarkeiten des weiteren Verfahrensablaufs noch abzuwarten.]

▶ Quotenangabe:

Prognose ist anhand der Vermögensübersicht möglich:

Summe freie Masse abzgl. Massekosten und Masseverbindlichkeiten = zur Verteilung frei, Summe Forderungen § 38 InsO (nicht nur angemeldet, sondern Fibu) teilen durch vorstehend ermittelten Betrag x 100 = Quote. Man kann eine ca.-Angabe auf diese Weise machen.

für beide Varianten:

Es wird mit einer Verfahrensdauer von ca. ... *(i.d.R. 6 – 12 Monate)* gerechnet.

J.
Besondere Handlungen/Beschluss gem. § 160 InsO

▶ Hinweis für die Nutzung des Textes:

Bitte die nachstehenden Positionen durchgehen und **nur dann** in den Bericht aufnehmen, wenn sie in dem betreffenden Verfahren auch relevant sind, also tatsächlich darüber entschieden werden muss. **Ansonsten löschen.**

Ich bitte gem. § 75 InsO um Anberaumung einer besonderen Gläubigerversammlung, um eine Zustimmung zu einer **besonders bedeutsamen Rechtshandlungen** des Insolvenzverwalters gem. § 160 InsO zu erlangen:

- Veräußerung eines **unbeweglichen Gegenstandes** aus freier Hand (§ 160 Abs. 2 Nr. 1 InsO): Grundstück ... (Straße, Ort), eingetragen im Grundbuch von ... Blatt..., Flur ..., Flurstück ..., ggf.: vorgesehener Kaufpreis: ... EUR

  ▶ Hinweis:

  Zur Wirksamkeit der Zustimmungserklärung ist die genaue Grundstücksbezeichnung erforderlich.

- **Außergerichtliche oder gerichtliche Verfolgung von Ansprüchen** (Anfechtungsanspruch oder sonstiger) mit erheblichem Streitwert von bis zu... EUR (§ 160 Abs. 2 Nr. 3 InsO) unter Einschluss des Abschlusses von Vergleichen, dem Verzicht oder teilweisen Verzicht auf Forderungen, wenn im Einzelfall die möglichen Anwalts- und Prozesskosten einen Betrag von... EUR nicht übersteigen *(Achtung: Kosten pro bekanntem Anspruch ermitteln)*
  In diesem Zusammenhang:
- **Beauftragung der Sozietät *des/der Insolvenzverwalters/in*** ... unter Zugrundelegung der Grundsätze des RVGs

Weitere besondere Beschlüsse sind derzeit nicht ersichtlich.

..., den...

....

Insolvenzverwalter/in

▶ Hinweis:

Übersendung des Berichtes: s. gesondertes Muster Nr. 72 mit weiteren Hinweisen.

▶ Hinweis für folgende Berichte:

Bei den Mustern »Verwertung« ist eine Verwertungsübersicht zu finden (Nr. 385). Hierzu muss man die Daten des Verzeichnisses der Massegegenstände aus der Insolvenzsoftware in eine Excel-Tabelle transferieren und dort die weiteren Spalten anhand der »Verwertungsübersicht« anlegen. Diese Übersicht kann dann regelmäßig oder zum Halbjahresbericht gefüllt bzw. aktualisiert werden. Sie erspart »umfangreiche Erläuterungen« in Textform.

Muster 70: Halbjahresbericht – Regelinsolvenz – ForStaB

242 ▶ Hinweis Berichtsstruktur:

keine ausführlichen Erläuterungen, sondern kurze, aber inhaltliche relevante Informationen.

Daten in Insolvenzsoftware kontrollieren und ggf. aktualisieren: Sachbearbeiter, Termine, Status etc.

Adressat: Insolvenzgericht

Insolvenzverfahren über das Vermögen der Firma.../des Herrn .../der Frau ...
Geschäftszeichen:... IN.../...
Sachstandsbericht

Sehr geehrte Frau Rechtspflegerin ..., / sehr geehrter Herr Rechtspfleger ...,

in obiger Angelegenheit darf ich über den aktuellen Sachstand wie folgt berichten:

1. Vermögensübersicht

Wie sich aus dem Verzeichnis der Massegegenstände gem. § 151 InsO ergibt, konnten ... (*Anzahl*) Vermögenswerte *beim Insolvenzschuldner/bei der Insolvenzschuldnerin* festgestellt werden. Über die Verwertung dieser wird mit **anliegender** »Verwertungsliste« berichtet werden. Hierbei handelt es sich um einen fortgeschriebenen standardisierten Zwischenbericht (ForStaB), wie er vom AG Aachen in einem Projekt entwickelt wurde. Es darf daher auf die Angaben in dieser Übersicht verwiesen werden.

▶ Arbeitshinweis:

Entsprechende Verwertungsübersicht befindet sich im Musterordner »Verwertung« (Nr. 385).

Ergänzend zu den dortigen Zahlen und Informationen darf zu den einzelnen Vermögensbereichen folgendes ausgeführt werden:

▶ Arbeitshinweis:

Zu den einzelnen Vermögensbereiche jeweils Gliederungspunkte anlegen und über das Zahlenwerk hinaus etwas erläutern, wenn dies sinnvoll erscheint. S. nachfolgende Beispiele.

Soweit Vermögenspositionen erledigt sind, braucht kein Gliederungspunkt aufgenommen werden. Die letzten Erläuterungen hierzu ergeben sich aus der Verwertungsübersicht – letzte Spalte.

2. Immobilienvermögen

Beispielhafter Text:

Ein Verkauf der schuldnerischen Immobilie (Grundbuch von ... Blatt.) konnte noch nicht erfolgen. Dies liegt daran, dass ...

▶ Arbeitshinweis:

Die Freigabe der Immobilie prüfen: Wie hoch sind die laufenden Kosten? Sie sind als Masseverbindlichkeiten zu berücksichtigen. Welcher Erlös ist aufgrund einer etwaigen Kostenbeteiligung am Kaufpreis zu erwarten? BFH-Rechtsprechung zu einem etwaigen Veräußerungsgewinn beachten. S. Checkliste Immobilienvermögen

3. Bewegliches Anlagevermögen

Beispielhafter Text:

Die anliegende Verwertungsübersicht zeigt, dass es Abweichungen in der Spalte »Wert korrigiert« gab. Hintergrund ist, dass ...

Ersichtlich wird anhand der Verwertungsübersicht auch, dass noch ... (*Anzahl*) Gegenstände vorhanden sind. Es gibt allerdings schon Kaufinteressenten, so dass erwartet wird, die Verwertung des beweglichen Anlagevermögens innerhalb der nächsten Wochen abschließen zu können.

4. Aus- und Absonderungsgläubiger

Beispielhafter Text:

Die Verwertungsübersicht zeigt, dass die Auszahlungen an Absonderungsgläubiger weitestgehend vorgenommen wurden, soweit die Erlöse für die mit Absonderungsrechten belasteten Vermögenswerte vereinnahmt wurden. Nur in einem Fall steht noch eine Auszahlung aus. Insoweit ist noch zu klären, ...

Auch die Aussonderungsgläubiger wurden befriedigt. Die entsprechenden Gegenstände wurde übergeben.

Es darf für einen Gesamtüberblick über die Bearbeitung der Aus- und Absonderungsrechte eine gesonderte Übersicht übergeben werden. Daraus sind nähere Details zu den belasteten Vermögenswerten und zum Stand der Bearbeitung bzw. deren Erledigung ersichtlich.

▶ Arbeitshinweis:

Bei den Mustern »Aussonderungsrechte« ist eine »Übersicht Aus- und Absonderungsrechte« – Tabelle (Nr. 55) zu finden.

5. Forderungseinzug

Beispielhafter Text:

Von den ausstehenden Forderungen gegen Dritte musste ein Betrag i.H.v.... EUR laut anliegender Verwertungsübersicht korrigiert werden. Dies lag daran, dass die Drittschuldner tlw. Mängeleinreden erhoben haben oder sich herausstellte, dass diese selbst vermögenslos sind. Tlw. sind Ansprüche gerichtlich anhängig gemacht worden. Die Prozesse laufen noch.

Es wird in der weiteren **Anlage** insoweit eine aktualisierte Forderungsaufstellung überreicht. Daraus ist ergänzend zu der Verwertungsübersicht – die nur die Gesamtsummen in Bezug auf den Forderungseinzug ausweist – für jede einzelne Forderung ersichtlich, ob sie zwischenzeitlich realisiert oder ausgebucht wurde oder ggf. noch zur Zahlung aussteht. Auf die dortigen Angaben darf verwiesen werden.

▶ Arbeitshinweis:

S. diesbezüglich auch in den Hinweis zur Verwertungsübersicht unter dem Gliederungspunkt »genaue Bezeichnung des Vermögenswertes«.

6. Bank- und Kassenbestand

Beispielhafter Text:

Die im Verzeichnis der Massegegenstände aufgeführten Guthabenbeträge sind vereinnahmt worden. Es sei auf die anliegende Verwertungsübersicht verwiesen. Diese Vermögensposition ist daher erledigt.

7. Ansprüche aus Versicherungsverträgen

Beispielhafter Text:

Die Ansprüche aus den in der Verwertungsübersicht aufgeführten Rückkaufswerten sind realisiert worden. Es sei ergänzend darauf hingewiesen, dass die Versicherungsgesellschaft Kapitalertragssteuer aus dem Rückkaufswert an die Finanzverwaltung abgeführt hat. Dieser Steuerbetrag wird im Rahmen der *Einkommens-/Körperschaftssteuererklärung* geltend gemacht und an die Insolvenzmasse erstattet werden. Da es sich insoweit um einen neuen Vermögenswert handelt, ist dieser in der anliegenden Vermögensübersicht unter »Steuererstattungsansprüche« neu aufgenommen worden.

▶ Arbeitshinweis:

Durch die Aufnahme der Vermögensposition in die Verwertungsübersicht wird diese ständig fortgeschrieben und gewährleistet einen stets aktuellen und vollständigen Überblick.

[Alternative:
Die Ansprüche aus den in der Verwertungsübersicht aufgeführten Rückkaufswerten sind realisiert worden. Es sei ergänzend darauf hingewiesen, dass die Versicherungsgesellschaft keine Kapitalertragssteuer aus dem jeweiligen Rückkaufswert an die Finanzverwaltung abgeführt hat, weil *der Schuldner/die Schuldnerin* vor Auszahlung einen Freistellungsauftrag erteilt hatte. Mit weiteren Erlösen aus dieser Vermögensposition ist daher nicht zu rechnen.]

8. Haftungsansprüche

a) Rückgriffansprüche gegen den Geschäftsführer wegen verspäteter Insolvenzantragstellung

Beispielhafter Text:

Die bestehenden Rückgriffansprüche gegen den Geschäftsführer wegen verspäteter Insolvenzantragstellung wurden zwischenzeitlich exakt ermittelt und diesem gegenüber geltend gemacht. Es handelt sich um einen Zahlungsanspruch i.H.v.... EUR. Zur Verdeutlichung dieses aktuellen Sachstandes ist der genau ermittelte Betrag nunmehr in der anliegenden Verwertungsübersicht in der Spalte »korrigierter Wert« aufgenommen worden. Der Geschäftsführer hat die Zahlung allerdings bisher verweigert und führt an, dass...

Nach derzeitiger Einschätzung werden außergerichtliche Verhandlungen zu keinem Ergebnis führen, so dass in Kürze Klage beim zuständigen Landgericht... eingereicht werden wird.

▶ **Arbeitshinweis:**

Die Antworten auf folgende Fragen könnten den vorstehenden Text bilden:

Was wurde in den letzten Monaten veranlasst?

Ist die Anspruchshöhe zwischenzeitlich errechnet und gegenüber dem Geschäftsführer geltend gemacht worden? Wenn nein, warum nicht? Gründe anführen.

Wie hat der Geschäftsführer ggf. reagiert? Ist seine Ansicht rechtlich begründet?

Wie sind die Aussichten für eine außergerichtliche Einigung?

b) Anspruch auf Einzahlung der Stammeinlage

Beispielhafter Text:

Die anliegende Verwertungsübersicht zeigt, dass die Forderung auf Einzahlung der Stammeinlage zwischenzeitlich erfüllt wurde. Ergänzend sei hierzu ausgeführt, dass der beim Landgericht … geführte Prozess (AZ: …) beendet worden. Es ist am … ein klagestattgebendes Urteil ergangen. Aufgrund dieses Urteils erfolgte die Zahlung. Über die angefallenen Prozesskosten muss noch ein Kostenfestsetzungsbeschluss ergehen. Dieser ist bereits beantragt worden. In der anliegenden Verwertungsübersicht ist dieser Erstattungsanspruch daher als neue Vermögensposition aufgenommen worden.

9. Anfechtungsansprüche

Beispielhafter Text:

Die einzelnen Anfechtungsansprüche sind aus der anliegenden Verwertungsübersicht ersichtlich. Danach stehen noch zwei Ansprüche zur Zahlung aus. Insoweit sei folgendes erläutert: …
a) Anspruch gegen…

Beispielhafter Text:

Der Anspruch i.H.v. … EUR wurde mit Schreiben vom… geltend gemacht. *Herr/Frau*… hat die Zahlung bisher verweigert mit der Begründung, dass… Es wird davon ausgegangen, dass es zu einer prozessualen Auseinandersetzung kommen wird.
b) Anspruch gegen…

▶ **Hinweis:**

Die Antworten auf folgende Fragen könnten den vorstehenden Text bilden:

Wann sind die Ansprüche geltend gemacht worden?

Wie waren die Reaktionen?

Welche Aussichten bestehen für eine außergerichtliche Einigung?

Welche Prozesse werden ggf. bei welchem Gericht unter welchem Aktenzeichen mit welchem Sachstand geführt?

▶ **Hinweis zu nachfolgendem Gliederungspunkt:**

Nutzbar in Insolvenzverfahren über das Vermögen natürlicher Personen, bei jur. Personen löschen.

10. Pfändbarer Einkommensanteil
Zum Einzug von pfändbaren Einkommensanteilen als Neuerwerb i.S.d. § 35 Abs. 1 InsO sei erläutert, dass sich seit der letzten Berichterstattung keine Änderungen im Arbeitsverhältnis und in der Familiensituation ergeben haben. Auf die im Bericht vom … gemachten Angaben darf daher ausdrücklich verwiesen werden. Nachfolgend sei nur aktuell folgendes erläutert:

▶ **Arbeitshinweis:**

Aus nachfolgenden Zeilen auswählen, was ggf. zutrifft. Ansonsten löschen.

Alternative bei vorliegenden Änderungen: s. unten

Angabe zur Stundenzahl:	*geringfügige Beschäftigung / Teilzeit/Vollzeit*
Nachweise über Bemühungen zur Erwerbstätigkeit in Vollzeit erbracht: *(Erwerbsobliegenheit gem. § 287b InsO)* *(BGH, Beschl. v. 14.01.2010 – IX ZB 242/06 in ZInsO 2010, 393)*	*Ja/nein*
Datum des letzten vorgelegten Arbeitslosenbescheides:	*.., bewilligt bis zum …*

Nachweise über Erwerbsbemühungen erbracht: *(Erwerbsobliegenheit gem. § 287b InsO)*	*Ja/nein*
Vereinnahmung des monatlich pfändbaren Einkommensanteils auf dem Treuhandkonto erfolgt regelmäßig:	*Ja/nein, weil … (Grund?)*
Lohn-/Gehaltsbescheinigungen liegen vor bis:	*Monat/Jahr*
Erfüllung der Angleichungspflicht des § 295 Abs. 2 InsO aufgrund selbständiger Tätigkeit: *(BGH-Beschl. v. 19.07.2012 – IX ZB 188/09 in WKRS 2012, 20410)*	*letzte Zahlung am ….* *(s. Summen- und Saldenliste)* *bislang keine Zahlung*
Bei Nichtzahlung: Auskunft über Gewinnsituation wg. fehlender Zahlung *(BGH-Beschl. v. 13.06.2013 – IX ZB 38/10 in WKRS 2013, 41415)*	*Ja, Schreiben liegt in Kopie anbei* *Nein, bisher keine Auskunft erteilt* *Aufforderung ist am… erfolgt*
Nachweis über Erwerbsbemühungen erbracht: *(BGH-Beschl. v. 07.05.2009 – IX ZB 133/07 in ZInsO 2009, 1217)*	*Ja, dieser liegt anbei/nein*

▶ Arbeitshinweis:

Checkliste Einkommen und ggf. Checkliste selbständige Tätigkeit (dort auch Rechtsprechungsübersicht) durchgehen und ggf. weitere Zeilen oben einfügen, z. B. mehrere Einkommen = Zusammenrechnungsbeschluss, Nebentätigkeit, Nachweis fiktives Einkommen etc.

[*Alternative bei eingetretenen Änderungen:*
Zum Einzug von pfändbaren Einkommensanteilen als Neuerwerb i.S.d. § 35 Abs. 1 InsO sei erläutert, dass seit der letzten Berichterstattung Änderungen eingetreten sind. Hierzu wird folgendes mitgeteilt:]

▶ Arbeitshinweis:

Aus dem Bericht zur 1. GV entsprechende Zeilen hierhin kopieren und mit aktuellen Daten füllen. Bsp.: neues Arbeitsverhältnis, Kind = eigenes Einkommen, Eintritt Arbeitslosigkeit etc.

11. Rechtsstreitigkeiten
Beispielhafter Text:
Die meisten der im Bericht zur ersten Gläubigerversammlung aufgeführten Rechtsstreitigkeiten sind noch immer gem. § 240 ZPO ausgesetzt. Lediglich der Arbeitsgerichtsprozess gegen *Herrn/Frau…* konnte beendet werden. Mit der Klage wurden rückständige *Lohn-/Gehaltsforderungen* geltend gemacht, die zwischenzeitlich durch die Insolvenzgeldzahlung der Agentur für Arbeit befriedigt wurden. *Herr/Frau…* hat die Klage daher am… zurückgenommen.

Feststellungsklagen gem. § 180 InsO bezüglich bestrittener Forderungen sind bisher von den Insolvenzgläubigern nicht erhoben worden.

Zur Realisierung der einzelnen Ansprüche der Insolvenzmasse gegen Dritte wurden insgesamt… Prozesse anhängig gemacht. Insoweit wird allerdings auf die obigen Ausführungen zu den jeweiligen Themen verwiesen.

▶ Arbeitshinweis:

Die Antworten auf folgende Fragen könnten den vorstehenden Text bilden:

Welche Rechtsstreitigkeiten sind ggf. von wem aufgenommen worden? Aktueller Sachstand (Terminierung etc.).

Konnten ggf. Rechtsstreitigkeiten beendet werden? Wodurch?

Wurden Feststellungsklagen seitens der Insolvenzgläubiger gem. § 180 InsO erhoben? Ggf. wann, in welcher Höhe, bei welchem Gericht, unter welchem Aktenzeichen und mit welchem aktuellen Sachstand?

Hinsichtlich der Rechtsstreitigkeiten zur Realisierung von Anfechtungs- oder sonstigen Ansprüchen Verweis auf die anderen Ausführungen.

Arbeitsgerichtsprozesse:

Gerade Arbeitsgerichtsprozesse werden unter sonst keiner anderen Spalte erwähnt. Diese müssen aber nur allgemein und zusammengefasst erläutert werden. Sind noch welche anhängig? Welche Abfindungssummen wurden insgesamt an die Arbeitnehmer gezahlt etc.?

12. Steuererklärungen
Die bis heute erforderlichen Steuererklärungen wurden vom mir abgegeben. So sind die Umsatzsteuererklärungen jeweils fristgerecht bei der Finanzverwaltung eingereicht worden *und auch der Jahresabschluss für das vorangegangene Jahr wurde am … erstellt.*

Bei natürlichen Personen:
Die für das Jahr ... erforderliche Einkommenssteuererklärung *(für das abgelaufene vorangegangene Jahr)* wurde am ... bei der Finanzverwaltung eingereicht. Ein entsprechender Bescheid ist am ... ergangen und wies ein Guthaben i.H.v. ... EUR aus. Der Betrag ist am ... auf dem Treuhandkonto vereinnahmt worden.

[Alternative:
Ein entsprechender Bescheid ist bis heute noch nicht ergangen. Es wird mit einer Steuererstattung gerechnet. Diese Vermögensposition wurde daher neu in die anliegende Verwertungsübersicht eingetragen und wird im Rahmen des nächsten Sachstandsberichtes fortgeschrieben.]

13. Treuhandkonto
Auf dem Treuhandkonto bei der ... *(Bank)* – IBAN:... – befindet sich ausweislich der in der **Anlage** beigefügten Fotokopie des letzten Kontoauszuges vom... ein Betrag i.H.v.... EUR.
Für einen näheren Überblick über die erfolgten Zahlungsflüsse wird in der weiteren **Anlage** eine aktuelle chronologische Einnahmen- und Ausgabenübersicht sowie eine verdichtete Summen- und Saldenliste – **für den Berichtszeitraum vom ... bis ...** – überreicht.

14. Masseverbindlichkeiten
Die in den *letzten sechs Monaten* gezahlten Masseverbindlichkeiten ergeben sich aus der **beiliegenden** Summen- und Saldenliste. Weitere Masseverbindlichkeiten stehen derzeit nicht aus.

[Alternative 1 – Rechtsstreitigkeiten:
Die in den *letzten sechs Monaten* gezahlten Masseverbindlichkeiten ergeben sich aus der **beiliegenden** Summen- und Saldenliste. Darüber hinaus können aus den *noch anhängigen/kürzlich abgeschlossenen Rechtsstreitigkeiten* weitere Masseverbindlichkeiten resultieren, wenn den Klageanträgen möglicherweise nicht vollumfänglich stattgegeben werden wird und die Insolvenzmasse insoweit ggf. Prozesskosten zu tragen hat.]

[Alternative 2 – Kündigungslöhne:
Die in den *letzten sechs Monaten* gezahlten Masseverbindlichkeiten ergeben sich aus der **beiliegenden** Summen- und Saldenliste. Offen sind derzeit noch die Masseverbindlichkeiten aus ... (z. B. *den Arbeitsverhältnissen für den Kündigungszeitraum oder aus der Zeit vor Anzeige der Masseunzulänglichkeit*). Diese werden beglichen werden, sobald feststeht, dass die vorhandene Masse zum vollständigen Ausgleich der Verfahrenskosten und dieser Masseverbindlichkeiten ausreicht und damit die am ... angezeigte Masseunzulänglichkeit behoben werden konnte.]

▶ Hinweise bezüglich Inhalt und Umfang der Erläuterungen:

Es bietet sich an, jeweils zum Zeitpunkt der Berichterstattung einen Überblick über die **gezahlten und ggf. noch ausstehenden Masseverbindlichkeiten** zu geben. Dies führt zum einen zu einem **eigenen Überblick** im Verfahren. Zum anderen macht es einen **seriösen Eindruck,** wenn solche Zahlungen offen gelegt werden und etwaige Rückfragen möglichst schnell geklärt werden können.

Bei vorliegender Masseunzulänglichkeit kann z. B. Stellung dazu genommen werden, ob die in den letzten Monaten erzielten Einnahmen ausreichen, um die **Masseunzulänglichkeit zu beheben.** Außerdem könnten etwaige **Neumasseverbindlichkeiten** erläutert werden.

Im Übrigen sind Ausführungen zu den offenen Masseverbindlichkeiten für den/die Rechtspfleger/in auch gerade dann wichtig, wenn der/die Verwalter/in einen **Vorschussantrag** stellt. Der Rechtspfleger kann sich anhand dieser Angaben im Bericht einen Überblick darüber verschaffen, wie viel Geld ggf. weiterhin verplant ist und in welcher Höhe Beträge tatsächlich auf dem Treuhandkonto zur Auszahlung eines Vorschuss zur Verfügung stehen.

▶ Hinweis Verjährung bei Masseunzulänglichkeit:

Die Anzeige der Masseunzulänglichkeit durch den Insolvenzverwalter führt nicht dazu, dass die Verjährung von Altmasseverbindlichkeiten gehemmt wird (BGH, Urt. v. 14.12.2017 – IX ZR 118/17 in InsbürO 2018, 121). Der Gläubiger kann eine Feststellungsklage erheben oder der Insolvenzverwalter kann angesichts einer solchen auf die Verjährungseinrede verzichten (Rn. 17). Der Massegläubiger muss die Rechtsverfolgung betreiben (Rn. 19).

▶ Hinweis Kündigungslöhne/-gehälter:

Gibt es solche ausstehenden Zahlungen? Dann bitte die Arbeitnehmer wg. Klärung versch. Daten für die Errechnung des Differenzlohnes anschreiben: **s. gesondertes Muster Nr. 31 Arbeitsverhältnisse > Differenzlohn.** Frühzeitige Anfrage sichert größeren Erfolg bei den Rückmeldungen. Aber Achtung: Anschreiben nur, wenn keine MUZ vorliegt oder absehbar beseitigt werden kann oder konnte.

15. Berichtigung der Insolvenztabelle

▶ Hinweis:

Infoblatt von Tabellensachbearbeiter/in da? Siehe gesondertes Muster Nr. 255

▶ **Hinweis grundsätzlich:**

Es bietet sich an, zum Zeitpunkt der Berichterstattung jeweils die nachgereichten Unterlagen zu prüfen, damit die Insolvenztabelle kontinuierlich aktualisiert wird.

Seit dem Prüfungstermin sind von einigen Gläubigern weitere Unterlagen zum Nachweis der angemeldeten Insolvenzforderungen übermittelt worden. Durch diese Nachweise haben sich Änderungen in der Insolvenztabelle ergeben. Insoweit wird in der weiteren **Anlage** ein gesondertes Anschreiben mit Angaben zu den geänderten Tabelleninhalten überreicht mit der Bitte, die entsprechenden Änderungen in die dortige Tabelle einzutragen.

16. Nachträgliche Forderungsanmeldungen

▶ **Hinweis:**

Infoblatt von Tabellensachbearbeiter/in da? Siehe gesondertes Muster Nr. 255

▶ **Arbeitshinweis:**

Es bietet sich an, die eingehenden Anmeldungen zu sammeln und dann jeweils zum Zeitpunkt der Berichterstattung beim Insolvenzgericht einzureichen. Hier ist ggf. die Handhabung mit dem Insolvenzgericht abzustimmen. Manchen prüfen jeweils Forderungsanmeldungen bis zu 10 Stück. Andere prüfen in einem Prüfungstermin kurz vor Verfahrensbeendigung etc.

Es liegen... (*Anzahl*) nachträgliche Forderungsanmeldungen vor. In der **Anlage** wird insoweit ein gesondertes Anschreiben mit der Bitte um Beachtung überreicht.

17. Verfahrensdauer/Quote
Die Dauer des Verfahrens hängt maßgeblich noch *von der Realisierung des Haftungsanspruches gegen... sowie dem weiteren Erfolg des Forderungseinzuges ab.* Es wird davon ausgegangen, dass das Verfahren noch mindestens... *Jahre/Monate* andauern wird.

Zur Höhe der Quote kann derzeit noch keine abschließende Aussage getroffen werden.

▶ **Arbeitshinweis:**

Die Antworten auf folgende Fragen könnten den vorstehenden Text bilden:

Welche Vermögenswerte müssen noch zur Insolvenzmasse realisiert werden?

Müssen ggf. gerichtliche Verfahren eingeleitet werden? In dem Fall ist mit einer längeren Verfahrensdauer zu rechnen. Ungefähre Einschätzung abgeben: Hierbei besser einen längeren Zeitraum angeben, weil sonst Nachfragen von Gläubigern erfolgen.

Ggf. Höhe der voraussichtlichen Quote benennen (Berechnung anhand der bisherigen Erlöse).

Mit freundlichen Grüßen

....

Insolvenzverwalter/in

▶ **Anlagenüberblick – nicht zwingend, aber laut vorstehendem Muster:**

Aktuelle Verwertungsliste

Aktuelle Forderungsaufstellung

Fotokopie des Kontoauszuges Nr..../...

verdichtete Summen- und Saldenliste und chronologische Einnahmen- und Ausgabenübersicht
Anschreiben zur Berichtigung der Insolvenztabelle

Anschreiben für nachträgliche Forderungsanmeldungen

▶ **Weitere grundsätzliche Arbeitshinweise:**

1. Bitte das **Aktenkonto des Insolvenzbüros überprüfen** auf noch offene Vergütungsansprüche oder sonstige zu berichtigende Buchungen!
2. Bitte einmal jährlich die **Buchungssätze** in den Sachkontenblätter **kontrollieren** und den Prüfungsvermerk – siehe gesondertes Muster (Nr. 341 beim Treuhandkonto) – zu den Kontoauszügen oben auf heften: »Buchungen – Prüfvermerk«.
3. Bitte die Summen- und Saldenliste **kontrollieren**, ob dort ein Konto »**Ungeklärte Posten**« enthalten ist. Dann müssten diese Posten den einzelnen Bereichen zugeordnet werden, damit dieses »Konto« verschwindet (ggf. fehlen Belege oder Erläuterungen bei den Kontoauszügen, daher keine Zuordnung möglich?).

▶ Hinweis:

Es gibt eine Checkliste Halbjahresbericht mit Hinweisen zu Prüfungen, die im Halbjahresrhythmus für eine ordnungsgemäße Abwicklung sinnvoll erscheinen.

Muster 71: Halbjahresbericht Kleinverfahren

243 ▶ **Daten in Insolvenzsoftware kontrollieren und ggf. aktualisieren:**

Sachbearbeiter, Termine, Status etc.

Adressat: Insolvenzgericht

Insolvenzverfahren über das Vermögen des Herrn .../der Frau ...
Geschäftszeichen:... IN/IK.../...
Erster Zwischenbericht

Sehr geehrte Frau Rechtspflegerin ..., / Sehr geehrter Herr Rechtspfleger ...,

in obiger Angelegenheit darf ich über den aktuellen Sachstand wie folgt berichten:

1. Vermögenswerte
   Wie sich aus dem Verzeichnis der Massegegenstände gem. § 151 InsO ergibt, konnten zu Beginn des Verfahrens... (*Anzahl*) Vermögenswerte *beim Insolvenzschuldner/bei der Insolvenzschuldnerin* festgestellt werden.

   ▶ Hinweis:

   Hierzu zählen auch die Unpfändbaren, da diese in der Anlage auch aufgeführt sind.

   Über die Verwertung dieser wird mit **anliegender** »Verwertungsliste« berichtet. Es darf daher auf die dort gemachten Angaben verwiesen werden. Zu möglichen pfändbaren Einkommensanteilen werden nachfolgend gesonderte Informationen zusammengestellt.

   ▶ Hinweis:

   Entsprechende Verwertungsübersicht ist bei den Mustern Verwertungstätigkeit unter Nr. 384 zu finden.

   ▶ Achtung:

   Bei einer **Anfechtung**, die mehr Arbeit gemacht hat, sollten hier im Bericht **nähere Informationen** gegeben werden. **Nur die Aufzählung** in der Verwertungsliste reicht i.d.R. **nicht**. Dies gilt insbesondere, wenn ein **Honorar nach dem RVG** geltend gemacht wird. Dann Erläuterungen: Was war der Grund für eine anwaltliche Beauftragung? Diese Information ist spätestens im Schlussbericht erforderlich, sollte aber möglichst zeitnah mit der Beendigung der Angelegenheit, also hier im Sachstandsbericht, gegeben werden. Dies gilt auch für **etwaige andere Vermögenswerte**, die abweichende Tätigkeiten erfordert haben.

2. Pfändbare Einkommensanteile/Unterhaltspflicht

   Keine Änderungen:
   Zum Einzug von pfändbaren Einkommensanteilen als Neuerwerb i.S.d. § 35 Abs. 1 InsO sei erläutert, dass sich seit der letzten Berichterstattung keine Änderungen im Arbeitsverhältnis und in der Familiensituation ergeben haben. Auf die gemachten Angaben im Bericht vom ... darf daher ausdrücklich verwiesen werden. Nachfolgend werden die wichtigsten aktuellen Informationen wie folgt festgehalten:

   ▶ Arbeitshinweis:

   Aus nachfolgenden Zeilen auswählen, was ggf. zutrifft. Ansonsten löschen.

   [Alternative bei eingetretenen Änderungen:
   Zum Einzug von pfändbaren Einkommensanteilen als Neuerwerb i.S.d. § 35 Abs. 1 InsO sei erläutert, dass seit der letzten Berichterstattung Änderungen eingetreten sind. Hierüber wird nachstehend Näheres erläutert:]

   ▶ Arbeitshinweis:

   Aus dem ersten Sachstandsbericht entsprechende Zeilen hierhin kopieren und mit aktuellen Daten füllen. Bsp.: neues Arbeitsverhältnis, Kind oder Ehefrau haben ggf. eigenes Einkommen

Lohn-/Gehaltsbescheinigungen liegen vor bis:	*Monat/Jahr*
Vereinnahmung des monatlich pfändbaren Einkommensanteils auf dem Treuhandkonto erfolgt regelmäßig:	*Ja/nein, weil ... (Grund?)*

Höhe des pfändbaren Einkommensanteils:	*… EUR* *ggf.: variiert, von … bis … EUR*
Angabe zur Stundenzahl:	*geringfügige Beschäftigung / Teilzeit/Vollzeit*
Nachweise über Bemühungen zur Erwerbstätigkeit in Vollzeit erbracht: *(Erwerbsobliegenheit gem. § 287b InsO)*	*Ja/nein*
Arbeitslosigkeit liegt vor seit:	*… (Datum)*
Datum des letzten vorgelegten Arbeitslosenbescheides:	*…, bewilligt bis zum …*
Arbeitslosengeld I nach SGB III i.H.v.: *(pfändbar gem. § 334 SGB III)*	*… EUR*
Arbeitslosengeld II nach SGB II i.H.v.: *(unpfändbar gem. § 42 Abs. 4 S. 1 SGB II und damit nicht massezugehörig gem. §§ 35 Abs. 1, 36 Abs. 1 S. 1 InsO)*	*… EUR*
Nachweise über Erwerbsbemühungen erbracht: *(Erwerbsobliegenheit gem. § 287b InsO)*	*Ja/nein*
Erwerbsunfähigkeit liegt vor seit: *Interner Hinweis:* *dann Bezug von Sozialhilfe, bei Erwerbsfähigkeit: Bezug von Arbeitslosengeld II*	*… (Datum)*
Sozialhilfe nach SGB XII i.H.v.: *(unpfändbar gem. § 17 Abs. 1 S. 2 SGB XII und damit nicht massezugehörig gem. §§ 35 Abs. 1, 36 Abs. 1 S. 1 InsO)*	*… EUR*
Sozialgeld nach § 7 SGB II i.H.v.: *(Nicht erwerbsfähige Person in Bedarfsgemeinschaft mit erwerbsfähiger und leistungsberechtigter Person) (unpfändbar gem. § 42 Abs. 4 S. 1 SGB II und damit nicht massezugehörig gem. §§ 35 Abs. 1, 36 Abs. 1 S. 1 InsO)*	*… EUR*
Datum des letzten vorgelegten Bescheides:	*… (Datum)*
Erfüllung der Angleichungspflicht des § 295 Abs. 2 InsO aufgrund selbständiger Tätigkeit: *(BGH-Beschl. v. 19.07.2012 – IX ZB 188/09 in WKRS 2012, 20410)*	*letzte Zahlung am …* *(s. Summen- und Saldenliste)* *bislang keine Zahlung*
Bei Nichtzahlung: Auskunft über Gewinnsituation wg. fehlender Zahlung: *(BGH-Beschl. v. 13.06.2013 – IX ZB 38/10 in WKRS 2013, 41415)*	*Ja, Schreiben liegt in Kopie anbei* *Nein, bisher keine Auskunft erteilt* *Aufforderung ist am… erfolgt*
Nachweis über Erwerbsbemühungen erbracht: *(BGH-Beschl. v. 07.05.2009 – IX ZB 133/07 in ZInsO 2009, 1217)*	*Ja, dieser liegt anbei/nein*

3. Masseverbindlichkeiten
   Masseverbindlichkeiten wurden vom Insolvenzverwalter bislang nicht begründet.

   [Alternative:
   Die bislang begründeten und beglichenen Masseverbindlichkeiten ergeben sich aus der als **Anlage** beigefügten Summen- und Saldenliste. Ausstehende Masseverbindlichkeiten sind nicht vorhanden.]

4. Treuhandkonto
   Zum Guthaben auf dem Treuhandkonto sei Folgendes ausgeführt:

Datum des letzten Kontoauszuges:	…
Kontoguthaben:	… EUR
Anlagen:	Fotokopie des letzten Kontoauszuges Für Berichtszeitraum vom … bis…: Chronologische Einnahmen- und Ausgabenübersicht Verdichtete Summen- und Saldenliste

5. Insolvenztabelle
   Es ergeben sich keine Änderungen in der Insolvenztabelle.

   [Alternative:
   Zum aktuellen Sachstand der Insolvenztabelle werden folgende Informationen zusammengestellt:]

Berichtigung der bisherigen Prüfvermerke:	*Ja, zu Tab.-Nrn.... /Nein*
Neue nachträgliche Forderungsanmeldungen:	Ja, ab Tab.-Nr. ...
Anlagen:	Gesondertes Anschreiben wg. Tabellenberichtigung Gesondertes Anschreiben wg. nachträglichem Prüfungstermin

6. Verfahrensdauer/Quote
   Die Dauer des Verfahrens hängt maßgeblich noch von der Realisierung des... ab. Es wird davon ausgegangen, dass das Verfahren noch mindestens ... Monate andauern wird.

   Mit einer Quotenzahlung kann voraussichtlich *gerechnet/nicht gerechnet* werden.

   ▶ Hinweis:

   Sofern eine Verfahrensbeendigung angedacht ist: Überarbeitung der Insolvenztabelle veranlassen/beginnen.

Mit freundlichen Grüßen

....
Insolvenzverwalter/in

▶ Heften der Anlagen:

- Kontoauszüge immer gesondert auf eine Schnalle
- Kontoauszüge zuletzt!
- Vorgehen bei Gericht: Bericht und Anlagen oben wegnehmen und in Gerichtsakte heften, Kontoauszüge an das Insolvenzbüro zurück
- schnelle Handhabung dadurch möglich

▶ Vorzeitige RSB-Erteilung:

Ggf. ein Hinweis an den Schuldner wg. Erfüllung der Voraussetzungen gem. § 300 InsO: 35 % an Insolvenzgläubiger oder 5 Jahre seit Eröffnung und Ausgleich Gerichtskosten? Achtung: ggf. verbotene Rechtsberatung, Übersendung des Berichtes zur Kenntnis dürfte aber möglich sein = Schuldner/in muss eigene Konsequenzen daraus ziehen

Muster 72: Übersendung erster Bericht an AG

244 ▶ Daten in Insolvenzsoftware kontrollieren und ggf. aktualisieren:

Sachbearbeiter, Termine, Status etc.

Adressat: Insolvenzgericht

Insolvenzverfahren über das Vermögen der Firma.../des Herrn .../der Frau ...
Geschäftszeichen:... IN.../...
Erster Zwischenbericht

Sehr geehrte Frau Rechtspflegerin ..., / sehr geehrter Herr Rechtspfleger ...,

in obiger Angelegenheit überreiche ich meinen ersten Bericht *in zweifacher Ausfertigung* sowie folgende weitere **Anlagen:**
1) Kopie des letzten vorliegenden Kontoauszuges des Treuhandkontos,
2) Verzeichnis der Massegegenstände gem. § 151 InsO,
3) Gläubigerverzeichnis gem. § 152 InsO und
4) Vermögensübersicht gem. § 153 InsO.

▶ Hinweis:

Aufgeführte Anlagen im Berichtstext werden hier nicht gesondert aufgelistet, weil sie Bestandteil des Berichtes sind.

Für Rückfragen stehe ich selbstverständlich gerne zur Verfügung.

Mit freundlichen Grüßen

....
Insolvenzverwalter/in

▶ Hinweis Anzahl der Exemplare:

Falls ein Fremdantrag vorliegt, entsprechend weitere Exemplare des Berichtes nebst Anlagen übermitteln.

Musterübersicht Betriebsfortführung

(Die Übersicht ist alphabetisch sortiert)

		Rdn.
Muster 397 – 398:	Antrag an das Insolvenzgericht gem. § 21 Abs. 1 Nr. 5 InsO (*s. Muster vorläufige Verwaltung*)	569 – 570
Muster 29:	Arbeitnehmerliste für Insolvenzgeld (*s. Muster Arbeitsverhältnisse*)	201
Muster 30:	Arbeitnehmerversammlung – Leitfaden (*s. Muster Arbeitsverhältnisse*)	202
Muster 14:	Einziehungs- und Verwertungsstopp – Info an Gläubiger (*s. Muster Absonderungsrechte*)	186
Muster 73:	Einzelermächtigung – Antrag	245
Muster 74:	Einzelermächtigung – Antrag – Anlage	246
Muster 342:	Eröffnung Treuhandkonto – Übersendung Beschluss (*s. Muster Treuhandkonto*)	513
Muster 366:	Haftpflichtversicherung – besondere – Zustimmung Insolvenzgericht (*s. Muster Versicherungsverträge*)	537
Muster 210 – 213:	Inhaltsverzeichnis (*s. Muster Inhaltsverzeichnis*)	382 – 385
Muster 75:	Kassenführung – Merkblatt	247
Muster 56 – 57:	Kontoguthaben – Einziehung (*s. Muster Bank*)	228 – 229
Muster 140 – 141:	Mahnschreiben (*s. Muster Forderungseinzug*)	312 – 313
Muster 304:	Überschussermittlung – Gliederungspunkt im Schlussbericht (*s. Muster Schlussberichte*)	476
Muster 377:	Vertragsverhältnisse – Übersicht (*s. Muster Vertragsverhältnisse*)	577
Muster 76:	Zahlungszusicherungen – Übersicht	248
Muster 77:	Zahlungszustimmung an Dauerlieferant	249
Muster 78:	Zahlungszustimmung an Dienstleister	250
Muster 79:	Zahlungszusicherung an Versicherung	251
Muster 80:	Zahlungszusicherung an Warenlieferanten	252

Muster 73: Einzelermächtigung – Antrag

Adressat: Insolvenzgericht 245

Vorläufiges Insolvenzverfahren über das Vermögen der Firma ..., ...
Geschäftszeichen:... IN.../...
Antrag auf Einzelermächtigung

Sehr geehrter Herr Richter..., / sehr geehrte Frau Richterin...,

im Rahmen der vorläufigen Verwaltung wird der Geschäftsbetrieb der Schuldnerin uneingeschränkt fortgeführt. *Auf den Zwischenbericht vom... darf ich verweisen.*

Die Fortführung des Geschäftsbetriebes macht es erforderlich, Verbindlichkeiten mit meiner Zustimmung zu begründen, die möglicherweise (z. B. aus abrechnungstechnischen Gründen/Fähigkeiten) erst nach Eröffnung des Insolvenzverfahrens ausgeglichen werden können oder müssen. Es handelt sich hierbei um *Mieten für die angemieteten Geschäftsräume, um Versicherungsbeiträge, Vertriebskosten, Kfz-, Büro- und Kommunikationskosten, Aufwendungen für Lizenzen sowie Beratungskosten des Steuerberaters und Wirtschaftsprüfers... Die Beauftragung eines Steuerberaters gewährleistet* die weitere Durchführung der notwendigen Buchführungsarbeiten. Die einzelnen Kostenansätze sind in der als **Anlage** beigefügten Liquiditätsplanung, die durch den Steuerberater in Abstimmung mit der Schuldnerin erstellt wurde, näher spezifiziert.

▶ Hinweis:

Liquiditätsplan mindestens bis zum Zeitpunkt der geplanten Eröffnung bzw. Gutachtenerstellung

Darüber hinaus wird eine Auflistung der einzelnen Vertragspartner mit den jeweils entstehenden Kosten übermittelt.

▶ Hinweis:

Nicht jedes Insolvenzgericht fordert diese Einzelaufstellung. Hierfür gibt es ein Muster »Einzelermächtigung – Antrag Anlage« (Nr. 74).

Des Weiteren ist eine Vorfinanzierung der Insolvenzgelder für die insgesamt... Arbeitnehmer der Schuldnerin vorzunehmen. Hierdurch werden Verbindlichkeiten mit meiner Zustimmung begründet, die ebenfalls erst nach Eröffnung des Insolvenzverfahrens beglichen werden können. Hierzu zählen u. a. die Zinsen, die Darlehenskosten und *etwaige von der Bundesagentur für Arbeit nicht erstattete Differenzbeträge aus der Vorfinanzierung.*

Vor diesem Hintergrund **beantrage** ich, die nachfolgend näher aufgeführten Forderungen als Masseverbindlichkeiten begründen zu können:

- Darlehensforderung der ... *(Bank)* wegen Insolvenzgeldvorfinanzierung bzgl. der Zinsen (... % p. a. auf eine Summe von max.... EUR), Bearbeitungsgebühren der Bank (... EUR als Einmalgebühr,... EUR pro Arbeitnehmer) und etwaige von der Bundesagentur für Arbeit nicht erstattete Differenzbeträge zwischen dem Insolvenzgeld und dem vorfinanzierten Nettolohn.
- Forderungen aus Lieferungen und Leistungen für *Mieten, Leasing, Versicherungen und Beiträge, Vertriebskosten einschließlich Werbung und Reisekosten, Kfz-Kosten, Büro- und Kommunikationskosten, Kosten für Lizenzen und Konzessionen, Beratungskosten des Steuerberaters...* in Höhe eines Betrages von bis zu... EUR *gemäß anliegender Einzelaufstellung.*

Aus der beigefügten Liquiditätsplanung des Steuerberaters und Wirtschaftsprüfers... vom... bis zum... geht hervor, dass unter Berücksichtigung der Kosten ein Überschuss im vorläufigen Insolvenzverfahren von... EUR erwirtschaftet werden kann. Diese Planung berücksichtigt die Durchführung der beantragten Insolvenzgeldvorfinanzierung.

An dieser Stelle sei nochmals darauf hingewiesen, dass die Bundesagentur für Arbeit telefonisch die Zustimmung in Aussicht gestellt hat. Die ... *(Bank)* hat sich bereit erklärt, die Vorfinanzierung zu den oben genannten Konditionen durchzuführen.

Die Geschäftsleitung der Schuldnerin teilte mit, dass die Planungsrechnung vorsichtig erarbeitet worden sei.

Es ist daher davon auszugehen, dass die aufgrund der Einzelermächtigung entstehenden Masseverbindlichkeiten nach Eröffnung des Insolvenzverfahrens auch gedeckt werden können.

Falls vom Gericht gewünscht:

Dieses Schreiben wird wunschgemäß gleichzeitig mit der Versendung per Post auch per E-Mail nebst Anhängen übermittelt.

Für Rückfragen stehe ich Ihnen gerne zur Verfügung.

Mit freundlichen Grüßen

....

vorl. Insolvenzverwalter/in

Anlagen:
Liquiditätsplanung
Einzelaufstellung der »Massegläubiger« mit den jeweiligen Kosten

Muster 74: Einzelermächtigung – Anlage zum Antrag

246

Lfd. Nr.	Name und Anschrift des Gläubigers	Vertragsgegenstand	Zu zahlender Betrag
1.	....	Haftpflichtbeiträge	monatlich: ... € gesamt: ... €
2.	Renault Leasing GmbH, Hilpertstrasse 106, 48153 Münster	Leasingfahrzeug Renault ...., amtliches Kennzeichen:... Fahrgestell-Nr....	monatlich: 234,25 € gesamt: 937,00 €
3.	Hans Muster GmbH, Musterstraße 10, 59292 Musterstadt	Lieferungen von ...	monatlich ca. ...€ gesamt:...€
4.	.....	Mieträumlichkeiten	monatlich: ... € gesamt: ... €
5.	.....	Steuerberaterkosten für Buchführungsarbeiten	monatlich: ... € gesamt: ... €
6.	...		

....
Ort/Datum

....
vorläufige/r Insolvenzverwalter/in

▶ **Hinweis:**

Der Insolvenzverwalter sollte diese Anlage auf jeden Fall gegenzeichnen, weil die darin enthaltenen Daten letztlich Grundlage für die zu erteilende Einzelermächtigung durch das Insolvenzgericht sind. Die Tabelle kann alternativ auch direkt in den Antrag mitaufgenommen werden.

Muster 75: Kassenführung – Merkblatt

247

Bereich	Erläuterungen
Gesetzliche Grundlage für die Pflicht zur Kassenführung	§§ 5, 4 Abs. 1 EStG Bei Gewinn durch Einnahmen-Überschussrechnung gem. § 4 Abs. 3 EStG: § 22 UStG
Formelle und materielle Anforderungen:	Grundsätze ordnungsgemäßer Buchführung (GoB) Grundsätze zur ordnungsgemäßen Führung und Aufbewahrung von Bücher, Aufzeichnungen und Unterlagen in elektronischer Form sowie zum Datenzugriff (GOBD) §§ 238 ff. HGB §§ 145 – 147 AO
Aufzeichnung jedes Bargeschäft	Grundsätzlich ist die Aufzeichnung eines jeden einzelnen Handelsgeschäftes, also jeder Betriebseinnahme und Betriebsausgabe erforderlich.
Grundsätze:	Geschäftsvorfall sichern: **zeitnah, unverlierbar und leicht auffindbar** **fortlaufend, vollständig, richtig und lückenlos** **bestimmte Angaben zu jedem Vorgang**
Aufzeichnung – täglich	Kassenbewegungen müssen täglich aufgezeichnet werden (§ 146 Abs. 1 Satz 2 AO). Eine rückwirkende Erfassung, z. B. für eine ganze Woche, führt bereits zu formellen Mängeln in der Kassenführung.
Buchungen laufend	Die Aufzeichnungen müssen sodann laufend gebucht werden (GoBD Rn. 46). Die Buchung muss **eindeutig, übersichtlich und nachvollziehbar** sein.
Beträge	Es hat eine **cent-genaue Aufzeichnung** zu erfolgen. Rundungen sind nicht zulässig.
Belege	Keine Buchung ohne Beleg: Jeder Kassenbewegung muss ein Beleg zugrunde liegen. Existiert ausnahmsweise keiner, hilft ein Eigenbeleg. Anforderungen an den Beleg: Belegnummer, Belegaussteller bzw. –empfänger, Buchungsbetrag, Erläuterung Geschäftsvorfall, Belegdatum und verantwortlichen Aussteller (GoBD Rn. 61, 68, 77, 83)
Lesbarkeit	Die Daten in Registrierkassen müssen jederzeit lesbar und maschinell auswertbar zur Verfügung gestellt werden.
Thermopapierbelege	Thermopapierbelege sind nach ca. 4 Jahren nicht mehr lesbar (Kassenbon, EC-Zahlbeleg) Sie müssen daher kopiert und die Kopie hinter den Originalbeleg geheftet werden. Erkennungszeichen: glänzendes Papier Beispiele: Tankstellen, Netto, Saturn, Aldi (tendenziell fast alle Belege zur Kasse)
Tagesendsummen-Bon	Bei der Verwendung von Registrierkassen werden in der Regel die Tageseinnahmen laut Tagesendsummen-Bons (sogenannte Z-Bons) in einer Summe in den Kassenbericht übernommen. Wichtig: Diese **Tagesendsummen-Bons sind vollständig aufzuheben.** Dies gilt auch für Fehl-Bons.

Bereich	Erläuterungen
	Die Bons sind laufend durchnummeriert und es dürfen keine Bons fehlen. Die Zwischensummen- oder X-Bons können die Z-Bons nicht ersetzen, da sie nicht durchnummeriert sind. Bitte beachten Sie bei den Z-Bons die Höhe der Stornobuchungen. Eventuell sollten diese täglich auf dem Kassenzettel erläutert werden. Im Übrigen sollte die Uhrzeit des Z-Bons mit dem tatsächlichen Kassenschluss übereinstimmen.
Richtigkeit	Geschäftsvorfälle sind in Übereinstimmung mit den **tatsächlichen Verhältnissen** abzubilden. Sie müssen der **Wahrheit** entsprechend aufgezeichnet werden.
Nummerierung	Die Belege sind jährlich beginnend mit »1« durchgängig zu nummerieren. Im Kassenbuch muss jeweils die gleiche Ziffer stehen. Das heißt, auf dem ersten Beleg steht eine eingekreiste »1«, die gleiche »1« steht im Kassenbuch in der Spalte »Beleg – Nr.« usw. (§ 146 Abs. 1 AO, § 239 Abs. 2 HGB, GoBD Rn. 36 – 41)
Negative Kasse	Der tatsächliche Kassenbestand kann niemals negativ sein. Kassenfehlbeträge entstehen, wenn mehr Ausgaben als Kassenanfangsbestand zuzüglich Kasseneinnahmen aufgezeichnet werden. Da eine Geschäftskasse keinen Minus-Bestand haben kann, wird mit der Aufdeckung von Kassenfehlbeträgen nachgewiesen, dass betriebliche Geldbewegungen unrichtig aufgezeichnet worden sind. (§ 146 Abs. 1 AO, § 239 Abs. 2 HGB, GoBD Rn. 44)
Sollbestand	Der **Sollbestand** nach dem Kassenbuch muss jederzeit mit dem **Ist-Bestand** der Kasse **übereinstimmen** (sogenannte Kassensturzfähigkeit). Der Bestand laut Kassenbuch ist durch tägliches Nachzählen zu prüfen! Eventuelle Differenzen müssen ausgewiesen werden. Kassendifferenzen sind normal. Es gibt keine Kasse, in der es nicht mal zu kleineren Abweichungen kommt. Stimmt Ihre Kasse immer, »stimmt« etwas nicht mit Ihrer Kassenführung und der Betriebsprüfer wird misstrauisch werden.
Kreditkarten- und EC-Karteneinnahmen	Kreditkarten- und EC-Karteneinnahmen sowie Schecks oder Wechsel sollten in einer Kasse erfasst werden.
Geldtransit	Geldverschiebungen zwischen Bank und Kasse müssten festgehalten werden.
Manuelle Kasse	Nachträgliche Änderungen müssen ausgeschlossen oder sichtbar sein.
Unreine Aufzeichnungen	Sofern Vorgänge des Geldverkehrs nicht sofort in das Kassenbuch eingetragen werden, sondern zunächst in unreinen Aufzeichnungen festgehalten werden, gilt auch hier der Grundsatz, dass die Vorgänge täglich in einer richtigen Reihenfolge aufgezeichnet werden müssen. Die **unreinen Aufzeichnungen** (Kladde, Schmierbuch usw.) müssen aufbewahrt werden, da sie als Unterlagen für Eintragungen im Kassenbuch dienen.
Veränderungen an den Aufzeichnungen	**Radierungen, Überklebungen und Löschungen** = nachträgliche Änderungen sind unzulässig. Diese rechtfertigen im Allgemeinen die **Verwerfung der Kassenführung.**
Stornierungen/Umbuchungen	Bei fehlerhaften Eintragungen bleibt der ursprüngliche Geschäftsvorfall erhalten und es erfolgt eine Umbuchung oder Stornierung. (§ 146 Abs. 4 AO, § 239 Abs. 3 HGB, GoBD Rn. 111)
Leerzeilen/Zwischenräume	Zwischenräume oder Leerzeilen sind zu vermeiden, weil sie einen Verstoß gegen die Unveränderbarkeit darstellen. (§ 146 Abs. 4 AO bzw. § 239 Abs. 3 HGB) Diese rechtfertigen im Allgemeinen die **Verwerfung der Kassenführung**.
Nachvollziehbarkeit	Eintragungen müssen einem sachverständigen Dritten innerhalb angemessener Zeit einen Überblick über die Geschäftsvorfälle vermitteln können. (§ 145 Abs. 1 AO, § 238 Abs. 1 HGB, GoBD Rn. 30, 32)
Kennzeichnung Steuer	Bei der Buchung ist zwischen **steuerfreien, nicht steuerbaren und steuerpflichtigen Umsätze** mit genügender Kennzeichnung zu achten. (§ 146 Abs. 1 AO, § 239 Abs. 2 HGB, § 22 UStG, GoBD Rn. 53, 55)
Mehrere Kassen	Jede Kasse hat die Anforderungen zu erfüllen.

Bereich	Erläuterungen
Mehrere Filialen/Betriebsstätten	Bei mehreren Filialen bzw. Betriebsstätten muss eine Kontrolle für jedes Geschäft möglich sein. Die Kasseneinnahmen und Kassenausgaben können nur dann täglich in einer Summe in einem Kassenbuch festgehalten werden, wenn das Zustandekommen dieser Summen durch Aufbewahrung aller angefallenen Ursprungsbelege nachgewiesen wird.
Aufbewahrungspflicht	Finanzverwaltung verlangt die Aufbewahrung des Kassenbuchs und der Belege i.S.v. § 257 Abs. 1 Satz 1, 4 HGB.
Aufbewahrung digitaler Unterlagen	Sie müssen **verfügbar, lesbar und maschinell auswertbar** aufbewahrt werden. (§ 147 Abs. 2 Nr. 2 AO) Entsprechen Scan-Ergebnisse bildlich dem Original, dürfen Papierdokumente vernichtet werden.
Aufbewahrungsfrist	Die Daten sind 10 Jahre lang aufzubewahren. Dies gilt auch für eine Speicherung der Daten. Ein bestimmtes Ordnungssystem ist nicht vorgegeben (§ 147 Abs. 2 Nr. 2 AO). Für elektronische Belege und Daten aus Vorsystemen gilt die gleiche Aufbewahrungsfrist (GoBD Rn. 117, 130, 140)
Programme	Kassenbücher in Excel und in nicht zertifizierten Softwareprogrammen sind unzulässig, weil nachträgliche Manipulation möglich ist.
Programmier- bzw. Bedienungsanleitungen	Achtung: Ebenso vollständig aufzubewahren sind Programmier- bzw. Bedienungsanleitungen oder auch die Protokolle für Kassen-Umprogrammierungen (z. B. Verkäuferspeicher, Trainingsspeicher, Zurücksetzen des »Grand Total«).
Wesentliche Mängel	Liegen wesentliche Mängel der Kasse vor, ist die Buchführung ordnungswidrig. Dies berechtigt die Finanzverwaltung zur Schätzung (§§ 158, 162 AO). Eine Überprüfung findet im Rahmen einer Betriebsprüfung statt. Dabei können auch Kassen außerhalb des Prüfungszeitraums geprüft werden.
Weitere Folgen	Es können drohen: Steuerstrafverfahren wg. Steuerhinterziehung oder leichtfertiger Steuerverkürzung Ordnungswidrigkeitenverfahren nach § 379 AO Bußgeldfestsetzung nach § 26a, 26b UStG Zivilrechtliche Maßnahmen

Hinweis an den Schuldner:
Weitere Details können einem Fachbeitrag in der InsbürO 2017, 322 entnommen werden, der auf Anforderung übermittelt werden kann.

Muster 76: Zahlungszusicherungen – Übersicht in dem Insolvenzverfahren …

Offene Rechnungen 248

Lieferant	Datum der Freigabe	Art der Lieferung/ Gegenstand	Betrag netto in EUR	Frachtkosten etc. netto in EUR	überwiesen in EUR	Skonti in EUR	am

Bezahlte Rechnungen

Lieferant	Datum der Freigabe	Art der Lieferung/ Gegenstand	Betrag netto in EUR	Frachtkosten etc. netto in EUR	überwiesen in EUR	Skonti in EUR	am

Muster 77: Zahlungszustimmung an Dauerlieferanten

▶ Hinweis:

249 Für eine Zustimmung kann es kein abschließendes Muster geben. Von daher muss jeweils mit dem/der Insolvenzverwalter/in Rücksprache genommen werden. Dieser Mustertext ist eine Möglichkeit.

Adressat: Dauerlieferant (z. B. Stadtwerke)

Insolvenzeröffnungsverfahren über das Vermögen der Firma …, … (Sitz)
Amtsgericht …: … IN …/…
Gas- und Stromlieferung, Vertrags-Nr.:…

Sehr geehrte Damen und Herren,

in obiger Angelegenheit teile ich Ihnen mit, dass mit Beschluss des Amtsgerichts … vom … die vorläufige Insolvenzverwaltung über das Vermögen der obigen Firma angeordnet und ich *zum/zur vorläufigen Insolvenzverwalter/in* (mit Zustimmungsvorbehalt) bestellt wurde. Eine Fotokopie des amtsgerichtlichen Beschlusses erhalten Sie in der **Anlage** zur Kenntnisnahme.

Der Geschäftsbetrieb der Schuldnerin wird derzeit uneingeschränkt aufrechterhalten, so dass die bestehenden Anschlüsse weiter benötigt werden.

Für den laufenden und den kommenden Monat, demnach die Monate … und …, würde ich insofern gerne eine Sicherheitsleistung hinterlegen, von der die tatsächlich entstehenden Gebühren in Abzug zu bringen wären. Bitte teilen Sie mir den für diese Monate erforderlichen Betrag mit. Ich werde die Bezahlung dann umgehend veranlassen. Sofern sich eine Erstattung für diesen Zeitraum…. bis … *(Bsp. 16.03. – 30.04.2018)* ergeben sollte, wäre dieser Betrag wiederum an die Insolvenzmasse zurückzuerstatten.

Die an Sie entrichteten Beträge dürfen allerdings ausschließlich für den Ausgleich von Verbindlichkeiten seit der Anordnung der vorläufigen Verwaltung verwendet werden. Einer Verrechnung mit bestehenden Altforderungen widerspreche ich hiermit ausdrücklich. Sie haben die Möglichkeit, diese ausstehenden Altforderungen nach Eröffnung des Insolvenzverfahrens zur Insolvenztabelle anzumelden. Eine entsprechende Aufforderung nebst einem Anmeldeformular wird Ihnen zu gegebener Zeit gesondert zugehen.

Ich wäre Ihnen dankbar, wenn Sie diese Vorgehensweise bestätigen würden.

Ich darf Sie bitten, die Zählerstände unverzüglich abzulesen, damit die seit dem Tag der Anordnung des vorläufigen Verfahrens anfallenden Kosten getrennt berechnet werden können.

[Alternative:

Ich darf Sie insoweit bitten, die vom schuldnerischen Unternehmen abgelesenen Zählerstände ggf. zu überprüfen und die seit dem Tag der Anordnung der vorläufigen Verwaltung anfallenden Kosten getrennt zu berechnen.]

Für Rückfragen stehe ich selbstverständlich gerne zur Verfügung und verbleibe

mit freundlichen Grüßen

…………………………………..
vorl. Insolvenzverwalter/in

Anlage:
Anordnungsbeschluss vorl. Verwaltung

▶ Hinweis:

Siehe hierzu auch in § 105 InsO: Danach stellen die bereits ausstehenden Beträge (= teilbare Leistungen) auch dann Insolvenzforderungen dar, wenn – wie vorstehend – die Erfüllung des Vertrages seit Anordnung der vorläufigen Verwaltung gewählt wird.

Muster 78: Zahlungszustimmung an Dienstleister

▶ Hinweis:

250 Für eine Zustimmung kann es kein abschließendes Muster geben. Von daher muss jeweils mit dem/der Insolvenzverwalter/in Rücksprache genommen werden. Dieser Mustertext ist eine Möglichkeit.

Adressat: Dienstleister

Insolvenzeröffnungsverfahren über das Vermögen der Firma ..., ... (Sitz)
Amtsgericht ...: ... IN .../...
Vertrags-Nr.:...

Sehr geehrte Damen und Herren,

in obiger Angelegenheit teile ich Ihnen mit, dass mit Beschluss des Amtsgerichts ... vom ... die vorläufige Insolvenzverwaltung über das Vermögen der obigen Firma angeordnet und ich *zum/zur vorläufigen Insolvenzverwalter/in* (mit Zustimmungsvorbehalt) bestellt wurde. Eine Fotokopie des amtsgerichtlichen Beschlusses erhalten Sie in der **Anlage** zur Kenntnisnahme.

Der Geschäftsbetrieb der Schuldnerin wird derzeit uneingeschränkt aufrechterhalten, so dass auch der mit Ihnen geschlossene Vertrag zunächst aufrechterhalten bleiben soll. Für den laufenden und den kommenden Monat, demnach die Monate ... und ..., würde ich insofern gerne eine Sicherheitsleistung hinterlegen, von der die tatsächlich entstehenden Gebühren in Abzug zu bringen wären. Bitte teilen Sie mir den für diese Monate erforderlichen Betrag mit. Ich werde die Bezahlung dann umgehend veranlassen.

Die an Sie entrichteten Beträge dürfen allerdings ausschließlich für den Ausgleich von Verbindlichkeiten seit der Anordnung der vorläufigen Verwaltung verwendet werden. Einer Verrechnung mit bestehenden Altforderungen widerspreche ich hiermit ausdrücklich. Sie haben die Möglichkeit, diese ausstehenden Altforderungen nach Eröffnung des Insolvenzverfahrens zur Insolvenztabelle anzumelden. Eine entsprechende Aufforderung nebst einem Anmeldeformular wird Ihnen zu gegebener Zeit gesondert zugehen.

Ich wäre Ihnen dankbar, wenn Sie diese Vorgehensweise bestätigen würden.

Für Rückfragen stehe ich selbstverständlich gerne zur Verfügung und verbleibe

mit freundlichen Grüßen

....
vorl. Insolvenzverwalter/in

Anlage:
Anordnungsbeschluss vorl. Verwaltung

▶ Hinweis:

Siehe hierzu auch in § 105 InsO: Danach stellen die bereits ausstehenden Beträge (= teilbare Leistungen) auch dann Insolvenzforderungen dar, wenn – wie vorstehend – die Erfüllung des Vertrages seit Anordnung der vorläufigen Verwaltung gewählt wird.

Muster 79: Zahlungszustimmung an Versicherung

▶ Hinweis:

Für eine Zustimmung kann es kein abschließendes Muster geben. Von daher muss jeweils mit dem/der Insolvenzverwalter/in Rücksprache genommen werden. Dieser Mustertext ist eine Möglichkeit. 251

Adressat: Versicherung

Insolvenzeröffnungsverfahren über das Vermögen der Firma ..., ... (Sitz)
Amtsgericht ...: ... IN .../...
Versicherungs-Vertrags Nr.: u.a....

Sehr geehrte Damen und Herren,

in obiger Angelegenheit teile ich Ihnen mit, dass mit Beschluss des Amtsgerichts ... vom ... die vorläufige Insolvenzverwaltung über das Vermögen der obigen Firma angeordnet und ich *zum/zur vorläufigen Insolvenzverwalter/in* (mit Zustimmungsvorbehalt) bestellt wurde. Eine Fotokopie des amtsgerichtlichen Beschlusses erhalten Sie in der **Anlage** zur Kenntnisnahme.

Der Geschäftsbetrieb der Schuldnerin wird derzeit uneingeschränkt aufrechterhalten, so dass unterschiedliche Versicherungsverträge weiter benötigt werden. Hierbei handelt es sich um folgende:

- Betriebshaftpflichtversicherung Nr. ...
  In dieser Versicherung müssen zwingend die Umweltschadenhaftpflichtversicherung sowie die erweiterte Produkthaftpflicht enthalten sein.
- Geschäftsinhaltsversicherung Nr. ...
- Kfz-Versicherung Nr. ...
- ...

Bzgl. sämtlicher Versicherungen würde ich die vierteljährliche Zahlungsweise bevorzugen. Es ist erforderlich, dass die Versicherungen – mit Ausnahme der Kfz-Versicherungen, die durch Abmeldung der Fahrzeuge ohnehin erlöschen – sofort kündbar und stichtagsbezogen (bspw. bei Betriebsstillegung oder Veräußerung) abrechenbar sind.

Ich wäre Ihnen dankbar, wenn Sie mir diese Vorgehensweise bestätigen würden.

Sofern sich Erstattungsbeträge ergeben sollten, wären diese mit schuldbefreiender Wirkung nur noch an die Insolvenzmasse auf das nachfolgend näher bezeichnete Treuhandkonto zurückzuerstatten:

Bank: …

IBAN: …

BIC: …

Kontoinhaber: … als IV über das Vermögen …

Verwendungszweck: Erstattung … Versicherung Nr. …

Die von mir entrichteten Beträge dürfen ausschließlich für Zahlungen seit der Anordnung der vorläufigen Verwaltung verwendet werden. Einer Verrechnung mit bestehenden Altforderungen widerspreche ich hiermit ausdrücklich. Sie haben die Möglichkeit, diese ausstehenden Altforderungen nach Eröffnung des Insolvenzverfahrens zur Insolvenztabelle anzumelden. Eine entsprechende Aufforderung nebst einem Anmeldeformular wird Ihnen zu gegebener Zeit gesondert zugehen.

Mit freundlichen Grüßen

……………………………………

vorl. Insolvenzverwalter/in

Anlage:
Anordnungsbeschluss vorl. Verwaltung

▶ Hinweis:

Siehe hierzu auch in § 105 InsO: Danach stellen die bereits ausstehenden Beträge (= teilbare Leistungen) auch dann Insolvenzforderungen dar, wenn – wie vorstehend – die Erfüllung des Vertrages seit Anordnung der vorläufigen Verwaltung gewählt wird.

Muster 80: Zahlungszustimmung an Warenlieferanten

▶ Hinweis:

252 Für eine Zustimmung kann es kein abschließendes Muster geben. Von daher muss jeweils mit dem/der Insolvenzverwalter/in Rücksprache genommen werden. Dieser Mustertext ist eine Möglichkeit.

Adressat: Warenlieferant

Insolvenzeröffnungsverfahren über das Vermögen der Firma …, … (Sitz)
Amtsgericht …: … IN …/…
Warenlieferung, Ihr Zeichen:…

Sehr geehrte Damen und Herren,

in obiger Angelegenheit teile ich Ihnen mit, dass mit Beschluss des Amtsgerichts … vom … die vorläufige Insolvenzverwaltung über das Vermögen der obigen Firma angeordnet und ich *zum/zur vorläufigen Insolvenzverwalter/in* (mit Zustimmungsvorbehalt) bestellt wurde. Eine Fotokopie des amtsgerichtlichen Beschlusses erhalten Sie in der **Anlage** zur Kenntnisnahme.

Der Geschäftsbetrieb der Schuldnerin wird derzeit uneingeschränkt aufrechterhalten, so dass weitere Warenlieferungen von Ihrem Unternehmen benötigt werden.

Hierzu wird Ihnen ein Formular übersandt werden, welches meine Zustimmung zu den aufgeführten Warenbestellungen enthält.

Die an Sie zu zahlenden Beträge dürfen allerdings ausschließlich für den Ausgleich von Verbindlichkeiten seit der Anordnung der vorläufigen Verwaltung, d. h. für Bestellungen seit diesem Zeitpunkt, verwendet werden. Einer Verrechnung mit etwaig bestehenden Altforderungen widerspreche ich hiermit ausdrücklich. Sie haben die Möglichkeit, diese etwaig ausstehenden Altforderungen nach Eröffnung des Insolvenzverfahrens zur Insolvenztabelle anzumelden. Eine entsprechende Aufforderung nebst einem Anmeldeformular wird Ihnen zu gegebener Zeit gesondert zugehen.

Für den Fall meiner Abwesenheit ist *Herr/Frau…* ebenfalls zur Unterzeichnung berechtigt. *Herr/Frau …* zeichnet wie folgt:

Weitere Informationen werden Sie in Kürze mit einem gesonderten Lieferantenrundschreiben erhalten.

Für Ihre Unterstützung darf ich mich bereits an dieser Stelle bedanken und verbleibe zunächst

mit freundlichen Grüßen

…………………………………

vorl. Insolvenzverwalter/in

Anlage:
Anordnungsbeschluss vorl. Verwaltung

Musterübersicht Einkommen

(Die Übersicht ist alphabetisch sortiert)

		Rdn.
Muster 81:	Abfindung – Auszahlungsanspruch gegen Arbeitgeber	253
Muster 82:	Arbeitgeber – Ende RSB-Laufzeit – Ankündigung	254
Muster 83:	Arbeitgeber – Ende RSB-Laufzeit – Erteilung RSB	255
Muster 84:	Arbeitgeber – Ende RSB-Laufzeit – Kopie an Schuldner	256
Muster 85:	Arbeitgeber – Erstanschreiben	257
Muster 86:	Arbeitgeber – JVA – Erstanschreiben	258
Muster 87:	Arbeitgeber – korrigierte Unterhaltspflicht	259
Muster 88:	Berufsunfähigkeitsrente – Antrag § 850b Abs. 1 Nr. 1 ZPO – Billigkeitsentscheidung	260
Muster 89:	Drittschuldner sonstiger (ArbA, Rentenanstalt)	261
Muster 90:	Herabsetzung Freigrenze – Antrag § 850c Abs. 1 ZPO – keine Unterhaltszahlung	262
Muster 91:	Herabsetzung Freigrenze – Antrag § 850c Abs. 4 ZPO – Doppelverdiener + Kinder	263
Muster 92:	Herabsetzung Freigrenze – Antrag § 850c Abs. 4 ZPO – kurz – klarer Fall	264
Muster 93:	Herabsetzung Freigrenze – Antrag § 850c Abs. 4 ZPO – lang – Grenze	265
Muster 94:	Mehrere Einkommen – Antrag § 850e Nr. 2 ZPO – Nebenjob	266
Muster 95:	Mehrere Einkommen – Antrag § 850e Nr. 2 ZPO – Rente	267
Muster 96:	Mehrere Einkommen – Zustellung an Zahlstellen	268
Muster 97:	Prüfungsvermerk über Einkommenssituation	269
Muster 98:	Steuerklasse – Aufforderung zur Abänderung	270
Muster 99:	Steuerklasse fehlerhaft – Antrag an Insolvenzgericht	271
Muster 100:	Steuerklassen – Überblick	272

Muster 81: Abfindung – Auszahlungsanspruch gg. den Arbeitgeber

253 *Adressat: Arbeitgeber (persönlich/vertraulich an Personalabteilung)*

Insolvenzverfahren über das Vermögen des Herrn.../der Frau...
Amtsgericht...:... IN... /...
Ihr Zeichen:...

Sehr geehrte Damen und Herren,

Ihr Arbeitnehmer/Ihre Arbeitnehmerin befindet sich bekanntlich im Insolvenzverfahren. Auf den Ihnen vorliegenden amtsgerichtlichen Beschluss darf ich verweisen.

Das Arbeitsverhältnis wurde durch *den Aufhebungsvertrag/den Auflösungsvertrag/Ihre Kündigung* vom ... zum ... beendet. *Herr/Frau ...* erhält für den Verlust des Arbeitsplatzes von Ihnen eine Abfindungszahlung i.H.v. ... EUR. Ich darf darauf hinweisen, dass diese Abfindungszahlung *vom Insolvenzbeschlag gem. § 35 Abs. 1 InsO (im eröffneten Verfahren)/von der Abtretungserklärung des Schuldners gem. § 287 Abs. 2 InsO (in der RSB-Phase)* umfasst ist (*BGH, 11.05.2010 – IX ZR 139/09 in ZInsO 2010, 1088*). *Herr .../ Frau ...* kann Pfändungsschutz nach den Regelungen in § 850i ZPO erlangen (*u.a. AG Münster, Beschl. v. 7. 2. 2017 – 73 IK 105/10, ZInsO 2017, 886; LG Essen, Beschl. v. 21.7.2011 – 7 T 366/11 und 7 T 397/11).*

Nach dieser Regelung ist einem Schuldner auf Antrag während eines angemessenen Zeitraums so viel zu belassen, als ihm nach freier Einschätzung des Gerichtes verbleiben würde, wenn sein Einkommen aus laufendem Arbeits- und Dienstlohn bestünde. Bei der Entscheidung sind die wirtschaftlichen Verhältnisse des Schuldners, insbes. seine sonstigen Verdienstmöglichkeiten, frei zu würdigen. Ich darf Sie daher bitten, den Abfindungsbetrag zunächst an mich auszuzahlen. Sobald eine Entscheidung des Insolvenzgerichtes vorliegt, ob und in welcher Höhe der Abfindungsbetrag dem Pfändungsschutz unterliegt, würde ich eine Auszahlung *an den Schuldner/an die Schuldnerin* vornehmen.

Herr/Frau ... erhält eine Fotokopie dieses Schreibens zur Kenntnis.

Mit freundlichen Grüßen

....

Insolvenzverwalter/in

Muster 82: Arbeitgeber – Ende RSB-Laufzeit – Ankündigung

Adressat: Arbeitgeber (persönlich/vertraulich an Personalabteilung) 254

Insolvenzverfahren über das Vermögen der Herrn .../der Frau ...
Amtsgericht ...: ... *IN/IK .../...*
Unser Zeichen: ... (*Ordnerbezeichnung u. Rubrik-Nr.*)
Ihr Zeichen: Personal-Nr. ...

Sehr geehrte Damen und Herren,

(ggf. direkte Anrede möglich?)

ich nehme Bezug auf den bisher geführten Schriftwechsel und darf Sie heute darüber informieren, dass die Laufzeit der Abtretungserklärung gem. § 287 Abs. 2 InsO *am ... abgelaufen ist/am ... ablaufen wird.* Nach dieser Erklärung hat der *Schuldner/die Schuldnerin seine/ihre* pfändbaren Bezüge aus einem Dienstverhältnis für die Zeit von sechs Jahren nach der Insolvenzeröffnung an mich als *Insolvenzverwalter/in/Treuhänder/in* abgetreten.

RSB-Phase ist anhängig:

Ich bitte Sie daher, den pfändbaren Einkommensanteil für den Monat ... anteilig auf die Tage bis zum ... auf das bekannte Treuhandkonto zu überweisen. Hierzu dividieren Sie bitte den pfändbaren Einkommensanteil durch 30 Tage und multiplizieren den Tagessatz mit ... (*Tage des letzten Monats*). Die sich ergebende Summe stellt den pfändbaren anteiligen Betrag für diesen letzten Monat dar.

Der verbleibende Anteil kann an *Ihren Arbeitnehmer/Ihre Arbeitnehmerin* ausgekehrt werden. Zukünftig sind insoweit dann keine weiteren pfändbaren Beträge mehr auf das Treuhandkonto abzuführen.

Asymmetrisches Verfahren = Verfahren läuft noch:

Es ist derzeit allerdings das Insolvenzverfahren noch anhängig, d. h. *der Schuldner/die Schuldnerin* befindet sich noch nicht in der Restschuldbefreiungsphase (§§ 286 ff. InsO). Dies hat zur Folge, dass ich gem. § 300a Abs. 2 Satz 1 InsO verpflichtet bin, die pfändbaren Einkommensanteile auch nach Ablauf dieser 6-jährigen Abtretungsfrist weiterhin treuhänderisch zu vereinnahmen. Sollte *dem Schuldner/der Schuldnerin* die Restschuldbefreiung rechtskräftig erteilt worden sein, werde ich die vereinnahmten Beträge entsprechend an *diese/diesen* auszahlen (§ 300a Abs. 2 Satz 3 InsO). Die Erteilung der Restschuldbefreiung und der Eintritt der Rechtskraft können noch ein paar Wochen in Anspruch nehmen. Dies hängt von der Terminierung durch das Insolvenzgericht ab. Ich werde Sie noch gesondert über die rechtskräftige Erteilung informieren. Erst dann brauchen keine pfändbaren Beträge mehr auf das Treuhandkonto abgeführt werden.

Der Schuldner/die Schuldnerin erhält eine Kopie dieses Schreibens.

Mit freundlichen Grüßen

....
Insolvenzverwalter/in
Treuhänder/in

▶ Hinweis:

Kopie dieses Schreibens an den Schuldners zur Info senden: s. gesondertes Muster Nr. 84

Muster 83: Arbeitgeber – Ende RSB-Laufzeit – Erteilung

Adressat: Arbeitgeber (persönlich/vertraulich an Personalabteilung) 255

Insolvenzverfahren über das Vermögen der Herrn .../der Frau ...
Amtsgericht ...: ... *IN/IK .../...*
Unser Zeichen: ... (*Ordnerbezeichnung u. Rubrik-Nr.*)
Ihr Zeichen: Personal-Nr. ...

Sehr geehrte Damen und Herren,

(ggf. direkte Anrede möglich?)

unter Bezugnahme auf mein Schreiben vom ... kann ich Ihnen heute mitteilen, dass die Erteilung der Restschuldbefreiung am ... rechtskräftig geworden ist. Weitere pfändbare Einkommensanteile müssen daher ab sofort nicht mehr auf das Treuhandkonto abgeführt werden.

Der Schuldner/die Schuldnerin erhält eine Kopie dieses Schreibens.

Mit freundlichen Grüßen

…………………………………..
Insolvenzverwalter/in
Treuhänder/in

▶ Hinweis:

Kopie dieses Schreibens an den Schuldners zur Info senden: s. gesondertes Muster Nr. 84

Muster 84: Arbeitgeber – Ende RSB-Laufzeit – Kopie an Schuldner

256 *Adressat: Schuldner/in*

Insolvenzverfahren über Ihr Vermögen
Amtsgericht …: … IN/IK …/…

Sehr geehrte Frau …,/sehr geehrter Herr …,

in der **Anlage** erhalten Sie mein heutiges Schreiben an Ihren Arbeitgeber zur Kenntnisnahme.

Mit freundlichen Grüßen

…………………………………..
Insolvenzverwalter/in
Treuhänder/in

Muster 85: Arbeitgeber – Erstanschreiben

257 *Adressat: Arbeitgeber (persönlich/vertraulich an Personalabteilung)*

Insolvenzverfahren über das Vermögen der Herrn …/der Frau …
Amtsgericht …: … ***IN/IK …/…***
Unser Zeichen: … (*Ordnerbezeichnung u. Rubrik-Nr.*)
Ihr Zeichen: Personal-Nr. …

Sehr geehrte Damen und Herren,

(ggf. direkte Anrede möglich?)

hiermit zeige ich an, dass durch Beschluss des Amtsgerichts … – Insolvenzgericht – vom … über das Vermögen *der/des obigen Insolvenzschuldners/in* das Insolvenzverfahren eröffnet und ich *zum/zur Insolvenzverwalter/in* bestellt worden bin. Eine Fotokopie des gerichtlichen Eröffnungsbeschlusses liegt in der **Anlage** zu Ihrer Information anbei.

Zwischen Ihnen und *der Schuldnerin/dem Schuldner* besteht ein Arbeitsverhältnis. Die Insolvenzeröffnung wirkt gem. § 35 Abs. 1 InsO i.V.m. § 829 ZPO wie die Pfändung einer Geldforderung. Damit sind bei der Erstellung der monatlichen Lohn- und Gehaltsabrechnung die Pfändungsgrenzen gem. § 850c ZPO zu berücksichtigen. Die sich daraus ergebenden unpfändbaren Einkommensanteile werden jeweils zum 01. Juli eines zweiten Jahres gem. § 850c Abs. 2a ZPO geändert. Ich bitte Sie daher, die jeweils aktuelle Fassung der Pfändungstabelle zu berücksichtigen.

Hinweis: ggf. Passus für kleinere Firmen verwenden – nicht verwenden bei bekannten Großfirmen:

Informationen zur näheren Berechnung und auch eine Pfändungstabelle können beim Bundesjustizministerium unter www.bmj.de > Service > Broschüren > »Pfändungsfreigrenzen für Arbeitseinkommen« heruntergeladen werden.

Sollte *der Schuldner/die Schuldnerin* unpfändbare Einkommensanteile gem. § 850a ZPO – wie eine Überstundenvergütung, Weihnachtsgeld etc. – erhalten, weise ich auf eine Entscheidung des Bundesarbeitsgerichtes vom 17.04.2013 (10 AZR 59/12) hin. Danach hat der Arbeitgeber zur Ermittlung des etwaig pfändbaren Einkommensanteils die Netto-Berechnungsmethode anzuwenden.

▶ Hinweis:

Wenn der Arbeitgeber sich weigern sollte, kann das fiktive Einkommen für die Anwendung der Nettomethode ggf. auch selbst ermittelt werden: InsbürO 2013, 376, 421, 465, 505 (= Gehaltsabrechnung des Monats), Berechnungstabelle: www.judis.info > Downloads.

ohne bekannte Abtretung oder Pfändung:

Sollte Ihnen eine Abtretungserklärung zugunsten eines Dritten oder eine Pfändung der Lohn- oder Gehaltsansprüche vorliegen oder Ihnen eine solche während des Insolvenzverfahrens zugehen, bitte ich um entsprechende Benachrichtigung. Ich würde in dem Fall mit dem Abtretungs- oder Pfändungsgläubiger Kontakt aufnehmen und auf die Wirkungen des

Insolvenzverfahrens hinweisen. Ansprüche dieser Gläubiger sind von Ihnen ab Insolvenzeröffnung nicht mehr zu bedienen (Wegfall der früheren Regelung des § 114 InsO). Im Falle einer vorliegenden Abtretung oder Pfändung bitte ich außerdem um Mitteilung, ob auf diese Forderung eines Gläubigers bereits Zahlungen geflossen sind.

für alle Varianten:

Vorsorglich weise ich darauf hin, dass ein etwaiger Ausschluss einer Abtretung in einem Arbeitsvertrag dem Insolvenzbeschlag an den pfändbaren Einkommensanteilen nicht entgegensteht. Insoweit darf ich auf § 287 Abs. 3 InsO verweisen. Danach sind Vereinbarungen des Schuldners unwirksam, die die Abtretung nach § 287 Abs. 2 InsO vereiteln oder beeinträchtigen.

mit Treuhandkonto:

Ich darf Sie daher bitten, ab sofort pfändbare Beträge bei der Erstellung der Lohn- bzw. Gehaltsabrechnungen zu berücksichtigen und auf das für das Verfahren eingerichtete Treuhandkonto bei der

Bank:...

IBAN: ...

BIC: ...

Kontoinhaber: ... als IV wg. ... (Verfahrensname)

Verwendungszweck:... (Akten-Nr.), pfändbarer Anteil Monat/Jahr

zu überweisen.

Ohne Treuhandkonto:

Ich darf Sie daher bitten, ab sofort pfändbare Beträge bei der Erstellung der Lohn- bzw. Gehaltsabrechnungen zu berücksichtigen. Sollten sich solche Beträge ergeben, bitte ich Sie weiter, sich mit meinem Büro vor einer etwaigen Überweisung telefonisch in Verbindung zu setzen. Die Nummer eines Treuhandkontos wird Ihnen dann umgehend mitgeteilt werden.

für beide Varianten:

Bei der Ermittlung der pfändbaren Anteile ist zu beachten, dass *der Schuldner/die Schuldnerin* ... (*Anzahl*) Kindern (und *seiner Ehefrau/ihrem Ehemann)* gegenüber unterhaltsverpflichtet ist, so dass diese bei der Berechnung der Pfändungsfreigrenze zu berücksichtigen sind. *Der Ehemann der Schuldnerin/Die Ehefrau des Schuldners verfügt über ein eigenes Einkommen und ist damit nicht unterhaltsberechtigt.*

▶ Hinweis:

bei eigenem Einkommen: Betrag von 540,80 EUR dürfte i.d.R. frei sein = Unterhaltspflicht bleibt (Sozialhilfesatz per 01.01.2018: 416,00 EUR zzgl. 30 % = 540,80 EUR), *unterschiedliche Ansichten, tlw. auch zzgl. 50 %.*

Einkommen darüber: Unterhaltspflicht entfällt

[Alternative – keine Unterhaltspflicht:

Bei der Ermittlung der pfändbaren Anteile ist zu beachten, dass *die Schuldnerin/der Schuldner* niemandem gegenüber zum Unterhalt verpflichtet ist.]

Gegebenenfalls bzgl. Änderung Lohnsteuerabzugsmerkmale:

Außerdem weise ich darauf hin, dass *der Schuldner/die Schuldnerin* Änderungen in den Lohnsteuerabzugsmerkmalen kurzfristig vornehmen wird. Ich bitte schon heute, diese bei den künftigen Abrechnungen zu beachten.

Den nicht pfändbaren Teil des Einkommens kehren Sie bitte direkt auf das bekannte Konto *der Schuldnerin/des Schuldners* aus.

Sollte das Einkommen *des Schuldners/der Schuldnerin* auf Basis eines Tarifvertrages gezahlt werden, bitte ich um Mitteilung, um welchen Tarifvertrag es sich handelt.

Bei Unpfändbarkeit des Fahrzeuges wg. schwieriger Arbeitszeiten = keine Möglichkeit der Nutzung öffentlicher Verkehrsmittel:

Darüber hinaus hat *der Schuldner/die Schuldnerin* angegeben, Arbeitszeiten zu haben, die die Nutzung öffentlicher Verkehrsmittel nicht ermöglichen. Ich wäre Ihnen dankbar, wenn Sie mir auch hierzu eine Information entsprechend der nachfolgenden Vorgaben zukommen lassen würden.

Ich bitte darüber hinaus freundlichst, mir den Empfang dieses Schreibens kurz zu bestätigen. Dies kann gerne auch durch Gegenzeichnung unten auf diesem Schreiben und Rücksendung per Telefax oder E-Mail erfolgen. Nachstehend werden die vorstehend angefragten Informationen auch noch einmal stichpunktartig aufgeführt.

Für Rückfragen stehen meine Mitarbeiter und ich selbstverständlich gerne zur Verfügung.

Mit freundlichen Grüßen

....

Insolvenzverwalter/in

Anlage:
Eröffnungsbeschluss

▶ Hinweis:

Für den Fall, dass der Arbeitgeber nur den nachfolgenden Passus zurückschickt: Verfahrensdaten eintragen.

Insolvenzverfahren über das Vermögen *des/der …*

AG … – … IN/IK …/…

Der Inhalt des vorstehenden Schreibens vom … mit den ersten Informationen zum Insolvenzverfahren und der Abführung von pfändbaren Einkommensanteilen wurde zur Kenntnis genommen.

Zu einer möglichen **Abtretung** mache ich folgende Angaben:
- liegt nicht vor
- liegt in Fotokopie dieser Information anbei

Zu einer möglichen **Pfändung** mache ich folgende Angaben:
- liegt nicht vor
- liegt in Fotokopie dieser Information anbei

Achtung, bei Unpfändbarkeit des Fahrzeuges wg. »schwieriger Arbeitszeiten« = keine Nutzung öffentlicher Verkehrsmittel möglich, folgenden Passus drin lassen:

Zu besonderen **Arbeitszeiten** mache ich folgende Angabe:
- Der Schuldner arbeitet im Schichtdienst.

oder:
- Der Arbeitsbeginn des Schuldners/der Schuldnerin ist um ___________ Uhr.
- Das Arbeitsende des Schuldners/der Schuldnerin ist um ___________ Uhr.

....
(Ort/Datum)

....
(Unterschrift/Stempel)

▶ Hinweis:

- Die Anforderung der Infos zur Abtretung und Pfändung kann auch in Verfahren ab 01.07.2014 weiterhin sinnvoll sein.
- Wenn diese vorliegen, könnte man Anfechtungsmöglichkeiten prüfen.
- Bei »JA« also ggf. Gehaltsabrechnungen für Zeitraum von 3 Monaten vor Antragstellung bis zur Eröffnung vom Schuldner geben lassen und prüfen, ob Dritte Geldbeträge bekommen haben.

▶ Hinweis – pfändbare Anteile nach Ablauf von sechs Jahren:

Im eröffneten Verfahren sind pfändbare Einkommensanteile nach Ablauf von sechs Jahren noch zu sichern (§ 300a InsO). Es greift dann insoweit der Insolvenzbeschlag, wenn die RSB versagt werden würde: einziehen, sichern; bei Versagung RSB: bleiben die Einnahmen in der Insolvenzmasse, bei Erteilung RSB: Auszahlung an Schuldner/Schuldnerin: s. gesondertes Muster-Anschreiben an Arbeitgeber zum späteren Zeitpunkt (Nrn. 82, 83).

▶ Textklausel bei vorliegender Abtretung:

Mir ist zwar bekannt, dass Ihnen eine Lohn- oder Gehaltsabtretung vorliegt. Diese ist allerdings aufgrund der Insolvenzeröffnung nicht mehr zu berücksichtigen. Die frühere Regelung in § 114 Abs. 1 InsO, wonach eine Abtretung noch zwei Jahre lang im Insolvenzverfahren vorrangig zu bedienen war, ist durch eine Gesetzesänderung (Gesetz zur Verkürzung des Restschuldbefreiungsverfahrens und zur Stärkung der Gläubigerrechte vom 15.07.2013 – BGBl. 2013, Teil 1, S. 2379 ff. – Nr. 38 v. 18.07.2013) ersatzlos gestrichen worden. Zahlungen an den Abtretungsgläubiger sind daher nicht zu leisten

▶ Textklausel bei vorliegender Pfändung:

Mir ist zwar bekannt, dass Ihnen ein Pfändungs- und Überweisungsbeschluss vorliegt, der aufgrund der ursprünglichen Regelung in § 114 Abs. 3 InsO noch für den laufenden bzw. auch den darauffolgenden Monat zu befriedigen gewesen wäre. Die Regelung in § 114 Abs. 3 InsO ist jedoch durch eine Gesetzesänderung (Gesetz zur Verkürzung des Restschuldbefreiungsverfahrens und zur Stärkung der Gläubigerrechte vom 15.07.2013 – BGBl. 2013, Teil 1, S. 2379 ff. – Nr. 38 v. 18.07.2013) ersatzlos gestrichen worden. Zahlungen an den Pfandgläubiger sind daher nicht zu leisten.

Muster 86: Arbeitgeber – JVA – Erstanschreiben

Adressat: JVA 258

Insolvenzverfahren über das Vermögen der Herrn .../der Frau ... (Name und Anschrift)
Amtsgericht ...: ... IN/IK .../...
Unser Zeichen: ... (Ordnerbezeichnung u. Rubrik-Nr.)
Ihr Zeichen: Personal-Nr. ...

Sehr geehrte Damen und Herren,

hiermit zeige ich an, dass durch Beschluss des Amtsgerichts ... – Insolvenzgericht – vom ... über das Vermögen *des obigen Insolvenzschuldners/der obigen Insolvenzschuldnerin* das Insolvenzverfahren eröffnet und ich *zum/zur Insolvenzverwalter/in* bestellt worden ist. Eine Fotokopie des gerichtlichen Eröffnungsbeschlusses liegt in der **Anlage** zu Ihrer Information anbei.

Der Schuldner/Die Schuldnerin befindet sich bei Ihnen in Strafhaft. Insoweit unterliegt das Eigengeld, das durch Gutschriften aus dem Arbeitsentgelt gebildet wird, welches *der/die* arbeitspflichtige Strafgefangene für die Ausübung der *ihm/ihr* zugewiesenen Arbeit erhält, dem Insolvenzbeschlag und ist an die Masse abzuführen, sobald das Überbrückungsgeld (= 4/7 der Bezüge) angespart wurde. Die Höhe des anzusparenden Überbrückungsgeldes wird gem. § 51 Nr. 1 Abs. 2 VVStvollzG von der Strafanstalt im Einzelfall festgelegt. Ich wäre Ihnen insoweit für eine Mitteilung darüber dankbar,

- welcher monatliche Betrag sich als 4/7-Ansparungsbetrag vom Einkommen *des Schuldners/der Schuldnerin* ergibt,
- welche Summe insgesamt als Überbrückungsgeld angespart werden muss und
- welche Summe *vom Schuldner/von der Schuldnerin* bislang angespart wurde.

Sollte *der Schuldner/die Schuldnerin* andere Einkünfte, wie bspw. *eine Rente oder eigenes Kindergeld*

▶ Hinweis:

Bitte auf das Alter des Schuldners/der Schuldnerin achten, während einer Ausbildung bis zum 25. Lebensjahr möglich.

beziehen, *die/das* an die JVA überwiesen wird, oder *der Schuldner/die Schuldnerin* eine Ausgleichsentschädigung (§ 43 StVollzG) erhalten, bitte ich ebenfalls um eine kurze Mitteilung bzw. Berücksichtigung des Insolvenzbeschlages und damit der Pfändbarkeit.

Die Pfändungsfreigrenzen der §§ 850c, 850f, 850k ZPO finden bekanntlich keine Anwendung.

Etwaige Auszahlungen bitte ich auf das nachfolgend benannte Treuhandkonto vorzunehmen:

Bank: ...

IBAN: ...

BIC: ...

Betreff: pfändbare Bezüge... (Name)

Ich wäre Ihnen auch dankbar, wenn Sie mir einen Auszug aus dem Eigengeldkonto übermitteln würden, damit ich mir einen Überblick über die finanzielle Situation verschaffen kann.

Außerdem bitte Sie freundlichst, mir den Empfang dieses Schreibens kurz zu bestätigen. Dies kann gerne auch durch Gegenzeichnung unten auf diesem Schreiben und Rücksendung per Telefax erfolgen. Nachstehend werden die vorstehend angefragten Informationen auch noch einmal stichpunktartig aufgeführt.

Mit freundlichen Grüßen

....
Insolvenzverwalter/in

▶ Hinweis:

Falls die JVA nur den nachfolgenden Passus zurückschickt: Verfahrensdaten eintragen:

Insolvenzverfahren über das Vermögen *des/der* ....,

AG ... – ... IN/IK .../...

Der Inhalt des vorstehenden Schreibens vom ... mit den ersten Informationen zum Insolvenzverfahren und zur Abführung von pfändbarem Eigengeld wurde zur Kenntnis genommen.

Zum **Eigengeld** mache ich folgende Angaben:
– *monatlicher 4/7-Anteil beträgt: .... EUR*
– *Ansparsumme des Überbrückungsgeldes beträgt: .... EUR*
– *bislang angesparte Summe des Überbrückungsgeldes beträgt: .... EUR*

Zu möglichen **weiteren Einkünften** mache ich folgende Angaben:
- *keine Zahlung einer Rente o.ä. an die JVA*
- *Zahlung einer Rente an die JVA:* .... *EUR von* ....
- *keine Zahlung von Kindergeld an die JVA*
- *Zahlung von Kindergeld an die JVA:* .... *EUR von* ....

Zu einer möglichen **Ausgleichsentschädigung** mache ich folgende Angabe:
- *ist bislang nicht entstanden/ist entstanden i.H.v.* .... *EUR*
- *Pfändung wird vorgemerkt: ja/nein*

....
(Ort/Datum)

....
(Unterschrift/Stempel)

▶ Weitergehende Infos zum Thema:

Deppe, Insolvenzmasse bei inhaftierten Schuldnern, InsbürO 2013, 217 ff.

Bergner/Schubert, Pfändbarkeit des Kindergelds eines inhaftierten Schuldners, InsbürO 2017, 499

Achtung:

Unterhaltspflichten etc. sind unbedeutend, da diese schon im Rahmen der Festlegung des Überbrückungsgeldes berücksichtigt werden.

Muster 87: Arbeitgeber – korrigierte Unterhaltspflicht

259 *Adressat: Arbeitgeber (persönlich/vertraulich an Personalabteilung)*

Insolvenzverfahren über das Vermögen der Herrn .../der Frau ...
Amtsgericht ...: ... *IN/IK .../...*
Unser Zeichen: ... (*Ordnerbezeichnung u. Rubrik-Nr.*)
Ihr Zeichen: Personal-Nr. ...

Sehr geehrte Damen und Herren,

(ggf. direkte Anrede möglich?)

in obigem Insolvenzverfahren nehme ich Bezug auf mein Schreiben vom ..., mit dem ich um die Abführung von pfändbaren Einkommensanteilen unter Berücksichtigung *keiner/von ...* unterhaltsberechtigten Personen gebeten hatte.

Der Schuldner/die Schuldnerin hat mir jetzt mitgeteilt, dass die Unterhaltspflicht gegenüber ... entfallen ist. Ich gehe davon aus, dass Ihnen diese Information inzwischen auch vorliegt. Ich möchte Sie bitten, die monatlich pfändbaren Beträge nunmehr entsprechend ohne diese bisherige Unterhaltspflicht zu berechnen. Damit *ist keine Person/sind nur noch ... Personen* als unterhaltsberechtigt zu berücksichtigen.

Einen entsprechenden gerichtlichen Beschluss habe ich beantragt. Dieser müsste Ihnen in Kürze zugehen.

▶ Hinweis:

Die reine Mitteilung an den Arbeitgeber reicht für den Anspruch auf Abführung des höheren pfändbaren Betrages nicht aus (BGH v. 03.11.2011 – IX ZR 45/11 in InsbürO 2012, 109, ZInsO 2012, 30). Solange kein Beschluss vorliegt, bleibt die Unterhaltspflicht erhalten (BGH, a.a.O. Rn.8). Daher auch einen Antrag auf Herabsetzung der Pfändungsfreigrenze nach § 850c Abs. 4 ZPO stellen: s. gesonderte Muster Nrn. 91 – 93.

Mit freundlichen Grüßen

....
Insolvenzverwalter/in
Treuhänder/in

Muster 88: Berufsunfähigkeitsrente – Antrag § 850b Abs. 1 Nr. 1 ZPO – Billigkeitsentscheidung

260 *Adressat: Insolvenzgericht*

Insolvenzverfahren über das Vermögen des Herrn.../der Frau...
Geschäftszeichen:... IN/IK... /...
U.Z.: ... (Ord.bez. u. Reg.Nr.)

Antrag gem. § 850b ZPO

Sehr geehrte Frau Rechtspflegerin..., / sehr geehrter Herr Rechtspfleger...,

in obiger Angelegenheit bezieht *der Schuldner/die Schuldnerin* von der... *(Versicherungsgesellschaft)* eine monatliche private Berufsunfähigkeitsrente in Höhe von ... EUR. Eine Fotokopie der letzten Mitteilung der Versicherungsgesellschaft vom... ist **anliegend** beigefügt.

Bei der Berufsunfähigkeitsrente handelt es sich um bedingt pfändbare Bezüge i.S.d. § 850b Abs. 1 Nr. 1, Abs. 2 ZPO, die nur in die Insolvenzmasse fallen, soweit dies der Billigkeit entspricht. Im Übrigen dürfen entsprechende Zahlungen nicht von der Masse vereinnahmt werden.

In meiner Eigenschaft als *Insolvenzverwalter/in/Treuhänder/in* **beantrage** ich gemäß § 36 Abs. 4 InsO *(für den Treuhänder in der RSB-Phase: § 36 Abs. 4 InsO, § 292 Abs. 1 Satz 3 InsO)* i.V.m. § 850b Abs. 1 Nr. 1, Abs. 2 ZPO, die Berufsunfähigkeitsrente für pfändbar zu erklären. Auch wenn § 850b ZPO in § 36 Abs. 1 Satz 2 InsO nicht ausdrücklich erwähnt wird, ist die Vorschrift trotzdem im Insolvenzverfahren insgesamt entsprechend anzuwenden (BGH-Entscheidung vom 03.12.2009 – IX ZR 189/08).

Abgewogen werden können im Insolvenzverfahren die Interessen *des Schuldners/der Schuldnerin* gegen das Gesamtinteresse der Gläubiger. Ein überragendes Interesse *des Schuldners/der Schuldnerin*, das ausschließt, das Interesse der Gesamtheit der Gläubiger an ihrer Befriedigung zu berücksichtigen, besteht nicht. Unter Berücksichtigung aller in Betracht kommenden Umstände bestehen keine Anhaltspunkte, die dagegen sprechen, die Berufsunfähigkeitsversicherung wie Arbeitseinkommen zur Masse zu ziehen, soweit sie den Pfändungsfreibetrag nach der Tabelle zu § 850c ZPO in der jeweils gültigen Fassung übersteigt. *Dem Schuldner/der Schuldnerin* wird dadurch so viel belassen, wie *er/sie* zur Absicherung *seines/ihres* Existenzminimums benötigt.

▶ Hinweis:

Bei der Bestimmung des pfändbaren Betrags sind der **Anlass** und die **Art der Leistung**, die der Schuldner bezieht, deren **Höhe** sowie die ihm im Fall der Pfändung **verbleibenden Bezüge** zu erläutern. Bezieht er bspw. eine Rente wegen **Verletzung des Körpers**/der Gesundheit, können von ihm dargelegte **erhöhte Bedürfnisse** in Rechnung gestellt werden. Sind die Bezüge besonders hoch, kann dies möglicherweise aber auch zu einer entsprechend erhöhten Pfändbarkeit führen. Sind keine besonderen Umstände ersichtlich, kann die Pfändbarkeit anhand der **Freigrenzen** des § 850c Abs. 1 ZPO bestimmt werden. Bei besonders hoher Rente kann **u. U. ein höherer pfändbarer Betrag festgesetzt** werden.

Für die Zustellung eines entsprechenden Beschlusses an den Versicherungsträger als Drittschuldner teile ich dessen Anschrift sowie das entsprechende Aktenzeichen wie folgt mit:

...

Versicherungs-Nr....

Ich bitte, dem Antrag stattzugeben.

Mit freundlichen Grüßen

....

Insolvenzverwalter/in
Treuhändern/in

Anlage:
Fotokopie der Versicherungsmitteilung

▶ Achtung: Bitte immer zweifach einreichen

(= eine Kopie für Schuldner zur Stellungnahme)

▶ Literaturtipp wg. Verständnis und Formulierung:

BGH, Entscheidung vom 03. Dezember 2009 (IX ZR 189/08)

Muster 89: Drittschuldner sonstiger (ArbA, Rentenanstalt)

▶ Achtung – keine Standard-Nutzung dieses Schreibens!!

261 **Arbeitslosengeld** wird nach § **136 SGB III** gezahlt und ist nach § 54 Abs. 4 SGB I **pfändbar.**

Leistungen nach dem **SGB II** sind nach einer Regelung in § 42 Abs. 4 SGB II **nicht pfändbar**. Ein Anschreiben an die Arbeitsagentur erledigt sich daher.

Daher prüfen, welche Leistungen ein Schuldner bezieht.

Adressat: Zahlungspflichtige Stelle

Insolvenzverfahren über das Vermögen des Herrn… /der Frau….
Amtsgericht…:… IN/IK… /…
(U.Z.: Ordnerbez., Reg.-Nr.)
Ihr Zeichen:…

Sehr geehrte Damen und Herren,

hiermit zeige ich an, dass über das Vermögen der vorstehend genannten Person das Insolvenzverfahren eröffnet und ich *zum/zur Insolvenzverwalter/in* bestellt worden bin. Eine Fotokopie des gerichtlichen Eröffnungsbeschlusses liegt in der **Anlage** zu Ihrer Information anbei.

Der Schuldner/die Schuldnerin bezieht nach meinen Informationen Arbeitslosengeld. In diesem Zusammenhang weise ich darauf hin, dass Lohnersatzleistungen oberhalb der Pfändungsfreigrenze gem. § 54 Abs. 4 SGB I pfändbar sind und ab dem Monat der Insolvenzeröffnung in die Insolvenzmasse fallen. Ich darf Sie daher bitten, bei der Überweisung des Arbeitslosengeldes ab dem Monat…/20… pfändbare Beträge zu berücksichtigen und ggf. auf das für das Verfahren eingerichtete Treuhandkonto bei der

Bank:…

IBAN: …

BIC: …

Kontoinhaber: … als IV wg. … (Verfahrensbezeichnung)

Verwendungszweck:…. (Akten-Nr.), pfändbarer Anteil Monat/Jahr

zu überweisen.

[Alternative – kein Treuhandkonto:

Ich darf Sie daher bitten, ab sofort pfändbare Beträge bei der Erstellung der Lohn- bzw. Gehaltsabrechnungen zu berücksichtigen. Sollten sich solche Beträge ergeben, bitte ich Sie weiter, sich mit meinem Büro vor einer etwaigen Überweisung telefonisch in Verbindung zu setzen. Die Nummer eines Treuhandkontos wird Ihnen dann umgehend mitgeteilt werden.]

Für beide Varianten:

Hierbei ist zu beachten, dass *der Schuldner/die Schuldnerin* … (Anzahl) Kindern gegenüber unterhaltsverpflichtet ist, so dass diese bei der Berechnung der Pfändungsfreigrenze zu berücksichtigen sind. *Seine Ehefrau/ihr Ehemann verfügt über ein eigenes Einkommen und ist damit nicht unterhaltsberechtigt.*

[Alternative – keine Unterhaltspflicht:

Hierbei ist zu beachten, dass *der Schuldner/die Schuldnerin* niemandem gegenüber zum Unterhalt verpflichtet ist.]

Den nicht pfändbaren Teil des Arbeitslosengeldes kehren Sie bitte direkt auf das bekannte Konto *des Schuldners/der Schuldnerin* aus.

Sofern bereits eine Abtretung oder Pfändung der Lohnersatzleistung vorliegt, wäre ich Ihnen dankbar, wenn Sie mir eine Fotokopie der entsprechenden Unterlagen zukommen lassen würden. In dem Fall bitte ich außerdem um Mitteilung, ob auf diese Forderung eines Gläubigers bereits Zahlungen geflossen sind.

Für Rückfragen stehen ich und auch meine Mitarbeiter selbstverständlich gerne zur Verfügung.

Mit freundlichen Grüßen

………………………………
Insolvenzverwalter/in

Anlage:

Eröffnungsbeschluss

► Hinweis:

Änderungen der Steuerklasse haben auf das Arbeitslosengeld im Nachhinein i.d.R. keine Auswirkung mehr. Das Arbeitslosengeld wird nach § 133 Abs. 2 und 3 SGB III grds. nach der Steuerklasse berechnet, die zu Beginn des Jahres, in dem der Anspruch entstanden ist, als Lohnsteuerabzugsmerkmal vermerkt war.

Lediglich der **Wegfall von Unterhaltspflichten** würde ggf. zu einem veränderten pfändbaren Einkommensanteil führen.

► Hinweis:

- Die Anforderung der Infos zur Abtretung und Pfändung kann auch in Verfahren ab 01.07.2014 weiterhin sinnvoll sein.
- Wenn diese vorliegen, könnte man Anfechtungsmöglichkeiten prüfen.
- Bei »JA« also ggf. Gehaltsabrechnungen für Zeitraum von 3 Monaten vor Antragstellung bis zur Eröffnung vom Schuldner geben lassen und prüfen, ob Dritte Geldbeträge bekommen haben.

Muster 90: Herabsetzung Freigrenze – § 850c Abs. 1 ZPO – keine Unterhaltszahlung

Adressat: Insolvenzgericht 262

Insolvenzverfahren über das Vermögen des Herrn .../der Frau ....
Geschäftszeichen: ... IN/IK .../...
Antrag auf besondere Festsetzung der Pfändungsfreigrenze gemäß § 850c Abs. 1 ZPO

Sehr geehrte Frau Rechtspflegerin ..., / sehr geehrter Herr Rechtspfleger ...,

in obiger Angelegenheit stelle ich gemäß § 850c Abs. 1 Satz 2 ZPO den Antrag, das Kind/den/die Ehepartner/in des/Schuldners/der Schuldnerin, ... (Name) als unterhaltsberechtigte Personen bei der Berechnung des pfändbaren Anteils aus dem Arbeitseinkommen des Schuldners/der Schuldnerin nicht mehr zu berücksichtigen. Meine Antragsberechtigung ergibt sich aus § 36 Abs. 4 S. 2 InsO (in RSB-Phase: § 292 Abs. 1 InsO). Dem Antrag liegt folgender Sachverhalt zugrunde:

Der Schuldner/Die Schuldnerin steht in einem unselbständigen Arbeitsverhältnis bei der Firma ... (Name, Adresse). Bei der Berechnung des pfändbaren Einkommensanteils ist bislang der Sohn/die Tochter .... (Name), geb. am ..., als unterhaltsberechtigte Person berücksichtigt worden.

Diese unterhaltsberechtigte Person wohnt nicht mit dem/der Schuldner/in zusammen. Der Schuldner/die Schuldnerin ist verpflichtet, gesetzlichen Unterhalt in Höhe von monatlich ... EUR zu zahlen. Dies hat der Schuldner/die Schuldnerin bei Insolvenzantragstellung im Antragsformular auf S. ... angegeben/im Erstgespräch mit mir erklärt, so dass ich diesen Aspekt im ersten Sachstandsbericht auf Seite ... aufgenommen hatte.

Der Schuldner/die Schuldnerin zahlt aber tatsächlich keinen Unterhalt. *Die Tochter ... /Der Sohn .../Die Ehefrau/Der Ehemann* hat sich bei mir gemeldet und mitgeteilt, dass die letzte Zahlung für den Monat .../20... geleistet wurde. *Der Schuldner/die Schuldnerin* wurde bereits mehrfach mündlich und auch schriftlich durch die ... (unterhaltsberechtigte Person) gemahnt.

Nach der BGH-Rechtsprechung (Beschl. v. 28.09.2017 – VII ZB 14/16 Rn. 7) kann ich dementsprechend im Sinne der Gläubigerschaft einen klarstellenden Beschluss beantragen, damit die Unterhaltspflicht gegenüber ... entfällt und ein höherer pfändbarer Betrag monatlich zur Insolvenzmasse fließt.

Derzeit ergibt sich z. B. im Monat .../20 ... ein pfändbarer Betrag i.H.v. ... EUR monatlich/kein pfändbarer Betrag. Ohne die Unterhaltsberechtigung würde sich auf Basis des Nettoeinkommens aus diesem Monat ein pfändbarer Betrag i.H.v. ... EUR errechnen. Das Einkommen unterliegt zwar aufgrund der variierenden Arbeitsstunden und Zuschläge Schwankungen. Jedoch würde sich ohne die Unterhaltsberechtigung grundsätzlich ein höherer Erlös zugunsten der Insolvenzmasse ergeben.

Es ist daher ein gerichtlicher Beschluss erforderlich, der festlegt, dass die bislang unterhaltsberechtigte Person bei der Ermittlung des pfändbaren Einkommensanteils unberücksichtigt bleibt.

Als Nachweis füge ich folgende Unterlagen bei:

Lohn-/Gehaltsbescheinigung *des Schuldners/der Schuldnerin* für *den/die Monat/e* .../20... und .../20...

Schreiben der Ehefrau des Schuldners/des Ehemanns der Schuldnerin vom ...

▶ Hinweis:

Nachweise über die Nichtzahlung dürften für den Antrag **nicht zwingend** erforderlich sein. Es dürfte ausreichen, dass der/die Schuldner/in auf Aufforderungen keine Nachweise über die Zahlung von Unterhalt vorgelegt hat. Hier dürfte die **BGH-Entscheidung** vom 03.03.2016 (IX ZB 65/14 zur Frage der Leistungsfähigkeit bei Nichtzahlung von Unterhalt im Rahmen des § 302 InsO) **analog anwendbar** sein: Der/die Schuldner/in hat eine sekundäre Darlegungslast, wenn es für den Antragsteller schwierig wird, etwas zu belegen. Das Insolvenzgericht wird den/die Schuldner/in auffordern, das Gegenteil zu belegen, also nachzuweisen, dass doch Unterhalt gezahlt wurde und wird.

Die Löhne und Gehälter werden beim Arbeitgeber *des Schuldners/der Schuldnerin* jeweils zum … eines Monats ausgezahlt. Ich bitte, diesem Antrag zeitnah zu entsprechen, damit eine Berücksichtigung des etwaigen Beschlusses ggf. schon bei der nächsten Abrechnung berücksichtigt werden kann.

Insoweit beantrage ich, im Beschluss schon heute zu vermerken, dass dieser sowohl im eröffneten Verfahren als auch in der sich anschließenden Restschuldbefreiungsphase zu beachten ist. Anderenfalls müsste bei Verfahrensbeendigung ein erneuter Antrag gestellt werden.

Für die Zustellung eines etwaigen Beschlusses an den Arbeitgeber als Drittschuldner teile ich dessen Anschrift sowie die Personal-Nummer ergänzend wie folgt mit:

Firma … (Name und Anschrift),

Personal-Nr.: …

Mit freundlichen Grüßen

……………………………..
Insolvenzverwalter/in
Treuhänder/in

▶ Achtung: Bitte immer zweifach einreichen

(= eine Kopie für Schuldner/in zur Stellungnahme)

Muster 91: Herabsetzung Freigrenze – Antrag § 850c Abs. 4 ZPO – Doppelverdiener + Kinder

263 *Adressat: Insolvenzgericht*

Insolvenzverfahren über das Vermögen des Herrn … /der Frau …
Geschäftszeichen: … IN/IK …/…
Antrag auf besondere Festsetzung der Pfändungsfreigrenze gemäß § 850c Abs. 4 ZPO

Sehr geehrte Frau Rechtspflegerin …, / sehr geehrter Herr Rechtspfleger …,

in obiger Angelegenheit stelle ich gemäß § 850c Abs. 4 ZPO den Antrag,

den Pfändungsfreibetrag für *das Kind/die Kinder des/Schuldners/der Schuldnerin*

zur Hälfte nicht mehr zu berücksichtigen.

Meine Antragsberechtigung ergibt sich aus § 36 Abs. 4 S. 2 InsO *(in RSB-Phase: § 292 Abs. 1 InsO)*. Dem Antrag liegt folgender Sachverhalt zugrunde:

Der Schuldner/Die Schuldnerin steht in einem unselbständigen Arbeitsverhältnis bei der Firma (*Name, Adresse*). *Die Ehefrau des Schuldners/Der Ehemann der Schuldnerin* verfügt über ein eigenes Einkommen i.H.v. … EUR und ist damit nicht unterhaltsberechtigt.

Bei der Berechnung des pfändbaren Einkommensanteils ist/sind bislang der Sohn/die Tochter … (Name), geb. am …, und … als unterhaltsberechtigte Personen berücksichtigt worden. Die Tochter/der Sohn lebt/lebt nicht im Haushalt des Schuldners/der Schuldnerin, sondern bei dem/der getrennt lebenden Ehepartner/in. Der Schuldner/Die Schuldnerin leistet nachweislich monatlich Unterhalt an sein/ihr unterhaltsberechtigtes Kind. Entsprechende Zahlungsnachweise hat er/sie vorgelegt.

Nach der Rechtsprechung des BGH (v. 16.04.2015 – IX ZB 41/14 in ZInsO 2015, 1101, InsbürO 2015, 323) ist der Naturalunterhalt des Ehepartners/der Ehepartnerin an das Kind/die Kinder entsprechend anzurechnen, so dass nur der hälftige Pfändungsfreibetrag bei der Ermittlung des pfändbaren Einkommens Berücksichtigung finden soll. In der dem BGH vorliegenden Konstellation verfügte der Ehepartner über ein eigenes Einkommen oberhalb der Pfändungsfreigrenze von 1.079,99 EUR per Stand: 13.06.2016.

Im vorliegenden Fall ist ebenfalls eine Überschreitung dieser Pfändungsfreigrenze bei der Ehepartnerin des Schuldners/beim Ehepartner der Schuldnerin gegeben. Aus diesem Grunde wird angeregt, einen Beschluss zu erlassen, wonach dem

Schuldner/der Schuldnerin die Hälfte des Differenzbetrages zwischen den Spalten … und … (0 und 1 oder 1 und 2 je nach Anzahl der Kinder) der Pfändungstabelle des § 850c ZPO zusätzlich zum Pfändungsfreibetrag der Spalte … (= der Spalte mit dem geringeren Pfändungsbetrag) verbleiben soll und entsprechend die Hälfte des Differenzbetrages zwischen den Spalten … und … als pfändbar erklärt wird. Dies würde zu folgender Berechnung führen:

▶ Achtung – Einkommen unterhalb der Pfändungsfreigrenze:

Verdient der Ehepartner unterhalb der Pfändungsfreigrenze, wird eine Herabsetzung der Pfändungsfreigrenze schwer werden. Nach Mansius/Grote (InsbürO 2015, 380 ff.) ist dieser Fall noch nicht entschieden, aber dann eher eine pauschale Betrachtung vorzunehmen: Insolvenzschuldner zahlt den maßgeblichen Unterhalt, also volle Berücksichtigung der Unterhaltspflicht.

Pfändbar nach Spalte 0 (nachfolgend y)	*298,28 €*
Pfändbar nach Spalte 1 (nachfolgend x)	*10,98 €*

Hälfte des Differenzbetrags zwischen Spalte 0 und Spalte 1

(298,28 – 10,98 = 287,30: 2) (y – x = z: 2 = zh)	*143,65 €*

Dieser Differenzbetrag ist *dem Schuldner/der Schuldnerin* zusätzlich zu belassen, sodass er entsprechend den abzuführenden Betrag nach Spalte 0 mindert:

Pfändbar *(298,28 – 143,65 =) (y – zh =)*	*154,63 €*

Als Nachweis für die Einkommenssituation füge ich folgende Unterlagen bei:

Lohn-/Gehaltsbescheinigung *des Schuldners/der Schuldnerin* für den/die Monate …/20 … und …/20…

Lohn-/Gehaltsbescheinigung *des Ehepartners/der Ehepartnerin* für den Monat …/20…

[Alternative – Information in Gerichtsakte:

Bezüglich des Einkommens der *Ehefrau/des Ehemanns/der Kinder* wird auf die dortige Gerichtsakte und das Ergänzungsblatt 5 J zum Vermögensverzeichnis verwiesen. Darin hatte *der Schuldner/die Schuldnerin* Angaben zum Einkommen *der Ehefrau/des Ehemanns/der Kinder* gemacht.]

▶ Hinweis:

Wenn möglich sollte die Behauptung, dass der/die Ehepartner/in über der Pfändungsfreigrenze verdient, auch nachgewiesen werden. Dies kann durch Vorlage einer aktuellen Lohn-/Gehaltsbescheinigung oder durch Verweis auf die Gerichtsakte erfolgen.

Ich bitte um möglichst zeitnahe Beschlussfassung. *Insoweit beantrage ich, im Beschluss schon heute zu vermerken, dass dieser sowohl im eröffneten Verfahren als auch in der sich anschließenden Restschuldbefreiungsphase zu beachten ist. Anderenfalls müsste bei Verfahrensbeendigung ein erneuter Antrag gestellt werden.*

Die Löhne und Gehälter werden beim Arbeitgeber *des Schuldners/der Schuldnerin* jeweils zum … eines Monats ausgezahlt. Der zu erlassende Beschluss wäre entsprechend ggf. bei der nächsten Abrechnung zu berücksichtigen.

Für die Zustellung eines etwaigen Beschlusses an den Arbeitgeber als Drittschuldner teile ich dessen Anschrift sowie die Personal-Nummer ergänzend wie folgt mit:

Firma … (*Name und Anschrift*)

Personal-Nr.: …

Mit freundlichen Grüßen

………………………………

Insolvenzverwalter/in
Treuhänder/in

Anlage:
Lohn- und Gehaltsbescheinigungen *des Schuldners/der Schuldnerin* und *des/der Ehepartners/in*

▶ Achtung: Bitte immer zweifach einreichen

(= eine Kopie für Schuldner/in zur Stellungnahme)

Muster 92: Herabsetzung Freigrenze – Antrag § 850c Abs. 4 ZPO – kurz – klarer Fall

264 ▶ Hinweis bei Doppelverdienern und Kindern!

BGH-Entscheidung vom 16.04.2015 – IX ZB 41/14:
Anrechnung von Naturalunterhalt bei Doppelverdienern: Kinder werden nur zur Hälfte berücksichtigt: s. gesondertes Muster Nr. 91

Adressat: Insolvenzgericht

Insolvenzverfahren über das Vermögen des Herrn .../der Frau ....
Geschäftszeichen: ... IN/IK .../...
Antrag auf besondere Festsetzung der Pfändungsfreigrenze gemäß § 850c Abs. 4 ZPO

Sehr geehrte Frau Rechtspflegerin ..., / sehr geehrter Herr Rechtspfleger ...,

in obiger Angelegenheit stelle ich gemäß § 850c Abs. 4 ZPO den Antrag, *das Kind/den/die Ehepartner/in des/Schuldners/der Schuldnerin, ... (Name)* als unterhaltsberechtigte Personen bei der Berechnung des pfändbaren Anteils aus dem Arbeitseinkommen *des Schuldners/der Schuldnerin* nicht mehr zu berücksichtigen. Meine Antragsberechtigung ergibt sich aus § 36 Abs. 4 S. 2 InsO *(in RSB-Phase: § 292 Abs. 1 InsO)*. Dem Antrag liegt folgender Sachverhalt zugrunde:

Ausführungen bei eigenem Einkommen der Kinder:

Der Schuldner/Die Schuldnerin steht in einem unselbständigen Arbeitsverhältnis bei der Firma ... (*Name, Adresse*). Bei der Berechnung des pfändbaren Einkommensanteils ist bislang *der Sohn/die Tochter .... (Name), geb. am ...,* als unterhaltsberechtigte Person berücksichtigt worden.

Abschluss Ausbildung/Studium:

Der Sohn/Die Tochter hat inzwischen *eine Ausbildung/ein Studium* abgeschlossen, ist berufstätig und verfügt über eigenes Einkommen. Eine Kopie der hier vorliegenden Lohn-/Gehaltsabrechnung vom ... liegt in der **Anlage** anbei.

Allgemein: nicht im Haushalt, eigenes Einkommen:

Die Tochter/der Sohn lebt/lebt nicht mehr im Haushalt *des Schuldners/der Schuldnerin*, sondern bei dem/der getrennt lebenden Ehepartner/in. Der Schuldner leistet aufgrund von eigenem Einkommen des Kindes keinen Unterhalt an dieses.

Ausführungen bei eigenem Einkommen des Ehepartners:

Als unterhaltsberechtigte Person gab *der Schuldner/die Schuldnerin seine/n Ehefrau/Ehemann* an. *Diese/r* ist allerdings berufstätig und verfügt über ein eigenes Einkommen von monatlich ... EUR netto. Eine Kopie der hier vorliegenden Lohn-/Gehaltsabrechnung vom ... liegt in der **Anlage** anbei.

Für alle Varianten:

Nach der BGH-Entscheidung aus dem Jahre 2011 (Beschl. v. 03.11.2011 – IX ZR 46/11 in WKRS 2011, 29368) ist ein Ehepartner gem. § 850c Abs. 1 ZPO als unterhaltsberechtigte Person zu berücksichtigen, wenn er in häuslicher Gemeinschaft mit dem Schuldner lebt und keine andere Bestimmung getroffen ist. Dies gilt selbst dann, wenn dieser Ehepartner ein höheres Einkommen erzielt (BGH, a.a.O., Rn. 8). Diese Entscheidung dürfte analog auch für ein Kind *des Schuldners/der Schuldnerin* anzuwenden sein. Allerdings kann das Insolvenzgericht auf Antrag gem. § 850c Abs. 4 ZPO eine Billigkeitsprüfung vornehmen, die im vorliegenden Fall begehrt wird.

Der Arbeitgeber hat trotz der vorstehend geschilderten Einkommenssituation *den Ehemann/die Kinder/die Ehefrau* als unterhaltsberechtigte *Person/en* vorgemerkt. Derzeit ergibt sich somit z. B. im Monat .../20 ... ein pfändbarer Betrag i.H.v. ... EUR monatlich/kein *pfändbarer Betrag*. Ohne die Unterhaltsberechtigung würde sich auf Basis des Nettoeinkommens aus diesem Monat ein pfändbarer Betrag i.H.v. ... EUR errechnen. *Das Einkommen unterliegt zwar aufgrund der variierenden Arbeitsstunden und Zuschläge Schwankungen. Jedoch würde sich ohne die Unterhaltsberechtigung grundsätzlich ein höherer Erlös zugunsten der Insolvenzmasse ergeben.*

Es ist daher ein gerichtlicher Beschluss erforderlich, der festlegt, dass unterhaltsberechtigte Personen bei der Ermittlung des pfändbaren Einkommensanteils nicht zu berücksichtigen sind.

Als Nachweis füge ich folgende Unterlagen bei:

Lohn-/Gehaltsbescheinigung *des Schuldners/der Schuldnerin* für *den/die Monat/e* .../20... und .../20...

Lohn-/Gehaltsbescheinigung des Kindes (soweit vorhanden, ansonsten reicht Angabe des/der Schuldners/in: er/sie kann zum Antrag noch Stellung nehmen)

Lohn-/Gehaltsbescheinigung des Ehepartners für den Monat .../20..... (dto.)

[Alternative – Information in Gerichtsakte:

Bezüglich des Einkommens der *Ehefrau/des Ehemanns/der Kinder* wird auf die dortige Gerichtsakte und das Ergänzungsblatt 5 J zum Vermögensverzeichnis verwiesen. Darin hatte *der Schuldner/die Schuldnerin* Angaben zum Einkommen *der Ehefrau/des Ehemanns/der Kinder* gemacht.]

▶ Hinweis:

Nicht zutreffendes streichen oder sogar ganz andere Bezeichnungen einsetzen, je nach Situation im Einzelfall.

Die Löhne und Gehälter werden beim Arbeitgeber *des Schuldners/der Schuldnerin* jeweils zum … eines Monats ausgezahlt. Ich bitte, diesem Antrag zeitnah zu entsprechen, damit eine Berücksichtigung des etwaigen Beschlusses ggf. schon bei der nächsten Abrechnung berücksichtigt werden kann.

Insoweit beantrage ich, im Beschluss schon heute zu vermerken, dass dieser sowohl im eröffneten Verfahren als auch in der sich anschließenden Restschuldbefreiungsphase zu beachten ist. Anderenfalls müsste bei Verfahrensbeendigung ein erneuter Antrag gestellt werden.

Für die Zustellung eines etwaigen Beschlusses an den Arbeitgeber als Drittschuldner teile ich dessen Anschrift sowie die Personal-Nummer ergänzend wie folgt mit:

Firma … (Name und Anschrift),

Personal-Nr.: …

Mit freundlichen Grüßen

……………………………..
Insolvenzverwalter/in
Treuhänder/in

▶ Achtung: Bitte immer zweifach einreichen

(= eine Kopie für Schuldner/in zur Stellungnahme)

Muster 93: Herabsetzung Freigrenze – Antrag § 850c Abs. 4 ZPO – lang – Grenze

▶ Hinweis bei Doppelverdienern und Kindern!

BGH-Entscheidung vom 16.04.2015 – IX ZB 41/14: 265
Anrechnung von Naturalunterhalt bei Doppelverdienern: Kinder werden nur zur Hälfte berücksichtigt: s. gesondertes Muster

Adressat: Insolvenzgericht

Insolvenzverfahren über das Vermögen des Herrn …/der Frau …
Geschäftszeichen: … IN/IK …/…
Antrag auf besondere Festsetzung der Pfändungsfreigrenze gemäß § 850c Abs. 4 ZPO

Sehr geehrte Frau Rechtspflegerin …, / sehr geehrter Herr Rechtspfleger …,

in obiger Angelegenheit stelle ich gemäß § 850c Abs. 4 ZPO den Antrag, die beiden Kinder *des/Schuldners/der Schuldnerin*, … und … (*Namen der Kinder*) als unterhaltsberechtigte Personen bei der Berechnung des pfändbaren Anteils aus dem Arbeitseinkommen *des Schuldners/der Schuldnerin* nicht mehr zu berücksichtigen. Meine Antragsberechtigung ergibt sich aus § 36 Abs. 4 S. 2 InsO *(in RSB-Phase: § 292 Abs. 1 InsO)*. Dem Antrag liegt folgender Sachverhalt zugrunde:

Ausführungen bei eigenem Einkommen der Kinder:

Der Schuldner/Die Schuldnerin steht in einem unselbständigen Arbeitsverhältnis bei der Firma … (*Name, Adresse*). Bei der Berechnung des pfändbaren Einkommensanteils sind bislang *die Kinder des Schuldners/der Schuldnerin* als unterhaltsberechtigte Personen berücksichtigt worden.

Kind lebt bei/m anderen Ehepartner/in:

Hierbei handelt es sich um *den Sohn des Schuldners/der Schuldnerin*, … (*Name*), geb. am …, und *die Tochter*, … (*Name*), geb. am … *Der Sohn*, der in dem Haushalt der *vom Schuldner getrennt lebenden Ehefrau* lebt, verfügt über eigene monatliche Einkünfte in Höhe von … *EUR netto.*

▶ Hinweis:

per Stand 01.01.2019 beträgt der Sozialhilfesatz 426,00 EUR, zzgl. 30 % ergibt 553,80 EUR, die pfändungsfrei sind. Tlw. können weitere Aspekte dazu kommen.

Ein Vergleich mit den Regelbedarfssätzen für Arbeitslosengeld II nach dem SGB II ergibt folgende Berechnung:

Einkommen *des Sohnes*	
(Unterhalt vom Vater + Bafög oder anderes)	... EUR
Unterhaltsbedarf *des Sohnes*:	
Regelbedarf nach § 20 Abs. 2 – 4 SGB II	426,00 EUR
(bei erwerbsfähigen Angehörigen der Bedarfsgemeinschaft,	
der das 18. Lebensjahr vollendet hat) (Stand: 01/2019)	
zzgl. 30 % Besserstellungszuschlag	127,80 EUR
zzgl. 40 % Mietanteil	170,40 EUR
Gesamtsumme	724,20 EUR
Differenz zum eigenen Einkommen	... EUR

Damit wäre *der Sohn* im vorliegenden Fall nur anteilig zu berücksichtigen. Nach hiesigem Vorschlag sollte der Zuschlag auf den pfändbaren Einkommensanteil laut Pfändungstabelle »Spalte ohne Berücksichtigung dieser Unterhaltspflicht« ... % betragen.

▶ Hinweis Berechnung:

Siehe jeweils in die Vorschriften der §§ 20 Abs. 2 – 4, 23 SGB II mit den jeweiligen Regelbedarfssätzen je nach Alter und anderen Aspekten oder auch gem. § 20 Abs. 1a SGB II mit Verweis auf § 28a SGB XII in die Regelbedarfsstufen nach § 28a SGB XII wg. regelmäßiger Anpassung)

Bei anteiliger Berücksichtigung muss die Differenz zwischen den jeweiligen Spalten in der Pfändungstabelle ermittelt werden: z.B. Pfändbarer Betrag aus Spalte 0 und Spalte 1. Dieser ermittelte Betrag ist prozentual ins Verhältnis zum vorstehend ermittelten Bedarf des Kindes zu setzen. Welcher Prozentsatz verbleibt als pfändbarer Zuschlag?

Kind wohnt bei/m Schuldner/in:

Die Tochter des Schuldners/der Schuldnerin befindet sich gemäß den mir vorliegenden Unterlagen noch in einer *Schulausbildung bei...* Sie wohnt *beim/bei der Schuldner/in.* Ihr eigenes monatliches Einkommen beträgt ... EUR. Für den Unterhaltsbedarf *der Tochter* kann der Regelbedarfssatz für Arbeitslosengeld II nach dem SGB II analog herangezogen werden. Damit ergibt sich folgende Einkommenssituation:

▶ Hinweis:

Bitte vorstehende Berechnung nutzen.

Kind hat eigene Wohnung:

Die Tochter des Schuldners/der Schuldnerin befindet sich gemäß den mir vorliegenden Unterlagen noch in einer *Schulausbildung bei ...*, wohnt aber nicht mehr im Haushalt *des/der Schuldners/in*, sondern hat eine eigene Wohnung. Ihr monatliches Einkommen beträgt ... EUR. Für den Unterhaltsbedarf *der Tochter* ist gemäß Düsseldorfer Tabelle ein Bedarfssatz von *527,00 EUR*

▶ Hinweis:

Bitte jeweils in die Düsseldorfer Tabelle schauen: Unterhaltsanspruch richtet sich nach dem Nettoeinkommen des Zahlungspflichtigen und dem Alter. Per Stand: 01.01.2019 ab 18 Jahren: 527,00 EUR.

in Ansatz zu bringen, in dem Kosten für Unterkunft und Heizung enthalten sind. Somit übersteigt *auch* das Einkommen *der Tochter* diesen Unterhaltsbedarf, so dass auch *die Tochter* als unterhaltsberechtigte Person entfällt.

Ausführungen bei eigenem Einkommen des/der Ehepartners/in:

Als unterhaltsberechtigte Person gab *der Schuldner seine Ehefrau* an. Diese verfügt jedoch über eigene Einkünfte in Höhe von ... EUR monatlich. Nach der BGH-Rechtsprechung (Beschl. v. 05.04.2005 – VII ZB 28/05 in ZInsO 2005, 887) ist bei der Prüfung, ob eine Unterhaltspflicht möglicherweise entfällt, zunächst zu berücksichtigen, dass die Regelungen über die Pfändungsfreigrenzen *dem Schuldner* und seinen Unterhaltsberechtigten nicht nur das Existenzminimum sichern sollen, sondern eine deutlich darüber liegende Teilhabe am Arbeitseinkommen erhalten bleiben muss (Rn. 9 a.a.O.). Bei einer Orientierung an den sozialrechtlichen Regelungen sei daher im Rahmen der Ermessensausübung ein Zuschlag in tatrichterlicher Würdigung aller Umstände des Einzelfalls vorzunehmen. Regelmäßig werde es nicht zu beanstanden sein, wenn das Vollstreckungsgericht diesen Zuschlag in einer Größenordnung von 30 – 50 % annehmen würde (Rn. 9 a.a.O.).

▶ Hinweis:

Bedarfssatz §§ 20 Abs. 2 – 4, 23 SGB II per 01.01.2019: 426,00 EUR zzgl. 30 % Zuschlag = 553,80 EUR wäre pfändungsfrei = kein Wegfall der Unterhaltspflicht.

Das vorgenannte Einkommen liegt zu mehr als … % über dem Bedarfssatz gem. § 20 SGB II, der *ab 01.01.2019 426,00 EUR* beträgt. Die vom BGH vorgegebene Grenze wird damit überschritten und eine Unterhaltsberechtigung ist entsprechend nicht mehr gegeben.

Für alle Varianten:

Der Arbeitgeber hat trotz dieses Sachverhaltes *den Ehemann/die Kinder/Ehefrau* als unterhaltsberechtigte *Person/en* vorgemerkt. Derzeit ergibt sich somit z. B. im Monat …/20… ein pfändbarer Betrag i.H.v. … EUR monatlich/kein *pfändbarer Betrag.* Ohne die Unterhaltsberechtigung würde sich auf Basis des Nettoeinkommens aus diesem Monat ein pfändbarer Betrag i.H.v. … EUR ergeben. *Das Einkommen unterliegt zwar aufgrund der variierenden Arbeitsstunden und Zuschläge Schwankungen. Jedoch würde sich ohne die Unterhaltsberechtigung grundsätzlich ein höherer Erlös zugunsten der Insolvenzmasse ergeben.*

Es ist daher ein gerichtlicher Beschluss erforderlich, der festlegt, dass unterhaltsberechtigte Personen bei der Ermittlung des pfändbaren Einkommensanteils nicht zu berücksichtigen sind.

Als Nachweis füge ich folgende Unterlagen bei:

Lohn-/Gehaltsbescheinigung *des Schuldners/der Schuldnerin* für den Monat …/20…
Bescheide über Ausbildungsförderung für …. und … (Namen der Kinder)
Lohn-/Gehaltsbescheinigung des Sohnes/der Tochter für den Monat …
Kindergeldbescheinigungen
Schulbescheinigungen für beide Kinder
Rentenbescheid des Ehepartners vom …
Lohn-/Gehaltsbescheinigung des Ehepartners für den Monat …/20…

[Alternative – Information in Gerichtsakte:

Bezüglich des Einkommens der *Ehefrau/des Ehemanns/*der *Kinder* wird auf die dortige Gerichtsakte und das Ergänzungsblatt 5 J zum Vermögensverzeichnis verwiesen. Darin hatte *der Schuldner/die Schuldnerin* Angaben zum Einkommen *der Ehefrau/des Ehemanns/der Kinder* gemacht.]

▶ Hinweis:

Nicht zutreffendes streichen oder sogar ganz andere Bezeichnungen einsetzen, je nach Situation im Einzelfall.

Die Löhne und Gehälter werden beim Arbeitgeber *des Schuldners/der Schuldnerin* jeweils zum … eines Monats ausgezahlt. Ich bitte daher, diesem Antrag zeitnah zu entsprechen, damit ein etwaiger gerichtlicher Beschluss bei der nächsten Abrechnung ggf. schon berücksichtigt werden kann.

Insoweit beantrage ich, im Beschluss schon heute zu vermerken, dass dieser sowohl im eröffneten Verfahren als auch in der sich anschließenden Restschuldbefreiungsphase zu beachten ist. Anderenfalls müsste bei Verfahrensbeendigung ein erneuter Antrag gestellt werden.

Für die Zustellung eines etwaigen Beschlusses an den Arbeitgeber als Drittschuldner teile ich dessen Anschrift sowie die Personal-Nummer ergänzend wie folgt mit:

Firma … (Name und Anschrift)

Personal-Nr.: …

Mit freundlichen Grüßen

………………………………

Insolvenzverwalter/in
Treuhänder/in

▶ Achtung: Bitte immer zweifach einreichen

(= eine Kopie für Schuldner/in zur Stellungnahme)

Muster 94: Mehrere Einkommen – Antrag gem. § 850e Nr. 2 ZPO – Nebenjob

▶ **Literaturtipp wg. Verständnis und Formulierung:**

266 Grote, Zusammenrechnungsbeschluss, InsbürO 2010, 475

Adressat: Insolvenzgericht

Insolvenzverfahren über das Vermögen des Herrn.../der Frau...
Geschäftszeichen:... IN/IK.../...
U.Z.: ... (Ord.bez. u. Reg.Nr.)
Antrag auf Zusammenrechnung mehrerer Einkommen gem. § 850e Nr. 2 ZPO

Sehr geehrte Frau Rechtspflegerin..., / sehr geehrter Herr Rechtspfleger..,

in obiger Angelegenheit steht *der Schuldner/die Schuldnerin* in zwei Arbeitsverhältnissen. Zum einen übt *er/sie* eine Vollbeschäftigung bei der Firma... in... aus und verdient dort ein monatliches Bruttoeinkommen von... EUR, was zu einem Nettoeinkommen von... EUR führt. Eine Fotokopie der letzten Lohn-/Gehaltsbescheinigung für den Monat.../20... wird in der **Anlage** überreicht.

Zum anderen arbeitet *der Schuldner/die Schuldnerin* nebenberuflich bei der Firma... in... auf Basis von bis zu 400,00 EUR monatlich. Die Lohn-/Gehaltsbescheinigung für den Monat.../20... liegt ebenfalls **anbei.**

In meiner Eigenschaft als *Insolvenzverwalter/in/Treuhänder/in* beantrage ich gemäß § 36 Abs. 4 InsO (*in der RSB-Phase zusätzlich: § 292 Abs. 1 Satz 3 InsO*) i.V.m. § 850e Nr. 2 ZPO die Zusammenrechnung beider Einkommen, allerdings hinsichtlich des Einkommens aus dem Minijob lediglich in Höhe von 50 %, da es sich insoweit um Mehrarbeit i.S.v. § 850a Nr. 1 ZPO handelt und damit von diesem Einkommen lediglich die Hälfte pfändbar ist. Ob die Mehrarbeit in demselben oder einem anderen Betrieb geleistet wird, ist nach herrschender Meinung unerheblich.

Ich bitte daher zu beschließen, dass das Einkommen aus der Hauptbeschäftigung bei der Firma... und die Hälfte des Einkommens aus der Tätigkeit bei der Firma... zusammenzurechnen sind. Ich schlage insoweit folgende Beschlussfassung vor:

▶ **Hinweis:**

Bei Zusammenrechnung mit **Leistungen nach dem SGB** bitte dringend beachten: § 850e Abs. 2 Nr. 2a ZPO = unpfändbarer Betrag ist der Leistung nach SGB zu entnehmen.

Fall 1: eines der Einkommen deckt den Pfändungsfreibetrag vollständig ab:

»Von dem Einkommen beim Drittschuldner... ist der pfändbare Betrag nach der Tabelle gem. § 850c ZPO zu ermitteln und auf das für das Insolvenzverfahren eingerichtete Treuhandkonto zu überweisen. Bei der Ermittlung ist keine/eine / sind zwei unterhaltsberechtigte Personen und insoweit die Regelungen in § 850c Abs. 2, 3 ZPO zu berücksichtigen. Der Abrechnungsstichtag beim Drittschuldner ... ist der ... Der andere Drittschuldner ... hat bis zu diesem Tag das bei ihm erzielte Einkommen an den Drittschuldner ... zu melden.«

▶ **Erläuterung zum Aufbau der Pfändungstabelle für nachstehenden Antrag:**

§ 850c Abs. 2 ZPO:
Einkommen ist größer als erster Pfändungsfreibetrag (ab 01.07.2017 bis 30.06.2019: 1 133,80 EUR)
keine Unterhaltsberechtigung = 3/10 unpfändbar vom überschießenden Teil
Unterhaltsverpflichtung = 2/10 für erste unterhaltsberechtigte Person = 5/10 gesamt
Unterhaltsverpflichtung = 1/10 für zweite und weitere unterhaltsberechtigte Person = 6/10 oder mehr
Wissen um diesen Prozentsatz ist für Antragstellung wichtig! Aber Pfändungstabelle zu benutzen ist leichter!

Fall 2: keines der jeweiligen Einkünfte erreicht den Grundpfändungsfreibetrag:

»Dem Schuldner/Der Schuldnerin sind von dem Einkommen bei dem Drittschuldner ... (Name) ... € (Einkommen deckt nicht die volle Pfändungsfreigrenze – ggf. inkl. Unterhaltspflichten – ab) pfandfrei zu belassen. Von den übersteigenden Einkünften sind 7/10 / sind wegen der Unterhaltsverpflichtung gegenüber einer Person gem. § 850c Abs. 2 ZPO0 5/10 / sind wegen der Unterhaltsverpflichtung gegenüber zwei Personen gem. § 850c Abs. 2 ZPO 4/10 (je 1/10 weniger für jede weitere Person) pfändbar.

Von dem Einkommen beim Drittschuldner ... (Name) sind dem Schuldner/der Schuldnerin ... € (Restbetrag bis zur Pfändungsfreigrenze je nach Unterhaltspflichten, diese ergibt sich aus Zusammenrechnung der Gesamteinkünfte und Berücksichtigung nur der hälftigen Pfändbarkeit bei Mehrarbeit: s.o.) pfandfrei zu belassen. Von dem übersteigenden Einkommen sind 7/10 / sind wegen der Unterhaltsverpflichtung gegenüber einer Person gem. § 850c Abs. 2 ZPO 5/10 / sind wegen der Unterhaltsverpflichtung gegenüber zwei Personen gem. § 850c Abs. 2 ZPO 4/10 (je 1/10 weniger für jede weitere Person) pfändbar.

Vor der Ermittlung der pfändbaren Anteile ist das jeweilige Einkommen gem. § 850c Abs. 3 ZPO auf volle 10 € abzurunden.«

▶ Hinweis:

Der Zusammenrechnungsbeschluss sollte eindeutig formuliert sein, damit die Arbeitgeber genau wissen, wie sie abrechnen müssen. Die Gerichte nutzen hier unterschiedliche Formulierungen. Vorstehende stellt eine Möglichkeit dar.

Die Löhne und Gehälter werden beim Arbeitgeber *des Schuldners/der Schuldnerin* jeweils zum ... eines Monats ausgezahlt. Ich bitte daher um möglichst zeitnahe Beschlussfassung und Übersendung des Beschlusses. Ein etwaiger gerichtlicher Beschluss könnte dann ggf. schon bei der nächsten Abrechnung berücksichtigt werden.

Insoweit beantrage ich, im Beschluss schon heute zu vermerken, dass dieser sowohl im eröffneten Verfahren als auch in der sich anschließenden Restschuldbefreiungsphase zu beachten ist. Anderenfalls müsste bei Verfahrensbeendigung ein erneuter Antrag gestellt werden.

Für die Zustellung eines entsprechenden Beschlusses an die beiden Arbeitgeber als Drittschuldner teile ich deren Anschriften sowie die Personalnummern ergänzend wie folgt mit:

Firma ... (Name und Anschrift)

Personal-Nr.:...

Firma ... (Name und Anschrift)

Personal-Nr.:...

Mit freundlichen Grüßen

....
Insolvenzverwalter/in
Treuhänder/in

Anlage:
Fotokopie der Lohn-/Gehaltsbescheinigung der Firma... für den Monat...
Fotokopie der Lohn-/Gehaltsbescheinigung der Firma... für den Monat...

▶ Hinweis: Bitte immer zweifach einreichen

(= eine Kopie für Schuldner/in zur Stellungnahme)

Muster 95: Mehrere Einkommen – Antrag § 850e Abs. 2 ZPO – Rente

▶ Literaturtipp wg. Verständnis und Formulierung:

Grote, Zusammenrechnungsbeschluss, InsbürO 2010, 475 267

Adressat: Insolvenzgericht

Insolvenzverfahren über das Vermögen des Herrn.../der Frau....
Geschäftszeichen:... IN/IK.../...
U.Z.: ... (Ord.bez. u. Reg.Nr.)
Antrag auf Zusammenrechnung mehrerer Einkommen gem. § 850e Nr. 2 ZPO

Sehr geehrte Frau Rechtspflegerin..., / sehr geehrter Herr Rechtspfleger...,

in obiger Angelegenheit bezieht *der Schuldner/die Schuldnerin* zwei unterschiedliche Einkünfte: Zum einen erhält *er/sie* eine monatliche Rente in Höhe von... EUR. Zum anderen übt *er/sie* eine Teilzeitbeschäftigung bei der Firma... in... aus und bezieht dort ein monatliches Nettoeinkommen von... EUR. Eine Fotokopie des letzten Rentenbescheides vom... sowie der letzten Gehaltsabrechnung für den Monat.../20... liegen in der **Anlage** anbei.

In meiner Eigenschaft als *Insolvenzverwalter/in/Treuhänder/in* beantrage ich gemäß § 36 Abs. 4 InsO *(in der RSB-Phase: § 292 Abs. 1 Satz 3 InsO)* i.V.m. § 850e Abs. 2 ZPO die Zusammenrechnung beider Einkommen. Insoweit ist allerdings die BGH-Entscheidung vom 26.06.2014 (IX ZB 87/13 in InsbürO 2014, 410, ZInsO 2014, 1488) zu berücksichtigen, in der der BGH weitere Einnahmen neben einer Vollzeitstelle bzw. Einnahmen aus einer Tätigkeit eines Schuldners, der als Rentner keiner Erwerbsobliegenheit mehr unterliegt, als Mehrarbeit i.S.d. § 850a Nr. 1 ZPO gewertet hat, um dem Insolvenzschuldner auch einen Anreiz zu geben, eine solche Mehrarbeit überhaupt auszuüben. Von den Einnahmen aus der Nebentätigkeit sind daher nur 50 % in Ansatz zu bringen, was zu einer Gesamtsumme der Einkünfte i.H.v. ... EUR führt.

Ich schlage für die Zusammenrechnung folgende Beschlussfassung vor:

Fall: die Rente deckt den Pfändungsfreibetrag vollständig ab:

▶ Hinweis:

§ 850e Nr. 2a Satz 2 ZPO beachten: SGB-Leister zahlt pfändbaren Betrag aus.

»Von der Rente beim Drittschuldner... ist der pfändbare Betrag nach der Tabelle gem. § 850c ZPO und im Sinne der Vorschrift des § 850e Nr. 2 Satz 2 ZPO zu ermitteln und auf das für das Insolvenzverfahren eingerichtete Treuhandkonto zu überweisen. Bei der Ermittlung ist keine/eine/sind zwei unterhaltsberechtigte Personen und insoweit die Regelungen in § 850c Abs. 2, 3 ZPO zu berücksichtigen. Der Abrechnungsstichtag beim Drittschuldner ... ist der .... Der andere Drittschuldner ... hat bis zu diesem Tag das bei ihm erzielte Einkommen an den Drittschuldner ... zu melden.«

▶ Erläuterung zum Aufbau der Pfändungstabelle für nachstehenden Antrag:

§ 850c Abs. 2 ZPO:
Einkommen ist größer als erster Pfändungsfreibetrag (ab 01.07.2017 bis 30.06.2019: 1.139,99 EUR)
keine Unterhaltsberechtigung = 3/10 unpfändbar vom überschießenden Teil
Unterhaltsverpflichtung = 2/10 für erste unterhaltsberechtigte Person = 5/10 gesamt
Unterhaltsverpflichtung = 1/10 für zweite und weitere unterhaltsberechtigte Person = 6/10 oder mehr
Wissen um diesen Prozentsatz ist für Antragstellung wichtig! Aber Pfändungstabelle zu benutzen ist leichter!

Fall 2: keines der jeweiligen Einkünfte erreicht den Grundpfändungsfreibetrag:

»Dem Schuldner/Der Schuldnerin sind von dem Einkommen bei dem Drittschuldner ... (Name) ... € (Einkommen deckt nicht die volle Pfändungsfreigrenze – ggf. inkl. Unterhaltspflichten – ab) pfandfrei zu belassen. Von den übersteigenden Einkünften sind 7/10 / sind wegen der Unterhaltsverpflichtung gegenüber einer Person gem. § 850c Abs. 2 ZPO 5/10 / sind wegen der Unterhaltsverpflichtung gegenüber zwei Personen gem. § 850c Abs. 2 ZPO 4/10 (je 1/10 weniger für jede weitere Person) pfändbar.

Von dem Einkommen beim Drittschuldner ... (Name) sind dem Schuldner/der Schuldnerin ... € (Restbetrag bis zur Pfändungsfreigrenze je nach Unterhaltspflichten, diese ergibt sich aus Zusammenrechnung der Gesamteinkünfte und Berücksichtigung nur der hälftigen Pfändbarkeit bei Mehrarbeit: s.o.) pfandfrei zu belassen. Von dem übersteigenden Einkommen sind 7/10 / sind wegen der Unterhaltsverpflichtung gegenüber einer Person gem. § 850c Abs. 2 ZPO 5/10 / sind wegen der Unterhaltsverpflichtung gegenüber zwei Personen gem. § 850c Abs. 2 ZPO 4/10 (je 1/10 weniger für jede weitere Person) pfändbar.

Vor der Ermittlung der pfändbaren Anteile ist das jeweilige Einkommen gem. § 850c Abs. 3 ZPO auf volle 10 € abzurunden.«

▶ Hinweis:

Der Zusammenrechnungsbeschluss sollte eindeutig formuliert sein, damit die Drittschuldner genau wissen, wie sie abrechnen müssen. Die Gerichte nutzen hier unterschiedliche Formulierungen. Vorstehende stellt eine Möglichkeit dar.

Die Löhne und Gehälter werden beim Arbeitgeber *des Schuldners/der Schuldnerin* jeweils zum ... eines Monats ausgezahlt. Ich bitte daher um möglichst zeitnahe Beschlussfassung und Übersendung des Beschlusses. Ein etwaiger gerichtlicher Beschluss könnte dann ggf. schon bei der nächsten Abrechnung berücksichtigt werden.

Insoweit beantrage ich, im Beschluss schon heute zu vermerken, dass dieser sowohl im eröffneten Verfahren als auch in der sich anschließenden Restschuldbefreiungsphase zu beachten ist. Anderenfalls müsste bei Verfahrensbeendigung ein erneuter Antrag gestellt werden.

Für die Zustellung eines entsprechenden Beschlusses an den Arbeitgeber und die Rentenkasse als Drittschuldner teile ich deren Anschriften sowie die Personalnummern ergänzend wie folgt mit:

... (Rentenkasse, Anschrift)

Aktenzeichen:...

Firma ... (Name und Anschrift)

Personal-Nr.:...

Mit freundlichen Grüßen

....
Insolvenzverwalter/in
Treuhänder/in

Anlage:
Fotokopie des Rentenbescheides vom...
Fotokopie der Lohn-/Gehaltsbescheinigung der Firma ... für den Monat...

▶ Hinweis: Bitte immer zweifach einreichen
(= eine Kopie für Schuldner/in zur Stellungnahme)

Muster 96: Mehrere Einkommen – Zustellung an Zahlstellen

Adressat: Zahlstellen 268

Insolvenzverfahren über das Vermögen des Herrn … /der Frau …
Amtsgericht …: … IN/IK …/…
U.Z.: … (Ord.bez. u. Reg.Nr.)
Ihr Zeichen: …

Sehr geehrte Damen und Herren,

ich nehme Bezug auf mein Schreiben vom …, mit dem ich Ihnen die Eröffnung des Insolvenzverfahrens angezeigt hatte.

Der Schuldner/Die Schuldnerin bezieht mehrere Einkommen von unterschiedlichen Stellen. Ich habe die Zusammenrechnung beider Einkommen gem. § 36 Abs. 4 InsO i.V.m. § 850e Abs. 2 ZPO beantragt, so dass der **anliegende** Beschluss vom … ergangen ist. Darin wurde festgelegt, dass der sich aus der Zusammenrechnung beider Einkommen ergebende pfändbare monatliche Einkommensanteile aus dem Einkommen *bei Ihnen/bei …* zu entnehmen ist. Ich bitte insoweit um entsprechende Beachtung. An *den Schuldner/die Schuldnerin* ist dementsprechend lediglich nur noch ein vermindertes unpfändbares Einkommen auszuzahlen.

Ich bitte entsprechend des anliegenden Beschlusses um Auszahlung der sich ergebenden pfändbaren Einkommensanteile auf das für das Insolvenzverfahren eingerichtete Treuhandkonto:

Bank: …

IBAN: …

BIC: …

Kontoinhaber: … als IV wg. … (Verfahrensbezeichnung)

Verwendungszweck: … (Akten-Nr.), Ihr Namen, pfändbarer Anteil Monat/Jahr

Für etwaige Rückfragen stehe ich gerne zur Verfügung.

Der … (*andere Zahlstelle*) habe ich dieses Schreiben ebenfalls zukommen lassen.

Mit freundlichen Grüßen

....
Insolvenzverwalter/in
Treuhänder/in

Anlage:
Zusammenrechnungsbeschluss

Muster 97: Prüfungsvermerk über Einkommenssituation

Prüfungsvermerk über die Einkommenssituation in dem Insolvenzverfahren über das Vermögen des Herrn…/ der Frau…, Amtsgericht…:… IN/IK …/… 269

(Die Prüfungskriterien sind alphabetisch sortiert.)

Prüfungskriterien	Daten/Infos	Negation	Zeitangaben
Abfindungsanspruch	Ja (X)	Nein (X)	
Höhe der Abfindung	… €		
Zahlungseingang	… *(Datum)*		

Prüfungskriterien	Daten/Infos	Negation	Zeitangaben
Abrechnungsstichtag bzw. Zahlungseingang Lohn/Gehalt (wichtig für Zustellung v. Beschlüssen)			jeweils zum … eines Monats
Arbeitsverhältnis ***ja/nein***	**Ja (X)**	**Nein (X)**	
Zuständiger Arbeitgeber ***(Name u. Anschrift):***	**Firma** … Personal-Nr.:…	./.	Unterrichtung erfolgt am: … *(Alternative: keine U., Eigenabführung Schuldner)*
Zuständige Agentur für Arbeit: *(Anschrift)*	Agentur für Arbeit …	./.	Unterrichtung erfolgt am: …
Einkommensnachweise:			
Vorlage	Ja (X)	Nein (X)	Vorlage erfolgt für Zeitraum: …
Mehrere Einkommen:	**Ja (X)**	**Nein (X)**	
Weiterer Arbeitgeber ***(Name u. Anschrift):***	**Firma** … Personal-Nr.:…	./.	Unterrichtung erfolgt am: … *(Alternative: keine U., Eigenabführung Schuldner)*
Antrag nach § 850e Abs. 2 ZPO: Zusammenrechnung mehrerer Einkommen	Ja (X)	Nein (X)	Antrag gestellt am: …
Selbständige Tätigkeit	**Ja (X)**	**Nein (X)**	
fiktiver monatlicher Zahlbetrag (§ 295 Abs. 2 InsO)	… EUR		
Steuerklasse			
Richtige Steuerklasse	Ja, Steuerklasse …	Nein, Steuerklasse…	
Änderung der Steuerklasse erfolgt am			… (Datum)
Antrag nach § 850h ZPO: abweichende Berechnung trotz falscher Steuerklasse	Ja (X)	Nein (X)	Antrag gestellt am: …
Unterhaltspflichten:	**Kinder (Namen, Geb.-Datum)**	***Alternativ:*** **keine**	
Kinder (Name u. Alter)	*Marius, geb. am 13.06.2008* *Johanna, geb. am 24.11.2012*	./.	
Ausbildungsstand der Kinder	Marius: Schule Johanna: Schule		
Voraussichtliches Ende der Ausbildung/ Studium während der Laufzeit:	Ja (X) am: …	Nein (X)	Ggf. Wiedervorlage notiert für: …
Einkommen der Kinder:	… (Name): … €		
Einkommen des Ehepartners:	… €		
Familiensituation	Zusammenlebend (X)	Getrennt lebend (X)	
Antrag nach § 850c Abs. 4 ZPO: Nichtberücksichtigung von Familienmitgliedern	Ja (X)	Nein (X)	Antrag gestellt am: …
Verschleiertes Einkommen:	**Ja (X)**	**Nein (X)**	

Prüfungskriterien	Daten/Infos	Negation	Zeitangaben
Gründe:	*(Verwandtschaftsverhältnis) (falsche Bezahlung für Tätigkeit)*		
Bisheriges Bruttoeinkommen	… €		
Anspruch lt. Tarifvertrag	… €		
Antrag nach § 850h Abs. 2 ZPO: Anspruch auf höhere Vergütung gegen Arbeitgeber	Ja (X)	Nein (X)	Antrag gestellt am: …

....

Ort/Datum

....

Unterschrift Sachbearbeiter

Muster 98: Steuerklassen-Überblick

Überblick über steuerlich sinnvolle Eintragungen 270

Folgende Steuerklassen und Freibeträge wären vom Grundsatz her korrekt:

Lebensstand	Korrekte Steuerklasse für den Schuldner	Kinderfreibetrag zugunsten des Schuldners
Schuldner ist ledig ohne Kinder	Steuerklasse I	./.
Schuldner ist alleinerziehend mit Kindern	Steuerklasse II	Pro Kind voller Freibetrag: 1,0
Schuldner ist ledig, hat aber Kinder und zahlt Unterhalt	Steuerklasse I	Pro Kind Hälfte des Freibetrages: 0,5
Schuldner ist verheiratet; seine Ehefrau verfügt über ein eigenes Einkommen; die Differenz zwischen beiden Einkommen beträgt **keine** 500,00 EUR	Steuerklasse IV	Pro Kind Hälfte des Freibetrages: 0,5
Schuldner ist verheiratet; seine Ehefrau verfügt über ein eigenes Einkommen, das aber mehr als 500,00 EUR unter seinem Einkommen liegt	Steuerklasse III	Mindestens pro Kind Hälfte des Freibetrages: 0,5
Schuldner ist verheiratet; seine Ehefrau ist arbeitslos	Steuerklasse III	Pro Kind voller Freibetrag: 1,0
Schuldner ist getrennt lebend	Sachverhalt je nach Einkommen der Ehefrau; siehe vorherige Spalten	Sachverhalt je nach Einkommen der Ehefrau: siehe vorherige Spalten
Schuldner ist geschieden	Steuerklasse I	Pro Kind Hälfte des Freibetrages: 0,5
Schuldner ist verwitwet	Steuerklasse I (Schonfrist von einem Jahr: bspw. vor dem Tod des Partners in 3, dann Pflicht auf 1 erst nach einem Jahr)	Pro Kind voller Freibetrag: 1,0

Muster 99: Lohnsteuerklasse – Aufforderung zur Änderung

Adressat: Schuldner/in 271

Insolvenzverfahren über Ihr Vermögen
Amtsgericht….:… IN/IK…/…
(U.Z.: »Einkommen«)
Änderung der Lohnsteuerklasse

Sehr geehrte Frau…,/Sehr geehrter Herr…,

ausweislich der mir vorliegenden Lohn- bzw. Gehaltsabrechnungen haben Sie derzeit die Lohnsteuerklasse V als Lohnsteuerabzugsmerkmal gewählt. Diese Lohnsteuerklasse führt zu einem höheren Abzug von monatlichen Lohnsteuern und damit zu einem niedrigeren Nettoeinkommen. Das Nettoeinkommen ist für die Ermittlung eines etwaig pfändbaren Betrages zugrunde zu legen. Fällt dieses geringer aus als bei Zugrundelegung einer anderen Steuerklasse, so ergeben sich auch geringere pfändbare Einkommensanteile.

Da *Ihre Ehefrau/Ihr Ehemann* nach den mir vorliegenden Informationen *keine 500,00 EUR* mehr als Sie verdient, ist ein Steuervorteil bei der jetzigen Lohnsteuerklassenwahl nicht ersichtlich. Ich fordere Sie daher auf, in die Lohnsteuerklasse IV zu wechseln und einen entsprechenden Abänderungsantrag gem. § 39 Abs. 4, 6 EStG bei der Finanzverwaltung zu stellen.

Außerdem ist der Kinderfreibetrag für Ihr Kind je zur Hälfte bei Ihnen und Ihrer Ehefrau/Ihrem Ehemann als Abzugsmerkmal zu vermerken, da Sie beide über eigenes Einkommen verfügen. Die jetzige alleinige Eintragung auf der Steuerkarte Ihrer Ehefrau/ Ihres Ehemannes ist umgehend abzuändern.

Ohne eine solche Änderung der Lohnsteuerabzugsmerkmale ergibt sich der Eindruck, dass Sie beabsichtigen, den Gläubigern pfändbare Einkommensanteile vorzuenthalten.

In der **Anlage** übersende ich Ihnen ein entsprechendes Antragsformular zur weiteren Verwendung. Ich bitte, mir von dem ausgefüllten und unterzeichneten Antrag eine Fotokopie zur Kenntnis hereinzureichen. Hierfür habe ich mir eine Frist bis zum

… (*14 Tage*)

vorgemerkt.

Sollte ich innerhalb der gesetzten Frist keine Mitteilung von Ihnen über die Änderung der Lohnsteuerabzugsmerkmale erhalten, würde ich beim Insolvenzgericht einen Antrag stellen, dass die Berechnung der pfändbaren Einkommensanteile auch ohne tatsächliche Änderung der Lohnsteuerabzugsmerkmale dennoch nach dem Nettoeinkommen zu erfolgen hat, das sich aufgrund dieser eigentlich notwendigen Änderung bei der Lohnsteuerklasse und beim Kinderfreibetrag ergeben würde. Das Insolvenzgericht würde mit Beschluss darüber entscheiden. Mit einem solchen Beschluss wäre Ihr Arbeitgeber dann gezwungen, zwei Lohn- bzw. Gehaltsabrechnungen zu fertigen und den eigentlich korrekten pfändbaren Betrag an mich abzuführen. Insoweit verweise ich auf die Rechtsprechung des Bundesgerichtshofes (BGH, Beschl. v. 04.10.2005 – VII ZB 26/05 in ZInsO 2005, 1212).

In einer weiteren Entscheidung hat der BGH darüber hinaus ausgeführt, dass die Weigerung eines Insolvenzschuldners, eine andere Steuerklasse zu wählen, eine Obliegenheitsverletzung darstelle und somit zur Versagung der Restschuldbefreiung führen kann. Hierauf darf ich vorsorglich ausdrücklich hinweisen.

Mit freundlichen Grüßen

....

Insolvenzverwalter/in

Anlage:
Antragsformular

▶ Hinweis zum Antragsformular:

Das Antragsformular kann im Internet unter www.formulare-bfinv.de heruntergeladen werden: Formularcenter > Bürger > Steuern > Lohnsteuern: Es gibt einen Antrag auf Änderung der Steuerklasse (Nr. 20 per Stand Mai 2019) und einen Antrag auf Korrektur der elektronischen Lohnsteuerabzugsmerkmale (Nr. 80 per Stand Mai 2019). Letzterer ist zu verwenden, wenn auch der Kinderfreibetrag zu ändern ist.

▶ Hinweis zur Auskunftspflicht eines Schuldners:

Die Auskunftspflicht über die Einkommensverhältnisse des Ehepartners ergeben sich aus BGH (Beschl. v. 22.11.2012 – IX ZB 23/10 in WKRS 2012, 28525)

Muster 100: Steuerklasse fehlerhaft – Antrag an Insolvenzgericht

▶ Bearbeitungshinweis:

272 vorherige Prüfung erforderlich (= fiktive Abrechnung nach anderer Steuerklasse), ob durch andere Steuerklasse tatsächlich ein höherer pfändbarer Betrag anfällt = Antrag ist ansonsten überflüssig.

Ggf. anhand der vorliegenden Lohn- und Gehaltsabrechnungen prüfen, ob ggf. kurz vor Insolvenzantragstellung ein Wechsel der Steuerklasse vorgenommen wurde; dafür muss alte Abrechnung vorliegen; ggf. dann darüber berichten.

Adressat: Insolvenzgericht

Insolvenzverfahren über das Vermögen des Herrn.../der Frau...
Geschäftszeichen:... IN/IK.../...
(U.Z.: »Einkommen«)
Antrag auf abweichende Berechnung nach § 850h ZPO

Sehr geehrter Frau Rechtspflegerin..., / sehr geehrter Herr Rechtspfleger...,

in obiger Angelegenheit steht *der Schuldner/die Schuldnerin* in einem Arbeitsverhältnis mit der Firma... und verdient ein monatliches Bruttoeinkommen in Höhe von... EUR. *Er/Sie* ist verheiratet und hat zwei Kinder. Als Lohnsteuerabzugsmerkmal wird ausweislich der Lohn- bzw. Gehaltsabrechnungen die Steuerklasse V berücksichtigt. *Kinderfreibeträge sind nicht ersichtlich.*

Die Ehefrau des Schuldners/der Ehemann der Schuldnerin verfügt jedoch über eigenes Einkommen von monatlich... EUR brutto. Als Nachweis wird **anliegend** die *Lohn- bzw. Gehaltsbescheinigung für den Monat .../20.../der Einkommenssteuerbescheid für das Kalenderjahr ...* überreicht.

Damit besteht lediglich eine Differenz von... EUR brutto zwischen den Einkommen *des Schuldners und seiner Ehefrau/der Schuldnerin und ihrem Ehemann,* die es steuerlich nicht rechtfertigt, die Steuerklassen III und V zu wählen. Steuerlich sinnvoll wäre die Steuerklasse IV für beide Ehepartner. *Auch die Eintragung beider Kinderfreibeträge als Lohnsteuerabzugsmerkmal bei der Ehefrau/beim Ehemann ist nicht nachvollziehbar.*

Da die Berechnung des monatlich pfändbaren Einkommensanteils sich am Nettoeinkommen orientiert, liegt die Vermutung nahe, dass *der Schuldner/die Schuldnerin seine/ihre* Gläubiger durch dieses Lohnabzugsmerkmal benachteiligen will. Derzeit ergibt sich *kein pfändbarer Einkommensanteil/lediglich ein pfändbarer Betrag i.H.v.... EUR.* Würde man aber die Steuerklasse IV und einen Kinderfreibetrag bei der Berechnung des Nettoeinkommens zugrunde legen, würde sich ein Nettoeinkommen i.H.v.... EUR und in dem Fall ein pfändbarer Einkommensanteil von... EUR errechnen. Die Lohn- bzw. Gehaltsabrechnung *des Schuldners/der Schuldnerin* für den Monat .../20... sowie die fiktiv erstellte Gehaltsabrechnung für denselben Monat werden als Nachweis in der **Anlage** beigefügt.

Der Schuldner/die Schuldnerin ist zur Änderung der Lohnsteuerabzugsmerkmale mit Schreiben vom... und... *(mindestens zwei sollten erfolgt sein)* aufgefordert worden. Diese werden in Fotokopie **anliegend** überreicht. *Er/Sie* hat hierauf aber keine Reaktion gezeigt, was den Verdacht weiter bekräftigt, dass *er/sie* bewusst die Abführung von *höheren* pfändbaren Einkommensanteilen vermeiden möchte.

Es wird daher beantragt, einen Beschluss zu erlassen, wonach der Arbeitgeber *des Schuldners/der Schuldnerin* unabhängig von den tatsächlichen Lohnabzugsmerkmalen bei der Berechnung des monatlich pfändbaren Einkommensanteils das Nettoeinkommen zugrunde zu legen hat, das sich ergeben würde, wenn *der Schuldner/die Schuldnerin* in der Steuerklasse IV wäre *und einen Kinderfreibetrag* nutzen würde. Insoweit rege ich die analoge Anwendung des § 850h ZPO an.

Für die Zustellung eines etwaigen Beschlusses an den Arbeitgeber als Drittschuldner teile ich dessen Anschrift sowie die Personalnummer ergänzend wie folgt mit:

Firma... (Name und Anschrift)

Personal-Nr.:...

Mit freundlichen Grüßen

....
Insolvenzverwalter/in

Anlage:
Anschreiben an *den/die Schuldner/in* vom... und vom...
Lohn-/Gehaltsabrechnung für den Monat.../20...
fiktive Gehaltsabrechnung für den Monat .../20...
Lohn-/Gehaltsabrechnung für den/die Ehepartner/in
Einkommenssteuerbescheid für das Jahr ...

▶ Hinweis: Bitte immer zweifach einreichen

(= eine Kopie für Schuldner/in zur Stellungnahme)

Musterübersicht Eröffnungsbeschluss jur. Person

(Die Übersicht ist alphabetisch sortiert)

		Rdn.
Muster 101:	Auftragsbestätigung – Eröffnung	273
Muster 67:	Bericht zur 1. GV (*s. Muster Berichte*)	239
Muster 342:	Eröffnung Treuhandkonto – Übersendung Beschluss (*s. Muster Treuhandkonto*)	513
Muster 102:	Erste Infos ans Insolvenzgericht jur. Person	274
Muster 128:	Finanzamt – Erstanschreiben (*s. Muster Finanzamt*)	299
Muster 247:	Forderungsanmeldungsformular jur. Person (*s. Muster Insolvenztabelle*)	418
Muster 103:	Gewerbeabmeldung – Anschreiben an Amt	275
Muster 250:	Gläubigeraufforderung zur Anmeldung (*s. Muster Insolvenztabelle*)	421
Muster 189:	Grundbuchamt – Eigentümerkartei – Auskunftsersuchen (*s. Muster Immobilienvermögen*)	360
Muster 104:	Handwerkskammer – Kündigung Mitgliedschaft	276
Muster 210 – 213:	Inhaltsverzeichnis (*s. Muster Inhaltsverzeichnis*)	381 – 384
Muster 57:	Kontoguthaben – Einziehung – eröffnetes Verfahren (*s. Muster Bank*)	229
Muster 59:	Kontoschließung (*s. Muster Bank*)	231
Muster 315:	Rechnungslegung vorl. Verwaltung (*s. Muster Schlussberichte*)	486
Muster 38:	Rechtsstreit – Unterbrechung nach § 240 ZPO (*s. Muster Arbeitsverhältnisse*)	210
Muster 105:	Tagesordnung – Ergänzung Info an Gericht	277
Muster 373:	Vertragserfüllung – Ablehnung (*s. Muster Vertragsverhältnisse*)	544
Muster 106:	Vollstreckungs- und Zustellungsklausel – Antrag auf Erteilung	278
Muster 393:	Vollstreckungsanfrage an Gerichtsvollzieher (*s. Muster Vollstreckungsmaßnahmen*)	564
Muster 394:	Vollstreckungsanfrage an Hauptzollamt (*s. Muster Vollstreckungsmaßnahmen*)	565
Muster 107:	Vollstreckungsauftrag an Gerichtsvollzieher	279
Muster 156:	Zustellungsnachweis – Beispiel mit Hinweisen (*s. Muster Gläubiger*)	328
Muster 157:	Zustellungsnachweis – Übersendung an Gericht (*s. Muster Gläubiger*)	329

Muster 101: Auftragsbestätigung – Eröffnung

273 *Adressat: Insolvenzgericht*

Insolvenzverfahren über das Vermögen der Firma.../der Frau.... /des Herrn...
Geschäftszeichen:... IN/IK.../....

Sehr geehrte Frau Richterin..., / sehr geehrter Herr Richter ...,

in obiger Angelegenheit bedanke ich mich für den erteilten Auftrag und darf die Übernahme des Amtes als *Insolvenzverwalter/in* hiermit bestätigen.

Im Hinblick auf § 56 Abs. 1 Nr. 2 InsO teile ich in diesem Zusammenhang mit, dass *der Schuldner/die Schuldnerin* vor dem Eröffnungsantrag von mir in keiner Form beraten wurde.

Mit freundlichen Grüßen

....

Insolvenzverwalter/in

Muster 102: Erste Infos ans Insolvenzgericht jur. Person

Adressat: Insolvenzgericht 274

Insolvenzverfahren über das Vermögen der Firma.../der Frau.... /des Herrn...
Geschäftszeichen:... IN/IK.../....

Sehr geehrte Frau Rechtspflegerin ..., / sehr geehrter Herr Rechtspfleger ...,

in obiger Angelegenheit überreiche ich in der **Anlage** die Zustellungsnachweise bzgl. der Kreditoren und Debitoren zur Kenntnis.

▶ Hinweis:

Die Übersendung des **Gläubigerverzeichnisses gem. § 152 InsO** und die **Debitorenliste** ist zu diesem Zeitpunkt **nicht erforderlich**, weil diese Unterlagen zusammen mit dem **1. Bericht** eingereicht werden. Die **Zustellungsnachweise** enthalten auch alle **Namen und Adressen**. Das ist ausreichend. Aber manche Gerichte wünschen dennoch die Vorlage dieser Verzeichnisse. Dann ist das entsprechend zu berücksichtigen.

Des Weiteren setze ich Sie darüber in Kenntnis, dass für das oben genannte Insolvenzverfahren ein Treuhandkonto bei der

Bank:...

IBAN: ...

BIC: ....

eingerichtet wurde und die Schuldnerin Eigentümerin von folgendem Grundbesitz ist:

Grundbuch von... Blatt...

[Alternative:

und dass sich im Eigentum der Schuldnerin **kein** Grundbesitz befindet.]

▶ Hinweis Tagesordnung:

Bei notwendiger Ergänzung der Tagesordnung ggf. Text aus gesondertem Muster Nr. 105 hier ergänzen. Dafür: Tagesordnungspunkte im Eröffnungsbeschluss mit Vorschlägen im Gutachten vergleichen.

Sollte es ein vorläufiges Verfahren gegeben haben:

Die Bestallungsurkunde für die vorläufige Verwaltung reiche anliegend im Original zurück.

Für Rückfragen stehen ich und meine Mitarbeiter jederzeit zur Verfügung.

Mit freundlichen Grüßen

....
Insolvenzverwalter/in

Muster 103: Gewerbeabmeldung – Anschreiben an Amt

Adressat: Stadtverwaltung – Gewerbemeldeamt 275

Insolvenzverfahren über das Vermögen der Firma... mit dem Sitz in...
Amtsgericht ...: ... IN ..../...
Gewerbeabmeldung (U.Z.: »*Allgemein*«)

Sehr geehrte Damen und Herren,

hiermit zeige ich an, dass über das Vermögen der vorstehend genannten Firma das Insolvenzverfahren eröffnet und ich *zum/zur Insolvenzverwalter/in* bestellt worden bin. Eine Fotokopie des gerichtlichen Eröffnungsbeschlusses liegt in der **Anlage** zu Ihrer Information anbei.

Der schuldnerische Betrieb ist eingestellt worden. Ich wäre Ihnen dankbar, wenn Sie mir mitteilen würden, ob eine Abmeldung des Betriebes im Gewerbemelderegister bereits verzeichnet wurde. Sollte dies nicht der Fall sein, bitte ich um Übersendung eines entsprechenden Abmeldeformulars, damit ich die Abmeldung entsprechend veranlassen kann.

Ich weise ausdrücklich darauf hin, dass es sich **nicht** um eine gebührenpflichtige Auskunft aus dem Gewerbemelderegister handelt und mir auch **kein Auszug** übermittelt werden soll. Es geht lediglich um die Aktualisierung des Gewerbemelderegisters.

Mit freundlichen Grüßen

....
Insolvenzverwalter

Anlage:
Eröffnungsbeschluss

▶ Hinweis wg. der späteren möglichen Kosten:

In den meisten Städten und Gemeinden ist die Gewerbeabmeldung gebührenfrei. Es gibt nur wenige Städte und Gemeinden, die eine kleine Gebühr verlangen.

Info aus: www.gewerbe-abmeldung.com

Bei späterer Abmeldung durch das Insolvenzbüro daher ggf. vorab wg. der Kosten anfragen.

Muster 104: Handwerkskammer – Kündigung Mitgliedschaft

276 *Adressat: Zuständige Handwerkskammer am Firmensitz*

Insolvenzverfahren über das Vermögen der Firma... mit dem Sitz in...
Amtsgericht ...: ... IN .../...
Kündigung der Mitgliedschaft
(U.Z.: *»Allgemein«*)

Sehr geehrte Damen und Herren,

hiermit zeige ich an, dass über das Vermögen der vorstehend genannten Firma das Insolvenzverfahren eröffnet und ich *zum/zur Insolvenzverwalter/in bestellt* worden bin. Eine Fotokopie des gerichtlichen Eröffnungsbeschlusses liegt in der **Anlage** zu Ihrer Information anbei.

Der schuldnerische Betrieb ist eingestellt worden. Es hat daher eine Löschung der Mitgliedschaft in der Handwerksrolle zu erfolgen. Ich bitte Sie, mir zu diesem Zweck ein entsprechendes Formular zu übersenden.

Mit freundlichen Grüßen

....
Insolvenzverwalter/in

Anlage:
Eröffnungsbeschluss

Muster 105: Tagesordnung – Ergänzung – Info an Gericht

▶ Hinweis:

277 Ggf. beim/bei der Verwalter/in nachfragen, ob diese/r ggf. vorab mit Insolvenzgericht telefonieren möchte. Der Richtiger ist zuständig für den Eröffnungsbeschluss (§ 18 Abs. 1 Nr. 1 RPflG). Nach Eröffnung geht die Zuständigkeit allerdings auf den Rechtspfleger über.

Adressat: Insolvenzgericht

Insolvenzverfahren über das Vermögen der Firma... mit dem Sitz in...
Geschäftszeichen:... IN.../...
Ergänzung der Tagesordnung

Sehr geehrte Frau Rechtspflegerin..., / sehr geehrter Herr Rechtspfleger ...,

in obiger Angelegenheit möchte ich Sie bezüglich des Eröffnungsbeschlusses bitten, die Tagesordnungspunkte zu ergänzen. Es ist beabsichtigt, in der bevorstehenden Gläubigerversammlung am ... die Zustimmung der Gläubiger für folgenden Sachverhalt einzuholen:

Bitte jeweils auswählen und nur den oder die relevanten Sachverhalt/e, die ergänzt werden sollen, aufführen.

- Veräußerung des **Unternehmens oder des Betriebes** des Schuldners (§ 160 Abs. 2 Nr. 1 InsO),
- Veräußerung des **Warenlagers** im Ganzen (§ 160 Abs. 2 Nr. 1 InsO),
- Veräußerung eines **unbeweglichen Gegenstandes** aus freier Hand (§ 160 Abs. 2 Nr. 1 InsO): Grundstück ... (Straße, Ort), eingetragen im Grundbuch von ... Blatt ..., Flur ..., Flurstück ..., ggf.: vorgesehener Kaufpreis: ... EUR

> ▶ Hinweis:
>
> Zur Wirksamkeit der Zustimmungserklärung ist die genaue Grundstücksbezeichnung erforderlich: s. Wipperfürth, Zustimmung zur Grundstücksveräußerung, InsbürO 2014, 350 f.

- Veräußerung einer **Beteiligung** des Schuldners an einem anderen Unternehmen, die der Herstellung einer dauernden Verbindung zu diesem Unternehmen dienen soll (§ 160 Abs. 2 Nr. 1 InsO),
- Aufnahme eines **Darlehens** (§ 160 Abs. 2 Nr. 2 InsO),
- **Außergerichtliche oder gerichtliche Verfolgung von Ansprüchen** (Anfechtungs-, Haftungs- oder sonstige Ansprüche) mit erheblichem Streitwert von bis zu... EUR (§ 160 Abs. 2 Nr. 3 InsO) unter Einschluss des Abschlusses von Vergleichen, dem Verzicht oder teilweisen Verzicht auf Forderungen, wenn im Einzelfall die möglichen Anwalts- und Prozesskosten einen Betrag von... EUR nicht übersteigen *(Achtung: Kosten pro bekanntem Anspruch ermitteln).*

In diesem Zusammenhang:
- **Beauftragung der Sozietät des Insolvenzverwalters** .... unter Zugrundelegung der Grundsätze des RVGs

Bei Baufirmen:
- Beauftragung eines Dritten zur **Unterstützung des Einzuges von Bauforderungen** in technischer Hinsicht (Prüfung von Rechnungslegungen, Ergänzung von Rechnungslegungen, Prüfung und Ermittlung von Bauten-Ständen, Sichtung des notwendigen Schriftverkehrs, Bearbeitung von Nachtragsforderungen, Abstimmung mit einzusetzenden Subunternehmen etc.)
- Zahlung von **Unterhalt** aus der Insolvenzmasse (§§ 100, 101 InsO)
- **Unterlassung der Verwertung durch Auslösung** von Gegenständen durch *den Schuldner/die Schuldnerin* selbst mit Zahlung eines jeweiligen Kaufpreises entsprechend der Bewertung im Sachverständigengutachten (§ 314 InsO)
- Entscheidung über die **Zwischenrechnungslegung** gegenüber der Gläubigerversammlung (§ 66 Abs. 3 InsO)
- Beauftragung des Insolvenzverwalters zur Erstellung eines **Insolvenzplans** (§ 157 InsO)

In größeren Verfahren bei Betriebsfortführung:
- Genehmigung einer gesonderten **Haftpflichtversicherung** für den Insolvenzverwalter und Genehmigung der Entnahme der Versicherungsbeiträge aus der Insolvenzmasse.

Ich gehe davon aus, dass über diese Tagesordnungspunkte bei einer raschen Veröffentlichung noch wirksam in der schon anberaumten Gläubigerversammlung i.S.d. der BGH-Entscheidung (Beschl. v. 20.03.2008 – IX ZB 104/07 in ZInsO 2008, 504 f.) verhandelt werden kann, da eine ausreichende Information an die Gläubiger durch die zusätzliche Veröffentlichung gewährleistet sein dürfte.

Mit freundlichen Grüßen

....
Insolvenzverwalter/in

Muster 106: Vollstreckungs- und Zustellungsklausel – Antrag auf Erteilung

Adressat: Insolvenzgericht 278

Eilt sehr!

Insolvenzverfahren über das Vermögen der Firma.../des Herrn .../der Frau ...
Geschäftszeichen:... IN..../...
U.Z.: »Allgemein«

Sehr geehrte Frau Rechtspflegerin ..., / sehr geehrter Herr Rechtspfleger ...,

in obiger Angelegenheit überreiche ich in der **Anlage** die Ausfertigung des Eröffnungsbeschlusses mit der Bitte um Erteilung der Vollstreckungs- und Zustellungsklausel. *Der Schuldner/die Schuldnerin* verweigert die Herausgabe von Gegenständen, die zur Insolvenzmasse gehören. Hierbei handelt es sich um ... Um einen Vermögensverlust zu vermeiden, ist beabsichtigt, einen Gerichtsvollzieher möglichst umgehend mit der Sicherstellung der Vermögenswerte zu beauftragen.

Mit freundlichen Grüßen

....
Insolvenzverwalter/in

▶ Hinweis:

Der Eröffnungsbeschluss ist dem/der Schuldner/in gem. § 30 Abs. 2 InsO bei Insolvenzeröffnung gesondert zuzustellen. Das Insolvenzgericht kann daher sowohl die Vollstreckungs- als auch die Zustellungsklausel erteilen. Eine weitere Zustellung vor Beginn der Vollstreckung ist nicht mehr erforderlich.

Muster 107: Vollstreckungsauftrag an Gerichtsvollzieher

▶ Hinweis Zuständigkeit Gerichtsvollzieher:

279 Ein solcher Vollstreckungsauftrag sollte **nicht** an die **Gerichtsvollzieher-Verteilungsstelle** versandt werden, weil hierdurch kostbare Zeit verloren geht. Es sollte bei der Verteilungsstelle der oder die zuständige Gerichtsvollzieher/in **telefonisch vorab ermittelt** werden, um den Vollstreckungsauftrag dann direkt dorthin versenden zu können.

Der Gerichtsvollzieher wird sich i.d.R. vorab mit dem Insolvenzverwalter in Verbindung setzen, um zu klären, wohin die entsprechenden Gegenstände verbracht werden sollen. Ggf. kann ein Mitarbeiter des Insolvenzbüros den Gerichtsvollzieher begleiten und die Gegenstände entsprechend mitnehmen und unterstellen.

Eilt sehr!

Adressat: zuständiger Gerichtsvollzieher

Insolvenzverfahren über das Vermögen der Firma.../des Herrn.../der Frau...
Geschäftszeichen:... IN.../...
U.Z.: »Allgemein«
Vollstreckungsauftrag

Sehr geehrte Damen und Herren,

anliegend wird in obigem Insolvenzverfahren die vollstreckbare Ausfertigung des Eröffnungsbeschlusses des Amtsgerichts... vom... mit dem Auftrag überreicht, die nachfolgend aufgeführten Gegenstände *beim/bei der Schuldner/in* gem. § 883 ZPO zu vollstrecken, weil *diese/r* die Herausgabe derzeit verweigert.

Gem. ... *(bspw. § 51 Abs. 2 GVGA NRW)* werden die Gegenstände wie folgt näher bezeichnet:

...

▶ Hinweis:

Es ist eine **genaue Bezeichnung des einzelnen Gegenstandes** erforderlich, damit dem Gerichtsvollzieher eine **eindeutige Identifikation** ermöglicht wird. So ist bei einem Fahrzeug z. B. die genaue Typbezeichnung und die Farbe, aber auch das amtliche Kennzeichen und die Fahrgestellnummer mitzuteilen. Im Eröffnungsbeschluss selbst muss der Gegenstand nicht benannt werden.

Im Anschluss an die Vollstreckung wird um Absprache hinsichtlich der Herausgabe der Gegenstände an mich und um Übersendung einer Abschrift des Vollstreckungsprotokolls gebeten.

[Alternative:

Wie telefonisch besprochen, bitte ich, die Gegenstände in folgenden Räumlichkeiten unterzubringen: ... (*Adresse*).]

Mit freundlichen Grüßen

....
Insolvenzverwalter/in

Anlage:
Vollstreckbare Ausfertigung des Eröffnungsbeschlusses

Musterübersicht: Eröffnungsbeschluss natürliche Person

(Die Übersicht ist alphabetisch sortiert)

		Rdn.
Muster 108:	Auftragsbestätigung – Rücksendung Gerichtsakte	280
Muster 109:	Belehrung	281
Muster 67:	Bericht zur 1. GV (*s. Muster Berichte*)	239
Muster 110:	Erstanschreiben wg. Termin etc.	282
Muster 111:	Erste Infos an AG – Zustellungsnachweis, TK	283
Muster 112:	Erste Infos an AG – Ergänzung Grdst., selbständige Tätigkeit	284
Muster 69:	Erster Bericht in Kleinverfahren (*s. Muster Berichte*)	241
Muster 113:	Erstgespräch – Leitfaden Kleinverfahren	285
Muster 114:	Erstgespräch – Merkblatt Obliegenheiten	286
Muster 115:	Erstgespräch – Verfahrensablauf – Übersicht	287
Muster 116:	Fragebogen in Kleinverfahren	288
Muster 317 – 318:	Freigabeerklärung (*s. Muster selbständige Tätigkeit*)	489-490
Muster 211 – 213:	Inhaltsverzeichnis (*s. Muster Inhaltsverzeichnis*)	383-385
Muster 117:	Freiwillige Zahlungen Schuldner – Vereinbarung Verrechnung	289
Muster 118:	Lebenslauf	290
Muster 315:	Rechnungslegung vorläufige Verwaltung (*s. Muster Schlussberichte*)	486
Muster 38:	Rechtsstreit – Unterbrechung nach § 240 ZPO (*s. Muster Arbeitsverhältnisse*)	210
Muster 119:	Schweigepflichtentbindungserklärung	291
Muster 105:	Tagesordnung – Ergänzung – Info an Gericht (*s. Muster Eröffnungsbeschluss jur. Person*)	
Muster 342:	Treuhandkonto – Eröffnung – Übersendung Beschluss (*s. Muster Treuhandkonto*)	513
Muster 376:	Vermieteranschreiben § 109 Abs. 1 Satz 2 InsO (*s. Muster Vertragsverhältnisse*)	
Muster 374:	Vertragserfüllung – Ablehnung natürliche Person (*s. Muster Vertragsverhältnisse*)	545
Muster 107:	Vollstreckungsauftrag an Gerichtsvollzieher (*s. Muster Eröffnungsbeschluss jur. Person*)	279
Muster 106:	Vollstreckungs- und Zustellungsklausel – Antrag auf Erteilung (*s. Muster Eröffnungsbeschluss jur. Person*)	278
Muster 120:	Vorzulegende Unterlagen Kleinverfahren	292
Muster 156:	Zustellungsnachweis – Beispiel mit Hinweisen (*s. Muster Gläubiger*)	327

Muster 108: Auftragsbestätigung – Rücksendung Gerichtsakte

Adressat: Insolvenzgericht 280

Insolvenzverfahren über das Vermögen der Firma.../der Frau.... /des Herrn...
Geschäftszeichen:... IN/IK.../....

Sehr geehrte Frau Rechtspflegerin ..., / sehr geehrter Herr Rechtspfleger ....,

in obiger Angelegenheit bedanke ich mich für den erteilten Auftrag und reiche Ihnen in der **Anlage** die Gerichtsakte zurück.

Ich darf die Übernahme des Amtes als *Insolvenzverwalter/in* hiermit bestätigen.

Im Hinblick auf § 56 Abs. 1 Nr. 2 InsO teile ich in diesem Zusammenhang mit, dass *der Schuldner/die Schuldnerin* vor dem Eröffnungsantrag von mir in keiner Form beraten wurde.

Mit freundlichen Grüßen

....
Insolvenzverwalter/in

Muster 109: Belehrung

281 **Belehrung**

Über mein Vermögen ist das Insolvenzverfahren eröffnet worden (Amtsgericht ..., Az. ...). Über den Ablauf des Verfahrens, insbesondere über die nachfolgenden Punkte bin ich belehrt worden:

1. Ich bin darüber informiert worden, dass der Insolvenzverwalter/Treuhänder nach den Regelungen in §§ 35, 292 InsO verpflichtet ist, meinen Arbeitgeber über die Insolvenzeröffnung zu informieren, um mögliche pfändbare Einkommensanteile für die Insolvenzmasse einzuziehen. Ich habe die Gelegenheit erhalten, meinen Arbeitgeber zunächst selbst zu unterrichten.
2. Verbindlichkeiten aus begründeten Dauerschuldverhältnissen, wie z.B. Miete, Strom, Telefon, Haftpflichtversicherung etc., sind aus dem pfändungsfreien Vermögen regelmäßig zu begleichen.
3. Ich bin über die Obliegenheitspflichten gemäß den §§ 290, 295 InsO und die damit verbundenen möglichen Versagungsgründe belehrt worden. Ein Wechsel des Arbeitgebers, Änderungen meines Einkommens oder meiner Vermögensverhältnisse (Erbschaft, Ausbildungsstand Kinder, Einkommen des/der Ehepartners/in etc.) im Allgemeinen, meiner Anschrift oder Ähnliches sind dem Insolvenzverwalter/Treuhänder unverzüglich mitzuteilen. Ein entsprechendes **Merkblatt** und eine **Übersicht über den Verfahrensverlauf** habe ich gesondert erhalten.
4. Auch bin ich darüber belehrt worden, dass ich die entsprechenden Unterlagen für die **ausstehenden und auch zukünftigen** Steuererklärungen beim Insolvenzverwalter einzureichen oder die Erklärungen selbst zu fertigen habe. Dies geschieht vor dem Hintergrund, dass sich aufgrund der Steuererklärungen Steuererstattungsansprüche ergeben könnten, die zur Insolvenzmasse gehören und damit zu realisieren sind. Die Entscheidung über die Stundung der Verfahrenskosten ist auf Basis der von mir mit Insolvenzantragstellung abgegebenen Vermögensübersicht erfolgt. Die Abgabe der ausstehenden Steuererklärung kann eine Veränderung des Vermögens zur Folge haben, die kurzfristig festzustellen ist. Die Nichteinreichung könnte möglicherweise die Aufhebung der Verfahrenskostenstundung zur Folge haben, da die abgegebene Vermögensübersicht bisher nicht abschließend ist.
5. Des Weiteren wurde ich über die Bedeutung der Verfahrenskostenstundung belehrt. Mir ist bekannt, dass ich nach Erteilung der Restschuldbefreiung die Kosten des Verfahrens an die Landeskasse erstatten muss und für diese Kosten die Restschuldbefreiung nicht greift. Auf die Möglichkeit einer vorherigen Ratenzahlung wurde ich hingewiesen.
6. Ich habe eine Broschüre zum P-Konto mit weitergehenden Informationen erhalten, die mir auch erläutert wurden.

..., den...

....
Vor- und Zuname

Muster 110: Erstanschreiben natürliche Person wg. Termin etc.

282 *Adressat: Schuldner/Schuldnerin*

Insolvenzverfahren über Ihr Vermögen Amtsgericht...:... IN/IK.../...
U.Z.: »Allgemein«

Sehr geehrte Frau ...,/sehr geehrter Herr...,

mit Beschluss des Amtsgerichts – Insolvenzgericht -... vom... bin ich *zum/zur Insolvenzverwalter/in* bestellt worden. Eine Fotokopie des Eröffnungsbeschlusses wird **anliegend** zu Ihrer Information überreicht.

Ich bitte um telefonische Kontaktaufnahme in der Zeit von ... unter der Telefonnummer:... (*ggf. Durchwahl des Sachbearbeiters*), um möglichst umgehend einen Gesprächstermin zu vereinbaren. Zur Vorbereitung dieses Termins überreiche ich in der weiteren **Anlage** folgende Unterlagen mit der Bitte, diese sorgfältig auszufüllen und mir die darin aufgelisteten Unterlagen im Termin zu übergeben:

- Formular Lebenslauf
- Liste vorzulegender Unterlagen
- Fragebogen
- Schweigepflichtentbindungserklärung (2-fach)

Die ebenfalls **beiliegende** Belehrung bitte ich, bereits zur Kenntnis zu nehmen. Diese müsste im Gesprächstermin von Ihnen unterzeichnet werden.

Falls ein Gespräch innerhalb der nächsten 8 Tage nicht zustande kommt, bitte ich um Übersendung der vorgenannten Unterlagen bis spätestens zum

...

(*acht Tage*).

Ergänzend übersende ich Ihnen in der **Anlage** noch eine Informationsbroschüre zum P-Konto. Bei Fragen stehe ich Ihnen gerne in unserem persönlichen Gespräch zur Verfügung.

Im Übrigen bitte ich, Ihren Personalausweis zu diesem Gespräch mitzubringen.

Mit freundlichen Grüßen

……………………………..
Insolvenzverwalter/in

Anlagen:
Belehrung
Eröffnungsbeschluss
Fragebogen
Info-Broschüre P-Konto
Lebenslauf
Liste vorzulegender Unterlagen
Schweigepflichtentbindungserklärung

Muster 111: Erste Infos an AG – Zustellungsnachweis, TK

Adressat: Insolvenzgericht 283

Insolvenzverfahren über das Vermögen der Firma…/der Frau…. /des Herrn…
Geschäftszeichen:… IN/IK…/….

Sehr geehrte Frau Rechtspflegerin …, / sehr geehrter Herr Rechtspfleger ….,

in obiger Angelegenheit überreiche ich in der **Anlage** die Zustellungsnachweise bzgl. der Kreditoren und Debitoren zur Kenntnis.

▶ Hinweis:

I.d.R. ist schon der **Arbeitgeber** oder die **Arbeitsagentur** als **Drittschuldner** bekannt, so dass zumindest ein Debitor vorhanden ist. Nur wenn dieser auf Wunsch des Schuldners/der Schuldnerin nicht informiert wurde oder eine selbständige Tätigkeit vorliegt, würde der Zustellungsnachweis diesbezüglich entfallen.

▶ Hinweis:

Die Übersendung des **Gläubigerverzeichnisses gem. § 152 InsO** und die **Debitorenliste** ist zu diesem Zeitpunkt **nicht erforderlich**, weil diese Unterlagen zusammen mit dem **1. Bericht** eingereicht werden. Die **Zustellungsnachweise** enthalten auch alle **Namen und Adressen**. Manche Gerichte wünschen dennoch die Vorlage. Die individuellen Wünsche sind entsprechend zu beachten.

Des Weiteren setze ich Sie darüber in Kenntnis, dass für das oben genannte Insolvenzverfahren ein Treuhandkonto bei der

Bank:…

IBAN: …

BIC: ….

eingerichtet wurde

[Alternative – kein Treuhandkonto:

Des Weiteren möchte ich Sie darüber in Kenntnis setzen, dass im vorliegenden Verfahren derzeit kein Treuhandkonto eingerichtet wurde, da nach bisherigem Kenntnisstand keine zu realisierende Insolvenzmasse erkennbar ist.]

Grundbuchanfrage aus Gerichtsakte ersichtlich:

Ausweislich der Gerichtsakte hat das Grundbuchamt am Wohnsitz *des Schuldners/der Schuldnerin* mitgeteilt,
- dass kein Grundeigentum vorhanden ist
- dass *der/die Schuldner/in Eigentümer/i*n von folgendem Grundbesitz ist:

Grundbuch von … Blatt…

Ich bitte, die Eintragung eines Insolvenzvermerkes in diesem Grundbuch zu veranlassen.

Keine Info wg. Grundstück + selbständiger Tätigkeit:

Nähere Angaben zu möglichem Grundbesitz oder einer eventuellen selbständigen Tätigkeit können derzeit noch nicht gemacht werden, weil noch kein Erstgespräch mit *dem Schuldner/der Schuldnerin* stattgefunden hat und noch keine Antwort des zuständigen Grundbuchamtes vorliegt. Sobald entsprechende Informationen bekannt sind, werde ich noch eine gesonderte Mitteilung zur dortigen Akte nachreichen.

[Alternative – Anfrage gemacht, noch keine Antwort:

Eine Anfrage an das Grundbuchamt am Wohnsitz *des Schuldners/der Schuldnerin* wurde gestellt. Eine Rückmeldung hierzu liegt derzeit noch nicht vor. Sobald entsprechende Informationen bekannt sind, werde ich noch eine gesonderte Mitteilung zur dortigen Akte nachreichen.]

▶ Hinweis Tagesordnung:

Bei notwendiger Ergänzung der Tagesordnung ggf. Text aus gesondertem Muster Nr. 105 hier ergänzen. Dafür: Tagesordnungspunkte im Eröffnungsbeschluss mit Vorschlägen im Gutachten vergleichen.

Sollte es ein vorläufiges Verfahren gegeben haben:

Die Bestallungsurkunde für die vorläufige Verwaltung reiche anliegend im Original zurück.

Für Rückfragen stehen ich und meine Mitarbeiter jederzeit zur Verfügung.

Mit freundlichen Grüßen

....
Insolvenzverwalter/in

Muster 112: Erste Infos an AG – Ergänzung – Grdst. – selbständige Tätigkeit

284 ▶ Hinweis für Nutzung:

Dieses Muster ggf. verwenden, wenn zum Zeitpunkt der Übersendung der Zustellungsnachweise noch keine/keine vollständige Kenntnis über Grundeigentum oder eine selbständige Tätigkeit vorlag.

Adressat: Insolvenzgericht

Insolvenzverfahren über das Vermögen des Herrn.../der Frau...
Geschäftszeichen:... IN/IK.../...

Sehr geehrte Frau Rechtspflegerin ..., / sehr geehrter Herr Rechtspfleger ...,

im Nachgang zu meinem Schreiben vom .... teile ich nach dem erfolgten Erstgespräch mit *dem Schuldner/der Schuldnerin* folgendes ergänzend mit:

Der Schuldner/Die Schuldnerin ist *Eigentümer/in* von folgendem Grundbesitz:

Grundbuch von... Blatt...

Ich bitte, die Eintragung eines Insolvenzvermerkes in Abt. II des Grundbuches für dieses Grundstück zu veranlassen.

[Alternative – kein Grundbesitz:

Nach Auskunft des Schuldners/der Schuldnerin befindet sich ***kein*** *Grundbesitz in dessen/deren Eigentum.]*

Selbstständigkeit vorhanden:

Ich teile weiter mit, dass *der Schuldner/die Schuldnerin* eine selbständige Tätigkeit ausübt. Die entsprechende Erklärung gem. § 35 Abs. 2 InsO habe ich gegenüber *dem Schuldner/der Schuldnerin* abgegeben und überreiche diese mit gesondertem Anschreiben in der **Anlage**.

▶ Hinweis Erklärung:

Die Erklärung über die Selbständigkeit muss nur im IN-Verfahren abgegeben werden. Im IK-Verfahren kann eine selbständige Tätigkeit – zumindest bei Insolvenzeröffnung – nicht vorliegen, weil es zu den dortigen Eröffnungsvoraussetzungen gehört, dass keine selbständige Tätigkeit ausgeübt wird.

Nach dem Gesetzeswortlaut des § 35 Abs. 2 InsO ist die **Erklärung gegenüber dem/der Schuldner/in** abzugeben: entweder eine Freigabe oder eine Erklärung, dass Ansprüche aus der Tätigkeit im Insolvenzverfahren geltend gemacht werden können: s. gesonderte Muster Nr. 316 u. 317.

▶ Hinweis Veröffentlichung der Erklärung:

Manche Insolvenzgerichte fordern den Veröffentlichungstext per E-Mail. Dieser könnte wie folgt lauten:

»*In dem Insolvenzverfahren über das Vermögen des Herrn ... /der Frau ... (Vor- und Zuname)(Amtsgericht ..., AZ: ... IN .../...) hat der/die Insolvenzverwalter/in die selbständige Tätigkeit des Insolvenzschuldners /der Insolvenzschuldnerin als ... mit Wirkung vom .... (Datum des Zugangs) aus der Insolvenzmasse freigegeben und dies gegenüber dem Insolvenzgericht angezeigt. Die Freigabe hat zur Folge, dass Vermögen aus der selbständigen Tätigkeit nicht zur Insolvenzmasse gehört und Ansprüche aus dieser Tätigkeit im Insolvenzverfahren nicht geltend gemacht werden können. Die Anzeige ist auf der Geschäftsstelle des Insolvenzgerichtes einzusehen.*«

keine Selbständigkeit:

Ich teile weiter mit, dass *der Schuldner/die Schuldnerin* keine selbständige Tätigkeit ausübt. Eine Erklärung gem. § 35 Abs. 2 InsO ist daher nicht abzugeben.

Für Rückfragen stehen meine Mitarbeiter und ich jederzeit gerne zur Verfügung.

Mit freundlichen Grüßen

....
Insolvenzverwalter/in

Anlage:
ggf. Erklärung zur selbständigen Tätigkeit

Muster 113: Erstgespräch – Leitfaden – Kleinverfahren

285

Allgemeines	Erledigungsvermerk
Ablauf des Verfahrens: Erläuterung anhand der Ablaufskizze	
Belehrung gelesen und unterzeichnet?	
Fragebogen ausgefüllt?	
Direktversicherungsverträge angegeben? (s. Prüfungsschema: weitere Angaben mit dem/der Schuldner/in klären: Dauer Arbeitsverhältnis etc.)	
Internetportal des Bundesministeriums für Justiz und für Verbraucherschutz– Interesse vom Schuldner? www.bmjv.de > Verbraucherportal »Wissen wappnet«: Infos auch zum Insolvenzverfahren nachlesbar *(ggf. Link im Termin für Schuldner/in auf Anschreiben notieren?)*	
Lebenslauf ausgefüllt?	
Personalausweis mitgebracht? *Kopie fertigen*	
P-Konto: Belehrung über möglichen Schutzantrag gem. § 850k Abs. 4 ZPO wg. abweichender Zahlungseingänge vom Sockelbetrag (= höheres Nettoeinkommen)? Bei Unterhaltspflichten: Bescheinigung erforderlich Bei sonstigen Zahlungen (z.B. Ebay): Insolvenzbeschlag	
Schweigepflichtentbindungserklärung gelesen und unterzeichnet?	
Übergabe Merkblatt Mitwirkungspflichten: Erläuterung und Unterzeichnung	
Unterhaltspflichten bei getrennt lebenden oder geschiedenen Ehepartnern: Regelmäßige Vorlage von Zahlungsnachweisen über geleisteten Unterhalt *Schuldner/in über Vorlage belehren* (BGH-Beschl. v. 28.09.2017 – VII ZB 14/16 Rn. 7: Herabsetzung Pfändungsfreigrenze bei fehlender Zahlung von Unterhalt: s. Musterordner »Einkommen«: Herabsetzung)	
Versendung ergänzende Infos ans Insolvenzgericht? Erstanschreiben prüfen: Angaben zum Grundstück und zur selbständigen Tätigkeit gemacht? Wenn ein: Muster mit ergänzender Info (Nr. 112) direkt nach dem Gesprächstermin nutzen.	
vorzeitige RSB-Erteilung – Option?	
vorzulegende Unterlagen: vollständige Vorlage?	

Muster 114: Erstgespräch – Merkblatt Obliegenheiten

286 **Merkblatt**

über die Auskunfts- und Mitwirkungspflichten des Schuldners im Insolvenzverfahren gem. §§ 97, 98 InsO sowie die Obliegenheiten des Schuldners im Restschuldbefreiungsverfahren gem. §§ 295, 296 InsO

---

§ 97 InsO Auskunfts- und Mitwirkungspflichten des Schuldners

(1) Der Schuldner ist verpflichtet, dem Insolvenzgericht, dem Insolvenzverwalter, dem Gläubigerausschuss und auf Anordnung des Gerichts der Gläubigerversammlung über alle das Verfahren betreffenden Verhältnisse Auskunft zu geben. Er hat auch Tatsachen zu offenbaren, die geeignet sind, eine Verfolgung wegen einer Straftat oder einer Ordnungswidrigkeit herbeizuführen. Jedoch darf eine Auskunft, die der Schuldner gemäß seiner Verpflichtung nach Satz 1 erteilt, in einem Strafverfahren oder in einem Verfahren nach dem Gesetz über Ordnungswidrigkeiten gegen den Schuldner oder einen in § 52 Abs. 1 der Strafprozessordnung bezeichneten Angehörigen des Schuldners nur mit Zustimmung des Schuldners verwendet werden.

(2) Der Schuldner hat den Verwalter bei der Erfüllung von dessen Aufgaben zu unterstützen.

(3) Der Schuldner ist verpflichtet, sich auf Anordnung des Gerichts jederzeit zur Verfügung zu stellen, um seine Auskunfts- und Mitwirkungspflichten zu erfüllen. Er hat alle Handlungen zu unterlassen, die der Erfüllung dieser Pflichten zuwiderlaufen.

§ 98 InsO Durchsetzung der Pflichten des Schuldners

(1) Wenn es zur Herbeiführung wahrheitsgemäßer Aussagen erforderlich erscheint, ordnet das Insolvenzgericht an, dass der Schuldner zu Protokoll an Eides Statt versichert, er habe die von ihm verlangte Auskunft nach bestem Wissen und Gewissen richtig und vollständig erteilt. Die §§ 478 bis 480, 483 der Zivilprozessordnung gelten entsprechend.

(2) Das Gericht kann den Schuldner zwangsweise vorführen und nach Anhörung in Haft nehmen lassen,

1. wenn der Schuldner eine Auskunft oder die eidesstattliche Versicherung oder die Mitwirkung bei der Erfüllung der Aufgaben des Insolvenzverwalters verweigert;
2. wenn der Schuldner sich der Erfüllung seiner Auskunfts- und Mitwirkungspflichten entziehen will, insbesondere Anstalten zur Flucht trifft, oder
3. wenn dies zur Vermeidung von Handlungen des Schuldners, die der Erfüllung seiner Auskunfts- und Mitwirkungspflichten zuwiderlaufen, insbesondere zur Sicherung der Insolvenzmasse, erforderlich ist.

(3) Für die Anordnung von Haft gelten die §§ 904 bis 906, 909, 910 und 913 der Zivilprozessordnung entsprechend. Der Haftbefehl ist von Amts wegen aufzuheben, sobald die Voraussetzungen für die Anordnung von Haft nicht mehr vorliegen. Gegen die Anordnung der Haft und gegen die Abweisung eines Antrags auf Aufhebung des Haftbefehls wegen Wegfalls seiner Voraussetzungen findet die sofortige Beschwerde statt.

§ 290 InsO Versagung der Restschuldbefreiung

(1) Die Restschuldbefreiung ist durch Beschluss zu versagen, wenn dies von einem Insolvenzgläubiger, der seine Forderung angemeldet hat, beantragt worden ist und wenn

1. der Schuldner in den letzten fünf Jahren vor dem Antrag auf Eröffnung des Insolvenzverfahrens oder nach diesem Antrag wegen einer Straftat nach den §§ 283 bis 283c des StGB rechtskräftig zu einer Geldstrafe von mehr als 90 Tagessätzen oder einer Freiheitsstrafe von mehr als drei Monaten verurteilt worden ist,
2. der Schuldner in den letzten drei Jahren vor dem Antrag auf Eröffnung des Insolvenzverfahrens oder nach diesem Antrag vorsätzlich oder grob fahrlässig schriftlich unrichtige oder unvollständige Angaben über seine wirtschaftlichen Verhältnisse gemacht hat, um einen Kredit zu erhalten, Leistungen aus öffentlichen Mitteln zu beziehen oder Leistungen an öffentliche Kassen zu vermeiden,
3. (aufgehoben)
4. der Schuldner in den letzten drei Jahren vor dem Antrag auf Eröffnung des Insolvenzverfahrens oder nach diesem Antrag vorsätzlich oder grob fahrlässig die Befriedigung der Insolvenzgläubiger dadurch beeinträchtigt hat, dass er unangemessene Verbindlichkeiten begründet oder Vermögen verschwendet oder ohne Aussicht auf eine Besserung seiner wirtschaftlichen Lage die Eröffnung des Insolvenzverfahrens verzögert hat,
5. der Schuldner Auskunfts- oder Mitwirkungspflichten nach diesem Gesetz vorsätzlich oder grob fahrlässig verletzt hat,
6. der Schuldner in der nach § 287 Abs. 1 Satz 3 vorzulegenden Erklärung und in den nach § 305 Abs. 1 Nr. 3 vorzulegenden Verzeichnissen seines Vermögens und seines Einkommens, seiner Gläubiger und der gegen ihn gerichteten Forderungen vorsätzlich oder grob fahrlässig unrichtige oder unvollständige Angaben gemacht hat,

7. der Schuldner seine Erwerbsobliegenheit nach § 287b verletzt und dadurch die Befriedigung der Insolvenzgläubiger beeinträchtigt; dies gilt nicht, wenn den Schuldner kein Verschulden trifft; § 296 Abs. 2 Satz 2 und 3 gilt entsprechend.

(2) Der Antrag des Gläubigers kann bis zum Schlusstermin oder bis zur Entscheidung nach § 211 Abs. 1 schriftlich gestellt werden; er ist nur zulässig, wenn ein Versagungsgrund glaubhaft gemacht wird. Die Entscheidung über den Versagungsantrag erfolgt nach dem gem. Satz 1 maßgeblichen Zeitpunkt.

(3) Gegen den Beschluss steht dem Schuldner und jedem Insolvenzgläubiger, der die Versagung der Restschuldbefreiung beantragt hat, die sofortige Beschwerde zu. Der Beschluss ist öffentlich bekannt zu machen.

§ 295 InsO Obliegenheiten des Schuldners

(1) Dem Schuldner obliegt es, in dem Zeitraum zwischen Beendigung des Insolvenzverfahrens und dem Ende der Abtretungsfrist

1. eine angemessene Erwerbstätigkeit auszuüben und, wenn er ohne Beschäftigung ist, sich um eine solche zu bemühen und keine zumutbare Tätigkeit abzulehnen;
2. Vermögen, das er von Todes wegen oder mit Rücksicht auf ein künftiges Erbrecht erwirbt, zur Hälfte des Wertes an den Treuhänder herauszugeben;
3. jeden Wechsel des Wohnsitzes oder der Beschäftigungsstelle unverzüglich dem Insolvenzgericht und dem Treuhänder anzuzeigen, keine von der Abtretungserklärung erfassten Bezüge und kein von Nummer 2 erfasstes Vermögen zu verheimlichen und dem Gericht und dem Treuhänder auf Verlangen Auskunft über seine Erwerbstätigkeit oder seine Bemühungen um eine solche sowie über seine Bezüge und sein Vermögen zu erteilen;
4. Zahlungen zur Befriedigung der Insolvenzgläubiger nur an den Treuhänder zu leisten und keinem Insolvenzgläubiger einen Sondervorteil zu verschaffen.

(2) Soweit der Schuldner eine selbständige Tätigkeit ausübt, obliegt es ihm, die Insolvenzgläubiger durch Zahlungen an den Treuhänder so zu stellen, wie wenn er ein angemessenes Dienstverhältnis eingegangen wäre.

§ 296 InsO Verstoß gegen Obliegenheiten

(1) Das Insolvenzgericht versagt die Restschuldbefreiung auf Antrag eines Insolvenzgläubigers, wenn der Schuldner in dem Zeitraum zwischen Beendigung des Insolvenzverfahrens und dem Ende der Abtretungsfrist eine seiner Obliegenheiten verletzt und dadurch die Befriedigung der Insolvenzgläubiger beeinträchtigt; dies gilt nicht, wenn den Schuldner kein Verschulden trifft. Der Antrag kann nur binnen eines Jahres nach dem Zeitpunkt gestellt werden, in dem die Obliegenheitsverletzung dem Gläubiger bekanntgeworden ist. Er ist nur zulässig, wenn die Voraussetzungen der Sätze 1 und 2 glaubhaft gemacht werden.

(2) Vor der Entscheidung über den Antrag sind der Treuhänder, der Schuldner und die Insolvenzgläubiger zu hören. Der Schuldner hat über die Erfüllung seiner Obliegenheiten Auskunft zu erteilen und, wenn es der Gläubiger beantragt, die Richtigkeit dieser Auskunft an Eides Statt zu versichern. Gibt er die Auskunft oder die eidesstattliche Versicherung ohne hinreichende Entschuldigung nicht innerhalb der ihm gesetzten Frist ab oder erscheint er trotz ordnungsgemäßer Ladung ohne hinreichende Entschuldigung nicht zu einem Termin, den das Gericht für die Erteilung der Auskunft oder die eidesstattliche Versicherung anberaumt hat, so ist die Restschuldbefreiung zu versagen.

(3) Gegen die Entscheidung steht dem Antragsteller und dem Schuldner die sofortige Beschwerde zu. Die Versagung der Restschuldbefreiung ist öffentlich bekanntzumachen.

Hinweis seitens des Insolvenzbüros:

Sofern Sie den zur Insolvenztabelle angemeldeten Forderungen ganz oder teilweise oder ggf. den Tatbestand einer vorsätzlich begangenen unerlaubten Handlung widersprechen möchten, müssten Sie an dem gerichtlichen Prüfungstermin teilnehmen oder – sofern das schriftliche Prüfungsverfahren angeordnet wurde – innerhalb der gesetzten Frist **Ihre** Widersprüche bzw. Einwände dem Insolvenzgericht schriftlich bekannt geben.

Bestätigung der Kenntnisnahme:

Hiermit bestätige ich, dass ich auf meine Auskunfts- und Mitwirkungspflichten sowie die Obliegenheiten hingewiesen wurde. Der/die Insolvenzverwalter/in hat mich über die Möglichkeit der Versagung der Restschuldbefreiung informiert und mir u.a. geraten, in regelmäßigen Abständen (mindestens 1 x im Jahr) meine Bewerbungsbemühungen (anhand einer Auflistung) nachzuweisen, wenn ich in keinem angemessenen unselbständigen Arbeitsverhältnis stehe. Soweit ich eine selbständige Tätigkeit ausübe, bin ich auf die Verpflichtung zur jährlichen Zahlung gem. § 295 Abs. 2 InsO hingewiesen worden (BGH-Beschl. v. 19.07.2012 – IX ZB 188/09 in WKRS 2012, 20410).

…………………	…………………
Ort/Datum	Unterschrift

Muster 115: Erstgespräch – Verfahrensablauf – Übersicht

287 **Ablauf Insolvenzverfahren**

Insolvenzeröffnung am:	Ende der Restschuldbefreiungsphase am:
Phase 1	**Phase 2**
Regelinsolvenzverfahren/Verbraucherinsolvenzverfahren • Übergang Verwaltungs- und Verfügungsbefugnis auf Insolvenzverwalter • P-Konto-Regelung: kein Erlöschen §§ 115, 116 InsO • Gläubigerinformation + Datenerfassung in Insolvenztabelle (nicht alle Gläubiger melden an) • Unerlaubte Handlung? Widerspruchseinlegung durch Schuldner/in? • Erwerbsobliegenheit gem. § 287b InsO während Dauer von 6 Jahren, ggf. Bewerbungsbemühungen • Neuerwerb (z. B. Sparguthaben aus unpfändbarem Einkommen) • Mitwirkungspflicht gem. § 97 i.V.m. § 290 Abs. 1 Nr. 5 InsO: u.a. Mitteilung von Änderungen (Arbeitgeber, Unterhaltspflichten, Adresse etc.) und Beantwortung von Anfragen **Prüfungstermin/Berichtstermin** (evtl. schriftliches Verfahren) **Verwertung/Anfechtung** • Pfändbare Anteile aus Arbeitseinkommen, • Steuerguthaben, • Bauspar- und sonst. kapitalbildende Verträge, • Objekte, sonst. pfändbare Vermögensgegenstände, z. B. auch Erbschaften → **Insolvenzmasse** **nach vollständiger Verwertung = Einreichung Schlussbericht** **ggf. nachträglicher Prüfungstermin Schlusstermin** **Verteilung der Insolvenzmasse** **Aufhebung des Insolvenzverfahrens und gleichzeitige Überleitung in das Restschuldbefreiungsverfahren**	**Restschuldbefreiungsverfahren** • **Rückerlangung der Verwaltungs- und Verfügungsbefugnis** • **Erfüllung der Obliegenheiten gem. § 295 InsO, insbes.** – Abführung pfändbarer Einkommensanteile – Abführung von Erbschaften (50 %) – Mitteilung von Adressänderungen, Arbeitgeberwechsel etc. – bei Selbständigkeit: jährliche Zahlungen gem. § 295 Abs. 2 InsO (dies gilt auch während des eröffneten Verfahrens) • **Verrechnungsmöglichkeit des FinA mit neuen Steuerguthaben** **Insolvenzmasse** 1. Zahlung der Verfahrenskosten (Gerichtskosten + Kosten Insolvenzverwalter/in) 2. Quotenzahlung an Gläubiger 3. Bei nicht vorhandener Insolvenzmasse = Gerichtskostenrechnung nach Ablauf der Restschuldbefreiungsphase = Gerichtskasse ist somit Neugläubiger 4. Erteilung der RSB wirkt auch gegen nicht anmeldende Gläubiger (§ 301 Abs. 1 Satz 2 InsO)

Möglichkeit vorzeitiger Beendigung (§ 300 InsO)

- vollständiger Ausgleich der Verfahrenskosten **und**
- keine Forderungsanmeldung oder vollständige Befriedigung oder
- Ablauf von drei Jahren und 35 % für Insolvenzgläubiger (im eröffneten Verfahren: Insolvenzbeschlag; in RSB: Nachweis Herkunft der Zahlungsmittel) oder
- Ablauf von fünf Jahren

Muster 116: Fragebogen in Kleinverfahren

(Erläuterung: Der nachfolgende Fragebogen enthält zusätzlich erforderliche Fragen, die in den Formularen zum Insolvenzantrag nicht gestellt wurden. Es wird daher um sorgfältige Durchsicht und Beantwortung gebeten.)

288

Allgemeines	Antworten
Gründe für die Insolvenzlage?	
E-Mail-Adresse vorhanden?	
Handynummer im Insolvenzantrag angegeben? Wenn nein: bitte hier nennen.	
Wer hat die Verzeichnisse gem. § 305 Abs. 1 Nr. 3 InsO (Gläubiger-, Schuldner-, Vermögensverzeichnis = **Anlagen zum Insolvenzantrag**) erstellt?	• ich alleine • die Schuldnerberatungsstelle • andere geeignete Stelle • die Schuldnerberatungsstelle bzw. eine geeignete Stelle hat bei der Erstellung beraten

Allgemeines	**Antworten**
Steuer-Identifikationsnummer: *(ersichtlich aus dem letzten Steuerbescheid)*	
Anfechtung	**Antworten**
Wurden Vermögenswerte in den letzten vier Jahren weggeben? Ggf. an Verwandte?	
Gibt es Gläubiger, die die Insolvenzlage kennen? Sind an diese ggf. unter Druck Zahlungen geleistet worden?	
Gibt es Ratenzahlungsvereinbarungen?	
Wurden sonstige Verträge mit nahestehenden Personen über jedwede Leistungen in den letzten vier Jahren geschlossen? (z.B. Wohnrechte an Grundstücken etc.)	
Bank	**Antworten**
Wird ein Konto als P-Konto geführt? *(Wenn ja, bitte Kontoauszug wg. Bankname und IBAN vorlegen: s. gesonderte Liste)*	
Ist ein Schließfach bei einer Bank vorhanden? Bei welcher? Was ist im Schließfach? *(Wenn ja: Gibt es Unterlagen hierüber: Bankvertrag?)*	
Dauerschuldverhältnisse	**Antworten**
Mietkaution: Ist eine solche vertraglich vereinbart? Wurde sie auch gezahlt? Energieversorgung: Besteht ein gesondertes Vertragsverhältnis oder erfolgt die Versorgung und Abrechnung über den Vermieter? *(Erklärung nach § 103 InsO ggf. abgeben)*	
Einkommenssituation	**Antworten**
Abrechnungsstichtag bzw. Auszahlungstag für Löhne/Gehälter? *(wichtig z. B. für Zustellung von Beschlüssen gem. § 850c Abs. 4 ZPO u.ä.)*	
Art der Tätigkeit *(z.B. Verkäuferin u. ähnliches)*	
Umfang der Tätigkeit: Vollzeit, Teilzeit, geringfügig beschäftigt	
Besteht ein Tarifvertrag? *(Tarifregister beim Bundesministerium für Arbeit: Auflistung sämtlicher Tarifverträge)*	
Besteht ein Verwandtschaftsverhältnis zum Arbeitgeber? Welches?	
Bei getrennt lebenden oder geschiedenen Ehepartnern/innen: Ist Unterhalt zu leisten? Wird dieser regelmäßig gezahlt?	
Nettoeinkommen des/der Ehepartners/in *(unabhängig von Familiensituation, relevant für Festsetzung der Pfändungsfreigrenze – BGH, Beschl. v. 16. 4. 2015 – IX ZB 41/14, ZInsO 2015, 1101)*	
Fahrzeug	**Antworten**
KM-Stand des Fahrzeuges:	
Benötigen Sie das Fahrzeug für den Weg zur Arbeit? Wenn ja nachfolgende Fragen:	
Welche Arbeitszeiten bestehen?	
Können für die Hin- und Rückfahrt öffentliche Verkehrsmittel (Bus, Bahn) benutzt werden?	
Wenn nein, warum nicht?	
In welcher Entfernung befinden sich die nächsten Haltestellen?	
Grundstück	**Antworten**
Gab es ggf. Umzüge in den letzten vier Jahren?	

Grundstück	Antworten
Lage eines Grundstückes: Straße, Hausnummer, Ort	
Wer nutzt ein etwaiges Grundstück? Welche Flächen in m^2 werden genutzt?	
Bei eigener Nutzung: Nutzungsentgelt (wird im persönlichen Gespräch erläutert)	
Sind Prämienzahlungen der Gebäudeversicherung rückständig? Ggf. welche?	
Rechtsstreit	**Antworten**
Soweit es einen solche gibt: Halten Sie die Klageforderung für berechtigt? *(Hintergrund der Klage?)*	
Vermögenswerte sonstige	
Sind wertvolle Hausratsgegenstände vorhanden? *(antike Möbel, elektrische Geräte (z.B. Thermomix, Teezubereiter Temail), Kunstgegenstände, Schmuck, Teppiche)*	
Wie viele Fernseher, Computer, Laptops und Handys befinden sich in Ihrem Haushalt? *(Heeseler, InsbürO 2017, 449 ff.)*	Fernseher: Jahr des Kaufes: Ursprünglicher Kaufpreis: Computer: Jahr des Kaufes: Ursprünglicher Kaufpreis: Laptops: Jahr des Kaufes: Ursprünglicher Kaufpreis: Handys: Jahr des Kaufes: Ursprünglicher Kaufpreis: Sonstiges: Jahr des Kaufes: Ursprünglicher Kaufpreis:
Waren Sie einmal selbständig tätig?	
Wenn ja: Gibt es aus dieser selbständigen Tätigkeit noch Vermögenswerte (z. B. Betriebs- und Geschäftsausstattung) Haben Sie Vermögen im Ausland?	
Versicherungen	**Antworten**
Haben Sie Lebens- oder Rentenversicherungsverträge oder ähnliches in den letzten zwölf Monaten aufgelöst?	
Sind Sie Bezugsberechtigte/r eines Versicherungsvertrages aus Ihrer Familie oder sonstigen Dritten?	
Vollstreckungsmaßnahmen	**Antworten**
Wurden Vollstreckungsmaßnahmen in den letzten drei Monaten vor Antragstellung durchgeführt? Mit welchem Ergebnis?	

Muster 117: Freiwillige Zahlungen Schuldner – Vereinbarung Verrechnung

289 *Adressat: Schuldner/in*

Insolvenzverfahren über Ihr Vermögen
Amtsgericht ...: ... IN/IK .../...

Sehr geehrte Frau …/Sehr geehrter Herr …,

in obigem Insolvenzverfahren nehme ich Bezug auf das *am heutigen Tage* mit Ihnen geführte Gespräch in unserem Hause.

In dem heutigen Gespräch deuteten Sie an, in die Insolvenzmasse einen monatlichen Beitrag von *20,00 EUR* freiwillig zahlen zu wollen, damit dieser bereits zur Deckung der Verfahrenskosten herangezogen werden kann. Ich bitte Sie insoweit, einen entsprechenden Dauerauftrag einzurichten, so dass die Zahlungen auf folgendes Insolvenztreuhandkonto erfolgen können:

Bank:…

IBAN: …

Kontoinhaber: … als IV wg. … (Verfahrensbezeichnung)

Verwendungszweck: … (Ihr Name), Ratenzahlung auf Verfahrenskosten

Sollte eine vollständige Verfahrenskostendeckung eintreten, erhalten Sie von uns eine entsprechende Mitteilung. Ich weise noch einmal ausdrücklich darauf hin, dass es sich hierbei um freiwillige Zahlungen handelt und Ihrerseits derzeit keine Verpflichtung zur Vornahme solcher Zahlungen besteht.

▶ Hinweis:

Die vollständige Verfahrenskostendeckung kann im Rahmen der Halbjahresberichte geprüft werden. **Ein Überschuss kann ausgezahlt werden**, theoretisch aber auch an die Gläubiger verteilt werden. Dies wäre dann mit dem Schuldner abzuklären. Eine vorzeitige schriftliche Vereinbarung, dass die Zahlungen an die Gläubiger zu verteilen sind, sollte vermieden werden. Vielen Schuldnern ist die Tragweite sicherlich nicht bewusst: Zahlungen an Gläubiger müssen sie gar nicht leisten, die Verfahrenskosten aber nach Erteilung der RSB erstatten. Es droht ein Haftungspotential für das Insolvenzbüro, wenn keine ordnungsgemäße Belehrung insoweit erfolgt.

Ich wäre Ihnen daher dankbar, wenn Sie die Verwendung der eingehenden Zahlung auf einem Exemplar dieses Schreibens an der dafür vorgesehenen Stelle schriftlich bestätigen und das unterzeichnete Schreiben zurücksenden würden. Eine weitere Abschrift dieses Schreibens ist für Sie bestimmt.

Mit freundlichen Grüßen

…………………………………

Insolvenzverwalter/in

Treuhänder/in

Hiermit bestätige ich die in diesem Schreiben genannten Vereinbarungen.

____________, den ___________________

____

Schuldner/in

Muster 118: Lebenslauf

Lebenslauf 290

Persönliche Daten

Vor- und Zuname:	…………………………………
ggf. Geburtsname:	…………………………………
Geburtsdatum:	…………………………………
Staatsangehörigkeit:	…………………………………
Geburtsort:	…………………………………
Anschrift:	…………………………………
Telefon (tagsüber erreichbar):	…………………………………
Familienstand:	…………………………………
Kinder (Name und Geb.datum):	…………………………………
Schulbildung – (Abschluss):	…………………………………
Berufsausbildung	
Von……. bis…….	Ausbildung als……. bei …….

Berufspraxis in den letzten fünf Jahren

Von……. bis……. Tätigkeit als……. bei der Firma…….

Von ……. bis ……. Tätigkeit als ……. bei der Firma…….

……., den…….

…………………
Unterschrift

Muster 119: Schweigepflichtentbindungserklärung

▶ Hinweis bzgl. Nachlassinsolvenz:

291 Es gibt ein gesondertes Muster bei den Mustern für die Nachlassinsolvenz: Nr. 278.

▶ Hinweis:

Bitte 2-fach drucken und anfordern, falls ein Dritter das Original haben möchte!

Schweigepflichtentbindungserklärung

Als *Schuldner/Schuldnerin* bin ich gesetzlich verpflichtet, *dem/der Insolvenzverwalter/in* über alle das Verfahren betreffenden Verhältnisse Auskunft zu erteilen, insbesondere auch solche Auskünfte, die zur Realisierung von Ansprüchen gegen Dritte (§ 97 InsO) erforderlich sind.

In diesem Zusammenhang entbinde ich hiermit alle Personen und Stellen, von denen *der/die Insolvenzverwalter/in* Auskunft – insbesondere hinsichtlich meiner Vermögensverhältnisse – verlangt, von ihrer Pflicht zur Verschwiegenheit. Dies gilt für alle Kreditinstitute, Versicherungsgesellschaften, Sozial- und Finanzbehörden, Sozialversicherungsträger, die Behörden der Bundesagentur für Arbeit, Rechtsanwälte, Notare, Steuerberater und Wirtschaftsprüfer. Sie sollen *dem/der Insolvenzverwalter/in* uneingeschränkt Auskünfte erteilen.

Diese Entbindungserklärung ergeht u.a. vor dem Hintergrund des Art. 15 Abs. 1 DSGVO (= Datenschutzgrundverordnung). Mir ist insoweit gem. Art. 15 Abs. 1 Buchst. g) DSGVO bekannt, dass auch Daten vom Kraftfahrt-Bundesamt eingeholt werden. Insoweit erkläre ich mein ausdrückliches Einverständnis und ersuche das Kraftfahrt-Bundesamt um Erteilung einer entsprechenden Auskunft auf die Anfrage *des Insolvenzverwalters/der Insolvenzverwalterin.*

……., den…….

…………………
Unterschrift

Muster 120: Vorzulegende Unterlagen Kleinverfahren

292

Liste vorzulegende Unterlagen	
Personalausweis:	**Vorlage erfolgt:**
Bringen Sie diesen zur Fertigung einer Fotokopie mit.	
Bank	**Vorlage erfolgt:**
Original-Kontoauszüge der letzten sechs Monate	
Sparbücher, Wertpapiere – soweit vorhanden -	
Bei Kontopfändung: Pfändungs- und Überweisungsbeschluss	
Dauerschuldverhältnisse	
Mietvertrag für Ihre Wohnung	
Einkommenssituation	**Vorlage erfolgt:**
Arbeitsvertrag	
Gehaltsbescheinigungen der letzten drei Monate	
Bei Arbeitslosigkeit: Arbeitslosenbescheid	

Bei Arbeitslosigkeit: Fotokopie **des letzten Arbeitsvertrages** aus der letzten Tätigkeit sowie die letzten drei Gehaltsbescheinigungen aus dieser Tätigkeit	
Bei Nebentätigkeit: Arbeitsvertrag und Gehaltsbescheinigungen der letzten drei Monate	
Bei sonstigen Einkünfte: entsprechender Beleg (z. B. Rentenbescheid)	
Bei Unterhaltspflichten: Einkommensnachweise der Unterhaltsberechtigten bei Kindern in der Schul- oder Berufsausbildung: entsprechende Bescheinigungen/ Berufsausbildungsvertrag	
Bei getrennt lebenden oder geschiedenen Ehepartnern: Zahlungsnachweis über zu leistenden Unterhalt sowohl an Partner/in als auch an Kinder (z. B. Kontoauszug)	
Bei Abtretung der pfändbaren Einkommensanteile: Abtretungserklärung/en	
Bei Pfändung der pfändbaren Einkommensanteile: Pfändungs- und Überweisungsbeschluss	
Fahrzeug	**Vorlage erfolgt:**
Zulassungsbescheinigung I und II im Original	
Kfz-Steuerbescheid	
Versicherungsschein für die Haftpflichtversicherung	
Bei Sicherungsübereignung: Sicherungsübereignungsvertrag	
Grundstück (nur wenn Eigentum vorhanden)	**Vorlage erfolgt:**
Grundbuchauszug – soweit vorhanden	
Kaufvertrag, mit dem das Grundstück erworben wurde *(wg. Steuerproblematik)*	
Darlehensverträge für Belastungen auf dem Grundstück	
Bei Vermietung: Mietverträge	
Versicherungsschein der Gebäudeversicherung	
Zahlungsnachweis für letzte Prämie	
Unterlagen zu den Nebenkosten: Abfallgebühren, Entwässerungskosten, Gas- oder Öllieferungen, Grundsteuern, Schornsteinfeger, Straßenreinigungsgebühren Stromkosten etc.	
Rechtsstreitigkeiten	**Vorlage erfolgt:**
Klageschrift, Mahn- oder Vollstreckungsbescheid, Terminladungen	
Steuerliche Angelegenheiten	**Vorlage erfolgt:**
Einkommenssteuerbescheide der letzten zwei Jahre *(wg. Steuernummer u. Einkommenssituation)*	

Versicherungen	**Vorlage erfolgt:**
Versicherungsscheine von Lebens- und Rentenversicherungen (z. B. auch Sterbegeldversicherungen) (Sterbegeldversicherung: Pfändungsschutz bis 3.579,00 EUR) (auch Risikolebensversicherungen zusammen mit Ehepartner/in)	
Bei Bausparverträgen: letzten Kontoauszug	
Bei Abtretung: jeweilige Abtretungserklärung	
Bei Pfändung: Pfändungs- und Überweisungsbeschluss	
Vollstreckungsmaßnahmen	**Vorlage erfolgt:**
Vollstreckungsprotokolle, eidesstattliche Versicherung etc.	

Musterübersicht Fahrzeuge

(Die Übersicht ist alphabetisch sortiert.)

		Rdn.
Muster 121:	Anfrage Kfz-Haltung	293
Muster 122:	Empfangsbestätigung Fahrzeugpapiere	294
Muster 123:	Kfz-Steuer – Erstanschreiben	295
Muster 124:	Unpfändbarkeit – Bestätigung ggü. Schuldner	296
Muster 125:	Unpfändbarkeit – Mitteilung an Hauptzollamt	297
Muster 116:	Unpfändbarkeitskriterien (*s. Muster Eröffnungsbeschluss natürl. Person: Erstgespräch – Fragebogen, Stichwort »Fahrzeuge«*)	287
Muster 126:	Verkehrsrechtliche Veräußerungsanzeige ggü. Zulassungsstelle	298
Muster 127:	Verwertungsmöglichkeiten – Info an Schuldner	299

Muster 121: Anfrage Kfz-Haltung

▶ Hinweis:

Hauptzollämter sind für die Kfz-Steuer zuständig. Die jeweils zuständige Behörde kann unter www.zoll.de abgerufen werden: s. nachfolgenden Hinweis. **293**

Vorgehen im Internet:

www.zoll.de >
Privatpersonen >
Kfz-Steuer >
Ansprechpartner und Kontaktstellen >
zweite Auswahlmöglichkeit: zuständiges Hauptzollamt: anklicken + weiter >
PLZ eingeben >
Adresse der Dienststelle anklicken und kopieren und für Text nutzen

Insolvenzverfahren über das Vermögen
der Firma .../ des Herrn .../Frau..., geb. am. ...
Amtsgericht...:... IK/IN.../...
U.Z.: ... (Ord.bez. u. Reg.-Nr.)
Auskunft aus dem Melderegister

Sehr geehrte Damen und Herren,

ich bin *zum/zur Insolvenzverwalter/in* über das Vermögen der vorstehend genannten *Firma/Person* bestellt worden. Eine Fotokopie des gerichtlichen Eröffnungsbeschlusses liegt in der **Anlage** zu Ihrer Information anbei.

Ich bitte freundlichst um Auskunft darüber,

- ob und ggf. welche Fahrzeuge auf den *Namen des/der Schuldners/in* zugelassen sind,
- ob und ggf. welche Fahrzeuge in den letzten sechs Monaten auf *den/die Schuldner/in* zugelassen waren.

▶ Hinweis:

Die Mitteilung von **neuen Halterdaten** im Wege der Eigenauskunft nach § 19 Abs. 1 BDSG ist **nicht** zulässig.

Bei natürlichen Personen:

Bei der Prüfung bitte ich das Geburtsdatum *des/der Schuldners/in* zu beachten.

Ich verweise auf § 34 BDSG, nach dem ein Auskunftsanspruch *des/der Schuldners/in* gegeben ist, der im Insolvenzverfahren auf mich als *Insolvenzverwalter/in* übergeht. Vorsorglich wird in der weiteren **Anlage** allerdings eine Schweigepflichtentbindungserklärung *des/der Schuldners/in* überreicht. Daraus ist ersichtlich, dass *diese/r* einer Auskunftserteilung – insbesondere auch durch das Kraftfahrt-Bundesamt im Sinne des Art. 15 Abs. 1 DSGVO – zugestimmt hat.

▶ Hinweis:

Die Schweigepflichtentbindungserklärung wird i.d.R. von der Behörde gefordert.

Für etwaig entstehende Kosten komme ich selbstverständlich auf. Allerdings dürfte die Anfrage nach hiesiger Ansicht gem. § 34 Abs. 8 BDSG kostenfrei ergehen.

Mit freundlichen Grüßen

....

Insolvenzverwalter/in

Anlagen:
Eröffnungsbeschluss
Schweigepflichtentbindungserklärung

▶ Hinweis zu den Kosten:

Bezüglich der Kosten sei auf § 34 Abs. 8 BDSG verwiesen. Eigentlich wird nichts berechnet. Falls doch: Der Betrag kann aus der Insolvenzmasse entnommen werden. Sollte sich keinerlei Guthaben auf dem Treuhandkonto befinden, kann ein etwaig anfallender Betrag im Vergütungsantrag i.d.R. als verauslagte Auskunftskosten gegenüber der Staatskasse im Rahmen der Verfahrenskostenstundung geltend gemacht werden.

Hinweis zu den Angaben:

Das Geburtsdatum ist wichtig, da nicht selten Namensidentitäten bestehen.

Muster 122: Empfangsbestätigung Fahrzeugpapiere

294 **Empfangsbestätigung über Fahrzeugpapiere**

Über mein Vermögen ist das Insolvenzverfahren beim Amtsgericht... am... unter dem Aktenzeichen... eröffnet worden. Ich bin *Eigentümer/in* des folgenden Fahrzeuges:

Pkw der Marke ..., Baujahr..., Fahrgestellnummer...
mit dem amtlichen Kennzeichen...

Das Fahrzeug ist i.S.d. Vorschrift des § 811 Abs. 1 Nr. 5 ZPO und der BGH-Entscheidung vom 16.06.2011 (*VII ZB 114/09 in ZInsO 2011, 1420*) unpfändbar.

[Alternative:

Das Fahrzeug ist *vom/von der Insolvenzverwalter/in* am... aus der Insolvenzmasse freigegeben worden.]

Der/Die Insolvenzverwalter/in hat mir den Fahrzeugschein (Zulassungsbescheinigung Teil I) und den Fahrzeugbrief (Zulassungsbescheinigung Teil II) wieder im Original übergeben. Ich bestätige hiermit den Empfang dieser Unterlagen.

....

Ort/Datum

....

Vor- und Zuname des Schuldners/der Schuldnerin
vollständige Anschrift

Muster 123: Kfz-Steuer – Erstanschreiben

▶ Hinweis:

295 Hauptzollämter sind für die Kfz-Steuer zuständig. Die jeweils zuständige Behörde kann unter www.zoll.de abgerufen werden: s. nachfolgenden Hinweis.

Vorgehen im Internet:

www.zoll.de >
Privatpersonen >
Kfz-Steuer >
Ansprechpartner und Kontaktstellen >
zweite Auswahlmöglichkeit: zuständiges Hauptzollamt: anklicken + weiter >
PLZ eingeben >
Adresse der Dienststelle anklicken und kopieren und für Text nutzen

Insolvenzverfahren über das Vermögen der Firma .../der Frau .../ des Herrn ..., geb. am ...
Amtsgericht ...: ... IK/IN .../...
U.Z.: ... (Ord.bez. u. Reg.-Nr.)
Steuer-Nr.: .../hier nicht bekannt

Kfz-Kennzeichen: ....
(ggf. in Gerichtsakte = Angabe wichtig)

Sehr geehrte Damen und Herren,

hiermit zeige ich an, dass über das Vermögen *der obigen Insolvenzschuldnerin/des obigen Insolvenzschuldners* das Insolvenzverfahren eröffnet wurde und ich *zum/zur Insolvenzverwalter/in* bestellt worden bin. Eine Fotokopie des gerichtlichen Eröffnungsbeschlusses liegt in der **Anlage** zu Ihrer Information anbei.

Ich darf Sie bitten, möglicherweise bestehende oder künftig entstehende Steuerguthaben nur noch auf das für das Verfahren eingerichtete Insolvenztreuhandkonto auszuzahlen und zukünftigen Schriftverkehr ausschließlich über mich zu führen.

Die Bankverbindung lautet:

Bank: ...

IBAN: ...

BIC: ...

Kontoinhaber: ... als IV wg. ... (Verfahrensbezeichnung)

[Alternative – noch kein Treuhandkonto:

Sollten sich insoweit Guthabenbeträge ergeben, bitte ich um eine entsprechende Mitteilung. Im vorliegenden Verfahren wurde derzeit noch kein Treuhandkonto eingerichtet, da *der Schuldner/die Schuldnerin* bisher über keine pfändbaren Einkommensanteile verfügt und auch anderes Vermögen nicht ersichtlich ist. Die Einrichtung eines solchen Treuhandkontos ist aber problemlos möglich, sobald von Ihnen eine Information über eine bevorstehende Zahlung eingeht.]

Ich wäre im Übrigen für eine Mitteilung dankbar, ob auf den Namen *des Schuldners/der Schuldnerin* ein Fahrzeug angemeldet ist bzw. in den letzten zwölf Monaten angemeldet war und inwieweit diesbezüglich noch Forderungen Ihrerseits bestehen.

Für Ihre Bemühungen bedanke ich mich im Voraus ganz herzlich.

Mit freundlichen Grüßen

....
Insolvenzverwalter/in

Anlage:
Eröffnungsbeschluss

Muster 124: Unpfändbarkeit – Bestätigung ggü. Schuldner

Adressat: Schuldner/in 296

▶ Hinweis:

Bei Versendung der Fahrzeugpapiere:
Versendung per Einschreiben mit Rückschein

Insolvenzverfahren über Ihr Vermögen
Amtsgericht....:... IN/IK..../...
U.Z.: ... (Ord.bez. u. Reg.Nr.)

Sehr geehrte Frau ...,/sehr geehrter Herr ...,

ich komme zurück auf unsere Besprechung vom... (*Erstgespräch*). Darin hatten Sie dargelegt, dass Sie das in Ihrem Eigentum stehende Fahrzeug der Marke ... *mit dem amtlichen Kennzeichen...* für den täglichen Weg zur Arbeit benötigen, da öffentliche Verkehrsmittel nicht oder nur unzureichend zur Verfügung stehen. Damit unterliegt das Fahrzeug dem Pfändungsschutz des § 811 Abs. 1 Nr. 5 ZPO und gehört – zumindest derzeit – nicht zur Insolvenzmasse.

[Alternative:

Darin hatten sie dargelegt, dass Sie das in Ihrem Eigentum stehende Fahrzeug der Marke ... mit dem amtlichen Kennzeichen ... aus gesundheitlichen Gründen für die Wege zum Arzt, aber auch zur Kompensation am öffentlichen Leben benötigen. Damit unterliegt das Fahrzeug dem Pfändungsschutz des § 811 Abs. 1 Nr. 12 ZPO und gehört – zumindest derzeit – nicht zur Insolvenzmasse.]

Für beide Varianten:

Es käme grundsätzlich eine Austauschpfändung gemäß § 811a ZPO in Betracht, sofern das Fahrzeug einen sehr hohen Wert aufweist und ein adäquates Fahrzeug zur Verfügung gestellt wird, das – gemäß einer Entscheidung des BGH (*Beschl. v. 16.06.2011 – VII ZB 114/09 in ZInsO 2011, 1420*) – geeignet wäre, die *Fortsetzung der Erwerbstätigkeit/die Kompensation der gesundheitlichen Beeinträchtigung* auch zukünftig und für einen nicht nur kurzfristigen Zeitraum zu gewährleisten.

Ich habe den Wert Ihres Fahrzeuges zwischenzeitlich überprüft. Dieser beträgt noch etwa ... EUR. Entsprechend der vorgenannten BGH-Entscheidung sind Fahrzeuge bis zu einem Wert von mindestens 3.000,00 EUR von einer Austauschpfändung ausgeschlossen. Eine solche kommt daher in Ihrem Fall nicht in Betracht.

Sofern Fahrzeugunterlagen im Büro vorhanden:

Ich reiche Ihnen **anliegend** den Original-Fahrzeugbrief bzw. die Zulassungsbescheinigung Teil II zu meiner Entlastung zurück und bitte um Unterzeichnung der beiliegenden Empfangsbestätigung.

[Alternative – Papiere beim Schuldner:

Die Fahrzeugpapiere befinden sich in Ihrem Besitz. Eine Vorlage an mich ist wegen dieser vorliegenden Unpfändbarkeit nicht erforderlich.]

[Alternative – Darlehensfinanzierung – Kündigung durch Bank:

Wie Sie mir in unserem Erstgespräch mitteilten, ist das Fahrzeug darlehensfinanziert. *Die Darlehenszahlungen sind nach Ihren Erläuterungen rückständig.* Ich weise *noch einmal* darauf hin, dass eine Vertragserfüllung durch die Insolvenzmasse ausscheidet. Es besteht insoweit zum Schutz der Insolvenzmasse für mich als *Insolvenzverwalter/in* die Möglichkeit, die Vertragserfüllung gem. § 103 InsO abzulehnen. Die finanzierende Bank wird den Darlehensvertrag voraussichtlich kündigen, wenn die Darlehensraten nicht weiter gezahlt werden. Mit der Kündigung erlangt die Bank das Recht, das Fahrzeug aufgrund der erfolgten Sicherungsübereignung zu verwerten. Ich rege daher an, sich mit der Bank in Verbindung zu setzen, um eine für Sie tragbare Lösung zu finden. Folgende Möglichkeit bestehen insoweit:]

- Sie zahlen die Darlehensraten aus Ihrem pfändungsfreien Einkommen.
- Ein Verwandter tritt in den Darlehensvertrag ein: Dies erfordert die Zustimmung der Bank.
- Sie kaufen sich ein anderes Fahrzeug ohne Finanzierung.

Sollten Sie weitere Fragen zu dieser Thematik in Bezug auf das Insolvenzverfahren haben, stehen meine Mitarbeiter und ich gerne zur Verfügung. Sollten Sie Unterstützung für ein Gespräch mit der Bank benötigen, bitte ich Sie, sich an die zuständige Schuldnerberatungsstelle zu wenden.

▶ Hinweis:

Durch die Kündigung der Bank ergibt sich zwar grds. ein Absonderungsrecht der Bank. Die Unpfändbarkeit gem. § 811 Abs. 1 Nr. 5 ZPO entfällt aber nicht. Daher steht dem Verwalter kein Verwertungsrecht zu. Ggf. gesondertes Schreiben an die Bank.

Siehe nähere Erläuterungen zum darlehensfinanzierten Fahrzeug: Grote/Wipperfürth, InsbürO 2015, 17 ff., Haushalter, InsbürO 2016, 154 ff.

Mögliche Ablösung des Darlehensvertrages (Restvaluta < Fahrzeugwert) müsste schon im Rahmen der Unpfändbarkeit geprüft worden sein.

[Alternative – Leasingvertrag – Kündigung durch Bank:

Wie Sie mir in unserem Erstgespräch mitteilten, ist das Fahrzeug leasingfinanziert. *Die Leasingraten sind nach Ihren Erläuterungen rückständig.* Ich weise *noch einmal* darauf hin, dass eine Vertragserfüllung durch die Insolvenzmasse ausscheidet. Es besteht insoweit zum Schutz der Insolvenzmasse für mich als *Insolvenzverwalter/in* die Möglichkeit, die Vertragserfüllung gem. § 103 InsO abzulehnen. Die finanzierende Bank wird den Leasingvertrag voraussichtlich kündigen, wenn die Leasingraten nicht weiter gezahlt werden. Mit der Kündigung erlangt die Bank das Recht, das Fahrzeug zurückzufordern. Ich rege daher an, sich mit der Bank in Verbindung zu setzen, um eine für Sie tragbare Lösung zu finden. Folgende Möglichkeit bestehen insoweit:]

- Sie zahlen die Leasingraten aus Ihrem pfändungsfreien Einkommen.
- Ein Verwandter tritt in den Leasingvertrag ein: Dies erfordert die Zustimmung der Bank.
- Sie kaufen sich ein anderes Fahrzeug ohne Finanzierung.

Sollten Sie weitere Fragen zu dieser Thematik in Bezug auf das Insolvenzverfahren haben, stehen meine Mitarbeiter und ich gerne zur Verfügung. Sollten Sie Unterstützung für ein Gespräch mit der Leasinggesellschaft benötigen, bitte ich Sie, sich an die zuständige Schuldnerberatungsstelle zu wenden.

▶ Hinweis:

Durch die Kündigung der Leasinggesellschaft ergibt sich grds. ein Aussonderungsrecht der Bank, bei Unpfändbarkeit ist der Schuldner selbst Ansprechpartner.

Siehe nähere Erläuterungen zum darlehensfinanzierten Fahrzeug: Grote/Wipperfürth, InsbürO 2015, 17 ff., Haushalter, InsbürO 2016, 154 ff.

Mögliche Ablösung des Leasingvertrages (Restvaluta < Fahrzeugwert) müsste schon im Rahmen der Unpfändbarkeit geprüft worden sein.

Mit freundlichen Grüßen

…………………………….

Insolvenzverwalter/in

Anlagen:
Original-Fahrzeugbrief bzw. Zulassungsbescheinigung II
Entwurf einer Empfangsbestätigung

▶ Hinweise:

ggf. Überprüfung des Verkehrswertes vor dem Erstgespräch möglich: dann direkte Rückgabe Zulassungsbescheinigung II und Unterzeichnung der Empfangsbestätigung möglich

Bei diesem Schreiben handelt es sich um eine unechte Freigabe, weil der Insolvenzbeschlag an diesem Fahrzeug wegen der Unpfändbarkeit nicht greift.

Muster 125: Unpfändbarkeit – Mitteilung an Hauptzollamt

▶ Hinweis:

Hauptzollämter sind für die Kfz-Steuer zuständig. Die jeweils zuständige Behörde kann unter www.zoll.de abgerufen 297
werden: s. nachfolgenden Hinweis.

Vorgehen im Internet:

www.zoll.de >
Privatpersonen >
Kfz-Steuer >
Ansprechpartner und Kontaktstellen >
zweite Auswahlmöglichkeit: zuständiges Hauptzollamt: anklicken + weiter >
PLZ eingeben >
Adresse der Dienststelle anklicken und kopieren und für Text nutzen

Insolvenzverfahren über das Vermögen der Frau …/ des Herrn …, geb. am …
Amtsgericht …: … IK/IN …/…
U.Z.: … (Ord.bez. u. Reg.-Nr.)
Steuer-Nr.: …/hier nicht bekannt
Kfz-Kennzeichen: ….
(ggf. in Gerichtsakte = Angabe wichtig)

Sehr geehrte Damen und Herren,

ich bin *zum/zur Insolvenzverwalter/in* über das Vermögen der vorstehend genannten Person bestellt worden. Eine Fotokopie des gerichtlichen Eröffnungsbeschlusses liegt in der **Anlage** zur Information anbei.

[Alternative:

ich nehme Bezug auf mein Schreiben vom …, mit dem ich Ihnen die Insolvenzeröffnung über das Vermögen der vorstehend genannten Person angezeigt hatte.]

Auf *den Insolvenzschuldner/die Insolvenzschuldnerin* ist das Fahrzeug mit dem amtlichen Kennzeichen… zugelassen. Ich darf insoweit mitteilen, dass dieses Fahrzeug gem. § 811 Abs. 1 Nr. 5 ZPO unpfändbar ist, weil *der Schuldner/die Schuldnerin* es für den Weg zur Arbeit benötigt, und es damit gem. § 36 Abs. 1 S. 1 InsO nicht in die Insolvenzmasse fällt.

[Alternative § 811 Abs. 1 Nr. 12 ZPO:

Auf *den Insolvenzschuldner/die Insolvenzschuldnerin* ist das Fahrzeug mit dem amtlichen Kennzeichen… zugelassen. Ich darf insoweit mitteilen, dass dieses Fahrzeug gem. § 811 Abs. 1 Nr. 12 ZPO unpfändbar ist, weil *der Schuldner/die Schuldnerin … (Begründung des Einzelfalls)]*

▶ Beispiel:

- gehbehindert ist und das Fahrzeug zur Kompensation benötigt, um die Eingliederung in das öffentliche Leben zu erleichtern.

Das Fahrzeug fällt damit gem. § 36 Abs. 1 S. 1 InsO i.V.m. § 811 Abs. 1 Nr. 12 ZPO nicht in die Insolvenzmasse (BGH, Beschl. v. 16.6.2011 – VII ZB 12/09 InsbürO 211, 390, ZInsO 2011, 1420, JurBüro 2011, 548 ff.; im Anschluss an BGH, Beschl. v. 19. 03.2004 – IXa ZB 321/03 = WKRS 2004, 11576, JurBüro 2004, 444 ff.).

[Alternative – Freigabe:

Auf den Insolvenzschuldner/die Insolvenzschuldnerin ist das Fahrzeug mit dem amtlichen Kennzeichen… zugelassen. Ich darf insoweit mitteilen, dass ich dieses Fahrzeug mit Erklärung vom… aus der Insolvenzmasse freigegeben habe. Eine Fotokopie der Freigabeerklärung wird zu Ihrer Information in der **Anlage** überreicht.]

Zur Beendigung bzw. Vermeidung der Steuerpflicht für die Insolvenzmasse wurde gegenüber der Zulassungsbehörde entsprechend § 5 KraftStG i.V.m. § 13 Abs. 4 FZV eine verkehrsrechtliche Veräußerungsanzeige abgegeben. Auch dieses Schreiben finden Sie **anliegend**.

Ich bitte dementsprechend, *den Insolvenzschuldner/die Insolvenzschuldnerin* zur Zahlung der Kfz-Steuer direkt aufzufordern.

Eine Zahlung aus der Insolvenzmasse wird nicht erfolgen. Die Geltendmachung der Kfz-Steuer als Masseverbindlichkeit i.S.d. § 55 InsO scheidet bei Vorliegen einer *Unpfändbarkeit des Fahrzeuges oder Freigabe* entsprechend der Rechtsprechung des BFH (Urt. v. 08.07.2011 – *II R 49/09 in ZInsO 2011, 1502, WKRS 2011, 20588)* aus.

Mit freundlichen Grüßen

………………………………
Insolvenzverwalter/in

Anlagen:
Eröffnungsbeschluss
ggf. Freigabeerklärung
Fotokopie der verkehrsrechtlichen Veräußerungsanzeige
ggf. Empfangsbestätigung über Erhalt der Fahrzeugpapiere

Muster 126: Verkehrsrechtliche Veräußerungsanzeige

298 *Adressat: Zulassungsbehörde*

▶ Hinweis Adressat:

Im Internet nach der zuständigen Zulassungsbehörde für den Wohnort des/der Schuldners/in suchen.

Insolvenzverfahren über das Vermögen der Frau …/ des Herrn …, geb. am …
Amtsgericht …: … IK/IN …/…
U.Z.: … (Ord.bez. u. Reg.-Nr.)
Kfz-Kennzeichen: ….
(ggf. in Gerichtsakte = Angabe wichtig)
Verkehrsrechtliche Veräußerungsanzeige

Sehr geehrte Damen und Herren,

hiermit zeige ich an, dass über das Vermögen der vorstehend genannten Person das Insolvenzverfahren eröffnet und ich *zum/zur Insolvenzverwalter/in* bestellt worden bin. Eine Fotokopie des gerichtlichen Eröffnungsbeschlusses liegt in der **Anlage** zu Ihrer Information anbei.

Im Eigentum *des Schuldners/der Schuldnerin* befindet sich ein Fahrzeug. Die Finanzverwaltung setzt die Kfz-Steuer mit Verfahrenseröffnung aufgrund des Übergangs des Verwaltungs- und Verfügungsrechtes gemäß § 80 InsO gegen mich als *Insolvenzverwalter/in* fest. Zur Beendigung bzw. zur Vermeidung dieser Steuerpflicht nehme ich mit diesem Schreiben in analoger Anwendung des § 13 Abs. 4 FZV eine verkehrsrechtliche Veräußerungsanzeige vor und mache folgende Angaben:

Bei dem Fahrzeug handelt es sich um einen... (*Marke*), Baujahr..., Fahrgestellnummer... mit dem amtlichen Kennzeichen...

Weil *der Schuldner/die Schuldnerin* das Fahrzeug für den Weg zur Arbeit braucht, ist das Fahrzeug i.S.d. Vorschrift des § 811 Abs. 1 Nr. 5 ZPO unpfändbar. Es gehört insoweit gem. § 36 Abs. 1 S. 1 InsO nicht zur Insolvenzmasse.

[Alternative § 811 Abs. 1 Nr. 12 ZPO:

Auf *den Insolvenzschuldner/die Insolvenzschuldnerin* ist das Fahrzeug mit dem amtlichen Kennzeichen... zugelassen. Ich darf insoweit mitteilen, dass dieses Fahrzeug gem. § 811 Abs. 1 Nr. 12 ZPO unpfändbar ist, weil *der Schuldner/die Schuldnerin ... (Begründung des Einzelfalls)]*

▶ Beispiel:

- gehbehindert ist und das Fahrzeug zur Kompensation benötigt, um die Eingliederung in das öffentliche Leben zu erleichtern.

Das Fahrzeug fällt damit gem. § 36 Abs. 1 S. 1 InsO i.V.m. § 811 Abs. 1 Nr. 12 ZPO nicht in die Insolvenzmasse (BGH, Beschl. v. 16.6.2011 – VII ZB 12/09 InsbürO 211, 390, ZInsO 2011, 1420, JurBüro 2011, 548 ff.; im Anschluss an BGH, Beschl. v. 19. 03.2004 – IXa ZB 321/03 = WKRS 2004, 11576, JurBüro 2004, 444 ff.).

[Alternative – Freigabe:

Das Fahrzeug ist gegenüber *dem Schuldner/der Schuldnerin* mit Erklärung vom... aus der Insolvenzmasse freigegeben worden. Eine entsprechende Fotokopie dieser Erklärung wird zur Kenntnisnahme in der **Anlage** beigefügt.]

Die Fahrzeugpapiere sind *dem Schuldner/der Schuldnerin* ausgehändigt worden. Eine entsprechende Empfangsbestätigung wird **anliegend** überreicht.

für alle Varianten:

Aufgrund dieses Sachverhaltes ist *der Schuldner/die Schuldnerin* selbst *Steuerpflichtige/r* i.S.v. § 5 KraftStG. Der vollständige Name und die Anschrift *des Schuldners/der Schuldnerin* lauten wie folgt:

...

(Vor- und Zuname sowie komplette Anschrift)

▶ Hinweis:

Der Name und die Anschrift ergeben sich eigentlich auch aus dem Eröffnungsbeschluss. Weil **§ 13 Abs. 4 FZV** aber diese **Angaben in der Anzeige vorsieht**, sollten sie vorsorglich auf jeden Fall im Anschreiben noch einmal gesondert aufgeführt werden, damit eine ggf. sonst eintretende Unwirksamkeit der Anzeige vermieden wird.

Eine Geltendmachung der Kfz-Steuer als Masseverbindlichkeit scheidet aus. Dies hat der BFH in seinem Urteil vom 08.07.2011 (*AZ: II R 49/09 in WKRS 2011, 20588*) bei Vorliegen einer *Unpfändbarkeit oder Freigabe* des Fahrzeuges auch bestätigt.

Der Schuldner/die Schuldnerin möchte das Fahrzeug weiter nutzen. Eine tatsächliche Abmeldung oder Ummeldung ist daher nicht erforderlich. § 13 Abs. 4 FZV ist bei Vorliegen des zuvor geschilderten Sachverhaltes im Insolvenzverfahren analog anzuwenden.

Mit freundlichen Grüßen

....

Insolvenzverwalter/in

Anlagen:
Eröffnungsbeschluss
ggf. Fotokopie der Freigabeerklärung
ggf. Empfangsbestätigung über Erhalt der Fahrzeugpapiere

Muster 127: Verwertungsmöglichkeiten – Info an Schuldner/in

299 *Adressat: Schuldner/in*

Insolvenzverfahren Ihr Vermögen
Amtsgericht…:… IN/IK…/…
U.Z.: … (Ord.bez. u. Reg.Nr.)

Sehr geehrte Frau …,/sehr geehrter Herr…,

ich nehme Bezug auf unsere Besprechung vom… (*Erstgespräch*). Darin hatte ich Ihnen bereits erläutert, dass das in Ihrem Eigentum stehende Fahrzeug der Marke … mit dem amtlichen Kennzeichen … einen Vermögenswert darstellt, der zur Insolvenzmasse gehört, da Sie den Weg zur Arbeit mit öffentlichen Verkehrsmitteln zurücklegen können und dies auch tun. Ich habe den Wert des Fahrzeuges zwischenzeitlich überprüft. Beim Verkauf müsste ein Kaufpreis in Höhe von ca. … EUR erzielt werden können. Es gibt nunmehr drei Möglichkeiten der Abwicklung:

1. Eigenkauf/Auslösung
Sofern Sie das Fahrzeug behalten möchten, müssten Sie den geschätzten Kaufpreis in die Insolvenzmasse einzahlen. Hierzu würde ich mich mit Ratenzahlungen à … EUR, zahlbar am ersten eines jeden Monats, einverstanden erklären. Nach Eingang der Gesamtsumme würde ich die Freigabe des Fahrzeuges erklären und Ihnen den Fahrzeugbrief bzw. die Zulassungsbescheinigung II im Original zurückreichen.

2. Verkauf durch Sie
Ich biete Ihnen an, den Verkauf des Fahrzeuges selbst zu veranlassen. Dies hat sicherlich den Vorteil, dass i.d.R. ein höherer Kaufpreis erzielt wird, wenn zunächst der Hintergrund des Insolvenzverfahrens nicht bekannt ist. Ein höherer Kaufpreis dürfte auch in Ihrem Sinne sein, da sämtliche vereinnahmten Gelder zunächst auf die Verfahrenskosten verrechnet werden und Sie damit später mit einem geringeren oder ggf. gar keinem Betrag mehr durch die Staatskasse belastet werden. Käufer könnten durch eine Anzeige in Internetportalen oder ggf. im Freundes- und Bekanntenkreis gefunden werden. Sobald ein Kaufinteressent gefunden wäre, bitte ich um Kontaktaufnahme. Es müsste dann von mir ein Kaufvertrag mit dem Käufer geschlossen werden.

3. Verkauf durch mich
Sollten Sie an den ersten beiden Möglichkeiten kein Interesse haben, werde ich das Fahrzeug selbst verwerten. In dem Fall bitte ich um Herausgabe an mich und um telefonische Kontaktaufnahme zur Klärung, wann und wo das Fahrzeug abgestellt werden soll.

Mit freundlichen Grüßen

…………………………….
Insolvenzverwalter/in

Musterübersicht Finanzamt

(Die Übersicht ist alphabetisch sortiert.)

		Rdn.
Muster 128:	Erstanschreiben FinA – eröffnetes Verfahren	300
Muster 129:	Erstanschreiben FinA – vorl. Verw.	301
Muster 210 – 213:	Inhaltsverzeichnis jur. Person: Finanzamt (*s. Muster Inhaltsverzeichnis*)	381
Muster 130:	Kontoauszug FinA – Anforderung durch Schuldner	302
Muster 131:	Kontoauszug FinA – Anforderung durch Verwalter – neutral	303
Muster 132:	Kontoauszug FinA – Anforderung durch Verwalter – NRW	304
Muster 283:	Nachtragsverteilung – Übersendung Beschluss (*s. Muster Nachtragsverteilung*)	454
Muster 323 – 335:	Steuerangelegenheiten (*s. Muster Steuerangelegenheiten*)	494–506

Muster 128: Erstanschreiben FinA – eröffnetes Verfahren

Adressat: Finanzamt 300

Insolvenzverfahren über das Vermögen der Firma .../der Frau .../des Herrn...
Amtsgericht ...: ... IK/IN .../...
U.Z.: ... (Ord.bez. u. Reg.-Nr.)
Steuer-Nr.:.../hier nicht bekannt
(ggf. in Gerichtsakte = Angabe wichtig)

Sehr geehrte Damen und Herren,

hiermit zeige ich an, dass über das Vermögen *der obigen Insolvenzschuldnerin/des obigen Insolvenzschuldners* das Insolvenzverfahren eröffnet wurde und ich *zum/zur Insolvenzverwalter/in* bestellt worden bin. Eine Fotokopie des gerichtlichen Eröffnungsbeschlusses liegt in der **Anlage** zu Ihrer Information anbei.

Ich darf Sie bitten, möglicherweise bestehende oder künftig entstehende Steuerguthaben nur noch auf das für das Verfahren eingerichtete Treuhandkonto auszuzahlen und zukünftigen Schriftverkehr ausschließlich über mich zu führen. Die Bankverbindung lautet:

Bank: ...

IBAN: ...

BIC: ...

Kontoinhaber: ... als IV wg. ... (Verfahrensbezeichnung)

[Alternative:

Sollten sich insoweit Guthabenbeträge ergeben, bitte ich um eine entsprechende Mitteilung. Im vorliegenden Verfahren wurde derzeit noch kein Treuhandkonto eingerichtet, da *der Schuldner/die Schuldnerin* bisher über keine pfändbaren Einkommensanteile verfügt und auch anderes Vermögen nicht ersichtlich ist. Die Einrichtung eines solchen Treuhandkontos ist aber problemlos möglich, sobald von Ihnen eine Information über eine bevorstehende Zahlung eingeht.]

Bei Firmeninsolvenzen oder weiterhin selbständig tätigen Schuldnern:

Sollte noch keine Massesteuernummer angelegt worden sein, rege ich dies an.

▶ Hinweis:

Anfrage wg. **Kfz-Steuer:** gesondertes Muster »Nr. 123 Kfz-Steuer – Erstanschreiben«

Für Ihre Bemühungen bedanke ich mich im Voraus ganz herzlich.

Mit freundlichen Grüßen

....
Insolvenzverwalter/in

Anlage:
Eröffnungsbeschluss

Muster 129: Erstanschreiben FinA – vorl. Verw.

301 *Adressat: Finanzamt*

Vorläufige Insolvenzverfahren über das Vermögen der Firma …/der Frau …/des Herrn…
Amtsgericht …: … IK/IN …/…
U.Z.: … (Ord.bez. u. Reg.-Nr.)
Steuer-Nr.:…/hier nicht bekannt
(ggf. in Gerichtsakte = Angabe wichtig)

Sehr geehrte Damen und Herren,

hiermit zeige ich an, dass mit Beschluss des Amtsgerichts … vom … die vorläufige Verwaltung über das Vermögen der *der obigen Insolvenzschuldnerin/des obigen Schuldn*ers angeordnet und ich *zum/zur vorläufigen Insolvenzverwalter/in* bestellt worden bin. Eine Fotokopie des gerichtlichen Beschlusses liegt in der **Anlage** zu Ihrer Information anbei.

Ich darf Sie bitten, möglicherweise bestehende oder künftig entstehende Steuerguthaben nur noch auf das für das Verfahren eingerichtete Treuhandkonto auszuzahlen und zukünftigen Schriftverkehr ausschließlich über mich zu führen. Die Bankverbindung lautet:

Bank: …

IBAN: …

BIC: …

Kontoinhaber: … als IV wg. … (Verfahrensbezeichnung)

Für Ihre Bemühungen bedanke ich mich im Voraus.

Mit freundlichen Grüßen

……………………………..
Insolvenzverwalter/in

Anlage:
Anordnungsbeschluss

Muster 130: Kontoauszug FinA – Anforderung durch Schuldner

302 *… (Name und Anschrift des Schuldners)*

… (Ort/Datum)

Adressat: Finanzamt

Steuer-Nr.:…

Sehr geehrte Damen und Herren,

ich bin damit beschäftigt, mir einen Überblick über meine steuerlichen Angelegenheiten zu verschaffen und wäre Ihnen dankbar, wenn Sie mir eine Aufstellung über sämtliche Steuerforderungen des letzten Jahres und die darauf erfolgten Buchungen durch Zahlungen meinerseits übersenden könnten.

Für Ihre Bemühungen bedanke ich mich im Voraus und verbleibe

mit freundlichen Grüßen

……………………………

Muster 131: Kontoauszug FinA – Anforderung durch Verwalter – neutral

303 *Adressat: Finanzamt*
Insolvenzverfahren über das Vermögen der Firma …/des Herrn …/der Frau …
Amtsgericht …: … IN …/…
U.Z.: … (Ord.bez. u. Reg.-Nr.)
Steuer-Nr.: …

Sehr geehrte Damen und Herren,

in obiger Angelegenheit bin ich am …. *zum/zur Insolvenzverwalter/in* über das Vermögen der vorgenannten Gesellschaft/Person bestellt worden. Eine Fotokopie des amtsgerichtlichen Beschlusses liegt in der **Anlage** zur Information anbei.

Ich bitte in dieser Eigenschaft um Übersendung von Speicherkontoauszügen für den Zeitraum vom … bis … zu folgenden Steuernummern: …

Zum Anspruch auf entsprechende Akteneinsicht verweise ich auf § 1 IFG … *(Bundesland) (im IFG Bund: § 1 Abs. 1 Satz 1)*. Danach steht das Informationsrecht jedem ohne weitere Voraussetzung zu. Das Gesetz unterscheidet nicht danach, in welcher Eigenschaft, zu welchem Zweck, aus welchem Motiv oder aus welcher Verfahrensstellung heraus der Betroffene den Zugang zu amtlichen Informationen begehrt (*u.a. OVG Hamburg, 16.04.2012 – 5 Bf 241/10.Z. in ZInsO 2012, 989*).

Unter »amtlichen Informationen« i.S.v. § 1 IFG … (*Bundesland*) (*im IFG Bund: § 1 Abs. 1 Satz 1 IFG*) ist nach der Legaldefinition des § … IFG … (*Bundesland*) (*im IFG Bund: § 2 Nr. 1 IFG*) jede amtlichen Zwecken dienende Aufzeichnung unabhängig von der Art ihrer Speicherung zu verstehen (*OVG Hamburg, 16.04.2012 – 5 Bf 241/10.Z. in ZInsO 2012, 989*).

Der Anspruch ist auch nicht nach § … IFG … (*Bundesland*) (*im IFG Bund: § 4 Abs. 2 Satz 1 IFG)* ausgeschlossen (*BVerwG, 14.05.2012 – 7 B 53.11 in BFH/NV 212, 1567, ZInsO 2012, 1268, BVerwG, Urt. v. 26.04.2018 – 7 C 5.16, InsbürO 2018, 487, ZInsO 2018, 1907.)*. Danach stehen die Bestimmungen der AO dem voraussetzungslosen und unabhängig von einem anhängigen Verwaltungsverfahren bestehenden eigenständigen Anspruch nach dem IFG des Bundes und der Länder nicht entgegen.

Ein Anspruch könnte mit dem Hinweis auf nachteilige Auswirkungen auf ein laufendes Gerichtsverfahren verweigert werden (*BVerwG, 09.11.2010 – 7 B 43.10 in DVBl. 2011, 180, ZInsO 2011, 49)*. Ein solches Verfahren ist vorliegend aber nicht anhängig.

Letztlich besteht sogar dann ein Anspruch, wenn sich aus den Informationen mögliche Anfechtungsansprüche gegen die jeweilige Behörde ergeben würden. Der Gesetzgeber hat mit dem IFG in Kauf genommen, dass Ansprüche aus der Insolvenzanfechtung gegen die öffentliche Hand unter erleichterten Bedingungen geltend gemacht werden können *(OVG Rheinland-Pfalz, 12.02.2010 – 10 A 11156/09.OVG in DStR 2010, 13, ZInsO 2010, 1708)*.

Ich benötige die Informationen, um mir einen Überblick über sämtliche Zahlungsflüsse *des Schuldners/der Schuldnerin* und die insoweit erfolgten Verrechnungen und Umbuchungen seitens des Finanzamtes zu verschaffen. Die erforderlichen Informationen lassen sich nicht ausreichend aus den mir *vom Schuldner/von der Schuldnerin* vorgelegten Unterlagen entnehmen, weil mir diese trotz mehrfacher Aufforderungen nicht vollständig vorgelegt wurden und auch keine ordnungsgemäße Buchführung vorliegt.

Ich bitte daher, dem Begehren zu entsprechen. Bezüglich möglicher Kosten verweise ich auf § 10 Abs. 1 Satz 2, Abs. 2 IFG i.V.m. § 7 BGebG, wonach für die Erteilung einfacher Auskünfte keine Gebühren und Auslagen zu erheben sind. Sollten Sie die Auskunft nicht als »einfach« einzustufen, bitte ich vor der Bearbeitung dieser Anfrage höflich um entsprechende Mitteilung.

▶ Hinweis zu anfallenden Kosten:

Berechnung nach dem Bundesgebührengesetz (BGebG)

Mit freundlichen Grüßen

……………………………

Insolvenzverwalter/in

Anlage:
Eröffnungsbeschluss

▶ Hinweis, Stand 5/2019:

In folgenden Bundesländern gibt es noch kein IFG – damit kein Auskunftsanspruch:

Bayern, Niedersachsen und Sachsen

Muster 132: Kontoauszug FinA – Anforderung durch Verwalter – NRW

Adressat: Finanzamt 304

▶ Hinweis:

Dieses Muster ist ggf. bzgl. der Vorschriften in den anderen Bundesländern abzuändern.

Insolvenzverfahren über das Vermögen der Firma …/des Herrn …/der Frau …
Amtsgericht …: … IN …/…
U.Z.: … (Ord.bez. u. Reg.-Nr.)
Steuer-Nr.: …

Sehr geehrte Damen und Herren,

in obiger Angelegenheit bin ich am …. *zum/zur Insolvenzverwalter/in* über das Vermögen der vorgenannten Gesellschaft/Person bestellt worden. Eine Fotokopie des amtsgerichtlichen Beschlusses liegt in der **Anlage** zur Information anbei.

Ich bitte in dieser Eigenschaft um Übersendung von Speicherkontoauszügen für den Zeitraum vom … bis … zu folgenden Steuernummern: …

Zum Anspruch auf entsprechende Akteneinsicht verweise ich auf § 4 IFG NRW. Danach steht das Informationsrecht jedem ohne weitere Voraussetzung zu. Das Gesetz unterscheidet nicht danach, in welcher Eigenschaft, zu welchem Zweck, aus welchem Motiv oder aus welcher Verfahrensstellung heraus der Betroffene den Zugang zu amtlichen Informationen begehrt. Allgemeine Auskunftsansprüche können für jeden begründet werden (*OVG NRW, 28.07.2008 – 8 A 1548/07 in DStR 2009, 59, ZInsO 2008, 927).*

Unter »amtlichen Informationen« i.S.v. § 4 IFG NRW ist nach der Legaldefinition des § 3 IFG NRW jede amtlichen Zwecken dienende Aufzeichnung unabhängig von der Art ihrer Speicherung zu verstehen.

Der Anspruch ist auch nicht nach den Regelungen in §§ 6 ff. IFG NRW ausgeschlossen. Die dort genannten Ausschlussgründe zum Schutz öffentlicher Belange, bei nachteiliger Auswirkung auf ein anhängiges Verfahren etc. sind vorliegend nicht gegeben.

Auch die Bestimmungen der AO stehen dem voraussetzungslosen und unabhängig von einem anhängigen Verwaltungsverfahren bestehenden eigenständigen Anspruch nach dem IFG des Bundes und der Länder nicht entgegen (*BVerwG, 14.05.2012 – 7 B 53.11 in BFH/NV 212, 1567, ZInsO 2012, 1268, BVerwG, Urt. v. 26.04.2018 – 7 C 5.16, InsbürO 2018, 487, ZInsO 2018, 1907.).*

Letztlich besteht sogar dann ein Anspruch, wenn sich aus den Informationen mögliche Anfechtungsansprüche gegen die jeweilige Behörde ergeben würden. Der Gesetzgeber hat mit dem IFG in Kauf genommen, dass Ansprüche aus der Insolvenzanfechtung gegen die öffentliche Hand unter erleichterten Bedingungen geltend gemacht werden können *(so OVG Rheinland-Pfalz, 12.02.2010 – 10 A 11156/09.OVG in DStR 2010, 13, ZInsO 2010, 1708).*

Ich benötige die Informationen, um mir einen Überblick über sämtliche Zahlungsflüsse *des Schuldners/der Schuldnerin* und die insoweit erfolgten Verrechnungen und Umbuchungen seitens des Finanzamtes zu verschaffen. Die erforderlichen Informationen lassen sich nicht ausreichend aus den mir *vom Schuldner/von der Schuldnerin* vorgelegten Unterlagen entnehmen, weil mir diese trotz mehrfacher Aufforderungen nicht vollständig vorgelegt wurden und auch keine ordnungsgemäße Buchführung vorliegt.

Ich bitte daher, dem Begehren zu entsprechen. Bezüglich möglicher Kosten verweise ich auf § 11 Abs. 2 IFG i.V.m. § 1 VerwGebO IFG NRW und Nr. 1.1. der Anlage zur VerwGebO IFG NRW, wonach für die Erteilung einfacher Auskünfte keine Gebühren und Auslagen zu erheben sind. Sollten Sie die Auskunft nicht als »einfach« einstufen, bitte ich vor der Bearbeitung dieser Anfrage höflich um entsprechende Mitteilung.

Mit freundlichen Grüßen

……………………………………..

Insolvenzverwalter/in

Anlage:
Eröffnungsbeschluss

▶ **Hinweis, Stand 5/2019:**

In folgenden Bundesländern gibt es noch kein IFG – damit kein Auskunftsanspruch:

Bayern, Niedersachsen und Sachsen

Musterübersicht Forderungseinzug

(Die Übersicht ist alphabetisch sortiert.)

		Rdn.
Muster 159:	Abrechnung Globalzession (*s. Muster Globalzession*)	331
Muster 133:	Anfrage an Insolvenzgericht des Drittschuldners	305
Muster 134:	Anfrage an Insolvenzgericht – Vollstreckungsportal	306
Muster 135:	Auskunftsersuchen – Insolvenzportal – Info-Übersicht	307
Muster 136:	Auskunftsersuchen – Vollstreckungsportal – Info-Übersicht	308
Muster:	Debitorenliste (*Dateivorgabe des jeweiligen Softwareanbieters zwecks Einspielung der Daten ins System*)	
Muster 137:	Einwohnermeldeamt – Anfrage	309
Muster 138:	Einwohnermeldeamt – Anfrage über das Gericht	310
Muster 342:	Eröffnung Treuhandkonto – Übersendung Beschluss (*s. Muster Treuhandkonto*)	514
Muster 247 – 248:	Forderungsanmeldungsformular (*s. Muster Insolvenztabelle*)	419-420
Muster 139:	Forderungsaufstellung	311
Muster 210:	Inhaltsverzeichnis jur. Person (*s. Muster Inhaltsverzeichnis*)	382
Muster 140:	Mahnschreiben 1	312
Muster 141:	Mahnschreiben 2	313
Muster 382:	Rechtsstreit – Anfrage wg. GK-Erstattung	554
Muster 142:	RVG-Abrechnung	314
Muster 313:	Schlussbericht – Umlaufzettel (*s. Muster Schlussbericht*)	485
Muster 330:	Umsatzsteuer Forderungseinzug – Übersicht (*Einordnung in Zeiträume und Verfahrensstadien*) (*s. Muster Steuerangelegenheiten*)	345-348
Muster 173 – 176:	Vorzulegende Unterlagen – Listen (*unterschiedliche Rechtsformen*) (*s. Muster Gutachten*)	345-348
Muster 156:	Zustellungsnachweis – Beispiel mit Hinweisen (*s. Muster Gläubiger*)	328

Muster 133: Anfrage an Insolvenzgericht – Drittschuldner

▶ Hinweis: 305

Vor Erstellung dieses Schreibens sollte eine Abfrage über www.insolvenzbekanntmachungen.de erfolgen. Siehe hierzu auch in »Auskunftsersuchen – Insolvenzportal – Infoübersicht« mit Informationen zur Abfrage.

Adressat: Insolvenzgericht am Wohnsitz des Drittschuldners

Insolvenzverfahren über das Vermögen der Firma …/ des Herrn …/der Frau …
Amtsgericht …: … IN …/…
U.Z.: … (Ord.bez. u. Reg.-Nr.)
Auskunftsersuchen

Sehr geehrte Damen und Herren,

in meiner Eigenschaft als *Insolvenzverwalter/in* über das Vermögen der vorgenannten *Firma/Person* bitte ich freundlichst um Auskunft darüber, ob über das Vermögen der nachstehend näher bezeichneten *Firma/Person*
→ ein Insolvenzverfahren anhängig war
→ bzw. ein Antrag mangels Masse abgewiesen wurde.

Es handelt sich um folgende *Firma/Person*:

Firma/Herrn/Frau…,

(Geburtsname…),

geb. am…,

letzte bekannte Anschrift:…

▶ Hinweis:

Die Angabe zum Geburtsdatum des Drittschuldners hilft zwar bei der Auskunftsfindung, liegt aber oftmals nicht vor. Sie ist nicht zwingend.

Die Auskunft dient ausschließlich der Verfolgung zivilrechtlicher Ansprüche.

Mit freundlichen Grüßen

………………………………

Insolvenzverwalter/in

Muster 134: Anfrage an Insolvenzgericht – Vollstreckungsportal

306 ▶ Hinweis:

I.d.R. nur nutzen, wenn keine ausreichende Insolvenzmasse für Abfrage im Vollstreckungsportal mit anfallender Gebühr vorhanden ist.

Adressat: »eigenes« Insolvenzgericht

Insolvenzverfahren über das Vermögen des Herrn …/der Frau …
Geschäftszeichen …: … IN …/…
Auskunft aus dem Vollstreckungsportal

Sehr geehrte Frau Rechtspflegerin …, / sehr geehrter Herr Rechtspfleger …,

in obiger Angelegenheit besteht ein Zahlungsanspruch gegen

Herrn/Frau…, geb. am. …, wohnhaft …

▶ Hinweis:

Die Angabe zum Geburtsdatum des Drittschuldners hilft zwar bei der Auskunftsfindung, liegt aber oftmals nicht vor. Sie ist nicht zwingend.

Außergerichtliche Zahlungsaufforderungen haben zu keinem Ergebnis geführt. Es ist daher die gerichtliche Geltendmachung zu erwägen. Zu diesem Zweck sollen zunächst die Vermögensverhältnisse *des Drittschuldners/der Drittschuldnerin* überprüft werden. Ich verfüge derzeit noch über keinen Massebestand auf dem Treuhandkonto. Die Abfrage im Vollstreckungsportal über mögliche Eintragungen im Schuldnerverzeichnis ist jedoch kostenpflichtig. Die entsprechende Gebühr kann derzeit aus der Insolvenzmasse nicht aufgebracht werden.

Das Insolvenzgericht hat dagegen ein kostenloses Auskunftsrecht gem. § 802k Abs. 2 ZPO. Es wird daher freundlichst angefragt, ob von dort eine Auskunft aus dem Vollstreckungsportal vorgenommen werden kann.

Mit freundlichen Grüßen

………………………………

Insolvenzverwalter/in

▶ Hinweis:

Siehe auch in »Auskunftsersuchen – Vollstreckungsportal – Infoübersicht« mit Informationen zur Abfrage.

Muster 135: Auskunftsersuchen – Insolvenzportal – Info-Übersicht

307

Erläuterungen der Abfragemöglichkeiten per Stand 2019	Handhabung und Ergebnisse per Stand 2019
Abfrage über www.insolvenzbekanntmachungen.de	
»Detailsuche«	1. Gerichtsbezirk auswählen und 2. Name oder Firma, Sitz des Schuldners, Aktenzeichen des Verfahrens oder Registergericht
Gerichtsverzeichnis	Suche nach Gerichtsbezirk: oben rechts: Button zur Eingabe des Orts und entsprechender Suche
Löschung von Daten bei Abweisung mangels Masse	gem. § 3 Abs. 3 ÖBekInsIntV einen Monat nach dem ersten Tag der Veröffentlichung
Löschung von Daten bei Eröffnung	gem. § 3 Abs. 1 ÖBekInsIntV spätestens sechs Monate nach Aufhebung eines Insolvenzverfahrens

Erläuterungen der Abfragemöglichkeiten per Stand 2019	Handhabung und Ergebnisse per Stand 2019
Löschung von Daten bei Nichteröffnung	gem. § 3 Abs. 1 ÖBekInsIntV sechs Monate nach Aufhebung der Sicherungsmaßnahmen
Löschung von Daten bei RSB-Erteilung	gem. § 3 Abs. 2 ÖBekInsIntV sechs Monate nach Erteilung oder Versagung der RSB
»Uneingeschränkte Suche«	nur Veröffentlichungen der letzten zwei Wochen
Veröffentlichungen	Anordnung und Aufhebung von Sicherungsmaßnahmen Abweisung mangels Masse Beschluss über Eröffnung Einstellung oder Aufhebung des Verfahrens Festsetzung der Vergütung Terminbestimmungen Ankündigung RSB Erteilung und Versagung RSB

▶ Hinweis:

Wenn man über das Insolvenzportal keine Suchergebnisse erzielt, sollte man vorsorglich eine Abfrage über das Vollstreckungsportal machen: Abweisung mangels Masse werden in das Schuldnerverzeichnis eingetragen. Aber Achtung: Die Abfrage ist kostenpflichtig! Siehe gesonderte Übersicht »Auskunftsersuchen Vollstreckungsportal« (Nr. 136).

Ggf. ist auch eine schriftliche Anfrage an das zuständige Insolvenzgericht sinnvoll: s. gesondertes Muster (Nr. 133).

Muster 136: Auskunftsersuchen – Vollstreckungsportal – Info-Übersicht

308

Erläuterungen der Abfragemöglichkeiten	Handhabung und Ergebnisse
Abfrage über **www.vollstreckungsportal.de**	
Abfrageberechtigung	Nachweis berechtigtes Interesse: § 882f ZPO
Abfragespeicherung	§ 6 SchuFV: Jede Abfrage wird protokolliert: Verwendung der Daten Datum und Uhrzeit der Einsichtnahme Identität der abfragenden Person Abgefragte Daten Löschung dieser Abfrage: sechs Monate nach Abfrage (§ 6 Abs. 4 SchuFV)
Abweisung mangels Masse	wird in das Schuldnerverzeichnis eingetragen: § 26 Abs. 2 InsO Löschung dort: 3 Jahre seit dem Ende des Jahres, in dem die Abweisungsentscheidung erfolgte (§ 26 Abs. 2 Satz 2 i.V.m. § 882e Abs. 1 Satz 1 ZPO) daher Abfrage über dieses Portal möglich
Anmeldedaten im Portal:	s. nachfolgend »Zugangsdaten«
Auskunftsersuchen durch Insolvenzgericht:	§ 802k Abs. 2 Satz 3 ZPO Abklärung, ob diese gewillt sind, Anfragen über Debitoren zu machen sinnvoll nur, wenn nicht genug Masse zum Ausgleich der Abfragegebühr vorhanden ist
Datenumfang	§§ 882b ff. ZPO = Schuldnerverzeichnis
Eintragungen im Portal	ab Inkrafttreten des Gesetzes: 01.01.2013
Führung des Schuldnerverzeichnisses	Verordnung über die Führung des Schuldnerverzeichnisses (SchuFV): Regelungen zur Eintragung, Auskunftsberechtigung, Löschung

Erläuterungen der Abfragemöglichkeiten	Handhabung und Ergebnisse
Gesetzesgrundlage	Gesetz zur Reform der Sachaufklärung in der Zwangsvollstreckung (BGBl. I S. 2258) (ZwVollStrÄndG) Inkrafttreten: 01.01.2013
Gerichtsvollzieher	dem Gerichtsvollzieher können Aufgaben übertragen werden: Versuch der gütlichen Einigung (§ 802b ZPO) Einholung Vermögensauskunft Schuldner (§ 802c ZPO) Einholung Auskünfte Dritter über das Vermögen des Schuldners (§ 802l ZPO) Ermittlung Aufenthaltsort (§ 755 ZPO)
Kosten:	**jede Abfrage** im Portal ist **kostenpflichtig**, auch bei Negativmeldung Berechnung nach jeweiligem Landesjustizkostengesetz: i.d.R. 4,50 EUR pro ermitteltem Datensatz mehrere Treffer = Anzahl x 4,50 EUR
Zugangsdaten:	Benutzername: ... Passwort: ...

Muster 137: Einwohnermeldeamt – Anfrage

309 *Adressat: zuständiges Einwohnermeldeamt bei der Stadt- oder Gemeindeverwaltung am letzten bekannten Wohnsitz der betreffenden Person*

▶ Hinweis:

Bei **Adressanfragen zum/zur Schuldner/in** bitte das Insolvenzgericht um Auskunftsersuchen bitten. Dieses bekommt die Auskünfte kostenlos. Erstattungsanspruch für etwaige Gebühren wird daher im Vergütungsantrag nach JVEG (bspw. in der Gutachtenphase) schwer durchzusetzen sein. Siehe gesondertes Muster Nr. 138!

Insolvenzverfahren über das Vermögen der Firma ... /des Herrn .../der Frau ...
Amtsgericht ...: ... IN .../...
U.Z.: ... (Ord.bez. u. Reg.-Nr.)
Auskunft aus dem Melderegister

Sehr geehrte Damen und Herren,

mit Eröffnungsbeschluss des Amtsgericht – Insolvenzgericht – ... vom ... ist über das Vermögen der vorstehend genannten *Firma/Person* das Insolvenzverfahren eröffnet und bin ich *zum/zur Insolvenzverwalter/in* bestellt worden. Eine Kopie des amtsgerichtlichen Beschlusses überreiche ich Ihnen in der **Anlage** zu Ihrer Kenntnisnahme.

Ich bitte zur Geltendmachung von Forderungsansprüchen freundlichst um Auskunft über die derzeitige Anschrift *der/des*

Herrn/Frau... **(Vor- und Zuname),**

Geburtsname... (falls bekannt),

geb. am... (falls bekannt),

zuletzt wohnhaft:...

▶ Hinweis:

Die Angabe zum Geburtsdatum hilft zwar bei der Auskunftsfindung, liegt aber oftmals nicht vor. Sie ist nicht zwingend.

Die Daten werden ausschließlich für private Zwecke benötigt. Es ist keine Verwendung zu Werbezwecken oder für den Adresshandel beabsichtigt.

▶ Hinweis zu den Kosten:

Am besten kurz vorab bei der Stadt oder Gemeinde anrufen, um die Höhe der anfallenden Kosten und die Art der Bezahlung zu klären.

[Alternative – Überweisung:

Zum Ausgleich der entstehenden Gebühren haben wir einen Betrag in Höhe von ... EUR unter Angabe des Sachkontos ... (Nummer) und des Namens der gesuchten Person auf das Konto der Stadtkasse ... (Ort) angewiesen. Der Überweisungsbeleg liegt **anbei.**]

[Alternative – Rechnungsanforderung:

Die entstehenden Kosten werden selbstverständlich aus der Insolvenzmasse beglichen. Ich bitte insoweit um Übersendung einer Rechnung bzw. Zahlungsaufforderung im Anschreiben unter Aufnahme folgender Bezeichnung im Adressatenfeld Ihres Antwortschreibens oder ggf. Ihrer Rechnung:]

... *(vollständiger Name) als Insolvenzverwalter/in*

über das Vermögen *des/der Firma/Herrn/Frau* .....

... *(Anschrift des Verwalters/der Verwalterin)*

▶ Hinweis:

Es sollte unbedingt darauf geachtet werden, dass die Rechnung an die Insolvenzmasse und nicht etwa an das Insolvenzbüro adressiert ist. Nur dann kann die Zahlung aus der Insolvenzmasse erfolgen.

Mit freundlichen Grüßen

....

Insolvenzverwalter/in

Muster 138: Einwohnermeldeamt – Anfrage über das Gericht

Adressat: Insolvenzgericht 310

Insolvenzverfahren über das Vermögen des Herrn .../der Frau ...
Amtsgericht...: ... IN .../...

Sehr geehrte Damen und Herren,

an *den Schuldner/die Schuldnerin* wurde am ... ein Schreiben übermittelt, dass mit dem Vermerk »unbekannt verzogen« zurückgekommen ist. Ist Ihnen ggf. eine neue Anschrift *des Schuldners/der Schuldnerin* bekannt? Wenn dies nicht der Fall sein sollte, wäre ich für eine Unterstützung durch Sie und insofern für eine Anfrage beim Einwohnermeldeamt dankbar, da das Insolvenzgericht die Auskunft kostenfrei erhält.

Mit freundlichen Grüßen

....

Insolvenzverwalter/in

311

Muster 139: Forderungsaufstellung

Forderungsaufstellung im Insolvenzverfahren über das Vermögen der Firma …
Amtsgericht …: …. IN …/…

lfd. N .	Name und Anschrift des Drittschuldners	Umsatz-steuer-ID bei Sitz im Ausland	Forderungs-höhe	Rechnungs-datum	Leistungs-datum	Infos zur gericht-lichen Geltend-machung	Zahlung am	Höhe des Zahlungs-eingangs	Umsatz-steuer-belastung	Gegenforde-rung / Auf-rechnung	Grund der Ausbuchung
1	Christian Müller, Musterstrasse 10, 42342 Musterhausen		1,266.45 €	20-02-12	05-01-12	Mahnverfahren eingeleitet am 03.03.2013	./.				
2	Sabine Schneider, ….		2,568.39 €	15-04-12	25-03-12	./.	27-02-13	2,568.39 €		0.00 €	./.
3	Yvonne Hansen, ….		5,303.28 €	02-05-12	27-04-12	./.	./.	0.00 €	0.00 €	6,725.00 €	Verrechnung
4	Martin Meyer, ….		3,222.38 €	22-04-12	19-04-12	./.	./.	0.00 €	0.00 €	0.00 €	Mängeleinrede
5	August Valentin, …		2,224.99 €	01-05-12	28-04-12	./.	./.	0.00 €	0.00 €	0.00 €	Insolvenzver-fahren, AG …, AZ: …
Summe			**14,585.49**					**2,568.39**		**6,725.00 €**	

Datum der Mahnläufe: 01.06.2017, 25.06.2017

Hinweis an den Absonderungsgläubiger: Zahlungseingänge sind um die abgeführte Umsatzsteuer zu mindern!

Muster 140: Mahnschreiben Nr. 1

Adressat: Drittschuldner/in 312

▶ Hinweis:

Ggf. kann dieses Schreiben auch über den Briefkopf des schuldnerischen Unternehmens direkt verschickt werden. Dies ist im Einzelfall mit dem/der Verwalter/in abzustimmen.

***(Vorläufiges)* Insolvenzverfahren über das Vermögen der Firma… mit dem Sitz in…**
Amtsgericht …: … IN …/…
Ihr Aktenzeichen:…
Zahlungserinnerung

Sehr geehrte Damen und Herren,

sehr geehrte Frau …,/sehr geehrter Herr…,

hiermit zeige ich an, dass über das Vermögen der vorstehend genannten Firma mit dem Sitz in… das *(vorläufige)* Insolvenzverfahren *angeordnet/eröffnet* und ich *zum/zur (vorläufigen) Insolvenzverwalter/in* bestellt worden bin. Eine Fotokopie des gerichtlichen *Anordnungs-/Eröffnungsbeschlusses* liegt in der **Anlage** zu Ihrer Information anbei.

Bei Betriebsfortführung:

Ich darf Sie zunächst darüber unterrichten, dass der Geschäftsbetrieb der Schuldnerin *(im vorläufigen Insolvenzverfahren)* fortgesetzt wird.

Mir obliegt als *(vorläufige/r) Insolvenzverwalter/in* der Forderungseinzug. Ausweislich der *von der Schuldnerin/vom Schuldner* übergebenen Unterlagen ergibt sich ein Zahlungsanspruch gegen Sie wie folgt:

Rechnung Nr.…

vom… in Höhe von … EUR

Ich darf Sie hiermit freundlich an den Ausgleich erinnern und weise darauf hin, dass Zahlung mit schuldbefreiender Wirkung **nur noch** auf das für das Insolvenzverfahren eingerichtete Treuhandkonto bei der

Bank:…
IBAN: …
BIC: …
Kontoinhaber: … als IV wg. … (Verfahrensbezeichnung)
Verwendungszweck: Rechnung Nr. ….

geleistet werden kann. Hierfür habe ich mir eine Frist bis zum

…

(sieben Tage)

notiert.

Sollten Sie Einreden gegen diese Zahlungsaufforderung vorbringen, so haben Sie diese bitte ebenfalls bis zum vorgenannten Termin schriftlich geltend zu machen.

Vorsorglich widerrufe ich hiermit alle etwaig getroffenen Verrechnungsabreden und teile mit, dass sonstige anderweitige Abreden von mir nicht genehmigt werden.

Mit freundlichen Grüßen

………………………………..
Insolvenzverwalter/in

Anlage:
Anordnungs-/Eröffnungsbeschluss

Muster 141: Mahnschreiben Nr. 2

Adressat: Drittschuldner/in 313

Insolvenzverfahren über das Vermögen der Firma… mit dem Sitz in…
Amtsgericht …: … IN …/…
Ihr Aktenzeichen:…
Zahlungserinnerung

Sehr geehrte Damen und Herren,

sehr geehrte Frau …,/sehr geehrter Herr…,

das Insolvenzverfahren ist zwischenzeitlich eröffnet worden. Eine Fotokopie des amtsgerichtlichen Beschlusses liegt in der **Anlage** zur Ihrer Information anbei. Ich bin *vom/von der Insolvenzverwalter/in* beauftragt worden, die ausstehende Forderung gegen Sie geltend zu machen.

Auf die Zahlungsaufforderung vom … konnte bisher kein Zahlungseingang festgestellt werden. Ich füge eine Fotokopie dieser Zahlungserinnerung in der **Anlage** bei und fordere Sie hiermit letztmalig auf, den ausstehenden Rechnungsbetrag auf das Treuhandkonto bei der

Bank:…

IBAN: …

BIC: …

Kontoinhaber: … als IV wg. … (Verfahrensbezeichnung)

Verwendungszweck: Rechnung Nr. ….

zu zahlen, und zwar spätestens bis zum

…

(sieben Tage einsetzen)

Da Sie sich mit der Zahlung des Rechnungsbetrages in Verzug befinden, haben Sie im Übrigen auch die Kosten dieses Mahnschreibens zu zahlen. Die Begleichung des aus der **anliegenden** Rechnung ersichtlichen Honorars erwarte ich ebenfalls innerhalb der oben gesetzten Frist.

Mit freundlichen Grüßen

……………………………………………..

Rechtsanwalt/Rechtsanwältin

Anlagen:
Eröffnungsbeschluss
Abschrift der ersten Zahlungsaufforderung
RVG-Abrechnung

Muster 142: RVG-Rechnung

314 *Adressat: Drittschuldner*

Gebührenrechnung Nr.…:

(gemäß § 10 RVG i.V.m. § 14 Abs. 4 UStG)

betr. die Geltendmachung eines Zahlungsanspruch der Firma… gegen Sie
Leistungszeitraum:… *(Datum der Mahnung)*
Steuer-Nr.… *oder*
Umsatzsteuer-Identifikationsnummer:…

Gegenstandswert gem. §§ 2, 23 Abs. 1 RVG:… EUR *(Höhe der Forderung)*

1,3 Geschäftsgebühr gem. §§ 2, 13 Abs. 1 RVG	
i.V.m. Nr. 2300 VV RVG	… EUR
Auslagenpauschale gem. Nr. 7002 VV RVG	… EUR
(20 %, höchstens 20,00 EUR)	
Zwischensumme netto	… EUR
zzgl. 19 % Umsatzsteuer gem. Nr. 7008 VV RVG	… EUR
Rechnungsbetrag gesamt	… EUR

………………………………………

Rechtsanwalt/Rechtsanwältin

▶ **Hinweis:**

Bei Verzugseintritt besteht ein Zahlungsanspruch gegen den/die Drittschuldner/in auf Ausgleich dieser Rechnung. Ein Zahlungsanspruch gegen die Insolvenzmasse besteht dagegen nicht, weil grundsätzlich vom/von der Insolvenzverwalter/in verlangt wird, dass er/sie einfache Mahnschreiben auch selbst fertigen kann, ohne anwaltliche Hilfe in Anspruch zu nehmen. Zu Lasten der Masse dürfen solche Mahnschreiben bzw. Gebührenrechnungen also nicht gehen.

Musterübersicht Freigabe

(Die Übersicht ist alphabetisch sortiert.)

		Rdn.
Muster 10:	Abrechnung bei Selbstübernahme durch Gläubiger (*s. Muster Absonderungsrechte*)	182
Muster 15:	Absonderungsgegenstand – Überlassung (*s. Muster Absonderung*)	187
Muster 52:	Aussonderung – Freigabe (*s. Muster Aussonderung*)	224
Muster 124 – 125:	Fahrzeug – Unpfändbarkeit (*s. Muster Fahrzeuge*)	296-297
Muster 127:	Fahrzeug – Verwertungsmöglichkeiten – Info an Schuldner (*s. Muster Fahrzeuge*)	299
Muster 143:	Freigabe einzelner Gegenstand	315
Muster 144:	Freigabe Gegenstände – in Mieträumen	316
Muster 145:	Freigabe Gegenstände – Unterrichtung Vermieter (Räumung)	317
Muster 146:	Grundstücksfreigabe – Erklärung ggü. Schuldner	318
Muster 147:	Grundstücksfreigabe – Info an Grundpfandrechtsgläubiger	319
Muster 148:	Grundstücksfreigabe – Info an Mieter	320
Muster 149:	Grundstücksfreigabe – Info an Versicherung	321
Muster 150:	Grundstücksfreigabe – Info wg. öffentlicher Abgaben	322
Muster 151:	Grundstücksfreigabe – Löschung Vermerk im GB	323
Muster 61 – 63:	Kontoerklärung P-Konto (*s. Muster Bank*)	233-235
Muster 316 – 322:	Selbständige Tätigkeit (*s. Muster selbständige Tätigkeit*)	489-495

Muster 143: Freigabe einzelner Gegenstand

Adressat: Schuldner/in 315

▶ Hinweis wegen Nachweis des Zugangs:

Entweder persönliche Übergabe oder – wenn es eilt -per Einschreiben mit Rückschein.

Ggf. auch nur mit Empfangsbestätigung. Diese sollte sicherheitshalber immer angefordert werden. Hierdurch kann ggf. später der Zugang der Freigabeerklärung zweifelsfrei nachgewiesen werden.

Insolvenzverfahren über das Vermögen der Firma ... /des Herrn.../der Frau...
Amtsgericht...:... IN.../...
U.Z.: »...« (Ord.bez. u. Reg.-Nr.)
Freigabeerklärung

Sehr geehrte Frau ...,/Sehr geehrter Herr...,

in dem Insolvenzverfahren über *Ihr Vermögen/das Vermögen der obigen GmbH* gebe ich folgenden Gegenstand aus der Insolvenzmasse frei:

....Maschine Marke ..., Typ ..., Baujahr ...

Fabrik-Nr. ...,

im ersten Raum rechts im 1. OG,

Martin-Müller-Straße 6, 12345 Musterhausen

(genaue Bezeichnung)

▶ Hinweis:

Für die **Wirksamkeit der Freigabe** müssen alle freigegebenen Gegenstände **genau bezeichnet** und dadurch **bestimmbar** sein. Zu diesem Zweck bietet sich die Nennung der Art des Gegenstandes, der Farbe, der Maße, der Marke etc. und ggf. zusätzlich der Lage an. I.d.R. macht es Sinn, vor der Freigabe Fotos von den Gegenständen zu fertigen.

▶ Hinweis zu Fahrzeugen:

Die Freigabe von Fahrzeugen wird i.d.R. selten vorkommen, weil auch die Verwertung älterer Fahrzeuge relativ einfach ist oder eine Unpfändbarkeit vorliegt und damit eine Freigabe ausscheidet. Sollte dies dennoch der Fall sein: Fahrzeugpapiere übergeben und Kfz-Haftpflichtversicherung über die Freigabe unterrichten: s. Muster »Grundstücksfreigabe« Nr. 149-150), die auf die Kfz-Haftpflichtversicherung und die Kfz-Steuer umzuändern wären.

Der Insolvenzbeschlag wird insoweit aufgehoben und die Verwaltungs- und Verfügungsmacht steht Ihnen erneut zu. Ein Sicherungsrecht Dritter besteht an diesem Gegenstand nach den mir vorliegenden Informationen nicht. Sie können daher über den Gegenstand frei verfügen. Ich bitte um telefonische Kontaktaufnahme zwecks Abstimmung eines Übergabetermins.

In der **Anlage** ist eine Fotokopie dieses Schreibens mit Empfangsbestätigung beigefügt. Ich darf Sie bitten, diese zu unterzeichnen und mir im Original wieder zukommen zu lassen.

Mit freundlichen Grüßen

....
Insolvenzverwalter/in

Anlage:
Doppel des Schreibens

Der Empfang der obigen Freigabeerklärung wird hiermit bestätigt.

....
Ort, Datum

....
vollständiger Name

▶ Hinweis:

Wiedervorlage notieren zur Kontrolle der Rücksendung der Empfangsbestätigung.

Muster 144: Freigabe Gegenstände in Mieträumen

316 *Adressat: Schuldner/in*

▶ Hinweis wegen Nachweis des Zugangs:

Entweder persönliche Übergabe oder – wenn es eilt – per Einschreiben mit Rückschein.

Ggf. auch nur mit Empfangsbestätigung. Diese sollte sicherheitshalber immer angefordert werden. Hierdurch kann ggf. später der Zugang der Freigabeerklärung zweifelsfrei nachgewiesen werden.

Insolvenzverfahren über das Vermögen der Firma ... /des Herrn.../der Frau...
Amtsgericht...:... IN.../...
U.Z.: »...« (Ord.bez. u. Reg.-Nr.)
Freigabeerklärung

Sehr geehrte Frau ...,/Sehr geehrter Herr...,

in dem Insolvenzverfahren über *Ihr Vermögen/das Vermögen der obigen GmbH* teile ich Ihnen Folgendes mit:

Bekanntlich besteht ein Mietvertrag mit... *(vollständiger Name des Vermieters)* über das Mietobjekt in... (*komplette Anschrift*). Der Mietvertrag ist gekündigt worden und endet am... Die Übergabe der Räumlichkeiten wird am... erfolgen.

In den Räumlichkeiten befindet sich eine Vielzahl wertloser Gegenstände. *Der/Die Vermieter/in* verlangt eine besenreine Übergabe der Mietsache und damit die Entsorgung dieser Gegenstände. Die Insolvenzmasse kann die Entsorgungskosten nicht tragen. Ich mache daher von meinem Recht Gebrauch, sämtliche in dem oben genannten Mietobjekt befindlichen Gegenstände heute an Sie freizugeben. Der Insolvenzbeschlag wird insoweit aufgehoben und die Verwaltungs- und Verfügungsmacht steht Ihnen erneut zu. Ich weise allerdings darauf hin, dass Sie bei einer etwaigen Verwertung das gesetzliche Vermieterpfandrecht gem. den Regelungen in §§ 562 – 562d BGB zu beachten haben.

Zur Klarstellung halte ich die von dieser Freigabeerklärung umfassten Gegenstände wie folgt fest:

brauner Schrank, Maße..., im ersten Raum rechts vom Eingang

Schreibtisch, Maße..., im Raum links vom Eingang

...

▶ Hinweis:

Für die **Wirksamkeit der Freigabe** müssen alle freigegebenen Gegenstände **genau bezeichnet** und dadurch **bestimmbar** sein. Zu diesem Zweck bietet sich die Nennung der Art des Gegenstandes, der Farbe, der Maße, der Marke etc. und ggf. zusätzlich der Lage an. I.d.R. macht es Sinn, vor der Freigabe Fotos von den Gegenständen zu fertigen.

In der **Anlage** ist eine Fotokopie dieses Schreibens mit Empfangsbestätigung beigefügt. Ich darf Sie bitten, diese zu unterzeichnen und mir im Original wieder zukommen zu lassen.

Eine Kopie dieses Schreibens habe ich *dem Vermieter/der Vermieterin* übersandt.

Mit freundlichen Grüßen

....
Insolvenzverwalter/in

Anlage:
Doppel des Schreibens

Der Empfang der obigen Freigabeerklärung wird hiermit bestätigt.

....
Ort, Datum

....
vollständiger Name

▶ Hinweis:

Die rechtzeitige Übergabe der Mietsache ist von dieser Freigabe aber unabhängig. Das Ende der Kündigungsfrist muss daher notiert und beachtet werden, um eine Schlüsselübergabe zu organisieren.

Wiedervorlage notieren zur Kontrolle der Rücksendung der Empfangsbestätigung.

Muster 145: Freigabe Gegenstände – Unterrichtung Vermieter (Räumung)

Adressat: Vermieter/in 317

Insolvenzverfahren über das Vermögen der Firma … /des Herrn…/der Frau…
Amtsgericht…:… IN…/…
U.Z.: »…« (Ord.bez. u. Reg.-Nr.)
Freigabeerklärung

Sehr geehrte Damen und Herren, /

sehr geehrte Frau…,/Sehr geehrter Herr…,

in obiger Angelegenheit überreiche ich anliegend eine Fotokopie meines Schreibens vom… an *den Insolvenzschuldner/die Insolvenzschuldnerin.* Daraus wird ersichtlich, dass ich sämtliche Gegenstände freigegeben habe, die sich in Ihren Räumlichkeiten befinden. Die Schlüsselübergabe wird pünktlich zum Zeitpunkt der Beendigung des Mietverhältnisses am… erfolgen. Ich weise in diesem Zusammenhang vorsorglich darauf hin, dass Ihnen kein Anspruch auf Räumung oder »besenreine« Übergabe der Mietsache zusteht.

Sie haben die Möglichkeit, einen Dritten mit der Entsorgung der Gegenstände zu beauftragen. Ein Ausgleichsanspruch gegen die Insolvenzmasse als Masseverbindlichkeit i.S.v. § 55 Abs. 1 InsO besteht allerdings nicht. Sie haben lediglich die Möglichkeit, die anfallenden Kosten zur Insolvenztabelle anzumelden.

Für Rückfragen stehe ich Ihnen selbstverständlich gerne zur Verfügung.

Mit freundlichen Grüßen

....
Insolvenzverwalter/in

Anlage:
Freigabeerklärung an *den Schuldner/die Schuldnerin*

▶ Hinweis:

Sofern der Vermieter die Vorgehensweise nicht akzeptieren möchte, kann ergänzend auf die BGH-Rechtsprechung (BGH, Beschl. v. 07.07.2010 – XII ZR 158/09 – Rn. 10 – in ZInsO 2010, 1452) verwiesen werden, die die obige Vorgehensweise bestätigt, um das vorhandene Vermögen zu Gunsten aller Gläubiger zu sichern.

Muster 146: Grundstücksfreigabe – Erklärung ggü. Schuldner

318 *Adressat: Schuldner/in*

▶ Hinweis wegen Nachweis des Zugangs:

Entweder persönliche Übergabe oder – wenn es eilt -per Einschreiben mit Rückschein.

Ggf. auch nur mit Empfangsbestätigung. Diese sollte sicherheitshalber immer angefordert werden. Hierdurch kann ggf. später der Zugang der Freigabeerklärung zweifelsfrei nachgewiesen werden.

Insolvenzverfahren über das Vermögen der Firma … /des Herrn…/der Frau…
Amtsgericht…:… IN…/…
U.Z.: »…« (Ord.bez. u. Reg.-Nr.)
Freigabeerklärung

Sehr geehrte Frau …,/Sehr geehrter Herr…,

in dem Insolvenzverfahren über Ihr Vermögen teile ich Ihnen Folgendes mit:

Zur Insolvenzmasse gehört das beim Amtsgericht… im Grundbuch von… Blatt… eingetragene Grundstück

lfd. Nr.… des Bestandsverzeichnisses,

Flur…, Flurstück…, ***Gebäude- und Freifläche,***

… (Straße, Haus-Nr., Ort)

zur Größe von… m2.

(bei mehreren Flurstücken diese jeweils mit Nutzungsart und Straßennamen angeben)

▶ Hinweis:

Für die **Wirksamkeit der Freigabe** muss das freigegebene Grundstück genau **bestimmbar** sein. Dies ist bei Grundstücken durch genaue Bezeichnung des Grundbuches, der Nennung des Flurs und des Flurstückes der Fall. Weitere Angaben wie Straßenbezeichnung und Nutzungsfläche erleichtern die Bestimmbarkeit.

Hiermit gebe ich das vorgenannte Grundstück aus der Insolvenzmasse frei, so dass der unmittelbare Besitz sowie die Verfügungsbefugnis von Ihnen wieder ausgeübt werden kann.

Ausdrücklich sind von dieser Freigabeerklärung etwaige Eigentümerpfandrechte oder etwaige in die Masse fallende, aus einem Sicherungsvertrag entstehende Rückgewähransprüche **nicht** umfasst (Bundesgerichtshof v. 27.4.2017 – IX ZB 93/16 – Rn. 19, 22 – in InsbürO 2017, 375, ZInsO 2017, 1850).

Die Schlüssel zu den Gebäuden können in meinem Büro abgeholt werden. Ich bitte ggf. um telefonische Kontaktaufnahme zwecks Abstimmung eines Übergabetermins.

Ich weise darauf hin, dass die Zahlung der Versicherungsprämien für die Gebäudeversicherung ab dem Tag der Freigabe aus der Insolvenzmasse nicht (mehr) erfolgt. *Während der Dauer des Insolvenzverfahrens hat bisher die Grundpfandrechtsgläubigerin die erforderlichen Versicherungsprämien gezahlt.* Ggf. ist diese bereit, auch weiterhin für den Versicherungsschutz Sorge zu tragen. Die Grundpfandrechtsgläubigerin erhält eine Abschrift dieses Schreibens. Bitte nehmen Sie Kontakt mit dem zuständigen Ansprechpartner bei der … Bank, Tel.: … auf.

Sollte die Grundpfandrechtsgläubigerin die weitere Übernahme der Versicherungsprämien ablehnen, wären die anfallenden Beiträge aus dem Ihnen zur Verfügung stehenden *Vermögen (bei juristischen Personen)/pfändungsfreien Einkommen (bei natürlichen Personen)* zu begleichen. Auch die Versicherungsgesellschaft erhält eine Abschrift dieses Schreibens zur Information.

Diese Zahlungspflicht gilt auch für die weiteren Grundstückskosten wie Grundsteuern, Müllgebühren, Abwasserkosten etc. Die Stadt- bzw. Gemeindeverwaltung wird von dieser Freigabeerklärung ebenfalls unterrichtet und Ihnen die anfallenden Kosten daher in Rechnung stellen. Diese Kosten werden i.d.R. von den Grundpfandrechtsgläubigern nicht übernommen.

Bei Mietern im Objekt:

Die vorhandenen Mieter im Objekt wurden von mir heute ebenfalls über diese Freigabe informiert. Das entsprechende Schreiben füge ich zur Ihrer Information in der **Anlage** bei. *Bitte teilen Sie den Mieter Ihre aktuelle Bankverbindung mit.*

▶ Hinweis:

Ggf. vor Versendung eine solche Kontoverbindung abklären und die Daten im Anschreiben an die Mieter aufnehmen. Das erspart dem/der Schuldner/ini die gesonderte Information. Die ursprüngliche Kontoverbindung ist ggf. erloschen.

In der *weiteren* **Anlage** finden Sie eine Fotokopie dieses Schreibens mit Empfangsbestätigung. Ich darf Sie bitten, dieses Duplikat zu unterzeichnen und mir im Original wieder zukommen zu lassen.

Bitte prüfen, ob im Terminprotokoll vorhanden:

Im übrigen teile ich mit, dass die Gläubigerversammlung der Freigabe am… zugestimmt hat.

Mit freundlichen Grüßen

....
Insolvenzverwalter/in

Anlagen:
Doppel des Schreibens

Der Empfang der obigen Freigabeerklärung wird hiermit bestätigt.

....
Ort, Datum

....
vollständiger Name

▶ Information an Dritte – siehe jeweils gesonderte Muster:

- Bank (Nr. 147)
- ggf. Mieter (Nr. 148)
- Stadtverwaltung (Nr. 150)
- Versicherung (Nr. 149)

▶ Hinweis:

Eine Grundstücksfreigabe kann auch **gegenüber einer juristischen Person** abgegeben werden. Wegen näherer Informationen: s. Checkliste Immobilienvermögen

Wiedervorlage notieren zur Kontrolle der Rücksendung der Empfangsbestätigung und dann mit dieser: Versendung der Freigabeerklärung an Dritte (Stadt, Grundpfandrechtsgläubiger, Versicherung).

Wichtig:
Falls eine im Grundbuch **eingetragene Sicherungshypothek** der Rückschlagsperre unterlag und der Gläubiger eine Löschungsbewilligung erteilt hatte, muss diese nunmehr zurückgegeben werden: Die Sicherungshypothek lebt mit der Freigabe wieder auf.

Muster 147: Grundstücksfreigabe – Info an Grundpfandrechtsgläubiger

Adressat: Grundpfandrechtsgläubiger/in 319

Insolvenzverfahren über das Vermögen der Firma … /des Herrn…/der Frau…
Amtsgericht…:… IN…/…
U.Z.: »…« (Ord.bez. u. Reg.-Nr.)
Ihr Zeichen:………
Grundstücksfreigabe aus der Insolvenzmasse

Sehr geehrte Damen und Herren,

in obiger Angelegenheit überreiche ich **anliegend** eine Fotokopie meines heutigen Schreibens vom… an *den Insolvenzschuldner/die Insolvenzschuldnerin*, mit dem ich das Grundstück… in.. (*Straße und Ort*), eingetragen im Grundbuch von … Blatt …, aus der Insolvenzmasse freigegeben habe, zur Kenntnisnahme.

Diesbezüglich verweise ich ausdrücklich auf die darin enthaltene Erklärung, dass etwaige Eigentümerpfandrechte oder etwaige in die Masse fallende, aus einem Sicherungsvertrag entstehende Rückgewähransprüche nicht umfasst sind. Sollten solche anfallen, bitte ich um entsprechende Berücksichtigung.

Mit freundlichen Grüßen

....
Insolvenzverwalter/in

Anlage:
Freigabeerklärung an *den Schuldner/die Schuldnerin*

Muster 148: Grundstücksfreigabe – Info an Mieter

320 *Adressat: Mieter des Objektes*

Insolvenzverfahren über das Vermögen der Firma … /des Herrn…/der Frau…
Amtsgericht…:… IN…/…
U.Z.: »…« (Ord.bez. u. Reg.-Nr.)
Ihr Mietverhältnis
Grundstücksfreigabe aus der Insolvenzmasse

Sehr geehrte Frau …,/Sehr geehrter Herr…,

in obiger Angelegenheit teile ich Ihnen heute mit, dass ich das Grundstück … (*Straßen- und Ortsbezeichnung*) am … aus der Insolvenzmasse freigegeben habe. Dies hat zur Folge, dass *der Schuldner/die Schuldnerin* wieder verwaltungs- und verfügungsbefugt ist. Solange Sie keine weitere Information seitens eines Dritten, z. B. eines Zwangsverwalters, erhalten, ist die monatliche Miete ab dem nächsten Monatsersten *an den Schuldner/an die Schuldnerin* zu zahlen. Ich darf Sie daher bitten, die Zahlung entsprechend dorthin vorzunehmen. Eine entsprechende Kontoverbindung wird Ihnen *der Schuldner/die Schuldnerin* noch gesondert mitteilen.

► Hinweis:

Ggf. vor Versendung eine solche Kontoverbindung abklären und die Daten hier aufnehmen. Das erspart dem Schuldner die gesonderte Information. Die ursprüngliche Kontoverbindung ist ggf. erloschen.

Mitteilung Kontoverbindung:

Die Kontoverbindung *des Schuldners/der Schuldnerin* lautet:

Bank: …

IBAN: …

BIC: …

Mit freundlichen Grüßen

....
Insolvenzverwalter/in

Muster 149: Grundstücksfreigabe – Info an Versicherung

321 *Adressat: Versicherungsgesellschaft*

Insolvenzverfahren über das Vermögen der Firma … /des Herrn…/der Frau…
Amtsgericht…:… IN…/…
U.Z.: »…« (Ord.bez. u. Reg.-Nr.)
Vers.-Nr.:…
Grundstücksfreigabe aus der Insolvenzmasse

Sehr geehrte Damen und Herren,

in obiger Angelegenheit überreiche ich **anliegend** eine Fotokopie meines heutigen Schreibens vom … an *den Insolvenzschuldner/die Insolvenzschuldnerin*, mit dem ich das Grundstück … in… (*Straße und Ort*), eingetragen im Grundbuch von … Blatt …, aus der Insolvenzmasse freigegeben habe.

Ich bitte, dies zukünftig bei der Berechnung von Versicherungsbeiträgen für die Gebäudehaftpflichtversicherung zu berücksichtigen.

Mit freundlichen Grüßen

....

Insolvenzverwalter/in

Anlage:
Freigabeerklärung an *den Schuldner/die Schuldnerin*

▶ Hinweis:

Etwaige Guthaben als Rückerstattungsanspruch wg. geleisteter Zahlungen dürften i.d.R. nicht zugunsten der Insolvenzmasse gegeben sein, weil die Grundpfandrechtsgläubiger diese Prämien regelmäßig zahlen und damit keine Zahlungen aus der Insolvenzmasse erfolgt sein werden. Sollte es anders sein, ggf. vorstehend einen entsprechenden Hinweis aufnehmen.

Muster 150: Grundstücksfreigabe – Info wg. öffentlicher Abgaben

Adressat: Stadt- oder Gemeindeverwaltung 322

Insolvenzverfahren über das Vermögen der Firma … /des Herrn…/der Frau…
Amtsgericht…:… IN…/…
U.Z.: »…« (Ord.bez. u. Reg.-Nr.)
Kassenzeichen:…
Grundstücksfreigabe aus der Insolvenzmasse

Sehr geehrte Damen und Herren,

in obiger Angelegenheit überreiche ich **anliegend** eine Fotokopie meines heutigen Schreibens vom … an *den Insolvenzschuldner/die Insolvenzschuldnerin*, mit dem ich das Grundstück … in… (*Straße und Ort*), eingetragen im Grundbuch von … Blatt …, aus der Insolvenzmasse freigegeben habe.

Ich bitte, dies zukünftig bei der Beitreibung der Grundsteuerbeträge oder der sonstigen Grundstückskosten zu beachten.

Bezüglich der bereits geleisteten Zahlungen bitte ich um Abrechnung zum Stichtag der Freigabe am …

▶ Hinweis:

Das Datum der Empfangsbestätigung ist entscheidend, da die Freigabeerklärung eine empfangsbedürftige Willenserklärung ist.

Kosten, die ab dem Tag der Freigabe anfallen, hat *der Schuldner/die Schuldnerin* zu zahlen. Etwaige, sich zugunsten der Insolvenzmasse ergebende Guthabenbeträge bitte ich auf das Treuhandkonto für das Verfahren bei der

Bank: …

IBAN: …

BIC: …

Kontoinhaber: … als IV wg. … (Verfahrensbezeichnung)

auszuzahlen.

Mit freundlichen Grüßen

……………………………

Insolvenzverwalter/in

Anlage:
Freigabeerklärung an *den Schuldner/die Schuldnerin*

▶ Hinweis:

Wiedervorlage für Eingang der Abrechnung und ggf. Rückerstattung der geleisteten Zahlungen notieren.

Muster 151: Grundstücksfreigabe – Löschung Vermerk im GB

323 *Adressat: Insolvenzgericht*

Insolvenzverfahren über das Vermögen der Firma ... /des Herrn.../der Frau...
Geschäftszeichen:... IN.../...
U.Z.: »...« (Ord.bez. u. Reg.-Nr.)
Grundstücksfreigabe

Sehr geehrte Rechtspflegerin ..., / sehr geehrter Herr Rechtspfleger ...,

in obiger Angelegenheit überreiche ich **anliegend** eine Fotokopie meines heutigen Schreibens vom ... an *den Insolvenzschuldner/die Insolvenzschuldnerin*, mit dem ich das Grundstück ... in... (*Straße und Ort*), eingetragen im Grundbuch von ... Blatt ..., aus der Insolvenzmasse freigegeben habe. *Dem Schuldner/der Schuldnerin* ist die Freigabe am ... zugegangen.

Der in Abt. II des Grundbuches eingetragene Insolvenzvermerk kann gelöscht werden. Ich bitte freundlichst um entsprechende Veranlassung beim Grundbuchamt.

Wenn ich die Löschung beantragen würde, wäre eine Löschungsbewilligung in öffentlich-beglaubigter Form erforderlich, die Notarkosten verursachen würde. Wenn das Insolvenzgericht das Grundbuchamt um Löschung ersucht, können diese Kosten zugunsten der Insolvenzmasse vermieden werden. Ich wäre daher für Ihre Unterstützung dankbar.

Mit freundlichen Grüßen

....
Insolvenzverwalter/in

Anlage:
Freigabeerklärung an *den Schuldner/die Schuldnerin*

▶ Hinweis:

Der Bewilligungs- und Löschungsantrag durch den Insolvenzverwalter gemäß § 32 Abs. 3 Satz 2 InsO verursacht aufgrund der erforderlichen öffentlich-beglaubigten Form (§ 29 GBO) Notarkosten zu Lasten der Insolvenzmasse. Beim Löschungsantrag durch das Insolvenzgericht fallen keine Kosten an: KV GNotKG: Teil I, Hauptabschnitt 4, Vormerkung 1.4., (2) Nr. 2, 3.

Musterübersicht Gläubiger (Kreditoren)

(Die Übersicht ist alphabetisch sortiert.)

		Rdn.
Muster 10 – 20:	Absonderungsgläubiger (*s. Muster Absonderungsrechte*)	182-192
Muster 247 – 248:	Anmeldeformular (*s. Muster Insolvenztabelle*)	419-420
Muster 217:	Arbeitnehmer – Rundschreiben – Vorabinfo Insolvenzgeld (*s. Muster Insolvenzgeldvorfinanzierung*)	389
Muster 76 – 80:	Dienstleister/Lieferanten (*s. Muster Betriebsfortführung*)	248-252
Muster 47 – 49:	Eigentumsvorbehalt (*s. Muster Aussonderung*)	219-221
Muster 250:	Gläubigeraufforderung – Anmeldung (*s. Muster Insolvenztabelle*)	422
Muster 251:	Gläubigeraufforderung – nachträglich (*s. Muster Insolvenztabelle*)	423
Muster 2 – 4:	Gläubigerausschuss – Einholung Zustimmung (*s. Muster Abschlagsverteilung*)	176-178
Muster 186	Information Gläubiger wg. § 93 InsO (*s. Muster Haftungsansprüche*)	358
Muster:	Kreditorenliste (*Dateivorgabe des jeweiligen Softwareanbieters zwecks Einspielung der Daten ins System*)	
Muster 76 – 80:	Lieferanten/Dienstleister (*s. Muster Betriebsfortführung*)	248-252
Muster 273:	Massegläubiger (*s. Muster Masseunzulänglichkeit*)	445
Muster 152:	Neugläubiger – Hinweis wg. Nichtzahlung (jur. Pers.)	324
Muster 153:	Neugläubiger – Hinweis wg. Nichtzahlung (natürl. Pers.)	325
Muster 154:	Neugläubiger – Kopie an Schuldner	326
Muster 155:	Versagungstatbestand – Info an Gläubiger	327
Muster 373 – 376:	Vertragspartner (*s. Muster Vertragsverhältnisse*)	545-547
Muster 156:	Zustellungsnachweis – Beispiel mit Hinweisen	328
Muster 157:	Zustellungsnachweis – Übersendung an Gericht	329

Muster 152: Neugläubiger – Hinweis wg. Nichtzahlung (jur. Pers.)

Adressat: Neugläubiger/in 324

Insolvenzverfahren über das Vermögen der Firma... mit dem Sitz in ...
Amtsgericht...:... IN.../...
U.Z.: »...« (Ord.bez. u. Reg.-Nr.)
Ihr Zeichen:...

Sehr geehrte Damen und Herren,

hiermit zeige ich an, dass über das Vermögen der obigen Firma das Insolvenzverfahren eröffnet und ich *zum/zur Insolvenzverwalter/in* bestellt worden bin. Eine Fotokopie des gerichtlichen Eröffnungsbeschlusses wird in der **Anlage** zu Ihrer Information überreicht.

Mir liegt Ihre Rechnung vom... vor. Darin rechnen Sie einen Auftrag vom... ab, der von mir nicht erteilt worden ist. Das Insolvenzverfahren ist am... eröffnet worden. Mit diesem Tag ist die Verwaltungs- und Verfügungsbefugnis *des/der Geschäftsführers/in der Schuldnerin, Herrn/Frau...,* auf mich übergegangen. Aufträge an Dritte durfte *Herr/Frau...* nicht mehr erteilen. Von einem Auftrag an Sie hatte ich bis zum Eingang Ihrer Rechnung keine Kenntnis. Eine Begleichung des Rechnungsbetrages aus der Insolvenzmasse kann ich daher nicht vornehmen. Eine Masseverbindlichkeit i.S.d. § 55 InsO wurde nicht begründet. Hierzu wäre eine Handlung meinerseits im Vorfeld erforderlich gewesen. Eine Auftragserteilung, eine Zahlungszusicherung oder eine Inanspruchnahme Ihrer Leistung durch mich ist nicht erfolgt. Rein vorsorglich lehne ich eine etwaige Vertragserfüllung gem. § 103 Abs. 2 InsO zugunsten der Insolvenzmasse ab.

Bei Ihrer Forderung handelt sich auch nicht um eine Insolvenzforderung i.S.d. § 38 InsO, weil Ihre Forderung zum Zeitpunkt der Insolvenzeröffnung noch nicht bestand. Eine Anmeldung Ihrer Forderung im vorliegenden Insolvenzverfahren scheidet daher auch aus.

▶ Hinweis:

Ggf. hat der Auftrag zu einer Wertsteigerung eines insolvenzbehafteten Gegenstandes oder ähnliches geführt, so dass eine Begleichung oder ein verminderter Preis doch noch aus der Insolvenzmasse bezahlt werden kann.

Ggf. aufgrund des vorstehenden Hinweises ergänzend:

Ich kann Ihnen lediglich anbieten, den Sachverhalt näher zu prüfen. Hierzu bitte ich um Übersendung einer Fotokopie der Auftragserteilung sowie des unterzeichneten Lieferscheins und nach Vorlage der Unterlagen um telefonische Kontaktaufnahme zur Klärung der Angelegenheit.

Sollte ich die Zahlung auch nach Einblick in die Unterlagen weiterhin ablehnen müssen, haben Sie die Möglichkeit, Ihre Forderung direkt beim Auftraggeber, also demjenigen, der den Auftrag unterzeichnet hat, geltend zu machen, weil diese Person die alleinige Verursacherin dieser Verbindlichkeit ist. Von weiteren Mahnungen an mich bitte ich Abstand zu nehmen.

Für beide Varianten:

Vorsorglich weise ich darauf hin, dass für Verbindlichkeiten, die nach Insolvenzeröffnung entstanden sind, aber nicht durch eine Rechtshandlung *des/der Insolvenzverwalters/in* begründet wurden, gem. § 90 Abs. 1 InsO ein Vollstreckungsverbot für die Dauer von sechs Monaten ab Eröffnung des Insolvenzverfahrens gilt.

▶ Hinweis:

Auf den Zeitraum des Schreibens achten: Sind ggf. schon sechs Monate nach Insolvenzeröffnung abgelaufen? Dann macht der Hinweis auf das Vollstreckungsverbot keinen Sinn mehr!

Mit freundlichen Grüßen

....
Insolvenzverwalter/in

Anlage:
Eröffnungsbeschluss in Fotokopie

Muster 153: Neugläubiger – Hinweis wg. Nichtzahlung (nat. Pers.)

325 *Adressat: Neugläubiger/in*

Insolvenzverfahren über das Vermögen des Herrn.../der Frau...
Amtsgericht...:... IN.../...
U.Z.: »...« (Ord.bez. u. Reg.-Nr.)
Ihr Zeichen:...

Sehr geehrte Damen und Herren,

hiermit zeige ich an, dass über das Vermögen der obigen Firma das Insolvenzverfahren eröffnet und ich *zum/zur Insolvenzverwalter/in* bestellt worden bin. Eine Fotokopie des gerichtlichen Eröffnungsbeschlusses wird in der **Anlage** zu Ihrer Information überreicht.

Mir liegt Ihre Rechnung vom... vor. Ich darf Sie darauf hinweisen, dass eine Begleichung aus der Insolvenzmasse nicht erfolgen wird, weil keine Masseverbindlichkeit i.S.d. § 55 InsO begründet wurde. Hierzu wäre eine Handlung meinerseits im Vorfeld erforderlich gewesen. Eine Auftragserteilung, eine Zahlungszusicherung oder eine Inanspruchnahme Ihrer Leistung durch mich ist allerdings nicht erfolgt. Rein vorsorglich lehne ich eine etwaige Vertragserfüllung gem. § 103 Abs. 2 InsO zugunsten der Insolvenzmasse ab.

Bei Ihrer Forderung handelt sich auch nicht um eine Insolvenzforderung i.S.d. § 38 InsO, weil Ihre Forderung zum Zeitpunkt der Insolvenzeröffnung noch nicht bestand. Eine Anmeldung Ihrer Forderung im vorliegenden Insolvenzverfahren scheidet daher auch aus.

Sie haben damit die Möglichkeit, Ihre Forderung direkt *beim Schuldner/bei der Schuldnerin* geltend zu machen, *der/die alleinige/r Verursacher/in* dieser Verbindlichkeit ist. Sie können ggf. Zugriff auf das insolvenzfreie Vermögen nehmen. Das andere Vermögen unterliegt dem Insolvenzbeschlag des § 35 Abs. 1 InsO. Von weiteren Mahnungen an mich bitte ich Abstand zu nehmen.

Bei Vertragsverhältnissen zusätzlich:

Soweit mir bekannt ist, möchte *der Schuldner/die Schuldnerin* den bestehenden Vertrag aufrecht erhalten und verfügt insoweit auch über pfändungsfreies Einkommen, mit dem *er/*sie die laufenden monatlichen Kosten begleichen kann. *Er/Sie* ist daher grundsätzlich in der Lage und auch gewillt, den mit Ihnen bestehenden Vertrag zu erfüllen. Ich bitte daher um Kontaktaufnahme mit *dem Schuldner/der Schuldnerin*. Eine Abschrift dieses Schreibens lasse ich *diesem/dieser* zukommen.

Mit freundlichen Grüßen

....
Insolvenzverwalter/in

Anlage:
Eröffnungsbeschluss in Fotokopie

Muster 154: Neugläubiger – Kopie an Schuldner

Adressat: Schuldner/in 326

Insolvenzverfahren über Ihr Vermögen
Amtsgericht...:... IK/IN.../...
U.Z.: »...« (Ord.bez. u. Reg.-Nr.)

Sehr geehrte Frau ...,/sehr geehrter Herr ...,

in der **Anlage** erhalten Sie eine Fotokopie des Schreibens der Firma .... sowie eine Abschrift meines Antwortschreibens an diese zur Kenntnisnahme. Sofern Sie die dortigen Leistungen weiter in Anspruch nehmen möchten, bitte ich, die ausstehende Summe unverzüglich auszugleichen und die weiter fälligen Beträge fristgerecht zu zahlen. Da es sich um einen Vertragspartner für Ihre tägliche Lebensführung handelt, sind die anfallenden Beträge aus Ihrem pfändungsfreien Einkommen zu leisten.

Mit freundlichen Grüßen

....
Insolvenzverwalter/in

Anlage:
Mahnung des Gläubigers
Abschrift des Antwortschreibens des IV

Muster 155: Versagungstatbestand – Info an Gläubiger

Adressat: Gläubiger/in 327

Insolvenzverfahren über das Vermögen des Herrn.../der Frau...
Amtsgericht...:... IK/IN.../...
U.Z.: »...« (Ord.bez. u. Reg.-Nr.)
Ihr Zeichen:...

Sehr geehrte Damen und Herren,

in obiger Angelegenheit überreiche ich Ihnen in der **Anlage** – *wie telefonisch besprochen* – die Ablichtung des aktuell beim Insolvenzgericht eingereichten *Sachstandsberichtes/Schlussberichtes in Auszügen/Jahresberichtes*. Wie aus dem Gliederungspunkt »Mögliche Versagungsgründe« unter Ziffer ... des Berichtes ersichtlich wird, ist einer der Versagungstatbestände des *§ 290 InsO/§ 295 InsO* erfüllt.

Herr/Frau ... hat einen Antrag auf Restschuldbefreiung gestellt. Sollte dieser Antrag durch das Insolvenzgericht positiv beschieden werden, hätte dies zur Folge, dass nach Ablauf von sechs Jahren seit Eröffnung des Insolvenzverfahrens eine Beitreibung Ihrer Forderungen nicht mehr möglich sein wird (§ 301 Abs. 1 InsO).

Sie haben jedoch die Möglichkeit, einen Antrag auf Versagung der Restschuldbefreiung zu stellen. Ein solcher Antrag kann ausschließlich von Insolvenzgläubigern gestellt werden.

Insoweit verweise ich auf § 290 Abs. 1, 2 InsO. Danach kann ein Insolvenzgläubiger, der seine Forderung zur Insolvenztabelle angemeldet hat, einen Versagungsantrag jederzeit schriftlich, spätestens bis zum Schlusstermin oder – bei schriftlichen Verfahren – bis zu einem, dem Schlusstermin entsprechenden Stichtag beim Insolvenzgericht stellen.

Für einen zulässigen Versagungsantrag muss der Versagungsgrund gem. § 290 Abs. 2 InsO glaubhaft gemacht werden. Nach der Rechtsprechung des BGHs kann ein Insolvenzgläubiger hierbei auf einen Verwalterbericht verweisen, wenn in diesem konkrete Hinweise auf einen Versagungsgrund enthalten sind (*Beschl. v. 08.01.2009 – IX ZB 73/08 in ZInsO 2009, 395; Beschl. v. 21.01.2010 – IX ZB 67/09 in ZInsO 2010, 391*). Eine Beeinträchtigung der Befriedigung der Insolvenzgläubiger ist bei einem Versagungsgrund des § 290 InsO – mit Ausnahme bei Verletzung der Erwerbsobliegenheit gem. § 290 Abs. 1 Nr. 7 InsO – nicht erforderlich (*BGH, Beschl. v. 08.01.2009 – IX ZB 73/08 in ZInsO 2009, 395).*

In der RSB-Phase – falls ein Gläubiger den Jahresbericht anfordert, nicht als Rundschreiben:

Insoweit verweise ich auf § 296 Abs. 1 InsO sowie die Rechtsprechung des Bundesgerichtshofs (*Beschl. v. 12.07.2012 – IX ZB 270/11 in WKRS 2012, 19975*). Danach kann ein Versagungsantrag binnen eines Jahres nach dem Zeitpunkt gestellt werden, in dem die Obliegenheitsverletzung dem Gläubiger bekannt geworden ist. Für einen zulässigen Versagungsantrag muss der Versagungsgrund allerdings gem. § 296 Abs. 1 Satz 3 InsO glaubhaft gemacht werden. Hierzu gehört auch die Glaubhaftmachung darüber, dass eine Beeinträchtigung der Befriedigung der Insolvenzgläubiger eingetreten ist (§ 296 Abs. 1 Satz 1 InsO) (*BGH, Beschl. v. 05.04.2006 – IX ZB 50/05 in ZInsO 2006, 547*). Zur Glaubhaftmachung kann ein Insolvenzgläubiger nach der Rechtsprechung des BGHs auf einen Verwalterbericht verweisen, wenn in diesem konkrete Hinweise auf einen Versagungsgrund enthalten sind (*Beschl. v. 08.01.2009 – IX ZB 73/08 in ZInsO 2009, 395; Beschl. v. 21.01.2010 – IX ZB 67/09 in ZInsO 2010, 391).*

Für Rückfragen stehen meine Mitarbeiter und ich selbstverständlich zur Verfügung.

Mit freundlichen Grüßen

………………………………

Insolvenzverwalter/in

Anlage:
Sachstandsbericht/Schlussbericht in Auszügen/Jahresbericht

▶ Hinweis:

Nach der BGH-Rechtsprechung darf ein Insolvenzverwalter oder Treuhänder die Gläubiger über mögliche Versagungsgründe unterrichten (RSB-Phase: Beschl. v. 01.07.2010 – IX ZB 84/09 in ZInsO 2010, 1498). I.d.R. sollte von diesem Recht aber nur bei schweren Verstößen Gebrauch gemacht werden. Dem Grunde nach erfordert eine Versagung die Initiative der Gläubiger, auch bezüglich der Ermittlung, ob Versagungsgründe vorliegen. Auf Nachfrage der Gläubiger kann das vorstehende Schreiben aber entsprechend der Rechtsprechung genutzt werden.

Muster 156: Zustellungsnachweis – Muster mit Hinweisen

328 **Zustellungsbescheinigung betr. Gläubigeraufforderung**

▶ Hinweis:

jeweils benennen, um welche Zustellung es geht,

weitere Beispiele: Anzeige MUZ; beglaubigte Tabellenauszüge, Debitorenaufforderung, nachträglichen Prüfungstermin, betr. Insolvenzplan und Ladung zum Erörterungstermin etc.

Beurkundung einer Zustellung gemäß § 8 Abs. 3 InsO i. V. m. § 184 Abs. 2 ZPO

Zum Zwecke der Zustellung durch Aufgabe zur Post im Verfahren über das Vermögen der

Firma… GmbH

mit dem Sitz in…

des Herrn …./der Frau …, wohnhaft: …

-… IK/IN…/… -

sind am… um… Uhr – Briefsendungen mit folgendem Inhalt:
→ **Aufforderung zur Forderungsanmeldung**
→ **Fotokopie des Eröffnungsbeschlusses**
→ **Anmeldeformular**
→ **Merkblatt**

▶ Hinweis:

Sämtliche Anlagen aufführen, die zugestellt werden,
weitere Beispiele: Anzeige MUZ, beglaubigter Tabellenauszug, Beschluss nachträglicher Prüfungstermin, Insolvenzplan und Ladung, Zahlungsaufforderung

an **die aus der Anlage** ersichtlichen Zustellungsadressaten beim örtlichen Postamt in … (*Ort*) aufgegeben worden.

Die Zustellung im Inland gilt nach § 8 Abs. 1 Satz 3 InsO drei Tage nach Aufgabe der Sendung als bewirkt. Für die Zustellung im Ausland greift § 184 Abs. 2 Satz 1 ZPO. Danach gilt die Zustellung zwei Wochen nach Aufgabe der Sendung als bewirkt. Die Art der Zustellung gem. § 183 ZPO für Gläubiger im Ausland wurde beachtet.

..., den...

....

(vorläufige/r) Insolvenzverwalter/in

Muster 157: Zustellungsnachweis – Übersendung an Gericht

Adressat: Insolvenzgericht 329

Insolvenzverfahren über das Vermögen
der Firma... /des Herrn.../der Frau ...
Geschäftszeichen:... IN.../...
... *(Art der Zustellung angeben, z. B. Gläubigeraufforderung, Ladung zum Erörterungstermin etc.)*

Sehr geehrte Frau Rechtspflegerin ..., / sehr geehrter Herr Rechtspfleger ...,

in obigem Verfahren überreiche ich in der **Anlage** den Zustellungsnachweis bezüglich der

bitte ggf. einen der nachstehenden Texte auswählen:

- Benachrichtigung der Gläubiger über die Anberaumung des besonderen Prüfungstermins gem. §§ 8 Abs. 3, 177 Abs. 3 Satz 2 InsO.
- Übersendung der beglaubigten Tabellenauszüge an die Gläubiger gem. den §§ 8 Abs. 3, 179 Abs. 3 InsO.
- Übersendung des Insolvenzplans und der Ladung an die Beteiligten gem. den §§ 8 Abs. 3, 235 Abs. 3 InsO.
- Übersendung des gerichtlichen Beschlusses mit der Bestätigung des Insolvenzplans vom... an die Gläubiger gem. den §§ 8 Abs. 3, 252 Abs. 2 InsO.
- der Benachrichtigung der Massegläubiger über den Eintritt der Masseunzulänglichkeit gem. den §§ 8 Abs. 3, 208 Abs. 2 Satz 2 InsO.

Mit freundlichen Grüßen

....

Insolvenzverwalter/in

Anlage:
Zustellungsnachweis

▶ Hinweis:

Die ersten Zustellungsnachweise über die Aufforderung der Gläubiger zur Forderungsanmeldung und die Aufforderung der Debitoren zur Zahlung sind im Erstanschreiben enthalten: s. Muster »Erste Infos ans Insolvenzgericht« (Nrn. 102 und 111).

Musterübersicht Gläubigerverzeichnis

Rdn.

Muster 158: Gläubigerverzeichnis 330

Muster 158: Gläubigerverzeichnis gem. § 152 InsO

330 Gläubigerverzeichnis gem. § 152 InsO in dem Insolvenzverfahren über das Vermögen der *Firma …/ des Herrn …/ der Frau …*, (*komplette Anschrift*)

Amtsgericht …: … *IK/IN …/…*, Insolvenzverwalter: … (*Name und Anschrift*)

(*Lediglich ein Beispiel für einen vereinfachten Überblick: tatsächliches Verzeichnis immer über die Insolvenzsoftware ausdrucken*)

1.	2.	3.	4.	5.	6.	7.	8.	9.
	Aussonderungs-gläubiger (Gruppe I)	**Angemeldete Forderung**	**Besicherungsgrund**	**Gegenstand**				
	Mustermann, Sepp Heinrichstrasse 25 59394 Nordkirchen	*./.*	*Eigentumsvorbehalt*	*Stoffe Material Nr. 79*				
Lfd. Nr. der Insolvenztabelle	**Absonderungs-gläubiger (Gruppe II)**	**Angemeldete Forderung**	**Besicherungsgrund**	**Besichertes Gut**	**Besicherter Anteil Liquidation**	**Besicherter Anteil Fortführung**	**Voraussichtlicher Ausfall Liquidation**	**Voraussichtlicher Ausfall Fortführung**
3	*Sparkasse Oelde Musterallee 101 59302 Oelde*	*165.724,13 €*	*Abtretung Globalzession* *Grundpfandrecht* *Sicherungsübereignung*	*Lebensversicherung* *Debitorenforderung Deb. Nr. 1 – 2* *Grundbuch v. … Blatt …* *Inventarverzeichnis Nr. 3, 4*	*2.347,80 €* *1.275,50 €* *96.900,00 €* *4.613,70 €*	*2.347,80 €* *1.275,50 €* *96.900,00 €* *7.120,12 €*	*60.587,13 €*	*58.080,71 €*
	Summe:	***165.724,13 €***			***105.137,00 €*** *Hinweis: Beträge abzgl. Kostenbeiträge § 171 InsO = Auszahlungsbeträge*	***107.643,42 €*** *Hinweis: Beträge abzgl. Kostenbeiträge § 171 InsO = Auszahlungsbeträge*	***60.587,13 €***	***58.080,71 €***

	Aufrechnungs-gläubiger gem. § 94 f. InsO (Gruppe III)	**Angemeldete Forderung**	**Forderung der Insolvenz-masse**	**lfd. Nr. im Masseverzeichnis**				
	Henning Bär, Uhrzeigerweg 10, 34545 Wittenberg	*2.245,77 €*	*1.936,00 €*	*6*				
	Summe:	***2.245,77 €***	***1.936,00 €***					

	Massegläubiger § 55 InsO (Gruppe IV)	Masse-verbindlichkeit Liquidation	Masse-Verbindlich-keit Fortführung	Forderungs-grund				
	Mausser, Harald Baumallee 7 49294 Holterdorf	*1.755,00 €*	*1.755,00 €.*	*Akteneinlagerung*				
	Musterginger, Maria Rheinaue 3 54597 Lünebach	*1.500,00 €*	*2.600,00 €*	*Steuerberatungskosten*				
	… (z. B. Arbeitnehmer)	*….*		*(z. B. Lohn- u. Gehaltsansprüche aus dem Kündigungszeitraum)*				
	… (Warenlieferant)	*…*	*10.245,36 €*	*(z. B. Ansprüche aus Bestellungen während der Fortführung)*				
	Finanzamt …	*….*	*…*	*(z. B. Umsatzsteuer aus der Verwertung)*				
	Summe:	***3.255,00 €***	***14.600,36 €***					
	Massegläubiger § 54 InsO (Gruppe V)	**Massekosten Liquidation**	**Massekosten Fortführung**	**Forderungsgrund**				
	Amtsgericht … Gerichtsstraße 2 …	*3.700,00 €*	*5.200,00 €*	Gerichtskosten				
	… (Name und Anschrift des Insolvenzver-walters/ der Insolvenz-verwalterin)	*15.320,00 €*	*23.346,00 €*	Verwaltervergütung				
	Summe:	***19.020,00 €***	***28.546,00 €***					
Lfd. Nr. der Insolvenztabelle	**Insolvenzgläubiger (Gruppe VI)**	**Gläubiger-Vertreter**	**Forderung Fibuwert**	**Angemeldete Forderung**	**Forderungsgrund**	**Besicherung**		
5	*Brinkmann, Manfred Humboldweg 16 58762 Lippstadt*	*./.*	*2.500,00 €*	*2.500,00 € 259,00 €*	*Miete Zinsen*	*./.*		
	Heumut, Hans-Joachim Heugarten 10 03054 Maiberg	*./.*	*324,00 €*	*./.*	*Warenlieferung*	*./.*		
6	*Hülsekamp GmbH Heugarten 10 33330 Gütersloh*	*./.*	*896,00 €*	*896,00 € 35,56 €*	*Warenlieferung Zinsen*	*./.*		
4	*Mail, Erna Hochhausgasse 10 59505 Bad Sassendorf*	*./.*	*66.000,00 €*	*63.000,00 € 2.568,70 € 396,00 €*	*Dienstleistung Zinsen Kosten*			

2	*Musterknabe, Hugo* *Oberhausener Straße 13* *48167 Münster*	*RAe Muster pp.,* *Hauptstrasse 5* *34562 Musterstadt*	*1.000,00 €*	*998,00 €*	*Warenlieferung*	*./.*		
1	*Mustermaier, Gerda* *Friedrichstrasse 1* *80325 München*	*./.*	*1.350,00 €*	*1.150,00 €* *196,85 €*	*Warenlieferung* *Zinsen*	*./.*		
3	*Sparkasse Oelde* *Musterallee 101* *59302 Oelde*	*./.*	*164.350,00 €*	*165.254,00 €* *470,13 €*	*Darlehen* *Zinsen*	*Absonderungsrecht* *s. u.*		
	Summe:		*236.420,00 €*					
Lfd. Nr. der Insolvenztabelle	**Nachrangige Insolvenzgläubiger § 39 InsO**	**Gläubiger-Vertreter**	**Forderung Fibuwert**	**Angemeldete Forderung**	**Forderungsgrund**	**Besicherung**		
	… *Hinweis:* *Hier wären die einzelnen Rangklassen gesondert aufzuführen*							

Gesamtwerte im Überblick:	Absonderungsrechte *(voraussichtliche Befriedigung bei Liquidation)*	105.137,00 €
	Absonderungsrechte *(voraussichtliche Befriedigung bei Fortführung)*	107.643,42 €
	Aufrechnungsmöglichkeiten	1.936,00 €
	Massekosten/Masseverbindlichkeiten Liquidation	22.275,00 €
	Massekosten/Masseverbindlichkeiten Fortführung	43.146,36 €
	Fibuforderungen ohne Anmeldung	324,00 €
	Tabellenforderungen nach § 38 InsO	236.420,00 €

▶ Hinweis:

Aus diesem Verzeichnis lässt sich entnehmen, welche Gläubiger mit welchen Forderungen in welchem Rang teilnehmen und welche Sicherungsrechte an welchen Gegenständen zu beachten sind.

Musterübersicht Globalzession

(Die Übersicht ist alphabetisch sortiert.)

		Rdn.
Muster 159:	Abrechnung Globalzesion ggü. Gläubiger	331
Muster 234 – 235:	Ausfallbezifferung durch Gläubiger – Muster (*s. Muster Insolvenztabelle*)	406-407
Muster 139:	Forderungsaufstellung (*s. Muster Forderungseinzug*)	311
Muster 330:	Umsatzsteuer Forderungseinzug – Übersicht (Einordnung in Zeiträume und Verfahrensstadien) (*s. Muster Steuerpflichten*)	502
Muster 160:	Verwertungsvereinbarung mit Bank	332

Muster 159: Abrechnung Globalzession ggü. Gläubiger

Adressat: Absonderungsberechtigte Bank 331

Insolvenzverfahren über das Vermögen
der Firma... /des Herrn.../der Frau ...
Amtsgericht...:... IN.../...
U.Z.: »...« (Ord.bez. u. Reg.-Nr.)
Ihr Zeichen:...
Forderungseinzug und Abrechnung aufgrund der Globalzession

Sehr geehrte Damen und Herren,

in obiger Angelegenheit nehme ich Bezug auf die zwischen *uns geschlossene Verwertungsvereinbarung* und darf heute die *vierteljährliche* Abrechnung wie folgt vornehmen:

Gesamtsumme der eingezogenen Forderungen gem. anliegender Aufstellung im Zeitraum vom... bis... **... EUR**

abzgl. darin enthaltener und abzuführender Umsatzsteuer gem. anliegender Aufstellung (§ 171 Abs. 2 Satz 3 InsO)	... EUR
abzgl. Kostenpauschalen von der vereinnahmten Brutto-Gesamtsumme: 4 % Feststellungskostenpauschale gemäß § 171 Abs. 1 InsO	./. ... EUR ... EUR
5 % Verwertungskostenpauschale gemäß § 171 Abs. 2 InsO abzuführende Umsatzsteuer auf die Kosten der Verwertung	... EUR
tatsächlicher Auszahlungsbetrag an Sie	... EUR

Die Abrechnung basiert auf der Entscheidung des Bundesfinanzhofes vom 28.07.2011 (V R 28/09 in ZInsO 2011, 1904 f.) sowie dem BMF-Schreiben vom 30.04.2014.

▶ Hinweise:

Bezüglich der Altforderungen ist auf die mögliche **Umsatzsteuerverpflichtung aus den vereinnahmten Forderungen** zu achten. Hierzu wird verwiesen auf die Übersicht über die Zuordnung der Umsatzsteuer je nach Verfahrensstadium und Datum des Zahlungseingangs: s. Muster »Steuerangelegenheiten (Nr. 330)«.

Soweit **Umsatzsteuer** anfällt, ist diese an die Finanzverwaltung abzuführen und demnach auch bei der Abrechnung gegenüber der Gläubigerin zu berücksichtigen.

Eine **Rechnung** über den Umsatzsteuerbetrag für die Kostenpauschale braucht **nicht** erstellt zu werden, da eine Bank i.d.R. nicht vorsteuerabzugsberechtigt ist.

Das Ergebnis zu den einzelnen Forderungen entnehmen Sie bitte der beiliegenden Forderungsaufstellung. Darin sind alle Forderungen erfasst, die am Tag der Anordnung der vorläufigen Verwaltung begründet waren und damit von der Globalzession umfasst sind.

Von der Globalzession umfasst sind alle Forderungen, die bei Anordnung der vorläufigen Verwaltung schon begründet waren, d. h. bei denen die **Leistung** schon **erbracht** war. Auf das Rechnungsdatum kommt es nicht an (BGH, Urt. v. 29.11.2007 – IX ZR 30/07 in ZInso 2008, 91).

An den während einer vorläufigen Verwaltung oder den erst im eröffneten Verfahren neu begründeten Forderungen kann kein Sicherungsrecht mehr erlangt werden (§ 130 Abs. 1 Nr. 2 InsO).

Ggf. aber prüfen, ob das Werthaltigmachen der Forderungen tlw. der Anfechtung unterliegt. Nach der Rechtsprechung nur kongruente Deckung möglich: s. Checkliste Globalzession. Ggf. können die Altforderungen aus dem 3-Monats-Zeitraum in der Insolvenzmasse verbleiben.

[Alternative bei erklärter Anfechtung:

Das Ergebnis zu den einzelnen Forderungen entnehmen Sie bitte der beiliegenden Forderungsaufstellung. Darin sind alle Forderungen erfasst, die am … (ggf. 3 Monate vor Insolvenzantragstellung) begründet waren und damit von der Globalzession umfasst sind. Wegen der weiteren Forderungen ab dem … nehmen wir Bezug auf unseren geführten Schriftverkehr und insbesondere das Schreiben vom … Darin wurde dargelegt, dass die Forderungen ab dem… aufgrund des Anfechtungstatbestandes des § 130 Abs. 1 Nr. 1, Abs. 2 InsO nicht der Globalzession unterfallen.]

für beide Varianten:

Der Forderungsaufstellung kann entnommen werden, welche Forderungen vereinnahmt werden konnten, welche Forderungen ausgebucht werden mussten und aus welchen Gründen und welche Forderungen zur Zahlung noch ausstehen.

Bei Rechtsstreitigkeiten:

Für die Beitreibung der Forderungen sind zwei Rechtsstreite geführt werden. Hierbei handelt es sich um die Forderungen gegen

… *Name des Drittschuldners* (Amtsgericht …, Az.:… C…/…),

… *Name des Drittschuldners* (Landgericht…, Az.:… O…/…).

Der Drittschuldner… hat die Kosten des Rechtsstreites aufgrund des beantragten und erlassenen Kostenfestsetzungsbeschlusses komplett erstattet. Die Insolvenzmasse wurde in dem Fall mit keinen Kosten belastet.

In dem Rechtsstreit gegen *Herrn/Frau…* wurde dagegen ein Vergleich geschlossen, wonach die Prozesskosten gegeneinander aufgehoben wurden. Der Abschluss des Vergleiches war sinnvoll, da… (*Verwalter/Anwalt nach Gründen fragen*). Ausweislich der in Kopie **beiliegenden** Gebührenrechnung sowie der Gerichtskostenrechnung wurde die Insolvenzmasse mit Gesamtkosten i.H.v. … EUR netto belastet. Hiervon hat die Bank gemäß *Ziffer II. der Verwertungsvereinbarung 95 % (100 % abzgl. 5 % Verwertungskostenpauschale) (alternativ: z. B. 75 %, weil Erlös zu 25 % (= 11 % FKP + 14 % VKP) in die Insolvenzmasse fließt)* zu tragen. Der an Sie vorzunehmende Auszahlungsbetrag ist dementsprechend um diese Kosten zu korrigieren, und zwar wie folgt:

Obiges Auszahlungsguthaben	*… EUR*
abzgl. 95 %-iger Kostenanteil an Prozesskosten	*./. … EUR*

(wie vor: ggf. abzgl. 75 %-iger Kostenanteil)

verbleiben zur Auszahlung	*… EUR*

▶ Hinweis:

Wenn keine Verwertungsvereinbarung geschlossen wird, die ggf. eine Aufteilung 75 % (Gläubiger): 25 % (Masse) oder 70 % (Gläubiger): 30 % (Masse) vorsieht, dann wären statt der Verwertungskostenpauschale die höheren Verwertungskosten (§ 171 Abs. 2 Satz 2 InsO) in Ansatz zu bringen. Ggf. kann aber auch eine Einigung wie oben stehend erfolgen: Verwertungskostenpauschale i.H.v. 5 %, dafür aber auch zu Lasten der Insolvenzmasse nur 5 % Anteil an den Prozesskosten. Sinnvoll ist sicherlich immer eine zu Beginn des Verfahrens vorherige Abstimmung mit der Absonderungsgläubigerin. Bei den Prozesskosten ist der Nettobetrag in Ansatz zu bringen, weil die Umsatzsteuer als Vorsteuer gegenüber der Finanzverwaltung geltend gemacht werden kann und die Insolvenzmasse damit nicht belastet wird.

Der Betrag ist am heutigen Tage auf das Konto IBAN… überwiesen worden.

▶ Hinweis:

Prüfung, ob die Bank ein Konto zur Überweisung mitgeteilt hat. Wenn nein, dann dort anfragen. I.d.R. sollen die Auszahlungen auf ein bestimmtes Konto – das Darlehenskonto des Schuldners/der Schuldnerin.

Bei Beendigung des Forderungseinzuges:

Weitere Forderungen stehen nun nicht mehr zur Zahlung aus. Ich darf Sie daher bitten, Ihren Ausfall abschließend zu beziffern. In der weiteren **Anlage** finden Sie insoweit ein Musterschreiben zur weiteren Verwendung.

▶ Hinweis:

Diese Aufforderung zur Ausfallbezifferung nur aufnehmen, wenn keine anderen Sicherheiten mehr bestehen (z. B. Grundpfandrecht, Sicherungsübereignung etc.). Ansonsten die Verwertung dieser weiteren Sicherheiten abwarten.

Mit freundlichen Grüßen

....

Insolvenzverwalter/in

Anlagen:
Aktualisierte Forderungsaufstellung bzgl. der Altforderungen
Ausfallbezifferung – Muster
Gerichtskostenrechnung im Rechtsstreit...
Honorarrechnung im Rechtsstreit...

▶ Bearbeitungshinweise:

- Kopie des Schreibens als Beleg zu den Kontoauszügen
- Kopie des Schreibens zur Anmeldung des Gläubigers in den Tabellenordner heften, damit dort die ggf. für den Ausfall festgestellte Forderung als befriedigt oder ggf. tlw. befriedigt vermerkt wird.
- Neue Wiedervorlage für die nächste Abrechnung notieren

▶ Hinweis bei Übererlös:

Kostenbeiträge werden d. Übererlös kompensiert, d.h. ein Gläubiger hat auch Anspruch auf Erstattung dieser Kostenbeiträge (ZInsO 2002, 924): s. auch Erläuterungen in Checkliste Absonderungsrechte mit Verweis auf Entscheidungen.

Muster 160: Verwertungsvereinbarung mit der Bank

Verwertungsvereinbarung 332

zwischen

1. *Herrn/Frau*... in *seiner/ihrer* Eigenschaft als *Insolvenzverwalter/in* über das Vermögen der Firma.... mit dem Sitz in...

- nachfolgend »*Insolvenzverwalter/in*« genannt -

und

2. der... Bank,... (*vollständige Bezeichnung und Anschrift angeben*)

- nachfolgend »*Bank*« genannt -

Präambel

Über das Vermögen der Firma... mit dem Sitz in... ist mit gerichtlichem Beschluss des Amtsgerichts... das Insolvenzverfahren eröffnet worden. Das Aktenzeichen lautet:... IN.../... *Zum Insolvenzverwalter/Zur Insolvenzverwalterin* wurde *Herr/Frau*... bestellt.

Die... Bank hat Forderungen in Höhe von ... EUR gegen die Firma.... Zur Absicherung wurde im Jahre... eine Globalzession unterzeichnet. Diese ist rechtswirksam, so dass der Bank ein Absonderungsrecht an dem noch ausstehenden Forderungsbestand des schuldnerischen Unternehmens zusteht. Hiervon sind alle Forderungen betroffen, die vor dem... (*Tag der Anordnung der vorläufigen Verwaltung oder ggf. Tag der Kenntniserlangung der Zahlungsunfähigkeit vor der Insolvenzantragstellung*) begründet wurden (»Altforderungen«). Diese ergeben sich aus der als **Anlage** zu dieser Vereinbarung beigefügten Forderungsaufstellung, aus der eine Gesamtsumme des Forderungsbestandes zum vorgenannten Stichtag in Höhe von... EUR ersichtlich wird.

▶ Hinweis:

Es muss für die Anlage sichergestellt sein, dass alle bis zum vorgenannten Stichtag begründeten Forderungen bei Abschluss der Vereinbarung auch abgerechnet und damit in der Aufstellung erfasst sind. Hierbei kommt es auf das Leistungsdatum, nicht auf das Rechnungsdatum an (BGH, Urt. v. 14.02.2013 – IX ZR 94/12 in ZInsO 2013, 492; BGH, Urt. v. 29.11.2007 – IX ZR 30/07 in ZInsO 2008, 91).

Forderungen, die während der vorläufigen Verwaltung durch die Betriebsfortführung durch *den Insolvenzverwalter/die Insolvenzverwalterin* begründet wurden, sind wegen der möglichen Anfechtung gem. § 130 Abs. 1 Nr. 2 InsO von der Globalzession nicht erfasst.

Nachfolgend treffen die Parteien eine Einigung über die Befriedigung des bestehenden Absonderungsrechtes:

I.
Forderungseinzug

Der/die Insolvenzverwalter/in und die Bank sind sich darüber einig, dass nur *der/die Insolvenzverwalter/in* den Einzug der ausstehenden und von der Globalzession erfassten Altforderungen betreibt.

Zur Abgeltung der mit dem Forderungseinzug verbundenen Tätigkeit stehen der Insolvenzmasse aus den eingezogenen Forderungen bis zu einer Summe von (netto) 500.000,00 EUR *25 %* zzgl. 19 % Umsatzsteuer zu. Die restlichen *75 %* werden an die Bank ausgekehrt. Ab einer vereinnahmten Forderungshöhe von (netto) 501.000,00 EUR stehen der Insolvenzmasse *30 % zzgl.* 19 % Umsatzsteuer und der Bank damit *70 %* zu.

Die nach der BFH-Rechtsprechung *(Urt. v. 29.01.2009 – V R 64/07 in BStBl. II 2009, 682; Urt. v. 09.12.2010 – V R 22/10 in BStBl. II 2011, 996)* auf die eingezogenen Forderungen entfallende Umsatzsteuer wird *vom/von der Insolvenzverwalter/in* aus der Summe der eingezogenen Forderungen abgeführt. Der vorstehend vereinbarte Anteil zugunsten der Insolvenzmasse bleibt insoweit erhalten.

Bei nicht zu realisierenden Forderungen, die also letztlich ausgebucht werden müssen, bestehen keine gegenseitigen Ansprüche. Die Bank kann auf Verlangen lediglich Nachweise über die Gründe des Ausfalls *vom Insolvenzverwalter/von der Insolvenzverwalterin* fordern.

II.
Kosten der gerichtlichen Beitreibung

Soweit gerichtliche Mahn- oder Klageverfahren zur Beitreibung der Forderungen eingeleitet werden müssen, beteiligt sich die Bank an den hierdurch entstehenden Anwalts- und Gerichtskosten mit ebenfalls *75 % bzw. 70 %* entsprechend der Beteiligung unter Ziffer I. Soweit eine Erstattung durch die Gegenseite erfolgt, entfällt die Kostenübernahme.

III.
Abrechnung

Der Insolvenzverwalter/die Insolvenzverwalterin wird gegenüber der Bank vierteljährlich abrechnen und den prozentualen Anteil der eingezogenen Forderungen abzgl. etwaiger Kosten auszahlen. Hierbei wird der Bank jeweils eine aktualisierte Forderungsaufstellung übermittelt, aus der sie mögliche Gründe für die Nichtbeitreibung von Forderungen etc. ersehen kann.

Die Bank verzichtet hiermit ausdrücklich auf einen etwaigen Verzinsungsanspruch gem. § 169 InsO.

IV.
Ungeplante Einnahmen

Soweit Drittschuldner trotz Kenntnis über das Insolvenzverfahren auf die alten Geschäftskonten des schuldnerischen Unternehmens leisten, verpflichtet sich die Bank, diese Zahlungseingänge unverzüglich auf das für das Insolvenzverfahren eingerichtete Treuhandkonto zu überweisen. Soweit die Forderung zum Altbestand gehört und von der Globalzession umfasst ist, wird sie bei der Abrechnung mit der Bank Berücksichtigung finden. Durch die Überweisung auf das Treuhandkonto werden Verrechnungsschwierigkeiten vermieden.

Soweit es sich um eine Neuforderung handelt, soll es einer Anfechtungserklärung (§ 130 Abs. 1 Nr. 2 InsO) seitens *des Insolvenzverwalters/der Insolvenzverwalterin* insoweit nicht bedürfen.

V.
Forderungsaufstellung

Die Bank wird ihrerseits *dem/der Insolvenzverwalter/in* jährlich eine aktuelle Übersicht über die noch offenen Forderungen zu ihren Gunsten übergeben. Diesbezüglich sind sich die Parteien in Übereinstimmung mit der Rechtsprechung darüber einig, dass die nach Insolvenzeröffnung anfallenden Zinsen und etwaigen Kosten ebenfalls vom Absonderungsrecht umfasst und in der Aufstellung daher zu berücksichtigen sind (*BGH, Beschl. v. 17.07.2008 – IX ZR 132/07 in ZInsO 2008, 915; BGH, Beschl. v. 17.02.2011 – IX ZR 83/10 in ZInsO 2011, 630*).

Nach Abschluss des gesamten Forderungseinzuges wird die Bank ihre Forderungsanmeldung zur Insolvenztabelle um die erhaltenen Zahlungen korrigieren oder ggf. komplett zurücknehmen.

....

Ort, Datum

....

Insolvenzverwalter/in Bank

Anlage:
Forderungsaufstellung zum...

▶ Hinweis:

Das Datum in der Präambel muss beim/bei der Verwalter/in erfragt werden. Bei Kenntnis der Bank von der Zahlungsunfähigkeit entfällt die Wirkung der Globalzession schon vor dem Tag der Anordnung der vorläufigen Verwaltung.

Musterübersicht Gutachtenauftrag

(Die Übersicht ist alphabetisch sortiert.)

		Rdn.
Muster 161:	Bestätigung Besprechung Gutachten	333
Muster 162:	Erstanschreiben an Schuldner	334
Muster 116:	Erstgespräch – Fragebogen in Kleinverfahren (*s. Muster Eröffnungsbeschluss natürl. Person*)	288
Muster 163:	Erstgespräch – Fragebogen – Telefonat	335
Muster 164:	Fragebogen zum Gutachten	336
Muster 165:	Gerichtsakte Rücksendung – Gutachtenauftrag	337
Muster 166:	Gliederungspunkt Form des Insolvenzantrages § 13 InsO	338
Muster 167:	Gutachten GmbH – Abweisung und Eröffnung	339
Muster 266:	Gutachten Limited (*s. Muster Limited*)	438
Muster 168:	Gutachten natürliche Person – Abweisung und Eröffnung	340
Muster 169:	Gliederungspunkt »Haftungsansprüche« im Gutachten	341
Muster 170:	Gutachtenabrechnung (Sachverständiger und vorl. Verwalter)	342
Muster 171:	Gutachtenabrechnung (isolierter Sachverständiger)	343
Muster 172:	Gutachtenabrechnung – Stundenaufstellung	344
Muster 130:	Kontoauszug FinA – Anforderung durch Schuldner (*s. Muster Finanzamt*)	302
Muster:	Kreditoren- u. Debitorenliste (*jeweils Dateivorgaben des Softwareanbieters zwecks Einspielung der Daten ins System*)	
Muster 117:	Lebenslauf (*s. Muster Eröffnungsbeschluss natürl. Person*)	289
Muster 173:	Liste vorzulegender Unterlagen Einzelfirma	345
Muster 174:	Liste vorzulegender Unterlagen GmbH	346
Muster 119:	Liste vorzulegender Unterlagen Kleinverfahren	291
Muster 267:	Liste vorzulegender Unterlagen Limited (*s. Muster Limited*)	439
Muster 277:	Liste vorzulegender Unterlagen Nachlassinsolvenz (*s. Muster Nachlassinsolvenz*)	489
Muster 175:	Liste vorzulegender Unterlagen – UG	347
Muster 176:	Liste vorzulegender Unterlagen – Verein	348
Muster 165:	Rücksendung Gerichtsakte – Gutachtenauftrag	337
Muster 119:	Schweigepflichtentbindungserklärung (*s. Muster Eröffnungsbeschluss natürl. Person*)	291
Muster 177:	Steuerberater – Herausgabe von Unterlagen	349
Muster 178:	Übersendung Gutachten an AG	350
Muster 179:	Vermögensübersicht zum Gutachten	351
Muster 397 – 398:	Vorläufige Verwaltung – Antrag auf Anordnung (*zwei Varianten*) (*s. Muster vorläufige Verwaltung*)	569 – 570
Muster 180:	Zwangsmaßnahmen – Androhung ggü. Schuldner	352
Muster 181:	Zwangsmaßnahmen – Anregung bei Gericht mit vorl. Verw.	353
Muster 182:	Zwangsmaßnahmen – Anregung bei Gericht ohne vorl. Verw.	354
Muster 183:	Zwischenbericht für Gutachten	355

Muster 161: Bestätigung Besprechung Gutachten

Bestätigung 333

Hiermit bestätige ich, *Herr/Frau …, in meiner Eigenschaft als Geschäftsführer/in der Firma …,* das der Inhalt des von … erstellten Gutachtens in der Fassung vom … am … mit mir persönlich besprochen wurde.

…………………
Ort/Datum

…………………
Unterschrift

Muster 162: Erstanschreiben an Schuldner

334 ▶ Hinweis Nachlassinsolvenz:

Für ein Nachlassinsolvenzverfahren gibt es ein gesondertes Muster bei den Mustern zur Nachlassinsolvenz: Nr. 275

Adressat: Schuldner/in

Insolvenzeröffnungsverfahren über das Vermögen der Firma.../Ihr Vermögen Amtsgericht...:... IN .../...

Sehr geehrte Damen und Herren,

sehr geehrte Frau ...,/sehr geehrter Herr ...,

in obiger Angelegenheit erhalten Sie **anliegend** den Beschluss des Amtsgerichts ... vom ..., wonach ich zum Sachverständigen über *das Vermögen der oben genannten Firma/Ihr Vermögen* mit dem Auftrag bestellt worden bin, die Vermögenssituation zu begutachten. Zu diesem Zweck benötige ich umfangreiche Informationen und Unterlagen. Die Insolvenzordnung sieht in § 20 i.V.m. § 97 InsO vor, dass *der Schuldner/die Schuldnerin* sämtliche, das Verfahren betreffende Auskünfte zu erteilen hat. Zu diesem Zweck darf ich Ihnen heute folgende Unterlagen überreichen:

1) **Fragebogen**
Ich bitte, diesen auszufüllen.

▶ Hinweis:

Es gibt **zwei Muster:** Fragebogen für **jur. Personen** und **Fragebogen Kleinverfahren** (Nr. 164 und 116) Letzterer ist auch zu verwenden bei **4a-Verfahren:** Darin wird auch nach Betriebs- und Geschäftsausstattung und (ehemals) selbstständiger Tätigkeit gefragt. Etwaige Unterlagen zu einer solchen Selbständigkeit werden über die Liste »vorzulegende Unterlagen« abgefragt.

2) **Lebenslauf** *(nur bei nat. Personen)*
Ich bitte, einen Lebenslauf nach diesem Muster zu erstellen.

3) **Liste vorzulegender Unterlagen**
Ich bitte, die darin aufgeführten Unterlagen möglichst kurzfristig zusammenzustellen und zu übergeben. Original-Unterlagen werden nach Einsichtnahme selbstverständlich zurückgereicht. Sofern einzelne Unterlagen bereits dem Insolvenzgericht übermittelt wurden, reicht ein entsprechender handschriftlicher Vermerk auf der Liste.

▶ Hinweis:

Bei natürlichen Personen hier stets die »Liste vorzulegender Unterlagen Einzelfirma« nutzen: Vorlage von Unterlagen zu evtl. Selbständigkeit und gleichzeitig für den Privatbereich.

4) **Debitoren- und Kreditorenlisten und Liste Arbeitsverhältnisse**
Ergänzend zu der Liste vorzulegende Unterlagen finden Sie in der weiteren Anlage jeweils das Muster einer Debitoren- und Kreditorenliste sowie eine Liste über die Arbeitsverhältnisse zunächst im Ausdruck. Gerne stelle ich Ihnen diese Listen auch per E-Mail zur weiteren Verwendung zur Verfügung. Bitte teilen Sie mir insoweit kurz die entsprechende E-Mail-Adresse mit, an die diese Dateien verschickt werden sollen. Die ausgefüllten Listen bitte ich, mir ebenfalls per E-Mail zur Verfügung zu stellen.

▶ Hinweis:

Die Listen sollten unabhängig von einer späteren Insolvenzeröffnung vom Schuldner/von der Schuldnerin erstellt werden, weil sie ja einen detaillierten Überblick über die Art und den Umfang der drei Bereiche (Forderungen, Verbindlichkeiten, Arbeitsverhältnisse) geben, die für das Gutachten auch von Bedeutung sind.

5) **Schweigepflichtentbindungserklärung**
Ich bitte, diese zu unterzeichnen und mir im Original zu übergeben.

Ohne Anordnung vorläufiger Verwaltung:

Ich bitte Sie weiter, mit mir telefonisch zwecks Abstimmung eines Gesprächstermins Kontakt aufzunehmen. In diesem können die oben genannten Unterlagen mir dann persönlich übergeben werden. Sollte ein Termin kurzfristig nicht stattfinden können, bitte ich um Hereingabe der Unterlagen bis zum

...

(Wochenfrist).

mit Anordnung vorläufiger Verwaltung:

▶ Hinweis:

Bei gleichzeitiger Anordnung der vorläufigen Verwaltung erfolgt i.d.R. ein persönlicher Kontakt noch am selben Tag. Daher ist eine schriftliche Terminabstimmung nicht erforderlich. Die Belehrung aus dem nachstehend genannten Mustertext wird dann zunächst mündlich erteilt. Die zusätzliche schriftliche Belehrung ist i.d.R. sinnvoll, damit der Schuldner die Gelegenheit erhält, die Informationen nachlesen zu können:

Belehrung über Wirkungen der vorläufigen Verwaltung: s. Muster vorläufige Verwaltung (Nr. 399): »Erstanschreiben an Schuldner – vorl. Verwaltung«: an dieser Stelle ergänzend einfügen.

Mit freundlichen Grüßen

……………………..
Sachverständige/r

Anlagen:
Gerichtlicher Beschluss v. …
s. vorstehende Auflistung weiterer Anlagen

Muster 163: Erstgespräch – Fragebogen – Telefonat

Erstgespräch – Fragebogen – Telefonat 335
Verfahren: …

Fragen	Antworten
Im Regelfall gilt: **Persönliches Aufsuchen** des Schuldners in allen IN-Verfahren binnen **zwei Tagen**, bei aktiven Unternehmen **am selben Tag** der Auftragserteilung.	
Stimmen Name und Anschrift und Gesellschaftsform im gerichtlichen Beschluss?	
Aktuelle Telefonnummern: Handy-Nr.: ggf. tagsüber erreichbar:	
Gibt es eine Homepage? *(für weitere Infos und ggf. Wert einer Domain)*	
Gibt es eine E-Mail-Adresse? ggf. private E-Mail-Adresse für schnelle Kontaktaufnahme	
Gibt es einen Verfahrensbevollmächtigen? *(soweit die Gerichtsakte noch nicht vorliegen sollte, sonst daraus ersichtlich)*	
Name und Anschrift des/der Geschäftsführer/in:	
Seit wann wird das Amt des Geschäftsführers ausgeübt?	
Name der Gesellschafter	
Besteht ein Verwandtschaftsverhältnis zwischen Geschäftsführer und Gesellschaftern?	
Von wem wurde der Insolvenzantrag gestellt? *(soweit die Gerichtsakte noch nicht vorliegt)*	
Wie hoch ist die Forderung dieses Gläubigers? *(soweit die Gerichtsakte noch nicht vorliegt)*	
Gab es Versuche, eine Einigung mit dem Gläubiger zu erzielen?	
In welcher Branche ist das Unternehmen tätig? *(Dienstleistung, Handwerk etc. mit näherer Umschreibung)*	
Ist der Betrieb eingestellt? Ggf. seit wann?	
Aus welchen Gründen?	

Fragen	Antworten
Bei Fortführung:	
Wie hoch ist das derzeitige Auftragsvolumen?	
Welches Material wird dafür ggf. benötigt?	
Wie viele Arbeitnehmer sind bzw. waren im Betrieb beschäftigt?	
Für welche Monate stehen Lohn- und Gehaltszahlungen aus?	
Welche Bankkonten existieren mit welchen Beständen?	
Wie hoch ist der Kassenbestand?	
Ist die Betriebshaftpflichtversicherung bezahlt oder sind die Beiträge rückständig?	
Gibt es andere wichtige Versicherungen? *(für Fahrzeuge, Grundbesitz u.ä.)*	
Wie hoch sind die Gesamtverbindlichkeiten?	
Von wann datiert die letzte Bilanz?	
Ist ein Steuerberater für das Unternehmen tätig? *(Name, Adresse, Telefonnummer)*	
Liegen Rangrücktrittserklärungen von Gläubigern vor (z.B. von Gesellschaftern)?	
Wie hoch war jeweils der Umsatz der letzten drei Jahre?	
Welche Vermögensgegenstände sind vorhanden *(Fahrzeuge, Maschinen etc.)*?	
Bestehen daran Rechte Dritter? *(Sicherungsübereignungen, Abtretungen, Eigentumsvorbehalt o.Ä.)*	
Wurden Vermögensgegenstände in den letzten drei Monaten an Dritte herausgegeben oder von Dritten abgeholt? *(ggf. im Rahmen von Vollstreckungsmaßnahmen?)*	
Welche? Wann? An wen? Von wem? Warum?	
Wie hoch sind die ausstehenden Forderungen gegen Dritte aus Rechnungslegung u.a.?	
Existiert eine Globalzession zugunsten der Bank?	
Sonstige Notizen:	
Achtung/Hinweis:	*Beim ersten persönlichen Kontakt an die Unterzeichnung der Schweigepflichtentbindungserklärung denken!*

....
Ort, Datum

....
Unterschrift *des/der* Sachverständigen/ggf. Sachbearbeiters/in

Muster 164: Fragebogen zum Gutachten

336 *Der nachstehende Fragebogen ergänzt die vorzulegenden Unterlagen laut entsprechender Auflistung. Bearbeiten Sie den Fragebogen bitte sorgfältig, vollständig und zeitnah. Nicht relevante Fragen bitte ich mit »nein« oder »keine« zu beantworten. Bezeichnungen wie Geschäftsführer, Gesellschafter gelten bei anderen Gesellschaftsformen als der GmbH auch entsprechend für Aktionäre etc.*

Allgemeines	Antworten
Telefonnummer des Geschäftsbetriebes: Faxnummer des Geschäftsbetriebes:	
Geschäftsführer: Name und Anschrift E-Mail-Adresse:	

Handynummer des Geschäftsführers:	
Gesellschafter: Name und Anschriften	
Gibt es Prokuristen oder sonstige Zeichnungsberechtigte Personen? (ggf. Namen und Anschriften)	
Name und Anschrift des Steuerberaters: Wurde dieser in den letzten zwei Jahren gewechselt?	
Steuer-Identifikationsnummer:	
Umsatzsteuer-Identifikationsnummer: (soweit vorhanden) (für Geschäfte innerhalb der EU)	
Gibt es eine Barkasse? Mit welchem Bestand?	
Wer ist verantwortlich für die Barkasse?	
Gibt es einen Safe im Geschäftsbetrieb? Wer verfügt über die Schlüssel? Was wird darin aufbewahrt?	
Gründe für die Insolvenzlage? (Bitte schildern Sie diese in Stichworten nach Ihrer Einschätzung.)	
Anfechtung	**Antworten**
Gibt es Gläubiger, die die Insolvenzlage kennen? Sind an diese ggf. unter Druck Zahlungen geleistet worden?	
Gibt es Ratenzahlungsvereinbarungen? Ggf. mit wem?	
Arbeitsverhältnisse	**Antworten**
Abrechnungszeitpunkt für Löhne und Gehälter:	
Sind Abschlagszahlungen erfolgt?	
Werden/Wurden Arbeitszeitkonten geführt?	
Wer hat die Löhne u. Gehälter berechnet?	
Gibt es Ansprüche auf Sonderzuwendungen (Urlaubs- und Weihnachtsgeld u.ä.)?	
Gibt es einen Betriebsrat, eine zuständige Gewerkschaft und eine Tarifbindung?	
Bank	**Antworten**
Welche Bankverbindungen gibt es?	
Liegen Banksicherheiten vor? (Abtretungen, Sicherungsübereignung?)	
Sind Gesellschafterdarlehen in den letzten 12 Monaten zurückgeführt worden? Wenn ja: an welchen Gesellschafter? (Name und Anschrift)	
Ist ein Schließfach bei einer Bank vorhanden? Bei welcher? Was ist im Schließfach?	
Wer hat Kontovollmacht über die Geschäftskonten?	
Fahrzeuge	**Antworten**
Stehen Fahrzeuge in Ihrem Eigentum? Wenn ja: Marke, Baujahr, KM-Stand, Kennzeichen:	
Wo stehen diese Fahrzeugen aktuell?	
Wozu nutzen Sie diese Fahrzeuge?	
Gibt es Sicherungsrechte bspw. einer Bank daran?	

Bei welcher Versicherung sind die Fahrzeuge versichert? Versicherungsgesellschaft und Versicherungsscheinnummer:	
Geschäftsunterlagen	**Antworten**
Wo werden Geschäftsunterlagen archiviert? Welchen Umfang haben diese Unterlagen? (ggf. ungefähre Anzahl der Ordner)	
Grundstück	**Antworten**
Lage des Grundstückes? Straße, Hausnummer, Ort	
Sind Prämienzahlungen der Gebäudeversicherung rückständig? Ggf. welche?	
Gibt es aktuelle Wertschätzungen?	
Vermögenswerte	**Antworten**
Gibt es immaterielle Vermögenswerte? (z. B. Patente, Lizenzen, Markenrechte, Firmenname) ggf. bitte Unterlagen vorlegen	
Verbindlichkeiten	**Antworten**
Zusätzlich zur Vorlage einer Kreditorenliste: Füllen Sie bitte die unten stehende Aufstellung aus und geben Sie Erläuterungen zu den dort gestellten Fragen.	s. »Verbindlichkeiten/Passiva« unten
Versicherungen	**Antworten**
Wurden Lebens- oder Rentenversicherungsverträge oder ähnliches (ggf. zugunsten Dritter wie Arbeitnehmer etc.) in den letzten zwölf Monaten aufgelöst?	
Besteht eine Haftpflichtversicherung? Wenn ja: bei welcher Versicherung mit welcher Versicherungsscheinnummer?	
Vertragsverhältnisse	**Antworten**
Gibt es eine eigene Homepage? ggf. genaue Bezeichnung: Mit welchen Providern bestehen Verträge?	
Bei Anmietung der Geschäftsräume: Name und Anschrift des Vermieters: Für welche Monate bestehen Mietrückstände?	
Bei Anmietung der Geschäftsräume: Ist eine Mietkaution vertraglich vereinbart? Wurde sie auch gezahlt?	
Auskunftspersonen	**Bitte Name/Bezeichnung und Anschrift**
Buchhalter:	
Rechtsanwalt:	
Wirtschaftsprüfer:	
Zuständiger Mitarbeiter der Hausbank:	
IHK:	
Handwerkskammer:	

Vermögenswerte/AKTIVA

1. Immaterielle Vermögenswerte

   .... … €

   kurze Bezeichnung (Patente, Firmenwert, Lizenzen)

2. Grundstücke oder grundstücksgleiche Rechte
   .... … €
   kurze Bezeichnung

Bewegliches Anlagevermögen

3. Technische Anlagen … €
4. Betriebs- und Geschäftsausstattung … €
5. Fahrzeuge … €
6. Sonstiges … €

---

7. Finanzanlagen
   .... … €
   kurze Bezeichnung (Wertpapiere, Beteiligungen)

Umlaufvermögen

8. Vorräte (Roh-, Hilfs-, Betriebsstoffe) … €
9. Forderungen aus L + L … €
   davon voraussichtlich werthaltig … €
10. Bankguthaben … €
11. Kassenbestand … €

---

12. Sonstiges Vermögen
    .... … €
    kurze Bezeichnung (z. B. Versicherungen, Ansprüche gegen Gesellschafter etc.)

Verbindlichkeiten/PASSIVA

1. Verbindlichkeiten/Kreditoren (es genügen ca.-Werte):
   fällig: ja/nein

Löhne und Gehälter netto (ab wann): … €
Sozialversicherungsbeiträge: … €

Steuern: … €

Lieferungen und Leistungen: … €
davon besichert: … €
durch:

Bank 1 … €
davon besichert: … €
durch:

Bank 2: … €
davon besichert: … €
durch:

Gesellschafterdarlehen: … €
davon besichert: … €
durch:

Sonstige: … €

Gesamtsumme: … €
davon besichert: … €

---

2. Welche Verbindlichkeiten sind nicht zur Zahlung fällig (z.B. wg. Stundung, Ratenzahlung etc.)?
3. Wurde für die Gesellschafterdarlehen ein Rangrücktritt vereinbart (Nachweis ggf. bitte beifügen)?

Hiermit erkläre ich, dass alle vorstehenden Fragen vollständig und richtig beantwortet und die Angaben in den Auflistungen vollständig und richtig eingetragen wurden.

……………………..
Ort, Datum

……………………
Unterschrift

Muster 165: Rücksendung Gerichtsakte – Gutachtenauftrag

337 *Adressat: Insolvenzgericht*

Insolvenzeröffnungsverfahren über das Vermögen
der Firma…/der Frau… /des Herrn…
Geschäftszeichen: … IN…/…

Sehr geehrte Frau Richterin …, / sehr geehrter Herr Richter ….,

in obiger Angelegenheit bedanke ich mich für den erteilten Auftrag und reiche Ihnen in der **Anlage** die Gerichtsakte zurück.

▶ Hinweis:

Schnelle Rücksendung erforderlich, gerade bei Betriebsfortführung, weil die Akte bei Gericht gebraucht wird.

Die Übernahme des Amtes als *Sachverständige/r* darf ich hiermit bestätigen.

▶ Hinweis – bitte klären:

Soll die vorläufige Verwaltung angeordnet werden? S. Muster vorläufige Verwaltung (Nrn. 397 u. 398). Wenn nein, dann hier wie nachstehend ausführen.

Sicherungsmaßnahmen sind nicht erforderlich. Dies wurde entsprechend geprüft.

Alternative bei gleichzeitiger Anordnung vorläufiger Verwaltung:

Die Übernahme des Amtes als *Sachverständige/r* und als *vorläufige/r Insolvenzverwalter/in* darf ich hiermit bestätigen.

Über die bisher angeordneten Sicherungsmaßnahmen hinaus sind keine weiteren Sicherungsmaßnahmen erforderlich.

In der **Anlage** übersende ich den Nachweis über die Zustellung des Anordnungsbeschlusses gem. § 23 Abs. 1 i.V.m. § 8 Abs. 3 InsO an die Schuldner der Schuldnerin.

Es wurde ein Treuhandkonto bei der… *(Bank)* unter der IBAN:… eröffnet.

bei allen Varianten:

Im Hinblick auf § 56 Abs. 1 Nr. 2 InsO teile ich in diesem Zusammenhang mit, dass *der Schuldner/die Schuldnerin* vor dem Eröffnungsantrag vom Unterzeichner in keiner Form beraten wurde.

Mit freundlichen Grüßen

………………………
Sachverständiger

Muster 166: Gliederungspunkt »Form des Insolvenzantrages« im Gutachten

▶ Hinweis:

338 Entsprechende **Ausführungen** müssen **zeitnah** erfolgen. Bei tatsächlicher Unwirksamkeit wäre der Antrag ggf. abzuweisen. Insoweit sollte der Sachverständige Kontakt mit dem zuständigen Richter aufnehmen.

Form des Insolvenzantrages

Im Beschluss über die Bestellung zum Sachverständigen ist der Auftrag enthalten, Ausführungen dazu zu machen, ob der Insolvenzantrag in der erforderlichen Form des § 13 InsO gestellt wurde, um eine Insolvenzeröffnung bewirken zu können. Hierzu wird folgendes ausgeführt:

Die Voraussetzungen des § 13 Abs. 1 InsO lagen vor. Der Insolvenzantrag weist keine Mängel auf.

[Alternative bei fehlender Anwendung der Muss-Vorschrift:

Die Voraussetzungen des § 13 Abs. 1 InsO lagen nicht vor, weil
- das Gläubigerverzeichnis gem. § 13 Abs. 1 S. 3 InsO,
- die Angaben zu den Größenklassen gem. § 13 Abs. 1 S. 4 InsO,
- die Angaben zur Bilanzsumme, zu den Umsatzerlösen und zur durchschnittlichen Arbeitnehmerzahl des vorangegangenen Geschäftsjahres gem. § 13 Abs. 1 S. 5 InsO,
- die Erklärung hinsichtlich der Richtigkeit und Vollständigkeit der gemachten Angaben gem. § 13 Abs. 1 S. 7 InsO

fehlt(en).]

Die Angaben gem. § 13 Abs. 1 S. 4 InsO sind jedoch vorliegend keine Muss-Vorschriften i.S.d. § 13 Abs. 1 S. 6 InsO, weil die dort genannten Voraussetzungen (Antrag auf Eigenverwaltung, Merkmale des § 22a Abs. 1 InsO, Antrag auf Einsetzung eines vorläufigen Gläubigerausschusses) nicht vorliegen.

[Alternative bei Anwendung der Muss-Vorschrift:

Die Angaben gem. § 13 Abs. 1 S. 4 InsO sind vorliegend gem. § 13 Abs. 1 S. 6 InsO Muss-Vorschriften, da der Geschäftsbetrieb des Schuldners noch nicht eingestellt ist und
- der Schuldner die Eigenverwaltung beantragt hat
- der Schuldner die Merkmale des § 22 a Abs. 1 InsO erfüllt
- die Einsetzung eines vorläufigen Gläubigerausschusses beantragt wurde.]

Muster 167: Gutachten GmbH – Abweisung + Eröffnung

GUTACHTEN 339

in dem Insolvenzeröffnungsverfahren über das Vermögen der

... GmbH,
Straße Hausnummer
Postleitzahl Ort

vorgelegt vom Gutachter:	...
Insolvenzgericht:	Amtsgericht ...
Aktenzeichen des Amtsgerichts:	... IN .../....
Datum:	...

Inhaltsverzeichnis

A. Auftrag
B. Durchführung
C. Durchführung
I. Abstimmung mit der Schuldnerin/Informationserteilung
II. Vorläufige Verwaltung
III. Bewertung des Anlage- und Umlaufvermögens
IV. Einziehung vorhandener Kontoguthaben
V. Debitoreneinzug
VI. Hinterlegungsstelle/Massebestand
D. Durchführung
I. Abstimmung mit der Schuldnerin/Informationserteilung
II. Vorläufige Verwaltung
III. Unternehmensfortführung
IV. Bewertung des Anlage- und Umlaufvermögens
V. Einziehung vorhandener Kontoguthaben
VI. Hinterlegungsstelle/Massebestand
E. Datenpool
F. Form des Insolvenzantrages
G. Steuerliche Verhältnisse/Rechnungswesen
I. Jahresabschlüsse/Rechnungswesen/Größenmerkmale nach § 267 HGB
II. Steuerrechtliche Verhältnisse
H. Gesellschaftsrechtliche Verhältnisse
I. Arbeitsrechtliche Verhältnisse
I. Allgemeines
II. Betriebsrat
III. Kündigungen
IV. Beteiligte
V. Massenentlassungsanzeige
VI. Arbeitsrechtsstreitigkeiten

J. Wirtschaftliche Entwicklung
K. Vorliegen eines Insolvenzgrundes/Eintritt der Insolvenz
   I. Vorliegen eines Insolvenzgrundes
      1. Zahlungsunfähigkeit
      2. Überschuldung
      3. Zusammenfassung
   II. Zeitpunkt des Eintritts der Insolvenz
   III. Gründe der Insolvenz
L. Sanierung des Unternehmens/Insolvenzplanverfahren
M. Ansprüche gegen Gesellschafter und Geschäftsführer
N. Anfechtungstatbestände
   I. Zahlungseingänge auf debitorischem Konto und Verrechnung
   II. Zahlungen an Finanzamt und Sozialversicherungen
   III. Anfechtungsansprüche gegen sonstige Dritte
   IV. Vollstreckungsmaßnahmen (§ 131 Abs. 1 Nr. 1 InsO)
   V. Vollstreckungsmaßnahmen (§ 131 Abs. 1 Nr. 2 InsO)
O. Rückschlagsperre
P. Aus- und Absonderungsrechte
Q. Rechtsstreitigkeiten
R. Vermögensübersicht
S. Verfahrenskostendeckung
T. Zusammenfassung
U. Entscheidungsvorschlag
V. Ermächtigung gem. § 25 Abs. 2 InsO
W. Erforderliche Beschlüsse der Gläubigerversammlung

A.
Auftrag

▶ **Hinweis:**

Sämtliche Aufgaben können aus dem Beschluss über die Bestellung zum Sachverständigen entnommen werden. Sie sind dort im Einzelnen aufgelistet. Bitte vergleichen!

▶ **Ggf. keine Wiederholung des Beschlusses:**

Wenn das Gericht **keine Wiederholung** der Inhalte des Gutachtenbeschlusses möchte, folgende **Alternative** nutzen:

»Mit Beschluss des Amtsgerichts – Insolvenzgericht – vom… wurde ich damit beauftragt, ein schriftliches Gutachten anzufertigen. Zu den einzelnen im Gutachtenbeschluss aufgelisteten Fragestellungen werden nachfolgend Erläuterungen gegeben.«

Mit Beschluss des Amtsgerichts – Insolvenzgericht –… vom… wurde ich damit beauftragt, ein schriftliches Gutachten zu folgenden Fragestellungen anzufertigen:
- ob und ggf. welche Sicherungsmaßnahmen zu treffen sind;
- ob ein maßgeblicher Eröffnungsgrund vorliegt, bejahendenfalls zu welchem Zeitpunkt von dem Eintritt der materiellen Insolvenz auszugehen ist;
- ob und bejahendenfalls welche Aussichten ggf. für eine Fortführung des schuldnerischen Unternehmens bestehen;
- *ob der Insolvenzantrag den Formerfordernissen gem. § 13 InsO entspricht;*
- ob eine kostendeckende Masse vorhanden ist,
- ob und ggf. gegenüber welchen Sozialversicherungsträgern und Berufsgenossenschaften Beitragspflichten bestehen und wie die Betriebsnummern lauten;
- ob Grundbesitz vorhanden ist und ggf. wie die genauen Grundbuchbezeichnungen lauten.
- *ggf.: in welcher Höhe ein Massekostenvorschuss anzufordern ist.*

Bei Anordnung der vorläufigen Verwaltung:

Auf meine Anregung hin ordnete das Insolvenzgericht am … um … Uhr zur Sicherung der Masse gem. § 21 Abs. 2 Ziff. 1 InsO die vorläufige Verwaltung über das Vermögen der Schuldnerin an. Gem. § 21 Abs. 2 Ziff. 2 2. Alt. InsO wurde gleichzeitig angeordnet, dass Verfügungen der Schuldnerin nur mit Zustimmung des vorläufigen Insolvenzverwalters wirksam sind. Der vorläufige Insolvenzverwalter wurde ermächtigt, Forderungen der Schuldnerin einzuziehen.

Vollstreckungsmaßnahmen wurden gem. § 21 Abs. 2 Nr. 3 InsO eingestellt, soweit nicht unbewegliches Vermögen betroffen ist.

Dem Insolvenzantrag liegt ein *Eigen-/Fremdantrag der/des* … vom …, eingegangen beim Insolvenzgericht am … zugrunde.

▶ Hinweis zur Gutachtenvorlage beim Insolvenzgericht:

Muss die **Insolvenzeröffnung an einem bestimmten Tag** erfolgen, um den Insolvenzgeldzeitraum nicht zu überschreiten? Dann **Gutachtenvorlage: 2 Tage vor diesem fiktiven Eröffnungstag** = genug Zeit für die Richter zur Entscheidungsfindung! Frist notieren!

Achtung:

Nachfolgend eine (!) Variante auswählen: bitte auf die Kästen achten!

B.
Durchführung

Textpassage nutzbar bei reinem Gutachtenauftrag und Abweisung mangels Masse, ansonsten s. weiter Punkt C.

Beispielhafter Text:

Unmittelbar nach Erteilung des Gutachtenauftrages und Eingang des Beschlusses vom… wurde mit dem Geschäftsführer der Schuldnerin Kontakt aufgenommen. Ein erstes Gespräch fand am … in den *Wohn-/Geschäftsräumen* in … *(Adresse)* statt. Darin erläuterte der Geschäftsführer der Schuldnerin, dass … *(Ausführungen zur Situation).*

Dem Geschäftsführer der Schuldnerin wurde eine Liste der vorzulegenden Unterlagen, die für die Erstellung des Sachverständigengutachtens erforderlich waren, übermittelt. Diese Unterlagen *wurden zeitnah vollständig vorgelegt/wurden zunächst unvollständig, auf weiteres Nachfordern dann aber insgesamt vorgelegt/wurden nur teilweise vorgelegt. Insoweit wird auf den Zwischenbericht vom … verwiesen.*

C.
Durchführung

Textpassage nutzbar bei vorläufiger Verwaltung und Eröffnung – keine Betriebsfortführung, ansonsten s. weiter Punkt D.

Ich habe als Sachverständiger, aber auch in meiner Eigenschaft als vorläufiger Insolvenzverwalter eine Vielzahl von Tätigkeiten verrichtet. Die wichtigsten Maßnahmen seien exemplarisch wie folgt aufgezeigt:

I.
Abstimmung mit der Schuldnerin/Informationserteilung

Unmittelbar nach Erteilung des Gutachtenauftrages und Eingang des Beschlusses vom… wurde mit dem Geschäftsführer der Schuldnerin Kontakt aufgenommen. Ein erstes Gespräch fand am … in den *Wohn-/Geschäftsräumen* in … *(Adresse)* statt. Darin erläuterte der Geschäftsführer der Schuldnerin, dass … (*Ausführungen zur Situation*). Aufgrund dieser Schilderungen wurde veranlasst, dass …

Dem Geschäftsführer der Schuldnerin wurde eine Liste der vorzulegenden Unterlagen, die für die Erstellung des Sachverständigengutachtens erforderlich waren, übermittelt. Diese Unterlagen wurden *zeitnah vollständig vorgelegt/wurden zunächst unvollständig, auf weiteres Nachfordern dann aber insgesamt vorgelegt/wurden nur teilweise vorgelegt.* Insoweit wird auf den Zwischenbericht vom … verwiesen.

II.
Vorläufige Verwaltung

Nach dem Erstkontakt und der Feststellung, dass Vermögenswerte vorhanden waren, regte ich zur Sicherung der Masse am… gegenüber dem Insolvenzgericht die Anordnung der vorläufigen Verwaltung unter gleichzeitigem Zustimmungsvorbehalt gem. § 21 Abs. 2 Nr. 2 2. Alt. InsO an. Noch am selben Tag erging der entsprechende Anordnungsbeschluss.

III.
Bewertung des Anlage- und Umlaufvermögens

Es wurde in Abstimmung mit der Geschäftsführung der öffentlich bestellte und vereidigte Sachverständige … in … mit der Erstellung eines Inventargutachtens beauftragt. Eine Kopie des Gutachtens zu Fortführungs- und Zerschlagungswerten wird diesem Gutachten als **Anlage** beigefügt. Ausweislich des Gutachtens beläuft sich der Zerschlagungswert des beweglichen Anlagevermögens (Fuhrpark und Betriebs- und Geschäftsausstattung) auf insgesamt… **EUR.**

▶ Hinweis:

Die **Fortführungswerte** sind hier **unbedeutend,** da **keine Betriebsfortführung** stattfand. Wenn doch, dann sind die Texte unter Punkt D. zu verwenden.

IV.
Einziehung vorhandener Kontoguthaben

Es ergaben sich keine Guthabenbeträge auf etwaigen Geschäftskonten, die zur Insolvenzmasse hätten gezogen werden können.

[Alternative:

Bei der ..... Bank bestand ein Geschäftskonto mit einem Guthabenbetrag i.H.v. ...EUR, der auf das Treuhandkonto eingezogen wurde.]

V.
Debitoreneinzug

▶ Hinweis zu einer Entscheidung:

BGH (Urt. v. 15.03.2012 – IX ZR 249/09 in WKRS 2012, 12187):

Zum Forderungseinzug durch vorläufigen Verwalter

Der **vorläufige Verwalter** hat **nicht die Aufgabe**, das Schuldnervermögen zu verwerten (BGH, Beschl. v. 14.12.2001 – IX ZB 105/00 – in ZInsO 2001, 165). Fällige **Forderungen** des Schuldners gegen Drittschuldner darf der vorläufige Insolvenzverwalter **außerhalb des laufenden Geschäftsbetriebs**, den es im vorliegenden Fall nicht gab, **nur einziehen,** um **drohender Verjährung oder Uneinbringlichkeit vorzubeugen,** nicht jedoch allein zur Masseanreicherung (BGH, Beschl. v. 18.12.2003 – IX ZB 28/03 – in WKRS 2003, 21500 Rn. 9). Der vorläufige Verwalter ist dann kraft der ihm erteilten Einzelermächtigung zur Entgegennahme aller Erklärungen befugt, welche die von ihm einzuziehenden Forderungen betreffen.

Die Wirksamkeit einer weitergehenden Anordnung entfällt jedoch nicht automatisch, nur weil mit dem Verfahrensrecht nicht in Einklang steht. Die **Ermächtigung** durch einen gerichtlichen Beschluss kann also trotzdem **wirksam** sein (Rn. 13 der BGH-Entscheidung).

Der Forderungseinzug wurde unter Berücksichtigung der BGH-Entscheidung (*Urt. v. 15.03.2012 – IX ZR 249/09 in WKRS 2012, 12187*) bislang nur insoweit durchgeführt, als dass die Forderungsverjährung oder die Uneinbringlichkeit drohte. Die Ermächtigung hierzu ergab sich aus dem gerichtlichen Beschluss vom ...

Die entsprechenden Debitoren wurden angeschrieben und aufgefordert, Zahlungen nur noch auf das eingerichtete Treuhandkonto zu leisten. Mit der ... Bank, die über eine Globalzession verfügt, wurde insoweit eine Verwertungsvereinbarung getroffen.

Aus offenen Forderungen in Höhe von insgesamt ... EUR *(per Stand Anordnung vorläufige Verwaltung)* wurde bislang ein Gesamtbetrag in Höhe von ... EUR auf dem Treuhandkonto vereinnahmt.

Nach Einschätzung des Geschäftsführers der Schuldnerin sind die Forderungen als *überwiegend werthaltig* einzuschätzen. Sie werden daher mit einem Betrag i.H.v.

... EUR

in die Prognose der freien Masse eingestellt.

VI.
Hinterlegungsstelle/Massebestand

Es wurde bereits während der vorläufigen Verwaltung ein Insolvenztreuhandkonto bei der .... mit der IBAN ... eingerichtet.

Darüber hinaus konnte der Kassenbestand des eingestellten Geschäftsbetriebes sichergestellt werden.

Der derzeitige **Massebestand** ergibt sich per... wie folgt:

• Insolvenztreuhandkonto	... EUR
• Kasse	... EUR
	... EUR

Die jeweiligen Bestände ergeben sich aus dem in der **Anlage** beigefügten Online-Kontoauszug bzw. dem letzten Kassenblatt.

D.
Durchführung

Textpassage nutzbar bei vorläufiger Verwaltung und Eröffnung und Betriebsfortführung:

Ich habe als Sachverständiger, aber auch in meiner Eigenschaft als vorläufiger Insolvenzverwalter eine Vielzahl von Tätigkeiten verrichtet. Die wichtigsten Maßnahmen seien exemplarisch wie folgt aufgezeigt:

I.
Abstimmung mit der Schuldnerin/Informationserteilung

Unmittelbar nach Erteilung des Gutachtenauftrages und Eingang des Beschlusses vom… wurde mit dem Geschäftsführer der Schuldnerin Kontakt aufgenommen. Ein erstes Gespräch fand am … in den *Wohn-/Geschäftsräumen* in … *(Adresse)* statt. Darin erläuterte der Geschäftsführer der Schuldnerin, dass … (*Ausführungen zur Situation*). Aufgrund dieser Schilderungen wurde veranlasst, dass …

Dem Geschäftsführer der Schuldnerin wurde eine Liste der vorzulegenden Unterlagen, die für die Erstellung des Sachverständigengutachtens erforderlich waren, übermittelt. Diese Unterlagen wurden *zeitnah vollständig vorgelegt/wurden zunächst unvollständig, auf weiteres Nachfordern dann aber insgesamt vorgelegt/wurden nur teilweise vorgelegt.* Insoweit wird auf den Zwischenbericht vom … verwiesen.

II.
Vorläufige Verwaltung

▶ Hinweis:

Bei einem **laufenden Geschäftsbetrieb** ordnet das **Insolvenzgericht** die vorläufige Verwaltung **von sich** aus direkt nach Eingang des Insolvenzantrages an. Ggf. kann dieser **Gliederungspunkt** daher **ggf. komplett gelöscht** werden.

Nach dem Erstkontakt und der Feststellung, dass Vermögenswerte vorhanden waren, regte ich zur Sicherung der Masse am… gegenüber dem Insolvenzgericht die Anordnung der vorläufigen Verwaltung unter gleichzeitigem Zustimmungsvorbehalt gem. § 21 Abs. 2 Nr. 2 2. Alt. InsO an. Noch am selben Tag erging der entsprechende Anordnungsbeschluss.

III.
Unternehmensfortführung

Während der gesamten vorläufigen Verwaltung konnte der Geschäftsbetrieb fortgeführt werden. Zur Aufrechterhaltung des Geschäftsbetriebes wurden unterschiedliche Maßnahmen erforderlich:

1. <u>Sichtung und Erörterung vorgelegter Unterlagen</u>
   Das Unternehmen ist als … tätig. Der vorhandene Auftragsbestand wurde mir näher dargelegt. Die vorgelegten Unterlagen und erteilten Informationen ließen hinreichende Umsatzerlöse erwarten, so dass eine Geschäftsfortführung während der Dauer des Eröffnungsverfahrens als möglich angesehen werden konnte.
2. <u>Unternehmensfortführung</u>
   Die vorhandenen Aufträge im Unternehmen wurden weitestgehend fristgerecht und planmäßig umgesetzt. Auch die Belieferung des Unternehmens konnten sichergestellt werden.
   Ich erteilte für den Materialeinkauf und für Bestellungsanforderungen, die durch die Geschäftsführung hinreichend dokumentiert waren, Zustimmungen. Der Zahlungsverkehr lief in Abstimmung mit der Geschäftsführung über das für das Insolvenzverfahren eingerichtete Treuhandkonto reibungslos.
   Um die Unternehmensentwicklung planen und überwachen zu können, wurde eine Ertragsplanung erstellt. Hierin einbezogen waren Mitarbeiter und die Geschäftsführung der Schuldnerin. *(ggf. wurde auch ein Dritter beauftragt: siehe nachfolgenden Passus)*
3. <u>Planungsrechnungen/Controllingmaßnahmen</u>
   Das Rechnungswesen bei der Schuldnerin *beschränkte sich nahezu ausschließlich auf eine Finanzbuchhaltung. Kaufmännische Planungsinstrumentarien, wie Ertrags- und Liquiditätsplanungsrechnungen, waren im Unternehmen praktisch nicht vorhanden. Darüber hinaus waren auch keine geeigneten Controllinginstrumente vorhanden, um die Wirtschaftlichkeit des Betriebes, einzelner Abteilungen, einzelner Produktlinien oder Aufträge zu bestimmen. Ferner waren auch Liquiditätsentwicklungen nur sehr eingeschränkt kontrollierbar.* Um eine Fortführung des Unternehmens im vorläufigen Insolvenzverfahren und möglicherweise darüber hinaus darstellen zu können, war es unumgänglich, eine qualifizierte Planungsrechnung erarbeiten zu lassen.
   Die Schuldnerin erteilte mit meiner Zustimmung der … (*Firma/Unternehmensberater/Steuerberater*) den Auftrag zur Erstellung einer Planungsrechnung, die unter dem Datum des … vorgelegt wurde. Aus der Planungsrechnung, die sich auf die Angaben der Schuldnerin stützt, ergab sich, dass insbesondere unter Inanspruchnahme einer Insolvenzgeldvorfinanzierung Überschüsse im vorläufigen Insolvenzverfahren zu erwarten waren.
   Die Plandaten der … (*Firma/Unternehmensberater/Steuerberater*) wurden durch mich zeitabschnittsweise mit den erzielten Ist-Werten abgeglichen, um die Geschäftsentwicklung zu überwachen. Hierbei ergab sich, dass …
4. <u>Insolvenzgeldvorfinanzierung</u>
   Aufgrund der positiven Planungsrechnung und der langfristigen Sanierungschancen und um zu verhindern, dass die Arbeitnehmer der Schuldnerin ihre Arbeit wegen rückständiger Löhne und Gehälter niederlegten, erfolgte am … der Antrag auf Zustimmung zur Durchführung einer Insolvenzgeldvorfinanzierung bei der Bundesagentur für Arbeit in …, die am gleichen Tag genehmigt wurde. Zur Durchführung der Insolvenzgeldvorfinanzierung gewährte die … Bank das notwendige Darlehen. Das dort eingerichtete Konto wird unter der IBAN … geführt. Der Insolvenzgeldzeitraum umfasst die Monate … bis …

5. Abhaltung von Betriebsversammlungen
   Am... erfolgte die erste Betriebsversammlung, in der sämtliche Mitarbeiter durch die Geschäftsleitung und den vorläufigen Insolvenzverwalter über die Auswirkungen der Anordnung der vorläufigen Verwaltung unterrichtet wurden. Am... wurde eine weitere Betriebsversammlung abgehalten. Darin wurden die Mitarbeiter über die Perspektiven zur Erhaltung des Betriebes informiert.
6. Umleitung der EC-Kartenzahlungen
   Im Geschäftsbetrieb der Schuldnerin wird nach wie vor zwecks Bezahlung der Dienstleistungen durch die Kunden per EC-Karte ein Terminal genutzt, der durch die... (*Firma*) zur Verfügung gestellt wurde.
   Seit Anordnung der vorläufigen Verwaltung flossen sämtliche Zahlungen direkt auf das Insolvenztreuhandkonto.
7. Einrichtung einer Barkasse
   Ferner wurde nach Anordnung der vorläufigen Verwaltung im Unternehmen eine Barkasse eingerichtet. In Abstimmung mit dem Geschäftsführer der Schuldnerin erfolgten Einzahlungen in die Kasse, um etwaige anfallende Kosten für ... zu decken.
   Die Kassenberichte und entsprechenden Belege wurden mir in regelmäßigen Abständen übergeben und geprüft. Die Kassenführung entsprach hierbei den Grundsätzen ordnungsgemäßer Kassenführung.
   Der aktuelle Kassenbestand beläuft sich per ... auf ... EUR.
8. Weiterleitung von Bareinzahlungen
   Mit dem Geschäftsführer der Schuldnerin wurde vereinbart, dass dieser die Bareinnahmen wöchentlich bei mir abgab, damit die Einnahmen sodann auf das Treuhandkonto eingezahlt werden können.
9. Inventur
   Nach Anordnung der vorläufigen Verwaltung wurde die Durchführung einer körperlichen Bestandsaufnahme durch mich gemeinsam mit dem Geschäftsführer angewiesen. Die Arbeiten wurden unmittelbar durchgeführt.
10. Einzelermächtigung
    Mit Beschluss vom ... erteilte das Insolvenzgericht zur Begründung von Verbindlichkeiten als Masseverbindlichkeiten eine Einzelermächtigung, die *Zinsen, Bearbeitungsgebühren und etwaig von der Bundesagentur für Arbeit nicht erstattete Differenzbeträge zwischen dem Insolvenzgeld und dem vorfinanzierten Nettolohn sowie Forderungen aus Lieferungen und Leistungen für Mieten, Leasing, Versicherungen und Beiträge, Vertriebskosten, Kfz-Kosten, Büro- und Kommunikationskosten, Kosten für Lizenzen und Konzessionen, Beratungskosten des Steuerberaters* umfasst.
11. Debitoreneinzug
    Der Forderungseinzug wurde im Zeitraum ab Anordnung der vorläufigen Verwaltung durchgeführt. Die Ermächtigung hierzu ergab sich aus dem gerichtlichen Beschluss vom ... Sämtliche Debitoren wurden angeschrieben und aufgefordert, Zahlungen nur noch auf das eingerichtete Treuhandkonto zu leisten. Mit der ... Bank, die über eine Globalzession verfügt, wurde insoweit eine Verwertungsvereinbarung getroffen.
    Aus offenen Forderungen in Höhe von insgesamt ... EUR (*per Stand Anordnung vorläufige Verwaltung*) wurde ein Gesamtbetrag in Höhe von ... EUR auf dem Insolvenztreuhandkonto vereinnahmt.
    Nach Einschätzung des Geschäftsführers der Schuldnerin sind die Forderungen als *überwiegend werthaltig* einzuschätzen. Sie werden daher mit einem Betrag i.H.v.

    ... EUR

    in die Prognose der freien Masse eingestellt.
    Durch die Betriebsfortführung wurden weitere Forderungen gegen Kunden begründet. Während der vorläufigen Verwaltung war dies eine Gesamtsumme i.H.v. ... EUR, von der bereits ein Betrag i.H.v. ... EUR realisiert wurde. Der Restbetrag wird ebenfalls in der Prognose für die freie Masse berücksichtigt:

    ... EUR.
12. Verhandlungen mit dem Vermieter
    Mit dem Vermieter der Betriebsimmobilie in ... wurden Gespräche eingeleitet, die auf eine Aufrechterhaltung des Mietverhältnisses nach einer übertragenden Sanierung abzielten. Der Vermieter äußerte Interesse daran, das Mietverhältnis ggf. fortsetzen zu wollen.
13. Sanierungsbemühungen
    Neben der zur Erhaltung von Sanierungschancen notwendigen Aufrechterhaltung des Geschäftsbetriebes während der vorläufigen Verwaltung wurden mit dem Geschäftsführer der Schuldnerin sowie ... Sanierungsmöglichkeiten erörtert.
    ...

▶ Arbeitshinweis:

Die Antworten auf nachfolgende Fragen könnten den vorstehenden Text ergänzen:

Was wurde verhandelt? Welche Möglichkeiten wurden diskutiert?

Gibt es schon ein Ergebnis?

Wie wirkt sich die Perspektive auf das Unternehmen aus?

Welche Auswirkungen hat das mögliche Ergebnis auf die Arbeitsplätze?

IV.

Bewertung des Anlage- und Umlaufvermögens

Es wurde in Abstimmung mit der Geschäftsführung der öffentlich bestellte und vereidigte Sachverständige … in … mit der Erstellung eines Inventargutachtens beauftragt. Eine Kopie des Gutachtens zu Fortführungs- und Zerschlagungswerten wird diesem Gutachten als **Anlage** beigefügt. Ausweislich des Gutachtens beläuft sich der Fortführungswert des beweglichen Anlagevermögens (Fuhrpark und Betriebs- und Geschäftsausstattung) auf… **EUR**, der Zerschlagungswert auf insgesamt… **EUR**.

V.

Einziehung vorhandener Kontoguthaben

Es ergaben sich keine Guthabenbeträge auf etwaigen Geschäftskonten, die zur Insolvenzmasse hätten gezogen werden können.

[Alternative:

Es bestand bei der … Bank ein Geschäftskonto mit einem Guthabenbetrag i.H.v. … EUR, der auf das Treuhandkonto eingezogen wurde.]

VI.

Hinterlegungsstelle/Massebestand

Es wurde bereits während der vorläufigen Verwaltung ein Insolvenztreuhandkonto bei der … mit der IBAN … bei der … eingerichtet.

Weiterhin wurde ein Konto zur Separierung des ggf. noch abzuführenden Umsatzsteuerbetrages für die im vorläufigen Verfahren vereinnahmten Beträge aus dem Forderungseinzug mit der IBAN… bei der… angelegt.

Der derzeitige **Massebestand** ergibt sich per … wie folgt:

• Insolvenztreuhandkonto	… EUR
• Sonderkonto	… EUR
• Kasse	… EUR
	… EUR

Die jeweiligen Bestände ergeben sich aus den in der **Anlage** beigefügten Online-Kontoauszügen bzw. dem letzten Kassenblatt.

E.

Datenpool

▶ Hinweis:

Die Daten bzw. Informationen müssten sich aus den eingereichten Unterlagen entnehmen lassen.

Firma:	… GmbH
Anschrift:	…
Rechtsform:	Gesellschaft mit beschränkter Haftung
Gegenstand des Unternehmens:	…
Gründung:	*Gesellschaftsvertrag vom … (UR-Nr. …/… des Notars … mit dem Amtssitz in …)*
Eintragung im Handelsregister:	am … (*Ersteintragung*) Amtsgericht… HRB… (*Handelsregisterauszug einsehen*)
Geschäftsführer:	… *(vollständiger Name und Anschrift)* *seit … (Monat/Jahr)*
Stammkapital:	… EUR
Gesellschafter:	… *(vollständiger Name und Anschrift)* mit einer Stammeinlage i.H.v. … EUR … (*vollständiger Name und Anschrift*) mit einer Stammeinlage i.H.v. … EUR
Betriebseinstellung: *(bei Fortführung: Zeile löschen)*	am …
Finanzamt/Steuernummer:	Finanzamt …. …./…

Bankverbindungen:	Geschäftskonto: … Bank … *(Anschrift)* IBAN: … Treuhandkonto: … Bank … *(Anschrift)* IBAN: …
Sozialversicherung:	*jeweils: Bezeichnung und Anschrift und Betriebsnummer (= tlw. neuer gerichtlicher Auftrag)*
Berufsgenossenschaft:	*Bezeichnung und Anschrift und* *Betriebsnummer (= tlw. neuer gerichtlicher Auftrag)*

F.
Form des Insolvenzantrages

Im Beschluss über die Bestellung zum Sachverständigen ist der Auftrag enthalten, Ausführungen dazu zu machen, ob der Insolvenzantrag in der erforderlichen Form des § 13 InsO gestellt wurde, um eine Insolvenzeröffnung bewirken zu können. Hierzu wird folgendes ausgeführt:

▶ Hinweis

siehe gesondertes Muster Nr. 166: »Gliederungspunkt – Form des Insolvenzantrages.

▶ Achtung:

Entsprechende **Ausführungen** müssen **zeitnah** erfolgen. Bei tatsächlicher Unwirksamkeit wäre der Antrag ggf. abzuweisen.

Ggf. soll trotz Formfehler eröffnet werden. Dann Rücksprache mit dem Verwalter, wie vorgegangen werden soll, wenn Auftrag zur Prüfung ausdrücklich im Beschluss steht.

G.
Steuerliche Verhältnisse/Rechnungswesen

I.
Jahresabschlüsse/Rechnungswesen/ Größenmerkmale nach § 267 HGB

Beispielhafte Erläuterungen:

Bei der Schuldnerin besteht ein kalendarisches Geschäftsjahr.

Nach Aussage des Geschäftsführers wurden bislang Bilanzen für die Jahre ab… bis… erstellt. Die Jahresabschlüsse… (Kalenderjahre) sowie der Bericht über den Jahresabschluss liegen mir vor.

Des weiteren wurde mir die (DATEV)-Buchhaltung per… zur Verfügung gestellt. Aus dieser wurden die Daten übernommen und diesseits eine Bilanz zum… und eine Zwischenbilanz zum… erstellt, die jedoch noch nicht vom Steuerberater testiert sind.

Bei der Gesellschaft handelt es sich um eine kleine Kapitalgesellschaft im Sinne des § 267 Abs. 1 HGB.

▶ Hinweis:

Einblick in die Kriterien des § 267 HGB (Bilanzsumme, Summe Umsatzerlöse, Arbeitnehmeranzahl) nehmen, um vorstehende Aussage prüfen zu können.

II.
Steuerrechtliche Verhältnisse

Für die Insolvenzschuldnerin ist das Finanzamt … zuständig.

Die Schuldnerin unterliegt der Regelbesteuerung der §§ 16 bis 18 UStG, gem. § 2 Abs. 1 GewStG der Gewerbesteuer und ist gem. § 1 KStG körperschaftsteuerpflichtig.

Steuerberater der Insolvenzschuldnerin ist … *(Name und Anschrift).*

H.
Gesellschaftsrechtliche Verhältnisse

Beispielhafter Text:

Die Gesellschaft wurde mit notariellem Gründungsakt vom … errichtet. Hierzu liegt die notarielle Urkunde des Notars … (UR-Nr. …/…) vor.

Gründungsgesellschafter waren … (*Name und Anschriften).*

Frau/Herr …. übernahm als Gesellschafterin eine Stammeinlage in Höhe von … EUR, *Frau/Herr* eine solche i.H.v. … EUR.

Die Eintragung in das Handelsregister erfolgte unter dem …

Der Geschäftsführer ist gem. § … des Gesellschaftsvertrages alleinvertretungsberechtigt. Aktueller Geschäftsführer ist … Bis zum war … *Herr/Frau* Geschäftsführer …

Trotz Aufforderung durch mich wurden die Nachweise für die Erbringung der Stammeinlagen noch nicht erbracht. Insoweit wird auch auf die nachfolgenden Ausführungen unter dem Gliederungspunkt »Haftungsansprüche« verwiesen.

▶ Hinweis:

Gab es Wechsel bei den Gesellschaftern/Geschäftsführer? Welche? Notarielle Urkunden und Zeitpunkte nennen.

I.
Arbeitsrechtliche Verhältnisse

I.
Allgemeines

Bei Betriebseinstellung:

Bei der Schuldnerin waren insgesamt …. (*Anzahl*) Arbeitnehmer beschäftigt.

Per … stand für die Monate … der Lohn bzw. das Gehalt offen. Diese Ansprüche sind vom Insolvenzgeld gedeckt.

Alternative b Betriebsfortführung:

Bei der Schuldnerin sind insgesamt … (*Anzahl*) Arbeitnehmer beschäftigt. Dabei handelt es sich um … (*Anzahl*) Vollzeitbeschäftigte und … (*Anzahl*) Teilzeitbeschäftigte.

Per Datum der Anordnung der vorläufigen Verwaltung stand bereits für den Monat … der Lohn bzw. das Gehalt offen. Diese Ansprüche wurden – wie vorstehend erläutert – über eine Insolvenzgeldvorfinanzierung, auch für die folgenden Monaten … zum Ausgleich gebracht.

II.
Betriebsrat

Ein Betriebsrat besteht nicht.

Alternative Betriebsrat besteht:

Bei der Schuldnerin besteht ein Betriebsrat. Er besteht aus folgenden Mitgliedern:
- *Frau/Herr…, Vorsitzende/r*
- *Frau/Herr…, Vorsitzende/r, stellv. Vorsitzende/r*
- *Frau/Herr…*

Der Betriebsrat wurde im Rahmen der vorläufigen Verwaltung durch mich umfassend über die wirtschaftlichen und rechtlichen Verhältnisse sowie die Entwicklungen im Unternehmen informiert. Es fanden mehrere Betriebsratssitzungen statt, an denen ich oder von mir beauftragte Vertreter teilnahmen. … (*weitere Ausführungen zum Inhalt*)

III.
Kündigungen

Bei Betriebseinstellung:

Aufgrund der bereits erfolgten Betriebsstillegung wurde die Kündigung sämtlicher Arbeitsverhältnisse durch den Geschäftsführer der Schuldnerin *mit meiner Zustimmung* mit Schreiben vom … ausgesprochen.

Bei Betriebsfortführung:

Nach Insolvenzeröffnung werden die Arbeitsverhältnisse sämtlicher Arbeitnehmer vorsorglich gekündigt werden müssen. … (*Perspektive für Arbeitnehmer vorhanden?)*

IV.
Beteiligte

Im Rahmen der Arbeitsverhältnisse werden die Beteiligten mit ihren Anschriften und ggf. vorhandenen Aktenzeichen wie folgt angegeben:

Sozialversicherungsträger:

Barmer: *... Anschrift*

Betriebsnummer:...

Techniker:

Berufsgenossenschaft: *... Bezeichnung*

... Anschrift

Betriebsnummer:...

V.
Massenentlassungsanzeige

Zur Wirksamkeit der ausgesprochenen Kündigungen *war/ist* zunächst eine Massenentlassungsanzeige bei der Bundesagentur für Arbeit erforderlich. Diese *wurde am .../wird nach Insolvenzeröffnung unverzüglich* vorgenommen.

VI.
Arbeitsrechtsstreitigkeiten

Mir sind folgende Arbeitsrechtsstreitigkeiten bekannt:

Name des/der Arbeitnehmers/in	Aktenzeichen ArbG	Inhalt	Sachstand
		Lohnforderung	*Termin Güteverhandlung*

[Alternative:

Etwaige Arbeitsrechtsstreitigkeiten sind nicht bekannt.]

J.
Wirtschaftliche Entwicklung

▶ Hinweis:

Bei einer **Abweisung mangels Masse** reichen **kurze Ausführungen** aus. Detaillierte Ausführungen dienen i.d.R. lediglich der Geltendmachung von Haftungsansprüchen im eröffneten Verfahren.

Eine **detaillierte Prüfung** ist aber in jedem Fall erforderlich, weil hierdurch ggf. **Anfechtungs- oder Haftungsansprüche u.a. gegen Gesellschafter und Geschäftsführer** ermittelt werden können, die dann ggf. zu einer kostendeckenden Masse und damit zu einer Verfahrenseröffnung führen.

Die Formulierung ist i.d.R. Aufgabe des Insolvenzverwalters/der Insolvenzverwalterin.

K.
Vorliegen eines Insolvenzgrundes/Eintritt der Insolvenz

I.
Vorliegen eines Insolvenzgrundes

1. Zahlungsunfähigkeit

Bei Betriebsfortführung:
Zahlungsunfähigkeit i.S.d. § 17 Abs. 2 InsO liegt vor, wenn der Schuldner nicht in der Lage ist, die fälligen und innerhalb von drei Wochen nach dem Stichtag fällig werdenden Zahlungsverpflichtungen zu erfüllen. Zahlungsunfähigkeit ist in der Regel anzunehmen, wenn der Schuldner seine Zahlungen eingestellt hat.
Die Feststellung der Zahlungsunfähigkeit ist von der Zahlungsstockung abzugrenzen. Der BGH hat festgestellt, dass Zahlungsunfähigkeit i.d.R. eingetreten ist, soweit der Schuldner seine fälligen Verbindlichkeiten (= Passiva I) nicht innerhalb von drei Wochen erfüllen kann und die Liquiditätslücke 10 % oder mehr beträgt (BGH, Urt. v. 24. Mai 2005 – IX ZR 123/04 – in ZInsO 2005, 807 ff.). In die Prüfung der Zahlungsunfähigkeit sind neben den aktuell verfügbaren liquiden Mitteln (= Aktiva I) auch die kurzfristig verwertbaren Vermögensbestandteile (= Aktiva II) – wörtlich: »flüssig zu machenden Mittel« – aufzunehmen -, wobei für die »Kurzfristigkeit« ebenfalls die Drei-Wochen-Frist maßgeblich ist (BGH, Urt. v. 12. Oktober 2006 – IX ZR 228/03 in ZInsO 2006, 1210 ff.; BGH, Beschl. v. 19. Juli 2007 – IX ZB

36/07 in ZInsO 2007, 939). Darüber hinaus sind nach BGH-Rechtsprechung die innerhalb von drei Wochen fällig werdenden und eingeforderten Verbindlichkeiten (= Passiva II) ebenfalls zu berücksichtigen (BGH, Urt. v. 19.12.2017 – II ZR 88/16 in ZInsO 2018, 381). Der BGH führt dazu in *Rn. 52* aus:

»Zutreffend ist, dass der Schuldner danach in der Lage sein muss, Verbindlichkeiten, die möglicherweise erst wenige Tage vor Ablauf der Dreiwochenfrist fällig werden, in der verbleibenden kurzen Zeit auszugleichen. Das ist aber nicht unbillig, da er andererseits auch davon profitiert, dass die ihm erst kurz vor Ablauf der Dreiwochenfrist zufließenden Aktiva berücksichtigt werden. Es ist daher nur konsequent, ihm spiegelbildlich auch das Risiko aufzuerlegen, dass kurz vor Fristende neue Verbindlichkeiten fällig werden, die eine Erholung zunichtemachen.«

Auf Grundlage der von der Schuldnerin übergebenen Unterlagen stehen sich die fälligen und innerhalb von drei Wochen fällig werdenden Verbindlichkeiten und vorhandenen und kurzfristig realisierbaren Zahlungsmittel wie folgt gegenüber:

- fällige Verbindlichkeiten per Datum der Gutachten- erstellung mindestens ... EUR
- fällig werdende Verbindlichkeiten innerhalb der nächsten drei Wochen mindestens ... EUR
- vorhandene liquide Mittel einschließlich kurzfristig realisierbarer Vermögenswerte
- per .... (lt. Kontostand am...... auf allen Konten per obigem Datenpool einschl. Kasse) ... EUR

Liquiditätslücke **... EUR**

Die Schuldnerin ist somit nicht in der Lage, ihre fälligen und fällig werdenden Verbindlichkeiten zum Ausgleich zu bringen. Sie ist damit im Sinne des § 17 InsO ***zahlungsunfähig.***

Bei Betriebseinstellung:

Zahlungsunfähigkeit i.S.d. § 17 Abs. 2 InsO liegt vor, wenn der Schuldner nicht in der Lage ist, die fälligen und innerhalb von drei Wochen nach dem Stichtag fällig werdenden Zahlungsverpflichtungen zu erfüllen. Zahlungsunfähigkeit ist in der Regel anzunehmen, wenn der Schuldner seine Zahlungen eingestellt hat.

Die Feststellung der Zahlungsunfähigkeit ist von der Zahlungsstockung abzugrenzen. Der BGH hat festgestellt, dass Zahlungsunfähigkeit i.d.R. eingetreten ist, soweit der Schuldner seine fälligen Verbindlichkeiten (= Passiva I) nicht innerhalb von drei Wochen erfüllen kann und die Liquiditätslücke 10 % oder mehr beträgt (BGH, Urt. v. 24. Mai 2005 – IX ZR 123/04 – in ZInsO 2005, 807 ff.). In die Prüfung der Zahlungsunfähigkeit sind neben den aktuell verfügbaren liquiden Mitteln (= Aktiva I) auch die kurzfristig verwertbaren Vermögensbestandteile (= Aktiva II) – wörtlich: »flüssig zu machenden Mittel« – aufzunehmen -, wobei für die »Kurzfristigkeit« ebenfalls die Drei-Wochen-Frist maßgeblich ist (BGH, Urt. v. 12. Oktober 2006 – IX ZR 228/03 in ZInsO 2006, 1210 ff.; BGH, Beschl. v. 19. Juli 2007 – IX ZB 36/07 in ZInsO 2007, 939). Darüber hinaus sind nach BGH-Rechtsprechung die innerhalb von drei Wochen fällig werdenden und eingeforderten Verbindlichkeiten (= Passiva II) ebenfalls zu berücksichtigen (BGH, Urt. v. 19.12.2017 – II ZR 88/16 in ZInsO 2018, 381). Eine solche Berücksichtigung der Passiva II scheidet vorliegend allerdings aus, weil der Betrieb – wie vorstehend erläutert – eingestellt wurde und damit keine weiteren Verbindlichkeiten mehr entstehen.

Auf Grundlage der von der Schuldnerin übergebenen Unterlagen stehen sich daher die fälligen Verbindlichkeiten und vorhanden Zahlungsmittel wie folgt gegenüber:

- fällige Verbindlichkeiten per Datum der Gutachten- erstellung mindestens ... EUR
- vorhandene liquide Mittel einschließlich kurzfristig realisierbarer Vermögenswerte
- per .... (lt. Kontostand am...... auf allen Konten per obigem Datenpool einschl. Kasse) ... EUR

Liquiditätslücke **... EUR**

Die Schuldnerin ist somit nicht in der Lage, ihre fälligen Verbindlichkeiten zum Ausgleich zu bringen. Sie ist damit im Sinne des § 17 InsO zahlungsunfähig.

2. **Überschuldung**

Bei Betriebseinstellung:

Bei der Schuldnerin handelt es sich um eine juristische Person, so dass die Überschuldung gemäß § 19 Abs. 1 InsO Eröffnungsgrund ist.

Gemäß § 19 Abs. 2 InsO liegt die Überschuldung vor, wenn das Vermögen des Schuldners die bestehenden Verbindlichkeiten nicht mehr deckt, es sei denn, die Fortführung des Unternehmens ist nach den Umständen überwiegend wahrscheinlich.

Nach herrschender Meinung ist hierbei ausschließlich auf die Liquiditätsentwicklung und nicht auch auf das Unternehmenskonzept und die Ertragsfähigkeit abzustellen (Drukarczyk/Schüler, in: Münchener Komm. z. InsO, § 19 Rn. 74 m.w.N.; K. Schmidt, InsO, § 19, Rn. 48; a. A. Schröder, Hamburger Komm. z. InsO, 6. Aufl. 2017, § 19 Rn. 13). Als Prognosezeitraum legt die wohl herrschende Meinung in der Literatur aus Praktikabilitätsgründen grundsätzlich das laufende und das folgende Geschäftsjahr zugrunde (Schröder, a.a.O., § 19 Rn. 18 m.w.N.). Dies entspricht auch den Anforderungen des IDW.

Eine Entscheidung, ob die Fortführungsprognose ein Unternehmenskonzept einbeziehen muss und welcher Prognosezeitraum zu fordern ist, ist vorliegend entbehrlich. Die Schuldnerin verfügt über keine Mittel, ihre fälligen Verbindlichkeiten zu befriedigen. Der Geschäftsbetrieb ist eingestellt und kann nicht fortgeführt werden.

Die Schuldnerin ist auch rechnerisch überschuldet. Den Vermögenswerten in Höhe von ca. ... EUR stehen Verbindlichkeiten in Höhe von mind. ca. ... EUR gegenüber.
Überschuldung im Sinne des § 19 InsO liegt demzufolge vor.

▶ Bei Betriebsfortführung:

Bei Betriebsfortführung hat der Verwalter ausführlichere Ausführungen zur möglichen Prüfung einer Überschuldung vorzunehmen.
Literaturtipp zu wichtigen Aspekten bei Fortbestehensprognosen v. Hermanns/Blome in ZInsO 2018, 362 ff. (Ziff. II)

3. **Zusammenfassung**
Die Gesellschaft ist **zahlungsunfähig** und **überschuldet**.
Die auf den Stichtag der .... (z. B. Antragsstellung) ermittelte Zahlungsunfähigkeit und Überschuldung besteht bis zum Tag der ... (z.B. Gutachtenerstellung) fort. Demzufolge liegen die für die Schuldnerin als Gesellschaft mit beschränkter Haftung maßgeblichen Insolvenzgründe der §§ 17, 19 InsO vor.

II.
Zeitpunkt des Eintritts der Insolvenz

▶ Hinweis:

Umfassende Erläuterungen je nach Situation des Einzelfalls durch den Sachverständigen;

III.
Gründe der Insolvenz

▶ Hinweis:

Die Antworten auf folgende Fragen könnten den nachstehenden Text bilden:

Was hat der Geschäftsführer der Schuldnerin im Erstgespräch als Grund ausgeführt?

Was hat die Analyse der Unterlagen, insbes. der wirtschaftlichen Daten, für ein Ergebnis gebracht?

Krisenursachen aufführen: Finanzsituation, Darlehenssituation, Marktsituation, Marketingmaßnahmen etc.

Als wesentliche Ursache für den Eintritt der Insolvenz ist auf .... hinzuweisen. Das Unternehmen war nicht in der Lage, die notwendigen ... umzusetzen.

L.
Sanierung des Unternehmens/Insolvenzplanverfahren

▶ Hinweis:

Unter diesem Gliederungspunkte könnte man Stärken und Schwächen eines Unternehmens darstellen und die Perspektive näher beleuchten: Marketingmaßnahmen, Kostenreduzierung, Marktposition, Wettbewerbssituation, etc.

Bei Betriebseinstellung:

Aufgrund der Betriebseinstellung scheidet eine übertragende Sanierung und auch ein Insolvenzplanverfahren aus. Eine erneute Aufnahme der Betriebstätigkeit wurde geprüft, ist aber nicht möglich, *weil ...*

Beispiel für übertragende Sanierung:

Aufgrund der Betriebsfortführung im vorläufigen Insolvenzverfahren sowie nach dem jetzigen Stand der Verhandlungen, insbesondere mit ..., kann der Geschäftsbetrieb im Wege einer übertragenden Sanierung voraussichtlich erhalten werden. Sämtliche Arbeitsverhältnisse würden von dem Käufer übernommen werden.

Aufgrund des Verhandlungsstandes gehe ich davon aus, dass eine übertragende Sanierung voraussichtlich zeitnah nach Eröffnung des Insolvenzverfahrens umgesetzt werden kann.

Beispiel für Insolvenzplanverfahren:

Eine Sanierung des Geschäftsbetriebes ist unter Durchführung eines Insolvenzplanverfahrens möglich. Hierdurch könnte erreicht werden, dass die Schuldnerin selbst den Geschäftsbetrieb in der Zukunft weiter ausführen wird. Es wird unter Umständen möglich, entstandene Verlustvorträge der Schuldnerin zu nutzen und hiermit Steuerlasten in der Zukunft zu reduzieren. Ein weiterer Vorteil des Insolvenzplanverfahrens ist die deutliche Reduzierung von Abwicklungskosten, die im Falle einer Zerschlagung des Geschäftsbetriebes entstehen würden. Ferner ist zu berücksichtigen, dass die vorhandenen Projekte der Schuldnerin auf dem jetzigen Rechtsträger abgeschlossen werden könnten, wodurch die Realisierung der halbfertigen Erzeugnisse ermöglicht wird. Insgesamt kann demzufolge im Rahmen eines Insolvenzplanverfahrens mit einer deutlich besseren Befriedigung der Gläubiger gerechnet werden als im Falle der Durchführung eines Regelinsolvenzverfahrens.

Nähere Einzelheiten würden in einem Insolvenzplan dargestellt werden. Dieser könnte nach Insolvenzeröffnung und Beauftragung durch die Gläubigerversammlung durch mich erarbeitet werden.

M.
Ansprüche gegen Gesellschafter und Geschäftsführer

Nach Prüfung der schuldnerischen Unterlagen ist zu den möglichen Ansprüchen gegen *den Geschäftsführer und die Gesellschafter* folgendes auszuführen:

▶ Hinweis:

Hier sind **unzählige Haftungs- und Anfechtungsansprüche** denkbar. Soweit solche tatsächlich bestehen, sollten diese kurz näher umschrieben und deren Durchsetzbarkeit prognostiziert werden.

Siehe gesondertes Muster Nr. 169 »Gliederungspunkt – Haftungsansprüche« mit Auswahlmöglichkeit

N.
Anfechtungstatbestände

Aus den vorgelegten Unterlagen konnten die nachfolgend dargestellten Anfechtungsansprüche ermittelt werden:

I.
Zahlungseingänge auf debitorischem Konto und Verrechnung

Anspruchsgrundlage: Anfechtung gem. § 130 InsO

Siehe Muster »Anfechtungsanschreiben – Kontokorrent« mit Darstellung der Anspruchsgrundlage (Nr. 24)

II.
Zahlungen an Finanzamt und Sozialversicherungen

Grundlage: Anfechtungsansprüche gem. §§ 130, 131, 133 InsO darstellen, nach jeweiligem Anfechtungsgegner gegliedert

III.
Anfechtungsansprüche gegen sonstige Dritte

Anspruchsgrundlage: Anfechtungstatbestände §§ 130, 131, 133 InsO

IV.
Vollstreckungsmaßnahmen (§ 131 Abs. 1 Nr. 1 InsO)

Die nachfolgend aufgrund von Vollstreckungsmaßnahmen aufgeführten Zahlungen erfolgten insgesamt im Zeitraum von einem Monat vor Insolvenzantragstellung. Solche Zahlungen unterliegen nach Insolvenzeröffnung grundsätzlich der Anfechtbarkeit gem. § 131 Abs. 1 Nr. 1 InsO. Danach ist eine Rechtshandlung anfechtbar, die einem Insolvenzgläubiger eine Sicherung oder Befriedigung gewährt oder ermöglicht hat, die er nicht oder nicht in der Art oder nicht zu der Zeit zu beanspruchen hatte, wenn die Handlung im letzten Monat vor dem Antrag auf Eröffnung des Insolvenzverfahrens oder nach diesem Antrag vorgenommen worden ist. Weitere Tatbestandsvoraussetzungen sieht § 131 Abs. 1 Nr. 1 InsO nicht vor.

Der Tatbestand der inkongruenten Deckung wäre aufgrund der Durchsetzung der Zahlungsansprüche im Wege der Zwangsvollstreckung eröffnet. Die Befriedigung einer titulierten Forderung im Wege der Zwangsvollstreckung ist inkongruent, soweit sie innerhalb des Dreimonatszeitraums des § 131 InsO erfolgt (*BGH, Urt. v. 17.09.2009 – IX ZR 106/08, ZInsO 2010, 43 Rn. 6; Gehrling in Ahrens/Gehrlein/Ringstmeier: Insolvenzrecht Kommentar, 3. Aufl. 2017, § 131 Rn. 15*).

Folgende Gläubiger wären im vorliegenden Verfahren von dieser Regelung betroffen:

Gläubiger	Vollstreckungsmaßnahme / Zeitpunkt	Zahlung / Zeitpunkt
	Pfändungs- und Überweisungsbeschluss/Zustellung am	... EUR am ...
	Obergerichtsvollzieher	... EUR am ...
Summe		... EUR

Da die Vermögenssituation der Anfechtungsgegner nicht bekannt ist, soll von diesem aufgeführten Betrag ein Abschlag von ... % aus Vorsichtsgründen vorgenommen werden. Als freie Masse wird daher ein Betrag i.H.v.

... EUR

berücksichtigt.

V.
Vollstreckungsmaßnahmen (§ 131 Abs. 1 Nr. 2 InsO)

Es gab weitere Zahlungen aufgrund von Vollstreckungsmaßnahmen im zweiten bzw. dritten Monat vor Insolvenzantragstellung, also vor dem ... Diese Zahlungen unterliegen nach Insolvenzeröffnung grundsätzlich einer Anfechtung gem. § 131 Abs. 1 Nr. 2, 3 InsO.

Danach ist eine Rechtshandlung anfechtbar, die einem Insolvenzgläubiger eine Sicherung oder Befriedigung gewährt oder ermöglicht hat, die er nicht oder nicht in der Art oder nicht in der Zeit zu beanspruchen hatte, wenn die Handlung innerhalb des zweiten oder dritten Monats vor dem Eröffnungsantrag vorgenommen worden ist und der Schuldner zur Zeit der Handlung zahlungsunfähig war oder wenn die Handlung innerhalb des zweiten oder dritten Monats vor dem Eröffnungsantrag vorgenommen worden ist und dem Gläubiger zur Zeit der Handlung bekannt war, dass sie die Insolvenzgläubiger benachteiligt.

Die in der nachfolgenden Übersicht aufgeführten Zahlungen erfolgten im Rahmen von Vollstreckungsmaßnahmen. Damit wäre der Tatbestand der inkongruenten Deckung eröffnet. Weiter wurden alle Zahlungen im zweiten bzw. dritten Monat vor Insolvenzantragstellung vorgenommen. Darüber hinaus konnte festgestellt werden, dass die Schuldnerin in diesem Zeitraum objektiv zahlungsunfähig war, sodass auch die Voraussetzung des § 131 Abs. 1 Nr. 2 InsO vorliegt.

Sofern die nachfolgend aufgeführten Gläubiger im Wege der Zwangsvollstreckung Sicherungen innerhalb des Dreimonatszeitraums erlangt haben, unterliegen diese als inkongruente Sicherung ebenfalls der Anfechtung gem. § 131 Abs. 1 Nr. 2 InsO.

Gläubiger	Vollstreckungsmaßnahme/ Zeitpunkt	Zahlung / Zeitpunkt
	Obergerichtsvollzieher	... EUR am ...
	Pfändungs- und Überweisungsbeschluss/Zustellung am ...	... EUR am ...
	Vorläufiges Zahlungsverbot/Zustellung am ...	... EUR am ...
Summe		... EUR

Da auch hier die Vermögenssituation der der Anfechtungsgegner nicht bekannt ist, soll von diesem aufgeführten Betrag ebenfalls ein Abschlag von ... % aus Vorsichtsgründen vorgenommen werden. Als freie Masse wird daher ein Betrag i.H.v.

... EUR

berücksichtigt.

O.
Rückschlagsperre

Erlangte Sicherungen aus Zwangsvollstreckungsmaßnahmen, die nach einer möglichen Insolvenzeröffnung von der Rückschlagsperre nach § 88 InsO erfasst wären, konnten wie folgt festgestellt werden:

Name des Gläubigers	Durchgeführte Vollstreckungsmaßnahme	Datum der Maßnahme

Wie die vorstehenden Daten zeigen, haben diese Gläubiger innerhalb des letzten Monats vor Insolvenzantragstellung – vom ... bis ... – eine Sicherung am schuldnerischen Vermögen erlangt. Diese Sicherung würde mit Insolvenzeröffnung unwirksam werden. Diese Vermögenswerte könnten daher frei verwertet werden.

P.
Aus- und Absonderungsrechte

An den vorhandenen Vermögenswerten bestehen unterschiedliche Aus- und Absonderungsrechte. Diese Rechte werden in der nachfolgenden Vermögensübersicht entsprechend berücksichtigt.

▶ Hinweis:

Ggf. gibt es Aus- und Absonderungsrechte, die sehr wichtig für die Verfahrensabwicklung sind. Dann sollten diese ggf. hier ergänzend erläutert werden. Dies könnte wie nachstehend eingeleitet werden.

Bezüglich des ... rechtes der... (*Gläubigerin*) sei ergänzend zur nachstehenden Tabelle ausgeführt, dass ...

[Alternative:

Es ist aus den Unterlagen bisher nicht ersichtlich, dass Gläubiger Aus- und Absonderungsrechte beanspruchen könnten.]

Q.
Rechtsstreitigkeiten

Es konnten folgende anhängige Aktivprozesse festgestellt werden:

Gegner	Gericht AZ	Klageforderung	Sachstand
Müller GmbH	*LG Hamburg 314 0 9/13*	*Forderung aus Dienstleistung i.H.v. … EUR*	*Verhandlungstermin am …*

[Alternative: Aktivprozesse konnten nicht festgestellt werden.]

Es konnten folgende Passivprozesse festgestellt werden:

Kläger	Gericht AZ	Klageforderung	Sachstand
Kaiser GmbH	*LG Hamburg 2 0 244/13*	*Forderung aus Warenlieferung i.H.v. … EUR*	*Verhandlungstermin am…*

[Alternative: Passivprozesse konnten nicht festgestellt werden.]

R.
Vermögensübersicht

▶ Hinweis:

Der Gliederungspunkt »Vermögensübersicht« ist ausgegliedert. Siehe Muster 179.

Die Vermögenswerte und Verbindlichkeiten werden nachfolgend unterteilt nach Aktiva und Passiva per Datum der Gutachtenerstellung dargestellt.

Der Ausweis der Vermögenswerte des Anlage- und Umlaufvermögens erfolgt *nach Fortführungs- und Liquidationswerten.* Die bislang bekannten Sicherungsrechte werden – regelmäßig als Schätzung – in Abzug gebracht und so die voraussichtliche freie Masse ermittelt.

Die ausgewiesenen Verbindlichkeiten entsprechen dem derzeitigen Kenntnisstand auf Grundlage der Buchführung und der Informationen aus dem Unternehmen per heute.

S.
Verfahrenskostendeckung

▶ Hinweise:

Die Kosten werden erst ausgerechnet, wenn die Vermögensübersicht abschließend fertig gestellt ist.

→ Siehe hierzu auch in die Checklisten Massekosten und Vergütungsanträge

Soweit eine kostendeckende Masse nicht gegeben ist, sollte ggf. die Bewertung möglicher Ansprüche gegen Dritte noch einmal überprüft werden. Wenn diese bislang nur mit einem Erinnerungswert berücksichtigt wurden, ist ggf. ein annähernder Realisierungswert zu ermitteln und die Bewertung dann zu berichtigen.

Gem. § 26 Abs. 1 InsO kann das Insolvenzverfahren eröffnet werden, wenn das Vermögen des Schuldners voraussichtlich ausreichen wird, um die Kosten des Verfahrens zu decken. Zu diesen Kosten gehören gem. § 54 InsO die Gerichtskosten für das Insolvenzverfahren, die Vergütung und Auslagen eines etwaigen vorläufigen Insolvenzverwalters, die Vergütung und die Auslagen des Insolvenzverwalters im eröffneten Verfahren und die Vergütung der Mitglieder eines etwaigen Gläubigerausschusses.

Die Kosten des Insolvenzverfahrens errechnen sich nachfolgend auf Grundlage einer geschätzten freien Masse gem. den vorstehenden Ausführungen von voraussichtlich ca. … EUR wie folgt:

Gerichtskosten bei *Eigenantrag* gem. Nr. 2310,

2320 KV GKG: 3 Geb. zzgl. Veröffentlichungskosten … EUR

[Alternative: Gerichtskosten bei *Fremdantrag* gem. Nr. 2311, 2330 KV GKG:
3 bzw. 3,5 Geb. zzgl. Veröffentlichungskosten … EUR]

Sonstiges:

Gutachterkosten brutto (geschätzt)	... EUR
Vergütung des vorläufigen Verwalters (netto) ca.	... EUR
Vergütung des endgültigen Verwalters (netto) ca.	... EUR
GESAMTSUMME	**... EUR**

Die prognostizierte freie Masse deckt diese Gesamtsumme der geschätzten Verfahrenskosten *ab/nicht ab.*

T.
Zusammenfassung

▶ Hinweis:

Zu allen im gerichtlichen Beschluss gestellten Fragen bzw. Aufträgen muss eine Antwort gegeben werden. Hierzu sollte es im Gutachten daher nähere Ausführungen geben. Letztlich stellt man an dieser Stelle fest, ob man auf alles eingegangen ist.

Bitte Auftrag im Beschluss mit Antworten hier vergleichen!

Die im Gutachtenbeschluss gestellten Fragen können zusammenfassend wie folgt beantwortet werden:

- *Sicherungsmaßnahmen waren nicht anzuordnen/Sicherungsmaßnahmen waren anzuordnen.*
- Die für die Schuldnerin als Gesellschaft mit beschränkter Haftung maßgeblichen Eröffnungsgründe der Zahlungsunfähigkeit und Überschuldung konnten festgestellt werden.
- Der Eintritt der materiellen Insolvenz ist ab dem ... anzunehmen.
- Eine Fortführung des schuldnerischen Unternehmens sowie *eine rechtsträgerherhaltende Sanierung/eine Erhaltung des Unternehmens im Wege einer übertragenden Sanierung scheiden aus, da der schuldnerische Betrieb schon am ... eingestellt worden war/erscheinen nach derzeitigem Sachstand möglich.*
- *Der Insolvenzantrag entspricht den Formanforderungen des § 13 Abs. 1 InsO.*
- Gegenüber Sozialversicherungsträgern und Berufsgenossenschaften bestehen (keine) Beitragspflichten. Um welche Sozialversicherungsträger und um welche Berufsgenossenschaft es sich handelt, wird im Datenpool neben den Betriebsnummern näher ausgeführt.
- Die Schuldnerin ist Eigentümerin von Grundbesitz (Grundbuch von ... Blatt ...)/*Die Schuldnerin ist nicht Eigentümerin von Grundbesitz.*

Bei Abweisung mangels Masse zusätzlich:

- Eine die Kosten des Verfahrens deckende freie Masse ist nicht vorhanden.
- *Die Anforderung eines Massekostenvorschuss erscheint nicht sinnvoll.*

Bei Eröffnung – zusätzlich:

- Eine die Kosten des Verfahrens deckende Masse wird voraussichtlich vorhanden sein.
- Der Anforderung eines Massekostenvorschusses bedarf es nicht.

U.
Entscheidungsvorschlag

Bei Abweisung mangels Masse:

Aufgrund meiner Feststellungen rege ich an, das Insolvenzverfahren über das Vermögen der

... GmbH mit dem Sitz in...

mangels Masse abzuweisen.

Bei Eröffnung:

Aufgrund meiner Feststellungen rege ich an, das Insolvenzverfahren über das Vermögen der

... GmbH mit dem Sitz in...

zu eröffnen.

Bei Betriebsfortführung:

Weil der Insolvenzgeldvorfinanzierungszeitraum zum... ausläuft und darüber hinaus Kündigungsfristen zu beachten sind, wird darum gebeten, das Insolvenzverfahrens am... zu eröffnen.

▶ Hinweis

Abfrage im Beschluss zum schriftlichen/mündlichen Verfahren? Dann folgende Ausführungen. Achtung: Text aus dem Anschreiben in dem Fall entfernen.

Anregung mündliches Verfahren:

Aufgrund des Umstandes, dass es erforderlich erscheint, die Gläubiger in einem Berichtstermin zu informieren sowie Abstimmungen durchzuführen, wird bei einer etwaigen Eröffnung des Weiteren angeregt,

das Verfahren mündlich durchzuführen.

Hierzu verweise ich auf meine Ausführungen im Gutachten auf Seite …

Anregung schriftliches Verfahren:

Bei einer etwaigen Eröffnung rege ich an,

das Insolvenzverfahren gem. § 5 Abs. 2 InsO schriftlich durchzuführen,

weil die Vermögensverhältnisse überschaubar sind.

Hierzu verweise ich auf meine Ausführungen im Gutachten auf Seite …

Bei Abweisung mangels Masse und vorläufiger Verwaltung – folgender weiterer Gliederungspunkt:

V.
Ermächtigung gem. § 25 Abs. 2 InsO

Ich bitte allerdings vor Aufhebung der Sicherungsmaßnahmen um

Ermächtigung, in analoger Anwendung des § 25 Abs. 2 InsO vorhandene Geldmittel zur Begleichung der Verfahrenskosten verwenden zu dürfen.

Zur Begründung darf ich ausführen:

Ich verfüge derzeit über einen Massebestand auf dem eingerichteten Treuhandkonto i.H.v … EUR. Es ist in der Literatur (*FK-InsO, 5. Aufl., § 25 Rn. 20; HK zur InsO, 6. Aufl. 2017, Schröder, § 26 Rn. 11*) anerkannt, dass auch dem schwachen vorläufigen Verwalter die Möglichkeit eingeräumt werden kann, vor Aufhebung seiner Bestellung aus dem von ihm verwalteten Vermögen die entstandenen Kosten zu berichtigen. Das Kontoguthaben soll zur Verrechnung mit meinem Anspruch auf Vergütung als vorläufiger Insolvenzverwalter und … (*ggf. Masseverbindlichkeiten aufgrund Einzelermächtigung?*) verwendet werden.

Bei Eröffnung:

W.
Erforderliche Beschlüsse der Gläubigerversammlung

Der BGH hat in seinen Entscheidungen vom 20. März 2008 (*IX ZB 104/07 – in ZInsO 2008, 504 f.*) und 09. Juni 2016 (IX ZB 21/15 in InsbürO 2016, 429, ZInsO 2016, 1430) ausgeführt, dass die öffentlich bekannt zu machende Tagesordnung der Gläubigerversammlung Beschlussgegenstände zumindest schlagwortartig bezeichnen muss. Soweit das Insolvenzgericht der vorstehenden Anregung daher folgt und das Insolvenzverfahren eröffnet, bitte ich zur Vorbereitung der dann anzuberaumenden Gläubigerversammlung und in Erfüllung dieser Auflage des BGHs zu den erforderlichen Entscheidungen der Gläubigerversammlung neben den generellen Entscheidungen (§§ 57, 68, 157 und 149 InsO) um Aufnahme folgender Tagesordnungspunkte:

▶ Hinweis für die Nutzung des Textes:

Bitte die nachstehenden Position durchgehen und die Punkte nur dann in das Gutachten aufnehmen, wenn sie **in dem betreffenden Verfahren auch relevant** sind, also tatsächlich darüber entschieden werden muss.

1. **Besonders bedeutsame Rechtshandlungen** des Insolvenzverwalters (§ 160 InsO):

- Veräußerung des **Unternehmens oder des Betriebes** *des Schuldners/der Schuldnerin* (§ 160 Abs. 2 Nr. 1 InsO),
- Veräußerung des **Warenlagers** im ganzen (§ 160 Abs. 2 Nr. 1 InsO),
- Veräußerung eines **unbeweglichen Gegenstandes** aus freier Hand (§ 160 Abs. 2 Nr. 1 InsO): Grundstück … (Straße, Ort), eingetragen im Grundbuch von … Blatt …, Flur …, Flurstück …, vorgesehener Kaufpreis: … EUR

  ▶ Hinweis:

  Zur Wirksamkeit der Zustimmungserklärung ist die genaue Grundstücksbezeichnung erforderlich.

- Veräußerung einer **Beteiligung** *des Schuldners/der Schuldnerin* an einem anderen Unternehmen, die der Herstellung einer dauernden Verbindung zu diesem Unternehmen dienen soll (§ 160 Abs. 2 Nr. 1 InsO),
- Veräußerung von **Anlage- und Umlaufvermögen** an den Geschäftsführer und Gesellschafter der Schuldnerin bzw. an eine Gesellschaft, an der dieser oder eine ihm nahe stehende Person mittelbar oder unmittelbar beteiligt ist (§§ 160 Abs. 2 Nr. 1, 162 InsO),
- **Betriebsveräußerung** an besonders Interessierte oder Betriebsveräußerung unter Wert (§§ 162, 163 InsO),
- Aufnahme eines **Darlehens** (§ 160 Abs. 2 Nr. 2 InsO),

- **Außergerichtliche oder gerichtliche Verfolgung von Ansprüchen** (Anfechtungs-, Haftungs- oder sonstige Ansprüche) mit erheblichem Streitwert von bis zu… EUR (§ 160 Abs. 2 Nr. 3 InsO) unter Einschluss des Abschlusses von Vergleichen, dem Verzicht oder teilweisen Verzicht auf Forderungen, wenn im Einzelfall die möglichen Anwalts- und Prozesskosten einen Betrag von ... EUR nicht übersteigen *(Achtung: Kosten pro bekanntem Anspruch ermitteln)*

In diesem Zusammenhang:
- **Beauftragung der Sozietät des Insolvenzverwalters** ... unter Zugrundelegung der Grundsätze des RVGs Bei Baufirmen:
- Beauftragung eines Dritten zur **Unterstützung des Einzuges von Bauforderungen** in technischer Hinsicht (Prüfung von Rechnungslegungen, Ergänzung von Rechnungslegungen, Prüfung und Ermittlung von Bautenständen, Sichtung des notwendigen Schriftverkehrs, Bearbeitung von Nachtragsforderungen, Abstimmung mit einzusetzenden Subunternehmen etc.)

2. **Andere Rechtshandlungen:**
- Beauftragung des Insolvenzverwalters zur Erstellung eines **Insolvenzplans** (§ 157 InsO).

Weitere besondere Beschlüsse sind derzeit nicht ersichtlich.

…, den…

....
Sachverständige/r

Muster 168: Gutachten natürl. Person – Abweisung + Eröffnung

340 GUTACHTEN

in dem Insolvenzeröffnungsverfahren über das Vermögen *der/des*

Herr/Frau …,

wohnhaft: …

vorgelegt vom Gutachter:	…
Insolvenzgericht:	Amtsgericht …
Aktenzeichen des Amtsgerichts:	… IN …/…
Datum:	…

<u>Inhaltsverzeichnis</u>

A. Auftrag
B. Durchführung
C. Durchführung
D. Durchführung
  I. Abstimmung mit dem Schuldner/der Schuldnerin/Informationserteilung
  II. Vorläufige Verwaltung
  III. Bewertung des Anlage- und Umlaufvermögens
  IV. Einziehung vorhandener Kontoguthaben
  V. Debitoreneinzug
  VI. Hinterlegungsstelle/Massebestand
  VII. Hinweis auf Eigenantrag und Restschuldbefreiung
E. Durchführung
  I. Abstimmung mit dem Schuldner/der Schuldnerin/Informationserteilung
  II. Vorläufige Verwaltung
  III. Unternehmensfortführung
  IV. Bewertung des Anlage- und Umlaufvermögens
  V. Einziehung vorhandener Kontoguthaben
  VI. Hinterlegungsstelle/Massebestand
  VII. Hinweis auf Eigenantrag und Restschuldbefreiung
F. Datenpool
G. Einkommenssituation
H. Steuerliche Verhältnisse/Rechnungswesen
  I. Jahresabschlüsse/Rechnungswesen
  II. Steuerrechtliche Verhältnisse
  III. Einkommenssteuerbescheide
  IV. Steuerberater
I. Arbeitsrechtliche Verhältnisse
  I. Allgemeines
  II. Betriebsrat

III. Kündigungen
IV. Beteiligte
V. Massenentlassungsanzeige
VI. Arbeitsrechtsstreitigkeiten
J. Wirtschaftliche Entwicklung
K. Vorliegen eines Insolvenzgrundes/Eintritt der Insolvenz
I. Vorliegen eines Insolvenzgrundes
II. Zeitpunkt des Eintritts der Insolvenz
III. Gründe der Insolvenz
L. Sanierung des Unternehmens/Insolvenzplanverfahren
M. Anfechtungstatbestände
I. Zahlungseingänge auf debitorischem Konto und Verrechnung
II. Zahlungen an Finanzamt und Sozialversicherungen
III. Anfechtungsansprüche gegen sonstige Dritte
IV. Vollstreckungsmaßnahmen (§ 131 Abs. 1 Nr. 1 InsO)
V. Vollstreckungsmaßnahmen (§ 131 Abs. 1 Nr. 2 InsO)
N. Rückschlagsperre
O. Aus- und Absonderungsrechte
P. Rechtsstreitigkeiten
Q. Vermögensübersicht
R. Verfahrenskostendeckung
S. Zusammenfassung
T. Entscheidungsvorschlag
U. Ermächtigung gem. § 25 Abs. 2 InsO
V. Anregung zum schriftlichen/mündlichen Verfahren
W. Erforderliche Beschlüsse der Gläubigerversammlung

A.
Auftrag

▶ Hinweis:

Sämtliche Aufgaben können aus dem Beschluss über die Bestellung zum Sachverständigen entnommen werden. Sie sind dort im Einzelnen aufgelistet.

Bitte vergleichen!

▶ Ggf. keine Wiederholung des Beschlusses:

Wenn das Gericht **keine Wiederholung** der Inhalte des Gutachtenbeschlusses möchte, folgende **Alternative** nutzen:

»Mit Beschluss des Amtsgerichts – Insolvenzgericht – vom... wurde ich damit beauftragt, ein schriftliches Gutachten anzufertigen. Zu den einzelnen im Gutachtenbeschluss aufgelisteten Fragestellungen werden nachfolgend Erläuterungen gegeben.«

Mit Beschluss des Amtsgerichts – Insolvenzgericht –... vom... wurde ich damit beauftragt, ein schriftliches Gutachten zu folgenden Fragestellungen anzufertigen:

- ob und ggf. welcher Sicherungsmaßnahmen zu treffen sind;
- welche Verfahrensart (Regel- oder Verbraucherinsolvenz) einschlägig ist, insbesondere, ob *der Schuldner/die Schuldnerin* zur Zeit der Stellung des vorliegenden Eröffnungsantrages eine selbständige wirtschaftliche Tätigkeit ausübte;
- wenn dies nicht der Fall ist, ob und in welchem Zeitraum *der Schuldner/die Schuldnerin* in der Vergangenheit eine selbständige wirtschaftliche Tätigkeit ausgeübt hat und ob *seine/ihre* Vermögensverhältnisse überschaubar sind, insbesondere wie viele Gläubiger *er/sie* hat und ob gegen *ihn/sie* Forderungen aus Arbeitsverhältnissen einschließlich solcher von Steuergläubigern oder Sozialversicherungsträgern bestehen;
- ob ein Eröffnungsgrund vorliegt, bejahendenfalls zu welchem Zeitpunkt von dem Eintritt der materiellen Insolvenz auszugehen ist;
- ob und bejahendenfalls welche Aussichten ggf. für eine Fortführung des schuldnerischen Unternehmens bestehen;
- ob eine kostendeckende Masse vorhanden ist;
- ob und ggf. gegenüber welchen Sozialversicherungsträgern und Berufsgenossenschaften Beitragspflichten bestehen und wie die Betriebsnummern lauten;
- ob Grundbesitz vorhanden ist und ggf. wie die genauen Grundbuchbezeichnungen lauten.
- *ggf., in welcher Höhe ein Massekostenvorschuss anzufordern ist;*
- *ob der Schuldner/die Schuldnerin anfechtbare Rechtshandlungen vorgenommen hat;*

Bei Anordnung der vorläufigen Verwaltung:

Auf meine Anregung hin ordnete das Insolvenzgericht am ... um ... Uhr zur Sicherung der Masse gem. § 21 Abs. 2 Ziff. 1 InsO die vorläufige Verwaltung über das Vermögen *des Schuldners/der Schuldnerin* an. Gem. § 21 Abs. 2 Ziff. 2 2. Alt.

InsO wurde gleichzeitig angeordnet, dass Verfügungen *des Schuldners/der Schuldnerin* nur mit Zustimmung des vorläufigen Insolvenzverwalters wirksam sind.

Der vorläufige Insolvenzverwalter wurde ermächtigt, Forderungen der Schuldnerin einzuziehen.

Vollstreckungsmaßnahmen wurden gem. § 21 Abs. 2 Nr. 3 InsO eingestellt, soweit nicht unbewegliches Vermögen betroffen ist.

Dem Insolvenzantrag liegt ein *Eigenantrag/Fremdantrag (alternativ oder kumulativ) des Schuldners/der Schuldnerin* vom …, eingegangen beim Insolvenzgericht am …, zugrunde.

Für den Fall des Eigenantrages durch den Schuldner/die Schuldnerin:

(Wenn nicht: siehe Ausführungen später unter »Maßnahmen im Eröffnungsverfahren«)

Gleichzeitig wurde der Antrag auf Erteilung der Restschuldbefreiung sowie einen Verfahrenskostenstundungsantrag gestellt.

▶ Hinweis zur Gutachtenvorlage beim Insolvenzgericht:

Muss die **Insolvenzeröffnung an einem bestimmten Tag** erfolgen, um den Insolvenzgeldzeitraum nicht zu überschreiten? Dann **Gutachtenvorlage: 2 Tage vor diesem fiktiven Eröffnungstag** = genug Zeit für die Richter zur Entscheidungsfindung! Frist notieren!

Achtung:

Nachfolgend eine (!) Variante auswählen: bitte auf die Kästen achten!

B.
Durchführung

Textpassage nutzbar bei reinem Gutachtenauftrag und Abweisung mangels Masse, ansonsten siehe weiteren Gliederungspunkt C.

Beispielhafter Text:

Unmittelbar nach Erteilung des Gutachtenauftrages und Eingang des Beschlusses vom… wurde mit *dem Schuldner/der Schuldnerin* Kontakt aufgenommen. Ein erstes Gespräch fand am …in den *Wohn-/Geschäftsräumen* in … *(Adresse)* statt. Darin erläuterte *der Schuldner/die Schuldnerin*, dass … *(Ausführungen zur Situation).*

Dem Schuldner/der Schuldnerin wurde eine Liste der vorzulegenden Unterlagen, die für die Erstellung des Sachverständigengutachtens erforderlich waren, übermittelt. Diese Unterlagen *wurden zeitnah vollständig vorgelegt/wurden zunächst unvollständig, auf weiteres Nachfordern dann aber insgesamt vorgelegt/wurden nur teilweise vorgelegt. Insoweit wird auf den Zwischenbericht vom … verwiesen.*

Für den Fall, dass noch kein Eigenantrag des Schuldners/der Schuldnerin vorliegt:

Nach den folgenden Ausführungen ist prognostisch eine die Verfahrenskosten deckende freie Masse nicht vorhanden. Unabhängig davon wurde *Herr/Frau* … darauf hingewiesen, dass die Möglichkeit bestehe, einen Eigenantrag auf Eröffnung des Insolvenzverfahrens nebst Antrag auf Verfahrenskostenstundung und Restschuldbefreiung zu stellen. Die entsprechenden Antragsformulare wurden *Herrn/Frau* … ausgehändigt. Es wurde hierzu erläutert, dass der Antrag auf Restschuldbefreiung gem. § 287 InsO nur in Verbindung mit einem Eigenantrag auf Eröffnung des Insolvenzverfahrens gestellt werden könne. Insbesondere vor dem Hintergrund der bis jetzt festgestellten Verbindlichkeiten und dem Umstand, dass bei Abweisung mangels Masse keine Befriedigung dieser Verbindlichkeiten erfolgt, wurde *Herrn/Frau* … nahegelegt, in jedem Falle die Voraussetzungen für eine Restschuldbefreiung zu schaffen und folglich die entsprechenden Anträge zu stellen.

Herr/Frau… führte aus, dass *er/sie* die Anträge ausfüllen und bei Gericht einreichen werde.

C.
Durchführung

Textpassage nutzbar bei reinem Gutachtenauftrag und schon vorliegendem Kostenstundungsantrag, ansonsten siehe weiteren Gliederungspunkt D.

Beispielhafter Text:

Unmittelbar nach Erteilung des Gutachtenauftrages und Eingang des Beschlusses vom... wurde mit *dem Schuldner/der Schuldnerin* Kontakt aufgenommen. Ein erstes Gespräch fand am ...in den *Wohn-/Geschäftsräumen* in ... *(Adresse)* statt. Darin erläuterte *der Schuldner/die Schuldnerin*, dass ...*(Ausführungen zur Situation).*

Dem Schuldner/der Schuldnerin wurde eine Liste der vorzulegenden Unterlagen, die für die Erstellung des Sachverständigengutachtens erforderlich waren, übermittelt. Diese Unterlagen *wurden zeitnah vollständig vorgelegt/wurden zunächst unvollständig, auf weiteres Nachfordern dann aber insgesamt vorgelegt/wurden nur teilweise vorgelegt. Insoweit wird auf den Zwischenbericht vom ... verwiesen.*

Sofern zum Eigenantrag aufgefordert wurde, sonst löschen:

Es sei darauf hingewiesen, dass *der Schuldner/die Schuldnerin* nach Anregung durch mich einen Eigenantrag auf Eröffnung des Insolvenzverfahrens nebst Antrag auf Verfahrenskostenstundung und Restschuldbefreiung gestellt hat.

D.
Durchführung

Textpassage nutzbar bei vorläufiger Verwaltung und Eröffnung – keine Betriebsfortführung, ansonsten siehe weiteren Gliederungspunkt E.

Ich habe als Sachverständiger, aber auch in meiner Eigenschaft als vorläufiger Insolvenzverwalter eine Vielzahl von Tätigkeiten verrichtet. Die wichtigsten Maßnahmen seien exemplarisch wie folgt aufgezeigt:

I.
Abstimmung mit dem Schuldner/der Schuldnerin/Informationserteilung

Unmittelbar nach Erteilung des Gutachtenauftrages und Eingang des Beschlusses vom... wurde *mit dem Schuldner/der Schuldnerin* Kontakt aufgenommen. Ein erstes Gespräch fand am ...in den *Wohn-/Geschäftsräumen* in ... *(Adresse)* statt. Darin erläuterte *der Schuldner/die Schuldnerin*, dass ... (*Ausführungen zur Situation*). Aufgrund dieser Schilderungen wurde veranlasst, dass ...

Dem Schuldner/der Schuldnerin wurde eine Liste der vorzulegenden Unterlagen, die für die Erstellung des Sachverständigengutachtens erforderlich waren, übermittelt. Diese Unterlagen wurden *zeitnah vollständig vorgelegt/wurden zunächst unvollständig, auf weiteres Nachfordern dann aber insgesamt vorgelegt/wurden nur teilweise vorgelegt.* Insoweit wird auf den Zwischenbericht vom ... verwiesen.

II.
Vorläufige Verwaltung

Nach dem Erstkontakt und der Feststellung, dass Vermögenswerte vorhanden waren, regte ich zur Sicherung der Masse am... gegenüber dem Insolvenzgericht die Anordnung der vorläufigen Verwaltung unter gleichzeitigem Zustimmungsvorbehalt gem. § 21 Abs. 2 Nr. 2 2. Alt. InsO an. Noch am selben Tag erging der entsprechende Anordnungsbeschluss.

III.
Bewertung des Anlage- und Umlaufvermögens

Es wurde in Abstimmung mit der Geschäftsführung der öffentlich bestellte und vereidigte Sachverständige ... in ... mit der Erstellung eines Inventargutachtens beauftragt. Eine Kopie des Gutachtens zu Fortführungs- und Zerschlagungswerten wird diesem Gutachten als **Anlage** beigefügt. Ausweislich des Gutachtens beläuft sich der Zerschlagungswert des beweglichen Anlagevermögens (*Fuhrpark und Betriebs- und Geschäftsausstattung*) auf insgesamt... **EUR.**

IV.
Einziehung vorhandener Kontoguthaben

Es ergaben sich keine Guthabenbeträge auf etwaigen Geschäftskonten, die zur Insolvenzmasse hätten gezogen werden können.

[Alternative:

Bei der .... Bank bestand ein Geschäftskonto mit einem Guthabenbetrag i.H.v. ... EUR, der auf das Treuhandkonto eingezogen wurde.]

Für beide Varianten:

Das private Girokonto *des Schuldners/der Schuldnerin* wird als P-Konto geführt. Die Bank wurde insoweit darüber informiert, dass etwaige nicht verbrauchte Guthaben dem Insolvenzbeschlag gem. § 850k Abs. 1 ZPO unterliegen. *Der Schuldner/die Schuldnerin* wurde darüber ausdrücklich belehrt.

▶ P-Konto für private Lebenshaltung dringend erforderlich:

Siehe zur Problematik Geschäftstätigkeit von natürlichen Personen und die Konten in Beiträge in InsbürO 2016, 159 – 160 (Ausgabe 4/2016) und InsbürO 2016, 116 – 117 (Ausgabe 3/2016)

V.
Debitoreneinzug

▶ Hinweis zu einer Entscheidung:

BGH (Urt. v. 15.03.2012 – IX ZR 249/09 in WKRS 2012, 12187):

Zum Forderungseinzug durch vorläufigen Verwalter

Der vorläufige Verwalter hat **nicht die Aufgabe**, das **Schuldnervermögen zu verwerten** (BGH, Beschl. v. 14.12.2001 – IX ZB 105/00 – in ZInsO 2001, 165). Fällige **Forderungen** des Schuldners gegen Drittschuldner darf der vorläufige Insolvenzverwalter **außerhalb des laufenden Geschäftsbetriebs**, den es im vorliegenden Fall nicht gab, **nur einziehen**, um **drohender Verjährung** oder **Uneinbringlichkeit** vorzubeugen, nicht jedoch allein zur Masseanreicherung (BGH, Beschl. v. 18.12.2003 – IX ZB 28/03 – in WKRS 2003, 21500 Rn. 9). Der vorläufige Verwalter ist dann kraft der ihm erteilten Einzelermächtigung zur Entgegennahme aller Erklärungen befugt, welche die von ihm einzuziehenden Forderungen betreffen. Die Wirksamkeit einer weitergehenden Anordnung entfällt jedoch nicht automatisch, nur weil mit dem Verfahrensrecht nicht in Einklang steht. Die **Ermächtigung** durch einen gerichtlichen Beschluss kann also trotzdem **wirksam** sein (Rn. 13 der BGH-Entscheidung).

Der Forderungseinzug wurde unter Berücksichtigung der BGH-Entscheidung (*Urt. v. 15.03.2012 – IX ZR 249/09 in WKRS 2012, 12187*) bislang nur insoweit durchgeführt, als dass die Forderungsverjährung oder die Uneinbringlichkeit drohte. Die Ermächtigung hierzu ergab sich aus dem gerichtlichen Beschluss vom …

Die entsprechenden Debitoren wurden angeschrieben und aufgefordert, Zahlungen nur noch auf das eingerichtete Treuhandkonto zu leisten. Mit der … Bank, die über eine Globalzession verfügt, wurde insoweit eine Verwertungsvereinbarung getroffen.

Aus offenen Forderungen in Höhe von insgesamt … EUR (per Stand Anordnung vorläufige Verwaltung) wurde bislang ein Gesamtbetrag in Höhe von … EUR auf dem Insolvenztreuhandkonto vereinnahmt.

Nach Einschätzung *des Schuldners/der Schuldnerin* sind die Forderungen als *überwiegend werthaltig* einzuschätzen. Sie werden daher mit einem Betrag i.H.v.

… EUR

in die Prognose der freien Masse eingestellt.

VI.
Hinterlegungsstelle/Massebestand

Es wurde bereits während der vorläufigen Verwaltung ein Insolvenztreuhandkonto mit der IBAN … bei der ….. eingerichtet.

Darüber hinaus konnte der Kassenbestand des eingestellten Geschäftsbetriebes sichergestellt werden.

Der derzeitige **Massebestand** ergibt sich per… wie folgt:

• Insolvenztreuhandkonto	… EUR
• Kasse	… EUR
	… EUR

Die jeweiligen Bestände ergeben sich aus dem in der **Anlage** beigefügten Online-Kontoauszug bzw. dem letzten Kassenblatt.

VII.
Hinweis auf Eigenantrag und Restschuldbefreiung

Nach derzeitigem Stand der Dinge wird prognostisch eine die Verfahrenskosten deckende freie Masse bei Eröffnung des Insolvenzverfahrens erwirtschaftet werden können.

Unabhängig davon wurde *Herr/Frau…* darauf hingewiesen, dass die Möglichkeit bestehe, einen Eigenantrag auf Eröffnung des Insolvenzverfahrens nebst Antrag auf Verfahrenskostenstundung und Restschuldbefreiung zu stellen. Die entsprechenden Antragsformulare wurden *Herrn/Frau…* ausgehändigt. Es wurde hierzu erläutert, dass der Antrag auf Restschuldbefreiung gem. § 287 InsO nur in Verbindung mit einem Eigenantrag auf Eröffnung des Insolvenzverfahrens gestellt werden könne. Insbesondere vor dem Hintergrund der bis jetzt festgestellten Verbindlichkeiten und dem Umstand, dass möglicherweise über die Durchführung des Insolvenzverfahrens nicht alle Verbindlichkeiten befriedigt werden können, wurde *Herrn/Frau…* nahegelegt, in jedem Falle die Voraussetzungen für eine Restschuldbefreiung zu schaffen und folglich die entsprechenden Anträge zu stellen.

Herr/Frau… führte aus, dass *er/sie* die Anträge ausfüllen und bei Gericht einreichen werde.

E.
Durchführung

Textpassage nutzbar bei vorläufiger Verwaltung und Eröffnung und Betriebsfortführung:

Ich habe als Sachverständiger, aber auch in meiner Eigenschaft als vorläufiger Insolvenzverwalter eine Vielzahl von Tätigkeiten verrichtet. Die wichtigsten Maßnahmen seien exemplarisch wie folgt aufgezeigt:

I.
Abstimmung mit dem Schuldner/der Schuldnerin/Informationserteilung

Unmittelbar nach Erteilung des Gutachtenauftrages und Eingang des Beschlusses vom… wurde *mit dem Schuldner/der Schuldnerin* Kontakt aufgenommen. Ein erstes Gespräch fand am …in den *Wohn-/Geschäftsräumen* in … *(Adresse)* statt. Darin erläuterte *der Schuldner/die Schuldnerin*, dass … (*Ausführungen zur Situation*). Aufgrund dieser Schilderungen wurde veranlasst, dass …

Dem Schuldner/der Schuldnerin wurde eine Liste der vorzulegenden Unterlagen, die für die Erstellung des Sachverständigengutachtens erforderlich waren, übermittelt. Diese Unterlagen wurden *zeitnah vollständig vorgelegt/wurden zunächst unvollständig, auf weiteres Nachfordern dann aber insgesamt vorgelegt/wurden nur teilweise vorgelegt.* Insoweit wird auf den Zwischenbericht vom … verwiesen.

II.
Vorläufige Verwaltung

▶ Hinweis:

Bei einem laufenden Geschäftsbetrieb ordnet das Insolvenzgericht die vorläufige Verwaltung von sich aus direkt nach Eingang des Insolvenzantrages an. Ggf. kann dieser Gliederungspunkt daher komplett gelöscht werden.

Nach dem Erstkontakt und der Feststellung, dass Vermögenswerte vorhanden waren, regte ich zur Sicherung der Masse am… gegenüber dem Insolvenzgericht die Anordnung der vorläufigen Verwaltung unter gleichzeitigem Zustimmungsvorbehalt gem. § 21 Abs. 2 Nr. 2 2. Alt. InsO an. Noch am selben Tag erging der entsprechende Anordnungsbeschluss.

III.
Unternehmensfortführung

Während des gesamten vorläufigen Insolvenzverfahrens konnte der Geschäftsbetrieb fortgeführt werden. Zur Aufrechterhaltung des Geschäftsbetriebes wurden unterschiedliche Maßnahmen im vorläufigen Verfahren erforderlich:

1. Sichtung und Erörterung vorgelegter Unterlagen
   Der Schuldner/die Schuldnerin ist als … tätig. Einer Aufstellung der vorhandenen Aufträge konnte entnommen werden, dass ein Auftragsbestand vorhanden war, der hinreichende Umsatzerlöse während der vorläufigen Verwaltung realisierbar erscheinen ließ. Die vorgelegten Unterlagen und erteilten Informationen ließen darauf schließen, dass eine Geschäftsfortführung im vorläufigen Insolvenzverfahren als möglich angesehen werden konnte.
2. Unternehmensfortführung
   Die vorhandenen Aufträge im Geschäftsbetrieb wurden weitestgehend fristgerecht und planmäßig umgesetzt. Auch die Belieferung konnten sichergestellt werden.
   Der vorläufige Insolvenzverwalter erteilte für den Materialeinkauf und durch den Schuldner/die Schuldnerin hinreichend dokumentierte Bestellungsanforderungen Zustimmungen. Der Zahlungsverkehr lief in Abstimmung mit dem Schuldner/der Schuldnerin über das für das Insolvenzverfahren eingerichtete Treuhandkonto reibungslos.
   Um die Unternehmensentwicklung planen und überwachen zu können, wurde eine Ertragsplanung erstellt. Hierin einbezogen waren Mitarbeiter und der Schuldner/die Schuldnerin selbst. (ggf. wird auch ein Dritter beauftragt: siehe nachfolgenden Passus)
3. Planungsrechnungen/Controllingmaßnahmen
   Das Rechnungswesen bei dem Schuldner/der Schuldnerin beschränkte sich nahezu ausschließlich auf eine Finanzbuchhaltung. Kaufmännische Planungsinstrumentarien, wie Ertrags- und Liquiditätsplanungsrechnungen, waren praktisch nicht vorhanden. Darüber hinaus waren auch keine geeigneten Controllinginstrumente vorhanden, um die Wirtschaftlichkeit des Betriebes, einzelner Produktlinien oder Aufträge zu bestimmen. Ferner waren auch Liquiditätsentwicklungen nur sehr eingeschränkt kontrollierbar. Um eine Fortführung des Geschäftsbetriebes im vorläufigen Insolvenzverfahren und möglicherweise darüber hinaus darstellen zu können, war es unumgänglich, eine qualifizierte Planungsrechnung erarbeiten zu lassen.
   Der Schuldner/die Schuldnerin erteilte mit meiner Zustimmung der … (Firma/Unternehmensberatung/Steuerberater) den Auftrag zur Erstellung einer Planungsrechnung, die unter dem Datum des … vorgelegt wurde. Aus der Planungsrechnung, die sich auf die Angaben des Schuldners/der Schuldnerin stützt, ergab sich, dass insbesondere unter

Inanspruchnahme einer Insolvenzgeldvorfinanzierung Überschüsse im vorläufigen Insolvenzverfahren zu erwarten waren.

Die Plandaten der .... (Firma/Unternehmensberatung/Steuerberaters) wurden durch mich zeitabschnittsweise mit den erzielten Ist-Werten abgeglichen, um die Geschäftsentwicklung zu überwachen. Hierbei ergab sich, dass ...

4. Insolvenzgeldvorfinanzierung
   Aufgrund der positiven Planungsrechnung und der langfristigen Sanierungschancen und um zu verhindern, dass die Arbeitnehmer des Schuldners/der Schuldnerin ihre Arbeit wegen rückständiger Löhne und Gehälter niederlegten, erfolgte am ... der Antrag auf Zustimmung zur Durchführung einer Insolvenzgeldvorfinanzierung bei der Bundesagentur für Arbeit in ..., die am gleichen Tag genehmigt wurde. Zur Durchführung der Insolvenzgeldvorfinanzierung gewährte die ... Bank das notwendige Darlehen. Das dort eingerichtete Konto wird unter der IBAN ... geführt. Der Insolvenzgeldzeitraum umfasst die Monate ... bis ...
5. Abhaltung von Betriebsversammlungen
   Am.... erfolgte die erste Betriebsversammlung, in der sämtliche Mitarbeiter durch den Schuldner/die Schuldnerin und mich über die Auswirkungen der Anordnung der vorläufigen Verwaltung unterrichtet wurden. Am... wurde eine weitere Betriebsversammlung abgehalten. Darin wurden die Mitarbeiter über die Perspektiven zur Erhaltung des Betriebes informiert.
6. Umleitung der EC-Kartenzahlungen
   Im Geschäftsbetrieb des Schuldners/der Schuldnerin wird nach wie vor zwecks Bezahlung der Dienstleistungen durch die Kunden per EC-Karte ein Terminal genutzt, der durch die... (Firma) zur Verfügung gestellt wurde.
   Seit Anordnung der vorläufigen Verwaltung flossen sämtliche Zahlungen direkt auf das Insolvenztreuhandkonto.
7. Einrichtung einer Barkasse
   Ferner wurde nach Anordnung der vorläufigen Verwaltung im Geschäftsbetrieb eine Barkasse eingerichtet. In Abstimmung mit dem Schuldner/der Schuldnerin erfolgten Einzahlungen in die Kasse, um etwaige anfallende Kosten für ... zu decken.
   Die Kassenberichte und entsprechenden Belege wurden mir in regelmäßigen Abständen übergeben und geprüft. Die Kassenführung entsprach hierbei den Grundsätzen ordnungsgemäßer Kassenführung.
   Der aktuelle Kassenbestand beläuft sich per ... auf ... EUR.
8. Weiterleitung von Bareinzahlungen
   Mit dem Schuldner/der Schuldnerin wurde vereinbart, dass dieser/diese die Bareinnahmen wöchentlich bei mir abgab, damit die Einnahmen sodann auf das Treuhandkonto eingezahlt werden konnten.
9. Inventur
   Bei Anordnung der vorläufigen Verwaltung wurde die Durchführung einer körperlichen Bestandsaufnahme durch mich gemeinsam mit dem Schuldner/der Schuldnerin angewiesen. Die Arbeiten wurden unmittelbar durchgeführt.
10. Einzelermächtigung
   Mit Beschluss vom ... erteilte das Insolvenzgericht zur Begründung von Verbindlichkeiten als Masseverbindlichkeiten eine Einzelermächtigung, *die Zinsen, Bearbeitungsgebühren und etwaig von der Bundesagentur für Arbeit nicht erstattete Differenzbeträge zwischen dem Insolvenzgeld und dem vorfinanzierten Nettolohn sowie Forderungen aus Lieferungen und Leistungen für Mieten, Leasing, Versicherungen und Beiträge, Vertriebskosten, Kfz-Kosten, Büro- und Kommunikationskosten, Kosten für Lizenzen und Konzessionen, Beratungskosten des Steuerberaters* umfasst.
11. Debitoreneinzug
   Der Forderungseinzug wurde im Zeitraum ab Anordnung der vorläufigen Verwaltung durchgeführt. Die Ermächtigung hierzu ergab sich aus dem gerichtlichen Beschluss vom ... Sämtliche Debitoren wurden angeschrieben und aufgefordert, Zahlungen nur noch auf das eingerichtete Treuhandkonto zu leisten. Mit der .... Bank, die über eine Globalzession verfügt, wurde insoweit eine Verwertungsvereinbarung getroffen.
   Aus offenen Forderungen in Höhe von insgesamt ... EUR (per Stand Anordnung vorläufige Verwaltung) wurde ein Gesamtbetrag in Höhe von ... EUR auf dem Insolvenztreuhandkonto vereinnahmt.
   Nach Einschätzung *des Schuldners/der Schuldnerin* sind die Forderungen als *überwiegend werthaltig* einzuschätzen. Sie werden daher mit einem Betrag i.H.v.

   ... EUR

   in die Prognose der freien Masse eingestellt.
   Durch die Betriebsfortführung wurden weitere Forderungen gegen Kunden begründet. Während der vorläufigen Verwaltung war dies eine Gesamtsumme i.H.v. ... EUR, von der bereits ein Betrag i.H.v. ... EUR realisiert wurde. Der Restbetrag wird ebenfalls in der Prognose für die freie Masse berücksichtigt:

   ... EUR.
12. Verhandlungen mit dem Vermieter
   Mit dem Vermieter der Betriebsimmobilie in ... wurden Gespräche eingeleitet, die auf eine Aufrechterhaltung des Mietverhältnisses abzielten. Der Vermieter äußerte Interesse daran, das Mietverhältnis ggf. fortsetzen zu wollen. Eine solche Weiterführung des Vertrages hängt maßgeblich von einem etwaigen Fortführungskonzept für den schuldnerischen Betrieb ab.

13. Sanierungsbemühungen
    Neben der zur Erhaltung von Sanierungschancen notwendigen Aufrechterhaltung des Geschäftsbetriebes während der vorläufigen Verwaltung wurden mit *dem Schuldner/der Schuldnerin* sowie … Sanierungsmöglichkeiten erörtert. …

▶ Hinweis:

Die Antworten auf nachfolgende Fragen könnten den vorstehenden Text ergänzen:

Was wurde verhandelt? Welche Möglichkeiten wurden diskutiert?

Gibt es schon ein Ergebnis?

Wie wirkt sich die Perspektive auf das Unternehmen aus?

Welche Auswirkungen hat das mögliche Ergebnis auf die Arbeitsplätze?

IV.
Bewertung des Anlage- und Umlaufvermögens

Es wurde in Abstimmung mit der Geschäftsführung der öffentlich bestellte und vereidigte Sachverständige … in … mit der Erstellung eines Inventargutachtens beauftragt. Eine Kopie des Gutachtens zu Fortführungs- und Zerschlagungswerten wird diesem Gutachten als **Anlage** beigefügt. Ausweislich des Gutachtens beläuft sich der Fortführungswert des beweglichen Anlagevermögens (*Fuhrpark und Betriebs- und Geschäftsausstattung*) auf… **EUR**, der Zerschlagungswert auf insgesamt… **EUR.**

V.
Einziehung vorhandener Kontoguthaben

Es ergaben sich keine Guthabenbeträge auf etwaigen Geschäftskonten, die zur Insolvenzmasse hätten gezogen werden können.

[Alternative:

Bei der … Bank bestand ein Geschäftskonto mit einem Guthabenbetrag i.H.v. … EUR, der auf das Treuhandkonto eingezogen wurde.]

VI.
Hinterlegungsstelle/Massebestand

Es wurde bereits während der vorläufigen Verwaltung ein Insolvenztreuhandkonto bei der … unter der IBAN … eingerichtet.

Weiterhin wurde ein Konto zur Separierung des ggf. noch abzuführenden Umsatzsteuerbetrages für die im vorläufigen Verfahren vereinnahmten Beträge aus dem Forderungseinzug zur IBAN … bei der … angelegt.

Der derzeitige **Massebestand** ergibt sich per… wie folgt:

• Insolvenztreuhandkonto	… EUR
• Sonderkonto	… EUR
• Kasse	… EUR
	… EUR

Die jeweiligen Bestände ergeben sich aus den in der **Anlage** beigefügten Online-Kontoauszügen bzw. dem letzten Kassenblatt.

VII.
Hinweis auf Eigenantrag und Restschuldbefreiung

Nach derzeitigem Stand der Dinge wird prognostisch eine die Verfahrenskosten deckende freie Masse bei Eröffnung des Insolvenzverfahrens erwirtschaftet werden können.

Unabhängig davon wurde *Herr/Frau…* darauf hingewiesen, dass die Möglichkeit bestehe, einen Eigenantrag auf Eröffnung des Insolvenzverfahrens nebst Antrag auf Verfahrenskostenstundung und Restschuldbefreiung zu stellen. Die entsprechenden Antragsformulare wurden *Herrn/Frau…* ausgehändigt. Es wurde hierzu erläutert, dass der Antrag auf Restschuldbefreiung gem. § 287 InsO nur in Verbindung mit einem Eigenantrag auf Eröffnung des Insolvenzverfahrens gestellt werden könne. Insbesondere vor dem Hintergrund der bis jetzt festgestellten Verbindlichkeiten und dem Umstand, dass möglicherweise über die Durchführung des Insolvenzverfahrens nicht alle Verbindlichkeiten befriedigt werden können, wurde *Herrn/Frau…* nahegelegt, in jedem Falle die Voraussetzungen für eine Restschuldbefreiung zu schaffen und folglich die entsprechenden Anträge zu stellen.

Herr/Frau… führte aus, dass *er/sie* die Anträge ausfüllen und bei Gericht einreichen werde.

F.
Datenpool

▶ Hinweis:

Die Daten bzw. Informationen müssten sich aus den eingereichten Unterlagen entnehmen lassen.

Vollständiger Name *des Schuldners/der Schuldnerin:*	....
Geb.-Datum:	....
Privatanschrift:	....
Familienstand:	...
Firmenbezeichnung:	...
Firmenanschrift:	...
Rechtsform:	*Einzelhandelskaufmann/Einzelhandelskauffrau/OHG*
Gegenstand des Unternehmens/derzeitige Tätigkeit:	...
Gründungsdatum:	...
Eintragung im Handelsregister:	*ja/nein* *(ggf.)* am... *(Ersteintragung)* Amtsgericht... HRA... *(Handelsregisterauszug einholen)*
Betriebsstillegung: *(bei Fortführung: Zeile löschen)*	am ...
Finanzamt/Steuernummer:	Finanzamt ... ./...
Bankverbindungen:	Geschäftskonto: ... Bank ... *(Anschrift)* IBAN: ... Privates Girokonto: ... Bank IBAN: ... Treuhandkonto: ...... Bank ... *(Anschrift)* IBAN: ...
Sozialversicherung:	*jeweils Bezeichnung und Anschrift und Betriebsnummer (= neuer Auftrag vom Gericht)*
Berufsgenossenschaft:	*Bezeichnung und Anschrift und Betriebsnummer (= neuer Auftrag vom Gericht)*

G.
Einkommenssituation

Die Einkommenssituation *des Schuldners/der Schuldnerin* stellt sich wie folgt dar:

Schulausbildung:	... *(Hauptschul- oder Realschulabschluss, Allgemeine Hochschulreife)*
Berufsausbildung:	Ausbildung als....
Aktuelle Tätigkeit:	...
Name und Anschrift des Arbeitgebers:	...
Monatliches Nettoeinkommen:	... *EUR*
Arbeitslosigkeit liegt vor seit:	... *(Datum)*
Datum des vorgelegten Arbeitslosenbescheides:	..., *bewilligt bis zum* ...

Arbeitslosengeld I nach SGB III i.H.v.: *(pfändbar gem. § 334 SGB III)*	*... EUR*
Arbeitslosengeld II nach SGB II i.H.v.: *(unpfändbar gem. § 42 Abs. 4 S. 1 SGB II und damit nicht massezugehörig gem. §§ 35 Abs. 1, 36 Abs. 1 S. 1 InsO)*	*... EUR*
Erwerbsunfähigkeit liegt vor seit:	*... (Datum)*
Interner Hinweis: dann Bezug von Sozialhilfe, bei Erwerbsfähigkeit: Bezug von Arbeitslosengeld II	
Sozialhilfe nach SGB XII i.H.v.: *(unpfändbar gem. § 17 Abs. 1 S. 2 SGB XII und damit nicht massezugehörig gem. §§ 35 Abs. 1, 36 Abs. 1 S. 1 InsO)*	*... EUR*
Sozialgeld nach § 7 SGB II i.H.v.: *(Nicht erwerbsfähige Person in Bedarfsgemeinschaft mit erwerbsfähiger und leistungsberechtigter Person)*	
(unpfändbar gem. § 42 Abs. 4 S. 1 SGB II und damit nicht massezugehörig gem. §§ 35 Abs. 1, 36 Abs. 1 S. 1 InsO)	*... EUR*
Datum des vorgelegten Bescheides:	*... (Datum)*
Unterhaltsverpflichtungen:	*keine/gegenüber... Personen (Anzahl):*
Name und Geburtsdatum der Kinder:	..., geb. im Jahre ...
Einkommen der Kinder:	
Einkommen des Ehepartners:	
Monatlich pfändbarer Betrag:	.... EUR

H.
Steuerliche Verhältnisse/Rechnungswesen

I.
Jahresabschlüsse/Rechnungswesen

Beispielhafte Erläuterungen:

Die Jahresabschlüsse wurden bis einschließlich zum... erstellt. Mir liegen die Jahresabschlüsse für die Kalenderjahre ... vor.

[Alternative:

Jahresabschlüsse wurden für den Geschäftsbetrieb *des Schuldners/der Schuldnerin* bislang nicht erstellt. Mir wurde die (DATEV)-Buchhaltung für die Jahre... bis... ohne Abschlussbuchung übergeben. Diese ...]

II.
Steuerrechtliche Verhältnisse

Das Unternehmen *des Schuldners/der Schuldnerin* unterliegt der Regelbesteuerung der §§ 16 bis 18 UStG *oder* § 20 UStG (Istbesteuerung). Der Gewerbebetrieb unterliegt nach § 2 Abs. 1 Gewerbesteuergesetz der Gewerbesteuer. *Der Schuldner/die Schuldnerin* selbst ist steuerpflichtig gem. EStG.

▶ Hinweis:

Bitte eine Variante der Besteuerung auswählen.

III.
Einkommenssteuerbescheide

Der letzte Einkommenssteuerbescheid liegt für das Kalenderjahr ... vor.

▶ Fragen:

Wurden die weiteren Erklärungen schon eingereicht? Liegen Unterlagen vor?

IV.
Steuerberater

Steuerberater *des Insolvenzschuldners/der Insolvenzschuldnerin* ist ... (*Name und Anschrift*).

I.
Arbeitsrechtliche Verhältnisse

I.
Allgemeines

Bei Betriebseinstellung:

Bei *dem Schuldner/der Schuldnerin* waren insgesamt ... *(Anzahl)* Arbeitnehmer beschäftigt.

Per ... stand der Lohn bzw. das Gehalt für die Monate ... offen. Diese Ansprüche sind vom Insolvenzgeld gedeckt.

Bei Betriebsfortführung:

Bei *dem Schuldner/der Schuldnerin* sind insgesamt ... Arbeitnehmer beschäftigt. Dabei handelt es sich um ... (Anzahl) Vollzeitbeschäftigte und ... (Anzahl) Teilzeitbeschäftigte.

Per Datum der Anordnung der vorläufigen Verwaltung stand der Lohn bzw. das Gehalt für den Monat ... offen. Diese Ansprüche wurden – wie vorstehend erläutert – über eine Insolvenzgeldvorfinanzierung, auch für die folgenden Monate, zum Ausgleich gebracht.

II.
Betriebsrat

Ein Betriebsrat besteht nicht.

Alternative:

Im Unternehmen *des Schuldners/der Schuldnerin* besteht ein Betriebsrat. Er besteht aus folgenden Mitgliedern:
- *Frau/Herr..., Vorsitzende/r*
- *Frau/Herr..., Vorsitzende/r, stellv. Vorsitzende/r*
- *Frau/Herr...,*

Der Betriebsrat wurde im Rahmen der vorläufigen Verwaltung durch mich umfassend über die wirtschaftlichen und rechtlichen Verhältnisse sowie die Entwicklungen im Unternehmen informiert. Es fanden mehrere Betriebsratssitzungen statt, an denen ich oder von mir beauftragte Vertreter teilnahmen. ... (*weitere Ausführungen zum Inhalt*).

III.
Kündigungen

Bei Betriebseinstellung:

Aufgrund der bereits erfolgten Betriebsstillegung wurde die Kündigung sämtlicher Arbeitsverhältnisse durch *den Schuldner/die Schuldnerin mit meiner Zustimmung* mit Schreiben vom ... ausgesprochen.

Bei Betriebsfortführung:

Nach Insolvenzeröffnung werden die Arbeitsverhältnisse sämtlicher Arbeitnehmer vorsorglich gekündigt werden müssen. ... (*Perspektive für Arbeitnehmer vorhanden?)*

IV.
Beteiligte

Im Rahmen der Arbeitsverhältnisse werden die Beteiligten mit ihren Anschriften und ggf. vorhandenen Aktenzeichen wie folgt angegeben:

Sozialversicherungsträger:

Barmer:	*... Anschrift*
	Betriebsnummer:...
Techniker:	
Berufsgenossenschaft:	*... Bezeichnung*
	... Anschrift
	Betriebsnummer:...

V.
Massenentlassungsanzeige

Zur Wirksamkeit der ausgesprochenen Kündigungen *war/ist* zunächst eine Massenentlassungsanzeige bei der Bundesagentur für Arbeit erforderlich. Diese *wurde am .../wird nach Insolvenzeröffnung unverzüglich* vorgenommen.

VI.
Arbeitsrechtsstreitigkeiten

Mir sind folgende Arbeitsrechtsstreitigkeiten bekannt geworden:

Name Arbeitnehmer/in	Aktenzeichen ArbG	Inhalt	Sachstand
		Lohnforderung	*Termin Güteverhandlung*

Alternative:

Etwaige Arbeitsrechtsstreitigkeiten sind mir nicht bekannt geworden.

J.
Wirtschaftliche Entwicklung

▶ Hinweis:

Bei einer natürlichen Person reichen i.d.R. kurze Ausführungen aus. Detaillierte Ausführungen dienen i.d.R. lediglich der Geltendmachung von Haftungsansprüchen bei jur. Personen im eröffneten Verfahren. Bei natürlichen Personen könnten umfassende Ausführungen bei einem angedachten Insolvenzplan von Interesse sein. Dann wird aber vermutlich auf die Erläuterungen im Insolvenzplan verwiesen werden können.

Bei einer natürlichen Person reichen i.d.R. kurze Ausführungen aus. Detaillierte Ausführungen dienen i.d.R. lediglich der Geltendmachung von Haftungsansprüchen bei jur. Personen im eröffneten Verfahren. Bei natürlichen Personen könnten umfassende Ausführungen bei einem angedachten Insolvenzplan von Interesse sein. Dann wird aber vermutlich auf die Erläuterungen im Insolvenzplan verwiesen werden können..

Die Formulierung ist i.d.R. Aufgabe des Insolvenzverwalters/der Insolvenzverwalterin.

K.
Vorliegen eines Insolvenzgrundes/Eintritt der Insolvenz

I.
Vorliegen eines Insolvenzgrundes

Bei dem Schuldner/bei der Schuldnerin handelt es sich um eine natürliche Person, bei der als Insolvenzgrund die Zahlungsunfähigkeit gem. § 17 InsO in Betracht kommt.

Bei Betriebsfortführung:

Zahlungsunfähigkeit i.S.d. § 17 Abs. 2 InsO liegt vor, wenn der Schuldner nicht in der Lage ist, die fälligen und innerhalb von drei Wochen nach dem Stichtag fällig werdenden Zahlungsverpflichtungen zu erfüllen. Zahlungsunfähigkeit ist in der Regel anzunehmen, wenn der Schuldner seine Zahlungen eingestellt hat.

Die Feststellung der Zahlungsunfähigkeit ist von der Zahlungsstockung abzugrenzen. Der BGH hat festgestellt, dass Zahlungsunfähigkeit i.d.R. eingetreten ist, soweit der Schuldner seine fälligen Verbindlichkeiten (= Passiva I) nicht innerhalb von drei Wochen erfüllen kann und die Liquiditätslücke 10 % oder mehr beträgt (*BGH, Urt. v. 24. Mai 2005 – IX ZR 123/04 – in ZInsO 2005, 807 ff.).* In die Prüfung der Zahlungsunfähigkeit sind neben den aktuell verfügbaren liquiden Mitteln (= Aktiva I) auch die kurzfristig verwertbaren Vermögensbestandteile (= Aktiva II) – wörtlich: »flüssig zu machenden Mittel« – aufzunehmen -, wobei für die »Kurzfristigkeit« ebenfalls die Drei-Wochen-Frist maßgeblich ist *(BGH, Urt. v. 12. Oktober 2006 – IX ZR 228/03 in ZInsO 2006, 1210 ff.; BGH, Beschl. v. 19. Juli 2007 – IX ZB 36/07 in ZInsO 2007, 939).* Darüber hinaus sind nach BGH-Rechtsprechung die innerhalb von drei Wochen fällig werdenden und eingeforderten Verbindlichkeiten (= Passiva II) ebenfalls zu berücksichtigen (BGH, Urt. v. 19.12.2017 – II ZR 88/16 in ZInsO 2018, 381). Der BGH führt dazu in Rn. 52 aus:

»Zutreffend ist, dass der Schuldner danach in der Lage sein muss, Verbindlichkeiten, die möglicherweise erst wenige Tage vor Ablauf der Dreiwochenfrist fällig werden, in der verbleibenden kurzen Zeit auszugleichen. Das ist aber nicht unbillig, da er andererseits auch davon profitiert, dass die ihm erst kurz vor Ablauf der Dreiwochenfrist zufließenden Aktiva berücksichtigt werden. Es ist daher nur konsequent, ihm spiegelbildlich auch das Risiko aufzuerlegen, dass kurz vor Fristende neue Verbindlichkeiten fällig werden, die eine Erholung zunichtemachen.«

Auf Grundlage der *vom Schuldner/von der Schuldnerin* übergebenen Unterlagen stehen sich die fälligen und innerhalb von drei Wochen fällig werdenden Verbindlichkeiten und vorhandenen und kurzfristig realisierbaren Zahlungsmittel wie folgt gegenüber:

- fällige Verbindlichkeiten per Datum der Gutachtenerstellung mindestens ... EUR
- fällig werdende Verbindlichkeiten innerhalb der nächsten drei Wochen mindestens ... EUR
- vorhandene liquide Mittel einschließlich kurzfristig realisierbarer Vermögenswerte per .... (lt. Kontostand am...... auf allen Konten per obigem Datenpool einschl. Kasse) ... EUR

Liquiditätslücke **... EUR**

Der Schuldner/die Schuldnerin ist somit nicht in der Lage, *seine/ihre* fälligen und fällig werdenden Verbindlichkeiten zum Ausgleich zu bringen. Zahlungsunfähigkeit i.S.d. § 17 Abs. 2 InsO liegt demzufolge vor.

Bei Betriebseinstellung:

Zahlungsunfähigkeit i.S.d. § 17 Abs. 2 InsO liegt vor, wenn der Schuldner nicht in der Lage ist, die fälligen und innerhalb von drei Wochen nach dem Stichtag fällig werdenden Zahlungsverpflichtungen zu erfüllen. Zahlungsunfähigkeit ist in der Regel anzunehmen, wenn der Schuldner seine Zahlungen eingestellt hat.

Die Feststellung der Zahlungsunfähigkeit ist von der Zahlungsstockung abzugrenzen. Der BGH hat festgestellt, dass Zahlungsunfähigkeit i.d.R. eingetreten ist, soweit der Schuldner seine fälligen Verbindlichkeiten (= Passiva I) nicht innerhalb von drei Wochen erfüllen kann und die Liquiditätslücke 10 % oder mehr beträgt *(BGH, Urt. v. 24. Mai 2005 – IX ZR 123/04 – in ZInsO 2005, 807 ff.)*. In die Prüfung der Zahlungsunfähigkeit sind neben den aktuell verfügbaren liquiden Mitteln (= Aktiva I) auch die kurzfristig verwertbaren Vermögensbestandteile (= Aktiva II) – wörtlich: »flüssig zu machenden Mittel« – aufzunehmen -, wobei für die »Kurzfristigkeit« ebenfalls die Drei-Wochen-Frist maßgeblich ist *(BGH, Urt. v. 12. Oktober 2006 – IX ZR 228/03 in ZInsO 2006, 1210 ff.; BGH, Beschl. v. 19. Juli 2007 – IX ZB 36/07 in ZInsO 2007, 939)*. Darüber hinaus sind nach BGH-Rechtsprechung die innerhalb von drei Wochen fällig werdenden und eingeforderten Verbindlichkeiten (= Passiva II) ebenfalls zu berücksichtigen (BGH, Urt. v. 19.12.2017 – II ZR 88/16 in ZInsO 2018, 381). Eine solche Berücksichtigung der Passiva II scheidet vorliegend allerdings aus, weil der Betrieb – wie vorstehend erläutert – eingestellt wurde und damit keine weiteren Verbindlichkeiten mehr entstehen.

Auf Grundlage der *vom Schuldner/von der Schuldnerin* übergebenen Unterlagen stehen sich daher die fälligen Verbindlichkeiten und vorhanden Zahlungsmittel wie folgt gegenüber:

- fällige Verbindlichkeiten per Datum der Gutachtenerstellung mindestens ... EUR
- vorhandene liquide Mittel einschließlich kurzfristig realisierbarer Vermögenswerte per .... (lt. Kontostand am...... auf allen Konten per obigem Datenpool einschl. Kasse) ... EUR

Liquiditätslücke **... EUR**

Der Schuldner/die Schuldnerin ist somit nicht in der Lage, *seine/ihre* fälligen Verbindlichkeiten zum Ausgleich zu bringen. Zahlungsunfähigkeit i.S.d. § 17 Abs. 2 InsO liegt demzufolge vor.

II.
Zeitpunkt des Eintritts der Insolvenz

Die Zahlungsunfähigkeit dürfte nach den bisherigen Feststellungen spätestens am ... eingetreten sein. Dies ergibt sich daraus, dass ... *(z. B. erste Vollstreckungstitel, keine Zahlung von Sozialversicherungsbeiträgen etc.)*

III.
Gründe der Insolvenz

▶ Hinweis:

> Die Antworten auf folgende Fragen könnten den nachstehenden Text bilden:
> Was hat der Schuldner/die Schuldnerin im Erstgespräch als Grund ausgeführt?
>
> Was hat die Analyse der Unterlagen, insbes. der wirtschaftlichen Daten, für ein Ergebnis gebracht?
>
> ggf. Krisenursachen aufführen:
> Finanzsituation, Darlehenssituation, Marktsituation, Marketingmaßnahmen etc.

Als wesentliche Ursache für den Eintritt der Insolvenz ist auf ... hinzuweisen. *Der Schuldner/die Schuldnerin* war nicht in der Lage, die notwendigen ... umzusetzen.

L.
Sanierung des Unternehmens/Insolvenzplanverfahren

▶ Hinweis:

> Unter diesem Gliederungspunkte könnte man Stärken und Schwächen eines Unternehmens darstellen und die Perspektive näher beleuchten: Marketingmaßnahmen, Kostenreduzierung, Marktposition, Wettbewerbssituation, etc.

Bei Betriebseinstellung:

Aufgrund der Betriebseinstellung scheidet eine Sanierung aus. Eine erneute Aufnahme der Betriebstätigkeit wurde geprüft, ist aber nicht möglich, weil …

Für Insolvenzplanverfahren:

Wie bereits dargelegt, wird der Geschäftsbetrieb des Schuldners/der Schuldnerin seit Anordnung der vorläufigen Verwaltung einschränkungslos fortgeführt. Soweit bis jetzt feststellbar und nachvollziehbar, erwirtschaftet der Betrieb monatlich positive Ergebnisse. Der operative Geschäftsbetrieb kann demzufolge als »gesund« bezeichnet werden. Die eingetretene Insolvenzsituation findet ihre Ursache nicht im Bereich des operativen Geschäftsbetriebes, sondern …

Derzeit soll der Geschäftsbetrieb bis auf weiteres fortgeführt werden. Ggf. gelingt es, über erwirtschaftete Gewinne eine ausreichende Quote für die Gläubiger darzustellen, so dass das noch zu eröffnende Insolvenzverfahren später vorzeitig beendet und der Schuldner / die Schuldnerin aus der Insolvenz entlassen werden kann. In diesem Zusammenhang soll im eröffneten Verfahren ein Insolvenzplanverfahren auf den Weg gebracht werden. Die diesbezüglichen Prüfungen und Vorbereitungen werden in der Folgezeit vorgenommen. Ziel ist es, den Schuldner / die Schuldnerin bzw. das Einzelunternehmen schuldenfrei und somit im sanierten Zustand aus der Insolvenz zu entlassen.

M.
Anfechtungstatbestände

Aus den vorgelegten Unterlagen konnten die nachfolgend dargestellten Anfechtungsansprüche ermittelt werden:

I.
Zahlungseingänge auf debitorischem Konto und Verrechnung

Anspruchsgrundlage: Anfechtung gem. § 130 InsO

Siehe Muster »Anfechtungsanschreiben – Kontokorrent« mit Darstellung der Anspruchsgrundlage (Nr. 24)

II.
Zahlungen an Finanzamt und Sozialversicherungen

Grundlage: Anfechtungsansprüche gem. §§ 130, 131, 133 InsO darstellen, nach jeweiligem Anfechtungsgegner gegliedert

III.
Anfechtungsansprüche gegen sonstige Dritte

Anspruchsgrundlage: Anfechtungstatbestände §§ 130, 131, 133 InsO

IV.
Vollstreckungsmaßnahmen (§ 131 Abs. 1 Nr. 1 InsO)

Die nachfolgend aufgrund von Vollstreckungsmaßnahmen aufgeführten Zahlungen erfolgten insgesamt im Zeitraum von einem Monat vor Insolvenzantragstellung. Solche Zahlungen unterliegen nach Insolvenzeröffnung grundsätzlich der Anfechtung gem. § 131 Abs. 1 Nr. 1 InsO. Danach ist eine Rechtshandlung anfechtbar, die einem Insolvenzgläubiger eine Sicherung oder Befriedigung gewährt oder ermöglicht hat, die er nicht oder nicht in der Art oder nicht zu der Zeit zu beanspruchen hatte, wenn die Handlung im letzten Monat vor dem Antrag auf Eröffnung des Insolvenzverfahrens oder nach diesem Antrag vorgenommen worden ist. Weitere Tatbestandsvoraussetzungen sieht § 131 Abs. 1 Nr. 1 InsO nicht vor.

Der Tatbestand der inkongruenten Deckung wäre aufgrund der Durchsetzung der Zahlungsansprüche im Wege der Zwangsvollstreckung eröffnet. Die Befriedigung einer titulierten Forderung im Wege der Zwangsvollstreckung ist inkongruent, soweit sie innerhalb des Dreimonatszeitraums des § 131 InsO erfolgt (*BGH, Urt. v. 17.09.2009 – IX ZR 106/08, ZInsO 2010, 43 Rn. 6; Gehrling in Ahrens/Gehrlein/Ringstmeier: Insolvenzrecht Kommentar, 3. Aufl. 2017, § 131 Rn. 15*).

Folgende Gläubiger wären im vorliegenden Verfahren von dieser Regelung betroffen:

Gläubiger	Vollstreckungsmaßnahme / Zeitpunkt	Zahlung / Zeitpunkt
	Pfändungs- und Überweisungsbeschluss/Zustellung am …..	… EUR am …
	Obergerichtsvollzieher	… EUR am …
Summe		**… EUR**

Da die Vermögenssituation der Anfechtungsgegner nicht bekannt ist, soll von diesem aufgeführten Betrag ein Abschlag von … % aus Vorsichtsgründen vorgenommen werden. Als freie Masse wird daher ein Betrag i.H.v.

… EUR

berücksichtigt.

V.
Vollstreckungsmaßnahmen (§ 131 Abs. 1 Nr. 2 InsO)

Es gab weitere Zahlungen aufgrund von Vollstreckungsmaßnahmen im zweiten bzw. dritten Monat vor Insolvenzantragstellung, also vor dem … Diese Zahlungen unterliegen nach Insolvenzeröffnung grundsätzlich einer Anfechtung gem. § 131 Abs. 1 Nr. 2, 3 InsO.

Danach ist eine Rechtshandlung anfechtbar, die einem Insolvenzgläubiger eine Sicherung oder Befriedigung gewährt oder ermöglicht hat, die er nicht oder nicht in der Art oder nicht in der Zeit zu beanspruchen hatte, wenn die Handlung innerhalb des zweiten oder dritten Monats vor dem Eröffnungsantrag vorgenommen worden ist und der Schuldner zur Zeit der Handlung zahlungsunfähig war oder wenn die Handlung innerhalb des zweiten oder dritten Monats vor dem Eröffnungsantrag vorgenommen worden ist und dem Gläubiger zur Zeit der Handlung bekannt war, dass sie die Insolvenzgläubiger benachteiligt.

Die in der nachfolgenden Übersicht aufgeführten Zahlungen erfolgten im Rahmen von Vollstreckungsmaßnahmen. Damit wäre der Tatbestand der inkongruenten Deckung eröffnet. Weiter wurden alle Zahlungen im zweiten bzw. dritten Monat vor Insolvenzantragstellung vorgenommen. Darüber hinaus konnte festgestellt werden, dass die Schuldnerin in diesem Zeitraum objektiv zahlungsunfähig war, sodass auch die Voraussetzung des § 131 Abs. 1 Nr. 2 InsO vorliegt.

Sofern die nachfolgend aufgeführten Gläubiger im Wege der Zwangsvollstreckung Sicherungen innerhalb des Dreimonatszeitraums erlangt haben, unterliegen diese als inkongruente Sicherung ebenfalls der Anfechtung gem. § 131 Abs. 1 Nr. 2 InsO.

Gläubiger	Vollstreckungsmaßnahme/ Zeitpunkt	Zahlung / Zeitpunkt
	Obergerichtsvollzieher	… EUR am …
	Pfändungs- und Überweisungsbeschluss/Zustellung am …	… EUR am …
	Vorläufiges Zahlungsverbot/Zustellung am …	… EUR am …
Summe		**… EUR**

Da auch hier die Vermögenssituation der Anfechtungsgegner nicht bekannt ist, soll von diesem aufgeführten Betrag ebenfalls ein Abschlag von … % aus Vorsichtsgründen vorgenommen werden. Als freie Masse wird daher ein Betrag i.H.v.

… EUR

berücksichtigt.

N.
Rückschlagsperre

Erlangte Sicherungen aus Zwangsvollstreckungsmaßnahmen, die nach einer möglichen Insolvenzeröffnung von der Rückschlagsperre nach § 88 InsO erfasst wären, konnten wie folgt festgestellt werden:

Name des Gläubigers	Durchgeführte Vollstreckungsmaßnahme	Datum der Maßnahme

Wie die vorstehenden Daten zeigen, haben diese Gläubiger innerhalb des letzten Monats vor Insolvenzantragstellung – vom … bis …. – eine Sicherung am schuldnerischen Vermögen erlangt. Diese Sicherung würde mit Insolvenzeröffnung unwirksam werden. Diese Vermögenswerte könnten dann frei verwertet werden.

▶ Hinweis:

Falls es keine Sicherungen gibt, die von der Rückschlagsperre erfasst sind, sollte der Gliederungspunkt weggelassen werden. Eine **Negativmitteilung** ist **nicht erforderlich**. Das Insolvenzgericht kann unterstellen, dass der Insolvenzverwalter berichten würde, wenn es welche gäbe.

O.
Aus- und Absonderungsrechte

An den vorhandenen Vermögenswerten können von unterschiedlichen Gläubigern Aus- und Absonderungsrechte geltend gemacht werden. Diese Rechte werden in der nachfolgenden Vermögensübersicht entsprechend berücksichtigt.

▶ Hinweis:

Ggf. gibt es Aus- und Absonderungsrechte, die sehr **wichtig** für die Verfahrensabwicklung sind. Dann sollten diese ggf. hier **ergänzend erläutert** werden. Dies könnte wie nachstehend eingeleitet werden.

Bezüglich des … rechtes der … (*Gläubigerin*) sei ergänzend zur anliegenden Tabelle ausgeführt, dass …

[Alternative:

Es ist aus den Unterlagen bisher nicht ersichtlich, dass Gläubiger Aus- und Absonderungsrechte beanspruchen könnten.]

P.
Rechtsstreitigkeiten

Es konnten folgende anhängige Aktivprozesse festgestellt werden:

Gegner	Gericht AZ	Klageforderung	Sachstand
Muster AG	*LG Hamburg* *314 0 9/13*	*Forderung aus Dienstleistung* *i.H.v. 22.022,25 EUR*	*Verhandlungstermin am ….*

[Alternative:

Aktivprozesse konnten nicht festgestellt werden.]

Es konnten folgende Passivprozesse festgestellt werden:

Kläger	Gericht AZ	Klageforderung	Sachstand
Müller AG	*LG Hamburg* *2 0 244/13*	*Forderung aus Warenlieferung* *i.H.v. 2.242,00 EUR*	*Verhandlungstermin am ….*

[Alternative:

Passivprozesse konnten nicht festgestellt werden:]

Q.
Vermögensübersicht

▶ Hinweis:

Der Gliederungspunkt »Vermögensübersicht« ist ausgegliedert. Siehe Muster 179.

Die Vermögenswerte und Verbindlichkeiten werden nachfolgend unterteilt nach Aktiva und Passiva per Datum der Gutachtenerstellung dargestellt.

Der Ausweis der Vermögenswerte des Anlage- und Umlaufsvermögens erfolgt *nach Fortführungs- und Liquidationswerten.* Die bislang bekannten Sicherungsrechte werden – regelmäßig als Schätzung – in Abzug gebracht und so die voraussichtliche freie Masse ermittelt.

Die ausgewiesenen Verbindlichkeiten entsprechen dem derzeitigen Kenntnisstand auf Grundlage der Buchführung und *der vom Schuldner/von der Schuldnerin* erteilen Informationen per heute.

R.
Verfahrenskostendeckung

▶ Hinweise:

Die Kosten werden erst ausgerechnet, wenn die Vermögensübersicht abschließend fertig gestellt ist.
→ Siehe hierzu auch in die Checklisten Massekosten und Vergütungsanträge

Gem. § 26 Abs. 1 InsO kann das Insolvenzverfahren eröffnet werden, wenn das Vermögen *des Schuldners/der Schuldnerin* voraussichtlich ausreichen wird, um die Kosten des Verfahrens zu decken. Zu diesen Kosten gehören gem. § 54 InsO die Gerichtskosten für das Insolvenzverfahren, die Vergütung und Auslagen eines etwaigen vorläufigen Insolvenzverwalters, die Vergütung und die Auslagen des Insolvenzverwalters im eröffneten Verfahren und die Vergütung der Mitglieder eines etwaigen Gläubigerausschusses.

Die Kosten des Insolvenzverfahrens errechnen sich nachfolgend auf Grundlage einer geschätzten freien Masse gem. den vorstehenden Ausführungen von voraussichtlich ca. … EUR wie folgt:

Gerichtskosten bei *Eigenantrag* gem. Nr. 2310, 2320 KV GKG:

3 Geb. zzgl. Veröffentlichungskosten	… EUR
[Alternative: Gerichtskosten bei *Fremdantrag* gem. Nr. 2330 KV GKG: 3 Geb. zzgl. Veröffentlichungskosten	… EUR]
Sonstiges:	
Gutachterkosten brutto (geschätzt)	… EUR
Vergütung des vorläufigen Verwalters *(brutto)* ca.	… EUR
Vergütung des endgültigen Verwalters *(brutto)* ca.	… EUR
GESAMTSUMME	**… EUR**

▶ Hinweis:

Die **Verwaltervergütungen** sollten **brutto** aufgenommen werden, wenn keine Vorsteuerabzugsberechtigung vorliegt, was nur dann der Fall wäre, wenn ausschließlich betriebliche Verbindlichkeiten zur Insolvenztabelle angemeldet werden. Bestehen auch offene private Verbindlichkeiten, wird die Finanzverwaltung die Umsatzsteuererstattung entsprechend anteilig kürzen.

Die prognostizierte freie Masse deckt diese Gesamtsumme der geschätzten Verfahrenskosten *ab/nicht ab.*

Im Falle der fehlenden Kostendeckung:

Da es sich bei *dem Schuldner/der Schuldnerin* allerdings um eine natürliche Person handelt, kommt auch eine Kostenstundung gem. § 4a InsO in Betracht. *Der Schuldner/die Schuldnerin* hat erklärt, einen solchen Antrag stellen zu wollen.

S.
Zusammenfassung

▶ Hinweis:

Zu allen im gerichtlichen Beschluss gestellten Fragen bzw. Aufträgen muss eine Antwort gegeben werden. Hierzu sollte es im Gutachten daher nähere Ausführungen geben. Letztlich stellt man an dieser Stelle fest, ob man auf alles eingegangen ist.

Die im Gutachtenbeschluss gestellten Fragen können zusammenfassend wie folgt beantwortet werden:

Bei fehlender Kostendeckung/Abweisung mangels Masse:

Sicherungsmaßnahmen waren nicht anzuordnen;

Regelinsolvenz:
- Es wäre die Verfahrensart der Regelinsolvenz einschlägig.
- Die Vermögensverhältnisse sind **nicht** überschaubar i.S.d. § 304 InsO. Es sind mehr als 19 Gläubiger bekannt und es bestehen Forderungen aus Arbeitsverhältnissen, u.a. von der Finanzverwaltung, den Sozialversicherungsträgern sowie der Berufsgenossenschaft gegen den Schuldner/die Schuldnerin; um welche Sozialversicherungsträger und um welche Berufsgenossenschaft es sich handelt, wurde vorstehend unter dem Gliederungspunkt »Arbeitsverhältnisse« zusammen mit der Nennung der Betriebsnummern näher ausgeführt.
- Eine Fortführung des schuldnerischen Unternehmens sowie eine Sanierung sind aufgrund der erfolgten Betriebsstillegung nicht möglich.

Verbraucherinsolvenz:
- Es wäre die Verfahrensart der Verbraucherinsolvenz gem. §§ 304 ff. InsO einschlägig.
- Die Vermögensverhältnisse sind überschaubar i.S.d. § 304 InsO. Es sind weniger als 20 Gläubiger bekannt und es bestehen weder Forderungen aus Arbeitsverhältnissen noch von Steuergläubigern und Sozialversicherungsträgern gegen *den Schuldner/die Schuldnerin.*

für beide Varianten:
- Der für *den Schuldner/die Schuldnerin* maßgebliche Eröffnungsgrund der Zahlungsunfähigkeit gem. § 17 InsO kann festgestellt werden.
- Der Eintritt der materiellen Insolvenz ist ab dem … anzunehmen.
- *Der Schuldner/Die Schuldnerin* ist (nicht) Eigentümer(in) von Grundbesitz (Grundbuch von … Blatt …).
- Eine die Kosten des Verfahrens deckende Masse ist nicht vorhanden.

- Es bedarf i.H.v. … EUR der Anforderung eines Massekostenvorschusses bzw. bedarf es der Bewilligung einer Kostenstundung gem. § 4a InsO. *Ggf.: Der Schuldner/die Schuldnerin* hat einen Kostenstundungsantrag gestellt.
- *Der Schuldner/die Schuldnerin hat anfechtbare Rechtshandlungen vorgenommen.*

Bei Eröffnung – keine Betriebsfortführung:

- Sicherungsmaßnahmen waren zu treffen. Auf meine Anregung hin wurde mit Beschluss des Amtsgerichts – Insolvenzgericht –… vom… die vorläufige Verwaltung angeordnet;

Regelinsolvenz:
- Es ist die Verfahrensart der Regelinsolvenz einschlägig.
- Die Vermögensverhältnisse sind **nicht** überschaubar i.S.d. § 304 InsO. Es sind mehr als 19 Gläubiger bekannt und es bestehen Forderungen aus Arbeitsverhältnissen, u.a. von der Finanzverwaltung, den Sozialversicherungsträgern sowie der Berufsgenossenschaft gegen *den Schuldner/die Schuldnerin; um welche Sozialversicherungsträger und um welche Berufsgenossenschaft es sich handelt, wurde vorstehend unter dem Gliederungspunkt »Arbeitsverhältnisse« zusammen mit der Nennung der Betriebsnummern näher ausgeführt.*
- Eine Fortführung des schuldnerischen Unternehmens sowie eine Sanierung sind aufgrund der erfolgten Betriebsstillegung nicht möglich.

Verbraucherinsolvenz:
- Es wäre die Verfahrensart der Verbraucherinsolvenz gem. §§ 304 ff. InsO einschlägig.
- Die Vermögensverhältnisse sind überschaubar i.S.d. § 304 InsO. Es sind weniger als 20 Gläubiger bekannt und es bestehen weder Forderungen aus Arbeitsverhältnissen noch von Steuergläubigern und Sozialversicherungsträgern gegen *den Schuldner/die Schuldnerin.*

für beide Varianten:
- Der für *den Schuldner/die Schuldnerin* maßgebliche Eröffnungsgrund der Zahlungsunfähigkeit gem. § 17 InsO kann festgestellt werden.
- Der Eintritt der materiellen Insolvenz ist ab dem … anzunehmen.
- *Der Schuldner/Die Schuldnerin* ist (nicht) Eigentümer(in) von Grundbesitz (Grundbuch von … Blatt …).
- Eine die Kosten des Verfahrens deckende Masse wird voraussichtlich vorhanden sein.
- Der Anforderung eines Massekostenvorschusses bzw. der Bewilligung einer Kostenstundung bedarf es nicht.
- *Der Schuldner/die Schuldnerin hat anfechtbare Rechtshandlungen vorgenommen.*

Bei Eröffnung und Betriebsfortführung:

- Ergänzende Sicherungsmaßnahmen waren nicht zu treffen. Das Insolvenzgericht hat ausreichende Sicherungsmaßnahmen direkt nach Insolvenzantragstellung vorgenommen.
- Zum Zeitpunkt der Insolvenzantragstellung und auch heute noch übt *der Schuldner/die Schuldnerin* eine selbständige wirtschaftliche Tätigkeit aus, so dass das Insolvenzverfahren als Regelinsolvenzverfahren zu führen ist.
- Der für *den Schuldner/die Schuldnerin* maßgebliche Eröffnungsgrund der Zahlungsunfähigkeit gem. § 17 InsO kann festgestellt werden.
- Der Eintritt der materiellen Insolvenz ist ab dem … anzunehmen.
- Eine Fortführung des schuldnerischen Unternehmens sowie eine Sanierung erscheinen nach derzeitigem Sachstand möglich.
- *Der Schuldner/Die Schuldnerin* ist *(nicht)* Eigentümer(in) von Grundbesitz (Grundbuch von … Blatt …).
- *Der Insolvenzantrag entspricht den Formanforderungen des § 13 Abs. 1 InsO.*
- Eine die Kosten des Verfahrens deckende Masse wird voraussichtlich vorhanden sein.
- Der Anforderung eines Massekostenvorschusses bedarf es nicht.
- *Der Schuldner/die Schuldnerin hat anfechtbare Rechtshandlungen vorgenommen.*

T.
Entscheidungsvorschlag

Bei Abweisung mangels Masse:

Aufgrund meiner Feststellungen rege ich an, das Insolvenzverfahren über das Vermögen *des/der*

…. (***vollständiger Name***),

wohnhaft: …

mangels Masse abzuweisen, sofern kein Kostenvorschuss geleistet oder eine Kostenstundung bewilligt wird.

Bei Eröffnung:

Aufgrund meiner Feststellungen rege ich an, das Insolvenzverfahren über das Vermögen *des/der*

…. (***vollständiger Name***),

wohnhaft: …

zu eröffnen.

Bei Betriebsfortführung:

Weil der Insolvenzgeldvorfinanzierungszeitraum zum… ausläuft und darüber hinaus Kündigungsfristen zu beachten sind, wird darum gebeten, das Insolvenzverfahrens am… **Uhr** zu eröffnen.

Bei Abweisung mangels Masse und vorläufiger Verwaltung folgender weiterer Gliederungspunkt:

U.
Ermächtigung gem. § 25 Abs. 2 InsO

Ich bitte allerdings vor Aufhebung der Sicherungsmaßnahmen um

Ermächtigung, in analoger Anwendung des § 25 Abs. 2 InsO vorhandene Geldmittel zur Begleichung der Verfahrenskosten verwenden zu dürfen.

Zur Begründung darf ich ausführen:

Ich verfüge derzeit über einen Massebestand auf dem eingerichteten Treuhandkonto i.H.v. … EUR. Es ist in der Literatur (*FK-InsO, 5. Aufl., § 25 Rn. 20; HK zur InsO, 6. Aufl. 2017, Schröder, § 26 Rn. 11*) anerkannt, dass auch dem schwachen vorläufigen Verwalter die Möglichkeit eingeräumt werden kann, vor Aufhebung seiner Bestellung aus dem von ihm verwalteten Vermögen die entstandenen Kosten zu berichtigen. Das Kontoguthaben soll zur Verrechnung mit meinem Anspruch auf Vergütung als vorläufiger Insolvenzverwalter und … (*ggf. Masseverbindlichkeiten aufgrund Einzelermächtigung?*) verwendet werden.

V.
Anregung zum schriftlichen/mündlichen Verfahren

▶ Hinweis:

Abfrage im Beschluss zum schriftlichen/mündlichen Verfahren? Dann folgende Ausführungen. Achtung: Text aus dem Anschreiben ggf. entfernen.

Wie die obigen Ausführungen bereits zeigen, kann man die Vermögensverhältnisse *des Schuldners/der Schuldnerin* nicht als überschaubar bezeichnen. Die Gesamthöhe der Verbindlichkeiten beträgt… EUR und insgesamt sind… (*Anzahl*) Gläubiger vorhanden.

Aufgrund dieser Tatsache rege ich an, bei einer etwaigen Eröffnung

das Verfahren mündlich durchzuführen.

[Alternative:

Wie die obigen Ausführungen bereits zeigen, sind die Vermögensverhältnisse *des Schuldners/der Schuldnerin* überschaubar. Die Gesamthöhe der Verbindlichkeiten beträgt… EUR und insgesamt sind… (*Anzahl*) Gläubiger vorhanden. Aufgrund dieser Tatsache rege ich an, bei einer etwaigen Eröffnung

das Insolvenzverfahren gem. § 5 Abs. 2 InsO schriftlich durchzuführen.]

W.
Erforderliche Beschlüsse der Gläubigerversammlung

Der BGH hat seinen Entscheidungen vom 20. März 2008 (IX ZB 104/07 – in ZInsO 2008, 504 f.) und 09. Juni 2016 (IX ZB 21/15 in InsbürO 2016, 429, ZInsO 2016, 1430) ausgeführt, dass die öffentlich bekannt zu machende Tagesordnung der Gläubigerversammlung Beschlussgegenstände zumindest schlagwortartig bezeichnen muss. Soweit das Insolvenzgericht der vorstehenden Anregung daher folgt und das Insolvenzverfahren eröffnet, bitte ich zur Vorbereitung der dann anzuberaumenden Gläubigerversammlung und in Erfüllung dieser Auflage des BGHs zu den erforderlichen Entscheidungen der Gläubigerversammlung neben den generellen Entscheidungen (§§ 57, 68, 157 und 149 InsO) um Aufnahme folgender Tagesordnungspunkte:

▶ Hinweis für die Nutzung des Textes:

Bitte die nachstehenden Position durchgehen und die Punkte nur dann in das Gutachten aufnehmen, wenn sie **in dem betreffenden Verfahren auch relevant** sind, also tatsächlich darüber entschieden werden muss.

1.

Besonders bedeutsame Rechtshandlungen des Insolvenzverwalters (§ 160 InsO):

- Veräußerung des **Unternehmens oder des Betriebes** *des Schuldners/der Schuldnerin* (§ 160 Abs. 2 Nr. 1 InsO),
- Veräußerung des **Warenlagers** im ganzen (§ 160 Abs. 2 Nr. 1 InsO),

- Veräußerung eines **unbeweglichen Gegenstandes** aus freier Hand (§ 160 Abs. 2 Nr. 1 InsO): Grundstück ... (Straße, Ort), eingetragen im Grundbuch von ... Blatt ..., Flur ..., Flurstück ..., vorgesehener Kaufpreis: ... EUR

  ▶ Hinweis:

  Zur Wirksamkeit der Zustimmungserklärung ist die genaue Grundstücksbezeichnung erforderlich.

- Veräußerung einer **Beteiligung** *des Schuldners/der Schuldnerin* an einem anderen Unternehmen, die der Herstellung einer dauernden Verbindung zu diesem Unternehmen dienen soll (§ 160 Abs. 2 Nr. 1 InsO),
- Aufnahme eines **Darlehens** (§ 160 Abs. 2 Nr. 2 InsO),
- **Außergerichtliche oder gerichtliche Verfolgung von Ansprüchen** (Anfechtungs- oder sonstige Ansprüche) mit erheblichem Streitwert von bis zu... EUR (§ 160 Abs. 2 Nr. 3 InsO) unter Einschluss des Abschlusses von Vergleichen, dem Verzicht oder teilweisen Verzicht auf Forderungen, wenn im Einzelfall die möglichen Anwalts- und Prozesskosten einen Betrag von... EUR nicht übersteigen *(Achtung: Kosten pro bekanntem Anspruch ermitteln)*
- In diesem Zusammenhang:
- **Beauftragung der Sozietät des Insolvenzverwalters** unter Zugrundelegung der Grundsätze des RVGs
- Bei Baufirmen: Beauftragung eines Dritten zur **Unterstützung des Einzuges von Bauforderungen** in technischer Hinsicht (Prüfung von Rechnungslegungen, Ergänzung von Rechnungslegungen, Prüfung und Ermittlung von Bauteständen, Sichtung des notwendigen Schriftverkehrs, Bearbeitung von Nachtragsforderungen, Abstimmung mit einzusetzenden Subunternehmen etc.)

2.

Andere Rechtshandlungen:

- Zahlung von **Unterhalt** aus der Insolvenzmasse (§§ 100, 101 InsO)
- Beauftragung des Insolvenzverwalters zur Erstellung eines **Insolvenzplans** (§ 157 InsO)

Weitere besondere Beschlüsse sind derzeit nicht ersichtlich.

..., den....

....
Sachverständiger

Muster 169: Gliederungspunkt Haftungsansprüche im Gutachten

Auflistung von möglichen Haftungsansprüchen zur Auswahlmöglichkeit: 341

▶ Hinweis aus BAKinso-Muster:

Zentraler Bestandteil der gesetzlichen **Aufgabenverpflichtung** des Insolvenzverwalters ist, **von der Ist-Masse** (bei Inbesitznahme vorhandene Vermögen) **zur Soll-Masse** (dem Vermögen das bei gesetzesgetreuem Verhalten bzw. Antragstellung noch vorhanden gewesen wäre) zu **gelangen**. Dies erfolgt unter Zuhilfenahme der spezifischen insolvenzrechtlichen Instrumentarien wie Anfechtung, Haftungsdurchsetzung, Rückabwicklung etc. Zu **jedem Haftungsaspekt** (= Auflistung in BAKinso-Muster) sind daher **konkrete Angaben unverzichtbar** und jeweils in Beziehung zu setzen zu den Feststellungen zum Eintrittszeitpunkt der materiellen Insolvenz.

Die **Gerichte** wünschen hier **unterschiedliche Vorgehensweise**. Häufig sollen **nur solche Ansprüche** erläutert werden, die auch in dem **zu begutachtenden Fall zutreffen**. In dem Fall wäre allerdings zu bestätigen, dass weitergehende Ansprüche geprüft, aber nicht festgestellt werden konnten.

Die jeweiligen Wünsche des Gerichtes sind daher zu beachten.

Dem Sachverständigen diese Liste zwecks Auswahlmöglichkeit, Prüfung und Formulierung der entsprechende Textpassagen vorlegen.

I.
Gründungshaftungen, Kapitalerhöhungen

Die Möglichkeit einer Haftung aus der Gründungsphase oder aus einer etwaigen späteren Kapitalerhöhung wurde geprüft. Haftungstatbestände gem. den Vorschriften der §§ 705 ff. BGH, §§ 105 ff. HGB, § 93 InsO oder §§ 9, 9a GmbHG konnten aber nicht festgestellt werden.

[Alternative:

Siehe Ansprüche gem. Checkliste Haftung:

Vorgründungshaftung gem. §§ 705 ff. BGB, §§ 105 ff. HGB, § 93 InsO

Verlustdeckungshaftung der Vorgesellschaft gem. § 11 Abs. 2 GmbHG

Fehlerhafte Angaben des Geschäftsführers zu Stammeinlagen bei Anmeldung der Gesellschaft gem. § 9a GmbHG

Fehlende Erbringung der erhöhten Stammeinlage bei Kapitalerhöhung gem. §§ 9, 9a GmbHG]

II.

Gesellschafterdarlehen und Rückzahlungen

Die Gesellschafter haben der Gesellschaft kein Darlehen gewährt. Dementsprechend sind von Seiten der Gesellschaft auch keine Sicherheiten gewährt oder Rückzahlungen an die Gesellschafter vorgenommen worden. Etwaige Ansprüche aus § 135 Abs. 1, Abs. 2 InsO ergeben sich daher nicht.

[Alternative:

Siehe Ansprüche gem. Checkliste Anfechtung:

Anfechtungstatbestand gem. § 135 Abs. 1, 2 InsO

Beispiel: Gesellschafter gewährt der Gesellschaft ein Darlehen und diese erteilt als Sicherheit eine Grundschuld oder Sicherungsübereignung = Anfechtbarkeit: der Bestellung: Zeitraum 10 Jahre vor Antragstellung, Rückzahlung Darlehen von Seiten der Gesellschaft: 1 Jahr vor Antragstellung]

III.

Stellung von Sicherheiten durch Gesellschafter

Die Gesellschafter haben keine Sicherheiten für Darlehen der Gesellschaft, bspw. Bürgschaften, erteilt. Ansprüche gem. § 135 Abs. 2 InsO ergeben sich daher nicht.

[Alternative:

Ansprüche aus Bürgschaft gem. § 135 Abs. 2 InsO, § 143 Abs. 3 InsO]

Beispiel:

Gesellschaft hat Darlehen im Anfechtungszeitraum bei der Bank zurückgeführt, dadurch Befreiung des Gesellschafters von erteilter Bürgschaft = Anspruch gegen Bürgen = Gesellschafter

IV.

Vermietungen aus dem Kreis der Gesellschafter

Die Gesellschafter haben der Gesellschaft keine Gegenstände vermietet. Ansprüche gem. § 135 Abs. 3 InsO sind daher nicht geltend zu machen.

[Alternative:

Anspruch gem. § 135 Abs. 3 InsO: ein Jahr lang kein Aussonderungsrecht, wenn betriebsnotwendig; aber Ausgleichsanspruch Gesellschafter]

V.

Schenkungen, Veräußerungen an Gesellschafter, Geschäftsführer und nahe Angehörige

Es konnten keine Schenkungen oder Veräußerungen an Gesellschafter, Geschäftsführer oder nahe Angehörige festgestellt werden. Es wurde der Zeitraum von vier Jahren gem. § 133 Abs. 2 InsO geprüft. Ansprüche gem. §§ 133, 138 InsO ergeben sich daher nicht.

[Alternative:

Bitte ausformulieren, Anspruchsgrundlage §§ 133, 138 InsO]

VI.

Haftungsansprüche gegen Gesellschafter wegen Stammeinlage

Beispiel:

Nach § 19 GmbHG besteht ein Anspruch der Gesellschaft gegen die Gesellschafter auf Zahlung der Stammeinlage, soweit diese noch nicht oder nicht wirksam erbracht wurde. Ausweislich der Regelungen im Gesellschaftsvertrag (UR-Nr…./… des Notars… in …) waren bei Gründung der GmbH … (z. B. 50 % der Stammeinlagen) einzuzahlen. Die restlichen 50 % sollen nach Beschlussfassung durch die Gesellschafterversammlung fällig werden. Eine solche Beschlussfassung ist bis heute nicht erfolgt. Mit Insolvenzeröffnung würden die fehlenden Stammeinlagen zwar sofort fällig werden und müssten entsprechend von den Gesellschaftern gezahlt werden. Aufgrund der Vermögensverhältnisse der Gesellschafter kann dieser Zahlungsanspruch jedoch nicht als werthaltig betrachtet werden. Dies liegt daran, dass …. (z.B. über das Vermögen des Gesellschafters … beim AG …. ein Insolvenzverfahren eröffnet wurde (AZ: …) und beim Gesellschafter ….). Der Zahlungsanspruch kann daher nur i.H.v.

…. EUR

in der Prognose über eine freie Insolvenzmasse berücksichtigt werden.

[Alternative:

Siehe Ansprüche gem. Checkliste Haftung:

Ggf. Hin- und Herzahlung der Stammeinlage

Was wurde veranlasst, um Werthaltigkeit des Anspruches zu ermitteln?

Grundlage § 19 Abs. 2, 4, 5 GmbHG

Bei verdeckter Sacheinlage § 9 GmbHG]

VII.
Verstoß gegen Regelungen der Kapitalerhaltung

Liegt i.d.R. immer vor, daher bitte ausformulieren

Mögliche Ansprüche gem. Checkliste Haftung:

Kapitalerhaltungspflicht Gesellschafter gem. §§ 30, 31 GmbHG

Kapitalerhaltungspflicht Geschäftsführer gem. §§ 43 Abs. 2, 3 GmbHG

Solidarische Haftung für Mitgesellschafter gem. § 31 Abs. 3 GmbHG

Beispiel:

Zahlungen an Gesellschafter erfolgt, durch die Unterbilanz eingetreten ist oder zu hohe Gehaltszahlung an Gesellschafter-Geschäftsführer

VIII.
Schadensersatzansprüche gegen Geschäftsführer nach § 64 GmbHG

Liegt i.d.R. immer vor, daher ausformulieren

Mögliche Ansprüche gem. Checkliste Haftung:

Masseschmälernde Zahlungen vorgenommen oder Forderungseinzug auf debitorischem Konto bewirkt = Verrechnung der Bank (hier Frage: Ist Sicherheit dadurch frei geworden?)

IX.
Schadensersatzansprüche gegen Steuerberater/beratende Rechtsanwälte z.B. aus § 64 GmbHG analog

▶ Beispiel:

Im vorliegenden Verfahren war – wie die obigen Ausführungen zeigen – Herr ... als Steuerberater für die Gesellschaft tätig. Er hat ... (*Tätigkeit/Sachverhalt beschreiben*). Schadensersatzansprüche bestehen daher gegen ihn nicht.

Die Schuldnerin wurde nicht von einem Rechtsanwalt beraten. Mögliche Ansprüche gegen einen solchen liegen daher nicht vor.

▶ Literaturtipp:

Siehe Beitrag von Eckert, Steuerberaterhaftung zur Insolvenzverschleppungsschäden, InsbürO 2017, Teil 1: 444 ff. und Teil 2: 484 ff., darin detaillierte Darlegung der Steuerberaterpflichten und möglichen Haftung

X.
Existenzvernichtung

Ansprüche aus Existenzvernichtung gem. § 826 BGB gegen *den/die* Gesellschafter oder gegen den Geschäftsführer aus solidarischer Haftung bei Beihilfe gem. § 830 BGB konnten nicht festgestellt werden.

[Alternative:

Bitte ausführen, siehe Beispiele in Checkliste Haftung (z.B. Ausplünderung der Gesellschaft durch herrschendes Unternehmen)]

XI.
Vermögensvermischung

Mögliche Ansprüche aus Vermögensvermischung gem. § 93 InsO, § 128 HGB, § 826 BGB konnten nicht festgestellt werden.

▶ Beispiel:

Geschäftsführer zahlt private Rechnungen vom Geschäftskonto (z. B. für Golfclub)

XII.
Insolvenzverschleppung durch den Geschäftsführer

Der Insolvenzantrag wurde nach den vorstehenden Ausführungen zum Eintritt der materiellen Insolvenz verspätet gestellt und es bestehen damit dem Grunde nach Haftungsansprüche gegen den Geschäftsführer aus §§ 15a InsO, § 64 Satz 1 GmbHG, § 823 BGB. Nach den vorstehenden Ermittlungen ist ein Schadensersatzanspruch in Höhe von ... EUR geltend zu machen. Der Geschäftsführer befindet sich aber selbst im Insolvenzverfahren (AG ..., AZ: ...). Mit einer nennenswerten Quote ist in dem dortigen Verfahren nach Aussage des dortigen Insolvenzverwalters nicht zu rechnen. Durchsetzbare Ansprüche sind daher nicht gegeben.

[Alternative:

Der Geschäftsführer... stellt seine wirtschaftliche Situation als schlecht dar. Er sei derzeit arbeitslos und verfüge über kein maßgebliches Vermögen: Keinen Grundbesitz, keine Wertpapiere oder sonstigen Bankguthaben und auch über keine Lebensversicherung mit nennenswertem Rückkaufswert. Eine entsprechende schriftliche Erklärung wurde aber seitens des Geschäftsführers bisher nicht abgegeben. Anfragen an das Insolvenzgericht bzw. eine Recherche im Online-Vollstreckungsportal haben zumindest ergeben, dass dort bislang keine Eintragungen vorliegen.]

Aus Vorsichtsgründen wird der vorstehend genannte Anspruch jedoch nur mit

.... EUR

in Ansatz gebracht.

XIII.
Insolvenzverschleppung durch den Gesellschafter

Eine Haftung der Gesellschafter wegen Insolvenzverschleppung gem. § 15a Abs. 3 InsO, § 823 Abs. 2 BGB ist im vorliegenden Fall nicht gegeben. Diese greift nur bei Führungslosigkeit der Gesellschaft, welche nicht gegeben ist.

XIV.
Haftung des faktischen Geschäftsführers

Ein faktischer Geschäftsführer konnte im Unternehmen der Schuldnerin nicht ermittelt werden. Allein dem bestellten Geschäftsführer oblag die Geschäftsleitung. Etwaige Ansprüche aus § 64 GmbHG, § 823 Abs. 2 BGB i.V.m. § 15a InsO sind daher nicht vorhanden.

[Alternative:

Bitte ausführen, s. Checkliste Haftung (Beispiel: Wer tritt als Entscheidungsträger nach außen auf?)]

▶ **Hinweis aus BAKinso-Muster zur Prüfung des Vermögens eines Geschäftsführers:**

Bei Geschäftsführern wg. haftungsrechtlicher Inanspruchnahme = Haftung mit dem Privatvermögen
- Immobilien (wann ggf. auf Dritte übertragen);
- Lebensversicherungen, Versorgungsbezüge, Unterhaltsansprüche, Renten (wann ggf. Verträge geändert);
- Forderungen (wann entstanden und wann ggf. abgetreten);
- Bankguthaben, Sparbücher, Wertpapiere (s.o.);
- KFZ, Hausrat, Schmuck, Kunstgegenstände etc. (s.o.);
- Sonstiges

Hier wäre also ein **Vermögensverzeichnis des Geschäftsführers** anzufordern. Allerdings besteht keine Verpflichtung des GF zur Auskunftserteilung, siehe:

BGH, Beschl. v. 5. 3. 2015 – IX ZB 62/14, ZInsO 2015, 740: Keine Auskunftspflicht des Geschäftsführers zu eigenen Vermögensverhältnissen

Leitsatz:

»In einem über das Vermögen einer GmbH eröffneten Verfahren ist der Geschäftsführer dieser GmbH nicht verpflichtet, auch Auskunft über seine eigenen Einkommens- und Vermögensverhältnisse zu erteilen.«

▶ **Hinweis aus BAKinso-Muster zur behaupteten Vermögenslosigkeit von Dritten (s. Ende des BAKinso-Musters):**

Empfehlung der Abweisung mangels Masse erfordert bei einer Kapitalgesellschaft aus den eingangs genannten Gründen in jedem Fall eine **gesonderte Begründung** (vgl. BGH v. 17.07.2008 – IX ZB 225/07 in ZInsO 2008, 859; AG Hamburg, Beschl. v. 20.12.2005 – 67c IN 387/05 in ZInsO 2006, 51).

Behauptet der Sachverständige die **Nichtbeitreibbarkeit von Ansprüchen, Forderungen** etc. gleich welcher Art, ist im Einzelnen darzulegen, worauf diese **Behauptungen beruhen** und **welche Prüfungen der Sachverständige** zu Vermögensverschiebungen des Anspruchsschuldners in den letzten Jahren vorgenommen hat. Dazu gehören insbesondere auch dann Angaben, wenn Ansprüche gegen Berufsträger wie z.B. Steuerberater oder Rechtsanwälte möglich erscheinen.

Wird die **Vermögenslosigkeit** eines Anspruchsgegners behauptet, sind die Maßnahmen zur **Prüfung dieser Behauptung** darzulegen sowie die Abgabe einer entsprechenden eidesstattlichen Versicherung. Ggf. ist auch die Möglichkeit eines Schuldanerkenntnisses und/oder eines Besserungsscheins in Anspruch zu nehmen, wenn mittelfristig eine wirtschaftliche Erholung nicht völlig ausgeschlossen erscheint.

Muster 170: Gutachtenabrechnung (Sachverständiger u. vorl. Verw.)

*Hinweis: Bitte immer **2-fach** einreichen!* 342

▶ Rechnungsanforderungen:

Die Rechnungsanforderungen des § 14 Abs. 2 UStG sind zu beachten, u.a. die Umsatzsteuer-Identifikationsnummer, der Leistungszeitraum, Steuersatz etc.

Adressat: Insolvenzgericht

Rechnung Nr.: … *(wird aktuell vergeben bei Einbuchung)*
betr. das Insolvenzeröffnungsverfahren über das Vermögen der Firma…/des Herrn…/der Frau…
Geschäftszeichen:… IN…/…
Leistungszeitraum: … *(Auftragserteilung bis Gutachtenabgabe)*

Vergütung gem. § 8 Abs. 1, 2, § 9 Abs. 2 JVEG
… Stunden à 80,00 EUR …. EUR
(Angefangene Stunden werden voll abgerechnet, wenn mehr als 30 min. eine Leistung erbracht wurde; anderenfalls 0,5 Std. in Ansatz bringen)

Fahrtkosten gem. § 5 Abs. 2 Nr. 2 JVEG:
Besuch des schuldnerischen Betriebes am…:
… km Hin- und Rückweg à 0,30 EUR … EUR

Ersatz für sonstige Aufwendungen gem. § 7 Abs. 2 JVEG:
Fotokopiekosten:… Seiten insgesamt
(Anzahl der Seiten der kopierten Gerichtsakte oder weiterer Kopien des Gutachtens für Dritte)
die ersten 50 Seiten à 0,50 EUR = 25,00 EUR
ab der 51. Seite à 0,15 EUR =…. EUR
gesamt … EUR

Ersatz für besondere Aufwendungen gem. § 12 Abs. 1 Nr. 3 JVEG gem. anliegender Statistik
… Anschläge: je angefangene 1.000 à 0,90 EUR … EUR

Verauslagte Kosten gem. anliegender Rechnung/anliegendem Schreiben für Handelsregisterauszug … EUR
Zwischensumme … EUR
19 % Umsatzsteuer gem. § 12 Abs. 1 Nr. 4 JVEG … EUR

Gesamtsumme … EUR

Ich bitte um Zahlung des ausgewiesenen Betrages auf folgendes Konto:

Bank:…

IBAN:…

BIC: …

…………………
Rechtsanwalt

Anlage:
Statistikbogen über Anschläge

▶ Hinweis zum Zahlungseingang:

Wiedervorlage für die Kontrolle des Zahlungseingangs notieren!

▶ Hinweise:

Statistikbogen:

Der notwendige Statistikbogen über die Anzahl der Anschläge im Gutachten kann im EDV-Programm **Word über den Button »Extras« und die Funktion »Wörter zählen«** aufgerufen werden. Dann die Tasten »Alt« und »Druck« (rechts oben) drücken. Leeres Dokument öffnen und die Taste »einfügen« drücken. Die so erscheinende Tabelle kann dann ausgedruckt werden.

Stundenaufstellung:

Soweit die Insolvenzgerichte eine detaillierte Stundenaufstellung wünschen – was nicht der Regelfall ist –, kann das **Muster Nr. 172 »Stundenaufstellung«** dafür verwendet werden.

Verjährung:

Gem. § 2 Abs. 1 Nr. 1 JVEG verjährt der Vergütungsanspruch des Sachverständigen innerhalb von 3 Monaten beginnend mit dem Tag des Eingangs des Gutachtens bei Gericht, sofern dem Auftrag eine entsprechende Belehrung über diese Verjährungsfrist beilag (§ 2 Abs. 2 S. 2 JVG).

Muster 171: Gutachtenabrechnung – ohne vorl. Verwaltung

343 *Hinweis: Bitte immer **2-fach** einreichen!*

▶ Rechnungsanforderungen:

Die Rechnungsanforderungen des § 14 Abs. 2 UStG sind zu beachten, u.a. die Umsatzsteuer-Identifikationsnummer, der Leistungszeitraum, Steuersatz etc.

▶ Hinweis Stundensatz:

Die Zuordnung zur **Honorargruppe 6** ist **nicht zwingend**. Die Insolvenzgerichte gewähren Stundensätze in unterschiedlicher Höhe. I.d.R. werden Rundschreiben an die Verwalterbüros verschickt. Einige **OLG-Entscheidungen** gewähren ein Stundensatz von 115,00 EUR: s. u.a. InsbürO 2018, 76: OLG Bamberg, Beschl. v. 29.09.2017 – 8 W 75/17 in ZInsO 2017, 2457 mit Verweis auf andere Entscheidungen.

Adressat: Insolvenzgericht

Rechnung Nr.: … *(wird aktuell vergeben bei Einbuchung)*
betr. das Insolvenzeröffnungsverfahren über das Vermögen der Firma…/des Herrn…/der Frau…
Geschäftszeichen:… IN…/…
Leistungszeitraum: … *(Auftragserteilung bis Gutachtenabgabe)*

Vergütung gem. § 8 Abs. 1, 2, § 9 Abs. 1 JVEG
… Stunden à 90,00 EUR … EUR
(Angefangene Stunden werden voll abgerechnet, wenn mehr als 30 min. eine Leistung erbracht wurde; anderenfalls 0,5 Std. in Ansatz bringen)
(Zuordnung des isolierten Sachverständigen zur Honorargruppe 6: nicht zwingend: s. oben)

Fahrtkosten gem. § 5 Abs. 2 Nr. 2 JVEG:
Besuch des schuldnerischen Betriebes am…:
… km Hin- und Rückweg à 0,30 EUR … EUR

Ersatz für sonstige Aufwendungen gem. § 7 Abs. 2 JVEG:
Fotokopiekosten:… Seiten insgesamt
(Anzahl der Seiten der kopierten Gerichtsakte oder weiterer Kopien des Gutachtens für Dritte)
die ersten 50 Seiten à 0,50 EUR = 25,00 EUR
ab der 51. Seite à 0,15 EUR =… EUR
gesamt … EUR

Ersatz für besondere Aufwendungen gem. § 12 Abs. 1 Nr. 3 JVEG gem. anliegender Statistik
… Anschläge: je angefangene 1.000 à 0,90 EUR … EUR

Verauslagte Kosten gem. anliegender Rechnung/anliegendem Schreiben für Handelsregisterauszug ... EUR
Zwischensumme ... EUR
19 % Umsatzsteuer gem. § 12 Abs. 1 Nr. 4 JVEG ... EUR

Gesamtsumme ... EUR

Ich bitte um Zahlung des ausgewiesenen Betrages auf folgendes Konto:

Bank:...

IBAN:...

BIC: ...

....
Rechtsanwalt

Anlage:
Statistikbogen über Anschläge

▶ Hinweis zum Zahlungseingang:

Wiedervorlage für die Kontrolle des Zahlungseingangs notieren!

▶ Hinweise:

Statistikbogen:

Der notwendige Statistikbogen über die Anzahl der Anschläge im Gutachten kann im EDV-Programm **Word über den Button »Extras« und die Funktion »Wörter zählen«** aufgerufen werden. Dann die Tasten »Alt« und »Druck« (rechts oben) drücken. Leeres Dokument öffnen und die Taste »einfügen« drücken. Die so erscheinende Tabelle kann dann ausgedruckt werden.

Stundenaufstellung:

Soweit die Insolvenzgerichte eine detaillierte Stundenaufstellung wünschen – was nicht der Regelfall ist –, kann das **Muster Nr. 172 »Stundenaufstellung«** dafür verwendet werden.

Verjährung:

Gem. § 2 Abs. 1 Nr. 1 JVEG verjährt der Vergütungsanspruch des Sachverständigen innerhalb von 3 Monaten beginnend mit dem Tag des Eingangs des Gutachtens bei Gericht, sofern dem Auftrag eine entsprechende Belehrung über diese Verjährungsfrist beilag (§ 2 Abs. 2 S. 2 JVG).

Muster 172: Gutachtenabrechnung – Stundenaufstellung

▶ Hinweis: 344

Die getätigten Arbeitsstunden werden i.d.R. in der Insolvenzsoftware gespeichert und können dort in Form einer Übersicht ausgedruckt werden. Die nachfolgende Übersicht dient nur der **Veranschaulichung** für die erforderliche Anlage zur Gutachtenabrechnung.

Stundenliste für die Tätigkeit als Sachverständiger

in dem Insolvenzeröffnungsverfahren über das Vermögen

der Firma .../des Herr .../der Frau ...

Amtsgericht...:... IN .../...

(Bitte immer zweifach beim AG einreichen!)

Datum	**Tätigkeit Zeitaufwand in Min.**	
	Erste Kontaktaufnahme mit Schuldner/in	*30 Min.*
	Durchsicht Gerichtsakte	*20 Min.*
	Besprechung mit Schuldner/in vor Ort in.....	*150 Min.*
	Fahrtzeit für Hin- und Rückfahrt von... nach...	*60 Min.*
	Durchsicht eingereichter Unterlagen	*130 Min.*

	Gutachtenerstellung	*100 Min.*
	Durchsicht weiter eingereichter Unterlagen und Gutachtenerstellung	*190 Min.*
	Prüfung Haftungs- und Anfechtungsansprüche	*80 Min.*
	Gutachtenerstellung	*150 Min.*
		910 Min.

Muster 173: Liste vorzulegender Unterlagen – Einzelfirma

345 **Vorzulegende Unterlagen im Insolvenzantragsverfahren über das Vermögen eines Einzelkaufmannes**

Im Rahmen der Ihnen obliegenden Auskunfts- und Mitwirkungspflicht gem. § 20 i.V.m. § 97 InsO fordere ich Sie auf, nachfolgende Unterlagen vorzulegen und bitte Sie hierbei, eine Sortierung nach der hier in der Liste vorgegebenen Reihenfolge vorzunehmen.

Sollten zu einzelnen Punkten keine Unterlagen vorhanden sein, so z.B. keine Versicherungen zugunsten Dritter, oder sind keine Unterlagen für den gesamten angegebenen Zeitraum vorhanden, so ist dieser jeweilige Aspekt entsprechend auf der Liste zu vermerken.

A. Wirtschaftliche Verhältnisse
1. Bilanzen der letzten 5 Geschäftsjahre – soweit vorhanden;
2. Summen- und Saldenlisten der letzten 5 Jahre, soweit keine Bilanzen vorhanden;
3. betriebswirtschaftliche Auswertungen der letzten sechs Monate;
4. Finanzstatus;
5. Kassenbuch inkl. Belege, rückwirkend für die letzten 6 Monate seit Insolvenzantragstellung;
6. Anlagenverzeichnis;

B. Gewerbliche Unterlagen
1. aktueller Handelsregisterauszug, soweit eine Eintragung in das Handelsregister erfolgt ist;
2. Gewerbeanmeldung und ggf. Gewerbeabmeldung;
3. ggf. Auszug aus der Handwerksrolle, ggf. Nachweis über dortige Löschung;
4. Kopie Ihrer Allgemeinen Geschäftsbedingungen;
5. einen Original-Briefkopf Ihres Unternehmens;

C. Bank
1. Auflistung sämtlicher Geschäftskonten mit jeweiligem Name der Bank und IBAN,
2. Kontoauszüge sämtlicher Banken, mit denen Sie geschäftlich in Geschäftsverbindung standen oder stehen, der letzten zwölf Monate vor Insolvenzantragstellung;
3. Kontoauszüge sämtlicher Banken, mit denen Sie privat in Geschäftsverbindung standen oder stehen, der letzten zwölf Monate vor Insolvenzantragstellung;
4. Vorlage sämtlicher Sparbücher, Festgeldkonten, Wertpapiere, Wertpapierdepots, Bausparverträge, sonstiger Kapitalanlagen u.ä.;
5. Originale sämtlicher Bankverträge (Darlehensverträge, Bürgschaften, Vertragserfüllungs-, Gewährleistungsbürgschaften etc.);
6. *(Sicherungsverträge folgen unter Buchstabe F.)*

D. Finanzamt
1. Steuererklärungen der letzten 3 Geschäftsjahre (insbes. die Einkommenssteuererklärungen nebst allen Anlagen);
2. sämtliche Steuerbescheide des Finanzamtes der letzten 3 Jahre, jeweils getrennt nach den Steuerarten;
3. Umsatzsteuervoranmeldungen der letzten 12 Monate;
4. Lohnsteueranmeldungen der letzten 12 Monate;

E. Inventar
1. Inventur: Auflistung aller vorhandenen Warenbestände mit Bewertung nach Einkaufspreisen sowie Angabe evtl. Eigentumsvorbehaltsrechte von Lieferanten;
2. Verzeichnis sämtlicher beweglicher Gegenstände, die in Ihrem Geschäftsbetrieb genutzt werden, auch der geringwertigen Wirtschaftsgüter;

3. Aufstellung von privaten Inventaren und Einrichtungsgegenständen oder sonstigen wertvollen Gegenständen (antike Möbel, elektronische Geräte – z.B. Laptop, Smartphone, größere Fernseher u.ä. -, Kunstgegenstände, Teppiche, Schmuck etc.);
4. Aufstellung von auf Sie zugelassener Fahrzeuge unter Vorlage der Zulassungsbescheinigung II sowie des Fahrzeugscheines;
5. bei Sicherungsrechten an den Fahrzeugen: Kopie der Zulassungsbescheinigung II;
6. Nennung des jeweiligen km-Standes;
7. *(Sicherungsrechte am Inventar folgen unter Buchstabe F.)*

F. Sicherungsrechte

1. Übersicht über alle bestehenden Sicherungsverträge nebst Kopien dieser Verträge (Sicherungsübereignungen, Globalzessionen, sonstige Abtretungen, Raumsicherungsvertrag, Grundpfandrechte u. a.);
2. sofern Grundschulden oder Hypotheken vorhanden sind, die Zweckerklärungen zu diesen;
3. *(Leasingverträge folgen unter Buchstabe I)*

G. Immobilie

1. Aufstellung aller vorhandenen Grundstücke (bebaut oder auch unbebaut), auch wenn nur Miteigentum besteht sowie etwaiger dinglicher Rechte an Schiffen oder Flugzeugen;
2. Grundbuchauszug für jedes Grundstück;
3. mögliche aktuelle Eintragungsmitteilungen des Grundbuchamtes (z. B. Eintragung eines Zwangsverwaltungs- oder Zwangsversteigerungsverfahrens);
4. Kaufvertrag, mit dem ein Grundstück erworben wurde;
5. sonstige relevante Urkunden zu möglichen Rechten Dritter (*zusätzlich neben Rechten nach Buchstabe F.*) (z.B. Grunddienstbarkeiten wie Wegerechte etc.);
6. Mietverträge mit Dritten;
7. bei Eigennutzung: Angabe der genutzten m^2;
8. Versicherungsschein für Gebäudeversicherung und sonstiger relevanter Versicherungen zu den Grundstücken;
9. Aufstellung von erworbenen Immobilien, die jedoch noch nicht in Ihrem Eigentum stehen; Vorlage der Kaufverträge hierzu;
10. Aufstellung aller Grundstücke, die in den letzten zwei Jahren veräußert worden sind, unter Vorlage des Kaufvertrages;
11. Flurkarten, Lagepläne, Verkehrswertgutachten – soweit vorhanden;
12. Stellungnahme zur derzeitigen Nutzung der Immobilien bzw. zu den Erträgen aus den Immobilien;
13. *(Unterlagen zu Grundschulden etc.: unter Buchstabe F.)*

H. Arbeitsverhältnisse

1. Aufstellung sämtlicher im Zeitpunkt der Insolvenzantragstellung bei Ihnen beschäftigter Mitarbeiter mit genauer Anschrift sowie sämtlicher Mitarbeiter, deren Arbeitsverhältnisse in den letzten zwölf Monaten vor Insolvenzantragstellung beendet wurden (auch Angestellte, die sich in Mutterschutz, Elternzeit, Wehrdienst befinden); (*s. hierzu überreichtes Muster einer Aufstellung*)
2. Fotokopien sämtlicher Arbeitsverträge dieser Mitarbeiter;
3. Aufstellung der beteiligten Sozialversicherungsträger (z.B. Krankenkassen der Mitarbeiter sowie Berufsgenossenschaften);
4. Monatslohnbescheinigungen der letzten drei Monate vor Antragstellung;
5. Lohn- und Gehaltskonten;
6. Elektronische Lohnsteuermerkmale aller Arbeitnehmer;
7. Personalakten aller Arbeitnehmer;
8. ggf. Kündigungsliste der Arbeitnehmer nebst Kündigungsschreiben von oder gegenüber Arbeitnehmern, ggf. Freistellungsschreiben;
9. An- und Abmeldungen bei den Krankenkassen sowie den Berufsgenossenschaften aus den letzten 12 Monaten;
10. Beitragsnachweise der letzten drei Monate;
11. Letzter Lohnnachweis Berufsgenossenschaft;
12. Fotokopien etwaiger Schwerbehindertenausweise;
13. Nachweise betr. Elternzeit, Betriebsrente oder langzeiterkrankter Arbeitnehmer;
14. Vorlage möglicher Betriebsvereinbarung (13. Gehalt/Urlaubsgeld/Weihnachtsgeld);
15. PSVaG Arbeitgeberunterlagen – sofern vorhanden;
16. Aufstellung von Lebensversicherungen (z.B. Direktversicherung, Rückdeckungsversicherung, Lebensversicherungsverträge zugunsten der Arbeitnehmer) nebst Angabe etwa bestehender Fremd- und Bezugsrechte;
17. ausgefüllte und unterschriebene Arbeitnehmerliste über offene Löhne/Gehälter;
18. Aufstellung über gezahlte Abschläge/Vorschüsse;
19. Unterlagen über evtl. Pfändungen, Insolvenzen der Arbeitnehmer oder auch Arbeitnehmerdarlehen;
20. Art der Arbeitsverhältnisse: Aufstellung über Einteilung in kaufmännische Angestellten, gewerbliche Arbeitnehmer, Auszubildende und Aushilfen, ggf. Darstellung der Veränderung in den letzten drei Jahren;
21. Übersicht über ausstehende Urlaubsansprüche der Arbeitnehmer;

22. Benennung Ansprechpartner für Personalangelegenheiten (Personalabteilung/Steuerbüro): ggf. Vorlage einer Visitenkarte;
23. *(Unterlagen zu möglichen Arbeitsrechtsstreitigkeiten (Klageschriften etc.) folgen unter Buchstabe K.)*

I. <u>Vertragsverhältnisse</u>

Die nachstehend aufgelisteten und erforderlichen Unterlagen betreffen sowohl den etwaigen geschäftlichen Bereich als auch Ihren privaten Bereichen. Bitte listen Sie daher alle Vertragsverhältnisse insgesamt auf:

1. Auflistung der bestehenden Dauerschuldverhältnisse nebst Anschriften und Aktenzeichen der Vertragspartner für den geschäftlichen Bereich vollständig (z.B. Telefon, Strom, EDV-Verträge etc.), für den privaten Bereich Angaben zum Vermieter (Name und Anschrift);
2. Auflistung sämtlicher Leasingverträge nebst Anschriften der Vertragspartner sowie deren Aktenzeichen;
3. Aufstellung von Lebensversicherungen/Bausparverträgen etc. nebst Angabe etwa bestehender Fremd- und Bezugsrechte;
4. Vorlage von maßgeblichen Unterlagen, z.B. sämtliche Verträge (auch Mietverträge), Versicherungsscheine etc.;

J. **<u>Informationen/Unterlagen zum Privatbereich</u>**

1. Aufstellung von Schenkungen über Gegenstände in den letzten zwei Jahren vor Insolvenzantragstellung;
2. Aufstellung entgeltlicher Verträgen, die Sie mit Angehörigen oder Ehegatten in den letzten zwei Jahren vor Insolvenzantragstellung geschlossen haben;
3. Darlegung Ihrer derzeitigen Einkommensverhältnisse (z. B. unter Vorlage von Lohn- oder Gehaltsabrechnungen der letzten drei Monate);
4. bei mehreren Arbeitsverhältnissen: Angabe des jeweiligen Arbeitgebers mit Informationen über die jeweilige Arbeitszeit;
5. Angaben zur Unterhaltspflicht mit Namen und Geburtsdaten der Berechtigten; (bei Kindern: Schul- und Ausbildungsnachweis, ggf. Lohn- u. Gehaltsbescheinigung; bei Ehepartnern: Nachweis über das eigene erzielte Einkommen);
6. Mitteilung der Lohnsteuerabzugsmerkmale;

K. **<u>Rechtsstreite</u>**

1. Auflistung sämtlicher laufenden Rechtsstreite – sowohl auf Klägerseite wie auch auf Beklagtenseite;
2. kurze Einschätzung der Berechtigung der jeweiligen Klageforderung in der Auflistung;
3. Vorlage des dazugehörigen Schriftverkehrs (Klage- und Erwiderungsschriften, Versäumnisurteile, Mahnbescheide, Vollstreckungsbescheide, Terminladungen etc.);

L. **Vollstreckungsmaßnahmen**

Soweit in den letzten sechs Monaten vor Insolvenzantragstellung Zwangsvollstreckungsmaßnahmen durchgeführt wurden: Vorlage der entsprechenden Unterlagen (Gerichtsvollzieherprotokolle, Pfändungs- und Überweisungsbeschlüsse, Protokolle der eidesstattlichen Versicherung etc.);

M. **Debitoren**

1. aktuelle Debitorenliste (Aufstellung aller Schuldner mit vollständigen Namen, Anschriften, dortiges Aktenzeichen, Rechnungsdatum und Rechnungsbetrag); (*s. hierzu auch Hinweis am Ende dieser Auflistung*)
2. dazugehörige Ausgangsrechnungen;
3. dazugehörige Auftragserteilungen, Lieferscheine oder sonstige Unterlagen zum Nachweis der bestehenden Forderung;
4. Auflistung über etwaige Sicherheitseinbehalte;

N. **Kreditoren**

1. aktuelle Kreditorenliste (Aufstellung aller Gläubiger mit vollständigen Namen, Anschriften, dortiges Aktenzeichen, Rechnungsdatum und Rechnungsbetrag); (*s. hierzu auch Hinweis am Ende dieser Auflistung*)
2. Mitteilung der Anzahl der Gläubiger;

O. **Unternehmensgegenstand und -entwicklung (entnommen der Checkliste des BAKinso für die Gutachtenerstellung: s. Literaturverzeichnis)**

Erste Angaben zu folgenden Punkten, die in persönlichen Gesprächen noch näher erläutert werden können:

1. Darstellung der aktuellen Tätigkeit;
2. Darstellung der Unternehmenshistorie;
3. Angebotspalette (durchschnittliches Alter/Innovationsstand, Breite und Tiefe des Angebots);
4. Marktanteil, historische Entwicklung der Marktanteile;
5. Entwicklung der Verkaufspreise; Preis und Mengenentwicklung der Umsätze;
6. Entwicklung der Hauptkostenarten und Ursachen der Veränderung (Material, Personal, Investitionen, Produktion, Vertrieb, Verwaltung);
7. Wettbewerbsvorteile/-nachteile des Unternehmens; Differenzierung zur Konkurrenz (Preis, Service, Produkt, Qualität,...);
8. Darstellung der Branchen- und Marktverhältnisse;
9. Kundenstruktur (z.B.: wenige Großabnehmer, Anteil der Endverbraucher, Anteil der Stammkunden, Anteil wiederkehrender Aufträge z.B. für Wartung), Zahlungsmoral der Kunden;

10. Lieferantenstruktur;
11. Struktur der Wettbewerber, Rivalitäten;
12. Kapazitätsauslastung der einzelnen Unternehmensbereiche;
13. Ist die verwendete (Fertigungs-)Technologie auf dem neuesten Stand?
14. Probleme der internen Organisationsstruktur;
15. Mitgliedschaften in Fachverbänden, Interessenvertretungen;
16. Zuständige Handwerks-/Handelskammer/Innung.

Vorbereitender Hinweis zur Erstellung einer Kreditoren- und Debitorenliste zum Einspielen in eine insolvenzrechtliche EDV
Abstimmung mit dem vorläufigen Insolvenzverwalter noch erforderlich – soweit ein solcher bestellt ist!

Die beigefügten Listen sind als **Excel-Dateien** zu erstellen.

Bitte die vorgegebenen Felder genauestens berücksichtigen. Es dürfen z. B. keine Hausnummern in das Feld »Straße«.

Es dürfen ferner keine Veränderungen hinsichtlich des Formats vorgenommen werden. Auch der Dateiname darf nicht geändert werden.

Bitte keine Leerzeichen oder Zwischensummen einfügen.

Sollten mehrere Rechnungsbeträge zu einem Gläubiger vorhanden sein, so sind diese Beträge addiert als eine Forderung einzutragen.

Bitte keine Zeichen wie », ;!« etc. verwenden

Wenn möglich, die Excel-Dateien bitte per E-Mail übersenden: ...

Muster 174: Liste vorzulegender Unterlagen – GmbH

Vorzulegende Unterlagen im Insolvenzantragsverfahren über das Vermögen einer GmbH 346

Im Rahmen der Ihnen obliegenden Auskunfts- und Mitwirkungspflicht gem. § 20 i.V.m. § 97 InsO fordere ich Sie auf, nachfolgende Unterlagen vorzulegen und bitte Sie hierbei, eine Sortierung nach der hier in der Liste vorgegebenen Reihenfolge vorzunehmen.

Sollten zu einzelnen Punkten keine Unterlagen vorhanden sein, so z.B. keine Versicherungen zugunsten Dritter, oder sind keine Unterlagen für den gesamten angegebenen Zeitraum vorhanden, so ist dieser jeweilige Aspekt entsprechend auf der Liste zu vermerken.

A. Wirtschaftliche Verhältnisse

1. Jahresabschlüsse und betriebswirtschaftliche Auswertungen der letzten 5 Jahre und – wenn vorhanden – Geschäftsberichte, Konsolidierungskonzepte von z. B. Unternehmensberatern, Firmenbeschreibungen;
2. Summen- und Saldenlisten der letzten 5 Jahre, soweit der Jahresabschluss noch nicht erstellt wurde;
3. Finanzstatus;
4. Kassenbuch inkl. Belege, rückwirkend für die letzten 6 Monate seit Insolvenzantragstellung;
5. Anlagenverzeichnis;

B. Gesellschaftsrechtliche Verhältnisse

1. Gesellschaftsvertrag (Gründungsvertrag und Anmeldung);
2. Listen der Gesellschafter für die letzten 5 Jahre;
3. sämtliche getroffenen Gesellschafterbeschlüsse bzw. -protokolle;
4. Nachweis über die Erbringung der Stammeinlage;
5. Nachweis über die Erbringung bei Kapitalerhöhungen;
6. aktueller Handelsregisterauszug;
7. Geschäftsführeranstellungsverträge;
8. Kopien der Personalausweise der Geschäftsführer;
9. Anstellungsverträge mit Prokuristen und Handlungsbevollmächtigten;
10. mögliche Geschäftsanteilskauf- und Abtretungsverträge;
11. Bestehen Besonderheiten bei den gesellschaftsrechtlichen Verhältnissen (z. B. Treuhandverhältnisse)? Wenn ja, bitte Verträge/Unterlagen beifügen;

C. Gewerbliche Unterlagen
1. Gewerbeanmeldung und ggf. Gewerbeabmeldung;
2. ggf. Auszug aus der Handwerksrolle, ggf. Nachweis über dortige Löschung;
3. Kopie Ihrer Allgemeinen Geschäftsbedingungen;
4. einen Original-Briefkopf Ihres Unternehmens;

D. Bank
1. Auflistung sämtlicher Geschäftskonten mit jeweiligem Name der Bank und IBAN;
2. Kontoauszüge sämtlicher Banken, mit denen Sie in Geschäftsverbindung standen oder stehen, der letzten zwölf Monate vor Insolvenzantragstellung;
3. Kontoauszüge für den Zeitraum ab Firmengründung bis zum Ablauf eines Jahres;
4. Übersicht über etwaige Festgeldkonten, Wertpapiere, Wertpapierdepots, sonstige Kapitalanlagen u.ä.;
5. Originale sämtlicher Bankverträge (Darlehensverträge, Bürgschaften, Vertragserfüllungs-, Gewährleistungsbürgschaften etc.);
6. *(Sicherungsverträge folgen unter Buchstabe G.)*

E. Finanzamt
1. Steuererklärungen der letzten 3 Geschäftsjahre;
2. sämtliche Steuerbescheide des Finanzamtes der letzten 3 Jahre, jeweils getrennt nach den Steuerarten;
3. Umsatzsteuervoranmeldungen der letzten 12 Monate;
4. Lohnsteueranmeldungen der letzten 12 Monate;

F. Inventar
1. Inventur: Auflistung aller vorhandenen Warenbestände mit Bewertung nach Einkaufspreisen sowie Angabe evtl. Eigentumsvorbehaltsrechte von Lieferanten;
2. Inventar: Auflistung der Betriebs-und Geschäftsausstattung – soweit der letzte Anlagenspiegel nicht aktuell ist – und Kennzeichnung evtl. Drittrechte;
3. bei Drittrechten: entsprechende Sicherungsübereignungsverträge, soweit nicht schon nach vorstehendem Buchstaben D. vorgelegt;
4. Auflistung sämtlicher Fahrzeuge mit Nennung des jeweiligen km-Standes und Kennzeichnung evtl. Drittrechte;
5. bei Drittrechten: entsprechende Sicherungsübereignungsverträge, soweit nicht schon nach vorstehendem Buchstaben D. vorgelegt;
6. Zulassungsbescheinigung II für sämtliche Fahrzeuge, bei Sicherungsrechten nur in Kopie;
7. Auflistung der geringwertigen Wirtschaftsgüter;
8. *(Sicherungsrechte am Inventar folgen unter Buchstabe G.)*

G. Sicherungsrechte
1. Übersicht über alle weiter bestehenden Sicherungsverträge nebst Kopien dieser Verträge (Sicherungsübereignungen, Globalzessionen, sonstige Abtretungen, Raumsicherungsvertrag, Grundpfandrechte u. a.) – soweit nicht schon aufgrund vorstehender Punkte vorgelegt;
2. sofern Grundschulden oder Hypotheken vorhanden sind, die Zweckerklärungen zu diesen;
3. *(Leasingverträge folgen unter Buchstabe J)*

H. Immobilie
1. Aufstellung aller vorhandenen Geschäftsgrundstücke (bebaut oder auch unbebaut), auch wenn nur Miteigentum besteht sowie etwaiger dinglicher Rechte an Schiffen oder Flugzeugen;
2. Grundbuchauszug für jedes Grundstück;
3. mögliche aktuelle Eintragungsmitteilungen des Grundbuchamtes (z. B. Eintragung eines Zwangsverwaltungs- oder Zwangsversteigerungsverfahrens);
4. Kaufvertrag, mit dem ein Grundstück erworben wurde;
5. sonstige relevante Urkunden zu möglichen Rechten Dritter – (*zusätzlich neben Rechten nach Buchstabe G.*) (z.B. Grunddienstbarkeiten wie Wegerechte etc.);
6. Mietverträge mit Dritten;
7. bei Eigennutzung: Angabe der genutzten m^2;
8. Versicherungsschein für Gebäudeversicherung und sonstiger relevanter Versicherungen zu den Grundstücken;
9. Aufstellung von erworbenen Immobilien, die jedoch noch nicht im Eigentum der Gesellschaft stehen; Vorlage der Kaufverträge hierzu;
10. Aufstellung aller Grundstücke, die in den letzten zwei Jahren veräußert worden sind, unter Vorlage des Kaufvertrages;
11. Flurkarten, Lagepläne, Verkehrswertgutachten – soweit vorhanden;
12. Stellungnahme zur derzeitigen Nutzung der Immobilien bzw. zu den Erträgen aus den Immobilien;
13. *(Unterlagen zu Grundschulden etc.: unter Buchstabe G.)*

I. Arbeitsverhältnisse

1. Aufstellung sämtlicher im Zeitpunkt der Insolvenzantragstellung bei Ihnen beschäftigter Mitarbeiter mit genauer Anschrift sowie sämtlicher Mitarbeiter, deren Arbeitsverhältnisse in den letzten zwölf Monaten vor Insolvenzantragstellung beendet wurden (auch Angestellte, die sich in Mutterschutz, Elternzeit, Wehrdienst befinden); (*s. hierzu überreichtes Muster einer Aufstellung*)
2. Fotokopien sämtlicher Arbeitsverträge dieser Mitarbeiter;
3. Aufstellung der beteiligten Sozialversicherungsträger (z.B. Krankenkassen der Mitarbeiter sowie Berufsgenossenschaften);
4. Monatslohnbescheinigungen der letzten drei Monate vor Antragstellung;
5. Lohn- und Gehaltskonten;
6. Elektronische Lohnsteuermerkmale aller Arbeitnehmer;
7. Personalakten aller Arbeitnehmer;
8. ggf. Kündigungsliste der Arbeitnehmer nebst Kündigungsschreiben von oder gegenüber Arbeitnehmern, ggf. Freistellungsschreiben;
9. An- und Abmeldungen bei den Krankenkassen sowie den Berufsgenossenschaften aus den letzten 12 Monaten;
10. Beitragsnachweise der letzten drei Monate;
11. Letzter Lohnnachweis Berufsgenossenschaft;
12. Fotokopien etwaiger Schwerbehindertenausweise;
13. Nachweise betr. Elternzeit, Betriebsrente oder langzeiterkrankter Arbeitnehmer;
14. Vorlage möglicher Betriebsvereinbarung (13. Gehalt/Urlaubsgeld / Weihnachtsgeld);
15. PSVaG Arbeitgeberunterlagen – sofern vorhanden;
16. Aufstellung von Lebensversicherungen (z.B. Direktversicherung, Rückdeckungsversicherung, Lebensversicherungsverträge zugunsten der Geschäftsführer/Gesellschafter/Arbeitnehmer) nebst Angabe etwa bestehender Fremd- und Bezugsrechte;
17. ausgefüllte und unterschriebene Arbeitnehmerliste über offene Löhne/Gehälter;
18. Aufstellung über gezahlte Abschläge/Vorschüsse;
19. Unterlagen über evtl. Pfändungen, Insolvenzen der Arbeitnehmer oder auch Arbeitnehmerdarlehen;
20. Art der Arbeitsverhältnisse: Aufstellung über Einteilung in kaufmännische Angestellten, gewerbliche Arbeitnehmer, Auszubildende und Aushilfen, ggf. Darstellung der Veränderung in den letzten drei Jahren;
21. Übersicht über ausstehende Urlaubsansprüche der Arbeitnehmer;
22. Benennung Ansprechpartner für Personalangelegenheiten (Geschäftsführung/Personalabteilung/Steuerbüro): ggf. Vorlage einer Visitenkarte;
23. *(Unterlagen zu möglichen Arbeitsrechtsstreitigkeiten (Klageschriften etc.) folgen unter Buchstabe K.)*

J. Vertragsverhältnisse

1. Auflistung der bestehenden Dauerschuldverhältnisse nebst Anschriften und Aktenzeichen der Vertragspartner (Telefon, Strom, EDV-Verträge etc.);
2. Auflistung sämtlicher Leasingverträge nebst Anschriften der Vertragspartner sowie deren Aktenzeichen;
3. Vorlage von maßgeblichen Unterlagen, z.B. sämtliche Verträge (auch Mietverträge), Versicherungsscheine etc.;

K. Rechtsstreite

1. Auflistung sämtlicher laufenden Rechtsstreite – sowohl auf Klägerseite wie auch auf Beklagtenseite;
2. kurze Einschätzung der Berechtigung der jeweiligen Klageforderung in der Auflistung;
3. Vorlage des dazugehörigen Schriftverkehrs (Klage- und Erwiderungsschriften, Versäumnisurteile, Mahnbescheide, Vollstreckungsbescheide, Terminladungen etc.);

L. Vollstreckungsmaßnahmen

Soweit in den letzten sechs Monaten vor Insolvenzantragstellung Zwangsvollstreckungsmaßnahmen durchgeführt wurden: Vorlage der entsprechenden Unterlagen (Gerichtsvollzieherprotokolle, Pfändungs- und Überweisungsbeschlüsse, Protokolle der eidesstattlichen Versicherung etc.);

M. Debitoren

1. aktuelle Debitorenliste (Aufstellung aller Schuldner mit vollständigen Namen, Anschriften, dortiges Aktenzeichen, Rechnungsdatum und Rechnungsbetrag); (*s. hierzu auch Hinweis am Ende dieser Auflistung*);
2. dazugehörige Ausgangsrechnungen;
3. dazugehörige Auftragserteilungen, Lieferscheine oder sonstige Unterlagen zum Nachweis der bestehenden Forderung;
4. Auflistung über etwaige Sicherheitseinbehalte;

N. Kreditoren

aktuelle Kreditorenliste (Aufstellung aller Gläubiger mit vollständigen Namen, Anschriften, dortiges Aktenzeichen, Rechnungsdatum und Rechnungsbetrag);
(*s. hierzu auch Hinweis am Ende dieser Auflistung*)

O. Unternehmensgegenstand und -eentwicklung (entnommen der Checkliste des BAKinso für die Gutachtenerstellung: s. Literaturverzeichnis)

Erste Angaben zu folgenden Punkten, die in persönlichen Gesprächen noch näher erläutert werden können:

1. Darstellung der aktuellen Tätigkeit;
2. Darstellung der Unternehmenshistorie;
3. Angebotspalette (durchschnittliches Alter/Innovationsstand, Breite und Tiefe des Angebots);
4. Marktanteil, historische Entwicklung der Marktanteile;
5. Entwicklung der Verkaufspreise; Preis und Mengenentwicklung der Umsätze;
6. Entwicklung der Hauptkostenarten und Ursachen der Veränderung (Material, Personal, Investitionen, Produktion, Vertrieb, Verwaltung);
7. Wettbewerbsvorteile/-nachteile des Unternehmens; Differenzierung zur Konkurrenz (Preis, Service, Produkt, Qualität,...);
8. Darstellung der Branchen- und Marktverhältnisse;
9. Kundenstruktur (z.B.: wenige Großabnehmer, Anteil der Endverbraucher, Anteil der Stammkunden, Anteil wiederkehrender Aufträge z.B. für Wartung), Zahlungsmoral der Kunden;
10. Lieferantenstruktur;
11. Struktur der Wettbewerber, Rivalitäten;
12. Kapazitätsauslastung der einzelnen Unternehmensbereiche;
13. Ist die verwendete (Fertigungs-)Technologie auf dem neuesten Stand?
14. Probleme der internen Organisationsstruktur;
15. Mitgliedschaften in Fachverbänden, Interessenvertretungen;
16. Zuständige Handwerks-/Handelskammer/Innung.

Vorbereitender Hinweis zur Erstellung einer Kreditoren- und Debitorenliste zum Einspielen in eine insolvenzrechtliche EDV
Abstimmung mit dem vorläufigen Insolvenzverwalter noch erforderlich – soweit ein solcher bestellt ist!

Die beigefügten Listen sind als **Excel-Dateien** zu erstellen.

Bitte die vorgegebenen Felder genauestens berücksichtigen. Es dürfen z. B. keine Hausnummern in das Feld »Straße«.

Es dürfen ferner keine Veränderungen hinsichtlich des Formats vorgenommen werden. Auch der Dateiname darf nicht geändert werden.

Bitte keine Leerzeichen oder Zwischensummen einfügen.

Sollten mehrere Rechnungsbeträge zu einem Gläubiger vorhanden sein, so sind diese Beträge addiert als eine Forderung einzutragen.

Bitte keine Zeichen wie », ;!« etc. verwenden

Wenn möglich, die Excel-Dateien bitte per E-Mail übersenden: ...

Muster 175: Liste vorzulegender Unterlagen – UG

347 **Vorzulegende Unterlagen im Insolvenzantragsverfahren über das Vermögen einer UG**

Im Rahmen der Ihnen obliegenden Auskunfts- und Mitwirkungspflicht gem. § 20 i.V.m. § 97 InsO fordere ich Sie auf, nachfolgende Unterlagen vorzulegen und bitte Sie hierbei, eine Sortierung nach der hier in der Liste vorgegebenen Reihenfolge vorzunehmen.

Sollten zu einzelnen Punkten keine Unterlagen vorhanden sein, so z.B. keine Versicherungen zugunsten Dritter, oder sind keine Unterlagen für den gesamten angegebenen Zeitraum vorhanden, so ist dieser jeweilige Aspekt entsprechend auf der Liste zu vermerken.

A. Wirtschaftliche Verhältnisse

1. Jahresabschlüsse und betriebswirtschaftliche Auswertungen der letzten 5 Jahre und – wenn vorhanden – Geschäftsberichte, Konsolidierungskonzepte von z. B. Unternehmensberatern, Firmenbeschreibungen;
2. Angaben zur Gewinnverwendung gem. § 5a Abs. 3 GmbH: 25 % des erzielten Gewinns als Rücklage? (*Passivseite Eigenkapitalposten »gesetzliche Rücklage«, § 266 Abs. 3 A. III. 1. HGB bzw. Konto »Gezeichnetes Kapital«, § 266 Abs. 3 A. I. HGB*)
3. Summen- und Saldenlisten der letzten 5 Jahre, soweit der Jahresabschluss noch nicht erstellt wurde;
4. Finanzstatus;

5. Kassenbuch inkl. Belege, rückwirkend für die letzten 6 Monate seit Insolvenzantragstellung;
6. Anlagenverzeichnis;

B. Gesellschaftsrechtliche Verhältnisse

1. Gesellschaftsvertrag (Gründungsvertrag und Anmeldung);
2. Listen der Gesellschafter für die letzten 5 Jahre;
3. sämtliche getroffenen Gesellschafterbeschlüsse bzw. -protokolle; Nachweis über die Erbringung der vollen Stammeinlage (§ 5a Abs. 2 Satz 1 GmbHG), auch wenn diese gem. § 5a Abs. 1 GmbHG, § 5 Abs. 2 GmbHG gering sein sollte;
4. Nachweis über die Erbringung einer etwaigen Kapitalerhöhung gem. § 55 ff. GmbHG;
5. Nachweis über die Einberufung einer Gesellschafterversammlung (§ 5a Abs. 4 GmbH: bei drohender Zahlungsunfähigkeit)
6. aktueller Handelsregisterauszug;
7. Geschäftsführeranstellungsverträge;
8. Kopien der Personalausweise der Geschäftsführer;
9. Anstellungsverträge mit Prokuristen und Handlungsbevollmächtigten;
10. mögliche Geschäftsanteilskauf- und Abtretungsverträge;
11. Bestehen Besonderheiten bei den gesellschaftsrechtlichen Verhältnissen (z. B. Treuhandverhältnisse)? Wenn ja, bitte Verträge/Unterlagen beifügen;

C. Gewerbliche Unterlagen

1. Gewerbeanmeldung und ggf. Gewerbeabmeldung;
2. ggf. Auszug aus der Handwerksrolle, ggf. Nachweis über dortige Löschung;
3. Kopie der Allgemeinen Geschäftsbedingungen;
4. einen Original-Briefkopf Ihres Unternehmens;

D. Bank

1. Auflistung sämtlicher Geschäftskonten mit jeweiligem Name der Bank und IBAN;
2. Kontoauszüge sämtlicher Banken, mit denen Sie in Geschäftsverbindung standen oder stehen, der letzten zwölf Monate vor Insolvenzantragstellung;
3. Kontoauszüge für den Zeitraum ab Firmengründung bis zum Ablauf eines Jahres;
4. Übersicht über etwaige Festgeldkonten, Wertpapiere, Wertpapierdepots, sonstige Kapitalanlagen u.ä.;
5. Originale sämtlicher Bankverträge (Darlehensverträge, Bürgschaften, Vertragserfüllungs-, Gewährleistungsbürgschaften etc.);
6. *(Sicherungsverträge folgen unter Buchstabe G.)*

E. Finanzamt

1. Steuererklärungen der letzten 3 Geschäftsjahre;
2. sämtliche Steuerbescheide des Finanzamtes der letzten 3 Jahre, jeweils getrennt nach den Steuerarten;
3. Umsatzsteuervoranmeldungen der letzten 12 Monate;
4. Lohnsteueranmeldungen der letzten 12 Monate;

F. Inventar

1. Inventur: Auflistung aller vorhandenen Warenbestände mit Bewertung nach Einkaufspreisen sowie Angabe evtl. Eigentumsvorbehaltsrechte von Lieferanten;
2. Inventar: Auflistung der Betriebs-und Geschäftsausstattung – soweit der letzte Anlagenspiegel nicht aktuell ist – und Kennzeichnung evtl. Drittrechte;
3. bei Drittrechten: entsprechende Sicherungsübereignungsverträge, soweit nicht schon nach vorstehendem Buchstaben D. vorgelegt;
4. Auflistung sämtlicher Fahrzeuge mit Nennung des jeweiligen km-Standes und Kennzeichnung evtl. Drittrechte;
5. bei Drittrechten: entsprechende Sicherungsübereignungsverträge, soweit nicht schon nach vorstehendem Buchstaben D. vorgelegt;
6. Zulassungsbescheinigung II für sämtliche Fahrzeuge, bei Sicherungsrechten nur in Kopie;
7. Auflistung der geringwertigen Wirtschaftsgüter;
8. *(Sicherungsrechte am Inventar folgen unter Buchstabe G.)*

G. Sicherungsrechte

1. Übersicht über alle bestehenden Sicherungsverträge nebst Kopien dieser Verträge (Sicherungsübereignungen, Globalzessionen, sonstige Abtretungen, Raumsicherungsvertrag, Grundpfandrechte u. a.);
2. sofern Grundschulden oder Hypotheken vorhanden sind, die Zweckerklärungen zu diesen;
3. *(Leasingverträge folgen unter Buchstabe J.)*

H. Immobilie

1. Aufstellung aller vorhandenen Geschäftsgrundstücke (bebaut oder auch unbebaut), auch wenn nur Miteigentum besteht sowie etwaiger dinglicher Rechte an Schiffen oder Flugzeugen;
2. Grundbuchauszug für jedes Grundstück;
3. mögliche aktuelle Eintragungsmitteilungen des Grundbuchamtes (z. B. Eintragung eines Zwangsverwaltungs- oder Zwangsversteigerungsverfahrens);
4. Kaufvertrag, mit dem ein Grundstück erworben wurde;
5. sonstige relevante Urkunden zu möglichen Rechten Dritter (*zusätzlich neben Rechten nach Buchstabe G.*) (z.B. Grunddienstbarkeiten wie Wegerechte etc.);
6. Mietverträge mit Dritten;
7. bei Eigennutzung: Angabe der genutzten m^2;
8. Versicherungsschein für Gebäudeversicherung und sonstiger relevanter Versicherungen zu den Grundstücken;
9. Aufstellung von erworbenen Immobilien, die jedoch noch nicht im Eigentum der Gesellschaft stehen; Vorlage der Kaufverträge hierzu;
10. Aufstellung aller Grundstücke, die in den letzten zwei Jahren veräußert worden sind, unter Vorlage des Kaufvertrages;
11. Flurkarten, Lagepläne, Verkehrswertgutachten – soweit vorhanden;
12. Stellungnahme zur derzeitigen Nutzung der Immobilien bzw. zu den Erträgen aus den Immobilien;
13. *(Unterlagen zu Grundschulden etc.: unter Buchstabe G.)*

I. Arbeitsverhältnisse

1. Aufstellung sämtlicher im Zeitpunkt der Insolvenzantragstellung bei Ihnen beschäftigter Mitarbeiter mit genauer Anschrift sowie sämtlicher Mitarbeiter, deren Arbeitsverhältnisse in den letzten zwölf Monaten vor Insolvenzantragstellung beendet wurden (auch Angestellte, die sich in Mutterschutz, Elternzeit, Wehrdienst befinden); (*s. hierzu überreichtes Muster einer Aufstellung*)
2. Fotokopien sämtlicher Arbeitsverträge dieser Mitarbeiter;
3. Aufstellung der beteiligten Sozialversicherungsträger (z.B. Krankenkassen der Mitarbeiter sowie Berufsgenossenschaften);
4. Monatslohnbescheinigungen der letzten drei Monate vor Antragstellung;
5. Lohn- und Gehaltskonten;
6. Elektronische Lohnsteuermerkmale aller Arbeitnehmer;
7. Personalakten aller Arbeitnehmer;
8. ggf. Kündigungsliste der Arbeitnehmer nebst Kündigungsschreiben von oder gegenüber Arbeitnehmern, ggf. Freistellungsschreiben;
9. An- und Abmeldungen bei den Krankenkassen sowie den Berufsgenossenschaften aus den letzten 12 Monaten;
10. Beitragsnachweise der letzten drei Monate;
11. Letzter Lohnnachweis Berufsgenossenschaft;
12. Fotokopien etwaiger Schwerbehindertenausweise;
13. Nachweise betr. Elternzeit, Betriebsrente oder langzeiterkrankter Arbeitnehmer;
14. Vorlage möglicher Betriebsvereinbarung (13. Gehalt/Urlaubsgeld / Weihnachtsgeld);
15. PSVaG Arbeitgeberunterlagen – sofern vorhanden;
16. Aufstellung von Lebensversicherungen (z.B. Direktversicherung, Rückdeckungsversicherung, Lebensversicherungsverträge zugunsten der Geschäftsführer/Gesellschafter/Arbeitnehmer) nebst Angabe etwa bestehender Fremd- und Bezugsrechte;
17. ausgefüllte und unterschriebene Arbeitnehmerliste über offene Löhne/Gehälter;
18. Aufstellung über gezahlte Abschläge/Vorschüsse;
19. Unterlagen über evtl. Pfändungen, Insolvenzen der Arbeitnehmer oder auch Arbeitnehmerdarlehen;
20. Art der Arbeitsverhältnisse: Aufstellung über Einteilung in kaufmännische Angestellten, gewerbliche Arbeitnehmer, Auszubildende und Aushilfen, ggf. Darstellung der Veränderung in den letzten drei Jahren;
21. Übersicht über ausstehende Urlaubsansprüche der Arbeitnehmer;
22. Benennung Ansprechpartner für Personalangelegenheiten (Geschäftsführung/Personalabteilung/Steuerbüro): ggf. Vorlage einer Visitenkarte;
23. *(Unterlagen zu möglichen Arbeitsrechtsstreitigkeiten (Klageschriften etc.) folgen unter Buchstabe K.)*

J. Vertragsverhältnisse

1. Auflistung der bestehenden Dauerschuldverhältnisse nebst Anschriften und Aktenzeichen der Vertragspartner (Telefon, Strom, EDV-Verträge etc.);
2. Auflistung sämtlicher Leasingverträge nebst Anschriften der Vertragspartner sowie deren Aktenzeichen;
3. Vorlage von maßgeblichen Unterlagen, z.B. sämtliche Verträge (auch Mietverträge), Versicherungsscheine etc.;

K. Rechtsstreite

1. Auflistung sämtlicher laufenden Rechtsstreite – sowohl auf Klägerseite wie auch auf Beklagtenseite;
2. kurze Einschätzung der Berechtigung der jeweiligen Klageforderung in der Auflistung;
3. Vorlage des dazugehörigen Schriftverkehrs (Klage- und Erwiderungsschriften, Versäumnisurteile, Mahnbescheide, Vollstreckungsbescheide, Terminladungen etc.);

L. Vollstreckungsmaßnahmen

Soweit in den letzten sechs Monaten vor Insolvenzantragstellung Zwangsvollstreckungsmaßnahmen durchgeführt wurden: Vorlage der entsprechenden Unterlagen (Gerichtsvollzieherprotokolle, Pfändungs- und Überweisungsbeschlüsse, Protokolle der eidesstattlichen Versicherung etc.);

M. Debitoren

1. aktuelle Debitorenliste (Aufstellung aller Schuldner mit vollständigen Namen, Anschriften, dortiges Aktenzeichen, Rechnungsdatum und Rechnungsbetrag); (*s. hierzu auch Hinweis am Ende dieser Auflistung*)
2. dazugehörige Ausgangsrechnungen;
3. dazugehörige Auftragserteilungen, Lieferscheine oder sonstige Unterlagen zum Nachweis der bestehenden Forderung;
4. Auflistung über etwaige Sicherheitseinbehalte;

N. Kreditoren

aktuelle Kreditorenliste (Aufstellung aller Gläubiger mit vollständigen Namen, Anschriften, dortiges Aktenzeichen, Rechnungsdatum und Rechnungsbetrag); (*s. hierzu auch Hinweis am Ende dieser Auflistung*)

O. Unternehmensgegenstand und -entwicklung (entnommen der Checkliste des BAKinso für die Gutachtenerstellung: s. Literaturverzeichnis)

Erste Angaben zu folgenden Punkten, die in persönlichen Gesprächen noch näher erläutert werden können:

1. Darstellung der aktuellen Tätigkeit;
2. Darstellung der Unternehmenshistorie;
3. Angebotspalette (durchschnittliches Alter/Innovationsstand, Breite und Tiefe des Angebots);
4. Marktanteil, historische Entwicklung der Marktanteile;
5. Entwicklung der Verkaufspreise; Preis und Mengenentwicklung der Umsätze;
6. Entwicklung der Hauptkostenarten und Ursachen der Veränderung (Material, Personal, Investitionen, Produktion, Vertrieb, Verwaltung);
7. Wettbewerbsvorteile/-nachteile des Unternehmens; Differenzierung zur Konkurrenz (Preis, Service, Produkt, Qualität,...);
8. Darstellung der Branchen- und Marktverhältnisse;
9. Kundenstruktur (z.B.: wenige Großabnehmer, Anteil der Endverbraucher, Anteil der Stammkunden, Anteil wiederkehrender Aufträge z.B. für Wartung), Zahlungsmoral der Kunden;
10. Lieferantenstruktur;
11. Struktur der Wettbewerber, Rivalitäten;
12. Kapazitätsauslastung der einzelnen Unternehmensbereiche;
13. Ist die verwendete (Fertigungs-)Technologie auf dem neuesten Stand?
14. Probleme der internen Organisationsstruktur;
15. Mitgliedschaften in Fachverbänden, Interessenvertretungen;
16. Zuständige Handwerks-/Handelskammer/Innung.

Vorbereitender Hinweis zur Erstellung einer Kreditoren- und Debitorenliste zum Einspielen in eine insolvenzrechtliche EDV
Abstimmung mit dem vorläufigen Insolvenzverwalter noch erforderlich – soweit ein solcher bestellt ist!

Die beigefügten Listen sind als **Excel-Dateien** zu erstellen.

Bitte die vorgegebenen Felder genauestens berücksichtigen. Es dürfen z. B. keine Hausnummern in das Feld »Straße«.

Es dürfen ferner keine Veränderungen hinsichtlich des Formats vorgenommen werden. Auch der Dateiname darf nicht geändert werden.

Bitte keine Leerzeichen oder Zwischensummen einfügen.

Sollten mehrere Rechnungsbeträge zu einem Gläubiger vorhanden sein, so sind diese Beträge addiert als eine Forderung einzutragen.

Bitte keine Zeichen wie », ;!« etc. verwenden

Wenn möglich, die Excel-Dateien bitte per E-Mail übersenden: ...

Muster 176: Liste vorzulegender Unterlagen – Verein

348

Vorzulegende Unterlagen im Insolvenzantragsverfahren über das Vermögen eines Vereins

Im Rahmen der Ihnen obliegenden Auskunfts- und Mitwirkungspflicht gem. § 20 i.V.m. § 97 InsO fordere ich Sie auf, nachfolgende Unterlagen vorzulegen und bitte Sie hierbei, eine Sortierung nach der hier in der Liste vorgegebenen Reihenfolge vorzunehmen.

Sollten zu einzelnen Punkten keine Unterlagen vorhanden sein, so z.B. keine Versicherungen zugunsten Dritter, oder sind keine Unterlagen für den gesamten angegebenen Zeitraum vorhanden, so ist dieser jeweilige Aspekt entsprechend auf der Liste zu vermerken.

A. Wirtschaftliche Verhältnisse

1. wenn vorhanden: Jahresabschlüsse und betriebswirtschaftliche Auswertungen der letzten 5 Jahre und – wenn vorhanden – Geschäftsberichte, Konsolidierungskonzepte von z. B. Unternehmensberatern, Vereinsbeschreibungen;
2. wenn vorhanden: Summen- und Saldenlisten der letzten 5 Jahre, soweit der Jahresabschluss noch nicht erstellt wurde;
3. Finanzstatus;
4. Kassenbuch inkl. Belege, rückwirkend für die letzten 6 Monate seit Insolvenzantragstellung;
5. wenn vorhanden: Anlagenverzeichnis;

B. Vereinsrechtliche Verhältnisse

1. Satzung und Vereinsanmeldung;
2. Namen und Adressen der Vorstandsmitglieder;
3. sämtliche getroffenen Vereinsbeschlüsse bzw. -protokolle;
4. aktueller Vereinsregisterauszug;
5. wenn vorhanden: Anstellungsverträge für den Vorstand;
6. Kopien der Personalausweise der Vorstandsmitglieder;
7. wenn vorhanden: Anstellungsverträge mit Prokuristen und Handlungsbevollmächtigten;
8. Bestehen Besonderheiten bei den vereinsrechtlichen Verhältnissen (z. B. Treuhandverhältnisse)? Wenn ja, bitte Verträge/Unterlagen beifügen;

C. Gewerbliche Unterlagen – soweit Verein gewerblich tätig:

1. Gewerbeanmeldung und ggf. Gewerbeabmeldung;
2. Kopie der Allgemeinen Geschäftsbedingungen;
3. einen Original-Briefkopf des Vereins;

D. Bank

1. Auflistung sämtlicher Konten mit jeweiligem Name der Bank und IBAN;
2. Kontoauszüge sämtlicher Banken, mit denen der Verein in Geschäftsverbindung stand oder steht, der letzten zwölf Monate vor Insolvenzantragstellung;
3. Kontoauszüge für den Zeitraum ab Vereinsgründung bis zum Ablauf eines Jahres;
4. Übersicht über etwaige Festgeldkonten, Wertpapiere, Wertpapierdepots, sonstige Kapitalanlagen u.ä.;
5. Originale sämtlicher Bankverträge (Darlehensverträge, Bürgschaften, Vertragserfüllungs-, Gewährleistungsbürgschaften etc.);
6. *(Sicherungsverträge folgen unter Buchstabe G.)*

E. Finanzamt

1. Steuererklärungen der letzten 3 Geschäftsjahre;
2. sämtliche Steuerbescheide des Finanzamtes der letzten 3 Jahre, jeweils getrennt nach den Steuerarten;
3. wenn vorhanden: Umsatzsteuervoranmeldungen der letzten 12 Monate;
4. wenn vorhanden: Lohnsteueranmeldungen der letzten 12 Monate;

F. Inventar

1. Inventur: Auflistung aller etwaig vorhandenen Warenbestände mit Bewertung nach Einkaufspreisen sowie Angabe evtl. Eigentumsvorbehaltsrechte von Lieferanten;
2. Inventar: Auflistung der Vereinsausstattung – soweit der letzte Anlagenspiegel nicht aktuell ist – und Kennzeichnung evtl. Drittrechte;
3. bei Drittrechten: entsprechende Sicherungsübereignungsverträge, soweit nicht schon nach vorstehendem Buchstaben D. vorgelegt;
4. Auflistung sämtlicher Fahrzeuge mit Nennung des jeweiligen km-Standes und Kennzeichnung evtl. Drittrechte;

5. bei Drittrechten: entsprechende Sicherungsübereignungsverträge, soweit nicht schon nach vorstehendem Buchstaben D. vorgelegt;
6. Zulassungsbescheinigung II für sämtliche Fahrzeuge, bei Sicherungsrechten nur in Kopie;
7. Auflistung der geringwertigen Wirtschaftsgüter;
8. *(Sicherungsrechte am Inventar folgen unter Buchstabe G.)*

G. Sicherungsrechte

1. Übersicht über alle weiter bestehenden Sicherungsverträge nebst Kopien dieser Verträge (Sicherungsübereignungen, Globalzessionen, sonstige Abtretungen, Raumsicherungsvertrag, Grundpfandrechte u. a.) – soweit nicht schon aufgrund vorstehender Punkte vorgelegt;
2. sofern Grundschulden oder Hypotheken vorhanden sind, die Zweckerklärungen zu diesen;
3. *(Leasingverträge folgen unter Buchstabe J)*

H. Immobilie

1. Aufstellung aller vorhandenen Geschäftsgrundstücke (bebaut oder auch unbebaut), auch wenn nur Miteigentum besteht sowie etwaiger dinglicher Rechte an Schiffen oder Flugzeugen;
2. Grundbuchauszug für jedes Grundstück;
3. mögliche aktuelle Eintragungsmitteilungen des Grundbuchamtes (z. B. Eintragung eines Zwangsverwaltungs- oder Zwangsversteigerungsverfahrens);
4. Kaufvertrag, mit dem ein Grundstück erworben wurde;
5. sonstige relevante Urkunden zu möglichen Rechten Dritter – (*zusätzlich neben Rechten nach Buchstabe G.*) (z.B. Grunddienstbarkeiten wie Wegerechte etc.);
6. Mietverträge mit Dritten;
7. bei Eigennutzung: Angabe der genutzten m^2;
8. Versicherungsschein für Gebäudeversicherung und sonstiger relevanter Versicherungen zu den Grundstücken;
9. Aufstellung von erworbenen Immobilien, die jedoch noch nicht im Eigentum des Vereins stehen; Vorlage der Kaufverträge hierzu;
10. Aufstellung aller Grundstücke, die in den letzten zwei Jahren veräußert worden sind, unter Vorlage des Kaufvertrages;
11. Flurkarten, Lagepläne, Verkehrswertgutachten – soweit vorhanden;
12. Stellungnahme zur derzeitigen Nutzung der Immobilien bzw. zu den Erträgen aus den Immobilien;
13. *(Unterlagen zu Grundschulden etc.: unter Buchstabe G.)*

I. Arbeitsverhältnisse

1. Aufstellung sämtlicher im Zeitpunkt der Insolvenzantragstellung im Verein beschäftigter Mitarbeiter mit genauer Anschrift sowie sämtlicher Mitarbeiter, deren Arbeitsverhältnisse in den letzten zwölf Monaten vor Insolvenzantragstellung beendet wurden (auch Angestellte, die sich in Mutterschutz, Elternzeit, Wehrdienst befinden); (*s. hierzu überreichtes Muster einer Aufstellung*)
2. Fotokopien sämtlicher Arbeitsverträge dieser Mitarbeiter;
3. Aufstellung der beteiligten Sozialversicherungsträger (z.B. Krankenkassen der Mitarbeiter sowie Berufsgenossenschaften);
4. Monatslohnbescheinigungen der letzten drei Monate vor Antragstellung;
5. Lohn- und Gehaltskonten;
6. Elektronische Lohnsteuermerkmale aller Arbeitnehmer;
7. Personalakten aller Arbeitnehmer;
8. ggf. Kündigungsliste der Arbeitnehmer nebst Kündigungsschreiben von oder gegenüber Arbeitnehmern, ggf. Freistellungsschreiben;
9. An- und Abmeldungen bei den Krankenkassen sowie den Berufsgenossenschaften aus den letzten 12 Monaten;
10. Beitragsnachweise der letzten drei Monate;
11. Letzter Lohnnachweis Berufsgenossenschaft;
12. Fotokopien etwaiger Schwerbehindertenausweise;
13. Nachweise betr. Elternzeit, Betriebsrente oder langzeiterkrankter Arbeitnehmer;
14. Vorlage möglicher Betriebsvereinbarung (13. Gehalt/Urlaubsgeld / Weihnachtsgeld);
15. PSVaG Arbeitgeberunterlagen – sofern vorhanden;
16. Aufstellung von Lebensversicherungen (z.B. Direktversicherung, Rückdeckungsversicherung, Lebensversicherungsverträge zugunsten von Vorstandsmitgliedern/Arbeitnehmern) nebst Angabe etwa bestehender Fremd- und Bezugsrechte;
17. ausgefüllte und unterschriebene Arbeitnehmerliste über offene Löhne/Gehälter;
18. Aufstellung über gezahlte Abschläge/Vorschüsse;
19. Unterlagen über evtl. Pfändungen, Insolvenzen der Arbeitnehmer oder auch Arbeitnehmerdarlehen;
20. Art der Arbeitsverhältnisse: Aufstellung über Einteilung in kaufmännische Angestellten, gewerbliche Arbeitnehmer, Auszubildende und Aushilfen, ggf. Darstellung der Veränderung in den letzten drei Jahren;
21. Übersicht über ausstehende Urlaubsansprüche der Arbeitnehmer;

22. Benennung Ansprechpartner für Personalangelegenheiten (Vereinsvorstand/Personalabteilung/Steuerbüro): ggf. Vorlage einer Visitenkarte;
23. *(Unterlagen zu möglichen Arbeitsrechtsstreitigkeiten (Klageschriften etc.) folgen unter Buchstabe K.)*

J. Vertragsverhältnisse
1. Auflistung der bestehenden Dauerschuldverhältnisse nebst Anschriften und Aktenzeichen der Vertragspartner (Telefon, Strom, EDV-Verträge etc.);
2. Auflistung sämtlicher Leasingverträge nebst Anschriften der Vertragspartner sowie deren Aktenzeichen;
3. Vorlage von maßgeblichen Unterlagen, z.B. sämtliche Verträge (auch Mietverträge), Versicherungsscheine etc.;

K. Rechtsstreite
1. Auflistung sämtlicher laufenden Rechtsstreite – sowohl auf Klägerseite wie auch auf Beklagtenseite;
2. kurze Einschätzung der Berechtigung der jeweiligen Klageforderung in der Auflistung;
3. Vorlage des dazugehörigen Schriftverkehrs (Klage- und Erwiderungsschriften, Versäumnisurteile, Mahnbescheide, Vollstreckungsbescheide, Terminladungen etc.);

L. Vollstreckungsmaßnahmen

Soweit in den letzten sechs Monaten vor Insolvenzantragstellung Zwangsvollstreckungsmaßnahmen durchgeführt wurden: Vorlage der entsprechenden Unterlagen (Gerichtsvollzieherprotokolle, Pfändungs- und Überweisungsbeschlüsse, Protokolle der eidesstattlichen Versicherung etc.);

M. Debitoren
1. aktuelle Debitorenliste (Forderungen gegen Vereinsmitglieder oder sonstige Drittschuldner mit vollständigen Namen, Anschriften, dortiges Aktenzeichen, Rechnungsdatum und Rechnungsbetrag); (*s. hierzu auch Hinweis am Ende dieser Auflistung*)
2. dazugehörige Ausgangsrechnungen bzw. Beitragsrechnungen zum Nachweis der bestehenden Forderung;

N. Kreditoren

aktuelle Kreditorenliste (Aufstellung aller Gläubiger mit vollständigen Namen, Anschriften, dortiges Aktenzeichen, Rechnungsdatum und Rechnungsbetrag);
(*s. hierzu auch Hinweis am Ende dieser Auflistung*)

Vorbereitender Hinweis zur Erstellung einer Kreditoren- und Debitorenliste zum Einspielen in eine insolvenzrechtliche EDV

Abstimmung mit dem vorläufigen Insolvenzverwalter noch erforderlich – soweit ein solcher bestellt ist!

Die beigefügten Listen sind als **Excel-Dateien** zu erstellen.

Bitte die vorgegebenen Felder genauestens berücksichtigen. Es dürfen z. B. keine Hausnummern in das Feld »Straße«.

Es dürfen ferner keine Veränderungen hinsichtlich des Formats vorgenommen werden. Auch der Dateiname darf nicht geändert werden.

Bitte keine Leerzeichen oder Zwischensummen einfügen.

Sollten mehrere Rechnungsbeträge zu einem Gläubiger vorhanden sein, so sind diese Beträge addiert als eine Forderung einzutragen.

Bitte keine Zeichen wie », ;!« etc. verwenden

Wenn möglich, die Excel-Dateien bitte per E-Mail übersenden: …

Muster 177: Steuerberater – Herausgabe von Unterlagen

349 *Adressat: Steuerberater*

Insolvenzeröffnungsverfahren über das Vermögen
der Firma… /des Herrn… /der Frau…
Amtsgericht…:… IN…/…
U.Z.: »FinA – Steuerberater« (Ord.bez. u. Reg.-Nr.)
Ihr Zeichen:…

Sehr geehrte Frau …,/sehr geehrter Herr …,

hiermit zeige ich an, dass ich *zum/zur* Sachverständigen über das Vermögen der vorstehend genannten *Firma/Person* bestellt worden bin. Eine Fotokopie des amtsgerichtlichen Beschlusses liegt in der **Anlage** zu Ihrer Information anbei.

Dem Beschluss können Sie entnehmen, dass ich befugt bin, Auskünfte von Dritten einzuholen und Einsicht in die Unterlagen *des Schuldners/der Schuldnerin* zu nehmen.

Nach meinen Informationen befinden sich Original-Unterlagen (*z. B. Kontoauszüge, Aus- und Eingangsrechnungen etc.) des Schuldners/der Schuldnerin* in Ihrem Besitz, um deren Herausgabe ich bitte. Insoweit darf ich auf die Regelungen in den §§ 675 Abs. 1, 667 BGB verweisen, wonach der Steuerberater seinem Mandanten alles herauszugeben hat, was er zur Ausführung des Auftrags erhalten und was er aus der Geschäftsbesorgung erlangt hat.

Sofern Sie noch einen ausstehenden Honoraranspruch haben und sich ggf. auf ein etwaiges Zurückbehaltungsrecht gem. § 273 BGB berufen möchten, erlaube ich mir bereits heute vorsorglich den Hinweis, dass Ihnen ein solches lediglich an Ihren Arbeitsergebnissen (z.B. an betriebswirtschaftlichen Auswertungen) zusteht, nicht jedoch an den Original-Unterlagen *des Schuldners/der Schuldnerin,* auch wenn diese ggf. bereits sortiert und rechnerisch aufgearbeitet wurden. Dies entspricht der Rechtsprechung des BGH (Urt. v. 11.03.2004- *IX ZR 178/03 in StuB 2004, 752, insbes. Rn. 7; bestätigt durch BGH, Urt. v. 10.07.2015 – V ZR 206/14 in BGHZ 206, 211 – 219).*

Da ich die Unterlagen zur Erfüllung meines Auftrages dringend benötige, bitte ich um Übergabe der Unterlagen bis spätestens zum

...

(fünf Tage einsetzen).

Falls es sich um umfangreiche Unterlagen handelt, bitte ich um Kontaktaufnahme mit meinem Büro innerhalb der gesetzten Frist, um einen Abholtermin zu vereinbaren oder um ggf. abzustimmen, auf welche Weise eine Versendung erfolgen kann. Selbstverständlich erkläre ich mich bereit, etwaige Versandkosten nach Absprache zu übernehmen.

Mit freundlichen Grüßen

....
Sachverständige/r

Anlage:
Gerichtlicher Beschluss vom...

Muster 178: Übersendung Gutachten an AG

Adressat: Insolvenzgericht 350

Insolvenzeröffnungsverfahren über das Vermögen der Firma... /des Herrn... /der Frau ...
Geschäftszeichen:... IN.../...

▶ Hinweis AZ:

Bei Eigen- und Fremdanträgen: Das Gutachten immer zum Aktenzeichen des Eigenantrages übersenden.

Sehr geehrte Frau Richterin ..., / sehr geehrter Herr Richter ...,

in obiger Angelegenheit übersende ich **anliegend** das von mir erstellte Gutachten in zweifacher Ausfertigung nebst Statistikfragebogen.

In meinem Gutachten komme ich zu folgenden Ergebnissen:

▶ Hinweis:

Hier das Ergebnis aus dem Gutachten reinkopieren: Insolvenzgrund (§§ 17 – 19 InsO) und Info zur kostendeckenden Masse.

Bei Vertretung durch Verfahrensbevollmächtigten:

Eine weitere Kopie des Gutachtens **liegt** für den Verfahrensbevollmächtigten *des Schuldners/der Schuldnerin* **anbei.**

Anregung mündliches Verfahren:

Aufgrund des Umstandes, dass es erforderlich erscheint, die Gläubiger in einem Berichtstermin zu informieren sowie Abstimmungen durchzuführen, wird bei einer etwaigen Eröffnung des Weiteren angeregt,

das Verfahren mündlich durchzuführen.

Hierzu verweise ich auf meine Ausführungen im Gutachten auf Seite …

Anregung schriftliches Verfahren:

Bei einer etwaigen Eröffnung rege ich an,

das Insolvenzverfahren gem. § 5 Abs. 2 InsO schriftlich durchzuführen,

weil die Vermögensverhältnisse überschaubar sind.

Hierzu verweise ich auf meine Ausführungen im Gutachten auf Seite …

Eröffnung an einem bestimmten Tag:

▶ Hinweis:

Muss die Insolvenzeröffnung an einem bestimmten Tag erfolgen, um den Insolvenzgeldzeitraum nicht zu überschreiten? Dann Gutachtenvorlage: **mindestens 2 Tage vor diesem Eröffnungstag! (Wünsche des Gerichtes beachten)**

Wie Sie den Ausführungen im Gutachten entnehmen können, wurde der Betrieb fortgeführt. Der Insolvenzgeldzeitraum läuft am … aus. Ich bitte daher,

die Eröffnung am … vorzunehmen.

Bei Betriebsfortführungen:

Für die Übersendung des Eröffnungsbeschlusses vorab per Telefax wäre ich sehr dankbar.

Bei bekannten ausländischen Gläubigern:

Im vorliegenden Verfahren sind Gläubiger mit Forderungen im Ausland vorhanden. Im Hinblick auf die Mindestfrist zur Anmeldung durch diese Gläubiger gem. Art. 55 Abs. 6 EuInsVO von 30 Tagen ab Veröffentlichung der Insolvenzeröffnung rege ich an, dies bei der Bestimmung der Anmeldefrist nach § 28 Abs. 1 InsO zu berücksichtigen.

Bei geplanten Abstimmungen in der ersten Gläubigerversammlung:

Für *den Antrag/die Anträge* zur Abstimmung der Gläubigerversammlung (S. ... des Gutachtens) überreiche ich in der weiteren **Anlage** … (Kaufvertrag, Vergleichsabschluss u.ä.) zur dortigen Gerichtsakte. Aus diesem Dokument ergeben sich alle für die Abstimmung relevanten Informationen.

Für Rückfragen stehe ich Ihnen selbstverständlich gerne zur Verfügung und verbleibe zunächst

mit freundlichen Grüßen

……………………

Sachverständige/r

Anlage:
Gutachten in… facher Ausfertigung

▶ Hinweis wg. Abrechnung:

Akte zur Abrechnung in die Abrechnungsabteilung senden.

Wiedervorlage für Kontrolle des Zahlungseingangs der Gutachtertätigkeit durch Sachbearbeiter (4 Monate nach Gutachteneinreichung) notieren!

Muster 179: Vermögensübersicht für das Gutachten

351 ▶ Hinweis:

Man kann ggf. besser mit dieser gesonderten Übersicht neben der Gutachtenerstellung arbeiten und sie dann später in das Gutachten einfügen.

A.
Vermögensübersicht

Einleitungstext im Gutachten …

▶ Hinweis zu nachfolgenden Ausführungen:

Die Reihenfolge der nachstehenden Ausführungen zu den Vermögenswerten sollte sich immer an der Sortierung nach der Flüssigkeit orientieren: → Siehe auch Checkliste **Vermögensübersicht**

▶ Hinweis:

Zu den einzelnen Vermögenspositionen sind die **unter der Vermögensübersicht** entsprechenden **Hinweise/Erläuterungen zu beachten!!!**

bei juristischen Personen:

Aktiva (EUR)			Liquidationswert	Fortführ. wert	Drittrechte Liquid.	Drittrechte Fortführ.	Freie Masse Liquid.	Freie Masse Fortführ.
A.	Anlagevermögen							
	I.	**Immaterielle Vermögensgegenstände**						
	II.	**Grundstücke, grundstücksgleiche Rechte etc.**						
	III.	**Technische Anlagen und Maschinen, Betriebs- und Geschäftausstattung, Fuhrpark** Die Bewertung basiert auf dem Gutachten des Sachverständigen.						
B.	Umlaufvermögen							
	I.	**Vorräte/Roh-, Hilfs- und Betriebsstoffe**						
	II.	**Forderungen**						
		1. Forderungen aus L.u.L. vor Antragstellung						
		2. Forderungen aus L.u.L. nach Antragstellung						
		3. Forderungen gg. verbundene Unternehmen						
		4. Wertpapiere						
	III.	**Kassenbestand, Bankguthaben**						
		1. Kassenbestand						
		2. Geschäftskonten						
		3. Treuhandkonten						
C.	Sonderaktiva							
		1. Ansprüche gg. Geschäftsführer						
		2. Ansprüche gg. Gesellschafter						
		3. Anfechtungen gem. § 129 ff. InsO						
Summe Aktiva/freie Masse								

Passiva (EUR)			Liquidationswert	Fortführ. wert	Drittrechte Liquid.	Drittrechte Fortführ.	Freie Masse Liquid.	Freie Masse Fortführ.
A.	Masseverbindlichkeiten							
	I.	**Verwaltervergütung/ Gerichtskosten**						

Passiva (EUR)			Liquida-tionswert	Fortführ. wert	Drittrechte Liquid.	Drittrechte Fortführ.	Freie Masse Liquid.	Freie Masse Fortführ.
		Die Masseverbindlichkeiten gem. §§ 53, 54 InsO werden unter Berücksichtigung der Gerichtskosten und der Verwaltervergütung einschließlich der Vergütung des vorläufigen Verwalters (brutto) in Ansatz gebracht.						
	II.	**Buchführung/ Akteneinlagerung**						
		Die Kosten für Buchführung, Jahresabschlüsse, Akteneinlagerung gem. §§ 53, 55 InsO werden (netto) geschätzt.						
	III.	**Sonstige Auslaufkosten nach § 55 InsO**						
B.	Insolvenzforderungen gem. § 38 InsO							
	I.	**Verbindlichkeiten gegenüber Kreditinstituten**						
	II.	**Verbindlichkeiten aus Lieferung und Leistung**						
	III.	**Sonstige Verbindlichkeiten**						
		Verbindlichkeiten aus Steuern						
		Verbindlichkeiten ggü. Sozialversicherungsträgern						
		Verbindlichkeiten aus Lohn und Gehalt						
		Verbindlichkeiten aus Miete						
	IV.	**Nachrangige Forderungen gem. § 39 Abs. 1 Nr. 5 InsO**						
Summe Passiva								

bei natürlichen Personen:

Aktiva (EUR)			Liquida-tionswert	Fortführ. wert	Drittrechte Liquid.	Drittrechte Fortführ.	Freie Masse Liquid.	Freie Masse Fortführ.
	I.	**Immaterielle Vermögensgegenstände**						
	II.	**Grundstücke, grundstücksgleiche Rechte etc.**						
	III.	**Technische Anlagen und Maschinen, Betriebs- und Geschäftausstattung, Fuhrpark** Die Bewertung basiert auf dem Gutachten des Sachverständigen.						

Aktiva (EUR)					Drittrechte		Freie Masse	
			Liquidationswert	**Fortführ. wert**	**Liquid.**	**Fortführ.**	**Liquid.**	**Fortführ.**
IV.	**Vorräte/Roh-, Hilfs- und Betriebsstoffe**							
V.	**Forderungen**							
	1.	Forderungen aus L.u.L. vor Antragstellung						
	2.	Forderungen aus L.u.L. nach Antragstellung						
	3.	Wertpapiere						
	4.	Pfändbares Einkommen						
VI.	**Kassenbestand, Bankguthaben**							
	1.	Kassenbestand						
	2.	Geschäftskonten						
	3.	Treuhandkonten						
VII. Sonderaktiva								
	1.	Anfechtung gem. § … gegen …						
	2.							
	3.							
Summe Aktiva/freie Masse								

Passiva (EUR)					Drittrechte		Freie Masse	
			Liquidationswert	**Fortführ. wert**	**Liquid.**	**Fortführ.**	**Liquid.**	**Fortführ.**
A.	Masseverbindlichkeiten							
	I.	**Verwaltervergütung/ Gerichtskosten**						
		Die Masseverbindlichkeiten gem. §§ 53, 54 InsO werden unter Berücksichtigung der Gerichtskosten und der Verwaltervergütung einschließlich der Vergütung des vorläufigen Verwalters (brutto) in Ansatz gebracht.						
	II.	**Buchführung/ Akteneinlagerung**						
		Die Kosten für Buchführung, Akteneinlagerung gem. §§ 53, 55 InsO werden (netto) geschätzt.						
	III.	**Sonstige Auslaufkosten nach § 55 InsO**						
B.	Insolvenzforderungen gem. § 38 InsO							
	I.	**Verbindlichkeiten gegenüber Kreditinstituten**						

Passiva (EUR)			Liquidationswert	Fortführ. wert	Drittrechte Liquid.	Drittrechte Fortführ.	Freie Masse Liquid.	Freie Masse Fortführ.
	II.	**Verbindlichkeiten aus Lieferung und Leistung**						
	III.	**Sonstige Verbindlichkeiten**						
		Verbindlichkeiten aus Steuern						
		Verbindlichkeiten ggü. Sozialversicherungsträgern						
		Verbindlichkeiten aus Lohn und Gehalt						
		Verbindlichkeiten aus Miete						
	IV.	**Nachrangige Forderungen gem. § 39 Abs. 1 Nr. 5 InsO**						
Summe Passiva								

1. **Immaterielle Vermögensgegenstände**

▶ Hinweis:

Bei den immateriellen Vermögenswerten handelt es sich z. B. um den **Firmenwert** (Firmierung etc.) oder um **Konzessionen, Patente, Urheberrechte** etc. Sofern solche vorhanden sind, sollten sie kurz näher erläutert und deren Realisierungswert für die Insolvenzmasse geschätzt werden.

2. **Grundstücke/grundstücksgleiche Rechte**

▶ Hinweise:

- Welche Grundstücke stehen im Eigentum der Schuldnerin?
- Genaue Grundbuchbezeichnung aufführen
- Straßen- und Ortsname nennen
- Angabe, ob mit Erlös für die Insolvenzmasse zu rechnen ist. Ggf. Verwertungsmöglichkeiten schon bekannt?

Prüfung und ggf. – in der Vermögensübersicht eintragen und zusätzlich im Gutachtentext erläutern:

- Von wem wurden die Grundstücke wann und zu welchem Kaufpreis erworben?
- Wie werden oder wurden sie von der Schuldnerin genutzt (z.B. Betriebsgelände)?
- Ggf. Nutzung durch Dritte? Höhe der monatlichen Mieteinnahmen?
- Belastungen in Abt. II und III des Grundbuches erläutern.
- Zwangsversteigerung oder Zwangsverwaltung angeordnet?
- Valutastand der Grundpfandrechte angeben.
- Angaben zur Gebäudeversicherung machen.

Systematische Ordnung zur Wahrung des Überblicks bei mehreren Grundstücken.

3. **Bewegliches Anlagevermögen (Technische Anlagen und Maschinen, Betriebs- und Geschäftausstattung, Fuhrpark)**

▶ Hinweise:

- Welche Gegenstände sind vorhanden (Maschinen, Fuhrpark, Büroausstattung: Schränke, Tische, Computer, Waren etc.)?
- Wurde ein Sachverständiger zwecks Bewertung beauftragt? Gutachten als Anlage beifügen, da Einzelgegenstände sich daraus ergeben.
- Sind Rechte Dritter bekannt? Wenn ja, welche und von wem? Sind sie wirksam?
- Gibt es Hinweise auf abhanden gekommenes Inventar (ggf. Schwarzverkäufe)? Nachforschungen im Gutachtentext erläutern.
- Herausgabe bestimmter Gegenstände an Dritte innerhalb des Zeitraums von drei Monaten vor Insolvenzantragstellung erfolgt? Erfolgte dies zu Recht? Prüfen!
- Bewertung vornehmen: möglichen Abschlag muss der Sachverständige/vorläufige Insolvenzverwalter bestimmen!

4. **Forderungseinzug**

▶ Hinweise:

- Welche Gesamtsumme an Forderungen stand zu welchem Stichtag insgesamt aus?
- Sofern bereits eine selbst erstellte Forderungsaufstellung mit übersichtlicheren Daten vorliegt, kann auch diese als Anlage beigefügt werden: Muster Nr. 139 »Forderungsaufstellung«
- Wann sind die Drittschuldner zur Zahlung aufgefordert worden?
- Welche Zahlungen sind eingegangen? Welche Reaktionen liegen vor?
- Können etwaige Mängeleinreden ausgeräumt werden?
- Schätzung des noch zu vereinnahmenden Betrages.
- Liegt eine Globalzession vor? Von welcher Bank? Ist sie wirksam?
- Konnte bereits eine Verwertungsvereinbarung geschlossen werden? Welcher Anteil steht der Insolvenzmasse zu? Nur diesen Anteil in die Bewertung für die freie Masse einstellen.
- Zahlungseingänge werden in der Vermögensübersicht über die Position Treuhandkonto berücksichtigt. Sie sind insoweit dort allerdings ggf. mit dem bestehenden Absonderungsrecht der Bank aufgrund der Globalzession zu belegen.

5. **Bankguthaben/Kassenbestand/Geschäftskonten/Treuhandkonten**

▶ Hinweise zu Geschäftskonten:

- Welche Konten weisen welche Salden auf?
- Bei Guthabenbeträgen müssen diese in der Vermögensübersicht berücksichtigt werden.
- Sind etwaige Guthaben bereits auf das Treuhandkonto überwiesen worden? Dann werden sie dort berücksichtigt.

▶ Hinweise zu Treuhandkonten:

- Letzten Kontoauszug beifügen, ggf. abweichenden Online-Kontostand;
- Der auf dem Konto befindliche Gesamtbetrag wird bei den anderen Positionen nicht mehr berücksichtigt (z.B. Forderungseinzug: Beim Treuhandkonto die Zahlungseingänge, beim Forderungseinzug nur die noch ausstehenden Forderungen).
- Aber Achtung: Ggf. Absonderungsrechte an den Zahlungseingängen hier nennen und in der Vermögensübersicht als Recht Dritter aufnehmen.

▶ Hinweis zum Kassenbestand:

- Wurde der Kassenbestand gesichert?
- Wann und welcher Betrag?

6. **Ansprüche aus Versicherungsverträgen**

▶ Hinweise:

- Welche Verträge bestehen bei welchen Versicherungsgesellschaften mit welchen Werten?
- Vertragsnummern und aktuelle Rückkaufswerte nennen.
- Sind Rechte Dritte gegeben? Namen nennen. Aus welchen Gründen? Sind diese wirksam?
- Bewertung vornehmen: ggf. 9 % Feststellungs- und Verwertungskostenpauschale oder Überschuss des Rückkaufswertes über den Anspruch des Absonderungsgläubigers.

Systematische Ordnung zur Wahrung des Überblicks für die einzelnen Verträge.

Muster 180: Zwangsmaßnahmen – Androhung ggü. Schuldner

Adressat: Schuldner/in 352

Insolvenzeröffnungsverfahren über das Vermögen der Firma.../Ihr Vermögen Amtsgericht ...:... IN.../...

Sehr geehrte Frau ...,/sehr geehrter Herr ...,

in obiger Angelegenheit sind auf meine Schreiben vom... und ... (*mindestens zwei Daten*) von Ihnen bisher lediglich unvollständige Informationen übermittelt worden. Damit bin ich nicht in der Lage, mir einen ordnungsgemäßen Eindruck über die Vermögenssituation zu verschaffen. Ich darf Sie heute noch einmal auf Ihre Auskunfts- und Mitwirkungspflicht gem. § 20 InsO i.V.m. § 97 InsO hinweisen. Danach haben Sie über alle das Verfahren betreffenden Verhältnisse Auskunft zu geben.

Ich fordere Sie letztmalig auf, mir die notwendigen Unterlagen gemäß der schon am ... übermittelten, aber nunmehr nochmals beigefügten Liste »Vorzulegende Unterlagen« sowie den ausgefüllten Fragebogen bis zum

...

(sieben Tage einsetzen)

zu übersenden. In der **beiliegenden** Liste sind diejenigen Unterlagen gekennzeichnet, die Sie schon übergeben haben. Die weiteren dort aufgeführten Unterlagen sind ebenfalls hereinzureichen. Den erforderlichen Fragebogen hatte ich Ihnen mit vorgenanntem Schreiben zukommen lassen.

Sollte die Vorlage nicht innerhalb der gesetzten Frist erfolgen, werde ich gegenüber dem Insolvenzgericht anregen, Zwangsmaßnahmen gegen Sie gem. § 98 InsO anzuordnen. Diese können letztlich zu einer zwangsweisen Vorführung vor das Insolvenzgericht oder auch zu einer Haftanordnung führen. Hierauf weise ich ausdrücklich hin.

Mit freundlichen Grüßen

……………………..
Sachverständige/r

Anlage:
Liste »Vorzulegende Unterlagen« mit Kennzeichnung der schon vorliegenden Unterlagen

Muster 181: Zwangsmaßnahmen – Anregung bei Gericht – mit vorl. Verw.

353 *Adressat: Insolvenzgericht*

Insolvenzeröffnungsverfahren über das Vermögen
der Firma…/des Herrn… /der Frau …
Geschäftszeichen:… IN…/…

Sehr geehrte Frau Richterin …, / sehr geehrter Herr Richter…,

in obiger Angelegenheit teile ich mit, dass *der Schuldner/die Schuldnerin* trotz mehrfacher Versuche nicht unter der im gerichtlichen Beschluss angegebenen Adresse angetroffen wurde. Es wurde nach einer anderen möglichen Adresse gesucht, aber keine andere ermittelt.

Der Unterzeichner und seine Mitarbeiter haben es zu folgenden Zeiten versucht, den Schuldner anzutreffen:
- am … um … Uhr
- am … um … Uhr
- am … um … Uhr

Der Schuldner wurde auch bereits schriftlich zur Kontaktaufnahme mit mir und zur Übergabe von Unterlagen und Informationen aufgefordert. Eine Abschrift *dieses Schreibens/dieser Schreiben* füge ich zur eventuellen Übersendung an *den Schuldner/die Schuldnerin* anbei.

Um die Auskunfts- und Mitwirkungspflichten *des Schuldners/der Schuldnerin* durchzusetzen, halte ich die Mitwirkung des Insolvenzgerichtes für geboten.

Es wird angeregt,

zwecks Auskunftserteilung Zwangsmaßnahmen gem. § 98 InsO gegen *den Schuldner/die Schuldnerin* anzuordnen.

Folgendes ist *vom Schuldner/von der Schuldnerin* zu erledigen:

▶ Hinweis:

Die meisten Insolvenzgerichte möchten gerne eine konkrete Aufstellung darüber, was vom jeweiligen Schuldner verlangt wird. Daher:
- Auflistung der noch fehlenden, vorzulegenden Unterlagen oder
- Auflistung der konkreten Fragestellungen an den Schuldner: Worüber hat er noch keine Auskunft erteilt?

bei Anregung eines Haftbefehls:

Aufgrund der Anordnung der vorläufigen Verwaltung hat eine Durchsuchung der Geschäftsräume *und der Wohnräume des Schuldners/der Schuldnerin* bereits stattgefunden. Teilweise wurden dort Unterlagen vorgefunden und gesichert. Die vorstehend aufgeführten Unterlagen fehlen aber weiterhin.

▶ Hinweis:

Mit dem Beschluss über die Anordnung der vorläufigen Verwaltung kann der Gerichtsvollzieher beauftragt werden, die Räumlichkeiten zu öffnen (§ 22 Abs. 3, analog § 148 Abs. 2, 150 InsO).

Mit freundlichen Grüßen

……………………..
Sachverständige/r

Anlage:
Fotokopie der Schreiben an *den Schuldner/die Schuldnerin* vom…

Muster 182: Zwangsmaßnahmen – Anregung bei Gericht – ohne vorläufige Verwaltung

Adressat: Insolvenzgericht 354

Insolvenzeröffnungsverfahren über das Vermögen
der Firma…/des Herrn… /der Frau …
Geschäftszeichen:… IN…/…

Sehr geehrte Frau Richterin …, / sehr geehrter Herr Richter…,

in obiger Angelegenheit teile ich mit, dass *der Schuldner/die Schuldnerin* trotz mehrfacher Aufforderung die notwendigen Unterlagen zur Prüfung der Vermögenssituation nicht vollständig vorgelegt hat. Es wurden lediglich… (*Angaben zu den wenigen Infos machen, die vorliegen)* übergeben.

Auch auf die letzte Aufforderung unter Androhung möglicher Zwangsmaßnahmen erfolgte keine Reaktion. Die Schreiben an *den Schuldner/die Schuldnerin* vom … (*alle aufführen*) **liegen** in Fotokopie zur Kenntnis **anbei.**

Um die Auskunfts- und Mitwirkungspflichten *des Schuldners/der Schuldnerin* durchzusetzen, halte ich die Anordnung von Zwangsmaßnahmen für geboten.

Es wird daher angeregt,

zwecks Auskunftserteilung Zwangsmaßnahmen gem. § 98 InsO gegen *den Schuldner/die Schuldnerin* anzuordnen.

Folgendes ist *vom Schuldner/von der Schuldnerin* zu erledigen:

▶ Hinweis:

Die meisten Insolvenzgerichte möchten gerne eine konkrete Aufstellung darüber, was vom jeweiligen Schuldner verlangt wird. Daher:
- Auflistung der noch fehlenden, vorzulegenden Unterlagen oder
- Auflistung der konkreten Fragestellungen an den Schuldner: Worüber hat er noch keine Auskunft erteilt?

Eine Abschrift dieses Schreibens füge ich zur eventuellen Übersendung an *den Schuldner/die Schuldnerin* ebenfalls anbei.

Mit freundlichen Grüßen

………………………
Sachverständige/r

Anlage:
Fotokopie der Schreiben an *den Schuldner/die Schuldnerin* vom…

Muster 183: Zwischenbericht für Gutachten

Adressat: Insolvenzgericht 355

Insolvenzeröffnungsverfahren über das Vermögen
der Firma…/des Herrn… /der Frau …
Geschäftszeichen:… IN…/…

Sehr geehrte Frau Richterin …, / sehr geehrter Herr Richter…,

in obiger Angelegenheit teile ich mit, dass mir die Erstellung des Gutachtens nicht möglich ist. Grund hierfür ist, dass …

▶ Hinweis:

Hier sind unzählige Gründe denkbar. Nachstehend finden sich nur einige Beispiele. Wichtig ist:
- Grund für Nichteinhaltung der gesetzten Frist erläutern
- neuen Vorlagetermin benennen
- neuen Termin als Frist notieren

verspätete Vorlage von Unterlagen:

…, dass der Schuldner die erforderlichen Unterlagen erst in der vergangenen Woche eingereicht hat und diese nunmehr noch eingehend geprüft werden.

eingehende Prüfung von Haftungsansprüchen:

..., dass es nach der ersten Sichtung der Unterlagen umfangreiche Haftungsansprüche gegen den Geschäftsführer und die Gesellschafter geben könnte, deren Prüfung noch einige Zeit in Anspruch nehmen wird. Da ansonsten keine kostendeckende Masse ermittelt werden konnte, kann die Feststellung von Ansprüchen ggf. zur Insolvenzeröffnung führen.

▶ Hinweis:

Diese Begründung ist allerdings nur interessant, wenn ohne diese Ansprüche eine Abweisung mangels Masse drohen sollte. Wenn ansonsten eine kostendeckende Masse vorhanden ist, kann man erst eröffnen lassen und im eröffneten Verfahren die weitere Prüfung vornehmen.

Unterlagen fehlen:

..., dass mir noch die Unterlagen vom Steuerberater fehlen, die für die Ermittlung von Ansprüchen gegen... erforderlich sind.

...., dass mir noch die Unterlagen über... fehlen, der Schuldner/die Schuldnerin die Hereingabe aber für die nächsten Tage zugesagt hat.

..., dass...

Ich gehe derzeit davon aus, das Gutachten in... Wochen vorlegen zu können und bitte insoweit um stillschweigende Fristverlängerung.

▶ Hinweis:

Soweit jemand intern mit der Ausarbeitung der wirtschaftlichen Zahlen beschäftigt ist, muss ihm/ihr diese neue Frist kurz per E-Mail mitgeteilt werden.

Mit freundlichen Grüßen

....
Sachverständige/r

Musterübersicht Haftungsansprüche

(Die Übersicht ist alphabetisch sortiert.)

		Rdn.
Muster 133:	Anfrage an Insolvenzgericht des Drittschuldners (*s. Muster Forderungseinzug*)	305
Muster 134:	Anfrage an Insolvenzgericht – Vollstreckungsportal (*s. Muster Forderungseinzug*)	306
Muster 135:	Auskunftsersuchen Insolvenzportal – Infoübersicht (*s. Muster Forderungseinzug*)	307
Muster 136:	Auskunftsersuchen Vollstreckungsportal – Infoübersicht (*s. Muster Forderungseinzug*)	308
Muster 184:	Gläubigerversammlung – Antrag auf Einberufung wg. Vergleich	356
Muster 185:	Gläubigerversammlung – Einladung der Gläubiger	357
Muster 331:	Haftung Geschäftsführer – Info (*siehe Muster Steuerangelegenheiten*)	503
Muster 186:	Information an Gläubiger wg. § 93 InsO	358
Muster 187:	Stammeinlage – Anforderung Nachweis der Einzahlung	359
Muster 188:	Stammeinlage – Hin- u. Herzahlen – Anspruch	360

Muster 184: Gläubigerversammlung – Antrag auf Einberufung wg. Vergleich

Adressat: Insolvenzgericht 356

Insolvenzverfahren über das Vermögen
der Firma … mit dem Sitz in …
Geschäftszeichen: … IN …/…
(U.Z.: …) (Ord.bez. u. Reg.-Nr)
Antrag auf Einberufung der Gläubigerversammlung

Sehr geehrte Frau Rechtspflegerin …, / sehr geehrter Herr Rechtspfleger …,

in obiger Angelegenheit bestehen gegen *den/die Gesellschafter/in / den/die Geschäftsführer/in, …* (*Name*), folgende Haftungsansprüche:

1. Zahlungsanspruch in Höhe von … EUR wegen verspäteter Insolvenzantragstellung gemäß § 64 GmbHG
2. Zahlungsanspruch in Höhe von … EUR wegen Rückzahlung von Darlehensraten gemäß § 135 Abs. 1 Nr. 2 InsO
3. … (*s. Checkliste C 31 Haftungsansprüche*)

Wegen näherer Einzelheiten verweise ich auf meine Ausführungen im Bericht vom …

Mit *Herrn/Frau …* wurde ein außergerichtlicher Vergleich über die Haftungsansprüche geschlossen. *Angesichts der finanziellen Situation des Herrn/der Frau … hätte die Führung eines Rechtsstreites zur Titulierung der gesamten Ansprüche hinsichtlich der späteren Durchsetzbarkeit ein Risiko dargestellt. Der Vergleichsabschluss führt zu einem zufriedenstellenden Ergebnis für die Gläubiger.* Es wird ein Betrag in Höhe von … EUR in die Insolvenzmasse fließen. Eine Fotokopie des Vergleichstextes liegt in der **Anlage** anbei.

Zur Wirksamkeit des Vergleiches ist die Zustimmung der Gläubigerversammlung gemäß § 160 Abs. 2 Nr. 3 InsO erforderlich. Ich mache daher von meinem Recht nach § 75 Abs. 1 Nr. 1 InsO Gebrauch und beantrage

die Einberufung einer Gläubigerversammlung.

Für Rückfragen stehe ich selbstverständlich gerne zur Verfügung und verbleibe

mit freundlichen Grüßen

…………………………….
Insolvenzverwalter/in

Anlage:
Vergleich in Fotokopie

▶ Hinweise:

Man sollte kurz alle bestehenden Ansprüche aufführen. Manches Mal handelt es sich lediglich um einen Anspruch; es können aber auch mehrere Ansprüche in Betracht kommen.

Darüber hinaus sollte man kurz begründen, warum der Vergleich sinnvoll ist und die Geltendmachung des Gesamtanspruches risikobehaftet ist.

Muster 185: Gläubigerversammlung – Einladung der Gläubiger

357 *Adressat: Gläubiger*

▶ Hinweis:

Siehe wg. Einladung in § 74 Abs. 1 Satz 2 InsO: Absonderungsberechtigte Gläubiger, alle Insolvenzgläubiger, Mitglieder des Gläubigerausschusses, der Schuldner

Wegen Unterscheidung der Teilnahmeberechtigung und Stimmrecht: s. Hamburger Kommentar zum Insolvenzrecht, 7. Aufl. 2019, Preß, § 74 Rn. 11.

Insolvenzverfahren über das Vermögen
der Firma … mit dem Sitz in …
Amtsgericht …: … IN …/…
(U.Z.: »Gesellschaftsrechtl. Haftung«)
Teilnahme an weiterer Gläubigerversammlung
Ihr Zeichen: …

Sehr geehrte Damen und Herren,

in obiger Angelegenheit teile ich Ihnen mit, dass gegen *den/die Geschäftsführer/in / den/die Gesellschafter/in, Herrn/Frau …,* Haftungsansprüche bestehen. Bei diesen handelt es sich um folgende:

1. Zahlungsanspruch in Höhe von … EUR wegen verspäteter Insolvenzantragstellung gemäß § 64 GmbHG
2. Zahlungsanspruch in Höhe von … EUR wegen Rückzahlung von Darlehensraten gemäß § 135 Abs. 1 Nr. 2 InsO
3. … (*s. Checkliste C 31 Haftungsansprüche*)

Wegen näherer Erläuterungen füge ich in der **Anlage** einen Auszug aus meinem Berichtes vom … bei. Darin sind die Ansprüche detailliert dargelegt.

Angesichts der finanziellen Situation des Herrn …/der Frau … ist die Führung eines Rechtsstreites zur Titulierung der gesamten Ansprüche hinsichtlich der späteren Durchsetzbarkeit mit einem hohen Risiko verbunden. Ich habe daher mit *Herrn/Frau …* einen Vergleich abgeschlossen. Danach wird ein Betrag in Höhe von … EUR in die Insolvenzmasse fließen. Der Vergleichsabschluss führt m. E. zu einem zufriedenstellenden Ergebnis für die Gläubiger. Der Vergleichstext wird Ihnen **anliegend** zur Kenntnisnahme überreicht.

Zur Wirksamkeit des Vergleichsabschlusses ist gem. § 160 Abs. 2 Nr. 3 InsO die Zustimmung der Gläubigerversammlung erforderlich. Das Insolvenzgericht hat auf meinen Antrag hin eine Gläubigerversammlung anberaumt, und zwar für

…

(*Wochentag, Datum, Uhrzeit, Raum*).

Der entsprechenden Beschluss liegt in der **Anlage** ebenfalls anbei und wird Ihnen hiermit gem. den §§ 8 Abs. 3, 30 Abs. 2 InsO zugestellt.

Ich möchte Sie als Gläubiger zu dieser Gläubigerversammlung einladen und weise ausdrücklich darauf hin, dass nur die teilnehmenden Gläubiger eine Zustimmung zum Vergleich bewirken oder verweigern können. Sofern die Gläubigerversammlung beschlussunfähig sein wird, weil kein Gläubiger erscheint, so gilt die Zustimmung gem. § 160 Abs. 1 Satz 3 InsO insoweit als erteilt. Auf diese Folge sei besonders hingewiesen.

Mit freundlichen Grüßen

……………………………
Insolvenzverwalter/in

Anlage:
Auszug aus dem letzten Sachstandsbericht/ggf. Gutachten/ggf. Bericht zur ersten Gläubigerversammlung
Vergleich in Fotokopie
Beschluss über Terminierung der Gläubigerversammlung

▶ Hinweise:

Hier gilt das gleiche wie schon beim Antrag auf Einberufung der Gläubigerversammlung:

Man sollte kurz alle bestehenden Ansprüche aufführen. Es kann sich ggf. lediglich um einen Anspruch handeln; es können aber auch mehrere Ansprüche in Betracht kommen.

Darüber hinaus sollte man kurz begründen, warum der Vergleich sinnvoll ist und die Geltendmachung des Gesamtanspruches risikobehaftet ist.

Wichtig für den **Eintritt** der ggf. **fiktiven Zustimmung** gem. § 160 Abs. 1 Satz 3 InsO ist die vorherige **Belehrung** über diese **Rechtsfolge**.

Muster 186: Information an Gläubiger wg. § 93 InsO

Adressat: Insolvenzgläubiger (auf Anfrage) 358

▶ Hinweis:

Dieses Muster ist verwendbar bei einer Kommanditgesellschaft oder einer Gesellschaft ohne Rechtspersönlichkeit (= Personengesellschaften wie bspw. OHG, GbR), für die § 93 InsO greift.

Insolvenzverfahren über das Vermögen
der Firma... mit dem Sitz in...
Amtsgericht...: ... IN.../...
U.Z.: »Kreditoren«/»Tabelle« (Ord.bez. u. Reg.-Nr.)
Ihr Zeichen:...

Sehr geehrte Damen und Herren,

in obiger Angelegenheit liegt mir Ihr Schreiben vom... vor, mit dem Sie gerichtliche Maßnahmen gegen die Gesellschafter der Schuldnerin androhen, wenn die Ihnen zustehende Forderung nicht unverzüglich zum Ausgleich gebracht werde.

Ich darf darauf hinweisen, dass Ansprüche gegen die Gesellschafter des schuldnerischen Unternehmens während der Dauer des Insolvenzverfahrens gemäß § 93 InsO lediglich von mir in meiner Eigenschaft als *Insolvenzverwalter/in* geltend gemacht werden können. Durch die Einleitung gerichtlicher Maßnahmen würden Ihnen daher nur unnötige Kosten entstehen.

Die Insolvenzordnung hat die Gleichbehandlung aller Gläubiger zum Ziel. Ihre Forderung wird durch die Anmeldung zur Insolvenztabelle Berücksichtigung finden.

Mit freundlichen Grüßen

....
Insolvenzverwalter/in

Muster 187: Stammeinlage – Anforderung Nachweis der Einzahlung

Adressat: Gesellschafter/in 359

Insolvenz(*eröffnungs*)verfahren über das Vermögen
der Firma ... GmbH mit dem Sitz in ...
Amtsgericht ...: ... IN .../...
(U.Z.: »Gesellschaftsrechtl. Verh.«)

Sehr geehrte Frau ...,/sehr geehrter Herr ...,

hiermit zeige ich an, dass über das Vermögen der obigen Gesellschaft das Insolvenzverfahren eröffnet und ich *zum/zur Insolvenzverwalter/in* bestellt worden bin. Eine Fotokopie des amtsgerichtlichen Beschlusses liegt in der **Anlage** zu Ihrer Information bei.

Aus den mir bisher vorgelegten Unterlagen konnte ich entnehmen, dass Sie *Gesellschafter/in* der oben genannten Firma *sind/bis zum ... waren.* Ich bin gehalten, die Rechtswirksamkeit der Einzahlung der Stammeinlagen zu prüfen. Ich darf Sie daher bitten, mir einen Nachweis über die Einzahlung der übernommenen Stammeinlage zukommen zu lassen. Dieser kann durch Vorlage entsprechender Kontoauszüge, einer Bankbestätigung oder Ähnliches erbracht werden.

Ich bitte um Hereingabe bis zum ... (*14 Tage*) und bedanke mich im Voraus.

Mit freundlichen Grüßen

....
(vorl.) Insolvenzverwalter/in

Anlage:
Eröffnungsbeschluss

Muster 188: Stammeinlage – Hin- und Herzahlen – Anspruch

360 *Adressat: Gesellschafter/in*

Insolvenz(*eröffnungs*)verfahren über das Vermögen der Firma ... GmbH mit dem Sitz in ...
Amtsgericht ...: ... IN .../...
(U.Z.: »Gesellschaftsrechtl. Verh.«)

Sehr geehrte Frau ..., /sehr geehrter Herr ...,

ausweislich des Gesellschaftsvertrages vom ... (*UR-Nr.* ..., Notar ....) haben Sie gemäß § ... des Vertrages einen Gesellschaftsanteil von 25.000,00 € übernommen. Gemäß § ... war die Einlage in voller Höhe auf ein von der Gesellschaft einzurichtendes Bankkonto einzuzahlen.

Ausweislich einer Kopie des Kontoauszuges des schuldnerischen Geschäftskontos bei der ... *bank* mit der IBAN-Nr. ... belief sich das Guthaben am ... auf 25.000,00 €. Als Verwendungszweck ist »Einzahlung Stammeinlage ... (*ggf. Name des Gesellschafters*)« notiert. Jedoch erfolgte unmittelbar danach, am ..., eine Auszahlung in selber Höhe auf Ihr privates Girokonto. Diese Überweisung trägt den Vermerk »*Darlehen an ...*«. Unterlagen zu den Hintergründen dieser Darlehensgewährung liegen mir nicht vor. Mithin erscheint es mehr als zweifelhaft, dass die Stammeinlage der Gesellschaft endgültig zur freien Verfügung stand. Nach § 19 Abs. 5 GmbHG ist eine Rückzahlung der Einlage an den Gesellschafter nur dann zulässig, wenn sie durch einen vollwertigen Rückgewähranspruch gedeckt ist, der jederzeit fällig ist oder durch fristlose Kündigung durch die Gesellschaft fällig werden kann.

Falls ein Hin- und Herzahlen bei Mutter- und Tochtergesellschaft vorliegt:

Für den Anspruch der Insolvenzmasse gegen Sie in Höhe von 25.000,00 € sind auch die Vorgänge im ... *(Monat/Jahr)* unbeachtlich:

Zu diesem Zeitpunkt wurden Sie ausweislich des vorliegenden Protokolls der Gesellschafterversammlung vom ... als Gesellschafter erneut zur Erbringung der Stammeinlage in Höhe von 25.000,00 € aufgefordert. Gleichzeitig wurde in der Gesellschafterversammlung bestimmt, dass Sie Ihre Leistung unmittelbar an die ... *(Muttergesellschaft der Schuldnerin)* zu erbringen haben.

Hintergrund dieser Leistung an die ... *(Muttergesellschaft der Schuldnerin)* soll eine am ... übernommene Darlehensverpflichtung der Schuldnerin gegenüber der ... *(Muttergesellschaft der Schuldnerin)* in dieser Höhe sein. Eine Bestätigung der ... *(Muttergesellschaft der Schuldnerin)* – datierend vom ... – liegt mir vor. Danach wird eine Erfüllung der Darlehensverpflichtung der Schuldnerin in Höhe von 25.000,00 € bestätigt. Diese Leistung an die ... *(Muttergesellschaft der Schuldnerin)*n ist aber nicht geeignet, die Voraussetzungen zur wirksamen Erbringung der Stammeinlage der GmbH zu erfüllen.

Nach der Grundsatzentscheidung des Bundesgerichtshofes vom 10.12.2007 (II ZR 180/06 in BGHZ 174, 370 – 378; BGH, Urt. v. 21.03.2017 – II ZR 93/16 Rn. 12 in StuB 2017, 688) gelten die allgemeinen Kapitalaufbringungsregeln des GmbH-Rechts (§ 19 GmbH) auch bei der Komplementär-GmbH einer GmbH & Co. KG, ohne dass unter dem Gesichtspunkt einer »wirtschaftlichen Einheit« der beiden Gesellschaften ein »Sonderrecht« für die Kapitalaufbringung bei der Komplementär-GmbH anzuerkennen wäre. Danach ist die Einlageforderung der (Komplementär-)GmbH nicht erfüllt, wenn die an sie gezahlten Einlagemittel umgehend als »Darlehen« an die von dem oder den Inferenten beherrschte KG weiterfließen.

Dieser Grundsatz kommt auch in Ihrem Fall zur Anwendung, in dem Sie die Einlage der Komplementärin als Darlehen an die GmbH & Co. KG geleistet haben. Denn durch die Darlehensgewährung wird die unverzichtbare Einlagenforderung durch eine schwächere Darlehensforderung ersetzt. Der oben genannten Schuldnerin ist durch die Darlehensgewährung gegenüber der GmbH & Co. KG im Gegenzug auch kein jederzeit fälliger und vollwertiger Rückgewährsanspruch zugeflossen. Angesichts der sich bereits bei Darlehensgewährung im ... abzeichnenden wirtschaftlichen Krise der ... *(Muttergesellschaft der Schuldnerin)* bestehen nicht unerhebliche Zweifel, ob bereits zu dieser Zeit die Darlehensforderung der Schuldnerin gegen das mit ihr verbundene Unternehmen als voll werthaltig einzuschätzen war.

Ferner weise ich darauf hin, dass nach § 19 Abs. 5 Satz 2 GmbHG eine solche Vereinbarung über die Leistung der Stammeinlage in der Anmeldung zum Handelsregister hätte nach § 8 GmbHG angegeben werden müssen. Diese formelle Voraussetzung ist vorliegend nicht beachtet worden, so dass auch unabhängig von der Vollwertigkeit die Stammeinlageverpflichtung als nicht erfüllt anzusehen ist.

Sie haben demzufolge die Einlage in Höhe von 25.000,00 € noch vollständig zu erbringen.

Aus diesem Grund fordere ich Sie hiermit auf, den Betrag in Höhe von 25.000,00 € spätestens bis zum

....

auf das bei der

Bank: ...

IBAN: ...

BIC: ...

Kontoinhaber: ... als IV über das Vermögen d. ... (Verfahrensbezeichnung)

Verwendungszweck: Stammeinlage für ... GmbH

eingerichtete Treuhandkonto zu zahlen.

Sollte diese Frist fruchtlos verlaufen, werde ich ohne weitere Vorankündigung den Anspruch gerichtlich gegen Sie geltend machen.

Mit freundlichen Grüßen

....

(vorl.) Insolvenzverwalter/in

Musterübersicht Immobilienvermögen

(Die Übersicht ist alphabetisch sortiert.)

		Rdn.
Muster 146 – 151:	Freigabe Grundstück (*s. Muster Freigabe: Grundstücksfreigabe – Erklärung ggü. Schuldner Grundstücksfreigabe – Info an Grundpfandrechtsgläubiger Grundstücksfreigabe – Info an Versicherung Grundstücksfreigabe – Info wg. öffentlicher Abgaben Grundstücksfreigabe – Löschung Vermerk Grundbuch*)	318–323
Muster 189:	Grundbuch – Eigentümerkartei- Auskunftsersuchen	361
Muster 190:	Grundbuchauszug – Anforderung	362
Muster 191:	Grundsteuer – Info an Gemeinde wg. Zahlung §§ 38, 55 InsO	363
Muster 210:	Inhaltsverzeichnis jur. Person: Immobilienvermögen (*s. Muster Inhaltsverzeichnis*)	382
Muster 192:	Kaufpreis – Abstimmung mit Bank	364
Muster 193:	Löschungsbewilligung – GPFR ohne ZV – Entwurf	365
Muster 194:	Löschungsbewilligung – GPFR ohne ZV – SS an Gläubiger	366
Muster 195:	Löschungsbewilligung – ZV-SH – Lästigkeitsprämie – SS an Gläubiger	367
Muster 196:	Löschungsbewilligung – ZV-Sicherungshypothek – Entwurf	368
Muster 197:	Makler – Infos wg. Grundstücksbewertung	369
Muster 198:	Miete – Pacht – Zahlungsaufforderung	370
Muster 199:	Nutzungsvereinbarung Grundstück mit Schuldner wg. Miete	371
Muster 200:	Rechnung Kostenpauschale – Immobilienverkauf	372
Muster 201:	Sicherungshypothek – § 88 InsO – Grundbuchberichtigung	373
Muster 202:	Sicherungshypothek – § 88 InsO – GB-Berichtigung – Info an Gläubiger	374
Muster 203:	Sicherungshypothek – Ablösung d. Bank	375
Muster 204:	Sicherungshypothek – Rückschlagsperre – SS an Gläubiger	376
Muster 205:	Umsatzsteuer – Anfrage an Steuerberater (Verkauf + Miete)	377
Muster 335:	Verkauf – Steuerpflicht – Prüfungsvermerk (*s. Muster Steuerpflichten*)	507
Muster 206:	Versicherungsschutz – Abstimmung mit GPFR-Gläubigerin	378
Muster 207:	Verwertungsvereinbarung – freie Veräußerung	379
Muster 208:	Verwertungsvereinbarung – kalte Zwangsverwaltung	380

Muster 189: Grundbuch – Eigentümerkartei- Auskunftsersuchen

361 *Adressat: Grundbuchamt*

Insolvenzverfahren über das Vermögen
der Firma... /des Herrn... /der Frau ...
Amtsgericht...:... IK/IN.../...
U.Z.: »...« (Ord.bez. u. Reg.-Nr.)

Sehr geehrte Damen und Herren,

hiermit zeige ich an, dass über das o.a. Vermögen das Insolvenzverfahren eröffnet und ich *zum/zur Insolvenzverwalter/in* bestellt worden bin. Eine Fotokopie des gerichtlichen Eröffnungsbeschlusses liegt in der **Anlage** zu Ihrer Information anbei.

Ich bitte freundlichst um Mitteilung darüber, ob *Herr.../Frau...* als *Eigentümer/in* von Grundstücken in Ihrer **Eigentümerkartei** verzeichnet ist oder – soweit Ihnen eine solche Auskunft möglich ist – **innerhalb der letzten 4 Jahre** verzeichnet war. Ggf. bitte ich um Benennung der entsprechenden Grundbuchblattnummer. Von der Übersendung eines etwaigen Grundbuchauszuges bitte ich Abstand zu nehmen. Sollte ein solcher im Laufe des weiteren Insolvenzverfahren benötigt werden, so wird dieser mit einem gesonderten Schreiben angefordert werden.

Für Ihre Bemühungen bedanke ich mich im Voraus ganz herzlich und verbleibe

mit freundlichen Grüßen

....

Insolvenzverwalter/in

Anlage:
Eröffnungsbeschluss

▶ Hinweis:

Die Anfrage wegen der letzten 4 Jahre dient der Ermittlung von möglichen Anfechtungstatbeständen gem. §§ 133, 134 InsO.

Muster 190: Grundbuchauszug – Anforderung

Adressat: Grundbuchamt 362

▶ Hinweis Grundbuchauszug – Anforderung:

Es gibt mehrere private Anbieter, bei denen Grundbuchauszüge online bestellt werden können. Die Preise sind unterschiedlich und auf der Homepage jeweils ersichtlich, bspw. www.dein-grundbuch.de oder www.grundbuchauszug.info. Die Kosten sind aber immer höher als die Gerichtskosten lt. GNotKG: s. unten. Die Masse darf daher mit höheren Kosten nicht belastet werden.

Die reine Einsicht kann unter www.grundbuch-portal.de erfolgen.

Insolvenzverfahren über das Vermögen
der Firma... /des Herrn... /der Frau...
Amtsgericht...:... IN.../...
U.Z.: »...« (Ord.bez. u. Reg.-Nr.)
Grundbuch von ... Blatt ...

Sehr geehrte Damen und Herren,

hiermit zeige ich an, dass über das Vermögen der oben genannten *Firma/Person* das Insolvenzverfahren eröffnet und ich *zum/zur Insolvenzverwalter/in* bestellt worden bin. Eine Fotokopie des gerichtlichen Eröffnungsbeschlusses liegt in der **Anlage** zu Ihrer Information anbei.

Der Schuldner/die Schuldnerin soll *Eigentümer/in* des im obigen Grundbuch eingetragenen Grundstücks sein. Ich bitte zur Erlangung näherer Informationen über das Grundstück um Übersendung eines **unbeglaubigten** Grundbuchauszuges.

Die entstehenden Kosten werden selbstverständlich aus der Insolvenzmasse beglichen. Ich bitte insoweit um Übersendung einer Rechnung bzw. Zahlungsaufforderung im Anschreiben unter Aufnahme folgender Bezeichnung im Adressatenfeld Ihres Antwortschreibens oder ggf. Ihrer Rechnung:

... (Name) als Insolvenzverwalter/in
über das Vermögen des/der ...
... (Adresse des/der Verwalters/in)

Mit freundlichen Grüßen

....
Insolvenzverwalter/in

Anlage:
Eröffnungsbeschluss

▶ Hinweis:

Ein unbeglaubigter Grundbuchauszug kostet nach Nr. 17000 KV GNotKG 10,00 EUR, ein beglaubigter nach Nr. 17001 KV GNotKG 20,00 EUR. Kosten für elektronische Übersendung sind in Nrn. 17002 und 17003 geregelt.

Muster 191: Grundsteuer – Info an Gemeinde wg. Zahlung §§ 38, 55 InsO

Adressat: zuständige Stadt- oder Gemeindeverwaltung 363

Insolvenzverfahren über das Vermögen
der Firma.../des Herrn.../der Frau...
Amtsgericht...:... IN .../...
U.Z.: »...« (Ord.bez. u. Reg.-Nr.)
Kassenzeichen:... *(aus letztem Bescheid)*

Sehr geehrte Damen und Herren,

hiermit zeige ich an, dass über das Vermögen der oben genannten *Firma/Person* das Insolvenzverfahren eröffnet und ich *zum/zur Insolvenzverwalter/in* bestellt worden bin. Eine Fotokopie des gerichtlichen Eröffnungsbeschlusses liegt in der **Anlage** zu Ihrer Information anbei.

Mir liegt Ihr Grundsteuerbescheid vom… vor. Ich darf darauf hinweisen, dass es sich bei den Grundsteuerbeträgen, die zu Beginn des laufenden Kalenderjahres für das gesamte Jahr festgesetzt wurden (§ 9 GrstG) um einfache Insolvenzforderungen handelt, die zur Insolvenztabelle angemeldet werden müssen (§ 9 GrdstG, § 41 InsO). Ein entsprechendes Anmeldeformular nebst einem dazugehörigen Merkblatt wird **anliegend** zur weiteren Verwendung beigefügt. Die Anmeldefrist ist zwar schon abgelaufen. Ich bin allerdings berechtigt, bis zum Abschluss des Verfahrens auch nachträgliche Anmeldungen anzunehmen. Für die Abhaltung eines nachträglichen Prüfungstermins fällt allerdings eine gesonderte Gerichtsgebühr in Höhe von 20,00 EUR (Nr. 2340 KV GKG) an.

Die ab Beginn des nächsten Kalenderjahres (*das dem Kalenderjahr der Insolvenzeröffnung folgt*) anfallenden Grundsteuerbeträge stellen dagegen Masseverbindlichkeiten dar, die aus der Insolvenzmasse in voller Höhe beglichen werden müssen. Soweit keine Masseunzulänglichkeit eintritt oder ich ggf. die Freigabe des Grundstücks erkläre, werde ich einen entsprechenden Ausgleich nach Eingang des Festsetzungsbescheides vornehmen.

Mit freundlichen Grüßen

....

Insolvenzverwalter/in

Anlage:
Fotokopie des Eröffnungsbeschlusses
Anmeldeformular in zweifacher Ausfertigung
Merkblatt mit Ausfüllhinweisen

Muster 192: Kaufpreis – Abstimmung mit Bank

364 *Adressat: Grundpfandrechtsgläubigerin*

(i.d.R. wegen Eilbedürftigkeit per Telefax versenden)

Insolvenzverfahren über das Vermögen
der Firma… /des Herrn… /der Frau…
Amtsgericht…:… IN…/…
U.Z.: »…« (Ord.bez. u. Reg.-Nr.)
Ihr Zeichen:…
Grundstück … *(Straße und Ort)*

Sehr geehrte Damen und Herren,

in obiger Angelegenheit kann ich Ihnen erfreulicherweise mitteilen, dass die Verhandlungen mit einem Kaufinteressenten kurz vor dem Abschluss stehen. Dieser bietet für das Flurstück… der Flur… (Grundbuch von… Blatt…) einen Kaufpreis in Höhe von … EUR. Ich bitte insoweit um Erteilung Ihrer Zustimmung zum Verkauf der Grundstücksfläche zu diesem Kaufpreis.

Der Kaufinteressent hat eine Bankbestätigung vorgelegt, nach der die Kaufpreiszahlung gesichert ist. Eine Fotokopie ist in der **Anlage** beigefügt.

Der Vollständigkeit halber möchte ich an dieser Stelle noch einmal festhalten, dass von dem zu zahlenden Kaufpreis ein vereinbarter Anteil von… % zzgl. Mehrwertsteuer an die Insolvenzmasse fließt.

▶ Bei Zwangssicherungshypotheken:

> Falls noch keine Löschungsbewilligung vorliegen sollte, siehe Text aus gesondertem Muster »Sicherungshypothek – Ablösung d. Bank«

Ich bitte um möglichst baldige Rückmeldung und verbleibe

mit freundlichen Grüßen

....

Insolvenzverwalter/in

Anlage:
Fotokopie der Bankbestätigung des Kaufinteressenten

▶ Hinweis:

Vor Rücksprache mit der Bank sollte eine entsprechende Bankbestätigung des Kaufinteressenten eingeholt werden. Ansonsten wird die Bank diese i.d.R. direkt nachfordern.

Achtung:

Liegt ein Energieausweis vor? Siehe nähere Infos in Checkliste.

Muster 193: Löschungsbewilligung – GPFR ohne ZV – Entwurf

▶ Wichtige Informationen:

Mögliche Konvaleszens einer Sicherungshypothek (= Aufleben) bei Freigabe oder Verfahrensaufhebung ohne Grundstücksverkauf (BGH v. 19.01.2006 – I XZB 323/04 in ZInsO 2006; v. 19.05.2011 – IX ZB 284/09), daher bis 2015 Anforderung Löschungsbewilligung, aber Verwendung erst bei Grundstücksverkauf. 365

Dann aber: BGH-Entscheidung v. 30.04.2015 – IX ZR 301/13 in InsbürO 2015, 441, ZInsO 2015, 1097: Auch bei **wertloser Sicherungshypothek kein Anspruch auf Erteilung der Löschungsbewilligung;** s. Auflistung unterschiedlicher Möglichkeiten in Becker, InsbürO 2017, 225 ff.: Unterscheidung zwischen Rückschlagsperre und Anfechtungsvoraussetzungen und jeweiligem Vorgehen.

Ggf. **Kontakt mit erstrangiger Grundpfandrechtsgläubigerin** aufnehmen, um Zahlung einer **Lästigkeitsprämie** abzustimmen.

Anspruch auf Löschungsbewilligung bei rechtsgeschäftlichem Grundpfandrecht (= keine Sicherungshypothek durch ZV): s. InsbürO 2017, 225 ff. und gesondertes Muster Nr. 194 »Löschungsbewilligung – GPFR ohne ZV – SS an Gläubiger«

Löschungsbewilligung und -antrag

Verwendbar bei rechtsgeschäftlicher Hypothek oder Grundschuld, also keiner Zwangsvollstreckung:

In Abt. III des Grundbuches von… Blatt… ist unter der lfd. Nr. … eine *Hypothek/Grundschuld* im Nennbetrag von… EUR zu meinen Gunsten eingetragen. Die Eintragung erfolgte am… Über das Vermögen *des/der Grundstückseigentümers/in* ist das Insolvenzverfahren am… eröffnet worden. Es greift insoweit die Rückschlagsperre des § 88 InsO. Ich erkenne an, dass die zu meinen Gunsten eingetragene *Hypothek/Grundschuld* mit Insolvenzeröffnung unwirksam geworden ist und bewillige und beantrage die Löschung dieses Rechts im Grundbuch.

[Alternative Anfechtung:

Die Eintragung unterliegt der Anfechtung gem. § 130 InsO. Ich erkenne nach Gesprächen mit *dem/der Insolvenzverwalter/in* den Anfechtungstatbestand an und bewillige und beantrage die Löschung dieses Rechts im Grundbuch.]

……………………………………

Ort/Datum

……………………………………………

Vor- und Zuname

▶ Hinweis:

Die Unterschrift muss von einem Notar notariell beglaubigt werden.

Vorsorglich ist neben der Bewilligung auch noch der entsprechende Antrag aufgenommen worden.

Muster 194: Löschungsbewilligung – GPFR ohne ZV – SS an Gläubiger

Adressat: nachrangige/r Grundpfandrechtsgläubiger/in 366

▶ Hinweis:

Das Muster ist für Gläubiger zu verwenden, zu deren Gunsten rechtsgeschäftliche Grundpfandrechte im Grundbuch eingetragen sind: z.B. Grundschuld, Hypothek

Für Gläubiger von Sicherungshypotheken ist dieses Muster nicht zu verwenden.

Insolvenzverfahren über das Vermögen
der Firma… /des Herrn… /der Frau…
Amtsgericht…:… IN…/…
U.Z.: »…« (Ord.bez. u. Reg.-Nr.)

Grundbuch von … Blatt …
Grundpfandrecht am Grundstück … *(Straße, Ort)*

Sehr geehrte Frau …,/sehr geehrter Herr …,

wie Ihnen bereits durch die Aufforderung zur Forderungsanmeldung bekannt ist, bin ich *Insolvenzverwalter/in* über das Vermögen der obigen *Firma/Person*. Eine Fotokopie des Eröffnungsbeschlusses wird vorsorglich in der **Anlage** noch einmal beigefügt.

Zu Ihren Gunsten ist im Grundbuch von… Blatt… unter lfd. Nr. … ein Grundpfandrecht eingetragen. Das Grundstück steht im Eigentum *des Schuldners/der Schuldnerin* und soll freihändig und lastenfrei veräußert werden.

keine beabsichtigte Zahlung einer Lästigkeitsprämie:

Vor Ihrem Recht ist vorrangig ein anderes Grundpfandrecht eingetragen, das ausweislich der Anmeldung zur Insolvenztabelle mit einem Betrag i.H.v. … EUR noch valutiert. In der **Anlage** übersende ich Ihnen insoweit einen Auszug aus der Tabelle gem. § 175 InsO zur Information.

Es liegen mehrere Kaufangebote vor, die allerdings sämtlich den Valutabetrag der vorrangigen Grundpfandrechtsgläubigerin nicht übersteigen. Das höchste Kaufangebot beträgt … EUR, so dass auf Ihr nachrangiges Grundpfandrecht daher kein Erlös entfallen wird. Mit weiteren Kaufangeboten ist nicht zu rechnen.

Ich möchte Sie insoweit bitten, mir eine Löschungsbewilligung für Ihr eingetragenes Recht zu erteilen und überreiche in der weiteren **Anlage** einen entsprechenden Entwurf. Bitte suchen Sie einen Notar auf, der Ihre Unterschrift unter der Löschungsbewilligung beglaubigt.

Selbstverständlich sichere ich Ihnen die Verwendung der Löschungsbewilligung unter der Bedingung zu, dass der in einem notariellen Kaufvertrag vereinbarte Kaufpreis die Forderungshöhe der vorrangigen Grundpfandrechtsgläubigerin nicht übersteigt. Insoweit rege ich an, mir einen entsprechenden Treuhandauftrag zu erteilen. Sobald die notarielle Beurkundung erfolgt ist, würde ich Ihnen eine Fotokopie des Kaufvertrages als Nachweis der Erfüllung des Treuhandauftrages zukommen lassen.

möglicherweise ergänzend, aber ggf. auch später erst als Antwort auf Einwendung:

Vorsorglich weise ich darauf hin, dass der Anspruch auf eine Lästigkeitsprämie bei einem rechtsgeschäftlichen Grundpfandrecht nicht besteht. Einen solchen Anspruch hat der Bundesgerichtshof lediglich für eine durch Zwangsvollstreckung erlangte Sicherungshypothek anerkannt (BGH v. 30.04.2015 – IX ZR 301/13).

Zahlung Lästigkeitsprämie durch Grundpfandrechtsgläubigerin:

Nach meinem Kenntnisstand ist zwischen Ihnen und der vorrangigen Grundpfandrechtsgläubigerin eine Vereinbarung über die Zahlung eines Betrages i.H.v. … EUR getroffen worden. Nach Erhalt dieser Zahlung bitte ich Sie, mir eine Löschungsbewilligung in notariell-beglaubigter Form zukommen zu lassen, um eine lastenfreie Grundstücksübertragung an einen Käufer zu gewährleisten. Ein entsprechender Entwurf wird **anliegend** zur weiteren Verwendung überreicht. Bitte suchen Sie einen Notar auf, der Ihre Unterschrift unter der Löschungsbewilligung beglaubigt.

für beide Varianten:

Für eine baldige Zusendung der Löschungsbewilligung wäre ich dankbar.

Mit freundlichen Grüßen

……………………………
Insolvenzverwalter/in

Anlage:
Fotokopie des Eröffnungsbeschlusses
Auszug aus der Insolvenztabelle gem. § 175 InsO
Entwurf einer Löschungsbewilligung

Muster 195: Löschungsbewilligung – ZV-SH – Lästigkeitsprämie – SS an Gläubiger

▶ Wichtige Informationen:

367 Mögliche Konvaleszens einer Sicherungshypothek (= Aufleben) bei Freigabe oder Verfahrensaufhebung ohne Grundstücksverkauf (BGH v. 19.01.2006 – I XZB 323/04 in ZInsO 2006; v. 19.05.2011 – IX ZB 284/09), daher **Anforderung Löschungsbewilligung, aber Verwendung erst bei Grundstücksverkauf, gilt bis heute!**

BGH-Entscheidung v. 30.04.2015 – IX ZR 301/13 in InsbürO 2015, 441, ZInsO 2015, 1097: Auch bei **wertloser Sicherungshypothek kein Anspruch auf Erteilung der Löschungsbewilligung**; s. Auflistung unterschiedlicher

Möglichkeiten in Becker, InsbürO 2017, 225 ff.: Unterscheidung zwischen Rückschlagsperre und Anfechtungsvoraussetzungen und jeweiligem Vorgehen:

Rückschlagsperre greift für Zwangssicherunghypothek:

Offenkundigkeit der Unwirksamkeit durch Rückschlagsperre: ja = Löschung im GBA

Offenkundigkeit der Unwirksamkeit durch Rückschlagsperre: nein = Klage gegen Gläubiger = vorher Versuch der Einholung LB mit diesem Muster

Anfechtung der Zwangssicherungshypothek:

Tatbestand erfüllt: ja = Klage gegen Gläubiger = vorher Versuch der Einholung LB mit diesem Muster

Tatbestand erfüllt: nein = Lästigkeitsprämie

Kontakt mit erstrangiger Grundpfandrechtsgläubigerin aufnehmen, um Zahlung einer Lästigkeitsprämie abzustimmen: nur wenn §§ 88, 131 InsO nicht greifen.

Anspruch auf Löschungsbewilligung bei rechtsgeschäftlichem Grundpfandrecht (= keine Sicherungshypothek durch ZV): s. InsbürO 2017, 225 ff. und gesondertes Muster Nr. 194 »Löschungsbewilligung – GPFR ohne ZV – SS an Gläubiger

▶ Hinweis:

Dieses **Muster** ist zu **verwenden**, wenn keine Rückschlagsperre und keine Anfechtung greifen und die vorrangige Grundpfandrechtsgläubigerin eine **Lästigkeitsprämie zahlt**.

Adressat: nachrangige/r Grundpfandrechtsgläubiger/in

Insolvenzverfahren über das Vermögen
der Firma… /des Herrn… /der Frau…
Amtsgericht…:… IK/IN…/…
U.Z.: »…« (Ord.bez. u. Reg.-Nr.)
Zwangssicherungshypothek am Grundstück … *(Straße, Ort)*

Sehr geehrte Frau …,/sehr geehrter Herr …,

wie Ihnen bereits durch die Aufforderung zur Forderungsanmeldung bekannt ist, bin ich *Insolvenzverwalter/in* über das Vermögen der obigen *Firma/Person*. Eine Fotokopie des Eröffnungsbeschlusses wird vorsorglich in der **Anlage** noch einmal beigefügt.

Sie haben am… eine Zwangssicherungshypothek in das Grundbuch von… Blatt… eintragen lassen. Das Grundstück steht im Eigentum *des Schuldners/der Schuldnerin* und soll freihändig und lastenfrei veräußert werden. Ihre Forderung valutiert ausweislich Ihrer Anmeldung zur Insolvenztabelle unter der Tab.-Nr. mit … EUR. Die vorrangige Grundpfandrechtsgläubigerin hat insoweit Kontakt mit Ihnen aufgenommen und die Zahlung eines Betrages in Höhe von … EUR zugesagt. Nach Erhalt dieser Zahlung bitte ich Sie, mir eine Löschungsbewilligung in notariell-beglaubigter Form zukommen zu lassen, um eine lastenfreie Grundstücksübertragung an einen Käufer zu gewährleisten. Ein entsprechender Entwurf wird **anliegend** zur weiteren Verwendung überreicht. Bitte suchen Sie einen Notar auf, der Ihre Unterschrift unter der Löschungsbewilligung beglaubigt. Für eine baldige Zusendung der Löschungsbewilligung wäre ich Ihnen dankbar.

Selbstverständlich sichere ich Ihnen die Verwendung der Löschungsbewilligung unter der Bedingung zu, dass eine freihändige Veräußerung des Grundstückes erfolgt und der in einem notariellen Kaufvertrag vereinbarte Kaufpreis die Forderungshöhe der vorrangigen Grundpfandrechtsgläubigerin nicht übersteigt. Insoweit rege ich an, mir einen entsprechenden Treuhandauftrag zu erteilen. Sobald die notarielle Beurkundung erfolgt ist, würde ich Ihnen eine Fotokopie des Kaufvertrages als Nachweis der Erfüllung des Treuhandauftrages zukommen lassen.

Mit freundlichen Grüßen

....
Insolvenzverwalter/in

Anlage:
Fotokopie des Eröffnungsbeschlusses
Entwurf einer Löschungsbewilligung

Muster 196: Löschungsbewilligung – ZV-Sicherungshypothek – Entwurf

▶ Hinweis:

368 Siehe wegen Verwendung dieses Musters in das Anschreiben »Löschungsbewilligung – ZV-SH – Lästigkeitsprämie – SS an Gläubiger« (Muster 195)

Löschungsbewilligung und -antrag

Verwendbar bei Sicherungshypothek durch ZV:

In Abt. III des Grundbuches von... Blatt... ist unter der lfd. Nr. ... eine Zwangssicherungshypothek im Nennbetrag von... EUR zu meinen Gunsten eingetragen. Die Eintragung erfolgte am... Über das Vermögen *des/der Grundstückseigentümers/in* ist das Insolvenzverfahren am... eröffnet worden. Es greift insoweit die Rückschlagsperre des § 88 InsO. Ich erkenne an, dass die zu meinen Gunsten eingetragene Zwangssicherungshypothek mit Insolvenzeröffnung unwirksam geworden ist und bewillige und beantrage die Löschung dieses Rechts im Grundbuch.

▶ Hinweis:

Sollte eine Rückschlagsperre durchsetzbar sein, muss keine Lästigkeitsprämie gezahlt werden.

▶ Erläuterung:

Sollte eine Lästigkeitsprämie gezahlt werden, kann man den Hintergrund zur BGH-Entscheidung und zur vereinbarten Summe vorstehend weglassen, weil dies für das Grundbuchamt uninteressant ist.

[*Alternative Anfechtung:*

Die Eintragung unterliegt der Anfechtung gem. § 131 InsO. Ich erkenne nach Gesprächen mit *dem/der Insolvenzverwalter/in* den Anfechtungstatbestand an und bewillige und beantrage die Löschung dieses Rechts im Grundbuch.]

▶ Hinweis:

Sollte eine Anfechtung durchsetzbar sein, muss keine Lästigkeitsprämie gezahlt werden.

....
Ort/Datum

....
Vor- und Zuname

▶ Hinweis:

Die Unterschrift muss von einem Notar notariell beglaubigt werden.

Vorsorglich ist neben der Bewilligung auch noch der entsprechende Antrag aufgenommen worden.

Muster 197: Makler – Infos wg. Grundstücksbewertung

369 *Adressat: Makler*

Insolvenzverfahren über das Vermögen
der Firma... /des Herrn... /der Frau...
Amtsgericht...:... IN.../...
U.Z.: »...« (Ord.bez. u. Reg.-Nr.)
Grundbuch von ... Blatt ...
Grundstück ... *(Straße, Ort)*

Sehr geehrte Frau ...,/sehr geehrter Herr ...,

ich bin *zum/zur Insolvenzverwalter/in* über das Vermögen der oben genannten *Firma/Person* bestellt worden. Eine Fotokopie des amtsgerichtlichen Beschlusses liegt in der **Anlage** zur Information anbei.

In der Insolvenzmasse befindet sich das im Betreff näher bezeichnete Grundstück (Flur..., Flurstück...). Sofern Sie Interesse an einer Vermarktung haben, bitte ich Sie, sich das Objekt einmal anzusehen und ggf. Kaufinteressenten zu akquirieren. Ich wäre auch daran interessiert, Ihre Einschätzung hinsichtlich eines möglichen Kaufpreises zu erfahren. Einen Grundbuchauszug füge ich in der weiteren **Anlage** ebenfalls bei.

Hiermit ist allerdings ausdrücklich kein Auftrag verbunden, der eine Kostentragungspflicht beinhaltet. Ihre Provision müsste von einem etwaigen Käufer getragen werden.

Für Rückfragen stehe ich selbstverständlich zur Verfügung.

Mit freundlichen Grüßen

....

Insolvenzverwalter/in

Anlage:
Fotokopie des Eröffnungsbeschlusses
Grundbuchauszug

▶ Hinweis:

Gesetzesänderung (BGBl. I 2015, S. 610 – Nr. 16 v. 27.04.2015): Maklerprovision zahlt der Auftraggeber = **Bestellerprinzip:** gilt **nur für Mietaufträge**, nicht für Kaufaufträge an Makler.

Muster 198: Miete – Pacht – Zahlungsaufforderung

Adressat: Mieter/in/Pächter/in 370

(Vorläufiges) Insolvenzverfahren über das Vermögen
der Firma... /des Herrn... /der Frau...
Amtsgericht...:... IN.../...
U.Z.: »...« (Ord.bez. u. Reg.-Nr.)
Mietverhältnis

Sehr geehrte Frau ...,/sehr geehrter Herr ...,

hiermit zeige ich an, dass über das Vermögen der oben genannten *Firma/Person* das (*vorläufige*) Insolvenzverfahren *angeordnet/eröffnet* und ich *zum/zur (vorläufigen) Insolvenzverwalter/in* bestellt worden bin. Eine Fotokopie des gerichtlichen *Anordnungs-/Eröffnungsbeschlusses* liegt in der **Anlage** zu Ihrer Information anbei.

Zwischen Ihnen und *dem Schuldner/der Schuldnerin* besteht ein Mietverhältnis. Ausweislich des Mietvertrages haben Sie zum Dritten eines jeden Monats eine Mietzahlung in Höhe von ... EUR zu leisten. Ich fordere Sie hiermit auf, die ab sofort fälligen Zahlungen nur noch auf das für das Insolvenzverfahren eingerichtete Treuhandkonto bei der

Bank:...

IBAN: ...

BIC: ...

Kontoinhaber: ... als IV wg. ... (Verfahrensbezeichnung)

Verwendungszweck: Miete... *(Name Mieter/in)* für ... (*Monat/Jahr*) für... (*Straße, Ort)*

zu tätigen und weise darauf hin, dass nur dadurch schuldbefreiende Wirkung eintreten kann. *Der Schuldner/die Schuldnerin* selbst ist nicht mehr berechtigt, jedwede Zahlungen entgegenzunehmen.

Für Rückfragen stehen ich und meine Mitarbeiter selbstverständlich zur Verfügung.

Mit freundlichen Grüßen

....

Insolvenzverwalter/in

Anlage:
Fotokopie des *Anordnungs-/Eröffnungsbeschlusses*

▶ Hinweis:

Monatliche Wiedervorlagen zur Kontrolle der Mietzahlungen notieren.

Muster 199: Nutzungsvereinbarung Grundstück mit Schuldner wg. Miete

Nutzungsvereinbarung 371

zwischen

1. *Herrn/Frau ...* als *Insolvenzverwalter/in* über das Vermögen *des/der...* (*vollständiger Name des Schuldners/der Schuldnerin),* dienstansässig:... *(Anschrift des Insolvenzverwalters/in)*

- nachfolgend »*Insolvenzverwalter*« genannt -

und

2. *Herrn/Frau...* (*vollständiger Name und Anschrift*)

- nachfolgend »*Schuldner/Schuldnerin*« genannt -

Präambel

Mit Beschluss des Amtsgerichts… ist am… über das Vermögen *des Herrn/der Frau…* das Insolvenzverfahren eröffnet worden. *Zum/Zur Insolvenzverwalter/in* wurde *Herr/Frau…* bestellt.

Der Schuldner/Die Schuldnerin ist *Eigentümer/in* der Immobilie… in… *(Straße und Ort),* eingetragen im Grundbuch von… Blatt… (Flur…, Flurstück … zur Größe von… qm). Diese Immobilie wird von *ihm/ihr* und *seiner/ihrer* Familie selbst genutzt. Die Parteien beabsichtigen, nachfolgend eine Vereinbarung hinsichtlich eines zu entrichtenden Entgeltes für die Nutzung der Immobilie zu treffen.

I.
Höhe des Nutzungsentgelts

Der Schuldner/Die Schuldnerin zahlt für die zu Wohnzwecken überlassene, vorgenannte Immobilie ein monatliches Nutzungsentgelt in Höhe von … EUR (in Worten:… Euro). Das Entgelt errechnet sich aufgrund einer genutzten Fläche von… qm zu einem Preis von… EUR/qm.

▶ Hinweis:

Rechtsgrundlage für die Nutzungsentschädigung (= Anspruch auf ortsübliche Miete) gem. § 558 Abs. 2 BGB.

II.
Zahlungsweise

Das monatliche Nutzungsentgelt ist beginnend mit dem… (*Eröffnungsdatum*) zum Ersten eines jeden Monats zu zahlen. Die Zahlung hat auf das für das Insolvenzverfahren eingerichtete Treuhandkonto bei der

Bank:…

IBAN:…

BIC: …

Kontoinhaber: … als IV wg. … (Verfahrensbezeichnung)

unter dem Verwendungszweck: Nutzungsentgelt Grundstück

zu erfolgen.

III.
Nebenkosten

In diesem Nutzungsentgelt sind keine Nebenkosten enthalten. Die anfallenden Gebühren und Kosten wie Grundsteuern, Abfallgebühren, Strom, Gas, Wasser etc. sind von *dem Schuldner/der Schuldnerin* zusätzlich zum Nutzungsentgelt unmittelbar an die Versorger, die Gemeinde etc. zu begleichen.

▶ Hinweis:

s. § 556 BGB wg. Möglichkeit der Vereinbarung zu den Betriebskosten

IV.
Aufrechnung

Das Nutzungsentgelt darf nicht mit etwaigen Mängel oder sonstigen Ansprüchen aufgerechnet werden. Eine Aufrechnung wird ausdrücklich ausgeschlossen.

V.
Mängel

Etwaige Mängel und/oder Reparaturen dürfen nur mit schriftlicher Genehmigung durch *den/die Insolvenzverwalter/in* zu Lasten der Insolvenzmasse beseitigt bzw. in Auftrag gegeben werden. Im Übrigen trägt *der Schuldner/die Schuldnerin* entsprechende Kosten selbst, wobei eine Verrechnung mit Ansprüchen auf Nutzungsentgelt ausgeschlossen ist. Bei Beendigung des Nutzungsverhältnisses besteht kein Erstattungsanspruch gegen die Insolvenzmasse. Etwaige Zurückbehaltungsrechte sind entsprechend ausgeschlossen.

VI.
Zahlungsrückstände

Seit der Eröffnung des Insolvenzverfahrens sind bereits… (*Zahl der rückständigen Zahlungen*) monatliche Nutzungsentgelte in Höhe einer Gesamtsumme von … EUR aufgelaufen (… Monate x … EUR = … EUR). Diesbezüglich wird vereinbart, dass dieser Betrag in monatlichen Raten in Höhe von … EUR zusammen mit dem monatlichen Nutzungsentgelt abgetragen wird.

VII.
Belehrung

Der Schuldner/Die Schuldnerin wurde *vom/von der Insolvenzverwalter/in* darüber in Kenntnis gesetzt, dass bei Nichtzahlung die Rechtsfolgen wie bei einem normalen Mietverhältnis eintreten können und daher eine Kündigung dieser Vereinbarung und die Räumung der Immobilie veranlasst werden kann.

…, den …

……………………………………….. ………………………………………………

Insolvenzverwalter/in Mieter/Mieterin

▶ Hinweis Einzugsberechtigung:

Bis zur Anordnung einer Zwangsverwaltung kann die Insolvenzmasse Mieten einziehen. Bei Fremdmietern wird häufig eine kalte Zwangsverwaltung mit der Grundpfandrechtsgläubigerin vereinbart. Bei eigener Nutzung durch den Schuldner ist dies weniger üblich.

▶ Hinweise bei Nichtzahlung:

Die Nichtzahlung der Nutzungsentschädigung führt nicht zur Versagung der Restschuldbefreiung (BGH, Beschl. v. 19.11.2015 – IX ZB 59/14 in ZInsO 2016, 34, InsbürO 2016, 77). Der Insolvenzverwalter hat die Zahlung vor dem Prozessgericht einzuklagen und die Räumung in die Wege zu leiten.

Die Nichträumung stellt dagegen eine Verletzung der Mitwirkungspflicht gem. § 290 Abs. 1 Nr. 5 InsO und könnte zur Versagung der RSB führen.

Muster 200: Rechnung Kostenpauschale – Immobilienverkauf

… als Insolvenzverwalter über das Vermögen der 372

… GmbH

… (Anschrift)

Adressat: Grundpfandrechtsgläubiger/in

Datum:…

internes AZ:…

(*Unbedingt St-Nr. der Masse angeben*) Steuer-Nr.: …

Rechnung Nr. …

für Massebeteiligung an der Verwertung der Immobilie … (Straße, Ort)

Leistungszeit: …

… % Massebeteiligung aus dem Kaufpreis i.H.v. … EUR gem. Vereinbarung vom …	…. EUR
19 % Umsatzsteuer hierauf	… EUR
Gesamtsumme	… EUR

Ich bitte, diesen ausgewiesenen Betrag auf folgendes Treuhandkonto zu überweisen:

Bank:…

IBAN: …

BIC: …

Kontoinhaber … als IV wg. … (Verfahrensbezeichnung)
Verwendungszweck: Verwertungskostenbeitrag … (Verf.bez.)

…………………………………

Insolvenzverwalter/in

▶ Literaturtipp:

Moderegger, InsbürO 2014, 378 ff.: Fall 4 – Immobilienverkauf durch Insolvenzverwalter mit Beispielrechnung

▶ Hinweis zum Kostenbeitrag:

Eine Aufteilung der prozentualen Massebeteiligung in Feststellungs- und Verwertungskostenanteil für eine spätere Vergütungsberechnung nach § 1 Abs. 2 Nr. 1 InsVV erübrigt sich, weil der BGH mit Entscheidung vom 10.10.2013 (IX ZB 169/11 in ZInsO 2013, 2288) ausgeführt hat, dass die Sondervergütung gem. § 1 Abs. 2 Nr. 1 InsVV – wenn überhaupt – nur auf gesetzliche Kostenbeiträge anwendbar sei, nicht auf frei ausgehandelte Massebeteiligungen von Einnahmen aus unbeweglichem Vermögen (s. auch Kommentar zu dieser BGH-Entscheidung in InsbürO 2014, 235 ff.).

Muster 201: Sicherungshypothek – § 88 InsO – Grundbuchberichtigung

373 *Adressat: Grundbuchamt*

▶ Hinweis:

Muster zu **verwenden,** wenn **Rückschlagsperre** nach § 88 InsO bei Sicherungshypothek **offenkundig** ist (InsbürO 2017, 225 ff.) **und** (!) **auf jeden Fall ein freihändiger Verkauf stattfinden wird.**

Bei **Freigabe** des Grundstücks würde die Sicherungshypothek **wieder aufleben** und die Rechtsfolge des § 88 InsO würde entfallen. Ggf. die Grundbuchberichtigung erst beantragen, wenn Grundstücksverkauf sicher feststeht.

Unrichtigkeitsnachweis erfordert die Form des § 29 GBO: BGH v. 12.7.2012 – V ZB 219/11 in ZInsO 2012, 1633

(Dort waren der Zeitraum zwischen Eintragung der ZV und dem Insolvenzantrag allerdings länger als einen Monat = anderer Insolvenzantrag war zu bestimmen; für Offenkundigkeit ist Klarheit der Fristen erforderlich.

Insolvenzverfahren über das Vermögen
der Firma.../des Herrn.../der Frau...
Amtsgericht...:... IN.../...
U.Z.: »...« (Ord.bez. u. Reg.-Nr.)
Grundbuch von ... Blatt ...

Sehr geehrte Damen und Herren,

hiermit zeige ich an, dass über das Vermögen der oben genannten *Firma/Person* das Insolvenzverfahren eröffnet und ich *zum/zur Insolvenzverwalter/in* bestellt worden bin. Eine Fotokopie des gerichtlichen Eröffnungsbeschlusses liegt in der **Anlage** zu Ihrer Information anbei.

Der Schuldner/die Schuldnerin ist *Eigentümer/in* des im obigen Grundbuch eingetragenen Grundstücks sein. In Abt. III ist unter lfd. Nr. ... eine Sicherungshypothek zugunsten *des/der Herrn/Frau/Firma* ... eingetragen. Gemäß der Regelung des § 88 InsO werden Vollstreckungsmaßnahmen, die innerhalb eines Monats (*in IK-Verfahren: von drei Monaten)* vor Insolvenzantragstellung oder danach eine Sicherung an dem zur Insolvenzmasse gehörenden Vermögen bewirkt haben, mit Insolvenzeröffnung unwirksam. Ausweislich des anliegenden Beschlusses erfolgte die Insolvenzeröffnung auf Basis des bei Gericht eingegangen Insolvenzantrages vom ... Die Eintragung der Zwangssicherungshypothek erfolgte damit *nach Antragstellung/innerhalb des vorgenannten Zeitraums vor Antragstellung*, so dass die Rückschlagsperre des § 88 InsO greift und die Unwirksamkeit der Sicherungshypothek eingetreten ist.

Diese Rechtsfolge des § 88 InsO ist offenkundig im Sinne des § 22 GBO. Die Insolvenzeröffnung und das Datum der Insolvenzantragstellung ergeben sich aus dem gerichtlichen Beschluss. Aufgrund dieses Beschlusses und auf Ersuchen des Insolvenzgerichtes wurde vom dortigen Grundbuchamt auch schon in Abt. II des Grundbuches der Insolvenzvermerk eingetragen. Der Eröffnungsbeschluss dürfte dem dortigen Gericht daher in der erforderlichen Form des § 29 GBO bereits vorliegen.

Ich bitte, das Grundbuch zu berichtigen und die unwirksame Sicherungshypothek zu lfd. Nr. ... der Abt. III des Grundbuches von ... Blatt ... zu löschen. Als Nachweis meiner Antragsberechtigung lege ich in der weiteren **Anlage** das Original meiner Bestallungsurkunde bei und bitte nach Einsichtnahme freundlichst um Rücksendung.

Mit freundlichen Grüßen

....
Insolvenzverwalter/in

Anlage:
Eröffnungsbeschluss
Bestallungsurkunde im Original

▶ Hinweis zu den Gerichtskosten:

Löschungen nach den Vorschriften der Insolvenzordnung, die vom Insolvenzverwalter beantragt werden, sind gebührenfrei. Es fallen also keine Gerichtskosten an: KV GNotKG: Teil I, Hauptabschnitt 4, Vormerkung 1.4., (2) Nr. 2, 3

▶ Hinweis bei Ablehnung des Antrages:

Falls das Grundbuch die Löschung ablehnt, müsste der Gläubiger um Erteilung einer Löschungsbewilligung ersucht werden. Er kann bei Offenkundigkeit gem. § 894 BGB auf Erteilung verklagt werden: s. Muster Nr. 204 »Sicherungshypothek – Rückschlagsperre – SS an Gläubiger«.

Muster 202: Sicherungshypothek – § 88 InsO – GB-Berichtigung – Info an Gläubiger

Adressat: nachrangige/r Grundpfandrechtsgläubiger/in 374

▶ Hinweis:

Muster zu **verwenden**, wenn **Rückschlagsperre** nach § 88 InsO bei Sicherungshypothek **offenkundig** ist (**InsbürO** 2017, 225 ff.)

Insolvenzverfahren über das Vermögen
der Firma.../des Herrn.../der Frau...
Amtsgericht...:... IN.../...
U.Z.: »...« (Ord.bez. u. Reg.-Nr.)
Grundbuch von ... Blatt ...

Sehr geehrte Frau ..., / sehr geehrter Herr ...,

wie Ihnen bereits durch die Aufforderung zur Forderungsanmeldung bekannt ist, bin ich *Insolvenzverwalter/in* über das Vermögen der oben genannten *Firma/Person*. Eine Fotokopie des Eröffnungsbeschlusses wird vorsorglich in der **Anlage** noch einmal beigefügt.

Sie haben am... eine Zwangssicherungshypothek in das Grundbuch von... Blatt... eintragen lassen. In diesem Zusammenhang übersende ich Ihnen in der **Anlage** eine Fotokopie meines heutigen Schreibens an das Grundbuchamt mit der Bitte um Kenntnisnahme.

Mit freundlichen Grüßen

....
Insolvenzverwalter/in

Anlage:
Eröffnungsbeschluss
Grundbuchberichtigungsantrag

Muster 203: Sicherungshypothek – Ablösung d. Bank

▶ Wichtige Informationen:

Mögliche Konvaleszens einer Sicherungshypothek (= Aufleben) bei Freigabe oder Verfahrensaufhebung ohne Grundstücksverkauf (BGH v. 19.01.2006 – I XZB 323/04 in ZInsO 2006; v. 19.05.2011 – IX ZB 284/09), daher **Anforderung Löschungsbewilligung, aber Verwendung erst bei Grundstücksverkauf, gilt bis heute!** 375

BGH-Entscheidung v. 30.04.2015 – IX ZR 301/13 in InsbürO 2015, 441, ZInsO 2015, 1097: Auch bei **wertloser Sicherungshypothek kein Anspruch auf Erteilung der Löschungsbewilligung**; s. Auflistung unterschiedlicher Möglichkeiten in Becker, InsbürO 2017, 225 ff.: Unterscheidung zwischen Rückschlagsperre und Anfechtungsvoraussetzungen und jeweiligem Vorgehen:

Rückschlagsperre greift für Sicherungshypothek:

Offenkundigkeit der Unwirksamkeit durch Rückschlagsperre: ja = Löschung im GBA
Offenkundigkeit der Unwirksamkeit durch Rückschlagsperre: nein = Klage gegen Gläubiger = vorher Versuch der Einholung LB mit diesem Muster

Anfechtung der Sicherungshypothek:

Tatbestand erfüllt: ja = Klage gegen Gläubiger = vorher Versuch der Einholung LB mit diesem Muster
Tatbestand erfüllt: nein = Lästigkeitsprämie

Kontakt mit erstrangiger Grundpfandrechtsgläubigerin aufnehmen, um Zahlung einer **Lästigkeitsprämie** abzustimmen: **nur wenn §§ 88, 131 InsO nicht greifen.**

Anspruch auf Löschungsbewilligung bei rechtsgeschäftlichem Grundpfandrecht (= keine Sicherungshypothek durch ZV): s. InsbürO 2017, 225 ff. und gesondertes Muster Nr. 194 »Löschungsbewilligung – GPFR ohne ZV – SS an Gläubiger«

▶ Hinweis:

Dieses **Muster** ist zu **verwenden**, wenn keine Rückschlagsperre und keine Anfechtung greifen und die vorrangige Grundpfandrechtsgläubigerin eine **Lästigkeitsprämie zahlt.**

Adressat: erstrangige/r Grundpfandrechtsgläubiger/in

Insolvenzverfahren über das Vermögen
der Firma… /des Herrn… /der Frau…
Amtsgericht…:… IN…/…
U.Z.: »…« (Ord.bez. u. Reg.-Nr.)
Ihr Zeichen:…
Grundstück … *(Straße und Ort)*

Sehr geehrte Damen und Herren,

bezüglich des obigen Grundstückes möchte ich Sie heute darauf hinweisen, dass

im Grundbuch unter lfd. Nr. … *eine* Zwangssicherungshypothek zugunsten *des/der Herrn/Frau/Firma* … am … eingetragen wurde. Für diese Eintragung greifen weder die Regelung zur Rückschlagsperre gem. § 88 InsO noch der Anfechtungstatbestand des § 131 InsO. Aufgrund der BGH-Entscheidung vom 30.04.2015 (IX ZR 301/13 in ZInsO 2016, 1097, InsbürO 2015, 441) besteht kein Anspruch auf Erteilung der Löschungsbewilligung gegen den Vollstreckungsgläubiger, auch wenn auf die Sicherungshypothek kein Erlös entfallen wird und sie damit wertlos ist. Der Sicherungsgläubiger kann die Erteilung der Löschungsbewilligung nach der vorgenannten BGH-Rechtsprechung von der Zahlung einer Lästigkeitsprämie abhängig machen. Eine solche Zahlung darf allerdings nicht zu Lasten der Insolvenzmasse gehen.

Der/ein etwaiger Käufer möchte eine lastenfreie Grundstücksumschreibung. Sollten Sie die freihändige Veräußerung daher weiterhin wünschen, möchte ich Sie bitten, Kontakt mit dem Sicherungsgläubiger aufzunehmen, um die Zahlung einer Lästigkeitsprämie abzustimmen, die nach dem Wortlaut der BGH-Entscheidung aus Ihrem Erlös zu zahlen wäre:

▶ Zur Kontaktaufnahme d. Bank:

Bitte vorherige Abstimmung mit Insolvenzverwalter/in, ob Bank Kontakt zum Sicherungsgläubiger herstellen soll. Ggf. möchte der/die Verwalter/in auch telefonisch vorab mit der Bank sprechen.

Der Gläubiger hat zur Insolvenztabelle unter der Nr. … eine valutierende Forderung i.H.v. ….. EUR angemeldet.

Sollte es zu keiner Einigung kommen, würde *der/ein etwaiger* Käufer den Kaufpreis sicherlich um den Betrag seiner Forderung mindern, was letztlich zu einer geringeren Befriedigung Ihrer Forderung führt. Bei einer Einigung zwischen Ihnen und dem Sicherungsgläubiger wäre ggf. ein Teilverzicht seitens des Gläubigers denkbar.

Sofern Sie mir eine Mitteilung über einen etwaig, mit dem Sicherungsgläubiger abgestimmten Zahlbetrag zukommen lassen, würde ich die Löschungsbewilligung gerne von hieraus beim Gläubiger anfordern.

Für eine möglichst baldige Rückmeldung wäre ich dankbar.

Mit freundlichen Grüßen

……………………………

Insolvenzverwalter/in

▶ Begründung für Lästigkeitsprämie durch vorrangigen Grundpfandrechtsgläubiger:

BGH-Entscheidung vom 30.04.2015 – IX ZR 301/13, a.a.O., Rn. 12:

»Dem vorrangig gesicherten Gläubiger verleiht sein Sicherungsrecht keinen Anspruch auf eine freihändige lastenfreie Veräußerung des belasteten Grundstücks und auf einen damit möglicherweise erzielbaren höheren Erlös. Will er diese Möglichkeit anstelle der gesetzlich vorgesehenen Zwangsversteigerung wahrnehmen, ist es ihm grds. zuzumuten, einen nachrangig gesicherten Gläubiger, dessen fortbestehendes Recht die Höhe des Erlöses verringern würde, durch eine angemessene Beteiligung am Erlös abzufinden.«

Muster 204: Sicherungshypothek – Rückschlagsperre – SS an Gläubiger

376 *Adressat: nachrangige/r Grundpfandrechtsgläubiger/in*

▶ Hinweis:

Dieses **Muster nur verwenden, wenn keine Offenkundigkeit** für Grundbuchberichtigung vorliegt (§ 22 GBO). Ist diese gegeben: Beglaubigungskosten für Gläubiger vermeiden, dann s. Muster Nr. 201 »Sicherungshypothek – § 88 InsO – Grundbuchberichtigung«.

Insolvenzverfahren über das Vermögen
der Firma.../des Herrn... /der Frau...
Amtsgericht...:... IN/IK.../...
U.Z.: »...« (Ord.bez. u..Reg.Nr.)
Grundbuch von ... Blatt ...
Grundpfandrecht am Grundstück ... *(Straße, Ort)*
Ihr Zeichen:...

Sehr geehrte Frau ...,/sehr geehrter Herr ...,

wie Ihnen bereits durch die Aufforderung zur Forderungsanmeldung bekannt ist, bin ich *Insolvenzverwalter/in* über das Vermögen der oben genannten *Firma/Person*. Eine Fotokopie des Eröffnungsbeschlusses wird vorsorglich in der **Anlage** noch einmal beigefügt.

Sie haben am... eine Zwangssicherungshypothek in das Grundbuch von... Blatt... eintragen lassen. Gemäß der Regelung des § 88 InsO werden Vollstreckungsmaßnahmen, die innerhalb eines Monats *(in IK-Verfahren: von drei Monaten)* vor Insolvenzantragstellung oder danach eine Sicherung an dem zur Insolvenzmasse gehörenden Vermögen bewirkt haben, mit Insolvenzeröffnung unwirksam. Ausweislich des anliegenden Beschlusses erfolgte die Insolvenzeröffnung auf Basis des bei Gericht eingegangen Insolvenzantrages vom ... Die Eintragung der Zwangssicherungshypothek erfolgte damit *nach Antragstellung/innerhalb des vorgenannten Zeitraums vor Antragstellung,* so dass die Rückschlagsperre des § 88 InsO greift und Unwirksamkeit eingetreten ist.

Das vorgenannte Grundstück soll freihändig und lastenfrei veräußert werden. Ich bitte Sie daher, eine Löschungsbewilligung für Ihr Recht in notariell-beglaubigter Form zu erteilen, um eine lastenfreie Grundstücksübertragung an einen Käufer zu gewährleisten. Ein entsprechender Entwurf wird **anliegend** zur weiteren Verwendung überreicht. Bitte suchen Sie einen Notar auf, der Ihre Unterschrift unter der Löschungsbewilligung beglaubigt.

Vorsorglich weise ich darauf hin, dass der Anspruch auf eine Lästigkeitsprämie (Bundesgerichtshof v. 30.04.2015 – IX ZR 301/13) für die Erteilung der Löschungsbewilligung nicht besteht, wenn die Unwirksamkeit durch Rückschlagsperre offenkundig ist. Sollten Sie die Löschungsbewilligung demnach nicht erteilen wollen, so bestünde die Möglichkeit, Klage gegen Sie auf Erteilung der Löschungsbewilligung gem. § 894 BGB zu erheben. Ich bitte, dies zu beachten.

▶ Hinweis:

Offenkundigkeit kann anhand der Daten (Datum Insolvenzantrag und Datum Eintragung Sicherungshypothek) gegeben sein, kann aber gegenüber dem Grundbuchamt nicht ausreichend nachgewiesen werden, weil bspw. das Datum des Insolvenzantrages nicht im Eröffnungsbeschluss genannt ist oder ein älterer Insolvenzantrag entscheidend ist. In den Fällen scheidet daher eine Grundberichtung gem. § 22 GBO aus, ist aber eine Klage möglich.

Selbstverständlich sichere ich Ihnen die Verwendung der Löschungsbewilligung unter der Bedingung zu, dass eine freihändige Veräußerung des Grundstückes erfolgt. Insoweit rege ich an, mir einen entsprechenden Treuhandauftrag zu erteilen. Sobald die notarielle Beurkundung erfolgt ist, würde ich Ihnen eine Fotokopie des Kaufvertrages als Nachweis der Erfüllung des Treuhandauftrages zukommen lassen.

▶ Hinweis:

Bei Freigabe: Aufleben der Rechte: s. vorstehende einleitende Erläuterung im Muster 203.

Ihre ausstehende Forderung wird im Rahmen der Insolvenztabelle im Verfahren berücksichtigt werden. Sie wird dort unter der Tab.-Nr. .... geführt.

[Alternative – noch keine Anmeldung:

Ihre Forderung können Sie zur Insolvenztabelle anmelden, damit sie bei einer etwaigen Quotenzahlung Berücksichtigung findet. Insoweit verweise ich auf mein Schreiben vom ... mit den entsprechenden Anmeldeunterlagen.]

Mit freundlichen Grüßen

....
Insolvenzverwalter/in

Anlage:
Fotokopie des Eröffnungsbeschlusses

▶ Hinweis zu Kosten:

Die entstehenden Kosten (Beglaubigung, Gerichtskosten für Löschung) hat der Sicherungsgläubiger zu tragen: Wipperfürth, InsbürO 2014, 274.

Muster 205: Umsatzsteuer – Anfrage an Steuerberater (Verkauf + Miete)

377 *Adressat: Steuerberater/in*

Insolvenzverfahren über das Vermögen
der Firma… /des Herrn… /der Frau…
Amtsgericht…:… IN…/…
U.Z.: »…« (Ord.bez. u. Reg.-Nr.)
Ihr Zeichen: …

Sehr geehrte Frau …,/sehr geehrter Herr.,

ich bin bekanntlich *Insolvenzverwalter/in* über das Vermögen der oben genannten *Firma/Person.* Zur Insolvenzmasse gehört das Grundstück… in… *(Straße und Ort),* eingetragen im Grundbuch von… Blatt…

Ich beabsichtige, dass Grundstück möglichst zeitnah zu veräußern und bitte Sie um Prüfung, ob ein Verkauf möglicherweise umsatzsteuerpflichtig ist und damit der Umsatzsteuerbetrag bei Kaufpreisverhandlungen berücksichtigt werden muss. In der **Anlage** liegt eine Fotokopie des Grundbuchauszuges mit den näheren Angaben zum Grundstück anbei. Ein Teil der schuldnerischen Unterlagen liegt Ihnen bereits vor. Sofern Sie weitere Unterlagen benötigen, bitte ich um entsprechende Kontaktaufnahme mit meiner/m Mitarbeiter/in… (Tel.:…).

Das auf dem Grundstück befindliche Haus ist im Übrigen bewohnt. Die monatlichen Mietzahlungen werden von mir derzeit vereinnahmt. Ich bitte in diesem Zusammenhang ebenfalls um Prüfung, ob diese Mieteinnahmen mit Umsatzsteuer belastet sind und die Umsatzsteuer damit monatlich an das Finanzamt abzuführen ist.

Mit freundlichen Grüßen

……………………………..
Insolvenzverwalter/in

Anlage:
Fotokopie des Grundbuchauszuges

▶ Hinweis:

Insolvenzbüros arbeiten i.d.R. immer mit dem gleichen Steuerberater zusammen, der gleich bei Verfahrenseröffnung auch eine Vielzahl von Unterlagen zur Bearbeitung erhält. Zur Erfüllung der geforderten Prüfungspflicht benötigt der Steuerberater je nach Einzelfall unterschiedliche Unterlagen.

Muster 206: Versicherungsschutz – Abstimmung mit GPFR-Gläubigerin

378 *Adressat: Grundpfandrechtsgläubiger/in (= GPFR-Gläubiger/in)*

(Vorläufiges) Insolvenzverfahren über das Vermögen
der Firma… /des Herrn… /der Frau…
Amtsgericht…:… IN…/…
U.Z.: »…« (Ord.bez. u. Reg.-Nr.)
Immobilie… in… *(Straße und Ort)*

Sehr geehrte Damen und Herren,

hiermit zeige ich an, dass über das Vermögen der oben genannten *Firma/Person* das *(vorläufige)* Insolvenzverfahren *angeordnet/eröffnet* und ich *zum/zur (vorläufigen) Insolvenzverwalter/in* bestellt worden ist. Eine Fotokopie des gerichtlichen *Anordnungs-/Eröffnungsbeschlusses* liegt in der **Anlage** zu Ihrer Information anbei.

Der Schuldner/die Schuldnerin ist *Eigentümer/in* der Immobilie… in… (*Straße und Ort*), eingetragen im Grundbuch von… Blatt…, Flur…, Flurstücke … In Abt. III ist zugunsten Ihrer Bank ein Grundpfandrecht eingetragen. Ich frage an, ob Sie als Grundpfandrechtsgläubigerin bereit sind, die Versicherungsprämien für die bestehende **Gebäudeversicherung** zu übernehmen. Die Beiträge sind derzeit in Höhe eines Gesamtbetrages von… EUR rückständig und betragen zukünftig *vierteljährlich…* EUR. Eine Fotokopie des Versicherungsscheins wird **anliegend** überreicht.

Bei dieser Gelegenheit bitte ich um Mitteilung des aktuellen Valutastandes.

Für eine möglichst umgehende Rückmeldung bedanke ich mich im Voraus und verbleibe derzeit

mit freundlichen Grüßen

……………………………………………
(vorläufige/r) Insolvenzverwalter/in

Anlage:
Fotokopie des *Anordnungs-/Eröffnungsbeschlusses*
Fotokopie des Versicherungsscheins

Muster 207: Verwertungsvereinbarung – freie Veräußerung

Verwertungsvereinbarung 379

zwischen

Herrn ... als Insolvenzverwalter über das Vermögen *des/der Herrn .../Frau .../Firma...*, dienstansässig: ...

- nachfolgend »*Insolvenzverwalter*« genannt -

und

.... *(vollständige Bezeichnung der Grundpfandrechtsgläubigerin nebst Anschrift)*

- nachfolgend »*Gläubigerin*« genannt -

---

1. Das Amtsgericht – Insolvenzgericht -... hat mit Beschluss vom... das Insolvenzverfahren über das Vermögen *der Firma .../des Herrn ... /der Frau...* (nachfolgend »*Schuldner/Schuldnerin*« genannt) eröffnet und Herrn... zum Insolvenzverwalter bestellt.
2. Zur Insolvenzmasse gehört das Grundstück... (*Straße, Ort*), eingetragen im Grundbuch von..., Blatt... Die Gläubigerversammlung hat am... zugestimmt, dass der Insolvenzverwalter das Grundstück freihändig veräußern darf.
3. Die Gläubigerin macht Absonderungsrechte aufgrund folgender dinglicher Belastung des Grundstückes geltend:... (*Grundschuld, Hypothek*) vom..., eingetragen unter lfd. Nr. ... in Abt. III des vorgenannten Grundbuches. Die Gläubigerin wird die Löschung dieser Belastung bewilligen, soweit aus der freihändigen Veräußerung ein Mindesterlös von... EUR vor Abzug aller Kosten und Belastungen (Ziffern 4, 5) erzielt wird.
4. Der Insolvenzverwalter ist bereit, die freihändige Veräußerung vorzunehmen. Er wird alle zum Eigentumsübergang erforderlichen Erklärungen abgeben und an dem Eigentumsübergang mitwirken. Die Kaufpreiszahlung und die Ablösung des vorstehend genannten Absonderungsrechtes wird vom Notar gemäß der notariellen Regelung angefordert und überwacht werden. Im notariellen Kaufvertrag wird insoweit ein Treuhandauftrag an den Notar über die Verwendung der von der hiesigen Gläubigerin erteilten Löschungsbewilligung erfolgen.

   Aus dem Verwertungserlös erhält die Insolvenzmasse einen Kostenbeitrag von... % zzgl. der gesetzlichen Umsatzsteuer. Der Insolvenzverwalter wird der Gläubigerin nach der Verwertung eine Rechnung mit Umsatzsteuer-Ausweis über den Kostenbeitrag erteilen.

   ▶ Hinweis:

   Eine Aufteilung der prozentualen Massebeteiligung in Feststellungs- und Verwertungskostenanteil für eine spätere Vergütungsberechnung nach § 1 Abs. 2 Nr. 1 InsVV erübrigt sich, weil der BGH mit Entscheidung vom 10.10.2013 (IX ZB 169/11 in ZInsO 2013, 2288) ausgeführt hat, dass die Sondervergütung gem. § 1 Abs. 2 Nr. 1 InsVV – wenn überhaupt – nur auf gesetzliche Kostenbeiträge anwendbar sei, nicht auf frei ausgehandelte Massebeteiligungen von Einnahmen aus unbeweglichem Vermögen (s. auch Kommentar zu dieser BGH-Entscheidung in InsbürO 2014, 235 ff.).

5. Neben der Massekostenbeteiligung werden aus dem Verwertungserlös folgende Positionen vorab bedient:
   a) Der Gläubigerin vorgehende Rechte gemäß § 10 ZVG (z.B. Kosten einer etwaigen Zwangsverwaltung);
   b) Kosten für Beurkundung und sonstige Abwicklungskosten, soweit diese nicht vom Käufer übernommen werden (insbesondere Löschungsbewilligungen);
   c) Maklerkosten, soweit diese nicht vom Käufer übernommen werden.

   Verbleibt nach Befriedigung aller dinglichen Lasten ein Übererlös, so ist dieser ebenfalls an die Insolvenzmasse auszukehren.
6. Der Gläubiger versichert, bis zum... keinen Antrag auf Anordnung der Zwangsversteigerung zu stellen bzw. die einstweilige Einstellung eines Zwangsversteigerungsverfahrens zu bewilligen und frühestens am... die Fortsetzung des Verfahrens zu beantragen. Scheitert die freihändige Veräußerung, so erhält die Insolvenzmasse für die entstandenen Aufwendungen einen Pauschalbetrag von... EUR zzgl. 19 % MWSt. aus einem späteren Verwertungserlös.

..., den ... ..., den ...

________________ ________________

Insolvenzverwalter Gläubigerin

Muster 208: Verwertungsvereinbarung – kalte Zwangsverwaltung

380 **Verwertungsvereinbarung**

zwischen

Herrn … als Insolvenzverwalter über das Vermögen der *Firma …/ des Herrn …/der Frau …*, dienstansässig: …

- nachfolgend »Insolvenzverwalter« genannt -

und

…. *(vollständige Bezeichnung der Grundpfandrechtsgläubigerin nebst Anschrift)*

- nachfolgend »*Gläubigerin*« genannt -

---

1. Das Amtsgericht – Insolvenzgericht -… hat mit Beschluss vom… das Insolvenzverfahren über das Vermögen *der Firma … /des Herrn … /der Frau…* (nachfolgend »*Schuldner/Schuldnerin*« genannt) eröffnet und Herrn… zum Insolvenzverwalter bestellt.
2. Zur Insolvenzmasse gehört das Grundstück… (*Straße, Ort*), eingetragen im Grundbuch von…, Blatt…
3. Die Gläubigerin macht Absonderungsrechte aufgrund folgender dinglicher Belastung des Grundstückes geltend: … (*Grundschuld, Hypothek*) vom …, eingetragen unter lfd. Nr. … in Abt. III des vorgenannten Grundbuches.
4. Zur Vermeidung von Zwangsvollstreckungsmaßnahmen in das Grundstück wird der Insolvenzverwalter ermächtigt, die seit Insolvenzeröffnung aufgelaufenen und künftig auflaufenden Mietzinsen über das eingerichtete Insolvenztreuhandkonto einzuziehen und wie folgt aufzuteilen:
   a) Aus den vereinnahmten Mietzinsen werden vorab die anfallenden Kosten und Lasten für das Grundstück (z.B. Nebenkosten, Instandhaltungs- und Instandsetzungskosten etc.) entrichtet *und die Umsatzsteuer einbehalten. Da die Schuldnerin/der Schuldner zur Umsatzsteuer optiert hat, fallen Umsatzsteuerbeträge auf die monatlichen Mieten an und ist diese Umsatzsteuer entsprechend an die Finanzverwaltung abzuführen.*
   b) Für den Instandhaltungsaufwand wird eine monatliche Rücklage von… EUR gebildet.
   c) Der nach Abzug der in vorgenannten Ziffern 4a und 4b bezeichneten Positionen verbleibende **Nettomietzins** wird zwischen dem Insolvenzverwalter und der Gläubigerin im Verhältnis…% zu … % aufgeteilt. Die Insolvenzmasse erhält demnach einen **Anteil von … %**.

▶ Hinweis:

Für einen späteren Vergütungsantrag ist eine Aufteilung der prozentualen Massebeteiligung in Feststellungs- und Verwertungskostenanteil nicht erforderlich. Es gilt das Überschussprinzip und kann ein Zuschlag auf Basis einer Vergleichsberechnung beantragt werden: BGH, Beschl. v. 14.07.2016 – IX ZB 31/14 ab Rn. 35 in InsbürO 2016, 404, ZInsO 2016, 1693.

   d) *Umsatzsteuer ist im Masseanteil enthalten, Bank zahlt nicht gesondert:*

Der auf die Insolvenzmasse entfallende Anteil ist nach der Rechtsprechung des BFH (Urt. v. 28.07.2011 – V R 28/09 in ZInsO 2011, 1904, s. hierzu auch BMF-Schreiben vom 30.04.2014) mit Umsatzsteuer belastet, weil der BFH diese Vereinbarung als Geschäftsbesorgungsvertrag ansieht. Insoweit wird der Insolvenzverwalter den entsprechenden Umsatzsteueranteil aus dem vorgenannten Masseanteil an die Finanzverwaltung abführen und der Gläubigerin darüber eine Rechnung erteilen. Der Insolvenzmasse verbleibt damit nur ein verminderter Nettobetrag.

▶ Hinweis:

In diesem Fall ist die **Masse mit der Umsatzsteuer belastet**, mindert sich der vorstehende Anteil also um 19 %; Beispiel: 1.000,00 EUR Masseanteil, darin enthalten: 159,66 EUR Umsatzsteuer. = 840,34 EUR Nettoerlös für die Masse.

Bank zahlt Umsatzsteuer auf Massebeteiligung zusätzlich:
Der auf die Insolvenzmasse entfallende Anteil ist nach der Rechtsprechung des BFH (Urt. v. 28.07.2011 – V R 28/09 in ZInsO 2011, 1904, s. hierzu auch BMF-Schreiben vom 30.04.2014) mit Umsatzsteuer belastet, weil der BFH diese Vereinbarung als Geschäftsbesorgungsvertrag ansieht. Insoweit ist der Insolvenzverwalter berechtigt, diesen Umsatzsteuerbetrag vom Anteil der Gläubigerin zusätzlich in Abzug zu bringen. Der Insolvenzverwalter wird der Gläubigerin über den Umsatzsteueranteil eine Rechnung erteilen.

▶ Hinweis:

In diesem Fall **verbleibt** der **Masse** der **volle Anteil** und die Bank zahlt die darauf entfallende Umsatzsteuer zusätzlich; Beispiel: 1.000,00 EUR Masseanteil, 19 % Umsatzsteuer darauf: 190,00 EUR = 1.000,00 EUR Nettoerlös für die Masse.

▶ Hinweis:

S. Moderegger, InsbürO 2014, 378 ff. – Fall 5 – Erläuterung zum BMF-Schreiben mit Berechnungsbeispiel.

   e) Der Insolvenzverwalter erteilt nach dem obigen Abrechnungsmaßstab alle *drei Monate* – erstmals auf den… – eine Abrechnung und führt – soweit vorhanden – den Überschuss auf ein von der Gläubigerin zu benennendes Konto ab.

5. Diese Verwertungsvereinbarung ist von den Parteien jeweils mit einer Frist von einem Monat zum Monatsende kündbar. Soweit die Gläubigerin die Anordnung der Zwangsverwaltung betreibt, endet die Verwertungsvereinbarung. Maßgeblicher Zeitpunkt für die Beendigung ist der Monat, in dem das Zwangsverwaltungsverfahren durch Eintragung eines entsprechenden Vermerks im Grundbuch eingeleitet wird. Die Beendigung tritt zum Ablauf des entsprechenden Monats ein.
6. Soweit das unter Ziffer 2 bezeichnete Grundstück mit Zustimmung der Gläubigerin vom Insolvenzverwalter freihändig veräußert wird, wird der Insolvenzverwalter am **Verwertungserlös** mit... % zzgl. der gesetzlichen Umsatzsteuer beteiligt. Diese Vereinbarung gilt auch fort, wenn die Verwertungsvereinbarung gemäß Ziffer 5 gekündigt oder wegen Vollstreckungsanträgen der Gläubigerin beendet wird. Der Insolvenzverwalter wird der Gläubigerin nach der Verwertung eine Rechnung über den Kostenbeitrag inkl. Umsatzsteuer erteilen. Insoweit handelt es sich um einen Geschäftsbesorgungsvertrag zwischen den Parteien.
7. Zahlungen des Insolvenzverwalters auf diese Vereinbarung sind zunächst auf die laufenden Zinsen und anschließend auf die Hauptforderung des Gläubigers anzurechnen.

..., den ... ..., den ...

__________________ __________________

Insolvenzverwalter Gläubigerin

▶ Hinweis Mietkautionen:

Nach der BGH-Rechtsprechung (Urt. v. 13.12.2012 – IX ZR 9/12 in ZInsO 2013, 136) sind Mietkautionen dem Grunde nach vom Insolvenzverwalter nur auszuzahlen, wenn sie vorher vom Schuldner bzw. der Schuldnerin **gesondert angelegt** wurden und **bei Insolvenzeröffnung** noch **unterscheidbar** zur Verfügung stehen. Die Rückzahlung dürfte daher i.d.R. unproblematisch sein: Entweder gibt es **gesonderte Konten** oder der Mieter kann den Anspruch zur Insolvenztabelle anmelden. Nur im **Einzelfall** kann es daher erforderlich werden, diesen **Aspekt** in die **vorstehende Vereinbarung** aufzunehmen.

Musterübersicht Inhaltsverzeichnis

(Die Übersicht ist alphabetisch sortiert.)

		Rdn.
Muster 209:	Inhaltsverzeichnis Insolvenzplan	381
Muster 210:	Inhaltsverzeichnis jur. Person	382
Muster 211:	Inhaltsverzeichnis natürl. Person (IK – 4a-Verf.)	383
Muster 212:	Inhaltsverzeichnis natürl. Person mit freigegebener Selbständigkeit	384
Muster 213:	Inhaltsverzeichnis natürl. Person – größeres Verfahren	385
Muster 214:	Inhaltsverzeichnis Schlussbericht	386

Muster 209: Inhaltsverzeichnis Insolvenzplan

381 **Inhaltsverzeichnis**

… GmbH
Az. … (eigenes AZ)

Insolvenzplanunterlagen

Lfd. Nr. 1	Beschlüsse in Kopie (Originale in den ersten Ordner Allgemein)
Lfd. Nr. 2	Schriftverkehr mit dem Insolvenzgericht
Lfd. Nr. 3	Aktenvermerke
Lfd. Nr. 4	Insolvenzplan
Lfd. Nr. 5	Anlagen zum Plan
Lfd. Nr. 6	Plan – Entwürfe
Lfd. Nr. 7	Zahlenmaterial: Vergleichsberechnung Regelverfahren/Planverfahren
Lfd. Nr. 8	Schriftverkehr mit Gläubigern, sortiert nach A – Z

▶ Hinweis zum Schriftverkehr mit Gläubigern:

Hier können die Zustellungsschreiben, aber auch Stellungnahmen etc. abgeheftet werden.

Muster 210: Inhaltsverzeichnis jur. Person

382 ▶ Hinweis:

Die Nummerierung der Ordner ist je nach vorhandenen Unterlagen anzupassen: keine Betriebsfortführung = keine Kreditoren nach Antragstellung, keine Fortführung u.a.

Inhaltsverzeichnis

… GmbH
Az. … (eigenes AZ)

Ordner I.
Allgemein

Lfd. Nr. 1	Beschlüsse
Lfd. Nr. 2	Schriftverkehr mit dem Amtsgericht
Lfd. Nr. 3	Schriftverkehr mit der Schuldnerin
Lfd. Nr. 4	Aktenvermerke
Lfd. Nr. 5	Gerichtsakte
Lfd. Nr. 6	Gutachten und Berichte *(ggf. gesonderter Ordner)*
Lfd. Nr. 7	Gewerbemelderegister
Lfd. Nr. 8	Handwerkskammer
Lfd. Nr. 9	

Lfd. Nr. 10	Masseunzulänglichkeit
Lfd. Nr. 11	
Lfd. Nr. 12	Schlussbericht – Notizen
Lfd. Nr. 13	Staatsanwaltschaft – Ermittlungsverfahren

Inhaltsverzeichnis

… GmbH
Az. … (eigenes AZ)

Ordner II.
Gutachten und Berichte

(sofern nicht in Ordner I unter Nr. 6)

Inhaltsverzeichnis

… GmbH
Az. … (eigenes AZ)

Ordner III.
Wirtschaftliche Verhältnisse

Lfd. Nr. 1	allgemeiner Schriftverkehr wg. »Zahlenaufarbeitung«
Lfd. Nr. 2	BWA (Betriebswirtschaftliche Auswertungen)
Lfd. Nr. 3	Debitorenliste
Lfd. Nr. 4	Finanzstatus
Lfd. Nr. 5	Gewinn- und Verlustrechnungen
Lfd. Nr. 6	Kassenbuch
Lfd. Nr. 7	Kreditorenliste
Lfd. Nr. 8	Liquiditätsanalysen
Lfd. Nr. 9	Planungsrechnungen
Lfd. Nr. 10	Sicherheitseinbehalte – Auflistung
Lfd. Nr. 11	Summen- und Saldenliste
Lfd. Nr. 12	
Lfd. Nr. 13	Bilanzen/Jahresabschlüsse

Inhaltsverzeichnis

… GmbH
Az. … (eigenes AZ)

Ordner IV.
Gesellschaftsrechtliche Verhältnisse

Lfd. Nr. 1	Gesellschafterdarlehen … (Name)
Lfd. Nr. 2	Gesellschafterdarlehen … (Name)
Lfd. Nr. 3	Gesellschaftsvertrag
Lfd. Nr. 4	Handelsregisterauszug/HR-Anmeldungen
Lfd. Nr. 5	Liste der Gesellschafter
Lfd. Nr. 6	Protokolle Gesellschafterversammlungen/Gesellschafterbeschlüsse
Lfd. Nr. 7	
Lfd. Nr. 8	
Lfd. Nr. 9	Stammeinlage – Nachweis *(mit Trennkarten nach Gesellschaftern nach A – Z sortieren)*

Lfd. Nr. 10	
Lfd. Nr. 11	
Lfd. Nr. 12	

Inhaltsverzeichnis

… GmbH

Az. ... (eigenes AZ)

Ordner V.

Bank

Lfd. Nr. 1	Schriftverkehr mit … *(Name der Bank, bei der das Treuhandkonto geführt wird)*
Lfd. Nr. 2	Kontoauszüge Treuhandkonto *(ggf. gesonderter Ordner)*
Lfd. Nr. 3 (erste Bank)	Schriftverkehr mit … Bank (Geschäftskonto)
Lfd. Nr. 4	Kontoauszüge Geschäftskonto
Lfd. Nr. 5	Sicherungsverträge/Verwertungsvereinbarung
Lfd. Nr. 6	Anfechtungsanspruch gegen … Bank:
Lfd. Nr. 7 (zweite Bank)	Schriftverkehr mit … Bank (Geschäftskonto)
Lfd. Nr. 8	Kontoauszüge Geschäftskonto
Lfd. Nr. 9	Sicherungsverträge/Verwertungsvereinbarung
Lfd. Nr. 10	Anfechtungsanspruch gegen … Bank:

Inhaltsverzeichnis

… GmbH

Az. ... (eigenes AZ)

Ordner VI.

Finanzamt

Achtung: Bitte Sortierung in einzelnen Steuer-Rubriken nach Veranlagungsjahren mit Trennkarten

Lfd. Nr. 1	Allgemeiner Schriftverkehr mit dem Finanzamt
Lfd. Nr. 2	Schriftverkehr mit Steuerberater
Lfd. Nr. 3	Einkommensteuer
Lfd. Nr. 4	Gewerbesteuer
Lfd. Nr. 5	Kfz-Steuer
Lfd. Nr. 6	Körperschaftssteuer
Lfd. Nr. 7	Umsatzsteuer
Lfd. Nr. 8	Anfechtung

Inhaltsverzeichnis

… GmbH

Az. ... (eigenes AZ)

Ordner VII.

Arbeitsverhältnisse

Lfd. Nr. 1	Schriftverkehr mit Agentur für Arbeit wegen Insolvenzgeldvorfinanzierung
Lfd. Nr. 2	Insolvenzgeldvorfinanzierung: Schriftverkehr mit Bank
Lfd. Nr. 3	Insolvenzgeldvorfinanzierung: Kontoauszüge
Lfd. Nr. 4	Abtretungserklärung AN-Liste *(s. weiteren Schriftverkehr: A – Z)*
Lfd. Nr. 5	Aktenvermerke betr. Arbeitsverhältnisse

Lfd. Nr. 6	Arbeitnehmerliste
Lfd. Nr. 7	Berufsgenossenschaft
Lfd. Nr. 8	Betriebsprüfung (BfA, LVA)
Lfd. Nr. 9	Krankenkassen
Lfd. Nr. 10	Lohnjournale
Lfd. Nr. 11	Anfechtung ggü. Sozialversicherungsträgern (mit Trennkarten nach A – Z)
Lfd. Nr. 12	Lohnsteuer

Unterlagen zu Arbeitnehmern

Sortiert nach A – Z

▶ Hinweis:

Die Lohnabrechnungen, Insolvenzgeldbescheinigungen, Schriftverkehr zu Zeugnissen u. a. sollten alphabetisch abgeheftet werden. Das erleichtert den späteren Zugriff auf die gesuchten Unterlagen. Daher gehören zu den Arbeitsverhältnissen immer zwei Register: ein nummerisches und ein alphabetisches.

Inhaltsverzeichnis

... GmbH
Az. ... (eigenes AZ)

Ordner VIII.
Inventar

Lfd. Nr. 1	Absonderungsrechte *(Schriftverkehr pro Gläubiger mit Trennkarten, alphabetische Sortierung)*
Lfd. Nr. 2	Aussonderungsrechte *(Schriftverkehr pro Gläubiger mit Trennkarten, alphabetische Sortierung)*
Lfd. Nr. 3	Fahrzeugunterlagen (Briefe, Abmeldung etc.)
Lfd. Nr. 4	Fortführungsgutachten
Lfd. Nr. 5	Herausgabe Gegenstände
Lfd. Nr. 6	Inventurunterlagen
Lfd. Nr. 7	Liquidationsgutachten
Lfd. Nr. 8	Kaufinteressenten – Schriftverkehr *(mit Trennkarten nach A – Z)*
Lfd. Nr. 9	Sachverständigen – Schriftverkehr
Lfd. Nr. 10	Schwarzverkäufe: Infos Mitarbeiter
Lfd. Nr. 11	
Lfd. Nr. 12	

Inhaltsverzeichnis

... GmbH
Az. ... (eigenes AZ)

Ordner IX.
Immobilie

Lfd. Nr. 1	Grundbuchauszug/Eintragungsmitteilungen
Lfd. Nr. 2	Erschließungskosten
Lfd. Nr. 3	Flurkarte
Lfd. Nr. 4	Gebäudeversicherung
Lfd. Nr. 5	Grundpfandrechtsgläubiger – Schriftverkehr

Lfd. Nr. 6	Grundsteuern
Lfd. Nr. 7	Kaufinteressenten – Schriftverkehr
Lfd. Nr. 8	Kaufvertragsunterlagen – alt
Lfd. Nr. 9	Kaufvertrag – neu
Lfd. Nr. 10	Makler – Schriftverkehr
Lfd. Nr. 11	Mieter – Schriftverkehr *(mit Trennkarten nach A – Z)*
Lfd. Nr. 12	Nebenkosten *(mit Trennkarten nach A – Z)*
Lfd. Nr. 13	Nutzungsentgelt – Schuldner
Lfd. Nr. 14	Steuerliche Unterlagen
Lfd. Nr. 15	Zwangsverwaltung
Lfd. Nr. 16	Zwangsversteigerung
Lfd. Nr. 17	

Inhaltsverzeichnis

… GmbH
Az. ... (eigenes AZ)

Ordner X. A.
Debitoren vor Antragstellung

A – Z

Inhaltsverzeichnis
… GmbH

Az. ... (eigenes AZ)

Ordner XI. B.
Debitoren nach Antragstellung

A – Z

Inhaltsverzeichnis

… GmbH
Az. ... (eigenes AZ)

Ordner XII. A.
Kreditoren vor Antragstellung

A – Z

Inhaltsverzeichnis

… GmbH
Az. ... (eigenes AZ)

Ordner XIII. B.
Kreditoren nach Antragstellung/Massegläubiger

A – Z

Inhaltsverzeichnis

... GmbH
Az. ... (eigenes AZ)

Ordner XIV.
Fortführung

Schriftverkehr mit Lieferanten
unterteilt in
A – Z

Inhaltsverzeichnis

... GmbH
Az. ... (eigenes AZ)

Ordner XV.
Vertragsverhältnisse

Lfd. Nr. 1	Akteneinlagerung (Schriftverkehr, Verzeichnis)
Lfd. Nr. 2	Anfechtungsansprüche *(einzelne Karteikarten für jew. Anfechtungsgegner = Vertragspartner)* *(siehe auch ArbV, Bank, FinA)*
Lfd. Nr. 3	Betriebshaftpflichtversicherung
Lfd. Nr. 4	Gewährleistungsbürgschaften
Lfd. Nr. 5	KFZ-Versicherungen *(mit Trennkarten nach Vers-Nr.)*
Lfd. Nr. 6	Lebensversicherungen
Lfd. Nr. 7	
Lfd. Nr. 8	Telefonanschlüsse
Lfd. Nr. 9	
Lfd. Nr. 10	

Inhaltsverzeichnis

... GmbH
Az. ... (eigenes AZ)

Ordner XVI.
Rechtsstreite

alphabetisch nach Gegnern sortiert

Inhaltsverzeichnis

... GmbH
Az. ... (eigenes AZ)

Ordner XVII.
TABELLE

Lfd. Nr. ... bis ...

Muster 211: Inhaltsverzeichnis natürl. Person (IK – 4a-Verf.)

383 **Inhaltsverzeichnis**

...

Az. ... (eigenes Az.)

I. Ordner
Allgemein

Lfd. Nr. 1	Beschlüsse
Lfd. Nr. 2	Treuhandkonto
Lfd. Nr. 3	Schriftverkehr mit AG
Lfd. Nr. 4	Berichte
Lfd. Nr. 5	Schriftverkehr mit Schuldner/Aktenvermerke
Lfd. Nr. 6	Einkommensverhältnisse
Lfd. Nr. 7	Finanzamt
Lfd. Nr. 8	Vermögenswerte (auch SV mit GVZ/Hauptzollamt / Debitoren/Bankverbindungen Schuldner) *(mit Trennkarten jeweils gesondert archivieren)*
Lfd. Nr. 9	Dauerschuldverhältnisse
Lfd. Nr. 10	Kreditoren (Eröffnungsbeschluss, Anmeldeformular, Merkblatt, Gläubigerliste aus Gerichtsakte etc.)
Lfd. Nr. 11	Gerichtsakte
Lfd. Nr. 12	Tabelle

▶ Hinweis:

In der RSB-Phase werden 1. – 7. gebraucht.

Der Rest kann dann – bei vielen Unterlagen – in einem gesonderten Ordner geführt werden.

Alternativ zusätzlich:

Inhaltsverzeichnis

...

Az. ... (eigenes Az.)

II. Ordner
Tabelle

Muster 212: Inhaltsverzeichnis natürl. Person mit freigegebener Selbständigkeit

▶ Hinweis zur Nutzung:

384 Dieses Inhaltsverzeichnis ist **nicht** zu nutzen für selbständige natürliche Personen, deren **Betrieb fortgeführt** und ggf. später freigegeben wird. Für diese Fälle bitte gesondertes Inhaltsverzeichnis (Nr. 213) nutzen.

Dieses hier ist nur für »**Kleinverfahren**«, bei denen ggf. Nachweise über die **Erfüllungspflicht nach § 295 Abs. 2 InsO** erbracht werden = wirtschaftliches Zahlenmaterial wegen Nichtzahlung.

Inhaltsverzeichnis

...

Az. ... *(eigenes Az.)*

I. Ordner
Allgemein

Lfd. Nr. 1	Beschlüsse
Lfd. Nr. 2	Treuhandkonto
Lfd. Nr. 3	Schriftverkehr mit dem AG
Lfd. Nr. 4	Berichte

Lfd. Nr. 5	Schriftverkehr mit dem Schuldner/Aktenvermerke
Lfd. Nr. 6	Einkommensverhältnisse
Lfd. Nr. 7	Finanzamt
Lfd. Nr. 8	Vermögenswerte (auch SV mit GVZ/Hauptzollamt / Debitoren u.a.) (mit Trennkarten jeweils gesondert archivieren)
Lfd. Nr. 9	Schriftverkehr mit Banken (Geschäftskonten)
Lfd. Nr. 10	Dauerschuldverhältnisse
Lfd. Nr. 11	
Lfd. Nr. 12	Inventar
Lfd. Nr. 13	Betriebswirtschaftliches Zahlenmaterial (für § 295 Abs. 2 InsO)
Lfd. Nr. 14	Kreditoren (Eröffnungsbeschluss, Anmeldeformular, Merkblatt, Gläubigerliste aus Gerichtsakte etc.)
Lfd. Nr. 15	Gerichtsakte

► Hinweis:

In der RSB-Phase werden 1. – 7. gebraucht.

Der Rest kann dann – bei vielen Unterlagen – in einem gesonderten Ordner geführt werden.

Inhaltsverzeichnis

…

Az. … *(eigenes Az.)*

II. Ordner

Tabelle

Muster 213: Inhaltsverzeichnis natürl. Person – größeres Verfahren

► Hinweis:

Die Nummerierung der Ordner ist je nach vorhandenen Unterlagen anzupassen: keine Betriebsfortführung = keine Kreditoren nach Antragstellung, keine Fortführung u.a. 385

Inhaltsverzeichnis

…

Az. … (eigenes AZ)

Ordner I.
Allgemein

Lfd. Nr. 1	Beschlüsse
Lfd. Nr. 2	Schriftverkehr mit dem Amtsgericht
Lfd. Nr. 3	Schriftverkehr mit Schuldner/in
Lfd. Nr. 4	Aktenvermerke
Lfd. Nr. 5	Gerichtsakte
Lfd. Nr. 6	Gutachten und Berichte *(ggf. gesonderter Ordner)*
Lfd. Nr. 7	Gewerbemelderegister
Lfd. Nr. 8	Handwerkskammer
Lfd. Nr. 9	
Lfd. Nr. 10	
Lfd. Nr. 11	Masseunzulänglichkeit
Lfd. Nr. 12	
Lfd. Nr. 13	Schlussbericht – Notizen

Inhaltsverzeichnis

...

Az. ... (eigenes AZ)

Ordner II.
Gutachten und Berichte

(sofern nicht in Ordner I unter Nr. 6)

Inhaltsverzeichnis

...

Az. ... (eigenes AZ)

Ordner III.
Wirtschaftliche Verhältnisse

Lfd. Nr. 1	allgemeiner Schriftverkehr wg. »Zahlenaufarbeitung«
Lfd. Nr. 2	BWA (Betriebswirtschaftliche Auswertungen)
Lfd. Nr. 3	Debitorenliste
Lfd. Nr. 4	Finanzstatus
Lfd. Nr. 5	Gewinn- und Verlustrechnungen
Lfd. Nr. 6	Kassenbuch
Lfd. Nr. 7	Kreditorenliste
Lfd. Nr. 8	Liquiditätsanalysen
Lfd. Nr. 9	Planungsrechnungen
Lfd. Nr. 10	Sicherheitseinbehalte – Auflistung
Lfd. Nr. 11	Summen- und Saldenliste
Lfd. Nr. 12	
Lfd. Nr. 13	Bilanzen/Jahresabschlüsse

Inhaltsverzeichnis

...

Az. ... (eigenes AZ)

Ordner IV.
Bank

Lfd. Nr. 1	Schriftverkehr mit ... (Name der Bank, bei der das Treuhandkonto geführt wird)
Lfd. Nr. 2	Kontoauszüge Treuhandkonto (ggf. gesonderte Ordner)
Lfd. Nr. 3 (erste Bank)	Schriftverkehr mit ... Bank (Geschäftskonto)
Lfd. Nr. 4	Kontoauszüge Geschäftskonto
Lfd. Nr. 5	Sicherungsverträge/Verwertungsvereinbarung
Lfd. Nr. 6	Anfechtungsanspruch gegen ... Bank
Lfd. Nr. 7 (zweite Bank)	Schriftverkehr mit ... Bank (Geschäftskonto)
Lfd. Nr. 8	Kontoauszüge Geschäftskonto
Lfd. Nr. 9	Sicherungsverträge/Verwertungsvereinbarung
Lfd. Nr. 10	Anfechtungsanspruch gegen ... Bank:

Inhaltsverzeichnis

...

Az. ... (eigenes AZ)

Ordner V.
Finanzamt

Achtung: Bitte Sortierung in einzelnen Steuer-Rubriken nach Veranlagungsjahren mit Trennkarten

Lfd. Nr. 1	Allgemeiner Schriftverkehr mit dem Finanzamt
Lfd. Nr. 2	Schriftverkehr mit Steuerberater
Lfd. Nr. 3	Einkommensteuer
Lfd. Nr. 4	Gewerbesteuer
Lfd. Nr. 5	Kfz-Steuer
Lfd. Nr. 6	
Lfd. Nr. 7	
Lfd. Nr. 8	Umsatzsteuer

Inhaltsverzeichnis

...

Az. ... (eigenes AZ)

Ordner VI.
Arbeitsverhältnisse

Lfd. Nr. 1	Schriftverkehr mit Agentur für Arbeit wegen Insolvenzgeldvorfinanzierung
Lfd. Nr. 2	Insolvenzgeldvorfinanzierung: Schriftverkehr mit Bank
Lfd. Nr. 3	Insolvenzgeldvorfinanzierung: Kontoauszüge
Lfd. Nr. 4	Abtretungserklärung AN-Liste *(s. auch Schriftverkehr nach A – Z)*
Lfd. Nr. 5	Aktenvermerke betr. Arbeitsverhältnisse
Lfd. Nr. 6	Arbeitnehmerliste
Lfd. Nr. 7	Berufsgenossenschaft
Lfd. Nr. 8	Betriebsprüfung (BfA, LVA)
Lfd. Nr. 9	Krankenkassen
Lfd. Nr. 10	Lohnjournale
Lfd. Nr. 11	
Lfd. Nr. 12	Lohnsteuer

Unterlagen zu Arbeitnehmern

Sortiert nach A – Z

▶ Hinweis:

Die Lohnabrechnungen, Insolvenzgeldbescheinigungen, Schriftverkehr zu Zeugnissen u. a. sollten alphabetisch abgeheftet werden. Das erleichtert den späteren Zugriff auf die gesuchten Unterlagen. Daher gehören zu den Arbeitsverhältnissen immer zwei Register: ein nummerisches und ein alphabetisches.

Inhaltsverzeichnis

...

Az. ... (eigenes AZ)

Ordner VII.
Inventar

Lfd. Nr. 1	Absonderungsrechte *(Schriftverkehr pro Gläubiger mit Trennkarten, alphabetische Sortierung)*
Lfd. Nr. 2	Aussonderungsrechte *(Schriftverkehr pro Gläubiger mit Trennkarten, alphabetische Sortierung)*
Lfd. Nr. 3	Fahrzeugunterlagen (Briefe, Abmeldung etc.)
Lfd. Nr. 4	Fortführungsgutachten
Lfd. Nr. 5	Herausgabe Gegenstände
Lfd. Nr. 6	Inventurunterlagen
Lfd. Nr. 7	Liquidationsgutachten
Lfd. Nr. 8	Kaufinteressenten – Schriftverkehr *(mit Trennkarten nach A – Z)*
Lfd. Nr. 9	Sachverständigen – Schriftverkehr
Lfd. Nr. 10	Schwarzverkäufe: Infos Mitarbeiter
Lfd. Nr. 11	
Lfd. Nr. 12	

Inhaltsverzeichnis

...

Az. ... (eigenes AZ)

Ordner VIII.
Immobilie

Lfd. Nr. 1	Grundbuchauszug/Eintragungsmitteilungen
Lfd. Nr. 2	Erschließungskosten
Lfd. Nr. 3	Flurkarte
Lfd. Nr. 4	Gebäudeversicherung
Lfd. Nr. 6	Grundpfandrechtsgläubiger – Schriftverkehr
Lfd. Nr. 6	Grundsteuern
Lfd. Nr. 7	Kaufinteressenten – Schriftverkehr
Lfd. Nr. 8	Kaufvertragsunterlagen – alt
Lfd. Nr. 9	Kaufvertrag – neu
Lfd. Nr. 10	Makler – Schriftverkehr
Lfd. Nr. 11	Mieter – Schriftverkehr *(mit Trennkarten nach A – Z)*
Lfd. Nr. 12	Nebenkosten *(mit Trennkarten nach A – Z)*
Lfd. Nr. 13	Nutzungsentgelt – Schuldner
Lfd. Nr. 14	Steuerliche Unterlagen
Lfd. Nr. 15	Zwangsverwaltung
Lfd. Nr. 16	Zwangsversteigerung

Inhaltsverzeichnis

...

Az. ... (eigenes AZ)

Ordner IX. A.
Debitoren vor Antragstellung

A – Z

Inhaltsverzeichnis

…

Az. … (eigenes AZ)

Ordner X. B.
Debitoren nach Antragstellung

A – Z

Inhaltsverzeichnis

…

Az. … (eigenes AZ)

Ordner XI. A.
Kreditoren vor Antragstellung

A – Z

Inhaltsverzeichnis

…

Az. … (eigenes AZ)

Ordner XII. B.
Kreditoren nach Antragstellung/Massegläubiger

A – Z

Inhaltsverzeichnis

…

Az. … (eigenes AZ)

Ordner XIII.
Fortführung

Schriftverkehr mit Lieferanten
unterteilt in
A – Z

Inhaltsverzeichnis

…

Az. … (eigenes AZ)

Ordner XIV.
Vertragsverhältnisse

Lfd. Nr. 1	Akteneinlagerung (Schriftverkehr, Verzeichnis)
Lfd. Nr. 2	Anfechtungsansprüche *(einzelne Karteikarten für jew. Anfechtungsgegner = Vertragspartner)* *(siehe auch ArbV, Bank, FinA)*
Lfd. Nr. 3	Betriebshaftpflichtversicherung
Lfd. Nr. 4	Gewährleistungsbürgschaften
Lfd. Nr. 5	KFZ-Versicherungen *(mit Trennkarten nach Vers-Nr.)*
Lfd. Nr. 6	Lebensversicherungen

Lfd. Nr. 7	
Lfd. Nr. 8	Telefonanschlüsse
Lfd. Nr. 9	
Lfd. Nr. 10	

Inhaltsverzeichnis

…

Az. ... (eigenes AZ)

Ordner XV.

Rechtsstreite

alphabetisch nach Gegnern sortiert

Inhaltsverzeichnis

…

Az. ... (eigenes AZ)

Ordner XVI.

TABELLE

Lfd. Nr. … bis …

Muster 214: Inhaltsverzeichnis Schlussbericht

386 **Inhaltsverzeichnis**

… *(Verfahrensname)*

Az. … *(eigenes Az.)*

Ordner Schlussbericht

Dieses Inhaltsverzeichnis kann in größeren Verfahren genutzt werden. In anderen Fällen können die Unterlagen in den bisherigen Rubriken archiviert werden.

Lfd. Nr. 1	Schriftverkehr mit Amtsgericht *(inkl. Kopien der Beschlüsse seit Einreichung)*
Lfd. Nr. 2	Schlussbericht nebst sämtlichen Anlagen
Lfd. Nr. 3	Schlussrechnungsprüfung – Schriftverkehr
Lfd. Nr. 4	Ausschüttungsbericht
Lfd. Nr. 5	Verteilung – Notizen u.a.
Lfd. Nr. 6	Kontoauszüge nach Einreichung Schlussbericht
Lfd. Nr. 7	Aktenvermerke
Lfd. Nr. 8	Entwürfe
Lfd. Nr. 9	
Lfd. Nr. 10	
Lfd. Nr. 11	
Lfd. Nr. 12	

Musterübersicht Insolvenzgeld

(Die Übersicht ist alphabetisch sortiert.)

		Rdn.
Muster 20:	Arbeitnehmerliste für Insolvenzgeld (*s. Muster Arbeitsverhältnisse*)	201
Muster 215:	Insolvenzgeldantrag – Ausschlussfrist – Info an AN	387
Muster:	Insolvenzgeldantrag Arbeitnehmer – Vordruck: www.arbeitsagentur.de > Suchfunktion »Formulare« > Insolvenzgeld > Antrag auf Insolvenzgeld > Download möglich	
Muster:	Insolvenzgeldbescheinigung – Vordruck: www.arbeitsagentur.de > Suchfunktion »Formulare« > Insolvenzgeld > Bescheinigung für Insolvenzgeld > Download möglich	
Muster:	Merkblatt für Arbeitnehmer – Vordruck: www.arbeitsagentur.de > Suchfunktion »Formulare« > »Merkblatt Insolvenzgeld« > Download möglich	
Muster 217:	Rundschreiben AN – Vorabinfo Insolvenzgeld (*s. Muster Insolvenzgeldvorfinanzierung*)	389

Muster 215: Insolvenzgeldantrag – Ausschlussfrist – Info an AN

Adressat: Arbeitnehmer/in 387

Insolvenzverfahren über das Vermögen der Firma… mit dem Sitz in …
Amtsgericht…:… IN…/…
U.Z.: »Arbeitsverhältnisse A-Z«
Insolvenzgeldzahlung

Sehr geehrte Frau …,/sehr geehrter Herr …,

wie Ihnen bereits bekannt ist, bin ich *zum/zur Insolvenzverwalter/in* über das Vermögen der oben genannten Firma bestellt worden. Zur Ihrer Kenntnis liegt in der **Anlage** eine Kopie des amtsgerichtlichen Eröffnungsbeschlusses *noch einmal* anbei.

Ich möchte Sie heute darüber unterrichten, dass rückständige Lohn- und Gehaltsforderungen durch Insolvenzgeldzahlungen der Bundesagentur für Arbeit gedeckt sind. Die Sicherung ist nur insoweit einzuschränken als dass Insolvenzgeld nur bis zur monatlichen Beitragsbemessungsgrenze gem. § 341 Abs. 4 SGB III (per Stand 01.01.2019: West: 6.700 EUR, Ost: 6.150 EUR) gezahlt wird und es auch einige nicht insolvenzgeldfähige Gehaltsbestandteile gibt (z. B. arbeitgeberfinanzierte Beiträge zur betrieblichen Altersvorsorge, Urlaubsabgeltung oder Guthabenstunden aus Zeitkonten). Weitergehende Einzelheiten können Sie einer Informationsbroschüre der Arbeitsagentur über das Insolvenzgeld entnehmen.

Für die Auszahlung des Insolvenzgeldes an Sie muss von Ihnen gemäß § 323 Abs. 1 i.V.m. § 324 Abs. 3 Satz 1 SGB III ein entsprechender Insolvenzgeldantrag gestellt werden. Diesen können Sie über die Homepage der Bundesagentur für Arbeit zusammen mit einem Merkblatt herunterladen: www.arbeitsagentur.de > in der Suchfunktion »Formulare A – Z« eingeben und dann unter dem Stichwort »Insolvenzgeld« den »Antrag auf Insolvenzgeld (Arbeitnehmer)« öffnen.

Sie können auch direkt Kontakt mit der Agentur für Arbeit wegen des notwendigen Antragsformulars sowie ggf. für Rückfragen bei der Ausfüllung aufnehmen. Grundsätzlich zuständig ist die Arbeitsagentur am Ort der Lohnabrechnungsstelle des Arbeitgebers (§ 327 Abs. 3 SGB III), die in der Regel auch am Ort des Betriebssitzes ist. Falls diese für Sie schwer erreichbar sein sollte, kann der Antrag auch bei jeder anderen Dienststelle eingereicht werden.

Ich weise Sie darauf hin, dass dieser Insolvenzgeldantrag innerhalb einer **Ausschlussfrist von zwei Monaten ab Eröffnung des Insolvenzverfahrens** bei der Agentur für Arbeit gestellt sein muss (§ 324 Abs. 3 SGB III). Anderenfalls verlieren Sie den Anspruch auf Zahlung von Insolvenzgeld. Ich bitte daher dringend um Beachtung.

Die für die Bewilligung von Insolvenzgeld zusätzlich zu Ihrem Antrag erforderliche Insolvenzgeldbescheinigung wird der Arbeitsagentur in Kürze durch mich zugeleitet werden.

Den Insolvenzgeldbescheid über das bewilligte Insolvenzgeld erhalten Sie nach Antragstellung durch Sie durch die Arbeitsagentur. Die Arbeitsbescheinigung und die Lohnsteuerbescheinigung erhalten Sie von dem zuständigen Steuerberater oder von mir. Die Fertigstellung aller Bescheinigungen wird einige Zeit in Anspruch nehmen, so dass ich Sie bitten möchte, von telefonischen Anfragen Abstand zu nehmen.

Mit freundlichen Grüßen

……………………………
Insolvenzverwalter/in

Anlage:
Fotokopie des Eröffnungsbeschlusses

▶ Hinweis Merkblatt:

Es gibt über die Bundesagentur ein Merkblatt zum Insolvenzgeld für Arbeitnehmer. Dieses umfasst 47 Seiten und kann dem Arbeitnehmer daher nicht direkt übermittelt werden.

▶ Hinweis Antragsformular:

Auch das Antragsformular umfasst fünf Seiten und ist damit zu umfangreich, um es an jeden Arbeitnehmer zu versenden. Das ist auch nicht die Aufgabe eines Insolvenzbüros.

Musterübersicht Insolvenzgeldvorfinanzierung

(Die Übersicht ist alphabetisch sortiert.)

		Rdn.
Muster:	Insolvenzgeldantrag Arbeitnehmer – Vordruck: www.arbeitsagentur.de > Suchfunktion »Formulare« > Insolvenzgeld > Antrag auf Insolvenzgeld > Download möglich	
Muster:	Insolvenzgeldantrag Dritter – Vordruck: www.arbeitsagentur.de > Suchfunktion »Formulare« > Insolvenzgeld > Antrag auf Insolvenzgeld Dritte > Download möglich	
Muster 215:	Insolvenzgeldantrag – Ausschlussfrist – Info an AN (*s. Muster Insolvenzgeld*)	387
Muster:	Insolvenzgeldbescheinigung – Vordruck: www.arbeitsagentur.de > Suchfunktion »Formulare« > Insolvenzgeld > Bescheinigung für Insolvenzgeld > Download möglich	
Muster 343:	Kontoauflösung – Insolvenzgeldvorfinanzierung – Antrag (*s. Muster Treuhandkonto*)	515
Muster 216:	Rahmenvertrag mit Bank	388
Muster 217:	Rundschreiben an AN – Vorabinfo Insolvenzgeld	389
Muster 218:	Vertrag Ankauf – Abtretung Arbeitnehmer inkl. InsoVerf., Abtretung, Pfändung	390
Muster 219:	Vertrag Ankauf – Abtretung Arbeitnehmer ohne Rechte Dritter	391
Muster 220:	Vollmacht Bank § 170 SGB III	392
Muster 221:	Zustimmung Arbeitsagentur – Einholung	393
Muster:	Zustimmung Arbeitsagentur Vordruck: www.arbeitsagentur.de > Suchfunktion »Formulare« > Insolvenzgeld > Antrag auf Zustimmung zur Vorfinanzierung > Download möglich	

Muster 216: Rahmenvertrag mit Bank

Rahmenvertrag zum Ankauf von Ansprüchen auf Arbeitsentgelt 388

zwischen

der … Bank, … (*Anschrift*)

-nachfolgend *»Bank«* genannt

und

der Firma … (*Name und Anschrift der Schuldnerin*)

- nachfolgend *»Schuldnerin«* genannt -

wird folgendes vereinbart:

1.

Die Schuldnerin hat beim zuständigen Amtsgericht – Insolvenzgericht – … am … einen Antrag auf Eröffnung des Insolvenzverfahrens gestellt. Mit Beschluss des Insolvenzgerichtes vom … wurde das vorläufige Insolvenzverfahren angeordnet (Az. … IN …/..). Zum/zur vorläufigen (schwachen) Insolvenzverwalter/in wurde Herr/Frau … bestellt. Dies ist der Bank bekannt. Über die Eröffnung des Insolvenzverfahrens ist noch nicht entschieden.

Diesem Vertrag wird ein HR-Auszug der Schuldnerin als **Anlage** beigefügt.

▶ Hinweis:

Die Banken fordern diesen HR-Auszug regelmäßig. Alternativ können auch folgende Unterlagen beigefügt werden: Gesellschaftsvertrag, Kopien von **Personalausweisen** der Gesellschafter u. Geschäftsführers bzw. des **Schuldners bei natürl. Person.**

2.

Die Schuldnerin ist ihren Arbeitnehmern für die Zeit vom … bis zum … zur Zahlung von Arbeitsentgelten verpflichtet. Die Schuldnerin ist zur Zahlung der Arbeitsentgelte aus eigenen Mitteln im ordentlichen Geschäftsgang nicht in der Lage. Die Entgeltansprüche der einzelnen Arbeitnehmer gegen die Schuldnerin sollen daher durch die Bank vorfinanziert werden.

3.

Die Bank erklärt sich bereit, den Arbeitnehmern deren Ansprüche auf Netto-Arbeitsentgelt für die Zeit von … bis … i.S.v. §§ 165, 167 SGB III, d. h. das auf die monatliche Beitragsbemessungsgrenze begrenzte Bruttoarbeitentgelt vermindert um die gesetzlichen Abzüge, für den vorgenannten Zeitraum Zug um Zug gegen Zahlung dieses Betrages abzukaufen, sofern die Zustimmung der zuständigen Agentur für Arbeit in … zur Vorfinanzierung gem. § 170 Abs. 4 SGB III nachgewiesen ist. Der vorläufige Insolvenzverwalter stimmt dem zu. Der vorläufige Insolvenzverwalter wird für die Bank mit deren Vollmacht die Zustimmung der Bundesagentur für Arbeit einholen.

4.

Die mit den einzelnen Arbeitnehmern abzuschließenden Verträge gemäß dem Muster in der **Anlage** über den Ankauf und die Abtretung von Ansprüchen auf Arbeitsentgelt werden wesentlicher Bestandteil dieser Vereinbarung. Die Arbeitnehmer der … *(Schuldnerin)* verkaufen ihre gegen die Schuldnerin gerichteten Ansprüche auf Zahlung ihrer Nettoarbeitsentgelte für den genannten Zeitraum.

Die Schuldnerin erklärt sich damit einverstanden, dass ein etwaiges arbeitsvertraglich festgeschriebenes Abtretungsverbot bezüglich der von der Bank zu erwerbende Nettoarbeitsentgelte für die Umsetzung dieser Vereinbarung keine Anwendung findet.

Der Ankauf der Arbeitsentgelte durch die Bank führt nicht – auch nicht bis zu einer Entscheidung des Insolvenzgerichts über die Eröffnung des Verfahrens – zu einer Stundung der Forderungen gegenüber der Schuldnerin. Die Bank ist nach Ankauf von Forderungen bei Rücknahme oder bevorstehender Rücknahme des Insolvenzantrages jederzeit berechtigt, diese gegenüber der Schuldnerin geltend zu machen und einen Antrag beim Insolvenzgericht nach § 14 InsO zu stellen.

5.

Der vorläufige Insolvenzverwalter übernimmt es, die Unterschriften der jeweiligen Arbeitnehmer/innen der Schuldnerin auf sämtlichen Verträgen über den Ankauf und die Abtretung von Ansprüchen auf Arbeitsentgelt einzuholen, das jeweilige Arbeitsentgelt für den Zeitraum des Ankaufs einsetzen zu lassen und die einzelnen Arbeitnehmer/innen über die Bedeutung ihrer Unterschrift aufzuklären.

6.

Die Schuldnerin sowie der vorläufige Insolvenzverwalter bestätigen, dass die Arbeitsentgelte der Arbeitnehmer/innen den arbeits- bzw. tarifvertraglichen Ansprüchen entsprechen und dass die sonstige Errechnung der Bezüge den gesetzlichen Bestimmungen entspricht bzw. entsprechen wird.

Die Schuldnerin sichert der Bank den rechtlichen Bestand der jeweils angekauften und bezahlten Nettolohnforderungen und deren rechnerische Richtigkeit als insolvenzgeldfähiges Arbeitsentgelt zu. Weiterhin sichert die Schuldnerin zu, dass ihr bzgl. der angekauften Nettolohnforderungen bis jetzt keine Rechter Dritter (Abtretungen, Pfändungen, Verpflichtungen) angezeigt wurden.

▶ Hinweis:

Die letzten **Lohn- und Gehaltsabrechnungen** der einzelnen Arbeitnehmer sollten auf mögliche Hinweise zu Abtretungen, Pfändungen oder anderen Rechten Dritter **überprüft werden.**

Eine solche Feststellung hat **keine Auswirkung auf die Vorfinanzierung** an sich, weil der volle Lohn-/Gehaltsanspruch besteht und die Arbeitsagentur diesen auch erstattet. Aber das Insolvenzbüro hat bei der **Auszahlung an den Arbeitnehmer** darauf zu achten, dass die **Ansprüche Dritter berücksichtigt** werden.

Die Schuldnerin wird hinsichtlich der von der Bank hiernach erworbenen Arbeitsentgelte weder ganz noch teilweise die Aufrechnung mit Ansprüchen der Schuldnerin gegen den jeweiligen Arbeitnehmer erklären.

7.

Die Schuldnerin und die Bank sind sich darüber einig, dass unter den tatbestandlichen Voraussetzungen des § 165 Abs. 1 SGB III i.V.mit § 170 Abs. 1, 4 SGB III der Bank die Ansprüche auf Insolvenzgeld für die Zeit vom … bis … zustehen.

8.

Die Schuldnerin und der vorläufige Insolvenzverwalter verpflichten sich, unverzüglich nach Eintritt des Insolvenzereignisses oder bei einem der Eröffnung gleichstehenden Ereignis i.S.v. § 165 SGB III die Anträge auf Insolvenzgeld nebst den erforderlichen Unterlagen, insbesondere den einzelnen Verdienstbescheinigungen, vorzubereiten und im Auftrag der Bank gemäß Vollmacht form- und fristgerecht direkt bei der zuständigen Agentur für Arbeit einzureichen und der Bank Abschriften des Antrages zur Kenntnis zu geben.

Hiermit ist die Schuldnerin ausdrücklich einverstanden.

9.

Nach Vorlage der unterschriebenen Verträge über den Ankauf und die Abtretung von Ansprüchen auf Arbeitsentgelt und der Angabe des voraussichtlichen Gesamtvolumens sowie der Zustimmung der Agentur für Arbeit wird die Bank den Kaufpreis nach Vorlage der Überweisungen der jeweiligen Netto-Arbeitsentgelte auf das Treuhandkonto bei der … *(Bank)* (IBAN: …, BIC: …) überweisen.

Der vorläufige Insolvenzverwalter, der dieses Treuhandkonto als Treuhänder für die einzelnen Arbeitnehmer/innen verwaltet, wird den einzelnen Arbeitnehmern/innen das Netto-Arbeitsentgelt sukzessive monatlich auf das von ihnen benannte Konto überweisen, entsprechend und in Höhe der jeweiligen monatlichen Lohn- bzw. Gehaltsabrechnung.

Sofern das Treuhandkonto bei der Bank eröffnet wird, verpflichtet sich der vorläufige Verwalter, bei der Kontoeröffnung der Bank eine Liste mit den Namen der einzelnen Arbeitnehmer/innen zu übergeben (Angabe des wirtschaftlich Berechtigten gemäß §§ 2, 8 GwG).

10.

Die Schuldnerin verpflichtet sich, Differenzen zwischen dem von der Bank gezahlten Kaufpreis und dem von der zuständigen Agentur für Arbeit gezahlten Insolvenzgeld, auf welchen Gründen auch immer diese beruhen, sowie Zinsansprüche oder Bearbeitungsentgelte, die nicht vor Eröffnung gezahlt werden, der Bank zu erstatten. Aus dieser Verpflichtung wird die Schuldnerin erst mit vollständiger Abwicklung sämtlicher von der Bank an den/die Arbeitnehmer/innen geleisteten Vorschüsse frei.

11.

Die Bank als Inhaberin der Netto-Arbeitsentgeltansprüche aus abgetretenem Recht und der vorläufige Insolvenzverwalter sind sich darüber einig, dass die Bank für die Vorfinanzierung der vorbezeichneten Netto-Arbeitsentgelte, die einer Bevorschussung gleichkommt, ab dem Zeitpunkt ihrer Fälligkeit einen Zinssatz in Höhe von … % p.a. sowie eine einmalige Bearbeitungsgebühr in Höhe von … EUR zzgl. pro Arbeitnehmer/in einmalig … EUR erhält.

Die Zahlung der Zinsen und der Bearbeitungsgebühr erfolgt – soweit nachfolgend nicht anders vereinbart – **vorschüssig** auf das für die Insolvenzgeldvorfinanzierung einzurichtende Konto. Der Deckungsbetrag dient der Sicherung der Ansprüche der Bank gegen die Schuldnerin aus dieser Insolvenzgeldvorfinanzierung. Nach Abschluss der Vorfinanzierung rechnet die Bank die aufgelaufenen Zinsen und die Bearbeitungsgebühr sowie etwaige Erstattungsansprüche wegen fehlerhaft abgetretener Nettoarbeitsentgeltansprüche gegen den Deckungsbetrag ab und ermittelt dabei die Höhe einer etwaigen Schlusszahlung zugunsten der Bank oder der Schuldnerin.

Der vorläufige Insolvenzverwalter ist nur dann verpflichtet, vorschüssig vor Eröffnung des Verfahrens zu leisten, soweit keine Einzelermächtigung nach Ziff. 12 bzgl. der Vorfinanzierung durch das Insolvenzgericht erteilt wurde.

12.

Der vorläufige Insolvenzverwalter beabsichtigt, sich von dem zuständigen Insolvenzgericht ermächtigen zu lassen, Verbindlichkeiten zu Lasten der späteren Insolvenzmasse mit entsprechender Anwendung des § 55 Abs. 2 InsO für die Vorfinanzierung von Insolvenzgeld begründen zu können, insbesondere hinsichtlich der Verpflichtung zur Zahlung der Zinsen, des Bearbeitungsentgeltes und einer etwaigen Differenz zwischen dem von der Bank gezahlten Kaufpreis und dem von der Agentur für Arbeit gezahlten Insolvenzgeld.

13.

Die Bank übernimmt außer der Verpflichtung zur Zahlung des Kaufpreises gegenüber den Arbeitnehmern/innen keine weiteren Verpflichtungen. Sie steht insbesondere nicht für die das Netto-Arbeitsentgelt (§ 167 SGB III) übersteigenden Beträge sowie für Lohnfolgekosten (Steuern, Sozialabgaben etc.) ein.

Für den Fall der Rücknahme bzw. der drohenden Rücknahme des Insolvenzantrages sind der vorläufige Insolvenzverwalter und die Schuldnerin verpflichtet, die Bank und die wesentlichen Gläubiger unverzüglich zu informieren und Maßnahmen zu ergreifen, um – im Rahmen ihrer Möglichkeiten – Schaden von der Bank abzuwenden.

Die Bank ist aufgrund der von ihr angekauften Nettoarbeitsentgelte bei Rücknahme oder bevorstehender Rücknahme des Insolvenzantrages jederzeit berechtigt, einen eigenen Antrag auf Eröffnung des Insolvenzverfahrens zu stellen. Zu diesem Zweck befreit die Schuldnerin die Bank von dem Bankgeheimnis.

Für den Fall der Rücknahme des Insolvenzantrages ist die Schuldnerin verpflichtet, die von der Bank angekauften Nettoarbeitsentgelte nebst Zinsen und Kosten spätestens innerhalb von zwei Arbeitstagen nach Rücknahme des Insolvenzantrages zurückzuführen, soweit dies nicht bereits geschehen sein sollte. Spätestens mit Ablauf dieser Frist tritt Verzug ein.

14.

Die Wirksamkeit dieser Vereinbarung ist aufschiebend bedingt auf die Erteilung der Zustimmung zur Insolvenzgeldvorfinanzierung durch die Agentur für Arbeit.

15.

Änderungen und Ergänzungen dieses Vertrages sind nur schriftlich wirksam. Gleiches gilt für den Verzicht auf dieses Erfordernis. Nebenabreden sind nicht getroffen.

16.

Die Schuldnerin wird der Bank den wegen eventueller Verluste im Zusammenhang mit dem Ankauf der jeweiligen Nettoarbeitsentgelte und der anschließenden Gewährung von Insolvenzgeld entstandenen Schaden ersetzen, soweit die Verluste ohne eigenes Verschulden der Bank entstanden sind.

Die Vereinbarung ist aus wichtigem Grunde fristlos kündbar. Ein wichtiger Grund zur Kündigung liegt für die Bank insbesondere vor, wenn eine Rücknahme des Insolvenzantrages nach vernünftiger Würdigung der Bank droht. Mit Kündigung durch die Bank ist der vorläufige Insolvenzverwalter nicht mehr befugt, neue Ankaufsvereinbarungen von den Arbeitnehmern/innen einzuholen oder Kaufpreise im Auftrage der Bank auszuzahlen. Die Mitwirkungspflichten der Schuldnerin und des vorläufigen Insolvenzverwalter bleiben unberührt, soweit dies zur Abwicklung der Ansprüche der Bank sinnvoll ist.

Sollte eine Bestimmung des Vertrages nichtig oder aus irgendeinem anderen Grund unwirksam oder undurchführbar sein oder werden, so wird die Wirksamkeit der übrigen Bestimmungen hiervon nicht berührt. Die Vertragspartner verpflichten sich, die unwirksame Bestimmung durch eine wirksame Bestimmung zu ersetzen, die dem Gewollten am Nächsten kommt. Entsprechendes gilt für Regelungslücken.

....	....
Ort, Datum	Ort, Datum
______________________	______________________
...(*Schuldnerin*)	... (*Bank*)
Geschäftsführer	

Ich stimme dem Rahmenvertrag zu:

....

Ort, Datum

____

vorläufiger Insolvenzverwalter

Muster 217: Rundschreiben an AN – Vorabinfo Insolvenzgeld

389 *Adressat: Arbeitnehmer/in*

Vorläufiges Insolvenzverfahren über das Vermögen der Firma... mit dem Sitz in ...
Amtsgericht...:... IN.../...
U.Z.: Arbeitsverhältnisse A – Z

____

Sehr geehrte Frau...,/sehr geehrter Herr ...,

am ... hat das Amtsgericht ... über das Vermögen Ihres Arbeitgebers, der obigen Firma, das vorläufige Insolvenzverfahren angeordnet. Ich wurde *zum/zur vorläufigen Insolvenzverwalter/in* ernannt. Eine Kopie des gerichtlichen Beschlusses liegt in der **Anlage** bei.

Ihr Arbeitgeber konnte die Löhne und Gehälter für den ... (*Monat*) nicht an die Arbeitnehmer auszahlen. Gemeinsam mit *dem/der Geschäftsführer/in* der Schuldnerin, *Herrn/Frau* ..., bemühen wir uns zurzeit, ein Fortführungskonzept für das Unternehmen zu erarbeiten. Entsprechende Planungsrechnungen sind bereits vorbereitet und lassen erkennen, dass eine Restrukturierung des Geschäftsbetriebes möglich erscheint.

Wie im Rahmen der Betriebsversammlung dargelegt *und mit dem Betriebsrat abgestimmt*, habe ich bei der Bundesagentur für Arbeit, ... *(Ort)*, einen Antrag auf Zustimmung zur Insolvenzgeldvorfinanzierung gestellt. Vorfinanzierendes Kreditinstitut ist die ... *(Bank)*. Nach telefonischer Rückmeldung der Bundesagentur für Arbeit wird die Zustimmung zur Insolvenzgeldvorfinanzierung erteilt werden. Dies hat zur Folge, dass kurzfristig ein Darlehen bei der ... (*Bank*) in Anspruch genommen werden kann, um die monatlichen Nettolöhne und -gehälter für 3 Monate sicherzustellen. Diese könnten dann im Fälligkeitszeitpunkt an die Arbeitnehmer gezahlt werden.

Selbst im Falle des Scheiterns eines Fortführungskonzeptes sind Ihre Lohnansprüche für drei Monate,
- rückwirkend ab dem Zeitpunkt der Eröffnung des Insolvenzverfahrens,
- ggf. ab dem Zeitpunkt der Ablehnung der Eröffnung mangels einer die Kosten des Verfahrens deckenden Masse oder
- sichergestellt. Auch in diesem Fall würde Insolvenzgeld an alle Arbeitnehmer gezahlt.
- für den Fall, dass Ihr Arbeitsverhältnis bereits beendet war oder innerhalb dieses Zeitraums endet, drei Monate rückwirkend ab dem Zeitpunkt der Beendigung des Arbeitsverhältnisses

sichergestellt.

Demzufolge ist gesichert, dass Ihnen für den Zeitraum von drei Monaten die Nettolöhne zufließen. Die Sicherung ist nur insoweit einzuschränken als dass Insolvenzgeld nur bis zur monatlichen Beitragsbemessungsgrenze gem. § 341 Abs. 4 SGB III (per Stand 01.01.2019: West: 6.700 EUR, Ost: 6.150 EUR) gezahlt wird und es auch einige nicht insolvenzgeldfähige Gehaltsbestandteile gibt (z. B. arbeitgeberfinanzierte Beiträge zur betrieblichen Altersvorsorge, Urlaubsabgeltung oder Guthabenstunden aus Arbeitszeitkonten). Weitergehende Einzelheiten können Sie einer Informationsbroschüre der Arbeitsagentur über das Insolvenzgeld entnehmen.

Den Insolvenzgeldbescheid über das bewilligte Insolvenzgeld erhalten Sie nach Antragstellung durch Sie von der Arbeitsagentur.

Die Arbeitsbescheinigung und die Lohnsteuerbescheinigung erhalten Sie von dem zuständigen Steuerberater oder von mir einige Zeit nach Insolvenzeröffnung. Die Fertigstellung aller Bescheinigungen wird einige Zeit in Anspruch nehmen, so dass ich Sie bitten möchte, von telefonischen Anfragen Abstand zu nehmen.

Dieses Schreiben können Sie gerne Ihrem Vermieter, Ihrer Bank oder sonstigen Gläubigern vorlegen, um zu dokumentieren, dass Sie derzeit unverschuldet keine Lohnzahlungen für ... (*Monat*) erhalten haben und ein Insolvenzgeldschutz besteht.

Sollten Sie weitere Fragen haben, stehen wir Ihnen selbstverständlich gerne zur Verfügung.

Mit freundlichen Grüßen

....

vorl. Insolvenzverwalter

Anlage:
Anordnungsbeschluss vorl. Verwaltung

Muster 218: Vertrag Ankauf – Abtretung Arbeitnehmer inkl. InsoVerf., Abtretung, Pfändung

Vertrag über den Ankauf und die Abtretung 390

von Ansprüchen auf Arbeitsentgelt

zwischen

... (*Vor- und Zuname, Anschrift des/der jeweiligen Arbeitnehmers/Arbeitnehmerin*)

- im folgenden »*Arbeitnehmer*« genannt -,

und

der ... (*Bank*), ... (*Anschrift*)

- im folgenden »*Bank*« genannt -.

1.

Mit Beschluss des Insolvenzgerichts wurde am ... das vorläufige Insolvenzverfahren über das Vermögen der Firma ... (*Schuldnerin*) (im folgenden »Firma« genannt) angeordnet (Az. ... IN.../...). Zum/Zur vorläufigen (schwachen) Insolvenzverwalter/in wurde .... (*Name und Anschrift des Verwalterbüros*) (im folgenden »*vorläufige/r Insolvenzverwalter/in* « genannt) bestellt. Über die Eröffnung des Insolvenzverfahrens ist noch nicht entschieden.

Die Firma ist zur Zahlung der Arbeitsentgelte aus eigenen Mitteln im ordentlichen Geschäftsgang nicht in der Lage. Die Entgeltansprüche der einzelnen Arbeitnehmer gegen die Firma sollen daher durch die Bank vorfinanziert werden. *Die Zustimmung der Bundesagentur für Arbeit in ... wurde bereits mit Schreiben vom ... erteilt.*

2.

Der Arbeitnehmer steht in einem Arbeitsverhältnis mit der Firma. Für die Zeit vom ... bis ... hat der Arbeitnehmer gegen die Firma einen Anspruch auf Netto-Arbeitsentgelt im Sinne des § 167 SGB III, d. h. das auf die monatliche Beitragsbemessungsgrenze begrenzte Bruttoarbeitsentgelt vermindert um die gesetzlichen Abzüge i.H.v. monatlich rund ... EUR. Der konkrete Anspruch ergibt sich aus den jeweiligen monatlichen Lohnabrechnungen, die Grundlage für den insolvenzgeldfähigen Auszahlungsbetrag ist.

3.

Der Arbeitnehmer verkauft an die Bank Zug um Zug gegen Zahlung dieses Betrages seinen vorgenannten Anspruch auf Netto-Arbeitsentgelt, maximal in Höhe des insolvenzgeldfähigen Nettoentgeltes, welches dem Auszahlungsbetrag entspricht. Etwaige Differenzen aus Vormonaten können vom letzten Auszahlungsanspruch in Abzug gebracht oder verrechnet werden.

Bei ggf. Insolvenzverfahren über das Vermögen von Arbeitnehmern:

Den Parteien ist bekannt, dass über das Vermögen *des Arbeitnehmers/der Arbeitnehmerin* das Insolvenzverfahren eröffnet und *Herr/Frau ... zum/zur Insolvenzverwalter/in* bestellt wurde (Amtsgericht ...: ... *IN/IK .../...*). Im Rahmen des Insolvenzverfahrens hat *der/die Arbeitnehmer/in* den pfändbaren Teil *seines/ihres* Lohnes/Gehaltes an *den/die Insolvenzverwalter/in* abgetreten. Um die Insolvenzgeldvorfinanzierung für *den/die Arbeitnehmer/in* dennoch durchführen zu können, ist *Herr/Frau ...* in *seiner/ihrer* Eigenschaft als *Insolvenzverwalter/in (= derjenige aus dem anderen Verfahren)* damit einverstanden, dass *der/die Arbeitnehmer/in seinen/ihren* Anspruch auf Netto-Arbeitsentgelt gem. Ziffer 3, 4 und 5 Satz 1 dieser Vereinbarung an die Bank verkauft und abtritt. Im Gegenzug wird der vorläufige Insolvenzverwalter, ..., mit Zustimmung der Firma den pfändbaren Lohnanteil *des Arbeitnehmers/der Arbeitnehmerin* auf das für das Insolvenzverfahren *des*

Arbeitnehmers/der Arbeitnehmerin bei *Herrn/Frau* ... (= *Insolvenzverwalter/in*) eingerichtete Insolvenztreuhandkonto (*Bank ..., IBAN: ..., BIC: ...*) überweisen. *Der Insolvenzverwalter/in* über das Vermögen *des Arbeitnehmers/der Arbeitnehmerin* verzichtet ausdrücklich auf die Stellung eines Insolvenzgeldantrages zugunsten Dritter.

Bei ggf. Abtretung pfändbarer Einkommensanteile von Arbeitnehmern an Dritte:

Den Parteien ist bekannt, dass *der/die Arbeitnehmer/in seinen/ihren* pfändbaren Einkommensanteil am ... an ... abgetreten hat. Um die Insolvenzgeldvorfinanzierung für *den/die Arbeitnehmer/in* dennoch durchführen zu können, ist der Abtretungsgläubiger, *Firma/Herr/Frau* ..., damit einverstanden, dass *der/die Arbeitnehmer/in seinen/ihren* Anspruch auf Netto-Arbeitsentgelt gem. Ziffer 3, 4 und 5 Satz 1 dieser Vereinbarung an die Bank verkauft und abtritt. Im Gegenzug wird der vorläufige Insolvenzverwalter, ..., mit Zustimmung der Firma den pfändbaren Lohnanteil *des Arbeitnehmers/der Arbeitnehmerin* auf das vom Abtretungsgläubiger benannte Konto (*Bank ..., IBAN: ..., BIC: ...*) überweisen. Der Abtretungsgläubiger verzichtet ausdrücklich auf die Stellung eines Insolvenzgeldantrages zugunsten Dritter.

Bei ggf. Pfändung pfändbarer Einkommensanteile:

Den Parteien ist bekannt, dass der pfändbare Einkommensanteil *des Arbeitnehmers/der Arbeitnehmerin* gegen die Schuldnerin gepfändet wurde. Der Pfändungs- und Überweisungsbeschluss ist der Schuldnerin am ... zugegangen. Um die Insolvenzgeldvorfinanzierung für *den/die Arbeitnehmer/in* dennoch durchführen zu können, ist der Pfändungsgläubiger, *Firma/Herr/Frau* ..., damit einverstanden, dass *der/die Arbeitnehmer/in seinen/ihren* Anspruch auf Netto-Arbeitsentgelt gem. Ziffer 3, 4 und 5 Satz 1 dieser Vereinbarung an die Bank verkauft und abtritt. Im Gegenzug wird der vorläufige Insolvenzverwalter, ..., mit Zustimmung der Firma den pfändbaren Lohnanteil *des Arbeitnehmers/der Arbeitnehmerin* auf das vom Pfändungsgläubiger benannte Konto (*Bank ..., IBAN: ..., BIC: ...*) überweisen. Der Pfändungsgläubiger verzichtet ausdrücklich auf die Stellung eines Insolvenzgeldantrages zugunsten Dritter.

4.

Der Arbeitnehmer ermächtigt den vorläufigen Insolvenzverwalter, bei der Bank ein Treuhandkonto für sämtliche Arbeitnehmer zu eröffnen. Der Arbeitnehmer ermächtigt die Bank, den Kaufpreis mit befreiender Wirkung auf dieses Treuhandkonto zu überweisen. Die Überweisung des Kaufpreises an den Arbeitnehmer erfolgt durch den vorläufigen Insolvenzverwalter auf das Konto des Arbeitnehmers.

5.

Der Arbeitnehmer tritt hiermit seinen Anspruch auf Netto-Arbeitsentgelt mit allen Nebenrechten, insbesondere den Ansprüchen auf Zahlung von Insolvenzgeld nach den §§ 165 ff. SGB III an die Bank ab. Die Bank nimmt die Abtretung hiermit an.

Die Firma und der vorläufige Insolvenzverwalter

sowie Herr/Frau... als Insolvenzverwalter/in über das Vermögen des Arbeitnehmers (Amtsgericht ....: ... IK/IN .../....)

sowie Firma/Herr/Frau ... als Abtretungsgläubigerin

sowie Firma/Herr/Frau ... als Pfändungsgläubigerin

stimmen dem Verkauf und der Abtretung zu.

6.

Der Arbeitnehmer, die Firma und der vorläufige Insolvenzverwalter – soweit er auch bei Eröffnung des Verfahrens zum Insolvenzverwalter bestellt wird – *sowie auch der Insolvenzverwalter / Abtretungsgläubiger / Pfändungsgläubiger des Arbeitnehmers* – verpflichten sich, nach Eröffnung des Insolvenzverfahrens oder bei einem der Eröffnung gleichstehenden Ereignis i.S.v. § 165 SGB III die Bank bei der Durchsetzung ihres Anspruches auf Insolvenzgeld zu unterstützen.

Der Arbeitnehmer erklärt sich insbesondere damit einverstanden, dass der Bank vom vorläufigen Insolvenzverwalter eine Durchschrift seiner Lohn- und Gehaltsabrechnung zur Verfügung gestellt wird.

7.

Der Arbeitnehmer steht der Bank verschuldensunabhängig dafür ein, dass der o. g. Anspruch auf Arbeitsentgelt während des oben genannten Zeitraums in der angegebenen Höhe besteht und sich nicht in seinem rechtlichen Bestand verändert, insbesondere durch Aufrechnung, Kündigung oder einvernehmliche Aufhebung des Arbeitsvertrages. Der Arbeitnehmer steht der Bank verschuldensunabhängig dafür ein, dass sein Anspruch auf Arbeitsentgelt jetzt und künftig frei von allen sonstigen Einreden und Einwendungen ist, dass der Anspruch auf Arbeitsentgelt – *mit Ausnahme der vorstehend genannten Abtretung/Pfändung* – weder anderweitig abgetreten noch verpfändet oder gepfändet ist und dass er keinen Antrag auf Insolvenzgeld gestellt und für den oben genannten Zeitraum keine Arbeitslosenunterstützung erhalten oder beantragt hat oder beantragen wird.

8.

Die Firma und der vorläufige Insolvenzverwalter bestätigen, dass ihnen – *mit Ausnahme der vorstehend genannten Abtretung/Pfändung* – weitere Abtretungen, Verpfändungen oder Pfändungen der angekauften Arbeitsentgeltansprüche nicht angezeigt worden sind. Beide bestätigen ferner den rechtlichen Bestand der ausgewiesenen Netto-Arbeitsentgelte und deren rechnerische Richtigkeit.

9.

Die Bank übernimmt außer der Verpflichtung zur Zahlung des Kaufpreises keine weiteren Verpflichtungen. Sie steht insbesondere nicht für die das Netto-Arbeitsentgelt (§ 167 SGB III) übersteigenden Beträge sowie für Lohnfolgekosten (Steuern, Sozialabgaben etc.) ein.

10.

Änderungen und Ergänzungen dieses Vertrages sind nur schriftlich wirksam. Gleiches gilt für den Verzicht auf dieses Erfordernis. Nebenabreden sind nicht getroffen. Sollte eine Bestimmung dieses Vertrages nichtig oder aus irgendeinem anderen Grund unwirksam oder undurchführbar sein oder werden, so wird die Wirksamkeit der übrigen Bestimmungen hiervon nicht berührt. Die Vertragspartner verpflichten sich, die unwirksame Bestimmung durch eine wirksame Bestimmung zu ersetzen, die dem wirtschaftlich Gewollten am nächsten kommt. Entsprechendes gilt für Regelungslücken.

....
Ort, Datum

....
Ort, Datum

____
... (*Vor- und Zuname*)
– Arbeitnehmer -

... (*Bank*)

____
... (*Name*)
Insolvenzverwalter über das Vermögen des Arbeitnehmers

____
... (*Name*)
Abtretungsgläubiger des Arbeitnehmers
...

____
... (*Name*)
Pfändungsgläubiger des Arbeitnehmers
...

....
Ort, Datum

____
... (*Name*)
- vorl. Insolvenzverwalter -

....
Ort, Datum

____
... (*Firma*)
Geschäftsführer ...
- Arbeitgeber -

Muster 219: Vertrag Ankauf – Abtretung Arbeitnehmer ohne Rechte Dritter

Vertrag über den Ankauf und die Abtretung 391

von Ansprüchen auf Arbeitsentgelt

zwischen

... (*Vor- und Zuname, Anschrift des/der jeweiligen Arbeitnehmers/Arbeitnehmerin*)

- im folgenden »*Arbeitnehmer*« genannt -,

und

der ... (*Bank*), ... (*Anschrift*)

- im folgenden »*Bank*« genannt -.

1.

Mit Beschluss des Insolvenzgerichts wurde am ... das vorläufige Insolvenzverfahren über das Vermögen der Firma ... (*Schuldnerin*) (im folgenden »Firma« genannt) angeordnet (Az. ... IN.../...). Zum/Zur vorläufigen (schwachen)

Insolvenzverwalter/in wurde .... (*Name und Anschrift des Verwalterbüros*) (im folgenden *»vorläufige/r Insolvenzverwalter/in* « genannt) bestellt. Über die Eröffnung des Insolvenzverfahrens ist noch nicht entschieden.

Die Firma ist zur Zahlung der Arbeitsentgelte aus eigenen Mitteln im ordentlichen Geschäftsgang nicht in der Lage. Die Entgeltansprüche der einzelnen Arbeitnehmer gegen die Firma sollen daher durch die Bank vorfinanziert werden. *Die Zustimmung der Bundesagentur für Arbeit in ... wurde bereits mit Schreiben vom ... erteilt.*

2.

Der Arbeitnehmer steht in einem Arbeitsverhältnis mit der Firma. Für die Zeit vom ... bis ... hat der Arbeitnehmer gegen die Firma einen Anspruch auf Netto-Arbeitsentgelt im Sinne des § 167 SGB III, d. h. das auf die monatliche Beitragsbemessungsgrenze begrenzte Bruttoarbeitsentgelt vermindert um die gesetzlichen Abzüge i.H.v. monatlich rund ... EUR. Der konkrete Anspruch ergibt sich aus den jeweiligen monatlichen Lohnabrechnungen, die Grundlage für den insolvenzgeldfähigen Auszahlungsbetrag ist.

3.

Der Arbeitnehmer verkauft an die Bank Zug um Zug gegen Zahlung dieses Betrages seinen vorgenannten Anspruch auf Netto-Arbeitsentgelt, maximal in Höhe des insolvenzgeldfähigen Nettoentgeltes, welches dem Auszahlungsbetrag entspricht. Etwaige Differenzen aus Vormonaten können vom letzten Auszahlungsanspruch in Abzug gebracht oder verrechnet werden.

4.

Der Arbeitnehmer ermächtigt den vorläufigen Insolvenzverwalter, bei der Bank ein Treuhandkonto für sämtliche Arbeitnehmer zu eröffnen. Der Arbeitnehmer ermächtigt die Bank, den Kaufpreis mit befreiender Wirkung auf dieses Treuhandkonto zu überweisen. Die Überweisung des Kaufpreises an den Arbeitnehmer erfolgt durch den vorläufigen Insolvenzverwalter auf das Konto des Arbeitnehmers.

5.

Der Arbeitnehmer tritt hiermit seinen Anspruch auf Netto-Arbeitsentgelt mit allen Nebenrechten, insbesondere den Ansprüchen auf Zahlung von Insolvenzgeld nach den §§ 165 ff. SGB III an die Bank ab. Die Bank nimmt die Abtretung hiermit an.

Die Firma und der vorläufige Insolvenzverwalter stimmen dem Verkauf und der Abtretung zu.

6.

Der Arbeitnehmer, die Firma und der vorläufige Insolvenzverwalter – soweit er auch bei Eröffnung des Verfahrens zum Insolvenzverwalter bestellt wird- verpflichten sich, nach Eröffnung des Insolvenzverfahrens oder bei einem der Eröffnung gleichstehenden Ereignis i.S.v. § 165 SGB III die Bank bei der Durchsetzung ihres Anspruches auf Insolvenzgeld zu unterstützen.

Der Arbeitnehmer erklärt sich insbesondere damit einverstanden, dass der Bank vom vorläufigen Insolvenzverwalter eine Durchschrift seiner Lohn- und Gehaltsabrechnung zur Verfügung gestellt wird.

7.

Der Arbeitnehmer steht der Bank verschuldensunabhängig dafür ein, dass der o. g. Anspruch auf Arbeitsentgelt während des oben genannten Zeitraums in der angegebenen Höhe besteht und sich nicht in seinem rechtlichen Bestand verändert, insbesondere durch Aufrechnung, Kündigung oder einvernehmliche Aufhebung des Arbeitsvertrages. Der Arbeitnehmer steht der Bank verschuldensunabhängig dafür ein, dass sein Anspruch auf Arbeitsentgelt jetzt und künftig frei von allen sonstigen Einreden und Einwendungen ist, dass der Anspruch auf Arbeitsentgelt weder anderweitig abgetreten noch verpfändet oder gepfändet ist und dass er keinen Antrag auf Insolvenzgeld gestellt und für den oben genannten Zeitraum keine Arbeitslosenunterstützung erhalten oder beantragt hat oder beantragen wird.

8.

Die Firma und der vorläufige Insolvenzverwalter bestätigen, dass ihnen Abtretungen, Verpfändungen oder Pfändungen der angekauften Arbeitsentgeltansprüche nicht angezeigt worden sind. Beide bestätigen ferner den rechtlichen Bestand der ausgewiesenen Netto-Arbeitsentgelte und deren rechnerische Richtigkeit.

9.

Die Bank übernimmt außer der Verpflichtung zur Zahlung des Kaufpreises keine weiteren Verpflichtungen. Sie steht insbesondere nicht für die das Netto-Arbeitsentgelt (§ 167 SGB III) übersteigenden Beträge sowie für Lohnfolgekosten (Steuern, Sozialabgaben etc.) ein.

10.

Änderungen und Ergänzungen dieses Vertrages sind nur schriftlich wirksam. Gleiches gilt für den Verzicht auf dieses Erfordernis. Nebenabreden sind nicht getroffen. Sollte eine Bestimmung dieses Vertrages nichtig oder aus irgendeinem anderen Grund unwirksam oder undurchführbar sein oder werden, so wird die Wirksamkeit der übrigen Bestimmungen hiervon nicht berührt. Die Vertragspartner verpflichten sich, die unwirksame Bestimmung durch eine wirksame Bestimmung zu ersetzen, die dem wirtschaftlich Gewollten am nächsten kommt. Entsprechendes gilt für Regelungslücken.

....	....
Ort, Datum	Ort, Datum
... (*Vor- und Zuname*) – Arbeitnehmer -	... (*Bank*)
....	....
Ort, Datum	Ort, Datum
... (*Name*) - vorl. Insolvenzverwalter -	... (*Firma*) Geschäftsführer ... - Arbeitgeber -

Muster 220: Vollmacht Bank § 170 SGB III

Vollmacht 392

Mit Beschluss vom ... hat das Amtsgericht ... über das Vermögen der Firma ... (*Name und Anschrift*) die vorläufige Verwaltung angeordnet und *Herr/Frau ...* (*vollständiger Name*) *zum/zur vorläufigen Insolvenzverwalter/in* bestellt.

Wir, die unterzeichnende

(Name der Bank und Anschrift)

sind als Kreditinstitut bereit, das Insolvenzgeld gem. § 170 Abs. 4 SGB III für die Arbeitnehmer vorzufinanzieren.

Wir bevollmächtigen hiermit den vorläufigen Insolvenzverwalter,

(vollständiger Name und Anschrift)

die vorbehaltslose Zustimmung der zuständigen Agentur für Arbeit gem. § 170 Abs. 4 SGB III einzuholen. Dem Antrag ist diese Vollmacht beizufügen.

Des Weiteren wird der vorläufige Insolvenzverwalter bevollmächtigt, den »Antrag Dritte« für die Bank bei der Agentur für Arbeit einzureichen.

..., den ...

- Name der Bank -

Muster 221: Zustimmung Arbeitsagentur – Einholung

Adressat: zuständige Bundesagentur am Sitz der Schuldnerin 393

(i.d.R. per Telefax versenden)

Bitte sofort vorlegen!

Insolvenzeröffnungsverfahren über das Vermögen der Firma ... mit dem Sitz in ...
Amtsgericht ...: ... IN .../...
Antrag auf Zustimmung zur Vorfinanzierung gemäß § 170 Abs. 4 SGB III

Sehr geehrte Frau ...,/sehr geehrter Herr ...,

in obiger Angelegenheit nehme ich Bezug auf das im Vorfeld bereits geführte Telefonat und beantrage hiermit die Zustimmung zur Vorfinanzierung von Insolvenzgeld gemäß § 170 Abs. 4 SGB III in dem im Betreff näher bezeichneten Insolvenzeröffnungsverfahren.

1. In der **Anlage** zu diesem Anschreiben erhalten Sie zunächst:
   - Kopie des Beschlusses des Amtsgerichts – Insolvenzgericht – ...vom ... (AZ: ... IN .../...), mit dem in dem Insolvenzeröffnungsverfahren über das Vermögen der Firma ... (*vollständige Bezeichnung und Anschrift*) die vorläufige Verwaltung angeordnet und ich zum vorläufigen Insolvenzverwalter mit Zustimmungsvorbehalt bestimmt wurde;
   - Namensliste der Arbeitnehmer, deren Arbeitsentgelte vorfinanziert werden sollen;
   - Vollmacht der vorfinanzierenden ... (*Bank*) an den vorläufigen Insolvenzverwalter zur Antragstellung gem. § 170 Abs. 4 SGB III; *(siehe gesondertes Muster Nr. 220)*
   - Antrag (amtlicher Vordruck) der ... (*Bank*) als vorfinanzierendes Kreditinstitut, vertreten durch den vorläufigen Insolvenzverwalter, auf Zustimmung zur Vorfinanzierung gemäß § 170 Abs. 4 SGB III;

▶ Hinweis:

Die jeweils aktuelle Fassung des Formulars kann auf der Internetseite der Bundesagentur heruntergeladen werden: *www.arbeitsagentur.de* > Formulare > Insolvenzgeld > Antrag auf Zustimmung zur Vorfinanzierung.

Der Rahmenvertrag zum Ankauf von Ansprüchen auf Arbeitsentgelte mit dem vorfinanzierenden Kreditinstitut (*s. gesondertes Muster* Nr. 216) sowie die einzelnen Verträge zum Ankauf und die Abtretung von Ansprüchen auf Arbeitsentgelt sind bereits vorbereitet.

2. Der Beschluss über die Anordnung der vorläufigen Insolvenzverwaltung durch das Amtsgericht – Insolvenzgericht – … ist der Kanzlei des Unterzeichners am … zugegangen.
   Zur Begründung des Antrages auf Vorfinanzierung von Insolvenzausfallgeld gem. Ziffer 8a) des Antragsformulars, wird auf die nachfolgenden Ausführungen verwiesen:
   a) Allgemeines
      Der Insolvenzantrag beruht auf einem Eigenantrag der Schuldnerin, bei Gericht eingegangen am …
      Bereits mit dem Insolvenzantrag verbunden wurde die Zielsetzung einer Sanierung des Geschäftsbetriebes der Schuldnerin, möglicherweise unter Durchführung eines Insolvenzplanverfahrens, durch den Bevollmächtigten zum Ausdruck gebracht.
      Gegenstand des Geschäftsbetriebes der Schuldnerin ist … (*kurze Umschreibung*). … (*Erläuterungen zur Unternehmensgeschichte und aktuellen Tätigkeit*)
      Grund für den Eigenantrag der Schuldnerin sind rückständige Verbindlichkeiten (… *die wesentlichen aufführen*). Die Zahlungsunfähigkeit war eingetreten.
      Als wesentliche Krisenursache schilderte der Geschäftsführer … *(Darstellung der Krisenursache und der Zukunftsperspektive)*
   b) Arbeitsverhältnisse
      Laut Auskunft der Schuldnerin sind derzeit … Arbeitnehmer/-innen beschäftigt.
      Im Rahmen einer Belegschaftsversammlung am … wurde den Arbeitnehmern die Situation des Unternehmens erläutert. Weiterhin wurden die nächsten Schritte und Planungen den Arbeitnehmern dargelegt.
      Insbesondere wurden die Möglichkeit einer Insolvenzgeldvorfinanzierung sowie die damit einhergehenden rechtlichen Folgen erläutert. Die Arbeitnehmer stimmen der Durchführung der Insolvenzgeldvorfinanzierung zu. Die Arbeitnehmer erklärten sich für den in Aussicht genommenen Zeitraum eines vorläufigen Insolvenzverfahrens bis … bereit, ihrer Tätigkeit uneingeschränkt nachzukommen. Sie haben sich für eine Vorfinanzierung vom … bis … ausgesprochen.
      Laut Auskunft der Geschäftsleitung des Betriebs liegen keine Abtretung oder Lohn- bzw. Gehaltspfändungen vor.
   c) Fortführung des Geschäftsbetriebes
      Seit Anordnung der vorläufigen Verwaltung konnte der Geschäftsbetrieb fortgeführt werden.
      … *(Erläuterungen zum bisherigen Ablauf: Verhalten der Lieferanten und Kunden)*
      Ziel der bislang erörterten Maßnahmen ist eine mögliche Sanierung des Geschäftsbetriebes der Verfahrensschuldnerin, verbunden mit einer langfristigen Erhaltung der Arbeitsplätze.
      Nach Einschätzung des vorläufigen Insolvenzverwalters bestehen gute Chancen, dass von den bisher … vorhandenen Arbeitsverhältnissen die wesentliche Anzahl dauerhaft erhalten bleibt. *(hierzu weiter ausführen: ggf. Ansätze einer übertragenden Sanierung oder Erarbeitung eines Insolvenzplans)*
      Um die hierfür erforderliche Fortsetzung des Geschäftsbetriebes während der vorläufigen Verwaltung gewährleisten zu können, ist eine Vorfinanzierung von Insolvenzausfallgeld notwendig, bezüglich derer der Antrag gem. § 170 Abs. 4 SGB III gestellt wird.
      Während dieser Phase sowie dem sich anschließenden Zeitraum soll eine Sanierung des Geschäftsbetriebes weiter vorbereitet und geprüft werden.
3. Der **Vorfinanzierungszeitraum** soll sich vom 00. Monat 0000 bis zum 00. Monat 0000 erstrecken. Die Löhne sind jeweils *am Ende des Monats fällig und zahlbar.*
   Vorfinanzierendes Kreditinstitut ist die … Die Eröffnung des Insolvenzverfahrens ist sodann für den … geplant.
   Vor diesem Hintergrund wird bei Aufrechterhaltung des Geschäftsbetriebes im vorläufigen Insolvenzverfahren die Möglichkeit erhalten, dass im Wege einer übertragenden Sanierung oder rechtsträgererhaltenden Sanierung über ein Insolvenzplanverfahren eine wesentliche Anzahl von Arbeitsplätzen nicht nur vorübergehend erhalten bleiben kann.

Aufgrund der vorbezeichneten Sachlage bitte ich, den Antrag auf Zustimmung zur Vorfinanzierung gem. § 170 Abs. 4 SGB III positiv zu bescheiden.

Sollten Sie weitere Unterlagen oder Informationen benötigen, wäre ich für eine kurzfristige Rückmeldung dankbar. Für Rückfragen stehen wir Ihnen selbstverständlich gerne jederzeit auch telefonisch zur Verfügung.

Mit freundlichen Grüßen

………………………………………

vorl. Insolvenzverwalter

Anlagen:
wie vorstehend unter Ziffer 1 aufgeführt

Musterübersicht Insolvenzplanverfahren

(Die Übersicht ist alphabetisch sortiert.)

Rdn.

Muster 68: Bericht zur 1. GV (Planverfahren) (*s. Muster Berichte*) 240
Muster 222: Gläubigergruppenverzeichnis gem. § 222 InsO 394
Muster 209: Inhaltsverzeichnis Insolvenzplanverfahren (*s. Muster Inhaltsverzeichnis*) 381
Muster 223: Ladung Erörterungstermin – Übersendung an Beteiligte 395
Muster 224: Planbestätigung – Versendung an Gläubiger 396
Muster 225: Überwachung – Anzeige Nichterfüllung ggü. Gericht 397
Muster 226: Überwachung – Anzeige Nichterfüllung ggü. Gläubiger 398
Muster 227: Überwachung – Sachstandsbericht Erfüllung 399
Muster 228: Vollmacht zur Stimmrechtsausübung 300
Muster 359: Zustellungskosten – Formulierungsvorschlag (*s. Muster Vergütungsanträge*) 531
Muster 156: Zustellungsnachweis – Beispiel mit Hinweisen (*s. Muster Gläubiger*) 328
Muster 157: Zustellungsnachweis – Übersendung an Gericht (*s. Muster Gläubiger*) 329

Muster 222: Gläubigergruppenverzeichnis gem. § 222 InsO

Gläubigergruppenverzeichnis gem. § 222 InsO in dem Insolvenzverfahren über das Vermögen der Firma… mit dem Sitz in… 394

Amtsgericht…:… IN…/…

► Hinweis:

Diese Übersicht dient nur als Beispiel, i.d.R. Ausdruck aus Insolvenzsoftware; s. Erläuterungen unten

Gruppe 1: Arbeitnehmer

Lfd. Nr.	Name und Anschrift	Tab.-Nr.	Angemeldete Forderung in €	Prüfungsergebnis	Stimmrecht Ja/nein	Notizen
1	Max Müller, Hohe Hausnummer 6, 33336 Bremerhaven	14	1.456,66 €	festgestellt	Ja §§ 237 Abs. 1, 77 Abs. 1 InsO	
2	Ulrike Mauser, Kellermanngasse 14, 69899 München	28	992,63 €	festgestellt	Ja §§ 237 Abs. 1, 77 Abs. 1 InsO	
3						
	Gesamtsumme		… €			

Gruppe 2: Absonderungsberechtigte Gläubiger

Lfd. Nr.	Name und Anschrift	Tab.-Nr.	Angemeldete Forderung in €	Prüfungsergebnis	Art der Sicherheit	Höhe der Sicherheit	Stimmrecht Ja/nein	Notizen
1	Firma VW Volkswagen GmbH Niederwall 66 33229 Bielefeld	38	7.224,32 €	festgestellt für den Ausfall	Sicherungs-übereig-nung	5.500,00 €	noch zu klären §§ 237, 238, 77 Abs. 3 Nr. 2 InsO	
2	Firma Marvin Muster Steinbrückenkamp 48151 Münster	54	4.245,26 €	festgestellt für den Ausfall	Abtretung	2.500,00 €	noch zu klären §§ 237, 238, 77 Abs. 3 Nr. 2 InsO	

Lfd. Nr.	Name und Anschrift	Tab.-Nr.	Angemeldete Forderung in €	Prüfungsergebnis	Art der Sicherheit	Höhe der Sicherheit	Stimmrecht Ja/nein	Notizen
3								
	Gesamtsumme					… €		

Gruppe 3: Insolvenzgläubiger mit festgestellten Forderungen

Lfd. Nr.	Name und Anschrift	Tab.-Nr.	Angemeldete Forderung in €	Prüfungsergebnis	Stimmrecht Ja/nein	Notizen
1	Firma Hans Meyer MühlhauserStraße 10 99994 Mühlhausen	4	15.223,32 €	festgestellt	ja §§ 237 Abs. 1, 77 Abs. 1 InsO	
2	Bürocenter Reinhold Nickwart Kaiserin-Gisela-Straße 4 59246 Werl	16	5.225,62 €	festgestellt	ja §§ 237 Abs. 1, 77 Abs. 1 InsO	
3						
	Gesamtsumme		… €			

Gruppe 4: Insolvenzgläubiger mit bestrittenen Forderungen

Lfd. Nr.	Name und Anschrift	Tab.-Nr.	Angemeldete Forderung in €	Prüfungsergebnis	Stimmrecht Ja/nein	Notizen
1	Elfriede Harzer Dorfgarten 10 59505 Soest	6	3.245,44 €	bestritten	noch zu klären §§ 237 Abs. 1, 77 Abs. 2 InsO	
2						
	Gesamtsumme		… €			

Gruppe 5: Anteilsinhaber

Lfd. Nr.	Name und Anschrift	Beeinträchtigung des Anteils	Höhe des Anteils	Stimmrecht Ja/nein	Notizen
1	Otto Lilienhauer, Kaiser-Wilhelm-Ring 20, 80222 München	Ja	…. EUR	Ja § 238a Abs. 1 InsO	

Gruppe 6: …

Lfd. Nr.	Name und Anschrift	Tab.-Nr.	Angemeldete Forderung in €	Prüfungsergebnis	Stimmrecht Ja/nein	Notizen

▶ Hinweise:

Die **Spalte »lfd. Nr.«** verdeutlicht auf einen Blick, wie viele Gläubiger in einer Gruppe enthalten sind. Dies ist für die **Kopfmehrheit** bei der Abstimmung gem. § 244 Abs. 1 InsO von Bedeutung.

Die **bestrittenen Forderungen** sollten **getrennt** aufgeführt werden, damit diese zum einen direkt ersichtlich werden und darüber erörtert werden kann. Zum anderen ist die Gesamtsumme der Forderungshöhe für die Planung bei der Abstimmung über den Insolvenzplan gem. § 244 Abs. 1 InsO erforderlich, weil sowohl eine Kopf- als auch eine **Summenmehrheit** erreicht werden muss. Bei Trennung der festgestellten und bestrittenen Forderungen lässt sich die jeweilige Gesamtsumme **leichter ermitteln.**

Ein Insolvenzverwalter wird die **Gläubigergruppen** i.d.R. so **planen**, dass er auch mit einer **Zustimmung** zum Insolvenzplan rechnen kann. Dies wird im Vorfeld anhand dieses Gläubigergruppenverzeichnisses ersichtlich.

I.d.R. ist im Vorfeld mit den **Gläubigern von bestrittenen Forderungen** Kontakt aufzunehmen, um bereits vor dem Prüfungstermin für die Insolvenztabelle noch **ergänzende Unterlagen** zu erhalten und auf diese Weise ggf. noch eine **Feststellung** der Forderung vornehmen zu können.

Dieses Verzeichnis muss nicht in der Form übernommen werden. Es soll lediglich verdeutlichen, welche **Angaben im Erörterungs- und Abstimmungstermin greifbar** sein sollen. Soweit etwaige **EDV-Ausdrucke** diese Informationen bieten, können diese verwendet werden.

Muster 223: Ladung Erörterungstermin – Übersendung an Beteiligte

Adressat: Verfahrensbeteiligte gem. § 235 Abs. 3 InsO) (s. Auftrag vom Gericht) 395

Insolvenzverfahren über das Vermögen der Firma… /des Herrn…/der Frau…
Amtsgericht …:… IN…/….
U.Z.: Insolvenzplan …
Beabsichtigtes Insolvenzplanverfahren
Ihr Zeichen:…

Sehr geehrte Damen und Herren,

wie Ihnen bereits aus vorherigem Schriftverkehr bekannt ist, bin ich *Insolvenzverwalter/in* über das Vermögen der oben näher bezeichneten *Firma/Person.* Das Unternehmen soll im Rahmen eines Insolvenzplanverfahrens erhalten werden. Der Insolvenzplan liegt in der **Anlage** bei und wird Ihnen hiermit gem. § 235 Abs. 3 InsO i.V.m. § 8 Abs. 3 InsO zugestellt. Daraus können Sie alle notwendigen Informationen entnehmen.

Das Insolvenzgericht hat einen Termin zur Erörterung und Abstimmung über den Plan für den

…

(Wochentag, Datum, Uhrzeit, Raum)

bestimmt. Eine Fotokopie der Ladung wird diesem Schreiben ebenfalls **anliegend** beigefügt. Das Erscheinen zu dem Termin ist Ihnen freigestellt. Abstimmungsberechtigt sind allerdings lediglich die im Termin anwesenden Gläubiger.

Sofern es Ihnen nicht möglich sein sollte, am Termin teilzunehmen, Sie sich aber dennoch an der Abstimmung beteiligen möchten, gäbe es noch die Möglichkeit, einer Person eine Vollmacht zu erteilen, damit diese im Termin für Sie das Stimmrecht ausüben kann. Es hat sich für einen solchen Fall ein Mitarbeiter des schuldnerischen Unternehmens, *Herr/Frau…*, zur Verfügung gestellt. Der Entwurf einer entsprechenden Vollmacht wird in der **Anlage** zur weiteren Verwendung beigefügt.

Mit freundlichen Grüßen

………………………………
Insolvenzverwalter/in

Anlage:
Insolvenzplan
Fotokopie der Ladung
Entwurf einer Vollmacht

▶ Hinweise:

Es kann auch eine **Zusammenfassung** des wesentlichen Inhalts des **Insolvenzplans** gem. § 235 Abs. 3 Satz 2 InsO an die Beteiligten verschickt werden. Diese Zusammenfassung müsste aber gesondert erstellt werden, was Zeit und Mühe kostet. **I.d.R.** wird daher der **gesamte Insolvenzplan** übermittelt. Dies ist aber nicht zwingend.

Im Übrigen ist im Vorfeld zu klären, ob es eine Person gibt, die auf Basis möglicher Vollmachten bereit ist, das Stimmrecht für verschiedene Gläubiger auszuüben.

Muster 224: Planbestätigung – Versendung an Gläubiger

396 *Adressat: Verfahrensbeteiligten gem. § 252 Abs. 2 InsO)*

▶ Hinweis:

Die Zustellung der Planbestätigung eilt, damit die Rechtsmittelfrist durch die Gläubiger auch eingehalten werden kann.

Insolvenzverfahren über das Vermögen der Firma... /des Herrn.../der Frau...
Amtsgericht ...:... IN.../....
U.Z.: Insolvenzplan ...
Annahme des Insolvenzplans
Ihr Zeichen: ...

Sehr geehrte Frau ...,/Sehr geehrter Herr ...,

in obiger Angelegenheit ist der Insolvenzplan im Erörterungstermin vom... von den Gläubigern angenommen und vom Insolvenzgericht gem. § 248 InsO bestätigt worden. In der **Anlage** überreiche ich Ihnen eine Fotokopie des entsprechenden amtsgerichtlichen Beschlusses nebst einer Fotokopie des Insolvenzplans in der bestätigten Fassung zwecks Bekanntgabe i.S.d. § 252 Abs. 2 InsO.

Sie haben gem. § 253 InsO i.V.m. § 6 InsO die Möglichkeit, gegen diesen Beschluss sofortige Beschwerde einzulegen. Diese ist allerdings gem. § 253 Abs. 2 InsO nur dann zulässig, wenn der Beschwerdeführer

1. dem Plan spätestens im Abstimmungstermin schriftlich oder zu Protokoll widersprochen hat,
2. gegen den Plan gestimmt hat und
3. glaubhaft macht, dass er durch den Plan wesentlich schlechter gestellt wird, als er ohne einen Plan stünde, und dass dieser Nachteil nicht durch eine Zahlung aus den in § 251 Abs. 3 InsO genannten Mitteln ausgeglichen werden kann.

Diese Vorschriften gelten gem. § 253 Abs. 3 InsO nur, wenn in der öffentlichen Bekanntmachung des Termins (§ 235 Abs. 2) und in den Ladungen zum Termin (§ 235 Abs. 3) auf die Notwendigkeit des Widerspruchs und der Ablehnung des Plans besonders hingewiesen wurde.

▶ Hinweis:

Diese **Belehrung** müsste im **gerichtlichen Beschluss** enthalten sein und kann dort überprüft werden. Ggf. lässt man den **vorstehenden Absatz** auch **entfallen**, da es **nicht Aufgabe** des Insolvenzbüros ist, die **Gläubiger** insoweit zu **beraten.**

Die Beschwerdefrist beträgt gem. § 567 ZPO zwei Wochen und beginnt gem. § 6 Abs. 2 InsO mit der Verkündung der Entscheidung oder, wenn diese nicht verkündet wird, mit deren Zustellung.

Erst nach Ablauf der Beschwerdefrist tritt die Rechtswirksamkeit des Insolvenzplans ein.

Mit freundlichen Grüßen

....
Insolvenzverwalter/in

Anlagen:
Beschluss mit gerichtlicher Bestätigung der Insolvenzplanannahme
Insolvenzplan in Fotokopie

Muster 225: Überwachung – Anzeige Nichterfüllung ggü. Gericht

397 *Adressat: Insolvenzgericht*
(Zuständigkeit: Richter gem. § 18 Abs. 1 Nr. 2 RPflG)

Insolvenzverfahren über das Vermögen der Firma.../des Herrn... /der Frau ...
Geschäftszeichen:.... IN.../...
U.Z.: Insolvenzplan ...
Anzeige gem. § 262 InsO

Sehr geehrte Frau Richterin..., sehr geehrter Herr Richter ..., im Rahmen meiner Überwachungspflicht zur Erfüllung des Insolvenzplans teile ich gem. § 262 InsO mit, dass das schuldnerische Unternehmen die im Plan festgelegten Zahlungen nicht leisten kann. Selbst die vorgesehenen Mindestbeträge gem. Ziffer ... auf Seite ... des Insolvenzplans können derzeit nicht aufgebracht werden.

Die Auftragslage ist... (*z.B. eingebrochen, weil... – nähere Ausführungen zur wirtschaftlichen Lage und den Gründen machen*).

Die Gläubigerausschussmitglieder/die Gläubiger wurden bereits entsprechend benachrichtigt. Eine Fotokopie des Anschreibens an diese wird nebst einem Zustellungsnachweis in der **Anlage** zur Kenntnis beigefügt.

Mit freundlichen Grüßen

....
Insolvenzverwalter/in

Anlage:
Fotokopie des Anschreibens an die Gläubigerausschussmitglieder/Gläubiger
Zustellungsnachweis

Muster 226: Überwachung – Anzeige Nichterfüllung ggü. Gläubiger

Adressat: Gläubigerausschussmitglieder oder – wenn ein solcher nicht bestellt – Gläubiger laut Plan (§ 262 InsO) 398

Insolvenzverfahren über das Vermögen der Firma.../des Herrn... /der Frau ...
Geschäftszeichen:.... IN.../...
U.Z.: Insolvenzplan ...
Erfüllung des Insolvenzplans
Ihr Zeichen: ...

Sehr geehrte Damen und Herren,

hiermit zeige ich gem. § 262 InsO an, dass die Erfüllung des Insolvenzplans gem. den Regelungen auf den Seiten... des Plans durch das schuldnerische Unternehmen nicht geleistet werden kann. Die vorgesehenen Zahlungstermine werden daher nicht eingehalten.

Die Auftragslage ist... (*z.B. eingebrochen, weil... – nähere Ausführungen zur wirtschaftlichen Lage und den Gründen machen*).

Das Insolvenzgericht wurde entsprechend informiert.

Mit freundlichen Grüßen

....
Insolvenzverwalter/in

▶ Hinweis:

Ggf. kann bei den Gläubigern um eine **Fristverlängerung** gebeten werden, wenn Aussicht darauf besteht, dass die **festgelegten Zahlungen** in einem **absehbaren Zeitraum** doch **fließen** können.

Auch könnten die Gläubiger auf ihre Möglichkeiten der weiteren Vorgehensweise hingewiesen werden: Vollstreckung gemäß § 257 InsO, neuer Insolvenzantrag, ggf. Wiederauflebensklausel für ihre Forderungen gemäß § 255 InsO. Grundsätzlich müssen die Gläubiger aber ihren eigenen Rechtsberater befragen.

Muster 227: Überwachung – Sachstandsbericht Erfüllung

Adressat: Insolvenzgericht 399
(Zuständigkeit: Richter gem. § 18 Abs. 1 Nr. 2 RPflG)

Insolvenzverfahren über das Vermögen der Firma... /des Herrn... /der Frau ...
Geschäftszeichen:... IN.../...
U.Z.: Insolvenzplan ...
Jährlicher Sachstandsbericht über Planerfüllung

Sehr geehrte Frau Richterin ..., /sehr geehrter Herr Richter ...,

hiermit möchte ich meiner Pflicht zur Berichterstattung gemäß § 261 Abs. 2 Satz 1 InsO im Rahmen der Überwachung der Insolvenzplanerfüllung nachkommen:

Der Insolvenzplan sieht auf den Seiten… unter Ziffer… die Befriedigung der einzelnen Gläubigergruppen während der Laufzeit des Plans vor. Hierüber wird im Einzelnen wie folgt berichtet:

1. Gläubigergruppe 1:… (*z. B. Absonderungsberechtigte*)

   ▶ Hinweis:

   1. Welche Zahlungen sollten wann fließen?
   2. Ist dies erfolgt? Wann und in welcher Höhe?
   3. Wenn nein, Begründung nennen!

2. Gläubigergruppe 2:… (*z. B. Arbeitnehmer*)

   Formulierungsbeispiel:

   Die Arbeitnehmer verzichten monatlich auf… % ihres Bruttoeinkommens als Beitrag zur Sicherung der festgelegten Mindest-Ausschüttungsbeträge an die Gläubigergruppe mit einfachen Insolvenzforderungen. Die Einzelbeträge wurden im vergangenen Kalenderjahr monatlich vereinnahmt und auf ein Sonderkonto in Höhe einer Jahresgesamtsumme von… EUR gebucht. Die Arbeitnehmer haben nach Ablauf von drei Jahren nach Eintritt der Rechtswirksamkeit des Insolvenzplans einen Rückforderungsanspruch, sofern das Unternehmen die auszuzahlenden Festbeträge selbst erwirtschaften konnte. Im vergangenen Kalenderjahr war dies der Fall, so dass sich der Arbeitnehmerbeitrag noch in voller Höhe auf dem Sonderkonto befindet.

3. Gläubigergruppe 3:… (*z. B. Forderungen aus Arbeitsverhältnissen: Krankenkassen, Berufsgenossenschaft etc.*)

   Gemäß Ziffer … auf Seite… sollte an diese Gläubigergruppe zum… ein Festbetrag in Höhe von… EUR gezahlt werden. Dies ist am… erfolgt. Auf Basis der festgestellten Forderungen von… EUR ergab sich eine Quote von… %. Auf den **anliegenden** Verteilungsplan wird verwiesen.

4. Gläubigergruppe 4:… (*z. B. einfache Insolvenzforderungen*)

   In Ziffer… auf Seite… ist geregelt, dass auf die festgestellten Forderungen dieser Gläubigergruppe jährlich ein Prozentsatz von… % des im abgelaufenen Kalenderjahr erwirtschafteten… (*z. B. Umsatzes/Gewinns*), mindestens jedoch ein Festbetrag in Höhe von… EUR ausgeschüttet wird. Der Mindest-Ausschüttungsbetrag von… EUR konnte im letzten Kalenderjahr nicht überschritten werden.

   ▶ Hinweis:

   Kurze Begründung abgeben.

   Daher ist der Mindest-Ausschüttungsbetrag am… in Höhe einer Quote von… % an die Gläubiger ausgezahlt worden. In der **Anlage** liegt ein entsprechendes Verteilungsverzeichnis zur Kenntnisnahme anbei. Daraus ergeben sich die ausgezahlten Einzelbeträge.

   Die Auftragslage des Unternehmens ist… (*z. B. gut/schlecht: Begründung geben*). Es wird daher davon ausgegangen, dass im nächsten Kalenderjahr eine über den festgesetzten Mindestbetrag hinausgehende Summe ausgeschüttet werden kann.

   [*Alternative:*

   … dass auch im nächsten Kalenderjahr nur die festgesetzte Mindestsumme ausgeschüttet werden kann. Diese Zahlung ist aber nach derzeitigen Erkenntnissen gesichert.]

5. Gläubigergruppe 5:… (*z. B. nachrangige Forderungen*)

   Diese Gläubiger haben gemäß Ziffer… auf Seite… den Rangrücktritt erklärt, so dass Zahlungen an diese aufgrund des Insolvenzplans nicht vorzunehmen waren.

Mit freundlichen Grüßen

…………………………..

Insolvenzverwalter/in

Anlage:
Verteilungsplan für Gläubigergruppe 3
Verteilungsplan für Gläubigergruppe 4

▶ Hinweise:

Die Auszahlungen und die entsprechenden Anschreiben an die Gläubiger erfolgen durch das schuldnerische Unternehmen selbst. Der **Insolvenzverwalter** ist **nur** zur **Prüfung und Berichterstattung** verpflichtet.

Die entsprechenden **Gläubigerdaten** sollten dem **Unternehmen** aber bei Bedarf aus der insolvenzrechtlichen Software **zur Verfügung gestellt** werden. I.d.R. ergeben sich die erforderlichen Daten aus dem Gläubigergruppenverzeichnis gem. § 222 InsO.

Ggf. bietet es sich an, dass der Insolvenzverwalter weitere Ausführungen zur **grundsätzlichen wirtschaftlichen Lage des Unternehmens** macht. Dann kann er auch darauf eingehen, ob der Insolvenzplan voraussichtlich auch in den weiteren Jahren weiter wird erfüllt werden können.

Soweit es einen **Gläubigerausschuss** gibt, ist den Mitgliedern dieser **Bericht** gem. § 261 Abs. 2 InsO **gesondert** zu **übermitteln.**

Muster 228: Vollmacht zur Stimmrechtsausübung

Vollmacht 400

zur Stimmrechtsausübung im Insolvenzverfahren über das Vermögen

der Firma... mit dem Sitz in...

Amtsgericht...:... IN.../...

Ich, *Herr/Frau ... (vollständiger Name)*, bin *Gläubiger/in* im obigen Insolvenzverfahren. *Der/Die Insolvenzverwalter/in* hat in dem Verfahren einen Insolvenzplan vorgelegt, der mir am ... in vollständiger Fassung zugestellt wurde. Für den ... *(Tag und Datum)* ist ein Erörterungs- und Abstimmungstermin anberaumt worden. Ich werde an dem Termin nicht teilnehmen können, möchte aber mein Stimmrecht dennoch ausüben. Ich bevollmächtige daher hiermit vorsorglich unter Befreiung von den Beschränkungen des § 181 BGB

Herrn/Frau... (vollständiger Name),
wohnhaft:... *(komplette Anschrift),*

mich in dem oben genannten Erörterungs- und Abstimmungstermin zu vertreten und für mich mein Stimmrecht auszuüben. Meine Abstimmung lautet wie folgt:

Ich stimme dem Plan ausdrücklich zu.
Ich stimme dem Plan ausdrücklich nicht zu.

..., den...

....
(Vor- und Zuname)

Hinweise für den Gläubiger:

Bitte nutzen Sie dieses Formular als Muster und geben Sie Ihr entsprechendes Abstimmungsergebnis an. Es sollte nur einer der vorgegebenen Sätze erhalten bleiben. Das Durchstreichen sollte vermieden werden.

Nach der Kommentierung zur Insolvenzordnung ist eine gebundene Stimmrechtsvollmacht zur wirksamen Ausübung des Stimmrechts erforderlich (Thies in Hamburger Kommentar zur InsO, 7. Aufl. 2019, § 235 Rn. 15).

Bitte fügen Sie dieser Vollmacht darüber hinaus eine Fotokopie Ihres Personalausweises bei. Die Daten werden selbstverständlich vertraulich behandelt.

Musterübersicht Insolvenztabelle

(Die Übersicht ist alphabetisch sortiert.)

		Rdn.
Muster 229:	Änderung der Insolvenztabelle – Anzeige kurz – eröffnetes Verfahren	401
Muster 230:	Änderung der Insolvenztabelle – Anzeige – RSB-Phase	402
Muster 231:	Anforderung fehlender Belege	403
Muster 232:	Arbeitnehmerforderung – Hinweis auf Bruttoanmeldung	404
Muster 233:	Arbeitnehmerforderung – Info über Bestreiten	405
Muster 234:	Ausfallbezifferung – Aufforderung an Gläubiger	406
Muster 235:	Ausfallbezifferung durch Gläubiger – Muster	407
Muster 236:	Ausgenommene Forderungen – Anforderung Sachvortrag	408
Muster 237:	Ausgenommene Forderungen – gesonderte Meldung	409
Muster 238:	Ausgenommene Forderung – Nichteintragung – Info nach PT	410
Muster 239:	Ausland – Aufforderung zur Anmeldung innerhalb der EU	411
Muster 240:	Ausland – Aufforderung zur Übersetzung außerhalb EU	412
Muster 241:	Ausland – Aufforderung zur Übersetzung innerhalb EU	413
Muster 242:	Drittelfrist – jur. Person – Versendung Insolvenztabelle	414
Muster 243:	Drittelfrist – natürl. Person – Versendung Insolvenztabelle	415
Muster 47:	Eigentumsvorbehaltsware – Merkblatt (*s. Muster Aussonderungsrechte*)	220
Muster 244:	Erlassantrag wg. Säumniszuschlägen Sozialversicherungsträger – Minderung Forderung	416
Muster 328:	Erlassantrag wg. Säumniszuschlägen Finanzamt – Minderung Forderung (*siehe Muster Steuerangelegenheiten*)	500
Muster:	EU-Formular – Mitteilung über ein Insolvenzverfahren – Anhang I (Download über e-justice.europa.eu > Klage vor Gericht > Insolvenz)	
Muster:	EU-Formular – Forderungsanmeldung – Anhang II (*Download über e-justice.europa.eu > Klage vor Gerichte > Insolvenz*)	
Muster 245:	FinA – Anmeldung – Prüfungsnotizen im Überblick	417
Muster 246:	Finanzamt – Info über Bestreiten	418
Muster 331:	FinA – Schätzung – Info an GF (*siehe Muster Steuerangelegenheiten*)	503
Muster 247:	Forderungsanmeldungsformular jur. Pers.	419
Muster 248:	Forderungsanmeldungsformular nat. Pers..	420
Muster 249:	Forderungsanmeldungsformular Nachrang § 39 InsO	421
Muster 250:	Gläubigeraufforderung zur Anmeldung	421
Muster 251:	Gläubigeraufforderung zur nachträglichen Anmeldung	423
Muster 331:	Haftung Geschäftsführer – Info über Steuerschätzung (*s. Muster Steuerangelegenheiten*)	503
Muster:	Merkblatt für Insolvenzgläubiger (*Download über www.justiz.nrw.de > Bürgerservice > Formulare > Insolvenzverfahren > Formulare zur Forderungsanmeldung = inhaltlich allgemein gültig*)	
Muster 252:	Prüfungstermin – erster – Versendung Tabelle	424
Muster 253:	Prüfungstermin – erster – Daten – elektronische Versendung	425
Muster 254:	Sachstandsanfrage – Übersendung Tabellenauszug	426
Muster 255:	Sachstandsinfo Tabelle für Halbjahresberichte	427
Muster 256:	Sachstandsinfo Tabelle für Schlussbericht	428
Muster 257:	Stellungnahme Schuldner – Tabelle § 175 InsO	429
Muster 336 – 337:	Terminvorbereitung – Berichts- und Prüftermin (*s. Muster Terminvorbereitung*)	508 – 509
Muster 258:	Übersicht Insolvenztabelle – Wünsche AG	430
Muster 370:	Verteilung – Auszahlungsmitteilung an Gläubiger (*s. Muster Verteilung*)	542
Muster 259:	Vollstreckungstitel – Anforderung	431
Muster 260:	Vollstreckungstitel – Info über Bestreiten wg. Zinsen	432
Muster 173 – 176:	Vorzulegende Unterlagen – Liste (versch. Rechtsformen) (*s. Muster Gutachten*)	345–348
Muster 267:	Vorzulegende Unterlagen – Liste – Limited (*s. Muster Limited*)	439
Muster 277:	Vorzulegende Unterlagen – Liste – Nachlassinsolvenz (*s. Muster Nachlassinsolvenz*)	489
Muster 156:	Zustellungsnachweis – Beispiel mit Hinweisen (*s. Muster Gläubiger*)	328
Muster 157:	Zustellungsnachweis – Übersendung an Gericht (*s. Muster Gläubiger*)	329

Muster 229: Änderung der Insolvenztabelle – Anzeige kurz – eröffnetes Verfahren

Adressat: Insolvenzgericht 401

Insolvenzverfahren über das Vermögen der Firma .../des Herrn .../der Frau ...
Geschäftszeichen: ... IK/IN .../...
Änderung der Insolvenztabelle

Sehr geehrte Damen und Herren,

in obigem Insolvenzverfahren wurden in der hiesigen Tabelle Änderungen bei folgenden Forderungsanmeldungen vorgenommen:

Lfd. Tab.-Nr.	Gläubiger	Inhalt der Änderung
	Firma ...	*Gläubigername*
	Herr ...	*Adresse*
	Frau ...	*Weiterer Betrag i.H.v. .... EUR festgestellt*
	Firma ...	*Attribut »unerlaubte Handlung« zurückgenommen*
	Bank ...	*Forderung i.H.v. ... EUR zurückgenommen*

▶ Bearbeitungshinweis:

Die **jeweilige Änderung** kurz in der obigen Tabelle **benennen.**

Außerdem die entsprechenden **eingereichten Unterlagen** der Gläubiger überreichen **als Beleg** für die vorgenommene Änderung. Dies handhaben die Gerichte aber unterschiedlich. Daher auf individuelle Wünsche des Gerichtes achten.

Das Insolvenzgericht benötigt eine Unterschrift durch den/die Verwalter/in, also hier auf dem Anschreiben. **Nur eine Liste reiche nicht aus.**

Die für die Änderung der dortigen Tabelle erforderlichen Schreiben der Gläubiger liegen *wunschgemäß* in der **Anlage** anbei. Diese sind mit der jeweiligen Tabellennummer versehen.

[Alternative, wenn das Gericht die Tabellenauszüge wünscht:

Die jeweils dazugehörigen Schreiben der Gläubiger sowie die geänderten Tabellenauszüge liegen in der **Anlage** anbei.]

Weitere Einreichung von Vollstreckungstiteln – sofern das Gericht die Vorlage wünscht:

Darüber hinaus haben einige Gläubiger noch Original-Vollstreckungstitel nachgereicht. Ich überreiche insoweit eine aktualisierte Übersicht über die insgesamt vorliegenden Vollstreckungstitel. Die neu eingereichten Titel sind darin gelb markiert. Diese Titel werden in der **Anlage** im Original überreicht.

Mit freundlichen Grüßen

....
Insolvenzverwalter/in

Muster 230: Änderung der Insolvenztabelle – Anzeige – RSB-Phase

Adressat: Insolvenzgericht 402

Restschuldbefreiungsverfahren über das Vermögen des Herrn .../der Frau ...
Geschäftszeichen: ... IK/IN .../...
Änderung der Insolvenztabelle

Sehr geehrte Damen und Herren,

in obiger Angelegenheit

Einzahl:

hat der Insolvenzgläubiger aus dem Schlussverzeichnis (Tab.-Nr. ...) eine Mitteilung zu seiner festgestellten Forderung gemacht, *die Auswirkung auf eine zukünftige Verteilung / die Auswirkung auf den Schriftverkehr mit diesem Gläubiger* hat. Insoweit überreiche das Schreiben des Gläubigers zur dortigen Information.

Mehrzahl:

haben einige Insolvenzgläubiger aus dem Schlussverzeichnis Mitteilungen zu den festgestellten Forderungen gemacht, die *Auswirkungen auf eine zukünftige Verteilung / auf den Schriftverkehr mit diesen Gläubigern* haben. Insoweit überreiche die eingereichten Unterlagen der Gläubiger und fasse die sich ergebenden Änderungen wie folgt zusammen:

Lfd. Tab.-Nr.	Gläubiger	Inhalt der Änderung
	Firma …	*Gläubigername*
	Herr …	*Adresse*
	Bank …	*Forderung i.H.v. … EUR zurückgenommen*

▶ Hinweis:

Das Schlussverzeichnis aus dem Schlusstermin steht. Es müssen keine geänderten Tabellenauszüge übermittelt werden. Das Gericht muss nur die Auswirkungen auf die Verteilung kennen: Änderung eines Gläubigernamens, einer Adresse oder Rücknahme einer Forderung = Verzicht auf Teilnahme an der Verteilung (InsbürO 2010, 68, InsbürO 2016, 164)

Mit freundlichen Grüßen

....
Insolvenzverwalter/in

Muster 231: Anforderung fehlender Belege

403 *Adressat: Insolvenzgläubiger/in*

▶ Hinweis Vollstreckungstitel:

Bei fehlendem Vollstreckungstitel gesondertes Muster verwenden (Nr. 259).

▶ Hinweis unerlaubte Handlung:

Für die Anforderung eines Sachvortrages zur unerlaubten Handlung ist ein gesondertes Muster zu verwenden (Nr. 236).

▶ Hinweis:

Ggf. auch Klärung per Mail oder Telefon: Im Einzelfall entscheiden, was schneller geht: Serienbrief oder andere Wege?

Insolvenzverfahren über das Vermögen der Firma …/ des Herrn …/der Frau …
Amtsgericht…:… IN/IK…/…
Forderungsanmeldung, Tab.-Nr. …
Ihr Zeichen:…

Sehr geehrter Herr …/Sehr geehrte Frau …,

sehr geehrte Damen und Herren,

in der vorbezeichneten Angelegenheit überreiche ich Ihnen **anliegend** einen Tabellenauszug, aus dem sämtliche Daten der eingegangenen Forderungsanmeldung ersichtlich sind. Darin ist auch der vorgesehene Prüfungsvermerk enthalten, wie er voraussichtlich im Prüfungstermin ergehen soll. Ich beabsichtige derzeit, die von Ihnen angemeldete Forderung zu bestreiten. Der derzeitige Bestreitengrund ist in der Spalte »Bemerkung« im Tabellenauszug näher erläutert und liegt bspw. in einem fehlenden Nachweis für die geltend gemachte Forderung. Insoweit verweise ich auf die Vorlageverpflichtung der einzelnen Gläubiger gem. § 174 Abs. 1 Satz 2 InsO. Sie haben die Gelegenheit, weitere Unterlagen beizubringen, um eine Feststellung der angemeldeten Forderung zu bewirken.

▶ Hinweis:

Prüfungsergebnis im übermittelten Tabellenauszug ist noch nicht feststehend, da der Prüfungstermin noch nicht stattgefunden hat. Gläubiger verstehen dies aber häufig nicht. Daher **nur Tabellenauszüge** versenden, in denen Forderungen **bestritten** werden.

Tabellenauszüge mit Ausfallforderungen oder festgestellte Forderungen können zu Schwierigkeiten führen (die ggf. zusätzlich neben einer bestrittenen Forderung eines Gläubigers enthalten sind), wenn der/die Insolvenzverwalter/in im späteren Prüfungstermin etwas ändern will, weil der Gläubiger auf den Prüfungsvermerk in der ihm vorliegenden Fassung des Tabellenauszuges beharren kann.

Sollte ich die erforderlichen Belege rechtzeitig vor dem anberaumten Prüfungstermin erhalten, den Sie aus dem gerichtlichen Eröffnungsbeschluss ersehen können, so kann noch eine Änderung des derzeit vorgesehenen Prüfungsergebnisses vorgenommen werden, sofern die neuen Belege die Forderung ausreichend belegen. Eine Änderung ist aber auch problemlos nach Abhaltung des Prüfungstermins bis zur einem, später weiter anzuberaumenden Schlusstermin jederzeit möglich.

Mit freundlichen Grüßen

....

Insolvenzverwalter/in

Muster 232: Arbeitnehmerforderung – Hinweis auf Bruttoanmeldung

Adressat: Arbeitnehmer/in 404

▶ Hinweis:

Muster **nicht verwenden**, wenn die **angemeldete Forderung** durch die **Insolvenzgeldzahlung gedeckt** ist und damit sowieso bestritten wird. Dann ist keine Änderung der Forderungsanmeldung erforderlich: s. gesondertes Muster wg. Information an Arbeitnehmer (Nr. 233).

Sollte ein Arbeitnehmer den **vollen Bruttobetrag inkl. Sozialversicherungsbeiträge** angemeldet haben, ist kein Anschreiben erforderlich, weil dann lediglich die Sozialversicherungsbeiträge als **Teil der Anmeldung** zu **bestreiten** sind.

Insolvenzverfahren über das Vermögen der Firma .../ des Herrn .../der Frau ...
Amtsgericht...:... IN/IK.../...
Ihre Forderungsanmeldung, Tab.-Nr. ...

Sehr geehrter Herr .../Sehr geehrte Frau ...,

den Eingang Ihrer Forderungsanmeldung vom... darf ich Ihnen bestätigen. Darin machen Sie eine Lohn- bzw. Gehaltsforderung geltend. Sie haben zur Insolvenztabelle allerdings bislang lediglich den Nettolohn- bzw. Nettogehaltsanspruch angemeldet. Ich darf Sie darauf hinweisen, dass Sie einen Anspruch auf einen Bruttolohnanspruch haben, da dieser Betrag einer späteren anteiligen Lohn- bzw. Gehaltsabrechnung zugrunde gelegt und hiervon gem. § 38 EStG Lohnsteuer einbehalten wird. Der Sozialversicherungsbeitrag wird allerdings über die Forderungsanmeldung der Sozialversicherungsträger gezahlt. Aus diesem Grunde sind von dem Bruttolohnanspruch die in der jeweiligen Lohn- und Gehaltsabrechnung ausgewiesenen Arbeitnehmerbeiträge an die Sozialversicherungsträger in Abzug zu bringen. Der verbleibende Restbetrag kann zur Insolvenztabelle angemeldet werden.

Sollten Sie Ihre Anmeldung daher nicht berichtigen, könnte sich dies nachteilig für Sie auswirken. Anhand einer beispielhaften Quotenzahlung von 10 % darf ich Ihnen dies einmal darlegen:

▶ Hinweis:

Sinnvoll ist es, den angemeldeten Betrag zu nutzen, um dem jeweiligen Arbeitnehmer für seinen eigenen Fall konkret darzulegen, welche Auswirkung die Anmeldung hat.

Netto-Lohnanspruch	*2.256,65 €*
10 % Quotenzahlung hierauf	*225,66 €*

Von diesem Betrag wäre die etwaig anfallende Lohnsteuer zu berechnen. Anders stellt sich dies bei einer Brutto-Lohnanmeldung dar:

Brutto-Lohnanspruch (abzgl. AN-Anteil Sozialvers.beiträge)	*3.850,00 €*
10 % Quotenzahlung hierauf	*385,00 €*

In dem Fall wäre die Lohnsteuer vom höheren Auszahlungsbetrag zu errechnen, so dass an Sie nach Abführung dieser gesetzlich vorgesehen Lohnsteuer auch ein höherer Betrag zu überweisen wäre.

Die Frist zur Vorlage der Insolvenztabelle ist noch nicht abgelaufen, so dass ich eine geänderte Anmeldung Ihrerseits momentan noch problemlos berücksichtigen könnte. Hierzu bitte ich allerdings um Hereingabe bis spätestens zum

....

(*3 Tage vor Ablauf der Drittelfrist, § 175 Abs. 1 InsO*).

Nach Fristablauf wäre nur noch eine nachträgliche Anmeldung Ihrerseits in Höhe des Differenzbetrages möglich, für die aber Gerichtsgebühren nach Nr. 2340 KV GKG in Höhe von 20,00 € zu zahlen wären. Hierauf weise ich ausdrücklich hin.

Mit freundlichen Grüßen

....

Insolvenzverwalter/in

Muster 233: Arbeitnehmerforderung – Info über Bestreiten

405 *Adressat: Arbeitnehmer/in*

Insolvenzverfahren über das Vermögen der Firma .../ des Herrn .../der Frau ...
Amtsgericht...:... IN/IK.../...
Forderungsanmeldung, Tab.-Nr. ...
Ihr Zeichen:...

Sehr geehrter Herr .../Sehr geehrte Frau ...,

in obiger Angelegenheit nehme ich Bezug auf Ihre Forderungsanmeldung vom ... und darf Ihnen heute mitteilen, dass ich beabsichtige, die Forderung im anberaumten Prüfungstermin zunächst vorläufig zu bestreiten. Der Grund hierfür liegt darin, dass ich zunächst die Insolvenzgeldzahlung durch die Bundesagentur für Arbeit abwarten möchte. Nach meiner bisherigen Prüfung wird sich Ihre angemeldete Forderung dann insgesamt oder zumindest teilweise erledigen. Sollte sich ein ausstehender Restbetrag ergeben, würde ich später eine nachträgliche Feststellung dieses Restbetrages zur Insolvenztabelle vornehmen.

Mit freundlichen Grüßen

....
Insolvenzverwalter/in

Muster 234: Ausfallbezifferung – Aufforderung an Gläubiger

406 *Adressat: Gläubiger/in mit Ausfallforderung*

Insolvenzverfahren über das Vermögen der Firma .../ des Herrn .../der Frau ...
Amtsgericht...:... IN/IK.../...
Forderungsanmeldung, Tab.-Nr. ...
Ihr Zeichen:...

Sehr geehrte Frau .../Sehr geehrter Herr ...,

sehr geehrte Damen und Herren,

in obigem Insolvenzverfahren haben Sie eine Forderung in Höhe von ... EUR angemeldet, die bislang für den Ausfall festgestellt wurde. Die Verfahrensbeendigung wird derzeit vorbereitet. Ich darf Sie daher um Mitteilung bitten, ob und für welchem Betrag Sie ausgefallen sind oder ob und für welchen Betrag Sie auf die abgesonderte Befriedigung verzichten, um mit einer evtl. Restforderung in das Verteilungsverzeichnis aufgenommen zu werden (§ 190 Abs. 1 Satz 1 InsO).

Die Rückmeldung kann gerne per E-Mail oder per Telefax und mit Hilfe des **beiliegenden** Formulars erfolgen.

Für eine kurzfristige Rückmeldung wäre ich dankbar.

Mit freundlichen Grüßen

....
Insolvenzverwalter/in

▶ Hinweis:

Siehe in das gesonderte Muster »Ausfallbezifferung« (Nr. 235).

▶ Beispiel:

Restforderung 10.000,00 EUR
Verzicht i.H.v. 3.000,00 EUR auf abgesonderte Befriedigung gem. § 52 Satz 2 InsO
dann Forderung aus bspw. Abtretung nur noch i.H.v. 7.000,00 EUR zu befriedigen
Feststellung von 3.000,00 EUR zur Tabelle zwecks Berücksichtigung bei der Verteilung möglich

Muster 235: Ausfallbezifferung durch Gläubiger – Muster

Hinweis für den/die Gläubiger/in: 407

Bitte verwenden Sie nachstehenden Text auf Ihrem Briefkopf oder setzen alternativ einen Stempel neben die Unterschrift.

....

Ort, Datum

Adressat: Insolvenzverwalter/in
(Adresse bitte vollständig vorgeben)

Insolvenzverfahren über das Vermögen der Herrn .../der Frau ...
Amtsgericht...:... IN.../...
Meine Forderungsanmeldung vom... (Tab.-Nr....)

Sehr geehrte Frau ...,/sehr geehrter Herr ...,

in dem obigen Insolvenzverfahren wurde die von uns angemeldete Forderung in Höhe eines Betrages von... EUR zur Insolvenztabelle für den Ausfall festgestellt. Aus der Verwertung der Sicherheiten haben wir auf unser Absonderungsrecht eine Gutschrift von... EUR erhalten. Berücksichtigt man die Zinsen seit Insolvenzeröffnung, die vom Absonderungsrecht umfasst sind, reduziert sich unsere Forderung auf ... EUR. Wir überreichen in der **Anlage** eine aktualisierte Forderungsberechnung und bitten, diese Restforderung nunmehr abschließend zur Insolvenztabelle festzustellen.

Mit freundlichen Grüßen

....
Absonderungsberechtigte/r

Muster 236: Ausgenommene Forderungen – Anforderung Sachvortrag

Adressat: Insolvenzgläubiger/in 408

▶ Hinweis:

Keinen Sachvortrag von Krankenkassen anfordern: Angabe der Nichtabführung von Arbeitnehmeranteilen reicht nach BGH-Rechtsprechung!

Nachstehendes Muster enthält die Formulierung des BGHs für erforderlichen Sachvortrag: i.d.R. nur zu verwenden bei Anmeldung von Dritten außer Krankenkassen.

Insolvenzverfahren über das Vermögen des Herrn .../der Frau ...
Amtsgericht...:... IN/IK.../...
Forderungsanmeldung, Tab.-Nr. ...
Ihr Zeichen:...

Sehr geehrte Frau .../Sehr geehrter Herr ...,

sehr geehrte Damen und Herren,

mir liegt Ihre Forderungsanmeldung vom... vor. Darin machen Sie für die angemeldete Insolvenzforderung gleichzeitig die Rechtsfolge des § 302 Nr. 1 InsO *aus dem Forderungscharakter der vorsätzlich unerlaubten Handlung / der pflichtwidrig vorsätzlichen Verletzung einer gesetzlichen Unterhaltspflicht gem. § 302 Nr. 1 InsO / einer Steuerstraftat nach den §§ 370, 373 oder 374 AO* geltend. Ich darf darauf hinweisen, dass für diese Rechtsfolge Ausführungen in der Weise erforderlich sind, dass der geltend gemachte Anspruch in tatsächlicher Hinsicht zweifelsfrei bestimmbar wird und *der Schuldner/die Schuldnerin* erkennen kann, welches Verhalten *ihm/ihr* vorgeworfen wird (Bundesgerichtshof, Urt. v. 09.01.2014 – IX ZR 103/13). Diese näheren Ausführungen fehlen in Ihrer Anmeldung. Damit liegt diesbezüglich keine formell ordnungsgemäße Anmeldung vor. Im Sinne der Vorschrift des § 4 InsO i.V.m. § 139 ZPO möchte ich Sie heute auf den Mangel hinweisen und um Ergänzung Ihrer Anmeldung bitten.

Bei Vorlage eines Vollstreckungstitels über die unerlaubte Handlung:

Daran ändert auch der vorgelegte Vollstreckungstitel nichts. Nach der BGH-Rechtsprechung ist der auf einem Mahnbescheid beruhende Vollstreckungsbescheid nicht geeignet, die rechtliche Einordnung des in ihm geltend gemachten Anspruchs festzustellen, weil er nicht auf einer richterlichen Schlüssigkeitsprüfung beruht, sondern allein auf der Angabe des Gläubigers. Eine rechtskräftige Titulierung des Ausspruchs, dass die Forderung auf einer vorsätzlich begangenen unerlaubten Handlung beruht, ist mit dem Vollstreckungsbescheid nicht verbunden (Bundesgerichtshof, Urt. v. 28.06.2012 – IX ZR 160/11).

Für beide Varianten:

Ohne weiteren Vortrag kann ich den Charakter als »von der RSB ausgenommene Forderung« nicht in die Insolvenztabelle aufnehmen. Ein Nachteil entsteht Ihnen hierdurch zunächst nicht. Der Bundesgerichtshof hat insoweit entschieden (Urt. vom 17.01.2008 – IX ZR 220/06), dass der Charakter der »ausgenommenen Forderung« auch noch nach dem Prüfungstermin nachträglich geltend gemacht und zu der bereits zur Insolvenztabelle festgestellten Forderung ergänzend eintragen werden kann.

Die angemeldeten Beträge an sich habe ich in die Insolvenztabelle eingetragen und werde diese im anberaumten Prüfungstermin auch feststellen.

Mit freundlichen Grüßen

……………………………..
Insolvenzverwalter/in

Muster 237: Ausgenommene Forderungen – gesonderte Meldung

409 *Adressat: Insolvenzgericht*

Insolvenzverfahren über das Vermögen des Herrn … /der Frau …
Geschäftszeichen: … IK/IN …/…

Sehr geehrte Frau Rechtspflegerin …, Sehr geehrter Herr Rechtspfleger …,

in obiger Angelegenheit teile ich in Vorbereitung des Prüfungstermins mit, dass … *(Anzahl)* Gläubiger Forderungen mit der Folge des § 302 Nr. 1 InsO (aus vorsätzlich begangener, unerlaubter Handlung, aus vorsätzlich pflichtwidriger Verletzung einer gesetzlichen Unterhaltspflicht oder aus einer Steuerstraftat nach §§ 370, 373 oder 374 AO) geltend machen. Insoweit wird in der **Anlage** eine entsprechende Gläubigerliste nebst einer jeweiligen Fotokopie der entsprechenden Anmeldung zur Weiterleitung an *den Schuldner/die Schuldnerin* gem. § 175 Abs. 2 InsO überreicht.

▶ Hinweis:

Liste mit Hilfe der Filterfunktion in der Insolvenzsoftware erstellen. Forderungsgrund und Betrag sowie Rechtsgrund des § 302 InsO sollten ersichtlich sein.

Mit freundlichen Grüßen

……………………………..
Insolvenzverwalter/in

Muster 238: Ausgenommene Forderung – Nichteintragung – Info nach PT

410 *Adressat: Insolvenzgläubiger/in*

Insolvenzverfahren über das Vermögen des Herrn …/der Frau …
Amtsgericht…:… IN/IK…/…
Forderungsanmeldung, Tab.-Nr. …
Ihr Zeichen:…

Sehr geehrte Frau …/Sehr geehrter Herr …,

sehr geehrte Damen und Herren,

ich nehme Bezug auf Ihr Schreiben vom … und darf hierzu wie folgt Stellung nehmen:

Dem Tabellenauszug können Sie entnehmen, dass die von Ihnen angemeldete Forderung von mir in die Insolvenztabelle eingetragen und auch festgestellt wurde.

Bei Widerspruch durch Schuldner/in:

Der im Tabellenauszug vermerkte Widerspruch wurde *vom Schuldner/von der Schuldnerin* selbst erhoben, der dazu gem. § 178 Abs. 2 InsO berechtigt ist. Die Eintragung des Widerspruchs hat Auswirkung auf eine Vollstreckung aus der Insolvenztabelle nach Aufhebung des Insolvenzverfahrens. Gläubiger festgestellter Forderungen können gem. § 201 Abs. 2 InsO – vorbehaltlich der Restschuldbefreiung für *den Schuldner/die Schuldnerin* – wie aus einem für vollstreckbar erklärten Urteil vollstrecken. Hat *der Schuldner/die Schuldnerin* Widerspruch gegen die Forderung eingelegt und ist dieser Widerspruch im Laufe des Insolvenzverfahrens nicht beseitigt worden, kommt eine Vollstreckung aus der Insolvenztabelle nach Aufhebung des Insolvenzverfahrens dagegen nicht in Betracht.

Ergänzende Variante: Widerspruch Schuldner/in – Titel liegt vor:

Über die von Ihnen geltend gemachte Forderung liegt ein Vollstreckungsbescheid vor. In dem Fall greift § 184 Abs. 2 InsO, d. h. *der Schuldner/die Schuldnerin* muss binnen einer Frist von einem Monat, die mit dem Prüfungstermin bzw. im schriftlichen Verfahren mit dem Bestreiten der Forderung beginnt, den Widerspruch verfolgen. Nach fruchtlosem Ablauf dieser Frist gilt ein Widerspruch als nicht erhoben. Sie müssten gegen den Widerspruch *des Schuldners/der Schuldnerin* daher insoweit keine Feststellungsklage erheben.

Nichtaufnahme »ausgenommene Forderung«:

Der angemeldete Charakter der von der Restschuldbefreiung ausgenommenen Forderungen im Sinne des § 302 Nr. 1 InsO wurde von meiner Seite nicht in die Insolvenztabelle aufgenommen. Dies liegt daran, dass der Rechtsgrund des § 302 Nr. 1 InsO in der Anmeldung so beschrieben werden muss, dass der aus ihm hergeleitete Anspruch in tatsächlicher Hinsicht zweifelsfrei bestimmt ist und *der Schuldner/die Schuldnerin* erkennen kann, welches Verhalten *ihm/ihr* vorgeworfen wird (Bundesgerichtshof, Urt. v. 09.01.2014 – IX ZR 103/13). Dies ist vorliegend nicht erfolgt. Damit ist der in § 174 Abs. 2 InsO erforderliche Tatsachenvortrag nicht erfolgt und entspricht die Anmeldung mit der Rechtsfolge des § 302 InsO nicht den formalen Anforderungen des § 174 Abs. 2 InsO. *Auf diese Rechtsfolge hatte ich Sie mit Schreiben vom … bereits hingewiesen.*

Bei Vorlage eines Vollstreckungstitels wg. Rechtsfolge des § 302 InsO:

Daran ändert auch der vorgelegte Vollstreckungstitel nichts. Nach der BGH-Rechtsprechung ist der auf einem Mahnbescheid beruhende Vollstreckungsbescheid nicht geeignet, die rechtliche Einordnung des in ihm geltend gemachten Anspruchs festzustellen, weil er nicht auf einer richterlichen Schlüssigkeitsprüfung beruht, sondern allein auf der Angabe des Gläubigers. Eine rechtskräftige Titulierung des Ausspruchs, dass die Forderung auf einer vorsätzlich begangenen unerlaubten Handlung beruht, ist mit dem Vollstreckungsbescheid nicht verbunden (Bundesgerichtshof, Urt. v. 28.06.2012 – IX ZR 160/11).

Sie haben insoweit aber die Möglichkeit, noch entsprechende Nachweise vorzulegen. Der Forderungscharakter »ausgenommene Forderung i.S.d. § 302 InsO« kann dann nachträglich – bis zu einem noch anzuberaumenden Schlusstermin – für die bereits festgestellte Forderung in die Insolvenztabelle aufgenommen werden (Bundesgerichtshof, Urt. v. 17.01.2008 – IX ZR 220/06).

Mit freundlichen Grüßen

……………………………

Insolvenzverwalter/in

Muster 239: Ausland – Aufforderung zur Anmeldung innerhalb der EU

▶ Hinweis:

Art. 54 Abs. 2 EuInsVO sieht **zwingende Angaben** in der Mitteilung an den Gläubiger vor. Diese werden nach Art. 54 Abs. 3 EuInsVO erfüllt, wenn das **Standardmitteilungsformular** nach Art. 88 EuInsVO **übermittelt** wird. 411

▶ Hinweis Steuer-Identifikationsnummer:

Die Steuer-Identifikationsnummer des Schuldners/der Schuldnerin ist in dem EU-Formular anzugeben. Diese wird in den Fragebögen zu Beginn des Verfahrens abgefragt und kann dort bei vollständiger Ausfüllung entnommen werden.

▶ Hinweis für Übersetzung in diesem Dokument:

Es bietet sich an, dieses Anschreiben in englischer Sprache zu versenden, damit der Gläubiger den Inhalt gleich gut verstehen kann. Dafür müsste eine Übersetzung veranlasst werden.

▶ Hinweis für spätere Übersetzung:

Sollte eine Forderungsanmeldung in unverständlicher Sprache eingehen oder schwierige Begriffe vorhanden sein, kann eine Übersetzung angefordert werden: s. gesondertes Muster »**Ausland – Aufforderung zur Übersetzung**« (**Nr. 241**)

▶ Hinweis zur Anmeldefrist:

Art. 55 Abs. 6 EuInsVO sieht für **ausländische Gläubiger** eine **Mindestfrist von 30 Tagen ab Bekanntmachung** der Insolvenzeröffnung im Insolvenzregister des Staates der Verfahrenseröffnung vor- in Deutschland unter www.insolvenzregister.de-vor. Ist die Frist im gerichtlichen Beschluss länger, gilt diese.

Adressat: Insolvenzgläubiger/in im Ausland

Insolvenzverfahren über das Vermögen der Firma …/ des Herrn …/der Frau …
Amtsgericht…:… IN/IK…/…
Ihr Zeichen:…
Mitteilung über ein Insolvenzverfahren

Sehr geehrte Frau …/Sehr geehrter Herr …,

sehr geehrte Damen und Herren,

hiermit zeige ich an, dass mit Beschluss des Amtsgerichts… über das Vermögen der vorstehend genannten *Firma/Person* am… das Insolvenzverfahren eröffnet worden ist. Der **Eröffnungsbeschluss** wird Ihnen hiermit gemäß den Regelungen in §§ 8 Abs. 3, 30 Abs. 2 InsO als Gläubiger zugestellt. Diesem können Sie entnehmen, dass ich *zum/zur Insolvenzverwalter/in* ernannt wurde.

In der **Anlage** erhalten Sie eine **Mitteilung über das Insolvenzverfahren in deutscher Sprache**, die aus dem europäischen Justizportal heruntergeladen wurde:

e-justice.europa.eu > linke Auflistung »Klage vor Gericht« > weiter auf »Geldforderungen« > dann auf »Insolvenz«.

▶ Hinweis zum europäischen Justizportal:

Ein **reiner Verweis** auf einen **Internetlink** und insoweit die Information darüber, wo die Mitteilung oder das Anmeldeformular heruntergeladen werden können – **reicht** zur Erfüllung der Mitteilungspflicht nach Art. 54 Abs. 2 EuInsVO nicht aus (Fuchs in Ahrens/Gehrlein / Ringstmeier: Insolvenzrecht Kommentar, 3. Aufl. 2017, § 54 EuInsVO Rn. 31). Die Mitteilung muss auch an den Gläubiger versandt werden.

▶ Hinweis zur deutschen Fassung der Mitteilung – Anhang I:

Nach Art. 54 Abs. 3 S. 3 EuInsVO kann die Mitteilung auch in einer **anderen Sprache** als der Sprache des Staates der Verfahrenseröffnung übermittelt werden, wenn der **Staat** dies gemäß Art. 55 Abs. 5 S. 3 EuInsVO **zugelassen** hat. In Deutschland ist dies bislang nicht geschehen. Daher muss die Versendung in Deutsch erfolgen.

Darin finden Sie nähere Angaben zu dem Insolvenzverfahren. Eine **Übersetzung dieser Mitteilung in Ihre Sprache** ist über den **vorgenannten Link** möglich.

In der weiteren **Anlage** erhalten Sie ein **Anmeldeformular in deutscher Sprache**. Auch dieses ist über das vorgenannte europäische Justizportal abrufbar. Dort haben Sie ebenfalls die Möglichkeit, das Anmeldeformular in Ihrer Sprache einzusehen.

Sie können die Forderungsanmeldung gem. Art. 55 Abs. 5 EuInsVO in **jeder Amtssprache** der Organe der EU vornehmen. Ich weise insoweit aber darauf hin, dass ich nach Art. 55 Abs. 5 Satz 2 EuInsVO berechtigt bin, eventuell eine Übersetzung anzufordern, wenn die Anmeldung in einer anderen Sprache für mich nicht verständlich ist oder schwierige Begriffe vorhanden sind, bei den ich Zweifel am Verständnis habe.

Es steht Ihnen frei, das beiliegende Anmeldeformular zu verwenden. Wenn Sie die **Anmeldung auf anderem Wege** vornehmen möchten, bitte ich Art. 55 Abs. 4 EuInsVO zu beachten. Danach muss Ihre Anmeldung mindestens die in Art. 55 Abs. 2 EuInsVO aufgeführten Angaben enthalten.

Bitte beachten Sie, dass eine **Forderungsanmeldung immer zweifach mit jeweils sämtlichen Anlagen** einzureichen ist.

Sofern Sie Ansprüche aus Eigentumsvorbehaltsrechten geltend machen möchten, bitten wir Sie, ein gesondertes **Merkblatt für Eigentumsvorbehaltsware** zu beachten. Dieses können Sie auf unserer Homepage … herunterladen oder natürlich auch gerne bei uns anfordern. Bitte beachten Sie zur Vermeidung von Rechtsnachteilen **unbedingt diese gesonderten Hinweise.**

Auf die sich aus dem anliegenden Beschluss ergebenden **Termine zur ersten Gläubigerversammlung** bzw. zur **Prüfung der angemeldeten Forderungen** verweise ich ausdrücklich. Zu diesen Terminen lade ich Sie hiermit herzlich ein. Ihr persönliches Erscheinen zu den Terminen ist Ihnen jedoch freigestellt. Durch Nichterscheinen werden Ihre Rechte nicht beeinflusst. Es wird jedoch darauf hingewiesen, dass für den Fall, dass die Gläubigerversammlung beschlussunfähig sein sollte, die Zustimmung zu Rechtshandlungen, die der Insolvenzverwalter vornehmen möchte und die für das Insolvenzverfahren von besonderer Bedeutung sind, als erteilt gilt (§ 160 Abs. 1 Satz 3 InsO).

[Alternative für schriftlichen Termin:

Auf den sich aus dem anliegenden Beschluss ergebenden **Prüfungstermin** verweise ich ausdrücklich. Das Verfahren wird gemäß § 5 Abs. 2 InsO **schriftlich durchgeführt**. Dementsprechend ist ein Stichtag im Beschluss genannt, der dem Prüfungstermin (§ 29 Abs. 1 Nr. 2 InsO) entspricht.]

Soweit Sie sich in den Gläubigerversammlungen vertreten lassen möchten, muss der Vertreter eine entsprechende **Vollmacht** vorlegen. Ggf. wird es auch erforderlich, dass die Teilnehmer ihre **Identität** durch Vorlage eines Personalausweises nachweisen müssen.

Ich bitte zu beachten, dass Entscheidungen und Mitteilungen des Insolvenzgerichts öffentlich bekannt gegeben werden und diese Bekanntmachungen als Zustellung an alle Beteiligten gelten. Die einzelnen Bekanntmachungen sind unter www.insolvenzbekanntmachungen.de abrufbar.

Diese förmliche Zustellung gilt gem. § 184 Abs. 2 ZPO zwei Wochen nach Aufgabe zur Post als bewirkt.

Mit freundlichen Grüßen

....

Insolvenzverwalter/in

Anlagen:
Eröffnungsbeschluss
Mitteilung über das Insolvenzverfahren (Anhang I aus dem europäischen Justizportal)
Standardformular der EU (Anhang II aus dem europäischen Justizportal)

Muster 240: Ausland – Aufforderung zur Übersetzung außerhalb EU

▶ Pflicht zur Vorlage einer Forderungsanmeldung in deutscher Sprache:

Für Gläubiger außerhalb der EU ist § 184 S. 1 GVG anwendbar, d. h. die Forderungsanmeldungen sind in deutscher Sprache vorzulegen. Wird dies nicht beachtet, muss eine Übersetzung angefordert werden (ständige Rechtsprechung: BVerfG v. 19.04.1995 – 2 BvR 2295/94 in WKRS 1995, 13269), d. h. den Verwalter trifft die Pflicht, den Gläubiger auf dieses Erfordernis hinzuweisen. 412

Die Kosten der Übersetzung trägt der Gläubiger.

▶ Übersetzung des nachstehenden Textes:

Die Aufforderung zur Übersetzung **kann in deutscher Sprache** erfolgen, aber im **Titel muss** zumindest der **Inhalt** in einer für alle Gläubiger **verständlichen Sprache** erfolgen. Man **darf** aber auch die **gesamte Aufforderung in Englisch** verfassen. Das erleichtert es dem Gläubiger, schnell zu verstehen, worum es geht. Er braucht nicht erst eine Übersetzung der Aufforderung anfertigen lassen, um dann die eigentliche Übersetzung der Anmeldung zu veranlassen. Aus **zeitlichen Gründen** ist daher die **englische Fassung** des nachstehenden Textes sinnvoll. Insoweit müsste eine Übersetzung veranlasst werden.

Eilt sehr! Very urgent!

Adressat: ausländischer Insolvenzgläubiger/in

Insolvenzverfahren über das Vermögen der Firma .../ des Herrn .../der Frau ...
Amtsgericht...:... IN/IK.../...
Ihr Zeichen:...
Aufforderung zur Vorlage einer Übersetzung
Request for a translation

Sehr geehrte Frau .../Sehr geehrter Herr ...,

sehr geehrte Damen und Herren,

Sie haben in obigem Insolvenzverfahren am ... eine Forderungsanmeldung eingereicht. Den Eingang bestätige ich Ihnen hiermit.

Da für die Forderungsanmeldung entsprechend den Regelungen des § 184 S. 1 GVG i.V.m. § 4 InsO i.V.m. § 142 Abs. 3 ZPO Deutsch als Amtssprache gilt, möchte ich Sie heute bitten, mir eine Übersetzung der Forderungsanmeldung in deutscher Sprache einzureichen.

Damit Ihre Forderungsanmeldung im anberaumten Prüfungstermin am ... berücksichtigt werden kann, bitte ich, die Übersetzung bis spätestens zum

...

vorzulegen. Ich bitte, die Übersetzung in jedem Fall zu unterschreiben.

Sollten Sie diese Frist nicht einhalten, würde Ihre Forderungsanmeldung im derzeitigen gerichtlichen Prüfungstermin keine Berücksichtigung finden.

Ich bitte, die Rechtsfolge zu beachten.

Mit freundlichen Grüßen

....
Insolvenzverwalter/in

Muster 241: Ausland – Aufforderung zur Übersetzung innerhalb EU

▶ Achtung – Anforderung nicht standardisiert:

413 Eine Übersetzung darf nach Art. 55 Abs. 5 S. 2 EuInsVO nicht standardmäßig, sondern je nach Einzelfall verlangt werden: Kann man die Forderungsanmeldung verstehen oder sind schwierige Begriffe enthalten, die Zweifel am Verständnis aufkommen lassen? Ahrens/Gehrlein/Ringstmeier: Insolvenzrecht Kommentar, 3. Aufl. 2017, § 55 EuInsVO Rn. 65 ff.

Die Kosten der Übersetzung trägt der Gläubiger.

▶ Wichtige Hinweise:

Die Aufforderung zur Übersetzung **kann in deutscher Sprache** erfolgen, aber im **Titel muss** zumindest der **Inhalt** in einer für alle Gläubiger **verständlichen Sprache** erfolgen. Man **darf** aber auch die **gesamte Aufforderung in Englisch** verfassen. Das erleichtert es dem Gläubiger, schnell zu verstehen, worum es geht. Er braucht nicht erst eine Übersetzung der Aufforderung anfertigen lassen, um dann die eigentliche Übersetzung der Anmeldung zu veranlassen. Aus **zeitlichen Gründen** ist daher die **englische Fassung** des nachstehenden Textes sinnvoll. Diese müsste veranlasst werden.

Eilt sehr! Very urgent!

Adressat: ausländischer Insolvenzgläubiger/in

Insolvenzverfahren über das Vermögen der Firma .../ des Herrn .../der Frau ...
Amtsgericht...:... IN/IK.../...
Ihr Zeichen:...
Aufforderung zur Vorlage einer Übersetzung

Sehr geehrte Frau .../Sehr geehrter Herr ...,

Sehr geehrte Damen und Herren,

Sie haben in obigem Insolvenzverfahren am ... eine Forderungsanmeldung eingereicht. Den Eingang bestätige ich Ihnen hiermit.

Ich möchte Sie heute in Anwendung des Art. 55 Abs. 5 Satz 2 EuInsVO bitten, mir eine Übersetzung der Forderungsanmeldung in deutscher Sprache einzureichen.

Damit Ihre Forderungsanmeldung im anberaumten Prüfungstermin am ... berücksichtigt werden kann, bitte ich, die Übersetzung bis spätestens zum

...

(lt. Kommentierung mindestens so lang wie die Anmeldefrist, aber auf Prüfungstermin achten)

vorzulegen. Ich bitte, die Übersetzung in jedem Fall zu unterschreiben.

Sollten Sie diese Frist nicht einhalten, würde Ihre Anmeldung so behandelt, als wäre die ursprüngliche Anmeldefrist nicht gewahrt worden, was bedeutet, dass Ihre Forderungsanmeldung im derzeitigen gerichtlichen Prüfungstermin keine Berücksichtigung finden würde.

Ich bitte, die Rechtsfolge zu beachten.

Mit freundlichen Grüßen

....
Insolvenzverwalter/in

Muster 242: Drittelfrist – jur. Person – Versendung Insolvenztabelle

▶ Hinweis:

414 Dieses Schreiben ist **allgemein gültig für alle Gerichte.** Die individuellen Wünsche des jeweiligen Gerichtes müssen jeweils berücksichtigt werden: s. **Übersicht »Insolvenztabelle – Wünsche des Gerichtes«** (Muster 258)

Adressat: Insolvenzgericht

Insolvenzverfahren über das Vermögen der Firma … /des Herrn … /der Frau …
Geschäftszeichen: … IK/IN …/…
Vorbereitende Unterlagen für den Prüfungstermin

Sehr geehrte Frau Rechtspflegerin …, Sehr geehrter Herr Rechtspfleger …,

in der vorbezeichneter Angelegenheit überreiche ich Ihnen im Hinblick auf die Frist des § 175 Abs. 1 Satz 2 InsO in der **Anlage** die nachfolgend näher bezeichneten Unterlagen:

1. **Tabellenübersicht** nach § 175 InsO ohne Prüfungsvermerke;
   im schriftlichen Verfahren:
   Tabellenübersicht nach § 175 InsO einmal ohne Prüfungsvermerke zur Niederlegung und Einsichtnahme durch Beteiligte i.S.v. § 175 Abs. 1 Satz 2 InsO sowie einmal mit Prüfungsvermerken zur Information für das Gericht;
2. **Forderungsanmeldungen** der Tab-Nrn.… bis… mit dem jeweiligen Tabellenausdruck ohne Prüfungsvermerke;
   in schriftlichen Verfahren:
   Forderungsanmeldungen der Tab.-Nr. … bis … mit dem jeweiligen Tabellenausdruck einmal ohne Prüfungsvermerke zur Niederlegung und Einsichtnahme durch Beteiligte i.S.v. § 175 Abs. 1 Satz 2 InsO sowie einmal mit Prüfungsvermerken für die dortige Akte;

   ▶ Achtung Datum im Tabellenauszug:

   Bitte im Tabellenauszug das Datum des Prüfungstermins aufführen = Erleichterung für den/die Rechtspfleger/in: Er/Sie muss nur noch unterschreiben.

3. zwei **Gläubigerübersichten**: alphabetisch sortiert und nach laufenden Tabellennummern sortiert;
4. **Übersicht** über diejenigen Forderungen, denen ein **Vollstreckungstitel** zugrunde liegt;
5. gesonderte **Übersicht »Titel bei den Akten«** und die darin genannten … *(Anzahl)* Vollstreckungstitel im Original zwecks Entwertung gem. § 178 Abs. 2 Satz 2 InsO.

Keine Forderungen mit Vollstreckungstiteln:

Forderungen, denen Vollstreckungstitel zugrunde liegen, wurden bislang nicht geltend gemacht. Original-Vollstreckungstitel liegen mir daher nicht vor.

Forderungen aus Vollstreckungstiteln – kein Original:

Es wurden zwar zu den Tab.-Nrn. … Forderungen angemeldet, denen ein Vollstreckungstitel zugrunde liegt. Wie die vorstehend genannte, gesonderte Übersicht aber zeigt, sind nicht in allen Fällen die Original-Titel vorgelegt worden, so dass ich anrege, in diesen Fällen die angemeldete Forderung im Hinblick auf die Rechtsfolgen des §§ 179 Abs. 2, 184 Abs. 2 InsO als nicht titulierte Forderung zu behandeln (Deppe in InsbürO 2015, 59 ff.: RG, Urt. v. 19.05.1914 – III 84/14).

Bei den Anmeldungen ab der Tab-Nr.… handelt es sich um solche, die nach Ablauf der Anmeldefrist eingegangen sind.

[Alternative – keine nachträglichen Anmeldungen:

Nachträgliche Anmeldungen liegen nicht vor. Alle bisher vorliegenden Anmeldungen sind vor Ablauf der Anmeldefrist eingegangen.]

Die entsprechenden Daten zu den Forderungsanmeldungen werden Ihnen am heutigen Tage auch gleichzeitig per *E-Mail/ EGVP / beA* zur Einspielung in das dortige Programm übermittelt.

Die Richtigkeit der vorstehenden Angaben – aufgrund der mir bislang vorliegenden Anmeldungen – wird hiermit versichert.

Für Rückfragen stehe ich selbstverständlich gerne zur Verfügung.

Mit freundlichen Grüßen

………………………………

Insolvenzverwalter/in

Muster 243: Drittelfrist – natürl. Person – Versendung Insolvenztabelle

▶ Hinweis:

Dieses Schreiben ist **allgemein gültig für alle Gerichte.** Die individuellen Wünsche des jeweiligen Gerichtes müssen 415
jeweils berücksichtigt werden: s. **Übersicht »Insolvenztabelle – Wünsche des Gerichtes«** (Muster 258)

Adressat: Insolvenzgericht

Insolvenzverfahren über das Vermögen des Herrn ... /der Frau ...
Geschäftszeichen: ... IK/IN .../...
Vorbereitende Unterlagen für den Prüfungstermin

Sehr geehrte Frau Rechtspflegerin ..., Sehr geehrter Herr Rechtspfleger ...,

in der vorbezeichneter Angelegenheit überreiche ich Ihnen im Hinblick auf die Frist des § 175 Abs. 1 Satz 2 InsO in der **Anlage** die nachfolgend näher bezeichneten Unterlagen:

1. **Tabellenübersicht** nach § 175 InsO ohne Prüfungsvermerke;
   im schriftlichen Verfahren:
   Tabellenübersicht nach § 175 InsO einmal ohne Prüfungsvermerke zur Niederlegung und Einsichtnahme durch Beteiligte i.S.v. § 175 Abs. 1 Satz 2 InsO sowie einmal mit Prüfungsvermerken zur Information für das Gericht;
2. **Forderungsanmeldungen** der Tab-Nrn.... bis... mit dem jeweiligen Tabellenausdruck ohne Prüfungsvermerke;
   in schriftlichen Verfahren:
   Forderungsanmeldungen der Tab.-Nr. ... bis ... mit dem jeweiligen Tabellenausdruck einmal ohne Prüfungsvermerke zur Niederlegung und Einsichtnahme durch Beteiligte i.S.v. § 175 Abs. 1 Satz 2 InsO sowie einmal mit Prüfungsvermerken für die dortige Akte;

   ▶ Achtung Datum im Tabellenauszug:

   Bitte im Tabellenauszug das Datum des Prüfungstermins aufführen = Erleichterung für den/die Rechtspfleger/in: Er/Sie muss nur noch unterschreiben.

3. zwei **Gläubigerübersichten**: alphabetisch sortiert und nach laufenden Tabellennummern sortiert;
4. **Übersicht** über diejenigen Forderungen, denen ein **Vollstreckungstitel** zugrunde liegt;
5. gesonderte **Übersicht** »**Titel bei den Akten**« und die darin genannten ... *(Anzahl)* Vollstreckungstitel im Original zwecks Entwertung gem. § 178 Abs. 2 Satz 2 InsO.
6. Übersicht über diejenigen Gläubiger, die Forderungen mit der Folge des § 302 Nr. 1 InsO geltend machen (aus vorsätzlich begangener, unerlaubter Handlung, aus vorsätzlich pflichtwidriger Verletzung einer gesetzlichen Unterhaltspflicht oder aus einer Steuerstraftat nach §§ 370, 373 oder 374 AO)

   ▶ Hinweis:

   Die Bezeichnung der Übersicht darf nicht »Deliktforderungen« enthalten, sondern muss lauten »Ausgenommene Forderungen gem. § 302 Nr. 1 InsO«.

7. gesonderte Fotokopien der Forderungsanmeldungen mit Forderungen aus § 302 Nr. 1 InsO zur Weiterleitung an *den Schuldner/die Schuldnerin* i.S.d. § 175 Abs. 2 InsO.

[Alternative zu Deliktforderungen – falls dies nicht schon vorher mitgeteilt wurde:

Forderungen mit der Folge des § 302 Nr. 1 InsO (aus vorsätzlich begangener, unerlaubter Handlung, aus vorsätzlich pflichtwidriger Verletzung einer gesetzlichen Unterhaltspflicht oder aus einer Steuerstraftat nach §§ 370, 373 oder 374 AO) wurden bislang nicht geltend gemacht.]

bei Ablehnung Eintragung »Ausgenommene Forderung«:

Zu den Forderungen i.S.d. § 302 Nr. 1 weise ich ergänzend auf folgendes hin: Der Gläubiger der Tab.-Nr. ... hat ebenfalls eine Forderung mit der Rechtsfolge des § 302 Nr. 1 InsO angemeldet hat. Da aber trotz Hinweises auf den fehlenden Tatsachenvortrag i.S.d. § 174 Abs. 2 InsO keine weiteren Erläuterungen vom Gläubiger gegeben wurden, ist die Rechtsfolge des § 302 Nr. 1 InsO in die Insolvenztabelle nicht aufgenommen worden. Die Forderung an sich ist dagegen belegt und wurde entsprechend in die Insolvenztabelle eingetragen.

Keine Forderungen mit Vollstreckungstiteln:

Forderungen, denen Vollstreckungstitel zugrunde liegen, wurden bislang nicht geltend gemacht. Original-Vollstreckungstitel liegen mir daher nicht vor.

Forderungen aus Vollstreckungstiteln – kein Original:

Es wurden zwar zu den Tab.-Nrn. ... Forderungen angemeldet, denen ein Vollstreckungstitel zugrunde liegt. Wie die vorstehend genannte, gesonderte Übersicht aber zeigt, sind nicht in allen Fällen die Original-Titel vorgelegt worden, so dass ich anrege, in diesen Fällen die angemeldete Forderung im Hinblick auf die Rechtsfolgen des §§ 179 Abs. 2, 184 Abs. 2 InsO als nicht titulierte Forderung zu behandeln (Deppe in InsbürO 2015, 59 ff.: RG, Urt. v. 19.05.1914 – III 84/14).

Bei den Anmeldungen ab der Tab-Nr.... handelt es sich um solche, die nach Ablauf der Anmeldefrist eingegangen sind.

[Alternative – keine nachträglichen Anmeldungen:

Nachträgliche Anmeldungen liegen nicht vor. Alle bisher vorliegenden Anmeldungen sind vor Ablauf der Anmeldefrist eingegangen.]

Die entsprechenden Daten zu den Forderungsanmeldungen werden Ihnen am heutigen Tage auch gleichzeitig per *E-Mail/ EGVP / beA* zur Einspielung in das dortige Programm übermittelt.

Die Richtigkeit der vorstehenden Angaben – aufgrund der mir bislang vorliegenden Anmeldungen – wird hiermit versichert.

Für Rückfragen stehe ich selbstverständlich gerne zur Verfügung.

Mit freundlichen Grüßen

....

Insolvenzverwalter/in

Muster 244: Erlassantrag wg. Säumniszuschlägen Sozialversicherungsträger – Minderung Forderung

▶ Hinweis:

Für einen Erlassantrag wegen Säumniszuschlägen bei Steuerforderungen gibt es ein gesondertes Muster: Nr. 328. 416

Adressat: Sozialversicherungsträger

Insolvenzverfahren über das Vermögen der Firma .../ des Herrn .../der Frau ...
Amtsgericht...:... IN/IK.../...
Forderungsanmeldung, Tab.-Nr. ...
Ihr Zeichen:...

Sehr geehrte Damen und Herren,

ich nehme Bezug auf Ihre Forderungsanmeldung vom ... Darin werden Säumniszuschläge gem. § 24 SGB IV i.H.v. ... EUR geltend gemacht. Ich stelle hiermit gem. § 76 Abs. 2 Nr. 2 SGB IV einen Antrag auf hälftigen Erlass.

Zur Begründung verweise ich auf die vorliegende Zahlungsunfähigkeit *des Schuldners/der Schuldnerin*. Zahlungsunfähigkeit besteht nach der Rechtsprechung des Bundesgerichtshofes, wenn zum maßgeblichen Zeitpunkt Verbindlichkeiten bestanden, die bis zur Eröffnung des Verfahrens nicht mehr beglichen wurden (*BGH, Urt. v. 12.10.2006 – IX ZR 228/03 in ZInsO 2006, 1210*).

Bereits die am ... fälligen Sozialversicherungsbeiträge für die Monate .../Jahr wurden ausweislich Ihrer Forderungsanmeldung nicht mehr beglichen und zur Insolvenztabelle festgestellt. Somit waren zum Zeitpunkt der Berechnung der gegenständlichen Säumniszuschläge Verbindlichkeiten fällig, welche bis zur Eröffnung des Verfahrens nicht mehr bezahlt wurden. Dies betrifft eine Reihe von weiteren Forderungen. Zum Nachweis erhalten Sie in der **Anlage** die Insolvenztabelle gem. § 175 InsO. Die Forderungen zu den lfd. Nrn. ... stammen aus Zeiträumen vor Fälligkeit der Säumniszuschläge und stehen bis heute zur Zahlung aus.

Aufgrund dieses Sachverhaltes dürften die Erlassvoraussetzungen erfüllt sein. Aufgrund der eingetretenen Zahlungsunfähigkeit haben die Säumniszuschläge ihren Sinn als Druckmittel verloren. Ich bitte daher, dem Antrag stattzugeben.

Mit freundlichen Grüßen

....

Insolvenzverwalter/in

Anlage:
Übersicht Insolvenztabelle § 175 InsO

Muster 245: FinA – Anmeldung – Prüfungsnotizen im Überblick

Ergebnis über die Vorprüfung der Forderungsanmeldung des Finanzamtes im Insolvenzverfahren über das Vermögen der ... 417

▶ Hinweis:

s. wg. Kürzel »Stand Festsetzungsverfahren« in Checkliste FinA – Kürzel-Übersicht

Lfd. Nr.	Abgabeart und Zeitraum	Betrag anerkannt	Betrag bestritten	Stand Festsetzungs-verfahren	Begründung des Bestreitens
1	*Umsatzsteuer 2015*	*0,00*	*524,02*	*NK*	*Prüfung durch Buchhaltungsabt.: Rechtsmittel noch einlegen?*
2	*Umsatzsteuer 2016*	*0,00*	*5234,02*	*NR*	*Einspruchsverfahren läuft, ist unterbrochen, Prüfung durch Buchhaltungsabt.: Aufnahme des Verfahrens?*
3 – 7	*Umsatzsteuer 2017 etc.*	*0,00*	*2922,20*	*NT*	*Prüfung durch Buchhaltungsabt.: Abgabe Steuererklärungen möglich?*
8	*Einkommenssteuer 2015*	*0,00*	*422,02*	*T*	*Bescheid unter Vorbehalt der Nachprüfung: Prüfung durch Buchhaltungsabt.: Korrektur möglich?*
9	*Lohnsteuer Juni 2017*	*0,00*	*252,32*	*TU*	*Bescheid unter Vorbehalt der Nachprüfung: Prüfung durch Buchhaltungsabt.: Korrektur möglich?*
10	*Einkommenssteuer 2016*	0,00	242,22	U	*Zahlungsverjährung ist eingetreten, kein Nachweis über Unterbrechung*
11	*Einkommenssteuer 2017*	*2424,32*	*0,00*	*U*	*keine Zahlungsverjährung, kein Vorbehalt der Nachprüfung*

Muster 246: Finanzamt – Info über Bestreiten

418 *Adressat: Finanzverwaltung*

Insolvenzverfahren über das Vermögen der Firma .../des Herrn .../der Frau ...
Amtsgericht...:... IN/IK.../...
Forderungsanmeldung, Tab.-Nr. ...
Steuernummer:...

Sehr geehrte Damen und Herren,

bezüglich Ihrer Forderungsanmeldung möchte ich Ihnen heute mitteilen, dass folgende Punkte derzeit im Einzelnen bearbeitet werden:

Die Forderungen zu den laufenden Nummern... waren zwar bereits vor der Verfahrenseröffnung unanfechtbar festgesetzt. Jedoch sind die Bescheide unter dem Vorbehalt der Nachprüfung ergangen. Ich lasse mögliche Änderungen der Bescheide daher derzeit prüfen.

Die Forderungen zu den laufenden Nummern... waren zum Zeitpunkt der Verfahrenseröffnung noch nicht festgesetzt. Ich prüfe momentan auch an dieser Stelle, ob eventuell noch Steuererklärungen erstellt werden können, um die Schätzungen/Berechnungen ggf. abändern zu können.

Aufgrund der Komplexität der Buchungsunterlagen wird sich die Prüfung noch einige Zeit verzögern. Ich bitte Sie insofern, vorerst von weiteren Maßnahmen (z. B. Erlass eines Feststellungsbescheides) abzusehen und bitte um Fristverlängerung zur Prüfung der Forderungen bis zum ...

Mit freundlichen Grüßen

....
Insolvenzverwalter/in

▶ Hinweis:

Auf jeden Fall muss eine Wiedervorlage eintragen werden, um die Frist zu wahren! Dauer der Frist mit der Buchhaltungs-/Steuerabteilung abstimmen.

Muster 247: Forderungsanmeldung im Insolvenzverfahren – jur. Pers.

Anmeldungen sind stets nur an den/die Insolvenzverwalter/in 419

(Sachwalter, § 270c Satz 2 InsO) zu senden, nicht an das Gericht.

Bitte beachten Sie auch das beigefügte Merkblatt zur Forderungsanmeldung.

Schuldner/in:	
Insolvenzgericht: **Amtsgericht**	**Aktenzeichen:**

Gläubiger/in: (genaue Bezeichnung mit Postanschrift) Bei jur. Personen gesetzlicher Vertreter: Bankverbindung: Bank: IBAN: BIC:	**Gläubigervertreter/in:** Die Beauftragung eines Rechtsanwalts /einer Rechtsanwältin ist freigestellt. Die Vollmacht muss sich ausdrücklich auf Insolvenzsachen erstrecken. ☐ **Vollmacht** anbei bzw. folgt umgehend
Geschäftszeichen	Geschäftszeichen

Angemeldete Forderungen

Jede selbständige Forderung ist getrennt anzugeben. Reicht der Raum auf diesem Formular nicht aus, so sind die weiteren Forderungen in einer Anlage nach dem folgenden Schema aufzuschlüsseln. Bei den nachfolgenden Angaben ist der Tag der Insolvenzeröffnung zu beachten:

________________________ (sollte das Insolvenzbüro eintragen)

Erste Hauptforderung im Rang des § 38 InsO (notfalls geschätzt)	€
Zinsen, höchstens bis zum Tag vor der Eröffnung des Verfahrens ☐ % über Basiszinssatz aus € seit dem ☐ % aus € seit dem	€
Kosten, die vor der Eröffnung des Verfahrens entstanden sind	€
Summe	€

Zweite Hauptforderung im Rang des § 38 InsO (notfalls geschätzt)	€
Zinsen, höchstens bis zum Tag vor der Eröffnung des Verfahrens ☐ % über Basiszinssatz aus € seit dem ☐ % aus € seit dem	€
Kosten, die vor der Eröffnung des Verfahrens entstanden sind	€
Summe	€

Dritte Hauptforderung im Rang des § 38 InsO (notfalls geschätzt)	€
Zinsen, höchstens bis zum Tag vor der Eröffnung des Verfahrens ☐ % über Basiszinssatz aus € seit dem ☐ % aus € seit dem	€
Kosten, die vor der Eröffnung des Verfahrens entstanden sind	€
Summe	€

Hinweis: Forderungen im Nachrang des § 39 InsO sind derzeit nicht anzumelden. Es wird auf § 174 Abs. 3 InsO verwiesen.
Grund und nähere Erläuterung der Forderungen (z. B. Warenlieferung, Dienstleistung, Miete, Darlehen, Reparaturleistung, Arbeitsentgelt, Schadensersatz): Bitte überreichen Sie als Nachweis entsprechende Unterlagen in Fotokopie (jeweils 2 Exemplare).

Abgesonderte Befriedigung unter gleichzeitiger Anmeldung des Ausfalls wird beansprucht (§§ 49 – 51 InsO). **Bitte wählen Sie aus!** ☐ Ja (Bitte beachten Sie bei »Ja« die erforderliche Angabe im nächsten Feld.) ☐ Nein
Bezeichnung des Absonderungsrechtes (Grundpfandrecht, Sicherungsübereignung, Abtretung, Pfandrecht etc.): Bitte überreichen Sie als Nachweis entsprechende Unterlagen in Fotokopie (jeweils 2 Exemplare).

....

(Ort) (Datum) (Unterschrift und evtl. Firmenstempel)

Bitte reichen Sie diese Anmeldung und alle weiteren Unterlagen immer in zwei Exemplaren ein.
Beachten Sie auch die Hinweise im beigefügten Merkblatt zur Forderungsanmeldung.

420 Muster 248: Forderungsanmeldung im Insolvenzverfahren – nat. Pers.

Anmeldungen sind stets nur an den/die Insolvenzverwalter/in

(Sachwalter, § 270c Satz 2 InsO) zu senden, nicht an das Gericht.

Bitte beachten Sie auch das beigefügte Merkblatt zur Forderungsanmeldung.

Schuldner/in:	
Insolvenzgericht: **Amtsgericht**	**Aktenzeichen**

Gläubiger/in: (genaue Bezeichnung mit Postanschrift) <u>Bankverbindung:</u> Bank: IBAN: BIC:	**Gläubigervertreter/in:** Die Beauftragung eines Rechtsanwalts /einer Rechtsanwältin ist freigestellt. Die Vollmacht muss sich ausdrücklich auf Insolvenzsachen erstrecken. ☐ **Vollmacht** anbei bzw. folgt umgehend
Geschäftszeichen	Geschäftszeichen

Angemeldete Forderungen

Jede selbständige Forderung ist getrennt anzugeben. Reicht der Raum auf diesem Formular nicht aus, so sind die weiteren Forderungen in einer Anlage nach dem folgenden Schema aufzuschlüsseln. Bei den nachfolgenden Angaben ist der Tag der Insolvenzeröffnung zu beachten:

______________ (sollte das Insolvenzbüro eintragen)

Erste Hauptforderung im Rang des § 38 InsO (notfalls geschätzt)	€
Zinsen, höchstens bis zum Tag <u>vor</u> der Eröffnung des Verfahrens ☐ % über Basiszinssatz aus € seit dem ☐ % aus € seit dem	€
Kosten, die <u>vor</u> der Eröffnung des Verfahrens entstanden sind	€
Summe	€

Zweite Hauptforderung im Rang des § 38 InsO (notfalls geschätzt)	€
Zinsen, höchstens bis zum Tag <u>vor</u> der Eröffnung des Verfahrens ☐ % über Basiszinssatz aus € seit dem ☐ % aus € seit dem	€
Kosten, die <u>vor</u> der Eröffnung des Verfahrens entstanden sind	€
Summe	€

Dritte Hauptforderung im Rang des § 38 InsO (notfalls geschätzt)	€
Zinsen, höchstens bis zum Tag <u>vor</u> der Eröffnung des Verfahrens ☐ % über Basiszinssatz aus € seit dem ☐ % aus € seit dem	€
Kosten, die <u>vor</u> der Eröffnung des Verfahrens entstanden sind	€
Summe	€

Hinweis: Forderungen im Nachrang des § 39 InsO sind derzeit nicht anzumelden. Es wird auf § 174 Abs. 3 InsO verwiesen.
Grund und nähere Erläuterung der Forderungen (z. B. Warenlieferung, Dienstleistung, Miete, Darlehen, Reparaturleistung, Arbeitsentgelt, Schadensersatz) Bitte überreichen Sie als Nachweis entsprechende Unterlagen in Fotokopie (jeweils 2 Exemplare).
Abgesonderte Befriedigung unter gleichzeitiger Anmeldung des Ausfalls wird beansprucht (§§ 49 – 51 InsO). **Bitte wählen Sie aus!** ☐ Ja (Bitte beachten Sie bei »Ja« die erforderliche Angabe im nächsten Feld.) ☐ Nein
Bezeichnung des Absonderungsrechtes (Grundpfandrecht, Sicherungsübereignung, Abtretung, Pfandrecht etc.): Bitte überreichen Sie als Nachweis entsprechende Unterlagen in Fotokopie (jeweils 2 Exemplare).
Von der RSB ausgenommene Forderung gem. § 302 Nr. 1 InsO: ☐ Ja: Die Tatsachen, aus denen sich ergibt, dass es sich um eine ausgenommene Forderung (vorsätzlich begangene unerlaubte Handlung, vorsätzlich pflichtwidrig nicht gewährter gesetzlicher Unterhalt, Steuerstraftat gem. §§ 370, 373 oder 374 AO) handelt, werden in der Anlage näher erläutert. ☐ Nein

....	....	....
(Ort)	(Datum)	(Unterschrift und evtl. Firmenstempel)

Bitte reichen Sie diese Anmeldung und alle weiteren Unterlagen immer in zwei Exemplaren ein.
Beachten Sie auch die Hinweise im beigefügten Merkblatt zur Forderungsanmeldung.

Muster 249: Forderungsanmeldung im Insolvenzverfahren – Nachrang § 39 InsO

Forderungsanmeldung im Insolvenzverfahren für Forderungen im Nachrang des § 39 InsO 421

Anmeldungen sind stets nur an den/die Insolvenzverwalter/in

(Sachwalter, § 270c Satz 2 InsO) zu senden, nicht an das Gericht.

Bitte beachten Sie auch das beigefügte Merkblatt zur Forderungsanmeldung.

Schuldner/in:	
Insolvenzgericht: **Amtsgericht**	**Aktenzeichen**

Gläubiger/in: (genaue Bezeichnung mit Postanschrift) <u>bei jur. Personen gesetzlicher Vertreter:</u> <u>Bankverbindung:</u> Bank: IBAN: BIC:	**Gläubigervertreter/in:** Die Beauftragung eines Rechtsanwalts /einer Rechtsanwältin ist freigestellt. Die Vollmacht muss sich ausdrücklich auf Insolvenzsachen erstrecken. **Vollmacht** anbei bzw. folgt umgehend
Geschäftszeichen	Geschäftszeichen

Angemeldete Forderungen

Nachrangige Forderungen gem. § 39 InsO sind nur anzumelden, wenn das Gericht ausdrücklich hierzu aufgefordert hat (§ 174 Abs. 3 InsO). Dies ist mit Beschluss vom .... erfolgt. Die gesetzliche Rangstelle ist durch Ankreuzen zu bezeichnen. Soweit eine nachrangige Forderung mit einer Hauptforderung im Zusammenhang steht, ist dies entsprechend nachfolgend anzugeben. **Reicht der Raum auf diesem Formular nicht aus, so sind die weiteren Forderungen in einer Anlage nach dem folgenden Schema aufzuschlüsseln.**

Erste nachrangige Forderung zur Hauptforderung der Tab.-Nr.	
1. ☐ Nachrang des § 39 Abs. 1 Nr. 1 (laufende Zinsen und Säumniszuschläge ab Insolvenzeröffnung)	€
2. ☐ Nachrang des § 39 Abs. 1 Nr. 2 (entstandene Kosten durch Teilnahme am Insolvenzverfahren)	€
Summe der nachrangigen Forderungen	€

Zweite nachrangige Forderung zur Hauptforderung der Tab.-Nr.	
1. ☐ Nachrang des § 39 Abs. 1 Nr. 1 (laufende Zinsen und Säumniszuschläge ab Insolvenzeröffnung)	€
2. ☐ Nachrang des § 39 Abs. 1 Nr. 2 (entstandene Kosten durch Teilnahme am Insolvenzverfahren)	€
Summe der nachrangigen Forderungen	€

Weitere Forderungen im Nachrang des § 39 InsO	
3. ☐ Nachrang des § 39 Abs. 1 Nr. 3 (u.a. Geldstrafen, Geldbußen etc.)	€
4. ☐ Nachrang des § 39 Abs. 1 Nr. 4 (Forderungen auf eine unentgeltliche Leistung des Schuldners)	€
5. ☐ Nachrang des § 39 Abs. 1 Nr. 5 (z.B. Rückgewähr Gesellschafterdarlehen gem. § 39 Abs. 4, 5)	€
6. ☐ Nachrang des § 39 Abs. 2 (vereinbarter Nachrang)	€
7. ☐ Nachrang des § 39 Abs. 3 (Zinsen auf nachrangige Forderungen)	€
8. ☐ Nachrang des § 39 Abs. 3 (Kosten durch Teilnahme am Verfahren)	€
9. ☐ Im Nachlassinsolvenzverfahren: Forderungen gem. § 327 InsO: Ansprüche eines Pflichtteilsberechtigten	€
10. ☐ Im Nachlassinsolvenzverfahren: Forderungen gem. § 327 InsO: Ansprüche aus vom Erblasser angeordneten Vermächtnissen und Auflagen	€

....	....	....
(Ort)	(Datum)	(Unterschrift und evtl. Firmenstempel)

Bitte reichen Sie diese Anmeldung und alle weiteren Unterlagen immer in zwei Exemplaren ein.

Beachten Sie auch die Hinweise im beigefügten Merkblatt zur Forderungsanmeldung.

Muster 250: Gläubigeraufforderung zur Anmeldung

▶ Hinweis Merkblatt:

422 Merkblatt über www.justiz.nrw.de ausdrucken; nutzbar auch für andere Bundesländer, wenn diese noch kein eigenes Merkblatt veröffentlicht haben: Fußzeile NRW löschen, um die Gläubiger nicht zu verwirren.

▶ Hinweis bei ausländischen Gläubigern:

Bei **Gläubigern innerhalb der EU** ist ein **gesondertes Muster** zu verwenden, in denen die Vorgaben nach der EuInsVO berücksichtigt werden (Nr. 239). Für eine Aufforderung zur Anmeldung an **Gläubiger außerhalb der EU** gibt es keine Vorgaben. Für diese kann **diese Aufforderung** verwendet werden.

Adressat: Insolvenzgläubiger/in

Insolvenzverfahren über das Vermögen der Firma .../ des Herrn .../der Frau ...
Amtsgericht...:... IN/IK.../...
Ihr Zeichen:...

Sehr geehrte Frau .../Sehr geehrter Herr ...,

sehr geehrte Damen und Herren,

hiermit zeige ich an, dass mit Beschluss des Amtsgerichts... über das Vermögen der vorstehend genannten *Firma/Person* am... das Insolvenzverfahren eröffnet worden ist. Der **Eröffnungsbeschluss** wird Ihnen hiermit gemäß den Regelungen in §§ 8 Abs. 3, 30 Abs. 2 InsO als Gläubiger zugestellt. Diesem können Sie entnehmen, dass ich *zum/zur Insolvenzverwalter/in* ernannt wurde.

Soweit Sie Forderungen gegen *die Schuldnerin/den Schuldner* geltend machen möchten, fordere ich Sie auf, diese bis spätestens zum

...

(Anmeldefrist lt. Beschluss einsetzen)

bei mir anzumelden.

Dem als **Anlage** beigefügten **Merkblatt für Insolvenzgläubiger** sind Informationen für die Anmeldung von Insolvenzforderungen und die Teilnahme am Verfahren zu entnehmen.

Sofern Sie Ansprüche aus Eigentumsvorbehaltsrechten geltend machen möchten, bitten wir Sie, ein gesondertes **Merkblatt für Eigentumsvorbehaltsware** zu beachten. Dieses können Sie auf unserer Homepage ... herunterladen oder natürlich auch gerne bei uns anfordern. Bitte beachten Sie zur Vermeidung von Rechtsnachteilen **unbedingt diese gesonderten Hinweise.**

Bei der Forderungsanmeldung bitte ich Sie, aus Vereinfachungsgründen den **anliegenden Vordruck** zu nutzen, um Ihre Forderungen geltend zu machen. Es steht Ihnen allerdings frei, auch eine andere Form zu wählen, aus der sich jedoch die notwendigen Angaben zwingend ergeben müssen.

Bitte beachten Sie, dass eine **Forderungsanmeldung immer zweifach mit jeweils sämtlichen Anlagen** einzureichen ist.

Bestätigungen des Eingangs der Forderungsanmeldungen können in Anbetracht der Vielzahl der Anmeldungen nur dann erfolgen, wenn ein **vorbereitetes Empfangsbekenntnis** der Anmeldung nebst einem ausreichend **frankierten und adressierten Rückumschlag** beiliegt. Für Ihr diesbezügliches Verständnis bedanke ich mich im Voraus.

bei mündlichen Prüfungsterminen:

Auf die sich aus dem anliegenden Beschluss ergebenden **Termine zur ersten Gläubigerversammlung** bzw. zur **Prüfung der angemeldeten Forderungen** verweise ich ausdrücklich. Zu diesen Terminen lade ich Sie hiermit herzlich ein. Ihr persönliches Erscheinen zu den Terminen ist Ihnen jedoch freigestellt. Durch Nichterscheinen werden Ihre Rechte nicht beeinflusst. Es wird jedoch darauf hingewiesen, dass für den Fall, dass die Gläubigerversammlung beschlussunfähig sein sollte, die Zustimmung zu Rechtshandlungen, die der Insolvenzverwalter vornehmen möchte und die für das Insolvenzverfahren von besonderer Bedeutung sind, als erteilt gilt (§ 160 Abs. 1 Satz 3 InsO).

Soweit Sie sich in den Gläubigerversammlungen vertreten lassen möchten, muss der Vertreter eine entsprechende **Vollmacht** vorlegen. Ggf. wird es auch erforderlich, dass die Teilnehmer ihre **Identität** durch Vorlage eines Personalausweises nachweisen müssen.

bei schriftlichen Prüfungsterminen:

Auf den sich aus dem anliegenden Beschluss ergebenden **Prüfungstermin** verweise ich ausdrücklich. Das Verfahren wird gemäß § 5 Abs. 2 InsO **schriftlich durchgeführt**. Dementsprechend ist ein Stichtag im Beschluss genannt, der dem Prüfungstermin (§ 29 Abs. 1 Nr. 2 InsO) entspricht.

Ich bitte zu beachten, dass Entscheidungen und Mitteilungen des Insolvenzgerichts öffentlich bekannt gegeben werden und diese Bekanntmachungen als Zustellung an alle Beteiligten gelten. Die einzelnen Bekanntmachungen sind unter www.insolvenzbekanntmachungen.de abrufbar.

Diese förmliche Zustellung gilt gemäß § 8 Abs. 1 S. 3 InsO für Inlandszustellungen drei Tage nach Aufgabe zur Post als bewirkt. Für Auslandszustellungen gilt § 184 Abs. 2 ZPO.

Mit freundlichen Grüßen

....

Insolvenzverwalter/in

Bei diesem Schreiben handelt es sich um einen Serienbrief, der keiner Unterschrift bedarf.

Anlagen:
Eröffnungsbeschluss
Anmeldeformular in zweifacher Ausfertigung
Merkblatt (NRW-Justizportal)

▶ Hinweis zur elektronischen Übersendung von Anmeldungen:

Der Insolvenzverwalter kann gem. § 174 Abs. 4 InsO der Übermittlung eines elektronischen Dokuments zustimmen. Wenn die Anmeldung unterschrieben und als PDF-Dokument übermittelt wird oder die E-Mail mit einer qualifizierten elektronischen Signatur versehen ist, erfüllt dies die Schriftformkriterien des § 130a ZPO (s. auch Radschuwait, InsbürO 2018, 67 ff.). Von einer solchen Zustimmung ist aber im Interesse des Insolvenzbüros abzuraten, weil dann eine Vielzahl von Dokumenten ausgedruckt werden müssten, was zusätzliche Druckerkosten und auch einen zusätzlichen Arbeitsaufwand darstellt. Gerade in größeren Verfahren mit mehreren hundert Anmeldungen wäre der Aufwand enorm.

Muster 251: Gläubigeraufforderung zur nachträglichen Anmeldung

423 *Adressat: Insolvenzgläubiger/in*

Insolvenzverfahren über das Vermögen der Firma .../des Herrn .../der Frau ...
Amtsgericht...:... IN/IK.../...
Ihr Zeichen:...
(**U.Z.: »Kreditoren«**)

Sehr geehrte Frau .../Sehr geehrter Herr ...,

sehr geehrte Damen und Herren,

in obiger Angelegenheit liegt mir Ihre Zahlungserinnerung vom... vor. Über das Vermögen der vorstehend genannten *Firma/Person* ist mit Beschluss des Amtsgerichts -Insolvenzgericht- ... vom ... das Insolvenzverfahren eröffnet worden. Eine Fotokopie des amtsgerichtlichen Beschlusses liegt in der **Anlage** zu Ihrer Information anbei. Daraus können Sie auch meine Bestellung *zum/zur Insolvenzverwalter/in* ersehen.

Bei der von Ihnen angemahnten Forderung handelt es sich um eine sogenannte einfache Insolvenzforderung, welche von Ihnen zur Insolvenztabelle angemeldet werden kann. Ein Ausgleich der Forderung durch *den Schuldner/die Schuldnerin* kann und darf zum Zwecke der gemeinschaftlichen Befriedigung sämtlicher Gläubiger gem. § 1 InsO nicht erfolgen.

Wie Sie der Beschlusskopie entnehmen können, ist die Frist zur Anmeldung Ihrer Forderung bereits abgelaufen. Bis zum Abschluss des Verfahrens können aber auch verspätete Anmeldungen eingereicht werden (§ 177 Abs. 1 InsO). Da Sie durch *den Schuldner/die Schuldnerin* nicht als Gläubiger benannt wurden, war es leider nicht möglich, Sie zu einem früheren Zeitpunkt über die Insolvenzeröffnung zu informieren.

In der **Anlage** überreiche ich Ihnen ein **Anmeldeformular** nebst einem dazugehörigen **Merkblatt** zur weiteren Verwendung. Für die Prüfung Ihrer nachträglichen Forderungsanmeldung ist ein gesonderter Prüfungstermin erforderlich, für den gesonderte Gerichtsgebühren in Höhe von 20,00 EUR (Nr. 2340 KV GKG) anfallen. Hierauf weise ich ausdrücklich hin.

▶ Hinweis Merkblatt:

Merkblatt über www.justiz.nrw.de ausdrucken; nutzbar auch für andere Bundesländer, wenn diese noch kein eigenes Merkblatt veröffentlicht haben: Fußzeile NRW löschen, um die Gläubiger nicht zu verwirren.

Aus- und Absonderungsrechte sind gleichfalls unverzüglich unter Vorlage geeigneter Belege bei mir geltend zu machen. Bezüglich möglicher Eigentumsvorbehaltsrechte verweise ich auf ein gesondertes **Merkblatt für Eigentumsvorbehaltsware**, das auf unserer Homepage ... heruntergeladen werden kann. Gerne können Sie dieses natürlich auch bei uns anfordern. Bitte beachten Sie zur Vermeidung von Rechtsnachteilen **unbedingt diese gesonderten Hinweise.**

Im Übrigen ist zu beachten, dass Entscheidungen und Mitteilungen des Insolvenzgerichts öffentlich bekannt gegeben werden und diese Bekanntmachungen als Zustellung an alle Beteiligten gelten. Die einzelnen Bekanntmachungen sind unter www.insolvenzbekanntmachungen.de abrufbar.

Weitergehende Informationen zur Anmeldung und Prüfung von Forderungen können dem beiliegenden Merkblatt entnommen werden.

Mit freundlichen Grüßen

....
Insolvenzverwalter/in

Anlagen:
Eröffnungsbeschluss in Fotokopie
Anmeldeformular zweifach
Merkblatt mit Ausfüllhinweisen

Muster 252: Prüfungstermin – erster – Versendung Tabelle

▶ Hinweis:

Dieses Schreiben muss je nach technischem Stand des Insolvenzgerichtes (Datentransfer per E-Mail, per EGVP, per beA oder ganz ohne Datenaustausch) sowie je nach sonstiger Handhabung angepasst werden. 424

Adressat: Insolvenzgericht

Insolvenzverfahren über das Vermögen des Herrn .../der Frau ...
Geschäftszeichen: ... IK/IN .../...
Prüfungstermin am...

Sehr geehrte Frau Rechtspflegerin ..., / Sehr geehrter Herr Rechtspfleger ...,

in obiger Angelegenheit überreiche ich in Vorbereitung des Prüfungstermins am... folgende Unterlagen:
1. Tabellenübersicht nach § 175 InsO mit Prüfungsvermerken;
2. Übersicht über bestrittene Forderungen;
3. *Tabellenauszüge bzgl. der bestrittenen Forderungen für die spätere Zustellung.*

Die Insolvenztabelle ist am heutigen Tage auch in elektronischer Form per ... (*E-Mail/EGVP/beA*) versandt worden.

Mit freundlichen Grüßen

....
Insolvenzverwalter/in

Muster 253: Prüfungstermin – erster – Daten – elektronische Versendung

Geschäftszeichen: ... (*im Betreff angeben*) 425

Sehr geehrte Damen und Herren,

im **Dateianhang** übersende ich in Vorbereitung des anstehenden Prüfungstermins die Daten zu den Forderungsanmeldungen lfd. Nr. ... bis ... in elektronischer Form zur weiteren Verwendung.

Die Original-Forderungsanmeldungen nebst einem Ausdruck der Tabellenübersicht gem. § 175 InsO und die weiteren Übersichten werden Ihnen heute gleichzeitig per Post übermittelt.

Sollten die mit dieser *E-Mail/Nachricht* verschickten Daten nicht oder nur unvollständig übermittelt werden, bitte ich um einen kurzen Hinweis.

Mit freundlichen Grüßen

....
Insolvenzverwalter/in

Muster 254: Sachstandsanfrage – Übersendung Tabellenauszug

Adressat: Insolvenzgläubiger/in 426

Insolvenzverfahren über das Vermögen der Firma .../ des Herrn .../der Frau ...
Amtsgericht...:... IN/IK.../...
Forderungsanmeldung, Tab.-Nr. ...
Ihr Zeichen:...

Sehr geehrte Frau .../Sehr geehrter Herr ...,

sehr geehrte Damen und Herren,

unter Bezugnahme auf Ihr Schreiben vom... übersende ich Ihnen **anliegend** einen unbeglaubigten Auszug aus der Insolvenztabelle, dem Sie das Ergebnis der Prüfung entnehmen können. Üblicherweise werden die Tabellenauszüge nur an solche Gläubiger versandt, deren Forderung bestritten wurde, damit diese die Gelegenheit erhalten, weitere erforderliche Nachweise erbringen zu können. Insoweit verweise ich auf die gesetzliche Regelung in § 179 Abs. 3 Satz 3 InsO.

Das Verfahren wird noch mindestens... (*Monate/Jahre*) andauern. Über die Höhe der zu erwartenden Quote kann ich derzeit noch keine Aussage treffen. Ich bitte, von weiteren Sachstandsanfragen Abstand zu nehmen. Zur Gläubigerinformation werden in regelmäßigen Abständen Sachstandsberichte beim Insolvenzgericht eingereicht. Diese können von den am Insolvenzverfahren teilnehmenden Gläubigern eingesehen werden.

Darüber hinaus können Bekanntmachungen des Insolvenzgerichtes unter www.insolvenzbekanntmachungen.de abgerufen werden.

Mit freundlichen Grüßen

....
Insolvenzverwalter/in

Anlage:
Tabellenauszug

Muster 255: Sachstandsinfo Tabelle für Halbjahresberichte

427

Mitteilung an Sachbearbeiter für Halbjahresbericht

Sachbearbeiter: ______________________

Fristablauf lt. Fristenliste: ______________________

Name des Verfahrens: ______________________

Nachträgliche Anmeldungen	(ggf. ankreuzen)
Es gibt keine nachträglichen Anmeldungen.	
Es gibt ... (*Anzahl*) nachträgliche Anmeldungen	ab Tab-Nr. ...
Nachträgliche Anmeldungen sind geprüft und das Anschreiben an das Gericht erstellt.	

Berichtigungen	(ggf. ankreuzen)
Es gibt keine Berichtigungen.	
Es gibt ... (*Anzahl*) Berichtigungen.	Tab-Nr. ...
Die entsprechenden Tabellenauszüge und das gesonderte Anschreiben an das Gericht sind erstellt.	

....
Ort/Datum Sachbearbeiter Tabelle

Muster 256: Sachstandsinfo Tabelle für Schlussbericht

428

Mitteilung an Sachbearbeiter für Schlussbericht

Sachbearbeiter: ______________________

Vorlagefrist laut Anfrage: ______________________

Name des Verfahrens: ______________________

Nachträgliche Anmeldungen	(ggf. ankreuzen)
Es gibt keine nachträglichen Anmeldungen.	
Es gibt … (*Anzahl*) nachträgliche Anmeldungen	ab Tab-Nr. …
Nachträgliche Anmeldungen sind geprüft und das Anschreiben an das Gericht erstellt.	

Berichtigungen	(ggf. ankreuzen)
Es gibt keine Berichtigungen.	
Es gibt … (*Anzahl*) Berichtigungen.	Tab-Nr. …
Die entsprechenden Tabellenauszüge und das gesonderte Anschreiben an das Gericht sind erstellt.	
Kfz-Steuer-Forderungen vorhanden: Änderung der Zuständigkeit geprüft (tabellarische Übersicht in InsbürO 2017, 97 f.)	

Ausfallforderungen	(ggf. ankreuzen)
Es gibt keine Ausfallforderungen mehr.	
Es gibt noch Ausfallforderungen. Die Klärung konnte nicht abschließend erfolgen.	Tab-Nr. …

Forderungen mit Titeln	(ggf. ankreuzen)
Es gibt **keine** angemeldeten Forderungen mit Titeln, die bestritten werden.	
Es gibt Forderungen mit Titeln, die ganz oder tlw. bestritten werden.	Tab-Nr. …

Aufschiebend/auflösend bedingte Forderungen	(ggf. ankreuzen)
Es gibt keine aufschiebend oder auflösend bedingten Forderungen.	
Es gibt aufschiebend oder auflösend bedingte Forderungen.	Tab-Nr. …

Ausgenommene Forderungen	(ggf. ankreuzen)
Es gibt keine angemeldeten Forderungen mit der Rechtsfolge des § 302 InsO.	
Es gibt angemeldeten Forderungen mit der Rechtsfolge des § 302 InsO	Tab-Nr. …
Gegen folgende Anmeldungen mit der Rechtsfolge des § 302 InsO hat der Schuldner Widerspruch erhoben:	Tab.-Nr. …

……………………… ………………………
Ort/Datum Sachbearbeiter Tabelle

Muster 257: Stellungnahme Schuldner – Tabelle § 175 InsO

Adressat: Schuldner/in 429

Insolvenzverfahren über Ihr Vermögen / das Vermögen der Firma …
Amtsgericht …: … IN/IK …/…
Insolvenztabelle

Sehr geehrte Frau … / Sehr geehrter Herr …,

in der vorbezeichneten Angelegenheit überreiche ich Ihnen **anliegend** die Tabellenübersicht gem. § 175 InsO, aus der sämtliche Daten der eingegangenen Forderungsanmeldungen ersichtlich sind. Darin sind auch die vorgesehenen

Prüfungsvermerke enthalten, wie sie voraussichtlich im Prüfungstermin ergehen sollen. Ich bitte Sie, diese Tabelle eingehend zu prüfen und mir etwaige Änderungsvorschläge umgehend, spätestens aber bis zum

...

mitzuteilen. Dabei kommt es insbesondere auf Ihre Kenntnisse an, ob

- eine Forderung ggf. bereits bezahlt wurde,
- eine mangelhafte Ausführung erfolgte,
- Gegenforderungen bestehen,
- bei anhängigen Prozessen *(Tab. Nr. ...)* berechtigte Gründe für eine mögliche Abweisung der Klageforderung bestehen.

▶ Hinweis bei Prozessen:

Vorlage der Klageschrift allein reicht nicht als Nachweis. Anlagen zur Klageschrift müssen auch eingereicht werden, um Forderung an sich nachzuweisen. Bis zur Beendigung des Insolvenzverfahrens muss eine Klärung zu dem Prozess erfolgt sein (= Angabe im Schlussbericht). Daher ggf. Wiedervorlage für Vorlage der fehlenden Unterlagen oder Stellungnahme des Schuldners notieren. Übergabe sämtlicher Unterlagen von der Tabellenkraft an Sachbearbeiter/in!

Solche Gründe würden letztlich dazu führen, dass eine angemeldete Forderung - zumindest zunächst – nicht zur Insolvenztabelle festgestellt werden würde und damit auch bei einer etwaigen späteren Verteilung ggf. keine Berücksichtigung fände.

Hierfür benötige ich aber nähere Angaben und Belege, z. B. Fotos bei mangelhafter Lieferung, einen Zahlungsbeleg bei Ausgleich der angemeldeten Forderung oder ähnliches. Die Gläubiger werden bei einem Bestreiten direkt nach dem Prüfungstermin nach dem Grund des Bestreitens fragen, so dass ich dann entsprechend Auskunft geben können muss.

Ich weise aber ausdrücklich darauf hin, dass ich Ihrem Wunsch auf Bestreiten einer Forderung möglicherweise aus verschiedenen Gründen (z.B. keine ausreichenden Belege) nicht entsprechen kann/werde. Sollten Sie ein Bestreiten unbedingt bewirken wollen, so müssten Sie dieses Bestreiten gegenüber dem Insolvenzgericht geltend machen. Insoweit verweise ich auf die Regelungen in §§ 176, 178 Abs. 1, 2 InsO.

▶ Hinweis:

Wenn der Schuldner **keine nachvollziehbaren Gründe** nennt und/oder keine Belege einreicht, sollte die **Forderung festgestellt** werden, damit nicht die Arbeit mit dem Bestreiten, ggf. der Versendung des Tabellenauszuges, der Nachfrage des Gläubigers, der Änderung des Prüfungsvermerkes entsteht. Dies natürlich nur dann, wenn der Gläubiger seine Forderung nachvollziehbar belegt hat.

Wenn man bei ordnungsgemäßer und vollständiger Anmeldung ohne konkrete Gegenbeweise/belege bestreitet, könnte eine Feststellungsklage drohen.

Des Weiteren bitte ich um Auskunft darüber, ob zwischen Ihnen und einem der anmeldenden Gläubiger ein **verwandtschaftliches Verhältnis** besteht. In dem Fall bitte ich um Angabe des Namens des entsprechenden Gläubigers und des Verwandtschaftsgrades.

Sollte mir bis zum vorgenannten Datum keine Stellungnahme von Ihnen vorliegen, gehe ich davon aus, dass die Insolvenztabelle mit dem derzeitigen Stand ohne weitere Berichtigungen an das Insolvenzgericht übermittelt werden kann.

Ich darf Sie darauf hinweisen, dass es regelmäßig vorkommt, dass Gläubiger ihre Forderungen gar nicht oder ggf. nicht rechtzeitig zur Insolvenztabelle anmelden. Dementsprechend können in der anliegenden Übersicht ggf. Gläubiger fehlen, die Ihnen bekannt sind. Diese Gläubiger haben bis zum Verfahrensende die Möglichkeit, eine Anmeldung noch nachträglich vorzunehmen.

Bei natürlichen Personen:

Für die Erteilung der Restschuldbefreiung ist dies allerdings nicht von Bedeutung. Sollte Ihnen nach Ablauf von sechs Jahren nach Insolvenzeröffnung die Restschuldbefreiung erteilt werden, so wirkt diese auch gegen Gläubiger, die ihre Forderungen nicht angemeldet haben (§ 301 Abs. 1 Satz 2 InsO).

Mit freundlichen Grüßen

....

Insolvenzverwalter/in

Muster 258: Übersicht Insolvenztabelle – Wünsche AG

Übersicht Tabellenführung AG … 430

Bearbeitungshinweis für die Übersicht: Das Zutreffende bitte jeweils auswählen, den Rest löschen. Ggf. weitere Varianten eintragen.

Rechtspfleger (Name, Tel.-Nr.)	• *Übersicht mit allen Zuständigkeiten hinterlegt?*
Rechtspfleger – Name im Tabellenauszug	• *Der Name soll nicht im Tabellenauszug erscheinen.* • *Der Name soll im Tabellenauszug erscheinen.*
Anreden für Schnittstelle	• *BES-InsO* • *IT-InsO*
Anmeldefrist	• *Anmeldungen nur innerhalb der Anmeldefrist berücksichtigen* • *für verspätete Anmeldungen nachträglichen Prüfungstermin* • *Anmeldungen bis zur Drittelfrist berücksichtigen* • *Anmeldungen bis 3 Tage vor Prüftermin berücksichtigen* • *aktualisierte Übersichten an das Gericht übergeben*
Ausgenommene Forderungen gem. § 302 InsO – Art der Kennzeichnung	• *ausgenommene Forderung soll im Tabellenauszug bei Forderungsart vermerkt werden* • *in Klammern setzen: (Forderung aus vorsätzlich begangener unerlaubter Handlung)* • *Gericht möchte auf keinen Fall die Bezeichnung »unerlaubte Handlung«, sondern nur »ausgenommene Forderung gem. § 302 Nr. … InsO (in Klammern setzen)*
Ausgenommene Forderungen gem. § 302 InsO – Zeitpunkt der Mitteilung	• *zum Zeitpunkt der Drittelfrist* • *einen Tag nach Ablauf der Anmeldefrist* • *jeweils Fotokopie der Anmeldungen zur Versendung an den Schuldner einreichen* • *Übersicht drucken unter Nutzung eines Filters*
Berichtigungen – Art der Mitteilung	• *geänderte Tab-Nrn. sollen in einem Anschreiben in Tabellenform genannt werden* • *Unterlagen der Gläubiger mit geändertem Tabellenauszug als Anlage beifügen* • *Unterlagen der Gläubiger einreichen, aber kein Tabellenauszug beifügen* • *Änderung soll jeweils in gesondertem Anschreiben mitgeteilt werden* • *Unterlagen der Gläubiger mit geändertem Tabellenauszug als Anlage beifügen* • *keinen Tabellenauszug beifügen*
Berichtigungen – Kenntniserlangung bei Ausschüttung	• *Das Gericht möchte keine geänderten Tabellenauszüge = Gläubiger kann dies mit Antrag auf vollstreckbare Ausfertigung mitteilen* • *Das Gericht möchte sämtliche Änderungen durch Vorlage der geänderten Tabellenauszüge erhalten*
Berichtigungen – Kenntniserlangung während der RSB-Phase	• *Das Gericht möchte keine geänderten Tabellenauszüge = Gläubiger kann dies bei etwaigem Antrag auf vollstreckbare Ausfertigung mitteilen* • *Das Gericht möchte sämtliche Änderungen durch Vorlage der geänderten Tabellenauszüge erhalten* • *sonst Verteilung schwer nachzuvollziehen*
Berichtigungen – Zeitpunkt der Einreichung	• *sollen jeweils mit den Sachstandsberichten eingereicht werden* • *sollen erst insgesamt mit dem Schlussbericht eingereicht werden* • *sollen spätestens … Monate vor Einreichung des Schlussberichtes übermittelt werden*
Bestrittene Forderungen - beglaubigte Tabellenauszüge	• *Versendung wird vom Gericht veranlasst* • *Versendung wird vom Verwalterbüro erledigt* • *Zustellungsnachweis erbringen*
Bestrittene Forderungen - Übersicht etc.	• *Übersicht über bestrittene Forderungen ausdrucken und dem Gericht in gesondertem Anschreiben überreichen* • *gesonderte Fotokopien der Tabellenauszügen mit bestrittenen Forderungen zwecks späterer Versendung an die Gläubiger fertigen und dem Gericht überreichen*
Bestrittene Forderungen – vorläufig bestreiten	• *Gericht möchte kein »vorläufig bestreiten« in den Tabellenauszügen, nur »bestreiten«* • *Es darf auch »vorläufig bestritten« werden*
Digitale Versendung – erster PT	• *Ja, E-Mail-Adresse: …* • *Ja, über EGVP/beA / …* • *keinerlei Versendung von Daten*

Digitale Versendung – nachträglicher PT	• *sofort mit Anregung des nachträglichen PTs* • *erst nach Beschlussfassung*
Drittelfrist - Anschreiben an das Gericht	*Anschreiben je nach Wünschen des Gerichtes gestalten: siehe andere Zeilen vor- und nachstehend »Ausgenommene Forderungen«, »Übersichten« etc.*
Drittelfrist – Art der Akte	• *Gericht möchte die Anmeldungen im Ordner haben* • *Gericht möchte die Anmeldungen in deren B-Bänden haben* • *Gericht möchte gar keine Einreichung*
Forderungsanmeldungen - Einreichung bei Gericht	• *Die Originale gehen zum Gericht* • *Die Originale bleiben im Verwalterbüro* • *Das Gericht möchte gar keine Anmeldeunterlagen*
Forderungsanmeldungen – mehrere von einem Gläubiger	• *Es wird für jede Forderung mit unterschiedlichem Forderungsgrund eine neue Tab.-Nr. vergeben (IT-InsO-Schnittstelle)* • *Es werden alle angemeldeten Forderungen in einem Tabellenauszug geführt mit Nummerierung 1., 2. …(BES-InsO-Schnittstelle)*
Forderungsanmeldungen - Sortierung	• *Anmeldungen nach Eingangsdatum sortiert* • *innerhalb eines Tages alphabetisch sortiert* • *Anmeldungen insgesamt alphabetisch sortiert*
Forderungsanmeldungen - Übersichten für mündlichen PT	• *Index A – Z* • *Index lfd. Nr.* • *Übersicht Prüfungsergebnis* • *Tabelle nach § 175 InsO zur Drittelfrist ohne Prüfvermerke* • *Tabellen nach § 175 InsO zum Prüfungstermin mit Prüfvermerken* • *Übersicht bestrittene Forderungen*
Forderungsanmeldungen - Übersichten für schriftlichen PT	• *Index A – Z* • *Index lfd. Nr.* • *Übersicht Prüfungsergebnis* • *Tabelle nach § 175 InsO zur Drittelfrist mit Prüfvermerken* • *Übersicht bestrittene Forderungen*
Kommanditgesellschaft und Komplementärin	• *Das Gericht möchte bei beiden Tabellen die vollständigen Anmeldeunterlagen.* • *Es reicht aus, wenn bei der Komplementär-GmbH lediglich die Tabellenauszüge aus der Insolvenztabelle der GmbH & Co. KG beim Gericht vorgelegt werden.* • *Die gesamten Anmeldeunterlagen sind nicht zu kopieren.*
Nachträgliche Anmeldungen	• *Diese sollen mit den Sachstandsberichten eingereicht werden* • *Es sollten mindestens … (Anzahl) Anmeldungen vorliegen* • *sonst erst zum Schluss einreichen* • *Die Anmeldungen sollen grds. erst kurz vor Verfahrensbeendigung eingereicht werden*
Nebenforderungen	• *Das Gericht möchte für jede Nebenforderung einen Nachweis, auch bei 2,00 EUR für Mahnkosten* • *Das Gericht macht keine Vorgaben wg. der Nebenforderungen: Bestreiten daher im Ermessen des Verwalters*
Prüfungstermin - Einreichung Prüfvermerke (mündlicher PT)	• *Prüfungsergebnisse 3 Tage vor dem Prüfungstermin an das Gericht digital versenden* • *gleichzeitig Tabelle § 175 InsO mit Prüfungsergebnissen an das Gericht per Post versenden* • *Prüfungsergebnisse sollen schon zur Drittelfrist mit übermittelt werden*
Prüfungstermin - Einreichung Prüfvermerke (schriftlicher PT)	• *Prüfungsergebnisse 3 Tage vor dem Prüfungstermin an das Gericht digital versenden* • *gleichzeitig Tabelle § 175 InsO mit Prüfungsergebnissen an das Gericht per Post versenden* • *Prüfungsergebnisse sollen schon zur Drittelfrist mit übermittelt werden*
Prüfungstermin – sonstige Vorbereitung	• *Terminzettel (Muster) erstellen* • *akt. Online-Kontoauszug* • *Kopie erster Bericht* • *Daten auf Stick speichern und Verwalter Stick mitgeben* • *Gericht möchte keine digitale Besprechung: Verwalter soll sämtliche Unterlagen vorliegen haben*
Prüfungstermin – nachträglich - Einreichung von Unterlagen	• *siehe oben »Forderungsanmeldung – Übersichten bei schriftlichen PT«* • *Unterlagen entsprechend einreichen* • *andere Rubriken beachten: Anmeldungen ja oder nein, Vollstreckungstitel etc.* • *Musterschreiben nutzen*

Prüfungstermin – nachträglich **– Zustellung des Beschlusses**	• *wird vom Gericht veranlasst* • *wird vom Verwalterbüro veranlasst* • *Zustellungsnachweis erbringen*
Prüfvermerke **– Art der Formulierung**	• *Das Gericht möchte vollständige Sätze:* • *»Die Forderung wird vom Verwalter festgestellt.«* • *»Die Forderung wird i.H.v. … EUR vom Verwalter bestritten.«* • *Das Gericht möchte lediglich Wörter:* • *»Festgestellt«* • *»Bestritten i.H.v. …EUR«* • *Die Angabe »vom Verwalter«, »vom Treuhänder« können weggelassen werden* • *Das Gericht möchte die Angabe »vom Verwalter«, »vom Treuhänder« drin haben* • *wg. vorläufig Bestreiten«: siehe oben*
Sonderinsolvenzverwalter: **GmbH & Co. KG und GmbH**	• *Für die Forderungsanmeldung einer GmbH & Co. KG bei der Komplementär-GmbH soll ein Sonderinsolvenzverwalter bestellt werden* • *Die Forderungsanmeldung einer GmbH & Co. KG bei der Komplementär-GmbH kann der Verwalter beider Gesellschaften vornehmen. Ein Sonderinsolvenzverwalter ist nicht erforderlich.*
Sortierung Unterlagen im eigenen Tabellenordner	• *SV mit AG* • *Einzelne Übersichten* • *SV mit Schuldner* • *Anmeldungen*
Tabellenauszüge: Ausdruck	• *Das Gericht möchte Querformat* • *Das Gericht möchte Hochformat* • *Das Gericht möchte überhaupt gar keine Tabellenauszüge*
Tabellenauszüge: **bestrittene Forderungen**	• *Das Gericht möchte die gesonderte Übergabe der Tabellenauszüge mit bestrittenen Forderungen zwecks Versendung gem. § 179 Abs. 3 InsO* • *Das Gericht erstellt die Tabellenauszüge mit bestrittenen Forderungen zwecks Versendung gem. § 179 Abs. 3 InsO selber*
Tabellenauszüge: Prüfvermerke **- bei mündlichen PT**	• *Das Gericht möchte zur Drittelfrist nur Tabellenauszüge ohne Prüfvermerke* • *Das Gericht möchte später keine weiteren Tabellenauszüge, sondern Tabelle nach § 175 InsO mit Prüfvermerken reicht*
Tabellenauszüge: Prüfvermerke **- bei schriftlichen PT**	• *Das Gericht möchte direkt zur Drittelfrist die Tabellenauszüge mit Prüfvermerken*
Tabellen-Nr.:	• *Sortierung nach IT-InsO = pro Forderung eine Tab.-Nr.* • *Sortierung nach BES-InsO = alle Forderungen eines Gläubigers unter eine Tab.-Nr. mit gesonderter Nummerierung*
Verfahrensbevollmächtigte	• *sollen im Tabellenauszug genannt werden* • *sollen im Tabellenauszug **nicht** aufgeführt werden*
Verteilung – Ausschüttung	• *Schluss-Verteilungsverzeichnis mit genauer Quote einreichen mit Schlussbericht* • *Schluss-Verteilungsverzeichnis nur mit Nullquote einreichen mit Schlussbericht* • *erst mit Ausschüttungsbericht wird das Verteilungsverzeichnis mit Quote und Zahlbeträgen überreicht*
Vertreter	• *sollen im Tabellenauszug genannt werden* • *sollen im Tabellenauszug **nicht** aufgeführt werden*
Vollstreckungstitel – Anforderung	• *sollen angefordert und beim Insolvenzgericht vorgelegt werden* • *sollen nicht angefordert werden*
Vollstreckungstitel – Rücksendung	• *wird durch das Gericht veranlasst* • *erfolgt durch das Verwalterbüro*
Vollstreckungstitel – Übergabe	• *mit Bleistift oben rechts die Tab.-Nr. auftragen* • *Abheften jeweils in Klarsichtfolie zur Forderungsanmeldung* • *Abheften insgesamt vorne im Tabellenordner* • *keine Versendung von Titeln an das Gericht, die bestritten werden*
Vollstreckungstitel – Übersicht	• *Gericht möchte eine Übersicht über die vorliegenden Vollstreckungstitel (Filterfunktion in Software nutzen)*

Muster 259: Vollstreckungstitel – Anforderung

431 *Adressat: Insolvenzgläubiger/in*

Insolvenzverfahren über das Vermögen der Firma .../ des Herrn .../der Frau ...
Amtsgericht...:... IN/IK.../...
Forderungsanmeldung, Tab.-Nr. ...
Ihr Zeichen:...

Sehr geehrte Frau ...,/Sehr geehrter Herr ...,

sehr geehrte Damen und Herren,

ich nehme Bezug auf Ihre Forderungsanmeldung vom ..., hier eingegangen am ... Ich bitte insoweit noch um Übersendung des Titels im **Original spätestens zum Prüfungstermin.**

Das Original des Titels ist für die Anmeldung und Eintragung der Forderung nicht erforderlich *(Bundesgerichtshof, Urt. v. 01.12.2005 – IX ZR 95/04),* jedoch wird die Vorlage des Originals vom Amtsgericht ... gewünscht (§ 178 Abs. 2 InsO).

Es kann die Anwendung der Rechtsfolgen der §§ 179 Abs. 2, 184 Abs. 2 InsO bei fehlender Vorlage des Original-Titels vom Insolvenzgericht verneint werden.

Außerdem kann die Erteilung einer vollstreckbaren Ausfertigung des Tabellenauszuges vom Insolvenzgericht verweigert werden, sofern der vorherige Vollstreckungstitel im Original nicht vorgelegt wird.

Mit freundlichen Grüßen

....

Insolvenzverwalter/in

Muster 260: Vollstreckungstitel – Info über Bestreiten wg. Zinsen

432 *Adressat: Insolvenzgläubiger/in*

Insolvenzverfahren über das Vermögen der Firma .../des Herrn .../der Frau ...
Amtsgericht...:... IN/IK.../...
Forderungsanmeldung, Tab.-Nr. ...
Ihr Zeichen:...

Sehr geehrte Frau ...,/Sehr geehrter Herr ...,

sehr geehrte Damen und Herren,

ich nehme Bezug auf Ihre Forderungsanmeldung vom..., hier eingegangen am... Sie machen Forderungen aus einem Vollstreckungstitel geltend. Ich darf darauf hinweisen, dass ich beabsichtige, einen Teil der Forderungen im anstehenden Prüfungstermin zu bestreiten. Der Grund hierfür ist die Regelung in § 197 Abs. 2 i.V.m. § 195 BGB. Danach unterliegen titulierte Zinsansprüche der regelmäßigen Verjährung von drei Jahren. Mit dem Vollstreckungstitel können Sie daher Zinsen für den Zeitraum von ... bis ... (*Jahre nennen*) zur Insolvenztabelle anmelden. Die Zinsen für einen älteren Zeitraum sind verjährt.

Gemäß § 212 Abs. 1 BGB beginnt die Verjährung allerdings neu, wenn der Schuldner
- eine Rate gezahlt,
- eine Zinszahlung oder
- eine Sicherheitsleistung erbracht hat.

Darüber hinaus beginnt die Verjährung neu, wenn eine Vollstreckungsmaßnahme durchgeführt oder beantragt wurde.

Solche Gründe für einen Verjährungsneubeginn sind in den mir vorliegenden Unterlagen nicht festzustellen. Sollte es dennoch einen Verjährungsneubeginn gegeben haben, darf ich Sie bitten, mir diesen nachzuweisen. Dann würde ich die bestrittene Forderung nachträglich feststellen.

Ich darf ausdrücklich darauf hinweisen, dass die Regelung in § 179 Abs. 2 InsO, wonach der Insolvenzverwalter den Widerspruch zu verfolgen hat, weil anderenfalls die Forderung gem. § 189 Abs. 1 InsO bei der Verteilung zu berücksichtigen ist, nicht für ein Bestreiten aufgrund der Regelung in § 197 Abs. 2 i.V.m. § 195 BGB anzuwenden ist *und im Übrigen grundsätzlich auch nur dann greift, wenn Sie den Original-Vollstreckungstitel spätestens bis zum Prüfungstermin bzw. Prüfungsstichtag vorgelegt haben.*

▶ **Hinweis:**

Vorstehenden Satz wg. des Original-Titels ggf. streichen, wenn das Original vorliegt!

Ohne weitere Nachweise durch Sie würde ich *den bestrittenen Teil* der Forderung daher bei einer etwaigen Verteilung unberücksichtigt lassen.

Mit freundlichen Grüßen

....
Insolvenzverwalter/in

Musterübersicht Inventar

(Die Übersicht ist alphabetisch sortiert.)

		Rdn.
Muster 378:	Antrag auf Verwertung durch Gläubiger § 173 InsO (*s. Muster Verwertungstätigkeit*)	550
Muster 210:	Inhaltsverzeichnis (*s. Muster Inhaltsverzeichnis jur. Pers.*)	382
Muster 261:	Kaufinteressenten – Anfrage bei Verwertungsfirmen	433
Muster 262:	Kaufvertrag Fahrzeug	434
Muster 263:	Quittung	435
Muster 264:	Rechnung bei Verkauf aus Masse	436
Muster 335:	Verkäufe – Steuerpflicht – Prüfungsvermerk (*s. Muster Steuerangelegenheiten*)	507
Muster 265:	Verkaufsbestätigung	437
Muster 384 – 385:	Verwertungsliste (*s. Muster Verwertungstätigkeit*)	556 – 557
Muster 106:	Vollstreckungs- und Zustellungsklausel – Antrag auf Erteilung (*s. Muster Eröffnungsbeschluss jur. Person*)	278
Muster 107:	Vollstreckungsauftrag an Gerichtsvollzieher (*s. Muster Eröffnungsbeschluss jur. Person*)	279

Muster 261: Kaufinteressenten – Anfrage bei Verwertungsfirmen

433 *Adressat: Verwertungsfirmen*

Insolvenzverfahren über das Vermögen der Firma............... mit dem Sitz in................
Amtsgericht......:................ IN..... /...
Anfrage hinsichtlich zum Verkauf stehender Insolvenzgüter (U.Z.: »*Inventar 8*«)

Sehr geehrte Damen und Herren,

hiermit zeige ich an, dass über das Vermögen der Firma... GmbH mit dem Sitz in... das Insolvenzverfahren eröffnet und *der/die Unterzeichner/in zum/zur Insolvenzverwalter/in* bestellt worden ist. Eine Fotokopie des gerichtlichen Eröffnungsbeschlusses liegt in der **Anlage** zu Ihrer Information anbei.

Mir liegen Informationen vor, wonach Sie Insolvenzgüter aus Insolvenzmassen ankaufen. Ich überreiche daher in der **Anlage** eine Auflistung der in obigem Insolvenzverfahren vorhandenen Insolvenzgüter mit der Bitte um Durchsicht und ggf. kurze Rückmeldung, ob Ihrerseits Interesse an einem Ankauf besteht. Die jeweiligen Mindestkaufpreise ergeben sich aus der **anliegenden** Bewertung, die durch einen Industriesachverständigen vorgenommen wurde. Bezüglich einer etwaigen Besichtigung der Gegenstände bitte ich, telefonisch Kontakt mit mir oder meinen Mitarbeitern aufzunehmen.

Mit freundlichen Grüßen

....
Insolvenzverwalter/in

Anlagen:
Eröffnungsbeschluss
Inventarliste mit Bewertung

▶ Hinweis:

Sachverständigengutachten oder vom Schuldner gefertigte Inventarliste beifügen!

Muster 262: Kaufvertrag Fahrzeug

434 **Kaufvertrag**

zwischen

1. ... (*Vor- und Zuname*) als *Insolvenzverwalter/in* über das Vermögen *der Firma.../des Herrn .../der Frau ...*, dienstansässig:...

- nachstehend »**Verkäufer/in**« genannt -

und

2. ... (*vollständiger Name und Anschrift des Käufers*), Personalausweis-Nr.:...

- nachstehend »**Käufer/in**« genannt -

▶ Hinweis:

Die Personalausweis-Nr. ist für mögliche spätere Haftungsprobleme bei nicht ordnungsgemäßer Ummeldung wichtig.

---

§ 1
Kaufgegenstand

In der *vom/von der Verkäufer/in* verwalteten Insolvenzmasse befindet sich folgendes gebrauchtes Fahrzeug:

Golf Variant 1.9 TDI Edition

mit dem derzeit noch amtlichen Kennzeichen:...,

Fahrzeug-Ident-Nr....

Nr. der Zulassungsbescheinigung II (früher Fahrzeugbrief)...

Nächste Hauptuntersuchung: Monat/Jahr

Nächste Abgasuntersuchung: Monat/Jahr

Erstzulassung am ...

Das Auto hat... PS und eine Kilometerleistung von... km per Stand ...

§ 2
Verkauf

Der/Die Verkäufer/in verkauft das unter Ziffer 1. näher bezeichnete Fahrzeug hiermit an *den/die Käufer/in.*

§ 3
Kaufpreis und Fälligkeit

Der Kaufpreis für das obige Fahrzeug beträgt ... **EUR netto** *zzgl. der gesetzlichen Umsatzsteuer*, demnach ... **EUR brutto** (in Worten: ... Euro). Der Kaufpreis ist in bar zu zahlen und fällig Zug um Zug bei Fahrzeugübergabe.

▶ Hinweis:

Bitte vor Verkauf mögliche Steuerpflicht nach EStG (§ 23 EStG) und nach UStG (§ 15a UStG) prüfen. Hieraus kann sich eine Masseverbindlichkeit ergeben:

Handelt es sich um Betriebsvermögen, fällt Umsatzsteuer an; steht das Fahrzeug im Privateigentum, ist keine Umsatzsteuer zu berücksichtigen.

§ 4
Gewährleistungsausschluss

Das Fahrzeug wird unter Ausschluss jeglicher Haftung für Sachmängel verkauft. Der Haftungsausschluss für Sachmängel gilt nicht für Schadensersatzansprüche, die auf einer vorsätzlichen oder grob fahrlässigen Verletzung von Pflichten *des Verkäufers/der Verkäuferin* beruhen. *Der/Die Käufer/in* erklärt, dass *er/sie* das Fahrzeug inspiziert hat, Probe gefahren ist und *ihm/ihr* der Zustand bestens bekannt ist.

§ 5
Übergabe und Übereignung

Der Kaufgegenstand wird *dem/der Käufer/in* am ... zusammen mit der Zulassungsbescheinigung II sowie sämtlichen Fahrzeugschlüsseln übergeben. Mit Übergabe des Kaufgegenstandes geht dieser in das Eigentum *des Käufers/der Käuferin* über

▶ Hinweis:

Bei späterer Kaufpreiszahlung oder Ratenzahlung Eigentumsvorbehalt vereinbaren.

§ 6
Kfz-Zulassung

Der/Die Verkäufer/in meldet das Fahrzeug bei der Kfz-Zulassungsbehörde ab. Die Übergabe des Fahrzeuges erfolgt daher ohne Zulassung. *Der/Die Käufer/in* muss sich für den Transport neue Kennzeichen besorgen.

....
Ort/Datum

....	....
Verkäufer/in	Käufer/in

Bestätigung

Der Käufer bestätigt die folgende Übergabe:

- Fahrzeugschlüssel mit Fernbedienung,
- Ersatzschlüssel
- Zulassungsbescheinigung II mit der oben angegebenen Nummer

....
Ort/Datum

....
Käufer/in

▶ Hinweis:

Zweifach unterzeichnen lassen, damit jeder Vertragspartner ein unterzeichnetes Exemplar erhält.

Muster 263: Quittung

435 *Quittung*

Hiermit bestätige ich in meiner Eigenschaft als *Insolvenzverwalter/in* über das Vermögen *der/des Firma/Herrn/Frau…* (Amtsgericht …: … IN/IK …/…) von… (*vollständiger Name und Anschrift*) einen Betrag i.H.v.… EUR als Gesamtbruttokaufpreis für *das Fahrzeug … (nähere Bezeichnung), den … (Gegenstand – nähere Bezeichnung)* in bar erhalten zu haben.

…, den…

....
Insolvenzverwalter/in

▶ Hinweis:

Original der Quittung dem Käufer aushändigen. Fotokopie für die Akte fertigen.

Siehe wegen Kaufvertrag oder Rechnung in die anderen Muster Nr. 262, 264.

Muster 264: Rechnung bei Verkauf aus Masse

436 *Adressat: Käufer/in*

▶ Hinweis:

Bitte vor Verkauf mögliche Steuerpflicht nach EStG (§ 23 EStG) und nach UStG (§ 15a UStG) prüfen. Hieraus kann sich eine Masseverbindlichkeit ergeben.

Wenn Verkauf der Umsatzsteuer nicht unterliegt, reicht i.d.R. Bestätigung. Siehe gesondertes Muster Nr. 265 »Verkaufsbestätigung«.

… als Insolvenzverwalter/in über das Vermögen der/des

…

(Name und Anschrift)

Datum:……

internes AZ: ……

(*Unbedingt St-Nr. der Masse angeben*) Steuer-Nr.: ………..

Rechnung Nr. … (Bsp: Re-Nr. 56/17)
betr. Verkauf aus Insolvenzmasse

Leistungszeit: …

1) 1 Schreibtischwinkelkombination, 1 Rollcontainer, 1 Bürodrehsessel, 1 Schiebetürenschrank, 2 Aktenschränke gem. Pos. 4 des Gutachtens	*… EUR*
2) …	
Zwischensumme	… EUR
19 % Umsatzsteuer	… EUR
Rechnungsbetrag	**… EUR**

Wenn keine Umsatzsteuer anfällt:

Es erfolgt aufgrund der Anwendung der Kleinunternehmerregelung gem. § 19 UStG kein Ausweis der Umsatzsteuer.

Die Rechnung ist zahlbar und fällig. Bitte überweisen Sie den Rechnungsendbetrag bis spätestens zum... auf das für dieses Verfahren eingerichtete Treuhandkonto bei der

Bank:...

IBAN: ...

BIC: ...

Kontoinhaber: ... als IV wg. .... (Verfahrensbezeichnung)

....

Insolvenzverwalter/in

▶ Hinweis bei Verkauf ins Ausland:

Bei Verkauf einer Sache an einen ausländischen Käufer muss die **Umsatzsteuer-Identifikationsnummer** des schuldnerischen Unternehmens oben angegeben werden. Ist der **Käufer auch ein Unternehmen** mit einer Umsatzsteuer-ID, ist das leistende Unternehmen (= **schuldnerisches Unternehmen**) **steuerbefreit** (§ 13b UStG). Dann braucht keine Umsatzsteuer auf den Kaufpreis ausgewiesen werden. Voraussetzung: Auch die **Umsatzsteuer-ID des Käufers** wird vorstehend **aufgeführt.**

Muster 265: Verkaufsbestätigung

▶ Hinweis:

Diese Rechnung nur verwenden, wenn der Verkauf keiner Umsatzsteuer unterliegt. Ansonsten Rechnung fertigen: siehe gesondertes Muster Nr. 264. 437

Verkaufsbestätigung

Hiermit bestätige ich, dass folgender Gegenstand an *Herrn/Frau* ..., wohnhaft: ... verkauft wird:

... *(genaue Bezeichnung des Gegenstandes)*

Der Kaufpreis für diesen Gegenstand in Höhe von ... EUR ist sofort zur Zahlung fällig. Er wurde am heutigen Tage *vom Käufer/von der Käuferin* an *den/die Insolvenzverwalter/in* übergeben.

..., den ...

....

Insolvenzverwalter/in

Musterübersicht Limited

(Die Übersicht ist alphabetisch sortiert.)

		Rdn.
Muster 162:	Erstanschreiben an Schuldner (*s. Muster Gutachten*)	335
Muster 163:	Erstgespräch – Fragebogen – Telefonat (*s. Muster Gutachten*)	336
Muster 164:	Fragebogen zum Gutachten (*s. Muster Gutachten*)	337
Muster 165:	Gerichtsakte Rücksendung – Gutachtenauftrag (*s. Muster Gutachten*)	338
Muster 266:	Gutachten Limited	439
Muster 170 – 171:	Gutachtenabrechnung (*s. Muster Gutachten*)	343 – 344
Muster 130:	Kontoauszug FinA – Anforderung durch Schuldner (*s. Muster Finanzamt*)	303
Muster:	Kreditoren- u. Debitorenliste (*Dateivorgaben des jeweiligen Softwareanbieters zwecks Einspielung der Daten ins System*)	
Muster 267:	Liste vorzulegende Unterlagen Limited	440
Muster 177:	Steuerberater wg. Herausgabe von Unterlagen (*s. Muster Gutachten*)	350
Muster 178:	Übersendung Gutachten an AG (*s. Muster Gutachten*)	351
Muster 179:	Vermögensübersicht – vereinfacht – zum Gutachten (*s. Muster Gutachten*)	352
Muster 180 – 182:	Zwangsmaßnahmen (*s. Muster Gutachten*)	353 – 355
Muster 183:	Zwischenbericht für Gutachten (*s. Muster Gutachten*)	356

Muster 266: Gutachten Limited

438 **Gutachten**

in dem Insolvenzeröffnungsverfahren über das Vermögen der

… Ltd.,

Straße Hausnummer

Postleitzahl Ort

vorgelegt vom Gutachter:	Rechtsanwalt …
Insolvenzgericht:	Amtsgericht …
Aktenzeichen des Amtsgerichts:	… IN…/…
Datum:	…

Inhaltsverzeichnis

A. Auftrag
B. Maßnahmen im Eröffnungsverfahren
C. Datenpool
D. Insolvenzantrag
  I. Zuständigkeit der deutschen Insolvenzgerichte
  II. Antragsberechtigung und Insolvenzfähigkeit
  III. Form des Insolvenzantrages
E. Steuerrechtliche Verhältnisse / Rechnungswesen
  I. Meldung an das englische Handelsregister
F. Gesellschaftsrechtliche Verhältnisse
G. Arbeitsrechtliche Verhältnisse
H. Wirtschaftliche Entwicklung
I. Vorliegen eines Insolvenzgrundes / Eintritt der Insolvenz
J. Sanierung des Unternehmens / Insolvenzplanverfahren
K. Ansprüche gegen Gesellschafter und Geschäftsführer
  I. Einzahlung Nennkapital

II. Weitere gesellschaftsrechtliche Ansprüche
III. Rückgriffsansprüche gegen den director (Geschäftsführer)
L. Aus- und Absonderungsrechte
M. Rückschlagsperre
N. Anfechtungsstatbeständ
O. Rechtsstreitigkeiten
P. Vermögensübersicht
Q. Verfahrenskostendeckung
R. Zusammenfassung
S. Entscheidungsvorschlag
U. Erforderliche Beschlüsse der Gläubigerversammlung

▶ Genereller Hinweis zur Nutzung dieses Musters:

Es sind nachfolgend nur diejenigen Mustertexte bzw. Gliederungspunkte vorgegeben, die bei der Insolvenz einer Limited von der einer GmbH abweichen. Weitere Texte müssten je nach Situation aus den anderen Mustern gezogen werden. Insoweit wird an den entsprechenden Stellen nachstehend darauf verwiesen (z.B. bei Betriebsfortführung andere Texte als bei einer Betriebseinstellung).

▶ Hinweise zum Vorgehen:

- Muster Gutachten GmbH zur Bearbeitung abspeichern
- dort sind die meisten Formulierungen und Auswahlmöglichkeiten gegeben
- dient als Grundlage und muss durch nachstehende Texte tlw. ersetzt und tlw. ergänzt werden

A.
Auftrag

▶ Bearbeitungshinweis:

Text aus Mustergutachten GmbH austauschen und nachstehenden einsetzen bzw. **Text aus Beschluss hierhin übertragen.**

Mit Beschluss des Amtsgerichts – Insolvenzgericht – … vom … wurde ich damit beauftragt, ein schriftliches Gutachten zu folgenden Fragestellungen anzufertigen:

▶ Achtung:

Manche Gerichte möchten **keine Wiederholung** der Inhalte des Gutachtenbeschlusses! Daher **Alternative** nutzen:

»Mit Beschluss des Amtsgerichts – Insolvenzgericht – … vom … wurde ich damit beauftragt, ein schriftliches Gutachten anzufertigen. Zu den einzelnen im Gutachtenbeschluss aufgelisteten Fragestellungen werden nachfolgend Erläuterungen gegeben.«

- ob ein deutsches Insolvenzgericht im Sinne der EuInsVO zuständig ist;
- ob die Schuldnerin insolvenzfähig ist;
- ob der Antragsteller antragsberechtigt ist;
- *ob der Insolvenzantrag den Formerfordernissen gem. § 13 InsO entspricht;*
- ob und ggf. welche Sicherungsmaßnahmen kurzfristig erforderlich sind;
- ob ein Eröffnungsgrund vorliegt, bejahendenfalls, zu welchem Zeitpunkt von dem Eintritt der materiellen Insolvenz auszugehen ist;
- ob mit einer Fortführung des Unternehmens zu rechnen ist;
- ob Grundbesitz vorhanden ist und ggf. wie die genauen Grundbuchbezeichnungen lauten;
- ob mit einer die Kosten des Verfahrens deckenden Masse gerechnet werden kann;
- *ob die Schuldnerin anfechtbare Rechtshandlungen vorgenommen hat;*
- *ggf. in welcher Höhe ein Massekostenvorschuss anzufordern ist.*

Bei Anordnung der vorläufigen Verwaltung:

Auf meine Anregung hin ordnete das Insolvenzgericht am … um … Uhr zur Sicherung der Masse gemäß § 21 Abs. 2 Ziff. 1 InsO die vorläufige Verwaltung über das Vermögen der Schuldnerin an. Gemäß § 21 Abs. 2 Ziff. 2 2. Alt. InsO wurde gleichzeitig angeordnet, dass Verfügungen der Insolvenzschuldnerin nur mit Zustimmung des vorläufigen Insolvenzverwalters wirksam sind. Der vorläufige Insolvenzverwalter wurde ermächtigt, Forderungen der Schuldnerin einzuziehen.

Vollstreckungsmaßnahmen wurden gemäß § 21 Abs. 2 Nr. 3 InsO eingestellt, soweit nicht unbewegliches Vermögen betroffen ist.

Dem Insolvenzantrag liegt ein *Eigen-/Fremdantrag der/des* … vom …, eingegangen beim Insolvenzgericht am … zugrunde.

▶ Gutachtenübergabe wg. Eröffnung an einem bestimmten Tag:

Vermeidung der Überschreitung des Insolvenzgeldzeitraums? Dann Gutachtenvorlage: **2 Tage vor diesem fiktiven Eröffnungstag** = genug Zeit für Richter zur Entscheidungsfindung! Frist notieren! Ggf. abweichende Vorgabe der Gerichte berücksichtigen.

B. Maßnahmen im Eröffnungsverfahren

▶ Bearbeitungshinweis:

Kompletten Text aus dem Muster Gutachten GmbH auswählen, versch. Varianten: Auswahl zwischen »Abweisung mangels Masse«, »Eröffnung – keine Betriebsfortführung« und »Eröffnung – Betriebsfortführung«

C. Datenpool

▶ Bearbeitungshinweis:

Text aus Muster GmbH komplett austauschen und nachfolgenden einsetzen:

Bezeichnung der Schuldnerin:	… Ltd.
Anschrift der Zweigniederlassung in Deutschland:	……
Anschrift der Hauptniederlassung in England:	……
Gegenstand des Unternehmens:	Vertrieb von … *(kann den articles of association entnommen werden)*
Rechtsform:	Private Limited Company
Gründung:	Memorandum of association (= Gründungserklärung) vom …
Eintragung beim Companies House:	am … gem. *certificate of incorporation* (Gründungsurkunde) Registernummer: … (Handelsregisterauszug online einsehen oder anfordern)
eingetragener *director*:	…. *(kompletter Name und Anschrift)* *(Handelsregisterauszug online einsehen oder anfordern)*
telefonisch zu erreichen:	…
abweichender *shadow director* (Schatten-GF):	… *(kompletter Name und Anschrift)* *(bei Verneinung einfach: ./. einsetzen)*
abweichender *de facto director* (faktischer GF):	…. *(kompletter Name und Anschrift) (bei Verneinung einfach: ./. einsetzen)*
Secretary (Schriftführer):	… *(kompletter Name und Anschrift)* *(Handelsregisterauszug online einsehen oder anfordern)* *(bei Verneinung einfach: ./. einsetzen)*
Nominal share capital (Nennkapital):	… GBP *(kann auch in jeder anderen Währung sein)*
Issued share capital *(gezeichnetes Kapital):*	… GBP *(kann auch in jeder anderen Währung sein)*
Paidup capital (geleistete Zahlungen auf Kapital):	… GBP *(kann auch in jeder anderen Währung sein)*
Nachweis der Einzahlungen auf Kapital:	siehe nachfolgend »Haftungsansprüche«
Shareholders (Gesellschafter):	… *(kompletter Name und Anschrift)* mit einem Anteil i.H.v. … … *(kompletter Name und Anschrift)* mit einem Anteil i.H.v. … *(Handelsregisterauszug online einsehen oder anfordern)*
Eintragung der Zweigniederlassung in Deutschland:	*am …* *Amtsgericht …* *HRA …* *(Handelsregisterauszug online einsehen oder anfordern)*
Betriebseinstellung:	… *(Datum)*
Betriebsfortführung:	*Ja, durch vorläufige/n Insolvenzverwalter/in*

Finanzamt und Steuernummer:	Finanzamt ..., ... *(Anschrift)* ... (Steuernummer)
Bankverbindungen:	<u>Geschäftskonto:</u> Bank ... ... *(Anschrift)* IBAN: ... BIC: ... <u>Treuhandkonto:</u> Bank ... ... *(Anschrift)* IBAN: ... BIC: ...
Sozialversicherungsträger:	*jeweils Bezeichnung und Anschrift und Betriebsnummer*
Berufsgenossenschaft:	Bezeichnung und Anschrift und Betriebsnummer

D.
Insolvenzantrag

▶ Bearbeitungshinweis:

Diesen Gliederungspunkt gibt es im Gutachten GmbH nicht. Daher wie nachfolgend aufnehmen:

I.
Zuständigkeit der deutschen Insolvenzgerichte

▶ Hinweis:

Ggf. ist zu prüfen, ob ein Partikularverfahrens gem. Art. 3 Abs. 4 EuInsVO n.F. zu eröffnen ist. Dies kommt dann in Betracht, wenn in Deutschland nicht der Mittelpunkt der hauptsächlichen Interessen, sondern »nur« eine Niederlassung betrieben wird. Allerdings darf in England kein Insolvenzverfahren eröffnet und auch nicht möglich sein (Art. 3 Abs. 4 EuInsVO). Ist ein Verfahren bereits eröffnet, käme nur ein Sekundärinsolvenzverfahren in Betracht (Art. 3 Abs. 3 EuInsVO n.F., Art. 34 ff. EuInsVO n.F.)

Nach Art. 3 Abs. 1 EuInsVO n.F. sind für die Eröffnung eines Insolvenzverfahrens die Gerichte des Mitgliedstaates zuständig, in dessen Gebiet der Schuldner den Mittelpunkt seiner hauptsächlichen Interessen hat. Bei Gesellschaften und juristischen Personen wird bis zum Beweis des Gegenteils vermutet, dass der Mittelpunkt ihrer hauptsächlichen Interessen am Ort des satzungsmäßigen Sitzes ist (Art. 3 Abs. 1 EuInsVO n. F.). Diese Annahme gilt allerdings nur, wenn der Sitz nicht in einem Zeitraum von drei Monaten vor dem Antrag auf Eröffnung des Insolvenzverfahrens in einen anderen Mitgliedstaat verlegt wurde (Art. 3 Abs. 1 EuInsVO n. F.).

Beispielhafter Mustertext:

Bei der Insolvenzschuldnerin handelt es sich um eine Limited, die ihren satzungsmäßigen Sitz in England hat. Sie ist dort im Handelsregister beim Companies House unter der Register-Nr. ... eingetragen. In England wird allerdings keine wirtschaftliche Tätigkeit ausgeübt. Auch verfügt die Schuldnerin dort über keinerlei Vermögen, sondern lediglich über eine zustellungsfähige Anschrift.

Der Mittelpunkt der hauptsächlichen Interessen liegt in Deutschland. Die Schuldnerin bietet ... an / stellt ... her / ... (Tätigkeit beschreiben). Zur Ausübung dieser Tätigkeit beschäftigt sie ... (Anzahl der Arbeitnehmer) und setzt unterschiedliche Vermögenswerte ein. Hierauf wird im Einzelnen noch näher eingegangen werden. Diese Tätigkeit übt sie in ... (Stadt) bereits seit ... (Monat und Jahr) aus. Eine Sitzverlegung innerhalb der letzten drei Monate vor Insolvenzantragstellung ist nicht festgestellt worden. Aufgrund dieses Sachverhaltes sind die deutschen Gerichte für die Eröffnung des Insolvenzverfahrens gem. Art. 3 Abs. 1 EuInsVO n.F. und für die Stadt ... insoweit das Insolvenzgericht ... zuständig.

II.
Antragsberechtigung und Insolvenzfähigkeit

Vor der Eröffnung des Insolvenzverfahrens ist weiter zu prüfen, ob der Insolvenzantrag von einer antragsberechtigten Person gestellt wurde und ob die Schuldnerin insolvenzfähig im Sinne des § 11 InsO ist.

Beispielhafter Mustertext:

Gemäß § 14 InsO ist der Insolvenzantrag eines Gläubigers dann zulässig, wenn der Gläubiger ein rechtliches Interesse an der Eröffnung eines Insolvenzverfahrens hat und seine Forderung und den Eröffnungsgrund glaubhaft macht. Vorliegend wurde der Insolvenzantrag von ... (Name des antragstellenden Gläubigers) gestellt. Seine Forderung hat der Gläubiger durch Vorlage von ... (Forderungsbeleg) glaubhaft gemacht. Als Eröffnungsgrund hat der Gläubiger die erfolglose

Zwangsvollstreckung vom … (Datum) aufgeführt und damit die Zahlungsunfähigkeit der Insolvenzschuldnerin nachgewiesen. Hierauf wird nachstehend noch näher eingegangen. Damit hat der Gläubiger einen zulässigen Insolvenzantrag eingereicht.

Alternative bei Eigenantrag:

Gem. § 15 InsO ist bei juristischen Personen zum Insolvenzantrag jedes Mitglied des Vertretungsorgans berechtigt. Vorliegend handelt es sich um eine Limited. Sie wird durch die directors = Geschäftsführer vertreten. Bei der Insolvenzschuldnerin ist nur … (Name) als director bestellt. Dies wurde dem Handelsregisterauszug beim Companies House entnommen. Insoweit wird auf die Daten im vorstehenden Datenpool verwiesen. Der Insolvenzantrag wurde von ihm gestellt und ist damit zulässig im Sinne des § 15 Abs. 1 InsO.

▶ Hinweis:

Sind mehrere directors bestellt, müssen entweder alle zusammen den Insolvenzantrag stellen oder den Eröffnungsgrund glaubhaft machen, § 15 Abs. 2 InsO.

Darüber hinaus ist auch die Insolvenzfähigkeit der Insolvenzschuldnerin gegeben. Nach § 11 Abs. 1 InsO kann über das Vermögen jeder juristischen Person das Insolvenzverfahren eröffnet werden. Bei einer Limited handelt es sich insoweit um eine juristische Person, so dass über Art. 7 EuInsVO n. F. die Vorschrift des § 11 InsO anzuwenden und die Insolvenzschuldnerin damit insolvenzfähig ist.

III.
Form des Insolvenzantrages

Im Beschluss über die Bestellung zum Sachverständigen ist der Auftrag enthalten, Ausführungen darüber zu machen, ob der Insolvenzantrag in der erforderlichen Form des § 13 InsO gestellt wurde, um eine Insolvenzeröffnung bewirken zu können. Hierzu wird folgendes ausgeführt:

siehe gesondertes Muster: »Gliederungspunkt – Form des Insolvenzantrages« (Nr. 166)

▶ Achtung:

Entsprechende **Ausführungen** müssen **zeitnah** erfolgen. Bei tatsächlicher Unwirksamkeit wäre der Antrag ggf. abzuweisen. Wenn der Hinweis erst Monate später käme, kann das »peinlich« werden.

E.
Steuerrechtliche Verhältnisse / Rechnungswesen

▶ Bearbeitungshinweis:

Der Text aus dem Gutachten GmbH kann komplett genutzt werden, allerdings: Geschäftsführer durch director ersetzen.

Zusätzlicher Gliederungspunkt:

I.
Meldung an das englische Handelsregister

Beim englischen Handelsregister sind jährlich unterschiedliche Unterlagen einzureichen: Der letzte annual account (Jahresabschluss) wurde für das Kalenderjahr … vorgelegt. Der letzte annual report (Geschäftsbericht) betrifft das Kalenderjahr … und die letzte Jahresmeldung mit Firmendaten (annual return) wurde für das Kalenderjahr … abgegeben.

F.
Gesellschaftsrechtliche Verhältnisse

▶ Hinweis:

Siehe in das Muster »Gutachten GmbH«: ggf. Darstellung der gesamten Situation hier im erläuternden Teil? Dann aber Entfernung der vorstehenden ausführlichen Daten im Datenpool. Ggf. macht eine tabellarische Übersicht mehr Sinn? Abstimmung mit Verwalter!

G.
Arbeitsrechtliche Verhältnisse

Entsprechend Art. 13 EuInsVO n.F. gilt für die Wirkung des Insolvenzverfahrens auf einen Arbeitsvertrag und auf das Arbeitsverhältnis ausschließlich das Recht des Mitgliedsstaates, das auf den Arbeitsvertrag anzuwenden ist. Damit gilt für die deutschen Arbeitsverhältnisse das deutsche Recht. Folgendes wurde zu den Arbeitsverhältnissen der Insolvenzschuldnerin in Deutschland festgestellt:

… *weitere Ausführungen*

▶ Bearbeitungshinweis:

Text aus dem Muster »Gutachten GmbH: versch. Auswahlmöglichkeiten gegeben.

H.
Wirtschaftliche Entwicklung

▶ Hinweis:

Bei einer **Abweisung mangels Masse** reichen **kurze Ausführungen** aus. Detaillierte Ausführungen dienen i.d.R. lediglich der Geltendmachung von Haftungsansprüchen im eröffneten Verfahren.

Eine **detaillierte Prüfung** ist aber in jedem Fall erforderlich, weil hierdurch ggf. **Anfechtungs- oder Haftungsansprüche u.a. gegen Gesellschafter und Geschäftsführer** ermittelt werden können, die dann ggf. zu einer kostendeckenden Masse und damit zu einer Verfahrenseröffnung führen.

Die Formulierung ist i.d.R. Aufgabe des Insolvenzverwalters / der Insolvenzverwalterin.

I.
Vorliegen eines Insolvenzgrundes / Eintritt der Insolvenz

▶ Bearbeitungshinweis:

Der Text aus dem Gutachten GmbH kann und soll (!) mit allen Gliederungspunkten komplett übernommen werden.

J.
Sanierung des Unternehmens / Insolvenzplanverfahren

▶ Bearbeitungshinweis:

Der Text aus dem Gutachten GmbH kann und soll (!) übernommen werden: dort verschiedene Auswahlmöglichkeiten.

K.
Ansprüche gegen Gesellschafter und Geschäftsführer

▶ Bearbeitungshinweis:

Nachstehende Texte beziehen sich speziell auf die Limited. Daher müssten sie übernommen werden.

Bei einer deutschen GmbH ergeben sich Haftungsansprüche gegen den Geschäftsführer und die Gesellschafter nach dem GmbHG. Der EuGH (Urt. v. 10.12.2015 – RS. C-594/14 in InsbürO 2016, 128, ZInsO 2016, 175) und auch in Folge auch der BGH (Urt. v. 15.03.2016 – II ZR 119/14 in InsbürO 2016, 305, ZInsO 2016, 847) haben bestätigt, dass die Vorschrift des § 64 GmbHG auf den Direktor einer Limited anzuwenden sei. Daraus ergibt sich, dass …

▶ Hinweis:

Siehe wegen weiterer möglicher Haftungsansprüche in das gesonderte Muster »Gliederungspunkt Haftungsansprüche« (Nr. 169).

1.
Variante – Ansprüche ja, aber Geschäftsführer selbst insolvent:

Ansprüche gegen die shareholders (Gesellschafter) und den director (Geschäftsführer) konnten nicht festgestellt werden bzw. sind nicht realisierbar. Die Kapitalaufbringung und -erhaltung wurde geprüft und dabei ermittelt, dass das Nennkapital vollständig und ordnungsgemäß durch Einzahlung eines Betrages in Höhe von …EUR am … auf dem Geschäftskonto der Schuldnerin erbracht wurde. Zwar bestehen ggf. Haftungsansprüche gegen den director (Geschäftsführer) aufgrund einer verspäteten Insolvenzantragstellung. Dieser befindet sich aber selbst im Insolvenzverfahren (AG …, AZ: …). Mit einer nennenswerten Quote ist in dem dortigen Verfahren nach Aussage des dortigen Insolvenzverwalters nicht zu rechnen. Durchsetzbare Ansprüche sind daher nicht gegeben.

2.
Variante siehe nachfolgende Überschriften:

I.
Einzahlung Nennkapital

▶ Hinweis:

Gesellschaftsvertrag auf Einzahlungspflichten und die Möglichkeit von bisher ggf. nicht eingefordertem Kapital (uncalled capital) überprüfen.

II.
Weitere gesellschaftsrechtliche Ansprüche

▶ Hinweise:

Es sind individuelle Angaben zur bekannten Situation des/der Geschäftsführers/in sinnvoll. Man kann versuchen, den/die Geschäftsführer/in den üblichen Fragebogen zur Abgabe der eidesstattlichen Versicherung nach § 899 ff. ZPO ausfüllen zu lassen. Ein Anspruch darauf besteht ohne gerichtlichen Antrag selbstverständlich nicht.

Anfrage an das Insolvenzgericht und eine Recherche im Online-Vollstreckungsportal sind vorzunehmen. Der Verwalter sollte den Text aufgrund seiner Informationen aus den geführten Gesprächen ergänzen.

Zwischen Herrn … und der Schuldnerin kam es im letzten Jahr vor der Insolvenzantragstellung zu umfangreichen gegenseitigen Zahlungen und Verrechnungen. Es wurden im Jahreszeitraum vor dem Insolvenzantrag durch die Schuldnerin insgesamt Zahlungen in einer Gesamthöhe von … EUR an Herrn … oder in Absprache mit ihm an Dritte vorgenommen (z.B. ein Betrag in Höhe von … EUR an die Bank).

Überdies hat die Darstellung der Verrechnungskonten innerhalb des Unternehmens bereits gezeigt, dass auf dem Verrechnungskonto … im Zeitraum vom … bis zum … eine Rückzahlung an Herrn … in Höhe von … TEUR erfolgte.

Noch nicht abschließend geklärt ist, inwieweit aufgrund geleisteter Zahlungen anfechtbare Rechtshandlungen nach § 135 InsO vorliegen. Hierzu bedarf es einer detaillierten Aufarbeitung sämtlicher geleisteter Zahlungen, der jeweiligen rechtlichen Grundlage der Zahlungen sowie einer weiteren Analyse der wirtschaftlichen Verhältnisse der Schuldnerin im Zeitpunkt der erfolgten Zahlungen.

Darüber hinaus ist im Hinblick auf die Durchsetzbarkeit möglicher Ansprüche zu berücksichtigen, dass Herrn … derzeit ebenfalls ein Vermögensverfall droht. Mögliche Ansprüche werden daher lediglich mit einem Erinnerungswert von

… EUR

berücksichtigt.

III.
Rückgriffsansprüche gegen den director (Geschäftsführer)

▶ Arbeitshinweis:

Ein ausführlicher Mustertext ist hier nicht sinnvoll, da hier individuelle Schilderungen der festgestellten Situation erforderlich sind und dies i.d.R. nicht in den Aufgabenbereich der Sachbearbeiter fällt. Nachfolgend daher nur ein kleiner Vorschlag.

Rückgriffsansprüche gegen den director (Geschäftsführer) liegen dem Grunde nach vor. Die Höhe konnte bislang noch nicht abschließend ermittelt werden, da hierzu noch keine …. vorgelegt wurden. Die genaue Ermittlung der Anspruchshöhe hat daher noch zu erfolgen.

Der director (Geschäftsführer) … schildert seine wirtschaftliche Situation als schlecht. Er sei derzeit arbeitslos und verfüge über kein maßgebliches Vermögen. Er verfüge über keinen Grundbesitz, keine Wertpapiere oder sonstigen Bankguthaben und auch über keine Lebensversicherung mit nennenswertem Rückkaufswert. Eine entsprechende Erklärung wurde aber seitens des directors (Geschäftsführers) bisher nicht abgegeben. Anfragen an das zuständige Insolvenzgericht und eine Recherche im Online-Vollstreckungsportal haben zumindest ergeben, dass dort bislang keine Eintragungen vorliegen.

Aus Vorsichtsgründen wird der vorstehend genannte Anspruch jedoch nur mit

… EUR

in Ansatz gebracht.

L.
Aus- und Absonderungsrechte

▶ Bearbeitungshinweis:

Text aus dem Gutachten GmbH übernehmen: Auswahlmöglichkeiten gegeben.

M.
Rückschlagsperre

▶ Bearbeitungshinweis:

Text aus dem Gutachten GmbH übernehmen: Auswahlmöglichkeiten gegeben.

N.
Anfechtungstatbestände

▶ Bearbeitungshinweis:

Text aus dem Gutachten GmbH übernehmen: Auswahlmöglichkeiten gegeben.

O.
Rechtsstreitigkeiten

▶ Bearbeitungshinweis:

Text aus dem Gutachten GmbH übernehmen: Auswahlmöglichkeiten gegeben.

P.
Vermögensübersicht

▶ Bearbeitungshinweis:

Text aus dem Gutachten GmbH übernehmen: Auswahlmöglichkeiten gegeben.

Q.
Verfahrenskostendeckung

▶ Bearbeitungshinweis:

Text aus dem Gutachten GmbH übernehmen: Auswahlmöglichkeiten gegeben.

Achtung: Einleitungssatz ergänzen:

Über Art. 7 EuInsVO n. F. ist § 26 InsO im vorliegenden Fall anwendbar. Gem. § 26 Abs. 1 InsO kann das Insolvenzverfahren eröffnet werden, wenn …

R.
Zusammenfassung

▶ Bearbeitungshinweis:

Die Zusammenfassung sollte komplett ausgetauscht und der nachfolgende Text genutzt werden **bzw. Antworten auf Fragen aus tatsächlichem Beschluss.**

▶ Hinweis:

Zu allen im gerichtlichen Beschluss gestellten Fragen bzw. Aufträgen muss eine Antwort gegeben werden. Hierzu sollte es im Gutachten daher nähere Ausführungen geben. Letztlich stellt man an dieser Stelle fest, ob man auf alles eingegangen ist.

Die im Gutachtenbeschluss gestellten Fragen können zusammenfassend wie folgt beantwortet werden:
- Es ist ein deutsches Insolvenzgericht i.S.d. EuInsVO zuständig.
- Die Schuldnerin ist insolvenzfähig.
- Der AntragstelVXler ist antragsberechtigt.
- Der Insolvenzantrag entspricht den Formerfordernissen des § 13 InsO.

▶ Hinweis:

Hier sind unterschiedliche Angaben je nach dem Ergebnis der vorstehenden Ermittlungen denkbar. Daher müssen diese beispielhaften nachfolgenden Angaben dem jeweiligen Fall angepasst werden:

- Sicherungsmaßnahmen waren zu treffen. Nach meiner Anregung wurde mit Beschluss des Amtsgerichts – Insolvenzgericht – ... vom ... das vorläufige Insolvenzverfahren angeordnet.
- Es liegt der Eröffnungsgrund der Zahlungsunfähigkeit gem. § 17 InsO vor.
- Zum Zeitpunkt am ... ist vom Eintritt der materiellen Insolvenz auszugehen.
- Eine Fortführung des schuldnerischen Unternehmens sowie eine rechtsträgerherhaltende Sanierung / eine Erhaltung des Unternehmens im Wege einer übertragenden Sanierung scheiden aus, da der schuldnerische Betrieb schon am ... eingestellt worden war.
- Die Schuldnerin ist (nicht) Eigentümer von Grundbesitz (Grundbuch von ... Blatt ...)
- Eine die Kosten des Verfahrens deckende Masse wird voraussichtlich vorhanden sein.
- Es wurden anfechtbare Rechtshandlungen vorgenommen.
- Der Anforderung eines Massekostenvorschusses bedarf es nicht.

S.
Entscheidungsvorschlag

▶ Bearbeitungshinweis:

Text aus dem Gutachten GmbH übernehmen: Auswahlmöglichkeit gegeben.

T.
Ermächtigung gem. § 25 Abs. 2 InsO

▶ Bearbeitungshinweis:

Text aus dem Gutachten GmbH übernehmen: Auswahlmöglichkeit gegeben

U.
Erforderliche Beschlüsse der Gläubigerversammlung

▶ Bearbeitungshinweis:

Text aus dem Gutachten GmbH übernehmen: Auswahlmöglichkeit gegeben

..., den ...

....

Insolvenzverwalter/in

Muster 267: Liste vorzulegender Unterlagen – Limited

439

Vorzulegende Unterlagen im Insolvenzantragsverfahren über das Vermögen einer Limited

Im Rahmen der Ihnen obliegenden Auskunfts- und Mitwirkungspflicht gem. § 20 i.V.m. § 97 InsO fordere ich Sie auf, nachfolgende Unterlagen vorzulegen und bitte Sie hierbei, eine Sortierung nach der hier in der Liste vorgegebenen Reihenfolge vorzunehmen.

Sollten zu einzelnen Punkten keine Unterlagen vorhanden sein, so z.B. keine Versicherungen zugunsten Dritter, oder sind keine Unterlagen für den gesamten angegebenen Zeitraum vorhanden, so ist dieser jeweilige Aspekt entsprechend auf der Liste zu vermerken.

A. Wirtschaftliche Verhältnisse

1. Jahresabschlüsse (annual account) und betriebswirtschaftliche Auswertungen, Jahresmeldungen (annual return) und Geschäftsberichte (annual report = Datenübersicht) der jeweils letzten 5 Jahre, Konsolidierungskonzepte von z. B. Unternehmensberatern, Firmenbeschreibungen;
2. Summen- und Saldenlisten der letzten 5 Jahre, soweit der Jahresabschluss noch nicht erstellt wurde;
3. Finanzstatus;
4. Kassenbuch inkl. Belege, rückwirkend für die letzten 6 Monate seit Insolvenzantragstellung;
5. Anlagenverzeichnis;

B. Gesellschaftsrechtliche Verhältnisse

1. Certificate of incorporation (Gründungsurkunde des Companies house)
2. Application of registration (Anmeldung zum Companie house)
3. Memorandum of association (Gründungserklärung)
4. articles of association (Satzung)
5. Statement of capital and shareholderhip (Erklärung zum Kapital und den Aktionären)
6. Handelsregisterauszug für deutsche Zweigniederlassung (§§ 13 ff. HGB)
7. Listen der shareholders für die letzten 5 Jahre
8. Nachweis über paidup capital (geleistete Zahlungen auf Kapitalanteile)
9. Erklärung zum uncalled capital (noch nicht eingefordertes Kapital)
10. mögliche Anteilsübertragungsverträge
11. Protokolle der general meetings (»Gesellschafterversammlungen«)
12. Anstellungsvertrag des directors (Geschäftsführers);
13. Kopie/n der/s Personalausweise/s des/der directors;
14. Anstellungsverträge mit officers (sonstige Vertretungsorgane);

C. Gewerbliche Unterlagen

1. Gewerbeanmeldung und ggf. Gewerbeabmeldung;
2. ggf. Auszug aus der Handwerksrolle, ggf. Nachweis über dortige Löschung
3. Kopie Ihrer Allgemeinen Geschäftsbedingungen
4. einen Original-Briefkopf Ihres Unternehmens

D. Bank

1. Auflistung sämtlicher Geschäftskonten mit jeweiligem Namen der Bank und IBAN;
2. Kontoauszüge sämtlicher Banken, mit denen Sie in Geschäftsverbindung standen oder stehen, der letzten zwölf Monate vor Insolvenzantragstellung;
3. Kontoauszüge für den Zeitraum ab Firmengründung bis zum Ablauf eines Jahres;
4. Übersicht über etwaige Festgeldkonten, Wertpapiere, Wertpapierdepots, sonstige Kapitalanlagen u.ä.;
5. Originale sämtlicher Bankverträge (Darlehensverträge, Bürgschaften, Vertragserfüllungs-, Gewährleistungsbürgschaften etc.);
6. *(Sicherungsverträge folgen unter Buchstabe G.)*

E. Finanzamt

1. Steuererklärungen der letzten 3 Geschäftsjahre;
2. sämtliche Steuerbescheide des Finanzamtes der letzten 3 Jahre, jeweils getrennt nach den Steuerarten;
3. Umsatzsteuervoranmeldungen der letzten 12 Monate;
4. Lohnsteueranmeldungen der letzten 12 Monate

F. Inventar

1. Inventur: Auflistung aller vorhandenen Warenbestände mit Bewertung nach Einkaufspreisen sowie Angabe evtl. Eigentumsvorbehaltsrechte von Lieferanten;
2. Inventar: Auflistung der Betriebs-und Geschäftsausstattung – soweit der letzte Anlagenspiegel nicht aktuell ist – und Kennzeichnung evtl. Drittrechte;
3. bei Drittrechten: entsprechende Sicherungsübereignungsverträge, soweit nicht schon nach vorstehendem Buchstaben D. vorgelegt;
4. Auflistung sämtlicher Fahrzeuge mit Nennung des jeweiligen km-Standes und Kennzeichnung evtl. Drittrechte;
5. bei Drittrechten: entsprechende Sicherungsübereignungsverträge, soweit nicht schon nach vorstehendem Buchstaben D. vorgelegt;
6. Zulassungsbescheinigung II für sämtliche Fahrzeuge, bei Sicherungsrechten nur in Kopie;
7. Auflistung der geringwertigen Wirtschaftsgüter;
8. *(Sicherungsrechte am Inventar folgen unter Buchstabe G.)*

G. Sicherungsrechte

1. Übersicht über alle bestehenden Sicherungsverträge nebst Kopien dieser Verträge (Sicherungsübereignungen, Globalzessionen, sonstige Abtretungen, Raumsicherungsvertrag, Grundpfandrechte u. a.);
2. sofern Grundschulden oder Hypotheken vorhanden sind, die Zweckerklärungen zu diesen
3. *(Leasingverträge folgen unter Buchstabe J.)*

H. Immobilie

1. Aufstellung aller vorhandenen Geschäftsgrundstücke (bebaut oder auch unbebaut), auch wenn nur Miteigentum besteht sowie etwaiger dinglicher Rechte an Schiffen oder Flugzeugen;
2. Grundbuchauszug für jedes Grundstück;
3. mögliche aktuelle Eintragungsmitteilungen des Grundbuchamtes (z. B. Eintragung eines Zwangsverwaltungs- oder Zwangsversteigerungsverfahrens);
4. Kaufvertrag, mit dem ein Grundstück erworben wurde;
5. sonstige relevante Urkunden zu möglichen Rechten Dritter – (*zusätzlich neben Rechten nach Buchstabe G.*) (z.B. Grunddienstbarkeiten wie Wegerechte etc.);
6. Mietverträge mit Dritten;
7. bei Eigennutzung: Angabe der genutzten m^2;
8. Versicherungsschein für Gebäudeversicherung und sonstige relevante Versicherungen zu den Grundstücken;
9. Aufstellung von erworbenen Immobilien, die jedoch noch nicht im Eigentum der Gesellschaft stehen: Vorlage der Kaufverträge hierzu;
10. Aufstellung aller Grundstücke, die in den letzten zwei Jahren veräußert worden sind, unter Vorlage des Kaufvertrages;
11. Flurkarten, Lagepläne, Verkehrswertgutachten – soweit vorhanden;
12. Stellungnahme zur derzeitigen Nutzung der Immobilien bzw. zu den Erträgen aus den Immobilien;
13. (*Unterlagen zu Grundschulden etc.: unter Buchstabe G.*)

I. Arbeitsverhältnisse

1. Aufstellung sämtlicher im Zeitpunkt der Insolvenzantragstellung bei Ihnen beschäftigter Mitarbeiter mit genauer Anschrift sowie sämtlicher Mitarbeiter, deren Arbeitsverhältnis in den letzten zwölf Monaten vor Insolvenzantragstellung beendet wurde (auch Angestellte, die sich in Mutterschutz, Elternzeit, Wehrdienst befinden); (*s. hierzu überreichtes Muster einer Aufstellung*)
2. Fotokopien sämtlicher Arbeitsverträge dieser Mitarbeiter;
3. Aufstellung der beteiligten Sozialversicherungsträger (z.B. Krankenkassen der Mitarbeiter sowie Berufsgenossenschaften);
4. Monatslohnbescheinigungen der letzten drei Monate vor Antragstellung;
5. Lohn- und Gehaltskonten;
6. Elektronische Lohnsteuermerkmale aller Arbeitnehmer;
7. Personalakten aller Arbeitnehmer;
8. ggf. Kündigungsliste der Arbeitnehmer nebst Kündigungsschreiben von oder gegenüber Arbeitnehmern, ggf. Freistellungsschreiben;
9. An- und Abmeldungen bei den Krankenkassen sowie den Berufsgenossenschaften aus den letzten 12 Monaten;
10. Beitragsnachweise der letzten drei Monate;
11. Letzter Lohnnachweis Berufsgenossenschaft;
12. Fotokopien etwaiger Schwerbehindertenausweise;
13. Nachweise betr. Elternzeit, Betriebsrente oder langzeiterkrankter Arbeitnehmer;
14. Vorlage möglicher Betriebsvereinbarung (13. Gehalt/Urlaubsgeld / Weihnachtsgeld);
15. PSVaG Arbeitgeberunterlagen – sofern vorhanden;
16. Aufstellung von Lebensversicherungen (z.B. Direktversicherung, Rückdeckungsversicherung, Lebensversicherungsverträge zugunsten der Geschäftsführer/Gesellschafter/Arbeitnehmer) nebst Angabe etwa bestehender Fremd- und Bezugsrechte;
17. ausgefüllte und unterschriebene Arbeitnehmerliste über offene Löhne/Gehälter;
18. Aufstellung über gezahlte Abschläge/Vorschüsse;
19. Unterlagen über evtl. Pfändungen, Insolvenzen der Arbeitnehmer oder auch Arbeitnehmerdarlehen;
20. Art der Arbeitsverhältnisse: Aufstellung über Einteilung in kaufmännische Angestellten, gewerbliche Arbeitnehmer, Auszubildende und Aushilfen, ggf. Darstellung der Veränderung in den letzten drei Jahren;
21. Übersicht über ausstehende Urlaubsansprüche der Arbeitnehmer;
22. Benennung Ansprechpartner für Personalangelegenheiten (Geschäftsführung/Personalabteilung/Steuerbüro): ggf. Vorlage einer Visitenkarte;
23. *(Unterlagen zu möglichen Arbeitsrechtsstreitigkeiten (Klageschriften etc.) folgen unter Buchstabe K.)*

J. Vertragsverhältnisse

1. Auflistung der bestehenden Dauerschuldverhältnisse nebst Anschriften und Aktenzeichen der Vertragspartner (Telefon, Strom, EDV-Verträge etc.);
2. Auflistung sämtlicher Leasingverträge nebst Anschriften der Vertragspartner sowie deren Aktenzeichen;
3. Vorlage von maßgeblichen Unterlagen, z.B. sämtliche Verträge (auch Mietverträge), Versicherungsscheine etc.;

K. Rechtsstreite

1. Auflistung sämtlicher laufenden Rechtsstreite – sowohl auf Klägerseite wie auch auf Beklagtenseite;
2. kurze Einschätzung der Berechtigung der jeweiligen Klageforderung in der Auflistung;

3. Vorlage des dazugehörigen Schriftverkehrs (Klage- und Erwiderungsschriften, Versäumnisurteile, Mahnbescheide, Vollstreckungsbescheide, Terminladungen etc.).;

L. Vollstreckungsmaßnahmen

Soweit in den letzten sechs Monaten vor Insolvenzantragstellung Zwangsvollstreckungsmaßnahmen durchgeführt wurden: Vorlage der entsprechenden Unterlagen (Gerichtsvollzieherprotokolle, Pfändungs- und Überweisungsbeschlüsse, Protokolle der eidesstattlichen Versicherung etc.);

M. Debitoren

1. aktuelle Debitorenliste (Aufstellung aller Schuldner mit vollständigen Namen, Anschriften, dortiges Aktenzeichen, Rechnungsdatum und Rechnungsbetrag) (*s. hierzu auch Hinweis am Ende dieser Auflistung*);
2. dazugehörige Ausgangsrechnungen;
3. dazugehörige Auftragserteilungen, Lieferscheine oder sonstige Unterlagen zum Nachweis der bestehenden Forderung;
4. Auflistung über etwaige Sicherheitseinbehalte;

N. Kreditoren

aktuelle Kreditorenliste (Aufstellung aller Gläubiger mit vollständigen Namen, Anschriften, dortiges Aktenzeichen, Rechnungsdatum und Rechnungsbetrag);

(*s. hierzu auch Hinweis am Ende dieser Auflistung*)

O. **Unternehmensgegenstand und –entwicklung (entnommen der Checkliste des BAKinso für die Gutachtenerstellung: s. Literaturverzeichnis)**

Erste Angaben zu folgenden Punkten, die in persönlichen Gesprächen noch näher erläutert werden können:

1. Darstellung der aktuellen Tätigkeit;
2. Darstellung der Unternehmenshistorie;
3. Angebotspalette (durchschnittliches Alter/Innovationsstand, Breite und Tiefe des Angebots);
4. Marktanteil, historische Entwicklung der Marktanteile;
5. Entwicklung der Verkaufspreise; Preis und Mengenentwicklung der Umsätze;
6. Entwicklung der Hauptkostenarten und Ursachen der Veränderung (Material, Personal, Investitionen, Produktion, Vertrieb, Verwaltung);
7. Wettbewerbsvorteile/-nachteile des Unternehmens; Differenzierung zur Konkurrenz (Preis, Service, Produkt, Qualität,…);
8. Darstellung der Branchen- und Marktverhältnisse;
9. Kundenstruktur (z.B.: wenige Großabnehmer, Anteil der Endverbraucher, Anteil der Stammkunden, Anteil wiederkehrender Aufträge z.B. für Wartung), Zahlungsmoral der Kunden;
10. Lieferantenstruktur;
11. Struktur der Wettbewerber, Rivalitäten;
12. Kapazitätsauslastung der einzelnen Unternehmensbereiche;
13. Ist die verwendete (Fertigungs-)Technologie auf dem neuesten Stand?
14. Probleme der internen Organisationsstruktur;
15. Mitgliedschaften in Fachverbänden, Interessenvertretungen;
16. Zuständige Handwerks-/Handelskammer/Innung.

Vorbereitender Hinweis zur Erstellung einer Kreditoren- und Debitorenliste zum Einspielen in eine insolvenzrechtliche EDV Abstimmung mit dem vorläufigen Insolvenzverwalter noch erforderlich – soweit ein solcher bestellt ist!

Die beigefügten Listen sind als **Excel-Dateien** zu erstellen.

Bitte die vorgegebenen Felder genauestens berücksichtigen. Es dürfen z. B. keine Hausnummern in das Feld »Straße«.

Es dürfen ferner keine Veränderungen hinsichtlich des Formats vorgenommen werden. Auch der Dateiname darf nicht geändert werden.

Bitte keine Leerzeichen oder Zwischensummen einfügen.

Sollten mehrere Rechnungsbeträge zu einem Gläubiger vorhanden sein, so sind diese Beträge addiert als eine Forderung einzutragen.

Bitte keine Zeichen wie », ;!« etc. verwenden

Wenn möglich, die Excel-Dateien bitte per E-Mail übersenden: …

Musterübersicht Masselosigkeit

(Die Übersicht ist alphabetisch sortiert.)

		Rdn.
Muster 268:	Anzeige Eintritt Masselosigkeit	440
Muster 41:	Ausschüttungsbericht Masselosigkeit (*s. Muster Ausschüttungsberichte*)	214
Muster 303 – 305:	Schlussberichte (*s. Muster Schlussberichte*)	475 – 477
Muster 306:	Schlussrechnung bei Masselosigkeit (*s. Muster Schlussberichte*)	478
Muster 311 – 312:	Übersendung Schlussbericht an AG (*s. Muster Schlussbericht*)	483 – 484

Muster 268: Anzeige Eintritt Masselosigkeit

440 *Adressat: Insolvenzgericht*

Insolvenzverfahren über das Vermögen der Firma .../des Herrn .../der Frau ...
Geschäfts-Nr.:... IN.../...

Sehr geehrte Frau Rechtspflegerin ..., / sehr geehrter Herr Rechtspfleger ...,

in obigem Insolvenzverfahren zeige ich in meiner Eigenschaft als *Insolvenzverwalter/in* den Eintritt einer

Masselosigkeit

an. Zur Begründung führe ich folgendes aus:

(*Insolvenzverwalter/in fragen!*)

Beispiel:

Wie sich aus dem Gutachten vom... ergibt, wurde die Eröffnung des Verfahrens angeregt, weil Ansprüche aus Gesellschafterhaftung gegen Herrn/Frau... i.H.v.... € bestehen. Die Vermögensverhältnisse des/der Gesellschafter/in wurden auch durch Anfrage beim zuständigen Insolvenzgericht und durch eine Onlinerecherche im Vollstreckungsportal überprüft. Zum damaligen Zeitpunkt gab es keine Hinweise auf einen möglichen Vermögensverfall. Bislang wurde versucht, eine außergerichtliche Einigung zu erzielen.

Von Seiten Dritter habe ich nunmehr erfahren, dass Herr/Frau... aktuell einen Insolvenzantrag beim Amtsgericht... gestellt hat. Eine Überprüfung hat ergeben, dass das Verfahren dort unter dem Aktenzeichen... IK/IN.../... geführt wird. Da die Erfolgsaussichten für die Realisierung des Anspruches damit schlecht sind, sollte ein gerichtliches Klageverfahren nicht mehr eingeleitet werden.

Damit steht keinerlei/keine ausreichende Insolvenzmasse zur Abdeckung der Verfahrenskosten gem. § 54 InsO zur Verfügung. Weitere Vermögenswerte, die realisiert werden können, sind nicht vorhanden. Es ist mir auch kein Gläubiger bekannt, der ggf. einen Kostenvorschuss einzahlen möchte. Es wird daher die Einstellung nach § 207 Abs. 1 InsO angeregt.

In einem **gesonderten** Anschreiben vom heutigen Tage finden Sie dementsprechend meinen Schlussbericht.

Mit freundlichen Grüßen

....
Insolvenzverwalter/in

▶ **Hinweis:**

In Insolvenzverfahren über das Vermögen von natürlichen Personen kommt der Eintritt der Masselosigkeit selten vor, weil dort häufig gleichzeitig mit Insolvenzeröffnung eine Kostenstundung gem. § 4a InsO erfolgt.

Masselosigkeit ist i.d.R. gegeben, wenn Ansprüche gegen Dritte wegen Vermögenslosigkeit nicht durchgesetzt werden können. Die fehlende Masse zur Einleitung eines Prozesses (= Einzahlung eines Gerichtskostenvorschusses) ist dagegen kein Grund, da Prozesskostenhilfe beantragt werden kann: s. Checkliste PKH.

Musterübersicht Masseunzulänglichkeit

(Die Übersicht ist alphabetisch sortiert.)

		Rdn.
Muster 269:	Anzeige Eintritt Masseunzulänglichkeit	441
Muster 270:	Anzeige MUZ wg. Steuer bei Kostenstundung	442
Muster 42:	Ausschüttungsbericht Masseunzulänglichkeit *(s. Muster Ausschüttungsberichte)*	215
Muster 333:	Masseunzulänglichkeit – USt – Info an FinA wg. Nichtzahlung *(s. Muster Steuerangelegenheiten)*	506
Muster 271:	Prüfzettel und Feststellung MUZ	443
Muster 303 – 305:	Schlussbericht *(s. Muster Schlussberichte)*	475 – 477
Muster 307 – 308:	Schlussrechnung bei MUZ *(s. Muster Schlussberichte)*	379 – 380
Muster 272:	Verjährungsverzichtserklärung	444
Muster 273:	Zustellung MUZ-Schreiben an Massegläubiger	445
Muster 156:	Zustellungsnachweis *(s. Muster Gläubiger)*	328
Muster 157:	Zustellungsnachweis – Übersendung an AG *(s. Muster Gläubiger)*	329

Muster 269: Anzeige Eintritt Masseunzulänglichkeit

Adressat: Insolvenzgericht 441

Insolvenzverfahren über das Vermögen der Firma .../des Herrn ... /der Frau ...
Geschäftszeichen: ... IN .../...
Masseunzulänglichkeit

Sehr geehrte Frau Rechtspflegerin ..., / sehr geehrter Herr Rechtspfleger ...,

in obigem Insolvenzverfahren zeige ich in meiner Eigenschaft als *Insolvenzverwalter/in* den Eintritt der

Masseunzulänglichkeit

an.

Zur Begründung führe ich Folgendes aus:

(Insolvenzverwalter/in fragen!)

Beispiel:

Der Betrieb des schuldnerischen Unternehmens wurde fortgeführt. Die betriebswirtschaftlichen Daten wurden zu diesem Zweck täglich überprüft. Es bestanden offene Debitorenforderungen i.H.v.... EUR, die nach erster Prüfung durchsetzbar erschienen, da sie auf Rechnungen jüngeren Datums basierten. Nunmehr hat ein Großkunde der Schuldnerin, gegen den eine Forderung i.H.v.... EUR bestand, selbst einen Insolvenzantrag gestellt. Damit ist die Realisierung der Forderung fraglich und vor allem nicht kurzfristig durchsetzbar. Dadurch entsteht eine Liquiditätslücke, die dazu führt, dass die angefallenen Lieferantenforderungen, die als Masseverbindlichkeiten zu begleichen sind, nicht mehr in voller Höhe ausgeglichen werden können. Der schuldnerische Betrieb ist gestern eingestellt worden.

Es wird um entsprechende Veröffentlichung gemäß § 208 Abs. 2 InsO gebeten.

Zur Information liegt in der **Anlage** eine Liste der Massegläubiger mit ihren jeweils ausstehenden Forderungen bei.

Mit freundlichen Grüßen

....
Insolvenzverwalter/in

Anlage:
Verzeichnis der Massegläubiger

▶ Hinweis zum Inhalt der Begründung:

Das **Insolvenzgericht prüft** die Anzeige der Masseunzulänglichkeit **nicht näher,** d. h. der Insolvenzverwalter müsste theoretisch keine nähere Begründung abgeben. Dies ist aber sicherlich sinnvoll, weil im Rahmen des Berichtswesens sowieso später Erläuterungen hierzu erforderlich werden. Darüber hinaus wird die Anzeige der Masseunzulänglichkeit den Gläubiger zugestellt. Zur **Vermeidung vieler Nachfragen** bietet es sich daher an, die **Hauptursachen** für die eingetretene Masseunzulänglichkeit bereits in der Anzeige aufzuführen.

▶ Hinweis zu Säumniszuschlägen:

Bei offenen Steuerforderungen fallen Säumniszuschläge trotz Anzeige einer Masseunzulänglichkeit gem. § 240 Abs. 1 AO i.H.v. von **1 % pro Monat = 12 % pro Jahr** an. Den etwaigen Wegfall der Masseunzulänglichkeit daher beobachten und die Steuerforderungen zahlen, um den weiteren Anfall der Säumniszuschläge zu vermeiden. Es ist auch ein Erlassantrag möglich: s. Muster Finanzamt, aber diesem wird nicht in voller Höhe entsprochen.

Verfassungsrechtliche Zweifel an Säumniszuschlägen bei Überschuldung und Zahlungsunfähigkeit wegen des niedrigen Marktzinsniveaus: FG München v. 13.08.2018 – 14 V 736/18 in ZInsO 2018, 2144 mit Verweis auf BFH v. 25.04.2018 – IX B 21/18. (s. auch Checkliste Steuerangelegenheiten > Säumniszuschläge: BMF-Schreiben aus 2018 zu dieser Thematik)

Muster 270: Anzeige MUZ bei Kostenstundung wg. Steuer

442 *Adressat: Insolvenzgericht*

Insolvenzverfahren über das Vermögen der Firma .../des Herrn ... /der Frau ...
Geschäftszeichen: ... IN .../...
Masseunzulänglichkeit

Sehr geehrte Frau Rechtspflegerin ..., / sehr geehrter Herr Rechtspfleger ...,

in meiner Eigenschaft als Insolvenzverwalter/in über das Vermögen der oben näher bezeichneten *Firma/Person* zeige ich hiermit den Eintritt der

Masseunzulänglichkeit

an.

Zur Begründung führe ich folgendes aus:

Im vorliegenden Verfahren wurde das... *(z. B. Fahrzeug, bewegliche Anlagevermögen etc.)* an einen Dritten veräußert. Die Vermögensgegenstände gehörten zum ehemaligen Betriebsvermögen *des Schuldners/der Schuldnerin* und mussten daher mit Umsatzsteuer verkauft werden. Der Bruttokaufpreis i.H.v.... EUR ist am... auf dem Treuhandkonto eingegangen. Der darin enthaltene Umsatzsteuerbetrag von... EUR kann jedoch nicht an die Finanzverwaltung abgeführt werden, weil die Kosten des Verfahrens gem. § 54 InsO bislang nicht vollumfänglich gedeckt sind. Diese werden mit einem Betrag in Höhe von... EUR geschätzt

▶ Hinweis:

Siehe in das Gläubigerverzeichnis gem. § 152 InsO: Dort müsste eine Schätzung enthalten sein. Diese ist aber anhand der bisherigen Einnahmen ggf. zu korrigieren.

Dem Schuldner/der Schuldnerin wurden im vorliegenden Verfahren zwar die Verfahrenskosten mit Beschluss vom... gestundet. Der BGH hat jedoch am 14.10.2010 (*IX ZB 224/08 in ZInsO 2010, 2188*) entschieden, dass auch in Kostenstundungsverfahren eine Steuerverbindlichkeit dann nicht zu begleichen ist, wenn die Verfahrenskosten noch nicht aus der Insolvenzmasse beglichen werden können, weil diese bei einer unzulänglichen Masse insoweit gem. § 209 Abs. 1 Nr. 1 InsO Vorrang haben.

Die Anzeige einer Masselosigkeit und die damit verbundene Einstellung des Verfahrens scheidet gem. § 207 Abs. 1 Satz 2 InsO in Kostenstundungsverfahren aus. Es ist aber aufgrund des vorstehenden Sachverhaltes die Anzeige der Masseunzulänglichkeit geboten.

Es wird um entsprechende Veröffentlichung gem. § 208 Abs. 2 InsO gebeten.

Zur Information liegt in der **Anlage** eine Liste der Massegläubiger mit ihren jeweils ausstehenden Forderungen bei.

[Alternative – nur FinA als Massegläubiger:

Eine Auflistung der vorhandenen Massegläubiger erübrigt sich im vorliegenden Verfahren, da nur die Finanzverwaltung einen Anspruch im Range einer Masseverbindlichkeit gem. § 55 Abs. 1, § 209 Abs. 1 Nr. 3 InsO geltend machen kann. Die Daten zu dieser Gläubigerin lauten wie folgt:]

Finanzamt …

(Anschrift)

Forderung i.H.v.… EUR

Mit freundlichen Grüßen

……………………………

Insolvenzverwalter/in

Anlage:
ggf. Verzeichnis der Massegläubiger

Muster 271: Prüfzettel und Feststellung MUZ

Schritt 1: Informationen für Feststellung der Masseunzulänglichkeit 443

Um die Masseunzulänglichkeit berechnen zu können, ist das Vorliegen unterschiedlicher Informationen erforderlich.

Schritt 1.1.: Ermittlung der Masseverbindlichkeiten

- Welche Masseverbindlichkeiten bestehen? Liste anfertigen!

Schritt 1.2.: Schätzung der Verfahrenskosten gem. § 54 InsO

- Prognostizierte freie Masse der Vermögensübersicht als Grundlage für die Schätzung nehmen
- Einzelpositionen auf ihre Werthaltigkeit überprüfen, Abweichungen schon jetzt bekannt (weniger oder mehr eingenommen?)
- Geschätzte Vergütung lt. Bericht zur ersten Gläubigerversammlung einsehen, ggf. aktualisieren?

Schritt 1.3.: Feststellung der ausstehenden Absonderungsrechte

- Etwaige offene Absonderungsrechte mit Forderungshöhe auflisten
- Sind noch Auszahlungen aus vorhandenem Kontoguthaben vorzunehmen?

Schritt 1.4.: Feststellung des aktuellen und kurzfristig erzielbaren Barvermögens

- Aktuelles Guthaben auf dem Treuhandkonto : … EUR
- Ist mit weiteren Einnahmen kurzfristig zu rechnen?

Schritt 2: Eintritt oder Drohung der Masseunzulänglichkeit

Voraussichtliche freie Masse < Massekosten plus Masseverbindlichkeiten

= Masseunzulänglichkeit

Muster 272: Verjährungsverzichtserklärung

Verjährungsverzichtserklärung 444

Als Insolvenzverwalter/in über das Vermögen der Firma/des Herrn/der Frau … (Amtsgericht ….: … IN …/…) erkenne ich hiermit ausdrücklich die Forderung der Firma/des Herrn/der Frau … (= Massegläubiger mit Altforderung) … gemäß Rechnung vom … i.H.v. … EUR als Masseverbindlichkeit im Range des § 209 Abs. 1 Nr. 3 InsO an und verzichte vorsorglich auf die Einrede der Verjährung.

………………………………

Ort, Datum

…………………………………

Insolvenzverwalter/in

▶ Hinweis:

Mit dieser Verjährungsverzichtserklärung kann ggf. die **Erhebung einer Feststellungsklage** und damit die Entstehung von Gerichtskosten zulasten der Insolvenzmasse **vermieden werden.**

Entscheidung des **BGH v.. 14.12.2017** (IX ZR 118/17 in WKRS 2017, 29319): Anzeige der **Masseunzulänglichkeit hemmt nicht** die Verjährung. Der Verwalter kann aber auf die Einrede der Verjährung verzichten (BGH, a.a.O., Rn. 17). Dafür muss der Massegläubiger aber seinen Anspruch von sich aus erst einmal verfolgen.

Muster 273: Zustellung MUZ-Schreiben an Massegläubiger

445 *Adressat: Massegläubiger*

Insolvenzverfahren über das Vermögen
der Firma .../des Herrn .../der Frau ...
Amtsgericht ...: ... IN .../...
Unser Zeichen: ....
Ihr Zeichen: ...

Sehr geehrte Frau...,/sehr geehrter Herr...,

in obiger Angelegenheit unterrichte ich Sie darüber, dass gegenüber dem Insolvenzgericht die Masseunzulänglichkeit angezeigt worden ist. Die entsprechende Anzeige inkl. Eingangsstempel des Amtsgerichts ... sowie eine Fotokopie des gerichtlichen Schreibens ist **anliegend** zu Ihrer Kenntnisnahme beigefügt.

Masseunzulänglichkeit bedeutet, dass die Insolvenzmasse nach derzeitigem Sachstand nicht ausreichen wird, um die angefallenen Masseverbindlichkeiten in voller Höhe begleichen zu können. Hierzu gehört auch Ihre Forderung. Aufgrund der eingetretenen Masseunzulänglichkeit darf ich daher grundsätzlich die Alt-Verbindlichkeiten aus der Zeit vor Anzeige der Masseunzulänglichkeit bis zu einer möglichen Aufhebung der Masseunzulänglichkeit nicht, auch nicht teilweise, begleichen. Insofern besteht die gesetzlich angeordnete Rangfolge der Verbindlichkeiten gem. § 209 InsO.

Ich weise darüber hinaus darauf hin, dass gemäß § 210 InsO eine **Vollstreckung** wegen Ihrer Forderung, die i.S.d. § 209 Abs. 1 Nr. 3 InsO einzustufen ist, **unzulässig** ist.

Mit freundlichen Grüßen

....
Insolvenzverwalter/in

Anlage:
Fotokopie der Anzeige der Masseunzulänglichkeit mit Eingangsstempel
Fotokopie des Schreibens des Insolvenzgerichtes vom ...

▶ Hinweis – Möglichkeiten des Gläubigers:

Für die Gläubiger besteht grundsätzlich die Möglichkeit, statt einer Leistungsklage eine **Feststellungsklage** zu erheben. Falls eine solche Klage angedroht wird, ist eine Verjährungsverzichtserklärung zur Vermeidung von Prozesskosten i.d.R. sinnvoll.

Nach der Rechtsprechung ist es Aufgabe des Gläubigers, die Verjährung der Masseverbindlichkeit im Blick zu haben und verjährungsunterbrechende Maßnahmen zu ergreifen: **BGH, Urt. v. 14.12.2017** – IX ZR 118/17 in WKRS 2017, 29319. Erst auf **Druck des Gläubigers** kann der Verwalter auf die **Einrede der Verjährung verzichten.**

Musterübersicht Masseverbindlichkeiten

(Die Übersicht ist alphabetisch sortiert)

		Rdn.
Muster 274:	Anzeige Beauftragung externer Dritter	446
Muster 76:	Zahlungszusicherungen – Übersicht (*s. Muster Betriebsfortführung*)	249
Muster 77:	Zahlungszustimmung an Dauerlieferant (*s. Muster Betriebsfortführung*)	250
Muster 78:	Zahlungszustimmung an Dienstleister (*s. Muster Betriebsfortführung*)	251
Muster 79:	Zahlungszusicherung an Versicherung (*s. Muster Betriebsfortführung*)	252
Muster 80:	Zahlungszusicherung an Warenlieferanten (*s. Muster Betriebsfortführung*)	253

Muster 274: Anzeige Beauftragung Dritter

▶ Hinweis: 446

Die Beauftragung externen Dritter muss **nur angezeigt** werden, wenn eine **mittelbare oder unmittelbare Beteiligung des Insolvenzverwalters/der Insolvenzverwalterin** an dem Unternehmen des Dritten gegeben ist (BGH, Beschl. v. 26. 4. 2012 – IX ZB 31/11 Rn. 17).

Adressat: Insolvenzgericht

Insolvenzverfahren über das Vermögen der Firma .../des Herrn .../der Frau ...
Geschäftszeichen: ... IN .../...

Sehr geehrte Frau Rechtspflegerin ..., / sehr geehrter Herr Rechtspfleger ...,

in obigem Insolvenzverfahren beabsichtige ich in meiner Eigenschaft als *Insolvenzverwalter/in,*

die Firma ... (Name, Anschrift)

als einen externen Dritten für

bitte auswählen:
- die Inventarisierung sowie die Be- und Verwertung von Wirtschaftsgütern
- die Unterstützung bei der Suche nach Investoren zur Vorbereitung der übertragenden Sanierung durch M & A-Berater
- die Erstellung der Buchführung sowie von Jahresabschlüssen und Steuererklärungen
- die Rechtsberatung und Steuerberatung *(soweit es sich um »besondere Aufgaben« im Sinne der InsVV handelt)*
- die Be- und Verwertung von Immobilien
- die Einschaltung von branchen- und insolvenzerfahrenen Zeitmanagern *(soweit kein entsprechendes vertrauenswürdiges oder qualifiziertes Management zur Verfügung steht)*
- bei Bauinsolvenzen: die Beauftragung von Fachingenieuren

zu beauftragen. Grund hierfür ist, dass ... *(Sachverhalt schildern, warum die Beauftragung erforderlich erscheint)*

Ich weise im Vorfeld der Beauftragung darauf hin, dass es sich bei diesem externen Dritten um ein Unternehmen handelt, an dem ich *persönlich* beteiligt bin/an dem ich *mittelbar* beteiligt bin. Der Insolvenzmasse entsteht hierdurch allerdings kein Nachteil, weil die zu entrichtende Vergütung auf Basis *unterhalb/in Höhe* eines auf dem Markt üblichen Stundensatzes erfolgt. Insoweit überreiche ich in der **Anlage** das Angebot der vorgenannten Firma nebst einem weiteren Angebot eines anderen Unternehmens, um auf diese Weise eine Vergleichsmöglichkeit darzulegen.

Ich bitte freundlichst um Erteilung Ihrer Zustimmung zur Beauftragung des vorstehend genannten externen Dritten.

Mit freundlichen Grüßen

....
Insolvenzverwalter/in

Anlage:
Angebot des zu beauftragenden Dritten
Vergleichsangebot eines anderen Anbieters

Musterübersicht Nachlassinsolvenz

(Die Übersicht ist alphabetisch sortiert.)

		Rdn.
Muster 275:	Erstanschreiben – Nachlassinsolvenz	447
Muster 163:	Erstgespräch – Fragebogen – Telefonat (*s. Muster Gutachten*)	335
Muster 276:	Fragebogen zum Gutachten – Nachlassinsolvenz	448
Muster 165:	Gerichtsakte Rücksendung – Gutachtenauftrag (*s. Muster Gutachten*)	337
Muster 169 – 170:	Gutachtenabrechnung (*s. Muster Gutachten*)	341 – 342
Muster:	Kreditoren- u. Debitorenliste (*Dateivorgaben des jeweiligen Softwareanbieters zwecks Einspielung der Daten ins System*)	
Muster 277:	Liste vorzulegende Unterlagen Nachlassinsolvenz	449
Muster 278:	Schweigepflichtentbindungserklärung – eröffnetes Verfahren – Nachlassinsolvenz	450
Muster 279:	Sterbeurkunde – Anforderung beim Nachlassgericht	451
Muster 280:	Tod des Schuldners – Info an das Insolvenzgericht	452
Muster 177:	Steuerberater wg. Herausgabe von Unterlagen (*s. Muster Gutachten*)	349
Muster 178:	Übersendung Gutachten an AG (*s. Muster Gutachten*)	350
Muster 179:	Vermögensübersicht – vereinfacht – zum Gutachten (*s. Muster Gutachten*)	351
Muster 180 – 182:	Zwangsmaßnahmen (*s. Muster Gutachten*)	352 – 354
Muster 183:	Zwischenbericht für Gutachten (*s. Muster Gutachten*)	355

Muster 275: Erstanschreiben – Nachlassinsolvenz

447 *Adressat: Antragsteller (= Erbe, Nachlasspfleger, Testamentsvollstrecker u.a.)*

Insolvenzeröffnungsverfahren über das Vermögen des Herrn .../der Frau ....
Amtsgericht...:... IN.../...

Sehr geehrte Frau ...,/sehr geehrter Herr ...,

in obiger Angelegenheit erhalten Sie **anliegend** den Beschluss des Amtsgerichts ... vom ..., wonach ich *zum/zur* Sachverständigen über das Vermögen *der vorgenannten Erblasserin/des vorgenannten Erblassers* mit dem Auftrag bestellt worden bin, die Vermögenssituation zu begutachten. Zu diesem Zweck benötige ich umfangreiche Informationen und Unterlagen. Die Insolvenzordnung sieht in § 20 InsO i.V.m. § 97 InsO vor, dass der Schuldner – im Nachlassinsolvenzverfahren der Antragsteller – sämtliche, das Verfahren betreffende Auskünfte zu erteilen hat. Zu diesem Zweck darf ich Ihnen heute folgende Unterlagen überreichen:

1) **Fragebogen**

   Ich bitte, diesen auszufüllen.

   ▶ Hinweis:

   Siehe hierfür in das gesonderte Muster Nr. 276.

2) **Liste vorzulegender Unterlagen**

   Ich bitte, die darin aufgeführten Unterlagen möglichst kurzfristig zusammenzustellen und zu übergeben. Original-Unterlagen werden nach Einsichtnahme selbstverständlich zurückgereicht. Sofern einzelne Unterlagen bereits dem Insolvenzgericht übermittelt wurden, reicht ein entsprechender handschriftlicher Vermerk auf der Liste.

   ▶ Hinweis:

   Siehe hierfür in das gesonderte Muster Nr. 277.

3) **Debitoren- und Kreditorenlisten**

Ergänzend zu der Liste vorzulegender Unterlagen überreiche ich die Muster einer Debitoren- und Kreditorenliste zunächst im Ausdruck. Gerne stelle ich Ihnen dieses auch per E-Mail zur weiteren Verwendung zur Verfügung. Bitte teilen Sie mir insoweit kurz die entsprechende E-Mail-Adresse mit, an die diese Dateien verschickt werden sollen.

▶ Hinweis:

Die Listen sollten unabhängig von einer späteren Insolvenzeröffnung vom Schuldner/von der Schuldnerin erstellt werden, weil sie ja einen detaillierten Überblick über die Art und den Umfang der drei Bereiche (Forderungen, Verbindlichkeiten, Arbeitsverhältnisse) geben, die für das Gutachten auch von Bedeutung sind.

4) **Schweigepflichtentbindungserklärung**

Ich bitte, diese zu unterzeichnen und mir im Original zu übergeben.

▶ Hinweis:

Siehe hierfür in das gesonderte Muster Nr. 278.

5) **Übersicht Arbeitsverhältnisse**

▶ Hinweis:

Diesen Gliederungspunkt nur, wenn der Erblasser überhaupt selbständig tätig war und die Möglichkeit von bestehenden Arbeitsverhältnissen gegeben ist: s. ggf. in die Gerichtsakte.

Ich überreiche vorsorglich ein Muster zur Erstellung einer Liste über etwaige Arbeitsverhältnisse. Sofern es Arbeitsverhältnisse mit *dem Erblasser/der Erblasserin* gab, bitte ich, diese Arbeitsverhältnisse entsprechend in diese Liste einzutragen.

Ohne Anordnung vorläufiger Verwaltung:

Ich bitte Sie weiter, mit mir telefonisch zwecks Abstimmung eines Gesprächstermins Kontakt aufzunehmen. In diesem können die oben genannten Unterlagen mir dann persönlich übergeben werden. Sollte ein Termin kurzfristig nicht stattfinden können, bitte ich um Hereingabe der Unterlagen bis zum

… (Wochenfrist).

mit Anordnung vorläufiger Verwaltung:

▶ Hinweis:

Bei gleichzeitiger Anordnung der vorläufigen Verwaltung erfolgt i.d.R. ein persönlicher Kontakt noch am selben Tag. Daher ist eine schriftliche Terminabstimmung nicht erforderlich. Die Belehrung aus dem nachstehend genannten Mustertext wird dann zunächst mündlich erteilt. Die zusätzliche schriftliche Belehrung ist i.d.R. sinnvoll, damit der Schuldner die Gelegenheit erhält, die Informationen nachlesen zu können:

Belehrung über Wirkungen der vorläufigen Verwaltung: s. **Muster vorläufige Verwaltung:** »Erstanschreiben an Schuldner – vorl. Verwaltung« (Nr. 399), an dieser Stelle ergänzend einfügen.

Mit freundlichen Grüßen

…………………………………..
Sachverständige/r

Anlagen:
Gerichtlicher Beschluss v. …
s. vorstehende Auflistung weiterer Anlagen

Muster 276: Fragebogen zum Gutachten in einer Nachlassinsolvenz

Fragebogen zum Gutachten in einer Nachlassinsolvenz

Der nachstehende Fragebogen ergänzt die vorzulegenden Unterlagen laut entsprechender Auflistung. Bearbeiten Sie den Fragebogen bitte sorgfältig, vollständig und zeitnah. Nicht relevante Fragen bitte ich mit »nein« oder »keine« zu beantworten. 448

	Allgemeines	Antworten
1.	Ihre Telefonnummer als Ansprechpartner:	
2.	Ihre E-Mail-Adresse als Ansprechpartner:	
3.	**Bei wirtschaftlicher Tätigkeit des Erblasser bitte die Fragen 4 – 8 beantworten, anderenfalls weiter bei 10**	

4.	Gab oder gibt es Prokuristen oder sonstige Zeichnungsberechtigte Personen? (ggf. Namen und Anschriften)	
5.	Name und Anschrift des Steuerberaters: Wurde dieser in den letzten zwei Jahren gewechselt?	
6.	Gab oder gibt es eine Barkasse? Wie hoch ist ggf. der Bestand?	
7.	Wer war oder ist verantwortlich für die Barkasse?	
8.	Gab/Gibt es einen Safe im Geschäftsbetrieb? Wer verfügt/e über die Schlüssel? Was wurde/wird darin aufbewahrt?	
9.	Wo wurden/werden Geschäftsunterlagen archiviert? Bei anstehender Archivierung: Welchen Umfang haben diese Unterlagen? (ggf. ungefähre Anzahl der Ordner)	
10.	Gründe für die Insolvenzlage? (Bitte schildern Sie diese in Stichworten nach Ihrer Einschätzung.)	
	Anfechtung	**Antworten**
11.	Gibt es Gläubiger, die die Insolvenzlage kennen? Sind an diese ggf. unter Druck Zahlungen geleistet worden?	
12.	Gibt es Ratenzahlungsvereinbarungen? Ggf. mit wem?	
	Bank	**Antworten**
13.	Welche Bankkonten sind vorhanden?	
14.	Gibt es Sicherheiten der Banken? Wenn ja: welche (z. B. Abtretung, Sicherungsübereignung)	
15.	Ist ein Schließfach bei einer Bank vorhanden? Bei welcher? Was ist im Schließfach?	
	Fahrzeuge	**Antworten**
16.	War der Erblasser Eigentümer von Fahrzeugen? Wenn ja: Marke, Baujahr, KM-Stand, Kennzeichen:	
17.	Wo stehen diese Fahrzeugen aktuell?	
18.	Gibt es Sicherungsrechte bspw. einer Bank daran?	
19.	Bei welcher Versicherung sind die Fahrzeuge versichert? Versicherungsgesellschaft und Versicherungsscheinnummer:	
	Grundstück	**Antworten**
20.	Lage des Grundstückes? Straße, Hausnummer, Ort	
21.	Sind Prämienzahlungen der Gebäudeversicherung rückständig? Ggf. welche?	
22.	Gibt es aktuelle Wertschätzungen?	
	Vermögenswerte	**Antworten**
23.	Gibt es immaterielle Vermögenswerte? (z. B. Patente, Lizenzen, Markenrechte, Firmenname) ggf. bitte Unterlagen vorlegen	

	Verbindlichkeiten	Antworten
24.	Zusätzlich zur Vorlage einer Kreditorenliste: Füllen Sie bitte die unten stehende Aufstellung aus und geben Sie Erläuterungen zu den dort gestellten Fragen.	s. »Verbindlichkeiten/Passiva« unten
	Versicherungen	**Antworten**
25.	Wurden Lebens- oder Rentenversicherungsverträge oder ähnliches (ggf. zugunsten Dritter wie Arbeitnehmer etc.) in den letzten zwölf Monaten aufgelöst?	
26.	Gibt es einen Lebens- oder Sterbegeldversicherung, die aktuell aufgrund des Todes des Erblassers/der Erblasserin gezahlt hat oder zahlen wird? Versicherung und Versicherungsscheinnummer:	
27.	Gab es eine Haftpflichtversicherung? Wenn ja: Bei welcher Gesellschaft (Versicherung und Versicherungsscheinnummer)	
	Vertragsverhältnisse	**Antworten**
28.	Gibt es eine eigene Homepage? ggf. genaue Bezeichnung: Mit welchen Providern bestanden/bestehen Verträge?	
29.	Bei etwaiger noch derzeitiger Anmietung der Geschäftsräume: Für welche Monate bestehen Mietrückstände?	
30.	Bei etwaiger noch derzeitiger Anmietung der Geschäftsräume: Ist eine Mietkaution vertraglich vereinbart? Wurde sie auch gezahlt?	

Vermögenswerte/AKTIVA

1. Immaterielle Vermögenswerte

.... €

kurze Bezeichnung (Patente, Firmenwert, Lizenzen)

2. Grundstücke oder grundstücksgleiche Rechte

.... €

kurze Bezeichnung

Bewegliches Anlagevermögen
3. Technische Anlagen ... €
4. Betriebs- und Geschäftsausstattung ... €
5. Fahrzeuge ... €
6. Sonstiges ... €

7. Finanzanlagen

.... €

kurze Bezeichnung (Wertpapiere, Beteiligungen)

Umlaufvermögen
8. Vorräte (Roh-, Hilfs-, Betriebsstoffe) ... €
9. Forderungen aus L + L ... €
davon voraussichtlich werthaltig ... €
10. Bankguthaben ... €
11. Kassenbestand ... €

12. Sonstiges Vermögen

.... €

kurze Bezeichnung (z. B. Versicherungen, Ansprüche gegen Gesellschafter etc.)

Verbindlichkeiten/PASSIVA

1. Verbindlichkeiten/Kreditoren (es genügen ca.-Werte):

Aufwendungen des Erben gem. §§ 1978, 1979 BGB ... €

Kosten der Beerdigung des Erblasser ... €

Kosten einer etwaigen Todeserklärung des Erblassers ... €

Kosten der Nachlassverwaltung ... €

Verbindlichkeiten aus Rechtsgeschäften des Nachlasspflegers
oder Testamentsvollstreckers ... €

Löhne und Gehälter netto (ab wann): ... €

Sozialversicherungsbeiträge: ... €

Steuern: ... €

Lieferungen und Leistungen: ... €

davon besichert: ... €

durch:

Bank 1 ... €

davon besichert: ... €

durch:

Bank 2: ... €

davon besichert: ... €

durch:

Gesellschafterdarlehen: ... €

davon besichert: ... €

durch:

Sonstige: ... €

Gesamtsumme: ... €

davon besichert: ... €

---

2. Welche Verbindlichkeiten sind nicht zur Zahlung fällig (z.B. wg. Stundung, Ratenzahlung etc.)?

Hiermit erkläre ich, dass alle vorstehenden Fragen vollständig und richtig beantwortet und die Angaben in den Auflistungen vollständig und richtig eingetragen wurden.

....
Ort, Datum

....
Unterschrift

Muster 277: Liste vorzulegender Unterlagen – Nachlassinsolvenz

Vorzulegende Unterlagen in einem Nachlassinsolvenzverfahren

449

Im Rahmen der Ihnen obliegenden Auskunfts- und Mitwirkungspflicht gem. § 20 i.V.m. § 97 InsO fordere ich Sie auf, nachfolgende Unterlagen vorzulegen und bitte Sie hierbei, eine Sortierung nach der hier in der Liste vorgegebenen Reihenfolge vorzunehmen. Die nachfolgende Bezeichnung »der Erblasser« steht dabei auch für »die Erblasserin«.

Sollten zu einzelnen Punkten keine Unterlagen vorhanden sein, so z.B. keine Versicherungen zugunsten Dritter, oder sind keine Unterlagen für den gesamten angegebenen Zeitraum vorhanden, so ist dieser jeweilige Aspekt entsprechend auf der Liste zu vermerken.

Wirtschaftliche Tätigkeit des Erblassers? **nein/ja**

Bei »**Nein**« können die **Gliederungspunkte A. und B. sowie H.** komplett durchgestrichen werden. Die weiteren Gliederungspunkten bitte durchgehen und ggf. teilweise bezüglich einer geschäftlichen Tätigkeit ebenfalls streichen. Teilweise sind aber Angaben bzw. die Vorlage von Unterlagen aus dem privaten Bereich denkbar und daher ggf. möglich.

A. Wirtschaftliche Verhältnisse

1. Bilanzen der letzten 5 Geschäftsjahre – soweit vorhanden;
2. Einnahme-/Ausgabenrechnungen für die letzten 5 Geschäftsjahre;
3. Summen- und Saldenlisten der letzten 5 Jahre, soweit keine Bilanzen vorhanden;
4. betriebswirtschaftliche Auswertungen der letzten sechs Monate;
5. Finanzstatus;
6. Kassenbuch inkl. Belege, rückwirkend für die letzten 6 Monate seit Insolvenzantragstellung;
7. Anlagenverzeichnis;

B. Gewerbliche Unterlagen

1. aktueller Handelsregisterauszug, soweit eine Eintragung in das Handelsregister erfolgt ist;
2. Gewerbeanmeldung und ggf. Gewerbeabmeldung;
3. ggf. Auszug aus der Handwerksrolle, ggf. Nachweis über dortige Löschung;
4. Kopie der Allgemeinen Geschäftsbedingungen für das betriebene Unternehmen;
5. einen Original-Briefkopf des Unternehmens;

C. Bank

1. Auflistung sämtlicher Geschäftskonten mit jeweiligem Name der Bank und IBAN;
2. Kontoauszüge sämtlicher Banken, mit denen der Erblasser geschäftlich in Geschäftsverbindung stand, der letzten zwölf Monate vor Insolvenzantragstellung;
3. Kontoauszüge sämtlicher Banken, mit denen der Erblasser privat in Geschäftsverbindung stand, der letzten zwölf Monate vor Insolvenzantragstellung;
4. Vorlage sämtlicher Sparbücher, Festgeldkonten, Wertpapiere, Wertpapierdepots, Bausparverträge, sonstiger Kapitalanlagen u.ä.;
5. Originale sämtlicher Bankverträge (Darlehensverträge, Bürgschaften, Vertragserfüllungs-, Gewährleistungsbürgschaften etc.);
6. *(Sicherungsverträge folgen unter Buchstabe F.)*

D. Finanzamt

1. Steuererklärungen der letzten 3 Geschäftsjahre (insbes. die Einkommenssteuererklärungen nebst allen Anlagen);
2. sämtliche Steuerbescheide des Finanzamtes der letzten 3 Jahre, jeweils getrennt nach den Steuerarten;
3. Umsatzsteuervoranmeldungen der letzten 12 Monate;
4. Lohnsteueranmeldungen der letzten 12 Monate;

E. Inventar

1. Inventur: Auflistung aller etwaig vorhandenen Warenbestände mit Bewertung nach Einkaufspreisen sowie Angabe evtl. Eigentumsvorbehaltsrechte von Lieferanten;
2. Verzeichnis sämtlicher beweglicher Gegenstände, die in dem Geschäftsbetrieb genutzt wurden oder werden, auch der geringwertigen Wirtschaftsgüter;
3. Aufstellung von privaten Inventaren und Einrichtungsgegenständen oder sonstigen wertvollen Gegenständen (antike Möbel, elektronische Geräte – z.B. Laptop, Smartphone, größere Fernsehgeräte u.ä. -, Kunstgegenstände, Teppiche, Schmuck etc.);

4. Aufstellung von auf den Erblasser zugelassener Fahrzeuge unter Vorlage der Zulassungsbescheinigung II sowie des Fahrzeugscheines;
5. bei Sicherungsrechten an den Fahrzeugen: Kopie der Zulassungsbescheinigung II;
6. Nennung des jeweiligen km-Standes;
7. *(Sicherungsrechte am Inventar folgen unter Buchstabe F.)*

F. Sicherungsrechte

1. Übersicht über alle bestehenden Sicherungsverträge nebst Kopien dieser Verträge (Sicherungsübereignungen, Globalzessionen, sonstige Abtretungen, Raumsicherungsvertrag, Grundpfandrechte u. a.);
2. sofern Grundschulden oder Hypotheken vorhanden sind, die Zweckerklärungen zu diesen;
3. *(Leasingverträge folgen unter Buchstabe I)*

G. Immobilie

1. Aufstellung aller vorhandenen Grundstücke (bebaut oder auch unbebaut), auch wenn nur Miteigentum besteht sowie etwaiger dinglicher Rechte an Schiffen oder Flugzeugen;
2. Grundbuchauszug für jedes Grundstück;
3. mögliche aktuelle Eintragungsmitteilungen des Grundbuchamtes (z. B. Eintragung eines Zwangsverwaltungs- oder Zwangsversteigerungsverfahrens);
4. Kaufvertrag, mit dem ein Grundstück erworben wurde;
5. sonstige relevante Urkunden zu möglichen Rechten Dritter (*zusätzlich neben Rechten nach Buchstabe F.*) (z.B. Grunddienstbarkeiten wie Wegerechte etc.);
6. Mietverträge mit Dritten;
7. bei bisheriger Eigennutzung: Angabe der genutzten m^2;
8. Versicherungsschein für Gebäudeversicherung und sonstiger relevanter Versicherungen zu den Grundstücken;
9. Aufstellung von erworbenen Immobilien, die jedoch noch nicht im Eigentum des Erblassers stehen; Vorlage der Kaufverträge hierzu;
10. Aufstellung aller Grundstücke, die in den letzten zwei Jahren veräußert worden sind, unter Vorlage des Kaufvertrages;
11. Flurkarten, Lagepläne, Verkehrswertgutachten – soweit vorhanden;
12. Stellungnahme zur derzeitigen Nutzung der Immobilien bzw. zu den Erträgen aus den Immobilien;
13. *(Unterlagen zu Grundschulden etc.: unter Buchstabe F.)*

H. Arbeitsverhältnisse

1. Aufstellung sämtlicher im Zeitpunkt der Insolvenzantragstellung beschäftigter Mitarbeiter mit genauer Anschrift sowie sämtlicher Mitarbeiter, deren Arbeitsverhältnisse in den letzten zwölf Monaten vor Insolvenzantragstellung beendet wurden (auch Angestellte, die sich in Mutterschutz, Elternzeit, Wehrdienst befinden); (*s. hierzu überreichtes Muster einer Aufstellung*)
2. Fotokopien sämtlicher Arbeitsverträge dieser Mitarbeiter;
3. Aufstellung der beteiligten Sozialversicherungsträger (z.B. Krankenkassen der Mitarbeiter sowie Berufsgenossenschaften);
4. Monatslohnbescheinigungen der letzten drei Monate vor Antragstellung;
5. Lohn- und Gehaltskonten;
6. Elektronische Lohnsteuermerkmale aller Arbeitnehmer;
7. Personalakten aller Arbeitnehmer;
8. ggf. Kündigungsliste der Arbeitnehmer nebst Kündigungsschreiben von oder gegenüber Arbeitnehmern, ggf. Freistellungsschreiben;
9. An- und Abmeldungen bei den Krankenkassen sowie den Berufsgenossenschaften aus den letzten 12 Monaten;
10. Beitragsnachweise der letzten drei Monate;
11. Letzter Lohnnachweis Berufsgenossenschaft;
12. Fotokopien etwaiger Schwerbehindertenausweise;
13. Nachweise betr. Elternzeit, Betriebsrente oder langzeiterkrankter Arbeitnehmer;
14. Vorlage möglicher Betriebsvereinbarung (13. Gehalt/Urlaubsgeld / Weihnachtsgeld);
15. PSVaG Arbeitgeberunterlagen – sofern vorhanden;
16. Aufstellung von Lebensversicherungen (z.B. Direktversicherung, Rückdeckungsversicherung, Lebensversicherungsverträge zugunsten der Geschäftsführer/Gesellschafter/Arbeitnehmer) nebst Angabe etwa bestehender Fremd- und Bezugsrechte;
17. ausgefüllte und unterschriebene Arbeitnehmerliste über offene Löhne/Gehälter;
18. Aufstellung über gezahlte Abschläge/Vorschüsse;
19. Unterlagen über evtl. Pfändungen, Insolvenzen der Arbeitnehmer oder auch Arbeitnehmerdarlehen;
20. Art der Arbeitsverhältnisse: Aufstellung über Einteilung in kaufmännische Angestellten, gewerbliche Arbeitnehmer, Auszubildende und Aushilfen, ggf. Darstellung der Veränderung in den letzten drei Jahren;
21. Übersicht über ausstehende Urlaubsansprüche der Arbeitnehmer;
22. Benennung Ansprechpartner für Personalangelegenheiten (ggf. Steuerbüro): ggf. Vorlage einer Visitenkarte;
23. *(Unterlagen zu möglichen Arbeitsrechtsstreitigkeiten (Klageschriften etc.) folgen unter Buchstabe K.)*

I. Vertragsverhältnisse

Die nachstehend aufgelisteten und erforderlichen Unterlagen betreffen sowohl den etwaigen geschäftlichen Bereich als auch den privaten Bereichen. Bitte listen Sie daher alle Vertragsverhältnisse insgesamt auf:

1. Auflistung der bestehenden Dauerschuldverhältnisse nebst Anschriften und Aktenzeichen der Vertragspartner für den geschäftlichen Bereich vollständig (z.B. Telefon, Strom, EDV-Verträge etc.), für den privaten Bereich Angaben zum bisherigen und ggf. noch bestehenden Vermieter (Name und Anschrift);
2. Auflistung sämtlicher Leasingverträge nebst Anschriften der Vertragspartner sowie deren Aktenzeichen;
3. Aufstellung von Lebensversicherungen/Bausparverträgen etc. nebst Angabe etwa bestehender Fremd- und Bezugsrechte;
4. Vorlage von maßgeblichen Unterlagen, z.B. sämtliche Verträge (auch Mietverträge), Versicherungsscheine etc.;

J. Informationen/Unterlagen zum Privatbereich

1. Aufstellung von Schenkungen über Gegenstände in den letzten zwei Jahren vor Insolvenzantragstellung;
2. Aufstellung entgeltlicher Verträgen, die der Erblasser mit Angehörigen oder Ehegatten in den letzten zwei Jahren vor Insolvenzantragstellung geschlossen haben;
3. Darlegung der Einkommensverhältnisse bis zum Erbfall (z. B. unter Vorlage von Lohnabrechnungen der letzten drei Monate);
4. bei mehreren Arbeitsverhältnissen: Angabe des jeweiligen Arbeitgebers mit Informationen über die jeweilige Arbeitszeit;
5. Mitteilung der Lohnsteuerabzugsmerkmale;

K. Informationen zum Zeitraum nach dem Erbfall

1. Übersicht über geleistete Zahlungen zur Erfüllung von Pflichtteilsansprüchen, Vermächtnissen (einschließlich des Voraus des Ehegatten, § 1922 BGB und dem Dreißigsten, § 1969 BGB) oder Auflagen (§ 324 InsO);
2. Vorlage von entsprechendem Schriftverkehr und Zahlungsbelegen (soweit nicht sowieso aus vorgelegten Kontoauszügen ersichtlich);
3. Auflistung des im Rahmen der bisherigen Nachlassverwaltung Erlangten (einschließlich z. B. erlangter Zinsen oder Nutzungen);
4. Übersicht über geleistete Zahlungen auf Nachlassverbindlichkeiten seit dem Erbfall;
5. Vorlage von entsprechendem Schriftverkehr und Zahlungsbelegen (soweit nicht sowieso aus vorgelegten Kontoauszügen ersichtlich);
6. Übersicht über etwaige Aufwendungen des Erben gem. § 324 Abs. 1 Nr. 1 InsO mit Hinweis, welche davon bereits beglichen und welche noch offen sind;
7. Übersicht über Nachlassverwaltungsschulden gem. § 324 Abs. 1 Nr. 4 InsO mit Hinweis, welche davon bereits beglichen und welche noch offen sind;

L. Rechtsstreite

1. Auflistung sämtlicher laufenden Rechtsstreite – sowohl auf Klägerseite wie auch auf Beklagtenseite;
2. kurze Einschätzung der Berechtigung der jeweiligen Klageforderung in der Auflistung;
3. Vorlage des dazugehörigen Schriftverkehrs (Klage- und Erwiderungsschriften, Versäumnisurteile, Mahnbescheide, Vollstreckungsbescheide, Terminladungen etc.);

M. Vollstreckungsmaßnahmen

Soweit in den letzten sechs Monaten vor Insolvenzantragstellung Zwangsvollstreckungsmaßnahmen durchgeführt wurden: Vorlage der entsprechenden Unterlagen (Gerichtsvollzieherprotokolle, Pfändungs- und Überweisungsbeschlüsse, Protokolle der eidesstattlichen Versicherung etc.);

N. Debitoren

1. aktuelle Debitorenliste (Aufstellung aller Schuldner mit vollständigen Namen, Anschriften, dortiges Aktenzeichen, Rechnungsdatum und Rechnungsbetrag); (*s. hierzu auch Hinweis am Ende dieser Auflistung*)
2. dazugehörige Ausgangsrechnungen;
3. dazugehörige Auftragserteilungen, Lieferscheine oder sonstige Unterlagen zum Nachweis der bestehenden Forderung;
4. Auflistung über etwaige Sicherheitseinbehalte;

O. Kreditoren

1. aktuelle Kreditorenliste (Aufstellung aller Gläubiger mit vollständigen Namen, Anschriften, dortiges Aktenzeichen, Rechnungsdatum und Rechnungsbetrag); (*s. hierzu auch Hinweis am Ende dieser Auflistung*)
2. Mitteilung der Anzahl der Gläubiger;

Vorbereitender Hinweis zur Erstellung einer Kreditoren- und Debitorenliste zum Einspielen in eine insolvenzrechtliche EDV Abstimmung mit dem vorläufigen Insolvenzverwalter noch erforderlich – soweit ein solcher bestellt ist!

Die beigefügten Listen sind als **Excel-Dateien** zu erstellen.

Bitte die vorgegebenen Felder genauestens berücksichtigen. Es dürfen z. B. keine Hausnummern in das Feld »Straße«.

Es dürfen ferner keine Veränderungen hinsichtlich des Formats vorgenommen werden. Auch der Dateiname darf nicht geändert werden.

Bitte keine Leerzeichen oder Zwischensummen einfügen.

Sollten mehrere Rechnungsbeträge zu einem Gläubiger vorhanden sein, so sind diese Beträge addiert als eine Forderung einzutragen.

Bitte keine Zeichen wie », ;!« etc. verwenden

Wenn möglich, die Excel-Dateien bitte per E-Mail übersenden: …

Muster 278: Schweigepflichtentbindungserklärung – Nachlassinsolvenz

▶ Hinweis:

450 Bitte 2-fach anfordern, falls ein Dritter das Original haben möchte!

Schweigepflichtentbindungserklärung

Ich habe in meiner Eigenschaft als… den Insolvenzantrag über das Vermögen des Erblasser/der Erblasserin, Herrn/Frau …, gestellt und bin insoweit gesetzlich verpflichtet, dem/der Insolvenzverwalter/in über alle das Verfahren betreffenden Verhältnisse Auskunft zu erteilen, insbesondere auch solche Auskünfte, die zur Realisierung von Ansprüchen gegen Dritte (§ 97 InsO) erforderlich sind.

In diesem Zusammenhang entbinde ich hiermit alle Personen und Stellen, von denen der/die Insolvenzverwalter/in Auskunft – insbesondere hinsichtlich der Vermögensverhältnisse des Erblasser/der Erblasserin – verlangt, von ihrer Pflicht zur Verschwiegenheit. Dies gilt für alle Kreditinstitute, Versicherungsgesellschaften, Sozial- und Finanzbehörden, Sozialversicherungsträger, die Arbeitsverwaltung, Rechtsanwälte, Notare, Steuerberater und Wirtschaftsprüfer. Sie sollen dem/der Insolvenzverwalter/in uneingeschränkt Auskünfte erteilen.

Diese Entbindungserklärung ergeht u.a. vor dem Hintergrund des Art. 15 Abs. 1 DSGVO (= Datenschutzgrundverordnung). Mir ist insoweit gem. Art. 15 Abs. 1 Buchst. g) DSGVO bekannt, dass auch Daten vom Kraftfahrt-Bundesamt eingeholt werden. Insoweit erkläre ich mein ausdrückliches Einverständnis und ersuche das Kraftfahrt-Bundesamt um Erteilung einer entsprechenden Auskunft auf die *Anfrage des Insolvenzverwalters/der Insolvenzverwalterin.*

…, den…

……………………………………
Unterschrift

Muster 279: Anforderung Sterbeurkunde vom Nachlassgericht

451 *Adressat: Nachlassgericht*

Insolvenzverfahren/Restschuldbefreiungsverfahren über das Vermögen des Herrn …/der Frau…, gestorben am …
Amtsgericht …: … IK/IN …/…
Ihr Zeichen: … (*Aktenzeichen ggf. vorab telefonisch erfragen*)

Sehr geehrte Damen und Herren,

ich nehme bezüglich der vorstehend genannten Person Bezug auf das zwischen Ihnen und *meiner/meinem Mitarbeiter/in* … geführte Telefongespräch.

Wie bereits angesprochen, ist kein Massebestand im hiesigen Insolvenzverfahren vorhanden. Daher ist eine kostenpflichtige Anforderung einer Sterbeurkunde seitens der Insolvenzverwaltung nicht möglich. Ich möchte Sie aber bitten, uns kurz schriftlich zu bestätigen, dass die vorstehend genannte Person tatsächlich verstorben ist und mir freundlicherweise das entsprechende Aktenzeichen in Ihrem Hause mitzuteilen (falls es vorab nicht abgefragt wurde)/zu bestätigen. damit das Restschuldbefreiungsverfahren abgeschlossen werden kann/damit das Insolvenzverfahren dann als Nachlassinsolvenzverfahren weitergeführt werden kann. Ggf. ist auch die Übersendung einer kostenfreien Fotokopie der Sterbeurkunde möglich.

Für Rückfragen stehen meine Mitarbeiter und ich Ihnen gerne zur Verfügung.

Mit freundlichen Grüßen

…………………………………………

Insolvenzverwalter/in
Treuhänder/in

▶ Hinweis:

S. auch Muster »Tod des Schuldners – Info an das Insolvenzgericht« (Nr. 280)

Muster 280: Tod des Schuldners – Info an das Insolvenzgericht

▶ Hinweis: 452

S. wg. Folgen des Todes in Checkliste »Nachlassinsolvenzverfahren« > Stichwort »Tod«
– im eröffneten Verfahren: Weiterführung als Nachlassinsolvenzverfahren
– in RSB-Phase: vorzeitige Beendigung gem. § 299 InsO

Adressat: Insolvenzgericht

Insolvenzverfahren/Restschuldbefreiungsverfahren über das Vermögen des Herrn .../der Frau..., gestorben am ...
Geschäftszeichen: ... IN/IK .../...

Sehr geehrte Frau Rechtspflegerin ..., / sehr geehrter Herr Rechtspfleger ...,

in obiger Angelegenheit möchte ich Sie kurz darüber informieren, dass *der Schuldner/die Schuldnerin* am ... verstorben ist.

Sterbeurkunde fehlt:

Eine Sterbeurkunde liegt mir noch nicht vor. Diese habe ich beim Nachlassgericht angefordert. Wegen des fehlenden Massebestandes zum Ausgleich etwaig anfallender Kosten ist aber nicht gesichert, ob mir eine solche Sterbeurkunde erteilt werden wird. Das Aktenzeichen beim Nachlassgericht lautet: ...

▶ Hinweis:

S. gesondertes Muster zur Anforderung bzw. zum Hinweis auf telefonische Nachfrage: Nr. 279

Ggf. möchte das Insolvenzgericht eine solche Sterbeurkunde vom Nachlassgericht anfordern.

Sterbeurkunde liegt vor:

Die Sterbeurkunde wurde mir von ... *(bspw. der Ehefrau des Schuldners)* vorgelegt. Eine Fotokopie überreiche ich **anliegend** zur Kenntnis.

im eröffneten Verfahren:

Da sich das Insolvenzverfahren nunmehr in ein Nachlassinsolvenzverfahren wandelt, werde ich meine Tätigkeit weiter durchführen.

in RSB-Phase:

Durch den Tod ist eine vorzeitige Beendigung des Verfahrens gem. § 299 InsO eingetreten. Ich werde in Kürze den Abschlussbericht und meinen Vergütungsantrag einreichen.

Mit freundlichen Grüßen

....
Insolvenzverwalter/in
Treuhänder/in

Musterübersicht Nachtragsverteilung

(Die Übersicht ist alphabetisch sortiert.)

		Rdn.
Muster 281:	Antrag auf Nachtragsverteilung wg. Steuererstattung	453
Muster 282:	Erstattungsersuchen an Schuldner	454
Muster 324:	Einkommenssteuererklärung – Aufforderung zur Mitwirkung (*s. Muster Steuerangelegenheiten*)	496
Muster 283:	FinA – Übersendung Beschluss Nachtragsverteilung	455
Muster 303 – 305:	Schlussbericht (*darin: Antrag auf Anordnung der Nachtragsverteilung*) (*s. Muster Schlussberichte*)	475 – 477

Muster 281: Antrag auf Nachtragsverteilung wg. Steuererstattung

453 *Adressat: Insolvenzgericht*

Restschuldbefreiungsverfahren über das Vermögen des Herrn .../der Frau ...
Geschäftszeichen: ... IN/IK .../...

Sehr geehrte Frau Rechtspflegerin ..., / sehr geehrter Herr Rechtspfleger ...,

im vorliegenden Insolvenzverfahren wird angeregt/beantragt,

die Nachtragsverteilung gemäß § 203 Abs. 1 Nr. 3 InsO

für den Steuererstattungsanspruch aus dem Einkommenssteuerbescheid für das Kalenderjahr ... – *(ggf.)* anteilig für den Zeitraum bis zur Verfahrensaufhebung – demnach vom 01.01. – ... – anzuordnen.

▶ Hinweis Anregung oder Antrag:

BGH-Rechtsprechung (Beschl. v. 18.12.2014 – IX ZB 50/13 in WKRS 2014, 29598 – u.a. Rn. 8, 9): Antrag stellen, nicht nur anregen, um beschwerdefähig zu werden, wenn dem Antrag nicht gefolgt wird, **aber:**
- wenn **kleinere Beträge** erwartet werden: **nur anregen** = dann kann das Insolvenzgericht von der Anordnung absehen = weniger Arbeit zur Durchführung der Nachtragsverteilung
- wenn **größere Beträge** (> 300,00 EUR) erwartet werden: **beantragen** = dann muss das Insolvenzgericht darüber entscheiden

Sollte die Auszahlung des Steuerbetrages *an den Schuldner/die Schuldnerin* schon erfolgt sein, wird vorsorglich darüber hinaus *angeregt/beantragt,*

die Nachtragsverteilung für das von der

Finanzverwaltung an *den/die Schuldner/in* erstattete Steuerguthaben aufgrund des Einkommenssteuerbescheides für das Kalenderjahr ... – (ggf.) anteilig vom 01.01. – ... – anzuordnen.

Zur Begründung wird folgendes ausgeführt:

Der Schuldner/die Schuldnerin hat mir den Einkommenssteuerbescheid für das Kalenderjahr ... vorgelegt. Daraus ergibt sich ein Steuerguthaben in Höhe von ... EUR. Eine Fotokopie dieses Bescheides wird in der **Anlage** zur Information überreicht.

Steuerrechtlich entsteht mit dem 01. Januar eines jeden Kalenderjahres entsprechend § 36 Abs. 1 EStG ein etwaiger Anspruch auf Einkommenssteuererstattung für das abgelaufene Kalenderjahr, der vom Insolvenzbeschlag des § 35 Abs. 1 InsO erfasst ist. Auf die Fälligkeit des ggf. erst später ergehenden Steuerbescheides gem. § 36 Abs. 4 EStG kommt es insoweit für den Insolvenzbeschlag nicht an *(BFH, Urt. v. 28.02.2012 – VII R 36/11 in ZInsO 2012, 883)*. Nach dieser Entscheidung sei der Rechtsgrund für einen etwaigen Erstattungsanspruch bereits im Zeitpunkt der Zahlung gelegt (§ 36 Abs. 2 EStG) und diese Zahlung erfolge durch den monatlichen Lohnsteuerabzug (§ 38 EStG). Damit entstehe ein etwaiger Erstattungsanspruch monatlich bereits unter der aufschiebenden Bedingung, dass die geschuldete Steuer insgesamt später niedriger ist als die gezahlte Steuer. Der Insolvenzbeschlag umfasse daher diesen etwaigen Erstattungsanspruch, der anteilig auf die Monate des eröffneten Verfahrens umzurechnen sei. Der Erstattungsanspruch für das Kalenderjahr ... fällt wegen der Verfahrensaufhebung in ... vollumfänglich in die Insolvenzmasse/der Erstattungsanspruch für das Kalenderjahr ... fällt wegen der Verfahrensaufhebung am ... nur anteilig für den Zeitraum vom 01.01. – ... in die Insolvenzmasse.

Da die Abtretungserklärung *des Schuldners/der Schuldnerin* nach § 287 Abs. 2 InsO solche Steuererstattungsansprüche nicht umfasst *(siehe BFH, a.a.O. und BGH, Urt. v. 21.07.2005 – IX ZR 115/04 in ZInsO 2005, 873 ff.),* ist die Anordnung einer Nachtragsverteilung für solche Einkommenssteuerguthaben erforderlich, die sich nach Aufhebung des Verfahrens ergeben.

Die Anordnung der Nachtragsverteilung hat der BGH mit Beschluss vom 26.01.2012 *(IX ZB 111/10 in InsbürO 2012, 149 u. in WKRS 2012, 10509)* insbesondere für die Frage entschieden, ob der etwaige Erlös auch dann der Nachtragsverteilung unterliege, wenn *der Schuldner/die Schuldnerin* diesen Erlös nach Verfahrensaufhebung eingezogen hat.

Sollte die Finanzverwaltung im vorliegenden Fall das Steuerguthaben für das betroffene Kalenderjahr bereits an *den Schuldner/die Schuldnerin* ausgezahlt haben, so wäre diese vom BGH geklärte Frage im hiesigen Verfahren relevant. Der BGH weist in vorgenannter Entscheidung darauf hin, dass der Beschluss über die Anordnung der Nachtragsverteilung dann so formuliert sein muss, dass der Insolvenzbeschlag nicht mehr an dem Erstattungsanspruch gegen den Dritten, sondern hinsichtlich des *an den Schuldner/an die Schuldnerin* gezahlten Betrages wieder auflebt. Es sei insoweit von einer dinglichen Surrogation auszugehen, für die die Nachtragsverteilung angeordnet werden könne. Daher wird vorstehend die gesonderte Formulierung angeregt.

Im Übrigen darf auf folgendes hingewiesen werden:

[1. Alternative: Verfahrenskosten ausgeglichen

Die Verfahrenskosten sind bereits vollumfänglich ausgeglichen. Es käme daher dem Grunde nach eine Verteilung des Betrages an die Insolvenzgläubiger in Betracht. Bei der Höhe des Steuerguthabens und der Summe der Verbindlichkeiten nach § 38 InsO würde sich für die Insolvenzgläubiger keine nennenswerte Quote ergeben. Nach § 203 Abs. 3 InsO kann das Insolvenzgericht von einer Anordnung absehen, wenn dies mit Rücksicht auf die Geringfügigkeit des Betrages angemessen erscheint. Der Schuldner/die Schuldnerin befindet sich allerdings in der Wohlverhaltensphase, in der einmal jährlich sowieso eine Verteilung zu erfolgen hat, sofern ein ausreichender Geldbetrag vom Treuhänder vereinnahmt werden kann (§ 292 Abs. 1 InsO). Es wird daher um entsprechende Zustimmung gebeten, die Ausschüttung des Steuerguthabens nach Ablauf des laufenden Jahres der Wohlverhaltensperiode zusammen mit den ggf. weiteren Einnahmen aus pfändbaren Einkommensbezügen vornehmen zu können.]

[2. Alternative: Verfahrenskosten nicht ausgeglichen

Die Verfahrenskosten im vorliegenden Verfahren stehen noch mit einem Betrag in Höhe von … EUR aus. Das Einkommenssteuerguthaben kann daher nach Eingang auf dem Treuhandkonto aufgrund der erfolgten Kostenstundung direkt an die Gerichtskasse weitergeleitet werden.]

Zu beiden Alternativen:

Eine gesonderte Vergütung nach § 6 InsVV wird nicht beantragt.

▶ Hinweis:

Eine gesonderte Vergütung nach § 6 InsVV sollte i.d.R. nur dann beantragt werden, wenn ein **lohnenswerter Betrag** dabei herauskommen würde: i.d.R. > 50,00 EUR.

Ich bitte aufgrund des vorstehenden Sachverhaltes um entsprechende Beschlussfassung.

Mit freundlichen Grüßen

……………………………

Insolvenzverwalter/in

▶ Hinweise:

- Antrag auf Nachtragsverteilung schon im Schlussbericht stellen, wenn Steuererstattung zu erwarten
- ansonsten: Gefahr der Verrechnung durch Finanzverwaltung
- Aufrechnungsverbot entfällt mit Verfahrensaufhebung (BFH, Urt. v. 28.02.2012 – VII R 36/11 in ZInsO 2012, 883)
- keine Rückwirkung mit der Anordnung der Nachtragsverteilung (BFH, Urt. v. 04.09.2008 – VII B 239/07 in WKRS 2008, 24768).

▶ Achtung: Erhöhte Gerichtskosten

- weitere Einnahme = erhöhte Berechnungsgrundlage = erhöhte Gerichtskosten = nachträgliche Berechnung seitens der Staatskasse möglich
- daher: vor Ausschüttung geänderte Gerichtskostenrechnung abwarten oder bei Gerichtskasse kurz anfragen

Muster 282: Erstattungsersuchen an Schuldner

▶ Hinweis: 454

Die Nachtragsverteilung verlängert den **Insolvenzbeschlag** an Vermögenswerten aus dem **Zeitraum des eröffneten Verfahrens.** Daher hat der ursprüngliche Insolvenzverwalter die Realisierung dieser dem Beschlag unterliegenden Vermögenswerte zu verfolgen und nicht der Treuhänder in der RSB-Phase. Entsprechend wird nachfolgend auch nur »**der Insolvenzverwalter**« verwendet.

Adressat: Schuldner/in

Insolvenzverfahren über Ihr Vermögen
Amtsgericht...: ... IN/IK .../...

Sehr geehrte Frau ...,/sehr geehrter Herr ...,

in obiger Angelegenheit hat das Insolvenzgericht die Nachtragsverteilung bezüglich des Steuererstattungsanspruches aus dem Kalenderjahr ... angeordnet. Eine Fotokopie des amtsgerichtlichen Beschlusses liegt zu Ihrer Information in der **Anlage** bei.

Diese Nachtragsverteilung hat zur Folge, dass der Insolvenzbeschlag an dem Steuerguthaben, das auf den Zeitraum des Insolvenzverfahrens entfällt, greift und dieses somit an mich als *Insolvenzverwalter/in* auszuzahlen ist.

Die Finanzverwaltung hat das Steuerguthaben bereits an Sie überwiesen. Es wurde jedoch entsprechend der Rechtsprechung des Bundesgerichtshofes (*Beschl. v. 26.01.2012 – IX ZB 111/10 in InsbürO 2012, 149 u. in WKRS 2012, 10509*) die Nachtragsverteilung bezüglich des Erstattungsanspruch gegen Sie angeordnet. Dies können Sie dem Wortlaut des **anliegenden** Beschlusses entnehmen. Damit haben Sie das dem Insolvenzbeschlag unterfallende Steuerguthaben zu erstatten.

Das Steuerguthaben beträgt nach dem mir vorliegenden Steuerbescheid ... EUR.

Bei anteiligem Insolvenzbeschlag:

Hiervon entfällt ein Anteil von ... EUR auf den Zeitraum des Insolvenzverfahrens. Dies errechnet sich wie folgt:

360 Tage/Jahr x ... Tage/Zeitraum des Verfahrens (01.01. – ... = Tag der Verfahrensaufhebung) = ... EUR.

Ich darf Sie bitten, diesen Betrag auf das für Ihr Verfahren eingerichtete Treuhandkonto bei der

Bank: ...

IBAN: ...

BIC: ...

Kontoinhaber: ... als IV wg. ... (Verfahrensbez.)

Verwendungszweck: Guthaben aus Nachtragsverteilung im Verfahren ...

zu überweisen und habe mir hierfür eine Frist bis zum ... (*14 Tage*) notiert.

Mit freundlichen Grüßen

....
Insolvenzverwalter/in

Anlage:
Beschluss über die Nachtragsverteilung

Muster 283: FinA – Übersendung Beschluss Nachtragsverteilung

455 ▶ Hinweis:

Die Nachtragsverteilung verlängert den **Insolvenzbeschlag** an Vermögenswerten aus dem **Zeitraum des eröffneten Verfahrens.** Daher hat der ursprüngliche Insolvenzverwalter die Realisierung dieser dem Beschlag unterliegenden Vermögenswerte zu verfolgen und nicht der Treuhänder in der RSB-Phase. Entsprechend wird nachfolgend auch nur »**der Insolvenzverwalter**« verwendet.

Adressat: Finanzamt

Insolvenzverfahren über das Vermögen des Herrn .../ der Frau ...
Amtsgericht ...: ... IK/IN .../...
Steuer-Nr.: ....

Sehr geehrte Damen und Herren,

das im Betreff näher bezeichnete Insolvenzverfahren wurde durch Beschluss des Amtsgerichts – Insolvenzgericht – ... am .... aufgehoben.

Gleichzeitig mit der Aufhebung wurde bezüglich der Rückerstattungsansprüche hinsichtlich der Einkommensteuer die

Nachtragsverteilung

angeordnet, soweit der die Erstattung begründende Sachverhalt vor oder während des Insolvenzverfahrens verwirklicht worden ist und das etwaige Guthaben damit vom Insolvenzbeschlag gem. § 35 Abs. 1 InsO umfasst ist. Eine Ablichtung des entsprechenden **Beschlusses** finden Sie in der **Anlage** zu diesem Schreiben. Ich bitte insofern um Beachtung und um Auszahlung etwaiger Steuerguthaben aus diesem Zeitraum auf das bekannte Treuhandkonto.

Mit freundlichen Grüßen

....

Insolvenzverwalter/in

▶ Hinweis:

Der Beschluss über die Anordnung muss die Formulierung enthalten:
»auf die Dauer des Insolvenzverfahrens entfallende Steuererstattungsansprüche«

nach BFH, 20.09.2016 – VII R 10/15 sei dies hinreichend bestimmt:
Konkrete Steuerarten oder –zeiträume sind dann nicht erforderlich.

Musterübersicht zum PKH-Antrag

(Die Übersicht ist alphabetisch sortiert.)

		Rdn.
Muster 284:	Anlagenübersicht zum PKH-Antrag	456
Muster 285:	Antrag auf PKH	457
Muster 286:	Kostenvorschuss – Aufforderung an Gläubiger	458
Muster 287:	Übersicht der Ausfallforderungen	459
Muster 288:	Übersicht über Insolvenzforderungen	460
Muster 289:	Übersicht über Kostenanteile und Zumutbarkeitsgrenzen	461
Muster 290:	Übersicht über Massegläubiger § 55 InsO	462
Muster 291:	Übersicht Massekosten § 54 InsO	463
Muster 292:	Übersicht Massekosten § 54 InsO – erhöht	464
Muster 293:	Übersicht über Vermögenswerte – nicht realisiert	465

Muster 284: Anlagenübersicht zum PKH-Antrag

456 *(sortiert nach Auflistung im PKH-Antrag)*

AST ...: Eröffnungsbeschluss

AST ...: Fotokopie des letzten Kontoauszuges

AST ...: Übersicht über Massekosten § 54 InsO

AST ...: Übersicht über Massegläubiger § 55 InsO

AST...: Anzeige der Masseunzulänglichkeit

AST ...: Vermögensübersicht § 153 InsO

AST ...: Übersicht über nicht realisierte Vermögenswerte

AST ...: Übersicht über angemeldete Insolvenzforderungen

AST ...: Übersicht über festgestellte Insolvenzforderungen

AST ...: Übersicht über Ausfallforderungen

AST ...: Übersicht über Kostenanteile und Zumutbarkeitsgrenzen

AST ...: Übersicht über erhöhte Massekosten § 54 InsO

AST ...: Anschreiben an Gläubiger

AST ...: Antwortschreiben der Gläubiger

Muster 285: Antrag auf PKH

457 ▶ Hinweis Sachwalter:

Nachstehend ist der Insolvenzverwalter als Antragsteller aufgeführt. Die Regelungen zur PKH greifen aber auch für den Sachwalter: BAG, Beschl. v. 22.8.2017 – 1 AZR 546/15 in InsbürO 2017, 517, ZInsO 2017, 2315.

Adressat: Prozessgericht

Antrag auf Prozesskostenhilfe und Klage

des Herrn/der Frau... (*Vor- und Zuname*), handelnd als *Insolvenzverwalter/in* über das Vermögen *des/der...* (*genaue Bezeichnung des/der Schuldners/in*),... (*vollständige Anschrift*)

- Antragsteller/in und Kläger/in -

Prozessbevollmächtigte: Rechtsanwälte.... (*genaue Bezeichnung mit vollständiger Anschrift*)

gegen

... (*Vor- und Zuname oder ggf. genaue Firmenbezeichnung des Gegners/der Gegnerin*), wohnhaft/geschäftsansässig:... (*vollständige Anschrift*)

- Antragsgegner/in und Beklagte/r -

wegen… (*genauer Klagegrund*)

Gegenstandswert:… €

▶ Hinweis:

Nachfolgend wird von einem »**Antragsteller**« ausgegangen. Bei einer Antragstellerin wäre dies entsprechend abzuändern.

Namens und kraft Vollmacht des Antragstellers beantragen wir,

***dem Antragsteller* unter Beiordnung *des Unterzeichners* Prozesskostenhilfe zu bewilligen.**

Für den Fall, dass Prozesskostenhilfe bewilligt wird, erheben wir Klage und werden beantragen:

1. *den Beklagten/die Beklagte* zu verurteilen,…
2. *der/dem Beklagten* die Kosten des Rechtsstreites aufzuerlegen;
3. gem. § 307 ZPO gegen *den/die Beklagte/n* ohne mündliche Verhandlung ein Anerkenntnisurteil zu erlassen, falls *der/die Beklagte* auf die Aufforderung nach § 276 Abs. 1 Satz 1 ZPO den Anspruch ganz oder zum Teil anerkennt;
4. im Falle der Versäumnis gem. § 331 Abs. 3 ZPO gegen *den/die Beklagte/n* ohne mündliche Verhandlung ein Versäumnisurteil zu erlassen;
5. das Urteil – ggf. gegen Sicherheitsleistung, die auch durch selbstschuldnerische Bürgschaft einer deutschen Großbank oder öffentlich-rechtlichen Sparkasse erbracht werden kann – für vorläufig vollstreckbar zu erklären.

Begründung:

A.
Allgemeines

Der Antragsteller wurde durch Beschluss des Amtsgerichts… vom… zum Insolvenzverwalter über das Vermögen *des/der*… (*Vor- und Zuname bzw. genaue Firmenbezeichnung*) (nachfolgend »*Schuldner/in*« genannt) bestellt. Das Insolvenzverfahren wird beim dortigen Gericht unter dem Aktenzeichen… geführt.

Beweis:
1. Vorlage einer Fotokopie des Beschlusses des Amtsgerichts… vom… (**Anlage AST 1**)
2. Beiziehung der Akten des Amtsgerichts…, AZ:… IN…/…

B.
Angaben zum PKH-Antrag

Zu den **wirtschaftlichen Verhältnissen** wird folgendes ausgeführt:

▶ Hinweis:

Die nachfolgenden Erläuterungen dienen dem Prozessgericht insbes. auch dazu, nachzuvollziehen, ob eine Kostenvorschussmöglichkeit durch Dritte eingehend geprüft wurde. Sie erfüllen damit die Voraussetzungen für einen Antrag auf PKH gem. § 116 Satz 1 Nr. 1 ZPO. Für sämtliche aufgeführten Anlagen: s. in die Anlagenübersicht zum PKH-Antrag.

Die verwaltete Vermögensmasse reicht nicht aus, um die Kosten der Klage abzudecken. In Erfüllung der Anforderungen des § 117 Abs. 2 ZPO sowie der Rechtsprechung werden hierzu folgende nähere Angaben gemacht:

I. Prozesskosten

(Hinweis: Voraussichtliche Prozesskosten errechnen)

Die voraussichtlichen Prozesskosten lassen sich wie folgt berechnen:

Streitwert:… €	
3 Gerichtsgebühren, §§ 3 Abs. 2, 34, 48 GKG, KV 1210	… €
geschätzte Auslagen, KV 9000	… €
Kosten für eine mögliche Beweisaufnahme	… €
Zwischensumme Gerichtskosten	… €
1,3 Verfahrensgebühr, §§ 2, 13 RVG, VV 3100	… €
1,2 Terminsgebühr, §§ 2, 13 RVG, VV 3104	… €
Auslagen, VV 7001, 7002	… €
19 % Umsatzsteuer, VV 7008	… €
Zwischensumme Anwaltskosten	… €
Gesamtsumme	… €

Damit müsste insgesamt ein Betrag in Höhe von… € zur Finanzierung des Prozesses zur Verfügung stehen.

II. Aktivmasse

(Hinweis: Liquides Vermögen darstellen)

Die aktuelle liquide Masse auf dem für das Insolvenzverfahren eingerichteten Treuhandkonto IBAN-Nr.... bei der ... Bank beträgt... €.

Beweis: Fotokopie des letzten Kontoauszuges vom... (**Anlage AST 2**)

Dieser Betrag steht aber zur Prozessfinanzierung *nicht/nicht vollständig* zur Verfügung. Nach der Rechtsprechung darf nicht der gesamte etwaig vorhandene Massebestand zur Deckung der Prozesskosten herangezogen werden, sondern nur der Restmassebestand, der sich nach Abzug der Massekosten und Masseverbindlichkeiten ergibt (OLG Stuttgart, Beschl. v. 20.04.2004 – 13 W 57/03 in ZInsO 2004, 556). Die ordnungsgemäße Abwicklung des Insolvenzverfahrens muss gewährleistet bleiben. Zu diesen Kosten und weiteren vorrangigen Abzügen sei daher näheres ausgeführt.

1. Absonderungsansprüche

Von dem Kontoguthaben sind noch Absonderungsansprüche *des/der Gläubigers/in... (genaue Bezeichnung)* (Tab.-Nr....) in Höhe von... € zu befriedigen, für die derzeit noch einige Abstimmungen erfolgen müssen. Es ist mit einer Auszahlung in Höhe von... € zu rechnen, so dass sich der vorstehende Betrag auf... € mindert.

[Alternative:

Absonderungsansprüche sind hieraus nicht zu befriedigen, so dass ein diesbezüglicher Abzug nicht vorzunehmen ist.]

2. Massekosten

(Hinweis: Verfahrenskosten schätzen)

Von dem verfügbaren freien Massebetrag sind die voraussichtlichen Massekosten gem. § 54 InsO in Abzug zu bringen. Hierzu wird in der Anlage eine entsprechende Berechnung beigefügt. Daraus ist ersichtlich, dass auf Basis der bisher erzielten Einnahmen bereits Verfahrenskosten in Höhe von insgesamt... € angefallen sind.

Beweis: Übersicht über Massekosten § 54 InsO (**Anlage AST 3**)

1. Variante: keine Masselosigkeit

Dieser Betrag der Massekosten ist somit in Abzug zu bringen, so dass sich das bestehende Kontoguthaben auf ... € reduziert.

2. Variante: Vorliegen einer Masselosigkeit

Es wird anhand der Gesamtsumme der Massekosten deutlich, dass der vorhandene Massebestand diese Kosten gem. § 54 InsO noch nicht abdeckt.

Variante: kein verwertbares Vermögen vorhanden

Verwertbares Vermögen ist – wie die nachstehenden Ausführungen zeigen werden – nicht vorhanden, so dass eine Masselosigkeit gem. § 207 InsO vorliegt.

Variante: kein ausreichendes verwertbares Vermögen vorhanden

Verwertbares Vermögen ist – wie die nachstehenden Ausführungen zeigen werden – zwar vorhanden. Die Realisierung dieser Vermögenswerte reicht aber dennoch nicht aus, um die Verfahrenskosten vollumfänglich zu decken, so dass eine Masselosigkeit gem. § 207 InsO vorliegt.

für beide Varianten bei Masselosigkeit:

Nach der BGH-Rechtsprechung kann Prozesskostenhilfe aber auch bei Masselosigkeit gewährt werden, wenn im Falle der Beitreibung der Klageforderung die Masselosigkeit abgewehrt werden kann (*BGH, Beschl. v. 12.11.2015 – IX ZB 82/14 in InsbürO 2016, 204, ZInsO 2016, 270*). Dies ist vorliegend der Fall. Wie vorstehend ersichtlich, wird eine Klageforderung in Höhe von ... € geltend gemacht und betragen die Massekosten ... €. Bei einer erfolgreichen Durchsetzung der Klageforderung wären die Verfahrenskosten gem. § 54 InsO demnach gedeckt und stünde ein weiterer Betrag in Höhe von ... € zur Verteilung zur Verfügung. Die Gewährung von Prozesskostenhilfe im Falle einer Masselosigkeit zur Geltendmachung von Ansprüchen gegen Geschäftsführer oder Gesellschafter diene im Übrigen auch der Ordnungsfunktion des Insolvenzverfahrens (*BGH, Beschl. v. 22.11.2012 –IX ZB 62/12 Rn. 10 in InsbürO 2013, 199, ZInsO 2013, 249*)

in allen Fällen bzgl. der Massekosten:

Die Anlage über die Berechnung der Massekosten soll dem Antragsgegner nicht zugänglich gemacht werden. Die Zustimmung zur Offenlegung wird insoweit gem. § 117 Abs. 2 Satz 2 ZPO ausdrücklich verweigert.

▶ Hinweis:

Es muss darauf geachtet werden, dass die **Anlage nur für die Originalschrift** an das Gericht gefertigt wird. Der beglaubigten Abschrift des PKH-Antrages darf die Anlage nicht beigefügt werden, da ansonsten durch die automatische Zustellung an den Antragsgegner der vorstehende Antrag unterlaufen wird.

3. Masseverbindlichkeiten

(Hinweis: Mögliche Ansprüche nach § 55 InsO berücksichtigen)

1. Variante: Vorliegen einer Masseunzulänglichkeit

Es sind darüber hinaus derzeit ausstehende Masseverbindlichkeiten in einer Gesamthöhe von... € zu berücksichtigen. Insoweit wird anliegend ein entsprechendes Verzeichnis der Massegläubiger überreicht. Daraus sind die jeweiligen Massegläubiger mit Namen sowie Art und Höhe der Forderung zu entnehmen.

Beweis: Vorlage eines Verzeichnisses der Massegläubiger (**Anlage AST 4**)

Diese Masseverbindlichkeiten können aus dem derzeitigen Kontoguthaben bereits nicht mehr vollumfänglich gedeckt werden. Es wurde insoweit am ... die Anzeige der Masseunzulänglichkeit gegenüber dem Insolvenzgericht vorgenommen. Die Masseunzulänglichkeit steht der Gewährung von Prozesskostenhilfe nicht entgegen, denn der Insolvenzverwalter bleibt bei Eintritt einer Masseunzulänglichkeit gem. § 208 Abs. 3 InsO verpflichtet, das zur Insolvenzmasse gehörende Vermögen zu verwalten und zu verwerten (*BGH, Beschl. v. 22.11.2012 – IX ZB 62/12 Rn. 6 in InsbürO 2013, 199, ZInsO 2013, 249)*

Beweis: Vorlage der Anzeige der Masseunzulänglichkeit (**Anlage AST...**)

2. Variante: Bestehen von Verbindlichkeiten, keine Masseunzulänglichkeit

Es sind darüber hinaus derzeit ausstehende Masseverbindlichkeiten in einer Gesamthöhe von... € zu berücksichtigen. Insoweit wird anliegend ein entsprechendes Verzeichnis der Massegläubiger überreicht. Daraus sind die jeweiligen Massegläubiger mit Namen sowie Art und Höhe der Forderung zu entnehmen.

Beweis: Vorlage eines Verzeichnisses der Massegläubiger (**Anlage AST 4**)

Diese Masseverbindlichkeiten können aus dem derzeitigen Kontoguthaben vollumfänglich gedeckt werden. Masseunzulänglichkeit wurde bisher nicht erklärt. Eine Begleichung ist bislang nicht erfolgt, weil ... Das vorstehend genannte Kontoguthaben reduziert sich entsprechend um... € auf ... €.

▶ Hinweis:

Diese Variante kann gegeben sein, wenn z. B. der verbleibende freie Massebestand nur gering ist und zur Deckung der Prozesskosten nicht ausreicht.

3. Variante: keinerlei Masseverbindlichkeiten

Masseverbindlichkeiten stehen keine aus. Ein weiterer Abzug von dem verbleibenden Kontoguthaben ist daher nicht vorzunehmen.

4. Weiteres liquidierbares Vermögen

(Hinweis: Realisierung von weiterem Vermögen erläutern)

Weiteres kurzfristig liquidierbares Vermögen ist nicht vorhanden. Hierfür gibt es unterschiedliche Gründe. *So sind manche Forderungen gegen Drittschuldner z. B. streitig oder es gibt trotz intensiver Bemühungen keine Kaufinteressenten für die vorhandenen Gegenstände etc.* Um einen Überblick über diejenigen Vermögenswerte zu gewähren, die bereits verwertet wurden und auch solche, die noch zur Verwertung ausstehen, werden anliegend zwei Aufstellungen überreicht. Das Verzeichnis der Massegegenstände gem. § 151 InsO wurde entsprechend der Regelung in § 154 InsO für die erste Gläubigerversammlung erstellt und weist sämtliche vorhandenen Vermögenswerte *des Schuldners/der Schuldnerin* aus. Die weitere Übersicht enthält dagegen nur diejenigen Vermögenswerte, die bislang noch nicht verwertet werden konnten. Die hierfür vorliegenden Gründe sind im Einzelnen aus dieser Übersicht ersichtlich.

1. Fotokopie der Vermögensübersicht zum Zeitpunkt der Insolvenzeröffnung mit dem Überblick über alle Vermögenswerte inkl. Rechte Dritter und der Gesamtsumme der voraussichtlichen freien Masse (**Anlage AST...**)
2. Übersicht über alle noch nicht realisierten Vermögenswerte inkl. Stand der Verwertung und Gründe für fehlende zeitnahe Realisierung (**Anlage AST...**)

▶ **Hinweis:**

Warum Vermögen nicht kurzfristig realisiert werden kann, hat der Insolvenzverwalter darzulegen. Hierzu wird wegen weiterer Einzelheiten auf die Ausführungen von Küpper, InsbürO 2007, 443 f. verwiesen.

Sollte einmal **leicht liquidierbares Vermögen** vorhanden sind, müssten hier entsprechende Ausführungen gemacht werden. Dieses wird dann zum schon vorhandenen **freien Massebestand hinzu gerechnet**. Hier stellt sich allerdings die Frage, ob man in dem Fall nicht noch die tatsächliche Realisierung abwartet, bevor man den PKH-Antrag stellt, da es sich ja um zeitnah realisierbare Vermögenswerte handeln muss. Dann hat man ggf. einen besseren Überblick und kann sich Ausführungen an dieser Stelle sparen. Es kann aber natürlich auch Gründe für einen möglichst umgehenden PKH-Antrag geben, so z. B. die Hemmung der Verjährung (§ 204 Abs. 1 Nr. 14 BGB) oder die drohende Vermögenslosigkeit des Antragsgegners u.ä.

Die derzeit vorhandene freie Vermögensmasse i.H.v.... € reicht nach den vorstehenden Ausführungen demnach nicht aus, um die Kosten der Klage i.H.v.... € aufbringen zu können.

▶ **Hinweis:**

Es kann auch die Fälle gegeben, in denen ein Insolvenzverfahren nur wegen zu führender Prozesse eröffnet wird. Dann existiert häufig **keinerlei Kontoguthaben**. Die obigen Ausführungen zu möglichen Abzügen erübrigen sich dann. Ein **Kontoauszug** über den **Nullkontostand** sowie die **Vermögensübersicht** sollten aber als Nachweis überreicht werden.

Zur möglichen Finanzierung des Prozesses durch die Gläubiger wird nachstehend folgendes ausgeführt:

III. Aufbringung der Kosten durch Dritte

(Hinweis: Kostenvorschuss durch Gläubiger prüfen)

Grundsätzlich soll vor der Bewilligung von Prozesskostenhilfe gem. § 116 Nr. 1 ZPO geprüft werden, ob die Aufbringung der Kosten durch Dritte möglich ist. Hierbei gilt: Zumutbar ist einem wirtschaftlich Beteiligten ein Kostenvorschuss dann, wenn er die Mittel hierfür unschwer aufbringen kann und sein zu erwartender Nutzen daraus deutlich größer sein wird (*u.a. BGH, Beschl. v. 07.02.2012 – II ZR 13/10 in WKRS 2012, 10931*).

Der BGH hat hierzu mehrfach verschiedene Kriterien bestätigt, die bei einer Würdigung der Gesamtumstände jedes einzelnen PKH-Antrages zu berücksichtigen sind (u.a. *BGH, Beschl. v. 03.05.2017 – IX ZB 63/16 in WKRS 2017, 13972*). Hierbei handelt es sich um folgende:

a) Quotenerhöhung des einzelnen Gläubigers durch den zu erzielenden Betrag, der durch einen erfolgreichen Prozess die Masse anreichert;
b) das zu tragende Prozessrisiko
c) das voraussichtliche Vollstreckungsrisiko
d) die hypothetischen Prozesskosten für einen Gläubiger bei Geltendmachung des Anspruches im Wege der Einzelklage
e) die Anzahl der Gläubiger (Gläubigerstruktur)
f) den damit verbundenen Koordinationsaufwand eines gläubigerfinanzierten Vorschusses.

(Hinweis: Einblick in Gläubigerforderungen und –struktur gewähren)

Zur Überprüfung dieser Kriterien im vorliegenden Fall werden anliegend verschiedene Aufstellungen überreicht, die Grundlage für die nachstehenden weiteren Ausführungen sind:

1. Übersicht aller angemeldeten Insolvenzforderungen
   (Anlage AST...)
2. Übersicht aller festgestellten Forderungen
   (Anlage AST...)

▶ **Hinweis:**

Diese Übersichten zu Nr. 1 und 2 können aus der Insolvenzsoftware ausgedruckt werden.

3. Übersicht aller bestrittenen Forderungen mit Bestreitensgründe (**Anlage AST...**)
4. Übersicht aller für den Ausfall festgestellten Forderungen mit Schätzung des voraussichtlichen Ausfalls (**Anlage AST ...**)

Im Einzelnen hat die Prüfung eines möglichen Kostenvorschusses durch Dritte zu folgendem Ergebnis geführt:

1) Wirtschaftliche Beteiligung

(Hinweis: Wer profitiert von einem möglichen Prozess?)

a) Insolvenzverwalter

Der Insolvenzverwalter ist dem Grunde nach zwar wirtschaftlich Beteiligter, da er in jedem Insolvenzverfahren Massegläubiger nach § 54 Nr. 2 InsO ist. Jedoch wird er nach der Rechtsprechung nicht als wirtschaftlich Beteiligter i.S.d. § 116

Satz 1 Nr. 1 ZPO angesehen (*BGH, Beschl. 14.07.2005 – IX ZB 224/04 Rn. 9 in ZInsO 2005, 877*). Begründet wird dies damit, dass er eine im öffentlichen Interesse liegende Aufgabe wahrnimmt, die es unzumutbar macht, Prozesse auf eigenes Kostenrisiko zu führen.

b) Prozessgegner

Nach vorherrschender Meinung ist ein Prozessgegner, auch wenn er im Insolvenzverfahren ggf. Insolvenz- oder Massegläubiger ist, nicht wirtschaftlich Beteiligter am Prozess. Eine Aufbringung der Kosten durch ihn scheidet demnach von vornherein aus.

c) Insolvenzgläubiger mit bestrittenen Forderungen

Insolvenzgläubiger, deren Forderungen zum Zeitpunkt der Klageerhebung bestritten sind, sind dem Grunde nach ebenfalls nicht wirtschaftlich Beteiligte. Bei den im vorliegenden Verfahren bestrittenen Forderungen handelt es sich jeweils um nicht titulierte Forderungen, für die der jeweilige Gläubiger einen Feststellungsprozess gem. § 179 Abs. 1 InsO führen muss. Solche Prozesse sind bislang aber nicht anhängig, so dass die Forderungen dieser Gläubiger unberücksichtigt bleiben können. Die näheren Gründe des Bestreitens ergeben sich aus der vorgenannten Anlage AST...

[Alternative – bestrittene Forderung mit Titel:

Bei den bestrittenen Forderungen liegt für die Tab.-Nr.... ein Titel vor. Gemäß § 179 Abs. 2 InsO hat demnach der Insolvenzverwalter den Widerspruch zu verfolgen. Diese Forderung ist bis zu einem rechtskräftigen Urteil über den Widerspruch vorsorglich bei einer etwaigen Verteilung zu berücksichtigen, so dass auch dieser Gläubiger insoweit wirtschaftlich Beteiligter ist.]

▶ Hinweis:

Die bestrittenen Forderungen sind nicht grundsätzlich außen vor zu lassen. Damit könnte der Insolvenzverwalter theoretisch die Bewilligung von PKH beeinflussen: Forderungen von Gläubigern, die den Kostenvorschuss zahlen könnte, werden zunächst bestritten.

Es dürfen nach der Rechtsprechung nur endgültig bestrittene Forderungen außen vor bleiben. Vorläufig bestrittene oder ungeprüfte Forderungen sind mit zu berücksichtigen, es sei denn, es gibt nachvollziehbare Gründe dagegen, die der Insolvenzverwalter darzulegen hat: OLG Frankfurt/Main, Beschl. v. 31.03.2014 – 19 W 15/14 mit Verweis auf BGH, Beschl. v. 04.12.2012, II ZA 3/12, Rn. 9.

d) Absonderungsgläubiger

(Hinweis: Möglichen Ausfall der Absonderungsgläubiger ermitteln)

Solange der Ausfall nicht feststeht, bleiben Absonderungsgläubiger bei Verteilungen unberücksichtigt. Sie sind daher grundsätzlich auch keine wirtschaftlich Beteiligten.

1. Variante: Ausfall der Gläubiger möglich

Es steht aber bereits heute mit ziemlicher Sicherheit fest, dass die Absonderungsgläubigerin der Tab.Nr.... eine vollständige Befriedigung ihrer Forderungen nicht erlangen wird. Grund hierfür ist, dass...

Der voraussichtliche Ausfall ist in der zuvor aufgeführten Anlage AST... näher beziffert. Diese Gläubiger sind daher mit dem voraussichtlichen Ausfall als wirtschaftlich Beteiligte zu berücksichtigen (*BGH, Beschl. v. 03.05.2012 – V ZB 138/11 in ZInsO 2013, 858*).

▶ Hinweis:

Der Insolvenzverwalter hat Ausführungen zum Stand der Verwertung der mit Absonderungsrechten belasteten Vermögensgegenstände zu machen. Ggf. kann an dieser Stelle aber näher erläutert werden, auf Basis welcher Informationen der mögliche Ausfall berechnet wurde.

2. Variante: kein Ausfall absehbar

Ob und in welcher Höhe ein tatsächlicher Ausfall eintreten wird, ist derzeit nicht abschließend absehbar. Aller Voraussicht nach werden die Sicherheiten die ausstehenden Forderungen der Absonderungsgläubiger decken.

e) Massegläubiger

(Hinweis: Mögliche Masseunzulänglichkeit beachten)

Variante 1: Vorliegen einer Masseunzulänglichkeit

Massegläubiger können dann als wirtschaftlich Beteiligte gelten, wenn eine Masseunzulänglichkeit vorliegt und diese vom Insolvenzverwalter auch angezeigt wurde. Würde durch ein Obsiegen im Prozess die Quote für diese Massegläubiger verbessert werden, liegt sowohl eine wirtschaftliche Beteiligung als auch eine Zumutbarkeit im Sinne der Vorschrift des § 116 Satz 1 Nr. 1 ZPO vor.

Vorliegend ist eine Masseunzulänglichkeit gegeben. Sie wurde dem Insolvenzgericht am … angezeigt.

Beweis: Fotokopie der Anzeige der Masseunzulänglichkeit inkl. Eingangsstempel des Gerichtes vom… (**AST…**)

▶ Hinweis:

Sofern ggf. bereits Neumasseverbindlichkeiten vorliegen, ist zu prüfen, ob bei einem erfolgreichen Prozess nur diese befriedigt werden. Dann sind die Altmassegläubiger ggf. wirtschaftlich nicht beteiligt. In dem Fall wären auch zwei Verzeichnisse der Massegläubiger zu erstellen, und zwar getrennt nach Alt- und Neumasseverbindlichkeiten.

Variante 2: keine Masseunzulänglichkeit

Eine Masseunzulänglichkeit ist im vorliegenden Verfahren nicht gegeben. Die Massegläubiger können vollumfänglich befriedigt werden. Sie profitieren daher nicht vom Ausgang des Prozesses und sind damit nicht als wirtschaftlich Beteiligte anzusehen.

Variante 3: keine Masseverbindlichkeiten

Ausstehende Forderungen von Massegläubigern sind bislang nicht vorhanden.

f) Insolvenzgläubiger

Sofern die Insolvenzgläubiger durch einen erfolgreichen Prozess mit einer erheblich verbesserten Quote rechnen können, sind sie als wirtschaftlich Beteiligte anzusehen.

Variante 1: Masseunzulänglichkeit, daher keine Quote

Da eine Masseunzulänglichkeit im Insolvenzverfahren vorliegt und auch bei einer Durchsetzung der hiesigen Klage eine Quote an die Insolvenzgläubiger nicht gezahlt werden kann, scheidet vorliegend eine wirtschaftliche Beteiligung der Insolvenzgläubiger aus. Damit muss durch diese auch keine Vorschussleistung erbracht werden.

Variante 2: Masseunzulänglichkeit, dennoch Quote

Es ist zwar vorliegend eine Masseunzulänglichkeit gegeben. Bei erfolgreicher Durchsetzung der Klageforderung können aber die Masseverbindlichkeiten vollumfänglich befriedigt und sogar voraussichtlich eine Quote an die Insolvenzgläubiger gezahlt werden. Die Insolvenzgläubiger profitieren daher vom Ausgang des Prozesses und sind als wirtschaftlich Beteiligte anzusehen.

Variante 3: keine Masseunzulänglichkeit, daher Quote

Eine Masseunzulänglichkeit ist vorliegend nicht gegeben. Bei erfolgreicher Durchsetzung der Klageforderung wird sich voraussichtlich eine verbesserte Quote an die Insolvenzgläubiger ergeben. Wie hoch diese sein wird und ob aufgrund dessen den Insolvenzgläubigern ein Kostenvorschuss zumutbar ist, wird nachstehend näher erläutert.

Aufgrund vorstehender Ausführungen ergibt sich eine weitere Übersicht, in der nur noch diejenigen Dritten enthalten sind, die als wirtschaftlich Beteiligte gelten:

Übersicht über alle wirtschaftlich Beteiligten gem. vorstehenden Ausführungen (**Anlage AST…**)

▶ Hinweis:

Für diese Liste sind die bereits erstellten Anlagen über die Massegläubiger oder die angemeldeten Forderungen zu nutzen und all diejenigen Gläubiger zu streichen, die nach den obigen Ausführungen nicht wirtschaftlich Beteiligte sind. Die sich so ergebende Übersicht wird Grundlage für die weiteren Ausführungen über die Zumutbarkeit und somit nachfolgend immer wieder aktualisiert. Am Ende dürften dann nur noch ganz wenige Gläubiger auf der Liste verbleiben.

2) Zumutbarkeit

(Hinweis: Voraussetzung der Zumutbarkeit prüfen)

Ob den wirtschaftlich Beteiligten eine Vorschussleistung auch zumutbar wäre, soll nachstehend näher ausgeführt werden. Hierbei soll zunächst einmal die grundsätzliche Zumutbarkeit geprüft werden.

a) Kleingläubiger

Insolvenzgläubigern mit geringen Forderungsbeträgen ist i.d.R. ein Kostenvorschuss nicht zumutbar. Zu den Kleingläubigern zählen nach der Literatur Gläubiger, deren Forderungen nicht mehr als 5 % am Gesamtvolumen der Forderungen ausmachen. Der BGH hat insoweit aber entschieden, dass dies nicht statistisch zu sehen ist, sondern unter Würdigung der Gesamtumstände zu erfolgen hat (BGH, Beschl. v. 25.11.2010 – VII ZB 71/08 Rn. 12 in WKRS 2010, 29556). Wenn 5 % am Gesamtvolumen der Forderungen Beträge im 5-stelligen Bereich ausmachen, kann bspw. eine Berücksichtigung erfolgen. Dies ist vorliegend aber nicht der Fall. Es ist eine Vielzahl von Gläubigern mit Forderungen sogar unter 1.000,00 € vorhanden. Der Betrag von 1.000,00 € macht nicht einmal … % am Gesamtvolumen aus.

Variante 1: Vorliegen einer Masseunzulänglichkeit

Vorstehende Ausführungen dürften auch analog auf Massegläubiger im Falle der Masseunzulänglichkeit und der dann erforderlichen Prüfung der Zumutbarkeit eines Kostenvorschusses durch die Massegläubiger anzuwenden sein, da Kleingläubiger – zumindest tendenziell – von der Vorschusspflicht ausgenommen sein sollen, weil sie auch bei einem erfolgreichen Prozess nur mit geringfügigen Erlösen rechnen können. Dies gilt bei einer Masseunzulänglichkeit gleichfalls auch für Massegläubiger mit geringfügigen Forderungsbeträgen.

Da vorliegend eine Masseunzulänglichkeit gegeben ist, sind somit die einzelnen Massegläubiger zunächst auf ihre prozentuale Beteiligung hin zu überprüfen. Diese ergibt sich aus der bereits benannten Anlage AST...

Variante 2: keine Masseunzulänglichkeit

Mit welchem Prozentsatz die einzelnen Insolvenzgläubiger an der Gesamtsumme der angemeldeten Forderungen beteiligt sind, ergibt sich aus der zuvor bereits benannten Anlage AST ...

▶ Hinweis:

Zu prüfen sind hier nur noch die Gläubiger, die in der Übersicht über die wirtschaftlich Beteiligten verblieben sind. Alle anderen sind ja bereits vorab heraus gefallen.

Alle Forderungen unter 5 % sind aufgrund der vorstehenden Ausführungen aus dem Verzeichnis zu streichen, da eine Zumutbarkeit zur Kostenbeteiligung nicht gegeben ist.

b) Arbeitnehmern

Auch von Arbeitnehmern soll grundsätzlich keine Vorschussleistung verlangt werden können *(BGH, Beschl. v. 20.11.2014 – IX ZR 52/14 Rn. 2 in WKRS 2014, 28096).*

Variante 1: Arbeitnehmer vorhanden

Diese Gläubiger sind daher ebenfalls aus der Übersicht der beteiligten Gläubiger zu streichen. Bei welchen Gläubigern es sich um Arbeitnehmer handelt, ist aus der gesonderten Spalte »Arbeitnehmereigenschaft« in der Gesamtübersicht der Anlage AST... erkennbar.

Variante 2: keine Arbeitnehmer vorhanden

Forderungen von Arbeitnehmern wurden aber vorliegend nicht geltend gemacht.

c) Sozialversicherungsträger

Sozialversicherungsträger wie die Agentur für Arbeit, Krankenkassen, Berufsgenossenschaften, Rentenversicherungen sowie Versorgungswerke und auch Berufskammern sollen nach der Rechtsprechung von der Inanspruchnahme ausgeschlossen werden (*BGH, Beschl. v. 20.11.2014 – IX ZR 52/14 Rn. 2 in WKRS 2014, 28096 m.w.N.).* Sie sind daher ebenfalls aus der Übersicht zu streichen.

▶ Hinweis:

Die Freistellung soll nicht für den Pensionssicherungsverein gelten, da dieser nicht durch öffentliche Mittel finanziert wird, sondern durch gesetzliche Beiträge der Arbeitgeber (LG Düsseldorf, Beschl. v. 06.01.2016 – 6 O 532/14 in InsbürO 2016, 168, ZInsO 2016, 234)

d) Finanzamt

Dem Finanzamt ist es dagegen nach der Rechtsprechung *(BGH, Beschl. v. 20.11.2014 – IX ZR 52/14 Rn. 2 in WKRS 2014, 28096 m.w.N)* zumutbar, sich an den Kosten zu beteiligen. Diese Gläubigerin wird daher bei der nachstehenden Berechnung der Zumutbarkeit berücksichtigt.

e) Massegläubiger

Variante 1: Masseunzulänglichkeit liegt vor

Wie bereits oben unter Ziffer 1) zur wirtschaftlichen Beteiligung ausgeführt wurde, ist vorliegend eine Masseunzulänglichkeit gegeben, so dass den Massegläubigern ein Kostenvorschuss auch grundsätzlich zumutbar wäre, weil sie bei erfolgreicher Durchsetzung der Klageforderung mit einer höheren Quote auf ihre ausstehenden Forderungen rechnen können.

Nach den vorstehenden Ausführungen zu den wirtschaftlich Beteiligten und der grundsätzlichen Zumutbarkeit verbleibt demnach noch ein Teil der Massegläubiger, für die eine Kostenbeteiligung denkbar wäre. Hierzu wird eine weitere Anlage überreicht:

Aktualisiertes Verzeichnis derjenigen Massegläubiger, denen eine Kostenbeteiligung zumutbar wäre (**Anlage AST...**)

▶ Hinweis:

Hier ist die bisherige Übersicht nunmehr aufgrund der vorstehenden Ausführungen zu aktualisieren. Arbeitnehmer und Kleingläubiger etc. sind ggf. zu streichen.

Anhand dieses Verzeichnisses sind aber die weiteren oben genannten Kriterien zu überprüfen.

Variante 2: fehlende Masseunzulänglichkeit

Da vorliegend keine Masseunzulänglichkeit gegeben ist, sind Massegläubiger im Verzeichnis der wirtschaftlich Beteiligten nicht aufgeführt. Hierzu wird auf die obigen Ausführungen verwiesen. Die Prüfung der Zumutbarkeit eines Kostenvorschusses kann demnach diesbezüglich unterbleiben.

f) Insolvenzgläubiger

Variante 1: Masseunzulänglichkeit liegt vor

Da im vorliegenden Fall eine Masseunzulänglichkeit gegeben ist und die Insolvenzgläubiger auch bei erfolgreicher Durchsetzung der Klageforderung mit keiner Quote rechnen können, weil die Masseverbindlichkeiten nicht vollständig befriedigt werden können, ist die Zumutbarkeit eines Kostenvorschusses durch die Insolvenzgläubiger nicht zu prüfen. Wie die obigen Ausführungen zeigen, sind sie bereits nicht wirtschaftlich beteiligt.

▶ Hinweis:

Es ist an dieser Stelle zu prüfen, ob die Insolvenzgläubiger ggf. doch vom Ausgang des Prozesses profitieren, weil die Masseverbindlichkeiten durch die Klageforderung gedeckt werden können und ggf. ein Überschuss verbleibt. Hierbei ist allerdings auch ein Prozess- und Vollstreckungsrisiko zu beachten. Nur wenn sich eine Quotenverbesserung für die Insolvenzgläubiger ergibt, sind die Insolvenzgläubiger wirtschaftlich beteiligt und damit auch die Zumutbarkeit eines Kostenvorschusses zu prüfen.

Variante 2: keine Masseunzulänglichkeit

Eine Masseunzulänglichkeit ist vorliegend nicht gegeben. Die Insolvenzgläubiger werden daher bei einem erfolgreichen Prozess voraussichtlich mit einer Quotenverbesserung rechnen können, so dass ihnen – mit Ausnahme der obigen Gläubigergruppen – ein Kostenvorschuss zumutbar ist. Hierbei sind allerdings auch die weiteren oben genannten Kriterien zu berücksichtigen. Zu diesem Zweck wird in der Anlage überreicht:

Aktualisiertes Verzeichnis derjenigen Insolvenzgläubiger, denen eine Kostenbeteiligung zumutbar wäre

(Anlage AST…)

▶ Hinweis:

Hier ist die bisherige Übersicht nunmehr aufgrund der vorstehenden Ausführungen zu aktualisieren. Arbeitnehmer, Sozialversicherungsträger und Kleingläubiger etc. sind ggf. zu streichen.

3) Prozessrisiko

(Hinweis: Stellungnahme zum Prozessrisiko)

Auch bei hinreichender Erfolgsaussicht gibt es bei einer Klageerhebung keine Erfolgsgewissheit, so dass ein Prozessrisiko nicht gänzlich ausgeschlossen werden kann. Dies ist bei der Prüfung der Zumutbarkeit ebenfalls zu berücksichtigen. Würde man unterstellen, dass der Klage in vollem Umfange stattgegeben werde, würde bei der Ermittlung der Quotenverbesserung für die Gläubiger die volle Klageforderung einfließen und damit das Prozessrisiko vollumfänglich auf die Gläubiger abgewälzt werden. Die Rechtsprechung hat daher die Vornahme von Abschlägen auf die Klageforderung bestätigt *(BGH, Beschl. v. 10.09.2015 – IX ZR 17/15 Rn. 6 in WKRS 2015, 25922; Beschl. v. 06.03.2006 – II ZB 11/05 in ZInsO 2006, 369).* Insbesondere bei Anfechtungsklagen oder Zahlungsklagen gegen Gesellschafter oder Geschäftsführer ist das Prozessrisiko hoch und damit mit 50 % zu bewerten *(OLG Köln, Beschl. v. 08.02.2007 – 18 W 42/06 WKRS 2007, 33495).*

▶ Hinweis:

Hier sind dem Einzelfall entsprechend Abschläge vorzunehmen und zu begründen.

4) Vollstreckungsrisiko

(Hinweis: Einschätzung des Vollstreckungsrisikos)

Das Vollstreckungsrisiko ist bei einer Kostenbeteiligung der Gläubiger ebenfalls zu berücksichtigen. Grundsätzlich gilt, dass ein solches immer in einem gewissen Umfang gegeben ist, da auch eine derzeit finanziell gesicherte Vermögenslage des Antragsgegners sich kurzfristig ändern kann. Ein Abschlag von der Klageforderung ist in Höhe von… % vorzunehmen, weil …

▶ Hinweis:

Hier hat der Insolvenzverwalter näher darzulegen, ob bereits nähere Umstände über die **Vermögenslage des Antragsgegners bekannt** oder aus den außergerichtlichen Verhandlungen zu vermuten sind.

50 % Abschlag sind nach der Rechtsprechung bei »**unsicheren**« **Gläubigern** anerkannt (BGH, Beschl. v. 9.10 2014 – IX ZA 12/13 Rn. 4 in InsbürO, ZInsO 2014, 2574). Dazu zählen aber bspw. in einem Anfechtungsprozess nicht die Finanzverwaltung oder die Banken.

Aber Vorsicht:

Je höher das **Risiko der Leistungsfähigkeit** des Gegners desto höher das Risiko der **fehlenden Erfolgsaussicht** der Klage gem. § 114 ZPO. Man muss im Verhältnis zwischen gewünschten Abschlägen und Darlegung einer trotzdem vorhandenen Erfolgsaussicht bleiben.

5) Gläubigerstruktur

Die Rechtsprechung hat anerkannt, dass der Koordinationsaufwand für einen gläubigerfinanzierten Kostenvorschuss für den Insolvenzverwalter dem Grunde nach zumutbar sein muss. Der BGH verweist allerdings darauf, dass es eine feste Größe, ab welcher Anzahl von Gläubigern die Beitreibung der Kostenbeteiligung unzumutbar werde, nicht gäbe (*Beschl. v. 25.10.2010 – VII ZB 71/08 in WKRS 2010, 29556*). Es käme auf die Umstände des Einzelfalls an.

Nach hiesiger Ansicht ist jedoch zu berücksichtigen, dass ein Kosten-Nutzen-Verhältnis pro Gläubiger zu ermitteln ist und dieser Aufwand unzumutbar hoch wird, je mehr Gläubiger für einen Kostenvorschuss in Frage kommen.

Variante 1: mehr als 15 Gläubiger

Wie die vorstehende Übersicht zeigt, wäre Kontakt mit mehr als… (> 15) Gläubigern wegen einer Kostenbeteiligung aufzunehmen. Der Koordinationsaufwand (= Ermittlung der jeweiligen Zahlen) wäre erheblich und wird vorliegend als nicht zumutbar erachtet.

Eine Kostenaufbringung durch Dritte scheidet daher aus.

▶ Hinweis:

Diese Zahl von 15 Gläubigern ist – wie vorstehend ausgeführt – von der Rechtsprechung nicht als fixe Grenze gedeckt. Der BGH hält den Aufwand bei einer Koordination von 26 Gläubigern sogar für nicht ausgeschlossen, wobei in dem Fall keinerlei Ausführungen überhaupt gemacht wurden, warum eine Beitreibung der Prozesskosten bei den Insolvenzgläubiger erfolglos sei. Ggf. kommt es auch u.a. darauf an, welche Gläubiger wegen der unterschiedlichen Leistungsfähigkeit als Ansprechpartner in Frage kommen (z.B. Lieferanten oder Behörden?). Je nach Einzelfall sind die Ausführungen anzupassen.

Variante 2: weniger als 15 Gläubiger

Wie die vorstehende Übersicht zeigt, kommen »lediglich«… (< 15) Gläubiger wegen einer Kostenbeteiligung in Betracht. Insoweit ist aber zunächst weiter zu prüfen, inwieweit sich eine Quotenverbesserung für diese Gläubiger ergeben würde und welches Kosten-Nutzen-Verhältnis hieraus entsteht.

6) Quotenverbesserung

(Hinweis: Quotenerhöhung ermitteln)

Auch wenn Masse- und Insolvenzgläubigern nach der InsO eine Risikogemeinschaft darstellen, ist nicht jedem eine Vorschussleistung und vor allem nicht in gleicher Höhe zumutbar. Grundsätzlich gilt: Je höher die Forderung, desto höher der zu tragende Anteil an den Prozesskosten.

Bei der Prüfung der Zumutbarkeit ist dabei das Verhältnis des tatsächlich zu leistenden Vorschussbetrages und des tatsächlichen späteren zusätzlichen Befriedigungsbetrages zu berücksichtigen, wobei i.d.R. von mindestens einem 1:2–Verhältnis auszugehen ist, d. h. der Gläubiger muss mindestens doppelt soviel herausbekommen als er zunächst zahlt.

▶ Zur Zumutbarkeit:

BGH, Beschl. v. 19.05.2015 – II ZR 263/14 m.w.N. in ZInsO 2015, 1465, InsbürO 2015, 538 und BGH, Beschl. v. 19.07.2018 – IX ZB 24/16 in InsbürO 2018, 441, ZInsO 2018, 1952

Anhand der aktualisierten Übersicht über diejenigen Gläubiger, denen eine Kostenbeteiligung als wirtschaftlich Beteiligte vom Grundsatz her zumutbar wäre, ist dieses Kosten-Nutzen-Verhältnis zu ermitteln.

Von der Klageforderung sind aufgrund des zuvor geschilderten Prozess- und Vollstreckungsrisikos Abschläge in Höhe von… % und… % zu machen. Demnach kann ein Betrag in Höhe von… € als zusätzlicher Massezufluss zugrunde gelegt werden. Dadurch erhöhen sich zunächst die Verfahrenskosten nach § 54 InsO um eine Gesamtsumme von… €. Wegen der entsprechenden Berechnung wird auf die beiliegende Berechnungsübersicht verwiesen.

Beweis: Übersicht über Massekosten § 54 InsO mit erhöhter Berechnungsgrundlage
(Anlage AST …)

Dieser Erhöhungsbetrag ist zunächst von der Klageforderung in Abzug zu bringen, so dass dann eine Restsumme in Höhe von… € zur Verteilung an die Masse- bzw. Insolvenzgläubiger verbleibt.

Variante 1: Vorliegen einer Masseunzulänglichkeit

Bei der Gesamtsumme der ausstehenden Masseverbindlichkeiten i.H.v. … € ergäbe das eine Quotenerhöhung um… % (*zusätzlicher Verteilungsbetrag: Summe der bei der Verteilung zu berücksichtigenden Forderungen x 100 = … %).*

Variante 2: keine Masseunzulänglichkeit

Bei den festgestellten und gemäß Anlage AST… voraussichtlich noch festzustellenden Forderungen der Insolvenzgläubiger in einer Gesamtsumme von… € ergäbe das eine Quotenerhöhung um… % (*zusätzlicher Verteilungsbetrag: Summe der bei der Verteilung zu berücksichtigenden Forderungen x 100 =… %).*

(Hinweis: Kosten-Nutzen-Verhältnis prüfen)

Für beide Varianten:

Die sich so ergebenden tatsächlichen Ausschüttungsbeträge für jeden einzelnen Gläubiger sind sodann ins Verhältnis zur Kostenaufbringung zu setzen. Hierzu wird in der Anlage eine weitere Aufstellung überreicht.

Beweis: Übersicht über Kostenanteile der Gläubiger
(Anlage AST…)

Variante 1: kein 1:2-Verhältnis

Daraus wird bereits ersichtlich, dass die Gläubiger bei Leistung des erforderlichen Kostenvorschusses nicht mindestens das Doppelte als Ertrag später erlangen *(BGH, Beschl. v. 19.07.2018 – IX ZB 24/16 in ZInsO 2018, 1952)*. Die Zumutbarkeit eines Kostenvorschusses scheitert demnach letztlich an dem fehlenden erheblichen Nutzen, den ein jeweiliger Gläubiger aus einem Kostenvorschuss erwarten darf.

Variante 2: Vorliegen eines 1:2-Verhältnisses

Daraus wird zwar ersichtlich, dass die zu erwartende Quotenausschüttung mindestens das Doppelte von dem jeweils anteiligen Kostenvorschuss beträgt. Es sollten aber noch weitere Umstände betrachtet werden:

Der BGH hat zur Prüfung des Kosten-Nutzen-Verhältnisses entschieden *(Beschl. v. 06.03.2006 – II ZB 11/05 in ZInsO 2006, 369)*, dass eine pauschalisierte Betrachtung nicht zulässig sei, da jeweils die Umstände des Einzelfalls zu bewerten seien. Um aber beurteilen zu können, ob ein Kostenvorschuss vernünftig erscheint oder nicht, wird die Berechnungsmethode des OLG Hamm *(Beschl. v. 28.11.2006 – 27 W 77/06 in WKRS 2006, 31876)* herangezogen, nach der zu ermitteln ist, welche fiktiven Prozesskosten jeder einzelne Gläubiger aufbringen müsste, wenn er eigenständig die Quotenerhöhung einklagen würde. Die Summe aller fiktiven Prozesskosten muss die Kosten dieses Prozesses übersteigen. Liegt die Summe darunter, ist den Gläubigern ein Kostenvorschuss nicht zuzumuten, da sie in dem Fall für den hier einzuleitenden Prozess mehr Geld aufbringen müssten, als sie bei einer eigenen Geltendmachung zahlen müssten.

Variante 1: Unzumutbarkeit gegeben

Wie die beiliegende Übersicht dieser individuellen Zumutbarkeitsgrenzen zeigt, ist die Summe aller fiktiven Prozesskosten (= Kosten bei Geltendmachung durch einzelnen Gläubiger) niedriger als die hier anfallenden Prozesskosten gemäß den obigen Ausführungen unter Ziffer I.

Beweis: Übersicht über Zumutbarkeitsgrenzen der Gläubiger
(Anlage AST …)

Damit ist den Gläubigern bei dieser Betrachtungsweise eine Prozessfinanzierung nicht zuzumuten und dem Antragsteller Prozesskostenhilfe zu gewähren.

Darüber hinaus kommt man auch unter Betrachtung aller anderen vorgenannten Umstände zu demselben Ergebnis der Unzumutbarkeit, weil die zu erwartende Quotenerhöhung unter… % liegt und damit für die Beteiligten im Verhältnis zu ihrer Pflicht, einen Vorschuss zu leisten, keinen wirtschaftlichen Erfolg ergibt.

▶ Hinweis:

Der Prozentsatz kann ebenfalls nicht fix festgelegt werden. Der Prozentsatz kann je nach Höhe des zu verteilenden Betrages und der Höhe der zu berücksichtigenden Forderungssummen der Gläubiger in dem einen Fall einen wirtschaftlichen Erfolg darstellen und in dem anderen Fall belanglos sein. Auch hier ist auf den Einzelfall abzustellen.

Variante 2: Zumutbarkeit gegeben

Wie die weiter beiliegende Übersicht dieser individuellen Zumutbarkeitsgrenzen zeigt, ist die Summe aller fiktiven Prozesskosten höher als die hier anfallenden Prozesskosten gemäß den vorstehenden Ausführungen unter Ziffer I.

Beweis: Übersicht über Zumutbarkeitsgrenzen der Gläubiger
(Anlage AST…)

Damit wäre den Gläubigern eine Prozessfinanzierung zuzumuten. Die Gläubiger wurden auch entsprechend zur Zahlung aufgefordert. Näheres wird hierzu nachfolgend ausgeführt:

7) Leistungsbereitschaft

(Hinweis: Leistungsfähigkeit ist entscheidend, nicht Leistungsbereitschaft)

Variante 1: Zumutbarkeit gegeben

Diejenigen Gläubiger, die für eine Kostenbeteiligung gemäß der vorstehenden abschließenden Übersicht in Betracht kommen, wurden vom Insolvenzverwalter mit Schreiben vom… über die beabsichtigte Klageerhebung informiert und aufgefordert, den errechneten anteiligen Kostenvorschuss zu leisten.

Beweis: Fotokopien der Anschreiben vom… an alle Gläubiger, die sich aus der Übersicht zu vorstehender Ziffer III. 2) ergeben (**Anlage** AST …)

Diese haben eine Vorschussleistung abgelehnt. Teilweise haben die Gläubiger dies damit begründet, nicht leistungsfähig zu sein.

Beweis:
1. Fotokopie des Schreibens der Gläubigerin… vom…
(**Anlage** AST…)
2. Fotokopie des Schreibens der Gläubigerin… vom…
(**Anlage** AST…)

Das Gegenteil kann nicht bewiesen werden. Es wird insoweit angeregt, ggf. Ermittlungen seitens des Gerichtes gem. § 118 Abs. 2 Satz 2 ZPO durchzuführen.

Vom Grundsatz her ist Prozesskostenhilfe dann nicht zu gewähren, wenn es »lediglich« an der Leistungsbereitschaft von Gläubigern fehlt (*BGH, Beschl. v. 13.09.2012 – IX ZA 1/12 in ZInsO 2012, 2198*). Dennoch ist zu berücksichtigen, dass die Geltendmachung von Ansprüchen gegen Geschäftsführer und Gesellschafter auch der Ordnungsfunktion des Insolvenzverfahrens dient und daher eine Gewährung von Prozesskostenhilfe bei Leistungsverweigerung durch die Gläubiger je nach Umstände des Einzelfalls zu prüfen ist (*BGH, Beschl. v. 06.03.2006 – II ZB 11/05 in ZInsO 2006, 369).* Vorliegend … *(Begründung geben, warum ggf. trotz Weigerung zur Leistung eines Vorschuss PKH in Frage kommen soll)*

▶ Hinweis:

Der Insolvenzverwalter hat keinen einklagbaren Anspruch auf einen Kostenvorschuss. Verweigern die Gläubiger trotz nachgewiesener Leistungsfähigkeit die Zahlung eines Vorschusses, wird PKH i.d.R. nicht bewilligt und kann der Prozess i.d.R. nicht geführt werden. Ggf. gibt es aber gute Gründe, einen PKH-Antrag trotzdem zu stellen. Ggf. wäre auch an einen Prozessfinanzierer zu denken.

Der BGH hat PKH bei eindeutiger Zumutbarkeit eines Kostenvorschusses durch zwei Gläubiger abgelehnt: BGH, Beschl. v. 06.12.2007 – II ZA 12/07.

Variante 2: Unzumutbarkeit gegeben

Wie die unter vorstehender Ziffer 2) überreichte abschließende Übersicht zeigt, ist keinem Gläubiger ein Kostenvorschuss zumutbar, da ein Kosten-Nutzen-Verhältnis von mindestens 1:2 nicht gegeben ist. Die aufgeführten Gläubiger wurden insoweit daher auch nicht zur Einzahlung einer Kostenbeteiligung aufgefordert.

▶ Hinweis:

Ggf. ist es ratsam, trotz fehlender Quotenverbesserung Kontakt mit dem Finanzamt und den Sozialversicherungsträgern aufnehmen, um zu klären, ob sie ggf. doch bereit sind, einen Kostenvorschuss zu leisten (siehe Küpper, InsbürO 2007, 452)

C.
Klagebegründung

Der Entwurf einer Klageschrift mit Klagebegründung wird als **Anlage** zu diesem Antrag überreicht: **Anlage AST** … .

D.
Zusammenfassung

Die Ausführungen aus den beiliegenden weiteren zwei Schriftstücken (wirtschaftliche Verhältnisse und Klageentwurf) werden nachstehend wie folgt zusammengefasst:

1) Die voraussichtlichen Prozesskosten belaufen sich auf einen Betrag von… €.
2) Dieser Betrag kann aus der Insolvenzmasse nicht aufgebracht werden.
3) Ein Kostenvorschuss von Dritten ist nicht möglich, weil …

Variante 1:
keine Gläubiger vorhanden sind, denen eine Kostenbeteiligung zumutbar wäre.

Variante 2:
die Quotenverbesserung für die Gläubiger in keinem zumutbaren Verhältnis zum Kostenaufwand steht.

Variante 3:
…

4) Die zu erhebende Klage hat Aussicht auf Erfolg.
5) Nach alledem ist dem Antragsteller Prozesskostenhilfe zu bewilligen.

…………………………………
Rechtsanwalt

▶ Hinweis:

Geht der **Prozess** später ggf. **verloren**, stellt der **Kostenerstattungsanspruch** des Prozessgegners eine **Masseverbindlichkeit** nach § 55 InsO dar. Lag bereits Masseunzulänglichkeit vor, ist der Anspruch eine Neumasseverbindlichkeit im Rang des § 209 Abs. 1 Nr. 2 InsO.

Muster 286: Kostenvorschuss – Aufforderung an Gläubiger

458 *Adressat: Gläubiger, die wirtschaftlich beteiligt sind und denen ein Kostenvorschuss zumutbar ist*

Insolvenzverfahren über das Vermögen der Firma…/des Herrn …/ der Frau …
Amtsgericht…:… IN…/…
U.Z.:…

Sehr geehrte Damen und Herren,

wie Ihnen bereits bekannt ist, bin ich *Insolvenzverwalter/in* über das Vermögen der oben näher bezeichneten *Firma/Person.* Ich beabsichtige, in dieser Eigenschaft Klage gegen… (*vollständige Firmierung oder Name*) auf Zahlung eines Betrages in Höhe von… EUR zu erheben. Die näheren Hintergründe für einen solchen Prozess entnehmen Sie bitte der als **Anlage** im Entwurf beigefügten Klageschrift.

Die für die Einleitung eines solchen Prozesses anfallenden Prozesskosten in Höhe von insgesamt… EUR können aus der von mir verwalteten Insolvenzmasse derzeit nicht aufgebracht werden, weil

1. Variante: Masselosigkeit

nicht einmal die Kosten für die Abwicklung des Insolvenzverfahrens bislang gedeckt sind.

2. Variante: Masseunzulänglichkeit

eine Masseunzulänglichkeit im vorliegenden Insolvenzverfahren gegeben ist, die am… gegenüber dem Insolvenzgericht angezeigt und Ihnen am… ebenfalls mitgeteilt wurde.

3. Variante: kein ausreichender Massebestand

der vorhandene Guthabenbetrag auf dem für das Insolvenzverfahren eingerichtete Treuhandkonto nicht ausreicht, um den für die Einleitung des Prozesses erforderlichen Gerichtskostenvorschuss einzahlen zu können.

Nach § 116 Satz 1 Nr. 1 ZPO kann zwar auch ein Insolvenzverwalter grundsätzlich Prozesskostenhilfe beantragen, was bewirken würde, dass die anfallenden Prozesskosten zunächst aus der Staatskasse bezahlt würden. Nach § 116 Satz 1 Nr. 1 ZPO wird diese aber nur dann bewilligt, wenn es den wirtschaftlich Beteiligten nicht zuzumuten ist, die Kosten zu tragen.

Unter wirtschaftlich Beteiligten versteht das Gesetz hierbei diejenigen, die vom Ausgang des Prozesses in erheblicher Weise profitieren würden. Hierzu gehören vorliegend auch Sie. Würde der einzuklagende Betrag realisiert werden, würde sich eine Quotenzahlung auf Ihre ausstehende Forderung um… % erhöhen. Das ist im Sinne des Gesetzes ein Profit, der es Ihnen zumuten würde, die Prozesskosten zusammen mit den anderen wirtschaftlich Beteiligten vorzufinanzieren. In der weiteren **Anlage** finden Sie eine Übersicht, aus der Sie diejenigen wirtschaftlich Beteiligten entnehmen können, denen im Sinne des Gesetzes eine Kostentragung zuzumuten ist. Zu Ihrer Erläuterung sei darauf hingewiesen, dass bspw. Arbeitnehmern eine solche Kostentragungspflicht nicht abverlangt werden kann.

Aus der Übersicht können Sie weiter die ermittelten Anteile entnehmen, die von Ihnen und den anderen Gläubigern im Vorfeld aufzubringen wären. Ein solcher Kostenvorschuss wäre bei erfolgreichem Ausgang des Prozesses und Realisierung des dann titulierten Zahlungsbetrages selbstverständlich vorweg in voller Höhe an Sie zurückzuzahlen.

Ich darf und muss Sie daher heute bitten, den errechneten Betrag in Höhe von… EUR auf mein Treuhandkonto bei

Bank: …

IBAN: …

BIC: …

Kontoinhaber: … als IV wg. … (*Verfahrensbezeichnung*)

zu überweisen. Ich bitte um Verständnis, dass ich mir eine Zahlungsfrist bis zum

…

(z.B. drei Wochen)

notiert habe, damit ich in einem angemessenen Zeitraum auch feststellen kann, ob der angestrebte Prozess durchgeführt werden kann. Ich darf in diesem Zusammenhang darauf hinweisen, dass einem Insolvenzverwalter auch bei Weigerung der Gläubiger zum Kostenvorschuss keine Prozesskostenhilfe bewilligt wird. Der Gesetzgeber stellt ausschließlich auf die Leistungsfähigkeit, nicht auf die Leistungsbereitschaft ab. Wären Sie daher zur Zahlung eines Kostenvorschuss zwecks Finanzierung des Prozesses nicht bereit, müsste die gerichtliche Geltendmachung der Ansprüche gemäß beiliegendem Klageentwurf unterbleiben.

Mit freundlichen Grüßen

………………………………

Insolvenzverwalter/in

Anlagen:

Klageentwurf Übersicht über Kostenanteile

Muster 287: Übersicht der Ausfallforderungen

Übersicht der Ausfallforderungen 459

in dem Insolvenzverfahren über das Vermögen
der Firma …/des Herrn …/ der Frau …
Amtsgericht …: … IN …/…

Lfd. Tab.-Nr.	Name und Anschrift des Gläubigers	Forderungshöhe in EUR	Forderungsgrund	Sicherheiten	Voraussichtlicher Ausfall in EUR
7	*Sparkasse……,* *Ahornweg 16,* *58285 Gevelsberg*	*32.564,64*	*Darlehensforderung*	*Globalzession, Grundschuld*	*16.500,00*
12	*Elfriede Lustig,* *Pommersche Str. 5,* *33602 Bielefeld*	*16.289,11*	*Warenlieferung*	*Sicherungsübereignung (ggf. unwirksam)*	*16.289,11*
23					
	Gesamtsumme	…			…

▶ Hinweis:

Aus der Insolvenzsoftware kann eine Übersicht über die Ausfallforderungen gedruckt werden. Die Spalte »voraussichtlicher Ausfall« wird aber i.d.R. fehlen, so dass regelmäßig diese gesonderte Übersicht erforderlich wird. Dafür können die Daten aus der Insolvenzsoftware i.d.R. in eine Excel-Tabelle transferiert und dort weiter verarbeitet werden.

Muster 288: Übersicht über Insolvenzforderungen

Übersicht über Insolvenzforderungen 460

in dem Insolvenzverfahren über das Vermögen
der Firma …/ des Herrn …/der Frau …
Amtsgericht …: … IN …/…

Lfd. Tab-Nr.	Name und Anschrift des Gläubigers	Angemeldeter Betrag in EUR	Forderungsgrund	festgestellt in EUR	für den Ausfall festgestellt in EUR	bestritten in EUR	aufschiebend bedingt festgestellt in EUR	%-uale Beteiligung an Gesamtsumme	Arbeitnehmereigenschaft
1	*Klaus Krönung Albertushof 6, 59505 Soest*	*1.456,88*	*Warenlieferung*	*1.235,36*		*221,52*		...... %	
2	*Elfriede Lustig, Pommerstr. 5, 33602 Bielefeld*	*36.289,11*	*Darlehensforderung*		*36.289,11*			...... %	
3	*Hans Findig Mozartstr. 10 98724 Neuhaus*	*699,24*	*Lohn*	*699,24*				...... %	*ja*
4									
...									
	Gesamtsummen	...		...	...	...	...	100 %	

▶ Hinweis:

Eine Übersicht über die angemeldeten Insolvenzforderungen kann aus der Insolvenzsoftware ausgedruckt werden. Jedoch fehlen dort i.d.R. die Spalten »prozentuale Beteiligung« und »Arbeitnehmereigenschaft«. Die prozentuale Beteiligung errechnet sich an der Gesamtsumme **aller angemeldeten** Forderungen. Diese Beteiligung ist für die Eingruppierung als Kleingläubiger von Bedeutung. Daher ist i.d.R. ein Datentransfer aus der Insolvenzsoftware in eine Excel-Tabelle erforderlich. Die Arbeitnehmereigenschaft lässt sich i.d.R. in der Insolvenzsoftware filtern und müsste in die obige Aufstellung nur eingetragen werden.

Vorstehende Übersicht wird für den PKH-Antrag zwei Mal benötigt: Einmal mit allen festgestellten Forderungen und deren Beteiligung und einmal mit den verbleibenden Gläubigern, nachdem die Kleingläubiger (nach Errechnung der prozentualen Beteiligung), die Arbeitnehmer und Sozialversicherungsträger sowie die Gläubiger mit vollständig bestrittenen Forderungen herausgenommen wurden.

Gläubiger mit bestrittenen Forderungen sind nur dann nicht herauszunehmen, wenn bereits eine Feststellungsklage anhängig ist oder die vorgelegten Unterlagen eine Feststellung vermuten lassen.

Muster 289: Übersicht über Kostenanteile und Zumutbarkeitsgrenzen

461 **Übersicht über Kostenanteile und Zumutbarkeitsgrenzen**

in dem Insolvenzverfahren über das Vermögen
der Firma .../ des Herrn .../d er Frau ...
Amtsgericht ...: ... IN .../...

(Berechnungsschema nach dem OLG Hamm, Beschl. v. 28.11.2006 – 27 W 77/06 in ZInsO 2005, 1050; WKRS 2006, 31876; siehe hierzu auch: Schmidt, Prozesskostenhilfe für den Insolvenzverwalter, InsbürO 2006, 177 ff.)

Lfd. Nr.	Name und Anschrift der wirtschaftlich Beteiligten	Zu berücksichtigende Forderung in EUR	Zusätzlicher Ausschüttungsbetrag bei Quotenerhöhung von... % in EUR *(Bsp.: 15 %)*	%-tuale Beteiligung an der Gesamtsumme der zu berücksichtigenden Forderungen *(Bsp. : 54.264,56 EUR)*	Anteiliger Kostenvorschussbetrag an den Prozesskosten *(Bsp.: 3.350,00 EUR)*	Fiktive Prozesskosten bei eigener Geltendmachung in EUR
1	*Firma Max Müller GmbH Marienstrasse 10, 48143 Münster*	*10.325,00*	*1.548,75*	*19,027 %*	*637,40*	*638,48*

Lfd. Nr.	Name und Anschrift der wirtschaftlich Beteiligten	Zu berücksichtigende Forderung in EUR	Zusätzlicher Ausschüttungsbetrag bei Quotenerhöhung von… % in EUR *(Bsp.: 15 %)*	%-tuale Beteiligung an der Gesamtsumme der zu berücksichtigenden Forderungen *(Bsp. : 54.264,56 EUR)*	Anteiliger Kostenvorschussbetrag an den Prozesskosten *(Bsp.: 3.350,00 EUR)*	Fiktive Prozesskosten bei eigener Geltendmachung in EUR
2	*Firma Beate Haus GmbH & Co. KG Alfonsusweg 4, 86264 München*	*3.536,36*	*530,45*	*6,516 %*	*218,29*	*262,68*
	Gesamtsummen	………	………	100 %	………..	…..

Hinweis für das Gericht:

Bei den fiktiven Prozesskosten wurden 2,5 Anwaltsgebühren zzgl. Auslagen und MWSt. und 3 Gerichtsgebühren zugrunde gelegt.

▶ Hinweise:

Die vorstehende prozentuale Beteiligung unterscheidet sich von derjenigen in der Übersicht über die Insolvenzforderungen, denn hier wird die prozentuale Beteiligung nunmehr ermittelt an der Gesamtsumme der Forderungen derjenigen Gläubiger, denen ein Kostenvorschuss zumutbar ist, d. h. die Gesamtsumme der zu berücksichtigenden Forderungen ist niedriger als in der Übersicht über die Insolvenzforderungen. Die Prozesskosten werden auf diese »verbleibenden« Gläubiger umgelegt.

Die fiktiven Prozesskosten ermitteln sich jeweils an der Forderungshöhe des jeweiligen Gläubigers, d. h. was würde der Gläubiger an Prozesskosten aufwenden müssen, wenn er seine Forderung z.B. gegen einen Geschäftsführer oder Gesellschafter selbst geltend machen würde.

Vorstehend ist zwar ein 1:2-Verhältnis gegeben, d. h. die zu erwartende Quotenausschüttung ist mehr als doppelt so hoch wie der zu leistende anteilige Kostenvorschuss. Andere Zahlen können aber zu einem ganz anderen Ergebnis führen.

Muster 290: Übersicht über Massegläubiger § 55 InsO

Übersicht über Massegläubiger 462

in dem Insolvenzverfahren über das Vermögen
der Firma …/ des Herrn …/ der Frau …
Amtsgericht …: … IN …/…

Lfd. Nr.	Name u. Anschrift	Forderungshöhe in €	Forderungsgrund	Prozentuale Beteiligung an der Gesamtsumme	Arbeitnehmereigenschaft
1	*Steuerberater Max Müller, Mariusstrasse 4, 48165 Münster*	*564,35*	*Erstellung von Steuererklärungen*	…… %	
2	*Otto Weber, Auf der Klippe 10, 80333 München*	*1.251,65*	*Arbeitnehmerlohn*	……… %	*ja*
	Gesamtsumme	……		**100 %**	

▶ Hinweis:

Eine Übersicht über die Massegläubiger kann aus der Insolvenzsoftware ausgedruckt werden. Jedoch fehlen dort i.d.R. die Spalten »prozentuale Beteiligung« und »Arbeitnehmereigenschaft«. Die prozentuale Beteiligung errechnet sich an der Gesamtsumme **aller bestehenden Masseverbindlichkeiten.** Diese Beteiligung ist für die Ermittlung des Kostenanteils am Prozess von Bedeutung. Daher ist i.d.R. ein Datentransfer aus der Insolvenzsoftware in eine Excel-Tabelle erforderlich.

Im Übrigen:

Die Insolvenzsoftware vergibt i.d.R. auch bei Massegläubigern lfd. Nrn. Diese sollten hier auch übernommen werden, weil sie eine Bezugnahme auf einzelne Gläubiger erleichtern, insbesondere später für die aktualisierte Anlage, in der nur diejenigen Gläubiger weiter enthalten sind, denen eine Kostenbeteiligung zumutbar ist. Arbeitnehmer fallen z.B. raus.

Muster 291: Übersicht Massekosten § 54 InsO

463 **Übersicht der Massekosten § 54 InsO**

in dem Insolvenzverfahren über das Vermögen
der Firma .../ des Herrn .../ der Frau ...
Amtsgericht ...: ... IN .../...

I. Eröffnungsverfahren (vorläufiges Verfahren):

Berechnungsgrundlage: ... €

▶ Hinweis:

Die Berechnungsgrundlage für das vorläufige Verfahren weicht i.d.R. von der derzeitigen freien Masse ab, da dort nach § 11 InsVV andere Werte einfließen dürfen.

1. Gerichtskosten

0,5 Gebühr nach Nr. 2310/2311 KVG GKG		... €
geschätzte Auslagen nach Nrn. 9000 u. 9004 GKG		... €
Sachverständigenkosten nach Nr. 9005 GKG		... €
Summe		... €

2. Kosten des vorläufigen Insolvenzverwalters

Regelvergütung nach § 2 InsVV:

40 % von... € =	... €	
25 % von... € =	... €	
...	... €	
Summe	... €	

Vorläufige Verwaltervergütung:

Grundsatzvergütung § 11 InsVV	25 %	
Zuschläge § 3 InsVV	... %	
Gesamtprozentsatz	... %	

Vergütung daher:

(Gesamtprozentsatz)... % x (Regelvergütung) =		... €
Auslagen gem. § 8 Abs. 3 InsVV		... €
Zwischensumme		... €
19 % Umsatzsteuer		... €
Gesamtsumme der vorläufigen Verwaltervergütung		... €

II. Eröffnetes Insolvenzverfahren:

Berechnungsgrundlage:... € (derzeitige freie Masse)

▶ Hinweis:

Die Berechnung erfolgt stets auf Basis der bisher erzielten Einnahmen und nicht auf Basis der voraussichtlichen Einnahmen am Ende des Verfahrens. Die Erhöhung der Verfahrenskosten bei erfolgreicher Durchsetzung der Klageforderung ist erst später für die Berechnung der Quotenverbesserung entscheidend und hier derzeit noch uninteressant.

1. Gerichtskosten		
2,5/3 Gebühren nach Nr. 2320/2330 GKG		… €
Auslagen nach Nrn. 9000 und 9004 GKG		… €
Summe		… €
2. Kosten des Insolvenzverwalters:		
Regelvergütung nach § 2 InsVV:		
40 % von… € =	… €	
25 % von … € =	… €	
…	… €	
Summe	… €	
zzgl. bereits angefallener Zuschläge:		
für…	… %	
für…	… %	
für…	… %	
Gesamtprozentsatz	… %	
Verwaltervergütung:		
Regelvergütung § 2InsVV	100 %	
Zuschläge § 3 InsVV	… %	
Gesamtprozentsatz	… %	
Vergütung daher:		
(Gesamtprozentsatz)… % x (Regelvergütung) =		… €
Auslagen gem. § 8 Abs. 3 InsVV		… €
Zwischensumme		… €
19 % Umsatzsteuer		… €
Gesamtsumme der Verwaltervergütung		**… €**
III. Zusammenfassung		
Die Gesamtsumme der bisherigen Verfahrenskosten beträgt nach vorstehenden Berechnungen daher		… €

Muster 292: Übersicht Massekosten § 54 InsO – erhöht

Übersicht erhöhte Massekosten § 54 InsO 464

in dem Insolvenzverfahren über das Vermögen
der Firma …/ des Herrn …/ der Frau …
Amtsgericht …: … IN …/…

(Grundlage: erfolgreiche Durchsetzung der Klageforderung)

Berechnungsgrundlage: … €		
(derzeitige freie Masse + Klageforderung, ggf. mit Abschlägen)		
1. Gerichtskosten		
2,5/3 Gebühren nach Nr. 2320/2330 GKG		… €
Auslagen nach Nrn. 9000 und 9004 GKG		… €
Summe		… €
2. Kosten des Insolvenzverwalters:		
Regelvergütung nach § 2 InsVV:		
40 % von… € =	… €	
25 % von… € =	… €	
…	… €	
Summe	… €	
zzgl. bereits angefallener Zuschläge:		
für...	... %	
für…	… %	

für...	... %	
Gesamtprozentsatz	... %	
Verwaltervergütung:		
Regelvergütung § 2InsVV	100 %	
Zuschläge § 3 InsVV	... %	
Gesamtprozentsatz	... %	
Vergütung daher:		
(Gesamtprozentsatz)... % x (Regelvergütung) =		... €
Auslagen gem. § 8 Abs. 3 InsVV		... €
Zwischensumme		... €
19 % Umsatzsteuer		... €
Gesamtsumme der Verwaltervergütung		**... €**

3. Zusammenfassung

Die Gesamtsumme der erhöhten Verfahrenskosten beträgt nach vorstehenden Berechnungen daher ... €

4. Differenzermittlung

▶ Hinweis:

Es ist nunmehr der Erhöhungsbetrag zu ermitteln, der sich bei Realisierung der Klageforderung ergibt.

Gesamtsumme der erhöhten Verfahrenskosten	... €
./. Summe der bisherigen Verfahrenskosten (Anlage AST....)	... €
Erhöhungsbetrag	**... €**

Würde die Klageforderung *(oder ein Teil)* realisiert, würden sich die Verfahrenskosten daher um... € erhöhen.

Muster 293: Übersicht über Vermögenswerte – nicht realisiert

465 **Übersicht über alle noch nicht realisierten Vermögenswerte**

in dem Insolvenzverfahren über das Vermögen der Firma .../ des Herrn .../ der Frau ... Amtsgericht ...: ... IN .../...

Lfd. Nr.	Vermögenswert	**LW in € netto**	**FW in € netto**	**Recht Dritter in €**	**Stand der Verwertung**	**Bemerkung**
	Bewegliches Anlagevermögen					
1	*Pkw Mercedes, Bj. 2001, Fahrgestellnr........., amtl. Kz: WAF – GG 345*	*4.300,00*	*5.600,00*	*./.*	*Käufer fehlt*	*Pkw hat einen Unfallschaden*
	Forderungen aus Lieferung und Leistung					
2	*Erwin Hut, Kissenbrede 4, 33646 Hannover*	*2.364,00*	*2.364,00*	*2.364,00*	*Außergerichtliche Mahnung*	*Drittschuldner wahrscheinlich vermögenslos*
	...					
	Gesamtsumme	...	...	...		

▶ Hinweis:

Diese Übersicht dient lediglich der Veranschaulichung. Sie kann ggf. aus der Insolvenzsoftware ausgedruckt werden.

Die Sortierung dieser Vermögenswerte sollte sich an der Vermögensübersicht nach § 153 InsO orientieren. Am besten löscht man einfach diejenigen Vermögenswerte, die bereits realisiert wurden. Dann ergibt sich die Reihenfolge von selbst.

Musterübersicht Restschuldbefreiungsphase

(Die Übersicht ist alphabetisch sortiert.)

		Rdn.
Muster 294:	Abschlussbericht RSB – Tab.form	466
Muster 352:	Abschluss-Vergütungsantrag § 14 InsVV *(s. Muster Vergütungsanträge)*	524
Muster 295:	Anforderung Infos vom Schuldner – jährlich	467
Muster 296:	Arbeitgeber – Info wg. RSB-Phase	468
Muster 82 – 83	Arbeitgeber – Info Ende RSB-Phase *(siehe Muster Einkommen)*	255 – 256
Muster 43:	Ausschüttungsbericht RSB-Phase *(s. Muster Ausschüttungsberichte)*	215
Muster 90 – 93:	Herabsetzung Pfändungsfreigrenze – versch. Anträge *(s. Muster Einkommen)*	
Muster 297:	Jahresbericht Treuhänder – keine Einnahme – Kurzfassung	469
Muster 298:	Jahresbericht Treuhänder – Tab.form	470
Muster 94 – 96:	Mehrere Einkommen – Antrag § 850e Nr. 2 ZPO *(s. Muster Einkommen)*	266 – 268
Muster 64:	P-Konto – Info an Bank über Verfahrensende *(s. Muster Bank)*	236
Muster 299:	Obliegenheiten – Erstinformation an Schuldner *(keine selbständige Tätigkeit)*	471
Muster 322:	Obliegenheiten – Erstinformationen an Schuldner *(selbständige Tätigkeit)* *(s. Muster Selbständige Tätigkeit)*	494
Muster 352 – 353:	Treuhändervergütung: RSB-Phase – Abschluss-Vergütungsantrag § 14 InsVV RSB- Phase – Vorschussrechnung *(s. Muster Vergütungsanträge)*	524 – 525
Muster 300:	Treuhändervergütung – Zahlungsaufforderung an Schuldner § 298 InsO	472
Muster 301:	Versagungsantrag wg. fehlender Mindestvergütung	473
Muster 302:	Versagungsgründe § 295 InsO – Gliederungspunkt	474
Muster 155:	Versagungstatbestand – Info an Gläubiger *(s. Muster Gläubiger)*	327
Muster 353:	Vorschussrechnung *(s. Muster Vergütungsanträge)*	525

Muster 294: Abschlussbericht RSB – Tab.form

▶ Hinweis: 466

Bitte immer **zweifach** einreichen (= eine Kopie für Schuldner zur Stellungnahme, § 300 InsO).

Adressat: Insolvenzgericht

Restschuldbefreiungsverfahren über das Vermögen des Herrn .../der Frau ...
Geschäftszeichen: ... IK/IN .../....
Abschlussbericht in der Wohlverhaltensperiode

Sehr geehrte Frau Rechtspflegerin ..., / sehr geehrter Herr Rechtspfleger ...,

es wurden jährlich Berichte abgegeben:

in obiger Angelegenheit ist die Laufzeit der Abtretungserklärung gem. § 287 Abs. 2 InsO am ... abgelaufen. Der letzte Jahresbericht datiert vom ..., so dass der nachstehende Bericht nur einen verkürzten Zeitraum umfasst und gleichzeitig auch den Abschlussbericht darstellt:

wegen Aussetzung Verteilung gem. § 292 Abs. 1 Satz 4 InsO keine Jahresberichte:

in obiger Angelegenheit ist die Laufzeit der Abtretungserklärung gem. § 287 Abs. 2 InsO am ... abgelaufen. Der letzte Bericht datiert vom ... Gemäß § 292 Abs. 1 Satz 4 InsO wurde die Verteilung im Zeitraum von ... bis ... ausgesetzt. Diesbezüglich nehme ich Bezug auf die jährlichen Mitteilungen. Der nachstehende Bericht umfasst damit auch diesen Zeitraum.

1. Einnahmen und Ausgaben

Bei erzielten Einnahmen folgende Tabelle nutzen:

▶ Hinweis:

Einnahmen aus einer Nachtragsverteilung sind gesondert darzustellen: z. B. Steuererstattungen. Sie sind dem eröffneten Verfahren zuzuordnen: gesonderte Info, gesonderte Vergütung, **nachstehend nur erwähnen zur Erläuterung des Kontostandes,** nicht näher darauf eingehen (= Art etc.)

Einnahmen:	
ggf. Übernahme Guthaben aus *dem eröffneten Verfahren/ggf. aus dem Bericht v. …*	… EUR
danach erzielte Einnahmen *(s. auch anliegende Summen- u. Saldenliste)*	… EUR
darin: Einnahmen aus Nachtragsverteilung (s. gesonderten Bericht)	*Nein/Ja, i.H.v.* *… EUR*
Ausgaben:	
getätigte Ausgaben *(s. auch anliegende Summen- und Saldenliste)*	… EUR
Aktueller Massebestand:	… EUR

Bei fehlenden Einnahmen folgende Tabelle nutzen:

Einnahmen:	
ggf.: Übernahme Guthaben aus dem *eröffneten Verfahren/aus Bericht vom …*	0,00 EUR
erzielte Einnahmen	0,00 EUR
Ausgaben:	
getätigte Ausgaben	0,00 EUR
Aktueller Massebestand:	0,00 EUR

2. Pfändbare Einkommensanteile

Zu den abgetretenen pfändbaren Einkommensanteilen gem. § 287 Abs. 2 InsO können folgende Informationen erteilt werden:

(bitte nur die tatsächlich relevanten Zeilen füllen und die anderen löschen)

Bisheriges Arbeitsverhältnis besteht fort (s. wg. näherer Angaben in den *Schlussbericht/vorherigen Jahresbericht*):	*Ja/nein*
Nur bei nein, nähere Angaben zum neuen Arbeitsverhältnis:	
Name und Anschrift des neuen Arbeitgebers:	
Art der Tätigkeit:	*z.B. Verkäuferin*
Beginn des Arbeitsverhältnisses:	
Angabe zur Stundenzahl:	*geringfügige Beschäftigung/Teilzeit/Vollzeit*
Nachweise über Bemühungen zur Erwerbstätigkeit in Vollzeit erbracht: *(BGH, Beschl. v. 14.01.2010 – IX ZB 242/06 in ZInsO 2010, 393)*	*Ja/nein*
Bruttogehalt/-lohn:	… EUR
Nettoeinkommen:	… EUR
Gewählte Steuerklasse lt. Lohn-/Gehalts-bescheinigung:	*I, II, III, IV, V*
Gründe für eine Aufforderung zur Änderung der Lohnsteuerklasse:	*Nein/ja, … (welche?)*
Information an Arbeitgeber über Beginn der RSB-Phase:	am … *(Datum)*
Arbeitslosigkeit liegt vor seit:	…
Datum des letzten vorgelegten Arbeitslosenbescheides:	…, bewilligt bis zum …
Höhe des Arbeitslosengeldes:	… EUR

Nachweise über Erwerbsbemühungen erbracht (§ 295 Abs. 1 Nr. 1 InsO):	*Ja/nein*
Name und Geburtsdatum der Kinder:	*Bsp.: Tobias, geb. im Jahre ...* ...
Eigenes Einkommen der Kinder:	*Bsp.: Tobias: ... EUR* ...
Eigenes Einkommen *der Ehefrau/des Ehemannes:*	... EUR
Höhe des monatlich pfändbaren Einkommensanteils bei ... (*Anzahl*) Unterhaltsberechtigten:	... EUR
Vereinnahmung auf Treuhandkonto erfolgt regelmäßig:	*Ja/nein, ggf. Grund ...*
Gehaltsbescheinigungen liegen vor bis:	*Monat/Jahr*
Selbständige Tätigkeit:	*Seit Monat/Jahr als ...*
Erfüllung der Angleichungspflicht des § 295 Abs. 2 InsO: *(BGH-Beschl. v. 19.07.2012 – IX ZB 188/09 in WKRS 2012, 20410)*	*letzte Zahlung am ...* (s. Summen- und Saldenliste) *bislang keine Zahlung*
Informationen über fiktives Einkommen liegen vor:	*Ja/nein, ...*
Bei Nichtzahlung: Auskunft über Gewinnsituation wg. fehlender Zahlung *(BGH-Beschl. v. 13.06.2013 – IX ZB 38/10 in WKRS 2013, 41415)*	*Ja, Schreiben liegt in Kopie anbei* *Nein, bisher keine Auskunft erteilt* *Aufforderung ist am ... erfolgt*
Nachweis über Erwerbsbemühungen erbracht: *(BGH-Beschl. v. 07.05.2009 – IX ZB 133/07 in ZInsO 2009, 1217)*	*Ja, dieser liegt anbei* *Nein*

▶ Hinweis:

Weitere Aspekte möglich: z. B. mehrere Einkommen = Zusammenrechnungsbeschluss, Nebentätigkeit, Nachweis fiktives Einkommen etc.: s. ggf. auch Checklisten »Einkommen« oder »selbständige Tätigkeit«

3. Nachweis der Kontaktaufnahme *zum/zur Schuldner/in*

▶ Hinweis:

Dieser Gliederungspunkt ist nur dann interessant, wenn aufgrund fehlender Einnahmen auf Wunsch des Insolvenzgerichtes für **mehrere Jahre keine Jahresberichte** abgegeben wurden.

Mit *dem Schuldner/der Schuldnerin* wurde während der RSB-Phase wie folgt Kontakt aufgenommen:

Art der Kontaktaufnahme	Datum	Inhalt
Schreiben	*15.06.2012*	Anforderung aktueller Infos gem. § 295 InsO (Einkommen, Erbschaft etc.)
Telefonat		

4. Treuhändervergütung

Zur Treuhändervergütung sei folgendes im tabellarischen Überblick festgehalten:

Rückstellung aus dem eröffneten Verfahren liegt vor: *(BGH, Beschl. v. 20.11.2014 – IX ZB 16/14)*	*ja, mit (Rest-)Betrag i.H.v. ... EUR/nein*
Kostenstundung liegt vor:	*Ja/nein*
Vergütungsantrag gem. § 16 Abs. 2 InsVV:	liegt anbei
Jährliche Vorschüsse gem. § 16 Abs. 2 InsVV:	*wurden aus den erzielten Einnahmen vom Treuhandkonto entnommen* *wurden wegen der Kostenstundung jährlich von der Gerichtskasse bezahlt* *wurden bislang nicht vereinnahmt*

▶ Hinweis:

Die Abschlussvergütung darf nicht einfach vom Treuhandkonto entnommen werden. Hierfür ist zunächst ein Vergütungsbeschluss erforderlich.

Bei fehlender Kostenstundung erfolgt nach gerichtlicher Festsetzung dann eine Zahlungsaufforderung an Schuldner/in.

5. Motivationsbonus

▶ Hinweis:

In beantragten Verfahren ab dem 01.07.2014 entfällt die Regelung des § 292 Abs. 1 Satz 4 InsO zum Motivationsbonus. Der gesamte nachstehende Passus kann in diesen Verfahren gelöscht werden.

Zum möglichen Motivationsbonus gem. § 292 Abs. 1 Satz 4 InsO ergibt sich folgendes:

Datum der Verfahrensaufhebung:	…
Berücksichtigung des Motivationsbonus:	ab 5. Jahr, also ab … *daher:* *vorliegend keine Berücksichtigung*
Hinweis zu den Verfahrenskosten aus dem eröffneten Verfahren:	*sind ausgeglichen/stehen noch offen*
Hinweis zu den bisherigen Verfahrenskosten aus der RSB-Phase:	*sind ausgeglichen/stehen noch offen*
Ausnahmeregelung § 292 Abs. 1 Satz 5 InsO = kein höheres Einkommen als in § 115 Abs. 1 ZPO (Sozialleistungen):	*ist nicht gegeben/liegt vor*

6. Verteilung

Zur vorgesehenen Verteilung gem. § 292 InsO kann folgendes erläutert werden:

Grund für fehlende Verteilung: *(Zeile löschen, wenn nicht zutreffend)*	keine Einnahmen
Erfüllung Motivationsbonus: *(nur in beantragten Verfahren bis 30.06.2014, ansonsten löschen)*	*Ja, i.H.v. ….. EUR* *Nein, ist nicht zu berücksichtigen*
Ausgleich der Treuhändervergütung:	*ausreichender Massebestand/Rückstellung ist vorhanden* *Zahlung aus der Staatskasse ist erforderlich*
Auszahlung an Staatskasse:	*Nein,* da keine Gerichtskosten mehr offen sind *Ja,* zum Ausgleich des offenen Betrages aufgrund der erfolgten Kostenstundung *Ja, um Verrechnungsschwierigkeiten zu vermeiden, Guthaben reicht nicht für die Treuhändervergütung*
Ausstehende Massegläubiger bei Einstellung des Verfahrens gem. § 211 InsO:	*Ja, i.H.v. …. EUR* *nein: wurden bereits beglichen*
Verteilung an Massegläubiger:	*Ja, nunmehr mit … EUR zu begleichen*
Weitere Verteilung:	*Nein/ja,* an Insolvenzgläubiger mit Quote von … % nach Beschlussfassung über Treuhändervergütung
Gesamtsumme Forderungen laut Insolvenztabelle:	*… EUR*
Voraussichtlich zu verteilender Betrag:	*… EUR* (nach Abzug der Vergütung)
Voraussichtliche Gesamtquote aus Ausschüttungen im Hauptverfahren und in der RSB-Phase:	*… %*

7. Übergabe von Unterlagen/Kontostand

Zum Nachweis der vorstehenden Angaben werden folgende Unterlagen übermittelt:

Chronologische Einnahmen- und Ausgabenübersicht:	liegt anbei: Zeitraum vom … bis …
Summen- und Saldenliste	liegt anbei: Zeitraum wie vor
Sachkontenblätter	liegen anbei: Zeitraum wie vor
Übergabe der Original-Kontoauszüge nebst Belegen:	Nr. …/Jahr bis Nr. …/Jahr
Guthaben auf Treuhandkonto per …	… EUR

[Alternative:

Unterlagen können nicht übermittelt werden, weil keine Buchungen vorhanden sind und der Kontostand 0,00 EUR beträgt.]

8. Obliegenheitsverletzung

Es ist bislang keine Verletzung der Obliegenheitspflichten bekannt geworden. Der Erteilung der Restschuldbefreiung steht daher meiner Ansicht nach nichts im Wege.

▶ Hinweis:

Bei schwerwiegenden Verstößen bitte Text aus gesondertem Muster nutzen »Versagungsgründe« (Nr. 302).

Mit freundlichen Grüßen

....

Treuhänder/in

▶ Hinweis:

Siehe wegen eines abschließenden Ausschüttungsberichtes in das Muster Nr. 43 »**Ausschüttungsbericht RSB-Phase**«

Muster 295: Anforderung Infos vom Schuldner – jährlich

▶ Hinweis: 467

Einmal jährlich sollten Informationen angefordert werden. Hierzu sei verwiesen auf:

BGH (Beschl. v. 22.10.2009 – IX ZB 249/08, InsbürO 2009, 478): Gemäß § 295 Abs. 1 Nr. 3 InsO nur **Mitteilungspflicht über Wohnsitzwechsel und Arbeitgeberwechsel.** Wegfall Unterhaltspflicht oder Veränderung Einkommen ist nicht geregelt (Rn. 7 ff.). Daher ggf. **Initiative des Treuhänders,** Anforderungsrecht ist gegeben (Rn. 15).

Beitrag Graeber zur Tätigkeit in RSB-Phase, InsbürO 2008, 408 ff.: Effiziente Tätigkeit: so viel wie nötig – so wenig wie möglich

Adressat: Schuldner/in

Restschuldbefreiungsverfahren über Ihr Vermögen
Amtsgericht ...: ...
IK/IN .../...

Sehr geehrte Frau ...,/sehr geehrter Herr ...,

in Kürze wird das... *(1., 2.,...)* Jahr der Restschuldbefreiungsphase ablaufen. Um Auskünfte gegenüber dem Insolvenzgericht oder den Gläubigern geben zu können, bitte ich Sie um Hereingabe aktueller Informationen und verweise insoweit erneut auf Ihre Obliegenheitspflicht gem. § 295 InsO.

Bitte beachten Sie, dass es sich bei diesem Schreiben um ein reines Formschreiben handelt. Reichen Sie daher bitte nur die Informationen zu den Punkten ein, die in Ihrem Fall zutreffend sind:

▶ Hinweise:

Die nachfolgende Auflistung der Informationen kann entsprechend individuell gekürzt oder ergänzt werden.

Bei bekannter selbständiger Tätigkeit: Abfrage aller Positionen, da ggf. Aufgabe der selbständigen Tätigkeit erfolgt sein kann. Wegen des Infobogen: s. Muster »Selbständige Tätigkeit«

- Vorlage der Lohn- bzw. Gehaltsbescheinigungen für die vergangenen 12 Monate in Fotokopie – soweit diese noch nicht vorgelegt wurden – (§ 287 Abs. 2 Satz 1 i.V.m. § 292 Abs. 1 InsO),
- Vorlage eines aktuellen Arbeitslosengeldbescheides und insoweit Nachweise über etwaig getätigte Erwerbsbemühungen (Übersicht über Bewerbungsschreiben etc.) (§ 295 Abs. 1 Nr. 1 InsO),
- bei andauernder oder neuer selbständiger Tätigkeit: Vornahme der jährlichen Zahlung gem. § 295 Abs. 2 InsO bzw. im Falle der Nichtzahlung Auskünfte über die fehlende Gewinnsituation und Nachweise über Erwerbsbemühungen bzw. einer Stellungnahme, warum ggf. der Eintritt in ein unselbständiges Arbeitsverhältnis nicht möglich ist (§ 295 Abs. 2 InsO und Rechtsprechung des Bundesgerichtshofes). Bei mir schon bekannter selbständiger Tätigkeit liegt in der **Anlage** ein Informationsbogen als Hilfe zur Zusammenstellung der erforderlichen Informationen bei. Sofern mir die selbständige Tätigkeit bislang nicht bekannt war, können Sie einen solchen Informationsbogen selbstverständlich noch bei mir anfordern.
- bei getrennt lebenden oder geschiedenen Ehepartnern/-partnerinnen: Zahlungsnachweise über geleisteten Unterhalt
- bei Unterhaltspflichten in der Ehe: Nettoeinkommen des Ehepartners bzw. der Ehepartnerin unabhängig von der Familiensituation (= zusammenlebend, getrennt lebend, geschieden) mit Vorlage eines entsprechenden Nachweises
- bei Unterhaltspflichten gegenüber Kindern: Nettoeinkommen der Kinder mit Vorlage eines entsprechenden Nachweises bzw. Vorlage einer Schulbescheinigung ab dem 16. Lebensjahr oder Vorlage eines Nachweise über eine andauernde Ausbildung oder eines Studiums

- Mitteilung darüber, ob Sie in den letzten zwölf Monaten eine Erbschaft erhalten haben. Insoweit wäre die Hälfte des erlangten Vermögens an mich als *Treuhänder/in* abzuführen (§ 295 Abs. 1 Nr. 2 InsO),

Sofern sich ein Beschluss über die Kostenstundung nicht in der Akte befindet:

- Mitteilung darüber, ob Sie eine Kostenstundung für die Restschuldbefreiungsphase beantragt haben und Ihnen ein entsprechender Bewilligungsbeschluss vorliegt.

Ich darf Sie im Übrigen noch einmal vorsorglich darüber informieren, dass mir gem. § 295 Abs. 1 Nr. 3 InsO jede Änderung Ihrer Wohnanschrift und der Einkommensverhältnisse (z. B. Wechsel des Arbeitgebers) sowie darüber hinaus Änderungen der Unterhaltspflichten (Wegfall eines Unterhaltsberechtigten) oder Ihres Namens unverzüglich mitzuteilen sind.

Ich bitte um Übermittlung der angeforderten Informationen bis zum

...

Bei Nichthereingabe der angeforderten Informationen kann die Aufhebung der ggf. erfolgten Kostenstundung und im Anschluss daran bei Nichtzahlung der entstandenen und offenen Verfahrenskosten ggf. die Versagung der Restschuldbefreiung drohen. Bitte beachten Sie daher unbedingt die vorstehenden Hinweise.

Im Übrigen darf ich Sie bei dieser Gelegenheit auf die Regelung in § 300 Abs. 1 InsO hinweisen:

- Nach § 300 Abs. 1 Nr. 2 InsO können Sie einen Antrag auf vorzeitige Erteilung der Restschuldbefreiung stellen, wenn die Forderungen der Insolvenzgläubiger **innerhalb von drei Jahren ab Insolvenzeröffnung** mit mindestens **35 %** befriedigt wurden.

oder

- Sie können einen solchen Antrag auf vorzeitige Erteilung der Restschuldbefreiung nach § 300 Abs. 1 Nr. 3 InsO stellen, wenn **fünf Jahre ab Insolvenzeröffnung** verstrichen sind und die **Verfahrenskosten gem. § 54 InsO** ausgeglichen sind.

Sofern dieser Sachverhalt in Ihrem Fall zutreffen und Sie an einem entsprechenden Antrag Interesse haben sollten, darf ich Sie bitten, Kontakt mit Ihrem Verfahrensbevollmächtigten – ggf. der Schuldnerberatungsstelle – aufzunehmen.

▶ Hinweis bei fehlender Kostenstundung:

Zahlungsaufforderung nach § 298 InsO jährlich und auch vor Abschluss der RSB-Phase: s. gesondertes Muster (Nr. 300): Text entweder hier zusätzlich hineinkopieren oder an dieser Stelle auf das gesonderte Schreiben verweisen.

Mit freundlichen Grüßen

....

Treuhänder/in

Muster 296: Arbeitgeber – Info wg. RSB-Phase

468 *Adressat: Arbeitgeber*

Persönlich/Vertraulich an die Personalabteilung

Restschuldbefreiungsverfahren über das Vermögen des Herrn .../der Frau ...
Amtsgericht ...: ... IK/IN .../...
Ihr Zeichen: ... (ggf. Personal-Nr.)

Sehr geehrte Damen und Herren,

hiermit zeige ich an, dass das Insolvenzverfahren über das Vermögen der vorgenannten Person beendet wurde. Es schließt sich aber nunmehr das Restschuldbefreiungsverfahren an, in dem die pfändbaren Einkommensanteile an den Treuhänder aufgrund einer Abtretungserklärung *des Schuldners/der Schuldnerin* gem. § 287 Abs. 2 InsO abzuführen sind. *Zum Treuhänder/Zur Treuhänderin* bin ich ausweislich des **anliegenden** gerichtlichen Beschlusses vom ... bestellt worden. Die vorgenannte Abtretungserklärung füge ich zur Ihrer Information ebenfalls **anbei**.

Zwischen Ihnen und *dem Schuldner/der Schuldnerin* besteht ein Arbeitsverhältnis. Soweit pfändbare Einkommensanteile anfallen, bitte ich, diese an mich auf das für dieses Verfahren eingerichtete Treuhandkonto bei der

Bank:...

IBAN: ...

BIC: ...

Verwendungszweck:... (Akten-Nr.), pfändbarer Anteil Monat/Jahr

zu überweisen. Insoweit nehme ich auch Bezug auf mein Schreiben vom ... *(= Erstanschreiben).*

Das Verfahren wird voraussichtlich am … (*Datum des Ablaufs der Abtretungserklärung hier einsetzen: 6 Jahre ab Eröffnung*) enden. Ab dem … (*Monat/Jahr*) brauchen Sie also keine pfändbaren Einkommensanteile mehr an mich abführen.

▶ Hinweis zum Verfahrensende:

Aufgrund der Regelungen in § 300 InsO kann auch eine **vorzeitige Restschuldbefreiung** in Betracht kommen. Das weiß man aber zum Zeitpunkt der Versendung dieses Schreibens i.d.R. noch nicht. Daher sollte allgemein von einem 6-Jahres-Zeitraum ausgegangen werden.

▶ Hinweis – pfändbare Anteile nach Ablauf von sechs Jahren:

Nur im eröffneten Verfahren – also im asymmetrischen Verfahren (= Restschuldbefreiung wird erteilt, obwohl noch kein Verfahrensabschluss) sind pfändbare Einkommensanteile nach Ablauf von sechs Jahren noch zu sichern (BGH, Urt. v. 03.12.2009 – IX ZB 247/08 in WKRS 2009, 28263). Es greift dann insoweit der Insolvenzbeschlag, wenn die RSB versagt werden würde. In der RSB-Phase besteht nach sechs Jahren kein Anspruch auf weiteren Einzug.

Bei der Errechnung der pfändbaren Einkommensanteile sind weiterhin etwaige gesetzlichen Unterhaltspflichten *des Schuldners/der Schuldnerin zu beachten.*

▶ Hinweis:

Die Unterhaltspflichten hier allgemein formulieren, weil sich ggf. Änderungen seit der letzten Information ergeben haben könnten. Bsp.: Kind hat eigenes Einkommen, Ehefrau verdient selbst. Wenn Änderungen bekannt sein sollten, muss sowieso ein Antrag an das Insolvenzgericht gem. § 850c Abs. 4 InsO gestellt werden und nutzt der Hinweis an dieser Stelle allein über eine etwaige Änderung gegenüber dem Arbeitgeber nicht.

[Alternative – keine Unterhaltspflicht:

Bei der Errechnung der pfändbaren Einkommensanteile ist weiterhin zu beachten, dass *der Schuldner/die Schuldnerin* niemanden gegenüber zum Unterhalt verpflichtet ist.]

Den unpfändbaren Teil des Einkommens kehren Sie bitte weiterhin direkt auf das bekannte Konto *des Schuldners/der Schuldnerin* aus.

Für Rückfragen stehen meine Mitarbeiter und ich selbstverständlich gerne zur Verfügung.

Mit freundlichen Grüßen

……………………………

Treuhänder/in

Anlage:
Beschluss über die Treuhänderbestellung

▶ Hinweis zum P-Konto:

Bitte die Bank über die Verfahrensbeendigung informieren: s. gesondertes Muster Nr. 64.

Muster 297: Jahresbericht Treuhänder – keine Einnahme – Kurzfassung

▶ Für alle Varianten anwendbar: 469

Verfahren bis 30.06.2014, ab 01.07.2014 und für Gerichte, die Textfassungen wünschen

Adressat: Insolvenzgericht

Restschuldbefreiungsverfahren über das Vermögen des Herrn …/der Frau …
Geschäftszeichen: … IK/IN …/…
Jahresbericht für die Zeit vom … bis …

Sehr geehrte Frau Rechtspflegerin …, / sehr geehrter Herr Rechtspfleger…,

beim ersten Jahresbericht:

in obiger Angelegenheit erteile ich hiermit den 1. Jahresbericht. Es ist anzumerken, dass der Zeitraum zwischen dem Ausschüttungsbericht vom … und dem Aufhebungsbeschluss vom … in diesem Bericht mit berücksichtigt wird. In der Sache selbst darf ich mitteilen, dass … *(s. nachstehend)*

bei den weiteren Jahresberichten:

zur jährlichen Berichterstattung in obiger Angelegenheit darf ich mitteilen, dass *der Schuldner/die Schuldnerin* keinerlei pfändbaren Einkommensanteile erzielt. *Er/Sie*

bitte auswählen:

- *ist noch immer beim selben Arbeitgeber beschäftigt, verdient aber mit … EUR unterhalb der Pfändungsgrenze. Lohn- bzw. Gehaltsbescheinigungen wurden vorgelegt.*
- *bezieht noch immer Hartz IV-Leistungen*
- *bezieht noch immer keinerlei monatliche Einnahmen.*

Von einer etwaigen Erbschaft i.S.v. § 295 Abs. 1 Nr. 2 InsO ist mir nichts bekannt geworden.

Die Treuhändervergütung ist aufgrund der fehlenden Einnahmen und der bewilligten Kostenstundung aus der Staatskasse zu zahlen. Eine entsprechende Vorschussrechnung wird beigefügt und darum gebeten, den Ausgleich zu vermitteln.

▶ [Alternative – wenn Gerichte keine jährliche Abrechnung wünschen:

Vorherigen Absatz ersatzlos streichen.]

Der Kontostand auf dem eingerichteten Treuhandkonto beträgt weiterhin 0,00 EUR.

[Alternative – kein Konto:

Ein Treuhandkonto wurde bislang nicht eingerichtet.]

Es ist bislang keine Verletzung der Obliegenheitspflichten bekannt geworden. Der Erteilung der Restschuldbefreiung steht daher meiner Ansicht nach bisher nichts im Wege.

▶ Hinweis:

bei schwerwiegenden Verstößen bitte Text aus gesondertem Muster nutzen »Versagungsgründe« (Nr. 302).

Mit freundlichen Grüßen

…………………………………………
Treuhänder/in

Muster 298: Jahresbericht Treuhänder – Tab.form

470 *Adressat: Insolvenzgericht*

Restschuldbefreiungsverfahren über das Vermögen des Herrn …/der Frau …
Geschäftszeichen: … IK/IN …/….
Jahresbericht für die Zeit vom … bis …

Sehr geehrte Frau Rechtspflegerin …, sehr geehrter Herr Rechtspfleger …,

beim ersten Jahresbericht:

in obiger Angelegenheit erteile ich hiermit den 1. Jahresbericht. Es ist anzumerken, dass der Zeitraum zwischen dem Ausschüttungsbericht vom … und dem Aufhebungsbeschluss vom … in diesem Bericht mit berücksichtigt wird:

bei den weiteren Jahresberichten:

zur jährlichen Berichterstattung in obiger Angelegenheit darf ich folgendes mitteilen:

1. <u>Veränderungen zum letzten Jahresbericht/Schlussbericht</u>

   ▶ Hinweis:

   Einige Rechtspfleger wünschen sich nachfolgendes Feedback:

   Wesentliche Veränderungen *zum letzten Jahresbericht/zum Schlussbericht* gibt es nicht.

   [Alternative:

   Es gibt eine wesentliche Veränderung zum letzten Jahresbericht: *z. B. Der Schuldner hat seine Arbeitsstelle gewechselt.* Hierzu wird nachstehend näheres erläutert.]

   ▶ Hinweis bei Tod des Schuldners:

   Muster Nachlassinsolvenz Nr. 279-280): Anforderung Sterbeurkunde und Info an das Insolvenzgericht: Text aus Muster ggf. auch an diese Stelle setzen.

2. Einnahmen und Ausgaben

▶ Hinweis:

Einnahmen aus einer Nachtragsverteilung sind gesondert darzustellen: z. B. Steuererstattungen. Sie sind dem eröffneten Verfahren zuzuordnen: gesonderte Info, gesonderte Vergütung, **nachstehend nur erwähnen zur Erläuterung des Kontostandes,** nicht näher darauf eingehen (= Art etc.)

Bei erzielten Einnahmen folgende Tabelle nutzen:

Einnahmen:	
ggf. Übernahme Guthaben aus *dem eröffneten Verfahren/ggf. aus dem Bericht v. …*	… EUR
danach erzielte Einnahmen *(s. auch anliegende Summen- u. Saldenliste)*	… EUR
darin: Einnahmen aus Nachtragsverteilung (s. gesonderten Bericht)	*Nein/Ja, i.H.v.* *… EUR*
Ausgaben:	
getätigte Ausgaben *(s. auch anliegende Summen- und Saldenliste)*	… EUR
Aktueller Massebestand:	… EUR

Bei fehlenden Einnahmen folgende Tabelle nutzen:

Einnahmen:	
ggf.: Übernahme Guthaben aus dem *eröffneten Verfahren/aus Bericht vom …*	0,00 EUR
erzielte Einnahmen	0,00 EUR
Ausgaben:	
getätigte Ausgaben	0,00 EUR
Aktueller Massebestand:	0,00 EUR

3. Pfändbare Einkommensanteile

Zu den abgetretenen pfändbaren Einkommensanteilen gem. § 287 Abs. 2 InsO können folgende Informationen erteilt werden:

(bitte nur die tatsächlich relevanten Zeilen füllen und die anderen löschen)

Bisheriges Arbeitsverhältnis besteht fort (s. wg. näherer Angaben in den *Schlussbericht/vorherigen Jahresbericht*):	*Ja/nein*
Nur bei Nein die nachfolgenden Zeilen zum neuen Arbeitsverhältnis füllen:	
Name und Anschrift des neuen Arbeitgebers:	
Art der Tätigkeit:	*z.B. Verkäuferin*
Beginn des Arbeitsverhältnisses:	
Angabe zur Stundenzahl:	*geringfügige Beschäftigung/Teilzeit/Vollzeit*
Nachweise über Bemühungen zur Erwerbstätigkeit in Vollzeit erbracht: *(BGH, Beschl. v. 14.01.2010 – IX ZB 242/06 in ZInsO 2010, 393)*	*Ja/nein*
Bruttogehalt/-lohn:	… EUR
Nettoeinkommen:	… EUR
Gewählte Steuerklasse lt. Lohn-/Gehaltsbescheinigung:	*I, II, III, IV, V*
Gründe für eine Aufforderung zur Änderung der Lohnsteuerklasse:	*Nein/ja, … (welche?)*
Information an Arbeitgeber über Beginn der RSB-Phase:	am … *(Datum)*
Arbeitslosigkeit liegt vor seit:	
Datum des letzten vorgelegten Arbeitslosenbescheides:	…, bewilligt bis zum …
Höhe des Arbeitslosengeldes:	… EUR

Nachweise über Erwerbsbemühungen erbracht (§ 295 Abs. 1 Nr. 1 InsO):	*Ja/nein*
Name und Geburtsdatum der Kinder:	*Bsp. Tobias, geb. im Jahre ...*
Eigenes Einkommen der Kinder:	*Bsp. Tobias: ... EUR* ...
Eigenes Einkommen *der Ehefrau/des Ehemanns:* *Achtung: Einkommen über 1139,99 EUR (Pfändungsfreigrenze bis 30.06.2019, danach höher) + Kinder vorhanden?* *Dann Antrag auf Berücksichtigung nur des hälftigen Kinderfreibetrages: s. Muster »Herabsetzung Freigrenze – Doppelverdiener« (Nr. 91)*	... EUR
Zahlungsnachweis über geleisteten Unterhalt an *Ehefrau/Ehemann / Kinder:* *(BGH v. 28.09.2017 – VII ZB 14/16 Rn. 7)*	wurde erbracht/wurde nicht erbracht *ggf. dann: Herabsetzungsantrag nach § 850c Abs. 1 ZPO liegt anbei (s. gesondertes Muster Nr. 90)*
Höhe des monatlich pfändbaren Einkommensanteils bei ... (*Anzahl*) Unterhaltsberechtigten:	... EUR
Vereinnahmung auf Treuhand onto erfolgt regelmäßig:	*Ja/nein, ggf. Grund ...*
Lohn-/Gehaltsbescheinigungen liegen vor bis:	*Monat/Jahr*
Selbständige Tätigkeit:	*seit Monat/Jahr als ...*
Erfüllung der Angleichungspflicht des § 295 Abs. 2 InsO: *(BGH-Beschl. v. 19.07.2012 – IX ZB 188/09 in WKRS 2012, 20410)*	*letzte Zahlung am ...* (s. Summen- und Saldenliste) *bislang keine Zahlung*
Bei Nichtzahlung: Auskunft über Gewinnsituation wg. fehlender Zahlung *(BGH-Beschl. v. 13.06.2013 – IX ZB 38/10 in WKRS 2013, 41415)*	*Ja, Schreiben liegt in Kopie anbei* *Nein, bisher keine Auskunft erteilt* *Aufforderung ist am ... erfolgt*
Nachweis über Erwerbsbemühungen erbracht: *(BGH-Beschl. v. 07.05.2009 – IX ZB 133/07 in ZInsO 2009, 1217)*	*Ja, dieser liegt anbei* *Nein*

▶ Hinweis:

Weitere Aspekte möglich: z. B. mehrere Einkommen = Zusammenrechnungsbeschluss, Nebentätigkeit, Nachweis fiktives Einkommen etc.: s. ggf. auch Checklisten »Einkommen« oder »selbständige Tätigkeit«

4. Treuhändervergütung

Zur Treuhändervergütung sei folgendes im tabellarischen Überblick festgehalten:

Rückstellung aus dem eröffneten Verfahren liegt vor: *(BGH, Beschl. v. 20.11.2014 – IX ZB 16/14)*	*ja, mit (Rest-)Betrag i.H.v. ... EUR/nein*
Kostenstundung liegt vor:	*Ja/nein*
bei nein: Aufforderung zur Zahlung der Mindestvergütung:	ist am ... erfolgt
Bei Ja: Vorschussrechnung gem. § 16 Abs. 2 InsVV:	liegt anbei alternativ: ein Vorschuss wird nicht geltend gemacht *(manche Gerichte möchten den Verwaltungsaufwand nicht)*
Bei Ausgleich vom TK: Vorschussrechnung gem. § 16 Abs. 2 InsVV:	wurde vom Treuhandkonto beglichen (s. anliegende Summen- und Saldenliste)

5. Verteilung

▶ Achtung – vorherige Ausschüttung machen!

Normalerweise sollte die Ausschüttung vor der Fertigung des Jahresberichtes erfolgt sein. Dann braucht kein gesonderter Ausschüttungsbericht gefertigt werden. Dieser ist i.d.R. nur bei Abschlussberichten erforderlich.

Zur durchgeführten Verteilung gem. § 292 InsO kann folgendes erläutert werden:

Grund für fehlende Verteilung: *(Zeile löschen, wenn nicht zutreffend)*	*keine Einnahmen /* *geringfügige Einnahmen und Aussetzung der Verteilung gem. § 292 Abs. 1 Satz 4 InsO /* *Bildung einer Rückstellung für Gesamtkosten der RSB-Phase gem. BGH-Rechtsprechung*
Nachtragsverteilung: ***Interner Hinweis:*** *Dient der eigenen und auch der gerichtlichen Kontrolle, ob und was angeordnet wurde* *Wenn Realisierung erfolgt:* ***gesonderten Vergütungsantrag prüfen und gesonderten Ausschüttungsbericht fertigen!***	*eine solche wurde angeordnet und realisiert:* *es wird ein gesonderter Ausschüttungsbericht übermittelt* *eine solche wurde angeordnet, aber bisher nicht realisiert* *eine solche wurde angeordnet, aber bisher noch keine Einnahme erzielt*
Ausgleich der Treuhändervergütung:	Vorschussentnahme gem. § 16 Abs. 2 InsVV *(Beleg bei den Kontoauszügen)* *kein ausreichender Geldbetrag zum Ausgleich vorhanden*
Auszahlung an Staatskasse:	*Nein,* da keine Gerichtskosten mehr offen sind *Ja,* zum Ausgleich des offenen Betrages aufgrund der erfolgten Kostenstundung *Ja, um Verrechnungsschwierigkeiten zu vermeiden, Guthaben reicht nicht für die Treuhändervergütung*
Ausstehende Massegläubiger bei Einstellung des Verfahrens gem. § 211 InsO:	*Ja, i.H.v. … EUR* *nein: wurden bereits beglichen*
Verteilung an Massegläubiger:	*Ja, nunmehr mit … EUR beglichen*
Weitere Verteilung:	*Nein/ja,* an Insolvenzgläubiger mit Quote von … %
Arbeitnehmer vorhanden: *(gesonderte Lohnsteuerabführung erforderlich)*	*Ja/nein* *(Tab.-Nrn …)*
Gesonderter Ausschüttungsbericht: *(wenn dies vom AG gefordert wird)*	*liegt anbei*
Alternative: Gesonderte Lohnsteuerabführung:	*wurde veranlasst*
Gesamtsumme Forderungen laut Insolvenztabelle:	*… EUR*
Verteilter Betrag:	*… EUR* (nach Abzug der Vergütung)

▶ **Hinweis:**

Fordert das Insolvenzgericht ggf. einen gesonderten Ausschüttungsbericht? Siehe Muster »Ausschüttungsbericht RSB-Phase« (Nr. 43)

6. Übergabe von Unterlagen/Kontostand

Zum Nachweis der vorstehenden Angaben werden folgende Unterlagen übermittelt:

Chronologische Einnahmen- und Ausgabenübersicht:	liegt anbei Zeitraum vom … bis …
Summen- und Saldenliste	liegt anbei Zeitraum: s. vorstehend
Verteilungsverzeichnis mit Quotenübersicht	liegt anbei
Ausschüttungsverzeichnis (= einzelne Bankdaten der Gläubiger)	liegt anbei
Übergabe der Original-Kontoauszüge nebst Belegen:	Nr. …/Jahr bis Nr. …/Jahr
Guthaben auf dem Treuhandkonto per …	… EUR

[Alternative:

Unterlagen können nicht übermittelt werden, weil keine Buchungen vorhanden sind und der Kontostand 0,00 EUR beträgt.]

7. Obliegenheitsverletzung

Es ist bislang keine Verletzung der Obliegenheitspflichten bekannt geworden. Der Erteilung der Restschuldbefreiung steht daher meiner Ansicht nach bisher nichts im Wege.

▶ Hinweis:

Bei schwerwiegenden Verstößen bitte Text aus gesondertem Muster nutzen »Versagungsgründe« (Nr. 302).

8. Vorzeitige Restschuldbefreiung

Drei Jahre und 35 % Quote:

Seit der Insolvenzeröffnung am ... sind drei Jahre vergangen. *Der Schuldner/die Schuldnerin beabsichtigt/Für den Fall, dass der Schuldner/die Schuldnerin beabsichtigt,* einen Antrag auf vorzeitige Erteilung der Restschuldbefreiung gem. § 300 InsO zu stellen, wird mitgeteilt, dass an die Insolvenzgläubiger insgesamt eine Quote i.H.v. ... % (= / > 35 %) gezahlt wurde.

Fünf Jahre und Ausgleich der Verfahrenskosten:

Seit der Insolvenzeröffnung am ... sind fünf Jahre vergangen. *Der Schuldner/die Schuldnerin beabsichtigt/Für den Fall, dass der Schuldner/die Schuldnerin beabsichtigt,* einen Antrag auf vorzeitige Erteilung der Restschuldbefreiung gem. § 300 InsO zu stellen, wird mitgeteilt, dass die Verfahrenskosten vollumfänglich beglichen sind. Auch die Mindestvergütung für das letzte abgelaufene Jahr der Treuhändertätigkeit hat *der Schuldner/die Schuldnerin* gezahlt.

▶ Hinweis:

Es gibt noch die weitere Möglichkeit der vorzeitigen RSB bei fehlenden Forderungsanmeldungen oder Ausgleich aller Insolvenzforderungen gem. § 300 Abs. 1 Nr. 1 InsO.

Mit freundlichen Grüßen

....
Treuhänder/in

▶ Hinweis betr. Portokosten:

Ggf. die aktuellen Portokosten (Schreiben an Schuldner, an das Gericht) in der Insolvenzsoftware einspeichern. Dann braucht man später zum Vergütungsantrag nur eine Anlage ausdrucken.

Muster 299: Obliegenheiten – Erstinformation an Schuldner

471 **(keine selbständige Tätigkeit)**

▶ Achtung: Fristen notieren für jährliches Anschreiben an Schuldner!!!

Der Schuldner ist auch ohne Verteilung (§ 292 Abs. 1 Satz 4 InsO) jährlich einmal anzuschreiben. Siehe Muster »Anforderung von Infos« mit näheren Erläuterungen (Nr. 295).

Adressat: Schuldner/in

Restschuldbefreiungsverfahren über Ihr Vermögen
Amtsgericht ...: ... IK/IN.../...

Sehr geehrte Frau ..., /sehr geehrter Herr ...,

das Insolvenzverfahren über Ihr Vermögen ist zwischenzeitlich abgeschlossen. Der diesbezügliche Aufhebungsbeschluss wurde Ihnen durch das Insolvenzgericht bereits übersandt.

Bei Anordnung einer Nachtragsverteilung:

Dem Beschluss können Sie entnehmen, dass das Insolvenzgericht die Nachtragsverteilung bezüglich des Steuererstattungsanspruches aus dem Kalenderjahr .../bezüglich eines möglichen, innerhalb von zwei Monaten nicht verbrauchten Guthabens auf Ihrem Girokonto angeordnet hat. Diese Nachtragsverteilung hat zur Folge, dass der Insolvenzbeschlag an dem Steuerguthaben/Kontoguthaben greift, das im Zeitraum des Insolvenzverfahrens bereits entstanden ist. Dieses ist somit an mich als Insolvenzverwalter/in auszuzahlen.

Die Finanzverwaltung/kontoführende Bank wurde insoweit von mir unterrichtet. Das entsprechende Schreiben wird **anliegend** überreicht und dient Ihrer Kenntnisnahme.

Sollte die Finanzverwaltung/kontoführende Bank ggf. dennoch eine Auszahlung an Sie vornehmen, bitte ich, den anliegenden Beschluss zu beachten. Der Betrag wäre dann von Ihnen an mich auszukehren und darf nicht anderweitig verwendet werden.

Versendung einer Info an die Bank zum P-Konto bitte vornehmen und hier erwähnen:

Ihre kontoführende Bank habe ich ebenfalls über die Verfahrensaufhebung unterrichtet. Das entsprechende Schreiben füge ich in der **Anlage** zu Ihrer Information anbei. Ggf. möchten Sie Ihr P-Konto insoweit jetzt wieder umwandeln.

Infos zur RSB-Phase:

Für die restliche Laufzeit der Abtretungserklärung gem. § 287 Abs. 2 InsO bis zum Ablauf von sechs Jahren ab dem Tag der Insolvenzeröffnung – mithin bis zum ... – dauert nun das Restschuldbefreiungsverfahren an, für das ich *zum/zur Treuhänder/in* bestellt wurde. Das Verfahren kann durch eine vorzeitige Erteilung der Restschuldbefreiung verkürzt werden. Die Voraussetzungen dafür finden Sie in § 300 Abs. 1, 2 InsO.

Wie bereits in dem zu Beginn Ihres Insolvenzverfahrens geführten persönlichen Gespräch erläutert, haben Sie die Obliegenheiten gem. § 295 InsO zu beachten, die ich Ihnen nachfolgend noch einmal erläutern möchte.

Ich weise allerdings darauf hin, dass es sich bei diesem Schreiben um ein reines Formschreiben handelt. Bitte beachten Sie daher nur die Punkte, die in Ihrem Fall zutreffend sind:

- Sie haben eine **angemessene Erwerbstätigkeit auszuüben** und – wenn Sie ohne Beschäftigung sind, sich um eine solche zu bemühen. Eine zumutbare Tätigkeit darf nicht abgelehnt werden (*BGH, Beschl. 13.09.2012 – IX ZB 191/11 in ZInsO 2012, 1958*). Zur Erfüllung der Obliegenheiten ist insoweit auch eine Vollzeittätigkeit auszuüben bzw. sich um eine solche zu bemühen *(BGH, Beschl. v. 01.03.2018 – IX ZB 32/17)*.
- An die Zumutbarkeit einer Arbeit werden strenge Anforderungen gestellt. Anzunehmen ist auch eine berufsfremde Arbeit, ggf. eine auswärtige Arbeit, notfalls auch eine Aushilfs- oder Gelegenheitstätigkeit. Sie müssen sich, **wenn Sie erwerbslos sind, selbst um eine Arbeitsstelle bemühen**, lediglich die Meldung der Arbeitslosigkeit beim Arbeitsamt oder der Kontakt zum Amt für Arbeit reicht nicht aus.
- Sofern Sie jedoch aus **gesundheitlichen Gründen** nicht in der Lage sein sollten, beruflich tätig zu werden oder nur eingeschränkt tätig sein können, sollten sie dies anhand von **ärztlichen Bescheinigungen, Gutachten** etc. nachweisen können.
- Sofern Sie bereits **Altersrentner oder Erwerbsunfähigkeitsrentner** sein sollten, trifft Obiges nicht zu.
- Sofern Sie **berufstätig** sind, bitte ich auch weiterhin um Übersendung der **monatlichen Lohn- bzw. Gehaltsabrechnungen**, und zwar im Halbjahresrhythmus jeweils rückwirkend für die letzten sechs Monate.
- Sofern Sie **arbeitslos** sind, bitte ich um Übersendung der jeweils sich **ändernden Arbeitslosengeld-/Sozialhilfebescheide** und auch um Hereingabe einer **Auflistung der unternommenen Bewerbungsbemühungen**, und zwar ebenfalls im Halbjahresrhythmus. Die jeweiligen Nachweise – Bewerbungsschreiben und Antwortschreiben – bitte ich zu sammeln. Für den Fall, dass ein Gläubiger einen Versagungsantrag stellen sollte, müssten Sie in der Lage sein, Ihre Bemühungen ausreichend nachweisen zu können.
- Sofern Sie **Rentner** sind, ist die Übersendung von **Rentenbescheiden** lediglich bei Neubescheidung und/oder Änderung erforderlich.
- Sofern Sie eine **selbständige Tätigkeit** aufnehmen sollten, bitte ich um unverzügliche Mitteilung. Es gibt eine Reihe von Obliegenheiten, die Sie aufgrund der Rechtsprechung des Bundesgerichtshofes in dem Fall beachten sollten, um nicht die Restschuldbefreiung zu gefährden. Ich würde Sie dann entsprechend **gesondert informieren.**
- Jeden **Wohnsitzwechsel oder Wechsel des Beschäftigungsverhältnisses** haben Sie **anzuzeigen**.
- Sie dürfen **keinesfalls Einkünfte oder geerbtes Vermögen verheimlichen**.

Bei Verstoß gegen die vorgenannten Obliegenheiten kann die ggf. bewilligte **Verfahrenskostenstundung aufgehoben** werden und/oder auf Antrag eines Gläubigers die von Ihnen begehrte **Restschuldbefreiung versagt** werden.

Ich bitte um **unbedingte Beachtung dieser Verhaltensrichtlinien**, damit die von Ihnen angestrebte Restschuldbefreiung auch am Ende der Laufzeit der Restschuldbefreiung erteilt wird.

keine Kostenstundung und Rückstellung war nicht möglich:

Sofern Sie bisher noch **keine Kostenstundung** für diesen Verfahrensabschnitt erhalten haben:

Es besteht die Möglichkeit, dass Sie einen diesbezüglichen Antrag beim Insolvenzgericht stellen. Sollten Sie diesen Antrag nicht stellen, haben Sie nach Ablauf eines jeden Jahres – gerechnet ab dem Tag der Aufhebung des Insolvenzverfahrens – die Mindestvergütung zzgl. Umsatzsteuer in Höhe von brutto 119,00 EUR zzgl. etwaiger Portokosten zu tragen. Sofern Sie die Ihnen in Rechnung zu stellenden Kosten nicht zahlen sollten, weise ich bereits jetzt darauf hin, dass dieses einen Versagungsgrund für die von Ihnen beantragte Restschuldbefreiung gem. § 298 InsO darstellt.

Für den Fall, dass die Insolvenzgerichte Ratenzahlungen auf die bewilligte Kostenstundung fordern:

Sofern Ihnen für die Restschuldbefreiungsphase bereits eine Kostenstundung bewilligt wurde, weise ich noch einmal darauf hin, dass die anfallenden **Verfahrenskosten**, die aufgrund der Kostenstundung derzeit aus der Staatskasse bezahlt werden, **nicht von der späteren Restschuldbefreiung umfasst** sind. Die Gerichtskasse wird die Zahlung dieser Kosten nach der Verfahrensbeendigung – sei es durch Erteilung oder ggf. Versagung der Restschuldbefreiung – von Ihnen fordern, soweit Ihr Einkommen bestimmte Grenzen (§ 115 Abs. 1 ZPO) nicht unterschreitet. Sie haben daher die Möglichkeit, schon heute freiwillige Zahlungen auf diese spätere Forderung der Staatskasse zu leisten und damit einen Teil dieser Kosten bereits zu tilgen. Hierzu sind Sie aber nicht verpflichtet. Es handelt sich um rein freiwillige Zahlungen. Die Rückforderung der zu zahlenden Beträge erfolgt nach den Regelungen in § 4b InsO i.V.m. §§ 115 Abs. 1 und 2, 120 Abs. 2 ZPO und orientiert sich an Ihren dann bestehenden Einkommensverhältnissen. Die Staatskasse kann die Rückforderung vier Jahre lang nach der Verfahrensbeendigung verfolgen. Danach ist ein Anspruch ausgeschlossen (§ 4 b Abs. 2 Satz 4 InsO). Hierauf weise ich zur Ihrer Information ebenfalls hin. Sollten Sie freiwillig Zahlungen vornehmen, bitte ich um entsprechende Rückmeldung. Dann würde ich Ihnen das entsprechende Konto noch gesondert mitteilen.

keine Kostenstundung, aber Rückstellung ist erfolgt:

Für die Restschuldbefreiungsphase besteht grundsätzlich die Möglichkeit, einen erneuten Antrag auf Kostenstundung zu stellen. Allerdings hat der Bundesgerichtshof den Insolvenzverwaltern mit einer Entscheidung aus 2014 auferlegt, eine **Rückstellung** für die **in der Restschuldbefreiungsphase anfallenden Kosten** aus dem im eröffneten Verfahren vorhandenen Massebestand zu bilden (*Beschl. v. 20.11.2014 – IX ZB 16/14),* sofern dieser für eine solche Rückstellung ausreicht.

Variante 1 – Rückstellung reicht:

Dies ist in Ihrem Verfahren auch passiert, so dass die **Kostendeckung gesichert** ist und Sie keinen erneuten Kostenstundungsantrag stellen müssen.

Variante 2 – Rückstellung reicht nicht für gesamte Laufzeit:

Dies ist in Ihrem Verfahren zwar auch passiert, allerdings reicht der Guthabenbetrag auf dem Treuhandkonto **nicht** aus, um die gesamten **Kosten** der Laufzeit der Restschuldbefreiungsphase **abzudecken**. Es besteht daher die Möglichkeit, dass Sie einen erneuten Antrag auf Kostenstundung beim Insolvenzgericht zu gegebener Zeit stellen. Sollten Sie diesen Antrag nach gesondertem Hinweis durch mich nicht stellen, haben Sie nach Ablauf eines Tätigkeitsjahres, in dem die Kosten nicht oder nicht vollständig gedeckt sind, die Mindestvergütung zzgl. Umsatzsteuer in Höhe von brutto 119,00 EUR zzgl. etwaiger Portokosten ganz oder ggf. teilweise zu tragen. Sofern Sie die Ihnen zu gegebener Zeit in Rechnung zu stellenden Kosten nicht zahlen sollten, weise ich bereits jetzt darauf hin, dass dieses einen **Versagungsgrund** für die von Ihnen beantragte **Restschuldbefreiung** gem. § 298 InsO darstellt. Sobald ich Sie daher **zukünftig** zur Zahlung auffordere, **bitte ich dringend, zu reagieren** und dann entweder einen Kostenstundungsantrag zu stellen oder den offenen Betrag auszugleichen.

Sollten sich von Ihrer Seite weitere Fragen ergeben, stehen ich und meine Mitarbeiter selbstverständlich gerne zur Verfügung.

Mit freundlichen Grüßen

....

Treuhänder/in

Muster 300: Treuhändervergütung – Zahlungsaufforderung an Schuldner § 298 InsO

▶ Achtung:

472 Es darf **nur die Mindestvergütung ohne Auslagen** in Rechnung gestellt werden. Eine spätere Vergütungsfestsetzung zum Abschluss hat zwar einen Titel zur Folge, aber bei Nichtzahlung der sich ergebenden Restsumme kann keine Sanktion nach § 298 InsO erfolgen (Graeber, InsbürO 2015, 459).

Außerdem erfolgt die **Versagung** nach § 298 InsO **nur** für eine Nichtzahlung der Vergütung für das **vorangegangene Jahr** (gesetzliche Wortlaut).

Adressat: Schuldner/in

Restschuldbefreiungsverfahren über Ihr Vermögen
Amtsgericht...:... IN/IK.../...

Sehr geehrte Frau..., /Sehr geehrter Herr...,

das... (*erste, zweite, dritte etc.*) Jahr meiner Treuhändertätigkeit ist abgelaufen. In der **Anlage** überreiche ich eine Kostenrechnung über die im vorangegangenen Jahr entstandene Vergütung gem. § 14 Abs. 3 InsVV und darf um unverzüglichen Ausgleich, spätestens bis zum

...

(*14 Tage ab Datum des Schreibens*)

auf das in der Kostennote ausgewiesene Konto bitten.

Ich weise ausdrücklich darauf hin, dass

bitte eine Variante auswählen:

- *Ihnen bislang eine Kostenstundung für das Restschuldbefreiungsverfahren nicht bewilligt wurde*
- *die Ihnen bewilligte Kostenstundung mit gerichtlichem Beschluss vom … aufgehoben wurde*
- *die erfolgte Rückstellung aus dem eröffneten Verfahren (BGH, Beschl. v. 20.11.2014 – IX ZB 16/14) nicht ausreicht, um die Kosten des abgelaufenen Jahres vollständig auszugleichen*

und Sie daher gem. § 298 InsO zur Zahlung des ausgewiesenen Vergütungsbetrages verpflichtet sind.

Sollte ich einen Zahlungseingang nicht innerhalb der vorgenannten Frist feststellen können, droht Ihnen gem. § 298 Abs. 1 InsO die Versagung der Restschuldbefreiung. Dies hätte zur Folge, dass Sie von den bestehenden Verbindlichkeiten insgesamt nicht befreit werden. Ich bitte, diese Rechtsfolge zu beachten.

Nur möglich, wenn Kostenstundung nicht aufgehoben wurde:

Unabhängig von dieser Vorschrift können Sie selbstverständlich auch heute noch einen Stundungsantrag beim Insolvenzgericht für die Restschuldbefreiungsphase stellen. Auf Anfrage wird das Insolvenzgericht Ihnen die erforderlichen Formulare sicherlich gerne zur Verfügung stellen. Bitte informieren Sie mich für den Fall einer solchen Antragstellung, damit die obige Frist entsprechend gewahrt wird.

Mit freundlichen Grüßen

………………………………

Treuhänder/in

Anlage:
Kostennote

▶ Hinweis bei Nichtzahlung:

Ggf. eine Kopie dieses Schreibens an **Verfahrensbevollmächtigten** oder die **Schuldnerberatungsstelle,** wenn diese laut Insolvenzantrag vertretungsbefugt sind.

Damit kann ggf. die **Versagung der RSB vermieden werden.** Schuldnerberatungsstellen wünschen diese Kontaktaufnahme.

Muster 301: Versagungsantrag wg. fehlender Mindestvergütung

▶ Achtung: Bitte immer zweifach einreichen

(= eine Kopie für Schuldner zur Stellungnahme) 473

Adressat: Insolvenzgericht

Restschuldbefreiungsverfahren über das Vermögen des Herrn …/der Frau …
Geschäftszeichen: … IK/IN …/…

Sehr geehrte Frau Rechtspflegerin …., /sehr geehrter Herr Rechtspfleger ….,

in obiger Angelegenheit teile ich mit, dass d*er Schuldner/die Schuldnerin* die Mindestvergütung für das vorangegangene … *(erste, zweite, dritte etc.)* Jahr der Treuhändertätigkeit entsprechend der Regelung des § 298 InsO trotz mehrfacher Aufforderung nicht gezahlt hat.

▶ Achtung:

Der Antrag kann nur für das **vorangegangene Jahr** gestellt werden, nicht für ein ggf. ebenfalls offenes weiteres Jahr (= Fristversäumnis lt. herrschender Literaturmeinung)

▶ Hinweis – Ansicht von Graeber:

Bei **Teilzahlung: Anrechnung gem. § 367 BGB** auf Auslagen, Umsatzsteuer, dann auf Vergütung, Antrag zulässig, wenn nicht zu geringfügiger Betrag offen,

ggf. **kein Versagungsantrag,** weil **Vollstreckung gg. Schuldner** zulässig = Vorteil, weil andere Gläubiger nicht vollstrecken dürfen.

Siehe wg. näherer Infos in InsbürO 2015, 459 ff.

In der **Anlage** werden Abschriften der entsprechenden Anschreiben an *den Schuldner/die Schuldnerin* vom … und … nebst einer Abschrift der *ihm/ihr* übermittelten Vorschussrechnung vom … zur Kenntnis überreicht. Wie daraus ersichtlich wird, ist *der Schuldner/die Schuldnerin* auf die Folgen des § 298 InsO ausdrücklich hingewiesen worden. Die Frist von 14 Tagen des § 298 Abs. 1 Satz 1 InsO ist abgelaufen.

Ich beantrage daher, ***dem Schuldner/der Schuldnerin*** **die Restschuldbefreiung zu versagen.**

Ergänzende Info zur ggf. Nutzung bei Beanstandung des Antrages durch das Insolvenzgericht:

Nach einem Beschluss des BGH vom 21.01.2010 (IX ZB 155/09 in ZInsO 2010, 492) ist eine Glaubhaftmachung der Voraussetzungen für die Versagung der Restschuldbefreiung nicht erforderlich. Es darf insoweit auf die Ausführungen in Rn. 5 des vorgenannten Beschlusses verwiesen werden. Darin erläutert der BGH, dass zwar die Auffassung vertreten werde, der Versagungsantrag sei nur zulässig, wenn der Treuhänder den Nachweis für den Zugang seines Aufforderungsschreibens erbringe. Eine entsprechende Voraussetzung sei dem Gesetz aber nicht zu entnehmen. Der Nachweis des rechtzeitigen Zugangs des Aufforderungsschreibens werde in § 298 Abs. 1 Satz 1 InsO nicht verlangt. Ein entsprechendes Erfordernis ergebe sich auch sonst nicht. Der Treuhänder müsse deshalb nur dann den Zugang seines Aufforderungsschreibens beweisen, wenn dieser vom Schuldner in Frage gestellt werde. Das ist vorliegend nicht der Fall. Daher bitte ich, dem Antrag zu entsprechen.

Mit freundlichen Grüßen

....
Treuhänder/in

Anlagen:
Abschriften der Aufforderungsschreiben
Abschrift der Kostennote vom…

Muster 302: Versagungsgründe § 295 InsO – Gliederungspunkt

474 Zu einer möglichen Verletzung der Obliegenheiten gem. § 295 InsO sei folgendes ausgeführt:

Hinweise für eine Verletzung:	*Ja*
§ 295 Abs. 1 Nr. 1 InsO: Ausübung einer Erwerbstätigkeit, Bemühen um eine solche:	*Kurze Erläuterung des Sachverhaltes, ggf. in Stichworten*
§ 295 Abs. 1 Nr. 2 InsO: Erbschaft	*dto.*
§ 295 Abs. 1 Nr. 3 InsO: Wechsel des Wohnsitzes oder Beschäftigungsstelle	*dto.*
§ 295 Abs. 1 Nr. 3 InsO: Verheimlichen von abgetretenem Einkommen oder Erbschaft	*dto.*
§ 295 Abs. 1 Nr. 3 InsO: Auskunftspflicht ggü. Treuhänder	*dto.*
§ 295 Abs. 1 Nr. 4 InsO: keine Sonderzahlungen an Insolvenzgläubiger	*dto.*
§ 295 Abs. 2 InsO: bei selbständiger Tätigkeit: Angleichungspflicht	*dto.* Aber: Zahlungserfordernis zwar jährlich, aber Versagungsantrag wg. Nichtzahlung erst nach Ablauf der RSB-Phase möglich: BGH, Beschl. v. 17.01.2013 – IX ZB 98/11 Rn. 20
Beeinträchtigung der Gläubigerbefriedigung gem. § 296 Abs. 1 Satz 1 InsO: (BGH, Beschl. v. 05.04.2006 – IX ZB 50/05 in ZInsO 2006, 547 f., BGH, Beschl. v. 18.11.2010 – IX ZB 137/08 in InsbürO 2011, 78, WKRS 2010, 29152)	*Voraussetzung für Versagung, daher: vorstehend Erfüllung eines Tatbestandes? dann hier Erläuterungen zur Beeinträchtigung*

▶ Achtung bei Vorliegen von Versagungstatbeständen:

Ggf. **eine Information an Verfahrensbevollmächtigten oder die Schuldnerberatungsstelle**, wenn diese laut Insolvenzantrag vertretungsbefugt ist. In Verfahren ab 01.07.2014 möglich! Damit kann ggf. die Versagung der RSB vermieden werden. Schuldnerberatungsstellen wünschen diese Kontaktaufnahme.

Musterübersicht Schlussbericht

(Die Übersicht ist alphabetisch sortiert.)

		Rdn.
Muster 214:	Inhaltsverzeichnis Schlussbericht (*s. Muster Inhaltsverzeichnis*)	386
Muster 303:	Schlussbericht Kleinverfahren	475
Muster 304:	Schlussbericht Regelinsolvenz – jur. Person	476
Muster 305:	Schlussbericht Regelinsolvenz – natürliche Person	477
Muster 306:	Schlussrechnung – Masselosigkeit § 207 InsO	478
Muster 307:	Schlussrechnung – MUZ § 209 InsO – jur. Person	479
Muster 308:	Schlussrechnung – MUZ § 209 InsO – nat. Person	480
Muster 309:	Schlussrechnung – normal – jur. Person	481
Muster 310:	Schlussrechnung – normal – nat. Person	482
Muster 311:	Übersendung Schlussbericht an das AG – Kleinverfahren	483
Muster 312:	Übersendung Schlussbericht an das AG – Regelinsolvenz	484
Muster 313:	Umlaufzettel Schlussbericht	485
Muster 314:	Versagungsgründe – § 290 InsO – Gliederungspunkt	486
Muster 315:	Vorläufige Verwaltung – Rechnungslegung	487

Muster 303: Schlussbericht Kleinverfahren

S C H L U S S B E R I C H T 475

in dem Insolvenzverfahren über das Vermögen *des/der*

… (vollständiger Name)
…(Anschrift)
(untereinander schreiben!)

vorgelegt vom Insolvenzverwalter/	
von der Insolvenzverwalterin:	…
Insolvenzgericht:	Amtsgericht …
Aktenzeichen des Amtsgerichts:	… *IN/IK* …
Datum:	…

Inhaltsverzeichnis

A. Allgemeines
  I. Verfahrensdaten
  II. Vertragsverhältnisse
  III. Buchführung und Rechnungslegung nach § 155 InsO
  IV. Aus- und Absonderungsrechte
  V. Darstellung des Schlussberichtes
B. Verwertung der Insolvenzmasse
  I. Einnahmen
  II. Einkommenssituation
  III. Ausgaben
C. Insolvenztabelle
D. Schlussrechnung
  I. Ermittlung des Massebestandes bei Verteilung nach § 53 InsO
  II. Ermittlung der Verfahrenskosten nach § 54 InsO bei Verteilung nach § 53 InsO
    1. Teilungsmasse
    2. Gerichtskosten
  III. Verteilung des Massebestandes bei Verteilung nach § 53 InsO
  IV. Ermittlung des Massebestandes bei Verteilung nach § 209 InsO
  V. Ermittlung der Verfahrenskosten nach § 54 InsO bei Verteilung nach § 209 InsO
    1. Teilungsmasse
    2. Gerichtskosten
  VI. Verteilung des Massebestandes bei Verteilung nach § 209 InsO
E. Schlussverteilung
F. Erfüllung der Auskunfts- und Mitwirkungspflichten
G. Fiktiver Abführungsbetrag gem. § 295 Abs. 2 InsO
H. Anordnung einer Nachtragsverteilung
I. Abschluss des Insolvenzverfahrens
J. Veröffentlichungstext

A.
Allgemeines

I.
Verfahrensdaten

Die wichtigsten Daten zu dem vorliegenden Insolvenzverfahren werden noch einmal wie folgt zusammengefasst:

▶ Hinweis:

Nicht zutreffende Zeilen bitte löschen.

Name *des Schuldners/der Schuldnerin:*	…
Telefonnummer:	…
Insolvenzantrag – Eingang bei Gericht:	00. Monat 0000
Vorläufige Verwaltung:	…
Gutachtenerstellung:	…
Insolvenzeröffnung:	…
Antrag auf Restschuldbefreiung:	verbunden mit dem Insolvenzantrag
Ende der Restschuldbefreiungsphase ohne vorzeitige Erteilung:	…
Kostenstundung:	ja/nein, Beschluss v. …
Stichtag der ersten Gläubigerversammlung:	…
Anzahl der anwesenden Gläubiger:	… *(dem Terminprotokoll zu entnehmen)*
Erster schriftlicher Prüfungstermin mit Stichtag:	…
Nachträgliche Prüfungstermine / -stichtage:	… *(alle Termine)*
Masseunzulänglichkeit:	ja/nein
Datum der Anzeige:	…
Gefertigte Sachstandsberichte:	…
	(Daten: Bericht zur ersten Gläubigerversammlung und alle weiteren)

▶ Bearbeitungshinweis nachstehender Gliederungspunkt:

Nachstehender Gliederungspunkt ist **nur in gestundeten Regelinsolvenzverfahren** zu nutzen. In Verbraucherinsolvenzverfahren kann der Gliederungspunkt gelöscht werden.

II.
Vertragsverhältnisse

Vertragsverhältnisse aus der ehemaligen selbständigen Tätigkeit *des/der Schuldners/in* waren nicht mehr vorhanden. Mir sind keine Aufforderungen zur Abgabe der Erklärung nach § 103 InsO zugegangen. Auch eine Kündigung nach der Regelung in § 109 InsO musste nicht ausgesprochen werden. Insoweit sind auch keine Masseverbindlichkeiten zu Lasten der Insolvenzmasse entstanden.

▶ Hinweis:

Sollte es doch einmal aktuell eine selbständige Tätigkeit geben, so wäre der »Schlussbericht Regelinsolvenz nat. Person« einzusehen.

▶ Bearbeitungshinweis nachstehender Gliederungspunkt:

Nachstehender Gliederungspunkt ist **nur in gestundeten Regelinsolvenzverfahren** zu nutzen. In Verbraucherinsolvenzverfahren kann der Gliederungspunkt gelöscht werden.

III.
Buchführung und Rechnungslegung nach § 155 InsO

Der schuldnerische Betrieb wurde bereits am… eingestellt, so dass eine Buchführung von mir nicht weiterzuführen war. Die letzte Einkommenssteuererklärung wurde für das Kalenderjahr… abgegeben. Insoweit wird auf nachfolgende Ausführungen verwiesen. Die Rechnungslegungspflichten nach § 155 InsO wurden entsprechend erfüllt.

IV.
Aus- und Absonderungsrechte

Im vorliegenden Verfahren wurden von mehreren Gläubigern Aus- und Absonderungsrechte geltend gemacht. Hierbei handelt es sich um folgende:

Name des Absonderungsgläubigers	Gegenstand/Recht
....	....

Über die Befriedigung der Absonderungsrechte wird im Rahmen der Einnahmen berichtet werden.

[Alternative:

Ansprüche von Aus- und Absonderungsgläubigern wurden im vorliegenden Verfahren nicht geltend gemacht.]

V.
Darstellung des Schlussberichtes

▶ Wichtiger Hinweis:

Salden auf der letzten Seite der Schlussrechnung an dieser Stelle prüfen! Stimmt der Kontostand lt. Kontoauszug mit dem ausgewiesenen Kontostand dort überein? Oder sind ggf. etwaige Buchungen nicht richtig zugeordnet, so dass eine **Differenz** vorhanden ist. Dann diese erst **klären!**

Zum Aufbau dieses Schlussberichtes seien vorab folgende Informationen kurz zusammengefasst:

Schlussrechnung:	Darstellung der Summen in einzelnen Bereichen durch Ausdrucke aus der Insolvenzsoftware
Kontenblätter:	Darstellung einzelner Buchungen in dem jeweiligen Bereich: Sachkonto wird jeweils genannt
Belegnummer im Kontenblatt:	Verweis auf entsprechenden Kontoauszug
Eröffnungswerte:	Diese werden nachfolgend jeweils genannt, dadurch: Vergleich Prognose: tatsächlicher Erlös
Buchungszeitraum:	Eröffnung bis zum …

[Alternative – keinerlei Einnahmen:

Im vorliegenden Fall konnten erwartungsgemäß keinerlei Einnahmen verbucht werden. Eine Schlussrechnung – sortiert nach Sachkonten – erübrigt sich damit. Es wird nachfolgend dennoch kurz darauf eingegangen, in welchen Bereichen jeweils mögliche Vermögenswerte überprüft wurden.]

B.
Verwertung der Insolvenzmasse

I.
Einnahmen

Zu den erzielten Einnahmen sei auf den anliegenden tabellarischen Überblick verwiesen. Daraus wird deutlich, welche Vermögenswerte realisiert oder ggf. zumindest überprüft wurden. Hierin enthalten sind ebenfalls die Einnahmen aus den pfändbaren Anteilen aus dem Einkommen *des Schuldners/der Schuldnerin.* Hierzu wird ergänzend nachfolgendes ausgeführt.

▶ Hinweis:

Eine solche **Verwertungsliste** müsste aus den vorherigen Sachstandsberichten **schon vorhanden** sein und kann an dieser Stelle nur **aktualisiert** werden.

S. auch in die Muster »Verwertungstätigkeit«: »Verwertungsliste Kleinverfahren« (Nr. 384)

▶ Achtung:

Bei einer **Anfechtung**, die mehr Arbeit gemacht hat, sollten hier im Schlussbericht **nähere Informationen** gegeben werden. **Nur** die **Aufzählung** in der Verwertungsliste reicht i.d.R. **nicht.** Dies gilt insbesondere, wenn ein **Honorar nach dem RVG** geltend gemacht wird. Dann Erläuterungen: Was war der Grund für eine anwaltliche Beauftragung? Ansonsten wären Ausführungen im Vergütungsantrag erforderlich (**§ 1 Abs. 2 Nr. 4a InsVV**). Dort wird i.d.R. aber auf den Schlussbericht verwiesen. Ggf. gibt es Ausführungen auch schon in einem Sachstandsbericht, auf den dann in der Verwertungsliste ggf. verwiesen werden kann.

Dies gilt auch für **etwaige andere Vermögenswerte,** die abweichende Tätigkeiten erfordert haben.

II.
Einkommenssituation

Zum Einkommen *des/der Schuldners/in* werden folgende Informationen unter Berücksichtigung möglicher Unterhaltspflichten und anderer Aspekte abschließend noch einmal wie folgt zusammengefasst:

▶ Hinweis:

Nicht zutreffende Zeilen bitte löschen.

Name und Anschrift des Arbeitgebers:	…
Art der Tätigkeit:	*z.B. Verkäuferin*
Beginn des Arbeitsverhältnisses: (ggf. Wechsel während des Verfahrens erfolgt?)	*… (Datum)*
Angabe zur Stundenzahl:	*geringfügige Beschäftigung/ Teilzeit/Vollzeit*
Nachweise über Bemühungen zur Erwerbstätigkeit in Vollzeit erbracht: (Erwerbsobliegenheit gem. § 287b InsO)	*Ja/nein*
Bruttogehalt/-lohn:	*… EUR*
Nettoeinkommen:	*… EUR*
Steuerklasse lt. Lohn-/Gehalts-bescheinigung bei Insolvenzeröffnung:	*I/II / III/IV / V*
Gründe für eine Aufforderung zur Änderung der Lohnsteuerklasse:	*Nein/ja, … (welche?)*
Änderung der Lohnsteuerklasse erfolgt:	*am …*
Arbeitslosigkeit liegt vor seit:	*… (Datum)*
Datum des letzten vorgelegten Arbeitslosenbescheides:	*…, bewilligt bis zum …*
Arbeitslosengeld I nach SGB III i.H.v.: *(pfändbar gem. § 334 SGB III)*	*… EUR*
Arbeitslosengeld II nach SGB II i.H.v.: *(unpfändbar gem. § 42 Abs. 4 S. 1 SGB II und damit nicht massezugehörig gem. §§ 35 Abs. 1, 36 Abs. 1 S. 1 InsO)*	*… EUR*
Nachweise über Erwerbsbemühungen erbracht: (Erwerbsobliegenheit gem. § 287b InsO)	*Ja/nein*
Erwerbsunfähigkeit liegt vor seit: *Interner Hinweis:* *dann Bezug von Sozialhilfe, bei Erwerbsfähigkeit: Bezug von Arbeitslosengeld II*	*… (Datum)*
Sozialhilfe nach SGB XII i.H.v.: *(unpfändbar gem. § 17 Abs. 1 S. 2 SGB XII und damit nicht massezugehörig gem. §§ 35 Abs. 1, 36 Abs. 1 S. 1 InsO)*	*… EUR*
Sozialgeld nach § 7 SGB II i.H.v.: *(Nicht erwerbsfähige Person in Bedarfsgemeinschaft mit erwerbsfähiger und leistungsberechtigter Person)* *(unpfändbar gem. § 42 Abs. 4 S. 1 SGB II und damit nicht massezugehörig gem. §§ 35 Abs. 1, 36 Abs. 1 S. 1 InsO)*	*… EUR*
Datum des letzten vorgelegten Bescheides:	*… (Datum)*
Name und Geburtsdatum der Kinder:	*Bsp.: Tobias, geb. im Jahre ….*
Eigenes Einkommen der Kinder: (Veränderungen im Laufe des Verfahrens?)	*…. EUR*
Eigenes Einkommen *des Ehepartners/der Ehepartnerin*: (Veränderungen im Laufe des Verfahrens?)	*… EUR*
Zahlungsnachweis über geleisteten Unterhalt an *Ehefrau/Ehemann / Kinder*: *(BGH v. 28.09.2017 – VII ZB 14/16 Rn. 7)*	wurde erbracht / wurde nicht erbracht *Herabsetzungsantrag nach § 850c Abs. 1 ZPO gestellt?* *(s. gesondertes Muster Nr. 90)*

Höhe des monatlich pfändbaren Einkommensanteils (§ 35 Abs. 1 InsO) bei … *(Anzahl) Unterhaltsberechtigten*: (Veränderungen im Laufe des Verfahrens?)	*… EUR*
Vereinnahmung auf Treuhandkonto erfolgte regelmäßig:	*Ja/nein, weil … (Grund?)*
Lohn-/Gehaltsbescheinigungen liegen vor bis:	*Monat/Jahr*
Prüfung der vereinnahmten pfändbaren Beträge:	*ist erfolgt: Differenzen haben sich nicht ergeben* *ist erfolgt: eine Differenz im Monat … wurde vom Schuldner/von der Schuldnerin ausgeglichen*
Selbständige Tätigkeit:	*seit Monat/Jahr als …*
Freigabe erfolgt:	*Ja/nein* *am …*
Belehrung über Angleichungspflicht gem. §§ 35 Abs. 2 Satz 2, 295 Abs. 2 InsO ist erfolgt: *(BGH-Beschl. v. 19.07.2012 – IX ZB 188/09 in WKRS 2012, 20410)*	*Ja/Nein*
Informationen über fiktives Einkommen in unselbständigen Arbeitsverhältnis liegen vor:	*Ja/Nein*
Gründe für fehlende Chance am Arbeitsmarkt:	…
Wenn ausführliche Informationen durch Schuldner/in vorliegen: Es würden gem. Pfändungstabelle nach § 850c ZPO unter Berücksichtigung von … *(Anzahl)* Unterhaltsberechtigten pfändbare Einkommensanteile anfallen:	*Ja/Nein* *i.H.v. ca. … EUR/Monat*
Zahlungen sind eingegangen:	*Ja/Nein* *am … i.H.v. … EUR* *am … i.H.v. … EUR* … *(s. auch Summen- u. Saldenliste)*
Bei pfändbarem fiktivem Einkommen und fehlenden Zahlungen: Nachweise über die fehlenden Gewinne aus der selbständigen Tätigkeit liegen vor: *(BGH-Beschl. v. 13.06.2013 – IX ZB 38/10 in WKRS 2013, 41415)*	*Ja, Schreiben liegt in Kopie anbei* *Nein, bisher keine Auskunft erteilt* *Aufforderung ist am … erfolgt*
Bei pfändbarem fiktivem Einkommen und fehlenden Zahlungen: Nachweis über Erwerbsbemühungen wurden vorgelegt: *(Erwerbsobliegenheit gem. § 287b InsO)*	*Ja, dieser liegt an/Nein*

▶ Hinweis:

Weitere Aspekte möglich: z. B. mehrere Einkommen = Zusammenrechnungsbeschluss, Nebentätigkeit, Nachweis fiktives Einkommen etc.: s. ggf. auch Checklisten »Einkommen« oder »selbständige Tätigkeit«

▶ Hinweis zu pfändbaren Einkommensanteilen:

Die **Richtigkeit** der vereinnahmten pfändbaren Einkommensanteile **muss im eröffneten Verfahren geprüft** werden. Soweit die Höhe monatlich variiert, bietet es sich an, mit einer Tabelle zu arbeiten: Nettoeinkommen, »Soll-Stand« des pfändbares Einkommen und Zahlungseingang = Ermittlung etwaiger Differenz. Bei **unpfändbaren Lohn-/Gehaltsbestandteilen: Pfändungsrechner über** www.judis.info **nutzen.**

III.
Ausgaben

Zu den Ausgaben wird folgender Überblick gegeben:

Getätigte Ausgaben:	siehe anliegende Schlussrechnung nebst entsprechender Sachkontenblätter *Alternative:* keine
Masseverbindlichkeiten:	Es sind keine weiteren Masseverbindlichkeiten begründet worden.
Massekosten:	Es wird auf die nachfolgende Schlussrechnung verwiesen.

▶ Hinweis:

I.d.R. dürften die Ausgaben für sich sprechen und brauchen nicht weiter erläutert werden: Kontoführungsgebühren etc. Sollte es sich im Einzelfall doch einmal um **Zahlungen** an Dritte handeln, die **erläuterungsbedürftig** sind, ist anzuraten, in die obige Tabelle eine **weitere Zeile** aufzunehmen: »**Erläuterung zu den getätigten Ausgaben**«

C.
Insolvenztabelle

Für einen abschließenden Überblick über die Insolvenztabelle werden folgende Daten zusammengetragen:

Eingegangene Forderungsanmeldungen:	Tab.-Nrn. … bis…
Geprüfte Forderungsanmeldungen:	bis zur Tab.-Nr. …
Nachträglicher Prüfungstermin:	Noch erforderlich für Anmeldungen ab Tab.-Nr. … / *(Achtung: einige Gerichte möchten die nachträglichen zeitlich weit vor dem Schlussbericht prüfen)* nicht mehr erforderlich
Aktuelle Änderungen der bisherigen Prüfvermerke:	Tab.-Nrn. … (gesondertes Anschreiben liegt anbei)
Titulierte Forderungen:	wurden nicht angemeldet/werden nicht/nicht mehr bestritten werden nur bzgl. verjährter Zinsen gem. § 197 Abs. 2 BGB bestritten (Tab.-Nr. …) Neubeginn der Verjährung gem. § 212 Abs. 1 BGB wurde nicht nachgewiesen § 179 Abs. 2 i.V.m. § 189 Abs. 1 InsO kommt daher nicht zur Anwendung ***Achtung interner Hinweis:*** *für **bestrittene Teilbeträge** von **Vollstreckungstiteln** muss **Klage** von Seiten des Insolvenzbüros erhoben werden: § 179 Abs. 2 InsO, ansonsten im Verteilungsverzeichnis zu berücksichtigen: § 189 Abs. 1 InsO* *gilt aber nur, wenn das Original vorliegt!* *dann: Klärung herbeiführen: Rücknahme bewirken oder feststellen*
Anmeldungen Ausfallforderungen: *sollten immer vor Absendung geklärt werden*	*nicht (mehr) vorhanden*
Anmeldungen mit Deliktcharakter:	nicht vorhanden/Tab.-Nr. …
Feststellungsprozesse (§ 189 Abs. 2 InsO):	nicht anhängig
Gesamtüberblick:	siehe in anliegende Tabellenstatistik

D.
Schlussrechnung

bei Verteilung nach § 53 InsO – »normal«:

I.
Ermittlung des Massebestandes

Aus der anliegenden mit der Insolvenzsoftware erstellten Schlussrechnung ergibt sich per Stichtag… folgende Gesamtübersicht:

Einnahmen	..., EUR
./. Ausgaben	..., EUR
Massebestand	**..., EUR**

Dieser Massebestand befindet sich ausweislich des letzten Kontoauszuges vom... (Auszug Nr..../201...) auf dem Treuhandkonto bei der... (Bank): IBAN ...

[Alternative:

Es konnten keinerlei Einnahmen verbucht werden. Ein Massebestand ist daher nicht zu ermitteln.]

II.
Ermittlung der Verfahrenskosten nach § 54 InsO

1. Teilungsmasse

   Die Teilungsmasse für die Berechnung der Verwaltervergütung beträgt ... EUR. Eine Abweichung für die Berechnung der Gerichtskosten ist nicht gegeben.

2. Gerichtskosten

   Die Gerichtskosten werden auf Grundlage einer Teilungsmasse i.H.v. ... EUR mit einem Betrag i.H.v.

   ... EUR

   für 3 Gerichtsgebühren nach Nrn. 2310, 2320 GKG geschätzt.

   ▶ Hinweis:

   Ohne Schuldnerantrag gilt die Nr. 2330.

   Beim **Gläubigerantrag** gilt eine **Mindestgebühr** i.H.v. 180 EUR (Nr. 2311).

3. Verwaltervergütung

   Die Vergütung des Verwalters beträgt ausweislich des gesonderten Antrages brutto

   ... EUR.

III.
Verteilung des Massebestandes

1.	**verfügbarer Massebestand**	**... EUR**
2.	Weitere Einnahmen bis zur Aufhebung – Schätzung:	
	Zinsgutschriften	... EUR
	Umsatzsteuererstattung aus Verwaltervergütung	... EUR
	sonstige Steuererstattung	... EUR
	Guthaben von P-Konto	... EUR
	(ggf. löschen oder auch einfach Erinnerungswert einsetzen.)	
	Erhöhter Massebestand	**... EUR**
3.	Massekosten gemäß § 54 InsO	
	Gerichtskosten	... EUR
	Bruttovergütung des Verwalters	... EUR
	Summe	... EUR
	verbleibender/fehlender **Massebestand:**	**... EUR**

▶ Hinweis für nachfolgende Ausführungen:

BGH-Entscheidung vom 14.10.2010 (IX ZB 224/08 in ZInsO 2010, 2188), wonach die **Massekosten stets ausgeglichen** sein müssen, **bevor Masseverbindlichkeiten** im Kostenstundungsverfahren **bezahlt werden:** Prüfen, ob dies beachtet wurde!

4. Masseverbindlichkeiten nach § 55 InsO

   Keine ausstehenden Masseverbindlichkeiten:

   Diese sind vollständig ausgeglichen./

Solche sind nicht begründet worden. ... EUR

***verbleibender/fehlender* Massebestand** **... EUR**

5. Rückstellung analog §§ 292 Abs. 1 Satz 2, 189, 191, 198 InsO für die RSB-Phase

   (BGH, Beschl. v. 20.11.2014 – IX ZB 16/14)

   Rückstellung ja:

   Es wird eine Rückstellung für den Zeitraum *bis zum Ablauf der Abtretungserklärung (§ 287 Abs. 2 InsO)/ von fünf Jahren gem. § 300 Abs. 1 Nr. 3 InsO/von drei Jahren gem. § 300 Abs. 1 Nr. 2 InsO* gebildet. ... EUR

   Rückstellung erforderlich, aber kein Geld da:

   Für eine etwaige Rückstellung sind *keine/keine ausreichenden* Geldmittel vorhanden. ... EUR

   keine Rückstellung:

   Die Kosten der RSB-Phase können aus den monatlich pfändbaren Beträgen beglichen werden. Daher ist eine Rückstellung nicht erforderlich. ... EUR

   (Achtung, Prognose sollte sicher sein.)

6. Forderungen nach § 38 InsO

   Die voraussichtliche Quote ermittelt sich auf Grundlage der festgestellten Forderungen in Höhe von ... EUR wie folgt:

   $$\frac{\text{Restmassebestand EUR} \times 100}{\text{Festgestellte Forderungen in EUR}} = \%$$

   ▶ **Hinweis:**

   Sinnvoll ist es, den Prozentsatz auf zwei Stellen hinter dem Komma aufzurunden.

   [Alternative:

   Auf Forderungen nach § 38 InsO kann **keine** Quote gezahlt worden.]

Ohne Quote, aber bei Vorhandensein von einem Massebestand:

Ergänzend zu dieser vorstehenden Schlussrechnung sei mitgeteilt, dass zu keinem Zeitpunkt ein ausreichender Massebestand zur Abdeckung der Verfahrenskosten gem. § 54 InsO vorlag. Insoweit wird auf die anliegende Schlussrechnung verwiesen, aus der sämtliche verbuchten Einnahmen und Ausgaben ersichtlich werden. Die Gesamtsumme der Einnahmen liegt unter der vorstehend errechneten Gesamtsumme der Verfahrenskosten gem. § 54 InsO.

bei Vorliegen der MUZ, § 209 InsO:

IV.
Ermittlung des Massebestandes

Aus der anliegenden mit der Insolvenzsoftware erstellten Schlussrechnung ergibt sich per Stichtag... folgende Gesamtübersicht:

Einnahmen im eröffneten Verfahren	... EUR
Auszahlung an Absonderungsgläubiger	./.... EUR
Sonstige Ausgaben	./.... EUR
Massebestand	... EUR

Dieser Massebestand befindet sich ausweislich des letzten Kontoauszuges vom... (Auszug Nr..../201...) auf dem Treuhandkonto bei der... (Bank): IBAN ...

V.
Ermittlung der Verfahrenskosten nach § 54 InsO

1. Teilungsmasse

   Die Teilungsmasse für die Berechnung der Verwaltervergütung ergibt sich aus dem anliegenden Vergütungsantrag und beträgt ... EUR. Eine Abweichung für die Berechnung der Gerichtskosten ist nicht gegeben.

2. Gerichtskosten

   Die Gerichtskosten werden auf Grundlage einer Teilungsmasse i.H.v. … EUR mit einem Betrag i.H.v. … EUR

   für 2 Gerichtsgebühren nach Nr. 2322 KV i.V.m. Nr. 2310/2311 GKG geschätzt.

   ▶ Hinweis:

   Ohne Schuldnerantrag gilt die Nr. 2330, bei MUZ die Nr. 2332.

   Beim **Gläubigerantrag** gilt eine **Mindestgebühr** i.H.v. 180 EUR (Nr. 2311).

3. Verwaltervergütung

   Die Vergütung des Verwalters beträgt ausweislich des gesonderten Antrages brutto

   … EUR.

VI.
Verteilung des Massebestandes

▶ Hinweis zur Reihenfolge:

Die **nachstehende Reihenfolge muss** bei Vorliegen einer Masseunzulänglichkeit **unbedingt eingehalten werden.** Hierbei geht es bei der Verteilung des Massebestandes nur um die Masseverbindlichkeiten, die bislang noch nicht bezahlt wurden. Achtung: Unterscheidung in Neu- und Altmasseverbindlichkeiten!

1. **verfügbarer Massebestand** **… EUR**

2. Weitere Einnahmen bis zur Aufhebung – Schätzung:

   Zinsgutschriften … EUR

   Umsatzsteuererstattung aus Verwaltervergütung … EUR

   sonstige Steuererstattung … EUR

   Guthaben von P-Konto … EUR

   (ggf. auch einfach Erinnerungswert einsetzen.)

   Erhöhter Massebestand **… EUR**

3. Massekosten gemäß §§ 209 Abs. 1 Nr. 1, 54 InsO

   Gerichtskosten … EUR

   Bruttovergütung des Verwalters … EUR

   Summe … EUR

   verbleibender Massebestand: **… EUR**

4. Masseverbindlichkeiten nach §§ 209 Abs. 1 Nr. 2, 55 InsO

   keine ausstehenden Masseverbindlichkeiten … EUR

   noch zu begleichende Masseverbindlichkeiten:

   a. Steuerberatungskosten … EUR

   b. ….

   Summe …. EUR

   verbleibender Massebestand **… EUR**

5. Masseverbindlichkeiten nach §§ 209 Abs. 1 Nr. 3, 55 InsO

   Auf die ausstehenden Alt-Masseverbindlichkeiten kann eine Quote in Höhe von … % gezahlt werden. Es wird als **Anlage** … ein entsprechendes Verteilungsverzeichnis überreicht.

6. Rückstellung analog §§ 292 Abs. 1 Satz 2, 189, 191, 198 InsO für die RSB-Phase

   (BGH, Beschl. v. 20.11.2014 – IX ZB 16/14)

Eine Rückstellung für die Kosten der RSB-Phase kann nicht gebildet werden, weil kein ausreichender Massebestand vorhanden ist.

7. Forderungen nach § 38 InsO

Auf die festgestellten Forderungen des § 38 InsO kann **keine** Quote gezahlt werden. Diese wären in einer Gesamtsumme in Höhe von … EUR zu berücksichtigen.

E.
Schlussverteilung

Zur bevorstehenden Durchführung der Schlussverteilung sei auf folgendes im Überblick hingewiesen:

▶ Hinweis:

Nicht zutreffendes bitte löschen.

Abschluss der Verwertung:	Verwertung der Vermögenswerte ist abgeschlossen, Ausnahme: s. Nachtragsverteilung
Deckung der Verfahrenskosten gem. § 54 InsO:	Ja/nein
Auszahlung des Massebestandes an die Gerichtskasse:	Ja/nein
Zahlung der Insolvenzverwaltervergütung:	aufgrund der Kostenstundung aus der Staatskasse
Schlussverzeichnis:	ist beigefügt
Antrag:	Zustimmung zum Schlussverzeichnis gem. § 196 Abs. 2 InsO

F.
Erfüllung der Auskunfts- und Mitwirkungspflichten

Der Schuldner/Die Schuldnerin hat die Auskunfts- und Mitwirkungspflichten gem. § 97 InsO erfüllt.

[Alternative:

Der Schuldner/Die Schuldnerin hat die Auskunfts- und Mitwirkungspflichten gem. § 97 InsO *nicht/nicht vollständig* erfüllt. So wurde … (*Begründung*)]

G.
Fiktiver Abführungsbetrag gem. § 295 Abs. 2 InsO

Die selbständige Tätigkeit *des Schuldners/der Schuldnerin* wurde aus der Insolvenzmasse am … freigegeben. Unter dem vorstehenden Gliederungspunkt »Einkommen« wurden bereits Ausführungen zur Erfüllung der Angleichungspflicht gem. § 295 Abs. 2 InsO gemacht. An dieser Stelle sei noch einmal ergänzend darauf hingewiesen, *dass der Schuldner/die Schuldnerin* auch für die Restschuldbefreiungsphase auf diese Obliegenheit hingewiesen wurde und diese Belehrung aktuell wiederholt wird.

H.
Anordnung einer Nachtragsverteilung

Die Anordnung einer Nachtragsverteilung ist nicht erforderlich.

▶ Hinweis Anregung oder Antrag:

BGH-Rechtsprechung (Beschl. v. 18.12.2014 – IX ZB 50/13 in WKRS 2014, 29598 – u.a. Rn. 8, 9): Antrag stellen, nicht nur anregen, um beschwerdefähig zu werden, wenn dem Antrag nicht gefolgt wird, **aber:**
- wenn **kleinere Beträge** erwartet werden: **nur anregen** = dann kann das Insolvenzgericht von der Anordnung absehen = weniger Arbeit zur Durchführung der Nachtragsverteilung
- wenn **größere Beträge** (> 300,00 EUR) erwartet werden: **beantragen** = dann muss das Insolvenzgericht darüber entscheiden

Im vorliegenden Insolvenzverfahren wird vorsorglich die

Anordnung einer

Nachtragsverteilung gem. § 203 Abs. 1 Nr. 3 InsO

für *zwei* Sachverhalte beantragt, und zwar wie folgt:

1. hinsichtlich der **Einkommenssteuer für die Kalenderjahre … und …/für das Kalenderjahr …**
2. hinsichtlich eines möglichen **nicht verbrauchten Kontoguthabens auf dem P-Konto** bei der … (Bank) – IBAN-Nr.: … – **aus der Zeit der letzten drei Monaten vor Verfahrensbeendigung.**

Zur Begründung wird folgendes ausgeführt:

Insolvenzbeschlag:	Ja, wenn der die Erstattungsforderung begründende Sachverhalt vor oder während des Insolvenzverfahrens verwirklicht worden ist (BGH-Rechtsprechung)
Rechtsprechungsverweis Steuern:	BGH, Beschl. v. 12.01.2006 – IX ZB 239/04 in ZInsO 2006, 139 f.; BFH, Urt. v. 28.02.2012 – VII R 36/11 in InsbürO 2012, 363, ZInsO 2012, 883
Abtretungserklärung des § 287 Abs. 2 InsO:	umfasst keine Steuererstattungs-ansprüche (siehe vor und BGH, Urt. v. 21.07.2005 – IX ZR 115/04 in ZInsO 2005, 873 ff.)
Rechtsprechungsverweis P-Konto:	BGH, 26.09.2013 – IX ZB 247/11 in InsbürO 2014, 33, WKRS 2013, 46167 Rn. 7: einmalige Übertragung Guthaben in Folgemonat; BGH, 17.02.2011 – IX ZB 268/08 Rn. 10 in ZInsO 2011, 632, 633: Nachtrags-verteilung i.S.v. § 203 Abs. 1 Nr. 1 InsO auch für nachträglich ermittelte Masse
Folge:	Aufrechterhaltung des Insolvenzbeschlages ist erforderlich

I.
Abschluss des Insolvenzverfahrens

Es wird angeregt, einen Schlusstermin anzuberaumen und das Verfahren nach Abhaltung dieses Schlusstermins *gem. § 200 InsO aufzuheben/gem. § 211 InsO (bei MUZ) einzustellen.*

J.
Veröffentlichungstext

Für eine Veröffentlichung nach § 188 InsO wird folgender Text bereits heute mitgeteilt:

siehe Muster »Veröffentlichungstext« Nr. 372 mit verschiedenen Varianten

…, den…

…………………………………………
Insolvenzverwalter/in

Muster 304: Schlussbericht jur. Person

S C H L U S S B E R I C H T 476

in dem Insolvenzverfahren über das Vermögen der

… GmbH,

… (Anschrift)

vorgelegt vom Insolvenzverwalter:	….
Insolvenzgericht:	Amtsgericht …
Aktenzeichen des Amtsgerichts:	… IN …/…
Datum:	…

Inhaltsverzeichnis

A. Allgemeines
 I. Verfahrensdaten
 II. Ausgangssituation
 III. Vertragsverhältnisse
 IV. Arbeitsverhältnisse
 V. Buchführung und Rechnungslegung nach § 155 InsO
 VI. Aus- und Absonderungsrechte
 VII. Darstellung des Schlussberichtes
B. Verwertung der Insolvenzmasse
 I. Einnahmen
  1. Immaterielle Vermögenswerte

2. Unbewegliches und bewegliches Anlagenvermögen
3. Grundstück- und grundstücksgleiche Rechte
4. Erlöse aus Unternehmenskaufvertrag
5. Bewegliches Anlagevermögen
6. Warenvorräte, unfertige Erzeugnisse
7. Forderungseinzug: Altforderungen aus der Zeit vor Anordnung der vorläufigen Verwaltung
8. Forderungseinzug: Forderungen aus der Zeit der vorläufigen Verwaltung
9. Forderungseinzug: Forderungen aus der Zeit des eröffneten Verfahrens
10. Forderungseinzug: Kostenerstattung
11. Bankguthaben aus der vorläufigen Verwaltung
12. Guthaben aus aufgelösten Bankkonten
13. Kassenbestand
14. Versicherungen
15. Ansprüche gegen Gesellschafter
    a) Anspruch auf ... gegen ... *(Name)*
    b) Anspruch aus ... gegen ... *(Name)*
16. Anfechtungsansprüche
17. Ansprüche gegen Geschäftsführer/Geschäftsführerin ... *(Name)*
18. Vorsteuererstattungen
19. Kontokorrentzinsen
20. Zusammenfassung Einnahmen

II. Ausgaben
1. Masseverbindlichkeiten gem. § 55 InsO
    a) Verwaltungskosten Immobilie
    b) Abwicklungskosten Immobilienverkauf
    c) Vergütung Sachverständiger
    d) Umsatzsteuerzahlungen
    e) Steuerberatungskosten/Buchhaltung
    f) Kosten des Forderungseinzuges
    g) Eigene RA-Gebühr Masseprozess
    h) nsolvenzgeldvorfinanzierung
    i) Personalkosten im Kündigungszeitraum
    j) Akteneinlagerung
    k) Kontoführungsgebühren
    l) Vertragsverhältnisse
    m) Kapitalertragssteuer etc.
2. Massekosten gem. § 54 InsO
    a) Gerichtskosten
    b) Vorläufige Verwaltervergütung
    c) Verwaltervergütung
3. Zusammenfassung Ausgaben

C. Ermittlung des Überschusses
D. Noch nicht liquidiertes Vermögen
E. Insolvenztabelle
F. Schlussrechnung
G. Abschluss des Insolvenzverfahrens
H. Schlussverteilung
I. Veröffentlichungstext
J. Anordnung einer Nachtragsverteilung

A. Allgemeines

I. Verfahrensdaten

Die wichtigsten Daten zu dem vorliegenden Insolvenzverfahren werden wie folgt zusammengefasst:

Firma der Schuldnerin:	*... GmbH*
Anschrift:	*Straße Hausnr.,*
	PLZ Ort
Geschäftsführer:	*Herr/Frau ...*
Gegenstand des Unternehmens:	Vertrieb von ...

(kann dem Bericht zur ersten Gläubigerversammlung entnommen werden)

Eintragung im Handelsregister:	Amtsgericht ..., HRB ...
Eigenantrag:	... *(Datum)*
Fremdantrag:	... *(Name des Gläubigers)*
	... *(Datum)*
Vorläufige Verwaltung:	... *(Datum)*
Gutachtenerstellung:	... *(Datum)*
Insolvenzeröffnung:	... um ... Uhr
Verbindung folgender Verfahren:	... IN ...
	... IN ... (andere *Aktenzeichen)*
Termin zur ersten Gläubigerversammlung:	... *um ... Uhr*
Anzahl der anwesenden Gläubiger:	... *(Anzahl)*
(im Planverfahren, ansonsten löschen:)	
Erörterungstermin:	... *(Datum)*
Anzahl der anwesenden Gläubiger:	... *(Anzahl)*
Annahme des Insolvenzplans:	... *(Datum)*
Eintritt Rechtskraft des Plans:	... *(Datum)*
Erster Prüfungstermin:	... *(Datum)*
(bei Betriebsschließung, ansonsten löschen:)	
Betriebseinstellung:	... *(Datum)*
Nachträgliche Prüfungstermine/-stichtage:	... *(Datum) (ggf. mehrere Termine)*
Masseunzulänglichkeit:	*ja/nein*
Datum der Anzeige:	... *(Datum)*
Gefertigte Sachstandsberichte:	... *(Datum: Bericht zur ersten Gläubigerversammlung und alle weiteren)*

II.
Ausgangssituation

▶ Hinweis:

Man sollte kurz erläutern, ob eine **Betriebsfortführung** stattgefunden hat oder nicht und ggf. mit welchem Ergebnis sie beendet wurde, z. B. durch Verkauf oder Einstellung etc. Man kann hier auch ggf. **auffällige individuelle Verfahrensbesonderheiten** kurz ansprechen.

***Betriebseinstellung** – Beispiel für eine Formulierung:*

Bei Insolvenzantragstellung war der Geschäftsbetrieb der Schuldnerin bereits eingestellt. Eine Wiederaufnahme schied nach meiner Prüfung aus. Das gesamte Anlage- und Umlaufvermögen wurde daher freihändig an Dritte veräußert.

***Betriebsfortführung** – Beispiel für eine Formulierung:*

Bei Anordnung der vorläufigen Verwaltung lief der Geschäftsbetrieb der Schuldnerin noch. ... (*Anzahl*) Arbeitnehmer waren dort beschäftigt. Der Geschäftsbetrieb wurde während der gesamten Dauer des vorläufigen Verfahrens und auch noch im eröffneten Verfahren bis zum ... fortgeführt. Am ... erfolgte sodann ein Verkauf des gesamten Anlage- und Umlaufvermögens im Rahmen einer übertragenden Sanierung. Insoweit wird auf die Ausführungen im Bericht vom ... verwiesen.

***Betriebsfortführung – Insolvenzplanverfahren** – Beispiel für eine Formulierung:*

Nach Anordnung der vorläufigen Verwaltung war schnell erkennbar, dass eine Aufrechterhaltung des Unternehmens eine bessere Gläubigerbefriedigung bieten würde, als dies im Falle einer Zerschlagung bzw. Einstellung des Betriebs erfolgen könnte. Ich hatte daher in der ersten Gläubigerversammlung die Erarbeitung eines Insolvenzplans zur Sanierung des Geschäftsbetriebes angeregt und angekündigt, selbst von meinem Planinitiativrecht nach § 218 InsO Gebrauch zu machen, da zu erwarten war, durch einen Insolvenzplan eine dauerhafte Restrukturierung des Betriebes und der wirtschaftlichen Verhältnisse der Schuldnerin zu realisieren. Durch einstimmigen Beschluss der Gläubigerversammlung vom … wurde ich dann auch damit beauftragt, einen Insolvenzplan auszuarbeiten. Wie sich oben aus dem Datenpool ergibt, wurde der Insolvenzplan in der Folgezeit auch angenommen.

III.
Vertragsverhältnisse

▶ Hinweis:

In Insolvenzverfahren über das Vermögen von juristischen Personen gibt es immer **irgendwelche Vertragsverhältnisse,** die entweder von einem Dritten übernommen oder vom Insolvenzverwalter abgelehnt oder gekündigt werden müssen. Dies sollte man für einen **Gesamtüberblick** kurz erläutern.

Der Insolvenzverwalter hat nachzuweisen, dass er **keine unberechtigten Masseverbindlichkeiten begründet und bezahlt** hat, z. B. durch zu späte Kündigung oder fehlende Ablehnung etc.

***Betriebseinstellung** – Beispiel für eine Formulierung:*

Die bei Insolvenzeröffnung noch bestehenden Vertragsverhältnisse der Schuldnerin wurden von mir aufgrund der Betriebseinstellung am … jeweils gekündigt (§§ 108 f. InsO) bzw. die Vertragserfüllung entsprechend § 103 InsO abgelehnt. Aus den Vertragsverhältnissen resultierende Belastungen musste die Insolvenzmasse daher nur bis zum … als Masseverbindlichkeiten begleichen. Insoweit wurden ein bzw. mehrere gesonderte Sachkonten angelegt. Näheres wird nachstehend noch erläutert werden.

***Betriebsfortführung** – Beispiel für eine Formulierung:*

Die bei Insolvenzeröffnung noch bestehenden Vertragsverhältnisse der Schuldnerin wurden von dem Käufer des schuldnerischen Geschäftsbetriebes gemäß der vertraglichen Vereinbarung insgesamt übernommen. Insoweit wird auf die Ausführungen im Bericht vom … und vor allem die überreichte Fotokopie des Kaufvertrages vom … verwiesen. Aus den Vertragsverhältnissen resultierende Belastungen musste die Insolvenzmasse daher nur bis zum … als Masseverbindlichkeiten begleichen. Insoweit wurden ein bzw. mehrere gesonderte Sachkonten angelegt. Näheres wird nachstehend noch erläutert werden.

***Betriebsfortführung – Insolvenzplanverfahren** – Beispiel für eine Formulierung:*

Wie vorstehend erläutert, handelt es sich vorliegend um ein Insolvenzplanverfahren. Der schuldnerische Betrieb bleibt damit erhalten. Die Vertragsverhältnisse werden weiter fortgeführt. Während der Dauer des Insolvenzverfahrens wurden die entsprechenden Kosten aus der Insolvenzmasse beglichen. Insoweit wurden ein bzw. mehrere gesonderte Sachkonten angelegt. Näheres wird nachstehend noch erläutert werden.

IV.
Arbeitsverhältnisse

▶ Hinweis:

Zu dieser Thematik sollte ebenfalls dargelegt werden, dass der Insolvenzverwalter **keine unberechtigten Masseverbindlichkeiten** begründet hat, z. B. durch zu späte Kündigung der Arbeitnehmer etc. Denkbar wäre auch, dass die Löhne und Gehälter versehentlich über den Stichtag hinaus gezahlt wurden oder der Monat nicht entsprechend aufgeteilt wurde.

***Betriebseinstellung** – Beispiel für eine Formulierung:*

Es bestanden zum Zeitpunkt der Insolvenzeröffnung … *(Anzahl)* Arbeitsverhältnisse. Diese sind gleich mit Insolvenzeröffnung zum nächstmöglichen Kündigungszeitpunkt gem. § 113 InsO gekündigt worden. Insoweit wird als **Anlage …** ein tabellarischer Überblick überreicht. Bis zum Ablauf der Kündigungsfristen mussten die Löhne und Gehälter als Masseverbindlichkeiten aus der Insolvenzmasse bezahlt werden.

[Alternative:

Das schuldnerische Unternehmen hatte mit … (Anzahl) Arbeitnehmern Arbeitsverhältnisse geschlossen. Aufgrund der Betriebseinstellung schon *während der vorläufigen Verwaltung/vor Anordnung der vorläufigen Verwaltung* hatte die Schuldnerin die Kündigung dieser Arbeitsverhältnisse bereits vor der Insolvenzeröffnung ausgesprochen. *(Ich hatte diesen Kündigungen in meiner Eigenschaft als vorläufige/r Insolvenzverwalter/in zugestimmt.)* Die Kündigungsfristen liefen noch in das eröffnete Verfahren hinein, so dass noch Löhne und Gehälter gezahlt werden mussten. Über die jeweiligen Arbeitnehmer mit ihrem jeweiligen Austrittsdatum wird in der **Anlage …** ein tabellarischer Überblick überreicht.]

Betriebsfortführung – Beispiel für eine Formulierung:

Es bestanden zum Zeitpunkt der Insolvenzeröffnung … *(Anzahl)* Arbeitsverhältnisse. Sämtliche Arbeitsverhältnisse wurden bei der Veräußerung des Gewerbebetriebes vom Käufer übernommen. Die Insolvenzmasse hatte insoweit lediglich die Löhne und Gehälter für den Zeitraum ab Insolvenzeröffnung bis zum Stichtag des Überganges auf den Käufer am … zu tragen. Für einen Überblick über alle bei Insolvenzeröffnung bestehenden Arbeitsverhältnisse wird als **Anlage …** eine entsprechende Arbeitnehmerliste überreicht.

Betriebsfortführung – Insolvenzplanverfahren *– Beispiel für ein Formulierung:*

Aufgrund der Erhaltung des Geschäftsbetriebes mussten die Arbeitsverhältnisse nicht grundsätzlich beendet werden. Es wurden lediglich … *(Anzahl)* Arbeitnehmer gekündigt. Hintergrund war eine Minderung der Personalkosten und damit eine Liquiditätssteigerung des schuldnerischen Unternehmens.

▶ Hinweis zur tabellarischen Übersicht:

Aus **datenschutzrechtlichen Gründen** sollte die **tabellarische Übersicht nur** den **Namen** und das **Austrittsdatum** des jeweiligen Arbeitnehmers enthalten. Das ermöglicht bereits eine Überprüfung durch das Insolvenzgericht bzw. einen ggf. beauftragten Sachverständigen, ob die **Löhne und Gehälter** auch **korrekt** innerhalb des Kündigungszeitraums gezahlt wurden. Mehr ist an dieser Stelle nicht erforderlich.

V.
Buchführung und Rechnungslegung nach § 155 InsO

▶ Hinweis:

Eine kurze Stellungnahme zu dieser Thematik gibt Dritten die Möglichkeit festzustellen, ob die **Pflichten nach § 155 InsO erfüllt** wurden. Insbesondere der Hinweis zur Erstellung des letzten Jahresabschlusses ist dabei wichtig.

Beispiel für eine Formulierung:

Wie im Bericht zur ersten Gläubigerversammlung bereits ausgeführt wurde, befand sich die Buchführung des schuldnerischen Unternehmens bei Übernahme des Amtes als *vorläufige/r Insolvenzverwalter/in in einem guten Zustand/in einem desolaten Zustand.* Während der Dauer des Verfahrens ist die Buchführung *weitergeführt/komplett aufgearbeitet* worden. Die erforderlichen Steuererklärungen wurden bei der Finanzverwaltung eingereicht. Die Jahresabschlüsse für die Kalenderjahre … und … sind erstellt und testiert worden. Ich habe meine handelsrechtlichen und steuerrechtlichen Rechnungslegungspflichten gem. § 155 InsO damit erfüllt.

[Alternative:

Wie im Bericht zur ersten Gläubigerversammlung ausgeführt wurde, waren bei Insolvenzeröffnung keine Jahresabschlüsse für die Kalenderjahre … und … erstellt. Das Finanzamt hat insoweit Schätzungen vorgenommen und die ausstehenden Steuerforderungen unter der lfd. Nr. … zur Insolvenztabelle in einer Gesamthöhe von … EUR angemeldet, die von mir auch festgestellt wurden.]

Die Erstellung der Jahresabschlüsse konnte im eröffneten Verfahren nicht vorgenommen werden, weil am … Masseunzulänglichkeit erklärt werden musste und somit keine Gelder für die Beauftragung eines Steuerberaters zur Verfügung standen. Mir war es daher nicht möglich, die handelsrechtlichen und steuerrechtlichen Rechnungslegungspflichten gem. § 155 InsO komplett zu erfüllen. Umsatzsteuer- und Körperschaftssteuererklärungen für die Zeit des laufenden Verfahrens wurden dagegen vollständig erstellt und bei der Finanzverwaltung eingereicht.

VI.
Aus- und Absonderungsrechte

▶ Hinweis:

Ein Überblick über die Aus- und Absonderungsrechte sollte von den Sachbearbeitern schon **während der Abwicklung des Verfahrens** geführt werden. Diese Aufstellung kann dann für den Schlussbericht genutzt werden. Die darin enthaltenen Daten müssten aber noch einmal kontrolliert werden. Eine Musterübersicht ist zu finden bei den Mustern Aussonderungsrechte: »**Übersicht in Tabellenform – Aus- und Absonderungsrechte**« (Nr. 55). Ggf. können Übersichten mit einem solchen Inhalt aber auch aus der Insolvenzsoftware gezogen werden.

Im vorliegenden Verfahren wurden von mehreren Gläubigern Aus- und Absonderungsrechte geltend gemacht. Es wird insofern ein tabellarischer Überblick gegeben, der als **Anlage …** diesem Schlussbericht beigefügt ist. Daraus ist ersichtlich, welche Gläubiger an welchen Vermögenswerten welche Rechte geltend gemacht haben und wie diese begehrten Vorrechte Berücksichtigung gefunden haben.

VII.
Darstellung des Schlussberichtes

▶ Hinweis:

Salden auf der letzten Seite der Schlussrechnung an dieser Stelle prüfen! Stimmt der Kontostand mit den Einnahmen und Ausgaben überein oder sind ggf. irgendwelche Buchungen nicht richtig zugeordnet, so dass eine Differenz vorhanden ist? Dann diese erst klären!

Im Folgenden wird die als **Anlage ...** beigefügte Schlussrechnung – Teil 1 – näher erläutert. In dieser sind die einzelnen Sachbereiche aufgeführt, in denen Einnahmen erzielt bzw. Ausgaben getätigt wurden. Hinter den Überschriften zu den nachfolgenden einzelnen Themen werden in Klammern die aus der Vermögensübersicht zum Stichtag der Verfahrenseröffnung dazugehörigen Werte (E-Werte = Eröffnungswerte) sowie das jeweilige Sachkonto aus der Schlussrechnung angegeben. Damit wird ein Zusammenhang zwischen den Erläuterungen und den Konten in der Schlussrechnung hergestellt und ein Vergleich zwischen den damals geschätzten und nunmehr tatsächlich erzielten Erlösen für die Insolvenzmasse möglich.

Zu den einzelnen in der Schlussrechnung genannten Konten sei angemerkt, dass die Zusammensetzung der dort aufgeführten Gesamtsummen zusätzlich zu den nachstehenden Erläuterungen auch den jeweiligen Kontenblättern entnommen werden kann, die als **Anlage** ... überreicht werden. Darüber hinaus sei erläutert, dass in der Spalte »Belegnummer« jeweils die Nummer des entsprechenden Kontoauszuges genannt ist.

Als **Anlage ...** liegt die chronologische Aufstellung der Buchungen anbei.

Es wird darauf hingewiesen, dass aus der Schlussrechnung – Teil 1 – lediglich alle bisher erfolgten Buchungen auf dem Treuhandkonto ersichtlich werden. Bezüglich der *bevorstehenden Verteilung des vorhandenen Massebestandes* wird auf die Ausführungen in der weiter beiliegenden Schlussrechnung – Teil 2 (**Anlage** ...) – verwiesen.

B.
Verwertung der Insolvenzmasse

I.
Einnahmen

▶ Hinweis:

Sinnvoll ist eine Sortierung der Erläuterungen nach der »Flüssigkeit« (= Vermögensübersicht): Alle Positionen aus der Vermögensübersicht nach § 153 InsO sollte man aufnehmen, auch wenn keine Einnahme erfolgt ist. Dann ist entsprechend der Grund für die fehlende Einnahme anzugeben.

Je nach Verfahrensentwicklung sind ganze Passage der nachfolgenden Formulierungen einfach zu streichen: Planverfahren, Betriebsveräußerung im ganzen, einzelne Verwertung?

1. Immaterielle Vermögenswerte

   (E-Wert: ... EUR) (Sachkontenblatt...)

   Immaterielle Vermögenswerte waren nicht vorhanden.

   [Alternative:

   An immateriellen Vermögenswerten waren ... vorhanden. Diese konnten mit Kaufvertrag vom ... an ... zu einem Kaufpreis i.H.v. ... EUR veräußert werden.]

Beispiel für eine Formulierung im Insolvenzplanverfahren:

2. Unbewegliches und bewegliches Anlagenvermögen

   (E-Wert: ... EUR) (kein Sachkontenblatt)

   Das unbewegliche und bewegliche Anlagevermögen der Schuldnerin wurde nicht verwertet, weil es zu der Annahme eines Insolvenzplans gekommen ist. Die darin vorgesehenen Zahlungen an die Gläubiger werden aus den Umsatzerlösen der Schuldnerin geleistet werden. Wegen der einzelnen Vermögenswerte wird auf die Ausführungen im Bericht zur ersten Gläubigerversammlung auf Seite ... sowie die Vermögensübersicht nach § 153 InsO verwiesen.

   ▶ Hinweis:

   An diese Erläuterungen schließen sich jetzt Erläuterungen zu den erzielten Einnahmen, i.d.R. ab dem Forderungseinzug (s. nachstehend) an.

Beispiele für eine Formulierung ohne Planverfahren:

3. Grundstück- und grundstücksgleiche Rechte

(E-Wert:... EUR) (Sachkontenblatt...)

▶ Hinweise:

- Grundstücksdaten für exakte Kennzeichnung aufführen.
- Bei mehreren Grundstücken Bezifferung (= a), b),...) für einen guten Überblick vornehmen.
- Belastungen nennen, um danach entsprechend auf Befriedigung einzugehen.
- Welcher Kaufpreis wurde wann erzielt? Notarielle Urkunde angeben.
- Welche Beträge sind davon an Dritte geflossen? Warum und in welcher Höhe? Bei direkter Zahlung vom Treuhandkonto: Passivkonten nennen.
- Welche Restsumme ging wann auf dem Treuhandkonto ein?
- Wann ist die Eigentumsumschreibung erfolgt (wegen Abschluss des Vorgangs)?
- Sind die Erwartungen erfüllt worden? Vergleich mit E-Wert. Kurze Begründung.
- Wann erfolgte ggf. die Freigabe des Grundstückes und aus welchem Grund?

Beispiel für eine Formulierung:

Die Schuldnerin war Eigentümerin eines Grundstückes in ... *(Ort)*, eingetragen im Grundbuch von ... Blatt ..., Gemarkung ..., Flur ..., Flurstück ... zur Größe von ... qm. Die Belastungen im Grundbuch stellten sich wie folgt dar:

Abt. II: lastenfrei

Abt. III: lfd. Nr. 1: ... EUR Briefgrundschuld für ... *(Name Grundpfandrechtsgläubigerin)*, ... % Zinsen jährlich, ... % Nebenleistung einmalig, vollstreckbar nach § 800 ZPO

Das Grundstück konnte mit notariellem Vertrag vom... (UR-Nr. .../... des Notars ... mit dem Amtssitz in ...) an *Herrn/Frau* ... zu einem Kaufpreis in Höhe von ... EUR veräußert werden. Daraus musste die Darlehensvaluta an die Grundpfandrechtsgläubigerin gemäß Abt. III lfd. Nr. 1 abgelöst werden. Per Stichtag... betrug diese 0,00 EUR, so dass sich ein Übererlös in Höhe von ... EUR zugunsten der Insolvenzmasse ergab.

[Alternative – kein Übererlös:

.... Per Stichtag... betrug diese ... EUR. Ein Übererlös zugunsten der Insolvenzmasse hat sich demnach nicht ergeben. Mit der Grundpfandrechtsgläubigerin wurde allerdings für die freihändige Verwertung durch mich eine Vereinbarung über eine Massebeteiligung getroffen. Danach sollten ... % aus dem erzielten Kaufpreis an die Insolvenzmasse abgeführt werden. Dieser Betrag ist am ... auf dem Treuhandkonto eingegangen.]

Für die Kaufvertragsabwicklung mussten Gerichtskosten für die Löschung des Grundpfandrechtes in Höhe von ... EUR (Sachkonto Nr. ...) bezahlt werden. Die Notarkosten für die notarielle Beurkundung des Kaufvertrages hat der Käufer zu tragen.

Die Eigentumsumschreibung auf den Käufer ist am... erfolgt.

Der erzielte Erlös für die Insolvenzmasse lag *über/unter* den Erwartungen. Dies lag daran, dass ... *(Begründung)*

[Alternative – kein Grundeigentum:

Grundstück- oder grundstücksgleiche Rechte standen nicht im Eigentum der Schuldnerin.]

4. Erlöse aus Unternehmenskaufvertrag

(E-Wert:...) (Sachkontenblätter...)

Wie vorstehend bereits erläutert, wurde mit Datum vom... ein Kaufvertrag über die bei der Schuldnerin vorhandenen Wirtschaftsgüter geschlossen. Mit diesem Kaufvertrag wurden Gegenstände des beweglichen Anlagevermögens, des Umlaufvermögens sowie geringwertige Wirtschaftsgüter, das Vorratsvermögen, der Firmenwert sowie die Aufträge und Bestellungen an *Herrn/Frau/Firma* ... veräußert. *Der Käufer/Die Käuferin* verpflichtete sich, sowohl ... *(Anzahl)* von ... *(Gesamtzahl)* Arbeitnehmern zu übernehmen und den Betriebsstandort in ... *(Ort)* aufrecht zu erhalten.

Der Kaufpreis setzte sich wie folgt zusammen:

Firmenwert	... EUR
Anlage- und Umlaufvermögen, Aufträge/Bestellungen	... EUR
Gesamtsumme	... EUR

Dieser Betrag ist am... auf dem Treuhandkonto eingegangen. Von dem Betrag mussten die vorstehend aufgeführten Absonderungsrechte befriedigt werden. Die einzelnen Buchungen ergeben sich aus dem Sachkontenblatt ..., auf das ausdrücklich verwiesen wird. Es wurde eine Summe von ... EUR an die Absonderungsberechtigten ausgezahlt, so dass der Insolvenzmasse ein Betrag in Höhe von ... EUR verbleibt.

5. Bewegliches Anlagevermögen

(E-Wert:...) (Sachkontenblätter...)

▶ **Hinweis Überschrift:**

Hier alle angesprochenen Sachkonten aufführen: Kostenbeiträge, Absonderungsrechte etc.

▶ **Hinweise zum Inhalt:**

- Verwertungsliste führen und beifügen: Möglichkeit, sich auf kurze Ausführungen hier im Schlussbericht zu beschränken
- etwaige Probleme oder Abweichungen von den Prognosewerten wären ggf. noch einmal kurz zu erklären oder ein Verweis auf Ausführungen in früheren Berichten zu machen
- allgemeine Aussagen zu folgenden Fragen treffen:
- Welche Summe ist an Dritte geflossen?
- Nettoerlös für Insolvenzmasse benennen.
- Vergleich zu den E-Werten vornehmen, ggf. Gründe für Abweichung anführen.
- nicht verkaufte Gegenstände nebst Begründung angeben.
- ggf. über erfolgte Freigaben berichten oder Verweis auf Erläuterung in alten Berichten vornehmen.

Beispiel für eine Formulierung:
Zum beweglichen Anlagevermögen des schuldnerischen Unternehmens gehörten der Fuhr- und Maschinenpark, die weitere Betriebs- und Geschäfts- sowie die Büroausstattung. Am... fand eine Versteigerung statt. Es konnte ein Verwertungserlös in Höhe von insgesamt ... EUR erzielt werden. Der Betrag ist am... auf dem Treuhandkonto eingegangen. Darin enthalten waren die gesetzliche Umsatzsteuer, die am... an die Finanzverwaltung abgeführt wurde (Konto ... in der Schlussrechnung auf Seite...), und zum Teil Kaufpreise für Warenvorräte und unfertige Erzeugnisse in Höhe von ... EUR. Hierzu wird auf die nachfolgenden Ausführungen verwiesen.

Zum Teil mussten aus den Erlösen Absonderungsrechte einiger Gläubiger befriedigt werden. Hierzu wird auf die ausführliche Berichterstattung vom... verwiesen (*i.d.R. erster Sachstandsbericht nach der Gläubigerversammlung*). Als **Anlage ...** wird die vervollständigte Verwertungsliste beigefügt, aus der jeder Gegenstand mit dem erzielten Kaufpreis, der etwaigen Ablösesumme an Dritte sowie dem Erlös für die Insolvenzmasse ersichtlich wird.

Der Nettoerlös für die Insolvenzmasse aus der Veräußerung des beweglichen Anlagevermögens beträgt .... EUR und entspricht damit den Erwartungen in der Vermögensübersicht nach § 153 InsO.

Zwei Gegenstände konnten nicht veräußert werden. Hierbei handelt es sich um ... Das lag daran, dass ... (*Grund nennen, für Antrag auf Beschlussfassung gem. § 197 Abs. 1 Nr. 3 InsO (= nicht verwertbares Vermögens): siehe später »nicht liquidiertes Vermögen«)*

Die entsprechenden Buchungen sind auf den oben genannten Sachkontenblättern erfolgt. Hierbei sei erläuternd darauf hingewiesen, dass bei den Kaufpreisen, die mit Absonderungsrechten belegt waren, die entsprechenden Kostenbeiträge nach § 171 InsO direkt auf gesonderte Sachkonten (...) gebucht wurden, so dass sich auf dem eigentlichen Sachkontenblatt (...) nur die Auszahlungsbeträge an die Sicherungsgläubiger sowie die erlangten Mehrwertsteuerbeträge finden.

Das Konto ... (*Befriedigung Absonderungsrechte*) gibt im Übrigen einen Gesamtüberblick über alle geleisteten Auszahlungen an die Sicherungsgläubiger.

Bei der Buchung auf dem Konto ... handelt es sich um die Überweisung des Umsatzsteuerbetrages, der durch eine eigene Verwertung des Sicherungsgläubigers angefallen ist.

Im Ergebnis bleibt festzuhalten, dass der Insolvenzmasse ein Betrag von ... EUR verbleibt. Dieser errechnet sich wie folgt:

Summe Verwertungserlöse gem. Schlussrechnung (...)	0,00 EUR
abzgl. Auszahlung an Absonderungsgläubiger (... Buchungen vom ...)	0,00 EUR
abzgl. Umsatzsteuer an FinA	0,00 EUR
verbleibende Differenz	0,00 EUR

Darin enthalten ist – wie zuvor ausgeführt – allerdings auch bereits der Kaufpreis für die Veräußerung der Vorräte, wie nachfolgend näher erläutert wird. Bringt man diesen Kaufpreis von ... EUR in Abzug, verbleibt eine Summe von ... EUR.

Die Abweichung von der Prognose in der Vermögensübersicht zum Zeitpunkt der ersten Gläubigerversammlung resultiert daraus, dass ... *(positiv oder negativ? Begründung)*

6. Warenvorräte, unfertige Erzeugnisse

(E-Wert:... EUR) (Sachkontenblatt...)

Beispiel für eine Formulierung:
Es waren geringfügige Warenvorräte in der Betriebshalle der Schuldnerin vorhanden. Diese wurden insgesamt am... zu einem Bruttokaufpreis in Höhe von ... EUR veräußert. Diese Position ist auch in der Verwertungsliste aufgeführt, so dass dieser Betrag von ... EUR in der vorgenannten Gesamtsumme der Verwertungserlöse bereits enthalten ist.

7. Forderungseinzug: Altforderungen aus der Zeit vor Anordnung der vorläufigen Verwaltung

(E-Wert:... EUR) (Sachkontenblatt...)

▶ Hinweis zu einer Anlage:

Hinweise zu den einzelnen Forderungen sollten **in der Insolvenzsoftware** vermerkt werden. Diese **Angaben** müssten während der gesamten Dauer des Insolvenzverfahrens **gepflegt werden.** Man benötigt sie auch für die vorherige Berichterstattung. Ausdrucke von **Gesamtübersichten** und auch Einzelübersichten sind möglich. Einzelübersichten bieten sich ggf. an, um Gründe für die fehlenden Beträge zu belegen.

▶ Hinweise zum Inhalt:

- Bei einer Betriebsfortführung muss eine Einteilung in die unterschiedlichen Zeiträume vorgenommen werden.
- Entsprechend sind die Zahlungseingänge auf getrennte Sachkonten zu buchen.
- Welche Forderungen standen aus?
- Welche Summen konnten realisiert?
- Warum und in welcher Höhe sind Ausbuchungen erfolgt?
- Wurden gerichtliche Verfahren eingeleitet und die Masse mit Kosten belastet?
- Erläuterungen zur Befriedigung einer möglichen Globalzession geben.

Beispiel für eine Formulierung:
Am Tag der Anordnung des vorläufigen Insolvenzverfahrens bestanden ausstehende Forderungen des schuldnerischen Unternehmens gegen Dritte in Höhe von ... EUR. *Diese wurden mit dem Unternehmenskaufvertrag nicht veräußert.* Es konnte eine Gesamtsumme in Höhe von ... EUR während der Dauer des Insolvenzverfahrens vereinnahmt werden. Teilweise war die Einleitung gerichtlicher Mahnverfahren notwendig.

Teilweise erhoben die Drittschuldner auch Mängeleinreden. Die Vorgänge wurden dann eingehend geprüft. In einigen Fällen kam es zu einem Vergleichsabschluss. Zum Teil wurden die Forderungen auch ausgebucht, weil eine gerichtliche Geltendmachung ein zu hohes Kostenrisiko mit sich gebracht hätte. Beträge in Höhe von insgesamt ... EUR mussten im Übrigen aufgrund der Vermögenslosigkeit der Drittschuldner ausgebucht werden.

Als **Anlage ...** wird eine Forderungsaufstellung überreicht, aus der jede einzelne Forderung mit ihrem Verlauf ersichtlich ist.

Die ... Bank besaß eine Globalzession an den Altforderungen. Mit Datum vom... wurde eine Verwertungsvereinbarung mit der Bank getroffen, wonach ich bereits während der vorläufigen Verwaltung zum Einzug der Forderungen berechtigt war und mir für die Tätigkeit ein Anteil von 25 % der eingezogenen Forderungen zugunsten der Insolvenzmasse zustand. Außerdem wurde eine Kostenbeteiligung der Bank bei der gerichtlichen Geltendmachung von Ansprüchen vereinbart.

An die Bank musste eine Gesamtsumme in Höhe von ... EUR ausgezahlt werden. In der Insolvenzmasse verbleibt aus dem Einzug der Altforderungen ein Nettoerlös in Höhe von ... EUR, *der weit über den zunächst angenommenen Erwartungen liegt.*

Für Verfahren, die nach dem 01.01.2012 eröffnet wurden:

Nach einer Entscheidung des BFH (*Urt. v. 09.12.2010 – V R 22/10 in WKRS 2010, 36002, InsbürO 2011, 190*) ist die in den eingezogenen Forderungen enthaltene Umsatzsteuer als Masseverbindlichkeit an die Finanzverwaltung abzuführen. Die entsprechende Zahlung ist erfolgt. Insoweit wird auf das Sachkonto ... verwiesen.

Der Großteil der angefallenen Gerichts- und Anwaltskosten wurde durch die Drittschuldner erstattet. Von der Insolvenzmasse ist lediglich ein Betrag in Höhe von ... EUR zu tragen. Siehe hierzu die Konten Nr. ... auf Seite ... und Nr. ... auf Seite ... der Schlussrechnung.

8. Forderungseinzug: Forderungen aus der Zeit der vorläufigen Verwaltung
(E-Wert:... EUR) (Sachkontenblatt...)

▶ Hinweis:

Diese Forderungen werden i.d.R. komplett realisiert, da sie neu sind und der Insolvenzverwalter sie zügig beitreibt.

Beispiel für eine Formulierung:
Während der vorläufigen Verwaltung konnten im Rahmen der Betriebsfortführung Forderungen in Höhe von ... EUR begründet und in Höhe von ... EUR realisiert werden. Lediglich *eine* Forderung gegen die Firma ... musste aufgrund ... *(kurze Begründung)* ausgebucht werden. Wegen näherer Informationen wird auf die anliegende Forderungsaufstellung verwiesen.

Auch diese realisierten Forderungen waren *vom Unternehmenskaufvertrag nicht umfasst* und verbleiben daher in der Insolvenzmasse. Auszahlungen an die ... Bank mussten im Hinblick auf die Forderungen aus dem Zeitraum der vorläufigen Verwaltung nicht vorgenommen werden, weil eine wirksame Abtretung insoweit nicht mehr erfolgen konnte, sondern der Anfechtung unterlägen hätte.

9. Forderungseinzug: Forderungen aus der Zeit des eröffneten Verfahrens

(E-Wert:... EUR) (Sachkontenblatt...)

Beispiel für eine Formulierung:
Im eröffneten Verfahren wurden bis zur *Betriebseinstellung/Betriebsveräußerung / (im Planverfahren:) bis zum... (Stichtag)* Forderungen in Höhe von ... EUR begründet und hiervon in Höhe von ... EUR realisiert. Wegen der Vermögenslosigkeit von ... *(Anzahl)* Drittschuldnern musste die Differenzsumme in Höhe von ... EUR ausgebucht werden. Auch insoweit wird auf die beiliegende Forderungsaufstellung verwiesen.

10. Forderungseinzug: Kostenerstattung

(E-Wert:... EUR) (Sachkontenblatt... – Ausgabenkonten)

Beispiel für eine Formulierung:
Bei prozessualen Auseinandersetzungen wurden von den Prozessgegnern die Prozesskosten aufgrund von beantragten Kostenfestsetzungsbeschlüssen *zum größten Teil* erstattet. Diese Zahlungseingänge sind als Minusbuchung auf dem jeweiligen Ausgabenkonto »Eigene RA-Gebühren« (Sachkonto ...), »Fremde RA-Gebühr« (Sachkonto ...) oder »Gerichtskosten« (Sachkonto ...) verbucht worden, weil sie vom Treuhandkonto als Honorar an mein Büro oder als Gerichtskosten an die Gerichtskasse abgebucht wurden. Dort ist somit jeweils die Ausgabe mit der entsprechenden Erstattung ersichtlich.

11. Bankguthaben aus der vorläufigen Verwaltung

(E-Wert:... EUR) (Sachkontenblatt...)
Aus der Zeit der vorläufigen Verwaltung konnte ein Kontoguthaben i.H.v. ... EUR in das eröffnete Verfahren übernommen werden. Der Betrag von... EUR ergibt sich aus dem Kontoauszug Nr. .../... *(Auszugnummer und Jahr)* per... Die erste Buchung nach der Insolvenzeröffnung am... *(Datum der Eröffnung)* datiert vom... Der Betrag findet sich darüber hinaus auch auf der letzten Seite der anliegenden Schlussrechnung – Teil 1 - – **Anlage ...** – wieder.

12. Guthaben aus aufgelösten Bankkonten

(E-Wert:... EUR) (Sachkontenblatt...)

Beispiel für eine Formulierung:
Die Schuldnerin besaß bei der... Bank ein Geschäftskonto. Dieses wies bei Anordnung der vorläufigen Verwaltung ein Guthaben in Höhe von ... EUR aus. Das Konto *wurde geschlossen* und der Guthabenbetrag am... auf das Treuhandkonto überwiesen. Damit ist der Betrag bereits während der vorläufigen Verwaltung eingegangen und in dem oben genannten Guthaben enthalten.

Die weiteren Geschäftskonten der Schuldnerin wiesen Sollsalden aus.

13. Kassenbestand

(E-Wert:... EUR) (Sachkontenblatt...)

Die Kasse wurde mit *Betriebsveräußerung/Betriebseinstellung* geschlossen und der darin befindliche Betrag in Höhe von ... EUR am... auf das Treuhandkonto eingezahlt.

Für die bis zur Schließung erfolgten Ein- und Auszahlungen wird als **Anlage ...** eine Übersicht über die Kassenbuchungen, die Kassenberichte sowie die entsprechende Belege überreicht.

Insolvenzplanverfahren:
Der Kassenbestand betrug am Tag der Insolvenzeröffnung ... EUR. Er wurde jedoch nicht insgesamt vereinnahmt und die Kasse nicht geschlossen, weil die Schuldnerin ihre betriebliche Tätigkeit während der gesamten Dauer des Verfahrens bis heute fortgesetzt hat. Teilbeträge aus einem höheren Kassenbestand hat die Schuldnerin jedoch immer wieder auf das Treuhandkonto eingezahlt. Insoweit wird auf das obige Sachkontenblatt verwiesen.

Als **Anlage ...** wird eine Übersicht über die Kassenbuchungen, die Kassenberichte sowie die entsprechende Belege überreicht.

14. Versicherungen

(E-Wert:... EUR) (Sachkontenblatt...)

▶ Hinweis:

Rückkaufswerte ergeben sich i.d.R. bei Verträgen zugunsten von natürlichen Personen. Sollte es auch bei einer GmbH einmal solche geben, kann die Formulierung im Muster (Nr. 305) über das Vermögen einer natürlichen Person genutzt werden.

Versicherungen mit Rückkaufswerten konnten nicht ermittelt werden. Dagegen haben sich jedoch Rückerstattungen von Beitragsguthaben ergeben, die aus die Auflösung einiger Vertragsverhältnisse resultieren.

15. Ansprüche gegen Gesellschafter

Gegen die Gesellschafter bestanden folgende Ansprüche:

a) Anspruch auf ... gegen ... *(Name)*

(E-Wert:... EUR) (Sachkontenblatt...)

Beispiel für eine Formulierung:
Wie im Bericht zur ersten Gläubigerversammlung erläutert wurde, waren ausweislich der letzten Bilanz per... noch ausstehende Einlagen in Höhe von ... EUR offen. Alleiniger Gesellschafter der Schuldnerin war *Herr/Frau ..., der/die* auch der/die alleinige *Geschäftsführer/Geschäftsführerin* war. *Dieser/Diese* hat am... beim Amtsgericht ... unter dem Aktenzeichen ... die eidesstattliche Versicherung abgegeben, so dass der Anspruch auf Einzahlung der ausstehenden Stammeinlage nicht realisiert werden konnte.

Alternative:
Gemäß den Ausführungen im Bericht zur ersten Gläubigerversammlung bestand gegen ... ein Anspruch auf Zahlung ... aus ....Außergerichtliche Verhandlungen führten zu keinem Ergebnis. Am... wurde daher Klage beim Landgericht ... erhoben. Termin zur mündlichen Verhandlung fand am... statt. Es erging ein klagestattgebendes Urteil, wonach der Beklagte zur Zahlung eines Betrages von ... EUR nebst ... % Zinsen seit dem ... sowie einer Nebenforderung von ... EUR verpflichtet war. Freiwillig leistete der Beklagte keine Zahlung, so dass am... Vollstreckungsmaßnahmen eingeleitet wurden. Daraufhin zahlte der Beklagte die Urteilsforderung sowie sämtliche Prozess- und Vollstreckungskosten.

b) Anspruch aus ... gegen ... *(Name)*

(E-Wert: ... EUR) (kein Sachkontenblatt/Sachkontenblatt...)

Beispiel für eine Formulierung:
Gegen ... *(Name)* bestanden Ansprüche aus ... in Höhe von... EUR. Außergerichtliche Verhandlungen führten zu einem Vergleichsabschluss, wonach an die Insolvenzmasse ein Betrag in Höhe von ... EUR gezahlt werden sollte. Der Vergleich war zur Vermeidung eines kosten- und zeitintensiven Prozesses sinnvoll. Der vereinbarte Betrag ist in ... *(Anzahl)* Raten eingegangen. Für eine Zustimmung der Gläubigerversammlung zu diesem Vergleichsabschluss fand am... eine besondere Gläubigerversammlung statt. Es waren ... *(Anzahl)* Gläubiger anwesend, die mehrheitlich die Zustimmung erteilten.

Alternative – fiktive Zustimmung:
Es waren keine Gläubiger anwesend. Gemäß § 160 Abs. 1 Satz 3 InsO gilt die Zustimmung allerdings als erteilt, wenn die Gläubigerversammlung beschlussunfähig ist. Auf diese Rechtsfolge wurden die Gläubiger in der Einladung zur Gläubigerversammlung hingewiesen

16. Anfechtungsansprüche

(E-Wert: ... EUR) (Sachkontenblatt...)

Zum Zeitpunkt der ersten Gläubigerversammlung waren ... *(Anzahl)* Anfechtungsansprüche ersichtlich. Wegen der näheren Hintergründe wird auf die Ausführungen in den bisherigen Berichten verwiesen. Als Ergebnis kann folgender Überblick gegeben werden:

Name des A-Gegner	Grund der Anfechtung	Gesetzliche Regelung	Geltendmachung in EUR	Realisierung in EUR
Alfred Muster	*Warenlieferung*	*§ 130 InsO*	*2522,50*	*2522,50*
BKK	*Sozialversicherungsbeiträge*	*§ 131 InsO*	*5224,30*	*5224,30*

Gerichtliche Geltendmachung war im Fall von ... erforderlich. Die Prozesskosten wurden vom Anfechtungsgegner erstattet.

▶ Hinweis:

Befand sich der **Anfechtungsgegner im Verzug**? Hatte er **Zinsen** und ggf. **Anwaltskosten** zu tragen? Wurde diese geltend gemacht und realisiert?

17. Ansprüche gegen Geschäftsführer/Geschäftsführerin ... *(Name)*

(E-Wert:... EUR) (Sachkontenblatt...)

Gegen den Geschäftsführer der Schuldnerin, *Herrn/Frau ...,* bestanden unterschiedliche Ansprüche. Wegen näherer Erläuterungen darf auf die Ausführungen im Bericht zur ersten Gläubigerversammlung (Seiten ...) verwiesen werden. Zum Überblick werden diese noch einmal wie folgt aufgelistet:

▶ Beispiel für eine Formulierung:

- verspätete Insolvenzantragstellung: Schadensersatz i.H.v. ... EUR gemäß § 64 Abs. 1 GmbHG
- Rückzahlungsverpflichtung wegen Verstoß gegen Kapitalerhaltungsgebot gem. §§ 30 Abs. 1, 31 Abs. 1 GmbHG.

▶ Hinweis:

Siehe wegen einer umfangreichen Auflistung von möglichen Ansprüchen in das Muster »Gliederungspunkt Haftungsansprüche« Nr. 169.

Eine Realisierung dieser Ansprüche schied aus, weil *Herr/Frau* ... am... beim Amtsgericht ... unter dem Aktenzeichen ... die eidesstattliche Versicherung abgegeben hat.

▶ Realisierung von Ansprüchen:

Sollten Ansprüche als **Quotenschaden gem. § 92 InsO** realisiert worden sein, ist darauf zu achten, dass diese Einnahmen **nur an die Altgläubiger** verteilt werden dürfen. Es hat eine **gesonderte Vergütungsberechnung** zu erfolgen, die vor Verteilung aus diesen Einnahmen zu begleichen ist: s. Checklisten Vergütungsanträge, Verteilung, gesonderte Schlussrechnung.

18. Vorsteuererstattungen

(kein E-Wert) (Sachkontenblatt...)

Das Finanzamt hat bislang Vorsteuererstattungen in einer Gesamtsumme von... EUR vorgenommen.

19. Kontokorrentzinsen

(kein E-Wert) (Sachkontenblatt...)

Die Guthabenbeträge auf dem Treuhandkonto wurden nicht verzinst. Entsprechende Einnahmen wurden daher nicht erzielt.

Alternative – Verzinsung:
Die Guthabenbeträge auf dem Treuhandkonto werden verzinst. Bis heute konnte eine Summe von... EUR vereinnahmt werden.

20. Zusammenfassung Einnahmen

Insgesamt konnten **Einnahmen** in Höhe von... **EUR** erzielt werden.

II.
Ausgaben

Nachfolgend werden die bereits getätigten Ausgaben dargestellt:

1. Masseverbindlichkeiten gem. § 55 InsO

Bei den nachstehenden Erläuterungen wird auf die jeweiligen Sachkontenblätter verwiesen, denen weitere Informationen entnommen werden können und in denen auch die entsprechenden Nummern der Kontoauszüge aufgeführt sind.

▶ Hinweis 1 – Aktenkonten Anwaltssoftware:

ggf. Aktenkonten in etwaiger Anwaltssoftware bei allen noch laufenden Akten durchklicken: Prüfung, ob noch irgendwelche Kosten zu erstatten sind.

▶ Hinweis 2 – Sortierung der Erläuterungen:

Sortierung der Gliederungspunkte – wenn möglich – nach der **Reihenfolgen der Sachkonten im Ausdruck der Schlussrechnung** – mit Ausnahme der Konten der Betriebsfortführung. Diese werden nur unter der Überschrift »Ermittlung Überschuss« aufgenommen.

Diese Regelung sollte aber nicht statisch sein, denn es gibt immer Konten, die auch zusammengefasst werden können, wie Kfz-Kosten: Steuer, Reparatur, Haftpflicht etc.

▶ **Hinweis 3 – Umfang der Erläuterungen:**

Bitte keine reine Wiedergabe von **Zahlen aus der Schlussrechnung, darüberhinausgehende Informationen** geben. Einzelne Konten ggf. zusammenfassen, wie bspw. bei Immobilien- oder Fahrzeugkosten oder auch: Rückforderungsansprüche ggf. für Zeiträume ab Freigabe? Text so kurz wie möglich und so lang wie nötig.

a) Verwaltungskosten Immobilie

(Sachkontenblätter...)

Beispiel für eine Formulierung:
Für die Erhaltung der Immobilie sind bis zur Besitzübergabe an den Käufer verschiedene Kosten angefallen: Grundsteuern, Stromkosten, anteilige Versicherungsbeiträge etc. Die Grundpfandrechtsgläubigerin hat lediglich einen Teil dieser Kosten übernommen. Aus der Insolvenzmasse musste insgesamt ein Betrag in Höhe von ... EUR geleistet werden.

b) Abwicklungskosten Immobilienverkauf

(Sachkontenblatt...)

Beispiel für eine Formulierung:
Für die lastenfreie Übertragung des Eigentums an die Käufer ... *(Name)* sind Gerichtskosten für die Löschung des im Grundbuch eingetragenen Grundpfandrechtes angefallen. Hierfür müsste ein Betrag in Höhe von ... EUR aus der Insolvenzmasse gezahlt werden. Außerdem ... *(weitere Kosten begründen)*

c) Vergütung Sachverständiger

(Sachkontenblatt...)

Beispiel für eine Formulierung:
Ein Sachverständiger wurde mit der Bewertung des beweglichen Anlagevermögens beauftragt. Hierfür wurden Kosten in Höhe von ... EUR aus der Insolvenzmasse entrichtet.

d) Umsatzsteuerzahlungen

(Sachkontenblatt...)

Betriebsfortführung:
Aus den erzielten Umsätzen während der Betriebsfortführung mussten Umsatzsteuerbeträge an die Finanzverwaltung i.H.v. insgesamt ... EUR abgeführt werden.

Betriebseinstellung:
Aus den erzielten Verwertungserlösen mussten Umsatzsteuerbeträge an die Finanzverwaltung i.H.v. insgesamt ... EUR abgeführt werden.

Umsatzsteuer auf Verwertungshandlungen ab 01.07.2014:
Aufgrund einer BFH-Entscheidung vom 28.07.2011 (V R 28/09 in ZInsO 2011, 1904 f.) finden die Grundsätze zum Dreifachumsatz auch bei der Verwertung sicherungsübereigneter Gegenstände im Insolvenzverfahren Anwendung. Der Insolvenzverwalter sei zwar nach § 166 Abs. 1 InsO berechtigt, aber nicht verpflichtet, eine bewegliche Sache zu veräußern. Zu dieser Entscheidung gibt es ein BMF-Schreiben vom 30.04.2014. Der Anwendungserlass der AO wurde entsprechend geändert (insbes. Abschnitt 1.2. Abs. 4). Nach den Ausführungen im BMF-Schreiben erbringe der Insolvenzverwalter den Umsatz im Falle der Verwertung durch ihn wie ein Kommissionär für Rechnung des Sicherungsnehmers/Gläubigers. Entsprechend dieser Vorgaben wurden die Umsatzsteuerbeträge aus den Verwertungshandlungen gegenüber der Finanzverwaltung gemeldet und als Masseschuld gezahlt. Dieser Sachverhalt wurde in der Abrechnung gegenüber dem Sicherungsgläubiger berücksichtigt. Es darf auf die Zahlungsvorgänge im Sachkontenblatt Nr. ... und die Belege bei den Kontoauszügen des Treuhandkontos verwiesen werden.

e) Steuerberatungskosten/Buchhaltung

(Sachkontenblatt...)

Beispiel für eine Formulierung:
Es wurden die Jahresabschlüsse für die Kalenderjahre ... und ... erstellt. Zu diesem Zweck war auch die Führung der Buchhaltung nach handelssteuerrechtlichen Vorschriften in Datev erforderlich. Mit dieser Aufgabe wurde die Firma ... beauftragt. Sie hat sämtliche vorbereitenden Arbeiten für die Erstellung der Jahresabschlüsse vorgenommen.

Die Jahresabschlüsse habe ich dann selbst erstellt *(= Insolvenzverwalter ist Steuerberater oder Betriebswirt?)*. Da dies allerdings besondere Kenntnisse und Fähigkeiten voraussetzt und eine Sonderaufgabe darstellt, ist diese Tätigkeit auch gesondert in Rechnung gestellt und aus der Insolvenzmasse vergütet worden.

Für die Führung der Buchhaltung wurde ein Betrag in Höhe von ... EUR entrichtet. Der Stundensatz betrug hierbei jeweils ... EUR. Für die Erstellung der Jahresabschlüsse sind Kosten von ... EUR angefallen.

f) Kosten des Forderungseinzuges

(Sachkontenblatt...)

Beispiel für eine Formulierung:
Für die Beitreibung der ausstehenden Forderungen sind – wie vorstehend schon erwähnt – unterschiedliche Kosten angefallen. Diese ergeben sich im Einzelnen aus den in der Schlussrechnung aufgeführten Sachkontenblättern ... auf Seite ... Hierbei handelt es sich um Kosten für *Einwohner- und Gewerbemeldeamtsanfragen, Gerichts- und Anwaltskosten für gerichtliche Mahn- oder Prozessverfahren, Vollstreckungsmaßnahmen* etc. Ein Großteil der Kosten ist durch die Drittschuldner erstattet worden. Dies ergibt sich im einzelnen aus den Minusbuchungen, die direkt auf den jeweiligen Ausgabenkonten erfolgt sind. Der Restbetrag resultiert daraus, dass *im Rahmen von prozessualen Auseinandersetzungen lediglich ein Prozentsatz von ... % von der Gegenseite erstattet wurde/dass manche Drittschuldner selbst vermögenslos waren/dass, ...*

Bei Globalzession:

Von den verbleibenden Kosten hat die Absonderungsgläubigerin gem. getroffener Verwertungsabrede einen Anteil von 75 % übernommen. Die Insolvenzmasse bleibt letztlich nur mit einem Betrag in Höhe von ... EUR belastet. *Dies resultiert maßgeblich aus einem Vergleichsabschluss mit dem Schuldner ..., der die eigene Kostentragungspflicht für jede Partei vorsieht.*

g) Eigene RA-Gebühr Masseprozess

(Sachkonto...)

Mit der Prüfung und Geltendmachung der ... *(ggf. Anfechtungsansprüche oder ähnliches)* wurde jeweils die Sozietät ... beauftragt, an der auch ich beteiligt bin. Wie die obigen Ausführungen zeigen, wurde ... *(Ergebnis: Urteile oder Vergleiche?)*. Für die gesamte Tätigkeit sind Rechtsanwaltsgebühren in Höhe von insgesamt ... EUR entstanden. Teilweise sind diese Kosten jedoch von der Gegenseite erstattet worden. Solche Beträge sind als Minusbuchung aus dem Ausgabenkonto ersichtlich.

Bezüglich der Sachkontenbezeichnung »Eigene RA-Gebühr Masseprozess« sei bereits an dieser Stelle darauf hingewiesen, dass ich solche Gebühren nicht vollständig vereinnahmt hat, sondern lediglich als Sozius der Kanzlei ... daran partizipiere. Durch die Buchungen auf diesem gesonderten Sachkonto werden diese Ausgaben offen gelegt. Im Vergütungsantrag folgen jedoch weitere Ausführungen dazu, dass diese Gebühren nicht von der Berechnungsgrundlage in Abzug zu bringen sind. § 1 Abs. 2 Nr. 4a InsVV greift in diesem Fall nicht.

▶ Hinweis:

Bei **mehr als drei Rechtsstreitigkeiten** macht es Sinn, den wirtschaftlichen Erfolg der geführten Prozesse gegenüber zu stellen, weil die Buchungen auf den Sachkontenblätter dann nur noch schwer auseinander zu halten sind. Dies kann anhand der nachfolgenden Aufstellung erfolgen.

- Schuldnerin./. Muster GmbH

Klagesumme:	*23.971,99 EUR*
Vergleich:	*12.000,00 EUR*
RA-Gebühren netto:	*3.681,00 EUR*

  Aus dem Erlös von *12.000,00 EUR* sind der Masse nach Abzug der Rechtsanwaltsgebühren somit *8.319,00 EUR*, mithin deutlich mehr als *2/3* verblieben.

- Schuldnerin./. Beispiel GmbH

Anfechtbarer Betrag:	*2.139,68 EUR*
Vergleich:	*1.000,00 EUR*
RA-Gebühren netto:	*229,30 EUR*

  Aus dem realisierten Betrag sind der Masse nach Abzug der entstandenen Kosten mehr als *75 %* verblieben.

  ....

h) Insolvenzgeldvorfinanzierung

(Sachkontenblatt...)

Beispiel für eine Formulierung:
Die Insolvenzgeldzahlungen an die Arbeitnehmer wurden zwecks Fortführung des schuldnerischen Geschäftsbetriebes über die ... Bank vorfinanziert. Das von der Bank gegebene Darlehen zur Auszahlung der Löhne und Gehälter an die Arbeitnehmer wurde durch die Auszahlung der Insolvenzgelder durch die Agentur für Arbeit zurückgeführt. Für das ausgereichte Darlehen hat die finanzierende Bank der Insolvenzmasse eine einmalige Bearbeitungsgebühr von ... EUR in Rechnung gestellt. Außerdem sind Zinsen in Höhe von ... EUR angefallen.

i) Personalkosten im Kündigungszeitraum

(Sachkontenblatt...)

Beispiel für eine Formulierung:
Bis zum Ablauf der Kündigungsfristen mussten die Löhne und Gehälter der Arbeitnehmer gezahlt werden. In der beiliegenden Schlussrechnung sind die hierfür im Einzelnen entstandenen Kosten unter dem Hauptkonto Nr. ... auf verschiedene Unterkonten gebucht worden. Insgesamt sind folgende Kosten entstanden:

Löhne/Gehälter	... EUR
Lohnsteuern	... EUR
Sozialversicherungsbeiträge	... EUR
Vermögenswirksame Leistungen	... EUR

j) Akteneinlagerung

(Sachkontenblatt...)

Beispiel für eine Formulierung:
Für die Einlagerung sämtlicher Unterlagen des schuldnerischen Betriebes nach Betriebseinstellung und notwendiger Räumung sind Kosten in Höhe von ... EUR angefallen. Diese Kosten umfassen die Archivierung der Unterlagen bis zum Ablauf der Aufbewahrungsfrist und die spätere Entsorgung.

k) Kontoführungsgebühren

(Sachkontenblatt...)

Beispiel für eine Formulierung:
Für die Führung des Treuhandkontos hat die kontoführende Bank Kontoführungsgebühren in Höhe von insgesamt... EUR in Rechnung gestellt.

Alternative:
Kontoführungsgebühren für das eingerichtete Treuhandkonto wurden von der kontoführenden Bank nicht in Rechnung gestellt.

l) Vertragsverhältnisse

(Sachkontenblatt...)

Beispiel für eine Formulierung:
Wie vorstehend ausgeführt wurde, ist die Insolvenzmasse mit Zahlungsansprüchen von Vertragspartnern des schuldnerischen Unternehmens als Masseverbindlichkeiten belastet worden. Soweit solche Ansprüche nicht bereits den vorstehenden Bereichen zugeordnet wurden, sind sie diesem gesonderten Sachkonto zugewiesen. Die Kosten sind im Zeitraum *bis zur Übernahme durch den Käufer/bis zum Auslauf der Kündigungsfristen/bis heute* (= *im Planverfahren*) angefallen.

m) Kapitalertragssteuer etc.

(Sachkontenblätter...)

Von den gutgeschriebenen Zinsen auf dem Treuhandkonto hat die Bank Kapitalertragssteuerbeträge an die Finanzverwaltung abgeführt. Wegen der einzelnen Buchungen wird auf die vorstehend genannten Sachkontenblätter verwiesen.

Alternative:
Für die Guthabenbeträge auf dem Treuhandkonto wurden keine Zinsen gutgeschrieben. Dementsprechend mussten auch keine Kapitalertragssteuerbeträge abgeführt werden.

Die Gesamtsumme der bezahlten Masseverbindlichkeiten beträgt – ohne die Zahlungen an Aus- und Absonderungsgläubiger -... EUR *(s. in der anliegenden Schlussrechnung Kontenzusammenfassung ...)* und liegt damit *über/unter* dem geschätzten Betrag in der Vermögensübersicht nach § 153 InsO. Dies resultiert vorwiegend daraus, dass ... *(Begründung)*

2. Massekosten gem. § 54 InsO

a) Gerichtskosten

(Sachkontenblatt...)

Auf die Gerichtskosten wurde am... ein Vorschuss in Höhe von... EUR gezahlt.

Alternative:
Auf die Gerichtskosten wurde bislang kein Vorschuss gezahlt.

b) Vorläufige Verwaltervergütung

(Sachkontenblatt...)

Die vorläufige Verwaltervergütung ist mit Beschluss vom... mit einem Betrag in Höhe von ... EUR festgesetzt und am... vom Treuhandkonto beglichen worden.

Alternative:
Die vorläufige Verwaltervergütung wurde bisher nicht festgesetzt und wird nachstehend daher bei der Ermittlung der ausstehenden Verfahrenskosten nach § 54 InsO entsprechend berücksichtigt werden.

c) Verwaltervergütung

(Sachkontenblatt...)

Ein Vorschuss auf die Verwaltervergütung wurde bislang nicht gezahlt.

3. Zusammenfassung Ausgaben

Insgesamt wurden **Ausgaben** i.H.v. ... **EUR** getätigt.

C.
Ermittlung des Überschusses

▶ Hinweis:

Dieser Gliederungspunkt ist bei einer **Betriebseinstellung komplett zu löschen.**

Bei einer Betriebsfortführung sind die einzelnen Ausgaben der Betriebsfortführung nicht näher erläutern, sie ergeben sich i.d.R. von selbst! Nur in kritischen Fällen ggf. weitere Infos geben. So wenig Text wie möglich und so viel wie nötig.

Wie die vorstehenden Ausführungen zeigen, hat im vorliegenden Verfahren eine Betriebsfortführung stattgefunden. Damit sind die erzielten Einnahmen zu unterscheiden in fortführungsbedingte und sonstige Einnahmen. Das gleiche gilt für die getätigten Ausgaben. Auch diese sind zu trennen in fortführungsbedingte und sonstige Masseverbindlichkeiten. Von den fortführungsbedingten Einnahmen sind sodann die fortführungsbedingten Ausgaben in Abzug zu bringen, damit der erzielte Überschuss aus der Betriebsfortführung ermittelt werden kann.

In der anliegenden Schlussrechnung wurden die fortführungsbedingten Einnahmen und Ausgaben jeweils gesonderten Konten zugeordnet. Eine Gegenüberstellung der fortführungsbedingten Einnahmen und Ausgaben ergibt, dass ein Überschuss aus der Betriebsfortführung im vorliegenden Verfahren wie folgt erwirtschaftet werden konnte:

▶ Hinweis zur Umsatzsteuer:

Nur die **Umsatzsteuer auf die tatsächlich fortführungsbedingten Einnahmen** ist abzuziehen. Die Steuer aus der Verwertung von Vermögen ist nicht in Abzug zu bringen. Daher prüfen, ob die **Umsatzsteuer auf zwei gesonderte Konten** gebucht wurde!

▶ Hinweis sonstige Kosten:

Wenn eine **Leistung für die Betriebsfortführung in Anspruch** genommen wurde, dann sind auch die **Kosten hier abzuziehen,** z. B. Kfz-Kosten, egal, ob diese Kosten auch ohne die Betriebsfortführung angefallen wären (BGH-Rechtsprechung). Korrekte Kontenzuordnung daher prüfen!

Fortführungsbedingte Einnahmen (*übergeordnetes Sachkonto ...*)	... EUR
Fortführungsbedingte Masseverbindlichkeiten (...)	... EUR
erwirtschafteter Überschuss	**... EUR**

Die Umsatzsteuerbeträge aus dem Sachkontoblatt ... sind nur anteilig in Ansatz zu bringen, und zwar in der Höhe, in der sie auf die Einnahmen aus der Betriebsfortführung abzuführen waren. Umsatzsteuerbeträge, die aus den Verkäufen des beweglichen Anlagevermögens resultieren, sind nicht fortführungsbedingt.

D.
Noch nicht liquidiertes Vermögen

Regelverfahren:

Alle vorgefundenen Vermögenswerte wurden liquidiert oder ggf. freigegeben. Es sind keine weiteren Vermögenswerte mehr vorhanden.

[Alternative:

Ein Gegenstand konnte nicht verwertet werden. Hierbei handelt es sich um ... Es wird angeregt, dass die Gläubigerversammlung gem. § 197 Abs. 1 Nr. 3 InsO entscheidet, was mit dem Gegenstand passieren soll. Insoweit wird auf die vorstehenden Ausführungen auf Seite ... verwiesen.]

Insolvenzplanverfahren:

Aufgrund der Insolvenzplanannahme sind nur wenige Vermögenswerte der Schuldnerin verwertet worden. Das unbewegliche und bewegliche Anlagevermögen bleibt weitestgehend erhalten und wird damit nicht liquidiert.

E.
Insolvenztabelle

▶ Hinweis:

Im **Regelfall** sollten die **nachträglichen Anmeldungen** bereits **vor Abgabe des Schlussberichtes geprüft** sein. Auch die **Berichtigung von Prüfungsvermerken** durch nachträgliche Hereingabe von Unterlagen sollte eigentlich jeweils mit den **vorherigen Sachstandsberichten** stattgefunden haben. Eine kurze Stellungnahme zur Insolvenztabelle an dieser Stelle ermöglicht dem Insolvenzgericht und auch Dritten aber die Kenntnis darüber, dass der Insolvenzverwalter auch dies bei Abgabe des Schlussberichtes geprüft hat.

▶ Achtung:

Wenn **nachträgliche Anmeldungen** vorliegen, dann sollte ein **Bestreiten möglichst vermieden werden.** Bei fehlenden Unterlagen am besten mit dem Gläubiger telefonieren. Ansonsten kann es mit den Fristen für eine mögliche Änderung der Tabelle i.d.R. später wegen eines dann schon stattgefundenen Schlusstermins Probleme geben (= § 189 Abs. 1 InsO = Regelung für Änderung des Schlussverzeichnisses)

Nachträgliche Anmeldungen von Gläubigern liegen nicht mehr vor. Eine Anzahl von Gläubigern hat mir allerdings ergänzende Unterlagen vorgelegt, die zu nachträglichen Feststellungen der zunächst bestrittenen oder für den Ausfall festgestellten Forderungen führen. Entsprechende Änderungen werden in gesonderten Anschreiben am heutigen Tage mitgeteilt und in der **Anlage ...** zusammengefasst. Diese betreffen die lfd. Nrn. ... Die Ergebnisse der geänderten Prüfungsvermerke wurden bei der Erstellung des Schlussverzeichnisses bereits berücksichtigt.

[Alternative:

Nachträgliche Anmeldungen von Gläubigern liegen nicht mehr vor. Auch ist die Insolvenztabelle hinsichtlich der Prüfungsergebnisse nicht mehr zu ändern.]

Titulierte Forderungen *wurden nicht angemeldet/werden nicht bzw. nicht mehr bestritten.* § 179 Abs. 2 i.V.m. § 189 Abs. 1 InsO ist daher nicht anzuwenden.

▶ Achtung:

Für **bestrittene Teilbeträge** von **Vollstreckungstiteln** muss **Klage** von Seiten des Insolvenzbüros erhoben werden: § 179 Abs. 2 InsO, ansonsten im Verteilungsverzeichnis zu berücksichtigen: § 189 Abs. 1 InsO

gilt aber nur bei Vorlage des Originaltitels im Prüfungstermin

Ggf. Klärung herbeiführen.

[Alternative – Bestreiten von titulierten Forderungen – Zinsen:

Von einer titulierten Forderung (Tab.-Nr. ...) wird ein Teil der angemeldeten Zinsen wegen Verjährung gem. § 197 Abs. 2 i.V.m. § 195 BGB bestritten. Der Gläubiger wurde hierüber informiert. Der Nachweis über einen etwaigen Neubeginn der Verjährung gem. § 212 Abs. 1 BGB wurde nicht geführt. § 179 Abs. 2 i.V.m. § 189 Abs. 1 InsO ist nicht anzuwenden.]

[Alternative – Bestreiten von titulierten Forderungen – sonst:

Von einer titulierten Forderung (Tab.-Nr. ...) wird ein Teil i.H.v. ... wegen ... bestritten. Der Gläubiger wurde hierüber informiert. Einen erforderlichen Nachweis zur nachträglichen Feststellung der Forderung hat er nicht erbracht. § 179 Abs. 2 i.V.m. § 189 Abs. 1 InsO ist nach hiesiger Ansicht vorliegend nicht anzuwenden, weil die Vorlage des Original-Titels nicht bis zum Prüfungstermin erfolgt ist (Deppe in InsbürO 2015, 59 ff.: RG, Urt. v. 19.05.1914 – III 84/14).]

▶ Hinweis bei Ausfallforderungen:

Tlw. wünschen Insolvenzgerichte, dass nur noch der Ausfall festgestellt wird. Die Rücknahme des Restbetrages soll nicht vermerkt werden.

Es ergibt sich damit folgende abschließende Übersicht:

Summe der angemeldeten Forderungen:	... EUR
Summe der festgestellten Forderungen:	... EUR
Summe der noch bestehenden Ausfallforderungen: *(eigentlich sollten diese 0,00 EUR sein)*	... EUR
Summe der Rücknahmen:	... EUR
Summe der bestrittenen Forderungen:	... EUR

Die Summe der festgestellten Forderungen in Höhe von ... EUR wird in der Schlussrechnung – Teil 2 – (**Anlage** ...) berücksichtigt.

Feststellungsprozesse sind nicht anhängig.

F.
Schlussrechnung

Hinsichtlich der Schlussrechnung – Teil 2, *in der die beabsichtigte Verteilung des vorhandenen Massebestandes dargestellt wird,* sei auf die gesonderte **Anlage ...** verwiesen.

▶ Achtung:

Hier muss die Schlussrechnung (= Verteilung des Massebestandes) in einer gesonderten Anlage erstellt werden: s. Muster Nr. 306 – 310.

Die Schlussrechnung als gesonderte Anlage ist für die Rechtspfleger einfacher zu prüfen, insbesondere auch hinsichtlich der später folgenden Ausschüttung.

Manche Gerichte möchten dies wiederum aber nicht. Die individuellen Wünsche sind zu berücksichtigen. Ggf. ist der Text an diese Stelle zu kopieren.

G.
Abschluss des Insolvenzverfahrens

Im Falle der »normalen Verteilung« (§ 53 InsO):

Es wird beantragt, einen Schlusstermin anzuberaumen und der Verteilung gemäß der Schlussrechnung – Teil 2 – (**Anlage ...**) zuzustimmen. Nach erteilter Zustimmung und Abhaltung eines Schlusstermins können die Überweisungen der einzelnen Zahlbeträge an die Gläubiger vorgenommen und ein Ausschüttungsbericht hierüber gefertigt werden. Im Anschluss daran kann eine Aufhebung nach § 200 InsO erfolgen.

Es wird ferner angeregt, die Vergütung entsprechend dem gesonderten Antrag festzusetzen und mich zu ermächtigen, die festgesetzten Beträge aus der Masse entnehmen zu dürfen.

Im Falle der Masseunzulänglichkeit (§ 209 InsO):

Es wird beantragt, einen Schlusstermin anzuberaumen und der Verteilung gemäß der Schlussrechnung – Teil 2 – (**Anlage ...**) zuzustimmen. Nach erteilter Zustimmung und Abhaltung eines Schlusstermins können die Überweisungen der einzelnen Zahlbeträge an die Massegläubiger vorgenommen und ein Ausschüttungsbericht hierüber gefertigt werden. Im Anschluss daran kann eine Einstellung nach § 211 InsO erfolgen.

Es wird ferner angeregt, die Vergütung entsprechend dem gesonderten Antrag festzusetzen und mich zu ermächtigen, die festgesetzten Beträge aus der Masse entnehmen zu dürfen.

Im Falle der Masselosigkeit (§ 207 InsO):

Wie die vorstehenden Ausführungen zeigen, ist im vorliegenden Verfahren eine Masselosigkeit gegeben. Es wird beantragt, der Verteilung des vorhandenen Massebestandes gemäß der Schlussrechnung – Teil 2 – (**Anlage ...**) zuzustimmen. Nach erteilter Zustimmung können die Beträge entsprechend verteilt werden. Danach wird eine Einstellung nach § 207 InsO angeregt.

Es wird ferner beantragt, die Vergütung entsprechend dem gesonderten Antrag festzusetzen. Die Entnahme der Vergütung wird nach Genehmigung auf Basis der Aufteilung in der Schlussrechnung erfolgen.

H.
Schlussverteilung

▶ Hinweis:

Bei diesem Gliederungspunkt hat man die Möglichkeit, das Schlussverzeichnis kurz zu erläutern, wenn sich **Besonderheiten wie z. B. aufschiebend bedingte Forderungen oder eine Masseunzulänglichkeit,** ergeben. Im Normalfall ist die Benennung der Quote an dieser Stelle interessant.

Auch bei einer Nullquote ist ein **Schlussverzeichnis** für die Forderungen des § 38 InsO vorzulegen. Dieses muss gem. § 188 Satz 2 InsO auf der **Geschäftsstelle des Insolvenzgerichtes hinterlegt** werden und ist ggf. für eine spätere mögliche Nachtragsverteilung interessant, wenn bspw. bei einer Masseunzulänglichkeit doch einmal alle Massegläubiger befriedigt werden können.

Bei »normaler Verteilung« gem. § 53 InsO:

In der **Anlage ...** wird ein Schlussverzeichnis über die Forderungen des § 38 InsO überreicht. Dabei sei darauf hingewiesen, dass dieses Schlussverzeichnis derzeit eine Nullquote ausweist, obwohl in der Schlussrechnung eine Quote i.H.v. ... % ermittelt wurde. Dies resultiert daraus, dass sich diese heute ermittelte Quote bis zur tatsächlichen Ausschüttung noch einmal verändern kann/*weil der Insolvenzplan eine Ausschüttung erst zum ...... vorsieht.* Zum jetzigen Zeitpunkt ist daher lediglich von Bedeutung, welche Gläubiger mit welchen festgestellten Forderungen bei der späteren Verteilung berücksichtigt werden. Diese Angaben sind dem Schlussverzeichnis zu entnehmen.

Es wird beantragt, diesem Schlussverzeichnis gem. § 196 Abs. 2 InsO zuzustimmen.

Bei Vorliegen einer Masseunzulänglichkeit (§ 209 InsO):

Anliegend wird ein Verzeichnis der Massegläubiger (**Anlage ...**) sowie ein Verzeichnis der Insolvenzgläubiger (**Anlage ...**) überreicht. Dabei sei darauf hingewiesen, dass das Verzeichnis der Massegläubiger derzeit eine Nullquote ausweist, obwohl in der Schlussrechnung eine Quote i.H.v. ... % ermittelt wurde. Dies resultiert daraus, dass sich diese heute ermittelte Quote bis zur tatsächlichen Ausschüttung noch einmal verändern kann. Zum jetzigen Zeitpunkt ist daher lediglich von Bedeutung, welche Massegläubiger mit welchen Masseverbindlichkeiten bei der späteren Verteilung berücksichtigt werden. Diese Angaben sind dem Verzeichnis zu entnehmen. Das Verzeichnis der Insolvenzgläubiger weist ebenfalls eine Nullquote aus.

Es wird beantragt, diesen Verteilungsverzeichnissen gem. § 196 Abs. 2 InsO zuzustimmen.

Bei Vorliegen einer Masselosigkeit (§ 207 InsO):

Anliegend wird ein Verzeichnis der Massegläubiger (**Anlage ...**) sowie ein Verzeichnis der Insolvenzgläubiger (**Anlage ...**) überreicht. Beide Verzeichnisse weisen eine Nullquote auf. Insoweit wird auf die anliegende Schlussrechnung – Teil 2 – (**Anlage ...**) verwiesen.

Es wird beantragt, diesen Verteilungsverzeichnissen gem. § 196 Abs. 2 InsO zuzustimmen.

Bei aufschiebend bedingten Forderungen:

Zur Tab.-Nr. ... wurde eine aufschiebend bedingte Forderung (§ 191 Abs. 2 InsO) festgestellt. Diese Forderung wurde in das Schlussverzeichnis aufgenommen, weil der Eintritt der Bedingung nicht abwegig, sondern möglich erscheint (§ 191 Abs. 2 InsO). Die Quotenzahlung an diesen Gläubiger mit der aufschiebend bedingten Forderung wird entsprechend § 198 InsO auf einem gesonderten Treuhandkonto hinterlegt werden.

I.
Veröffentlichungstext

Für eine Veröffentlichung nach § 188 InsO wird folgender Text bereits heute mitgeteilt:

siehe Muster »Veröffentlichungstext« Nr. 372 mit verschiedenen Varianten

J.
Anordnung einer Nachtragsverteilung

▶ Achtung Anregung oder Antrag:

BGH-Rechtsprechung (Beschl. v. 18.12.2014 – IX ZB 50/13 in WKRS 2014, 29598 – u.a. Rn. 8, 9): Antrag stellen, nicht nur anregen, um beschwerdefähig zu werden, wenn dem Antrag nicht gefolgt wird, **aber:**
- wenn **kleinere Beträge** erwartet werden: **nur anregen** = dann kann das Insolvenzgericht von der Anordnung absehen (§ 203 Abs. 3 InsO)
- wenn **größere Beträge** (> 300,00 EUR) erwartet werden: **beantragen** = dann muss das Insolvenzgericht darüber entscheiden

Im vorliegenden Insolvenzverfahren wird vorsorglich bereits heute die

Anordnung einer Nachtragsverteilung

gem. § 203 Abs. 1 Nr. 3 InsO

angeregt/beantragt. Wie die vorstehenden Ausführungen zeigen, gibt es im vorliegenden Verfahren

Beispiel:

einen Forderungsanspruch gegen den Drittschuldner ..., über dessen Vermögen ebenfalls das Insolvenzverfahren eröffnet ist. Die Forderung wurde dort zur Insolvenztabelle angemeldet und auch festgestellt. Nach Aussage des dortigen Insolvenzverwalters wird es voraussichtlich im ... (Zeitraum: z. B. Sommer 2019) zu einer Quotenzahlung kommen. Dieser Betrag sollte weiterhin dem Insolvenzbeschlag unterliegen, so dass die Anordnung einer Nachtragsverteilung gem. § 203 Abs. 1 Nr. 3 InsO geboten ist.

..., den...

....

Insolvenzverwalter/in

▶ Hinweis zur Verfahrensbeendigung:

Bitte die Checkliste »Beendigung des Verfahrens« ausdrucken und durchgehen. Etwaige weitere Schritte auf Wiedervorlage legen (z.B. ergänzender Vergütungsantrag vor dem Schlusstermin für weitere Einnahmen?)

Muster 305: Schlussbericht nat. Person

477

SCHLUSSBERICHT

in dem Insolvenzverfahren über das Vermögen der/der

... (Vor- und Zuname),
... (Anschrift)

vorgelegt vom Insolvenzverwalter:	....
Insolvenzgericht:	Amtsgericht ...
Aktenzeichen des Amtsgerichts:	... IN .../...
Datum:	...

Inhaltsverzeichnis

A. Allgemeines
  I. Verfahrensdaten
  II. Ausgangssituation
  III. Vertragsverhältnisse
  IV. Arbeitsverhältnisse
  V. Buchführung und Rechnungslegung nach § 155 InsO
  VI. Aus- und Absonderungsrechte
  VII. Darstellung des Schlussberichtes
B. Verwertung der Insolvenzmasse
  I. Einnahmen
    1. Immaterielle Vermögenswerte
    2. Unbewegliches und bewegliches Anlagenvermögen
    3. Grundstück- und grundstücksgleiche Rechte
    4. Erlöse aus Unternehmenskaufvertrag
    5. Bewegliches Anlagevermögen
    6. Warenvorräte, unfertige Erzeugnisse
    7. Forderungseinzug: Altforderungen aus der Zeit vor Anordnung der vorläufigen Verwaltung
    8. Forderungseinzug: Forderungen aus der Zeit der vorläufigen Verwaltung
    9. Forderungseinzug: Forderungen aus der Zeit des eröffneten Verfahrens
    10. Forderungseinzug: Kostenerstattung
    11. Genossenschaftsanteil
    12. Bankguthaben aus der vorläufigen Verwaltung
    13. Guthaben aus aufgelösten Bankkonten
    14. Kassenbestand
    15. Versicherungen
    16. Bausparverträge, Wertpapiere, sonstige Vermögenswerte
    17. Anfechtungsansprüche
    18. Einkommenssteuererstattungen
    19. Vorsteuererstattungen
    20. Hausrat
    21. Kontokorrentzinsen
  II. Einkommen
    1. Einkommen
    2. Unterhaltspflicht
  III. Zusammenfassung Einnahmen
  IV. Ausgaben
    1. Masseverbindlichkeiten gem. § 55 InsO
      a) Verwaltungskosten Immobilie
      b) Abwicklungskosten Immobilienverkauf
      c) Vergütung Sachverständiger
      d) Umsatzsteuerzahlungen
      e) Steuerberatungskosten/Buchhaltung
      f) Kosten des Forderungseinzuges
      g) Eigene RA-Gebühr Masseprozess
      h) Insolvenzgeldvorfinanzierung
      i) Personalkosten im Kündigungszeitraum
      j) Akteneinlagerung
      k) Kontoführungsgebühren
      l) Vertragsverhältnisse
      m) Kapitalertragssteuer etc.
    2. Massekosten gem. § 54 InsO

a) Gerichtskosten
b) Vorläufige Verwaltervergütung
c) Verwaltervergütung
3. Zusammenfassung Ausgaben
C. Ermittlung des Überschusses
D. Noch nicht liquidiertes Vermögen
E. Insolvenztabelle
F. Schlussrechnung
G. Abschluss des Insolvenzverfahrens
H. Schlussverteilung
I. Veröffentlichungstext
J. Erfüllung der Auskunfts- und Mitwirkungspflichten
K. Fiktiver Abführungsbetrag gem. § 295 Abs. 2 InsO
L. Anordnung einer Nachtragsverteilung

A.
Allgemeines

I.
Verfahrensdaten

Die wichtigsten Daten zu dem vorliegenden Insolvenzverfahren werden wie folgt zusammengefasst:

Name des Schuldners/der Schuldnerin:	…
Anschrift:	*Straße Hausnr., PLZ Ort*
Eintragung im Handelsregister:	nein
	Ja: Amtsgericht …, HRA …
Telefonnummer:	…
Unterhaltsverpflichtung:	gegenüber … *(Anzahl)* Personen
Eigenantrag:	… *(Datum)*
Fremdantrag:	… *(Name des Gläubigers)*
	… *(Datum)*
Vorläufige Verwaltung:	… *(Datum)*
Gutachtenerstellung:	… *(Datum)*
Insolvenzeröffnung:	… um … Uhr
Verbindung folgender Verfahren:	… IN …
	… IN … (andere *Aktenzeichen)*
Termin zur ersten Gläubigerversammlung:	… *um … Uhr*
Anzahl der anwesenden Gläubiger:	… *(Anzahl)*
(im Planverfahren, ansonsten löschen:)	
Erörterungstermin:	… *(Datum)*
Anzahl der anwesenden Gläubiger:	… *(Anzahl)*
Annahme des Insolvenzplans:	… *(Datum)*
Eintritt Rechtskraft des Plans:	… *(Datum)*
Erster Prüfungstermin:	… *(Datum)*
(bei Betriebsschließung, ansonsten löschen:)	
Betriebseinstellung:	… *(Datum)*
Nachträgliche Prüfungstermine/-stichtage:	… *(Datum) (ggf. mehrere Termine)*
Masseunzulänglichkeit:	*ja/nein*
Datum der Anzeige:	… *(Datum)*
Gefertigte Sachstandsberichte:	… *(Datum: Bericht zur ersten Gläubigerversammlung und alle weiteren)*

II.
Ausgangssituation

▶ Hinweis:

Man sollte kurz erläutern, ob eine **Betriebsfortführung** stattgefunden hat oder nicht und ggf. mit welchem Ergebnis sie beendet wurde, z. B. durch Verkauf oder Einstellung etc. Man kann hier auch ggf. **auffällige individuelle Verfahrensbesonderheiten** kurz ansprechen.

***Betriebseinstellung** – Beispiel für eine Formulierung:*

Bei Insolvenzantragstellung war der Geschäftsbetrieb *des Schuldners/der Schuldnerin* bereits eingestellt. Eine Wiederaufnahme schied nach Prüfung aus. Das gesamte Anlage- und Umlaufvermögen wurde daher freihändig an Dritte veräußert.

***Freigabe** – Beispiel für eine Formulierung:*

Bei Anordnung der vorläufigen Verwaltung lief der Geschäftsbetrieb *des Schuldners/der Schuldnerin* noch. … (*Anzahl*) Arbeitnehmer waren dort beschäftigt. Der Geschäftsbetrieb wurde während der gesamten Dauer des vorläufigen Verfahrens und auch noch im eröffneten Verfahren fortgeführt. Es erfolgte jedoch wenige Tage nach Insolvenzeröffnung am … eine Freigabe des Geschäftsbetriebes mit Wirkung zum … (*Zugang beim Schuldner*). Hintergrund war, dass …

***Betriebsfortführung** – Beispiel für eine Formulierung:*

Bei Anordnung der vorläufigen Verwaltung lief der Geschäftsbetrieb *des Schuldners/der Schuldnerin* noch. … (*Anzahl*) Arbeitnehmer waren dort beschäftigt. Der Geschäftsbetrieb wurde während der gesamten Dauer des vorläufigen Verfahrens und auch noch im eröffneten Verfahren bis zum … fortgeführt. Am … erfolgte sodann ein Verkauf des gesamten Anlage- und Umlaufvermögens im Rahmen einer übertragenden Sanierung. Insoweit wird auf die Ausführungen im Bericht vom … verwiesen.

***Betriebsfortführung – Insolvenzplanverfahren** – Beispiel für eine Formulierung:*

Nach Anordnung der vorläufigen Verwaltung war schnell erkennbar, dass eine Aufrechterhaltung des Geschäftsbetriebes eine bessere Gläubigerbefriedigung bieten würde, als dies im Falle einer Zerschlagung bzw. Einstellung des Betriebs erfolgen könnte. Ich hatte daher in der ersten Gläubigerversammlung die Erarbeitung eines Insolvenzplans zur Sanierung des Geschäftsbetriebes angeregt und angekündigt, selbst von meinem Planinitiativrecht nach § 218 InsO Gebrauch zu machen, weil zu erwarten war, durch einen Insolvenzplan eine dauerhafte Restrukturierung des Betriebes und der wirtschaftlichen Verhältnisse des schuldnerischen Betriebes zu realisieren. Durch einstimmigen Beschluss der Gläubigerversammlung vom … wurde ich dann auch damit beauftragt, einen Insolvenzplan auszuarbeiten. Wie sich oben aus dem Datenpool ergibt, wurde der Insolvenzplan in der Folgezeit auch angenommen.

III.
Vertragsverhältnisse

▶ Hinweis:

In größeren Insolvenzverfahren gibt es immer **irgendwelche Vertragsverhältnisse**, die entweder von einem Dritten übernommen oder vom Insolvenzverwalter abgelehnt oder gekündigt werden müssen. Dies sollte man für einen **Gesamtüberblick** kurz erläutern.

Der Insolvenzverwalter hat nachzuweisen, dass er **keine unberechtigten Masseverbindlichkeiten begründet und bezahlt** hat, z. B. durch zu späte Kündigung oder fehlende Ablehnung etc.

***Betriebseinstellung** – Beispiel für eine Formulierung:*

Die bei Insolvenzeröffnung noch bestehenden Vertragsverhältnisse *des Schuldners/der Schuldnerin* wurden von mir aufgrund der Betriebseinstellung am … jeweils gekündigt (§§ 108 f. InsO) bzw. die Vertragserfüllung entsprechend § 103 InsO abgelehnt. Aus den Vertragsverhältnissen resultierende Belastungen musste die Insolvenzmasse daher nur bis zum … als Masseverbindlichkeiten begleichen. Insoweit wurden ein bzw. mehrere gesonderte Sachkonten angelegt. Näheres wird nachstehend noch erläutert werden.

***Freigabe** – Beispiel für eine Formulierung:*

Von der erklärten Freigabe der selbständigen Tätigkeit gem. § 35 Abs. 2 InsO waren auch die zu diesem Zeitpunkt bestehenden Vertragsverhältnisse umfasst (*BGH v. 09.06.2011 – IX ZB 175/10 Rn. 7 in ZInsO 2011, 1349, InsbürO 2011, 310; BGH v. 09.02.2012 – IX ZR 75/11 in ZInsO 2012, 481, InsbürO 2012, 274*). Eine Zahlung aus der Insolvenzmasse musste daher nicht erfolgen.

***Betriebsfortführung** – Beispiel für eine Formulierung:*

Die bei Insolvenzeröffnung noch bestehenden Vertragsverhältnisse *des Schuldners/der Schuldnerin* wurden von dem Käufer des schuldnerischen Geschäftsbetriebes gemäß der vertraglichen Vereinbarung insgesamt übernommen. Insoweit wird auf die Ausführungen im Bericht vom … und vor allem die überreichte Fotokopie des Kaufvertrages vom … verwiesen. Aus den Vertragsverhältnissen resultierende Belastungen musste die Insolvenzmasse daher nur bis zum … als Masseverbindlichkeiten begleichen. Insoweit wurden ein bzw. mehrere gesonderte Sachkonten angelegt. Näheres wird nachstehend noch erläutert werden.

***Betriebsfortführung – Insolvenzplanverfahren** – Beispiel für eine Formulierung:*

Wie vorstehend erläutert, handelt es sich vorliegend um ein Insolvenzplanverfahren. Der schuldnerische Betrieb bleibt damit erhalten. Die Vertragsverhältnisse werden weiter fortgeführt. Während der Dauer des Insolvenzverfahrens wurden die entsprechenden Kosten aus der Insolvenzmasse beglichen. Insoweit wurden ein bzw. mehrere gesonderte Sachkonten angelegt. Näheres wird nachstehend noch erläutert werden.

IV.
Arbeitsverhältnisse

▶ Hinweis:

Zu dieser Thematik sollte ebenfalls dargelegt werden, dass der Insolvenzverwalter keine unberechtigten Masseverbindlichkeiten begründet hat, z. B. durch zu späte Kündigung der Arbeitnehmer etc. Denkbar wäre auch, dass die Löhne und Gehälter versehentlich über den Stichtag hinaus gezahlt wurden oder der Monat nicht entsprechend aufgeteilt wurde.

***Betriebseinstellung** – Beispiel für eine Formulierung:*

Es bestanden zum Zeitpunkt der Insolvenzeröffnung … *(Anzahl)* Arbeitsverhältnisse. Diese sind gleich mit Insolvenzeröffnung zum nächstmöglichen Kündigungszeitpunkt gem. § 113 InsO gekündigt worden. Insoweit wird als **Anlage …** ein tabellarischer Überblick überreicht. Bis zum Ablauf der Kündigungsfristen mussten die Löhne und Gehälter als Masseverbindlichkeiten aus der Insolvenzmasse bezahlt werden.

[Alternative:

Das schuldnerische Unternehmen hatte mit … (Anzahl) Arbeitnehmern Arbeitsverhältnisse geschlossen. Aufgrund der Betriebseinstellung schon *während der vorläufigen Verwaltung/vor Anordnung der vorläufigen Verwaltung* hatte die Schuldnerin die Kündigung dieser Arbeitsverhältnisse bereits vor der Insolvenzeröffnung ausgesprochen. *(Ich hatte diesen Kündigungen in meiner Eigenschaft als vorläufige/r Insolvenzverwalter/in zugestimmt.)* Die Kündigungsfristen liefen noch in das eröffnete Verfahren hinein, so dass noch Löhne und Gehälter gezahlt werden mussten. Über die jeweiligen Arbeitnehmer mit ihrem jeweiligen Austrittsdatum wird in der **Anlage …** ein tabellarischer Überblick überreicht.]

***Freigabe** – Beispiel für eine Formulierung:*

Es bestanden zum Zeitpunkt der Insolvenzeröffnung … *(Anzahl)* Arbeitsverhältnisse. Arbeitnehmer waren … *(Namen aufführen oder ggf. Liste beifügen)*. Die selbständige Tätigkeit *des Schuldners/der Schuldnerin* wurde mit Wirkung zum … (Datum des Zugangs), also … Tage nach Insolvenzeröffnung, aus der Insolvenzmasse freigegeben und gegenüber dem Insolvenzgericht am … mit Empfangsbestätigung *des Schuldners/der Schuldnerin* angezeigt. Die vorgenannten, bestehenden Arbeitsverhältnisse waren von dieser Freigabe umfasst (*BAG, Urt. v. 21. 11. 2013 – 6 AZR 979/11, ZInsO 2014, 507, InsbürO 2014, 242*).

***Betriebsfortführung** – Beispiel für eine Formulierung:*

Es bestanden zum Zeitpunkt der Insolvenzeröffnung … *(Anzahl)* Arbeitsverhältnisse. Sämtliche Arbeitsverhältnisse wurden bei der Veräußerung des Gewerbebetriebes vom Käufer übernommen. Die Insolvenzmasse hatte insoweit lediglich die Löhne und Gehälter für den Zeitraum ab Insolvenzeröffnung bis zum Stichtag des Überganges auf den Käufer am … zu tragen. Für einen Überblick über alle bei Insolvenzeröffnung bestehenden Arbeitsverhältnisse wird als **Anlage …** eine entsprechende Arbeitnehmerliste überreicht.

***Betriebsfortführung – Insolvenzplanverfahren** – Beispiel für ein Formulierung:*

Aufgrund der Erhaltung des Geschäftsbetriebes mussten die Arbeitsverhältnisse nicht grundsätzlich beendet werden. Es wurden lediglich … *(Anzahl)* Arbeitnehmer gekündigt. Hintergrund war eine Minderung der Personalkosten und damit eine Liquiditätssteigerung des schuldnerischen Unternehmens.

▶ Hinweis zur tabellarischen Übersicht:

Aus **datenschutzrechtlichen Gründen** sollte die **tabellarische Übersicht nur** den **Namen** und das **Austrittsdatum** des jeweiligen Arbeitnehmers enthalten. Das ermöglicht bereits eine Überprüfung durch das Insolvenzgericht bzw. einen ggf. beauftragten Sachverständigen, ob die **Löhne und Gehälter** auch **korrekt** innerhalb des Kündigungszeitraums gezahlt wurden. Mehr ist an dieser Stelle nicht erforderlich.

V.
Buchführung und Rechnungslegung nach § 155 InsO

▶ Hinweis:

Eine kurze Stellungnahme zu dieser Thematik gibt Dritten die Möglichkeit festzustellen, ob die **Pflichten nach § 155 InsO erfüllt** wurden. Insbesondere der Hinweis zur Erstellung des letzten Jahresabschlusses ist dabei wichtig.

Beispiel für eine Formulierung – Abgabe Erklärungen:

Wie im Bericht zur ersten Gläubigerversammlung bereits ausgeführt wurde, befand sich die Buchführung des schuldnerischen Geschäftsbetriebes zu Beginn der vorläufigen Verwaltung *in einem guten Zustand/in einem desolaten Zustand.* Während der Dauer des Verfahrens ist die Buchführung *weitergeführt/komplett aufgearbeitet* worden. Die erforderlichen Steuererklärungen (Umsatz- und Einkommenssteuererklärungen) wurden bei der Finanzverwaltung eingereicht.

Ich habe meine handelsrechtlichen und steuerrechtlichen Rechnungslegungspflichten gem. § 155 InsO damit erfüllt.

[Alternative – keine Abgabe der Erklärung – fehlender Massebestand:

Wie im Bericht zur ersten Gläubigerversammlung ausgeführt wurde, standen bei Insolvenzeröffnung die Einkommenssteuererklärungen für die Kalenderjahre ... und ... aus. Das Finanzamt hat insoweit Schätzungen vorgenommen und die ausstehenden Steuerforderungen unter der lfd. Nr. ... zur Insolvenztabelle in einer Gesamthöhe von ... EUR angemeldet, die von mir auch festgestellt wurden. Die Feststellung basierte auf einer groben Prüfung aufgrund des wenigen vorliegenden Zahlenmaterials.]

Es war kein ausreichender Massebestand, aber auch keine ausreichende Unterlagen vorhanden, um einen Steuerberater mit der Aufarbeitung der Buchführung und der Erstellung der Einkommenssteuererklärungen zu beauftragen. Es war mir daher nicht möglich, meine handelsrechtlichen und steuerrechtlichen Rechnungslegungspflichten gem. § 155 InsO komplett zu erfüllen. Umsatzsteuer- und Einkommenssteuererklärungen für die Zeit des laufenden Verfahrens wurden dagegen vollständig erstellt und bei der Finanzverwaltung eingereicht.

VI.
Aus- und Absonderungsrechte

▶ Hinweis:

Ein Überblick über die Aus- und Absonderungsrechte sollte von den Sachbearbeitern schon **während der Abwicklung des Verfahrens** geführt werden. Diese Aufstellung kann dann für den Schlussbericht genutzt werden. Die darin enthaltenen Daten müssten aber noch einmal kontrolliert werden. Eine Musterübersicht ist zu finden in den Mustern Aussonderungsrechte: »**Übersicht in Tabellenform – Aus- und Absonderungsrechte**« (Nr. 55). Ggf. können Übersichten mit einem solchen Inhalt aber auch aus der Insolvenzsoftware gezogen werden.

Im vorliegenden Verfahren wurden von mehreren Gläubigern Aus- und Absonderungsrechte geltend gemacht. Es wird insofern ein tabellarischer Überblick gegeben, der als **Anlage ...** diesem Schlussbericht beigefügt ist. Daraus ist ersichtlich, welche Gläubiger an welchen Vermögenswerten welche Rechte geltend gemacht haben und wie diese begehrten Vorrechte Berücksichtigung gefunden haben.

VII.
Darstellung des Schlussberichtes

▶ Hinweis:

Salden auf der letzten Seite der Schlussrechnung an dieser Stelle prüfen! Stimmt der Kontostand mit den Einnahmen und Ausgaben überein oder sind ggf. irgendwelche Buchungen nicht richtig zugeordnet, so dass eine Differenz vorhanden ist? Dann diese erst klären!

Im Folgenden wird die als **Anlage ...** beigefügte Schlussrechnung – Teil 1 – näher erläutert. In dieser sind die einzelnen Sachbereiche aufgeführt, in denen Einnahmen erzielt bzw. Ausgaben getätigt wurden. Hinter den Überschriften zu den nachfolgenden einzelnen Themen werden in Klammern die aus der Vermögensübersicht zum Stichtag der Verfahrenseröffnung dazugehörigen Werte (E-Werte = Eröffnungswerte) sowie das jeweilige Sachkonto aus der Schlussrechnung angegeben. Damit wird ein Zusammenhang zwischen den Erläuterungen und den Konten in der Schlussrechnung hergestellt und ein Vergleich zwischen den damals geschätzten und nunmehr tatsächlich erzielten Erlösen für die Insolvenzmasse möglich.

Zu den einzelnen in der Schlussrechnung genannten Konten sei angemerkt, dass die Zusammensetzung der dort aufgeführten Gesamtsummen zusätzlich zu den nachstehenden Erläuterungen auch den jeweiligen Kontenblättern entnommen werden kann, die als **Anlage ...** überreicht werden. Darüber hinaus sei erläutert, dass in der Spalte »Belegnummer« jeweils die Nummer des entsprechenden Kontoauszuges genannt ist.

Als **Anlage ...** liegt die chronologische Aufstellung der Buchungen anbei.

Es wird darauf hingewiesen, dass aus der Schlussrechnung – Teil 1 – lediglich alle bisher erfolgten Buchungen auf dem Treuhandkonto ersichtlich werden. Bezüglich der *bevorstehenden Verteilung des vorhandenen Massebestandes* wird auf die Ausführungen in der weiter beiliegenden Schlussrechnung – Teil 2 (**Anlage** ...) – verwiesen.

B.
Verwertung der Insolvenzmasse

I.
Einnahmen

▶ Hinweis:

Sinnvoll ist eine Sortierung der Erläuterungen nach der »Flüssigkeit« (= Vermögensübersicht): Alle Positionen aus der Vermögensübersicht nach § 153 InsO sollte man aufnehmen, auch wenn keine Einnahme erfolgt ist. Dann ist entsprechend der Grund für die fehlende Einnahme anzugeben.

Je nach Verfahrensentwicklung sind ganze Passage der nachfolgenden Formulierungen einfach zu streichen: Planverfahren, einzelne Verwertung? Bei Freigabe einer selbständigen Tätigkeit kann i.d.R. das gesonderte Muster Nr. 303 »Schlussbericht Kleinverfahren« verwendet werden«.

1. <u>Immaterielle Vermögenswerte</u>

(E-Wert: ... EUR) (Sachkontenblatt...)

Immaterielle Vermögenswerte waren nicht vorhanden.

[Alternative:

An immateriellen Vermögenswerten waren ... vorhanden. Diese konnten mit Kaufvertrag vom ... an ... zu einem Kaufpreis i.H.v. ... EUR veräußert werden.]

Beispiel für eine Formulierung im Insolvenzplanverfahren:

2. <u>Unbewegliches und bewegliches Anlagenvermögen</u>

(E-Wert: ... EUR) (kein Sachkontenblatt)

Das unbewegliche und bewegliche Anlagevermögen des Schuldners/ der Schuldnerin wurde nicht verwertet, weil es zu der Annahme eines Insolvenzplans gekommen ist. Die darin vorgesehenen Zahlungen an die Gläubiger werden aus den Umsatzerlösen des Schuldners/ der Schuldnerin geleistet werden. Wegen der einzelnen Vermögenswerte wird auf die Ausführungen im Bericht zur ersten Gläubigerversammlung auf Seite ... sowie die Vermögensübersicht nach § 153 InsO verwiesen.

▶ Hinweis:

An diese Erläuterungen schließen sich jetzt Erläuterungen zu den erzielten Einnahmen, i.d.R. ab dem Forderungseinzug (s. nachstehend) an.

Beispiele für eine Formulierung ohne Planverfahren:

3. <u>Grundstück- und grundstücksgleiche Rechte</u>

(E-Wert:... EUR) (Sachkontenblatt...)

▶ Hinweise:

- Grundstücksdaten für exakte Kennzeichnung aufführen.
- Bei mehreren Grundstücken Bezifferung (= a), b),...) für einen guten Überblick vornehmen.
- Belastungen nennen, um danach entsprechend auf Befriedigung einzugehen.
- Welcher Kaufpreis wurde wann erzielt? Notarielle Urkunde angeben.
- Welche Beträge sind davon an Dritte geflossen? Warum und in welcher Höhe? Bei direkter Zahlung vom Treuhandkonto: Passivkonten nennen.
- Welche Restsumme ging wann auf dem Treuhandkonto ein?
- Wann ist die Eigentumsumschreibung erfolgt (wegen Abschluss des Vorgangs)?
- Sind die Erwartungen erfüllt worden? Vergleich mit E-Wert. Kurze Begründung.
- Wann erfolgte ggf. die Freigabe des Grundstückes und aus welchem Grund?

Beispiel für eine Formulierung:

Der Schuldner/Die Schuldner/in war Eigentümerin eines Grundstückes in ... *(Ort)*, eingetragen im Grundbuch von ... Blatt ..., Gemarkung ..., Flur ..., Flurstück ... zur Größe von ... qm. Die Belastungen im Grundbuch stellten sich wie folgt dar:

Abt. II: lastenfrei

Abt. III: lfd. Nr. 1: ... EUR Briefgrundschuld für ... *(Name Grundpfandrechtsgläubigerin)*, ... % Zinsen jährlich, ... % Nebenleistung einmalig, vollstreckbar nach § 800 ZPO

Das Grundstück konnte mit notariellem Vertrag vom... (UR-Nr. .../... des Notars ... mit dem Amtssitz in ...) an *Herrn/Frau* ... zu einem Kaufpreis in Höhe von ... EUR veräußert werden. Daraus musste die Darlehensvaluta an die Grundpfandrechtsgläubigerin gemäß Abt. III lfd. Nr. 1 abgelöst werden. Per Stichtag... betrug diese 0,00 EUR, so dass sich ein Übererlös in Höhe von ... EUR zugunsten der Insolvenzmasse ergab.

Alternative – kein Übererlös:

.... Per Stichtag... betrug diese ... EUR. Ein Übererlös zugunsten der Insolvenzmasse hat sich demnach nicht ergeben. Mit der Grundpfandrechtsgläubigerin wurde allerdings für die freihändige Verwertung durch mich eine Vereinbarung über eine Massebeteiligung getroffen. Danach sollten ... % aus dem erzielten Kaufpreis an die Insolvenzmasse abgeführt werden. Dieser Betrag ist am ... auf dem Treuhandkonto eingegangen.

Für die Kaufvertragsabwicklung mussten Gerichtskosten für die Löschung des Grundpfandrechtes in Höhe von ... EUR (Sachkonto Nr. ...) bezahlt werden. Die Notarkosten für die notarielle Beurkundung des Kaufvertrages hat der Käufer zu tragen.

Die Eigentumsumschreibung auf den Käufer ist am... erfolgt.

Der erzielte Erlös für die Insolvenzmasse lag *über/unter* den Erwartungen. Dies lag daran, dass ... *(Begründung)*

Alternative – kein Grundeigentum:

Grundstück- oder grundstücksgleiche Rechte standen nicht im Eigentum des Schuldners/der Schuldnerin.

4. Erlöse aus Unternehmenskaufvertrag

(E-Wert:...) (Sachkontenblätter...)

Wie vorstehend bereits erläutert, wurde mit Datum vom... ein Kaufvertrag über die beim Schuldner/bei der Schuldnerin vorhandenen Wirtschaftsgüter geschlossen. Mit diesem Kaufvertrag wurden Gegenstände des beweglichen Anlagevermögens, des Umlaufvermögens sowie geringwertige Wirtschaftsgüter, das Vorratsvermögen, der Firmenwert sowie die Aufträge und Bestellungen an *Herrn/Frau/Firma* ... veräußert. *Der Käufer/Die Käuferin* verpflichtete sich, sowohl ... *(Anzahl)* von ... *(Gesamtzahl)* Arbeitnehmern zu übernehmen und den Betriebsstandort in ... *(Ort)* aufrecht zu erhalten.

Der Kaufpreis setzte sich wie folgt zusammen:

Firmenwert	... EUR
Anlage- und Umlaufvermögen, Aufträge/Bestellungen	... EUR
Gesamtsumme	... EUR

Dieser Betrag ist am... auf dem Treuhandkonto eingegangen. Von dem Betrag mussten die vorstehend aufgeführten Absonderungsrechte befriedigt werden. Die einzelnen Buchungen ergeben sich aus dem Sachkontenblatt ..., auf das ausdrücklich verwiesen wird. Es wurde eine Summe von ... EUR an die Absonderungsberechtigten ausgezahlt, so dass der Insolvenzmasse ein Betrag in Höhe von ... EUR verbleibt.

5. Bewegliches Anlagevermögen

(E-Wert:...) (Sachkontenblätter...)

▶ Hinweis Überschrift:

Hier alle angesprochenen Sachkonten aufführen: Kostenbeiträge, Absonderungsrechte etc.

▶ Hinweise zum Inhalt:

- Verwertungsliste führen und beifügen: Möglichkeit, sich auf kurze Ausführungen hier im Schlussbericht zu beschränken
- etwaige Probleme oder Abweichungen von den Prognosewerten wären ggf. noch einmal kurz zu erklären oder ein Verweis auf Ausführungen in früheren Berichten zu machen
- allgemeine Aussagen zu folgenden Fragen treffen:
- Welche Summe ist an Dritte geflossen?
- Nettoerlös für Insolvenzmasse benennen.
- Vergleich zu den E-Werten vornehmen, ggf. Gründe für Abweichung anführen.
- nicht verkaufte Gegenstände nebst Begründung angeben.
- ggf. über erfolgte Freigaben berichten oder Verweis auf Erläuterung in alten Berichten vornehmen.

Beispiel für eine Formulierung:
Zum beweglichen Anlagevermögen des schuldnerischen Unternehmens gehörten der Fuhr- und Maschinenpark, die weitere Betriebs- und Geschäfts- sowie die Büroausstattung. Am… fand eine Versteigerung statt. Es konnte ein Verwertungserlös in Höhe von insgesamt … EUR erzielt werden. Der Betrag ist am… auf dem Treuhandkonto eingegangen. Darin enthalten waren die gesetzliche Umsatzsteuer, die am… an die Finanzverwaltung abgeführt wurde (Konto … in der Schlussrechnung auf Seite…), und zum Teil Kaufpreise für Warenvorräte und unfertige Erzeugnisse in Höhe von … EUR. Hierzu wird auf die nachfolgenden Ausführungen verwiesen.

Zum Teil mussten aus den Erlösen Absonderungsrechte einiger Gläubiger befriedigt werden. Hierzu wird auf die ausführliche Berichterstattung vom… verwiesen (*i.d.R. erster Sachstandsbericht nach der Gläubigerversammlung*). Als **Anlage …** wird die vervollständigte Verwertungsliste beigefügt, aus der jeder Gegenstand mit dem erzielten Kaufpreis, der etwaigen Ablösesumme an Dritte sowie dem Erlös für die Insolvenzmasse ersichtlich wird.

Der Nettoerlös für die Insolvenzmasse aus der Veräußerung des beweglichen Anlagevermögens beträgt …. EUR und entspricht damit den Erwartungen in der Vermögensübersicht nach § 153 InsO.

Zwei Gegenstände konnten nicht veräußert werden. Hierbei handelt es sich um … Das lag daran, dass … (*Grund nennen, für Antrag auf Beschlussfassung gem. § 197 Abs. 1 Nr. 3 InsO (= nicht verwertbares Vermögens): siehe später »nicht liquidiertes Vermögen«)*

Die entsprechenden Buchungen sind auf den oben genannten Sachkontenblättern erfolgt. Hierbei sei erläuternd darauf hingewiesen, dass bei den Kaufpreisen, die mit Absonderungsrechten belegt waren, die entsprechenden Kostenbeiträge nach § 171 InsO direkt auf gesonderte Sachkonten (…) gebucht wurden, so dass sich auf dem eigentlichen Sachkontenblatt (…) nur die Auszahlungsbeträge an die Sicherungsgläubiger sowie die erlangten Mehrwertsteuerbeträge finden.

Das Konto … (*Befriedigung Absonderungsrechte*) gibt im Übrigen einen Gesamtüberblick über alle geleisteten Auszahlungen an die Sicherungsgläubiger.

Bei der Buchung auf dem Konto … handelt es sich um die Überweisung des Umsatzsteuerbetrages, der durch eine eigene Verwertung des Sicherungsgläubigers angefallen ist.

Im Ergebnis bleibt festzuhalten, dass der Insolvenzmasse ein Betrag von … EUR verbleibt. Dieser errechnet sich wie folgt:

Summe Verwertungserlöse gem. Schlussrechnung (…)	0,00 EUR
abzgl. Auszahlung an Absonderungsgläubiger (… Buchungen vom …)	0,00 EUR
abzgl. Umsatzsteuer an FinA	0,00 EUR
verbleibende Differenz	0,00 EUR

Darin enthalten ist – wie zuvor ausgeführt – allerdings auch bereits der Kaufpreis für die Veräußerung der Vorräte, wie nachfolgend näher erläutert wird. Bringt man diesen Kaufpreis von … EUR in Abzug, verbleibt eine Summe von … EUR.

Die Abweichung von der Prognose in der Vermögensübersicht zum Zeitpunkt der ersten Gläubigerversammlung resultiert daraus, dass … *(positiv oder negativ? Begründung)*

6. Warenvorräte, unfertige Erzeugnisse

(E-Wert:… EUR) (Sachkontenblatt…)

Beispiel für eine Formulierung:
Es waren geringfügige Warenvorräte in der Betriebshalle des Schuldners/der Schuldnerin vorhanden. Diese wurden insgesamt am… zu einem Bruttokaufpreis in Höhe von … EUR veräußert. Diese Position ist auch in der Verwertungsliste aufgeführt, so dass dieser Betrag von … EUR in der vorgenannten Gesamtsumme der Verwertungserlöse bereits enthalten ist.

7. Forderungseinzug: Altforderungen aus der Zeit vor Anordnung der vorläufigen Verwaltung

(E-Wert:… EUR) (Sachkontenblatt…)

▶ Hinweis zu einer Anlage:

Hinweise zu den einzelnen Forderungen sollten **in der Insolvenzsoftware** vermerkt werden. Diese **Angaben** müssten während der gesamten Dauer des Insolvenzverfahrens **gepflegt werden.** Man benötigt sie auch für die vorherige Berichterstattung. Ausdrucke von **Gesamtübersichten** und auch Einzelübersichten sind möglich. Einzelübersichten bieten sich ggf. an, um Gründe für die fehlenden Beträge zu belegen.

▶ Hinweise zum Inhalt:

- Bei einer Betriebsfortführung muss eine Einteilung in die unterschiedlichen Zeiträume vorgenommen werden.
- Entsprechend sind die Zahlungseingänge auf getrennte Sachkonten zu buchen.
- Welche Forderungen standen aus?
- Welche Summen konnten realisiert?
- Warum und in welcher Höhe sind Ausbuchungen erfolgt?
- Wurden gerichtliche Verfahren eingeleitet und die Masse mit Kosten belastet?
- Erläuterungen zur Befriedigung einer möglichen Globalzession geben.

Beispiel für eine Formulierung:
Am Tag der Anordnung des vorläufigen Insolvenzverfahrens bestanden ausstehende Forderungen des schuldnerischen Unternehmens gegen Dritte in Höhe von … EUR. Es konnte eine Gesamtsumme in Höhe von … EUR während der Dauer des Insolvenzverfahrens vereinnahmt werden. Teilweise war die Einleitung gerichtlicher Mahnverfahren notwendig.

Teilweise erhoben die Drittschuldner auch Mängeleinreden. Die Vorgänge wurden dann eingehend geprüft. In einigen Fällen kam es zu einem Vergleichsabschluss. Zum Teil wurden die Forderungen auch ausgebucht, weil eine gerichtliche Geltendmachung ein zu hohes Kostenrisiko mit sich gebracht hätte. Beträge in Höhe von insgesamt … EUR mussten im Übrigen aufgrund der Vermögenslosigkeit der Drittschuldner ausgebucht werden.

Als **Anlage …** wird eine Forderungsaufstellung überreicht, aus der jede einzelne Forderung mit ihrem Verlauf ersichtlich ist.

Die … Bank besaß eine Globalzession an den Altforderungen. Mit Datum vom… wurde eine Verwertungsvereinbarung mit der Bank getroffen, wonach ich bereits während der vorläufigen Verwaltung zum Einzug der Forderungen berechtigt war und mir für die Tätigkeit ein Anteil von 25 % der eingezogenen Forderungen zugunsten der Insolvenzmasse zustand. Außerdem wurde eine Kostenbeteiligung der Bank bei der gerichtlichen Geltendmachung von Ansprüchen vereinbart.

An die Bank musste eine Gesamtsumme in Höhe von … EUR ausgezahlt werden. In der Insolvenzmasse verbleibt aus dem Einzug der Altforderungen ein Nettoerlös in Höhe von … EUR, *der weit über den zunächst angenommenen Erwartungen liegt.*

Für Verfahren, die nach dem 01.01.2012 eröffnet wurden:
Nach einer Entscheidung des BFH (*Urt. v. 09.12.2010 – V R 22/10 in WKRS 2010, 36002, InsbürO 2011, 190*) ist die in den eingezogenen Forderungen enthaltene Umsatzsteuer als Masseverbindlichkeit an die Finanzverwaltung abzuführen. Die entsprechende Zahlung ist erfolgt. Insoweit wird auf das Sachkonto … verwiesen.

Der Großteil der angefallenen Gerichts- und Anwaltskosten wurde durch die Drittschuldner erstattet. Von der Insolvenzmasse ist lediglich ein Betrag in Höhe von … EUR zu tragen. Siehe hierzu die Konten Nr. … auf Seite … und Nr. … auf Seite … der Schlussrechnung.

8. <u>Forderungseinzug: Forderungen aus der Zeit der vorläufigen Verwaltung</u>

(E-Wert:… EUR) (Sachkontenblatt…)

▶ Hinweis:

Diese Forderungen werden i.d.R. komplett realisiert, da sie neu sind und der Insolvenzverwalter sie zügig beitreibt.

Beispiel für eine Formulierung:
Während der vorläufigen Verwaltung konnten im Rahmen der Betriebsfortführung Forderungen in Höhe von … EUR begründet und in Höhe von … EUR realisiert werden. Lediglich *eine* Forderung gegen die Firma … musste aufgrund … *(kurze Begründung)* ausgebucht werden. Wegen näherer Informationen wird auf die anliegende Forderungsaufstellung verwiesen.

Auch diese realisierten Forderungen waren *vom Unternehmenskaufvertrag nicht umfasst* und verbleiben daher in der Insolvenzmasse. Auszahlungen an die … Bank mussten im Hinblick auf die Forderungen aus dem Zeitraum der vorläufigen Verwaltung nicht vorgenommen werden, weil eine wirksame Abtretung insoweit nicht mehr erfolgen konnte, sondern der Anfechtung unterlägen hätte.

9. <u>Forderungseinzug: Forderungen aus der Zeit des eröffneten Verfahrens</u>

(E-Wert:… EUR) (Sachkontenblatt…)

Beispiel für eine Formulierung:
Im eröffneten Verfahren wurden bis zur *Betriebseinstellung/(im Planverfahren:) bis zum… (Stichtag)* Forderungen in Höhe von … EUR begründet und hiervon in Höhe von … EUR realisiert. Wegen der Vermögenslosigkeit von …

(Anzahl) Drittschuldnern musste die Differenzsumme in Höhe von ... EUR ausgebucht werden. Auch insoweit wird auf die beiliegende Forderungsaufstellung verwiesen.

10. Forderungseinzug: Kostenerstattung

(E-Wert:... EUR) (Sachkontenblatt... – Ausgabenkonten)

Beispiel für eine Formulierung:
Bei prozessualen Auseinandersetzungen wurden von den Prozessgegnern die Prozesskosten aufgrund von beantragten Kostenfestsetzungsbeschlüssen *zum größten Teil* erstattet. Diese Zahlungseingänge sind als Minusbuchung auf dem jeweiligen Ausgabenkonto »Eigene RA-Gebühren« (Sachkonto ...), »Fremde RA-Gebühr« (Sachkonto ...) oder »Gerichtskosten« (Sachkonto ...) verbucht worden, weil sie vom Treuhandkonto als Honorar an mein Büro oder als Gerichtskosten an die Gerichtskasse abgebucht wurden. Dort ist somit jeweils die Ausgabe mit der entsprechenden Erstattung ersichtlich.

11. Genossenschaftsanteil

▶ Hinweis:

Sollte es einen Genossenschaftsanteil geben: siehe gesondertes Muster bei »Verwertungstätigkeit«: »Genossenschaftsanteil – Formulierungsvorschläge« (Nr. 381)

12. Bankguthaben aus der vorläufigen Verwaltung

(E-Wert:... EUR) (Sachkontenblatt...)

Aus der Zeit der vorläufigen Verwaltung konnte ein Kontoguthaben i.H.v. ... EUR in das eröffnete Verfahren übernommen werden. Der Betrag von... EUR ergibt sich aus dem Kontoauszug Nr. .../... *(Auszugnummer und Jahr)* per... Die erste Buchung nach der Insolvenzeröffnung am... *(Datum der Eröffnung)* datiert vom... Der Betrag findet sich darüber hinaus auch auf der letzten Seite der anliegenden Schlussrechnung – Teil 1 - – **Anlage ...** – wieder.

13. Guthaben aus aufgelösten Bankkonten

(E-Wert:... EUR) (Sachkontenblatt...)

Der/Die Schuldner/in gab die... als *seine/ihre* kontoführende Bank an. Auf das Girokonto (IBAN...) fließt das monatliche, nachstehend näher erläuterte pfändungsfreie Einkommen.

P-Konto bei Eröffnung

Das Konto wurde bereits zum Zeitpunkt der Insolvenzeröffnung als Pfändungsschutzkonto (sogenanntes P-Konto) geführt. Eine Freigabe durch mich war dementsprechend nicht erforderlich, weil auf einem P-Konto gem. § 850k ZPO automatisch Pfändungsschutz besteht. Der Insolvenzbeschlag würde an dem Kontoguthaben gem. § 850k Abs. 1 ZPO greifen, wenn *der Schuldner/die Schuldnerin* über das Kontoguthaben nicht bis zum Ablauf des Monats, der dem Zahlungseingang folgt, verfügt. Dies war vorliegend aber nicht der Fall. Daher konnten keine Beträge zur Masse gezogen werden.

kein P-Konto bei Eröffnung

Das Konto wurde allerdings bei Insolvenzeröffnung noch nicht als Pfändungsschutzkonto (sogenanntes P-Konto) geführt. Damit bestand zunächst kein Pfändungsschutz an dem Kontoguthaben. *Der Schuldner/Die Schuldnerin* hat das Konto dann aber gem. § 850k Abs. 7 ZPO umwandeln lassen. Damit unterlagen die Zahlungseingänge dem automatischen Pfändungsschutz gem. § 850k ZPO. Eine Freigabe durch mich war dementsprechend nicht erforderlich, weil auf einem P-Konto gem. § 850k ZPO automatisch Pfändungsschutz besteht. Der Insolvenzbeschlag würde an dem Kontoguthaben gem. § 850k Abs. 1 ZPO greifen, wenn *der Schuldner/die Schuldnerin* über das Kontoguthaben nicht bis zum Ablauf des Monats, der dem Zahlungseingang folgt, verfügt. Dies war vorliegend aber nicht der Fall. Daher konnten keine Beträge zur Masse gezogen werden.

Zusätzliches Geschäftskonto:

Der Schuldner/Die Schuldnerin besaß darüber hinaus ein Geschäftskonto. Dieses wies bei Anordnung der vorläufigen Verwaltung ein Guthaben in Höhe von ... EUR aus. Das Konto wurde geschlossen und der Guthabenbetrag am ... auf das Treuhandkonto überwiesen. Damit ist der Betrag bereits während der vorläufigen Verwaltung eingegangen und in dem oben genannten Guthaben enthalten.

Die *weiteren* Geschäftskonten des Schuldners/der Schuldnerin wiesen Sollsalden aus.

Text für beide Varianten:
Sparguthaben konnten nicht ermittelt werden. Eine Anfrage bei der Bank hat auch bestätigt, dass solche in den letzten sechs Monaten vor Antragstellung nicht aufgelöst wurden.

Auch Geschäftsanteile an Genossenschaften konnten nicht festgestellt werden. *(wenn ja: s. vorstehend)*

14. Kassenbestand

(E-Wert:... EUR) (Sachkontenblatt...)

Die Kasse wurde mit Betriebseinstellung geschlossen und der darin befindliche Betrag in Höhe von ... EUR am... auf das Treuhandkonto eingezahlt.

Für die bis zur Schließung erfolgten Ein- und Auszahlungen werden als **Anlage ...** eine Übersicht über die Kassenbuchungen, die Kassenberichte sowie die entsprechende Belege überreicht.

Insolvenzplanverfahren:
Der Kassenbestand betrug am Tag der Insolvenzeröffnung ... EUR. Er wurde jedoch nicht insgesamt vereinnahmt und die Kasse nicht geschlossen, weil *der Schuldner/die Schuldnerin* ihre betriebliche Tätigkeit während der gesamten Dauer des Verfahrens bis heute fortgesetzt hat. Teilbeträge aus einem höheren Kassenbestand hat *der Schuldner/die Schuldnerin* jedoch immer wieder auf das Treuhandkonto eingezahlt. Insoweit wird auf das obige Sachkontenblatt verwiesen.

Als **Anlage ...** werden eine Übersicht über die Kassenbuchungen, die Kassenberichte sowie die entsprechende Belege überreicht.

15. Versicherungen

(E-Wert:... EUR) (Sachkontenblatt...)

Bei der... Versicherung bestand zugunsten *des Schuldners/der Schuldnerin* ein Lebensversicherungsvertrag. Dieser wurde durch mich gekündigt. Die Versicherung hat daraufhin den vorhandenen Rückkaufswert in Höhe von... **EUR** am... auf das Treuhandkonto überwiesen. Ein Absonderungsrecht wurde von Seiten der Gläubiger nicht geltend gemacht werden und konnte auch den Unterlagen nicht entnommen werden.

Kapitalertragssteuer wurde von der Versicherungsgesellschaft bei der Auszahlung nicht abgeführt. Es wurde insoweit im Vorfeld ein Freistellungsauftrag vorgelegt.

Alternative:
Die Versicherungsgesellschaft hat bei der Auszahlung des Rückkaufswertes Kapitalertragssteuer an die Finanzverwaltung abgeführt. Dieser Steuerbetrag wurde jedoch in der Einkommenssteuererklärung berücksichtigt und somit seitens der Finanzverwaltung erstattet.

Weitere Verträge mit Rückkaufswerten konnten nicht festgestellt werden.

Alternative:
Etwaige Versicherungen mit Rückkaufswerten konnten nicht ermittelt werden.

16. Bausparverträge, Wertpapiere, sonstige Vermögenswerte

(E-Wert: ... EUR) (Sachkontenblatt ...)

Bausparverträge, Wertpapiere oder sonstige Vermögensgegenstände konnten nicht ermittelt werden.

Alternative:
Es war ein Bausparvertrag bei der ... vorhanden. Dieser wurde am ... gekündigt und das Bausparguthaben i.H.v. ... EUR für die Insolvenzmasse vereinnahmt.

Bei Verträgen auf Eheleute:
Problematisch war, dass Vertragspartner nicht nur *der Schuldner/die Schuldnerin* selbst, sondern auch von *seine Ehefrau/ihr Ehemann* war. Daher musste zunächst eine Zustimmung *des Ehepartners/der Ehepartnerin* eingeholt und das Guthaben hälftig geteilt werden.

17. Anfechtungsansprüche

(E-Wert: ... EUR) (Sachkontenblatt...)

Zum Zeitpunkt der ersten Gläubigerversammlung waren ... *(Anzahl)* Anfechtungsansprüche ersichtlich. Wegen der näheren Hintergründe wird auf die Ausführungen in den bisherigen Berichten verwiesen. Als Ergebnis kann folgender Überblick gegeben werden:

Name des A-Gegner	Grund der Anfechtung	Gesetzliche Regelung	Geltendmachung in EUR	Realisierung in EUR
Alfred Muster	*Warenlieferung*	*§ 130 InsO*	*2522,50*	*2522,50*
BKK	*Sozialversicherungs-beiträge*	*§ 131 InsO*	*5224,30*	*5224,30*

Gerichtliche Geltendmachung war im Fall von … erforderlich. Die Prozesskosten wurden vom Anfechtungsgegner erstattet.

▶ Hinweis:

Befand sich der **Anfechtungsgegner im Verzug**? Hatte er **Zinsen** und ggf. **Anwaltskosten** zu tragen? Wurde diese geltend gemacht und realisiert?

18. Einkommenssteuererstattungen

(E-Wert: … EUR) (Sachkontenblatt …)

Das zuständige Finanzamt … wurde von mir angeschrieben und darauf hingewiesen, dass etwaige Steuererstattungen nur noch auf das für dieses Verfahren eingerichtete Treuhandkonto auszukehren seien.

Zum Zeitpunkt der Eröffnung des Insolvenzverfahrens hatte *der/die Schuldner/in seine/ihre* Einkommensteuererklärung letztmalig für das Kalenderjahr… abgegeben. Während der Dauer des Insolvenzverfahrens wurden die Einkommenssteuererklärungen für die Kalenderjahre … und … bei der Finanzverwaltung eingereicht. Hierdurch konnten Einkommenssteuerguthaben i.H.v.... **EUR** zur Insolvenzmasse gezogen werden.

19. Vorsteuererstattungen

(kein E-Wert) (Sachkontenblatt…)

Das Finanzamt hat bislang Vorsteuererstattungen in einer Gesamtsumme von… EUR vorgenommen.

20. Hausrat

(E-Wert: 0,00 EUR) (kein Sachkontenblatt)

Nach Angaben *des Schuldners/der Schuldnerin* verfügt *er/sie* über keine pfändbaren Hausratsgegenstände.

▶ Hinweis:

Hier sind heutzutage insbesondere TV-Geräte, Computer, Laptop, Smartphones etc. denkbar; s. InsbürO 2017, 2607.

21. Kontokorrentzinsen

(kein E-Wert) (Sachkontenblatt…)

Die Guthabenbeträge auf dem Treuhandkonto wurden nicht verzinst. Entsprechende Einnahmen wurden daher nicht erzielt.

Alternative – Verzinsung:
Die Guthabenbeträge auf dem Treuhandkonto werden verzinst. Bis heute konnte eine Summe von… EUR vereinnahmt werden.

II.
Einkommen

Der Neuerwerb *des Schuldners/der Schuldnerin* ist gem. § 35 Abs. 1 InsO auch vom Insolvenzbeschlag erfasst. Hierzu zählt vor allem das monatliche Einkommen *des Schuldners/der Schuldnerin*, soweit keine Unpfändbarkeit gem. § 36 Abs. 1 InsO vorliegt. Zum Einkommen im vorliegenden Verfahren wird folgendes ausgeführt:

1. Einkommen

(E-Wert: … EUR) (Sachkontenblatt …)

▶ Hinweis:

Hier gibt es unzählige Formulierungsvarianten je nach Situation, ob der Schuldner ein feste oder ein variables Einkommen hat, ob er während der gesamten Dauer in einem Arbeitsverhältnis stand oder ggf. ein Wechsel stattgefunden etc.

Beispiele für verschiedene Formulierungen (Planverfahren: siehe jeweils letzte Variante):

Formulierungsvorschlag 1: Vollzeitstelle, keine pfändbaren Beträge
Nach Aufgabe der selbständigen Tätigkeit hat sich *der Insolvenzschuldner/die Insolvenzschuldnerin* um eine Anstellung in einem unselbständigen Arbeitsverhältnis bemüht und ist seit dem ... bei der Firma ... als ... in Vollzeit beschäftigt. Das monatliche Nettoeinkommen beträgt ausweislich der vorliegenden Einkommensnachweise ... EUR. Unter Berücksichtigung der nachstehend näher erläuterten Unterhaltsverpflichtung konnten bis dato keine pfändbaren Einkommensanteile zur Insolvenzmasse gezogen werden.

Formulierungsvorschlag 2: Vollzeit, Einkommen mit unpfändbaren Anteilen
Nach Aufgabe der selbständigen Tätigkeit hat sich *der Insolvenzschuldner/die Insolvenzschuldnerin* um eine Anstellung in einem unselbständigen Arbeitsverhältnis bemüht und ist seit dem ... bei der Firma ... als Vollzeitkraft beschäftigt. Das monatliche Nettoeinkommen variiert je nach Anzahl der geleisteten Stunden. Darüber hinaus erhält *der Schuldner/die Schuldnerin* unterschiedliche Zuschläge. Im Durchschnitt beträgt das Einkommen ausweislich der vorliegenden Einkommensnachweise etwa ... EUR netto. In dem Einkommen sind tlw. auch unpfändbare Bezüge enthalten. Insoweit hat der Arbeitgeber die Nettomethode anzuwenden. Der Arbeitgeber wurde aufgefordert, zusätzliche Abrechnungen jeweils monatlich zur Anwendung dieser Nettomethode zu erstellen. Nach der BAG-Entscheidung ist den Arbeitgebern die Erstellung dieser gesonderten Abrechnungen zumutbar. Dieser Aufforderung ist der Arbeitgeber jedoch nicht gefolgt. Ich musste daher eine überschlägige Berechnung selbst vornehmen. Die vereinnahmten Beträge entsprechen in etwa den jeweils ermittelten Beträgen. Größere Differenzen haben sich nicht ergeben.

▶ Hinweis zu pfändbaren Einkommensanteilen:

Die **Richtigkeit** der vereinnahmten pfändbaren Einkommensanteile **muss im eröffneten Verfahren geprüft** werden. Soweit die Höhe monatlich variiert, bietet es sich an, mit einer Tabelle zu arbeiten: Nettoeinkommen, »Soll-Stand« des pfändbares Einkommen und Zahlungseingang = Ermittlung etwaiger Differenz. Bei **unpfändbaren Lohn-/Gehaltsbestandteilen: Pfändungsrechner unter www.judis.info nutzen.**

Unter Berücksichtigung der nachstehend näher erläuterten Unterhaltsverpflichtung konnten somit pfändbare Einkommensanteile in einer Gesamtsumme von ... EUR verbucht werden.

Formulierungsvorschlag 3: keine Arbeitstätigkeit
Seit der Aufgabe der selbständigen Tätigkeit hat *der Schuldner/die Schuldnerin* noch keine neue Arbeitstätigkeit aufgenommen. Mir wurden regelmäßig Bescheide über den Bezug von Arbeitslosengeld I nach dem SGB III vorgelegt. Danach ergaben sich keine pfändbaren Einkommensanteile. Bemühungen um eine Anstellung hat *der Schuldner/die Schuldnerin* mir gegenüber nicht nachgewiesen. Es ist daher nicht bekannt, ob solche Bemühungen unternommen wurden. Durch die Neuregelung in § 287b InsO ist *der Schuldner/die Schuldnerin* allerdings verpflichtet, eine Erwerbstätigkeit aufzunehmen. Hierüber wurde *der Schuldner/die Schuldnerin* von mir auch belehrt.

▶ Hinweis fehlende Erwerbstätigkeit:

Bei fehlender Erwerbstätigkeit kann es den Bezug von **Arbeitslosengeld I** nach SGB III, von **Arbeitslosengeld II** nach SGB II (bei grds. Erwerbsfähigkeit), von **Sozialhilfe** nach SGB XII (bei fehlender Erwerbsfähigkeit) und von **Sozialgeld** nach SGB II (fehlende Erwerbsfähigkeit und Bedarfsgemeinschaft mit erwerbsfähiger Person) geben. Nur das **Arbeitslosengeld I ist pfändbar. Alle anderen** Leistungen sind jeweils **unpfändbar** und unterfallen daher nicht dem Insolvenzbeschlag. Siehe hierzu in den **Bericht in Tab.-form** mit einzelner Auflistung der jeweiligen **gesetzlichen Vorschrift.**

Formulierungsvorschlag 4 – Freigabe selbständige Tätigkeit:
Wie vorstehend ausgeführt wurde, ist die selbständige Tätigkeit *des Schuldners/der Schuldnerin* freigegeben worden. Nach meiner Kenntnis führt *der Schuldner/die Schuldnerin* diese auch weiter aus. Damit greift § 295 Abs. 2 InsO, wonach *der Schuldner/die Schuldnerin* die Insolvenzgläubiger so zu stellen hat, wie sie stehen würden, wenn *er/sie* ein angemessenes Dienstverhältnis eingegangen wäre.

Zu Vorschlag 4 – Nachweis § 295 Abs. 2 InsO vorhanden – kein pfändbares Einkommen:
Der Schuldner/die Schuldnerin hat schriftlich dargelegt, dass *er/sie* mit *seiner/ihrer* selbständigen Tätigkeit keine ausreichenden Gewinne erzielt, um Zahlungen gem. § 295 Abs. 2 InsO leisten zu können (*BGH v. 13.06.2013 – IX ZB 38/10 in ZInsO 2013, 1586, InsbürO 2013, 412*).

Seit dem 01.07.2014 besteht gem. § 287b InsO eine Erwerbsobliegenheit *des Schuldners/der Schuldnerin. Er/Sie* hat allerdings nachvollziehbar erläutert, dass ein unselbständiges Arbeitsverhältnis auf dem Arbeitsmarkt *für ihn/für sie* nicht möglich wäre/ein *unselbständiges Arbeitsverhältnis zu keinen pfändbaren Einkommensanteilen führen würde (BGH v. 17.01.2013 – IX ZB 98/11 in ZInsO 2013, 405, InsbürO 2013, 194)*. Damit ist *der Schuldner/die Schuldnerin seiner/ihrer* Verpflichtung gem. § 295 Abs. 2 InsO nachgekommen.

Zu Vorschlag 4 – Nachweise § 295 Abs. 2 InsO vorhanden – pfändbares Einkommen:
Der Schuldner/die Schuldnerin hat schriftlich dargelegt, dass *er/sie* mit *seiner/ihrer* selbständigen Tätigkeit keine ausreichenden Gewinne erzielt, um Zahlungen gem. § 295 Abs. 2 InsO leisten zu können (*BGH v. 13.06.2013 – IX ZB 38/10 in ZInsO 2013, 1586, InsbürO 2013, 412*). Seit dem 01.07.2014 besteht gem. § 287b InsO eine Erwerbsobliegenheit

des Schuldners/der Schuldnerin. Nach den *vom Schuldner/von der Schuldnerin* vorgelegten Informationen würden sich in einem unselbständigen Arbeitsverhältnis pfändbare Einkommensanteile ergeben. Damit ist *der Schuldner/die Schuldnerin* wegen der fehlenden Gewinnsituation und der Angleichungspflicht gem. § 295 Abs. 2 InsO verpflichtet, in ein unselbständiges Arbeitsverhältnis zu wechseln. Nachweise über entsprechende Bewerbungsbemühungen hat *der Schuldner/die Schuldnerin* (*aber nicht*) vorgelegt.

Zu Vorschlag 4 – Zahlung § 295 Abs. 2 InsO vorhanden:
Der Schuldner/Die Schuldnerin hat Zahlungen an die Insolvenzmasse gem. § 295 Abs. 2 InsO i.H.v. … EUR geleistet. Gleichzeitig hat *der Schuldner/die Schuldnerin* Erläuterungen zu einem fiktiven möglichen Arbeitsverhältnis gemacht (*BGH v. 17.01.2013 – IX ZB 98/11 in ZInsO 2013, 405, InsbürO 2013, 194)* und damit dargelegt, wie die gezahlte Summe zustande kommt. Die Ausführungen sind nachvollziehbar. Es besteht kein Anlass für die Nachforderung von Informationen oder von etwaigen Zahlungen.

Formulierungsvorschlag 5 – Planverfahren:
Die Einnahmen aus der selbständigen Tätigkeit *des Schuldners/der Schuldnerin* gehören vollumfänglich in die Insolvenzmasse, solange der Insolvenzverwalter keine Freigabeerklärung abgibt. *Der Schuldner/die Schuldnerin* kann aber für *seine/ihre* Tätigkeit entlohnt werden. Nach der BGH-Rechtsprechung handelt es bei solchen Zahlungen auch nicht um Unterhalt i.S.v. § 100 InsO, sondern um die Bezahlung der Mitarbeit *des Schuldners/der Schuldnerin (BGH, Beschl. v. 04.05.2006 – IX ZB 202/05 in WKRS 2006, 16721). Der Schuldner/die Schuldnerin* erhält aus der Masse monatlich einen Betrag i.H.v. … EUR. Dieser Betrag orientiert sich in etwa an einem Nettoeinkommen, das *dem Schuldner/der Schuldnerin* aus einem unselbständigen fiktiven Arbeitsverhältnis unter Berücksichtigung der nachstehend näher erläuterten Unterhaltspflichten verbleiben würde. Pfändbare Einkommensanteile konnten damit nicht gesondert verbucht worden.

2. <u>Unterhaltspflicht</u>

   Der Schuldner/Die Schuldnerin ist gegenüber *seinen/ihren* Kindern, … *(Name)*, geb. am … und … *(Name)*, geb. am … zum Unterhalt verpflichtet. *Seine Ehefrau/Ihr Ehemann* verfügt über eigenes ausreichendes Einkommen und ist damit nicht unterhaltsberechtigt.

   Alternative – keine Unterhaltspflicht:
   Der Schuldnerin/die Schuldnerin ist keiner Person zum Unterhalt verpflichtet.

III.
Zusammenfassung Einnahmen

Insgesamt konnten **Einnahmen** in Höhe von … **EUR** erzielt werden.

IV.
Ausgaben

Nachfolgend werden die bereits getätigten Ausgaben dargestellt:

1. <u>Masseverbindlichkeiten gem. § 55 InsO</u>

   Bei den nachstehenden Erläuterungen wird auf die jeweiligen Sachkontenblätter verwiesen, denen weitere Informationen entnommen werden können und in denen auch die entsprechenden Nummern der Kontoauszüge aufgeführt sind.

   ▶ **Hinweis 1 – Aktenkonten in Anwaltssoftware:**

   ggf. Aktenkonten in etwaiger Anwaltssoftware bei allen noch laufenden Akten durchklicken: Prüfung, ob noch irgendwelche Kosten zu erstatten sind.

   ▶ **Hinweis 2 – Sortierung der Erläuterungen:**

   Sortierung der Gliederungspunkte – wenn möglich – nach der Reihenfolgen der Sachkonten im Ausdruck der Schlussrechnung – mit Ausnahme der Konten der Betriebsfortführung. Diese werden nur unter der Überschrift »Ermittlung Überschuss« aufgenommen.

   Diese Regelung sollte aber nicht statisch sein, denn es gibt immer Konten, die auch zusammengefasst werden können, wie Kfz-Kosten: Steuer, Reparatur, Haftpflicht etc.

   ▶ **Hinweis 3 – Umfang der Erläuterungen:**

   Bitte keine reine Wiedergabe von Zahlen aus der Schlussrechnung, darüberhinausgehende Informationen geben. Einzelne Konten ggf. zusammenfassen, wie bspw. bei Immobilien- oder Fahrzeugkosten oder auch: Rückforderungsansprüche ggf. für Zeiträume ab Freigabe? Text so kurz wie möglich und so lang wie nötig.

a) Verwaltungskosten Immobilie

(Sachkontenblätter...)

Beispiel für eine Formulierung:
Für die Erhaltung der Immobilie sind bis zur Besitzübergabe an den Käufer verschiedene Kosten angefallen: Grundsteuern, Stromkosten, anteilige Versicherungsbeiträge etc. Die Grundpfandrechtsgläubigerin hat lediglich einen Teil dieser Kosten übernommen. Aus der Insolvenzmasse musste insgesamt ein Betrag in Höhe von ... EUR geleistet werden.

b) Abwicklungskosten Immobilienverkauf

(Sachkontenblatt...)

Beispiel für eine Formulierung:

Für die lastenfreie Übertragung des Eigentums an die Käufer ... *(Name)* sind Gerichtskosten für die Löschung des im Grundbuch eingetragenen Grundpfandrechtes angefallen. Hierfür müsste ein Betrag in Höhe von ... EUR aus der Insolvenzmasse gezahlt werden. Außerdem ... *(weitere Kosten begründen)*

c) Vergütung Sachverständiger

(Sachkontenblatt...)

Beispiel für eine Formulierung:
Ein Sachverständiger wurde mit der Bewertung des beweglichen Anlagevermögens beauftragt. Hierfür wurden Kosten in Höhe von ... EUR aus der Insolvenzmasse entrichtet.

d) Umsatzsteuerzahlungen

(Sachkontenblatt...)

Betriebsfortführung:
Aus den erzielten Umsätzen während der Betriebsfortführung mussten Umsatzsteuerbeträge an die Finanzverwaltung i.H.v. insgesamt ... EUR abgeführt werden.

Betriebseinstellung:
Aus den erzielten Verwertungserlösen mussten Umsatzsteuerbeträge an die Finanzverwaltung i.H.v. insgesamt ... EUR abgeführt werden.

Umsatzsteuer auf Verwertungshandlungen ab 01.07.2014:
Aufgrund einer BFH-Entscheidung vom 28.07.2011 (V R 28/09 in ZInsO 2011, 1904 f.) finden die Grundsätze zum Dreifachumsatz auch bei der Verwertung sicherungsübereigneter Gegenstände im Insolvenzverfahren Anwendung. Der Insolvenzverwalter sei zwar nach § 166 Abs. 1 InsO berechtigt, aber nicht verpflichtet, eine bewegliche Sache zu veräußern. Zu dieser Entscheidung gibt es ein BMF-Schreiben vom 30.04.2014. Der Anwendungserlass der AO wurde entsprechend geändert (insbes. Abschnitt 1.2. Abs. 4). Nach den Ausführungen im BMF-Schreiben erbringe der Insolvenzverwalter den Umsatz im Falle der Verwertung durch ihn wie ein Kommissionär für Rechnung des Sicherungsnehmers/Gläubigers. Entsprechend dieser Vorgaben wurden die Umsatzsteuerbeträge aus den Verwertungshandlungen gegenüber der Finanzverwaltung gemeldet und als Masseschuld gezahlt. Dieser Sachverhalt wurde in der Abrechnung gegenüber dem Sicherungsgläubiger berücksichtigt. Es darf auf die Zahlungsvorgänge im Sachkontenblatt Nr. ... und die Belege bei den Kontoauszügen des Treuhandkontos verwiesen werden.

e) Steuerberatungskosten/Buchhaltung

(Sachkontenblatt...)

Beispiel für eine Formulierung:
Es wurden die Jahresabschlüsse für die Kalenderjahre ... und ... erstellt. Zu diesem Zweck war auch die Führung der Buchhaltung nach handelssteuerrechtlichen Vorschriften in Datev erforderlich. Mit dieser Aufgabe wurde die Firma ... beauftragt. Sie hat sämtliche vorbereitenden Arbeiten für die Erstellung der Jahresabschlüsse vorgenommen.

Die Jahresabschlüsse habe ich dann selbst erstellt *(= Insolvenzverwalter ist Steuerberater oder Betriebswirt?)*. Da dies allerdings besondere Kenntnisse und Fähigkeiten voraussetzt und eine Sonderaufgabe darstellt, ist diese Tätigkeit auch gesondert in Rechnung gestellt und aus der Insolvenzmasse vergütet worden.

Für die Führung der Buchhaltung wurde ein Betrag in Höhe von ... EUR entrichtet. Der Stundensatz betrug hierbei jeweils ... EUR. Für die Erstellung der Jahresabschlüsse sind Kosten von ... EUR angefallen.

f) Kosten des Forderungseinzuges

(Sachkontenblatt...)

Beispiel für eine Formulierung:
Für die Beitreibung der ausstehenden Forderungen sind – wie vorstehend schon erwähnt – unterschiedliche Kosten angefallen. Diese ergeben sich im Einzelnen aus den in der Schlussrechnung aufgeführten Sachkontenblättern ... auf

Seite ... Hierbei handelt es sich um Kosten für *Einwohner- und Gewerbemeldeamtsanfragen, Gerichts- und Anwaltskosten für gerichtliche Mahn- oder Prozessverfahren, Vollstreckungsmaßnahmen* etc. Ein Großteil der Kosten ist durch die Drittschuldner erstattet worden. Dies ergibt sich im einzelnen aus den Minusbuchungen, die direkt auf den jeweiligen Ausgabenkonten erfolgt sind. Der Restbetrag resultiert daraus, dass *im Rahmen von prozessualen Auseinandersetzungen lediglich ein Prozentsatz von ... % von der Gegenseite erstattet wurde/dass manche Drittschuldner selbst vermögenslos waren/ dass, ...*

Bei Globalzession:
Von den verbleibenden Kosten hat die Absonderungsgläubigerin gem. getroffener Verwertungsabrede einen Anteil von 75 % übernommen. Die Insolvenzmasse bleibt letztlich nur mit einem Betrag in Höhe von ... EUR belastet. *Dies resultiert maßgeblich aus einem Vergleichsabschluss mit dem Schuldner ..., der die eigene Kostentragungspflicht für jede Partei vorsieht.*

g) <u>Eigene RA-Gebühr Masseprozess</u>

(Sachkonto...)

Mit der Prüfung und Geltendmachung der ... *(ggf. Anfechtungsansprüche oder ähnliches)* wurde jeweils die Sozietät ... beauftragt, an der auch ich beteiligt bin. Wie die obigen Ausführungen zeigen, wurde ... *(Ergebnis: Urteile oder Vergleiche?)*. Für die gesamte Tätigkeit sind Rechtsanwaltsgebühren in Höhe von insgesamt ... EUR entstanden. Teilweise sind diese Kosten jedoch von der Gegenseite erstattet worden. Solche Beträge sind als Minusbuchung aus dem Ausgabenkonto ersichtlich.

Bezüglich der Sachkontenbezeichnung »Eigene RA-Gebühr Masseprozess« sei bereits an dieser Stelle darauf hingewiesen, dass ich solche Gebühren nicht vollständig vereinnahmt habe, sondern lediglich als Sozius der Kanzlei ... daran partizipiere. Durch die Buchungen auf diesem gesonderten Sachkonto werden diese Ausgaben offen gelegt. Im Vergütungsantrag folgen jedoch weitere Ausführungen dazu, dass diese Gebühren nicht von der Berechnungsgrundlage in Abzug zu bringen sind. § 1 Abs. 2 Nr. 4a InsVV greift in diesem Fall nicht.

▶ Hinweis:

Bei **mehr als drei Rechtsstreitigkeiten** macht es Sinn, den wirtschaftlichen Erfolg der geführten Prozesse gegenüber zu stellen, weil die Buchungen auf den Sachkontenblätter dann nur noch schwer auseinander zu halten sind. Dies kann anhand der nachfolgenden Aufstellung erfolgen.

- Schuldnerin./. Muster GmbH
  Klagesumme: *23.971,99 EUR*
  Vergleich: *12.000,00 EUR*
  RA-Gebühren netto: *3.681,00 EUR*

  Aus dem Erlös von *12.000,00 EUR* sind der Masse nach Abzug der Rechtsanwaltsgebühren somit *8.319,00 EUR*, mithin deutlich mehr als *2/3* verblieben.
- Schuldnerin./. Beispiel GmbH
  Anfechtbarer Betrag: *2.139,68 EUR*
  Vergleich: *1.000,00 EUR*
  RA-Gebühren netto: *229,30 EUR*

  Aus dem realisierten Betrag sind der Masse nach Abzug der entstandenen Kosten mehr als *75 %* verblieben.

  ....

h) <u>Insolvenzgeldvorfinanzierung</u>

(Sachkontenblatt...)

Beispiel für eine Formulierung:
Die Insolvenzgeldzahlungen an die Arbeitnehmer wurden zwecks Fortführung des schuldnerischen Geschäftsbetriebes über die ... Bank vorfinanziert. Das von der Bank gegebene Darlehen zur Auszahlung der Löhne und Gehälter an die Arbeitnehmer wurde durch die Auszahlung der Insolvenzgelder durch die Agentur für Arbeit zurückgeführt. Für das ausgereichte Darlehen hat die finanzierende Bank der Insolvenzmasse eine einmalige Bearbeitungsgebühr von ... EUR in Rechnung gestellt. Außerdem sind Zinsen in Höhe von ... EUR angefallen.

i) <u>Personalkosten im Kündigungszeitraum</u>

(Sachkontenblatt...)

Beispiel für eine Formulierung:
Bis zum Ablauf der Kündigungsfristen mussten die Löhne und Gehälter der Arbeitnehmer gezahlt werden. In der beiliegenden Schlussrechnung sind die hierfür im Einzelnen entstandenen Kosten unter dem Hauptkonto Nr. ... auf verschiedene Unterkonten gebucht worden. Insgesamt sind folgende Kosten entstanden:

Löhne/Gehälter ... EUR
Lohnsteuern ... EUR
Sozialversicherungsbeiträge ... EUR
Vermögenswirksame Leistungen ... EUR

j) Akteneinlagerung

(Sachkontenblatt...)

Beispiel für eine Formulierung:
Für die Einlagerung sämtlicher Unterlagen des schuldnerischen Betriebes nach Betriebseinstellung und notwendiger Räumung sind Kosten in Höhe von ... EUR angefallen. Diese Kosten umfassen die Archivierung der Unterlagen bis zum Ablauf der Aufbewahrungsfrist und die spätere Entsorgung.

k) Kontoführungsgebühren

(Sachkontenblatt...)

Beispiel für eine Formulierung:
Für die Führung des Treuhandkontos hat die kontoführende Bank Kontoführungsgebühren in Höhe von insgesamt... EUR in Rechnung gestellt.

[Alternative:

Kontoführungsgebühren für das eingerichtete Treuhandkonto wurden von der kontoführenden Bank nicht in Rechnung gestellt.]

l) Vertragsverhältnisse

(Sachkontenblatt...)

Beispiel für eine Formulierung:
Wie vorstehend ausgeführt wurde, ist die Insolvenzmasse mit Zahlungsansprüchen von Vertragspartnern des schuldnerischen Unternehmens als Masseverbindlichkeiten belastet worden. Soweit solche Ansprüche nicht bereits den vorstehenden Bereichen zugeordnet wurden, sind sie diesem gesonderten Sachkonto zugewiesen. Die Kosten sind im Zeitraum *bis zum Auslauf der Kündigungsfristen/bis heute* (= *im Planverfahren*) angefallen.

Die monatlichen Verbindlichkeiten aus den *vom Schuldner/von der Schuldnerin* bereits vor Eröffnung des Insolvenzverfahrens zur notwendigen privaten Lebensführung geschlossenen Verträgen mit Dritten (Vermieter, Strombezug, Telefon, Haftpflicht etc.) bestehen dagegen weiterhin. Eine Inanspruchnahme für die Insolvenzmasse gem. § 55 Abs. 1 Nr. 2 InsO ist nicht erfolgt. *Der Schuldner/Die Schuldnerin* wurde darauf hingewiesen, dass eine Zahlung der daraus resultierenden Verbindlichkeiten aus *seinem/ihrem* pfändungsfreien Einkommen an diese Gläubiger zu erfolgen hat. Bisher hat kein Gläubiger mitgeteilt, dass *der Schuldner/die Schuldnerin* mit den Zahlungen in Verzug geraten sei.

m) Kapitalertragssteuer etc.

(Sachkontenblätter...)

Von den gutgeschriebenen Zinsen auf dem Treuhandkonto hat die Bank Kapitalertragssteuerbeträge an die Finanzverwaltung abgeführt. Wegen der einzelnen Buchungen wird auf die vorstehend genannten Sachkontenblätter verwiesen.

[Alternative:

Für die Guthabenbeträge auf dem Treuhandkonto wurden keine Zinsen gutgeschrieben. Dementsprechend mussten auch keine Kapitalertragssteuerbeträge abgeführt werden.]

Die Gesamtsumme der bezahlten Masseverbindlichkeiten beträgt – ohne die Zahlungen an Aus- und Absonderungsgläubiger -... EUR *(s. in der anliegenden Schlussrechnung Kontenzusammenfassung ...)* und liegt damit *über/unter* dem geschätzten Betrag in der Vermögensübersicht nach § 153 InsO. Dies resultiert vorwiegend daraus, dass ... *(Begründung)*

2. Massekosten gem. § 54 InsO

a) Gerichtskosten
(Sachkontenblatt...)

Auf die Gerichtskosten wurde am... ein Vorschuss in Höhe von... EUR gezahlt.

[Alternative:

Auf die Gerichtskosten wurde bislang kein Vorschuss gezahlt.]

b) Vorläufige Verwaltervergütung

(Sachkontenblatt...)

Die vorläufige Verwaltervergütung ist mit Beschluss vom... mit einem Betrag in Höhe von ... EUR festgesetzt und am... vom Treuhandkonto beglichen worden.

[Alternative:

Die vorläufige Verwaltervergütung wurde bisher nicht festgesetzt und wird nachstehend daher bei der Ermittlung der ausstehenden Verfahrenskosten nach § 54 InsO entsprechend berücksichtigt werden.]

c) Verwaltervergütung

(Sachkontenblatt...)

Ein Vorschuss auf die Verwaltervergütung wurde bislang nicht gezahlt.

3. Zusammenfassung Ausgaben

Insgesamt wurden **Ausgaben** i.H.v. ... **EUR** getätigt.

C.
Ermittlung des Überschusses

▶ Hinweis:

Dieser Gliederungspunkt ist bei einer **Betriebseinstellung komplett zu löschen.**

Bei einer Betriebsfortführung sind die einzelnen Ausgaben der Betriebsfortführung nicht näher erläutern, sie ergeben sich i.d.R. von selbst! Nur in kritischen Fällen ggf. weitere Infos geben. So wenig Text wie möglich und so viel wie nötig.

Wie die vorstehenden Ausführungen zeigen, hat im vorliegenden Verfahren eine Betriebsfortführung stattgefunden. Damit sind die erzielten Einnahmen zu unterscheiden in fortführungsbedingte und sonstige Einnahmen. Das gleiche gilt für die getätigten Ausgaben. Auch diese sind zu trennen in fortführungsbedingte und sonstige Masseverbindlichkeiten. Von den fortführungsbedingten Einnahmen sind sodann die fortführungsbedingten Ausgaben in Abzug zu bringen, damit der erzielte Überschuss aus der Betriebsfortführung ermittelt werden kann.

In der anliegenden Schlussrechnung wurden die fortführungsbedingten Einnahmen und Ausgaben jeweils gesonderten Konten zugeordnet. Eine Gegenüberstellung der fortführungsbedingten Einnahmen und Ausgaben ergibt, dass ein Überschuss aus der Betriebsfortführung im vorliegenden Verfahren wie folgt erwirtschaftet werden konnte:

▶ Hinweis zur Umsatzsteuer:

Nur die **Umsatzsteuer auf die tatsächlich fortführungsbedingten Einnahmen** ist abzuziehen. Die Steuer aus der Verwertung von Vermögen ist nicht in Abzug zu bringen. Daher prüfen, ob die **Umsatzsteuer auf zwei gesonderte Konten** gebucht wurde!

Hinweis sonstige Kosten:

Wenn eine **Leistung für die Betriebsfortführung in Anspruch** genommen wurde, dann sind auch die **Kosten hier abzuziehen,** z. B. Kfz-Kosten, egal, ob diese Kosten auch ohne die Betriebsfortführung angefallen wären (BGH-Rechtsprechung). Korrekte Kontenzuordnung daher prüfen!

Fortführungsbedingte Einnahmen (*übergeordnetes Sachkonto ...*)	... EUR
Fortführungsbedingte Masseverbindlichkeiten (...)	... EUR
erwirtschafteter Überschuss	**... EUR**

Die Umsatzsteuerbeträge aus dem Sachkontoblatt ... sind nur anteilig in Ansatz zu bringen, und zwar in der Höhe, in der sie auf die Einnahmen aus der Betriebsfortführung abzuführen waren. Umsatzsteuerbeträge, die aus den Verkäufen des beweglichen Anlagevermögens resultieren, sind nicht fortführungsbedingt.

D.
Noch nicht liquidiertes Vermögen

Regelverfahren:

Alle vorgefundenen Vermögenswerte wurden liquidiert oder ggf. freigegeben. Es sind keine weiteren Vermögenswerte mehr vorhanden.

[Alternative:

Ein Gegenstand konnte nicht verwertet werden. Hierbei handelt es sich um ... Es wird angeregt, dass die Gläubigerversammlung gem. § 197 Abs. 1 Nr. 3 InsO entscheidet, was mit dem Gegenstand passieren soll. Insoweit wird auf die vorstehenden Ausführungen auf Seite ... verwiesen.]

Insolvenzplanverfahren:

Aufgrund der Insolvenzplanannahme sind nur wenige Vermögenswerte des Schuldners/der Schuldnerin verwertet worden. Das unbewegliche und bewegliche Anlagevermögen bleibt weitestgehend erhalten und wird damit nicht liquidiert.

E.
Insolvenztabelle

▶ Hinweis:

Im **Regelfall** sollten die **nachträglichen Anmeldungen** bereits **vor Abgabe des Schlussberichtes geprüft** sein. Auch die **Berichtigung von Prüfungsvermerken** durch nachträgliche Hereingabe von Unterlagen sollte eigentlich jeweils mit den **vorherigen Sachstandsberichten** stattgefunden haben. Eine kurze Stellungnahme zur Insolvenztabelle an dieser Stelle ermöglicht dem Insolvenzgericht und auch Dritten aber die Kenntnis darüber, dass der Insolvenzverwalter auch dies bei Abgabe des Schlussberichtes geprüft hat.

Achtung:

Wenn nachträgliche Anmeldungen vorliegen, dann sollte ein Bestreiten möglichst vermieden werden. Bei fehlenden Unterlagen am besten mit dem Gläubiger telefonieren. Ansonsten kann es mit den Fristen für eine mögliche Änderung der Tabelle i.d.R. später wegen eines dann schon stattgefundenen Schlusstermins Probleme geben (= § 189 Abs. 1 InsO = Regelung für Änderung des Schlussverzeichnisses)

Nachträgliche Anmeldungen von Gläubigern liegen nicht mehr vor. Eine Anzahl von Gläubigern hat mir allerdings ergänzende Unterlagen vorgelegt, die zu nachträglichen Feststellungen der zunächst bestrittenen oder für den Ausfall festgestellten Forderungen führen. Entsprechende Änderungen werden in gesonderten Anschreiben am heutigen Tage mitgeteilt und in der **Anlage …** zusammengefasst. Diese betreffen die lfd. Nrn. … Die Ergebnisse der geänderten Prüfungsvermerke wurden bei der Erstellung des Schlussverzeichnisses bereits berücksichtigt.

[Alternative:

Nachträgliche Anmeldungen von Gläubigern liegen nicht mehr vor. Auch ist die Insolvenztabelle hinsichtlich der Prüfungsergebnisse nicht mehr zu ändern.

Titulierte Forderungen *wurden nicht angemeldet/werden nicht bzw. nicht mehr bestritten.* § 179 Abs. 2 i.V.m. § 189 Abs. 1 InsO ist daher nicht anzuwenden.]

▶ Achtung:

Für **bestrittene Teilbeträge** von **Vollstreckungstiteln** muss **Klage** von Seiten des Insolvenzbüros erhoben werden: § 179 Abs. 2 InsO, ansonsten im Verteilungsverzeichnis zu berücksichtigen: § 189 Abs. 1 InsO gilt aber nur bei Vorlage des Originaltitels im Prüfungstermin Ggf. Klärung herbeiführen.

[Alternative – Bestreiten von titulierten Forderungen – Zinsen:

Von einer titulierten Forderung (Tab.-Nr. …) wird ein Teil der angemeldeten Zinsen wegen Verjährung gem. § 197 Abs. 2 i.V.m. § 195 BGB bestritten. Der Gläubiger wurde hierüber informiert. Der Nachweis über einen etwaigen Neubeginn der Verjährung gem. § 212 Abs. 1 BGB wurde nicht geführt. § 179 Abs. 2 i.V.m. § 189 Abs. 1 InsO ist nicht anzuwenden.]

[Alternative – Bestreiten von titulierten Forderungen – sonst:

Von einer titulierten Forderung (Tab.-Nr. …) wird ein Teil i.H.v. … wegen … bestritten. Der Gläubiger wurde hierüber informiert. Einen erforderlichen Nachweis zur nachträglichen Feststellung der Forderung hat er nicht erbracht. § 179 Abs. 2 i.V.m. § 189 Abs. 1 InsO ist nach hiesiger Ansicht vorliegend nicht anzuwenden, weil die Vorlage des Original-Titels nicht bis zum Prüfungstermin erfolgt ist (Deppe in InsbürO 2015, 59 ff.: RG, Urt. v. 19.05.1914 – III 84/14).]

▶ Hinweis bei Ausfallforderungen:

Tlw. wünschen Insolvenzgerichte, dass nur noch der Ausfall festgestellt wird. Die Rücknahme des Restbetrages soll nicht vermerkt werden.

Es ergibt sich damit folgende abschließende Übersicht:

Summe der angemeldeten Forderungen:	… EUR
Summe der festgestellten Forderungen:	… EUR
Summe der noch bestehenden Ausfallforderungen:	… EUR
(eigentlich sollten diese 0,00 EUR sein)	
Summe der Rücknahmen:	… EUR
Summe der bestrittenen Forderungen:	… EUR

Die Summe der festgestellten Forderungen in Höhe von … EUR wird in der Schlussrechnung – Teil 2 – (**Anlage …**) berücksichtigt.

Feststellungsprozesse sind nicht anhängig.

F.
Schlussrechnung

Hinsichtlich der Schlussrechnung – Teil 2, *in der die beabsichtigte Verteilung des vorhandenen Massebestandes dargestellt wird,* sei auf die gesonderte **Anlage …** verwiesen.

▶ Achtung:

Hier muss die Schlussrechnung (= Verteilung des Massebestandes) in einer gesonderten Anlage erstellt werden: s. Muster Nr. 306 – 310.

Die Schlussrechnung als gesonderte Anlage ist für die Rechtspfleger einfacher zu prüfen, insbesondere auch hinsichtlich der später folgenden Ausschüttung.

Manche Gerichte möchten dies wiederum aber nicht. Die individuellen Wünsche sind zu berücksichtigen. Ggf. ist der Text an diese Stelle zu kopieren.

G.
Abschluss des Insolvenzverfahrens

Im Falle der »normalen Verteilung« (§ 53 InsO):

Es wird beantragt, einen Schlusstermin anzuberaumen und der Verteilung gemäß der Schlussrechnung – Teil 2 – (**Anlage …**) zuzustimmen. Nach erteilter Zustimmung und Abhaltung eines Schlusstermins können die Überweisungen der einzelnen Zahlbeträge an die Gläubiger vorgenommen und ein Ausschüttungsbericht hierüber gefertigt werden. Im Anschluss daran kann eine Aufhebung nach § 200 InsO erfolgen.

Es wird ferner angeregt, die Vergütung entsprechend dem gesonderten Antrag festzusetzen und mich zu ermächtigen, die festgesetzten Beträge aus der Masse entnehmen zu dürfen.

Im Falle der Masseunzulänglichkeit (§ 209 InsO):

Es wird beantragt, einen Schlusstermin anzuberaumen und der Verteilung gemäß der Schlussrechnung – Teil 2 – (**Anlage …**) zuzustimmen. Nach erteilter Zustimmung und Abhaltung eines Schlusstermins können die Überweisungen der einzelnen Zahlbeträge an die Massegläubiger vorgenommen und ein Ausschüttungsbericht hierüber gefertigt werden. Im Anschluss daran kann eine Einstellung nach § 211 InsO erfolgen.

Es wird ferner angeregt, die Vergütung entsprechend dem gesonderten Antrag festzusetzen und mich zu ermächtigen, die festgesetzten Beträge aus der Masse entnehmen zu dürfen.

Im Falle der Masselosigkeit (§ 207 InsO):

Wie die vorstehenden Ausführungen zeigen, ist im vorliegenden Verfahren eine Masselosigkeit gegeben. Es wird beantragt, der Verteilung des vorhandenen Massebestandes gemäß der Schlussrechnung – Teil 2 – (**Anlage …**) zuzustimmen. Nach erteilter Zustimmung können die Beträge entsprechend verteilt werden. Danach wird eine Einstellung nach § 207 InsO angeregt.

Es wird ferner beantragt, die Vergütung entsprechend dem gesonderten Antrag festzusetzen. Die Entnahme der Vergütung wird nach Genehmigung auf Basis der Aufteilung in der Schlussrechnung erfolgen.

H.
Schlussverteilung

▶ Hinweis:

Bei diesem Gliederungspunkt hat man die Möglichkeit, das Schlussverzeichnis kurz zu erläutern, wenn sich **Besonderheiten wie z. B. aufschiebend bedingte Forderungen oder eine Masseunzulänglichkeit**, ergeben. Im Normalfall ist die Benennung der Quote an dieser Stelle interessant.

Auch bei einer Nullquote ist ein **Schlussverzeichnis** für die Forderungen des § 38 InsO vorzulegen. Dieses muss gem. § 188 Satz 2 InsO auf der **Geschäftsstelle des Insolvenzgerichtes hinterlegt** werden und ist ggf. für eine spätere mögliche Nachtragsverteilung interessant, wenn bspw. bei einer Masseunzulänglichkeit doch einmal alle Massegläubiger befriedigt werden können.

Bei »normaler Verteilung« gem. § 53 InsO:

In der **Anlage …** wird ein Schlussverzeichnis über die Forderungen des § 38 InsO überreicht. Dabei sei darauf hingewiesen, dass dieses Schlussverzeichnis derzeit eine Nullquote ausweist, obwohl in der Schlussrechnung eine Quote i.H.v. … % ermittelt wurde. Dies resultiert daraus, dass sich diese heute ermittelte Quote bis zur tatsächlichen Ausschüttung noch einmal verändern kann/*weil der Insolvenzplan eine Ausschüttung erst zum …… vorsieht.* Zum jetzigen Zeitpunkt ist daher lediglich von Bedeutung, welche Gläubiger mit welchen festgestellten Forderungen bei der späteren Verteilung berücksichtigt werden. Diese Angaben sind dem Schlussverzeichnis zu entnehmen.

Es wird beantragt, diesem Schlussverzeichnis gem. § 196 Abs. 2 InsO zuzustimmen.

Bei Vorliegen einer Masseunzulänglichkeit (§ 209 InsO):

Anliegend wird ein Verzeichnis der Massegläubiger (**Anlage ...**) sowie ein Verzeichnis der Insolvenzgläubiger (**Anlage ...**) überreicht. Dabei sei darauf hingewiesen, dass das Verzeichnis der Massegläubiger derzeit eine Nullquote ausweist, obwohl in der Schlussrechnung eine Quote i.H.v. ... % ermittelt wurde. Dies resultiert daraus, dass sich diese heute ermittelte Quote bis zur tatsächlichen Ausschüttung noch einmal verändern kann. Zum jetzigen Zeitpunkt ist daher lediglich von Bedeutung, welche Massegläubiger mit welchen Masseverbindlichkeiten bei der späteren Verteilung berücksichtigt werden. Diese Angaben sind dem Verzeichnis zu entnehmen. Das Verzeichnis der Insolvenzgläubiger weist ebenfalls eine Nullquote aus.

Es wird beantragt, diesen Verteilungsverzeichnissen gem. § 196 Abs. 2 InsO zuzustimmen.

Bei Vorliegen einer Masselosigkeit (§ 207 InsO):

Anliegend wird ein Verzeichnis der Massegläubiger (**Anlage ...**) sowie ein Verzeichnis der Insolvenzgläubiger (**Anlage ...**) überreicht. Beide Verzeichnisse weisen eine Nullquote auf. Insoweit wird auf die anliegende Schlussrechnung – Teil 2 – (**Anlage** ...) verwiesen.

Es wird beantragt, diesen Verteilungsverzeichnissen gem. § 196 Abs. 2 InsO zuzustimmen.

Bei aufschiebend bedingten Forderungen:

Zur Tab.-Nr. ... wurde eine aufschiebend bedingte Forderung (§ 191 Abs. 2 InsO) festgestellt. Diese Forderung wurde in das Schlussverzeichnis aufgenommen, weil der Eintritt der Bedingung nicht abwegig, sondern möglich erscheint (§ 191 Abs. 2 InsO). Die Quotenzahlung an diesen Gläubiger mit der aufschiebend bedingten Forderung wird entsprechend § 198 InsO auf einem gesonderten Treuhandkonto hinterlegt werden.

I.
Veröffentlichungstext

Für eine Veröffentlichung nach § 188 InsO wird folgender Text bereits heute mitgeteilt:

siehe Muster »Veröffentlichungstext« Nr. 372 mit verschiedenen Varianten

J.
Erfüllung der Auskunfts- und Mitwirkungspflichten

Der Schuldner/Die Schuldnerin hat die Auskunfts- und Mitwirkungspflichten gem. § 97 InsO erfüllt.

[Alternative:

Der Schuldner/Die Schuldnerin hat die Auskunfts- und Mitwirkungspflichten gem. § 97 InsO *nicht/nicht vollständig* erfüllt. So wurde ... (*Begründung*)]

K.
Fiktiver Abführungsbetrag gem. § 295 Abs. 2 InsO

Die selbständige Tätigkeit *des Schuldners/der Schuldnerin* wurde aus der Insolvenzmasse am ... freigegeben. Unter dem vorstehenden Gliederungspunkt »Einkommen« wurden bereits Ausführungen zur Erfüllung der Angleichungspflicht gem. § 295 Abs. 2 InsO gemacht. An dieser Stelle sei noch einmal ergänzend darauf hingewiesen, dass *der Schuldner/die Schuldnerin* auch für die Restschuldbefreiungsphase auf diese Obliegenheit hingewiesen wurde und diese Belehrung aktuell wiederholt wird.

L.
Anordnung einer Nachtragsverteilung

▶ Achtung Anregung oder Antrag:

BGH-Rechtsprechung (Beschl. v. 18.12.2014 – IX ZB 50/13 in WKRS 2014, 29598 – u.a. Rn. 8, 9): Antrag stellen, nicht nur anregen, um beschwerdefähig zu werden, wenn dem Antrag nicht gefolgt wird, **aber:**
- wenn **kleinere Beträge** erwartet werden: **nur anregen** = dann kann das Insolvenzgericht von der Anordnung absehen (§ 203 Abs. 3 InsO)
- wenn **größere Beträge** (> 300,00 EUR) erwartet werden: **beantragen** = dann muss das Insolvenzgericht darüber entscheiden

Im vorliegenden Insolvenzverfahren wird vorsorglich bereits heute die

Anordnung einer Nachtragsverteilung

gem. § 203 Abs. 1 Nr. 3 InsO

für … (*Anzahl*) Sachverhalte ***angeregt/beantragt***:

1. hinsichtlich der **Einkommenssteuer für die Kalenderjahre … und …/für das Kalenderjahr …**
2. hinsichtlich eines möglichen **nicht verbrauchten Kontoguthabens auf dem P-Konto** bei der … (Bank) – IBAN-Nr.: … – **aus der Zeit der letzten drei Monaten vor Verfahrensbeendigung.**
3. hinsichtlich eines **Zahlungsanspruches** i.H.v. … EUR **gegen den Drittschuldner** …, der im Insolvenzverfahren über das Vermögen dieser *Firma/Person* zur Insolvenztabelle unter der Nr. … festgestellt wurde.

Zur Begründung wird folgendes ausgeführt:

Der Anspruch auf Erstattung von **Einkommensteuerzahlungen** gehört zur Insolvenzmasse, wenn der die Erstattungsforderung begründende Sachverhalt vor oder während des Insolvenzverfahrens verwirklicht worden ist (*BFH, Urt. v. 28.02.2012 – VII R 36/11 in InsbürO 2012, 363, ZInsO 2012, 883*). Da die Abtretungserklärung *des/der Schuldners/in* nach § 287 Abs. 2 InsO solche Steuererstattungsansprüche nicht umfasst (*siehe wie vor und BGH, Urt. v. 21.07.2005 – IX ZR 115/04 in ZInsO 2005, 873 ff.*), ist schon heute die Anordnung einer Nachtragsverteilung für diesen Anspruch erforderlich.

Das gleiche gilt für ein nicht verbrauchtes Guthaben auf dem *vom Schuldner/von der Schuldnerin* geführten **P-Konto.** Ein solches kann gem. § 850k Abs. 1 Satz 3 ZPO und der BGH-Rechtsprechung (*BGH, 26.09.2013 – IX ZB 247/11 in InsbürO 2014, 33, WKRS 2013, 46167 Rn. 7*) nur einmal in den Folgemonat übertragen werden. Der Insolvenzbeschlag an einem etwaig nicht verbrauchten Guthaben aus den Monaten vor Verfahrensbeendigung würde – soweit es überhaupt entsteht – erst greifen, wenn eine Verfahrensbeendigung eingetreten ist, obwohl das Guthaben aus der Zeit des laufenden Insolvenzverfahrens stammt. § 203 Abs. 1 Nr. 1 InsO sei aber lt. BGH-Rechtsprechung auch für Forderungen anzuwenden, die erst später für die Masse realisiert werden können (*BGH, 17.02.2011 – IX ZB 268/08 Rn. 10 in ZInsO 2011, 632, 633*). Daher ist die Anordnung der Nachtragsverteilung für ein etwaiges P-Konto-Guthaben erforderlich.

ggf. auch weiteren Anspruch:

Wie die vorstehenden Ausführungen zeigen, gibt es im vorliegenden Verfahren einen Forderungsanspruch gegen den Drittschuldner …, über dessen Vermögen ebenfalls das Insolvenzverfahren eröffnet ist. Die Forderung wurde dort zur Insolvenztabelle angemeldet und auch festgestellt. Nach Aussage des dortigen Insolvenzverwalters wird es voraussichtlich im … (*Zeitraum: z. B. Sommer 2019*) zu einer Quotenzahlung kommen. Dieser Betrag sollte weiterhin dem Insolvenzbeschlag unterliegen, so dass auch insoweit die Anordnung einer Nachtragsverteilung gem. § 203 Abs. 1 Nr. 3 InsO geboten ist.

…, den…

……………………………………

Insolvenzverwalter/in

▶ Hinweis zur Verfahrensbeendigung:

Bitte die Checkliste »Beendigung des Verfahrens« ausdrucken und durchgehen. Etwaige weitere Schritte auf Wiedervorlage legen (z.B. ergänzender Vergütungsantrag vor dem Schlusstermin für weitere Einnahmen?)

Muster 306: Schlussrechnung – Masselosigkeit § 207 InsO

Schlussrechnung – Teil 2 – 478

in dem Insolvenzverfahren über das Vermögen

der Firma …mit dem Sitz in …,

Amtsgericht …: … IN …/…

I. Ermittlung des Massebestandes

Zum Stichtag der Rechnungslegung per… ergibt sich folgende Gesamtübersicht:

Übernahme Guthaben vorläufiges Verfahren	EUR
Einnahmen im eröffneten Verfahren	EUR
Gesamteinnahmen	EUR
Auszahlung an Absonderungsgläubiger	./. EUR
Ausgaben im eröffneten Verfahren	./. EUR
Massebestand	**EUR**

Der Massebestand setzt sich wie folgt zusammen:

Kassenbestand EUR
Guthaben Treuhandkonto IBAN EUR
(... Bank) (Kontoauszug Nr. ... v. ...)
Massebestand gesamt: EUR

[Alternative ohne Kasse:

Dieser Massebestand befindet sich ausweislich des letzten Kontoauszuges vom... (Auszug Nr..../201...) auf dem Treuhandkonto bei der... (Bank): IBAN ...]

II. Ermittlung der Verfahrenskosten nach § 54 InsO

1. Teilungsmasse

Die Teilungsmasse zur Ermittlung der Gerichtskosten berechnet sich wie folgt:

Gesamteinnahmen EUR
Auszahlung an Absonderungsgläubiger ./. EUR
Teilungsmasse EUR

[Alternative Betriebsfortführung:
Aus der Betriebsfortführung ist nur der erzielte Überschuss in der Teilungsmasse zu berücksichtigen.]

[Alternative Umsatzsteuer in Berechnungsgrundlage:
Aus der beantragten Vergütung des Verwalters ist mit einer Vorsteuererstattung in Höhe von ... EUR zu rechnen. Dieser Betrag ist in der vorgenannten Summe bereits enthalten.]

2. Gerichtskosten

Die Gerichtskosten werden auf Grundlage einer Teilungsmasse i.H.v. ... EUR wie folgt geschätzt:

Bitte nicht verwendete Zeilen nachfolgend löschen

KV-Nr.	Bezeichnung	Wert	Gebühr	Gebührensatz	Betrag
2310	Verfahren über den Eröffnungsantrag eines Schuldners			0,5	0,00
2311	Verfahren über den Eröffnungsantrag eines Gläubigers			0,5	0,00 mind. 180,00
2320	Durchführung des Verfahrens auf Schuldnerantrag			2,5	0,00
2321	Verfahren auf Schuldnerantrag, Einstellung vor PT			0,5	0,00
2322	Verfahren auf Schuldnerantrag, Einstellung nach PT			1,5	0,00
2330	Durchführung des Verfahrens auf Gläubigerantrag			3,0	0,00
2331	Verfahren auf Gläubigerantrag, Einstellung vor PT			1,0	0,00
2332	Verfahren auf Gläubigerantrag, Einstellung nach PT			2,0	0,00
9004	Bekanntmachungsauslagen, geschätzt				
9005	Sachverständigenentschädigung				
	Gesamt				**0,00**
	abzgl. geleistete Vorschüsse				0,00
	Rest				**0,00**

3. Vergütung des vorläufigen Verwalters

Gemäß dem gesonderten Antrag zur Festsetzung der Vergütung des vorläufigen Verwalters wird eine Vergütung in Höhe von ... EUR

geltend gemacht.

[Alternative:
Die Vergütung des vorläufigen Verwalters wurde durch Beschluss vom ... mit brutto festgesetzt. Eine Entnahme aus der Insolvenzmasse ist bisher nicht erfolgt.] ... EUR

4. Vergütung des Verwalters im eröffneten Verfahren

Die Vergütung des Verwalters beträgt ausweislich des gesonderten Antrages brutto ... EUR.

III. Verteilung des Massebestandes

verfügbarer Massebestand **... EUR**

1. Massekosten gemäß §§ 207 Abs. 3, 54 InsO
   a) Auslagen als Massekosten nach § 54 InsO

Auslagen des Gerichts (Veröffentlichungs- und Sachverständigenkosten)	... EUR
Auslagen des Verwalters brutto	... EUR
Summe	... EUR
verbleibender Massebestand	**... EUR**

   b) Gerichtsgebühren und Vergütung als Massekosten nach § 54 InsO

Gerichtsgebühren (ohne Auslagen)	... EUR
Bruttovergütung des vorl. Verwalters (ohne Auslagen)	... EUR
Bruttovergütung des Verwalters (ohne Auslagen)	... EUR
Summe	... EUR

Auf diese Summe kann unter Berücksichtigung des obigen Massebestandes lediglich eine Quote in Höhe von ... % gezahlt werden. **... EUR**

▶ Hinweis Kostenvorschuss:

Ein Rückzahlungsanspruch eines Vorschussleistenden besteht nur bei kostendeckender Masse.

....
Ort, Datum

....
Insolvenzverwalter/in

Muster 307: Schlussrechnung– MUZ § 209 InsO – jur. Pers.

Schlussrechnung – Teil 2 –
in dem Insolvenzverfahren über das Vermögen
der Firma ... mit dem Sitz in ...,
Amtsgericht ...: ... IN .../... 479

▶ Hinweis:

Einnahmen aus §§ 92, 93 InsO sind gesondert zu verteilen. Dies wäre nachfolgend noch gesondert zu berücksichtigen: s. wegen näherer Informationen in die Checkliste Verteilung.

I. Ermittlung des Massebestandes

Zum Stichtag der Rechnungslegung per... ergibt sich folgende Gesamtübersicht:

Übernahme Guthaben vorläufiges Verfahren	EUR
Einnahmen im eröffneten Verfahren	EUR
Gesamteinnahmen	EUR
Auszahlung an Absonderungsgläubiger	./. EUR
Ausgaben im eröffneten Verfahren	./. EUR
Massebestand	**EUR**

Der Massebestand setzt sich wie folgt zusammen:

Kassenbestand ... EUR

Guthaben Treuhandkonto IBAN ... EUR

(... Bank) (Kontoauszug Nr. ... v. ...)

Massebestand gesamt: **... EUR**

[Alternative ohne Kasse:

Dieser Massebestand befindet sich ausweislich des letzten Kontoauszuges vom... (Auszug Nr..../201...) auf dem Treuhandkonto bei der... (Bank): IBAN ...]

II. Ermittlung der Verfahrenskosten nach § 54 InsO

1. Teilungsmasse

Die Teilungsmasse zur Ermittlung der Gerichtskosten berechnet sich wie folgt:

Gesamteinnahmen ... EUR

Auszahlung an Absonderungsgläubiger ./. ... EUR

Teilungsmasse ... EUR

[Alternative Betriebsfortführung:

Aus der Betriebsfortführung ist nur der erzielte Überschuss in der Teilungsmasse zu berücksichtigen.]

[Alternative Umsatzsteuer in Berechnungsgrundlage:

Aus der beantragten Vergütung des Verwalters ist mit einer Vorsteuererstattung in Höhe von ... EUR zu rechnen. Dieser Betrag ist in der vorgenannten Summe bereits enthalten.]

2. Gerichtskosten

Die Gerichtskosten werden auf Grundlage einer Teilungsmasse i.H.v. ... EUR wie folgt geschätzt:

Bitte nicht verwendete Zeilen nachfolgend löschen

KV-Nr.	Bezeichnung	Wert	Gebühr	Gebührensatz	Betrag
2310	Verfahren über den Eröffnungsantrag eines Schuldners			0,5	0,00
2311	Verfahren über den Eröffnungsantrag eines Gläubigers			0,5	0,00 mind. 180,00
2320	Durchführung des Verfahrens auf Schuldnerantrag			2,5	0,00
2321	Verfahren auf Schuldnerantrag, Einstellung vor PT			0,5	0,00
2322	Verfahren auf Schuldnerantrag, Einstellung nach PT			1,5	0,00
2330	Durchführung des Verfahrens auf Gläubigerantrag			3,0	0,00
2331	Verfahren auf Gläubigerantrag, Einstellung vor PT			1,0	0,00
2332	Verfahren auf Gläubigerantrag, Einstellung nach PT			2,0	0,00
9004	Bekanntmachungsauslagen, geschätzt				
9005	Sachverständigenentschädigung				
	Gesamt				**0,00**
	abzgl. geleistete Vorschüsse				0,00
	Rest				**0,00**

3. Vergütung des vorläufigen Verwalters

Gemäß dem gesonderten Antrag zur Festsetzung der Vergütung des vorläufigen Verwalters wird eine Vergütung in Höhe von ... EUR

geltend gemacht.

[Alternative:

Die Vergütung des vorläufigen Verwalters wurde durch Beschluss vom ... mit brutto ... EUR

festgesetzt. Eine Entnahme aus der Insolvenzmasse ist bisher nicht erfolgt.]

4. Vergütung des Verwalters im eröffneten Verfahren

Die Vergütung des Verwalters beträgt ausweislich des gesonderten Antrages brutto ... EUR.

III. Verteilung des Massebestandes

▶ Hinweis zur Reihenfolge:

Die nachstehende Reihenfolge muss bei Vorliegen einer Masseunzulänglichkeit unbedingt eingehalten werden. Hierbei geht es bei der Verteilung des Massebestandes nur um die Masseverbindlichkeiten, die bislang noch nicht bezahlt wurden. Achtung: Unterscheidung in Neu- und Altmasseverbindlichkeiten!

verfügbarer Massebestand	**... EUR**
1. Massekosten gemäß §§ 209 Abs. 1 Nr. 1, 54 InsO	
Gerichtskosten	... EUR
Bruttovergütung des vorl. Verwalters	*... EUR*
Bruttovergütung des Verwalters	... EUR
Summe	... EUR
verbleibender Massebestand:	**... EUR**
2. Rückzahlung Kostenvorschuss	... EUR

▶ Achtung:

– Prüfung, ob Kostenvorschuss geleistet wurde: eigene Konten oder Gerichtskostenrechnung,
– ggf. Erstattung an Leistenden schon gem. § 26 Abs. 3 InsO durch Vertretungsorgan erfolgt

verbleibender Massebestand:	**... EUR**
3. weitere Massezuflüsse	
Es ist mit weiteren Zuflüssen zur Insolvenzmasse wie folgt zu rechnen:	
• Vorsteuererstattung	... EUR
• Sonstige voraussichtliche Massezuflüsse	... EUR
Summe	... EUR
verbleibender Massebestand:	**0,00 EUR**
4. Masseverbindlichkeiten nach §§ 209 Abs. 1 Nr. 2, 55 InsO	
Offene Masseverbindlichkeiten bestehen nach derzeitiger Kenntnis nicht.	... EUR
noch zu begleichende Masseverbindlichkeiten:	
• Steuerberatungskosten	... EUR
• Umsatzsteuer	... EUR
• Konto-Verwahrentgelte bis zur Verfahrensaufhebung	... EUR
•	... EUR
Summe	.... EUR
verbleibender Massebestand	**... EUR**
5. Masseverbindlichkeiten nach §§ 209 Abs. 1 Nr. 3, 55 InsO (Altmasseverbindlichkeiten)	
Folgende Masseverbindlichkeiten sind noch auszugleichen:	
• Steuerberatungskosten	... EUR
• Umsatzsteuer	... EUR

- ... EUR

Summe ... EUR

Auf die ausstehenden sog. »Alt«-Masseverbindlichkeiten kann unter Berücksichtigung des obigen Massebestandes eine Quote in Höhe von ... % gezahlt werden. Es wird als **Anlage** ... ein entsprechendes Verteilungsverzeichnis überreicht.

6. Forderungen nach § 38 InsO

Auf die festgestellten Forderungen des § 38 InsO kann keine Quote gezahlt werden. Insolvenzforderungen nach § 38 InsO sind ausweislich des Schlussverzeichnisses in Höhe von ... EUR festgestellt.

....

Ort, Datum

....

Insolvenzverwalter/in

Muster 308: Schlussrechnung – MUZ § 209 InsO – nat. Pers.

480 **Schlussrechnung – Teil 2 –**
in dem Insolvenzverfahren über das Vermögen
des Herrn .../der Frau ...
Amtsgericht ...: ... IN .../...

I. Ermittlung des Massebestandes

Zum Stichtag der Rechnungslegung per... ergibt sich folgende Gesamtübersicht:

Übernahme Guthaben vorläufiges Verfahren	EUR
Einnahmen im eröffneten Verfahren	EUR
Gesamteinnahmen	EUR
Auszahlung an Absonderungsgläubiger	./. EUR
Ausgaben im eröffneten Verfahren	./. EUR
Massebestand	**EUR**

Der Massebestand setzt sich wie folgt zusammen:

Kassenbestand	... EUR
Guthaben Treuhandkonto IBAN	... EUR
(... Bank) (Kontoauszug Nr. ... v. ...)	
Massebestand gesamt:	**... EUR**

[Alternative ohne Kasse:

Dieser Massebestand befindet sich ausweislich des letzten Kontoauszuges vom... (Auszug Nr..../201...) auf dem Treuhandkonto bei der... (Bank): IBAN ...]

II. Ermittlung der Verfahrenskosten nach § 54 InsO

1. Teilungsmasse

Die Teilungsmasse für die Berechnung der Verwaltervergütung beträgt gemäß dem anliegenden Vergütungsantrag ... EUR.

Ergänzender Hinweis zur Gerichtskostenberechnung:

Eine Abweichung für die Berechnung der Gerichtskosten ist nicht gegeben.

[Alternative Betriebsfortführung:

Aus der Betriebsfortführung ist nur der erzielte Überschuss in der Teilungsmasse zu berücksichtigen.]

[Alternative Umsatzsteuer in Berechnungsgrundlage:

Aus der beantragten Vergütung des Verwalters ist mit einer Vorsteuererstattung in Höhe von ... EUR zu rechnen. Dieser Betrag ist in der vorgenannten Summe bereits enthalten.]

2. Gerichtskosten

Die Gerichtskosten werden auf Grundlage einer Teilungsmasse i.H.v. ... EUR wie folgt geschätzt:

Bitte nicht verwendete Zeilen nachfolgend löschen

KV-Nr.	Bezeichnung	Wert	Gebühr	Gebührensatz	Betrag
2310	Verfahren über den Eröffnungsantrag eines Schuldners			0,5	0,00
2311	Verfahren über den Eröffnungsantrag eines Gläubigers			0,5	0,00 min3d. 180,00
2320	Durchführung des Verfahrens auf Schuldnerantrag			2,5	0,00
2321	Verfahren auf Schuldnerantrag, Einstellung vor PT			0,5	0,00
2322	Verfahren auf Schuldnerantrag, Einstellung nach PT			1,5	0,00
2330	Durchführung des Verfahrens auf Gläubigerantrag			3,0	0,00
2331	Verfahren auf Gläubigerantrag, Einstellung vor PT			1,0	0,00
2332	Verfahren auf Gläubigerantrag, Einstellung nach PT			2,0	0,00
9004	Bekanntmachungsauslagen, geschätzt				
9005	Sachverständigenentschädigung				
	Gesamt				**0,00**
	abzgl. geleistete Vorschüsse				0,00
	Rest				**0,00**

3. Vorläufige Verwaltervergütung

   Gemäß dem gesonderten Antrag zur Festsetzung der Vergütung des vorläufigen Verwalters wird eine Vergütung in Höhe von ... EUR

   geltend gemacht.

   [Alternative:

   Die Vergütung des vorläufigen Verwalters wurde durch Beschluss vom ... mit brutto ... EUR

   festgesetzt. Eine Entnahme aus der Insolvenzmasse ist bisher nicht erfolgt]

4. Verwaltervergütung

   Die Vergütung des Verwalters beträgt ausweislich des gesonderten Antrages brutto ... EUR.

III. Verteilung des Massebestandes

▶ Hinweis zur Reihenfolge:

Die nachstehende Reihenfolge muss bei Vorliegen einer Masseunzulänglichkeit unbedingt eingehalten werden. Hierbei geht es bei der Verteilung des Massebestandes nur um die Masseverbindlichkeiten, die bislang noch nicht bezahlt wurden. Achtung: Unterscheidung in Neu- und Altmasseverbindlichkeiten!

verfügbarer Massebestand **... EUR**

1. weitere Einnahmen bis zur Aufhebung – Schätzung:

   a. Zinsgutschriften ... EUR

   b. Umsatzsteuererstattung aus Verwaltervergütung ... EUR

   c. Steuererstattung ... EUR

   d. Guthaben von P-Konto ... EUR

   (ggf. auch einfach Erinnerungswert einsetzen.)

   Erhöhter Massebestand **... EUR**

2. Massekosten gemäß §§ 209 Abs. 1 Nr. 1, 54 InsO

Gerichtskosten	... EUR
Bruttovergütung des vorl. Verwalters	*... EUR*
Bruttovergütung des Verwalters	... EUR
Summe	... EUR
verbleibender Massebestand:	**... EUR**

3. Rückzahlung Kostenvorschuss ... EUR

▶ Achtung:

– Prüfung, ob Kostenvorschuss geleistet wurde: eigene Konten oder Gerichtskostenrechnung,
– ggf. Erstattung an Leistenden schon gem. § 26 Abs. 3 InsO durch Vertretungsorgan erfolgt

verbleibender Massebestand: **... EUR**

4. Masseverbindlichkeiten nach §§ 209 Abs. 1 Nr. 2, 55 InsO (Neumasseverbindlichkeiten)

Offene Masseverbindlichkeiten bestehen nach derzeitiger Kenntnis nicht.	... EUR
noch zu begleichende Masseverbindlichkeiten:	
• Steuerberatungskosten	... EUR
• Umsatzsteuer	... EUR
• Konto-Verwahrentgelte bis zur Verfahrensaufhebung	... EUR
•	... EUR
Summe	.... EUR
verbleibender Massebestand	**... EUR**

5. Masseverbindlichkeiten nach §§ 209 Abs. 1 Nr. 2, 55 InsO

Folgende Masseverbindlichkeiten sind noch auszugleichen:	
• Steuerberatungskosten	... EUR
• Umsatzsteuer	... EUR
•	... EUR
Summe	... EUR

Auf die ausstehenden sog. »Alt«-Masseverbindlichkeiten kann unter Berücksichtigung des obigen Massebestandes eine Quote in Höhe von ... % gezahlt werden. Es wird als **Anlage** ... ein entsprechendes Verteilungsverzeichnis überreicht.

6. Rückstellung analog §§ 292 Abs. 1 Satz 2, 189, 191, 198 InsO für die RSB-Phase

(BGH, Beschl. v. 20.11.2014 – IX ZB 16/14)

Eine Rückstellung für die Kosten der RSB-Phase kann nicht gebildet werden, weil kein ausreichender Massebestand vorhanden ist.

7. Forderungen nach § 38 InsO

Auf die festgestellten Forderungen des § 38 InsO kann **keine** Quote gezahlt werden. Diese wären in einer Gesamtsumme in Höhe von ... EUR zu berücksichtigen.

....

Ort, Datum

....

Insolvenzverwalter/in

Muster 309: Schlussrechnung – normal – jur. Pers

481

Schlussrechnung – Teil 2 –
in dem Insolvenzverfahren über das Vermögen der
Firma ... mit dem Sitz in ...
Amtsgericht ...: ... IN .../...

▶ Hinweis:

Einnahmen aus §§ 92, 93 InsO sind gesondert zu verteilen. Dies wäre nachfolgend noch gesondert zu berücksichtigen: s. wegen näherer Informationen in die Checkliste Verteilung.

I. Ermittlung des Massebestandes

Zum Stichtag der Rechnungslegung per… ergibt sich folgende Gesamtübersicht:

Übernahme Guthaben vorläufiges Verfahren	EUR
Einnahmen im eröffneten Verfahren	EUR
Gesamteinnahmen	EUR
Auszahlung an Absonderungsgläubiger	./. EUR
Ausgaben im eröffneten Verfahren	./. EUR
Massebestand	**EUR**

Der Massebestand setzt sich wie folgt zusammen:

Kassenbestand	… EUR
Guthaben Treuhandkonto IBAN	… EUR
(… Bank) (Kontoauszug Nr. … v. …)	
Massebestand gesamt:	**… EUR**

[Alternative ohne Kasse:

Dieser Massebestand befindet sich ausweislich des letzten Kontoauszuges vom… (Auszug Nr…./201…) auf dem Treuhandkonto bei der… (Bank): IBAN …]

II. Ermittlung der Verfahrenskosten nach § 54 InsO

1. Teilungsmasse

Die Teilungsmasse zur Ermittlung der Gerichtskosten berechnet sich wie folgt:

Gesamteinnahmen	… EUR
Auszahlung an Absonderungsgläubiger	./. … EUR
Teilungsmasse	… EUR

[Alternative Betriebsfortführung:

Aus der Betriebsfortführung ist nur der erzielte Überschuss in der Teilungsmasse zu berücksichtigen.]

[Alternative Umsatzsteuer in Berechnungsgrundlage:

Aus der beantragten Vergütung des Verwalters ist mit einer Vorsteuererstattung in Höhe von … EUR zu rechnen. Dieser Betrag ist in der vorgenannten Summe bereits enthalten.]

2. Gerichtskosten

Die Gerichtskosten werden auf Grundlage einer Teilungsmasse i.H.v. … EUR wie folgt geschätzt:

Bitte nicht verwendete Zeilen nachfolgend löschen

KV-Nr.	Bezeichnung	Wert	Gebühr	Gebührensatz	Betrag
2310	Verfahren über den Eröffnungsantrag eines Schuldners			0,5	0,00
2311	Verfahren über den Eröffnungsantrag eines Gläubigers			0,5	0,00 mind. 180,00
2320	Durchführung des Verfahrens auf Schuldnerantrag			2,5	0,00
2321	Verfahren auf Schuldnerantrag, Einstellung vor PT			0,5	0,00
2322	Verfahren auf Schuldnerantrag, Einstellung nach PT			1,5	0,00
2330	Durchführung des Verfahrens auf Gläubigerantrag			3,0	0,00
2331	Verfahren auf Gläubigerantrag, Einstellung vor PT			1,0	0,00
2332	Verfahren auf Gläubigerantrag, Einstellung nach PT			2,0	0,00

KV-Nr.	Bezeichnung	Wert	Gebühr	Gebührensatz	Betrag
9004	Bekanntmachungsauslagen, geschätzt				
9005	Sachverständigenentschädigung				
	Gesamt				**0,00**
	abzgl. geleistete Vorschüsse				0,00
	Rest				**0,00**

3. Vergütung des vorläufigen Verwalters

Gemäß dem gesonderten Antrag zur Festsetzung der Vergütung des vorläufigen Verwalters wird eine Vergütung in Höhe von ... EUR

geltend gemacht.

[Alternative:

Die Vergütung des vorläufigen Verwalters wurde durch Beschluss vom ... mit brutto ... EUR

festgesetzt. Eine Entnahme aus der Insolvenzmasse ist bisher nicht erfolgt.]

4. Vergütung des Verwalters im eröffneten Verfahren

Die Vergütung des Verwalters beträgt ausweislich des gesonderten Antrages

brutto ... EUR.

III. Verteilung des Massebestandes

verfügbarer Massebestand: ... EUR

1. Massekosten gemäß § 54 InsO

Gerichtskosten EUR

Bruttovergütung des vorl. Verwalters EUR

Bruttovergütung des Verwalters EUR

Summe ... EUR

verbleibender Massebestand: ... EUR

2. Rückzahlung Kostenvorschuss ... EUR

▶ Achtung:

– Prüfung, ob Kostenvorschuss geleistet wurde: eigene Konten oder Gerichtskostenrechnung,

– ggf. Erstattung an Leistenden schon gem. § 26 Abs. 3 InsO durch Vertretungsorgan erfolgt

verbleibender Massebestand: ... EUR

3. weitere Massezuflüsse

Es ist mit weiteren Zuflüssen zur Insolvenzmasse wie folgt zu rechnen:

- Vorsteuererstattung ... EUR
- Sonstige voraussichtliche Massezuflüsse ... EUR

Summe .... EUR

erhöhter Massebestand: ... EUR

4. Masseverbindlichkeiten nach § 55 InsO

Offene Masseverbindlichkeiten bestehen nach derzeitiger Kenntnis nicht. ... EUR

noch zu begleichende Masseverbindlichkeiten:

- Steuerberatungskosten ... EUR
- Umsatzsteuer ... EUR
- ... EUR

Summe ... EUR

verbleibender Massebestand: ... EUR

5. Forderungen nach § 38 InsO

Insolvenzforderungen nach § 38 InsO sind ausweislich des Schlussverzeichnisses in Höhe von … EUR festgestellt.

$$\frac{\text{Restmassebestand EUR x 100}}{\text{Festgestellte Forderungen in EUR}} = \%$$

Auf die festgestellten Forderungen des § 38 InsO kann eine Quote von … % gezahlt werden.

……………………..

Ort, Datum

……………………………………

Insolvenzverwalter/in

Muster 310: Schlussrechnung – normal – nat. Pers.

Schlussrechnung – Teil 2 – 482
in dem Insolvenzverfahren über das Vermögen
des Herrn …/der Frau …
Amtsgericht …: … IN …/…

I. Ermittlung des Massebestandes

Zum Stichtag der Rechnungslegung per… ergibt sich folgende Gesamtübersicht:

Übernahme Guthaben vorl. Verwaltung	… EUR
Einnahmen im eröffneten Verfahren	… EUR
Gesamtguthaben	… EUR
abzgl. Auszahlung an Absonderungsgläubiger	… EUR
abzgl. sonstige Ausgaben	… EUR
Massebestand	… EUR

Der Massebestand setzt sich wie folgt zusammen:

Kassenbestand	… EUR
Guthaben Treuhandkonto IBAN	… EUR
(… Bank) (Kontoauszug Nr. … v. …)	
Massebestand gesamt:	**… EUR**

[Alternative ohne Kasse:

Dieser Massebestand befindet sich ausweislich des letzten Kontoauszuges vom… (Auszug Nr.…/201…) auf dem Treuhandkonto bei der… (Bank): IBAN …]

II. Ermittlung der Verfahrenskosten nach § 54 InsO

1. Teilungsmasse

Die Teilungsmasse für die Berechnung der Verwaltervergütung beträgt gemäß dem anliegenden Vergütungsantrag … EUR.

Ergänzender Hinweis zur Gerichtskostenberechnung:

Eine Abweichung für die Berechnung der Gerichtskosten ist nicht gegeben.

[Alternative Betriebsfortführung:

Aus der Betriebsfortführung ist nur der erzielte Überschuss in der Teilungsmasse zu berücksichtigen.]

[Alternative Umsatzsteuer in Berechnungsgrundlage:

Wie aus dem Vergütungsantrag ersichtlich, ist aus der beantragten Vergütung des Verwalters mit einer anteiligen Vorsteuererstattung in Höhe von … EUR

zu rechnen. Dieser Betrag ist in der vorgenannten Summe bereits enthalten.]

2. Gerichtskosten

Die Gerichtskosten werden auf Grundlage einer Teilungsmasse i.H.v. … EUR wie folgt geschätzt:

Bitte nicht verwendete Zeilen nachfolgend löschen

KV-Nr.	Bezeichnung	Wert	Gebühr	Gebührensatz	Betrag
2310	Verfahren über den Eröffnungsantrag eines Schuldners			0,5	0,00
2311	Verfahren über den Eröffnungsantrag eines Gläubigers			0,5	0,00 mind. 180,00
2320	Durchführung des Verfahrens auf Schuldnerantrag			2,5	0,00
2321	Verfahren auf Schuldnerantrag, Einstellung vor PT			0,5	0,00
2322	Verfahren auf Schuldnerantrag, Einstellung nach PT			1,5	0,00
2330	Durchführung des Verfahrens auf Gläubigerantrag			3,0	0,00
2331	Verfahren auf Gläubigerantrag, Einstellung vor PT			1,0	0,00
2332	Verfahren auf Gläubigerantrag, Einstellung nach PT			2,0	0,00
9004	Bekanntmachungsauslagen, geschätzt				
9005	Sachverständigenentschädigung				
	Gesamt				**0,00**
	abzgl. geleistete Vorschüsse				0,00
	Rest				**0,00**

3. Vorläufige Verwaltervergütung

   Gemäß dem gesonderten Antrag zur Festsetzung der Vergütung des vorläufigen Verwalters wird eine Vergütung in Höhe von ... EUR

   geltend gemacht.

   [Alternative:

   Die Vergütung des vorläufigen Verwalters wurde durch Beschluss vom ...mit brutto ... EUR

   festgesetzt. Eine Entnahme aus der Insolvenzmasse ist bisher nicht erfolgt.]

4. Verwaltervergütung

   Die Vergütung des Verwalters beträgt ausweislich des gesonderten Antrages brutto ... EUR.

III. Verteilung des Massebestandes

verfügbarer Massebestand: **... EUR**

1. Weitere Einnahmen bis zur Aufhebung – Schätzung:
   a. Zinsgutschriften .... EUR
   b. Umsatzsteuererstattung aus Verwaltervergütung ... EUR
   c. Steuererstattung ... EUR
   d. Guthaben von P-Konto ... EUR

   (ggf. auch einfach Erinnerungswert einsetzen.)

   erhöhter Massebestand: **... EUR**

2. Massekosten gemäß § 54 InsO

   Gerichtskosten ... EUR
   Bruttovergütung des vorl. Verwalters ... EUR
   Bruttovergütung des Verwalters ... EUR
   Summe ... EUR

   verbleibender Massebestand: **... EUR**

3. Rückzahlung Kostenvorschuss ... EUR

▶ Achtung:

– Prüfung, ob Kostenvorschuss geleistet wurde: eigene Konten oder Gerichtskostenrechnung,
– ggf. Erstattung an Leistenden schon gem. § 26 Abs. 3 InsO durch Vertretungsorgan erfolgt

verbleibender Massebestand: **... EUR**

4. Masseverbindlichkeiten nach § 55 InsO

keine ausstehenden Masseverbindlichkeiten ... EUR

noch zu begleichende Masseverbindlichkeiten:

a. Steuerberatungskosten ... EUR

b. ....

Summe ... EUR

verbleibender Massebestand **... EUR**

5. Rückstellung analog §§ 292 Abs. 1 Satz 2, 189, 191, 198 InsO für die RSB-Phase

(BGH, Beschl. v. 20.11.2014 – IX ZB 16/14)

Rückstellung ja:

Es wird eine Rückstellung für den Zeitraum bis zum Ablauf der Abtretungserklärung (§ 287 Abs. 2 InsO)/von fünf Jahren gem. § 300 Abs. 1 Nr. 3 InsO/von drei Jahren gem. § 300 Abs. 1 Nr. 2 InsO gebildet. ... EUR

Rückstellung erforderlich, aber kein Geld da:

Für eine etwaige Rückstellung sind *keine/keine ausreichenden* Geldmittel vorhanden. ... EUR

keine Rückstellung:

Die Kosten der RSB-Phase können aus den monatlich pfändbaren Beträgen beglichen werden. Daher ist eine Rückstellung nicht erforderlich. ... EUR

(Achtung, Prognose sollte sicher sein.)

6. Forderungen nach § 38 InsO

Die voraussichtliche Quote ermittelt sich auf Grundlage der festgestellten Forderungen in Höhe von ... EUR wie folgt:

$$\frac{\text{Restmassebestand EUR x 100}}{\text{Festgestellte Forderungen in EUR}} = \%$$

▶ Hinweis:

Sinnvoll ist es, den Prozentsatz auf zwei Stellen hinter dem Komma aufzurunden.

....

Ort, Datum

....

Insolvenzverwalter/in

Muster 311: Übersendung Schlussbericht an das AG – Kleinverfahren

Adressat: Insolvenzgericht 483

Insolvenzverfahren über das Vermögen der Firma..../des Herrn .../der Frau ...
Geschäftszeichen:... IN/IK.../...

Sehr geehrte Frau Rechtspflegerin ..., /sehr geehrter Herr Rechtspfleger...,

das Verfahren in obiger Angelegenheit ist beendet. Ich habe meinen Schlussbericht erstellt und überreiche Ihnen daher **anliegend** folgende Unterlagen:

1. Schlussbericht im Original
2. Vergütungsantrag im Original
3. Abschrift des Schlussberichtes
4. Abschrift des Vergütungsantrages

5. Anlagen zum Schlussbericht *(unbedingt ins Anlagenverzeichnis schauen!)* in zweifacher Ausfertigung
6. Bestallungsurkunde im Original
7. Original-Kontoauszüge nebst Belegen

▶ Hinweis:

Nicht zutreffendes ist zu löschen.

▶ Tabellenänderungen:

Nachträgliche Prüfungstermine oder Änderungen in den bisherigen Anmeldungen immer mit gesondertem Schreiben und nicht als Anlage zum Schlussbericht einreichen.

▶ Achtung: Heften der Anlagen

- Kontoauszüge immer gesondert auf eine Schnalle
- Kontoauszüge zuletzt!
- Vorgehen bei Gericht: Bericht und Anlagen oben wegnehmen und in Gerichtsakte heften, Kontoauszüge an uns zurück
- schnelle Handhabung dadurch möglich

[Alternative – kein Treuhandkonto:

Da im vorliegenden Verfahren kein Treuhandkonto angelegt wurde, können keine Kontoauszüge und auch keine Buchungsübersichten übermittelt werden.]

Quotenzahlung:

Wie Sie der Schlussrechnung – Teil 2 – entnehmen können, kann an die Gläubiger mit einfachen Insolvenzforderungen eine Quote von… % gezahlt werden.

[Alternative – keine Quote:

Wie Sie der Schlussrechnung – Teil 2 – entnehmen können, reicht die vorhandene Insolvenzmasse nicht aus, um die Kosten nach § 54 InsO befriedigen zu können. Eine Quote an die Insolvenzgläubiger kann daher nicht gezahlt werden.]

Achtung Veröffentlichungstext: Bitte gleichzeitig veranlassen!

Die Mitteilung nach § 188 InsO zur Veröffentlichung der Summe der zu berücksichtigenden Forderungen und des für die Verteilung verfügbaren Betrages ist im Schlussbericht enthalten. Der Text wird am heutigen Tage auch gleichzeitig noch per E-Mail zur weiteren Verwendung übermittelt.

▶ Keine Übersendung Veröffentlichungstext per E-Mail:

Viele Gerichte benötigen den Text nicht mehr gesondert per Mail, weil sie in einem Modul lediglich den Betrag aus der Schlussrechnung eintragen müssen.

Ich bitte um Prüfung der Unterlagen und Anberaumung eines Schlusstermins.

Mit freundlichen Grüßen

....
Insolvenzverwalter/in

▶ Hinweis zur Tabellenführung:

Wenn man einen Aktenvermerk mit »Schlussbericht eingereicht am .....« ganz oben im Tabellenordner abheftet, kann die Tabellenkraft den Sachstand des Verfahrens erkennen und im Hinblick auf einen anstehenden Schlusstermin ggf. noch weiter eingehende Änderungsmitteilungen zeitnah bearbeiten.

Muster 312: Übersendung Schlussbericht an das AG – Regelinsolvenz

484 *Adressat: Insolvenzgericht*

Insolvenzverfahren über das Vermögen der Firma…./des Herrn …/der Frau …
Geschäftszeichen:… IN…/…

Sehr geehrte Frau Rechtspflegerin …, /sehr geehrter Herr Rechtspfleger…,

das Insolvenzverfahren ist abschlussreif. Ich übersende Ihnen daher anliegend:

1. Schlussbericht im Original
2. Vergütungsantrag im Original
3. Abschrift des Schlussberichtes

4. Abschrift des Vergütungsantrages
5. Anlagen zum Schlussbericht *(unbedingt ins Anlagenverzeichnis schauen!)* in zweifacher Ausfertigung
6. Bestallungsurkunde im Original
7. Original-Kontoauszüge nebst Belegen
8. die Kassenberichte nebst Belegen.

▶ Hinweis:

Nicht zutreffendes ist zu löschen.

▶ Hinweis bzgl. der Vergütung des vorl. Verwalters:

Hinweis nach § 11 Abs. 2 InsVV ist **ggf. entbehrlich,** wenn die Festsetzung der Vergütung erst nach Veräußerung der Vermögensgegenstände beantragt wurde und damit bereits die **tatsächlichen Realisierungswerte** Berücksichtigung gefunden haben.

▶ Tabellenänderungen:

Nachträgliche Prüfungstermine oder Änderungen in den bisherigen Anmeldungen immer mit gesondertem Schreiben und nicht als Anlage zum Schlussbericht einreichen.

▶ Achtung: Heften der Anlagen:

- Kontoauszüge immer gesondert auf eine Schnalle
- Kontoauszüge zuletzt!
- Vorgehen bei Gericht: Bericht und Anlagen oben wegnehmen und in Gerichtsakte heften, Kontoauszüge an uns zurück
- schnelle Handhabung dadurch möglich

Wie Sie der Schlussrechnung – Teil 2 – entnehmen können, kann an die Gläubiger mit einfachen Insolvenzforderungen eine Quote von… % gezahlt werden.

[Alternative – keine Quote:

Wie Sie der Schlussrechnung – Teil 2 – entnehmen können, kann an die Gläubiger mit einfachen Insolvenzforderungen keine Quote gezahlt werden, *weil Masseunzulänglichkeit vorliegt/weil Masselosigkeit eingetreten ist.]*

Achtung Veröffentlichungstext – bitte gleichzeitig veranlassen:

Die Mitteilung nach § 188 InsO zur Veröffentlichung der Summe der zu berücksichtigenden Forderungen und des für die Verteilung verfügbaren Betrages ist im Schlussbericht enthalten. Der Text wird am heutigen Tage auch gleichzeitig noch per E-Mail zur weiteren Verwendung übermittelt.

▶ Keine Übersendung Veröffentlichungstext per E-Mail:

Viele Gerichte benötigen den Text nicht mehr gesondert per Mail, weil sie in einem Modul lediglich den Betrag aus der Schlussrechnung eintragen müssen.

Ich bitte um Prüfung der Unterlagen und Anberaumung eines Schlusstermins.

Im Insolvenzplanverfahren:

Da der Geschäftsbetrieb weiter fortgeführt wird und *der Schuldner/die Schuldnerin* eine möglichst rasche Verfahrensbeendigung begehrt, rege ich eine zeitnahe Anberaumung eines Schlusstermins an.

Mit freundlichen Grüßen

……………………………………..
Insolvenzverwalter/in

▶ Hinweis zur Tabellenführung:

Wenn man einen **Aktenvermerk mit »Schlussbericht eingereicht am …..«** ganz oben im Tabellenordner abheftet, kann die Tabellenkraft den Sachstand des Verfahrens erkennen und im Hinblick auf einen anstehenden Schlusstermin ggf. noch weiter eingehende Änderungsmitteilungen zeitnah bearbeiten.

Muster 313: Umlaufzettel Schlussbericht

485 **Übergabe des Verfahrens in die Schlussrechnungsabteilung:**

Vermerk für die Schlussrechnungserstellung

Abteilung	Geforderte Information	Antwort	Datum	Informationsgeber/ Sachbearbeiter Kürzel
Anwaltsabteilung	Sind alle im Anwaltsbereich angelegten **Handakten** erledigt? Rechtstreitigkeiten beendet?			
Anwaltsabteilung	Gab es **Prozesse** mit PKH?			
	Wurden die Möglichkeit von Wahlanwaltsgebühren geprüft? Wurden diese geltend gemacht?			
Buchhaltung	Ist alles aktuell **gebucht**?			
Buchhaltung	Wurden die **Jahresabschlüsse** gefertigt? Wenn nein: Gibt es einen Verzicht seitens/ eine Abrede mit der Finanzverwaltung?			
Buchhaltung	Stehen noch **Steuererklärungen** aus? Wenn ja: Kann sich daraus eine Zahlung oder eine Erstattung ergeben?			
Forderungseinzug	**Angemeldete Forderungen** in anderen Insolvenzverfahren? Welche? Namen der Drittschuldner			
Forderungseinzug	**Offene Vorgänge**?			
Insolvenztabelle	Sind die **Ausfallforderungen** geklärt?			
Insolvenztabelle	Wurden ausstehende **Berichtigungen** vorgenommen?			
Insolvenztabelle	Liegen noch **nachträgliche** Anmeldungen vor?			
Personal	Gibt es einen tabellarischen Überblick über die **Arbeitnehmer** mit Kündigungsdatum, Freistellungsdatum etc.?			
Personal	Gibt es ausstehende **Masseverbindlichkeiten**?			
Sachbearbeiter	Sind alle **Vermögenswerte** realisiert?			
Sachbearbeiter	Wurde **Masseunzulänglichkeit** angezeigt? Wenn ja: Sind alle **Massegläubiger** in der Software aufgenommen?			
Sachbearbeiter	Wurden die **Aus- und Absonderungsrechte** vollständig geklärt und ggf. befriedigt? Existiert ein tabellarischer Überblick?			
Sachbearbeiter	Wurden alle **Vertragsverhältnisse** fristgerecht beendet? Gibt es hierüber einen tabellarischen Überblick?			
Sachbearbeiter	Wurden die schuldnerischen **Unterlagen eingelagert?** Sind insoweit noch Kosten zu begleichen?			

Abteilung	Geforderte Information	Antwort	Datum	Informationsgeber/ Sachbearbeiter Kürzel
Sachbearbeiter	Gibt es besondere nennenswerte Abwicklungsarbeiten? *(vergütungsrelevant)*			
Sekretariat	Alle erforderlichen Daten in der Software eingetragen? *(Termine, Sachbearbeiter, Verfahrensstatus etc.?)*			

Muster 314: Versagungsgründe – § 290 InsO – Gliederungspunkt

▶ Hinweis – Information an Gläubiger: 486

Hier wird **ganz sachlich** die mögliche Erfüllung der Tatbestände nach § 290 Abs. 1 InsO erläutert. Nur wenn es **gravierende Verstöße** sind, sollte darüber nachgedacht werden, die **Gläubiger** mit dem **Rundschreiben** über die Terminierung des Schlusstermins auf diese Versagungsgründe hinzuweisen.

▶ Hinweis – Information an Verfahrensbevollmächtigte:

Ggf. eine Information an Verfahrensbevollmächtigten oder die Schuldnerberatungsstelle, wenn diese laut Insolvenzantrag vertretungsbefugt ist. Damit kann ggf. die Versagung der RSB vermieden werden. Schuldnerberatungsstellen wünschen diese Kontaktaufnahme.

Zu den möglichen Versagungstatbeständen des § 290 InsO sei folgendes ausgeführt:

▶ Hinweis:

Nicht zutreffendes bitte löschen!

Hinweis für die Erfüllung eines Tatbestandes:	*Ja/Nein*
§ 290 Abs. 1 Nr. 1 InsO: rechtskräftige Verurteilung Straftat gem. §§ 283 – 283c StGB	
§ 290 Abs. 1 Nr. 2 InsO: vorsätzlich oder grob fahrlässig unrichtige und unvollständige Angaben in den letzten drei Jahren vor dem Insolvenzantrag oder danach, um Kredit zu erhalten, Leistungen aus öffentlichen Mitteln zu beziehen etc.	
Versagung nach § 290 Abs. 1 Nr. 2 InsO auch für Rechtshandlungen nach Insolvenzeröffnung:	*BGH, Beschl. v. 01.12.2011 – IX ZB 260/10 in ZInsO 2012, 192*
§ 290 Abs. 1 Nr. 3 InsO: Erteilung oder Versagung (§§ 296, 297 InsO) der RSB in letzten 10 Jahren vor dem Insolvenzantrag	
§ 290 Abs. 1 Nr. 4 InsO: vorsätzlich oder grob fahrlässig im letzten Jahr vor dem Insolvenzantrag Vermögen verschwendet oder Verbindlichkeiten begründet und Befriedigung Insolvenzgläubiger dadurch beeinträchtigt	
§ 290 Abs. 1 Nr. 5 InsO: vorsätzliche oder grob fahrlässige Verletzung der Auskunfts- und Mitwirkungspflichten	
§ 290 Abs. 1 Nr. 6 InsO: Vorsätzlich oder grob fahrlässig unrichtige oder unvollständige Angaben in den Verzeichnissen bei Insolvenzantragstellung	
§ 290 Abs. 1 Nr. 7 InsO: Schuldhafte Verletzung der Erwerbsobliegenheit nach § 287b und dadurch Beeinträchtigung der Befriedigung der Insolvenzgläubiger	

Eine konkrete Beeinträchtigung der Befriedigungsaussichten der Gläubiger muss beim Tatbestand des § 290 Abs. 1 Nr. 5 InsO nicht eingetreten sein:	*BGH, Beschl. 08.01.2009 – IX ZB 73/08 in ZInsO 2009, 395 ff.*
Ausgleich des durch Fehlverhaltens entstandenen Schadens, bevor der Sachverhalt aufgedeckt und ein Versagungsantrag gestellt wird:	*Versagung ggf. unverhältnismäßig:* *BGH, Beschl. v. 16.12.2010 – IX ZB 63/09 in ZInsO 2011, 197 f.; BGH, Beschl. v. 17.09.2009 – IX ZB 284/08 in ZInsO 2009, 1954 f.*
bzgl. Kostenstundung u. etwaiger Aufhebung – Voraussetzung: Beeinträchtigung der Gläubigerbefriedigung gem. § 4c Nr. 4 InsO:	*siehe zuvor*

Muster 315: Vorläufige Verwaltung – Rechnungslegung

487 *Adressat: Insolvenzgericht*

Insolvenzeröffnungsverfahren über das Vermögen
der Firma … /des Herrn … /der Frau …
Geschäftszeichen:… IN…/…
Rechnungslegung

Sehr geehrte Frau Richterin …,/sehr geehrter Herr Richter …,

nach § 21 Abs. 2 Nr. 1 InsO i.V.m. § 66 InsO obliegt auch dem vorläufigen Insolvenzverwalter eine Rechnungslegungspflicht. Dieser möchte ich heute nachkommen.

Bezüglich der einzelnen durchgeführten Maßnahmen im Eröffnungsverfahren und den damit verbundenen Tätigkeiten darf ich auf die Ausführungen in meinem Gutachten vom … unter Buchst. … (Seiten … ff.) verweisen. Diese Ausführungen füge ich informativ noch einmal als Auszug aus dem Gutachten in der **Anlage** bei.

Ergänzend zu diesen Angaben überreiche ich **anliegend** folgende weitere Unterlagen:
- Einnahmen- und Ausgabenübersicht, sortiert nach Sachbereichen (Schlussrechnung)
- Sachkontenblätter
- chronologische Einnahmen- und Ausgabenübersicht
- Original-Kontoauszüge nebst Belegen
- *Kassenbuch nebst Belegen (bei Betriebsfortführung)*
- Bestallungsurkunde im Original *(soweit es eine solche gesonderte für die vorl. Verwaltung gibt)*

Zu den getätigten und aus der Schlussrechnung ersichtlichen Ausgaben sei erläutert:

Bei den bezahlten Verbindlichkeiten handelt es sich um Forderungen von Lieferanten oder Dienstleister, deren Leistungen für die Aufrechterhaltung des Geschäftsbetriebes erforderlich waren. Sie sind von der am … erteilten Einzelermächtigung umfasst.

[Alternativ zum letzten Satz:

Mit den Lieferanten und Dienstleistern wurden insoweit Bargeschäfte getätigt, d. h. die Lieferung oder Leistung und der entsprechende Rechnungsausgleich erfolgten in einem engen zeitlichen Zusammenhang von höchstens 14 Tagen.]

[Alternativ ggf. andere Gründe für die getätigten Ausgaben:

…

Sollten weitere Angaben benötigt werden, stehe ich für Rückfragen selbstverständlich jederzeit gerne zur Verfügung.

Eine Kopie dieses Schreibens nebst sämtlichen **Anlagen** liegt zwecks Versendung an *den Schuldner/die Schuldnerin* anbei.]

Mit freundlichen Grüßen

………………………………

Insolvenzverwalter/in

Anlage:
Siehe vorstehende Auflistung
Auszug aus dem Gutachten
Doppel dieses Schreibens für Schuldner/in

Musterübersicht selbständige Tätigkeit

(Die Übersicht ist alphabetisch sortiert.)

		Rdn.
Muster 316:	Erklärung § 35 Abs. 2 InsO bei IE – keine Freigabe	488
Muster 112:	Erklärung § 35 Abs. 2 InsO bei IE – Info an das Insolvenzgericht (*s. Muster Eröffnungsbeschluss natürl. Person: »Erste Infos an das Insolvenzgericht – natürl. Person«*)	284
Muster 317:	Freigabe – Erklärung gegenüber Schuldner	489
Muster 318:	Freigabe – Information an das Insolvenzgericht	490
Muster 319:	Freigabe – Unterrichtung FinA	491
Muster 320:	Infobogen über fiktives Einkommen	492
Muster 321:	Rechtsprechungsübersicht für Schuldner	493
Muster 322:	RSB-Phase – Obliegenheiten – Erstinfo an Schuldner	494

Muster 316: Erklärung § 35 Abs. 2 InsO bei IE – keine Freigabe

Adressat: Schuldner/in 488

Insolvenzverfahren über Ihr Vermögen
Amtsgericht...:... IN.../...
Erklärung gem. § 35 Abs. 2 InsO

Sehr geehrter Herr.../Sehr geehrte Frau...,

in dem Insolvenzverfahren über Ihr Vermögen teile ich Ihnen Folgendes mit:

Sie sind als... selbständig tätig. Die Überprüfung der betriebswirtschaftlichen Zahlen hat ergeben, dass Ihre zukünftigen voraussichtlichen Einnahmen die anfallenden Kosten mit großer Wahrscheinlichkeit decken werden. Der Übererlös ist vom Insolvenzbeschlag gem. § 35 Abs. 1 InsO umfasst.

Von der im Gesetz vorgesehenen möglichen **Freigabeerklärung** gem. § 35 Abs. 2 InsO mache ich daher **keinen Gebrauch**, sondern erkläre im Sinne dieser Vorschrift ausdrücklich, dass sämtliche Einnahmen aus der selbständigen Tätigkeit dem Insolvenzbeschlag gem. § 35 Abs. 1 InsO unterliegen und auf das für das Verfahren eingerichtete Treuhandkonto abzuführen sind.

Im Gegenzug können Ansprüche Dritter, die mit meiner ausdrücklichen und schriftlichen Zustimmung verursacht werden, im Insolvenzverfahren als Masseverbindlichkeiten gem. § 55 InsO geltend gemacht werden. Die genaue Vorgehensweise wurde bereits zwischen uns abgestimmt.

In der **Anlage** übersende ich Ihnen eine Fotokopie dieses Schreibens mit einer Empfangsbestätigung. Ich darf Sie bitten, diese zu unterzeichnen und mir im Original wieder zukommen zu lassen.

Mit freundlichen Grüßen

....
Insolvenzverwalter/in

Der Empfang der obigen Erklärung wird hiermit bestätigt.

....
Ort, Datum

....
vollständiger Name

Anlage:
Doppel des Schreibens

Muster 317: Freigabe – Erklärung gegenüber Schuldner

Adressat: Schuldner/in 489
(per Einschreiben mit Rückschein oder persönlicher Übergabe)

Insolvenzverfahren über Ihr Vermögen
Amtsgericht...:... IN.../...
Freigabeerklärung (U.Z.: »Einkommen«)

Sehr geehrter Herr…,/Sehr geehrte Frau…,

in dem Insolvenzverfahren über Ihr Vermögen teile ich Ihnen Folgendes mit:

Sie sind als… selbständig tätig. Die Überprüfung der betriebswirtschaftlichen Zahlen hat ergeben, dass Ihre zukünftigen voraussichtlichen Einnahmen die anfallenden Kosten mit großer Wahrscheinlichkeit nicht decken werden.

Um die Insolvenzmasse vor Zahlungsansprüchen Dritter im Sinne des § 55 Abs. 1 InsO zu schützen, erkläre ich heute ausdrücklich gemäß § 35 Abs. 2 InsO, dass Einkünfte aus der selbständigen Tätigkeit nicht zur Insolvenzmasse gehören und ich insoweit keinerlei Ansprüche auf Ihre zukünftigen Einnahmen stelle. Dementsprechend sind dagegen Ansprüche seitens Dritter auch nicht als Masseverbindlichkeiten im Insolvenzverfahren geltend zu machen. Ich gebe Ihre selbständige Tätigkeit also aus der Insolvenzmasse frei.

Die selbständige wirtschaftliche Tätigkeit umfasst im Einzelnen:

…

Beispiel:

»Tätigkeit als Bäckermeister im eigenen Bäckereifachbetrieb Mustermann in der .... straße 7 in Münster«.

▶ Hinweis:

Genaue Firmierung der Einzelfirma/der selbständigen Tätigkeit hier aufnehmen.

Tätigkeit aus Gewerbeanmeldung aufführen, aber bei abweichender tatsächlicher Tätigkeit diese zusätzlich aufführen.

Die Freigabeerklärung erstreckt sich auf die Gesamtheit des Vermögens, das der selbständigen Tätigkeit gewidmet ist (*BGH, Urt. v. 09.02.2012 – IX ZR 75/11 Rn. 19 in InsbürO 2012, 274, ZInsO 2012, 481, WKRS 2012, 11173).* Gegenstände, die Sie zur Ausübung Ihrer selbständigen Tätigkeit gebrauchen, sind vom Pfändungsschutz gem. § 36 InsO i.V.m. § 811 Abs. 1 Nr. 5 ZPO umfasst und können – zumindest während der Dauer ihrer selbständigen Tätigkeit – nicht zugunsten der Insolvenzmasse verwertet werden.

▶ Bei Grundstückseigentum:

Sollte die **selbständige Tätigkeit** in **Räumlichkeiten auf dem eigenen Grundbesitz** ausgeübt werden, ist Vorsicht bei der vorstehenden Formulierung geboten. Ist das Grundstück dem **Betriebsvermögen zuzuordnen,** soll es **von der Freigabeerklärung umfasst** sein (= Gesamtheit des Vermögens). Ist diese **Rechtsfolge nicht gewollt,** sollte das Grundstück vorsorglich **ausdrücklich ausgenommen** werden (AG Hamburg v. 14.2.2017 – 67g IN 137/15 in InsbürO 2018, 78 m. Anmerkung Henning).

Auch Vertragsverhältnisse sind von dieser Freigabe erfasst (*BGH, a.a.O.; BGH, Urt. v. 22.05.2014 – IX ZR 136/13 Rn. 22 in InsbürO 2015, 73, ZInsO 2014, 1272*). Eine gesonderte Erklärung meinerseits ist nicht erforderlich. Die Insolvenzmasse haftet insoweit nicht für etwaige Verbindlichkeiten aus den bestehenden Vertragsverhältnissen.

Diese Freigabe bedeutet für Sie, dass Sie zwar über sämtliche Einnahmen frei verfügen können, dafür aber auch alleine für sämtliche begründeten Verbindlichkeiten haften. Eine Haftung der Insolvenzmasse ist ausgeschlossen.

Trotz dieser Freigabeerklärung muss ich Sie darüber hinaus darauf hinweisen, dass Sie bei Ausübung einer selbständigen Tätigkeit gem. §§ 35 Abs. 2, 295 Abs. 2 InsO verpflichtet sind, die Insolvenzgläubiger durch Zahlungen so zu stellen, wie wenn Sie ein angemessenes Arbeitsverhältnis eingehen würden. Das bedeutet, dass ein fiktives Einkommen, das Sie aufgrund Ihrer Berufsausbildung auf dem Arbeitsmarkt in einem unselbständigen Arbeitsverhältnis erwirtschaften könnten, die Grundlage für die Ermittlung pfändbarer Einkommensanteile bildet. Entsprechend der Pfändungstabelle des § 850c ZPO würde sich unter Berücksichtigung möglicher Unterhaltspflichten dann ein pfändbarer Betrag ergeben, der von Ihnen an die Insolvenzmasse zu zahlen ist.

Bei der Ermittlung des fiktiven Einkommens sind ggf. Ihr Alter, die Arbeitsmarktsituation oder sonstige Gründe zu berücksichtigen, die ggf. dazu führen, dass Sie keine Anstellung in einem unselbständigen Arbeitsverhältnis finden. Sie selbst sind insoweit recherche- und auskunftspflichtig. Sollten Sie die Auskunfts- oder Abführungspflicht verletzen, bin ich im eröffneten Verfahren verpflichtet, etwaige sich fiktiv ergebende pfändbare Einkommensanteile vor einem Prozessgericht einzuklagen (*Bundesgerichtshof, Urt. v. 13.03.2014 – IX ZR 43/12*). Darüber hinaus kann Ihnen die Versagung der Restschuldbefreiung drohen. Dies würde bedeuten, dass Sie von Ihren Verbindlichkeiten nicht befreit werden würden. Ich bitte Sie daher, die erforderlichen Informationen anhand des beiliegenden Infobogens zu erteilen.

Nach der Rechtsprechung des Bundesgerichtshofes müssen die fiktiven pfändbaren Einkommensanteile jeweils jährlich gezahlt werden. Wenn die Gewinne aus ihrer selbständigen Tätigkeit nicht ausreichen sollten, um den monatlich fiktiv pfändbaren Betrag abzuführen, sind Sie verpflichtet, sich um eine Erwerbstätigkeit in einem unselbständigen Arbeitsverhältnis zu bemühen. Die Bewerbungsbemühungen sind nachzuweisen. Falls ein Gläubiger einen Versagungsantrag stellen sollte, sind Sie darlegungspflichtig. Von daher rege ich an, diese Bemühungen schriftlich festzuhalten. Zum Umfang der Bewerbungsbemühungen darf ich auf die anliegende Übersicht über die ergangene Rechtsprechung des Bundesgerichtshofes mit einer kurzen Wiedergabe des wesentlichen Inhalts verweisen. Darin sind vorstehende Angaben noch einmal im Überblick und darüber hinausgehende Informationen zu finden.

In der weiteren **Anlage** ist eine Fotokopie dieses Schreibens mit einer Empfangsbestätigung beigefügt. Ich darf Sie bitten, diese zu unterzeichnen und mir im Original wieder zukommen zu lassen.

Außerdem teile ich Ihnen mit, dass ich das Insolvenzgericht und auch das Finanzamt über die Freigabe der selbständigen Tätigkeit informieren werde.

Sollten sich Änderungen in Ihrer beruflichen Tätigkeit ergeben, bitte ich insoweit um unverzügliche Kontaktaufnahme.

Mit freundlichen Grüßen

....
Insolvenzverwalter/in

Der Empfang der obigen Erklärung wird hiermit bestätigt.

....
Ort, Datum

....
vollständiger Name

Anlage:
Doppel des Schreibens
Infobogen
Rechtsprechungsübersicht für Schuldner/in

▶ Hinweis:

Die Empfangsbestätigung sollte auf jeden Fall angefordert werden. Hierdurch kann ggf. später der Zugang der Freigabeerklärung zweifelsfrei nachgewiesen werden.

Muster 318: Freigabe – Information an das Insolvenzgericht

Adressat: Insolvenzgericht 490

Insolvenzverfahren über das Vermögen des Herrn.../der Frau ...
Geschäftszeichen:... IN.../...
Freigabe der selbständigen Tätigkeit

Sehr geehrter Herr...,/Sehr geehrte Frau...,

in obiger Angelegenheit überreiche ich **anliegend** eine Fotokopie meines Schreibens *an den Insolvenzschuldner/die Insolvenzschuldnerin* vom... Daraus wird ersichtlich, dass ich die selbständige Tätigkeit *des Schuldners/der Schuldnerin* als... aus der Insolvenzmasse freigegeben habe. Das Schreiben ist *dem Schuldner/der Schuldnerin* ausweislich des Empfangsbekenntnisses am... zugegangen.

▶ Hinweis:

Ohne EB wird das AG die Veröffentlichung nicht vornehmen, weil dann die Wirksamkeit der Freigabe nicht geklärt ist.

Ich bitte, die Veröffentlichung gemäß § 35 Abs. 3 InsO vorzunehmen. Der Veröffentlichungstext sollte nach meinem Vorschlag wie folgt lauten:

»In dem Insolvenzverfahren über das Vermögen des Herrn.../der Frau... (Vor- und Zuname)(Amtsgericht..., AZ:... IN.../...) hat der/die Insolvenzverwalter/in die selbständige Tätigkeit des Insolvenzschuldners/der Insolvenzschuldnerin als ... mit Wirkung vom.... (Datum des Zugangs) aus der Insolvenzmasse freigegeben und dies gegenüber dem Insolvenzgericht angezeigt. Die Freigabe hat zur Folge, dass Vermögen aus der selbständigen Tätigkeit nicht zur Insolvenzmasse gehört und Ansprüche aus dieser Tätigkeit im Insolvenzverfahren nicht geltend gemacht werden können. Die Anzeige ist auf der Geschäftsstelle des Insolvenzgerichtes einzusehen.«

Der Veröffentlichungstext wird Ihnen am heutigen Tage gleichzeitig per E-Mail übermittelt.

▶ Hinweis:

Es ist mit den Insolvenzgerichten zu klären, ob sie die Veröffentlichungstexte selbst entwerfen oder einen Entwurf vom Insolvenzverwalter fordern. Auch wenn die Veröffentlichungspflicht tatsächlich beim Insolvenzgericht liegt, verlangen sie i.d.R. einen Entwurf des Textes vom Verwalter.

Mit freundlichen Grüßen

....
Insolvenzverwalter/in

Anlagen:
Freigabeerklärung in Kopie
Empfangsbekenntnis in Kopie

▶ **Hinweis – fiktiver pfändbarer Einkommensanteil vorhanden?**

Dann: **Wiedervorlage** im jährlichen Rhythmus notieren: Im eröffneten Verfahren Prüfungspflicht des Verwalters auf Abführung nach § 295 Abs. 2 InsO nach BGH-Rechtsprechung und Anspruch ggf. einklagen (BGH, Urt. v. 13.03.2014 – IX ZR 43/12).

Muster 319: Freigabe – Unterrichtung FinA

491 *Adressat: Finanzamt*

Insolvenzverfahren über das Vermögen
des Herrn.../der Frau...
Amtsgericht...:... IN.../...
Freigabe aus der Insolvenzmasse
Steuernummer:...

Sehr geehrte Damen und Herren,

in obiger Angelegenheit überreiche ich anliegend eine Fotokopie meines Schreibens vom... an *den Insolvenzschuldner/die Insolvenzschuldnerin*, mit dem ich die selbständige Tätigkeit *des Schuldners/der Schuldnerin* als... aus der Insolvenzmasse freigegeben habe. Das Schreiben ist *dem Schuldner/der Schuldnerin* am... zugegangen.

Ich bitte, dies bei zukünftigen Steuerforderungen zu berücksichtigen. Etwaige Steuerforderungen aus der selbständigen Tätigkeit stellen keine Masseverbindlichkeiten dar.

Mit freundlichen Grüßen

....
Insolvenzverwalter/in

Anlage
Freigabeerklärung in Kopie
Empfangsbekenntnis *des Schuldners/der Schuldnerin* in Kopie

Muster 320: Infobogen über fiktives Einkommen

492 **Infobogen über fiktives Einkommen**

bei Vorliegen einer selbständigen Tätigkeit

▶ **Diese Hinweise sind nur intern für das Insolvenzbüro: Vor Versendung des Bogens bitte löschen!**

Hinweis zur **Verwendung:**

Die abgefragten Informationen sind tlw. bereits aus vorherigen Unterlagen oder Gespräche bekannt und könnten auch vom Insolvenzsachbearbeiter eingesetzt werden (z.B. Lebenslauf, Berichte). Es gibt aber eine **Auskunftspflicht** des Schuldners.

In der **RSB-Phase** hat der Schuldner die Aufgabe der Zusammenstellung der Infos = **Obliegenheit**, die der Treuhänder nicht zu prüfen hat.

Hinweis zur **Aktualität:**

Die Verhältnisse können sich natürlich auch im Laufe der Zeit ändern. Daher müsste erwogen werden, nach einem bestimmten Zeitablauf eine aktuelle Fassung des Infobogens einzuholen. Im eröffneten Verfahren: **Wiedervorlage notieren.**

Hinweis zur **Einziehung der Zahlungen:**

Im eröffneten Verfahren muss der IV **bei Nichtabführung klagen** (BGH v. 13.03.2014 – IX ZR 43/12)

Thema	Erforderliche Angaben	Antworten
Alter	Wann ist Ihr Geburtsdatum?	
Berufsausbildung	Welche Berufsausbildung haben Sie abgeschlossen?	
Werdegang	Welchen beruflichen Werdegang haben Sie? (ggf. auf Lebenslauf verweisen, sofern schon vorhanden oder beigefügt wird)	

Thema	Erforderliche Angaben	Antworten
Anstellung	Bei welchem Arbeitgeber waren Sie zuletzt tätig?	
	Wann hat die Anstellung geendet?	
	Aus welchem Grund ist die Anstellung beendet worden?	
Einkommenshöhe	Welches Einkommen haben Sie bei der letzten Anstellung brutto erzielt? (Kopie der Lohn-/Gehaltsabrechnung)	
	Welches Nettoeinkommen ergab sich daraus lt. Abrechnung?	
Einkommensvergleich	Was würden Sie heute durchschnittlich in Ihrem Beruf bei einer Vollzeitbeschäftigung verdienen?	
Arbeitsmarkt	Welche Chancen hätten Sie derzeit auf dem Arbeitsmarkt?	
	Gibt es Gründe, dass Sie in dem gelernten Beruf ggf. nicht mehr arbeiten können?	
Gesundheit	Gibt es sonstige gesundheitliche Beeinträchtigungen, die eine Erwerbstätigkeit beeinflussen?	
Nettoeinkommen	Welches Nettoeinkommen würde sich auf Basis der Daten in diesem Infobogen ergeben?	
	Wie haben Sie dieses ermittelt? (letzte Abrechnung, Internetseite, Steuerberater?)	
Steuerklasse	Welche Steuerklasse wäre zu berücksichtigen?	
	Aus welchen Gründen? (verheiratet, Kinder, Scheidung u.ä.)	
Unterhaltspflichten	Wie viele unterhaltsberechtigte Personen wären zu berücksichtigen?	
	Namen und Geburtsdatum der unterhaltsberechtigten Personen	
	Eigenes Einkommen der unterhaltsberechtigten Personen	

....

(Ort, Datum, Unterschrift)

Muster 321: Rechtsprechungsübersicht für Schuldner

Rechtsprechungsübersicht:
Selbständige Tätigkeit im eröffneten Verfahren und in der Restschuldbefreiungsphase
(beantragte Verfahren ab 01.07.2014) 493

Inhaltliches Stichwort – alphabetisch sortiert	Gericht/ Datum / Aktenzeichen	Fundstelle	Leitsätze aus der Entscheidung
Abführungspflicht – jährlich	BGH 19.07.2012 IX ZB 188/09	ZInsO 2012, 1488 WKRS 2012, 20410	Amtlicher Leitsatz: Der selbständig tätige Schuldner, dem die Restschuldbefreiung angekündigt ist, hat in **regelmäßigen Abständen, zumindest jährlich**, Zahlungen an den Treuhänder zu erbringen.
Abführungspflicht – Zahlungsanspruch im eröffneten Verfahren	BGH 13.03.2014 IX ZR 43/12	InsbürO 2014, 279 ZInsO 2014, 824 WKRS 2014, 13239	Amtlicher Leitsatz: Der Schuldner ist nach Freigabe seiner selbständigen Tätigkeit im eröffneten Insolvenzverfahren verpflichtet, aus einem tatsächlich erwirtschafteten Gewinn dem Insolvenzverwalter den pfändbaren Betrag nach dem fiktiven Maßstab des § 295 Abs. 2 InsO abzuführen. Der wegen der Freigabe der selbständigen Tätigkeit des Schuldners von diesem an die Masse **abzuführende Betrag** ist vom Insolvenzverwalter auf dem **Prozessweg** geltend zu machen.

Inhaltliches Stichwort – alphabetisch sortiert	Gericht/ Datum / Aktenzeichen	Fundstelle	Leitsätze aus der Entscheidung
			Zur Darlegungs- und Beweislast hinsichtlich der Voraussetzungen für die Feststellung der Höhe des an die Masse abzuführenden Betrags. Rn. 24: Hinsichtlich der Qualifikation und Leistungsfähigkeit trifft den **Schuldner** im Umfang seiner im Insolvenzverfahren bestehenden Auskunftspflicht eine **sekundäre Darlegungslast.**
Auskunftsanspruch – Ermittlung fiktives Einkommen	BGH 26.02.2013 IX ZB 165/11	InsbürO 2013, 193 ZInsO 2013, 625 WKRS 2013, 32652	Amtliche Leitsätze: In der Wohlverhaltensphase hat der selbstständig tätige Schuldner auf Verlangen **Auskünfte** zu erteilen, aus denen die **ihm mögliche abhängige Tätigkeit** bestimmt und das **anzunehmende fiktive Nettoeinkommen** ermittelt werden kann, nicht jedoch Auskünfte über etwaige Gewinne aus seiner selbstständigen wirtschaftlichen Tätigkeit. Verlangt ein Gericht eine solche – nicht durch § 295 Abs. 1 Nr. 3 InsO gedeckte Auskunft, begründen die Nichterteilung der Auskunft, eine unvollständige oder verspätete Auskunft grundsätzlich keine Obliegenheitsverletzung nach § 295 Abs. 1 Nr. 3 InsO oder nach § 296 Abs. 2 Satz 3 Fall 1 InsO.
Auskunftspflicht über Gewinne	BGH 13.06.2013 IX ZB 38/10	InsbürO 2013, 412 ZInsO 2013, 1586	Amtliche Leitsätze: Der Schuldner hat **umfassend** über seine Einnahmen aus der selbständigen Tätigkeit **Auskunft** zu geben, wenn er geltend macht, im Hinblick auf **mangelnde Erträge** keine oder wesentlich niedrigere Beträge, wie nach dem fiktiven Maßstab des § 295 Abs. 2 InsO geboten ist, an die Insolvenzmasse abführen zu können.
Bewerbungsbemühungen	BGH 19.05.2011 IX ZB 224/09	InsbürO 2011, 312 ZInsO 2011, 1301 WKRS 2011, 18463	Amtliche Leitsätze: Zur Erfüllung der Erwerbsobliegenheit gem. § 295 Abs. 1 Nr. 1 InsO muss der Schuldner sich selbst aktiv und ernsthaft um eine Arbeitsstelle bemühen. Er wird dem **nicht gerecht**, wenn er durchschnittlich **alle drei Monate eine Bewerbung** abgibt, sonst aber keine Aktivitäten entfaltet. Als ungefähre **Richtgröße** können **zwei bis drei Bewerbungen in der Woche** gelten, sofern entsprechende Stellen angeboten werden.
Bewerbungsbemühungen	BGH 27.04.2010 IX ZB 267/08	WKRS 2010, 15394	Rn. 2: Es ist Sache des Schuldners, die von ihm geltend gemachten Maßnahmen zur Erlangung einer angemessenen Erwerbsmöglichkeit gegenüber dem Insolvenzgericht **nachvollziehbar darzulegen und mit geeigneten Beweismitteln**, wozu insbesondere schriftliche Bewerbungsgesuche und die hierauf bezogenen Antwortschreiben der Arbeitgeber gehören können, nachzuweisen. Welchen **Umfang** die **Bemühungen** aufzuweisen haben, um eine hinreichende Arbeitsplatzsuche belegen zu können, lässt sich nicht allgemein gültig klären, sondern ist unter Berücksichtigung branchenbezogener, regionaler und individueller Umstände **einzelfallbezogen zu beurteilen.**
Erwerbsobliegenheit *(siehe auch Wechsel in unselbständiges Arbeitsverhältnis)*	BGH 07.05.2009 IX ZB 133/07	InsbürO 2009, 362 ZInsO 2009, 1217 WKRS 2009, 14872	Erkennt der Schuldner in der Wohlverhaltensphase, dass er mit der von ihm ausgeübten selbständigen Tätigkeit **nicht genug erwirtschaftet**, um seine Gläubiger so zu stellen, als gehe er einer vergleichbaren abhängigen Tätigkeit nach, braucht er seine selbständige Tätigkeit nicht sofort aufzugeben; um den Vorwurf zu entkräften, schuldhaft die Befriedigung seiner Gläubiger beeinträchtigt zu haben, muss er sich dann aber nachweisbar um eine **angemessene abhängige Beschäftigung bemühen** und – sobald sich ihm eine entsprechende **Gelegenheit** bietet – diese **wahrnehmen.**

Inhaltliches Stichwort – alphabetisch sortiert	Gericht/ Datum / Aktenzeichen	Fundstelle	Leitsätze aus der Entscheidung
Erwerbsobliegenheit – Umfang	BGH 01.03.2018 IX ZB 32/17	InsbürO 2018, 194 ZInsO 2018, 787	Der teilzeitbeschäftigte Schuldner muss sich grundsätzlich in gleicher Weise wie der erfolglos selbständig tätige und der erwerbslose Schuldner um eine **angemessene Vollzeitbeschäftigung** bemühen.
Erwerbsobliegenheit – Zumutbarkeit	BGH 13.09.2012 IX ZB 191/11	InsbürO 2013, 437 ZInsO 2012, 1958 WKRS 2012, 23371	Amtlicher Leitsatz: Die unbestimmten Rechtsbegriffe der »angemessenen Erwerbstätigkeit« und der »zumutbaren Tätigkeit« sind nicht in Anlehnung an das Unterhaltsrecht und das Sozialrecht auszulegen. <u>Rn. 7</u>: Anders als bei der Auslegung des Begriffs der zumutbaren Beschäftigung im Sozialrecht geht es bei der Prüfung des Versagungsgrundes nach § 295 Abs. 1 Nr. 1 InsO – und damit auch bei der Prüfung des Aufhebungsgrundes nach § 4c Nr. 4 InsO – nicht um die Abwägung der Interessen des Erwerbslosen mit denen der Gesamtheit der Beitrags- oder Steuerzahler, sondern um die Abwägung der Schuldnerinteressen mit denen einer vergleichsweisen geringen Zahl privater **Gläubiger**, die in **ungleich höherem Maße** auf die aus der Erwerbstätigkeit **fließenden Einkünfte** gerade des Schuldners **angewiesen** sein können.
Festsetzung Zahlbeträge *(siehe auch fiktives Einkommen)*	BGH 17.01.2013 IX ZB 98/11	InsbürO 2013, 194 ZInsO 2013, 405 WKRS 2013, 10469	Amtlicher Leitsätze: Maßgebend ist ein **hypothetisches Einkommen** aus einem angemessenen, nicht notwendigerweise der selbständigen Tätigkeit entsprechenden Dienstverhältnis. Der Schuldner ist nicht dadurch entlastet, dass ihn weder das Insolvenzgericht noch der Treuhänder in der Wohlverhaltensphase darauf hingewiesen hat, die an den Treuhänder abgeführten Beträge entsprächen nicht dem Pfändungsbetrag eines vergleichbar abhängig Beschäftigten. <u>Rn. 23</u>: Den **Treuhänder** trifft **nicht die Pflicht**, die **Beträge festzusetzen**, die der Schuldner abzuführen hat, und den Schuldner oder seine selbständige Tätigkeit **zu kontrollieren**. Entsprechendes gilt für das Insolvenzgericht.... Der Gesetzgeber hat den Streit über die Höhe des abzuführenden Betrages in die **Hand der Gläubiger** gelegt und damit die Bezifferung der abzuführenden Beträge in das Versagungsverfahren nach § 295 Abs. 2, § 296 Abs. 1 InsO verlagert.
Fiktives Einkommen *(siehe auch Festsetzung Zahlbeträge)*	BGH 17.01.2013 IX ZB 98/11	InsbürO 2013, 194 ZInsO 2013, 405 WKRS 2013, 10469	<u>Rn. 14</u>: Zur Ermittlung des fiktiven Einkommens ist zu klären: Was **hätte** ein Schuldner in »dem Beruf« **verdienen können** und darüber hinaus: Wäre dem Schuldner nach seiner Ausbildung und dem beruflichen Werdegang eine solche **Tätigkeit möglich** gewesen?
Gewinne – gering –	BGH 12.07.2012 IX ZB 270/11	WKRS 2012, 19975	<u>Rn. 13 ff.</u>: ... *(siehe vorstehend Erwerbsobliegenheit: Versuch des Wechsels in Anstellungsverhältnis bei fehlender Möglichkeit, fiktive pfändbare Einkommensanteile zu zahlen.)*
Gewinne – gering – Entlastung wg. fehlender Chance auf dem Arbeitsmarkt	BGH 19.07.2012 IX ZB 188/09	ZInsO 2012, 1488 WKRS 2012, 20410	<u>Rn. 16</u>: Vermag der Schuldner – etwa aufgrund seines **Alters** oder seines **gesundheitlichen Zustandes** – nicht, durch ein abhängiges Beschäftigungsverhältnis pfändbare Bezüge zu erwirtschaften, so obliegen ihm jedenfalls dann **keine Zahlungen** an den Treuhänder gemäß § 295 Abs. 2 InsO, wenn die ausgeübte selbständige Beschäftigung ebenfalls keine solchen Erträge hervorbringt.

Inhaltliches Stichwort – alphabetisch sortiert	Gericht/ Datum / Aktenzeichen	Fundstelle	Leitsätze aus der Entscheidung
Glaubhaftmachung durch Gläubiger *(siehe auch Versagungsantrag – Nachweis Schlechterstellung)*	BGH 04.02.2016 IX ZB 13/15	InsbürO 2016, 250 ZInsO 2016, 593	Amtlicher Leitsatz: Im Fall des § 295 Abs. 2 InsO genügt der Gläubiger seiner Pflicht zur Glaubhaftmachung der Beeinträchtigung der Befriedigung der Insolvenzgläubiger bereits dann, wenn er darlegt, dass der Schuldner an den Treuhänder **nicht den Betrag abgeführt hat**, den er bei Ausübung einer **vergleichbaren abhängigen Tätigkeit** hätte abführen müssen. Rn. 10: Leistet der selbständig tätige Schuldner während der Wohlverhaltensperiode überhaupt **keine Zahlungen** an den Treuhänder, ist eine Beeinträchtigung der Befriedigungsmöglichkeiten der Gläubiger schon dann glaubhaft, wenn sich bei Einkünften aus einem **angemessenen Dienstverhältnis ein pfändbarer Betrag** ergeben hätte.
Nebentätigkeit	BGH 05.04.2006 IX ZB 50/05	InsbürO 2006, 278 ZInsO 2006, 547 WKRS 2006, 14594	Rn. 13: Geht der selbständig tätige Schuldner zusätzlich einer abhängigen Beschäftigung nach, muss er die dem Treuhänder aufgrund der Abtretung zufließenden Einkünfte um **den Betrag aufstocken**, der den Gläubigern zugeflossen wäre, wenn er anstelle der selbständigen Tätigkeit auch **insoweit abhängig beschäftigt** gewesen wäre. Leitsatz: Die Insolvenzgläubiger sind jedoch nicht beeinträchtigt, wenn der Schuldner keine Möglichkeit hat, anstelle der selbständigen Tätigkeit ein weiteres Arbeitsverhältnis einzugehen.
Unterhaltspflichten – Berücksichtigung	BGH, 19.09.2013 IX ZB 82/11	InsbürO 2013, 504 WKRS 2013, 45736	Rn. 3: Bei Bestimmung des **hypothetisch** zu Gunsten der Insolvenzgläubiger zu erzielenden **Tilgungsbetrags** ist zu unterstellen, dass der Schuldner seiner **Unterhaltspflicht nachgekommen** wäre. Dies wird weder von der Rechtsprechung noch von der Literatur bisher in Zweifel gezogen.
Versagungsantrag – Einkommensvergleich	BGH 19.05.2011 IX ZB 224/09	InsbürO 2011, 312 ZInsO 2011, 1301 WKRS 2011, 18463	Rn. 11: Er hat sowohl die Obliegenheitsverletzung wie auch die Beeinträchtigung der Gläubigerbefriedigung **glaubhaft** gemacht. Er hat einen **Internetauszug** vorgelegt, aus dem sich ergibt, dass ein Restaurantleiter in Bayern zwischen 1.800 € und 4.000 € brutto monatlich verdienen kann, was ungefähr 1.230 € bis 2.295 € netto entspricht.
Versagungsantrag – Einkommenstabelle	AG Göttingen 25.01.2013 74 IN 148/09	ZInsO 2013, 682	Für die Darlegung eines Obliegenheitsverstoßes gem. § 295 Abs. 2 InsO genügt **die Bezugnahme** auf eine die individuellen Verhältnisse des Schuldners berücksichtigende **Gehaltstabelle**. Ein Verschulden gem. § 296 Abs. 1 Satz 1 InsO liegt jedenfalls dann vor, wenn ein selbstständig tätiger Schuldner auch nach Belehrung durch den Treuhänder über die jährliche Abführungspflicht keine Zahlungen leistet.
Versagungsantrag – Nachweis Schlechterstellung Gläubiger *(siehe auch Glaubhaftmachung Gläubiger)*	BGH 22.09.2011 IX ZB 133/08	ZInsO 2011, 2101	Rn. 7: Nach dem klaren Gesetzeswortlaut genügt für eine Versagung eine abstrakte Gefährdung der Befriedigungsinteressen der Gläubiger nicht; vielmehr muss bei wirtschaftlicher Betrachtung eine **konkrete messbare Schlechterstellung** der Gläubiger wahrscheinlich sein.
Versagungsantrag – Zeitpunkt	BGH 10.10.2013 IX ZB 119/12	InsbürO 2014, 150 ZInsO 2014, 47	Amtlicher Leitsatz: Hat der Schuldner in der **Treuhandphase** eine wirtschaftlich selbständige Tätigkeit ausgeübt, sind die Gläubiger wegen der Nichtabführung von Beträgen an den Treuhänder regelmäßig berechtigt, einen **Antrag auf Versagung** der Restschuldbefreiung **erst am Ende dieses Verfahrensabschnitts** zu stellen.

Inhaltliches Stichwort – alphabetisch sortiert	Gericht/ Datum / Aktenzeichen	Fundstelle	Leitsätze aus der Entscheidung
			Rn. 7: *(trotz jährlicher Abführungspflicht)* Dennoch kann oft erst am Ende der Wohlverhaltensperiode sicher festgestellt werden, ob ein Obliegenheitsverstoß vorliegt.
Wechsel in unselbständiges Arbeitsverhältnis *(siehe auch Erwerbsobliegenheit)*	BGH 11.10.2012 IX ZB 138/11	WKRS 2012, 25581	Rn. 2: Bleibt der **Ertrag** aus der selbständigen Tätigkeit des Schuldners hinter demjenigen **zurück**, was dem Treuhänder bei einer angemessenen abhängigen Beschäftigung aus der Abtretungserklärung zufließen würde, so muss sich der Schuldner **um ein Anstellungsverhältnis bemühen.** Dem Schuldner, der sich trotz mangelnden Erfolgs seiner selbständigen Tätigkeit nicht bemüht hat, eine nach seiner Qualifikation und den Verhältnissen des Arbeitsmarktes mögliche Beschäftigung zu erlangen, kann wegen **Verletzung der Erwerbsobliegenheit keine Restschuldbefreiung** gewährt werden.

Muster 322: RSB-Phase – Obliegenheiten – Erstinfo an Schuldner

▶ **Hinweis: Fristen notieren für jährliches Anschreiben an Schuldner!**

Der Schuldner ist auch ohne Verteilung (§ 292 Abs. 1 Satz 4 InsO) jährlich einmal anzuschreiben. Siehe Muster »Anforderung von Infos« mit näheren Erläuterungen. 494

Insolvenzverfahren über Ihr Vermögen
Amtsgericht…:… IN…/…

Sehr geehrte Frau…,/Sehr geehrter Herr …,

das Insolvenzverfahren über Ihr Vermögen ist zwischenzeitlich abgeschlossen. Der diesbezügliche Aufhebungsbeschluss wurde Ihnen durch das Insolvenzgericht bereits übersandt.

Für die restliche Laufzeit der Abtretungserklärung (§ 287 Abs. 2 InsO)– mithin bis zum … dauert nun das Restschuldbefreiungsverfahren an, in dem ich *zum Treuhänder/zur Treuhänderin* bestellt worden bin.

Sie üben eine selbständige Tätigkeit aus. Ich darf Sie in diesem Zusammenhang noch einmal darauf hinweisen, dass Sie gem. § 295 Abs. 2 InsO verpflichtet sind, die Insolvenzgläubiger durch Zahlungen an *den Treuhänder/die Treuhänderin* so zu stellen, wie wenn Sie ein angemessenes Dienstverhältnis eingehen würden. Das bedeutet, dass ein fiktives Einkommen, das Sie aufgrund Ihrer Berufsausbildung auf dem Arbeitsmarkt in einem unselbständigen Arbeitsverhältnis erwirtschaften könnten, die Grundlage für die Ermittlung pfändbarer Einkommensanteile bildet. Entsprechend der Pfändungstabelle des § 850c ZPO würde sich unter Berücksichtigung möglicher Unterhaltspflichten dann ein pfändbarer Betrag ergeben, der von Ihnen an mich zahlen ist.

Bei der Ermittlung des fiktiven Einkommens sind allerdings auch Ihr Alter, die Wirtschaftssituation oder sonstige Gründe zu berücksichtigen, die ggf. dazu führen, dass Sie keine Anstellung in einem unselbständigen Arbeitsverhältnis finden würden. Insoweit hatte ich Ihnen mit der Freigabeerklärung bereits einen Infobogen übermittelt und angeregt, diesen auszufüllen. Den ausgefüllten Bogen haben Sie mir zurückgereicht. Den Eingang kann ich Ihnen insoweit heute bestätige. Sollte sich inzwischen eine Änderung ergeben haben, bitte ich um eine entsprechende Rückmeldung.

[Alternative:

Bislang liegt mir ein ausgefüllter Infobogen nicht vor. Ich rate erneut an, die darin abgefragten Informationen zusammenzustellen. Den Infobogen finden Sie daher noch einmal als **Anlage** zu diesem Schreiben.]

Ich darf in diesem Zusammenhang auch noch einmal auf die Ihnen schon mit der Freigabeerklärung übermittelte Übersicht über die Rechtsprechung des Bundesgerichtshofes hinweisen. Diese ist in der **Anlage** noch einmal zu Ihrer Information beigefügt. Ich rege an, die Rechtsprechungsübersicht – ggf. noch einmal – eingehend zu lesen und die dort aufgeführten Obliegenheiten zu beachten und zu erfüllen.

Darüber hinaus ergeben sich weitere Obliegenheiten aus § 295 Abs. 1 InsO. Diese stellen sich wie folgt dar:
- Jeder Änderung der Einkommensverhältnisse ist anzuzeigen, z. B. der Eintritt in ein unselbständiges Arbeitsverhältnis, der Wechsel eines Arbeitgebers etc.
- Jeder Wohnsitzwechsel ist unverzüglich anzuzeigen.
- Jede Erbschaft ist unverzüglich anzuzeigen.

Ihre kontoführende Bank habe ich ebenfalls über die Verfahrensaufhebung unterrichtet. Das entsprechende Schreiben füge ich in der **Anlage** zu Ihrer Information anbei. Ggf. möchten Sie Ihr P-Konto insoweit jetzt wieder umwandeln.

bei angeordneter Nachtragsverteilung ggf. ergänzend einfügen:

in obiger Angelegenheit hat das Insolvenzgericht die Nachtragsverteilung bezüglich *des Steuererstattungsanspruches aus dem Kalenderjahr .../bezüglich eines möglichen, innerhalb von zwei Monaten nicht verbrauchten Guthabens auf Ihrem Girokonto angeordnet.* Eine Fotokopie des amtsgerichtlichen Beschlusses liegt zu Ihrer Information in der **Anlage** bei.

Diese Nachtragsverteilung hat zur Folge, dass der Insolvenzbeschlag an dem *Steuerguthaben/Kontoguthaben* greift, das auf den Zeitraum des Insolvenzverfahrens entfällt. Dieses ist somit an mich als Insolvenzverwalter/in auszuzahlen.

Die *Finanzverwaltung/kontoführende Bank* wurde insoweit von mir unterrichtet. Dieses Schreiben dient Ihrer Kenntnisnahme.

Sollte die *Finanzverwaltung/kontoführende Bank* ggf. dennoch eine Auszahlung an Sie vornehmen, bitte ich, den anliegenden Beschluss zu beachten. Der Betrag wäre dann von Ihnen an mich als *Insolvenzverwalter/in* auszukehren und darf nicht anderweitig verwendet werden.

Für Fragen stehen meine Mitarbeiter und ich auch weiterhin gerne zur Verfügung.

Mit freundlichen Grüßen

....
Treuhänder/in

Anlagen:
Rechtsprechungsübersicht
ggf. Infobogen
Anschreiben an die Bank
ggf. Schreiben an Finanzverwaltung

Musterübersicht Steuerangelegenheiten

(Die Übersicht ist alphabetisch sortiert.)

		Rdn.
Muster 323:	EStG-Bescheid – Aufteilung – Antrag	495
Muster 324:	Einkommenssteuererklärung – Aufforderung zur Mitwirkung	496
Muster 325:	Einkommenssteuererklärung – Checkliste f. Schuldner – Unterlagen	497
Muster 326:	Einkommenssteuererklärung – Prüfung + Unterschrift Schuldner	498
Muster 327:	Einkommenssteuererklärung – Übersendung an FinA + Hinweis Unterschrift	499
Muster 328:	Erlassantrag wg. Säumniszuschlägen	500
Muster 329:	fehlende Masse – Erklärung ggü. FinA	501
Muster 330:	Forderungseinzug – Übersicht Einordnung Umsatzsteuer (Einordnung in Zeiträume und Verfahrensstadien)	502
Muster 331:	Haftung – Geschäftsführer – Info über Steuerschätzung	503
Muster 332:	Kapitalertragssteuern – formloser Antrag auf Erstattung	504
Muster 333:	Masseunzulänglichkeit – USt – Info an FinA wg. Nichtzahlung	505
Muster 283:	Nachtragsverteilung – Übersendung Beschluss an FinA (*s. Muster Nachtragsverteilung*)	455
Muster 334:	Umsatzsteuer – Steueraufteilung – privat – betrieblich – Info an FinA	506
Muster 335:	Verkäufe – Steuerpflicht – Prüfungsvermerk	507

Muster 323: EStG-Bescheid – Aufteilung – Antrag

Adressat: Finanzamt 495

▶ Hinweis:

Bei einer Aufteilung erfolgt eine getrennte Veranlagung. Vor Antragstellung prüfen, ob dies günstiger für die Masse ist.

Insolvenzverfahren über das Vermögen des Herrn .../der Frau ...
Amtsgericht ...: ... IK/IN .../...
U.Z.: ..... (Ord.Bez. u. Reg.Nr.)
Steuer-Nr.: ...

Sehr geehrte Damen und Herren,

in obiger Angelegenheit liegt mir der Einkommenssteuerbescheid für das Kalenderjahr ... vor. Nach § 268 AO besteht grundsätzlich die Möglichkeit, einen Antrag auf Aufteilung der Gesamtschuld des Inhalts stellen, dass die rückständige Steuer gem. § 270 AO im Verhältnis der Beträge aufzuteilen ist, die sich bei getrennter Veranlagung ergeben würde *(BGH, Urt. v. 12.06.2002 – XII ZR 288/00 in BFH/NV (Beilage) 2002, 164 ff., WKRS 2002, 19021; BGH, Urt. v. 18.11.2010 – IX ZR 240/07 in BFH/NV 2011, 559, WKRS 2010, 28752).*

Diesen Antrag möchte ich hiermit gem. § 269 AO unter Maßgabe des § 26a EStG stellen. Grund für die Aufteilung ist, dass sich lediglich ein Ehepartner im hiesigen Insolvenzverfahren befindet und damit nur dessen Steuerschuld zu berücksichtigen ist bzw. ein sich etwaig ergebendes Steuerguthaben dem Insolvenzbeschlag unterliegt.

Mit freundlichen Grüßen

....
Insolvenzverwalter/in

Muster 324: Einkommenssteuererklärung – Aufforderung zur Mitwirkung

Adressat: Schuldner/in 496

Insolvenzverfahren über Ihr Vermögen
Amtsgericht...:... IN/IK.../...
U.Z.:... (Ord.bez. u. Reg.-Nr.)
Einkommensteuererklärung

Sehr geehrte Frau...,/Sehr geehrter Herr ...,

das Finanzamt… hat mir eine Aufforderung zur Abgabe der Einkommensteuererklärung übermittelt. Eine Fotokopie des Schreibens vom… liegt in der **Anlage** zu Ihrer Information anbei.

Ohne Aufforderung durch das FinA ab hier:

Ich hatte Sie bereits in unserem ersten Gespräch gebeten, die erforderlichen Unterlagen für ausstehende Einkommensteuererklärungen möglichst umgehend zusammen zu stellen und mir zu übergeben oder die jeweilige Einkommenssteuererklärung direkt bei der Finanzverwaltung einzureichen. Dieser Bitte sind Sie bislang nicht nachgekommen. Ohne entsprechende Informationen Ihrerseits ist mir eine Abgabe einer Einkommenssteuererklärung von hieraus nicht möglich.

Ich weise daher nochmals darauf hin, dass mögliche Steuererstattungen in die Insolvenzmasse fließen und dort zunächst auf die Verfahrenskosten verrechnet werden. Somit werden Sie nach Erteilung der Restschuldbefreiung mit geringeren oder ggf. gar keinen Verfahrenskosten mehr belastet werden. Die ausstehenden Verfahrenskosten werden ansonsten von der Staatskasse gegen Sie geltend gemacht.

Im Übrigen kann die Nichtabgabe der Steuererklärung auch zur Aufhebung der Verfahrenskostenstundung führen, da die bei Insolvenzantragstellung abgegebene Vermögensübersicht bei Vorliegen möglicher Steuererstattungsansprüchen nicht mehr korrekt ist und somit möglicherweise ein Fall des § 4c Nr. 1 InsO vorliegt.

Es ist damit auch in Ihrem Eigeninteresse, wenn die Einkommensteuererklärung abgegeben wird. Ich fordere Sie daher auf, die entsprechenden Unterlagen bis spätestens zum

… *(14 Tage)*

vorzulegen oder mir eine Fotokopie der selbst abgegebenen Einkommenssteuererklärung hereinzureichen.

bei angeordneter Nachtragsverteilung:

wie Ihnen bekannt ist, ist zwischenzeitlich das Insolvenzverfahren über Ihr Vermögen aufgehoben worden. Gleichzeitig ist durch das zuständige Insolvenzgericht die Nachtragsverteilung hinsichtlich der Steuererstattungsansprüche aus etwaig zu viel gezahlter Einkommenssteuer für den Zeitraum des eröffneten Insolvenzverfahrens angeordnet worden. Eine Fotokopie des entsprechenden Beschlusses liegt in der **Anlage** zu Ihrer Information anbei. Sollten sich solche Steuererstattungsansprüche ergeben, würden diese der Insolvenzmasse zufließen.

für beide Varianten:

Entsprechende Vordrucke zur Abgabe einer Einkommenssteuererklärung erhalten Sie bei jeder Stadt- oder Finanzverwaltung oder Sie können diese auch im Internet herunterladen: www.formulare-bfinv.de. Es gibt im Übrigen auch einen vereinfachten Vordruck, der ggf. genutzt werden kann, soweit Sie keine besonderen Ausgaben geltend zu machen haben. Dieses Formular trägt die Bezeichnung »Vereinfachte EST-Erklärung«. Als Hilfe für die Zusammenstellung von Unterlagen überreiche ich Ihnen in der **Anlage** eine Auflistung mit ggf. erforderlichen Unterlagen.

Sollten Sie zur eigenen Erstellung der erforderlichen Steuererklärung meine Unterstützung wünschen, so setzen Sie sich bitte mit meinen Mitarbeitern in Verbindung und vereinbaren einen Gesprächstermin, zu dem Sie bitte die steuerlich relevanten Unterlagen mitbringen.

Mit freundlichen Grüßen

……………………………………..

Insolvenzverwalter/in

Anlagen:
ggf. Aufforderung der Finanzverwaltung
ggf. Beschluss über Nachtragsverteilung
EStG-Erklärung – Checkliste Unterlagen (s. gesondertes Muster)

▶ Hinweis:

Der Insolvenzverwalter ist abgabepflichtig. Von daher kann der/die Schuldner/in die Erklärung zwar direkt selbst bei der Finanzverwaltung einzureichen. Eine Verpflichtung besteht aber nur zur Vorlage der Unterlagen.

▶ Ausdruck von Formularen:

Man kann die Formulare ggf. auch für den/die Schuldner/in ausdrucken und übergeben. Das ist für manche auch sicherlich sehr hilfreich.

Muster 325: Einkommenssteuererklärung – Checkliste f. Schuldner – Unterlagen

Belege zur Erstellung Ihrer Einkommensteuererklärung 497

Die nachfolgende Checkliste soll die Aufbereitung der erforderlichen Belege für die Erstellung der Einkommensteuererklärung erleichtern. Leider ist es auf Grund der Komplexität und der Dynamik des Steuerrechts nicht möglich, eine abschließende Checkliste zu fertigen. Mit den nachfolgenden Punkten ist Ihnen jedoch die bestmögliche Hilfe an die Hand gegeben, indem Sie auf die wichtigsten Punkte hingewiesen werden. Sollten Sie darüber hinaus noch Fragen haben, zögern Sie nicht, Ihren Sachbearbeiter zu kontaktieren.

	ja	nein	erledigt	entfällt
1. Allgemeine Angaben				
1.1. Persönliche Stammdaten • Haben sich Änderungen im Bereich Ihrer **persönlichen Daten** (Konfession, Adresse, Beruf, Familienstand, Bankverbindung, Kinder und deren Betätigung etc.) ergeben? • Sofern noch nicht vorgelegt, bitte – den letzten Einkommensteuerbescheid – den letzten Vorauszahlungsbescheid – Bescheid über die Feststellung eine Verlustabzugs – Kopie der letzten Steuererklärung **1.2. Sonderausgaben** • Bitte fügen Sie Belege über die folgenden *Versicherungen* bei, sofern vorhanden: – Arbeitslosenversicherung – Berufsständische Versorgungseinrichtungen – Bescheinigung von Versicherungen zur Riester-Rente – Erwerbs- und Berufsunfähigkeitsversicherung – Freiwillige Beiträge zur Zusatzpflegeversicherung – Freiwillige Versicherung oder Höherversicherung in der gesetzlichen Rentenversicherung – Haftpflichtversicherung (Autohaftpflicht, sofern Privat-PKW) – Kapitallebensversicherung – Krankenversicherung – Rentenversicherung – Unfallversicherung • Werden *Unterhaltsleistungen* an den geschiedenen oder dauernd getrennt lebenden Ehegatten gezahlt? • Liegen Aufwendungen für die eigene *Berufsausbildung* vor? • Originale von *Spendenbescheinigungen* beifügen • Beschäftigen Sie eine *Haushaltshilfe*? 1.3. **Belege über unbar gezahlte haushaltsnahe Dienstleistungen (Kleinreparaturen, Gärtner etc.)** **1.4. Außergewöhnliche Belastungen** • Kopie des Schwerbehindertenausweises • Belege zu Krankheitskosten (Arztkosten abzgl. KV-Anteil, Brille, Medikamente, Zahnersatz, Kur etc.)				
• *Unterstützungs- und Unterhaltsleistungen* von Angehörigen im In- und Ausland – Nachweise der Unterhaltsbedürftigkeit – Zahlungsbelege • Belege zu *sonstigen* außergewöhnlichen Belastungen (Scheidungskosten, Beerdigungskosten etc.)				
2. Einkünfte **2.1. Unternehmerische Einkünfte** • Erzielen Sie Einkünfte aus einer unternehmerischen Tätigkeit (Land- und Forstwirtschaft, Gewerbebetrieb, selbständige Tätigkeit)? • Halten Sie eine unternehmerische Beteiligung? • Haben Sie Anteile an einer Kapitalgesellschaft bzw. diese veräußert? • Erzielen Sie nebenberufliche Einnahmen z.B. aus einer Tätigkeit als Übungsleiter, Betreuer oder dergleichen?				

	ja	nein	erledigt	entfällt
2.2. Tätigkeit im Angestelltenverhältnis • Liegen alle *Lohnsteuerbescheinigungen* mit den eTIN-Nummern vor? • Erhalten Sie *Lohnersatzleistungen* (Arbeitslosengeld, Mutterschaftsgeld, Krankengeld etc.)? • Zu den abzugsfähigen *Werbungskosten* gehört grundsätzlich alles, was zum Erwerb, zur Sicherung und Erhaltung der Einnahmen aufgewendet wird: – Angaben zu Fahrtkosten und Reisekosten – Angaben zu Verpflegungsmehraufwendungen – Liegt eine doppelte Haushaltsführung vor? • Belege über – Arbeitsmittel – Beiträge zu Berufsverbände – Fachliteratur, Fachzeitschriften – Fortbildungsaufwendungen – Typische Arbeitskleidung – Umzugskosten – Weitere Werbungskosten				
2.3. Kapitalvermögen • Liegen sämtliche *Bescheinigungen* der Kreditinstitute nach § 24c EStG vor? • Liegen sämtliche *Steuerbescheinigungen* im Original vor ? • Sind verzinsliche *Privatdarlehen* hingegeben worden? • Besteht eine *stille Beteiligungen?* • Sind Belege über abzugsfähige *Werbungskosten* beifügen?				

2.4. Vermietung und Verpachtung
• Aufstellung der erhaltenen Mieten und Nebenkosten
• Im betreffenden Jahr gezahlte oder erstattete Nebenkostenabrechnungen des Vorjahres
• Ist die Immobilie komplett vermietet oder werden Teile unentgeltlich überlassen bzw. eigengenutzt ?
• Haben Sie das/ein Objekt in diesem Jahr angeschafft?
• *Werbungskosten*
– Aufstellung über die Fahrten zum Objekt
– Belege über
  – Schuldzinsen und Bankgebühren
  – Reparaturaufwendungen
  – Grundsteuer, Straßenreinigung, Müllabfuhr
  – Wasser- und Stromkosten
  – Heizungskosten
  – Schornsteinfeger
  – Hausversicherung
  – Verwalterkosten				

2.5. Sonstige Einkünfte • Wurde eine Immobilie verkauft? • Bescheide über Renteneinkünfte • Wurden Termingeschäfte getätigt? Erhaltene Unterhaltsleistungen Wurden Veräußerungsgeschäfte getätigt, bei denen die Veräußerung vor dem Kauf stattgefunden hat?				

Muster 326: Einkommenssteuererklärung – Prüfung + Unterschrift Schuldner

498 *Adressat: Schuldner/in*

Insolvenzverfahren über Ihr Vermögen Amtsgericht…:.. IN/IK…./…
U.Z.: …. (Ord.bez. u. Reg.-Nr.)
Einkommensteuererklärung

Sehr geehrte Frau …,/Sehr geehrter Herr …,

ich habe die Einkommenssteuererklärung für das Kalenderjahr ... vorbereitet und überreiche diesen Entwurf mit allen Anlagen. Bitte prüfen Sie die Angaben in den Formularen und nehmen ggf. notwendige Änderungen vor.

Ich darf Sie weiter bitten, die Steuererklärung nach Kontrolle zu unterzeichnen und ein Exemplar der Erklärung kurzfristig, **spätestens bis zum ...** an mich zurückzusenden. Ich werde dieses sodann an die Finanzverwaltung weiterleiten.

Mit freundlichen Grüßen

....

Insolvenzverwalter/in

Muster 327: Einkommenssteuererklärung – Übersendung an FinA + Hinweis Unterschrift

Adressat: Finanzamt 499

▶ Hinweis:

Die Finanzämter fordern grds. die Unterschrift durch den/die IV unter den Steuererklärungen. Eine Einschränkung der Haftung gibt es ihrer Ansicht nach wohl nur im Hinblick auf die Formulierung in der AO »soweit die Verwaltung reicht«.

Nachstehend wird trotzdem der Versuch einer einschränkenden Haftung für die Unterschrift durch den IV unternommen. Einige Finanzämter halten die Formulierung »Ausschluss der Haftung« aber für überflüssig.

Insolvenzverfahren über das Vermögen des Herrn .../der Frau ...
Amtsgericht ...: ... IK/IN .../...
Steuer-Nr.: ....

Sehr geehrte Damen und Herren,

Aufforderung durch FinA zur Unterschrift:

in obiger Angelegenheit nehme ich Bezug auf Ihr Schreiben vom ..., mit dem Sie mich bitten, die Einkommensteuererklärung für das Jahr 20... zu unterschreiben. Diese Unterschrift habe ich – wie aus der **Anlage** ersichtlich – nunmehr geleistet.

direkte Übersendung mit Unterschrift

in obiger Angelegenheit überreiche ich in der **Anlage** die Einkommenssteuererklärung für das Kalenderjahr ... Wie Sie sehen werden, wurde diese von *dem Schuldner/der Schuldnerin* und mir zusammen unterzeichnet.

Für beide Varianten:

Bezüglich **meiner Unterschrift** darf ich allerdings darauf hinweisen, dass ich die Richtigkeit der gemachten Angaben **nur** insoweit versichern kann, als dass *der Schuldner/die Schuldnerin* mir Einblick in *seine/ihre* Vermögensverhältnisse gewährt hat. Dies bitte ich zu berücksichtigen.

▶ Hinweis:

Theoretisch denkbar wären weitere Einkünfte des/der Schuldners/in, die diese/r nicht angegeben hat, z. B. selbständige Nebentätigkeit.

Ich darf in diesem Zusammenhang darauf hinweisen, dass ein etwaiges Steuerguthaben vom Insolvenzbeschlag umfasst ist, wenn der die Erstattungsforderung begründende Sachverhalt vor oder während des Insolvenzverfahrens verwirklicht worden ist (*u.a. BFH, Urt. v. 20.09.2016 – VII R 10/15 – Rn. 18 – in BFH/NV 2017, 442-445, ZInsO 2017, 564*).

[Alternative Nachtragsverteilung:

Ich darf darauf hinweisen, dass das Insolvenzverfahren zwar am ... aufgehoben/eingestellt, jedoch die Nachtragsverteilung mit gerichtlichem Beschluss vom ... für etwaige Einkommenssteuererstattungsansprüche aus den Kalenderjahren ... angeordnet wurde. Der entsprechende Beschluss wird diesem Schreiben nochmals vorsorglich zur Kenntnisnahme in der **Anlage** beigefügt.]

für beide Varianten:

Ich bitte insoweit um Auszahlung auf das für das Insolvenzverfahren eingerichtete Treuhandkonto bei der

Bank: ...

IBAN:...

BIC: ...

Kontoinhaber: ... als IV wg. ... (Verfahrensbezeichnung)

Sollte sich dagegen eine Steuernachzahlung ergeben, kann diese aufgrund der Rechtsprechung des BFH nicht als Masseverbindlichkeit geltend gemacht werden (*u.a. BFH, Urt. v. 15.03.2017 – III R 12/16 – Rn. 18 – in BFH/NV 2018, 140-144, ZInsO 2017, 2708).*

Mit freundlichen Grüßen

....

Insolvenzverwalter/in

▶ Hinweis:

Es ist ein Antrag auf Aufteilung des Steuerbescheides bei Ehegatten gem. § 268 ff. AO möglich, allerdings frühestens nach Erlass des Steuerbescheides (§ 269 AO). Siehe gesondertes Muster »EStG-Bescheid – Aufteilung – Antrag« (Nr. 323).

Muster 328: Erlassantrag wg. Säumniszuschlägen

500 *Adressat: Finanzamt*

Insolvenzverfahren über das Vermögen Der Firma .../des Herrn .../ der Frau ...
Amtsgericht ...: ... IN .../...
Insolvenztabelle Nr. ...
Steuer-Nr.:...

Sehr geehrte Damen und Herren,

ich nehme Bezug auf Ihre Forderungsanmeldung vom ... Darin werden Säumniszuschläge i.H.v. ... EUR geltend gemacht. Ich stelle hiermit gem. § 227 AO einen Antrag auf hälftigen – ggf. anteiligen – Erlass.

Zur Begründung verweise ich auf die vorliegende Zahlungsunfähigkeit *des/der Schuldner/in*. Zahlungsunfähigkeit besteht nach der Rechtsprechung des BGH, wenn zum maßgeblichen Zeitpunkt Verbindlichkeiten bestanden, die bis zur Eröffnung des Verfahrens nicht mehr beglichen wurden (*BGH, Urt. v. 12.10.2006 – IX ZR 228/03 in ZInsO 2006, 1210*).

Bereits die am ... fällige ... Steuer für das Jahr ... (Nr. ... Ihrer Forderungsanmeldung) wurde nicht mehr beglichen und zur Insolvenztabelle festgestellt. Somit waren zum Zeitpunkt der Berechnung der gegenständlichen Säumniszuschläge Verbindlichkeiten fällig, welche bis zur Eröffnung des Verfahrens nicht mehr bezahlt wurden. Dies betrifft eine Reihe von weiteren Forderungen. Zum Nachweis erhalten Sie in der **Anlage** die Insolvenztabelle gem. § 175 InsO. Die Forderungen zur lfd. Nrn. ... stammen aus Zeiträumen vor Fälligkeit der Säumniszuschläge und stehen bis heute zur Zahlung aus.

Aufgrund dieses Sachverhaltes dürften die Erlassvoraussetzungen erfüllt sein. Insoweit wird auch verwiesen auf die Rechtsprechung des Bundesfinanzhofes, wonach Säumniszuschläge wegen sachlicher Unbilligkeit zu erlassen sind, wenn dem Steuerpflichtigen die rechtzeitige Zahlung der Steuerschulden wegen Überschuldung und Zahlungsunfähigkeit unmöglich war (BFH, Urt. v. 08.03.1984 – I R 44/80 in BStBl. II 1984, 415, bestätigt durch u.a. BFH v. 23.04.2012 – I B 100/11 in BFH/NV 2012, 1327).

Mit freundlichen Grüßen

....

Insolvenzverwalter/ini

Anlage:
Übersicht Insolvenztabelle § 175 InsO

▶ Zum Hintergrund für einen Erlass:

- Säumniszuschläge werden erhoben, wenn Steuerbeträge nicht bis zum Ablauf des Fälligkeitstages gezahlt werden (§ 240 AO)
- Erziehungsfunktion = soll die fristgerechte Zahlung erzwingen
- Erlassmöglichkeit in der AO geregelt: § 227 AO
- u.a. Hintergrund für Erlass: 12 % gem. § 240 AO = höherer »Zinssatz« als andere Gläubiger bekommen
- Begründung für Erlassantrag: Vorliegen der Zahlungsunfähigkeit und nicht fehlende Zahlungswilligkeit und seit 2018: ggf. verfassungswidriger Zinssatz in der AO (s. Checkliste Steuerangelegenheiten > Säumniszuschläge mit Rechtsprechungsverweisen)
- dagegen Verspätungszuschläge: werden erhoben, wenn die Steuererklärung verspätet abgegeben wird

Muster 329: fehlende Masse – Erklärung ggü. FinA

Adressat: Finanzamt 501

Insolvenzverfahren über das Vermögen der Firma .../des Herrn... /der Frau...
Amtsgericht...:... IN/IK... /...
U.Z.: ... (Ord.bez. u. Reg.-Nr.)
Steuer-Nr.: ....

Sehr geehrte Damen und Herren,

in obiger Angelegenheit liegt mir Ihre Aufforderung zur Abgabe der... Steuererklärung (*Art*) vom... vor. Ich muss Ihnen allerdings mitteilen, dass ich bislang über keinerlei Insolvenzmasse verfüge und mit Einnahmen voraussichtlich auch nicht zu rechnen ist. In der **Anlage** übersende ich Ihnen eine Fotokopie des Sachstandsberichtes vom... (*erster Bericht*), dem Sie nähere Informationen zur Vermögenssituation *des Schuldners/der Schuldnerin* entnehmen können.

Wegen der fehlenden Gelder kann ein Steuerberater mit der Erstellung der notwendigen Erklärungen nicht beauftragt werden. Ich bitte daher, ggf. eine Schätzung vorzunehmen. In der Anlage erhalten Sie zu diesem Zweck folgende Unterlagen:

...

▶ Beispiele:

vorliegende Summen- und Saldenlisten, betriebswirtschaftliche Auswertungen, Tabellenübersicht § 175 InsO etc.

[Alternative:

in obiger Angelegenheit liegt mir Ihre Aufforderung zur Abgabe der... Steuererklärung (*Art*) vom... vor. Ich muss Ihnen allerdings mitteilen, dass ich bislang über keinerlei Insolvenzmasse verfüge. Es besteht allerdings ein Zahlungsanspruch gegen einen Dritten, der derzeit gerichtlich durchgesetzt wird. In der **Anlage** übersende ich Ihnen eine Fotokopie des Sachstandsberichtes vom... (*erster Bericht*), dem Sie nähere Informationen hierzu entnehmen können. Sollte der geltend gemachte Betrag tatsächlich realisiert werden können, wäre ausreichend Geld vorhanden, um einen Steuerberater mit der Erstellung der notwendigen Erklärungen beauftragen zu können. Ich bitte daher, das Ende des Rechtsstreites abzuwarten. Hiermit ist nicht vor Ablauf eines halben Jahres zu rechnen.]

Mit freundlichen Grüßen

....
Insolvenzverwalter/in

Anlage:
Sachstandsbericht vom...

Muster 330: Forderungseinzug – Übersicht Einordnung Umsatzsteuer
(veröffentlicht in InsbürO 2018, 378 ff., Autoren: Busch/Büker/Heyn, aktualisiert um die seit der Beitragsfreigabe im September 2018 ergangene Rechtsprechung)

Zeitraum der Begründung (Ausführung Lieferung und sonstige Leistung)	**Einzug vor Anordnung vorläufiger Verwaltung**	**Einzug während vorläufiger starker Verwaltung**	**Einzug während vorläufiger schwacher Verwaltung – Istbesteuerung – Vereinnahmungsbefugnis (Zustimmungsvorbehalt, oder Recht Forderungseinzug, oder Recht Kassenführung)**	**Einzug während vorläufiger schwacher Verwaltung – Sollbesteuerung – Vereinnahmungs befugnis (Zustimmungsvorbehalt, oder Recht Forderungseinzug, oder Recht Kassenführung)**	**Einzug während vorläufiger schwacher Verwaltung Ist- und Sollbesteuerung *Keine* Vereinnahmungsbefugnis (weder Zustimmungsvorbehalt, Forderungseinzug oder Kassenführung)**	**Einzug während vorläufiger Eigenverwaltung**	**Einzug im eröffneten Verfahren**	**Einzug im eröffneten Verfahren bei Eigenverwaltung**
vor Anordnung der vorläufigen Verwaltung - Altforderung -	Insolvenzforderung gem. § 38 InsO	Masseverbindlichkeit gem. § 55 Abs. 2 Satz 1 InsO (Abschnitt 17.1 UStAE Abs. 12 Satz 4)	Masseverbindlichkeit* i.S.v. § 55 Abs. 4 InsO, (Ziff. II. 4.1.3, Rn. 19, BMF-Schreiben v. 20.05.2015, BStBl. I 2015, 476) (Ziff. II.4.1.6, Rn. 17 des BMF-Schreiben v. 17.01.2012, BStBl. I 2012 S. 120 i.V.m. BMF-Schreiben v. 18.11.2015, BStBl. I 2015, S. 886) (Abschnitt 17.1. UStAE Abs. 13 Sätze 7, 8)	Masseverbindlichkeit* i.S.v. § 55 Abs. 4 InsO, (Ziff. II. 4.1.3, Rn. 17, 18 BMF-Schreiben v. 20.05.2015, BStBl I 2015, 476) für Verfahren mit angeordneter Sicherungsmaßnahme nach dem 31.12.2014 (BMF-Schreiben v. 18.11.2015, BStBl. I 2015 S. 886) (Abschnitt 17.1. UStAE Abs. 13 Sätze 7, 8)	Insolvenzforderung gem. § 38 InsO Bei der Sollbesteuerung ist die Steuer insolvenzrechtlich bereits im Zeitpunkt der Leistungserbringung begründet, die spätere Vereinnahmung ist steuerlich unbeachtlich (Ziff. II. 4.1.1, BMF-Schreiben v. 20.05.2015, BStBl I 2015, 476, BMF-Schreiben v. 18.11.2015, BStBl. I 2015 S. 886)	**Istbesteuerer und Sollbesteuerer:** zunächst **§ 270a InsO** streitig: Kein § 55 Abs. 4 InsO: - OLG Jena v. 22.06.2016 – 7 U 753/15 – Nichtzulassungsbeschwerde beim BGH: BGH v. 22.11.2018 – IX ZR 167/16: ohne Einzelermächtigung keine Anwendbarkeit von § 55 Abs. 4 InsO - FG Münster v. 07.09.2017, 5 K 3123/15 U Revision beim BFH: XI R 35/17 **§ 270b InsO:** Masseverbindlichkeit* i.S.v. § 55 Abs. 2 InsO i.V.m. § 270b Abs. 3 InsO	**Istbesteuerer und Sollbesteuerer:** Masseverbindlichkeit gem. § 55 Abs. 1 Nr. 1 InsO (Abschnitt 17.1 UStAE Abs. 11 Satz 8, Abs. 12 Satz 4)	**Istbesteuerer und Sollbesteuerer:** Masseverbindlichkeit gem. § 55 Abs. 1 Nr. 1 InsO i.V.m. § 270 Abs. 1 Sätze 1, 2 InsO § 55 Abs. 1 Nr. 1 InsO anwendbar: FG Baden-Württemberg vom 15.06.2016 – 9 K 2564/14 – Revision beim BFH-Entscheidung vom 27.09.2018 - V R 45/16: Bestätigung FG, Masseverbindlichkeit gem. § 55 Abs. 1 Nr. 1 InsO
	Erfassung unter bisheriger Steuernummer	Erfassung unter Massesteuernummer	Erfassung zunächst unter bisheriger Steuernummer; nach Eröffnung erneute Festsetzung unter Massesteuernummer	Erfassung zunächst unter bisheriger Steuernummer; nach Eröffnung erneute Festsetzung unter Massesteuernummer	Erfassung unter bisheriger Steuernummer	Erfassung zunächst unter bisheriger Steuernummer; nach Eröffnung unter Massesteuernummer	Erfassung unter Massesteuernummer	Erfassung unter Massesteuernummer
			für Verfahren mit angeordneter Sicherungsmaßnahme vor dem 01.01.2015: Vereinnahmung der Entgelte führt zu Masseverbindlichkeiten im Sinne des § 55 Abs. 4 InsO BMF-Schreiben v. 17.01.2012, Rz. 17, BStBl. I 2012 S. 120 und BFH-Urteil v. 29.01.2009 - V R 64/07 - BStBl II, S. 682	für Verfahren mit angeordneter Sicherungsmaßnahme vor dem 01.01.2015: Insolvenzforderung gem. § 38 InsO, wenn keine Zustimmung zum Rechtsgeschäft erteilt wurde (BMF-Schreiben v. 17.01.2012, BStBl. I 2012 S. 120 i.V.m. BMF-Schreiben v. 18.11.2015, BStBl. I 2015, 886) (Abschnitt 17.1. UStAE Abs. 13 Sätze 7, 8)	Bei der Istbesteuerung ist die Steuer insolvenzrechtlich erst im Zeitpunkt der Vereinnahmung begründet Wegen der fehlenden Vereinnahmungsbefugnis verbleibt es immer bei Insolvenzforderungen nach § 38 InsO für Verfahren mit angeordneter Sicherungsmaßnahme vor dem 01.01.2015 gelten die Ausführungen zur Ist- und Sollbesteuerung mit Vereinnahmungsbefugnis: s. links			

Zeitraum der Begründung (Ausführung Lieferung und sonstige Leistung)	Einzug vor Anordnung vorläufiger Verwaltung	Einzug während vorläufiger starker Verwaltung	Einzug während vorläufiger schwacher Verwaltung – Istbesteuerung – Vereinnahmungsbefugnis (Zustimmungsvorbehalt, oder Recht Forderungseinzug, oder Recht Kassenführung)	Einzug während vorläufiger schwacher Verwaltung – Sollbesteuerung – Vereinnahmungs befugnis (Zustimmungsvorbehalt, oder Recht Forderungseinzug, oder Recht Kassenführung)	Einzug während vorläufiger schwacher Verwaltung Ist- und Sollbesteuerung *Keine* Vereinnahmungsbefugnis (weder Zustimmungsvorbehalt, Forderungseinzug oder Kassenführung)	Einzug während vorläufiger Eigenverwaltung	Einzug im eröffneten Verfahren	Einzug im eröffneten Verfahren bei Eigenverwaltung
während vorläufiger starker Verwaltung	./.	**Istbesteuerer:** Masseverbindlichkeit gem. § 55 Abs. 2 Satz 1 InsO Erfassung Massesteuernummer	./.	./.	./.	./.	**Istbesteuerer:** Masseverbindlichkeit gem. § 55 Abs. 1 Nr. 1 InsO (Abschnitt 17.1 UStAE Abs. 13 Satz 9) Erfassung unter Massesteuernummer	./.
		Sollbesteuerer: Bei der Sollbesteuerung ist die Steuer insolvenzrechtlich bereits im Zeitpunkt der Leistungserbringung begründet, die spätere Vereinnahmung ist steuerlich unbeachtlich					**Sollbesteuerer:** Bei der Sollbesteuerung ist die Steuer insolvenzrechtlich bereits im Zeitpunkt der Leistungserbringung begründet, die spätere Vereinnahmung ist steuerlich unbeachtlich	
während vorläufiger schwacher Verwaltung	./.	./.	Masseverbindlichkeit* i.S.v. § 55 Abs. 4 InsO (Ziff. II. 4.1.3, Rn. 19, BMF-Schreiben v. 20.05.2015, BStBl I 2015, 476 bzw. Ziff. II.4.1.6, Rn. 17 des BMF-Schreiben v. 17.01.2012, BStBl. I 2012 S. 120 i.V.m. BMF-Schreiben v. 18.11.2015	Masseverbindlichkeit* i.S.v. § 55 Abs. 4 InsO (Ziff. II. 4.1.3, Rn. 17, 18 BMF-Schreiben v. 20.05.2015, BStBl I 2015, 476) für Verfahren mit angeordneter Sicherungsmaßnahme nach dem 31.12.2014 (BMF-Schreiben v. 18.11.2015, BStBl. I 2015 S. 886)	Insolvenzforderung gem. § 38 InsO Bei der Sollbesteuerung ist die Steuer insolvenzrechtlich bereits im Zeitpunkt der Leistungserbringung begründet, die spätere Vereinnahmung ist steuerlich unbeachtlich (Ziff. II. 4.1.1, BMF-Schreiben v. 20.05.2015, BStBl I 2015, 476, BMF-Schreiben v. 18.11.2015, BStBl. I 2015 S. 886)	./.	**Istbesteuerer und Sollbesteuerer:** Masseverbindlichkeit gem. § 55 Abs. 1 Nr. 1 InsO (Abschnitt 17.1 UStAE Abs. 11 Satz 8, Abs. 12 Satz 4)	./.

Zeitraum der Begründung (Ausführung Lieferung und sonstige Leistung)	Einzug vor Anordnung vorläufiger Verwaltung	Einzug während vorläufiger starker Verwaltung	Einzug während vorläufiger schwacher Verwaltung – Istbesteuerung – Vereinnahmungsbefugnis (Zustimmungsvorbehalt, oder Recht Forderungseinzug, oder Recht Kassenführung)	Einzug während vorläufiger schwacher Verwaltung – Sollbesteuerung – Vereinnahmungs befugnis (Zustimmungsvorbehalt, oder Recht Forderungseinzug, oder Recht Kassenführung)	Einzug während vorläufiger schwacher Verwaltung Ist- und Sollbesteuerung *Keine* Vereinnahmungsbefugnis (weder Zustimmungsvorbehalt, Forderungseinzug oder Kassenführung)	Einzug während vorläufiger Eigenverwaltung	Einzug im eröffneten Verfahren	Einzug im eröffneten Verfahren bei Eigenverwaltung
			Erfassung zunächst unter bisheriger Steuernummer; nach Eröffnung unter Massesteuernummer	Erfassung zunächst unter bisheriger Steuernummer; nach Eröffnung unter Massesteuernummer	Erfassung unter bisheriger Steuernummer		Erfassung unter Massesteuernummer	
				Vorherige Zeiträume: Insolvenzforderung gem. § 38 InsO (BMF-Schreiben v. 17.01.2012, BStBl. I 2012 S. 120 i.V.m. BMF-Schreiben v. 18.11.2015)				
während vorläufiger Eigenverwaltung	./.	./.	./.	./.	./.	**Istbesteuerer und Sollbesteuerer:** zunächst **§ 270a InsO** streitig: § 55 Abs. 4 InsO anwendbar: FG Stuttgart v. 15.06.2016 – 9 K 2564/14 – Revision beim BFH: BFH-Entscheidung v. 27.09.2018 – V R 45/16: Bestätigung FG, Masseverbindlichkeit gem. § 55 Abs. 1 Nr. 1 InsO	./.	**Istbesteuerer und Sollbesteuerer:** Masseverbindlichkeit gem. § 55 Abs. 1 Nr. 1 InsO i.V.m. § 270 Abs. 1 Sätze 1, 2 InsO Erfassung unter Massesteuernummer
						§ 55 Abs. 4 InsO ablehnend: OLG Jena v. 22.06.2016 – 7 U 753/15 – Nichtzulassungsbeschwerde beim BGH: BGH v. 22.11.2018 – IX ZR 167/16: ohne Einzelermächtigung keine Anwendbarkeit von § 55 Abs. 4 InsO **für § 270b InsO:** Masseverbindlichkeit* i.S.v. § 55 Abs. 2 InsO i.V.m. § 270b Abs. 3 InsO Erfassung zunächst unter bisheriger Steuernummer; nach Eröffnung unter Massesteuernummer		

Zeitraum der Begründung (Ausführung Lieferung und sonstige Leistung)	Einzug vor Anordnung vorläufiger Verwaltung	Einzug während vorläufiger starker Verwaltung	Einzug während vorläufiger schwacher Verwaltung – Istbesteuerung – Vereinnahmungsbefugnis (Zustimmungsvorbehalt, oder Recht Forderungseinzug, oder Recht Kassenführung)	Einzug während vorläufiger schwacher Verwaltung – Sollbesteuerung – Vereinnahmungs befugnis (Zustimmungsvorbehalt, oder Recht Forderungseinzug, oder Recht Kassenführung)	Einzug während vorläufiger schwacher Verwaltung Ist- und Sollbesteuerung *Keine* Vereinnahmungsbefugnis (weder Zustimmungsvorbehalt, Forderungseinzug oder Kassenführung)	Einzug während vorläufiger Eigenverwaltung	Einzug im eröffneten Verfahren	Einzug im eröffneten Verfahren bei Eigenverwaltung
während des eröffneten Verfahrens	./.	./.	./.	./.	./.	./.	**Istbesteuerer:** Masseverbindlichkeit gem. § 55 Abs. 1 Nr. 1 InsO Erfassung Massesteuernummer **Sollbesteuerer:** Vereinnahmung unmaßgeblich	**Istbesteuerer und Sollbesteuerer:** Masseverbindlichkeit gem. § 55 Abs. 1 Nr. 1 InsO i.V.m. § 270 Abs. 1 Sätze 1, 2 InsO Erfassung unter Massesteuernummer

* Masseverbindlichkeit nur dann, soweit der Zeitraum nach § 55 Abs. 4 InsO insgesamt zu einer Nachzahlung führt (Ziff. III. 3.1, Rn. 33 BMF-Schreiben v. 20.05.2015, BStBl I 2015, 476)

Muster 331: Haftung – Geschäftsführer – Info über Steuerschätzung

503 *Adressat: Geschäftsführer/in der Schuldnerin*

Insolvenzverfahren über das Vermögen der Firma .... GmbH mit dem Sitz in ...
Amtsgericht...: ... IK/IN .../...
U.Z.: ... (Ord.bez. u. Reg.-Nr.)

Sehr geehrte Herr ...,/Sehr geehrte Frau ...,

in obigem Insolvenzverfahren übersende ich Ihnen in der **Anlage** die *Steuerbescheide/Steuerfestsetzungen* des Finanzamtes ... vom ... Ausweislich dieser Mitteilung*en* wurden Steuerverbindlichkeiten durch die Finanzverwaltung geschätzt.

Aufgrund Ihrer Stellung als *Geschäftsführer/in* der vorstehend genannten GmbH kommt eine persönliche Haftung gem. § 69 AO für ausstehende Steuerverbindlichkeiten in Betracht. Sie haben die Möglichkeit, die Festsetzungen abzuändern und Ihre Haftung insoweit ggf. zu mindern. Ich rate Ihnen insoweit zu einer Kontaktaufnahme mit Ihrem Steuerberater und bitte, die Einspruchsfristen zu beachten.

Mit freundlichen Grüßen

....
Insolvenzverwalter/in

Anlage:
Steuerbescheide bzw. -mitteilungen

Muster 332: Kapitalertragssteuern – formloser Antrag auf Erstattung

504 *Adressat: Finanzamt*

Insolvenzverfahren über das Vermögen der Frau .../des Herrn...
Amtsgericht ...: ... IK/IN .../...
U.Z.: ... (Ord.bez. u. Reg.-Nr.)
Steuer-Nr.:.../hier nicht bekannt
(ggf. in Gerichtsakte = Angabe wichtig)

Sehr geehrte Damen und Herren,

in obigem Insolvenzverfahren sind von der kontoführenden Bank bei der jeweiligen Gutschrift von Zinsbeträgen auf dem Treuhandkonto Kapitalertragssteuerbeträge und die entsprechenden Solidaritätszuschläge an die Finanzverwaltung abgeführt worden. Da die Gutschriften insgesamt in den Zeitraum nach Insolvenzeröffnung fallen, in dem *der Schuldner/die Schuldnerin* über kein relevantes Vermögen mehr verfügt und damit den Sparer-Pauschbetrag nicht erreicht, bitte ich um Erstattung dieser Steuerbeträge unter Verzicht auf die Abgabe einer formalen Steuererklärung.

Es handelt sich um folgende Beträge:

Kapitalertragsteuer für das **Jahr...**	... EUR
Solidaritätszuschlag für das **Jahr...**	... EUR
Kapitalertragssteuer für das **Jahr...**	... EUR
Solidaritätszuschlag für das **Jahr...**	... EUR

Zum Nachweis der Zahlungen werden anliegend die Original-Steuerbescheinigungen der... Bank überreicht. Den Erstattungsbetrag i.H.v. insgesamt... EUR bitte ich auf das Treuhandkonto bei der

Bank: ...

IBAN: ...

BIC: ...

Kontoinhaber: ... als IV wg. ... (Verfahrensbezeichnung)

zu überweisen. Für Ihr etwaiges Entgegenkommen im Hinblick auf die Erstattung aufgrund dieses formlosen Antrages bedanke ich mich bereits heute.

Mit freundlichen Grüßen

....
Insolvenzverwalter/in

Anlage:
Original-Steuerbescheinigungen

▶ Hinweis:

Bei jur. Personen verlangen die Finanzämter i.d.R. entsprechende Steuererklärungen. Ein formloser Antrag dürfte dort i.d.R. keinen Erfolg haben. Insoweit wäre eine Körperschaftssteuererklärung abzugeben.

Muster 333: Masseunzulänglichkeit – USt – Info an FinA wg. Nichtzahlung

Adressat: Finanzamt 505

Insolvenzverfahren über das Vermögen der Firma .../des Herrn .../der Frau ...
Amtsgericht ...: ... IK/IN .../...
U.Z.: ..... (Ord.Bez. u. Reg.Nr.)
Steuer-Nr.: ...

Sehr geehrte Damen und Herren,

in obiger Angelegenheit nehme ich Bezug auf die Umsatzsteuervoranmeldung vom heutigen Tage und teile Ihnen mit, dass ich eine Zahlung des dort ausgewiesenen Zahlbetrages derzeit nicht vornehmen werde, weil dadurch Masseunzulänglichkeit eingetreten ist.

▶ Hinweis:

Eine schon angezeigte Masseunzulänglichkeit dürfte nicht greifen, denn anfallende Umsatzsteuerbeträge nach Anzeige der MUZ sind Neumasseverbindlichkeiten, die auch direkt zu begleichen sind. Das könnte nur dann anders sein, wenn die Umsatzsteuer vor der Anzeige begründet wurde, aber der Meldezeitpunkt später ist. Dann könnte an dieser Stelle auf die schon erfolgte Anzeige der MUZ verwiesen werden.

Ich habe den sich aus der Voranmeldung ergebenden Umsatzsteuerbetrag allerdings als Masseverbindlichkeit vorgemerkt und werde diesen spätestens bei der Schlussrechnung entsprechend der Reihenfolge des § 209 InsO berücksichtigen und dann ggf. – soweit die Insolvenzmasse ausreicht – eine vollständige oder ggf. quotale Zahlung vornehmen. Sollte die Masseunzulänglichkeit vorher aufgehoben werden können, erfolgt selbstverständlich dann zu diesem Zeitpunkt ein Ausgleich der Steuerverbindlichkeit.

Rein vorsorglich weise ich darauf hin, dass bei etwaigen zukünftigen Steuerguthaben eine Verrechnung gem. § 96 Abs. 1 Nr. 1 InsO unzulässig ist. Insoweit verweise ich auf die Entscheidung des BFH vom 04.03.2008 (*VII R 10/06 in BFH/NV 2008, 1055; BStBl. II 2008, 506; LNR 2008, 12940)*. Danach ist die Verrechnung einer Altmasseforderung, die bei Vorliegen einer Masseunzulänglichkeit gegeben ist, mit Neuansprüchen der Insolvenzmasse nicht zulässig. Zur Anwendung der Reihenfolge des § 209 InsO kommt es auch nicht auf die tatsächliche Anzeige Masseunzulänglichkeit an (*BGH, Beschl. 13.03.2014 – IX ZB 204/11 – Rn. 6 – in BFH/NV 2014, 1183-1184, ZInsO 2014, 951*). Diese war bisher noch nicht abgegeben worden, weil bislang nur die Verfahrenskosten ausstanden und keine Masseverbindlichkeiten begründet waren. Die Anzeige der Masseunzulänglichkeit ist am heutigen Tag veranlasst worden und wird Ihnen noch gesondert zugehen.

Mit freundlichen Grüßen

....
Insolvenzverwalter/in

Muster 334: Umsatzsteuer – Steueraufteilung – privat – betrieblich – Info an FinA

Adressat: Finanzamt 506

Insolvenzverfahren über das Vermögen
des Herrn .../der Frau ...
Amtsgericht ...: ... IK/IN .../...
U.Z.: ..... (Ord.Bez. u. Reg.Nr.)
Steuer-Nr.: ...

Sehr geehrte Damen und Herren,

in obiger Angelegenheit übersende ich anliegend eine Übersicht gem. § 175 InsO über sämtliche angemeldeten Insolvenzforderungen zur Information. Daraus ergibt ein Anteil der privaten Verbindlichkeiten von ca. ... % und ein Anteil der Verbindlichkeiten aus der unternehmerischen Tätigkeit von ca. ... %. Ich bitte entsprechend, bei der beantragten Vorsteuererstattung einen Anteil von ... % zu berücksichtigen und verweise auf die BFH-Rechtsprechung (*BFH, Urt. v. 15.04.2015 – V R 44/14 in ZInsO 2015, 1328*).

Mit freundlichen Grüßen

....
Insolvenzverwalter/in

▶ **Hinweis:**

Bitte unbedingt eine Kopie dieses Schreibens an die Steuerabteilung senden, damit dort korrekte Umsatzsteuermeldungen abgegeben werden.

Muster 335: Verkäufe – Steuerpflicht – Prüfungsvermerk

507 Insolvenzverfahren über das Vermögen *der/des* …
Amtsgericht …: … IN …/…

Prüfungsaspekte	Antworten
Genaue Bezeichnung Gegenstand:	*Grundstück Straße, Ort, eingetragen im Grundbuch von … Blatt ….* *Fahrzeug Opel …, Bj.…, amtliches Kennzeichen.…* *Schneidemaschine Fabr. …, Bj. …*
Anschaffungsdatum: *(Anlagenverzeichnis zum Jahresabschluss, alte Rechnungen)*	
Buchwert laut Bilanz vom …:	
Verkehrswert:	Laut Schätzung von … Wert von… EUR
Möglicher Veräußerungsgewinn, § 23 EStG (= private Nutzung)	Grundstücke: 10 Jahre andere Wirtschaftsgüter: 1 Jahr
Vorsteuerkorrektur: § 15a UStG (= nur bei Betriebsvermögen) (Umsatzsteuervoranmeldungen, Vorsteuerkonten, alte Rechnungen)	Korrektur der gezogenen Vorsteuer aus Anschaffungs- und Herstellungskosten (§ 6 EStG = Bewertung): Grundstücke: 10 Jahre andere Wirtschaftsgüter: 5 Jahre
Mögliche Umsatzsteuerpflicht auf Kaufpreis:	Es wurde zur Umsatzsteuer optiert (§ 9 UStG).
Vorliegend folgende Problematik gegeben:	*keine* *Problematik gem. § 9 UStG: Verkauf nur mit Mehrwertsteuer* *Problematik gem. § 15a UStG: … EUR als Masseverbindlichkeit* *Problematik gem. § 23 EStG: … EUR als Masseverbindlichkeit*
Bei Verkauf mit Mehrwertsteuer unbedingt beachten:	Regelung im Kaufvertrag: **Nettokaufpreis + Mehrwertsteuer + Bruttokaufpreis nennen** *(= kenntlich machen, welcher Betrag der MWSt.-Betrag ist)* Buchhaltung sabteilung benötigt eine **Rechnung**: Im Vorfeld im Einzelfall klären, ob diese wirklich benötigt wird und wer sie dann schreibt. Ggf. ist der **Käufer umsatzsteuerbefreit** (z. B. bei Verkauf ins Ausland, § 13 UStG): Klärung im Kaufvertrag zwecks Vermeidung von Problemen bei der späteren Durchführung Ggf. ist eine **Umsatzsteuer-ID vom Käufer** erforderlich: dto. wie vor: im Kaufvertrag regeln

....
(Ort, Datum) (Name des/der Sachbearbeiters/in)

Musterübersicht Terminvorbereitung

(Die Übersicht ist alphabetisch sortiert.)

		Rdn.
Muster 184:	Gläubigerversammlung – Antrag auf Einberufung (*s. Muster Haftungsansprüche*)	356
Muster 185:	Gläubigerversammlung – Einladung der Gläubiger (*s. Muster Haftungsansprüche*)	357
Muster 223:	Ladung Erörterungstermin – Übersendung an Beteiligte (*s. Muster Insolvenzplanverfahren*)	395
Muster 105:	Tagesordnung – Ergänzung Info an Gericht (*s. Muster Eröffnungsbeschluss jur. Person*)	278
Muster 167 – 168:	Tagesordnung – Vorschläge: *s. Gutachten: Gliederungspunkt »Erforderliche Beschlüsse der Gläubigerversammlung)* (*s. Muster Gutachten*)	339 – 340
Muster 336:	Terminzettel Berichts- und Prüftermin jur. Person	508
Muster 337:	Terminzettel Berichts- und Prüftermin natürl. Person	509
Muster 338:	Terminzettel Schlusstermin	510

Muster 336: Terminzettel Berichts- u. Prüftermin jur. Person

508

Insolvenzverfahren über das Vermögen der Firma …		
Zuständige/r Rechtspfleger/in:		
	Datum/Uhrzeit	***Raum***
Berichts- und Prüftermin		
Stand Treuhandkonto am… Stand ggf. weiteres Konto	… EUR … EUR **… EUR**	
Überblick Insolvenztabelle nachträgliche Anmeldungen	s. anliegende Tabellenstatistik (Ausdruck aus Insolvenzsoftware) Tab-Nr. … bis …	
Summe nachträglich angemeldeter Forderungen *(ggf. für Stimmrecht wichtig)* davon bestritten	… EUR … EUR	
Erforderliche Zustimmungen nach § 160 InsO:	*Rechtsstreit gegen … (S. … im Bericht)* *Unternehmensverkauf…(S. … im Bericht)* *Vergleichsabschluss … (S. … im Bericht)*	
Beschlüsse des Amtsgerichts *Hinweis:* *Bitte das Gutachten einmal oben auf den Ordner heften = sofort greifbar für Verwalter, um erforderliche Beschlüsse zu klären*		
Bemerkungen/Hinweise:	Quote für Gläubiger nach § 38 InsO: … % (vorsichtige Schätzung)	

Muster 337: Terminzettel Berichts- und Prüftermin natürl. Person

509

Insolvenzverfahren über das Vermögen *des Herrn …/der Frau …*		
Zuständige/r Rechtspfleger/in:		
	Datum/Uhrzeit	*Raum*
Berichts- und Prüftermin/Prüftermin		
Stand Treuhandkonto am… Stand ggf. weiteres Konto	… EUR … EUR **… EUR**	
Überblick Insolvenztabelle nachträgliche Anmeldungen	s. anliegende Tabellenstatistik (Ausdruck aus Insolvenzsoftware) Tab-Nr. … bis …	
Summe nachträglich angemeldeter Forderungen *(ggf. für Stimmrecht wichtig)* davon bestritten	… EUR … EUR	
Unerlaubte Handlungen	Tab.-Nr. …	
Pfändbare Einkommensanteile	Nein Ja, i.H.v. … EUR monatlich	
Beschlüsse des Amtsgerichts		
Bemerkungen/Hinweise:	Quote für Gläubiger nach § 38 InsO: … % (vorsichtige Schätzung)	

Muster 338: Terminzettel Schlusstermin

510

Insolvenzverfahren über das Vermögen *der Firma …/des Herrn …/der Frau…*		
Zuständige/r Rechtspfleger/in:		
	Datum/Uhrzeit	*Raum*
Schlusstermin		
Stand Treuhandkonto am *(Sind alle Auszüge aktuell gebucht?)*	**… EUR**	
Überblick Insolvenztabelle **Quote für Gläubiger nach § 38 InsO**	s. anliegende Tabellenstatistik (Ausdruck aus Insolvenzsoftware) … %	
Verfahrensbeendigung:	*Aufhebung gem. § 200 InsO* *Einstellung wg. MUZ gem. § 211 InsO*	
Beschlüsse des Amtsgerichts *Hinweis:* *Schlussbericht oben auf den Ordner heften, damit er für den Verwalter im Termin griffbereit ist.*		
Bemerkungen/Hinweise:	*Beispiel:* bislang nicht verwertetes Vermögen: … (S. … des Schlussberichtes) Nachtragsverteilung erforderlich für … (S. …des Schlussberichtes)	

▶ **Hinweis:**

Ist ggf. noch ein **ergänzender Vergütungsantrag** möglich, weil weitere Einnahmen erzielt wurden, die noch nicht berücksichtigt wurden? z. B. Umsatzsteuer in Berechnungsgrundlage? Weitere Zinsen? Antragstellung ist bis zur Aufhebung möglich: BGH, Beschl. v. 20.07.2017 – IX ZB 75/16 Rn. 8.

Musterübersicht Treuhandkonto

(Die Übersicht ist alphabetisch sortiert)

Rdn.

Muster 339: Ausschüttung – Auftrag und Kontoauflösung – IN-Verf. 511
Muster 340: Ausschüttung – Auftrag und Kontoerhalt für RSB-Phase 512
Muster 341: Buchungen – Prüfungsvermerk 513
Muster 342: Eröffnung Treuhandkonto – Übersendung Beschluss 514
Muster 343: Kontoauflösung – Insolvenzgeldvorfinanzierung – Antrag 515
Muster 344: Kontoauflösung – Simulation – E-Mail-Anfrage 516

Muster 339: Ausschüttung – Auftrag und Kontoauflösung – IN-Verf.

Adressat: kontoführende Bank 511

Insolvenzverfahren über das Vermögen der Firma …
Amtsgericht:
Treuhandkonto-Nummer

Sehr geehrte Frau …/sehr geehrter Herr …,

hiermit möchte ich Sie kurz darüber unterrichten, dass ich am heutigen Tage die Schlussverteilung in obigem Verfahren vorgenommen habe. Die Vornahme der Überweisungen erfolgt über … (Name des Online-Banking-Programms). Die Kontoführungsgebühren für die jetzt in Auftrag gegebenen Überweisungen an die jeweiligen Gläubiger wurden berechnet und entsprechend berücksichtigt. Der entsprechende Betrag wird nach der Verteilung zur Abbuchung durch Sie noch vorhand sein.

Ich möchte Sie aber um »Sperrung« des Kontos für *etwaige weitere Zinsgutschriften (wenn es überhaupt welche gibt) und* weitere Belastungen für Kontoführungsgebühren nach der Ausschüttung des Massebestandes bitten.

Nachdem die Auszahlungen und Ihre Abrechnung erfolgt sind, sollte das Treuhandkonto den Nullstand aufweisen. Bitte nehmen Sie kurze Zeit später – sofern keine Rückbuchungen von Quotenbeträgen erfolgt sind – die Auflösung/Löschung des Kontos vor.

Mit freundlichen Grüßen

....
Insolvenzverwalter/in

► **Hinweis:**

Auftrag zur Kontoauflösung in der Insolvenzsoftware vermerken (= für jedermann dann ersichtlich): z. B. im Feld Notiz beim Treuhandkonto, soweit dies möglich ist.

Muster 340: Ausschüttung – Auftrag und Kontoerhalt für RSB-Phase

Adressat: kontoführende Bank 512

Insolvenzverfahren über das Vermögen der Firma …
Amtsgericht:
Treuhandkonto-Nummer …

Sehr geehrte Frau …,/sehr geehrter Herr …,

hiermit möchte ich Sie kurz darüber unterrichten, dass ich am heutigen Tage die Schlussverteilung in obigem Verfahren vorgenommen habe. Die Vornahme der Überweisungen erfolgt über … (Name des Online-Banking-Programms). Die Kontoführungsgebühren für die jetzt in Auftrag gegebenen Überweisungen an die jeweiligen Gläubiger wurden berechnet und entsprechend berücksichtigt. Der entsprechende Betrag wird nach der Verteilung zur Abbuchung durch Sie noch vorhand sein.

Ich möchte Sie aber um »Sperrung« des Kontos für *etwaige weitere Zinsgutschriften (wenn es überhaupt welche gibt) und* weitere Belastungen für Kontoführungsgebühren nach der Ausschüttung des Massebestandes bitten, allerdings nur für den nächsten Abrechnungsstichtag. Nachdem die Auszahlungen erfolgt sind, sollte das Treuhandkonto den Nullstand aufweisen.

Weil sich die Restschuldbefreiungsphase anschließt, wird das Konto weiterhin benötigt und soll ausdrücklich nicht aufgelöst werden.

Etwaige Zinsen und Kosten für die Zustellung der Kontoauszüge können daher zum nächsten Abrechnungsstichtag wieder erfolgen, soweit sie überhaupt anfallen. Ich gehe dabei davon aus, dass Kontoauszüge nur dann an mich übermittelt werden, wenn auch ein Zahlungseingang zu verbuchen ist, so dass die anfallenden Kontoführungsgebühren auch gedeckt sein werden.

Mit freundlichen Grüßen

....

Insolvenzverwalter/in

Muster 341: Buchungen – Prüfungsvermerk

513 **Prüfungsvermerk für Buchungssätze**

Die Buchungssätze im Verfahren über das Vermögen *der/der*

....

wurden geprüft:

Geprüfter Zeitraum	Datum der Prüfung	Kürzel

Buchungssätze wurden geändert/berichtigt:

Geprüfter Zeitraum	Datum der Prüfung	Kürzel

Gleichzeitig wurden die Belege zu den Kontoauszügen geprüft:

Geprüfter Zeitraum	Datum der Prüfung	Kürzel

Muster 342: Eröffnung Treuhandkonto – Übersendung Beschluss

▶ Hinweis:

Der BGH hat die Führung von Treuhand- bzw. Anderkonten für unzulässig erklärt (BGH, Urt. v. 07.02.2019 – IX ZR 47/18 in InsbürO 2019, 268, ZInsO 2019, 845). Zum Zeitpunkt der Druckfreigabe dieses Buches gab es noch keine abschließende alternative Lösung von Seiten der Banken für neue Konten, sodass das nachfolgende bisherige Muster zunächst enthalten bleibt. Es muss aber nach BGH-Rechtsprechung eine Umstellung auf Ermächtigungskonten erfolgen (s. Checkliste Treuhandkonto).

514 *Adressat: Kontoführende Bank*

Insolvenzverfahren über das Vermögen der Firma …
Amtsgericht:
Treuhandkonto-Nummer …

Sehr geehrte Frau …,/sehr geehrter Herr …,

in obiger Angelegenheit übersende ich Ihnen **anliegend** den amtsgerichtlichen Beschluss des Amtsgerichts – Insolvenzgericht – … vom … und teile Ihnen mit, dass ich für dieses Verfahren die Kontonummer … vermerkt habe. Ich bitte, die Bezeichnung »Treuhandkonto … *(Name des Verfahrens eintragen)*« in den Kontoauszügen aufzunehmen.

▶ Achtung:

Sollte ein zweites Treuhandkonto für bspw. die Umsatzsteuer während der vorläufigen Verwaltung angelegt werden, so sollte die Bezeichnung »Treuhandkonto 2 ….« lauten.

Bezüglich des Kontos wird *Herrn/Frau …. (Insolvenzverwalter/in) und Herrn/Frau … (Partner/Mitarbeiter)* Einzelvollmacht erteilt.

Ich darf Sie bitten, das Treuhandkonto für den Online-Verkehr freizugeben und entsprechend einzurichten. Bitte schalten Sie folgende Auftragsarten frei und übersenden uns die entsprechenden Bank-Parameter-Daten.

Auftragsart	**Bedeutung**	**Freischalten**
PTK	Abholen Kundenprotokoll	Ja
STA	Swift Tagesauszüge MT940	Ja
VMK	Vormerkposten MT942	Ja
HKD	Berechtigungen Teilnehmer	Ja
HVS	Aufträge stornieren	Ja
HVD	Status verteilte elektronische Unterschrift (VEU)	Ja
HVE	VEU-Unterschriften einreichen	Ja
HVT	VEU-Transaktionsdetails	Ja
HVU	VEU-Übersicht	Ja
HVZ	VEU-Übersicht mit Zusatzinformationen	Ja
IZV	Inlands-Zahlungsverkehr	Ja
CCM	Sepa-Überweisung Basis	Ja
CCT	Sepa-Überweisung mixed/single	Ja
AZV	Auslandszahlungsverkehr (inkl. EU-Standardüberweisung)	Ja
DTE	Eilauftrag Inland	ja

Darüber hinaus bitte ich, die Versendung von Kontoauszügen nur in den Fällen vorzunehmen, in denen Kontobewegungen erfolgen, und dies entsprechend in Ihrem Programm einzustellen.

Für Ihre Bemühungen bedanke ich mich bereits an dieser Stelle und verbleibe

mit freundlichen Grüßen

……………………………………..
Insolvenzverwalter/in

▶ Hinweis:

Bitte das angelegte Treuhandkonto und ggf. weitere Sonderkonten (Insolvenzgeldvorfinanzierung, Umsatzsteuer) **in der Insolvenzsoftware vermerken.**

Muster 343: Kontoauflösung – Insolvenzgeldvorfinanzierung – Antrag

Adressat: kontoführende Bank 515

Insolvenzverfahren über das Vermögen ***der Firma… /des Herrn…/der Frau…***
Amtsgericht…:... IN… /…
U.Z.: »…« *(Ord.bez. u. Reg.-Nr.)*
Konto-Nr. …

Sehr geehrte Damen und Herren,

ich möchte Sie bitten, das oben näher bezeichnete Darlehenskonto aufzulösen und mir zu diesem Zweck ein Lastschrifteinzugsformular zu übersenden. Der Sollsaldo soll durch Einziehung vom laufenden Insolvenztreuhandkonto Nr. … ausgeglichen werden.

Mit freundlichen Grüßen

....

Insolvenzverwalter/in

Muster 344: Kontoauflösung – Simulation – E-Mail-Anfrage

516 *Adressat: kontoführende Bank*

▶ Hinweis:

Die Anfrage ist nur sinnvoll, wenn überhaupt Zinsen auf dem Treuhandkonto gutgeschrieben werden.

Sehr geehrte Damen und Herren,

für das Treuhandkonto Nr. ... wird eine Kontosimulation benötigt, da eine Verteilung erfolgen und der Guthabenbestand auf Null gebracht werden soll. Welcher Zinsbetrag wird zum Ende des Monats ggf. gutgeschrieben werden? Welcher Guthabenbetrag wird sich also zum Stichtag ... ergeben?

Mit freundlichen Grüßen

....

Insolvenzverwalter/in

▶ Hinweis:

Simulation = Ermittlung, welches Guthaben sich an einem bestimmten Tag auf dem Treuhandkonto befindet:

Die Zinsen auf dem Treuhandkonto werden in bestimmten Rhythmen gutgeschrieben, z. B. am Ende eines jeweiligen Monats oder vierteljährlich. Durch eine Simulation werden etwaige Zinsbeträge erkennbar.

Etwaige Kosten für die Überweisungen an die Gläubiger wird die Bank häufig nicht berechnen. Insoweit sollte eine Auflistung der einzelnen Gebühren vorliegen, anhand derer der Sachbearbeiter die Kosten selbst ermitteln kann.

Musterübersicht Vergütungsanträge

(Die Übersicht ist alphabetisch sortiert.)

	Rdn.
Muster 345: Absonderungsrechte – Vergleichsberechnung	517
Muster 346: Betriebsfortführung – Zuschlag – Formulierungsvorschlag	518
Muster 347: Ergänzender Vergütungsantrag	519
Muster 348: Mindestvergütung IN-Verf. – § 2 InsVV	520
Muster 349: Nachtragsverteilung – Vergütungsantrag	521
Muster 350: Rechnungsmuster – eröffnetes Verfahren	522
Muster 351: Regelinsolvenz – Vergütungsantrag	523
Muster 352: RSB-Phase – Abschluss-Vergütungsantrag § 14 InsVV	524
Muster 353: RSB-Phase – Vorschussrechnung	525
Muster 354: Umsatzsteuer – Einrechnung – Formulierungsbeispiel	526
Muster 355: Verbraucherinsolvenz – Vergütungsantrag §§ 2, 13 InsVV	527
Muster 356: Vorläufige Verwaltung – Vergütungsantrag – einfach	528
Muster 357: Vorläufige Verwaltung – Vergütungsantrag – Einleitung	529
Muster 358: Vorschuss – Vergütungsantrag	530
Muster 359: Zustellungskosten – Formulierungsvorschlag	531

Muster 345: Absonderungsrechte – Vergleichsberechnung

▶ Achtung: Verwertungstätigkeit durch Verwalter oder Sicherungsgläubiger?

Die in diesem Muster vorhandene **Vergleichsberechnung** nach § 1 Abs. 2 Nr. 1 InsVV für den Antrag auf Festsetzung einer höheren Vergütung ist nur **erforderlich**, wenn der **Verwalter** Sicherungsgegenstände **verwertet** hat. **517**

Wenn der **Sicherungsgläubiger selbst verwertet** hat, wird i.d.R. nur der Kostenbeitrag als Einnahme gebucht sein. Dann braucht **kein Abzug** von der Berechnungsgrundlage vorgenommen werden.

▶ Hinweis:

Der nachfolgend Text ist ein Auszug aus einem Vergütungsantrag. Er muss in einen solchen eingefügt werden, wenn der Verwalter Absonderungsrechte verwertet hat. Dem Text geht die Zusammensetzung der Berechnungsgrundlage voraus. Ausgangspunkt ist die Gesamtsumme der Einnahmen.

Absonderungsrechte – Vergleichsberechnung

Aufgrund der vorgenannten Berechnungsgrundlage ergeben sich folgende Berechnungen:

a) Berechnung auf Basis ohne Wert des Absonderungsgutes (= kleine Berechnungsgrundlage):

▶ Hinweis:

Der **BGH** hat in der Entscheidung v. 10.10.2013 (IX ZB 169/11 in ZInsO 2013, 2288) erläutert, dass die **Kostenbeiträge nicht doppelt** in die Berechnungsgrundlage fließen dürfen: einmal über die Einrechnung als normale Einnahme und einmal über die Sondervergütung. Bei der Geltendmachung der Sondervergütung sind die Kostenbeiträge demnach herauszurechnen. Die **Umsatzsteuer bleibt enthalten**, weil diese vereinnahmt wurde und als Ausgabe i.S.v. § 1 Abs. 2 Nr. 4 S. 1 InsO nicht abziehen ist.

Berechnungsgrundlage (= Gesamtsumme Einnahmen)		... EUR
abzgl. Auszahlung an Absonderungsgläubiger + Kostenbeiträge		... EUR
verbleibende Differenz		... EUR
40 % von	25.000,00 EUR	... EUR
25 % von	25.000,00 EUR	... EUR
7 % von	200.000,00 EUR	... EUR
... % von	... EUR	... EUR
	... EUR	**... EUR**

b) Berechnung auf Basis mit Wert des Absonderungsgutes = große Berechnungsgrundlage (= Gesamtsumme Einnahme ohne Abzug):

40 % von	25.000,00 EUR	... EUR
25 % von	25.000,00 EUR	... EUR

7 % von	200.000,00 EUR	... EUR
... % von	... EUR	... EUR
	... EUR	**... EUR**

Der Feststellungskostenbeitrag für die abgefundenen Absonderungsrechte in Höhe von insgesamt... EUR *(Gesamtsumme der mit Absonderungsrechten belasteten Einnahmen)* errechnet sich wie folgt:

4 % von... *(Gesamtsumme der mit Absonderungsrechten belasteten Einnahmen)* =... EUR

Die Differenz zwischen den beiden vorgenannten Vergütungen berechnet sich wie folgt:

Vergütung zu b.	... EUR
./. Vergütung zu a.	... EUR
Differenz	... EUR

Die Mehrvergütung ist zu beschränken auf den vorgenannten errechneten 50 %-igen Feststellungskostenbeitrag:

Vergütung auf Basis ohne Absonderungsrechte	... EUR
Erhöhung 50 % des Feststellungskostenbeitrages	... EUR
Gesamtregelvergütung	**... EUR**

Dieser Betrag soll zur Festsetzung beantragt werden.

▶ Hinweis Mindestvergütung:

Sollte die sich ergebende Vergütung unter 1.000 EUR liegen, wäre die Mindestvergütung gem. § 2 Abs. 2 InsVV zur Festsetzung zu beantragen. Insoweit wird auf das gesonderte Muster verwiesen: Nr. 348.

▶ Hinweis Zuschläge:

Etwaige Zuschläge errechnen sich nachfolgend anhand der vorstehend ermittelten Gesamtregelvergütung, also inkl. des 50 %-igen Feststellungskostenbeitrages.

Muster 346: Betriebsfortführung – Zuschlag – Formulierungsvorschlag

▶ Hinweis:

518 Für einen Antrag auf Gewährung eines Zuschlages für die Betriebsfortführung ist inhaltlich vor allem die Darstellung der Tätigkeit im Einzelfall und die damit verbundene Belastung erforderlich, aber rechnerisch auch eine Vergleichsberechnung. Der inhaltliche Part ist nachstehend kurz gefasst und muss durch Gegebenheiten im Einzelfall erweitert werden. Der Schwerpunkt liegt in diesem Muster vor allem auf der Vergleichsberechnung, die musterhaft in jedem Antrag verwendet werden kann.

Der schuldnerische Betrieb ist seit Insolvenzeröffnung bis... fortgeführt worden. Bei der Schuldnerin handelt es sich um einen Betrieb mit... Arbeitnehmern und einem Jahresumsatz von... EUR. Damit waren täglich eine Vielzahl von betrieblichen Entscheidungen zu treffen und die Finanzierbarkeit zu überwachen, um die Befriedigung der begründeten Masseverbindlichkeiten zu gewährleisten.

▶ Hinweis:

Erste Gespräche mit den Banken, den Aus- und Absonderungsgläubigern, Lieferanten und Arbeitnehmern werden i.d.R. bereits während der vorläufigen Verwaltung geführt, um alle Beteiligten für die Betriebsfortführung zu gewinnen. Sofern weitere **Gespräche auch im eröffneten Verfahren** geführt wurden, kann man das vorstehend erwähnen. Grundsätzlich ist es wichtig, die **Tätigkeit speziell auf den Einzelfall** zu umschreiben.

Die Betriebsfortführung hat zu einer Massemehrung geführt, von der die Gläubiger jetzt partizipieren. Sie ist jedoch immer mit einem Haftungspotential für den Insolvenzverwalter verbunden, das neben dem Mehraufwand für die tatsächliche Durchführung bei der Ermittlung einer angemessenen Vergütung ebenfalls Berücksichtigung finden muss. Es wird daher ein gesonderter Zuschlag beantragt. Nach der einschlägigen Rechtsprechung ist ein solcher zu gewähren, wenn die Arbeitskraft des Verwalters in erheblichem Umfang in Anspruch genommen wurde und keine entsprechende Massemehrung erfolgt ist (*vgl. BGH, Beschl. v. 12.05.2011 – IX ZB 143/08 in ZInsO 2011, 1422; BGH, Beschl. v. 07.10.2010 – IX ZB 115/08 in ZInsO 2010, 2409 f.).* Eine Massemehrung kann eintreten, wenn aus der Betriebsfortführung ein Überschuss in die Berechnungsgrundlage einfließt. Dabei ist nicht die Gesamtsumme der Einnahmen zu berücksichtigen, sondern nur die um die Ausgaben gekürzten Einnahmen (*u.a. BGH, Beschl. v. 09.06.2011 – IX ZB 47/10 in WKRS 2011, 19391; BGH, Beschl. v. 21.07.2011 – IX ZB 148/10 in ZInsO 2011, 1615).*

Der erzielte Überschuss wurde vorstehend bereits unter Ziff.... ermittelt und beträgt... EUR. Nur dieser ist in der Berechnungsgrundlage berücksichtigt. Um die dadurch eingetretene Vergütungserhöhung zu ermitteln, ist folgende Berechnung vorzunehmen:

Berechnungsgrundlage (Gesamtsumme Einnahmen ohne Betriebsfortführung + Überschuss)	... EUR
abzgl. Überschuss Betriebsfortführung	... EUR
verbleibende Berechnungsgrundlage	... EUR

Nach der Staffelvergütung des § 2 Abs. 1 InsVV ergibt sich folgende Vergütung ohne Berücksichtigung des Überschusses aus der Betriebsfortführung:

40 % von	25.000,00 EUR	... EUR
25 % von	25.000,00 EUR	... EUR
7 % von	200.000,00 EUR	... EUR
	... EUR	**... EUR**

Nunmehr ist ein Vergleich zwischen den Vergütungen mit und ohne Überschuss möglich:

Vergütung unter Einrechnung des Überschuss (s. sonstige Berechnung im Vergütungsantrag = Regelvergütung)	... EUR
./. Vergütung ohne Überschuss wie vorstehend	... EUR
ermittelte Vergütungserhöhung	... EUR

Durch den erzielten Überschuss aus der Betriebsfortführung ist damit in dem Regel-Vergütungssatz eine Vergütungserhöhung von... EUR eingetreten.

Für die vorliegend durchgeführte Betriebsfortführung wäre in Anbetracht der Größe des Unternehmens, der Komplexität der Aufgabe und der Dauer der Betriebsfortführung ein Zuschlag in Höhe von... % gerechtfertigt, wenn kein Überschuss eingetreten wäre.

▶ Hinweis:

Hier sollte zunächst ein **Prozentsatz** angegeben werden, der insgesamt **ohne die eingetretene Vergütungserhöhung** als **angemessen** angesehen wird, damit ein Gesamtüberblick über die begehrte Vergütungserhöhung – bestehend aus Massemehrung durch Überschuss und Zuschlag – ermöglicht wird.

Ein solcher Zuschlag würde auf Basis der zuvor ermittelten Regelvergütung ohne Überschuss in der Berechnungsgrundlage folgenden Betrag ergeben:

... % aus... EUR =... EUR

▶ Hinweis:

Hier setzt man nur den %-Satz des **begehrten Zuschlages** ein und errechnet ihn aus der **Regelvergütung**, die sich aus der Berechnungsgrundlage **ohne Überschuss** ergibt. Dann erhält man den Betrag des Zuschlages, den man beantragen würde, wenn überhaupt kein Überschuss eingetreten wäre.

Dieser Vergütungsbetrag wird zur Abgeltung der Tätigkeit und des Haftungspotentials für die Betriebsfortführung als angemessen angesehen. Rein informatorisch sei darauf hingewiesen, dass dieser Betrag umgerechnet auf die... (*Anzahl der Wochen oder Monate*) andauernde Betriebsfortführung eine Vergütung von... EUR pro Woche darstellt.

Diese Höhe des Zuschlages ist nunmehr mit der Mehrvergütung zu vergleichen, die sich durch die Einrechnung des Überschusses in die Berechnungsgrundlage ergibt (*u.a. BGH, Beschl. v. 12.05.2011 – IX ZB 143/08 in ZInsO 2011, 1422 ff.*):

Vergütungserhöhung =	... EUR
Zuschlagsbetrag =	... EUR
Differenz =	... EUR

Die zuvor errechnete Vergütungserhöhung aufgrund des Überschusses i. H. v.... EUR liegt unter diesem Zuschlagsbetrag. Eine den Regelsatz übersteigende Vergütung ist nach der Rechtsprechung (*u. a. BGH, Beschl. v. 07.10.2010 – IX ZB 115/08 in ZInsO 2010, 2409 f.; BGH, Beschl. v. 12.05.2011 – IX ZB 143/08 in ZInsO 2011, 1422;*) dann festzusetzen, wenn zwar eine Betriebsfortführung stattgefunden hat, aber die Masse nicht entsprechend größer geworden ist. Von einer »entsprechend« größeren Masse ist auszugehen, wenn die Erhöhung der Vergütung, die sich aus der Massemehrung ergibt, ungefähr den Betrag erreicht, der dem Verwalter bei unveränderter Masse über einen Zuschlag (§ 3 Abs. 1 Buchst. b 1. Alt. InsVV) zustände. Dies ist vorstehend ermittelt worden. Der Differenzbetrag von... EUR ist daher noch entsprechend der zuvor zitierten Rechtsprechung als Zuschlag zusätzlich festzusetzen (*u. a. BGH, Beschl. v. 12.05.2011 – IX ZB 143/08 in ZInsO 2011, 1422 ff.*). Dies macht einen Prozentsatz von... % aus. Die Gegenrechnung belegt dies:

... % aus... EUR =... EUR

▶ Hinweis:

Hier muss man nun den **Prozentsatz ermitteln,** der sich aus der **erhöhten Regelvergütung** auf Basis der **Berechnungsgrundlage mit Überschuss** den Differenzbetrag ergibt, und die **fehlende Differenz ausgleicht**. Denn: Alle Zuschläge werden letztlich von der erhöhten Berechnungsgrundlage berechnet (BGH, Beschl. v. 12.05.2011 – IX ZB 143/08 in ZInsO 2011, 1422 f.). Die andere obige Berechnung dient nur einer vergleichenden Betrachtung.

Es wird daher ein Zuschlag in Höhe von diesen... % zur Festsetzung beantragt (*Lorenz/Klanke, InsVV, 3. Aufl., § 3 Rn. 64 ff. u. Anhang II S. 315*).

Der Vollständigkeit halber darauf hingewiesen, dass die vorstehende Vergleichsberechnung nach der BGH-Rechtsprechung ausschließlich bezüglich des Zuschlages für die Betriebsfortführung durchzuführen ist. Andere Zuschläge – wie sie nachfolgend beantragt werden – werden hierbei nicht einbezogen (*BGH, Beschl. v. 12.05.2011 – IX ZB 143/08 in ZInsO 2011, 1422 ff.*).

Muster 347: Ergänzender Vergütungsantrag

▶ Hinweis:

519 Ein ergänzender Antrag kann auch nach dem Schlusstermin gestellt werden. Grundsätzlich gilt: Einnahmen bis zur Verfahrensbeendigung können Grundlage einer Vergütungsfestsetzung sein: BGH, Beschl. v. 20.07.2017 – IX ZB 75/16 in InsbürO 2017, 436, ZInsO 2017, 1810. In der praktischen Umsetzung müsste ein solcher Vergütungsantrag vor der Verteilung gestellt werden, allerdings kann nach vorgenannter BGH-Entscheidung ein ergänzender Vergütungsantrag auch noch nach der Verteilung gestellt werden, z. B. bei Einnahmen aus dem laufenden Arbeitseinkommen.

▶ Hinweis:

Bitte immer mindestens zweifach einreichen (Wünsche des Gerichtes berücksichtigen).
(= eine Kopie für Schuldner zur Stellungnahme)

Adressat: Insolvenzgericht

Insolvenzverfahren über das Vermögen der Firma.../des Herrn.../ der Frau...
Geschäftszeichen:... IN.../...
Ergänzender Vergütungsantrag

Sehr geehrte Frau Rechtpflegerin..., /Sehr geehrter Herr Rechtspfleger...,

in obigem Insolvenzverfahren nehme ich Bezug auf meinen Vergütungsantrag vom..., dem mit Beschluss vom... antragsgemäß entsprochen wurde. Seit diesem Vergütungsantrag sind... (*Anzahl*) Monate vergangen. In dieser Zeit sind weitere Beträge in Höhe von insgesamt... EUR vereinnahmt worden. Diese resultieren aus ... (*z. B. der Vorsteuererstattung aus der zwischenzeitlich festgesetzten Verwaltervergütung, Zinsbeträgen).* Als Nachweis wird eine verdichtete Einnahmen- und Ausgabenübersicht – beschränkt auf den Zeitraum seit Einreichung des Schlussberichtes am ... – in der **Anlage** übereicht. Die Verwaltervergütung berechnet sich nach der insgesamt vereinnahmten Insolvenzmasse im Sinne des § 1 InsVV. Der BGH hat in einer Entscheidung vom 20.07.2017 noch einmal bestätigt, dass alle Einnahmen, die bis zur Verfahrensaufhebung verbucht werden, in der Berechnungsgrundlage berücksichtigt werden dürfen *(IX ZB 75/16 in InsbürO 2017, 436, ZInsO 2017, 1810).*

Die Ausführungen zum Vergütungssatz und den *Zuschlägen* sollen weiterhin Bestand haben. Lediglich die Berechnungsmasse soll aktualisiert und damit der Berechnungswert korrigiert werden, und zwar wie folgt:

1. <u>Berechnungsgrundlage</u>

   Wegen der Zusammensetzung der Berechnungsgrundlage wird auf die Ausführungen im Antrag vom... verwiesen. Der dort ausgewiesene Endbetrag wird lediglich um die weiteren Einnahmen in Höhe von insgesamt... EUR erhöht. Die Einnahmen ergeben sich aus den im Original **beigefügten** Kontoauszügen seit dem... (*Tag der Übersendung des Schlussberichtes – also müssen dem Gericht durchgehend nun alle vorliegen*) sowie der anliegenden aktualisierten Einnahmen- und Ausgabenübersicht.

   Die Berechnungsgrundlage beträgt damit... **EUR.**

2. <u>Berechnung der Regelvergütung</u>

   Nach § 2 Abs. 1 InsVV ergibt sich auf Basis der vorgenannten Berechnungsgrundlage folgende geänderte Regelvergütung:

40 % von	25.000,00 EUR	... EUR

25 % von	25.000,00 EUR	... EUR
7 % von	200.000,00 EUR	... EUR
... % von	... EUR	... EUR
	... EUR	**... EUR**

3. Vergütungssatz und Zuschläge

Bei Zugrundelegung des im Vergütungsantrag vom... näher erläuterten Vergütungssatzes inkl. der Zuschläge ergibt sich auf Basis der vorgenannten Regelvergütung folgende neue Vergütung:

... % x... EUR (Vergütung gem. Ziff. 2.) =... EUR

4. Ermittlung der Vergütungsdifferenz

Auf Basis der vorstehenden Ausführungen errechnet sich die Differenz zu der bisher festgesetzten Vergütung wie folgt:

Neu ermittelte Vergütung	... EUR
./. bisher festgesetzte Vergütung	... EUR
Differenzbetrag	... EUR

5. Auslagen

▶ Hinweis:

Die Auslagenpauschale kann nunmehr bis zum Zeitpunkt der voraussichtlichen Verfahrensbeendigung berechnet werden.

Die beantragte Auslagenpauschale ändert sich hierdurch ebenfalls. Die Berechnung der Auslagenpauschale gem. Ziff.... im Vergütungsantrag vom... wird fortgesetzt. Dabei wird von einer Beendigung der Tätigkeit ... Monate nach Abhaltung des Schlusstermins ausgegangen und damit der Monat... (*Monat/Jahr*) bei der Berechnung zugrunde gelegt.

Der BGH hat entschieden, dass dem Insolvenzverwalter die Auslagenpauschale bis zur Verfahrensaufhebung zustehe (BGH, Beschl. v. 10.07.2008 -IX ZB 152/07 Rn. 19 in ZInsO 2008, 854 mit Verweis auf BGH, Beschl. v. 09.03.2006 -IX ZB 103/04 in ZInsO 2006, 424). Die Verfahrensaufhebung wird nach dem nunmehr anberaumten Schlusstermin und der durchgeführten Verteilung stattfinden. Die Auslagenpauschale wird nachstehend daher wie folgt berechnet:

▶ Hinweis:

I. d. R. räumt das Insolvenzgericht dem Insolvenzverwalter **zwei bis drei Monate** für die Durchführung der Verteilung und die Vorlage des Ausschüttungsberichtes ein. Ggf. muss man diesen Zeitraum an die Gegebenheiten des jeweiligen Gerichtes anpassen.

Insolvenzverwalter-Regelvergütung:... EUR

Auslagen für das 1. Jahr:... bis zum... 15 % von ... EUR	... EUR
Auslagen für das 2. Jahr:... bis zum... 10 % von... EUR	... EUR
Auslagen für das 3. Jahr:... bis zum... 5 % von... EUR	... EUR
Gesamtsumme	**... EUR**

Die Höchstgrenze von 30 % der Regelvergütung wurde vorstehend bereits berücksichtigt, indem für das 3. Jahr lediglich noch ein Prozentsatz von 5 % in Ansatz gebracht wurde. Es ist somit nur noch die erste Höchstgrenze zu prüfen:

... Monate Laufzeit x 250,00 EUR = ... EUR

Diese Höchstgrenze wird nicht überschritten, so dass eine Kürzung nicht vorzunehmen ist.

[Alternative:

Der vorgenannte Auslagenbetrag überschreitet die erste Höchstgrenze und ist damit auf den Betrag von... EUR zu kürzen.]

Die Differenz zur bisher festgesetzten Auslagenpauschale errechnet sich wie folgt:

Neu ermittelte Auslagenpauschale	... EUR
./. bisher festgesetzte Auslagenpauschale	... EUR
Differenzbetrag	**... EUR**

Damit wird dieser Differenzbetrag zur weiteren Festsetzung beantragt.

[Alternative bei keinem weiteren Anspruch auf die Auslagenpauschale:

Wie die vorstehende Berechnung zeigt, ergibt sich kein Anspruch auf eine weitere Auslagenpauschale.]

5. Zusammenfassung

Aufgrund der vorstehenden Ausführungen ergibt sich demnach folgende Nachberechnung im Überblick:

Differenz zur bisher festgesetzten Verwaltervergütung	... EUR
Weitere Auslagenpauschale	... EUR
Zwischensumme	... EUR
19 % Umsatzsteuer	... EUR
Gesamtsumme	**... EUR**

Es wird beantragt, diesen Betrag nachträglich festzusetzen und mir zu erlauben, die Summe aus der Insolvenzmasse zu entnehmen.

▶ Hinweis Umsatzsteuer:

Der sich ergebende erhöhte Umsatzsteuerbetrag kann nunmehr in die Berechnungsgrundlage einfließen und damit die Vergütung ebenfalls erhöhen. Aber Achtung: Nur die **Differenz des Umsatzsteuerbetrages** zum ursprünglichen Antrag einrechnen, wenn die Umsatzsteuer im ersten Vergütungsantrag in der Berechnungsgrundlage schon berücksichtigt wurde. Ansonsten wäre sie doppelt enthalten.

Siehe wegen Berechnung in das gesonderte Muster: 354.

Vor Einrechnung grobe Berechnung: Lohnt sich die Aufnahme und Darstellung?

Mit freundlichen Grüßen

....

Insolvenzverwalter/in

Anlagen:
Original-Kontoauszüge Nr.... bis... (*seit Einreichung des Schlussberichtes*)
Aktualisierte Einnahmen- und Ausgabenübersicht

Muster 348: Mindestvergütung IN-Verf. – § 2 InsVV

▶ Hinweis:

520 Bitte immer mindestens zweifach einreichen (Wünsche des Gerichtes berücksichtigen).

(= eine Kopie für Schuldner zur Stellungnahme)

Adressat: Insolvenzgericht

Insolvenzverfahren über das Vermögen der Firma.../des Herrn.../der Frau...
Geschäftszeichen:... IN.../...
Vergütungsantrag für das eröffnete Verfahren

Sehr geehrte Frau Rechtspflegerin..., /Sehr geehrter Herr Rechtspfleger...,

in obigem Insolvenzverfahren beantrage ich entsprechend der Regelungen in §§ 63 ff. InsO i.V.m. den insolvenzrechtlichen Vorschriften der InsVV folgende Vergütung zur Festsetzung:

Insolvenzverwaltervergütung	... EUR
Auslagen gem. § 8 InsVV	... EUR
Zustellungskosten	... EUR
Zwischensumme	... EUR
19 % Umsatzsteuer gem. § 7 InsVV	... EUR
Gesamtsumme	**... EUR**

Der Vergütung liegt folgende Berechnung zugrunde:

1. Berechnungsgrundlage

Wie sich aus dem Schlussbericht ergibt, ist eine realisierte Masse i.H.v.... EUR vorhanden.

Mögliche Abzüge gem. § 1 Abs. 2 InsVV sind nicht vorzunehmen. Damit soll der vorgenannte Betrag i.H.v.... EUR nachfolgend als Berechnungsgrundlage dienen.

[Alternative bei Entnahme von RVG-Gebühren:

Ich habe die Sozietät... mit... beauftragt und Honorare in einer Gesamthöhe von... EUR an diese gezahlt. Wegen der Einzelheiten wird auf die Ausführungen hierzu *im Sachstandsbericht/im Schlussbericht* auf S. ... verwiesen. Diese Beträge sind aber nicht i.S.d. § 5 i. V. m. § 1 Abs. 2 Nr. 4 a InsVV von der Berechnungsgrundlage in Abzug zu bringen, weil mir das Honorar nicht in Gänze, sondern nur anteilig als Sozius zugeflossen ist. Die Vorschrift des § 1 Abs. 2 Nr. 4a InsVV soll die doppelte Vergütung des Insolvenzverwalters vermeiden. Dies ist vorliegend nicht gegeben, weil keine Honorare i.S.d. § 5 InsVV allein an mich gezahlt wurden. Damit ist kein Abzug vorzunehmen (*BGH, Beschl. v. 20.09.2011 – IX ZB 112/09 in ZInsO 2011, 2051).]*

▶ Hinweis:

Die Entnahme von RVG-Gebühren kommt in Kleinverfahren insbesondere wegen der Geltendmachung von Anfechtungsansprüchen in Betracht.

[Alternative bei Kontostand 0,00 EUR:

Wie sich aus dem Schlussbericht ergibt, konnten keinerlei Einnahmen im vorliegenden Verfahren realisiert werden, so dass auch eine Berechnungsgrundlage nicht gegeben ist bzw. diese 0,00 EUR beträgt.]

2. Beauftragung sogenannter »Externer«

Es wird in Erfüllung der Angabepflicht gem. § 8 Abs. 2 InsVV mitgeteilt, dass im vorliegenden Verfahren keine externen Dritten i.S.d. § 4 Abs. 1 S. 3 InsVV beauftragt wurden.

3. Regelvergütung

Nach § 2 Abs. 1 InsVV ergibt sich aufgrund des vorgenannten Wertes folgende Berechnung:

40 % von... EUR =... EUR

[Alternative:

Weil die Berechnungsgrundlage 0,00 EUR beträgt, kann eine Berechnung nach § 2 Abs. 1 InsVV nicht vorgenommen werden bzw. führt zu keinem Vergütungsbetrag.]

Für beide Varianten:

Die Vergütung beträgt (*allerdings*) gem. § 2 Abs. 2 InsVV mindestens 1.000 EUR, sofern nicht mehr als zehn Gläubiger Forderungen zur Insolvenztabelle angemeldet haben. Im vorliegenden Verfahren haben insgesamt... *(Anzahl)* Gläubiger Forderungsanmeldungen vorgenommen. *Rücknahmen wurden nicht erklärt./Es wurden ... Rücknahmen erklärt.* Damit erhöht sich diese Mindestvergütung entsprechend § 2 Abs. 2 InsVV wie folgt:

Mindestvergütung	... EUR
Erhöhung vom 11. bis zum 30. Gläubiger für je angefangene 5 Gläubiger um 150,00 EUR = 4 x 150,00 EUR	... EUR
Erhöhung ab dem 31. Gläubiger für je angefangene 5 Gläubiger um 100,00 EUR =... x 100,00 EUR	... EUR
Gesamtsumme	**... EUR**

Diese Mindestvergütung von... EUR wird hiermit zur Festsetzung beantragt.

▶ Hinweise zur Gläubigerberücksichtigung:

Entscheidend ist die **Anzahl der anmeldenden Gläubiger** und **nicht die Anzahl** der vorliegenden **Anmeldungen** (BGH, Beschl. v. 16.12.2010 – IX ZB 39/10 in ZInsO 2011, 200, bestätigt durch BGH, Beschl. v. 21.03.2013 – IX ZB 209/10 Rn. 12 in InsbürO 2013, 493, ZInsO 2013, 894).

Dabei zählt eine **Gebietskörperschaft**, die durch verschiedene Behörden mehrere Forderungen aus unterschiedlichen Rechtsverhältnissen anmeldet, **nur als eine Gläubigerin** (BGH, Beschl. v. 19.05.2011 – IX ZB 27/10 in ZInsO 2011, 1251 f.). Im entschiedenen Fall waren es die Landesjustizkasse und das Finanzamt.

▶ Hinweis zum Thema Zuschläge:

Zuschläge können grundsätzlich auch zusätzlich zu einer Mindestvergütung beantragt werden (BGH, Beschl. v. 27.04.2010 – IX ZB 172/08 in WKRS 2010, 15006, bestätigt durch BGH, Beschl. v. 14.12.2017 – IX ZB 101/15 in: WKRS 2017, 29310. Dies aber nur dann, wenn die Voraussetzungen für eine **Abweichung vom Normalverfahren** vorliegen.

4. Auslagen

Es wird mit diesem Antrag die Auslagenpauschale gem. § 8 Abs. 3 InsVV zur Festsetzung beantragt. Die Berechnung stellt sich insoweit wie folgt dar:

▶ **Hinweis bei Erhöhung der Mindestvergütung:**

Die Auslagen sind bei Erhöhung der Mindestvergütung **durch höhere Gläubigeranzahl von diesem erhöhten Betrag** zu berechnen, da dieser die Regelvergütung nach § 2 InsVV darstellt (BGH, Beschl. v. 09.03.2006 – IX ZB 257/04 in WKRS 2006, 12491 Rn. 4).

Bei der **geminderten Mindestvergütung** von nur 800,00 EUR wären die Auslagen davon zu berechnen.

Insolvenzverwalter-Regelvergütung:... EUR

Auslagen für das 1. Jahr:... bis zum... 15 % von ... EUR	... EUR
Auslagen für das 2. Jahr:... bis zum... 10 % von... EUR	... EUR
Auslagen für das 3. Jahr:... bis zum... 5 % von... EUR	... EUR
Gesamtsumme	**... EUR**

Die Höchstgrenze von 30 % der Regelvergütung wurde vorstehend bereits berücksichtigt, indem für das 3. Jahr lediglich noch ein Prozentsatz von 5 % in Ansatz gebracht wurde. Es ist somit nur noch die erste Höchstgrenze zu prüfen:

... Monate Laufzeit x 250,00 EUR = ... EUR

Diese Höchstgrenze wird nicht überschritten, so dass eine Kürzung nicht vorzunehmen ist.

[Alternative:

Der vorgenannte Auslagenbetrag überschreitet die erste Höchstgrenze und ist damit auf den Betrag von... EUR zu kürzen.]

5. Zustellungskosten

Siehe gesondertes Muster Nr. 359

6. Zusammenfassung

Zusammenfassend ergibt sich die am Anfang des Antrages aufgeführte Verwaltervergütung.

▶ **Hinweis:**

Ggf. **verauslagte Kosten für Suche im Vollstreckungsportal** geltend zu machen?

Ich bitte, dem Vergütungsantrag zu entsprechen und eine Festsetzung vorzunehmen.

Wegen der erfolgten Kostenstundung bitte ich um Erstattung aus der Staatskasse unter Angabe des internen Aktenzeichens ... auf das Konto der ... (Insolvenzbüro) bei der

Bank:...
IBAN: ...
BIC: ...

Mit freundlichen Grüßen

....
Insolvenzverwalter/in

Muster 349: Nachtragsverteilung – Vergütungsantrag

▶ **Hinweis:**

521 Bitte immer mindestens zweifach einreichen (Wünsche des Gerichtes berücksichtigen).
(= eine Kopie für Schuldner zur Stellungnahme)

Adressat: Insolvenzgericht

Insolvenzverfahren über das Vermögen der des Herrn.../der Frau...
Geschäftszeichen:... IN.../...
Vergütungsantrag für Nachtragsverteilung

Sehr geehrte Frau Rechtspflegerin..., /Sehr geehrter Herr Rechtspfleger...,

durch dortigen Beschluss vom... ist die Nachtragsverteilung in obigem Insolvenzverfahren angeordnet worden. Hintergrund war ein Zahlungseingang *der/des... (Name des Zahlenden)* vom... in Höhe von... EUR, der nach Aufhebung des Insolvenzverfahrens an die Insolvenzmasse geflossen ist. Dieser Betrag wird abzüglich der mit diesem Antrag begehrten Vergütung *und der zu bildenden Rückstellung für die Kosten der RSB-Phase (BGH, Beschluss vom 20.11.2014 (IX ZB 16/14 in WKRS 2014, 27348, InsbürO 2015) in Kürze/zusammen mit der in ... Wochen anstehenden Ausschüttung nach Ablauf des nächsten Jahres der Restschuldbefreiungsphase* an alle Gläubiger entsprechend dem Schlussverzeichnis ausgeschüttet werden.

▶ Hinweis zur Rückstellung für RSB-Phase:

Ggf. wurde die Rückstellung schon im eröffneten Verfahren gebildet? Dann den vorstehenden Satzteil löschen.

▶ Hinweis zum Ausschüttungszeitpunkt:

Wenn die Ausschüttung in der RSB-Phase sicher ist und in spätestens 8 Wochen ansteht, kann dies zusammen gemacht werden. Ansonsten sollte der Betrag der Nachtragsverteilung gesondert ausgeschüttet werden. **Eigentlich zwei getrennte Vorgänge!**

[Alternative:

Eine Rückstellung für die Kosten der Restschuldbefreiungsphase ist aus diesem eingegangenen Betrag nicht mehr zu bilden, da eine solche schon während des eröffneten Verfahrens gebildet wurde. Insoweit darf auf die Schlussrechnung vom ... (S. ...) verwiesen werden.]

Dieser nachträglich vereinnahmte Betrag ist in der Verwaltervergütung für das eröffnete Insolvenzverfahren noch nicht berücksichtigt. Daher beantrage ich gem. § 6 Abs. 1 InsVV eine gesonderte Vergütung für die Tätigkeit im Hinblick auf die weiter nunmehr zusätzlich realisierte Einnahme.

1. <u>Berechnungsgrundlage</u>

   Als Berechnungsgrundlage dient entsprechend § 6 Abs. 1 Satz 1 InsVV und nach einer Entscheidung des BGH (*Beschl. v. 12.10.2006 – IX ZB 294/05 in ZInsO 2006, 1205*) der Wert der nachträglich zu verteilenden Insolvenzmasse. Dies entspricht vorliegend dem Betrag in Höhe von... EUR.

   ▶ Hinweis:

   Die **ursprüngliche Berechnungsgrundlage** ist **nicht** aufgrund der Nachtragsverteilung zu **ergänzen.** Dem weiteren Vergütungsanspruch ist lediglich die zusätzliche erzielte Einnahme zugrunde zu legen und die Vergütung gesondert zu ermitteln (BGH, Beschl. v. 22.10.2009 – IX ZB 78/08 <u>Rn. 3</u>)

2. <u>Regelvergütung des § 2 InsVV</u>

   Nach § 2 Abs. 1 InsVV ergibt sich auf Basis der vorgenannten Berechnungsgrundlage folgende Regelvergütung:

   40 % von ... EUR =... EUR

   (bis 25.000 EUR)

3. <u>Vergütungssatz für die Nachtragsverteilung</u>

   Nach § 6 Abs. 1 InsVV ist die Vergütung nach billigem Ermessen festzusetzen. Die Rechtsprechung geht hier regelmäßig von 25 % der Regelvergütung nach § 2 InsVV aus. Dieser Prozentsatz ist allerdings je nach Umfang der Tätigkeit im Einzelfall niedriger oder höher festzusetzen.

   Vorliegend sind folgende Tätigkeiten mit der Nachtragsverteilung verbunden:
   - Antrag auf Nachtragsverteilung
   - Prüfung des Beschlusses
   - Versendung des Beschlusses *an die Finanzverwaltung*
   - *Abgabe der Steuererklärung/en*
   - Buchung des Zahlungseinganges
   - Kontrolle, ob der Zahlungseingang der Nachtragsverteilung unterliegt oder ggf. an Dritte ausgezahlt werden muss
   - Kontrolle der etwaig erforderlichen Rückstellung für die Kosten der RSB-Phase *und Berechnung der Rückstellungshöhe*
   - *gesonderte Ausschüttung an ... Gläubiger: Information an diese und Vornahme der Überweisungen, ggf. Klärung neuer Bankverbindungen.*

Es erscheint ein Prozentsatz von... % als angemessen, um die Tätigkeit zu vergüten. Dies ergibt folgende Berechnung:

... % von... EUR (*Regelvergütung nach vorstehender Ziff. 2*) =... EUR

▶ Hinweis:

Bei **Auszahlung auf ausstehende Gerichtskosten = weniger Arbeit** als bei Verteilung an Insolvenzgläubiger: trotzdem dem Grunde nach Honoraranspruch: im Einzelfall **Prozentsatz anpassen.**

Sowieso: Je nach Höhe des vereinnahmten Betrages schauen, ob sich die Antragstellung lohnt (**internen Mindestbetrag klären**)

▶ Hinweis:

Nach **Graeber/Graeber**, InsVV, 2. Aufl., § 6 Rn. 16 gilt die **Mindestvergütung** nach § 2 Abs. 2 InsVV auch im Rahmen der Nachtragsverteilung.

Diese bewilligen aber nicht alle Gerichte.

Bei geringen Beträgen unter 250 EUR im IN-Verf. und 200 EUR im IK-Verf.:
Nach Graeber/Graeber, InsVV, 2. Aufl., § 6 Rn. 16 sind die Regelungen zur Mindestvergütung gem. § 2 InsVV/§ 13 i.V.m. § 2 InsVV auch bei der Vergütung für die Nachtragsverteilung zu berücksichtigen und hiervon der durchschnittliche Prozentsatz von 25 % zu berechnen. Das würde vorliegend zu einer Vergütung i.H.v. ... EUR (= 250,00 EUR / = 200,00 EUR) führen.

Im vorliegenden Verfahren soll daher diese Mindestvergütung zur Festsetzung beantragt werden, um die Tätigkeit zu vergüten.

4. Auslagen

Es wird darüber hinaus mit diesem Antrag die Auslagenpauschale gem. § 8 Abs. 3 InsVV zur Festsetzung beantragt, die auch für eine Nachtragsverteilung berechnet werden darf. Die Berechnung stellt sich wie folgt dar:

Regelvergütung gem. § 2 InsVV u. vorstehender Ziff. 2):... EUR

15 % von... EUR = ... EUR (ungekürzt)

Insoweit darf auf die Kommentierung zur InsVV verwiesen werden, wonach es sich bei der Vergütung für eine Nachtragsverteilung um eine von der Vergütung im eröffneten Verfahren losgelöste Sondervergütung handelt, für die die Staffelsätze des § 8 Abs. 3 InsVV ungekürzt anzuwenden sind. Grundlage für den Pauschsatz von 15 % ist die Regelvergütung gemäß § 2 InsVV auf der Basis des Wertes der Nachtragsverteilungsmasse. Dies entspricht der klaren Verordnungsregelung in § 8 Abs. 1 InsVV (*Haarmeyer/Mock, InsVV, 5. Aufl. 2014, § 6 Rn. 12; Lorenz/Klanke, InsVV, 3. Aufl. 2016, § 6 Rn. 12; Graeber/Graeber, InsVV, 2. Aufl. 2016, § 6 Rn. 11*). Eine etwaige Kürzung erfolgt über die Höchstgrenzen gem. § 8 Abs. 3 S. 1, 2 InsVV.

Die erste Höchstgrenze von 250,00 EUR pro laufenden Monat wird vorstehend nicht überschritten. Auch die zweite Höchstgrenze von 30 % der Regelvergütung wird nicht überschritten, weil vorliegend nur 15 % in Ansatz gebracht wurden.

▶ Hinweis:

Diese Auslagenpauschale deckt bspw. die Zustellung an den Drittschuldner ab = Information über Anordnung der Nachtragsverteilung und Einzug des Vermögenswertes (z. B. Finanzverwaltung).

5. Zusammenfassung

Zusammenfassend ergibt sich folgende Berechnung zur Festsetzung:

Vergütung für Nachtragsverteilung gem. § 6 InsVV	... EUR
Auslagen gem. § 8 Abs. 3 InsVV	... EUR
Zwischensumme	... EUR
19 % Umsatzsteuer gem. § 7 InsVV	... EUR
Gesamtsumme	**... EUR**

Ich bitte, dem Vergütungsantrag zu entsprechen und eine entsprechende Festsetzung vorzunehmen. Gleichzeitig bitte ich um Ermächtigung, den Vergütungsbetrag vor der Verteilung entnehmen zu dürfen.

Mit freundlichen Grüßen

....
Insolvenzverwalter/in

▶ **Hinweis erhöhte Gerichtskosten – Vorsicht bei Verteilung:**

- weitere Einnahme = erhöhte Berechnungsgrundlage für Gerichtskasse = erhöhte Gerichtskosten = mögliche nachträgliche Berechnung seitens der Staatskasse
- daher: vor Ausschüttung geänderte Gerichtskostenrechnung abklären

▶ **Hinweis zu anderen Gründen für eine Nachtragsverteilung:**

Ein weiterer Grund für eine Nachtragsverteilung kann z.B. die Freigabe ursprünglich hinterlegter Beträge nach § 198 i.V.m. § 191 Abs. 2 InsO **für aufschiebend bedingte Forderungen** sein. Hier ist der **Betrag** aber **schon in der ursprünglichen Vergütungsberechnung als Einnahme mitberücksichtigt**, sodass es bei einem weiteren Vergütungsantrag zu einer Doppelberücksichtigung kommen würde und damit kein Vergütungsanspruch besteht. Es gibt etliche weitere Gründe für weitere Einnahmen. Die Umstände des Einzelfalls sind jeweils zu betrachten.

Muster 350: Rechnungsmuster – eröffnetes Verfahren

▶ **Hinweis:**

Der Schuldner muss die Rechnung tatsächlich nicht zahlen. Sie wird nur an ihn adressiert. Das Honorar wird vom Treuhandkonto entnommen. 522

Adressat:
Herrn/Frau … als Insolvenzverwalter/in über das Vermögen
des Herrn …/der Frau …
(bei laufenden Betrieben: Geschäftsadresse)
(bei eingestellten Betrieben: Dienstanschrift Verwalter/in)
Adressat bei Kostenstundung: Herrn/Frau ... (Schuldner/Schuldnerin)

▶ **Hinweis:**

Die Formulierung im Adressfeld ist für einen etwaigen Vorsteuerabzug wichtig.

Kostenrechnung

Nr.: … *(wurde schon bei Antragstellung durch Einbuchung vergeben: Einblick in das Aktenkonto)*

in dem Insolvenzverfahren über das Vermögen der

Firma…/des Herrn…/der Frau…

Amtsgericht …:… IN…/…

Leistungszeitraum: … *(Tag der Eröffnung bis zur Beschlussfassung)*

Verwaltervergütung im eröffneten Verfahren gem. § 2 InsVV und gem. Beschluss des Amtsgerichts… vom… (Rechtskraft eingetreten am…)	… EUR
Auslagen und Zustellungskosten gem. vorgenanntem Beschluss	… EUR
Zwischensumme	… EUR
19 % Umsatzsteuer	… EUR
Gesamtsumme	**… EUR**

Ich bitte um Zahlung des ausgewiesenen Betrages auf eines der umseitig aufgeführten Konten.

[Alternative:

Wegen der erfolgten Kostenstundung bitte ich um Erstattung aus der Staatskasse unter Angabe des internen Aktenzeichens … auf das Konto der … (Insolvenzbüro) bei der

Bank:…

IBAN: …

BIC: …]

....
Insolvenzverwalter/in

Muster 351: Regelinsolvenz – Vergütungsantrag

▶ Hinweis:

523 Bitte immer mindestens zweifach einreichen (Wünsche des Gerichtes berücksichtigen). (= eine Kopie für Schuldner zur Stellungnahme)

Adressat: Insolvenzgericht

Insolvenzverfahren über das Vermögen der der Firma .../des Herrn.../der Frau...
Geschäftszeichen:... IN.../...
Vergütungsantrag für das eröffnete Verfahren

Sehr geehrte Frau Rechtspflegerin..., / Sehr geehrter Herr Rechtspfleger...,

in obigem Insolvenzverfahren beantrage ich entsprechend der Regelungen in §§ 63 ff. InsO i.V.m. den insolvenzrechtlichen Vorschriften der InsVV folgende Vergütung zur Festsetzung:

▶ Hinweis:

Hier bitte die **abschließende Vergütung** inkl. ggf. Umsatzerstattung aus der Verwaltervergütung in der Berechnungsgrundlage aufführen.

Insolvenzverwaltervergütung	... EUR
Auslagen gem. § 8 InsVV	... EUR
Zustellungskosten	... EUR
Zwischensumme	... EUR
19 % Umsatzsteuer gem. § 7 InsVV	... EUR
Gesamtsumme	**... EUR**

Der Vergütung liegt folgende Berechnung zugrunde:

1. Berechnungsgrundlage

Wie aus dem Schlussbericht ersichtlich wird, ist eine Gesamtsumme der Einnahmen in Höhe von ... **EUR** zu verzeichnen.

▶ Hinweis:

Addition von übernommenem Guthaben aus vorl. Verwaltung und Einnahmen aus eröffnetem Verfahren.

Von diesem Betrag sind keinerlei Abzüge gem. § 1 Abs. 2 InsVV vorzunehmen. Alle in dieser Regelung aufgeführten Sachverhalte sind im vorliegenden Verfahren nicht gegeben.

Alternative – eine Regelung greift:

Von den möglichen Abzügen gem. § 1 Abs. 2 InsVV kommt lediglich die Vorschrift des § 1 Abs. 2 Nr.... InsVV in Betracht. Es wurde insoweit... (*näher erläutern*)

Abzug: ... EUR

Damit ergibt sich nach Abzug dieses Betrages von der Gesamtsumme der Einnahmen ein Betrag i. H. v.... EUR als Berechnungsgrundlage für die nachfolgend zu ermittelnde Vergütung.

[Alternative – zu allen Regelungen einzeln ausführen:

Von diesem Betrag sind Abzüge gem. § 1 Abs. 2 InsVV wie folgt vorzunehmen:]

Nr. 1:

Es bestanden Absonderungsrechte Dritter an einigen Gegenständen des schuldnerischen Vermögens. Diese wurden im Schlussbericht auf S. ... näher erläutert. Ich habe die Verwertung der Gegenstände durchgeführt, die Kaufpreiserlöse in Höhe von insgesamt... EUR brutto vereinbart und an den jeweiligen Absonderungsgläubiger abzüglich der Kostenbeiträge und der gesetzlichen Umsatzsteuer gem. §§ 170, 171 InsO abgeführt.

Durch diese Verwertungstätigkeiten sind die Bruttoerlöse von der vorgenannten Berechnungsgrundlage nicht in Abzug zu bringen. Die Beschränkung des sich dadurch ergebenden Mehrbetrages der Vergütung gem. § 1 Abs. 2 Nr. 1 InsVV wird nachfolgend berücksichtigt werden.

Gesamtsumme der mit Absonderungsrechten
belasteten Einnahmen:... EUR
Abzug: 0,00 EUR

Nr. 2:

Es wurden keine Aus- oder Absonderungsrechte abgefunden, indem ggf. Ablösesummen aus der Insolvenzmasse geleistet werden. Ein Abzug ist daher nicht vorzunehmen.

Abzug: 0,00 EUR

[Alternative:

Bei dem Pkw… mit dem amtlichen Kennzeichen… handelte es sich um ein Leasingfahrzeug. Ich habe dieses bei der Leasinggesellschaft durch Zahlung einer Summe in Höhe von… EUR abgelöst und somit den Eigentumsübergang auf die Insolvenzmasse bewirkt. Das Fahrzeug wurde im Anschluss daran für… EUR verkauft. Der erzielte Kaufpreis ist in der Gesamtsumme der Einnahmen berücksichtigt. Der gezahlte Ablösebetrag ist gem. § 1 Abs. 2. Nr. 2 InsVV von dieser Einnahmensumme abzuziehen.]

Abzug:… EUR

Nr. 3:

Verrechnungen von Drittschuldnern wurden nicht vorgenommen. Daher ist keine diesbezügliche Kürzung gem. § 1 Abs. 2 Nr. 3 InsVV vorzunehmen.

[Alternative:

Ausweislich des Gläubigerverzeichnisses gem. § 152 InsO gab es… *(Anzahl)* Drittschuldner, denen eine Aufrechnungsmöglichkeit gem. §§ 94, 95 InsO zustand. Von dem Recht zur Aufrechnung wurde im Laufe des Verfahrens Gebrauch gemacht. Die bestehenden Forderungen gegen diese Drittschuldner i. H. v.… EUR wurden mit Gegenforderungen i. H. v.… EUR verrechnet. Damit hat sich lediglich ein Überschuss i. H. v.… EUR ergeben.…]

Weitere Ausführungen zur Alternative – Buchung volle Forderung:

Die Forderungsbeträge zugunsten der Insolvenzmasse sind über das Sachkonto Nr.… vollumfänglich eingebucht worden, weil die Insolvenzmasse sie indirekt realisiert hat. Die Insolvenzmasse ist durch die Verrechnung zumindest nicht mit ihrem Anspruch ausgefallen. Der Gesamtbetrag der Gegenforderungen muss daher entsprechend der Regelung in § 1 Abs. 2 Nr. 3 InsVV in Abzug gebracht werden, weil lediglich der Überschuss, der der Insolvenzmasse tatsächlich zugeflossen ist, berücksichtigt werden darf.

Abzug: … EUR

Weitere Ausführungen zur Alternative – Buchung nur Zahlungseingang:

Auf dem Sachkonto Nr.… sind sowieso nur die der Insolvenzmasse tatsächlich zugeflossenen Beträge, also der verbleibende Überschuss nach erfolgter Aufrechnung, gebucht worden, so dass in der obigen Gesamtsumme der Einnahmen keine Erlöse enthalten sind, die nunmehr nach § 1 Abs. 2 Nr. 3 InsVV in Abzug zu bringen wären.

Abzug: 0,00 EUR

Nr. 4a:

Ich habe die Sozietät… mit… beauftragt und Honorare in einer Gesamthöhe von… EUR an diese gezahlt. Wegen der Einzelheiten wird auf die Ausführungen hierzu im Schlussbericht auf S. … verwiesen. Diese Beträge sind aber nicht i.S.d. § 5 i. V. m. § 1 Abs. 2 Nr. 4 a InsVV von der Berechnungsgrundlage in Abzug zu bringen, weil mir das Honorar nicht in Gänze, sondern nur anteilig als Sozius zugeflossen ist. Die Vorschrift des § 1 Abs. 2 Nr. 4a InsVV soll die doppelte Vergütung des Insolvenzverwalters vermeiden. Dies ist vorliegend nicht gegeben, weil keine Honorare i.S.d. § 5 InsVV allein an mich gezahlt wurden. Damit ist kein Abzug vorzunehmen *(BGH, Beschl. v. 20.09.2011 – IX ZB 112/09 in ZInsO 2011, 2051).*

Abzug: 0,00 EUR

[Alternative:

Der Unterzeichner hat für den Einsatz besonderer Rechtskunde gem. § 5 InsVV Beträge in einer Gesamthöhe von… EUR aus der Insolvenzmasse entnommen. Wegen der Einzelheiten hierzu wird auf die Ausführungen im Schlussbericht auf S. … verwiesen. Diese Beträge sind von der obigen Berechnungsgrundlage entsprechend § 1 Abs. 2 Nr. 4a InsVV in Abzug zu bringen.

Abzug: … EUR]

Nr. 4b:

Der schuldnerische Betrieb wurde bis zum… fortgeführt. Aus den Buchungen in der **anliegenden** Schlussrechnung ergibt sich, dass die Einnahmen und Ausgaben im Hinblick auf die Betriebsfortführung gesondert gebucht wurden, um die getätigten Ausgaben nunmehr von der Berechnungsgrundlage in Abzug bringen zu können. Insoweit wurden entsprechend der BGH-Rechtsprechung all diejenigen Leistungen Dritter berücksichtigt, die der Betriebsfortführung gedient haben (u.a. *BGH, Beschl. v. 21.07.2011 – IX ZB 148/10 in ZInsO 2011, 1615*). Der Überschuss stellt sich wie folgt dar:

▶ Hinweis:

Masseverbindlichkeiten und Forderungen sind jeweils dem **Zeitraum ihrer Begründung zuzuordnen,** unabhängig davon, wann sie bezahlt bzw. eingezogen wurden (BGH vom 02.03.2017 und 06.04.2017 – IX ZB 90/15 und IX ZB 23/16 zu Masseverbindlichkeiten, übertragbar aber auch auf Forderungen)

Fortführungsbedingte Einnahmen *(übergeordnetes Sachkonto ...)*	... EUR
Fortführungsbedingte Masseverbindlichkeiten *(übergeordnetes Sachkonto ...)*	... EUR
erwirtschafteter Überschuss	**... EUR**

Die Summe der aus der **Anlage** ersichtlichen Ausgaben ist daher von der obigen Berechnungsgrundlage in Abzug zu bringen.

Abzug: ... EUR

[Alternative:

Eine Betriebsfortführung hat nicht stattgefunden. Abzüge nach § 1 Abs. 2 Nr. 4b InsVV sind daher nicht vorzunehmen.

Abzug: 0,00 EUR]

Nr. 5:

Ein Verfahrenskostenvorschuss wurde von dritter Seite nicht geleistet. Ein Abzug muss daher nicht erfolgen.

Abzug: 0,00 EUR

[Alternative:

Von... wurde ein Verfahrenskostenvorschuss i. H. v.... EUR gezahlt. Dieser ist entsprechend der Regelung in § 1 Abs. 2 Nr. 5 InsVV von der obigen Berechnungsgrundlage abzuziehen.

Abzug: ... EUR]

Aufgrund vorstehender Ausführungen ergibt sich folgende Berechnungsgrundlage:

Gesamtsumme der Einnahmen gem. Schlussbericht	... EUR
Gesamtsumme der Abzüge gem. vorstehenden Ausführungen	... EUR
verbleibende Berechnungsgrundlage	... EUR

2. Beauftragung sogenannter »Externer«

In Erfüllung der Angabepflicht gem. § 8 Abs. 2 InsVV wird mitgeteilt, dass im vorliegenden Verfahren keine externen Dritten gem. § 4 Abs. 1 Satz 3 InsVV beauftragt wurden.

Abzug: 0,00 EUR

[Alternative bei Beauftragung:

Es wird in der Erfüllung der Angabepflicht gem. § 8 Abs. 2 InsVV mitgeteilt, dass Dritte i.S.d. § 4 Abs. 1 S. 3 InsVV beauftragt wurden. Hierbei handelt es sich um... (*z. B. den Steuerberater, der die Bilanzen für das schuldnerische Unternehmen erstellt hat, die Firma....., die die Entsorgung der Betriebsräumlichkeiten vorgenommen hat, die Firma....., die mit der Akteneinlagerung sämtlicher betrieblichen Unterlagen beauftragt wurde,..... etc.*). Im Einzelnen wird hierzu auf die Ausführungen im Schlussbericht verwiesen. Insgesamt wurde hierfür ein Betrag in Höhe von... EUR aus der Insolvenzmasse aufgewandt.

Da es sich jedoch in allen Fällen um nicht verwaltertypische Aufgaben gehandelt hat, ist ein Abzug von der Berechnungsgrundlage nicht vorzunehmen.

Abzug: 0,00 EUR]

3. Regelvergütung

Aufgrund der vorgenannten Berechnungsgrundlage ergibt sich gem. § 2 InsVV folgende Regelvergütung:

40 % von ... EUR (bis 25.000,00 EUR) = ... EUR

Bei höheren Einnahmen:

40 % von	25.000,00 EUR	... EUR
25 % von	25.000,00 EUR	... EUR

7 % von	200.000,00 EUR	… EUR
… % von	… EUR	… EUR
	… EUR	**… EUR**

▶ Hinweis:

Wurden Absonderungsgegenstände verwertet, ist die Vergleichsberechnung gem. § 1 Abs. 2a InsVV vorzunehmen. Siehe Muster Nr. 345.

4. Zuschläge

Zuschläge werden im vorliegenden Verfahren nicht zur Festsetzung beantragt.

▶ Hinweis:

Werden Zuschläge zur Festsetzung beantragt, sollten diese jeweils einzeln mit den jeweiligen Tätigkeiten erläutert werden. Ein Beispiel findet sich im Muster Nr. 346 zur **Betriebsfortführung**.

5. Abschläge

Abschläge nach § 3 Abs. 2 InsVV sind vorliegend nicht vorzunehmen. Die in dieser Regelung aufgeführten und in der Rechtsprechung darüber hinaus entwickelten Grundsätze einer möglicherweise erforderlichen Vergütungsminderung sind im vorliegenden Verfahren nicht gegeben. Die Masse und die Anforderungen waren normal.

▶ Hinweis zur Rechtsprechung:

BGH, zur Abweichung vom Normalfall, z. B. **geringe Gläubigeranzahl**, Beschl. v. 11.05.2006 – IX ZB 249/04 Rn. 43 in ZInsO 2006, 642 ff.; BGH, Abschlag wg. **geringer Anforderungen**, Beschl. v. 23.03.2006 – IX ZB 20/05 Rn. 6 in ZInsO 2006, 539 f.; BGH, zur **Erleichterung durch vorl. Verwalter**, Beschl. v. 08.07.2010 – IX ZB 222/09 in ZInsO 2010, 1503 u.a.

[Alternative 1 – Tätigkeit als vorläufiger Verwalter:

Im vorliegenden Verfahren ist der Tatbestand des § 3 Abs. 2 b InsVV erfüllt. Ich war als *vorläufige/r Insolvenzverwalter/in* tätig und habe in dieser Funktion bereits… ausgeführt (*Tätigkeit näher umschreiben*). Weil diese Tätigkeit dem Grunde nach dem Verwalter im eröffneten Verfahren obliegt und dadurch eine *Arbeitserleichterung* im eröffneten Verfahren eingetreten ist, wird entsprechend der gesetzlichen Regelung ein Abschlag auf die Regelvergütung vorgenommen. Dieser wird mit… % für angemessen gehalten.]

▶ Rechtsprechung:

BGH, Vorwegnahme von Tätigkeiten d. vorl. Verwalter, Beschl. v. 11.05.2006 – IX ZB 249/04 in ZInsO 2006, 642 ff.; BGH, Beeinflussung der Vergütung des IV d. Tätigkeit d. vorl. Verwalters, Beschl. v. 12.06.2008 – IX ZB 184/07 in WKRS 2008, 17143; BGH, Erleichterung des IV im eröffneten Verfahren, Beschl. v. 08.07.2010 – IX ZB 222/09 in ZInsO 2010, 1503

[Alternative 2 – Abweichung vom Normalfall:

Die in der Literatur und Rechtsprechung vertretenen Kriterien eines Normalverfahrens werden vorliegend nicht vollständig erfüllt. So handelt es sich vorliegend lediglich um einen Insolvenzschuldner mit… (Umsatz von bis zu… EUR, lediglich… Gläubigern, keinen ausstehenden Forderungen gegen Dritte etc.). Es ist daher ein Abschlag gerechtfertigt, der mit… % in Ansatz gebracht wird.]

6. Vergütungsberechnung

▶ Hinweis:

Diesen Gliederungspunkt **nur nutzen**, wenn sich die **Regelvergütung verändert**. Ansonsten einfach löschen.

Der zugrunde zu legende Vergütungssatz ergibt sich nach den vorstehenden Ausführungen wie folgt:

Grundvergütung	… %
Zuschläge	… %
Abschlag	… %
Gesamt-Prozentsatz	**… %**

Es ergibt sich daher folgende Berechnung:

… % von… (Regelvergütung nach Ziff. 3)

7. Auslagen

Es wird mit diesem Antrag die Auslagenpauschale gem. § 8 Abs. 3 InsVV zur Festsetzung beantragt. Die Berechnung stellt sich insoweit wie folgt dar:

Insolvenzverwalter-Regelvergütung:	... EUR
Auslagen für das 1. Jahr: ... bis zum... 15 % von ... EUR	... EUR
Auslagen für das 2. Jahr: ... bis zum... 10 % von... EUR	... EUR
Auslagen für das 3. Jahr: ... bis zum... 5 % von... EUR	... EUR
Gesamtsumme	**... EUR**

Die Höchstgrenze von 30 % der Regelvergütung wurde vorstehend bereits berücksichtigt, indem für das 3. Jahr lediglich noch ein Prozentsatz von 5 % in Ansatz gebracht wurde. Es ist somit nur noch die erste Höchstgrenze zu prüfen:

... Monate Laufzeit x 250,00 EUR = ... EUR

Diese Höchstgrenze wird nicht überschritten, so dass eine Kürzung nicht vorzunehmen ist.

[Alternative:

Der vorgenannte Auslagenbetrag überschreitet die erste Höchstgrenze und ist damit auf den Betrag von... EUR zu kürzen.]

▶ Hinweis – Zeitraum für Auslagenpauschale:

Bis zu welchem Zeitpunkt Auslagen berechnet werden dürfen, hängt von verschiedenen Faktoren ab. Ein verzögerter Verfahrensabschluss rechtfertigt z. B. keine Auslagen bis zum Verfahrensabschluss. Grundsätzlich aber gilt, dass **Auslagen bis zur Verfahrensbeendigung**, sogar noch für den Zeitraum **nach dem Schlusstermin**, beantragt werden können. Siehe gesondertes Muster »Ergänzender Antrag wg. Auslagenpauschale«.

8. Zustellungskosten

Siehe gesondertes Muster Nr. 359

9. Umsatzsteuer aus der Verwaltervergütung – ergänzte Berechnungsgrundlage

▶ Hinweis zur Umsatzsteuererstattung:

S. **gesonderte Muster** (Nr. 354) »UST in Berechnungsgrundlage«: jur. + nat. Person. Der dortige Text sollte hier nun aufgeführt und die **Vergütung neu berechnet** werden. Das Ergebnis gehört dann nach oben an den Beginn des Antrages.

Achtung:

Berechnung immer vornehmen, weil **ansonsten eine Gläubigerbenachteiligung** vorliegt (höhere Vorsteuererstattung geht höchstens zu 40 % an Verwalter, ggf. sogar weniger, Rest steht Gläubigern zur Verfügung).

Auch bei Verrechnung durch FinA, z. B. bei MUZ, würde ein Vorteil für Gläubiger entstehen, weil sich dann die offene Masseverbindlichkeit verringert.

10. Zusammenfassung

Zusammenfassend ergibt sich die am Anfang des Antrages aufgeführte Verwaltervergütung.

Ich bitte, dem Vergütungsantrag zu entsprechen und eine entsprechende Festsetzung vorzunehmen. Gleichzeitig wird um Ermächtigung gebeten, den Betrag aus der Insolvenzmasse entnehmen zu dürfen.

[Alternative bei Kostenstundung:

Wegen der erfolgten Kostenstundung bitte ich um Erstattung aus der Staatskasse unter Angabe des internen Aktenzeichens ... auf das Konto der ... (Insolvenzbüro) bei der

Bank:...

IBAN: ...

BIC: ...]

Mit freundlichen Grüßen

....

Insolvenzverwalter/in

Muster 352: RSB-Phase – Abschluss-Vergütungsantrag § 14 InsVV

▶ Vorabinfo – Nichtberücksichtigung von Einnahmen:

Einnahmen aus einer etwaigen Nachtragsverteilung sind in diesem Vergütungsantrag **nicht** zu berücksichtigen. Für 524
diese ist ein gesonderter Vergütungsantrag erforderlich: s. Vergütungsmuster Nachtragsverteilung.

Auch die **Einnahmen aus dem Zeitraum zwischen Ausschüttungsbericht und Aufhebungsbeschluss** dürfen hier **nicht** berücksichtigt werden.

▶ Hinweis:

Bitte immer mindestens zweifach einreichen (Wünsche des Gerichtes berücksichtigen).
(= eine Kopie für Schuldner zur Stellungnahme)

Adressat: Insolvenzgericht

Restschuldbefreiungsverfahren über das Vermögen der des Herrn.../der Frau...
Geschäftszeichen:... IN.../...
Vergütungsantrag für die Restschuldbefreiungsphase

Sehr geehrte Frau Rechtspflegerin..., / Sehr geehrter Herr Rechtspfleger...,

in obiger Angelegenheit erlaube ich mir, gem. § 293 InsO und den Vorschriften der InsVV einen Vergütungsantrag für die Tätigkeit als *Treuhänder/in* für die Zeit vom... bis zum... *(Tag der Aufhebung des Insolvenzverfahrens bis zum Ablauf der Treuhändertätigkeit)* wie folgt zu stellen:

1. Berechnung der Regelvergütung

keine Einnahmen erzielt:

Einnahmen wurden während der Dauer der Restschuldbefreiungsphase nicht erzielt, so dass § 14 Abs. 2 InsVV keine Anwendung findet. Es ist die jährliche Mindestvergütung gem. § 14 Abs. 3 InsVV zu berechnen, und zwar wie folgt:

Verfahrensaufhebung: ... *(Datum)*
Ende der RSB-Phase:... = sechs Jahre gem. § 287 Abs. 2 Satz 1 InsO
(z. B. 25.09.2017 = sechs Jahre nach Eröffnung am 25.09.2011)

▶ Hinweis:

Durch die Regelung in § 300 Abs. 1 InsO kann auch eine verkürzte Restschuldbefreiungsphase in Betracht kommen: drei oder fünf Jahre.

Daraus ergibt sich insgesamt eine Restschuldbefreiungsphase von... Jahren, wobei auch für das letzte begonnene Jahr eine Mindestvergütung in voller Höhe beansprucht werden kann:

... *(z. B. hier fünf)* Jahre x 100,00 EUR =... EUR (*hier 500,00 EUR*)

Einnahmen erzielt (zwei Varianten):

keine Verteilung:

Einnahmen wurden während der Restschuldbefreiungsphase zwar erzielt, diese reichten aber nicht aus, um die gestundeten Verfahrenskosten nach § 4a InsO aus dem Hauptverfahren abzudecken. Eine Verteilung an die Insolvenzgläubiger entsprechend § 292 Abs. 1 InsO wurde daher nicht vorgenommen.

Verteilung vorgenommen:

Während der Dauer der Restschuldbefreiungsphase wurden Einnahmen in einer Gesamthöhe von... EUR erzielt und in... *(zwei, drei, vier etc.)* Jahren Verteilungen an die Gläubiger gem. § 292 Abs. 1 InsO vorgenommen worden.

für beide Varianten:

Insoweit wird auf die jeweiligen jährlichen Sachstandsberichte Bezug genommen. In der **Anlage** wird eine Einnahmen- und Ausgabenübersicht über den gesamten Zeitraum der Restschuldbefreiungsphase überreicht. Daraus ist die Gesamtsumme der vereinnahmten Beträge ersichtlich. Die Berechnung der Regelvergütung ergibt sich nach § 14 Abs. 2 InsVV wie folgt:

Gesamtsumme der Einnahmen: ... EUR
5 % hiervon gem. § 14 Abs. 2 Nr. 1 InsVV = ... EUR

Die Vergütung beträgt gem. § 14 Abs. 3 InsVV für jedes Jahr der Tätigkeit mindestens 100,00 EUR. Diese Mindestvergütung errechnet sich wie folgt:

Verfahrensaufhebung: ... *(Datum)*
Ende der RSB-Phase:... = sechs Jahre gem. § 287 Abs. 2 Satz 1 InsO
(z. B. 25.09.2017 = sechs Jahre nach Eröffnung am 25.09.2011)

Daraus ergibt sich insgesamt eine Restschuldbefreiungsphase von... Jahren, wobei auch für das letzte begonnene Jahr eine Mindestvergütung in voller Höhe beansprucht werden kann:

..... (*z. B. hier fünf*) Jahre x 100,00 EUR =... EUR (z. B. *hier 500,00 EUR*)

mit Verteilung:

▶ Hinweis:

Nur die Mindestvergütung erhöht sich bei einer Verteilung durch die Gläubigeranzahl. Die Regelvergütung kann nicht erhöht werden (BGH, Beschl. v. 16.12.2010 – IX ZB 261/09 in WKRS 2010, 31979, InsbürO 2011, 114).

Die Regelung über die **Vergütungserhöhung bei Verteilung** in § 14 Abs. 3 Satz 2 InsVV tritt bei **Einnahmen** aus der **Abtretung nach § 287 Abs. 2 InsO** und einer **Erbschaft** ein (Zimmer, InsbürO 2016, 143 ff.).

Die Mindestvergütung erhöht sich gem. § 14 Abs. 3 Satz 2 InsVV je 5 Gläubiger, wenn eine Verteilung an mehr als fünf Gläubiger stattgefunden hat. Diese Erhöhung errechnet sich vorliegend wie folgt:

Erhöhung durch Verteilung an... *(Anzahl)* Gläubiger =

... x 50,00 EUR =.... EUR

x... (Anzahl) Verteilung in den Jahren... =**... EUR**

▶ Hinweis:

Die Erhöhung von 50,00 € ist **auch für die ersten fünf Gläubiger** in Ansatz zu bringen, wenn insgesamt **an mehr als fünf** verteilt wurde (BGH, Beschl. v. 16.12.2010 – IX ZB 261/09 in ZInsO 2011, 247 f.). Dies ist abweichend von der Regelung in § 2 Abs. 2 Satz 2 und § 13 Abs. 1 Satz 4 InsVV der Fall. Dort gibt es für die Verteilung an die ersten Gläubiger keine Erhöhung. Dafür erfolgt die **Erhöhung** allerdings nur **im Block für fünf Gläubiger**, was in § 2 Abs. 2 Satz 2 und § 13 Abs. 1 Satz 4 InsVV nicht der Fall ist. Dort wird die Erhöhung für je angefangene 5 Gläubiger gewährt.

Rechenbeispiel bei Verteilung an z. B. acht Gläubiger:
Erhöhung durch Verteilung an diese = 1 x 50,00 € = 50,00 €
Rechenbeispiel durch Verteilung an z. B. zehn Gläubiger:
Erhöhung durch Verteilung an diese = 2 x 50,00 € = 100,00 €

Insgesamt ergibt sich damit folgende Mindestvergütung:
Mindestvergütung gem. § 14 Abs. 3 Satz 1 InsVV ... EUR
Erhöhung gem. § 14 Abs. 3 Satz 2 InsVV ... EUR

Gesamtsumme **... EUR**

für beide Varianten:

Dieser Betrag von.... EUR liegt über der sich ergebenden Vergütung nach § 14 Abs. 2 InsVV und wird daher zur Festsetzung beantragt.

[Alternative:

Dieser Betrag von... EUR liegt unter der sich ergebenden Vergütung nach § 14 Abs. 2 InsVV, so dass der höhere Betrag von... EUR zur Festsetzung beantragt wird (BGH, Beschl. v. 16.12.2010 – IX ZB 261/0 in ZInsO 2011, 247 f.).]

▶ Hinweis:

Der Vergleich zwischen der Regelvergütung nach § 14 Abs. 2 InsVV und der Mindestvergütung nach § 14 Abs. 3 InsVV bezieht sich jeweils auf die **gesamte Dauer** der Tätigkeit (BGH, Beschl. v. 16.12.2010 – IX ZB 261/09 in ZInsO 2011, 247 f.). **Einzelne Tätigkeitsjahre sind nicht zu vergleichen.**

2. Auslagen

Gem. § 16 Abs. 1 Satz 3 InsVV sind die dem Treuhänder entstandenen Auslagen zur Erstattungsfähigkeit einzeln aufzuführen und in tatsächlich angefallener Höhe zu berechnen.

▶ Hinweis:

Man sollte nicht die ganze Akte durchsuchen, sondern nur **Standardschreiben zählen**: Jahresberichte und Aufforderungen an Schuldner!

Ggf. wurden die Kosten in der Insolvenzsoftware gespeichert und kann nun eine **Anlage** ausgedruckt werden.

Insoweit wird in der **Anlage** eine Übersicht über die durch den geführten Schriftverkehr mit *dem Schuldner/der Schuldnerin* und dem Insolvenzgericht angefallenen Portokosten überreicht. Daraus ergibt sich eine Gesamtsumme von ... EUR.

Sofern die entsprechenden Schreiben in Kopie vorgelegt werden sollen, bitte ich um einen entsprechenden Hinweis.

3. Vorschuss

Ich habe an folgenden Daten folgende Vorschussbeträge erhalten:

am...	... EUR
am...	... EUR
am...	... EUR
am...	... EUR
am...	... EUR
Gesamtsumme	**... EUR**

4. Zusammenfassung

Aufgrund der vorstehenden Ausführungen ergibt sich folgende Zusammenfassung:

Treuhändervergütung	... EUR
tatsächlich entstandene Auslagen	... EUR
Zwischensumme	... EUR
19 % Umsatzsteuer gem. § 16 Abs. 1 Satz 4 i.V.m. § 7 InsVV	... EUR
Gesamtsumme	**... EUR**

Auf diesen Betrag ist die Gesamtsumme der gezahlten Vorschüsse i.H.v.... EUR anzurechnen, so dass noch ein Betrag in Höhe von ... EUR verbleibt.

Ich bitte, dem Vergütungsantrag zu entsprechen und eine entsprechende Festsetzung vorzunehmen.

Bei fehlendem Guthabenbetrag auf dem Treuhandkonto:

Wegen der erfolgten Kostenstundung bitte ich um Erstattung aus der Staatskasse unter Angabe des internen Aktenzeichens .... auf das Konto der ... (Insolvenzbüro) bei der

Bank: ...

IBAN:...

BIC: ...

Mit freundlichen Grüßen

....
Treuhänder/in

▶ Hinweis:

Liegt eine **Kostenstundung** vor, erfolgt die **Zahlung** einer etwaigen Restsumme aus der **Staatskasse** (BGH, Beschl. V. 15.11.2007 – IX ZB 74/07 in ZInsO2008, 111).

Fehlt eine Kostenstundung, muss der **Anspruch gegen den Schuldner** nach Festsetzung geltend gemacht werden.

Muster 353: RSB-Phase – Vorschussrechnung

▶ Nichtberücksichtigung von Einnahmen:

Einnahmen aus einer etwaigen Nachtragsverteilung sind in diesem Vergütungsantrag **nicht** zu berücksichtigen. Für 525
diese ist ein gesonderter Vergütungsantrag erforderlich: s. Vergütungsmuster Nachtragsverteilung Nr. 349.

Auch die Einnahmen aus dem Zeitraum zwischen Ausschüttungsbericht und Aufhebungsbeschluss **dürfen** hier nicht **berücksichtigt werden.**

Adressat:

Bei Zahlung vom Treuhandkonto:
Herrn/Frau …
als Treuhänder/in über das Vermögen
des Herrn …/der Frau …
(Anschrift des Schuldners/der Schuldnerin)

Bei Zahlung aus Staatskasse:
Herrn/Frau ….
(Name und Anschrift Schuldner/in)

Kostenrechnung

Nr.: … *(durch Einbuchung erzeugen: Blick in das Aktenkonto)*

in dem Restschuldbefreiungsverfahren über das Vermögen

des Herrn…/der Frau…

Amtsgericht …:… IN…/…
Leistungszeitraum: … *(Beginn und Ablauf eines Tätigkeitjahres)*

Vorschuss auf die Treuhändervergütung gem. § 14 Abs. 3 InsVV für den vorgenannten Zeitraum	100,00 EUR
Erhöhung gem. § 14 Abs. 3 Satz 2 InsVV wg. Verteilung an … Gläubiger	… EUR
Zwischensumme	… EUR
19 % Umsatzsteuer	… EUR
Gesamtsumme	**… EUR**

Ich bitte um Zahlung des ausgewiesenen Betrages auf eines der umseitig aufgeführten Konten.

[Alternative – Kostenstundung:

Wegen der erfolgten Kostenstundung bitte ich um Erstattung aus der Staatskasse unter Angabe des internen Aktenzeichens … auf das Konto der … (Insolvenzbüro) bei der

Bank:…

IBAN: …

BIC: …]

[Alternative – Zahlung vom Treuhandkonto:

Der Rechnungsbetrag wurde in voller Höhe durch Zahlung vom Treuhandkonto ausgeglichen.]

…………………………………………………
Treuhänder/in

▶ Hinweis Vergütungserhöhung:

Die Erhöhung von 50,00 € ist **auch für die ersten fünf Gläubiger** in Ansatz zu bringen, wenn insgesamt **an mehr als fünf** verteilt wurde (BGH, Beschl. v. 16.12.2010 – IX ZB 261/09 in ZINsO 2011, 247 f.). Dies ist abweichend von der Regelung in § 2 Abs. 2 Satz 2 und § 13 Abs. 1 Satz 4 InsVV der Fall. Dort gibt es für die Verteilung an die ersten Gläubiger keine Erhöhung. Dafür erfolgt die **Erhöhung** allerdings nur **im Block für fünf Gläubiger**, was in § 2 Abs. 2 Satz 2 und § 13 Abs. 1 Satz 4 InsVV nicht der Fall ist. Dort wird die Erhöhung für je angefangene 5 Gläubiger gewährt.

Rechenbeispiel bei Verteilung an z. B. acht Gläubiger:
Erhöhung durch Verteilung an diese = 1 x 50,00 € = 50,00 €

Rechenbeispiel durch Verteilung an z. B. zehn Gläubiger:
Erhöhung durch Verteilung an diese = 2 x 50,00 € = 100,00 €

▶ Hinweis zum Zahlungsausgleich:

Für diese Rechnung ist **ohne Kostenstundung keine Zustimmung des Gerichtes** erforderlich (§ 16 Abs. 2 Sätze 1 u. 2 InsVV). Der Betrag kann also der Masse entnommen bzw. vom Schuldner angefordert werden.

Liegt eine **Kostenstundung** vor, muss das Gericht den **Vorschuss gem. § 16 Abs. 2 Satz 3 InsVV bewilligen.** Dies geschieht durch Übersendung der Rechnung an das Insolvenzgericht, das die Rechnung dann an die **Gerichtskasse weiterleitet.** Dies kann zusammen mit dem Jahresbericht vorgenommen werden.

Muster 354: Umsatzsteuer – Einrechnung – Formulierungsbeispiel

▶ Hinweis zur Vorsteuererstattung:

Grds. gilt, dass eine Vorsteuererstattung aus der festzusetzenden Verwaltervergütung in die **Berechnungsgrundlage einfließen** kann und damit die Vergütung erhöhen würde (u.a. BGH, Beschl. v. 01.07.2010 – IX ZB 66/09, ZInsO 2010, 1503 f.). Die Einrechnung ist aber nur dann möglich, wenn der **Vorsteuerbetrag auch tatsächlich in die Insolvenzmasse fließt.** Sollte der Schuldner daher vorsteuerabzugsberechtigt sein und es tatsächlich zu einem Zahlungsfluss kommen, kann der Festsetzungsantrag um die Vorsteuererstattung ergänzt werden. 526

Ggf. kann man diese Erhöhung der Berechnungsgrundlage auch **später** zusammen mit dem **Antrag auf Berücksichtigung weiterer sonstiger Einnahmen** verbinden: s. gesondertes Muster Nr. 347.

Umsatzsteuerberücksichtigung bei jur. Person:

▶ Hinweis:

Der nachfolgende Text ist ein gesonderter Gliederungspunkt im Vergütungsantrag. Die dortige Zusammenfassung wird hier wiederholt, um dann die zusätzlichen Ausführungen (= gesonderten Gliederungspunkt) anzuschließen.

Zusammenfassung

Die vorstehenden Ausführungen führen zusammenfassend zu folgender Vergütung:

Insolvenzverwaltervergütung	... EUR
Auslagen	... EUR
Zustellungskosten	... EUR
Zwischensumme	... EUR
19 % Umsatzsteuer	... EUR
Gesamtsumme	**... EUR**

Vorsteuererstattung

Wie diese Zusammenfassung zeigt, wird in der festzusetzenden Verwaltervergütung ein Umsatzsteuerbetrag i.H.v.... EUR enthalten sein. *Der Insolvenzschuldner/die Insolvenzschuldnerin* ist vorsteuerabzugsberechtigt. Dieser Umsatzsteuerbetrag kann daher bei der Finanzverwaltung als Vorsteuer geltend gemacht werden und gelangt auf diese Weise in die Insolvenzmasse zurück. Der BGH hat mehrfach (*so u.a. Beschl. v. 26.01.2006 – IX ZB 183/04 in ZInsO 2006, 203; Beschl. v. 05.07.2007 – IX ZB 305/04 in ZINsO 2007, 813; Beschl. v. 25.10.2007 – IX ZB 147/06 in ZInsO 2007, 1347 f.; Beschl. v. 01.07.2010 – IX ZB 66/09 in ZInsO 2010, 1503 f.*) entschieden, dass ein späterer Massezufluss, der bei Einreichung der Schlussrechnung schon mit Sicherheit feststeht, in der Schlussrechnung und bei der hierauf gestützten Vergütungsfestsetzung berücksichtigt werden kann. Um einen solchen späteren Massezufluss handelt es sich bei dem Vorsteuererstattungsbetrag aus der oben errechneten Verwaltervergütung. Dieser Betrag ist daher in die Berechnungsgrundlage gem. § 1 InsVV einzurechnen und die Vergütung entsprechend neu zu berechnen. Dies sei wie folgt dargestellt:

a. Berechnungsgrundlage

Die Berechnungsgrundlage nach obiger Ziffer 1. beträgt... EUR. Addiert man den Vorsteuererstattungsbetrag von... EUR hinzu, so ergibt sich eine neue Berechnungsgrundlage in Höhe von... EUR.

b. Regelvergütung

Nach § 2 Abs. 1 InsVV ergibt sich aufgrund der vorgenannten neuen Berechnungsgrundlage folgende Berechnung:

40 % von	25.000,00 EUR	... EUR
25 % von	25.000,00 EUR	... EUR
7 % von	200.000,00 EUR	... EUR
	... EUR	**... EUR**

c. Zuschläge

An den Zuschlägen gem. obiger Ziffer... soll sich nichts ändern. Es ergibt sich aufgrund der erhöhten Berechnungsgrundlage aber folgende Gesamtvergütung:

... % (Gesamtprozentsatz) x... EUR (Regelvergütung) =... EUR

d. Auslagen

Die Auslagen errechnen sich von der erhöhten Berechnungsgrundlage wie folgt:

Auslagen für das 1. Jahr:... bis zum... 15 % von... EUR	... EUR
Auslagen für das 2. Jahr: ... bis zum... 10 % von... EUR	... EUR
Auslagen für das 3. Jahr:... bis zum... 5 % von... EUR	... EUR
Gesamtsumme	**... EUR**

Die Höchstgrenze von 30 % der Regelvergütung wurde vorstehend bereits berücksichtigt, indem für das 3. Jahr lediglich noch ein Prozentsatz von 5 % in Ansatz gebracht wurde. Es ist somit nur noch die erste Höchstgrenze zu prüfen:

... Monate Laufzeit x 250,00 EUR = ... EUR

Diese Höchstgrenze wird nicht überschritten, so dass eine Kürzung nicht vorzunehmen ist.

[Alternative:
Der vorgenannte Auslagenbetrag überschreitet die erste Höchstgrenze und ist damit auf den Betrag von... EUR zu kürzen.]

e. Zustellungskosten

Die Zustellungskosten sollen wie vorstehend unter Ziffer... berechnet erhalten bleiben.

f. Zusammenfassung

Zusammenfassend ergibt sich die am Anfang des Antrages aufgeführte Verwaltervergütung.

▶ **Zusammenfassung:**

Im Muster 351 wird die begehrte Vergütung zu Beginn des Antrages als Zusammenfassung aufgeführt. Hierauf wird nun an dieser Stelle verwiesen.

▶ **Hinweis wg. weiterer Berechnungen:**

Durch diese Berechnung: erhöhte Vorsteuererstattung und dadurch wiederum erhöhte Berechnungsgrundlage: läuft irgendwann gegen Null. BGH-Entscheidung vom 26.02.2015 – IX ZB 9/13 in WKRS 2015, 12226, dass die Vorsteuererstattung nur einmal – wie vorstehend erfolgt – berücksichtigt werden darf.

Umsatzsteuerberücksichtigung bei natürlicher Person:

▶ **Hinweis:**

Der nachfolgende Text ist ein gesonderter Gliederungspunkt im Vergütungsantrag. Die dortige Zusammenfassung wird hier wiederholt, um dann die zusätzlichen Ausführungen (= gesonderten Gliederungspunkt) anzuschließen.

Zusammenfassung

Die vorstehenden Ausführungen führen zusammenfassend zu folgender Vergütung:

Insolvenzverwaltervergütung	... EUR
Auslagen	... EUR
Zustellungskosten	... EUR
Zwischensumme	... EUR
19 % Umsatzsteuer	... EUR
Gesamtsumme	**... EUR**

Vorsteuererstattung

Wie die vorstehende Zusammenfassung zeigt, wird in der festzusetzenden Verwaltervergütung ein Umsatzsteuerbetrag in Höhe von ... EUR enthalten sein. Die Insolvenzmasse ist grundsätzlich vorsteuerabzugsberechtigt. Der Umsatzsteuerbetrag kann daher bei der Finanzverwaltung als Vorsteuer geltend gemacht werden und gelangt auf diese Weise in die Insolvenzmasse zurück. Der BGH hat mehrfach (*so u.a. Beschl. v. 26.01.2006 – IX ZB 183/04 in ZInsO 2006, 203; Beschl. v. 25.10.2007 – IX ZB 147/06 in ZInsO 2007, 1347 f.; Beschl. v. 01.07.2010 – IX ZB 66/09 in ZInsO 2010, 1503 f.*) entschieden, dass ein späterer Massezufluss, der bei Einreichung der Schlussrechnung schon mit Sicherheit feststeht, in der Schlussrechnung und bei der hierauf gestützten Vergütungsfestsetzung berücksichtigt werden kann. Um einen solchen späteren Massezufluss handelt es sich bei dem Vorsteuererstattungsbetrag aus der Verwaltervergütung.

Die Vorsteuer auf die Vergütung für die Tätigkeit als Insolvenzverwalter wird jedoch nur insoweit erstattet, als diese unternehmerisch veranlasst war. Die Aufteilung hat nach den im Verfahren angemeldeten Forderungen zu erfolgen (BFH, Urt. v. 15.04.2015 – V R 44/14 in ZInsO 2015, 1328). In diesem Verfahren wurden Forderungen in Höhe von ... EUR aus der unternehmerischen Tätigkeit *des Schuldners/der Schuldnerin* angemeldet. Das entspricht ... % der insgesamt angemeldeten Forderungen. Die Einnahmen werden sich daher voraussichtlich um eine entsprechende anteilige Vorsteuererstattung in Höhe von … EUR erhöhen.

Dieser Betrag ist entsprechend in die Berechnungsgrundlage gem. § 1 InsVV einzurechnen und die Vergütung wie folgt neu zu berechnen:

a. Berechnungsgrundlage

Die Berechnungsgrundlage nach obiger Ziffer 1. beträgt… EUR. Addiert man den Vorsteuererstattungsbetrag von… EUR hinzu, so ergibt sich eine neue Berechnungsgrundlage in Höhe von… EUR.

b. Regelvergütung

Nach § 2 Abs. 1 InsVV ergibt sich aufgrund der vorgenannten neuen Berechnungsgrundlage folgende Berechnung:

40 % von	25.000,00 EUR	… EUR
25 % von	25.000,00 EUR	… EUR
7 % von	200.000,00 EUR	… EUR
	… EUR	**… EUR**

c. Zuschläge

An den Zuschlägen gem. obiger Ziffer… soll sich nichts ändern. Es ergibt sich aufgrund der erhöhten Berechnungsgrundlage aber folgende Gesamtvergütung:

… % (Gesamtprozentsatz) x… EUR (Regelvergütung) =… EUR

d. Auslagen

Die Auslagen errechnen sich von der erhöhten Berechnungsgrundlage wie folgt:

Auslagen für das 1. Jahr:… bis zum… 15 % von… EUR	… EUR
Auslagen für das 2. Jahr:… bis zum… 10 % von… EUR	… EUR
Auslagen für das 3. Jahr:… bis zum… 5 % von… EUR	… EUR
Gesamtsumme	**… EUR**

Die Höchstgrenze von 30 % der Regelvergütung wurde vorstehend bereits berücksichtigt, indem für das 3. Jahr lediglich noch ein Prozentsatz von 5 % in Ansatz gebracht wurde. Es ist somit nur noch die erste Höchstgrenze zu prüfen:

… Monate Laufzeit x 250,00 EUR = … EUR

Diese Höchstgrenze wird nicht überschritten, so dass eine Kürzung nicht vorzunehmen ist.

[Alternative:

Der vorgenannte Auslagenbetrag überschreitet die erste Höchstgrenze und ist damit auf den Betrag von… EUR zu kürzen.]

e. Zustellungskosten

Die Zustellungskosten sollen wie vorstehend unter Ziffer… berechnet erhalten bleiben.

f. Zusammenfassung

Zusammenfassend ergibt sich die am Anfang des Antrages aufgeführte Verwaltervergütung.

▶ Zusammenfassung:

Im Muster 351 wird die begehrte Vergütung zu Beginn des Antrages als Zusammenfassung aufgeführt. Hierauf wird nun an dieser Stelle verwiesen.

▶ Hinweis wg. weiterer Berechnungen:

Durch diese Berechnung: erhöhte Vorsteuererstattung und dadurch wiederum erhöhte Berechnungsgrundlage: läuft irgendwann gegen Null. BGH-Entscheidung vom 26.02.2015 – IX ZB 9/13 in WKRS 2015, 12226, dass die Vorsteuererstattung nur einmal – wie vorstehend erfolgt – berücksichtigt werden darf.

Muster 355: Verbraucherinsolvenz – Vergütungsantrag §§ 2, 13 InsVV

▶ Hinweis:

527 Bitte immer mindestens zweifach einreichen (Wünsche des Gerichtes berücksichtigen).
(= eine Kopie für Schuldner zur Stellungnahme)

Adressat: Insolvenzgericht

Insolvenzverfahren über das Vermögen der des Herrn.../der Frau...
Geschäftszeichen:... IN.../...
Vergütungsantrag für das eröffnete Verfahren

Sehr geehrte Frau Rechtspflegerin..., / Sehr geehrter Herr Rechtspfleger...,

in obigem Insolvenzverfahren stelle ich hiermit gem. §§ 63, 65 InsO i.V.m. den Vorschriften der InsVV folgenden Vergütungsantrag:

1. Berechnungsgrundlage

   Wie aus dem Schlussbericht ersichtlich wird, ist eine realisierte Masse in Höhe von... EUR vorhanden. Die Zusammensetzung dieser Teilungsmasse ergibt sich im Einzelnen aus dem Schlussbericht und der Schlussrechnung, auf die ausdrücklich verwiesen wird.

   Etwaige Abzüge gem. § 1 Abs. 2 InsVV sind nicht vorzunehmen, insbesondere wurde auch kein Entgelt für den Einsatz besonderer Rechtskunde aus der Insolvenzmasse entnommen.

   Damit soll der vorgenannte Betrag in Höhe von... EUR nachfolgend als Berechnungsgrundlage dienen.

   [Alternative bei Entnahme von RVG-Gebühren:

   Ich habe die Sozietät... mit... beauftragt und Honorare in einer Gesamthöhe von... EUR an diese gezahlt. Wegen der Einzelheiten wird auf die Ausführungen hierzu *im Sachstandsbericht/im Schlussbericht* auf S. ... verwiesen. Diese Beträge sind aber nicht i.S.d. § 5 i. V. m. § 1 Abs. 2 Nr. 4 a InsVV von der Berechnungsgrundlage in Abzug zu bringen, weil mir das Honorar nicht in Gänze, sondern nur anteilig als Sozius zugeflossen ist. Die Vorschrift des § 1 Abs. 2 Nr. 4a InsVV soll die doppelte Vergütung des Insolvenzverwalters vermeiden. Dies ist vorliegend nicht gegeben, weil keine Honorare i.S.d. § 5 InsVV allein an mich gezahlt wurden. Damit ist kein Abzug vorzunehmen (*BGH, Beschl. v. 20.09.2011 – IX ZB 112/09 in ZInsO 2011, 2051).]*

   ▶ Hinweis RVG-Gebühren:

   Die Entnahme von RVG-Gebühren kommt in Kleinverfahren insbesondere wegen der Geltendmachung von Anfechtungsansprüchen in Betracht.

   ▶ Hinweis Nullkontostand:

   Wenn der Kontostand 0,00 EUR beträgt, ist eine Mindestvergütung zu beantragen: s. Muster Nr. 348.

2. Beauftragung sogenannter »Externer«

   In Erfüllung der Angabepflicht gem. § 8 Abs. 2 InsVV wird mitgeteilt, dass im vorliegenden Verfahren keine externen Dritten gem. § 4 Abs. 1 S. 3 InsVV zu Lasten der Insolvenzmasse beauftragt wurden.

3. Regelvergütung

   Einnahmen für erzielt:

   Nach § 2 Abs. 1 InsVV ergibt sich aufgrund der vorgenannten Berechnungsgrundlage folgende Berechnung:

   40 % von... EUR =... EUR

   (*bis zu einer Teilungsmasse von 25.000 EUR*)

   Betrag liegt unter der Mindestvergütung:

   Die Vergütung beträgt allerdings gem. § 2 Abs. 2 InsVV mindestens 1.000,00 EUR, sofern die Unterlagen nach § 305 Abs. 1 Nr. 3 InsO nicht von einer geeigneten Person oder Stelle erstellt wurden und nicht mehr als 10 Gläubiger Forderungen zur Insolvenztabelle angemeldet haben.

   [Alternative keine Einnahmen:

   Wegen der fehlenden Berechnungsgrundlage wird die Mindestvergütung gem. § 2 Abs. 2 InsVV zur Festsetzung beantragt. Sie beträgt 1.000,00 EUR, sofern die Unterlagen nach § 305 Abs. 1 Nr. 3 InsO nicht von einer geeigneten Person oder Stelle erstellt wurden und nicht mehr als 10 Gläubiger Forderungen zur Insolvenztabelle angemeldet haben.]

für beide Varianten – keine geeignete Stelle/Person:

Im vorliegenden Verfahren wurden die Verzeichnisse gem. § 305 Abs. 1 Nr. 3 InsO nach Auskunft *des Schuldners/der Schuldnerin* nicht von einer geeigneten Stelle oder Person, sondern von *ihm/ihr* selbst erstellt. Eine Kürzung der Mindestvergütung gem. § 13 InsVV auf 800,00 EUR ist daher nicht vorzunehmen.

für beide Varianten – geeignete Stelle/Person:

Im vorliegenden Verfahren wurden die Verzeichnisse gem. § 305 Abs. 1 Nr. 3 InsO nach Auskunft *des Schuldners/der Schuldnerin* von einer geeigneten Stelle oder Person erstellt. Es ist somit eine Kürzung der Mindestvergütung gem. § 13 InsVV auf 800,00 EUR vorzunehmen.

▶ Hinweis – geeignete Stelle/Person:

Mit der Insolvenzeröffnung hat das **Insolvenzgericht** zu **prüfen**, ob die Unterlagen gem. **§ 305 Abs. 1 Nr. 3 InsO** (Vermögensverzeichnis, Gläubigerverzeichnis) **von** einer **geeigneten Person oder Stelle erstellt** wurden. Diese Frage muss das Insolvenzgericht klären. Ein Hinweis von Seiten des Insolvenzbüros ist aber hilfreich. s. Muster Nr. 116: »Fragebogen – Kleinverfahren«.

Manche Gerichte lassen schon **ein Gespräch** der geeigneten Stelle/Person mit dem Schuldner über die Erstellung der Verzeichnisse als **Minderungsgrund** gelten, d. h. auch wenn der Schuldner zwar selbst geschrieben hat, wird gemindert, wenn die Inhalte zusammen mit der Schuldnerberatungsstelle erarbeitet wurden.

für beide Varianten weiter:

Zur weiteren Berechnung der Mindestvergütung sei darauf hingewiesen, dass insgesamt... *(Anzahl)* Gläubiger Forderungsanmeldungen vorgenommen haben. *Rücknahmen wurden nicht erklärt/Es wurden … Rücknahmen erklärt.* Damit erhöht sich diese Mindestvergütung entsprechend § 2 Abs. 2 Satz 2, 3 InsVV wie folgt:

Mindestvergütung	... EUR
Erhöhung vom 11. bis zum 30. Gläubiger für je angefangene 5 Gläubiger um 150,00 EUR = ... x 150,00 EUR	... EUR
Erhöhung ab dem 31. Gläubiger für je angefangene 5 Gläubiger um 100,00 EUR =... x 100,00 EUR	... EUR
Gesamtsumme	... EUR

Die Mindestvergütung ist somit höher als die Regelvergütung und wird hiermit entsprechend mit dem errechneten Betrag zur Festsetzung beantragt.

[Alternative bei keinen Einnahmen:

Diese Mindestvergütung wird zur Festsetzung beantragt.]

▶ Hinweise zur Gläubigerberücksichtigung:

Entscheidend ist die **Anzahl der anmeldenden Gläubiger** und **nicht die Anzahl** der vorliegenden **Anmeldungen** (BGH, Beschl. v. 16.12.2010 – IX ZB 39/10 in ZInsO 2011, 200, bestätigt durch BGH, Beschl. v. 21.03.2013 – IX ZB 209/10 Rn. 12 in InsbürO 2013, 493, ZInsO 2013, 894).

Dabei zählt eine **Gebietskörperschaft**, die durch verschiedene Behörden mehrere Forderungen aus unterschiedlichen Rechtsverhältnissen anmeldet, **nur als eine Gläubigerin** (BGH, Beschl. v. 19.05.2011 – IX ZB 27/10 in ZInsO 2011, 1251 f.). Im entschiedenen Fall waren es die Landesjustizkasse und das Finanzamt.

Achtung: Die **Gläubigeranzahl** ist **nur** bei der **Mindestvergütung** entscheidend. Bei der **Regelvergütung** spielt diese **keine Rolle**.

4. Zuschläge/Abschläge

Im vorliegenden Verfahren werden keine Zuschläge zur Festsetzung beantragt. Es sind aber auch keine Abschlagstatbestände gegeben.

▶ Hinweis:

Durch die Reform der Verbraucherinsolvenzverfahren (BGBl. 2013 Teil 1, S. 2379 ff. – Nr. 38) wurde § 13 InsVV neu geregelt. Die **Nichtanwendung der §§ 2, 3 InsVV** wurde **gestrichen**. Damit kann der **Verbraucherinsolvenzverwalter** nun auch **Zuschläge** gem. § 3 Abs. 1 InsVV begehren, muss aber auch **Abschlagstatbestände** gem. § 3 Abs. 2 InsVV prüfen.

5. Auslagen

Es wird mit diesem Antrag die Auslagenpauschale gem. § 8 Abs. 3 InsVV zur Festsetzung beantragt. Die Berechnung stellt sich insoweit wie folgt dar:

▶ Hinweis bei Erhöhung der Mindestvergütung:

Die Auslagen sind bei Erhöhung der Mindestvergütung **durch höhere Gläubigeranzahl von diesem erhöhten Betrag** zu berechnen, da dieser die Regelvergütung nach § 2 InsVV darstellt (BGH, Beschl. v. 09.03.2006 – IX ZB 257/04 in WKRS 2006, 12491 Rn. 4).

Bei der **geminderten Mindestvergütung** von nur 800,00 EUR wären die Auslagen davon zu berechnen.

Insolvenzverwalter-Regelvergütung:… EUR

Auslagen für das 1. Jahr:… bis zum… 15 % von … EUR	… EUR
Auslagen für das 2. Jahr:… bis zum… 10 % von… EUR	… EUR
Auslagen für das 3. Jahr:… bis zum… 5 % von… EUR	… EUR
Gesamtsumme	**… EUR**

Die Höchstgrenze von 30 % der Regelvergütung wurde vorstehend bereits berücksichtigt, indem für das 3. Jahr lediglich noch ein Prozentsatz von 5 % in Ansatz gebracht wurde. Es ist somit nur noch die erste Höchstgrenze zu prüfen:

… Monate Laufzeit x 250,00 EUR = … EUR

Diese Höchstgrenze wird nicht überschritten, so dass eine Kürzung nicht vorzunehmen ist.

[Alternative:

Der vorgenannte Auslagenbetrag überschreitet die erste Höchstgrenze und ist damit auf den Betrag von… EUR zu kürzen.]

6. Zustellungskosten

Siehe gesondertes Muster Nr. 359.

7. Zusammenfassung

Zusammenfassend ergibt sich folgende Berechnung zur Festsetzung:

Insolvenzverwaltervergütung	… EUR
Auslagen	… EUR
Zustellungskosten	… EUR
Zwischensumme	… EUR
19 % Umsatzsteuer	… EUR
Gesamtsumme	… EUR

▶ Hinweis:

Ggf. **verauslagte Kosten für Suche im Vollstreckungsportal** geltend zu machen?

Ich bitte, dem Vergütungsantrag zu entsprechen und eine entsprechende Festsetzung vorzunehmen. *Gleichzeitig wird um Ermächtigung gebeten, den festgesetzten Betrag aus der Insolvenzmasse entnehmen zu dürfen.*

[Alternative:

Gleichzeitig bitte ich aufgrund der bewilligten Kostenstundung um Zahlung aus der Staatskasse unter Angabe des internen Aktenzeichens … auf das Konto der … (Insolvenzbüro) bei der

Bank:…

IBAN: …

BIC: …]

Mit freundlichen Grüßen

…………………………………………

Insolvenzverwalter/in

▶ Hinweis betr. Kostenstundung:

Wird eine Zahlung der Vergütung aus der Staatskasse begehrt, ist darauf zu achten, dass vorab **keine Zahlungen an Dritte** geleistet wurden, so z. B. auch keine Umsatzsteuer aufgrund eines Verwertungsvorgangs an das Finanzamt abgeführt wurde (s. BGH, Beschl. v. 14.10.2010 – IX ZB 224/08 in ZInsO 2010, 2188). Ansonsten ist das Insolvenzgericht zu einer **Kürzung der Vergütung** berechtigt. Nach der vorgenannten Entscheidung gilt die **Befriedigungsreihenfolge des § 209 InsO** auch bei einer Kostenstundung. Sollten Ausgaben getätigt worden sein, sollte man entsprechend im Vergütungsantrag vortragen und den entsprechenden Betrag in Abzug bringen.

Muster 356: Vorläufige Verwaltung – Vergütungsantrag – einfach

▶ Hinweis:

Bitte immer mindestens zweifach einreichen (Wünsche des Gerichtes berücksichtigen). 528
(= eine Kopie für Schuldner zur Stellungnahme)

Adressat: Insolvenzgericht

Insolvenzverfahren über das Vermögen der der Firma .../des Herrn.../der Frau...
Geschäftszeichen:... IN.../...
Vergütungsantrag für die vorläufige Verwaltung

Anrede im Falle der Nichteröffnung gem. § 18 Abs. 1 Nr. 1 RPflG i.V.m. § 26a InsO; AG Hamburg, Beschl. v. 04.02.2015 – 67c IN 500/14, ZInsO 2015, 422:

Sehr geehrte Frau Richterin ..., / Sehr geehrter Herr Richter ...,

Anrede im Falle der Eröffnung gem. § 3 Nr. 2e) RPflG:

Sehr geehrte Frau Rechtspflegerin ..., / Sehr geehrter Herr Rechtspfleger ...,

in dem Insolvenzverfahren über das Vermögen der obigen Gesellschaft war ich in der Zeit vom... bis zum... als *vorläufige/r Verwalter/in* im Eröffnungsverfahren tätig. Entsprechend beantrage ich unter Berücksichtigung der Rechtsprechung in Vergütungsfragen und der Kommentierungen zur InsVV die Festsetzung meiner Vergütung für die insgesamt... *Wochen/ Monate* dauernde Tätigkeit wie folgt:

Insolvenzverwaltervergütung	... EUR
Auslagen gem. § 8 InsVV	... EUR
Zustellungskosten	*... EUR*
Zwischensumme	... EUR
19 % Umsatzsteuer gem. § 7 InsVV	... EUR
Gesamtsumme	**... EUR**

Mit dem beantragten Vergütungssatz von insgesamt... % ist gewährleistet, dass die Vergütung für meine und die Tätigkeit meiner Mitarbeiter dem entfalteten Abwicklungsaufwand entspricht und mithin angemessen i.S.d. § 11 Abs. 3 InsVV ist.

Der Vergütung liegt folgende Berechnung zugrunde:

1. Berechnungsgrundlage

   Im vorliegenden Verfahren wurden an den Vermögenswerten der Insolvenzmasse keine Aus- und Absonderungsrechte und auch keine Aufrechnungsmöglichkeiten von Seiten etwaiger Drittschuldner geltend gemacht. Es wird insoweit auf die Vermögensübersicht gem. § 153 InsO verwiesen, die zur ersten Gläubigerversammlung vorgelegt wurde und die in Fotokopie diesem Antrag in der **Anlage** noch einmal beigefügt ist. Die darin ausgewiesene Gesamtsumme der Vermögenswerte, die gleichzeitig der freien Masse entspricht, beträgt ... EUR und dient als Berechnungsgrundlage i.S.d. § 63 Abs. 3 Satz 2 InsO i.V.m. § 11 Abs. 1 InsVV.

   ▶ Hinweis:

   Falls es noch **keine Vermögensübersicht** nach § 153 InsO gibt, weil die Abrechnung der vorläufigen Verwaltertätigkeit vor der Gläubigerversammlung erfolgen soll, müsste eine **gesonderte Zusammenstellung** der einzelnen Vermögenswerte erfolgen.

   [Alternative – Aus- und Absonderungsrechte liegen vor:

   Im vorliegenden Verfahren wurden an den Vermögenswerten der Insolvenzmasse zwar Aus- und Absonderungsrechte geltend gemacht. Es wird insoweit auf die Vermögensübersicht gem. § 153 InsO verwiesen, die zur ersten Gläubigerversammlung vorgelegt wurde und die in Fotokopie diesem Antrag in der **Anlage** noch einmal beigefügt ist.]

Eine erhebliche Befassung im Sinne des § 11 Abs. 1 Satz 2 InsVV hat allerdings nicht stattgefunden, so dass die entsprechenden Vermögenswerte in der Berechnungsgrundlage nicht zu berücksichtigen sind. Ob sich ggf. Überschüsse aus den bestehenden Absonderungsrechten ergeben, die nach der BGH-Rechtsprechung (*IX ZB 130/10 in WKRS 2012, 29091*) auch unabhängig von der Tätigkeit des vorläufigen Verwalters in der Berechnungsgrundlage berücksichtigt werden können, steht heute noch nicht abschließend fest. Ggf. wird eine solche veränderte Berechnungsgrundlage am Ende des Insolvenzverfahrens gem. §§ 11 Abs. 2, 63 Abs. 3 Satz 4 InsVV geltend gemacht.

[Alternative – Überschüsse aus Absonderungsrechten bekannt:

Soweit sich Überschüsse aus den bestehenden Absonderungsrechten ergeben, sind diese nach der BGH-Rechtsprechung (*IX ZB 130/10 in WKRS 2012, 29091*) auch unabhängig vom Umfang der Tätigkeit des vorläufigen Insolvenzverwalters in die Berechnungsgrundlage einzurechnen. Hierauf wird nachfolgend näher eingegangen.]

für alle Varianten:

Eine Betriebsfortführung hat nicht stattgefunden. Daher werden die in der Vermögensübersicht ausgewiesenen Liquidationswerte in einer Gesamtsumme von… EUR zugrunde gelegt.

In der Vermögensübersicht sind Schätzwerte aufgeführt, weil die Verwertung des Vermögens noch nicht abgeschlossen ist.

▶ Hinweis:

Die **Vermögensübersicht** wird gem. § 153 Abs. 1 S. 1 InsO auf den Zeitpunkt der Insolvenzeröffnung erstellt und dürfte i.d.R. **Schätzwerte** erhalten, weil dem vorläufigen Verwalter die Verwertung von Vermögenswerten grundsätzlich nicht zusteht. Wenn zum Zeitpunkt der Abrechnung aber schon teilweise **Verwertungshandlungen erfolgt** sind, so könnte man dann den **tatsächlichen Erlös** ansetzen und musste dies im Vergütungsantrag näher erläutern.

[Alternative – tlw. Verwertung erfolgt:

In der Vermögensübersicht sind Schätzwerte aufgeführt, weil die Verwertung des Vermögens noch nicht abgeschlossen ist. Zwischenzeitlich sind von den dort aufgeführten… (*Anzahl*) Vermögenspositionen bereits… (*Anzahl*) verwertet worden. Insoweit werden in der **Anlage** die Sachkontenblätter Nrn. … überreicht, aus denen sich die erzielten Erlöse ergeben. Im ebenfalls **anliegenden** Verzeichnis der Massegegenstände sind diese einzelnen, schon verwerteten Vermögenspositionen gekennzeichnet. Daraus ergibt sich, dass ein Verwertungserlös i.H.v. … EUR prognostiziert wurde. Tatsächlich konnte aber ein Erlös i.H.v. … EUR realisiert werden.]

Zu der Gesamtsumme der freien Masse gem. der Vermögensübersicht ist somit der erzielte Überschuss aus der bereits erfolgten Verwertung hinzuzurechnen, so dass sich eine Berechnungsgrundlage von… EUR ergibt.

Abzüge, die sich ggf. aus der Anwendung des § 1 Abs. 2 InsVV, insbesondere der Nrn. 3 und 4 ergeben, sind vorliegend nicht gegeben und damit zusätzlich zu den vorstehenden Ausführungen nicht vorzunehmen.

▶ Hinweis:

Sollten im Einzelfall doch einmal Sachverhalte des § 1 Abs. 2 InsVV, z. B. der Nr. 4a InsVV, vorliegen, wird auf die Formulierungen im Muster Nr. 351 verwiesen.

2. Beauftragung sogenannter »Externer«

In Erfüllung der Angabepflicht gem. § 8 Abs. 2 InsVV wird mitgeteilt, dass während der vorläufigen Verwaltung keine externen Dritten gem. § 4 Abs. 1 Satz 3 InsVV beauftragt wurden.

Abzug: 0,00 EUR

[Alternative:

Es wird in der Erfüllung der Angabepflicht gem. § 8 Abs. 2 InsVV mitgeteilt, dass bereits während der vorläufigen Verwaltung Dritte i.S.d. § 4 Abs. 1 S. 3 InsVV beauftragt wurden. Hierbei handelt es sich um… (*z. B. die Firma…, die die Entsorgung der Betriebsräumlichkeiten vorgenommen hat, die Firma…, die die Sicherung des beweglichen Anlagevermögens durchgeführt hat,… etc.*). Aus der Insolvenzmasse wurde insoweit ein Betrag in Höhe von… EUR gezahlt.

Da es sich jedoch *in diesen Fällen* um nicht verwaltertypische Aufgaben gehandelt hat, ist ein Abzug von der Berechnungsgrundlage nicht vorzunehmen.

Abzug: 0,00 EUR]

3. Regelvergütung/Berechnungswert

Nach der Staffelvergütung des § 2 Abs. 1 InsVV ergibt sich auf Basis der vorgenannten Berechnungsgrundlage folgende Vergütung:

40 % von	25.000,00 EUR	… EUR
25 % von	25.000,00 EUR	… EUR

7 % von	200.000,00 EUR	... EUR
... % von	... EUR	... EUR
	... EUR	**... EUR**

4. Vergütungssatz für die vorläufige Verwaltung

Der Regelsatz für die Tätigkeit des vorläufigen Insolvenzverwalters beträgt gem. § 63 Abs. 3 InsO i.d.R. 25 % des Berechnungswertes nach Ziff. 2. Damit ergibt sich folgende Berechnung.

25 % von... EUR =... EUR

5. Zuschläge

Zuschläge sollen im vorliegenden Verfahren nicht beantragt werden.

6. Abschläge

Da die Berechnungsgrundlage für die Regelvergütung keine Werte der mit Aus- und Absonderungsrechten belasteten Gegenstände enthält, ist ein Abschlag im Zusammenhang mit den Aus- und Absonderungsrechten nicht vorzunehmen.

Weitere Abschläge gem. § 3 Abs. 2 InsVV sind nicht ersichtlich.

7. Vergütungsberechnung

Der zugrunde zu legende Vergütungssatz ergibt sich nach den vorstehenden Ausführungen wie folgt:

Grundvergütung	... %
Zuschläge gesamt	... %
Abschlag	... %
Gesamt-Prozentsatz	... %

Es verbleibt damit bei der unter Ziff. 3 errechneten Vergütung.

[Alternative:

Es ergibt sich folgende Berechnung:

Vergütung (... %) nach dem Berechnungswert in Höhe von... EUR (Ziff. 3):

... % von... =... EUR.]

8. Auslagen

Es wird mit diesem Antrag die Auslagenpauschale gem. § 8 Abs. 3 InsVV zur Festsetzung beantragt. Die Berechnung stellt sich insoweit wie folgt dar:

Insolvenzverwalter-Regelvergütung gem.:... EUR (25 %)

Auslagen für das 1. Jahr:... bis zum...
15 % von ... EUR ... EUR

Die erste Höchstgrenze errechnet sich wie folgt:
1. Höchstgrenze von... Monaten Laufzeit x 250,00 EUR = ... EUR

Diese Höchstgrenze wird nicht überschritten, so dass auch keine Kürzung vorzunehmen ist.

[Alternative:

Der vorgenannte Auslagenbetrag überschreitet die erste Höchstgrenze und ist damit auf den Betrag von... EUR zu kürzen.

Die zweite Höchstgrenze von 30 % der Regelvergütung führt zu keiner Kürzung, da lediglich 15 % für ein Jahr in Ansatz gebracht wurden.]

9. Zustellungskosten

Mit der Anordnung der vorläufigen Verwaltung ist mir gleichzeitig das Zustellungswesen gem. § 8 Abs. 3 InsO übertragen worden. Die Zustellungskosten sind neben der Auslagenpauschale gesondert zu erstatten (*BGH*, Beschl. v. 21.12.2006 – *IX ZB 129/05 in ZInsO 2007, 202 ff., BGH, Beschl. v. 21.03.2013 – IX ZB 209/10 Rn. 25, 26 in InsbürO 2013, 493, ZInsO 2013, 849).* Das dortige Gericht hat eine Pauschale von ... EUR insgesamt pro Zustellung zur Abdeckung der Papier- und Kopierkosten sowie der Porto- und Personalkosten festgelegt.

Im vorliegenden Verfahren sind dementsprechend folgende Kosten für die Zustellungen entstanden:

Anschreiben an... Drittschuldner gem. Zustellungsnachweis vom... à... EUR = ... EUR

10. Zusammenfassung

Zusammenfassend ergibt sich die am Anfang des Antrages aufgeführte Verwaltervergütung.

11. Weitere Daten

Ergänzend zu obigen Ausführungen darf ich mitteilen, dass ich am Ende der vorläufigen Verwaltung über einen Guthabenbetrag auf dem geführten Treuhandkonto i.H.v.… EUR verfügt habe. Dieser Betrag ist in das eröffnete Verfahren übernommen worden.

Aktuell verfüge ich auf dem Treuhandkonto über einen Betrag i.H.v. … EUR. Aus dieser Summe sind keine absonderungsberechtigten Gläubiger mehr zu befriedigen.

Es wird beantragt, die Vergütung insgesamt wie vorstehend berechnet festzusetzen und dem Verwalter zu gestatten, den Betrag der Masse entnehmen zu dürfen.

Mit freundlichen Grüßen

....

Ehemalige vorl. Insolvenzverwalter/in

Anlage:
u.a. Vermögensübersicht nach § 153 InsO

▶ Hinweis zur möglichen Änderung des Festsetzungsbeschlusses:

§ 63 Abs. 3 Satz 4 InsO i.V.m. § 11 Abs. 2 InsVV sieht vor, dass der Insolvenzverwalter dem Insolvenzgericht nach Verwertung sämtlicher Gegenstände eine möglicherweise eingetretene **Wertdifferenz von 20 %** zwischen Schätzwert und Realisierungswert **mitteilt**, damit ein etwaiger Vergütungsfestsetzungsbeschluss abgeändert werden kann. Spätestens mit Schlussbericht ist eine solche Erklärung dann abzugeben.

▶ Hinweis zur Verjährung:

Die Verjährung des Vergütungsanspruches für die vorläufige Verwaltung wird **bis zum Abschluss des eröffneten Insolvenzverfahrens** gehemmt (BGH, Beschl. v. 22.09.2010 – IX ZB 195/09, ZInsO 2010, 2103 ff.; BGH, Beschl. v. 23.09.2010 – IX ZB 20/09 in WKRS 2010, 25126). Der Festsetzungsantrag kann daher auch gleichzeitig mit dem Vergütungsantrag für das eröffnete Verfahren gestellt werden.

Muster 357: Vorläufige Verwaltung – Vergütungsantrag – Einleitung

529 *Adressat: Insolvenzgericht*

Insolvenzverfahren über das Vermögen der der Firma …/des Herrn…/der Frau…
Geschäftszeichen:… IN…/…
Vergütungsantrag für die vorläufige Verwaltung

Sehr geehrte Frau Richterin…, / Sehr geehrter Herr Richter…,

in dem Insolvenzverfahren über das Vermögen der obigen Gesellschaft war ich in der Zeit vom… bis zum… als *vorläufige/r Verwalter/in* im Eröffnungsverfahren tätig. Entsprechend beantrage ich unter Berücksichtigung der Rechtsprechung in Vergütungsfragen und den Kommentierungen zur InsVV die Festsetzung meiner Vergütung für die insgesamt… *Wochen/Monate* dauernde Tätigkeit wie folgt:

Verwaltervergütung	… EUR
Auslagenpauschale gem. § 8 InsVV	… EUR
Zustellungskosten	… EUR
Zwischensumme netto	… EUR
19 % Umsatzsteuer gem. § 7 InsVV	… EUR
Gesamtsumme	**… EUR**

Mit dem beantragten Vergütungssatz von insgesamt… % ist gewährleistet, dass die Vergütung für meine und die Tätigkeit meiner Mitarbeiter dem entfalteten Abwicklungsaufwand entspricht und mithin angemessen i.S.d. § 11 Abs. 3 InsVV ist.

Der Vergütung liegt folgende Berechnung zugrunde:

1. Berechnungsgrundlage

Gem. § 63 Abs. 3 Satz 3 InsO dient als Berechnungsgrundlage für die Vergütung des vorläufigen Insolvenzverwalters dasjenige Vermögen, auf das sich die Tätigkeit des vorläufigen Verwalters während des Eröffnungsverfahrens erstreckt hat. Maßgebend für die Wertermittlung ist insoweit der Zeitpunkt der Beendigung der vorläufigen Verwaltung oder

der Zeitpunkt, ab dem ein Vermögenswert nicht mehr der vorläufigen Verwaltung unterlag. Diese sogenannte **Ist-Masse** wird nachfolgend neben etwaig geltend gemachten Ab- und Aussonderungsrechten und dem insoweit ausgeübten Grad der Tätigkeit – ob nennenswert oder erheblich i.S.d. § 11 Abs. 1 Satz 2 InsVV – dargestellt.

Noch keine abschließende Verwertung – s. vier nächsten Absätze:

Die nachfolgend in Ansatz gebrachten Werte – *mit Ausnahme der mit Aussonderungsrechten belasteten Vermögenswerte* – ergeben sich aus *der Vermögensübersicht gem. § 153 InsO/aus* meinem Gutachten vom … Hierbei handelt es sich teilweise um Schätzwerte, da die Verwertung des Vermögens noch nicht abgeschlossen ist.

Betriebsfortführung auch im eröffneten Verfahren:

Da eine Betriebsfortführung während der gesamten Dauer der vorläufigen Verwaltung durchgeführt und der Betrieb auch im eröffneten Verfahren aufrecht erhalten wurde, werden nachfolgend jeweils **Fortführungswerte** zugrunde gelegt.

Erst Betriebsfortführung, dann Betriebseinstellung im eröffneten Verfahren:

Der schuldnerische Betrieb wurde zwar während der gesamten Dauer der vorläufigen Verwaltung aufrechterhalten, musste jedoch *zum Zeitpunkt der Insolvenzeröffnung/während des eröffneten Verfahrens* eingestellt werden. Daher werden nachfolgend entsprechend der Kommentierung zur InsVV nur Liquidationswerte in Ansatz gebracht.

Betriebseinstellung schon während der vorläufigen Verwaltung:

Da der schuldnerische Betrieb *schon zum Zeitpunkt der Anordnung der vorläufigen Verwaltung eingestellt war/während der Dauer der vorläufigen Verwaltung eingestellt werden musste*, werden nachfolgend entsprechend Liquidationswerte in Ansatz gebracht.

▶ Hinweise Wertermittlung:

Ermittlung des konkreten Wertes muss für das Insolvenzgericht **nachvollziehbar** begründet werden.

Bei Aus- und Absonderungsrechten muss **Tätigkeit näher umschrieben** werden.

Bei **Verkehrswerten von »0,00 EUR«** kann ggf. ein **Prozentsatz vom Buchwert** in Ansatz gebracht werden. Im Einzelfall entscheiden.

Verwertung ist abgeschlossen:

Bei den in Ansatz gebrachten Werten handelt es sich um die Realisierungswerte wie sie sich aus den anliegenden Sachkontenblätter ergeben. Die Verwertung ist insgesamt abgeschlossen. Eine spätere Erklärung gem. § 11 Abs. 2 InsVV ist damit nicht erforderlich.

Folgende Vermögenspositionen sind im vorliegenden Verfahren zu berücksichtigen:

▶ Hinweis zur erheblichen Tätigkeit in nachfolgender Tabelle:

Die **Erheblichkeit** ist **nur** dann zu erläutern, wenn es um Gegenstände geht, die mit **Rechten Dritter** belastet sind. **Freie Vermögenswerte** fließen **immer** in die **Berechnungsgrundlage** ein, auch **ohne Tätigkeit** des vorläufigen Verwalters (BGH v. 15.11.2012 – IX ZB 130/10 in WKRS 2012, 29091).

Vermögenswert	Wert	Recht Dritter	Tätigkeit
Grundstück, eingetragen im Grundbuch von … Blatt …, Flur …, Flurstück …, … (Straße, Ort), … qm	*… EUR (Schätzung lt. Makler/Bank …)*	*… Bank mit Valutastand … EUR*	*Besichtigung, Einsichtnahme in Grundbuch, Prüfung bzw. Veranlassung Versicherungsschutz, Kontaktaufnahme mit Grundpfandrechtsgläubiger wg. Versicherungsprämien, Be- und Verwertung,* *Zahlungssicherung der laufenden Kosten d. Einzelermächtigung des Insolvenzgerichtes,* *Kontaktaufnahme zu Maklern* *= nennenswerte Tätigkeit* *= erhebliche Tätigkeit (würde weitere Tätigkeiten erfordern)*
Maschinelle Anlagen, Betriebs- und Geschäftsausstattung	*… EUR (lt. Sachverständigengutachten)*	*…. Bank mit einem Forderungswert i.H.v.…. EUR*	*Sichtung der Gegenstände* *Abgleich Auflistung der Gegenstände im Sachverständigengutachten mit Anlagenverzeichnis des letzten Jahresabschluss = Ermittlung fehlender Gegenstände und Nachforschung des Verbleibs*

Vermögenswert	Wert	Recht Dritter	Tätigkeit
			Prüfung Rechte Dritter und Kontaktaufnahme zur weiteren Nutzung i.S.d. § 21 Abs. 2 Nr. 5 InsO, Anregung Beschlussfassung durch das Insolvenzgericht *= erhebliche Tätigkeit*
Fahrzeuge	*... EUR (lt. Sachverständigengutachten)*	*.... Bank mit einem Forderungswert i.H.v..... EUR*	*Sicherung der Fahrzeugpapiere und Schlüssel bzw. Einschränkung der Nutzungsmöglichkeit* *Prüfung und Sicherstellung des Versicherungsschutzes* *Einholung Einzelermächtigung d. das Insolvenzgericht* *Prüfung der Absonderungsrechte*
Leasingfahrzeug/e	*... EUR*	*Leasinggesellschaft*	*Prüfung des Aussonderungsrechtes und ggf. zu erzielenden Mehrerlöses bei Ankauf,* *Rückgabe des/der Fahrzeuge/s*
Warenbestand	*Bei Betriebseinstellung: ... EUR (lt. Sachverständigengutachten) Bei Betriebsfortführung: Wert lt. Inventur am Tag der Anordnung der vorl. Verwaltung: ... EUR Wert lt. Inventur am Tag der Insolvenzeröffnung: ... EUR wg. Betriebsfortführung tägliche Bestandsveränderung = keine Berücksichtigung in Berechnungsgrundlage wg. Betriebsfortführung = steckt im Überschuss aus Einnahmen- und Ausgabenrechnung (= Forderungen gegen Dritte)*	*Lieferanten mit ... EUR*	*Kontaktaufnahme zu Lieferanten wg. Klärung der Eigentumsvorbehaltsrechte: schriftliche Vereinbarung über prozentuale Beteiligung vom Erlös = Wegfall umfangreicher Nachweise der Rechte, Vorteil für die Masse durch Nutzung- und Verwertungsmöglichkeit*
Halbfertige Erzeugnisse	*Bei Betriebseinstellung: ... EUR (lt. Sachverständigengutachten) Bei Betriebsfortführung: Wert lt. Inventur am Tag der Anordnung der vorl. Verwaltung: ... EUR Wert lt. Inventur am Tag der Insolvenzeröffnung: ... EUR wg. Betriebsfortführung tägliche Bestandsveränderung = keine Berücksichtigung in Berechnungsgrundlage wg. Betriebsfortführung = steckt im Überschuss aus Einnahmen- und Ausgabenrechnung (= Forderungen gegen Dritte)*	*Lieferanten mit ... EUR*	*Kontaktaufnahme zu Lieferanten wg. Klärung der Eigentumsvorbehaltsrechte: schriftliche Vereinbarung über prozentuale Beteiligung vom Erlös = Wegfall umfangreicher Nachweise der Rechte, Vorteil für die Masse durch Nutzung- und Verwertungsmöglichkeit*
Finanzanlagen *(Genossenschaftsanteile, Depots etc.)*	*... EUR lt. Bestätigung der ... Bank*	*... Bank mit Forderungswert von ... EUR (Aufrechnung)*	*Prüfung der Werthaltigkeit, der Auszahlungsmodalitäten und –zeiträume* *Prüfung der Aufrechnung* *= nennenswerte Tätigkeit*

Vermögenswert	Wert	Recht Dritter	Tätigkeit
Forderungen aus Lieferung und Leistung *(Altforderungen)* *Interner Hinweis:* *Altforderungen = bestanden schon zum Zeitpunkt der Anordnung der vorläufigen Verwaltung*	*... EUR lt. Debitorenverzeichnis zum Stichtag der Anordnung der vorl. Verwaltung geschätzter Verkehrswert: ... EUR Wert für Berechnungsgrundlage: ... EUR = ... % vom Wert lt. Debitorenverzeichnis*	*... Bank mit Forderungsbestand von ... EUR*	*Prüfung der Durchsetzbarkeit der einzelnen Forderungen, Korrektur des Debitorenverzeichnisses, Mahnschreiben an Debitoren, Prüfung von geltend gemachten Gegenforderungen* *= nennenswerte Tätigkeit*
Überschuss aus Betriebsfortführung	*... EUR lt. anliegender Einnahmen- und Ausgabenrechnung*	*./.*	*Betriebsfortführung = Begründung von neuen Forderungen, Ausgleich von Lieferantenverbindlichkeiten gem. Einzelermächtigung durch d. Insolvenzgericht*
Kassenbestand	*... EUR am Tag der Eröffnung*	*./.*	*Organisation der Kassenführung, Sicherung des Kassenbestandes: tägliche Einzahlung des Kassenbestandes auf das Treuhandkonto*
Guthaben bei Kreditinstituten	*... EUR Guthaben gem. Kontoauszüge am Tag der Insolvenzeröffnung aber: Guthaben enthält Beträge aus dem Forderungseinzug, der Betriebsfortführung, dem Verkauf eines Gegenstandes, daher: Einrechnung in Berechnungsgrundlage nur andere Positionen lt. anliegenden Sachkontenblätter (Zinseinnahmen, Steuererstattungen etc.) - Gesamtsumme: ... EUR*	*./.* *(keine Werte, die mit Absonderungsrechten belastet sein können; diese stecken in Position Forderungseinzug, Warenbestand etc.)*	*Buchung der Konten, Überweisung von Guthabenbeträgen auf Treuhandkonto*
Haftungsansprüche gem. § 64 GmbHG *(entstehen lt. BGH-Rechtsprechung im Zeitpunkt der Vornahme der verbotenen Zahlung)*	*... EUR lt. Prognose der Realisierung (s. Gutachten/Bericht zur 1.GV)*	*./.*	*gehören lt. BGH-Rechtsprechung zum schuldnerischen Vermögen*

▶ Hinweis:

Anfechtungsansprüche sind nach BGH-Rechtsprechung in der Berechnungsgrundlage für den vorläufigen Verwalter **nicht zu berücksichtigen**. Sie würden erst mit Insolvenzeröffnung entstehen (Beschl. v. 07.07.2011 – IX ZB 223/08 Rn. 1 in WKRS 2011, 20444).

Zwischenergebnis:

Nach Addition der vorgenannten Einzelwerte ergibt sich folgendes verwaltetes Aktivvermögen:

Gesamtwert Aktivvermögen:	... EUR
Rechte Dritter hieran:	... EUR
davon Werte mit erheblicher Tätigkeit	... EUR
davon Werte mit nennenswerter Tätigkeit	... EUR
Gesamtwert Aktivvermögen ohne Rechte Dritter:	... EUR

Muster 358: Vorschuss – Vergütungsantrag

▶ Hinweis:

530 Bitte immer mindestens zweifach einreichen (Wünsche des Gerichtes berücksichtigen). (= eine Kopie für Schuldner zur Stellungnahme)

Adressat: Insolvenzgericht

Insolvenzverfahren über das Vermögen der Firma.../des Herrn.../der Frau...
Geschäftszeichen:... IN.../...
Antrag auf Festsetzung eines Vorschusses

Sehr geehrte Frau Rechtspflegerin..., / Sehr geehrter Herr Rechtspfleger...,

in obiger Angelegenheit erlaube ich mir, einen Vorschuss auf die spätere Verwaltervergütung gem. § 9 InsVV wie folgt zu beantragen:

1. Anspruchsgrundlage

   § 9 InsVV gewährt dem Insolvenzverwalter die Möglichkeit, einen Vorschuss auf die Vergütung und die Auslagen zu entnehmen, sofern das Insolvenzgericht zustimmt. Eine solche Zustimmung soll erteilt werden, wenn das Verfahren länger als sechs Monate andauert (BGH, Beschl. v. 01.10.2002 – IX ZB 53/02 in ZInsO 2002, 1133 f.; BGH, Urt. v 16.01.2014 – IX ZR 190/13 Rn. 9 in InsbürO 2015, 116, ZInsO 2014, 2390). Das vorliegende Verfahren wurde am... eröffnet und dauert damit bereits mehr als... *Monate/Jahre* an.

2. Vorhandenes Kontoguthaben

   Ich verfüge auf dem Treuhandkonto derzeit über einen Guthabenbetrag in Höhe von... EUR. Eine Fotokopie des letzten Kontoauszuges vom... ist in der **Anlage** nebst einer aktuellen Einnahmen- und Ausgabenübersicht beigefügt.

   Von dem Kontoguthaben sind noch voraussichtliche Masseverbindlichkeiten in Höhe von... EUR zu begleichen. Hierbei handelt es sich um... (*Art und Grund der Masseverbindlichkeiten kurz erläutern*).

   Darüber hinaus sind noch Zahlungen an Absonderungsgläubiger in einer voraussichtlichen Höhe von... EUR zu leisten.

   ▶ Hinweis:

   Ggf. Abrechnung mit dem Absonderungsgläubiger vor dem Vorschussantrag veranlassen oder den Grund erläutern, warum noch nicht abgerechnet werden kann.

   Damit ergibt sich, dass mindestens ein Kontoguthaben von... EUR als freie Insolvenzmasse vorhanden ist, aus dem ein Vorschussbetrag gezahlt werden könnte.

3. Berechnungsgrundlage

   Als Grundlage für die Berechnung eines Vorschusses gibt es verschiedene Möglichkeiten: Zum einen kann die prognostizierte freie Masse gem. Vermögensübersicht zum Zeitpunkt der ersten Gläubigerversammlung zugrunde gelegt und aus der sich hieraus ergebenden Vergütung ein Anteil gewährt werden. Zum anderen kann die Gesamtsumme der Einnahmen laut Einnahmen- und Ausgabenübersicht als Berechnungsgrundlage dienen.

   aktueller Kontostand:

   Ich lege diesem Antrag aber lediglich den vorgenannten Kontostand laut beiliegendem Kontoauszug abzüglich der noch notwendigen Zahlungen an Gläubiger mit Masseverbindlichkeiten sowie an Absonderungsgläubiger zugrunde, da zumindest die Beträge an Absonderungsgläubiger gem. § 1 Abs. 2 Nr. 1 InsVV nicht in voller Höhe in der Berechnungsgrundlage berücksichtigt werden dürfen. Damit soll ein Betrag in Höhe von... EUR als Berechnungsgrundlage dienen.

   Mit dieser Berechnungsmethode wird sich regelmäßig eine Vergütung ergeben, die unter der tatsächlichen Vergütung liegt, weil bei Zugrundelegung des aktuellen Kontostandes in jedem Fall auch bereits Ausgaben in Abzug gebracht wurden, die gem. § 1 Abs. 2 Nr. 4 InsVV nicht abgezogen werden müssen.

   Prognostizierte freie Masse:

   Ich begehre eine Festsetzung auf Basis der ersten Variante. Als prognostizierte freie Masse wurde laut Vermögensübersicht ein Betrag in Höhe von... EUR in Ansatz gebracht. Dieser soll nachfolgend als Berechnungsgrundlage dienen.

Einnahmensumme:

Ich lege diesem Antrag die Gesamtsumme der bislang erzielten Einnahmen zugrunde. Mögliche Abzüge gem. § 1 Abs. 2 InsVV sind nicht vorzunehmen. Der aus der **beiliegenden** Einnahmen- und Ausgabenübersicht ersichtliche Gesamtbetrag der Einnahmen in Höhe von… EUR soll damit als Berechnungsgrundlage dienen.

4. Regelvergütung/Berechnungswert

Nach § 2 Abs. 1 InsVV ergibt sich auf Basis der vorgenannten Berechnungsgrundlage folgende Regelvergütung:

40 % von	25.000,00 EUR	… EUR
25 % von	25.000,00 EUR	… EUR
7 % von	200.000,00 EUR	… EUR
… % von	… EUR	… EUR
	… EUR	**… EUR**

bei Zugrundelegung der prognostizierten freien Masse:

Ausweislich der anliegenden Einnahmen- und Ausgabenübersicht sind bislang Einnahmen in einer Gesamthöhe von… EUR erzielt worden. Damit sind… % der prognostizierten freien Masse bereits erzielt worden. Von der vorstehend ermittelten Vergütung wird daher ein Anteil von… % zur Festsetzung begehrt. Dies entspricht einem Betrag i.H.v.… EUR.

5. Zuschläge

Es sind bereits heute Tätigkeiten verrichtet worden oder Sachverhalte gegeben, die die Festsetzung von Zuschlägen gem. § 3 InsVV rechtfertigen. Im Einzelnen soll die Darlegung einem späteren Vergütungsantrag vorbehalten bleiben. Heute soll nur bereits ansatzweise festgehalten werden, welche Zuschläge in Betracht kommen, um die Vorschussberechnung daran zu orientieren. Es handelt sich um folgende:

a. Betriebsfortführung

Der schuldnerische Betrieb ist seit der Insolvenzeröffnung bis… fortgeführt worden. Damit waren täglich betriebliche Entscheidungen zu treffen und die Finanzierung zu überwachen. Die damit verbundene Mehrarbeit rechtfertigt einen Zuschlag von mindestens… %.

b. Hohe Gläubigeranzahl

In dem Verfahren haben… Gläubiger Forderungen zur Insolvenztabelle angemeldet. Ab einer Gläubigeranzahl von 100 gewährt die Rechtsprechung einen Zuschlag für die mit der höheren Anzahl von Gläubigern verbundene Mehrarbeit (*BGH, Beschl. v. 22.06.2017 – IX ZB 65/15 Rn. 11 in InsbürO 2017, 474, ZInsO 2017, 1694; BGH, Beschl. 11.05.2016 – IX ZB 249/04 Rn. 43 in ZInsO 2016, 642*). Es sind nicht nur mehr Anmeldungen zu bearbeiten gewesen, sondern auch Anfragen von Gläubigern über den Sachstand zu beantworten. Hierfür ist mindestens die Festsetzung eines Zuschlages von… % gerechtfertigt.

c. …

▶ Hinweis:

Eine Vielzahl von Zuschlägen gem. den Kommentierungen zu § 3 InsVV sind denkbar.

Damit würden sich derzeit insgesamt Zuschläge von… % ergeben.

[Alternative:

Zuschläge werden derzeit nicht zur Festsetzung beantragt.]

6. Vorschussberechnung

Auf Basis des Berechnungswertes nach Ziff. 4 und der möglichen Zuschläge nach Ziff. 5 ergibt sich folgende Vergütung:

… % (*Gesamtprozentsatz*) von… EUR (Ziff. 4) = … EUR

Von dieser sich ergebenden Vergütung wird derzeit nur ein Betrag in Höhe **von… EUR** zur Festsetzung beantragt. Dieser liegt damit weit unter der späteren Vergütung. An dieser Stelle wird noch auf einmal auf die niedrigere Berechnungsgrundlage verwiesen.

7. Auslagen

Ich begehre mit diesem Antrag die Auslagenpauschale gem. § 8 Abs. 3 InsVV. Die Berechnung stellt sich insoweit wie folgt dar:

Insolvenzverwalter-Regelvergütung gem. obiger Ziff. 4.:... EUR

Auslagen für das 1. Jahr:... bis zum... 15 % von ... EUR	... EUR
Auslagen für das 2. Jahr:... bis zum... 10 % von... EUR	... EUR
Auslagen für das 3. Jahr:... bis zum... 5 % von... EUR	... EUR
Gesamtsumme	**... EUR**

Die Höchstgrenze von 30 % der Regelvergütung wurde vorstehend bereits berücksichtigt, indem für das 3. Jahr lediglich noch ein Prozentsatz von 5 % in Ansatz gebracht wurde. Es ist somit nur noch die erste Höchstgrenze zu prüfen:

... Monate Laufzeit x 250,00 EUR = ... EUR

Diese Höchstgrenze wird nicht überschritten, so dass eine Kürzung nicht vorzunehmen ist.

[Alternative:

Der vorgenannte Auslagenbetrag überschreitet die erste Höchstgrenze und ist damit auf den Betrag von... EUR zu kürzen.]

für beide Varianten:

Von diesem Auslagenbetrag soll lediglich ein Betrag von... EUR zur Festsetzung beantragt werden.

▶ Hinweise:

Man kann die Auslagen auch direkt nur von dem zur Festsetzung beantragten Vorschussbetrag berechnen. Dann sind sie allerdings noch einmal niedriger.

8. Zusammenfassung

Aufgrund vorstehender Ausführungen ergibt sich folgendes:

Vorschuss auf Verwaltervergütung	... EUR
Auslagen	... EUR
Zwischensumme	... EUR
19 % Umsatzsteuer	... EUR
Gesamtsumme	**... EUR**

Ich bitte um entsprechende Festsetzung und Ermächtigung, den Betrag aus der Insolvenzmasse entnehmen zu dürfen.

Mit freundlichen Grüßen

....
Insolvenzverwalter/in

Anlagen:
Kopie des Kontoauszuges vom...
Einnahmen- und Ausgabenübersicht

Muster 359: Zustellungskosten – Formulierungsvorschlag

▶ Hinweis:

531 Der nachstehende Text ist in einen Vergütungsantrag einzubauen. Er stellt also einen gesonderten Gliederungspunkt darin dar.

Zustellungskosten

Die Zustellungskosten sind neben der Auslagenpauschale gesondert zu erstatten (*BGH, Beschl. v. 21.03.2013 – IX ZB 209/10 Rn. 25, 26 in InsbürO 2013, 493, ZInsO 2013, 849)*. Das dortige Gericht hat eine Pauschale von ... (Bsp. 2,80 EUR) insgesamt pro Zustellung zur Abdeckung der Papier- und Kopierkosten sowie der Porto- und Personalkosten festgelegt.

Im vorliegenden Verfahren wird insoweit die Erstattung folgender Gesamtkosten beantragt:

Anschreiben an… Gläubiger
wg. Aufforderung zur Anmeldung
gem. Zustellungsnachweis vom… à … (Bsp.2,80 EUR) = … EUR

Anschreiben an… Drittschuldner
wg. Zahlungsaufforderung
gem. Zustellungsnachweis vom… à … = … EUR

Anschreiben an… Gläubiger
wg. nachträglichem Prüfungstermin
gem. Zustellungsnachweis vom… à … EUR = … EUR

Darüber hinaus werden für die Zustellung des Beschlusses über den noch anzuberaumenden Schlusstermin an die Gläubiger folgende weitere Kosten entstehen:

Anschreiben an… Gläubiger wg. Schlusstermin
gem. noch zu erbringendem Zustellungsnachweis
… à … EUR = … EUR

Gesamtsumme **… EUR**

Ausländische Gläubiger innerhalb der EU:

Im vorliegenden Verfahren sind darüber hinaus … (Anzahl) Aufforderungen an ausländische Gläubiger innerhalb der EU erfolgt. Nach Art. 54 Abs. 2 EuInsVO n.F. sind die Mitteilung über das Insolvenzverfahren und das Standardanmeldeformular dieser Aufforderung beizufügen. Diese Dokumente umfassen allein 22 Seiten. Dadurch fällt allein an Portokosten pro Gläubiger ein Betrag i.H.v 1,45 EUR an. Dies sind pro Gläubiger 0,60 EUR mehr als bei Anschreiben an Gläubiger innerhalb Deutschlands. Angesichts der im vorliegenden Verfahren vorhandenen Anzahl von … ausländischen Gläubigern wird insoweit eine Erhöhung der Pauschale für diese Gläubiger um diesen Betrag beantragt. Damit ergibt sich folgende Berechnung:

Anschreiben an… ausländische Gläubiger
Ausgleich der erhöhten Portokosten: … x 0,60 EUR = … EUR

Musterübersicht Vermögensübersicht

Rdn.

Muster 360: Vermögensübersicht § 153 InsO 532

Muster 360: Vermögensübersicht § 153 InsO

532 **Vermögensübersicht nach § 153 InsO**

in dem Insolvenzverfahren über das Vermögen der Firma ... mit dem Sitz in ...,
Amtsgericht...:... IN.../..., Insolvenzverwalter/in:... (Name und Anschrift)

▶ Hinweis:

Dieses Muster gilt der Veranschaulichung. Es wird i.d.R. immer ein Ausdruck aus der Insolvenzsoftware für die tatsächliche Verwendung genutzt.

In der Vermögensübersicht sind nur die Gesamtsummen der einzelnen Bereichen (unbewegliches Anlagevermögen, Anfechtungen) einzutragen. Die Daten aus dem Verzeichnis der Massegegenstände (Aktivseite der Vermögensübersicht) und aus dem Gläubigerverzeichnis (Passivseite der Vermögensübersicht) werden hier komprimiert übernommen.

Aktivseite, sortiert nach der Flüssigkeit

1. Lfd. Nr.	2. Bezeichnung	3. Liquidationswert in € brutto	4. Fortführungs-Wert in € brutto	5. Fremdrechte (Grund)	6. Kostenbeitrag Liq. in €	7. Kostenbeitrag Fortfg. in €	8. Absonderung Liq. in €	9. Absonderung Fortfg. in €	10. Freie Masse Liq. in €	11. Freie Masse Fortfg. in €
	Anlagevermögen	Summe I. – III.	Summe I. – III.		Summe I. – III.	Summe I. – III.	Summe I. – III.	Summe I. – III.	Summe I. – III.	Summe I. – III.
	I. Immaterielles Vermögen	*0,00*	*0,00*	./.	./.	./.	../	./.	*0,00*	*0,00*
	II. Sachanlagen	Summe A. u. B.	Summe A. u. B.		Summe A. u. B.	Summe A. u. B.	Summe A. u. B.	Summe A. u. B.	Summe A. u. B.	Summe A. u. B.
	A. Unbewegliches Anlagevermögen	*102.000,00 (Summe aller Grundstückswerte)*	*102.000,00 (Summe aller Grundstückswerte)*	*Grundpfandrecht*	*5.100,00 (Summe aller etwaigen Kostenbeiträge)*	*5.100,00 (Summe aller etwaigen Kostenbeiträge)*	*96.900,00 (Summe aller Auszahlungen an Absonderungs gläubiger)*	*96.900,00 (Summe aller Auszahlungen an Absonderungs gläubiger*	*5.100,00 (Summe aller Massebeträge aus Grundstücken)*	*5.100,00 (Summe aller Massebeträge aus Grundstücken)*
	B. Bewegliches Anlagevermögen	*12.733,00 (Summe aus den folgenden Unterpunkten zu B.)*	*17.314,00 dto.*		*117,81 dto.*	*342,72 dto.*	*982,19 dto.*	*2.857,28 dto.*	*117,81 dto.*	*342,72 dto.*
	Technische Anlagen und Maschinen:	*1.190,00*	*3.570,00*	*Sicherungsübereignung*	*107,10*	*321,30*	*892,90 (Brutto-KP abzgl. UST + Kostenbeitrag)*	*2.678,70 (dto.)*	*107,10*	*321,30*
	Betriebs- und Geschäftsausstattung	*119,00*	*238,00*	*Sicherungsübereignung*	*10,71*	*21,42*	*89,29 (s.o.)*	*178,58 (s.o.)*	*10,71*	*21,42*
	Fahrzeuge	*11.424,00*	*13.506,00*	./.	./.	./.	./.	./.	*11.424,00*	*13.506,00*
	III. Finanzanlagen	*0,00*	*0,00*	./.	./.	./.	./.	./.	./.	./.
	Umlaufvermögen	Summe I. – IV.	Summe I. – IV.		Summe I. – IV.	Summe I. – IV.	Summe I. – IV.	Summe I. – IV.	Summe I. – IV.	Summe I. – IV.
	I. Roh-, Hilfs- u. Betriebsstoffe	*0,00*	*0,00*	./.	./.	./.	./.	./.	*0,00*	*0,00*
	II. a) Forderungen aus Lieferung und Leistungen vor Antragstellung	*2.380,00*	*2.380,00*	*Globalzession*	*214,20*	*214,20*	*1.785,80 (Bruttoforderung abzgl. UST + Kostenbeitrag)*	*1.785,80 (dto.)*	*214,20*	*214,20*
	b) Forderungen aus Lieferung und Leistung nach Antragstellung	*0,00*	*0,00*	./.	./.	./.	./.	./.	*0,00*	*0,00*

1. Lfd. Nr.	2. Bezeichnung	3. Liquidationswert in € brutto	4. Fortführungs-Wert in € brutto	5. Fremdrechte (Grund)	6. Kostenbeitrag Liq. in €	7. Kostenbeitrag Fortfg. in €	8. Absonderung Liq. in €	9. Absonderung Fortfg. in €	10. Freie Masse Liq. in €	11. Freie Masse Fortfg. in €
	c) Forderungen gg. verbundene Unternehmen	*0,00*	*0,00*	./.	./.	./.	./.	./.	*0,00*	*0,00*
	III. Wertpapiere	…	…						…	…
	IV. Flüssige Mittel	*14.062,60*	*14.062,60*	./.	./.	./.	./.	./.	*14.062,60*	*14.062,60*
	Sonstige Vermögenswerte/ Ansprüche	*2.581,00*	*2.581,00*		*232,20*	*232,20*	*2.348,80*	*2.348,80*	*232,20*	*232,20*
	Gesamtsummen	…	…	…	…	…	…	…	…	…

▶ Hinweis:

Die Zahlen ergeben sich jeweils aus den Summen aller zu dieser Position und in diese Spalten gehörenden Einzelwerte. Die Informationen sind damit verdichtet dargestellt. Für Einzelheiten zu den Positionen ist der Einblick in das Verzeichnis der Massegegenstände erforderlich.

Passivseite, sortiert nach der Fälligkeit

1. Positions-Nr.	2. Bezeichnung	3. Nominalwert Liquidation	4. Nominalwert Fortführung	5. Kostenbeitrag Liquidation	6. Kostenbeitrag Fortführung	7. Absonderungsrecht Liquidation	8. Absonderungsrecht Fortführung	9. Massepassiva Liquidation	10. Massepassiva Fortführung	11. § 38 InsO	12. § 39 ff. InsO
Kto.-Bez.	**I. Aussonderungsgläubiger**	./.	./.	./.	./.	./.	./.	./.	./.	./.	./.
	II. Absonderungsgläubiger (Gesamtsumme der auf der Aktivseite genannten Beträge)	Gesamtsumme Spalten 6 und 8 der Aktivseite = Forderungshöhe des Absonderungsrechtes	Gesamtsumme Spalten 7 und 9 der Aktivseite = Forderungshöhe des Absonderungsrechtes	Gesamtsumme Spalte 6 der Aktivseite	Gesamtsumme Spalte 7 der Aktivseite	Gesamtsumme Spalte 8 der Aktivseite = Befriedigung des Rechtes	Gesamtsumme Spalte 9 der Aktivseite = Befriedigung des Rechtes	./.	./.	./.	./.
	III. Aufrechnungsgläubiger	Gesamtsumme aus Gläubigerverzeichnis Ziffer III. *Bsp.: 1.936,00 €*	Gesamtsumme aus Gläubigerverzeichnis Ziffer III. *Bsp.: 1.936,00 €*								
Kto.-Bez.	**IV. Massegläubiger § 55 InsO** (»Verträge mit Dritten«)	Gesamtsumme aus Gläubigerverzeichnis Ziffer IV. Spalte 3 *Bsp.: 3.255 €*	Gesamtsumme aus Gläubigerverzeichnis Ziffer IV. Spalte 4 *Bsp.: 14.600 €*	./.	./.	./.	./.	Betrag aus vorstehender Spalte 3 *Bsp.: 3.255 €*	Betrag aus vorstehender Spalte 4 *Bsp.: 14.600 €*	./.	./.

1. Positions-Nr.	2. Bezeichnung	3. Nominalwert Liquidation	4. Nominalwert Fortführung	5. Kostenbeitrag Liquidation	6. Kostenbeitrag Fortführung	7. Absonderungsrecht Liquidation	8. Absonderungsrecht Fortführung	9. Massepassiva Liquidation	10. Massepassiva Fortführung	11. § 38 InsO	12. § 39 ff. InsO
Kto.-Bez.	**V. Massegläubiger § 54 InsO** (Kosten des Verfahrens: Gerichtskosten, Verwaltervergütung)	Gesamtsumme aus Gläubigerverzeichnis Ziffer V. Spalte 3 *Bsp.: 19.020 €*	Gesamtsumme aus Gläubigerverzeichnis Ziffer V. Spalte 4 *Bsp.: 28.546 €*	./.	./.	./.	./.	Betrag aus vorstehender Spalte 3 *Bsp.: 19.020 €*	Betrag aus vorstehender Spalte 4 *Bsp.: 28.546 €*	./.	./.
Kto.-Bez.	**VI. Insolvenzforderungen** *(Geldforderungen der Gläubiger, aufzuteilen in:)*	Gesamtsumme aus Kreditorenliste oder anderen Informationsquellen *Bsp.: 236.420 €*	Gesamtsumme aus Kreditorenliste oder anderen Informationsquellen *Bsp.: 236.420 €*	./.	./.	./.	./.	./.	./.	Betrag aus Spalten 3 und 4: ist jeweils gleich *Bsp.: 236.420 €*	./.
	a) Verbindlichkeiten gegenüber Kreditinstituten	…	…	./.	./.	./.	./.	./.	./.	…	./.
	b) Verbindlichkeiten aus Lieferung und Leistung	…	…	./.	./.	./.	./.	./.	./.	….	./.
	c) Verbindlichkeiten aus Arbeitsverhältnissen (Löhne, Gehälter, Sozialversicherungsbeiträge, Lohnsteuern)	…	…	./.	./.	./.	./.	./.	./.	…	./.
	d) Verbindlichkeiten aus Anfechtungsansprüchen	…	…	./.	./.	./.	./.	./.	./.	…	./.
	e) sonstige Verbindlichkeiten	…	…	./.	./.	./.	./.	./.	./.	…	./.
Kto.-Bez.	**VII. Nachrangige Insolvenzgläubiger § 39 InsO**	Betrag aus Kreditorenliste oder anderen Informationsquellen	Betrag aus Kreditorenliste oder anderen Informationsquellen	./.	./.	./.	./.	./.	./.	./.	Betrag aus Spalten 3 und 4: ist jeweils gleich
	Gesamtsumme	Alle Werte dieser Spalte	Alle Werte dieser Spalte	Alle Werte dieser Spalte	Alle Werte dieser Spalte	Alle Werte dieser Spalte	Alle Werte dieser Spalte	Alle Werte dieser Spalte	Alle Werte dieser Spalte	Alle Werte dieser Spalte	Alle Werte dieser Spalte

▶ **Hinweis zur Prüfung der Spalten:**

Die Gesamtsumme der Spalte 3 muss sich ergeben durch die Addition der Spalten 5, 7, 9, 11 und 12.

Die Gesamtsumme der Spalte 4 muss sich ergeben durch die Addition der Spalten 6, 8, 10, 11 und 12.

Musterübersicht Versicherungsverträge

(Die Übersicht ist alphabetisch sortiert.)

		Rdn.
Muster 12:	Abrechnung – Verwertung ggü. Gläubiger (*s. Muster Absonderungsrechte*)	184
Muster 361:	Anforderung Unterlagen vom Schuldner (VN-Schein etc.)	533
Muster 362:	Anfrage wg. Rückkaufswert	534
Muster 363:	Auslösung des Versicherungsvertrages	535
Muster 364:	Auszahlungsverbot – Info an Vertragspartner	536
Muster 379 – 380:	Bausparvertrag – Kündigung (*s. Muster Verwertungstätigkeit*)	
Muster 365:	Direktversicherung – Prüfungsvermerk	537
Muster 366:	Haftpflichtversicherung – besondere – Zustimmung Insolvenzgericht	538
Muster 332:	Kapitalertragssteuer – formloser Antrag an FinA auf Erstattung (*s. Muster Steuerangelegenheiten*)	504
Muster 367:	Kündigung – Einziehung Rückkaufswert	539
Muster 368:	Kündigung – Einziehung Riester-Vertrag	540
Muster 369:	Verlusterklärung	541

Muster 361: Anforderung Unterlagen vom Schuldner (VN-Schein etc.)

▶ Hinweis:

533 Bei einem **geringen Rückkaufswert** ggf. mit dem Schuldner eine **Auslösung** des Vertrages (= Einzahlung des Rückkaufswertes durch ihn und Erhalt des Vertrages) abstimmen: s. gesondertes Muster Nr. 363.

Adressat: Schuldner/in

Insolvenzverfahren über Ihr Vermögen
Amtsgericht...:... IN/IK.../...
U.Z.: »Verträge...«
Lebensversicherungsvertrag bei der ...

Sehr geehrte Frau ..., /sehr geehrter Herr ...,

der oben näher bezeichnete *Lebensversicherungsvertrag* gehört zur Insolvenzmasse, so dass sich der aus diesem Vertrag ergebende Rückkaufswert für diese zu vereinnahmen ist. Zur Auszahlung müssen verschiedene Unterlagen bei der Versicherungsgesellschaft eingereicht werden. Hierbei handelt es sich um folgende:

1. Original-Versicherungsschein bzw. Verlusterklärung

Ich darf Sie bitten, mir den Original-Versicherungsschein zu übergeben. Sollten Sie diesen nicht auffinden, bitte ich, den vorsorglich **beiliegenden** Vordruck zur Verlusterklärung zu unterzeichnen und zurückzusenden.

2. Zins-Freistellungsauftrag

Auf die gutgeschriebenen Zinsen wird Kapitalertragssteuer fällig, sofern kein Freistellungsauftrag vorgelegt wird. In der **Anlage** wird das Formular eines Freistellungsauftrages mit der Bitte um Unterzeichnung und Rückgabe überreicht.

Hierzu verweise ich ausdrücklich auf den darin enthaltenen Hinweis zur Höhe des möglichen Sparer-Pauschbetrages für Alleinstehende und Ehegatten. Sofern Sie demnach bereits andere Freistellungsaufträge erteilt haben, sollten Sie die Höhe der dort freigestellten Beträge prüfen.

Falls der Ehepartner ebenfalls Vertragspartner ist:

3. Zustimmung des Ehepartners

Ihre Ehefrau/Ihr Ehemann ist zwar auch Vertragspartner des Versicherungsvertrages. Einer Zustimmung zur Kündigung bedarf es dennoch vorliegend nicht, da der Vertrag als sogenanntes »Oder-Konto« mit Einzelverfügungsberechtigung für jeden Vertragspartner geführt wird (§ 428 BGB). Somit ist jeder Ehepartner berechtigt, die Kündigung auszusprechen und das Guthaben für sich zu beanspruchen (*BGH, Urt. v. 31.03.2009 – XI ZR 288/08 in NJW 2009, 2054; OLG München, Urt. v. 24.10.1991 – 1 U 3596/91 in NJW RR 1992, 498).* Sollte *Ihre Ehefrau/Ihr Ehemann* den Vertrag fortführen wollen, bitte ich um telefonische Kontaktaufnahme. *Ihre Ehefrau/Ihr Ehemann* müsste in dem Fall die Ihnen zustehende Hälfte des Rückkaufswertes an die Insolvenzmasse zahlen und erhält im Gegenzug eine Freigabe des Vertrages durch mich. Der Vertrag wäre dann auf *Ihre Frau/Ihren Ehemann als alleinige/n Vertragspartner/in* umzuschreiben.

Für die Hereingabe der vorstehenden Unterlagen habe ich mir eine Frist bis zum

...

(14 Tage)

notiert und bitte um Beachtung.

Mit freundlichen Grüßen

....

Insolvenzverwalter/in

Anlagen:
Verlusterklärung
Freistellungsauftrag

Muster 362: Anfrage wg. Rückkaufswert

Adressat: Versicherungsgesellschaft 534

Insolvenzverfahren über das Vermögen des Herrn.../der Frau...
Amtsgericht...:... IK/IN.../...
U.Z.: »Verträge...«
Lebensversicherungsvertrag Nr. ...

Sehr geehrte Damen und Herren,

hiermit zeige ich an, dass über das Vermögen der oben genannten Person das Insolvenzverfahren eröffnet und ich *zum/zur Insolvenzverwalter/in* bestellt wurde. Eine Fotokopie des gerichtlichen Beschlusses vom... liegt in der **Anlage** zu Ihrer Information anbei.

Den mir vorliegenden Unterlagen konnte ich entnehmen, dass der oben näher bezeichnete Versicherungsvertrag mit Ihrem Hause besteht. Ich bitte freundlichst um kurze Mitteilung,
- ob und ggf. in welcher Höhe ein **Rückkaufswert** im Falle einer Kündigung derzeit zur Auszahlung käme und
- ob Ihnen **Rechte Dritter** (ggf. Abtretung oder Pfändung) an diesem Vertrag bekannt sind. Ggf. bitte ich um Übersendung einer Fotokopie des entsprechenden Beleges.
- ob **weitere Versicherungsverträge** mit Rückkaufswerten zwischen Ihnen und *dem Schuldner/der Schuldnerin* existieren. Ggf. bitte ich um Übersendung einer Fotokopie der Versicherungspolice sowie um Angabe des bestehenden Rückkaufswertes und möglicher Rechte Dritter.

[Alternative, wenn bisher kein konkreter Vertrag mit einem möglichen Rückkaufswert bekannt ist:

Den mir vorliegenden Unterlagen konnte ich entnehmen, dass der obige Haftpflichtversicherungsvertrag mit Ihrem Hause besteht. Für die Feststellung von **Verträgen mit Rückkaufswerten** wäre ich Ihnen für eine Prüfung dankbar, ob solche Versicherungsverträge mit Ihrem Hause existieren. Ggf. bitte ich um Übersendung einer Fotokopie der Versicherungspolice.]

Für alle Varianten:
(Nur bei Versicherungsverträgen aus dem Zeitraum 1994 – 2007)

Bei der Ermittlung des Rückkaufswertes bitte ich um Beachtung der Entscheidungen des Bundesverfassungsgerichts *(BVerfG, Beschl. v. 15.02.2006 – 1 BvR 1317/96 in NJW 2006, 1783)* sowie des Bundesgerichtshofs (*zuletzt v. 14.11.2012 – IV ZR 198/10 in VersR 2013, 1116 und v. 19.12.2012 – IV ZR 200/10 in VersR 2013, 565).* Danach ist dem Versicherungsnehmer ein detailliertes Abrechnungsschreiben zu übersenden, aus dem insbesondere die Berechnung des ungezillmerten Deckungskapitals (die Hälfte als Mindestrückkaufswert) hervorgeht und ein evtl. Stornoabzug zu erstatten ist. Des Weiteren sind auch Kleinbeträge unter € 10,00 nach dieser Rechtsprechung auszukehren.

Für alle Varianten:

Sollte der Schuldner mit Ihrem Hause einen zusätzlichen **Riester-Vertrag** abgeschlossen haben, weise ich auf die BGH-Rechtsprechung vom 16.11.2017 (IX ZR 21/17 in ZInsO 2018, 162) hin. Danach besteht nicht grundsätzlich ein Pfändungsschutz für diese Verträge, sondern wird dieser nur bestimmten Voraussetzungen gewährt. Hierbei handelt es sich um folgende:
- Das Kapital ist nur aus Altersvorsorgevermögen, geförderten Altersvorsorgebeiträgen oder gezahlten Zulagen gebildet worden. Zusätzliche Zahlungen des Schuldners sind nicht geschützt.
- Der Vertrag muss förderfähig sein.
- Der Antrag auf Zulage für die bisherigen Beitragsjahre muss gestellt sein.

- Die Voraussetzungen für die Zulagen müssen vorliegen oder sogar gewährt worden sein.

Falls ein solcher Vertrag besteht, bitte ich freundlichst um Auskunft darüber, ob diese Voraussetzungen zum Zeitpunkt der Insolvenzeröffnung am ... vorlagen. Eine Auskunft kann gerne anhand unten stehender Antwortmöglichkeiten erteilt werden.

Sollte sich zu einem Vertrag ein Rückkaufswert ergeben, bitte ich sogleich um Übersendung eines Formulars zur Erteilung eines **Freistellungsauftrages** bezüglich der bei Vertragsauflösung anfallenden Kapitalertragssteuer sowie vorsorglich um einen Vordruck der **Verlusterklärung**, falls der Original-Versicherungsschein nicht mehr auffindbar sein sollte.

Der Auskunftsanspruch ergibt sich aus dem **Übergang der Verwaltungs- und Verfügungsbefugnis gem. § 80 InsO**. Insoweit weise ich auch vorsorglich darauf hin, dass keinerlei Verfügungen *des Schuldners/der Schuldnerin* über Verträge mit Rückkaufswerten in Ihrem Hause zulässig sind.

Für Ihre Bemühungen bedanke ich mich bereits im Voraus und verbleibe zunächst

mit freundlichen Grüßen

....

Insolvenzverwalter/in

Anlage:
Fotokopie des Eröffnungsbeschlusses

▶ Hinweis:

Die **fett gedruckten Schlagwörter** dienen einem Überblick über die Sachverhalte in diesem Schreiben und bei der **Antwort** der Versicherungsgesellschaft dazu, schnell **feststellen** zu können, ob alle geforderten Informationen oder Formulare übermittelt wurden.

Siehe wegen weitergehender Information in die Checkliste Versicherungsverträge:
- Freistellungsauftrag
- Kapitalertragssteuer
- Verlusterklärung
- Zillmer-Verfahren

Mögliche Antwort der Versicherungsgesellschaft. Bitte zutreffendes ankreuzen und ggf. Streichungen vornehmen. Senden Sie uns diese Antwort gerne per Fax oder als PDF-Datei zu.

☐ Es existieren (keine) Versicherungsverträge zugunsten des Schuldners/der Schuldnerin.
☐ Es ergibt sich kein Rückkaufswert.
☐ Zum Vertrag Nr. ______ ergibt sich ein Rückkaufswert i.H.v. __________ EUR.
☐ Es bestehen keine Rechte Dritter.
☐ Zum Vertrag Nr. ________ besteht ein Recht zugunsten Dritter. Eine Kopie des entsprechend vorliegenden Beleges ist beigefügt (Abtretung, Pfändungsurkunde).
☐ Es besteht (k)ein Riester-Vertrag unter der Nr. ____________
☐ Für den vorliegenden Riester-Vertrag werden die Voraussetzungen für den Pfändungsschutz (nicht) erfüllt.

....

Ort, Datum

....

Unterschrift/Stempel

Muster 363: Auslösung des Versicherungsvertrages

▶ Hinweise:

535 Die frühere gesetzliche Regelung zur Auslösung in § 314 InsO ist durch die Reform zum 01.07.2014 ersatzlos gestrichen worden. Hintergrund war aber nur das aufwendige gerichtliche Verfahren. Eine **Auslösung** ist weiterhin möglich, sofern der entsprechende – nachweisbare – **Wert in die Insolvenzmasse fällt** = kein Nachteil für die Insolvenzgläubiger.

Adressat: Schuldner/in

Insolvenzverfahren über Ihr Vermögen
Amtsgericht...:... IN/IK.../...
U.Z.: »Verträge...«
Lebensversicherungsvertrag bei der ...

Sehr geehrte Frau ...,/sehr geehrter Herr ...,

der oben näher bezeichnete Lebensversicherungsvertrag gehört zur Insolvenzmasse, so dass der Rückkaufswert entsprechend zugunsten der Insolvenzmasse vereinnahmt werden muss. Ausweislich der **beiliegenden** Versicherungsbestätigung beträgt der Rückkaufswert aber lediglich... EUR. Sofern Sie daher Interesse am Bestand des Vertrages haben, gäbe es die Möglichkeit, den Vertrag aus der Insolvenzmasse auszulösen und den vorgenannten Betrag in die Insolvenzmasse einzuzahlen, um eine Kündigung und damit Auflösung des Vertrages zu verhindern. Nach Zahlungseingang würde ich gegenüber der Versicherungsgesellschaft eine entsprechende Freigabeerklärung abgeben.

Es wäre insoweit eine Ratenzahlung mit... *(Anzahl)* Raten à... EUR/monatlich denkbar. Die Raten müssten allerdings fristgerecht und regelmäßig zum Ersten eines jeden Monats geleistet werden.

Ich bitte um telefonische Kontaktaufnahme mit *meinem/meiner Mitarbeiter/in*,..., unter der Telefonnummer:..., um das weitere Vorgehen abzuklären.

Mit freundlichen Grüßen

....

Insolvenzverwalter/in

Anlage:
Versicherungsbestätigung über Rückkaufswert

Muster 364: Auszahlungsverbot – Info an Vertragspartner

Adressat: Versicherungsgesellschaft 536

Vorläufiges Insolvenzverfahren über das Vermögen der Firma... /des Herrn .../der Frau ...
Amtsgericht...:... IN.../...
Lebensversicherungsvertrag Nr....
U.Z.: »Verträge ...«

Sehr geehrte Damen und Herren,

hiermit zeige ich an, dass über das Vermögen der oben genannten *Firma/Person* das vorläufige Insolvenzverfahren angeordnet und ich *zum/zur vorläufigen Insolvenzverwalter/in* ernannt worden bin. Eine Fotokopie des gerichtlichen Anordnungsbeschlusses liegt in der **Anlage** zu Ihrer Information anbei.

Den mir vorliegenden Unterlagen konnte ich entnehmen, dass mit Ihrem Hause ein Lebensversicherungsvertrag unter der oben angegebenen Versicherungsscheinnummer besteht. Die Ansprüche aus diesem Vertrag sind nach meiner Kenntnis an die...-*Bank* abgetreten. Ich möchte Sie darauf hinweisen, dass die Abtretung im eröffneten Verfahren der Anfechtung unterliegt und bitte Sie daher, derzeit keinerlei Auszahlungen an die...-*Bank* vorzunehmen. Sobald die Bank im eröffneten Verfahren einen Verzicht auf die Geltendmachung ihrer Absonderungsrechte aus der Abtretung erklärt hat oder die Anfechtbarkeit der Abtretung gerichtlich geklärt wurde, werde ich Sie entsprechend informieren.

Für weitere Rückfragen stehe ich selbstverständlich gerne zur Verfügung und verbleibe zunächst

mit freundlichen Grüßen

....

Insolvenzverwalter/in

Anlage:
Anordnungs- oder Eröffnungsbeschluss

Muster 365: Direktversicherung – Prüfungsvermerk

537 Bitte die nicht zutreffenden Zeilen zwecks Archivierung des Prüfungsvermerkes in der Akte löschen.

Prüfungsvermerk für die Direktversicherung
bei der … Versicherung
Versicherungsschein-Nr. …
Insolvenzverfahren: … (Schuldnername)

Versicherungsnehmer:	*Firma…*
Bezugsberechtigter:	*Vor- und Zuname* *Anschrift*
Arbeitsverhältnis seit dem:	*… (Datum)*
Beginn des Versicherungsvertrags:	*… (Datum)*
Bezugsrecht:	
- Uneingeschränktes unwiderrufliches Bezugsrecht:	s. Anh. 1
- Widerrufliches Bezugsrecht:	s. Anh. 2
- Eingeschränktes unwiderrufliches Bezugsrecht:	s. Anh. 3

Anhang 1 zum Prüfungsvermerk:

Uneingeschränktes unwiderrufliches Bezugsrecht

- Uneingeschränktes unwiderrufliches Bezugsrecht liegt vor	*ja*
- Freigabeerklärung abgegeben am:	*… (Datum)*

Anhang 2 zum Prüfungsvermerk:

Widerrufliches Bezugsrecht

- Eintrittsrecht durch Arbeitnehmer ausgeübt (§ 170 Abs. 1 Satz 1 VVG)		*ja/nein*
	- Höhe der Auslösesumme (§ 170 Abs. 1 S. 2 VVG)	*… EUR*
	- Zahlungseingang	*… EUR*
	- Datum der Zustimmung zur Übernahme durch Insolvenzverwalter:	*… (Datum)*
- Kündigung des Vertrags ausgesprochen am		*… (Datum)*
	- Höhe des Rückkaufswertes	*… EUR*
	- Zahlungseingang	*… (Datum)*

Anhang 3 zum Prüfungsvermerk:		
Eingeschränktes unwiderrufliches Bezugsrecht		
3.1. Entgeltumwandlung		***ja/nein***
Vertragsabschluss **vor** dem 1.1.2001:		*ja/nein*
	- kein unwiderrufliches Bezugsrecht	
	§ 30f Abs. 1 Satz 2 i.V.m. § 1b Abs. 5 BetrAVG	
	- **Unverfallbarkeitsvoraussetzungen prüfen:** s. nachstehend	
Vertragsabschluss **ab** dem 1.1.2001:		*ja/nein*
	- unwiderrufliches Bezugsrecht § 1b Abs. 5 BetrAVG	
	- Arbeitnehmereigenschaft geprüft, s.u.	*ja*
	- **Aussonderungsrecht § 47 InsO**	***ja***
	- Freigabeerklärung abgegeben am:	*... (Datum)*
3.2. Anwendung BetrAVG/Arbeitnehmereigenschaft (§ 17 BetrAVG)		
- Unselbstständiges Arbeitsverhältnis		*ja*
- Geschäftsführer mit Minderheitsbeteiligung		*ja*
- Handelsvertreter/Rechtsanwalt		*ja*
- Geschäftsführer mit Mehrheitsbeteiligung (> 50 %)		*nein*
- Ergebnis: Anwendung des BetrAVG		*ja/nein*
3.3. Unverfallbarkeitsvoraussetzungen		
(nur zu prüfen, wenn § 47 InsO nach 3.1 nicht greift und BetrAVG anwendbar, z.B. auch bei fehlender Entgeltumwandlung)		
- **vor dem 1.1.2001 (§ 30f Abs. 1 BetrAVG):**		
	- Ende Arbeitsverhältnis nach dem 35. Lebensjahr, Alter Arbeitnehmer:	*... (Jahre)*
	und	
	- Dauer Versicherungsvertrag 10 Jahre:	*ja/nein*
	oder	
	- 12 Jahre Betriebszugehörigkeit und Dauer Versicherungsvertrag 3 Jahre:	*ja/nein*
	andere Möglichkeit § 30f Abs. 1 2. HS BetrAVG:	
	- Ende Arbeitsverhältnis nach dem 30. Lebensjahr, Alter Arbeitnehmer:	*... (Jahre)*
	und	
	- Dauer Versicherungsvertrag ab 01.01.2001: 5 Jahre	*ja/nein*
	- **Unverfallbarkeit gegeben:**	***ja/nein***
	- Freigabeerklärung abgegeben am:	*... (Datum)*

- **ab 1.01.2001 und vor 01.01.2009 (§ 30f Abs. 2 BetrAVG):**			
		- Ende Arbeitsverhältnis nach dem 30. Lebensjahr, Alter Arbeitnehmer:	*... (Jahre)*
		und	
		- Dauer Versicherungsvertrag: 5 Jahre	*ja/nein*
		andere Möglichkeit § 30f Abs. 2 2. HS BetrAVG:	
		- Ende Arbeitsverhältnis nach dem 25. Lebensjahr, Alter Arbeitnehmer:	*... (Jahre)*
		- Dauer Versicherungsvertrag ab 01.01.2009: 5 Jahre	*ja/nein*
	- **Unverfallbarkeit gegeben:**		***ja/nein***
	- Freigabeerklärung abgegeben am:		*... (Datum)*
ab 01.01.2009 und vor 01.01.2018 (§ 30f Abs. 3 BetrAVG)			
		- Ende Arbeitsverhältnis nach dem 25. Lebensjahr, Alter Arbeitnehmer:	*... (Jahre)*
		und - Dauer Versicherungsvertrag: 5 Jahre	*ja/nein*
		andere Möglichkeit § 30f Abs. 3 2. HS BetrAVG:	
		- Ende Arbeitsverhältnis nach dem 21. Lebensjahr, Alter Arbeitnehmer:	*... (Jahre)*
		- Dauer Versicherungsvertrag ab 01.01.2018: 3 Jahre	*ja/nein*
	- **Unverfallbarkeit gegeben:**		***ja/nein***
	- Freigabeerklärung abgegeben am:		*... (Datum)*
- **ab 01.01.2018 (§ 1b Abs. 1 BetrAVG):**			
		- Ende Arbeitsverhältnis nach dem 21. Lebensjahr, Alter Arbeitnehmer:	*... (Jahre)*
		und	
		- Dauer Versicherungsvertrag: 3 Jahre	*ja/nein*
	- **Unverfallbarkeit gegeben:**		***ja/nein***
	- Freigabeerklärung abgegeben am:		*... (Datum)*
3.4. keine Unverfallbarkeit: Auslegung des Vorbehaltes			
- kein Widerrufsrecht des Verwalters			
	- **Aussonderungsrecht § 47 InsO**		
	Freigabeerklärung abgegeben am:		*... (Datum)*
- Widerrufsrecht des Verwalters			
	Massegehörigkeit/Vertragskündigung		Ja
3.5. Kündigung des Vertrages			
	(nur möglich bei Massezugehörigkeit)		
	- Kündigung des Vertrags ausgesprochen am:		*... (Datum)*
	- Höhe des Rückkaufswertes:		*... EUR*
	- Zahlungseingang		*... (Datum)*

Muster 366: Haftpflichtversicherung – besondere – Zustimmung Insolvenzgericht

▶ Hinweis zur Zahlung von Versicherungsprämien:

Graeber, InsbürO 2006, 105 ff.: 538

*»Die für die Versicherung zu zahlenden Prämien können als **Auslagen geltend gemacht** werden. Die verschiedenen **Prämien** dürfen daher vor einer Festsetzung durch das Insolvenzgericht **nicht direkt der Masse entnommen werden**. Ein Verstoß des Verwalters gegen diese Vorfinanzierungsverpflichtung unter Ausnutzung seiner Zugriffsmöglichkeiten auf die Insolvenzmasse könnte sogar als strafbare Untreuehandlung angesehen werden.«*

Die zusätzliche Haftpflichtversicherung bzw. die daraus resultierende Prämie stellt damit **keine Masseverbindlichkeit gem.** § 55 InsO dar.

Wenn die Kosten zu hoch sind, kann ein **Vorschuss gem. § 9 InsVV** beantragt werden.

Adressat: Insolvenzgericht

Eilt-Vermerk im Adressatenfeld aufnehmen

(Vorläufiges) Insolvenzverfahren über das Vermögen der Firma... mit dem Sitz in ...
Geschäftszeichen:... IN.../...
Besondere Haftpflichtversicherung

Sehr geehrte Frau Rechtspflegerin..., Sehr geehrter Herr Rechtspfleger...,

im vorliegenden Insolvenzverfahren wird der Geschäftsbetrieb bekanntlich fortgeführt. Bei dem schuldnerischen Unternehmen handelt es sich um einen Betrieb mit ... *(Anzahl)* Arbeitnehmern und einem jährlichen Umsatz von ca. ... EUR. Jede Betriebsfortführung ist einem Risiko verbunden, das im Normalfall über die allgemeine, für die Tätigkeit als Insolvenzverwalter bestehende Haftpflichtversicherung abgedeckt ist. Bei dem hiesigen Verfahren ist das Risiko besonders hoch, weil ... *(kurze Begründung geben: Risiko aufgrund der betrieblichen Tätigkeit, der Unternehmensgröße u.ä.)*

▶ Hinweis zur Risikoeinschätzung:

Lorenz/Klanke, InsVV, 3. Aufl., § 4 Rn. 26:

*»Zur Feststellung der Erhöhungssumme ist nicht jedes zusätzlich erkennbare Risiko nominal abzudecken, sondern es ist eine Einschätzung des bezogen **auf das konkrete Verfahren bestehende zusätzliche Risiko unter Wahrscheinlichkeitsgesichtspunkten** zu beurteilen, da auch bei ungünstigstem Verlauf eines Verfahrens nicht jedes im Vorhinein erkennbares Risiko sich auch tatsächlich verwirklicht.«*

Verweis auf Heyrath, Vermögensschadenshaftpflichtversicherung für Insolvenzverwalter in **ZInsO 2002, 1023 mit Details zur Beurteilung.**

Erhöhtes Risiko auch möglich bei: Konzernstruktur, keine auskunftsbereite und auskunftsfähige Geschäftsleitung, gewerblichen Schutzrechten, Altlasten bei Grundvermögen

Das Haftungsrisiko ist damit überdurchschnittlich und kann von der bestehenden Haftpflichtversicherung mit einer Deckungssumme von 2,5 Mio. EUR nicht abgedeckt werden. Hierbei ist auch zu berücksichtigen, dass der Umfang der allgemeinen Haftpflichtversicherung durch dieses besonders haftungsträchtige Verfahren in keinem angemessenen Verhältnis mehr zu den Gesamtrisiken aus allen betreuten Verfahren steht. Daher halte ich den Abschluss einer besonderen Haftpflichtversicherung speziell für dieses Verfahren auch im Interesse möglicher Haftungsgläubiger für wichtig und angemessen.

Aufgrund der anstehenden Absicherung einer speziellen Gefahrenlage für dieses vorliegende Verfahren sind die Kosten dieser besonderen Haftpflichtversicherung erstattungsfähig gem. § 4 Abs. 3 Satz 2 InsVV (Lorenz in Frankfurter Kommentar zur InsO, 9. Aufl. 2018, § 4 InsVV Rn. 28 ff.). Ich bitte das Insolvenzgericht jedoch vor dem Abschluss des Versicherungsvertrages um Prüfung und Bestätigung, ob das Haftungsrisiko ebenfalls als hoch eingeschätzt und dem Versicherungsabschluss zugestimmt wird.

Es ist beabsichtigt, eine Haftpflichtversicherung mit einer Deckungssumme i.H.v. ... EUR abzuschließen. Die Eckdaten, die zu dieser Deckungssumme geführt haben, ergeben sich aus den in der **Anlage** beiliegenden Angeboten von *zwei/drei* Versicherungen, *die auf Basis der ebenfalls **anliegenden** vorgenommenen Risikoeinschätzung eingeholt wurden.*

▶ Hinweis:

Die **Berechnung des abzusichernden Risikos** kann bspw. über www.insorisk.de erfolgen. Dort erhält man auch einen Ausdruck mit allen eingegebenen relevanten Daten, um gegenüber den Gläubigern und dem Insolvenzgericht die gewählte Versicherungssumme begründen zu können.

Das Insolvenzgericht wird **mindestens zwei Angebote** prüfen wollen, um die **marktüblichen Preise vergleichen zu können**. Erstattungsfähig sind nur die Kosten für angemessene Versicherungsprämien. Überhöhte Auslagen würden später bei der Vergütungsfestsetzung in Abzug gebracht werden. (s. u.a. Graeber, InsbürO 2006, 105)

Der Abschluss einer besonderen Haftpflichtversicherung und die Erstattungsfähigkeit der anfallenden Kosten in Abstimmung mit dem Insolvenzgericht sind auch für den vorläufigen Insolvenzverwalter anerkannt (*Fritz in Vallender/Undritz, Praxis des Insolvenzrechts, 2. Aufl. 2017, Rn. 159*).

[Alternative bei einem Gläubigerausschuss:

Eine Abstimmung mit den Gläubigerausschussmitgliedern hat bereits mündlich stattgefunden. Diese haben das erhöhte Versicherungsrisiko bestätigt und dem Versicherungsabschluss zugestimmt. Derzeit werden noch die schriftlichen Zustimmungen eingeholt.]

▶ Hinweis:

Allein die Zustimmung des Gläubigerausschusses reicht nicht. Da die Prämien – wie oben dargestellt – als Auslagen gem. § 4 Abs. 3 Satz 2 InsVV gesondert erstattet werden können, ist die Festsetzung und damit die Anerkennung durch das Insolvenzgericht erforderlich.

Für eine kurzfristige Rückmeldung wäre ich sehr dankbar, damit der Abschluss des Versicherungsvertrages schnellstmöglich erfolgen kann.

Ggf. Vorschussantrag für Erstattung der Auslagen:

In diesem Zusammenhang überreiche ich in der weiteren **Anlage** einen Vorschussantrag bezüglich der anfallenden Versicherungsprämien für diese besondere Haftpflichtversicherung i.S.d. § 4 Abs. 3 Satz 2 InsVV und darf auf die dortigen Ausführungen verweisen.

Mit freundlichen Grüßen

....

Insolvenzverwalter/in

Anlagen:
Risikoeinschätzung
Angebote von Versicherungen
ggf. Vorschussantrag

Muster 367: Kündigung – Einziehung Rückkaufswert

539 *Adressat: Versicherungsgesellschaft*

Insolvenzverfahren über das Vermögen des Herrn .../der Frau...
Amtsgericht...:... IK/IN.../...
Versicherungsvertrag Nr.: ...

Sehr geehrte Damen und Herren,

in obiger Angelegenheit nehme ich Bezug auf den bisher geführten Schriftverkehr. Hiermit **kündige** ich den oben näher bezeichneten Vertrag gem. § 168 VVG zum Schluss der laufenden Versicherungsperiode. Der Kündigungszeitpunkt ist nach meinen Ermittlungen der... ***(Datum).***

Ich bitte insoweit um Auskehrung des Rückkaufswertes auf folgendes Treuhandkonto:

Bank:...

IBAN: ...

BIC: ...

Kontoinhaber: ... als IV wg. ... (Verfahrensbezeichnung)

Bei vorherigem Hinweis auf die Rechtsprechung im ersten Anschreiben an die Versicherung nur noch:

(Nur bei Versicherungsverträgen aus dem Zeitraum 1994 – 2007)

Unter Bezugnahme auf die im Schreiben vom … genannte Rechtsprechung, bitte ich, mir parallel zur Auskehrung ein detailliertes Abrechnungsschreiben zu übersenden, aus dem insbesondere die Berechnung des ungezillmerten Deckungskapitals (die Hälfte als Mindestrückkaufswert) hervorgeht. Ebenfalls bitte ich um Erstattung eines evtl. Stornoabzuges.

Hier weiter unabhängig von vorstehenden Absätzen:

Die für die Abwicklung der Kündigung erforderlichen Unterlagen werden in der **Anlage** wie folgt überreicht:
1. Fotokopie des Eröffnungsbeschlusses des Amtsgerichts …
2. Original-Versicherungsschein *bzw. Verlusterklärung, da der Original-Versicherungsschein nicht auffindbar ist*
3. Freistellungsauftrag bzgl. der Kapitalertragssteuer.

Ich bitte um kurze Bestätigung dieser Kündigung und des Kündigungszeitpunktes.

Falls kein Freistellungsauftrag übermittelt werden kann:

Darüber hinaus bitte ich, mir zusammen mit dem Abrechnungsschreiben eine Steuerbescheinigung über die abzuführende Kapitalertragssteuer zu übersenden, damit die Möglichkeit besteht, die Erstattung dieses Steuerbetrages im Rahmen der Einkommenssteuererklärung zu beantragen. Ein Freistellungsauftrag wurde *vom Schuldner/von der Schuldnerin* bedauerlicherweise nicht erteilt.

Mit freundlichen Grüßen

……………………………..

Insolvenzverwalter/in

Anlagen:
wie vorstehend aufgelistet

▶ Hinweis:

Wiedervorlage für die Kontrolle des Zahlungseinganges notieren.

Siehe wegen weitergehender Information in die Checkliste Versicherungsverträge:
- Freistellungsauftrag
- Kapitalertragssteuer
- Verlusterklärung
- Zillmer-Verfahren

Muster 368: Kündigung – Einziehung Riester-Vertrag

Adressat: Versicherungsgesellschaft 540

Insolvenzverfahren über das Vermögen des Herrn …/der Frau…
Amtsgericht…:… IK/IN…/…
Versicherungsvertrag Nr.: …

Sehr geehrte Damen und Herren,

in obiger Angelegenheit nehme ich Bezug auf den bisher geführten Schriftverkehr. Hiermit **kündige** ich den oben näher bezeichneten Vertrag gem. § 168 VVG zum Schluss der laufenden Versicherungsperiode. Der Kündigungszeitpunkt ist nach meinen Ermittlungen der… ***(Datum).***

Als Nachweis der Berechtigung zur Kündigung weise ich noch einmal auf die BGH-Rechtsprechung vom 16.11.2017 (IX ZR 21/17 in ZInsO 2018, 162) hin. Der BGH hat darin erklärt, dass der Pfändungsschutz für Riester-Verträge nur unter bestimmten Voraussetzungen gewährt wird. Sie haben mit Schreiben vom … bestätigt, dass diese Voraussetzungen (u.a. Förderfähigkeit, Antrag auf Zulage, Zulagengewährung) bezüglich des im Betreff genannten Vertrages zum Zeitpunkt der Insolvenzeröffnung nicht vorlagen. Damit unterliegt der Vertrag der Pfändung und kann der Rückkaufswert zur Insolvenzmasse gezogen werden.

Ich bitte insoweit um Auskehrung des Rückkaufswertes auf folgendes Treuhandkonto:

Bank:…

IBAN: …

BIC: …

Kontoinhaber: … als IV wg. … (Verfahrensbezeichnung)

Bei vorherigem Hinweis auf die Rechtsprechung im ersten Anschreiben nur noch:

(Nur bei Versicherungsverträgen aus dem Zeitraum 1994 – 2007)

Unter Bezugnahme auf die im Schreiben vom ... genannte Rechtsprechung, bitte ich, mir parallel zur Auskehrung ein detailliertes Abrechnungsschreiben zu übersenden, aus dem insbesondere die Berechnung des ungezillmerten Deckungskapitals (die Hälfte als Mindestrückkaufswert) hervorgeht. Ebenfalls bitte ich um Erstattung eines evtl. Stornoabzuges.

Hier weiter unabhängig von vorstehenden Absätzen:

Die für die Abwicklung der Kündigung erforderlichen Unterlagen werden in der **Anlage** wie folgt überreicht:

1. Fotokopie des Eröffnungsbeschlusses des Amtsgerichts ...
2. Original-Versicherungsschein *bzw. Verlusterklärung, da der Original-Versicherungsschein nicht auffindbar ist*
3. Freistellungsauftrag bzgl. der Kapitalertragssteuer.

Ich bitte um kurze Bestätigung dieser Kündigung und des Kündigungszeitpunktes.

Falls kein Freistellungsauftrag übermittelt werden kann:

Darüber hinaus bitte ich, mir zusammen mit dem Abrechnungsschreiben eine Steuerbescheinigung über die abzuführende Kapitalertragssteuer zu übersenden, damit die Möglichkeit besteht, die Erstattung dieses Steuerbetrages im Rahmen der Einkommenssteuererklärung zu beantragen. Ein Freistellungsauftrag wurde *vom Schuldner/von der Schuldnerin* bedauerlicherweise nicht erteilt.

Mit freundlichen Grüßen

....

Insolvenzverwalter/in

Anlagen:
wie **vorstehend** aufgelistet

▶ Hinweis:

Wiedervorlage für die Kontrolle des Zahlungseinganges notieren.

Siehe wegen weitergehender Information in die Checkliste Versicherungsverträge:
- Freistellungsauftrag
- Kapitalertragssteuer
- Verlusterklärung
- Zillmer-Verfahren

Muster 369: Verlusterklärung

541 ▶ Hinweis:

Für Lebensversicherungen gibt es **Vordrucke der Versicherungsgesellschaften** für die Verlusterklärung. Nachstehendes Muster ist daher nur für die Fälle, in denen ein solcher Vordruck nicht vorliegt.

Verlusterklärung

Hiermit versichere ich, dass ich die
- die Sparurkunde für das Sparguthaben der ... Bank
- das Sparbuch der ... Bank
- den Versicherungsschein für den Lebensversicherungsvertrag bei der ..., Versicherung Nr. ...

nicht auffinden kann.

Ich versichere weiter, dass keine Weiterreichung an einen Dritten erfolgt ist, der ggf. Rechte – z. B. aus einer Abtretung – geltend machen kann.

....

Ort, Datum

Schuldner/in

Musterübersicht Verteilung

(Die Übersicht ist alphabetisch sortiert.)

		Rdn.
Muster 39 – 43:	Ausschüttungsbericht (*s. Muster Ausschüttungsberichte*)	211-215
Muster 370:	Auszahlungsmitteilung an Gläubiger	542
Muster 371:	Hinterlegungsantrag – Anschreiben	543
Muster 344:	Kontoauflösung Simulation – E-Mail-Anfrage (*s. Muster Treuhandkonto*)	516
Muster 372:	Veröffentlichungstexte – Formulierungsbeispiele	544
Muster:	Verteilungsverzeichnis (*= Ausdruck aus Insolvenzsoftware*)	

Muster 370: Auszahlungsmitteilung an Gläubiger

Achtung: Ein solches Muster ist i.d.R. in der Insolvenzsoftware gespeichert. Es sollte dort über die Serienbrief-Funktion genutzt werden. 542

Adressat: Insolvenzgläubiger, ggf. Massegläubiger bei MUZ

Insolvenzverfahren über das Vermögen der Firma…/des Herrn…/der Frau…
Amtsgericht…:… IN/IK…/…
Forderungsanmeldung Tab.-Nr. …
Ihr Zeichen:…

Sehr geehrte Frau …,/sehr geehrter Herr …,

Einleitungstext bei Abschlagsverteilung:

in obiger Angelegenheit kann ich Ihnen die erfreuliche Mitteilung machen, dass ich bereits heute über einen ausreichenden Massebestand verfüge, der dazu führt, dass eine Abschlagsverteilung an die Insolvenzgläubiger vorgenommen werden kann. Es soll ein Betrag in Höhe von… EUR ausgeschüttet werden, der unter Berücksichtigung der Gesamtsumme aller angemeldeten Forderungen zu einer Auszahlungsquote i.H.v. … % führt.

Einleitungstext für Schlussverteilung:

das obige Insolvenzverfahren steht kurz vor dem Abschluss. Der Schlussbericht ist beim Insolvenzgericht hinterlegt worden und kann dort eingesehen werden. Der Schlusstermin hat bereits stattgefunden. An die Gläubiger mit einfachen Insolvenzforderungen kann eine Quote i.H.v. … % gezahlt werden.

für beide Varianten:

Bei der von Ihnen angemeldeten und von mir i.H.v.… EUR zur Insolvenztabelle festgestellten Forderung ergibt sich ein Auszahlungsbetrag von… EUR. Diesen Betrag werde ich innerhalb der nächsten sieben Tage auf das von Ihnen angegebene Konto bei der

Bank:…

IBAN:…

BIC: ….

überweisen. Sollte sich Ihre Bankverbindung zwischenzeitlich geändert haben, bitte ich um **unverzügliche** Mitteilung der neuen Kontoverbindung auf diesem Schreiben. Anderenfalls gehe ich davon aus, dass die Überweisung auf das genannte Konto erfolgen kann.

Sofern Sie die Forderungsanmeldung als Bevollmächtigter für einen Dritten vorgenommen und bisher noch keine Geldempfangsvollmacht vorgelegt haben, bitte ich um unverzügliche Hereingabe. Ansonsten muss die Auszahlung an den Gläubiger direkt veranlasst werden.

Ergänzender Hinweis bei Abschlagsverteilungen:

Das Insolvenzverfahren dauert weiter an und wird voraussichtlich auch nicht vor… zum Abschluss kommen. Über die Beendigung des Verfahrens und eine mögliche weitere Quote werde ich Sie zu gegebener Zeit noch gesondert informieren. Von Sachstandsanfragen bitte ich daher Abstand zu nehmen.

Text bei Masseunzulänglichkeit:

das obige Insolvenzverfahren steht kurz vor dem Abschluss. Der Schlussbericht ist beim Insolvenzgericht hinterlegt worden und kann dort eingesehen werden. Der Schlusstermin hat bereits stattgefunden. Die am ... angezeigte Masseunzulänglichkeit konnte nicht behoben werden. Auf die ausstehenden Masseverbindlichkeiten kann daher nur eine Quote i.H.v. ... % gezahlt werden.

Bei der von Ihnen geltend gemachten Forderung i.H.v. ... ergibt sich ein Auszahlungsbetrag von... EUR. Diesen Betrag werde ich innerhalb der nächsten sieben Tage auf das von Ihnen angegebene Konto bei der

Bank:...

IBAN:...

BIC: ....

überweisen. Sollte sich Ihre Bankverbindung zwischenzeitlich geändert haben, bitte ich um **unverzügliche** Mitteilung der neuen Kontoverbindung auf diesem Schreiben. Anderenfalls gehe ich davon aus, dass die Überweisung auf das genannte Konto erfolgen kann.

Sofern Arbeitnehmerforderungen von der Auszahlung betroffen sind:

Sofern Sie eine Forderung als Arbeitnehmer geltend machen, weise ich darauf hin, dass von dem Auszahlungsbetrag Lohnsteuer einzubehalten und an die Finanzverwaltung abzuführen ist (§ 38 Abs. 2 Satz 2 EStG i.V.m. § 41a Abs. 1 EStG). Nach der erfolgten Ausschüttung wird Ihnen insoweit eine Lohnsteuerbescheinigung übermittelt werden. Die Abrechnung erfolgt auf Basis der Steuerklasse VI. Sie haben die Möglichkeit, diese gezahlte Lohnsteuer im Rahmen Ihrer Einkommensteuererklärung anzugeben und somit die (tlw.) Erstattung seitens der Finanzverwaltung zu bewirken. Den Netto-Auszahlungsbetrag werde ich an Sie auszahlen.

Mit freundlichen Grüßen

....

Insolvenzverwalter/in

Dieses Schreiben ist maschinell erstellt und bedarf daher keiner Unterschrift.

Die neue Bankverbindung lautet wie folgt:

Bank: ______________________________

IBAN: ______________________________

BIC: ______________________________

....

(Unterschrift des Zeichnungsberechtigten, ggf. bitte mit Firmenstempel)

▶ Hinweis:

Wiedervorlage für die Ausschüttung eine Woche später notieren!

Posteingänge dann kontrollieren!

Muster 371: Hinterlegungsantrag – Anschreiben

543 *Adressat: Hinterlegungsstelle am Leistungsort*
(= am Ort des Insolvenzgerichtes)

Insolvenzverfahren über das Vermögen der Firma ..../des Herrn ..../der Frau ...
Amtsgericht ...: ... IN/IK .../...
Hinterlegungsantrag

Sehr geehrte Damen und Herren,

anliegend übersende ich Ihnen einen Antrag bezüglich der Hinterlegung eines Geldbetrages im Rahmen einer Quotenauszahlung im Insolvenzverfahren.

Der entsprechende Antrag liegt diesem Schreiben dreifach nebst den erforderlichen Anlagen bei. Hierauf darf verwiesen werden.

Mit freundlichen Grüßen

....

Insolvenzverwalter/Treuhänder

▶ Hinweis:

Für den Hinterlegungsantrag sind die entsprechenden Formulare der einzelnen Bundesländer zu verwenden. Diese können i.d.R. von der Homepage des zuständigen Amtsgerichtes heruntergeladen werden. S. wegen näherer Informationen zur Hinterlegung in die Beiträge in InsbürO 2012, 425 und InsbürO 2011, 413.

Muster 372: Veröffentlichungstexte – Formulierungsbeispiele

▶ Hinweis: 544

Gem. § 188 Satz 3 InsO **veranlasst das Insolvenzgericht die Veröffentlichung.** Der Insolvenzverwalter hat hierfür den Text zu übermitteln.

Der **Text** sollte **i.d.R. gleichzeitig per E-Mail** verschickt werden. Manchmal reicht auch der **Veröffentlichungstext im Schlussbericht.**

Die Handhabung der Insolvenzgerichte ist völlig unterschiedlich: Manche wünschen einen langen Text, manche einen kurzen, manche nur die Zahlen zum Einsetzen. **Individuelle Wünsche des jeweiligen Gerichtes** daher berücksichtigen.

Für eine Veröffentlichung nach § 188 InsO wird folgender Text bereits heute mitgeteilt:

Veröffentlichung mit Massebestand:

»Im Insolvenzverfahren über das Vermögen des/der ..., ... (Name und Anschrift) beträgt die Summe der im Verteilungsverzeichnis berücksichtigten Forderungen ... EUR. Der verfügbare Massebestand per ... (Kontostand per obiger Schlussrechnung) beträgt... EUR. Hiervon sind noch etwaige Masseverbindlichkeiten und die Massekosten in Abzug zu bringen.«

Veröffentlichung ohne Massebestand:

»Im Insolvenzverfahren über das Vermögen des/der..., ... (Name und Anschrift) beträgt die Summe der im Verteilungsverzeichnis berücksichtigten Forderungen ... EUR. Es ist kein verfügbarer Massebestand vorhanden. Der Kontostand beträgt 0,00 EUR.«

Veröffentlichungstext lang mit Adressdaten Verwalter:

»In dem Insolvenzverfahren über das Vermögen des/der ... (Vor- und Zuname), geb. ... (Jahr), ... (Adresse), soll die Schlussverteilung erfolgen. Das Verteilungsverzeichnis ist auf der Geschäftsstelle des Amtsgerichts ... zur Einsichtnahme für die Beteiligten niedergelegt. Der Insolvenzverwalter ... (Name und Anschrift), Tel.: ..., Fax: ..., E-Mail: ... hat dem Gericht folgendes gem. § 188 InsO angezeigt: Der verfügbare Massebestand beträgt ... EUR abzgl. noch zu berücksichtigender Massekosten und Masseverbindlichkeiten. Insolvenzforderungen sind in Höhe von ... EUR zu berücksichtigen.«

Veröffentlichung lang mit Quote und Belehrung:

»In dem Insolvenzverfahren über das Vermögen des/der ... (Name und Anschrift) findet mit Genehmigung des Gerichts die Schlussverteilung statt. Der Schlussbericht ist auf der Geschäftsstelle des Amtsgerichts – Insolvenzgericht – in ... (Aktenzeichen ...) niedergelegt worden. Die Gesamtsumme der angemeldeten Forderungen beträgt ... EUR. Hiervon wurde ein Gesamtbetrag in Höhe von ... EUR anerkannt. Zur Verteilung an die Gläubiger stehen ... EUR zur Verfügung. In dem Verfahren können alle Gläubiger, deren Forderungen vom Verwalter ganz oder teilweise bestritten wurden, diese durch Erhebung einer Feststellungsklage oder durch Aufnahme eines bereits anhängigen Rechtsstreites bei dem zuständigen Gericht geltend machen. Dafür besteht eine **zweiwöchige Ausschlussfrist** ab dem Datum dieser Bekanntmachung (§ 189 InsO).«

Veröffentlichung lang ohne Quote mit Belehrung:

»In dem Insolvenzverfahren über das Vermögen des/der ... (Name, Anschrift) findet mit Genehmigung des Gerichts die Schlussverteilung statt. Der Schlussbericht ist auf der Geschäftsstelle des Amtsgerichts – Insolvenzgericht – in ... (Aktenzeichen: ...) niedergelegt worden. Die Gesamtsumme der angemeldeten Forderungen beträgt ... EUR. Hiervon wurde ein Gesamtbetrag in Höhe von ... EUR festgestellt. Eine Quote an die Insolvenzgläubiger kann nicht gezahlt werden.

In dem Verfahren können alle Gläubiger, deren Forderungen vom Verwalter ganz oder teilweise bestritten wurden, diese durch Erhebung einer Feststellungsklage oder durch Aufnahme eines bereits anhängigen Rechtsstreites bei dem zuständigen Gericht geltend machen. Dafür besteht eine zweiwöchige Ausschlussfrist ab dem Datum dieser Bekanntmachung (§ 189 InsO).«

Veröffentlichung mit Aufforderung an Massegläubiger:

»In dem Insolvenzverfahren über das Vermögen ... (AZ: ...) hat das Amtsgericht ... mit Beschluss vom ... der Schlussverteilung zugestimmt und die Durchführung des Schlusstermins angeordnet. Das Schlussverzeichnis sowie die Schlussrechnung liegen nebst gerichtlichem Prüfungsvermerk unter Bezugnahme auf den oben genannten Beschluss zur Einsicht der Beteiligten auf der Geschäftsstelle des Amtsgerichts ..., Geschäftsstelle des Insolvenzgerichts, ... (Adresse) aus.

Bei der Schlussverteilung zu berücksichtigen sind festgestellte Insolvenzforderungen im Range des § 38 InsO in Höhe von … EUR. Zur Schlussverteilung steht, vorbehaltlich weiterer Gerichtskosten und Auslagen sowie der Vergütung, eine Masse in Höhe von … EUR zur Verfügung. Die voraussichtlich zu zahlende Quote beläuft sich auf … %.
Bisher unbekannte Massegläubiger werden aufgefordert, sich binnen der Ausschlussfrist von 2 Wochen nach Veröffentlichung zu melden.
Gläubiger, deren Forderungen bestritten sind, werden auf die Ausschlussfristen gem. §§ 189, 194 InsO verwiesen, für Sonderrechtsgläubiger gilt der Hinweis auf §§ 190, 191 InsO.«

Musterübersicht Vertragsverhältnisse

(Die Übersicht ist alphabetisch sortiert.)

		Rdn.
Muster 373:	Ablehnung der Vertragserfüllung (jur. Person)	545
Muster 374:	Ablehnung der Vertragserfüllung (natürl. Person)	546
Muster 32:	Arbeitsverhältnisse (z.B. Kündigung) *(s. Muster Arbeitsverhältnisse)*	204
Muster 46 – 55:	Aussonderungsgut *(s. Muster Aussonderungsrechte)*	218-227
Muster 47 – 49:	Eigentumsvorbehaltsware *(s. Muster Aussonderungsrechte)*	219-221
Muster 145:	Freigabe Gegenstände – Unterrichtung Vermieter (Räumung) *(s. Muster Freigabe)*	316
Muster 152 – 153:	Gläubigerinformation: Neugläubiger *(s. Muster Gläubiger)*	324-325
Muster 254:	Gläubigerinformation: Sachstand *(s. Muster Insolvenztabelle)*	426
Muster 210:	Inhaltsverzeichnis *(s. Muster Inhaltsverzeichnis)*	382
Muster 375:	Kündigung § 109 InsO	547
Muster 361 – 369:	Versicherungen *(s. Muster Versicherungsverträge)*	533-541
Muster 376:	Vermieteranschreiben § 109 Abs. 1 Satz 2 InsO	548
Muster 377:	Vertragsverhältnisse – Übersicht	549
Muster 140 – 141:	Zahlungsaufforderung an Debitoren *(s. Muster Forderungseinzug)*	312-313
Muster 77 – 80:	Zahlungszustimmung bei Betriebsfortführung *(s. Muster Betriebsfortführung)*	250-253

Muster 373: Ablehnung der Vertragserfüllung (jur. Person)

▶ Hinweis:

Bei der Erklärung handelt es sich um eine einseitige empfangsbedürftige Willenserklärung, die unwiderruflich und frei von Bedingungen sein muss. 545

Adressat: Vertragspartner

Insolvenzverfahren über das Vermögen der Firma.../des Herrn... /der Frau...
Amtsgericht...:... IN.../...
U.Z.: »Verträge...«
Ihr Zeichen: ...

Sehr geehrte Damen und Herren,

hiermit zeige ich an, dass über das Vermögen der oben genannten *Firma/Person* das Insolvenzverfahren eröffnet und ich *zum/zur Insolvenzverwalter/in* bestellt worden bin. Eine Kopie des amtsgerichtlichen Eröffnungsbeschlusses liegt in der **Anlage** zu Ihrer Information anbei.

Soweit eine Beendigung des mit Ihrem Hause bestehenden Vertrages bislang noch nicht erfolgt ist, mache ich von meinem Wahlrecht nach § 103 InsO Gebrauch und lehne hiermit die Erfüllung des oben genannten *und möglicherweise aller weiteren bestehenden* Vertragsverhältnisse gemäß § 103 InsO ab.

Bei Versicherungen:

Ein etwaiger Gebäudeversicherungsvertrag soll allerdings ausdrücklich aufrechterhalten bleiben.

Ich darf mir den Hinweis erlauben, dass eine etwaige Schadensersatzforderung wegen der Nichterfüllung gem. § 103 Abs. 2 InsO nur als Insolvenzforderung im Range des § 38 InsO geltend gemacht werden kann.

Ich wäre Ihnen dankbar, wenn Sie mir eine Eingangsbestätigung – gerne auch per Telefax und auf diesem Schreiben – zukommen lassen würden.

Sollten sich durch diese Erklärung etwaige Guthabenbeträge ergeben, weise ich darauf hin, dass diese ausschließlich auf das für das Insolvenzverfahren eingerichtete Treuhandkonto zu zahlen sind (§§ 35 Abs. 1, 82 InsO). Die Bankverbindung lautet wie folgt:

Bank:...

IBAN: ...

BIC: ...

Kontoinhaber: ... als IV wg. ... (Verfahrensbezeichnung)

Mit freundlichen Grüßen

....

Insolvenzverwalter/in

Anlage:
Fotokopie des Eröffnungsbeschlusses

Muster 374: Ablehnung der Vertragserfüllung (natürl. Person)

▶ Hinweis:

546 Bei der Erklärung handelt es sich um eine einseitige empfangsbedürftige Willenserklärung, die unwiderruflich und frei von Bedingungen sein muss.

Adressat: Vertragspartner

Insolvenzverfahren über das Vermögen des Herrn... /der Frau...
Amtsgericht...:... IN/IK.../...
U.Z.: »**Verträge...**«
Ihr Zeichen: ...

Sehr geehrte Damen und Herren,

hiermit zeige ich an, dass über das Vermögen der oben genannten Person das Insolvenzverfahren eröffnet und ich *zum/zur Insolvenzverwalter/in* bestellt worden bin. Eine Kopie des amtsgerichtlichen Eröffnungsbeschlusses liegt in der **Anlage** zu Ihrer Information anbei.

In meiner Eigenschaft als *Insolvenzverwalter/in* teile ich Ihnen mit, dass eine Übernahme etwaiger anfallender Kosten aus dem mit Ihrem Hause bestehenden Vertrag nicht erfolgen wird. Ich mache insoweit von meinem Wahlrecht nach § 103 InsO Gebrauch und lehne hiermit die Erfüllung des oben genannten und möglicherweise aller weiteren bestehenden Vertragsverhältnisse gemäß § 103 InsO ab.

Insofern darf ich Sie allerdings bitten, direkt Kontakt mit *dem Schuldner/der Schuldnerin* aufzunehmen. Nach meinen Informationen ist *der Schuldner/die Schuldnerin* daran interessiert, den Vertrag mit Ihrem Hause aufrecht zu erhalten. *Er/Sie* wird die fälligen Zahlungen aus *seinem/ihrem* pfändungsfreien Einkommen leisten. Es wird von meiner Seite lediglich eine Zahlung aus der Insolvenzmasse abgelehnt.

[Alternativ bei Versicherungsgesellschaften:

Ferner wäre ich Ihnen für eine kurze Mitteilung dankbar, ob in Ihrem Hause weitere Versicherungen für den *o. g. Schuldner/die o. g. Schuldnerin* geführt werden und ggf. um welche Art von Versicherung es sich hierbei handelt. Soweit möglich, bitte ich um Übersendung von Fotokopien etwaiger Versicherungspolicen.]

[Alternative bei Fahrzeugfinanzierung:

Sollte es durch eine etwaige Kündigung Ihrerseits zu einer Vertragsbeendigung kommen, würde Ihnen dem Grunde nach ein *Absonderungsrecht (bei Darlehen) gem. § 51 InsO/Aussonderungsrecht (bei Leasing) gem. § 47 InsO* zustehen. *Der Schuldner/die Schuldner* ist jedoch für den Weg zur Arbeit auf das Fahrzeug angewiesen, so dass eine Unpfändbarkeit gem. § 811 Abs. 1 Nr. 5 ZPO vorliegt, die von meiner Seite zu berücksichtigen ist. Ich bitte Sie daher, sich bei der etwaigen Abwicklung des Vertrages direkt mit dem *Schuldner/der Schuldnerin* in Verbindung zu setzen.]

▶ Literaturtipp:

Haushalter, Unpfändbarkeit eines darlehensfinanzierten Fahrzeugs, InsbürO 2016, 154

für alle Varianten:

Ihren möglicherweise bestehenden Anspruch auf die Gegenleistung für Ihre Leistungen aus der Zeit bis zur Eröffnung des Insolvenzverfahrens können Sie als Insolvenzgläubiger geltend machen. Hierzu ist eine Anmeldung Ihrer Forderung zur Insolvenztabelle erforderlich. Eine etwaige Schadensersatzforderung wegen der Nichterfüllung gem. § 103 Abs. 2 InsO kann ebenfalls nur als Insolvenzforderung im Range des § 38 InsO geltend gemacht werden.

Ich wäre Ihnen dankbar, wenn Sie mir eine Eingangsbestätigung – gerne auch per Telefax und auf diesem Schreiben – zukommen lassen würden.

bei Verträgen – außer Fahrzeugfinanzierung:

Sollten sich durch diese Erklärung etwaige Guthabenbeträge ergeben, weise ich darauf hin, dass diese ausschließlich auf das für das Insolvenzverfahren eingerichtete Treuhandkonto zu zahlen sind (§§ 35 Abs. 1, 82 InsO). Die Bankverbindung lautet wie folgt:

Bank:…

IBAN: …

BIC: …

Kontoinhaber: … als IV wg. … (Verfahrensbezeichnung)

Mit freundlichen Grüßen

…………………………….
Insolvenzverwalter/in

Anlage:
Fotokopie des Eröffnungsbeschlusses

Muster 375: Kündigung § 109 InsO

▶ Hinweis:

Bei der Erklärung handelt es sich um eine einseitige empfangsbedürftige Willenserklärung, die unwiderruflich und frei von Bedingungen sein muss. 547

Adressat: Vertragspartner
Versendung per Einwurf-Einschreiben/Einschreiben m. Rückschein

Insolvenzverfahren über das Vermögen der Firma…/des Herrn…/der Frau…
Amtsgericht…:… IN… /…
U.Z.: »Verträge…«
Ihr Zeichen: …

Sehr geehrte Damen und Herren,

hiermit zeige ich an, dass über das Vermögen der oben genannten *Firma/Person* das Insolvenzverfahren eröffnet und ich *zum/zur Insolvenzverwalter/in* bestellt worden bin. Eine Kopie des gerichtlichen Eröffnungsbeschlusses liegt in der **Anlage** zu Ihrer Information anbei.

In meiner Eigenschaft als *Insolvenzverwalter/in* kündige ich hiermit das oben näher bezeichnete Vertragsverhältnis entsprechend der Regelung in § 109 Abs. 1 InsO fristgerecht zum …, hilfsweise zum nächstmöglichen Zeitpunkt.

Ich darf Sie um Kontaktaufnahme bitten, um einen Übergabetermin vereinbaren zu können.

Darüber hinaus wäre ich Ihnen dankbar, wenn Sie mir eine Eingangsbestätigung dieser Kündigung – gerne auch per Telefax und auf diesem Schreiben – zukommen lassen würden.

Sollten sich durch diese Erklärung etwaige Guthabenbeträge ergeben, weise ich vorsorglich darauf hin, dass diese ausschließlich auf das für das Insolvenzverfahren eingerichtete Treuhandkonto zu zahlen sind (§§ 35 Abs. 1, 82 InsO). Die Bankverbindung lautet wie folgt:

Bank:…

IBAN: …

BIC: …

Kontoinhaber: … als IV wg. … (Verfahrensbezeichnung)

Mit freundlichen Grüßen

……………………………………..
Insolvenzverwalter/in

Anlage:
Fotokopie des Eröffnungsbeschlusses

Muster 376: Vermieteranschreiben § 109 Abs. 1 Satz 2 InsO

▶ Hinweis: Mietkaution

548 **Keine Anforderung einer etwaigen und der Mietkaution mehr: BGH, Beschl. v. 16.03.2017 – IX ZB 45/15:**

»Rn. 10: Vom Insolvenzbeschlag frei werden deshalb insbesondere alle mietvertraglichen Forderungen des Schuldners, die erst nach dem Zeitpunkt des Wirksamwerdens der Enthaftungserklärung entstehen. … Zum Zeitpunkt der Enthaftungserklärung hat das Anwartschaftsrecht auf Rückzahlung der Kaution noch keinen sicheren Vermögenswert.«

Bei den Betriebskosten ist zu unterscheiden, wer Vertragspartner ist: Vermieter oder Dritte: s. Ausführungen in Checkliste Verwertungstätigkeit Nr. 26.

Adressat: Vermieter

Insolvenzverfahren über das Vermögen des Herrn…/der Frau…
Amtsgericht…:… IN/IK…/…
U.Z.: »Massegläubiger …«

Sehr geehrte Damen und Herren,

hiermit zeige ich an, dass mit Beschluss des Amtsgerichts – Insolvenzgericht – … vom … über das Vermögen der vorgenannten Person das Insolvenzverfahren eröffnet und ich *zum/zur Insolvenzverwalter/in* bestellt worden bin. Eine Kopie des amtsgerichtlichen Beschlusses liegt in der **Anlage** zu Ihrer Information bei.

Mir liegt der mit Ihnen geschlossene Mietvertrag über das Mietobjekt… in… vom… vor. In meiner Eigenschaft als *Insolvenzverwalter/in* erkläre ich mit diesem Schreiben gem. § 109 Abs. 1 Satz 2 InsO, dass die monatlich anfallenden Mietzahlungen nicht aus der Insolvenzmasse geleistet werden sollen. Die nach Ablauf der regulären Kündigungsfrist fällig werdenden Mietzinszahlungen können somit gegen die Insolvenzmasse nicht geltend gemacht werden. § 109 Abs. 1 S. 1 InsO gewährt dem Insolvenzverwalter ein Sonderkündigungsrecht von drei Monaten zum Monatsende. Würde damit heute eine Kündigung ausgesprochen werden, würde die Kündigungsfrist am… enden. Ab diesem Zeitpunkt gilt das Mietverhältnis nicht mehr mit der Insolvenzmasse verhaftet.

Ich weise allerdings darauf hin, dass dieses Schreiben lediglich einen erklärenden Charakter hat und keine Kündigung des Mietverhältnisses darstellen soll. *Der Schuldner/die Schuldnerin* ist an der Fortführung des Mietverhältnisses interessiert und möchte die anfallenden Mietzahlungen aus *seinem/ihrem* pfändungsfreien Einkommen begleichen.

Darüber hinaus bitte ich zu beachten, dass etwaige Guthaben aus einer schon erstellten oder noch vorzunehmenden Betriebskostenabrechnung bis zum Tag des Wirksamwerdens dieser Erklärung vom Insolvenzbeschlag umfasst und daher an mich auszuzahlen sind. Die Erklärung wird mit dem Ablauf der Kündigungsfrist und demnach mit dem … (= *gleiches Datum wie vorstehend*) wirksam.

▶ Hinweis:

Falls die Energieversorgung nicht über den Vermieter läuft, sondern ein gesonderter Vertrag besteht, sollte die Wahlerfüllung zu Lasten der Masse mit gesondertem Schreiben abgelehnt werden.

Für Rückfragen stehen meine Mitarbeiter und ich Ihnen selbstverständlich gerne zur Verfügung.

Mit freundlichen Grüßen

……………………………………..
Insolvenzverwalter/in

Muster 377: Vertragsverhältnisse – Übersicht

Übersicht über Vertragsverhältnisse
in dem Insolvenzverfahren über das Vermögen der Firma … mit dem Sitz in …,
Amtsgericht ...: ... IN .../..., Insolvenzverwalter/in: … (Name)

Vertragspartner mit Anschrift	Telefon-nummer	Vertragsart	Bezeichnung des Vertragsgegen-standes	Für Betriebs-fortführung notwendig (X)	Nicht notwendig (X)	Rückständige Forderungs-höhe in EUR	Zahlungsmodus	Monatlicher Zahlbetrag in EUR (umgerechnet)	Aus- und Ab-sonderungs-gläubiger (Aus) (Ab)
… Leasing GmbH, … Musterstadt	*02526/ …*	*Leasingvertrag*	*Fahrzeug …, amtl. Kenn-zeichen: …*		*X*	*939,00*	*¼-jährlich*	*313,00*	*Aus*
… Versicherung	…	*Versicherungs-vertrag*	*Betriebshaftpflicht*	*X*		*252,00*	*½-jährlich*	*42,00*	*./.*

▶ **Hinweis an den Insolvenzschuldner:**

Bitte Verträge, Versicherungsscheine etc. zu dieser Liste zwecks Einsichtsmöglichkeit in die näheren Daten zu jedem Vertragsverhältnis in Fotokopie beifügen.

Musterübersicht Verwertungstätigkeit

(Die Übersicht ist alphabetisch sortiert.)

		Rdn.
Muster 378:	Antrag auf Verwertung durch Gläubiger § 173 InsO	550
Muster 379:	Bausparvertrag – Kündigung	551
Muster 380:	Bausparvertrag – Kündigung – Info an Ehepartner	552
Muster 121 – 127:	Fahrzeuge (*s. Muster Fahrzeuge*)	293-299
Muster 133 – 142:	Forderungseinzug (*s. Muster Forderungseinzug*)	305-314
Muster 381:	Genossenschaftsanteil – Formulierungsvorschläge	553
Muster 189 – 208:	Immobilienvermögen (*s. Muster Immobilienvermögen*)	361-380
Muster 262:	Kaufvertrag (*s. Muster Inventar*)	434
Muster 382:	Rechtstreit – Anfrage GK-Erstattung	554
Muster 383:	Subventionen – Abfrage wg. Inso-Verf.	555
Muster 264:	Rechnung bei Verkauf aus Masse (*s. Muster Inventar*)	436
Muster 265:	Verkaufsbestätigung (*s. Muster Inventar*)	437
Muster 361 – 369:	Versicherungen (*s. Muster Versicherungsverträge*)	533-541
Muster 384:	Verwertungsliste in Kleinverfahren	556
Muster 385:	Verwertungsübersicht ForStaB	557

Muster 378: Antrag auf Verwertung durch Gläubiger § 173 InsO

550 ▶ Hinweis:

Antrag für **unterschiedliche Konstellationen denkbar**, z.B. auch beim Werkunternehmerpfandrecht, wenn keine Einigung zwischen Verwalter und Werkunternehmer erfolgt.

Adressat: Insolvenzgericht

Insolvenzverfahren über das Vermögen der Firma.../des Herrn.../der Frau...
Geschäftszeichen:... IN/IK.../...
Antrag nach § 173 Abs. 2 InsO

Sehr geehrte Frau Rechtspflegerin ..., / sehr geehrter Herr Rechtspfleger ...,

in obiger Angelegenheit hat der Vermieter des Objektes... (*Straße und Ort*) sein Vermieterpfandrecht gem. § 562 BGB an den im Objekt am Tag der Insolvenzeröffnung befindlichen ... (z.B. *Büromöbeln)* geltend gemacht. Der Mietvertrag war bereits zum... (*vor Insolvenzeröffnung*) gekündigt worden. Die Übergabe des Objektes ist *vom Schuldner/von der Schuldnerin* allerdings nicht rechtzeitig durchgeführt worden, so dass ich bei Insolvenzeröffnung die Schlüssel des Objektes vorfand. In dem Objekt befanden sich außer den Büromöbeln keinerlei nennenswerte Vermögenswerte. Die Büromöbel selbst waren alt und wiesen ausweislich der Vermögensübersicht gem. § 153 InsO einen Verkehrswert von ca. ... € aus. Um eine etwaige Nutzungsentschädigung für das Objekt zulasten der Insolvenzmasse zu verhindern, habe ich die Mietsache kurzfristig nach Insolvenzeröffnung am... zurückgegeben und dem Vermieter die Büromöbel zur eigenen Verwertung überlassen.

Der Vermieter hat die Verwertung allerdings bis heute trotz mehrfacher Aufforderung nicht vorgenommen. Insoweit werden in der **Anlage** die Schreiben vom... und vom... an den Vermieter zur Kenntnisnahme übermittelt.

Aufgrund des vorstehenden Sachverhaltes stelle ich einen Antrag nach § 173 Abs. 2 InsO und bitte, dem Vermieter eine Frist zur Verwertung aufzuerlegen.

Mit freundlichen Grüßen

....

Insolvenzverwalter/in

Anlage:
Aufforderungsschreiben an… vom… und…

▶ Hinweise:

- Das Insolvenzgericht setzt eine Frist zur Verwertung fest; bei Nichteinhaltung: Verwertungsrecht zugunsten des Insolvenzverwalters;
- Herausgabe kann der Insolvenzverwalter erzwingen (BGH v. 14.04.2016 – IX ZR 176/15 Rn. 7 in InsbürO 2016, 430, ZInsO 2016, 1256; Hamburger Kommentar zum Insolvenzrecht, 7. Aufl. 2019, Scholz, § 173 Rn. 5)
- allerdings: Verwertung muss sich für die Insolvenzmasse lohnen! Recht des Absonderungsberechtigten gilt weiter; Insolvenzmasse erhält die Kostenbeiträge gem. §§ 170, 171 InsO,
- Archivierung im Ordner »Inventar«, ggf. Kopie zum Schriftverkehr mit dem Insolvenzgericht
- Wiedervorlage notieren und Verwertung kontrollieren

Muster 379: Bausparvertrag – Kündigung

Adressat: Bausparkasse 551

Insolvenzverfahren über das Vermögen des Herrn …/der Frau …
Amtsgericht …: … IN/IK …/…
U.Z.: …
Bausparvertrag Nr. …

Sehr geehrte Damen und Herren,

hiermit zeige ich an, dass über das Vermögen der oben genannten Person das Insolvenzverfahren eröffnet und ich *zum/zur Insolvenzverwalter/in* bestellt wurde. Eine Fotokopie des amtsgerichtlichen Beschlusses liegt in der **Anlage** zu Ihrer Information anbei.

Den oben näher bezeichneten Bausparvertrag möchte ich hiermit kündigen und bitte Sie, das bestehende Bausparguthaben auf das eingerichtete Treuhandkonto bei der

Bank:…

IBAN: …

BIC: …

Kontoinhaber: … als IV wg. … (Verfahrensbezeichnung)

zu überweisen. Bezüglich der Abführung der etwaig anfallenden Kapitalertragssteuer bitte ich freundlichst um die Übersendung eines Vordruckes für die Erteilung eines Freistellungsauftrages. Für die Unterzeichnung durch *Herrn/Frau* … werde ich dann Sorge tragen und Ihnen das Original wieder zuleiten.

Bei einem Ehepartner als Vertragspartner:

Ich weise vorsorglich darauf hin, dass der Bausparvertrag zwar gemeinschaftlich mit *dem Ehepartner/der Ehepartnerin des Schuldners/der Schuldnerin* abgeschlossen wurde. Den Unterlagen konnte ich jedoch entnehmen, dass das Bausparkonto als sogenanntes »Oder-Konto« mit Einzelverfügungsbefugnis i.S.v. § 428 BGB geführt wird. Damit handelt es sich bei den Eheleuten um eine Gesamtgläubigerschaft und somit ist jeder Ehepartner berechtigt, die Kündigung auszusprechen und das Guthaben für sich zu beanspruchen (*BGH, Urt. v. 31.03.2009 – XI ZR 288/08 in NJW 2009, 2054; OLG München, Urt. v. 24.10.1991 – 1 U 3596/91 in NJW RR 1992, 498).* Der Schuldner des Bausparguthabens ist demgegenüber berechtigt, an jeden Gläubiger mit befreiender Wirkung Zahlung zu leisten (§ 428 BGB). Der andere Gläubiger hat insoweit einen Ausgleichsanspruch gegen den Ehepartner (*BGH, a.a.O*) (§ 430 BGB). Vor diesem Hintergrund ist eine Zustimmung *des Ehepartners/der Ehepartnerin* zur Kündigung nicht erforderlich. Dies entspricht auch dem Sinn und Zweck des § 84 InsO.

Für die Insolvenzmasse beanspruche ich insoweit lediglich die Hälfte des vorhandenen Bausparguthabens. *Der Ehefrau des Schuldners/dem Ehemann der Schuldnerin* habe ich eine Fotokopie dieses Schreibens zukommen lassen. Ich gehe davon aus, dass *diese/dieser* Ihnen in Kürze eine Bankverbindung mitteilen wird, an die der andere hälftige Betrag gezahlt werden kann. Sofern Sie den Gesamtbetrag auf das oben genannte Treuhandkonto überweisen, würde der oben genannte Ausgleichsanspruch *des Ehepartners/der Ehepartnerin* gem. § 430 BGB bestehen. Diesen Zahlungsanspruch würde ich daher dann entsprechend ausgleichen.

Für Rückfragen stehe ich Ihnen selbstverständlich zur Verfügung und verbleibe

mit freundlichen Grüßen

……………………………………….
Insolvenzverwalter/in

Anlage:
Eröffnungsbeschluss

Muster 380: Bausparvertrag – Kündigung – Info an Ehepartner

552 *Adressat: Ehepartner des Schuldners/der Schuldnerin*

Insolvenzverfahren über das Vermögen des Herrn .../der Frau ...
Amtsgericht ...: ... IN/IK .../...
U.Z.: ...
Bausparvertrag Nr. ...

Sehr geehrte Frau ...,/sehr geehrter Herr ...,

ich bin bekanntlich *Insolvenzverwalter/in* über das Vermögen *Ihres Ehemann/Ihrer Ehefrau.* Eine Fotokopie des Eröffnungsbeschlusses liegt in der **Anlage** vorsorglich zu Ihrer Information anbei.

Ich habe den oben näher bezeichneten Bausparvertrag gekündigt und die Auszahlung des Bausparguthabens begehrt. Eine Fotokopie des entsprechenden Kündigungsschreibens überreiche ich Ihnen **anliegend** mit der Bitte um Kenntnisnahme. Ich darf Sie bitten, der Bausparkasse eine Bankverbindung mitzuteilen, an die Ihr hälftiger Anteil gezahlt werden kann.

Mit freundlichen Grüßen

....
Insolvenzverwalter/in

Anlagen:
Eröffnungsbeschluss
Kündigungsschreiben

Muster 381: Genossenschaftsanteil – Formulierungsvorschläge (7 Stück)

553 Bericht zur ersten Gläubigerversammlung/Erster Sachstandsbericht – Bank als Genossenschaft – natürl. Person:

Der Schuldner/die Schuldnerin verfügt bei der ... über ... *(Anzahl)* Genossenschaftsanteile. Gem. § 66a GenG kann der Insolvenzverwalter das Kündigungsrecht des Mitgliedes ausüben. Davon habe ich Gebrauch gemacht und die Kündigung am ... mit Ablauf der Kündigungsfrist zum ... ausgesprochen. Das Auseinandersetzungsguthaben ist gem. § 73 InsO innerhalb von sechs Monaten nach Beendigung der Mitgliedschaft auszuzahlen.

Bericht zur ersten Gläubigerversammlung/Erster Sachstandsbericht – Bank als Genossenschaft – jur. Person:

Die Schuldnerin verfügt bei der ... über ... *(Anzahl)* Genossenschaftsanteile. Mit Insolvenzeröffnung wurde die Schuldnerin gem. § 60 Abs. 1 Nr. 4 GmbHG aufgelöst und endete entsprechend die Mitgliedschaft in der Genossenschaft gem. § 77a GenG mit Ablauf des Kalenderjahres ... *(Jahr der Eröffnung)*. Ich habe das Auseinandersetzungsguthaben zur Zahlung auf das Treuhandkonto angefordert. Es ist innerhalb von sechs Monaten nach Beendigung der Mitgliedschaft auszuzahlen.

Bericht zur ersten Gläubigerversammlung/Erster Sachstandsbericht – Wohnungsbaugenossenschaft

Der Schuldner/die Schuldnerin verfügt bei der ... über ... *(Anzahl)* Genossenschaftsanteile. Gem. § 66a GenG kann der Insolvenzverwalter das Kündigungsrecht des Mitgliedes ausüben. Die Kündigung ist allerdings gem. § 67c GenG bei Mitgliedschaften in Wohnungsbaugenossenschaften ausgeschlossen, wenn die Mitgliedschaft Voraussetzung für die Nutzung der Wohnung ist und das Geschäftsguthaben des Mitgliedes höchstens das Vierfache des auf einen Monat entfallenden Nutzungsentgeltes ohne die als Pauschale oder Vorauszahlung ausgewiesenen Betriebskosten oder höchstens 2.000,00 EUR beträgt. Für die Möglichkeit einer Kündigung müssen damit beide Grenzen überschritten sein (Deppe, InsbürO 2015, 266, Heyn/Grote, InsbürO 2015, 279).

Vorliegend würde die Kündigung der Pflichtanteile zu einem Verlust des Wohnanspruches führen. Es greift daher § 67c Abs. 1 Nr. 1 GenG.

Das monatliche Netto-Nutzungsentgelt (= Kaltmiete) beträgt im vorliegenden Fall ... EUR. Die Genossenschaftsanteile haben nach Auskunft der Wohnungsbaugenossenschaft einen prognostizierten Wert von ... EUR. *Der Schuldner/die Schuldnerin* verfügt damit lediglich über Genossenschaftsanteile, die das ... fache des monatlichen Nutzungsentgeltes

(= Kaltmiete) und damit auch unter 2.000,00 EUR betragen. Damit greift im vorliegenden Fall der Kündigungsausschluss gem. § 67c GenG und kann keine Verwertung der Genossenschaftsanteile stattfinden.

Alternative bei Überschreiten der Höchstgrenze:

wie vorstehend, jedoch Änderung des letzten Absatzes wie folgt:

Das monatliche Netto-Nutzungsentgelt beträgt im vorliegenden Fall … EUR. Die Genossenschaftsanteile haben nach Auskunft der Wohnungsbaugenossenschaft einen prognostizierten Wert von … EUR. *Der Schuldner/die Schuldnerin* verfügt damit über Genossenschaftsanteile, die das … fache des monatlichen Nutzungsentgeltes (= Kaltmiete) betragen. Die Höchstgrenze des § 67c GenG ist somit überschritten. Eine Minderung der Geschäftsanteile auf die Höchstgrenze ist gem. § 67c Abs. 2 GenG nicht zulässig.

Der Gesetzgeber hat keinen Kündigungsschutz für die gesamten Anteile geschaffen, wenn die Höchstgrenze des § 67c Abs. 1 Nr. 2 GenG überschritten wird. Dies wäre vorliegend der Fall. Gerade in Ballungsgebieten mit knappem Wohnraum liegen die Kautionsbeträge – und bei Wohnungsbaugenossenschaften die Geschäftsanteile – weit über dem 4-fachen Satz. Sollte die Kündigung ausgesprochen werden, würde dies den Verlust der Wohnung für *den Schuldner/die Schuldnerin* bedeuten. Eine Teilkündigung gem. § 67b GenG ist laut Satzung ebenfalls nicht möglich.

Ich möchte aus diesem Grund von der Kündigung und dem Einzug der Genossenschaftsanteile absehen und begehre gem. § 160 Abs. 1 InsO die Zustimmung der Gläubigerversammlung. Da diese Entscheidung für *den Schuldner/die Schuldnerin* von besonderer Bedeutung ist, ist die Vorschrift des § 160 Abs. 1 InsO nach meiner Ansicht anwendbar.

Sollte die Gläubigerversammlung die Zustimmung verweigern und den Einzug der Genossenschaftsanteile anordnen, könnte die Kündigung zum Endes Jahres gem. § 65 GenG mit einer 3-Monats-Frist erfolgen. Das Auseinandersetzungsguthaben ist gem. § 73 Abs. 2 GenG binnen sechs Monate nach Beendigung der Mitgliedschaft von der Genossenschaft auszuzahlen.

Text für einen Schlussbericht – Wohnungsbaugenossenschaft:

Der Schuldner/die Schuldnerin verfügte bei der … *(Wohnungsbaugenossenschaft)* über … *(Anzahl)* Genossenschaftsanteile. Eine Kündigung der Mitgliedschaft ist nicht erfolgt, weil der Kündigungsausschluss gem. § 67c GenG zu beachten war. Es darf insoweit auf die Ausführungen im Bericht vom … verwiesen werden. Das Geschäftsguthaben *des Schuldners/der Schuldnerin* übersteigt nicht die dort genannten Höchstgrenzen (Vierfache des Nutzungsentgeltes bzw. Höchstbetrag von 2.000,00 EUR) und hätte zum Verlust der Wohnung geführt. § 67c GenG war demnach anwendbar.

Text für einen Schlussbericht – Bank als Genossenschaft – natürliche Person:

Der Schuldner/die Schuldnerin verfügte bei der … *(z.B. Volksbank)* über … *(Anzahl)* Genossenschaftsanteile. Die Kündigung der Mitgliedschaft wurde gem. § 66a GenG ausgesprochen und das Auseinandersetzungsguthaben am … in Höhe von … EUR auf dem Treuhandkonto vereinnahmt.

Text für einen Schlussbericht – Bank als Genossenschaft – jur. Person:

Die Schuldnerin verfügte bei der … *(z.B. Volksbank)* über … *(Anzahl)* Genossenschaftsanteile. Gem. § 77a GenG endet die Mitgliedschaft einer juristischen Person mit deren Auflösung gem. § 60 GmbHG. Die Schuldnerin wurde durch die Insolvenzeröffnung gem. § 60 Abs. 1 Nr. 4 GmbH aufgelöst. Durch die Beendigung der Mitgliedschaft konnte das Auseinandersetzungsguthaben gem. § 73 GenG zur Insolvenzmasse gezogen werden. Es ist am … in Höhe von … EUR auf dem Treuhandkonto eingegangen.

Muster 382: Rechtsstreit – Anfrage GK-Erstattung

Adressat: Prozessgericht 554

Insolvenzverfahren über das Vermögen der Firma … GmbH/des Herrn … /der Frau …
Amtsgerichts …: … IN/IK …/…
Ihr Zeichen: …

Sehr geehrte Damen und Herren,

hiermit zeige ich an, dass über das Vermögen der oben genannten *Firma/Person* das Insolvenzverfahren eröffnet und ich *zum/zur Insolvenzverwalter/in* bestellt wurde. Eine Fotokopie des amtsgerichtlichen Beschlusses liegt in der **Anlage** zu Ihrer Information anbei.

Der Schuldner/Die Schuldnerin ist Klägerin im oben genannten Verfahren. Das Verfahren ist gem. § 240 ZPO ausgesetzt. Nach Prüfung des Sachstandes soll der Anspruch auch nicht weiterverfolgt werden. Ich beantrage insoweit das Ruhen des Verfahrens gem. § 251 ZPO und bitte um Prüfung, ob sich eine Gerichtskostenerstattung ergibt. Sollte dies der Fall sein, bitte ich um Auszahlung des Guthabens auf das für das Verfahren eingerichtete Treuhandkonto bei der

Bank:...

IBAN: ...

BIC: ...

Kontoinhaber: ... als IV wg. ... (Verfahrensbezeichnung)

Verwendungszweck:

GK-Erstattung ... (Name des Schuldners)./. .... (Name des Gegners)

Mit freundlichen Grüßen

....

Insolvenzverwalter/in

▶ Hinweis:

Keine Verjährung des Erstattungsanspruches gem. § 204 Abs. 2 Satz 2 BGB 6-Monate nach Unterbrechung (s. OLG Karlsruhe, Beschl. v. 25.09.2012 – 11 W 34/10, WKRS 2012, 24293, InsbürO 2013, 245; bestätigt durch: OLG Köln, Beschl. v. 27.01.2014 – 17 W 188/13 in WKRS 2014, 16051)

Muster 383: Subventionsgeber – Abfrage wg. InsO-Verfahren

▶ Literaturtipp:

555 Schweda, Umgang mit Subventionen, **InsbürO 2012, 190 ff.**: nachfolgendes Muster ist aus diesem Beitrag

Adressat: Finanzamt – Investitionszulagenstelle – (oder auch KfW)

Insolvenzverfahren über das Vermögen der Firma ... mit dem Sitz in ...
Amtsgerichts ...: ... IN .../...
Steuer-Nr. vor Eröffnung des Insolvenzverfahrens: ...

Sehr geehrte Damen und Herren,

in vorbezeichneter Angelegenheit wurde über das Vermögen der vorgenannten Firma durch Beschluss des Amtsgerichts ... vom ... das Insolvenzverfahren eröffnet und ich *zum/zur Insolvenzverwalter/in* bestellt.

Nach § 159 InsO gehört die Verwertung der Insolvenzmasse zu den Pflichten des Insolvenzverwalters. Darunter könnten sich auch Gegenstände befinden, für die ggf. eine Investitionszulage gewährt wurde. Durch die Insolvenzschuldnerin wurden möglicherweise keine erschöpfenden Auskünfte bzgl. zulagenbegünstigter Wirtschaftsgüter erteilt. Zur Vervollständigung der schuldnerischen Unterlagen bitte ich Sie daher, mir eventuelle Subventionsvorgänge zur Kenntnis zu bringen.

Unabhängig davon, ob die künftige Verwertung der Insolvenzmasse zu einer zulagenschädlichen Verwendung führt, besteht für den Subventionsgeber grundsätzlich bereits vor Ablauf der Bindungsfristen die Möglichkeit, am Insolvenzverfahren teilzunehmen.

Mit freundlichen Grüßen

....

Insolvenzverwalter/in

Muster 384: Verwertungsliste in Kleinverfahren

556 **Übersicht über Verwertung als Anlage zum Bericht**
im Insolvenzverfahren über das Vermögen *des Herrn ..../der Frau ....*
Amtsgericht ...: ... IN/IK .../...
Stichtag: ...

▶ Hinweis:

Aussage »nicht vorhanden« als Prüfungsnachweis stehen lassen. Die Überprüfung von Standard-Vermögenswerten wird damit verdeutlicht.

Die Sortierung erfolgt alphabetisch. Insoweit wird von der üblichen Sortierung nach der Flüssigkeit (s. Checkliste Verzeichnis der Massegegenstände) abgewichen. In Kleinverfahren mit nur wenigen Vermögenswerten erscheint diese Handhabung praktikabler.

(Die Übersicht ist alphabetisch sortiert.) (Bitte stets beispielhafte Angaben prüfen: Zeilen und Angaben ggf. löschen oder ergänzen.)

Vermögenswert	Nähere Angaben	Recht Dritter	Wert in EUR	für die Masse in EUR (brutto)	Sachkonto	Realisierungs- oder Prüfungsergebnis
Anfechtungsrechte: *(Bitte prüfen: Verzug eingetreten? Zinsen zu realisieren?*	./.	./.	./.	./.	./.	*nicht vorhanden*
Anfechtungsrechte:	*gegen … wg.*					
Bankguthaben:	*Girokonto – IBAN-Nr. … – bei der … Bank*	./.	./.	./.	./.	*P-Konto, kein unverbrauchtes Kontoguthaben*
Bankguthaben:	*Girokonto – IBAN-Nr. … – bei der … Bank*	./.	…	…	…	*P-Konto: Auszahlung unverbrauchtes Guthaben*
Bankguthaben:	*Sparbücher, Depots etc.*	./.	./.	./.	./.	*nicht vorhanden*
Bankguthaben:	*Genossenschaftsanteil an … Bank (z. B. Volksbank)*	*Aufrechnung gem. § 96 Abs. 1 InsO untersagt*				*Zahlungseingang am … erfolgt*
Bausparvertrag:	*Bausparguthaben bei der …. Bank: Kostenanteil von 9 % zugunsten der Masse*	*Abtretung zugunsten …*	….	….	….	*Zahlungseingang am … erfolgt*
Bausparvertrag:	./.	./.	./.	./.	./.	*nicht vorhanden*
Betriebs- und Geschäftsausstattung:	./.	./.	./.	./.	./.	*nicht vorhanden*
Einkommen – pfändbare Anteile	*Arbeitsverhältnis und Berechnung: siehe nähere Angaben im Bericht*	./.				*Überweisung der pfändbaren Anteile durch Arbeitgeber*
Einkommen – pfändbare Anteile	*siehe Angaben im Bericht*	./.	./.	./.	./.	*keine pfändbaren Beträge vorhanden*
Fahrzeug:	./.	./.	./.	./.	./.	*nicht vorhanden*
Fahrzeug:	*Typ …, amtliches Kennzeichen: ….: Verkauf an … Kostenanteil von 9 % für Masse*	*Sicherungsübereignung zugunsten ….*	….	….	….	*Zahlungseingang am … erfolgt*
Fahrzeug:	*Typ …, amtliches Kennzeichen: ….:*	./.	./.	./.	./.	*Unpfändbarkeit gem. § 811 Abs. 1 Nr. 5 ZPO*
Forderungen gegen Dritte:	./.	./.	./.	./.	./.	*nicht vorhanden*
Forderung gegen Dritte (hier: Arbeitgeber)	*Abfindungsanspruch gem. vertraglicher Regelung vom …*	./.				*Zahlungseingang am … erfolgt*

Vermögenswert	Nähere Angaben	Recht Dritter	Wert in EUR	für die Masse in EUR (brutto)	Sachkonto	Realisierungs- oder Prüfungsergebnis
Genossenschaftsanteil:	*Anteile an Wohnungsbaugenossenschaft im Rahmen des Mietvertrages über private Wohnung*	./.	./.	./.	./.	*Kündigung ist gem. § 67c GenG ausgeschlossen.*
Hausrat – pfändbarer:	./.	./.	./.	./.	./.	*nicht vorhanden*
Hausrat – pfändbarer:	*Laptop* *Smartphone* *TV-Gerät* *Thermomix* …	./.				*Zahlungseingang am … erfolgt*
Immobilienbestand:	*Grundbuch von … Blatt …:*	*Grundschuld zugunsten* ….	./.	./.	./.	*Zwangsversteigerung*
Immobilienbestand:	*Grundbuch von … Blatt …:* *Verkauf an ….,* *Anteil von … % für die Insolvenzmasse*	*Grundschuld zugunsten* ….	…. *EUR*	…. *EUR*	….	*Zahlungseingang am … erfolgt*
Immobilienbestand:	./.	./.	./.	./.	./.	*nicht vorhanden*
Rückschlagsperre:	./.	./.	./.	./.	./.	*Sachverhalt nicht gegeben*
Rückschlagsperre:	*gegen … wg. …*					
Sonstiges Vermögen:						
Versicherungsverträge mit Rückkaufswerten:	*bei …. (Anzahl) Versicherungsgesellschaften: Kostenanteil von 9 % für Insolvenzmasse*	*Abtretung zugunsten* ….	….	….	….	*Zahlungseingang am … erfolgt*
Versicherungsverträge mit Rückkaufswerten:	./.	./.	./.	./.	./.	*nicht vorhanden*
Steuererstattungsansprüche:	*Einkommenssteuerguthaben für die Kalenderjahre ….*	./.				*Zahlungseingang am … erfolgt*
Steuererstattungsansprüche:	./.	./.	./.	./.	./.	*Wegen fehlendem Verdienst keine Abgabe von Einkommensteuererklärungen möglich*
Gesamtsummen:						

▶ **Achtung Steuererklärungen:**

Überblick über mögliche Steuererstattungsansprüche verschaffen, ggf. Aktenvermerk für die Akte!

Letzter Einkommenssteuerbescheid	… (*Kalenderjahr)*
Steuerguthaben:	… EUR
vereinnahmt auf Treuhandkonto:	am ….
Abgabe ausstehender Einkommenssteuererklärung:	für …. (*Kalenderjahr*) am …
Grund für ausstehende Einkommenssteuererklärung:	…. *(z.B. Unterlagen vom Schuldner fehlen)*

▶ Hinweis nachfolgende Unterschrift:

Die Verwertungsliste sollte unterschrieben werden, da sie fester Bestandteil des Sachstands- oder Schlussberichtes ist.

....
Ort, Datum

....
Unterschrift

Muster 385: Verwertungsübersicht (ForStaB)

Verwertungsübersicht 557
in Form eines fortgeschriebenen standardisierten (Zwischen-)Berichtes (ForStaB)
in dem Insolvenzverfahren über das Vermögen ***der Firma.../des Herrn.../der Frau...***
Amtsgericht...:... IN.../...

▶ Hinweis:

Die **nachfolgenden Daten sind nur exemplarisch** eingesetzt und geben keinen Komplettüberblick über die regelmäßig vorhandenen Vermögensbereiche in einem Regelinsolvenzverfahren. Es sind eine Vielzahl weiterer Vermögensbereiche denkbar (z.B. Immobilienvermögen, Betriebs- und Geschäftsausstattung etc.)

Vielfach sind schon Ausdrucke aus der Insolvenzsoftware entsprechend ForStaB möglich.

S. auch nachstehende Hinweise zu den Spalten unterhalb der Übersicht.

Genaue Bezeichnung des Vermögenswerte (Gliederungspunkt lt. Verzeichnis der Massegegenstände)	Wert bei IE brutto (LW/FW)	Wertberichtigung	Wert korrigiert	DrittR bei IE	Auszahlung an DrittR	noch auszahlen an DrittR	bisher erzielter Erlös freie Masse	freie Masse vermindert um USt	noch zu erwartender Erlös freie Masse	Erledigung im Bericht vom:
Anlagevermögen										
B. II. 3 *Pkw VW Kombi, amtl. Kennzeichen:…..*	*17.850*	*0*	*17.850*	*19.500*	*13.393,50*	*0*	*4.456,50*	*1.606,50*	*0*	*15.01.2016*
B. II. 4 *Audi A3, amtl. Kennzeichen: ….*	*22.500*	*2.500*	*20.000*	*10.500*	*0*	*10.500*	*9.500*	*6.306,72*	*0*	*15.07.2017*
Umlaufvermögen										
D. I 1 *Forderungen aus Liefe-rung und Leistung vor Antrag-stellung*	*45.025*	*10.252*	*34.773*	*67.800*	*9100*	*0*	*2.800*	*900*	*22873*	
D. II 3 *Bankguthaben*	*3.824*	*0*	*3.824*	*0*	*0*	*0*	*3.824*	*0*	*0*	*15.01.2017*
Insolvenzspezi-fische Ansprüche										
E. III. 2 *Anfechtung*	*2.842*	*500*	*2.342*	*0*	*0*	*0*	*2.342*	*0*	*0*	*15.01.2014*
Gesamtsumme	…	…	…	…	…	…	…	…	…	…

▶ Urheber der Idee:

Der fortgeschriebene standardisierte (Zwischen-)Bericht (= ForStaB) ist vom **Insolvenzgericht des AG Aachen** entwickelt worden. Das AG Aachen hat freundlicherweise die Zustimmung zur Veröffentlichung dieser Übersicht erteilt. Die Autoren danken ganz herzlich für diese Erlaubnis.

Es sei darauf hingewiesen, dass die Autoren die Spalte »freie Masse vermindert um USt« und die Bezeichnungen »LW« und »FW« in der Spalte »Wert bei IE« neu hinzugefügt und die Bezeichnung der ersten Spalte geändert haben. Die nachstehenden Erläuterungen zu den einzelnen Spalten sind ebenfalls Interpretationen der Autoren zur Anwendung.

▶ Hinweis für die Datenzusammenstellung allgemein:

Datentransfer in Excel-Tabelle:

Als Grundlage für die obige Übersicht müsste man die Daten des Verzeichnisses der Massegegenstände aus der Insolvenzsoftware in eine Excel-Tabelle transferieren und dort die weiteren Spalten anhand der obigen »Verwertungsübersicht« anlegen. Diese **Übersicht** kann dann **regelmäßig** oder zum Halbjahresbericht **gefüllt bzw. aktualisiert** werden. Sie **erspart »umfangreiche Erläuterungen«** in Textform (sowohl für das Insolvenzbüro als auch für den Rechtspfleger) und gibt einen komprimierten, aber **umfassenden Überblick** über die **Verwertungstätigkeit**. Die Zielsetzung des AG Aachen mit dem ForStaB: 1. Kontrolle der vollständigen Erfassung aller Vermögensgegenstände und 2. die Verwertungskontrolle.

Kleinverfahren:

In Kleinverfahren gibt es i.d.R. nur wenige Vermögensgegenstände, so dass der Aufwand der Datenzusammenstellung mit den jeweils geforderten Informationen in den einzelnen Spalten nicht gerechtfertigt sein dürfte. Hier bietet es sich an, eine andere Übersicht auch mit anderen Inhalten zu verwenden (Nennung Sachkontenblatt). S. hierzu in das **gesonderte Muster Nr. 384 »Verwertungsliste Kleinverfahren«**.

Hinweise zu den Spalten:

▶ Genaue Bezeichnung des Vermögenswertes:

Es sollten bei der Auflistung der Vermögenswerte **dieselben Grundsätze** gelten wie bei der Erstellung des **Verzeichnisses der Massegegenstände.**

▶ Zum Forderungseinzug:

Beim Forderungseinzug wird jedoch eine gesonderte Aufstellung erforderlich werden,weil andere Daten für die Bearbeitung gebraucht werden (Einzelinformationen zu den jeweiligen Forderungen). Entweder können diese Daten der Insolvenzsoftware direkt entnommen werden oder man führt eine gesonderte Excel-Liste. Die doppelte Auflistung in Form einer Forderungsaufstellung und in der **obigen Übersicht erscheint nicht sinnvoll. Von daher dürften in der obigen Übersicht Angaben zur Gesamtsumme mit Verweis auf die gesonderte Forderungsaufstellung** ausreichend sein.

▶ Gliederungspunkte aus dem Verzeichnis der Massegegenstände:

Ein **Hinweis auf den Gliederungspunkt** (z.B. B. II 3.) ermöglicht dem Rechtspfleger einen **leichten und schnellen Vergleich** mit den Angaben im Verzeichnis der Massegegenstände. Soweit dies technisch möglich ist, könnte man hierfür sogar eine gesonderte Spalte anlegen.

▶ Wert bei IE:

Im Verzeichnis der Massegegenstände sind ggf. Liquidations- und Fortführungswerte angegeben. Zum **Zeitpunkt der ersten Berichterstattung** ist i.d.R. eine Entscheidung über die dauerhafte Betriebseinstellung oder Betriebsfortführung getroffen, so dass nun in der Spaltenbezeichnung **zwischen »LW« oder »FW« gewählt werden kann.**

Bezüglich des **beweglichen Anlagevermögens:**

Es ist zu berücksichtigen, dass **Bruttowerte** in die Spalten »Wert etc.« eingetragen werden müssen, damit die nachstehenden Spalten nachvollziehbar bleiben, denn: Die Kostenbeiträge errechnen sich vom Bruttoerlös. Spalte »Freie Masse« und »Auszahlung an DrittR« müssen den korrigierten Wert – ohne USt – ergeben.

▶ Wertberichtigung:

Es kann immer vorkommen, dass sich der **prognostizierte Wert** zum Zeitpunkt der ersten Gläubigerversammlung positiv oder **negativ bei der tatsächlichen Verwertung verändert.** Dies wäre hier anzugeben. Auch eine **Freigabe** könnte hier eingetragen werden, indem man den Wert komplett berichtigt. Zu dieser Spalte können dann im Halbjahresbericht die näheren Gründe für die Wertberichtigung erläutert werden.

- Wert korrigiert:

Hier kann der **neue Wert** angegeben werden, der sich **aufgrund einer etwaigen Wertberichtigung** ergibt. Mit diesem Wert kann man den Angaben in den weiteren Spalten besser folgen.

- Drittrecht bei IE:

Hier ist der Wert der **gesamten Forderung des Gläubigers** einzutragen. Daran wird dann deutlich, ob ein Übererlös zu erzielen war oder nicht.

- »Auszahlung an DrittR« und »noch auszuzahlen an DrittR«:

Anhand dieser Angaben wird deutlich, ob ein Anspruch des Absonderungsgläubigers noch besteht oder befriedigt wurde. So kann die **Erledigung des Absonderungsrechtes verdeutlicht werden** und auch das vorhandene Guthaben auf dem Treuhandkonto besser bewertet werden (z. B. für einen Antrag auf Festsetzung eines Vergütungsvorschusses).

- bisher erzielter Erlös freie Masse:

Durch diese Angabe wird deutlich, zu welchem **Ergebnis** die **Realisierung des Vermögenswertes** für die Insolvenzmasse geführt hat.

Beim beweglichen Anlagevermögen: bei der Angabe von Bruttobeträgen stecken in diesem jeweiligen Wert die Umsatzsteuer und die Kostenbeiträge.

- Freie Masse vermindert um USt:

Hier ist die **Umsatzsteuer, die in den Erlösen steckt,** weil diese nicht an die Absonderungsgläubiger, sondern an das FinA ausgezahlt wird, herauszurechnen, um so die tatsächliche freie Masse ermitteln zu können. Vergütungsrechtlich ist die Umsatzsteuer als Masseverbindlichkeit gem. § 1 Abs. 2 Nr. 4 InsVV nicht abzuziehen. Aber nur mit dieser Spalte lassen sich die Kostenbeiträge nachvollziehbar gestalten.

- Noch zu erwartender Erlös freie Masse:

Man kann mit dieser Angabe verdeutlichen, ob der Vorgang **abgeschlossen** oder weitere **Einnahmen zu erwarten** sind.

- Erledigt im Bericht vom:

Die Zahlen in den vorherigen Spalten sind je **nach Einzelfall** in den Sachstandsberichten **verbal** zu **ergänzen.** Diese Erläuterungen im Bericht betreffen jeweils den Berichtszeitraum, d. h. diejenigen Vermögenswerte, die bspw. in den letzten sechs Monaten verwertet wurden. Durch die Datumsangabe in dieser Spalte kann man jederzeit feststellen, **in welchem Bericht diese ergänzenden Erläuterungen zu finden** sind.

Für einen **vollständigen Überblick** müsste die Verwertungsübersicht **alle Vermögenswerte aus dem Verzeichnis der Massegegenstände** aufführen. Diese sind dann ggf. um weitere, später bekannt werdende Vermögenswerte zu ergänzen. Allein anhand dieser letzten Spalte könnte man erkennen, welche Verwertungsvorgänge noch ausstehen und damit, wie weit die Verwertungsaktivität vorangeschritten ist.

- Hinweis nachfolgende Unterschrift:

Die Verwertungsliste sollte unterschreiben werden, da sie fester Bestandteil des Sachstands- oder Schlussberichtes ist.

....
Ort, Datum

....
Unterschrift

Musterübersicht Verzeichnis der Massegegenstände

(Die Übersicht ist alphabetisch sortiert.)

Rdn.

Muster 386: Verzeichnis der Massegegenstände – Kleinverfahren 558
Muster 387: Verzeichnis der Massegegenstände – Regelinsolvenz 559

Muster 386: Verzeichnis der Massegegenstände – Kleinverfahren

Verzeichnis der Massegegenstände 558
in dem Insolvenzverfahren über das Vermögen
des Herrn.../der Frau..., wohnhaft:... (*komplette Anschrift*),
Amtsgericht...:... IN/IK.../...,
Insolvenzverwalter/in:... (Name)

▶ Hinweis:

Dieses Muster stellt nur wenige Vermögenswerte dar und dient lediglich der Veranschaulichung. Die Daten werden in eine Insolvenzsoftware eingetragen und daraus können entsprechende Ausdrucke gemacht werden.

Im Verzeichnis der Massegegenstände sind alle Vermögenswerte gem. § 151 InsO einzeln aufzuführen und genau zu bezeichnen.

Lfd. Nr.	Bezeichnung	Liquidationswert in Euro	Grund für Absonderung	Kosten-beiträge	Auszahlung an Absonderungs-gläubiger	Freie Masse in Euro
1	Grundbuch von... Blatt... *(Straße- und Ortsbezeichnung des Grundstückes)*	*56.000,00*	*Grundpfandrecht*	*./.*	*54.000,00*	*ggf. 2.000,00*
2	*Fahrzeug VW Golf,* amtliches Kennzeichen:... Fahrgestell-Nr....	*1.100,00*	*./.*	*./.*	*./.*	*1.100,00*
3	Rückkaufswert Lebensversicherung bei der... Vers. Vertrags-Nr....	*1.810,00*	*Abtretung*	*162,90*	*1.647,10*	*162,90*
4	Pfändbare Einkommensanteile: *35,00 EUR*/Monat x Laufzeit des Verfahrens: *6 x 35,00 EUR*	*210,00*	*./.*	*./.*	*./.*	*210,00*
5	*Einkommenssteuererstattung für das Jahr 20...*	*346,00*	*./.*	*./.*	*./.*	*346,00*
	Gesamtsumme	***59.466,00***		***162,90***	***55.647,10***	***3.818,90***

▶ Hinweise:

Fortführungswerte **scheiden aus, da diese** nur bei Betriebsfortführungen **von Bedeutung sind.**

In vielen Fällen können **ggf. nur Nullwerte** eingetragen werden. Die Aufführung der oben genannten Bezeichnungen (Grundstück, Fahrzeuge, Versicherungen etc.) würde in dem Fall aber verdeutlichen, dass der Insolvenzverwalter diese Positionen überprüft hat. Ggf. ist auch ein Antrag auf Verzicht der Erstellung des Masseverzeichnisses gem. § 151 Abs. 3 InsO möglich.

Muster 387: Verzeichnis der Massegegenstände – Regelinsolvenz

559 **Verzeichnis der Massegegenstände nach § 151 InsO**

in dem Insolvenzverfahren über das Vermögen

der Firma.../des Herrn.../der Frau... (komplette Firmierung bzw. Name und Anschrift),

Amtsgericht...:... IN.../..., Insolvenzverwalter/in:...

▶ Hinweis:

Dieses Muster dient **lediglich der Veranschaulichung**. Die Daten werden in eine Insolvenzsoftware eingetragen und daraus können entsprechende Ausdrucke gemacht werden.

▶ Inhaltliche Hinweise:

In diesem Verzeichnis sollte **jeder Vermögenswert** (Gegenstände sowie auch Forderungen etc.) einzeln bzw. nach Gruppen sortiert (z. B. 100 Schrauben mit Durchmesser 0,5 cm oder drei Schreibtische etc.) mit **genauer Bezeichnung, seinem Wert** und einem **möglichen Recht Dritter** aufgeführt werden.

Zur Prüfung der Spalten:

Bei Absonderungsrecht in Höhe des Wertes des Gegenstandes:

Die Addition der Werte der Spalten 6 und 8 müssen den Wert der Spalte 3 ergeben.

Der Wert der Spalte 10 ist der Kostenbeitrag aus Spalte 6.

Die Addition der Werte der Spalten 7 und 9 müssen den Wert der Spalte 4 ergeben.

Der Wert der Spalte 11 ist der Kostenbeitrag aus Spalte 7.

Ein **Absonderungsrecht** kann **maximal** nur in **Höhe des Vermögenswertes** bestehen. Darüber hinausgehende Forderungen sind als **Ausfall** zur **Insolvenztabelle** festzustellen. Sollte die Forderung des Absonderungsberechtigten unter dem Wert liegen und sich ein Mehrerlös ergeben, wäre dieser in den **Spalten 10 und 11** darzustellen, so dass weiterhin gilt: Addition der Werte Spalten freie Masse und Absonderungsrecht ergeben den Kaufpreis/Vermögenswert.

1. Lfd. Nr.	2. Bezeichnung	3. Liquidationswert in € brutto	4. Fortführungswert in € brutto	5. Fremdrecht Grund	6. Kostenbeitrag Liq. in €	7. Kostenbeitrag Fortfg. in €	8. Absonderung Liq. in €	9. Absonderung Fortfg. in €	10. Freie Masse Liq. in €	11. Freie Masse Fortfg. in €
	<u>Anlagevermögen</u> siehe Ziff. I. – III.	Summe I. – III.	Summe I. – III.		Summe I. – III.	Summe I. – III.	Summe I. – III.	Summe I. – III.	Summe I. – III.	Summe I. – III.
	I. Immaterielles Vermögen	*0,00*	*0,00*	*./.*	*./.*	*./.*	*../*	*./.*	*0,00*	*0,00*
	Konzession/Firmenwert	*0,00*	*0,00*	*./.*	*./.*	*./.*	*./.*	*./.*	*0,00*	*0,00*
	II. Sachanlagen	Summe A. u. B.	Summe A. u. B.		Summe A. u. B.	Summe A. u. B.	Summe A. u. B.	Summe A. u. B.	Summe A. u. B.	Summe A. u. B.
	A. Unbewegliches Anlagevermögen	*29.000,00* (*Summe aller Grundstückswerte*)	*29.000,00* (*Summe aller Grundstückswerte*)		*1.450,00* (*Summe aller etwaigen Kosten-Beiträge*)	*1.450,00* (*Summe aller etwaigen Kosten-Beiträge*)	*27.550,00* (*Summe aller Auszahlungen an Absonderungsgläubiger*)	*27.550,00* (*Summe aller Auszahlungen an Absonderungsgläubiger*	*1.450,00* (*Summe aller Massebeträge aus Grundstücken*)	*1.450,00* (*Summe aller Massebeträge aus Grundstücken*)
1	*Grundbuch von… Blatt…*	*29.000,00*	*29.000,00*	*Grundpfandrecht*	*1.450,00 Hinweis: Höhe gesetzlich nicht geregelt, daher Vereinbarung mit Grundpfandrechtsgläubiger i. d. R. 5 – 10 % vom Kaufpreis*	*1.450,00 Hinweis: dto.*	*27.550,00 Hinweis: Aktueller Valutastand Grundpfandrechte; bei Grundpfandrechtsgläubiger erfragen abzüglich Kostenbeitrag Spalte 8 beschränkt auf Höchstwert Vermögensgegenstand*	*27.550,00 Hinweis: Aktueller Valutastand Grundpfandrechte; bei Grundpfandrechtsgläubiger erfragen abzüglich Kostenbeitrag Spalte 9 beschränkt auf Höchstwert Vermögensgegenstand*	*1.450,00 (Betrag aus Spalte 6 + ggf. Mehrerlös*	*1.450,00 (Betrag aus Spalte 7 + ggf. Mehrerlös)*
2	*Grundbuch von … Blatt …*	*0,00*	*0,00*	*Grundpfandrecht*	*0,00 (Freigabe)*	*0,00 (Freigabe)*	*0,00*	*0,00*	*0,00*	*0,00*
	B. Bewegliches Anlagevermögen	*18.468,80* (*Summe aus den folgenden Unterpunkten zu B.*)	*22.758,75 dto.*		*543,00 dto.*	*705,25 dto.*	*4.527,00 dto.*	*5.879,75 dto.*	*14.102,45 dto.*	*16.879,00 dto.*
	Technische Anlagen und Maschinen:	*6.961,50*	*9.151,10*		*535,50*	*696,15*	*4.464,50*	*5.803,85*	*2.657,65*	*3.347,25*

1. Lfd. Nr.	2. Bezeichnung	3. Liquidationswert in € brutto	4. Fortführungswert in € brutto	5. Fremdrecht Grund	6. Kostenbeitrag Liq. in €	7. Kostenbeitrag Fortfg. in €	8. Absonderung Liq. in €	9. Absonderung Fortfg. in €	10. Freie Masse Liq. in €	11. Freie Masse Fortfg. in €
2	*Trockensilo*	*1.011,50*	*1.416,10*	./.	./.	./.	./.	./.	*1.011,50* *Hinweis:* *voller* *KP aus Spalte 4*	*1.416,10* *Hinweis:* *voller* *KP aus Spalte 5*
3	*Schneidemaschine*	*5.950,00*	*7.735,00*	*Sicherungsübereignung*	*535,50* *Hinweis:* *9 % vom Bruttopreis* *Spalte 2,* *§ 171 InsO*	*696,15* *Hinweis:* *9 % vom* *Bruttopreis* *Spalte 3,* *§ 171 InsO*	*4.464,50* *Hinweis:* *KP Spalte 3* *abzgl. Umsatzsteuer u.* *Kostenbeitrag*	*5.803,85* *Hinweis:* *KP Spalte 4* *abzgl. Umsatzsteuer u.* *Kostenbeitrag*	*1.485,50* *Hinweis:* *Kosten-Beitrag* *Spalte 6* *u. Umsatzsteuer*	*1.931,15* *Hinweis:* *Kosten-Beitrag* *Spalte 7* *u. Umsatzsteuer*
4	**Betriebs- und Geschäftsausstattung** *Stahlschrank*	***83,30*** *83,30*	***101,15*** *101,15*	*Sicherungsübereignung*	*7,50* *7,50* *Hinweis:* *s.o.*	*9,10* *9,10* *Hinweis:* *s.o.*	***62,50*** *62,50* *Hinweis:* *s.o.*	***75,90*** *75,90* *Hinweis:* *s.o.*	***20,80*** *20,80*	***25,25*** *25,25*
5	**Fahrzeuge** *VW Golf,* amtliches Kennzeichen:... Fahrgestell-Nr....	***11.424,00*** *11.424,00*	***13.506,50*** *13.506,50*	./. ./.	./. ./.	./. ./.	./. ./.	./. ./.	***11.424,00*** *11.424,00*	***13.506,50*** *13.506,50*
	III. Finanzanlagen	***0,00***	***0,00***	./.	./.	./.	./.	./.	./.	./.
	Beteiligungen an anderen Unternehmen/ Wertpapiere	*0,00*	*0,00*	./.	./.	./.	./.	./.	*0,00*	*0,00*
	<u>Umlaufvermögen</u> Siehe Ziff. I. – IV.	**Summe I. – IV.**	**Summe I. – IV.**		**Summe I. – IV.**	**Summe I. – IV.**	**Summe I. – IV.**	**Summe I. – IV.**	**Summe I. – IV.**	**Summe I. – IV.**
	I. Vorräte (Roh-, Hilfs- u. Betriebsstoffe)	*0,00*	*0,00*	./.	./.	./.	./.	./.	*0,00*	*0,00*
	II. Forderungen	**Summe a) – c)**	**Summe a) – c)**		**Summe a) – c)**	**Summe a) – c)**	**Summe a) – c)**	**Summe a) – c)**	**Summe a) – c)**	**Summe a) – c)**
	a) Forderungen aus Lieferung und Leistungen vor Antragstellung	**1.700** Summe ohne Forderung aus Aufrechnung	**1.700,00** Summe ohne Forderung aus Aufrechnung		**153,00** *hier: 9 %, ggf. auch mehr durch Vereinbarung*	**153,00** *hier: 9 %, ggf. auch mehr durch Vereinbarung*	1.275,57	1.275,57	**424,43** *Kostenbeitrag + Umsatzsteuer*	**424,43** *Kostenbeitrag + Umsatzsteuer*

1. Lfd. Nr.	2. Bezeichnung	3. Liquidationswert in € brutto	4. Fortführungswert in € brutto	5. Fremdrecht Grund	6. Kostenbeitrag Liq. in €	7. Kostenbeitrag Fortfg. in €	8. Absonderung Liq. in €	9. Absonderung Fortfg. in €	10. Freie Masse Liq. in €	11. Freie Masse Fortfg. in €
6	*Fritz Müller,…*	*1.936,00*	*1.936,00*	*Aufrechnung*	*0,00*	*0,00*	*0,00*	*0,00*	*0,00 Hinweis: Wegen der Verrechnung ist die freie Masse 0,00*	*0,00 Hinweis: dto.*
7	*Alfons Kollo,…*	*1.350,00*	*1.350,00*	*Globalzession*	*121,50*	*121,50*	*1.012,95*	*1.012,95*	*337,05 Kostenbeitrag + Umsatzsteuer*	*337,05 Kostenbeitrag + Umsatzsteuer*
8	*Josephine Mayer, …*	*350,00*	*350,00*	*Globalzession*	*31,50*	*31,50*	*262,62 (Hinweis: Wert aus Spalte 3 abzgl. Kostenbeitrag Spalte 8 + Umsatzsteuer)*	*262,62 (Hinweis: Wert aus Spalte 4 abzgl. Kostenbeitrag Spalte 9 + Umsatzsteuer)*	*87,38 Kostenbeitrag + Umsatzsteuer*	*87,38 Kostenbeitrag + Umsatzsteuer*
	b) Forderungen aus Lieferung und Leistung nach Antragstellung	***0,00***	***0,00***	*./. Hinweis: Sollten solche vorhanden sein, unterfallen sie i.d.R. nicht mehr einer Globalzession*	*./.*	*./.*	*./.*	*./.*	***0,00***	***0,00***
	c) Forderungen gg. verbundene Unternehmen *(Firmen, die durch Beteiligungen im Zusammenhang mit schuldnerischem Unternehmen stehen)*	*0,00*	*0,00*	*./. Hinweis: Solche Forderungen sind ggf. von einer Globalzession nicht umfasst!*	*./.*	*./.*	*./.*	*./.*	*0,00*	*0,00*
	III. Wertpapiere (kurzfristige Anlage) *(ggf. näher bezeichnen: Bank etc.)*	*Auskunft der Bank*	*Auskunft der Bank*	…	*ggf. 9 % gem. § 171 InsO*	*ggf. 9 % gem. § 171 InsO*	…	…	*Bei Recht Dritter: Kostenbeitrag aus Spalte 6 oder voller Wert*	*Bei Recht Dritter: Kostenbeitrag aus Spalte 7 oder voller Wert*
	IV. Flüssige Mittel	Summe a) und b)	Summe a) und b)		Summe a) und b)	Summe a) und b)	Summe a) und b)	Summe a) und b)	Summe a) und b)	Summe a) und b)

1. Lfd. Nr.	2. Bezeichnung	3. Liquidationswert in € brutto	4. Fortführungswert in € brutto	5. Fremdrecht Grund	6. Kostenbeitrag Liq. in €	7. Kostenbeitrag Fortfg. in €	8. Absonderung Liq. in €	9. Absonderung Fortfg. in €	10. Freie Masse Liq. in €	11. Freie Masse Fortfg. in €
	a) Guthaben bei Kreditinstituten	*14.018,10*	*14.018,10*	./.	./.	./.	./.	./.	*14.018,10*	*14.018,10*
9	*Volksbank…*	*3.596,00*	*3.596,00*	./.	./.	./.	./.	./.	*3.596,00*	*3.596,00*
10	*Treuhandkonto*	*10.422,10*	*10.422,10*	./.	../.	./.	./.	./.	*10.422,10*	*10.422,10*
	b) Kassenbestand	*44,50*	*44,50*	./.	./.	./.	./.	./.	*44,50*	*44,50*
	<u>Sonstige Vermögenswerte / Ansprüche</u>	Summe a) – e)	Summe a) – e)		Summe a) – e)	Summe a) – e)	Summe a) – e)	Summe a) – e)	Summe a) – e)	Summe a) – e)
11	*a) Haftungsanspruch gg. Gesellschafter … (Hinweis: jede Forderung einzeln aufführen)*	*1,00*	*1,00*	./.	./.	./.	./.	./.	*1,00*	*1,00*
12	*b) Rückkaufswert Lebensversicherung bei der…. Vers. (Hinweis: jeweils einzeln aufführen)*	*2.580,00*	*2.580,00*	*Abtretung*	*232,20*	*232,20*	*2.347,80*	*2.347,80*	*232,20*	*232,20*
	c) Anfechtungsanspruch gg. … (Hinweis: namentlich einzeln bezeichnen)	*0,00*	*0,00*	./.	./.	./.	./.	./.	*0,00*	*0,00*
	d) Pfändbarer Einkommensanteil (bei Privatinsolvenz; gerechnet ggf. Anteil von 6 – 12 Monaten) *e) Steuererstattung für die Jahre…*	… *1,00*	… *1,00*	… *Aufrechnung*	… …	… …	… …	… …	… …	… …
	Gesamtsummen	***Summe der einzelnen Zwischensummen***	***Summe der einzelnen Zwischensummen***	./.	***Summe der einzelnen Zwischensummen***	***Summe der einzelnen Zwischensummen***	***Summe der einzelnen Zwischensummen***	***Summe der einzelnen Zwischensummen***	***Summe der einzelnen Zwischensummen***	***Summe der einzelnen Zwischensummen***

Musterübersicht Vollstreckungsmaßnahmen

(Die Übersicht ist alphabetisch sortiert.)

		Rdn.
Muster 388:	Kontopfändung auf P-Konto – allgemein – Verstrickung – Aufhebung	560
Muster 389:	Kontopfändung auf P-Konto – FinA – Verstrickung – Aufhebung	561
Muster 390:	Kontopfändung auf P-Konto – Soz.vers.träger – Verstrickung – Aufhebung	562
Muster 391:	Rückschlagsperre – Info an Gläubiger	563
Muster 392:	Rückschlagsperre – Konto – Info an Bank	564
Muster 201 – 204:	Rückschlagsperre Sicherungshypothek (*s. Muster Immobilienvermögen*)	373-376
Muster 393:	Vollstreckungsanfrage beim GVZ	565
Muster 394:	Vollstreckungsanfrage beim Hauptzollamt	566
Muster 395:	Vollstreckungsanfrage – Infoblatt	567
Muster 396:	Vollstreckungsverbot – Hinweis an Insolvenzgläubiger	568
Muster 273:	Vollstreckungsverbot MUZ – Hinweis an Massegläubiger (*s. Muster Masseunzulänglichkeit*)	445

Muster 388: Kontopfändung auf P-Konto – allgemein – Verstrickung – Aufhebung

▶ **Zur Beseitigung der Verstrickung:**

BGH, Urt. v. 21.09.2017 – IX ZR 40/17 in ZInsO 2017, 2267 – Rn. 14: 560

Die Verstrickung wird auch beseitigt, sofern das Vollstreckungsorgan die Vollziehung des Pfändungs- und Überweisungsbeschlusses bis zur Aufhebung des Insolvenzverfahrens aussetzt, ohne die Pfändung insgesamt aufzuheben (vgl. BGH v.19.05.2011 – IX ZB 284/09 Rn. 11).

Die Praxis setzt die BGH-Entscheidung unterschiedlich um: Manche Gerichte heben die Pfändung mit der Folge eines Rangverlustes für den Gläubiger auf, andere erklären nur die Ruhendstellung. Siehe wegen näherer Erläuterungen und Verweise auf ergangene weitere Rechtsprechung in die Checkliste P-Konto Nr. 25. Nachstehend wird die »mildere« Vorgehensweise vorgeschlagen.

▶ **Hinweis zur Zuständigkeit:**

Für die nachfolgende **Erinnerung** ist das **Vollstreckungsgericht** zuständig, das die Maßnahme erlassen hat (§§ 764 Abs. 2, 766 Abs. 1 Satz 1 ZPO). Es ist zur Abhilfe befugt (§ 766 Abs. 1 Satz 2 ZPO). Nur wenn keine Abhilfe durch den Rechtspfleger dort erfolgt, legt der Rechtspfleger die Akte dem Richter vor (§ 11 Abs. 2 Satz 6 RPflG). Dies wird dann der Richter beim Insolvenzgericht sein (§ 89 Abs. 3 InsO).

▶ **Hinweis zu unterschiedlichen Rechtsansichten:**

*Es gibt bei den **Instanzgerichten** unterschiedliche Ansichten zur Umsetzung der BGH-Entscheidung, bspw.:*

***Aufhebung der Pfändung** = keine gesetzliche Grundlage für Aussetzung = Rangverlust Gläubiger:*
AG Essen v. 01.08.2018 – 163 IK 206/15 in InsbürO 2018, 397, ZInsO 2018, 1877

*Nur **Aussetzung der Vollziehung** = Verhältnismäßigkeit = kein Rangverlust Gläubiger:*
AG Dresden v. 31.05.2018 – 545 IK 1176/17, InsbürO 2018, 323, ZInsO 2018, 1581

Nachfolgend wird als mildere Maßnahme die Aussetzung beantragt.

Adressat: Vollstreckungsgericht

Insolvenzverfahren über das Vermögen des Herrn … /der Frau …
Amtsgericht …: … IN …/…
Erinnerung gegen Zwangsvollstreckungsmaßnahme
AZ: … *(auf dem Pfüb ersichtlich)*

Sehr geehrte Damen und Herren,

in obiger Angelegenheit lege ich

Erinnerung gem. § 766 ZPO

gegen eine Vollstreckungsmaßnahme des Gläubigers ... unter dem oben angegebenen Aktenzeichen ein.

Zur Begründung führe ich folgendes aus:

Der Gläubiger ... hat am ... einen Pfändungs- und Überweisungsbeschluss beantragt, der am ... vom Amtsgericht ... erlassen und am ... dem Drittschuldner zugestellt wurde. Damit wurde das laufende Girokonto *des Schuldners/der Schuldnerin* mit der IBAN ... bei der ... Bank gepfändet, das als Pfändungsschutzkonto gem. § 850k ZPO geführt wird.

Am ... wurde das Insolvenzverfahren über das Vermögen *des/der* im Betreff genannten *Schuldners/Schuldnerin* eröffnet. Nach der BGH-Rechtsprechung (Urt. v. 21.09.2017 – IX ZR 40/17 in ZInsO 2017, 2267) ändert diese insolvenzrechtliche Folge nichts an der öffentlich-rechtlichen Verstrickung der Vermögenswerte (§ 829 Abs. 1 Satz 1 ZPO). Diese könne durch Erinnerung geltend gemacht und sodann durch das Vollstreckungsgericht beendet werden.

Insoweit wird beantragt,

> die Pfändungsmaßnahme aus dem Pfändungs- und Überweisungsbeschluss vom ... (AZ: ...) für ruhend zu erklären und damit die Verstrickung gem. § 829 Abs. 1 Satz 1 ZPO aufzuheben.

Insoweit wird auf Rn. 14 der BGH-Entscheidung vom 21.09.2017 (IX ZR 40/17 in ZInsO 2017, 2267) verwiesen.

Der Antrag ist begründet, denn der Pfändungsgläubiger hat aufgrund der Regelungen in §§ 88, 89 InsO keinen Anspruch auf Befriedigung aus dem Pfändungs- und Überweisungsbeschluss nach Insolvenzeröffnung. Etwaige pfändbare Beträge stehen der Insolvenzmasse zu. Dem Auszahlungsbegehren *des Insolvenzverwalters/der Insolvenzverwalterin* hält der Drittschuldner aber momentan die öffentlich-rechtliche Verstrickung entgegen, so dass die angefallenen pfändbaren Beträge beim Drittschuldner bleiben.

Dem Schuldner/der Schuldnerin stehen diese Beträge auch nicht zu. Es ist daher die Ruhendstellung der Pfändungsmaßnahme erforderlich, damit der Drittschuldner befugt ist, die Auszahlung von pfändbaren Beträgen an *den Insolvenzverwalter/die Insolvenzverwalterin* vorzunehmen.

Es sind auch pfändbare Beträge vorhanden. Insoweit wird **anliegend** einer Fotokopie meines Schreibens vom ... an den Drittschuldner sowie dessen Antwortschreiben vom ... überreicht.

Vollstreckungsverbot gem. § 89 InsO:

Vorliegend ist die Unzulässigkeit der Vollstreckungsmaßnahme gem. § 89 InsO gegeben.

Rückschlagsperre gem. § 88 InsO:

Vorliegend ist die Unzulässigkeit der Vollstreckungsmaßnahme gem. § 88 InsO gegeben. Der Pfändungs- und Überweisungsbeschluss wurde dem Drittschuldner innerhalb eines Monats vor dem Insolvenzantrag zugestellt. Das Datum des Insolvenzantrages ergibt sich aus dem Eröffnungsbeschluss, der in Fotokopie in der weiteren **Anlage** ebenfalls überreicht wird. Der Insolvenzantrag wurde am ... gestellt.

Ich bitte, dem Antrag stattzugeben. Nach §§ 764 Abs. 2, 766 Abs. 1 Sätze 1, 2 ZPO ist der Rechtspfleger am Vollstreckungsgericht befugt, der Erinnerung abzuhelfen. Daher ist das Vollstreckungsgericht zunächst zuständig für diesen Antrag. Sollte der Erinnerung nicht stattgegeben werden und die Akte dem Richter gem. § 11 Abs. 2 Satz 6 RPflG vorgelegt werden, bitte ich gem. § 89 Abs. 3 InsO um Vorlage an den zuständigen Richter beim Insolvenzgericht.

Für die Zustellung eines etwaigen gerichtlichen Beschlusses teile ich die Adressdaten des Gläubigers und des Drittschuldners wie folgt mit:

Name und Anschrift Gläubiger:

...

Name und Anschrift Drittschuldner:

...

Mit freundlichen Grüßen

....

Insolvenzverwalter/in

Anlagen:
Eröffnungsbeschluss
Schriftverkehr mit Bank

Muster 389: Kontopfändung auf P-Konto – FinA – Verstrickung – Aufhebung

▶ Zur Beseitigung der Verstrickung:

BGH, Urt. v. 21.09.2017 – IX ZR 40/17 in ZInsO 2017, 2267 – Rn. 14: 561

Die Verstrickung wird auch beseitigt, sofern das Vollstreckungsorgan die Vollziehung des Pfändungs- und Überweisungsbeschlusses bis zur Aufhebung des Insolvenzverfahrens aussetzt, ohne die Pfändung insgesamt aufzuheben (vgl. BGH v.19.05.2011 – IX ZB 284/09 Rn. 11).

Die Praxis setzt die BGH-Entscheidung unterschiedlich um: Manche Gerichte heben die Pfändung mit der Folge eines Rangverlustes für den Gläubiger auf, andere erklären nur die Ruhendstellung. Siehe wegen näherer Erläuterungen und Verweise auf ergangene weitere Rechtsprechung in die Checkliste P-Konto Nr. 25. Nachstehend wird die »mildere« Vorgehensweise vorgeschlagen.

▶ Hinweis: zur Zuständigkeit

Die Vollstreckung durch die Finanzverwaltung ist in § 4 VwVG (= Verwaltungsvollstreckungsgesetz) und § 249 Abs. 1 AO geregelt. Vollstreckungsschutz gegen die Maßnahmen dieser Behörden kann gemäß § 347 Abs. 1 Nr. 2 AO durch **Erhebung eines Einspruches** erfolgen. Zuständig ist die **Behörde, die den Verwaltungsakt erlassen hat** (§ 357 Abs. 2 AO).

▶ Hinweis zu unterschiedlichen Rechtsansichten:

Es gibt bei den **Instanzgerichten** unterschiedliche Ansichten zur Umsetzung der BGH-Entscheidung, bspw.:

Aufhebung der Pfändung = keine gesetzliche Grundlage für Aussetzung = Rangverlust Gläubiger:
AG Essen v. 01.08.2018 – 163 IK 206/15 in InsbürO 2018, 397, ZInsO 2018, 1877

Nur **Aussetzung der Vollziehung** = Verhältnismäßigkeit = kein Rangverlust Gläubiger:
AG Dresden v. 31.05.2018 – 545 IK 1176/17, InsbürO 2018, 323, ZInsO 2018, 1581

Nachfolgend wird als mildere Maßnahme die Aussetzung beantragt.

Adressat: Verwaltungsbehörde

Insolvenzverfahren über das Vermögen des Herrn … /der Frau …
Amtsgericht …: … IN …/…
Einspruch gegen Verwaltungsmaßnahme
AZ: … *(auf der Pfändungsverfügung ersichtlich)*

Sehr geehrte Damen und Herren,

in obiger Angelegenheit lege ich

Einspruch gem. § 347 AO

gegen eine Vollstreckungsmaßnahme vom … unter dem oben angegebenen Aktenzeichen ein.

Zur Begründung führe ich folgendes aus:

Von der dortigen Behörde wurde am … eine Pfändungs- und Einziehungsverfügung gem. §§ 309, 314 AO erlassen und am … dem Drittschuldner zugestellt. Damit wurde das laufende Girokonto *des Schuldners/der Schuldnerin* mit der IBAN … bei der … Bank gepfändet, das als Pfändungsschutzkonto gem. § 850k ZPO geführt wird.

Am … wurde das Insolvenzverfahren über das Vermögen *des/der* im Betreff genannten *Schuldners/Schuldnerin* eröffnet. Nach der BGH-Rechtsprechung (Urt. v. 21.09.2017 – IX ZR 40/17 in ZInsO 2017, 2267) ändert diese insolvenzrechtliche Folge nichts an der öffentlich-rechtlichen Verstrickung der Vermögenswerte (§ 829 Abs. 1 Satz 1 ZPO). Diese könne durch Erinnerung geltend gemacht und sodann durch das Vollstreckungsgericht beendet werden.

Dem BGH lag insoweit ein Fall vor, in dem ein Pfändungs- und Überweisungsbeschluss durch ein Vollstreckungsgericht erlassen wurde. Die Aussagen des BGH sind aber analog auch auf Vollstreckungsbehörden und insoweit erlassene Pfändungsverfügungen anwendbar.

Insoweit wird beantragt,

> die Pfändungsmaßnahme aus der Pfändungs- und Einziehungsverfügung vom … (AZ: …) für ruhend zu erklären und damit die Verstrickung gem. § 282 AO aufzuheben.

Insoweit wird auf Rn. 14 der BGH-Entscheidung vom 21.09.2017 (IX ZR 40/17 in ZInsO 2017, 2267) verwiesen.

Der Antrag ist begründet, denn der Pfändungsgläubiger hat aufgrund der Regelungen in §§ 88, 89 InsO keinen Anspruch auf Befriedigung aus der Pfändungs- und Einziehungsverfügung nach Insolvenzeröffnung. Etwaige pfändbare Beträge stehen der Insolvenzmasse zu. Dem Auszahlungsbegehren *des Insolvenzverwalters/der Insolvenzverwalterin* hält der Drittschuldner aber momentan die öffentlich-rechtliche Verstrickung entgegen, so dass die angefallenen pfändbaren Beträge beim Drittschuldner bleiben.

Dem Schuldner/der Schuldnerin stehen diese Beträge auch nicht zu. Es ist daher die Ruhendstellung der Pfändungsmaßnahme erforderlich, damit der Drittschuldner befugt ist, die Auszahlung von pfändbaren Beträgen an *den Insolvenzverwalter/die Insolvenzverwalterin* vorzunehmen.

Es sind auch pfändbare Beträge vorhanden. Insoweit wird **anliegend** eine Fotokopie meines Schreibens vom ... an den Drittschuldner sowie dessen Antwortschreiben vom ... überreicht.

Vollstreckungsverbot gem. § 89 InsO:

Vorliegend ist die Unzulässigkeit der Vollstreckungsmaßnahme gem. § 89 InsO gegeben.

Rückschlagsperre gem. § 88 InsO:

Vorliegend ist die Unzulässigkeit der Vollstreckungsmaßnahme gem. § 88 InsO gegeben. Die Pfändungs- und Einziehungsverfügung wurde dem Drittschuldner innerhalb eines Monats vor dem Insolvenzantrag zugestellt. Das Datum des Insolvenzantrages ergibt sich aus dem Eröffnungsbeschluss, der ebenfalls in Fotokopie in der weiteren **Anlage** überreicht wird. Der Insolvenzantrag wurde am ... gestellt.

Ich bitte, dem Antrag stattzugeben.

Für die Zustellung eines etwaigen Aufhebungsbescheides teile ich die Adressdaten des Gläubigers und des Drittschuldners wie folgt mit:

Name und Anschrift Gläubiger:

...

Name und Anschrift Drittschuldner:

...

Mit freundlichen Grüßen

....
Insolvenzverwalter/in

Anlagen:
Eröffnungsbeschluss
Schriftverkehr mit Bank

Muster 390: Kontopfändung auf P-Konto – Soz.vers.träger – Verstrickung – Aufhebung

▶ Zur Beseitigung der Verstrickung:

562 BGH, Urt. v. 21.09.2017 – IX ZR 40/17 in ZInsO 2017, 2267 – Rn. 14:

Die Verstrickung wird auch beseitigt, sofern das Vollstreckungsorgan die Vollziehung des Pfändungs- und Überweisungsbeschlusses bis zur Aufhebung des Insolvenzverfahrens aussetzt, ohne die Pfändung insgesamt aufzuheben (vgl. BGH v.19.05.2011 – IX ZB 284/09 Rn. 11).

Die Praxis setzt die BGH-Entscheidung unterschiedlich um: Manche Gerichte heben die Pfändung mit der Folge eines Rangverlustes für den Gläubiger auf, andere erklären nur die Ruhendstellung. Siehe wegen näherer Erläuterungen und Verweise auf ergangene weitere Rechtsprechung in die Checkliste P-Konto Nr. 25. Nachstehend wird die »mildere« Vorgehensweise vorgeschlagen.

▶ Hinweis zur Zuständigkeit:

Die Vollstreckung durch die Sozialversicherungsträger ist in § 66 SGB X geregelt. Nach § 66 Abs. 3 Satz 3 SGB X sind die Vorschriften des Verwaltungsvollstreckungsgesetzes (VwVG) zu beachten. Dort sind in § 4 VwVG die Vollstreckungsbehörden aufgeführt. In § 5 VwVG wird auf die Regelungen in der AO verwiesen. Daher greift – wie beim FinA auch – die Regelung der **Einspruchserhebung** gem. § 347 Abs. 1 Nr. 2 AO. Zuständig ist die **Behörde, die den Verwaltungsakt erlassen hat** (§ 357 Abs. 2 AO).

▶ Hinweis zu unterschiedlichen Rechtsansichten:

Es gibt bei den **Instanzgerichten** unterschiedliche Ansichten zur Umsetzung der BGH-Entscheidung, bspw.:

Aufhebung der Pfändung = keine gesetzliche Grundlage für Aussetzung = Rangverlust Gläubiger: AG Essen v. 01.08.2018 – 163 IK 206/15 in InsbürO 2018, 397, ZInsO 2018, 1877

Nur **Aussetzung der Vollziehung** = Verhältnismäßigkeit = kein Rangverlust Gläubiger: AG Dresden v. 31.05.2018 – 545 IK 1176/17, InsbürO 2018, 323, ZInsO 2018, 1581

Nachfolgend wird als mildere Maßnahme die Aussetzung beantragt.

Adressat: Verwaltungsbehörde

Insolvenzverfahren über das Vermögen des Herrn … /der Frau …
Amtsgericht …: … IN …/…
Einspruch gegen Verwaltungsmaßnahme
AZ: … (*auf der Pfändungsverfügung ersichtlich*)

Sehr geehrte Damen und Herren,

in obiger Angelegenheit lege ich

Einspruch gem. § 347 AO

gegen eine Vollstreckungsmaßnahme vom … unter dem oben angegebenen Aktenzeichen ein.

Zur Begründung führe ich folgendes aus:

Von der dortigen Behörde wurde am … eine Pfändungs- und Einziehungsverfügung gem. §§ 309, 314 AO erlassen und am … dem Drittschuldner zugestellt. Damit wurde das laufende Girokonto *des Schuldners/der Schuldnerin* mit der IBAN … bei der … Bank gepfändet, das als Pfändungsschutzkonto gem. § 850k ZPO geführt wird.

Am … wurde das Insolvenzverfahren über das Vermögen *des/der* im Betreff genannten *Schuldners/Schuldnerin* eröffnet. Nach der BGH-Rechtsprechung (Urt. v. 21.09.2017 – IX ZR 40/17 in ZInsO 2017, 2267) ändert diese insolvenzrechtliche Folge nichts an der öffentlich-rechtlichen Verstrickung der Vermögenswerte (§ 829 Abs. 1 Satz 1 ZPO). Diese könne durch Erinnerung geltend gemacht und sodann durch das Vollstreckungsgericht beendet werden. Dem BGH lag insoweit ein Fall vor, in dem ein Pfändungs- und Überweisungsbeschluss durch ein Vollstreckungsgericht erlassen wurde. Die Aussagen des BGH sind aber analog auch auf Vollstreckungsbehörden und insoweit erlassene Pfändungsverfügungen anwendbar.

Insoweit wird beantragt,

> die Pfändungsmaßnahme aus der Pfändungs- und Einziehungsverfügung vom … (AZ: …) für ruhend zu erklären und damit die Verstrickung gem. § 282 AO aufzuheben.

Insoweit wird auf Rn. 14 der BGH-Entscheidung vom 21.09.2017 (IX ZR 40/17 in ZInsO 2017, 2267) verwiesen.

Der Antrag ist begründet, denn der Pfändungsgläubiger hat aufgrund der Regelungen in §§ 88, 89 InsO keinen Anspruch auf Befriedigung aus der Pfändungs- und Einziehungsverfügung nach Insolvenzeröffnung. Etwaige pfändbare Beträge stehen der Insolvenzmasse zu. Dem Auszahlungsbegehren *des Insolvenzverwalters/der Insolvenzverwalterin* hält der Drittschuldner aber momentan die öffentlich-rechtliche Verstrickung entgegen, so dass die angefallenen pfändbaren Beträge beim Drittschuldner bleiben.

Dem Schuldner/der Schuldnerin stehen diese Beträge auch nicht zu. Es ist daher die Ruhendstellung der Pfändungsmaßnahme erforderlich, damit der Drittschuldner befugt ist, die Auszahlung von pfändbaren Beträgen an *den Insolvenzverwalter/die Insolvenzverwalterin* vorzunehmen.

Es sind auch pfändbare Beträge vorhanden. Insoweit wird **anliegend** eine Fotokopie meines Schreibens vom … an den Drittschuldner sowie dessen Antwortschreiben vom … überreicht.

Vollstreckungsverbot gem. § 89 InsO:

Vorliegend ist die Unzulässigkeit der Vollstreckungsmaßnahme gem. § 89 InsO gegeben.

Rückschlagsperre gem. § 88 InsO:

Vorliegend ist die Unzulässigkeit der Vollstreckungsmaßnahme gem. § 88 InsO gegeben. Die Pfändungs- und Einziehungsverfügung wurde dem Drittschuldner innerhalb eines Monats vor dem Insolvenzantrag zugestellt. Das Datum des Insolvenzantrages ergibt sich aus dem Eröffnungsbeschluss, der in der weiteren **Anlage** ebenfalls in Fotokopie überreicht wird. Der Insolvenzantrag wurde am … gestellt.

Ich bitte, dem Antrag stattzugeben.

Für die Zustellung eines etwaigen Aufhebungsbescheides teile ich die Adressdaten des Gläubigers und des Drittschuldners wie folgt mit:

Name und Anschrift Gläubiger:

...

Name und Anschrift Drittschuldner:

...

Mit freundlichen Grüßen

....
Insolvenzverwalter/in

Anlagen:
Eröffnungsbeschluss
Schriftverkehr mit Bank

Muster 391: Rückschlagsperre – Info an Gläubiger

▶ Hinweis:

563 In diesem Muster wurde das **Beispiel einer Kontopfändung** gewählt. Der Text ist aber auch **nutzbar für alle anderen Sicherungsmaßnahmen**; dann den kursiv gedruckten Text inhaltlich umformulieren.

Adressat: Insolvenzgläubiger/in

Insolvenzverfahren über das Vermögen der Firma.../des Herrn.../der Frau...
Amtsgericht...:... IN/IK.../...
U.Z.: »...«
Pfändungs- und Überweisungsbeschluss vom...
Ihr Zeichen: ...

Sehr geehrte Frau ...,/Sehr geehrter Herr ...,

wie Ihnen bereits durch die Aufforderung zur Forderungsanmeldung bekannt ist, bin ich *Insolvenzverwalter/in* über das Vermögen der oben genannten *Firma/Person*. Eine Fotokopie des Eröffnungsbeschlusses wird vorsorglich in der **Anlage** noch einmal beigefügt.

Sie haben am... einen Pfändungs- und Überweisungsbeschluss bzgl. der Konten des Schuldners/der Schuldnerin bei der Bank... ausgebracht. Der Insolvenzantrag wurde am... gestellt. Dies ergibt sich aus dem beiliegenden Eröffnungsbeschluss.

In IN-Verfahren:

Gemäß der Regelung des § 88 Abs. 1 InsO werden Vollstreckungsmaßnahmen, die innerhalb eines Monats vor Insolvenzantragstellung oder danach eine Sicherung an dem zur Insolvenzmasse gehörenden Vermögen bewirkt haben, mit Insolvenzeröffnung unwirksam. Die Insolvenzeröffnung erfolgte am... Die Unwirksamkeit ist damit eingetreten.

Im IK-Verfahren:

Gemäß der Regelung des § 88 Abs. 2 InsO werden Vollstreckungsmaßnahmen, die innerhalb von drei Monaten vor Insolvenzantragstellung oder danach eine Sicherung an dem zur Insolvenzmasse gehörenden Vermögen bewirkt haben, mit Insolvenzeröffnung unwirksam. Die Insolvenzeröffnung erfolgte am... Die Unwirksamkeit ist damit eingetreten.

Nach meiner Kenntnis ist bisher keine Befriedigung des Pfändungs- und Überweisungsanspruches erfolgt. Zumindest ist aber auch die Pfändung aktueller und künftiger Guthabenbeträge nicht mehr möglich. Die Bank habe ich entsprechend informiert und aufgefordert, keinerlei Zahlungen an Sie zu leisten.

Sofern Sie bereits vor Insolvenzeröffnung *eine Zahlung seitens der Bank* erhalten haben, werde ich mögliche Anfechtungstatbestände prüfen und ggf. in einem gesonderten Schreiben die Rückzahlung beanspruchen. Ich habe hierzu *die Bank* zunächst um nähere Auskunft gebeten.

Ich darf an dieser Stelle auf die Möglichkeit der Forderungsanmeldung verweisen. Am Ende des Verfahrens wird ein etwaig erzielter Massebestand an alle Gläubiger mit zur Insolvenztabelle festgestellten Forderungen quotal verteilt werden.

Mit freundlichen Grüßen

....

Insolvenzverwalter/in

Anlage:
Fotokopie des Eröffnungsbeschlusses

Muster 392: Rückschlagsperre – Konto – Info an Bank

Adressat: Bank 564

Insolvenzverfahren über das Vermögen der Firma.../des Herrn.../der Frau...
Amtsgericht...:... IN/IK.../...
U.Z.: »...«
Pfändungs- und Überweisungsbeschluss vom...
Ihr Zeichen: ...

Sehr geehrte Damen und Herren,

hiermit zeige ich an, dass über das Vermögen der oben genannten *Firma/Person* das Insolvenzverfahren eröffnet und ich *zum/zur Insolvenzverwalter/in* bestellt worden bin. Eine Fotokopie des gerichtlichen Eröffnungsbeschlusses liegt in der **Anlage** zu Ihrer Information anbei.

Der Schuldner/Die Schuldnerin ist *Inhaber/in* des in Ihrem Hause geführten Kontos IBAN... Den mir vorgelegten Unterlagen konnte ich entnehmen, dass Ihnen diesbezüglich ein Pfändungs- und Überweisungsbeschluss zugegangen ist.

In IN-Verfahren:

Gemäß der Regelung des § 88 Abs. 1 InsO werden Vollstreckungsmaßnahmen, die innerhalb eines Monats vor Insolvenzantragstellung oder danach eine Sicherung an dem zur Insolvenzmasse gehörenden Vermögen bewirkt haben, mit Insolvenzeröffnung unwirksam. Der Insolvenzantrag wurde am .... gestellt. Dies ergibt sich aus dem beiliegenden Eröffnungsbeschluss. Die Insolvenzeröffnung erfolgte am... Die Unwirksamkeit ist damit eingetreten. Ich bitte Sie daher, keinerlei Zahlungen mehr an den Pfändungsgläubiger zu leisten.

In IK-Verfahren:

Gemäß der Regelung des § 88 Abs. 2 InsO werden Vollstreckungsmaßnahmen, die innerhalb von drei Monaten vor Insolvenzantragstellung oder danach eine Sicherung an dem zur Insolvenzmasse gehörenden Vermögen bewirkt haben, mit Insolvenzeröffnung unwirksam. Der Insolvenzantrag wurde am ... gestellt. Dies ergibt sich aus dem beiliegenden Eröffnungsbeschluss. Die Insolvenzeröffnung erfolgte am... Die Unwirksamkeit ist damit eingetreten. Ich bitte Sie daher, keinerlei Zahlungen mehr an den Pfändungsgläubiger zu leisten.

bei juristischen Personen:

Sofern auf dem Konto ein Guthabenbetrag vorhanden ist, bitte ich um Auszahlung des Betrages auf das für das Insolvenzverfahren eingerichtete Treuhandkonto bei der

bei natürlichen Personen:

Nach meiner Kenntnis wird das Konto als Pfändungsschutzkonto geführt. Soweit sich pfändbare Beträge über den Freibetrag hinaus oder durch nicht verbrauchtes Guthaben ergeben sollten, bitte ich um Auszahlung auf das für das Insolvenzverfahren eingerichtete Treuhandkonto bei der

Bank:...

IBAN:...

BIC: ...

Kontoinhaber: ... als IV wg. ... (Verfahrensbezeichnung)

Darüber hinaus wäre ich Ihnen für eine Mitteilung dankbar, ob, wann und in welcher Höhe ggf. bereits Zahlungen an den Pfändungsgläubiger geflossen sind.

Für Ihre Bemühungen bedanke ich mich im Voraus und verbleibe

mit freundlichen Grüßen

....
Insolvenzverwalter/in

Anlage:
Fotokopie des Eröffnungsbeschlusses

▶ Hinweis:

Die Bank kann ggf. die **öffentliche Verstrickung einwenden** und die Auszahlung von Guthabenbeträgen an die Insolvenzmasse verweigern. Dann müsste ein **Antrag auf Aufhebung** der öffentlichen Verstrickung gestellt werden. Siehe in die entsprechenden Muster: Kontopfändung – Verstrickung (Nr. 388 – 390). Mit der Versendung dieses Schreibens werden etwaige Guthabenbeträge aber zumindest schon einmal nicht mehr an den Pfändungsgläubiger ausgezahlt und separiert.

Muster 393: Vollstreckungsanfrage beim GVZ

565 *Adressat: Verteilungsstelle für Gerichtsvollzieheraufträge beim Amtsgericht am Ort des Schuldnerwohnsitzes*

Insolvenzverfahren über das Vermögen der Firma … /des Herrn …/der Frau …
Amtsgericht …: … IN/IK …/…

Sehr geehrte Damen und Herren,

hiermit zeige ich an, dass durch Beschluss des Amtsgerichts … über das Vermögen der oben genannten *Firma/Person* das Insolvenzverfahren eröffnet und ich *zum/zur Insolvenzverwalter/in* bestellt worden bin. Eine Fotokopie des gerichtlichen Eröffnungsbeschlusses liegt in der **Anlage** zu Ihrer Information anbei.

Ich möchte Sie hiermit freundlichst um Auskunft zu möglichen anfechtungsrelevanten Sachverhalten bitten. Insoweit überreiche ich in der weiteren **Anlage** ein Informationsblatt, in dem unten stehend einige Fragen aufgeführt sind, für deren Beantwortung ich dankbar wäre. Eine Rückmeldung Ihrerseits kann zu einer Massemehrung im hiesigen Insolvenzverfahren führen. Ggf. ist Ihnen insoweit die Übersendung einer Forderungsaufstellung gem. § 367 BGB möglich.

Mit Insolvenzeröffnung ist zwar gem. § 80 InsO die Verwaltungs- und Verfügungsbefugnis über das Vermögen *des Schuldners/der Schuldnerin* auf mich übergegangen, so dass ich auch Auskunftsansprüche gegenüber Dritten geltend machen kann. Rein vorsorglich liegt aber dennoch in der weiteren **Anlage** eine Schweigepflichtentbindungserklärung *des Schuldners/der Schuldnerin* anbei.

Für Ihre Bemühungen bedanke ich mich insoweit im Voraus ganz herzlich.

Soweit Kosten mit dieser Anfrage verbunden sind, bitte ich vorab um kurze Rückmeldung.

Mit freundlichen Grüßen

……………………………………
Insolvenzverwalter/in

Anlagen:
Fotokopie des Eröffnungsbeschlusses
Vollstreckungsanfrage – Infoblatt: s. Muster Nr. 395
Schweigepflichtentbindungserklärung

Muster 394: Vollstreckungsanfrage beim Hauptzollamt

▶ Hinweis:

566 Hauptzollamt = Vollstreckungsorgan der Behörden und Krankenkassen

Die jeweils zuständige Behörde am Wohnort des Schuldners/der Schuldnerin kann abgerufen werden:
www.zoll.de >
Privatpersonen >
Kfz-Steuer >
Ansprechpartner und Kontaktstellen >
zweite Auswahlmöglichkeit: zuständiges Hauptzollamt: anklicken + weiter >
PLZ eingeben >
Adresse der Dienststelle anklicken und kopieren

Adressat: Hauptzollamt

Insolvenzverfahren über das Vermögen der Firma …/des Herrn …/der Frau …
Amtsgericht …: … IN/IK …/…

Sehr geehrte Damen und Herren,

hiermit zeige ich an, dass durch Beschluss des Amtsgerichts ...– Insolvenzgericht – vom ... über das Vermögen der oben genannten *Firma/Person* das Insolvenzverfahren eröffnet und ich *zum/zur Insolvenzverwalter/in* bestellt worden bin. Eine Fotokopie des gerichtlichen Eröffnungsbeschlusses liegt in der **Anlage** zu Ihrer Information anbei.

Gem. § 80 InsO ist mit Insolvenzeröffnung die Verwaltungs- und Verfügungsbefugnis *des Schuldners/der Schuldnerin* über *sein/ihr* Vermögen auf mich übergegangen. Ich bin damit Beteiligter i.S.v. § 29 BVwVfG und möchte Sie als Vollstreckungsbehörde um Auskunft zu möglichen anfechtungsrelevanten Sachverhalten bitten. Insoweit überreiche ich in der **Anlage** ein Informationsblatt, in dem unten stehend einige Fragen aufgeführt sind, für deren Beantwortung ich dankbar wäre. Eine Rückmeldung Ihrerseits kann zu einer Massemehrung im hiesigen Insolvenzverfahren führen. Ggf. ist Ihnen die Übersendung einer Forderungsaufstellung gem. § 367 BGB möglich.

Für Ihre Bemühungen bedanke ich mich insoweit im Voraus ganz herzlich. Soweit Kosten mit dieser Anfrage verbunden sind, bitte ich vorab um kurze Rückmeldung.

Mit freundlichen Grüßen

....
Insolvenzverwalter/in

Anlagen:
Fotokopie des Eröffnungsbeschlusses
Vollstreckungsanfrage – Infoblatt: s. Muster Nr. 395

Muster 395: Vollstreckungsanfrage – Infoblatt

▶ Hinweis:

Unten stehend sind vor der Versendung des Infoblattes einige Verfahrensdaten einzusetzen. 567

Information über das insolvenzrechtliche Anfechtungsrecht und die hierfür benötigten Auskünfte

(entnommen aus InsbürO 2012, 127 ff., Autorin: Sonja Kintrup)

Dem Insolvenzverwalter ist durch die Vorschriften der §§ 130 ff. InsO die Möglichkeit eröffnet, gegen Gläubiger Anfechtungsansprüche zugunsten der Insolvenzmasse durchzusetzen. Dieses kann unter bestimmten Voraussetzungen erfolgen, über welche dieses Infoblatt kurz informieren möchte:

Leistet ein Insolvenzschuldner in einem engen zeitlichen Rahmen von drei Monaten vor dem Insolvenzantrag Zahlungen an Gläubiger und erfolgen diese aufgrund von Zwangsvollstreckungsmaßnahmen, sind die Voraussetzungen des § 131 InsO erfüllt. Die erlangte Befriedigung stellt eine inkongruente Deckung dar, da der Gläubiger die Befriedigung nicht in der Art zu beanspruchen hatte (*vgl. Kreft, in: Heidelberger Kommentar zur InsO, 6. Auflage(2011), § 131 Rn. 9)*.

Zur Prüfung und Durchsetzung der Anfechtungsansprüche werden insbesondere die nachfolgend aufgeführten Informationen benötigt, um deren Mitteilung gebeten wird:
- Hat *der Insolvenzschuldner/die Insolvenzschuldnerin* in letzter Zeit Zahlungen an Gläubiger geleistet aufgrund von Vollstreckungshandlungen, die Sie durchgeführt haben?
- Zu welchem Zeitpunkt wurden diese Zahlungen geleistet?
- An welche Gläubiger wurden die Zahlungen geleistet?
- In welcher Höhe wurden die Zahlungen geleistet?

Der Insolvenzantrag wurde im hiesigen Verfahren am... gestellt, so dass der Zeitraum von... bis... (*3 Monate vor Antragstellung*) für die vorstehenden Fragen relevant ist.

Für Ihre Unterstützung darf ich mich recht herzlich bei Ihnen bedanken.

Muster 396: Vollstreckungsverbot – Hinweis an Insolvenzgläubiger

▶ Hinweis:

Man sollte prüfen, ob der Gläubiger ggf. bereits zu einem früheren Zeitpunkt zur Forderungsanmeldung aufgefordert 568
wurde. Dann kann man darauf verweisen. Anderenfalls kann man nunmehr noch das Anmeldeformular beifügen.

Adressat: Insolvenzgläubiger/in

Insolvenzverfahren über das Vermögen der Firma.../des Herrn.../ der Frau...
Amtsgericht...:... IN/IK.../...

U.Z.: »Kreditoren«
Ihr Zeichen:...

Sehr geehrte Damen und Herren,

hiermit zeige ich an, dass über das Vermögen der oben genannten *Firma/Person* das Insolvenzverfahren eröffnet und ich *zum/zur Insolvenzverwalter/in* bestellt worden bin. Eine Fotokopie des gerichtlichen Eröffnungsbeschlusses liegt in der **Anlage** zu Ihrer Information anbei.

Mir liegt *Ihre Vollstreckungsandrohung/Ihre Mitteilung über bevorstehende Vollstreckungsmaßnahmen* vom... vor. Ich darf darauf hinweisen, dass Vollstreckungsmaßnahmen während der Dauer des Insolvenzverfahrens gemäß § 89 InsO untersagt sind und bitte Sie daher, davon Abstand zu nehmen.

Ich verweise auf die Möglichkeit der Forderungsanmeldung zur Insolvenztabelle. Alle Gläubiger erhalten am Ende des Verfahrens – soweit ausreichendes Vermögen vorhanden sein sollte – eine etwaige Quote auf die angemeldete und zur Insolvenztabelle festgestellte Forderung. Hierüber werden Sie zu gegebener Zeit gesondert informiert werden.

Mit freundlichen Grüßen

....
Insolvenzverwalter/in

Anlage:
Fotokopie des Eröffnungsbeschlusses

Musterübersicht vorläufige Verwaltung

(Die Übersicht ist alphabetisch sortiert.)

		Rdn.
Muster 397:	Antrag – Anordnung vorl. Verwaltung – schwach	569
Muster 398:	Antrag – Anordnung vorl. Verwaltung – stark	570
Muster 29:	Arbeitnehmerliste für Insolvenzgeld (*s. Muster Arbeitsverhältnisse*)	202
Muster 165:	Auftragsannahme (Rücksendung Gerichtsakte) (*s. Muster Gutachten*)	337
Muster 55:	Aus- und Absonderungsrechte –Tabelle (*s. Muster Aussonderung*)	227
Muster 73 – 74:	Einzelermächtigung – Antrag (*s. Muster Betriebsfortführung*)	245-247
Muster 399:	Erstanschreiben an Schuldner – vorl. Verwaltung	571
Muster 400:	Erstbesuch – Tätigkeitsübersicht	572
Muster 129:	FinA – Erstanschreiben – vorl. Verwaltung (*s. Muster Finanzamt*)	301
Muster 210:	Inhaltsverzeichnis (*s. Muster Inhaltsverzeichnis jur. Person*)	382
Muster 130-132:	Kontoauszug – Anforderung vom FinA (*s. Muster Finanzamt*)	302-304
Muster 342:	Kontoeröffnung – Übersendung Beschluss (*s. Muster Treuhandkonto*)	515
Muster 56:	Kontoguthaben – Einziehung – vorl. Verwaltung (*s. Muster Bank*)	228
Muster 58:	Kontoschließung – vorl. Verwaltung (*s. Muster Bank*)	230
Muster 140 – 141:	Mahnschreiben an Drittschuldner (*s. Muster Forderungseinzug*)	312-313
Muster 315:	Rechnungslegung vorl. Verwaltung (*s. Muster Schlussberichte*)	487
Muster 217:	Rundschreiben AN – Vorabinfo Insolvenzgeld (*s. Muster Insolvenzgeldvorfinanzierung*)	389
Muster 156 – 157:	Zustellungsnachweis vorläufiges Verfahren: Debitorenaufforderung (*s. Muster Gläubiger*)	328-329

Muster 397: Antrag – Anordnung vorl. Verwaltung – schwach

▶ Hinweis:

Wenn die Entscheidung **am selben Tage ergehen** soll, sollte der **Antrag vor 12 Uhr** bei den Gerichten eingehen! 569

Adressat: Insolvenzgericht
i.d.R. per Telefax und vorher anrufen und ankündigen
Eilt-Vermerk anfügen

Insolvenzeröffnungsverfahren über das Vermögen der Firma... /des Herrn... /der Frau...
Geschäftszeichen:... IN.../...

Sehr geehrte Frau Richterin ..., / sehr geehrter Herr Richter...,

in obigem Insolvenzantragsverfahren rege ich an,

1. die vorläufige Verwaltung unter gleichzeitigem **Zustimmungsvorbehalt** i.S.d. § 21 Abs. 2 Nr. 2, 2. Alt. InsO anzuordnen;
2. Maßnahmen der **Zwangsvollstreckung** gegen *den Schuldner/die Schuldnerin* zu **untersagen** oder **einstweilen einzustellen**, soweit nicht unbewegliche Gegenstände betroffen sind (§ 21 Abs. 2 Nr. 3 InsO);

weitere Möglichkeiten der Anordnung:

3. anzuordnen, dass **Gegenstände**, die im Falle der Eröffnung des Insolvenzverfahrens von § 47 InsO erfasst wären oder deren **Aussonderung** verlangt werden könnte, vom Gläubiger nicht eingezogen werden dürfen und dass solche Gegenstände zur Fortführung des Unternehmens *des Schuldners/der Schuldnerin* eingesetzt werden können, soweit sie hierfür von erheblicher Bedeutung sind (**§ 21 Abs. 2 Satz 1 Nr. 5 InsO**);
(Achtung: Gegenstände genau bezeichnen: BGH v. 03.12.2009 – IX ZR 7/09)

4. anzuordnen, dass **Gegenstände**, die im Falle der Eröffnung des Insolvenzverfahrens von § 166 InsO erfasst wären oder deren **Absonderung** verlangt werden könnte, vom Gläubiger nicht verwertet oder eingezogen werden dürfen und dass solche Gegenstände zur Fortführung des Unternehmens *des Schuldners/der Schuldnerin* eingesetzt werden können, soweit sie hierfür von erheblicher Bedeutung sind (**§ 21 Abs. 2 Satz 1 Nr. 5 InsO**) (BGH v. 03.12.2009 – IX ZR 7/09: Leitsatz und Rn. 19, 36);
   (Achtung: Gegenstände genau bezeichnen: BGH v. 03.12.2009 – IX ZR 7/09)
5. einen **vorläufigen Gläubigerausschuss** einzusetzen: Ein entsprechender Vorschlag für die Einsetzung der möglichen Gläubigerausschussmitglieder ist beigefügt;
6. eine **vorläufige Postsperre** anzuordnen (§ 21 Abs. 2 Nr. 4 InsO), *die sich auch auf den E-Mail-Account des Schuldners/der Schuldnerin bei … (Anbieter nennen: gmx, t-online etc.) erstreckt.*

Begründung:
(Hier ist der Sachverständige zu befragen.)

Beispiel:

In einem ersten Gespräch mit dem Geschäftsführer der Schuldnerin habe ich heute festgestellt, dass der Geschäftsbetrieb der Schuldnerin fortgeführt wird und voraussichtlich auch zunächst weiter geführt werden kann. … (weiter ausführen)

Ferner konnte festgestellt werden, dass Gegenstände im Gesellschaftsvermögen vorhanden sind, an denen Aussonderungsrechte bestehen. Hierbei handelt es sich um…

Außerdem sollen Forderungen gegen Dritte i.H.v. insgesamt … € vorhanden sein und Mieteinnahmen realisiert werden können. Über das im Eigentum der Schuldnerin stehende Grundstück … (Straße, Ort) ist bislang keine Zwangsverwaltung angeordnet worden.

Im Übrigen ist ein Kassenbestand i.H.v.… EUR vorhanden.

Zur Vermeidung der Minderung einer künftigen Insolvenzmasse ist es daher dringend geboten, durch die Anordnung der vorläufigen Verwaltung und die Einstellung der Zwangsvollstreckung die Vermögenswerte zu sichern.

Für Rückfragen stehe ich Ihnen selbstverständlich gerne zur Verfügung.

Mit freundlichen Grüßen

……………………………………….
Sachverständige/r

Muster 398: Antrag – Anordnung vorl. Verwaltung – stark

▶ Hinweis:

570 Wenn die Entscheidung **am selben Tage ergehen** soll, sollte der **Antrag vor 12 Uhr** bei den Gerichten eingehen!

Adressat: Insolvenzgericht
i.d.R. per Telefax und vorher anrufen und ankündigen
Eilt-Vermerk anfügen

Insolvenzeröffnungsverfahren über das Vermögen der Firma… /des Herrn… /der Frau…
Geschäftszeichen:… IN…/…

Sehr geehrte Frau Richterin …, / sehr geehrter Herr Richter…,

in obigem Insolvenzantragsverfahren rege ich an,
1. die vorläufige Verwaltung gemäß § 21 Abs. 2 Nr. 2, 1. Alt. InsO anzuordnen und ein **allgemeines Verfügungsverbot** zu erlassen
2. Maßnahmen der **Zwangsvollstreckung** gegen *den Schuldner/die Schuldnerin* zu **untersagen** oder **einstweilen einzustellen**, soweit nicht unbewegliche Gegenstände betroffen sind (§ 21 Abs. 2 Nr. 3 InsO);

weitere Möglichkeiten der Anordnung:
3. anzuordnen, dass **Gegenstände**, die im Falle der Eröffnung des Insolvenzverfahrens von § 47 InsO erfasst wären oder deren **Aussonderung** verlangt werden könnte, vom Gläubiger nicht eingezogen werden dürfen und dass solche Gegenstände zur Fortführung des Unternehmens *des Schuldners/der Schuldnerin* eingesetzt werden können, soweit sie hierfür von erheblicher Bedeutung sind (**§ 21 Abs. 2 Satz 1 Nr. 5 InsO**);
   (Achtung: Gegenstände genau bezeichnen: BGH v. 03.12.2009 – IX ZR 7/09)
4. anzuordnen, dass **Gegenstände**, die im Falle der Eröffnung des Insolvenzverfahrens von § 166 InsO erfasst wären oder deren **Absonderung** verlangt werden könnte, vom Gläubiger nicht verwertet oder eingezogen werden dürfen und dass solche Gegenstände zur Fortführung des Unternehmens *des Schuldners/der Schuldnerin* eingesetzt werden können,

soweit sie hierfür von erheblicher Bedeutung sind (**§ 21 Abs. 2 Satz 1 Nr. 5 InsO**) (BGH v. 03.12.2009 – IX ZR 7/09: Leitsatz und Rn. 19, 36);
(Achtung: Gegenstände genau bezeichnen: BGH v. 03.12.2009 – IX ZR 7/09)

5. einen **vorläufigen Gläubigerausschuss** einzusetzen: Ein entsprechender Vorschlag für die Einsetzung der möglichen Gläubigerausschussmitglieder ist beigefügt;
6. eine **vorläufige Postsperre** anzuordnen (§ 21 Abs. 2 Nr. 4 InsO), *die sich auch auf den E-Mail-Account des Schuldners/ der Schuldnerin bei … (Anbieter nennen: gmx, t-online etc.) erstreckt.*

Begründung:
(Hier ist der Sachverständige zu befragen.)

Beispiel:

In einem ersten Gespräch mit dem Geschäftsführer der Schuldnerin habe ich heute festgestellt, dass erhebliche Vermögenswerte vorhanden sind, die zu sichern sind. Es gibt einen Maschinenpark im Werte von etwa … EUR, einen ausstehenden Forderungsbestand i.H.v. … EUR und …

Der Geschäftsführer der Schuldnerin zeigte sich allerdings wenig kooperativ. Es steht zu befürchten, dass die Zusammenarbeit weiterhin durchaus problematisch sein könnte und der Geschäftsführer erforderliche Sicherungsmaßnahmen nicht umsetzen wird (ggf. weiter ausführen). Um sicherzustellen, dass die vorhandene Vermögensmasse auch tatsächlich erhalten bleibt, wird daher die Anordnung einer starken vorläufigen Verwaltung angeregt.

Für Rückfragen stehe ich Ihnen selbstverständlich gerne zur Verfügung.

Mit freundlichen Grüßen

…………………………………………
Sachverständige/r

Muster 399: Erstanschreiben an Schuldner – vorl. Verwaltung

Adressat: Schuldner/in 571

Insolvenzeröffnungsverfahren über das Vermögen der Firma … mit dem Sitz in …
Insolvenzeröffnungsverfahren über Ihr Vermögen
Amtsgericht …: … IN …/…

Sehr geehrte Frau …,/Sehr geehrter Herr…,

ich nehme Bezug auf das am … mit mir geführte Telefonat und teile Ihnen auf diesem Wege noch einmal mit, dass mit Beschluss des Amtsgerichts – Insolvenzgericht – … vom heutigen Tage die vorläufige Insolvenzverwaltung angeordnet und ich *zum/zur vorläufigen Insolvenzverwalter/in* ernannt wurde. Eine **Kopie** des Anordnungsbeschlusses liegt diesem Schreiben bei und wurde Ihnen auch seitens des Insolvenzgerichtes zugestellt.

Ich mache Sie darauf aufmerksam, dass mit Anordnung des vorläufigen Insolvenzverfahrens Verfügungen über Gegenstände Ihres Vermögens **nur noch mit Zustimmung des vorläufigen Insolvenzverwalters wirksam** sind (§ 21 Abs. 2 Nr. 2, 2. Alt. InsO).

▶ Hinweis:

Bei nachstehenden Absätzen **genau prüfen**, ob **Einziehungsbefugnis** besteht: Liegt eine **Globalzession** vor? Wurde die **Einziehungsbefugnis vom Abtretungsempfänger widerrufen?** Ist im Beschluss über die Anordnung der vorläufigen Verwaltung dennoch die Einziehungsbefugnis enthalten? Dann Einzug, aber Separierung. S. Checkliste Globalzession. Ggf. Rücksprache mit dem Verwalter wg. des Vorgehens und der Formulierung nehmen.

Des Weiteren wird den Drittschuldnern verboten, Zahlungen an Sie zu leisten. Diese sind nur noch auf das für dieses Insolvenzverfahren eingerichtete Treuhandkonto zu leisten; hierauf sind Ihre Kunden hinzuweisen. Das Treuhandkonto lautet wie folgt:

Bank: …

IBAN: …

BIC: …

Wie Sie dem Beschluss entnehmen können, bin ich berechtigt, Bankguthaben und sonstige Forderungen gegen Dritte einzuziehen sowie eingehende Gelder entgegenzunehmen.

Auch sind Maßnahmen der Zwangsvollstreckung einschließlich der Vollziehung eines Arrestes oder einer einstweiligen Verfügung gegen Sie untersagt, soweit nicht unbewegliche Gegenstände betroffen sind; bereits begonnene Maßnahmen werden einstweilen eingestellt (§ 21 Abs. 2 Nr. 3 InsO).

Abschließend bitte ich Sie, auf Ihren Briefbögen und Rechnungen, welche an Ihre Kunden geschickt werden, Ihre derzeitigen Bankverbindungen zu streichen und die o. g. Nummer des Treuhandkontos zu vermerken.

Ich fordere Sie auf, umgehend eine aktuelle Kreditoren- sowie Debitorenliste nach den Ihnen mit gesondertem Schreiben übermittelten Mustern zu erstellen und zu übersenden.

▶ Hinweis:

Das Erstanschreiben für den Gutachtenauftrag mit den gesamten Anlagen sollte zusätzlich verschickt werden oder man fügt den Text aus dem dortige Muster (Nr. 162) hier ein.

Mit freundlichen Grüßen

....
vorl. Insolvenzverwalter/in

Anlage:
Fotokopie des Anordnungsbeschlusses

Der Empfang des vorstehenden Schreibens wird hiermit bestätigt.

....
Ort, Datum

....
Unterschrift

▶ Hinweis:

Der Inhalt des Schreibens wird i.d.R. persönlich zwischen dem vorl. Verwalter und dem Schuldner bzw. Geschäftsführer der Schuldnerin besprochen. Dennoch ist es gut, den Inhalt auch dokumentiert zu haben.

Muster 400: Erstbesuch – Tätigkeitsübersicht

572 Die nachfolgenden Tätigkeiten sind tlw. zusammen mit dem Verwalter vorzunehmen. Der Insolvenzsachbearbeiter begleitet oder führt die Tätigkeit ggf. nach dem ersten gemeinsamen Kontakt durch:

- »**Arbeitnehmerversammlung – Leitfaden**« (Muster Nr. 30) mitnehmen, erledigen, abzeichnen und in Akte als Nachweis heften unter AV
- **Anlagenverzeichnis** übergeben lassen: betriebszugehörige Gegenstände in Augenschein nehmen (Fotodokumentation)
- (Betriebsfortführung: **Auftragslage** schildern lassen (allein Verwaltertätigkeit))
- Fahrzeuge: **Zulassungsbescheinigungen II** (= frühere Kfz-Briefe) in Besitz nehmen
- Fahrzeuge: **Schlüssel** in Besitz nehmen, soweit nicht für Betriebsfortführung benötigt
- Fahrzeuge besichtigen und **km-Stand** notieren (auch Fotodokumentation)
- ggf. GDPdU-Datensätze (= Grundsätze zum **Datenzugriff** und zur Prüfbarkeit digitaler Unterlagen) der **Buchhaltung** auslesen, um eine spätere Rekonstruktion zu ermöglichen
- **Inventarisierung** und Bewertung veranlassen
- **Kasse** und Kassenbuch einsehen: evtl. Guthaben einziehen und auf das Treuhandkonto einzahlen
- **Liste zu übergebender Unterlagen** mit Mitarbeitern abarbeiten
- **Räumlichkeiten** zeigen lassen (Fotodokumentation)
- **Schweigepflichtentbindungserklärung**: an die Unterzeichnung denken!

Stichwortverzeichnis

Die fett gedruckten Zahlen verweisen auf die Checkliste und die mager gedruckten Zahlen auf die lfd. Nr. der Checkliste.

Abfindungen C **16** 35 f.
Abschlagsverteilung C **1**
– Anwendung C **1** 1
– Ausschüttungsnachweis C **1** 14
– Auszahlungsbetrag ermitteln C **1** 4
– Einzelfragen klären C **1** 5
– Gläubigerausschuss – Genehmigung C **1** 9
– GOI C **1** 18
– Insolvenzforderungen C **1** 7
– Quotenermittlung C **1** 8
– Sicherheitsabschlag C **1** 6
– Sozialplan C **1** 19
– Steuervorteil C **1** 2
– Vergütung C **1** 15
– Verteilung C **1** 13
– Verteilungsverzeichnis – Bekanntmachung C **1** 11
– Verteilungsverzeichnis – Einwendungen C **1** 12
– Verteilungsverzeichnis – Erstellung C **1** 10
– Vorbereitung der Verteilung C **1** 3
– Weitere Verteilung –grundsätzliches C **1** 16
– Weitere Verteilung –Vorgehen C **1** 17
Absonderungsrechte C **2**
– Abtretung pfändbarer Einkommensanteile C **2** 37
– Aktien C **2** 38
– Anfechtung – Rechtshandlung C **2** 39
– Anfechtung – weitere Infos C **2** 40
– Arten C **2** 1
– Ausfallbezifferung C **2** 32
– Auskunftsrecht Gläubiger C **2** 14
– Dokumentation C **2** 35
– Doppelbesicherung C **2** 41
– Eigentumsvorbehalt C **2** 42
– Eigentumswohnung C **2** 43
– Ermittlung C **2** 4
– Ersatzabsonderung C **2** 44
– Fahrzeug C **2** 45
– Forderungsanmeldungen C **2** 5
– Forderungshöhe C **2** 16
– Freigabe C **22** 19 ff.
– Gesetzliche Grundlagen C **2** 2
– Globalzession C **2** 46
– GOI C **2** 3
– Kaufinteressenten C **2** 18
– Konkurrenz von Sicherheiten C **2** 47
– Kostenbeiträge – allgemein C **2** 24
– Kostenbeiträge – eröffnetes Verfahren C **2** 26
– Kostenbeiträge – Höhe C **2** 27
– Kostenbeiträge – Übererlös C **2** 28
– Kostenbeiträge – vorläufige Verwaltung C **2** 25
– Literaturtipp C **2** 48
– Masseverzeichnis – Aufnahme C **2** 6
– Nutzung des Gegenstandes C **2** 8
– Ordner anlegen C **2** 9
– Pfandrecht – Beispiel C **2** 49
– Pfandrecht – Wirksamkeit C **2** 50
– Pfandrecht – Wirksamkeit – Einkommen C **2** 51
– Prüfungsvermerk C **2** 17
– Rang der Absonderungsgläubiger C **2** 52
– Raumsicherungsübereignung C **2** 53
– Rechnungsanforderungen C **2** 31
– Rückschlagsperre C **2** 54
– Schuldtilgung – Umsatzsteuer C **2** 30
– Selbsteintritt Gläubiger C **2** 12
– Selbstübernahme C **2** 33
– Sicherungsabtretung – Beispiel C **2** 55
– Sicherungsübereignung – Beispiel C **2** 56
– Überlassung an Gläubiger C **2** 34
– Umsatzsteuerproblematik C **2** 20
– Veräußerungsabsicht – Anzeige C **2** 19
– Verbraucherinsolvenzverfahren C **2** 57
– Verjährung C **2** 58
– Vermieterpfandrecht – allgemein C **2** 59
– Vermieterpfandrecht – Befriedigung C **2** 60
– Vermieterpfandrecht – Konkurrenz Sicherheiten C **2** 61
– Versicherungsanspruch Dritter C **2** 63
– Versicherungsvertrag C **2** 62
– Verwertung – Durchführung C **2** 21
– Verwertung – Überwachung C **2** 22
– Verwertungserlös – Auskehrung C **2** 23
– Verwertungskostenbeitrag C **2** 29
– Verwertungsliste C **2** 36
– Verwertungsrecht – Gläubiger C **2** 11
– Verwertungsrecht – Insolvenzverwalter C **2** 10
– Verwertungsrecht – Pfandrecht C **2** 13
– Warenlager C **2** 64
– Werkunternehmerpfandrecht C **2** 65
– Wertermittlung C **2** 15
– Wirksamkeit – grundsätzliches C **2** 7
– Zinsen auch nach IE C **2** 66
– Zinszahlungspflicht Insolvenzverwalter C **2** 67
Abweisung mangels Masse
– Gutachten C **28** 30
– Insolvenzgeld – Zuständigkeit C **35** 14
– Rechtmittel C **58**
– Vorschusspflicht C **28** 41
Akteneinlagerung C **3**
– Aktenverzeichnis C **3** 12
– Anzahl der Ordner C **3** 6
– Art von Unterlagen C **3** 5
– Aufbewahrungsfristen C **3** 2
– Entscheidungsfindung C **3** 3
– Gesetzliche Grundlagen C **3** 1
– GoBD C **3** 13
– Lagerist – Angebot C **3** 7
– Lagerist – Auftrag C **3** 9
– Rechnung – Kontrolle C **3** 10
– Rechnung – Zahlung C **3** 11
– Register anlegen C **3** 8
– Zeitpunkt der Archivierung C **3** 4
Altgläubiger C **29** 1
Altmasseverbindlichkeit C **52** 26
Anfechtungsansprüche C **4**
– Anfechtungsfrist – Berechnung C **4** 29
– Anfechtungsgegner C **4** 30
– Anfechtungsgesetz C **4** 31
– Anfechtungsgrund – allgemein C **4** 32
– Anfechtungsgrund: Gesellschafterdarlehen C **4** 33
– Anfechtungsgrund: Inkongruente Deckung C **4** 34
– Anfechtungsgrund: Kongruente Deckung C **4** 35
– Anfechtungsgrund: Vorsätzliche Benachteiligung – allgemein C **4** 36
– Anfechtungsgrund: Vorsätzliche Benachteiligung – nahe stehende Personen C **4** 37
– Anfechtungszeitraum C **4** 9

– Anspruchsschreiben C 4 20
– Arbeitnehmer C 4 38
– Aufrechnung C 4 39
– Ausschlussgrund C 4 40
– Bargeschäft – allgemein C 4 41
– Definition C 4 2
– Druckzahlungen C 4 42
– Erklärung C 4 7
– Finanzamt – Ausgangssituation C 4 61
– Finanzamt – Vorzulegende Unterlagen C 4 63
– Finanzamt – Archivierung C 4 66
– Finanzamt – Vorgehen C 4 62
– Fragestellungen C 4 16
– Fristen notieren C 4 12
– Geldbußen C 4 43
– Geldstrafe C 4 44
– Gerichtsstand – Anfechtungsgegner innerhalb EU C 4 46
– Gerichtsstand – Anfechtungsklagen außerhalb EU C 4 47
– Gerichtsstand – Anfechtungsgegner im Inland C 4 45
– Gesellschafterdarlehen – Vorgehen C 4 70
– Gesellschafterdarlehen – Vorzulegende Unterlagen C 4 71
– Gesellschafterdarlehen – Voraussetzung C 4 69
– Gesellschafterdarlehen – Archivierung C 4 74
– Gesellschafterdarlehen – Ausgangssituation C 4 67
– Gesellschafterdarlehen – Sicherheit C 4 68
– Gesetzliche Grundlagen C 4 1
– Gläubigerbenachteiligung – grundsätzliche C 4 48
– Gläubigerbenachteiligung – Nachweis C 4 49
– Informationen sammeln C 4 15
– Informationsfreiheitsgesetz C 4 17
– Inkongruente Deckung C 4 34
– Kenntnis Gläubiger C 4 50
– Kongruente Deckung C 4 35
– Kontokorrent – Archivierung C 4 88
– Kontokorrent – Muster C 4 85
– Kontokorrent – Überziehung Kontokorrent C 4 81
– Kontokorrent – Verrechnungen nach dem Insolvenzantrag C 4 82
– Kontokorrent – Verrechnungen vor dem Insolvenzantrag C 4 83
– Kontokorrent – Vorgehen – Zusammenfassung C 4 84
– Kontokorrent – Vorzulegende Unterlagen C 4 86
– Kontokorrent – Ausgangssituation C 4 75
– Kontokorrent – Definition C 4 76
– Kontokorrent – Gläubigerbenachteiligung C 4 77
– Kontokorrent – Kontobewegungen C 4 78
– Kontokorrent – Kündigung C 4 79
– Kontokorrent – Rückzahlungsanspruch – Berechnung C 4 80
– Literaturtipp C 4 27
– Nahe stehende Personen C 4 51
– Nutzungsentschädigung C 4 52
– Prozesskostenhilfe C 4 21
– Prüfung C 4 13
– Prüfvermerk C 4 19
– Ratenzahlungsvereinbarung – Archivierung C 4 94
– Ratenzahlungsvereinbarung – Ausgangssituation C 4 89
– Ratenzahlungsvereinbarung – Vorgehen C 4 90
– Ratenzahlungsvereinbarung – Vorzulegende Unterlagen C 4 91
– Rechtsfolge der Anfechtung C 4 8
– Rechtshandlung – grundsätzliches C 4 53
– Rechtshandlung – Unterlassungshandlung C 4 54
– Rückgewähranspruch C 4 6
– Sicherungsverträge – Archivierung C 4 98
– Sicherungsverträge – Vorgehen C 4 95
– Sicherungsverträge – Vorzulegende Unterlagen C 4 96
– Sozialversicherungsträger – Archivierung C 4 105
– Sozialversicherungsträger – Ausgangslage C 4 99
– Sozialversicherungsträger – Informationsfreiheitsgesetz – C 4 100
– Sozialversicherungsträger – Prüfung C 4 101
– Sozialversicherungsträger – Vorzulegende Unterlagen C 4 102
– Unentgeltlichkeit C 4 55
– Verbraucherinsolvenzverfahren C 4 5
– Vergleich mit Anfechtungsgegner – Zustimmungsproblematik C 4 25
– Vergleich mit Anfechtungsgegner- Steuerproblematik C 4 24
– Verjährungsfrist C 4 10
– Verjährungsfrist – Verlängerung C 4 11
– Versicherungsprämien – mögliche Anfechtung C 4 57
– Versicherungsverträge C 4 56
– Vollstreckungsmaßnahmen C 4 58
– Vollstreckungstitel – Archivierung C 4 111
– Vollstreckungstitel – Ausgangslage C 4 106
– Vollstreckungstitel – Prüfung C 4 107
– Vollstreckungstitel – Vorzulegende Unterlagen C 4 108
– Voraussetzungen C 4 3
– Vorläufige Verwaltung C 4 4
– Vorsätzliche Benachteiligung C 4 36, 59
– Vorsteuerberichtigung C 4 22
– Vorsteuerberichtigung – Beispiel C 4 23
– Wichtige Unterlagen C 4 14
– Wiederaufleben C 4 26
– Zahlungsunfähigkeit C 4 60
– Zinsansprüche C 4 18
Arbeitnehmer C 24 12
Arbeitnehmerversammlung C 5 4
Arbeitsverhältnisse C 5
– Abfindungsanspruch C 5 38
– Arbeitnehmerliste C 5 2
– Arbeitnehmerversammlung C 5 4
– Arbeitsbescheinigung C 5 39
– Arbeitslosengeld C 5 40
– Arbeitslosengeld – Anspruchsübergang auf ArbA C 5 41
– Arbeitsverhältnis – Definition C 5 42
– Arbeitszeitkonten C 5 43
– Archivierung Unterlagen – sonstiger Schriftverkehr C 5 6
– Archivierung Unterlagen – Arbeitnehmer C 5 5
– Aufhebungsvertrag C 5 44
– Beschäftigungsverhältnis – Definition C 5 45
– Betriebsnummer C 5 7
– Betriebsprüfung C 5 46
– Betriebsrat C 5 47
– Betriebsübergang C 5 48
– Differenzlohnberechnung C 5 32
– Eigenkündigung C 5 30
– Einfache Insolvenzforderungen C 5 12
– Entgeltbescheinigung C 5 49
– Fortbestand der Arbeitsverhältnisse C 5 8
– Freigabe der selbständigen Tätigkeit C 5 33
– Freistellung C 5 25
– Geschäftsführer – Gehaltsansprüche C 5 27
– GOI C 5 1
– Hinweispflicht wg. Meldung Arbeitslosigkeit C 5 26
– Insolvenzgeldanspruch C 5 13
– Insolvenzgeldanspruch – Anspruchsübergang auf ArbA C 5 14
– Insolvenzgeldvorfinanzierung C 5 15
– Interessenausgleich C 5 50
– Kündigung – allgemeines C 5 16
– Kündigungsarten C 5 17
– Kündigungsberechtigung – eröffnetes Verfahren C 5 20
– Kündigungsberechtigung – vorläufiges Verfahren C 5 19
– Kündigungsfrist C 5 22

– Kündigungsfrist – vorläufige Verwaltung **C 5** 23
– Kündigungsgrund **C 5** 18
– Kündigungsschutz **C 5** 28
– Kündigungsschutz – Ausbildungsverhältnisse **C 5** 51
– Kündigungsschutz – Betriebsratsmitglieder **C 5** 52
– Kündigungsschutz – Elternzeit **C 5** 53
– Kündigungsschutz – Mutterschutz **C 5** 54
– Kündigungsschutz – schwerbehinderte Menschen **C 5** 55
– Kündigungsschutzgesetz **C 5** 56
– Literaturtipp **C 5** 57
– Lohnsteuer **C 5** 10
– Massenentlassungsanzeige **C 5** 21
– Masseunzulänglichkeit **C 5** 34
– Masseverbindlichkeit **C 5** 9
– Meldung zu schwerbehinderten Arbeitnehmern **C 5** 3
– Rechtsstreitigkeiten **C 5** 31
– Schadensersatz **C 5** 29
– Sozialauswahl **C 5** 58
– Sozialplan **C 5** 59
– Sozialversicherungsbeiträge **C 5** 11
– Tarifvertrag **C 5** 24
– Urlaubsabgeltung **C 5** 36
– Urlaubsabgeltung – Masseunzulänglichkeit **C 5** 37
– Urlaubsansprüche **C 5** 35
– Zeugnis **C 5** 60
Asymmetrische Verfahren C 78 19
Aufbewahrungsfristen C 3 2
Auflösend bedingte Forderungen C 41 194
Aufrechnungsgläubiger C 26 15
Aufschiebend bedingte Forderungen C 41 195
Auftragseingang Kleinverfahren C 6
– Akte anlegen und Daten erfassen **C 6** 3
– Arbeitgeber informieren **C 6** 13
– Auftragsannahme **C 6** 10
– Bank anschreiben **C 6** 14
– Beschluss scannen + versenden **C 6** 6
– Beschluss stempeln **C 6** 7
– Debitoren zur Zahlung auffordern **C 6** 20
– Erledigungsvermerk **C 6** 1
– Erstanschreiben – Schuldner **C 6** 11
– Finanzamt anschreiben **C 6** 15
– Gerichtsakte **C 6** 9
– Gläubiger anschreiben **C 6** 16
– Grundstücksbestand feststellen **C 6** 17
– Kapazitätenprüfung **C 6** 8
– Kfz-Steuer **C 6** 18
– Kfz-Zulassungsstelle – Anfrage **C 6** 23
– Kollisionsprüfung **C 6** 2
– Ordner und Inhaltsverzeichnis **C 6** 4
– Termine und Fristen **C 6** 5
– Treuhandkonto einrichten **C 6** 12
– Vermieter anschreiben **C 6** 22
– Vollstreckungsmaßnahmen – Anfrage **C 6** 19
– Wiedervorlagen **C 6** 24
– Zustellungsnachweis erbringen **C 6** 21
Ausgenommene Forderungen
– allgemein **C 39** 90
– Anmeldung **C 39** 91
– Nachreichung der Rechtsfolge des § 302 InsO **C 41** 188
– Prüfung **C 39** 90 ff.
– Steuerstraftat **C 39** 92
– Unterhalt **C 39** 93
Auskunftspflicht
– Angestellte **C 28** 43
– Insolvenzverwalter betr. Insolvenzgeld **C 35** 10
– Insolvenzverwalter im eröffneten Verfahren **C 17** 46
– jur. Person **C 17** 46
– nat. Person **C 18** 41
– Schuldner – Einkommen **C 16** 1
– Schuldner – Gutachtenphase **C 28** 10
– Vertretungsorgane **C 28** 44
Auslandsbezug C 7
– actor sequitur forum rei (Begrifflichkeiten) **C 7** 11
– Amtsblatt der Europäischen Union (Begrifflichkeiten) **C 7** 10
– Annexverfahren (Begrifflichkeiten) **C 7** 12
– COMI (Begrifflichkeiten) **C 7** 13
– Einkommen im Ausland – Ausgangssituation **C 7** 47
– Einkommen im Ausland – Pfändungsfreibetrag **C 7** 48
– Einkommen im Ausland – Pfändungsvorschriften **C 7** 49
– Einkommen im Ausland – Schutzantrag **C 7** 50
– E-Justiz-Portal (Begrifflichkeiten) **C 7** 15
– Erwägungsgründe (Begrifflichkeiten) **C 7** 16
– EuInsVO – Allgemein **C 7** 51
– EuInsVO – Änderungen seit 2017 **C 7** 52
– EuInsVO – Anerkennung der Insolvenzverfahren **C 7** 53
– EuInsVO – Anfechtung **C 7** 54
– EuInsVO – Anwendbares Recht **C 7** 55
– EuInsVO – Anwendungsbereich – allgemein **C 7** 56
– EuInsVO – Anwendungsbereich – räumlich (COMI) **C 7** 58
– EuInsVO – Anwendungsbereich – räumlich bei einer Niederlassung **C 7** 59
– EuInsVO – Anwendungsbereich – sachlich **C 7** 60
– EuInsVO – Anwendungsbereich – persönlich **C 7** 57
– EuInsVO – Arbeitsverträge **C 7** 61
– EuInsVO – Aufrechnung **C 7** 62
– EuInsVO – COMI – juristische Personen **C 7** 63
– EuInsVO – COMI – natürliche Personen **C 7** 64
– EuInsVO – Datenschutz **C 7** 65
– EuInsVO – Dingliche Rechte **C 7** 66
– EuInsVO – Durchführungsverordnung **C 7** 79
– EuInsVO – Eigentumsvorbehaltsrechte **C 7** 67
– EuInsVO – Forderungsanmeldung – Formular **C 7** 70
– EuInsVO – Forderungsanmeldung – Sprache **C 7** 69
– EuInsVO – Forderungsanmeldung – Unterrichtung der Gläubiger **C 7** 68
– EuInsVO – Gesetzgebung **C 7** 71
– EuInsVO – Insolvenzfähigkeit **C 7** 72
– EuInsVO – Insolvenzgrund **C 7** 74
– EuInsVO – Insolvenzregister **C 7** 73
– EuInsVO – Konzerninsolvenzen (= Unternehmensgruppe) **C 7** 75
– EuInsVO – Rechtsstreitigkeiten – Wirkung auf anhängige **C 7** 76
– EuInsVO – Sicherungsmaßnahmen **C 7** 77
– EuInsVO – Überprüfungsklausel **C 7** 80
– EuInsVO – Zeitlicher Anwendungsbereich **C 7** 78
– Europäische Gemeinschaft (Begrifflichkeiten) **C 7** 14
– Europäische Union (Begrifflichkeiten) **C 7** 17
– Europäischer Gerichtshof (Begrifflichkeiten) **C 7** 18
– EWR-Abkommen (Begrifflichkeiten) **C 7** 19
– Formelles Recht (Begrifflichkeiten) **C 7** 20
– Forum shopping (Begrifflichkeiten) **C 7** 21
– Gerichtsstand bei Anfechtungsklagen außerhalb EU **C 7** 81
– Gerichtsstand bei Anfechtungsklagen nnerhalb EU **C 7** 82
– Gerichtsstand bei Zahlungsklagen gegen ausländische Käufer in der EU **C 7** 83
– Gesamtverfahren (Begrifflichkeiten) **C 7** 22
– Gesellschaftsformen **C 7** 1
– Gesellschaftsrechtliche Insolvenzantragspflicht (Begrifflichkeiten) **C 7** 23
– Gesellschaftsstatut (Begrifflichkeiten) **C 7** 24
– GOI **C 7** 114
– Hauptinsolvenzverfahren – Ort **C 7** 100
– Hauptinsolvenzverfahren – Voraussetzung **C 7** 101

– Hauptinsolvenzverfahren – Wirkung C 7 102
– Insolvenzrechtliche Antragspflicht (Begrifflichkeiten) C 7 25
– Insolvenzstatut (Begrifflichkeiten) C 7 26
– Kollisionsnorm (Begrifflichkeiten) C 7 28
– Kompetenzkonflikt (Begrifflichkeiten) C 7 29
– Lex fori concursus (Begrifflichkeiten) C 7 30
– Lex fori processus (Begrifflichkeiten) C 7 31
– Lex rei sitae (Begrifflichkeiten) C 7 32
– Liquidation (Begrifflichkeiten) C 7 33
– Literaturtipp C 7 84
– Ltd. = Private Limited Company C 7 115
– Materielles Recht (Begrifflichkeiten) C 7 34
– Niederlassung = establishment (Begrifflichkeiten) C 7 35
– Niederlassungsfreiheit (Begrifflichkeiten) C 7 36
– ordre public (Begrifflichkeiten) C 7 37
– Ordre public-Vorbehalt (Begrifflichkeiten) C 7 38
– Partikularinsolvenzverfahren – Ort C 7 105
– Partikularinsolvenzverfahren – Antragsberechtigung C 7 103
– Partikularinsolvenzverfahren – Definition C 7 104
– Partikularinsolvenzverfahren – Umwandlung C 7 106
– Partikularinsolvenzverfahren – Voraussetzung C 7 107
– Partikularinsolvenzverfahren – Zusammenarbeit der Verwalter C 7 108
– Primärrecht (Begrifflichkeiten) C 7 39
– Prioritätsprinzip (Begrifflichkeiten) C 7 40
– Rechtsgrundlage – AEUV C 7 92
– Rechtsgrundlage – AVAG C 7 93
– Rechtsgrundlage – EGBGB C 7 94
– Rechtsgrundlage – EGInsO C 7 95
– Rechtsgrundlage – EuGVVO C 7 96
– Rechtsgrundlage – EuInsVO – (EU) 2015/848 C 7 97
– Rechtsgrundlage – InsO C 7 98
– Rechtsgrundlage – Internationales Insolvenzrecht C 7 99
– Rechtsprechung C 7 116
– Sachnorm (Begrifflichkeiten) C 7 41
– Sanierung (Begrifflichkeiten) C 7 42
– Sekundärinsolvenzverfahren – Antragsberechtigung C 7 109
– Sekundärinsolvenzverfahren – Definition C 7 110
– Sekundärinsolvenzverfahren – Forderungsanmeldung C 7 111
– Sekundärinsolvenzverfahren – Voraussetzung C 7 112
– Sekundärinsolvenzverfahren – Zusicherungen C 7 113
– Sekundärrecht (Begrifflichkeiten) C 7 43
– Suchportal für Anwälte C 7 117
– Territorialprinzip (Begrifflichkeiten) C 7 44
– Universalitätsprinzip (Begrifflichkeiten) C 7 45
– Unternehmensregister C 7 118
– Verbraucherinsolvenzverfahren C 7 119
– Verfahrensrecht (Begrifflichkeiten) C 7 46
Ausschüttung – Vorbereitung durch Sachbearbeiter C 8
Ausschüttungsbericht C 9
– Aufbau des Berichtes C 9 1
– Auszahlungen C 9 11
– Entwurf C 9 4
– Fertigstellung des Berichtes C 9 15
– Frist zur Vorlage C 9 2
– Hinterlegung C 9 13
– Masselosigkeit C 9 8
– Masseunzulänglichkeit C 9 9
– Nicht liquidiertes Vermögen C 9 10
– Nullkontostellung C 9 12
– Nullquote C 9 14
– Original-Kontoauszüge C 9 16
– Rangfolge C 9 5
– Rückstellungen C 9 6
– Simulation Kontoauflösung C 9 7
– Verbraucherinsolvenzverfahren C 9 19
– Verfahrensbeendigung C 9 17
– Vorbereitung der Ausschüttung C 9 3
– Wiedervorlagen C 9 18
Außenhaftung C 29 2
Aussonderungsrechte C 10
– Abholung C 10 18
– Ablösung C 10 19
– Archivierung C 10 10
– Aufforderung an Gläubiger C 10 6
– Beispiel: Eigentumsvorbehalt C 10 2
– Beispiel: Leasing C 10 3
– Beispiel: Leihe C 10 4
– Beispiel: Miete C 10 5
– Datenerfassung C 10 9
– Durchsicht der Unterlagen C 10 8
– Eigentumsvorbehalt – einfacher C 10 26
– Eigentumsvorbehalt – erweiterter C 10 27
– Eigentumsvorbehalt – Literaturtipp C 10 29
– Eigentumsvorbehalt – verlängerter C 10 28
– Eigentumsvorbehaltsrechte – allgemein C 10 25
– Ersatzabsonderungsrecht – Prüfungsergebnis C 10 22
– Ersatzabsonderungsrecht – Nachweis C 10 21
– Ersatzaussonderungsrecht C 10 23
– Fotos C 10 16
– Gesetzliche Grundlagen C 10 1
– GOI C 10 24
– Herausgabe – vorläufige Verwaltung C 10 13
– Herausgabe – Zeitpunkt C 10 12
– Herausgabe: »Freigabeerklärung« und Abholung C 10 17
– Nachweis des Eigentumsverhältnisses C 10 7
– Nutzungsausfallentschädigung C 10 14
– Sicherstellung C 10 11
– Verbraucherinsolvenzverfahren C 10 33
– Vergütungsrecht C 10 32
– Verjährung C 10 31
– Verzichtserklärung C 10 20
– Warenverarbeitung C 10 30
– Wertverlust C 10 15
Austauschpfändung (Fahrzeuge) C 19 28

Bank C 11
– Anfechtungsanspruch C 11 13
– Archivierung von Unterlagen C 11 2
– Bankschließfach C 11 12
– Beibringung der Unterlagen C 11 3
– Freigabe – Girokonten C 22 41 ff.
– Girokonto-Anspruch für Verbraucher C 11 17
– GOI C 11 6
– Handlungen des Schuldners C 11 15
– Konten – natürliche Personen C 11 9
– Kontoguthaben – Einziehung – eröffnetes Verfahren C 11 8
– Kontoguthaben – Einziehung – vorl. Verwaltung C 11 7
– Kontokorrentkonto – Verrechnung C 11 14
– Kontoverträge C 11 5
– Lastschriftenwiderruf C 11 18
– Schweigepflichtentbindungs-erklärung C 11 4
– Sepa C 11 19
– Sparguthaben C 11 11
– Sparkonto C 11 10
– Treuhandkontoführung C 11 1
– Wiedervorlagen C 11 16
– Zahlungsdiensterecht C 11 20
Beendigung des Insolvenzverfahrens
– Aktenablage C 12 23
– Arbeitsschritte bis zur Beendigung C 12 1
– Aufhebung / Einstellung C 12 20

– Ausschüttungsbericht **C 12** 17
– Bestallungsurkunde **C 12** 18
– Forderungsanmeldung – weitere **C 12** 2
– Gerichtliche Verfügungen **C 12** 7
– Gerichtskostenrechnung **C 12** 8
– Originalkontoauszüge – Rücksendung **C 12** 19
– Rechnung **C 12** 4
– Schlussrechnung – Änderung **C 12** 9
– Schlusstermin – mündlich **C 12** 10
– Schlusstermin – schriftlich **C 12** 11
– Statistikgesetz **C 12** 22
– Terminprotokoll **C 12** 13
– Terminvorbereitung **C 12** 12
– Treuhandkonto – Auflösung: jur. Person **C 12** 15
– Treuhandkonto – Auflösung: natürliche Person **C 12** 16
– Verfahrensstatus **C 12** 21
– Vergütungsantrag – Ergänzung **C 12** 6
– Vergütungsbeschluss **C 12** 3
– Verteilung / Ausschüttung **C 12** 14
– Vorsteuererstattung **C 12** 5
Beendigung des Verfahrens C 12
Beherrschungs- und Gewinnabführungsvertrag C 29 3
Beraterhaftung C 30 21
Bericht zur 1. GV
– Einreichung – Zeitpunkt **C 13** 2
– Inhalt **C 13** 1
Berichte C 13
– Archivierung **C 13** 15, 26
– Aussagen (= Inhalt) **C 13** 4, 17
– Entwurf **C 13** 6, 18
– Fortführungsaussichten **C 13** 9
– Gliederungspunkte **C 13** 7, 19
– GOI **C 13** 3
– Gutachtentext – Nutzung **C 13** 5
– Haftungsansprüche **C 13** 10
– Informationsquellen **C 13** 20
– Insolvenzplanverfahren **C 13** 11
– Stichtag für die Angaben **C 13** 14, 22
– Tabellenform **C 13** 23
– Verfahrensüberblick **C 13** 12, 24
– Verzeichnisse §§ 151 – 153 InsO **C 13** 13, 25
– Zusammenstellung weiterer Infos **C 13** 8, 21
Berichte – Ausschüttungsberichte
– Inhalt **C 13** 29
Berichte – erster in Kleinverfahren
– Einreichung – Zeitpunkt **C 13** 16
Berichte – RSB-Phase
– Inhalt **C 13** 30
Berichte – Sachstandsberichte
– Inhalt **C 13** 27
Berichte – Schlussberichte
– Inhalt **C 13** 28
Berichtigungen in der Tabelle
– grundsätzliches **C 38** 61
– Information an das Insolvenzgericht **C 38** 63
– Vorgehen in der Software **C 38** 62
Beschwerde (sofortige) C 59 12 ff.
Besonderes elektronisches Postfach (= beA)
Bestallungsurkunde C 12 18
Betriebsfortführung C 14
– Arbeitnehmer **C 14** 4
– Arbeitnehmerliste **C 14** 5
– Aus- und Absonderungsgläubiger **C 14** 11
– Auslandslieferanten **C 14** 48
– Bankkonten – Briefkopf **C 14** 17
– Bankkonten – Guthaben **C 14** 20
– Bauabzugssteuer **C 14** 49
– Betriebsnummer **C 14** 22
– Datev-Buchhaltung **C 14** 40
– Due Diligence **C 14** 50
– Eigentumsvorbehaltsware **C 14** 51
– Einkommen »Geschäftsführer« **C 14** 52
– Einzelermächtigung – Antrag **C 14** 28
– Einzelermächtigung – grundsätzlich **C 14** 27
– Einzelermächtigung – Gruppenprojekt **C 14** 29
– elektronische Rechnungen **C 14** 53
– Forderungseinzug **C 14** 16
– Fortführungs-/ Fortbestehensprognose **C 14** 3
– Fortführungsaussichten **C 14** 21
– Freigabe der Selbständigkeit **C 14** 54
– Geschäftsführer **C 14** 55
– Gesetzlicher Auftrag **C 14** 1
– Gewerbeuntersagung **C 14** 56
– GOI **C 14** 2
– Haftpflichtversicherung – gesonderte **C 14** 33
– Informationen an Kunden und Lieferanten **C 14** 24
– Insolvenzgeldvorfinanzierung **C 14** 6
– Inventur **C 14** 10
– Kasse **C 14** 23
– Kündigungen **C 14** 7
– Liquiditätsplan **C 14** 41
– Lohn- und Finanzbuchhaltung **C 14** 39
– M & A – Prozess **C 14** 57
– Mietverhältnis **C 14** 34
– Natürliche Person **C 14** 58
– Planungsrechnung **C 14** 42
– Rechnungen an Dritte **C 14** 18
– Rechnungen an öffentliche Auftraggeber **C 14** 19
– Rechnungen von Dritten **C 14** 32
– Sanierungsmöglichkeiten **C 14** 59
– schuldbefreiende Wirkung **C 14** 60
– Stilllegung – Betrieb **C 14** 61
– Stilllegung – Einzug von Vermögensgegenständen **C 14** 47
– Tätigkeitsvermerke **C 14** 45
– Treuhandkonto – Anlage **C 14** 12
– Treuhandkonto – Buchung **C 14** 13
– Treuhandkonto – EV-Rechte **C 14** 14
– Treuhandkonto – Steuerverbindlichkeiten **C 14** 15
– Unterhaltszahlung **C 14** 62
– Unternehmensverkauf **C 14** 63
– Verbraucherinsolvenzverfahren **C 14** 64
– Versicherungsprämien **C 14** 35
– Versicherungsverträge **C 14** 36
– Versorgungsunternehmen – Zählerstände **C 14** 8
– Versorgungsunternehmen – Zahlungsweise **C 14** 9
– Vertragsverhältnisse **C 14** 37
– Vorkassezahlungen **C 14** 30
– Wirtschaftliche Verhältnisse **C 14** 44
– Zahlungsüberblick **C 14** 38
– Zahlungszusicherung – allgemein **C 14** 25
– Zahlungszusicherung – Ausgleich **C 14** 31
– Zahlungszusicherung – Überblick **C 14** 26
– Zusätzliche Tätigkeiten **C 14** 46
Betriebskostennachforderung C 39 99
Betriebsnummer C 5 7
Blankettbeschluss C 55 5
Buchungssätze
– Halbjahresbericht – Prüfung **C 32** 12
– Inhalte **C 69**

Cash-Pooling C 29 4

Debitoreneinzug C 21
debt-equity-swap C 37 28

Deliktforderung
– Anmeldung d. Krankenkassen **C 39** 97
– Prüfung **C 39** 94 ff.
– Rechtsgrundlagen **C 39** 94
– Sachvortrag **C 39** 96
– Vollstreckungsbescheid **C 39** 95
– Vollstreckungsmöglichkeit **C 80** 17
Dienstfahrzeug **C 16** 45
Dienstleister **C 24** 14
Differenzhaftung **C 29** 5
Differenzlohn
– Arbeitnehmer des schuldnerischen Betriebes **C 5** 32
– Schuldner als Arbeitnehmer **C 16** 46
Drittelfrist **C 38** 12
Durchgriffshaftung **C 29** 6

Eigentumsvorbehalt
– einfacher **C 10** 26
– erweiterter **C 10** 27
– Literaturtipp **C 10** 29
– Rechte – allgemein **C 10** 25
– verlängerter **C 10** 28
Eigentumswohnung **C 33** 57
Eigenverwaltung **C 15**
– Absonderungsrechte **C 15** 31
– Anfechtung **C 15** 16
– Antragsablehnung **C 15** 32
– Antragsrücknahme **C 15** 33
– Antragsvoraussetzung **C 15** 34
– Berichtstermin **C 15** 27
– Betriebsfortführung **C 15** 3
– Einzelermächtigung in der vorläufigen Eigenverwaltung **C 15** 8
– Eröffnungsverfahren **C 15** 5
– ESUG **C 15** 35
– Gesetzliche Regelungen **C 15** 1
– Gläubigerausschuss **C 15** 36
– Gläubigerversammlung **C 15** 28
– GOI **C 15** 2
– Grundstücke – Insolvenzvermerk **C 15** 17
– Gutachtenerstellung **C 28** 29
– Haftungsinanspruchnahme **C 15** 18
– Insolvenzgeldvorfinanzierung **C 15** 19
– Insolvenzplan **C 15** 20
– Insolvenztabelle **C 15** 21
– Kassenführung **C 15** 13
– Konzerninsolvenz **C 15** 37
– Lebensführung **C 15** 22
– Masseunzulänglichkeit **C 15** 38
– Masseverbindlichkeiten – eröffnetes Verfahren **C 15** 25
– Masseverbindlichkeiten – Eröffnungsverfahren **C 15** 7
– Nachteilsmeldung **C 15** 14
– Neuerungen durch ESUG **C 15** 39
– Organhaftung **C 15** 40
– Prozesskostenhilfe **C 15** 41
– Rechnungslegung **C 15** 29
– Rechtsstreit **C 15** 23
– Sachwalter – allgemein **C 15** 42
– Sachwalter – Aufgaben **C 15** 9
– Sachwalter – Aufgaben als vorläufiger SW **C 15** 6
– Sanierungsberater **C 15** 43
– Schlussbericht **C 15** 44
– Schuldnertätigkeiten – Überblick **C 15** 11
– Schutzschirmverfahren **C 15** 45
– Verbraucherinsolvenzverfahren **C 15** 46
– Vergütung – eröffnetes Verfahren **C 15** 48
– Vergütung – Auslagen **C 15** 49
– Vergütung – vorläufige Eigenverwaltung **C 15** 47
– Verteilungen **C 15** 30
– Vertragsverhältnisse **C 15** 24
– Verwertungstätigkeit **C 15** 12
– Verzeichnisse **C 15** 26
– Vollstreckungsverbot **C 15** 15
– Zielsetzung der Eigenverwaltung **C 15** 4
– Zustimmungsvorbehalt **C 15** 10
Einkommen **C 16**
– Abfindungen **C 16** 35
– Abfindungen – Schutzantrag **C 16** 36
– Abgeordnete **C 16** 37
– Abtretung – allgemein **C 16** 38
– Anträge auf Abänderung **C 16** 4
– Arbeitgeber – Anschreiben **C 16** 5
– Arbeitsagentur – Anschreiben **C 16** 6
– Arbeitskraft des Schuldners **C 16** 39
– Arbeitsplatzsuche **C 16** 40
– Aufrechnung **C 16** 41
– Auskunftspflicht des Schuldners **C 16** 1
– Ausland – Ausgangssituation **C 7** 47
– Ausland – Einkommenserzielung **C 16** 42
– Ausland – Pfändungsfreibetrag **C 7** 48
– Ausland – Pfändungsvorschriften **C 7** 49
– Ausland – Schutzantrag **C 7** 50
– bedingt pfändbare Bezüge **C 16** 43
– Bruttomethode – Berechnungsbeispiel **C 16** 44
– Dienstfahrzeug **C 16** 45
– Differenzlohnansprüche **C 16** 46
– Direktversicherung – Neuabschluss **C 16** 47
– Eigenabführung **C 16** 9
– Einzugsrecht – eröffnetes Verfahren **C 16** 2
– Einzugsrecht – RSB-Phase **C 16** 3
– Entgeltumwandlung **C 16** 48
– Erwerbsobliegenheit – eröffnetes Verfahren **C 16** 49
– Erwerbsobliegenheit – RSB-Phase **C 16** 50
– Gehaltsabrechnungen **C 16** 21
– Herabsetzung Pfändungsfreigrenze **C 16** 51 f.
– Immobiliennutzung – unentgeltlich **C 16** 53
– Kinder – Berücksichtigung bei beiden Ehepartnern **C 16** 13
– Kinder – tatsächliche Zahlung Unterhalt **C 16** 54
– Kinder – Wegfall Unterhaltspflicht **C 16** 55
– Kinderbetreuung **C 16** 56
– Kindergeld **C 16** 57
– Krankenhaustagegeld **C 16** 58
– Krankenversicherungsbeiträge **C 16** 59
– Leistungsbefreiung Drittschuldner **C 16** 7
– Leistungsbefreiung in der RSB-Phase **C 16** 8
– Literaturtipp **C 16** 33
– Lohnabrechnungen **C 16** 60
– Lohnersatzleistungen **C 16** 61
– Mehrere Einkommen **C 16** 30
– Nachzahlungen **C 16** 62
– Nettomethode – allgemein **C 16** 22
– Nettomethode – Berechnung **C 16** 23
– Nettomethode – Berechnungsbeispiel **C 16** 63
– Nettomethode – Gegenteil Bruttomethode – Beispiel **C 16** 64
– Neuerwerb **C 16** 65
– Pfändbare Einkommensanteile – fehlerhafte Zahlung **C 16** 29
– Pfändbare Einkommensanteile – Berechnung **C 16** 25
– Pfändbare Einkommensanteile – Prüfung **C 16** 28
– Pfändbare Einkommensanteile – RSB-Erteilung **C 16** 31
– Pfändungsfreigrenze **C 16** 26
– Pfändungsmaßnahme **C 16** 66
– Pfändungsschutzantrag **C 16** 67
– Pfändungstabelle **C 16** 27
– Prüfungsvermerk **C 16** 32

– Rentenbezüge **C 16** 68
– Selbständige Tätigkeit **C 16** 69
– Sozialleistungen **C 16** 70
– Steuerklasse – allgemein **C 16** 16
– Steuerklasse – Aufforderung zur Änderung **C 16** 17
– Steuerklasse – Ausgleich ohne Änderung **C 16** 18
– Steuerklasse – Steuererstattung **C 16** 19
– Steuerklasse – Überblick **C 16** 20
– Strafgefangene **C 16** 71
– Taschengeldanspruch **C 16** 72
– Unpfändbare Einkommensanteile **C 16** 73
– Unpfändbare Einkommensanteile – Berechnung **C 16** 24
– Unterhaltspflicht – Zahlungsnachweis **C 16** 75
– Unterhaltspflichten – allgemein **C 16** 10
– Unterhaltspflichten – Angaben **C 16** 11
– Unterhaltspflichten – Antrag auf Nichtberücksichtigung **C 16** 15
– Unterhaltspflichten – Einkommensgrenzen **C 16** 14
– Unterhaltspflichten – Hartz-IV-Leistungen **C 16** 74
– Unterhaltspflichten – Kinder **C 16** 12
– Urlaub – drei Begrifflichkeiten **C 16** 78
– Urlaubsabgeltung **C 16** 76
– Urlaubsgeld **C 16** 77
– Vermögenswirksame Leistungen **C 16** 79
– Verpfändung **C 16** 80
– Verschleiertes Einkommen – allgemein **C 16** 81
– Verschleiertes Einkommen – Geltendmachung **C 16** 82
– Weitere Aspekte **C 16** 34
– Zuschläge **C 16** 83
Einkommenssteuer
– (s. Checkliste Steuerangelegenheiten) **C 66** 39 ff.
Einzelermächtigung
– Antrag **C 14** 28
– grundsätzlich **C 14** 27
– Gruppenprojekt **C 14** 29
– Insolvenzgeldvorfinanzierung **C 36** 14
– Schutzschirmverfahren **C 64** 10
– vorläufige Eigenverwaltung **C 15** 8
Energieausweis C 33 36
Erinnerung C 59 19 ff.
Eröffnungsbeschluss jur. Person C 17
– Absonderungsrechte **C 17** 30
– Akteneinlagerung **C 17** 39
– Arbeitsverhältnisse **C 17** 25
– Auftragsannahme **C 17** 5
– Auskunftspflichten **C 17** 46
– Aussonderungsrechte **C 17** 31
– Bankkonten **C 17** 15
– Berichtsentwurf **C 17** 44
– Beschlusskontrolle **C 17** 4
– Besonderes elektronisches Postfach (= beA) **C 17** 48
– Betriebsfortführung **C 17** 32
– Datenerfassung **C 17** 3
– Finanzamt **C 17** 17
– Forderungseinzug **C 17** 13
– Gerichtliches Anschreiben **C 17** 6
– Gewerbeabmeldung – allgemein **C 17** 20
– Gewerbeabmeldung – Vorgehen **C 17** 21
– Gläubigeraufforderung zur Anmeldung **C 17** 11
– GOI **C 17** 47
– Grundstücksbestand **C 17** 18
– Handelsregister **C 17** 19
– Handwerkskammer **C 17** 22
– Informationsfreiheitsgesetz **C 17** 23
– Insolvenzgeld **C 17** 26
– Insolvenzgeldvorfinanzierung **C 17** 27
– Insolvenzplanverfahren **C 17** 34
– Insolvenztabelle **C 17** 12
– Kontokorrentkonto – Verrechnung **C 17** 16
– Masseunzulänglichkeit **C 17** 29
– Meldung zu schwerbehinderten Arbeitnehmern **C 17** 28
– Rechnungslegungspflicht – vorl. Verwaltung **C 17** 35
– Rechtsstreit – Aussetzungsantrag **C 17** 37
– Rechtsstreit – Definition **C 17** 36
– Rechtsstreit – weiteres **C 17** 38
– Selbständige Tätigkeit **C 17** 41
– Sicherstellung **C 17** 9
– Sicherungsmaßnahmen – Überblick **C 17** 8
– Termine und Fristen **C 17** 2
– To-Do-Liste **C 17** 42
– Treuhandkonto **C 17** 10
– Vermögenswerte **C 17** 40
– Vertragsverhältnisse **C 17** 33
– Vollstreckungsmaßnahmen – Anfrage **C 17** 24
– weitere Abwicklung **C 17** 45
– Wiedervorlagen **C 17** 43
– Zustellungsnachweis **C 17** 14
Eröffnungsbeschluss natürliche Person C 18
– Absonderungsrechte **C 18** 21
– Akteneinlagerung **C 18** 27
– Arbeitsschritte – erste **C 18** 1
– Arbeitsverhältnisse **C 18** 24
– Auskunftspflichten **C 18** 41
– Aussonderungsrechte **C 18** 22
– Berichtsentwurf **C 18** 9
– Beschlusskontrolle **C 18** 2
– Besonderes elektronisches Postfach (= beA) **C 18** 43
– Besprechung mit dem Schuldner **C 18** 15
– Betriebsfortführung **C 18** 34
– Einkommenssteuererklärung **C 18** 18
– Einkommensverhältnisse **C 18** 17
– freiwillige Zahlungen **C 18** 16
– Gerichtliches Anschreiben **C 18** 6
– Gerichtsakte – allgemein **C 18** 7
– Gerichtsakte – Daten **C 18** 8
– Gewerbeabmeldung **C 18** 20
– Gläubiger – weitere **C 18** 35
– GOI **C 18** 42
– Grundstücksbestand **C 18** 11
– Handwerkskammer **C 18** 12
– Informationsfreiheitsgesetz **C 18** 13
– Inhaltsverzeichnis **C 18** 10
– Insolvenzgeld **C 18** 25
– Insolvenzgeldvorfinanzierung **C 18** 26
– Insolvenzplanverfahren **C 18** 33
– Insolvenztabelle **C 18** 14
– Kontoauszüge **C 18** 19
– Masseunzulänglichkeit **C 18** 28
– Rechnungslegungspflicht – vorl. Verwaltung **C 18** 29
– Rechtsstreit – Aussetzungsantrag **C 18** 31
– Rechtsstreit – Definition **C 18** 30
– Rechtsstreit – weiteres **C 18** 32
– Selbständige Tätigkeit **C 18** 36
– Sicherstellung **C 18** 5
– Sicherungsmaßnahmen – Überblick **C 18** 4
– Termine und Fristen **C 18** 3
– To-Do-Liste **C 18** 38
– Vermögenswerte **C 18** 37
– Vertragsverhältnisse **C 18** 23
– weitere Abwicklung **C 18** 40
– Wiedervorlagen **C 18** 39
Eröffnungsvoraussetzungen
– Regelinsolvenz **C 60** 6
– Verbraucherinsolvenz **C 70** 7

Ersatzabsonderung C 2 44
Ersatzaussonderungsrecht C 10 23
Erschließungskosten C 33 58
Erwerbsobliegenheit
– eröffnetes Verfahren C 16 49
– RSB-Phase C 16 50
– selbständige Tätigkeit – eröffnetes Verfahren C 65 16
– selbständige Tätigkeit – RSB-Phase C 65 17
– selbständige Tätigkeit – Umfang C 65 18
EuInsVO
– allgemein C 7 51
– Änderungen seit 2017 C 7 52
– Anerkennung der Insolvenzverfahren C 7 53
– Anfechtung C 7 54
– Anwendbares Recht C 7 55
– Anwendungsbereich – allgemein C 7 56
– Anwendungsbereich – persönlich C 7 57
– Anwendungsbereich – räumlich (COMI) C 7 58
– Anwendungsbereich – räumlich bei einer Niederlassung C 7 59
– Anwendungsbereich – sachlich C 7 60
– Arbeitsverträge C 7 61
– Aufrechnung C 7 62
– COMI – juristische Personen C 7 63
– COMI – natürliche Personen C 7 64
– Datenschutz C 7 65
– Dingliche Rechte C 7 66
– Durchführungsverordnung C 7 79
– Eigentumsvorbehaltsrechte C 7 67
– Forderungsanmeldung – Formular C 7 70
– Forderungsanmeldung – Sprache C 7 69
– Forderungsanmeldung – Unterrichtung der Gläubiger C 7 68
– Gesetzgebung C 7 71
– Insolvenzfähigkeit C 7 72
– Insolvenzgrund C 7 74
– Insolvenzregister C 7 73
– Konzerninsolvenzen (= Unternehmensgruppe) C 7 75
– Rechtsstreitigkeiten –Wirkung auf anhängige C 7 76
– Sicherungsmaßnahmen C 7 77
– Überprüfungsklausel C 7 80
– Zeitlicher Anwendungsbereich C 7 78
Existenz vernichtender Eingriff C 29 7

Fahrzeuge C 19
– Abmeldung – elektronisch C 19 27
– Absonderungsrechte C 19 11
– Archivierung bei jur. Pers. C 19 1
– Archivierung bei natürl. Pers. C 19 2
– Auslösung C 19 14
– Aussonderungsrechte C 19 12
– Austauschpfändung C 19 28
– Betriebsfortführung C 19 10
– Bewertung C 19 13
– Eigentum C 19 7
– Fahrzeugbrief C 19 29
– Fahrzeugschein C 19 30
– Freigabe C 22 34 ff.
– Freigabe – allgemeine C 19 15
– Kfz-Steuer C 19 16
– Kfz-Steuer – Zuständigkeit C 19 31
– Kfz-Zulassungsstelle C 19 3
– Sicherstellung – Betriebseinstellung C 19 4
– Sicherstellung – Betriebsfortführung C 19 5
– Sicherstellung – Vollständigkeit C 19 6
– Umsatzsteuer – jur. Pers. C 19 19
– Umsatzsteuer – natürl. Pers. C 19 20
– Unfallschaden C 19 32
– Unpfändbarkeit – Fahrzeugkosten C 19 22
– Unpfändbarkeit – grundsätzliches C 19 21
– Unpfändbarkeit – Kfz-Steuer C 19 23
– Unpfändbarkeit – Wegfall C 19 24
– Verbraucherinsolvenzverfahren C 19 26
– Verkauf durch Schuldner C 19 25
– Verwertung – durch Dritte C 19 17
– Verwertung – eigene C 19 18
– Werkunternehmerpfandrecht C 19 33
– Zulassung neuer Fahrzeuge C 19 34
– Zulassungsbescheinigung I C 19 8
– Zulassungsbescheinigung II C 19 9
Faktischer Geschäftsführer C 29 8
Fiktives Einkommen (Selbständige) C 65 13
Finanzamt C 20
– Anfechtungsansprüche C 4 61 ff.
– Archivierung – jur. Person C 20 3
– Archivierung – natürl. Person C 20 4
– Erstanschreiben C 20 1
– Fristen C 20 7
– Informationsfreiheitsgesetz C 20 6
– Kontoauszug C 20 5
– Nachtragsverteilung C 20 12
– Posteingänge C 20 8
– Steuererklärungen – jur. Pers. C 20 9
– Steuererklärungen – natürl. Pers. C 20 10
– Steuerguthaben C 20 11
– Steuernummer C 20 2
– Verbraucherinsolvenzverfahren C 20 13
Forderungsanmeldungen C 38 17 ff.
Forderungseinzug C 21
– Adressermittlung C 21 25
– Aktivprozesse – ältere C 21 39
– Allgemein C 21 1
– Archivierung der Unterlagen C 21 6
– Aufrechnungen C 21 40
– Auslandsschuldner C 21 41
– Bauunternehmen C 21 42
– Beendigung C 21 38
– Belege zu den Forderungen C 21 5
– Datenzusammenstellung C 21 2
– Debitorenliste – erste Aktualisierung C 21 4
– Debitorenliste – zweite Aktualisierung C 21 26
– Einziehungsbefugnis – eröffnetes Verfahren C 21 9
– Einziehungsbefugnis – eröffnetes Verfahren – Globalzession C 21 10
– Einziehungsbefugnis – vorläufige Verwaltung C 21 7
– Einziehungsbefugnis – vorläufige Verwaltung – Globalzession C 21 8
– Ermächtigung Dritter C 21 43
– Forderungsanmeldung im Verfahren von Drittschuldnern C 21 24
– Forderungsaufstellung C 21 11
– Forderungsbörse C 21 44
– Gerichtliches Mahnverfahren – Einleitung C 21 31
– Gerichtliches Mahnverfahren – Vorbereitung C 21 29
– Gerichtskostenerstattung C 21 45
– GOI C 21 49
– Mahnlauf – erster C 21 13
– Mahnlauf – zweiter C 21 21
– Mahnverfahren – Gerichtskosten C 21 32
– Neue Debitoren – neue Rechnungen C 21 19
– Prozessverfahren – streitiges C 21 33
– Rechnungen an öffentliche Auftraggeber C 21 20
– Schuldbefreiende Wirkung – Definition C 21 46
– Schuldnerverzeichnis – allgemein C 21 22
– Sicherstellung von Unterlagen C 21 47

– Treuhandkonto einrichten C 21 12
– Umsatzsteuer C 21 17
– Umsatzsteuerberichtigung C 21 16
– Umsatzsteuer-Identifikationsnummer (Umsatzsteuer-ID) C 21 3
– Verjährungsfristen C 21 28
– Verkauf von Forderungen C 21 48
– Vermögensverhältnisse des Drittschuldners prüfen C 21 23
– Vollstreckungsaufträge – Formulare C 21 35
– Wertberichtigungen für Masseverzeichnis C 21 18
– Wiedervorlage – Globalzession C 21 37
– Wiedervorlagen – grundsätzlich C 21 36
– Zahlungen an Sicherungsnehmer (= Bank wg. Globalzession) C 21 27
– Zahlungseingänge kontrollieren C 21 15
– Zustellungsnachweis C 21 14
– Zustimmungserfordernis Gläubigerversammlung C 21 30
– Zwangsvollstreckungsmaßnahme C 21 34

Form Insolvenzantrag C 28 46

Fortführungs-/ Fortbestehensprognose C 14 3

Fortführungswert C 79 33

Fragebogen
– Gutachten C 28 15
– Kleinverfahren C 6 11

Freigabe C 22
– Absonderungsrechte – Adressat C 22 19
– Absonderungsrechte – Art der Freigabe C 22 20
– Absonderungsrechte – Gründe C 22 21
– Absonderungsrechte – Prüfung C 22 22
– Absonderungsrechte – Selbstübernahme C 22 25
– Absonderungsrechte – Umsatzsteuer C 22 24
– Absonderungsrechte – Wiedervorlage C 22 27
– Absonderungsrechte – Feststellungskostenpauschale C 22 23
– Absonderungsrechte – Verbraucherinsolvenzverfahren C 22 26
– Archivierung C 22 10
– Arten C 22 3
– Aussonderungsrechte – Abholung C 22 31
– Aussonderungsrechte – Adressat C 22 28
– Aussonderungsrechte – Art der Freigabe C 22 29
– Aussonderungsrechte – Erledigungsvermerk C 22 32
– Aussonderungsrechte – Prüfung C 22 30
– Aussonderungsrechte – Verbraucherinsolvenzverfahren C 22 33
– Echte Freigabe C 22 11
– Echte Freigabe – Beispiele C 22 12
– Erkaufte Freigabe C 22 13
– Erkaufte Freigabe – Beispiel C 22 14
– Fahrzeuge – Adressat C 22 34
– Fahrzeuge – Arten der Freigabe C 22 35
– Fahrzeuge – Auslösung C 22 38
– Fahrzeuge – Gründe C 22 36
– Fahrzeuge – Prüfung C 22 37
– Fahrzeuge – Überlassung an den Absonderungsgläubiger C 22 40
– Fahrzeuge – Unpfändbarkeit C 22 39
– Form C 22 4
– Gesetzliche Grundlagen C 22 1
– Girokonten – Adressat C 22 41
– Girokonten – Art der Freigabe C 22 42
– Girokonten – Erklärung C 22 43
– Girokonten – Geschäftsbesorgungsverträge C 22 44
– Girokonten – P-Konto C 22 45
– Girokonten – Verbraucherinsolvenzverfahren C 22 46
– Gründe für eine Freigabe allgemein C 22 2
– Grundstücke C 22 53
– Grundstücke – Adressat C 22 47
– Grundstücke – Art der Freigabe C 22 48
– Grundstücke – Aufgabe des Eigentums C 22 63
– Grundstücke – Eigentumswohnung C 22 59
– Grundstücke – Erklärung C 22 50
– Grundstücke – Gemietete Räumlichkeiten C 22 60
– Grundstücke – Gründe für eine Freigabe C 22 49
– Grundstücke – Grundpfandrechtsgläubiger C 22 54
– Grundstücke – Grundsteuer C 22 58
– Grundstücke – Mieter C 22 56
– Grundstücke – Öffentliche Lasten C 22 57
– Grundstücke – Rechtsfolge C 22 52
– Grundstücke – Steuerliche Problematik C 22 61
– Grundstücke – Umfang C 22 51
– Grundstücke – Verbraucherinsolvenzverfahren C 22 64
– Grundstücke – Versicherungsgesellschaft C 22 55
– Grundstücke – Zustimmungserfordernis C 22 62
– Haftung C 22 8
– Inhalt C 22 5
– Modifizierte Freigabe C 22 15
– Modifizierte Freigabe – Beispiel C 22 16
– Prüfungskriterien im Überblick C 22 7
– Rechtsfolge C 22 6
– Selbständige Tätigkeit – Adressat C 22 65
– Selbständige Tätigkeit – Betriebsmittel / Gegenstände C 22 82
– Selbständige Tätigkeit – Erklärung – eröffnetes Verfahren C 22 72
– Selbständige Tätigkeit – Erklärung – RSB-Phase C 22 73
– Selbständige Tätigkeit – Fiktives Einkommen – allgemein C 22 85
– Selbständige Tätigkeit – Fiktives Einkommen – Ermittlung C 22 86
– Selbständige Tätigkeit – Form C 22 74
– Selbständige Tätigkeit – Gründe für eine Freigabe C 22 70
– Selbständige Tätigkeit – Haftung C 22 75
– Selbständige Tätigkeit – Rechtsfolge C 22 77
– Selbständige Tätigkeit – Steuerliche Aspekte C 22 87
– Selbständige Tätigkeit – Veröffentlichung C 22 76
– Selbständige Tätigkeit – Widerruf C 22 88
– Selbständige Tätigkeit – Anwendungsbereich – allgemein C 22 66
– Selbständige Tätigkeit – Anwendungsbereich – sachlich C 22 67
– Selbständige Tätigkeit – Anwendungsbereich – zeitlich C 22 68
– Selbständige Tätigkeit – Arbeitsverhältnisse – Abschluss nach Freigabe C 22 80
– Selbständige Tätigkeit – Arbeitsverhältnisse – Abschluss vor Freigabe C 22 81
– Selbständige Tätigkeit – Arbeitsverhältnisse – Enthaftung C 22 79
– Selbständige Tätigkeit – Betriebsgrundstück C 22 83
– Selbständige Tätigkeit – Betriebsübergang C 22 84
– Selbständige Tätigkeit – Verbraucherinsolvenzverfahren C 22 69
– Selbständige Tätigkeit – Vertragsverhältnisse C 22 78
– Selbständige Tätigkeit – Zustimmungserfordernis C 22 71
– Unechte Freigabe C 22 17
– Unechte Freigabe – Beispiel C 22 18
– Widerruf – Ausschluss C 22 9

Freistellungsauftrag C 74 18

Fristen C 23
– Abschlagsverteilung – Feststellungsklage C 23 1
– Abschlussbericht Treuhänder – RSB-Phase C 23 2
– Absonderungsrecht: Anzeige Veräußerungsabsicht C 23 3
– Anfechtungsansprüche C 23 4, 5
– Anmeldefrist C 23 17
– Antragspflicht für jur. Person C 23 18
– Ausschüttungsbericht C 23 19

– Bericht zur ersten Gläubigerversammlung C 23 20
– Beschwerde C 23 21
– Drittelfrist C 23 22
– Einkommenssteuererklärung (bei natürlichen Personen) (Besteuerungszeitraum ab 01.01.2017) C 23 24
– Einkommenssteuererklärung (bei natürlichen Personen) (Besteuerungszeitraum bis 31.12.2017) C 23 23
– Einkommenssteuerveranlagung (bei natürlichen Personen) C 23 25
– Erinnerung C 23 26
– Feststellungsklagen – Ausschlussfrist zur Erhebung C 23 27
– Forderungsanmeldungen – Verjährung der Ansprüche C 23 28
– Forderungseinzug – Ansprüche gegen Dritte C 23 29
– Freigabe Mietverhältnis C 23 30
– Fristberechnung: Antragstellung – Eröffnung C 23 31
– Gläubigeraufforderung zur Forderungsanmeldung C 23 32
– Gläubigerversammlung / Berichtstermin C 23 33
– Gutachtenfrist C 23 34
– Haftungsansprüche GmbHG C 23 35
– Halbjahresberichtsfrist C 23 36
– Insolvenzantrag C 23 37
– Insolvenzantragspflicht bei juristischen Personen C 23 38
– Insolvenzgeldantrag C 23 39
– Insolvenzgeldvorfinanzierung C 23 41
– Insolvenzgeldzeitraum C 23 40
– Insolvenzplan C 23 42
– Insolvenzplan – nicht angemeldete Forderungen C 23 43
– Jahresabschluss – Offenlegung C 23 46
– Jahresabschluss (große und mittelgroße Kapitalgesellschaften) C 23 44
– Jahresabschluss (kleine Kapitalgesellschaften) C 23 45
– Jahresbericht Treuhänder C 23 47
– Kündigungsfrist (Dienstverhältnisse) C 23 48
– Kündigungsfrist (Mietverhältnis) C 23 49
– Lieferungen und Leistungen – Verjährung C 23 50
– Lohnsteueranmeldung für den Vormonat C 23 51
– Prüfungstermin – Anberaumung C 23 52
– Prüfungstermin – Prüfungsergebnisse C 23 53
– Rechnungslegung C 23 54
– Rechtsmittel C 23 55
– Rückschlagsperre in Regelinsolvenzverfahren C 23 56
– Rückschlagsperre in Verbraucherinsolvenzverfahren C 23 57
– Sachstandsberichte C 23 58
– Sachverständigenvergütung – Verjährung C 23 59
– Schlussbericht C 23 60
– Schlusstermin C 23 61
– Stammeinlage – Verjährung Einzahlungsanspruch C 23 62
– Umsatzsteuererklärung für den Vormonat C 23 63
– Unvollständiger Antrag C 23 64
– Veräußerungsabsicht – Anzeige C 23 65
– Vergütungsantrag C 23 66
– Vergütungsantrag – vorläufige Verwaltung C 23 67
– Verjährungsfrist C 23 68
– Verteilung – Bekanntmachung C 23 69
– Verteilung – RSB-Phase C 23 70
– Verwertungsaufforderung C 23 71
– Verwertungshandlung C 23 72
– Verzeichnisse §§ 151 – 153 InsO C 23 73
– Vorschussvergütungsantrag C 23 74
– Zinsansprüche – Verjährung C 23 75

Gebäudeversicherung C 33 10
Genossenschaftsanteil
– jur. Person C 78 34
– natürliche Person C 78 35
Gerichtsakte C 18 7 f.
Gerichtskosten
– eröffnetes Verfahren C 49 7
– Eröffnungsverfahren C 45 9
Gesellschafterdarlehen – Anfechtung C 4 67
Gesellschaftsformen – Ausland C 7 1
Gewerbeabmeldung
– jur. Pers. – allgemein C 17 20
– jur. Pers. – Vorgehen C 17 21
– nat. Pers. C 18 20
Gewerbesteuer C 66 100
Gläubiger – Kreditoren C 24
– Absonderungsgläubiger C 24 11
– Arbeitnehmer C 24 12
– Archivierung C 24 5
– Aufforderung zur Anmeldung C 24 3
– Auskunftserteilung C 24 7
– Aussonderungsgläubiger C 24 13
– Definition C 24 1
– Dienstleister C 24 14
– Geltendmachung von Haftungsansprüchen C 24 9
– Gläubigerausschuss C 24 21
– Gläubigerdaten C 24 2
– Gläubigerversammlung C 24 6
– GOI C 24 20
– Lieferanten C 24 15
– Massegläubiger C 24 16
– Nachträgliche Forderungsanmeldungen C 24 8
– Nachträgliche Gläubiger C 24 17
– Neugläubiger C 24 18
– Schadensersatz C 24 10
– Schriftverkehr C 24 22
– Verbraucherinsolvenzverfahren C 24 23
– Versagungsantrag C 24 24
– Vertragspartner C 24 19
– Zustellungsnachweis C 24 4
– Zweitinsolvenzverfahren C 24 25
Gläubigerausschuss C 25
– Abschlagsverteilung – Genehmigung C 1 9
– Antragsausschuss – Eröffnungsverfahren C 25 1
– Aufgaben – grundsätzlich C 25 2
– Aufgaben – vorläufiger Ausschuss C 25 3
– Ausschuss-Varianten – Eröffnungsverfahren C 25 4
– Beschlüsse C 25 5
– Besetzung C 25 6
– Einsetzung – eröffnetes Verfahren C 25 7
– Einsetzung – Eröffnungsverfahren C 25 8
– Einsetzungssperre – Eröffnungsverfahren C 25 9
– Entlassung C 25 10
– ESUG C 25 11
– GOI C 25 12
– Haftung C 25 13
– Handlungen C 25 14
– Kann-Ausschuss – Eröffnetes Verfahren C 25 18
– Kann-Ausschuss – Eröffnungsverfahren C 25 15
– Mitglieder C 25 16
– Pflichtausschuss – Eröffnungsverfahren C 25 17
– Pflichtverletzung C 25 19
– Vergütung – allgemein C 25 20
– Vergütung – Ausschluss C 25 21
– Vergütung – Stundensatz – eröffnetes Verfahren C 25 22
– Vergütung – Stundensatz – vorläufiger Ausschuss C 25 23
– Vorläufiger Ausschuss C 25 24
– Wahl des Ausschusses C 25 25
– Wahl eines Insolvenzverwalters C 25 26
– Zusammenarbeit C 25 27
– Zustimmungsbefugnis C 25 28
Gläubigerversammlung C 67 7 ff.

Gläubigerverzeichnis C 26
– Absonderungsgläubiger (Gruppe 2) **C 26** 14
– Aufrechnungsgläubiger (Gruppe 3) **C 26** 15
– Aussonderungsgläubiger (Gruppe 1) **C 26** 13
– Erstellung **C 26** 6
– Fortführung **C 26** 8
– Gesetzliche Grundlage **C 26** 1
– Handelsrechtliche Grundsätze **C 26** 4
– Inhalt **C 26** 7
– Insolvenzgläubiger (Gruppe 6) **C 26** 19
– Liquidation **C 26** 9
– Massegläubiger (Gruppe 4 und 5) **C 26** 16
– Massekosten (Gruppe 5) **C 26** 18
– Masseverbindlichkeit (Gruppe 4) **C 26** 17
– Nachrangige Gläubiger (Gruppe 7) **C 26** 20
– Passiva **C 26** 2
– Reihenfolge **C 26** 12
– Sortierung **C 26** 11
– Stichtag **C 26** 10
– Verbraucherinsolvenzverfahren **C 26** 22
– Zusammenhang der Verzeichnisse §§ 151 – 153 InsO **C 26** 3
– Zweck **C 26** 5
– Zwischensumme **C 26** 21
Globalzession C 26
– Abrechnung **C 27** 21
– Absonderungsrecht **C 27** 1
– Anfechtung – Globalzession **C 27** 12
– Anfechtung – Verrechnung **C 27** 13
– Archivierung **C 27** 17
– Ausfallforderung **C 27** 26
– Definition **C 27** 2
– Einblick in die Globalzession **C 27** 3
– Einziehungsbefugnis – allgemein **C 27** 4
– Einziehungsbefugnis – Erlöschen **C 27** 5
– Einziehungsbefugnis – eröffnetes Verfahren **C 27** 9
– Einziehungsbefugnis – vorläufige Verwaltung **C 27** 7
– Einziehungsbefugnis – Widerruf **C 27** 6
– Ermächtigung Dritter **C 27** 28
– Ersatzabsonderungsrecht **C 27** 29
– Feststellungskostenbeitrag auch bei Zahlung an Absonderungsgläubiger **C 27** 25
– Forderungsverkauf **C 27** 30
– Kollision von Sicherheiten **C 27** 31
– Kontaktaufnahme **C 27** 15
– Konten **C 27** 19
– Kostenbeiträge – eröffnetes Verfahren **C 27** 23
– Kostenbeiträge – vorläufiges Verfahren **C 27** 22
– Leistungsdatum **C 27** 11
– Rechtserwerb **C 27** 14
– Rechtswirksamkeit **C 27** 10
– Umsatzsteuer **C 27** 20
– Verbraucherinsolvenzverfahren **C 27** 32
– Verwertungskostenpauschale **C 27** 24
– Verwertungsvereinbarung **C 27** 16
– Vollstreckungsverbot – vorläufige Verwaltung **C 27** 8
– Wiedervorlagen **C 27** 27
– Zahlungseingänge **C 27** 18
Grundbuch C 33 60
Grundsteuerbeträge C 33 18
Grundstückseigentum C 33
Gutachten C 28
– Abrechnungsfrist **C 28** 37
– Abweisung mangels Masse **C 28** 30
– Abweisung mangels Masse – Vorschusspflicht **C 28** 41
– Anfechtung **C 28** 42
– Anruf beim Richter **C 28** 19
– Anruf beim Schuldner **C 28** 9
– Archivierung **C 28** 5
– Auftrag **C 28** 1
– Auftragsannahme **C 28** 4
– Auskunftspflicht – Angestellte **C 28** 43
– Auskunftspflicht – Schuldner **C 28** 10
– Auskunftspflicht – Vertretungsorgane **C 28** 44
– Besprechung mit dem Schuldner **C 28** 17
– Datenerfassung **C 28** 2
– Eigenverwaltung **C 28** 45
– Entwurf **C 28** 24
– Entwurf – Besprechung mit Schuldner **C 28** 31
– Eröffnungsstichtag **C 28** 18
– Erstanschreiben **C 28** 14
– Form Insolvenzantrag **C 28** 46
– Fragebogen **C 28** 15
– Fristen **C 28** 7
– Gerichtsakte – Inhalt **C 28** 8
– Gerichtsakte – Rücksendung **C 28** 12
– Gläubigerliste **C 28** 39
– Gliederungspunkte **C 28** 25
– GOI **C 28** 47
– Gutachten in der Eigenverwaltung **C 28** 29
– Haftungsansprüche **C 28** 48
– IDW-Standard **C 28** 49
– Inhalt **C 28** 26
– Insolvenzgrund **C 28** 28
– JVEG **C 28** 35
– Kollisionsprüfung **C 28** 3
– Kontoauszug **C 28** 50
– Limited **C 28** 51
– Liquiditätsstatus – Definition **C 28** 52
– Liquiditätsstatus – Inhalt **C 28** 53
– Literaturtipp **C 28** 54
– Nachlassinsolvenzverfahren **C 28** 55
– Querulierender Schuldner **C 28** 22
– Sachverständige **C 28** 56
– Sichtung der übergebenen Unterlagen **C 28** 20
– Staatsanwaltschaft **C 28** 34
– Stammeinlage **C 28** 57
– Statistikbogen **C 28** 33
– Steuerberater **C 28** 58
– Stundenaufstellung **C 28** 36
– Überschuldung **C 28** 59
– Verbraucherinsolvenzverfahren **C 28** 40
– Vermögensübersicht **C 28** 27
– Versendung **C 28** 32
– Vorläufige Verwaltung **C 28** 11
– Vorzulegende Unterlagen **C 28** 16
– Wiedervorlagen **C 28** 38
– Zahlungseinstellung **C 28** 60
– Zahlungsunfähigkeit – Definition **C 28** 61
– Zahlungsunfähigkeit – drohende **C 28** 62
– Zahlungsunfähigkeit – Ermittlung **C 28** 63
– Zwangsmaßnahmen **C 28** 23
– Zwischenbericht **C 28** 21

Haftpflichtversicherung – gesonderte
– Arbeitsschritte für Abschluss **C 76** 33
– Erfordernis für Betriebsfortführung **C 14** 33
– Halbjahresbericht – Prüfung der etwaigen Beendigung **C 32** 21
Haftung
– allgemein **C 29** 9
Haftungsansprüche – Arbeitsschritte C 30
– Anfechtungsansprüche **C 30** 20
– Auskunftsanspruch **C 30** 10
– Begrifflichkeiten **C 30** 3
– Beraterhaftung **C 30** 21

– Eigenverwaltung **C 30** 22
– Forderungsanmeldungen **C 30** 9
– GbR – Haftungsinanspruchnahme **C 30** 23
– Geschäftsführer – Ermittlung **C 30** 5
– Gesellschafter – Ermittlung **C 30** 6
– Gläubigerversammlung – gesonderte **C 30** 18
– Handelsregister **C 30** 7
– Insolvenzgericht – Anfrage **C 30** 13
– Kommanditgesellschaft **C 30** 25
– Limited **C 30** 26
– Literaturtipp **C 30** 33
– Mindergesellschafter (InsO) **C 30** 27
– Nutzungsüberlassung **C 30** 28
– Personengesellschaften **C 30** 29
– Prozesskostenhilfe (= PKH) **C 30** 14
– Rechtsgrundlagen **C 30** 1
– Rückgewähranspruch **C 30** 4
– Schutzschirmverfahren **C 30** 30
– Separierung von Zahlungen nach §§ 92, 93 InsO **C 30** 16
– Stammeinlage **C 30** 31
– Verbraucherinsolvenzverfahren **C 30** 2
– Vereitelungsgefahr – dingl. Arrest **C 30** 8
– Vergleichsabschluss **C 30** 17
– Vergleichserfüllung **C 30** 19
– Verjährungsfristen **C 30** 15
– Vermögensverhältnisse **C 30** 11
– Vollstreckungsportal **C 30** 12
– Wiedervorlagen **C 30** 32
Haftungsansprüche – Begrifflichkeiten C 29
– Altgläubiger **C 29** 1
– Außenhaftung **C 29** 2
– Beherrschungs- und Gewinnabführungsvertrag **C 29** 3
– Cash-Pooling **C 29** 4
– Differenzhaftung **C 29** 5
– Durchgriffshaftung **C 29** 6
– Existenz vernichtender Eingriff **C 29** 7
– Faktischer Geschäftsführer **C 29** 8
– Haftung – allgemein **C 29** 9
– Innenhaftung **C 29** 10
– Insolvenzantragspflicht **C 29** 11
– Insolvenzverschleppung **C 29** 12
– Kollateralschaden **C 29** 13
– MoMiG **C 29** 14
– Neugläubiger **C 29** 15
– Quotenschaden **C 29** 16
– Reinvermögen **C 29** 17
– Überschuldung – Beispiel **C 29** 20
– Überschuldung – bilanziell **C 29** 18
– Überschuldung – insolvenzrechtlich **C 29** 19
– Überschuldungsbilanz **C 29** 21
– Unterbilanz **C 29** 22
– Unterbilanz – Beispiel **C 29** 23
– Unterkapitalisierung **C 29** 24
– Unterkapitalisierung – Beispiel **C 29** 25
– Upstream loan-Leistung **C 29** 26
– Verdeckte Gewinnausschüttung **C 29** 27
– Verdeckte Gewinnausschüttung – Beispiele **C 29** 28
– Verdeckte Sacheinlage **C 29** 29
Haftungsansprüche – einzelne Ansprüche im Überblick C 31
– Bürgschaft **C 31**
– Existenzvernichtung **C 31**
– Faktischer Geschäftsführer **C 31**
– Gesellschafterdarlehen / Rückzahlung **C 31**
– Gründungshaftung **C 31**
– Insolvenzverschleppung **C 31**
– Kapitalerhaltungspflicht **C 31**
– Masseschmälernde Zahlungen **C 31**
– Schadensersatzpflicht **C 31**
– Stammeinlage **C 31**
– Unterbilanzhaftung (Vorbelastungshaftung) **C 31**
– Unternehmergesellschaft (haftungsbeschränkt) **C 31**
– Vermögensvermischung **C 31**
Halbjahresbericht C 32
– Aktenkonto **C 32** 9
– Aktivprozesse **C 32** 18
– Anfechtungsansprüche **C 32** 19
– Anlagen **C 32** 33
– Archivierung **C 32** 34
– Aussagen **C 32** 15
– Belege **C 32** 11
– Berichtszeitraum **C 32** 3
– Betriebsfortführung – Buchungen **C 32** 14
– Buchungssätze **C 32** 12
– Datenaktualisierung **C 32** 4
– Erstellung – erster HJB **C 32** 5
– Erstellung – weiterer HJB **C 32** 6
– Forderungseinzug **C 32** 20
– ForStaB **C 32** 17
– Frist **C 32** 36
– Gliederung **C 32** 8
– GOI **C 32** 2
– Haftpflichtversicherung **C 32** 21
– Insolvenztabelle **C 32** 22
– Internetseite **C 32** 37
– Kassenbestand **C 32** 23
– Masseunzulänglichkeit – alt **C 32** 24
– Masseunzulänglichkeit – neu **C 32** 25
– Masseverbindlichkeiten **C 32** 26
– Neue Vermögenswerte **C 32** 27
– Quotenprognose **C 32** 30
– Steuererklärungen **C 32** 28
– Steuerzahlungen **C 32** 29
– Treuhandkonto **C 32** 10
– Umfang **C 32** 16
– Ungeklärte Posten **C 32** 13
– Verfahrensbeendigung **C 32** 32
– Verfahrensdauer **C 32** 31
– Verzeichnis der Massegegenstände **C 32** 7
– Wiedervorlagen **C 32** 35
– Zweck **C 32** 1
Handelsrechtliche Grundsätze C 26 4
Handelsregister C 17 19
Handwerkskammer
– jur. Pers. **C 17** 22
– nat. Pers. **C 18** 12
Hauptinsolvenzverfahren – Ausland
– Ort **C 7** 100
– Voraussetzung **C 7** 101
– Wirkung **C 7** 102
Hausrat – technische Geräte C 78 39
Herausgabe Aussonderungsgegenstände C 10 12 ff.

IHK-Beiträge C 39 105
Immobilienvermögen C 33
– Absonderungsrechte **C 33** 12
– Absonderungsrechte – ZVG **C 33** 53
– Altlasten **C 33** 54
– Ausland **C 33** 55
– Baulastenverzeichnis **C 33** 5
– Eigentümergrundschuld **C 33** 56
– Eigentumswohnung **C 33** 57
– Einkommensteuer **C 33** 43
– Eintragungsmitteilungen **C 33** 9
– Energieausweis **C 33** 36

– Entscheidung Verwertung versus Freigabe C 33 31
– Erschließungskosten C 33 58
– Erste Ermittlungen C 33 1
– Finanzierungsbestätigung C 33 44
– Flurkarte C 33 34
– Fotos machen C 33 16
– Freigabe – allgemein C 33 32
– Freigabe – konkrete Arbeitsschritte C 22 47 ff.
– Freigabe – Umsatzsteuer C 33 33
– Gebäudeversicherung C 33 10
– Genehmigungserklärung C 33 47
– Gerichtskosten – Verkauf C 33 48
– GOI C 33 59
– Grundbuch – Aufbau C 33 60
– Grundbuchauszug C 33 3
– Grundbuchdaten C 33 4
– Grundpfandrechte C 33 13
– Grundpfandrechte – Verwandte C 33 14
– Grundschuldbriefe C 33 61
– Grundsteuerbeträge C 33 18
– Immobilienkredit C 33 62
– Inhaltsverzeichnis C 33 2
– Insolvenzplanverfahren C 33 63
– Insolvenzvermerk – eröffnetes Verfahren C 33 7
– Insolvenzvermerk – Eröffnungsverfahren C 33 7
– Insolvenzvermerk – Löschung C 33 50
– Insolvenzvermerk – weitere Infos C 33 64
– Kaufpreis – Umsatzsteuer C 33 40
– Kaufpreishöhe C 33 39
– Kaufvertrag – alt C 33 38
– Kaufvertragsabschluss C 33 46
– Literaturtipp C 33 65
– Löschungsanspruch § 1179a BGB C 33 66
– Löschungsbewilligung C 33 45
– Makler C 33 35
– Massebeteiligung – Umsatzsteuer C 33 42
– Massebeteiligung bei Veräußerung C 33 41
– Masseunzulänglichkeit C 33 67
– Mieteinnahmen C 33 25
– Mieteinnahmen – Abtretung C 33 27
– Mieteinnahmen – Umsatzsteuer C 33 26
– Miethöhe C 33 28
– Mietkaution C 33 29
– Mietverhältnis – Kündigung C 33 30
– Mietverträge C 33 24
– Nebenkosten – allgemein C 33 19
– Nebenkosten – Arten C 33 20
– Nebenkosten – Ausgleich C 33 21
– Nutzungsentschädigung C 33 22
– Nutzungsentschädigung – Pfändungsfreigrenze C 33 23
– Pachtzahlungen C 33 68
– Rückgewähranspruch C 33 69
– Rückübertragungsklausel C 33 70
– Sicherung – grundbuchrechtlich C 33 71
– Sicherung – Objekt C 33 17
– Valutastand C 33 11
– Verbraucherinsolvenzverfahren C 33 73
– Verkehrswert C 33 37
– Vertragserfüllung C 33 49
– Verwertungsliste C 33 51
– Wiedervorlagen C 33 52
– Zwangssicherungshypotheken C 33 15, 74
– Zwangsversteigerung C 33 6
– Zwangsversteigerung – allgemein C 33 75
– Zwangsversteigerung – Antrag des Insolvenzverwalters C 33 76
– Zwangsversteigerung – Auswirkung C 33 77
– Zwangsversteigerung – Einstellungsantrag C 33 78
– Zwangsversteigerung – freier Verkauf C 33 79
– Zwangsversteigerung – Miteigentumsanteil C 33 80
– Zwangsversteigerung – Verfahren C 33 81
– Zwangsversteigerung – Zubehörhaftung C 33 82
– Zwangsverwaltung C 33 6
– Zwangsverwaltung – »kalte« C 33 87
– Zwangsverwaltung – allgemein C 33 83
– Zwangsverwaltung – Beendigung C 33 84
– Zwangsverwaltung – Einstellungsantrag C 33 85
– Zwangsverwaltung – Erträge C 33 86
– Zwangsverwaltung – sonstiges C 33 88
Informationsfreiheitsgesetz C 4 17
Informationsquellen für Berichte C 13 20
Inhaltsverzeichnis C 34
– Aktenvermerke C 34 8
– Aktualisierung C 34 5
– Allgemeiner Schriftverkehr C 34 7
– EDV-Führung C 34 1
– Einzelvorgänge C 34 9
– Gutachtenphase C 34 11
– Insolvenzplanverfahren C 34 13
– Muster C 34 3
– Ordnungssystem C 34 2
– Schlussbericht C 34 12
– Schriftverkehr mit Schuldner C 34 10
– Verbraucherinsolvenzverfahren C 34 4
– Vorgänge C 34 6
Inkassodienstleister C 38 35
Inkassokosten C 39 107
Innenhaftung C 29 10
Insolvenzantragspflicht C 29 11
Insolvenzereignis C 35 18
Insolvenzgeld C 35
– Agentur für Arbeit- Gläubigerin C 35 11
– Änderungen der Regelungen im SGB III C 35 15
– Antrag auf Insolvenzgeld – Ausschlussfrist C 35 5
– Arbeitnehmerliste erstellen C 35 4
– Archivierung Unterlagen C 35 3
– Auskunftspflicht C 35 10
– Definition C 35 1
– Finanzierung des Insolvenzgeldes C 35 16
– Forderungsanmeldungen C 35 123
– Geschäftsführer C 35 17
– Insolvenzereignis C 35 18
– Insolvenzgeldbescheinigungen C 35 7
– Insolvenzgeldhöhe C 35 19
– Insolvenzgeldvorfinanzierung C 36
– Insolvenzgeldzeitraum C 35 20
– Literaturtipp C 35 21
– Lohnsteuer – Nullmeldung C 35 8
– Personalunterlagen C 35 2
– Sozialversicherungsbeiträge C 35 9
– Spesen C 35 22
– Verbraucherinsolvenzverfahren C 35 23
– Zeitraum C 35 20
– Zuständigkeit bei Abweisung mangels Masse C 35 14
– Zuständigkeit für Insolvenzgeld C 35 6
Insolvenzgeldbescheinigungen C 35 7
Insolvenzgeldvorfinanzierung C 36
– Abtretungserklärung Arbeitnehmer C 36 22
– Abtretungserklärung – Inhalt C 36 23
– Abtretungserklärung – neu C 36 28
– Arbeitnehmer – Information C 36 8
– Arbeitsplatzerhalt – Voraussetzung C 36 11
– Archivierung von Unterlagen C 36 6
– Auszahlungen C 36 24
– Bearbeitungsgebühr C 36 18

– Betriebsfortführung C 36 7
– Darlehenshöhe C 36 15
– Darlehenskonditionen C 36 16
– Darlehenskonto C 36 21
– Darlehensvertrag C 36 20
– Eigenverwaltung C 36 34
– Einzelermächtigung C 36 14
– Eröffnungsfrist C 36 4
– Finanzierungsrisiko der Bank C 36 31
– Fortführungskonzept C 36 10
– Gesetzliche Regelung C 36 1
– GOI C 36 32
– Insolvenzgeld C 36 5
– Insolvenzgeldantrag Dritter C 36 25
– Insolvenzgeldbescheinigungen C 36 27
– Kontoauflösung C 36 30
– Literaturtipp C 36 33
– Masseverbindlichkeit C 36 13
– Rückzahlung Darlehen C 36 26
– Sicherheit C 36 19
– Verbraucherinsolvenzverfahren C 36 35
– Vereinbarung mit Bank C 36 17
– Voraussetzung C 36 2
– Zinsen C 36 29
– Zustimmung Arbeitsagentur C 36 9
– Zustimmung Betriebsrat C 36 12
– Zweck C 36 3
Insolvenzgläubiger C 26 19
Insolvenzplanverfahren C 37
– Anlagen C 37 24
– Annahme C 37 48
– Archivierung C 37 39
– Aufhebung – Hauptverfahren C 37 63
– Aufhebung – Überwachung C 37 67
– Aufrechnung C 37 54
– Ausschlussklauseln C 37 26
– Beendigung C 37 58
– Bericht zur 1. GV C 37 13
– Berichtigungen C 37 57
– Bestätigungsbeschluss C 37 50
– Bestätigungsbeschluss – Zustellung C 37 51
– Bestrittene Forderungen C 37 27
– Betriebsfortführung C 37 10
– Darstellender Teil C 37 18
– debt-equity-swap C 37 28
– Eröffnungsbeschluss – natürliche Person C 37 5
– Eröffnungsbeschluss jur. Person C 37 4
– Erörterungs- und Abstimmungstermin C 37 47
– ESUG C 37 69
– Gesellschaftsrechtliche Änderungen C 37 29
– Gesetzliche Regelungen C 37 1
– Gestaltender Teil C 37 19
– Gläubigerausschuss C 37 25
– Gläubigergruppe – Arbeitnehmer C 37 21
– Gläubigergruppen – Einteilung C 37 20
– Gläubigergruppen – Verzeichnis C 37 22
– GOI C 37 3
– Grundstücksübertragung C 37 30
– Inhalt Insolvenzplan C 37 6
– Insolvenztabelle C 37 12
– Ladung Beteiligte C 37 43
– Literaturtipp C 37 68
– Masseverbindlichkeiten C 37 59
– Natürliche Personen C 37 2
– Neugläubiger C 37 31
– Niederlegung Insolvenzplan C 37 38
– Obstruktionsverbot C 37 49
– Planerfüllung C 37 64
– prepackaged plan C 37 8
– Prozessführungsbefugnis C 37 32
– Rechtsanwälte – Zulassungswiderruf C 37 33
– Rechtskraft C 37 56
– Regelungen – bindend C 37 53
– Salvatorische Klausel C 37 37
– Schlussbericht C 37 60
– Schlussrechnung C 37 61
– Schuldenbereinigungsplan – Unterschiede C 37 9
– Sofortige Beschwerde C 37 55
– Stellungnahmen C 37 42
– Straftaten C 37 34
– Treuhandkonto C 37 15
– Treuhandkonto – Auflösung C 37 62
– Überwachung – Jahresbericht C 37 65
– Überwachung – Vergütung C 37 66
– Vergleichsrechnung C 37 23
– Vergütungsanspruch – Hauptverfahren C 37 35
– Vergütungsanspruch – Regelung im Plan C 37 36
– Veröffentlichung C 37 41
– Verwertungstätigkeit C 37 11
– Verzeichnisse §§ 151 – 153 InsO C 37 14
– Vorlageberechtigung C 37 16
– Wiedervorlagen C 37 40
– Wirkung C 37 52
– Ziel C 37 7
– Zuständigkeit C 37 17
– Zustellung Insolvenzplan C 37 44
– Zustellungskosten C 37 45
– Zustellungsnachweis C 37 46
Insolvenztabelle C 38; C 39
– Absonderungsrechte (Eintragung) C 38 31
– Aktenanlage C 38 2
– Aktenzeichen des Gläubigers C 39 72
– Anmeldefrist C 38 11
– Arbeitnehmerforderungen C 39 89
– Archivierung – Schriftverkehr C 38 4
– Aus- und Absonderungsrechte C 39 98
– Ausgenommene Forderung – Anmeldung C 39 91
– Ausgenommene Forderungen – allgemein C 39 90
– Ausgenommene Forderungen – Besonderheit bei der Bearbeitung C 38 38
– Ausgenommene Forderungen – Steuerstraftat C 39 92
– Ausgenommene Forderungen – Unterhalt C 39 93
– Aussonderungsrechte (Eintragung) C 38 32
– Beendigung des Insolvenzverfahrens C 38 64
– Berichtigung von Prüfungsvermerken – Information an das Insolvenzgericht C 38 63
– Berichtigungen von Prüfungsvermerken – grundsätzliches C 38 61
– Berichtigungen von Prüfungsvermerken – Vorgehen in der Software C 38 62
– Bestreiten C 38 23; C 39 88
– Bestrittene Forderungen C 38 45
– Bestrittene Forderungen – Feststellungsklagen C 38 46
– Betriebskostennachforderung C 39 99
– Bevollmächtigter C 39 74
– Datenerfassung – Gläubiger C 38 6
– Datum der Anmeldung C 39 70
– Deliktforderung – Krankenkassen C 39 97
– Deliktforderung – Rechtsgrundlagen C 39 94
– Deliktforderung – Sachvortrag C 39 96
– Deliktforderung – Vollstreckungsbescheid C 39 95
– Drittelfrist – grundsätzliches C 38 12
– Drittelfrist – Prüfungsergebnisse C 38 41
– Drittelfrist – Versendung C 38 44

– Eingang der Anmeldung **C 38** 15
– Finanzverwaltung **C 39** 100
– Forderungsanmeldung – Doppel **C 38** 27
– Forderungsanmeldung – Eingabe der Forderungsdaten **C 38** 24
– Forderungsanmeldung – Eingabe Gläubigerdaten **C 38** 18
– Forderungsanmeldung – fehlende Infos **C 38** 28
– Forderungsanmeldung – Sortierung – Ende **C 38** 40
– Forderungsanmeldung – Sortierung – grundsätzliches **C 38** 29
– Forderungsanmeldung – Sortierung – Start **C 38** 17
– Forderungsart **C 39** 75
– Forderungsart – Ergänzung **C 39** 76
– Forderungsaufstellung – Teilzahlungen **C 39** 84
– Fristen **C 38** 3
– Gerichtskosten **C 39** 101
– Geschäftsführer/Gesellschafter **C 39** 102
– Geschäftsführerhaftung nach der AO **C 39** 103
– Gläubiger im Ausland **C 38** 9
– Gläubigeraufforderung – Anlagen **C 38** 8
– Gläubigeraufforderung zur Anmeldung **C 38** 7
– Gläubigerbezeichnung **C 39** 71
– Gläubigerinformation über Prüfungsergebnis **C 38** 52
– GOI **C 38** 65
– Grundsteuerbeträge **C 39** 104
– Haftung Gesellschafter **C 38** 33
– Haftung mehrerer Personen **C 38** 34
– IHK-Beiträge **C 39** 105
– Immobilienkredite **C 39** 106
– Inkassodienstleister **C 38** 35
– Inkassokosten **C 39** 107
– Insolvenztabelle beim Insolvenzgericht **C 38** 66
– Krankenkassen – Besonderheit **C 38** 36
– Kreditorenbuchhaltung oder Gläubigerliste **C 39** 86
– Leasinggegenstände **C 39** 108
– Nachlassinsolvenzverfahren **C 38** 67
– Nachrangige Forderungen (§ 39 InsO) **C 38** 25
– Nachträgliche Anmeldungen **C 38** 57
– Nachweis durch Belege **C 39** 79
– Namensidentität **C 39** 81
– Nebenforderungen **C 39** 82
– Prüfung der Anmeldungen – Erstprüfung **C 38** 22
– Prüfung der Anmeldungen – Vorlage **C 38** 14
– Prüfungskriterien **C 39** 69
– Prüfungstermin – Ablauf **C 38** 48
– Prüfungstermin – nachträglich **C 38** 58
– Prüfungstermin – nachträglich – elektronische Versendung **C 38** 59
– Prüfungstermin – nachträglich – Zustellung **C 38** 60
– Prüfungstermin – Terminzettel **C 38** 49
– Prüfungstermin – Vorbereitung **C 38** 50
– Prüfungsvermerke **C 39** 87
– Rechtsnachfolge **C 38** 20
– Rechtsnachfolge wg. Fusion **C 38** 21
– Rechtsstreitigkeiten **C 39** 109
– Sachstandsanfragen **C 38** 55
– Schwerbehinderten – Ausgleichsgabe **C 39** 110
– Sprache **C 38** 26
– Stellungnahme Schuldner **C 38** 43
– Tabellenauszug – Gläubiger **C 38** 54
– Tabellenauszug – Ausdruck **C 38** 42
– Tabellenauszug – beglaubigte – Versendung **C 38** 53
– Tabellennummer **C 38** 30
– Terminprotokoll **C 38** 51
– Übersichten – Ausdruck **C 38** 47
– Umsatzsteuer in Rechnungen **C 39** 80
– Unbekannte Gläubiger **C 38** 56
– Unerlaubte Handlung – gesonderte Meldung **C 38** 13
– Unerlaubte Handlungen **C 38** 37
– Unterschrift **C 38** 16
– Verbraucherinsolvenzverfahren **C 38** 1
– Verjährung **C 39** 85
– Versicherungen **C 39** 111
– Vertreter **C 38** 19
– Vertretungsverhältnisse **C 39** 73
– Vollstreckungspauschale von Behörden **C 39** 112
– Vollstreckungstitel **C 39** 77
– Wünsche Gericht – Übersicht **C 38** 5
– Zahlen – Überprüfung **C 39** 78
– Zinsansprüche **C 39** 83
– Zug-um-Zug-Forderungen **C 38** 39
– Zusatzinformationen **C 38** 68
– Zustellungsnachweis **C 38** 10

Insolvenztabelle – besondere Gläubiger – Arbeitnehmer
– Anspruchsgrundlage **C 40** 113
– Bestreiten – (vorläufiges) **C 40** 120
– Bruttoanmeldung – Lohnsteuer **C 40** 118
– Bruttoanmeldung – Sozialversicherungsbeitrag **C 40** 117
– Einordnung der Forderung **C 40** 114
– Insolvenzgeldzeitraum **C 40** 119
– Krankenkassen **C 40** 115
– Nachweis / Belege **C 40** 121
– Prüfungshinweis allgemein **C 40** 116
– Quotenzahlung **C 40** 125
– Urlaubsabgeltung **C 40** 122
– Zinsanspruch **C 40** 123
– Zusammenarbeit mit Buchhaltung **C 40** 124

Insolvenztabelle – besondere Gläubiger – Arbeitsagentur **C 40** 126 ff.
– Anspruchsgrundlagen **C 40** 126
– Konkretisierung **C 40** 129
– Nettoansprüche **C 40** 130
– Pauschalanmeldung **C 40** 128
– Tabellen-Nr. **C 40** 127
– Verteilung **C 40** 131

Insolvenztabelle – besondere Gläubiger – Gesellschafterinsolvenz C 40 141 ff.
– Anspruchshöhe **C 40** 143
– Beispiele **C 40** 142
– Formulierung im Tabellenauszug **C 40** 144
– Prüfungsvermerk **C 40** 145
– Sonderinsolvenzverwalter **C 40** 146
– Verteilungsfrage **C 40** 147

Insolvenztabelle – besondere Gläubiger – Sozialversicherungsträger C 40 132 ff.
– Ausgenommene Forderung aus unerlaubter Handlung **C 40** 136
– Betriebsprüfung **C 40** 140
– Deliktforderung **C 40** 137
– Forderungsanmeldung der Arbeitehmer **C 40** 138
– Fusion **C 40** 139
– Konkretisierung **C 40** 134
– Nachweis/Belege **C 40** 135
– Pauschalanmeldung **C 40** 133

Insolvenztabelle – Besonderheiten: §§ 41 – 46 InsO C 40 165 ff.
– Auflösend bedingte Forderungen **C 40** 166
– Aufschiebend bedingte Forderungen **C 40** 167
– Gesamtschuldner und Bürgen **C 40** 168
– Haftung mehrerer Personen **C 40** 169
– Nicht fällige Forderungen **C 40** 170 f.
– Umrechnung von Forderungen **C 40** 172
– Wiederkehrende Leistungen **C 40** 173

Insolvenztabelle – FinA – Kürzel-Überblick C 43

Insolvenztabelle – FinA – Prüfungsschema C 42
Insolvenztabelle – Schlussbericht
– Ausfallbezifferung Absonderungsrechte C 2 32
Insolvenztabelle – Schlussbericht C 41 174 ff.
– Abschließende Bearbeitung C 41 175
– Arbeitnehmer – Anmeldungen C 41 186
– Auflösend bedingte Forderungen C 41 194
– Aufschiebend bedingte Forderungen C 41 195
– Ausfallforderung C 41 183
– Ausfallforderung – Berechnung C 41 184
– Ausfallforderung – Verzicht C 41 185
– Ausgenommene Forderungen C 41 187
– Ausgenommene Forderungen – Nachreichung der Rechtsfolge des § 302 InsO C 41 188
– Bestrittene Forderungen C 41 178
– Bestrittene Forderungen mit Vollstreckungstitel C 41 179
– Fehlende Nachweise C 41 180
– Haftung mehrerer Personen C 41 189
– Kfz-Steuer C 41 190
– Nachmeldung C 41 191
– Nachträgliche Forderungsanmeldungen C 41 192
– Prüfungsvermerke – Änderungen C 41 181
– Prüfungsvermerke – Mitteilungen C 41 182
– Rücknahme von Forderungsanmeldungen C 41 193
– Verbraucherinsolvenzverfahren C 41 174
– Weitere Nachweise von Gläubigern C 41 177
– Zusammenfassung Überarbeitung C 41 176
Insolvenztabelle – Zusatzinfos: besondere Gläubiger und Besonderheiten C 40 113 ff.
Insolvenztabelle – Zusatzinfos: Vollstreckungstitel C 40 148 ff.
– Abtretung C 40 157
– Entwertung/Rücksendung C 40 152
– Original-Titel C 40 149
– Prüfung C 40 153
– Teilzahlungen lt. Forderungsaufstellung C 40 156
– Vollstreckungstitel – Übergabe C 40 150
– Vollstreckungstitel – Übersicht C 40 151
– Widerspruch/Bestreiten durch Verwalter C 40 154
– Zinsanspruch aus Titel C 40 155
Insolvenztabelle – Zusatzinfos: Zinzansprüche C 40 158 ff.
– Dokumentation des Bestreitens C 40 164
– Verjährung C 40 163
– Verzugseintritt C 40 162
– Zinsberechnung C 40 159
– Zinshöhe C 40 160
– Zinszeitraum C 40 161
Insolvenzvermerk – Grundbuch C 33 7 f.
Insolvenzverschleppung C 29 12
Inventar C 44
– Aus- und Absonderungsrechte C 44 11
– Besitz C 44 5
– Fahrzeuge C 44 15
– fehlende Gegenstände C 44 3
– Fortführungswert C 44 8
– GOI C 44 26
– Inhaltsverzeichnis C 44 10
– Inventur C 44 2
– Kaufinteressenten C 44 18
– Liquidationswert C 44 9
– Rechnung C 44 22
– Sachverständiger – Begutachtung C 44 7
– Sicherstellung – allgemein C 44 1
– Sicherstellung – Herausgabe C 44 4
– Umsatzsteuer C 44 21
– Verbraucherinsolvenzverfahren C 44 13
– Verkaufsabwicklung C 44 20
– Verwerter C 44 16
– Verwertung – allgemein C 44 12
– Verwertung – Kontrolle C 44 17
– Verwertung – Verzögerung C 44 24
– Verwertungsliste C 44 23
– Wertermittlung C 44 6
– Wertverlust C 44 14
– Wiedervorlagen C 44 25
– Zustimmungserfordernis C 44 19

Jahresbericht – RSB-Phase C 13 30
JVEG
– allgemein C 28 35
– Stundenaufstellung C 28 36

Kapitalertragssteuer
– allgemeines C 66 60 ff.
– Versicherungsverträge C 74 21 f.
Kassenführung
– allgemeine Grundsätze C 14 23
– Kassenführung C 15 13
– Schutzschirmverfahren C 64 12
Kaufinteressenten C 44 18
Kinder
– Berücksichtigung bei beiden Ehepartnern C 16 13
– Betreuung C 16 56
– Kindergeld C 16 57
– tatsächliche Zahlung Unterhalt C 16 54
– Wegfall Unterhaltspflicht C 16 55
Kleinverfahren – Auftragseingang C 6
Kleinverfahren – erster Bericht C 13
Kollateralschaden C 29 13
Kollisionsprüfung C 28 3
Kontoguthaben
– Einziehung – eröffnetes Verfahren C 11 8
– Einziehung – vorl. Verwaltung C 11 7
Kontokorrent – Anfechtungsansprüche C 4 75 ff.
Körperschaftssteuer C 66 101
Kosten im Eröffnungsverfahren C 45
– Abweisung – sonstige C 45 2
– Anspruchsdurchsetzung C 45 3
– Antragsrücknahme C 45 4
– Auslagen C 45 5
– Berechnungsgrundlage C 45 6
– Erledigungserklärung C 45 7
– Fälligkeit C 45 8
– Gerichtskosten – Berechnung C 45 9
– Gerichtskosten – Gläubigerantrag C 45 10
– Gerichtskosten – Schuldnerantrag C 45 11
– Gläubigerausschuss C 45 12
– Gläubigerhaftung C 45 13
– Gutachterkosten C 45 14
– Haftung C 45 15
– Kostenfestsetzung C 45 16
– Kostenstundung – allgemein C 45 17
– Kostenstundung – Umfang C 45 18
– Kostentragungspflicht C 45 19
– Massekosten C 45 20
– Sachverständigenkosten C 45 21
– Schuldnerhaftung C 45 22
– Verbraucherinsolvenzverfahren C 45 23
– Vergütungsbeschluss C 45 24
– Verjährung C 45 25
– Veröffentlichungskosten C 45 27
– Verrechnung C 45 26
– Vorläufige Verwaltung – allgemein C 45 28

– Vorläufige Verwaltung – Gläubigerhaftung **C 45** 29
– Vorläufige Verwaltung – Staatskasse **C 45** 30
Kostenbeiträge
– allgemein **C 2** 24
– eröffnetes Verfahren **C 2** 26
– Höhe **C 2** 27
– Übererlös **C 2** 28
– vorläufige Verwaltung **C 2** 25
Kostenstundung
– Allgemein **C 46** 1
– Aufhebung der Bewilligung **C 46** 9
– Auslagen **C 46** 10
– Belehrung **C 46** 7
– Bewilligung **C 46** 3
– Einstweiliger Rechtsschutz **C 46** 4
– Erstattungsanspruch **C 46** 13
– Erteilung RSB **C 46** 11
– Ratenzahlung **C 46** 15
– Ratenzahlung – laufendes Verfahrens **C 46** 8
– Umfang **C 46** 5
– Verfahrenskosten **C 46** 6
– Verlängerung **C 46** 14
– Versagung RSB **C 46** 12
– Voraussetzung – Bewilligung **C 46** 2
– Zahlungsbefreiung **C 46** 16
Kraftfahrzeugsteuer
– allgemein **C 66** 102 f.
– Zahlung bei Unpfändbarkeit **C 19** 23
Kündigung Arbeitsverhältnis
– allgemeines **C 5** 16
– Arten **C 5** 17
– Kündigungsberechtigung – eröffnetes Verfahren **C 5** 20
– Kündigungsberechtigung – vorläufiges Verfahren **C 5** 19
– Kündigungsfrist **C 5** 22
– Kündigungsgründe **C 5** 18
– Massenentlassungsanzeige **C 5** 21
– vorläufige Verwaltung **C 5** 23
Kündigungsschutz
– Ausbildungsverhältnisse **C 5** 51
– Betriebsratsmitglieder **C 5** 52
– Elternzeit **C 5** 53
– Mutterschutz **C 5** 54
– schwerbehinderte Menschen **C 5** 55
Kündigungsschutzgesetz **C 5** 56

Lagerist **C 3** 9 ff.
Leasinggegenstände
– Aussonderungsrecht **C 10** 3
– Buchungssätze **C 69** 7
– vorl. Verwaltung **C 81** 44
Lieferanten **C 24** 15
Limited – Arbeitsschritte **C 47**
– Anfechtungsansprüche – Gerichtsstand **C 47** 7
– Anfechtungsansprüche – materiell-rechtlich **C 47** 8
– Checkliste Gutachten **C 47** 1
– Gutachtenerstellung **C 47** 3
– Haftungsansprüche **C 47** 9
– Handelsregister in Deutschland **C 47** 4
– Handelsregister in England **C 47** 5
– Insolvenzeröffnung – weitere Abwicklung **C 47** 15
– Korrespondenz **C 47** 6
– Limited & Co. KG **C 47** 11
– Literaturtipp **C 47** 12
– Löschung Limited – englisches Handelsregister – Fortbestand **C 47** 13
– Löschung Limited – englisches Handelsregister – steuerliche Folge **C 47** 14
– Sozialversicherungsbeiträge **C 47** 10
– Vorzulegende Unterlagen **C 47** 2
Limited – Hintergründe und Begrifflichkeiten **C 48**
– Anmeldung **C 48** 3
– Anmeldung – Berufsgenossenschaft **C 48** 4
– Anmeldung – Finanzamt **C 48** 5
– Anmeldung – Gewerbemeldeamt **C 48** 6
– Anmeldung – Handelsregister **C 48** 7
– Anmeldung – IHK **C 48** 8
– Annual report **C 48** 9
– Annual return **C 48** 10
– Application of registration **C 48** 11
– Articles of association **C 48** 12
– Board of directors **C 48** 13
– business name **C 48** 14
– Call **C 48** 15
– Certificate of incorporation **C 48** 16
– COMI **C 48** 17
– Common law **C 48** 18
– Companies act 2014 (CA) **C 48** 1
– Companies constitution **C 48** 19
– Companies house **C 48** 21
– Company directors disqualification act 1986 (CDDA) **C 48** 20
– Company Secretary **C 48** 22
– de facto director **C 48** 23
– director **C 48** 24
– Disqualifizierung des directors **C 48** 25
– Distribution **C 48** 26
– Durchgriffshaftung **C 48** 27
– duty of care and skill **C 48** 28
– EuInsVO **C 48** 29
– fiduciary duty **C 48** 30
– Fraudulent trading **C 48** 31
– General meeting **C 48** 32
– Geschäftsführerhaftung **C 48** 33
– Gründungsdatum **C 48** 34
– Insolvency Act 1986 (IA) **C 48** 37
– Insolvenzantragspflicht **C 48** 36
– Insolvenzantragsrecht **C 48** 35
– Insolvenzfähigkeit **C 48** 38
– Insolvenzgründe **C 48** 39
– Insolvenzstatut **C 48** 40
– Issued share capital **C 48** 41
– Jahresabschluss **C 48** 42
– lifting or piercing the corporate veil **C 48** 43
– Limited **C 48** 44
– Literaturtipp **C 48** 2
– Managing director **C 48** 45
– Member / Shareholder **C 48** 46
– Memorandum of association **C 48** 47
– Moment of truth **C 48** 48
– Nominal share capital **C 48** 49
– Officer **C 48** 50
– Paidup capital **C 48** 51
– Partikularinsolvenzverfahren **C 48** 52
– Piercing the corporate veil **C 48** 53
– Sekundärinsolvenzverfahren **C 48** 54
– shadow director **C 48** 55
– shares **C 48** 56
– Statement of capital and shareholderhip **C 48** 57
– Statement of compliance **C 48** 58
– statutory financial statements **C 48** 59
– Subscribers **C 48** 60
– Sunshine doctrine **C 48** 61
– Trennungsprinzip **C 48** 62
– Uncalledcapital **C 48** 63
– Unterkapitalisierung **C 48** 64

- Unterkapitalisierung – Beispiel **C 48** 65
- Winding up **C 48** 66
- Wrongful trading **C 48** 67
- Zweigniederlassung Limited **C 48** 68

Liquidationswert C 79 34
Liquiditätsplan C 14 41
Lohnsteuer C 66 104 ff.

M & A – Prozess C 14 57
Mahnlauf (Forderungseinzug) C 21 13
Massegläubiger C 24 16
Massekosten / Verfahrenskosten C 49
- Allgemeiner Überblick **C 49** 1
- Auslagen **C 49** 2
- Berechnung **C 49** 3
- Erledigte Anträge **C 49** 4
- Eröffnungsverfahren **C 49** 5
- Europäische Insolvenzverordnung 2015 / 848 (EuInsVO) **C 49** 6
- Gerichtskosten – Berechnung **C 49** 7
- Gerichtskosten – Berechnungsgrundlage **C 49** 8
- Gerichtskosten im eröffneten Verfahren – Gläubigerantrag – Aufhebung **C 49** 11
- Gerichtskosten im eröffneten Verfahren – Gläubigerantrag – Einstellung **C 49** 12
- Gerichtskosten im eröffneten Verfahren – Schuldnerantrag – Aufhebung **C 49** 9
- Gerichtskosten im eröffneten Verfahren – Schuldnerantrag – Einstellung **C 49** 10
- Gesetzesänderung **C 49** 13
- Gläubigerausschussmitglieder **C 49** 14
- Gutachterkosten **C 49** 15
- Koordinationsverfahren **C 49** 16
- Prüfungstermin – besonderer **C 49** 17
- Sachverständigenvergütung **C 49** 18
- Sachwalter **C 49** 19
- Schlussrechnungsprüfer **C 49** 20
- Treuhändervergütung – RSB-Phase **C 49** 21
- Veröffentlichungskosten **C 49** 22
- Verwaltervergütung **C 49** 23
- Vorläufige Verwaltung **C 49** 24

Masselosigkeit C 50
- Anzeige **C 50** 6
- Eintragung in der Software **C 50** 7
- Eintritt **C 50** 2
- Ermittlung **C 50** 3
- Gesetzliche Regelung **C 50** 1
- Gründe **C 50** 5
- Kostenstundung **C 50** 11
- Kostenvorschuss **C 50** 10
- Masseunzulänglichkeit – Unterscheidung **C 50** 4
- Rechtsfolgen **C 50** 8
- Schlussrechnung **C 50** 12
- Verbraucherinsolvenzverfahren **C 50** 9
- Verrechnung **C 50** 13

Masseunzulänglichkeit C 51
- Abkürzung **C 51** 2
- Absonderungsrechte **C 51** 9
- Altmasseverbindlichkeiten **C 51** 24
- Anzeige **C 51** 15
- Arbeitnehmer **C 51** 31
- Barvermögen **C 51** 8
- Drohende MUZ **C 51** 5
- EDV-Eintragung **C 51** 17
- Eingangsstempel **C 51** 18
- Einstellung **C 51** 36
- Eintritt **C 51** 4
- Ermittlung **C 51** 6
- Feststellungsklage **C 51** 35
- Gesetzliche Grundlage **C 51** 1
- GOI **C 51** 23
- Haftung gem. § 61 InsO **C 51** 26
- Informationen – Sammlung **C 51** 7
- Inhaltsverzeichnis **C 51** 16
- »Kontosperrung« **C 51** 21
- Kostenstundung **C 51** 39
- Leistungsklage **C 51** 34
- Liquiditätspläne **C 51** 27
- Massegläubiger **C 51** 14
- Massegläubiger – RSB-Phase **C 51** 40
- Massekosten **C 51** 10
- Masseverbindlichkeiten **C 51** 12
- Neumasseverbindlichkeiten **C 51** 25
- Rangfolge Befriedigung **C 51** 22
- Säumniszuschläge FinA **C 51** 30
- Schlussrechnung **C 51** 37
- Verbraucherinsolvenzverfahren **C 51** 38
- Verjährung **C 51** 32
- Vermögensübersicht **C 51** 11
- Vertragsverhältnisse **C 51** 28
- Verwertungsaktivität **C 51** 20
- Verwertungskosten **C 51** 29
- Verzeichnis der Massegläubiger **C 51** 13
- Vollstreckungsverbot **C 51** 33
- Zielsetzung **C 51** 3
- Zustellung **C 51** 19

Masseverbindlichkeiten C 52
- Altmasseverbindlichkeit **C 52** 26
- Arbeitsentgelt **C 52** 19
- Archivierung **C 52** 5
- Auftrag an verbundene Unternehmen **C 52** 10
- Dienstleister **C 52** 13
- Entstehung **C 52** 2
- Gesetzliche Regelung **C 52** 1
- GOI **C 52** 3
- Haftung **C 52** 9
- Lieferanten **C 52** 14
- Liquiditätspläne **C 52** 12
- Massegläubiger **C 52** 4
- Masseunzulänglichkeit **C 52** 25
- Mietzinsforderung **C 52** 17
- Mietzinsforderung – Vermieterpfandrecht **C 52** 18
- Nachlassinsolvenzverfahren **C 52** 21
- Neumasseverbindlichkeit **C 52** 27
- Neuverbindlichkeiten **C 52** 29
- Rangfolge **C 52** 11
- Rechnungen **C 52** 15
- Rechtsstreit – Aufnahme **C 52** 23
- Schlussrechnungsprüfer **C 52** 22
- Steuerverbindlichkeiten **C 52** 20
- Ungerechtfertigte Bereicherung **C 52** 24
- Verbraucherinsolvenzverfahren **C 52** 30
- Vertragsverhältnisse **C 52** 16
- Vollstreckungsverbot **C 52** 28
- Voraussetzungen der Begründung **C 52** 6
- Vorläufige Verwaltung – schwach **C 52** 7
- Vorläufige Verwaltung – starke **C 52** 8

Mieteinnahmen C 33 25 ff.
Mietkaution
- Insolvenz des Mieters **C 76** 35
- Insolvenz des Vermieters **C 76** 36

MoMiG C 29 14
Muster (s. gesonderte Musterübersicht vorne im Buch)

Nachlassinsolvenzverfahren C 53
– Aktenzeichen C 53 3
– Anfechtung – Nachlasspflegschaft C 53 18
– Anfechtungsansprüche C 53 17
– Auskunfts- und Mitwirkungspflichten C 53 16
– Beendigung C 53 34
– Beerdigungskosten C 53 27
– Erben C 53 5
– Erblasser C 53 4
– Erbschaftssteuer C 53 30
– Gesetzliche Regelung C 53 2
– Gutachtenerstellung C 53 11
– Haftung – Antragspflicht C 53 20
– Haftung – Erben C 53 21
– Haftung – Nachlasspfleger C 53 22
– Haftung – Nachlassverwalter C 53 23
– Haftung – Testamentsvollstrecker C 53 24
– Haftungsbeschränkung C 53 10
– Herausgabeanspruch C 53 15
– Informationen C 53 12
– Insolvenztabelle C 53 32
– Kostenstundung C 53 13
– Literaturtipp C 53 36
– Masseunzulänglichkeit C 53 31
– Masseverbindlichkeiten C 53 25
– Nachlass C 53 14
– Nachlasspflegschaft – Kosten C 53 28
– Nachlassverbindlichkeiten C 53 29
– Nachlassverzeichnis C 53 33
– Neuverbindlichkeiten C 53 26
– Tod – im eröffneten Verfahren C 53 6
– Unterschied zur Nachlasspflegschaft C 53 8
– Unterschied zur Nachlassverwaltung C 53 9
– Verfahrensabwicklung C 53 7
– Verteilung C 53 35
– Zulässigkeit C 53 1
– Zwangsvollstreckungsmaßnahmen C 53 19
Nachteilsmeldung in der Eigenverwaltung C 15 14
Nachträgliche Gläubiger C 24 17
Nachtragsverteilung C 54
– Antrag oder Anregung C 54 4
– Aufrechnung C 54 14
– Auskunfts- und Mitwirkungspflicht C 54 16
– Beschluss C 54 8
– Bestimmtheit C 54 5
– Einkommenssteuer C 54 15
– Erstattungsanspruch C 54 17
– Finanzamt C 54 13
– Freigabe von Vermögenswerten C 54 6
– Geringfügigkeit C 54 9
– Gesetzliche Regelung C 54 1
– Grundstücke – Insolvenzvermerk C 54 19
– Literaturtipp C 54 25
– Masselosigkeit C 54 7
– Pfändbare Einkommensanteile C 54 21
– Rechte des Insolvenzverwalters C 54 12
– Rechtsstreit C 54 20
– Restschuldbefreiung C 54 22
– Surrogat C 54 18
– Verbraucherinsolvenzverfahren C 54 3
– Vergütung C 54 24
– Verteilung C 54 23
– Voraussetzung einer Anordnung C 54 2
– Vorbehalt C 54 11
– Wirkung der Anordnung C 54 10
Nebenkosten Grundstück C 33 19
Neugläubiger C 24 18; C 29 15
Neumasseverbindlichkeit C 52 27
Nullkontostellung C 9 12
Nutzungsentschädigung (Grundstück) C 33 22

Partikularinsolvenzverfahren
– Antragsberechtigung C 7 103
– Definition C 7 104
– Ort C 7 105
– Umwandlung C 7 106
– Voraussetzung C 7 107
– Zusammenarbeit der Verwalter C 7 108
Pfandrechte C 2 49 ff.
Pfändungsschutzkonto C 55
– Abkürzung C 55 1
– Anzahl C 55 2
– Belehrung C 55 3
– Bescheinigung C 55 4
– Blankettbeschluss C 55 5
– Buchungen C 55 6
– Doppelpfändung C 55 7
– EC-Karten-Nutzung C 55 8
– Einrichtung C 55 9
– Erklärung C 55 10
– Erlöschen C 55 11
– Evaluation C 55 12
– Freigabe C 55 13
– Gesellschaftsrecht C 55 14
– Guthaben C 55 15
– Guthaben – Verfügung C 55 16
– Informationsbroschüre C 55 17
– Kindergeld C 55 18
– Kontoführungsgebühren – Höhe C 55 19
– Kontoführungsgebühren – Verrechnung C 55 20
– Kündigung C 55 21
– Literaturtipp C 55 22
– Nachzahlung C 55 23
– Pfändungsfreibetrag C 55 24
– Pfändungsmaßnahmen aus der Zeit vor Insolvenzeröffnung C 55 25
– Pfändungsschutz C 55 26
– Rückumwandlung C 55 27
– Schlichtungsverfahren C 55 28
– Selbständiger Schuldner C 55 29
– Sparkonto C 55 30
– Umwandlung C 55 31
– Verstrickung C 55 32
Postbearbeitung C 56
– Archivierung C 56 9
– Bearbeitung C 56 3
– Checklisten C 56 7
– Eilige Post C 56 4
– Fristen C 56 5
– Mehrere Vorgänge C 56 10
– Postausgänge C 56 13
– Schwierige Post C 56 11
– Sortierung – erste C 56 1
– Stichwortverzeichnis C 56 8
– Termine C 56 6
– Verbraucherinsolvenzverfahren C 56 14
– Vorlage C 56 12
– Zuordnung C 56 2
Prozesskostenhilfeantrag C 57
– Abkürzung C 57 1
– Adressat C 57 12

– Anlagen **C 57** 16
– Anspruchsberechtigung **C 57** 2
– Antrag **C 57** 7
– Beklagte/r **C 57** 19
– Eidesstattliche Versicherung **C 57** 17
– Kostenvorschuss **C 57** 18
– Mahnverfahren **C 57** 6
– Massebestand **C 57** 13
– Masselosigkeit **C 57** 14
– Masseunzulänglichkeit **C 57** 15
– Passivprozess **C 57** 5
– Rechtsmittel **C 57** 21
– Rechtsstreit – Aufnahme **C 57** 4
– Teilklage **C 57** 10
– Verbraucherinsolvenzverfahren **C 57** 3
– Verjährung – Hemmung **C 57** 20
– Vordrucke **C 57** 8
– Wahrheitsgemäße Angaben **C 57** 9
– Zuständigkeit **C 57** 11
Prüfungstermin
– Ablauf **C 38** 48
– nachträglich **C 38** 58 ff.
– Terminzettel **C 38** 49
– Vorbereitung **C 38** 50

Quotenschaden **C 29** 16
Quotenzahlung **C 75**

Ratenzahlungsvereinbarung – Anfechtung **C 4** 89 ff.
Rechnungen an Dritte **C 14** 18
Rechnungsanforderungen **C 2** 31
Rechnungslegungspflicht
– eröffnetes Verfahren **C 62** 1
– handels- und steuerlich **C 66** 2
– Verjährung **C 72** 30
– vorläufige Verwaltung **C 81** 50 f.
Rechtsmittel und Rechtsbehelfe **C 58**; **C 59**
– Abhilfemöglichkeit – Beschwerde **C 59** 18
– Abhilfemöglichkeit – Erinnerung **C 59** 22
– Abschlagsverteilung **C 58**
– Abweisung mangels Masse **C 58**
– Abweisung wegen Unzulässigkeit **C 58**
– Anhörung **C 58**
– Antragsverfahren **C 59** 10
– Aufhebung des Verfahrens **C 58**
– Auskunftspflicht des Schuldners **C 58**
– Beendigung des Verfahrens **C 58**
– Befangenheit **C 58**
– Beiordnung eines Anwalts **C 58**
– Berechtigung **C 59** 11
– Beschwerde – sofortige **C 59** 12
– Beschwerdefrist **C 59** 13
– Beschwerdesumme **C 59** 15
– Betriebsänderung gem. § 121 InsO **C 58**
– Betriebsstilllegung **C 58**
– Betriebsveräußerung **C 58**
– Eigenverwaltung **C 58**
– Einkommen: Festsetzung unpfändbarer Anteil **C 58**
– Einlegung **C 59** 16
– Einstellung **C 58**
– Entlassung **C 58**
– Entscheidungen **C 59** 4
– Erinnerung **C 59** 19
– Erinnerung – Frist **C 59** 20
– Erinnerung – Summe **C 59** 21
– Eröffnung **C 58**
– Forderungsanmeldung **C 58**
– Form **C 59** 17
– Gläubigerausschuss **C 58**
– Gläubigerversammlung **C 58**
– Haftbefehl **C 58**
– Insolvenzplan **C 58**
– Insolvenzverwalter **C 58**
– Internationales Insolvenzrecht **C 58**
– Kosten **C 59** 23
– Kostenstundung **C 58**
– Mitwirkungspflicht **C 58**
– Nachlassverfahren **C 58**
– Nachtragsverteilung **C 58**
– Pfändungsgrenze **C 58**
– Postsperre **C 58**
– Rechtsbehelf **C 59** 7
– Rechtsbehelfsbelehrung **C 59** 8
– Rechtsbeschwerde **C 59** 9
– Rechtshandlung **C 58**
– Rechtsmittel **C 59** 5
– Rechtsmittelbelehrung **C 59** 6
– Rechtspfleger **C 59** 3
– Restschuldbefreiung **C 58**
– Richter **C 59** 2
– Sachverständiger **C 58**
– Schlussverteilung **C 58**
– Schuldenbereinigungsplan **C 58**
– Schutzschirmverfahren **C 58**
– Sicherungsmaßnahmen **C 58**
– sofortige Beschwerde **C 59** 12
– Stimmrechtsfestsetzung **C 58**
– Treuhänder im vereinfachten Verfahren **C 58**
– Treuhänder in der RSB-Phase **C 58**
– Unpfändbarkeit von Vermögenswerten **C 58**
– Vergütung allgemein **C 58**
– Vergütung der Gläubigerausschussmitglieder **C 58**
– Vergütung des Insolvenzverwalters **C 58**
– Vergütung des Sachverständigen **C 58**
– Vergütung des Sachwalters **C 58**
– Vergütung des Treuhänders **C 58**
– Vergütung des vorläufigen Insolvenzverwalters **C 58**
– Vergütungsentscheidungen **C 59** 14
– Verteilungsverzeichnis (für Abschlags- und Schlussverteilungen) **C 58**
– Verweisung **C 58**
– Verwertung **C 58**
– Vorführung des Schuldners **C 58**
– Vorläufiges Verfahren **C 58**
– Zivilprozessordnung **C 59** 1
– Zwangsgeldfestsetzung **C 58**
– Zwangsmittel **C 58**
– Zwangsvollstreckung **C 58**
Rechtsnachfolge Gläubiger **C 38** 20
Rechtsstreit
– Aussetzungsantrag **C 17** 37
– Definition **C 17** 36
– weiteres **C 17** 38
Regelinsolvenzverfahren **C 60**
– Absonderungsrechte **C 60** 1
– Abwicklung **C 60** 2
– Aktenzeichen **C 60** 3
– Anfechtungsrecht **C 60** 4
– Eigenverwaltung **C 60** 5
– Eröffnungsvoraussetzungen **C 60** 6
– Gesetzesänderung **C 60** 7
– Gläubigerversammlung **C 60** 8
– Gutachten **C 60** 9
– Insolvenzplan **C 60** 10

– Insolvenzverwalter **C 60** 11
– Kostenstundung **C 60** 12
– Rückschlagsperre **C 60** 14
– Schriftliches Verfahren **C 60** 15
– Treuhänder **C 60** 16
– Unterschiede zum Verbraucherinsolvenzverfahren (ab 01.07.2014) **C 60** 18
– Unterschiede zum Verbraucherinsolvenzverfahren (bis 30.06.2014) **C 60** 17
– Weitere Hinweise **C 60** 19
Reinvermögen C 29 17
Restschuldbefreiungsphase C 61
– Abkürzung **C 61** 1
– Abschlussbericht **C 61** 35
– Abtretungserklärung **C 61** 2
– Abtretungserklärung – Umfang **C 61** 3
– Altverfahren **C 61** 36
– Arbeitgeber **C 61** 12
– Aufgabe des Treuhänders **C 61** 9
– Aufrechnung **C 61** 37
– Ausgenommene Forderungen **C 61** 38
– Auskunftsersuchen **C 61** 20
– Belehrung **C 61** 8
– Bewerbungsbemühungen **C 61** 21
– Deliktforderungen **C 61** 39
– Einkommen **C 61** 13
– Einkommen – Veränderung **C 61** 14
– Einnahmen **C 61** 5
– Einziehungsbefugnis **C 61** 17
– Erbschaft **C 61** 22
– Erwerbsobliegenheit **C 61** 7
– Fristen **C 61** 10
– Gesetzesänderung **C 61** 40
– Gläubigerbeeinträchtigung **C 61** 50
– Jahresbericht – allgemein **C 61** 23
– Jahresbericht – Frist (in beantragten Verfahren ab 01.07.2014) **C 61** 25
– Jahresbericht – Frist (in beantragten Verfahren bis 30.06.2014) **C 61** 24
– Jahresbericht – Inhalt **C 61** 26
– Kontoauszüge **C 61** 34
– Kostenstundung **C 61** 27
– Motivationsrabatt **C 61** 41
– Obliegenheitspflichten **C 61** 6
– Obliegenheitsverletzung **C 61** 28
– P-Konto – Rückumwandlung **C 61** 18
– RSB – Entscheidungszeitpunkt **C 61** 42
– RSB – Versagung – Veröffentlichung **C 61** 43
– RSB – vorzeitige Erteilung (Verfahren ab 01.07.2014) **C 61** 45
– RSB – vorzeitige Erteilung (Verfahren bis zum 30.06.2014) **C 61** 44
– RSB – Wirkung **C 61** 53
– Schlussverzeichnis **C 61** 33
– Schufa-Eintrag **C 61** 46
– Selbständige Tätigkeit **C 61** 16
– Treuhändervergütung **C 61** 29
– Übersicht – Infos auf einen Blick **C 61** 11
– Unterhaltspflichten **C 61** 15
– Verkürzung Restschuldbefreiungsphase **C 61** 4
– Veröffentlichung **C 61** 47
– Versagungsantrag **C 61** 49
– Versagungsantrag – Mindestvergütung **C 61** 51
– Versagungsgründe **C 61** 48
– Verteilung **C 61** 30
– Verteilung – Aussetzung (Verfahren ab 01.07.2014) **C 61** 31
– Verteilung – Zeitpunkt **C 61** 32
– Vollstreckungsverbot **C 61** 52
– Wirkung der Restschuldbefreiung – Ausnahme für Masseverbindlichkeiten **C 61** 55
– Wirkung der Restschuldbefreiung – Ausnahme gem. § 302 InsO **C 61** 54
Riester-Rente C 74 55
Rückgewähranspruch C 4 6
Rückkaufswert C 74 2 ff.
Rückschlagsperre C 2 54

Sachverständigenkosten C 45 21
Sanierungserlass C 66 36
Säumniszuschläge C 66 24
Schließfach bei der Bank C 11 12
Schlussbericht C 62
– Abschluss-Schreiben an das Gericht **C 62** 26
– Akteneinlagerung prüfen **C 62** 13
– Aktenkonto des Insolvenzbüros prüfen **C 62** 14
– Anlagen zum Schlussbericht **C 62** 25
– Archivierung des Schlussberichtes **C 62** 30
– Bankdaten von Gläubigern **C 62** 36
– Beendigung des Verfahrens **C 62** 35
– Berichte – vorherige **C 62** 5
– Beurteilung des Abwicklungsergebnisses **C 62** 12
– Bewertungsparameter **C 62** 23
– Formulierungsvorschläge **C 62** 11
– Gesetzliche Grundlage **C 62** 1
– GOI **C 62** 37
– Handakten aus Anwaltsbüros **C 62** 15
– Inhalt des Schlussberichtes **C 62** 10
– Insolvenzplanverfahren **C 62** 22
– Insolvenztabelle **C 62** 17
– Insolvenztabelle kennzeichnen **C 62** 33
– Kontoauszüge **C 62** 18
– Muster **C 62** 4
– Rechtsstreitigkeiten – Durchsicht **C 62** 16
– Schlussrechnung 1. Teil **C 62** 7
– Schlussrechnung 2. Teil **C 62** 8
– Statistik-Daten **C 62** 34
– Steuerliche Angelegenheiten **C 62** 19
– Unterlagen des Verfahrens **C 62** 6
– Verbraucherinsolvenzverfahren – Schlussbericht **C 62** 21
– Vergütungsantrag **C 62** 28
– Vermögenswerte **C 62** 9
– Veröffentlichung des Berichtes **C 62** 31
– Versagungsantrag **C 62** 20
– Versendung des Schlussberichtes **C 62** 27
– Vorlage Entwurf an Verwalter **C 62** 24
– Vorläufige Verwaltung **C 62** 2
– Wiedervorlagen notieren **C 62** 29
Schlussrechnung C 63
– Allgemein **C 63** 2
– Anlage **C 63** 32
– Aufbau **C 63** 6
– Ausdruck – Buchungssystematik **C 63** 10
– Ausdruck – Inhalt **C 63** 9
– Beauftragung Dritter **C 63** 22
– Belegwesen **C 63** 12
– Bilanz **C 63** 34
– Buchführung **C 63** 35
– Ermittlung der Forderungen der Massegläubiger, § 54 InsO **C 63** 28
– Ermittlung der Forderungen der Massegläubiger, § 55 InsO **C 63** 27

– Ermittlung der Insolvenzforderungen C 63 29
– Externe Rechnungslegung C 63 36
– Forderungseinzug C 63 15
– Gesetzliche Grundlagen C 63 1
– Gesetzliche Regelung C 63 37
– Gewinn- und Verlustrechnung C 63 38
– Grundlage C 63 7
– Haftungsansprüche C 63 16
– Insolvenzplanverfahren C 63 3
– Jahresabschluss C 63 39
– Kontenbezeichnung C 63 14
– Konto »Massekosten« C 63 17
– Konto »Masseverbindlichkeit« C 63 18
– Kontostand – Abgleich C 63 13
– Kostenbeiträge C 63 19
– Masseunzulänglichkeit – Besonderheit C 63 20
– Masseunzulänglichkeit – Inhalt des Ausdrucks C 63 21
– Plan zur Verteilung: § 207 InsO bei Masselosigkeit C 63 26
– Plan zur Verteilung: § 209 InsO bei MUZ C 63 25
– Plan zur Verteilung: § 53 InsO »normal« C 63 24
– Prüfung Insolvenzgericht C 63 5
– Quotenberechnung C 63 30
– Rückstellung RSB-Kosten C 63 31
– Sachkontenblätter C 63 11
– Verteilungsplan C 63 23
– Voraussetzungen C 63 8
– vorläufiges Verfahren C 63 4
– Vorzeitige Bestellung eines Schlussrechnungsprüfers C 63 33
Schufa-Eintrag C 61 46
Schuldnerverzeichnis C 21 22
Schutzschirmverfahren C 64
– Allgemein C 64 1
– Anfechtung C 64 18
– Antragstellung C 64 3
– Antragsvoraussetzungen C 64 2
– Aufhebung C 64 25
– Bescheinigung C 64 5
– Beschränkung C 64 6
– Einzelermächtigung C 64 10
– Erforderliche Angaben im Insolvenzantrag C 64 4
– ESUG C 64 26
– Gläubigerausschuss C 64 13
– Grundstücke – Insolvenzvermerk C 64 14
– Insolvenzgeldvorfinanzierung C 64 15
– Insolvenzplan C 64 16
– Kassenführung C 64 12
– Masseverbindlichkeiten C 64 11
– Organhaftung C 64 20
– Rechnungslegung C 64 21
– Sachwalter – vorläufiger C 64 7
– Sachwalter – vorläufiger – Aufgaben C 64 8
– Sanierungskonzept C 64 17
– Sicherungsmaßnahmen C 64 9
– Sozialversicherungsbeiträge C 64 19
– Steuerproblematik C 64 22
– Vergütung – allgemein C 64 23
– Vergütungsberechnung C 64 24
Schwerbehinderte Arbeitnehmer C 5 3
Sekundärinsolvenzverfahren
– Antragsberechtigung C 7 109
– Definition C 7 110
– Forderungsanmeldung C 7 111
– Voraussetzung C 7 112
– Zusicherungen C 7 113
Selbständige Tätigkeit C 65
– Abführungsobliegenheit – zeitlich C 65 25
– Abtretungserklärung § 287 Abs. 2 InsO C 65 2
– Arzt C 65 35
– Ausgleichspflicht C 65 11
– Auskunftsanspruch – eröffnetes Verfahren C 65 19
– Auskunftsanspruch – RSB-Phase C 65 20
– Betriebsfortführung C 65 3
– Bewerbungsbemühungen (= Arbeitsplatzsuche) C 65 27
– Einkommensvergleich C 65 32
– Erklärung § 35 Abs. 2 InsO C 65 4
– Erwerbsobliegenheit – eröffnetes Verfahren C 65 16
– Erwerbsobliegenheit – RSB-Phase C 65 17
– Erwerbsobliegenheit – Umfang C 65 18
– Festsetzung Zahlbeträge C 65 21
– Fiktives Einkommen – allgemein C 65 13
– Fiktives Einkommen – Angaben C 65 14
– Forderungen gegen Dritte C 65 5
– Freigabe – konkrete Arbeitsschritte C 22 65
– Freigabe allgemein – eröffnetes Verfahren C 65 8
– Freigabe allgemein – RSB-Phase C 65 9
– Gewinne – eröffnetes Verfahren C 65 22
– Gewinne – eröffnetes Verfahren (Verfahren bis 30.06.2014) C 65 23
– Gewinne – RSB-Phase C 65 24
– Klageweise Geltendmachung (= Prozessführung) C 65 26
– Literaturtipp C 65 37
– Nebentätigkeit C 65 33
– Pfändbare Beträge – Berechnung C 65 15
– Pfändungsschutz C 65 6
– Pfändungsschutz – Antrag gem. § 850i Abs. 1 ZPO C 65 7
– P-Konto C 65 10
– Rentner C 65 34
– RSB-Phase C 65 29
– Unterrichtung Schuldner C 65 28
– Verbraucherinsolvenzverfahren C 65 1
– Versagungsgrund – eröffnetes Verfahren C 65 30
– Versagungsgrund – RSB-Phase C 65 31
– Zahlungspflicht des Schuldners – allgemein (= Abführungspflicht) C 65 12
– Zweitinsolvenzverfahren C 65 36
Sicherstellung Vermögenswerte C 17 9
Sicherungsabtretung C 2 55
Sicherungsmaßnahmen C 17 8
Sicherungsübereignung C 2 56
Sozialversicherungsträger
– Anfechtung C 4 99 ff.
– Insolvenztabelle – Besonderheit C 38 36
Sparguthaben C 11 11
Sparkonto C 11 10
Statistikbogen C 28 33
Sterbegeldversicherung C 74 56 ff.
Steuerangelegenheiten C 66
– Absonderungsgegenstände C 66 34
– Anwendungserlass zur AO C 66 9
– Archivierung C 66 16
– Aufrechnung C 66 35
– Begründung Steuer C 66 18
– BMF-Schreiben C 66 10
– Bundessteuerblatt C 66 11
– EinkSt – Abgabefrist C 66 39
– EinkSt – Abgabepflicht – allgemein C 66 40
– EinkSt – Abgabepflicht – Insolvenzverwalter C 66 41
– EinkSt – Abgabepflicht – Schuldner / Schuldnerin C 66 42
– EinkSt – Antragsveranlagung C 66 43
– EinkSt – Aufrechnung C 66 44
– EinkSt – Aufteilung C 66 45
– EinkSt – Ausstehende Erklärungen C 66 46

– EinkSt – Ehegatten **C 66** 47
– EinkSt – Einkommenssteuererklärung **C 66** 48
– EinkSt – Formulare **C 66** 49
– EinkSt – Formulare – Überschussberechnung **C 66** 50
– EinkSt – Freigabe selbständige Tätigkeit **C 66** 51
– EinkSt – Nachzahlung **C 66** 52
– EinkSt – Steuerbescheid – Aufteilung **C 66** 53
– EinkSt – Steuerguthaben **C 66** 54
– EinkSt – Steuerpflicht **C 66** 55
– EinkSt – Unterschrift **C 66** 56
– EinkSt – Veräußerungsgeschäfte **C 66** 57
– EinkSt – Wahlrecht **C 66** 58
– EinkSt – Zusammenveranlagung **C 66** 59
– Einspruch **C 66** 26
– Elektronisches Besteuerungsverfahren **C 66** 14
– Entstehung Steuer **C 66** 19
– Eröffnungsverfahren **C 66** 17
– Fälligkeit – Steuer **C 66** 20
– Fälligkeit Steuer – Beispiel **C 66** 21
– Festsetzung – Steuer **C 66** 22
– Geschäftsführer-Haftung **C 66** 5
– Geschäftsjahr **C 66** 28
– Gesetzesänderung **C 66** 13
– Gesetzliche Grundlagen **C 66** 1
– Gewerbesteuer **C 66** 100
– GoBD **C 66** 12
– GOI **C 66** 38
– Haftung Vermögensverwalter **C 66** 3
– Handels- und steuerliche Rechnungslegungspflicht **C 66** 2
– Jahresabschluss **C 66** 29
– KAPSt – Abgeltungssteuer **C 66** 60
– KAPSt – Allgemein **C 66** 61
– KAPSt – BMF-Schreiben **C 66** 62
– KAPSt – Buchung **C 66** 63
– KAPSt – Erstattung **C 66** 64
– KAPSt – Freistellungsauftrag **C 66** 65
– KAPSt – Sparer-Pauschbetrag **C 66** 66
– KAPSt – Steuerbescheinigung **C 66** 67
– KAPSt – Versicherungsverträge **C 66** 68
– KAPSt – Zinsabschlagssteuer **C 66** 69
– Körperschaftsteuer **C 66** 101
– Kraftfahrzeugsteuer – allgemein **C 66** 102
– Kraftfahrzeugsteuer – Zuständigkeit **C 66** 103
– Lagebericht **C 66** 30
– Literaturtipp **C 66** 37
– Lohnsteuer **C 66** 104
– Lohnsteuerfreie Leistungen **C 66** 105
– Masseunzulänglichkeit **C 66** 25
– Offenlegungspflicht **C 66** 31
– Personengesellschaft – Beteiligung **C 66** 6
– Rechnungsanforderungen **C 66** 32
– Rechnungskontrolle **C 66** 33
– Rechtsstreit – Finanzgericht **C 66** 27
– Sanierungserlass **C 66** 36
– Säumniszuschläge **C 66** 24
– Schriftverkehr – FinA **C 66** 15
– Steuerberater **C 66** 7
– Steuerberechnung **C 66** 23
– Umsatzsteuer-Identifikationsnummer (Umsatzsteuer-ID) **C 66** 81
– USt – allgemein **C 66** 70
– USt – Anfechtungsansprüche – Vergleich **C 66** 71
– USt – Anfechtungsansprüche – Vorsteuerberichtigung **C 66** 72
– USt – Bauleistungen **C 66** 73
– USt – Doppelumsatz **C 66** 74
– USt – Dreifachumsatz **C 66** 75
– USt – Eröffnungsverfahren **C 66** 76
– USt – Forderungseinzug **C 66** 77
– USt – Forderungseinzug – BMF-Schreiben **C 66** 78
– USt – Freigabe **C 66** 79
– USt – Geschäftsveräußerung im Ganzen **C 66** 80
– USt – Ist-Besteuerung **C 66** 82
– USt – Ist-Besteuerung – Beispiel **C 66** 83
– USt – Kleinunternehmer **C 66** 84
– USt – Kostenstundung **C 66** 85
– USt – Literaturtipp **C 66** 86
– USt – Nullmeldungen **C 66** 87
– USt – Organschaft **C 66** 88
– USt – Soll-Besteuerung **C 66** 89
– USt – Soll-Besteuerung – Beispiel **C 66** 90
– USt – Verwertungsmaßnahme **C 66** 91
– USt – Voranmeldungen **C 66** 92
– USt – Vorläufige Verwaltung **C 66** 93
– Verbraucherinsolvenzverfahren **C 66** 4
– Verspätungszuschläge **C 66** 8
– Vorsteuer – Beispiel **C 66** 95
– Vorsteuerabzug **C 66** 94
– Vorsteuerkorrektur – Anfechtung **C 66** 96
– Vorsteuerkorrektur – Forderungsanmeldungen **C 66** 97
– Vorsteuerkorrektur – Quotenzahlung **C 66** 98
– Vorsteuerkorrektur – Verkäufe **C 66** 99
Steuerberater – Unterlagen C 28 58
Steuerklassenwahl
– allgemein **C 16** 16
– Aufforderung zur Änderung **C 16** 17
– Ausgleich Fehlbetrag an pfändbarem Einkommen ohne Änderung **C 16** 18
– Steuererstattung **C 16** 19
– Überblick über mögliche Steuerklassen **C 16** 20
Steuernummer C **20** 2
Subventionen C **78** 54
Surrogat C **54** 18

Terminvorbereitung C **67**
– Anhörung – gerichtliche – Hintergrund **C 67** 4
– Anhörung – gerichtliche – Vorbereitung **C 67** 5
– Berichtstermin **C 67** 6
– Gläubigerversammlung – allgemein **C 67** 7
– Gläubigerversammlung – erste – Hintergrund **C 67** 8
– Gläubigerversammlung – erste – Vorbereitung **C 67** 10
– Gläubigerversammlung – weitere – Hintergrund **C 67** 12
– Gläubigerversammlung – weitere – Vorbereitung **C 67** 13
– GOI **C 67** 1
– Prüfungstermin – erster – Hintergrund **C 67** 16
– Prüfungstermin – erster – Vorbereitung **C 67** 17
– Prüfungstermin – nachträglicher – Hintergrund **C 67** 18
– Prüfungstermin – nachträglicher – Vorbereitung **C 67** 19
– Schlusstermin – Inhalt **C 67** 20
– Schlusstermin – natürliche Person **C 67** 23
– Schlusstermin – Vorbereitung **C 67** 21
– Schriftliche Termine – Bearbeitung **C 67** 3
– Schriftliche Termine – Hintergrund **C 67** 2
– Tagesordnung **C 67** 11
– Teilnahmeberechtigung **C 67** 14
– Verbraucherinsolvenzverfahren **C 67** 9
– Veröffentlichungsfrist **C 67** 22
– Versagungsantrag **C 67** 24
– Zustimmungsfiktion **C 67** 15
Tod des Schuldners C 53
Treuhandkonto C 68
– Anlage **C 68** 1

– Belege **C 68** 6
– Buchungen – fehlerhaft **C 68** 19
– Buchungen – Kontrolle **C 68** 15
– Buchungssätze – Vorgaben **C 68** 14
– Eingangsrechnungen – Anforderungen **C 68** 9
– Eingangsrechnungen – Umsatzsteuererstattung **C 68** 10
– Einweisung in Kontoführung **C 68** 8
– Gläubigerausschuss – Gläubigerversammlung **C 68** 2
– GOI **C 68** 27
– Insolvenzgeldvorfinanzierung **C 68** 5
– Kontoauflösung – Simulation **C 68** 23
– Kontoauflösung bei juristischen Personen **C 68** 25
– Kontoauflösung bei natürlichen Personen **C 68** 26
– Null-Kontostellung **C 68** 22
– Originalkontoauszüge – Rücksendung **C 68** 24
– Sorgfältigkeit **C 68** 7
– Überweisung – Vollzug **C 68** 13
– Überweisungen – Einleitung **C 68** 12
– Ungeklärte Posten **C 68** 18
– Unterscheidung Kontoarten **C 68** 3
– Vergütungsentnahme **C 68** 20
– Verteilung des Massebestandes **C 68** 21
– Vollmachtserteilung **C 68** 4
– Zahlungseingänge **C 68** 11
– Zinsbuchungen **C 68** 16
– Zinseinnahmen **C 68** 17
Treuhandkonto – Buchungssätze **C 69**
– Anfechtungsansprüche **C 69** 1
– Beauftragung Dritter **C 69** 2
– Dauerschuldverhältnisse **C 69** 3
– Forderungseinzug **C 69** 4
– Haftungsansprüche **C 69** 5
– Materiallieferungen **C 69** 6
– Miet- und Leasingkosten **C 69** 7
– Pfändbares Einkommen **C 69** 8
– Rechtsstreitigkeiten – Ausgaben **C 69** 10
– Rechtsstreitigkeiten – Einnahmen **C 69** 9
– Telefonrechnungen **C 69** 11
– Versicherungen **C 69** 12

Überschuldung
– allgemein **C 28** 59
– Beispiel **C 29** 20
– bilanziell **C 29** 18
– insolvenzrechtlich **C 29** 19
Überschuldungsbilanz **C 29** 21
Umsatzsteuer
– (s. Checkliste Steuerangelegenheiten) **C 66** 70 ff.
Unfallschaden Fahrzeug **C 19** 32
Ungerechtfertigte Bereicherung **C 52** 24
Unterbilanz **C 29** 22
– Beispiel **C 29** 23
Unterhaltspflichten
– allgemein **C 16** 10
– Angaben **C 16** 11
– Antrag auf Nichtberücksichtigung **C 16** 15
– Einkommensgrenzen **C 16** 14
– Kinder **C 16** 12
– Kinder – Berücksichtigung bei beiden Ehepartnern **C 16** 13
Unterkapitalisierung **C 29** 24
– Beispiel **C 29** 25
Upstream loan-Leistung **C 29** 26

Veräußerungsabsicht – Anzeige **C 2** 19
Verbraucherinsolvenzverfahren **C 70**
– Absonderungsrechte **C 70** 1
– Abwicklung **C 70** 2
– Aktenzeichen **C 70** 3
– Altverfahren **C 70** 4
– Anfechtungsrecht **C 70** 5
– Anwendung **C 70** 6
– Auftragseingang – erste Schritte **C 6**
– Eröffnungsvoraussetzungen **C 70** 7
– Gesetzesänderung **C 70** 8
– Gläubigerversammlung **C 70** 9
– Insolvenzplan **C 70** 10
– RSB-Erteilung **C 70** 11
– Rückschlagsperre **C 70** 12
– Schriftliches Verfahren (ab 01.07.2014) **C 70** 13
– Schriftliches Verfahren (bis 30.06.2014) **C 70** 14
– Treuhänder **C 70** 15
– Unterschiede zum Regelinsolvenzverfahren (in beantragten Verf. bis 30.06.2014) **C 70** 17
– Unterschiede zum Regelinsolvenzverfahren (in beantragten Verf. ab 01.07.2014) **C 70** 16
– Weitere Hinweise **C 70** 18
Verdeckte Gewinnausschüttung **C 29** 27
– Beispiele **C 29** 28
Verdeckte Sacheinlage **C 29** 29
Vergütungsanträge **C 71**
– Abschläge **C 71** 27
– Absonderungsrechte **C 71** 16
– Anfechtungsansprüche **C 71** 26
– Antragserfordernis **C 71** 7
– Auslagenpauschale **C 71** 29
– Aussonderungsrechte **C 71** 15
– Berechnungsgrundlage – allgemein **C 71** 14
– Berechnungsgrundlage – Ansprüche nach §§ 92, 93 InsO **C 71** 20
– Berechnungsgrundlage – Grundstück **C 71** 19
– Beschwerde **C 71** 33
– Beschwerdefrist **C 71** 35
– Betriebsfortführung **C 71** 17
– Entnahme **C 71** 37
– Ergänzender Vergütungsantrag **C 71** 38
– Erinnerung **C 71** 34
– Fälligkeit **C 71** 4
– Forderungseinzug **C 71** 18
– Gesetzesänderungen **C 71** 2
– Gesetzliche Regelungen **C 71** 1
– Gläubigerausschuss **C 25** 20 ff.; **C 71** 39
– Gläubigerinformationssystem **C 71** 28
– Haftung Staatskasse **C 71** 9
– Insolvenzplan **C 71** 41
– Kleinverfahren (IN- oder IK-Verfahren) **C 71** 12
– Kostenstundung **C 71** 8
– Literaturtipp **C 71** 48
– Mindestvergütung **C 71** 11
– Öffentliche Bekanntmachung **C 71** 36
– Rechtskraft **C 71** 31
– Rechtsmittelbelehrung **C 71** 32
– Regelsätze der Vergütung **C 71** 10
– Sachkunde – besondere **C 71** 21
– Sachverständiger **C 71** 40
– Sachwalter **C 71** 42
– Schätzung **C 71** 3
– Treuhändervergütung – RSB-Phase **C 71** 43
– Umsatzsteuer **C 71** 22
– Verbraucherinsolvenzverfahren- Berechnung **C 71** 13
– Verjährung **C 71** 6
– Vorläufige Verwaltung – Festsetzung **C 71** 44

– Vorläufige Verwaltung – Mindestvergütung C 71 47
– Vorläufige Verwaltung – Regelvergütung C 71 45
– Vorläufige Verwaltung – Zuschläge C 71 46
– Vorschuss C 71 5
– Vorzeitige Amtsbeendigung C 71 23
– Zuschläge C 71 25
– Zustellungskosten C 71 30
– Zwangsverwaltung C 71 24

Verjährungsfristen C 72
– »Beginnfrist« Fristbeginn gem. § 187 Abs. 2 BGB C 72 8
– »Ereignisfrist« Fristbeginn gem. § 187 Abs. 1 BGB C 72 7
– Absonderungsrechte C 72 21
– Allgemeines C 72 1
– Anfechtungsansprüche C 4 10; C 72 22
– Anfechtungsansprüche – Verlängerung C 4 11
– Aussonderungsrechte C 72 23
– Beginn der Verjährungsfrist C 72 5
– Betriebskostennachforderung C 72 24
– Deliktforderung (spez. VF) C 72 25
– Einrede der Verjährung C 72 19
– Fristberechnung C 72 6
– Fristende C 72 9
– Fristverschiebung C 72 10
– Gesellschaftsrechtliche Ansprüche C 72 26
– Grundstücke (spez. VF) C 72 27
– Hemmung – Ende C 72 16
– Hemmung – Forderungsanmeldung – eigene C 72 12
– Hemmung – Forderungsanmeldung – mangelhaft C 72 13
– Hemmung – nachrangige Forderungen C 72 14
– Hemmung – PKH-Antrag C 72 15
– Hemmung – Forderungsanmeldung C 72 11
– Insolvenzplan C 72 28
– Literaturtipp C 72 20
– Masseunzulänglichkeit C 72 18
– Mietverhältnis (spez. VF) C 72 29
– Neubeginn der Verjährung C 72 17
– Rechnungslegungspflicht gem. § 66 InsO C 72 30
– Regelmäßige Verjährungsfrist C 72 2
– Regelmäßige Verjährungsfrist: Anwendungsbereich C 72 3
– Sachverständigenvergütung C 72 31
– Schadensersatzansprüche – sonstige (spez. VJ) C 72 33
– Schadensersatzansprüche – Verletzung Körper (spez. VJ) C 72 32
– Sozialplanansprüche C 72 34
– Sozialversicherungsansprüche C 72 35
– Spezielle Verjährungsfristen C 72 4
– Verbraucherdarlehensvertrag C 72 36
– Vergütungsansprüche nach der InsVV C 72 37
– Vollstreckungskosten (spez. VJ) C 72 38
– Vollstreckungstitel – sonstige (spez. VJ) C 72 40
– Vollstreckungstitel aus Insolvenztabelle (spez. VJ) C 72 39
– Zinsansprüche C 72 41
– Zinsansprüche – Neubeginn der Verjährung C 72 42

Vermieterpfandrecht
– Absonderungsrecht C 2 59
– Befriedigung Absonderungsrecht C 2 60
– Konkurrenz Sicherheiten C 2 61
– Mietzinsforderung als Masseverbindlichkeit C 52 18

Vermögensübersicht C 73
– Aktivseite C 73 11
– Aktivseite – Beispiel C 73 12
– Aufbau C 73 3
– Bewertungen C 73 15
– Bilanz – Definition C 73 2
– Entwurf C 73 17
– freie Insolvenzmasse C 73 16
– Handelsrechtliche Gliederung C 73 4
– Inhalt – Überblick C 73 7
– Insolvenzsoftware C 73 8
– Passivseite C 73 13
– Passivseite – Beispiel C 73 14
– Sortierung – Fälligkeit C 73 6
– Sortierung – Flüssigkeit C 73 5
– Stichtag C 73 9
– Unterlagen C 73 10
– Verbraucherinsolvenzverfahren C 73 18
– Vorlagefrist C 73 1

Vermögensverhältnisse Dritter C 30 11

Versagungsantrag C 61 49

Versicherungsverträge C 74
– Ablaufleistung C 74 3
– Abschlusskosten C 74 26
– Absonderungsrechte – allgemein C 74 31
– Absonderungsrechte – Bearbeitung C 74 32
– Archivierung C 74 8
– Auskunftsersuchen C 74 7
– Bausparvertrag C 74 35
– Beitragszahlungen – Rückstand allgemein (Prämienrückstand) C 74 37
– Beitragszahlungen – Rückstand in der Insolvenz (Prämienrückstand) C 74 38
– Berufsunfähigkeitsversicherung C 74 42
– Deckungskapital C 74 4
– Direktversicherung – Bezugsrecht C 74 44
– Direktversicherung – Literaturtipp C 74 45
– Direktversicherungen C 74 43
– Ermittlung C 74 6
– Freistellungsauftrag – juristische Person C 74 20
– Freistellungsauftrag – natürliche Personen C 74 18
– GOI betr. Versicherung C 74 34
– Kapitalertragssteuer – allgemein C 74 21
– Kapitalertragssteuer – Erstattung C 74 22
– Kautionsversicherung C 74 46
– Kleinstbeträge C 74 25
– Kostenbeiträge C 74 33
– Krankenhaustagegeld C 74 47
– Krankenversicherung C 74 48
– Kündigungsausschluss C 74 14
– Kündigungsfrist C 74 13
– Lebensversicherung – (Risiko) C 74 49
– Lebensversicherung – Literaturtipp C 74 51
– Lebensversicherung – Umwandlung C 74 50
– Pfändungsschutz C 74 15
– Rentenversicherung C 74 52
– Restschuldversicherung – allgemein C 74 53
– Restschuldversicherung – Rückabwicklung C 74 54
– Riester-Rente C 74 55
– Rückkaufswert – Abrechnung C 74 23
– Rückkaufswert – allgemein C 74 2
– Rückkaufswert – Auslösung C 74 11
– Rückkaufswert – Kündigung C 74 12
– Rückkaufswert – Sicherung C 74 9
– Rückkaufswert – Vertragsarten C 74 5
– Rückkaufswert – Zahlungseingang C 74 30
– Schadensfall – Gebäudeversicherung C 74 40
– Schadensfall – Haftpflicht C 74 41
– Sparer-Pauschbetrag C 74 19
– Sterbegeldversicherung – allgemein C 74 56
– Sterbegeldversicherung – Billigkeitsprüfung C 74 58
– Sterbegeldversicherung – Kündigung C 74 59
– Sterbegeldversicherung – Pfändungsschutz C 74 57
– Stornoabzug C 74 24
– Teilbarkeit C 74 36
– Verbraucherinsolvenzverfahren C 74 1

- Verlusterklärung C 74 17
- Versicherungsnehmer C 74 10
- Versicherungsschein C 74 16
- Vertragswechsel C 74 39
- Zillmer-Verfahren – allgemein C 74 27
- Zillmer-Verfahren – Rechtsprechung C 74 28
- Zillmer-Verfahren – zeitliche Anwendung C 74 29

Versorgungsunternehmen C 14 8 f.
Verstrickung – öffentlich-rechtlich C 55 32
Verteilung C 75
- Abschlagsverteilung C 1; C 75 22
- Abschlagszahlungen – Angleichung C 75 29
- Absonderungsrechte C 75 14
- Arbeitnehmerforderungen – Prüfung C 75 17
- Arbeitnehmerforderungen – Suche C 75 41
- Arbeitnehmerforderungen – Tätigkeit der Buchhaltung C 75 43
- Arbeitnehmerforderungen – Umgang C 75 40
- Arbeitnehmerforderungen – Zahlung der Quote C 75 42
- Aufschiebend bedingte Forderungen C 75 15
- Auslandszahlungen C 75 44
- Ausschüttungsbericht fertigen C 75 28
- Auszahlungsliste C 75 49
- Bankverbindungen C 75 30
- Basisdaten für eine Verteilung C 75 13
- Bauabzugssteuer C 75 45
- Bestrittene Forderungen mit Vollstreckungstitel C 75 16
- Buchung C 75 50
- Einnahmen für Ansprüche nach § 92 InsO C 75 19
- Einnahmen für Ansprüche nach § 93 InsO C 75 20
- Ermittlung des zu verteilenden Betrages C 75 3
- Fehlerhafte Überweisung C 75 51
- Feststellungsklage C 75 27
- Geldempfangsvollmachten C 75 47
- Gesetzliche Grundlage für die Verteilung C 75 1
- Gläubigerdaten – Änderung C 75 34
- Hinterlegung C 75 54
- Hinterlegung – rechtliche Grundlage C 75 55
- Hinterlegungsantrag C 75 56
- Literaturtipp C 75 65
- Massebestand – gering oder keiner während des eröffneten Verfahrens C 75 58
- Massebestand – gering während der RSB-Phase C 75 60
- Massekosten gem. § 54 InsO C 75 4
- Masselosigkeit C 75 8
- Masseunzulänglichkeit C 75 9
- Masseverbindlichkeiten gem. § 55 InsO C 75 6
- Nachforschungen C 75 35
- Nachlassinsolvenzverfahren C 75 63
- Nachträgliche Anmeldungen – nach Schlussbericht C 75 23
- Nachträgliche Anmeldungen – nach Veröffentlichung C 75 26
- Nachtragsverteilung C 75 64
- Normalfall C 75 7
- Quotenauszahlung – Info an Gläubiger C 75 32
- Quotenauszahlung – Probleme C 75 46
- Quotenauszahlung – Vornahme C 75 48
- Quotenberechnung – Formel C 75 36
- Quotenberechnung – Gegenkontrolle C 75 37
- Quotenzahlung an Bundesagentur für Arbeit C 75 31
- Restguthaben C 75 57
- RSB-Phase – Kosten C 75 5
- RSB-Phase – MUZ C 75 59
- Rückbuchungen C 75 52
- Rücknahme von Forderungsanmeldungen C 75 61
- Schlussverzeichnis – Einreichung mit Schlussbericht C 75 11
- Simulation Kontoauflösung C 75 38
- Sozialplan C 75 18
- Überweisungskosten C 75 39
- Verbraucherinsolvenzverfahren C 75 2
- Verteilungsabwehrklage C 75 62
- Verteilungsplan und Verteilungsverzeichnis – Unterscheidung C 75 12
- Verteilungsverzeichnis – Abschlagsverteilung C 1 10 – 12
- Verteilungsverzeichnis – Änderung C 75 25
- Verteilungsverzeichnis – Veröffentlichung C 75 24
- Verzeichnisse C 75 10
- Verzichtserklärungen – Grundsatz C 75 33
- Vorsteuerberichtigung C 75 53
- Zustimmung des Insolvenzgerichtes C 75 21

Vertragspartner C 24 19
Vertragsverhältnisse C 76
- Ablehnung – Kündigung – Unterscheidung C 76 11
- Ablehnung – Vertragserfüllung C 76 9
- Ablehnung – Vertragserfüllung – Rechtsfolge C 76 10
- ADAC C 76 27
- Arbeitsverhältnisse C 76 28
- Archivierung der Unterlagen C 76 23
- Aussonderungsrechte C 76 29
- Betriebseinstellung C 76 12
- Betriebsfortführung C 76 13
- Betriebskostenerstattung aus Mietverhältnis C 76 30
- Erklärung – Form C 76 14
- Erklärung – Frist C 76 15
- Erlöschen von Rechtsbeziehungen C 76 5
- Eröffnungsverfahren C 76 3
- Freigabe C 76 16
- Gebäudeversicherung C 76 31
- GOI C 76 25
- Grundstückskaufvertrag C 76 32
- Haftpflichtversicherung – gesonderte C 76 33
- Herausgabepflicht C 76 19
- Kündigung C 76 17
- Kündigungssperre C 76 18
- Literaturtipp C 76 26
- Lösungsklauseln C 76 34
- Masseunzulänglichkeit C 76 21
- Masseverbindlichkeit C 76 20
- Mietkaution – Insolvenz des Mieters C 76 35
- Mietkaution – Insolvenz des Vermieters C 76 36
- Mietsache – Rückgabe C 76 37
- Mietvertrag – Beendigung C 76 38
- Mietvertrag – Nutzungsentschädigung C 76 39
- Mietvertrag – Räumungsanspruch C 76 40
- Mietvertrag – Rücktritt vom Vertrag C 76 41
- Teilbarkeit C 76 22
- Übersicht C 76 2
- Vermieteransprüche C 76 42
- Vermieterpfandrecht C 76 43
- Vermieterpfandrecht – Absonderungsrecht C 2 59
- Versicherungsverträge C 76 44
- Vertragspartner C 76 1
- Vorläufige Verwaltung C 76 4
- Wahlrecht C 76 6
- Wahlrecht – Einschränkung C 76 7
- Wahlrecht – vorläufige Verwaltung C 76 8
- Wiedervorlagen C 76 24
- Wohnraum C 76 45

Vertretungsverhältnisse C 77
Verwertungsliste C 78 17
Verwertungstätigkeit C 78
- Absonderungsrechte C 2
- Aktien C 78 22

– Allgemein C 78 1
– Anfechtungsansprüche C 78 23
– Asymmetrische Verfahren C 78 19
– Aufgaben C 78 4
– Auftragserteilung C 78 16
– Aus- und Absonderungsrechte C 78 6
– Bankvermögen C 78 24
– Bausparvertrag C 78 25
– Betriebskostenabrechnung C 78 26
– Domain C 78 27
– Eigentümergrundschuld C 78 28
– Einkommen C 78 29
– Erbschaft C 78 30
– Fahrzeuge C 78 31
– Fördermittel C 78 32
– Forderungseinzug C 78 33
– Genossenschaftsanteil – jur. Person C 78 34
– Genossenschaftsanteil – natürliche Person C 78 35
– Gerichtskosten C 78 36
– Gesellschaftsanteil C 78 37
– GOI C 78 18
– Haftungsansprüche C 78 38
– Hausrat – technische Geräte C 78 39
– Immobilien C 78 40
– Insolvenzbeschlag C 78 2
– Inventar C 78 41
– Kautionsversicherung C 78 42
– Kostenbeiträge C 78 10
– Kreditverträge – Bearbeitungsentgelt C 78 43
– Literaturtipp C 78 20
– Literaturtipp – Der besondere Fall C 78 21
– Lizenzvertrag C 78 45
– Massezugehörigkeit C 78 3
– Nebenkostenabrechnung C 78 46
– Neuerwerb C 78 47
– Neuerwerb – Wegfall bei RSB-Erteilung C 78 48
– Photovoltaikanlagen C 78 49
– Rechtsstreit – Kosten C 78 50
– Schmerzensgeld C 78 51
– Schutzrechte C 78 52
– Steuerguthaben C 78 53
– Subventionen C 78 54
– Übertragende Sanierung (Asset Deal) C 78 55
– Vermächtnis C 78 56
– Versicherungsverträge C 78 57
– Verwertungsbefugnis – Absonderungsrechte C 78 9
– Verwertungsbefugnis – Gläubiger C 78 11
– Verwertungsbefugnis – Insolvenzverwalter C 78 8
– Verwertungsbefugnis – Pfändung C 78 12
– Verwertungsbefugnis – Verbraucherinsolvenzverfahren C 78 13
– Verwertungsbefugnis – vorläufige Verwaltung C 78 7
– Verwertungsliste C 78 17
– Zeitliche Vorgabe C 78 5
– Zivilrecht C 78 14
– Zustimmungserfordernis C 78 15

Verzeichnis der Massegegenstände C 79
– Abkürzungen C 79 14
– Absonderungsrechte C 79 38
– Aktiva C 79 2
– Aktivpositionen C 79 18
– Aktivseite C 79 3
– Anfechtungsansprüche C 79 43
– Anlagevermögen – Aktivpositionen C 79 20
– Anlagevermögen – allgemein C 79 19
– Aufbau – horizontal C 79 15
– Aufbau – vertikal C 79 16
– Aussonderungsrechte C 79 39
– Beispiel C 79 51
– Bewertungen – Eingabe C 79 30
– Bewertungen – Vornahme C 79 28
– Bewertungsansätze C 79 27
– Bezeichnung C 79 23
– Bilanz – Definition C 79 1
– Bruttobeträge C 79 32
– Entwurf C 79 9
– Erinnerungswerte C 79 36
– Fibuwert C 79 31
– Forderungen aus Lieferung und Leistung C 79 44
– Fortführungswert C 79 33
– freie Insolvenzmasse C 79 42
– Haftungsansprüche C 79 45
– Handelsrechtliche Bewertung C 79 13
– Handelsrechtliche Gliederung C 79 12
– Inhalt – Überblick C 79 6
– Insolvenzbeschlag C 79 7
– Insolvenzsoftware C 79 11
– Insolvenzspezifische Ansprüche – Aktivpositionen C 79 47
– Insolvenzspezifische Ansprüche – allgemein C 79 46
– Inventarverzeichnis C 79 5
– Kostenbeitrag – unbewegliches Vermögen C 79 41
– Kostenbeiträge – bewegliches Vermögen C 79 40
– Liquidationswert C 79 34
– Nullwerte C 79 37
– Passivseite C 79 4
– Pfändbarer Einkommensanteil C 79 48
– Sachverständiger C 79 29
– Sonstige Vermögenswerte – Aktivpositionen C 79 49
– Sortierung C 79 17
– Stichtag C 79 26
– Stille Reserve C 79 50
– Übererlös C 79 35
– Umlaufvermögen – Aktivpositionen C 79 22
– Umlaufvermögen – allgemein C 79 21
– Unterlagen C 79 25
– Verbraucherinsolvenzverfahren C 79 52
– Verzicht auf Erstellung C 79 10
– Vorlagefrist C 79 8
– Zwischensummen C 79 24

Verzeichnisse §§ 151 – 153 InsO C 13 13

Vollstreckungsmaßnahmen C 80
– Anfechtung C 80 12
– Anfrage an Vollstreckungsorgane C 80 6
– Deliktforderungen – Vollstreckungsmöglichkeit C 80 17
– GOI C 80 5
– Herausgabe von Vermögenswerten C 80 4
– Kontopfändung C 80 13
– Masseunzulänglichkeit C 80 14
– Masseverbindlichkeiten C 80 15
– Neugläubiger C 80 16
– Restschuldbefreiungsphase C 80 3
– Rückschlagsperre – allgemein C 80 7
– Rückschlagsperre – Aufleben C 80 11
– Rückschlagsperre – Beispiel C 80 9
– Rückschlagsperre – Insolvenzantrag C 80 8
– Rückschlagsperre – Vorgehen C 80 10
– Tabellenauszug C 80 19
– Unterhaltsansprüche – Vollstreckungsmöglichkeit C 80 18
– Vollstreckung nach Verfahrensaufhebung C 80 20
– Vollstreckungsmaßnahmen gegen Drittschuldner C 80 23
– Vollstreckungsschutz für Schuldner nach AO C 80 21
– Vollstreckungsschutz für Schuldner nach Freigabe C 80 22

– Vollstreckungsverbot – Insolvenzgläubiger **C 80** 2
– Vorläufige Verwaltung **C 80** 1
Vollstreckungsportal C 30 12
Vollstreckungstitel – Anfechtung C 4 106
Vollstreckungsverbot
– Insolvenzgläubiger **C 80** 2
– Massegläubiger bei MUZ **C 51** 33
Vorläufige Verwaltung C 81
– Anordnung – allgemein **C 81** 1
– Anordnung – Anregung **C 81** 2
– Anordnung – Gründe **C 81** 3
– Anordnung – Varianten **C 81** 4
– Anordnung – Wirkung **C 81** 6
– Anordnungsbeschluss **C 81** 9
– Auftragsannahme **C 81** 19
– Aus- und Absonderungsrechte **C 81** 26
– Begrifflichkeiten **C 81** 7
– Bekanntmachung **C 81** 27
– Betriebsfortführung **C 81** 22
– Eröffnungsfrist **C 81** 20
– Finanzamt – Erstinformation **C 81** 36
– Finanzamt – Kontoauszug **C 81** 37
– Forderungseinzug **C 81** 28
– Forderungseinzug – Sicherungsrechte **C 81** 29
– Forderungseinzug – Zustellungsnachweis **C 81** 30
– Geschäftskonten – Guthaben **C 81** 31
– Geschäftskonten – Schließung **C 81** 32
– Gläubigerdaten **C 81** 53
– GOI **C 81** 54
– Immobilienbestand – Gebäudeversicherung **C 81** 34
– Informationsfreiheitsgesetz – Anspruch gg. FinA **C 81** 38
– Informationsfreiheitsgesetz – Anspruch gg. Sozialversicherungsträger **C 81** 39
– Insolvenzgeld **C 81** 23
– Inventarisierung **C 81** 16
– Keine Verwertungsbefugnis **C 81** 13
– Kontaktaufnahme mit dem Schuldner **C 81** 12
– Kündigung – Arbeitsverhältnisse **C 81** 42
– Kündigungen – Mietverhältnisse **C 81** 43
– Leasinggegenstände **C 81** 44
– Literaturtipp **C 81** 55
– Masseverbindlichkeiten **C 81** 24
– Postsperre **C 81** 5
– Rechnungslegungspflicht – allgemein **C 81** 50
– Rechnungslegungspflicht – Umsetzung **C 81** 51
– Rechtsstreite **C 81** 45
– Sachverständigentätigkeit **C 81** 8
– Schwache **C 81** 10
– Sicherung vor Ort **C 81** 14
– Sicherungsmaßnahmen – Aufhebung **C 81** 48
– Sicherungsmaßnahmen – Überblick **C 81** 15
– Starke **C 81** 11
– Stilllegung des Geschäftsbetriebes **C 81** 25
– Tätigkeiten des vorl. Verwalters **C 81** 46
– Tätigkeitsvermerke **C 81** 47
– Treuhandkonto **C 81** 21
– Überweisungen ohne Zustimmung **C 81** 33
– Verfahrensstatus **C 81** 18
– Vergütungsanspruch **C 81** 52
– Vermögensgegenstände bei Dritten **C 81** 17
– Verrechnung Kontoguthaben **C 81** 49
– Versicherungsverträge **C 81** 41
– Vertragsverhältnisse – Überblick **C 81** 40
– Zählerstände **C 81** 35
Vorsteuer
– Abzug **C 66** 94
– Anfechtung – Korrektur **C 66** 96
– Beispiel **C 66** 95
– Erstattung – Beendigung des Verfahrens **C 12** 5
– Forderungsanmeldungen – Korrektur **C 66** 97
– Quotenzahlung – Korrektur **C 66** 98
– Verkäufe – Korrektur **C 66** 99

Wahlrecht Vertragsverhältnisse C 76 6 ff.
Warenlager C 2 64
Werkunternehmerpfandrecht
– Absonderungsrecht C 2 65
– Fahrzeuge **C 19** 33

Zahlungsunfähigkeit
– Definition **C 28** 61
– Drohende **C 28** 62
– Ermittlung **C 28** 63
Zinsen
– Absonderungsrechte – auch nach IE C 2 66
– Anfechtungsansprüche C 4 18
– Buchung auf Treuhandkonto **C 68** 16
– Insolvenzgeldvorfinanzierung **C 36** 29
– Insolvenztabelle **C 39** 83
– Kapitalertragssteuer **C 66** 60 ff.
– Verjährung C 72 41 f.
– Zahlungspflicht Insolvenzverwalter bei verzögerter Verwertung C 2 67
Zulassungswiderruf C 37 33
Zustellungsnachweis C 17 14
Zwangsmaßnahmen C 28 23
Zwangssicherungshypotheken C 33 15
Zwangsversteigerung
– allgemein **C 33** 75
– Antrag des Insolvenzverwalters **C 33** 76
– Auswirkung **C 33** 77
– Einstellungsantrag **C 33** 78
– freier Verkauf **C 33** 79
– Miteigentumsanteil **C 33** 80
– Verfahren **C 33** 81
– Zubehörhaftung **C 33** 82
Zwangsverwaltung
– allgemein **C 33** 83
– Beendigung **C 33** 84
– Einstellungsantrag **C 33** 85
– Erträge **C 33** 86
– »kalte« **C 33** 87
– sonstiges **C 33** 88
Zweitinsolvenzverfahren C 24 25